DEUTSCH-RUSSISCHES SYNONYMEN-WÖRTERBUCH

etwa 2680 synonyme Wortgruppen

unter Redaktion
von H. SCHMIDT

ЕтапаНК
Moskau
1998

DEUTSCH-RUSSISCHES SYNONYMEN-WÖRTERBUCH

etwa 2680 synonyme Wortgruppen

unter Redaktion
von H.SCHMIDT

Firma NIK
Moskau
1998

НЕМЕЦКО-РУССКИЙ СЛОВАРЬ СИНОНИМОВ

около 2680 рядов синонимов

под редакцией
Г.ШМИДТА

Фирма "НИК"
Москва
1998

ББК 81.2 Нем.-4
Н50

Авторский коллектив:

доктор фил. наук, профессор **Д.Г.Мальцева**
доктор фил. наук, профессор **Н.М.Минина**
член-корреспондент АН **И.В.Рахманов**
кандидат фил. наук **Л.И.Рахманова**

под редакцией **Г.Шмидта**

Н50 **Немецко-русский словарь синонимов** (под ред. Г.Шмидта, издание репринтное)— Москва: фирма "НИК", 1998—704 стр.

ISBN 5-86641-013-3

Эта книга — единственный в мире синонимический двуязычный словарь, в котором описание немецких синонимов дается на русском языке.

Немецкий словник словаря содержит около 2680 рядов синонимов. В пределах словарной статьи, относящейся к одному синонимическому ряду, показывается сходство и различие синонимов этого ряда в области значений, стиля, употребления и грамматических конструкций.

Предназначается для переводчиков, преподавателей, аспирантов и студентов филологических факультетов и всех тех, кто стремится сделать свою немецкую речь гибкой и непринужденной.

ISBN 5-86641-013-3

© Авторский коллектив, 1983
© Фирма "НИК", 1998;
оформление

ПРЕДИСЛОВИЕ

Данный словарь представляет собой первый опыт составления немецко-русского словаря синонимов и предназначен для учителей немецкого языка и студентов педагогических вузов иностранных языков, а также для переводчиков, журналистов, филологов и всех тех, кто хочет активно пользоваться немецким языком.

Основой для составления словаря послужили существующие лексикографические работы и картотека авторов, содержащая цитаты из произведений немецкой художественной литературы, преимущественно современной, а также прессы.

Словарь, помимо собственно корпуса, включает вводную статью «О синонимах», статью о пользовании словарем «Структура словаря», список лексикографических источников, алфавитный указатель синонимических рядов и краткое приложение. Перечень произведений художественной литературы, цитируемых в словаре, приведен в статье о пользовании словарем.

В вводной статье дается определение синонимов и излагаются те соображения, которые легли в основу составления синонимических рядов данного словаря.

Приложение состоит из списка синонимических рядов, не вошедших в корпус словаря. Синонимы в этих рядах либо не обнаруживают никаких семантических и стилистических различий (равнозначные или так называемые полные синонимы), либо, являясь не вполне равнозначными, пока не поддаются сколько-нибудь четкому разграничению. В словаре после такого заглавного слова стоит соответствующая ссылка, например:

Ausfuhr см. «Приложение»,

а в «Приложении» приводится ряд

die **Ausfuhr** — der **Export** экспорт.

Доля участия каждого из составителей словаря выразилась в следующем.

И. В. Рахмановым написаны вводная статья, статья о пользовании словарем, разработана система подачи синонимов, намечен состав синонимических рядов, разработаны словарные статьи А — К.

Н. М. Мининой разработаны словарные статьи L — T.

Д. Г. Мальцевой разработаны словарные статьи U — Z.

Л. И. Рахмановой проведена первичная редакция толкований синонимов и их переводов.

В качестве специалиста — носителя языка к работе над словарем был привлечен научный сотрудник Центрального института языкознания Академии наук ГДР доктор Гартмут Шмидт, который отредактировал немецкую часть словаря, а также сделал ряд существенных замечаний, касающихся состава синонимических рядов и перевода примеров.

Авторы выражают глубокую благодарность редактору доктору Шмидту, доктору филологических наук профессору Е. И. Шендельс, кандидату филологических наук доценту М. Я. Цвиллингу и кандидату филологических наук Т. П. Кириной за рецензирование рукописи словаря, а также первому издательскому редактору словаря Н. Н. Гришину.

И. Рахманов

О СИНОНИМАХ [1]

Синонимы в языке образуют группировку слов и словосочетаний, носящую системный характер. Убедительные доводы в пользу системности синонимов приводятся, в частности, в работах Ю. Д. Апресяна [2]. Проявление системности он видит в диахронических процессах синонимической конкуренции и дифференциации синонимов и в тесной синхронической связи между полисемией и синонимией. В дополнение к этим аргументам можно привести также следующие соображения.

Во-первых, синонимам противостоят антонимы:

   stark, kräftig... — schwach
   klug, gescheit... — dumm

и т. д., хотя, конечно, семантические противопоставления такого рода количественно невелики [3].

Во-вторых, довольно многочисленные группы синонимов объединяются внутри синонимического ряда по какому-либо закономерно проявляющемуся признаку, например, возрастания или убывания степени свойства, качества, интенсивности действия и т. п. (fähig — begabt — talentvoll — genial; Scheu — Angst — Schrecken — Entsetzen; werfen — schleudern), противопоставления постоянного свойства (schüchtern, schämig) временному (verlegen, verschämt) и т. д.

Синонимы в немецком литературном языке появляются либо благодаря заимствованиям, например, stören — inkommodieren (от франц. commode 'удобный'), либо вследствие проникновения диалектальных слов в литературный язык, например, Fleischer — Metzger (южно- и западнонемецкое), либо, наконец, в результате изменения значений слов.

В лингвистической литературе нет единого общепризнанного определения синонимов, как нет и единого подхода к установлению синонимичности. Синонимами называют слова с равным значением [1], со сходным значением [2], слова, обозначающие одно и то же понятие или понятия очень близкие между собой [3], слова с единым или очень близким предметно-логическим содержанием [4], слова, одинаковые по номинативной отнесенности, но, как правило, различающиеся стилистически [5], слова, способные в том же контексте или в контекстах, близких по смыслу, заменять друг друга. [6]. В «Словаре лингвистических терминов» О. С. Ахмановой (М., 1966) синонимы определяются как «те члены тематической группы... которые а) принадлежат к одной и той же части речи и б) настолько близки по значению, что их правильное употребление в речи требует точного знания различающих их семантических оттенков и стилистических свойств».

Наконец, в энциклопедии «Русский язык» (М., 1979) Т. Г. Винокур говорит, что синонимы — это «слова одной части речи, имеющие полностью или частично совпадающие лексические значения».

Уже обращалось внимание на неточность этих определений, которая заключается в том, что речь в них идет о словах, тогда как следовало бы говорить об **отдельных значениях слов** [7], так как слова в большинстве своем многозначны и во всех своих значениях почти никогда не бывают синонимичными друг другу [8]. В справедливости сказанного легко убедиться на примере почти любого многозначного слова. Возьмем в качестве иллюстрации глагол gehen. В кратком толковом словаре из серии Дудена [9] указано 9 значений этого слова. Однако лишь в значении 'идти' ему синонимичен глагол schreiten, в значениях же 'посещать', 'функционировать' и т. д. в качестве синонимов к gehen выступают уже иные слова.

---

[1] Настоящий очерк представляет собой набросок теоретической статьи, которой суждено было стать последней работой в творческом наследии автора. Проф. И. В. Рахманов посвятил лексикографии пятьдесят лет своей жизни. Он неизменно вникал во все детали подготовки к печати рукописи своих словарей и теоретических статей, очень взыскательно относился к редакционной правке. Поэтому издательство не сочло возможным вносить сколько-нибудь существенные изменения в очерк, предваряющий словарь, подготовленный авторским коллективом под руководством и при участии И. В. Рахманова.
[2] Апресян Ю. Д. Проблема синонима. — Вопросы языкознания, 1957, № 6; Английские синонимы и синонимический словарь. — Англо-русский синонимический словарь/Сост. под рук. А. И. Розенмана, Ю. Д. Апресяна. М., 1979.
[3] Подробнее об отношениях между синонимами и антонимами см. Новиков Л. А. Антонимия и словари антонимов. — Словарь антонимов русского языка/Сост. М. Р. Львов. М., 1978; Agricola Ch., Agricola E. Wörter und Gegenwörter. Antonyme der deutschen Sprache. Leipzig, 1977.

[1] Марузо М. Словарь лингвистических терминов. М., 1960.
[2] Зиндер Л. Р., Строева Т. В. Пособие по теоретической грамматике и лексикологии немецкого языка. М., 1962, с. 125; см. также Conrad Rudi. Kleines Wörterbuch sprachwissenschaftlicher Termini. Leipzig, 1979.
[3] Евгеньева А. П. Словарь синонимов русского языка. Справочное пособие. Л., 1975. (Введение).
[4] Архангельская К. В. Равнозначные синонимы немецкого языка. — Учен. зап./Моск. гос. пед. ин-т иностр. яз. им. М. Тореза, 1958. т. 16.
[5] Реформатский А. А. Введение в языкознание. 4-е изд. М., 1967. с. 91—92.
[6] Булаховский Л. А. Введение в языкознание. М., 1953, ч. 2, с. 39; см. также о возможности замены Lewandowski. Linguistisches Wörterbuch. 3. Aufl. Heidelberg, 1980, Bd. 3.
[7] Именно это последнее понимание синонимов мы находим у Ю. Д. Апресяна (см. раздел «Английские синонимы и синонимический словарь». — Англо-русский синонимический словарь/ Сост. под рук. А. И. Розенмана, Ю. Д. Апресяна. М., 1979, с. 507.
[8] См., например, Степанова М. Д., Чернышева И. И. Лексикология современного немецкого языка. М., 1962.
[9] Bedeutungswörterbuch, bearbeitet von Paul Grebe. Mannheim, 1970.

Исходить из того, что синонимичны слова, а не значения, нам представляется неверным, так как нет многозначного слова, все номинативные значения которого были бы общими со всеми значениями другого слова. Более того, оно может иметь общие значения со многими словами, количество этих слов различно и в отдельных случаях может быть равно числу его номинативных значений. В нашем случае gehen имеет общие номинативные значения и с schreiten, и с kommen, и с fahren, и с laufen, и с weggehen и т. д. в зависимости от того, с каким значением gehen мы будем сопоставлять другие слова или, точнее, значения других слов для установления синонимических отношений.

Из сказанного следует, что, как правило, не слова, а отдельные значения могут находиться в синонимических отношениях друг с другом. Поэтому в нашем словаре в синонимические ряды объединены в качестве синонимов не слова, а лексико-семантические варианты слов, из которых каждый соответствует одному определенному значению слова.

Среди тех определений синонимов, которые приводились выше, наиболее распространенным является определение, утверждающее, что синонимы — это слова с единым или близким предметно-логическим содержанием. Соглашаясь с ним, приходится вместе с тем констатировать, что оно страдает известной неопределенностью, ибо оставляет неясным вопрос о степени и характере общности значения слов, которая была бы достаточной для признания слов синонимами. Приведем в качестве доказательства следующий пример.

Если сравнить такие пары, как aufmachen — aufsperren в значении 'открывать' (слова, которые во всех немецких синонимических словарях квалифицируются как синонимы) и gehen 'ходить пешком' — laufen 'бежать' (которые ни словари, ни интуитивное чувство языка не причисляет к синонимам), то можно прийти к выводу, что вторая пара не характеризуется таким уж явным отсутствием общности предметно-логического содержания в сравнении с первой, чтобы на основании этого считать ее безусловно несинонимичной. Сходство между aufmachen и aufsperren состоит в том, что в обоих случаях это — «движение, позволяющее сделать доступной внутренность чего-нибудь» (Словарь Д. Н. Ушакова); различие же заключается в скорости, резкости движения и одновременно в широте отведения створки (до степени 'открыть' — aufmachen или 'распахнуть' — aufsperren) и, по-видимому, в следствии (ср. открыть окно, чтобы шел воздух, и открыть окно, чтобы спастись бегством).

Между gehen и laufen тоже есть сходство, и состоит оно в том, что в обоих случаях речь идет о движении, перемещении с помощью ног. Различие же заключается, во-первых, в быстроте, скорости движения, а во-вторых, в положении ног: в одном случае (gehen) ступни не отрываются целиком от земли, в другом (laufen) на какое-то мгновение отрываются. Если сопоставить gehen — laufen с rennen — laufen (относительно последних нет сомнений в их синонимичности), различающихся именно степенью быстроты движения, то напрашивается вывод, что различная скорость, с которой совершается действие, не может служить основанием для того, чтобы считать gehen — laufen словами с разным предметно-логическим содержанием, т. е. не синонимами. Это различие, следовательно, нужно искать в способе передвижения: не отрывая ступней от земли или отрывая их. Но, во-первых, неясно, почему в одних случаях такие дифференцирующие признаки, как предел действия и следствие действия (aufmachen — aufsperren) не есть свидетельство различия предметно-логического содержания, в других случаях такой признак, как способ осуществления действия (gehen — laufen) — свидетельство этого различия. А во-вторых, можно было бы указать на другие слова, признаваемые синонимами, где различие в способе выполнения действия и его результате, как, например, в случае gehen — schreiten, не препятствует тому, чтобы признавать их синонимами и, следовательно, считать, что в основе их лежит общность предметно-логического содержания.

Обратимся теперь к критериям, которые предлагаются для установления синонимичности лексико-семантических вариантов слов. Помимо критерия близости предметно-логического содержания, о котором только что говорилось, существуют и такие, как конструктивная общность [1], совпадение сочетаемости [2], взаимозаменяемость [3], принадлежность к одному типу понятий — родовому или видовому [4].

Проанализируем с точки зрения критерия конструктивной общности несколько примеров. В ряду ablehnen — sich weigern... глагол ablehnen 'отказаться от чего-либо, отклонить что-либо' является транзитивным, он требует, следовательно, прямого дополнения, а sich weigern 'отказаться, испытывая внутреннее сопротивление, выполнить то, что кто-либо требует, приказывает' употребляется только с инфинитивным оборотом. В ряду sich fürchten — grausen... синоним sich fürchten 'бояться' требует предложного дополнения (vor jemandem), тогда как grausen 'испытывать ужас' используется без объекта и только в безличной форме. Между тем синонимичность этих глаголов отмечается всеми немецкими словарями. Значит, отсутствие у слов конструктивной общности не препятствует ощущению и признанию их синонимичности.

Как указывалось, в качестве критерия синонимичности называют совпадение сочетаемости. Однако у целого ряда слов сочетаемость совпадает, но они не вступают друг с другом в синонимические отношения; таковы, например, schlucken — trinken, schlucken — essen и др. И, наоборот, у многих признанных синонимов сочетаемость не совпадает. Ср., например, ganz — völlig: völlige (не ganze) Genesung, но die ganze (не völlige) Zeit, etwas ganz (не völlig) anderes и т. д.

---

[1] См. Апресян Ю. Д. Проблема синонима. — Вопросы языкознания, 1957, № 6; Фразеологические синонимы в современном английском языке (тип «глагол + существительное»). — Учен. зап./Моск. гос. пед. ин-т иностр. яз. им. М. Тореза, 1958, т. 16.

[2] Звегинцев В. А. Замечания о лексической синонимии. — В кн.: Вопросы теории и истории языка. Л., 1963, с. 137—138.

[3] Булаховский Л. А. Введение в языкознание. М., 1953, с. 39, ч. 2; см. также Lewandowski. Linguistisches Wörterbuch. Heidelberg, 1980, Bd. 3.

[4] Евгеньева А. П. Проект Словаря синонимов. М., 1964, с. 16.

Большой популярностью у языковедов пользуется такой критерий, как «заменимость» в том же контексте или в контекстах, близких по смыслу, без ощущения заметного изменения смысла высказывания в результате замены [1]. Однако и он недостаточно объективен. Следует, очевидно, прежде всего уточнить, о каком контексте идет речь — о широком, я з ы к о в о м (безразличном) или узком, р е ч е в о м (ситуативном, небезразличном).

Я з ы к о в о й к о н т е к с т определяет, какое из значений смысловой структуры слова имеется в виду. Помещая, например, слово trinken 'пить' в минимальный (словосочетание) или максимальный (предложение) языковой контекст — Tee trinken 'пить чай' или mein Freund trinkt Tee 'мой приятель пьет чай' — можно определить, какое из значений слова trinken имеется в виду, но нельзя решить вопрос, будут ли к нему синонимами schlürfen 'хлебать', schlucken 'глотать', nippen 'пригубить', хотя они вполне заменимы. Следовательно, такой контекст не говорит в пользу того, что это синонимы, хотя и не опровергает возможности синонимических отношений данных значений слов. Если продолжить эксперимент и вместо слова Tee подставить geschmacklose Flüssigkeit или ein alkoholfreies Getränk, то и здесь контекст не выявит синонимических отношений, хотя их и нельзя будет отрицать. Итак, в широком языковом контексте синонимы заменимы, но сам факт возможности замены не свидетельствует о том, что мы имеем дело с синонимами, а лишь о том, что мы имеем дело со словами, входящими в один тематический ряд.

Р е ч е в о й к о н т е к с т отличается от языкового тем, что он всегда *ситуативен* и потому *узок*. В речевом контексте выявляются оттенки значения синонимов, соответствие или несоответствие данного синонима данной ситуации, в силу чего в большинстве своем замена одного синонима другим как раз невозможна. Ведь искусство речи и заключается в том, чтобы выбрать наиболее подходящий синоним именно для данного случая. Если же в речевом контексте синонимы все же заменимы, то это объясняется зачастую либо тем, что оттенки их недостаточно ощутимы (недостаточно четко ощущаются говорящим, пишущим), либо тем, что недостаточно узок контекст, что ситуация недостаточно конкретна. Узкий ситуативный контекст дает возможность пролить некоторый свет на оттенки значения синонимов, но не подтверждает их взаимозаменяемости.

В качестве критерия, а точнее, условия синонимичности называют принадлежность слов к одному типу понятий — родовому или видовому. Если иметь в виду названия конкретных предметов, то с этим условием нельзя не согласиться: Tier и Hund или Pflanze и Rose, конечно, не синонимы, хотя о Wind — Sturmwind — Sturm уже нельзя судить категорически. В ряде других случаев, например, если речь идет о некоторых глаголах или названиях абстрактных понятий, эти отношения не столь бесспорны, а кроме того, как справедливо отмечает В. Н. Цыганова [2],

в известных условиях они могут вступать в синонимические отношения, как, например, sehen — glotzen, trinken — nippen, gehen — schleichen. Правда, здесь, очевидно, лучше говорить не о родо-видовых отношениях, а об отношениях общего и частного.

Из сказанного следует, что ни критерий общности предметно-логического содержания, ни те критерии, о которых только что говорилось, не дают достаточно надежных оснований для установления синонимичности между лексико-семантическими вариантами слов, хотя они и должны быть, безусловно, приняты во внимание.

Здесь в вводной статье «О синонимах» мы не ставили перед собой задачу дать четкое определение синонима, синонимического ряда, углубляться в теорию синонимии. Цель этих заметок иная: ввести читателя в суть проблемы, ознакомить с существующими теоретическими взглядами на синонимию, изложить отношение автора этих строк к разным концепциям применительно к его конкретной лексикографической работе — подготовке немецко-русского синонимического словаря.

При составлении синонимических рядов приходилось опираться в известной степени на собственную интуицию и пользоваться справочными пособиями, изданными у нас и за рубежом, как отражающими, так сказать, о б щ е с т в е н н у ю и н т у и ц и ю в отношении синонимичности той или иной группы слов.

Если проанализировать лингвистическую литературу с точки зрения того, какие типы смысловых отличий усматриваются между синонимами, то придется констатировать, что большинство исследователей ограничиваются общим указанием на то, что синонимы различаются оттенками значения. Довольно типично в этом отношении замечание Р. А. Будагова, который пишет, что «самое существенное в синонимах — выражение различных о т т е н к о в з н а ч е н и я» [1] (разрядка наша — И. Р.), но не раскрывает того, что понимается под оттенком значения. В некоторых работах содержатся замечания относительно отдельных конкретных смысловых отличий, которыми обладают синонимы разных групп или какой-либо определенной категории. Так, К. В. Архангельская усматривает между синонимами наличие количественно-качественных отношений [2]. В. Н. Цыганова [3], анализируя глаголы русского языка, выделяет такие признаки, различающие синонимы по оттенкам значения, как с т е п е н ь и н т е н с и в н о с т и д е й с т в и я (кричать — вопить, любить — обожать, бежать — нестись), о т с у т с т в и е и л и н а л и ч и е н а м е р е н н о с т и д е й с т в и я (попасть — очутиться, найти — отыскать, клонить — нагибать). А. П. Евгеньева во Введении к «Словарю синонимов русского языка» говорит, что синонимы: 1) служат детализации и выделению того или иного признака, существенного с точки зрения

---

[1] Булаховский Л. А. Указ. соч., с. 39. См. также Heupel C. Taschenwörterbuch der Linguistik (verbesserte und ergänzte Auflage). München, 1975.
[2] Цыганова В. Н. Синонимический ряд (на материале глаголов современного русского языка). — В кн.: Очерки по синонимии современного русского языка. М.; Л., 1966, с. 180.

[1] Будагов Р. А. Очерки по языкознанию. М., 1953, с. 28—29.
[2] Архангельская К. В. Равнозначные синонимы немецкого языка. — Учен. зап./Моск. гос. пед. ин-т иностр. яз. им. М. Тореза, 1958, т. 16.
[3] Цыганова В. Н. Синонимический ряд. — В кн.: Очерки по синонимии современного русского литературного языка. М.; Л., 1966. На такой признак, как степень интенсивности действия, но на немецком материале, нами было обращено внимание несколько ранее в статье «Синонимы немецкого языка». — «Иностранные языки в школе», 1961, № 5.

говорящего или пишущего (загореться, заняться, вспыхнуть, запылать); 2) служат выражению степени и меры в проявлении признака (громадный, огромный, колоссальный, гигантский, исполинский, грандиозный, циклопический; боязнь, страх, ужас); 3) выражают интенсивность обозначаемого действия (бежать, мчаться, нестись, лететь); 4) служат выражению субъективной оценки, отношения говорящего к обозначаемому (глупый, неумный, безголовый, пустоголовый, безмозглый) [1]. Однако названные признаки не исчерпывают типов смысловых отличий слов-синонимов.

Особенно интересна в этом отношении статья Ю. Д. Апресяна «Английские синонимы и синонимический словарь» [2], где описаны широко представленные в английском материале разнообразные типы признаков, на основе которых возникают семантические различия между синонимами.

Нам представляется, что при определении оттенков значения слова важно принимать во внимание контекст и лексическую среду, в которых употребляется данный лексико-семантический вариант, т. е. учитывать, идет ли речь о живых или неживых предметах, о людях или животных, об объективном или субъективном высказывании и т. д. Например:

halten — stehenbleiben (по отношению к людям нет различия, по отношению к средствам транспорта — есть: halten используется, когда речь идет о любой, обычно регулярной остановке, stehenbleiben — чаще об остановке по особой причине); ertragen — vertragen (ertragen просто констатирует преодоление чего-либо: жары, потерь, голода; vertragen подчеркивает, что преодоление чего-то — насмешек, критики и т. п. — связано с субъективными способностями и особенностями) и т. д.

Анализ употребления значительного числа синонимов немецкого языка дает основание выделить следующие основные признаки, которые следует учитывать при описании семантических отличий слов в синонимическом ряду:

1. **Степень.** Здесь имеется в виду степень возрастания выражаемого свойства, качества или интенсивности действия, например:

    Befürchtung — Angst — Entsetzen
    gut — ausgezeichnet
    schwerhörig — taub — stocktaub
    werfen — schleudern
    zuhören — horchen
    laufen — rennen

2. **Характер** (действия, процесса и т. д.). Т. е. продолжительность, быстрота, размеренность, небрежность или тщательность выполнения и т. д., например:

    aufmachen — aufsperren
    anfangen — ausbrechen
    gehen — schreiten
    schauen — betrachten

---

[1] Словарь синонимов русского языка. В 2-х т. Л., 1970, т. 1, с. 10—11.
[2] Англо-русский синонимический словарь/Сост. под рук. А. И. Розенмана, Ю. Д. Апресяна. М., 1979.

3. **Специализация.** К специализации относятся случаи, когда слово имеет либо более общее, либо более частное значение, указывает на абсолютный или относительный признак. Эти случаи связаны с разным объемом значения, с различной сочетаемостью, например:

    gießen — eingießen — zapfen (из бочки)
    Gipfel — Wipfel (у дерева)
    weit (во всех направлениях) — breit (в одном)
    vorteilhaft ('выгодный') — einträglich ('доходный')
    geschehen — passieren (лишь по отношению к не очень значительным событиям)
    ablegen — abnehmen — ausziehen (разная сочетаемость: ablegen — только о верхней одежде)
    strafen — bestrafen (с применением конкретной меры наказания)
    verlieren — einbüßen — sich (D) verscherzen (по собственной вине)
    Laut (в фонетике) — Ton, Klang (в музыке) — Schall (в акустике)

4. **Отношение.** Здесь имеется в виду оценка выражаемого действия, качества, например:

    ausgeben ('расходовать') — verschwenden ('расточать')
    schreiben ('писать') — kritzeln ('царапать')

5. **Мотивация.** Под мотивацией понимается внешнее или внутреннее побуждение к действию, а также причины действия, зависящие или не зависящие от субъекта, например:

    sich benehmen (внутреннее побуждение) — sich betragen (как предписано, установлено)
    spazierengehen ('гулять') — schlendern ('гулять без цели', 'шляться')
    blinzeln — zwinkern (большей частью намеренно)
    ändern — verändern (не зависит от субъекта)

6. **Результативность** (действия, процесса). Например:

    behandeln — kurieren — heilen ('вылечить')
    wecken — erwecken ('пробуждать')

7. **Постоянство** (свойства, признака предмета, действия). Например:

    schüchtern (постоянный признак 'робкий') — verlegen (временный признак 'смущенный')
    böse ('злой') — erbost ('разозленный')
    leben ('жить' где-л.) — sich aufhalten ('временно жить, останавливаться')

Некоторые синонимы обладают одновременно несколькими признаками. Так, например, verlieren — einbüßen — sich (D) verscherzen отнесены к рубрике 3 (специализация), хотя verscherzen отличается от других членов ряда и тем, что выражает результативность (рубрика 6), поскольку означает, что кто-либо потерял, утратил что-либо окончательно, навсегда.

В приведенных примерах в качестве синонимов фигурируют лишь знаменательные части речи, но это не означает, что в синонимические отношения не могут вступать служебные слова и междометия. Однако они сравнительно малочисленны и чаще выступают как полные синонимы.

Стилистически не ограниченные синонимы могут подразделяться на равнозначные и неравнозначные синонимы.

Р а в н о з н а ч н ы е   с и н о н и м ы могут быть полными (если совпадают и их значение и их употребление) и неполными (если они отличаются только по употреблению). Примеры: halten и stehenbleiben 'стоять' (по отношению к человеку) полные синонимы; Meer и See 'море' — неполные, так как можно сказать: das Meer (но *не* die See) bedeckt einen großen Teil der Erdkugel, Leutnant zur See (но *не* zum Meer).

Н е р а в н о з н а ч н ы е   с и н о н и м ы различаются по оттенкам значения и большей частью и по употреблению. Эти последние наиболее многочисленны.

Исследуя синонимы, можно наблюдать интересный факт: одни синонимы могут употребляться с любыми частями речи (если они вообще с ними сочетаются), а другие нет. Приведем в качестве примера sogar — selbst. Sogar сочетается с любой знаменательной частью речи, в то время как selbst нельзя сочетать с глаголом.

Все вышеперечисленные критерии хотя и не исчерпывают всего многообразия оттенков значения синонимов, однако все же проливают некоторый свет на характер синонимических отношений между отдельными значениями так называемых и д е о г р а ф и ч е с к и х   с и н о н и м о в, т. е. не совпадающих полностью по значению.

На первый взгляд несколько проще обстоит дело со стилистически дифференцированными, так называемыми с т и л и с т и ч е с к и м и   с и н о н и м а м и. Однако и здесь нет достаточно надежных данных ни для дифференциации стилистически не ограниченных и стилистически ограниченных, ни для дальнейшего подразделения стилистически ограниченных синонимов хотя бы на синонимы разговорного и книжно-письменного стиля речи.

Иногда различие между стилистически не ограниченными (идеографическими) и стилистически ограниченными синонимами видят в их различной эмоциональной окраске, в различной экспрессивности и потому называют первые нейтральными, а вторые — стилистически окрашенными. Эти термины вряд ли удачны, так как стилистическая нейтральность в смысле нулевой экспрессивности присуща как стилистически ограниченным, так и стилистически не ограниченным синонимам; ср. anfangen и beginnen, aufmachen и öffnen или Dienstmädchen и Haustochter, где первые члены синонимических рядов относятся к стилистически не ограниченным, а вторые — либо к лексике книжно-письменной, либо разговорной речи; ср. das Geschäft wird geöffnet, но *не* aufgemacht и т. д. Однако в этих синонимах нельзя обнаружить никаких экспрессивных (эмоциональных) оттенков.

Стилистически ограниченные синонимы сравнительно легко обнаруживаются по присущим им дополнительным экспрессивным оттенкам, выражающим иронию, торжественность и т. д.; ср. inkommodieren, Beamtenkuh, Gemach и др.

«Нейтральные» стилистические синонимы труднее обнаружить, так как они обычно словарями соответствующим образом не квалифицируются. Их стилистическую ограниченность можно установить только либо путем лингвистического эксперимента, как предлагал Л. В. Щерба, для чего нужно совершенное знание языка, а им обладают немногие, либо статистически, путем изучения большого количества текстов (контекстов), что, в общем, не под силу одному исследователю; возможно, что это скоро будет выполнено с помощью машин. Практическая важность этой работы неоспорима. Достаточно пролистать любой учебник по иностранному языку, чтобы убедиться в том, насколько неоправданно в нем употребление синонимов, например, beginnen вместо anfangen, wünschen вместо wollen, senden вместо schicken и т. п.

В немецкой лексикографии имеется довольно большое количество синонимических словарей, но они почти все, за исключением старого издания словаря серии Дудена [1], представляют собой более или менее удачно подобранные синонимические ряды, не содержащие, как правило, примеров, иллюстрирующих их значение и употребление. Среди опубликованных словарей можно обнаружить два типа: словари, где синонимические ряды смешаны с тематическими (сюда можно отнести словари, подобные словарю Пельцера [2]) и синонимические словари типа Гернера и Кемпке [3], где проведен строгий отбор синонимов, но не даны различия между ними.

В словаре К. Пельцера, например, в одном ряду приведены Bank, Stuhl, Schemel, Schulbank и т. д., которые образуют тематический, но не синонимический ряд. В словаре под редакцией Г. Гернера и Г. Кемпке собрано большое количество синонимических рядов, члены которых представляют собой либо идеографические, либо стилистические синонимы.

Все эти словари предназначены для носителей языка и рассчитаны на то, чтобы установить то общее, что характерно для синонимов данного ряда. Но, как уже говорилось, из них нельзя почерпнуть почти никаких сведений о том, в чем заключаются различия между помещенными в один ряд синонимами.

Единственным пока словарем, который дает и те и другие сведения, является упомянутый выше синонимический словарь серии Дудена [1]. Помимо синонимических рядов он содержит и пространное толкование различий в значении и употреблении членов каждого синонимического ряда, а также иллюстрирующие их примеры, в том числе и заимствованные из литературы [4].

Предлагаемый читателю словарь построен по тому же принципу, что и синонимический словарь серии Дудена. Его отличие заключается прежде всего в том, что он дву-

---

[1] Duden. Vergleichendes Synonymwörterbuch/Hrsg. unter Leitung von P. Grebe. Mannheim, 1964.
[2] Peltzer K. Das treffende Wort. 5. Aufl. Thun und München, 1959.
[3] Synonymwörterbuch/Hrsg. von H. Görner, G. Kempcke. Leipzig, 1973.
[4] Более позднее издание синонимического словаря серии Дудена содержит только ряды, тематические и синонимические вперемешку, со стилистическими пометами и представляет собой словарь традиционного плана, совершенно другую, по сравнению с изданием 1964 г., книгу, что и отразилось в новом названии: Sinn- und sachverwandte Wörter, Mannheim, 1972.

язычный (немецко-русский), в то время как словарь Duden 8 (1964 г.) одноязычный. Кроме того, несколько иначе составлены и сами синонимические ряды. Из чисто практических соображений мы стремились к тому, чтобы они по составу синонимов были не слишком малочисленны, но, с другой стороны, и не превращались бы в тематические ряды. В отличие от точки зрения В. Н. Цыгановой [1], в нашем словаре считается допустимым объединять в один общий ряд те синонимы, которые внутри данного ряда образуют подгруппу с более близким значением по отношению друг к другу, чем ко всем другим членам данного ряда. Внутри ряда русского глагола идти (шагать, вышагивать, ступать, выступать, шествовать, переть, переться), действительно, имеется подгруппа **брести** (плестись, тащиться, тянуться, ползти), члены которой более тесно связаны друг с другом, и в словаре А. П. Евгеньевой эта подгруппа синонимов выделена в самостоятельный ряд. Так же поступают и в упомянутом выше словаре из серии Дудена (1964 г.), разделив ряд gehen 'ходить' на несколько рядов, хотя и не совсем понятно, по каким признакам, так как есть самостоятельный ряд trippeln 'семенить', куда попадают: stolzieren, stelzen и tänzeln, а в ряд gehen входят laufen — schreiten — marschieren — schleichen.

Наш ряд gehen значительно шире, он включает все оттенки 'идти': идти гордо, быстро, медленно, переваливаясь и т. д. Мы считаем их оттенками одного и того же значения. Нам кажется, что с практической точки зрения более целесообразно не разделять их на самостоятельные ряды, так как в этом случае читатель не только получит полное представление о различных возможных оттенках глагола gehen, но и сможет, зная, как правило, основной глагол gehen, найти в этом ряду нужный ему синоним.

Потребности практики определили содержание, методику и построение данного первого немецко-русского синонимического словаря.

И. Рахманов

---

[1] Цыганова В. Н. Синонимический ряд. — В кн.: Очерки по синонимике русского литературного языка. М.; Л., 1966, с. 177.

СТРУКТУРА СЛОВАРЯ

Состав синонимического ряда

1. В словаре рассматриваются синонимы современного немецкого литературного языка. Архаическая, узкоспециальная, диалектная и жаргонная лексика, как правило, не приводится *.

Производные слова включаются в словник лишь в том случае, когда они отличаются от исходного слова не только своим лексико-грамматическим значением, а образуют синонимический ряд, не совпадающий по составу с рядом исходного слова. Например, ряд исходного существительного

Laune¹ прихоть, каприз
die **Laune** — die **Schrulle** — die **Marotte** — der **Tick** — die **Grille** — die **Mucke**

значительно отличается по своему составу от ряда производного прилагательного

launenhaft непостоянный, капризный
launenhaft — **launisch** — **kapriziös** — **unberechenbar** — **grillenhaft** — **wetterwendisch**

В словаре представлены все части речи, хотя количество служебных слов по сравнению со знаменательными невелико.

2. Синонимы, образующие синонимический ряд, принадлежат к одной и той же части речи. Это, однако, не исключает известных грамматических различий между ними. В частности, в одной словарной статье могут быть объединены слова и словосочетания, выступающие как прилагательное и как наречие. Например:

bald — **in Zukunft** — **zukünftig**
umsonst — **vergebens** — **vergeblich**

В синонимических рядах глаголов и прилагательных при иллюстрации употребления допускались примеры, включающие субстантивированные слова, если последние сохраняют и хорошо передают семантические особенности исходного слова. Например:

nachsinnen *высок.* ≃ nachdenken ... sie schwieg in tiefem Nachsinnen она молчала, погруженная в глубокое раздумье

---

* Отдельные слова подобного рода обязательно снабжены предупреждающими пометами типа *уст.*, *диал.* и т. п.

Переходные и возвратные глаголы иногда в целях экономии места включались в статью переходного глагола при наличии тесной смысловой связи между ними. Например:

kämmen (, sich) причёсывать(ся)
(sich) kämmen — **(sich) frisieren**

Типы словарных статей

3. Корпус словаря состоит из словарных статей двух типов: основных, содержащих синонимические ряды с описанием синонимов, и ссылочных статей.

Заглавным словом основных статей является и н д и ф ф е р е н т н ы й с и н о н и м. Под индифферентным понимается синоним, который передаёт значение данного синонимического ряда наиболее общо, не имеет эмоциональной окраски и является, как правило, наиболее употребительным в данном ряду. В качестве заглавного слова индифферентный синоним с русским эквивалентом помещается над соответствующим синонимическим рядом. Например:

Balkon балкон
der **Balkon** — der **Altan** — der **Söller**

Статьи в словаре располагаются строго по алфавиту заглавных слов. Например:

ergeben *см.* treu
Ergebenheit *см.* Treue
ergeben, sich получаться (в результате)

Если слово имеет несколько значений и является индифферентным синонимом для нескольких рядов, то каждый ряд представлен самостоятельной статьёй, а заглавное слово, следовательно, повторяется соответствующее число раз и снабжено надстрочной цифрой. Например:

gehen¹ идти
gehen — **schreiten** ...
gehen² идти, отправляться
gehen — **sich auf den Weg machen** ...

Если слово в данном значении не является индифферентным синонимом, оно приводится на своём алфавитном месте с отсылкой на тот ряд, в состав которого оно входит. Например:

Altan *см.* Balkon

Если слово встречается в нескольких рядах, перечисляются (отделенные друг от друга косой чертой) соответствующие ряды. Например:

gehen³ *см.* arbeiten³/ausscheiden¹/fahren¹, ²/fortgehen¹

Статья, содержащая синонимический ряд, предшествует ссылочной статье. Например:

Abschied¹ прощание
der **Abschied** — das **Lebewohl** ...
Abschied² *см.* Rücktritt

Омонимы снабжаются римскими цифрами. Например:

bloß I *см.* nackt
bloß II *см.* nur

Членами синонимического ряда могут быть как слова, так и словосочетания *. Последние могут иногда выступать в качестве индифферентного синонима. Например:

fremd werden становиться чужим

fremd werden — e n t f r e m d e t   s e i n — s i c h
e n t f r e m d e n

Для удобства отыскания того или иного словосочетания все полнозначные слова, входящие в его состав, приводятся на своем алфавитном месте с двоеточием, после которого следует словосочетание со ссылкой на тот ряд, членом которого является данное сочетание. Например:

Rache²: Rache nehmen *см.* rächen (, sich)
nehmen⁵: ... Rache nehmen *см.* rächen (, sich)

4. Расположение синонимов в синонимическом ряду определяется, как правило, принадлежностью слова к определенному стилю речи. В этом случае синонимы располагаются в такой последовательности: индифферентный синоним, затем другие стилистически нейтральные синонимы (набранные полужирным шрифтом), затем синонимы, относящиеся к книжной речи (набранные в разрядку), и, наконец, слова разговорной речи (набранные светлым шрифтом). Например:

betragen составлять (*определенное количество*)
betragen — **ausmachen** — s i c h   b e l a u f e n — machen

Многие синонимы, особенно обозначающие признак, свойство, качество и т. п., образуют синонимические ряды, выражающие некую иерархическую зависимость членов ряда. В таком случае синонимы приводятся в порядке возрастания признака или интенсивности действия, причем стилистическая характеристика синонимов наглядно представлена различными шрифтами тем же способом, что и в предыдущем случае. Такому ряду дается общая характеристика, в которой порядок следования синонимов специально оговаривается. Например:

freudig¹ радостный
zufrieden — **vergnügt** — h e i t e r — **froh** — **freudig** — **heidenfroh** — **glücklich** — **überglücklich** — **selig** — **glückselig** — v e r k l ä r t

Синонимы данного ряда расположены по степени возрастания выражаемого признака

---

* Словосочетания, в том числе фразеологизмы, включались в словарь очень ограниченно и составляют небольшой процент от общего количества единиц.

Построение словарной статьи

5. Материал в словарной статье располагается следующим образом. После заглавного слова и синонимического ряда следует описание синонимов. Здесь каждый член ряда, кроме индифферентного синонима, снабжается необходимыми пометами (грамматическими, стилистическими и др.) *, затем дается лексико-семантическая характеристика слова: переводы и пояснения, раскрывающие значение слова. Описание каждого синонима завершается иллюстрацией употребления слова. Например:

Ehrenmann честный человек
der **Ehrenmann** — der **Biedermann** — ehrliche Haut
Ehrenmann *индифф. синоним; напр.*: ich halte ihn für einen Ehrenmann я считаю его честным человеком; er ist durch und durch ein Ehrenmann он чрезвычайно порядочный человек, он человек чести. **Biedermann** *устаревает* порядочный человек *теперь — о доверчивом обывателе; напр.*: □ Frisch, Fährmann|Schaff' den Biedermann hinüber (*Schiller, »Wilhelm Tell«*) Скорей, лодочник, перевези этого порядочного человека. **ehrliche Haut** *разг.* честная душа; *напр.*: sie ist eine ehrliche Haut она честнейшая женщина

Остановимся на перечисленных выше компонентах словарной статьи и содержащейся в них информации.

6. Фонетические и грамматические сведения о слове даются выборочно, поскольку словарем будет пользоваться читатель, уже имеющий определенные познания в немецком языке и опыт пользования переводными словарями, где такие сведения имеются.

В трудных случаях при иностранных словах приводится транскрипция. Например:

Cup [kap] *спорт.* кубок...
Mahleur [-lø:r] *разг.* мелкая неприятность ...

В отдельных случаях у омографов указано ударение (módern и modérn, úmstellen и umstéllen и т. п.)

Синонимы-существительные в ряду приводятся с определенным артиклем (см. примеры Balkon, Abschied¹ в п. 3). При объяснении синонимов грамматическая информация служит выявлению специфики употребления того или иного синонима, особенно по сравнению с другим членом ряда. Например, грамматические пометы в ряду Unannehmlichkeit подчеркивают разницу в употреблении двух слов:

Bescherung *тк. ед. разг. ирон.* неприятная неожиданность, неприятный сюрприз... **Schererei** *б. ч. мн. разг.* неприятное дело, неприятность, связанная с хлопотами...

Имеются пояснения, указывающие на особенности синтаксической конструкции, характерной для данного слова. Например, в ряду fähig:

befähigt даровитый ⟨*б. ч. атрибутивно*⟩...

в ряду kurz:

---

* См. ниже п.п. 6, 7.

kurz und bündig коротко и ясно *(употр. как наречие)*...

Сказанное о пояснениях относится и к глагольному управлению, оно не приводится регулярно, поскольку явствует из примеров, однако в отдельных случаях указано специально. Например, в ряду kritisieren:

kritisieren (A) *индифф. синоним*... **aussetzen** (*etw. an D*) находить недостатки в ком-л., в чем-л. (*обыкн. в форме Inf. с zu*)... **herziehen** (*über A*) *разг.* обрушиться с критикой на кого-л., на что-л.

7. Система помет, принятая в словаре, отражает сферу употребления слова (*юр., мед.* и т. п.), принадлежность к тому или иному функциональному стилю (*книжн., разг.* и т. п.), жанровую или территориальную ограниченность (*поэт., офиц., австр.* и т. п.), а также его экспрессивную окраску (*шутл., ирон., неодобр.* и т. п.).

Помета *фам.* (фамильярно) соответствует немецкой помете salopp, а не familiär. Помета *канц.* в отличие от *офиц.* является предостерегающей и соответствует немецким пометам papierdeutsch, Beamtensprache.

Кроме обычного набора помет, имеющихся в большинстве немецко-русских словарей, для характеристики экспрессивности используются более специальные пометы, *эмоц.* и *эмоц.-усил.*

Помимо пометы *уст.* (устарело) используется *устаревает*. Употребляется также помета *неол.* (неологизм). Введена специальная помета *редко*.

Помета типа *уст. и высок.* означает, что слово как стилистически нейтральное устарело, но еще употребительно в возвышенном стиле, тогда как *уст. высок.* означает, что речь идет об устаревшем слове высокого стиля.

8. Значение слов, входящих в синонимический ряд, разъясняется при помощи русского эквивалента или описательно. Например:

Kluft I пропасть
die **Kluft** — der **Abgrund** — die **Tiefe** — der **Schlund**
Kluft *индифф. синоним*... **Abgrund** бездна... **Tiefe** глубина... **Schlund** *высок. поэт.* пучина...

Русский перевод может включать элементы толкования, например, в ряду unangenehm:

peinlich неприятный тем, что связан с тягостным ощущением неловкости, смущения *и т. п.*

Раскрытию значения слова служит сопоставление одного синонима с другим, причем особое внимание уделяется смысловым отличиям между ними, например:

Köchin кухарка, повар
die **Köchin** — die **Kochfrau** — die **Küchenfee**...
...**Küchenfee** *разг. шутл.* ≅ Köchin, *но употр., когда о кухарке отзываются с большой похвалой*...

Если в каком-либо ряду все синонимы имеют примерно то же значение и переводятся одинаково, то до объяснения отдельных синонимов дается их общая семантическая характеристика. Например:

gesetzlich законный
gesetzlich — rechtlich — gesetzmäßig — rechtmäßig — legal — legitim — rechtskräftig — rechtsgültig

Синонимы данного ряда имеют примерно одно и то же значение, но различаются по сочетаемости и употреблению

В этом случае перевод дается только при заглавном слове и при каждом синониме не повторяется.

Если же совпадают значения лишь у отдельных синонимов ряда, то после синонима, отличающегося от ранее описанного только стилистически или по употреблению, вместо перевода дается отсылка со знаком приблизительного равенства ≅. Это значит, что слово имеет примерно то же значение, что и то, с которым оно сопоставляется, например:

pleite *разг.* ≅ bankrott, *но часто шутл. — о временных денежных затруднениях* ...

Если совпадает не только значение, но и употребление, синонимы при описании даются через запятую, например, в ряду gleiten¹:

schlittern, glitschen *разг.* скользить (*без коньков, лыж*) на льду *или* гладкой поверхности...

При отсылке они даются со знаком равенства, например, в ряду beredt:

mundfertig = zungenfertig, *но употр. редко*...

Если в пределах значения данного синонимического ряда у какого-либо синонима четко выделяются различные условия употребления или оттенки значения, объяснение синонима делится на соответствующие подпункты. Например, в ряду bereiten²:

präparieren a) готовить кого-л. (*к экзаменам и т. п.*)... b) *устаревает* препарировать (*текст и т. п.*), готовить уроки (*особенно сочинение, перевод и т. п.*)...

9. Иллюстративные примеры с переводом на русский язык дополняют лексико-семантическую характеристику синонимов. Иллюстрации представляют собой типичные для данного немецкого слова словосочетания, фразы, а также цитаты из художественной литературы и прессы [*].

В иллюстративных примерах словосочетания и фразы отделяются друг от друга точкой с запятой. Синтаксически однородные сочетания даются в стяженной форме: их общая часть не повторяется, а остальные элементы отделяются запятой. Например:

strenge, geheime Vorschriften befolgen следовать строгим, тайным указаниям; die Medizin streng nach Vorschrift einnehmen принимать лекарство строго по предписанию (врача)

Без иллюстраций даются только немногие диалектные и редкие слова с отсылкой на равнозначное слово, например, в ряду gehen¹:

---

[*] Это не значит, что все три типа примеров обязательно используются в каждом случае. Количество и форма иллюстративных примеров определялись авторами с учетом специфики конкретного синонима.

dappeln *диал.* = trippeln

Литературные цитаты не только раскрывают значение и характер использования синонима, но и подтверждают употребительность его в современном немецком языке. Основными источниками цитирования служат произведения немецкой литературы 20-го века, принадлежащие перу авторов всех немецкоязычных стран, и периодические издания ГДР, главным образом газеты. Словарь содержит также цитаты из произведений К. Маркса и Ф. Энгельса, Гете, Шиллера и Гейне.

К цитатам обычно дается подстрочный перевод. Художественный перевод, «неточный» по сравнению с пословным и в силу этого не отвечающий учебным целям словаря, привлекался, если отрывок, содержащий иллюстрируемое слово, переведен достаточно близко к оригиналу и адекватно передает смысловые и стилистические нюансы этого слова.

Цитаты из газет (»Neues Deutschland«, »Berliner Zeitung«, еженедельник »Wochenpost«) приводятся с сокращенным названием источника (*ND, BZ, Wp*) и с указанием даты. Цитаты из художественной литературы — с указанием фамилии автора и сокращенного названия произведения. Например: (*Seghers*, »*Die Toten*«), т. е. Anna Seghers, »Die Toten bleiben jung«.

Ниже перечислены произведения, цитаты из которых использованы в словаре (в скобках указано сокращенное название).

M a r x K., E n g e l s F. Das Manifest der kommunistischen Partei, Deutsche Ideologie; M a r x K. Wie ich meinen Schwiegersohn erzog; E n g e l s F. Die Lage der arbeitenden Klasse in England (»*Arbeitende Klasse*«); A p i t z B. Nackt unter Wölfen; B e c h e r J. Abschied; B o r c h e r t W. Draußen vor der Tür; B r e c h t B. Dreigroschenroman, Das Leben des Galilei, Gedichte; B r e d e l W. Die Prüfung, Dein unbekannter Bruder, Der Kommissar am Rhein; B ř e z a n. J. Christa; B r u y n, G. d e Preisverleihung; B ü r g e r G. A. Lenore; DDR, 300 Fragen; D ü r r e n m a t t F. Der Richter und sein Henker; E g e l K. G. Dr. Schlüter; E r p e n b e c k F. Der Tüchtige, Gründer; F a l l a d a H. Jeder stirbt für sich allein (»*Jeder stirbt*«), Wer einmal aus dem Blechnapt frißt (»*Blechnapf*«), Wolf unter Wölfen (»*Wolf u. Wölfen*«), Kleiner Mann — was nun? (»*Kleiner Mann*«), Geschichten aus der Murkelei; F e u c h t w a n g e r L. Die Brüder Lautensack (»*Lautensack*«), Die Füchse im Weinberg (»*Die Füchse*«), Die Geschwister Oppermann (»*Oppermann*«), Erfolg, Exil, Der falsche Nero, Jefta und seine Tochter (»*Jefta*«), Die Jüdin von Toledo, Jud Süß, Goya, Narrenweisheit; F o n t a n e Th. Effi Briest; F r a n k Br. Cervantes; F r a n k L. Mathilde; F r i s c h M. Homo faber, Stiller; F r ü n d t E. Reise in das Barock (»*Barock*«); G e o r g e St. Komm in den Park; G l u c h o w s k i Br. Blutiger Stahl; G o e t h e W. Faust, Gedichte; G r a s s G. Die Blechtrommel, Katz und Maus; G r ü n, M a x v o n d e r Irrlicht und Feuer (»*Irrlicht*«), Stellenweise — Glatteis, Zwei Briefe an Pospischiel (»*Zwei Briefe*«), Etwas außerhalb der Legalität; H a u f f W. Das kalte Herz und andere Märchen; H a u p t m a n n G. Vor Sonnenuntergang; H e i d u c z e k W. Abschied von den Engeln; H e i n e H. Die Harzreise, Ideen. Das Buch Le Grand, Buch der Lieder, Deutschland. Ein Wintermärchen (»*Deutschland*«); H e r m l i n St. Thälmann im Sportpalast; H e s s e H. Klingsors letzter Sommer, Narziß und Goldmund (»*Narziß*«); H e y m St. Gespräch im Kurpark; G. H o f é Schlußakkord; J o b s t H. Der Glückssucher; J o h o W. Das Klassentreffen; K a f k a F. Das Schloß, Das Urteil und andere Erzählungen (»*Erzählungen*«); K a n t H. Die Aula; K ä s t n e r E. Die verschwundene Miniatur; K e l l e r G. Die drei gerechten Kammacher (»*Die Kammacher*«); K e l l e r m a n n B. Jester und Li, Das Meer, Der 9. November, Die Stadt Anatol (»*Die Stadt*«), Totentanz, Der Tunnel; Die Kinder- und Hausmärchen der B r ü d e r G r i m m; K o e p p e n W. Das Treibhaus (»*Treibhaus*«); K r ü g e r R. Malt, Hände, malt; L e n z S. Stadtgespräch; M a n n H. Empfang bei der Welt (»*Empfang*«), Die Jugend des Königs Henri Quatre (»*Die Jugend*«), Die Vollendung des Königs Henri Quatre (»*Die Vollendung*«), Professor Unrat («*Unrat*«), Der Untertan (»*Untertan*«), Novellen; M a n n Th. Buddenbrooks, Bekenntnisse des Hochstaplers Felix Krull, Novellen; M a y F. Die letzten von U 189; M e h r i n g F. Deutsche Geschichte; M e i e r Die Hochzeit des Mönchs; M e n z e l W. Wermut sind die letzten Tropfen; N o l l D. Die Abenteuer des Werner Holt (»*Werner Holt*«), Kippenberg; O t t W. Haie und kleine Fische; P e t e r s h a g e n R. Gewissen in Aufruhr; P a n i t z E. Die unheilige Sophia, Meines Vaters Straßenbahn; P i a n a T h e o Thomas Mann; P l e n z d o r f U. Die neuen Leiden des jungen W. (»*Die neuen Leiden*«); P r o b s t A. Wir brauchen euch beide; R e m a r q u e E. M. Drei Kameraden, Der Himmel kennt keine Günstlinge (»*Der Himmel*«), Im Westen nichts Neues (»*Im Westen*«), Liebe Deinen Nächsten, Schatten im Paradies (»*Schatten*«), Schwarzer Obelisk, Zeit zu leben und Zeit zu sterben (»*Zeit zu leben*«), Der Funke Leben, Die Nacht von Lissabon; R e n n L. Im spanischen Krieg, Zu Fuß zum Orient, Krieg, Nachkrieg; R i c h t e r H. W. Spuren im Sand; S a c h s e W. Menuett und Motette; S c h a l l ü c k P. Pro Ahn 60 Pfennig; S c h i l l e r Fr. Don Carlos, Die Jungfrau von Orleans, Maria Stuart, Wilhelm Tell, Wallensteins Tod, Piccolomini, Balladen; S c h u l z M. W. Wir sind nicht Staub im Wind; S e g h e r s A. Das siebte Kreuz, Die Toten bleiben jung (»*Die Toten*«); S t e i n b e r g W. Der Tag ist in die Nacht verliebt (»*Der Tag*«); S t r i t t m a t t e r Ole Bienkopp, Der Wundertäter (»*Wundertäter*«); S t r o m Th. Pole Poppenspäler; V a l e n t i n Th. Die Unberatenen; W e b e r H. Museumsräuber; W e i s e n b o r n G. Der Verfolger; W e i s k o p f F. C. Abschied vom Frieden, Lissy; Z u c h a r d t K. Der Spießrutenlauf (»*Spießrutenlauf*«); Z w e i g A. Erziehung vor Verdun; Z w e i g St. Maria Stuart, Joseph Fouché (»*Fouché*«), Novellen.

10. Условные знаки, встречающиеся в словаре:
= з н а к р а в е н с т в а означает «имеет то же значение»

≃ знак приблизительного равенства означает «имеет примерно то же значение»

▭ прямоугольник указывает, что за ним следует цитата

( ) В круглых скобках даны 1) орфографические варианты синонима: **Chauffeur** (Schofför); 2) форма множественного числа, если единственное не употребляется: **Ausflucht** *тк. мн.* (Ausflüchte); 3) пояснения: Befreiung¹ освобождение (*из заключения, из неволи*); Befreiung² освобождение (*от обязательств*); 4) факультативная часть текста: **Altan** (большой) балкон на колоннах; 5) литературный источник (см. п. 9)

[ ] В квадратных скобках даны 1) транскрипция (см. п. 6); 2) возможный вариант замены (*читай: или*): eine Weisung erhalten [empfangen, bekommen, entgegennehmen] получить указание; er war ihm an Kraft ebenbürtig он был равен [не уступал] ему по силе

⟨ ⟩ В угловых скобках даны сведения о грамматической стороне слова, его структурных, синтаксических особенностях (см. п. 6).

ЛЕКСИКОГРАФИЧЕСКИЕ ИСТОЧНИКИ

Словарь современного русского литературного языка. М.; Л., 1950—1965. Т. 1—17.

Толковый словарь русского языка/Под ред. Д. Н. Ушакова. М., 1935—1940. Т. 1—4.

Словарь русского языка/АН СССР, Ин-т рус. яз. М., 1957—1961. Т. 1—4.

Ожегов С. И. Словарь русского языка/Под ред. Н. Ю. Шведовой. 10-е изд., стереотип. М., 1973.

Словарь синонимов русского языка/Под ред. А. П. Евгеньевой. Л., 1970—1971. Т. 1—2.

Словарь синонимов/Под ред. А. П. Евгеньевой. Л., 1975.

Александрова З. Е. Словарь синонимов русского языка. М., 1968.

Ахманова О. С. Словарь лингвистических терминов. 2-е изд. М., 1969.

Словарь иностранных слов. 6-е изд., переработ. и доп. М., 1964. То же. 7-е изд., переработ. М., 1979.

Большой немецко-русский словарь/Под ред. О. И. Москальской. М., 1969. Т. 1—2.

Немецко-русский словарь/Под ред. И. В. Рахманова 4-е изд., М., 1965.

Wörterbuch der deutschen Gegenwartssprache/Hrsg. von R. Klappenbach, W. Steinitz, Berlin, 1964—1978. Bd. 1—6.

Synonymwörterbuch. Sinnverwandte Ausdrücke der deutschen Sprache/Hrsg. von H. Görner, G. Kempcke, Leipzig, 1974.

Der Große Duden. Wörterbuch und Leitfaden der deutschen Rechtschreibung. 17. Aufl. Leipzig, 1976.

Wörter und Wendungen. Wörterbuch zum deutschen Sprachgebrauch/Hrsg. von Dr. E. Agricola. Leipzig, 1962.

Wörterbuch der deutschen Aussprache. 2. überarb. und erw. Aufl. Leipzig, 1974.

Bielfeldt H. H. Russisch-Deutsches Wörterbuch. Berlin, 1958.

Conrad R. Kleines Wörterbuch sprachwissenschaftlicher Termini. Leipzig, 1975.

Klien H. Fremdwörterbuch. Leipzig, 1965.

Mackensen L. Deutsches Wörterbuch. 9. völlig neubearb. und stark erw. Aufl. München, 1977.

Mackensen L. Das moderne Fremdwörter-Lexikon 2., überarb. und erw. Aufl. München, 1975.

Wahrig G. Deutsches Wörterbuch. Gütersloh, 1975.

Wahrig G. Fremdwörterlexikon. Gütersloh, 1978.

Der Sprachbrockhaus. Deutsches Bildwörterbuch. 8. völlig neubearb. und erw. Aufl. Wiesbaden, 1976.

Ullstein Lexikon der deutschen Sprache. Frankfurt; Berlin, 1969.

Das Große Wörterbuch der deutschen Sprache. Mannheim, 1976—1979. Bd. 1—6.

Der Große Duden. Rechtschreibung der deutschen Sprache und der Fremdwörter. 17. Aufl. Mannheim, 1973, Bd. 1.

Der Große Duden. Stilwörterbuch der deutschen Sprache. 5. Aufl. Mannheim, 1963. Idem. 6. völlig neubearb. und erw. Aufl. Mannheim, 1971, Bd. 2.

Der Große Duden. Fremdwörterbuch. 3. völlig neubearb. und erw. Aufl. Mannheim, 1974, Bd. 5.

Der Große Duden. Vergleichendes Synonymwörterbuch. Sinnverwandte Wörter und Wendungen. Mannheim, 1964, Bd. 8.

Der Große Duden. Sinn- und sachverwandte Wörter und Wendungen. Mannheim, 1972, Bd. 8.

Der Große Duden. Bedeutungswörterbuch. Mannheim, 1970, Bd. 10.

Paul H. Deutsches Wörterbuch. 7. Aufl. Halle (Saale), 1960.

Bauer B. Synonymenwörterbuch. Frankfurt a. M.; Berlin, 1965.

Dornseiff F. Der deutsche Wortschatz nach Sachgruppen, 4. Aufl. Berlin, 1954.

Janko J. Deutsch-tschechisches Handwörterbuch. Prag, 1936—1938. Bd. 1—4.

Küpper H. Wörterbuch der deutschen Umgangssprache, Hamburg; Düsseldorf, 1956—1970. Bd. 1—6.

Wehrle-Eggers Deutscher Wortschatz. Ein Wegweiser zum treffenden Ausdruck. 13. Aufl. Stuttgart, 1967.

Lewandowski. Linguistisches Wörterbuch. 3. Aufl. Heidelberg, 1980.

Farrel R. B. Dictionary of German Synonyms. Cambridge, 1953.

СПИСОК УСЛОВНЫХ СОКРАЩЕНИЙ

Русские сокращения

австр. австрийский
археол. археология
астр. астрономия
банк. банковское дело
безл. безличная форма, безличный глагол, безличное местоимение
берл. берлинский
библ. библеизм
биол. биология
бран. бранное слово, выражение
букв. буквально
б. ч. большей частью
в. век
вв. векá
в знач. в значении
воен. военное дело, военный жаргон
возвр. возвратная форма, возвратное местоимение
вост.-ср.-нем. восточносредненемецкий
в т. ч. в том числе
высок. высокий стиль
где-л. где-либо
геогр. география
гл. глагол
грам. грамматика
груб. грубое слово, выражение
детск. детская речь
диал. диалектизм
дип. дипломатия
др. другой, другие
ед. единственное число
жарг. жаргон
з.-нем. западнонемецкий
индифф. индифферентный
ирон. иронически(й)
ист. история, историзм
и т. д. и так далее
и т. п. и тому подобное
как-л. как-либо
какой-л. какой-либо
канц. канцеляризм
книжн. книжный стиль
колич. количество, количественный
ком. коммерция
куда-л. куда-либо

лингв. лингвистика
лит. литература, литературоведение
личн. личная форма, личное местоимение
мест. местоимение
мн. множественное число
мор. морской термин
напр. например
неодобр. неодобрительно
неодуш. неодушевленный
неол. неологизм
неперех. непереходный глагол
нескл. несклоняемый
н.-нем. нижненемецкий
обыкн. обыкновенно
офиц. официальный стиль
охот. охотничий термин
пед. педагогика
перен. переносный, в переносном значении
письм. письменный, письменная речь
полит. политический термин
погов. поговорка
посл. пословица
поэт. поэтическое слово, выражение
предлож. предложение
преимущ. преимущественно
пренебр. пренебрежительно
придат. придаточное
прям. знач. прямое значение
разг. разговорное слово, выражение
рел. религия
русск. русский язык
сакс. саксонский
св. святой (при имени собственном в географических названиях и т. п.)
сев.-нем. севернонемецкий
см. смотри
собир. собирательный, в собирательном значении
собств. собственный, имя собственное
сокр. сокращение, сокращенно
спорт. физкультура и спорт
ср. сравни
сравн. сравнительный, сравнительная степень
ср.-нем. средненемецкий
стил. стилистический, стилевой
стр. строительное дело
студ. студенческий (жаргон)

сущ. имя существительное
так наз. так называемый
т. е. то есть
терр. в территориально ограниченном употреблении
тех. техника
тж. также
тк. только
уменьш.-ласк. уменьшительно-ласкательный
употр. употребляется, употребительно, употребление
усил. усилительный
уст. устаревшее слово, выражение
фам. фамильярное слово, выражение
филос. философия
фон. фонетика
церк. церковное слово, выражение
чей-л. чей-либо
числ. числительное
что-л. что-либо
шахм. шахматы
швейц. швейцарский
школьн. школьный (жаргон)
шутл. шутливое слово, выражение
эвф. эвфемизм
эмоц. эмоционально

эмоц.-усил. эмоционально-усилительный
ю.-нем. южнонемецкий
юр. юридический термин

Немецкие сокращения

A, Akk. Akkusativ винительный падеж
D, Dat. Dativ дательный падеж
etw. etwas что-либо
G. Gen. Genitiv родительный падеж
Inf. Infinitiv инфинитив
j-m jemandem кому-либо
j-n jemanden кого-либо
j-s jemands чей-либо, кого-либо
N, Nom. Nominativ именительный падеж
Part. II Partizip II причастие II
u. und и
zit. nach WDG zitiert nach dem »Wörterbuch der deutschen Gegenwartssprache« hrsg. von R. Klappenbach und W. Steinitz цитируется по «Словарю современного немецкого языка» под ред. Р. Клаппенбах и В. Штейница

A

Aas падаль
das **Aas** — das **Luder**

Aas *индифф. синоним; напр.*: verwesendes, stinkendes Aas разлагающаяся, зловонная падаль; die Geier fressen Aas стервятники питаются трупами животных. **Luder** ≅ Aas, *но чаще охот.; напр.*: manche Wildtiere und Raubvögel werden mit Luder gelockt для некоторых диких животных и хищных птиц приманкой служит падаль

abändern *см.* ändern
abarbeiten, sich *см.* bemühen, sich
abbauen *см.* entlassen
abberufen *см.* abrufen
Abberufung *см.* «Приложение»
abbiegen сворачивать (в сторону)
abbiegen — **biegen** — **einbiegen** — **abschwenken** — **einschwenken**

abbiegen *индифф. синоним; напр.*: vom Weg(e), vom Kurs abbiegen сворачивать с дороги, с курса; (nach) links, rechts, seitwärts abbiegen сворачивать налево, направо, в сторону; um die Ecke abbiegen сворачивать за угол; in die erste Querstraße, in den Wald abbiegen сворачивать в первую поперечную улицу, в лес; der Weg biegt nach rechts ab дорога сворачивает направо; die Straße biegt nach links ab улица сворачивает налево. **biegen** поворачивать; *напр.*: das Auto bog scharf um die Ecke автомобиль резко повернул за угол; der Fluß, die Straße biegt um den Berg река, шоссе огибает гору; das Auto bog zur Seite автомобиль свернул в сторону □ Er merkte kaum, wie sie ins Dorf bogen (*Seghers, »Die Toten«*) Он и не заметил, как они свернули в деревню. **einbiegen** ≅ biegen, *но больше подчеркивает направление движения после поворота; напр.*: wir bogen in einen Feldweg, in eine Seitenstraße ein мы свернули на проселочную дорогу, на боковую улицу □ Er blieb auf schwankenden Krückstöcken mitten in der Wilhelmstraße zurück, und als es ihm gelungen war, das von ewigen Zuckungen geschüttelte Gesicht zu heben, bog die graue Limousine bereits in die Linden ein (*Kellermann, »Der 9. November«*) Он стоял на качающихся костылях посреди Вильгельмштрассе, и когда ему удалось поднять сотрясаемое непрерывным тиком лицо, серый лимузин уже сворачивал на Унтер-ден-Линден. **abschwenken** ≅ abbiegen, *но больше подчеркивает отклонение от первоначального направления; напр.*: dort schwenkte der Weg nach rechts, nach links ab там дорога (резко) сворачивала направо, налево. **einschwenken** ≅ abbiegen, *но больше подчеркивает направление поворота; напр.*: sie schwenkten von der Straße ab und in einen Waldweg ein они (резко) свернули с шоссе на лесную дорогу

abbilden *см.* darstellen [1]
Abbildung иллюстрация, рисунок
die **Abbildung** — die **Illustration** — das **Bild** — das **Bildchen**

Abbildung *индифф. синоним; напр.*: das Buch enthält 20 farbige Abbildungen книга содержит 20 красочных иллюстраций; s. Abb. 7 (*sieh Abbildung 7*) см. рис. 7 (смотри рисунок 7) □ ...aber der Maschinenmeister erklärte ihm... nach der Abbildung im Prospekt alle Vorzüge des neuen Patent-Holländers (*H. Mann, »Untertan«*) ...но механик объяснил ему... по рисунку в проспекте все преимущества новой патентованной дробильной машины. **Illustration** иллюстрация *имеет по сравнению с Abbildung более узкое значение, чаще о картинках в книге; напр.*: das Buch ist mit ausgezeichneten Illustrationen versehen книга снабжена отличными иллюстрациями. **Bild** картинка в книге, на открытке *и т. п.; напр.*: die Kinder schneiden aus den Zeitschriften Bilder aus дети вырезают из журналов картинки. **Bildchen** *разг.* ≅ Bild; *напр.*: die Schüler tauschen Bildchen ученики меняются картинками

abbitten *см.* entschuldigen, sich
abblasen *см.* absagen
abblenden *см.* verdunkeln
abbrechen *см.* aufhören [2]/brechen I [1, 2]/niederreißen
abbremsen *см.* hemmen
abbrennen *см.* verbrennen [1, 2]
abbringen *см.* ablenken/ausreden
abdampfen *см.* wegfahren
Abdankung *см.* Rücktritt
abdingen *см.* abhandeln
abdrehen *см.* ausschalten [1]
Abdruck копия
der **Abdruck** — der **Abzug** — die **Abschrift** — der **Durchschlag** — die **Kopie**

Abdruck *индифф. синоним; напр.*: der Abdruck eines Artikels оттиск статьи; der Abdruck eines Fotos копия фотографии; Abdrücke von einem Bild herstellen изготовить [сделать] репродукции [копии] с картины. **Abzug** оттиск (*б. ч. с набора или фотографии*); *напр.*: ein Abzug von einem Schriftsatz оттиск с набора; ein Abzug von einem Film копия фильма. **Abschrift** копия текста, документа; *напр.*: fertigen Sie eine Abschrift von der Beglaubigung, vom Protokoll an снимите копию с удостоверения, с протокола. **Durchschlag** машинописная копия, полученная с помощью копировальной бумаги (*б. ч. второй и последующие экземпляры машинописного текста*); *напр.*: von diesem Brief sollen drei Durchschläge gemacht werden с этого письма нужно сделать три копии, это письмо нужно перепечатать в четырех экземплярах. **Kopie** ≅ Abschrift, *но часто употр. как официальный термин в делопроизводстве и т. п.; напр.*: lassen Sie sich eine Kopie des Briefes machen! закажите [сделайте] себе копию письма! □ Wenn ihr Stiefbruder Paul ihr Auftrag gegeben hat, dieses dicke Manuskript... abzuschreiben, dann auch nur, weil er sie nicht ganz unbeschäftigt herumsitzen lassen will. Denn nötig hat er die Kopien nicht (*Feuchtwanger, »Lautensack«*) Если ее сводный брат Пауль поручил ей перепечатать свою толстую рукопись... то только для того, чтобы она не сидела без дела, ибо копии ему не нужны

abdrucken *см.* veröffentlichen
abebben *см.* nachlassen [1]
Abendbrot *см.* Abendessen
Abendessen ужин
das **Abendessen** — das **Nachtmahl** — das **Abendbrot** — das **Souper** — das **Abendmahl**

Abendessen *индифф. синоним; напр.*: ich komme vor, nach dem Abendessen я приду до, после ужина; ein einfaches Abendessen stand auf dem Tisch скромный ужин стоял на столе; wann hast du gewöhnlich dein Abendessen? когда ты обычно ужинаешь? □ Nach dem Abendessen gehen sie einfach weg und lassen der

ABENDLAND — ABFERTIGUNG

Mutter den ganzen Abwasch (*Fallada*, »*Jeder stirbt*«) После ужина они просто уходят и оставляют матери всю грязную посуду. **Nachtmahl** *австр.*, **Abendbrot** *н.-нем., ср.-нем.* ≃ Abendessen; *напр.:* wir wurden alle ins Restaurant zum Nachtmahl eingeladen нас всех пригласили в ресторан на ужин; ich komme zum Abendbrot heim я вернусь домой к ужину ☐ In der Küche gab es billige Blutwurst. Für das Nachtmahl der Meistersleute siedeten rosarote Kochwürste im Topf (*Strittmatter*, »*Wundertäter*«) На кухне давали дешевую кровяную колбасу. Для хозяйского ужина в кастрюле кипятились розовые сардельки. Das Abendbrot nahm das Personal in der Küche ein (*ebenda*) Работники ужинали на кухне. **Souper** [su'pe:] *высок.* торжественный ужин; *напр.:* anläßlich dieses Festes wurden wir alle zum feierlichen Souper eingeladen по случаю этого праздника мы все были приглашены на торжественный ужин ☐ Olga hatte ein wirklich vorzügliches Souper aufgetischt (*Kellermann*, »*Die Stadt*«) Ольга приготовила действительно превосходный ужин. **Abendmahl** *уст., высок.* вечеря; вечерняя трапеза; *напр.:* das Abendmahl einnehmen вкушать вечернюю трапезу

Abendland *см.* Westen
Abendmahl *см.* Abendessen
Abenteuer *см.* Erlebnis ¹/Wagnis
Abenteurer *см.* «Приложение»
aber но, же, а

aber — jedoch — dagegen — (da)hingegen — doch — allein — indes — indessen

Синонимы данного ряда являются сочинительными союзами, выражающими противопоставление.

aber *индифф. синоним;* выражает противоположность ⟨стоит в начале предложения или после слова, с которым aber логически связано, не влияет на порядок слов⟩; *напр.:* du gehst nach Hause, aber ich bleibe ты пойдешь домой, а я останусь; du gehst nach Hause, ich aber bleibe ты пойдешь домой, я же останусь; jetzt kann ich nicht, aber morgen [morgen aber] werde ich gern daran teilnehmen сейчас я не могу, но завтра я охотно приму в этом участие. **jedoch** *употр. в предложении, содержание которого противопоставляется ранее сказанному или как бы ему противоречит* ⟨стоит в начале предложения или после слова, с которым jedoch логически связано, порядок слов после jedoch прямой и обратный⟩; *напр.:* die Mannschaft hatte das Schiff verlassen, der Kapitän jedoch hielt auf seinem Platz noch aus команда покинула корабль, капитан же оставался на своем месте; ich liebte diese Stadt sehr, jedoch glückte es mir nie, dorthin überzusiedeln я очень любил этот город, но мне так и не удалось туда переселиться. **dagegen,** **(da)hingegen** ≃ jedoch, *но подчеркивают, что с кем-л., с чем-л. дело обстоит совершенно иначе, чем с ранее упоминавшимся, или что кто-л., что-л. ведет себя в данных условиях, обстоятельствах иначе, чем в ранее названных* ⟨стоят в начале предложения или после того слова, с которым логически связаны, порядок слов после dagegen, (da)hingegen *обратный*⟩; *напр.:* Milch mag ich nicht, dagegen trinke ich gern Tee молоко я не люблю, зато охотно пью чай; sie ist fleißig, er dagegen faul она прилежна, он же ленив; in Gesellschaft wirkt sie hilflos, (da)hingegen scheint sie zu Hause ganz in ihrem Element zu sein в обществе она кажется беспомощной, зато дома она в своей стихии. **doch** *выражает противоположность менее энергично, чем* aber, jedoch ⟨стоит всегда в начале предложения, порядок слов после doch прямой и обратный⟩; *напр.:* er versprach zu kommen, doch seine Mutter wurde krank, und er ist nicht erschienen он обещал прийти, но его мать заболела, и он не явился; er hat gut argumentiert, doch hat er seine Zuhörer nicht überzeugen können он хорошо аргументировал, но (все же) не мог убедить своих слушателей. **allein** *указывает на то, что ожидаемый результат не достигается* ⟨стоит всегда в начале предложения, порядок слов после allein *прямой и, редко, обратный*⟩; *напр.:* ich hoffte auf ihn, allein ich wurde bitter enttäuscht я надеялся на него, однако (я) был горько разочарован ☐ Die Botschaft hör ich wohl, allein mir fehlt der Glaube (*Goethe*, »*Faust*«) Я слышу весть, но веры нет в нее. **indes** *книжн. устаревает, указывает на то, что ранее высказанное намерение, предположение и т. п. находит подтверждения* ⟨чаще стоит в начале предложения и обыкн. не влияет на порядок слов⟩; *напр.:* sie könnte als sein Nachfolger betrachtet werden, indes die Leute wollen sie nicht anerkennen ее можно было бы рассматривать как его преемницу, однако ее не хотят признавать. **indessen** *книжн.* ≃ indes, *но подчеркивает, что содержание вводимого им предложения является результатом такого опыта, вследствие которого первоначальное содержание представляется говорящему в ином свете* ⟨стоит в начале предложения или после того слова, с которым логически связано, порядок слов после indessen *прямой и обратный*⟩; *напр.:* ich hatte mich auf seinen Besuch gefreut, indessen ich wurde enttäuscht [wurde ich enttäuscht] я с радостью ждал его прихода, однако был разочарован ☐ Die elterlichen Möbel waren zwar zum größten Teil in den Besitz meiner Schwestern übergegangen, indessen war mir immerhin zugefallen, was ich gebrauchte... vor allem aber der alte Flügel, den meine Mutter für mich bestimmt hatte (*Th. Mann*, »*Bajazzo*«) Хотя бо́льшая часть мебели родителей перешла во владение моих сестер, на мою долю все же пришлось то, что мне пригодилось... прежде всего, старый рояль, который мать предназначила мне

abergläubig *см.* abergläubisch
abergläubisch *см.* «Приложение»
aberkennen *см.* entziehen
abermals *см.* wieder ¹
abfahren *см.* wegfahren
Abfahrt ¹ отход, отправление (о транспортных средствах)
der **Abfahrt** — der **Abgang**

Abfahrt *индифф. синоним;* *напр.:* bis zur Abfahrt des Zuges, des Schiffes до отхода поезда, судна. **Abgang** ≃ Abfahrt, *но употр. редко;* *напр.:* den Abgang des Zuges erwarten ожидать отхода поезда

Abfahrt ² отъезд (о людях)
die **Abfahrt** — die **Abreise**

Abfahrt *индифф. синоним;* *напр.:* bei meiner Abfahrt при моем отъезде; sich zur Abfahrt fertig machen готовиться к отъезду. **Abreise** *в отличие от* Abfahrt *подчеркивает, что речь идет о более или менее длительной поездке;* *напр.:* wir werden die Abreise auf den 12. April festsetzen мы назначим отъезд на двенадцатое апреля

Abfall ¹ отбросы, отходы
der **Abfall** — der **Müll** — der **Schmutz** — der **Kehricht** — der **Unrat**

Abfall *б. ч. мн. индифф. синоним;* *напр.:* Abfälle beseitigen, sammeln, verwerten убрать, собрать, использовать отбросы [отходы]; Abfälle verfüttern скормить (пищевые) отходы скоту; diese Leute lassen ihren Eimer mit Abfall tagelang vor der Tür herumstehen у этих людей целыми днями стоит перед дверью ведро с отбросами. **Müll** (бытовой) мусор; *напр.:* der Müll wird in unserem Hause dreimal in der Woche abgeholt мусор в нашем доме увозят три раза в неделю; bring den Müll zur Mülltonne! отнеси мусор в мусоросборник! **Schmutz, Kehricht** сор; *напр.:* du sollst den Schmutz aus der Stube fegen ты должен вымести сор из комнаты; er hat den Kehricht von dem Bürgersteig gefegt он смел сор с тротуара. **Unrat** отбросы (*чаще дурно пахнущие, внушающие отвращение своим видом и т. п.*); *напр.:* die Tonne mit dem Unrat stinkt, sie muß sofort abgeholt werden от бочки с отбросами разит, ее нужно немедленно увезти

Abfall ² *см.* Abhang
Abfall ³ *см.* Verrat
abfallen *см.* abnehmen ¹
abfassen *см.* verfassen
abfeilschen *см.* abhandeln
abfertigen *см.* bedienen
Abfertigung *см.* Bedienung

abfinden см. befriedigen
abfinden, sich см. versöhnen, sich ²/zufriedengeben, sich
Abfindung см. Entschädigung
abflauen см. nachlassen ¹
abführen см. ablenken/bezahlen ¹
abfüttern см. ernähren ¹
Abgabe см. Steuer I
Abgang см. Abfahrt ¹/Verlust ²
abgeben ¹ отдавать
abgeben — hergeben — abtreten — überlassen — einräumen — zedieren — ablassen

abgeben индифф. синоним; напр.: diese Bücher brauche ich nicht mehr, ich kann sie abgeben эти книги мне больше не нужны, я могу их отдать; diese Briefe kann ich dir abgeben эти письма я могу тебе отдать. **hergeben** ≅ abgeben, но часто подчёркивает, что кто-л. отдаёт что-л. добровольно, из любезности или будучи щедрым по натуре, не указывая, кому именно; напр.: das Buch gebe ich nicht her я не отдам книгу; er wird sein letztes Hemd hergeben он отдаст свою последнюю рубашку. **abtreten, überlassen, einräumen** уступать что-л., отказываться от чего-л. в пользу кого-л.; напр.: ich habe ihm diese Wohnung abgetreten [überlassen, eingeräumt] я уступил ему эту квартиру; ich räume Ihnen meinen Platz ein я уступаю вам своё место; das Land mußte diese Insel dem Nachbarstaat abtreten страна должна была отказаться от своего права на этот остров в пользу соседней державы. **zedieren** юр. редко ≅ abtreten, но употр. тк. по отношению к абстрактным понятиям; напр.: eine Forderung zedieren уступить право требования. **ablassen** разг. уступать другому (обыкн. часть чего-л.); напр.: ich sehe, daß Sie die letzten Eier gekauft haben, könnten Sie mir nicht ein paar davon ablassen? я вижу, вы купили последние яйца, не уступите ли вы мне несколько штук?; er hat mir ohne weiteres einen Teil des geschenkten Obstes abgelassen он мне сразу уступил часть подаренных ему фруктов; er hat mir den Wagen billig abgelassen он уступил мне машину по дешёвке

abgeben ² см. geben ¹
abgeben, sich см. befassen, sich/beschäftigen, sich ¹
abgebrannt см. bankrott
abgedankt отставной, ушедший в отставку

abgedankt — ausgedient — pensioniert

abgedankt индифф. синоним; напр.: ein abgedankter General отставной генерал; ein abgedankter Politiker б. ч. пренебр. политический деятель, ушедший с политической арены; ein abgedankter König король, отрёкшийся от престола; ein abgedankter Liebhaber перен. любовник, получивший отставку. **ausgedient** отставной, отслуживший срок; напр.: ein ausgedienter Offizier, General офицер, генерал в отставке. **pensioniert** [paⁿzĭo-] вышедший на пенсию не употр. по отношению к пенсионерам социалистических стран; напр.: ein pensionierter Beamter чиновник, вышедший на пенсию

abgedroschen см. trivial
abgefeimt см. schlau
abgehen ¹ см. verirren, sich
abgehen ² см. fehlen
abgelegen отдалённый, уединённый
abgelegen — entlegen — einsam — verlassen — abgeschieden — gottverlassen

abgelegen индифф. синоним; напр.: eine abgelegene Straße, Gegend уединённая улица, местность; er wohnt in einem abgelegenen Ort, zu dem nur zweimal täglich ein Omnibus fährt он живёт в отдалённом месте, куда автобус ходит только два раза в день. **entlegen** ≅ abgelegen, но выражает бо́льшую степень отдалённости; напр.: in dieser entlegenen Gegend gibt es kein Kino в этой отдалённой местности нет кино. **einsam** далёкий от людей, безлюдный, мало посещаемый людьми; напр.: durch einsame Wälder streifen бродить по глухим лесам. **verlassen** заброшенный, покинутый людьми выражает отрицательную субъективную оценку отдалённости; напр.: was tust du denn in diesem verlassenen Haus? что же ты делаешь в этом заброшенном доме? **abgeschieden** высок. ≅ entlegen, но больше подчёркивает уединённость и тишину как положительное следствие отдалённости; напр.: von aller Welt abgeschieden wohnen жить вдали от всех [от всего света]; seinen Urlaub verbringt er in einem abgeschiedenen Dorf свой отпуск он проводит в отдалённой деревне. **gottverlassen** разг. забытый богом. по сравнению с verlassen выражает бо́льшую степень заброшенности; напр.: wie kann er in diesem gottverlassenen Städtchen leben! как он может жить в этом забытом богом городишке!

abgemacht см. einverstanden
abgemagert см. mager ¹
abgemessen см. gemessen
abgeneigt: nicht abgeneigt sein см. einverstanden sein
abgenutzt см. abgetragen
Abgeordneter см. «Приложение»
abgerissen см. abgetragen
abgeschabt см. abgetragen
abgeschieden см. abgelegen
abgeschlossen см. allein ¹/getrennt
abgeschmackt см. geschmacklos ¹/trivial
abgesondert см. getrennt
abgespannt см. müde
abgestanden безвкусный, застойный (утративший естественный вкус вследствие долгого стояния)

abgestanden — schal — fade — labberig — flau

abgestanden индифф. синоним; напр.: abgestandenes Wasser затхлая [стоячая] вода; abgestandenes Bier выдохшееся пиво □ So nahm er denn den Kessel, schüttete ihn über dem Ausguß aus und stellte ihn leer beiseite, denn er wußte, daß die junge gnädige Frau ihren Tee von frisch kochendem Wasser aufgebrüht haben wollte, nicht von abgestandenem (Fallada, »Wolf u. Wölfen«) Тогда он взял чайник и, выплеснув содержимое в раковину, поставил его пустым в сторону; он знал, что молодая госпожа любит чай, заваренный свежим кипятком, а не подогретой водой. **schal** пресный, выдохшийся, без обычного (хорошего) вкуса в отличие от abgestanden употр. не тк. по отношению к напиткам, но и к жидкой пище; напр.: schales Bier пресное [выдохшееся] пиво; die ungesalzene Suppe schmeckt schal несолёный суп имеет пресный вкус. **fade** безвкусный, лишённый всякого вкуса употр. по отношению к напиткам и жидкой пище; напр.: die Brühe, das Bier schmeckt fade бульон, пиво не имеет вкуса; der Wein ist fade вино безвкусное. **labberig** разг. пресный, разварившийся и утративший вкусовые свойства; слизистый употр. по отношению к жидкой пище и, реже, к напиткам; напр.: labberige Suppe переварившийся суп; dieser Brei ist mir zu labberig эту кашу я не хочу есть: она вся так разварилась. **flau** разг. водянистый, слишком жидкий (и потому безвкусный), непитательный употр. по отношению к жидкой пище; напр.: eine flaue Brühe жидкий бульон

abgetragen поношенный
abgetragen — abgenutzt — zerschlissen — abgeschabt — schäbig — abgerissen — zerlumpt

Синонимы данного ряда расположены по степени возрастания выражаемого признака

abgetragen индифф. синоним; напр.: ein abgetragener Anzug, Mantel поношенный костюм, поношенное пальто; für das Fest paßt das Kleid nicht, es ist schon abgetragen для праздника это платье не годится: оно уже поношенное. **abgenutzt** потёртый; напр.: ein abgenutzter Teppich, Sessel потёртый ковёр, облезлое кресло. **zerschlissen** изношенный, сильно вытертый особенно по швам, на сгибах и т. п., так что обнажаются отдельные нити, часть их осыпается и т. п.; напр.: dieses zerschlissene Kleid kannst du nicht mehr tragen это платье нельзя больше надевать: ты его износила. **abgeschabt, schäbig** разг. вытертый, имеющий жалкий вид подчёркивают длительность употребления данной вещи; напр.: diese schäbige [abgeschabte] Jacke darfst du nur noch zu Hause tragen этот вытертый пиджак ты можешь носить только дома. **abgerissen** истрепанный (до дыр), рваный; напр.: der Mantel ist so abgerissen, daß du ihn nicht mehr anziehen kannst пальто настолько

истрепано, что тебе нельзя его больше надевать. zerlumpt *разг.* превратившийся в лохмотья, изодранный; *напр.:* eine zerlumpte Hose изодранные брюки; zerlumpte Kleider изодранная одежда
abgewöhnen, sich отвыкать
sich abgewöhnen — sich entwöhnen
sich (D) abgewöhnen *индифф. синоним; напр.:* mein Freund hat sich das Rauchen abgewöhnt мой приятель бросил (привычку) курить; du mußt dir diese umgangssprachlichen Formen abgewöhnen ты должен отучиться употреблять эти разговорные формы. **sich entwöhnen** *книжн.* ≅ sich abgewöhnen ⟨*Акк. по возвр. мест.* sich *имеет форму Акк., а то, от чего отвыкают, выражено дополнением в Gen.*⟩; *напр.:* ich konnte mich des Rauchens nicht entwöhnen я не мог отвыкнуть от курения
abgezehrt *см.* mager¹
Abgott кумир
der Abgott — das Idol — der Götze — der Gott — die Gottheit
Abgott *индифф. синоним; напр.:* sie ist sein Abgott она его кумир; der älteste Sohn war der Abgott der Eltern старший сын был кумиром родителей; Suworow war der Abgott der russischen Soldaten Суворов был кумиром русских солдат. **Idol** ≅ Abgott, *но б. ч. употр. по отношению к человеку, перед которым благоговеет молодежь; напр.:* Filmstars sind oft die Idole der Jugend кинозвезды часто бывают кумирами молодежи; dieser Tänzer wurde zum Idol der jungen Mädchen этот танцор стал кумиром молодых девушек ▫ ...Schulz mit den dicken Ringen an den nikotingelben Fingern, Schulz, König aller Dienstmädchenherzen, Idol der Ladnerinnen, auf den sie abends vor dem Geschäft warten, den sie sich Tanz um Tanz streitig machen (*Fallada, »Kleiner Mann«*) ...Шульц с массивными кольцами на желтых от никотина пальцах, Шульц, владыка сердец всех служанок, кумир всех продавщиц, которого они поджидают вечером, стоя перед своими лавками, которого они оспаривают друг у друга во время танцев. **Götze** *неодобр.* идол, божок; *напр.:* das Geld ist sein Götze деньги — его идол, деньги для него — все. **Gott** бог, божество; *напр.:* sie erhob ihn zu ihrem Gott она сделала его своим богом [божеством]. **Gottheit** *высок.* божество; *напр.:* sie verehrte ihren Mann wie eine Gottheit она почитала своего мужа как божество
Abgrund *см.* Kluft I
abgucken *см.* abschreiben²
abhaltern *см.* absetzen²
abhalten *см.* hindern/organisieren/zurückhalten
Abhaltung *см.* Verhinderung
abhandeln выторговать

abhandeln — abfeilschen — abdingen — den Preis herunterdrücken — herunterhandeln
abhandeln *индифф. синоним; напр.:* es gelang ihm, 10 Mark vom Preise abzuhandeln ему удалось выторговать 10 марок; ich lasse mir nichts abhandeln я ничего [ни копейки] не уступлю. **abfeilschen** *неодобр.* ≅ abhandeln; *напр.:* er hat der armen Frau noch zwei Mark, das Obst billig abgefeilscht он выторговал у бедной женщины еще две марки, овощи за бесценок. **abdingen** устаревает ≅ abhandeln; *напр.:* der Krämer ließ sich keinen Pfennig abdingen лавочник не уступил ни пфеннига. **den Preis herunterdrücken, herunterhandeln** *разг.* сбивать цену; *напр.:* wenn sich der Preis nicht herunterdrücken läßt, ist es mir unmöglich, das Grundstück zu kaufen если не удастся сбить цену, я не смогу купить участок; ich konnte den Preis für das Fahrrad um 15 Mark herunterdrücken мне удалось сбить цену за велосипед на пятнадцать марок; versuche etwas vom Preis herunterzuhandeln постарайся немного сбить цену
Abhandlung *см.* Artikel¹
Abhang склон
der Abhang — der Hang — der Abfall — die Böschung — die Senkung — die Neigung — die Neige — die Halde
Abhang *индифф. синоним; напр.:* ein steiler, jäher, sanfter, bewaldeter, kahler Abhang des Berges крутой, обрывистый, отлогий, лесистый, голый склон горы; am südlichen Abhang des Gebirges на южном склоне гор; wir bestiegen den sonnigen Abhang des Berges мы поднялись по солнечному склону горы. **Hang** косогор, *но б. ч.* о крутом склоне; *напр.:* ein senkrechter, steiler, schroffer, steiniger, kahler Hang des Berges, des Hügels отвесный, крутой, обрывистый, каменистый, голый склон горы, холма; den Hang hinaufklettern взобраться на косогор ▫ Und wie er tritt an des Felsen Hang... (*Schiller, »Taucher«*) И когда он подходит к обрыву скалы... **Abfall** ≅ Abhang, *но чаще о пологом склоне; напр.:* ein sanfter, allmählicher, steiler Abfall des Berges пологий, покатый, крутой склон горы. **Böschung** укрепленный склон, откос; *напр.:* hohe Böschung des Ufers, des Dammes высокий откос берега, дамбы; die sanfte Böschung des Ufers пологий склон берега; eine mit Gras befestigte Böschung откос, укрепленный дерном ▫ Vor und hinter der Brücke konnte man über eine Böschung hinunter auf die Wiese kommen (*Fallada, »Kleiner Mann«*) Перед мостом и за ним можно было по откосу спуститься на луг. **Senkung, Neigung** скат, покатость, отлогость; *напр.:* eine leicht abfallende Senkung отлогий скат; eine unbedeutende, leichte Neigung des Hügels незначительная, легкая покатость холма. **Neige** *поэт.* ≅ Neigung. **Halde** *высок.* спуск; *напр.:* eine sanfte, steinige Halde пологий, каменистый спуск; das Dörfchen lehnt sich an eine Halde деревушка расположена на спуске
abhängen зависеть
abhängen — ankommen — stehen — liegen
abhängen (von D) *индифф. синоним; напр.:* die Güte des Schuhwerkes hängt von der Verarbeitung des Leders ab качество обуви зависит от обработки кожи; es hängt von Ihnen ab, ob wir heute weiter fahren от вас зависит, поедем ли мы сегодня дальше. **ankommen (auf A)** зависеть от кого-л., чего-л., определяться чем-л. *употр. по отношению к одушевленным и неодушевленным предметам, но в отличие от* abhängen *придает высказыванию более субъективный характер; напр.:* hier kommt es nur auf seinen guten Willen an здесь все зависит только от его доброй воли ▫ Sie arbeiteten hier nämlich... — nicht nur im Akkord, sondern jede Arbeitsstube mußte auch ein bestimmtes Pensum schaffen, da kam es oft auf jede Minute an (*Fallada, »Jeder stirbt«*) Здесь работали... не только сдельно: каждый цех должен был выполнить определенную норму, поэтому часто дорога́ была каждая минута. **stehen, liegen** ≅ ankommen, *но по отношению к лицу в конструкции* es steht [liegt] bei j-m; *напр.:* es steht [liegt] bei Ihnen, ob wir das Buch kaufen от вас зависит, купим ли мы эту книгу

abhaspeln *см.* vortragen¹
abhauen *см.* fliehen¹
abheben, sich *см.* unterscheiden, sich
abhetzen, sich *см.* beeilen, sich/ermüden²
abhold *см.* feindlich¹
abholen *см.* nehmen¹
Abhub *см.* Auswurf
abirren *см.* abkommen¹/verirren, sich
abjagen, sich *см.* ermüden²
abkanzeln *см.* schimpfen¹
abkarten *см.* vereinbaren¹
abkaufen *см.* kaufen¹
abkehren, sich *см.* verlassen¹⁻⁴
abknallen *см.* erschießen
abkneifen отщипывать, откусывать (щипцами и т. п.)
abkneifen — abknipsen
abkneifen *индифф. синоним; напр.:* ein Stück Draht, den Kopf vom Nagel mit einer Zange abkneifen откусить клещами кусок проволоки, шляпку гвоздя; welke Blätter, überflüssige Triebe mit den Fingernägeln abkneifen отщипывать ногтями увядшие листья, лишние побеги. **abknipsen** *разг.* ≅ abkneifen *часто употр., когда действие совершается без предназначенного для этого инструмента; напр.:* er knipste den Draht ohne Zange, mit

ABKNIPSEN

den Fingern ab он отломил [оторвал] кусок проволоки без клещей, пальцами

abknipsen см. abkneifen
abknutschen см. küssen
abkommen[1] отклоняться, отвлекаться
abkommen — entgleisen — abschweifen — abweichen — ausschweifen — abirren

abkommen *индифф. синоним; напр.:* von einem Plan abkommen отклониться от плана (*непреднамеренно*); von seinen Gedanken abkommen отвлечься от своих мыслей; er ist sehr zerstreut und kommt oft von seinem Thema ab он очень рассеян и часто отклоняется от темы. **entgleisen** уклониться в сторону *по сравнению с* abkommen *употр. реже и более экспрессивно* (*букв.* 'сойти с рельсов'); *напр.:* die Diskussion entgleiste auf völlig nebensächliche Punkte дискуссия сползла на совершенно второстепенные вопросы. **abschweifen** ≈ abkommen, *но подчеркивает, что речь идет о временном отклонении* (*от темы*); *напр.:* er hat es gern, in der Unterhaltung ein wenig abzuschweifen в беседе он охотно отклоняется от темы. **abweichen** отклоняться, отступать от чего-л. (*незаметно для себя или преднамеренно*); *напр.:* von den Grundsätzen, von einer Regel, von der Vorschrift abweichen отступать от принципов, от правила, от предписания; von der Wahrheit abweichen отклоняться от истины; ohne es zu merken, ist er wiederholt von sinem Thema abgewichen незаметно для себя он вновь отклонился от темы. **ausschweifen** *редко* отклоняться (от темы) (*б. ч. непреднамеренно, вследствие того, что на ней не сконцентрировано внимание*); *напр.:* da ihn andere Gedanken beschäftigten, schweifte er oft in der Rede aus так как его занимали другие мысли, он в своей речи часто отклонялся от темы. **abirren** *книжн.* ≈ abkommen, *но подчеркивает непроизвольный характер отклонения, вызванный рассеянностью; напр.:* vor Aufregung konnte ich kaum zuhören, meine Gedanken irrten dauernd ab я так волновался, что почти не слушал, мои мысли все время уносились прочь (*от этой темы*)

abkommen[2] см. verirren, sich
Abkommen см. Vertrag
abkühlen см. erkalten/kühlen
Abkunft см. Herkunft
abkürzen см. verkürzen
abküssen см. küssen
abladen см. ausladen
Ablaß см. Befreiung[2]
ablassen см. abgeben[1]/verkleinern[1]/verzichten
ablaufen см. enden[1]
ablecken см. lecken I
ablegen см. ausziehen
ablehnen отклонять (*что-л.*), отказываться (*от чего-л.*)

ablehnen — ausschlagen — sich weigern — zurückweisen — abweisen — verwerfen — verschmähen — abschlägig bescheiden

ablehnen *индифф. синоним; напр.:* ein Amt, eine Einladung, einen Auftrag ablehnen отказаться от должности, от приглашения, от поручения; eine Bitte, eine Forderung, einen Vorschlag ablehnen отклонить просьбу, требование, предложение □ Dann verkündete der Vorsitzende, der Antrag des Verteidigers werde abgelehnt (*H. Mann, »Untertan«*) Затем председательствующий объявил, что ходатайство защиты отклоняется. **ausschlagen** отказаться (от предложенного), не соглашаться на что-л. *часто употр., когда отказываются от чего-л. выгодного, притягательного и т. п., чтобы согласиться на что-л. другое; напр.:* ein Geschenk, ein Angebot, eine Einladung, eine Stellung ausschlagen отказаться от подарка, от предложения, от приглашения, от места [от должности]; sie hat die Heirat mit diesem reichen Mann ausgeschlagen, um einen Mann, den sie liebte, zu heiraten она отказалась вступить в брак с этим богатым человеком, чтобы выйти замуж за человека, которого она любила. **sich weigern** (решительно) отказаться, уклониться (*не желая делать то, что приказывают, требуют или о чем просят*) ⟨*просимое или требуемое выражено всегда инфинитивным оборотом*⟩; *напр.:* er war damit nicht einverstanden und weigerte sich, seinen Befehlen zu folgen он с этим не был согласен и потому отказывался выполнять его приказы [противился его приказам]; er weigerte sich, seine Bitte zu erfüllen он отказался выполнить его просьбу □ Kätchen weigerte sich angstvoll, irgend etwas zu verzehren (*H. Mann, »Untertan«*) Кетхен испуганно отказывалась что-либо съесть или выпить. **zurückweisen** отвергать; *напр.:* eine Beschuldigung, eine Einmischung, ein Geschenk, eine Forderung zurückweisen отвергнуть обвинение, вмешательство, подарок, требование; die vorgeschlagene Reform wurde einstimmig zurückgewiesen предложенная реформа была единогласно отвергнута. **abweisen** ≈ zurückweisen, *но подчеркивает еще более решительный отказ, часто употр., когда отказывающий занимает более высокое положение, чем тот, кому отказывают; в качестве объекта может выступать тж. лицо; напр.:* eine Bitte abweisen отказать в просьбе; den Dank abweisen отвергнуть (чью-л.) благодарность; ein Gesuch abweisen не принять прошения; einen Besuch abweisen не принять [отказаться принять] посетителя; einen Zeugen, einen Richter abweisen дать отвод свидетелю, судье; zweifelsohne wird er diese Stellung abweisen без сомнения, он откажется занять эту должность □ »Na egal, einen Offizier kann ich nicht abweisen«, und Diederich ging selbst zur Tür (*H. Mann, »Untertan«*) «Все равно офицеру я не могу отказать (*не могу его не принять*)», — и Дидерих сам пошел к двери. **verwerfen** (полностью) отказываться от чего-л., отвергать (*ввиду неприемлемости, несостоятельности чего-л.*); *напр.:* eine Methode, einen Plan, eine Lehre verwerfen отказаться от метода, от плана, от учения; diese Idee hat uns nicht imponiert, wir haben sie verworfen эта идея нам не понравилась, мы отказались от нее. **verschmähen** *по степени категоричности отказа соответствует* zurückweisen *и, кроме того, выражает презрение, пренебрежение к тому, от чего отказываются; напр.:* eine Speise, den Wein verschmähen с презрением отвергать блюдо, вино □ Du siehst einen Mann vor dir ...der vor Kummer sterben wird, wenn du seine Liebe verschmähst (*Th. Mann, »Buddenbrooks«*) Перед тобой человек ...который умрет с горя, если ты отвергнешь его любовь. **abschlägig bescheiden** *канц.* дать отрицательный ответ; *напр.:* sein Gesuch wurde abschlägig beschieden ему было отказано в просьбе

Ablehnung см. Weigerung
ableiern см. vortragen[1]
ablenken отвлекать
ablenken — abführen — wegführen — wegbringen — abbringen

ablenken *индифф. синоним; напр.:* j-n vom Unterricht, von schlechten Gedanken, vom Ziel, von der Arbeit ablenken отвлекать кого-л. от занятий (на уроке), от плохих мыслей, от цели, от работы; das Gespräch vom Thema ablenken уводить разговор от (намеченной) темы; Kinder, einen Kranken von etw. ablenken отвлекать детей, больного от чего-л. **abführen, wegführen** уводить (от предмета беседы); *напр.:* vom Thema abführen [wegführen] отвлекать от темы; das hat ihn zu weit von seinem Gesprächsgegenstand abgeführt [weggeführt] это его слишком далеко увело от предмета разговора. **wegbringen, abbringen** ≈ ablenken, *но выражают более энергичное действие; напр.:* j-n von seinem Thema abbringen [wegbringen] отвлечь кого-л. от темы; man hat ihn mit Gewalt von seinem Entschluß abgebracht его силой заставили отказаться от своего решения

ablernen см. lernen
ableuchten см. leuchten[1]
ableugnen см. verneinen
Ableugnung см. Verneinung
ablisten см. herauslocken[1]
ablocken см. herauslocken[1]
ablösen см. bezahlen[1]/trennen
abluchsen см. herauslocken[1]
abmachen см. vereinbaren[1]
Abmachung см. Vereinbarung/Vertrag

abmagern *см.* abnehmen¹
abmahnen *см.* ausreden
abmessen *см.* messen
abmildern *см.* mildern
abmühen, sich *см.* bemühen, sich
abmurksen *см.* töten
Abnahme уменьшение
die **Abnahme** — der **Rückgang**
Abnahme *индифф. синоним; напр.*: die Abnahme des Gewichtes уменьшение веса; die Abnahme der Arbeitslosigkeit сокращение безработицы; die Abnahme der Kräfte упадок сил; die Abnahme des Mondes луна на ущербе, ущербная луна. **Rückgang** снижение (уровня, количества *и т. п.*), регресс; *напр.*: der Rückgang der Preise снижение цен; der Rückgang der Produktion сокращение производства; ein Rückgang der Bevölkerung, der Geburten сокращение численности населения, рождаемости; der Rückgang des Hochwassers снижение паводка; der Export ist im Rückgang begriffen экспорт падает
abnehmen¹ худеть, убавлять в весе
abnehmen — abmagern — abfallen
abnehmen *индифф. синоним; напр.*: in der letzten Zeit nabe ich zwei Kilo abgenommen за последнее время я похудела на два кило(грамма); der Kranke hat sehr an Gewicht abgenommen und fühlt sich jetzt viel besser больной очень убавил в весе и теперь чувствует себя гораздо лучше. **abmagern** похудеть от недоедания *или* вследствие болезни; отощать *разг.; напр.*: nach der Krankheit ist sie sehr abgemagert после болезни она очень похудела. **abfallen** редко ≅ abmagern, *но указывает на быстроту протекания данного процесса; напр.*: er ist wohl krank, weil er im Laufe eines Monats so abgefallen ist он, вероятно, болен, так как за месяц он очень исхудал
abnehmen² *см.* absetzen ¹/ausziehen ¹/ beschlagnahmen/ kaufen ¹/ nehmen ¹,²/verkleinern, sich
Abnehmer *см.* Käufer
Abneigung неприязнь
die **Abneigung** — die **Antipathie** — der **Widerwille** — die **Feindseligkeit** — der **Abscheu** — der **Ekel** — der **Haß**
Синонимы данного ряда расположены по степени возрастания выражаемого чувства.
Abneigung *индифф. синоним; напр.*: eine heftige, unüberwindliche Abneigung gegen j-n, gegen etw. empfinden чувствовать сильную, непреодолимую неприязнь к кому-л., к чему-л.; ich konnte meine Abneigung gegen das Kartenspiel nicht verbergen я не мог скрыть своей неприязни к игре в карты; er konnte seine Abneigung gegen ihn nicht überwinden он не мог преодолеть своей неприязни к нему. **Antipathie** *книжн.* антипатия; *напр.*: eine heftige Antipathie gegen etw. haben чувствовать сильную антипатию к чему-л.; ich empfinde gegen ihn eine persönliche Antipathie я чувствую к нему личную антипатию. **Widerwille** сильная неприязнь, отвращение; *напр.*: ich empfinde gegen diesen Menschen einen Widerwillen я чувствую к этому человеку сильную неприязнь; manche Leute haben einen Widerwillen gegen Fleisch некоторые люди питают отвращение к мясу; dieser Geruch weckt Widerwillen in mir этот запах вызывает во мне отвращение. **Feindseligkeit** враждебность; *напр.*: er empfand gegen ihn ein Gefühl von Feindseligkeit он испытывал к нему враждебное чувство. **Abscheu** сильное отвращение; *напр.*: Abscheu vor Tabak empfinden питать сильное отвращение к табаку; einen Abscheu über eine Tat empfinden чувствовать сильное отвращение к поступку; seine schmeichlerische Art flößt mir Abscheu ein его льстивое поведение внушает мне сильное отвращение. **Ekel** сильное отвращение, чувство гадливости, брезгливости; *напр.*: ich empfinde Ekel vor ihm я испытываю к нему чувство брезгливости; das Bild, das sich mir in meinen Augen bot, erregte bei [in] mir Ekel картина, которая представилась моим глазам, вызвала во мне чувство гадливости. **Haß** ненависть; *напр.*: Haß erwecken, unterdrücken, zügeln возбуждать, подавлять, обуздывать ненависть; sich j-s Haß zuziehen вызывать чью-л. ненависть; Haß auf j-n empfinden *разг.* ненавидеть кого-л.; etw. aus Haß gegen j-n tun делать что-л. из ненависти к кому-л.
abnötigen *см.* erzwingen
abnutzen снашивать
abnutzen (abnützen) — abtragen — verschleißen
abnutzen (abnützen) *индифф. синоним; напр.*: Kleider, Schuhe abnutzen снашивать платье, обувь; die Autoreifen abnutzen изнашивать покрышки (автомобиля). **abtragen** ≅ abnutzen, *но тк. об одежде и обуви; напр.*: sie kann das Kleid nicht mehr anziehen, es ist schon ganz abgetragen ей нельзя больше надевать это платье: оно уже изношено. **verschleißen** ≅ abnutzen, *но выражает наибольшую степень износа; напр.*: durch die lange Fahrt waren die Reifen verschlissen worden от долгой езды покрышки совсем истрепались
abnützen *см.* abnutzen
abonnieren *см.* beziehen ¹
Abort *см.* Toilette
abpassen *см.* lauern ¹
abplacken, sich *см.* bemühen, sich
abplagen, sich *см.* bemühen, sich
abprallen *см.* abspringen
abpressen *см.* erzwingen
abquälen, sich *см.* bemühen, sich
abrackern, sich *см.* bemühen, sich
abraten *см.* ausreden
abrechnen *см.* rächen (, sich)
Abrede *см.* Vereinbarung
abreden *см.* ausreden

Abreise *см.* Abfahrt ²
abreisen *см.* wegfahren
abreißen *см.* niederreißen
abrichten *см.* gewöhnen/zähmen
abringen *см.* erzwingen
Abriß *см.* «Приложение»
abrücken *см.* fliehen ¹
abrufen отзывать
abrufen — abberufen
abrufen *индифф. синоним; напр.*: j-n aus einer Gesellschaft, aus einer Sitzung, aus einer Versammlung, von der Arbeit abrufen отозвать кого-л. из какого-л. общества, с заседания, с собрания, с работы; dieser Gesandte ist abgerufen worden этот посланник отозван. **abberufen** *дип.* ≅ abrufen; *напр.*: den Botschafter abberufen отозвать посла
absacken *см.* fallen ²
Absage *см.* Weigerung
absagen отменить (то, что должно было состояться)
absagen — abblasen
absagen *индифф. синоним; напр.*: die Sitzung, den Vortrag, die Einladung, den Besuch absagen отменить заседание, доклад, приглашение, визит □ Als es so weit war, hätte er lieber abgesagt... (H. Mann, »Untertan«) Когда оно (*воскресенье*) наступило, он предпочел бы отказаться от визита... **abblasen** *разг.* ≅ absagen, *но подчеркивает поспешный характер отмены; напр.*: ein Rennen, eine Versammlung, einen Streik abblasen отменить скачки, собрание, забастовку
absägen *см.* absetzen ²
Absatz *см.* Verkauf
abschaffen отменять, упразднять
abschaffen — auflösen — aufheben — zurücknehmen — annullieren — widerrufen
abschaffen *индифф. синоним; напр.*: Gesetze, Bestimmungen, Privilegien abschaffen отменять законы, постановления, привилегии; die Todesstrafe muß abgeschafft werden смертная казнь должна быть отменена. **auflösen** ≅ abschaffen, *но не подчеркивает радикальный, коренной характер отмены; напр.*: den Vertrag, die Ehe auflösen расторгнуть договор, брак; die Versammlung auflösen распустить собрание. **aufheben** ≅ abschaffen, *но больше подчеркивает юридический, административный характер отмены; напр.*: das Ausfuhrverbot aufheben отменить запрещение на вывоз; das Gesetz, die Verfügung, den Befehl, das Urteil aufheben отменить закон, распоряжение, приказ, приговор; den Vertrag aufheben расторгнуть договор. **zurücknehmen** ≅ abschaffen, *но б. ч. употр. в неофициальной речи; напр.*: ein Verbot zurücknehmen отменить запрет; den Vorschlag zurücknehmen снимать (свое) предложение; hast du gehört, daß diese Maßnahmen zurückgenommen worden sind? ты слышал, что эти мероприятия отменены? **annullieren** *книжн.* ≅ aufheben,

но употр. в деловой и научной прозе; напр.: ein Wahlergebnis, einen Auftrag [eine Bestellung] annullieren аннулировать результаты выборов, заказ. **widerrufen** *высок.* отменять что-л., отказываться от чего-л.; *напр.:* der Befehl wurde vor dem ganzen Regiment widerrufen приказ был отменен перед строем полка; der Angeklagte hat sein Geständnis widerrufen обвиняемый отказался от своего показания, в котором признавал себя виновным

abschätzen *см.* schätzen [1]
abschätzig *см.* verächtlich
Abschaum *см.* Auswurf
Abscheu *см.* Abneigung
abscheulich *см.* schlecht [1,2]
abschicken *см.* schicken
abschieben *см.* fliehen [1]/fortgehen [1]
Abschied [1] прощание
der Abschied — das **Lebewohl**
Abschied *индифф. синоним; напр.:* ein feierlicher, rührender Abschied торжественное, трогательное прощание; der Abschied von den Freunden прощание с друзьями; von j-m Abschied nehmen прощаться с кем-л. **Lebewohl** *высок.* прощальные слова; *напр.:* j-m Lebewohl sagen прощаться с кем-л.; j-m ein Lebewohl zurufen крикнуть кому-л. «прощай»
Abschied [2] *см.* Rücktritt
Abschied [3]: Abschied nehmen *см.* verabschieden, sich
abschinden, sich *см.* bemühen, sich
abschlachten *см.* schlachten/töten
abschlagen [1] отбивать, отражать
abschlagen — zurückschlagen — abwehren — abweisen — parieren — abwenden
abschlagen *индифф. синоним; напр.:* den Angriff, den Sturm abschlagen отбить нападение [атаку], штурм; den Feind abschlagen отбить врага; die Gefahr abschlagen предотвратить опасность. **zurückschlagen** ≅ abschlagen, *но подчеркивает, что то, что отбивается, возвращается обратно туда, откуда исходил удар и т. п.; напр.:* den Ball zurückschlagen отбить мяч; sie haben den Angriff zurückgeschlagen они отбили атаку. **abwehren** отражать *по сравнению с* abschlagen *выражает менее активное действие и констатирует лишь факт недостижения цели нападающей, наносящей удар стороной; напр.:* einen Angriff, einen Sturm abwehren отразить нападение, штурм; Neugierige, Fliegen abwehren отгонять любопытных, мух. **abweisen** ≅ abwehren, *но менее употр.; напр.:* einen Angriff abweisen отразить нападение. **parieren** парировать; *напр.:* den Schlag parieren парировать удар; der Torwart hat den Schuß glänzend pariert вратарь блестяще отбил мяч; er war in der Lage, jede Frage, jeden Angriff aus dem Publikum zu parieren он был в состоянии парировать любые вопросы, любые выпады публики. **abwenden**

отводить; *напр.:* den Schlag, den Stich abwenden отводить удар, укол
abschlagen [2]: **den Kopf abschlagen** отрубить голову
den Kopf abschlagen — enthaupten — guillotinieren — köpfen
abschlagen (*j-m*) *индифф. синоним; напр.:* dem Verbrecher wurde der Kopf abgeschlagen преступнику отрубили голову. **enthaupten** (*j-n*) *высок.* обезглавить; *напр.:* die schottische Königin Maria Stuart wurde enthauptet шотландская королева Мария Стюарт была обезглавлена. **guillotinieren** [giljo-] (*j-n*) *книжн.* гильотинировать; *напр.:* Ludwig XVI. wurde im Jahre 1793 guillotiniert Людовика XVI гильотинировали в 1793 году. **köpfen** (*j-n*) *разг.* лишить головы; *напр.:* □ In unseren Schulkompendien liest man bloß: »Ihre Exzelenzen die Baronie und Grafen und hochdero Gemahlinnen wurden geköpft« (*Heine, »Das Buch Le Grand«*). В наших кратких школьных руководствах сказано только: «Их превосходительств баронов и графов и их высокочтимых супруг лишили головы»
abschlagen [3] *см.* abwehren [1]/verweigern
abschlägig bescheiden *см.* ablehnen
abschließen *см.* beenden/enden [1]/schließen [1]
Abschluß *см.* Ende [1]
abschmeicheln *см.* herauslocken [1]
abschneiden *см.* schneiden [1]
Abschnitt *см.* Teil
abschreiben [1] переписывать, снимать копию
abschreiben — kopieren
abschreiben *индифф. синоним; напр.:* einen Text, ein Gedicht aus einem Buch abschreiben списать текст, стихотворение из книги; ich werde den Artikel mit der Maschine abschreiben lassen я дам напечатать эту статью на (пишущей) машинке. **kopieren** снимать копию; *напр.:* einen Brief, ein Zeugnis kopieren снимать копию с письма, с удостоверения; lassen Sie den Vertrag in 3 Exemplaren kopieren сделайте с договора три копии
abschreiben [2] списывать (*подглядывая в чужую тетрадь и т. п.*)
abschreiben — abgucken
abschreiben *индифф. синоним; напр.:* er hat den Aufsatz wörtlich abgeschrieben он списал сочинение слово в слово; dieser Schüler hat die Aufgabe von [bei] seinem Nachbarn abgeschrieben этот ученик списал задачу у своего соседа. **abgucken** *разг.* ≅ abschreiben, *но подчеркивает не результат действия, а способ его осуществления — подглядывание; напр.:* diese Aufgabe hat er nicht selbst gemacht, er hat sie bei [von] seinem Nachbarn abgeguckt эту задачу он не сам сделал, он списал ее у своего соседа
Abschrift *см.* Abdruck
abschüssig *см.* steil

abschwächen *см.* schwächen
abschwächen, sich *см.* nachlassen [1]
abschweifen *см.* abkommen [1]/verirren, sich
abschwenken *см.* abbiegen
abschwindeln *см.* herauslocken [1]
abschwören *см.* verneinen
absehen *см.* verzichten/voraussehen
absenden *см.* schicken
absetzen [1] снимать (*головной убор и т. п.*)
absetzen — abnehmen
absetzen *индифф. синоним; напр.:* den Hut, den Helm, die Mütze, die Brille absetzen снимать шляпу, шлем, шапку, очки. **abnehmen** ≅ absetzen, *но обыкн. предполагает, что что-л. снимают на короткое время и не выпускают из рук; напр.:* den Hut, die Maske, die Brille abnehmen снять шляпу, маску, очки □ Einige Hafenarbeiter, die im Dienste des Konsuls standen, nahmen ihre Mützen ab (*Th. Mann, »Buddenbrooks«*) Некоторые портовые рабочие, которые работали у консула, сняли шапки
absetzen [2] снимать (*с должности*), свергать
absetzen — stürzen — entfernen — entsetzen — entthronen — entmachten — abhalftern — absägen
absetzen *индифф. синоним; напр.:* die Regierung, den Kaiser absetzen свергать правительство, императора; einen Beamten, den Bürgermeister absetzen снять [сместить] чиновника, бургомистра. **stürzen** свергать *по сравнению с* absetzen *больше подчеркивает насильственный характер устранения; напр.:* den König vom Thron, die konservative Regierung stürzen свергнуть короля (с престола), скинуть консервативное правительство. **entfernen** удалить, вывести из состава чего-л.; *напр.:* einen Minister aus der Regierung, einen General aus dem Generalstab entfernen удалить министра из правительства, генерала из генерального штаба. **entsetzen** *высок.* смещать, снимать с должности, с поста; *напр.:* er wurde des Oberbefehls entsetzt *уст.* он был смещен с поста главнокомандующего; er wurde seines Amtes entsetzt он был снят со своего поста [со своей должности]. **entthronen** *книжн.* свергнуть с престола; *напр.:* Wilhelm II. wurde im Jahre 1918 entthront Вильгельм II был свергнут с престола в 1918 году. **entmachten** *книжн.* лишить власти, влияния; *напр.:* die Regierung entmachten лишить правительство власти; einen Konzern entmachten лишить концерн влияния. **abhalftern** *разг. пренебр.* избавиться от кого-л., уволив; *напр.:* einen unerwünschten Beamten abhalftern отделаться от нежелательного чиновника; sie beschlossen, diesen Mitarbeiter abzuhalftern они решили отделаться от этого сотрудника. **absägen** *фам.* выгонять, выставлять;

напр.: der Direktor ist wegen seiner liberalen Gesinnung abgesägt worden его выставили из дирекции за его либеральные убеждения

absetzen³ *см.* stellen¹/verkaufen
absetzen, sich *см.* fliehen¹
Absicht¹ намерение

die **Absicht** — der **Vorsatz** — das **Vorhaben** — die **Intention**

Absicht *индифф. синоним; напр.*: klare, feste, die besten Absichten haben иметь ясные, твердые, лучшие намерения; seine Absicht verbergen, ausführen, verwirklichen скрыть, выполнить, осуществить свое намерение; seine Absicht aufgeben отказаться от своего намерения; er kam bereits mit der Absicht, Streit zu beginnen он уже пришел с намерением поссориться; er hat es nicht mit Absicht getan он сделал это непреднамеренно □ Sie hatte die Absicht, den Abend mit Janosch zu verbringen (*Feuchtwanger*, »*Exil*«) Она намеревалась провести вечер с Яношем. **Vorsatz** ≈ Absicht, *но подчеркивает конкретное намерение выполнить, сделать что-л.; напр.*: bei seinem Vorsatz bleiben не изменить своего намерения; von seinem Vorsatz ablassen [abstehen] отказаться от своего намерения; er hat klare, feste, die besten Vorsätze у него ясные, твердые, лучшие намерения; der Weg zur Hölle ist mit guten Vorsätzen gepflastert *посл.* дорога в ад вымощена благими намерениями □ Alois hatte seinen Vorsatz wahr gemacht, er war nach München gegangen (*Feuchtwanger*, »*Lautensack*«) Алоиз выполнил свое намерение, он уехал в Мюнхен. **Vorhaben** ≈ Absicht, *но больше подчеркивает практическое осуществление замысла; напр.*: ein löbliches, böses Vorhaben похвальное намерение, коварный план; j-m sein Vorhaben ausreden уговорить кого-л. отказаться от своего намерения; dem Vorhaben nach wäre sein Verhalten gutzuheißen gewesen учитывая его намерения, поведение его можно было бы одобрить □ »Gott mit Ihnen und Ihren Vorhaben...«, sagte die Köchin (*Strittmatter*, »*Wundertäter*«) «Да поможет вам бог осуществить ваше намерение...», сказала кухарка. **Intention** *книжн.* ≈ Absicht, *но часто подчеркивает несоответствие замысла и результата его осуществления, необычность самого замысла и т. п.; напр.*: er folgt beharrlich seinen Intentionen он не отступится от своих (странных) намерений; er wird wohl bestimmte Intentionen haben у него, по-видимому, есть определенные намерения [какие-то цели]

Absicht²: die Absicht haben *см.* vorhaben

absichtlich намеренный

absichtlich — vorsätzlich — vorbedacht — willentlich — bewußt — geflissentlich

absichtlich *индифф. синоним; напр.*: eine absichtliche Kränkung, Damütigung намеренное оскорбление, унижение; eine absichtliche Täuschung намеренный обман; etw. absichtlich tun, zurückhalten намеренно сделать, задержать что-л.; j-n absichtlich kränken намеренно обидеть кого-л. □ Er hatte absichtlich bis zuletzt nicht in ihr Gesicht geblickt... (*Seghers*, »*Die Toten*«) До последнего момента он умышленно не смотрел ей в лицо... **vorsätzlich** предумышленный, преднамеренный *подчеркивает наличие злого умысла и часто употр. в качестве юридического термина; напр.*: eine vorsätzliche Beleidigung преднамеренное оскорбление; ein vorsätzlicher Mord преднамеренное [предумышленное] убийство; j-n vorsätzlich kränken намеренно обидеть кого-л. **vorbedacht** ≈ absichtlich, *но больше подчеркивает, что данное намерение появилось в результате размышления; напр.*: er wollte sie nicht erschrecken und sprach daher in einem vorbedacht ruhigen Ton он не хотел ее пугать и говорил поэтому рассчитанно спокойным тоном. **willentlich** умышленно (*не под влиянием обстоятельств, не под давлением со стороны и т. п.*); *напр.*: willentlich etw. tun делать что-л. умышленно. **bewußt** сознательно; *напр.*: er hat ihn bewußt beleidigt он сознательно оскорбил его. **geflissentlich** намеренно (*обыкн. делая вид, что занят чем-л. другим и т. п.*); *напр.*: j-n geflissentlich übersehen намеренно не замечать кого-л.; etw. geflissentlich überhören, vermeiden (намеренно) пропускать мимо ушей, старательно избегать чего-л.; aus Ihrem Schreiben geht hervor, daß Sie die bevorstehenden Unkosten geflissentlich verschweigen из вашего письма следует, что вы намеренно умалчиваете о предстоящих издержках

absolut *см.* ganz²/völlig¹
Absolution *см.* Befreiung²
absolvieren *см.* beenden/begnadigen
absonderlich *см.* merkwürdig
absondern *см.* trennen
absparen *см.* sparen
absperren *см.* schließen¹
abspielen, sich *см.* geschehen
Absprache *см.* Vereinbarung
absprechen *см.* bestreiten¹/entziehen/vereinbaren¹
abspringen отскакивать

abspringen — zurückspringen — abprallen — zurückprallen

abspringen *индифф. синоним; напр.*: der Ball ist vom Pfosten abgesprungen мяч отскочил от штанги; sei vorsichtig, das Beil kann vom Klotz abspringen! будь осторожен, топор может сорваться с колоды! **zurückspringen** ≈ abspringen, *но в этом знач. употр. редко; напр.*: der Ball sprang von der Mauer zurück мяч отскочил от стены. **abprallen** (ударится обо что-л.) отскочить с силой; *напр.*: die Kugel war von der Mauer abgeprallt пуля рикошетом отскочила от стены. **zurückprallen** *может, в зависимости от контекста, совпадать либо с* abspringen, *либо с* abprallen; *напр.*: der Ball, der Stein prallte von der Hauswand zurück мяч, камень, ударившись, отскочил от стены; die Kugel prallte von der Mauer zurück, aber zum Glück wurde niemand getroffen пуля рикошетом отскочила от стены, но, к счастью, никого не задела

abstammen *см.* stammen
Abstammung *см.* Herkunft
Abstand *см.* Entfernung
abstechen *см.* schlachten/unterscheiden, sich
Abstecher *см.* Ausflug
abstehen *см.* verzichten
absteigen¹ останавливаться (*у кого-л., где-л.*)

absteigen — einkehren — logieren

absteigen *индифф. синоним; напр.*: in einem Gasthaus, in einem Hotel, bei Bekannten, bei Freunden absteigen остановиться в гостинице, в отеле, у знакомых, у друзей. **einkehren** ≈ absteigen, *но б. ч. предполагает, что останавливаются на короткий срок в маленькой гостинице; напр.*: bei einem Wirt einkehren остановиться в небольшой гостинице; unterwegs kehrten wir in einem Gasthaus ein по дороге мы остановились в гостинице. **logieren** [-ˈʒiː-] *устаревает* временно проживать в гостинице *или* на частной квартире (*без особого комфорта*); *напр.*: ich logierte weit draußen я остановился далеко за городом

absteigen² *см.* aussteigen
abstellen *см.* ausschalten¹/stellen¹
absterben *см.* erstarren
abstimmen *см.* stimmen¹
abstoßen¹ отталкивать *тж. перен.*

abstoßen — wegstoßen — zurückstoßen

abstoßen *индифф. синоним; напр.*: das Boot vom Ufer abstoßen оттолкнуть лодку от берега; er stößt alle durch sein Benehmen ab он всех отталкивает своим поведением; das Äußere dieses Menschen stößt mich ab внешность этого человека производит на меня отталкивающее впечатление. **wegstoßen** ≈ abstoßen, *но б. ч. употр. в прям. знач. и подчеркивает, что кого-л., что-л. отталкивают в сторону; напр.*: etw. mit dem Fuß wegstoßen оттолкнуть что-л. ногой; j-n mit dem Ellenbogen wegstoßen оттолкнуть [отпихнуть] кого-л. локтем. **zurückstoßen** a) (от)толкнуть назад; *напр.*: ich stieß ihn zurück я оттолкнул его; b) *перен.* = abstoßen; *напр.*: sein Verhalten stößt mich zurück его поведение меня отталкивает □ Nein, er hatte es nicht verdient, daß man ihn so zurückstieß! (*Noll*, »*Werner Holt*«) Нет, он не заслужил того, чтобы его так оттолкнули!

abstoßen² *см.* verkaufen
abstreiten *см.* bestreiten⁴
abstürzen *см.* fallen²
absurd *см.* dumm¹
abtasten *см.* betasten
Abteil купе
das **Abteil** — das **Coupé**
Abteil *индифф. синоним; напр.:* dieses Abteil ist frei, besetzt это купе свободно, занято; geben Sie mir einen Platz im Abteil für Nichtraucher дайте мне место в купе для некурящих □ Er sagte zu dem höflichen Schaffner, er sei bereit, sein Abteil zu teilen (*Seghers*, »*Die Toten*«) Он сказал вежливому кондуктору, что готов пустить в свое купе еще пассажира. **Coupé** [ku'pe:] *устаревает* = Abteil; *напр.:* ich bestelle für dich ein Coupé erster Klasse я закажу тебе купе первого класса
Abteilung отряд, отделение (*войсковое, полицейское и т. п. подразделение*)
die **Abteilung** — der **Trupp** — die **Schar** — die **Kolonne**
Abteilung *индифф. синоним; напр.:* diese Abteilung wurde außerhalb der Stadt einquartiert этот отряд был расквартирован за городом; Abteilung, marsch! отделение, марш! (*команда*). **Trupp** небольшое воинское подразделение (*б. ч. на марше*); *напр.:* ein Offizier rückte mit einem Trupp Soldaten in die Ortschaft ein отряд солдат с офицером во главе вступил в местечко. **Schar** *устаревает* отряд *в отличие от* Abteilung *означает группу солдат, а не постоянное подразделение определенной численности; напр.:* durch die Dörfer zogen Scharen versprengter Soldaten через деревни тянулись группы отставших от своих частей солдат; die feindlichen Scharen drangen in das Land ein вражеские отряды проникли в страну. **Kolonne** колонна войск, воинское подразделение на марше в строю; *напр.:* ich blickte auf die Straße, wo die endlosen Kolonnen dem Platze zumarschierten я смотрел на улицу, где бесконечные колонны войск двигались по направлению к площади
abtragen *см.* abnutzen/fortbringen/niederreißen
abträglich *см.* schädlich
abtransportieren *см.* fortbringen
abtrennen *см.* trennen
abtreten *см.* abgeben¹/fortgehen¹
Abtritt *см.* Toilette
abtrocknen *см.* trocknen¹,²
abtrünnig *см.* treulos
Abtrünniger *см.* Verräter
abtun *см.* beenden
ab und an *см.* manchmal
ab und zu *см.* manchmal
aburteilen *см.* verurteilen¹
Aburteilung *см.* Verurteilung
abwägen *см.* überlegen I¹
abwandeln *см.* ändern
abwarten *см.* warten I¹
abwaschen *см.* spülen
Abwehr *см.* Schutz

abwehren¹ (пред)отвращать
abwehren— abwenden — abschlagen
abwehren *индифф. синоним; напр.:* ein Unglück, eine Katastrophe abwehren предотвращать несчастье, катастрофу; eine drohende Gefahr abwehren (пред)отвратить угрожающую опасность. **abwenden** отводить (*опасность и т. п.*); *напр.:* einen Schlag abwenden отвести удар; j-s Zorn abwenden отвести чей-л. гнев; ein Unglück abwenden отвести [предотвратить] несчастье. **abschlagen** ≅ abwehren, *но в этом знач. употр. реже, б. ч. по отношению к нападению, угрозе нападения и т. п.; напр.:* die Gefahr abschlagen предотвратить опасность
abwehren² *см.* abschlagen¹
abweichen *см.* abkommen¹/unterscheiden, sich/verirren, sich
abweisen *см.* ablehnen/abschlagen¹
Abweisung *см.* Weigerung
abwelken *см.* welken
abwenden *см.* abschlagen¹/abwehren¹
abwenden, sich *см.* verlassen I¹
abwerfen *см.* eintragen¹
abwerten *см.* entwerten
abwesend *см.* zerstreut
abwiegen *см.* wiegen I
abwischen *см.* trocknen²/wischen¹
abwürgen *см.* würgen
Abzeichen значок
das **Abzeichen** — die **Plakette**
Abzeichen *индифф. синоним; напр.:* ein Abzeichen anstecken, tragen приколоть, носить значок; das Abzeichen der Partei партийный значок. **Plakette** памятный *или* спортивный значок, плакетка; *напр.:* ihm wurde eine Plakette verliehen его наградили (спортивным) значком; er sammelt Plaketten он коллекционирует памятные значки; er steckte sich eine neue Plakette an он приколол себе новый значок
abziehen *см.* ausziehen¹/wegfliegen
abzielen *см.* streben
Abzug *см.* Abdruck
abzweigen *см.* sparen/verzweigen, sich²
abzweigen, sich *см.* verzweigen, sich²
abzwingen *см.* erzwingen
Achsel *см.* Schulter
Acht *см.* Verbannung
achtbar *см.* angesehen
achten¹ обращать внимание, следить
achten — achtgeben — aufpassen — achthaben — passen
achten *индифф. синоним; напр.:* auf die Gesundheit, auf sein Äußeres achten следить за здоровьем, за своей внешностью; er achtete nicht auf den Regen он не обращал внимания на дождь. **achtgeben** ≅ achten, *но содержит предостережение и указание на то, что может произойти, если не обращать внимания на что-л.; напр.:* gib acht, daß die Milch nicht überkocht! следи за тем, чтобы молоко не

убежало!; geben Sie acht darauf, daß die Kinder sich nicht anstecken! следите за тем, чтобы дети не заразились! **aufpassen** ≅ achtgeben, *но подчеркивает напряженность внимания в конкретной ситуации; напр.:* paß auf! внимание!; paß auf dein Kind auf, dort sind Stufen! следи за своим ребенком, там ступеньки! **achthaben** *высок. в отличие от других синонимов данного ряда выражает постоянное внимание к чему-л. без оттенка предостережения; напр.:* er hatte auf alle Anzeichen einer Wetterveränderung acht он обращал внимание на все признаки перемены погоды. **passen** (auf A) *разг.* внимательно следить (за сигналом к чему-л.) (*и быть готовым сразу же на него реагировать*); *напр.:* auf den Startschuß passen *спорт.* ждать выстрела стартера
achten² уважать
respektieren — achten — schätzen — hochhalten — ehren — verehren — hochachten — hochschätzen
Синонимы данного ряда расположены по степени возрастания выражаемого чувства
respektieren *книжн. в отличие от других синонимов данного ряда часто означает* 'уважать кого-л., что-л., соблюдать что-л. независимо от своего личного отношения'; *напр.:* er schwört, die Gesetze zu respektieren он клянется, что уважает законы. **achten** *индифф. синоним; напр.:* die Gesetze, das Alter, die Arbeit achten уважать законы, старость, труд; ich achte seine Gesinnung я уважаю его образ мыслей; er achtet ihn als Menschen und Gelehrten он уважает его как человека и ученого □ Es war doch nur, weiß ich dich viel zu sehr achte (*H. Mann*, »*Untertan*«) Все это (*я говорил*) только потому, что я тебя слишком уважаю. **schätzen** ценить; *напр.:* ich schätze ihn wegen seiner Gesinnung я ценю его за его образ мыслей; er schätzt die Freiheit höher als das Leben он ценит свободу дороже жизни; sie schätzte ihre Eltern, ihren Lehrer она ценила своих родителей, своего учителя. **hochhalten** *высок.* чтить, относиться с большим уважением; *напр.:* er hält das Andenken an seinen Lehrer hoch он относится с большим уважением к памяти своего учителя; sie halten die alten Traditionen hoch они чтут старые традиции. **ehren, verehren** почитать; *напр.:* man soll das Alter ehren нужно уважать старость; wir verehren diesen Professor мы почитаем этого профессора □ ...keine seiner zitternden Kreaturen wußte Rat, wie man sich ihm gegenüber zu benehmen habe. Es blieb nichts übrig, als ihn... zu verehren (*Th. Mann*, »*Buddenbrooks*«) ...ни один из его вечно трепетавших подопечных не знал, как ему следует держать себя. Не оставалось ничего другого, как

почитать его... **hochachten, hochschätzen** глубоко чтить; *напр.:* seine Eltern hochachten глубоко почитать своих родителей; wir schätzen unseren alten Kollegen hoch мы глубоко уважаем нашего старого коллегу

achten[3] *см.* befolgen
achtgeben *см.* achten[1]
achthaben *см.* achten[1]
achtsam *см.* aufmerksam[1]
Achtung[1] уважение
die **Achtung** — der R e s p e k t — die **Schätzung** — die **Hochachtung** — die **Verehrung** — die **Ehrfurcht** — die P i e t ä t — die **E h r e r b i e t u n g**

Синонимы данного ряда расположены по степени возрастания выражаемого чувства

Achtung *индифф. синоним; напр.:* Achtung vor dem Menschen, vor dem Gesetz haben, verlieren испытывать, терять уважение к человеку, к закону; ich empfinde für ihn große Achtung я питаю к нему большое уважение □ Ganz offenbar empfand er es als eine Verletzung der Achtung, die man seinem Range schuldete, ihm einen Brief von derart geschmackloser, ja unangenehmer Färbung zu senden (*Kellermann, »Der 9. November«*) Он явно воспринял это пошлое, неприятного цвета письмо как неуважение к его званию. **Respekt** *книжн.* ≅ Achtung подчеркивает, что кто-л. осознает границы, которых он должен придерживаться при общении с кем-л. или при оценке чего-л.; *напр.:* allen Respekt vor j-m haben, bekommen питать полное уважение, проникнуться полным уважением к кому-л.; j-m den Respekt verweigern отказать кому-л. в уважении; er vergaß nie den Respekt, den er ihm schuldete он никогда не забывал проявлять к нему должного уважения □ Er fürchtete sie, er hatte Respekt (*Strittmatter, »Wundertäter«*) Он боялся ее, он ее почитал. **Schätzung** ≅ Achtung, *но подчеркивает, что уважение связано с признанием чьих-л. достоинств, заслуг и т. п. со стороны окружающих; напр.:* sich die Schätzung aller Leute erwerben снискать уважение всех людей. **Hochachtung** глубокое уважение *употр. тк. по отношению к лицам, б. ч. когда особенно подчеркивают свое уважение к кому-л. из вежливости, либо в противовес сомнениям собеседника; напр.:* mit vorzüglicher Hochachtung с глубоким уважением (*в конце письма*); im Gegenteil, der Mann hat meine ganze Hochachtung напротив, этот человек пользуется моим глубоким уважением. **Verehrung** почитание; *напр.:* j-m Verehrung entgegenbringen почитать кого-л.; wir alle bringen der Kunst dieses Malers große Verehrung entgegen все мы глубоко почитаем искусство этого художника. **Ehrfurcht** почтение, благоговение; *напр.:* er nahte ihm mit scheuer Ehrfurcht он приблизился к нему с благоговейным трепетом; er hat Ehrfurcht vor dem Alter он относится с почтением к преклонному возрасту. **Pietät** [pie-] *книжн.* высокая степень уважения, пиетет; *напр.:* aus Pietät gegenüber dem Verstorbenen из-за пиетета к умершему; sie verhielten sich ihrem Lehrer gegenüber mit Pietät они относились к своему учителю с пиететом. **Ehrerbietung** *высок. устаревает* чрезвычайная вежливость б. ч. употр. по отношению к лицам, которые по возрасту значительно старше или по положению выше того, кто проявляет почтительность; *напр.:* □ Und er stand ganz in der Ferne ihr Jud, auf den sie (*die Herzogin*) sehr stolz war, und der ihr mit der größten Ehrerbietung die insolentesten Komplimente zu sagen wußte (*Feuchtwanger, »Jud Süß«*) И, держась на должном расстоянии, состоял при ней (*герцогине*) ее еврей, которым она очень гордилась и который умел с величайшей почтительностью говорить ей самые дерзкие комплименты

Achtung[2] *см.* Vorsicht
Ächtung *см.* Verbannung
ächzen *см.* stöhnen
Acker *см.* Feld
adäquat *см.* gleich[1]
Adel *см.* Großmut
ad(e)lig дворянский
ad(e)lig — **aristokratisch**

ad(e)lig *индифф. синоним; напр.:* eine adlige Familie дворянская семья; ad(e)liger Herkunft sein быть дворянского происхождения; er ist aus adligem Geschlecht он дворянского рода □ Er... unterhielt ein Knabenpensionat, das von reichen und adeligen Gutsbesitzersöhnen... besucht war (*Th. Mann, »Buddenbrooks«*) Он... держал пансион для мальчиков, сыновей помещиков из богатых и дворянских семей. **aristokratisch** аристократический; *напр.:* die aristokratische Gesellschaft аристократическое общество; aristokratische Kreise аристократические круги; aristokratischer Hochmut аристократическое высокомерие

Ad(e)liger дворянин
der **Ad(e)lige** — der **Edelmann** — der **Aristokrat**

Ad(e)liger *индифф. синоним; напр.:* □ »Ich werde sicherlich keinen Lehrer heiraten, sondern einen Landmann...« — »Einen Adligen?« (*Th. Mann, »Buddenbrooks«*) «Я, наверное, выйду замуж не за учителя, а за сельского жителя». — «За дворянина?» **Edelmann** *ист.* ≅ Ad(e)liger; *напр.:* ein deutscher Edelmann немецкий дворянин (*эпохи феодализма*). **Aristokrat** аристократ; *напр.:* ein hochmütiger, stolzer Aristokrat надменный, гордый аристократ; vor der Oktoberrevolution bildeten die Aristokraten in Rußland die Oberschicht до Октябрьской революции дворянская аристократия в России составляла высший слой общества

Adressat *см.* Empfänger
Adresse адрес
die **Adresse** — die **Anschrift**

Adresse *индифф. синоним; напр.:* die Adresse aufschreiben, geben, nennen, hinterlassen записать, дать, назвать, оставить адрес; ich habe jetzt eine neue Adresse у меня теперь новый адрес; sie wenden sich nicht an die richtige Adresse вы обращаетесь не по тому адресу; er ist an die falsche Adresse geraten он попал не по адресу. **Anschrift** почтовый адрес; *напр.:* seine neue, ständige Anschrift angeben указать свой новый, постоянный адрес; vergessen Sie nicht die Anschrift des Absenders auf dem Briefumschlag zu schreiben! не забудьте написать на конверте адрес отправителя!

adressieren *см.* richten[1]
adversativ *см.* entgegengesetzt
Affäre *см.* Sache[1]
affektiert *см.* künstlich[1]
affig *см.* eitel
Affront *см.* Beleidigung
Aftermieter *см.* Mieter
aggressiv[1] агрессивный
aggressiv — **angreifend** — **offensiv** — **angriffslustig** — **streitsüchtig** — **herausfordernd**

aggressiv *индифф. синоним; напр.:* ein aggressiver Mensch, Charakter агрессивный человек, характер; aggressive Pläne schmieden строить агрессивные планы; eine aggressive Politik betreiben проводить агрессивную политику □ »Sie haben da ein Schlafzimmer im Schaufenster«, sagt Pinneberg... und sein Ton ist schrecklich aggressiv (*Fallada, »Kleiner Mann«*) «У вас там в витрине спальня», — говорит Пиннеберг... и его тон страшно агрессивен. **angreifend, offensiv** наступательный (*с агрессивными целями*); *напр.:* die angreifenden Truppen наступающие войска; der offensive Charakter des Krieges наступательный характер войны; die Mannschaft spielte offensiv команда играла в атакующем стиле. **angriffslustig** склонный к нападкам, к полемике; *напр.:* er war in angriffslustiger Stimmung он был агрессивно настроен. **streitsüchtig** задиристый, затевающий ссоры; *напр.:* streitsüchtige Kampfhähne задиристые бойцовые петухи □ »Mama ist immer streitsüchtig, wenn sie was getrunken hat«, sagt er (*Fallada, «Kleiner Mann«*) «Мама всегда ищет ссоры, когда она выпьет», — говорит он. **herausfordernd** вызывающий (*о тоне, взгляде и т. п.*); *напр.:* er sprach in herausforderndem Ton он говорил вызывающим тоном □ Pinneberg hat an sich nichts gegen die Schupos... aber er findet doch... sie benehmen sich... etwas herausfordernd (*Fallada, »Kleiner Mann«*) Пиннеберг, собственно, ничего не имеет против полицейских... но он все же находит... что они ведут себя... несколько вызывающе

aggressiv ² *см.* streitbar
Aggressor *см.* Angreifer
Ahn *см.* «Приложение»
ahnden *см.* rächen (, sich)/strafen
Ahndung *см.* Rache¹
ähneln *см.* gleichen
ahnen *см.* voraussehen
ähnlich ¹ похожий, подобный
ähnlich — verwandt — a n a l o g
ähnlich *индифф. синоним; напр.:* ähnliche Gedanken, Anschauungen, Gefühle, Erscheinungen похожие мысли, взгляды, чувства, явления □ Die beiden Lieven sahen sich brüderlich ähnlich, obwohl sie nur Vettern waren (*Seghers, »Die Toten«*) Оба Ливена были похожи друг на друга, как братья, хотя они были только кузенами. **verwandt** родственный, схожий *подчёркивает одинаковое происхождение и внутреннее сходство сопоставляемых явлений; напр.:* verwandte Erscheinungen похожие [родственные] явления; verwandte Gefühle, Anschauungen сходные чувства, взгляды. **analog** *книжн.* аналогичный *чаще употр. в научной литературе и публицистике; напр.:* analoge Erscheinungen, Anschauungen аналогичные явления, взгляды
ähnlich ²: ähnlich sein [sehen] *см.* gleichen
Ähnlichkeit сходство
die Ähnlichkeit — die Verwandtschaft — der Anklang — die A n a l o g i e
Ähnlichkeit *индифф. синоним; напр.:* eine auffallende, verblüffende, entfernte Ähnlichkeit бросающееся в глаза, поразительное, отдалённое сходство; zwischen diesen Bildern kann man eine gewisse Ähnlichkeit feststellen между этими картинами можно обнаружить известное сходство; seinem Wesen nach hat er große Ähnlichkeit mit seinem Bruder характером он очень похож на своего брата. **Verwandtschaft** родство *больше подчёркивает внутреннее сходство; напр.:* eine Verwandtschaft der Seelen родство душ; zwischen den beiden Problemen besteht eine gewisse Verwandtschaft между этими двумя проблемами имеется определённое сходство. **Anklang** ≅ Verwandtschaft, *но подчёркивает наличие отдельных черт, элементов, напоминающих что-л.; напр.:* der Anklang an Bach ist unverkennbar сходство с Бахом несомненно; in seinen Dramen finden sich viele Anklänge an Ibsen многое в его драмах напоминает Ибсена. **Analogie** *книжн.* аналогия; *напр.:* dieses Beispiel ist in Analogie zu einem anderen gebildet worden этот пример образован по аналогии с другими
Ahnung *см.* Vorstellung¹
akklimatisieren, sich *см.* anpassen, sich
akkurat *см.* sorgfältig
Akt *см.* Tat¹
Akteur *см.* Schauspieler

aktiv *см.* tätig¹
aktuell *см.* modern¹
Akzent *см.* Betonung
Akzise *см.* Steuer I
Alarm тревога (*боевая и т. п.*)
der Alarm — der Lärm
Alarm *индифф. синоним; напр.:* ein voreiliger, falscher Alarm преждевременная, ложная тревога; blinder Alarm ложная тревога, напрасное беспокойство; Alarm blasen трубить тревогу; Alarm geben дать сигнал тревоги; Alarm schlagen бить тревогу, бить в набат (*привлекать всеобщее внимание к чему-л.*). **Lärm** *в этом знач. употр. тк. в сочетании* Lärm schlagen *перен.* бить тревогу
albern *см.* dumm¹
alert *см.* lebhaft¹
Alimente *см.* «Приложение»
all: vor allem *см.* besonders
allbekannt *см.* bekannt¹
alle ¹ все
alle — gesamt — sämtlich
alle *индифф. синоним; напр.:* alle Menschen все люди; die Solidarität aller Arbeiter солидарность всех рабочих; alle Plätze sind besetzt все места заняты; alle Rechte vorbehalten все права издательства сохраняются (*надпись на обороте титульного листа книги*). **gesamt, sämtlich** все без исключения, абсолютно все; **sämtlich** *обыкн. не употр., если при сказуемом имеется отрицание; напр.:* die gesamten [sämtlichen] Räume (абсолютно) все помещения; die gesamte Familie вся семья; sämtliche Anwesenden, Teilnehmer все присутствующие, участники; Lenins sämtliche Werke полное собрание сочинений Ленина
alle ² *см.* jeder
alle ³: alle sein [werden] *см.* schwinden¹
allein ¹ один, одинокий; одиноко
allein — abgeschlossen — zurückgezogen — eingezogen — einsam — verlassen — vereinsamt — ureinsam — mutterseelenallein
allein *индифф. синоним* ⟨*мест., атрибутивно не употр.*⟩; *напр.:* alle sind fort und jetzt lebe ich ganz allein все уехали, и теперь я живу совершенно один(око); er steht allein da он одинок. **abgeschlossen** замкнутый (*об образе жизни*) *подчёркивает обособленность, возникшую по воле или независимо от воли субъекта; напр.:* es drang nicht viel Neues in ihr streng abgeschlossenes Leben к ней, жившей совершенно одиноко [замкнуто], проникало мало новостей. **zurückgezogen** ≅ abgeschlossen, *но подчёркивает, что обособление от общества произошло по воле самого субъекта; напр.:* dieses Jahr lebte er sehr zurückgezogen und mied jede Gesellschaft в этом году он жил очень уединённо, избегая всякого общества. **eingezogen** *уст.* ≅ abgeschlossen, *но ещё больше подчёркивает отсутствие контакта с кем-л.; напр.:* er lebte in seinen vier Wänden eingezogen wie eine Schnecke он замкнулся в своих четырёх стенах, как в скорлупе. **einsam** одинокий *в отличие от предыдущих синонимов подчёркивает сожаление по поводу данного состояния; напр.:* ein einsamer Mensch одинокий человек; in dieser Stadt fühle ich mich so einsam в этом городе я чувствую себя таким одиноким □ Damals war die ganze Stadt bei mir zu Hause. Jetzt ist es so einsam wie nie... (*H. Mann, »Untertan«*) В те времена у меня бывал весь город. Теперь стало так одиноко, как никогда... **verlassen** (всеми) покинутый; *напр.:* er wohnte in diesem kleinen Städtchen von aller Welt verlassen он жил в этом маленьком городке покинутый всеми. **vereinsamt** оставшийся (совершенно) одиноким *подчёркивает длительность одиночества и отсутствие надежды на изменение этого состояния; напр.:* er ist in seinem Alter völlig vereinsamt достигши этого возраста, он оказался совершенно одиноким. **ureinsam** не имеющий никого, оставшийся один на белом свете *по сравнению с* einsam *эмоц.-усил. и употр. редко; напр.:* seht, da ist er: ureinsam in alle Ewigkeit смотрите, вот он: остался один на белом свете. **mutterseelenallein** *разг.* один-одинёшенек, один как перст *выражает наибольшую степень признака* ⟨*атрибутивно не употр.*⟩; *напр.:* als meine Eltern starben, blieb ich mutterseelenallein когда умерли мои родители, я остался один-одинёшенек [один как перст] □ Wie war die Welt entleert! Wie hatte es Erwin nur fertiggebracht, ihn mutterseelenallein zu lassen! (*Seghers, »Die Toten«*) Как стало пусто на свете! Как мог Эрвин оставить его в полном одиночестве!
allein ² *см.* aber/nur
allein(e): von allein(e) *см.* freiwillig
Alleingänger *см.* Einzelgänger
alleinstehend *см.* ledig
allemal *см.* immer
allerdings *см.* natürlich²
allgemein ¹ общий; всеобщий
allgemein — gemein
allgemein *индифф. синоним; напр.:* das allgemeine Wahlrecht всеобщее избирательное право; die allgemeine Wehrpflicht всеобщая воинская повинность [обязанность]; zur allgemeinen Kenntnis для общего сведения; an der allgemeinen Tafel essen есть за общим столом. **gemein** ≅ allgemein, *но употр. тк. в ограниченном количестве словосочетаний; напр.:* das gemeine Wohl общее благосостояние; etw. zum gemeinen Nutzen tun делать что-л. для общего блага; dieser Film hat mit echter Kunst nichts gemein этот фильм не имеет ничего общего с настоящим искусством
allgemein ² общий (*не специальный, не частный*)
allgemein — generell — g l o b a l

allgemein *индифф. синоним; напр.*: eine allgemeine Definition общее определение; die allgemeine Geschichte всеобщая история; die allgemeine Relativitätstheorie общая теория относительности; allgemeine Schlüsse ziehen делать общие выводы; etw. in allgemeinen Zügen schildern описывать что-л. в общих чертах. **generell** ≅ algemein, *но больше подчеркивает обобщающий характер признака; напр.*: ein generelles Problem общая проблема; eine generelle Frage lösen решать общий вопрос. **global** *книжн.* глобальный; *напр.*: eine globale Übersicht общий обзор; etw. global ablehnen глобально [целиком] отклонять что-л.

allgemeinverständlich *см.* klar [2]
allgewaltig *см.* allmächtig
Allianz *см.* Bund
Alliierter *см.* Verbündeter
allmächtig ↔ allgewaltig
allmächtig ↔ allgewaltig
allmächtig *индифф. синоним; напр.*: der allmächtige Gott всемогущий бог; die allmächtige Natur всемогущая природа. **allgewaltig** *разг. ирон.* всесильный; *напр.*: der allgewaltige Chef всесильный [всемогущий] начальник □ ...sogar der allgewaltige Gassenvogt sah aus, als wenn er nichts mehr zu befehlen hätte, und stand da so friedlich gleichgültig (*Heine, »Das Buch Le Grand«*) ...даже всемогущий квартальный выглядел так, как будто ему нечего было больше приказывать, и он стоял такой безобидный и равнодушный

alltäglich *см.* gewöhnlich [1]/täglich
allzu *см.* übertrieben [2]
Alm *см.* Wiese
Almosen *см.* Spende
als *см.* nachdem
alsbald *см.* gleich [2]
also *см.* folglich
als Sieger hervorgehen *см.* siegen
alt [1] старый (*о возрасте*)
älter — ältlich — bejahrt — alt — oll — betagt — hochbetagt — greis — uralt — steinalt
Синонимы данного ряда расположены по степени возрастания признака, но alt *и* oll *означают одинаковую степень*

älter в летах, немолодой; *напр.*: er war ein älterer Herr, aber immer noch hübsch он был (уже) в годах, но все еще красив. **ältlich** (довольно) пожилой *употр. по отношению к лицам, часто подчеркивает старообразность облика; напр.*: das ältliche Paar пожилая чета; eine ältliche Frau betrat das Zimmer в комнату вошла пожилая женщина. **bejahrt** *книжн.* означает *более пожилой возраст по сравнению с* älter; *напр.*: sie war schon ziemlich bejahrt, als sie starb она умерла в довольно пожилом возрасте. **alt** *индифф. синоним; напр.*: sein Vater ist alt его отец стар(ый); ein altes Pferd weidete auf der Wiese на лугу паслась старая лошадь; hinter dem Haus steht eine alte Eiche за домом стоит старый дуб □ Jetzt schon bin ich alt und häßlich und habe nicht das Geld, es zu verbergen (*Feuchtwanger, »Exil«*) Теперь я уже стара и некрасива и не имею денег, чтобы скрыть это. **oll** *фам. и н.-нем., берл.* ≅ alt, *но обыкн. подчеркивает характерные старческие черты и привычки; употр. по отношению к лицам и животным; напр.*: der olle Rentner suckelte an einer kalten Pfeife пожилой пенсионер сосал потухшую трубку; ein oller schwachsichtiger Gaul kam uns entgegen навстречу нам шла старая подслеповатая лошадь. **betagt** *высок.* (достигший) преклонного возраста *употр. тк. по отношению к лицам; напр.*: diese Lebensweise war nicht für etnen betagten Mann этот образ жизни был не для человека преклонного возраста □ Er war sehr betagt, er wäre gern seine wenigen Jahre noch in seiner kleinen, umblühten Stadt geblieben (*Feuchtwanger, »Jud Süß«*) Он был очень преклонного возраста и предпочел бы провести немногие оставшиеся ему годы в своем маленьком цветущем городке. **hochbetagt** *высок.* (достигший) весьма преклонного возраста *употр. тк. по отношению к лицам;. напр.*: er war hochbetagt, als er seinen Sohn wiedersah он был уже в очень преклонном возрасте, когда снова увиделся со своим сыном □ Karl Rudolf war ein karger, hochbetagter Herr (*Feuchtwanger, »Jud Süß«*) Карл Рудольф был скупой, очень старый человек. **greis** *высок.* престарелый *подчеркивает дряхлость, но имеет оттенок почтительности; употр. тк. по отношению к лицам; напр.*: das greise Familienoberhaupt престарелый глава семьи; der greise Professor eröffnete die Sitzung престарелый профессор открыл заседание; der Großvater ist greis дедушка одряхлел. **uralt** старый-престарый, древний *употр. по отношению к человеку, животному, растению, чья глубокая старость может вызывать удивление; напр.*: ein uraltes Mütterchen schleppte mit Mühe und Not ein Bündel Reisig древняя старушка с трудом тащила вязанку хвороста; der Hund, der in sein Häuschen trottelte, war uralt собака, которая засеменила в свою будку, была очень дряхлой; dort liegt ein uralter Wald там стоит древний лес. **steinalt** ≅ uralt, *но употр. тк. по отношению к лицам; напр.*: ein steinaltes Männlein древний старичок

alt [2] старый (*бывший в употреблении*)
alt — gebraucht — benutzt
alt *индифф. синоним; напр.*: alte Möbel старая мебель; alte Bücher старые книги; ein altes Kleid старое платье; alte Wäsche старое белье; ich habe das Auto alt gekauft я купил старую машину. **gebraucht** подержанный, бывший в употреблении; *напр.*: ein gebrauchter Wagen подержанный автомобиль; gebrauchte Möbel подержанная мебель; gebrauchte Handtücher бывшие в употреблении [грязные] полотенца. **benutzt** бывший в употреблении, использованный.(*грязный*); *напр.*: ein benutztes Handtuch бывшее в употреблении [грязное] полотенце; das benutzte Geschirr использованная [грязная] посуда □ Im Halbkreis saßen der Konsul, seine Gattin, Tony, Tom und Klothilde um den runden gedeckten Tisch, auf dem das benutzte Service schimmerte (*Th. Mann, »Buddenbrooks«*) За круглым накрытым столом, на котором сверкал неубранный сервиз, сидели полукругом консул, его супруга, Тони, Том и Клотильда

alt [3] *см.* altertümlich
alt [4] *см.* früher II
Altan *см.* Balkon
Alte *см.* Frau [2]
alteingesessen *см.* einheimisch [1]
Alter *см.* Mann [2]
älter *см.* alt [1]
altertümlich старинный
alt — altertümlich — archaisch
Синонимы данного ряда расположены по степени возрастания выражаемого признака

alt старый; *напр.*: eine alte Tradition старая традиция; ein alter Freund старый друг; ein altes Sprichwort старая пословица; die Alte Welt Старый свет; alte Liebe rostet nicht *посл.* старая любовь не ржавеет. **altertümlich** *индифф. синоним; напр.*: ein altertümliches Gebäude старинное здание; altertümliches Geschirr старинная посуда; eine altertümliche Uhr старинные часы; altertümliche Schriftzeichen старинные письмена; das ist eine altertümliche Fotografie это старинная фотография. **archaisch** древний; *напр.*: die archaische Kunst древнее искусство; archaische Felszeichnungen древние [доисторические] наскальные рисунки

althergebracht *см.* herkömmlich
ältlich *см.* alt [1]
altmodisch *см.* veraltet
altruistisch *см.* selbstlos
Amateur *см.* Liebhaber [2]
amnestieren *см.* begnadigen
amoralisch *см.* unsittlich [1]
amortisieren *см.* bezahlen [1]
Amt *см.* Dienst
amtlich *см.* dienstlich/«Приложение»
amüsant *см.* lächerlich
amüsieren, sich *см.* auslachen/unterhalten, sich
Anachoret *см.* Einsiedler
analog *см.* ähnlich [1]
Analogie *см.* Ähnlichkeit
anästhesieren *см.* betäuben
anbelangen *см.* angehen [1]
anbequemen, sich *см.* anpassen, sich
anberaumen *см.* bestimmen [1]
anbeten *см.* verehren [1]

Anbeter см. Verehrer[1]
anbetreffen см. angehen[1]
Anbetung см. Verehrung[1]
anbiedern, sich см. einschmeicheln, sich
anbieten предлагать
anbieten — bieten — darbieten — antragen — offerieren
 anbieten индифф. синоним; напр.: j-m Geld, Wein anbieten предложить кому-л. деньги, вино; j-m einen Stuhl anbieten предложить кому-л. стул; er bot mir Hilfe, eine Stelle, seine Freundschaft an он предложил мне помощь, должность [место], свою дружбу, но объектом является что-л. вещественное, материальное; напр.: j-m seinen Arm bieten предложить кому-л. руку, взять кого-л. под руку; j-m Geld, den Gästen Konfekt bieten предлагать кому-л. деньги, конфеты гостям. **darbieten** книжн. предлагать, подавая что-л.; напр.: j-m die Hand zur Versöhnung darbieten протянуть кому-л. руку в знак примирения; dem Gast Obst darbieten предложить гостю фрукты. **antragen** книжн. предлагать чаще употр. с объектами — абстрактными понятиями; напр.: j-m seine Dienste, seine Freundschaft, Hilfe antragen предложить кому-л. свои услуги, дружбу, помощь; wir haben ihm den Vorsitz angetragen мы ему предложили председательствовать. **offerieren** ком. предлагать (за плату) товары, услуги; предлагать заключить сделку; напр.: hiermit offerieren wir Ihnen unsere neuesten Modelle настоящим мы предлагаем вам наши новейшие образцы
anbieten, sich вызваться (сделать что-л.)
sich anbieten — sich erbieten — sich anheischig machen
 sich anbieten индифф. синоним; напр.: sie hat sich angeboten, eine Taxe zu holen она вызвалась пойти за такси; er bot sich mir zur Begleitung an он вызвался проводить меня. **sich erbieten** высок. предлагать свои услуги; напр.: sie hat sich erboten, den Kranken zu pflegen она вызвалась ухаживать за больным; er erbot sich zu helfen он предложил свои услуги, он вызвался помочь. **sich anheischig machen** высок. ≅ sich anbieten, но чаще о каком-л. трудновыполнимом деле; er macht sich anheischig, die Arbeit in drei Wochen zu vollenden он берётся выполнить (эту) работу за три недели
anbinden см. binden[2]/streiten (, sich)[2]
anblasen см. schimpfen[1]
anblicken см. ansehen[1]
anbrechen см. anfangen[1]
anbrennen см. anzünden
anbringen см. befestigen[1]
anbrüllen см. anfahren[1]
andächtig[1] благоговейный
andächtig — ehrfurchtsvoll — andachtsvoll

andächtig индифф. синоним; напр.: andächtig der Rede lauschen благоговейно внимать чьим-л. словам [чьей-л. речи]; andächtig die Hände falten, etw. betrachten молитвенно складывать руки, благоговейно рассматривать что-л.; andächtige Zuhörer благоговейные слушатели. **ehrfurchtsvoll** высок. ≅ andächtig, но выражает бо́льшую степень благоговения, связанную с радостью и т. п.; напр.: in ehrfurchtsvoller Erwartung в благоговейном [трепетном] ожидании; sie bogen ehrfurchtsvoll das Knie в трепетном благоговении они преклонили колена. **andachtsvoll** ≅ andächtig; напр.: alle hörten andachtsvoll seiner Rede zu все с благоговейным трепетом слушали его речь
andächtig[2] см. aufmerksam[1]
andachtsvoll см. andächtig[1]
andauern продолжаться (не кончаться)
andauern — anhalten — fortdauern — fortbestehen — fortwähren — weitergehen — fortgehen
 Синонимы данного ряда имеют примерно одно и то же значение, но различаются по употреблению
 andauern индифф. синоним; напр.: der Regen dauert an дождь продолжается [не перестаёт]; die Kälte dauert an холода держатся; die Nachfrage nach Roggen dauert an спрос на рожь не прекращается; die Sitzung wird noch andauern заседание ещё продолжится; der Streik, die Unruhe dauert an забастовка, волнение продолжается; das Fieber dauert an жар [температура] не спадает; die Kämpfe dauern dort an бои там продолжаются. **anhalten** употр. по отношению к абстрактным понятиям, часто о погоде и явлениях природы; напр.: der Regen, der Frost hielt nicht lange an дождь, мороз продолжался недолго; der Sturm hält an буря не прекращается; das gute Wetter wird anhalten хорошая погода ещё продержится; anhaltender Beifall продолжительные аплодисменты. **fortdauern** подчёркивает, что что-л. будет продолжаться и впредь; напр.: die Freude über das gelungene Experiment wird noch lange fortdauern успех этого эксперимента ещё долго будет радовать сердца. **fortbestehen** б. ч. употр. по отношению к общественным явлениям, духовным ценностям, принципам и т. п.; напр.: ich bin sicher, daß diese guten Traditionen fortbestehen werden я уверен, что эти хорошие традиции сохранятся [будут существовать и впредь]. **fortwähren** употр. редко, когда особо подчёркивается длительность процесса; напр.: ich bin сигаг, daß diese Verhandlungen noch monatelang fortwähren я уверен, что эти переговоры затянутся ещё на долгие месяцы. **weitergehen, fortgehen** подчёркивают, что действие протекает непрерывно и без изменений; напр.:

so kann es nicht weitergehen [fortgehen] так это не может продолжаться; auch wenn ich krank bin, geht mein Gehalt weiter [fort] (даже) если я болею, моя зарплата сохраняется
andauernd см. immer
Andenken см. Erinnerung/Geschenk
ändern изменять (кого-л., что-л.)
abändern — abwandeln — variieren — ändern — wandeln — verändern — verwandeln — ummodeln — umändern — umarbeiten
 Синонимы данного ряда расположены по степени радикальности изменения чего-л.
 abändern несколько изменять указывает на то, что что-л. подвергается частичному, обыкн. несущественному изменению; употр. для выражения внешних и внутренних изменений; напр.: an dem Kleid müssen noch die Taschen abgeändert werden у платья нужно ещё переделать карманы; den Plan muß man abändern план нужно (несколько) изменить. **abwandeln** видоизменять, вносить некоторые изменения чаще употр. для выражения внутренних изменений; напр.: eine Methode, das Thema, die Thesen abwandeln видоизменять метод, тему, тезисы. **variieren** [v-] варьировать употр. для выражения внешних и внутренних изменений; напр.: das Thema, die Melodie variieren варьировать тему, мелодию; den Schnitt des Kleides variieren варьировать фасон платья □ Er spielt die paar Takte, er variiert sie (*Feuchtwanger*, »*Exil*«) Он проигрывает эти несколько тактов, он варьирует их. **ändern** индифф. синоним; напр.: den Schnitt des Kleides ändern изменить фасон платья; die Hose ändern переделать брюки; seine Ansicht, den Sinn, den Entschluß ändern изменить взгляд [мнение], смысл, решение □ Vielleicht hat er, wenn man genau hinschaut, in dem einen oder andern Punkt seine Meinung geändert (*Feuchtwanger*, »*Exil*«) Быть может, на чей-нибудь придирчивый взгляд, он в том или ином вопросе изменил своё мнение. Nun, laß ihn, ich kann ihn nicht ändern... (*Fallada*, »*Jeder stirbt-*«) Ну и бог с ним! Такого не переделаешь... **wandeln** книжн. изменять подчёркивает значительные внутренние изменения, обыкн. отражающиеся и на внешнем облике кого-л., чего-л.; напр.: die Stadt hat ihre Gestalt (stark) gewandelt город (сильно) изменил свой облик. **verändern** изменять обыкн. заметно, сильно и т. п., употр. по отношению к лицам, когда изменения происходят не по воле самого лица, и по отношению к предметам, б. ч. значительного размера, причём часто указывается степень изменения последних; напр.: sie kam mir verändert vor мне показалось, что она (очень) изменилась; unter diesen Umständen mußte er seinen Ton verändern в этих обстоятель-

ствах ему пришлось переменить тон; die neuen Möbel haben die Wohnung gänzlich verändert новая мебель совершенно преобразила квартиру; die Hochhäuser haben das Stadtbild von Grund auf verändert высотные дома полностью изменили облик города ▫ »Aber das Bewußtsein, daß du in meinem Leben bist, verändert alles« (L. Frank, »Mathilde«) «Но сознание, что ты вошла в мою жизнь, все меняет». **verwandeln** превратить в кого-л., во что-л. (изменить существенным образом за относительно короткий промежуток времени) употр. для выражения внешних и внутренних изменений; напр.: der Krieg hat die Landschaft in eine Wüste verwandelt война превратила местность в пустыню. **ummodeln** разг., часто неодобр. значительно переделывать что-л. путем проб (неумело, без надобности, напрасно и т. п.), изменять что-л.; напр.: ich habe das Kleid noch einmal umgemodelt. Gefällt es dir jetzt? я еще раз переделала платье. Теперь оно тебе нравится?; der neue Chef hat wieder alles umgemodelt новый начальник снова все переделал по-своему. **umändern** предполагает радикальное изменение чего-л.; употр. для выражения внутренних и внешних изменений; напр.: so kann ich das Kleid nicht tragen, es muß umgeändert werden так я не могу носить это платье, его нужно переделать; die zweite Fassung des Vertrags hat er wieder (völlig) umgeändert вторую редакцию договора он снова (совершенно) переделал. **umarbeiten** переработать, переделать часто создавая при этом что-л. новое; употр. для выражения внешних и внутренних изменений; напр.: einen Mantel umarbeiten перешить пальто; der Dichter hat seinen Roman zu einem Theaterstück umgearbeitet писатель переделал свой роман в пьесу

ändern, sich изменяться
sich ändern — sich wenden — sich verändern — sich verwandeln — sich wandeln — sich mausern — sich modeln

Синонимы данного ряда различаются либо по степени изменения чего-л., либо по тому, как протекает процесс изменения: сознательно или бессознательно, относится ли он к внешним или внутренним изменениям

sich ändern индифф. синоним; напр.: der Geschmack, das Wetter ändert sich вкус, погода меняется; die Umstände, die Zeiten ändern sich обстоятельства, времена меняются; er hat sich sehr geändert, er ist nicht mehr so arbeitsfähig wie früher он очень изменился, он теперь не так работоспособен, как прежде ▫ Und jetzt ändert sich auch seine Musik (Feuchtwanger, »Exil«) А теперь меняется и его музыка. Aber kaum erblickte er Diederich, änderte sich seine Miene (H. Mann, »Untertan«) Но едва он заметил Дидериха, как выражение его лица изменилось. **sich wenden** употр. тк. по отношению к неодушевленным предметам и явлениям, изменяющимся независимо от чьей-л. воли; напр.: das Kriegsglück hat sich gewendet военное счастье переменилось; die Lage wandte sich zum Guten положение изменилось к лучшему. **sich verändern** употр. для обозначения изменений, происходящих независимо от чьей-л. воли, нередко сопровождается указанием на характер или степень изменения; по отношению к лицу чаще выражает внешние изменения; напр.: nach der Krankheit hat er sich sehr, völlig verändert, er sieht sehr blaß aus после болезни он очень, совершенно изменился, он выглядит очень бледным; in unserer Stadt hat sich vieles verändert в нашем городе многое изменилось ▫ Sein Gesicht hat sich verändert, er schaut jetzt finster drein und gleichwohl triumphierend (Feuchtwanger, »Exil«) Его лицо изменилось, теперь он глядит мрачно и тем не менее торжествующе. Sie trocknete sich ab, zog sich an, saß vor dem Spiegel. Wunderte sich, daß ihr das Bild der Ilse entgegenschaute, die sie kannte, daß ihre Augen nicht trüber geworden waren, das Blond ihrer Haare nicht stumpfer, daß sie sich nicht verändert hatte (ebenda) Она вытерлась, оделась, села перед зеркалом. Удивилась, что на нее смотрело лицо Ильзы, которую она знала, что ее глаза были все такими же ясными, что ее белокурые волосы не утратили блеска, что она не изменилась. Unter den Linden hatte sich etwas verändert, man sah noch nicht was (H. Mann, »Untertan«) На Унтер-ден-Линден что-то изменилось, но еще трудно было уловить, что именно. **sich verwandeln** измениться до неузнаваемости, испытать превращение подчеркивает быстроту изменения; напр.: sie hat sich aus einem Backfisch in eine junge Dame verwandelt из подростка она превратилась в молодую женщину; sie hat sich in eine Hexe verwandelt она превратилась в ведьму. **sich wandeln** книжн. употр. для обозначения внутренних изменений в процессе развития чего-л.; напр.: inzwischen haben sich seine Anschauungen wesentlich gewandelt тем временем его взгляды существенно изменились; die Mode wandelt sich schnell мода быстро меняется. **sich mausern** разг. измениться к лучшему (обрести зрелость, прочное положение и т. п.); напр.: er hat sich in der letzten Zeit sehr gemausert он за последнее время очень изменился к лучшему. **sich modeln** разг. подчеркивает изменение, связанное с необходимостью приспосабливаться к чему-л.; употр. редко; напр.: in der letzten Zeit hat sich mein Freund gemodelt в последнее время мой приятель переменился (приспособился к новым обстоятельствам, к изменившимся условиям)

anders см. sonst
andersartig см. verschieden
Änderung изменение, перемена
die Änderung — die Veränderung — der Wechsel — die Wendung — die Wende — die Wandlung — der Wandel — der Umschwung — der Umschlag

Синонимы данного ряда различаются либо по степени и быстроте изменения, либо по тому, к чему изменение относится

Änderung индифф. синоним; напр.: soziale Änderungen социальные изменения [перемены]; eine Änderung der Arbeitsverhältnisse изменение условий труда; eine kleine Änderung am Kleid небольшая переделка платья; eine Änderung im Befinden des Kranken изменение в состоянии больного. **Veränderung** ≅ Änderung, но чаще употр. по отношению к изменениям, происходящим не по воле субъекта и не внезапно; напр.: in seinem Wesen zeigte sich eine auffallende Veränderung в его характере обнаружилась бросающаяся в глаза перемена; als ich nach dreißig Jahren zurückkehrte, fand ich in der Stadt große Veränderungen когда я спустя тридцать лет вернулся в город, то нашел там большие перемены. **Wechsel** в отличие от Änderung подчеркивает временный характер изменения, чаще о резких, радикальных переменах; напр.: der allmähliche, schnelle Wechsel der Mode, des Geschmacks, der Politik постепенное, быстрое изменение моды, вкуса, политики. **Wendung** (решительное, явное) изменение чего-л. часто употр. с указанием направления, в котором происходит изменение; напр.: eine Wendung der Lage zum Besseren trat ein положение стало изменяться к лучшему. **Wende** по сравнению с Wendung еще более подчеркивает решительный характер изменения; напр.: die Wende des Schicksals перемена судьбы; diese Entdeckung brachte eine Wende in der Wissenschaft это открытие ознаменовало начало новой эры в науке. **Wandlung** существенное изменение чего-л. (происходящее под влиянием каких-л. внутренних факторов); напр.: dank der прогрессивного мировоззрения его принципы подверглись изменению. **Wandel** высок. глубокое изменение (происшедшее под влиянием каких-л. внешних факторов) употр. по отношению к внутренним и внешним изменениям чего-л.; напр.: der Wandel des Geschmacks изменение вкуса; das führte einen Wandel der Ansichten, der Überzeugungen herbei это привело к изменению взглядов, убеждений. **Umschwung** коренное изменение чего-л. *чаще употр. по отношению к внутренним изменениям; напр.*: ein langsamer, plötzlicher Umschwung der öffentlichen Meinung медленное, внезапное изменение общественного мнения □ Er zweifelte plötzlich nicht mehr, daß ein Umschwung bevorstehe (*H. Mann, »Untertan«*) Он вдруг перестал сомневаться в предстоящих коренных переменах. **Umschlag** внезапная перемена, резкое изменение *употр. по отношению к внутренним и внешним изменениям; напр.*: der (plötzliche) Umschlag der Witterung внезапная перемена погоды; der Umschlag seiner Stimmung war mir unangenehm мне была неприятна внезапная перемена в его настроении

anderweitig *см.* übrig¹
andeuten *см.* «Приложение»
Andeutung *см.* «Приложение»
an die *см.* ungefähr
an die Wand stellen *см.* erschießen
andrehen *см.* schalten
androhen *см.* drohen¹
aneifern *см.* ermuntern
aneignen, sich *см.* nehmen³
Aneignung усвоение (*знаний, опыта и т. п.*)

die **Aneignung** — die **Erwerbung**

Aneignung *индифф. синоним; напр.*: die Aneignung von Kenntnissen усвоение знаний; die Aneignung des kulturellen Erbes освоение культурного наследства; die Aneignung von Bildung получение образования. **Erwerbung** приобретение чего-л. (благодаря учению); *напр.*: die Erwerbung von Kenntnissen приобретение знаний

aneinandergeraten *см.* streiten (‚sich) ²
aneinanderlegen *см.* legen¹
anempfehlen *см.* raten¹
Anempfehlung *см.* Rat
Anerbe *см.* Erbe I
Anerbieten *см.* Vorschlag
anfachen *см.* anzünden
anfahren¹ кричать, прикрикнуть (на кого-л.)

anfahren — **anschreien** — **anherrschen** — **anbrüllen** — **anschnauzen** — **anhauchen** — **anpfeifen** — **angeifern**

anfahren *индифф. синоним; напр.*: fahr mich nicht an! не кричи на меня!; er hat die Untergebenen gereizt angefahren он раздраженно накричал на подчиненных; der Beamte fuhr zornig den alten Mann an чиновник сердито прикрикнул на старого человека. **anschreien** громко (на)кричать на кого-л.; *напр.*: schrei mich nicht so an! не кричи так на меня!; er schrie seine Frau an он громко кричал на свою жену. **anherrschen** *высок.* (повелительным тоном) кричать на кого-л.; отчитывать, распекать *разг.*; *напр.*: der Chef herrschte ihn wegen des Versehens wütend an начальник сердито распекал его за ошибку; der Vater herrschte ihn entrüstet an, weil er zu spät gekommen war отец возмущенно отчитал его, потому что он поздно пришел. **anbrüllen** *часто разг.* (на)орать на кого-л.; *напр.*: ich höre sie einander anbrüllen я слышу, как они орут друг на друга; ich laß mich nicht anbrüllen! я не позволю орать на меня! **anschnauzen** *часто разг.* грубо орать на кого-л., накинуться на кого-л.; *напр.*: der Chef hat mich angeschnauzt начальник грубо наорал на меня; der Feldwebel schnauzte den Rekruten an фельдфебель гаркнул на новобранца. **anhauchen** *разг. эвф.* (за)дать кому-л. пару; *напр.*: sie hat ihn ordentlich angehaucht она ему задала как надо пару; ich bin heute vom Chef ganz schön angehaucht worden начальник сегодня здорово задал мне пару. **anpfeifen** *разг.* (за)дать перцу; *напр.*: der Chef hat sie wegen der vielen Fehler angepfiffen начальник задал им нагоняй за такое количество ошибок. **angeifern** *разг. неодобр.* орать с пеной у рта на кого-л., брызгать слюной на кого-л.; *напр.*: er geiferte sie vor Wut an он брызгал на нее слюной от ярости; er geifert haßerfüllt alle an полный ненависти, он орет на всех с пеной у рта

Anfall¹ приступ, припадок (*внезапное сильное проявление какого-л. чувства*)

der **Anfall** — der **Ausbruch** — die **Anwandlung** — die **Aufwallung**

Anfall *индифф. синоним; напр.*: ein Anfall von Wut, von Raserei приступ ярости, бешенства; in einem Anfall von Schwermut, von Verzweiflung, von Eifersucht, von Empörung в припадке тоски, отчаяния, ревности. **Ausbruch** бурная вспышка (*внезапное сильное, но кратковременное проявление какого-л. чувства*); *напр.*: ein Ausbruch der Freude бурное проявление радости; sie fürchtete sich vor seinen unbeherrschten Ausbrüchen она боялась вспышек его безудержного гнева. **Anwandlung** ≅ Anfall, *но подчеркивает меньшую интенсивность и кратковременность внезапного проявления душевного состояния*; *напр.*: ihn überkam eine Anwandlung von Heiterkeit, die aber bald vorüberging на него напал приступ веселья, который, однако, скоро прошел; er tat es in einer Anwandlung von Furcht он совершил это в минуту страха. **Aufwallung** порыв; *напр.*: in einer Aufwallung der Begeisterung, der Dankbarkeit в порыве воодушевления, благодарности; er beleidigte ihn in einer Aufwallung seines Zorns он оскорбил его в припадке гнева

Anfall² *см.* Überfall
anfallen *см.* überfallen¹
anfangen¹ начинаться

anfangen — **beginnen** — **einsetzen** — **eintreten** — **ausbrechen** — **losbrechen** — sich **entspinnen** — **anbrechen** — **anheben** — **anlaufen** — **losgehen** — **starten** — **angehen**

anfangen *индифф. синоним; напр.*: die Arbeit, das Konzert, der Streit fängt an работа, концерт, спор начинается; der Tag fängt erst an день только начинается; dort fängt der Wald an там начинается лес; es fängt an zu regnen начинается дождь; die Schule fängt um 8 Uhr an занятия в школе начинаются в 8 часов □ ...und wie sie von Liegnitz weggezogen ist hierher nach Berlin zu Paul, da hat in Wahrheit ein neues, richtiges Leben für sie angefangen (*Feuchtwanger, »Lautensack«*) ...и когда она уехала из Лигница сюда в Берлин к Паулю, для нее действительно началась новая, настоящая жизнь. **beginnen** ≅ anfangen, *но чаще употр. в книжно-письменной речи; напр.*: eine neue Epoche hat begonnen началась новая эпоха; die Vorstellung beginnt um 20 Uhr спектакль начинается в 20 часов □ Das Spezialgebiet des Assistenten Dr. Overbeck ist die Literatur der deutschen Romantik, seine Lehrtätigkeit aber erstreckt sich weiter, auch auf die neueste Literatur, um die es in dem Seminar geht, das eben begonnen hat (*Günter de Bruyn, »Preisverleihung«*) Узкой специальностью ассистента доктора Овербека является литература немецкого романтизма, но он преподает также и новейшую литературу, составляющую предмет сегодняшнего семинара, который только что начался. **einsetzen** (немедленно, резко *или* снова) начинаться *б. ч. употр. по отношению к явлениям природы, а тж. к длящимся продолжительное время звукам, музыке и т. п.; напр.*: bei diesen Worten setzte die Musik ein при этих словах заиграла музыка; die Kapelle setzte mit einem Marsch ein оркестр грянул марш; die Regenzeit setzte ein начался период дождей; der Husten setzte ein начался кашель. **eintreten** наступать (*о состоянии и т. п.*); *напр.*: eine Besserung, eine Verschlimmerung trat ein наступило улучшение, ухудшение; Dunkelheit trat ein наступила темнота □ »Ja, ja, mein lieber Herr Permaneder, das ist wahr!« erwiderte die Konsulin freudig, und nachdem dies erledigt war, trat eine Pause ein (*Th. Mann, »Buddenbrooks«*) «Да, да, дорогой господин Перманедер, это верно!» — радостно подтвердила консульша, и, когда с этим было покончено, наступила пауза. **ausbrechen, losbrechen** разразиться *подчеркивают внезапность, а* losbrechen *тж.* интенсивность начала действия, процесса; *напр.*: ein Krieg, eine Seuche brach aus разразилась [началась] война, эпидемия; das Unwetter brach los разразилась гроза. sich **entspinnen** начинаться медленно, постепенно развиваясь; *напр.*: zuerst schwiegen alle, dann entspann sich (allmählich) das Gespräch сначала все молчали, а затем завязалась [постепенно началась] беседа. **anbrechen** *книжн.* ≅ anfangen *употр. со словами, обозначающими время, и подчеркивает то новое, что связано с наступающим периодом; напр.*: ein neuer Tag brach an начался новый день; eine neue Zeit brach an наступила [началась] новая эпоха; für ihn brach ein Jahr voller Sorgen an для него начался год, полный забот. **anheben** *поэт. подчеркивает торжественность или значительность начинающегося действия, процесса (обыкн. употр. с Inf. + zu); напр.*: daraufhin hat der Minister zu sprechen angehoben затем говорить начал министр; Glocken huben zu läuten an начали звонить колокола. **anlaufen** *разг., а тж. в рекламе, в анонсах, в афишах — о предстоящей демонстрации фильмов и т. п.; употр. тж. в сочетании со словами, означающими крупные производственные процессы или торговые операции; напр.*: der Film läuft morgen an фильм завтра пойдет [начнут показывать] на экранах; die Produktion des neuen Artikels ist rechtzeitig angelaufen производство нового вида продукции началось своевременно. **losgehen** *разг. употр., когда начало чего-л. вызывает у говорящего нетерпение, оживление и т. п., а тж. со словами, означающими стихийные и иные бедствия; напр.*: komm schnell her, das Spiel geht los! иди скорей, игра начинается!; jetzt geht es los! ну, начинается! (*гроза и т. п.*) »Ja, das ist der Ernstel«, heulte die Alte los. »Das ist der letzte, der rüber ging, grade Anfang 13, grade ehe der große Krieg losging« (*Fallada, »Wolf u. Wölfen«*) «Да, это Эрнстель, — разревелась старуха. — Он переселился последним, как раз в начале тринадцатого года, еще до того, как началась большая война». **starten** *фам.* стартовать (*интенсивно начинаться*); *напр.*: das Gespräch startete беседа пошла полным ходом. **angehen** *фам.* ≅ losgehen, *но употр. реже, иногда с оттенком нетерпения или неодобрения при промедлении, запаздывании какого-л. действия; напр.*: wann geht nun das Spiel an? когда же начнется игра?; gleich wird ein schrecklicher Lärm angehen сейчас начнется страшный шум

anfangen² начинать

anfangen — beginnen — eröffnen — anknüpfen — sich heranmachen — loslegen — starten

anfangen *индифф. синоним; напр.*: eine Arbeit, einen Brief, ein Gespräch, eine Rede anfangen начать работу, письмо, разговор, речь; er hat ein neues Leben angefangen он начал новую жизнь; fangen wir das Spiel an! начнем играть! □ »Er hat eine schöne, hohe Stirn«, bemerkte Gerda... »Ja!« sagte Armgard rasch. »Und du hast auch nur von ihm angefangen, um das zu hören zu bekommen. Armgard...« (*Th. Mann, »Buddenbrooks«*) «У него прекрасный высокий лоб», — заметила Герда. «Да!» — быстро сказала Армгард. «Ты только и начала говорить о нем, чтобы это услышать, Армгард...» **beginnen** ≅ anfangen, *но чаще употр. в книжно-письменной речи; напр.*: einen Vortrag, Verhandlungen, mit dem Abdruck eines Romans beginnen начать доклад, переговоры, печатание романа □ »Dies alles ist mir untertänig«, begann er zu Ägyptens König (*Schiller, »Der Ring des Polykrates«*) «Все это мне подвластно», — так начал он речь свою к царю Египта. **eröffnen** *книжн.* открывать, начать что-л. первым, официально начать; *напр.*: eine Versammlung, einen Ball eröffnen открыть собрание, бал; Feindseligkeiten eröffnen начать враждебные действия; Weiß eröffnet шахм. белые начинают □ Die Konsulin eröffnete den Hauptteil der Unterhaltung (*Th. Mann, »Buddenbrooks«*) Консульша приступила к самой важной части беседы. Ich möchte jedenfalls zur Abstimmung darüber schreiten, ob die Sitzung eröffnet werden soll (*ebenda*) Мне, во всяком случае, хотелось бы поставить на голосование, нужно ли открывать заседание. **anknüpfen** *книжн.* завязать, (умело) начать (разговор, беседу и т. д.); *напр.*: er verstand es sehr gut, mit einem Unbekannten ein Gespräch anzuknüpfen он обладал способностью легко завязывать разговор с незнакомыми людьми. **sich heranmachen** (*an etw.*) *разг.* взяться, приступить; *напр.*: sich an die Arbeit, an die Lösung einer Aufgabe heranmachen взяться за работу, за решение задачи. **loslegen** *фам.* (разг.) приняться передает интенсивность начала действия; *напр.*: er krempelte die Ärmel hoch und legte sofort (mit der Arbeit) los он засучил рукава и сразу взялся за дело; leg los! выкладывай! (*говори*). **starten** *фам.* пустить в ход, двинуть (*начинать по определенному плану, в определенное время*); *напр.*: eine Aktion starten начать акцию; einen Flirt mit j-m starten начать флиртовать с кем-л.

anfänglich *см.* zuerst²
anfangs *см.* zuerst²
anfassen *см.* berühren¹
anfaulen *см.* faulen
anfechtbar *см.* strittig
anfechten *см.* bestreiten¹
Anfechtung *см.* Einwand
anfeinden *см.* verfolgen³
anfeuchten *см.* nässen
anfeuern *см.* anzünden
anflehen *см.* bitten¹
Anforderung *см.* Forderung
anfragen *см.* fragen
anfressen *см.* zerfressen
anführen *см.* betrügen/leiten/nennen²

Anführer *см.* Leiter¹
anfüllen *см.* füllen
Angabe *см.* Aussage
Angaben *см.* «Приложение»
angaffen *см.* ansehen¹
angeben *см.* anzeigen¹/nennen²/prahlen/verraten¹
Angeber *см.* Prahler
angeblich *см.* scheinbar
angeboren врожденный

angeboren — erblich — angestammt — erbeigen — eingeboren — ererbt

angeboren *индифф. синоним; напр.*: angeborene Instinkte врожденные инстинкты; ein angeborenes Sprachtalent врожденная способность к языкам. **erblich** наследственный, передающийся по наследству *употр. по отношению к физическим и духовным свойствам, званию, владению и т. п. и подчеркивает, что признак повторяется, проявляется из поколения в поколение; напр.*: die Musikalität ist in dieser Familie erblich музыкальность в этой семье передается по наследству; er ist erblich belastet он человек с дурной наследственностью; die Hängeohren sind ein erbliches Merkmal dieser Hunderasse висячие уши — один из наследственных признаков этой породы собак. **angestammt** родовой *употр. по отношению к материальным и духовным ценностям и подчеркивает, что что-л. является чьим-л. достоянием вследствие принадлежности к какому-л. слою общества, роду, этнической общности; напр.*: der angestammte Wohnsitz des Geschlechtes наследственная резиденция рода; die angestammten Wohnsitze der Slawen исконные места расселения славян, исконные славянские земли. **erbeigen** *устаревает* потомственный, наследственный, родовой (*б. ч. о земельной собственности*); *напр.*: erbeigenes Grundstück земельный участок, полученный по наследству. **eingeboren** *книжн.* ≅ angeboren; *напр.*: sein eingeborener Mut его врожденное мужество. **ererbt** *книжн.* унаследованный, наследственный, полученный по наследству; *напр.*: ererbte Instinkte, Krankheiten наследственные инстинкты, заболевания; ererbtes Vermögen состояние, полученное по наследству

Angebot *см.* Vorschlag
angebracht *см.* passend¹
angegriffen *см.* müde
angeheitert *см.* betrunken
angehen¹ касаться, относиться

angehen — betreffen — anbetreffen — anlangen — anbelangen — belangen

Синонимы данного ряда имеют примерно одно и то же значение, но различаются по стилевой окраске и по употреблению

angehen *индифф. синоним; напр.*: das geht mich nichts an это меня не касается; das geht Sie nichts an! не

ваше дело!; was uns angeht, so... что касается нас, то... □ »Was gehen denn mich die Holzdiebe an!« rief Sophie empört (Fallada, »Wolf u. Wölfen«) «Какое мне дело до порубщиков леса!» — воскликнула Софи возмущенно. **betreffen** *употр., когда подчеркивается значительная степень чьей-л. причастности к чему-л.; напр.:* das betrifft uns alle, und wir müssen dagegen etwas unternehmen это касается нас всех, и мы должны что-нибудь предпринять против этого □ ...was das Kapital betrifft, das ist mein Privatvermögen. Ihr habt nichts zu fordern (H. Mann, »Untertan«) ...что касается капитала, то это мое личное имущество. Вы ничего не можете требовать. **anbetreffen** *книжн.* ≅ betreffen, *но менее употребительно; напр.:* was diese Sache anbetrifft, so... что касается этого дела, то... **anlangen, anbelangen** ≅ betreffen, *но употр. тк. в конструкции* was ...an(be)langt, *когда хотят привлечь внимание к предмету беседы и т. п., не подчеркивается чьей-л. причастности к чему-л.; имеют подчеркнуто вежливую, официальную окраску; напр.:* was diese Arbeit anlangt [anbelangt]... что касается этой работы...; was deine Kinder anbelangt, so finde ich sie sehr nett что касается твоих детей, то я нахожу их очень милыми. **belangen** *книжн. редко* = anlangen; was mich belangt, so... что касается меня, то...
angehen² *см.* anfangen¹/bekämpfen¹
angehören *см.* gehören²
Angeld *см.* Vorschuß
Angelegenheit *см.* Sache¹
angeln *см.* fischen/nehmen³
angemessen *см.* entsprechend/gelegen/passend¹
angenehm¹ приятный
angenehm — liebenswert — sympathisch — lieb
angenehm *индифф. синоним; напр.:* eine angenehme Gesellschaft приятное общество; ein angenehmer Geschmack, Geruch приятный вкус, запах; eine angenehme Gegend приятная местность; angenehmes Wetter, Leben приятная погода, жизнь □ ...beschäftigen sich ihre Gedanken mit anderem. Mit wenig angenehmen Dingen offenbar. Denn das... Gesicht war unmutig verzogen (Feuchtwanger, »Lautensack«) ...ее мысли были заняты другим. Очевидно, малоприятными вещами, так как ...на ее лице было написано недовольство. **liebenswert** любезный, располагающий к себе; *напр.:* ein liebenswerter Charakter располагающий к себе характер; liebenswerte Eigenschaften привлекательные свойства; sie ist eine sehr liebenswerte Frau она очень любезная женщина. **sympathisch** симпатичный *по сравнению с* angenehm *имеет некоторый оттенок интимности, субъективности оценки; напр.:* sympathische Züge приятные [симпатичные] черты; er ist mir sehr sympathisch он мне очень симпатичен. **lieb** милый; *напр.:* liebes Mädchen милая девушка; gestern hatten wir lieben Besuch вчера у нас были приятные [милые] гости; lieber Onkel Ernst! дорогой дядя Эрнст! *(в письмах)*
angenehm² *см.* erfreulich
angeschlagen *см.* müde
angesehen уважаемый
angesehen — geachtet — geschätzt — geehrt — verehrt — hochgeehrt — achtbar — ehrenhaft — ehrbar — ehrsam — ehrenwert — ehrwürdig
angesehen *индифф. синоним; напр.:* eine angesehene Familie, Persönlichkeit уважаемая семья, личность; eine angesehene Zeitschrift солидный [авторитетный] журнал; ein angesehener Gelehrter авторитетный ученый; er ist angesehen unter ihnen он пользуется среди них авторитетом. **geachtet** ≅ angesehen, *но чаще употр., когда уважение вызвано больше свойствами характера, чем деловыми качествами, социальным положением и т. п.; напр.:* eine geachtete Persönlichkeit уважаемая личность; das sind allgemein geachtete Leute это люди, пользующиеся всеобщим уважением. **geschätzt** ≅ angesehen, *но подчеркивает, что кого-л. или что-л. ценят; иногда тж. ирон.; напр.:* er ist ein geschätzter Gesellschafter, Künstler, Mitarbeiter его ценят как собеседника, художника, сотрудника; Ihr geschätztes Schreiben *канц.* Ваше любезное письмо; heute singt unsere geschätzte Kollegin сегодня поет наша высоко ценимая сотрудница. **geehrt** уважаемый *обыкн. употр. как формула вежливости в обращении; напр.:* sehr geehrter Herr N! многоуважаемый господин N!; sehr geehrte Genossen! уважаемые товарищи! **verehrt** почтенный, многоуважаемый *часто в публичном приветственном обращении; напр.:* verehrte Kollegen!, Gäste! многоуважаемые коллеги!, гости! □ Was ich ihr gesagt habe, mein verehrter Herr von Studmann! (Fallada, »Wolf u. Wölfen«) Что я ей и сказал, многоуважаемый господин фон Штудман! **hochgeehrt** *высок. устаревает* глубокоуважаемый; достопочтенный, досточтимый *уст.,* высокочтимый; *напр.:* hochgeehrte Damen und Herrn! глубокоуважаемые дамы и господа! **achtbar, ehrenhaft** *высок.* ≅ verehrt, *но не употр. в обращении; напр.:* ein Kind achtbarer Eltern ребенок почтенных родителей; achtbare Gesellschaft почтенное [респектабельное] общество; achtbare Gesinnung достойный уважения образ мыслей; achtbare Stellung респектабельное положение; er stammte aus einer ehrenhaften Familie он происходил из почтенной семьи. **ehrbar, ehrsam, ehrenwert** *книжн. устаревают* ≅ achtbar; *напр.:* ein ehrsames [ehrbares] Gewerbe betreiben заниматься почтенным ремеслом; aus ehrsamem Hause sein происходить из почтенной семьи; er ist der Sohn ehrenwerter Leute он сын почтенных родителей. **ehrwürdig** *высок.* глубоко почитаемый, весьма почтенный; *напр.:* ein ehrwürdiger Professor достопочтенный профессор; sie erreichte ein ehrwürdiges Alter она достигла весьма почтенного возраста □ Eine alte Großmutter saß ehrwürdig unter der Altane auf ihrem Platz hinter dem Tisch (Seghers, »Die Toten«) Старая бабушка сидела под балконом на своем почетном месте за столом
angesessen *см.* einheimisch¹
Angesicht *см.* Gesicht I
angespannt *см.* aufmerksam¹
angestammt *см.* angeboren
Angestellter служащий
der Angestellte — der Beamte — der Bedienstete
Angestellter *индифф. синоним; напр.:* ein leitender, kaufmännischer Angestellter руководящий, торговый работник; einen staatlichen Angestellten einstellen, entlassen принять на работу, уволить государственного служащего □ Der Anzug des Schwagers war, er freilich nicht wissen konnte, aus englischem Garn, von einem Angestellten in Köln, im englisch besetzten, erstanden (Seghers, »Die Toten«) Он, конечно, не мог знать, что костюм зятя он из английской материи и приобретен у одного служащего в занятом англичанами Кельне. **Beamter** чиновник, должностное лицо, государственный служащий *не употр. по отношению к служащим социалистических стран; напр.:* ein niederer, mittlerer, höherer, hoher Beamter мелкий, средний, крупный, высший чиновник □ Wie lange muß man anstehen vor Schaltern mit mürrischen, überarbeiteten Beamten, wie wird man von Monsieur Dupont zu Monsieur Durand geschickt... (Feuchtwanger, »Exil«) Сколько нужно стоять в очередях к окошкам, за которыми сидят угрюмые, переутомленные чиновники, как часто тебя посылают от господина Дюпона к господину Дюрану... **Bediensteter** *канц.* ≅ Angestellter; *напр.:* Bedienstete des Landes Hessen должностные лица (служащие и чиновники) земли Гессен
angestrengt *см.* aufmerksam¹
angewöhnen *см.* gewöhnen
angewöhnen, sich *см.* gewöhnen, sich
angleichen, sich *см.* anpassen, sich
angliedern *см.* anschließen
anglotzen *см.* ansehen¹
angreifbar *см.* strittig
angreifen *см.* anfahren¹/berühren¹/ermüden¹/überfallen¹
angreifend *см.* aggressiv¹
Angreifer *см.* «Приложение»
angrenzen *см.* grenzen
Angriff *см.* Überfall

angriffslustig см. aggressiv¹
angrinsen см. lächeln
Angst¹ страх
die **Scheu** — die **Beklemmung** — die **Furcht** — die **Angst** — der **Schreck** — der **Schrecken** — der **Schauder** — das **Grauen** — das **Grausen** — das **Entsetzen** — die **Panik**

Синонимы данного ряда расположены по степени возрастания выражаемого признака, причем пары Schreck — Schrecken и Grauen — Grausen соответственно означают приблизительно одинаковую степень страха

Scheu робость; напр.: Scheu empfinden испытывать робость; ohne Scheu an j-n herantreten подойти к кому-л. без робости [нисколько не робея]; vor dem alten Mann hat er eine gewisse Scheu он ощущает некоторую робость перед этим стариком ◻ Es ist nicht nur die Scheu, das Haus jetzt aufmerksam zu machen, die sie zurückhält (*Fallada*, »*Wolf u. Wölfen*«) Ее удерживает не только боязнь обратить на себя внимание в доме. **Beklemmung** высок. (необъяснимая) боязнь; напр.: er fühlte eine seltsame Beklemmung он почувствовал странную боязнь. **Furcht** страх, (осознанное) чувство страха (*перед определенной, конкретной опасностью*); напр.: Furcht vor dem Tode, vor den Menschen, vor der Prüfung haben бояться смерти, людей, экзамена; eine große Furcht empfinden ощущать сильный страх; aus Furcht vor Strafe stand er von seinem Vorhaben ab из страха перед наказанием он отказался от своего намерения ◻ ...und er fürchtete sehr für das Mädchen, ob der andere Georg morgen wiederkäme. Auch auf ihrem Gesicht lag ein Anflug von Furcht (*Seghers*, »*Das siebte Kreuz*«) ...и он очень боялся за девушку, вернется ли тот, другой Георг завтра. И на ее лице была заметна тень страха. **Angst** индифф. синоним; напр.: von grundloser, unerklärlicher, großer, panischer, tödlicher, wahnsinniger Angst ergriffen [gepackt] охваченный беспричинным, необъяснимым, сильным, паническим, смертельным, безумным страхом; um ihr Kind war sie immer in Angst, da es sehr schwächlich war она все время жила в страхе за своего ребенка, так как он был очень болезненным ◻ Sie hat maßlose Angst hinunterzufahren, aber sie muß es tun (*Feuchtwanger*, »*Exil*«) Ей безумно страшно съехать вниз, но она должна это сделать. Und so wußte er auch nichts davon, wie Müttern zumute sein kann in dieser ewigen, nie abreißenden Angst. Nach einem Feldpostbrief war es ein, zwei Tage besser, dann rechnete man, wie lange es her war, seit er abgeschickt worden war, und die Angst begann von neuem (*Fallada*, »*Jeder stirbt*«) И, следовательно, он тоже ничего не знал о том, каково матерям находиться в этом вечном, непрекращающемся страхе. После получения письма полевой почты на день, на два становилось легче, а затем считали, сколько дней прошло с тех пор, как оно было послано, и страх охватывал снова. Dieser Mann hatte offenbar keine Angst, von einem hohen Vorgesetzten gemustert zu werden, ruhig erwiderte sein Blick den des Generals — keine Angst, nicht die geringste (*Kellermann*, »*Der 9. November*«) Этот человек явно не испытывал страха перед пристальным взором высокого начальства; он спокойно встретил взгляд генерала — никакого страха, ни малейшего. **Schreck** испуг, страх (*возникающий внезапно под влиянием опасности*); напр.: tiefer Schreck сильный испуг; vor Schreck zittern (за)дрожать от страха; vor Schreck konnte er kein Wort hervorbringen от страха [с испугу] он не мог вымолвить ни слова ◻ Eine Viertelstunde später war Edith da, und in ihrem Schreck spiegelte sich die ganze Bedeutung von Friedrich Benjamins Verschwinden (*Feuchtwanger*, »*Exil*«) Через пятнадцать минут появилась Эдит, и в ее испуге отразилось все значение исчезновения Беньямина. **Schrecken** ≅ Schreck, *но подчеркивает продолжительность данного состояния*; напр.: ein Schrecken durchfuhr ihn его обуял страх; er fühlte großen, panischen, lähmenden Schrecken он ощущал сильный, панический, парализующий страх; besser ein Ende mit Schrecken als ein Schrecken ohne Ende посл. лучше страшный конец, чем страх без конца ◻ Auf den Zügen des Pressevertreters malten sich äußerster Schrecken und tiefste Anteilnahme (*Kellermann*, »*Der 9. November*«) На лице представителя прессы изобразились и сильный страх, и глубокое участие. **Schauder** трепет, страх, вызывающий дрожь; напр.: frommer Schauder священный трепет; Schauder ergriff [überfiel] ihn страх охватил [дрожь охватила] его. **Grauen** высок., **Grausen** поэт. ужас; напр.: ihn überkam tödliches Grauen его охватил смертельный ужас ◻ Hier wendet sich der Gast mit Grausen (*Schiller*, »*Der Ring des Polykrates*«) Тогда в ужасе гость удаляется (*к царю*). Sie fühlt die Hand auf ihrem Herzen, die kalte, unmenschliche Hand, und wieder spürt sie etwas von dem Geschmack des Grauens im Munde (*Fallada*, »*Wolf u. Wölfen*«) Она чувствует руку на своем сердце, холодную, нечеловеческую руку, и снова она ощущает холодок ужаса во рту. **Entsetzen** *подчеркивает по сравнению с* Grauen *и* Grausen *самый момент, внезапность возникновения чувства ужаса*; напр.: starr vor Entsetzen starrte er ihn an он смотрел на него, остолбенев от ужаса. **Panik** паника, внезапный, неудержимый страх (*когда человек теряет способность контролировать свои действия, поступки*); напр.: die Menge erfaßte blinde Panik, als der Theatervorhang in Flammen aufging когда загорелся занавес, зрителей охватила безотчетная паника ◻ Den Grafen Bonnini erreichte sie, und so voll Panik war sie, daß sie nicht einmal bemerkte, wie betreten und zunehmend kälter er wurde, als er erfaßte, worum es ging (*Feuchtwanger*, »*Exil*«) Графа Боннини она застала, но была в такой панике, что даже не заметила, как он был смущен и держался все более и более холодно, когда понял, о чем идет речь. Und als der Rauch aus den finstern Stellen hervorkroch, wurden auch sie von der Panik ergriffen (*Kellermann*, »*Tunnel*«) А когда дым начал выползать из темных уголков, то и их охватила паника.

Angst²: Angst haben см. fürchten
ängstigen, sich см. fürchten
ängstlich боязливый
ängstlich — feig(e) — furchtsam — schreckhaft — bänglich — bang — angstvoll

Первые четыре синонима означают постоянное чувство страха, опасения, связанное со свойством характера, но, как и последующие три синонима, употребляются для обозначения чувства страха, возникшего под влиянием чего-л.; первые четыре и последующие три синонима соответственно расположены по степени возрастания выражаемого признака

ängstlich индифф. синоним; напр.: er schaute ängstlich umher, obwohl ihm gar keine Gefahr drohte он боязливо озирался, хотя ему не угрожала никакая опасность; sei doch nicht immer so ängstlich! не будь же всегда таким боязливым! ◻ »Aber«, setzte er ängstlich begütigend hinzu, »ich will darum über fremde Gräber doch nichts Böses gesagt haben; die Türken begraben ihre Toten noch weit schöner als wir..« (*Heine*, «*Die Harzreise*«) «Но я же, — добавил он боязливо, стараясь смягчить тон, — не хотел сказать ничего плохого о чужих могилах, турки хоронят своих покойников еще красивее, чем мы...» **feig(e)** трусливый, не способный бороться с чувством страха; напр.: ein feiger Mensch трусливый человек; ein feiger Rückzug трусливое отступление; eine feige Handlung трусливый [малодушный] поступок ◻ »Ein paar tausend«, hat dieser feige Spitzel, der Borkhausen, gesagt (*Fallada*, »*Jeder stirbt*«) «Несколько тысяч», — сказал Боркхаузен, этот трусливый шпик. **furchtsam** *в отличие от* ängstlich *подчеркивает, что чувство страха основано на осознании чьего-л. превосходства или вызвано грозящей с чьей-л. стороны опасностью; обыкн. употр. по отношению к лицам и животным*; напр.: furchtsame Mäuse, Kinder пугливые мыши, дети; er warf auf die Polizisten furchtsame Blicke, weil er von ihnen nichts Gutes zu erwarten hatte он боязливо глядел на полицейских, потому что не ожидал от них ничего хорошего. **schreckhaft** пугливый *употр., когда состояние страха возникает по незначительному поводу как следствие воздействия чего-л. на зрение, слух и т. п.; напр.:* warum ist das Kind heute so schreckhaft? — Es vernimmt Donnerschläge чем ребенок сегодня так напуган? — Он слышит удары грома. **bänglich** *употр. для выражения чувства смутной тревоги, возникшего под влиянием каких-л. обстоятельств, какой-л. ситуации; напр.:* ein bängliches Gefühl beschlich ihn его охватило чувство смутной тревоги. **bang** *чаще высок., по сравнению с* bänglich *выражает более сильную степень тревоги; напр.:* bange Erwartung, Ahnung тревожное ожидание, предчувствие □ Mein Sohn, was birgst du so bang dein Gesicht? (*Goethe, »Erlkönig«*) Сын мой, что прячешь ты так боязливо лицо? Diederich blieb hinter ihr (*Agnes*). Ihm war bange: vor den Bestien, die von rechts und links auf ihn zustürzten (*H. Mann, »Untertan«*) Дидерих остался позади нее (*Агнес*). Он боялся этих хищников, которые справа и слева кидались на него. **angstvoll** исполненный страха; *напр.:* da ihnen eine Gefahr drohte, so rief er mit angstvoller Stimme, sie sollen stehenbleiben видя, что им угрожает опасность, он испуганно крикнул, чтобы они остановились

  angstvoll *см.* ängstlich
  angucken *см.* ansehen [1, 2]
  anhaben *см.* tragen [1]
  anhalten *см.* andauern/aufhören [2]/halten [2]/werben
  anhaltend *см.* ständig [1]
  Anhänger [1] сторонник
  der **Anhänger** — der **Nachfolger** — der **Verfechter**
  Anhänger *индифф. синоним; напр.:* ein treuer, leidenschaftlicher Anhänger dieser Lehre верный, страстный сторонник этого учения; ein Anhänger der Friedensbewegung сторонник движения за мир □ Hagenström hatte Anhänger und Bewunderer (*Th. Mann, »Buddenbrooks«*) У Гагенстрема были сторонники и почитатели. **Nachfolger** последователь; *напр.:* er war ein Nachfolger Hegels он был последователем Гегеля [гегельянцем]. **Verfechter** ревностный защитник (*каких-л. взглядов, идей и т. п.*), поборник; *напр.:* ein flammender, kühner Verfechter seiner Ideen пламенный, смелый поборник его идей; ein aufrechter Verfechter des Friedens стойкий борец за мир; diese Lehre findet zahlreiche beharrliche Verfechter у этого учения много ревностных сторонников

  Anhänger [2] *см.* Schüler
  anhänglich *см.* treu

  anhauchen *см.* anfahren [1]
  anhauen *см.* bitten [1]
  anhäufen, sich *см.* ansammeln, sich
  anheben *см.* anfangen [1]
  anheften *см.* befestigen [1]
  anheimelnd *см.* gemütlich
  anheimfallen *см.* zufallen
  anheimstellen *см.* überlassen [1]
  anheischig: sich anheischig machen *см.* anbieten, sich
  anherrschen *см.* anfahren [1]
  anheuern *см.* anstellen [1]
  Anhöhe *см.* Höhe [1]
  animieren *см.* veranlassen [1]
  ankämpfen *см.* bekämpfen
  ankaufen *см.* kaufen [1]
  anklagen *см.* beschuldigen
  Anklang *см.* Ähnlichkeit
  ankleben *см.* kleben
  ankleiden *см.* anziehen I [1]
  ankleiden, sich *см.* anziehen, sich
  anklingen *см.* erinnern
  anknipsen *см.* anzünden/schalten
  anknüpfen *см.* anfangen [2]
  ankohlen *см.* lügen
  ankommen [1] прибывать (*приходить, приезжать, приплывать, прилетать*)
  ankommen — eintreffen — eingehen — zufließen — e i n l a u f e n — a n l a n g e n
  ankommen *индифф. синоним; напр.:* pünktlich, um 8 Uhr, mit dem Zug, in Moskau ankommen прибыть точно, в 8 часов, поездом, в Москву; unsere Gäste kommen mit dem Flugzeug an наши гости прилетают на самолете; wann kommt der Zug in Leningrad an? когда поезд прибывает в Ленинград?; Ihr Gepäck ist angekommen ваш багаж прибыл; die Post ist rechtzeitig angekommen почта прибыла своевременно □ Der Wirt erzählte mir, dieser Herr sei in einem unbeschreibbar schlechten Wetter angekommen und in einem ebenso schlechten Wetter wieder abgereist (*Heine, »Die Harzreise«*) Хозяин рассказал мне, что этот господин прибыл в неописуемо плохую погоду и отбыл в столь же плохую погоду □ ...worauf es in der Tat Tom und Christian waren, die ankamen, zusammen mit den ersten Gästen (*Th. Mann, »Buddenbrooks«*) ...действительно, это были Том и Кристиан, которые пришли вместе с первыми гостями. **eintreffen** ≅ ankommen *употр. по отношению к лицам, транспортным средствам и предметам, но б. ч. в официальных сообщениях; напр.:* die Delegation trifft um 11 Uhr ein делегация прибывает в 11 часов; der Dampfer mit den Touristen trifft morgen ein пароход с туристами прибывает завтра □ Der Konsul Johann Buddenbrook traf nachmittags um zwei Uhr in der Villa ein (*Th. Mann, »Buddenbrooks«*) Консул Иоганн Буддeнбрук прибыл на виллу в два часа дня. **eingehen** поступать (по месту назначения) *употр. тк. по отношению к предметам; напр.:* heute sind für Sie Briefe, Gel-der eingegangen сегодня на ваше имя поступили письма, деньги; die Güter sind noch nicht eingegangen товары [грузы] еще не поступили. **zufließen** поступать в большом количестве, стекаться *употр. тк. по отношению к предметам, чаще к денежным поступлениям, заказам и т. п.; напр.:* dieser Fabrik flossen zahlreiche Aufträge zu на эту фабрику поступали многочисленные заказы; reiche Gaben fließen ihnen zu к ним стекаются крупные пожертвования. **einlaufen** *книжн.* = eingehen; *напр.:* bei uns sind viele Briefe eingelaufen к нам поступило много писем; beim Gericht ist eine Beschwerde eingelaufen в суд поступила жалоба. **anlangen** высок. добраться, достичь места назначения, достичь цели *часто подчеркивает, что прибытие куда-л. связано с преодолением трудностей, требует много времени и т. п.; употр. по отношению к лицам и предметам; напр.:* endlich sind wir in Berlin angelangt наконец мы достигли Берлина; wir sind auf dem Gipfel des steilen Berges angelangt мы достигли вершины крутой горы; der Brief ist trotz der Verspätung angelangt письмо все же дошло □ ...ein klein wenig Freude aber war in dieses Bedauern gemischt, weil sie jetzt nämlich dem Taxichauffeur die Sorge überlassen konnte, über den glitschigen Asphalt zu steuern. In ihrem Zimmer... angelangt, fand sie die Abendpost vor (*Feuchtwanger, »Exil«*) ...к этому сожалению примешивалась некоторая доля радости, так как теперь она могла предоставить таксисту вести машину по скользкому асфальту. Добравшись... до своей комнаты, она нашла там вечернюю почту

  ankommen [2] *см.* abhängen
  ankucken *см.* ansehen [1, 2]
  ankündigen *см.* deuten [2]/mitteilen
  Ankündigung *см.* Anzeige
  ankurbeln *см.* anlassen
  anlächeln *см.* lächeln
  anlachen *см.* lachen [1]
  Anlage *см.* Fähigkeiten/Neigung [2]
  anlangen *см.* angehen [1]/ankommen [1]
  Anlaß *см.* Ursache
  anlassen приводить в движение, заводить
  anlassen — anwerfen — ankurbeln
  anlassen *индифф. синоним; напр.:* einen Motor, eine Maschine, ein Auto anlassen привести в движение двигатель, машину, автомобиль. **anwerfen** *тех.* запустить; *напр.:* den Motor, den Propeller anwerfen запустить двигатель, пропеллер. **ankurbeln** *разг.* ≅ anlassen; *напр.:* die Maschine, den Motor, den Traktor ankurbeln запустить машину, двигатель, трактор
  anlaufen *см.* anfangen [1]/trüben, sich/vergrößern, sich
  anlegen *см.* anziehen I [2]/ausgeben/legen [1]
  anleiten *см.* einweisen/lehren [2]/leiten
  Anleitung *см.* Weisung [1]

anlernen см. lehren¹
anleuchten см. leuchten¹
anliegen см. bedrängen¹
Anliegen см. Bitte
Anlieger см. Nachbar
anlocken см. anziehen II
anludern см. locken¹
anlügen см. lügen
anmachen см. anzünden/befestigen¹
anmaßend см. hochmütig
anmelden см. melden¹
anmelden, sich см. melden¹
anmerken см. aufschreiben/merken¹
Anmerkung¹ примечание

die **Anmerkung** — die **Fußnote** — die **Randbemerkung**

Anmerkung индифф. синоним; напр.: die Anmerkungen des Verlags примечания редакции; erläuternde Anmerkungen пояснительные примечания; eine Anmerkung in den Text aufnehmen включить примечание в текст; ein Literaturwerk mit Anmerkungen versehen снабдить литературное произведение примечаниями □ Wiesener seinerseits hatte kaum seine psychologische Anmerkung laut werden lassen, als er sie schon bereute (*Feuchtwanger, »Exil«*) Визенер, в свою очередь, едва обронив свое психологическое замечание, сейчас же в нем раскаялся. **Fußnote** примечание в сноске, сноска; напр.: Fußnoten machen делать сноски; der Autor hat Erläuterungen in den Fußnoten untergebracht автор дал свои примечания в сносках. **Randbemerkung** примечание, заметка на полях; напр.: einen Text mit Randbemerkungen versehen сделать замечания на полях рукописи [книги]

Anmerkung² см. Äußerung
anmessen см. messen
Anmut прелесть

der **Liebreiz** — die **Anmut** — der **Reiz** — der **Charme** — der **Zauber**

Синонимы данного ряда расположены по степени возрастания выражаемого признака

Liebreiz высок. привлекательность употр. по отношению к женщинам и детям, чаще при описании лица; напр.: der Liebreiz ihrer Augen привлекательность ее глаз; das gab ihrem Gesicht einen überraschenden Liebreiz это придавало ее лицу особую привлекательность [прелесть]. **Anmut** индифф. синоним; по отношению к лицам (обыкн. женщинам) часто подчеркивает прелесть в движениях, грацию; напр.: ihr Tanz war von unbeschreiblicher Anmut ее танец был преисполнен неописуемой прелести; wir bewunderten die Anmut der Abendlandschaft мы восхищались прелестью вечернего ландшафта □ Es ist unbeschreibbar, mit welcher Fröhlichkeit, Naivität und Anmut die Ilse sich hinunterstürzt über die abenteuerlich gebildeten Felsstücke, die sie in ihrem Laufe findet (*Heine, »Die Harzreise«*) Невозможно описать, с какой радостью, простотой и грацией низвергается Ильза с причудливых утесов, которые она встречает на своем пути. **Reiz** прелесть, пленительность *в отличие от других синонимов данного ряда может выражать не постоянное качество, свойственное кому-л., чему-л., а качество, привлекающее в данный момент*; напр.: der Reiz der Neuheit прелесть новизны; ein unwiderstehlicher Reiz неотразимая прелесть; er ist dem Reiz des Fremdartigen verfallen чужое (экзотическое и т. п.) имеет для него притягательную силу □ Von ganz wenigen Gebäuden, einzelnen Straßen und Plätzen abgesehen, ist es als Stadt architektonisch ohne jeden Reiz, ohne Zauber — ein Steinhaufen ohne Grenzen, nichts sonst (*Kellermann, »Der 9. November«*) Если не считать немногих зданий, отдельных улиц и площадей, этот город с архитектурной точки зрения лишен привлекательности, лишен очарования, это не что иное, как бесформенная груда камней. **Charme** [ʃarm] шарм, обаяние *употр. тк. по отношению к людям*; напр.: weiblicher, jugendlicher Charme женское обаяние, обаяние молодости; ihr persönlicher Charme gewann alle ее личное обаяние всех покорило □ Benjamin konnte boshaft sein... aber bei alledem hatte er Charme und Humor (*Feuchtwanger, »Exil«*) Беньямин мог быть язвительно-злым... но при всем том он обладал обаянием и юмором. **Zauber** чары, очарование *употр. по отношению к людям и предметам*; напр.: der Zauber dieser Frau чары этой женщины; der Zauber des Waldes очарование леса

anmutig см. reizend
anmutsvoll см. reizend
annageln см. nageln
annähernd см. ungefähr
annähern, sich см. nähern, sich¹,²
Annahme см. Vermutung
Annalen см. Chronik
annehmbar см. mittelmäßig
annehmen¹ принимать (*что-л., что дают, предлагают и т. п.*)

annehmen — **hinnehmen** — **entgegennehmen**

annehmen индифф. синоним; напр.: das Geschenk, das Geld, die Post annehmen принять подарок, деньги, почту; wir nehmen Ihren Vorschlag, Ihr Angebot an мы принимаем ваш совет, ваше предложение. **hinnehmen** (вос)принимать (*как нечто неизбежное*); напр.: eine Beleidigung hinnehmen снести [стерпеть] оскорбление; wie kannst du das nur so ruhig hinnehmen? как ты только можешь так спокойно мириться с этим?; man kann dagegen nichts machen, man muß es eben hinnehmen ничего не поделаешь, придется с этим примириться; wir müssen es als unabänderlich hinnehmen мы должны принять это как неизбежное. **entgegennehmen** высок. ≅ annehmen, *но обыкн. не предполагает возможности отказа от чего-л.*; напр.: nehmen Sie bitte die Blumen entgegen! примите, пожалуйста, [позвольте вручить вам] цветы!; ich bitte meinen herzlichen Dank entgegenzunehmen я прошу принять мою сердечную благодарность

annehmen² см. vermuten
annektieren см. erobern
Annonce см. Anzeige
annullieren см. abschaffen
anöden см. langweilen
anödend см. langweilig
anonym см. ungenannt
anordnen см. befehlen/vorschreiben¹
Anordnung см. Gesetz/Weisung¹
anpassen, sich приспосабливаться

sich anpassen — **sich angleichen** — **sich eingewöhnen** — **sich einfügen** — **sich einordnen** — **sich anbequemen** — **sich assimilieren** — **sich akklimatisieren**

sich anpassen индифф. синоним; напр.: sich den bestehenden Verhältnissen, der neuen Situation, den Sitten eines Landes anpassen приспосабливаться к существующим условиям, к новой ситуации, к обычаям страны; sie hat sich seinem Charakter, seinem Geschmack angepaßt она приноровилась к его характеру, к его вкусу; wir haben uns dem Stand der Dinge angepaßt мы приспособились к существующему положению вещей; die Augen haben sich dem Halbdunkel angepaßt глаза привыкли к полумраку; die Tiere passen sich der Umwelt an животные приспосабливаются к окружающей среде. **sich angleichen** ≅ sich anpassen, *но больше подчеркивает уподобление кому-л.*; напр.: sie hat sich ihrem Mann angeglichen она подладилась к своему мужу; er versuchte, sich dem neuen Freunde anzugleichen он пытался приспособиться к своему новому приятелю; die beiden Eheleute haben sich einander sehr angeglichen супруги по-настоящему сжились друг с другом. **sich eingewöhnen** (без особых усилий) постепенно приспосабливаться, привыкать, вживаться; напр.: er hat sich in die neuen Verhältnisse eingewöhnt он свыкся с новыми условиями; ich habe mich in dieses Klima eingewöhnt я привык к этому климату. **sich einfügen** (вживаясь,) полностью приспосабливаться и становиться неотъемлемой частью чего-л.; напр.: sie hat sich in die Umgebung eingefügt она свыклась с окружающей обстановкой; er fügte sich gut in das Kollektiv ein он вошел в коллектив, он хорошо сработался с коллективом. **sich einordnen** приспосабливаться, сознательно подчиняясь (*особенностям, требованиям, привычкам и т. п.*); напр.: sich in eine Gemeinschaft einordnen войти в коллектив; er hat sich in das städtische Leben völlig eingeordnet он полностью приспособился к городской жизни. **sich anbequemen** книжн. ≅ sich anpassen, *но употр., когда кто-л. приспосабливается к кому-л., к чему-л. не по своей воле; напр.:* er mußte sich der veränderten Lebensweise anbequemen ему пришлось приноровиться к новому образу жизни; sie hat sich seinen Wünschen anbequemen müssen ей пришлось приноравливаться к его желаниям. **sich assimilieren, sich akklimatisieren** *книжн.* ≅ sich anpassen, *но обыкн. подчеркивают, что данный процесс происходит легко; напр.:* er hat sich in der neuen Umgebung gut, rasch assimiliert [akklimatisiert] он хорошо, быстро приспособился к новой обстановке □ Gewiß, Papa hat sich assimiliert, soweit eben ein Boche sich assimilieren kann (*Feuchtwanger, »Exil«*) Конечно, папа приспособился, насколько бош вообще может приспособиться

anpellen *см.* anziehen I[1]
anpellen, sich *см.* anziehen, sich
anpfeifen *см.* anfahren[1]
anpöbeln *см.* ansprechen[1]
Anprall *см.* Stoß
anprallen *см.* anstoßen
anprangern[1] клеймить (позором)
anprangern — geißeln — brandmarken
anprangern *индифф. синоним; напр.:* Verbrechen gegen die Menschheit anprangern клеймить позором преступления против человечества; j-n als Staatsfeind anprangern публично объявить кого-л. врагом государства. **geißeln** *высок.* бичевать (*публично в резкой форме выражать свое неодобрение, порицание*); *напр.:* er geißelte den Aberglauben der alten Bauern он бичевал суеверие старых крестьян. **brandmarken** *высок.* ≅ anprangern; *напр.:* j-n als Verbrecher brandmarken клеймить кого-л. позором как преступника; in diesem Roman wollte er die Laster brandmarken в этом романе он хотел заклеймить пороки
anprangern[2] *см.* verurteilen[2]
anpreisen *см.* loben
anpumpen *см.* leihen[2]
anquasseln *см.* ansprechen[1]
anquatschen *см.* ansprechen[1]
anraten *см.* raten[1]
anrechnen засчитывать
anrechnen — gutschreiben — gutbringen
anrechnen *индифф. синоним; напр.:* die Ausbildungszeit auf die Dienstjahre anrechnen засчитать в служебный стаж время учения; die Untersuchungshaft auf die Gefängnisstrafe anrechnen зачесть время нахождения под следствием при определении срока заключения. **gutschreiben** зачислить на чей-л. текущий счет; *напр.:* j-m die Zinsen gutschreiben засчитать кому-л. проценты (*прибавив к сумме сбережений*). **gutbringen** *ком. разг.* записать на кредит, кредитовать; *напр.:* einen Betrag einem Konto gutbringen кредитовать счет какой-л. суммой
anreden *см.* ansprechen[1]

anregen *см.* beleben/veranlassen[1]
anregend *см.* interessant
Anregung *см.* Antrieb
Anreiz *см.* Antrieb
anreizen *см.* veranlassen[1]
anrennen *см.* anstoßen
anrichten причинять (зло, вред *и т. п.*)
anrichten — anstiften — anstellen
Синонимы данного ряда имеют примерно одно и то же значение, но различаются по употреблению
anrichten *индифф. синоним; напр.:* Schaden anrichten причинять вред [убыток]; ein Blutbad anrichten устроить кровавую бойню; Unordnung, Verwirrung anrichten вызвать беспорядок, смятение; ich wußte nicht, daß ich etwas Schlimmes angerichtet habe я не знал, что сделал что-то дурное □ Aber das habt ihr angerichtet mit eurem elenden Krieg, du und dein Führer! (*Fallada, »Jeder stirbt«*) Но это вы наделали с вашей злосчастной войной, ты и твой фюрер! **anstiften** *подчеркивает, что зло причиняется кому-л. сознательно; напр.:* immer stiftet er nur Böses an он всегда причиняет только зло. **anstellen** *разг. подчеркивает, что что-л. плохое, недозволенное совершается без злого умысла или незаметно для участников; напр.:* was haben die Kinder nun schon wieder angestellt? что там дети опять натворили? □ Endlich sieht er hoch und nimmt ihren Unmut wahr. »Hab ich was angestellt?« fragt er, beinahe erschreckt (*Feuchtwanger, »Lautensack«*) Наконец он поднимает глаза и замечает ее недовольство. «Я что-нибудь натворил?» — спрашивает он почти испуганно

anrüchig *см.* verrufen
anrücken *см.* nähern, sich[1]
anrühren *см.* berühren[1]
ansammeln *см.* sammeln
ansammeln, sich скапливаться (*в одном месте*)
sich ansammeln — sich stauen — sich anhäufen
sich ansammeln *индифф. синоним; напр.:* an der Unfallstelle sammelten sich sehr viele Menschen an на месте происшествия скопилось очень много народу; Ihre Briefe haben sich hier angesammelt здесь скопились ваши письма. **sich stauen** скапливаясь, накапливаясь, создавать сильный напор (*о массах воды, напоре газа, а тж. перен.*) *подчеркивает, что скопление чего-л. может иметь отрицательные последствия; напр.:* das Wasser staut sich hier, das kann eine Überschwemmung herbeiführen вода прибывает, это может вызвать наводнение; große Menschenmassen stauten sich am Fabriktor людское море скопилось у фабричных ворот; die Wut, der Ärger staut sich накапливается ярость, гнев. **sich anhäufen** ≅ sich ansammeln, *но чаще о предметах; напр.:* die Waren, die Kisten, die Säcke häufen sich an скапливаются [накапливаются] товары, ящики, мешки; die Arbeit häuft sich immer mehr an работы накапливается все больше

Ansammlung *см.* Gruppe
ansässig *см.* einheimisch[1]
anschaffen *см.* kaufen[1]
anschauen *см.* ansehen[1,2]
anschaulich наглядный
anschaulich — bildhaft
anschaulich *индифф. синоним; напр.:* eine anschauliche Darstellung наглядное изображение; ein anschaulicher Unterricht наглядное обучение; eine anschauliche Methode наглядный метод; etw. anschaulich machen сделать что-л. наглядным; anschaulich erklären, beschreiben наглядно объяснять, описывать □ Seine Erzählung war anschaulich, er hatte offenbar Spaß daran (*Feuchtwanger, »Exil«*) Его рассказ был живым, он явно доставлял ему удовольствие. **bildhaft** образный; *напр.:* eine bildhafte Darstellung наглядное изображение; eine bildhafte Vorstellung образное представление

Anschauung[1] взгляд, воззрение
die Anschauung — die Gesinnung
Anschauung *индифф. синоним; напр.:* politische, moderne, fortschrittliche Anschauungen политические, современные, прогрессивные взгляды; eine veraltete Anschauung vertreten придерживаться устаревших взглядов; er teilt meine Anschauungen он разделяет мои взгляды. **Gesinnung** убеждения; *напр.:* die politische Gesinnung политические убеждения; seine wahre Gesinnung zeigen обнаружить свои настоящие убеждения; er hat eine demokratische Gesinnung он придерживается демократических убеждений □ ...stets hatte es Kameraden gegeben, mit denen man schwatzen konnte, Kerle gleicher Gesinnung, gleicher Interessen, gleicher Ehre (*Fallada, »Wolf u. Wölfen«*) ...всегда имелись приятели, с которыми можно было поболтать, парни одинаковых убеждений, с одинаковыми интересами, с одинаковыми представлениями о чести

Anschauung[2] *см.* Meinung[1]
Anschein *см.* Schein I[1]
anscheinend *см.* scheinbar
Anschiß *см.* Tadel
Anschlag *см.* Anzeige
anschlagen *см.* bellen[1]/nageln
anschließen присоединять
anschließen — angliedern — einverleiben
anschließen *индифф. синоним; напр.:* der Schule wurde ein Internat angeschlossen школе придали интернат; er wurde der Touristengruppe angeschlossen его присоединили к группе туристов. **angliedern** присоединять, включая в состав чего-л.; *напр.:* ein Gebiet einem anderen angliedern включать одну область в другую; unsere Vereinigung ist einer internationalen

Organisation angegliedert наш союз включен в международную организацию. **einverleiben** включать в состав, вводить, вливать; *напр.*: diese Bücher habe ich meiner Bibliothek einverleibt эти книги я включил в свою библиотеку; die kleinen Betriebe wurden dem Konzern einverleibt мелкие предприятия были поглощены концерном

    anschließend *см.* nachher
    anschließen, sich[1] присоединяться

sich anschließen — sich gesellen — sich zugesellen — sich beigesellen

    sich anschließen (D) *индифф. синоним*; *напр.*: sich einer Partei, einer Organisation anschließen присоединиться к какой-л. партии, организации; sich einer Expedition anschließen присоединиться к экспедиции; sich den Streikenden, den Rebellen, dem Aufstand anschließen примкнуть к бастующим, к мятежникам, к восстанию; dürfen wir uns Ihnen anschließen? можем ли мы к вам присоединиться? **sich gesellen** (*zu* D) присоединяться к кому-л., к чьей-л. компании; *напр.*: sie gesellte sich zu uns auf der Reise она присоединилась к нам в пути; gleich und gleich gesellt sich gern *посл.* рыбак рыбака видит издалека. **sich zugesellen** (D) временно присоединяться к кому-л., к чему-л., составить компанию кому-л.; *напр.*: sich den Tanzenden, den Spielenden zugesellen присоединяться к танцующим, к играющим; auf dem Rückweg gesellten wir uns den Touristen zu und begleiteten sie bis zum Hotel на обратном пути мы присоединились к туристам и проводили их до отеля; meinem Schnupfen hat sich noch ein Husten zugesellt к моему насморку прибавился еще кашель. **sich beigesellen** *книжн.* ≅ sich anschließen; *напр.*: er hat sich mir auf dem Spaziergang beigesellt он присоединился ко мне [составил мне компанию] во время прогулки; uns hat sich ein Ausländer beigesellt к нам присоединился иностранец
    anschließen, sich[2] *см.* grenzen
    Anschluß: im Anschluß an *см.* nachher
    anschmieren *см.* betrügen
    anschnauzen *см.* anfahren[1]
    Anschnauzer *см.* Tadel
    anschneiden *см.* schneiden[1]/sprechen[4]
    anschreien *см.* anfahren[1]
    Anschrift *см.* Adresse
    anschuldigen *см.* beschuldigen
    anschwärzen *см.* verleumden
    anschwellen *см.* schwellen/vergrößern, sich
    ansehen[1] (по)смотреть (*на кого-л., на что-л.*)

ansehen — blicken — anstarren — fixieren — anschauen — anblicken — angucken — ankucken — beglotzen — anglotzen — angaffen — begaffen — anstieren

    ansehen *индифф. синоним*; *напр.*: sie sah ihn unsicher, erzürnt an она неуверенно, сердито посмотрела на него; er sah das Bild an он посмотрел на картину □ Sie sah ihn wieder an, und eine Weile betrachteten sie sich so schweigend (Fallada, »Jeder stirbt«) Она снова на него посмотрела, и несколько мгновений они молча разглядывали друг друга. Von Prackwitz begegnete dem Blick des Croupiers, der ihn ruhig beobachtend ansah (Fallada, »Wolf u. Wölfen«) Фон Праквиц встретился взглядом с крупье, который спокойно смотрел на него, наблюдая за ним. **blicken** направить свой взгляд на кого-л., на что-л., глядеть на кого-л., на что-л. (*погрузившись в свои мысли или в ожидании реакции со стороны того, на кого смотрят*); *напр.*: sie blickte auf ihn, ohne ein Wort zu sagen она глядела на него, не произнося ни слова; er blickte durch das Fenster он смотрел в окно. **anstarren, fixieren** пристально смотреть на кого-л., на что-л.; *напр.*: j-n entsetzt, ungläubig, schweigend, frech anstarren [fixieren] с ужасом, недоверчиво, молча, нахально смотреть на кого-л. (, не отводя глаз); sie starrten einander feindselig an они враждебно смотрели друг на друга в упор; er starrte das Bild an он пристально смотрел на картину □ Sie starren ihn abwartend an, so völlig sind sie von der geistigen Überlegenheit dieses Sechzehnjährigen überzeugt, daß keiner auch nur eine Vermutung laut werden läßt (Fallada, »Jeder stirbt«) Они выжидательно уставились на него, они настолько уверены в умственном превосходстве этого шестнадцатилетнего, что никто даже не высказывает никакого предположения. Einen Augenblick starrt sie die gedruckten Worte verständnislos an (ebenda) Какое-то мгновение она застывшим взглядом смотрит на напечатанные слова, не осознавая их смысла. **anschauen** = ansehen; *напр.*: sie schaute mich so an, als wollte sie mir noch etwas mitteilen она так посмотрела на меня, как будто хотела мне еще что-то сообщить □ Aber so sehr sie sich jetzt auch anschauten, sie hatten einander kein Wort zu sagen (Fallada, »Jeder stirbt«) Но сколько бы они теперь ни глядели друг на друга, им не о чем было говорить. **anblicken** *высок.* ≅ ansehen, *но часто подчеркивает внутреннее состояние смотрящего*; *напр.*: j-n strafend, besorgt, dankbar, fragend anblicken смотреть на кого-л. осуждающе, озабоченно, благодарно, вопрошающе □ Wenn ihn jemand nur anblickte, so hob er in verschwenderischer Laune sein Glas... (Kellermann, »Totentanz«) Когда кто-нибудь взглядывал на него, он широким жестом поднимал свой бокал... **angucken** *фам.* глядеть б. ч. *употр. в прямой речи*; *напр.*: was guckst du mich so an? что ты так на меня глядишь? □ Guck dir mal 'nen Menschen an wie den über uns, den Quangel (Fallada, »Jeder stirbt«) Ты только погляди на человека, что живет над нами, на Квангеля. **ankucken** *н.-нем., берл.* = angucken. **beglotzen** *груб.* уставиться, с любопытством, бесцеремонно разглядывать; *напр.*: die Kinder beglotzten den Fremden дети уставились на незнакомца; man läßt sich ungern beglotzen неприятно, когда тебя назойливо разглядывают. **anglotzen** *груб.* таращиться, бессмысленно глядеть на кого-л., на что-л.; *напр.*: verständnislos glotzte er mich, das Bild an ничего не поняв, он таращился на меня, на картину. **angaffen** *фам. неодобр.* глазеть на кого-л., на что-л. (*о толпе зевак и т. п.*); *напр.*: alle gafften den Fremden an все глазели на незнакомца. **begaffen** *фам.* ≅ angaffen, *но подчеркивает, что кто-л., что-л. рассматривается подробно, во всех деталях*; *напр.*: die Leute begafften ihn wie ein Wundertier люди глазели на него, как на диковинное животное. **anstieren** *груб.* пялиться на кого-л., на что-л.; *напр.*: der Betrunkene stierte mich an, ohne ein Wort zu sagen пьяница пялился на меня, не говоря ни слова
    ansehen[2] (по)смотреть что-л., ознакомиться с чем-л.; поближе познакомиться с кем-л.

ansehen — betrachten — beobachten — besichtigen — besehen — beschauen — mustern — beaugenscheinigen — anschauen — angucken — ankucken — anschauen — begucken — bekucken — studieren — fixieren — beäuge(l)n

Этот синонимический ряд отличается от предыдущего тем, что синонимы данного ряда предполагают, помимо зрительного восприятия, еще и оценку увиденного

    (sich (D)**) ansehen** *индифф. синоним*; *напр.*: sich Wohnungen, Ausstellungen, Filme, Fernsehsendungen ansehen смотреть квартиры, представления, фильмы, телевизионные передачи; ich muß mir diesen Lehrer näher ansehen мне нужно ближе познакомиться с этим учителем. **betrachten** (внимательно) рассматривать; *напр.*: er betrachtete das fremde Mädchen sehr neugierig он с большим любопытством рассматривал незнакомую девушку □ Becker betrachtete gelassen und neugierig die blühenden Büsche und alten schläfrigen Landhäuser, als sie in Eltville einfuhren (Seghers, »Die Toten«) Бекер невозмутимо и с любопытством рассматривал цветущие кусты и старые сонные дачи, когда они въехали в Эльтвиль. Auch war ihm nicht entgangen, mit welchen Augen dieser Vagabund seine Tochter Lisbeth betrachtete (Hesse, »Narziß«) От него не ускользнуло и то, какими глазами этот бродяга рассматривал его дочь Лизбет. **beobachten** наблю-

дать, вести наблюдение; *напр.*: die Natur, die Sterne, die spielende Kinder beobachten наблюдать за природой, за звездами, за играющими детьми □ Freilich ein wenig beengt und beobachtet komme ich mir vor, aber... (*Th. Mann*, »*Der kleine Herr Friedmann*«) Конечно, я чувствую себя несколько стесненной, и мне кажется, что за мной наблюдают, но...
besichtigen осматривать что-л., обозревать; *напр.*: ein Museum, eine Stadt, eine Wohnung besichtigen осматривать музей, город, квартиру. (**sich** (*D*)) **besehen** (подробно) рассматривать кого-л., что-л. *иногда чтобы по частям составить себе представление о целом*; *напр.*: sie besah sich im Spiegel von allen Seiten она рассматривала себя в зеркале со всех сторон. **beschauen** внимательно рассматривать (*то, что представляет субъективный интерес*); *напр.*: sie beschaute ihre Frisur im Spiegel она рассматривала в зеркале свою прическу. **mustern** (оценивающе, критически) осматривать, рассматривать кого-л., что-л.; *напр.*: er musterte ihn von oben bis unten он осмотрел его с ног до головы; er musterte spöttisch die gekaufte Ware он насмешливо осматривал купленные товары. **beaugenscheinigen** *книжн.* ознакомиться с чем-либо (*лично, собственными глазами удостовериться в чем-л.*); *напр.*: ich möchte meinen neuen Arbeitsplatz beaugenscheinigen мне хотелось бы ознакомиться с моим новым рабочим местом. (**sich** (*D*)) **angucken** *фам.* ≅ (sich) ansehen; *напр.*: sich ein Buch, ein Bild angucken посмотреть книгу, картину. (**sich** (*D*)) **ankucken** *н.-нем., берл.* = (sich) angucken. (**sich** (*D*)) **anschauen** *разг.* ≅ (sich) ansehen; *напр.*: ich möchte mir den Patienten einmal anschauen мне хотелось бы взглянуть на больного. **begucken** *разг.* ≅ besehen; *напр.*: sich im Spiegel begucken рассматривать себя в зеркале; den Fremden neugierig begucken с любопытством рассматривать незнакомца. **bekucken** *н.-нем., берл.* = begucken. **studieren** *разг.* подробно и основательно рассматривать, изучать; *напр.*: er studierte lange die Speisekarte он долго изучал меню. **fixieren** *разг.* пристально и беззастенчиво смотреть на кого-л., на что-л.; *напр.*: er fixierte sie in unverschämtester Weise он беззастенчиво [в упор] глядел на нее. **beäuge(l)n** *разг. шутл.* со всех сторон, хорошенько, с любопытством разглядывать кого-л., что-л.; *напр.*: sie beäugelte wohlgefällig ihre Enkelin она благосклонно (со всех сторон) разглядывала свою внучку; er beäugelte ihr Bild он разглядывал ее портрет
ansehen ³ *см.* halten ³
Ansehen *см.* Einfluß ²
ansehnlich *см.* groß ⁴/stattlich ¹
ansetzen *см.* befestigen ¹/bestimmen ¹

an sich raffen *см.* nehmen ³
Ansicht *см.* Meinung ¹
ansiedeln селить кого-л., заселять кем-л.
ansiedeln — besiedeln — bevölkern — unterbringen — einlogieren — einquartieren — beherbergen — herbergen — behausen
ansiedeln *индифф. синоним*; *напр.*: Menschen in einem Land ansiedeln селить людей в какой-л. стране; Einwanderer, Bauern auf Neuland ansiedeln поселять иммигрантов, крестьян на целине. **besiedeln** заселять; *напр.*: ein Land, eine Gegend dicht, dünn besiedeln густо, редко заселять страну, местность; ein Gebiet mit neuen Bewohnern besiedeln заселять какую-л. область новыми жителями. **bevölkern** ≅ besiedeln, *но употр. редко (обыкн. в Part. II)*; *напр.*: diese Gegend wurde mit neuen Ansiedlern bevölkert местность заселили новыми поселенцами. **unterbringen** помещать, предоставлять помещение; *напр.*: Gäste, Fahrgäste, Flüchtlinge bei sich, in einem Heim, im Hotel unterbringen помещать [размещать] гостей, пассажиров, беженцев у себя, в общежитии, в гостинице. **einlogieren** [-ʒiː-] поселять, поместить кого-л. на жительство куда-л., предоставлять кому-л. место для жилья; *напр.*: die Familie in einem Dorf, j-n in einem Kämmerchen einlogieren поселить семью в деревне, кого-л. в каморке. **einquartieren** расквартировать; *напр.*: die Flüchtlinge im Dorf, die Soldaten bei den Bauern einquartieren расквартировать беженцев в деревне, солдат у крестьян. **beherbergen** приютить; *напр.*: einen Gast, Verwandte über Nacht beherbergen приютить гостя, родственников на ночь; das Gebäude beherbergte mehrere Familien в этом здании нашли приют много семей. **herbergen** *уст.* = beherbergen; *напр.*: das kleine Häuschen konnte nur ein paar Menschen herbergen маленький домик мог приютить только несколько человек. **behausen** *высок.* дать кров, приют, пристанище; *напр.*: ich hatte ihn zu behausen мне надлежало дать ему приют [пристанище]
ansiedeln, sich поселяться
sich ansiedeln — sich niederlassen — sich einlogieren — sich einquartieren — zuziehen
sich ansiedeln *индифф. синоним*; *напр.*: sich im Dorf, am Meer ansiedeln поселяться в деревне, у моря; viele Vögel siedeln sich an den Seen an много птиц поселяется у озер. **sich niederlassen** осесть, обосноваться; *напр.*: in jungen Jahren hatte er sich in Berlin niedergelassen в свои молодые годы он обосновался [поселился] в Берлине; er hat sich als Arzt, als Anwalt in unserer Stadt niedergelassen он открыл в нашем городе врачебную, адвокатскую практику □ Von ungefähr Merseburg ab begann er die Dörfer und Straßen als ein Mensch anzusehen, der sich niederlassen will (*Seghers*, »*Die Toten*«) Примерно от Мерзебурга он начал смотреть на деревни и улицы как человек, который хотел бы здесь поселиться. **sich einlogieren** [-ʒiː-] поселяться у кого-л. в доме; *напр.*: kann ich mich für eine kurze Zeit bei Ihnen einlogieren? могу я поселиться у вас на короткое время? **sich einquartieren** расквартироваться, размещаться; *напр.*: die Soldaten quartierten sich in den noch erhaltenen Häusern ein солдаты разместились в еще уцелевших домах. **zuziehen** поселяться на новом месте (*переселившись откуда-л.*); *напр.*: hier wohnen Familien, die nach dem Kriege zugezogen sind здесь живут семьи, которые переселились сюда после войны

ansinnen *см.* fordern
Ansinnen *см.* Forderung
anspannen *см.* anstrengen/spannen ¹
anspielen *см.* andeuten
Anspielung *см.* Andeutung
anspinnen, sich *см.* entstehen
Ansporn *см.* Antrieb
Ansprache ¹ *см.* Rede ¹
Ansprache ²: eine Ansprache halten *см.* sprechen ²
ansprechen ¹ заговаривать с кем-л., обращаться к кому-л. по какому-л. вопросу
ansprechen — anreden — anquatschen — anquasseln — anpöbeln
ansprechen *индифф. синоним*; *напр.*: j-n auf der Straße, höflich, (auf) deutsch ansprechen заговорить с кем-л. на улице, вежливо, по-немецки; er hat den Polizisten angesprochen он обратился к полицейскому (*по какому-то вопросу*). **anreden** ≅ ansprechen, *но обыкн. употр. с указанием формы обращения (по имени, на ты и т. п.)*; *напр.*: der Nachbar redete ihn im Hausflur an сосед заговорил с ним в подъезде; er hat mich darauf, auf diese Bemerkung hin angeredet услышав это, мою реплику, он обратился ко мне; er redete ihn mit Sie an он обращался к нему на вы; sie redete mich mit dem Titel, mit »Herr Professor« an она обращалась ко мне, называя мой титул [мое звание], величая «господин профессор». **anquatschen, anquasseln** *фам.* приставать с разговорами; *напр.*: er hat mich dumm angequatscht [angequasselt] он пристал ко мне с глупыми разговорами. **anpöbeln** *фам. неодобр.* грубо обращаться к кому-л.; *напр.*: er pöbelte mich auf offener Straße an он грубо заговорил со мной на улице
ansprechen ² *см.* gefallen
Anspruch ¹ *см.* Forderung
Anspruch ²: in Anspruch nehmen *см.* fordern
anspruchslos *см.* mäßig ¹/schlicht ²
Anstand приличие
der Anstand — der Takt — die Schicklichkeit

Anstand индифф. синоним; напр.: den Anstand wahren соблюдать приличие; den Anstand verletzen нарушать правила приличия; keinen Anstand haben не уметь себя вести; keinen Sinn für Anstand besitzen не иметь чувства такта; auf Anstand halten придавать значение умению себя вести; inneren Anstand zeigen обладать внутренним тактом; etw. aus Anstand unterlassen не делать чего-л. из приличия □ ...hörte ich, wie der leichtfüßige Friseur ihm (dem Vater) haarklein erzählte, daß heute auf dem Rathause dem neuen Großherzog Joachim gehuldigt werde, und daß dieser von der besten Familie sei, und die Schwester des Kaisers Napoleon zur Frau bekommen und auch wirklich viel Anstand besitze (Heine, »Das Buch Le Grand«) ...я слышал, как проворный цирюльник рассказывал ему (отцу) во всех подробностях, что сегодня в ратуше будут присягать новому великому герцогу Иоахиму и что он из самого знатного рода и женат на сестре императора Наполеона, и к тому же действительно очень приличный человек. Takt такт; напр.: er hat viel Takt он обладает большим тактом; er hat wenig [keinen] Takt он бестактен; den Takt verletzen, gegen den Takt verstoßen поступать бестактно; es fehlt ihm an Takt ему не хватает такта. Schicklichkeit книжн. ≅ Anstand, но больше подчеркивает внешние формы хорошего поведения; напр.: die Schicklichkeit beachten [wahren] соблюдать приличие; die Schicklichkeit vergessen забывать о приличии; gegen die Schicklichkeit verstoßen нарушать приличие; auf Schicklichkeit Wert legen придавать значение умению себя вести

anständig¹ приличный
anständig — sittlich — sittsam — züchtig — sittig

anständig индифф. синоним; напр.: ein anständiges Benehmen приличное поведение; ein anständiger Mensch приличный человек; eine anständige Gesellschaft приличное общество □ Damals hatte sie noch Kraft in sich, sie hätte ihre Bengels gegen die ganze Welt verteidigt und gearbeitet bei Tag und gearbeitet bei Nacht, bloß um ihnen nichts abgehen zu lassen, was andere Kinder mit einem anständigen Vater bekamen (Fallada, »Jeder stirbt«) В то время у нее еще были силы, она могла бы защитить своих мальчишек от всего света, она работала днем и работала ночью, чтобы они не испытывали недостатка в том, что имели другие дети, у которых был приличный отец. sittlich нравственный; напр.: sittliche Werte моральные ценности; ein sittliches Verhalten этичное поведение. sittsam устаревает, теперь б. ч. шутл. ≅ sittlich подчеркивает скромность и сдержанность в поведении; напр.: sittsam schlug sie die Augen nieder она стыдливо опустила глаза. züchtig устаревает, теперь б. ч. шутл. ≅ sittsam, но употр. тк. по отношению к женщинам, к поведению женщины и т. п.; напр.: ein züchtiges Benehmen скромное поведение; sie hatte ein züchtig geschlossenes Kleid an на ней было строгое закрытое платье. sittig уст. = sittsam

anständig² порядочный (в нравственном отношении)
anständig — hochanständig — rechtschaffen — brav — sauber — unbestechlich — unbestochen — wacker — ehrbar — ehrsam — honett

anständig индифф. синоним; напр.: ein anständiger Mensch порядочный человек; ein anständiges Mädchen порядочная девушка; das sind anständige Leute это приличные люди; du befindest dich in anständiger Gesellschaft ты находишься в приличном обществе; er hat sich immer anständig aufgeführt он всегда вел себя прилично. hochanständig в высшей степени порядочный; напр.: er ist ein hochanständiger Mensch он в высшей степени порядочный человек. rechtschaffen добропорядочный; напр.: ein rechtschaffener Mensch добропорядочный человек; rechtschaffen handeln поступать порядочно; meine Nachbarn waren rechtschaffene Menschen мои соседи были порядочные люди □ Zum allerersten Male, siehe da, erwacht der Gedanke in seinem rechtschaffenen Hirn, daß ich, in der Tat, jemand anders sein könnte, als ihr verschollener Stiller (Frisch, »Stiller«) Впервые, смотри-ка, в его добропорядочном мозгу просыпается мысль, что я, действительно, мог бы быть кем-то другим, чем их пропавший Штиллер. brav ≅ rechtschaffen, но имеет доверительно-интимный оттенок и по отношению ко взрослым лицам устаревает, теперь ирон.; напр.: brave Leute добропорядочные люди; er ist der Sohn braver Eltern он сын добропорядочных родителей; er hat ein braves Mädel geheiratet он женился на добропорядочной девушке □ »Es ist bedauerlich ... daß diese braven Leute Repressalien ausgesetzt werden...« Er hatte wirklich ‚brave Leute' gesagt (Heiduczek, »Abschied von den Engeln«) «Жаль... что эти добрые люди подвергаются репрессиям...» Он действительно так и сказал: добрые люди. bieder устаревает ≅ rechtschaffen подчеркивает естественность, непосредственность простого человека, теперь б. ч. его ограничивает; напр.: ein biederer Nachbar порядочный сосед; eine biedere Frau порядочная женщина; er sprach gern von unseren biederen Vorvätern он любил поговорить о наших честных предках; er schüttelte dem Tischgenossen seine biedere Hand он потряс честную руку своего сотрапезника. sauber честный, чистый; напр.: er hat einen sauberen Charakter у него честный характер, он честный по характеру; das war ein sauberes Spiel это была чистая игра. unbestechlich неподкупный; напр.: ein unbestechlicher Mensch неподкупный человек; er war unbestechlich он был неподкупен; sie hat einen unbestechlichen Charakter у нее неподкупный характер. unbestochen редко (никем) не подкупленный; напр.: er gilt als unbestochen он слывет бескорыстным человеком. wacker уст. ≅ bieder; напр.: er war der Sohn wackerer Leute он был сыном почтенных людей. ehrbar высок. почтенный, почитаемый; напр.: er ist das Kind ehrbarer Eltern он сын почтенных родителей; sie ist aus ehrbarem Hause она родом из почтенного дома; sie sind ehrbare Leute geworden они стали почитаемыми людьми. ehrsam высок. устаревает ≅ ehrbar; напр.: er ist das Kind ehrsamer Eltern он сын почтенных родителей; sie ist aus ehrsamem Hause она родом из почтенного дома; meine Großeltern waren ehrsame Leute мои дед и бабка были почитаемые люди. honett книжн. ≅ ehrbar; напр.: honette Leute почтенные люди; er war ein biederer und honetter Mann он был честный и почтенный человек; sie lebte damals in einer stillen, honetten Familie она жила тогда в тихой, почтенной семье

anstarren см. ansehen¹
anstatt см. statt
anstecken см. anzünden/«Приложение»
anstehen см. verlegen I¹
ansteigen см. vergrößern, sich
anstellen¹ принимать на работу; нанимать

anstellen — einstellen — engagieren — anwerben — heuern — anheuern — dingen

anstellen индифф. синоним; напр.: j-n fest anstellen зачислить кого-л. в штат; j-n halbtags, vorübergehend anstellen принять кого-л. на половинный рабочий день, на временную работу; er wurde als Lehrer, als Sekretär angestellt его приняли на работу в качестве учителя, секретаря; er wurde als Heizer angestellt его наняли истопником. einstellen ≅ anstellen, но обладает несколько меньшей сочетаемостью; напр.: vom ersten Januar ab wird dieses Werk weitere Arbeiter einstellen с первого января этот завод будет набирать новых рабочих; für die Sommerzeit muß noch ein Koch eingestellt werden на летний период нужно взять еще одного повара. engagieren [aŋga'ʒiː-] приглашать на работу, ангажировать (артистов, художников и т. п.); напр.: j-n ans Theater, beim Fernsehen engagieren приглашать кого-л. на работу в театр, работать на телевидении. anwerben вербовать; напр.: Arbeiter, Freiwillige anwerben (за)вербовать рабочих, добровольцев; sich für den Militärdienst anwerben lassen завербоваться на военную службу. **heuern, anheuern** ≅ anstellen, *но употр. по отношению к морякам, портовым рабочим, рыбакам и т. п., особенно матросам; по отношению к профессиям, не связанным с морем, флотом — фам.; напр.*: er hat die Absicht weitere Matrosen zu heuern [anzuheuern] он собирается нанять еще матросов; wir werden die Besatzung selbst heuern мы сами наберем команду. **dingen** *уст.* нанимать; *напр.*: einen Dienstboten, einen Knecht, eine Viehmagd dingen нанимать слугу, батрака, скотницу

anstellen² *см.* anrichten/schalten
anstellen, sich *см.* stellen, sich¹
anstellig *см.* geschickt
anstieren *см.* ansehen¹
anstiften *см.* anrichten
Anstifter зачинщик
der Anstifter — der Aufhetzer — der Aufwiegler
Anstifter *индифф. синоним; напр.*: die Anstifter der Unruhen, der Prügelei wurden verhaftet зачинщики беспорядков, драки были арестованы. Aufhetzer *подстрекатель; напр.*: die Aufhetzer zur Prügelei, zum Aufruhr подстрекатели драки, мятежа. Aufwiegler *неодобр.* смутьян; *напр.*: die Aufwiegler hetzten das Volk gegen die Regierung auf смутьяны подстрекали народ выступить против правительства

Anstoß *см.* Antrieb/Hemmung¹/Hindernis
anstoßen наталкиваться на кого-л., на что-л., ударяться обо что-л.
anstoßen — anfahren — auffahren — auflaufen — anprallen — prallen — anrennen
anstoßen (an, gegen A) *индифф. синоним; напр.*: im Fall mit dem Kopf an einen Stein anstoßen падая, удариться головой о камень; er geht gebückt, um nirgends anzustoßen он идет наклонившись, чтобы ни обо что не ударяться. anfahren (A) наехать, задев, толкнув кого-л., что-л.; *напр.*: das Auto, der Fahrer hat einen Fußgänger angefahren автомобиль, шофер наехал на прохожего; er hat mit dem Motorrad einen Pfahl angefahren он на мотоцикле наскочил на столб. auffahren (auf etw.) наехать на что-л., нанеся (большие) повреждения (*себе или чему-л.*); *напр.*: das Schiff ist auf eine Sandbank aufgefahren корабль наскочил на мель; wir sind auf ein anderes Auto aufgefahren мы наскочили на другой автомобиль. auflaufen ≅ auffahren, *но употр. по отношению к судну, когда предмет, на который оно наталкивается, неподвижен; напр.*: das Schiff lief auf ein Riff, auf einen Felsen auf корабль наскочил на риф, на скалу. anprallen (an, gegen A) сильно ударяться; *напр.*: das Schiff prallte gegen [an] das Ufer an корабль врезался в берег; der Regen prallt an das Fenster an дождь барабанит по стеклу. prallen ≅ anprallen, *но обыкн. предполагает, что лицо или предмет, который наталкивается на кого-л., на что-л., отскакивает; напр.*: der Ball prallte gegen die Mauer мяч (сильно) ударился о стену; er rannte um die Ecke und prallte gegen eine Frau он бросился за угол и налетел на женщину. anrennen (an, gegen A) *разг.* (случайно) налететь на кого-л., на что-л.; *напр.*: er rannte an seinen Vordermann an он налетел на идущего впереди

anstößig *см.* unanständig²
anstreben *см.* streben
anstreichen *см.* streichen²/unterstreichen¹
anstrengen напрягать
anstrengen — anspannen
anstrengen *индифф. синоним; напр.*: seine Augen, seine Stimme, seine Kräfte anstrengen напрягать зрение, голос, силы; sein Gehirn, seine Gedanken, sein Gedächtnis, seine Phantasie anstrengen напрягать свой мозг, свои мысли, свою память, свою фантазию. anspannen ≅ anstrengen, *но употр. метафорично в образной речи; напр.*: die Kräfte, die Gedanken, den Geist anspannen напрягать силы, мысли, ум [всю силу ума]

anstrengend *см.* schwierig¹
anstrengen, sich *см.* bemühen, sich
Ansturm *см.* Überfall
ansuchen *см.* bitten¹
Ansuchen *см.* Bitte
antanzen *см.* kommen¹
antasten *см.* betasten
Anteil *см.* Teil
Anteilnahme *см.* Teilnahme
Antipathie *см.* Abneigung
antippen *см.* berühren¹
Antlitz *см.* Gesicht I
Antrag *см.* Gesuch/Vorschlag
antragen *см.* anbieten
antreffen *см.* finden¹/treffen¹
Antrieb побуждение
der Antrieb — die Anregung — der Anstoß — der Anreiz — der Ansporn — der Impuls
Antrieb *индифф. синоним; напр.*: aus eigenem Antrieb по собственному побуждению; er fühlt keinen Antrieb, sein Geschäft zu erweitern у него нет стимула расширять свое дело; das hat ihm zur Fortsetzung der Studien neuen Antrieb gegeben это дало ему новый стимул для продолжения занятий. Anregung ≅ Antrieb, *но подчеркивает, что побуждение возникло под влиянием внешних причин; напр.*: durch diese Gespräche erhielt ich Anregungen zur schöpferischen Tätigkeit эти беседы побудили меня к творческой деятельности; diese Ausstellung gab mir Anregung zu einem neuen Projekt эта выставка побудила меня составить новый проект. Anstoß толчок к чему-л., первое побуждение (*вызываемое часто незначительным обстоятельством*); *напр.*: dieses Ereignis gab den Anstoß zu einer Massenbewegung это (незначительное) событие послужило толчком к развитию массового движения. Anreiz стимул (*б. ч. могущий оказывать благоприятное воздействие*); *часто* поощрение; *напр.*: materieller Anreiz zur Steigerung der Arbeitsproduktivität материальный стимул роста производительности труда; die Gehaltserhöhung wird für ihn ein Anreiz zu noch höheren Leistungen sein повышение оклада будет для него стимулом к еще более высоким показателям. Ansporn ≅ Anreiz, *но указывает на бо́льшую, чем другие синонимы данного ряда, интенсивность побуждения и выражает это в более образной форме; напр.*: das soll ihm zum Ansporn dienen это должно его подхлестнуть; Lob ist für das Kind oft ein größerer Ansporn zum Fleiß als Tadel похвала для ребенка — часто больший стимул к прилежанию, чем порицание. Impuls *книжн.* импульс; *напр.*: etw. aus einem Impuls heraus tun делать что-л. импульсивно; die Reise gab diesem Dichter neue Impulse für sein Schaffen путешествие послужило этому писателю новым импульсом для его творчества

antun *см.* anziehen I²
Antwort: eine Antwort geben *см.* antworten¹
antworten¹ отвечать (*говорить в ответ*)
antworten — zurückgeben — entgegnen — erwidern — versetzen
antworten *индифф. синоним; напр.*: »Kommst du mit?« — »Nein«, antwortete er «Ты пойдешь со мной?» — «Нет», ответил он; »Ich kann Ihnen nicht helfen«, antwortete er kühl «Я не могу вам помочь», — ответил он холодно ⬜ Kammerer antwortete hierauf nicht mehr (*Kellermann, »Der 9. November«*) На это Каммерер больше ничего не ответил. »Das sind die Nerven, Thomas«, hatte Gerda geantwortet (*Th. Mann, »Buddenbrooks«*) «Это нервы, Томас», — ответила Герда. zurückgeben отвечать без промедления (и метко); парировать, не остаться в долгу; *напр.*: »Und was schlägst du vor?« gab sie zurück «Ну, а что ты предлагаешь?» — сразу же парировала она ⬜ ...hatte er ihr in fast strengem Tone zurückgegeben, daß hier kein Wort der Entschuldigung am Platze sei (*Th. Mann, »Buddenbrooks«*) ...на что он ей тут же почти строго заметил, что здесь извинение неуместно. entgegnen *высок.* отвечать, выражая мнение, противоположное или отличное от мнения других участников разговора, возражать; *напр.*: »Ich bin darüber ganz anderer Meinung«, entgegnete er «Я придерживаюсь на этот счет совершенно другого мнения», — возразил он ⬜ Und als er zu Ende

ANTWORTEN

war, wußte sie nichts zu entgegnen (*Feuchtwanger*, »*Exil*«) И когда он кончил, она ничего ему не могла возразить. **erwidern** ≅ entgegnen, но больше подчеркивает заинтересованность говорящего и более эмоционально; *обыкн. употр. со словами, характеризующими модальность ответа, состояние говорящего; напр.*: »Das werde ich anders machen«, erwiderte er heftig «Это я сделаю иначе», — ответил [возразил] он резко □ »Die Honorarsätze erhöhen, das ist mein Traum, seitdem ich das Blatt gegründet habe«, erwiderte Gingold, noch stärker grinsend, bestrebt, die trockene Stimme sanft, schmeichlerisch zu machen (*Feuchtwanger*, »*Exil*«) «Повысить гонорары — это моя мечта, с тех пор как я основал газету», — ответил Гингольд, еще шире ухмыляясь, стремясь придать своему сухому тону вкрадчивости. **versetzen** *книжн.* резко возражать, отвечать на реплику (*нередко повторяя слово или фразу, произнесенную собеседником в разговоре, носящем характер спора, словесной пикировки и т. п.*); *напр.*: »Es entspricht nicht unseren Verhältnissen«. — »Unseren Verhältnissen? Wir können uns das leisten!« versetzte sie «Нам это не по средствам!» — «Не по средствам? Мы вполне можем себе это позволить!» — ввернула она; auf meine Frage versetzte er, er sei nicht meiner Ansicht на мой вопрос он ответил, что не разделяет моего мнения

antworten[2] отвечать, давать ответ на что-л. (*письменно или устно на какой-л. запрос, на чье-л. письмо и т. п.*)
antworten — beantworten — eine Antwort geben
antworten (*auf etw.*) *индифф. синоним*; *напр.*: auf deine Frage kann ich leider noch nichts antworten на твой вопрос я, к сожалению, еще ничего не могу ответить; er hat auf meinen Brief sehr kühl geantwortet он очень холодно ответил на мое письмо; ich habe postwendend geantwortet я ответил тут же [тотчас, с обратной почтой]. **beantworten** (*etw.*) отвечать (*не уклоняясь от вопроса*) *обыкн. употр. при удовлетворительном или обстоятельном ответе; напр.*: hast du seinen Brief schon beantwortet? — Ja, ich habe über alles ausführlich geschrieben, wie er es gewünscht hat ты уже ответил на его письмо? — Да, я обо всем подробно написал, как он просил □ Aber der Werkmeister beantwortet diese Frage nicht, sondern denkt... (*Fallada*, »*Jeder stirbt*«) Но мастер не отвечает на этот вопрос, а думает... **eine Antwort geben** (*auf etw.*) давать ответ *несет более сильное, по сравнению с глаголами, эмфатическое ударение*; *напр.*: ich habe auf seinen Brief hin sofort Antwort gegeben я тотчас ответил на его письмо; sie gab ihm eine ausweichende Antwort она ответила ему уклончиво; sie gaben die gebührende Antwort auf diese Provokation они достойно ответили на эту провокацию

anvertrauen *см.* sagen[1]/vertrauen
anvertrauen, sich довериться
sich anvertrauen — sich aussprechen — sich erleichtern — s i c h o f f e n b a r e n — sein Herz ausschütten
sich anvertrauen *индифф. синоним*; *напр.*: er hat sich seinem Freunde, dem Arzt rückhaltlos anvertraut он, не колеблясь, доверился своему другу, врачу; sie vertraute sich zögernd ihrer Mutter an после некоторого колебания она открылась своей матери. **sich aussprechen** высказать без утайки все, что волнует; *напр.*: sprechen Sie sich ruhig aus! выскажите спокойно все!; mir tat es wohl, mich einmal aussprechen zu können я был рад, что мог наконец высказаться [все высказать]. **sich erleichtern** облегчить свою душу (*рассказав кому-л. о своем горе, заботах и т. п.*); *напр.*: sich durch ein Geständnis erleichtern облегчить свою душу признанием. **sich offenbaren** *высок.* открыться кому-л.; *напр.*: ich offenbarte mich meinem Freunde я открылся своему другу. **sein Herz ausschütten** *разг.* излить душу; *напр.*: als wir allein blieben, hat sie mir ihr Herz ausgeschüttet когда мы остались одни, она рассказала все, что было на сердце

anwachsen *см.* vergrößern, sich
Anwalt *см.* Beschützer
anwandeln *см.* überkommen
Anwandlung *см.* Anfall[1]
Anwärter *см.* Kandidat
anweisen *см.* beauftragen/befehlen/schicken
Anweisung *см.* Befehl
anwelken *см.* welken
anwenden *см.* gebrauchen
anwerben *см.* anstellen[1]
anwerfen *см.* anlassen
anwesend sein присутствовать
anwesend sein — dasein — dabeisein — z u g e g e n s e i n — gegenwärtig sein
anwesend sein *индифф. синоним*; *напр.*: alle Schüler waren anwesend все ученики присутствовали (на уроке) □ So neulich bei einem Militärattaché... wo ein sehr orientalisch aussehender Chirurg anwesend war... (*Kellermann*, »*Der 9. November*«) Так недавно на приеме у военного атташе... где присутствовал восточного типа хирург... **dasein** присутствовать, быть где-л. *как и* anwesend *не предполагает участия в чем-л.; чаще употр. в непринужденной речи; напр.*: sind alle da? все присутствуют?, все здесь? **dabeisein** *в отличие от* dasein *означает присутствие при каком-л. событии, процессе и т. п. и какое-л. участие в них*; *напр.*: ich konnte bei der Sitzung nicht dabeisein я не мог присутствовать на [принять участие в] заседании. **zugegen sein, gegenwär-**

ANZEIGEN

tig sein *книжн. редко* ≅ dabeisein; *напр.*: Sie werden wohl bei der Feier zugegen sein? вы, вероятно, будете на празднестве?; er war bei der Verhandlung gegenwärtig он присутствовал при переговорах

Anwesenheit *см.* Existenz
Anwohner *см.* Nachbar
Anwurf *см.* Vorwurf
Anzahl *см.* Zahl
Anzahlung *см.* Vorschuß
Anzeichen *см.* Merkmal
Anzeige объявление (*опубликованное или вывешенное где-л.*)
die Anzeige — die Annonce — das Inserat — die Bekanntmachung — der Anschlag — die Ankündigung
Anzeige *индифф. синоним*; *напр.*: eine Anzeige in der Zeitung, in der Zeitschrift aufgeben поместить объявление в газете, в журнале; die Anzeige hängt aus объявление вывешено. **Annonce** [-'nõsə] объявление в газете, в журнале; *напр.*: eine Annonce in die Zeitung einrücken lassen поместить объявление в газете. **Inserat** ≅ Annonce, *но является более специальным издательским термином*; *напр.*: ein Inserat in die Zeitung setzen дать объявление в газете. **Bekanntmachung** объявление, вывешенное где-л. (*часто официально сообщающее что-л.*); *напр.*: über diese Vorlesung wurde an der Tafel eine Bekanntmachung angebracht на доске было вывешено объявление об этой лекции. **Anschlag** ≅ Bekanntmachung, *но б. ч. употр. для обозначения машинописных или печатных объявлений, в т. ч. афиш; напр.*: wir werden am schwarzen Brett einen Anschlag aushängen мы вывесим это на доске объявлений; was steht auf dem Anschlag? что в афише? **Ankündigung** ≅ Bekanntmachung, *но предполагает уведомление о предстоящих мероприятиях и т. п.*; *напр.*: eine amtliche Ankündigung официальное объявление, служебное уведомление

anzeigen[1] доносить
anzeigen — d e n u n z i e r e n — angeben
anzeigen *индифф. синоним*; *напр.*: einen Diebstahl bei der Polizei anzeigen сообщать полиции о краже; er wird Sie bei der Polizei anzeigen он донесет на вас в полицию □ Wenn's nicht der Baldur gewesen wäre, jeden Fremden hätten sie für so 'ne Bemerkung bei der Gestapo angezeigt (*Fallada*, »*Jeder stirbt*«) Если бы это был не Бальдур, за такое замечание они бы на любого чужого донесли в гестапо. **denunzieren** *книжн. неодобр.* ≅ anzeigen; *напр.*: die Nachbarn haben sie bei der Polizei denunziert соседи донесли на них в полицию. **angeben** *разг.* выдавать кого-л., ябедничать на кого-л.; *напр.*: er gab immer seine Mitschüler an он всегда ябедничал на своих школьных товарищей □ Sein kleiner Sohn ließ sich oft von den

ANZEIGEN

Frauen welche (*Knöpfe*) zustecken, dafür, daß er die nicht angab, die einige mitnahmen (*H. Mann, »Untertan«*) Его маленький сынишка охотно брал у женщин пуговицы, которые они ему частенько совали как мзду за то, чтобы он не наябедничал на тех, кто уносит пуговицы (*с фабрики*)

anzeigen ² *см.* mitteilen
anziehen I ¹ одевать
anziehen — ankleiden — einkleiden — bekleiden — anpellen
anziehen *индифф. синоним; напр.:* die Kinder anziehen одевать детей; den Kranken muß man anziehen больного нужно одеть. **ankleiden** *высок.* ≙ anziehen, *напр.:* die Zofe kleidete die Gräfin an горничная одевала графиню; sie kleidet ihre Kinder für den Theaterbesuch an она одевает детей, чтобы идти в театр. **einkleiden** предоставлять одежду; *воен.* обмундировать; *высок.* облачать; *напр.:* die Soldaten wurden neu eingekleidet солдат одели в новую форму [заново обмундировали]; er wurde als Mönch eingekleidet его облачили в монашескую одежду. **bekleiden** одевать в какую-л. одежду; *книжн.* облачать *по сравнению с* einkleiden *более торжественно; напр.:* wie war der Vermißte bekleidet? во что был одет пропавший (без вести)?; der Bischof wurde mit kostbarem Gewand bekleidet епископа облачили в драгоценные ризы. **anpellen** *разг.* (медленно, с трудом) натягивать (на кого-л.) один предмет одежды за другим; *напр.:* nach dem Bad pellte die Mutter das Kind an после купания мать с трудом натянула платье на мокрое тело ребенка

anziehen I ² надевать
anziehen — überziehen — anlegen — antun
anziehen *индифф. синоним; напр.:* die Schuhe, die Hose, das Kleid, sich die Handschuhe anziehen надевать обувь, брюки, платье, перчатки □ Sie zog ihr gestreiftes Kleid an, das sie von Sonntag auf Sonntag sparte (*Seghers, »Die Toten«*) Она надела новое платье в полоску, которое она берегла и носила только по воскресеньям. **überziehen** надевать поверх чего-л.; *напр.:* einen Mantel, Gamaschen, eine Schutzhülle überziehen надевать (поверх платья) пальто, (поверх обуви) гетры, защитный чехол. **anlegen** *высок.* надевать (парадную одежду); *напр.:* eine Uniform, ein festliches Kleid anlegen надевать мундир, праздничное платье. **antun** *разг.* ≙ anziehen; *напр.:* eine Joppe, eine Hausjacke antun надеть тужурку, домашнюю куртку

anziehen II привлекать
anziehen — anlocken — locken — reizen — fesseln — packen
anziehen *индифф. синоним; напр.:* die Menschen, die Besucher anziehen привлекать людей, посетителей; alles Neue zog ihn an его привлекало все новое. **anlocken** приманивать, привлекать; *напр.:* die Käufer, die Besucher anlocken приманивать покупателей, посетителей; Reklame lockt die Leute an реклама привлекает людей. **locken** заманивать, завлекать; *напр.:* j-n in eine Falle locken заманить кого-л. в западню; sie lockte ihn in ihre Netze она завлекла его в свои сети. **reizen** прельщать, привлекать; *напр.:* das Neue reizt immer новизна всегда привлекает; ihn reizt das Landleben, die Gefahr его прельщает [привлекает] сельская жизнь, опасность □ Mich reizt deine schöne Gestalt, und bist du nicht willig, so brauch' ich Gewalt (*Goethe, »Erlkönig«*) Меня привлекает твоя красота, и, если ты не будешь послушен, я возьму тебя силой. **fesseln** пленять; *напр.:* sein Spiel fesselte mich его игра пленила меня. **packen** *часто разг.* захватывать; *напр.:* das Theaterstück, das Buch hat mich gepackt пьеса, книга меня захватила

anziehen III *см.* vergrößern, sich
anziehend *см.* reizend/verlockend
anziehen, sich одеваться
sich anziehen — sich kleiden — sich einkleiden — sich ankleiden — sich anpellen
sich anziehen *индифф. синоним; напр.:* ich habe mich rasch angezogen, um den Zug nicht zu versäumen я быстро оделся, чтобы не опоздать на поезд; du hast dich zu leicht, zu warm angezogen ты оделся слишком легко, слишком тепло; sie zieht sich sehr elegant an она очень элегантно одевается. **sich kleiden** ≙ sich anziehen, *но употр. тк. с указанием на то, как именно кто-л. одевается; напр.:* sich elegant, nach der neuesten Mode, gut, schlicht, schlecht kleiden одеваться элегантно, по последней моде, хорошо, скромно, плохо. **sich einkleiden** а) (*получать и*) надевать на себя какую-л. одежду; *напр.:* wir haben uns endlich eingekleidet мы наконец обмундировались; b) *книжн.* облачаться; *напр.:* er hat sich als Mönch eingekleidet он облачился в одежду монаха. **sich ankleiden** *высок.* ≙ sich anziehen; *напр.:* du mußt dich heute sorgfältig ankleiden ты должен сегодня одеться тщательно. **sich anpellen** *разг.* (медленно, с трудом) одеваться, напяливать свои одежки; *напр.:* nach dem Bad pellte er sich in aller Ruhe an после купанья он (медленно) натягивал свою одежду; ehe der sich angepellt hat, das dauert einige Zeit! пока он все на себя напялит, пройдет немало времени!

Anzug (мужской) костюм
der Anzug — der Dreß
Anzug *индифф. синоним; напр.:* er ließ sich einen neuen Anzug machen он заказал себе новый костюм □ Wenzlow ärgerte sich über seinen eigenen Anzug aus billigem, auf der Reise zerknittertem Stoff (*Seghers, »Die Toten«*) Венцлов досадовал на свой костюм из дешевого материала, который помялся в дороге. **Dreß** спортивный костюм; *напр.:* der Dreß der Reiter, der Tennisspieler, einer Mannschaft спортивный костюм наездников, теннисистов, форма команды; beim Pferderennen haben die Jockeys ihren Dreß an на скачках жокеи в жокейские куртки

anzüglich *см.* spöttisch
Anzüglichkeit *см.* Spott
anzünden зажигать
anzünden — anbrennen — anfeuern — einschalten — entzünden — anfachen — entfachen — anstecken — anmachen — anknipsen
anzünden *индифф. синоним; напр.:* das Licht, das Feuer, eine Kerze, eine Lampe, eine Zigarette, Streichhölzer anzünden зажигать свет, огонь, свечу, лампу, сигарету, спички; sie hat das eigene Haus angezündet она подожгла свой собственный дом □ Ein wenig Brennholz steckte schon in dem gußeisernen Öfchen. Das würde Erwin selbst anzünden, wenn er kam, und die Briketts darauf legen (*Seghers, »Die Toten«*) Немного дров уже лежало в чугунной печурке. Ее Эрвин сам топит, когда придет; на дрова он положит брикеты. **anbrennen** ≙ anzünden, *но обыкн. употр. по отношению к предметам, предназначенным для горения, иногда подчеркивается тщательность, с которой они зажигаются; напр.:* eine Kerze, eine Zigarette, Streichhölzer, Holz anbrennen зажигать свечу, сигарету, спички, дрова; er hat sich eine Zigarre angebrannt он зажег сигару. **anfeuern** разжигать; *напр.:* den Ofen anfeuern разжигать огонь в печи, затапливать печь; den Kessel anfeuern разводить огонь под котлом. **einschalten** зажигать (путем включения тока); *напр.:* die Lampe, das Licht einschalten включить лампу, свет. **entzünden** *высок.* ≙ anzünden; *напр.:* das Feuer, das Licht, ein Streichholz, Holz, sich eine Zigarette entzünden зажечь огонь, свет, спичку, дрова, сигарету. **anfachen, entfachen** *высок.* разжигать, дуя; раздувать; *напр.:* ein Feuer, den Funken, die Glut entfachen раздуть огонь, искру, пламя. **anstecken** *разг.* ≙ anzünden, *но больше подчеркивает производимое действие; напр.:* steck das Feuer an! зажги огонь!; das Haus wurde angesteckt дом подожгли. **anmachen** *разг.* зажечь, запалить *употр. по отношению к огню, свету, часто когда сообщается о причине, по которой зажигается огонь; напр.:* es ist schon dunkel, mach das Licht an! уже темно, зажги свет!; es ist so kalt, daß ich erst einmal das Feuer im Ofen anmachen werde так холодно, что я сначала затоплю печку. **anknipsen** *разг.* зажигать, щелкнуть выключателем; *напр.:* knips mal das Licht an! включи-ка свет!

ANZWEIFELN | 46 | ARBEITSLOS

anzweifeln см. zweifeln
apart см. elegant/getrennt
apathisch см. gleichgültig¹
Appartement см. Wohnung
Appell см. Ruf¹
Appellation см. Klage
Appetit см. Hunger
Applaus см. Beifall¹
Arbeit¹ работа (*как результат творческой деятельности*)
die Arbeit — das Werk — die Schöpfung — das Opus

Arbeit *индифф. синоним; напр.:* eine Arbeit auf wissenschaftlichem, künstlerischem Gebiet vollenden выполнить научную работу, работу в области искусства; er hat eine schriftliche, tadellose, schlechte Arbeit angefertigt он сделал письменную, безупречную, плохую работу. **Werk** произведение, работа *употр. по отношению к произведениям литературы и искусства или когда подчеркивается значительность сделанного; напр.:* die Werke von Goethe произведения Гете; das war sein erstes gelungenes Werk это было его первым удачным произведением; das war ein Werk seiner Hände это было делом его рук; seine Werke sind unsterblich его произведения бессмертны □ Klemm dachte schläfrig in den Gedanken seines Vaters: Ein solches Werk lohnt seinen Mann, genau wie der Heeresdienst (*Seghers, »Die Toten«*) Засыпая, Клемм подумал словами своего отца: такое дело достойно человека, как и военная служба. **Schöpfung** творение, создание; *напр.:* das sind alles unvergängliche Schöpfungen alter Meister это все вечные творения старых мастеров. **Opus** *книжн.* опус *употр. для обозначения музыкальных произведений; иногда ирон. — о литературных работах; напр.:* ein frühes Opus von Wagner ранний опус Вагнера; sein neuestes Opus sagt mir nicht zu его новейший опус мне не по вкусу

Arbeit² см. Tätigkeit
arbeiten¹ работать, трудиться
arbeiten — sich betätigen — werken — sich regen — sich rühren — schaffen — schuften — schanzen — stümpern — hudeln — murksen — wursteln

arbeiten *индифф. синоним; напр.:* fleißig, flink, langsam, gut arbeiten прилежно, проворно, медленно, хорошо работать □ Am Tage arbeitete sie in einer Uniformfabrik (*Fallada, »Jeder stirbt«*) Днем она работала на фабрике, где шили обмундирование. **sich betätigen** заниматься чем-л. *подчеркивает, что кто-л. не остается праздным; напр.:* er betätigt sich draußen im Garten он занимается работой [работает] в саду. **werken** ≅ arbeiten, *но часто употр., когда подчеркивается практический характер работы; напр.:* in der Küche werken работать на кухне; von früh bis spät in der Bastelecke werken с утра до вечера мастерить что-то. **sich regen** *высок.*

(энергично) работать; *напр.:* wer gute Resultate erzielen will, muß sich tüchtig regen кто хочет добиться хороших результатов, должен энергично работать. **sich rühren** *разг.* ≅ sich regen; *напр.:* du mußt dich ein bißchen rühren, sonst wirst du mit der Arbeit nicht fertig! пошевеливайся, иначе ты не закончишь работу в срок! **schaffen** *ю.-нем., з.-нем. и разг.* arbeiten; *напр.:* den ganzen Tag auf dem Felde schaffen работать целый день на поле. **schuften** *разг.* вкалывать (*выполнять тяжелую, б. ч. физическую работу, часто по принуждению*); *напр.:* bei Wasser und Brot den ganzen Tag schuften надрываться целый день на работе за кусок хлеба с водой □ Meine Mutter hatte gar kein Geld, als der Vater tot war. Gott, wie arm waren wir! Sie hat zwanzig Jahre nur für mich geschuftet... (*L. Frank, »Mathilde«*) Когда умер отец, у моей матери не было ни гроша. Боже, как мы были бедны! Двадцать лет она надрывалась только ради меня... ...wo ich geschuftet habe und mich gequält und allein gewesen bin in einer Hofwohnung (*Fallada, »Kleiner Mann«*) ...где я надрывалась, мучилась и жила в одиночестве в квартире с входом со двора. **schanzen** *фам.* ≅ schuften, *но чаще о земляных работах; напр.:* in diesen Verhältnissen mußte er täglich 10 Stunden schanzen в этих условиях он должен был надрываться по десяти часов в день, работая землекопом. **stümpern** *фам.* неумело работать, халтурить; *напр.:* er wird es nicht fertigbringen, er kann nur stümpern он с этим не справится, он умеет только халтурить. **hudeln** *разг.*, **murksen** *фам.* ≅ stümpern, *но имеют еще более неодобрительный оттенок; напр.:* wer hat denn hier gehudelt [gemurkst]? кто это тут напортачил? **wursteln** *фам.* работать неумело, медленно *или* спустя рукава; *напр.:* auf den kann man sich nicht verlassen, er wurstelt immer на него нельзя положиться: он всегда работает спустя рукава

arbeiten² работать (*где-л. в качестве кого-л.*)
arbeiten — sich betätigen — dienen — tätig sein — wirken — fungieren — schaffen

arbeiten *индифф. синоним; напр.:* als Ingenieur, als Angestellter in einer Fabrik, in einer Handelsgesellschaft arbeiten работать в качестве инженера, служащего на фабрике, в торговом предприятии. **sich betätigen** заниматься какой-л. работой, деятельностью (*часто помимо основной работы, добровольно, в качестве любителя и т. п.*); *напр.:* sich nebenberuflich als Schriftsteller betätigen работать помимо своей специальности на литературном поприще. **dienen** служить; *напр.:* als Knecht bei einem Bauern, als Stubenmädchen dienen работать батраком у крестьянина, батрачить, служить горничной (у кого-л.); bei der Artillerie dienen служить в артиллерии □ Sie dienten beide im »Anker«, im selben Haus (*Seghers, »Die Toten«*) Они обе служили в «Якоре», в том же доме. **tätig sein** трудиться, работать *часто подчеркивает преданность работе и в этом случае — высок.; напр.:* waren Sie schon einmal im Außenhandel tätig? вы когда-нибудь работали в системе внешней торговли?; im Laufe des ganzen Krieges war er als Arzt an der Front tätig und wurde für seine Verdienste mit einem Orden ausgezeichnet в продолжение всей войны он был врачом на фронте и за свои заслуги награжден орденом. **wirken** *высок.* (плодотворно) работать по специальности *обыкн. с указанием, какой именно, часто употр. в приветственных адресах и т. п.; напр.:* er wirkte dreißig Jahre als Lehrer он тридцать лет проработал учителем. **fungieren** *книжн.* занимать должность, исполнять обязанности; замещать; *напр.:* als Richter, als stellvertretender Direktor fungieren работать судьей, заместителем директора. **schaffen** *разг.* ≅ arbeiten; *напр.:* er schafft bei der Eisenbahn, bei der Post он работает на железной дороге, служит на почте

arbeiten³ работать, функционировать
arbeiten — funktionieren — gehen

arbeiten *индифф. синоним; напр.:* wie arbeitet dieser Motor? как работает этот двигатель?; der Kühlschrank arbeitet gut холодильник работает хорошо. **funktionieren** ≅ arbeiten, *но больше употр. по отношению к принципу работы какого-л. механизма или при констатации, что данный механизм исправен или неисправен; напр.:* erkläre mir, wie diese Rechenmaschine funktioniert объясни мне, как работает эта счетная машина. **gehen** *разг.* ≅ funktionieren; *напр.:* die Bremse geht nicht тормоз не работает

arbeitsam см. fleißig/tätig¹
arbeitslos безработный
arbeitslos — erwerbslos — beschäftigungslos — unbeschäftigt — stellungslos — brotlos

arbeitslos *индифф. синоним; чаще употр. по отношению к людям, занятым в промышленности; напр.:* arbeitslose Menschen безработные люди; nach dem Ersten Weltkrieg waren viele Arbeiter arbeitslos после первой мировой войны многие рабочие были безработными; er ist schon seit sechs Monaten arbeitslos он уже шесть месяцев как безработный. **erwerbslos** ≅ arbeitslos, *но употр. по отношению к лицам, не получающим пособия по безработице, в том числе к разорившимся ремесленникам, лавочникам и т. п.; напр.:* ein erwerbsloser Fami-

lienvater безработный отец семейства.
beschäftigungslos, unbeschäftigt не имеющий работы (*предусмотренной договором*); *напр.*: im Augenblick ist seine Frau beschäftigungslos в настоящее время его жена не имеет работы; um die Löhne zu drücken, beschloß er, unbeschäftigte Arbeiter einzustellen чтобы снизить зарплату, он решил нанять безработных. **stellungslos, stellenlos** ≅ arbeitslos, *но обыкн. употр. по отношению к безработным людям умственного труда*; *напр.*: stellenloser Buchhalter sucht Arbeit безработный [не имеющий места] бухгалтер ищет работу; ihr Mann ist Architekt und wieder stellungslos ее муж архитектор, и он снова без места. **brotlos** *книжн.* оставшийся без куска хлеба, лишенный всех средств к существованию (*из-за безработицы*) *подчеркивает сочувствие к безработному*; *напр.*: es ist zu bedauern, daß so viele Menschen brotlos geworden sind достойно сожаления, что столько людей лишилось работы

arbeitsscheu *см.* faul²
archaisch *см.* altertümlich/veraltet
areligiös *см.* ungläubig
arg *см.* schlecht¹/sehr
Arg(es) *см.* Böses
Ärger¹ досада, раздражение
der Unmut — der Ärger — der Unwille — der Verdruß — die Erbitterung — der Groll
Синонимы данного ряда расположены по степени возрастания выражаемого чувства
Unmut *высок.* раздражение, недовольство (, продолжающееся длительное время); *напр.*: seinen Unmut nicht anmerken lassen не показывать своего раздражения. **Ärger** *индифф. синоним*; *напр.*: seinen Ärger unterdrücken, verbergen подавлять, скрывать раздражение; seinen Ärger an j-n auslassen вымещать раздражение [срывать сердце] на ком-л.; sein Ärger verflog rasch его раздражение быстро прошло [улетучилось] ▢ Wenzlow setzte sich sofort auf den Bettrand, zu Lievens Ärger, der diese Art von Vertraulichkeit nie hatte ausstehen können (*Seghers, »Die Toten«*) Венцлов сейчас же сел, к досаде Ливена, на край его постели — интимность, которую тот не выносил. **Unwille** ≅ Unmut, *но употр. реже и выражает большую степень раздражения, недовольства*; *напр.*: ich konnte meinen Unwillen nicht länger zurückhalten я не мог больше сдержать своего раздражения. **Verdruß** *книжн.* не дающее покоя раздражение, недовольство как следствие глубокого разочарования в ком-л., в чем-л.; *напр.*: seine Liederlichkeit macht mir viel Verdruß его безалаберность меня очень раздражает; sein Benehmen bereitet mir Verdruß его поведение меня (сильно) раздражает ▢ Trautwein zögerte. Es kam ihm gelegen, seinen Verdruß durch ein Gespräch wegzuspülen, und

der bewegliche, brillante Friedrich Benjamin war dafür der rechte Mann (*Feuchtwanger, »Exil«*) Траутвейн колебался. Ему казалось очень кстати утопить свою досаду в беседе, а живой, блестящий Фридрих Беньямин был для этого незаменим. **Erbitterung** недовольство, переходящее в ожесточение; *напр.*: diese Ungerechtigkeit rief in ihm Erbitterung hervor эта несправедливость ожесточила его. **Groll** *высок.* сильная затаенная неприязнь; *напр.*: einen alten Groll gegen j-n hegen издавна питать к кому-л. ненависть; einen bitteren Groll auf j-n haben быть озлобленным против кого-л.

Ärger² *см.* Streit²/Unannehmlichkeit
ärgerlich¹ раздраженный, рассерженный
ärgerlich — böse — sauer — tückisch
ärgerlich *индифф. синоним*; *напр.*: auf [über] j-n ärgerlich sein сердиться на кого-л.; er war ärgerlich darüber, daß ich auf ihn nicht gewartet habe он рассердился, что я его не подождал; er warf mir einen ärgerlichen Blick zu он бросил на меня недовольный взгляд. **böse** сердитый (*б. ч. предикативно*); *напр.*: ich war sehr böse auf ihn я был на него очень сердит [зол]. **sauer** *фам.* ≅ böse, *но подчеркивает продолжительность данного чувства* (*тк. предикативно*); *напр.*: er ist jetzt sauer auf seinen Chef он теперь очень зол [в большой обиде] на своего начальника. **tückisch** *разг. и диал.* злобный; *напр.*: sie schielte tückisch nach ihm она злобно на него косилась ▢ Er pfeift auf Würde, aber eigentlich bleibt es doch eine Frechheit. Sowie man den leisesten Mißerfolg hat, gleich werden die Frauen tückisch und begehren auf (*Feuchtwanger, »Exil«*) Он плюет на уважение, но все же это нахальство. Стоит только потерпеть самую ничтожную неудачу, как женщины начинают питать к тебе злобу и возмущаться

ärgerlich² *см.* unangenehm¹
ärgern сердить, раздражать
verstimmen — ärgern — verärgern — verdrießen — reizen — fuchsen — entrüsten — empören — erzürnen — aufbringen — in Wut bringen
Синонимы данного ряда расположены по степени возрастания выражаемого чувства
verstimmen портить настроение; *напр.*: er ist verstimmt, er hat eine schlechte Nachricht bekommen у него испорчено настроение [он не в духе], он получил плохое известие. **ärgern** *индифф. синоним*; *напр.*: j-n durch [mit] etw. ärgern раздражать, сердить кого-л. чем-л.; das tust du bloß, um mich zu ärgern это ты делаешь только для того, чтобы позлить меня ▢ Diederich wollte nicht hören, er lief hin und her, überzeugt, der Mensch werde die Gelegenheit ergrei-

fen, ihn zu ärgern (*H. Mann, »Untertan«*) Дидерих не хотел слушать, он ходил взад и вперед, уверенный, что тот (*Фишер*) воспользуется случаем, чтобы его позлить. **verärgern** ≅ ärgern, *но подчеркивает результат действия*; *напр.*: sein Benehmen verärgert mich его поведение меня раздражает; seine Ausflüchte haben mich immer verärgert его отговорки меня всегда раздражали. **verdrießen** ≅ ärgern, *но более характерно для письменной речи*; *напр.*: es verdrießt mich, daß er meinen Vorschlag abgelehnt hat мне досадно [меня сердит], что он отклонил мое предложение; ich lasse es mich nicht verdrießen я не унываю ▢ Klemm hatte nur um eine einzige Sache mit seiner Braut gestritten, er hatte ihr schließlich nachgegeben, um sie nicht im letzten Moment zu verdrießen (*Seghers, »Die Toten«*) Клемм поспорил со своей невестой только из-за одной-единственной вещи; в конце концов он ей уступил, чтобы не рассердить ее в последний момент. **reizen** *по сравнению с предыдущими синонимами подчеркивает некоторую преднамеренность действия*; *напр.*: er reizt die Kameraden durch seinen Spott он злит товарищей своими насмешками. **fuchsen** *фам.* сильно раздражать, не давать покоя *не употр. по отношению к субъекту-лицу*; *напр.*: seine Prahlerei fuchst mich его хвастовство меня очень раздражает. **entrüsten** вызывать крайнее недовольство, возмущать; *напр.*: ich bin entrüstet über diese Unverschämtheit это бесстыдство привело меня в негодование. **empören** возмущать, приводить в негодование; *напр.*: diese Ungerechtigkeit empörte mich эта несправедливость привела меня в негодование ▢ Wenn er in der Werkstatt immer wieder erleben mußte, daß dem einen ein kleiner Fehler am Werkstück schwer angekreidet wurde und daß der andere Pfusch über Pfusch abliefern durfte, so empörte ihn das stets von neuem (*Fallada, »Jeder stirbt«*) Когда он замечал, что с одного взыскивали за малейший дефект в детали, а другому прощался любой брак, его это всегда возмущало. **erzürnen** *высок.* разгневать; *напр.*: es hat ihn sehr erzürnt, daß ich nicht rechtzeitig gekommen bin его очень разгневало, что я не пришел вовремя. **aufbringen** выводить из себя; *напр.*: seine Frechheit bringt mich auf его наглость выводит меня из себя; bring mich nicht auf! не выводи меня из себя! **in Wut bringen** бесить, приводить в ярость; *напр.*: seine Worte haben mich in Wut gebracht его слова взбесили меня [привели меня в ярость]

ärgern, sich сердиться, раздражаться
übelnehmen — schmollen — sich ärgern — böse sein — sich erbosen — grollen — zürnen — sich erzür-

ÄRGERN, SICH

nen — sich entrüsten — sich empören — ergrimmen

Синонимы данного ряда расположены по степени возрастания выражаемого чувства

übelnehmen обижаться на кого-л. за что-л.; *напр.*: nehmen Sie es mir nicht übel! Ich hatte wirklich keine Zeit, Sie zu besuchen не обижайтесь, у меня действительно не было времени вас навестить. **schmollen** *разг.* сердиться на кого-л. (*давая понять это выражением лица*), дуться; *напр.*: sie schmollt mit mir, weil ich ihre Bitte nicht erfüllt habe она дуется на меня за то, что я не выполнил ее просьбы. **sich ärgern** *индифф. синоним*; *напр.*: sich über j-n, über etw. ärgern сердиться на кого-л., на что-л.; sich ohne alle Ursache über etw. ärgern сердиться на что-л. без всякой причины; ich habe mich über seinen Brief, über sein Benehmen geärgert меня разозлило его письмо, его поведение; ärgere dich nicht! не горячись! ◻ Trautwein ärgerte sich über sich selber. Er hätte sich nicht so gehenlassen, hätte Gingold nicht so großköpfig erwidern dürfen (*Feuchtwanger, »Exil«*) Траутвейн злился на самого себя. Он не должен был давать себе волю, не следовало возражать Гингольду столь заносчиво. **böse sein** *разг.* сердиться, злиться; *напр.*: ich war schrecklich böse auf ihn я был страшно зол на него; seien Sie mir nicht böse! не сердитесь на меня!; er ist böse auf ihn он на него злится. **sich erbosen** озлобляться; *напр.*: der Vater war über seinen Sohn sehr erbost, weil er ihn belogen hat отец очень озлобился на своего сына, потому что тот ему солгал. **grollen** *высок.* питать злобу, быть сердитым на кого-л.; *напр.*: sie grollte mit ihm, weil er ihr viel Kummer bereitet hat она на него разобиделась за то, что он причинил ей много горя, и она затаила против него злобу в душе. **zürnen** *высок.* гневаться, очень сердиться; *напр.*: er zürnt mir noch immer wegen meines Betragens он на меня очень сердит из-за моего поведения ◻ Er war beinahe froh darüber, daß sie ihm zürnte, daß sie ihrer Trauer noch keinen freien Lauf ließ (*Fallada, »Jeder stirbt«*) Он был почти рад, что она на него гневалась, что она еще не предалась своей скорби. **sich erzürnen** *высок.* разгневаться, очень рассердиться; *напр.*: er hat sich darüber sehr erzürnt он на это очень рассердился; sie war erzürnt, als sie erfuhr, daß ihr Brief noch nicht abgeschickt worden war она разгневалась, когда узнала, что ее письмо еще не отправлено. **sich entrüsten** испытывать крайнее недовольство, возмущаться; *напр.*: er hat sich über diese Zustände (moralisch) entrüstet он испытывает крайнее недовольство этими порядками; warum entrüstest du dich so? что ты так возмущаешься? **sich empören** возмущаться, приходить в негодование; *напр.*: ich empörte mich über seine Worte меня возмутили его слова. **ergrimmen** *высок.* прийти в ярость; *напр.*: als er sah, wie man mich behandelte, ergrimmte er он пришел в ярость, когда увидел, как со мной обращаются

arglistig *см.* hinterlistig
arglos *см.* schlicht¹
Argot *см.* Jargon
Argwohn *см.* Verdacht
argwöhnen *см.* verdächtigen
argwöhnisch *см.* mißtrauisch
Aristokrat *см.* Ad(e)liger
aristokratisch *см.* ad(e)lig
arm¹ бедный (неимущий)
arm — unbemittelt — besitzlos — unvermögend — bedürftig — mittellos — notleidend — verarmt — blutarm — bettelarm

arm *индифф. синоним*; *напр.*: die Eltern waren arm und konnten ihre Kinder nicht bei sich behalten родители были бедны и не могли оставить (своих) детей у себя; er ist arm wie eine Kirchenmaus он беден как церковная мышь ◻ Alles, was arm aussieht, revidiert man (*Remarque, »Liebe Deinen Nächsten«*) Проверяют всех, кто бедно одет. **unbemittelt** не имеющий (достаточно) средств, недостаточно состоятельный (*чтобы осуществить задуманное*), несостоятельный; *напр.*: er würde gern das Landhaus kaufen, ist aber unbemittelt da он охотно купил бы (эту) виллу, но не обладает для этого достаточными средствами. **besitzlos, unvermögend** неимущий; *напр.*: die besitzlosen Klassen неимущие классы; seine Braut war unvermögend его невеста была бесприданницей. **bedürftig, mittellos** нуждающийся, не имеющий средств к существованию; *напр.*: eine bedürftige Familie нуждающаяся семья; nach dem Tode des Vaters blieben wir völlig mittellos после смерти отца мы остались без средств к существованию. **notleidend** нуждающийся, бедствующий *б. ч. употр. по отношению к целым группам населения*; *напр.*: die notleidende Bevölkerung, eine notleidende Familie бедствующее население, бедствующая [нуждающаяся] семья; ein notleidender Schauspieler бедствующий актер. **verarmt** обедневший; *напр.*: eine verarmte Familie обедневшая семья; verarmte Bauern обедневшие крестьяне. **blutarm** *разг.* очень бедный; *напр.*: dieser Student ist blutarm этот студент очень беден. **bettelarm** *разг.* нищий; *напр.*: ◻ Wir sind bettelarme Leute, aber die soll man nicht treten (*Brecht, »Dreigroschenroman«*) Мы нищие, но нас нельзя попирать ногами

arm² *см.* unglücklich¹
Armatur *см.* Ausrüstung
Armer бедный, бедняк
der Arme — der Bettler — der Habenichts

Armer *индифф. синоним*; *напр.*: die Armen und die Reichen бедные и богатые; vor der Oktoberrevolution wohnten an der Peripherie dieser Stadt viele Arme до Октябрьской революции на окраине этого города жило много бедняков. **Bettler** нищий; *напр.*: vor der Kirche standen mehrere Bettler перед церковью стояло несколько нищих. **Habenichts** *разг. неодобр.* голодранец; *напр.*: wo soll so ein Habenichts Geld hernehmen! откуда такому голодранцу взять денег!

ärmlich *см.* schlecht³
armselig *см.* kümmerlich¹
Armsessel *см.* Sessel
Armut бедность
die Bedrängnis — die Armut — der Dalles — die Misere — das Elend

Синонимы данного ряда расположены по степени возрастания выражаемого состояния

Bedrängnis *книжн.* стесненность в (денежных) средствах; *напр.*: sich in Bedrängnis befinden находиться в стесненных обстоятельствах, нуждаться (в деньгах). **Armut** *индифф. синоним*; *напр.*: in äußerste Armut geraten впасть в крайнюю бедность; er schämte sich seiner Armut (nicht) он (не) стыдился своей бедности ◻ Sonst findest Du hier weit und breit eine Armut, die nicht einmal mit dem Schlimmsten zu vergleichen ist, was Du, liebe Tante Amalie, im Norden und Osten von Berlin sehen kannst (*Seghers, »Die Toten«*) Здесь повсюду видишь такую бедность, которую нельзя даже сравнить с самым худшим, что ты можешь наблюдать на севере и востоке Берлина, дорогая тетя Амалия. **Dalles** *фам.*, **Misere** *разг.* нужда; *напр.*: manche Studenten pflegen an chronischem Dalles zu leiden некоторые студенты постоянно нуждаются [бедствуют] ◻ Oskar habe es doch nicht nötig, in solcher Misere zu leben (*Feuchtwanger, »Lautensack«*) У Оскара же не было необходимости жить в такой нужде. **Elend** нищета; *напр.*: ins Elend geraten впасть в нищету; im tiefsten Elend leben жить в глубокой нищете

arrangieren *см.* einrichten/organisieren
Arrest *см.* Verhaftung
Arrestant *см.* Häftling
arretieren *см.* verhaften
arrogant *см.* hochmütig
Art¹ *см.* Natur/Typ/Weise¹
Art²: Art und Weise *см.* Weise¹; auf diese [die] Art und Weise *см.* so; in dieser [der] Art *см.* so
artig *см.* gehorsam/höflich
Artikel¹ статья (*произведение*)
der Artikel — die Abhandlung — der Aufsatz

Artikel *индифф. синоним*; *напр.*: einen interessanten, kurzen, langen, flammenden, aktuellen, scharfen Artikel über etw. schreiben, veröffentlichen написать, опубликовать интересную, краткую, длинную, пламенную, актуальную, острую статью о чем-л.; einen Artikel in die Zeitung setzen поместить статью в газете □ »Natürlich habe ich den Artikel gelesen«, erwiderte sie denn auch, ohne ihr Tippen zu unterbrechen (*Feuchtwanger*, »*Exil*«) «Конечно, я прочла эту статью», — ответила она, не прекращая печатать. **Abhandlung** ≅ Artikel, *но б. ч. употр. по отношению к научной статье; напр.:* eine wissenschaftliche, grundlegende Abhandlung über etw. schreiben, veröffentlichen написать, опубликовать научную, основополагающую статью о чем-л. **Aufsatz** ≅ Abhandlung, *но чаще небольшого объема; напр.:* an einem einführenden Aufsatz für eine medizinische Zeitschrift arbeiten работать над вводной статьей для медицинского журнала; dieser aktuelle Aufsatz wird in der nächsten Nummer unserer Zeitung veröffentlicht эта актуальная статья будет опубликована в следующем номере нашей газеты □ Er weiß doch, daß sie den Aufsatz gelesen hat, genauso gut, wie sie weiß, daß es das schlichte, gute Pathos dieses Aufsatzes ist, das ihn heute noch zynischer macht als sonst (*Feuchtwanger*, »*Exil*«) Что она прочла статью, он знает так же хорошо, как она знает, что этот простой, хороший пафос статьи делает его в эти дни еще циничнее, чем обычно

Artikel [2] *см.* Ware
Artist *см.* Schauspieler
Arzt врач
der Arzt — der Doktor — der Kurpfuscher — der Quacksalber
Arzt *индифф. синоним; напр.:* sich an einen Arzt wenden обращаться к врачу; einen Arzt konsultieren консультироваться у врача; er ist ein praktischer Arzt он практикующий [лечащий] врач □ Die Hoteliere erschien, ein Zimmer im zweiten Stock wurde vorbereitet, nach einem Arzt wurde telefoniert (*Fallada*, »*Wolf u. Wölfen*«) Появилась хозяйка гостиницы, была приготовлена комната на третьем этаже, вызван по телефону врач. **Doktor** *разг.* = Arzt; *напр.:* den Doktor holen пойти за доктором; zum Doktor gehen пойти к доктору □ Wenn Sie sich das mal ansehen wollten — ich kann doch wegen so was nicht zum Doktor, wann habe ich denn Zeit für 'nen Doktor? (*Fallada*, »*Jeder stirbt*«) Может, вы посмотрите — не могу же я из-за этого идти к доктору, у меня и времени то нет. **Kurpfuscher, Quacksalber** *разг. пренебр.* знахарь, шарлатан (*лекарь, не имеющий законченного медицинского образования и лечащий сомнительными средствами, часто о плохом враче*); *напр.:* heute lassen sich immer weniger Leute von Kurpfuschern [Quacksalbern] behandeln теперь все меньше народу ходит лечиться к знахарям; dieser Chirurg ist ein richtiger Kurpfuscher этот хирург настоящий коновал

aschfahl *см.* blaß
assimilieren, sich *см.* anpassen, sich
asten *см.* bemühen, sich
Asyl *см.* Unterkunft
Atem [1] дыхание
der Atem — der Hauch — der Odem — die Puste
Atem *индифф. синоним; напр.:* den Atem anhalten задержать дыхание; Atem holen перевести дух; sein Atem geht leicht, stoßweise он легко, порывисто дышит; sie ist ganz außer Atem она совсем запыхалась. **Hauch** *высок.* ≅ Atem, *но б. ч. об очень слабом дыхании (при выдохе); напр.:* der letzte Hauch des Sterbenden последний вздох умирающего; es war so kalt, daß ich meinen Hauch sehen konnte было так холодно, что я видел пар от своего дыхания. **Odem** *уст. поэт.* ≅ Atem; *напр.:* □ Ein jeder drängt sich zu, um auch zu hören, | Und so bewegt von heimlicher Gewalt, | Kein Odem wagt den seltnen Gast zu stören, | Da jedes Wort im Herzen widerhallt (*Goethe*, »*Geheimnisse*«) Каждый, побуждаемый таинственной силой, протискивается, чтобы тоже слышать; все затаили дыхание, боясь помешать редкому гостю, так как каждое его слово находит отклик в сердце. ...denn Gott hat uns nach seinem Bilde geschaffen und uns seinen göttlichen Odem eingeblasen (*Keller*, »*Die Kammacher*«) ...ибо бог создал нас по своему подобию и вдохнул в нас свой божественный дух. **Puste** *разг.* тяжелое дыхание (*при одышке и т. п.*); *напр.:* ich habe keine Puste mehr у меня дыхание сперло; er war ganz außer Puste он совсем уже запыхался

Atem [2]: Atem holen *см.* ausruhen
atheistisch *см.* ungläubig
atmen дышать
atmen — schnauben — schnaufen — keuchen — röcheln
Синонимы данного ряда расположены по степени возрастания признака (затрудненности дыхания)
atmen *индифф. синоним; напр.:* ruhig, leicht, schwer, mühsam atmen дышать спокойно, легко, тяжело, с трудом □ Zwar spürte er gut, daß es ganz andere Luft war, und doch atmete er wieder die Luft seiner Stadt München (*Feuchtwanger*, »*Exil*«) Хотя он прекрасно чувствовал, что это был совсем другой воздух, и все же он дышал снова воздухом своего города Мюнхена. **schnauben** храпеть *обыкн. о животных; напр.:* man hörte die Pferde im Stall schnauben слышно было, как лошади храпели в конюшне. **schnaufen** *разг.* тяжело дышать, пыхтеть, сопеть; *напр.:* er war so gerannt, daß er kaum noch schnaufen konnte он так мчался, что теперь едва переводил дух; er schnaufte wie ein Gaul он пыхтел и отдувался □ Als Diederich sich glücklich ihr nachgearbeitet hatte, standen sie da und schnauften (*H. Mann*, »*Untertan*«) После того как Дидерих благополучно вылез вслед за нею, они, пыхтя, стояли лицом к лицу. **keuchen** с трудом переводить дыхание, задыхаться; пыхтеть (*тж. о машинах*); *напр.:* er keuchte schwer unter seiner Last он задыхался под тяжестью своей ноши; die Lokomotive keuchte auf der bergigen Strecke паровоз натужно пыхтел, взбираясь на гору. **röcheln** (задыхаясь) хрипеть *обыкн. употр. по отношению к больному, иногда тж. о животных; напр.:* er lag im Schützengraben, neben ihm röchelte ein Sterbender он лежал в окопе, рядом с ним хрипел умирающий; das kranke Pferd röchelte jetzt nur noch больная лошадь теперь уже только хрипела

Attacke *см.* Überfall
attackieren *см.* überfallen [1]
Attest *см.* Zeugnis [1]
attraktiv *см.* schön [1]
auch [1] тоже; и
auch — ebenfalls — gleichfalls
auch *индифф. синоним: усиливает, выделяет значение слова, перед которым стоит; напр.:* das habe ich auch gesagt это я тоже сказал; das habe auch ich gesagt это и я сказал; sie hat auch recht она тоже права; auch sie hat recht и она права; wir sind auch nur Menschen мы тоже всего лишь люди; auch wir sind nur Menschen и мы всего лишь люди □ Auch sie verletzt sie (*die Regeln*), indem sie über sie spricht (*Günter de Bruyn*, »*Preisverleihung*«) И она нарушает их (*правила*), говоря о них. **ebenfalls, gleichfalls** тоже, также; *напр.:* er hat ebenfalls [gleichfalls] recht он тоже прав; das kann dir ebenfalls [gleichfalls] passieren это и с тобой также может случиться; er war früher ebenfalls Ingenieur он раньше тоже был инженером; danke, ebenfalls [gleichfalls]! спасибо, (желаю) и вам того же!

auch [2]: immer auch *см.* obgleich
Audienz *см.* Empfang
Auditorium *см.* Hörsaal
auf *см.* offen [1]
aufbammeln *см.* hängen II
aufbauen *см.* bauen [1]
aufbäumen, sich *см.* auflehnen, sich [1]/widersetzen, sich
aufbauschen *см.* aufblasen/übertreiben
aufbegehren *см.* erheben, sich [2]
aufbewahren хранить, сохранять
aufbewahren — aufheben — bewahren — verwahren
aufbewahren *индифф. синоним; напр.:* etw. sorgfältig aufbewahren тщательно хранить что-л.; ein Testament, Geld aufbewahren хранить завещание, деньги; ich habe seine Briefe aufbewahrt я сохранил его письма; wo

wird das Gepäck aufbewahrt? где хранится багаж? ◻ Sie würde es trotzdem aufbewahren und der Trudel zeigen (Fallada, »Jeder stirbt«) Она все же спрятала бы его (письма) и показала Трудель. **aufheben** хранить, беречь (как память, для использования в будущем и т. п.) в отличие от *aufbewahren редко употр. по отношению к предметам, полученным на хранение от кого-л. другого*; напр.: alte Briefe zur Erinnerung sorgfältig aufheben бережно хранить на память старые письма; alte Kleider aufheben беречь старую одежду; heben Sie sich die Quittung auf! сохраните квитанцию!; er hat mir mein Essen im Eisschrank aufgehoben он убрал мою еду в холодильник. **bewahren** *устаревает* ≈ aufbewahren, *но часто употр. в сочетании с каким-л. уточняющим обстоятельством*; напр.: etw. sicher bewahren надежно хранить что-л. **verwahren** *высок.* хранить в надежном месте; напр.: wo verwahren Sie Ihr Geld? где вы храните ваши деньги?; Wertpapiere werden gewöhnlich im Geldschrank verwahrt ценные бумаги обычно хранятся в сейфе

aufbinden см. lösen¹
aufblähen см. aufblasen
aufblähen, sich см. prahlen
aufblasen надувать, раздувать (*увеличивать размер*)

aufblasen — aufblähen — blähen — aufbauschen — bauschen

aufblasen *индифф. синоним*; напр.: einen Luftballon, einen Ball, ein Luftkissen aufblasen надувать шарик, мяч, (надувную) подушку; die Backen aufblasen надувать щеки; die Nüstern aufblasen раздувать ноздри. **aufblähen, blähen** надувать, делать тугим; напр.: der Wind bläht das Segel (auf) ветер надувает парус; die Wäsche auf der Leine wurde durch den Wind aufgebläht белье на веревке вздулось от ветра; er blähte die Backen auf надул щеки; ein Windstoß blähte seinen Mantel (auf) его плащ вздулся от порыва ветра. **aufbauschen, bauschen** ≈ aufblähen, *но может приобретать и неодобр. оттенок*; напр.: der Wind bauschte die Segel (auf) ветер надул паруса; der Wind bauscht das Kleid (auf) ветер вздувает платье; das Kleid sitzt nicht gut, es bauscht an der Hüfte платье плохо сидит, оно топорщится [набегает] на бедрах

aufblasen, sich см. prahlen
aufblenden см. aufleuchten
aufblinken см. aufleuchten
aufblitzen см. aufleuchten/einfallen²
aufblühen — erblühen
aufblühen *индифф. синоним*; напр.: die Blumen sind noch nicht aufgeblüht цветы еще не расцвели; die Knospen blühen schon auf почки уже распускаются; in diesem Jahr ist der Flieder früh aufgeblüht в этом году сирень рано расцвела. **erblühen** *высок.* полностью расцвести; напр.: im Mai erblühten bei uns die Obstbäume в мае плодовые деревья были у нас в полном цвету; die Rosen sind in unserem Garten schon erblüht розы в нашем саду уже расцвели

aufbrauchen см. ausgeben
aufbrausend см. heftig¹
aufbrechen см. brechen I¹/fortgehen¹/öffnen
aufbrennen см. aufleuchten
aufbringen см. ärgern
aufbrummen см. verurteilen¹
aufbürden см. laden I¹,²
aufdecken раскрывать, обнаруживать

aufdecken — enthüllen — entlarven — demaskieren — entschleiern — bloßlegen

aufdecken *индифф. синоним*; напр.: j-s Fehler, j-s Schwächen aufdecken обнаруживать чьи-л. ошибки, чьи-л. слабости; ein Geheimnis, ein Verbrechen, einen Schwindel aufdecken раскрыть тайну, преступление, обман; Mißbräuche, Widersprüche, Gesetzmäßigkeiten aufdecken обнаружить [вскрыть] злоупотребления, противоречия, закономерности. **enthüllen** раскрыть, обнажить (*до сих пор неизвестное, сознательно скрываемое*) *б. ч. употр. по отношению к поведению, действиям человека*; напр.: j-s Absicht, j-s Verbrechen enthüllen раскрыть чье-л. намерение, чьи-л. преступления; das Geheimnis enthüllen раскрыть тайну ◻ Er hat am meisten dazu beigetragen, die geheime deutsche Aufrüstung und die Fememorde darum herum zu enthüllen (Feuchtwanger, »Exil«) Он больше, чем что-либо другой, способствовал раскрытию факта тайного вооружения Германии и связанных с ним политических убийств. **entlarven** [-f- и -v-] разоблачать *употр. по отношению к лицу или его поведению*; напр.: einen Betrüger, seine verräterischen Pläne, das falsche Spiel entlarven разоблачать обманщика, его предательские планы, фальшивую игру. **demaskieren** ≈ entlarven, *но употр. реже*; напр.: einen Hochstapler demaskieren разоблачить афериста. **entschleiern** *высок.* раскрывать, открывать (*таинственное, необъяснимое и т. п.*); приподнять завесу над чем-л.; напр.: eine Wahrheit entschleiern раскрыть истину; ein Geheimnis entschleiern открыть тайну чего-л. **bloßlegen** *высок.* ≈ enthüllen; напр.: geheime Absichten, Beweggründe bloßlegen раскрыть тайные замыслы, мотивы (поведения)

auf dem Bauch kriechen см. kriechen²
auf den Leim gehen [kriechen] см. geraten²
auf der Stelle см. gleich²
auf der Suche sein см. suchen¹
auf die Art und Weise см. so
auf die hohe Kante legen см. sparen

auf diese Art und Weise см. so
auf die Seite legen см. sparen
auf diese Weise см. so
auf die Suche gehen см. suchen¹
auf die Weise см. so
aufdrängen навязывать (*против воли*)

aufdrängen — aufzwingen — aufnötigen — aufhalsen

aufdrängen *индифф. синоним*; напр.: j-m Waren aufdrängen навязывать кому-л. товары; j-m seine Ansicht, seine Freundschaft aufdrängen навязывать кому-л. свое мнение, свою дружбу; j-m ein Glas Wein aufdrängen уговаривать кого-л. принять стакан с вином. **aufzwingen** навязывать силой, принуждать; напр.: j-m seinen Willen aufzwingen навязать кому-л. свою волю; zwing dem Kinde das Essen nicht auf! не принуждай ребенка есть! **aufnötigen** *высок.* ≈ aufdrängen; напр.: j-m seine Überzeugung aufnötigen навязывать кому-л. свои убеждения; j-n einen Vertrag aufnötigen навязать кому-л. договор. **aufhalsen** *фам. эмоц.* навязать на шею; напр.: er hat mir noch diese Arbeit aufgehalst! он навязал мне еще эту работу!

aufdrängen, sich см. einfallen²
aufdrehen см. schalten
aufdringlich навязчивый, назойливый

aufdringlich — zudringlich — lästig

aufdringlich *индифф. синоним*; напр.: eine aufdringliche Person назойливая особа; ein aufdringlicher Schwätzer назойливый болтун; er war heute sehr aufdringlich он был сегодня очень навязчивым. **zudringlich** ≈ aufdringlich, *но подчеркивает, что навязчивости сопутствует фамильярность в обращении*; напр.: er ist sehr zurückhaltend und darum kann er deine zudringliche Art nicht leiden он (по натуре) очень сдержан и потому терпеть не может твою фамильярную навязчивость. **lästig** надоедливый, назойливый; напр.: ein lästiger Bettler, Bittsteller надоедливый [назойливый] нищий, проситель

auf eigene Faust см. eigenmächtig
aufeinanderlegen см. legen¹
auf einmal см. plötzlich
Aufenthaltsort см. Wohnsitz
auferlegen см. befehlen/verurteilen¹
aufessen съедать

aufessen — verschlingen — verschlucken — vertilgen — verschmausen — verspeisen — aufzehren — auffuttern — verdrücken — auffressen

aufessen *индифф. синоним*; напр.: er hat die Suppe schon aufgegessen он уже съел суп; ich kann nicht alles aufessen я не могу все съесть; hast du alles selbst aufgegessen? ты сам все съел? ◻ Zugleich fühlten sie einen heftigen Durst von dem trockenen Obste, welches sie inzwischen aufgegessen (Keller, »Die Kammacher«) Одновременно они испытывали сильную жажду от съеденных сушеных фруктов. **verschlingen** поглощать, жадно и торопливо съедать; *напр.:* in fünf Minuten hat er das ganze Huhn, den Braten verschlungen в пять минут он съел всю курицу, жаркое. **verschlucken** заглатывать, глотать большими кусками, не прожевывая; *напр.:* er hat den Keks im Nu verschluckt он разом проглотил печенье. **vertilgen** уничтожить, съесть все без остатка *подчеркивает, что количество полностью съеденного удивляет*; *напр.:* ist es möglich, daß sie alles vertilgt haben? неужели они все съели? ▫ Beharrlich vertilgte Fleischermeister Külz eine Scheibe Wurst nach der andern. Aber es war eine Sisyphusarbeit (*Kästner, »Die verschwundene Miniatur«*) Мясник Кюлц с упорством съедал один кусок колбасы за другим. Но это был сизифов труд. **verschmausen** уписывать, съедать с наслаждением; *напр.:* es war eine Lust zu sehen, wie der Junge den Braten verschmauste было одно удовольствие смотреть, как мальчик уписывал жаркое. **verspeisen** *высок.* съедать с аппетитом, не торопясь; *напр.:* mit Behagen verspeiste er den Fisch, den Braten und dann das Obst он с (видимым) удовольствием съел рыбу, жаркое, а затем фрукты. **aufzehren** *высок.* ≅ aufessen, *но подчеркивает, что съестного не осталось, обыкн. когда что-л. съедается быстрее, чем предполагалось*; *напр.:* wir haben alle unsere Vorräte schon aufgezehrt мы уже съели все наши запасы. **auffuttern** *фам.* ≅ verschmausen, *но обыкн. употр. по отношению к людям с хорошим аппетитом*; *напр.:* die Mädchen haben alles aufgefuttert, was zu Hause war девушки подчистили все, что было в доме. **verdrücken** *разг.* уминать, съедать большое количество чего-л.; *напр.:* der Junge hat vier Stück Kuchen verdrückt мальчик умял четыре куска пирога. **auffressen** *груб.* сожрать; *напр.:* er hat die ganze Schüssel, den ganzen Braten aufgefressen он сожрал всю миску, все жаркое

auffahren *см.* anstoßen/aufstehen [1]
auffallen бросаться в глаза
auffallen — hervorstechen — die Aufmerksamkeit auf sich ziehen [lenken] — Aufsehen erregen — Aufsehen machen
auffallen *индифф. синоним*; *напр.:* ihr Kleid fällt auf ее платье бросается в глаза; ihre Ähnlichkeit fiel mir gleich auf их сходство мне сразу бросилось в глаза; seine Abwesenheit fiel niemandem auf никто не обратил внимания на его отсутствие; er fiel durch seine Stimme auf он обратил на себя внимание своим голосом. **hervorstechen** выделяться; *напр.:* dieses Haus sticht durch seine Farbe hervor этот дом выделяется своей окраской. **die Aufmerksamkeit auf sich ziehen [lenken]** обращать на себя внимание, привлекать к себе внимание; *напр.:* ich versuchte seine Aufmerksamkeit auf mich zu ziehen [zu lenken] я попытался обратить на себя его внимание; mit diesem Anzug wird er die Aufmerksamkeit aller auf sich ziehen этим костюмом он обратит на себя всеобщее внимание; durch ihre Blässe lenkte sie die Aufmerksamkeit aller Anwesenden auf sich ее бледность привлекла внимание всех присутствующих. **Aufsehen erregen** привлекать всеобщее внимание; производить сенсацию; *напр.:* sein neues Buch hat Aufsehen erregt его новая книга привлекла всеобщее внимание; dieser Prozeß hat Aufsehen erregt этот процесс наделал много шума; diese Entdeckung hat Aufsehen erregt это открытие стало сенсацией ▫ Sie gehörte zu jenen Frauen, die überall, wo sie erscheinen, Aufsehen erregen (*Kellermann, »Die Stadt«*) Она принадлежала к тем женщинам, которые, где бы они ни появлялись, привлекают всеобщее внимание. **Aufsehen machen** *разг.* ≅ Aufsehen erregen; *напр.:* deine Rede wird Aufsehen machen твоя речь произведет сенсацию

auffallend привлекающий к себе внимание, заметный
auffallend — auffällig — augenfällig — markant — sensationell
auffallend *индифф. синоним*; *напр.:* ein auffallendes Kleid обращающее на себя внимание [экстравагантное] платье; ein auffallendes Betragen вызывающее поведение; ein auffallender Gegensatz резкий контраст; sich auffallend benehmen вести себя экстравагантно; zwischen ihnen besteht eine auffallende Ähnlichkeit между ними существует заметное сходство. **auffällig** видный, хорошо заметный; *напр.:* eine auffällige Gestalt заметная фигура; eine auffällige Blässe бросающаяся в глаза бледность; sich auffällig frisieren носить экстравагантную прическу. **augenfällig** бросающийся в глаза, очевидный; *напр.:* ein augenfälliger Unterschied бросающееся в глаза отличие; ein augenfälliger Zusammenhang очевидная связь. **markant** заметный, выдающийся, яркий ⟨*б. ч. атрибутивно*⟩; *напр.:* eine markante Persönlichkeit выдающаяся [яркая] личность; er hat markante Gesichtszüge у него очень запоминающиеся черты лица. **sensationell** сенсационный; *напр.:* eine sensationelle Nachricht сенсационное известие; der Prozeß nahm eine sensationelle Wendung процесс принял сенсационный оборот

auffällig *см.* auffallend
auffangen *см.* fangen [1]
auffassen *см.* verstehen [1]
Auffassung *см.* Meinung [1]
auffinden *см.* finden [1]
aufflackern *см.* aufflammen [1]
aufflammen [1] загораться, воспламеняться

aufflammen — aufflackern — auflodern — emporlodern
aufflammen *индифф. синоним*; *напр.:* ein Streichholz flammte auf спичка загорелась; das Holz im Ofen flammte auf дрова в печке загорелись; in der Weite flammte ein Licht auf вдали загорелся огонек; das Stroh flammte gleich auf солома сразу занялась. **aufflackern** вспыхивать (при горении); *напр.:* das Feuer im Ofen flackerte auf огонь в печке вспыхнул; das glimmende Scheit flackerte auf тлеющее полено вспыхнуло; die Kerze flackerte zum letzten Mal auf und erlosch свеча вспыхнула последний раз и потухла. **auflodern, emporlodern** запылать; *напр.:* das Kaminfeuer loderte auf огонь в камине запылал; der trockene Holzstoß loderte empor охапка сухих дров запылала

aufflammen [2] *см.* aufleuchten
aufflattern *см.* auffliegen [1]
auffliegen [1] взлетать
auffliegen — aufflattern
auffliegen *индифф. синоним*; *напр.:* die Vögel flogen auf птицы взлетели; auf der Straße flog eine Staubwolke auf на улице поднялось облако пыли; unser Flugzeug flog auf наш самолет взлетел ▫ Wenn ein Auto des Weges kam, flogen sie (*die Tauben*) auf (*Kästner, »Die verschwundene Miniatur«*) Когда проезжал автомобиль, они (*голуби*) взлетали. **aufflattern** вспархивать, взлетать легко и быстро, маша или хлопая крыльями; *напр.:* die Wildenten flatterten von dem Teich auf дикие утки вспорхнули с пруда

auffliegen [2] *см.* mißlingen/öffnen, sich
auf folgende Weise *см.* so
auffordern *см.* befehlen/rufen [1]
Aufforderung *см.* Befehl
auffressen *см.* aufessen
aufführen *см.* bauen [1]/spielen [1]
aufführen, sich *см.* benehmen, sich
Aufführung *см.* Vorstellung [2]
auffüllen *см.* füllen
auffunkeln *см.* aufleuchten
auffuttern *см.* aufessen
Aufgabe [1] задача, задание, поручение
die Aufgabe — die Pflicht — die Verpflichtung — die Schuldigkeit — die Obliegenheit
Aufgabe *индифф. синоним*; *напр.:* eine geschichtliche, revolutionäre Aufgabe историческая, революционная задача [миссия]; dieser Aufgabe ist er nicht gewachsen это задание ему не по плечу; ich habe ihm neue interessante Aufgaben gestellt я поставил перед ним новые интересные задачи ▫ Jetzt hat er seine Aufgabe für das kommende Jahr erkannt (*Feuchtwanger, »Lautensack«*) Теперь он знает, какую задачу он должен решить в предстоящем году. **Pflicht** долг, обязанность (*обязательство, вытекающее либо из требований морали и т. п., либо возникшее в силу каких-л. внешних обстоятельств*); *напр.:* die Pflichten des Soldaten обязанно-

AUFGABE

сти солдата; ich bin mir meiner Pflicht als Staatsbürger bewußt! я сознаю свой гражданский долг!; sie wollen nur Rechte, aber keine Pflichten haben они хотят иметь только права и никаких обязанностей □ Ich muß Sie energisch auffordern, Ihre ärztliche Pflicht zu tun! (*H. Mann, »Untertan«*) Я вынужден настоятельно просить вас исполнить свой врачебный долг! **Verpflichtung** обязательство, обязанность; *напр.:* j-m schwere Verpflichtungen auferlegen возлагать на кого-л. трудные [тяжелые] обязанности; die Fabrik hat die Verpflichtung übernommen, die Arbeit vorfristig zu machen фабрика взяла на себя обязательство выполнить работу досрочно. **Schuldigkeit** *тк. ед.* ≅ Pflicht, *но употр. тк. в определенных сочетаниях; напр.:* das ist meine Pflicht und Schuldigkeit это мой прямой долг; der Mohr hat seine Schuldigkeit getan, der Mohr kann gehen *погов.* мавр сделал свое дело, мавр может уйти. **Obliegenheit** *б. ч. мн. книжн.* (служебный) долг, обязанности (*выполнение которых связано с чьим-л. положением*) *вне официальной обстановки звучит торжественно и высокопарно; напр.:* es gehört zu seinen täglichen Obliegenheiten, die Post zu holen приносить почту входит в круг его ежедневных обязанностей; der Chefarzt wurde von seinen Obliegenheiten entbunden главный врач был освобожден от своих обязанностей

Aufgabe[2] задача (*требующая решения*)

die **Aufgabe** — die **Frage** — die **Streitfrage** — das **Problem**

Aufgabe *индифф. синоним; напр.:* eine leichte, schwierige, wichtige Aufgabe lösen решать легкую, трудную, важную задачу □ Der Junge lernte das Abc; er setzte sich vor das Fensterbrett in der Küche, weil ihm der Lehrer gefiel und weil er, wenn ihm die Aufgabe glückte, ein Bild... von ihm geschenkt bekam (*Seghers, »Die Toten«*) Мальчик садился к подоконнику в кухне и учил азбуку, потому что ему нравился учитель и потому что он получал от него в подарок... картинку, если задание ему удавалось. **Frage** (нерешенный) вопрос; *напр.:* eine verwickelte, aktuelle, politische, wirtschaftliche, soziale, brennende Frage запутанный, актуальный, политический, экономический, социальный, животрепещущий вопрос; eine Frage aufwerfen, anschneiden, klären поднять, затронуть, выяснить вопрос □ Castricius... zog es vor, diese heikle Frage gelegentlich allein zu erörtern (*Seghers, »Die Toten«*) Кастрициус... предпочел при случае сам заняться этим щекотливым вопросом. **Streitfrage** спорный, дискуссионный вопрос, вопрос, допускающий различные решения; *напр.:* eine Streitfrage aufwer-

fen, entscheiden поставить, решить спорный вопрос. **Problem** *книжн.* проблема; *напр.:* ein schwieriges, ungelöstes Problem behandeln обсуждать трудную, нерешенную проблему

Aufgang *см.* Treppe

aufgebauscht *см.* übertrieben[1]

aufgeben[1] отказаться (от мысли выполнить что-л.), прекратить

aufgeben — lassen — fallenlassen — fahrenlassen — aufstecken

aufgeben (А) *индифф. синоним; напр.:* einen Plan, eine Arbeit aufgeben отказаться от какого-л. плана, от какой-л. работы; den Widerstand aufgeben прекратить сопротивление □ Nein, er wird den Mann aufgeben, vielleicht läßt sich in den nächsten Tagen mit der Frau was machen, 'ne Frau schmeißt der Tod vom einzigen Jungen noch ganz anders um! (*Fallada, »Jeder stirbt«*) Нет, от мужа ничего не добьешься, может быть, в ближайшие дни что-нибудь выгорит с женой, женщину смерть единственного сына может сразу вышибить из колеи! **lassen** (*etw., von etw.*) подчеркивает, что кто-л. отказывается от чего-л. неохотно; *б. ч. употр. с отрицанием; напр.:* er will von seinem Plan nicht lassen он не хочет отказаться от своего плана; zuerst wollte ich mitgehen, habe es dann aber gelassen я сначала хотел пойти (с ним), но затем отказался. **fallenlassen, fahrenlassen** (*etw.*) *разг.* часто подчеркивают внезапность отказа от чего-л.; *напр.:* laß die Sache fahren! брось это дело!; als er das erfahren hatte, ließ er seinen Plan fallen когда он об этом узнал, он отказался от своего плана. **aufstecken** (*etw.*) *разг.* бросать, оставлять; *напр.:* sie fühlte sich unwohl und steckte das Klavierspielen auf она почувствовала себя плохо и бросила играть (на рояле); er hat seine Gewohnheiten aufgesteckt он отказался от своих привычек [оставил свои привычки]

aufgeben[2] *см.* schicken

aufgeblasen *см.* hochmütig

aufgebracht *см.* böse[2]

aufgedunsen распухший

aufgedunsen — gedunsen — aufgeschwemmt — geschwollen — aufgequollen — schwammig

aufgedunsen *индифф. синоним; напр.:* der Körper des Toten war aufgedunsen мертвое тело распухло; sein Gesicht war vom Trunk aufgedunsen его лицо опухло от пьянства; sie hat geweint, und jetzt sah ihr Gesicht rot und aufgedunsen aus она плакала, и теперь ее лицо было красным и опухшим. **gedunsen** опухший, отекший; *напр.:* ein gedunsenes [aufgeschwemmtes] Gesicht опухшее [отекшее] лицо; er sah gedunsen [aufgeschwemmt] aus он выглядел опухшим □ ...die Tochter liegt ruhig schlafend im Bett, sehr weiß, das Gesicht eine Spur gedunsen (*Fal-*

AUFGEREGT

lada, »Wolf u. Wölfen«) ...дочь спокойно спит в постели, очень бледная, с несколько отекшим лицом. So ein fetter, bartloser Mann, blasses, aufgeschwemmtes Gesicht... (*ebenda*) Такой тучный, бритый мужчина, с бледным, отекшим лицом... **geschwollen, aufgequollen** ≅ aufgedunsen, *но б. ч. употр., когда речь идет об обратимом процессе, состоянии; напр.:* geschwollene Füße, Mandeln распухшие ноги, миндалины; ein geschwollener Hals, Körper распухшее горло, тело; eine geschwollene Backe опухшая щека; aufgequollene Finger, Arme распухшие пальцы, руки; ein aufgequollenes Gesicht опухшее лицо. **schwammig** обрюзгший; *напр.:* ein schwammiges Gesicht обрюзгшее лицо; schwammige Backen обрюзгшие щеки

aufgehen *см.* keimen[1]/öffnen, sich

aufgeklärt *см.* gebildet

aufgelegt *см.* geneigt[1]

aufgequollen *см.* aufgedunsen

aufgeräumt *см.* lustig

aufgeregt взволнованный

aufgeregt — erregt — erhitzt — fieb(e)rig

aufgeregt *индифф. синоним; напр.:* eine aufgeregte Stimme взволнованный голос; die aufgeregte Menge возбужденная толпа; aufgeregt sprechen говорить взволнованно; sich aufgeregt aufführen, in aufgeregter Stimmung sein быть взволнованным, волноваться; die aufgeregten Gemüter beruhigen [beschwichtigen] успокоить возбужденные умы □ Während Herr Persicke... sich in immer aufgeregteren Ausführungen ergeht... ist die Briefträgerin in die Etage darüber hinaufgestiegen (*Fallada, »Jeder stirbt«*) В то время как господин Перзике... все сильнее распаляется от собственных речей ...почтальонша поднимается на следующий этаж. **erregt** возбужденный *больше подчеркивает внутреннее состояние, чем его внешнее проявление; напр.:* in erregter Stimmung, Verfassung sein быть возбужденным, в возбужденном состоянии; die Menge war leicht, äußerst erregt толпа была слегка, крайне возбуждена; er sprach, gestikulierte erregt он возбужденно говорил, жестикулировал □ Der Junge war erregt wie nie (*Feuchtwanger, »Exil«*) Мальчик еще никогда не был так возбужден. »Gnädige Frau!« sagte Räder, jetzt auch ein wenig erregt. »Ich habe in meinen Zeugnissen Empfehlungen von hohen adligen Herrschaften« (*Fallada, »Wolf u. Wölfen«*) «Сударыня! — сказал Редер, тоже несколько возбужденно. — Среди моих бумаг есть рекомендации от знатных господ». **erhitzt** разгоряченный; *напр.:* hier herrschte eine erhitzte Atmosphäre здесь была накаленная атмосфера; er wollte die erhitzten Köpfe beruhigen он хотел успокоить горячие головы. **fieb(e)rig** лихорадочный; *напр.:* eine fiebrige Nervosität лихора-

дочная нервозность; fieb(e)rig vor Erwartung в лихорадочном ожидании □ Der Tod des französischen Mädchens Helene hatte ihn fiebrig gemacht (Strittmatter, »Wundertäter«) Смерть французской девушки Элен повергла его в лихорадочное состояние
aufgeschlossen см. empfänglich
aufgeschwemmt см. aufgedunsen
aufgeweckt см. klug
aufgewühlt см. bewegt
aufglänzen см. aufleuchten
aufglimmen см. aufleuchten
aufglühen см. aufleuchten
aufgreifen см. verhaften
aufhaben см. tragen¹
aufhalsen см. aufdrängen
aufhalten см. hemmen/zurückhalten
aufhalten, sich см. sein¹
aufhängen см. hängen II
aufheben см. abschaffen/aufbewahren/beenden/heben¹
aufheitern см. erheitern
aufheitern, sich см. aufklären, sich
aufhellen см. klären¹
aufhellen, sich см. aufklären, sich
aufhetzen см. aufwiegeln
Aufhetzer см. Anstifter
aufholen см. einholen¹
aufhören¹ кончаться, прекращаться
aufhören — zu Ende sein — e n d e n — aussein

aufhören индифф. синоним; напр.: der Lärm, das Lachen hörte plötzlich auf шум, смех внезапно прекратился; wann hört die Vorstellung auf? когда кончается спектакль?; die Musik hörte auf музыка прекратилась □ Warum war der Krieg gekommen? Warum mußte er aufhören? (Seghers, »Die Toten«) Почему началась война? Почему она должна кончиться? Gegen Morgen hatte der Regen aufgehört, plötzlich, wie wenn man eine Dusche abstellt (Frisch, »Homo faber«) К утру дождь внезапно прекратился, словно кто-то выключил душ. **zu Ende sein** ≅ aufhören, но подчеркивает, что что-л. окончательно завершено; напр.: das Spiel, der Krieg ist zu Ende игра, война окончилась. **enden** книжн. кончаться, завершаться; напр.: das Konzert endet um 16 Uhr концерт кончается в 16 часов; die Ferien endeten und wir kehrten nach Hause zurück каникулы кончились, и мы вернулись домой. **aussein** разг. ≅ zu Ende sein; напр.: die Stunde ist aus урок кончился; das Spiel ist aus игра окончилась; zwischen uns ist es aus между нами все кончено

aufhören² прекращать
aufhören — unterbrechen — aussetzen — stillegen — innehalten — abbrechen — anhalten — niederlegen — einstellen — einhalten

aufhören (mit etw.) индифф. синоним; в отличие от всех других синонимов данного ряда часто употр. с инфинитивом, выражающим прекращаемое действие; напр.: er hörte auf zu schreiben, zu lesen, zu arbeiten он перестал писать, читать, работать; es wird bald aufhören zu schneien снег скоро прекратится; er hat heute frühzeitig mit seiner Arbeit aufgehört он сегодня рано закончил свою работу □ Wieder schüttelte sie den Kopf. Wenn er bloß aufhören wollte mit Reden, er sollte doch wissen, daß sie ihm nicht ein Wort glaubte (Fallada, »Jeder stirbt«) Снова она покачала головой. Если бы он только перестал болтать, он должен был бы знать, что она не верит ни одному ее слову. **unterbrechen** (A) прерывать (часто с намерением возобновить данное действие впоследствии); напр.: die Reise, die Sitzung, den Redner, den Vortrag unterbrechen прер(ы)вать поездку, заседание, докладчика, доклад; den Urlaub, eine Sendung unterbrechen прерывать отпуск, (радио)передачу; der Verkehr war unterbrochen движение было прервано; die Stille wurde von einem vorbeifahrenden Auto unterbrochen тишина была нарушена проезжавшей машиной; gestatten Sie mir, die Arbeit für diese Zeit zu unterbrechen разрешите мне на это время прервать работу □ Jacques Lavendel seinesteils unterbrach seine Muße in Lugano und fuhr nach Berlin (Feuchtwanger, »Oppermann«) Жак Лавендель, в свою очередь, прервал свой отдых в Лугано и отправился в Берлин. Es stört ihn, daß er genötigt ist, seine Tätigkeit an den »Nachrichten« zu unterbrechen (Feuchtwanger, »Exil«) Ему неприятно, что он вынужден прервать свою деятельность в «Новостях». »Natürlich habe ich den Artikel gelesen«, erwiderte sie denn auch, ohne ihr Tippen zu unterbrechen (ebenda) «Разумеется, я прочитала статью», — ответила она, не прекращая печатать. **aussetzen** (etw., mit etw.) прекращать (на время), приостанавливать; напр.: die Kur aussetzen прервать лечение; die Arbeit wurde ausgesetzt работа была (временно) приостановлена; den Unterricht aussetzen прервать (на время) занятия, пропустить несколько уроков; mit der Bestrahlung, mit der Massage für eine Weile aussetzen прервать на некоторое время облучение, массаж; den Vollzug eines Urteils aussetzen отложить [отсрочить] исполнение приговора □ Die Internationale Boxföderation... legte fest ...das Turnier bis Mittwoch auszusetzen (ND 2.9.72) Международная федерация по боксу... постановила... отложить турнир до среды. **stillegen** (etw.) (при)остановить работу чего-л. (обыкн. на длительный срок); напр.: einen Betrieb stillegen (временно) закрывать предприятие; während des Krieges wurden manche Fabriken stillgelegt во время войны некоторые фабрики были законсервированы. **innehalten** (in, mit etw.) прервать, внезапно прекратить что-л. (на короткое время), сделать паузу; напр.: für einen kurzen Augenblick hielt er mit dem Spielen inne на короткое мгновение он прервал игру. **abbrechen** (etw.) оборвать, резко прервать (без указания на то, будет ли действие возобновлено); напр.: einen Streit, ein Gespräch abbrechen оборвать спор, разговор; eine Operation, eine Reise abbrechen прервать операцию, путешествие; die Verhandlungen abbrechen прервать переговоры; er hat seinen Urlaub abgebrochen und ist zurückgekehrt он прервал свой отпуск и вернулся; das Spiel wurde abgebrochen игра была прервана; wir brachen den Gesang ab мы прервали пение; die diplomatischen Beziehungen wurden abgebrochen дипломатические отношения были разорваны □ Mitten in der Etüde brach Dosse plötzlich das Spiel ab und ging ins Freie (Kellermann, »Totentanz«) Вдруг Доссе оборвал этюд на середине и вышел из помещения. **anhalten** (in etw.) приостановить, чтобы возобновить через короткое время; напр.: er hält in seiner Rede an, weil eine Pause von zehn Minuten angesagt worden ist он прерывает свою речь, так как объявлен перерыв на десять минут; er hielt im Lesen an, um unsere Fragen zu beantworten он прервал чтение, чтобы ответить на наши вопросы. **niederlegen** (etw.) прекратить на определенный срок; напр.: die Streikenden haben für zwei Wochen die Arbeit niedergelegt бастующие прекратили работу на две недели. **einstellen** (etw.) полностью прекращать чаще употр. по отношению к действиям, в которых участвует множество лиц; напр.: die Ausgrabungen mußten wegen unüberwindlicher Schwierigkeiten schließlich eingestellt werden вследствие непреодолимых трудностей раскопки пришлось в конце концов прекратить; der Feind stellte das Feuer ein, der Widerstand wurde gebrochen неприятель прекратил огонь, сопротивление было сломлено. **einhalten** (mit etw.) ≅ anhalten, но часто употр., когда перерыв более длительный; напр.: er hatte mit dem Lesen eingehalten, weil er Besuch bekam он прервал чтение, так как пришли гости

aufkaufen см. kaufen¹
auf keinen Fall см. nein
aufklären см. erfahren I ¹/klären¹
aufklären, sich проясняться
sich aufklären — sich aufheitern — sich aufhellen — s i c h e n t w ö l k e n

sich aufklären индифф. синоним; напр.: das Wetter klärte sich auf погода прояснилась; der Himmel wird sich bald aufklären небо скоро прояснится; endlich hatte es sich ein wenig aufgeklärt наконец немного прояснилось; sein Gesicht hat sich aufgeklärt его лицо прояснилось; ihr Blick klärte sich allmählich auf ее взгляд постепенно светлел. **sich aufheitern** ≅

AUFKLÄRER

sich aufklären *часто в сводках погоды; напр.*: das Wetter hat sich aufgeheitert погода прояснилась; wechselnd wolkig, gebietsweise aufheiternd переменная облачность, местами с прояснениями; sein Gesicht heiterte sich auf его лицо прояснилось [стало веселее]. **sich aufhellen** проясниться, просветлеть; *напр.*: der Horizont hellte sich auf на горизонте стало светлее; der Himmel hat sich aufgehellt небо просветлело; nach dem Regen hat sich der Tag aufgehellt после дождя день разгулялся; sein Blick hat sich aufgehellt его взгляд прояснился □ Unwillkürlich hatte sich ihr Gesicht bei der Erinnerung an ihre ersten Ehejahre aufgehellt (*Fallada, »Jeder stirbt«*) При воспоминании о первых годах замужества ее лицо невольно просветлело. **sich entwölken** *книжн.* проясниться, очиститься от облаков; *напр.*: der Himmel entwölkte sich небо прояснилось [стало безоблачным]

Aufklärer *см.* Kundschafter
Aufklärung объяснение, разъяснение
die **Aufklärung** — der **Aufschluß**
Aufklärung *индифф. синоним; напр.*: j-m über etw. Aufklärung geben дать кому-л. объяснение по поводу чего-л.; ich verschaffte mir über diese Frage Aufklärung мне удалось получить разъяснение по этому вопросу; dieser Irrtum fand noch keine Aufklärung эта ошибка еще не нашла объяснения; ich beschäftigte mich mit der Aufklärung dieses Mißverständnisses я занялся выяснением этого недоразумения. **Aufschluß** ≅ Aufklärung, *но употр. тк. с предлогом* über; *напр.*: ich bat um Aufschluß über sein sonderbares Benehmen я просил объяснить его странное поведение; er erhielt Aufschluß über ihre Familienverhältnisse он получил разъяснения об их семейных отношениях; dieser archäologische Fund gibt Aufschluß über das Leben und die Bräuche der Kelten эта археологическая находка проливает свет на жизнь и обычаи кельтов

aufkommen *см.* entstehen/gesund werden

  auflachen *см.* lachen[1]
  aufladen *см.* laden I[1, 2]
  Auflage *см.* «Приложение»
  auflasten *см.* laden I[1, 2]
  auflauern *см.* lauern[1]
  auflaufen *см.* anstoßen
  aufleben *см.* verstärken, sich
  auflegen *см.* drucken/legen[1]
  auflehnen, sich[1] восставать, ополчаться (*против кого-л., чего-л.*)
sich **auflehnen** — sich **aufbäumen** — **aufmucken**
sich **auflehnen** *индифф. синоним; напр.*: sie haben sich gegen das Gerichtsurteil aufgelehnt они восстали против судебного решения; sie lehnte sich gegen die herrschende Mode auf она взбунтовалась против господствующей моды; wir alle lehnten uns gegen seine Heirat auf мы все восстали против его женитьбы. **sich aufbäumen** восставать (*против того, что стало совершенно невыносимым, букв.* 'вставать на дыбы'), резко протестовать; *напр.*: sich gegen Ungerechtigkeit, gegen die Tyrannei aufbäumen восставать [решительно протестовать] против несправедливости, против тирании. **aufmucken** *разг.* робко протестовать, слабо противиться кому-л.; *напр.*: wer aufmuckte, wurde bestraft того, кто посмел хоть пикнуть, наказывали

auflehnen, sich[2] *см.* erheben, sich[2]
Auflehnung *см.* Aufstand
aufleuchten засветиться
aufleuchten — **aufbrennen** — **aufflammen** — **aufglühen** — **aufblenden** — **aufstrahlen** — **aufglänzen** — **aufblitzen** — **auffunkeln** — **aufzucken** — **aufblinken** — **aufglimmen** — **aufschimmern** — **erglänzen** — **erglühen** — **erglimmen**
aufleuchten *индифф. синоним; напр.*: in der Ferne leuchtete ein Feuerchen auf вдали засветился огонек; Laternen, Signale, Bremslichter leuchteten auf засветились фонари, сигналы, стоп-сигналы; Scheinwerfer leuchteten auf засветились огни прожекторов; viele Lampen leuchteten auf загорелось много ламп; Funken, Blitze leuchteten auf засверкали искры, молнии; ihr Gesicht leuchtete auf ее лицо просветлело; beim Anblick des Tannenbaumes leuchteten die Augen der Kinder auf при виде елки глаза детей загорелись. **aufbrennen** загораться, зажигаться; *напр.*: dort brannte ein Lichtchen auf там зажегся огонек. **aufflammen, aufglühen** ярко загореться, вспыхнуть; *напр.*: dort flammten Scheinwerfer auf там вспыхивали прожекторы; Sternschnuppen glühten am Himmel auf падающие звезды вспыхивали на небе; am Horizont hatte es noch einmal aufgeglüht на горизонте что-то еще раз вспыхнуло; in der Dunkelheit flammten Lichtreklamen auf в темноте ярко загорелись световые рекламы; ihr Gesicht flammte [glühte] auf ее лицо вспыхнуло □ Schon in Mädchenzeiten... gab es... Kaiser ihres Herzens, deren Regierungszeiten kurz waren, deren Purpurglanz plötzlich aufflammte und langsam erlosch... (*Günter de Bruyn, »Preisverleihung«*) Уже в девические годы... у нее были... владыки сердца, и каждый царствовал в нем недолго, блеск их величия вспыхивал неожиданно и медленно затухал... **aufblenden** *тех.* загореться в полную силу; *напр.*: die Scheinwerfer des Autos blendeten auf был включен дальний свет. **aufstrahlen** засиять; *напр.*: Lampen, Scheinwerfer strahlten auf засияли лампы, прожекторы; der Spiegel strahlte in der Sonne auf зеркало засияло на солнце; ihr Gesicht strahlte auf, als sie ihm begegnete ее лицо просияло, когда она его встретила. **aufglänzen** заблестеть; *напр.*: die Sterne glänzten am Himmel auf на небе заблестели звезды; seine Augen glänzten vor Freude auf его глаза заблестели от радости. **aufblitzen** (вспыхнув,) засверкать; *напр.*: die Lichter in der Ferne, die Sterne am Himmel blitzten auf засверкали вдали огни, звезды на небе; in der Hand des Banditen blitzte ein Messer auf в руке бандита сверкнул нож. **auffunkeln** ≅ aufblitzen, *но употр. реже и более экспрессивно; напр.*: am Himmel funkelten die Sterne auf на небе засверкали звезды; seine Augen funkelten auf его глаза засверкали [сверкнули]. **aufzucken** сверкнуть на мгновение; *напр.*: der Blitz zuckte auf сверкнула молния; Blitzlichter zuckten auf засверкали осветительные вспышки (*магния и т. п.*). **aufblinken** блеснуть; *напр.*: im Wasser blinkte ein Fisch auf в воде блеснула рыба; an der Küste blinkten Leuchtfeuer auf на берегу мигали сигнальные огни. **aufglimmen** затеплиться; *напр.*: in der Ferne glomm ein Licht auf вдали затеплился огонек; ein einzelner Stern glomm auf засветилась одна-единственная звезда. **aufschimmern** замерцать; *напр.*: der Mond schimmerte zwischen den Wolken auf месяц мелькнул среди облаков; zwischen den Bäumen schimmerte der See auf между деревьями замерцало озеро. **erglänzen** *книжн.* ≅ aufglänzen; *напр.*: der See erglänzte in der Sonne озеро заблестело на солнце. **erglühen** *книжн.* запылать; *напр.*: die Spitze des Berges erglühte im Abendrot верхушка горы запылала в лучах заката; ihr Gesicht erglühte, ihre Wangen erglühten vor Scham ее лицо запылало, ее щеки запылали от стыда. **erglimmen** *высок.* ≅ aufglimmen; *напр.*: am grauen Himmel erglommen die ersten Sterne на сером небе тускло засветились первые звезды

  auflodern *см.* aufflammen
  auflösen *см.* abschaffen/lösen[1, 2]
  auflösen, sich *см.* schwinden[1]
  aufmachen *см.* öffnen
  Aufmachung *см.* «Приложение»
  aufmerksam[1] внимательный
aufmerksam — **andächtig** — **gespannt** — **angespannt** — **angestrengt** — **achtsam** — **konzentriert** — **ehrerbietig** — **ehrfürchtig**
aufmerksam *индифф. синоним; напр.*: ein aufmerksamer Schüler, Zuhörer, Beobachter внимательный ученик, слушатель, наблюдатель; aufmerksam zuhören, lesen внимательно слушать, читать □ Sie sah ihn gleichfalls aufmerksam an (*Seghers, »Die Toten«*) Она тоже внимательно на него посмотрела. **andächtig** благоговейный; *напр.*: ein andächtiger Zuhörer благоговейный слушатель; andächtig zuhören благоговейно слушать; der Rede andächtig lauschen благоговейно внимать речи. **gespannt** с напряженным

вниманием *в отличие от других синонимов данного ряда подчеркивает, что внимательность связана с интересом к результату какого-л. действия, процесса и т. п. (б. ч. употр. в качестве предикативного определения и не употр. атрибутивно по отношению к лицу)*; напр.: wir schauten gespannt dem Endspiel des Wettkampfs zu мы с любопытством [с интересом] смотрели финал соревнований. **angespannt** *в отличие от* gespannt *подчеркивает интерес не столько к результату, сколько к самому процессу, действию*; напр.: der Erzählung angespannt zuhören с интересом слушать рассказ; mit angespannter Aufmerksamkeit zuhören слушать с напряженным вниманием. **angestrengt** *напряженно в отличие от* angespannt *подчеркивает не столько интерес, сколько усилие*; напр.: mit angestrengter Aufmerksamkeit с напряженным вниманием; er schaute angestrengt dem Spiel zu он напряженно следил за игрой. **achtsam** *высок. редко* с почтительным вниманием; напр.: achtsam zuhören почтительно слушать; etw. achtsam ansehen почтительно смотреть на что-л. **konzentriert** *книжн.* сосредоточенно; напр.: bei solchem Lärm konnte man der Vorlesung nicht konzentriert zuhören при таком шуме нельзя было сосредоточенно слушать лекцию. **ehrerbietig** *высок. устаревает*, **ehrfürchtig** *высок.* ≅ andächtig; напр.: ehrerbietig [ehrfürchtig] schweigen, grüßen благоговейно молчать, с глубоким почтением приветствовать □ Die andern waren verstummt. Ehrerbietig lauschten sie dem Gespräch des Führers mit dem Hellseher (*Feuchtwanger, »Lautensack«*) Остальные умолкли. Благоговейно внимали они беседе фюрера с ясновидящим. Wenn er es wagen sollte, sie anzusprechen! Aber er sprach nicht. Sondern grüßte nur tief und mit stillem, ernstem, ehrerbietigem Blick (*Feuchtwanger, »Jud Süß«*) Если бы он осмелился заговорить с ней! Но он не заговорил, а только низко поклонился и взглянул на нее спокойно, серьезно, почтительно

aufmerksam ² *см.* höflich
Aufmerksamkeit: die Aufmerksamkeit auf sich ziehen [lenken] *см.* auffallen
aufmessen *см.* messen
aufmöbeln *см.* beleben
aufmucken *см.* auflehnen, sich ¹
aufmuntern *см.* ermuntern
Aufnahme снимок, фотография
die **Aufnahme** — die **Fotografie** — das **Bild** — das **Lichtbild** — das **Foto**
Aufnahme *индифф. синоним*; напр.: die Aufnahme ist geglückt, verwackelt снимок удался, сдвинулся; machen Sie von ihm eine Aufnahme сфотографируйте его; Achtung! Aufnahme! внимание! снимаю!; ich möchte diese Aufnahme vergrößern мне хотелось бы увеличить этот снимок [эту фотографию]. **Fotografie** = Aufnahme; напр.: eine undeutliche, vergilbte Fotografie нечеткая, пожелтевшая фотография; auf dieser Fotografie ist er gut getroffen он хорошо вышел на этой фотографии; wann sind die Fotografien fertig? когда будут готовы фотографии? □ Es gab nur noch ein paar Sachen zurechtzurücken... Auch die paar Fotografien und Ansichtskarten (*Seghers, »Die Toten«*) Нужно было еще только поставить некоторые вещи на место... А также несколько фотографий и открыток с видами. **Bild** фотография, фотопортрет; напр.: sein Bild ist sehr gut geworden его фотопортрет получился очень удачным; das Bild zeigte ein junges Mädchen на фотографии была изображена молодая девушка. **Lichtbild** фотоснимок, фотокарточка (*особенно для удостоверения и т. п.*); напр.: füllen Sie den Fragebogen aus und legen Sie drei Lichtbilder bei заполните анкету и приложите три фотокарточки. **Foto** *разг.* фото; напр.: wo sind deine Fotos? где твои фото? □ Ach, da liegen ja die Fotografien, aber heute bin ich zu müde, vielleicht wollen wir die Fotos morgen ansehen, ja? (*Kellermann, »Die Stadt«*) Ах, вот лежат фотографии, но сегодня я слишком устала, посмотрим эти фото завтра, ладно?

aufnahmefähig *см.* empfänglich
aufnehmen ¹ принимать, включать
aufnehmen — eingliedern — einreihen
aufnehmen *индифф. синоним*; напр.: einen Artikel in die Zeitschrift aufnehmen принять [включить] статью в журнал; etw. in die Tagesordnung aufnehmen включить что-л. в повестку дня; ein Theaterstück in den Spielplan aufnehmen принять пьесу в репертуар; sie werden als Teilhaber dieses Unternehmens aufgenommen werden их примут в пайщики этого предприятия □ In ihrer eigenen Wohnung war Lärm, seitdem der alte Mehler sie gebeten hatte, für eine Zeitlang seine Enkel aufzunehmen (*Seghers, »Die Toten«*) В их собственной квартире стоял шум, с тех пор как старый Мелер попросил их принять на некоторое время его внуков. **eingliedern** включать (в состав чего-л.); напр.: diese Abteilung wird in das Institut für Physik eingegliedert это отделение присоединяется к институту физики. **einreihen** ≅ eingliedern, *но чаще употр. по отношению к лицам*; напр.: er wollte in ihre Brigade eingereiht werden он хотел, чтобы его приняли в состав их бригады

aufnehmen ² принимать (*посетителя и т. п.*)
aufnehmen — empfangen
aufnehmen *индифф. синоним*; напр.: sie nahm uns freundlich, liebenswürdig, kühl auf она приняла нас приветливо, любезно, сдержанно. **empfangen** ≅ aufnehmen, *но б. ч. употр. в официальной обстановке*; напр.: einen Minister, einen Botschafter empfangen принимать министра, посла; es tut mir leid, daß ich Sie heute nicht empfangen kann я сожалею, что не смогу вас сегодня принять

aufnehmen ³ снимать, делать снимок
aufnehmen — fotografieren — knipsen
aufnehmen *индифф. синоним*; напр.: eine Gruppe, die Landschaft aufnehmen снимать группу людей, ландшафт; wir ließen uns am Ufer des Meeres aufnehmen мы снялись на берегу моря. **fotografieren** фотографировать; напр.: sie ließ sich nicht gern fotografieren она не любила сниматься [фотографироваться]; nach dem feierlichen Empfang ließen sich alle Gäste fotografieren после торжественного приема все гости сфотографировались. **knipsen** *разг.* щелкнуть; напр.: knips' mich bitte noch einmal щелкни-ка меня, пожалуйста, еще раз

aufnehmen ⁴ *см.* fassen ¹
aufnotieren *см.* aufschreiben
aufnötigen *см.* aufdrängen
aufopfern *см.* opfern
Aufopferung *см.* Opfer
aufpacken *см.* laden I ¹, ²
aufpäppeln *см.* großziehen ¹, ²
aufpassen *см.* achten ¹
aufpeitschen *см.* beleben
aufplustern, sich *см.* prahlen
Aufpreis *см.* Zuschlag
aufputschen *см.* aufwiegeln/beleben
aufputzen *см.* schmücken
aufräumen *см.* räumen ¹
aufrecht *см.* gerade ¹
aufrechterhalten *см.* erhalten ¹
aufregen волновать
aufregen — beunruhigen — erregen — aufwühlen — rühren — ergreifen — bewegen — erschüttern
aufregen *индифф. синоним*; напр.: der Lärm regt ihn auf шум его волнует; solche Kleinigkeiten werden ihn nicht aufregen такие пустяки его не взволнуют; diese Nachrichten haben sie sehr aufgeregt эти известия ее очень взволновали. **beunruhigen** беспокоить; напр.: sein langes Ausbleiben beunruhigt mich его длительное отсутствие меня беспокоит; wegen dieser Kleinigkeiten wollte sie den Vater nicht beunruhigen из-за этих мелочей она не хотела беспокоить отца. **erregen** возбуждать; напр.: warum sind Sie so erregt? почему вы так возбуждены?; seine Rede erregte mich stark меня очень взволновала его речь □ Der Antrag erregte ihn. Er wußte: wenn er ihn annimmt, ist es für lange Zeit vorbei mit seiner Musik (*Feuchtwanger, »Exil«*) Предложение взволновало его. Он знал, что если он его примет, то с музыкой будет надолго покончено. **aufwühlen** будоражить, сильно волновать; напр.: sei-

AUFREGEN, SICH

ne Verse wühlten mich tief auf его стихи глубоко взволновали меня; die wirtschaftliche Krise wühlte das Volk auf экономический кризис вызвал сильное волнение в народе. **rühren** трогать; *напр.*: durch diese Worte wurde er gerührt эти слова тронули [растрогали] его. **ergreifen, bewegen** ≙ rühren, *но подчеркивают сильное впечатление от чего-л. как причину данного чувства*; *напр.*: die Musik ergriff mich музыка растрогала меня; das sind Fragen, die uns alle bewegen это вопросы, которые нас всех очень волнуют; seine Erzählung bewegte sie zu Tränen его рассказ растрогал ее до слез. **erschüttern** потрясти; *напр.*: diese Nachricht erschütterte mich это известие меня потрясло

aufregen, sich волноваться
sich beunruhigen — sich erregen — sich aufregen — sich ereifern

Синонимы данного ряда расположены по степени возрастания признака (взволнованности)

sich beunruhigen беспокоиться; *напр.*: sie beunruhigte sich wegen ihres Kindes она беспокоилась о своем ребенке; beunruhigen Sie sich nicht, er wird bald kommen не беспокойтесь, он скоро придет. **sich erregen** волноваться; *напр.*: es lohnt nicht, sich darüber zu erregen из-за этого не стоит волноваться; ich habe mich sehr darüber erregt меня это очень взволновало. **sich aufregen** *индифф. синоним*; *напр.*: der Kranke darf sich nicht aufregen больному нельзя волноваться; man soll sich wegen dieser Sache nicht aufregen по этому поводу [из-за этого] не стоит волноваться; er hat sich darüber schrecklich aufgeregt он из-за этого страшно разволновался □ Der Herr, der sich hier über uns aufregt, ist der Kommerzienrat Oppenheim (*Remarque*, »*Liebe Deinen Nächsten*«) Господин, который так из-за нас горячится, — коммерции советник Оппенгейм. **sich ereifern** горячиться; *напр.*: er ereiferte sich ohne jeglichen Grund он горячился без всякой причины; er ereifert sich unnötig он зря горячится; bei dem Gespräch hat er sich unnötig ereifert во время разговора он напрасно горячился

Aufregung волнение
die Aufregung — die Beunruhigung — die Wallung

Aufregung *индифф. синоним*; *напр.*: Aufregung verursachen взволновать, вызвать волнение; etw. vor Aufregung vergessen от волнения забыть что-л.; dem Kranken ist jede Aufregung schädlich больному вредно всякое волнение; die Aufregungen der letzten Wochen haben mich krank gemacht волнения последних недель меня доконали. **Beunruhigung** беспокойство; *напр.*: es liegt kein Grund zur Beunruhigung vor нет причины для беспокойства. **Wallung** *высок.* душевное волнение *употр. тк. в определенных*

сочетаниях; *напр.*: j-n in Wallung bringen сильно взволновать кого-л.; sein Blut geriet in Wallung в нем вскипела кровь □ Und sie wunderte sich, weil sie gar keine Lachlust verspürte und weil eine kleine feierliche Wallung ihr Herz aufhob (*H. Mann*, »*Unrat*«) И она удивилась, что не почувствовала никакого желания смеяться и что ее сердце слегка дрогнуло от волнения и торжества

aufreiben *см.* vernichten
aufreißen *см.* öffnen
aufreizen *см.* aufwiegeln
aufrichten *см.* bauen¹/heben¹
aufrichtig искренний
aufrichtig — ehrlich — wahrhaftig — gerade — offen — offenherzig — freimütig — rückhaltlos — unverblümt — ungeschminkt — unumwunden — deutsch

aufrichtig *индифф. синоним*; *напр.*: ein aufrichtiger Mensch искренний человек; etw. aufrichtig bedauern, lieben искренне сожалеть о чем-л., любить что-л.; sich aufrichtig über etw. freuen искренне радоваться чему-л.; er ist immer aufrichtig он всегда искренен □ ...und so hatte der kleine Graf denn zum ersten Male mit aufrichtiger Bewunderung... das prachtvolle Vaterhaus seines Freundes betreten (*Th. Mann*, »*Buddenbrooks*«) ...и так маленький граф с искренним восхищением... впервые переступил порог роскошного отцовского дома своего друга. **ehrlich** честный, правдивый; *напр.*: ein ehrlicher Mensch честный человек; ehrliche Absichten честные намерения; sagen Sie mir ehrlich... скажите мне честно [по совести]...; ich will Ihnen ehrlich meine Meinung sagen я хочу вам честно сказать свое мнение; er kam in ehrlicher Absicht он пришел с честными намерениями. **wahrhaftig** правдивый *по отношению к человеку подчеркивает, что данное качество свойственно ему от природы*; *напр.*: ein wahrhaftiger Mensch правдивый человек; ein wahrhaftiges Zeugnis ablegen дать правдивое показание; er macht einen sehr wahrhaftigen Eindruck он производит впечатление вполне правдивого человека. **gerade** прямой, откровенный, нелицемерный; *напр.*: ein gerader Mensch, Charakter прямой человек, характер. **offen** открытый (*не скрывающий своих намерений, замыслов и т. п.*); *напр.*: ein offenes Geständnis открытое признание; etw. offen erklären открыто объявить о чем-л.; seine Meinung offen sagen откровенно высказать свое мнение. **offenherzig** чистосердечный; *напр.*: ein offenherziges Gespräch, Geständnis чистосердечный разговор, чистосердечное признание; eine offenherzige Antwort чистосердечный ответ. **freimütig** откровенный *подчеркивает, что откровенность, правдивость связаны со смелостью и т. п.*; *напр.*: er hat sich sehr freimütig über die Lage

in diesem Land geäußert он очень откровенно [свободно] высказался о положении в этой стране. **rückhaltlos** ничего не утаивая, без всяких оговорок (*атрибутивно не употр.*); *напр.*: j-m rückhaltlos vertrauen безоговорочно доверять кому-л. **unverblümt, ungeschminkt** откровенный, неприкрытый, неприкрашенный; без прикрас, неприукрашенный; *напр.*: die unverblümte [ungeschminkte] Wahrheit голая правда, правда без прикрас; seine Meinung unverblümt sagen высказать свое мнение без обиняков; einen ungeschminkten Bericht geben дать правдивый [неприукрашенный] отчет. **unumwunden** без околичностей; *напр.*: seine Meinung, seine Ansicht unumwunden äußern, sagen выразить, высказать свое мнение, свою точку зрения без околичностей. **deutsch** *разг.* без обиняков (*обыкн. резко, грубовато*) (*атрибутивно не употр.*); *напр.*: man muß mit ihm deutsch reden с ним нужно говорить напрямик [без обиняков]

Aufriß *см.* Abriß
aufrollen *см.* entfalten¹
Aufruf *см.* Ruf
aufrufen *см.* rufen¹
Aufruhr *см.* Aufstand
Aufrüstung *см.* Bewaffnung
aufsagen *см.* vortragen¹
aufsässig *см.* eigensinnig
Aufsatz *см.* Artikel¹
aufs Brot [Butterbrot] schmieren [streichen] *см.* vorwerfen
aufscheuchen *см.* fortjagen¹
aufschieben *см.* verlegen I¹
aufschimmern *см.* aufleuchten
Aufschlag *см.* Zuschlag
aufschlagen *см.* öffnen/vergrößern
aufschließen *см.* öffnen
Aufschluß *см.* Aufklärung
aufschlußreich *см.* lehrreich¹
aufschneiden *см.* prahlen
Aufschneider *см.* Lügner/Prahler
aufschnellen *см.* aufstehen¹
aufschreiben записывать
aufschreiben — niederschreiben — aufzeichnen — vermerken — anmerken — notieren — aufnotieren

aufschreiben *индифф. синоним*: a) *при употреблении с sich (D) означает*: записывать что-л. небольшое по объему и, в первую очередь, для собственной надобности; *напр.*: ich schreibe mir seinen Namen, seine Telefonnummer, seine Adresse auf я запишу его фамилию, его телефон, его адрес; b) *без sich (D) означает*: записывать что-л., обыкн. большое по объему, с целью сделать его достоянием и других; *напр.*: seine Gedanken, seine Erinnerungen aufschreiben записывать свои мысли, свои воспоминания; seine Beobachtungen, wichtige Ereignisse aufschreiben записывать свои наблюдения, важные события. **niederschreiben** ≙ aufschreiben b); *напр.*: j-s Erlebnisse, j-s Lebenslauf niederschreiben записать чьи-л. приключения, чью-л. биографию. **aufzeichnen** ≃ aufschreiben b), *но больше подчеркивает тщательность записи и важность её сохранности*; напр.: die Märchen und Sagen seiner Heimat aufzeichnen записывать сказки и предания своей родины. **vermerken** записывать (*важные сведения*) (*обыкн. о записях в официальных бумагах*); напр.: das Datum, den Tag des Empfanges vermerken записать [пометить] дату, день получения чего-л. **anmerken** (sich *D*) отметить, сделать добавочную запись (*к уже имеющейся*); напр.: du mußt diesen Tag im Kalender (rot) anmerken ты должен этот день отметить (красным) в календаре; merke dir auch diese Stelle im Buch an! отметь себе и это место в книге! **notieren** (sich *D*) *книжн.* делать заметки, записывать (*что-л. существенное для записывающего лица*); напр.: (sich) eine Telefonnummer, eine Adresse, einen Namen notieren записывать телефон, адрес, фамилию □ »Vielleicht werde ich eines Tages doch darüber nachdenken müssen, die »PN« (*Pariser Nachrichten*) zu erledigen«, notierte sich also innerlich Erich Wiesener (*Feuchtwanger*, »*Exil*«) «Может быть, в один прекрасный день мне всё же придётся подумать о ликвидации «ПН» (*Парижских новостей*)», взял себе мысленно на заметку Эрих Визенер. **aufnotieren** (sich *D*) *разг.* ≃ notieren; напр.: seine Adresse muß ich mir (unbedingt) aufnotieren мне (обязательно) нужно записать его адрес

Aufschrift надпись
die **Aufschrift** — die **Inschrift**
Aufschrift *индифф. синоним*; напр.: eine Kiste, ein Paket mit einer Aufschrift versehen сделать надпись на ящике, на посылке; die Mauer war mit vielen Reklamen und Aufschriften bedeckt на стене было много реклам и надписей. **Inschrift** выгравированная надпись (*на дереве, камне и др. твёрдом материале*); напр.: die Inschrift auf dem Grabstein, auf dem Felsen war kaum lesbar надпись на могильной плите, на скале едва можно было прочесть □ Ich sehe einen bestimmten Stein. Keinen sehr prunkvollen. Auch die Inschrift ist einfach (*Feuchtwanger*, »*Lautensack*«) Я вижу надгробный камень. Не слишком богатый. И надпись простая

Aufschub отсрочка
der **Aufschub** — die **Frist** — die **Stundung**
Aufschub *индифф. синоним*; напр.: ich gebe Ihnen zwei Monate Aufschub я даю вам два месяца отсрочки; er erwirkte bei seinem Gläubiger Aufschub он добился у своего кредитора отсрочки; diese Angelegenheit duldet keinen Aufschub это дело не терпит отлагательства; er wurde ohne Aufschub ins Krankenhaus gebracht его без промедления положили [доставили] в больницу. **Frist** ≃ Aufschub, *но предполагает ограниченный и точно определённый срок отсрочки*; напр.: man gewährte ihm eine Frist von zwei Wochen ему дали отсрочку на две недели; ich bat um eine weitere Woche Frist я попросил ещё одну неделю сроку. **Stundung** *книжн., б. ч. юр.* отсрочка, пролонгация *обыкн. употр. без указания продолжительности отсрочки*; напр.: um Stundung der Rechnung bitten просить отсрочки платежа по счёту; er bat um Stundung des Wechsels он просил о пролонгации векселя

aufschwellen см. schwellen
Aufschwung см. Entwicklung [1]
Aufsehen erregen [machen] см. auffallen
Aufseher см. Wächter
aufsetzen [1] надевать (*что-л. на голову, на лицо*)
aufsetzen — aufstülpen — auftun
aufsetzen *индифф. синоним*; напр.: einen Hut, eine Mütze, eine Perücke, eine Brille, eine Maske aufsetzen надевать шляпу, шапку, парик, очки, маску. **aufstülpen** *разг.* ≃ aufsetzen; напр.: den Hut aufstülpen нахлобучить шляпу. **auftun** *диал.* кое-как надевать (*иногда что-л. малоподходящее*), нацепить; напр.: ein Hütchen auftun нацепить шляпку
aufsetzen [2] см. entwerfen/stellen [1]/verfassen

Aufsicht присмотр
die **Aufsicht** — die **Beaufsichtigung** — die **Überwachung**
Aufsicht *индифф. синоним*; напр.: ohne Aufsicht без присмотра; unter ärztlicher Aufsicht stehen находиться под наблюдением врача; sie macht unter Aufsicht ihrer Mutter Schularbeiten она делает домашние задания под присмотром матери; der Junge ist keine Minute ohne Aufsicht мальчик ни минуты не находится без присмотра; der Lehrer hat heute in der großen Pause Aufsicht учитель сегодня дежурит на большой перемене; man hat ihn unter polizeiliche Aufsicht gestellt его отдали под надзор полиции. **Beaufsichtigung** наблюдение; напр.: der Kranke steht unter ständiger Beaufsichtigung больной находится под постоянным наблюдением; ich habe ihr mein Kind zur Beaufsichtigung anvertraut я доверил ей присматривать за моим ребёнком. **Überwachung** надзор; напр.: eine heimliche Überwachung секретный [тайный] надзор; unter schärfster Überwachung der Polizei stehen находиться под строжайшим [гласным] надзором полиции

aufsitzen см. stranden
aufsparen см. sparen
aufsperren см. öffnen
aufspielen, sich см. ausgeben, sich / prahlen
aufsprengen см. öffnen

aufspringen см. aufstehen / öffnen, sich
aufspüren см. finden [1]
aufstacheln см. aufwiegeln
Aufstand восстание
der **Aufstand** — die **Revolution** — die **Unruhen** — die **Empörung** — die **Auflehnung** — die **Meuterei** — die **Rebellion** — der **Aufruhr** — die **Erhebung** — die **Revolte** — der **Umsturz** — der **Putsch** — der **Krawall**
Aufstand *индифф. синоним*; напр.: ein bewaffneter Aufstand вооружённое восстание; einen Aufstand vorbereiten, unterdrücken [niederwerfen] подготовить, подавить восстание; ein Aufstand flammte auf вспыхнуло восстание; an einem Aufstand teilnehmen принимать участие в восстании. **Revolution** [-v-] революция; напр.: die Revolution bricht aus, wird siegen революция начинается, победит □ Der Junge Mann (so nannte Herr Göppel den Kaiser) redet uns noch die Revolution an den Hals (*H. Mann*, »*Untertan*«) Молодой человек (так Геппель называл императора) ещё накличет нам революцию. **Unruhen** *тк. мн.* волнения, беспорядки; напр.: politische, religiöse Unruhen unterdrücken подавлять политические, религиозные волнения; Unruhen entstehen возникают беспорядки. **Empörung** выступление (*недовольных*), возмущение *уст.*; *обыкн. употр. с указанием, по чьей инициативе произошло или против кого направлено восстание*; напр.: die Empörung des Adels mißlang дворянский мятеж потерпел фиаско; es kam mehrmals zu Empörungen gegen die Fremdherrschaft часто происходили вооружённые выступления против иноземного владычества. **Auflehnung** неподчинение, неповиновение; напр.: Auflehnung gegen die Staatsgewalt неповиновение государственной власти; Auflehnung gegen das Gesetz неподчинение закону. **Meuterei** *неодобр.* мятеж (*б. ч. военных или заключённых*); напр.: die Meuterei, die auf dem Schiff ausbrach, wurde unterdrückt мятеж, вспыхнувший на корабле, был подавлен. **Rebellion** бунт (*обыкн. когда в восстании участвует ограниченное число людей*); напр.: die Rebellion wurde niedergeschlagen бунт был подавлен. **Aufruhr** ≃ Rebellion, *но обыкн. предполагает большое число участников*; напр.: das ganze Land geriet in Aufruhr вся страна была охвачена восстанием; der Aufruhr der Bauern wurde im Blute erstickt бунт крестьян был потоплен в крови □ Da war Unrat, der schon den Wind des Aufruhrs im Gesicht spürte, von Panik ergriffen (*H. Mann*, »*Unrat*«) Тогда Унрата, почувствовавшего на лице ветер, предвещающий бурю мятежа, охватила паника. **Erhebung** ≃ Aufstand, *но подчёркивает сочувствие к восставшим*; напр.: die Erhebung des Volkes gegen seine Unterdrücker восстание народа против

его угнетателей. **Revolte** [-v-] *неодобр.* восстание (небольшой группы людей) (*б. ч. неудавшееся*); *напр.:* ☐ Erst an den Grenzen Bayerns vermutlich wäre man der idiotischen Revolte Herr geworden (*Feuchtwanger, »Erfolg«*) Вероятно, лишь у границ Баварии можно было бы совладать с этим идиотским восстанием. **Umsturz** переворот; *напр.:* einen Umsturz planen, vorbereiten задумать, подготовить переворот; der Umsturz ist gescheitert, erfolgreich verlaufen переворот не удался, успешно осуществлен ☐ Sie hatten nie an gewaltsamen Umsturz gedacht, alle ihre Maßnahmen waren natürlich immer im Rahmen der Verfassung... geplant gewesen (*Feuchtwanger, »Jud Süß«*) Они никогда не думали о насильственном перевороте, все их действия... были задуманы, конечно, в рамках конституции. **Putsch** путч; *напр.:* der Putsch der Generäle scheiterte путч генералов провалился ☐ Tief überrascht hat ihn eben doch der Gedanke, wie gleichgültig ihm der Putsch geworden ist, für den er Monate und Monate gearbeitet (*Fallada, »Wolf u. Wölfen«*) Его глубоко поразила мысль, насколько безразличен ему стал путч, который он готовил столько месяцев. **Krawall** *разг.* бунт, шум; *напр.:* die unzufriedenen Schüler der höheren Klassen machten in der Schule Krawall недовольные ученики старших классов подняли в школе шум ☐ Leider fing Herr Göppel nach dem Essen wieder von den Krawallen an. Wenn wir endlich den Druck der Bismarckschen Kürassierstiefel los waren, brauchte man die Arbeiter nicht mit Dicktun in Reden zu reizen (*H. Mann, »Untertan«*) К сожалению, господин Геппель после обеда снова завел разговор о бунтах. Когда мы наконец освободились от гнета бисмарковского кирасирского сапога, не следовало раздражать рабочих хвастливыми речами
    aufstecken *см.* aufgeben¹
    aufstehen¹ вставать
aufstehen — aufspringen — aufschnellen — schnellen — auffahren — sich erheben
    aufstehen *индифф. синоним; напр.:* er trat ein, und alle standen sofort von ihren Stühlen auf он вошел, и все сейчас же встали со своих мест; Jugendliche sollen vor alten Leuten in der Straßenbahn aufstehen молодежь должна уступать место в трамвае пожилым людям. **aufspringen** вскакивать; *напр.:* plötzlich sprang er von seinem Platz auf вдруг он вскочил со своего места ☐ Sie sprang auf, von neuem Lebensmut erfüllt (*Fallada, »Jeder stirbt«*) Она вскочила с новым приливом жизненных сил. **aufschnellen, schnellen** *см.* aufspringen, *но передают еще более быстрое движение; напр.:* ein General trat ein, und sie schnellten von ihren Plätzen auf во-

шел генерал, и они повскакали со своих мест; sie schnellte von ihrem Sitz (in die Höhe) она стремительно вскочила со своего места. **auffahren** неожиданно и быстро подняться; *напр.:* er fuhr vom Stuhl auf wie von der Tarantel gestochen он вскочил со стула как ужаленный. **sich erheben** *высок.* подняться; *напр.:* der Vorsitzende erhob sich, und alle verstummten председательствующий поднялся, и все замолчали ☐ Sie erhob sich. »Wollen Sie mit mir spazierengehen? Ich zeige Ihnen den Wald« (*L. Frank, »Mathilde«*) Она поднялась. «Не хотите ли пойти со мной погулять? Я покажу вам лес». ...da Pastor Wunderlich sich erhob und, während das Gespräch verstummte, das Glas in der Hand, in angenehmen Wendungen zu toasten begann (*Th. Mann, »Buddenbrooks«*) ...пастор Вундерлих поднялся и, стоя с бокалом в руке, как только стихли разговоры, начал произносить тост
    aufstehen² *см.* erheben, sich²
    aufsteigen *см.* steigen¹
    aufstellen *см.* stellen¹/zusammenstellen
    Aufstieg *см.* Entwicklung¹
    aufstöbern *см.* finden¹
    aufstocken *см.* überbauen
    aufstoßen *см.* öffnen
    aufstrahlen *см.* aufleuchten
    aufstülpen *см.* aufsetzen¹
    aufsuchen *см.* besuchen
    auftauchen *см.* zeigen, sich¹
    auftauen *см.* schmelzen²
    auftischen *см.* bewirten/erzählen
    Auftrag¹ назначение
der Auftrag — die Mission — die Sendung — die Berufung
    Auftrag *индифф. синоним; напр.:* der gesellschaftliche Auftrag der Kunst общественное назначение [социальная задача] искусства; seinen Auftrag ausführen выполнить свое поручение ☐ Weg muß ich. Du kennst meinen hohen Auftrag (*Strittmatter, »Wundertäter«*) Я должен уйти. Ты знаешь мое высокое назначение. **Mission** *книжн.* миссия; *напр.:* er hat seine geschichtliche Mission erfüllt он выполнил свою историческую миссию. **Sendung, Berufung** *высок.* призвание, предназначение; *напр.:* seine Sendung erfüllen осуществить свое призвание; seine göttliche Sendung [Berufung] *рел.* его божественное предназначение
    Auftrag² *см.* Befehl/Bestellung
    auftragen¹ подавать (на стол)
auftragen — servieren
    auftragen *индифф. синоним; напр.:* das Essen ist schon aufgetragen обед уже подан; verschiedene Speisen auftragen подавать различные блюда. **servieren** [-v-] сервировать; *напр.:* lassen Sie bitte den Tee im Zimmer servieren велите сервировать чай в номере ☐ Benjamin wundert sich wie stets über die Geschicklichkeit der

Kellner, wie sie es zuwege bringen, in dem fahrenden Zug zu servieren (*Feuchtwanger, »Exil«*) Беньямин, как всегда, удивляется ловкости кельнеров, тому, как им удается сервировать столы на ходу поезда
    auftragen² *см.* beauftragen/übertreiben
    auftreiben *см.* finden¹
    auftreten *см.* benehmen, sich/spielen²/sprechen²/vorkommen¹
    Auftritt *см.* Streit²
    auftrocknen *см.* trocknen²
    auftun *см.* aufsetzen¹/öffnen
    auftun, sich *см.* öffnen, sich
    Aufwallung *см.* Anfall¹
    aufwärmen *см.* wärmen²
    Aufwartefrau *см.* Hausangestellte
    aufwarten *см.* bewirten
    Aufwartung *см.* Bedienung
    aufwaschen *см.* spülen
    aufwecken *см.* wecken
    aufweisen *см.* zeigen¹
    aufwenden *см.* ausgeben²
    aufwendig *см.* teuer¹
    aufwickeln развертывать (*что-л. завернутое, свернутое и т. п.*), вскрывать
aufwickeln — auswickeln — auseinanderwickeln
    aufwickeln *индифф. синоним; напр.:* ein Paket aufwickeln развертывать пакет; ein Bündel Wäsche aufwickeln развертывать узел с бельем. **auswickeln** развертывать, освобождая от упаковки *подчеркивает цель действия — извлечение чего-л. обернутого; напр.:* ein Päckchen auswickeln развернуть посылку; ein Buch aus dem Einschlagpapier auswickeln развернуть книгу, завернутую в оберточную бумагу. **auseinanderwickeln** ≅ aufwickeln, *но больше подчеркивает длительность действия; напр.:* eine Müllbinde auseinanderwickeln разматывать бинт
    aufwiegeln подстрекать
aufwiegeln — wühlen — aufreizen — aufstacheln — aufhetzen — hetzen — verhetzen — aufputschen — scharfmachen — stänkern
    aufwiegeln (*gegen A, zu etw.*) *индифф. синоним; напр.:* die Kollegen gegen den Chef aufwiegeln подстрекать коллег не подчиняться начальнику; das Volk zum Aufstand aufwiegeln подстрекать народ к восстанию. **wühlen** (*gegen j-n*) заниматься подрывной деятельностью (*тайно подстрекая против кого-л.*); *напр.:* gegen die Regierung wühlen заниматься подрывной антиправительственной деятельностью; er hat gegen seine Konkurrenten gewühlt он исподтишка строил козни своим конкурентам. **aufreizen** (*gegen A*) возбуждать чье-л. недовольство; *напр.:* die Reaktion reizte das Volk gegen die legitime Regierung auf реакция возбуждала у народа недовольство законным правительством. **aufstacheln** (*zu etw.*) (неоднократно) подстрекать; die Menge zu unbesonnenen Handlungen auf-

stacheln подстрекать толпу к безрассудным действиям. **aufhetzen** (*gegen j-n, zu etw.*) натравливать; возбуждать ненависть; *напр.*: seine Kollegen gegen j-n aufhetzen натравливать своих коллег на кого-л.; zur Meuterei, zum Krieg aufhetzen подстрекать к мятежу, к войне. **hetzen** ≅ aufhetzen, *но менее экспрессивно*; *напр.*: gegen seine Kollegen hetzen восстанавливать окружающих против своих коллег; создавать атмосферу враждебности вокруг своих коллег; zum Mord hetzen подстрекать к убийству. **verhetzen** разжигать (в ком-л.) ненависть *до такой степени, что подстрекаемый теряет способность объективно оценивать положение вещей, чаще в политике*; *напр.*: die Putschisten verhetzen das Volk путчисты разжигали в народе (слепую) ненависть. **aufputschen** *разг.* ≅ aufstacheln, *но еще более неодобр.*; *напр.*: die Belegschaft gegen die Betriebsleitung aufputschen подстрекать [восстанавливать, настраивать] коллектив (рабочих) против руководства предприятия; die Menge zu einem Pogrom aufputschen подстрекать толпу к погрому. **scharfmachen** (*gegen j-n*) *разг.* настраивать, восстанавливать против кого-л. *часто употр., когда подстрекатель сам остается в тени, используя чье-л. недовольство в своих целях*; *напр.*: sie hat alle Leute gegen ihn scharfgemacht она настроила [восстановила] всех против него. **stänkern** *фам.* мутить людей; *напр.*: der läßt die Leute nicht in Ruhe, der muß auch immer stänkern! он не оставляет никого в покое, только и знает, что мутит людей!

Aufwiegler *см.* Anstifter
aufwischen *см.* trocknen [2]/wischen [1]
aufwühlen *см.* aufregen
aufzehren *см.* aufessen
aufzeichnen *см.* aufschreiben
aufziehen *см.* großziehen [1, 2]/nähern, sich [1]/necken
aufzucken *см.* aufleuchten
aufzwingen *см.* aufdrängen
äugeln *см.* flirten
äugen *см.* sehen [1]
Augenblick *см.* Zeitpunkt
augenblicklich *см.* jetzt
Augendienerei *см.* Schmeichelei
augenfällig *см.* auffallend
Augenschein *см.* Schein I [2]
augenscheinlich *см.* offenbar
Augenzeuge *см.* Zeuge
ausarbeiten *см.* zusammenstellen
ausarten *см.* entarten
ausbaldowern *см.* erfahren I [1]
ausbauen *см.* erweitern
ausbedingen *см.* fordern
ausbessern *см.* «Приложение»
ausbeuten *см.* ausnutzen [1]
ausbilden *см.* lehren [1]
ausblasen *см.* löschen I [1]
ausbleiben *см.* fehlen
Ausblick *см.* Sicht
ausborgen *см.* leihen [1]

ausborgen, sich *см.* leihen [2]
ausbrechen *см.* anfangen [1]/fliehen [1]
ausbreiten раскладывать; расстилать
ausbreiten — breiten
ausbreiten *индифф. синоним*; *напр.*: eine Decke, einen Teppich, eine Landkarte ausbreiten расстилать скатерть, ковер, раскладывать карту; die Verkäufer breiten ihre Waren vor den Käufern aus продавцы раскладывают товар перед покупателями. **breiten** *высок. в отличие от* ausbreiten *употр. с указанием на то, что покрывается, застилается, и менее употребительно*; *напр.*: ein frisches Tuch über den Tisch breiten постелить на стол свежую скатерть; sie breitete ein Laken über das Bett она покрыла постель простыней □ Sie breitete die Kattundecke über das Bett, das sie sonst mit Luise teilte (*Seghers, »Die Toten«*) На кровать, которую она обычно делила с Луизой, она постелила ситцевое одеяло
ausbreiten, sich *см.* verbreiten, sich [1]
Ausbreitung *см.* Verbreitung
ausbrennen *см.* verbrennen [2]
Ausbruch *см.* Anfall [1]
ausbrüten *см.* ausdenken
Ausdauer выдержка
die Ausdauer — die Beharrlichkeit
Ausdauer *индифф. синоним*; *напр.*: große, eiserne Ausdauer besitzen обладать большой, железной выдержкой; er hat es mit Fleiß und Ausdauer erreicht он достиг этого прилежанием и выдержкой; er ist ein Mensch mit großer Ausdauer он человек с большой выдержкой. **Beharrlichkeit** настойчивость; *напр.*: ein Ziel mit Beharrlichkeit verfolgen настойчиво стремиться к (своей) цели; etw. mit unerschütterlicher Beharrlichkeit behaupten утверждать что-л. с непоколебимой настойчивостью; er leugnete seine Teilnahme an diesem Unternehmen mit Beharrlichkeit он настойчиво отрицал свое участие в этом предприятии
ausdehnen *см.* dehnen [1]
ausdehnen, sich *см.* verbreiten, sich [1]
Ausdehnung *см.* Größe [1]/Länge [1]
ausdenken придумывать
ausdenken — ausklügeln — aussinnen — erdenken — ersinnen — austüfteln — aushecken — ausbrüten
ausdenken *индифф. синоним*; *напр.*: eine Methode, einen Plan ausdenken придумать какой-л. метод, план; eine Antwort, eine Ausrede, eine Begründung, Verse ausdenken придумать ответ, отговорку, обоснование, стихи □ Was hat sich der Wenzlow da eben ausgedacht? Ein solches Gerichtsverfahren wird niemals stattfinden (*Seghers, »Die Toten«*) Что там придумал Венцлов? Подобный судебный процесс никогда не состоится. **ausklügeln** придумывать, тонко предусматривая мельчайшие детали; *часто тж. неодобр.* придумать нечто чересчур сложное, намудрить; *напр.*: die Mitarbeiter des Laboratoriums haben ein neues Programm ausgeklügelt сотрудники лаборатории придумали новую программу; er hat da wieder was ausgeklügelt! он снова там что-то намудрил! **aussinnen** (sich *D*) *книжн.* ≅ ausdenken *иногда неодобр., если выражает недовольство придуманным*; *напр.*: einen Plan aussinnen придумывать план; was hat er sich ausgesonnen? что он еще придумал? □ Welch neues Unerhörtes hat der Vogt|Sich ausgesonnen! (*Schiller, »Wilhelm Tell«*) Что еще нового неслыханного придумал фохт?! **erdenken** (sich *D*) измыслить, придумать (в результате длительного и глубокого размышления); *напр.*: eine neue Heilmethode erdenken открыть новый метод лечения. **ersinnen** ≅ erdenken *употр., когда подчеркивается сложность и новизна придуманного*; *напр.*: ein neues System, einen Ausweg aus einer schwierigen Lage ersinnen придумать новую систему, выход из трудного положения □ Schnaufend zog Diederich sich zurück, um einen neuen Angriffsplan zu ersinnen (*H. Mann, »Untertan«*) Громко сопя, Дидерих удалился, чтобы придумать новый план атаки. **austüfteln** *разг. неодобр.* (хитро) удумать; *напр.*: hast du wieder was ausgetüftelt? ты опять что-то придумал? **aushecken** *разг.* придумывать что-л. неблаговидное или забавное; *напр.*: etwas Niederträchtiges aushecken придумать какую-нибудь подлость; zum Fest haben sie allerlei Überraschungen für die Gäste ausgeheckt к празднику они придумали всевозможные сюрпризы для гостей. **ausbrüten** *разг. неодобр.* придумывать, вынашивать (коварные планы); *напр.*: er hat einen teuflischen Plan ausgebrütet он придумал дьявольский план

ausdeuten *см.* deuten [1]
ausdorren *см.* trocknen [1]
ausdörren *см.* trocknen [1, 2]
ausdrehen *см.* ausschalten [1]
ausdrücken [1] выжимать, выдавливать
ausdrücken — auspressen — ausquetschen — aus(w)ringen — auswinden
ausdrücken *индифф. синоним*; *напр.*: den Saft aus Apfelsinen ausdrücken выжимать сок из апельсинов; eine Zitrone ausdrücken выжать лимон; den Eiter aus der Wunde ausdrücken выдавливать гной из раны; Wollsachen nicht wringen, nur leicht ausdrücken! шерстяные вещи не выкручивать, а только слегка отжимать, **auspressen, ausquetschen** ≅ ausdrücken, *но подчеркивают усилие, употр. тк. по отношению к фруктам и овощам*; *напр.*: den Saft aus den Apfelsinen, aus den Weintrauben auspressen [ausquetschen] выжимать сок из апельсинов, из винограда; Mohrrüben auspressen выжать из моркови сок; eine Zitrone auspressen [ausquetschen] выжать лимон. **aus(w)ringen, auswinden** выкручивать, выжимать *употр. по отношению*

AUSDRÜCKEN

к тканям, *изделиям из них и т. п.*; *напр.*: die Wäsche, den Lappen ausringen [auswinden] выжимать [выкручивать] бельё, тряпку

ausdrücken [2] *см.* aussprechen/besagen [1]

ausdrücklich *см.* entschieden

ausdrucksvoll выразительный

ausdrucksvoll — bildlich — bildhaft — bilderreich

ausdrucksvoll *индифф. синоним*; *напр.*: das ausdrucksvolle Lesen выразительное чтение; etw. ausdrucksvoll vorlesen, erzählen выразительно прочесть, рассказать что-л.; der Geiger spielte sehr ausdrucksvoll скрипач играл очень выразительно. **bildlich, bildhaft** образный; *напр.*: ein bildlicher [bildhafter] Ausdruck образное выражение; eine bildhafte Sprache образный язык; ein bildhaftes Denken образное мышление; das ist nur bildlich zu verstehen это следует понимать только фигурально. **bilderreich** яркий, колоритный; *напр.*: eine bilderreiche Sprache яркий [образный] язык; eine bilderreiche Rede колоритная речь

auseinandergehen расходиться (в разные стороны)

auseinandergehen — sich zerstreuen

auseinandergehen *индифф. синоним*; *напр.*: die Menge ging auseinander толпа разошлась; warum geht ihr nicht auseinander? почему вы не расходитесь? **sich zerstreuen** рассеиваться; *напр.*: die Menge zerstreute sich толпа рассеялась; die Demonstranten zerstreuten sich in die Straßen демонстранты рассеялись по улицам; die Leute zerstreuten sich nach verschiedenen Richtungen люди разбрелись в разные стороны

auseinanderhalten *см.* unterscheiden

auseinanderlegen *см.* legen [1]

auseinandersetzen *см.* erklären

auseinandersetzen, sich *см.* befassen, sich

Auseinandersetzung *см.* Streit [1, 2]

auseinanderstieben *см.* laufen [1]

auseinandertreiben *см.* zerstreuen [1]

auseinanderwickeln *см.* aufwickeln

auserlesen *см.* gut [1]

ausersehen *см.* wählen

auserwählen *см.* wählen

ausfahren выезжать, выходить (*отправляться*)

ausfahren — hinausfahren — auslaufen

ausfahren *индифф. синоним*; *напр.*: der Bauer fuhr nach Holz aus крестьянин поехал [выехал] за дровами; der Zug ist aus dem Bahnhof, das Schiff ist aus dem Hafen ausgefahren поезд вышел из-под сводов вокзала, пароход из гавани; die Bergleute fahren aus горняки поднимаются из шахты. **hinausfahren** ≅ ausfahren, *но подчёркивает, что движение происходит по направлению от говорящего*; *напр.*: er fuhr aus der Stadt hinaus он выехал из города; das Auto ist zum Tor hinausgefahren автомобиль выехал за ворота. **auslaufen** ≅ ausfahren, *но обыкн. употр. по отношению к судам*; *напр.*: das Schiff ist am Abend ausgelaufen пароход ушёл [вышел] в море вечером

Ausfahrt *см.* Auszug [1]

Ausfall *см.* Überfall/Verlust [2]

ausfegen *см.* fegen

ausfindig machen *см.* finden [1]

ausfließen вытекать (*о жидкости и т. п.*)

ausfließen — herausströmen — entfließen — entquellen

ausfließen *индифф. синоним*; *напр.*: aus dem Gefäß, aus dem Rohr fließt Wasser aus из сосуда, из трубы вытекает вода; das Öl fließt aus dem Faß aus масло вытекает из бочки; das Faß ist ausgeflossen (aus) бочка вытекла. **herausströmen** вытекать потоком, лить ручьём; *напр.*: das Blut strömte aus der Wunde heraus из раны ручьём текла кровь; das Wasser strömte aus dem Rohr heraus вода хлынула из трубы. **entfließen** *высок. течь употр. всегда с указанием на источник, из которого вытекает (последний выражен дополнением в Dat.)*; *напр.*: Tränen entfließen ihren Augen из её глаз текут слёзы. **entquellen** *высок.* ≅ herausströmen; *напр.*: Tränen entquollen ihren Augen слёзы потекли из её глаз ручьём, она залилась слезами; ein Lavastrom entquoll dem Berg поток лавы тёк с горы

Ausflucht *см.* Vorwand

Ausflug экскурсия

der Ausflug — die Exkursion — die Partie — der Abstecher

Ausflug *индифф. синоним*; *напр.*: einen Ausflug ins Grüne, in die Umgebung von Dresden, aufs Land, zu Fuß, mit dem Dampfer machen совершить экскурсию [прогулку] на лоно природы, в окрестности Дрездена, за город, пешком, на пароходе; wir haben einen Ausflug zum Altenburger Schloß мы совершили экскурсию в замок Альтенбург. **Exkursion** ≅ Ausflug, *но чаще об экскурсии с познавательными и научными целями*; *напр.*: eine Exkursion in eine Fabrik, in ein Museum veranstalten организовать экскурсию на фабрику, в музей; damals war ich auf einer Exkursion im Kaukasus тогда я был с экскурсией на Кавказе. **Partie** *устаревает* увеселительная прогулка; *напр.*: wir haben eine herrliche Partie mitgemacht мы приняли участие в прекрасной прогулке. **Abstecher** короткая экскурсия, вылазка (*в сторону от основного маршрута поездки, путешествия*); *напр.*: wir haben einen Abstecher nach Gotha gemacht по пути мы заехали [совершили экскурсию; завернули *разг.*] в Готу

ausforschen *см.* fragen

ausfragen *см.* fragen

Ausfuhr *см.* «Приложение»

ausführen *см.* durchführen/leisten [1]/«Приложение»

ausführlich подробный

AUSGEBEN

ausführlich — breit — langatmig — weitläufig — weitschweifig — umständlich — wortreich haarklein

ausführlich *индифф. синоним*; *напр.*: eine ausführliche Beschreibung подробное описание; ausführlich schreiben, darstellen, berichten подробно писать, рассказывать [изображать], сообщать □ Er erzählte ausführlich, wie er eines Tages, als er sich Tee bereitete, das brennende Zündholz statt über den Kochapparat über die offene Spiritusflasche gehalten habe (*Th. Mann, »Buddenbrooks«*) Он подробно рассказал, как однажды, готовя себе чай, поднёс зажжённую спичку не к спиртовке, а к открытой бутылке со спиртом. **breit** очень подробный; *напр.*: er beschreibt alles breit und das ist etwas lästig он всё описывает слишком уж подробно, и это несколько утомительно. **langatmig** слишком подробный (*и потому скучный, утомляющий читателя, слушателя*); *напр.*: diese langatmige Geschichte habe ich schon gehört эту утомительно длинную историю я уже слышал. **weitläufig** многословный; *напр.*: eine weitläufige Erklärung, Entschuldigung пространное [многословное] объяснение, извинение. **weitschweifig** ≅ weitläufig, *но ещё больше подчёркивает многословность чего-л.*; *напр.*: er pflegt sich in der Diskussion weitschweifig zu äußern в дискуссии он обыкновение высказывать своё мнение чересчур многоречиво. **umständlich** (*излишне*) обстоятельный; *напр.*: er begann lange und umständlich darüber zu berichten он начал рассказывать об этом долго и обстоятельно. **wortreich** многословный, нарочито подробный *часто подробности имеют цель завуалировать суть, факты и т. п.*; *напр.*: wortreiche Entschuldigungen, Erklärungen многословные извинения, объяснения. **haarklein** *разг.* со всеми мельчайшими подробностями (*тк. как наречие*); *напр.*: □ ...hörte ich, wie der leichtfüßige Friseur ihm (*dem Vater*) während des Frisierens haarklein erzählte, daß heute auf dem Rathause dem neuen Großherzog Joachim gehuldigt werde (*Heine, »Das Buch Le Grand«*) ...я услышал, как юркий парикмахер, причёсывая, рассказывал ему (*отцу*) со всеми мельчайшими подробностями о том, что сегодня в ратуше будут присягать новому великому герцогу Иоахиму

ausfüllen *см.* füllen

Ausgabe *см.* Auflage

Ausgaben *см.* Kosten

ausgeben тратить, расходовать (*средства*)

ausgeben — verbrauchen — aufbrauchen — unterschlagen — veruntreuen — aufwenden — verausgaben — anlegen

ausgeben *индифф. синоним*; *напр.*: viel, wenig Geld für etw. ausgeben тратить много, мало денег на что-л.;

AUSGEBEN, SICH

für diesen Anzug kann ich so viel Geld nicht ausgeben я не могу потратить так много денег на этот костюм; wieviel Geld haben Sie im ganzen ausgegeben? сколько денег вы всего истратили? □ Den kleineren Lohn legte er so gut zur Seite wie den größeren; denn er gab nichts aus, sondern sparte sich alles auf (Keller, »Die Kammacher«) Он откладывал все, что получал, и когда ему платили мало, и когда побольше, так как он ничего не тратил, а все копил. **verbrauchen** постепенно, *часто тж.* регулярно расходовать; *напр.:* er verbraucht das Geld sehr sparsam он очень экономно тратит деньги. **aufbrauchen** истратить все, до конца; *напр.:* nachdem er das Geld aufgebraucht hatte, verließ er die Stadt после того как он истратил все деньги, он покинул город. **unterschlagen** растратить, присвоить доверенные кем-л. деньги *и т. п.; напр.:* hat der Kassierer viel Geld unterschlagen? кассир растратил много денег? **veruntreuen** *книжн.* ≅ unterschlagen; *напр.:* sie haben das Geld meines Vaters veruntreut они растратили деньги моего отца. **aufwenden** *книжн.* затрачивать, расходовать (*чаще о расходах на общественные или неличные нужды расходующего*); *напр.:* für die Erhaltung der Theater wendet der Staat viel Geld, viele Mittel auf на содержание театров государство расходует [затрачивает] много денег, много средств; er ist bereit, sein ganzes Geld aufzuwenden, wenn er das seinem Freund helfen kann он не постоит за деньгами, если это может помочь его другу. **verausgaben** *книжн.* издержать, расходовать (*обыкн. об отдельных, нерегулярных затратах*); *напр.:* wieviel Geld haben Sie während Ihrer Dienstreise verausgabt? сколько денег вы издержали во время вашей командировки?; er hatte 8 Mark für das Mittagessen verausgabt обед обошелся ему в 8 марок. **anlegen** *разг.* (по)тратить (*обыкн. о значительных расходах*); *напр.:* er will für das gebrauchte Auto nicht so viel Geld anlegen он не хочет потратить столько денег на подержанную машину.

ausgeben, sich выдавать себя за кого-л.

sich ausgeben — sich aufspielen

sich ausgeben *индифф. синоним; напр.:* sich für j-s Verwandten ausgeben выдавать себя за чьего-л. родственника; sich für einen Schriftsteller, für einen Ingenieur ausgeben выдавать себя за писателя, за инженера; sich als Anhänger, als Gegner einer Partei ausgeben выдавать себя за сторонника, за противника какой-л. партии; er gab sich für krank aus он сказался больным; er gab sich für unverheiratet aus он выдавал себя за холостого; sie gab sich für jünger aus она уменьшала свой возраст [убавляла себе годы]. **sich aufspielen** *разг.* строить, корчить из себя; *напр.:* sich als Kenner, als Gönner, als Held aufspielen строить из себя знатока, покровителя, героя; er spielte sich als ihr Anwalt auf он выступал в роли ее защитника

ausgedehnt *см.* groß [6]
ausgedient *см.* abgedankt
ausgehen *см.* enden [1]/erlöschen [1]/schwinden [1]/stammen [1]
ausgelassen *см.* übermütig [1]
Ausgelassenheit *см.* Übermut
ausgelaugt *см.* müde/unfruchtbar [2]
ausgemergelt *см.* mager [1]
ausgenommen *см.* außer
ausgepumpt *см.* müde
ausgeschlossen *см.* nein
ausgesprochen *см.* offenbar
Ausgewiesener *см.* Verbannter
ausgezeichnet *см.* gut [1, 2, 3]
ausgiebig *см.* reichlich [1]
ausgießen выливать

ausgießen — ausschütten

ausgießen *индифф. синоним; напр.:* das Wasser, die Milch aus dem Glas ausgießen вылить воду, молоко из стакана; ein Glas Wasser, den Rest des Bieres aus der Flasche ausgießen вылить стакан воды, остаток пива из бутылки. **ausschütten** выплеснуть; *напр.:* ich schüttete Wasser aus dem Glas aus я выплеснул воду из стакана; schütten Sie den Rest des Kaffees aus der Kanne aus! вылейте [выплесните] остаток кофе из кофейника!

Ausgleich *см.* Schlichtung/Vereinbarung
ausgleichen *см.* bezahlen [1]/regeln/vermitteln
ausgleiten *см.* ausrutschen
ausglitschen *см.* ausrutschen
aushalten *см.* ertragen
aushändigen *см.* geben [1]
ausharren *см.* warten I [1]
ausheben *см.* einberufen
aushecken *см.* ausdenken
aushelfen *см.* helfen
Aushilfe *см.* Hilfe [1]
ausholen *см.* fragen
aushorchen *см.* fragen
auskehren *см.* fegen
auskennen, sich *см.* kennen/zurechtfinden, sich
Ausklang *см.* Ende [1]
auskleiden *см.* ausziehen [2]
auskleiden, sich *см.* ausziehen, sich
ausklingen *см.* enden [1]/verstummen [1]
ausklügeln *см.* ausdenken
auskneifen *см.* fliehen [1]
auskommen *см.* vertragen, sich [1]
auskramen *см.* herausnehmen [1]
auskratzen *см.* fliehen [1]
auskundschaften *см.* erfahren I [1]
Auskunft справка (*сведения*)

die Auskunft — der Bescheid — die Erkundigung — die I n f o r m a t i o n

Auskunft *индифф. синоним; напр.:* eine ausführliche, ungenügende, ungenaue Auskunft geben, erhalten дать, получить подробную, недостаточную [неудовлетворительную], неточную справку; wegen einer Auskunft kommen прийти за справкой; eine Auskunft verweigern отказать в справке, отказаться дать какие-л. сведения; um eine Auskunft bitten просить (дать) справку. **Bescheid** *тк. ед.* ≅ Auskunft, *но подчеркивает официальный характер справки и б. ч. употр. с указанием на ее содержание; напр.:* ich habe Bescheid erhalten, daß die Fahrkarte 50 Mark kostet я получил справку, что билет стоит 50 марок. **Erkundigung** наводимая справка *имеет ограниченную сочетаемость; напр.:* Erkundigungen bei j-m über j-n, etw. einziehen (*чаще заменяется* sich über j-n, etw. erkundigen) наводить справки у кого-л. о ком-л., чем-л.; unsere Erkundigungen haben nichts ergeben наведенные нами справки ничего не дали. **Information** *книжн.* информация, сведения, подробная официальная справка; *напр.:* der Beamte gab mir die nötigen Informationen чиновник дал мне нужные сведения

Auskunftei *см.* Auskunftsbüro
Auskunftsbüro *см.* «Приложение»
Auskunftsstelle *см.* Auskunftsbüro
auslachen высмеивать

auslachen — sich amüsieren — belächeln — lachen — verlachen — bespötteln — spotten — verspotten — verhöhnen — sich mokieren

auslachen (A) *индифф. синоним; напр.:* man hat ihn hier herzhaft, weidlich ausgelacht его здесь основательно, здорово высмеяли; ich fürchte, daß man mich dort auslachen wird я боюсь, что меня там высмеют. **sich amüsieren** (*über* A) подсмеиваться, потешаться; *напр.:* wir amüsierten uns alle, wenn er in seiner neuen Kleidung erschien вот была потеха, когда он появился в своем новом наряде!; wir amüsierten uns über ihr verdutztes Gesicht мы потешались над ее озадаченным видом. **belächeln** (*etw.*) вышучивать, подшучивать; *напр.:* etw. oberflächlich belächeln вышучивать что-л. [подшучивать над чем-л.], не вникая глубоко в суть дела; etw. als kindisch belächeln вышучивать что-л. как ребячество; sie belächelten freundlich sein Mißtrauen они дружески подшучивали над его мнительностью. **lachen** (*über* A) (зло) смеяться над кем-л., чем-л.; *напр.:* warum lacht ihr über mich? почему вы надо мной смеетесь? □ Eine Kirche, die Gott anruft, um eine Schlacht zu gewinnen... — über eine solche Kirche kann man nur lachen (Ott, »Haie«) Над церковью, которая взывает к богу, чтобы выиграть битву... — над такой церковью можно только смеяться. **verlachen** (A) насмехаться *часто употр. с оттенком осуждения того, кто смеется, и подчеркивает, что для насмешки нет основания; напр.:* die Kinder verlachten die Filzhüte der Bauern, ohne zu wissen, daß sie vor der heißen Sonne schützen дети потешались над войлочными шляпами крестьян, не зная, что те защищают их от жаркого солнца. **bespötteln** (A), **spotten** (über A) иронизировать; напр.: »Die Stadt Göttingen, berühmt durch ihre Würste und Universität«, so spottet Heine über die Sehenswürdigkeiten der Stadt «Город Геттинген знаменит своими колбасами и университетом», — так иронизирует Гейне по поводу достопримечательностей этого города. **verspotten** (A) издеваться над кем-л., над чем-л.; язвить; напр.: den politischen Gegner verspotten издеваться над политическим противником; sie verspotteten seine Ungeschicklichkeit они язвили по поводу его неловкости; man verspottet ihn wegen seiner Gutgläubigkeit над ним издеваются за его доверчивость. **verhöhnen** (A) глумиться над кем-л., над чем-л.; напр.: sie verhöhnten ihn они глумились над ним. **sich mokieren** (über A) часто книжн. подтрунивать, иронизировать, проезжаться на чей-л. счет; напр.: □ Er lachte vor Vergnügen, sich über den Katechismus mokieren zu können... (*Th. Mann, »Buddenbrooks«*) Он смеялся, радуясь возможности пренебрежительно проехаться на счет катехизиса...

auslachen, sich см. lachen [1]
ausladen разгружать, выгружать
ausladen — abladen — löschen
ausladen индифф. синоним; напр.: Kisten aus einem Lastwagen, Gepäck aus einem Auto ausladen выгружать ящики из грузовика [из фургона], багаж из автомобиля; den Lastwagen ausladen разгружать грузовик [фургон]. **abladen** сгружать; напр.: das Gepäck vom Lastwagen abladen сгружать багаж с грузовика; Heu vom Wagen abladen сгружать сено с телеги. **löschen** мор. = ausladen; напр.: das Schiff löscht die Ladung im Hafen пароход разгружается [стоит под разгрузкой] в порту; die Fracht wird aus dem Schiff in die Waggons gelöscht груз из судна выгружается в вагоны

Auslagen см. Kosten
Ausländer см. Fremder [1]
ausländisch иностранный, заграничный
ausländisch — fremd — auswärtig
ausländisch индифф. синоним; напр.: ausländische Waren kaufen, einführen покупать, ввозить иностранные [заграничные] товары; ausländische Zeitungen lesen читать иностранные газеты; ausländische Besucher, Gäste empfangen принимать иностранных посетителей, гостей; ausländische Tiere studieren изучать чужеземных животных □ »In der Rue de Lille«, sagte er, »teilt man meine Meinung, daß es gut wäre, in der deutschen Presse den Fall Benjamin nicht breitzutreten, das heißt, auf das Geschrei der ausländischen Zeitungen nicht zu erwidern« (*Feuchtwanger, »Exil«*) «На Рю-де-Лилль, — сказал он, — разделяют мое мнение, что лучше было бы не раздувать в немецкой прессе дело Беньямина, то есть не отвечать на шум, поднятый иностранными газетами». **fremd** иностранный, чужеземный; напр.: fremde Sitten, Länder чужеземные нравы, чужие страны; eine fremde Macht иностранная держава; fremde Tiere, Pflanzen чужеземные животные, растения; fremde Sprachen lernen изучать иностранные языки. **auswärtig** внешний, иностранный; напр.: die auswärtige Politik внешняя политика; das Ministerium für auswärtige Angelegenheiten министерство иностранных дел; wir haben heute auswärtigen Besuch у нас сегодня иностранные гости

auslangen см. genügen
auslassen [1] пропускать
auslassen — fortlassen — weglassen — überschlagen — übersehen — überspringen — übergehen
auslassen индифф. синоним; напр.: ein Wort, einen Satz, den nächsten Abschnitt, j-s Namen absichtlich, versehentlich auslassen намеренно, по ошибке пропустить слово, предложение, следующий раздел, чью-л. фамилию [чье-л. имя]; der Slalomläufer hat zwei Tore ausgelassen слаломист пропустил двое ворот; einen Kunden beim Bedienen auslassen обойти клиента при обслуживании. **fortlassen, weglassen** пропускать при чтении, письме и т. п.; напр.: beim Abschreiben einen Buchstaben, eine Stelle aus Versehen fortlassen [weglassen] по ошибке пропустить при переписке букву, какое-л. место; beim Lesen ein Wort, zwei Zeilen absichtlich fortlassen [weglassen] намеренно пропустить [опустить] при чтении слово, две строчки. **überschlagen** пропускать, не делать чего-л.; напр.: eine Seite beim Lesen mit Absicht überschlagen намеренно пропустить страницу при чтении; sein Frühstück überschlagen шутл. пропустить завтрак, не позавтракать. **übersehen** не заметив, пропустить, просмотреть; напр.: einen Fehler übersehen пропустить ошибку; er hat mich übersehen он меня не заметил. **überspringen** перескакивать (*быстро переходя к другому*), пропускать (*то, что должно непосредственно следовать*); напр.: eine Seite überspringen пропустить [перескочить через] страницу; eine Klasse (in der Schule) überspringen перескочить (в школе) через класс. **übergehen** оставлять что-л. без внимания, обходить кого-л. (*при награждении и т. п.*); напр.: eine Frage, eine Bemerkung übergehen обходить вопрос, замечание; j-n bei der Verteilung der Geschenke übergehen обойти кого-л. при раздаче подарков

auslassen [2] см. schmelzen [1]
auslassen, sich см. äußern
auslaufen см. ausfahren
ausleeren см. leeren [1]
auslegen см. deuten [1]/legen [1]
ausleihen см. leihen [1]
ausleihen, sich см. leihen [2]
Auslese см. Wahl
auslesen I см. lesen I [1]
auslesen II см. wählen
ausliefern см. übergeben [1]
auslöschen см. löschen [1]
auslösen см. verursachen
ausmachen см. ausschalten [1]/betragen/vereinbaren [1]
ausmalen см. erzählen
ausmalen, sich см. vorstellen, sich
Ausmaß см. «Приложение»
ausmergeln см. schwächen
ausmerzen см. vernichten
ausmessen см. messen
ausnehmen см. fragen/nehmen [1, 2]
ausnutzen [1] использовать (в корыстных целях)
ausnutzen — ausbeuten — aussaugen — exploitieren — auspowern
ausnutzen индифф. синоним; напр.: eine Arbeitskraft rücksichtslos ausnutzen беспощадно эксплуатировать рабочую силу; er nutzt seine Gutmütigkeit, seine gute Stimmung aus он пользуется его добродушием, его хорошим настроением; sie hat seine Leichtgläubigkeit ausgenutzt она использовала его доверчивость □ Hans dachte, daß es keine Schlechtigkeit gab, die dieser Staat nicht auszunutzen verstand... (*Seghers, »Die Toten«*) Ганс подумал, что нет таких подлостей, которые это государство не сумело бы использовать... **ausbeuten** эксплуатировать; напр.: die Feudalherren beuteten die Leibeigenen rücksichtslos aus феодалы беспощадно эксплуатировали крепостных; er beutet seine Angestellten systematisch aus он систематически эксплуатирует своих служащих. **aussaugen** высасывать кровь, выжимать (все) соки из кого-л.; напр.: die Bauern, die Arbeiter aussaugen выжимать все соки из крестьян, из рабочих. **exploitieren** [-plŏa-] уст. книжн. ≈ ausbeuten; напр.: die Kapitalisten exploitieren die Arbeiter капиталисты эксплуатируют рабочих. **auspowern** разг. ≈ aussaugen, но подчеркивает, что результатом эксплуатации является полное обнищание; напр.: das Volk, das Land auspowern выжать все соки из народа, из страны □ Das muß er festhalten, darum muß er kämpfen, darin sollen sie ihn nicht auch auspowern (*Fallada, »Kleiner Mann«*) Это он должен удержать, за это он должен бороться, здесь он не должен позволить выжать из себя все соки

ausnutzen [2] см. gebrauchen
ausnützen см. gebrauchen
Ausnutzung использование
die Ausnutzung — die Nutznießung
Ausnutzung индифф. синоним; напр.: die Ausnutzung der Atomenergie использование атомной энергии; die rationelle Ausnutzung der Maschinen рациональное использование машин; für die volle Ausnutzung des

AUSPACKEN 63 AUSRUTSCHEN

Arbeitstages eintreten **выступать за полное использование рабочего дня**. **Nutznießung** *юр.* извлечение пользы из чужого имущества (*в семейном праве*) *часто перен. неодобр.*; *напр.*: die Nutznießung des väterlichen Vermögens использование отцовского имущества; die Nutznießung der Konjunktur использование конъюнктуры

auspacken *см.* erzählen
auspeitschen *см.* schlagen
auspellen *см.* ausziehen²
auspellen, sich *см.* ausziehen, sich
ausplündern *см.* rauben
ausposaunen *см.* verbreiten
auspowern *см.* ausnutzen¹
ausprägen *см.* prägen
auspressen *см.* ausdrücken¹
ausprobieren *см.* prüfen
Ausputz *см.* Schmuck
ausquetschen *см.* ausdrücken¹
ausrauben *см.* rauben
ausräubern *см.* rauben
ausrechnen *см.* «Приложение»
ausrecken *см.* strecken¹
Ausrede *см.* Vorwand
ausreden отговаривать
ausreden — abreden — abbringen — abraten — abmahnen
ausreden (j-m etw.) *индифф. синоним*; *напр.*: j-m eine Reise, einen Plan, einen Vorsatz ausreden отговаривать кого-л. от путешествия, уговаривать кого-л. отказаться от какого-л. плана, намерения; j-m das Mißtrauen, den Verdacht, seine Bedenken ausreden рассеять чье-л. недоверие, чье-л. подозрение, чьи-л. сомнения; das lasse ich mir nicht ausreden в этом вы меня не разубедите; ich habe ihm seine Ansicht ausgeredet я убедил его отказаться от своей точки зрения □ Das lassen wir uns nicht ausreden ... daß wir unseren Jungen noch mal gesund wiedersehen (Seghers, »Die Toten«) Никто не убедит нас в том... что мы снова не увидим нашего мальчика живым и здоровым. Er hatte dem jüngeren Freund die Versuchung ausgeredet, für sich allein einen Anschluß an die Guerilla (Partisanen) zu suchen (*ebenda*) Он убедил своего молодого друга не пытаться в одиночку войти в контакт с партизанами. **abreden** *устаревает* ≃ ausreden, *но подчёркивает сам процесс, попытку отговорить от чего-л.* (*употр. с* zu + Inf.); *напр.*: wir redeten ihm ab, diese Reise zu unternehmen мы отговаривали его от этого путешествия. **abbringen** (j-n von etw.) заставить кого-л. отказаться (от намерения *и т. п.*); *напр.*: j-n mit Gewalt, durch langes Reden von seinem Entschluß, von seinem Plan, von seiner Lebensweise, von seinen Gewohnheiten abbringen заставить кого-л. силой, после долгих уговоров отказаться от своего решения, от своего плана, от своего образа жизни, от своих привычек. **abraten** (j-m *etw.*) отсоветовать; *напр.*: j-m dringend, entschieden von einem Schritt,

von einem Vorhaben abraten настоятельно, решительно отсоветовать кому-л. предпринять какой-л. шаг, осуществить какое-л. намерение; er riet mir ab, dieses alte Auto zu kaufen он отсоветовал мне купить эту старую машину. **abmahnen** *высок. устаревает* ≃ abraten; *напр.*: der Arzt mahnte ab, nach dem Süden zu fahren врач отсоветовал ехать на юг

ausreden, sich *см.* vorschützen
ausreichen *см.* genügen
ausreichend *см.* genug
ausreißen¹ вырывать
ausreißen — herausreißen — auszupfen
ausreißen *индифф. синоним*; *напр.*: Unkraut, Pflanzen mit der Wurzel ausreißen вырывать сорную траву, растения с корнем; einem Vogel Federn ausreißen вырывать [выщипывать] перья у птицы; Haare ausreißen вырывать волосы; der Sturm riß die Bäume mit den Wurzeln aus буря вырвала деревья с корнями. **herausreißen** ≃ ausreißen, *но больше подчёркивает результат действия*; *напр.*: Unkraut herausreißen вырвать сорную траву; einen Zahn, ein Blatt Papier aus dem Heft herausreißen вырвать зуб, лист бумаги из тетради. **auszupfen** выдёргивать, выщипывать; *напр.*: Unkraut auszupfen выдёргивать сорную траву; j-m das erste graue Härchen auszupfen выдернуть у кого-л. первый седой волосок; einem Vogel eine Feder auszupfen выдернуть [выщипнуть] перо у птицы

ausreißen² *см.* fliehen¹
ausrichten *см.* organisieren
ausringen *см.* ausdrücken¹
ausrotten *см.* vernichten
ausrücken *см.* fliehen¹
Ausruf *см.* Verkündigung
ausrufen *см.* mitteilen
Ausrufung *см.* Verkündigung
ausruhen отдыхать
(sich) ausruhen — sich erholen — Atem holen — ruhen — ausspannen — verschnaufen
(sich) ausruhen *индифф. синоним*; *напр.*: nach dieser anstrengenden Arbeit mußten wir (uns) lange ausruhen после этой напряжённой работы нам пришлось долго отдыхать; habt ihr ein wenig ausgeruht? вы немного отдохнули?; wir legten uns hin, um (uns) auszuruhen мы прилегли отдохнуть; nun muß man die Beine ausruhen lassen теперь нужно дать отдых ногам □ Diederich jagte die Arbeiterinnen empor, die trotz der Betriebsordnung sich auf den Säcken ausruhten (H. Mann, »Untertan«) Дидерих сгонял работниц, которые, вопреки правилам внутреннего распорядка, отдыхали на мешках. **sich erholen** отдыхать (после продолжительной работы, тяжёлого труда, болезни); *напр.*: nach der anstrengenden Arbeit im Winter habe ich mich im Frühling sehr gut erholt после напряжённой зимней работы я очень хорошо от-

дохнул весной; drei Monate lag er im Krankenhaus, jetzt muß er sich im Sanatorium erholen три месяца он пролежал в больнице, теперь ему нужно отдохнуть в санатории. **Atem holen** переводить дух; *напр.*: ich kann nicht mehr laufen, ich muß Atem holen я не могу больше бежать, мне нужно перевести дух □ Und ich glaube, auch Mephisto muß mit Mühe Atem holen, wenn er seinen Lieblingsberg ersteigt; es ist ein äußerst erschöpfender Weg (*Heine, »Die Harzreise«*) Я думаю, даже Мефистофель с трудом переводит дух, когда взбирается на свою любимую гору; это в высшей степени утомительная дорога. **ruhen** *высок.* отдыхать, спать; *напр.*: Kinder, macht keinen Lärm, der Vater ruht jetzt [spht]; haben Sie nach der Arbeit geruht? вы отдыхали после работы? □ Ist die Frau Pfarrer schon wach, wenn du erscheinst, oder geruht sie noch zu ruhen? (*Strittmatter, »Wundertäter«*) А пасторша, когда ты приходишь, уже на ногах или она ещё изволит почивать? **ausspannen** *разг.* передохнуть, дать себе отдых (после напряжённой работы); *напр.*: nach dieser Arbeit muß ich einige Tage ausspannen после этой работы мне необходимо отдохнуть несколько дней □ Ich muß einmal eine Woche ausspannen, in der Gabelsbergerstraße (*Feuchtwanger, »Lautensack«*) Я должен хоть недельку отдохнуть на Габельсбергерштрассе. **verschnaufen** *разг.* передохнуть, отдышаться; *напр.*: nach dem Lauf muß er einen Augenblick verschnaufen после бега ему надо немного отдышаться

ausruhen, sich *см.* ausruhen
Ausrüstung снаряжение
die Ausrüstung — die Rüstung — die Armatur
Ausrüstung *индифф. синоним*; *напр.*: die Ausrüstung eines Matrosen, eines Tauchers снаряжение матроса, водолаза; der Leutnant prüfte sorgfältig die Ausrüstung der Soldaten лейтенант тщательно проверил снаряжение солдат. **Rüstung** доспехи; *напр.*: in voller Rüstung в полном снаряжении; eine Rüstung tragen носить доспехи; im Museum sind Rüstungen aus dem Mittelalter ausgestellt в музее выставлены средневековые рыцарские доспехи □ Von der zweiten (Wand) schaute... kühn und fern in silbernen Rüstung, der Bayernkönig Ludwig der Zweite (*Feuchtwanger, »Lautensack«*) С другой стены баварский король Людвиг Второй, облачённый в серебряные доспехи, смотрел вдаль отважным взглядом. **Armatur** *уст.* амуниция (снаряжение, исключая одежду и оружие); *напр.*: die Soldaten mußten Waffen und Armatur reinigen солдаты должны были чистить оружие и амуницию

ausrutschen поскользнуться

ausrutschen — ausgleiten — ausglitschen

ausrutschen *индифф. синоним; напр.:* ich bin auf dem Eis ausgerutscht я поскользнулся на льду; er ist auf dem glattgebohnerten Fußboden ausgerutscht он поскользнулся на сильно натёртом полу. **ausgleiten** *высок.* ≅ ausrutschen; *напр.:* er glitt auf den feuchten Brettern aus он поскользнулся на мокрых досках. **ausglitschen** *разг.* ≅ ausrutschen; *напр.:* ich glitschte auf dem Floß aus und stürzte ins Wasser я поскользнулся на плоту и упал в воду

Aussage показание, свидетельство
die **Aussage** — die **Angabe** — das **Zeugnis**

Aussage *индифф. синоним; напр.:* eine Aussage machen, ergänzen дать, дополнить показание; j-s Aussage beeinflussen повлиять на чьё-л. показание; laut Aussage der Augenzeugen согласно свидетельству очевидцев □ Dann werde ich Ihnen zur Auffrischung des Gedächtnisses Ihre Aussage vor dem Untersuchungsrichter vorlesen (H. *Mann, »Untertan«*) Тогда, чтобы освежить вашу память, я прочту вам показания, которые вы дали следователю. Ja, so gnädig half ihr der Herr, obgleich nach Aussage des Doktors Grabow die Geburt um etwas zu früh eintrat (Th. *Mann, »Buddenbrooks«*) Так милостиво помог ей господь, хотя, по свидетельству доктора Грабова, роды были несколько преждевременными. **Angabe** сообщение, показание; *напр.:* laut Angabe von A согласно сообщению [свидетельству] A; man muß diese Angaben überprüfen нужно проверить эти сообщения [показания, данные]; können Sie zu dem Vorfall nähere Angaben machen? вы можете сообщить более точные сведения [данные] об этом происшествии?; ich finde keine Bestätigung Ihrer Angabe я не нахожу подтверждения вашим показаниям. **Zeugnis** *высок. устаревает* свидетельское показание; *напр.:* ein falsches Zeugnis ablegen дать ложное показание; das Zeugnis verweigern отказаться дать показания; nach seinem Zeugnis war die Sache ganz anders по его показанию, дело обстояло совсем иначе

aussagen *см.* besagen [1]
aussaugen *см.* ausnutzen [1]/saugen
ausschalten [1] выключать

ausschalten — abstellen — abdrehen — ausdrehen — ausmachen

ausschalten *индифф. синоним; напр.:* das Licht, die Beleuchtung, den Strom, den Motor, die Maschine ausschalten выключать свет, освещение, ток, мотор, машину. **abstellen** выключать, отключать; *напр.:* das Radio, den Fernsehapparat, den Motor abstellen выключить радио, телевизор, двигатель [мотор]; das Gas, das Wasser abstellen отключать газ, воду. **abdrehen** *разг.* ≅ abstellen; *напр.:* das Licht, das Radio, das Gas, das Wasser abdrehen выключать свет, радио, газ, воду; den Hahn abdrehen закрывать кран. **ausdrehen, ausmachen** *разг.* ≅ ausschalten; *напр.:* das Radio, das Gas ausdrehen [ausmachen] выключать радио, газ; das Licht, die Lampe ausmachen погасить [потушить] свет, лампу

ausschalten [2] *см.* ausschließen
ausscheiden [1] выбывать *(из коллектива)*

ausscheiden — gehen

ausscheiden *индифф. синоним; напр.:* aus dem Verband ausscheiden выйти из союза; aus dem Dienst ausscheiden увольняться со службы; diese Mannschaft schied in der Vorrunde aus эта команда выбыла после отборочных игр. **gehen** уходить; *напр.:* die Hausangestellte geht am ersten Februar домашняя работница уходит первого февраля; der Offizier mußte gehen офицер должен был уйти [оставить службу]

ausscheiden [2] *см.* ausschließen
ausschelten *см.* schimpfen [1]
ausschenken *см.* verkaufen
ausschicken *см.* schicken
ausschimpfen *см.* schimpfen [1]
ausschlagen *см.* ablehnen
ausschlaggebend *см.* maßgebend
ausschließen исключать *(из организации и т. п.)*

ausschließen — ausschalten — ausstoßen — ausscheiden — verweisen — disqualifizieren — bannen — relegieren

ausschließen *индифф. синоним; напр.:* er wurde aus der Partei, aus dem Verband, aus dem Sportklub ausgeschlossen его исключили из партии, из союза, из спортивного клуба. **ausschalten** изолировать, лишить права участия в чём-л.; *напр.:* j-n bei Verhandlungen ausschalten отстранить кого-л. от участия в переговорах. **ausstoßen** немедленно, с позором исключить *(из общества, организации)*; *напр.:* wegen eines Deliktes wurde er aus dem Verein ausgestoßen из-за правонарушения его сразу же исключили из объединения. **ausscheiden** *редко* исключать *(кого-л. из какой-л. организации вследствие того, что кто-л. для нее не подходит, не пригоден)*; *напр.:* da er sich nicht fügen will, wird er als Mitarbeiter der Zeitung ausgeschieden так как он не хочет подчиниться, его исключат из состава сотрудников газеты. **verweisen** исключить, отчислить *(из учебного заведения)*; *напр.:* bald wurde er von der Schule verwiesen вскоре его исключили из школы. **disqualifizieren** *спорт.* дисквалифицировать, исключить *(на определенное время)* из соревнований за нарушение правил; *напр.:* nach mehrmaliger Verwarnung wurde der Spieler schließlich disqualifiziert после многократных предупреждений игрок был в конце концов дисквалифицирован. **bannen** *высок.* отлучать (от церкви); *напр.:* einen Abtrünnigen bannen отлучать от церкви еретика [отступника]. **relegieren** *книжн.* ≅ verweisen; *напр.:* alle Studenten dieser Gruppe wurden von der Universität relegiert все студенты этой группы были отчислены из университета

ausschließlich *см.* nur
ausschmücken *см.* schmücken
ausschnüffeln *см.* erfahren I [1]
ausschöpfen *см.* gebrauchen/schöpfen
ausschreiten *см.* gehen [1]
Ausschuß [1] брак *(что-л. недоброкачественное)*

der **Ausschuß** — die **Schleuderware** — der **Schund** — der **Ramsch** — der **Tinnef**

Ausschuß *тк. ед. индифф. синоним; напр.:* ohne Ausschuß arbeiten работать без брака; der Ausschuß wird nicht abgenommen брак не принимается. **Schleuderware** *тк. ед.* бросовый товар *(товар, продаваемый по очень низким ценам вследствие плохого качества или быстрой порчи)*; *напр.:* es ist riskant, Schleuderware zu kaufen рискованно покупать товар, продаваемый по бросовым [низким] ценам. **Schund** *тк. ед. пренебр.* плохой товар, (негодная) вещь, продаваемая выше своей действительной цены; *напр.:* es lohnt sich nicht, so viel Geld für einen solchen Schund auszugeben не стоит тратить столько денег на такую дрянь. **Ramsch** *тк. ед. разг. неодобр.* лежалый товар, заваль; *напр.:* alles, was du gekauft hast, ist Ramsch всё, что ты купил, никуда не годно; zu dieser Zeit haben wir in unserem Geschäft nur noch Ramsch в это время у нас в магазине только непроданные остатки [заваляший товар]. **Tinnef** *тк. ед. фам. пренебр.* дрянь-товар *(что-л. низкопробное)*; *напр.:* es hat keinen Sinn, solchen Tinnef zu kaufen нет никакого смысла покупать такую дрянь

Ausschuß [2] *см.* Komitee
ausschütten [1] *см.* ausgießen/erbrechen, sich
ausschütten [2]: sein Herz ausschütten *см.* anvertrauen, sich
ausschweifen *см.* abkommen [1]
ausschweifend *см.* lasterhaft/unsittlich [1]

aussehen выглядеть

aussehen — wirken — scheinen — sich darstellen

aussehen *индифф. синоним; напр.:* der Garten sieht gepflegt aus сад выглядит (хорошо) ухоженным; der Braten sieht sehr appetitlich aus жаркое выглядит очень аппетитно; dein Vater sieht schlecht aus твой отец плохо выглядит; er sieht blaß, müde, erholt aus он выглядит бледным, усталым, отдохнувшим; die Angelegenheit sieht merkwürdig aus дело выглядит странно; das sieht wie Gold aus это

AUSSEHEN

похоже на [выглядит как] золото □ Da kommt sie endlich, und Quangel... muß sich gestehen, daß sie reizend aussieht (*Fallada, »Jeder stirbt«*) Вот, наконец, и она, и Квангель... не может не признаться, что она прелестно выглядит. **wirken** производить какое-л. впечатление, казаться каким-л. *обыкн. о людях и их поведении; напр.:* sie wirkt noch immer jung она все еще кажется [производит впечатление] молодой; sein Verhalten wirkt unangenehm его поведение производит неприятное впечатление. **scheinen** казаться *по сравнению с* aussehen *выражает меньшую уверенность в том, что внешнее впечатление соответствует действительности; напр.:* der Braten scheint appetitlich zu sein жаркое кажется аппетитным; sie scheinen zufrieden (zu sein) они кажутся довольными; scheint Ihnen der Gedanke so lächerlich? эта мысль кажется вам такой смехотворной? □ Die Zeit verging im Wechsel von Regen und Sonnenschein, die kein Ende nehmen zu wollen schienen (*Th. Mann, »Buddenbrooks«*) Солнечная погода все время сменялась дождем и, казалось, этому не будет конца. **sich darstellen** *книжн.* представляться (*тк. о предметах и абстрактных понятиях*); *напр.:* das Problem stellte sich (als) unlösbar dar проблема представлялась неразрешимой; die Landschaft stellte sich den Reisenden als eine lachende Ebene dar ландшафт представлялся путешественникам цветущей равниной

Aussehen *см.* Äußeres
aussein *см.* aufhören¹/enden¹
aussenden *см.* schicken
außer *см.* «Приложение»
außeramtlich *см.* privat
außerdem кроме того
außerdem — überdies — obendrein — extra
außerdem *индифф. синоним; напр.:* sie erzählte mir außerdem noch viel Interessantes она рассказала мне, кроме того, еще много интересного; ich habe eine abgeschlossene Wohnung und außerdem ein Zimmer im zweiten Stock für meinen Sohn у меня отдельная квартира и, кроме того, на третьем этаже еще комната для моего сына; er hatte eine Kuh und außerdem noch zwei Schweine у него была корова и, кроме того, еще две свиньи □ Und außerdem gibt es auch andere leckere Sachen... (*Seghers, »Die Toten«*) И, кроме того, есть еще и другие лакомые вещи... **überdies, obendrein** сверх того, вдобавок; *напр.:* er ist klug und überdies auch sehr tapfer он умен и вдобавок еще очень храбр; wir kamen zu spät und verloren obendrein noch die Eintrittskarten мы опоздали и вдобавок еще потеряли входные билеты. **extra** дополнительно; *напр.:* der Vater gab ihm noch 20 Mark extra отец дал ему еще дополнительно 20 марок

außerdienstlich *см.* privat
Äußeres наружность, внешность
das **Äußere — die Erscheinung — das Aussehen**
Äußeres *индифф. синоним; напр.:* er hat ein angenehmes, anziehendes, vornehmes, gewinnendes Äußeres у него приятная, привлекательная, благородная, подкупающая наружность; das Äußere trügt об внешность часто обманчива; sie hält auf ihr Äußeres она следит за своей внешностью; er vernachlässigt sein Äußeres он не следит за своей внешностью. **Erscheinung** ≅ Äußeres, *но передает более общее впечатление, не фиксирует внимание на лице, одежде и т. п.* (*б. ч. в качестве предикатива с глаголом* sein); *напр.:* er ist eine imposante, sympathische, anziehende Erscheinung у него импозантная, симпатичная, привлекательная наружность; er ist eine stattliche Erscheinung он статный мужчина, у него статная [внушительная] фигура □ Sie (*die Konsulin*) war, wie alle Krögers, eine äußerst elegante Erscheinung (*Th. Mann, »Buddenbrooks«*) Она (консульша) обладала, как и все Крегеры, исключительно элегантной внешностью. **Aussehen** (внешний) вид (*впечатление, которое чей-л. вид производит на окружающих в данное время*); *напр.:* ein gesundes, blühendes Aussehen здоровый, цветущий вид; sie hat ein zufriedenes Aussehen у нее довольный вид; nach ihrer Krankheit entsetzte mich ihr schlechtes Aussehen меня ужаснуло, как плохо она выглядит после болезни; sie legte Wert auf ihr Aussehen она придавала значение своему внешнему виду

außergewöhnlich *см.* außerordentlich¹/sehr
außerhalb *см.* auswärts
äußerlich *см.* oberflächlich
äußern *см.* aussprechen
äußern, sich *см.* sprechen⁴
außerordentlich¹ исключительный
außerordentlich — ungewöhnlich — außergewöhnlich
außerordentlich *индифф. синоним; напр.:* ein außerordentliches Ereignis исключительное событие; ein außerordentliches Talent исключительный талант; eine außerordentliche Leistung исключительное достижение; sie war eine Frau von außerordentlicher Schönheit она была женщина исключительной красоты. **ungewöhnlich** необычный; *напр.:* eine ungewöhnliche Lage необычное положение; mit ungewöhnlicher Kraft с необычной силой; im Hause herrschte eine ungewöhnliche Aufregung в доме царило необычное волнение. **außergewöhnlich** необычайный; *напр.:* einen außergewöhnlichen Spürsinn für etw. haben иметь необычайное чутье на что-л.

außerordentlich² *см.* sehr
äußerst *см.* sehr
Äußerung высказывание

AUSSPRECHEN

die **Äußerung — die Bemerkung — die Anmerkung — die Randbemerkung**
Äußerung *индифф. синоним; напр.:* eine beleidigende, unbesonnene Äußerung оскорбительное, необдуманное высказывание; sich jeder Äußerung enthalten воздержаться от каких бы то ни было высказываний; nach den Äußerungen meiner Kameraden wurde es klar, daß ich recht habe из высказываний моих товарищей стало ясно, что я прав; sie hat seine Äußerung entstellt она исказила его высказывание. **Bemerkung** замечание (*обыкн. краткое, в устной форме*); *напр.:* sich eine kritische, treffende, bissige, spöttische, beleidigende Bemerkung erlauben позволить себе критическое, меткое, едкое, насмешливое, оскорбительное замечание; sich auf einige Bemerkungen beschränken ограничиться несколькими замечаниями □ Der Herr Wirt machte die sehr aufgeklärte Bemerkung: daß es doch für die Seele gleichgültig sei, wo unser Leib begraben wird (*Heine, »Die Harzreise«*) Хозяин высказал очень просвещенное замечание: для души ведь безразлично, где погребено наше тело. Er reizte ihn immer von neuem mit seinen Bemerkungen über Familie und Dorf und Staat; er war von klein auf streitlustig (*Seghers, »Die Toten«*) Он постоянно раздражал его своими замечаниями о семье, о селе и государстве; он с детства любил спорить. **Anmerkung** устаревает ≅ Bemerkung, *но чаще неодобр.; напр.:* eine bissige, boshafte Anmerkung über etw. machen сделать ехидное, злобное замечание по поводу чего-л. □ Paul, an Oskars Stelle, hätte sich auf eine gescheite, ironische Anmerkung beschränkt (*Feuchtwanger, »Lautensack«*) Пауль на месте Оскара ограничился бы умной, иронической репликой. **Randbemerkung** попутное (неодобрительное) замечание; *напр.:* Ihre Randbemerkungen können Sie sich ersparen свои замечания можете оставить при себе

aussetzen *см.* aufhören²/kritisieren¹
Aussicht *см.* Sicht
aussichtslos *см.* hoffnungslos
aussinen *см.* ausdenken
aussöhnen *см.* versöhnen
aussöhnen, sich *см.* versöhnen, sich¹,²
Aussöhnung *см.* Schlichtung
aussondern *см.* nehmen¹
ausspannen *см.* ausruhen/stehlen
Ausspannung *см.* Ruhe¹
aussperren *см.* entlassen
ausspionieren *см.* erfahren I¹
Aussprache *см.* Besprechung/Gespräch
aussprechen высказывать
aussprechen — ausdrücken — äußern — bekunden — formulieren
aussprechen *индифф. синоним; напр.:* den Wunsch, die Meinung, die Absicht, eine Vermutung, den Dank

aller Anwesenden, eine Bitte aussprechen высказать [выразить] (по)желание, мнение, намерение, предположение, благодарность всех присутствующих, просьбу. **ausdrücken** выражать (словами), высказывать; *напр.*: seine Gedanken, seine Freude, seine Zustimmung ausdrücken выражать свои мысли, свою радость, свое согласие; ich habe ihm meinen aufrichtigen Dank ausgedrückt я выразил ему свою искреннюю благодарность. **äußern** *высок.* выражать; *напр.*: einen Wunsch, seine Zweifel, die Absicht, seine Meinung, einen Verdacht äußern выражать (по)желание, свои сомнения, намерение, свое мнение, подозрение. **bekunden** *высок.* обнаруживать, выражать публично; *напр.*: er bekundete sein Beileid, seine Reue, sein Mitgefühl он (публично) выразил свое соболезнование, свое раскаяние, свое сочувствие □ Da zeigte es sich, daß Herr Göppel ihn kannte, und kaum einander vorgestellt, bekundeten Diederich und der andere die ritterlichsten Sitten (*H. Mann, »Untertan«*) Тут выяснилось, что господин Геппель с ним знаком, и едва они были представлены друг другу, как сразу стали выставлять себя ревнителями рыцарских нравов. **formulieren** *книжн.* формулировать, кратко и точно выражать мысль; *напр.*: eine Frage, eine These, seine Bitte formulieren сформулировать вопрос, тезис, свою просьбу

aussprechen, sich *см.* anvertrauen, sich
Ausspruch *см.* «Приложение»
ausspucken *см.* spucken
Ausstand *см.* Streik
Ausstattung *см.* Aufmachung/Mitgift/«Приложение»
ausstechen *см.* übertreffen¹
ausstehen *см.* ertragen/fehlen
aussteigen выходить (*из транспортного средства*)

aussteigen — absteigen — landen

aussteigen *индифф. синоним*; *напр.*: aus dem Zug, aus der Straßenbahn, aus dem Boot aussteigen выходить из поезда, из трамвая, из лодки. **absteigen** сходить, слезать; *напр.*: vom Fahrrad, vom Pferd absteigen сойти с велосипеда, с лошади; vom Wagen absteigen выйти из автомобиля. **landen** высадиться; *напр.*: die Truppen wurden vom Schiff, vom Flugzeug gelandet войска высадились с корабля, с самолета □ Kraftczek hatte sich damit abgefunden, daß er nicht in den Kolonien gelandet war (*Strittmatter, »Wundertäter«*) Крафтчек примирился с тем, что его не высадили с десантом в колониях

Aussteuer *см.* Mitgift
ausstoßen¹ *см.* ausschließen
ausstoßen²: einen Schrei ausstoßen *см.* schreien
Ausstoßung *см.* Vertreibung
ausstrecken *см.* strecken¹
ausstreichen *см.* streichen¹

ausstreuen *см.* verbreiten
ausströmen вытекать, течь (*из чего-л.*)

ausströmen — entströmen

ausströmen *индифф. синоним*; *напр.*: das Wasser strömt aus dem Rohr aus вода вытекает из трубы; das Gas strömt aus der Leitung aus газ выходит [утекает] из трубопровода; die Luft, der Dampf strömt durch das Ventil aus воздух, пар выходит из клапана [улетучивается через клапан]. **entströmen** *высок.* ≅ ausströmen; *напр.*: Gas, Dampf entströmt den Leitungen газ, пар утекает из трубопровода; Rauch entströmt dem Schornstein дым валит из трубы

aussuchen *см.* wählen
Austausch *см.* Tausch
austauschen *см.* wechseln
austeilen *см.* verteilen
austilgen *см.* vernichten
austragen *см.* versorgen¹
austrocknen *см.* trocknen¹, ²
austüfteln *см.* ausdenken
ausüben *см.* beschäftigen, sich¹/leisten¹
Ausverkauf *см.* Verkauf
ausverkaufen *см.* verkaufen
Auswahl *см.* Mannschaft²/Wahl
auswählen *см.* wählen
Auswahlmannschaft *см.* Mannschaft²
Auswanderer эмигрант

der Auswanderer — der Emigrant

Auswanderer *индифф. синоним*; *напр.*: im 19. Jahrhundert fuhren viele Auswanderer aus Europa nach Amerika в девятнадцатом веке много людей эмигрировало из Европы в Америку. **Emigrant** ≅ Auswanderer, *но употр. по отношению к покинувшему свою родину по политическим или религиозным соображениям*; *напр.*: ein politischer, deutscher, französischer Emigrant политический, немецкий, французский эмигрант □ Klar, daß es eine Weile dauert, ehe man, gerade im Fall eines deutschen Emigranten, die bürokratischen Widerstände überwindet (*Feuchtwanger, »Exil«*) Ясно, что, поскольку дело касается немецкого эмигранта, пройдет некоторое время, прежде чем удастся преодолеть бюрократические препоны

auswärtig *см.* ausländisch
auswärts *см.* «Приложение»
auswechseln *см.* wechseln
Ausweg *см.* Mittel/Rettung
ausweichen *см.* vermeiden
ausweichend *см.* «Приложение»
Ausweis удостоверение

der Ausweis — der Paß — die Legitimation — die Flebbe

Ausweis *индифф. синоним*; *напр.*: die Geltungsdauer, die Gültigkeit eines Ausweises срок действия, действительность удостоверения; einen Ausweis ausstellen выдать удостоверение; den Ausweis vorzeigen, kontrollieren предъявить, проверить удостоверение. **Paß** (заграничный) паспорт; *напр.*: den Paß verlängern, erneuern lassen продлить, возобновить паспорт; der Paß läuft ab срок паспорта истекает; der Paß wird ungültig паспорт становится недействительным. **Legitimation** *юр.* документ, удостоверяющий личность; *напр.*: die Legitimation vorlegen предъявить документ, удостоверяющий личность. **Flebbe** *тк. мн.* (Flebben) *жарг.* бумаги; *напр.*: meine Flebben sind in Ordnung мои бумаги в порядке; zeig mal deine Flebben! покажи-ка свои бумаги!

ausweisen высылать (*кого-л. из страны и т. п.*)

ausweisen — verbannen — verweisen

ausweisen *индифф. синоним*; *напр.*: aus der Stadt, aus dem Land ausweisen высылать из города, из страны. **verbannen¹** ссылать, высылать; *напр.*: aus dem Vaterland verbannen выслать за границу; Napoleon wurde auf eine kleine ferne Insel verbannt Наполеона сослали на маленький отдаленный остров. **verweisen** *высок.* ≅ ausweisen; *напр.*: er wurde des Landes verwiesen его выслали из страны

ausweisen, sich *см.* «Приложение»
ausweisen, sich *см.* verbreiten, sich¹
Ausweitung *см.* Verbreitung
auswendig: in- und auswendig kennen *см.* kennen
auswerten *см.* gebrauchen
auswickeln *см.* aufwickeln
auswiegen *см.* wiegen I
auswinden *см.* ausdrücken¹
auswirken, sich *см.* wirken I¹
Auswirkung *см.* Einfluß¹
auswischen *см.* wischen¹
auswringen *см.* ausdrücken¹
Auswurf отбросы (общества)

der Auswurf — der Abhub — das Geschmeiß — der Abschaum

Auswurf *индифф. синоним*; *напр.*: der Auswurf der Gesellschaft, der Menschheit отбросы общества, человечества. **Abhub** *устаревает* ≅ Auswurf; *напр.*: der Abhub der Menschheit, der Gesellschaft отбросы человечества, общества. **Geschmeiß** подонки, отребье *по сравнению с* Auswurf *еще более презр.*; *напр.*: in diesem Viertel der Stadt leben Diebe, Dirnen und ähnliches Geschmeiß в этом квартале города живут воры, проститутки и всякое отребье. **Abschaum** *книжн.* ≅ Auswurf; *напр.*: der Abschaum der Menschheit [der menschlichen Gesellschaft] отбросы общества □ Noch heute werde ich von Ihrer Tat dem Herrn Direktor Anzeige erstatten und was in meiner Macht steht, soll... geschehen, damit die Anstalt wenigstens von dem schlimmsten Abschaum der menschlichen Gesellschaft befreit werde (*H. Mann, »Unrat«*) Еще сегодня я сообщу господину директору о вашем поступке и сделаю все от меня зависящее, чтобы освободить учебное заведение по крайней мере от самых отвратительных отбросов человеческого общества

auszahlen см. bezahlen [1]
auszählen см. zählen [1]
auszeichnen см. belohnen
auszeichnen, sich отличаться (*в каком-л. деле*)
sich auszeichnen — sich hervortun

sich auszeichnen *индифф. синоним*; *напр.*: er zeichnet sich durch seine Kenntnisse aus он отличается своими знаниями; sie zeichnete sich beim Abitur aus она отличилась на экзамене на аттестат зрелости; sie hat sich nie durch besonderen Fleiß ausgezeichnet она никогда не отличалась особым прилежанием. sich hervortun выделяться; *напр.*: sich durch seine Begabung hervortun выделяться своим дарованием; er tut sich als Physiker hervor как физик он обращает на себя внимание; sie tut sich hervor она любит выделяться

Auszeichnung [1] отличие (*поощрение*)
die Auszeichnung — die Ehre — die Gunst — die Gnade

Auszeichnung *индифф. синоним*; *напр.*: seine Beförderung zum Leutnant war für ihn eine hohe Auszeichnung производство в лейтенанты было для него большим отличием; der Schüler hat sich diese Auszeichnung durch seine Leistungen verdient ученик заслужил это отличие своими успехами в учебе ◻ Schließlich war es eine Ehre, eine Auszeichnung für ihn, wenn ein Major seine Frau und Gattin zu einem Glase Sekt einlud (*Strittmatter*, »*Wundertäter*«) В конце концов, для него было честью, отличием то, что майор пригласил его супругу на бокал шампанского. Ehre честь; *напр.*: ich danke Ihnen für die Ehre, die sie mir mit Ihrem Besuch erwiesen haben я благодарю вас за честь, которую вы мне оказали своим посещением ◻ Doch wie kommen wir zu der Ehre, in diesem Hotel mit Ihnen zu trinken?.. (*Fallada*, »*Wolf u. Wölfen*«) Но как же мы удостоились чести пить с вами в этом отеле?.. Gunst, Gnade *уст.* милость, теперь б. ч. *ирон.* честь; *напр.*: finden Sie nicht, daß er Ihnen mit seinem Besuch eine besondere Gunst erwiesen hat? вы не находите, что своим посещением он оказал вам особую честь?; daß er sich mit Ihnen unterhalten hat, ist wohl schon eine besondere Gnade то, что он с вами беседовал, это уже можно считать особой честью

Auszeichnung [2] см. Lohn [2]
ausziehen [1] снимать (одежду)
ausziehen — ablegen — abnehmen — abziehen

ausziehen *индифф. синоним*; *употр. по отношению ко всем предметам одежды, кроме головных уборов*; *напр.*: j-m, sich (D) den Mantel, das Kleid, die Strümpfe, die Schuhe, das Hemd ausziehen снять с кого-л., с себя пальто, платье, чулки, ботинки, рубашку ◻ Sie zögerte, zog den Handschuh aus... (*Feuchtwanger*, »*Exil*«) Она помедлила, сняла перчатку... Dann zogen sie ihre nassen Sachen aus und legten sie auf das Heu. ...eine schöne elegante Frau... die ihm gegenüber saß und ihre Handschuhe an- und auszog... (*Renarque*, »*Liebe Deinen Nächsten*«) Затем они сняли свою мокрую одежду и положили на сено. ...красивая элегантная женщина... сидевшая напротив него, то надевавшая, то снимавшая свои перчатки... ablegen ≅ ausziehen, *но имеет более официальный оттенок и употр. по отношению к предметам верхней одежды*; *напр.*: einen Hut, einen Mantel, einen Arztkittel, die Schürze ablegen снимать шляпу, пальто, медицинский халат, передник ◻ Sobald Wilhelm Nadler abgelegt hatte, ging er in den Hof hinaus an die Pumpe (*Seghers*, »*Die Toten*«) Как только Вильгельм Надлер разделся, он вышел во двор к колодцу. abnehmen снимать (головной убор); *напр.*: den Hut, die Mütze abnehmen снимать шляпу, фуражку. abziehen *разг.* стаскивать, снимать (б. ч. головной убор); *напр.*: die Mütze abziehen стащить (с головы) кепку

ausziehen [2] раздевать (кого-л.)
ausziehen — auskleiden — entkleiden — auspellen

ausziehen *индифф. синоним*; *напр.*: die Mutter zog das Kind aus мать раздела ребенка; dort zog man den Kranken aus там больного раздели. auskleiden *высок.* раздевать, разоблачать; *напр.*: den Bischof auskleiden снять облачение [ризы] с епископа; die Krankenschwester kleidete den Großvater aus медсестра раздела дедушку. entkleiden *высок.* снимать одежды, (полностью) раздевать; *напр.*: ein Kind, einen Kranken entkleiden раздеть ребенка, больного ◻ Entkleide mich, ich will mich schlafen legen (*Schiller*, »*Wallensteins Tod*«) Сними с меня одежды, я лягу спать. auspellen *разг.* (с трудом) стянуть одежду (с кого-л.); *напр.*: die Mutter pellte die Kinder aus мать стянула с детей их одежки

ausziehen [3] см. nehmen [2]
ausziehen, sich раздеваться
sich ausziehen — sich auskleiden — sich entkleiden — sich auspellen

sich ausziehen *индифф. синоним*; *напр.*: ich zog mich aus und legte mich hin я разделся и лег. sich auskleiden *высок.* ≅ sich ausziehen; *напр.*: sich rasch auskleiden und ins Bett gehen быстро раздеться и лечь в постель. sich entkleiden *высок.* снимать (с себя) одежды, разоблачаться *по сравнению с* sich auskleiden *возвышенность стилевой окраски более отчетлива*; *напр.*: die Messe war zu Ende, der Geistliche entkleidete sich обедня кончилась, священник снимал с себя ризы. sich auspellen *разг.* стянуть с себя одежду; *напр.*: die Uniform war eng, darum war es nicht so leicht, sich schnell auszupellen мундир был узок, и потому быстро стянуть его было не так просто

Auszug [1] выезд
der Auszug — die Ausfahrt

Auszug *индифф. синоним*; *напр.*: der Auszug aus einem Land, aus der Wohnung выезд из страны (*большой группы*), из квартиры. Ausfahrt выезд, *тж. отъезд*; *напр.*: der Zug steht zur Ausfahrt aus dem Bahnhof bereit поезд стоит готовым к отправлению

Auszug [2] см. Zitat
auszupfen см. ausreißen [1]
autark см. selbständig
Auto автомобиль
das Auto — der Wagen — der Kraftwagen — das Automobil

Auto *индифф. синоним* (*сокр. от* Automobil); *напр.*: ein offenes, geschlossenes, modernes, gebrauchtes Auto fahren водить открытый, закрытый, современный, подержанный автомобиль; ein Auto nehmen взять машину [такси]; das Auto tanken, waschen заправлять, мыть автомобиль; das Auto lenken управлять автомобилем; ich stelle das Auto in die Garage я поставлю машину в гараж; wo steht dein Auto? где стоит твоя машина? ◻ Das Auto sollte in den »Fürstenberger Hof« zurückgebracht werden (*Seghers*, »*Die Toten*«) Автомобиль следовало отправить назад в «Фюрстенберггоф». Wagen ≅ Auto, *но употр. когда из контекста, ситуации и т. п. ясно, что речь идет об автомобиле, а не об экипаже, вагоне*; *напр.*: ein gebrauchter, moderner, offener, geschlossener Wagen подержанный, современный, открытый, закрытый автомобиль; der Wagen läuft ruhig, gut у автомобиля ровный, хороший ход ◻ Er brachte die Grenzübertrittspapiere für Klemm, für den Chauffeur und den Wagen (*Seghers*, »*Die Toten*«) Он принес разрешение на переезд через границу Клемма и его шофера и на перевоз машины. Kraftwagen *офиц., тех.* автомашина; *напр.*: dieser Kraftwagen entwickelt eine Geschwindigkeit von 150 km in der Stunde этот автомобиль развивает скорость до ста пятидесяти километров в час. Automobil *книжн.* автомобиль; *напр.*: das Automobil beherrscht heute das Straßenbild автомобиль сегодня — господствующий вид дорожного транспорта ◻ Herr Rittmeister und Fräulein Violet sind schon vor halb acht mit dem Automobil fortgefahren (*Fallada*, »*Wolf u. Wölfen*«) Господин ротмистр и мадмуазель Виолета еще в восьмом часу уехали на автомобиле

Autobiographie см. Lebenslauf
Automobil см. Auto
autonom см. selbständig
Autor см. Verfasser
autorisieren см. bevollmächtigen
Autorität см. Einfluß [2]/Größe [2]
autoritativ см. maßgebend
Avantgarde см. Vorhut

B

babbeln см. sprechen¹
Bach см. Fluß
Backe см. Wange
Backenstreich см. Ohrfeige
Backfisch см. Mädchen¹
Bagage I см. Bande¹
Bagage II см. Gepäck
Bagatelle см. Kleinigkeit
Bahn см. Weg¹
Bai см. Bucht
balbieren см. rasieren
bald скоро, в недалеком будущем, вскоре

bald — in Zukunft — zukünftig — weiterhin — später — späterhin — künftig — demnächst — fortan — hinfort

bald *индифф. синоним; напр.:* er kommt bald он скоро придет; bald ist Sommer скоро лето; bald werde ich wieder verreisen скоро я снова уеду. **in Zukunft** на будущее время, впредь; *напр.:* seien Sie in Zukunft vorsichtiger! будьте впредь осторожнее!; in Zukunft unterrichten Sie mich bitte rechtzeitig, wenn Sie in Urlaub gehen wollen на будущее попрошу мне своевременно сообщать, когда вы хотите идти в отпуск. **zukünftig** ≅ in Zukunft, *но носит более официальный характер и менее употребительно; напр.:* ich bitte dies zukünftig zu unterlassen! прошу впредь этого не делать! **weiterhin** впредь, дальше *предполагает продолжение какого-л. состояния, действия и т. п.; напр.:* trotzdem erhielt er weiterhin die Beziehungen zu uns aufrecht несмотря на это, он и дальше поддерживал с нами отношения. **später** позднее *употр. без точного указания, когда наступит данный момент; напр.:* das mache ich später это я сделаю позднее; einen neuen Anzug kaufe ich mir später новый костюм я куплю позже. **späterhin** впоследствии *по сравнению со* später *употр. реже и означает еще более неопределенное время; напр.:* das Auto kaufe ich mir späterhin автомобиль я куплю (когда-нибудь) позднее. **künftig** *книжн.* в будущем (*начиная с настоящего момента); напр.:* ich bitte Sie künftig rechtzeitig zu kommen я прошу вас в дальнейшем приходить вовремя; wir müssen künftig sparsamer sein в будущем мы должны быть экономнее. **demnächst** *б. ч. офиц.* ≅ bald; *напр.:* demnächst werden Sie von uns eine Antwort erhalten вскоре вы получите от нас ответ. **fortan** *книжн. редко* впредь, отныне *предполагает перемену по отношению к прошлому; напр.:* fortan müssen wir mit der Kohle sparsamer sein впредь мы должны экономнее расходовать уголь; fortan besuchte sie uns öfter отныне она стала часто нас навещать. **hinfort** *уст.* ≅ fortan; *напр.:* sie lebten hinfort in völliger Einsamkeit они жили отныне в полном одиночестве
baldig см. künftig¹
balgen, sich см. schlagen, sich
Balgerei см. Schlägerei
Balkon балкон

der **Balkon** — der **Altan** — der **Söller**

Balkon *индифф. синоним; напр.:* ein offener, geschützter, hölzerner, betonierter, verglaster Balkon открытый, защищенный, деревянный, бетонированный, застекленный балкон; ein Zimmer mit Balkon комната с балконом; auf den Balkon hinaustreten выйти на балкон □ ...saß König Franz, | Und um ihn die Großen der Krone, | Und rings auf hohem Balkone | Die Damen in schönem Kranz (*Schiller, »Der Handschuh«*) ...сидел король величаво на троне. | Кругом на высоком балконе | Хор дам прекрасный блестел (М. Ю. Лермонтов, «*Перчатка*»). Man saß auf dem zum Wintergarten eingerichteten Balkon um den verwundeten Hausherrn von Malzahn herum (*Seghers, »Die Toten«*) Все сидели на превращенном в зимний сад балконе вокруг раненого хозяина дома, господина фон Мальцана. **Altan** (большой) балкон на колоннах *по сравнению с* Balkon *употр. реже, б. ч. ю.-нем.; напр.:* viele von den Anwesenden traten auf den Altan hinaus многие из присутствующих вышли на балкон □ Da fällt von des Altans Rand. | Ein Handschuh von schöner Hand (*Schiller, »Der Handschuh«*) Вдруг женская с балкона сорвалася перчатка (В. А. Жуковский, «*Перчатка*»). **Söller** балкон на верхнем этаже (*в средневековых замках и т. п.); напр.:* von dem Söller aus bietet sich eine herrliche Aussicht auf das Meer с балкона открывается чудесный вид на море
Ballen см. Packen
Ballerina см. Tänzerin
Ballerine см. Tänzerin
ballern см. schießen¹
Balletttänzerin см. Tänzerin
Balletteuse см. Tänzerin
bammeln см. hängen I¹/schaukeln²
banal см. trivial
Band см. «Приложение»
Bande¹ банда

die **Bande** — die **Horde** — die **Rotte** — die **Gang** — die **Bagage**

Bande *индифф. синоним; напр.:* er war der Anführer der bewaffneten Bande он был главарем вооруженной банды; die Polizei hat eine Bande von Dieben unschädlich gemacht полиция обезвредила шайку воров □ Wenn wir mal Schluß machen mit der ganzen Bande! (*H. Mann, »Untertan«*) Когда-нибудь мы расправимся со всей этой бандой! **Horde** шайка; *напр.:* er war an eine Horde von Schuften geraten он попал в шайку негодяев; uns überfiel eine Horde von Halbstarken на нас напала шайка хулиганствующих подростков. **Rotte** свора; *напр.:* eine verbrecherische Rotte Halbwüchsiger machte die Straße unsicher преступная свора подростков сделала улицу небезопасной. **Gang** [gɛŋ] *книжн.* ≅ Bande *употр. сравнительно редко, обыкн. по отношению к подросткам; напр.:* mit sechzehn Jahren hat er seine erste Gang gegründet шестнадцати лет он организовал свою первую банду. **Bagage** [-ʒə] *бран.* сброд, сволочь; *напр.:* wir hatten Angst vor der Bagage, die ständig in dieser Bierstube hockte мы боялись сброда, который вечно торчал в этой пивной
Bande² см. Menge³
bändigen см. zähmen
bang см. ängstlich
bänglich см. ängstlich
Bankert см. Kind²
Bankett см. Essen²
Banknote см. Geldschein
bankrott обанкротившийся

bankrott — zahlungsunfähig — ruiniert — pleite — blank — abgebrannt

bankrott *индифф. синоним; напр.:* ein bankrotter Kaufmann обанкротившийся торговец; man munkelt, er sei bankrott ходят слухи, что он обанкротился □ Aber für die eingestürzte Demokratie, für das bankrotte Völkerrecht schreiben, wie die Heilbrun und Trautwein es tun, das heißt in den Sand schreiben (*Feuchtwanger, »Exil«*) Но писать в защиту провалившейся демократии и обанкротившегося международного права, как это делают Гейльбруны и Траутвейны, это значит тратить время попусту. **zahlungsunfähig** *ком.* неплатежеспособный; *напр.:* ein zahlungsunfähiger Geschäftsmann неплатежеспособный коммерсант □ Grünlich... der Mann seiner Tochter, war zahlungsunfähig, und in einem langen... und unendlich kläglichen Brief erbat... er eine Aushilfe von hundert- bis hundertzwanzigtausend Mark! (*Th. Mann, »Buddenbrooks«*) Грюнлих... муж его дочери, прекратил платежи и в длинном... и бесконечно жалобном письме выпрашивал... у него ссуду в сто-сто двадцать тысяч марок! **ruiniert** (полностью, окончательно) разорившийся, разоренный, потерпевший полный (финансовый) крах; *напр.:* er ist ruiniert он разорен; er ist ein ruinierter Mann он полный банкрот. **pleite** *разг.* ≅ bankrott, *но часто шутл. — о временных денежных затруднениях (атрибутивно не употр.); напр.:* pleite gehen вылететь в трубу; wenn seine Geschäfte so weiter gehen, ist er bald pleite если его дела и дальше так пойдут, он скоро обанкротится; ich habe die Miete bezahlt und bin jetzt pleite я уплатил за квартиру и теперь сижу на мели. **blank** *разг.* обезденежевший, без гроша *употр. тк. в выражении* blank sein; *напр.:* leider kann ich dir nicht aushelfen, ich bin selber blank к сожалению, я тебе не

могу одолжить денег [не могу помочь], я сам (сижу) без гроша □ Ich habe Ihnen die Verse nicht vorgelesen, mein Gönner, damit Sie sie beurteilen, sondern damit Sie mir Honorar dafür verschaffen. Sie haben in letzter Zeit wenig für Ihren ergebenen Jünger getan. Ich bin leider wieder einmal vollkommen blank (Feuchtwanger, »Exil«) Я прочитал вам стихи, мой покровитель, не для того, чтобы вы высказали о них свое мнение, а чтобы вы раздобыли мне за них гонорар. За последнее время вы мало что сделали для своего преданного ученика. К сожалению, я опять без гроша. **abgebrannt** *разг.* прогоревший *употр. тк. в выражении* abgebrannt sein; *напр.:* ich bin völlig abgebrannt я совершенно прогорел, у меня не осталось ни гроша □ ...hat sie doch nicht einmal den eigenen Mann ändern können, der mit Kneipensitzen und mit Rennwetten sein Geld vertut, und der zu Haus nur dann auftaucht, wenn er ganz abgebrannt ist (Fallada, »Jeder stirbt«) ...она же не могла переделать и собственного мужа, который спускает свои деньги в пивных и на скачках и является домой, только когда уж совсем на мели
Bann *см.* Verbannung
bannen *см.* ausschließen
Banner *см.* Fahne
barbarisch *см.* grausam
Barbier *см.* Friseur
barbieren *см.* rasieren
barmen *см.* klagen [1]
barmherzig *см.* mild [2]/mitfühlend
barsch *см.* grob
Basar *см.* Markt
Base *см.* Cousine
Basis *см.* Grundlage
Bastard *см.* Kind [2]
Bau *см.* Gefängnis [1]/Haus
Bauch [1] *см.* Magen
Bauch [2]: auf dem Bauch kriechen *см.* kriechen [2]
bauen [1] строить
bauen — errichten — hochziehen — aufbauen — aufrichten — erbauen — aufführen — erstellen
bauen *индифф. синоним; напр.:* Wohnungen, Häuser, Fabriken, Städte, Schiffe bauen строить квартиры, дома, фабрики, города, корабли; schnell, langsam bauen строить быстро, медленно; wir werden eine neue Maschine bauen мы построим [создадим] новую машину □ Ich habe ihm dergleichen nicht spendiert, als er sich sein Gartenhaus vorm Burgtor gebaut hatte (Th. Mann, »Buddenbrooks«) Я ему ничего подобного не подарил, когда он построил себе дом с садом перед городскими воротами. Der Weißblatt-Betrieb reiste jedenfalls nach dem Westen, um dort einen Damm zu bauen, dem keine Kanonenkugel etwas anhaben konnte (Strittmatter, »Wundertäter«) Во всяком случае, предприятие Вайсблата переехало на Запад, чтобы построить там вал, неуязвимый для пушечных ядер. **errichten** воздвигать; *напр.:* eine Kirche, ein Gebäude, einen Turm, ein Denkmal errichten воздвигнуть церковь, здание, башню, памятник; ein Gerüst errichten соорудить леса □ Es sollte kein heimlicher Riß durch das Gebäude laufen, das wir mit Gottes gnädiger Hilfe errichtet haben (Th. Mann, »Buddenbrooks«) Нельзя допустить, чтобы невидимая трещина пошла по зданию, воздвигнутому нами с божьей помощью. **hochziehen** ≅ errichten, *но подчеркивает, что действие происходит за короткое время и его объектом являются какие-л. части здания; напр.:* Mauern [Wände] hochziehen поднять [возвести] стены; einen Turm hochziehen воздвигнуть башню. **aufbauen** построить; поставить (*часто легкую, временную постройку*); *напр.:* Baracken, Zelte, Buden aufbauen поставить бараки, палатки, ларьки; die zerstörte Stadt wurde neu aufgebaut разрушенный город был построен заново. **aufrichten** поставить, построить; поднять *разг.* (*обыкн. что-л., уходящее в высоту*); *напр.:* einen Mast, einen Schlot, eine Mauer, ein Zirkuszelt aufrichten поставить мачту, трубу, стену, шапито. **erbauen** *книжн.* возводить, сооружать (*б. ч. что-л. большое, значительное*); *напр.:* ein Schloß, einen Palast erbauen воздвигнуть [соорудить] замок, дворец; ein Theater erbauen (по-)строить театр □ Man blickte in seinen Teller und gedachte dieser ehemals so glänzenden Familie, die das Haus erbaut und bewohnt hatte (Th. Mann, »Buddenbrooks«) Все уставились в тарелки и вспомнили об этом некогда столь славном семействе, которое воздвигло этот дом и жило в нем. Einige behaupten sogar, die Stadt sei zur Zeit der Völkerwanderung erbaut worden (Heine, »Die Harzreise«) Некоторые даже утверждают, что город был построен во время Великого переселения народов. **aufführen** *высок.* возводить; *напр.:* Mauern, Gebäude, ein Gerüst, einen Damm aufführen возводить стены, здания, леса, плотину; ein Denkmal aufführen воздвигнуть [соорудить] памятник. **erstellen** *канц.* осуществить постройку, строительство *чего-л. подчеркивает результат, а не процесс действия; напр.:* die Firma erstellte neue Wohnungen für ihre Mitarbeiter фирма построила новые дома для своих сотрудников
bauen [2] *см.* bearbeiten [1]
Bauer *см.* Käfig
baumeln *см.* hängen I [1]/schaukeln [1,2]
baumeln lassen *см.* schaukeln [1]
bäumen, sich *см.* widersetzen, sich
baumlang *см.* groß [2]
baumstark *см.* stark [1]
Bauplatz *см.* Baustelle
bauschen *см.* aufblasen
Baustelle *см.* «Приложение»
Bauwerk *см.* Haus
beabsichtigen *см.* vorhaben
beachten *см.* befolgen
Beamter *см.* Angestellter
beanspruchen *см.* fordern
beanstanden [1] заявлять претензию
beanstanden — reklamieren
beanstanden *индифф. синоним; напр.:* beschädigte, minderwertige Waren beanstanden заявлять претензию по поводу испорченных, неполноценных товаров; eine Wahl beanstanden опротестовать результаты выборов, требовать кассации выборов. **reklamieren** *ком.* заявлять рекламацию; *напр.:* wir haben diese Maschinen reklamiert мы заявили рекламацию на эти машины
beanstanden [2] *см.* tadeln
beantragen *см.* vorschlagen
beantworten *см.* antworten [2]
bearbeiten [1] обрабатывать (землю)
bearbeiten — bestellen — bebauen — bauen
bearbeiten *индифф. синоним; напр.:* den Boden, das Feld, den Acker, das Brachland mit landwirtschaftlichen Maschinen bearbeiten обрабатывать почву, поле, пашню, залежь сельскохозяйственными машинами; diese Wiese ist nicht schwer zu bearbeiten этот луг нетрудно обработать. **bestellen** возделывать (и засевать) *в отличие от* bearbeiten *фиксирует внимание на процессе действия, а не на объекте; напр.:* der Bauer bestellt sein Feld, seinen Acker, seinen Garten крестьянин возделывает свое поле, свою пашню, свой сад □ Lena und die Kinder konnten den kleinen Acker am Waldrand nur notdürftig bestellen (Strittmatter, »Wundertäter«) Лена вместе с детьми могла с трудом обработать маленький клочок земли у лесной опушки. **bebauen** возделывать (*б. ч. большую площадь*); *напр.:* ein (großes) Stück Land, ein Feld bebauen возделывать (большой) участок земли, поле; Neuland bebauen возделывать целину. **bauen** = bebauen, *но употр. редко; напр.:* das Feld bauen обрабатывать поле
bearbeiten [2] *см.* bedrängen [1]
beargwöhnen *см.* verdächtigen
Beaufsichtigung *см.* Aufsicht
beauftragen поручать
beauftragen — auftragen — betrauen — anweisen — verpflichten
beauftragen (j-n mit etw.) *индифф. синоним; напр.:* j-n mit einer Übersetzung, mit der Ausrüstung der Expedition beauftragen поручить кому-л. что-л. перевести (на другой язык), снарядить экспедицию; er ist beauftragt, die Maschine zu reparieren ему поручили отремонтировать машину; er ist mit der Kontrolle der Qualität dieser Ware beauftragt ему поручили проверку качества этого товара □ In einigen Wochen wollte Boris nach London reisen, um einen der ersten englischen Architekten mit dem Entwurf des Verwaltungsgebäudes zu

beauftragen (*Kellermann*, *»Die Stadt«*) Через несколько недель Борис хотел отправиться в Лондон, чтобы поручить там одному из лучших английских архитекторов составить проект административного здания. **auftragen** (*etw. j-m*) ≅ beauftragen, но с оттенком 'обязать сделать что-л.; *напр.*: j-m die Aufsicht über etw. auftragen поручить кому-л. надзор за чем-л.; j-m eine Bestellung auftragen поручить кому-л. (выполнить) заказ; er hat mir aufgetragen, dich zu besuchen он поручил мне навестить тебя. **betrauen** (*j-n mit etw.*) поручить выполнить (*обыкн. что-л. важное, оказав этим доверие*); *напр.*: der Präsident betraute ihn mit der Bildung einer neuen Regierung президент поручил ему сформулировать новое правительство; er betraute mich mit der Leitung des Betriebs он поручил мне руководство предприятием. **anweisen** (*j-n + Inf.*) *книжн.* ≅ beauftragen; *напр.*: die Regierung wies ihren Botschafter an, das Memorandum zu überreichen правительство поручило послу передать меморандум; der Lehrer wies den Schüler an, die Klassenhefte zu verteilen учитель поручил ученику раздать тетради. **verpflichten** (*j-n für etw.*) *офиц.* обязать (*контрактом и т. п.*): *напр.*: j-n für ein Amt verpflichten возложить на кого-л. какую-л. обязанность; einen Schauspieler für eine Rolle verpflichten поручить актеру какую-л. роль, пригласить актера на роль
  beäugeln *см.* ansehen²
  beäugen *см.* ansehen²
  beaugenscheinigen *см.* ansehen²
  bebauen *см.* bearbeiten¹
  beben *см.* zittern
  Becher бокал, кубок
der **Becher** — der **Pokal** — der **Cup**
  Becher *индифф. синоним*; *напр.*: ein silberner Becher серебряный кубок; einen Becher bis auf den Grund leeren осушить бокал, выпить бокал [кубок] до дна | ...Laß mir den besten Becher Weins | In purem Golde reichen (*Goethe*, *»Der Sänger«*) ...Пусть мне поднесут самого лучшего вина в кубке из чистого золота. Wer mir den Becher kann wieder zeigen, | Er mag ihn behalten, er ist sein eigen (*Schiller*, *»Der Taucher«*) Кто мне снова покажет кубок, может оставить его себе, считать его своим. **Pokal** (драгоценный) кубок (*б. ч. из металла*); *напр.*: ein Pokal aus Gold, aus Kristall серебряный, золотой, хрустальный кубок; die Fußballelf gewann den silbernen Pokal футбольная команда выиграла серебряный кубок. **Cup** [кар] *спорт.* кубок; *напр.*: der Kampf um den Cup борьба за кубок, кубковые состязания
  Becken *см.* Schüssel
  bedächtig *см.* langsam¹/vorsichtig¹
  bedachtsam *см.* langsam¹/vorsichtig¹,²

  bedanken, sich *см.* danken
  Bedarf *см.* Notwendigkeit
  bedauerlich *см.* unangenehm¹
  bedauern¹ сочувствовать
bedauern — **bemitleiden** — **kondolieren**
  bedauern *индифф. синоним*; *напр.*: ich bedauere die Frau, die das Geld verloren hat я сочувствую женщине, которая потеряла деньги; er bedauert diesen Kranken он сочувствует этому больному. **bemitleiden** жалеть кого-л. (*иногда с оттенком снисходительной жалости*); сострадать кому-л. *по сравнению с* bedauern *выражает более глубокое сочувствие*; *напр.*: einen Kranken bemitleiden (глубоко) сочувствовать больному; ihren Zustand, sein Leiden muß man bemitleiden ее положение, его страдание вызывает сочувствие □ Er wich während des Tages nicht von ihm, er ließ ihn (*den Hund*) zur Nacht auf seinem eigenen Lager schlafen, er wusch und verband ihn, streichelte, tröstete und bemitleidete (*Th. Mann*, *»Tobias Mindernickel«*) Он не отходил от нее (*собаки*) в течение дня, уступал ей свое собственное ложе ночью, мыл и перевязывал ее, гладил, утешал и выражал ей свое сочувствие. **kondolieren** (*j-m*) *книжн.* выражать соболезнование (по поводу чьей-л. смерти); *напр.*: ich kondoliere Ihnen von ganzem Herzen zu dem Tode Ihres Bruders я выражаю вам от всей души соболезнование по поводу смерти [кончины] вашего брата
  bedauern² сожалеть
bedauern — **bereuen**
  bedauern *индифф. синоним*; *напр.*: er bedauert, daß er zu spät gekommen ist он сожалеет, что опоздал; niemand wird das bedauern никто об этом не пожалеет; bedaure sehr весьма сожалею (*вежливый отказ*) □ Nein, Pastor Wunderlich bedauerte, Bonaparte niemals zu Gesichte bekommen zu haben (*Th. Mann*, *»Buddenbrooks«*) Нет, пастор Вундерлих сожалел, что никогда не лицезрел Бонапарта. **bereuen** раскаиваться; *напр.*: diesen Entschluß, seine Sünden bereuen раскаиваться в этом решении, в своих грехах; ich bereue nicht, daß ich es getan habe я не раскаиваюсь в том, что я сделал это □ ...es war unbehaglich. Aber anregend war es auch; sie bereute nicht, gekommen zu sein (*Feuchtwanger*, *»Lautensack«*) ...от этого становилось не по себе. Но это было и волнующе интересно; нет, она не раскаивалась, что приехала сюда
  bedauern³ *см.* beklagen
  bedauernswert *см.* unglücklich¹
  bedecken покрывать
bedecken — **zudecken** — **decken**
  bedecken *индифф. синоним*; *напр.*: das Kind mit einem Plaid bedecken укрыть ребенка пледом; die Erde ist mit Schnee bedeckt земля покрыта снегом; der Himmel ist mit Wolken bedeckt небо покрыто тучами □ Dieselbe Arzt versicherte es mir. Die Lungen sind völlig mit weißen Bläschen bedeckt und vereitert (*Kellermann*, *»Der 9. November«*) Тот же врач уверил меня в этом. Легкие сплошь покрыты белыми пузырьками и гноятся. **zudecken** покрывать, укрывать со всех сторон; *напр.*: die Rosenstöcke im Winter mit Stroh zudecken укрывать на зиму кусты роз соломой; den Sarg mit Blumen zudecken усыпать гроб цветами. **decken** a) *высок.* покрывать, одевать; *напр.*: der Schnee deckt die Erde снег покрывает (пеленою) [одевает] землю; ein kostbarer Teppich deckt den Boden пол устлан [убран] драгоценным ковром; b) *в некоторых фразеологических оборотах* decken *стилистически нейтрально*; *напр.*: das Dach (mit Schiefer) decken крыть крышу (шифером); den Tisch decken накрывать (на) стол; für zwei Personen decken накрыть стол не две персоны [на два куверта]
  bedenken *см.* schenken¹/überlegen¹
  Bedenken *см.* Zweifel
  bedeuten¹ означать
bedeuten — **heißen** — **besagen**
  bedeuten *индифф. синоним*; *напр.*: was bedeutet dieses Wort? что означает это слово?; diese Wolken bedeuten Regen эти тучи означают дождь □ Ich weiß nicht, was soll es bedeuten, | Daß ich so traurig bin (*Heine*, *»Lorelei«*) Я не знаю, что это значит, что я так грустен. Das bedeutet nicht nur Geld, das bedeutet nicht nur Lohn für ein paar tausend Arbeiter. Das bedeutet Macht (*Seghers*, *»Die Toten«*) Это означает не только деньги, это не только заработная плата для нескольких тысяч рабочих. Это власть. **heißen** a) ≅ bedeuten, *но подчеркивает вывод, вытекающий из ранее высказанного положения* (*б. ч. употр. с придаточным предложением или инфинитивом*); *напр.*: er ist nicht an seinem Arbeitsplatz, das heißt, daß er krank ist его нет на рабочем месте, значит, он болен; diese Methode ermöglichte es ihm, die Baukosten zu senken; das heißt, daß tausende komfortable Wohnungen zusätzlich entstehen этот метод позволяет снизить расходы на строительство; это значит, что дополнительно будут созданы тысячи комфортабельных квартир; alles verstehen heißt alles verzeihen *погов.* понять — значит простить □ Etwas tun, das hieß aber, andere angeben, zum Beispiel melden: Der und der hat einen ausländischen Sender abgehört (*Fallada*, *»Jeder stirbt«*) Сделать что-нибудь (*для нацистской партии*) — это значило донести на кого-либо, сообщить, например, что он слушал заграничное радио; b) ≅ bedeuten, *но чаще употр., когда значение слова требует разъяснения*; *напр.*: was heißt dieses unleserliche Wort? что означает это неразборчиво написанное

слово?, что это за слово? **besagen** говорить, свидетельствовать о чем-л., означать что-л.; *напр.*: das will nichts besagen это ни о чем не говорит, это еще ничего не значит; die Fabel besagt folgendes... басня эта говорит вот о чем..., смысл басни вот в чем...
bedeuten [2] *см.* zwingen
bedeutend *см.* groß [4, 5]/viel
bedeutsam *см.* wichtig [1]/«Приложение»
Bedeutung [1] значение
die **Bedeutung** — der **Sinn**
Bedeutung *индифф. синоним; напр.*: die Bedeutung dieses Wortes hat sich gewandelt значение этого слова изменилось; dieses Wort hat drei Bedeutungen это слово имеет три значения; er erklärte uns die Bedeutung dieses Ausdrucks он объяснил нам значение этого выражения. **Sinn** смысл *в отличие от* Bedeutung *чаще употр. по отношению к связному предложению, целому высказыванию и т. п., иногда передает значение чего-л. как одну из возможных интерпретаций; напр.*: der Sinn der Rede, des Textes, einer Bemerkung смысл речи, текста, замечания; ich kann den Sinn dieses Satzes nicht verstehen я не могу понять смысла этой фразы □ Und Madame Catherine fragte was das bedeutete. Da sagte er, den Sinn der Worte kenne er nicht (*H. Mann, »Die Jugend«*) И мадам Екатерина спросила его, что это значит. На это он ответил, что смысла этих слов он не понимает. Doch er erfaßte natürlich den bösen Sinn ihrer Worte (*Feuchtwanger, »Lautensack«*) Он, конечно же, уловил злобный смысл ее слов
Bedeutung [2] *см.* Wichtigkeit
bedeutungsvoll *см.* bedeutsam/wichtig [1]
bedienen обслуживать
bedienen — **abfertigen**
bedienen *индифф. синоним; напр.*: die Gäste bei Tisch bedienen обслуживать посетителей за столом; die Kunden gut, gewissenhaft bedienen хорошо, добросовестно обслуживать клиентов [покупателей]; werden Sie schon bedient? вас уже обслуживают? □ Damals ...hatten die Geschäftsleute, besonders die Frauen, sie höhnisch und verächtlich gemustert und sie nur unwillig bedient (*Kellermann, »Die Stadt«*) В то время... владельцы магазинов, особенно женщины, окидывали ее насмешливым и презрительным взглядом и неохотно ее обслуживали. **abfertigen** ≈ bedienen, *но больше подчеркивает деловой характер обслуживания (на вокзале, на почте и т. п.), при этом клиент обыкн. отделен от обслуживающего прилавком, барьером и т. п.; напр.*: die Kunden, die Reisenden abfertigen обслуживать клиентов, пассажиров; an diesem Schalter wird abends niemand abgefertigt у этого окошка вечером никого не обслуживают

bedienen, sich *см.* gebrauchen
Bediensteter *см.* Angestellter
Bedienung обслуживание
die **Bedienung** — die **Abfertigung** — die **Aufwartung**
Bedienung *индифф. синоним; напр.*: eine schnelle, gute Bedienung der Gäste быстрое, хорошее обслуживание посетителей; die Bedienung ist im Preis enthalten цена включает оплату услуг □ Du ruinierst mich mit deiner Trägheit, deiner Sucht nach Bedienung und Aufwand... (*Th. Mann, »Buddenbrooks«*) Ты разоряешь меня своей бездеятельностью, твоим пристрастием окружать себя прислугой и расточительством. **Abfertigung** *в отличие от* Bedienung *подчеркивает деловой характер обслуживания (в конторе, на вокзале, на почте и т. п.); напр.*: eine schnelle Abfertigung der Kunden быстрое обслуживание клиентов. **Aufwartung** *устаревает* прислуживание *обыкн. употр., когда речь идет о домашней прислуге, слугах; напр.*: sie hat bei mir die Aufwartung übernommen она взялась обслуживать меня, она пошла ко мне в услужение
Bedingung *см.* Voraussetzung [1]
Bedingungen *см.* Verhältnisse
bedrängen [1] преследовать, осаждать кого-л. (*просьбами и т. п.*)
bedrängen — **drängen** — **anliegen** — **zusetzen** — **bearbeiten**
bedrängen *индифф. синоним; напр.*: er wurde von Gläubigern bedrängt его преследовали [осаждали] кредиторы; er wurde mit Bitten und Forderungen bedrängt его осаждали просьбами и требованиями □ Ängstliche und wirre Gedanken an Usancen, Buchführung, Zeugen, Staatsanwalt... mochten sie bedrängen (*Th. Mann, »Buddenbrooks«*) Ее, видимо, преследовали тревожные, смутные мысли о торговых обычаях, бухгалтерских балансах, свидетелях, прокуроре... **drängen** *в отличие от* bedrängen, *не выражает менее настойчивое действие; напр.*: die Gläubiger drängten auf Zahlung кредиторы настаивали на уплате [торопили с уплатой] □ Aber der Unterschied ist, daß damals ein großes Wesen gemacht wurde und alle mich drängten und quälten (*Th. Mann, »Buddenbrooks«*) Но разница в том, что тогда этому придавали большое значение, все ко мне приставали и мучили меня. **anliegen** *уст.* ≈ bedrängen; *напр.*: j-m wegen einer Angelegenheit beharrlich anliegen настойчиво преследовать кого-л. по поводу чего-л. **zusetzen** *разг.* уламывать кого-л., напирать на кого-л.; *напр.*: ich habe ihm so lange zugesetzt, bis er versprach, mich mitzunehmen я его так долго уламывал, пока он не согласился взять меня с собой. **bearbeiten** *фам.* обрабатывать (*настойчивыми уговорами и т. п. склонять к чему-л.*); *напр.*: sie haben ihn so lange bearbeitet, bis er ihrem Plan zustimmte они его обрабатывали

до тех пор, пока он не согласился с их планом
bedrängen [2] *см.* verfolgen [3]
Bedrängnis *см.* Armut/Not [1]/Unglück [1]
bedrängt *см.* schwer [2]
bedrohen *см.* drohen [1]/gefährden
bedrohlich *см.* gefährlich
bedrücken угнетать, гнести
bedrücken — **beschweren** — **drücken**
bedrücken *индифф. синоним; напр.*: ihn bedrücken Sorgen его угнетают заботы; die Einsamkeit bedrückt sie ее угнетает одиночество; das bedrückt mein Herz от этого у меня тяжело на душе; ich will dir alles erzählen, was mich bedrückt я хочу тебе рассказать все, что меня угнетает □ Vater — dieses Verhältnis mit Gotthold bedrückt mich! (*Th. Mann, »Buddenbrooks«*) Отец, эти отношения с Готхольдом угнетают меня! **beschweren** тяготить, *напр.*: die Sorgen beschweren ihn заботы тяготят его; diese Tat beschwert sein Gewissen этот поступок лежит тяжким бременем на его совести. **drücken** давить; *напр.*: die Sorgen drückten ihn заботы давили его; das schlechte Gewissen drückte sie нечистая совесть угнетала ее; ihn drückt ein schweres Leiden тяжкий недуг гнетет [томит] его
bedrückt *см.* mutlos
bedürfen *см.* brauchen
Bedürfnis *см.* Notwendigkeit
Bedürfnisanstalt *см.* Toilette
bedürftig *см.* arm [2]
beehren *см.* besuchen
beeiden *см.* schwören
beeidigen *см.* schwören
beeilen, sich спешить, торопиться
sich beeilen — **sich übereilen** — **sich überhasten** — **sich überstürzen** — **sich sputen** — **sich tummeln** — **sich abhetzen**
Синонимы данного ряда относятся к передвижению или к исполнению чего-л., т. е. означают 'быстро идти, ехать' *или* 'стараться сделать что-л. быстрее'
sich beeilen *индифф. синоним; напр.*: beeilen Sie sich, sonst kommen Sie zu spät! поторопитесь, а то вы опоздаете!; er beeilte sich mit der Bezahlung der Schulden он поспешил с уплатой долгов □ Weshalb hatte man sich mit der Exekution so beeilt? (*Strittmatter, »Wundertäter«*) Почему так поторопились с казнью? Diederich beeilte sich, ihr einen Stuhl zu holen (*H. Mann, »Untertan«*) Дидерих поспешил принести ей стул. **sich übereilen, sich überhasten** слишком спешить с ч. *употр. с отрицанием; напр.*: übereile [überhaste] dich nicht, sonst machst du Fehler не очень торопись, иначе ты сделаешь ошибки. **sich überstürzen** *по сравнению с предыдущими синонимами выражает наибольшую степень торопливости; напр.*: sich im Reden überstürzen говорить, захлебываясь; beim Mittagessen mußten wir uns fast überstürzen нам пришлось так торопиться с обедом, что мы глотали, не

жуя, и чуть не подавились. **sich sputen, sich tummeln** *разг.* поторапливаться; *напр.:* spute dich, aber haste nicht! поторапливайся, но не суетись!; Auf! Tummelt euch! встать! Шевелись! ☐ Spute dich, hörst du? (*Th. Mann, »Buddenbrooks«*) Только не мешкай, слышишь? **sich abhetzen** *разг.* суетиться до изнеможения; пороть горячку; *напр.:* ich habe mich abgehetzt und bin doch zu spät gekommen я так торопился и все же опоздал; hetz' dich nicht ab, du hast noch Zeit не пори горячку, у тебя еще есть время

beeindruckend *см.* eindrucksvoll
beeinflussen *см.* wirken I[1]
beeinträchtigen *см.* schaden/verkleinern[2]

beenden кончать

beenden — beendigen — enden — abschließen — vollenden — schließen — aufheben — beschließen — absolvieren — abtun

beenden *индифф. синоним; напр.:* die Schule, die Universität, die Arbeit, die Rede, den Roman, die Aussaat, das Mittagessen, die Besprechung, den Krieg beenden кончать школу, университет, работу, речь, роман, сев, обед, обсуждение, войну. **beendigen** ≅ beenden, *но употр. реже; напр.:* Wie dumm sind wir gewesen... daß wir so früh ins Kontor gelaufen sind und nicht lieber die Schule beendigt haben! (*Th. Mann, »Buddenbrooks«*) Как мы были глупы... что так рано занялись коммерцией, вместо того чтобы сначала окончить школу! **enden** заканчивать что-л. чем-л.; *напр.:* den Streit, das Gespräch mit folgenden Worten enden... кончать спор, беседу следующими словами...; er endete seine Beschreibung mit einem Gedicht он закончил свое описание стихотворением. **abschließen** закончить (чем-л.) (*что-л., продолжавшееся длительное время и достигшее завершения*); *напр.:* das Studium mit einer Prüfung abschließen закончить учение экзаменом; er schloß die Untersuchung mit einem Experiment ab он завершил исследование экспериментом ☐ Diederich erklärte streng, daß er... noch im Sommer seine Doktorarbeit abzuschließen denke (*H. Mann, »Untertan«*) Дидерих строго сказал, что... еще этим летом он думает закончить свою докторскую работу. **vollenden** завершить, полностью закончить; *напр.:* eine Arbeit vollenden завершить работу; einen Satz vollenden закончить предложение (*прочтя или написав его до конца*). **schließen** заканчивать, заключать чем-л. (*высказывания и т. п.*); *напр.:* seine Rede, seinen Brief, seinen Bericht mit folgenden Worten schließen... заканчивать свою речь, свое письмо, свой отчет следующими словами... **aufheben** закончить, прекратить какое-л. действие (*отдав соответствующее распоряжение и т. п.*); *напр.:* die Belagerung der Festung aufheben прекратить [снять] осаду крепости; die Tafel aufheben встать из-за стола (*кончить есть*); der Vorsitzende hat die Sitzung, die Versammlung aufgehoben председатель закрыл заседание, собрание ☐ ...aber die Sache ist, daß so eine Vorstellung... nur durch eine andere Vorstellung ... aufgehoben werden kann (*Th. Mann, »Buddenbrooks«*) ...но дело в том, что такое представление... может быть вытеснено только другим представлением... **beschließen** *высок.* ≅ enden, но *больше подчеркивает процесс завершения чего-л.; напр.:* seine Tage als Rentner beschließen оканчивать свои дни пенсионером; man mußte noch die Kühe melken, um das Tagewerk zu beschließen чтобы закончить трудовой день, нужно было еще подоить коров ☐ Er (*der Tod*) ließ zu, daß Weißblatt ganz ruhig werden und versuchen konnte, sein Leben mit erhabenen Gedanken zu beschließen (*Strittmatter, »Wundertäter«*) Она (*смерть*) позволила Вайсблату совершенно успокоиться и попытаться завершить свою жизнь возвышенными мыслями. **absolvieren** [-v-] *книжн.* заканчивать б. ч. какое-л. учебное заведение или занятия; *напр.:* eine Schule, die Universität, die Studien absolvieren заканчивать школу, университет, занятия ☐ Er hatte das Gymnasium mit großer Mühe absolviert (*Th. Mann, »Buddenbrooks«*) Он с большим трудом окончил гимназию. **abtun** *разг.* покончить с чем-л.; *напр.:* eine Gewohnheit abtun покончить с какой-л. привычкой, бросить какую-л. привычку ☐ »Nett«, sagte die Konsulin begütigend; und somit war auch dieser Punkt abgetan (*Th. Mann, »Buddenbrooks«*) «Очень мило», — примирительно сказала консульша; таким образом, и с этим вопросом было покончено

beendigen *см.* beenden
beerdigen *см.* begraben[1]
befähigt *см.* begabt
Befähigung *см.* Fähigkeiten
befallen *см.* überkommen
befangen *см.* schüchtern/voreingenommen
Befangenheit *см.* Vorurteil
befassen, sich заниматься кем-л., чем-л., проявлять интерес к кому-л., к чему-л., иметь дело с кем-л., с чем-либо

sich befassen — sich abgeben — sich beschäftigen — sich auseinandersetzen — sich widmen

sich befassen *индифф. синоним; напр.:* sich mit einer Angelegenheit, mit einer Frage, mit einem Problem, mit Kleinigkeiten befassen заниматься каким-л. делом, вопросом, какой-л. проблемой, мелочами; der Leitartikel befaßte sich mit aktuellen Fragen der Kunst передовица была посвящена актуальным вопросам искусства; er befaßte sich viel mit seinem Sohn он уделял много внимания своему сыну ☐ Er schüttelte den Kopf »Mit den Weibern bin ich durch, Evchen, mit denen befaß ich mich nicht mehr« (*Fallada, »Jeder stirbt«*) Он покачал головой: «С женщинами покончено, Эвхен, я их больше знать не хочу». **sich abgeben** ≅ sich befassen *часто пренебр., когда предполагается, что кто-л. занимается кем-л., чем-л., не заслуживающим этого; напр.:* du sollst dich nicht mit diesen Kleinigkeiten abgeben ты не должен заниматься этими мелочами; warum gibst du dich mit diesen Leuten ab! зачем ты связываешься с этими людьми? **sich beschäftigen** ≅ sich befassen, но выражает не столько целенаправленное действие, сколько, в первую очередь, то, что чьи-л. мысли заняты чем-л.; *напр.:* er beschäftigte sich immer noch mit diesem Vorfall этот случай все еще занимал его ☐ Eine ganze Familie hatte sich damit (*mit dem Gedicht*) beschäftigt (*Strittmatter, »Wundertäter«*) Вся семья занималась им (*этим стихотворением*). Während sie mechanisch tippte, beschäftigten sich ihre Gedanken mit anderem (*Feuchtwanger, »Lautensack«*) В то время как она механически печатала, ее мысли были заняты другим. **sich auseinandersetzen** (основательно) заниматься чем-л., подвергать критическому разбору что-л.; *напр.:* sich mit einer Lehre, mit einem Problem auseinandersetzen (основательно) заниматься каким-л. учением, какой-л. проблемой ☐ Er hatte keine Zeit mehr, sich mit der Sprachverwilderung seiner Truppe auseinanderzusetzen (*Strittmatter, »Wundertäter«*) У него уже не было времени заниматься тем, насколько засорен язык солдат его части. **sich widmen** посвятить себя чему-л.; *напр.:* er hat sich dem Studium der Kunstgeschichte gewidmet он посвятил себя изучению истории искусства; jetzt habe ich Zeit, mich wieder den Blumen zu widmen теперь у меня есть время снова заняться цветами

befehden *см.* bekämpfen
Befehl приказ

der Befehl — die Vorschrift — die Weisung — die Anweisung — die Aufforderung — der Auftrag — das Kommando — die Order — das Geheiß — das Gebot — die Direktive — die Instruktion — das Reglement

Befehl *индифф. синоним; напр.:* einen dienstlichen, strengen, geheimen, schriftlichen, mündlichen Befehl erteilen, erlassen, erhalten отдать, издать, получить служебный, строгий, секретный, письменный, устный приказ ☐ Eine Weile stehen sie schweigend. Der Borkhausen überlegt, ob er jetzt gehen darf, aber er hat noch nicht den Befehl zum Abtreten bekommen (*Fallada, »Jeder stirbt«*) Минуту они стоят молча. Боркхаузен соображает, может ли он теперь удалиться, но он еще не получил приказа «идите». **Vorschrift** предписание, указание; *напр.*: strenge, genaue Vorschriften befolgen следовать строгим, точным предписаниям; die Medizin streng nach Vorschrift einnehmen принимать лекарство строго по предписанию (врача). **Weisung** указание; *напр.*: eine Weisung erhalten [empfangen, bekommen, entgegennehmen] получить указание; eine Weisung erteilen, ergehen lassen дать, спустить указание; eine Weisung befolgen следовать указанию; j-s Weisung folgen [nachkommen] следовать чьему-л. указанию; er hatte die Weisung bekommen, Berlin nicht anzufliegen он получил указание не лететь в [на] Берлин; er hatte Weisung, niemanden einzulassen у него было указание никого не впускать; sie handelten auf direkte Weisung hin они действовали по прямому указанию (свыше); man hat ihnen klare Weisungen gegeben им дали ясные указания. **Anweisung** указание, наставление *в отличие от* Weisung *обыкн. употр., когда речь идет о каком-л. особом, единичном случае; напр.*: ich bitte um Anweisung, wie ich diese Arbeit ausführen soll я прошу указания, как выполнить эту работу ▫ Bevor sie nach Höchst fuhren, gab Klemm seinem Chauffeur ein paar Anweisungen... Die Klappe halten. Durch gar nichts auffallen (Seghers, »Die Toten«) Перед отъездом в Хехст Клемм дал своему шоферу некоторые указания... Держать язык за зубами. Ничем не привлекать к себе внимания. **Aufforderung** требование (что-л. сделать); *напр.*: er ist erst auf wiederholte Aufforderung erschienen он явился лишь по вторичному требованию [вызову] ▫ Hier war es nun nicht die Aufforderung zur Vernichtung von Feinden aller Art, sondern der Dank für einen verzehrten Speckkuchen (Strittmatter, »Wundertäter«) Но это было не требование уничтожить врагов всех мастей, подпись стояла под благодарностью за съеденный пирожок со шпиком. **Auftrag** поручение; *напр.*: ich habe den Auftrag bekommen, ihn ausfindig zu machen мне дали поручение его разыскать. **Kommando** *воен.* команда; *напр.*: ein Kommando geben давать команду; alles hört auf mein Kommando! слушай мою команду! **Order** *уст.* приказание; указание; *напр.*: die Soldaten bekamen Order, niemanden hereinzulassen солдаты получили приказ никого не впускать ▫ »So, und nun gehe ich und gebe Order, daß jemand von den Speicherleuten den Koffer hierherbesorgt« (Th. Mann, »Buddenbrooks«) «Так! А теперь я ухожу и прикажу кому-нибудь из рабочих амбара доставить сюда чемодан». **Geheiß** *книжн.* устное приказание, повеление; *напр.*: er hat es auf Geheiß seines Vorgesetzten getan он сделал это по приказанию [по распоряжению] своего начальника ▫ Die Mahlzeiten, die er... einnahm, waren auf sein wiederholtes und strenges Geheiß von einer Einfachheit, die im Gegensatze zu dem weiten, parkettierten Speisezimmer... komisch wirkte (Th. Mann, »Buddenbrooks«) Еда, которая ему... подавалась в соответствии с его неоднократными и строгими распоряжениями, была столь скромной, что в этой огромной столовой с паркетным полом... производила комическое впечатление. **Gebot** *книжн.* наказ, завет, заповедь; *напр.*: das väterliche Gebot beachten соблюдать отцовский наказ [завет]; die zehn Gebote *библ.* десять заповедей. **Direktive** [-və] *книжн.* директива, установка; *напр.*: ich habe von meinem Chef noch keine Direktiven erhalten я еще не получил директив от своего начальника; wir haben auf Grund der gegebenen Direktiven gehandelt мы действовали на основе данных директив. **Instruktion** *книжн.* инструкция; *напр.*: wir handeln genau nach der erhaltenen Instruktion мы действуем точно по полученной инструкции. **Reglement** [-'mɑ̃] (твердый) регламент, инструкция; *напр.*: er dachte nach, wie er das Reglement umgehen könnte он размышлял о том, как можно было бы обойти служебную инструкцию.

befehlen приказывать

befehlen — anordnen — verordnen — vorschreiben — auffordern — lassen — anweisen — gebieten — heißen — auferlegen

befehlen *индифф. синоним; напр.*: der Vater befahl dem Sohn, auf ihn zu warten отец приказал сыну его подождать; es wurde befohlen, Berlin anzufliegen было приказано сделать посадку в Берлине; befehlen Sie Wein? (*раболепно*) прикажете [изволите] вина? ▫ Er hatte dessen Chauffeur befohlen, mit seinem eigenen zu tauschen (Seghers, »Die Toten«) Он приказал шоферам поменяться местами. **anordnen** распоряжаться, отдать распоряжение; *напр.*: die Stadtverwaltung hat angeordnet, dieses Haus abzureißen городское управление распорядилось снести этот дом; ordnen Sie an, daß man mir das Gepäck nach oben bringt распорядитесь, чтобы багаж мне принесли наверх. **verordnen** предписывать, назначать что-л. (б. ч. о рекомендациях врача) *употр. реже и устаревает; напр.*: der Arzt hat ihm eine neue Medizin, eine Kur verordnet врач прописал ему новое лекарство, назначил ему (курортное) лечение ▫ Der neue Arzt trat an Stanislaus' Bett. »Was fehlt dir?« — »Ein Strick«, antwortete Stanislaus. »Ich werde dir den Strick verordnen!« (Strittmatter, »Wundertäter«) Новый врач подошел к койке Станислауса. «На что жалуешься?» — «Веревки нет (чтобы повеситься)», — ответил Станислаус. — «Я пропишу тебе ее!» **vorschreiben** предписывать; *напр.*: den Weg vorschreiben предписывать маршрут; du hast mir nichts vorzuschreiben обойдусь без твоих предписаний. **auffordern** предлагать, требовать (что-л. сделать), призывать (к чему-л.); *напр.*: die Festung wurde zur Übergabe aufgefordert крепости было предложено сдаться; er wurde zur Zahlung aufgefordert от него потребовали уплаты ▫ Auch daß sie ihn aufgefordert hatte, nicht zu telefonieren, war ihre Schuld (Feuchtwanger, »Exil«) И то, что она ему настойчиво советовала не звонить, была ее вина. Ich werde mit den Leuten sprechen, sie auffordern, nach Hause zu gehen (Th. Mann, »Buddenbrooks«) Я поговорю с людьми, предложу им разойтись по домам. **lassen** велеть, поручать *предполагает менее строгое приказание, нередко носящее характер просьбы; напр.*: er ließ mir sagen, daß ich kommen solle он велел [просил] мне передать, чтобы я пришел. **anweisen** давать указания; *напр.*: ich habe ihn angewiesen, das Telegramm sofort aufzugeben я дал ему указание [велел ему] сейчас же отправить телеграмму. **gebieten** *высок.* повелевать, велеть; *напр.*: schweigen gebieten велеть молчать; Ruhe gebieten требовать тишины ▫ Die Klugheit gebietet uns, erst wieder zu sprechen, wenn unsere Zeit gekommen sein wird (Strittmatter, »Wundertäter«) Разум велит нам теперь молчать и заговорить снова лишь тогда, когда настанет наш час. **heißen** *высок.* велеть, (устно) приказывать; *напр.*: wer hat dich geheißen, nach Hause zu gehen? кто велел тебе идти домой?; wer hat dich das tun heißen? кто тебе велел это (с)делать? **auferlegen** *высок. и офиц.* возлагать (на кого-л. что-л.); *напр.*: j-m Pflichten auferlegen возложить на кого-л. какие-л. обязанности; ihm wurde auferlegt, die Kosten zu zahlen на него возложили оплату расходов

Befehlshaber *см.* Kommandeur

befestigen[1] прикреплять, укреплять
befestigen — anbringen — anheften — heften — ansetzen — festmachen — anmachen

befestigen *индифф. синоним; напр.*: ein Schild, ein Plakat an der Wand befestigen укрепить на стене вывеску, плакат; den Schirm mit einem Riemen an dem Koffer befestigen прикрепить зонтик ремнем к чемодану; etw. mit Stecknadeln, mit Reißzwecken befestigen прикрепить что-л. булавками, кнопками; er befestigte das Boot an einem Baum он привязал [прикрепил] лодку к дереву; ich befestigte das Gepäck mit einem Riemen я укрепил [пристегнул] багаж ремнем ▫ Rechter Hand von der Tür befand sich ein... Tisch, über welchem eine große Karte von Europa... an der Wand befestigt war (Th. Mann, »Buddenbrooks«) Справа от двери находился... стол, над которым на стене была прикреплена большая карта Европы... **anbringen** помещать, прикреплять, приделывать; *напр.:* die Lampe an der Decke, ein Bild an der Wand anbringen прикреплять лампу к потолку, картину к стене; einen Haken an der Wand anbringen вделать крюк в стену ◻ Das ausgewaschene Wappen hatte nichts mit der Familie Klemm zu tun. Es war in vergangenen Zeiten von dem längst verschollenen Eigentümer angebracht worden (*Seghers, »Die Toten«*) Выцветший герб не имел никакого отношения к семейству Клеммов. Некогда его повесил здесь давно забытый владелец. **anheften, heften** прикреплять, прикалывать; *напр.:* eine Bekanntmachung an ein Brett, etw. mit Reißnägeln (an)heften прикреплять [прикалывать] объявление к доске, что-л. кнопками; einen Zettel an die Tür heften приколоть записку к двери ◻ Er paßte den Streifen genau ein, heftete ihn provisorisch an und versuchte, ob die Tür schloß (*Fallada, »Kleiner Mann«*) Он точно примерил полосу, временно прикрепил ее и попробовал, закрывается ли дверь. **ansetzen** прикреплять, прилаживать; *напр.:* ich befestigte die Kerzen am Tannenbaum und setzte goldene Fäden an я укреплял свечи на елке и прилаживал золотые нити. **festmachen,** *разг.* = befestigen; *напр.:* ein Brett an der Wand festmachen [anmachen] прикрепить доску к стене; ein Boot am Ufer, eine Kuh am Baum festmachen привязать лодку к берегу, корову к дереву; ich habe das Bild an der Wand festgemacht я укрепил картину на стене; mach das Abzeichen an die Jacke an прикрепи значок к пиджаку

befestigen³ укреплять (*делать более прочным, обороноспособным и т. п.*)
befestigen — verschanzen

befestigen *индифф. синоним; напр.:* die Stadt, das Ufer, den Weg befestigen укреплять город, берег, дорогу; die Grenzen des Landes befestigen укреплять границы страны. **verschanzen** *воен.* укреплять (*с помощью земляных работ*); *напр.:* ein Lager verschanzen укреплять лагерь (траншеями); Stellungen verschanzen оборудовать позиции (в инженерном отношении)

befestigen³ *см.* festigen
befeuchten *см.* nässen
befeuern *см.* begeistern
befinden *см.* halten³
befinden, sich¹ *см.* sein¹
befinden, sich²: sich in j-s Besitz **befinden** *см.* gehören¹
befingern *см.* betasten
beflecken *см.* beschmieren
befleckt *см.* schmutzig¹
befleißigen, sich *см.* bemühen, sich
beflügeln *см.* begeistern

befolgen следовать чему-л., соблюдать что-л.
befolgen — beachten — einhalten — beherzigen — achten — beobachten

befolgen *индифф. синоним; напр.:* einen Rat, Gebote, einen Befehl befolgen следовать совету, заповедям, приказу; das Gesetz, die Vorschrift des Arztes, die Regeln befolgen соблюдать закон, предписание врача, правила ◻ Ich will... das Wohl des Staates nach allen meinen Kräften erstreben, die Verfassung desselben getreu befolgen (*Th. Mann, »Buddenbrooks«*) Я буду... стремиться по мере моих сил ко благу государства, буду свято соблюдать его конституцию. **beachten, einhalten** выдержать (*сроки, режим и т. п.*); руководствоваться в своих поступках принятыми правилами и предписаниями; *напр.:* das Gesetz, die Regeln, die Vorschriften beachten [einhalten] соблюдать закон, правила, предписания. **beherzigen** (усвоить, помнить что-л. и) следовать чему-л. *подчеркивает, что тот, кто следует каким-л. рекомендациям, осознал их целесообразность и одобряет их; напр.:* ich soll den Rat des Arztes beherzigen und das Rauchen aufgeben мне нужно последовать совету врача и бросить курить; wir haben Ihre Hinweise beherzigt мы следовали вашим указаниям. **achten** *высок.* ≅ beachten; *напр.:* das Gesetz muß geachtet werden закон нужно уважать, закон должен быть соблюден; Sie müssen die Regeln achten вы должны соблюдать правила. **beobachten** *высок.* ≅ beachten, *но больше подчеркивает сознательный характер соблюдения правила, закона и т. п.; напр.:* ein Verbot beobachten не нарушать запрета; er beobachtet seine Pflichten sehr gewissenhaft он блюдет свои обязанности со всей добросовестностью; alle Beteiligten beobachteten Stillschweigen über diese Angelegenheit все соучастники хранили по этому поводу молчание

befördern перевозить
befördern — fahren — transportieren — überführen

befördern *индифф. синоним; напр.:* Personen, Güter, Gepäck mit der Bahn befördern перевозить по железной дороге людей, грузы, багаж ◻ (*Der Zug*) ...befördert in einem Nichtraucherabteil dritter Klasse Herrn und Frau Pinneberg (*Fallada, »Kleiner Mann«*) (Поезд)... везет в вагоне третьего класса для некурящих господина и госпожу Пинеберг. **fahren** возить; *напр.:* eine Fracht, die Möbel mit einem Lastwagen, Gemüse mit einem Handwagen fahren везти груз, мебель на грузовике, овощи в тачке; wer wird den Kranken ins Krankenhaus fahren? кто повезет больного в больницу? **transportieren** ≅ befördern, *но б. ч. употр., когда речь идет о перевозке большого количества людей,* больших партий грузов, крупногабаритных предметов, крупных животных; *напр.:* Truppen, Güter, Möbel, Bretter, Kühe transportieren перевозить [транспортировать] войска, грузы, мебель, доски, коров. **überführen** перевозить (*в какое-л. другое место*) *б. ч. употр. по отношению к лицам; напр.:* er wurde in ein Krankenhaus über(ge)führt его перевезли в больницу; man hat die Leiche in die Heimat überführt тело перевезли на родину

befrachten *см.* laden I¹
befragen *см.* fragen
befreien¹ освобождать (*дать свободу*)
befreien — freilassen

befreien *индифф. синоним; напр.:* einen Gefangenen befreien освободить пленного; aus der Haft befreien освободить из заключения; ein Tier aus der Schlinge befreien высвободить животное из петли капкана; j-n aus den Händen der Verbrecher befreien вызволить кого-л. из рук преступников. **freilassen** выпустить на свободу (*часто по амнистии, приговору суда и т. п.*); *напр.:* einen Gefangenen freilassen освободить [отпустить] пленного; j-n aus der Haft freilassen освободить кого-л. из-под ареста [из заключения]; die Junta war gezwungen, die Geiseln freizulassen хунта была вынуждена освободить заложников

befreien² освобождать (*от чего-л.*)
befreien — erlassen — schenken — entrücken — entbinden — dispensieren

befreien (j-n von etw.) *индифф. синоним; напр.:* j-n von Verpflichtungen, von Abgaben befreien освобождать кого-л. от обязательств, от (*денежных и т. п.*) сборов; dieser Schüler mußte vom Turnunterricht befreit werden этого ученика пришлось освободить от уроков физкультуры ◻ Quangel befreit seinen Arm... von dem laschen Griff des andern... (*Fallada, »Jeder stirbt«*) Квангель высвобождает свою руку... из вялых пальцев Боркхаузена... **erlassen** (etw.) освобождать (*от чего-л. неприятного*), не подвергать (*чему-л.*); *напр.:* j-m die Strafe, die Steuern erlassen освободить кого-л. от наказания, от (уплаты) налогов; j-m eine schwierige Arbeit erlassen освободить кого-л. от тяжелой работы, не требовать от кого-л. выполнения тяжелой работы ◻ Ein neues Reich, wo einem wie ihm die Schulden erlassen wurden, das war viel wichtiger als ein neuer Getreidespeicher. (*Seghers, »Die Toten«*) Новая империя, где таким, как он, простят долги, — это гораздо важнее, чем новый амбар. **schenken** (etw.) (великодушно) избавлять (*от чего-л.*), прощать (*долг, вину и т. п.*); *напр.:* die Geldstrafe wurde mir geschenkt с меня сняли штраф; diese Arbeit wird Ihnen nicht geschenkt от этой работы

BEFREIEN

вас никто не избавит; den Rest des Artikels hat er sich geschenkt он не стал утруждать себя чтением остальной части [окончания] статьи. **entrücken** (*j-n*) *высок.* ≅ erlassen, *но подчеркивает, что кто-л. освобождается, избавляется от чего-л., став далеким от чего-л., недоступным чему-л.* (*употр. чаще в Part. II*); *напр.:* der Tod hat ihn allen Sorgen entrückt смерть избавила его от всех забот. **entbinden** (*j-n*) *высок.* освобождать от обязательств; *напр.:* j-n von seinem Eid [seines Eides] entbinden освобождать кого-л. от присяги; j-n von seinem Versprechen entbinden освобождать кого-л. от обещания □ Und dann las er wieder, und bei den Worten »für die bewährte Untertanstreue« und »entbinden euch eurer Pflichten« da weinte er noch stärker (*Heine*, »*Das Buch Le Grand*«) И затем он продолжал читать, и, дойдя до слов «за проявленные верноподданнические чувства» и «снимаем с вас ваши обязанности», он заплакал еще громче. **dispensieren** (*j-n von etw.*) *книжн.* освобождать от чего-л., разрешать не делать чего-л.; *напр.:* Schüler vom Unterricht, von den Schulaufgaben dispensieren освобождать учеников от занятий, от выполнения домашних заданий □ Sie muß gänzlich unmusikalisch sein, dachte er, und wirklich, Franziska gab zu, daß sie von Musik nichts verstehe. Im Pensionat hatte man sie vom Klavierunterricht dispensiert (*Kellermann*, »*Die Stadt*«) «Она, должно быть, совершенно немузыкальна,» — подумал он, и, действительно, Франциска признала, что она мало что понимает в музыке. В пансионе ее освободили от уроков музыки

befreien³ *см.* retten

befreien, sich освобождаться
sich befreien — loswerden — loskommen — freikommen — sich entledigen

sich **befreien** *индифф. синоним;* *напр.:* sich von einer Arbeit, von einer Verpflichtung befreien освободиться от работы, от обязательства; sich von j-m befreien освободиться от кого-л.; sich aus einer Umarmung befreien высвободиться из объятий; wir haben uns von der kapitalistischen Ausbeutung befreit мы освободились от капиталистической эксплуатации. **loswerden** избавиться; *напр.:* den Schnupfen loswerden избавиться от насморка; ich kann ihn nicht loswerden я не могу от него избавиться; er kann diesen Gedanken nicht loswerden он не может избавиться от этой мысли □ Es hieß, die Engländer hätten den Angriff der Letten gestützt, um endlich die Deutschen loszuwerden... die sonst dem Heimatbefehl ihrer eigenen Reichswehr nicht gehorchten (*Seghers*, »*Die Toten*«) Ходили слухи, будто англичане поддержали наступление латышей, чтобы наконец избавиться от

немцев... которые иначе не послушались бы приказа собственного рейхсвера о возвращении домой. Das glaube ich, daß du froh wärst, die durch eine Bombe alle auf einmal loszuwerden, unbesehen glaube ich dir das! (*Fallada*, »*Jeder stirbt*«) Охотно верю, что ты был бы рад, если бомба поможет тебе избавиться от всех от них разом, охотно верю! **loskommen** отделаться от чего-л.; *напр.:* ich kann von dieser Arbeit nicht loskommen я не могу отделаться от этой работы; er kann von dieser fixen Idee nicht loskommen он не может отделаться от этой навязчивой идеи. **freikommen** оказаться на свободе; *напр.:* vom Militärdienst freikommen освободиться [получить освобождение] от военной службы. **sich entledigen** *высок.* отрешаться, освобождаться; *напр.:* er verstand es, sich seiner Gäste zu entledigen он умел освобождаться от гостей; sie konnte sich ihrer Vergangenheit nicht entledigen она не могла отрешиться от своего прошлого; dadurch wurde er seiner Schuld entledigt это снимало с него (всякую) вину

Befreiung¹ освобождение (*из заключения, из неволи*)
die Befreiung — die Freigabe — die Freilassung

Befreiung *индифф. синоним;* *напр.:* die Befreiung des Volkes, des Landes, eines Gefangenen освобождение народа, страны, пленного □ Es kann die Befreiung der Arbeiter nur | Das Werk der Arbeiter sein (*Brecht*, »*Einheitsfront*«) Освобождение рабочих может быть делом только самих рабочих. **Freigabe** освобождение; предоставление, возвращение свободы кому-л.; *напр.:* die Demonstranten forderten von der Junta die Freigabe der politischen Häftlinge демонстранты требовали от хунты освободить [выпустить на свободу] политзаключенных. **Freilassung** *высок.* ≅ Freigabe (*часто об освобождении по амнистии, по решению суда*); j-s Freilassung fordern требовать освобождения кого-л.

Befreiung² освобождение (*от обязательств, от повинностей*)
die Befreiung — die Entlastung — die Enthebung — der Ablaß — die Absolution

Befreiung *индифф. синоним;* *напр.:* die Befreiung von Steuern, vom Schulgeld освобождение от налогов, от платы за обучение. **Entlastung** частичное освобождение (от долга, от наказания); *напр.:* die Aussage dieses Zeugen bedeutete für den Angeklagten eine Entlastung показание этого свидетеля означало для обвиняемого смягчение наказания. **Enthebung** *высок.* освобождение от обязательства, от занимаемой должности *и т. п.*; *напр.:* die Enthebung des Postens освобождение от поста, увольнение; die Enthebung der Verantwortung снятие ответственности. **Ablaß** *рел.* (временное) освобождение (*от чего-л.*); прощение; *напр.:* der Ablaß der Strafe освобождение от наказания; der Ablaß der Sünden отпущение грехов. **Absolution** *рел.* прощение, отпущение грехов; *напр.:* die Absolution erteilen отпустить грехи □ Nein, dem Höchsten und Letzten gegenüber gab es keinen Beistand von außen, keine Vermittlung, Absolution, Betäubung und Tröstung! (*Th. Mann*, »*Buddenbrooks*«) Нет, перед лицом Высшего и Последнего не существовало никакой помощи извне, никакого посредничества, отпущения грехов, забвения и утешения

befriedigen удовлетворять
befriedigen — zufriedenstellen — abfinden

befriedigen *индифф. синоним;* *напр.:* die Gläubiger, j-s Ansprüche, j-s Bedürfnisse, j-s Wünsche befriedigen удовлетворять кредиторов, чьи-л. требования, чьи-л. потребности, чьи-л. желания; die Neugier befriedigen удовлетворить любопытство; seine Stellung befriedigt ihn nicht его должность его не удовлетворяет □ Es schien ihn zu befriedigen, ihm geradezu wohlzutun, seinen Bruder endlich in Zorn gebracht... zu haben (*Th. Mann*, »*Buddenbrooks*«) Казалось, он испытывал удовлетворение, даже удовольствие от того, что наконец рассердил своего брата. **zufriedenstellen** ≅ befriedigen, *но употр. тк. с объектом-лицом;* *напр.:* die Kunden zufriedenstellen удовлетворять (запросы) клиентов; er ist schwer zufriedenzustellen ему трудно угодить; er ist durch nichts zufriedenzustellen на него ничем не угодишь; wir werden immer versuchen, Sie zufriedenzustellen мы всегда будем стараться удовлетворить ваши желания. **abfinden** частично, в самой малой мере удовлетворять кого-л., кто имеет право получить гораздо больше (, но не может); *напр.:* der Gläubiger wurde mit einer Summe von 1000 Mark abgefunden кредитору пришлось удовлетвориться суммой в 1000 марок; wills du mich damit abfinden? и этим ты хочешь от меня отделаться?

Befriedigung удовлетворение
die Befriedigung — die Zufriedenheit — die Genugtuung

Befriedigung *индифф. синоним;* *напр.:* eine volle, wahre, innere Befriedigung in etw. finden находить в чем-л. полное, истинное, внутреннее удовлетворение; etw. mit Befriedigung feststellen с удовлетворением констатировать что-л.; er sucht, findet Befriedigung in seiner Arbeit он ищет, находит удовлетворение в своей работе; das gewährt mir volle Befriedigung это доставляет [дает] мне полное удовлетворение □ Die Konsulin lehnte sich... mit erheuchelter Befriedigung zurück (*Th. Mann*, »*Buddenbrooks*«). Консульша с притворным удовлетворением... откинулась на спинку софы,

Zufriedenheit ≙ Befriedigung, *но может указывать на бо́льшую длительность состояния удовлетворения; напр.*: zur beiderseitigen Zufriedenheit к обоюдному удовольствию; sein ganzes Wesen atmet Zufriedenheit он само довольство □ Die Frau Pfarrer prüfte die Brötchen. Bis auf eines waren sie zur Zufriedenheit ausgefallen (Strittmatter, »Wundertäter«) Пастороша потрогала хлебцы. За исключением одного она всеми осталась довольна. Genugtuung (*внутреннее, моральное*) удовлетворение, чувство удовлетворения *в отличие от* Befriedigung *часто употр., когда удовлетворение связано с оправданием надежд, устранением несправедливости и т. п.; напр.*: etw. mit Genugtuung erfahren с удовлетворением узнать о чем-л.; es ist mir eine Genugtuung, das zu hören мне доставляет удовлетворение слышать это; er sah ihre Angst und empfand eine seltsame Genugtuung он видел ее страх и чувствовал странное удовлетворение □ Er (Lohmann) sollte der Künstlerin Fröhlich nicht teilhaftig werden... Er war es nicht geworden... Er (Unrat) stutzte und fühlte auf einmal eine heißere Genugtuung (H. Mann, »Unrat«) Ему (Ломану) не должна была достаться артистка Фрелих; она ему и не досталась... Он (Унрат) был изумлен и вдруг почувствовал глубокое удовлетворение. Daß an diesem Abend eine solche (verbotene) Spielpartie im Gange sei, und zwar in Gegenwart der Königin, hörte er, als er gerade über einem Bande der »Allgemeinen Geschichte der Interessanten Reisen« des Abbé Prévost saß... Eine wilde Genugtuung füllte ihn (Feuchtwanger, »Die Füchse«) О том, что такая (*запрещенная*) игра происходит в этот вечер и, в частности, в присутствии королевы, он услышал как раз тогда, когда сидел, читая «Всеобщую историю интересных путешествий» аббата Прево... Чувство злого удовлетворения наполнило его

befugen *см.* bevollmächtigen
Befugnis *см.* Berechtigung
befühlen *см.* betasten
befummeln *см.* durchsetzen
befürchten *см.* fürchten
befürworten *см.* verwenden, sich
begabt одаренный

fähig — befähigt — begabt — talentvoll — talentiert — genial

Синонимы данного ряда расположены по степени возрастания выражаемого признака

fähig способный *употр. тк. по отношению к лицу (б. ч. атрибутивно); напр.*: ein fähiger Mensch, Architekt способный человек, архитектор; ein fähiges Mädchen способная девочка [девушка]. befähigt даровитый (*б. ч. атрибутивно*); *напр.*: ein befähigter Musiker, Wissenschaftler даровитый музыкант, ученый. begabt *индифф. синоним* (*атрибутивно и предикативно*); *напр.*: ein begabter Junge, Schachspieler одаренный мальчик, шахматист; diese Kinder sind sehr begabt это очень одаренные дети; er ist für Mathematik begabt он обладает математическим дарованием □ »Dieser Franz Schlüter ist ein sehr begabter Schauspieler«, meint Jachmann (Fallada, »Kleiner Mann«) «Этот Франц Шлютер очень одаренный актер», — говорит Яхман. talentvoll талантливый; *напр.*: das ist eine talentvolle Arbeit это талантливая работа; das Milieu ist talentvoll geschildert среда изображена [описана] талантливо; das ist ein talentvoller junger Mann это талантливый молодой человек; die junge Tänzerin ist sehr talentvoll молодая танцовщица очень талантлива. talentiert ≙ talentvoll, *но употр. тк. по отношению к лицу (атрибутивно и предикативно); напр.*: er ist ein talentierter junger Schriftsteller он талантливый молодой писатель; er ist sehr talentiert он очень талантлив. genial гениальный; *напр.*: ein genialer Denker, Dichter гениальный мыслитель, писатель [поэт]; er ist genial он гениален; er kann genial improvisieren он гениальный импровизатор; das ist eine geniale Erfindung это гениальное изобретение □ Da hatte er sich eingebildet, der Hans werde mit wunder was für einem genialen Projekt daherkommen, und jetzt hatte er nichts aufzuwarten als so einen Käse (Feuchtwanger, »Lautensack«) Он-то вообразил, что Ганс предложит ему какой-нибудь гениальный проект, а, оказывается, все, что он может предложить, — вздор

Begabung *см.* Fähigkeiten
begaffen *см.* ansehen [1]
begaunern *см.* betrügen
Begebenheit *см.* Ereignis
begeben, sich *см.* gehen [2] / geschehen / verzichten
Begebnis *см.* Ereignis
begegnen *см.* bekämpfen / einwenden / geschehen / treffen [1]
begegnen, sich *см.* treffen, sich
Begegnung *см.* Treffen
begehen [1] *см.* feiern
begehen [2]: Fahnenflucht begehen *см.* fliehen
begehren *см.* wollen [1]
Begehren *см.* Wunsch
begehrlich *см.* gierig
begehrt *см.* gängig
begeistern вдохновлять

begeistern — mitreißen — beseelen — beflügeln — entflammen — befeuern — inspirieren — hinreißen

begeistern *индифф. синоним; напр.*: j-n zu einer Tat begeistern вдохновить кого-л. на свершение какого-л. поступка; j-n für die Befreiung der unterdrückten Völker begeistern вдохновить кого-л. на борьбу за освобождение угнетенных народов; seine Rede hat mich begeistert его речь воодушевила меня □ Ich langweile mich, nichts interessiert mich, nichts kann mich wahrhaft begeistern (Kellermann, »Die Stadt«) Я скучаю, ничего меня не интересует, ничто меня по-настоящему не воодушевляет. mitreißen захватывать, увлекать; *напр.*: die allgemeine Begeisterung riß ihn mit всеобщее воодушевление захватило [увлекло] и его; dieser Wettkampf riß alle Zuschauer mit это соревнование захватило всех зрителей. beseelen *высок.* воодушевлять (*о положительных чувствах, испытываемых кем-л.*); *напр.*: ihn beseelt die Hoffnung, seinen Bruder wiederzufinden его воодушевляет надежда найти своего брата; er ist vom besten Willen beseelt он исполнен лучших намерений. beflügeln *высок.* окрылять; *напр.*: die Hoffnung, das Lob beflügelte ihn надежда, похвала окрылила его. entflammen *высок.* воспламенять; *напр.*: das hat seine Liebe entflammt это разожгло его любовь; seine Rede entflammte alle Herzen der Anwesenden его речь воспламенила сердца всех присутствующих. befeuern *высок.* зажигать (*побуждая к какому-л. благородному, мужественному и т. п. поступку*); *напр.*: der Vorschlag, an diesem Kampf teilzunehmen, befeuerte ihn предложение принять участие в этой борьбе зажгло его. inspirieren *книжн.* ≙ begeistern (*часто о творческом вдохновении*); *напр.*: j-n künstlerisch, musikalisch inspirieren вдохновлять чье-л. искусство, чью-л. музыку; zu diesem Gedicht hat mich die Musik von Beethoven inspiriert на создание этого стихотворения меня вдохновила музыка Бетховена. hinreißen *разг.* ≙ mitreißen, *но более эмоционально; напр.*: die Zuhörer waren von seiner Rede hingerissen слушателей захватила его речь; der Sänger, die Musik riß die Zuhörer hin певец увлек, музыка увлекла слушателей; wir waren von seinem Spiel ganz hingerissen мы были глубоко захвачены (и взволнованы) его игрой

begeistern, sich воодушевляться, увлекаться

sich begeistern — sich entflammen — sich erwärmen

sich begeistern *индифф. синоним; напр.*: er begeisterte sich für die Schönheit der Natur его воодушевила красота природы; er begeisterte sich für Sport он увлекался спортом; in seiner Jugend begeisterte er sich für das Ballett в молодости он увлекался балетом □ ...und er (Jachmann) kann sich genau wie Lämmchen über ein Wiener Strickkleid begeistern (Fallada, »Kleiner Mann«) ...и он (Яхман) точно так же, как Лемхен, способен восхищаться венским вязаным платьем. sich entflammen *высок.* загораться; *напр.*: sich für eine Idee entflammen загореться идеей. sich erwärmen *разг.* интересоваться; *напр.*: er kann sich für meinen Plan, für mein

BEGEISTERUNG

Projekt nicht erwärmen он не может заинтересоваться моим планом, моим проектом; ich kann mich für ihn nicht erwärmen он мне безразличен

Begeisterung воодушевление
die **Begeisterung** — der **Schwung** — das **Temperament** — der **Elan** — die **Verve** — die **Inspiration**

Begeisterung *индифф. синоним; напр.:* dort herrschte eine große Begeisterung там царило большое воодушевление; ich verstehe gut seine Begeisterung fürs Theater я хорошо понимаю его увлечение театром; seine Begeisterung kannte keine Grenzen его восторг не знал границ ▫ ...die dumpfe Gier dieser Masse, die... darauf wartete, dem Führer, dem deutschen Messias, ihr Heil und ihre Begeisterung zuzubrüllen (*Feuchtwanger, »Lautensack«*) ...затаенная алчность этой толпы... ожидающей, когда можно будет прореветь «хайль», приветствуя фюрера, германского мессию, и выражая свое восхищение им. **Schwung** (душевный) подъем, взлет; *напр.:* dichterischer, rednerischer Schwung поэтическое, ораторское воодушевление; er sprach ohne Schwung он говорил без подъема. **Temperament** темперамент, чувство; *напр.:* er redete mit Temperament он говорил с чувством. **Elan** энтузиазм; *напр.:* viel Elan zeigen [entwickeln] проявить большой энтузиазм; mit Elan an eine Aufgabe herangehen с энтузиазмом приступить к какому-л. делу; die Mannschaft spielte ohne Elan команда играла без энтузиазма [без огонька] ▫ Allein wenn sie mit Paul zusammen ist, dann verteidigt sie die Bewegung, rühmt ihren ehrlichen Fanatismus, ihren Elan (*Feuchtwanger, »Lautensack«*) Но когда она остается с Паулем наедине, она защищает это движение, превозносит искренний фанатизм, энтузиазм его участников. Er konnte jetzt Betrachtungen darüber anstellen, wie vorteilhaft es war, ein guter Verkäufer zu sein, gerne und mit Liebe zu verkaufen und bei einer Baumwollhose zu sechseinhalb mit dem gleichen Elan zu kämpfen wie bei einem Frackanzug für hundertzwanzig! (*Fallada, »Kleiner Mann«*) Он мог теперь убедиться в том, как выгодно быть хорошим продавцом, любить свое дело и за продажу хлопчатобумажных брюк ценою в шесть с половиной марок бороться так же яро, как и за продажу фрака в сто двадцать марок! **Verve** ['vɛrvə] *книжн.* пыл, пламень (*б. ч. об исполнении произведений искусства*); *напр.:* sie spielte die Sonate mit ungeheurer Verve она играла сонату с огнем ▫ Ihr wird ganz warm, wenn sie daran denkt, wie entschlossen der sonst so langsame Mann alles hat liegen und stehen lassen und mit welcher Verve er den Brief abgefaßt hat, in dem er dem Kultusminister seinen Rücktritt mitteilte (*Feuchtwanger, »Exil«*) Ей становится совсем тепло на душе, когда она думает о том, сколь решительно этот обычно медлительный человек бросил все дела и с каким пылом он написал письмо министру по делам культов, в котором сообщил о своей отставке. **Inspiration** *книжн.* вдохновение; *напр.:* dichterische Inspiration поэтическое вдохновение; er spielte immer mit Inspiration он всегда играл с вдохновением

Begierde *см.* Wunsch
begierig *см.* gierig
beginnen *см.* anfangen [1, 2]
beglaubigen удостоверять, заверять
beglaubigen — **bescheinigen** — **bezeugen** — **beurkunden**

beglaubigen *индифф. синоним; напр.:* eine Unterschrift, eine Abschrift beglaubigen заверять подпись, копию; etw. durch seine Unterschrift beglaubigen удостоверить что-л. своей подписью; die Echtheit eines Kunstwerkes beglaubigen удостоверить подлинность художественного произведения; er hat sein Zeugnis amtlich beglaubigen lassen он официально заверил свое свидетельство (у нотариуса). **bescheinigen** письменно удостоверить, подтверждать; *напр.:* die Richtigkeit einer Abschrift bescheinigen (письменно) удостоверить правильность копии; den Empfang des Briefes, des Geldes bescheinigen (письменно) подтвердить получение письма, денег; der Arzt bescheinigte den Tod der Frau врач (письменно) удостоверил [засвидетельствовал] смерть женщины. **bezeugen** засвидетельствовать (*подтвердить что-л. дачей показания*); *напр.:* die Wahrheit einer Aussage, die Unschuld des Angeklagten bezeugen засвидетельствовать правильность показания, невиновность обвиняемого; diese Tatsachen kann er bezeugen он может подтвердить эти факты. **beurkunden** *книжн., юр.* документально удостоверять; *напр.:* Geburten und Todesfälle müssen vom Standesamt beurkundet werden рождение и смерть должны документально удостоверяться загсом

begleichen *см.* bezahlen [1]
begleiten провожать, сопровождать
begleiten — **bringen** — **geleiten** — **eskortieren**

begleiten *индифф. синоним; напр.:* j-n an die Bahn begleiten провожать кого-л. на вокзал; den Kreuzer begleiteten zwei Schnellboote крейсер сопровождали два торпедных катера ▫ Er begleitete sie bis zur Haltestelle des Nacht-Autobusses (*Feuchtwanger, »Exil«*) Он проводил ее до остановки ночного автобуса. **bringen** ≅ begleiten, *но употр., когда указывается, куда именно кого-л. провожают, и часто в разговорной речи; напр.:* j-n nach Hause, zur Straßenbahnhaltestelle bringen проводить кого-л. домой, до остановки трамвая; ich bringe dich bis zum Bus я провожу тебя до автобуса ▫ Derselbe Soldat, der Erwin zu einem Verhör hatte bringen sollen, ihn aber zu seiner Erschießung gebracht und dann geholfen hatte, ihn zu begraben, stand Wache (*Seghers, »Die Toten«*) Тот же солдат, который должен был отвести Эрвина на допрос, а привел на расстрел и потом помог зарыть тело, стоял на посту. **geleiten** *книжн.* сопровождать, *подчеркивает, что тому, кого провожают, оказывается честь или помощь; напр.:* j-n zu Grabe geleiten проводить кого-л. (*покойного*) на кладбище; er marschierte über den Platz, geleitet von seinen Offizieren он шагал через площадь, сопровождаемый своими офицерами; ich geleitete das Mädchen nach Hause, weil es schon dunkel war я проводил девушку, так как уже было темно ▫ Nun ist der Bürgermeister aufgebrochen, der Konsul hat ihn hinunter zum Wagen geleitet (*Th. Mann, »Buddenbrooks«*) Бургомистр встал, консул проводил его вниз до экипажа. **eskortieren** *книжн.* эскортировать; *мор. тж.* конвоировать; *напр.:* mehrere Polizisten eskortierten den Minister bis zum Bahnhof несколько полицейских эскортировали министра на вокзал; während des Krieges wurden alle Handelsschiffe eskortiert во время войны все торговые суда конвоировались ▫ Die Menschenwolke drängte heran, begleitet von donnernden Kommandos und unflätigen Flüchen: Junge Männer, hin und her ein Mädchen dazwischen, eskortiert von grauen deutschen Soldaten (*Strittmatter, »Wundertäter«*) Приближалась толпа людей, сопровождаемая грозными окриками и непристойной руганью: молодые люди, среди которых то тут, то там мелькали девушки, шли, эскортируемые серыми немецкими солдатами

beglotzen *см.* ansehen [1]
beglücken *см.* freuen
beglückwünschen *см.* gratulieren
begnaden *см.* schenken [1]
begnadigen помиловать
begnadigen — **amnestieren** — **absolvieren**

begnadigen *индифф. синоним; напр.:* einen Verbrecher, einen Verurteilten begnadigen помиловать преступника, осужденного; man hat ihn zu lebenslänglichem Zuchthaus begnadigt его помиловали, заменив смертную казнь пожизненной каторгой. **amnestieren** *книжн.* амнистировать; *напр.:* die Strafgefangenen mit Freiheitsstrafen unter zwei Jahren wurden amnestiert заключенные, приговоренные к тюремному заключению сроком до двух лет, были амнистированы. **absolvieren** [-v-] *книжн., рел.* отпускать грехи (*кому-л.*); *напр.:* der Priester wollte ihn nicht absolvieren священник не хотел отпускать ему грехи

begnügen, sich *см.* zufriedengeben, sich

begraben¹ хоронить
begraben — beerdigen — verscharren — einscharren — bestatten — beisetzen

begraben *индифф. синоним; напр.*: er wurde auf einem städtischen Friedhof begraben его похоронили на городском кладбище; der Hund wurde im Garten begraben собаку закопали в саду. **beerdigen** хоронить *(более или менее торжественно) тк. о людях; напр.*: mein Onkel ist auf diesem Friedhof beerdigt worden мой дядя похоронен на этом кладбище; er wurde auf Staatskosten beerdigt его похоронили на государственный счет □ Den Aufsichtsbehörden war gemeldet, ein nicht weiter bekannter toter Jud aus Frankfurt, gestorben auf der Landstraße, werde beerdigt *(Feuchtwanger, »Jud Süß«)* Властям сообщили, что хоронят неизвестного еврея из Франкфурта, умершего на проселочной дороге. **verscharren, einscharren** *неодобр.* закопать, зарыть *(наспех, тайно и т. п.) как и* begraben *употр. по отношению к людям и животным; подчеркивают грубое неуважение к захороняемому; напр.*: der Leichnam wurde rasch verscharrt [eingescharrt], um alle Spuren zu verwischen труп быстро закопали, чтобы скрыть все следы; der Hund wurde unter einem Baum verscharrt собаку зарыли под деревом. **bestatten** *высок.* хоронить (с почестями), погребать *тк. о людях; напр.*: der General wurde mit großem Prunk auf dem neuen Friedhof bestattet генерал был погребен с большой пышностью на новом кладбище; er wurde fern der Heimat bestattet его похоронили [он был погребен] на чужбине □ Und nachdem der Senator und seine Frau ... während langer Stunden im Landschaftszimmer die Kondolationen der Stadt entgegengenommen hatten, ward Elisabeth Buddenbrook, geborene Kröger, zur Erde bestattet *(Th. Mann, »Buddenbrooks«)* После того как сенатор с женой... приняли в зале соболезнования сограждан, что длилось несколько часов, тело Элизабет Будденброк, урожденной Крегер, было предано земле. **beisetzen** *высок.* (торжественно) захоронить *тк. о людях; об* урне — *стилистически нейтрально; напр.*: er wurde mit militärischen Ehren beigesetzt его похоронили с воинскими почестями; die Urne mit den sterblichen Überresten Napoleons wurde in Paris beigesetzt урна с прахом Наполеона была захоронена в Париже □ Der tote Karl Alexander war... so zerwest... geworden, daß man ihn lange vor der offiziellen Trauerfeier... hatte beisetzen müssen *(Feuchtwanger, »Jud Süß«)* Труп Карла Александра до того разложился, что его пришлось предать земле задолго до официальной торжественной церемонии похорон

begraben² *см.* verschütten¹

begreifen *см.* verstehen¹
begreiflich *см.* klar²
begrenzen *см.* beschränken
begrenzt *см.* beschränkt¹
Begriff *см.* Vorstellung¹
begründen *см.* «Приложение»
begrüßen¹ приветствовать
begrüßen — grüßen — zujubeln — zujauchzen — bewillkommnen

begrüßen *(j-n) индифф. синоним; напр.*: Gäste, Bekannte freundlich, herzlich begrüßen любезно, сердечно приветствовать гостей, знакомых; der Redner begrüßte die Ehrengäste оратор приветствовал почетных гостей; wir begrüßten die ausländische Delegation mit Beifall мы приветствовали иностранную делегацию аплодисментами □ Der Vater aber... begrüßte ihn gar nicht wie einen alten Bekannten *(Becher, »Abschied«)* Отец же... не приветствовал его как старого знакомого. **grüßen** *(j-n)* приветствовать (на ходу, не останавливаясь); кланяться в знак приветствия; *напр.*: höflich, freundlich, flüchtig grüßen вежливо, приветливо, небрежно кланяться; einander nicht mehr grüßen больше не здороваться друг с другом; er grüßte ihn im Vorbeigehen mit einem Lächeln проходя мимо, он приветствовал его улыбкой. **zujubeln, zujauchzen** *(j-m)* приветствовать кого-л. возгласами ликования; *напр.*: die Menge jubelte dem Ministerpräsidenten zu толпа приветствовала премьер-министра возгласами ликования. **bewillkommnen** *(j-n) книжн.* ≅ begrüßen, *но употр. тк. по отношению к прибывшему откуда-л.; напр.*: Gäste zu Hause freudig, herzlich bewillkommnen радостно, сердечно приветствовать гостей дома; der Präsident wurde mit Salutschüssen bewillkommnet президента приветствовали салютом

begrüßen² *см.* grüßen¹
begucken *см.* ansehen²
begünstigen *см.* fördern²
begutachten *см.* urteilen
begütert *см.* reich¹
behäbig *см.* dick¹
behagen *см.* gefallen
Behagen *см.* Freude¹
behaglich *см.* gemütlich
behalten запоминать
behalten — merken — einprägen

behalten *индифф. синоним; напр.*: Wörter, eine Regel, ein Gedicht, eine Telefonnummer gut, schnell behalten хорошо, быстро запомнить слова, правило, стихотворение, номер телефона; ich habe seinen Namen nicht behalten я не запомнил его фамилии. **merken** запомнить, брать на заметку, замечать ⟨*б. ч. c* sich *(D)*⟩; *напр.*: merke dir diese einfache Regel! запомни это простое правило!; merken Sie sich die Hausnummer! заметьте (себе) [запомните] номер дома! □ Also merken Sie sich das, bei der nächsten Unpünktlichkeit fliegen Sie fristlos auf die Straße *(Fallada, »Kleiner Mann«)* Так вот, запомните, при следующем опоздании вы вылетите с работы без предупреждения. **einprägen** твердо запомнить, запечатлевать (в памяти) ⟨*б. ч. c* sich *(D)*⟩; *напр.*: präg dir seine Adresse ein! запомни его адрес!; dieses Bild hat sich mir tief eingeprägt эта картина глубоко запечатлелась в моей памяти; ich habe mir die Straße gut eingeprägt я хорошо запомнил эту улицу

Behälter *см.* Gefäß
behandeln¹ обращаться, обойтись (с кем-л.)
behandeln — umgehen — verfahren — umspringen

behandeln *индифф. синоним; напр.*: j-n gut, schlecht, freundlich, nachsichtig behandeln обращаться с кем-л. хорошо, плохо, по-дружески, снисходительно; er behandelte mich von oben herab он обращался со мной свысока; sie behandelte ihre Kinder streng она строго обращалась со своими детьми; man behandelte ihn als Feind с ним обращались как с врагом. **umgehen** ≅ behandeln, *но часто употр., когда речь идет о постоянном обращении с кем-л.; напр.*: mit Kindern muß man behutsam umgehen с детьми нужно обращаться бережно; sie versteht mit Tieren umzugehen она умеет обращаться с животными. **verfahren** поступать с кем-л. каким-л. образом *употр., когда чье-л. поведение определяется прихотью, произволом и т. п.; напр.*: er ist grausam mit ihr verfahren он поступил с ней жестоко. **umspringen** *разг.* (недостойно) обращаться с кем-л.; *напр.*: er ist übel mit ihr umgesprungen он дурно обошелся с ней; so kannst du nicht mit uns umspringen ты не можешь так поступать с нами

behandeln² *см.* erzählen/heilen/úmgehen I¹
beharren *см.* bestehen²
beharrlich упорный
beharrlich — hartnäckig — zäh

beharrlich *индифф. синоним; напр.*: beharrlicher Fleiß большое прилежание; beharrliche Liebe, Treue стойкая любовь, верность; sich beharrlich weigern упорно отказываться □ Daß Erwin sich plötzlich angewöhnt hatte, bei seinem einzigen Freund beharrlich zu schweigen, war der Beweis, daß ihm das Mädchen gefiel *(Seghers, »Die Toten«)* То, что Эрвин завел себе привычку упорно отмалчиваться при разговоре с ним, своим единственным другом, было доказательством того, что девушка ему понравилась. Sie antwortete wieder mit keinem Wort, und er fuhr fort, denn er glaubte daran, daß man den Leuten ein Loch in den Bauch reden kann, daß sie schließlich doch nachgeben, wenn man nur beharrlich genug ist *(Fallada, »Jeder stirbt«)* Она опять ничего не ответила, и он продолжал твердить свое, он был убежден, что если долбить

BEHARRLICHKEIT 79 BEINAME B

одну точку, в конце концов тебе уступят, если только проявишь достаточное упорство. **hartnäckig** настойчивый, упорный; напр.: ein hartnäckiger Mensch настойчивый человек; ein hartnäckiger Kampf упорная борьба; eine hartnäckige Krankheit упорная [закоренелая] болезнь ◻ Aber die Vision ist hartnäckig, sie bleibt (*Fallada,* »*Jeder stirbt*«) Но видение навязчиво, от него не отделаешься. »Ein Diebstahl ist ein Diebstahl«, sagte Studmann hartnäckig (*Fallada,* »*Wolf u. Wölfen*«) «Воровство есть воровство», — упрямо сказал Штудман. **zäh** *по сравнению с предыдущими синонимами выражает еще бо́льшую степень упорства; напр.:* ein Mensch von zäher Ausdauer человек с железной выдержкой; sein zäher Fleiß wurde reichlich belohnt его исключительное прилежание [усердие] было высоко вознаграждено

Beharrlichkeit *см.* Ausdauer
behaupten *см.* versichern
Behauptung утверждение
die **Behauptung** — der **Satz** — die **These**

Behauptung *индифф. синоним;* напр.: eine Behauptung aufstellen [vorbringen] выступить с каким-л. утверждением; j-s Behauptung widerlegen опровергнуть чье-л. утверждение; seine Behauptung muß nachgeprüft werden необходимо проверить, правильно ли то, что он утверждает; er ging von seiner Behauptung nicht ab он не отказался от своего утверждения. **Satz, These** *книжн.* положение, тезис; напр.: Sätze [Thesen] aufstellen, beweisen, begründen сформулировать, доказывать, обосновывать тезисы [положения]; einem Satz [einer These] widersprechen оспаривать тезис [положение]

behausen *см.* ansiedeln
Behausung *см.* Wohnung
Behelf *см.* Vorwand
behelligen *см.* belästigen ¹/stören ¹
behend(e) *см.* flink
beherbergen *см.* ansiedeln
beherrschen, sich *см.* maßhalten
Beherrschtheit *см.* Fassung
Beherrschung *см.* Fassung
beherzigen *см.* befolgen
behexen *см.* bezaubern
behilflich ¹ *см.* nützlich
behilflich ²: behilflich sein *см.* helfen
behindern *см.* hindern
Behörden власти, органы власти
die **Behörden** — die **Obrigkeit**

Behörden *мн. индифф. синоним;* напр.: die Behörden eines Landes органы власти страны; mit Bewilligung der Behörden с разрешения властей; ich muß das den Behörden melden мне нужно доложить об этом властям. **Obrigkeit** *уст., теперь б. ч. ирон.* высшая власть, высшее начальство; напр.: sich der weltlichen, kirchlichen Obrigkeit unterordnen подчиниться высшей светской, церковной власти ◻ Worauf ihm wieder ein väterlicher Verweis zuteil geworden war, weil er in wegwerfendem Tone von der Obrigkeit gesprochen hatte (*Th. Mann,* »*Buddenbrooks*«) И он снова получил нагоняй от отца за то, что говорил о высоком начальстве в непочтительном тоне

behördlich *см.* dienstlich
behüten *см.* schützen
behutsam *см.* sorgsam ¹/vorsichtig ¹, ²
beibringen *см.* lehren ¹
Beichte *см.* Geständnis
beichten *см.* gestehen
beiderseitig *см.* gegenseitig
Beifall ¹ аплодисменты
das **Händeklatschen** — der **Beifall** — der **Applaus** — die **Ovation**

Синонимы данного ряда расположены по степени возрастания интенсивности действия

Händeklatschen хлопанье (в ладоши), аплодисменты; напр.: Händeklatschen brach aus раздались аплодисменты; die Kinder begrüßten den Zauberkünstler mit Händeklatschen дети захлопали, приветствуя фокусника; sie hörte Auflachen und Händeklatschen она услышала смех и аплодисменты. **Beifall** *индифф. синоним;* напр.: anhaltender Beifall продолжительные аплодисменты; Beifall klatschen аплодировать, хлопать; Beifall ertönte раздались аплодисменты; die neue Aufführung wurde mit Beifall aufgenommen новая постановка была принята аплодисментами; stürmischer Beifall durchbrauste den Saal по залу прокатилась буря аплодисментов ◻ Sie war verzückt und berauscht vom anfeuernden Beifall (*Strittmatter,* »*Wundertäter*«) Она была в экстазе, опьяненная поощрительными аплодисментами. **Applaus** аплодисменты, рукоплескания: напр.: es ertönte donnernder Applaus раздался гром аплодисментов; der Applaus wollte kein Ende nehmen рукоплескания не прекращались ◻ Beglückt und voll Zuversicht schwamm er in der Welle seines Erfolges. Erfreute sich des Applauses, der täglich auf ihn hereinprasselte (*Feuchtwanger,* »*Lautensack*«) Счастливый и полный веры, плыл он на волнах успеха. Радовался шквалу аплодисментов, который ежедневно обрушивался на него. **Ovation** [-v-] овация; напр.: stürmische, langanhaltende Ovation бурная, продолжительная овация; der Tänzerin, dem Sänger wurde eine Ovation dargebracht [bereitet] танцовщице, певцу устроили овацию

Beifall ² *см.* Billigung
beifallen *см.* einverstanden sein
beifügen *см.* beilegen ¹
beigeben *см.* beilegen ¹
beigesellen, sich *см.* anschließen, sich
Beihilfe *см.* Unterstützung ¹
beilegen ¹ прилагать
beilegen — beifügen — beigeben

Синонимы данного ряда имеют примерно одинаковое значение, но различаются по сочетаемости

beilegen *индифф. синоним;* напр.: dem Brief eine Briefmarke, dem Gesuch Lichtbilder beilegen приложить к письму марку, к заявлению фотокарточки; die Rechnung beilegen приложить счет; dem Brief an die Eltern habe ich einige Zeilen an den Bruder beigelegt к письму к родителям я приложил листок, на котором было несколько строк, к брату. **beifügen:** dem Blumenstrauß war ein Brief beigefügt к букету было приложено письмо; dem Bericht war eine Rechnung beigefügt к отчету был приложен счет. **beigeben:** der Reisebeschreibung war eine Landkarte beigegeben к описанию путешествия была приложена карта, описание путешествия было снабжено картой

beilegen ² *см.* schlichten/zuschreiben
Beilegung *см.* Schlichtung
Beileid *см.* Mitgefühl/«Приложение»
beimengen *см.* mischen (, sich)
beimessen *см.* zuschreiben
beimischen (, sich) *см.* mischen (, sich)
Bein нога
das **Bein** — die **Stelze**

Bein *индифф. синоним;* напр.: das rechte, linke Bein правая, левая нога; das Bein besteht aus dem Oberschenkel, dem Unterschenkel und dem Fuß нога состоит из бедра, голени и ступни; er hat sich auf der Eisbahn das Bein gebrochen он сломал на катке ногу; mir ist das Bein eingeschlafen у меня онемела нога ◻ Da gäbe es manchen Nachbarn mit einem guten Holzbein, der besser zur Arbeit taugte als Christian mit seinem zerschossenen Hüftgelenk, der sozusagen bei jedem Schritt das Bein im Kreis herumdrehen mußte (*Seghers,* »*Die Toten*«) Среди соседей найдется не один парень на деревяшке, который может лучше работать, чем Кристиан с его простреленным бедром: ведь он при каждом шаге должен сначала заносить ногу вбок. **Stelze** *б. ч. мн. груб.* (длинные) ноги, ноги как у журавля, как у цапли, ходули; напр.: nimm doch deine Stelzen weg! убери же свои ходули!

beinahe *см.* fast
Beiname прозвище
der **Beiname** — der **Zuname** — der **Übername** — der **Spitzname** — der **Deckname** — das **Pseudonym** — der **Scherzname** — der **Spottname** — der **Neckname**

Beiname *индифф. синоним;* напр.: Peter I. erhielt den Beinamen »der Große« Петр I был назван Великим; die russischen Gutsbesitzer gaben ihren Leibeigenen oft Beinamen русские помещики часто давали крепостным прозвища ◻ Pastor Trieschke, nämlich Tränen-Trieschke... der diesen Beinamen führte, weil er all-

sonntäglich einmal inmitten seiner Predigt an geeigneter Stelle zu weinen begann (Th. Mann, »Buddenbrooks«) Пастор Тришке или Тришке Слезливый... который получил это прозвище, потому что каждый раз начинал плакать в соответствующем месте своей воскресной проповеди. Zuname прозвище, добавление к имени; напр.: Friedrich I. mit dem Zunamen »Barbarossa« Фридрих I по прозвищу Барбаросса. Übername уст. и швейц. = Beiname; напр.: er führte einen seltsamen Übernamen у него было странное прозвище. Spitzname кличка; напр.: die Schüler gaben ihm den Spitznamen »Philosoph« ученики дали ему кличку Философ; alle nannten ihn bei seinem Spitznamen все называли его кличкой. Deckname (конспиративная) кличка, псевдоним, кодовое название; напр.: der berühmte Revolutionär Baumann arbeitete im Untergrund unter dem Decknamen »Gratsch« (d. h. Saatstar) прославленный революционер Бауман работал в подполье под кличкой Грач; er schreibt unter einem Decknamen он пишет под псевдонимом. Pseudonym псевдоним; напр.: unter einem Pseudonym schreiben писать под псевдонимом □ Der und jener Professor wechselten zuweilen ihr Pseudonym... Unrat aber trug den seinigen seit vielen Generationen (H. Mann, »Unrat«). У того или иного профессора иногда менялся псевдоним... За Унратом же он сохранялся из поколения в поколение. Scherzname шутливое прозвище; напр.: Tschechow pflegte seinen nahen Verwandten Scherznamen zu geben Чехов имел обыкновение давать своим близким шутливые прозвища. Spottname насмешливое прозвище; напр.: viele Lehrer bekommen in der Schule Spottnamen многие учителя получают в школе прозвища; er beachtete seinen Spottnamen nicht он не обращал внимания на данное ему (насмешливое) прозвище □ ...sie mißachteten die üblichen Spottnamen, weil ein Humor daraus sprach, der sie nicht berührte (Th. Mann, »Buddenbrooks«) ...они презирали привычные прозвища, ибо заключённый в них юмор до них не доходил. Neckname прозвище, которым дразнят; напр.: ihr wurde sofort der Neckname »Tränenliesel« [»lahme Ente«] zugelegt ей тут же дали прозвище Плакса [Копуша].
Beine: wieder auf die Beine kommen см. gesund werden; sich die Beine vertreten см. spazierengehen
Beinkleider см. Hose
beipflichten см. einverstanden sein
beisammen см. zusammen
beiseite legen см. sparen
beiseitelegen см. legen¹
beiseiteschaffen см. fortbringen
beisetzen см. begraben¹
Beispiel см. Vorbild

beispielhaft см. vorbildlich
beispiellos см. groß³
beispringen см. helfen
beißen¹ кусать
beißen — zubeißen — zuschnappen
beißen индифф. синоним; напр.: ihn hat ein Hund, eine Schlange ins Bein gebissen собака, змея укусила его в ногу; das Mädchen hat sich auf die Zunge gebissen девочка прикусила себе язык; um nicht lachen zu müssen, biß ich mir auf die Lippen чтобы не рассмеяться, я закусил губы. zubeißen впиться зубами, укусить употр., когда действие совершается внезапно; напр.: wenn Sie mit dem Hund spielen, seien Sie vorsichtig, er kann zubeißen если вы будете играть с собакой, будьте осторожны, она может (неожиданно) укусить. zuschnappen часто разг. хватануть, тяпнуть; напр.: reize den Hund nicht, sonst schnappt er zu! не зли собаку, а то она тебя тяпнет!
beißen² см. kauen
beißend см. giftig
Beistand см. Hilfe¹
beistehen см. helfen
Beisteuer см. Zahlung
beisteuern см. helfen
beistimmen см. einverstanden sein
Beitrag см. Einzahlung¹
beitragen см. helfen
beitreten¹ вступать (в организацию и т. п.)
beitreten — eintreten — Mitglied werden
beitreten индифф. синоним (употр. с дополнением в Dat., которое часто тк. подразумевается); напр.: einer Organisation, einer Gewerkschaft, einem Verein, einer Partei beitreten вступить в организацию, в профсоюз, в объединение, в партию □ »Und darf ich fragen«, erkundigt sich die Dame, »ob Sie sich schon entschlossen haben?« — »Weswegen?« — »Wegen der Aufnahme. Ob Sie beitreten wollen?« (Fallada, »Kleiner Mann«) «Разрешите задать вам вопрос, — говорит дама, — вы уже приняли решение?» — «О чём?» — «Относительно членства. Хотите ли вы вступить в их организацию?» eintreten ≅ beitreten, но больше подчёркивает стремление быть принятым, допущенным туда, куда кто-л. вступает (употр. с предложным дополнением); напр.: in einen dramatischen Zirkel eintreten вступить в драматический кружок □ Sohn und Vater waren sich einig geworden, als er bei Kriegsausbruch als Fähnrich in die Armee eintrat nach einem verfrühten, verkürzten Abitur (Seghers, »Die Toten«) Согласие между сыном и отцом установилось, когда сын в начале войны досрочно сдал по сокращённой программе выпускные экзамены и поступил в полк прапорщиком. Mitglied werden стать членом, вступить в члены (какой-л. организации); напр.: auf der letzten Vereinssitzung hatte er sich entschlossen, Mitglied zu werden на последнем заседании союза он решил вступить в его члены
beitreten² см. einverstanden sein
bei weitem nicht см. längst nicht
beizeiten см. rechtzeitig
bejahend см. positiv
bejahrt см. alt¹
bejammern см. beklagen
bekämpfen бороться, вести борьбу с чем-л.
bekämpfen — kämpfen — ankämpfen — angehen — vorgehen — entgegentreten — entgegenwirken — begegnen — befehden
bekämpfen (etw.) индифф. синоним; напр.: den Aberglauben, die Korruption, eine Seuche bekämpfen бороться с суеверием, с коррупцией, с эпидемией; den Krieg, die Konterrevolution bekämpfen бороться против войны, с контрреволюцией □ Aber... eine leichte Neigung zum Schüttelfrost, die der gute Doktor Grabow vergebens bekämpfte, deutete an, daß seine Konstitution nicht besonders kräftig war (Th. Mann, »Buddenbrooks«) Но... некоторая склонность к лихорадочному состоянию, с которым безуспешно боролся славный доктор Грабов, свидетельствовала о том, что его конституция была не особенно крепкой. kämpfen (gegen etw.) ≅ bekämpfen иногда подчёркивает оказываемое сопротивление; напр.: unermüdlich gegen Schwierigkeiten, gegen eine Seuche, gegen tief verwurzelte Vorurteile kämpfen неустанно бороться с трудностями, с эпидемией, с глубоко укоренившимися предрассудками. ankämpfen (gegen etw.) ≅ bekämpfen, но подчёркивает, что неравная борьба ведётся в форме отдельных выступлений, порывов; объектом часто является стихийная сила или подавляемое чувство, состояние; напр.: er kämpfte gegen diese Unsitte an он боролся с этой дурной традицией; wir kämpften gegen den losgebrochenen Sturm an мы вели борьбу с разразившейся бурей; sie kämpfte gegen die Tränen an она боролась со слезами; vergeblich kämpften wir gegen die Müdigkeit an тщетно мы боролись с усталостью. angehen (gegen etw.) принимать меры против чего-л.; (преодолевая сопротивление, трудности) приступить к чему-л.; напр.: gegen diese Gewohnheiten, Übelstände, Vorurteile angehen бороться [принимать меры] против этих обычаев, беспорядков, предрассудков; die Umweltverschmutzung energisch angehen начать энергичную борьбу с загрязнением окружающей среды. vorgehen ≅ angehen, но подчёркивает более решительный характер действия; напр.: streng, entschieden gegen die Verleumdung vorgehen принимать строгие, решительные меры [шаги] против клеветы; gegen den Rauschgifthandel vorgehen принимать

BEKANNT

меры против торговли наркотиками. **entgegentreten** выступать против чего-л., воспротивиться чему-л. ⟨*употр. с дополнением в Dat.*⟩; *напр.*: einem Mißbrauch, falschen Ansichten entschieden entgegentreten решительно выступить против злоупотреблений, против неверных представлений. **entgegenwirken** противодействовать ⟨*употр. с дополнением в Dat.*⟩; *напр.*: der Bestechlichkeit entgegenwirken противодействовать коррупции; einer Seuche entgegenwirken бороться с эпидемией. **begegnen** *книжн.* противостоять, сопротивляться чему-л. ⟨*употр. с дополнением в Dat.*⟩; *напр.*: dem Unrecht, dem Übel begegnen противостоять несправедливости, злу. **befehden** (*etw.*) *высок.* противоборствовать чему-л.; *напр.*: j-s Pläne befehden противоборствовать чьим-л. планам

bekannt[1] известный, пользующийся известностью
bekannt — namhaft — gefeiert — allbekannt — prominent — berühmt — ruhmreich — weltbekannt — weltberühmt

Синонимы данного ряда расположены по степени возрастания выражаемого признака
bekannt *индифф. синоним*; *напр.*: ein bekanntes Buch, Theaterstück известная книга, пьеса; ein bekannter Dichter, Maler, Gelehrter известный писатель, художник, ученый; dieser Arzt ist sehr bekannt этот врач хорошо известен [пользуется большой известностью]. **namhaft** ≅ bekannt, *но употр. тк. по отношению к лицам* ⟨*тк. атрибутивно*⟩; *напр.*: er ist ein namhafter Künstler, Professor он известный артист, профессор. **gefeiert** широко известный, пользующийся большим успехом (*у массового зрителя, слушателя; чаще о «любимцах публики», вызывающих восторг своим появлением*); *напр.*: ein gefeierter Tänzer, Sänger, Maler (широко) известный танцор, певец, художник. **allbekannt** общеизвестный (*о предметах и явлениях*); широко известный (*о лицах*) подчеркивает постоянство признака; *напр.*: ein allbekanntes Buch общеизвестная книга; der Professor N war allbekannt und geehrt профессор N был широко известен и пользовался повсеместно уважением. **prominent** *книжн.* знаменитый, выдающийся (*тк. о лицах*) ⟨*б. ч. атрибутивно*⟩; *напр.*: ein prominenter Gelehrter, Staatsmann, Schauspieler знаменитый [выдающийся] ученый, государственный деятель, актер. **berühmt** знаменитый, прославленный; *напр.*: die berühmten Weine знаменитые вина; er war ein berühmter Dichter он был знаменитым писателем [поэтом]; diese Tänzerin war einst sehr berühmt эта балерина была когда-то очень знаменита □ Du könntest der berühmteste Mann in der Stadt werden (*Strittmat-*

ter, »Wundertäter«) Ты мог бы стать самым знаменитым человеком в городе. **ruhmreich** славный; *напр.*: ein ruhmreicher Feldherr славный полководец; ein ruhmreicher Sieg славная победа. **weltbekannt** пользующийся всемирной известностью; *напр.*: Schaljapin war ein weltbekannter Sänger Шаляпин был певцом с мировым именем; sein Name ist weltbekannt его имя пользуется всемирной известностью. **weltberühmt** пользующийся мировой славой; *напр.*: Darwin ist ein weltberühmter Name имя Дарвина пользуется мировой известностью; dieses Theater ist weltberühmt этот театр пользуется мировой славой [прославлен во всем мире]

bekannt[2] знакомый
bekannt — vertraut — k u n d
bekannt *индифф. синоним*; *напр.*: ein bekanntes Wort, Gesicht знакомое слово, лицо; ein bekannter Name знакомая фамилия; ein bekanntes Lied знакомая песня; der neue Chef war noch nicht allen bekannt не все еще были знакомы с новым начальником; ich bin mit dieser Sache gut bekannt я хорошо знаком с этим делом □ ...sein Gesicht scheint ihr... bekannt, sicherlich hat sie es in Zeitungen gesehen, doch sie kommt nicht auf den Namen (*Feuchtwanger, »Lautensack«*) ... его лицо ей кажется ... знакомым, наверное, она видела его в газетах, но она не может вспомнить фамилию. **vertraut** хорошо, близко знакомый; *напр.*: vertraute Lieder хорошо знакомые песни; er ist mit der Arbeit vertraut он хорошо знаком с работой; sich mit etw. vertraut machen освоиться с чем-л. □ Was sie las, waren meistens einfache und ihr vertraute Dinge (*Th. Mann, »Buddenbrooks«*) То, что она читала, были по большей части незатейливые и хорошо знакомые ей вещи. **kund** *поэт. устаревает* *употр. тк. в определенных сочетаниях*; *напр.*: es war allen kund, daß... всем было известно, что...; j-m etw. kund und zu wissen tun *уст., часто ирон.* известить [оповестить] кого-л. о чем-л.

Bekannter *см.* Liebhaber[1]
bekanntgeben *см.* mitteilen
bekanntmachen *см.* mitteilen
Bekanntmachung *см.* Anzeige
bekehren, sich *см.* bessern, sich
bekennen *см.* gestehen/glauben[1]
Bekenntnis *см.* Geständnis/Glaube
beklagen сожалеть, выражать сожаление
bedauern — beklagen — bejammern — beweinen
Синонимы данного ряда расположены по степени возрастания интенсивности выражения чувства
bedauern сожалеть (*раскаиваясь*); *напр.*: ich bedauere diesen Irrtum я сожалею об этой ошибке; wir bedauern, Ihnen so viel Mühe gemacht zu haben мы сожалеем, что доставили вам столько хлопот. **beklagen** *индифф.*

BEKOMMEN

синоним; *напр.*: ein Unglück beklagen выражать сожаление по поводу какого-л. несчастья; das unerbittliche Schicksal beklagen жаловаться на неумолимую судьбу □ ...verlas sie viele Male die Zeitungsartikel, in denen... der unersetzliche Verlust seiner Persönlichkeit beklagt wurde (*Th. Mann, »Buddenbrooks«*) ...она много раз читала вслух газетные статьи, в которых... выражалось сожаление о невосполнимой утрате — смерти такой личности, как он. **bejammern** сетовать, жалобно причитая, горевать; *напр.*: j-s Los bejammern горевать о чьей-л. судьбе; den Verlust bejammern горевать о потере. **beweinen** оплакивать кого-л., что-л., скорбеть о чем-л.; *напр.*: den Toten, einen schmerzlichen Verlust beweinen оплакивать покойника, прискорбную утрату

beklagen, sich *см.* beschweren, sich
beklatschen *см.* lästern[1]
bekleben *см.* kleben
bekleiden *см.* anziehen I[1]/einnehmen[1]
Beklemmung *см.* Angst[1]
bekommen[1] получать
bekommen — beziehen — einhandeln — erhandeln — erhalten — e m p f a n g e n — kriegen
bekommen *индифф. синоним*; *напр.*: Briefe, Bücher, Geld, Geschenke bekommen получать письма, книги, деньги, подарки; eine Antwort bekommen получить ответ; zu essen bekommen получать еду □ Er duckte sich tiefer ins Heidekraut, bekam herben Honiggeruch in die Nase... (*Strittmatter, »Wundertäter«*) Он еще глубже зарылся в вереск, на него пахнуло горьковатым медвяным запахом... **beziehen** получать регулярно; *напр.*: er bezieht sein Gehalt aufs Konto он получает свое жалованье через сберегательную кассу; wir beziehen die Zeitschriften aus Moskau мы получаем журналы из Москвы. **einhandeln** получить, приобрести путем обмена; *напр.*: Brot gegen [für] Zigaretten einhandeln получить хлеб в обмен на сигареты; da hast du dir was Schönes eingehandelt! *ирон.* хорошенькую вещь ты заполучил! (*о болезни, выговоре и т. п.*). **erhandeln** *устаревает* ≅ einhandeln; *напр.*: die Frau hat eine Kuh erhandelt женщина выменяла (*получила*) корову; wir haben ein Schaf gegen ein Schwein erhandelt мы получили овцу в обмен на свинью □ Man konnte sicher sein, etwas Frisches zu erhandeln, denn die Fische lebten fast alle noch (*Th. Mann, »Buddenbrooks«*) Можно было быть уверенным, что получишь свежий товар, так как почти вся рыба была еще живая. **erhalten** ≅ bekommen, *но больше подчеркивает, что получаемое ожидалось или что тот, кто что-л. получает, это заслужил*; *напр.*: ihren Brief haben wir endlich erhalten ваше письмо мы наконец получили;

für die geleistete Arbeit wirst du eine anständige Bezahlung erhalten за выполненную работу ты получишь приличное вознаграждение ☐ Die Geschwister erhielten ihre Zuckertüte, und Stanislaus, der Prophet, kam nicht zu kurz (*Strittmatter*, »*Wundertäter*«) Братья и сестры получили по кулечку конфет, не обошли и Станислауса, пророка. **empfangen** *высок.* ≃ bekommen, *но часто подчеркивает важность или торжественность акта получения чего-л.*; *напр.*: den väterlichen Segen empfangen получить отцовское благословение; er empfing von dem Minister einen Orden он получил от министра орден. **kriegen** *разг.* ≃ bekommen; *напр.*: zu seinem Geburtstag hat Paul ein schönes Geschenk gekriegt ко дню рождения Пауль получил хороший подарок ☐ Immer, wenn ich so scharf gearbeitet habe, krieg ich einen Wolfshunger (*Feuchtwanger*, »*Exil*«) Всегда, когда я так напряженно поработаю, у меня появляется волчий аппетит. Sie haben also Aussicht, einen richtigen Paß zu kriegen? (*ebenda*) У вас, следовательно, есть реальные шансы получить настоящий паспорт?

bekommen ²: ein Kind bekommen *см.* gebären
beköstigen *см.* ernähren ¹
bekräftigen *см.* bestätigen ¹
bekriegen *см.* kämpfen ¹
bekritteln *см.* kritisieren ¹
bekucken *см.* ansehen ²
bekümmern, sich *см.* sorgen
bekümmert *см.* traurig
bekunden *см.* aussprechen
belächeln *см.* auslachen/lächeln
beladen *см.* laden I ¹, ²
belagern *см.* belästigen ¹
Belagerung *см.* «Приложение»
belangen *см.* angehen ¹
belanglos *см.* nebensächlich
belangreich *см.* wichtig ¹
belangvoll *см.* wichtig ¹
belasten *см.* laden I ¹
belästigen ¹ надоедать, приставать
belästigen — bemühen — behelligen — bestürmen — belagern

belästigen *индифф. синоним*; *напр.*: j-n mit Bitten, mit Fragen, mit Besuchen belästigen надоедать кому-л. своими просьбами, вопросами, посещениями; ich fürchte, Sie zu belästigen я боюсь вам надоесть; ich werde dauernd von diesem Herrn belästigt ко мне всё время пристаёт этот господин ☐ »Hat die Tochter des Herrn Pastors dich ins Gespräch gezogen, oder hast du sie belästigt, wie es?« — »Ich habe sie nicht belästigt« (*Strittmatter*, »*Wundertäter*«) «Дочь господина пастора сама заговорила с тобой или ты к ней приставал, как это было?» — «Я к ней не приставал». **bemühen** беспокоить, обременять; *напр.*: ich muß Sie in dieser Angelegenheit bemühen я вынужден вас побеспокоить по этому делу. **behelligen** ≃ bemühen, *но более эмоционально*; *напр.*: darf ich Sie mit einer Frage, mit einer Bitte behelligen? могу ли я обеспокоить вас одним вопросом, одной просьбой? **bestürmen** *разг.* набрасываться на кого-л. (*с расспросами и т. п.*), приставать к кому-л.; *напр.*: j-n mit Fragen bestürmen приставать к кому-л. с вопросами; засыпать кого-л. вопросами; j-n mit Bitten bestürmen докучать кому-л. просьбами; j-n mit Vorwürfen bestürmen осыпать кого-л. упрёками. **belagern** *разг.* осаждать; *напр.*: der Filmstar wurde ständig von Fans belagert кинозвезду всё время осаждали поклонники

belästigen ² *см.* stören ¹
belauern *см.* bespitzeln/lauern ¹
belaufen, sich *см.* betragen
belauschen *см.* bespitzeln
beleben оживлять
beleben — anregen — aufpeitschen — aufmöbeln — aufputschen

beleben *индифф. синоним*; *напр.*: das Gespräch, die Handelsbeziehungen, den Verkehr beleben оживлять разговор, торговые связи, транспортное сообщение; der Kaffee, der Tee belebt ihn кофе, чай его бодрит. **anregen** возбуждать; *напр.*: die Phantasie anregen будить фантазию; den Appetit anregen возбуждать аппетит; der Wein, der Kaffee regt mich an вино, кофе действует на меня возбуждающе. **aufpeitschen** подхлёстывать, возбуждать, разжигать; *напр.*: die Nerven aufpeitschen будоражить нервы; die Leidenschaft, die Sinne aufpeitschen разжигать страсть, чувства. **aufmöbeln** *фам.* встряхивать, выводить из состояния вялости, душевного оцепенения; *напр.*: in der letzten Zeit ist er zu träge, man muß ihn ein bißchen aufmöbeln в последнее время он слишком вял, его нужно немножко встряхнуть. **aufputschen** *разг. неодобр.* взвинчивать, искусственно распалять (*приводить в состояние лихорадочного возбуждения*); *напр.*: nur die Spritze putschte ihn vor dem Auftritt auf только укол (наркотика) мог поднять его дух перед выходом на сцену ☐ Danke! danke! Ich bin zufrieden. Jänecke hat Sie wohl nur ein bißchen aufputschen wollen (*Fallada*, »*Kleiner Mann*«) Спасибо, спасибо! Я удовлетворён. Йенеке хотел вас, вероятно, только немного подхлестнуть

Beleg *см.* Zitat
belegen *см.* besetzen/beweisen/verurteilen ¹
Belegschaft ¹ персонал
die Belegschaft — das Personal — die Leute

Belegschaft *индифф. синоним*; *напр.*: die Belegschaft einer Fabrik рабочие и служащие фабрики; die Belegschaft des Krankenhauses персонал больницы; die Belegschaft des Betriebs hat sich zu einer Abstimmung versammelt все рабочие и служащие предприятия собрались для голосования. **Personal** ≃ Belegschaft, *но чаще об обслуживающем персонале*; *напр.*: das Personal des Hotels персонал гостиницы ☐ Vater ist ein reicher Mann; er konnte nicht erwarten, daß es mir jemals an Personal fehlen würde (*Th. Mann*, »*Buddenbrooks*«) Мой отец богатый человек; он не мог ожидать, что у меня когда-нибудь будет недостаток в обслуживающем персонале. **Leute** *разг.* люди, работники (*за исключением руководящего состава*); *напр.*: die Fabrik beschäftigt mehr als 1000 Leute на фабрике занято более тысячи рабочих ☐ Grinsten ihn die Leute, die die Maschine bedienten, nicht etwa von der Seite an, weil er vor dem schwarzen Kerl erschrocken war? (*H. Mann*, »*Untertan*«) Не потому ли ухмылялись, искоса поглядывая на него, люди, работавшие у машин, что он испугался этого чернявого субъекта?

Belegschaft ² *см.* Kollektiv
belegt *см.* besetzt/heiser
belehnen *см.* leihen ¹
belehren *см.* lehren ²
belehrend *см.* lehrhaft
beleibt *см.* dick ¹
beleidigen обижать, оскорблять
treffen — kränken — beleidigen — insultieren — verletzen — verwunden

Синонимы данного ряда расположены по степени возрастания интенсивности выражаемого действия

treffen задевать (*каким-л. замечанием, тоном, отношением*); *напр.*: der Vorwurf hat mich getroffen упрёк задел меня ☐ Es ist ärgerlich, daß sie nicht darauf geantwortet hat, aber es trifft ihn nicht (*Feuchtwanger*, »*Lautensack*«) Досадно, что она не ответила (*на его письмо*), но это его не задевает. Ich verachte Ihre wahnsinnigen Verleumdungen um so mehr, als sie auch mich treffen (*Th. Mann*, »*Buddenbrooks*«) Я презираю вашу злобную клевету, тем более, что она задевает и меня. **kränken** обижать, больно задевать; *напр.*: j-n leicht, schwer kränken слегка, сильно обидеть кого-л.; j-s Ehre, j-n in seiner Ehre kränken задеть чью-л. честь ☐ Darum hatte ihn ja auch Annas Ruf »Du und dein Führer« am Morgen so sehr gekränkt (*Fallada*, »*Jeder stirbt*«) Потому-то его так и обидело сегодня утром, когда Анна ему крикнула: «Ты и твой фюрер». **beleidigen** *индифф. синоним*; *напр.*: daß er ihre Einladung ausschlug, beleidigte sie tief то, что он не принял её приглашения, её глубоко обидело; durch Ihre Antwort haben Sie ihn beleidigt своим ответом вы его оскорбили ☐ Der Emil Borkhausen ist nicht beleidigt, den Borkhausen kann man so leicht nicht beleidigen (*Fallada*, »*Jeder stirbt*«) Эмиль Боркхаузен не обижен, Боркхаузена не так легко обидеть.

BELEIDIGT

insultieren *книжн. устаревает* ≅ beleidigen, *но подчеркивает намеренность действия; напр.*: er hat ihn insultiert, um ihn herauszufordern он его оскорбил, чтобы спровоцировать ссору; er hat ihn durch seine herausfordernden Worte insultiert он оскорбил его дерзкими словами □ Insultiert man meinen Kutscher? Sehen Sie nach, Buddenbrook! (*Th. Mann, »Buddenbrooks«*) Не оскорбляют ли моего кучера? Посмотрите, Буденброк! **verletzen** *высок*. оскорблять, причиняя боль; *напр.*: diese Frage kann sie nur verletzen этот вопрос может ее только оскорбить; seine Äußerung hat meine Gefühle verletzt его замечание оскорбило мои чувства □ Herr Major verletzen, mit Verlaub zu sagen, die Offizierssehre (*Strittmatter, »Wundertäter«*) Господин майор, да будет мне позволено сказать, оскорбляет честь офицера. **verwunden** *высок*. глубоко оскорбить, ранить; *напр.*: sein Mißtrauen verwundete sie tief его недоверие глубокого оскорбило ее □ ...aber es mußte ein gewandtes, witziges, schlagendes Wort sein, das ihn zugleich spitzig verwundete und ihm imponierte (*Th. Mann, »Buddenbrooks«*) ...но это должно быть ловкое, остроумное, меткое словцо, которое больно ранит его и в то же время внушит ему уважение к ней

beleidigt оскорбленный
verschnupft — gekränkt — eingeschnappt — beleidigt — verletzt
Синонимы данного ряда расположены по степени возрастания выражаемого признака
verschnupft *разг.* слегка задетый, обиженный; *напр.*: sie ist verschnupft über deine Bemerkung ты ее задел своим замечанием. **gekränkt** обиженный; *напр.*: ein gekränktes Gesicht machen сделать обиженное лицо; gekränkte Unschuld *ирон.* оскорбленная невинность □ »Du bist erst sechzehn und mein Sohn«, fängt der Alte, noch immer gekränkt, an (*Fallada, »Jeder stirbt«*) «Тебе ведь только шестнадцать, и ты мой сын», — начал было все еще обиженный старик. **eingeschnappt** *разг.* оскорбленный *подчеркивает, что кто-л. обижается без достаточного основания; напр.*: bei jeder Kleinigkeit macht sie ein eingeschnapptes Gesicht из-за каждого пустяка она принимает оскорбленный вид, она дуется из-за каждого пустяка; bist du noch immer eingeschnappt? все еще дуешься? **beleidigt** *индифф. синоним; напр.*: er fühlt sich beleidigt он чувствует [считает] себя оскорбленным; er machte ein beleidigtes Gesicht он сделал оскорбленное лицо □ Der große Gelehrte zog sich beleidigt in ihm zurück (*Strittmatter, »Wundertäter«*) Великий ученый в нем оскорбленно замкнулся в себе. **verletzt** *высок*. глубоко оскорбленный; *напр.*: durch diese freche Antwort war sie sehr verletzt этот дерзкий ответ ее очень оскорбил [больно ранил]

Beleidigung оскорбление, обида
die Beleidigung — die Kränkung — die Verleumdung — die Schmähung — der Affront — die Invektive
Beleidigung *индифф. синоним; напр.*: j-m eine Beleidigung zufügen нанести кому-л. оскорбление [обиду]; eine Beleidigung auf sich sitzenlassen проглотить оскорбление; er wurde wegen Beleidigung vor Gericht angeklagt на него подали в суд за оскорбление □ Noch zog ein Wort als Beleidigung und Kummer mit ihm. Das Wort hieß: Raufbold (*Strittmatter, »Wundertäter«*) Его все еще не покидала обида и горечь от брошенного ему слова. Это слово было: буян. ...und den Eid leistete er in einem Ton, als stieße er gegen Sprezius schwere Beleidigungen aus (*H. Mann, »Untertan«*) ...и он произнес присягу таким тоном, как будто он нанес Шпрециусу тяжелое оскорбление. **Kränkung** обида; *напр.*: etw. als Kränkung empfinden воспринимать что-л. как обиду; j-m eine Kränkung zufügen нанести кому-л. обиду □ Daß dieser Jude sich nicht von ihm retten, sondern sich lieber an den lichten Galgen hängen lassen wollte, empfand er (*der Fürst*) als persönliche Kränkung (*Feuchtwanger, »Jud Süß«*) То, что этот еврей не хотел, чтобы он его спас, а предпочитал быть повешенным, он (*князь*) воспринимал как личную обиду. **Verleumdung** дискредитация (*путем распространения клеветы*); *напр.*: die Verleumdung war für ihn ein bewährtes Mittel дискредитация была его испытанным средством. **Schmähung** поношение; *напр.*: die Zeitungen überhäuften ihn mit Schmähungen газеты поносили его. **Affront** *книжн.* резкий выпад, афронт; *напр.*: solch einen Affront wird sie sich nicht bieten lassen такого афронта она не потерпит. **Invektive** [-vɛk'tiːvə] *книжн.* оскорбительный выпад; *напр.*: unterlassen Sie diese ständigen Invektiven gegen ihn прекратите эти постоянные выпады против него

beleihen *см.* leihen [1]
belemmert *см.* schlecht [1]
Beletage *см.* Stockwerk
beleuchten [1] освещать
beleuchten — bestrahlen — bescheinen — erleuchten — erhellen
beleuchten *индифф. синоним; напр.*: das Zimmer, die Straßen, den Hafen gut, spärlich beleuchten хорошо, скудно освещать комнату, улицы, порт; die Bühne war mit Scheinwerfern beleuchtet сцена была освещена прожекторами □ Daß er aber der erste... gewesen war, der seine Wohnräume und seine Kontors mit Gas beleuchtet hatte, war Tatsache (*Th. Mann, »Buddenbrooks«*) Но то, что он был первым... кто осветил свое жилище и свои конторы газом, было непреложным фактом. Die liebe, goldene Sonne schien durch das Fenster und beleuchtete die Schildereien an den Wänden des Zimmers (*Heine, »Die Harzreise«*) Милое, золотое солнце светило в окно и освещало картины, висевшие на стенах комнаты. **bestrahlen** посылать лучи; облучать; *напр.*: die Sonne bestrahlt die Erde солнце посылает лучи на землю; der Kranke wurde mit Höhensonne bestrahlt больного облучали горным солнцем. **bescheinen** ≅ beleuchten, *но чаще о естественных источниках света; напр.*: die Sonne bescheint die Hügel солнце бросает свои лучи на холмы [освещает холмы]. **erleuchten** (ярко) освещать *в отличие от предыдущих синонимов больше подчеркивает получаемое впечатление; напр.*: das Zimmer, die Straße, der Platz wurde hell, festlich erleuchtet комната, улица, площадь была ярко, по-праздничному залита светом; das Schloß war mit Scheinwerfern erleuchtet дворец был ярко освещен прожекторами □ Er (*der Saal*) war von zwei großen Paraffinlampen erleuchtet (*Th. Mann, »Buddenbrooks«*) Он (*зал*) был ярко освещен двумя большими парафиновыми лампами. **erhellen** (вспыхнув,) осветить, выхватить из темноты *часто подчеркивает переход от темноты к свету или внезапность действия; напр.*: der Blitz erhellte den Himmel молния озарила небо; der Saal wurde plötzlich erhellt в зале вдруг вспыхнул свет □ Als der Senator und seine Frau das Zimmer betraten, das von den Kerzen zweier Armleuchter erhellt war... waren die beiden Ärzte schon zugegen (*Th. Mann, »Buddenbrooks«*) Когда сенатор и его жена вошли в комнату, которая была освещена свечами двух канделябров... оба врача уже были на месте

beleuchten [2] *см.* erzählen/leuchten [1]
Beleuchtung *см.* Licht [1]
beleumdet: übel beleumdet *см.* verrufen [1]

belfern *см.* schimpfen [2]
beliebig любой
beliebig — irgendein
beliebig *индифф. синоним; напр.*: Sie können ein beliebiges Thema, beliebige Bücher auswählen вы можете выбрать любую тему, любые книги; ich nehme jede beliebige Arbeit an я возьмусь за любую работу; nennen Sie einen beliebigen Gegenstand назовите любой предмет □ Es wäre mir vollkommen lieb, Herr Senator, wenn Sie morgen oder übermorgen zu einer beliebigen Stunde wieder vorsprechen möchten (*Th. Mann, »Buddenbrooks«*) Было бы лучше всего, господин сенатор, если бы вы могли заглянуть ко мне еще раз завтра или послезавтра в любое время. **irgendein** какой-нибудь, какой-либо; *напр.*: hast du irgendein Buch mit? у тебя есть с собой какая-нибудь книга?

beliebt любимый, популярный

beliebt — populär — volkstümlich

beliebt *индифф. синоним; напр.:* ein beliebter Lehrer, Dichter любимый учитель, писатель; er ist bei allen beliebt его все любят, он всеми любим. **populär** популярный; *напр.:* ein populärer Künstler популярный артист; ein populäres Buch популярная книга. **volkstümlich** народный; популярный; *напр.:* ein volkstümlicher Dichter популярный в народе писатель; народный поэт

beliefern *см.* versorgen [1]

bellen [1] лаять

bellen — kläffen — anschlagen — Laut geben

bellen *индифф. синоним; напр.:* der Hund bellt laut, böse собака лает громко, злобно; Hunde, die viel bellen, beißen nicht *посл.* ≅ не бойся собаки брехливой, а бойся молчаливой. **kläffen** тявкать; *напр.:* ein kleiner Hund kläffte hinter dem Tor маленькая собачка тявкала за воротами. **anschlagen** (начать) громко лаять; *напр.:* als die Klingel ertönt war, schlug der Hund an когда раздался звонок, собака громко залаяла. **Laut geben** *охот.* подать голос; *напр.:* der Hund blieb stehen und gab Laut собака сделала стойку и подала голос

bellen [2] *см.* husten

beloben *см.* loben

belobhudeln *см.* loben

belobigen *см.* loben

belohnen (воз)награждать

belohnen — vergüten — vergelten — auszeichnen — präm(i)ieren — entgelten — wettmachen — sich revanchieren

belohnen (j-n) *индифф. синоним; напр.:* j-n für seine ausgezeichnete Arbeit, Verdienste, Hilfe reichlich belohnen щедро вознаградить кого-л. за его отличную работу, за заслуги, за помощь; j-s Geduld belohnen вознаградить чье-л. терпение; er wurde mit Beifall belohnt его наградили аплодисментами □ ...treue Arbeit wird redlich belohnt (*Th. Mann, »Buddenbrooks«*) ...честный труд вознаграждается по заслугам. Zum Stadtverordneten werden Ihre Mitbürger Sie in kurzem wählen, das glaube ich Ihnen versprechen zu können, denn damit belohnen sie eine verdiente Familie (*H. Mann, »Untertan«*) Ваши сограждане скоро изберут вас депутатом магистрата, это, мне кажется, я могу вам обещать, таким путем они вознаградят семью, имеющую большие заслуги. **vergüten** (*etw. j-m*) вознаграждать (*оплачивая чью-л. работу*); возмещать (*расходы, издержки*); *напр.:* j-m eine Arbeit, die Mühe vergüten вознаграждать кого-л. за работу, за усилия; j-m den Schaden, die Auslagen, einen Verlust vergüten возмещать кому-л. ущерб, издержки, убытки; das lasse ich mir vergüten мне за это заплатят; bekommst du die Reisekosten vergütet? тебе оплатят дорожные расходы? **vergelten** (*etw. j-m*) отплачивать; *перен. тж.* воздавать; *напр.:* j-m die Mühe vergelten воздать кому-л. должное за труды; ich weiß nicht, wie ich es ihm vergelten soll я не знаю, чем ему за это отплатить □ ...beharrte Tony, daß sie... diesen Haß stets mit Liebe vergolten habe (*Th. Mann, »Buddenbrooks«*) ...Тони настойчиво утверждала, что она... за эту ненависть всегда платила ей любовью. Marie hatte sie nicht zu bitten brauchen. Sie hatte ihr gleich das Gute vergolten, das ihr Marie schon oft getan hatte (*Seghers, »Die Toten«*) Мари не пришлось ее просить. Она тотчас же отплатила ей добром за то добро, которое Мари часто ей делала. **auszeichnen** (j-n) награждать (*орденом, медалью, дипломом и т. п.*); *напр.:* er wurde mit einem Orden, mit dem Nobelpreis ausgezeichnet он был награжден орденом, Нобелевской премией. **präm(i)ieren** (j-n) премировать (*деньгами, какой-л. ценной вещью и т. п.*); *напр.:* für ihre guten Arbeitsleistungen wurden die Arbeiter mit Geld prämiert за свои хорошие производственные достижения рабочие получили денежную премию. **entgelten** (*etw. j-m*) *высок.* (справедливо) вознаграждать (*за труд, жертвы и т. п.*); *напр.:* wir werden Ihnen Ihre Arbeit entsprechend entgelten мы оплатим вашу работу соответствующим образом; das hätte mir meine Anstrengungen reichlich entgolten этим я был бы вознагражден за все мои усилия. **wettmachen** (*etw.*), **sich revanchieren** [-vanʃiː-] (*für etw.*) *разг.* отблагодарить, не остаться в долгу; *напр.:* um seine Gefälligkeit wettzumachen, schenkte ich ihm ein Buch чтобы за его услугу не остаться в долгу, я подарил ему книгу; für dieses Geschenk muß ich mich (an ihm) revanchieren за этот подарок я должен его отблагодарить □ ...empfing sie ihn nach der Arbeit mit ausgeklügelten Mühen, um die erträumte Untreue wettzumachen (*Seghers, »Die Toten«*) ...она встречала его после работы, особенно хлопоча вокруг него, как будто желала вознаградить его за мнимую ему измену

Belohnung *см.* Lohn [2]

belügen *см.* lügen

belustigen *см.* erheitern

bemächtigen, sich *см.* nehmen [3]

bemäkeln *см.* kritisieren [1]

bemängeln *см.* tadeln

Bemannung *см.* Mannschaft [1]

bemeiern *см.* betrügen

bemerken [1] замечать

bemerken — erblicken — gewahren — schauen

bemerken *индифф. синоним; напр.:* ich bemerkte nicht, wann er kam я не заметил, когда он пришел; er bemerkte ihre Abwesenheit nicht он не заметил ее отсутствия; sie bemerkte sofort, daß sich hier vieles verändert hatte она сейчас же заметила, что здесь многое изменилось; ich habe dich in der Menge nicht bemerkt я не заметил тебя в толпе □ Erst jetzt bemerkte er, daß Hauptmann Wunderlich, einer der drei anwesenden Offiziere, ein Freund des Dönhoffschen Hauses, noch immer stand (*Kellermann, »Der 9. November«*) Только теперь он заметил, что капитан Вундерлих, один из трех присутствующих офицеров, друг Денгофов, все еще стоял. **erblicken** увидеть; *напр.:* wir erblickten das Meer vor uns мы увидели перед собой море; sie erblickte ihn zufällig im Spiegel она случайно увидела его в зеркале; in der Ferne erblickten wir ein Segelschiff вдали мы увидели парусное судно. **gewahren** *высок.* замечать, обнаруживать; *напр.:* ich gewahrte ihn am Fenster und ging auf ihn zu я обнаружил его у окна и подошел к нему; da gewahrte er den Fremdling тут он заметил незнакомца □ Er gewahrte, daß das Mädchen ihn beobachtete (*Strittmatter, »Wundertäter«*) Он заметил, что девушка наблюдает за ним. **schauen** *поэт.* видеть, узреть *употр., когда речь идет о чем-л. особенно желанном; напр.:* das Land seiner Träume schauen увидеть воочию страну своих грез

bemerken [2] *см.* merken [1]/sagen [1]

bemerkenswert *см.* groß [5]

Bemerkung *см.* Äußerung

bemitleiden *см.* bedauern [1]

bemittelt *см.* reich [1]

bemogeln *см.* betrügen

bemühen *см.* belästigen [1]

bemühen, sich стараться, трудиться

sich bemühen — sich Mühe geben — sich anstrengen — sich abmühen — sich plagen — sich abplagen — sich quälen — sich abquälen — sich abarbeiten — sich mühen — sich befleißigen — sich strapazieren — sich placken — sich abplacken — sich schinden — sich abschinden — sich abackern — asten

sich bemühen *индифф. синоним; напр.:* ich bemühe mich, den Plan zu erfüllen я стараюсь выполнить план; bemühen Sie sich bitte nicht, ich hole das Buch selbst! не трудитесь, пожалуйста, я сам принесу книгу! □ Tschernigg bemüht sich, gleichgültig zu erscheinen, doch Trautwein weiß, wie gespannt er ist, nun er ihm, seinem einzigen Freund und Versteher sein Werk vorliest (*Feuchtwanger, »Exil«*) Черниг старается придать своему лицу равнодушное выражение, но Траутвейн знает, как жадно он слушает, ибо он читает свое произведение ему, своему единственному другу, понимающему его. **sich (D) Mühe geben** ≅ sich bemühen, *но больше подчеркивает увлечение, усилие, с которым данное лицо старается выполнить поставленную нелегкую задачу; напр.:* er gibt sich Mühe, die Arbeit rechtzeitig zu beenden он старается закон-

BEMÜHEN, SICH

чить работу своевременно; das wird nicht leicht sein, aber ich werde mir Mühe geben это будет нелегко, но я постараюсь. **sich anstrengen** напрягаться, стараться (*прилагая большие усилия*); *напр.:* sich über seine Kräfte anstrengen перенапрягаться; wir haben uns mit der Renovierung vergeblich angestrengt, man wird das alte Haus abreißen мы зря затратили столько сил на ремонт, старый дом снесут □ · Und deine Jungens sind noch zu klein. Da muß sich die Liese gehörig anstrengen (*Seghers, »Die Toten«*) А твои ребята еще слишком малы. Вот Лизе и приходится спину ломать. **sich abmühen** ≅ sich anstrengen, *но подчеркивает проявляемую выдержку, терпение и т. п., а иногда и безрезультатность усилий*; *напр.:* sich mit einer undankbaren Arbeit abmühen корпеть [биться] над неблагодарной работой; er mühte sich mit seinem Vortrag ab он неутомимо трудился над своим докладом □ Käthe, allein, sagte sich, sie sei ungerecht gegen Paul, sie anerkenne nicht zur Genüge, wie er sich um sie abmühe (*Feuchtwanger, »Lautensack«*) Оставшись одна, Кете говорит себе, что она несправедлива к Паулю, она недостаточно ценит то, как он для нее старается. **sich plagen, sich abplagen** биться над чем-л., изводить себя ради кого-л., чего-л. *подчеркивают, что производимая работа трудоемка и полученный результат не оправдывает затраченных усилий*; *напр.:* er plagt sich für seinen Lebensunterhalt он бьется из-за куска хлеба; ich habe mich mit ihm ein ganzes Jahr abgeplagt, aber der kann immer noch nicht gut lesen я с ним возилась целый год, а он все еще не умеет хорошо читать □ Sie haben im Gefängnis Ihre guten Manieren verlernt. Wenn man sich so für Sie abplagt, könnten Sie doch wenigstens Mille merci sagen (*Feuchtwanger, »Jud Süß«*) В тюрьме вы забыли о хороших манерах. Если люди так для вас стараются, вы могли хотя бы сказать спасибо. **sich quälen, sich abquälen** мучиться с кем-л., с чем-л.; *напр.:* quäl dich nicht mit diesem Schloß! не мучайся с этим замком!; ich habe mich heute mit der Mathematikaufgabe abgequält я сегодня намучился с задачей по математике; ich habe mich gestern mit ihm abgequält я с ним вчера намучился ...wollte es diesem Oskar Lautensack durchaus nicht glücken, die rechten, gutsitzenden Worte zu finden. Im Gegenteil, je länger er sich abquälte, so vager wurden seine Sätze (*Feuchtwanger, »Lautensack«*) ...этому Оскару Лаутензаку никак не удавалось находить точные и нужные слова. Наоборот, чем больше он мучился с этими предложениями, тем туманнее они становились. **sich abarbeiten** чрезмерно напрягаться, слишком много работать (*что ведет к*

85

потере физических сил); *напр.:* er hat sich so abgearbeitet, daß er dringend Urlaub braucht он так перетрудился, что ему срочно нужен отпуск. **sich mühen** *высок.* ≅ sich bemühen; *напр.:* er mußte sich mit dieser Arbeit ernstlich mühen он должен был серьезно потрудиться над выполнением этой работы; wir mühen uns, es ihm recht zu machen мы стараемся ему угодить □ Er mühte sich, ein guter Gefolgsmann dieses Bärtigen zu werden (*Strittmatter, »Wundertäter«*) Он старался стать достойным последователем этого бородача. **sich befleißigen** *высок.* прилагать все усилия (*чтобы соответствовать требованиям ситуации, оправдать возлагаемые надежды*); *напр.:* sich eines ordentlichen Betragens, der größten Höflichkeit befleißigen прилагать все усилия, чтобы хорошо себя вести, быть очень вежливым. **sich strapazieren** *книжн.* стараться, не щадя своих сил; переутомляться; *напр.:* er hat sich so sehr strapaziert, daß er jetzt im Krankenhaus liegt он настолько переутомился, что лежит теперь в больнице. **sich placken** *разг.,* **sich abplacken** *фам.* = = sich plagen, sich abplagen; *напр.:* er hat sich sein Leben lang für andere geplackt он всю свою жизнь надрывался для других; keiner wollte sich mit dieser Arbeit abplacken никто не хотел возиться с этой работой. **sich schinden, sich abschinden** *разг.* надрываться, надсаживаться (*выполняя б. ч. физическую работу*); *напр.:* gegen entsprechende Bezahlung will er sich gerne schinden за соответствующую плату он в лепешку расшибется; er schindet sich mit dieser Arbeit ab, kriegt aber dafür sehr wenig Geld он вкалывает изо всех сил, но получает за эту работу очень мало денег □ Daß Fritzchen sich abschinden muß wie ein Roß, um ihr den Luxus zu schaffen, den er immerhin noch bietet, das merkt ein Blinder (*Feuchtwanger, »Exil«*) Что Фрицхен надрывается на работе, работает как лошадь, чтобы создать эту роскошь, которую он ей как-никак предоставляет, это видит и слепой. **sich abrackern** *фам.* биться как рыба об лед, тянуть из себя жилы; *напр.:* die arme Frau rackerte sich ab, konnte jedoch ihre Kinder nicht ernähren бедная женщина билась как рыба об лед, но все-таки не могла прокормить своих детей □ Er muß sich abrackern und schlaflose Nächte verbringen, um so leben zu können, wie er es tut (*Feuchtwanger, »Exil«*) Он должен лезть вон из кожи и не спать ночами, чтобы жить так, как он живет. **asten** *разг.* вкалывать (*трудиться без отдыха, напрягая все силы на физической работе; чаще о самом говорящем*); *напр.:* heute habe ich schwer geastet: ohne Pause den ganzen Tag Holz gesägt сегодня я здорово вкалывал;

BENEHMEN

весь день без перерыва [передышки] пилил дрова
bemüßigen *см.* zwingen
bemuttern *см.* sorgen
benachbart *см.* nah(e)
benachrichtigen *см.* mitteilen
benamsen *см.* nennen [1]
Benehmen [1] поведение
das **Benehmen** — das **Betragen** — die **Haltung** — das **Verhalten** — das **Gehabe(n)**

Benehmen *индифф. синоним; напр.:* gutes, schlechtes, grobes Benehmen хорошее, плохое, грубое поведение; sein Benehmen ist kindisch, höflich, närrisch он ведет себя как ребенок, вежливо, глупо; er hat kein Benehmen он не умеет себя вести □ Und er versucht, durch demütiges Benehmen Sympathien zu gewinnen (*Fallada, »Kleiner Mann«*) И он пытается своим смиренным поведением снискать симпатию. **Betragen** *по сравнению с* Benehmen *имеет более узкое значение и предполагает осознанное соблюдение определенных правил поведения, этических норм*; *напр.:* sein Betragen in der Schule war musterhaft поведение в школе было образцовым □ Wenn Weißblatt wirklich lachte, war's das Lachen eines Klassenprimus, der eine Fünf im Betragen erhält (*Strittmatter, »Wundertäter«*) А когда Вайсблат действительно смеялся, это был смех первого ученика, получившего единицу за поведение. **Haltung** *в отличие от* Benehmen *подчеркивает либо внешнее поведение, манеру держаться (осанку и т. п.), либо поведение по отношению к кому-л., чему-л. (поступки, нравственную позицию*); *напр.:* eine mutige Haltung смелое поведение; seine Haltung hat uns imponiert его поведение [манера держаться] импонировала нам □ »Tony, deine Haltung ist nicht comme il faut«, bemerkte die Konsulin, worauf Tony... einen Ellbogen vom Tische nahm (*Th. Mann, »Buddenbrooks«*) «Тони, ты держишься не comme il faut, — заметила жена консула, на что Тони... сняла один локоть со стола. **Verhalten** ≅ Benehmen, *но употр., когда речь идет о поведении людей или животных в определенной ситуации*; *напр.:* sein Verhalten war sehr korrekt его поведение было очень корректным; das Verhalten des Hundes war unverständlich поведение собаки было непонятным □ Er kannte den Schüler Buddenbrook nur deshalb, weil er sich durch stilles Verhalten von den anderen unterschieden hatte (*Th. Mann, »Buddenbrooks«*) Он запомнил ученика Буддeнброка только потому, что тот вел себя тише других. **Gehabe(n)** *книжн.* напыщенное, чванное, аффектированное поведение; *напр.:* Sie saßen nun schon lange da, sie waren die letzten im Lokal, die Stühle standen auf den Tischen, das Gehaben des Kellners war eine einzige Aufforderung, sich endlich fortzuscheren (*Feuchtwanger*, »*Exil*«) Они долго сидели здесь, они были последними в ресторане, стулья уже громоздились на столах, официант всем своим поведением напоминал, что пора наконец убираться

Benehmen [2] см. **Manier** [1]

benehmen, sich vesti sebja

sich benehmen — sich betragen — auftreten — sich führen — sich gebärden — sich geben — sich verhalten — sich aufführen

sich benehmen *индифф. синоним*; *напр.*: sich (un)anständig, gut, dumm benehmen вести себя (не)прилично, хорошо, глупо; sich wie zu Hause benehmen вести себя как дома; er benimmt sich höflich он вежлив; benimm dich! веди себя прилично! ◻ Na hör mal, zu einem Invaliden benimmt man sich doch, noch dazu, wo es dein Bruder ist (*Seghers*, »*Die Toten*«) Слушай-ка, инвалид требует бережного обращения, тем более, если он твой брат. sich betragen *имеет по сравнению с* sich benehmen *более узкое значение и предполагает осознанное соблюдение определенных правил поведения, этических норм и т. п.*; *напр.*: du hast dich unhöflich gegen diese Frau betragen ты вел себя невежливо по отношению к этой женщине ◻ Du hast dich also wie ein dummer Junge betragen? (*Th. Mann*, »*Buddenbrooks*«) Ты, значит, вел себя как глупый мальчишка? auftreten вести себя каким-л. образом (в общественном месте) *часто употр., когда поведение привлекает к себе внимание*; *напр.*: sicher, vorsichtig, bescheiden auftreten вести себя уверенно, осторожно, скромно; in der Versammlung trat er sehr arrogant auf он держался в собрании очень заносчиво. sich führen вести себя каким-л. образом (*на протяжении сравнительно большого отрезка времени*) *подчеркивает впечатление, которое кто-л. производит своим поведением*; *напр.*: sich schlecht, tadellos führen вести себя плохо, безупречно; wie hat sich das Mädchen in der Schule, zu Hause geführt? как вела себя девочка в школе, дома? sich gebärden *неодобр.* ≅ sich benehmen, *но употр. для характеристики необычного поведения, часто не подчиненного самоконтролю*; *напр.*: sie gebärdet sich wie ein Filmstar у нее замашки кинозвезды; er gebärdet sich wie ein Verrückter он ведет себя как сумасшедший ◻ Er hat sich niemals ein wenig wild gebärdet, niemals ein wenig über die Schnur gehauen (*Th. Mann*, »*Buddenbrooks*«) Ни разу в жизни он не совершил ни одного неблагоразумного поступка, ни разу не хватил через край. sich geben предстать в каком-л. виде, вести себя, как если бы... (*симулируя какое-л. настроение, не свойственное кому-л. поведение и т. п.*); *напр.*: er gab sich ruhig он держался спокойно, он старал-

ся казаться спокойным; er gab sich bescheiden он напускал на себя скромность. sich verhalten ≅ sich benehmen, *но употр. тж. и по отношению к животным*; *напр.*: sich gegenüber j-m ruhig, abwartend verhalten вести себя по отношению к кому-л. спокойно, выжидающе; der Hund verhielt sich ruhig, passiv собака вела себя спокойно, пассивно ◻ Stelle dir Vater vor, wie er sich heute verhalten würde (*Th. Mann*, »*Buddenbrooks*«) Представь себе отца, как бы он вел себя в этом случае. sich aufführen ≅ sich benehmen, *но подчеркивает оценку впечатления от чьего-л. поведения*; *напр.*: sich schlecht, unmöglich, anständig aufführen вести себя плохо, невозможно, прилично; er führte sich wie ein tapferer Soldat auf он вел себя как храбрый солдат ◻ Um so schlimmer für Mahlmann, wenn er sich so aufführte! (*H. Mann*, »*Untertan*«) Тем хуже для Мальмана, если он так себя вел

benennen см. **nennen** [1]
Benennung см. **Name** [3]
benetzen см. **nässen**
Bengel см. **Junge**
benötigen см. **brauchen**
benutzen см. **gebrauchen**
benützen см. **gebrauchen**
benutzt см. **alt** [2]
beobachten см. **ansehen** [2]/**befolgen**/**bespitzeln**
beordern см. **rufen** [1]/**schicken**
bepacken см. **laden** I [1]
bepflanzen см. **pflanzen**
bequem см. **gemütlich**/**träge**
Bequemlichkeit удобство (благоустройство)

die Bequemlichkeit — der Komfort

Bequemlichkeit *индифф. синоним*; *напр.*: die Wohnung ist mit allen Bequemlichkeiten ausgestattet в квартире есть все удобства; wir vermissen die gewohnte Bequemlichkeit мы лишены привычных удобств; in diesem Hotel finden Sie alle Bequemlichkeiten в этой гостинице вы найдете все удобства. Komfort комфорт; *напр.*: großen Wert auf Komfort legen придавать большое значение комфорту; auf Komfort verzichten отказываться от комфорта; dieses Hotel bietet jeden Komfort эта гостиница очень комфортабельна ◻ Allein es blieb die Frage, ob nicht früher, als weniger Komfort der Neuzeit und ein bißchen mehr Gutmütigkeit, Gemüt, Heiterkeit... in diesen Räumen geherrscht hatte, die Schule ein sympathischeres und segenvolleres Institut gewesen war (*Th. Mann*, »*Buddenbrooks*«) Остался только нерешенным вопрос, не была ли школа раньше, когда в ней было меньше современного комфорта и немножко больше добродушия, душевности, веселья... учреждением более симпатичным и полезным

berappen см. **bezahlen** [1]
beraten см. **besprechen**/**raten** [1]

Beratung см. **Besprechung**
berauben см. **rauben**
berauscht см. **betrunken**
berechnen см. **ausrechnen**
Berechnung см. «Приложение»
berechtigen см. **bevollmächtigen**
berechtigt см. **gerecht**
Berechtigung право (на что-л. в рамках предоставленных полномочий)

die Berechtigung — die Ermächtigung — die Vollmacht — die Befugnis — das Recht

Berechtigung *индифф. синоним*; *напр.*: j-m die Berechtigung zu etw. geben давать кому-л. право на что-л.; j-m die Berechtigung zu etw. absprechen отказать кому-л. в праве на что-л.; der Zollbeamte hat die Berechtigung, das Gepäck zu kontrollieren таможенный служащий имеет право осматривать багаж; diese Mannschaft hat sich die Berechtigung zur Teilnahme an den Spielen um die Weltmeisterschaft erkämpft эта команда завоевала право участия в играх на первенство мира. Ermächtigung полномочие; *напр.*: j-m eine Ermächtigung geben дать кому-л. полномочие; um die Ermächtigung zum Abschluß der Verhandlungen bitten просить полномочий для завершения переговоров; er hat keine Ermächtigung, so zu verfahren ему не дано права так поступать ◻ Der Bräutigam erlangte... die Ermächtigung zum Ankaufe einer Villa (*Th. Mann*, »*Buddenbrooks*«) Жених добился... полномочий на покупку виллы. Vollmacht полномочие (*подтверждаемое официальным документом*); *напр.*: uneingeschränkte, weitgehende Vollmachten haben иметь неограниченные, широкие полномочия; seine Vollmacht überschreiten превысить свои полномочия. Befugnis б. ч. мн. полномочия, власть; *напр.*: zu etw. keine Befugnis haben не иметь на что-л. полномочий; seine Befugnisse überschreiten превысить свои полномочия [свою власть]; die Befugnisse eines stellvertretenden Direktors reichen dazu nicht aus это не входит в компетенцию заместителя директора ◻ ...du mußt wissen, Tom, daß Permaneders Recht an meiner dos (*Mitgift*) nach seiner juristischen Gestalt allerdings Eigentum ist — gewiß, das ist zuzugeben! —, daß ich aber materiell immerhin auch meine Ansprüche habe, Gott sei Dank (*Th. Mann*, »*Buddenbrooks*«) ...ты должен знать, Том, что хотя Перманедер и является юридическим собственником моего приданого, — это совершенно бесспорно, — закон, слава тебе господи, охраняет и мои имущественные права. Recht право (*свобода что-л. делать, осуществлять*); *напр.*: die Rechte und Pflichten eines Staatsbürgers права и обязанности гражданина; das Recht auf Arbeit, auf Bildung право на труд, на образование; j-m ein Recht verleihen [zubilligen] предоставить ко-

BEREDEN

му-л. какое-л. право; j-m seine Rechte beschränken ограничить чьи-л. права □ Man muß mit Gott kämpfen, wenn man zu seinem Recht kommen will (Strittmatter, »Wundertäter«) Надо бороться с богом, если хочешь отстоять свое право. Aber wenn die freie Natur doch mir gehört, habe ich da zum Kuckuck nicht das Recht, sie nach meinem Belieben herzurichten? (Th. Mann, »Buddenbrooks«) Но если эта вольная природа все же принадлежит мне, то разве я, черт побери, не вправе преобразовать ее, как мне угодно?

bereden см. besprechen/lästern ¹/überzeugen

beredt красноречивый; красноречиво
beredt — **redegewandt** — **eloquent** — **zungenfertig** — **mundfertig**

beredt индифф. синоним; напр.: ein beredter Rechtsanwalt красноречивый защитник; mit beredten Worten красноречиво; er schilderte uns beredt seine Erlebnisse он красноречиво рассказывал нам о своих приключениях □ Der ausgezeichnete Erzieher legte beredt, wenn auch ein wenig befangen, seine Ansichten dar (Th. Mann, »Buddenbrooks«) Этот отличный педагог красноречиво, хотя и немного конфузясь, изложил свои взгляды. **redegewandt** ≅ beredt, но употр. тк. по отношению к лицу, подчеркивая способность устанавливать контакт со слушателями; напр.: ein redegewandter Anwalt, Professor обладающий даром слова адвокат, профессор; ich höre ihn gern, er ist sehr redegewandt я охотно слушаю его, он обладает большим даром слова. **eloquent** уст. книжн. ≅ beredt, но с некоторым оттенком торжественности; напр.: es gab viel Musik, viele eloquente Reden wurden gehalten было много музыки, было произнесено много блистательных красноречивых спичей. **zungenfertig** разг. бойкий на язык, речистый, словоохотливый, разговорчивый; напр.: meine Nachbarin ist sehr zungenfertig моя соседка очень бойка на язык [словоохотлива]. **mundfertig** = zungenfertig, но употр. редко

Bereich см. Kreis
bereit см. fertig ¹
bereiten ¹ готовить (пищу, питье, лекарство и т. п.)
bereiten — **zubereiten** — **fertigmachen**

bereiten индифф. синоним; напр.: das Essen, eine Speise, eine Arznei bereiten готовить еду, какое-л. блюдо, какое-л. лекарство; Käthe hat dem Bruder seine Lieblingsspeisen bereitet, aus Freude über den neuen Kunden (Feuchtwanger, »Lautensack«) На радостях по случаю появления нового клиента Кете приготовила брату его любимые кушанья. **zubereiten** ≅ bereiten, но чаще о пище и напитках; напр.: das Mittagessen, einen Cocktail zubereiten готовить обед, коктейль; eine Medizin zubereiten гото-

вить лекарство; er hat diese Speise für die Gäste selbst zubereitet он сам приготовил это блюдо для гостей □ ...es gab vier Gänge, die schmackhafter, würziger und jedenfalls auf irgendeine festlichere Weise zubereitet waren als zu Hause (Th. Mann, »Buddenbrooks«) ...подавались четыре блюда, которые были приготовлены вкуснее, острее и, во всяком случае, выглядели более празднично, чем дома. **fertigmachen** разг. ≅ bereiten; напр.: ich muß noch das Essen fertigmachen мне нужно еще приготовить еду

bereiten ² готовить, подготавливать
bereiten — **vorbereiten** — **präparieren** — **fertigmachen**

bereiten индифф. синоним; напр.: ein Bad, das Bett bereiten готовить ванну, постель; j-m einen guten Empfang bereiten готовить кому-л. хороший прием; den Boden für neue Ideen bereiten подготовить почву для осуществления новых идей. **vorbereiten** ≅ bereiten, но подчеркивает, что что-л. подготавливается полностью или заблаговременно; напр.: ich bereite einen Bericht vor я готовлю доклад; auf diese Nachricht war er nicht vorbereitet к этому известию он не был подготовлен; sie bereitet das Mittagessen vor она сервирует обед. **präparieren** а) готовить кого-л. (к экзаменам и т. п.); напр.: die Schüler waren gut präpariert ученики были хорошо подготовлены; b) устаревает препарировать (текст и т. п.), готовить уроки (особенно сочинение, письменный перевод и т. п.); напр.: ich muß noch Latein, ein Kapitel Geschichte präparieren мне нужно еще приготовить латынь, одну главу по истории. **fertigmachen** часто разг. ≅ bereiten; напр.: ein Bad, Schulaufgaben fertigmachen (при)готовить ванну, уроки

bereits см. schon
bereitwillig см. gern ¹
bereuen см. bedauern ²
Berg см. Höhe ¹
bergen см. retten/verbergen ¹/verstecken ¹
berichten см. erzählen/mitteilen
Berichterstatter см. Journalist
berichtigen см. verbessern
Berichtigung см. Verbesserung/Zahlung
beriechen см. riechen ²
bersten см. platzen ¹
berüchtigt см. verrufen
berücken см. bezaubern
Beruf профессия
der Beruf — **das Gewerbe** — **das Metier**

Beruf индифф. синоним; напр.: was sind Sie von Beruf? кто вы по профессии?; wie lange arbeiten Sie schon in Ihrem Beruf? сколько времени вы уже работаете по специальности?; er ist Schneider, Journalist von Beruf он портной, журналист по профессии; sie hat schon einen Beruf gewählt она уже выбрала профессию. **Gewerbe**

BERÜHREN

ремесло по отношению к профессии людей умственного труда — тк. ирон. или неодобр.; напр.: ein ehrliches, einträgliches, dunkles, schmutziges Gewerbe честная, доходная, темная, грязная профессия; ein Gewerbe treiben заниматься ремеслом. **Metier** [-'tie:] книжн. ≅ Beruf, но иногда употр., когда данная профессия представляется кому-л. необычной и т. п.; напр.: in diesem Metier kann man nicht viel verdienen эта профессия не слишком доходная, при этой профессии много не заработаешь

berufen см. ernennen
berufen, sich см. beziehen, sich
beruflich см. «Приложение»
berufsmäßig см. beruflich
Berufung см. Auftrag ¹/Klage/Vorschlag
beruhen см. ruhen ¹/gründen, sich
beruhigen успокаивать
beruhigen — **besänftigen** — **beschwichtigen**

beruhigen индифф. синоним; напр.: versuch doch, ihn ein bißchen zu beruhigen попытайся немного успокоить его; sie war sehr aufgeregt, ich konnte sie nur schwer beruhigen она была очень взволнована, я ее с трудом успокоил. **besänftigen** унять, смягчить; напр.: den Zorn, die erregte Menge besänftigen унять гнев, возбужденную толпу; ich versuchte, meinen Freund zu besänftigen я пыталась унять моего товарища. **beschwichtigen** высок. умиротворить; утихомирить; напр.: erst dem Lehrer gelang es, die Streitenden zu beschwichtigen только учителю удалось утихомирить спорящих

berühmt см. bekannt ¹
berühren ¹ (при)касаться
berühren — **anfassen** — **angreifen** — **anrühren** — **rühren** — **streifen** — **antippen**

berühren индифф. синоним; напр.: berühren Sie nicht die elektrische Leitung! не касайтесь электрического провода!; er berührte mich an der Schulter он тронул меня за плечо; mit der ausgestreckten Hand konnte ich die Decke berühren вытянув руку, я мог достать до [коснуться] потолка □ Seine Finger berührten das kalte Gitter (Strittmatter, »Wundertäter«) Его пальцы коснулись холодной решетки. **anfassen**, **angreifen** дотрагиваться рукой до чего-л., захватывая пальцами; напр.: fassen Sie das Brot nicht mit schmutzigen Händen an! не хватай еды грязными руками!; greif das Bügeleisen nicht an, es ist heiß! не дотрагивайся до утюга, он горячий! □ Sie geht hin und her, sie faßt einen Rahmen sacht und schnell an und rückt ihn ein wenig zurecht (Fallada, »Kleiner Mann«) Она ходит по комнате взад и вперед, потом быстро и осторожно дотрагивается до рамы и слегка поправляет ее. **anrühren** прикасаться; напр.: rühren Sie mich nicht an! не прикасайтесь ко мне!;

rühren Sie diese Tür nicht an, sie ist frisch gestrichen! не прикасайтесь к этой двери, она только что покрашена! ◻ Sie haben hier nichts mehr anzurühren, verstehen Sie! (*Fallada, »Jeder stirbt«*) Вы здесь больше ни к чему не должны прикасаться, ясно? **rühren** (*an etw.*) *б. ч. перен.* касаться, дотрагиваться; *напр.*: er rührte an die wunde Stelle он задел больное место. **streifen** задевать; *напр.*: die Kugel hat seine Schulter nur gestreift пуля только задела его плечо; das Mädchen streifte einen Nagel und zerriß sich das Kleid девочка задела за гвоздь и порвала платье. **antippen** слегка касаться (кончиками пальцев); *напр.*: die Tasten antippen слегка коснуться клавиш; er tippte mich an der Schulter an он слегка коснулся моего плеча (*чтобы привлечь внимание*)

berühren ² затрагивать, касаться
berühren — betreffen

berühren *индифф. синоним*; *напр.*: dieser Vorfall berührt die englisch-französischen Beziehungen этот инцидент затрагивает англо-французские отношения; der Krieg hat ihre Lebensweise nicht empfindlich berührt война не очень чувствительно затронула их образ жизни; der Wechsel der Jahreszeiten berührt den Stadtbewohner wenig смена времён года мало затрагивает городского жителя ◻ Wenzlow hörte genauer zu. Es gab jetzt in dem Gespräch einen Punkt, der seinen eigenen Bezirk berührte (*Seghers, »Die Toten«*) Венцлов прислушался. Теперь разговор коснулся того, что имело отношение к нему. **betreffen** *книжн.* ≃ berühren; *напр.*: diese Maßnahmen der Regierung betreffen die arbeitenden Mütter эти мероприятия правительства касаются работающих матерей; wir sind von den neuen Bestimmungen nicht betroffen нас не затрагивают новые постановления ◻ Weich gemacht durch das Unglück, das ihn selbst betroffen, fühlte er, wie das Erbarmen ihn mit sich fortriß (*Th. Mann, »Buddenbrooks«*) Смягчившись из-за несчастья, которое коснулось его самого, он почувствовал, что может дать увлечь себя состраданию

berühren ³ *см.* sprechen ⁴
Berührung *см.* «Приложение»
besagen ¹ свидетельствовать (*о чем-либо*), указывать (*на что-л.*)
besagen — aussagen — ausdrücken — sagen

besagen *индифф. синоним*; *напр.*: das besagt nichts это ни о чём не говорит; dieser Brief besagt, daß er recht hat это письмо свидетельствует о том, что он прав; dieser Abschnitt will besagen, daß... этот отрывок указывает на то, что... **aussagen** ясно выражать (*какую-л. мысль*), отражать (*какое-л. положение вещей*); mit diesem Gleichnis wird ausgesagt, daß... смысл этой притчи в том, что...; dieses Bild sagt etwas aus эта картина о чём-то говорит. **ausdrücken** выражать, указывать на что-л., подчёркивать что-л.; *напр.*: das Gesetz drückt hier ganz klar aus, daß dies unzulässig ist в законе здесь ясно сказано, что это недопустимо. **sagen** говорить *обыкн. употр. с указанием, как именно что-л. сказано*; *напр.*: diese Verordnung sagt eindeutig, daß die bisherigen Vorschriften nicht mehr gültig sind это постановление недвусмысленно говорит о том, что прежние предписания более недействительны

besagen ² *см.* bedeuten ¹
besänftigen *см.* beruhigen
Besatzung *см.* Mannschaft ¹
beschädigen ¹ повреждать, портить
beschädigen — lädieren — versehren — ruinieren — ramponieren

beschädigen *индифф. синоним*; *напр.*: das Buch beschädigen испортить [повредить] книгу; das Auto beschädigen вызвать повреждение [поломку] автомашины; die Bilder sind durch die Feuchtigkeit beschädigt worden картины пострадали от сырости. **lädieren** *часто книжн.* ≃ beschädigen (*чаще о довольно значительном повреждении, портящем внешний вид чего-л.*); *напр.*: das Denkmal wurde durch den Sturm schwer lädiert буря сильно повредила памятник; diese Briefmarke ist lädiert эта (почтовая) марка испорчена. **versehren** *поэт.* ≃ beschädigen; *напр.*: die Hand versehren повредить руку. **ruinieren** *разг.* повреждать (до состояния непригодности), приводить в негодность; *напр.*: die Kinder haben ihr neues Spielzeug gänzlich ruiniert дети совершенно испортили свою новую игрушку ◻ Nur, es ruiniert doch eine Wohnung schrecklich, wenn ein Kind da ist (*Fallada, »Kleiner Mann«*) Только если есть ребёнок, квартира просто приходит в негодность. **ramponieren** *разг. неодобр.* (сильно) повредить, изуродовать (*предмет значительного размера или дорогостоящий*); *напр.*: das Fahrrad beim Sturz ramponieren при падении погнуть [испортить] велосипед; die Möbel beim Umzug ramponieren повредить мебель при переезде

beschädigen ² *см.* verderben ¹/verletzen ¹
beschädigt *см.* schadhaft
Beschädigung *см.* Verletzung ¹
Beschaffenheit *см.* Eigenschaft
beschäftigen, sich ¹ заниматься кем-либо, чем-л., делать что-л.
sich beschäftigen — sich abgeben — treiben — betreiben — nachgehen — sich widmen — ausüben

sich beschäftigen *индифф. синоним*; *напр.*: sich gern mit Kunst, mit Literatur, mit Handarbeiten beschäftigen охотно заниматься искусством, литературой, рукоделием; der Vater hatte wenig Zeit, sich mit den Kindern zu beschäftigen у отца было мало времени заниматься детьми. **sich abgeben** ≃ sich beschäftigen (*часто о занятиях чем-л., недостойным внимания*); *напр.*: sich mit Kleinigkeiten abgeben müssen быть вынужденным заниматься мелочами ◻ Stanislaus sollte sich doch nicht einbilden, daß ein Mensch wie Gustav sich mit volksverderbender Literatur abgäbe (*Strittmatter, »Wundertäter«*) Пусть Станислаус не воображает, что такой человек, как Густав, станет заниматься литературой, растлевающей народ. **treiben** заниматься (какой-л. деятельностью); *напр.*: ein Gewerbe, Viehzucht, Ackerbau treiben заниматься ремеслом, скотоводством, земледелием; Sport treiben заниматься спортом. **betreiben** (профессионально) заниматься чем-л.; *напр.*: ein Geschäft betreiben вести дело ◻ Peachum hielt nichts vom Betteln, außer wenn es unter seiner Leitung fachgemäß betrieben wurde (*Brecht, »Dreigroschenroman«*) Пичем не одобрял нищенства, если только им не занимались профессионально под его руководством. **nachgehen** регулярно, прилежно заниматься чем-л.; *напр.*: seiner Arbeit nachgehen заниматься своей работой; seinem Beruf nachgehen работать по специальности. **sich widmen** *высок.* посвятить себя кому-л., чему-л., всецело заниматься кем-л., чем-л.; *напр.*: nun widmete sie sich dem Frühstück теперь она занялась завтраком; heute kann ich mich ganz Ihnen widmen сегодня я могу всецело посвятить себя вам. **ausüben** *высок.* выполнять какую-л. работу (по специальности), исполнять обязанности по службе; *напр.*: ein Amt ausüben занимать (часто высокую) должность, занимать (часто важный) пост; ein Gewerbe, einen Beruf ausüben работать по какой-л. специальности, работать кем-л.; keinen Beruf ausüben (нигде) не работать

beschäftigen, sich ² *см.* befassen, sich
beschäftigt занятый (*какой-л. работой, мыслью и т. п.*)
beschäftigt — eingenommen — besessen

beschäftigt *индифф. синоним*; *напр.*: ich war den ganzen Tag mit der Reparatur des Wagens beschäftigt я весь день был занят починкой автомобиля; er war in seinen Gedanken viel mit seinem Freund beschäftigt он много думал о своём друге ◻ Hélène hatte es plötzlich nötig, mit beiden Händen ihr Haar zu ordnen und ganz und gar damit beschäftigt zu sein (*Strittmatter, »Wundertäter«*) Элен зачем-то вдруг понадобилось поправлять обеими руками волосы, и впредь она занималась только ими. **eingenommen** сильно занятый, увлечённый, захваченный; *напр.*: von einer Idee eingenommen sein быть увлечённым идеей. **besessen** одержимый; *напр.*: von einer Idee, von einem Gedanken besessen sein быть одержимым идеей, мыслью

Beschäftigung *см.* Tätigkeit

beschäftigungslos см. arbeitslos/untätig

beschämen вызывать чувство стыда
beschämen — bloßstellen — blamieren
beschämen индифф. синоним; напр.: der alte Mann beschämte die jungen Leute durch seine Ausdauer im Rudern своей выносливостью в гребле пожилой мужчина посрамил молодых людей; sie beschämte uns durch ihre Güte она устыдила нас своей добротой. **bloßstellen** позорить; напр.: er hat ihn in aller Öffentlichkeit bloßgestellt он его публично опозорил. **blamieren** разг. срамить; напр.: er hat mich vor der ganzen Gesellschaft blamiert он осрамил меня перед всей компанией

beschatten см. bespitzeln
beschauen см. ansehen 2
Bescheid 1 см. Auskunft
Bescheid 2: Bescheid wissen см. kennen
bescheiden I 1 см. rufen 1
bescheiden I 2: abschlägig bescheiden см. ablehnen
bescheiden II см. kümmerlich 1/mäßig 1
bescheiden, sich см. zufriedengeben, sich
bescheinen см. beleuchten 1
bescheinigen см. beglaubigen
Bescheinigung см. Zeugnis 1
beschenken см. schenken 1
bescheren см. schenken 1
Bescherung см. Unannehmlichkeit
beschicken см. versorgen 1
beschirmen см. schützen
Beschiß см. Betrug
beschissen см. schlecht 1
beschlagen см. kundig
beschlagen (,sich) см. trüben, sich
beschlagnahmen конфисковать
beschlagnahmen — abnehmen — pfänden — enteignen — expropriieren — konfiszieren — requirieren — säkularisieren
beschlagnahmen индифф. синоним; напр.: das Vermögen, die Papiere beschlagnahmen конфисковать имущество, бумаги; die Polizei beschlagnahmte verbotene Bücher полиция конфисковала запрещенные книги; während des Krieges wurde seine Wohnung für Kriegszwecke vorübergehend beschlagnahmt во время войны его квартира была временно реквизирована для военных нужд ⬜ Janko würde den Prozeß todsicher verlieren, man würde ihm die Förderung verbieten, alles vorläufig beschlagnahmen (*Kellermann, »Die Stadt«*) Янко, бесспорно, проиграл бы процесс, ему запретили бы добычу (нефти) и пока что все конфисковали бы. **abnehmen** отобрать что-л. по распоряжению властей, по решению суда, изъять (документы и т. п.); напр.: der Polizist nahm mir den Ausweis ab полицейский отобрал у меня удостоверение; der Zoll nahm ihm zwei Bilder ab таможня изъяла у него две картины. **pfänden** наложить арест на имущество, описать (за долги); напр.: der Gerichtsvollzieher hat die Möbel gepfändet судебный исполнитель наложил арест на мебель. **enteignen** отчуждать, экспроприировать; напр.: den Boden, das Kapital enteignen отчуждать [экспроприировать] землю, капитал; j-n enteignen национализировать чью-л. собственность. **expropriieren** книжн. редко = enteignen. **konfiszieren** книжн., юр. ≅ beschlagnahmen; напр.: die Großgrundbesitz wurde vom Staate konfisziert земли крупных землевладельцев были конфискованы государством; die Polizei konfiszierte das Gestohlene полиция изъяла краденое. **requirieren** книжн. реквизировать; напр.: das Vieh wurde für die Truppen requiriert скот был реквизирован для (нужд) армии ⬜ Es ist ihm nicht erlaubt, auf eigene Faust zu requirieren (*Strittmatter, »Wundertäter«*) Ему не разрешено самовольно производить реквизиции. **säkularisieren** книжн. секуляризовать, национализировать церковное и монастырское имущество; напр.: der Grundbesitz der Klöster wurde säkularisiert монастырские земли были секуляризованы

beschleichen см. überkommen 1
beschleunigen см. vorantreiben
beschließen 1 решать, принимать решение
beschließen — entscheiden — bestimmen — sich vornehmen
beschließen индифф. синоним; напр.: ich beschloß, diesen Sommer nach dem Süden zu fahren я решил этим летом поехать на юг; das Ministerium beschloß, die Prüfungen im August durchzuführen министерство решило проводить экзамены в августе; was hat man über dich beschlossen? что решили относительно тебя?; das wurde einstimmig beschlossen это постановили единогласно ⬜ Er hatte beschlossen, den Urlaub im Hause Klemm zu verbringen (*Seghers, »Die Toten«*) Он решил провести отпуск в доме Клемма. **entscheiden** решать (выбрав одно из возможных решений); напр.: es ist noch nicht entschieden, ob wir in dieses Theater gehen еще не решено, пойдем ли мы в этот театр; das kann ich nicht selbst entscheiden этого я не могу сам решить; der Streit ist zu seinen Gunsten entschieden worden спор разрешен в его пользу ⬜ Die nackten Hirten starrten die bewaffneten Männer an. Was mochte der Hauptmann über sie entschieden haben? (*Strittmatter, »Wundertäter«*) Нагие пастухи уставились на вооруженных людей. Как капитан решил их судьбу? **bestimmen** решать (своей властью), устанавливать, определять; напр.: haben Sie schon bestimmt, wo wir uns treffen? вы уже решили, где мы встретимся?; er hat hier gar nichts zu bestimmen он не имеет права здесь распоряжаться. **sich** (D) **vornehmen** решить что-л. (для себя), наметить что-л.; напр.: ich habe mir vorgenommen, früh aufzustehen я решил рано вставать; er hat sich vorgenommen, zu Hause zu bleiben он решил остаться дома; ich habe mir vorgenommen, die Arbeit heute noch zu beenden я наметил себе еще сегодня закончить работу
beschließen 2 см. beenden
Beschluß см. Entschluß
beschmieren (за)пачкать, вымазать
beschmieren — beflecken — beschmutzen — verunreinigen — besudeln
beschmieren индифф. синоним; напр.: Hände, Füße, Gesicht, Bücher beschmieren запачкать руки, ноги, лицо, книги; ich habe mir den Anzug mit Tinte beschmiert я запачкал костюм чернилами. **beflecken** запачкать, посадить пятно; напр.: das Tischtuch, das Kleid beflecken запачкать [посадить пятна на] скатерть, платье ⬜ ...und dort fand man auch den Entseelten, den Mund voll... Kuchen, dessen Reste seinen Rock befleckten (*Th. Mann, »Buddenbrooks«*) ...там и нашли усопшего; рот его был набит... пирожным, остатки которого оставили пятна на сюртуке. **beschmutzen** книжн. загрязнить, тж. перен. запятнать; напр.: seine Hosen waren beschmutzt его брюки были загрязнены [выпачканы]; du hast deine Bücher und Hefte beschmutzt! ты выпачкал свои книги и тетради!; er hat seinen Namen beschmutzt он запятнал свое имя. **verunreinigen** книжн. неодобр. ≅ beschmutzen, но больше подчеркивает результат действия; напр.: die Luft, das Wasser verunreinigen загрязнять воздух, воду; die Gartenanlage ist mit Zigarettenstummeln und Papierfetzen verunreinigt сквер засорен окурками и бумажками. **besudeln** книжн. неодобр., часто перен. запачкать, замарать, запятнать; напр.: etw. von oben bis unten besudeln перепачкать, не оставив живого места на чем-л.; seine Ehre, seinen guten Namen, seinen Ruf besudeln запятнать свою честь, свое имя, свою репутацию ⬜ Aber man kannte diese seine Lieblingsstellung, und darum hatte man diese Stelle des Tisches mit Tinte beschmiert, so daß Herr Modersohn sich nun seine ganze kleine, ungeschickte Hand besudelte (*Th. Mann, »Buddenbrooks«*) Но эта его излюбленная поза была известна, и потому это место стола вымазали чернилами, так что господин Модерзон выпачкал всю свою маленькую, неловкую руку.

beschmieren, sich (за)пачкаться, вымазаться
sich beschmieren — sich beschmutzen — sich besudeln — sich vollschmieren
sich beschmieren индифф. синоним; напр.: sich mit Farbe beschmieren запачкаться [испачкаться, вымазаться]

краской; er hat sich das Gesicht mit Tinte beschmiert он испачкал лицо чернилами. **sich beschmutzen** испачкаться, выпачкаться; *напр.*: du hast dich beschmutzt ты испачкался. **sich besudeln** *книжн. неодобр.* запачкаться, замараться; *напр.*: er reparierte sein Motorrad und hat sich mit Öl besudelt он ремонтировал свой мотоцикл и запачкался маслом. **sich vollschmieren** *разг.* вымазаться, *но в отличие от* sich beschmieren *подчеркивает полноту действия*; *напр.*: das Kind hat sich mit Tinte vollgeschmiert ребенок весь вымазался чернилами.
beschmützen *см.* beschmieren
beschmützen, sich *см.* beschmieren, sich
beschönigen *см.* verschönern
Beschönigung *см.* Rechtfertigung
beschränken ограничивать (*не допускать превышения чего-л.*)
beschränken — einschränken — begrenzen — einengen — eindämmen — limitieren
beschränken *индифф. синоним; при указании предела ограничения употр. с предлогом* auf; *напр.*: den Gasverbrauch, den Handel, die Freiheit beschränken ограничивать потребление газа, торговлю, свободу; in diesem Land ist die Macht des Königs durch das Parlament beschränkt в этой стране власть короля ограничена парламентом; sie haben ihren Zuckerverbrauch auf 3 Kilo monatlich beschränkt они ограничили потребление сахара тремя килограммами в месяц; wegen meines Augenleidens muß ich meine Lektüre auf ein Minimum beschränken из-за болезни глаз я вынужден сократить чтение до минимума. **einschränken** ≅ beschränken, *но более эмоционально и употр. с наречиями, усиливающими значение, при указании предела ограничения употр. с предлогом* auf; *напр.*: die Macht, die Handlungsfreiheit des Parlaments wird durch dieses Gesetz stark, wesentlich eingeschränkt власть, свобода действий парламента сильно, существенно ограничиваются этим законом; er hat seine Ausgaben auf das Notwendigste eingeschränkt он ограничил свои расходы самым необходимым; dieser Betrieb schränkte seine Produktion auf 5000 Autos jährlich ein этот завод ограничил свое производство пятью тысячами автомобилей в год □ ...wir müssen, wie gesagt, darum besorgt sein, die Erkrankung einzuschränken (*Th. Mann, »Buddenbrooks«*) ...как я уже сказал, нам надо прежде всего побеспокоиться о том, чтобы ограничить распространение болезни. **begrenzen** ≅ beschränken, *но употр. тк. по отношению к абстрактным понятиям; напр.*: die Geschwindigkeit begrenzen ограничивать скорость; das Aufnahmealter begrenzen ограничивать возраст приема (*куда-л.*); die Redezeit der Diskussionsteilnehmer ist auf 5 Minuten begrenzt время для выступления участников дискуссии ограничено пятью минутами. **einengen** сужать, ограничивать; *напр.*: einen Begriff einengen сужать понятие; j-s Freiheit einengen ограничивать [стеснять] чью-л. свободу; j-s Rechte einengen ограничивать [ущемлять] чьи-л. права. **eindämmen** локализовать; *напр.*: das Feuer, die Seuche wurde eingedämmt огонь был локализован, эпидемия была локализована; der Waldbrand war nicht mehr einzudämmen лесной пожар уже нельзя было локализовать □ ...er dachte mit Genugtuung an jene Zeit seines Lebens, da er sich gedrungen gefühlt hatte, mit seinen gesamten Kräften die Böstaten unter den Menschen einzudämmen (*Strittmatter, »Wundertäter«*) ...он с удовлетворением думал о той поре своей жизни, когда он чувствовал потребность ограничить с помощью всей своей чудодейственной силы зло, творимое людьми. **limitieren** *книжн.* лимитировать; *напр.*: die Preise, den Umfang limitieren лимитировать цены, объем
beschränkt[1] ограниченный (*умственно*)
beschränkt — begrenzt — eng — engstirnig — einseitig — hausbacken
beschränkt *индифф. синоним; напр.*: ein beschränkter Standpunkt узкая точка зрения; ein Mensch mit beschränktem Verstand человек недалекого ума; j-n für einen beschränkten Menschen halten считать кого-л. ограниченным человеком; einen beschränkten Horizont haben иметь ограниченный кругозор □ Er war kein beschränkter Kopf (*Th. Mann, »Buddenbrooks«*) Он не был ограниченным человеком. **begrenzt** ≅ beschränkt, *но употр. по отношению к абстрактным понятиям; напр.*: er hat einen äußerst begrenzten Horizont у него крайне ограниченный кругозор. **eng** узкий, крайне ограниченный; *напр.*: einen engen Gesichtskreis haben иметь узкий кругозор. **engstirnig** узколобый (*односторонний*); *напр.*: ein engstirniger Mensch, Pedant узколобый человек, педант; eine engstirnige Politik недальновидная [близорукая] политика. **einseitig** односторонний, однобокий; *напр.*: eine einseitige Ausbildung одностороннее образование; ein einseitiger Mensch односторонний человек (*с ограниченным кругом интересов*); die einseitige Betrachtung von etw. однобокое рассмотрение чего-л. **hausbacken** *часто пренебр.* обыденный, примитивный; *напр.*: hausbackene Ansichten, Theorien примитивные [лишенные всякой широты] взгляды, доморощенные теории
beschränkt[2] dumm[1]
beschreiben *см.* erzählen
beschuldigen обвинять
beschuldigen — anklagen — anschuldigen — bezichtigen — zeihen — inkriminieren
beschuldigen *индифф. синоним; напр.*: j-n eines Vergehens, eines Verbrechens, des Diebstahls, des Mordes, der Lüge beschuldigen обвинять кого-л. в каком-л. проступке, в преступлении, в воровстве, в убийстве, во лжи; er wird beschuldigt, seine Frau ermordet zu haben он обвиняется в убийстве своей жены □ Er beschuldigte den Büdner sogar, diesen Druckposten gegen ein Kind eingehandelt zu haben (*Strittmatter, »Wundertäter«*) Он обвинял Бюднера даже в том, что тот выторговал это безопасное местечко в тылу в обмен на ребенка. **anklagen** обвинять, предъявлять обвинение (в суде); *напр.*: wessen ist er angeklagt? в чем он обвиняется?; er ist wegen Diebstahls angeklagt его обвиняют в воровстве; er ist des Mordes angeklagt ему предъявлено обвинение в убийстве; er ist angeklagt, einen schweren Verkehrsunfall verursacht zu haben он обвиняется в грубом нарушении правил дорожного движения, послужившем причиной тяжелого несчастного случая □ Aber nicht wahr, du klagst mich nicht an? (*Th. Mann, »Buddenbrooks«*) Но ты меня не обвиняешь, не правда ли? **anschuldigen** *высок.* ≅ anklagen; *напр.*: man hat ihn unbegründet, fälschlich des Mordes angeschuldigt его необоснованно, неправильно обвинили в убийстве. **bezichtigen** *высок.* ставить, вменять в вину, обвинять; *напр.*: j-n eines schweren Vergehens, der Verschwendung bezichtigen (по)ставить кому-л. в вину тяжелый проступок, расточительность; einen Unschuldigen des Diebstahls bezichtigen обвинить в воровстве невиновного □ Den Weltmann Weißblatt störte es nicht, daß Sosso die Tochter eines Mannes war, den man des Kommunismus bezichtigte (*Strittmatter, »Wundertäter«*) Вайсблату, человеку светскому, не мешало, что Зосо была дочерью человека, которому ставили в вину, что он коммунист. **zeihen** = bezichtigen, *но еще более высокопарно*; *напр.*: j-n des Verrates, des Betruges zeihen обвинять кого-л. в предательстве, в обмане □ Ich will es unter keinen Umständen dazu kommen lassen, daß mich der Herr Pfarrer der Sünde zeiht (*Strittmatter, »Wundertäter«*) Я ни при каких обстоятельствах не хочу довести дело до того, чтобы господин пастор обвинил меня в грехе. **inkriminieren** *книжн. устаревает* инкриминировать; *напр.*: j-n eines Verbrechens inkriminieren инкриминировать кому-л. преступление
beschützen *см.* schützen
Beschützer защитник, покровитель
der Beschützer — der Verteidiger — der Anwalt — der Gönner — der Schutzengel — der Schutzgeist — der Schützer — der Patron — der Schirmer
Beschützer *индифф. синоним; напр.*:

er wollte ihr ein Beschützer sein он хотел быть для нее покровителем [защитником]; er wurde ein echter Beschützer der Wissenschaften он стал настоящим покровителем наук; sie wählte den Jungen zu ihrem Beschützer aus она выбрала юношу своим защитником. **Verteidiger** ≙ Beschützer *подчеркивает активный характер защиты и употр. тж. по отношению к защитнику в суде и в спортивных играх*; *напр.*: die Stadt hatte mutige Verteidiger у города были мужественные защитники; die Verteidiger eröffneten das Feuer защитники (крепости *и т. п.*) открыли огонь; unsere Verteidiger waren in diesem Spiel unsicher und nicht aktiv наши защитники в этом матче неуверены и не активны; er muß sich gewiß einen erfahrenen Verteidiger nehmen он должен, конечно же, взять себе опытного защитника. **Anwalt** защитник (в суде), адвокат *тж. перен.*; *напр.*: sich einen Anwalt nehmen взять себе защитника [адвоката]; der Angeklagte wird von einem sehr bekannten Anwalt verteidigt обвиняемого защищает очень известный адвокат; er tritt als Anwalt dieser neuen Idee auf он выступает в качестве защитника этой новой идеи; das Volk braucht keine Anwälte, es verteidigt sich selbst народу не нужны адвокаты, он сам себя защитит. **Gönner** покровитель, меценат; *напр.*: sie hatte einen reichen Gönner у нее был богатый покровитель; er spielt sich als Gönner auf он разыгрывает из себя покровителя; ich brauche keinen Gönner мне не нужны покровители. **Schutzengel** ангел-хранитель; *напр.*: sie war sein Schutzengel она была его ангелом-хранителем; er hatte in dieser gefährlichen Situation einen Schutzengel в этой опасной ситуации у него нашелся ангел-хранитель. **Schutzgeist** дух-хранитель, добрый гений; *напр.*: sein Schutzgeist hat ihn wohl verlassen гений, охранявший его, видимо, его оставил; in dieser Lage muß er zu allen Schutzgeistern beten в этом положении ему следует молиться всем духам-хранителям. **Schützer** высок. устаревает защитник слабых; *напр.*: ein treuer Schützer верный защитник; sie hatte keinen Schützer у нее не было защитников; Sie sind mein Schützer, ich bin Ihnen sehr verbunden вы мой защитник, я вам очень признательна. **Patron** *книжн.* а) *рел.* святой-покровитель, патрон; *напр.*: Petrus ist der Patron der Fischer святой Петр — покровитель рыбаков; Patron dieser Kirche ist Jakobus святой покровитель этой церкви — Яков; b) *уст.* = Gönner; *напр.*: der junge Maler fand einen reichen Patron молодой художник нашел богатого покровителя. **Schirmer** *книжн. редко* заступник; *напр.*: sei mein Schirmer und Beschützer! будь моим заступником и покровителем!

beschwatzen *см.* besprechen
Beschwerde *см.* Klage/Krankheit
beschweren *см.* bedrücken
beschweren, sich жаловаться

sich beschweren — sich beklagen — klagen

sich beschweren *индифф. синоним*; *напр.*: ich werde mich über ihn bei der Polizei beschweren я пожалуюсь на него в полицию; er beschwert sich beim Oberkellner über das schlechte Mittagessen он жалуется старшему официанту на плохой обед; sie beschwerte sich bei der Nachbarin wegen des Lärms она пожаловалась соседке на шум ◻ Aber wenn du heute abend das Geld nicht zu Haus hast, dann würde ich mich beschweren (*Fallada, »Kleiner Mann«*) Если ты сегодня вечером не получишь денег обратно, то я бы на твоем месте подал жалобу. **sich beklagen** ≙ sich beschweren, *но употр., когда жалующийся не предполагает привлечь виновника к ответственности*; *напр.*: er beklagte sich bei der Mutter über seinen Mitschüler он пожаловался матери на своего школьного товарища ◻ Es ist alles bereit. Ihr werdet euch nicht zu beklagen haben (*Th. Mann, »Buddenbrooks«*) Все готово, вам не на что будет жаловаться. Die alte Wirtin brachte mir unterdessen ein Butterbrot und beklagte sich, daß sie jetzt so selten besuche (*Heine, »Die Harzreise«*) Между тем старая хозяйка принесла мне бутерброд и пожаловалась, что я теперь ее так редко навещаю. **klagen** жаловаться, роптать (*вслух выражать свое недовольство*); *напр.*: er klagte über den Lärm in der Nachbarwohnung он жаловался на шум в соседней квартире; ich klage nicht darüber я на это не жалуюсь ◻ Jungchen, und wenn du arbeitslos wirst, verlier den Mut nicht... Ich werde nie, nie, nie klagen, das schwöre ich dir! (*Fallada, »Kleiner Mann«*) Мальчик, если даже ты останешься без работы, не теряй мужества... Я никогда, никогда, никогда не буду жаловаться, клянусь тебе!

beschwerlich *см.* lästig¹/schwierig¹
beschwichtigen *см.* beruhigen
beschwindeln *см.* betrügen
beschwipst *см.* betrunken
beschwören *см.* bitten¹/schwören
beseelen *см.* begeistern
besehen *см.* ansehen²
beseitigen устранять

beseitigen — entfernen — wegräumen — wegschaffen — eliminieren

beseitigen *индифф. синоним*; *напр.*: Hindernisse, Schwierigkeiten, Mängel beseitigen устранять препятствия, трудности, недостатки; einen Konkurrenten beseitigen устранить конкурента; womit kann man diesen Fleck beseitigen? чем можно удалить это пятно?; in der Sowjetunion ist die Arbeitslosigkeit beseitigt в Советском Союзе безработица уничтожена; seine Bedenken sind beseitigt его сомнения разрешены. **entfernen** удалять *чаще употр. с объектом-предметом*; *напр.*: Flecken aus dem Anzug entfernen удалить пятна с костюма; der Schüler wurde aus der Schule entfernt ученика исключили из школы; wir haben die trockenen Blätter von den Blumen entfernt мы удалили у цветов засохшие листья ◻ ...und entfernte hie und da eine gelbe Spitze mit der Schere (*Th. Mann, »Buddenbrooks«*) ...и кое-где срезала ножницами пожелтевшие кончики (*листьев*). **wegräumen, wegschaffen** убирать прочь; *напр.*: das schmutzige Geschirr wegräumen унести [убрать] грязную посуду; die Abfälle wegschaffen удалить отходы (*загрязняющие что-л.*); Hindernisse, Mißverständnisse wegräumen [wegschaffen] устранять препятствия, недоразумения. **eliminieren** *книжн.* исключать; *напр.*: diesen Paragraphen muß man aus dem Vertrag eliminieren этот параграф нужно исключить из договора.

beseligen *см.* freuen
besessen *см.* beschäftigt/verrückt
besetzen занимать (*место и т. п.*)

besetzen — belegen — einnehmen — beziehen

besetzen *индифф. синоним*; *напр.*: ich habe für dich einen Platz am Fenster besetzt я занял для тебя место у окна; er hat diesen Stuhl schon besetzt он уже занял этот стул; der Wagen ist voll besetzt в вагоне все места заняты; das Theater ist voll besetzt театр полон; ist alles besetzt? все места (в купе) заняты? ◻ Ihr Stundenplan ist recht besetzt, das ist ihm bekannt; manchmal ist es besser, nicht genau zu wissen, wie er besetzt ist (*Feuchtwanger, »Exil«*) Весь день она очень занята, это ему известно; иногда лучше не знать точно, чем она занята. **belegen** *в отличие от* besetzen *часто употр., когда занимается место, используемое для временного пребывания, для лежания*; *напр.*: alle Plätze im Schlafwagen, alle Betten sind belegt все места в спальном вагоне, все кровати заняты; das Krankenhaus ist stark belegt больница переполнена; ich habe ein Zimmer im Hotel belegt я занял комнату в гостинице; ich habe einen Platz für dich belegt я занял для тебя место (*положил на него какой-л. предмет*); *перен.* я забронировал за тобой [резервировал для тебя] место. **einnehmen** *по сравнению с др. синонимами этого ряда больше подчеркивает вежливость*; *напр.*: bitte die Plätze einnehmen! пожалуйста, займите места!; die Gäste nahmen an der Tafel die Plätze ein гости заняли места за столом. **beziehen** *офиц., часто воен.*; *напр.*: die Soldaten bezogen eine günstige Stellung солдаты заняли выгодную позицию.

besetzt *см.* «Приложение»
besichtigen *см.* ansehen²

besiedeln см. ansiedeln
besiegeln см. bestätigen¹
besiegen см. siegen
besinnen, sich см. erinnern, sich
Besinnung см. «Приложение»
Besitz¹ имущество.
der **Besitz** — das **Eigentum** — das **Vermögen** — die **Habe** — die **Habseligkeiten**

Besitz индифф. синоним; напр.: ein gemeinsamer Besitz общее имущество; ein riesiger Besitz огромное состояние; ein ererbter Besitz имущество, полученное по наследству; das Haus ist sein rechtmäßiger Besitz дом является его законной собственностью ☐ Und wenn ich's recht bedenke, habe ich überhaupt allerlei getan, um Sitz und Besitz Ihrer Väter, wenn ich mir erlauben darf, zu erhalten und zu sanieren (Strittmatter, »Wundertäter«) И, насколько я припоминаю, я вообще немало сделал, чтобы сохранить и оздоровить наследственное владение и имущество ваших предков. **Eigentum** собственность; напр.: private з, staatliches, sozialistisches Eigentum частная, государственная, социалистическая собственность; er wollte nicht auf sein Eigentum verzichten он не хотел отказаться от своей собственности ☐ Nimm nur das Notwendigste... Man wird dir dein Eigentum nachschicken (Th. Mann, »Buddenbrooks«) Возьми только самое необходимое... Тебе пришлют твои вещи. **Vermögen** состояние; напр.: er hat sich ein großes Vermögen erworben он приобрел большое состояние; sie haben ihr ganzes Vermögen verloren они потеряли все свое состояние; sein Vermögen beläuft sich auf etwa 120 000 Taler (Th. Mann, »Buddenbrooks«) Его состояние исчисляется в 120 тысяч талеров. **Habe** имущество (особенно движимое, которым владелец дорожит) в отличие от Besitz эмоционально окрашено; напр.: fahrende [bewegliche] Habe движимое имущество; er hat seine ganze Habe verloren und weiß jetzt nicht, was er anfangen soll он потерял все свое имущество и не знает теперь, что ему делать. **Habseligkeiten** тк. мн. пожитки; напр.: er kann sich von seinen Habseligkeiten nicht trennen он не может расстаться со своими пожитками ☐ Da sie nicht viel zu kaufen vermochte, so verschenkte sie jedes Jahr einen neuen Teil ihrer bescheidenen Habseligkeiten (Th. Mann, »Buddenbrooks«) Так как она не могла покупать много подарков, то она каждый год раздаривала часть своих скромных пожитков

Besitz²: in j-s Besitz sein [stehen], sich in j-s Besitz befinden см. gehören¹

besitzen см. haben¹
besitzend см. reich¹
Besitzer владелец
der **Besitzer** — der **Eigentümer** — der **Inhaber** — der **Wirt**

Besitzer индифф. синоним; напр.: der jetzige, damalige Besitzer der Wohnung, des Hauses, des Grundstücks теперешний, тогдашний владелец квартиры, дома, земельного участка; der Besitzer des Geldes, eines Autos владелец денег, автомобиля ☐ Nun war Stanislaus nicht nur Besitzer von geheimen Kräften, die unzuverlässig wirkten... sondern er war auch Besitzer einer zuverlässigen, kleinen Barschaft (Strittmatter, »Wundertäter«) Теперь Станислаус был не только обладателем не всегда надежных тайных сил... но и владельцем надежной маленькой суммы наличных денег. **Eigentümer** собственник, (юридический) владелец; напр.: der rechtmäßige, alleinige Eigentümer des Hauses, des Gartens, des Grundstücks законный, единственный владелец дома, сада, земельного участка; ein kollektiver Eigentümer коллективный владелец. **Inhaber** владелец, обладатель употр. как по отношению к обладателю материальных ценностей, особенно предприятий, так и нематериальных; напр.: der Inhaber des Geschäfts, eines Ladens, eines Spielkasinos владелец предприятия, лавки, игорного дома; der Inhaber der Wertpapiere держатель ценных бумаг; der Inhaber des Weltrekordes обладатель мирового рекорда; Inhaber mehrer Orden обладатель [кавалер] нескольких орденов ☐ Thomas, der seit seiner Geburt bereits zum Kaufmann und künftigen Inhaber der Firma bestimmt war, ...war ein kluger... Mensch (Th. Mann, »Buddenbrooks«) Томас, с самого рождения предназначенный к тому, чтобы стать коммерсантом и будущим владельцем фирмы, ...был умный... человек. **Wirt** хозяин по отношению к хозяину гостиницы, ресторана и т. п. обыкн. употр. без указания того, хозяином чего является данное лицо; напр.: ein guter, tüchtiger Wirt хороший, дельный хозяин; der Wirt des Gasthauses хозяин гостиницы; der Wirt (des Restaurants) begrüßte sie, bediente seine Gäste хозяин (ресторана) приветствовал их, обслуживал своих гостей ☐ Der Wirt brachte die von Paul bestellten Getränke (Weiskopf, »Lissy«) Хозяин принес заказанные Паулем напитки. ...hinter der Theke stand der Wirt, die Rechte an dem Bierhahn, ein dicker Mann, im roten Gesicht einen Seehundsbart, eine lederne Latzschürze vor dem Bauch (Noll, »Werner Holt«) ...хозяин, толстяк с красным лицом и усами, как у моржа, на животе кожаный передник, стоял за стойкой, держа руку на кране пивного бочонка

besitzlos см. arm¹
besoffen см. betrunken
besolden см. bezahlen¹
besonder особый; отдельный
besonder — **gesondert** — **speziell** — **eigen** — **persönlich** — **individuell**

besonder индифф. синоним (тк. атрибутивно); напр.: besondere Wünsche, Umstände особые пожелания, обстоятельства; jeder hat seinen besonderen Geschmack у каждого свой вкус; schreiben Sie die Vokabeln in ein besonderes Heft! записывайте слова в отдельную тетрадь! ☐ Da war ein besonderes Tagebuch des Konsuls über seine Reise durch England (Th. Mann, »Buddenbrooks«) Там был и особый дневник консула, повествующий о его поездке по Англии. **gesondert** отдельный (атрибутивно, как обстоятельство или предикативное определение); напр.: in gesondertem Umschlag в отдельном конверте; diese Fragen werden wir gesondert betrachten эти вопросы мы рассмотрим отдельно [особо, по отдельности]. **speziell** особый, специальный; напр.: spezielle Wünsche, Angaben специальные [особые] пожелания, данные; du speziell solltest das wissen особенно ты должен был бы это знать. **eigen** собственный (отдельный) (тк. атрибутивно); напр.: ich habe mein eigenes Zimmer у меня (своя) отдельная комната; wir haben einen eigenen Eingang zu unserer Wohnung у нас отдельный вход в квартиру; ich habe meinen eigenen Schlüssel у меня свой собственный ключ ☐ Es entspricht nicht unseren Verhältnissen, ihr schon jetzt ein eigenes Kindermädchen zu halten (Th. Mann, »Buddenbrooks«) Нам не по средствам уже теперь держать для нее особую бонну. **persönlich** личный, особый (отдельный от других) (б. ч. атрибутивно) напр.: meine persönliche Meinung мое личное [особое] мнение; persönliche Gründe личные мотивы; persönliches Interesse личный интерес. **individuell** [-v-] индивидуальный, особый; напр.: individuelle Bedienung индивидуальное обслуживание; jedes Problem muß individuell behandelt werden каждая проблема требует индивидуального подхода

besonders¹ особенно
besonders — **insbesondere** — **vornehmlich** — **vor allem**

besonders индифф. синоним; напр.: etw. besonders betonen, hervorheben особенно подчеркнуть, выделить что-л.; das hat mir besonders gefallen это мне особенно понравилось; man muß ihn besonders freundlich behandeln с ним нужно обращаться особенно приветливо; ihr Brief hat mich besonders erfreut ее письмо меня особенно обрадовало; besonders am Abend gehe ich gern spazieren я особенно люблю гулять вечером ☐ Der Frau Meisterin Kluntsch waren die Herren des »Stahlhelms« besonders zugetan (Strittmatter, »Wundertäter«) К хозяйке Клунч господа из «Стального шлема» были особенно расположены. **insbesondere** в особенности как и следующие два синонима, не употр. для усиления прилагательного; напр.: er interessiert sich insbesondere für Geschichte он особенно интересуется историей; alle waren zufrieden, insbesondere die Kinder все были довольны, в особенности дети. **vornehmlich** главным образом, преимущественно; напр.: alle freuten sich über den Tannenbaum und vornehmlich die kleinen Kinder все радовались елке и главным образом маленькие дети; er wandte sich vornehmlich an den Lehrer он обращался преимущественно к учителю. **vor allem** прежде всего, в первую очередь; напр.: was hat dir dort vor allem gefallen? что тебе там больше всего понравилось?; er hat vor allem mich gemeint он прежде всего имел в виду меня

besonders ² см. sehr
besonnen см. vernünftig
Besorgnis см. Sorge ¹
Besorgung см. Kauf
bespitzeln следить, вести слежку за кем-л.

bespitzeln — belauern — beobachten — belauschen — spionieren — beschatten
bespitzeln индифф. синоним; напр.: die Arbeiter bespitzeln вести слежку за рабочими (в качестве шпика, провокатора); in der Stadt wurde er durch Detektive und Polizeibeamte bespitzelt в городе за ним следили сыщики и полицейские чиновники □ In seinem Heimlichsten vermutete Oskar, der Bruder lasse ihn durch Petermann bespitzeln (Feuchtwanger, »Lautensack«) В глубине души Оскар подозревал, что брат приставил Петермана следить за ним. **belauern** следить (из засады, из укрытия и т. п.), подстерегать; напр.: j-n auf Schritt und Tritt belauern незаметно следить за каждым шагом кого-л.; er belauerte ihn, um ihm das Geld wegzunehmen он подстерегал его, чтобы отнять у него деньги. **beobachten** следить, наблюдать; напр.: das Haus wurde von der Polizei beobachtet за (этим) домом полиция установила наблюдение. **belauschen** подслушивать; напр.: alle Gespräche wurden belauscht все разговоры подслушивались. **spionieren** заниматься шпионажем, шпионить (о деятельности агента иностранной разведки); er spionierte für die Engländer он занимался шпионажем в пользу англичан. **beschatten** разг. шпионить (букв. 'ходить за кем-л. как тень'); напр.: der mutmaßliche Verbrecher wurde von der Polizei beschattet полиция следила за каждым шагом предполагаемого преступника, ее агенты ходили за ним по пятам
bespötteln см. auslachen
besprechen обсуждать

besprechen — bereden — erörtern — durchsprechen — beraten — verhandeln — unterhandeln — konferieren — diskutieren — debattieren — disputieren — breittreten — beschwatzen

besprechen индифф. синоним; напр.: eine Sache, eine Frage, einen Vorfall, die Fehler, einen Film, ein Buch gründlich, eingehend, lange besprechen обстоятельно, подробно, долго обсуждать какое-л. дело, вопрос, случай, ошибки, фильм, книгу □ Ein Glück, daß sie Atem zu schöpfen und die eiligen Geschäfte der letzten Viertelstunde zu besprechen hatten (H. Mann, »Untertan«) Счастье еще, что им нужно было перевести дух и обсудить то, что было в спешке сделано в последние четверть часа. **bereden** обсуждать что-л. (в спокойной обстановке), чтобы выяснить что-л.; напр.: wir haben die Sache noch einmal in Ruhe beredet мы еще раз спокойно обсудили это дело □ Sie ist gewohnt, ihre Dinge mit ihm (Paul) zu bereden (Feuchtwanger, »Lautensack«) Все свои дела она привыкла обсуждать с ним (Паулем). **erörtern** подробно (и всесторонне) обсуждать что-л. серьезное, важное (часто о публичном коллективном обсуждении); напр.: eine Frage, ein Problem, einen Zwischenfall eingehend erörtern обстоятельно обсуждать вопрос, проблему, происшествие □ Während Trautwein das erörterte, mit vielen Details in seiner sanguinischen Art... saß Friedrich Benjamin ihm gegenüber und aß (Feuchtwanger, »Exil«) В то время как Траутвейн рассказывал об этом во всех подробностях с присущим ему сангвиническим темпераментом... сидевший против него Фридрих Беньямин ел. **durchsprechen** разбирать, обсуждать во всех деталях; напр.: eine Rolle, ein Thema, einen Plan durchsprechen разобрать роль, тему, план. **beraten** обсуждать в деловой беседе (анализируя все, что можно ожидать от чего-л.), совещаться о чем-л.; напр.: ein neues Gesetz, eine Angelegenheit beraten обсудить новый закон, дело; совещаться по поводу нового закона, дела. **verhandeln, unterhandeln** вести переговоры; напр.: die Regierung verhandelte [unterhandelte] mit Frankreich über den Abschluß eines neuen Handelsvertrages правительство вело переговоры с Францией о заключении нового торгового договора. **konferieren** книжн. совещаться по какому-л. важному вопросу (в кругу ответственных лиц); напр.: die Außenminister konferierten über den Abschluß des Friedensvertrages министры иностранных дел совещались по поводу заключения мирного договора □ ...er nahm ihn mit sich auf Geschäftsgänge... und ließ ihn dabeistehen, wenn er... in den kleinen, finsteren Speicherkontoren mit den Geschäftsführern konferierte (Th. Mann, »Buddenbrooks«) ...он брал его с собой во время деловых обходов... и заставлял стоять возле себя, когда... совещался с управляющими в маленьких, сумрачных складских конторах.

Die beiden Ärzte dagegen empfing sie mit lebhafter und interessierter Wärme, um eingehend mit ihnen zu konferieren (ebenda) И напротив, обоих врачей она принимала очень радушно и с интересом, подробно обсуждала с ними течение своей болезни. **diskutieren, debattieren** книжн. дискутировать, дебатировать; напр.: (über) das neue Gesetz wurde im Parlament diskutiert новый закон дискутировался в парламенте; über die Regierungserklärung wurde heftig debattiert вокруг правительственной декларации развернулись горячие дебаты □ Lauter erklärte es für unangebracht, auf der Straße und im Augenblick, wo jemand mit behördlicher Billigung totgeschossen worden sei, über sittliche Gesetze zu debattieren (H. Mann, »Untertan«) Лаутер заявил, что он считает неуместным дебатировать о нравственных законах на улице и в тот момент, когда кого-то застрелили с одобрения властей. **disputieren** книжн. диспутировать, вести ученый спор о чем-л.; напр.: dieses Problem wurde viel disputiert по этой проблеме велось много диспутов □ Unmöglich ist es und unvorstellbar, daß man darum soll streiten und disputieren (Feuchtwanger, »Jud Süß«) Трудно, немыслимо представить себе, что об этом можно спорить и диспутировать. **breittreten** разг. неодобр. излишне подробно говорить, смаковать подробности; напр.: die Einzelheiten der bevorstehenden Unterhandlungen wurden im voraus breitgetreten подробности предстоящих переговоров муссировались заранее; sie haben diese anstößige Geschichte wieder breitgetreten они снова во всех подробностях смаковали эту скандальную историю. **beschwatzen** разг. болтать, судачить с кем-л. о чем-л.; напр.: die Mädchen beschwatzten die letzten Klassenneuigkeiten девочки болтали о последних школьных новостях

Besprechung обсуждение

die Besprechung — die Erörterung — die Beratung — die Verhandlung — die Unterredung — der Meinungsaustausch — die Aussprache — die Diskussion — die Debatte — der Disput

Besprechung индифф. синоним; напр.: wir kamen zu einer Besprechung des Buches, des Films zusammen мы собрались для обсуждения книги, фильма. **Erörterung** подробное (и всестороннее) обсуждение чего-л. важного; напр.: die Erörterung dieser Frage nahm viel Zeit in Anspruch обсуждение этого вопроса заняло много времени. **Beratung** совещание; напр.: eine Beratung über etw. haben совещаться о чем-л.; das Gericht zieht sich zur Beratung zurück суд удаляется на совещание. **Verhandlung** б. ч. мн. переговоры; напр.: geheime, diplomatische, parlamentarische Verhandlungen aufnehmen, führen начать, вести тайные, дипломатические, парламентские переговоры. **Unterredung** = Verhandlung, *но употр., когда речь идет о более узком круге участников, часто о двух лицах; напр.:* die Unterredungen wurden erfolgreich abgeschlossen переговоры закончились успешно ◻ Ich bitte den Herrn Pfarrer um eine Unterredung (*Strittmatter, »Wundertäter«*) Я прошу господина пастора уделить мне время для беседы. **Meinungsaustausch** обмен мнениями; *напр.:* nach dem Vortrag kam es zu einem freien Meinungsaustausch после лекции начался свободный обмен мнениями. **Aussprache** *книжн.* прения, беседа; *напр.:* die Aussprache ist eröffnet открываются прения; ich wünsche eine offene Aussprache mit Ihnen я хотел бы откровенно с вами побеседовать ◻ Er ließ nur das Wort Aussprache für Debatte zu und sagte selber nicht einmal Elektrizität, sondern Neukraft (*Strittmatter, »Wundertäter«*) Вместо слова «дебаты» он допускал только «выражение мнений» и сам никогда даже не говорил «электричество», а только «новый вид энергии». **Diskussion** *книжн.* дискуссия; *напр.:* j-n in die Diskussion ziehen вовлекать кого-л. в дискуссию; eine Diskussion führen вести дискуссию. **Debatte** *книжн.* дебаты; *напр.:* die Frage steht zur Debatte дебатируется вопрос; er eröffnete die Debatte он открыл дебаты ◻ Im »Stahlhelm« waren auch solche Wörter wie Serviette, Etage, Debatte, und Toilette unerwünscht... Es hieß dort: Mundtuch... Rededuell... (*Strittmatter, »Wundertäter«*) В «Стальном шлеме» и такие слова, как «салфетка, этаж, дебаты и туалет», были нежелательны... Там говорили: ртовый платок... словесная дуэль. **Disput** *книжн.* диспут; *напр.:* einen wissenschaftlichen Disput mit j-m anfangen начать с кем-л. научный диспут ◻ Die Damen waren dem Disput nicht lange gefolgt (*Th. Mann, »Buddenbrooks«*) Дамы недолго следили за ходом диспута

besprengen *см.* spritzen¹
bespritzen *см.* spritzen¹
bessern, sich исправиться
sich bessern — sich bekehren — umkehren — sich läutern
sich bessern *индифф. синоним*; *напр.:* da er sich gebessert hatte, wurde er aus der Schule nicht ausgeschlossen так как он исправился, его не исключили из школы; der Junge versprach, sich zu bessern мальчик обещал исправиться ◻ Man neigt zu hochmütigem Benehmen, wenn man aus dem Ausland kommt. Ich werde mich bessern (*Kellermann, »Die Stadt«*) Когда приезжаешь из-за границы, то начинаешь вести себя высокомерно. Я исправлюсь. **sich bekehren** изменить образ мыслей (,отказавшись от заблуждений), исправиться (*предполагает глубокую нравственную перемену*); *напр.:* sich zum Christentum bekehren обратиться в [принять] христианство; sich zu einer anderen Ansicht bekehren изменить свои взгляды, встать на другую точку зрения. **umkehren** *книжн.* ≅ sich bekehren *чаще употр. в церковных проповедях и в религиозной литературе; напр.:* in seiner Predigt ermahnte sie der Priester, umzukehren в своей проповеди священник призывал их исправиться. **sich läutern** *высок.* очиститься от скверны, возродиться *выражает по сравнению с другими синонимами данного ряда наиболее глубокое нравственное преображение; напр.:* sie läuterte sich она нравственно возродилась

Besserung *см.* Genesung
Besserungsanstalt *см.* Gefängnis¹
Bestand *см.* Vorrat
beständig *см.* immer/ständig¹
Bestandsliste *см.* Liste
Bestandsverzeichnis *см.* Liste
bestätigen¹ подтверждать
bestätigen — erhärten — bekräftigen — besiegeln — verbriefen
bestätigen *индифф. синоним; напр.:* j-s Worte, j-s Diagnose bestätigen подтвердить чьи-л. слова, чей-л. диагноз; wir bestätigen den Empfang Ihres Briefes мы подтверждаем получение вашего письма; mit einem Kopfnicken bestätigte er seinen Verdacht кивком головы он подтвердил его подозрение; das wird durch die Erfahrung bestätigt это подтверждается опытом; dieser Vorfall bestätigt meine Meinung этот случай подтверждает мое мнение; diese Meldung ist offiziell nicht bestätigt это сообщение официально не подтверждено; die Ausnahme bestätigt die Regel исключение подтверждает правило ◻ »Schön wäre es«, bestätigte auch Lämmchen. »Herrlich wäre es.« (*Fallada, »Kleiner Mann«*) «Это было бы прекрасно, — подтвердила и Лемхен. — Это было бы превосходно». **erhärten** ≅ bestätigen *обыкн. употр., когда указывается, чем именно что-л. подтверждается; напр.:* eine Anklage erhärten подтвердить обвинение; seine Theorie, seine Hypothese hat er experimentell erhärtet свою теорию, свою гипотезу он подтвердил экспериментально; seine Aussage wurde durch seinen Eid erhärtet его показание было подтверждено присягой. **bekräftigen** настоятельно подтверждать; *напр.:* er bekräftigte seine Worte mit seiner Unterschrift он подтвердил свои слова подписью, в подтверждение этих слов он поставил свою подпись; ich bekräftigte mein Versprechen mit einem Eid я подтвердил свое обещание клятвой. **besiegeln** подтверждать, скреплять; *напр.:* ein Versprechen mit einem Handschlag besiegeln подкрепить обещание рукопожатием, ударить по рукам; er hat seine Treue mit seinem Blut besiegelt он подтвердил свою верность собственной кровью ◻ Ein hingehauchter diskreter Kuß auf die Stirn in Gegenwart der Eltern hatte das Verlöbnis besiegelt (*Th. Mann, »Buddenbrooks«*) Деликатный, почти воздушный поцелуй в лоб в присутствии родителей скрепил обряд обручения. **verbriefen** *книжн.* документально подтверждать; *напр.:* er ließ sich seine Rechte verbriefen он получил документальное подтверждение своих прав, он выправил документы, подтверждающие его права

bestätigen² утвердить
bestätigen — ratifizieren
bestätigen *индифф. синоним; напр.:* j-s Ernennung, j-s Verfügung bestätigen утвердить чье-л. назначение, чье-либо распоряжение; das Urteil, die Wahlen bestätigen утвердить приговор, результаты выборов; er wurde als Leiter der Expedition bestätigt его утвердили руководителем экспедиции. **ratifizieren** *книжн.* ратифицировать; *напр.:* ein Abkommen, einen Vertrag ratifizieren ратифицировать соглашение, договор

bestatten *см.* begraben¹
bestaunen *см.* bewundern¹
bestechen подкупать, давать взятку
bestechen — korrumpieren — kaufen — schmieren — spicken
bestechen *индифф. синоним; напр.:* einen Beamten, die Wache, die Zeugen durch [mit] Geld bestechen подкупить чиновника, стражу, свидетелей деньгами; dieser Diener läßt sich durch Geschenke bestechen этого слугу можно подкупить подарками ◻ Sie werden die Richter bestechen — wo das Geld ist, ist das Recht (*Kellermann, »Die Stadt«*) Они подкупят судей — где деньги, там и право. **korrumpieren** *книжн.* ≅ bestechen, *но больше подчеркивает моральное разложение берущих взятки, употр. по отношению к должностным лицам, общественным деятелям и перен. к целым слоям общества; напр.:* der ganze Magistrat war korrumpiert, nur deshalb konnte er diesen Bauauftrag erhalten весь муниципальный совет был подкуплен, и только потому он мог получить этот подряд на строительство. **kaufen** *разг.* купить, подкупить *подчеркивает презрительное отношение к берущему взятки; напр.:* er ist gekauft его купили; er wird den Prozeß gewinnen, denn alle Zeugen hat er gekauft он выиграет процесс, так как купил всех свидетелей. **schmieren** *разг.* смазать *обыкн. небольшой взяткой; напр.:* er hat den Wächter geschmiert und der hat ihm das Tor geöffnet он сунул сторожу в руку, и тот открыл ему ворота. **spicken** *разг.* подмаслить; *напр.:* wenn du den Beamten nicht spickst, wirst du heute deine Papiere nicht bekommen если ты не подмаслишь этого чиновника, ты сегодня не получишь своих бумаг

bestechlich *см.* käuflich

bestehen¹ состоять (*из кого-л., из чего-л.*)
bestehen — sich zusammensetzen
  bestehen *индифф. синоним; напр.:* unsere Familie besteht aus fünf Personen наша семья состоит из пяти человек; Wasser besteht aus Wasserstoff und Sauerstoff вода состоит из водорода и кислорода; sein Frühstück bestand aus Brot und Milch его завтрак состоял из хлеба и молока; seine Arbeit besteht darin, daß... его работа заключается в том, что... ▢ Dem Eingang zunächst stand eine Gruppe, die aus kleineren Leuten... bestand (*Th. Mann, »Buddenbrooks«*) У самого входа стояла группа бюргеров, которая состояла из людей скромного достатка... **sich zusammensetzen** состоять, складываться, составляться; *напр.:* der Vorstand setzt sich aus sieben Mitgliedern zusammen правление состоит из семи членов; die Gesellschaft setzte sich aus Männern und jungen Damen zusammen общество состояло из мужчин и молодых женщин
  bestehen² настаивать
bestehen — beharren — verharren
  bestehen *индифф. синоним; напр.:* auf seinem Recht, auf dieser Forderung, auf j-s Freilassung aus der Haft bestehen настаивать на своем праве, на этом требовании, на чьем-л. освобождении из заключения ▢ ...er, Klemm, hatte darauf bestanden, den Mann zu erledigen... (*Seghers, »Die Toten«*) ...он, Клемм, настоял на том, чтобы прикончить этого человека... **beharren** упорствовать, (*продолжать*) настаивать, стоять на своём *по сравнению с* bestehen *выражает более настойчивое стремление к достижению своей цели и более длительное действие; напр.:* auf seinem Standpunkt, auf seinem Willen zäh beharren упорно настаивать на своей точке зрения, на желании поступить по своей воле ▢ Ich weiß genau, daß Rechthaben nichts nützt, und daß man auf diesem Planeten alle gegen sich hat, wenn man darauf beharrt, recht zu haben (*Feuchtwanger, »Exil«*) Я знаю, что нет никакой пользы от того, что ты прав, и что на этой планете все будут против тебя, если ты будешь упорствовать в свой правоте. **verharren** *книжн.* ≅ beharren, *но больше подчеркивает неизменность чьей-л. позиции, чьего-л. поведения, а не активное стремление к цели; напр.:* bei [auf] seiner Meinung, in einem Irrtum verharren упорствовать в своем мнении, в заблуждении
  bestehen³ *см.* bewältigen/geben²
  Bestehen *см.* Existenz
  besteigen *см.* steigen¹
  bestellen *см.* bearbeiten¹/ernennen/rufen¹
  Besteller *см.* Käufer
  Bestellung заказ
die Bestellung — der **Auftrag** — die Order

Bestellung *индифф. синоним; напр.:* heute gingen viele Bestellungen für [auf] Bücher, Theaterkarten ein сегодня поступило много заказов на книги, на театральные билеты. **Auftrag** ≅ Bestellung, *но часто употр. по отношению к заказам на крупные объекты, на большие партии товаров и т. п.; напр.:* wir haben den Auftrag bekommen, ein Schiff zu bauen мы получили заказ на постройку корабля; sie haben verschiedene Aufträge für das Ausland ausgeführt они выполнили различные заказы для заграницы ▢ Die Zeit verging, und eines Tages erhielt Weißblatt Vater einen großen Auftrag (*Strittmatter, »Wundertäter«*) Время шло, и однажды Вайсблат старший получил большой заказ. **Order** *ком. и уст.* заказ, поручение; распоряжение; *напр.:* die Firma erhielt eine Order auf 1000 Autos фирма получила заказ на тысячу автомобилей
  bestialisch *см.* grausam
  bestimmen¹ определять, устанавливать, назначать
bestimmen — festsetzen — festlegen — ansetzen — anberaumen — fixieren
  bestimmen *индифф. синоним; напр.:* den Tag, die Stunde der Abreise, einen Termin, den Preis der Ware bestimmen установить день, час отъезда, срок, цену товара; die Reihenfolge, den Treffpunkt bestimmen установить последовательность, место встречи; das ist noch nicht genau bestimmt это еще точно не определено ▢ Das geht nicht, liebe kleine Anna. Alles ist bestimmt... (*Th. Mann, »Buddenbrooks«*) Это невозможно, дорогая маленькая Анна. Все уже определено... (*сроки уже установлены*). **festsetzen, festlegen** твердо установить что-л.; *напр.:* den Termin, die Zeit der Abreise festsetzen [festlegen] установить срок, время отъезда; die Preise für Getreide sind festgesetzt [festgelegt] цены на зерно твердо установлены; die Bedingungen für den Wettkampf sind noch nicht festgesetzt [festgelegt] worden условия соревнования еще не были твердо установлены; das Begräbnis war auf vier Uhr nachmittags festgesetzt похороны были назначены на четыре часа дня; die Grenzen wurden neu festgelegt были установлены новые границы ▢ Aber man setzte die hergebrachte Summe von 80 000 Kurantmark fest (*Th. Mann, »Buddenbrooks«*) Однако, по традиции, была установлена сумма в 80 000 марок. **ansetzen** назначать (*время исполнения чего-л. и т. п.*); *напр.:* eine Sitzung, eine Versammlung für Mittwoch ansetzen назначить заседание, собрание на среду; eine Probe für den Nachmittag ansetzen назначить репетицию на послеобеденное время. **anberaumen** *офиц.* ≅ ansetzen; *напр.:* einen Termin, die Sitzung für die nächste Woche anberaumen назначить срок, заседание на следующую неделю. **fixieren** *книжн.* фиксировать, точно установить, определить; *напр.:* die Bestimmungen eines Vertrages fixieren фиксировать пункты условий договора; seine Rechte und Pflichten als Leiter der Gruppe wurden schriftlich fixiert его права и обязанности как руководителя группы были письменно зафиксированы
  bestimmen² определять (*устанавливать что-л., ранее неизвестное*)
bestimmen — definieren
  bestimmen *индифф. синоним; напр.:* den Schiffsort bestimmen определить местоположение корабля; eine Pflanze bestimmen определить вид растения; ich kann sein Alter nicht bestimmen я не могу определить его возраст ▢ Unsere Wünsche und Unternehmungen gehen aus gewissen Bedürfnissen unserer Nerven hervor, die mit Worten schwer zu bestimmen sind (*Th. Mann, »Buddenbrooks«*) Наши желания и поступки порождаются определенными потребностями наших нервов, потребностями, которые трудно определить словами. **definieren** дать определение; *напр.:* es ist schwer, die Bedeutung dieses Wortes zu definieren трудно дать определение значению этого слова; das läßt sich genau nicht definieren это нельзя точно установить [сформулировать]
  bestimmen³ *см.* beschließen¹/ernennen
  bestimmend *см.* maßgebend
  bestimmt *см.* gewiß¹/unbedingt
  Bestimmung *см.* Gesetz
  bestrafen *см.* strafen
  bestrahlen *см.* beleuchten¹
  bestrebt sein *см.* streben
  bestreitbar *см.* strittig
  bestreiten¹ оспаривать
bestreiten — abstreiten — absprechen — anfechten
  bestreiten *индифф. синоним; напр.:* die Thesen, das Recht auf etw., j-s Anspruch auf etw. bestreiten оспаривать тезисы, право на что-л., чье-л. притязание на что-л. **abstreiten** оспаривать, отрицать (*иногда и свои собственные прежние утверждения*); *напр.:* er stritt vor Gericht alles ab на суде он все оспаривал [отрицал]. **absprechen** категорически оспаривать чье-л. право на что-л., не признавать за кем-л. права на что-л. (*употр. всегда с Dat. лица*); *напр.:* der Maler sprach Rubens das Bild ab художник (*решительно*) оспорил, что эта картина написана Рубенсом. **anfechten** *книжн., юр.* ≅ bestreiten; *напр.:* ein Testament, einen Vertrag, ein Urteil, eine Entscheidung anfechten оспаривать завещание, договор, приговор, решение (*суда*)
  bestreiten² *см.* streiten¹
  bestricken *см.* bezaubern
  bestürmen *см.* belästigen¹
  bestürzt *см.* verwirrt¹/verwundert

BESUCH

Besuch[1] посещение
der **Besuch** — die **Visite**

Besuch *индифф. синоним; напр.*: der Besuch des Theaters, der Ausstellung посещение театра, выставки; j-m einen Besuch abstatten нанести кому-л. визит; ich erwartete seinen Besuch я ожидал его посещения; wir mußten die nötigsten Besuche erledigen нам нужно было сделать самые необходимые визиты; der Arzt machte seine täglichen Besuche врач делал свои ежедневные визиты (*посещая больных*) ◻ Außerdem mehrten die Besuche von Pastoren und Missionären sich von Jahr zu Jahr... (*Th. Mann, »Buddenbrooks«*) Кроме того, год от года учащались посещения пасторов и миссионеров... **Visite** [v-] посещение с целью осмотра (*б. ч. больных врачом*); *напр.*: heute macht der Oberarzt Visite auf unserer Station сегодня старший врач делает обход в нашем отделении; nach der Visite fühlte ich mich besser после врачебного обхода я (по)чувствовал себя лучше

Besuch[2] *см.* Gast[1]

besuchen посещать, навещать
besuchen — **aufsuchen** — **vorsprechen** — **beehren** — **vorbeigehen** — **vorbeikommen**

besuchen *индифф. синоним; напр.*: die Schule, das Theater, die Kirche besuchen [ходить в] школу, театр, церковь; die Vorlesungen besuchen посещать [ходить на] лекции; einen Kranken, seine Freunde besuchen навещать больного, своих друзей; wann wirst du mich besuchen? когда ты меня навестишь?; heute besuchen wir den Kreml сегодня у нас посещение Кремля ◻ Er wurde ganz aufgeräumt und gesprächig, mehr um sich selbst als die anderen zu ermuntern, als man nach Tisch die Nachbarsfamilie besuchte (*Seghers, »Die Toten«*) Когда они после обеда отправились навестить соседей, он ожил и разговорился — больше, чтобы подбодрить себя, чем других. Ein einziges Mal war er während des Krieges in Berlin aufgetaucht, ohne Dora zu besuchen... (*Kellermann, »Der 9. November«*) Один-единственный раз он появился во время войны в Берлине, не навестив Доры... Nach Tische machte ich mich auf den Weg, die Gruben, die Silberhütten und die Münze zu besuchen (*Heine, »Die Harzreise«*) Пообедав, я отправился в путь, чтобы посетить рудники, сереброплавильню и монетный двор. **aufsuchen** навещать кого-л., заходить к кому-л., куда-л. (*тк. об однократном посещении, о непродолжительном пребывании*); *напр.*: suche mich heute abend auf! навести меня [зайди ко мне] сегодня вечером!; wann darf ich Sie einmal aufsuchen? когда бы я мог к вам зайти?; heute muß ich unbedingt meinen Zahnarzt aufsuchen сегодня я обязательно должен зайти к зубному врачу ◻ Es mochte sein, daß sich seine Mutter Lena, seine Schwester Elsbeth oder sein Vater Gustav einige Stunden freuen würden, wenn er sie aufsuchte... (*Strittmatter, »Wundertäter«*) Возможно, что его мать Лена, его сестра Эльзбет или его отец Густав обрадуются на несколько часов, если он их навестит... Er fror sichtlich in der feuchten Kälte der Nacht, und Trautwein hielt es, wenn er ein richtiges Gespräch mit ihm haben wollte, für angebracht, irgendeinen warmen Ort aufzusuchen (*Feuchtwanger, »Exil«*) Было видно, что он продрог из-за холодной ночной сырости, и Траутвейн счел за благо, если он собирается поговорить с ним по-настоящему, пойти с ним куда-нибудь, где можно посидеть в тепле. **vorsprechen** заходить (по делу) *употр., когда посещение кого-л. связано с необходимостью изложить просьбу, получить разрешение, совет и т. п.; напр.*: ich habe bei ihm vorgesprochen, um den neuen Plan zu besprechen я зашел к нему, чтобы обсудить новый план ◻ Wir sprechen ja heute abend noch einmal vor (*Th. Mann, »Buddenbrooks«*) Сегодня вечером мы ведь еще раз заглянем. Auch Doktor Grabow sprach noch einmal vor, sah mit mildem Gesicht nach dem Rechten und ging (*ebenda*) Доктор Грабов тоже зашел еще раз, поглядел с кротким выражением лица, все ли в порядке, и ушел. **beehren** *высок., часто ирон.* пожаловать к кому-л., почтить кого-л. своим присутствием; *напр.*: wann wirst du mich beehren? когда же ты мне окажешь честь своим посещением? ◻ Ich war, als Sie meine Schwestern beehrten, leider abwesend und... bedauerte das aufrichtig (*Th. Mann, »Der Kleine Herr Friedmann«*) К сожалению, я отсутствовал, когда вы пожаловали к моим сестрам и... искренне сожалею об этом. **vorbeigehen, vorbeikommen** *разг.* проведать кого-л., заглянуть к кому-л. (*о кратком и неофициальном посещении*); *напр.*: auf dem Rückweg werde ich bei ihm vorbeigehen на обратном пути я загляну к нему; ich bin krank und du mußt heute unbedingt bei mir vorbeikommen я болен, и ты обязательно должен меня сегодня проведать

Besucher *см.* Gast[1, 2]
besudeln *см.* beschmieren
besudeln, sich *см.* beschmieren, sich
betagt *см.* alt[1]
betasten трогать, щупать
betasten — **antasten** — **befühlen** — **tasten** — **abtasten** — **befingern** — **betatschen**

betasten *индифф. синоним; напр.*: der Arzt betastete die Leber врач прощупал печень; er betastete die Wunde, um ihre Empfindlichkeit festzustellen он дотронулся до раны [ощупал рану], чтобы определить ее чувствительность ◻ Er ließ die Umschläge weiter durch seine Hände gleiten, betastete sie, faßte sie fester, drehte sie in der Hand, zerknüllte sie, immer ohne sie zu öffnen (*Feuchtwanger, »Lautensack«*) Конверты снова заскользили между его пальцами, он ощупывал их, сжимал крепче, вертел, комкал, все еще не вскрывая. **antasten** дотрагиваться до чего-л., прикасаться к чему-л. *тж. перен.; напр.*: niemand wagte den Verwundeten auch nur anzutasten никто не отважился даже прикоснуться к раненому; er wollte die Vorräte nicht antasten он не хотел трогать запасы. **befühlen** ощупывать кончиками пальцев (*чтобы определить качество чего-л. и т. п.*); *напр.*: einen Stoff befühlen пощупать материю ◻ Der Geldschein war verfallen. Tutenkarle befühlte und rieb ihn, bevor er ihn Stanislaus reichte (*Strittmatter, »Wundertäter«*) Банкнота была недействительна. Тутенкарле ощупал и потер ее, прежде чем протянуть Станислаусу. **tasten** (довольно энергично) ощупывать что-л. рукой; *напр.*: eine Geschwulst tasten ощупывать опухоль ◻ Oskar tastete im Finstern nach der Klingel, läutete (*Feuchtwanger, »Lautensack«*) Оскар пошарил в темноте в поисках звонка, позвонил. **abtasten** тщательно ощупывать (рукой *или* каким-л. предметом) большую по размеру поверхность (*чтобы установить, какова она или что находится под ней*); *напр.*: auf der Suche nach Geld tastete er das Kleid ab в поисках денег он ощупывал платье; der Blinde tastete mit dem Stock den Weg ab слепой ощупывал дорогу палкой ◻ Stanislaus erschauerte bei der Vorstellung, mit den Händen Sophies Speckrücken abtasten zu müssen (*Strittmatter, »Wundertäter«*) Станислаус содрогнулся при мысли, что ему пришлось бы ощупывать жирную спину Софи. **befingern** *фам.* (без стеснения) трогать, ощупывать что-л. пальцами; *напр.*: du hast nicht das Recht, in meinem Schrank alle meine Sachen zu befingern ты не имеешь права трогать мои вещи в моем шкафу ◻ Sie (*die Hände*) könnten nicht leben, ohne etwas zu betasten und zu befingern (*Strittmatter, »Wundertäter«*) Они (*руки*) не могли жить без того, чтобы не ощупывать что-нибудь пальцами. **betatschen** *груб.* щупать что-л., кого-л., лапать (*обыкн. прикасаться всей ладонью*); *напр.*: er betatschte alles mit seinen schmutzigen Händen он щупал все своими грязными руками

betätigen, sich *см.* arbeiten[1, 2]
Betätigung *см.* Tätigkeit
betatschen *см.* betasten
betäuben *см.* «Приложение»
betäubend *см.* stark[2]
beteiligen, sich участвовать
sich beteiligen — **mitwirken** — **mitarbeiten** — **zusammenarbeiten** — **teilnehmen** — **partizipieren** — **mitmachen** — **sich einlassen**

BETEILIGEN, SICH 97 **BETRUG**

sich beteiligen *индифф. синоним; напр.*: sich an einer Versammlung, an einer Demonstration, an den Wahlen, an einem Ausflug, an einer Unterhaltung, am Gewinn beteiligen участвовать в собрании, в демонстрации, в выборах, в экскурсии, в беседе, в прибыли ◻ ...waren die jungen Leute in ein lebhaftes Gespräch über alte Schulgeschichten geraten, an dem Tony sich munter beteiligte (*Th. Mann, »Buddenbrooks«*) ...у молодых людей завязался оживленный разговор о старых школьных историях, в котором Тони приняла живое участие. **mitwirken** сотрудничать *подчеркивает значительный вклад в совместную работу*; *напр.*: beim Wiederaufbau einer Stadt mitwirken принимать (активное) участие в реконструкции города; in einem Theaterstück mitwirken играть [быть занятым] в пьесе (*вместе с другими актерами*). **mitarbeiten** принимать участие в какой-л. работе; *напр.*: an einem Buch mitarbeiten совместно с кем-л. работать над книгой; sie hat im Geschäft ihres Bruders mitgearbeitet она принимала участие в работе предприятия своего брата ◻ ...war sie berufen, mit Tat und Entschluß an der Geschichte ihrer Familie mitzuarbeiten! (*Th Mann, »Buddenbrooks«*) ...она была призвана содействовать делами и помыслами возвеличению своего рода! **zusammenarbeiten** работать вместе с кем-л.; *напр.*: wir arbeiten jetzt in der Schule zusammen мы теперь вместе работаем в школе. **teilnehmen** ≃ sich beteiligen, *но несколько более официально, напр.*: am Krieg, an einer Demonstration, an einem Gespräch teilnehmen принимать участие в войне, в демонстрации, в разговоре ◻ ...und Tony hatte den Entschluß kundgetan, gleichfalls an den Auseinandersetzungen teilzunehmen (*Th. Mann, »Buddenbrooks«*) ...и Тони объявила свое решение принять участие в обсуждении (*завещания*). **partizipieren** *книжн.* соучаствовать, принимать долевое участие; *напр.*: am Gewinn partizipieren участвовать в прибыли. **mitmachen** *разг.* ≃ sich beteiligen; *напр.*: den Krieg als Soldat mitmachen участвовать в войне в качестве солдата; hast du die gestrige Versammlung mitgemacht? ты был на вчерашнем собрании?; er macht jeden dummen Streich mit он участвует в каждой глупой выходке ◻ Ich hab noch nie so was mitgemacht in meinem Leben (*Fallada, »Kleiner Mann«*) Мне никогда еще в жизни не приходилось участвовать в чем-либо подобном. **sich einlassen** *разг.* ввязываться во что-л. *часто употр. с отрицанием; напр.*: sich in ein Gespräch einlassen ввязываться в разговор; laß dich in kein Gespräch darüber ein! не ввязывайся в разговор на эту тему! ◻ Aber Permaneder wird sich nicht auf schmutzige Sachen ein-

7 Нем.-русский сл. синонимов

lassen (*Th. Mann, »Buddenbrooks«*) Но Перманедер не станет ввязываться ни в какие грязные дела
beteuern *см.* versichern
Beteuerung *см.* Versicherung
betiteln *см.* nennen¹
betonen подчеркивать, акцентировать

betonen — unterstreichen — hervorheben

betonen *индифф. синоним; напр.*: seinen Standpunkt, die Notwendigkeit einer Sache betonen подчеркивать свою точку зрения, необходимость чего-л.; er betonte, daß dieses Problem kompliziert ist он подчеркнул, что эта проблема сложна ◻ Jetzt spricht er gemessen, jedes Wort betonend, pathetisch langsam, jetzt wieder jagt er dahin (*Feuchtwanger, »Lautensack«*) Он то говорит размеренно, выделяя каждое слово, с патетическими паузами, то вдруг начинает гнать изо всех сил. **unterstreichen** подчеркивать; *напр.*: er unterstrich seine Worte durch eine Geste он подчеркнул свои слова жестом; ich möchte die Tatsache unterstreichen, daß... мне хотелось бы подчеркнуть тот факт, что... **hervorheben** особо выделять, подчеркивать, оттенять; *напр.*: j-s Verdienste hervorheben подчеркивать [отмечать] чьи-л. заслуги; man muß die Bedeutung dieses Problems besonders hervorheben нужно особенно подчеркнуть значение этой проблемы

Betonung ударение
die Betonung — der Akzent

Betonung *индифф. синоним; напр.*: eine falsche, richtige Betonung неправильное, правильное ударение; bei diesem Wort liegt die Betonung auf der vorletzten Silbe в этом слове ударение падает на предпоследний слог; einige Wörter der deutschen Sprache haben eine schwebende Betonung некоторые слова в немецком языке имеют подвижное ударение ◻ Er deklamierte falsch, aber seine Begeisterung für das, was er sagte, söhnte Stanislaus mit der falschen Betonung aus (*Strittmatter, »Wundertäter«*) Он плохо декламировал, но его восторг перед тем, что он читал, примирял Станислауса с неправильной акцентировкой фраз. **Akzent** ≃ Betonung, *но чаще употр. как лингв. термин; напр.*: diese Wörter haben den Akzent auf der letzten Silbe эти слова имеют ударение [акцент] на последнем слоге ◻ Siehst du, auch ein anderer Mensch als Christian mag sagen, das er das Theater liebt, aber er wird es mit einem anderen Akzent, beiläufiger, kurz: bescheidener sagen (*Th. Mann, »Buddenbrooks«*) Видишь ли, и другой, не только Кристиан может сказать, что он любит театр, но он скажет это по-другому, не акцентируя, вскользь, словом: скромнее

betrachten *см.* ansehen ²/halten ³
beträchtlich *см.* groß ⁴

betragen составлять (*определенное количество*)
betragen — ausmachen — sich belaufen — machen

betragen *индифф. синоним; напр.*: sein Lohn beträgt 200 Rubel его заработная плата составляет 200 рублей; die Einnahme, der Schaden beträgt 1000 Rubel доход, убыток составляет тысячу рублей; die Entfernung von Moskau nach Wladiwostok beträgt mehrere tausend Kilometer расстояние от Москвы до Владивостока составляет несколько тысяч километров ◻ Die traditionelle Barmitgift für ein junges Mädchen aus unserer Familie beträgt 70 000 Mark (*Th. Mann, »Buddenbrooks«*) По установившемуся обычаю, приданое девушки из нашей семьи составляет 70 000 марок наличными. **ausmachen** ≃ betragen, *но чаще употр. в разг. речи; напр.*: wieviel macht es aus? — Das macht 5%, 350 M aus сколько это составляет? — Это составляет 5%, 350 марок; die Entfernung zwischen A und B macht 20 Kilometer расстояние между А и Б (составляет) 20 километров. **sich belaufen** *книжн.* исчисляться, достигать; *напр.*: die Schuld beläuft sich auf 500 Rubel долг исчисляется 500 рублями; die Rechnung beläuft sich auf 20 Rubel счет составляет 20 рублей. **machen** *разг.* ≃ ausmachen; *напр.*: wieviel macht die Rechnung? сколько на счете?; das macht 5 Rubel это составляет 5 рублей

Betragen *см.* Benehmen ¹
betragen, sich *см.* benehmen, sich
betrauen *см.* beauftragen
betreffen *см.* angehen ¹/berühren ²
betreiben *см.* beschäftigen, sich
betreten I *см.* hineingehen ¹
betreten II *см.* schüchtern/verwirrt ¹
betreuen *см.* pflegen/sorgen
Betrieb *см.* Bewegung ¹/Fabrik
betriebsam *см.* tätig ¹
betrinken, sich *см.* trinken ²
betrübt *см.* traurig
Betrug обман
der Betrug — die Täuschung — der Schwindel — die Übervorteilung — der Bluff — der Trug — der Humbug — der Beschiß

Betrug *индифф. синоним; в отличие от др. синонимов данного ряда тж. юр. в знач. 'мошенничество'; напр.*: einen Betrug begehen [verüben] совершить обман; einen Betrug aufdecken обнаружить обман; er verleitet ihn zum Betrug он толкает его на обман ◻ Mein lieber Studmann, das wäre ja so etwas wie Betrug (*Fallada, »Wolf u. Wölfen«*) Дорогой Штудман, это было бы похоже на обман. **Täuschung** ≃ Betrug *иногда означает довольно невинный или непреднамеренный обман; напр.*: eine optische Täuschung оптический обман; eine plumpe Täuschung грубый [неискусный] обман; eine Täuschung aufrechterhalten поддерживать обман [заблуждение]; sich keinen Täuschungen hingeben не поддаваться обману. **Schwindel** умышленный обман, надувательство; *напр.*: das ist ein Schwindel! это надувательство! □ Er betrachtete das Kind ablehnend. »Es ist ja Schwindel«, denkt er weiter, »eine künstliche Unschuld, eine ängstlich geschützte Unschuld...« (*Fallada, »Wolf u. Wölfen«*) Он отчужденно смотрел на ребенка. «Это обман, — думает он, — искусственная невинность, боязливо охраняемая невинность...» Es wird jetzt soviel Schwindel getrieben. Im Nachbarhaus ernährte man einen drei Wochen. Er gab sich für den Onkel aus. Er war arbeitslos, ausgehungert, kein Onkel (*Strittmatter, »Wundertäter«*) Сейчас так много надувательства. В соседнем доме кормили одного три недели. Он выдавал себя за дядю. Был без работы, голодал, никакой он не дядя. **Übervorteilung** обман (при расчетах, дележе *и т. п.*); *напр.*: der Bauer beklagte sich über die Übervorteilung крестьянин жаловался на то, что его обделили [обсчитали] □ ...ein Pagel war auch ohne Übervorteilung ein Geschäft (*Fallada, »Wolf u. Wölfen«*) На Пагеле (*картине Пагеля*), и не обсчитывая, можно было сделать выгодную сделку. **Bluff** [-υ- *и* -œ-] блеф; обман, при котором кто-л. (*пользуясь чьей-л. доверчивостью, наивностью и т. п.*) выдает что-л. несуществующее за действительное; *напр.*: der hat kein gutes Spiel, das ist bloß ein Bluff у него нет хорошей игры, это просто блеф □ »Das ist ja alles nur Bluff, um Raoul einzuschüchtern«, erwiderte Jacques (*Kellermann, »Die Stadt«*) «Это не что иное, как блеф, чтобы напугать Рауля», — ответил Жак. **Trug** *высок. устаревает* ≅ Betrug *употр. тк. в определенных сочетаниях*; *напр.*: was wir zu sehen glaubten, war nur ein Trug der Sinne то, что нам казалось, мы видели, было только обманом зрения; es ist alles Lug und Trug все ложь и обман. **Humbug** *разг.* одно надувательство (*маскируемое словами и т. п.*); *напр.*: das erwies sich als Humbug! это оказалось надувательством; das ist ein reiner Humbug это чистейшее надувательство! **Beschiß** *груб.* жульничество, мошенничество; *напр.*: er lebt vom Beschiß он живет жульничеством

betrügen обманывать
betrügen — täuschen — irreführen — trügen — überlisten — hintergehen — übervorteilen — beschwindeln — bluffen — düpieren — anführen — übertölpeln — prellen — hereinlegen — anschmieren — begaunern — neppen — einseifen — bemogeln — lackmeiern — bemeiern

betrügen индифф. синоним; *напр.*: man hat mich betrogen меня обманули; meine Ahnung hat mich nicht betrogen мое предчувствие меня не обмануло; ich sah mich in meinen Hoffnungen betrogen я обманулся в своих надеждах; er hat mich um 15 Rubel betrogen он обманул [обсчитал] меня на 15 рублей; seine Frau betrügt ihn его жена обманывает его (*изменяет ему*) □ Sie betrügt ihn hinten und vorn; wie sie sich in seiner eigenen Gegenwart über ihn lustig macht, hat Sepp Trautwein mehrmals peinvoll miterlebt (*Feuchtwanger, »Exil«*) Она обманывает его направо и налево; как она насмехалась над ним в его же собственном присутствии, этому Зепп Траутвейн к своему неудовольствию был неоднократно свидетелем. »Viel können wir tun!« flüstert sie. »Wir können die Maschinen in Unordnung bringen, wir können schlecht und langsam arbeiten, wir können deren Plakate abreißen und andere ankleben, in denen wir den Leuten sagen, wie sie belogen und betrogen werden« (*Fallada, »Jeder stirbt«*) «Мы можем многое сделать, — шепчет она. — Мы можем портить машины, мы можем плохо и медленно работать, мы можем срывать их плакаты и наклеивать другие, в которых скажем людям, как их обманывают, как им лгут». **täuschen** обманывать, вводить в заблуждение (*умышленно или неумышленно*); *напр.*: er hat die ganze Direktion getäuscht он обманул [ввел в заблуждение] всю дирекцию; ich tat es nicht, um Sie zu täuschen я это сделал не для того, чтобы ввести вас в заблуждение; mein Gedächtnis hat mich getäuscht моя память меня подвела. **irreführen** ≅ täuschen, *но предполагает умышленный обман*; *напр.*: ich wurde durch sein Versprechen irregeführt его обещание ввело меня в заблуждение. **trügen** обманывать *в отличие от предыдущих синонимов субъектом не является лицо и поэтому* trügen *не выражает преднамеренного обмана*; *напр.*: wenn mein Auge mich nicht trügt, (so) ist es mein Neffe если глаза меня не обманывают, (то) это мой племянник; der Schein trügt внешность обманчива; wenn mich mein Gedächtnis nicht trügt, geschah das im Jahre 1950 если память мне не изменяет, это произошло в 1950 году. **überlisten** перехитрить; *напр.*: es gelang ihm, seine Verfolger zu überlisten ему удалось перехитрить своих преследователей. **hintergehen** обойти кого-л., действуя за его спиной, злоупотребляя его доверием; *напр.*: ihn wirst du nicht hintergehen! его ты не обойдешь!; er hat seine Frau hintergangen он обманул свою жену (*был ей неверен*). **übervorteilen** обмануть (*при сделке, расчетах, дележе*), получить преимущество за счет другого; *напр.*: beim Abschließen des Handels [des Vertrags] versuchte jeder Partner den andern zu übervorteilen при заключении договора каждый участник стремился выгадать за счет своего партнера; man hat mich um 10 Rubel übervorteilt меня обсчитали на 10 рублей □ Dort würde man es bestimmt verschmähen, ihn zu übervorteilen... (*Fallada, »Wolf u. Wölfen«*) Там, конечно, постесняются его обсчитать... Ich bitte, doch nicht anzunehmen, daß wir dich übervorteilen wollen (*Th. Mann, »Buddenbrooks«*) Пожалуйста, не думай, что мы собираемся тебя обделить. **beschwindeln** обхитрить; *напр.*: ich lasse mich nicht so leicht beschwindeln я не дам себя так легко надуть □ Und später, als man den Deutschen und der Welt immer wieder mit präzisen, unwiderleglichen Angaben bewies, wie die alten Generäle, die sie schon vorher betrogen hatten, sie weiter beschwindelten... (*Feuchtwanger, »Exil«*) И после, когда немцам и всему миру вновь и вновь доказывали с помощью точных и неопровержимых данных, что старые генералы, которые и раньше обманывали, продолжают их надувать и теперь. **bluffen** [-υ- *и* -œ-] (*пользуясь чьей-л. доверчивостью, наивностью и т. п.*) выдавать что-л. несуществующее за действительное, дурачить; *напр.*: es ist klar, daß er ihn bluffet ясно, что он его дурачит □ Aber er hat den Quangel falsch eingeschätzt, der läßt sich nicht bluffen (*Fallada, »Jeder stirbt«*) Но с Квангелем он просчитался, такого не одурачишь. **düpieren** *книжн. редко* ввести в обман; *напр.*: ich lasse mich nicht düpieren я не позволю ввести себя в обман. **anführen** *разг.* (*сознательно*) обмануть кого-л. (*часто в шутку*), провести; *напр.*: mit dieser Ware hat man uns tüchtig angeführt на этом товаре нас здорово провели. **übertölpeln** *разг.* одурачить, обдурить (*обманом, хитростью убедить в чем-либо, не соответствующем действительности, поставив кого-л. в глупое, смешное положение*); *напр.*: vertrauensselige Leute lassen sich leicht übertölpeln доверчивых людей легко одурачить □ War es so weit gekommen... daß ein Rigaer Pastor sie rücklings übertölpelte (*Th. Mann, »Buddenbrooks«*) Неужели дело дошло до того... что какой-то рижский пастор за его спиной одурачил его. **prellen** *разг.* обмануть, незаконно лишив чего-л.; *напр.*: die Zeche prellen уйти, не уплатив по счету (*в ресторане и т. п.*); er hat mich um eine beträchtliche Summe Geld geprellt он надул меня на значительную сумму денег □ Vor allem ließ er sich... auseinandersetzen, wie schamlos Süß ihn mit minderwertigen Steinen prelle und betrüge (*Feuchtwanger, »Jud Süß«*) Прежде всего он... выслушал, как бесстыдно надувает его Зюсс на неполноценных камнях. **hereinlegen** *разг.* обставлять, оставлять в дураках (*хитростью вовлекая во что-л., из-за чего жертва об-*

мана несёт убыток, ущерб); напр.: wenn du so viel Geld bezahlt hast, so hat er dich schön hereingelegt! если ты заплатил столько денег, то он здорово тебя обставил!; die Rechten haben ihre Wähler ganz gewaltig hereingelegt правые жестоко одурачили своих избирателей. **anschmieren** *фам.* обставить, обмануть, всучив что-л. негодное, нестоящее (*часто ради забавы*); напр.: mit dem Obst hat er mich tüchtig angeschmiert! с фруктами он меня здорово подвёл! **begaunern** *фам.* (здорово) обжулить, нагреть; напр.: er hat ihn um viele tausend Mark begaunert он его обжулил на много тысяч марок □ Sie wiesen darauf hin,... wie Süß in jedem Geschäft den Herzog begaunere und bewuchere (*Feuchtwanger, »Jud Süß«*) Они рассказали о том... как Зюсс в каждом деле обжуливает герцога и наживается на этом. **neppen** *разг.* обдирать (*клиентов и т. п.*); напр.: in den Hotels und Geschäften des Badeorts neppte man die Gäste schamlos в гостиницах и магазинах курорта гостей обдирали как липку. **einseifen** *разг.* обмануть, провести (*представив что-л. в более выгодном свете*), втереть очки; напр.: er hat ihn durch seine Redereien tüchtig eingeseift он здорово заморочил его своей болтовнёй. **bemogeln** *фам.* облапошить (*чаще в играх*); напр.: er hat ihn beim Kartenspiel bemogelt он его облапошил [обжулил], играя с ним в карты. **lackmeiern** *фам.* околпачивать (*б. ч. в Part. II*); напр.: der ist aber gelackmeiert! но, однако, околпачили! **bemeiern** *берл.* = lackmeiern

Betrüger обманщик
der **Betrüger** — der **Schwindler** — der **Filou** — der **Gauner** — der **Hochstapler** — der **Zechpreller**

Betrüger *индифф. синоним;* напр.: ihm kann man keinen Glauben schenken, er ist ein Betrüger ему нельзя доверять, он обманщик □ Ich finde das unrecht.. Allen, die die Menschen betrügen, würde ich ein Ohr abschneiden. Das würde ich tun, schon um die Leute vor Betrügern zu warnen (*Kellermann, »Totentanz«*) Я считаю это несправедливым.— Всем, кто обманывает, я бы отрезал одно ухо. Я бы поступал так, чтобы предостеречь людей от обманщиков. **Schwindler** мошенник, аферист; напр.: einen Schwindler überführen уличить мошенника; dieser Schwindler gibt sich für einen Arzt aus этот шарлатан выдаёт себя за врача. **Filou** [-'lu:] пройдоха; напр.: □ Überall riecht einem und redet einem der Hannsjörg hinein, der saubere Herr Bruder, der »Filou« (*Feuchtwanger, »Lautensack«*) И во всё суёт свой нос, во всё вмешивается этот миленький братец Гансйорг, этот пройдоха. **Gauner** жулик, ловкий обманщик, плут; напр.: □ Beim Erblicken der Mutter begann der Ältere... quer über die Landstraße zu hüpfen, so hingegeben, als interessierte ihn zur Zeit sonst nichts auf der Welt. »Ja, ja, hüpf du nur, du elender Gauner! Da komm mal her!« (*L. Frank, »Mathilde«*) Увидя мать, старший... начал скакать через всё шоссе, всецело отдавшись этому занятию, как будто ничто в мире его больше не интересовало. «Ладно, прыгай, прыгай, плут несчастный! А ну-ка пойди сюда!» **Hochstapler** аферист; напр.: □ Süßkind wiegte unsicher den Kopf. »Ich weiß nicht«, meinte er. »Komisch ist der Herr.« »Wieso komisch? Hochstapler? Wenn er zahlt, kann es uns egal sein, Süßkind« (*Fallada, »Wolf u. Wölfen«*) Зюскинд неуверенно покачал головой. «Я не знаю,— сказал он.— Странный господин». «Что значит странный? Аферист? Если он платит, нам это безразлично, Зюскинд». **Zechpreller** мошенник, неплательщик (*в ресторане и т. п.*); напр.: er ist ein Zechpreller, er ist fortgezogen, ohne die Rechnung bezahlt zu haben он мошенник: он уехал, не заплатив по счёту

betrügerisch *cм.* täuschend

betrunken пьяный
betrunken — angeheitert — berauscht — trunken — bezecht — beschwipst — voll — besoffen

betrunken *индифф. синоним;* напр.: leicht, schwer betrunken sein быть слегка, сильно пьяным; in betrunkenem Zustand в нетрезвом состоянии; jeden Abend kommt er betrunken nach Hause каждый вечер он приходит домой пьяным □ War der Zeuge damals betrunken gewesen? (*H. Mann, »Untertan«*) Был ли тогда свидетель пьян? **angeheitert** (слегка) навеселе; напр.: am Tisch saßen junge Leute, die leicht angeheitert waren за столом сидели молодые люди, которые были слегка навеселе □ Der angeheiterte Wonnig nahm ihn beiseite (*Strittmatter, »Wundertäter«*) Бывший уже навеселе Вонниг отвёл его в сторону. **berauscht, trunken** *книжн.* опьяневший, пьяный *обыкн. употр. для констатации факта и не содержит отрицательной оценки;* напр.: er scheint berauscht zu sein он, кажется, пьян; er befand sich jetzt in trunkenem Zustand он теперь находился в приподнятом состоянии духа (*от выпитого*). **bezecht** *разг.* нетрезвый, подгулявший; напр.: eine Gruppe bezechter Studenten zog singend durch die Straße группа подгулявших студентов шла с песнями по улице □ Das Fest dauerte bis zum frühen Morgen, und sie waren alle sehr bezecht (*Kellermann, »Die Stadt«*) Праздник длился до раннего утра, и все они были сильно на взводе. **beschwipst** *разг.* выпивший, (сильно) навеселе, под хмельком; напр.: man sieht ihm gleich an, daß er ganz beschwipst ist сразу заметно, что он как следует поддал □ Sie war ziemlich beschwipst und amüsierte sich ganz ausgezeichnet (*Kellermann, »Die Stadt«*) Она была сильно под хмельком и очень веселилась. **voll** *фам.* нагрузившийся, (совершенно) пьяный; напр.: er ist voll! он вдребезги пьян! **besoffen** *груб.* надрызгавшийся, нализавшийся; напр.: ist der aber besoffen! ну и надрызгался же он! □ »Sie sind ja besoffen«, murmelte er (*H. Mann, »Untertan«*) «Вы же вдрызг пьяны»,— пробормотал он

bettelarm *см.* arm [1]
betteln *см.* bitten [1]
bettlägerig sein *см.* krank sein
Bettler *см.* Armer

beugen наклонять, сгибать
beugen — biegen — krümmen

beugen *индифф. синоним;* напр.: den Nacken, den Rücken beugen наклонить голову, согнуть спину; die Knie beugen преклонить колена; er hat den Kopf über das Buch gebeugt он склонился над книгой □ So verharrte er reglos eine Weile □ dann beugte er zurücktretend aufs neue das Knie und verließ die Kirche (*Th. Mann, »Gladius Dei«*) Так он застыл на мгновение; затем, отступив, он снова преклонил колено и покинул церковь. **biegen** гнуть, сгибать (*часто перемещая что-л. в более низкое положение*); напр.: den Arm biegen согнуть [заломить] кому-л. руку; den Ast nach unten biegen нагнуть ветку вниз; er hat die Rute gebogen он согнул прут □ Er stand auf dem linken Beine ruhend, das rechte Knie so gebogen, daß der Fuß leicht auf der Spitze balancierte... (*Th. Mann, »Buddenbrooks«*) Он стоял, опираясь на левую ногу, правую же согнул в колене так, что носок её едва касался пола... **krümmen** сгибать, искривлять; напр.: die Finger krümmen сгибать [скрючивать] пальцы; den Rücken krümmen горбить спину

beugen, sich [1] наклоняться (*над чем-либо*)
sich beugen — sich lehnen — sich bücken — sich neigen

sich beugen *индифф. синоним;* напр.: er beugte sich über die Karte, über den Tisch он наклонился над картой, над столом; der Arzt beugte sich über den Kranken врач склонился над больным; ich beugte mich aus dem Fenster я высунулся из окна □ Er fühlte, daß sich jemand über ihn beugte. »Betrunken ist er nicht« (*Strittmatter, »Wundertäter«*) Он почувствовал, что кто-то над ним наклонился. «Он не пьян». Und ganz sachte beugte er sich über sie und legte die gestohlenen Zweige auf die Bettdecke (*Fallada, »Kleiner Mann«*) И он очень осторожно нагнулся над ней и положил украденные ветки ей на одеяло. **sich lehnen** наклоняться, опершись, облокотившись на, обо что-л.; напр.: sich aus dem Fenster lehnen высовываться из окна; sich über das Geländer lehnen перевеситься через перила; er lehnte sich über den Tisch он наклонился, облокотившись на стол. sich bücken *уст.* = sich beugen; *напр.:* sie bückte sich über die Wiege она нагнулась над колыбелью. sich neigen *книжн.* склоняться; *напр.:* die Krankenschwester neigte sich über den Verwundeten медицинская сестра склонилась над раненым; die Mutter neigte sich über die Wiege мать склонилась над колыбелью ☐ ...Palmenwedel lehnten an der Bahre und neigten sich über des Toten Füße (*Th. Mann, »Buddenbrooks«*) ...пальмовые ветки свисали на катафалк и склонялись к ногам покойника

beugen, sich² *см.* schicken, sich¹
beunruhigen *см.* aufregen
beunruhigen, sich *см.* aufregen, sich
Beunruhigung *см.* Aufregung
beurkunden *см.* beglaubigen
beurteilen *см.* urteilen
Beute добыча

die **Beute** — der **Raub** — die **Prise**

Beute *индифф. синоним; напр.:* auf Beute ausgehen выходить на добычу; die Beute teilen делить добычу; das Munitionslager wurde eine Beute der feindlichen Truppen склад боеприпасов стал добычей вражеских войск; das Schaf wurde eine Beute der wilden Tiere овца стала добычей диких зверей; das Haus wurde eine Beute der Flammen дом стал добычей огня ☐ Er... wählte zwei besonders große Hechte aus und ließ die übrige Beute wieder ins Wasser zurück (*Strittmatter, »Wundertäter«*) Он... выбрал две особенно крупных щуки, а остальный улов бросил обратно в воду. **Raub** ≈ Beute, *но больше подчеркивает, что что-л. стало добычей, жертвой в результате насилия и т. п.; напр.:* der Wolf verschwand mit seinem Raub волк исчез со своей добычей [жертвой]; das Haus ist ein Raub der Flammen geworden дом стал добычей огня. **Prise** приз (*захваченное воюющей стороной вражеское или нейтральное торговое судно или захваченный торговый груз*); *напр.:* das englische Kriegsschiff hat eine Prise genommen английское военное судно захватило приз

beuteln *см.* sieben
bevölkern *см.* ansiedeln
Bevölkerung население

die **Bevölkerung** — die **Einwohnerschaft**

Bevölkerung *индифф. синоним; напр.:* eine dichte, dünne, städtische, ländliche Bevölkerung плотное, редкое, городское, сельское население; die gesamte Bevölkerung eines Landes, einer Stadt, eines Dorfes все население страны, города, деревни; die Bevölkerung (der Erdkugel) wächst население (земного шара) растет; weite Kreise der Bevölkerung haben daran teilgenommen широкие круги населения приняли в этом участие ☐ ...die (*die Engländer*) hätten für die Bewaffnung der Bevölkerung gesorgt, auch die Landesregierung mit Geld unterstützt (*Seghers, »Die Toten«*) ...они (англичане) будто бы снабдили население оружием, а местную власть деньгами. **Einwohnerschaft** население данной местности, жители; *напр.:* die Einwohnerschaft dieses Ortes wurde zur Demonstration aufgerufen жителей этой местности призвали на демонстрацию; die Einwohnerschaft dieses Dorfs ist vollzählig zu den Wahlen erschienen все население этой деревни явилось на выборы

bevollmächtigen уполномочивать

bevollmächtigen — ermächtigen — berechtigen — befugen — autorisieren

bevollmächtigen *индифф. синоним; напр.:* einen Botschafter, einen Handelsvertreter, eine Behörde zu etw. bevollmächtigen уполномочить посла, торгового представителя, учреждение на что-л.; ich habe ihn bevollmächtigt, mein Geld in Empfang zu nehmen я уполномочил его получить мои деньги. **ermächtigen** уполномочивать какое-л. доверенное лицо, наделять правами (*о полномочиях, данных правительством или вышестоящей организацией на выполнение определенного важного поручения, специальных функций*); *напр.:* die Regierung hat den Botschafter ermächtigt, diesen Vertrag zu unterzeichnen правительство уполномочило посла подписать этот договор; die Direktion ermächtigte ihn, die Verhandlungen durchzuführen дирекция уполномочила его провести переговоры. **berechtigen** давать (*юридическое или моральное*) право на выполнение, на проведение чего-л. (*часто в Part. II*); *напр.:* diese Karte berechtigt zum Eintritt этот билет дает право на вход; wer berechtigt dich, so zu handeln? кто дает тебе право так поступать?; Sie waren nicht berechtigt, diese Entscheidung zu treffen вы не имели права принимать такое решение. **befugen** *книжн.* ≈ bevollmächtigen *чаще употр. в конструкции* befugt sein; *напр.:* er ist befugt, den Vertrag abzuschließen он полномочен заключить договор. **autorisieren** *книжн.* предоставлять кому-л. право, полномочия действовать в своих интересах *или* в интересах своего доверителя; *напр.:* der Schriftsteller hat den Verlag zu einer Neuausgabe autorisiert писатель предоставил издательству право на новое издание (своего труда)

Bevollmächtigter *см.* Vertreter²
bevor прежде чем, пока не

bevor — ehe

Оба синонима присоединяют придаточное предложение времени, действие которого совершается после действия, названного в главном предложении

bevor *индифф. синоним; напр.:* bevor wir ausstiegen, wurde unser Gepäck von einem Zollbeamten durchsucht прежде чем мы вышли (из поезда *и т. п.*), наш багаж был осмотрен таможенным чиновником; wir erreichten das Haus, bevor der Sturm losbrach мы достигли дома, прежде чем разразилась буря; Tür nicht öffnen, bevor der Zug hält! не открывать дверей до полной остановки поезда!; eine Viertelstunde, bevor ich zur Arbeit gehe, trinke ich Milch за четверть часа до того, как я ухожу на работу, я пью молоко ☐ Das war der Abend, bevor wir ins Feld fuhren (*Remarque, »Drei Kameraden«*) Это был тот вечер, после которого мы отправились на фронт. **ehe** ≈ bevor, *но чаще употр., когда речь идет о действии, момент для которого уже (или почти) упущен; напр.:* noch ehe ich antworten konnte, war er fort он ушел, прежде чем я ответил; o nimm die Stunde wahr, eh' sie entschlüpft! воспользуйся моментом, пока он не упущен!; ehe er es verhindern konnte, war er gefangen его схватили, прежде чем он смог этому помешать ☐ Es fiel ihr ein, daß sie am Nachmittag, ehe sie ging, die Sense versteckt hatte (*Strittmatter, »Wundertäter«*) Она вспомнила, что она после обеда, прежде чем уйти из дому, спрятала косу

bevormunden *см.* sorgen
bevorstehen предстоять

bevorstehen — erwarten

bevorstehen *индифф. синоним; напр.:* die Wahlen stehen bevor предстоят выборы; uns steht eine interessante Arbeit bevor нам предстоит интересная работа; welche Schwierigkeiten stehen bevor? какие предстоят трудности?; mir steht eine Reise bevor мне предстоит путешествие [поездка]. **erwarten** ожидать, ждать; *напр.:* ich habe nichts Gutes zu erwarten впереди меня ничего хорошего не ожидает [не ждет]; uns erwarten lauter Unannehmlichkeiten нас ожидают одни неприятности

bevorstehend *см.* künftig¹
bevorzugen *см.* vorziehen
bewaffnen вооружать

bewaffnen — bewehren

bewaffnen *индифф. синоним; напр.:* die Partisanen, die Zivilbevölkerung bewaffnen вооружать партизан, гражданское население; während des Bürgerkrieges waren alle Matrosen der Handelsschiffe bewaffnet во время гражданской войны все матросы торговых судов были вооружены. **bewehren** *уст. книжн.* ≈ bewaffnen; *напр.:* das Schiff war mit Kanonen, der Ritter war mit Lanze und Schild bewehrt корабль был вооружен пушками, рыцарь был вооружен копьем и щитом

Bewaffnung вооружение (*действие*)

die **Bewaffnung** — die **Rüstung** — die **Aufrüstung**

Bewaffnung *индифф. синоним; напр.:* die beschleunigte Bewaffnung

BEWAHREN 101 BEWEGT

der Truppen ускоренное вооружение войск □ ...die (die Engländer) hätten für die Bewaffnung der Bevölkerung gesorgt... (Seghers, »Die Toten«) ...они (англичане) будто бы позаботились о вооружении населения... Rüstung = Bewaffnung, *но чаще употр. в публицистической литературе; напр.:* die Rüstung durch ein internationales Abkommen beschränken ограничить вооружение международным договором. Aufrüstung усиленное вооружение *чаще употр. в публицистической литературе; напр.:* alle Völker der Welt verurteilen die Aufrüstung все народы мира осуждают наращивание вооружений

bewahren *см.* aufbewahren/erhalten [1]/schützen

bewährt *см.* erprobt

bewältigen одолевать

bewältigen — bestehen — meistern

bewältigen *индифф. синоним; напр.:* Schwierigkeiten bewältigen преодолевать трудности; diese Portion habe ich kaum bewältigt я едва одолел эту порцию; sie konnte das Tagessoll nicht bewältigen она не могла справиться с дневной нормой выработки □ Er war der Meinung, daß das Realpensum leichter zu bewältigen sei... (Th. Mann, »Buddenbrooks«) Он был того мнения, что легче одолеть программу реального училища... bestehen выстоять (в борьбе), выдержать, справившись с чем-л. опасным, трудным *и т. п.; напр.:* eine Gefahr bestehen устоять перед лицом опасности; eine Prüfung, einen Kampf bestehen выдержать экзамен, бой □ Laßt, Vater, genug sein das grausame Spiel! | Er hat Euch bestanden, was keiner besteht (Schiller, »Der Taucher«) Оставьте, отец, эту жестокую игру! Он ведь то, чего не вынесет никто. meistern справляться с чем-л.; *напр.:* Schwierigkeiten, eine Arbeit meistern справиться с трудностями, с работой; seine Zunge meistern держать язык за зубами; seinen Zorn meistern сдерживать свой гнев

bewandert *см.* kundig

bewegen I [1] двигать (*перемещать*)

bewegen — rücken — schieben — fortbewegen

bewegen *индифф. синоним; напр.:* ich konnte den Schrank nicht von der Stelle bewegen я не мог сдвинуть шкаф с места; die Maschine wird durch einen Motor bewegt машина приводится в движение мотором. rücken двигать, подвинуть; *напр.:* wir müssen den Schrank zur Seite, an die Wand rücken нам нужно отодвинуть шкаф в сторону, подвинуть к стене; die Mütze hat er in die Stirn gerückt он надвинул шапку на глаза □ Er antwortete gar nicht, rückte an seiner Brille, zwinkerte mit seinen roten Äuglein... (Th. Mann, »Buddenbrooks«) Он ничего не ответил, поправил пенсне, поморгал своими красными глазками... schieben двигать, толкать; *напр.:* einen Karren schieben толкать вагонетку; das Fahrrad schieben вести велосипед; den Tisch an die Wand schieben придвинуть стол к стене. fortbewegen передвигать; *напр.:* schwere Kisten, ein schweres Möbelstück fortbewegen передвигать тяжелые ящики, тяжелую мебель

bewegen I [2] двигать (*шевелить*)

bewegen — regen — rühren

bewegen *индифф. синоним; напр.:* ich kann vor Schmerz die Hand nicht bewegen от боли я не могу двинуть рукой; der Wind bewegt die Fahnen ветер колышет знамена; der Wind bewegt die Wellen ветер вздымает волны □ »Nun...«, sagte er abermals... bewegte wieder seine schwach geballte Faust mit dem kleinen Brillanten und blickte in sein Notizbuch (Th. Mann, »Buddenbrooks«) «Итак...» — повторил он... снова сделал движение своим слабо сжатым кулаком с маленьким брильянтом на пальце и заглянул в свою записную книжку. Unrat bewegte zuerst nur die Lippen (H. Mann, »Unrat«) Унрат сначала только пошевелил губами. regen, rühren шевелить; *напр.:* vor Kälte, vor Schmerz, vor Müdigkeit kaum die Füße regen [rühren] он едва мог пошевелить ногами от холода, от боли, от усталости; ich kann kein Glied rühren [regen] я не могу пошевельнуться, я не могу шевельнуть ни одним членом □ Der Rittmeister konnte, ohne eine Hand zu rühren, gewissermaßen durch die Wände schreiten (Strittmatter, »Wundertäter«) Ротмистр мог, не шевельнув пальцем, едва ли не проходить сквозь стены

bewegen I [3] *см.* aufregen

bewegen II *см.* veranlassen [1]

bewegend *см.* rührend

bewegen, sich двигаться

sich bewegen — sich rühren — sich regen

sich bewegen *индифф. синоним; напр.:* ich konnte mich vor Schmerzen nicht bewegen я не мог двигаться от боли; beweg dich nicht! не двигайся!; was bewegt sich dort im Gebüsch? что там шевелится в кустах?; er bewegte sich kaum он едва двигался □ Das Schönste an ihr ist aber vielleicht ihre Art sich zu bewegen (Fallada, »Jeder stirbt«) Но красивее всего в ней, пожалуй, ее манера двигаться. Seine Kiefer bewegten sich lautlos (H. Mann, »Unrat«) Его челюсти беззвучно двигались. sich rühren шевелиться; *напр.:* rühr dich nicht! не шевелись!; rührt euch! вольно! (*команда*); die Blätter der Bäume rührten sich kaum листья деревьев едва шевелились □ Stanislaus blieb auf dem Sofa sitzen und war sich ein harter Frager: würdest du rühren, wenn sie kämen und dich eintrümmerten? (Strittmatter, »Wundertäter«) Станислаус остался сидеть на диване, сурово допрашивая себя: пошевельнулся ли бы ты, если бы они прилетели и тебе предстояло погибнуть под развалинами? sich regen шелохнуться; *напр.:* es regt sich nichts ничто не шелохнется; im ganzen Haus regt sich nichts весь дом словно вымер □ Keine Luft von keiner Seite! | Todesstille, fürchterlich! | In der ungeheuern Weite | Regt keine Welle sich (Goethe, »Meeresstille«) Ни ветерка ниоткуда! Мертвая тишина, страшно! В необъятной дали не шелохнется волна

Beweggrund *см.* Ursache

beweglich [1] подвижной

beweglich — mobil

beweglich *индифф. синоним; напр.:* man muß die beweglichen Teile dieser Maschine ölen нужно смазать подвижные части этой машины; ich habe eine Puppe mit beweglichen Gliedern gekauft я купила куклу с двигающимися руками и ногами; die bewegliche Habe gehört seinem Erben движимое имущество принадлежит его наследнику; Ostern ist ein bewegliches Fest пасха — скользящий праздник. mobil ≅ beweglich, *но употр. тк. в определенных сочетаниях; напр.:* eine mobile Bücherei библиотека-передвижка; das mobile Kapital переменный капитал; mobile Truppen *воен.* подвижные части; der mobile Besitz движимое имущество

beweglich [2] *см.* lebhaft

bewegt взволнованный

gerührt — bewegt — ergriffen — aufgewühlt — erschüttert

Синонимы данного ряда расположены по степени возрастания выражаемого признака

gerührt тронутый, растроганный; *напр.:* zu Tränen gerührt растроганный до слез □ Ein kleines Harfenmädchen sang. Sie sang mit wahrem Gefühle | Und falscher Stimme, doch ward ich sehr | Gerührt von ihrem Spiele (Heine, »Deutschland«) Маленькая арфистка пела. Она пела с искренним чувством и фальшивым голосом, но я был очень тронут ее игрой. bewegt *индифф. синоним; напр.:* bewegten Herzens взволнованный до глубины души; tief bewegt, sprach er seinen Dank aus глубоко тронутый, он высказал свою благодарность; tief bewegt, sprach er über die letzten Ereignisse глубоко взволнованный, он говорил о последних событиях. ergriffen ≅ bewegt, *но иногда употр. для обозначения большой степени взволнованности; напр.:* mit ergriffener Stimme взволнованным голосом; alle waren von der Trauerrede tief ergriffen все были глубоко взволнованы надгробной речью; wir waren von ihrem Klavierspiel ergriffen мы были очень [глубоко] взволнованы ее игрой на рояле; sehr ergriffen, nahm er von allen Abschied очень взволнованный, он со всеми попрощался. **aufgewühlt** *книжн.* взволнованный, взбудораженный *в отличие от других синонимов данного ряда подчеркивает продолжительность данного состояния; напр.:* aufgewühlt durch dieses Ereignis взбудораженный этим событием; aufgewühlt von diesem Film, konnten sich die Kinder lange nicht beruhigen взбудораженные этим фильмом, дети долго не могли успокоиться. **erschüttert** потрясенный; *напр.:* er saß da, erschüttert von der Nachricht über den Tod seines Vaters он сидел, потрясенный известием о смерти своего отца; erschüttert standen wir an der Unglücksstelle потрясенные, мы стояли на месте аварии.

Bewegung[1] движение, оживление
die Bewegung — der Betrieb

Bewegung *индифф. синоним; напр.:* eine Bewegung hervorrufen вызвать оживление; die ganze Stadt war in Bewegung весь город пришел в движение □ Angst hast du, das ist alles. Angst vor allem, was ein bißchen Bewegung und Leben ist (*Feuchtwanger, »Lautensack«*) Ты просто боишься, вот и все. Боишься всего, в чем есть хоть чуточку жизни и движения. In der Wirtsstube fand ich lauter Leben und Bewegung (*Heine, »Die Harzreise«*) В общей комнате, куда я вошел, было очень шумно и оживленно. **Betrieb** *разг.* ≃ Bewegung; *напр.:* in den Geschäften herrscht vor den Feiertagen ein großer Betrieb в магазинах перед праздниками царит большое оживление; um die Mittagszeit flaut der Betrieb gewöhnlich ab в обеденное время оживление обычно спадает □ In der Friedrichstraße ist noch so richtiger Betrieb... na, ihr werdet ja sehen (*Fallada, »Kleiner Mann«*) На Фридрихштрассе еще царит настоящее оживление... ну, вы увидите

Bewegung[2]: sich Bewegung machen [verschaffen] *см.* spazierengehen
bewegungslos *см.* unbeweglich[1]
bewehren *см.* bewaffnen
beweinen *см.* beklagen/weinen
beweisbar *см.* nachweisbar[1]
beweisen доказывать

beweisen — nachweisen — erweisen — dokumentieren — belegen — dartun

beweisen *индифф. синоним; напр.:* seine Unschuld, die Richtigkeit seiner Ansichten beweisen доказывать свою невиновность, правильность своих взглядов; einen Lehrsatz beweisen доказывать теорему; j-m beweisen, daß er im Irrtum ist доказать кому-л., что он заблуждается; das beweist gar nichts это ничего не доказывает; er hat das dokumentarisch bewiesen он это документально доказал □ »Diesmal«, dachte Unrat frohlockend, »hat er mich gemeint. Diesmal kann ich es ihm beweisen« (*H. Mann, »Unrat«*) «На этот раз он имел в виду меня, — подумал Унрат, торжествуя. — На этот раз я смогу это доказать». **nachweisen** доказывать, подтверждая правильность (*чаще документами, авторитетными источниками и т. п.*); *напр.:* seine Herkunft, seine Staatsangehörigkeit nachweisen доказать свое происхождение, подтвердить свое гражданство; sein Recht auf das Grundstück nachweisen доказать свое право на этот участок земли □ »Auch Ihre Berufung war wohl erwogen«, sagte der Vorsteher, »nur Nebenumstände haben verwirrend eingegriffen, ich werde es Ihnen an Hand der Akten nachweisen« (*Kafka, »Das Schloß«*) «И ваше назначение было хорошо взвешено, — сказал начальник, — ему помешали лишь некоторые побочные обстоятельства, я вам это докажу на основе документов». **erweisen** *книжн.* доказывать, показывать; являться свидетельством, доказательством чего-л.; *напр.:* dieses Werk erweist seine große Begabung это произведение показывает его большое дарование; die Forschung hat die These als richtig erwiesen исследование доказало [показало] правильность этого тезиса □ Es war so gut wie erwiesen, daß sich die Meisterin mit dem Herrn Major nicht nur an den Kampfabenden des »Stahlhelms« im Café traf (*Strittmatter, »Wundertäter«*) Можно было считать доказанным, что хозяйка встречается с господином майором не только в кафе на собраниях «Стального шлема». **dokumentieren** *офиц.* документировать, подтверждать документами; *напр.:* die Tatsachen dokumentieren подтверждать факты документами. **belegen** *книжн.* ≃ nachweisen; *напр.:* seine Forderung durch ein Schriftstück belegen подтверждать свое требование документом; die Bedeutung des Wortes durch ein Zitat belegen подтверждать значение слова цитатой. **dartun** *книжн.* ≃ beweisen; *напр.:* durch einen Brief seinen guten Willen dartun подтверждать свою добрую волю письмом □ Und später, als man den Deutschen und der Welt... bewies, wie die alten Generäle... sie beschwindelten, als man das mit schlagenden Trümpfen dartat, wie spannte und entspannte man sich da (*Feuchtwanger, »Exil«*) И после, когда немцам и всему миру... доказали, что старые генералы... их надували, когда это доказывали, имея на руках большие козыри, какая это была зарядка и разрядка

beweiskräftig *см.* nachweisbar[1]
Bewerber *см.* Kandidat/Verlobter
Bewerbung *см.* Gesuch
bewerkstelligen устраивать (*улаживать трудное дело*)

bewerkstelligen — hinbiegen — fingern

bewerkstelligen *индифф. синоним; напр.:* den Verkauf des Autos bewerkstelligen устроить продажу автомобиля; ich werde es schon bewerkstelligen, daß er seine Zustimmung gibt я уж устрою так, чтобы он дал свое согласие. **hinbiegen** *фам.* обделать (*букв.* 'гнуть в нужном направлении'); *напр.:* wie hast du das nur hingebogen? как тебе только удалось это обделать? **fingern** *разг.* провернуть (*ловко добиться успеха в каком-л. щекотливом деле, прибегая иногда к некорректным средствам*), обстряпать; *напр.:* dieser Rechtsanwalt fingerte die heikelsten Sachen этот адвокат проворачивал самые щекотливые дела

bewerten *см.* schätzen[1]
bewilligen *см.* einverstanden sein
bewilligt *см.* erlaubt
bewillkommnen *см.* begrüßen[1]
bewirken *см.* verursachen
bewirten угощать

bewirten — auftischen — aufwarten — kredenzen — regalieren — traktieren

bewirten (*j-n mit etw.*) *индифф. синоним; напр.:* man hat uns gut, schlecht bewirtet нас хорошо, плохо угостили; er bewirtete mich mit Kaffee он угостил меня кофе; die Frau des Hauses hat ihre Gäste reichlich bewirtet хозяйка дома щедро угостила своих гостей. **auftischen** (*j-m etw.*) (по)ставить на стол, угостить, подавать (*роскошное угощение*); *напр.:* der Wirt hat uns mehrere Gerichte aufgetischt трактирщик поставил перед нами много разных кушаний; sie hat uns ein vorzügliches Mahl aufgetischt она угостила нас превосходным обедом □ Man hatte dem Chauffeur Schinken und Eier aufgetischt. In diesem Haus wurde nicht geknausert (*Seghers, »Die Toten«*) Шоферу угощали ветчиной и яйцами. В этом доме не скаредничали. **aufwarten** (*j-m mit etw.*) *высок. устаревает* ≃ bewirten; *напр.:* den Gästen mit Delikatessen aufwarten угощать гостей деликатесами. **kredenzen** (*j-m etw.*) *поэт.* подносить, потчевать (*напитками*); *напр.:* j-m Wein kredenzen потчевать кого-л. вином □ ...wobei Herr Permaneder einen kleinen Anfall von Galanterie hatte, indem er darauf bestand, daß Frau Grünlich ihm den Trunk kredenzte (*Th. Mann, »Buddenbrooks«*) ...причем господин Перманедер в припадке галантности настаивал на том, чтобы госпожа Грюнлих лично поднесла ему напиток. **regalieren** *уст. книжн.* ≃ bewirten; *напр.:* er regalierte uns mit Wein он угощал нас вином. **traktieren** (*j-n mit etw.*) *разг. устаревает* потчевать; *напр.:* sie traktierte uns mit Kuchen, mit Wein она потчевала нас пирогами, вином

bewirtschaften *см.* leiten
bewohnen *см.* leben[2]
Bewohner *см.* Einwohner

bewölkt см. wolkig
bewundern[1] любоваться, восхищаться

bewundern — bestaunen

bewundern индифф. синоним; напр.: die Werke der alten Meister, die Natur, die Aussicht auf das Meer, eine Briefmarkensammlung bewundern любоваться произведениями старых мастеров, природой, видом на море, коллекцией марок; ich sagte ihm, daß ich seine Energie, Ausdauer und Kaltblütigkeit bewundere я сказал ему, что восхищаюсь его энергией, выдержкой и хладнокровием ☐ Ich gestehe Ihnen, gnädige Frau, ich bewundere, während ich spreche, beständig die Tapeten (*Th. Mann, »Buddenbrooks«*) Должен вам признаться, сударыня, говоря с вами, я все время восхищаюсь обоями. **bestaunen** любоваться, созерцая что-л. с восхищением и удивлением; напр.: die Touristen bestaunten die Denkmäler der Baukunst туристы любовались памятниками архитектуры; die kleinen Kinder bestaunten den schönen Tannenbaum маленькие дети любовались красивой ёлкой

bewundern[2] см. verehren[1]
bewußt см. absichtlich
Bewußtsein см. Besinnung
bezahlen[1] платить, оплачивать

bezahlen — zahlen — auszahlen — einzahlen — besolden — freihalten — einlösen — entlohnen — entlöhnen — honorieren — vergüten — entrichten — begleichen — ausgleichen — abführen — erlegen — ablösen — tilgen — amortisieren — blechen — berappen

bezahlen индифф. синоним; напр.: die Rechnung für Gas, die Auslagen der Tochter bezahlen оплатить счет за газ, расходы дочери; die Mietschulden bezahlen уплатить задолженность по квартплате; er wurde gut bezahlt ему хорошо платили; bezahlen Sie bitte den Taxifahrer заплатите, пожалуйста, шоферу ☐ Auch die Einrichtung wollte Diederich kaufen und sogleich bezahlen (*H. Mann, »Untertan«*) Дидерих хотел купить и обстановку и сейчас же заплатить за нее. **zahlen** ≅ bezahlen, *но часто употр., когда речь идет о регулярной плате за что-либо или когда уплата за что-л. не является обязанностью плательщика*; напр.: ich werde für Sie zahlen я за вас заплачу; er zahlte seiner Wirtin 20 Rubel monatlich он выплачивал своей хозяйке ежемесячно 20 рублей; fahr nicht per Anhalter, ich zahle die Fahrkarte не езди автостопом, я заплачу за билет ☐ ...aber immerhin sieht er ein, da derjenige, der Geld zu zahlen hat, es meistens nicht so eilig hat, wie der, der es bekommen will (*Fallada, »Kleiner Mann«*) ...но тем не менее он понимает, что тот, кто должен платить деньги, обычно с этим

меньше спешит, чем тот, кому их надлежит получить. **auszahlen** выплачивать (*производить регулярные или единовременные платежи за что-л., производить выплату того, что причитается кому-л.*); напр.: j-m den Lohn, seine Rente auszahlen выплачивать кому-л. заработную плату, пенсию; die Versicherungssumme wird man Ihnen an der Kasse auszahlen страховку вам выплатят в кассе ☐ Wenn ich euch heute euren Anteil auszahlen sollte, würdet ihr euch verflucht wundern, wie wenig es wäre (*H. Mann, »Untertan«*) Если бы мне пришлось сегодня выплатить вам вашу долю, вы бы ахнули от удивления, до чего она была бы мала. **einzahlen** делать взносы, вносить деньги (в кассу); напр.: Gelder bei der Bank, bei der Sparkasse einzahlen вносить деньги в банк, в сберкассу; ich habe die Steuer rechtzeitig eingezahlt я своевременно уплатил налог. **besolden** регулярно платить жалованье (*лицам, находящимся на государственной службе*); напр.: die Beamten besolden платить чиновникам. **freihalten** платить за кого-л. по счету (*в ресторане и т. п.*); напр.: er hat die ganze Gesellschaft freigehalten он (за)платил за всю компанию; er hielt seine Freunde im Restaurant den ganzen Abend über frei он весь вечер платил за своих друзей в ресторане. **einlösen** платить (*предъявляя или получая денежный документ*) *б. ч. употр. как банковский или торговый термин*; напр.: einen Scheck einlösen платить по чеку; einen Wechsel einlösen платить по векселю, выкупать вексель. **entlohnen** книжн. оплачивать аккордную, случайную работу *или* постоянную работу низкооплачиваемых служащих *употр. с дополнением, обозначающим лицо или выполняемую им работу*; напр.: die kleinen Beamten werden, der von ihnen geleistete Dienst wird schäbig entlohnt мелкие чиновники получают нищенское жалованье, их служба мизерно оплачивается; für das von Ihnen gemalte Bild werden Sie gebührend entlohnt за написанную вами картину вы будете соответственно вознаграждены. **entlöhnen** швейц. = entlohnen. **honorieren** книжн. платить гонорар; напр.: einen Künstler, einen Rechtsanwalt, einen Arzt honorieren платить, выплачивать гонорар] художнику, адвокату, врачу; einen Artikel honorieren платить гонорар за статью. **vergüten** канц. оплачивать работу по существующим тарифам; напр.: der Direktor versicherte ihm, daß seine Tätigkeit in der Fabrik nach dem Ingenieurtarif vergütet werde директор заверил, что его работа на фабрике будет оплачиваться по ставке инженера. **entrichten** канц. = auszahlen, *но употр., когда платежи производятся в пользу государства или какого-л. учреждения*; напр.: Geld-

strafen, Gebühren entrichten платить штраф, налоги. **begleichen** чаще книжн., **ausgleichen** ком. полностью уплатить по письменному денежному обязательству (*погасить долг, расплатиться по счету*); напр.: ich habe die Rechnung schon beglichen [ausgeglichen] я уже уплатил по счету; alle Schulden sind schon beglichen [ausgeglichen] все долги уже уплачены. **abführen** ком. отчислять; напр.: Geld, Steuern, Zinsen abführen отчислять деньги, налоги, проценты. **erlegen** уст. ком. и ю.-нем. вносить, выплачивать (*чтобы освободиться от какого-либо обязательства или приобрести право пользоваться, владеть чем-л.*) *употр. с дополнением, обозначающим какую-л. сумму денег и т. п.*; напр.: Strafgelder erlegen уплатить штраф; das Wirtschaftsgeld erlegen давать деньги на хозяйство; er erlegte den Preis für seinen Mantel он уплатил (назначенную цену) за пальто ☐ Von einer... Rückerstattung der angezahlten 2000 Mark könne... nicht die Rede sein; vielmehr sei der Rest der vertragsmäßigen Kaufsumme sofort zu erlegen (*H. Mann, »Untertan«*) Не может быть и речи о возврате полученного задатка в 2000 марок; напротив, следует немедленно уплатить остаток суммы, указанной в договоре. **ablösen, tilgen** ком. погашать денежное обязательство (*б. ч. путем единовременного взноса*); напр.: die Schulden ablösen [tilgen] погашать долги; eine Hypothek ablösen платить по закладной. **amortisieren** ком. погашать задолженность в рассрочку; напр.: ein Darlehen amortisieren погашать ссуду в рассрочку. **blechen** разг. выкладывать, платить (*в силу необходимости, вынужденно*) *подчеркивает чувство досады платящего по поводу чрезмерности затрат и т. п.*; напр.: wenn Sie dieses Restaurant besuchen wollen, da müssen Sie tüchtig blechen если вы хотите посетить этот ресторан, то вам придется порядком раскошелиться ☐ Aber ich habe doch auch für Sie gebürgt, und dann ist der Wechsel an mich gekommen, und ich mußte für Sie hundert Mark blechen (*H. Mann, »Untertan«*) Но я же тоже за вас поручился, а затем вексель был предъявлен мне, и мне пришлось за вас раскошелиться на сто марок. **berappen** разг. неохотно платить (*при недостатке денег и т. п.*) *выражает сожаление платящего*; напр.: ☐ Ich glaube, für einen Dritten ist es sehr erheiternd, daß der gute Benjamin die Zeche berappen muß, die ich für die Emigranten zahle (*Feuchtwanger, »Exil«*) Я думаю, со стороны это выглядит очень курьёзно: славный Беньямин должен оплачивать счет, по которому мне приходится платить за эмигрантов

bezahlen[2] см. büßen[1]
bezähmen см. trinken[2]

bezähmen, sich *см.* maßhalten

bezaubern очаровывать

bezaubern — bestricken — blenden — faszinieren — verzaubern — behexen — verhexen — berücken

bezaubern *индифф. синоним; напр.:* j-n durch Liebenswürdigkeit, durch Charme bezaubern очаровывать кого-л. любезностью, обаянием; der Blick auf die Wiesen bezauberte uns вид на луга очаровал нас. bestricken пленять; *напр.:* die Herzen bestricken пленять сердца; ihr Lächeln, ihre ganze Art muß jeden bestricken ее улыбка, все ее поведение должно пленить каждого. blenden ослеплять *(производить очень сильное впечатление на кого-л.; тж. неодобр., лишая способности видеть недостатки); напр.:* ihre strahlenden Augen blendeten mich ее сияющие глаза ослепили меня; der (äußere) Glanz blendete ihn nicht (внешний) блеск не ослепил его. faszinieren околдовывать; приковать к себе чье-л. внимание, чьи-л. помыслы и т. п.; *напр.:* die Schönheit des Mädchens faszinierte mich красота девушки околдовала меня; die junge Sängerin faszinierte alle Männer unseres Städtchens молодая певица околдовала всех мужчин нашего городка; das Buch fasziniert die Leser книга захватывает читателей. verzaubern редко зачаровывать, завораживать; *напр.:* wir wurden durch die wunderschöne Stimme, durch das Spiel der Sängerin verzaubert мы были зачарованы чудным голосом, игрой певицы. behexen, verhexen *выражают по сравнению с* verzaubern *бо́льшую силу воздействия; напр.:* sie hatte ihn behext [verhext] она его околдовала □ Man sagt, meine Schönheit behext die Männer (*Kellermann, »Totentanz«*) Говорят, что моя красота околдовывает мужчин. berücken *книжн.* покорять; *напр.:* j-n mit Blicken, mit seinem Lächeln berücken покорить кого-л. взглядом, своей улыбкой; ihre Anmut berückte ihn ее грация покорила его

bezecht *см.* betrunken

bezeichnen *см.* nennen [1]/«Приложение»

Bezeichnung *см.* Name [3]

bezeugen *см.* beglaubigen

bezichtigen *см.* beschuldigen

beziehen [1] выписывать *(регулярно получать)*

beziehen — abonnieren

beziehen *индифф. синоним; напр.:* Zeitungen durch die Post beziehen выписывать газеты по почте. abonnieren приобретать абонемент на что-л., подписываться; *напр.:* ich bin auf diese Zeitung abonniert я подписался на эту газету

beziehen [2] *см.* bekommen [1]/besetzen

beziehen, sich ссылаться

sich beziehen — sich berufen — sich stützen

sich beziehen *индифф. синоним; напр.:* sich auf einen Brief, auf j-s Versprechen beziehen ссылаться на письмо, на чье-л. обещание; sich auf Herrn N beziehen ссылаться на господина N; er bezog sich auf das neulich veröffentlichte Buch он сослался на недавно опубликованную книгу. sich berufen ≈ sich beziehen, *но употр., когда ссылаются на (авторитетные) источники для подтверждения своего высказывания; напр.:* du kannst dich in deinem Brief auf mich berufen ты можешь в своем письме сослаться на меня; sie können sich auf diesen Artikel berufen вы можете сослаться на эту статью. sich stützen опираться, ссылаться; *напр.:* sie können sich auf Zeugenaussagen stützen вы можете сослаться на показания свидетелей; seine Lehre stützt sich auf sichere Beweise его учение опирается на достоверные доказательства

Beziehung *см.* Verhältnis

bezogen *см.* wolkig

Bezug *см.* Überzug/«Приложение»

Bezüge *см.* Einkommen [1]

bezwecken *см.* streben

bezweifeln *см.* zweifeln

bezwingen *см.* siegen

Bezwinger *см.* Sieger [1]

bibbern *см.* frieren [1]/zittern

Bibliothek библиотека

die Bibliothek — die Bücherei

Bibliothek *индифф. синоним; напр.:* eine wertvolle Bibliothek ценная библиотека; eine öffentliche Bibliothek публичная библиотека; in der Bibliothek arbeiten работать в библиотеке; in die Bibliothek gehen идти в библиотеку; heute ist die Bibliothek geschlossen сегодня библиотека закрыта. Bücherei небольшая (публичная) библиотека; *напр.:* die Bücherei einer Schule, eines Betriebs школьная, заводская библиотека; unsere Bücherei ist im dritten Stock наша библиотека на четвертом этаже; hole das Buch aus der Bücherei! возьми книгу в библиотеке!

bieder *см.* anständig [2]

Biedermann *см.* Ehrenmann

biegen *см.* abbiegen/beugen

biegsam *см.* geschmeidig

Biegung изгиб

die Biegung — die Krümmung — die Kurve — die Windung

Biegung *индифф. синоним; напр.:* die Biegung eines Flusses, eines Weges изгиб реки, дороги; die Straße macht hier eine Biegung в этом месте улица сворачивает □ Links befanden sich... Abhänge... mit immer neu hervorspringenden Ecken, welche die Biegungen der Küste verdeckten (*Th. Mann, »Buddenbrooks«*) Слева от них находились... откосы... резкие выступы которых скрывали изгибы берега. Krümmung, Kurve [-v-] извилина; *напр.:* hinter der Krümmung der Straße ist ein Wald за извилиной дороги находится лес; er hat die Kurve gut genommen он хорошо прошел вираж □ Hast du je gesehen, wie einer mit neunzig in eine Kurve ging, Emil? (*Strittmatter, »Wundertäter«*) Ты когда-нибудь видел, Эмиль, как на скорости в девяносто километров берут вираж? Windung резкий, крутой поворот; излом; *напр.:* an den Windung des Flusses у излучины реки; der Weg verläuft hier in vielen Windungen дорога делает здесь много поворотов

Bierbecher *см.* Bierglas

Bierglas бокал (для) пива

das Bierglas — der Bierbecher — der Bierkrug — das Seidel — der Schoppen — die Stange

Bierglas *индифф. синоним; напр.:* Bier- und Weingläser standen auf dem Tisch на столе стояли бокалы для пива и вина; sie bekam sechs Biergläser geschenkt ей подарили шесть пивных бокалов. Bierbecher ≈ Bierglas, *но обыкн. отличается от него формой, не имеет ножки; напр.:* ein Bierbecher fiel vom Tisch und zerbrach nicht пивной стакан упал со стола и не разбился; er füllte die Bierbecher он наполнил пивные стаканы. Bierkrug пивная кружка; кружка пива; *напр.:* die Bierkrüge füllen, abräumen наполнять, убирать пивные кружки; die Kellnerin brachte sechs Bierkrüge auf einmal официантка принесла сразу шесть кружек пива. Seidel (стеклянная *или* керамическая) пивная кружка *(обыкн. пол-литровая) особенно употр. в южных областях; напр.:* die Kellnerin trug fünf Seidel in einer Hand официантка несла пять пивных кружек в одной руке; er hob sein Seidel: »Prost!« он поднял кружку: »Ваше здоровье!« Schoppen четверть литра *(вина или пива),* малая кружка *б. ч. употр. как мера емкости при продаже напитков в разлив; напр.:* beim Schoppen sitzen посидеть за кружкой пива [за стаканом вина]; er trank einen Schoppen Bier zum Essen он выпил за едой маленькую кружку [кружечку] пива. Stange *терр. разг.* ≈ Bierglas, *но подчеркивает, что сосуд высокий, цилиндрической формы; напр.:* eine Stange Bier bitte! (стакан) пива, пожалуйста!; er trank drei Stangen Bier nacheinander он выпил три стакана пива подряд

Bierkrug *см.* Bierglas

bieten *см.* anbieten

bigott *см.* gläubig/heuchlerisch

Bigotterie *см.* Heuchelei [1]

Bild [1] картина

das Bild — das Gemälde

Bild *индифф. синоним; напр.:* ein schönes, altes, modernes, wertvolles Bild красивая, старинная, современная, ценная картина; ein Bild zeichnen, in Öl malen, betrachten (на)рисовать (графически), (на)писать маслом, рассматривать картину □ Da war weiter das Bild an der Wand, ein prunkvoll gerahmter Öldruck

(Feuchtwanger, »Lautensack«) Вот картина на стене — олеография в пышной раме... **Gemälde** картина, нарисованная красками (*чаще масляными*); *напр*.: ein Gemälde erwerben, restaurieren приобретать, реставрировать картину; das Gemälde stellt eine Landschaft dar на картине изображен пейзаж ◻ Die Meisterin sah mit Heuchelaugen auf das große Gemälde im Wohnzimmer. Es stellte die Flucht der Heiligen Familie nach Ägypten dar (Strittmatter, »Wundertäter«) Хозяйка устремила елейный взор на большую картину в гостиной. Она изображала бегство святого семейства в Египет
Bild [2] *см*. Abbildung/Aufnahme/Vorstellung
Bildchen *см*. Abbildung
bilden [1] создавать
bilden — formen — modeln
bilden *индифф. синоним*; *напр*.: sich eine Meinung [ein Urteil] über etw. bilden создавать себе мнение о чем-л.; aus jedem Jugendlichen ein wertvolles Glied der Gesellschaft bilden сделать каждого подростка полезным членом общества. **formen** формировать; *напр*.: einen Menschen, seinen Charakter formen формировать человека, его характер; die Umwelt hat uns geformt нас сформировала среда. **modeln** *книжн.* ≅ formen, *но больше подчеркивает воспроизведение образца и т. п.*; *напр*.: er versuchte seine Kinder nach seinem Vorbild zu modeln он пытался сделать из своих детей себе подобных ◻ Ein Bild schwebte ihm vor, nach dem er seinen Sohn zu modeln sich sehnte (Th. Mann, »Buddenbrooks«) Один образ стоял перед его мысленным взором, и по его подобию он хотел бы сформировать своего сына
bilden [2] *см*. gründen
bilden, sich *см*. entstehen
bilderreich *см*. ausdrucksvoll
bildhaft *см*. anschaulich/ausdrucksvoll
bildhübsch *см*. schön [1]
bildlich *см*. ausdrucksvoll
Bildnis *см*. Porträt
bildschön *см*. schön [1]
billig [1] дешевый
billig — preiswert — wohlfeil — spottbillig
billig *индифф. синоним*; *напр*.: ein billiger Einkauf дешевая покупка; etw. billig kaufen дешево купить что-л.; im Frühherbst sind Äpfel billig ранней осенью яблоки дешевы ◻ Sie arbeitet ihre Stunde am Tag ab, sie arbeitet schlecht und billig... (Feuchtwanger, »Exil«) Она днем отрабатывает положенные часы, она работает плохо, но берет дешево... **preiswert** недорогой (*и при этом хороший*); *напр*.: diese Schuhe sind preiswert эти ботинки недорогие (*принимая во внимание их качество*). **wohlfeil** *устаревает* недорогой, (обще)доступный (*по цене*); *напр*.: wohlfeile Klassikerausgaben общедоступные издания классиков; diese Antiquitäten werden zu wohlfeilen Preisen verkauft эти старинные вещи продаются по невысоким ценам. **spottbillig** *разг.* грошовый, баснословно дешевый; *напр*.: in diesem Kaufhaus wird die Ware zu spottbilligen Preisen verkauft в этом универмаге товары продаются по баснословно дешевым ценам
billig [2] *см*. gerecht
billigen одобрять
billigen — gutheißen — sanktionieren
billigen *индифф. синоним*; *напр*.: einen Entschluß, einen Vorschlag, eine Politik, j-s Verhalten billigen одобрять решение, предложение, какую-л. политику, чье-л. поведение ◻ ...du konntest sein Betragen natürlich nicht ohne weiteres mit Lächeln und Stillschweigen billigen... (Th. Mann, »Buddenbrooks«) ...ты, конечно, не могла просто одобрить его поведение улыбкой и молчанием... **gutheißen** ≅ billigen, *но больше подчеркивает субъективную оценку*; *напр*.: einen Plan, eine Neuerung gutheißen одобрить план, новшество; dein Verhalten kann ich nicht gutheißen я не могу одобрить твоего поведения. **sanktionieren** *книжн.* санкционировать; одобрять, официально давая разрешение на что-л.; *напр*.: durch sein Schweigen sanktionierte er den gefaßten Beschluß своим молчанием он санкционировал принятое решение
Billigkeit *см*. Gerechtigkeit
Billigung одобрение
die Billigung — die Gutheißung — der Beifall
Billigung *индифф. синоним*; *напр*.: der Vorschlag fand die einmütige Billigung der Anwesenden предложение встретило единодушное одобрение присутствующих; ich muß noch die Billigung der Eltern haben мне нужно еще получить одобрение родителей; der Bau wird mit Billigung der Behörden ausgeführt на строительство имеется разрешение соответствующих организаций ◻ ...in ihren Herzen wußten sie alle, daß weder ihre Billigung noch ihre Mißbilligung an den Tatsachen etwas ändern werde (Feuchtwanger, »Exil«) ...в глубине души они все знали, что их одобрение или неодобрение по существу ничего не изменит. **Gutheißung** ≅ Billigung, *но употр. реже и обыкн., когда речь идет о личном одобрении*; *напр*.: ich kann mich deiner Gutheißung dieser Maßnahme nicht anschließen я не могу присоединиться к твоему одобрению этого мероприятия. **Beifall** открытое одобрение (*от которого не обязательно зависит выполнение того, что одобряется*); *напр*.: seine Leistungen nötigen auch den Gegnern Beifall ab даже противники вынуждены были признать его достоинства; die Ausstellung erfreut sich des Beifalls aller Besucher выставка встречает одобрение всех посетителей
bimmeln *см*. läuten
binden [1] связывать (*соединять, скреплять*)
binden — zusammenbinden
binden *индифф. синоним*; *напр*.: das Getreide zu [in] Garben binden вязать хлеб в снопы; Blumen zu einem Strauß binden составить букет; Blumen zu einem Kranz binden сплести венок; Besen binden вязать веники; Wörter durch einen Reim binden рифмовать слова. **zusammenbinden** ≅ binden, *но обыкн. употр. по отношению к конкретным предметам*; *напр*.: Fäden zusammenbinden связывать нити; Blumen in einen Strauß zusammenbinden составить букет
binden [2] привязывать
binden — anbinden — festbinden — ketten
binden *индифф. синоним*; *обыкн. употр. с указанием предмета, к которому привязывают (последний выражен дополнением с предлогами* an, auf); *напр*.: das Boot an den Baum, den Faden an das Spielzeug binden привязать лодку к дереву, веревочку к игрушке; einen Sattel aufs Pferd binden седлать лошадь. **anbinden** ≅ binden, *но предмет, к которому привязывают, часто не назван*; *напр*.: das Pferd an den Baum anbinden привязать лошадь к дереву; sie müssen den Hund anbinden вы должны привязать собаку; der Strick ist zu kurz, ich muß noch ein Stück anbinden веревка коротка, надо привязать еще кусок. **festbinden** ≅ binden *иногда подчеркивает, что кого-л., что-л. привязывают крепко*; *напр*.: das Boot ist am Ufer festgebunden лодка причалена к берегу; der Hund ist festgebunden собака крепко привязана. **ketten** привязывать на цепь, приковывать; *напр*.: der Hund war an seine Hütte gekettet собака была посажена на цепь у конуры; sie sind fest aneinander gekettet они прикованы друг к другу (*накрепко*)
binden [3] связывать, перевязывать узлом
binden — schnüren — fesseln
binden *индифф. синоним*; *напр*.: dem Dieb die Hände binden связать руки вору; einen Schal, ein Tuch binden завязать шаль, платок; eine Krawatte binden завязать галстук; eine Schnur um ein Paket binden перевязать пакет веревкой. **schnüren** стягивать, скручивать; *напр*.: j-m die Hände auf den Rücken schnüren скручивать кому-л. руки за спину; den Strick um den Hals schnüren стягивать веревку на шее; den Gürtel enger schnüren туже затягивать пояс; die Schuhe schnüren шнуровать ботинки. **fesseln** скручивать; связывать (*путами*); *напр*.: einen Gefangenen mit Riemen fesseln скрутить пленника ремнями; einen Verbrecher mit Handschellen

fesseln надеть на преступника наручники

bindend см. obligatorisch
binden, sich см. verloben, sich
Bindfaden см. Strick
binnen см. während
Biographie см. Lebenslauf
Birne см. Kopf¹
bißchen: ein bißchen см. einig(e)
bissig см. giftig
bisweilen см. manchmal
bitte пожалуйста

bitte — gefälligst

bitte индифф. синоним; напр.: bitte, treten Sie näher! проходите, пожалуйста (в комнату)!; bitte nehmen Sie Platz! пожалуйста, садитесь!; bitte wenden! см. на обороте (надпись); wie bitte? повторите, пожалуйста!; danke schön! — Bitte sehr, keine Ursache спасибо! — Не за что □ »Bitte«, sagte Stanislaus und machte eine kleine Verbeugung vor dem Buch (Strittmatter, »Wundertäter«) «Пожалуйста», — сказал Станислаус и слегка поклонился книге. Ja, bitte, wollen Sie Herrn Direktor Kußnick an den Apparat rufen! (Fallada, »Kleiner Mann«) Да, пожалуйста, попросите к телефону господина директора Кусника. **gefälligst** разг. изволь(те) выражает категорическое требование, неудовольствие; напр.: sitzen Sie gefälligst still! извольте сидеть спокойно!; antworten Sie gefälligst! извольте ответить! □ Ist das eines Bruders würdig?.. Ja, diese Frage mußt du mir gefälligst erlauben! (Th. Mann, »Buddenbrooks«) И это достойно брата?.. Да, уж сделай милость, позволь задать тебе такой вопрос

Bitte просьба

die Bitte — das Anliegen — das Ersuchen — das Ansuchen — die Fürsprache — die Fürbitte

Bitte индифф. синоним; напр.: ich habe eine kleine, große Bitte an Sie у меня к вам маленькая, большая просьба; eine inständige, letzte Bitte an j-n richten обращаться к кому-л. с настоятельной, с последней просьбой □ Es war tiefe Nacht, und die Antwort auf seine Bitte um Einsicht war das Schnauben der rossigen Stute (Strittmatter, »Wundertäter«) Была уже глубокая ночь, и в ответ на его просьбу о сочувствии раздавалось только всхрапывание возбуждённой кобылы. **Anliegen** настоятельная просьба; напр.: ich habe ein Anliegen an Sie у меня к вам настоятельная просьба □ Wenzlow freute sich auf die Schwester, nachdem er sein Anliegen vorgebracht hatte (Seghers, »Die Toten«) Изложив свою настоятельную просьбу, Венцлов радовался предстоящей встрече с сестрой. **Ersuchen** офиц. (письменная) просьба; напр.: auf sein Ersuchen hin по его просьбе; an j-n ein Ersuchen richten направить кому-л. прошение. **Ansuchen** устаревает = Ersuchen. **Fürsprache** книжн. ходатайство; напр.: bei j-m für j-n Fürsprache einlegen ходатайствовать перед кем-л. о ком-л. [за кого-л.]. **Fürbitte** устаревает = Fürsprache; напр.: auf seine Fürbitte hin по его ходатайству

bitten¹ просить

bitten — angehen — flehen — anflehen — betteln — erbetteln — erbitten — beschwören — ersuchen — ansuchen — nachsuchen — einkommen — prachern — anhauen

bitten (j-n um etw.) индифф. синоним; напр.: j-n um Feuer bitten просить у кого-л. (разрешения) прикурить; j-n um Hilfe, um Nachsicht bitten просить кого-л. о помощи, о снисхождении □ Ich habe Klemm schon gebeten, er soll den Kerl wieder wegschicken, damit er nicht glaubt, er hat hier bei uns einen Unterschlupf, weil sein Vater der Gärtner ist (Seghers, »Die Toten«) Я уже просил Клемма отправить парня назад, чтобы он не думал, что он может здесь найти пристанище, раз его отец работает у нас садовником. Aber, Pagel, um eines bitte ich Sie: wenn Sie den Alten sehen, seien Sie immer ein bißchen freundlich zu ihm (Fallada, »Wolf u. Wölfen«) Но об одном, Пагель, прошу вас: когда встретите старика, будьте с ним поласковее. **angehen** (j-n um etw.) настоятельно просить, обращаться с просьбой (об одолжении); напр.: j-n um Schutz, um Hilfe, um Geld angehen (настоятельно) просить у кого-л. защиты, помощи, денег □ ...und kaum hatte Frau Antonie... die zarte Verbindung bemerkt, die sich zwischen ihrer Tochter und dem Direktor angesponnen hatte, als sie schon den Himmel mit Gebeten anzugehen begann, Herr Weinschenk möge Visite machen (Th. Mann, »Buddenbrooks«) ...и едва только госпожа Антони... заметила чуть уловимую связь, установившуюся между ее дочерью и директором Вейншенком, как уже начала возносить молитвы к богу, чтобы господин Вейншенк нанес им визит. **flehen** (um etw.), **anflehen** (j-n um etw.), напр.: um Hilfe, um Gnade flehen молить о помощи, о пощаде; j-n um Hilfe anflehen умолять кого-л. о помощи □ »Herr Schlüter! fleht Pinneberg. »Tun Sie es mir zuliebe« (Fallada, »Kleiner Mann«) «Господин Шлютер! умоляет Пиннеберг. — Сделайте это ради меня». Vater... ich flehe Sie an, bedenken Sie, was Sie tun! (Th. Mann, »Buddenbrooks«) Отец... умоляю вас, подумайте о том, что вы делаете! **betteln** (um etw.) клянчить; напр.: der Junge hat so gebettelt, mitkommen zu dürfen, daß die Mutter ihn schließlich mitnahm мальчик так клянчил, чтобы ему разрешили тоже пойти, что мать наконец взяла его с собой □ Auf Knien sollten die Meister um Hilfskräfte betteln (Strittmatter, »Wundertäter«) Хозяева на коленях молили бы о рабочей силе. **erbetteln** (etw. von, bei j-m) вымаливать; напр.: die Erlaubnis, das nötige Reisegeld habe ich erbettelt разрешение, деньги на дорогу я вымолил. **erbitten** (etw. von j-m) высок. испрашивать, просить; напр.: Geld erbitten испрашивать денег [денежных средств]; ich muß mir Bedenkzeit erbitten я должен просить время на размышление. **beschwören** (j-n etw. zu tun) книжн. заклинать; напр.: ich beschwöre dich, seine Bitte nicht abzuweisen я заклинаю тебя не отвергать его просьбы □ Ich beschwöre Sie, mein Fräulein... bleiben Sie noch einen Moment in dieser Stellung!.. (Th. Mann, »Buddenbrooks«) Заклинаю вас, мадемуазель... не двигайтесь еще минутку!.. **ersuchen** (j-n um etw.) книжн. обращаться к кому-л. с настоятельной просьбой; убедительно, покорнейше просить (часто об официальной просьбе); напр.: j-n um eine Gefälligkeit ersuchen убедительно просить кого-л. об одолжении; er ersuchte Sie, ihn dringend anzurufen он обратился к вам с настоятельной просьбой срочно ему позвонить; ich ersuchte das Ministerium, mich darüber in Kenntnis zu setzen я просил министерство поставить меня об этом в известность □ Ich komme in Geschäften, und wenn ich den Herrn Konsul ersuchen dürfte, einen Gang mit mir durch den Garten zu tun... (Th. Mann, »Buddenbrooks«) Я пришел по делу, и если бы я смел просить консула прогуляться со мной по саду... ...aber dieser Pudding ist gar zu prächtig gelungen; ich muß die gütige Wirtin noch um ein Stückchen ersuchen! (ebenda) ...но этот пудинг так великолепно удался, что я вынужден покорнейше просить у нашей любезной хозяйки еще кусочек! **ansuchen** (j-n, bei j-m um etw.) канц., **nachsuchen** книжн. испрашивать; напр.: der Direktor suchte bei dem Minister um Urlaub an [nach] директор испросил у министра отпуск. **einkommen** ≈ ansuchen, но употр. реже; напр.: um eine Entschädigung einkommen испрашивать возмещение (убытков); um die Entlassung einkommen испрашивать увольнения □ Stanislaus sollte bitte um Urlaub einkommen (Strittmatter, »Wundertäter«) Пусть Станислаус испросит отпуск. **prachern** н.-нем. разг. назойливо клянчить; напр.: ums Geld prachern назойливо клянчить деньги. **anhauen** груб. просить взаймы подчеркивает, что просьба носит дерзкий, наглый характер; напр.: j-n um hundert Rubel anhauen просить у кого-л. сто рублей

bitten² см. rufen¹
bitter¹ горький

bitter — herb — galle(n)bitter

bitter индифф. синоним; напр.: bittere Mandeln, Pillen горький миндаль, горькие пилюли; einen bitteren Geschmack haben иметь горький вкус. herb терпкий, горьковатый (на вкус); *напр.*: herber Wein терпкое вино; diese Schokolade schmeckt mir zu herb этот шоколад, на мой вкус, горьковат. galle(n)bitter *разг.* страшно горький, горький как желчь; *напр.*: manche unreife(n) Früchte sind galle(n)bitter некоторые незрелые фрукты страшно горьки

 bitter[2] *см.* **stark**[2]
 bitterböse *см.* **böse**[1]
 bitterkalt *см.* **kalt**[1]
 Bitterkeit горечь, горькое чувство
 die Bitterkeit — die B i t t e r n i s
 Bitterkeit *индифф. синоним; напр.*: Bitterkeit empfinden чувствовать горечь; er schrieb mit Bitterkeit, daß er nicht mehr arbeiten kann он с горечью писал о том, что не может больше работать; viel Bitterkeit hat sich in ihr angesammelt у нее в (в душе) накопилось много горечи □ Bitterkeit breitete sich in ihm aus, stachlige Bitterkeit wie von Aloeblättern (*Strittmatter, »Wundertäter«*) Горечь разливалась в нем, колючая горечь, как от листьев алоэ. **Bitternis** *книжн.* ≅ Bitterkeit; *напр.*: mit Bitternis im Herzen с горечью в душе; die weitere Entwicklung der Dinge mit Bitternis verfolgen следить с горечью за дальнейшим развитием событий

 Bitternis *см.* **Bitterkeit**
 Bittschrift *см.* **Gesuch**
 blähen *см.* **aufblasen**
 blähen, sich *см.* **schwellen**
 Blamage *см.* **Schande**
 blamieren *см.* **beschämen**
 blamieren, sich *см.* **bloßstellen, sich**
 blank[1] блестящий, сверкающий
 blank — glänzend — spiegelblank
 blank *индифф. синоним; напр.*: blanke Stiefel, Knöpfe сверкающие сапоги, пуговицы; die Stiefel hat er blank gewichst сапоги он начистил до блеска; sie scheuerte die Dielen blank она терла пол до блеска □ Sie (*die Augen*) sollten blau und blank sein für Marlen (*Strittmatter, »Wundertäter«*) Они (*глаза*) должны были быть синими и блестящими, как для Марлен. **glänzend** блестящий (*чаще в силу природных свойств, а не обработки и т. п.*); *напр.*: glänzendes Gold, Metall блестящее золото, блестящий металл □ Sein Gang wurde von den glänzenden Stiefeletten und den blinkenden Sporen bestimmt (*Strittmatter, »Wundertäter«*) Его походку предопределили блестящие полусапожки и сверкающие шпоры. **spiegelblank** сверкающий, блестящий как зеркало; *напр.*: das Parkett war spiegelblank паркет блестел как зеркало

 blank[2] *см.* **bankrott/nackt**[1, 2]/**rein**[1, 2]
 blasen[1] дуть (*выпускать ртом воздух*)
 blasen — hauchen — pusten

blasen *индифф. синоним; напр.*: auf die heiße Milch blasen дуть на горячее молоко; auf die Suppe blasen, damit sie kalt wird дуть на суп, чтобы он остыл; zum Anfachen des Feuers in die Flamme blasen дуть на пламя, чтобы разжечь огонь □ Er tat, als störe ihn dort etwas, fuhr mit der Hand darüberhin und blies darauf, als gelte es, ein Staubfäserchen oder dergleichen zu entfernen (*Th. Mann, »Buddenbrooks«*) Он делал вид, будто ему что-то там мешает, проводил по ней (*по странице*) рукой, дул на нее, как будто ему нужно было удалить пылинку или что-то подобное. **hauchen** дышать на что-л.; *напр.*: gegen die gefrorene Fensterscheibe hauchen дышать на замерзшее оконное стекло; in die kalten Hände hauchen дышать на холодные руки □ Tony schwieg einen Augenblick, währenddessen sie ihre Tränen trocknete. Sie hauchte umständlich auf ihr Taschentuch und drückte es gegen die Augen, um die Entzündung zu verhüten (*Th. Mann, »Buddenbrooks«*) Тони на мгновенье замолчала, вытирая слезы. Она старательно дышала на свой носовой платок, прежде чем прижать его к своим глазам, чтобы предохранить их от воспаления. **pusten** *разг.* сильно дуть; фукнуть, резко дохнуть на что-либо; *напр.*: ins Feuer pusten дунуть в огонь (*чтобы пламя разгорелось*); Luft in einen Luftballon pusten надувать воздушный шарик

 blasen[2] *см.* **wehen**
 blasiert *см.* **hochmütig**
 blaß бледный (*о цвете лица*)
 bläßlich — fahl — blaß — bleich — grau — weiß — aschfahl — leichenblaß — totenblaß
 Синонимы данного ряда расположены по степени возрастания выражаемого признака
 bläßlich бледноватый, немного бледный; *напр.*: nach der Krankheit sah er noch bläßlich aus после болезни он выглядел еще немного бледным □ Das Gesicht war groß, die Haut bläßlich, die blaugrauen, fast weißlichen Augen lagen tief und schauten ruhig (*Feuchtwanger, »Exil«*) Лицо было крупным, с бледноватой кожей, серо-голубые, почти белесые глаза посажены глубоко и смотрели спокойно. **fahl** блеклый, бесцветный (*лишенный присущих красок*), землистый (*вследствие нездоровья или испуга*); *напр.*: fahle Lippen бескровные губы; seine Wangen waren von der ständigen Stubenluft fahl его щеки из-за отсутствия свежего воздуха приобрели землистый оттенок □ Sein fahles Gesicht wurde einen Schatten fahler (*Feuchtwanger, »Exil«*) Его бледное лицо приобрело еще более землистый оттенок. **blaß** *индифф. синоним; напр.*: ein blasses Gesicht бледное лицо; mit einem blassen Rot auf den Wangen с бледным румянцем на щеках; blaß werden побледнеть; er wurde blaß vor Angst, vor Erregung он побледнел от страха, от волнения; warum bist du so blaß? Warst du krank? почему ты такой бледный? Ты был болен? □ Irene Trübner saß blaß und schweigsam in ihrer Ecke, preßte die Handtasche eng an sich und blickte mit ängstlich irrenden Augen um sich (*Kästner, »Die verschwundene Miniatur«*) Ирена Трюбнер сидела бледная и молчаливая в своем углу, крепко прижимала к себе свою сумочку и боязливо смотрела вокруг блуждающими глазами. **bleich** (очень) бледный (*вследствие болезни или очень сильного испуга*); *напр.*: ein bleiches Gesicht (очень) бледное лицо; ein bleicher Schatten бледная тень; bleich wie die Wand vor Angst, vor Zorn бледный как полотно от страха, от гнева; bleich starrte sie ihn an она уставилась на него, сильно побледнев □ Aus einem Spiegel funkelten bleiche Gesichter, fahl im Schein der blauen Ampel (*Kellermann, »Der 9. November«*) В зеркале отражались очень бледные лица, приобретшие от синего цвета висячей лампы землистый оттенок. **grau** серый (*б. ч. о нездоровом цвете лица*); *напр.*: sein Gesicht war grau, er sah alt und krank aus его лицо было серым, он выглядел старым и больным □ Ihr Gesicht wird ganz blaß, grau und dann sehr rot (*Fallada, »Kleiner Mann«*) Ее лицо становится совсем бледным, серым, а затем сильно краснеет. **weiß** белый, без кровинки в лице; *напр.*: ihr Gesicht wurde weiß vor Schreck ее лицо побелело от страха □ Stanislaus' Gesicht wurde weiß wie seine Schürze (*Strittmatter, »Wundertäter«*) Лицо Станислауса стало белым, как его фартук. **aschfahl** пепельный, совершенно серый; *напр.*: aschfahlen Gesichts erwartete er das Urteil с совершенно посеревшим лицом он ожидал приговора. **leichenblaß** мертвенно-бледный; *напр.*: er wurde leichenblaß у него стало мертвенно-бледное лицо □ Der Jung aber stand da, leichenblaß, die Hände in den Taschen, und murmelte: »Wir sind erschossen, Lämmchen. Morgen schmeißt er mich raus« (*Fallada, »Kleiner Mann«*) Молодой человек стоял, сунув руки в карманы, мертвенно-бледный, и бормотал: «Мы погибли, Лемхен, завтра он меня вышвырнет». **totenblaß** бледный как смерть; *напр.*: er war immer noch totenblaß im Gesicht его лицо все еще было бледным как смерть □ Der Konsul stand totenblaß an der Tür... Das Grauen rann ihm den Rücken hinunter (*Th. Mann, »Buddenbrooks«*) Консул стоял у двери бледный как смерть... Мороз подирал его по коже

 bläßlich *см.* **blaß**
 Blatt *см.* **Zeitung**
 blechen *см.* **bezahlen**[1]

Bleibe см. Unterkunft
bleiben оставаться (*сохраняться, оказываться в наличии*)
bleiben — übrigbleiben
bleiben *индифф. синоним; напр.:* bis zur Abfahrt des Zuges bleibt noch eine ganze Stunde до отхода поезда остается еще целый час; du bist zu spät gekommen, es sind nur die hinteren Plätze geblieben ты опоздал, остались только задние места; es bleibt ein Gewinn von 10% остается прибыль в 10%; zehn minus sechs bleibt vier десять минус шесть остается четыре; es bleibt noch ein kleiner Rest остается еще маленький остаток; es bleibt keine Hoffnung mehr не остается больше никакой надежды; es blieb keine andere Wahl не было другого выбора. **übrigbleiben** = bleiben, *но часто подчеркивает недостаточность или ненужность того, что осталось; напр.:* von dem ganzen Gelde sind nur 10 Rubel übriggeblieben от всех денег осталось только 10 рублей; von der Kompanie sind nur fünf Soldaten übriggeblieben от роты осталось только пятеро солдат; Heuschrecken vernichteten die Ernte, es blieben nur leere Halme übrig саранча истребила весь урожай, остались одни стебли
bleibenlassen см. verzichten
bleich см. blaß
bleiern см. schwer [1]
bleischwer см. schwer [1]
blenden см. bezaubern/glänzen/leuchten [1, 2]
Blender см. Prahler
Blick см. Sicht
blicken см. ansehen [1]/sehen [1]
Blickpunkt см. Meinung [1]
Blickwinkel см. Meinung [1]
blind [1] слепой
blind — stockblind
blind *индифф. синоним; напр.:* blind sein быть слепым; durch einen Unglücksfall blind werden ослепнуть вследствие несчастного случая; er war auf dem rechten Auge blind он был слеп на правый глаз; ihre Augen waren von Tränen blind ее глаза ослепли от слез; er ist blind gegen diese Gefahr он не видит этой опасности. **stockblind** *разг.* совсем слепой; *напр.:* er ist stockblind geworden он стал совершенно слепым, он совершенно ослеп
blind [2] см. falsch [1]/trübe [1]
blindlings см. unüberlegt [1]
blinken см. glänzen
blinzeln мигать, моргать
blinzen — zwinkern
blinzeln *индифф. синоним; напр.:* mit verschlafenen Augen ins Licht blinzeln моргать сонными глазами, жмурясь от света; in die Sonne blinzeln жмуриться от солнца □ »Na hat's geklappt, junge Frau?« fragt er und blinzelt (*Fallada,* »*Kleiner Mann*«) «Ну, все в порядке, молодая мама?» — спрашивает он и подмигивает.

zwinkern мигать, подмигивать *чаще, чем* blinzeln *означает преднамеренное действие; напр.:* □ Und da gab es Sterne, die zwinkerten von lauter Ferne, und wiederum fühlte er sich verstanden (*Strittmatter,* »*Wundertäter*«) И были звезды, которые мигали ему из прозрачной дали, и он снова чувствовал себя понятым. Rinka schob Gustav beiseite. Im Vorbeigehen zwinkerte er wieder (*ebenda*) Ринка отстранил Густава. Проходя мимо него, он снова подмигнул
blitzblank см. rein [1]
blitzen см. glänzen
blitzsauber см. rein [1]
blitzschnell см. schnell
Blockade см. Belagerung
blöd(e) см. dumm [1]/schwachsinnig
Blödsinn см. Dummheit
blödsinnig см. dumm [1]/schwachsinnig
blöken см. schreien [1]
blond белокурый
blond — falb
blond *индифф. синоним; напр.:* blondes Haar белокурые волосы; eine blonde Frau белокурая женщина, блондинка; gestern tanzte er mit einem hübschen blonden Mädchen вчера он танцевал с красивой блондинкой. **falb** *редко* белесый; *обыкн.* буланый; *напр.:* ein falbes Pferd буланая лошадь □ Der falbe Friese Johannsohn stopfte gedünsteten Rotkohl mit den Fingern in sich hinein (*Strittmatter,* »*Wundertäter*«) Белобрысый фрисландец Иогансон пальцами запихивал себе в рот тушеную капусту
bloß см. nackt [1, 2]/nur
bloßlegen см. aufdecken
bloßstellen см. beschämen
bloßstellen, sich опозориться
sich bloßstellen — sich kompromittieren — sich blamieren
sich bloßstellen *индифф. синоним; напр.:* durch diese Rede hat er sich bloßgestellt этой речью он опозорил себя; er hat sich in den Augen seiner Kollegen bloßgestellt он опозорил себя в глазах своих коллег. **sich kompromittieren** *книжн.* компрометировать себя; *напр.:* durch sein Benehmen kompromittiert er sich und seine Verwandten своим поведением он компрометирует себя и своих родственников. **sich blamieren** *разг.* срамиться; *напр.:* er hat sich bei der Prüfung ordentlich blamiert он порядком осрамился на экзамене
blubbern см. sagen [1]
Bluff см. Betrug/Finte
bluffen см. betrügen
blühen см. vorankommen
blühend см. gesund
Blumenstrauß см. Strauß I
blumig см. gehoben
blutarm см. arm [1]
blutdürstig см. grausam
Blüte процветание, расцвет
die Blüte — die Prosperität

Blüte *индифф. синоним; напр.:* eine rasche wirtschaftliche Blüte быстрый экономический расцвет; die Wissenschaften stehen in höchster Blüte науки процветают; die Blüte der französischen Literatur fällt in das XIX. Jahrhundert расцвет французской литературы приходится на XIX век ...ihr Werk habe erst jetzt seine Blüte erreicht (*Feuchtwanger,* »*Lautensack*«) ...ее творчество только теперь достигло расцвета. **Prosperität** = Blüte, *но б. ч. употр. по отношению к экономике; напр.:* die wirtschaftliche Prosperität des Landes экономическое процветание страны
bluten кровоточить
bluten — verbluten
bluten *индифф. синоним; напр.:* die Wunde blutet heftig рана сильно кровоточит; die Nase, mein Finger blutet из носа, у меня из пальца идет кровь; das Herz blutete mir bei diesem Anblick, bei diesem Gedanken при взгляде на это, при этой мысли сердце у меня обливалось кровью □ Seine Handflächen bluteten... (*Strittmatter,* »*Wundertäter*«) Его ладони кровоточили... **verbluten** истекать кровью; *напр.:* sie verblutet, man muß sie schleunigst operieren она истекает кровью, ее нужно немедленно оперировать
blutig см. grausam
blutjung см. jung [1]
Blutrache см. Rache [1]
blutwenig см. wenig
bockig см. eigensinnig
Boden I [1] почва
der Boden — der Grund — die Erde
Boden *индифф. синоним; напр.:* fruchtbarer, sandiger, trockener Boden плодородная, песчаная, сухая почва; den Boden bearbeiten обрабатывать землю [почву]; sie pflügen den Boden они пашут землю; auf steinigem Boden wächst kein Gemüse на каменистой почве овощи не растут. **Grund** грунт; *напр.:* lehmiger Grund глинистый грунт; schlüpfriger Grund заболоченная [зыбкая] почва; das Haus steht auf festem Grund дом стоит на твердом грунте. **Erde** земля; *напр.:* feste, feuchte, lehmige, sandige, fruchtbare Erde твердая, влажная, глинистая, песчаная, плодородная земля; die Erde auflockern, umgraben рыхлить, перекапывать землю; die Erde war geborsten земля потрескалась □ Während die anderen Teigstücke bepatschten... hatte er nachmittags sein Getu mit der Erde (*Strittmatter,* »*Wundertäter*«) В то время как другие похлопывали тесто... он после обеда копался в земле
Boden I [2] дно
der Boden — der Grund
Boden *индифф. синоним; напр.:* der Boden des Meeres, des Flusses дно моря, реки; der Boden eines Koffers, eines Fasses дно чемодана, бочки; der Kaffeesatz sinkt auf den Boden der Tasse кофейная гуща оседает на дно

чашки; der Boden der Torte ist angebrannt низ торта пригорел; am Ufer lagen Kähne mit nach oben gekehrten Böden на берегу лежали лодки, перевернутые вверх днищами. **Grund** тк. ед. ≅ Boden, *но чаще употр. по отношению к водоемам; напр.*: ein Glas auf den Grund leeren осушить стакан до дна; ich finde keinen Grund unter den Füßen я не чувствую дна под ногами ▫ Und diesen Ring noch bestimm' ich dir... | Versuchst du's noch einmal und bringst mir Kunde, | Was du sahst auf des Meeres tiefunterstem Grunde (*Schiller, »Taucher«*) Ты получишь еще это кольцо... если попытаешься еще раз и принесешь мне весть о том, что ты увидел на самом дне моря

Boden I³ *см.* Fußboden
Boden II *см.* Dachboden
bodenlos *см.* tief¹
Bodensatz *см.* Niederschlag
bölken *см.* schreien¹
bombastisch *см.* gehoben
Bonität *см.* Güte¹
Bonne *см.* Erzieherin
Bonze *см.* Bürokrat
Boot лодка

das **Boot** — der **Kahn** — der **Nachen**

Boot индифф. синоним; напр.: Boot fahren ехать [кататься] на лодке; das Boot liegt gut im Wasser лодка хорошо держится на воде; das Boot schaukelt auf den Wellen лодка качается на волнах; ich brauche ein neues Segel, einen neuen Motor für mein Boot мне нужен новый парус, новый мотор для лодки ▫ Wenn es schlimm kommen sollte, konnte er um Hilfe rufen oder einfach das Boot umkippen (*Strittmatter, »Wundertäter«*) Если бы ему пришлось плохо, он мог бы позвать на помощь или просто перевернуть лодку. **Kahn** (маленькая) прогулочная лодка (*обыкн. плоскодонная, приводимая в движение веслами или шестом*); напр.: der Kahn legt an, kippt um лодка причаливает, опрокидывается | Ich glaube, die Wellen verschlingen | Am Ende Schiffer und Kahn (*Heine, »Lorelei«*) Я думаю, волны проглотят в конце концов лодочника и лодку. **Nachen** *поэт.* челн, ладья; напр.: der Nachen gleitet über das Wasser челн скользит по воде

Bord *см.* Regal
borgen *см.* leihen¹,²
Born *см.* Quelle¹,²
borniert *см.* dumm¹
Börse *см.* Portemonnaie
borstig *см.* grob
bösartig *см.* böse¹
Böschung *см.* Abhang
böse¹ злой

gallig — boshaft — böse — bösartig — erzböse — bitterböse — grimmig — ingrimmig

Синонимы данного ряда расположены по степени возрастания выражаемого признака

gallig желчный; напр.: eine gallige Person желчная особа; gallige Witze, Bemerkungen желчные остроты, замечания ▫ Ein junger Mensch kommt herein... er sieht völlig unjung aus, noch gelber, noch galliger als der Alte (*Fallada, »Kleiner Mann«*) Входит молодой человек... он выглядит совсем не молодым, еще желтее и желчнее, чем старик. **boshaft** язвительный, выражающий злорадство; причиняющий (*нередко с удовольствием*) зло; напр.: eine boshafte Antwort злобный [злорадно-насмешливый] ответ; er macht einen boshaften Eindruck он производит впечатление злого человека ▫ Benjamin konnte boshaft sein und einem mit höhnischer Logik nachweisen, auf wie sandigem Grund heute jeder Glaube und jede Hoffnung gebaut war (*Feuchtwanger, »Exil«*) Беньямин мог быть злым, он умел с издевательской логикой доказать, на какой зыбкой почве строится ныне всякая вера и надежда. **böse** индифф. синоним; напр.: ein böser Mensch злой человек; ein böser Hund злая собака; ein böse Zunge злой язык; böser Wille злая воля ▫ Sie wartete eine Weile, dann lachte sie kurz und böse auf (*Fallada, »Jeder stirbt«*) Она подождала минутку, затем рассмеялась коротким и злым смешком. **bösartig** злой, способный на коварство; напр.: ein bösartiger Mensch злой человек; ein bösartiges Gesicht злое лицо ▫ Warum denn gleich so aufgeregt, Eva? Wieso denn gleich so bösartig? (*Fallada, »Jeder stirbt«*) Почему ты сразу так волнуешься, Эва? Почему ты говоришь с такой злобой? »Verrückt bist du«, sagt sie lauter, härter, jetzt ist ihre Stimme gar nicht mehr angenehm, und ihr Gesicht ist bösartig (*Feuchtwanger, »Exil«*) «Ты с ума сошел», — говорит она громче, резче; теперь ее голос больше не приятен, а лицо злое. Förster Kniebusch wußte auch ganz genau, warum er die Flinte im Haus gelassen hatte, aber den Hund mitgenommen: eine Waffe reizte die Leute bloß und machte sie noch bösartiger (*Fallada, »Wolf u. Wölfen«*) Лесничий Книбуш совершенно точно знал, почему он оставил ружье дома, но взял с собой собаку: оружие только раздражало людей и еще больше озлобляло их. **erzböse** редко, **bitterböse** очень злой, злющий; напр.: er hat ein erzböses Gesicht у него очень злое лицо; er hat einen erzbösen Blick у него очень злой взгляд; er ist bitterböse, hüte dich vor ihm! он злющий, остерегайся его! **grimmig** свирепый; напр.: eine grimmige Miene свирепое выражение лица; er sieht grimmig aus он выглядит свирепым ▫ Mit einer grimmigen Entschlossenheit starrt er jetzt auf das Plakat (*Fallada, »Jeder stirbt«*) И он со свирепой решимостью глядит теперь на плакат. **ingrimmig** уст. книжн. ≅ grimmig; напр.: eine ingrimmige Miene свирепое выражение лица; ingrimmig blicken выглядеть свирепым

böse² сердитый

gereizt — aufgebracht — böse — verbissen — zornig — wütend — rabiat — rasend

Синонимы данного ряда расположены по степени возрастания выражаемого признака

gereizt раздраженный, рассерженный; напр.: er sprach in einem leicht gereizten Ton он говорил слегка раздраженным тоном; sie war gereizt [in gereizter Stimmung] она была раздражена ▫ Ach, Tom, ich fürchte, sie ist so unversöhnlich... Mein Gott, sie ist so sehr gereizt (*Th. Mann, »Buddenbrooks«*) Ох, Том, боюсь, что она настроена непримиримо... О боже, она так раздражена. **aufgebracht** возмущенный; напр.: mit aufgebrachter Stimme возмущенным голосом; возмущенно; sie war durch [über] sein Benehmen aufgebracht она была возмущена его поведением ▫ Der Konsul war heftig aufgebracht über diesen Streich (*Th. Mann, »Buddenbrooks«*) Консул был очень возмущен этой выходкой. **böse** индифф. синоним (тк. предикативно); напр.: bist du mir böse? ты на меня сердишься?; mach mich nicht böse! не серди меня!; er war auf ihn böse он на него сердился; du bist so leicht böse ты так быстро сердишься ▫ Stanislaus wurde böse auf sich selber (*Strittmatter, »Wundertäter«*) Станислаус рассердился на самого себя. **verbissen** озлобленный (и упорствующий); напр.: ein verbissener Mensch, Feind озлобленный человек, злобный враг. **zornig** гневный, разгневанный; напр.: zornige Ausrufe гневные восклицания; er wurde auf [über] ihn zornig он на него разгневался; seine Augen blitzten zornig его глаза гневно сверкали ▫ Jetzt aber ist sie zornig und verachtet ihn, und sie zeigt ihm das deutlich (*Feuchtwanger, »Exil«*) А теперь она разгневана и презирает его, и ясно ему это показывает. **wütend** яростный; напр.: wütend schlagen, schreien яростно бить, кричать; über j-n, über etw. wütend sein быть из-за кого-л., из-за чего-л. в ярости [вне себя] ▫ Es sind da eine Menge Stellen, die sogar sie wütend machen (*Feuchtwanger, »Lautensack«*) Там много мест, которые даже ее выводят из себя. Wenn er hier dasselbe zu Hause schon hinter sich hätte! Die Frau hatte ihm einen wütenden Brief geschrieben (*Seghers, »Die Toten«*) Если бы и дома с этим было покончено! Жена написала ему письмо, полное ярости. **rabiat** разг. ≅ wütend; напр.: sich rabiat benehmen находиться в разъяренном состоянии. **rasend** бешеный, неистовый; напр.: sich wie ein rasendes Tier benehmen вести себя как бешеное животное; das macht ihn

BÖSE

rasend это приводит его в неистовство
böse [3] см. ärgerlich [1]/schlecht [1,2]
böse [4]: böse sein см. ärgern, sich
Böser см. Teufel
Böses зло (как категория морали и т. п.)

das Böse — das Übel — das Arg(e)

Böses *индифф. синоним (антоним* Gutes); *напр.*: das Gute und das Böse добро и зло; Böses mit Bösem vergelten платить за зло злом; ich will Ihnen nichts Böses wünschen я не желаю вам (никакого) зла □ Stanislaus erschrak. Sollte das Böse, das er dem Meister damals in der Schießdeckung gewünscht hatte, jetzt eingetroffen sein? (*Strittmatter, »Wundertäter«*) Станислаус испугался. Неужели исполнилось все то зло, что он пожелал тогда хозяину в тире? **Übel** *по сравнению с* Böse *имеет менее отвлеченный смысл и может употребляться тж. в значении* 'вред, неприятности'; *напр.*: j-m ein Übel zufügen причинять кому-л. зло; das macht das Übel ärger это усугубляет неприятность (положения); von zwei Übeln muß man das kleinere wählen из двух зол надо выбрать меньшее; man muß das Übel mit der Wurzel ausrotten нужно вырвать зло с корнем □ ...ach, ich bin beständig in Angst, daß ihm dort drüben das Klima ein Übel tut (*Th. Mann, »Buddenbrooks«*) ...ах, я в постоянном страхе, что тамошний климат причинит ему вред. **Arg, Arges** *высок.* ≈ Böses *чаще с отрицанием; напр.*: es ist kein Arg an ihm *уст.* он по натуре не злой; ich habe mir nichts Arges dabei gedacht я ничего плохого при этом не думал □ Kurz, Mutter, mir ahnt Arges (*Th. Mann, »Buddenbrooks«*) Словом, мама, я предчувствую недоброе

Bösewicht см. Unmensch
boshaft см. böse [1]
Boß см. Leiter I
Bote посыльный; лицо, посылаемое с поручением, с известием

der Bote — der Eilbote — der Laufbursche — der Kurier — der Melder — die Ordonnanz

Bote *индифф. синоним; напр.*: einen zuverlässigen Boten senden послать надежного курьера [посыльного]; als Bote in der Bank beschäftigt sein служить курьером в банке; der Bote des Königs kam geritten прискакал вестник [гонец] короля □ Der Bote nimmt den Zettel, liest ihn, betrachtet Pinneberg und verschwindet (*Fallada, »Kleiner Mann«*) Посыльный берет записку, читает ее, смотрит на Пиннеберга и исчезает. **Eilbote** лицо, доставляющее срочные сообщения, срочные почтовые отправления и т. п.; *напр.*: durch Eilboten с нарочным (*надпись на почтовом отправлении*); diesen Brief hat mir ein Eilbote zugestellt это письмо мне доставил нарочный. **Laufbursche** *уст.* рассыльный (*в отеле, в торговом предприятии и т. п.*); мальчик для посылок теперь *тк. перен.* 'мальчик на побегушках'; *напр.*: zuerst arbeitete er in diesem Hotel als Laufbursche сначала он работал в этом отеле в качестве рассыльного. **Kurier** курьер (государственного) учреждения, доставляющий важные бумаги, известия; *напр.*: der Kurier brachte uns ein Schreiben aus dem Außenministerium курьер принес нам письмо из министерства иностранных дел. **Melder** *воен.* связной, посыльный; *напр.*: der Melder sollte die neuen Befehle des Stabes überbringen связной должен был передать новые приказы штаба. **Ordonnanz** *воен.* ординарец, вестовой; *напр.*: der Offizier schickte seine Ordonnanz, um den Befehl des Generals zu überbringen офицер послал своего ординарца, чтобы передать приказ генерала

botmäßig см. untergeordnet [1]
Botschaft см. Nachricht
Bottich см. Kübel
Bouquet см. Strauß I
Boutique см. Geschäft [1]
Boy см. Diener [1]
Boykott бойкот

der Boykott — der Verschiß

Boykott *индифф. синоним; напр.*: j-m den Boykott erklären объявить кому-л. бойкот; j-m einen Boykott androhen угрожать кому-л. бойкотом; zum Boykott aufrufen призывать к бойкоту; etw. mit Boykott belegen бойкотировать что-л. **Verschiß** *студ. груб. устаревает* ≈ Boykott *употр. тк. в некоторых сочетаниях; напр.*: j-n in Verschiß tun бойкотировать кого-л.; in Verschiß geraten подвергаться бойкоту

brabbeln см. sagen [1]/sprechen [1]
bramarbasieren см. prahlen
Brand [1] пожар

der Brand — das Feuer — die Feuersbrunst

Brand *индифф. синоним; напр.*: einen Brand löschen, eindämmen тушить, локализовать пожар; der Brand greift rasch um sich пожар быстро распространяется □ »In der Tat«, bemerkte Herr Grünlich, »ein schweres Unglück... dieser Brand« (*Th. Mann, »Buddenbrooks«*) «Действительно, — заметил Грюнлих, — большое несчастье... этот пожар». Es dauerte mehr als eine Stunde, bis der Brand von Leuna erlosch und in der mondlosen Dunkelheit zu veraschen schien (*Seghers, »Die Toten«*) Прошло больше часа, прежде чем пожар заводов Лейна погас; безлунная ночь словно затянула его пеплом. **Feuer** пожар с видимым пламенем (*небольшой или безотносительно к размерам*); *напр.*: in der Fabrik entstand ein kleines Feuer на фабрике был небольшой пожар; Feuer! пожар!; es war ein großes Feuer in der Stadt в городе был большой пожар; das Haus ist gegen Feuer versichert дом застрахован от пожара □ Das Feuer wütete hauptsächlich in den Kirchspielen Sankt Petri und Nikolai... (*Th. Mann, »Buddenbrooks«*) Пожар свирепствовал главным образом в церковных приходах святого Петра и Николая... **Feuersbrunst** *книжн.* большой, сильный пожар; *напр.*: die Feuersbrunst war von weit her zu sehen пожар был виден издалека; die Feuersbrunst vernichtete das ganze Dorf пожар уничтожил всю деревню; Brände hatten an verschiedenen Orten stattgefunden, größere Feuersbrünste, die der Gesellschaft, welche den damit Betroffenen kontraktlich verbunden gewesen, große Summen gekostet haben würden (*Th. Mann, »Buddenbrooks«*) В ряде местностей произошли пожары, большие пожары, которые стоили бы страховому обществу больших денег, если бы оно их выплатило погорельцам согласно контракту

Brand [2] см. Durst
brandmarken см. anprangern [1]/verurteilen [2]
brandschatzen см. rauben
braten жарить

braten — rösten

braten *индифф. синоним; напр.*: Fleisch, Fisch, eine Ente braten жарить мясо, рыбу, утку; die Zwiebeln kannst du in der Butter, am kleinen Feuer braten лук ты можешь жарить на (сливочном) масле, на маленьком огне. **rösten** поджаривать (без жира), подрумянивать; *напр.*: Brot, Kastanien rösten поджаривать хлеб, каштаны; ist der Kaffee gut geröstet? кофе (кофейные зерна) достаточно поджарен?

Brauch см. Sitte
brauchen нуждаться (в ком-л., в чем-л.)

brauchen — benötigen — bedürfen

brauchen *индифф. синоним; напр.*: einen Arzt, Ruhe brauchen нуждаться во враче, в покое; ich brauche Zeit, Geld, eine neue Wohnung мне нужно время, нужны деньги, нужна новая квартира □ Da brauchte man eben doch wieder das Militär, dem man gestern die Achselklappen abgerissen hatte (*Seghers, »Die Toten«*) Тут все же снова понадобились военные, у которых вчера еще срывали погоны. Allan brauchte vorerst die hübsche Summe von drei Milliarden Dollar (*Kellermann, »Tunnel«*) Аллан прежде всего нуждался в кругленькой сумме в три миллиарда долларов. **benötigen** *чаще книжн.* не обходиться без кого-л., без чего-л. (*для каких-л. практических целей*); *напр.*: die Fabrik benötigt noch zehn Arbeiter фабрике срочно требуются еще десять рабочих; er benötigt dieses Geld он не может обойтись без этих денег □ Sie benötigen mehr als zwei Waggons für die zusammengetragenen Toten (*Strittmat-*

ter, »*Wundertäter*«) Им понадобилось больше двух вагонов для подобранных мертвецов. **bedürfen** *книжн.* ≈ benötigen, *но объектом чаще является абстрактное понятие (выраженное дополнением в Gen.)*; *напр.*: sie bedarf des Trostes, der Hilfe она нуждается в утешении, в помощи; ich bedarf deines Rates nicht mehr я могу обойтись без твоего совета [больше не нуждаюсь в твоем совете] □ ...die Stimmung im Hause bedurfte dringend der Aufmunterung... (*Th. Mann, »Buddenbrooks«*) ...атмосфера уныния в доме настоятельно требовала разрядки...
Brause см. «Приложение»
brausen см. brodeln/tosen¹
Braut см. Verlobte
Bräutigam см. Verlobte
brav см. anständig²/gehorsam
brechen I¹ ломать
brechen — abbrechen — aufbrechen — knicken — zerschmettern
brechen *индифф. синоним*; *напр.*: das Bein, den Arm brechen сломать ногу, руку; das Eis brechen ломать [разбивать] лед. **abbrechen** сломать; отломить от чего-л.; *напр.*: ich habe mir den Zahn abgebrochen у меня сломался [отломился] зуб; er brach einen starken Ast vom Baum ab он отломил от дерева толстый сук; ich habe den Bleistift abgebrochen я сломал карандаш [отломал кончик карандаша] □ Er hatte Schmerzen gehabt, Herr Brecht hatte ihm die Krone abgebrochen (*Th. Mann, »Buddenbrooks«*) У него были боли, господин Брехт сломал ему коронку. **aufbrechen** взломать, сломать (*с целью открыть что-л.*); *напр.*: er brach das Schloß, die Tür auf он взломал замок, дверь. **knicken** ломать, надламывать; *напр.*: die Zweige der Bäume wurden vom Winde geknickt ветки деревьев были сломлены [надломлены] ветром. **zerschmettern** сломать (*действием большой силы*), разломать, раздробить; *напр.*: der stürzende Baum hat ihm das Bein zerschmettert упавшее дерево раздробило ему ногу.
brechen I² ломаться
brechen — abbrechen — knicken
brechen *индифф. синоним*; *напр.*: der Mast, das Brett brach мачта, доска сломалась; das Rad ist gebrochen колесо сломалось; drei Zweige brachen unter der Last der Äpfel три ветки сломались под тяжестью яблок. **abbrechen** сломаться; отломиться от чего-л.; *напр.*: der Zweig ist abgebrochen ветка сломалась [отломилась]; der Fingernagel ist abgebrochen ноготь сломался. **knicken** ломаться, надламываться; *напр.*: die starken Balken knickten wie Strohhalme толстые балки ломались как соломинки.
brechen I³ см. streiten (,sich)²/verletzen²
brechen II см. erbrechen, sich
breit¹ широкий
breit — weit — sperrangelweit

breit *индифф. синоним* (*антоним* schmal) *подчеркивает большую протяженность в поперечнике*; *напр.*: ein breiter Fluß широкая река; eine breite Straße широкая улица; ein breiter Graben широкий ров; eine breite Stirn широкий лоб; breite Schultern широкие плечи □ Der Zeichensaal war breit und licht (*Th. Mann, »Buddenbrooks«*) Рисовальный класс был просторным и светлым. Seine Beinkleider waren, wie bei allen Lehrern... zu kurz und ließen die Schäfte von einem Paar außerordentlich breiter... Stiefel sehen (*ebenda*) Его брюки, как и у всех учителей... были слишком коротки и позволяли видеть голенища пары исключительно широких... сапог. **weit** (*антоним* eng) просторный, широкий *подчеркивает протяженность во всех направлениях*; *напр.*: eine weite Fläche широкая поверхность; eine weite Öffnung широкое отверстие; ein weites Loch широкая дыра; weite Schuhe широкие [просторные] ботинки; sie hat die Augen weit geöffnet она широко раскрыла глаза; die Tür stand weit offen дверь была широко раскрыта. **sperrangelweit** широко распахнутый, распахнутый настежь (*тк. как наречие*); *напр.*: die Tür war sperrangelweit geöffnet дверь была раскрыта настежь □ Ohne daß nämlich geklopft worden wäre, öffnete sich mit einem Ruck die Tür sperrangelweit... (*Th. Mann, »Buddenbrooks«*) Без стука, одним рывком дверь распахнулась настежь.
breit² см. ausführlich
breiten см. ausbreiten
breiter machen см. erweitern
breittreten см. besprechen
bremsen см. hemmen
brennen гореть
schwelen — glühen — brennen — flammen — lohen — lodern
Синонимы данного ряда расположены по степени интенсивности выражаемого действия.
schwelen тлеть, медленно гореть без пламени (*с большим количеством дыма*); *напр.*: der Scheiterhaufen schwelt костер дымит; das Feuer schwelt unter der Asche огонь тлеет под золой. **glühen** гореть без пламени, раскаляться; *напр.*: die Kohle glüht noch unter der Asche уголь еще тлеет под золой □ Ein Kamin war dort, hinter dessen Gitter falsche Kohlen lagen und mit ihren Streifen von rotgoldenem Glanzpapier zu glühen schienen (*Th. Mann, »Buddenbrooks«*) Был там камин, за решеткой которого лежали искусственные угли, и эти полоски из глянцевой красной и золотой бумаги, казалось, тлели. **brennen** *индифф. синоним*; *напр.*: die Kerze, das Papier, das Haus brennt hell свеча, бумага, дом горит ярко; das Holz brennt schlecht дрова плохо горят □ Vor dem Zelt kniete ein bärtiger Mann... Sein langer Rock brannte (*Strittmat-*

ter, »*Wundertäter*«) Перед палаткой стоял на коленях бородатый мужчина... Его длинный пиджак горел. **flammen** *высок. чаще перен.* ярко гореть, пылать; *напр.*: sein Gesicht flammte его лицо пылало; das Feuer flammte im Kamin огонь пылал в камине. **lohen** *поэт.* ≈ flammen, *но б. ч. прям.*; *напр.*: in der Ferne lohte ein Feuer вдали полыхало пламя. **lodern** гореть ярким, большим пламенем, полыхать *тж. перен.*; *напр.*: die Flammen loderten пламя полыхало [бушевало]; das ganze Dorf loderte вся деревня полыхала
brennend см. eilig¹
Bresche см. Riß¹
bresthaft см. kränklich
Brief письмо
der **Brief** — das S c h r e i b e n — der Wisch
Brief *индифф. синоним*; *напр.*: einen Brief öffnen, schließen, an j-n schicken распечатать [вскрыть], запечатать, послать кому-л. письмо; ich habe einen Brief für Sie у меня есть для вас письмо; er hat von seinem Freund einen Brief von vier Seiten bekommen он получил от своего приятеля письмо на четырех страницах □ Da reißt ihm die Frau den Brief aus der Hand (*Fallada, »Jeder stirbt«*) Тогда жена выхватывает письмо у него из рук. **Schreiben** *книжн.* деловое, официальное письмо; *напр.*: Ihr Schreiben vom 20. August d. J. (*dieses Jahres*) haben wir erhalten Ваше письмо от 20-го августа с. г. (*сего года*) мы получили; das ist ein Schreiben aus dem Ministerium это письмо [бумага] из министерства □ Es ist das dritte Schreiben, und nur das erste hat Papa ihm beantwortet (*Th. Mann, »Buddenbrooks«*) Это уже третье послание, а папа ответил только на первое. **Wisch** *разг. презр.* мазня, пачкотня (*о наспех, небрежно написанном письме и т. п., содержание которого воспринимается как неподобающее, обидное*); *напр.*: du solltest dich schämen, so einen Wisch zu schreiben! ты бы постыдился писать такую недостойную писульку [такую фильки́ну грамоту]!
Briefumschlag см. «Приложение»
brillant см. gut¹
bringen¹ приносить (*кому-л. что-л.*)
bringen — holen — herbeischaffen
bringen *индифф. синоним*; *напр.*: j-m Wasser, Bücher, Geld bringen приносить кому-л. воду, книги, деньги; bringe mir bitte den Stuhl aus dem Nebenzimmer принеси мне, пожалуйста, стул из соседней комнаты □ Rolling brachte frischen Sekt (*Strittmatter, »Wundertäter«*) Роллинг принес еще шампанского. **holen** приносить (*откуда-л.*) *подчеркивает, что приносящий отправляется к месту нахождения предмета и возвращается с ним обратно*; *напр.*: einen Brief, Bücher holen принести письмо, книги; hol(e)

das Kind aus der Schule! пойди за ребенком в школу! ▫ War es nicht oft so gewesen: Bruder und Schwester schickten ihn ins Haus etwas zu holen. Er kam zurück, sie hatten sich versteckt (Strittmatter, »Wundertäter«) Разве не часто бывало так: брат и сестра посылали его в дом принести что-нибудь, а когда он возвращался, они уже попрятались. **herbeischaffen** *разг. эмоц.* доставлять, приносить (*что-л.*, *что трудно достать*, *что-л. спешное*, *громоздкое и т. п.*); *напр.*: wir haben dieses Ding herbeigeschafft мы приволокли эту вещь

bringen [2] *см.* begleiten/eintragen [1]/entziehen/hinbringen [1]

bringen [3]: in Wut bringen *см.* ärgern; in Ordnung bringen *см.* ordnen [1]; zur Welt bringen *см.* gebären

Brise *см.* Wind

Brocken [1] крошка

der **Brocken** — die **Krume**

Brocken *индифф. синоним*; *напр.*: ein kleiner Brocken Brot маленькая крошка хлеба; die Kinder warfen die Brocken den Vögeln ins Wasser ▫ Es war ihnen gleich, ob die braunen Brocken, die in ihren Mündern verschwanden, nun Schokolade oder Couverture hießen (*Strittmatter*, »Wundertäter«) Им было все равно, называются ли коричневые крошки, исчезавшие в их ртах, шоколадом или покрытием. **Krume** *б. ч. мн.* ≅ Brocken, *но обыкн. обозначает более мелкие частицы и тк. пирога*, *хлеба*; *напр.*: die Krumen vom Tischtuch abschütteln стряхивать крошки со скатерти; sie las die Krumen vom Boden auf она собрала крошки с пола

Brocken [2]: ein paar Brocken können *см.* sprechen [3]

brodeln бурлить

brodeln — wirbeln — wallen — schäumen — brausen

brodeln *индифф. синоним*; *напр.*: das kochende Wasser brodelt im Teekessel кипящая вода бурлит в чайнике; der Teer brodelt im Kessel смола бурлит в котле; die See brodelt im Sturm море бурлит во время шторма. **wirbeln** течь, образуя водоворот; *напр.*: das Wasser wirbelt durch den Graben вода течет во рву, образуя водоворот. **wallen** кипеть, поднимаясь; *напр.*: die Milch beginnt schon zu wallen молоко закипает ▫ Und es wallet und siedet und brauset und zischt, | Wie wenn Wasser mit Feuer sich mengt... (*Schiller*, »Der Taucher«) И кипит, и бушует, и бьет, и шипит, как влага, мешаясь с огнем... **schäumen** кипеть, пенясь; *напр.*: die kochende Marmelade schäumt на кипящем варенье образуются пенки ▫ Und wie mit des fernen Donners Getöse | Entstürzen sie schäumend dem finsteren Schoße (*Schiller*, »Der Taucher«) ...и как будто с дальним грохотом грома вырываются они (*вод-*

ны), пенясь, из темных недр. **brausen** бушевать; *напр.*: ich höre die See brausen я слышу, как море бушует ▫ Und stille wird's über dem Wasserschlund, | In der Tiefe nur brauset es hohl... (*Schiller*, »Der Taucher«) И становится тихо над бездной морской, и только в пучине глухо бушует...

Brot: aufs Brot schmieren [streichen] *см.* vorwerfen

brotlos *см.* arbeitslos

Bruch *см.* Riß [1]/Streit [2]/Falte

brüchig *см.* zerbrechlich

Bruchstück *см.* Teil

Bruchteil *см.* Teil

Brüderschaft *см.* Freundschaft

brüllen *см.* schreien [1]

brummen [1] ворчать

brummen — murren — knurren

brummen *индифф. синоним*; *напр.*: die Mutter brummte, wenn ich spät nach Hause kam мать ворчала, когда я поздно приходил домой; er brummt mit mir [über mich] *разг.* он ворчит на меня. **murren** брюзжать, недовольно ворчать; *напр.*: sie murrte über ihren Mann она брюзжала на своего мужа; er murrte über das schlechte Essen он брюзжал из-за плохой еды. **knurren** *разг.* ворчать с угрозой, бурчать; *напр.*: ungeduldig, böse knurren нетерпеливо, зло бурчать [огрызаться]; der Hund knurrte böse собака зло заворчала ▫ »Sie können einen aber auch fein warten lassen!« knurrt Borkhausen wütend bei seinem Anblick (*Fallada*, »Jeder stirbt«) »Вы, однако, заставляете себя ждать!« — свирепо буркнул Боркхаузен при виде его

brummen [2] *см.* sagen [1]

Brunnen *см.* Quelle [1]

Brust грудь

die **Brust** — der **Busen**

Brust *индифф. синоним* (*в знач.* 'мужская грудь' *тк. ед.*); *напр.*: seine breite, behaarte Brust его широкая, волосатая грудь; einem Kinde die Brust geben дать ребенку грудь; das Kind nimmt die Brust ребенок берет грудь; sie griff nach dem Handtuch und bedeckte damit ihre Brust [Brüste] она схватила полотенце и прикрыла им грудь [груди] ▫ Stammte jene (*Dame*) von Pharao's fetten Kühen, so stammte diese von den magern. Das Gesicht nur ein Mund zwischen den Ohren, die Brust trostlos öde wie die Lüneburger Heide (*Heine*, »Die Harzreise«) Если та (*дама*) происходила от тучных фараоновых коров, то эта происходила от тощих. Лицо — только рот между ушей, грудь безутешно пустынна, как Люнебургская степь. Die große weiße Brust ärgerte ihn, an die die Frau ihr Kind packte (*Seghers*, »Die Toten«) Его рассердила пышная белая грудь, к которой жена приложила малыша. **Busen** *обыкн. употр. по отношению к женской груди*, *но уст. книжн. тж. по отношению*

к мужской; *напр.*: ein zarter, voller Busen нежная, полная грудь ▫ Die zwei Karyatiden waren sicher die zwei einzigen nackten Busen, die er hier draußen zu sehen bekam (*Seghers*, »Die Toten«) Наверно, эти две кариатиды — единственные существа женского пола, чьи нагие груди ему здесь доведется увидеть

brüsten, sich *см.* prahlen

Brut *см.* Gesindel

brutal *см.* grausam

brüten *см.* nachdenken

Bub *см.* Junge

bubbern *см.* zittern

bubenhaft *см.* jungenhaft

Buchdruckerkunst *см.* «Приложение»

buchen *см.* einschreiben

Bücherei *см.* Bibliothek

Bücherwurm *см.* Liebhaber [3]

Büchse *см.* «Приложение»

Buchstabe буква

der **Buchstabe** — die **Letter**

Buchstabe *индифф. синоним*; *напр.*: ein kleiner, großer, gedruckter Buchstabe маленькая [строчная], большая [прописная], печатная буква; Buchstaben schreiben, lesen, malen писать, читать, рисовать буквы ▫ Dann verlas die Konsulin aus der alten Familienbibel mit den ungeheuerlichen Buchstaben langsam das Weihnachtskapitel... (*Th. Mann*, »Buddenbrooks«) Затем... консулыиа медленно прочитывала из старой фамильной библии с непомерно большими буквами главу о рождестве Христовом... **Letter** *редко* печатная буква; *чаще полигр.* литера; *напр.*: die Lettern stellt man aus Metall her литеры изготовляют из металла ▫ ...und die Konsulin oder Klara verlasen aus der großen Familienbibel mit den ungeheuren Lettern einen Abschnitt... (*Th. Mann*, »Buddenbrooks«) ...а консулыиа или Клара читали вслух какой-либо раздел из большой семейной библии с огромными буквами...

buchstäblich *см.* genau [1]/«Приложение»

Bucht бухта, залив

die **Bucht** — der **Golf** — der **Meerbusen** — die **Bai** — der **Fjord**

Bucht *индифф. синоним*; *напр.*: eine kleine, große, enge, breite, stille Bucht маленькая, большая, узкая, широкая, тихая бухта; hier bildet das Meer, der See eine Bucht здесь море, озеро образует залив ▫ Ach, dieser Strand, mit seinen Buchten und Vorsprüngen... (*Fallada*, »Kleiner Mann«) Ох, этот берег, с его бухтами и мысами... **Golf** морской залив *обыкн. употр. с наименованием залива*; *напр.*: der Golf von Mexiko Мексиканский залив; der Persische Golf Персидский залив. **Meerbusen** (большой) морской залив; *напр.*: die Schiffe flüchteten vor dem Sturm in einen stillen Meerbusen корабли укрылись от бури в тихую бухту. **Bai** *редко* широкий морской залив; *напр.*: die Bai ist mit Schiffen gefüllt залив полон кораблей. **Fjord** фьорд; *напр.*: wegen der Finsternis konnte das Schiff den Eingang in den Fjord nicht finden из-за темноты судно не могло найти входа в фьорд

Buckel *см.* «Приложение»
bücken, sich ¹ нагибаться
sich bücken — sich niederbeugen

sich bücken *индифф. синоним*; *напр.*: er bückte sich, um das Buch aufzuheben он нагнулся, чтобы поднять книгу; sie bückte sich, um die Schnürsenkel zu binden она нагнулась, чтобы завязать шнурки; ich bückte mich nach dem gefallenen Geldstück я нагнулся за упавшей монетой; die Tür war sehr niedrig, man mußte sich bücken, um einzutreten дверь была очень низкой; чтобы войти, нужно было нагнуться □ »Könnten Sie vielleicht so gut sein und könnten Sie mir diesen Brief da...« Das Mädchen bückte sich (*Strittmatter*, »*Wundertäter*«) «Может, вы были бы так добры и, может, вы могли бы то письмо...» Девушка нагнулась. **sich niederbeugen** *книжн.* ≈ sich bücken, *но подчеркивает, что движение производится медленно*; *напр.*: dem Greis fiel es schwer, sich niederzubeugen старику было трудно нагнуться
bücken, sich ² *см.* beugen, sich ¹/verbeugen, sich
Bückling *см.* Verbeugung
Bude *см.* Geschäft ¹/Haus/Zimmer
Budget *см.* Haushalt
Budike *см.* Geschäft ¹
büffeln *см.* lernen
bügeln — plätten

bügeln *индифф. синоним*; *напр.*: lassen Sie den Anzug bügeln отдайте выгладить костюм; diesen Stoff darf man nicht heiß bügeln эту материю нельзя гладить горячим утюгом. **plätten** *ср.-нем. и сев.-нем.* = bügeln; *напр.*: ich muß noch mein Oberhemd plätten мне нужно еще выгладить мою сорочку
Buhle *см.* Liebhaber ¹
buhlerisch *см.* unsittlich ¹
Bukett *см.* Strauß I
Bummel *см.* Spaziergang
bummeln *см.* spazierengehen/vergnügen, sich/zögern ¹
bummeln gehen *см.* vergnügen, sich
Bums *см.* Stoß
Bund союз
der **Bund — das Bündnis — die Allianz — die Koalition**

Bund *индифф. синоним*; *напр.*: einen festen Bund schließen заключить прочный союз; den Bund mit einem Schwur besiegeln скрепить союз клятвой; 1815 wurde der Deutsche Bund gegründet в 1815 году был основан союз немецких княжеств. **Bündnis** политический союз (*чаще между государствами*); *напр.*: beide Staaten schlossen ein Bündnis оба государства заключили союз; vor dem zweiten Weltkrieg schloß Deutschland ein militärisches Bündnis mit Japan und Italien перед второй мировой войной Германия заключила военный союз с Японией и Италией. **Allianz** *книжн.* альянс, союз; *напр.*: das Bündnis zwischen Rußland, Preußen und Österreich, welches im Jahre 1815 geschlossen wurde, ist in der Geschichte unter dem Namen die Heilige Allianz bekannt союз, заключенный в 1815 году между Россией, Пруссией и Австрией, известен в истории под названием «Священный Союз». **Koalition** *полит.* коалиция (*объединение, союз государств и, особенно, партий для достижения общих целей*); *напр.*: die Koalition von Parteien oder Staaten коалиция партий или государств

Bündel *см.* Packen
Bundesgenosse *см.* Verbündeter
bündig ¹ *см.* überzeugend ¹
bündig ²: kurz und bündig *см.* kurz ¹
Bündnis *см.* Bund
Bunker *см.* Gefängnis ¹
bunt пестрый
bunt — farbig

bunt *индифф. синоним*; *напр.*: ein bunter Lampenschirm, Stoff пестрый абажур, материал; ein buntes Bild пестрая картина; bunte Bänder пестрые ленты. **farbig** ≈ bunt, *но предполагает менее яркие краски, менее насыщенные тона*; *напр.*: ich habe mir farbige Tapeten gekauft я купил себе пестрые обои □ Und welcher farbiger Blumenflor... (*Th. Mann*, »*Buddenbrooks*«) И какой пестрый цветник...
Bürde *см.* Last
Burg *см.* Schloß I
Bürge поручитель
der **Bürge — der Garant — der Hintermann**

Bürge *индифф. синоним*; *напр.*: wir können Ihnen Kredit gewähren, wenn ein Bürge den Vertrag unterschreibt мы можем вам предоставить кредит, если какой-нибудь поручитель подпишет договор; ich bin Bürge, daß diese Geschichte wahr ist я ручаюсь, что это истинное происшествие. **Garant** *книжн.* гарант; *напр.*: ein mächtiger Garant des Weltfriedens могущественный гарант всеобщего мира. **Hintermann** *фин.* индоссант; лицо, делающее на векселе передаточную надпись; *напр.*: wenn man den Wechsel protestiert, so muß er als Hintermann zahlen если вексель будет опротестован, то он, будучи индоссантом, должен будет платить
bürgen *см.* einstehen
Bürger ¹ гражданин
der **Bürger — der Staatsangehörige — der Untertan**

Bürger *индифф. синоним*; *напр.*: er ist Bürger dieses Staates он гражданин этого государства; unsere Verfassung gewährleistet die Gleichheit aller Bürger наша конституция гарантирует равенство всех граждан; die Bürger dieser Stadt wählten einen neuen Bürgermeister граждане этого города выбрали нового бургомистра □ Sie waren gute Bürger, jeder hatte seinen Badeanzug mitgebracht und jeder sein Handtuch (*Fallada*, »*Kleiner Mann*«) Они были добропорядочными гражданами, каждый принес с собой купальный костюм и полотенце. **Staatsangehöriger** гражданин какого-л. государства, какой-л. страны *употр. в официальных документах, в анкетах и т. п.*; *напр.*: laut statistischer Angaben wohnten in Rußland viele deutsche Staatsangehörige согласно статистическим данным, в России жило много подданных Германии [германских граждан]. **Untertan** *уст.* подданный (*монарха*); *напр.*: er ist Untertan des Königs он подданный короля
Bürger ² *см.* Stadtbewohner
Bürgschaft *см.* «Приложение»
burlesk *см.* lächerlich
Bürokrat бюрократ
der **Bürokrat — der Bonze**

Bürokrat *индифф. синоним*; *напр.*: ein eingefleischter Bürokrat закоренелый бюрократ; mit der Pedanterie eines Bürokraten с педантичностью бюрократа. **Bonze** *разг. презр.* зазнавшийся чинуша, бонза (*о функционере и т. п.*); *напр.*: mit den Bonzen werden wir noch abrechnen! мы еще сочтемся с этими бонзами! □ Daß einer der Berliner Bonzen hinter ihm stand, war gewiß (*Feuchtwanger*, »*Exil*«) Не подлежало сомнению, что за ним стоял один из берлинских бонз
Bursche *см.* Diener ¹/junger Mann
bürsten *см.* reinigen ¹
Busch *см.* Strauch
Buschfunk *см.* Gerücht
Busen *см.* Brust
Busenfreund *см.* Freund ¹
Buße *см.* Reue
büßen ¹ (по)платиться, расплачиваться
büßen — bezahlen — zahlen — herhalten — g(e)radestehen

büßen *индифф. синоним*; *напр.*: er mußte seinen Leichtsinn mit dem Leben büßen за свое легкомыслие ему пришлось поплатиться жизнью; sie haben ihre Unvorsichtigkeit gebüßt они поплатились за свою неосторожность □ Und auch er, ja auch er hatte Sünde auf Sünde gehäuft in seinem Leben! Er büßte — schon büßte er, hatte er den steinigen Pfad der Sühne betreten (*Kellermann*, »*Der 9. November*«) И он, да, и он тоже за всю свою жизнь совершал грех за грехом и теперь искупал их; он вступил на каменистый путь искупления. **bezahlen** (*etw.*), **zahlen** (*für etw.*) ≈ büßen; *напр.*: er mußte seinen Leichtsinn bezahlen, für seinen Leichtsinn teuer zahlen ему пришлось дорого заплатить за свое легкомыслие □ Die Rechnung für die Rache haben dann die

BÜßEN

andern zu zahlen (*Feuchtwanger*, »*Exil*«) За эту месть тогда будут расплачиваться другие. **herhalten** *разг.* расплачиваться за чужую вину, за чужие ошибки *употр. в сочетании с* müssen; *напр.*: er hat es getan, aber du wirst für ihn herhalten müssen он это сделал, но тебе придется за него расплачиваться. **g(e)radestehen** *разг.* расплачиваться за свою *или* чужую вину (*часто в принудительном порядке*); *напр.*: die Eltern mußten für die üblen Streiche ihres Sohnes geradestehen родители должны были расплачиваться за проступки [проделки] сына; für diese Entscheidung werde ich geradestehen за это решение я буду расплачиваться [отвечать, нести ответ]

büßen [2] *см.* leiden [2]
bußfertig *см.* reuig
Butike *см.* Geschäft [1]
Butte *см.* Kübel
Bütte *см.* Kübel
Butterbrot: aufs Butterbrot schmieren [streichen] *см.* vorwerfen

C

Café *см.* Gaststätte
Callgirl *см.* Prostituierte
Casanova *см.* Verführer
Chaislongue *см.* Sofa
Chance *см.* Möglichkeit
Charakter *см.* Natur
charakterisieren *см.* bezeichnen/erzählen/kennzeichnen
charakteristisch характерный
charakteristisch — kennzeichnend — typisch
charakteristisch [k-] *индифф. синоним*; *напр.*: charakteristische Züge, Merkmale, Besonderheiten характерные черты, признаки, особенности; eine charakteristische Tracht характерная (национальная) одежда; das ist für sie sehr charakteristisch это для нее очень характерно; diese Gesinnung ist für den Helden des Romans sehr charakteristisch этот образ мыслей очень характерен для героя романа. **kennzeichnend** (очень) характерный, показательный; *напр.*: kennzeichnende Merkmale характерные признаки; diese Handlungsweise ist für ihn kennzeichnend этот поступок характерен для него. **typisch** типичный; *напр.*: typische Merkmale типичные признаки; ein typischer Fehler типичная ошибка; das ist ein typischer Fall это типичный случай; er ist ein typischer Bayer он типичный баварец; diese Erscheinung ist typisch für jene Zeit это явление типично для того времени; typisch er! *разг.* как это на него похоже!
charakterlos *см.* schwach [8]/weichlich
charakterschwach *см.* weichlich
charmant *см.* reizend

Charme *см.* Anmut
chartern *см.* mieten
Chauffeur *см.* Fahrer
Chef *см.* Vorgesetzter
cholerisch *см.* heftig [1]
Chronik *см.* «Приложение»
chronisch *см.* ständig [1]
circa *см.* ungefähr
Clown клоун, шут
der Clown — der Hanswurst — der Narr
Clown [klaon] *индифф. синоним*; *напр.*: er spielte den Clown und belustigte die anwesende Gesellschaft он строил из себя клоуна и потешал присутствующих; du kannst als Clown in einem Varieté oder im Zirkus auftreten ты можешь выступать в варьете или в цирке в качестве клоуна. **Hanswurst** паяц; *напр.*: er ist ein aufgeblasener Hanswurst он самодовольный паяц; spiele hier nicht den Hanswurst! не паясничай! **Narr** шут; *напр.*: sich zum Narren machen изображать из себя шута; j-n zum Narren haben дурачить кого-л.
Couch *см.* Sofa
Coupé *см.* Abteil
Coupon *см.* Zinsschein
Cour: die Cour machen *см.* flirten
Cousin *см.* Vetter
Cousine двоюродная сестра
die Cousine (Kusine) — die Base
Cousine [ku-] (Kusine) *индифф. синоним*; *напр.*: heute kommt zu uns meine Cousine zu Besuch сегодня моя двоюродная сестра придет к нам в гости. **Base** *уст.* ≅ Cousine; *напр.*: wir hatten keine Cousins und Basen у нас не было кузенов и кузин
Cup *см.* Becher

D

da I *см.* hier
da II *см.* weil
dabeisein *см.* anwesend sein
Dach *см.* Kopf [1]
Dachboden чердак
der Dachboden — der Boden — der Trockenboden
Dachboden *индифф. синоним*; *напр.*: etw. auf dem Dachboden aufbewahren хранить что-л. на чердаке; den Dachboden entrümpeln очищать чердак от хлама; ich gehe auf den Dachboden, um Wäsche zu trocknen я иду на чердак повесить белье для сушки. **Boden** = Dachboden; *напр.*: die alten Zeitschriften liegen auf dem Boden старые журналы лежат на чердаке. **Trockenboden** чердак для сушки белья; *напр.*: die Wäsche auf dem Trockenboden trocknen сушить белье на чердаке
Dafürhalten *см.* Meinung [1]
dagegen *см.* aber
daher *см.* deshalb
daherreden *см.* sprechen [1]

DÄMMERIG

dahin *см.* dorthin
dahingegen *см.* aber
dahingehen *см.* sterben/vergehen [1]
dahinsiechen *см.* krank sein
dahinterkommen *см.* raten [2]
Dalles *см.* Armut
dalli *см.* schnell
damalig *см.* früher II
damals тогда (*в прошлом*)
damals — seinerzeit — zu der Zeit
damals *индифф. синоним*; *напр.*: damals hatte ich keine Zeit, jetzt kann ich mit dir sprechen тогда у меня не было времени, теперь я могу с тобой поговорить; damals lebte ich in Leningrad тогда я жил в Ленинграде; damals war sie noch jung тогда [в то время] она была еще молода. **seinerzeit** в свое время, в то время; *напр.*: seinerzeit war das eine große Leistung в то время это было большим достижением; von diesem Buch war seinerzeit viel die Rede в свое время об этой книге много говорили. **zu der Zeit** ≅ seinerzeit, *но употр. тк. с уточнением, когда именно имело место что-л.*; *напр.*: zu der Zeit, als ich dort war, standen da nur kleine Häuser в то время, когда я там был, там стояли только маленькие дома
Dame *см.* Frau [1, 3]
dämlich *см.* dumm [1]
Damm плотина
der Damm — der Deich — das Wehr
Damm *индифф. синоним*; *напр.*: der Damm des Wasserkraftwerks плотина гидроэлектростанции; einen Damm bauen, errichten, aufschütten построить, соорудить, насыпать плотину [дамбу]. **Deich** плотина, (земляная) дамба; *напр.*: Deiche schützen das Land vor Überschwemmungen дамбы [плотины] защищают страну от наводнений. **Wehr** (водосливная) плотина (*обыкн. деревянная*), запруда; *напр.*: an dem Wehr war früher eine Wassermühle у плотины раньше стояла водяная мельница
dämm(e)rig сумеречный
dämm(e)rig — halbdunkel — schumm(e)rig
dämm(e)rig *индифф. синоним*; *напр.*: dämm(e)riges Licht сумеречный свет; ein dämm(e)riger Hof полутемный двор; im Zimmer war es dämm(e)rig в комнате было сумрачно □ Die Limousine flog durch die dämmerigen Straßen und überspülte die Fußgänger mit einer Welle von Schneewasser und Schmutz (*Kellermann, »Der 9. November*«) Лимузин мчался по сумеречным улицам и обдавал пешеходов талым снегом и грязью. **halbdunkel** полутемный; *напр.*: ein halbdunkler Flur полутемные сени; im halbdunklen Zimmer в полутемной комнате. **schumm(e)rig** *разг.* ≅ dämm(e)rig, *но подчеркивает уютность такого освещения*; *напр.*: es war sehr gemütlich, durch den hellen Vorhang des Fensters kam ins Zimmer ein schummeriges Licht было очень уютно,

DÄMMERN | 115 | DEHNEN | D

в комнату через светлые шторы окна проникал сумеречный [слабый вечерний] свет

dämmern светать; смеркаться
dämmern — grauen — tagen — schummern

dämmern *индифф. синоним; напр.:* der Tag dämmert брезжит рассвет; der Abend dämmert смеркается; ich weckte ihn am Morgen, als es kaum dämmerte я разбудил его утром, когда едва светало; wir kamen an, als es schon dämmerte мы приехали, когда уже смеркалось. **grauen** светать; *реже* смеркаться; *напр.:* der Morgen graut schon уже светает; es graute schon, als sie erwachten уже светало, когда они проснулись; ehe noch der Abend graut, komme ich zurück я вернусь, прежде чем начнёт смеркаться. **tagen** светать; *напр.:* es beginnt zu tagen светает; der Morgen tagt занимается заря. **schummern** *разг.* смеркаться; *напр.:* es schummert смеркается, вечереет

dampfen *см.* fahren [1,2]
dämpfen *см.* mildern
danach *см.* nachher
danebengehen *см.* mißlingen
danebengelingen *см.* mißlingen
danebengeraten *см.* mißlingen
danebenglücken *см.* mißlingen
danebenhauen *см.* irren, sich
dankbar благодарный
dankbar — erkenntlich — verbunden

dankbar *индифф. синоним; напр.:* ein dankbarer Schüler, Blick благодарный ученик, взгляд; ich bin Ihnen dafür sehr dankbar я вам за это очень благодарен. **erkenntlich** признательный *в отличие от* dankbar *предполагает, что признательность будет выражена ответной услугой и т. п.; употр. тк. в сочетаниях типа:* j-m (für etw.) erkenntlich sein быть признательным кому-л. (за что-л.); sich bei j-m erkenntlich zeigen [erweisen] отблагодарить кого-л. (деньгами и т. п.); *напр.:* wir waren ihm für seine Freundlichkeit sehr erkenntlich мы были ему очень признательны за его любезность; ich werde mich bei Ihnen dafür erkenntlich zeigen я вас отблагодарю за это. **verbunden** *высок.* обязан (*тк. предикативно*); *напр.:* für Ihre Hilfe bin ich Ihnen sehr verbunden за вашу помощь я вам очень обязан

danken благодарить
danken — sich bedanken — danksagen

danken *индифф. синоним; напр.:* j-m für seine Hilfe, für seinen Rat, für seine Mühe, für sein Geschenk danken благодарить кого-л. за помощь, за совет, за труд, за подарок ◻ Vor der Flurtür der Persickes hebt Borkhausen stramm die Hand zum Deutschen Gruß: »Heil Hitler, Herr Persicke! Und ich danke Ihnen auch schön!« Wofür er dankt, weiß er selbst nicht so genau (*Fallada, »Jeder stirbt«*) Перед дверью в квартиру Перзике Боркхаузен молодцевато поднимает руку для германского приветствия: «Хайль Гитлер, господин Перзике! Премного вам благодарен!» За что благодарен, он и сам толком не знает. **sich bedanken** *по сравнению с* danken *более официально; напр.:* er bedankte sich bei ihm höflich für das Geschenk он вежливо поблагодарил его за подарок; Sei bedankt! *высок.* благодарствуй!; dafür bedanke ich mich bestens! *разг. ирон.* благодарю покорно! **danksagen** *книжн.* выражать, приносить благодарность (*в устной или письменной форме, б. ч. по какому-л. особому случаю*); *напр.:* wir sagen Ihnen für Ihre äußerst großzügige Hilfe dank! мы благодарим вас [выражаем вам свою благодарность] за исключительно большую [щедрую] помощь!; sie danksagten Gott они возблагодарили бога

danksagen *см.* danken
dann *см.* nachher
dann und wann *см.* manchmal
dappeln *см.* gehen [1]
darben *см.* hungern
darbieten *см.* anbieten
darbringen: seine Glückwünsche darbringen *см.* gratulieren
darlegen *см.* erklären/erzählen
darreichen *см.* geben [1]
darstellen [1] изображать (*о картине, скульптуре и т. п.*)
darstellen — vorstellen — abbilden

darstellen *индифф. синоним; напр.:* das Bild stellt einen Hafen dar на картине изображена гавань; das Gemälde stellt einen Greis dar картина изображает старика; Peter I. ist auf einem Thron sitzend dargestellt Петр I изображен сидящим на троне. **vorstellen** представлять в отличие от darstellen *больше подчеркивает идею изображения, чем изображаемый предмет; напр.:* das Bild stellt einen Hafen vor картина представляет гавань; was soll das Bild vorstellen? как нужно понимать изображенное на этой картине?, что означает эта картина? **abbilden** ≅ darstellen, *но больше подчеркивает результат действия* ⟨*б. ч. в пассивных конструкциях*⟩; *напр.:* er ist auf der dritten Seite der Illustrierten abgebildet он изображен [его портрет помещен] на третьей странице иллюстрированного журнала

darstellen [2] *см.* erzählen/spielen [2]
darstellen, sich *см.* aussehen
Darsteller *см.* Schauspieler
dartun *см.* beweisen
darum *см.* deshalb
dasein *см.* anwesend sein
Dasein [1] *см.* Existenz
Dasein [2]: sein Dasein fristen *см.* leben [1]
Daten *см.* Angaben
dauerhaft *см.* fest [1]
Dauermieter *см.* Mieter

dauern длиться (*в течение какого-л. отрезка времени*)
dauern — sich hinziehen — währen

dauern *индифф. синоним; напр.:* wie lange dauert die Sitzung? — Sie dauert noch eine halbe Stunde сколько продолжится заседание? — Оно продолжится еще полчаса; die Sommerferien dauern bis zum 1. September летние каникулы (про)длятся до первого сентября; das dauert mir aber zu lange! для меня это слишком долго! ◻ Wieviel Minuten mag es noch dauern? Jede Minute zählt schwer wie Jahre (*Seghers, »Die Toten«*) Сколько минут это может еще продлиться? Каждая минута равна годам. **sich hinziehen** тянуться; *напр.:* die Sitzung, die Versammlung zog sich hin заседание, собрание затянулось; dieser Prozeß hat sich über mehrere Wochen hingezogen этот процесс затянулся на несколько недель. **währen** *книжн.* продолжаться (*в течение определенного времени*) *фиксирует внимание на предмете высказывания и т. п., а не на времени, в продолжение которого что-л. происходит; напр.:* ihr Glück währte nicht lange ее счастье продолжалось недолго ◻ sie strich ihm tröstend über das Haar. Das währte lange (*H. Mann, »Untertan«*) ...она гладила его волосы, утешая. Это длилось долго

dauernd *см.* immer/ständig [1]
daunenweich *см.* weich [1]
davonfliegen *см.* wegfliegen
davonlaufen *см.* weglaufen
Davonlaufen: zum Davonlaufen *см.* schlecht [1]
davonmachen, sich *см.* fliehen [1]
davontragen: den Sieg davontragen *см.* siegen
davor *см.* vorher
dazulegen *см.* legen [1]
Dazwischenkunft *см.* Einmischung
dazwischenlegen *см.* legen [1]
dazwischentreten *см.* eingreifen/vermitteln
Debatte *см.* Besprechung
debattieren *см.* besprechen
Debitor *см.* Schuldner
dechiffrieren *см.* raten [2]
decken *см.* bedecken/schützen
decken, sich *см.* zusammenfallen [1]
Deckname *см.* Beiname/Name [3]
Deckung *см.* Zahlung
Dedikation *см.* Widmung
dedizieren *см.* widmen
defekt *см.* schadhaft
Defekt *см.* Mangel
definieren *см.* bestimmen [2]
deftig *см.* sehr
Degeneration *см.* Verfall
degenerieren *см.* entarten
dehnen [1] вытягивать, растягивать
dehnen — ausdehnen — strecken — recken

dehnen *индифф. синоним; напр.:* Gummi, den Stoff dehnen растягивать резину, материю; beim Sprechen die Wörter dehnen говоря, растягивать

DEHNEN 116 DEUTEN

слова; die Glieder dehnen (медленно) потягиваться; das Recht dehnen толковать законы вкривь и вкось □ Mit ihrer hohen Stimme, die Worte dehnend, unter viel Gelächter, teilte sie ihm mit, sie habe noch keinen Entschluß gefaßt (Feuchtwanger, »Exil«) Своим высоким голосом, растягивая слова, она, не переставая смеяться, сообщила ему, что еще не приняла никакого решения. **ausdehnen** расширять, растягивать; *напр.*: Wärme dehnt die Körper aus под воздействием тепла тела расширяются; er dehnte die Erzählung zu einem Roman aus он расширил повесть, сделав из нее роман; wir dehnten unseren Aufenthalt, unseren Besuch aus мы растянули [затянули] наше пребывание, наш визит. **strecken** вытягивать, удлинять; *напр.*: die Glieder [den Körper] strecken потягиваться; die Arbeit strecken растянуть [затянуть] работу; der Schüler streckte den Finger in die Höhe ученик поднял руку (*желая отвечать*); wir müssen die Rationen strecken, damit die Lebensmittel länger reichen придется уменьшить [урезать] порции, чтобы на дольше хватило продовольствия. **recken** вытягивать (*тк. о частях тела*); *напр.*: den Hals recken вытягивать шею (*чтобы увидеть что-л.*); die Glieder recken потягиваться; sich nach dem Aufstehen recken und strecken потягиваться со сна

dehnen[2] *см.* strecken[1]
Deich *см.* Damm
deklamieren *см.* vortragen[1]
Dekoration *см.* Ausstattung
dekorieren *см.* schmücken
Dekret *см.* Gesetz
delikat *см.* heikel[1]/schmackhaft
Delikatesse *см.* Leckerbissen
Delinquent *см.* Verbrecher
demaskieren *см.* aufdecken
Dementi *см.* Widerlegung
dementieren *см.* widerlegen
Demission *см.* Rücktritt
demnach *см.* folglich
demnächst *см.* bald
demolieren *см.* zerstören
Demonstration *см.* Kundgebung
demonstrieren *см.* zeigen[1]
demungeachtet *см.* doch[1]
demütig *см.* gehorsam
demütigen унижать

heruntersetzen — herabwürdigen — demütigen — erniedrigen

Синонимы данного ряда расположены по степени возрастания интенсивности выражаемого действия

heruntersetzen *разг.* принизить; *напр.*: du hast ihn unverdient heruntergesetzt ты его незаслуженно принизил; er versuchte ihn in den Augen seiner Kameraden herunterzusetzen он попытался унизить его в глазах его товарищей. **herabwürdigen** низводить; *напр.*: j-s Verdienste herabwürdigen преуменьшать чьи-л. заслуги; etw. bis zu einer Farce herabwürdigen низводить что-л. до фарса; превратить что-л. в фарс. **demütigen** *индифф. синоним*; *напр.*: sie demütigte ihn, wo sie nur konnte она унижала его, где только могла; durch diese Bemerkungen, durch diese Worte wurde er schwer gedemütigt эти замечания, эти слова жестоко унизили его; die Ablehnung seiner Bitte hat ihn aufs tiefste gedemütigt отказ в ответ на его просьбу очень унизил его. **erniedrigen** оскорбительно унижать; *напр.*: die Menschen wurden dort zu Sklaven erniedrigt людей там унижали до (положения) рабов □ Man kann uns niedrig behandeln, nicht erniedrigen (Schiller, »Maria Stuart«) С нами можно низко поступить, но нас нельзя унизить

demzufolge *см.* folglich
denkbar *см.* möglich
denken *см.* vermuten/voraussehen/vorhaben
Denkmal памятник

das Denkmal — der Grabstein — das Grabmal — der Obelisk — das Monument

Denkmal *индифф. синоним*; *напр.*: ein Denkmal aus Granit, aus Marmor гранитный, мраморный памятник; ein Denkmal einweihen открывать памятник; j-m ein Denkmal setzen поставить кому-л. памятник. **Grabstein, Grabmal** надгробный памятник; *напр.*: ein Grabmal mit Inschrift памятник с эпитафией [с надписью]; einen Grabstein setzen поставить на могиле памятник □ Die Marktplatzmitte ziert ein Denkmal, ein Grabmal für die alte Königin von Preußen (Strittmatter, »Ole Bienkopp«) Середину рыночной площади украшает памятник прежней королеве Пруссии в виде надгробия. **Obelisk** обелиск; *напр.*: auf dem Platz stand ein Obelisk, der zu Ehren der im Kriege Gefallenen errichtet wurde на площади стоял обелиск, воздвигнутый в честь павших на войне. **Monument** *книжн.* монумент; *напр.*: ein grandioses Monument величественный монумент

Denkspruch *см.* Ausspruch
denn *см.* weil
dennoch *см.* doch[1]
denunzieren *см.* anzeigen[1]
Depesche *см.* Telegramm
deponieren *см.* hinterlegen[1]
Deportierter *см.* Verbannter
deprimiert *см.* mutlos
Deputierter *см.* Abgeordneter
derartig *см.* solch
derb *см.* grob/stark[1,3]
dereinst *см.* einmal[1]
dergleichen *см.* solch
derlei *см.* solch
Dernier cri *см.* modern[2]
desertieren *см.* fliehen[1]
deshalb поэтому

deshalb — deswegen — daher — darum — infolgedessen

Синонимы данного ряда являются сочинительными союзами, присоединяющими следственные предложения, или *наречиями следствия и имеют примерно одно и то же значение*

deshalb *индифф. синоним*; *напр.*: er hat keine Hochschulbildung, deshalb kann er diese Funktion nicht bekleiden у него нет высшего образования, поэтому он не может занимать этот пост; sie hat Kopfschmerzen, deshalb kann sie nicht kommen у нее болит голова, поэтому она не может прийти; heute hat es stark geregnet, du mußt deshalb langsam fahren сегодня шел сильный дождь, поэтому ты должен ехать медленно; sie hat auf meinen Brief nicht geantwortet, aber ich bin ihr deshalb nicht böse она не ответила на мое письмо, но я не сержусь на нее за это [из-за этого]; das ist ein harmloses und deshalb sehr gefragtes Schlafmittel это безобидное и поэтому пользующееся большим спросом снотворное. **deswegen** *по сравнению с* deshalb *несколько менее употребительно*; *напр.*: er war krank, deswegen konnte er nicht kommen он был болен и поэтому не мог прийти; die Beeren sehen recht appetitlich aus, sind deswegen aber noch lange nicht eßbar эти ягоды на вид очень аппетитны, но это совсем не значит, что они съедобны. **daher** (и) поэтому, *вот почему часто в утверждениях объективного характера*; *напр.*: es hat lange nicht geregnet, daher war das Gras so trocken долго не было дождя, а потому трава была совсем сухая. **darum** *чаще употр. в непринужденной разговорной речи, иногда эмоционально окрашено*; *напр.*: der Diener war sehr unzuverlässig, darum hat er ihn entlassen слуга был очень ненадежным, поэтому он его уволил; er erwartet mich, darum muß ich mich beeilen он ожидает меня (с нетерпением), поэтому мне нужно поторопиться; warum hast du das nicht getan? — Darum! почему ты это не сделал? — Потому! **infolgedessen** *книжн.*; *напр.*: die Straße war gesperrt, infolgedessen mußten alle Autos in den Feldweg abbiegen шоссе было закрыто, вследствие чего все автомобили должны были сворачивать на проселочную дорогу

despotisch *см.* gebieterisch
dessenungeachtet *см.* doch[1]
destruktiv *см.* zerstörerisch
deswegen *см.* deshalb
Detail *см.* Einzelheit
detonieren *см.* platzen[1]
deuten[1] толковать, истолковывать

deuten — auslegen — ausdeuten — interpretieren — kommentieren

deuten *индифф. синоним*; *напр.*: einen Text, einen Traum, ein Gleichnis deuten толковать текст, сон, притчу; etw. richtig, falsch deuten толковать что-л. правильно, неправильно; ein Werk neu deuten толковать произведение по-новому, дать новое толкование [новую трактовку] произведе ния; deine Güte wird man als Schwäche deuten твоя доброта будет воспринята как проявление слабости; sie deuten alles in ihrem Sinne они все толкуют в том смысле, какой им выгоден. **auslegen** истолковывать *чаще в сочетании с оценочными словами; напр.:* das Gesetz, den Sinn des Textes richtig auslegen правильно истолковать закон, смысл текста; j-s Verhalten als Angst, als Schwäche auslegen истолковать чье-л. поведение как страх, как слабость. **ausdeuten** ≅ auslegen, *но подчеркивает, что оценка носит субъективный характер; напр.:* man hat ihm seine Handlungsweise übel ausgedeutet его образ действий истолковали превратно; du hast seine Worte in deinem Sinne ausgedeutet ты истолковал его слова по-своему; sie haben dieses Ereignis als ein gutes Zeichen ausgedeutet они истолковали это событие как хороший признак. **interpretieren** *книжн.* интерпретировать *(чаще о фактах науки, политики, искусства, которые могут иметь различные толкования); напр.:* wie hat die Presse seine Rede interpretiert? как органы печати интерпретировали его речь? □ Die Philosophen haben die Welt nur verschieden interpretiert (Marx-Engels, »Deutsche Ideologie«) Философы только по-разному объясняли мир. **kommentieren** *книжн.* комментировать; *напр.:* einen literarischen Text kommentieren комментировать литературный текст; der Besuch des Ministers wurde von allen Zeitungen kommentiert визит министра комментировали все газеты

deuten ² предвещать, указывать на что-л.

deuten — ankündigen

deuten *(auf etw.) индифф. синоним; напр.:* alles deutet auf Regen все указывает на дождь; alle Anzeichen deuten auf einen kalten Winter все признаки предвещают холодную зиму; das deutet auf nichts Gutes это не сулит ничего хорошего. **ankündigen** *(etw.)* предвещать; *напр.:* der Morgennebel kündigt schönes Wetter an утренний туман предвещает хорошую погоду

deuten ³ *см.* zeigen ²
deutlich *см.* klar ²
deutsch *см.* aufrichtig
Devisen *см.* Währung
devot *см.* unterwürfig ¹
dezimieren *см.* verkleinern ¹
Dialog *см.* Gespräch
dicht ¹ густой, плотный

dicht — dick — undurchdringlich

dicht *индифф. синоним; напр.:* eine dichte Menschenmenge плотная толпа; ein dichter Nebel густой туман; dichte Wolken густые облака; dichtes Haar густые волосы; ein dichter Wald густой лес; draußen herrschte dichte Dunkelheit на дворе была непроглядная темнота; der Schnee fällt in dichten Flocken снег валит сплошными хлопьями; dieses Land ist dicht bevölkert эта страна густо населена. **dick** ≅ dicht, *но часто имеет усилительный оттенок; напр.:* in dickem Gestrüpp в чаще кустарника; wir tappten im dicksten Dunkel мы бродили в непроглядной темноте; ein dicker Nebel zog herauf поднялся густой туман. **undurchdringlich** непроницаемый; *напр.:* ein undurchdringlicher Wald непроходимый лес; ein undurchdringliches Gestrüpp непроходимый кустарник

dicht ² *см.* nah(e)
dichten *см.* erdichten
Dichter *см.* Schriftsteller
Dichterling *см.* Schriftsteller
Dichtung *см.* Erfindung
dick ¹ толстый

dick — voll — behäbig — fett — feist — wohlgenährt — füllig — stark — korpulent — vollschlank — beleibt — dickwanstig — rundlich — üppig — mollig

dick индифф. синоним; *употр. по отношению к лицам обоего пола, частям тела и предметам; напр.:* ein dicker Mann толстый мужчина; dicke Frau толстая женщина; dicke Finger, Beine толстые пальцы, ноги; ein dicker Hals толстая шея; ein dicker Baumstamm толстый ствол дерева; ein dickes Buch толстая книга. **voll** полный *употр. по отношению к лицам обоего пола (тк. предикативно, чаще в сравн. степени) и к частям тела (атрибутивно и предикативно); напр.:* ein volles Gesicht полное лицо; eine volle Brust, ein voller Busen полная [пышная] грудь; volle Arme полные руки; du bist etwas voller geworden ты немного располнел. **behäbig** упитанный *подчеркивает флегматичность, нежелание беспокоить себя и употр. по отношению к лицам обоего пола, чаще немолодым; напр.:* er ist im Alter behäbig geworden к старости он располнел [раздобрел] (и стал флегматичным). **fett** жирный *употр. по отношению к лицам обоего пола (но не к собеседнику — невежливо!) и частям тела; напр.:* ein fetter Mann [Mensch] очень толстый человек; fette Finger, Hände жирные пальцы, руки; eine Frau mit fettem Gesicht женщина с разжиревшим лицом □ Und die ungeheuerlich fette, nur noch fressende, nur noch verdauende Mutter hatte gesagt... (Fallada, »Wolf u. Wölfen«) А чудовищно толстая, только жрущая и переваривающая пищу мать сказала... **feist** тучный, жирный *употр. по отношению к третьим лицам обоего пола и частям тела; напр.:* ein feister Mann тучный мужчина; feiste Wangen жирные щеки; ein feistes Gesicht жирное лицо. **wohlgenährt** упитанный, откормленный *употр. по отношению к лицам обоего пола; напр.:* ein wohlgenährter Säugling упитанный грудной ребенок; бутуз □ Es war ein wohlgenährter Bürger von Goslar, ein glänzend wampiges, dummkluges Gesicht (Heine, »Die Harzreise«) Это был упитанный горожанин из Гослара, с разжиревшим сияющим лицом, на котором была написана глупая рассудительность. **füllig** расплывшийся, обрюзгший *употр. по отношению к лицам обоего пола и частям тела; напр.:* ein fülliger Mensch расплывшийся человек; eine füllige Figur расплывшаяся фигура; ein fülliges Gesicht обрюзгшее лицо. **stark** дородный *часто эвф. по отношению к лицам среднего возраста, особенно женщинам; напр.:* sie ist sehr stark geworden она стала очень дородной; ein Kleid für stärkere Damen платье [модель] для полных женщин. **korpulent** грузный *употр. по отношению к лицам обоего пола, но не к детям или молодым людям; напр.:* ein korpulenter Mann грузный мужчина; ein korpulentes Weib грузная [отяжелевшая] женщина. **vollschlank** эвф. плотный *(чаще о женщинах, б. ч. среднего возраста); напр.:* eine vollschlanke Dame несколько располневшая [склонная к полноте] дама. **beleibt** книжн. полнотелый, дородный *употр. по отношению к лицам обыкн. пожилого возраста, чаще мужчинам; напр.:* ich erблickte einen beleibten älteren Mann, der am Schalter stand я увидел полного пожилого мужчину, который стоял у окошка □ ...und er sieht das Bild seines Großvaters, eines beleibten alten Mannes... (Feuchtwanger, »Exil«) ...и он видит портрет своего дедушки, полного пожилого мужчины... **dickwanstig** разг. презр. толстопузый, толстобрюхий *(б. ч. о мужчинах); напр.:* ein dickwanstiger Mönch толстопузый монах. **rundlich** разг. кругленький *(б. ч. о женщинах); напр.:* mit ihm kam seine rundliche Tochter с ним пришла его кругленькая (толстушка) дочка. **üppig** разг. пышный *употр. по отношению к лицам женского пола и частям тела; напр.:* eine üppige Blondine пышная блондинка; ein üppiger Busen пышная грудь; ein üppiger Körperbau роскошное телосложение. **mollig** фам. пухлый *употр. по отношению к лицам женского пола, чаще молодым, подчеркивая их привлекательность, и реже — к частям тела; напр.:* ein molliges Mädchen пухленькая девушка; eine mollige Frau полненькая женщина; das Kind hat mollige Beinchen у ребенка пухленькие ножки □ »Tag, Trudel«, sagt er und gibt ihr seine Hand, in die rasch und kräftig ihre warme, mollige schlüpft (Fallada, »Jeder stirbt«) «Здравствуй, Трудель», — говорит он и протягивает ей руку, которую она быстро и крепко пожимает своей теплой пухленькой ручкой

dick ² *см.* dicht ¹
dickköpfig *см.* eigensinnig
dickschädelig *см.* eigensinnig
Dicktuer *см.* Prahler

dicktun (,sich) см. prahlen
dickwanstig см. dick¹
didaktisch см. lehrhaft
Dieb вор
der **Dieb** — der **Spitzbube** — der **Langfinger**

Dieb индифф. синоним; напр.: ein schlauer Dieb хитрый вор; den Dieb verfolgen преследовать вора; haltet den Dieb! держи(те) вора! **Spitzbube** устаревает жулик; напр.: »Spitzbub! | Spitzbub! einen Hering hast du | Aus der Tonne mir gestohlen!« (*Heine*, »*Meeresstille*«) «Жулик! | Жулик! ты из бочки | У меня украл селедку!» **Langfinger** разг., иногда шутл. воришка; напр.: ein dreister Langfinger дерзкий воришка; einen Langfinger erwischen схватить воришку

Diebstahl см. Raub¹
Diele см. Flur¹/Fußboden/Saal
dienen см. arbeiten²/helfen
Diener¹ слуга
der **Diener** — der **Page** — der **Boy** — der **Lakai** — der **Dienstbote** — der **Domestik(e)** — der **Bursche**

Diener индифф. синоним; напр.: ein alter bewährter Diener старый испытанный слуга; als Diener bei seiner Herrschaft leben жить у господ в качестве слуги. **Page** [-ʒə] устаревает служитель в гостинице; рассыльный (обыкн. молодой, одетый в ливрею); напр.: vor der Tür des Restaurants stand ein Page перед дверью ресторана стоял служитель. **Boy** [bɔø] бой, мальчик (для исполнения мелких поручений в гостинице); напр.: der Boy trug unsere Koffer auf das Hotelzimmer мальчик отнес наши чемоданы в номер гостиницы. **Lakai** уст. лакей; напр.: im Vestibül stand ein Lakai, in eine Livree gekleidet в вестибюле стоял лакей, одетый в ливрею. **Dienstbote** б. ч. мн. устаревает ≅ Diener; напр.: die Dienstboten versammelten sich unten in der Halle прислуга собралась внизу в холле □ Die Bucks haben schon längst Butter auf dem Kopf wegen der Sache: das wissen ihre eigenen Dienstboten (*H. Mann*, »*Untertan*«) У Буков из-за этого уже давно подмоченная репутация: даже их собственные люди все знают. **Domestik(e)** б. ч. мн. уст. челядь, люди. **Bursche** уст. денщик; напр.: der Offizier war mit seinem neuen Burschen sehr zufrieden офицер был очень доволен своим новым денщиком □ Bekker fuhr ihn natürlich hinunter; der war zuerst sein Bursche, dann sein Chauffeur, seit Kriegsausbruch nicht von ihm gewichen (*Seghers*, »*Die Toten*«) Конечно, Беккер его повез; сначала он был у него денщиком, затем шофером и с самого начала войны не расставался с ним

Diener² см. Verbeugung
dienern см. kriechen²/verbeugen, sich
dienlich см. nützlich

Dienst служба
der **Dienst** — das **Amt**

Dienst индифф. синоним; напр.: der staatliche, diplomatische, militärische Dienst государственная, дипломатическая, военная служба; ein leichter, schwerer, interessanter Dienst легкая, трудная, интересная служба; in j-s Dienst sein быть у кого-л. на службе; in privatem Dienst stehen служить у частного лица; er wurde aus dem Dienst entlassen его уволили со службы □ Doch Lieven steckte schon längst mit seiner Brigade im Baltikum. Ihn, Wenzlow, hielt sein Dienst daheim (*Seghers*, »*Die Toten*«) Однако Ливен со своей бригадой уже давно торчал в Прибалтике, Венцлова же служба удерживала на родине. Nach dem endlosen Dienst auf der Post brauchte sie diese paar Stunden hier für sich allein (*Fallada*, »*Jeder stirbt*«) После бесконечного дня работы на почте эти несколько часов одиночества были ей просто необходимы. **Amt** служба (обыкн. государственная, общественная или церковная); напр.: im Amt bleiben оставаться на службе; etw. von Amts wegen verbieten официально запрещать что-л. □ Persicke ist Amtswalter oder politischer Leiter oder sonst was in der Partei — Eva Kluge bringt alle diese Ämter noch immer durcheinander (*Fallada*, »*Jeder stirbt*«) Перзике не то начальник какого-то отдела, не то политический руководитель, не то еще кто-то в партии — Эва Клуге до сих пор путает все эти должности

dienstbar см. untergeordnet¹
Dienstbarkeit см. Unterordnung
dienstbeflissen см. hilfsbereit
Dienstbote см. Diener¹
diensteifrig см. fleißig
dienstfertig см. fleißig/hilfsbereit
dienstlich служебный, официальный

dienstlich — **amtlich** — **geschäftlich** — **behördlich**

dienstlich индифф. синоним; напр.: eine dienstliche Angelegenheit служебное дело; dienstliche Fragen служебные вопросы; in dienstlichem Auftrag verreisen уехать по служебному поручению; er ist dienstlich hier он приехал сюда по служебным делам; wir haben eine dienstliche Meldung bekommen мы получили служебное уведомление; er ging streng dienstlich vor он действовал строго официально. **amtlich** официальный, государственный, правительственный; напр.: eine amtliche Meldung официальное сообщение; ein amtlicher Wetterbericht официальная сводка погоды; das amtliche Kennzeichen государственный номерной знак (автомобиля); ein amtlicher Erlaß правительственный указ. **geschäftlich** деловой (б. ч. связанный с торговыми сделками); напр.: geschäftlich mit j-m zu tun haben иметь с кем-л. деловые отношения; ich komme geschäftlich zu Ihnen я пришел к вам по делу; er ist geschäftlich verreist он уехал по (торговым) делам. **behördlich** канц. ведомственный; напр.: eine behördliche Anordnung ведомственное распоряжение; ein behördliches Gutachten официальный отзыв

Dienstmädchen см. Hausangestellte
diesig см. neblig
diffamieren см. verleumden
Differenz см. Streit²/Unterschied
differenzieren см. unterscheiden
differieren см. unterscheiden, sich
diktatorisch см. gebieterisch
diktieren см. verurteilen¹
Diktionär см. Wörterbuch
Dilettant см. Liebhaber²
Dimension см. Ausmaß
Ding см. Gegenstand/Mädchen²
dingen см. anstellen¹
dingfest machen см. verhaften
diplomatisch см. ausweichend
direkt¹,² см. «Приложение»
Direktive см. Befehl
Direktsendung см. Sendung¹
Dirigent дирижер
der **Dirigent** — der **Kapellmeister**

Dirigent индифф. синоним; напр.: ein bekannter Dirigent известный дирижер; der Dirigent des Orchesters, des Chors дирижер оркестра, хора. **Kapellmeister** ≅ Dirigent, но чаще о руководителе небольшой группы музыкантов, небольшого оркестра; напр.: der Kapellmeister einer Blaskapelle капельмейстер духового оркестра

dirigieren см. leiten
Dirn(e) см. Mädchen¹/Prostituierte
diskreditieren см. herabsetzen¹/verleumden
Diskrepanz см. Streit²
diskret см. schweigsam
diskriminieren см. herabsetzen¹
Diskurs см. Gespräch
Diskussion см. Besprechung/Streit¹
diskutieren см. besprechen
dispensieren см. befreien²
Disposition см. Neigung²
Disput см. Besprechung
disputieren см. besprechen
disqualifizieren см. ausschließen
Distanz см. Entfernung
distanzieren см. kühl
distinguiert см. vornehm
Disziplin см. Fach¹
Diva см. Star
divers см. verschieden
Dividende см. Einkommen¹
dividieren см. teilen
doch¹ все-таки, (но) все же
doch — **trotzdem** — **dennoch** — **gleichwohl** — **demungeachtet** — **dessenungeachtet**

doch индифф. синоним; напр.: es ist zwar gefährlich, und doch will ich es wagen это опасно, и все-таки я рискну попробовать; es war ihm zwar verboten worden, aber er ging doch dorthin хотя ему и запретили, но он все же пошел туда Ole sitzt blaß, doch nicht mutlos in der Ofenecke (*Strittmatter*, »*Ole Bienkopp*«) Оле сидит в углу возле печки, бледный, но все же не обескураженный. Er erwartete nichts mehr für sich, doch am vergangenen Abend war er trotz der Angst vor Bogdans Verrat innegeworden, daß einer, der nichts mehr für sich erwartete, ein wenig Glück unter die Menschen streuen konnte... (Strittmatter, »Wundertäter«) Он больше ничего не ждал для себя, но вчера вечером он, несмотря на боязнь предательства со стороны Богдана, убедился, что тот, кто уже ничего не ожидает для себя, может посеять немного счастья среди людей... **trotzdem** несмотря (на то, что), вопреки (тому, что) *сильнее, чем* doch *подчеркивает уступительность; употр., когда что-л. противопоставляется серьезным причинам, обстоятельствам и т. п., являющимся препятствием к осуществлению того, что происходит; напр.*: er war lungenkrank, der Arzt hatte ihm das Rauchen verboten, trotzdem rauchte er у него были больные легкие, врач запретил ему курить, несмотря на это он курил □ Es folgten drei Tage, an denen das Mädchen, ohne aufzublicken, vorüberging. Stanislaus glaubte gesehen zu haben, daß das blasse Wesen trotzdem errötete (Strittmatter, »Wundertäter«) Три дня кряду девушка проходила, не поднимая глаз. Станислаусу казалось, что это бледное существо, проходя мимо, все же краснело. **dennoch** *книжн.* ≅ doch, *но более эмоционально; напр.:* alle Voraussetzungen für den Erfolg der Vorstellung waren da, und dennoch ist sie mißlungen все предпосылки для успеха спектакля были налицо, и тем не менее он не удался. **gleichwohl** *книжн. устаревает* ≅ trotzdem, *но употр., когда хотят смягчить слишком резкую или одностороннюю оценку и т. п., содержащуюся в предыдущем высказывании; напр.:* □ Lea... war taub und wußte gleichwohl fast immer, wovon die Rede war (Th. Mann, »Buddenbrooks«) Леа... была глухой и все же почти всегда знала, о чем идёт речь. **demungeachtet** *книжн. устаревает*, **dessenungeachtet** *книжн.* невзирая на, несмотря на; *напр.:* der Soldat war verwundet, dessenungeachtet blieb er bei seinem Geschütz солдат был ранен, но несмотря на это оставался у своего орудия

doch[2] *см.* aber
dogmatisch *см.* lehrhaft
Doktor *см.* Arzt
doktrinär *см.* lehrhaft
Dokument *см.* Urkunde
dokumentieren *см.* beweisen
dolmetschen *см.* übersetzen
Dolmetscher *см.* Übersetzer
Dom *см.* Kirche
Domestik(e) *см.* Diener[1]
dominieren *см.* vorherrschen
Domizil *см.* Wohnsitz
Don Juan *см.* Verführer
donnern *см.* dröhnen/schimpfen[2]
doof *см.* dumm[1]
doppeldeutig *см.* zweideutig[1]
Doppelgänger *см.* Zwilling
doppelsinnig *см.* zweideutig[1]
doppelzüngig *см.* heuchlerisch
Dorf деревня

das **Dorf** — das **Land**

Dorf *индифф. синоним; напр.:* wie heißt das Dorf? как называется эта деревня?; er ist vom Dorfe он из деревни; sie ist auf dem Dorf aufgewachsen она выросла в деревне; sie wohnten immer auf dem Dorf они всегда жили в деревне; wir werden auf dem Dorf arbeiten мы будем работать в деревне; als Arzt hat er drei Dörfer zu betreuen он участковый врач, в участок которого входят три деревни □ Ein kleiner Junge... zeigte mir das Dorf Lerbach, dessen kleine Hütten, mit grauen Dächern, sich über eine halbe Stunde durch das Tal hinziehen (Heine, »Die Harzreise«) Маленький мальчик... показал мне деревню Лербах, низенькие хижины которой с серыми крышами растянулись по долине на пространстве получаса ходьбы. **Land** деревня, сельская местность; *напр.:* er wohnt auf dem Lande он живет в деревне; im Sommer fahre ich aufs Land летом я еду в деревню; er ist vom Lande он из деревни

dorren *см.* trocknen[1]
dörren *см.* trocknen[1, 2]
dorthin туда (*в то место*)

dorthin — **dahin** — **hin**

dórthin *индифф. синоним; напр.:* ich gehe dorthin я иду туда; schau dorthin (по)гляди туда; wie komme ich am schnellsten dorthin? как туда быстрее попасть [пройти]? **dáhin** (именно) туда *указывает как и* dorthin *на направление и цель движения; напр.:* er hat die Leiter dahin gestellt он поставил лестницу туда; er wird dahin fliegen und nicht nach Paris он туда полетит, а не в Париж □ Dahin! Dahin! | Möcht ich mit dir, o mein Geliebter, ziehn (Goethe, »Mignon«) Туда, туда я хочу отправиться с тобой, о мой любимый. **hin** *указывает на направление от говорящего, часто отдельным словом не переводится; напр.:* nach der Stadt hin по направлению к городу; ich gehe am Fluß hin я иду (туда) вдоль реки; wir fahren nach Süden hin мы едем на юг; die Straße zum Bahnhof hin ist schlecht дорога на вокзал плохая

Dose *см.* Büchse
dösen *см.* schlafen
Dotter *см.* «Приложение»
Dragoman *см.* Übersetzer
drahten *см.* telegrafieren
drall *см.* gesund
Drang *см.* Neigung[1]
drängen *см.* bedrängen[1]
drängen (,sich) протискиваться

(sich) **drängen** — sich **zudrängen** — (sich) **vordrängen**

(sich) **drängen** *индифф. синоним; напр.:* alles drängt (sich) zum Ausgang все протискиваются к выходу; er drängt sich durch die überfüllte Bahn zu meinem Platz am Fenster он протискивается через переполненный вагон к моему месту у окна; sie drängten, um gute Plätze zu bekommen они протискивались, чтобы получить хорошие места. **sich zudrängen** ≅ (sich) drängen, *но более определенно подчеркивает направленность движения к какому-л. определенному месту; напр.:* wir drängten uns dem Ausgang zu мы протискивались к выходу. (sich) **vordrängen** протискиваться вперед; *напр.:* ich dränge mich vor, um in den vorderen Reihen einen Platz zu bekommen я протискиваюсь вперед, чтобы получить место в передних рядах; wir drängten uns durch die Menge vor мы пробрались [протиснулись] вперед сквозь толпу

Drangsal *см.* Not[1]
drastisch *см.* stark[2]
dräuen *см.* drohen[1]
draufgängerisch *см.* tapfer
Dreck *см.* Schmutz[1]
dreckig *см.* schlecht[1]/schmutzig[1]
drehen, sich вращаться

sich **drehen** — **kreisen** — **umkreisen** — **umlaufen** — **rotieren**

sich **drehen** *индифф. синоним; напр.:* die Erde dreht sich um die Sonne Земля вращается вокруг Солнца; das Rad dreht sich um seine Achse колесо вращается на своей оси; sie drehten sich im Tanz они кружились в танце; das Gespräch drehte sich um die letzten politischen Ereignisse разговор вращался вокруг последних политических событий; alles drehte sich um sie она была в центре внимания. **kreisen** описывать круг, кружить(ся) *предполагает движение по кругу, а не вращение вокруг собственной оси; напр.:* die Planeten kreisen um die Sonne планеты вращаются вокруг Солнца; die Möwen kreisen über dem Wasser чайки кружат над водой; das Blut kreist in den Blutgefäßen кровь циркулирует в кровеносных сосудах; die Gedanken kreisen um diesen Punkt мысли все время вертятся вокруг одного и того же [вновь и вновь возвращаются к этому]. **umkreisen** ≅ kreisen, *но употр. тк. при наличии объекта; напр.:* die Stadt, den Flugplatz umkreisen кружить над городом, над аэродромом □ Die Flugzeuge waren jetzt über dem Lager und umkreisten es (Remarque, »Der Funke Leben«) Самолеты теперь были над лагерем и кружили над ним. **umlaufen** циркулировать; *напр.:* das Blut läuft um кровь циркулирует; es läuft das Gerücht um, daß... ходит слух, что... **rotieren** *книжн.* ≅ sich drehen, *но употр. тк. в научно-технической литературе; напр.:* dieser Teil des Generators rotiert эта часть генератора вращается

Drehsessel *см.* Sessel
dreist *см.* frech/keck [1]
dreschen *см.* schlagen
Dreß *см.* Anzug
dressieren [1] дрессировать, обучать
dressieren — drillen — schlauchen
  dressieren *индифф. синоним; напр.:* Tiere, Hunde dressieren дрессировать животных, собак; die Kinder richtig erziehen und nicht bloß auf Gehorsam dressieren воспитывать детей по-настоящему, а не дрессировать, чтобы они слушались. **drillen** муштровать; *напр.:* die Rekruten wurden auf dem Exerzierplatz gedrillt рекрутов муштровали на учебном плацу; die Kinder wurden für die Prüfung gut gedrillt детей здорово натаскали к экзамену. **schlauchen** *разг. диал.* муштровать (до полного изнеможения); *напр.:* der kann seine Leute schlauchen! уж он-то умеет муштровать [гонять] своих людей (до упаду)!
dressieren [2] *см.* gewöhnen
drillen *см.* dressieren [1]
dringen [1] проникать (*о веществах и т. п.*)
dringen — durchdringen — eindringen — durchsickern — sickern — durchlaufen
  dringen *индифф. синоним; напр.:* der Rauch drang ins Zimmer дым проник в комнату; das Wasser drang in die Wohnung вода проникла [попала] в квартиру; ein Glassplitter drang ins Auge осколок стекла попал в глаз ◻ Es scheint ja nicht so schlimm zu sein mit der Grippe, dachte er, als Doras Lachen in die Garderobe drang (Kellermann, »Der 9. November«) Наверно, не такой уж у нее тяжелый грипп, подумал он, когда смех Доры достиг передней. **dúrchdringen** проникать, преодолевая препятствия; *напр.:* das Wasser drang in den Keller durch вода проникла в подвал; erst gegen Mittag konnten die Sonnenstrahlen durch den dichten Nebel durchdringen лишь в полдень лучи солнца могли проникнуть сквозь густой туман; das Wasser drang durch die Mauer durch вода проникла через (каменную) стену; dieses Gerücht ist bis zu uns durchgedrungen этот слух проник к нам [дошел до нас]. **eindringen** ≃ durchdringen, *но подчеркивает направление внутрь чего-л. и интенсивность действия; напр.:* das Wasser drang in das Haus ein вода хлынула [ворвалась] в дом; die Sonne drang kaum in das Dickicht ein солнце едва [с трудом] проникало в чащу. **durchsickern, sickern** постепенно проникать (*сквозь что-л., куда-л.*), просачиваться (*о жидкостях, тж. перен.*); *напр.:* das Wasser sickert durch die Decke durch вода просачивается через потолок; das Blut sickert durch die Binde кровь просачивается через бинт; der Inhalt der Verhandlungen ist in die Presse (durch)gesickert содержание переговоров просочилось в прессу. **dúrchlaufen** *разг.* ≃ durchsickern, *но не употр. перен.; напр.:* das Wasser läuft durch den Filter durch вода проходит через фильтр; durch das alte Dach ist Wasser durchgelaufen через старую крышу протекла [просочилась] вода; laß den Kaffee durchlaufen! процеди кофе!
dringen [2] *см.* überzeugen
dringend *см.* eilig [1]
drohen [1] угрожать
drohen — bedrohen — androhen — dräuen
  drohen *индифф. синоним; напр.:* j-m mit der Polizei drohen угрожать кому-л. полицией; j-m mit der Faust, mit dem Stock drohen угрожать кому-л. кулаком, палкой; mit Krieg drohen грозить войной; er drohte, sie zu verraten он грозился выдать ее ◻ »Bitte sehr!« befahl der Posten fast drohend (Fallada, »Wolf u. Wölfen«) «Попрошу!» — приказал патрульный почти угрожающе. Dann drohte Diederich, sie beim Vater zu verklagen (H. Mann, »Untertan«) Тогда Дидерих пригрозил пожаловаться на нее отцу. **bedrohen** (A) угрожать (кому-л., чему-л.) в настоящий момент (*не употр. с Inf. др. глагола*); *напр.:* er bedrohte mich mit der Faust он угрожал мне кулаком; das Land ist von Feinden bedroht стране угрожают враги; sie haben ihn mit dem Tode bedroht они угрожали ему смертью. **androhen** (j-m etw.) ≃ drohen, *но подразумевает словесную угрозу, не непосредственную опасность для того, кому угрожают; напр.:* j-m eine Strafe, die Entlassung androhen угрожать [пригрозить] кому-л. штрафом, увольнением; der Richter drohte ihm den Wortentzug an судья пригрозил ему лишением слова. **dräuen** *уст. поэт.* грозить (*часто о явлениях природы, о выражении лица*); *напр.:* dräuend blicken бросать грозные взгляды, смотреть угрожающе ◻ Und dräut der Winter noch so sehr | Mit trotzigen Gebärden... (Geibel, »Der Mai ist gekommen«) И как бы ни грозилась упрямая зима...
drohen [2] *см.* gefährden
dröhnen греметь
dröhnen — erdröhnen — grollen — donnern — krachen — rollen — poltern — rumpeln — rattern — klappern — rasseln — ratschen
  dröhnen *индифф. синоним; напр.:* es dröhnen die Geschütze гремят орудия; der Donner dröhnt гром гремит; seine Stimme dröhnte in der Aula его голос гремел в актовом зале; in der Kirche dröhnte die Orgel в церкви гремел орган; in der Ferne dröhnten Schüsse вдали гремели выстрелы; der Schall der Becken dröhnte durch den Saal на весь зал гремели литавры. **erdröhnen** ≃ dröhnen, *но подчеркивает начало действия; напр.:* Kanonenschüsse erdröhnten загремели пушечные выстрелы; die Glocke erdröhnte загудел колокол. **grollen** глухо греметь; *напр.:* der Donner grollte in der Ferne издалека доносились глухие раскаты грома; hinter den Bergen grollten die Geschütze за горами глухо гремели орудия. **donnern** греметь, грохотать; *напр.:* es donnert гремит [грохочет] гром; die Geschütze donnern грохочут орудия; die Züge donnern über die Brücke поезда с грохотом проходят по мосту; donnernd durchbrach das Flugzeug die Schallmauer самолет, гремя, преодолел звуковой барьер; Kanonen, Schüsse donnern in der Nähe вблизи грохочут пушки, выстрелы; ein Wagen donnert über das Pflaster телега громыхает по мостовой. **krachen** ≃ donnern, *но подчеркивает кратковременность производимого резкого звука; напр.:* Schüsse, Salven, Explosionen krachten раздались выстрелы, залпы, взрывы; das Eis krachte слышался грохот трескающегося льда. **rollen** раскатисто греметь; *напр.:* der Donner rollte раскатисто гремел гром. **rumpeln** громыхать (*о движущихся предметах*); *напр.:* ein Wagen polterte [rumpelte] über die Brücke, über das Pflaster телега громыхала по мосту, по мостовой; polternd lief er die Treppe hinunter громыхая, он сбежал вниз по лестнице. **rattern** греметь, прерывисто стучать (*при быстро сменяющихся многократных ударах металла о металл и т. п.*); *напр.:* die Nähmaschine rattert швейная машина стучит; der Zug ratterte über die Weichen поезд стучал на стрелках. **klappern** постукивать (*производить звуки, получающиеся при многократном резком соприкосновении твердых предметов*); *напр.:* sie klappert mit den Töpfen in der Küche она гремит горшками на кухне; er klappert mit den Zähnen vor Kälte он стучит зубами от холода; die Pferdehufe klappern auf dem Pflaster копыта лошадей цокают по мостовой; die Eimer klappern ведра гремят; die Türen klappern двери хлопают. **rasseln** издавать глухой звон; *напр.:* mit dem Schlüsselbund rasseln звенеть связкой ключей; der Wecker rasselt трещит будильник; der Hund rasselt an seiner Kette собака гремит цепью ◻ ...während gleich daneben das Mädchen mit dem Geschirr rasselte (H. Mann, »Untertan«) ...в то время как рядом прислуга гремела посудой. **ratschen** трещать (*производить шум трещоткой*); *напр.:* er ratschte mit der Ratsche он трещал трещоткой
drollig *см.* lächerlich
drosseln *см.* verkleinern [2]
Druck *см.* Schrift
drucken печатать, издавать
drucken — herausgeben — auflegen — verlegen — herausbringen
  drucken *индифф. синоним; напр.:* Bücher, Zeitungen in Moskau drucken издавать книги, газеты в Москве; wann wurde dieses Buch gedruckt?

DRÜCKEN — DUMM

когда была напечатана [издана] эта книга? **herausgeben** издавать *подчеркивает роль лица, учреждения в подготовке, выпуске издания и т. п.; напр.*: Professor N hat ein interessantes Buch herausgegeben профессор N опубликовал интересную книгу; dieses Buch wurde in dem neugegründeten Verlag herausgegeben эта книга была издана во вновь созданном издательстве. **auflegen** ≃ drucken, *но обыкн. употр., когда речь идет о переиздании; напр.*: das Buch wurde wieder [neu] aufgelegt книга вышла повторным изданием. **verlegen** *книжн.* издавать; *напр.*: wir verlegen Bücher und Zeitungen мы издаем книги и журналы. **herausbringen** *разг.* выпустить в свет, издать (*обыкн. впервые книгу или журнал, чаще значительного объема*); *напр.*: der Staatsverlag hat ein neues Buch über Gogol herausgebracht государственное издательство выпустило новую книгу о Гоголе

drücken [1] жать, сжимать
drücken — pressen
drücken *индифф. синоним; напр.*: ich drückte ihm die Hand я пожал ему руку; sie drückt das Kind an sich она прижимает к себе ребенка; er drückte die Nase an die Fensterscheibe он прижался носом к стеклу; sie drückte ihr Gesicht in die Kissen она зарылась лицом в подушки; sie drückte Paste aus der Tube она выдавила немного пасты из тюбика. **pressen** сжимать, сильно жать; *напр.*: er preßte meine Hand zwischen seine Hände он стиснул мою руку своими руками; sie hat das Kind an sich gepresst она крепко прижала к себе ребенка; wir preßten alle Sachen in meinen Koffer мы втиснули все вещи в мой чемодан

drücken [2] *см.* bedrücken/verkleinern [1]
drückend *см.* schwül
drücken, sich *см.* fliehen [1]/vermeiden [1]
dubios *см.* zweifelhaft [1]
Duckmäuser *см.* Heuchler
Duell *см.* «Приложение»
Duft *см.* Geruch
duften *см.* riechen [3]
dulden *см.* ertragen
duldsam терпимый (*к чужому мнению и т. п.*)
duldsam — großzügig — tolerant
duldsam *индифф. синоним; напр.*: ein duldsamer Mensch терпимый человек; er ist den Andersgläubigen gegenüber duldsam он терпим по отношению к иноверцам □ Gingolds hartes, fleischloses Gesicht... seine altmodische, betont bürgerliche Kleidung, langer Rock, Gummizugstiefel, alles verdroß den sonst duldsamen Trautwein (*Feuchtwanger, »Exil«*) Суровое, худое лицо Гингольда... его старомодная, подчеркнуто буржуазная одежда, длинный сюртук, полусапожки на резиновых вздержках — все раздражало обычно терпимого ко всем Траутвейна. **großzügig** снисходительный (*часто об отношении к незначительным проступкам*); *напр.*: er war großzügig genug, ihm den kleinen Fehler nachzusehen он был достаточно снисходителен, чтобы простить ему его маленькую ошибку. **tolerant** *книжн.* = duldsam *и вытесняет его; напр.*: eine tolerante Gesinnung терпимость; mein Vater war fremden Ansichten gegenüber tolerant мой отец относился терпимо к чужим мнениям

dumm [1] глупый
dumm — unvernünftig — verständnislos — unverständig — beschränkt — töricht — närrisch — stupid(e) — sinnlos — stumpfsinnig — borniert — absurd — unintelligent — läppisch — dämlich — albern — ungereimt — blödsinnig — blöd(e) — saudumm — doof — hirnlos — stockdumm — idiotisch
dumm *индифф. синоним; напр.*: ein dummer Junge, Hund глупый мальчик, глупая собака; ein dummes Buch глупая книга; ein dummer Streich глупая выходка; sei nicht so dumm! не будь таким глупым! □ Lach nicht so dumm!.. Red du jetzt einmal wie ein erwachsener Mensch (*L. Frank, »Mathilde«*) Не смейся так глупо!.. Ответь хоть сейчас как взрослая. **unvernünftig** неразумный; *напр.*: ein unvernünftiges Wesen неразумное существо; eine unvernünftige Forderung неразумное требование; du redest unvernünftig ты говоришь неразумно. **verständnislos** (ничего) не понимающий; *напр.*: er starrte mich verständnislos an он (тупо) уставился на меня, ничего не понимая. **unverständig** несмышленый, неразумный; *напр.*: ein unverständiges Kind несмышленый ребенок; eine unverständige Forderung неразумное требование. **beschränkt** ограниченный; *напр.*: ein beschränkter Mensch ограниченный человек; beschränkte Ansichten узкие взгляды; er ist sehr beschränkt он очень ограниченный человек. **töricht** безрассудный, нелепый; *напр.*: eine törichte Frau безрассудная женщина; ein törichtes Benehmen безрассудное поведение; töricht handeln поступать безрассудно □ Was die Luise erwiderte: »Hoffentlich vergißt er's nicht«, schien ihr keine böse und keine spöttische, nur eine törichte Antwort (*Seghers, »Die Toten«*) Ответ Луизы: «Будем надеяться, что он не забудет», — показался ей не злым и не насмешливым, а просто нелепым. **närrisch** дурацкий, сумасбродный; *напр.*: ein närrischer Kauz сумасбродный чудак; ein närrisches Mädchen сумасбродная девушка; närrische Einfälle дурацкие затеи. **stupid(e)** тупой; *напр.*: ein stupider Kerl тупой парень, тупица; eine stupide Arbeit отупляющая работа □ Sie wissen es nicht, was es heißt, täglich dreißig Kilometer mit brennenden Sohlen die stupiden Gänge eines Hotels entlang zu preschen (*Fallada, »Wolf u. Wölfen«*) Вы не знаете, что это такое, шлепать по тридцать километров по дурацким коридорам гостиницы, когда у тебя подошвы ног горят. **sinnlos** бессмысленный; *напр.*: sinnlose Reden бессмысленные речи; es ist sinnlos, auf ihn zu warten ждать его бессмысленно. **stumpfsinnig** отупляющий; *напр.*: er hat eine stumpfsinnige Arbeit у него отупляющая работа; dabei kann man stumpfsinnig werden от этого можно отупеть. **borniert** тупой (*б. ч. о самодовольном, заносчивом человеке*); *напр.*: ein borniertes Spießer тупой обыватель; sie betrieben eine borniertе Politik они проводили твердолобую политику. **absurd** абсурдный; *напр.*: ein absurder Vorschlag абсурдное предложение; eine absurde Meinung абсурдное мнение. **unintelligent** *книжн.* неумный; *напр.*: eine unintelligente Frau неумная женщина; einen unintelligenten Eindruck machen производить впечатление неумного человека. **läppisch** *разг.* дурашливый, нелепый; *напр.*: ein läppisches Spiel нелепая игра; später schämte er sich für sein läppisches Benehmen позднее ему было стыдно за свое глупое поведение. **dämlich** *разг.* глуповатый, придурковатый; *напр.*: er scheint ein dämlicher Kerl zu sein он, кажется, глуповатый [придурковатый] парень; er kann dämliche Fragen stellen он может задавать дурацкие вопросы. **albern** *разг.* глупый (*часто о несерьезном или наивном человеке*); нелепый; *напр.*: ein albernes Frauenzimmer глуповатая женщина; ein albernes Benehmen нелепое поведение; ein albernes Geschwätz нелепая болтовня; alberne Witze нелепые остроты, глупые шутки □ Rund zehntausend Franken. Und wofür? Für eine Legitimation, für ein albernes Stück Papier (*Feuchtwanger, »Exil«*) Ровно десять тысяч франков. И за что? За документ, удостоверяющий личность, за нелепый клочок бумаги. **ungereimt** *разг.* нелепый, несуразный; *напр.*: ungereimte Forderungen stellen выставлять нелепые требования; ungereimte Ansprüche gegen j-n erheben предъявлять кому-л. несуразные претензии. **blödsinnig, blöd(e)** *груб.* тупоумный; идиотский; *напр.*: ein blöder Kerl тупоумный парень; sich blöd(sinnig) benehmen [aufführen] вести себя по-идиотски □ Das waren Tage gewesen, in denen es etwas zu tun gab. Heute hatte er nichts zu tun, als über das blöde Geschreibsel nachzudenken (*Seghers, »Die Toten«*) Это были дни, когда было что делать. А теперь ему только и оставалось, что раздумывать над этим идиотским письмом (*жены*). **saudumm** *груб.* ≃ blödsinnig, *но более эмоционально; напр.*: er ist ein saudummer Mensch он полный идиот; er stellt saudumme Fragen он задает идиотские вопросы. **doof** *фам.* лопо-

DUMM

ухий, несообразительный (*часто в детском обиходе*); *напр.*: daraus ist nichts geworden, weil du dich auf den doofen Kerl verlassen hast из этого ничего не вышло, потому что ты положился на этого лопоухого; quatsch nicht so doof! не мели вздор! **hirnlos** *разг.* безмозглый; *напр.*: ein hirnloser Greis безмозглый старик. **stockdumm** *груб.* очень глупый, глупый как пень; *напр.*: dein Nachbar ist ein stockdummer Kerl твой сосед глуп как пень. **idiotisch** *груб.* идиотский, совершенно бессмысленный; *напр.*: idiotische Fragen stellen задавать идиотские вопросы; idiotische Antworten geben давать идиотские ответы

dumm [2] *см.* unangenehm [1]

Dummheit глупость (*поступок, высказывание и т. п.*)

die **Dummheit** — das **Unding** — der **Unsinn** — der **Widersinn** — der **Nonsens** — der **Firlefanz** — der **Quatsch** — der **Stuß** — der **Mumpitz** — der **Kohl** — der **Mist** — der **Blödsinn**

Dummheit индифф. синоним; *напр.*: laß diese Dummheiten! оставь эти глупости!; mach keine Dummheiten! не делай глупостей!; er hat nur Dummheiten im Kopf у него только глупости на уме; so eine Dummheit! вот глупость-то!, какая глупость! **Unding** нелепость, нечто невозможное; *напр.*: es ist ein Unding, ihn um so etwas zu bitten нелепость просить его о чём-либо подобном. **Unsinn** бессмыслица; *напр.*: Unsinn! вздор!, ересь!; reden Sie doch nicht solchen Unsinn! не говорите такую чепуху!; wer hat diesen Unsinn geschrieben? кто написал эту бессмыслицу? **Widersinn** абсурд; *напр.*: was du da vorschlägst, ist der reine Widersinn то, что ты предлагаешь, — полный абсурд. **Nonsens** *книжн.* нонсенс; *напр.*: so etwas werde ich nie akzeptieren können, das ist Nonsens ничего подобного я не смогу принять [я никогда не соглашусь с чем-либо подобным], это нонсенс. **Firlefanz** *разг.* ерунда, пустяк; *напр.*: er hat nur Firlefanz im Kopf у него одни глупости на уме; ich werde ihm den Firlefanz austreiben я ему дурь из головы выбью. **Quatsch** *фам.* чепуха *наиболее употребительное из фамильярно-разговорных слов этого ряда синонимов*; *напр.*: Quatsch reden, erzählen говорить, рассказывать чепуху; das ist lauter Quatsch! это чистейший вздор!; Quatsch mit Soße! *груб.* чепуха на постном масле! **Stuß, Mumpitz** *фам.* вздор, ерунда; *напр.*: rede keinen Stuß! не мели вздор!; mach doch keinen Mumpitz! не делай глупостей! **Kohl** *груб.* чушь; *напр.*: rede doch keinen Kohl! не болтай чушь!; das ist alles Kohl! всё это чушь! **Mist** *груб.* мура; *напр.*: ich habe mit dem Mist nichts zu schaffen к этой муре я не имею никакого отношения. **Blödsinn** *груб.* идиотизм; *напр.*: das ist doch blühender [reiner] Blödsinn! это же сплошной идиотизм!

Dummkopf *см.* Narr [1]

dumpf глухой (*не звонкий*)

dumpf — hohl — gedämpft

dumpf индифф. синоним; *напр.*: ein dumpfer Ton, Lärm глухой звук, шум; das dumpfe Rollen des Donners глухие раскаты грома; der dumpfe Klang einer Trommel глухой звук барабана; das Klavier klingt dumpf пианино звучит глухо. **hohl** гулкий, глухой (*напоминающий звук, доносящийся из пустого пространства*); *напр.*: ein hohler Ton [Klang] гулкий звук; er hustet hohl он гулко кашляет; etw. mit hohler Stimme sagen сказать что-л. глухим (*от усталости, волнения и т. п.*) голосом. **gedämpft** приглушённый; *напр.*: gedämpfte Musik приглушённая музыка; sie sprachen mit gedämpfter Stimme они разговаривали, понизив голос

dunkel [1] тёмный

düster — dunkel — finster — stockdunkel — stockfinster

Синонимы данного ряда расположены по степени возрастания выражаемого признака

düster (довольно, почти) тёмный, сумрачный *часто связано с представлением о чём-то тревожном, угрожающем*; *напр.*: es fängt an, düster zu werden начинает темнеть; es wurde mir unheimlich zumute, als ich die düstere Treppe hinunterstieg мне стало жутко, когда я спускался по тёмной лестнице □ Auch die Champagne war kein Paradies, aber es gab wenigstens Licht dort — hier war es immer düster (*Kellermann, »Der 9. November«*) Шампань тоже не была раем, но там по крайней мере было светло — здесь же всегда было сумрачно. **dunkel** индифф. синоним; *напр.*: eine dunkle Nacht, Wolke тёмная ночь, туча; ein dunkler Anzug тёмный костюм; dunkles Haar тёмные волосы; es war so dunkel, daß ich die Tür nicht finden konnte было так темно, что я не мог найти дверь □ Um sechs Uhr unternahm er jeden Tag seinen Spaziergang, auch im Winter, wenn es schon völlig dunkel war (*Kellermann, »Totentanz«*) Каждый день в шесть часов он выходил на прогулку, даже зимой, когда уже становилось совершенно темно. **finster** (очень, совсем) тёмный; *напр.*: eine finstere Nacht тёмная ночь; im Wald wurde es finster, wir konnten den Weg nach Hause nicht mehr finden в лесу стало совсем темно, мы уже не могли больше найти дорогу домой □ Und dann wurde es finster. Als es wieder hell wurde, war aus Fräulein Trübners Handtasche die echte Miniatur verschwunden! (*Kästner, »Die verschwundene Miniatur«*) Потом стало совершенно темно. А когда снова зажгли свет, из сумки фрейлейн Трюбнер исчезла подлинная миниатюра! Es war

DURCH

finstere Nacht, und alle stießen ein Geheul der Wut aus. Kein Zug! Keine Lampe! (*Kellermann, »Tunnel«*) Была тёмная ночь, и все взревели от ярости. Ни одного поезда! Ни одной лампы! **stockdunkel, stockfinster** *разг.* непроницаемо тёмный; *напр.*: auf den Straßen war es stockdunkel, alle Laternen wurden ausgelöscht на улицах была непроглядная тьма, хоть глаз выколи, все фонари были погашены □ Draußen war es kalt und noch stockfinster (*L. Frank, »Mathilde«*) На дворе было холодно и ещё совершенно темно

dunkel [2] *см.* unerklärlich [1]/unklar [1]

dünkelhaft *см.* hochmütig

dünken *см.* scheinen [1]

dünn [1] тонкий (*не толстый*)

dünn — fein — hauchdünn

dünn индифф. синоним; *напр.*: eine dünne Wand, Haut тонкая стена, кожа; eine dünne Scheibe Brot тонкий ломтик хлеба; ein dünnes Brett, Heft, Buch тонкая доска, тетрадь, книга; dazu brauche ich dünnes Papier для этого мне нужна тонкая бумага. **fein** тонкий *чаще связано с представлением о хорошем качестве*; *напр.*: feine Haut тонкая [нежная] кожа; feine Wolle тонкая шерсть; feine Wäsche тонкое бельё; feine Spitzen тонкие кружева. **hauchdünn** тончайший, прозрачный; *напр.*: eine hauchdünne Brotscheibe тонюсенький ломтик хлеба; Butter hauchdünn streichen намазывать очень тонкий слой масла

dünn [2] жидкий (*не густой, не насыщенный*)

dünn — wäss(e)rig — mager

dünn индифф. синоним; *напр.*: eine dünne Brühe, Soße жидкий бульон, соус; dünner Tee, Kaffee жидкий [слабый] чай, кофе. **wäss(e)rig** водянистый; *напр.*: eine wässerige Suppe, Frucht водянистый суп, плод. **mager** обезжиренный; *напр.*: magere Milch снятое молоко; eine magere Suppe постный [ненаваристый] суп

dünn [3] *см.* licht [1]/mager [1]/schlank [1]/schwach [2]

Dunst *см.* Nebel

dunstig *см.* neblig

düpieren *см.* betrügen

durch [1] через (*при помощи кого-л., чего-л.*)

durch — mittels — v e r m i t t e l s

durch индифф. синоним; *напр.*: wir haben die Verhandlungen durch einen Dolmetscher geführt мы вели переговоры через переводчика; man hat das durch Funk bekanntgegeben об этом сообщили по радио; wir haben das durch Zufall erfahren мы об этом узнали случайно; das Flußtal wird durch Dämme geschützt долина этой реки защищена (от наводнения) дамбами. **mittels** посредством *употр. по отношению к неодушевлённым предметам, орудиям*; *напр.*: mittels einer Zange, eines Drahtes посредством щипцов, проволоки; die Ziegel wurden mittels eines Kranes gehoben кирпичи подняли с помощью крана. **vermittels** книжн. ≈ mittels; напр.: ein Schloß vermittels eines Dietrichs öffnen открывать замок отмычкой

durch ² см. wegen
durcharbeiten см. lernen
durchaus см. ganz ²/unbedingt
durchblättern см. lesen I¹
durchblicken см. verstehen¹
durchbohren см. sehen¹
durchbrennen см. fliehen¹
durchbringen см. durchsetzen/großziehen ¹,²/verschwenden
durchbringen, sich см. leben¹
durchdrängen, sich см. durchgehen
durchdringen см. dringen¹
durchdringend въедливый, резкий (о запахе)

durchdringend — scharf — penetrant
durchdringend индифф. синоним; напр.: Schwefelsäure hat einen durchdringenden Geruch у серной кислоты едкий запах; in der Küche verbreitete sich ein durchdringender Zwiebelgeruch по кухне распространился едкий запах лука. **scharf** резкий, острый; напр.: scharfer Knoblauchduft резкий запах чеснока; ein scharfer Geruch nach Salmiakgeist резкий запах нашатырного спирта. **penetrant** неодобр. ≈ durchdringend; напр.: im Zimmer riecht es penetrant nach Knoblauch в комнате чувствуется въедливый запах чеснока

durchdrücken см. durchsetzen
Durcheinander см. Trubel
durcheinanderwerfen см. verwechseln

Durchfahrt проезд
die Durchfahrt — die Durchreise
Durchfahrt индифф. синоним; напр.: Durchfahrt verboten! проезд запрещен!; Durchfahrt frei! проезд открыт!; ich bin hier auf der Durchfahrt я здесь проездом; er hat mich auf der Durchfahrt besucht он навестил меня проездом; man hat uns freie Durchfahrt gewährt нам обеспечили свободный проезд (через запретную зону и т. п.). **Durchreise** транзит, проезд через город, через местность и т. п.; напр.: er befindet sich hier gerade auf der Durchreise он как раз находится здесь проездом; sind Sie in Berlin auf der Durchreise? вы в Берлине проездом?

Durchfall см. Niederlage
durchfallen см. versagen¹
durchfechten см. durchsetzen
durchfliegen см. versagen¹
durchfliegen см. lesen I¹
durchführen проводить (осуществлять, выполнять)

durchführen — ausführen — erledigen
durchführen индифф. синоним; напр.: eine Arbeit, eine Untersuchung, einen Beschluß durchführen проводить работу, исследование, выполнять решение; einen Plan durchführen привести в исполнение план; das Gesetz wurde mit großer Strenge durchgeführt закон осуществлялся со всей строгостью. **ausführen** выполнять в отличие от durchführen подчеркивает, что требуемый результат достигается; напр.: er hat die Arbeit, den Auftrag (schon) ausgeführt он (уже) выполнил работу, поручение; wir haben diese Beschlüsse, die Weisungen pünktlich ausgeführt мы точно выполнили эти решения, указания □ Ich wache mit zwanzig Gedanken auf, die tagsüber auszuführen sind... (Th. Mann, »Buddenbrooks«) Я просыпаюсь с двадцатью замыслами в голове, которые нужно осуществить за день... **erledigen** ≈ ausführen, но подчеркивает, что что-л. выполняется полностью, окончательно и является для выполняющего обязательным; напр.: einige Formalitäten erledigen выполнить кое-какие формальности; meine Arbeit habe ich schon erledigt свою работу я уже выполнил [закончил]; Ihr Gesuch ist erledigt ваше заявление рассмотрено; die Sache ist erledigt дело улажено □ Man saß in dem großen Kinderzimmer zusammen und erledigte seine Schularbeiten (Th. Mann, »Buddenbrooks«) Сидели вместе в детской и выполняли домашние задания

durchgehen проходить (где-л., куда-л.)

durchgehen — durchkommen — durchziehen — sich durchdrängen — sich zwängen — sich durchschlagen — sich durchhauen
durchgehen индифф. синоним; напр.: darf man hier durchgehen? можно здесь пройти?; der Schrank geht hier nicht durch шкаф здесь не пройдет (в дверь). **durchkommen** (с трудом) проходить употр. с указанием на какие-л. препятствия для прохода; напр.: die Straße ist eng, aber das Auto kommt doch durch улица узкая, но машина все же пройдет. **durchziehen** ≈ durchgehen, но употр., когда речь идет о множестве проходящих; напр.: hier sind unsere Truppen durchgezogen здесь прошли наши войска. **sich durchdrängen** проталкиваться; напр.: wir drängten uns zum Ausgang durch мы проталкивались к выходу; wir konnten uns zwischen den Tischen kaum zum Büfett durchdrängen мы едва могли протолкнуться между столиками к буфету. **sich zwängen** разг. протискиваться; напр.: wir konnten uns nur mühsam durch die Menge zwängen лишь с трудом мы смогли протиснуться через толпу. **sich durchschlagen** разг. пробиваться; напр.: es gelang den Partisanen, sich durch die feindlichen Linien zu unseren Truppen durchzuschlagen партизанам удалось пробиться через позиции противника к нашим войскам. **sich durchhauen** разг. прорываться, пробиваться (с боем); напр.: unser Zug hat sich durch die feindlichen Linien durchgehauen наш взвод пробился [с боем прорвался] через позиции противника

durchgreifen см. handeln I
durchhalten см. ertragen
durchhauen см. schlagen
durchhauen, sich см. durchgehen
durchhecheln см. lästern
durchkommen см. durchgehen
durchkreuzen см. kreuzen/verteilen
durchlaufen см. dringen¹
durchlesen см. lesen I¹
durchleuchten см. durchscheinen
durchmachen см. erleben
durchmessen см. messen
durchnäßt см. naß
durchnehmen см. lernen
durchprügeln см. schlagen
durchqueren пересекать (двигаться поперек чего-л.)

durchqueren — überqueren — überschreiten — queren
durchqueren индифф. синоним; чаще употр., когда речь идет о пересечении более или менее ограниченного пространства; напр.: das Zimmer, den Garten, den Wald, das Land durchqueren пересечь комнату, сад, лес, страну; Livingstone war der erste Europäer, der Afrika durchquerte Ливингстон был первым европейцем, который пересек Африку; ich durchquerte schwimmend den Fluß я пересек реку вплавь. **überqueren** о движении по поверхности чего-л.; напр.: die Straße, den Platz, das Feld, die Brücke überqueren пересечь улицу, площадь, поле, мост; wir konnten den Sumpf nicht überqueren мы не могли пересечь [перейти] болото; ich überquerte den Fluß im Boot я пересек реку на лодке. **überschreiten** чаще о пересечении какой-л. линии, действительной или воображаемой; напр.: die Grenze überschreiten пересечь границу; das Überschreiten der Gleise ist verboten! переходить через железнодорожные пути воспрещается! **queren** редко ≈ überqueren не употр. с субъектом-лицом; напр.: eine Straße queren пересекать улицу; wir beobachten, wie sein Auto den Platz querte мы наблюдали, как его автомобиль пересекал площадь

Durchreise см. Durchfahrt
durchschauen см. verstehen¹
durchscheinen просвечивать (виднеться)

durchscheinen — durchschimmern — durchleuchten
durchscheinen индифф. синоним; напр.: der See schien zwischen den Bäumen durch озеро проглядывало между деревьями; durch die dünnen Vorhänge schien die Sonne durch через тонкие занавеси проникало [просвечивало] солнце; das Rouleau ist heruntergelassen, aber an den Seiten scheint Licht durch штора спущена, но по бокам проникает свет. **durchschimmern** слабо просвечивать; напр.: durch den Vorhang, unter der Tür schimmert Licht durch через занавеси, из-под двери пробивается слабый свет. **durchleuchten** = durchscheinen, но менее употребительно; напр.: das

Licht leuchtet hier durch свет здесь проникает наружу

durchschimmern см. durchscheinen
Durchschlag см. Abdruck
durchschlagen см. wirken I¹
durchschlagend см. maßgebend
durchschlagen, sich см. durchgehen/leben¹
durchschnittlich см. gewöhnlich¹/mittelmäßig
durchsehen см. lesen I¹
durchsetzen проводить (в жизнь) (*преодолевая какие-л. препятствия, затруднения*)

durchsetzen — durchbringen — durchfechten — durchdrücken — befummeln

durchsetzen *индифф. синоним*; *напр.*: trotz der Opposition im Parlament wurde das Gesetz durchgesetzt закон был проведен, несмотря на парламентскую оппозицию; er hat seinen Willen durchgesetzt он добился своего; sie hat ihre Meinung durchgesetzt она настояла на своем мнении. **durchbringen** *разг.* ≅ durchsetzen; *напр.*: es gelang, das Gesetz im Parlament durchzubringen этот закон удалось провести в парламенте; er konnte seinen Kandidaten durchbringen он смог протащить своего кандидата. **durchfechten** *разг.* пробить; *напр.*: eine Verordnung nach heftigen Auseinandersetzungen durchfechten пробить постановление после жарких споров; ein Prozeß durchfechten вырвать победу в судебном процессе, выиграть трудный процесс. **durchdrücken** протащить *подчеркивает настойчивость, с которой преодолевается чье-л. сопротивление проведению чего-л.*, *напр.*: erst nach einem hartnäckigem Streit gelang es ihm, seine Vorschläge durchzudrücken лишь после упорных споров ему удалось протащить свои предложения □ »Lieber Tschernigg«, entschuldigte sich Trautwein, »welche Schwierigkeiten es macht, Ihre Verse bei einem bürgerlich respektablen Blatt durchzudrücken, brauche ich Ihnen nicht auseinanderzusetzen« (*Feuchtwanger*, »*Exil*«) «Дорогой Черниг, — извинялся Траутвейн, — мне не нужно объяснять вам, каких трудов стоит протащить ваши стихи в какую-нибудь респектабельную буржуазную газету». **befummeln** *фам.* проворачивать; *напр.*: die Sache werde ich schon allein befummeln! это дельце я один проверну!

durchsetzen, sich см. siegen
durchsichtig прозрачный

durchsichtig — klar — kristallklar — transparent

durchsichtig *индифф. синоним*; *напр.*: ein durchsichtiges Glas прозрачное стекло; eine durchsichtige Flüssigkeit прозрачная жидкость; die Luft war durchsichtig воздух был прозрачен; die Libelle hat durchsichtige Flügel у стрекозы прозрачные крылья. **klar** ясный, чистый; *напр.*: ein klarer Tag ясный день; ein klarer Himmel чистое [ясное] небо; der Bach ist klar ручей светлый; das Wasser im Fluß ist klar вода в реке прозрачная. **kristallklar** кристальный, абсолютно прозрачный; *напр.*: das Wasser im Bergsee war kristallklar вода в горном озере была кристальной [кристально чистой]. **transparent** *книжн.* ≅ durchsichtig, *но в прям. знач. редко и обыкн. не употр. по отношению к воздуху, воде и т. п.*; *напр.*: transparentes Papier просвечивающая бумага; transparenter Stoff прозрачный [просвечивающий] материал

durchsickern см. dringen¹
durchsieben см. sieben
durchsprechen см. besprechen
durchstöbern см. wühlen¹
durchstreichen см. streichen¹
durchtrieben см. schlau
durchwühlen см. wühlen¹
durchziehen см. durchgehen
dürfen см. können¹/sollen¹
dürftig см. kümmerlich¹/schlecht³
dürr см. mager¹/trocken/unfruchtbar²
Durst жажда

der Durst — der Brand — der Riesendurst

Durst *индифф. синоним*; *напр.*: heftiger, quälender Durst сильная, мучительная жажда; Durst fühlen, stillen чувствовать, утолять жажду; ich habe großen Durst мне очень хочется пить; er hat Durst auf Bier ему хочется пива. **Brand** *разг.* мучительная жажда; *напр.*: ich habe einen Brand у меня внутри все горит от жажды; da er gestern viel Wein getrunken hatte, wachte er heute mit einem fürchterlichen Brand auf так как он вчера выпил много вина, то, проснувшись сегодня, мучительно хотел пить. **Riesendurst** *разг.* ужасная, адская жажда; *напр.*: nach dem Hering habe ich Riesendurst после селедки у меня адская жажда

dürsten см. streben/wollen¹
Dusche см. Brause
duseln см. schlafen
düster см. dunkel¹/mürrisch

E

eben¹ только что

eben — gerade — soeben

eben *индифф. синоним*; *напр.*: er war eben noch unten он только что был внизу; es hat eben geläutet только что был звонок; er ist eben gekommen он только что пришел; ich wollte eben zu ihr gehen, als sie eintrat я как раз хотел к ней пойти, когда она вошла □ Er hält inne, erschrocken über das, was er da eben gedacht hat (*Fallada*, »*Jeder stirbt*«) Он останавливается, испуганный тем, о чем только что подумал. **gerade** ≅ eben, *но часто употр., когда подчеркивается момент совпадения двух процессов, действий и т. п.*; *напр.*: der Tag war gerade angebrochen, da verließ er das Haus только что рассвело, как он покинул дом; ich kam gerade, als er sich verabschiedete я пришел как раз, когда он прощался. **soeben** *книжн.* ≅ eben, *но б. ч. употр., когда какое-л. действие, какой-л. процесс в данный момент либо уже закончился, либо только что начался; напр.*: soeben hat er den Vortrag beendet он только что закончил доклад; soeben begann er seine Vorlesung он только что начал свою лекцию

eben² см. flach¹/neulich
ebenbürtig см. gleich¹
Ebene см. «Приложение»
ebenfalls см. auch¹
ebnen см. glätten
Echo см. Widerhall
Ecke угол

die Ecke — der Winkel

Ecke *индифф. синоним*; *напр.*: eine gemütliche Ecke in einem Zimmer уютный уголок в комнате; der Tisch steht in der Ecke стол стоит в углу; einen Schüler zur Strafe in die Ecke stellen в наказание поставить ученика в угол; ich habe mich an der Ecke meines Schreibtisches gestoßen я ударился об угол своего письменного стола; die Straßenbahn hält an der Ecke трамвай останавливается на углу; ich wohne hier um die Ecke я живу сразу за углом; ich warte auf dich an der Ecke я буду ждать тебя на углу улицы □ Die Mutter stellte das Mittagessen auf den Tisch... und auf den Boden in die Ecke den Teller für die Schwarze, die aber unruhig um Mathilde herumstrich und verlangend miaute (*L. Frank*, »*Mathilde*«) Мать поставила обед на стол... а на пол в угол тарелку для Чернушки, которая беспокойно вертелась вокруг Матильды и мяукала, требуя еды. **Winkel** a) (внутренний) угол (*в помещении, на местности и т. п.*); уголок; *напр.*: ich fand ihn in einem dunklen Winkel я нашел его в темном углу; b) *мат.* угол; *напр.*: ein Winkel von 60 Grad угол в 60 градусов

edel см. selbstlos/vornehm
Edelmann см. Ad(e)liger
Edelmut см. Großmut
edelmütig см. vornehm
Edelsinn см. Großmut
Eden см. Paradies
edieren см. veröffentlichen
Edikt см. Gesetz
Effekt см. Einfluß¹
effektiv см. wirksam
egal см. gleichgültig²
egoistisch эгоистичный

egoistisch — selbstsüchtig — eigennützig — eigensüchtig — selbstisch

egoistisch *индифф. синоним*; *напр.*: ein egoistischer Mensch эгоистичный человек; egoistische Neigungen, Zwecke эгоистические склонности, цели;

egoistisch handeln, denken поступать, мыслить эгоистически; er ist sehr egoistisch eingestellt он большой эгоист, думает только о себе. **selbstsüchtig** ≅ egoistisch, *но употр. для выражения большей степени эгоизма*; *напр.*: ein ausgesprochen selbstsüchtiger Mensch исключительно эгоистичный человек. **eigennützig** корыстный *в отличие от предыдущих синонимов чаще относится к поступкам людей, их чувствам и мотивам их поведения*; *напр.*: eigennützige Liebe эгоистичная [корыстная] любовь; eigennützig handeln поступать эгоистично, действовать в своих личных интересах; von Natur eigennützig sein быть по натуре корыстным. **eigensüchtig** *высок.* ≅ eigennützig; *напр.*: eigensüchtige Motive эгоистичные [корыстные] мотивы; eigensüchtig handeln действовать в своекорыстных целях. **selbstisch** *книжн. устаревает* себялюбивый (*обыкн. атрибутивно*); *напр.*: ein selbstischer Mann себялюбивый человек; aus selbstischen Motiven handeln поступать, руководствуясь эгоистическими мотивами

ehe *см.* bevor
Ehe: eine Ehe eingehen *см.* heiraten
ehedem *см.* früher I
Ehefrau *см.* Frau²
Ehegatte *см.* Mann²
Ehegattin *см.* Frau²
Ehegemahl *см.* Mann²
Ehegespons *см.* Mann²
Ehehälfte *см.* Frau²/Mann²
ehelichen *см.* heiraten
ehelos *см.* ledig
ehemalig *см.* früher II
ehemals *см.* früher I
Ehemann *см.* Mann²
Ehepartnerin *см.* Frau²
Ehestand: in den Ehestand treten *см.* heiraten
ehrbar *см.* angesehen/anständig²
Ehre *см.* Auszeichnung¹
ehren *см.* achten¹
ehrenhaft *см.* angesehen
Ehrenmann честный человек
der **Ehrenmann** — der **Biedermann** — ehrliche Haut
Ehrenmann *индифф. синоним*; *напр.*: ich halte ihn für einen Ehrenmann я считаю его честным человеком; er ist durch und durch ein Ehrenmann он чрезвычайно порядочный человек, он человек чести. **Biedermann** *устаревает* порядочный человек *теперь — о доверчивом обывателе*; *напр.*: □ Frisch, Fährmann | Schaff' den Biedermann hinüber (*Schiller*, »*Wilhelm Tell*«) Скорей, лодочник, перевези этого порядочного человека. **ehrliche Haut** *разг.* честная душа; *напр.*: sie ist eine ehrliche Haut она честнейшая женщина
ehrenwert *см.* angesehen
ehrerbietig *см.* aufmerksam¹
Ehrerbietung *см.* Achtung¹
Ehrfurcht *см.* Achtung¹/Verehrung¹

ehrfürchtig *см.* aufmerksam¹
ehrfurchtsvoll *см.* andächtig¹
Ehrgeiz честолюбие
der **Ehrgeiz** — die **Ehrsucht**
Ehrgeiz *индифф. синоним*; *напр.*: ein starker, ungesunder, krankhafter, unbefriedigter Ehrgeiz сильное, нездоровое, болезненное, неудовлетворенное честолюбие; literarischer Ehrgeiz литературные амбиции; ihm fehlt jeder Ehrgeiz он совершенно лишен честолюбия; er ist von Ehrgeiz besessen он одержим честолюбием □ Gut nur, daß Spitzi faul ist und ohne Ehrgeiz (*Feuchtwanger*, »*Exil*«) Хорошо только, что Шпици ленив и лишен честолюбия. **Ehrsucht** чрезмерное честолюбие, жажда почестей; *напр.*: etw. aus Ehrsucht tun совершать что-л. из-за непомерного честолюбия [будучи снедаемым честолюбием]
ehrgeizig честолюбивый
ehrgeizig — **hochfliegend** — **ruhmbegierig**
Синонимы данного ряда расположены по степени возрастания выражаемого признака
ehrgeizig *индифф. синоним*; *напр.*: ein ehrgeiziger Mensch честолюбивый человек; ehrgeizige Pläne честолюбивые планы; er ist ziemlich, krankhaft, maßlos ehrgeizig он довольно, болезненно, чрезмерно честолюбив □ Er war ehrgeizig, er trug ein bestimmtes Projekt im Kopf, für das er seinen Vater heute gewinnen wollte (*Feuchtwanger*, »*Exil*«) Он был честолюбив, в голове его созрел определенный проект, для осуществления которого он хотел сегодня заручиться поддержкой отца. **hochfliegend** *не употр. по отношению к лицу*; *напр.*: hochfliegende Pläne, Ideen честолюбивые планы, идеи. **ruhmbegierig** *редко* безгранично честолюбивый, жаждущий славы *употр. тк. по отношению к лицу*; *напр.*: ein ruhmbegieriger Mensch человек, жаждущий славы
Ehrgeizling *см.* Streber
ehrlich¹ честный
ehrlich — **grundehrlich** — **fair** — **redlich**
ehrlich *индифф. синоним*; *напр.*: ein ehrlicher Mann, Kassierer, Angestellter честный человек, кассир, служащий; er hat das Geld ehrlich verdient он честно заработал (эти) деньги; wir haben alles ehrlich geteilt мы все честно разделили. **grundehrlich** кристально честный; *напр.*: das ist ein grundehrlicher Mensch это человек кристальной честности. **fair** [-ɛ-] честный, корректный; *напр.*: eine faire Gesinnung честный образ мыслей; ein fairer Kampf корректная борьба; er hat ihm gegenüber nicht fair gehandelt он вел себя по отношению к нему не по-джентльменски. **redlich** честный, беспорочный *теперь употр. реже*; *напр.*: ein redlicher Dienst беспорочная служба; ein redliches Benehmen беспорочное поведение; er verdiente redlich sein Brot он честно зарабатывал свой хлеб; er gab sich redlich Mühe он старался вовсю
ehrlich² *см.* aufrichtig
ehrlich³: ehrliche Haut *см.* Ehrenmann
ehrlos *см.* unehrlich
ehrsam *см.* angesehen/anständig²
Ehrsucht *см.* Ehrgeiz
ehrwürdig *см.* angesehen
Eid *см.* Schwur
eidbrüchig *см.* treulos
Eidschwur *см.* Schwur
eifrig *см.* fleißig
Eigelb *см.* Dotter
eigen¹ *см.* besonder/merkwürdig
eigen²: auf eigene Faust *см.* eigenmächtig; sein eigen nennen *см.* haben¹
eigenartig *см.* merkwürdig
Eigenbrötler *см.* Sonderling
Eigenheim *см.* Einfamilienhaus
eigenmächtig самовольно
eigenmächtig — auf eigene Faust
eigenmächtig *индифф. синоним*; *напр.*: eigenmächtig handeln, etw. bestimmen самовольно действовать, решать что-л.; die Kaserne eigenmächtig verlassen самовольно отлучиться из казармы. **auf eigene Faust** *разг.* на свой страх и риск; *напр.*: auf eigene Faust handeln, etw. unternehmen действовать, предпринять что-л. на свой страх и риск
eigennützig *см.* egoistisch
Eigenschaft качество
die **Eigenschaft** — die **Beschaffenheit**
Eigenschaft *индифф. синоним*; *напр.*: gute, schlechte, nützliche, angeborene Eigenschaften besitzen обладать хорошими, плохими, полезными, прирожденными качествами; diese Eigenschaften schätzen alle besonders an ihm эти качества все особенно ценят в нем; bei allen seinen guten Eigenschaften habe ich ihn nicht gern при всех его достоинствах я его не люблю. **Beschaffenheit** свойство; *напр.*: mich interessiert die Beschaffenheit dieses Stoffes меня интересуют свойства этой материи; der Stoff war von guter Beschaffenheit материал был высокого качества
eigensinnig упрямый
eigensinnig — **trotzig** — **widersetzlich** — **widerspenstig** — **störrisch** — **rechthaberisch** — **aufsässig** — **eigenwillig** — **halsstarrig** — **starrsinnig** — **starrköpfig** — **renitent** — **obstinat** — **widerborstig** — **bockig** — **dickköpfig** — **dickschädelig** — **stur**
eigensinnig *индифф. синоним*; *напр.*: eigensinnig bei seiner Meinung beharren упрямо настаивать на своем; er ist sehr eigensinnig, er läßt sich von seiner Meinung nicht abbringen он очень упрям, его нельзя разубедить. **trotzig** упрямый, непослушный (*чаще о детях*); *напр.*: ein trotziges Kind упрямый ребенок; ein trotziges Gesicht выражение упрямства на лице; er besteht trotzig auf seinem Willen

EIGENSINNIG

он упрямо стоит на своем □ Der Humor war fort; ärgerlich, ausfallend, bissig, trotzig wurden die Namen gesagt (*Fallada*, »*Wolf u. Wölfen*«) От шуток не осталось и следа; раздраженно, с нападками, ядовито, упрямо назывались имена. Sie schüttelt trotzig den Kopf (*Fallada*, »*Jeder stirbt*«) Она упрямо качает головой. **widersetzlich, widerspenstig** строптивый; *напр.*: ein widersetzliches [widerspenstiges] Mädchen строптивая девушка; ich wollte mich nicht widerspenstig zeigen я не хотел показаться строптивым [несговорчивым] □ Sowie der Portugiese hier anzutasten wagte, wurde Nicklas Pfäffle sogleich widerspenstig... (*Feuchtwanger*, »*Jud Süß*«) Как только португалец пытался здесь коснуться этого, Николас Пфеффле сразу обнаруживал строптивость... **störrisch** непокорный; *напр.*: ein störrisches Pferd норовистая лошадь; ein störrischer Bengel непокорный [упрямый] мальчишка; störrisch wie ein Esel упрямый как осел. **rechthaberisch** неуступчивый, не терпящий возражений (*всегда настаивающий на правоте своего мнения*); *напр.*: ein rechthaberischer Mensch человек, не терпящий возражений; sei nicht so rechthaberisch! не будь таким неуступчивым! **aufsässig** непослушный (*демонстративно игнорирующий чьи-л. указания; часто непослушание сочетается с вызывающим поведением или озлобленностью*); *напр.*: ein aufsässiges Kind непослушный ребенок. **eigenwillig** своевольный; *напр.*: ein eigenwilliges Kind своевольный ребенок; ein eigenwilliger Charakter своевольный характер; eigenwillig auf seiner Meinung bestehen упрямо настаивать на своем мнении. **halsstarrig** *неодобр.* упорный (*непреклонно и упрямо настаивающий на своем*); *напр.*: trotz der drohenden Gefahr setzte er halsstarrig seinen Willen durch und es kam zu einer Katastrophe несмотря на угрожавшую опасность, он упрямо настоял на своем, и это привело к катастрофе. **starrsinnig, starrköpfig** *неодобр.* твердолобый (*вследствие неуступчивого характера категорически и упрямо настаивающий на своем, несмотря на обоснованные и разумные возражения*); *напр.*: es war unmöglich, diese starrköpfige [starrsinnige] Frau zu überreden эту упрямую женщину невозможно было уговорить. **renitent** *чаще книжн.* ≈ widerspenstig; *напр.*: sein renitentes Verhalten ärgerte den Vater sehr его упорство очень злило отца. **obstinat** *часто книжн.* строптивый, неисправимый; *напр.*: er hatte einen obstinaten Charakter у него был строптивый характер □ Es (*das Volk*) ist zäh, aber nicht töricht obstinat (*Feuchtwanger*, »*Jud Süß*«) Он (народ) упорен, но не бессмысленно строптив. **widerborstig** *фам.* ершистый; *напр.*: er ist heute so widerborstig он сегодня особенно ершист. **bockig** *фам.* упрямый как козел (*обыкн. о детях*); *напр.*: ich will mit dir nicht reden, du bist bockig я не хочу с тобой разговаривать, ты упрям как козел. **dickköpfig, dickschädelig** *разг.* ≈ starrköpfig; *напр.*: beide Brüder waren viel zu dickköpfig, um nachzugeben оба брата были настолько крепкоголовые, что никто из них не уступал; der General war viel zu dickschädelig, um auf den Rat seiner Offiziere zu hören генерал был слишком упрям, чтобы слушать советы своих офицеров. **stur** *груб.* упрямый как бык, меднолобый; *напр.*: er ist stur он упрям как бык; er bleibt stur bei seiner Meinung он тупо упорствовал, оставаясь при своем мнении; ein sturer Bock! упрямый козел!

eigensüchtig *см.* egoistisch
eigentlich *см.* wirklich²
Eigentum *см.* Besitz¹
Eigentümer *см.* Besitzer
eigentümlich *см.* merkwürdig
eigenwillig *см.* eigensinnig
Eiland *см.* Insel
Eilbote *см.* Bote
Eile спешка

die Eile — die Hast — die Hetze

Eile *индифф. синоним*; *напр.*: in der Eile habe ich das Geld auf dem Tisch liegen lassen в спешке я оставил деньги на столе; ich habe (keine) Eile я (не) спешу □ In dem Luftwirbel zwischen den hinteren Pneus tanzten schmutzige welke Blätter, die aus dem Tiergarten herübergeweht worden waren, und ein Zeitungsblatt, das ein Passant, in der Eile, sein Leben in Sicherheit zu bringen, verlor, rollte rasend hinterher (*Kellermann*, »*Der 9. November*«) В воздушном вихре между задними колесами плясали грязные увядшие листья, которые занесло сюда из Тиргартена, и кружилась газета, оброненная в спешке пешеходом, спасавшим свою жизнь. **Hast** торопливость, поспешность (*вызванная опасением, что для выполнения чего-л. не хватит времени*); *напр.*: deine Hast ist unnötig, wir haben noch viel Zeit твоя торопливость излишня, у нас еще много времени; du wirst schneller das Ziel erreichen, wenn du das ohne Hast machst ты скорее достигнешь цели, если ты это будешь делать не торопясь □ Mit einer bei ihm ganz ungewohnten Hast legt er seine große, verarbeitete Hand auf ihren Rücken. Er fühlt, daß seine Frau am ganzen Leibe zittert (*Fallada*, »*Jeder stirbt*«) С необычной для него порывистостью он кладет ей на спину свою большую загрубевшую руку. Он чувствует, что жена дрожит всем телом. **Hetze** *разг.* гонка, горячка; *напр.*: wozu diese Hetze! к чему такая гонка [горячка]!; ich möche nicht wieder in einer solchen Hetze ins Theater kommen мне не хотелось бы снова в такой спешке нестись в театр

EINBILDUNG

eilen *см.* laufen¹
eilfertig *см.* unüberlegt¹
eilig¹ спешный, срочный
eilig — dringend — brennend

Синонимы данного ряда расположены по степени возрастания выражаемого признака

eilig *индифф. синоним*; *напр.*: eine eilige Sache, Nachricht спешное дело, известие; die Sache ist sehr eilig дело очень спешное. **dringend** (очень) срочный (*и важный с точки зрения говорящего*); *напр.*: ein dringendes Telegramm срочная телеграмма; eine dringende Frage срочный вопрос; die Sache ist dringend дело срочное; ich brauche Sie dringend вы мне очень нужны □ Ich habe wieder, wie sooft, Ihren Rat dringend nötig (*Kellermann*, »*Totentanz*«) Мне срочно нужен, как это уже часто бывало, ваш совет. **brennend** неотложный; *напр.*: die Sache ist brennend дело не терпит отлагательства [горит]; ich habe es brennend nötig мне это очень срочно нужно

eilig² *см.* schnell
einarbeiten, sich *см.* gewöhnen, sich
einäschern *см.* verbrennen¹
einatmen вдыхать

einatmen — einziehen

einatmen *индифф. синоним*; *напр.*: reine Luft, schädliche Stoffe einatmen вдыхать чистый воздух, вредные вещества; er atmete die Luft durch die Nase ein он дышал носом. **einziehen** втягивать, (глубоко, жадно) вдыхать; *напр.*: die würzige Waldluft, den Rauch einziehen вдыхать пряный лесной воздух, дым

einberufen призывать (*в армию*)
einberufen — rekrutieren — ausheben — einziehen

einberufen *индифф. синоним*; *напр.*: die Reservisten wurden zum 1. November einberufen резервистов призвали в армию с 1-го ноября; junge Leute seines Alters werden zum Militärdienst einberufen молодые люди его возраста призываются на военную службу. **rekrutieren** *уст.* призывать на действительную службу призывников (*очередного набора*); *напр.*: in unserem Zug gibt es 10 Soldaten, die im vorigen Jahr rekrutiert worden sind в нашем взводе имеется 10 новобранцев, которые в прошлом году были призваны на действительную службу. **ausheben** *устаревает* = einberufen. **einziehen** *разг.* взять (на военную службу); *напр.*: im vergangenen Sommer wurde überrascht ein neuer Jahrgang eingezogen прошлым летом неожиданно взяли (в армию) новый призывной возраст; gegen Ende des Krieges zog man sogar Sechzigjährige in den Volkssturm ein в конце войны в фолькштурм брали [забирали] даже шестидесятилетних (стариков)

einbiegen *см.* abbiegen
einbilden, sich *см.* vermuten
Einbildung воображение

EINBIßCHEN 127 EINFALLEN

die Einbildung — die Phantasie — die Illusion — der Wahn — das Hirngespinst — das Luftschloß — die Utopie

Einbildung *индифф. синоним; напр.*: das alles ist nur Einbildung всё это — одно воображение; seine Krankheit ist bloß Einbildung его болезнь — одно воображение [плод самовнушения]. **Phantasie** фантазия; *напр.*: diese Erzählung ist nichts anderes als ein Produkt seiner lebhaften Phantasie этот рассказ — не что иное, как плод его пылкой фантазии; er hat eine reiche Phantasie! у него богатая фантазия! **Illusion** иллюзия; *напр.*: ich mache mir darüber keine Illusionen по этому поводу я не строю себе никаких иллюзий; von dieser Illusion werde ich ihn heilen я его излечу от этой иллюзии. **Wahn** обманчивая иллюзия, заблуждение; *напр.*: sie lebt in dem Wahn, daß sie noch genesen könne она живёт иллюзией, что (она) ещё может выздороветь □ »Man kann sagen, was man will«, bemerkte er gern, »Formen sind kein leerer Wahn« (*H. Mann*, »*Untertan*«) «Можно говорить что угодно, — любил он повторять, — но формы обхождения — это не пустая мечта». **Hirngespinst** *б. ч. мн. неодобр.* химера, плод (больного) воображения; *напр.*: es sind nichts als Hirngespinste, die er ausbrütet это не что иное, как химеры, порождённые его фантазией. **Luftschloß** воздушный замок; *напр.*: Luftschlösser bauen строить воздушные замки; die Pläne, die wir heute gemacht haben, sind lauter Luftschlösser планы, которые мы сегодня строили, не что иное, как воздушные замки. **Utopie** *книжн.* утопия; *напр.*: das, was du vorschlägst, ist reine Utopie то, что ты предлагаешь, — чистая утопия

ein bißchen *см.* einig(e)
einblasen *см.* vorsagen
einbleuen *см.* einprägen ¹/lehren ¹
einbrechen *см.* eindringen ¹/hineingehen ¹
einbringen *см.* eintragen ¹
einbuchten *см.* festsetzen ¹
einbüffeln *см.* lehren ¹
einbürgern *см.* «Приложение»
einbürgern, sich укореняться

sich einbürgern — sich einwurzeln

sich einbürgern *индифф. синоним; напр.*: diese Bräuche, diese Gewohnheiten haben sich eingebürgert эти обычаи, эти привычки укоренились; das neue Kartenspiel hat sich hier schnell eingebürgert новая карточная игра здесь быстро вошла в быт; diese Sportart hat sich bei uns eingebürgert этот вид спорта вошёл у нас в обиход. **sich einwurzeln** прочно укорениться, пустить глубокие корни; *напр.*: Sitten, Bräuche, Gewohnheiten, Vorurteile wurzeln sich ein нравы, обычаи, привычки, предрассудки прочно укореняются; üble Gewohnheiten wurzeln sich bereits im Kindesalter ein дурные наклонности (прочно) укореняются

уже с детства; das Mißtrauen gegen ihn wurzelte sich tief ein недоверие к нему пустило глубокие корни

Einbuße *см.* Verlust ¹, ²
einbüßen *см.* verlieren
eindämmen *см.* beschränken
eindecken, sich *см.* versorgen, sich
eindeutig *см.* klar ²
eindicken *см.* verdichten
eindösen *см.* einschlafen
eindringen ¹ проникать

eindringen — einfallen — einbrechen — einsteigen

eindringen *индифф. синоним; напр.*: die feindlichen Truppen drangen in die Stadt ein неприятельские войска проникли в город; die Diebe drangen in das Haus ein воры проникли в дом □ Sie sieht ihn eindringlich an, und wieder wehrt er sich gegen das Fremde, das in ihn eindringt (*Fallada*, »*Jeder stirbt*«) Она пытливо смотрит на него, и он опять силится побороть то незнакомое, что закрадывается в него. **einfallen** вторгаться, нападать врасплох (*с целью проникнуть в глубь страны*); *напр.*: die Faschisten fielen im Jahre 1941 in unser Land ein фашисты вторглись в 1941 году в нашу страну; feindliche Truppen fielen in die südlichen Gebiete ein вражеские войска (в результате внезапного нападения) проникли в южные области. **einbrechen** вламываться (*насильственно проникнуть куда-л., к кому-л. с целью грабежа*); *напр.*: in der Nacht sind bei ihm Diebe eingebrochen ночью к нему вломились воры. **einsteigen** влезать (*тайно проникнуть необычным путём с целью грабежа*); *напр.*: der Dieb stieg durch das Fenster (in das Zimmer) ein вор влез (в комнату) через окно

eindringen ² *см.* dringen ¹/hineingehen ¹
eindringlich настойчивый (*убедительный*)

eindringlich — inständig

eindringlich *индифф. синоним; напр.*: eine eindringliche Forderung, Bitte настойчивое требование, настойчивая просьба; mit eindringlicher Stimme sprechen говорить с нажимом; j-m etw. eindringlich empfehlen настойчиво рекомендовать кому-л. что-л.; mit j-m eindringlich reden говорить с кем-л., настойчиво внушая, убеждая *и т. п.* **inständig** очень настойчивый, настоятельный (*чаще адвербиально*); *напр.*: eine inständige Bitte настоятельная просьба; inständig bitten настоятельно просить, молить; inständig hoffen твёрдо надеяться

Eindruck впечатление

der Eindruck — die Impression

Eindruck *индифф. синоним; напр.*: einen tiefen, günstigen, schlechten Eindruck machen производить глубокое, благоприятное, плохое впечатление; unter dem Eindruck stehen находиться под впечатлением; man darf nicht nach dem ersten Eindruck urteilen нельзя судить по первому впечатлению. **Impression** *книжн.* ≈ Eindruck, но обыкн. *о менее глубоких, отрывочных или субъективных впечатлениях*; *напр.*: er schilderte den Zuhörern die Impressionen von seiner Reise nach Italien он рассказал слушателям о своих впечатлениях от путешествия в Италию

eindrucksvoll впечатляющий

eindrucksvoll — beeindruckend — imponierend — imposant

eindrucksvoll *индифф. синоним; напр.*: eine eindrucksvolle Rede впечатляющая речь; eine eindrucksvolle Persönlichkeit личность, производящая (сильное) впечатление; diese Feier war sehr eindrucksvoll это празднество произвело глубокое впечатление (*на участников, присутствующих и т. п.*). **beeindruckend** производящий сильное впечатление (*непосредственно в момент восприятия вследствие своей необычности и т. п.*) *употр. по отношению к предметам, действиям, процессам и т. п.*; *напр.*: ein architektonisch beeindruckendes Gebäude здание, производящее сильное впечатление с архитектурной точки зрения; eine beeindruckende Inszenierung впечатляющая инсценировка. **imponierend** импонирующий, внушительный; *напр.*: er hat eine imponierende Art его манеры (всем) импонируют. **imposant** *книжн.* импозантный (*о величественном виде или размерах чего-л.*); *фигурально тж. разг.*; *напр.*: ein imposanter Anblick импозантный вид; ein imposantes Gebäude грандиозное [импозантное] здание

eine (Frau) nehmen *см.* heiraten
eine Idee *см.* einig(e)
einen *см.* vereinigen ¹
einengen *см.* beschränken/verenge(r)n
einen genehmigen *см.* trinken ²
einen heben *см.* trinken ²
einen (Mann) nehmen *см.* heiraten
einen stemmen *см.* trinken ²
einerlei *см.* gleichgültig ²
einfach *см.* schlicht ¹, ²
Einfall *см.* Gedanke
einfallen ¹ обваливаться

einfallen — einstürzen — zusammenfallen — zusammenbrechen — zusammenstürzen

einfallen *индифф. синоним; напр.*: das Haus, der Zaun ist eingefallen дом рухнул, забор обвалился; ein Teil des Ofens, der Mauer ist eingefallen часть печи, стены обвалилась. **einstürzen** обрушиться; *напр.*: das Dach, der Schacht ist eingestürzt крыша, шахта обрушилась; das Haus ist eingestürzt дом рухнул; die Zimmerdecke ist eingestürzt потолок обрушился. **zusammenfallen, zusammenbrechen** разваливаться, превратиться в развалины; *напр.*: das Haus ist zusammengefallen дом развалился (*от ветхости*); die Brücke ist zusammengebrochen мост развалился [провалился] (*под тяжестью чего-л.*). zusammenstürzen разрушаться; *напр.:* die Tribüne, das Gerüst ist zusammengestürzt трибуна обрушилась, леса рухнули

einfallen² осенять (*о мысли и т. п.*) einfallen — verfallen — kommen — sich aufdrängen — aufblitzen

einfallen (*j-m*) *индифф. синоним; напр.:* es fiel ihm eine Idee, ein glücklicher Gedanke ein его осенила идея, счастливая мысль; mir fällt nichts Neues, nichts Besseres ein мне не приходит в голову ничего нового, ничего лучшего. **verfallen** (*auf etw.*) ≅ einfallen (*но подлежащим является лицо*) *употр., когда пришедшая кому-л. мысль представляется другим несколько странной, неожиданной; напр.:* er ist auf den Gedanken verfallen, am Vormittag ins Kino zu gehen ему пришло в голову пойти в кино в первой половине дня; wie bist du auf diese Methode verfallen? как ты догадался применить этот способ? **kommen** (*auf etw.*) ≅ verfallen, *но меньше подчеркивает внезапность; напр.:* sie ist auf einen guten Gedanken gekommen ей пришла в голову хорошая мысль; wie kommst du auf diese Lösung? как ты додумался до такого решения? (*задачи и т. п.*). **sich aufdrängen** напрашиваться, возникать; *напр.:* ein Gedanke, eine Frage, ein Vergleich drängt sich auf напрашивается мысль, вопрос, сравнение. **aufblitzen** *книжн.* озарять; *напр.:* ein Gedanke war in ihm aufgeblitzt его озарила мысль

einfallen³ *см.* eindringen ¹/erinnern, sich/mitsingen/überfallen ¹

einfältig *см.* schlicht ¹

Einfaltspinsel *см.* Narr ¹

Einfamilienhaus особняк, одноквартирный дом (*для одной семьи*) das Einfamilienhaus — das Eigenheim — die Villa

Einfamilienhaus *индифф. синоним; напр.:* biete 3-Zimmer-Vollkomfortwohnung, Neubau, suche kleines Einfamilienhaus меняю трехкомнатную квартиру со всеми удобствами в доме-новостройке, нужен маленький отдельный домик для одной семьи (*объявление в газете*) □ Der Wagen hielt vor einem Einfamilienhaus, das einsam und idyllisch am Rande der Bruchwiesen lag (*Noll, »Werner Holt«*) Машина остановилась перед особняком, идиллически расположенным на краю заливных лугов. **Eigenheim** (небольшой) собственный дом, особнячок (*одно- или двухэтажный дом, в котором живет владелец дома с семьей, обыкн. без жильцов*); *напр.:* ein schickes, schlüsselfertiges Eigenheim элегантный, готовый для въезда собственный дом; der Bau von Eigenheimen индивидуальное строительство. **Villa** [v-] вилла; *напр.:* □ Sie ging mit Pfisterer in die Villa, in der Maximilian wohnte (*Feuchtwanger,*

»Erfolg«) В сопровождении Пфистерера отправилась она в виллу, где жил кронпринц Максимилиан. »Dort draußen ist nichts zerstört«, erzählte sie, »es gibt keine Ruinen, nur Villen und Gärten« (*Noll, »Werner Holt«*) «У нас за городом ничего не разрушено, — продолжала она. — Нет этих развалин, кругом виллы и сады»

einfangen *см.* fangen ¹/verhaften
einfetten *см.* schmieren ¹
einfinden, sich *см.* kommen ¹
einflößen *см.* gießen ¹

Einfluß¹ влияние (*оказываемое кем-л., чем-л.*) der Einfluß — die Wirkung — die Auswirkung — die Einwirkung — die Nachwirkung — der Effekt

Einfluß, **Wirkung** *и, реже,* **Einwirkung** *употр. как по отношению к лицу, так и к явлениям, остальные синонимы данного ряда — тк. по отношению к предметам и явлениям*

Einfluß *индифф. синоним; напр.:* dieser Mann hat auf ihn einen großen, positiven, negativen, nachteiligen Einfluß этот человек имеет [оказывает] на него большое, положительное, отрицательное, вредное влияние; die Kinder sind dem Einfluß der Umwelt besonders zugänglich дети особенно поддаются влиянию среды; das übt einen schädlichen Einfluß auf die Gesundheit aus это вредно влияет на здоровье. **Wirkung** действие; *напр.:* die Wirkung des Heilmittels действие лекарства; das Mittel tat seine Wirkung средство возымело действие; die Wirkung dieser Worte war unerwartet эффект этих слов был неожиданным; die Wirkung des neuen Lehrers auf die Schüler war ungeheuer новый учитель оказал огромное влияние на учеников □ Er verspürte die Wirkung der kalten Luft auf seinem Kopf und bemerkte, daß ohne Wein und Bier zu der ungewohnten Stunde dieses ganze Erlebnis schwer zustande gekommen wäre (*H. Mann, »Unrat«*) Он ощутил действие холодного воздуха на свою голову и понял, что не выпей он вина и пива в неурочный час, всей этой истории, вероятно, не было бы. **Auswirkung** ≅ Wirkung, *но больше подчеркивает следствие чего-л.; напр.:* die ungeheure Auswirkung der Katastrophe чудовищные последствия катастрофы; die Auswirkungen der Atomversuche auf die Menschheit ist schwer abzusehen трудно предсказать влияние последствий атомных испытаний на человечество. **Einwirkung** воздействие; *напр.:* die Einwirkung der Umwelt воздействие среды; die Einwirkung der Kälte, des Wetters auf den menschlichen Organismus воздействие [влияние] холода, погоды на человеческий организм. **Nachwirkung** последствие, влияние (*рассматриваемое с точки зрения хороших или плохих последствий*), эффект (*который сказывается позднее*); *напр.:* die Nach-

wirkung der Kur эффект курса лечения; die Nachwirkung des Erlebten последствия пережитого; diese Speise kann üble Nachwirkungen haben эта еда может причинить вред, который проявится впоследствии. **Effekt** *книжн.* (внешний) эффект; *напр.:* der Effekt der Kur war verblüffend эффект лечения был ошеломляющим; sein Auftritt war ganz auf Effekt berechnet его выступление было рассчитано только на внешний эффект

Einfluß² влияние (*сила авторитета*) der Einfluß — die Geltung — das Ansehen — die Autorität — das Gewicht — das Prestige

Einfluß *индифф. синоним; напр.:* ein Mann von Einfluß влиятельный человек; Einfluß gewinnen, sich Einfluß verschaffen приобрести влияние; seinen Einfluß verlieren, unterschätzen утратить, недооценить свое влияние; ihr Einfluß ist gewachsen ее влияние возросло. **Geltung** значение (*способность кого-л., чего-л. оказывать влияние*); *напр.:* die Geltung dieser Theorie ist umstritten значение этой теории оспаривается; er kann sich keine rechte Geltung bei seiner Umwelt verschaffen он не может приобрести должного влияния в своей среде. **Ansehen** моральный авторитет; *напр.:* Ansehen genießen пользоваться авторитетом; zu Ansehen gelangen добиться авторитета; er steht hoch im Ansehen seiner Mitbürger он пользуется большим авторитетом у своих сограждан; sein politisches Ansehen wächst его политический авторитет растет. **Autorität** ≅ Ansehen *часто употр., когда авторитет связан с обладанием властью; напр.:* die Autorität der Eltern, des Richters авторитет родителей, судьи; große Autorität bei j-m besitzen, genießen иметь большой авторитет, пользоваться большим авторитетом у кого-л.; die internationale Autorität dieser Regierung ist groß, brüchig международный авторитет этого правительства велик, подорван. **Gewicht** вес; *напр.:* seine Meinung hat großes Gewicht его мнение имеет большой вес; dieser Umstand hat Gewicht это обстоятельство веское; er ist eine Persönlichkeit von Gewicht он человек с весом. **Prestige** [-ʒ(ə)] *книжн.* престиж; *напр.:* das hebt sein Prestige это повышает его престиж; das schädigt sein Prestige это вредит его престижу; auf diese Weise kann unser Unternehmen sein Prestige wahren таким образом наше предприятие может сохранить свой престиж

einflußreich *см.* mächtig ¹

einförmig однообразный einförmig — eintönig — monoton

einförmig *индифф. синоним; напр.:* eine einförmige Arbeit, Kost однообразная работа, пища; ein einförmiger Dienst однообразная служба; ein einförmiges Leben führen вести однообразную жизнь; die Landschaft, die Vegetation war hier einförmig ландшафт был, растительность была здесь однообразной; die Wellen schlagen einförmig волны разбиваются с однообразным шумом. **eintönig, monoton** очень однообразный, монотонный; *напр.:* eine eintönige [monotone] Arbeit монотонная работа; eine eintönige Kost очень однообразная пища; etw. eintönig [monoton] vorlesen читать что-л. монотонно.

einfuchsen *см.* lehren [1]
einfügen *см.* einsetzen [1]
einfügen, sich *см.* anpassen, sich
Einfuhr *см.* «Приложение»
einführen *см.* einweisen
Einführung *см.* «Приложение»
einfüllen *см.* füllen
Eingabe *см.* Gesuch
eingebildet *см.* hochmütig
eingeboren *см.* angeboren/einheimisch [1]
Eingebung *см.* Gedanke
eingefleischt *см.* verstockt
eingehen [1] *см.* ankommen [1]/einverstanden sein/umkommen
eingehen [2]: eine Ehe eingehen *см.* heiraten
eingehend *см.* gründlich [1]
eingenommen *см.* beschäftigt/hochmütig
eingeschnappt *см.* beleidigt
eingesessen *см.* einheimisch [1]
eingestehen *см.* gestehen
eingewöhnen, sich *см.* anpassen, sich
eingezogen *см.* allein [1]
eingießen *см.* gießen [1]
eingliedern *см.* aufnehmen [1]
eingreifen вмешиваться
eingreifen — einschreiten — dazwischentreten — sich einmischen — intervenieren — sich (ein)mengen — sich einschalten

eingreifen *индифф. синоним; напр.:* der Skandal hörte auf, als die Miliz eingegriffen hatte скандал был прекращён, когда вмешалась милиция; die Behörden mußten in den Konflikt eingreifen в конфликт пришлось вмешаться властям. **einschreiten** (решительно и энергично) вмешиваться во что-л., принимая меры; *напр.:* hier muß die Öffentlichkeit einschreiten в это дело должна вмешаться общественность. **dazwischentreten** вмешиваться в спор *(в качестве посредника с целью его уладить или предотвратить его расширение); напр.:* ich trat dazwischen, um den Streit der Eheleute zu schlichten я вмешался, чтобы уладить спор между супругами. **sich einmischen** ≅ **eingreifen** *содержит упрёк тому, кто вмешивается во что-либо, напр.:* sich in ein Gespräch, in j-s Angelegenheiten einmischen вмешиваться в разговор, в чьи-л. дела; er mischt sich gern in alles ein он любит во все вмешиваться □ Ich verbiete mir, daß er sich einmischt *(H. Mann, »Untertan«)* Я запрещаю, чтобы он вмешивался *(в мои дела)*. **intervenieren** [-v-] *книжн.* ≅ **sich einmischen** *(часто о политическом или военном вмешательстве); напр.:* 1977—78 intervenierten die Imperialisten in Zaire в 1977—78 империалисты грубо вмешались в дела Заира. **sich (ein)mengen** *разг. неодобр.* вмешиваться, соваться; *напр.:* er mengt sich schon wieder in meine Privatangelegenheiten ein он уже снова суётся в мои личные дела □ Ihre Sache. Er wird sich nicht einmengen. Streng neutral bleiben *(Feuchtwanger, »Jud Süß«)* Ее дело. Он не будет вмешиваться. Останется совершенно нейтральным. **sich einschalten** *разг.* включиться *(в чью-л. работу, в дискуссию и т. п.); напр.:* auch die Gewerkschaften haben sich in diese Angelegenheit eingeschaltet в это дело включились и профсоюзы

Eingriff *см.* Einmischung
einhaken, sich *см.* einhängen, sich
einhalten *см.* aufhören [2]/befolgen
einhämmern *см.* einprägen [1]/lehren [1]
einhandeln *см.* bekommen [1]
einhändigen *см.* geben [1]
einhängen, sich *см.* «Приложение»
einhauen *см.* essen
einheimisch [1] местный

einheimisch — eingeboren — angesessen — ansässig — eingesessen — alteingesessen — seßhaft — wohnhaft

einheimisch *индифф. синоним; напр.:* die einheimische Industrie местная [отечественная] промышленность; der einheimische Lehrer местный учитель; die Ankömmlinge haben sich mit der einheimischen Bevölkerung vermischt вновь прибывшие смешались с туземным населением; hier werden nur einheimische Waren, Erzeugnisse verkauft здесь продаются только отечественные товары, изделия. **eingeboren** туземный; *напр.:* die eingeborene Bevölkerung туземное население; er kannte die umliegenden Dörfer besser als die Eingeborenen он знал окрестные деревни лучше туземных жителей [лучше, чем туземцы]. **angesessen, ansässig** местный, проживающий в данном месте *(б. ч. длительное время, постоянно); напр.:* dieser dort ansässige [angesessene] Rechtsanwalt hat zahlreiche Klienten этот местный [тамошний] адвокат имеет обширную клиентуру. **eingesessen** редко коренной, издавна проживающий где-л. *подчёркивает хорошее знакомство с местными условиями жизни, обычаями и т. п.; напр.:* wenn du hier eingesessen bist, so kannst du mir wohl sagen, wo ein guter Arzt zu finden ist если ты местный, то скажи, где найти хорошего врача. **alteingesessen** ≅ **eingesessen** *(часто о семье, фирме и т. п., б. ч. как положительная характеристика); напр.:* eine alteingesessene Bauernfamilie исконно живущая в этих местах семья крестьянина. **seßhaft** постоянно проживающий, прочно обосновавшийся *подчёркивает* оседлость *(б. ч. предикативно и как предикативное определение); напр.:* er lebte in vielen Städten der Union, jetzt ist er in Kiew seßhaft он жил во многих городах Союза, теперь он осел в Киеве. **wohnhaft** *офиц.* проживающий *(при указании постоянного местожительства) (б. ч. предикативно); напр.:* ich bin wohnhaft in Moskau моё (постоянное) местожительство — Москва

einheimisch [2] *см.* heimisch
einheimsen *см.* verdienen
einheizen *см.* trinken [2]
einhelfen *см.* vorsagen
einhellig *см.* einmütig
einholen [1] догонять, нагонять

einholen — aufholen

einholen *индифф. синоним; напр.:* wir holten ihn an der Straßenecke ein мы догнали его на углу улицы; der Schüler war längere Zeit krank, und es fällt ihm schwer, die Klasse einzuholen ученик долгое время болел, и ему трудно догнать класс □ Ein kleiner alter Mann holte ihn ein *(Seghers, »Die Toten«)* Его нагнал низенький старичок. **aufholen** нагонять, навёрстывать (упущенное); *напр.:* die verlorene Zeit aufholen навёрстать упущенное время; der Zug wird die Verspätung aufholen поезд нагонит опоздание; der Läufer holte stark auf бегун значительно сократил разрыв *(догоняя соперника)*

einholen [2] *см.* kaufen [1]
einhüllen, sich *см.* wickeln, sich
einig [1] *см.* einmütig
einig [2]: einig sein [werden] *см.* übereinstimmen [1]
einig(e) некоторый

einig(e) — etwas — manch(e) — mehrere — etliche — welche — ein bißchen — eine Idee

einig(e) *индифф. синоним; означает неопределённое количество, мн. — б. ч. небольшое количество; напр.:* bei einigem Fleiß werden Sie es schaffen вы это сделаете, если проявите некоторое прилежание; ich habe heute einige Briefe bekommen я получил сегодня несколько писем □ Erst bemerkten ihn nur einige, aber unter ihnen entstand abwartende Stille *(Fallada, »Wolf u. Wölfen«)* Сначала его заметили только некоторые, но среди них воцарилась выжидательная тишина. Einige blieben im Chemiesaale, und andere gingen ins Klassenzimmer *(Th. Mann, »Buddenbrooks«)* Одни остались в химическом кабинете, другие пошли в класс. **etwas** немного *(неизм., тк. с неисчисляемыми предметами); напр.:* er braucht noch etwas Übung ему еще нужно немного поупражняться; in der Kanne ist noch etwas Tee в чайнике еще есть немного чаю. **manch(e)** означает неопределённое количество разобщённых предметов или явлений одного рода; *напр.:* manche Studenten sind mit dem Stundenplan unzufrieden отдельные студенты недовольны расписанием; dort habe ich manche trübe Stunde verbracht там я провел немало безотрадных часов [не один безотрадный час] □ ...man hatte der Tirschenreuth manches Angebot dafür gemacht, aber sie hatte das Werk geliebt und sich davon nicht trennen wollen (Feuchtwanger, »Lautensack«) ...Тиршенрейт не раз предлагали продать ее (маску), но она любила её и не хотела с ней расстаться. mehrere означает некоторое определенное количество — большее, чем einige ⟨тк. с исчисляемыми предметами⟩; напр.: es ist mehrere Tage her это произошло [было] несколько дней тому назад. etliche книжн. устаревает ≃ einige ⟨тк. с исчисляемыми предметами⟩; напр.: nach der ersten Prüfung schieden etliche Studenten aus после первого экзамена некоторые студенты выбыли. welche разг. означает неопределенное, б. ч. небольшое количество; напр.: hast du Hefte? — Ja, ich habe welche у тебя есть тетради? — Да, у меня есть немного. ein bißchen разг. ≃ etwas. eine Idee разг. чуточку, чуть-чуть; напр.: es fehlt eine Idee Zucker, Salz не хватает чуточки сахару, соли; hänge das Bild eine Idee höher повесь картину чуточку выше

einigen см. vereinigen¹
einigen, sich см. übereinstimmen¹
Einkauf см. Kauf
einkaufen см. kaufen¹
Einkäufer см. Käufer
einkehren см. absteigen¹
einkerkern см. festsetzen¹
einkesseln см. umringen¹
Einklang см. «Приложение»
einkleiden см. anziehen I¹
einkleiden, sich см. anziehen, sich
einkommen см. bitten¹
Einkommen¹ доход

das Einkommen — die Einkünfte — die Bezüge — der Ertrag — die Einnahme — der Gewinn — der Erlös — der Profit — das Erträgnis — die Dividende
Einkommen индифф. синоним; напр.: ein großes, geringes, festes, regelmäßiges, gutes Einkommen большой, небольшой, постоянный, регулярный, хороший доход; sein jährliches Einkommen beträgt 1000 Mark его ежегодный доход составляет тысячу марок; wie hoch ist sein jährliches Einkommen? сколько составляет его годовой доход? Einkünfte тк. мн. ≃ Einkommen; напр.: (un)regelmäßige, große, kleine, private Einkünfte (не)регулярные, большие, маленькие, частные доходы; die Einkünfte eines Literaten доходы литератора □ Paul wäre es lieber, sie gäbe die ganze dumme Schreiberei auf... und lebte eben mit von seinen magern schriftstellerischen Einkünften, bis die Zeiten besser werden... (Feuchtwanger, »Lautensack«) Пауль предпочел бы, чтобы она бросила эту глупую переписку на машинке... и жила бы вместе с ним на

его скудный литературный заработок, пока не настанут лучшие времена... Bezüge тк. мн. поступления (о постоянных доходах, зарплате и т. п.); напр.: die Bezüge eines Angestellten доходы служащего; wie hoch sind Ihre Bezüge? как велики ваши доходы?, каков ваш оклад? Ertrag доход с чего-л., прибыль; напр.: von den Erträgen seines Kapitals, seines Hauses leben жить на доходы с капитала, с дома; er lebt von dem Ertrag seiner Bücher он живет на доходы от своих книг; das Unternehmen bringt hohe Erträge предприятие приносит большие доходы [прибыли]. Einnahme б. ч. мн. приход; напр.: eine unerwartete Einnahme неожиданное денежное поступление; über die laufenden Einnahmen Buch führen вести книгу текущих поступлений [прихода]; seine Einnahmen waren gestiegen, gesunken его доходы возросли, сократились □ Der Altgeselle sprach mit ihm: »Wie du weißt, bin ich hier der Treuhänder und verantwortlich für Einnahmen und Ausgaben« (Strittmatter, »Wundertäter«) Старший подмастерье сказал ему: «Как тебе известно, я назначен душеприказчиком и отвечаю за приход и расход». Gewinn (чистая) прибыль; напр.: die Ware mit Gewinn verkaufen продать товар с прибылью; das Geschäft wirft jährlich einen Gewinn von fünf Millionen ab предприятие дает ежегодно пять миллионов (чистой) прибыли. Erlös выручка; напр.: der Erlös für die verkaufte Ware war nicht groß выручка за проданный товар была небольшой; er bezahlte seine Schulden mit dem Erlös des verkauften Landhauses он уплатил свои долги деньгами, вырученными за проданную дачу; der Erlös des Abends war für die Unwettergeschädigten bestimmt выручка за билеты на этот вечер была предназначена [сбор с вечера был предназначен] пострадавшим от стихийного бедствия. Profit барыш, прибыль; напр.: mit, ohne Profit arbeiten работать с прибылью [рентабельно], без прибыли [нерентабельно], ich habe davon keinen Profit я от этого не имею барыша. Erträgnis ю.-нем., австр. или книжн. = Ertrag; напр.: die Erträgnisse aus dem Verkauf von Lizenzen доходы от продажи лицензий □ Er... hat der halbwegs gesicherten Zukunft in Liegnitz eine äußerst unsichere Existenz in Berlin vorgezogen, lebend von seinem kleinen Erbteil und den magern, schwankenden Erträgnissen seiner Schriftstellerei (Feuchtwanger, »Lautensack«) Сколько-нибудь обеспеченному будущему в Лигнице он предпочел крайне необеспеченное существование в Берлине, живя на доставшуюся ему маленькую часть наследства и на скудные случайные доходы от своего «писательства». Dividende [-v-] дивиденд; напр.: die Aktiengesell-

schaft setzte dieses Jahr eine hohe Dividende fest акционерное общество установило в этом году высокий дивиденд; Aktien werfen für die Großaktionäre fette Dividenden ab акции приносят крупным держателям здоровый куш в виде дивидендов
Einkommen² см. Lohn¹
einkreisen см. umgeben/umringen¹
Einkünfte см. Einkommen¹
einladen см. laden I¹/rufen¹
Einlage см. Einzahlung¹
einlassen впускать

einlassen — (he)reinlassen — hineinlassen

einlassen индифф. синоним; напр.: j-n (ins Haus) einlassen впустить кого-л. (в дом); ich habe ihn selbst eingelassen я сам его впустил; nach Beginn der Vorstellung wird niemand mehr eingelassen после начала представления вход запрещен [никого больше не впускают]. (he)reinlassen, hineinlassen разг. ≃ einlassen, но hereinlassen употр., когда говорящий находится внутри чего-л. и движение направлено к нему, а hineinlassen употр., когда говорящий находится вне чего-л. и движение направлено от него, хотя эти различия нередко нарушаются в пользу hereinlassen; напр.: ich war im Zimmer und ließ ihn herein я был в комнате и впустил его; laß niemanden herein! никого не впускай!; laß mich hinein! впусти меня!; er darf niemanden zu dem Kranken hineinlassen он никого не должен пускать к больному
einlassen, sich см. beteiligen, sich
einläuflich см. gründlich¹
einlaufen см. ankommen¹
einlegen¹ см. legen¹
einlegen²: ein Wort einlegen см. verwenden, sich
Einleitung см. Einführung
einlenken см. nachgeben¹
einlernen см. lernen¹
einleuchten см. verstehen¹
einleuchtend см. klar²/stichhaltig
einlochen см. festsetzen¹
einlogieren см. ansiedeln
einlogieren, sich см. ansiedeln, sich
einlösen см. bezahlen¹
einlullen см. einschläfern
einmal¹ когда-нибудь (в будущем)

einmal — irgendwann — einst — dereinst — mal

einmal индифф. синоним; напр.: er wird einmal ein großer Pianist werden он когда-нибудь станет великим пианистом; ich werde einmal nach Irkutsk fahren я когда-нибудь поеду в Иркутск. irgendwann предполагает, что какое-л. событие действительно произойдет, но момент его свершения неизвестен; напр.: irgendwann fahre ich nach Leningrad когда-нибудь я поеду в Ленинград; irgendwann wird sie ihn verlassen она рано или поздно уйдет от него. einst обыкн. о чем-л., что произойдет в отдаленном будущем независимо от чьей-л. воли;

EINMAL 131 EINRICHTEN E

напр.: es wird einst der Tag kommen... когда-нибудь наступит день...; du wirst es einst bereuen ты когда-нибудь пожалеешь об этом. **dereinst** *книжн. устаревает* ≅ einst; *напр*.: was werden die Nachkommen dereinst von uns denken! что о нас когда-нибудь подумают потомки! **mal** *разг*. = einmal; laß mal wieder von dir hören! дай как-нибудь о себе знать!
einmal² *см*. früher I
einmal³: auf einmal *см*. plötzlich
einmalig *см*. einzig
Einmarsch вступление
der **Einmarsch** — der **Einzug**
Einmarsch *индифф. синоним*; *напр*.: der Einmarsch der Truppen in die Stadt вступление войск в город; der festliche Einmarsch der Sportler ins Stadion торжественный выход спортсменов на стадион. **Einzug** ≅ Einmarsch *часто употр., когда действие происходит в торжественной обстановке, тж. перен*.; *напр*.: der Einzug der Truppen in die Stadt (торжественное) вступление войск в город; der Frühling hat seinen Einzug gehalten весна вступила в свои права; (наконец) пришла весна
einmarschieren *см*. einziehen¹
einmengen, sich *см*. eingreifen
einmischen *см*. mischen (,sich)
einmischen, sich *см*. eingreifen
Einmischung вмешательство
die **Einmischung** — der **Eingriff** — die **Dazwischenkunft** — die **Intervention**
Einmischung *индифф. синоним*; *напр*.: eine unerlaubte, grobe Einmischung in fremde Angelegenheiten недозволенное, грубое вмешательство в чужие дела; eine Einmischung von außen вмешательство извне; eine Einmischung in die Vorgänge im Grenzgebiet вмешательство в события, происходящие на сопредельной территории. **Eingriff** нарушение чьих-л. прав со стороны кого-л. (*выразившееся в недозволенном вмешательстве*); *напр*.: ein Eingriff in die Rechte eines суверенного Staates нарушение прав суверенного государства; ein gewaltsamer Eingriff in die Angelegenheiten eines anderen Staates насильственное вмешательство в дела другого государства; das wäre ein Eingriff in seine Privatsphäre это было бы вмешательством в его личную жизнь. **Dazwischenkunft** *уст*. ≅ Einmischung; *напр*.: er hat durch seine Dazwischenkunft den Zweikampf verhindert своим вмешательством он предотвратил дуэль. **Intervention** [-v-] *книжн*. а) посредническое вмешательство; *напр*.: die Intervention der Abgeordneten verhinderte eine Ausbreitung des Konflikts вмешательство депутатов предотвратило расширение конфликта; b) интервенция; *напр*.: eine bewaffnete, militärische Intervention вооруженная, военная интервенция; eine wirtschaftliche Intervention грубое

вмешательство, подрывающее экономику (другого государства)
einmünden *см*. münden
einmütig единодушный
einmütig — **einhellig** — **einig** — **einträchtig** — **einstimmig** — **geschlossen** — **einträchtiglich**
einmütig *индифф. синоним*; *напр*.: eine einmütige Auffassung, Billigung единодушное мнение, одобрение; einmütig auftreten единодушно выступать; etw. einmütig beschließen, billigen единодушно решить, одобрить что-л.; einmütig handeln действовать согласованно; in dieser Frage waren wir einmütig в этом вопросе мы были единодушны. **einhellig** = einmütig, *но менее употребительно*; *напр*.: eine einhellige Unzufriedenheit общее недовольство; die Rede fand einhellige Zustimmung речь получила всеобщее [единодушное] одобрение; die Anwesenden vertraten einhellig die gleiche Auffassung присутствующие были единодушны в своем мнении; **einig** согласный; *напр*.: eine einige Familie дружная семья; ein einiges Volk сплоченный народ; in etw. einig sein быть согласным в чем-л.; über etw. einig sein быть того же мнения о чем-л. **einträchtig** дружный, единый; *напр*.: eine einträchtige Familie дружная семья; einträchtig zusammenleben жить в полном согласии; einträchtig handeln действовать заодно. **einstimmig** единогласный; *напр*.: einstimmige Billigung единогласное одобрение; j-n einstimmig wählen выбирать кого-л. единогласно; etw. einstimmig beschließen решать что-л. единогласно. **geschlossen** сплоченный; *напр*.: sie stimmten geschlossen gegen den Antrag они все как один голосовали против (этого) предложения; sie gingen geschlossen zur Wahl они в едином строю пошли на выборы. **einträchtiglich** *уст. редко* = einträchtig; *напр*.: einträchtiglich leben жить в мире и согласии (друг с другом)
Einnahme *см*. Einkommen¹
einnehmen¹ занимать (*какое-л. место, положение и т. п*.)
einnehmen — **innehaben** — **bekleiden**
einnehmen *индифф. синоним*; *напр*.: einen hohen Rang einnehmen занимать высокое положение; die Stellung eines Inspektors einnehmen занимать должность инспектора; dieses Buch nimmt auf meinem Regal einen Ehrenplatz ein эта книга занимает на моей полке почетное место; er nimmt einen festen Standpunkt ein он занимает твердую позицию (*в каком-л. вопросе*). **innehaben, bekleiden** *высок*.: ≅ einnehmen, *но употр. тк. по отношению к лицам, занимающим высокий пост*; *напр*.: ein wichtiges Amt in der Regierung innehaben [bekleiden] занимать высокий пост в правительстве; er hat die Professur an der Berliner Universität inne он занимает

в берлинском университете должность профессора □ Er bekleidete eine Menge von gleichgültigen Ämtern (*Th. Mann, »Buddenbrooks«*) Он занимал множество ничего не значащих должностей
einnehmen² *см*. besetzen/erobern/nehmen³
einnehmen³: seinen Platz [die Plätze, die Sitze] einnehmen *см*. setzen, sich
einnehmend *см*. reizend
einnicken *см*. einschlafen
einnisten, sich *см*. leben²
einordnen, sich *см*. anpassen, sich
einpacken *см*. einstecken¹
einpauken *см*. lehren¹
einpennen *см*. einschlafen
einpferchen *см*. einstecken
einprägen¹ внушать (*заставлять запомнить*)
einprägen — **einschärfen** — **einhämmern** — **einbleuen**
einprägen *индифф. синоним*; *напр*.: ich prägte ihm ein, daß er unbedingt in zwei Stunden zurück sein soll я ему внушал, чтобы он обязательно вернулся через два часа; wir haben den Kindern eingeprägt, sich nicht vom Hause zu entfernen мы внушили детям, чтобы они не удалялись от дома. **einschärfen** *разг*. настойчиво внушать; *напр*.: man hat uns eingeschärft, daß man das Obst nicht ungewaschen essen soll нам настойчиво внушали, что фрукты нельзя есть немытыми. **einhämmern** *разг*. вдалбливать, вбивать в голову; *напр*.: ich habe ihm diese Regeln des Anstands einzuhämmern versucht я пытался вдолбить ему эти правила приличия. **einbleuen** *фам. пренебр*. вдалбливать (*применяя наказания*); *напр*.: sie bleute den Kindern handgreiflich ein, sie sollten ihr Zimmer nicht verlassen она вдалбливала детям, давая волю рукам, чтобы они не выходили из комнаты
einprägen² *см*. behalten/lehren¹
einquartieren *см*. ansiedeln
einquartieren, sich *см*. ansiedeln, sich
einrahmen *см*. umgeben
einräumen *см*. abgeben¹
Einrede *см*. Einwand
einreden *см*. überzeugen
einreihen *см*. aufnehmen¹
einreihen, sich *см*. stellen, sich¹
einreißen *см*. niederreißen
einrichten устраивать, обставлять, оборудовать
einrichten — **herrichten** — **arrangieren** — **möblieren** — **installieren**
einrichten *индифф. синоним*; *напр*.: dieser Raum ist als Kleiderablage eingerichtet в этом помещении устроили гардероб [вешалку]; dieses Zimmer ist geschmackvoll eingerichtet эта комната обставлена со вкусом. **herrichten** приготавливать; *напр*.: das Bett für die Nacht herrichten приготовить постель на ночь; ein Zimmer für einen

EINRÜCKEN 132 EINSETZEN

Gast herrichten приготовить комнату для гостя. **arrangieren** [arɑŋˈʒiː-] подготавливать, организовывать; *напр.*: ein Fest arrangieren устроить праздник; eine Bootsfahrt arrangieren организовать лодочную прогулку. **möblieren** меблировать, обставлять; *напр.*: ein Zimmer, eine Wohnung möblieren меблировать [обставлять] комнату, квартиру. **installieren** *редко* оборудовать, разместить; *напр.*: das Büro im Erdgeschoß installieren оборудовать контору на первом этаже

einrücken *см.* einziehen [1]
einsam *см.* abgelegen/allein [1]
einsammeln *см.* sammeln
Einsatz *см.* Pfand
einsaugen *см.* saugen
einschalten *см.* anzünden/schalten
einschalten, sich *см.* eingreifen
einschärfen *см.* einprägen [1]/lehren [1]
einscharren *см.* begraben [1]
einschätzen *см.* schätzen [1]
einschenken *см.* gießen [1]
einschlafen засыпать, уснуть
einschlafen — einschlummern — eindösen — einnicken — einpennen
einschlafen *индифф. синоним; напр.*: ich gehe gewöhnlich um 12 Uhr zu Bett und schlafe sofort ein я обычно ложусь в 12 часов и сейчас же засыпаю; er war so aufgeregt, daß er lange nicht einschlafen konnte он был так возбужден, что долго не мог заснуть. **einschlummern** *книжн.* задремать, погрузиться в дремоту, забыться сном; *напр.*: der Alte schlummerte auf seinem Sessel ein старик задремал в своем кресле. **eindösen** *разг.* задремать, вздремнуть, впасть в полузабытье; *напр.*: er war eingedöst, das Buch in der Hand он дремал с книгой в руке. **einnicken** *фам.* (начать) клевать носом (*занимаясь чем-л.*); *напр.*: er ist beim Zeitunglesen eingenickt читая газету, он начал клевать носом. **einpennen** *груб.* = einschlafen; *напр.*: der da wird auch beim spannendsten Buch einpennen этот захрапит, даже читая самую увлекательную книгу

einschläfern усыплять, убаюкивать
einschläfern — in den Schlaf wiegen — einwiegen — einlullen
einschläfern *индифф. синоним; напр.*: diese Musik, diese Melodie schläfert mich ein эта музыка, эта мелодия усыпляет меня; das monotone Rauschen der Wellen hat ihn eingeschläfert монотонный шум волн убаюкал его; es gibt Gifte, welche die Menschen einschläfern существуют яды, которые усыпляют человека. **in den Schlaf wiegen, einwiegen** укачивать, баюкать; *напр.*: sie hat das Kind in den Schlaf gewiegt [eingewiegt] она укачала ребенка □ Meine Töchter führen den nächtlichen Reihn | Und wiegen und tanzen und singen dich ein (*Goethe, »Erlkönig«*) Мои дочери будут водить ночной хоровод и убаюкивать тебя танцами и песнями. **einlullen** нежно убаюкивать; *напр.*: die eintönige leise Musik lullte das Kind ein тихая монотонная музыка усыпила ребенка □ Sie sang das alte Entsagungslied, | Das Eiapopeia vom Himmel, | Womit man einlullt, wenn es greint, | Das Volk, den großen Lümmel (*Heine, »Deutschland«*) Она пела старую песнь отречения, колыбельную о радостях неба, которой убаюкивают простофилю народ, когда он хнычет

Einschlag *см.* Schlag [1]
einschleichen, sich *см.* hineingehen [1]
einschließen *см.* einsetzen [1]/enthalten/schließen [1]/umgeben/umringen [1]
einschlummern *см.* einschlafen
einschmeicheln, sich подольщаться
sich einschmeicheln — sich anbiedern
sich einschmeicheln *индифф. синоним; напр.*: er versteht es, sich bei allen einzuschmeicheln он умеет ко всем подольститься. **sich anbiedern** втираться в доверие (*к занимающему более высокое положение и т. п.*); *напр.*: er biedert sich bei seinem Chef an он подлизывается к своему начальнику □ »Richtig!« stimmte Pagel zu. »Nehmen wir eine Kanone mit?« — »Heute hat das wohl keinen Zweck, heut wollen wir uns erst anbiedern... (*Fallada, »Wolf u. Wölfen«*) «Правильно! — согласился Пагель. — Пушку (*револьвер*) возьмем с собой?» — «Сегодня не имеет смысла, сегодня нам для начала нужно втереться в доверие...»

einschmelzen *см.* schmelzen [1]
einschmuggeln, sich *см.* hineingehen [1]
Einschnitt надрез
der Einschnitt — die Kerbe
Einschnitt *индифф. синоним; напр.*: ein tiefer Einschnitt глубокий надрез; der Einschnitt über dem Knie heilte gut надрез над коленом хорошо зажил; er machte einen Einschnitt in die Baumrinde он сделал надрез в коре дерева. **Kerbe** ≅ Einschnitt, *но чаще употр. по отношению к надрезу на дереве; напр.*: eine Kerbe in den Stamm, in einen Stock schneiden сделать зарубку [надрез] на стволе, на палке

einschränken *см.* beschränken
Einschränkung ограничение
die Einschränkung — der Vorbehalt — die Klausel
Einschränkung *индифф. синоним; напр.*: er befürwortete diesen Antrag ohne jede Einschränkung он поддержал это предложение без каких-либо ограничений. **Vorbehalt** оговорка; *напр.*: mit [unter] dem Vorbehalt с оговоркой; ohne Vorbehalt без оговорок, без изъятия; ich werde auf seinen Vorschlag mit dem Vorbehalt eingehen, daß er das Geld innerhalb eines Monats auszahlen muß я соглашусь на его предложение при условии [с той оговоркой], что он должен выплатить деньги в течение одного месяца. **Klausel** *юр.* оговорка, специальное условие (*оговоренное в договоре, завещании и т. п.*); клаузула; *напр.*: das Testament enthält die Klausel, daß die Kinder des Verstorbenen das Haus nur erben, wenn sie bereit sind, darin zu wohnen завещание содержало оговорку, что дети умершего получают в наследство дом только при условии, что будут в нем жить

einschreiben записывать
einschreiben — eintragen — registrieren — einzeichnen — verzeichnen — buchen
einschreiben *индифф. синоним; напр.*: seine Ausgaben in ein Heftchen einschreiben записывать свои расходы в тетрадочку; einen Tadel ins Klassenbuch einschreiben записывать замечание в классный журнал; schicke den Brief eingeschrieben, dann kommt er bestimmt an пошли письмо заказным, тогда оно дойдет наверняка. **eintragen** вносить; *напр.*: du mußt noch seinen Namen in die Liste eintragen ты должен внести еще его фамилию в список; er will die Zinsen auf das Konto eintragen lassen он хочет, чтобы начислили проценты и занесли на его текущий счет. **registrieren** регистрировать; *напр.*: die Besucher registrieren регистрировать посетителей; eine Gesellschaft registrieren (за)регистрировать общество [компанию]. **einzeichnen, verzeichnen** вносить в список; *напр.*: ich habe seinen Namen in die Liste eingezeichnet я внес его фамилию в список; er ist in der Liste nicht verzeichnet его нет в списках; dieses Ereignis ist in der alten Chronik eingezeichnet это событие зарегистрировано в старой хронике. **buchen** *книжн., ком.* записывать в (счетную) книгу; *напр.*: Gewinne, Verluste, Schulden buchen записывать в счетную книгу приход, расход, долги

einschreiten *см.* eingreifen
einschrumpfen *см.* verkleinern, sich
einschüchtern *см.* erschrecken I
einschütten *см.* gießen [1]
einschwenken *см.* abbiegen
einsehen *см.* erkennen [2]/verstehen [1]
einseifen *см.* betrügen
einseitig *см.* beschränkt [1]
einsenken *см.* senken [1]
einsetzen [1] вставлять
einsetzen — einfügen — einschließen
einsetzen *индифф. синоним; напр.*: einen Stein in den Ring einsetzen вставить камень в кольцо; einen Zahn einsetzen вставить зуб; Spitzen, Stickerei einsetzen сделать вставку из кружев, из вышивки; man hat mir eine neue Fensterscheibe eingesetzt мне вставили новое оконное стекло. **einfügen** вделывать, вставлять, добавлять; *напр.*: die herausgefallenen Ziegel einfügen вставить выпавшие кирпичи; er hat in seinen Aufsatz einige Zitate, in sein Buch ein neues Kapitel eingefügt он вставил в свое сочинение несколько цитат, в свою книгу новую главу. **einschließen** включить;

напр.: in diese Summe sind die Dienstreisegelder, die Transportkosten eingeschlossen в эту сумму включены командировочные, транспортные расходы.
einsetzen² *см.* anfangen¹/ernennen
einsetzen, sich *см.* verwenden, sich
einsichtig *см.* vernünftig
einsichtsvoll *см.* vernünftig
Einsiedler отшельник
der **Einsiedler** — der **Klausner** — der **Eremit** — der **Anachoret**
Einsiedler *индифф. синоним*; *напр.*: er erzählte mir über einen Einsiedler, der im Walde lebte он рассказал мне об отшельнике, который жил в лесу; er lebte wie ein Einsiedler он жил отшельником. **Klausner** затворник; *напр.*: in der Nähe des Klosters lebte ein Klausner вблизи монастыря жил затворник. **Eremit** пустынник, отшельник; *напр.*: vor kurzem lebte ich noch als Eremit еще недавно я жил отшельником. **Anachoret** [-k-] *книжн.* ≅ Einsiedler; *напр.*: die frühchristlichen Einsiedler hießen Anachoreten отшельники раннего христианства назывались анахоретами.
einsilbig *см.* schweigsam
einspannen *см.* spannen¹
einsparen *см.* sparen
Einsparung *см.* «Приложение»
einsperren *см.* festsetzen¹/schließen¹
Einsprache *см.* Einwand
einspringen *см.* helfen/vertreten¹
Einspruch *см.* Einwand
einst *см.* einmal¹/früher I
einstecken всовывать, засовывать
einstecken — **einpferchen** — **einzwängen**
einstecken *индиф. синоним*; *напр.*: den Schlüssel ins Schüsselloch einstecken всунуть ключ в замочную скважину; den Degen einstecken вложить шпагу (в ножны); etw. in die Tasche einstecken (в)сунуть что-л. в карман; stecken Sie den Brief in den Kasten ein опустить письмо в ящик; hast du die Theaterkarten eingesteckt? ты взял (*положил в карман и т. п.*) билеты в театр? **einpferchen** впихивать, напихивать; *напр.*: die Menschen waren in den Güterwagen eingepfercht люди были втиснуты (набиты) в переполненные теплушки. **einzwängen** втискивать; *напр.*: er wurde in einen Raum eingezwängt, wo sich schon viele Menschen befanden его втиснули в помещение, где находилось много народу; die Wäsche haben wir in den Koffer eingezwängt белье мы с трудом втиснули в чемодан; die Leute standen in den Gängen zwischen den Kisten eingezwängt люди стояли в проходах, стиснутые между ящиками.
einstehen отвечать за кого-л., за что-л., ручаться
einstehen — **verantworten** — **sich verbürgen** — **bürgen** — **haften** — **garantieren** — **gewährleisten** — **gutsagen** — **gutsprechen**

einstehen *индифф. синоним*; *напр.*: ich stehe für meine Behauptung ein я отвечаю за свое утверждение; er steht dafür ein он отвечает за это; ich stehe nicht für ihn ein я за него не отвечаю. **verantworten** нести ответственность (*за собственные поступки или за поступки других*); *напр.*: eine Handlung, eine Maßnahme verantworten нести ответственность за какое-л. действие, мероприятие; das kann ich nicht verantworten я не могу нести за это ответственности. **sich verbürgen** ручаться; *напр.*: ich verbürge mich für die Zuverlässigkeit, für die Ehrlichkeit dieses Menschen я ручаюсь за надежность, за честность этого человека; er verbürgt sich für die Richtigkeit dieser Mitteilung он ручается за правильность этого сообщения. **bürgen** ≅ sich verbürgen *часто тж. юр.* поручиться (*нести личную, в том числе материальную, ответственность за кого-л.*); *напр.*: ich bürge für seine Ehrlichkeit я ручаюсь за его честность; können Sie jemanden nennen, der für Sie bürgen würde? можете ли вы назвать какое-нибудь лицо, которое поручилось бы за вас? □ Herr Präsident!.. Netzig wird kaisertreu, dafür bürge ich Ihnen mit allem, was ich bin und habe! (*H. Mann, »Untertan«*) Господин президент!.. Нетциг станет верным кайзеру, за это я ручаюсь честью и всем своим достоинием! **haften** *юр.* ≅ bürgen, *но еще больше подчеркивает (материальную) ответственность поручителя, ответственного юридического лица*; *напр.*: die Versicherungsgesellschaft haftet für diesen Schaden страховое общество берет на себя ответственность по возмещению этого ущерба; die Eltern haften für die Kinder родители отвечают (*платят штраф и т. п.*) за детей. **garantieren** *книжн., ком.* гарантировать (*доброкачественность, подлинность чего-л.*); *часто перен.* ручаться подчеркивает уверенность говорящего в чем-л., что может произойти; *и произносится с некоторой долей превосходства и т. п.*; *напр.*: die Haltbarkeit der Ware garantiert unsere Firma прочность товара гарантирует наша фирма; ich garantiere dir, daß sie uns nicht reinlassen ручаюсь тебе, что нас не впустят; ich garantiere dafür, daß sie einen Verweis bekommen, wenn Sie so weiter machen я вам гарантирую [ручаюсь], что вы получите выговор, если вы и дальше будете так действовать □ »Ich werde doch weiterdienen dürfen?« — »Dafür kann ich Ihnen nicht garantieren«, sagte der Stabsarzt (*H. Mann, »Untertan«*) «Я ведь смогу продолжать службу?» — «Этого я не могу вам гарантировать», — сказал врач. **gewährleisten** *книжн.* гарантировать (*что что-л. будет происходить, как ожидалось*); *напр.*: den Erfolg, die Sicherheit gewährleisten гарантировать успех, безопасность; das Recht auf Bildung wird durch die Verfassung gewährleistet право на образование гарантируется конституцией. **gutsagen, gutsprechen** *б. ч. офиц., ком.* поручиться, внести залог; *напр.*: für j-n, für eine Summe gutsagen поручиться за кого-л., за какую-л. сумму денег.

einsteigen *см.* eindringen¹/steigen¹
einstellen *см.* anstellen¹/aufhören²/unterbringen¹
einstellen, sich *см.* kommen¹
Einstellung *см.* Meinung¹
einstimmen *см.* einverstanden sein/mitsingen
einstimmig *см.* einmütig
Einstimmigkeit *см.* Übereinstimmung
einstudieren *см.* lernen
Einsturz *см.* Sturz¹
einstürzen *см.* einfallen¹
einstweilen *см.* inzwischen/vorläufig
einstweilig *см.* zeitweilig¹
eintauchen *см.* tauchen¹,²
eintauschen *см.* wechseln
einteilen *см.* teilen¹
eintönig *см.* einförmig
Eintracht *см.* Friede(n)¹/Übereinstimmung
einträchtig *см.* einmütig
einträchtiglich *см.* einmütig
eintragen¹ приносить, давать (*доход, пользу и т. п.*)
eintragen — **bringen** — **einbringen** — **abwerfen** — **herausspringen**
eintragen *индифф. синоним*; *напр.*: die von ihm komponierten Lieder tragen ihm viel Geld ein сочиненные им песни приносят ему много денег; dieses Unternehmen trägt guten Gewinn ein это предприятие приносит большой доход. **bringen** ≅ eintragen, *но обыкн. не фиксирует внимания на лице, получающем что-л.*; *напр.*: das Geschäft brachte (ihm) einen guten Ertrag предприятие приносило (ему) большой доход; das auf der Bank angelegte Geld bringt Zinsen деньги, положенные в банк, приносят проценты. **einbringen** ≅ eintragen; *напр.*: seine letzte Arbeit brachte ihm weltweite Anerkennung ein его последняя работа принесла ему всемирное признание; sein Unternehmen bringt viel Geld ein его предприятие приносит много денег. **abwerfen** *разг.* ≅ eintragen, *но употр. тк. по отношению к материальным благам и часто подчеркивает ограниченные размеры дохода, прибыли и т. п.*; *напр.*: der Laden warf nicht viel ab лавка не приносила много дохода; er staunte, daß das Unternehmen einen Gewinn abwarf он удивлялся, что предприятие приносило прибыль. **herausspringen** *разг.* получиться, принести в итоге (*о разовом доходе*); *напр.*: was springt denn dabei heraus? а что [сколько] это даст?; es werden für jeden von uns 1000 Mark herausspringen на нам принесет по тысяче марок на брата.
eintragen² *см.* einschreiben

EINTRÄGLICH

einträglich см. vorteilhaft¹
eintränken см. rächen (‚sich)
eintreffen см. ankommen¹
eintreiben см. sammeln
eintreten см. anfangen¹/beitreten¹/hineingehen¹
eintrichtern см. lehren¹
eintrocknen см. trocknen¹
eintunken см. tauchen²
einüben см. lernen
einverleiben см. anschließen
einverleiben, sich см. essen
einverstanden согласен

einverstanden — abgemacht — gut — schön — meinetwegen — in Ordnung
Синонимы данного ряда употр. в значении частицы и выражают согласие с чем-л.

einverstanden индифф. синоним; напр.: wir teilen die Arbeit in zwei Teile. — Einverstanden! мы разделим работу на две части. — Согласен!; du kommst auch zu uns. — Einverstanden! ты тоже придёшь к нам. — Согласен! **abgemacht** разг. договорились; напр.: ich werde dir helfen, aber dann gehen wir spazieren. — Abgemacht! я тебе помогу, но потом пойдём гулять. — Договорились! **gut, schön** разг. хорошо, ладно; напр.: gut, kommen Sie um 6 Uhr! хорошо, приходите в 6 часов!; ich komme auch mit. — Schön! я тоже иду с вами. — Ладно! **meinetwegen** разг. пожалуй, не возражаю; напр.: nun gut, meinetwegen! ну хорошо, пожалуй!; meinetwegen, kannst du bleiben не возражаю [ладно], можешь остаться; по мне так оставайся. **in Ordnung** разг. порядок, идёт; напр.: in Ordnung, ich bleibe идёт, я остаюсь

einverstanden sein соглашаться, быть согласным

einverstanden sein — einwilligen — zustimmen — eingehen — bewilligen — beistimmen — beifallen — einstimmen — beipflichten — nicht abgeneigt sein — beitreten — geruhen

einverstanden sein индифф. синоним; напр.: ich bin mit dir einverstanden я с тобой согласен; mit allem, was Sie gesagt haben, bin ich einverstanden я согласен [соглашаюсь] со всем, что вы говорили; wir sind einverstanden, daß wir morgen ins Theater gehen мы согласны завтра пойти в театр □ Sie war ganz und gar nicht mit ihm einverstanden, besonders nicht, seit er in die SS eingetreten war (*Fallada, »Jeder stirbt«*) Ни в чём она не была с ним согласна, особенно с тех пор, как он стал эсэсовцем. **einwilligen** дать (своё) согласие употр., когда речь идёт о чём-л. важном; напр.: die Direktion der Fabrik willigte ein, den Arbeitern die Löhne zu erhöhen дирекция фабрики согласилась повысить рабочим заработную плату; er willigte in meinen Vorschlag ein он согласился с моим предложением. **zustimmen** соглашаться с чем-л. (*одобряя что-л.*), с кем-л. (*поддерживая его*); напр.: wir alle stimmten seinem Vorschlag zu все мы согласились с его предложением (*одобрив его*). **eingehen** соглашаться на что-л., пойти на что-л. (*после некоторого раздумья, колебания и т. п.*); напр.: auf einen Plan, auf einen Vorschlag eingehen согласиться с планом, с предложением, принять план, предложение; auf j-s Bitte eingehen согласиться удовлетворить чью-л. просьбу; mit j-m einen Vergleich eingehen пойти на мировую с кем-л.; mit j-m eine Wette eingehen идти на [принять] пари, предложенное кем-л. **bewilligen** соглашаться предоставить что-л., одобрить предоставление чего-л., санкционировать субъектом обыкн. является компетентный орган; напр.: j-m eine Unterstützung bewilligen согласиться на предоставление кому-л. пособия; dem Studenten wurde ein Stipendium bewilligt студенту утвердили стипендию; das Parlament bewilligte einen Kredit парламент одобрил [санкционировал] предоставление кредита □ Für die Bahn nach K wird die Stadt nun doch wohl den Betrag bewilligen (*H. Mann, »Untertan«*) На постройку железной дороги в К город все же, вероятно, утвердит испрашиваемую сумму. **beistimmen** соглашаться, присоединяться к чьему-л. мнению (*будучи уверенным в правоте кого-л.*); напр.: wir stimmten seiner Ansicht bei мы согласились с его мнением. **beifallen** уст. = beistimmen; напр.: wir fielen diesem Vorschlag bei мы согласились с этим предложением. **einstimmen** устаревает ≅ beistimmen; напр.: in einen Plan einstimmen согласиться с планом. **beipflichten** соглашаться с кем-л., с чем-л. мнением; высказыванием (*а тж. положительно высказаться о чьем-л. мнении и присоединиться к нему*); напр.: j-m in einer Sache beipflichten согласиться с кем-л. в каком-л. вопросе; »Richtig!« pflichteten sie dem Redner bei «Правильно!» — поддержали они докладчика; alle beeilten sich diesem guten Vorschlag beizupflichten все поспешили согласиться (*вслух*) с этим предложением □ »Regen wäre gut«, pflichtet Jachmann sofort bei (*Fallada, »Kleiner Mann«*) «Дождь был бы нужен», — сейчас же соглашается Яхман. **nicht abgeneigt sein** эвф. быть не против чего-л., склоняться к чему-л.; напр.: ich bin nicht abgeneigt, das zu tun я не прочь сделать это; er ist diesem Plan nicht abgeneigt этот план для него не неприемлем, он склоняется к этому плану [согласиться с этим планом]. **beitreten** юр. ≅ beistimmen; напр.: der Ansicht des Klägers, dem Kläger beitreten согласиться с мнением истца, с истцом. **geruhen** высок., часто ирон. милостиво согласиться; напр.: der Kaiser geruhte, die Abgeordneten zu empfangen император милостиво согласился принять депутатов; wann wirst du endlich geruhen, die Tür zuzumachen? когда ты наконец соблаговолишь закрыть дверь?

Einverständnis согласие (*утвердительный ответ*)

das **Einverständnis** — die **Einwilligung** — die **Zustimmung**

Einverständnis индифф. синоним; напр.: können wir mit Ihrem Einverständnis rechnen? можем ли мы рассчитывать на ваше согласие?; der Lehrer bat die Schüler, vor dem Ausflug das Einverständnis ihrer Eltern einzuholen учитель просил учеников до экскурсии заручиться согласием родителей. **Einwilligung** согласие (*которое даётся по какому-л. важному поводу*); напр.: ihre Einwilligung zu einer Ehe geben дать своё согласие на брак; die Bank gab ihre Einwilligung zur Gewährung größerer Kredite für diese Firma банк дал согласие предоставить этой фирме бо́льшие кредиты; es ist sehr wichtig, seine Einwilligung zu bekommen очень важно получить его согласие. **Zustimmung** согласие, одобрение; напр.: er wurde unter allgemeiner Zustimmung in den Ausschuß gewählt с общего согласия [при всеобщем одобрении] его выбрали в комитет; die Anschaffung des Gemäldes fand allgemeine Zustimmung приобретение картины встретило всеобщее одобрение

Einwand возражение

der **Einwand** — die **Widerrede** — die **Einwendung** — der **Einwurf** — der **Einspruch** — die **Einsprache** — der **Widerspruch** — der **Protest** — die **Anfechtung** — die **Verwahrung** — die **Einrede** — das **Veto**

Einwand индифф. синоним; напр.: unbegründete, lächerliche, zaghafte Einwände machen [vorbringen] выдвигать необоснованные, смехотворные, робкие возражения; ich habe gar keine Einwände у меня нет никаких возражений; sie hörte nicht auf seine Einwände она не слушала его возражений; er wies diesen Einwand zurück он отверг это возражение □ Herr Göppel machte zärtliche Einwände, und der Chor der Tanten begleitete sie (*H. Mann, »Untertan«*) Господин Геппель мягко возражал, хор теток вторил его возражениям. **Widerrede** б. ч. ед. противоречие, возражение обладает ограниченной сочетаемостью; напр.: keine Widerrede! без возражений!; er nahm alles ohne Widerrede ап он принял все без единого возражения; er duldet keine Widerrede он не терпит возражений [‚когда ему противоречат]. **Einwendung** б. ч. мн. (устное) возражение (*обыкн. против чьих-л. намерений*); напр.: zahlreiche, begründete, berechtigte Einwendungen vorbringen [erheben] выдвигать многочисленные, обоснованные, справедливые возражения; er machte Einwen-

EINWANDERN — EINZELHEIT

dungen gegen den Plan он высказал возражения против этого плана. **Einwurf** возражение, высказанное в виде реплики; *напр.*: der Redner mußte zahlreiche Einwürfe der Zuhörer beantworten оратору пришлось отвечать на многочисленные возражения [замечания] слушателей. **Einspruch** *б. ч. ед.* (решительное) возражение, протест (*в устной или письменной форме*); *напр.*: ein offizieller, scharfer Einspruch официальный, резкий протест; sein Einspruch war entscheidend его возражение было решающим; er ist gegen meinen Einspruch in den Sportverein aufgenommen worden его приняли в спортивное общество вопреки моим возражениям; der Staatsanwalt erhob gegen das Urteil Einspruch прокурор опротестовал приговор □ Magda erhob Einspruch gegen die Beleidigung ihres Verlobten (*H. Mann, »Untertan«*) Магда решительно протестовала против оскорбления ее жениха. **Einsprache** *австр., швейц. и уст.* = Einspruch. **Widerspruch** *тк. ед.* решительное возражение (*б. ч. устное*); *напр.*: keinen Widerspruch dulden не терпеть никаких возражений; kein Widerspruch! никаких возражений!; erhebt sich Widerspruch dagegen? нет возражений?; diese Projekte stießen überall auf scharfen, heftigen Widerspruch эти проекты встречали всюду резкие, ожесточенные возражения. **Protest** протест; *напр.*: Protest erheben, einreichen выразить, вручить протест; mit ihren Handlungen werden sie Protest(e) hervorrufen своими действиями они вызовут протест(ы). **Anfechtung** оспаривание; *напр.*: die Anfechtung des Urteils, der Vaterschaft оспаривание приговора, отцовства. **Verwahrung** ≅ Protest, *но более официально и б. ч. юр.*; *напр.*: ich lege Verwahrung gegen diese Beschuldigung, gegen diesen Verdacht ein я протестую против этого обвинения, против этого подозрения. **Einrede** *книжн.* а) ≅ Einwand; *напр.*: keine Einrede dulden не терпеть возражений; b) *б. ч. ед. юр.* возражение сторон (*в гражданском процессе*), отвод; *напр.*: seine Einrede, das Gericht sei unzuständig, wurde abgewiesen его отвод суду как неправомочному был отклонен. **Veto** [v-] *полит.* возражение, имеющее силу запрета; *напр.*: ein Veto einlegen наложить вето

einwandern *см.* «Приложение»
Einwanderung *см.* «Приложение»
einwandfrei *см.* tadellos
einwechseln *см.* wechseln
einweichen *см.* nässen
einweisen инструктировать

einweisen — einführen — anleiten

einweisen *индифф. синоним*; *напр.*: er ist in seine Arbeit, in seine Aufgabe eingewiesen worden его проинструктировали по его работе, по его заданию; ein besonderer Instrukteur weist uns ein нас инструктирует специальный инструктор; unser Chef wird ihn persönlich einweisen наш начальник лично будет его инструктировать. **einführen** вводить в курс дела, (о)знакомить; *напр.*: ich werde unseren neuen Kollegen selbst einführen я сам введу в курс дела нашего нового коллегу; er will den neuen stellvertretenden Direktor einführen он хочет представить нового заместителя директора. **anleiten** наставлять кого-л. (*направлять работу новичка, давая ему полезные указания и объяснения*); *напр.*: der Meister leitet den Lehrling an мастер наставляет ученика

einwenden возражать

einwenden — entgegenhalten — einwerfen — begegnen

einwenden *индифф. синоним*; *напр.*: was hast du dagegen einzuwenden? что ты на это можешь возразить?; gegen diesen Vorschlag läßt sich viel, manches einwenden против этого предложения можно многое, кое-что возразить. **entgegenhalten** возражать кому-л., основываясь на чем-л., приводя что-л. в качестве контраргумента; *напр.*: diesen Beschuldigungen hielt er triftige Argumente entgegen он возражал против этих обвинений, приводя веские аргументы. **einwerfen** возразить, бросив реплику (*говорящий выражает лишь несогласие, но не приводит доводов*); *напр.*: er warf ein, daß ich nicht recht habe он возразил, что я неправ. **begegnen** *книжн.* отвечать возражением (*объектом является чье-л. утверждение, высказывание, выраженное дополнением в Dat., а возражение и довод — дополнением с предлогом* mit); *напр.*: dem Pessimismus der Journalisten begegnete er mit der Behauptung, die Zustände hätten sich geändert возражая против пессимизма журналистов, он утверждал, что положение изменилось

Einwendung *см.* Einwand
einwerfen *см.* einwenden
einwickeln *см.* packen¹
einwickeln, sich *см.* wickeln, sich
einwiegen *см.* einschläfern
einwilligen *см.* einverstanden sein
Einwilligung *см.* Einverständnis
einwirken *см.* wirken I¹
Einwirkung *см.* Einfluß¹
Einwohner житель, жилец
der Einwohner — der Bewohner — der Insasse

Einwohner *индифф. синоним*; *напр.*: das war eine Stadt mit ungefähr einer Million Einwohner это был город примерно с миллионным населением; alle Einwohner versammelten sich auf dem Marktplatz все жители собрались на базарной площади; die Einwohner dieses Hauses haben im Hof viele Bäume gepflanzt жильцы этого дома посадили во дворе много деревьев. **Bewohner** житель, жилец, обитатель (*обыкн. с определением в Gen.*); *напр.*: die Bewohner des Dorfes, der Stadt, dieser Gegend жители деревни, города, этой местности; die Bewohner eines Planeten обитатели планеты; die Bewohner dieses Hauses жильцы этого дома; die gefiederten Bewohner der Wälder пернатые обитатели лесов □ Bewohner der umliegenden Häuser blickten aus den Fenstern (*Kästner, »Die verschwundene Miniatur«*) Жители соседних домов смотрели из окон. **Insasse** обитатель (*проживающий совместно с кем-л., б. ч. в специальном заведении*); *напр.*: die Insassen eines Altersheims, eines Miethauses, eines Gefängnisses обитатели дома для престарелых, доходного дома, тюрьмы □ Matratzen lagen auf der Erde, eng nebeneinander, dünne, schmutzige, zerflickte Decken darauf, in die Wände waren ein paar Haken und Nägel eingeschlagen, an denen die Insassen ihre Kleider aufhängen konnten... (*Feuchtwanger, »Exil«*) Тесно сдвинутые матрацы лежали прямо на полу. На них тонкие, грязные, дырявые одеяла, в стены было вбито несколько крюков и гвоздей, на которые обитатели (*барака*) могли повесить свою одежду...

Einwohnerschaft *см.* Bevölkerung
Einwurf *см.* Einwand
einwurzeln, sich *см.* einbürgern, sich
einzahlen *см.* bezahlen¹
Einzahlung¹ платеж
die Einzahlung — der Beitrag — die Einlage

Einzahlung *индифф. синоним*; *напр.*: eine Einzahlung bei der Bank платеж в банке; eine Einzahlung bei der Sparkasse вклад в сберкассу; der Schalter für Einzahlungen окошко, где принимают платежи [вклады]. **Beitrag** *б. ч. мн.* взнос; *напр.*: die Beiträge für die Gewerkschaft профсоюзные взносы; die Beiträge für den Klub членские взносы в клуб; die Beiträge für die Sozialversicherung bezahlen уплатить взносы по социальному страхованию. **Einlage** вклад; *напр.*: die Einlagen bei der Sparkasse вклады в сберкассе; ein Sparbuch mit einer Einlage von 300 Mark сберегательная книжка с вкладом в 300 марок

Einzahlung² *см.* Zahlung
einzeichnen *см.* einschreiben
Einzelgänger *см.* «Приложение»
Einzelheit подробность
die Einzelheit — das Detail

Einzelheit *индифф. синоним*; *напр.*: eine charakteristische, (un)wesentliche Einzelheit характерная, (не)существенная подробность; etw. bis in die kleinsten Einzelheiten erzählen рассказывать что-л. во всех подробностях; auf Einzelheiten eingehen вдаваться в подробности □ Gerne möchte er ihr von den Einzelheiten seines Vorhabens erzählen (*Feuchtwanger, »Exil«*) Он охотно поделился бы с ней подробностями своего замысла. **Detail** ['-'tae] частность, деталь; *напр.*: ein wichtiges, kleines Detail важная, маленькая деталь; in allen Details vortragen докладывать во всех деталях [со всеми подробностями]; ins Detail gehen вдаваться в детали; sich in Details verlieren из-за мелочей упустить главное ◻ Während Trautwein das erörterte, mit vielen Details in seiner sanguinischen Art, laut und münchnerisch... so daß die französischen Gäste ringsum aufhorchten, saß Friedrich Benjamin ihm gegenüber und aß (*Feuchtwanger*, »*Exil*«) В то время как Траутвейн, повысив голос и перейдя на мюнхенский диалект, рассказывал об этом во всех подробностях с присущим ему сангвиническим темпераментом... так что французы за соседними столиками начали прислушиваться, сидевший против него Фридрих Беньямин молча ел

einzeln отдельный

einzeln — vereinzelt

einzeln *индифф. синоним; напр.:* diese Gedichte können Sie einzeln lesen эти стихотворения вы можете читать каждое в отдельности; man kann auch einzelne Bände kaufen можно купить и отдельные тома; einzelne Zuhörer kannten den Redner gut отдельные слушатели хорошо знали оратора. **vereinzelt** единичный; *напр.:* es kamen nur vereinzelte Erkrankungen vor встречались лишь единичные случаи заболеваний; man hörte vereinzelte Schüsse были слышны одиночные выстрелы

einziehen[1] вступать, входить

einziehen — einrücken — einmarschieren

einziehen *индифф. синоним; напр.:* die Truppen zogen siegreich in die Stadt ein войска победоносно вступили в город; die Abgeordneten zogen langsam in das Rathaus ein депутаты медленно проследовали в ратушу ◻ Nie werde ich nach München zurückkehren, nie werde ich durch das Siegestor einziehen, nicht einmal dritter Klasse auf dem Hauptbahnhof ankommen werde ich (*Feuchtwanger*, »*Exil*«) Никогда я не смогу вернуться в Мюнхен, никогда я не проеду через триумфальную арку, я даже в третьем классе не смогу приехать на главный вокзал. **einrücken, einmarschieren** ≃ einziehen, *но чаще употр. по отношению к воинским частям и т. п.; напр.:* die Kompanie rückte [marschierte] in das Dorf ein рота вступила в деревню

einziehen[2] *см.* einatmen/einberufen

einzig единственный

einzig — einmalig — einzigartig

einzig *индифф. синоним; напр.:* mein einziger Sohn мой единственный сын; wir waren bei ihm die einzigen Gäste мы были у него единственными гостями; ich habe nur einen einzigen Ausweg у меня только один-единственный выход; es gibt nur ein einziges Modell dieser Art существует только одна подобная модель; es gibt nur eine einzige Erklärung имеется только одно объяснение ◻ Sie freut sich auf ihn. Sowie er nicht da ist, vermißt sie ihn; er ist der einzige, der ihre geistigen Bedürfnisse befriedigen kann (*Feuchtwanger*, »*Exil*«) Она радуется его приходу. Когда он отсутствует, ей его недостает; он единственный человек, который может удовлетворить ее духовные запросы. Ein einziges Mal war er während des Krieges in Berlin aufgetaucht, ohne Dora zu besuchen (*Kellermann*, »*Der 9. November*«) Один-единственный раз он появился во время войны в Берлине, не навестив Дору. **einmalig** встречающийся, бывающий, происходящий один раз; *иногда* = einzigartig; *напр.:* er zahlte ihm eine einmalige Abfindung он заплатил ему единовременную компенсацию; dieses Modell ist einmalig эта модель неповторима ◻ Schließlich ist es eine einmalige Ausgabe. Er muß es eben schaffen, und er wird es schaffen, er hat schon ganz anderes geschafft (*Feuchtwanger*, »*Exil*«) В конце концов это разовый расход. Он должен с этим справиться, и он справится, ему еще не такие вещи удавались. **einzigartig** единственный в своем роде, неповторимый; *напр.:* ein einzigartiger Künstler единственный в своем роде [неповторимый] художник; eine einzigartige Leistung беспримерное достижение

einzigartig *см.* einzig

Einzug *см.* Einmarsch

einzwängen *см.* einstecken

eisern *см.* fest[2]

eisig *см.* kalt[1]

eiskalt *см.* kalt[1]

eitel[1] уделяющий слишком большое внимание своей внешности

eitel — gefallsüchtig — geckenhaft — putzsüchtig — kokett — affig

eitel *индифф. синоним; напр.:* der eitle junge Mann war ihr zuwider мне был противен этот фатоватый молодой человек; sie betrachtete sich eitel im Spiegel она кокетливо рассматривала себя в зеркале; sie flanierten eitel durch die Parkanlagen они фланировали по скверам фатоватой походкой. **gefallsüchtig** *неодобр.* стремящийся во что бы то ни стало понравиться (*б. ч. о женщине*); *напр.:* sie war ein äußerst gefallsüchtiges Mädchen она была большой кокеткой. **geckenhaft** фатоватый (*тк. о мужчине*); *напр.:* er war geckenhaft gekleidet он был крикливо одет, он выглядел фатовато. **putzsüchtig** заботящийся только о своей внешности и о нарядах (*тк. о женщине*); *напр.:* sie war eine putzsüchtige Gans она была глупой франтихой. **kokett** *книжн.* кокетливый; *напр.:* ihr, sein kokettes Benehmen stößt viele ab ее, его кокетливое поведение многих отталкивает; sie warf ihm einen koketten Blick zu она бросила на него кокетливый взгляд. **affig** *фам.* = eitel; *напр.:* sie drehte sich affig vor dem Spiegel она, кривляка, вертелась перед зеркалом

eitel[2] *см.* hochmütig

Ekel *см.* Abneigung

ekelhaft *см.* schlecht[2]/unangenehm[2]

ek(e)lig *см.* schlecht[2]/unangenehm[2]

Ekstase *см.* Verzückung

Elan *см.* Begeisterung

elastisch *см.* geschmeidig

elegant элегантный

elegant — schick — geschmackvoll — apart — mondän — flott — keck — fesch

elegant *индифф. синоним; напр.:* elegante Kleidung элегантная одежда; ein Anzug in eleganter Ausführung элегантно сшитый костюм; eine elegante Frau элегантная женщина; eine elegante Erscheinung элегантная внешность; eine elegante Einrichtung элегантная обстановка [мебель]; er ist sehr elegant gekleidet он очень элегантно одет ◻ Vor den beiden Männern stand sie, keine elegante Dame mehr, einfach eine gehetzte Kreatur... (*Feuchtwanger*, »*Exil*«) Перед этими двумя мужчинами стояла не прежняя элегантная дама, а затравленное существо... **schick** ≃ elegant, *но подчеркивает модность, изобретательность и вкус в выборе деталей; напр.:* dieses Kleid ist sehr schick und ziemlich billig это платье очень элегантное и довольно дешевое; das Mädchen ist schick gekleidet девушка одета по моде и со вкусом ◻ Sicher wird er wieder kurze Unterhosen nehmen, seine Kameraden im Lyzeum finden nur kurze Unterhosen schick, aber es wäre besser, auf das bißchen Schick zu verzichten und die Gefahr einer Erkältung zu vermeiden (*Feuchtwanger*, »*Exil*«) Конечно, под брюки он снова наденет трусы — его товарищи в лицее считают, что модны только трусы, — но было бы лучше пренебречь модой и избежать возможной простуды. **geschmackvoll** со вкусом; свидетельствующий о вкусе; *напр.:* ein geschmackvolles Kleid платье, сшитое со вкусом; sich geschmackvoll kleiden одеваться со вкусом. **apart** оригинальный, изысканный; *напр.:* sie hatte ein apartes Kleid an на ней было изысканное [какое-то особенное] платье; er war immer apart gekleidet он всегда был изысканно одет. **mondän** *книжн.* сверхмодный, экстравагантный (*свидетельствующий о роскоши, о принадлежности к 'элите'*); *напр.:* mondäne Toiletten сверхмодные туалеты; auf dem Ball trafen wir mondäne Frauen на балу мы встречали светских львиц. **flott, keck** *разг.* ≃ schick, *но с оттенком некоторой нарочитости; напр.:* ein flottes Kleid элегантное платье; sie sieht flott aus mit dem neuen Kostüm она выглядит элегантно в новом костюме; sie trägt ein keckes Hütchen на ней броская шляпка. **fesch** *разг.*

≃ elegant, *но чаще о спортивном стиле*; *напр.*: ein fesches Kleid элегантное платье (в спортивном стиле); sie hat ein fesches Hütchen у нее модная шляпка; sie sieht sehr fesch aus она очень элегантно выглядит
elend жалкий
elend — jämmerlich — kläglich — mitleiderregend — erbärmlich

elend *индифф. синоним*; *напр.*: ein elendes Dasein fristen влачить жалкое существование; in einer elenden Lage sein находиться в жалком состоянии; er sah elend aus у него был жалкий вид; sein Schicksal war elend у него была жалкая судьба. **jämmerlich** плачевный; *напр.*: in einem jämmerlichen Zustand sein быть в плачевном состоянии; das Dorf bot einen jämmerlichen Anblick деревня имела плачевный вид; sie erlitten einen jämmerlichen Tod они глупо погибли. **kläglich** ≃ jämmerlich, *но содержит оттенок недовольства, возмущения и т. п. по отношению к пострадавшему лицу, к поврежденному предмету*; *напр.*: der früher so mächtige Mann bot einen kläglichen Anblick прежде столь могущественный, он имел теперь жалкий вид; das Haus befand sich in einem kläglichen Zustand дом находился в плачевном состоянии. **mitleiderregend** вызывающий жалость; *напр.*: sein Zustand ist mitleiderregend его состояние вызывает сочувствие. **erbärmlich** *разг.* жалостный; *напр.*: in einer erbärmlichen Lage stecken быть в жалком положении; alles war dort so erbärmlich und verwahrlost все там было такое жалостное и запущенное

Elend *см.* Armut/Unglück[1]
Eleve *см.* Lehrling[1]
eliminieren *см.* beseitigen
eloquent *см.* beredt
emeritieren *см.* entlassen
Emigrant *см.* Auswanderer
eminent *см.* groß[5]
Empfang прием (*гостей и т. п.*)
der **Empfang** — die A u d i e n z
Empfang *индифф. синоним*; *напр.*: ein Empfang bei dem Botschafter прием у посла; einen Empfang geben, veranstalten дать, устроить прием. **Audienz** *книжн.* аудиенция; *напр.*: um eine Audienz bitten просить аудиенции; Audienz erteilen давать аудиенцию
empfangen *см.* aufnehmen[2]/bekommen[1]
Empfänger получатель
der **Empfänger** — der A d r e s s a t
Empfänger *индифф. синоним*; *напр.*: der Empfänger eines Briefes получатель письма; die Unterschrift des Empfängers подпись получателя. **Adressat** *офиц.* адресат; *напр.*: der Adressat einer Postsendung получатель почтового отправления
empfänglich восприимчивый
empfänglich — offen — aufgeschlossen — aufnahmefähig

empfänglich *индифф. синоним*; *напр.*: er ist für die Schönheiten der Natur sehr empfänglich он очень восприимчив к красотам природы, он тонко чувствует красоту природы; sie ist empfänglich für Schmeicheleien она падка на лесть; das Kind ist empfänglich für Lob ребенок любит, когда его хвалят; er ist für Krankheiten empfänglich он предрасположен к заболеваниям. **offen** открытый (для чего-л.) (*воспринимающий окружающий мир эмоционально, больше чувством, чем разумом*); *напр.*: seine Augen sind offen für die Schönheiten der Natur его глаза открыты для красот природы; er geht mit offenen Augen durch die Welt он смотрит на мир открытыми глазами. **aufgeschlossen** живо интересующийся духовной жизнью, способный и готовый воспринять новые идеи *и т. п.*; *напр.*: für neue Probleme, für alle Gegenwartsfragen aufgeschlossen sein быть чутким к новым проблемам, ко всем злободневным вопросам. **aufnahmefähig** способный и готовый воспринять и усвоить чувственные впечатления, информацию *и т. п.*; *напр.*: er ist aufnahmefähig für alles Neue он очень чуток ко всему новому; nach den Anstrengungen der langen Reise war ich für neue Eindrücke nicht aufnahmefähig после напряжения, вызванного длительным путешествием, я уже был не в состоянии воспринимать новые впечатления

empfehlen *см.* raten[1]
empfehlen, sich *см.* verabschieden, sich
Empfehlung *см.* Gruß/Rat
empfinden *см.* fühlen
empfindlich[1] чувствительный (*способный остро чувствовать*)
empfindlich — empfindsam — s e n s i b e l — s e n s i t i v — mimosenhaft
Синонимы данного ряда расположены по степени возрастания выражаемого признака

empfindlich *индифф. синоним* (*обыкн. о повышенной чувствительности*); *напр.*: eine empfindliche Haut чувствительная кожа; er war ein zartes und empfindliches Kind он был нежным и чувствительным [ранимым] ребенком; er ist gegen Tadel sehr empfindlich он болезненно воспринимает порицание; das ist seine empfindliche Stelle это его больное место. **empfindsam** ≃ empfindlich, *но содержит положительную оценку*; *напр.*: er hat eine empfindsame Seele у него (очень) чувствительная [тонкая] душа; das war eine Frau mit empfindsamen Nerven это была женщина с чувствительными нервами. **sensibel** *книжн.* впечатлительный; особо чувствительный; *напр.*: er war ein sensibles Kind он был впечатлительным ребенком. **sensitiv** *книжн.* сверхчувствительный *часто употр. в специальной литературе*; *напр.*: er hat eine sensitive Natur у него сверхчувствительная натура. **mimosenhaft** чувствительный как мимоза; *напр.*: seine mimosenhafte Empfindlichkeit ging mir auf die Nerven меня раздражало, что он такая мимоза

empfindlich[2] *см.* reizbar
empfindsam[1] чувствительный (*способный расчувствоваться*)
empfindsam — sentimental — gefühlselig — tränenselig — s e n t i m e n t a l i s c h

empfindsam *индифф. синоним*; *напр.*: sie ist ein sehr empfindsames Mädchen, eine empfindsame Seele она очень чувствительная девушка, чувствительная душа. **sentimental** сентиментальный; *напр.*: jeder Sonnenuntergang macht sie sentimental каждый заход солнца настраивает ее на сентиментальный лад; sie ist von Natur aus sentimental она по натуре сентиментальна. **gefühlselig** ≃ sentimental, *но выражает большую степень признака*; *напр.*: es waren gefühlselige Lieder это были очень сентиментальные песни. **tränenselig** слезливый; *напр.*: er geriet in eine tränenselige Stimmung он впал в слезливое настроение. **sentimentalisch** *книжн.* сентиментальный, относящийся к сентиментализму (*литературному направлению*); *напр.*: sentimentalische Dichtung поэзия сентиментализма, сентиментальная поэзия; ein sentimentalischer Roman сентиментальный роман

empfindsam[2] *см.* empfindlich[1]
Empfindung *см.* Gefühl
empfindungslos *см.* unempfindlich
empören *см.* ärgern
empören, sich *см.* ärgern, sich/erheben, sich[2]
Emporkömmling *см.* Streber
emporlodern *см.* aufflammen[1]
emporragen *см.* erheben, sich[1]
Empörung *см.* Aufstand
emsig *см.* fleißig
Ende[1] конец
das **Ende — der Schluß — der Abschluß — der Ausklang — das F i n a l e**

Ende *индифф. синоним*; *напр.*: ein gutes, glückliches, schlimmes Ende хороший, счастливый, плохой конец; Ende des Monats wird er uns besuchen в конце месяца он нас навестит; ich las den Brief bis zu Ende я прочел письмо до конца; es ist noch kein Ende abzusehen еще не видно конца □ Es wäre nicht, wie einst in Frankreich, die vorläufige Unterbrechung der Revolution, sondern ihr Ende (*H. Mann, »Zeitalter«*) Это было бы не так, как когда-то во Франции: не временная пауза в революции, а ее конец. Und endlich war doch das Ende gekommen (*Th. Mann, »Buddenbrooks«*) И все-таки конец наступил. **Schluß** (предусмотренный) конец чего-л. *подчеркивает, что что-л. достигло определенного завершения*; конец, заключение, последняя часть чего-л. целого (*литературного произведения, концерта,*

мероприятия и т. п.); напр.: sie hielten bis zum Schluß durch они продержались [выстояли] до конца; heute müssen wir mit der Arbeit Schluß machen сегодня мы должны закончить работу; der Schluß des Buches war unerwartet конец книги был неожиданным ☐ Den Schluß der Feier bildete eine kurze Rede des Gauleiters mit dem Thema: »Warum wir siegen müssen« (Kellermann, »Totentanz«) Праздник завершился краткой речью гаулейтера на тему: «Почему мы должны победить». Er hatte auch von der kleinen Geschichte immer nur den ersten Teil erzählt... aber den Schluß... das eigentliche Erlebnis, das hatte er mit niemand teilen wollen (Feuchtwanger, »Lautensack«) Из этой маленькой истории он всегда рассказывал только первую часть... а ее завершение, то, что он собственно пережил, с этим он не хотел ни с кем делиться. **Abschluß** окончание (какого-л. процесса, мероприятия и т. п.); заключительная часть чего-л. сильнее, чем Schluß подчеркивает завершенность чего-л.; напр.: der Abschluß der Verhandlungen окончание переговоров; nach Abschluß der Prüfungen после окончания экзаменов; zum Abschluß des Abends trat eine Sängerin auf в завершение вечера выступила певица. **Ausklang** (отзвучавший) заключительный аккорд; часто перен. гармоническое завершение чего-л. (каких-л. событий, исторической эпохи и т. п.); напр.: der Ausklang der Sinfonie war sehr feierlich заключительный аккорд симфонии был очень торжественным; den Ausklang der Feier bildete eine Filmpremiere праздник завершила премьера нового фильма. **Finale** книжн., часто спорт. и муз. финал, заключительная часть, (достойное) завершение; напр.: ins Finale kommen спорт. выйти в финал; in dem Finale spielte der Weltmeister ganz überlegen в финале чемпион мира не имел соперников; das Finale der Oper war besonders schön финал оперы был особенно хорош
Ende²: zu Ende sein см. aufhören¹
enden¹ кончаться, заканчиваться
enden — endigen — schließen — abschließen — ausgehen — ablaufen — ausklingen — aussein
enden индифф. синоним; напр.: der Vortrag, die Unterrichtsstunde endete доклад, урок кончился; das Gespräch endete mit einem Streit разговор кончился спором ☐ Die stille Nacht hatte mit einem unerwarteten Angriff geendet (Seghers, »Die Toten«) Спокойная ночь закончилась неожиданной атакой. Der See, bei dem die Märchenstraße endete, war eine Platte aus purem Silber, über die hin goldene Segel glitten (L. Frank, »Mathilde«) Озеро, у которого кончилась сказочная улица, казалось серебряной гладью, по которой скользили золотые парусни-

ки. **endigen** ≅ enden, но менее употребительно. **schließen** кончаться чем-л.; напр.: seine Rede schloß mit folgenden Worten... его речь закончилась следующими словами...; der Prozeß schloß mit einem Freispruch процесс закончился оправдательным приговором ☐ So schloß Tonys zweite Ehe (Th. Mann, »Buddenbrooks«) Так закончился второй брак Тони. **abschließen** ≅ schließen, но больше подчеркивает то, чем что-л. оканчивается; напр.: das Studium schließt gewöhnlich mit einem Examen ab обучение обычно заканчивается экзаменом. **ausgehen** кончаться (определенным образом), иметь (ту или иную) развязку; напр.: ich weiß, wie die Unterhandlungen ausgehen werden я знаю, чем закончатся переговоры; die Sache ist gut, schlecht ausgegangen дело закончилось хорошо, плохо. **ablaufen** истекать употр. при прекращении, окончании чего-л., обусловленного каким-л. сроком; напр.: der Paß, der Vertrag, das Visum ist abgelaufen срок действия паспорта, договора, визы истек; die Wartezeit, der Urlaub läuft ab время ожидания, отпуск кончается [подходит к концу]. **ausklingen** книжн. торжественно завершаться; напр.: der Tag klang feierlich mit einem Ball aus день закончился празднично — балом. **aussein** разг. окончиться, пройти предполагает, что то, что окончилось, не возобновится; напр.: das Spiel, der Krieg ist aus игра, война окончена; die Sitzung war aus заседание окончилось; die Stunde ist aus урок окончился [окончен]; die Schulferien waren aus каникулы окончились
enden² см. aufhören¹/beenden/umkommen
endigen см. enden¹/umkommen
endlich наконец (по истечении продолжительного времени)
endlich — zuletzt — schließlich
endlich индифф. синоним; напр.: er hat endlich von sich hören lassen наконец он дал о себе знать; nachdem sie lange gewartet hatte, klopfte er endlich an die Tür она долго ждала, пока он наконец не постучал в дверь; endlich ist beschlossen worden, daß ich reise наконец было решено, что я еду ☐ Es nutzte die Gelegenheit, endlich einmal satt zu werden (Seghers, »Die Toten«) Теперь она пользовалась случаем, чтобы наконец наесться досыта. Als er endlich eine Pause machte, fragte Benjamin... (Feuchtwanger, »Exil«) Когда он наконец остановился, Беньямин спросил... **zuletzt** указывает на то, что что-л. является окончанием чего-л. предшествующего; напр.: zuletzt verlor ich die Geduld наконец я потерял терпение; zuletzt sahen wir uns genötigt einzugreifen в конце концов нам пришлось вмешаться. **schließlich** в конце концов; напр.: sie hat schließlich doch recht

она, в конце концов, все же права; schließlich haben wir uns doch geeinigt наконец мы все же договорились ☐ Die Eisenbahnen haben schließlich bei uns ihr Imprägnierholz bestellt (Seghers, »Die Toten«) В конце концов и железные дороги стали заказывать нам пропиточный состав для шпал
endlos см. unendlich
energielos см. schwach³
energisch см. entschieden/tätig¹
eng¹ тесный, плотный, сжатый
eng — knapp — gedrängt
eng индифф. синоним; напр.: enge Schuhe тесные ботинки; eine enge Schrift убористый шрифт; eng schreiben писать убористо; der Rock ist zu eng юбка слишком тесная; ihr sitzt hier zu eng. Da ist doch noch ein Platz frei вы сидите здесь очень тесно. Там же есть еще свободное место. **knapp** как раз; едва соответствующий размеру и т. п.; напр.: eine knappe Ausdrucksweise сжатое изложение; die Hose ist knapp geworden брюки стали тесны. **gedrängt** тесный; в тесноте чаще перен.; напр.: gedrängt sitzen сидеть в тесноте; gedrängt schreiben писать сжато [лаконично]; er gab eine gedrängte Übersicht über die letzten Ereignisse он сделал сжатый [краткий] обзор последних событий [событий последних дней]
eng² см. beschränkt¹/schmal¹
engagieren см. anstellen¹
engherzig см. kleinlich
engstirnig см. beschränkt¹
ennuyieren см. langweilen
ennuyieren, sich см. langweilen, sich
enorm см. groß¹/sehr
entarten вырождаться
entarten — ausarten — degenerieren
entarten индифф. синоним; напр.: ein Geschlecht entartet род вырождается; diese Hunderasse ist völlig entartet эта порода собак полностью выродилась. **ausarten** устаревает = entarten; напр.: diese Pflanzen, Tiere arten aus эти растения, животные вырождаются. **degenerieren** книжн. дегенерировать; напр.: die Nachkommen dieser Familie sind körperlich und geistig degeneriert потомки этой семьи дегенерировали физически и духовно
Entartung см. Verfall
entbehren см. fehlen/vermissen
Entbehrung см. Not¹
entbinden см. befreien²/gebären
entblößt см. nackt¹
entbunden werden см. gebären
Ente см. Gerücht
entehren обесчестить
entehren — entwürdigen — schänden — kompromittieren
entehren индифф. синоним; напр.: diese Tat entehrte ihn этот поступок обесчестил его; er hat seinen guten Namen, seine Familie entehrt он обес-

честил свое доброе имя, свою семью. **entwürdigen** лишать достоинства, оскорблять чье-л. достоинство; *напр.:* er fühlte sich entwürdigt он чувствовал себя оскорбленным, он считал, что оскорблено его достоинство. **schänden** надругаться; *напр.:* ein Grab schänden осквернить могилу, надругаться над могилой; ein Mädchen schänden обесчестить [опозорить] девушку. **kompromittieren** *книжн.* компрометировать; *напр.:* j-n durch sein Benehmen kompromittieren компрометировать кого-л. своим поведением

entehrend *см.* schändlich
enteignen *см.* beschlagnahmen
entfachen *см.* anzünden/entzünden [1]
entfallen *см.* vergessen I [1]
entfalten [1] развертывать, расправлять

entfalten — aufrollen — entrollen
entfalten *индифф. синоним; напр.:* einen Brief, eine Zeitung, eine Landkarte, eine Fahne entfalten развертывать письмо, газету, географическую карту, флаг; der Vogel entfaltete seine Flügel птица расправила [распростерла] свои крылья. **aufrollen** развертывать (*что-л. скатанное*); *напр.:* einen Teppich, eine Landkarte, eine Fahne aufrollen развертывать ковер, географическую карту, флаг. **entrollen** *книжн.* ≈ aufrollen; *напр.:* einen Teppich, einen Ballen entrollen развертывать ковер, рулон; wir entrollten das Transparent мы развернули лозунг

entfalten [2] *см.* entwickeln
Entfaltung *см.* Entwicklung [2]
entfernen *см.* absetzen [2]/beseitigen/fortbringen
entfernen, sich *см.* fortgehen [1]
entfernt *см.* weit [1]
Entfernung расстояние

die Entfernung — der Abstand — die Distanz

Entfernung *индифф. синоним; напр.:* wer gute Augen hatte, konnte aus weiter Entfernung das Boot erkennen у кого было хорошее зрение, тот мог различить лодку на большом расстоянии; man hört die Musik schon aus großer Entfernung музыку слышно было уже издалека [на дальнем расстоянии] □ Trotz dieser astronomisch großen Entfernung, die sie immer wieder... fühlte, kämpfte sie weiter um ihn, mit der Zähigkeit, die manche weiche Menschen haben (*L. Frank, »Mathilde«*) Несмотря на то, что расстояние (*психологическое отчуждение*) было астрономически велико и постоянно ощущалось ею... она и дальше боролась за него с упорством, свойственным некоторым слабым людям. **Abstand** промежуток, интервал; (*точно измеримое*) расстояние (*чаще меньшее, чем Entfernung*); *напр.:* wir sind ihnen in einem Abstand von fünfzig Meter(n) gefolgt мы следовали за ними на расстоянии пятидесяти метров; der Abstand zwischen diesen zwei Häusern ist (nicht) groß расстояние между этими двумя домами (не)велико; der Abstand der beiden Boote hatte sich vermindert расстояние между обеими лодками сократилось, разрыв между обеими лодками сократился □ Das Paar ging den Elbdamm hinunter. Meister Kluntsch folgte in schicklichem Abstand (*Strittmatter, »Wundertäter«*) Парочка шла вниз по набережной. Мастер Клюнч следовал за ней на почтительном расстоянии. **Distanz** *книжн., часто воен. и спорт.* дистанция; *напр.:* eine kurze, weite Distanz близкое, далекое расстояние; auf hundert Meter Distanz на расстоянии ста метров; die Reiter haben die Hälfte der Distanz zurückgelegt наездники прошли половину дистанции

entfesseln *см.* lösen [1]
entflammen *см.* begeistern
entflammen, sich *см.* begeistern, sich
entfliegen *см.* wegfliegen
entfliehen *см.* fliehen [1]
entfließen *см.* ausfließen
entfremden, sich *см.* fremd werden
entfremdet sein *см.* fremd werden
entführen *см.* rauben
Entführung *см.* Raub [1]
entgegen *см.* trotz
entgegengesetzt противоположный

entgegengesetzt — gegensätzlich — gegenteilig — widersprüchlich — konträr — polar — adversativ — umgekehrt

entgegengesetzt *индифф. синоним; напр.:* das entgegengesetzte Ufer противоположный берег; die entgegengesetzte Seite, Richtung противоположная сторона, противоположное направление; entgegengesetzte Meinungen, Auffassungen противоположные мнения, взгляды; im entgegengesetzten Fall в противном случае. **gegensätzlich** противоположный (*чему-л. по форме или по содержанию*) в отличие от entgegengesetzt *чаще употр. по отношению к абстрактным понятиям; напр.:* gegensätzliche Meinungen, Gefühle противоположные мнения, чувства; unsere Standpunkte waren gegensätzlich у нас были противоположные точки зрения. **gegenteilig** противоположный (*тому, что требовалось, ожидалось и т. п.*), представляющий собой противоположность; *напр.:* eine gegenteilige Wirkung, Behauptung противоположное действие, утверждение; seine Äußerungen sind gegenteilig ausgefallen он высказался в противоположном смысле. **widersprüchlich** противоположный (*ранее высказанному, имеющемуся, уже известному*), противоречивый; *напр.:* widersprüchliche Aussagen противоречивые показания; sich widersprüchlich äußern противоречиво высказываться, противоречить самому себе. **konträr** *книжн.* (прямо) противоположный (*чему-л. по содержанию*); *напр.:* eine konträre Einstellung противоположная установка [точка зрения]; in diesem Punkte sind unsere Auffassungen konträr в этом пункте наши воззрения противоположны. **polar** *книжн.* диаметрально противоположный, полярный; *напр.:* polare Gegensätze полярные противоположности; sie sind einander polar entgegengesetzt они представляют собой полную противоположность друг другу. **adversativ** [-v-] *книжн.* противопоставленный, противостоящий (*о значениях слов, грамматических явлениях*); противительный; *напр.:* eine adversative Bedeutung адверсативное значение; adversative Bindewörter противительные союзы. **umgekehrt** *разг.* ≈ gegenteilig, но подчеркивает, что что-л. *противоположно ожидаемому не столько по существу, сколько внешне, в деталях; напр.:* den umgekehrten Eindruck gewinnen получить противоположное впечатление

entgegenhalten *см.* einwenden/widersprechen [1]
entgegenhandeln *см.* widersetzen, sich
entgegenkommend *см.* freundlich
entgegennehmen *см.* annehmen [1]
entgegensehen *см.* hoffen
entgegentreten *см.* bekämpfen
entgegenwirken *см.* bekämpfen
entgegnen *см.* antworten [1]/widersprechen [1]
entgehen избежать, уйти (*от кого-либо, от чего-л.*)

entgehen — entkommen — entrinnen

entgehen *индифф. синоним; напр.:* einer Gefahr, dem Tode, der Strafe, einer Katastrophe entgehen избежать опасности, смерти, наказания, катастрофы; er versuchte den Verfolgern zu entgehen он попытался уйти от преследователей □ Und daß er (*das Geld*) ablehnt, gibt ihm das Gefühl, ein Standhafter zu sein, ein Aufrechter, der sich guten Gewissens durch allerlei kleine Genüsse für den saftigen Brocken schadlos halten darf, den er sich aus Ethos entgehen läßt (*Feuchtwanger, »Exil«*) И то, что он отвергает (*деньги*), дает ему право чувствовать себя стойким, держать голову высоко и с чистой совестью вознаграждать себя всякими мелкими благами жизни за тот жирный кусок, который он упускал по соображениям морали. **entkommen** ≈ entgehen предполагает успешный исход действия, уход (*чаще не от лица*); *напр.:* den Krallen des Tieres entkommen избежать когтей зверя; dem Zorn des Volkes nicht entkommen не избежать народного гнева; er entkam der Gefahr он избежал опасности. **entrinnen** *книжн.* (едва) избежать; *напр.:* dem Tode entrinnen (едва) избежать смерти; im letzten Moment der Gefahr entrinnen в последний момент избежать опасности

entgelten *см.* belohnen/vergelten [1]
entgleisen *см.* abkommen [1]

ENTHALTEN 140 ENTSCHÄDIGUNG

enthalten содержать (*заключать в себе*)

enthalten — einschließen — umfassen

enthalten индифф. синоним; *напр.*: dieser Band enthält nur einen Teil des Romans этот том содержит только часть романа; das Buch enthält 200 Seiten в книге 200 страниц; dieses Getränk enthält keinen Alkohol этот напиток не содержит алкоголя; sein Artikel enthält wichtige Angaben его статья содержит важные данные. **einschließen** включать (*в качестве составной части*), содержать в себе; *напр.*: das Fahrgeld ist in den Preis eingeschlossen плата за проезд включена в цену; die Bedienung (ist) mit eingeschlossen включая обслуживание. **umfassen** охватывать, содержать (*что-л. значительное по объёму*); *напр.*: das Werk umfaßt die Geschichte der Literatur von Goethe bis zur Gegenwart это произведение охватывает историю литературы от Гете до наших дней

enthaltsam *см.* mäßig [1]
enthaupten *см.* abschlagen [2]
entheben *см.* entlassen
Enthebung *см.* Befreiung [2]
entheiligen *см.* schänden [1]
enthüllen *см.* aufdecken
enthüllen, sich *см.* erweisen, sich
entkleiden *см.* ausziehen [2]
entkleiden, sich *см.* ausziehen, sich
entkommen *см.* entgehen/fliehen [1]
entkräften *см.* schwächen
entlang *см.* längs
entlarven *см.* aufdecken
entlassen увольнять

entlassen — kündigen — abbauen — fortschicken — fortjagen — verabschieden — freigeben — pensionieren — suspendieren — entheben — emeritieren — aussperren — rauswerfen — rausschmeißen

entlassen (*j-n*) индифф. синоним; *напр.*: j-n aus dem Dienst, aus seiner Stellung, aus dem Militärdienst entlassen увольнять кого-л. со службы, с должности, с военной службы; die Direktion der Fabrik hat viele Arbeiter entlassen дирекция фабрики уволила многих рабочих; er hat seinen Diener entlassen он уволил своего слугу □ Worauf ihm Nadler erklärte, man hätte ihn noch nicht entlassen können, es ginge noch immer wild in der Hauptstadt her (*Seghers, »Die Toten«*) На что ему Надлер ответил, что его еще нельзя уволить (*с военной службы*), так как в столице продолжается заваруха. **kündigen** (*j-m*) увольнять, расторгнув договор о найме (*обыкн. предупредив за определенный срок*), дать расчет кому-л.; *напр.*: man hat dem Arbeiter, dem Angestellten mit zweiwöchiger Kündigungsfrist gekündigt рабочего, служащего уволили с предупреждением за две недели; ich möchte ihr für den [zum] Ersten kündigen мне хотелось бы ее уволить [рассчитать] с первого числа. **abbauen** (*j-n*) увольнять по сокращению штатов, сокращать (*обыкн. служащих, чиновников*); *напр.*: vom ersten Januar ab wurden viele Angestellte abgebaut с первого января сократили многих служащих; die Belegschaft [das Personal] wurde abgebaut штаты были сокращены. **fortschicken** ≅ entlassen, *но употр., когда нет письменного договора о найме*; *напр.*: ich habe meine Putzfrau fortgeschickt я уволила [отправила] женщину, которая у меня убирала. **fortjagen** (*j-n*) прогонять; *напр.*: seinen Knecht, sein Dienstmädchen fortjagen прогнать своего батрака, свою служанку. **verabschieden** (*j-n*) увольнять в отставку; *напр.*: einen Beamten, einen Offizier verabschieden увольнять в отставку чиновника, офицера. **freigeben** (*j-m*) временно освободить от работы; отпустить в отпуск; *напр.*: er konnte ihn nicht freigeben, weil mehrere Arbeiter erkrankt waren он не мог отпустить его в отпуск, так как заболело несколько рабочих. **pensionieren** [paŋ-] (*j-n*) увольнять на пенсию в ГДР *не употр.*; *напр.*: Beamte, Angestellte pensionieren уволить на пенсию чиновников, служащих. **suspendieren** (*j-n*) книжн. уволить впредь до особого распоряжения; (*временно*) отстранять от должности; *напр.*: unser Direktor wurde suspendiert нашего директора освободили от должности (*до особого распоряжения*). **entheben** (*j-n*) высок. освободить, снять употр. по отношению к лицу, занимающему высокий пост, когда его освобождают в принудительном порядке; *напр.*: er wurde seines Amtes enthoben, da er den Forderungen dieser Stellung nicht entsprach его освободили от занимаемого поста, так как он не соответствовал (требованиям) своей должности. **emeritieren** (*j-n*) книжн. увольнять в отставку, на пенсию (*преподавателей высших учебных заведений и лиц духовного звания*); *напр.*: der Professor wurde wegen seines hohen Alters emeritiert профессор был уволен в отставку в связи с достижением преклонного возраста. **aussperren** (*j-n*) книжн. увольнять (*б. ч. многих одновременно*), объявлять локаут; *напр.*: Fabrikarbeiter aussperren объявить локаут фабричным рабочим. **rauswerfen** (*j-n*) разг. выгонять, выкидывать; *напр.*: er hat sich im Dienst so aufgeführt, daß man ihn rausgeworfen hat он так вел себя на службе, что его выгнали. **rausschmeißen** (*j-n*) груб. вышвырнуть; *напр.*: man hat ihn ohne weiteres rausgeschmissen его без разговоров вышвырнули (*со службы*)

Entlastung *см.* Befreiung [2]
entlaufen *см.* weglaufen
entledigen, sich *см.* befreien, sich
entleeren *см.* leeren [1]
entlegen *см.* abgelegen/weit [1]
entlehnen *см.* leihen [2]
entleihen *см.* leihen [2]
entlohnen *см.* bezahlen [1]
entlöhnen *см.* bezahlen [1]
Entlohnung *см.* Lohn [1]
entmachten *см.* absetzen [2]
entmannen *см.* schwächen
entmenscht *см.* grausam
entmutigt *см.* mutlos
entnehmen *см.* nehmen [1]/schließen [2]
entpuppen, sich *см.* erweisen, sich
entquellen *см.* ausfließen
enträtseln *см.* lösen [2]/raten [2]
Enträtselung *см.* Lösung
entrechtet *см.* rechtlos
entreißen *см.* nehmen [2]
entrichten *см.* bezahlen [1]
entrinnen *см.* entgehen
entrollen *см.* entfalten [1]
entrücken *см.* befreien [2]
entrüsten *см.* ärgern
entrüsten, sich *см.* ärgern, sich
entsagen *см.* verzichten
Entsagung *см.* Weigerung
entschädigen возмещать (убытки)

entschädigen — ersetzen — wiedergutmachen — erstatten

entschädigen индифф. синоним; *напр.*: j-n für einen Verlust entschädigen возмещать кому-л. убытки в связи с потерей чего-л.; für das abgerissene Haus wurde er mit Geld entschädigt стоимость снесенного дома была ему возмещена; das entschädigte ihn für alles Leid, das er erfahren hatte это вознаградило его за все перенесенные страдания □ Für Becker waren diese gemeinsamen Pausen die Augenblicke, die ihn in Krieg und Frieden für noch so forcierte Autofahrten entschädigten (*Seghers, »Die Toten«*) Эти минуты совместного отдыха вознаграждали Бекера за бешеную гонку самых трудных рейсов и в дни войны, и в дни мира. **ersetzen** заменять, возмещая понесенный ущерб чем-л. равноценным (*часто новым*); *напр.*: den Schaden ersetzen возместить ущерб; sie müssen mir das zerrissene Kleid ersetzen вы должны мне заменить разорванное платье. **wiedergutmachen** ≅ entschädigen, *но в порядке искупления вины и т. п.*; *напр.*: den Schaden werden wir wiedergutmachen за убытки мы вам заплатим. **erstatten** книжн. возместить убытки деньгами; *напр.*: die Kosten erstatten возместить [оплатить, компенсировать] расходы

Entschädigung возмещение, компенсация

die Entschädigung — der Ersatz — die Abfindung

Entschädigung индифф. синоним; *напр.*: eine Entschädigung anbieten, geben, zahlen предлагать возместить убытки, давать, платить компенсацию; die Höhe der Entschädigung festsetzen установить размер компенсации □ Sie ging sogar jetzt noch manchmal zu Ennos Eltern, brachte ihnen was zu essen oder ein paar

Mark, gewissermaßen als Entschädigung für das Geld, das der Sohn sich dann und wann von der kümmerlichen Rente der Eltern erschlich (*Fallada, »Jeder stirbt«*) Она и сейчас еще иногда навещала родителей Энно, приносила им поесть или несколько марок, желая хоть отчасти возместить те деньги, которые сын выманивал у родителей из их жалкой пенсии. **Ersatz** замена; *напр.*: als Ersatz verwenden; Ersatz beschaffen обеспечить замену; bei Verlust der Ware leistet die Firma keinen Ersatz при утере товара фирма не компенсирует убытки. **Abfindung** единовременное возмещение, компенсация; *отступное уст.*; *напр.*: den Gläubigern, den Erben eine angemessene Abfindung anbieten предлагать кредиторам, наследникам соответствующую компенсацию (*в виде единовременной выплаты в обмен на отказ от дальнейших претензий*)

Entscheid *см.* Entschluß
entscheiden *см.* beschließen [1]
entscheidend *см.* maßgebend
entscheiden, sich *см.* entschließen, sich
Entscheidung *см.* Entschluß
entschieden решительный (*недвусмысленный*)
ausdrücklich — nachdrücklich — entschieden — energisch — kategorisch — unwiderruflich — ultimativ

Синонимы данного ряда расположены по степени возрастания выражаемого признака

ausdrücklich настоятельный; *напр.*: etw. ausdrücklich betonen настоятельно подчеркивать что-л.; auf etw. ausdrücklich hinweisen настоятельно указывать на что-л.; der Lehrer hat die Kinder ausdrücklich ermahnt, nicht zu lärmen учитель настоятельно призывал детей не шуметь; auf ausdrückliches Verlangen des Staatsanwaltes wurde ein weiterer Zeuge vernommen по настоятельному требованию прокурора был допрошен еще один свидетель. **nachdrücklich** настойчивый; *напр.*: um etw. nachdrücklich bitten настойчиво просить о чем-л.; etw. nachdrücklich fordern настойчиво требовать чего-л.; auf etw. nachdrücklich hinweisen настойчиво указывать на что-л. **entschieden** *индифф. синоним*; *напр.*: eine entschiedene Antwort, Haltung решительный ответ, решительная позиция; ein entschiedener Verfechter dieser Ideen решительный поборник этих идей; ein entschiedener Gegner dieser Ansicht решительный противник этой точки зрения; er protestierte entschieden dagegen он решительно протестовал против этого. **energisch** энергичный; *напр.*: energisch vorgehen энергично действовать; mit energischer Stimme sprechen говорить энергичным голосом; man muß noch energischere Mittel anwenden нужно применить еще более действенные средства. **kategorisch** категорический; *напр.*: eine kategorische Forderung категорическое требование; sich kategorisch weigern категорически отказываться; kategorisch erklären, behaupten категорически объявлять, утверждать; ich erhielt von ihr eine kategorische Absage я получил от нее категорический отказ. **unwiderruflich** безапелляционный; *напр.*: dieser Befehl ist unwiderruflich этот приказ не подлежит отмене; sein Urteil war unwiderruflich его приговор был безапелляционным (и окончательным). **ultimativ** ультимативный; *напр.*: er stellte eine ultimative Forderung an uns он поставил нам ультимативное требование

entschlafen *см.* sterben
entschleiern *см.* aufdecken
entschließen, sich решаться (*на что-л.*)
sich entschließen — sich entscheiden

sich entschließen *индифф. синоним* ⟨*с Inf., с предложным дополнением с* zu *или с придаточным предложением*⟩; *напр.*: er hat sich entschlossen zu kommen, uns zu verlassen, sofort zu verreisen, das Studium aufzugeben он решился прийти, покинуть нас, немедленно уехать, прекратить занятия; sich zu einer Reise entschließen решиться на поездку, отважиться на путешествие; sich zu einem Kauf entschließen решиться на покупку; wir wissen nicht, wozu wir uns entschließen sollen мы не знаем, на что решиться; du mußt dich entschließen, ob du mitkommen wirst ты должен решить, пойдешь ли ты с нами □ Es reizte ihn, gegen seine alten Konkurrenten loszugehen, aber hatte er sich nicht entschlossen, sie nicht ernst zu nehmen? (*Feuchtwanger, »Exil«*) Ему хотелось схватиться со своими старыми конкурентами, но разве он не решил не принимать их всерьез? **sich entscheiden** ≅ sich entschließen, *но еще больше подчеркивает необходимость выбора* (*обыкн. с предложным дополнением с* für *или с придаточным предложением*); *напр.*: ich habe mich für dieses Buch, für dieses Zimmer, für diesen Beruf entschieden я выбрала эту книгу, эту комнату, эту профессию; ich kann mich so schnell nicht entscheiden я не могу так быстро решиться; ich kann mich nicht gleich entscheiden, ob ich mitfahren werde я не могу сейчас решить, поеду ли я вместе с вами

entschlossen решительный
entschlossen — resolut

entschlossen *индифф. синоним*; *напр.*: eine entschlossene Frau решительная женщина; ein entschlossener Blick решительный взгляд; entschlossen handeln, kämpfen решительно действовать, бороться; die Regierung griff entschlossen in diesen Konflikt ein правительство решительно вмешалось в этот конфликт. **resolut** ≅ entschlossen, *но несколько отличается по сочетаемости*; *напр.*: eine resolute Person решительная особа; resolut vorgehen действовать решительно; einen resoluten Ton anschlagen заговорить решительным тоном

entschlüpfen *см.* fliehen [1]
Entschluß решение
der Entschluß — die Entscheidung — der Beschluß — der Entscheid

Entschluß *индифф. синоним*; *напр.*: ein plötzlicher, schneller, kühner, unwiderruflicher, selbständiger, freiwilliger Entschluß внезапное, быстрое, смелое, непоколебимое, самостоятельное, добровольное решение; einen Entschluß ausführen, ändern, fassen выполнить, изменить, принять решение; zu keinem Entschluß kommen не прийти ни к какому решению; es ist mein fester Entschluß, das nicht zu tun я твердо решил этого не делать □ Er beschloß, nein zu sagen. Er konnte nicht schlafen nach diesem Entschluß (*Feuchtwanger, »Exil«*) Он решил отказаться. Он не мог заснуть, приняв это решение. **Entscheidung** окончательное решение (*принятое кем-л. в результате выбора из нескольких возможных*); *напр.*: eine rasche, unbedachte, richtige, wichtige, endgültige Entscheidung быстрое, необдуманное, правильное, важное, окончательное решение; eine Entscheidung herbeiführen добиться решения; er steht vor der Entscheidung, ob er den Vorschlag annehmen soll oder nicht он должен решить, принять ли ему предложение или нет □ Mit einer Dame reden könne er überhaupt nicht. Magda behauptete entrüstet das Gegenteil. Und da alle auf Diederichs Entscheidung warteten, entschied er sich (*H. Mann, »Untertan«*) С дамами он, мол, вообще не умеет разговаривать. Магда возмущенно утверждала обратное. И так как все ждали решения Дидериха, он решился. **Beschluß** решение, постановление; *напр.*: der Beschluß des Ministerrates, des Gerichts, der Konferenz решение совета министров, суда, конференции; wir müssen wegen der Kinder einen Beschluß fassen нужно принять решение относительно детей □ ... und was die Gefangenen betrifft, so war ihre Exekution wahrscheinlich der wohlerwogene und notwendige Beschluß eines korrekten Kriegsrates... (*Th. Mann, »Buddenbrooks«*) ...а что касается пленных, то их казнили, вероятно, в соответствии с тщательно взвешенным решением правомочного военного суда... **Entscheid** (официальное) решение, приговор; *напр.*: auf sein Gesuch erhielt er einen positiven Entscheid des Magistrats на свое заявление он получил положительную резолюцию муниципального совета; wir kennen noch nicht den Entscheid des Gerichtes мы еще не знаем решения суда; ich muß den Entscheid des Arztes abwarten мне нужно подождать решения врача

entschuldbar см. verzeihlich
entschuldigen извинять
n a c h s e h e n — **entschuldigen** — v e r z e i h e n — v e r g e b e n

Синонимы данного ряда расположены по степени возрастания реакции прощающего на вину и по степени серьезности вины

nachsehen (*j-m etw.*) книжн. относиться снисходительно (*к заслуживающим порицания качествам, поступкам того, кого любишь, ценишь*); напр.: die Mutter sah ihrem einzigen Sohn vieles nach мать относилась весьма снисходительно к своему единственному сыну; der Lehrer sah seinen Lieblingsschüler viele kleine Fehler nach учитель относился снисходительно ко многим маленьким ошибкам своего любимца. **entschuldigen** (*j-n*) индифф. синоним; напр.: sein Betragen, sein Verhalten entschuldigen извинять его поведение, его отношение (к кому-л., к чему-л.); entschuldigen Sie bitte meine Verspätung извините, пожалуйста, (за) мое опоздание; entschuldigen Sie, daß ich störe! простите за беспокойство!; das ist nicht zu entschuldigen! это непростительно! □ Er flüstert demütig: »Entschuldigen Sie bloß, Herr Persicke! Wollte mir nur mal 'nen kleinen Spaß mit der ollen Jüdischen machen!« (*Fallada,* »*Jeder stirbt*«) Он покорно шепчет: «Простите, господин Перзике! Хотел просто подшутить над старой жидовкой!» **verzeihen** (*j-m etw.*) прощать *по сравнению с* entschuldigen *более официально и обыкн. употр., когда имеются в виду более серьезные проступки, бо́льшая вина*; напр.: das Unrecht, eine Kränkung, eine Beleidigung verzeihen простить несправедливость, обиду, оскорбление; ich kann es mir nicht verzeihen, daß ich ihn nicht besucht habe (я) простить себе не могу, что я его не навестил □ »Verzeihen Sie gütigst, daß Sie haben warten müssen, Kesselmeyer«, sagte Herr Grünlich. Er war voll Höflichkeit für den einen wie für den anderen (*Th. Mann,* »*Buddenbrooks*«) «Простите великодушно, что вам пришлось ждать, Кессельмайер», — сказал господин Грюнлих. Он был сама вежливость как по отношению к тому, так и к другому. Wir werden betrogen, und wir betrügen auch mal — ich denke, daß Gott auch verzeihen kann, steht nicht so nur auf dem Papier von der Bibel (*Fallada,* »*Wolf u. Wölfen*«) Нас обманывают, и мы тоже иногда обманываем — я думаю, что бог тоже может простить, это записано не только в библии. **vergeben** (*j-m etw.*) высок., б. ч. рел. отпустить вину, простить (кому-л. то, в чем кто-л. провинился перед людьми или богом; напр.: j-m eine Beleidigung, seine Schuld, seine Sünden vergeben простить кому-л. оскорбление, его вину, его грехи □ Vergib ihnen, denn sie wissen nicht, was sie tun библ. Прости им, ибо не ведают, что творят. Vergib uns unsere Schuld, wie wir vergeben unseren Schuldigern библ. Остави нам долги наши, яко же и мы оставляем должником нашим

entschuldigen, sich извиняться
sich **entschuldigen** — abbitten

sich **entschuldigen** индифф. синоним; напр.: ich muß mich bei Ihnen entschuldigen я должен перед вами извиниться; er läßt sich entschuldigen (‚daß er nicht kommt) он просит извинить его (за то, что он не придет); sie entschuldigte sich wegen der Störung она извинилась за беспокойство; er entschuldigte sich für sein Benehmen он извинился за свое поведение; wer sich entschuldigt, klagt sich an посл. ≃ на воре шапка горит. **abbitten** (*j-m etw.*) просить прощения (*у кого-л. за причиненное ему зло, за какие-л. более серьезные проступки*); напр.: ich habe ihr vieles abzubitten я у нее должен за многое просить прощения (*так как я был несправедлив и т. п.*)

entschwinden см. schwinden[1]
entschwunden см. verschwunden
entsenden см. schicken
entsetzen см. absetzen[2]
Entsetzen см. Angst[1]
entsetzen, sich см. fürchten
entsetzlich см. schrecklich[1]/sehr
entsinnen, sich см. erinnern, sich
entspannen см. lockern[1]
entspinnen, sich см. anfangen[1]/entstehen

entsprechen[1] соответствовать
entsprechen — übereinstimmen

entsprechen индифф. синоним; напр.: das entspricht der Wahrheit, der Wirklichkeit это соответствует истине, действительности; das entsprach meiner Meinung это соответствовало [отвечало] моему мнению; das Ergebnis entsprach nicht den großen Anstrengungen результат был несоразмерен с затраченными большими усилиями; den deutschen Sätzen mit »man« entsprechen russische subjektlose Sätze немецким предложениям с »man« соответствуют русские предложения без подлежащего. **übereinstimmen** соответствовать (друг другу); совпадать; напр.: Nachfrage und Angebot stimmten überein спрос соответствовал предложению; die Aussagen der Zeugen stimmen überein показания свидетелей совпадают; Hut und Mantel stimmen in der Farbe leider nicht überein к сожалению, шляпа не подходит к пальто по цвету

entsprechen[2] см. erfüllen[1]
entsprechend соответствующий
entsprechend — angemessen — gebührend — gehörig — schuldig — geziemend — gebührlich

entsprechend индифф. синоним; напр.: eine entsprechende Kleidung соответствующая одежда; eine entsprechende Belohnung соответствующее вознаграждение; Sie müssen den Umständen, den dortigen Verhältnissen entsprechend handeln вы должны действовать в соответствии с обстоятельствами, с тамошними условиями. **angemessen** соразмерный, соответственный *чаще подчеркивает количественное соответствие чего-л. чему-л.*; напр.: eine angemessene Belohnung, Entschädigung auszahlen выплатить соответствующее [приличное] вознаграждение, возмещение (убытков); sich angemessen betragen вести себя как положено; dies ist seinen Kräften angemessen это ему под силу [соразмерно его силам]. **gebührend, gehörig** подобающий *предполагают соответствие положению, занимаемому данным лицом в обществе*; напр.: er hat dem General die gebührende [gehörige] Aufmerksamkeit erwiesen он оказал генералу подобающее ему внимание; er wurde mit der ihm gebührenden [mit der gehörigen] Achtung empfangen его приняли с подобающим (ему) уважением. **schuldig** должный, причитающийся (в соответствии с заслугами и т. п. данного лица) *подчеркивает больше нравственные мотивы определенного поведения или отношения к кому-л.*; напр.: j-n mit der schuldigen Achtung vor dem Alter behandeln относиться к кому-л. с уважением, подобающим его почтенному возрасту. **geziemend** высок. надлежащий, должный (*о поведении, образе мыслей и т. п., принятых в данном обществе*); напр.: mit geziemender Zurückhaltung с надлежащей сдержанностью; j-n von etw. geziemend in Kenntnis setzen уст. поставить кого-л. в известность надлежащим образом. **gebührlich** книжн. устаревает = gebührend

entsprießen см. stammen
entspringen см. fliehen[1]/herkommen
entstammen см. stammen
entstehen возникать
entstehen — werden — sich entwickeln — keimen — sich bilden — aufkommen — sich entspinnen — sich anspinnen — erwachsen — erstehen

entstehen индифф. синоним; напр.: in Afrika sind neue Staaten entstanden в Африке возникли [образовались] новые государства; es entstand ein Gedränge возникла давка; es entsteht in mir ein Verdacht у меня возникает подозрение; daraus wird nichts Gutes entstehen из этого ничего хорошего не получится □ Er wartete einen Augenblick auf irgendeine Bemerkung Wenzlows, auf einen der beliebigen Sätze, aus denen, wenn man sie in bestimmten Absätzen einfügt, ein glattes Gespräch entsteht (*Seghers,* »*Die Toten*«) Он помолчал минутку, ожидая, что Венцлов сделает какое-нибудь замечание, произнесет одну из тех фраз, из которых, если вставлять их через определенные промежутки времени, возникает гладкая беседа. **werden** становиться, превращаться в кого-л., во что-л.; *напр.*: aus dem Arbeiter wurde später ein Ingenieur рабочий стал со временем инженером; aus dieser flüchtigen Bekanntschaft wurde eine tiefe Freundschaft это мимолетное знакомство превратилось в тесную дружбу. **sich entwickeln** развиваться, (постепенно) превращаться в кого-л., во что-л.; *напр.*: aus der Puppe entwickelt sich ein Schmetterling из куколки развивается бабочка; der Junge entwickelt sich zum Mann мальчик превращается в мужчину; daraus entwickelte sich eine lebhafte Diskussion это привело к оживленной дискуссии. **keimen** зарождаться; *напр.*: die Hoffnung, die Liebe keimte in ihrem Herzen надежда, любовь зародилась в ее сердце. **sich bilden** образовываться (*возникать под влиянием чего-л., принимая какую-л. форму*); *напр.*: auf dem Boden hatte sich eine Pfütze gebildet на полу образовалась лужа; auf diese Weise bilden sich Kristalle таким образом образуются кристаллы. **aufkommen** появляться, возникать (*часто неожиданно, когда причина возникновения не ясна*); *напр.*: eine Idee kam auf появилась [возникла] идея; (ein) Zweifel, ein Verdacht kam auf закралось [внезапно возникло] сомнение, подозрение. **sich entspinnen** завязываться, постепенно возникать; *напр.*: zwischen ihnen entspann sich ein Streit между ними завязался спор; zwischen den beiden entspann sich ein Briefwechsel, ein freundschaftliches Verhältnis между ними (двумя) завязалась переписка, дружба. **sich anspinnen** завязаться, постепенно и незаметно возникать (*об отношениях, связях между людьми и т. п.*); *напр.*: eine Unterhaltung hat sich angesponnen завязалась беседа; zwischen ihnen schien sich etwas anzuspinnen казалось, между ними что-то началось (*возникла взаимная привязанность*). **erwachsen** *книжн.* вырастать, проистекать (*постепенно возникать как следствие чего-л.*); *напр.*: daraus erwachsen Unkosten, Schwierigkeiten отсюда проистекают [возникают] убытки, трудности; die Stadt ist aus einer kleinen Siedlung erwachsen город вырос из [возник на месте] небольшого поселка. **erstehen** *редко* ≈ **erwachsen**; *напр.*: er sah neue Gebäude erstehen он видел, как поднимались новые здания

entstellen *см.* verfälschen/verzerren
entströmen *см.* ausströmen
enttäuschen разочаровывать
enttäuschen — ernüchtern
enttäuschen индифф. синоним; *напр.*: er enttäuschte sie он ее разочаровал; das neue Buch hat ihn sehr enttäuscht новая книга его сильно разочаровала; das Verhalten meines Freundes hat mich tief enttäuscht поведение моего приятеля меня глубоко разочаровало. **ernüchtern** отрезвлять, разочаровывать („действуя на кого-л. отрезвляюще); *напр.*: der skeptische Freund ernüchterte ihn приятель-скептик разочаровал его; ich war durch die Erfahrungen, die ich auf dieser Baustelle machte, schnell ernüchtert worden то, с чем я столкнулся на этой стройке, быстро отрезвило меня [развеяло мои иллюзии]

enttäuscht *см.* unzufrieden
entthronen *см.* absetzen [2]
entvölkern *см.* vernichten
entweichen *см.* fliehen [1]/schwinden [1]
entweihen *см.* schänden [1]
entwenden *см.* stehlen
entwerfen набросать (*план, проект и т. п.*)
entwerfen — aufsetzen — skizzieren — konzipieren
entwerfen индифф. синоним; *напр.*: einen Brief, einen Plan, ein Projekt, ein Bild entwerfen набросать письмо, план, проект, картину; er hat in großen Zügen ein Bild von der wirtschaftlichen Lage entworfen он обрисовал в общих чертах экономическое положение. **aufsetzen** набросать что-л. (в письменной форме), написать черновик чего-л.; *напр.*: einen Vertrag, ein Gesuch, einen Brief aufsetzen набросать договор, прошение, письмо; du mußt noch den Bericht aufsetzen ты еще должен составить доклад. **skizzieren** *книжн.* (быстро) делать на бумаге набросок, эскиз чего-л.; *напр.*: seine Gedanken, seine Überlegungen skizzieren набрасывать свои мысли, свои размышления. **konzipieren** *книжн.* набрасывать (вкратце), конспектировать; *напр.*: die Thesen konzipieren набрасывать тезисы; eine Vorlesung konzipieren конспектировать лекцию

entwerten обесценивать(ся), снижать ценность
entwerten — abwerten
entwerten индифф. синоним; *напр.*: eine Briefmarke entwerten погасить почтовую марку; einen Fahrschein, eine Eintrittskarte entwerten надорвать проездной, входной билет; während einer Inflation werden die Wertpapiere entwertet во время инфляции ценные бумаги обесцениваются. **abwerten** снижать ценность; *напр.*: die Währung abwerten проводить девальвацию валюты

entwickeln [1] развивать
entwickeln — entfalten
entwickeln индифф. синоним; *напр.*: eine Initiative entwickeln развивать инициативу; eine große Energie, Geschwindigkeit entwickeln развивать большую энергию, скорость; ein Talent für etw. entwickeln проявлять [обнаруживать] талант к чему-л. **entfalten** ≈ **entwickeln**, *но несколько более отличается по сочетаемости*; *напр.*: die Kraft, die Phantasie entfalten развивать силу, фантазию; seine Begabung für Musik, sein Talent entfalten раскрыть свое дарование к музыке, свой талант

entwickeln, sich *см.* entstehen
Entwicklung [1] развитие
die Entwicklung — der Aufstieg — der Aufschwung
Entwicklung индифф. синоним; *напр.*: eine friedliche, (un)gleichmäßige, stürmische, planmäßige, geistige Entwicklung мирное, (не)равномерное, бурное, планомерное, духовное развитие; die wirtschaftliche Entwicklung des Landes экономическое развитие страны; die Entwicklung der Sprache, der Volkswirtschaft развитие языка, народного хозяйства; die Entwicklung aufhalten, beschleunigen задерживать, ускорять развитие. **Aufstieg** подъем, (быстрое) развитие; *напр.*: der wirtschaftliche Aufstieg des Landes экономический подъем страны; der rasche Aufstieg der Industrie быстрый подъем [рост] промышленности. **Aufschwung** расцвет, (стремительный) подъем; *напр.*: der Aufschwung der Wirtschaft, des Wohnungsbaus расцвет экономики, жилищного строительства □ Wir sahen nicht, daß es (das Volk) ohne politische Bildung... bestimmt sei... nach seinem Aufschwung den Mächten der Vergangenheit anheimzufallen (*H. Mann*, »*Untertan*«) Мы не понимали, что он (народ), не имея политического образования... после взлета окажется во власти сил прошлого

Entwicklung [2] проявление, обнаружение (*каких-л. свойств, качеств и т. п. как результат их развития*)
die Entwicklung — die Entfaltung
Entwicklung индифф. синоним; *напр.*: die Entwicklung der Phantasie, der Energie проявление фантазии, энергии; die Entwicklung der Geschwindigkeit развитие [наращивание] скорости. **Entfaltung** ≅ **Entwicklung**, *но несколько более образно*; *напр.*: die Entfaltung der Persönlichkeit развитие личности; die Entfaltung einer künstlerischen Begabung проявление артистических способностей

entwinden *см.* nehmen [2]
entwirren *см.* lösen [1, 2]
entwischen *см.* fliehen [1]
entwöhnen, sich *см.* abgewöhnen, sich
entwölken, sich *см.* aufklären, sich
entwürdigen *см.* entehren
Entwurf (черновой) проект, набросок
der Entwurf — die Skizze
Entwurf индифф. синоним; *напр.*: der Entwurf eines Gesetzes, eines Vortrags, eines Vertrags проект закона, доклада, договора; der Entwurf eines Gemäldes набросок картины; einen Entwurf machen сделать проект [набросок]; einen Entwurf ausarbeiten разработать проект. **Skizze** набро-

сок, эскиз; *напр.*: eine flüchtige Skizze entwerfen сделать беглый набросок; die Skizze einer Landschaft, eines Tieres machen сделать набросок ландшафта, животного; da ist die Skizze für das Gemälde вот эскиз [набросок] картины

entziehen лишать

entziehen — bringen — absprechen — aberkennen

entziehen *индифф. синоним*; *напр.*: j-m seine Hilfe, seine Freundschaft entziehen лишать кого-л. своей помощи, своей дружбы; ihm wurden Tabak und Wein entzogen его лишили [ему не давали] табака и вина. **bringen** (*j-n um etw.*) (несправедливо) лишать кого-л. (*каких-л., чаще материальных, ценностей или приятных эмоций*); *напр.*: j-n ums Geld, um seine Ersparnisse, um sein Vermögen, ums Brot, um die Freude an der Arbeit bringen лишить кого-л. денег, его сбережений, его имущества, хлеба, радости труда. **absprechen** лишать кого-л. права, звания, имущества и т. п. (*признав их незаконными*); *напр.*: er sprach ihm das Recht auf die Verwaltung des Landgutes ab он лишил его права управлять поместьем. **aberkennen** *книжн.* лишать кого-л. чего-л. (*по судебному приговору*); *напр.*: das Gericht hat ihm die bürgerlichen Rechte aberkannt суд лишил его гражданских прав

entziffern *см.* raten[2]

entzücken *см.* freuen

Entzücken *см.* Freude[1]

entzünden[1] разжигать (*доводить до высокой степени*)

entzünden — schüren — entfachen

entzünden *индифф. синоним*; *напр.*: j-s Liebe, j-s Haß, j-s Leidenschaften entzünden разжигать чью-л. любовь, чью-л. ненависть, чьи-л. страсти; die Phantasie entzünden распалять воображение [фантазию]; sie versuchte seinen Mut zu entzünden она стремилась возбудить его мужество. **schüren** раздувать, не давать угаснуть *объектом чаще являются отрицательные явления, качества*; *напр.*: j-s Haß, j-s Eifersucht schüren разжигать чью-л. ненависть, чью-л. ревность; j-s Neid schüren возбуждать [растравлять] чью-л. зависть; den Krieg schüren разжигать войну, подстрекать к войне; j-s Interesse schüren подогревать чей-л. [поддерживать в ком-л.] интерес. **entfachen** *книжн.* ≃ entzünden *имеет усилительное значение*; *напр.*: den Haß, die Leidenschaft entfachen распалить гнев, страсть; eine Auseinandersetzung um eine Streitfrage entfachen вызвать бурную дискуссию вокруг спорного вопроса; die Musik entfachte in ihm helle Begeisterung музыка вызвала в нем большое воодушевление

entzünden[2] *см.* anzünden

entzwei разбитый, сломанный

entzwei — zerbrochen — kaputt — hin — futsch

entzwei *индифф. синоним* (*тк. предикативно*); *напр.*: das Glas, der Teller ist entzwei стакан разбит, тарелка разбита; die Stühle, die Tische sind entzwei стулья, столы сломаны. **zerbrochen** разбитый; *напр.*: ein zerbrochener Krug разбитый кувшин; die Gläser, die Tassen sind zerbrochen стаканы, чашки разбиты. **kaputt** *разг.* разбитый; сломанный; испорченный, неисправный (*вследствие поломки*); *напр.*: die Tasse ist kaputt чашка разбита; das Gerät ist kaputt прибор сломан [испорчен]; die Uhr ist kaputt часы испорчены; die kaputten Tassen lagen auf dem Tisch разбитые чашки лежали на столе. **hin, futsch** *фам.* = kaputt (*тк. предикативно*); *напр.*: die Uhr ist hin [futsch] часы испорчены [сломаны]; das Rad ist hin велосипед сломан

entzweien, sich *см.* streiten (,sich)[2]

entzweigehen *см.* zerbrechen[2]

Entzweiung *см.* Streit[2]

Equipe *см.* Mannschaft[2]

erachten *см.* halten[3]

Erbarmen[1] *см.* Mitgefühl

Erbarmen[2]: **zum Erbarmen** *см.* schlecht[1]

erbärmlich *см.* elend/schlecht[1, 2, 3]

erbarmungslos *см.* grausam

erbauen I *см.* bauen[1]

erbauen II *см.* freuen

Erbe I наследник

der Erbe — der Nachfolger — der Anerbe

Erbe *индифф. синоним*; *напр.*: einziger, gesetzlicher, zukünftiger Erbe единственный, законный, будущий наследник; j-n zum Erben machen, einsetzen сделать, назначить кого-л. наследником □ ...Gott, es ist ja genug für mich alte Frau da, aber trotzdem, man muß auch an seine Erben denken! (*Fallada, »Wolf u. Wölfen«*) ...бог ты мой, на мой старушечий век как-нибудь хватит, но надо же подумать и о своих наследниках! **Nachfolger** наследник, преемник *часто употр. в названиях торговых фирм в виде сокращения* Nchf. *или* Nachf.; *напр.*: Heinrich Schmidt Nachf. Генрих Шмидт, наследник; er hat keinen Nachfolger hinterlassen он не оставил наследника [преемника]; er war mein Nachfolger in diesem Amt он был моим преемником на этом посту □ Dieser Mann, dachte er, hätte etwa auch ein Gelehrter sein können... der sich an ein Werk hingegeben hat... das er einmal seinen Nachfolgern würde überlassen müssen (*Hesse, »Narziß«*) Этот человек, подумал он, мог бы стать и ученым... который посвятил бы себя работе... которую он когда-нибудь должен будет передать своим преемникам. **Anerbe** *уст.* единственный наследник (*крестьянского двора*); *напр.*: Erich war der Anerbe des Hofes Эрих был единственным наследником усадьбы

Erbe II наследство *тж. перен.*

das Erbe — die Erbschaft — die Hinterlassenschaft — das Vermächtnis — der Nachlaß

Erbe *индифф. синоним*; *напр.*: er verzichtete auf das väterliche Erbe он отказался от отцовского наследства; der Sohn hat das väterliche Erbe angetreten сын вступил во владение отцовским наследством; wir pflegen das literarische Erbe unserer klassischen Dichter мы бережно относимся к литературному наследству наших классиков. **Erbschaft** наследство, получаемое кем-л. при соблюдении права наследования; *напр.*: die Erbschaft antreten вступить во владение наследством; eine große Erbschaft hinterlassen оставить большое наследство; eine Erbschaft ausschlagen отказаться от наследства. **Hinterlassenschaft** все, оставленное умершим (*наследство как совокупность ценностей и обязательств*); *тж. перен.* наследие; *напр.*: eine reiche, ärmliche Hinterlassenschaft богатое, скудное наследство; ihre Hinterlassenschaft ging an ihre Kinder über оставшееся в наследство имущество перешло к ее детям; die geistige Hinterlassenschaft der deutschen Klassik духовное наследие немецкой классики. **Vermächtnis** наследство по завещанию (*которое получает не обязательно законный наследник*); *напр.*: die Erben waren sehr unzufrieden, daß der Vater seiner Nichte das neue Haus als Vermächtnis hinterlassen hat наследники были очень недовольны, что отец оставил своей племяннице в наследство новый дом. **Nachlaß** ≃ Hinterlassenschaft, *но чаще перен.* наследие; *напр.*: gesamter Nachlaß все наследство; der literarische Nachlaß eines Dichters литературное наследие писателя

erbeben *см.* zittern

erbeigen *см.* angeboren

erbetteln *см.* bitten[1]

Erbfeind *см.* Feind

erbieten, sich *см.* anbieten, sich

erbitten *см.* bitten[1]

Erbitterung *см.* Ärger[1]

erblich *см.* angeboren

erblicken[1] *см.* bemerken[1]

erblicken[2]: **das Licht der Welt erblicken** *см.* geboren sein

erblühen *см.* aufblühen

erborgen *см.* leihen[2]

erbosen, sich *см.* ärgern, sich

erbrechen *см.* erbrechen, sich

erbrechen, sich рвать (*извергать пищу*)

sich erbrechen — sich übergeben — erbrechen — brechen — ausschütten — kotzen

sich erbrechen *индифф. синоним*; *употр. и как мед. термин*; *напр.*: er erbricht sich его рвет; der Kranke hat sich einige Male erbrochen больного несколько раз вырвало. **sich übergeben** ≃ sich erbrechen, *но несколько*

ERBSCHAFT

эвфемистично; *напр.:* er übergab sich его вырвало. **erbrechen** *книжн.* =
= sich erbrechen *часто употр. как мед. термин; напр.:* der Kranke hat zweimal erbrochen больного два раза вырвало. **brechen** *разг.* ≅ sich übergeben; *напр.:* schau mal zu, daß du im Auto nicht brechen mußt смотри, чтобы тебя не вырвало в машине. **ausschütten** *разг. редко* срыгивать (*о грудных детях*); *напр.:* das Kind hat wieder ausgeschüttet ребенок опять срыгнул. **kotzen** *груб.* блевать; *напр.:* er hat sich besoffen und jetzt kotzt er он напился и теперь блюет

Erbschaft *см.* Erbe II
Erde[1] *см.* Boden I[1]
Erde[2]: in die Erde versinken *см.* schämen, sich
erdenken *см.* ausdenken
erdenklich *см.* möglich
Erdgeschoß *см.* Stockwerk
erdichten выдумывать, придумывать
erdichten — erfinden — dichten — zusammenfabeln — fabeln
erdichten *индифф. синоним; напр.:* er hat alles erdichtet он все выдумал; ich habe eine Ausrede erdichtet я придумал отговорку; er hat diese Krankheit erdichtet, um zu Hause zu bleiben он придумал эту болезнь, чтобы остаться дома. **erfinden** измышлять; *напр.:* das ist von A bis Z erfunden это является вымыслом от начала до конца; alle Personen des Stückes sind frei erfunden все персонажи пьесы вымышлены; diese Geschichte mit den Briefen hat sie sicher selbst erfunden эту историю с письмами она, наверное, сама сочинила; er erfand allerlei Vorwände und Ausreden, um meine Bitte nicht zu erfüllen он измышлял всевозможные предлоги и отговорки, чтобы не выполнить мою просьбу. **dichten** *разг.* сочинять (небылицы); *напр.:* du dichtest wohl! ты, наверное, сочиняешь! **zusammenfabeln, fabeln** *разг.* фантазировать; *напр.:* er fabelt allerlei zusammen он фантазирует; was fabelst du da? что ты там фантазируешь?

Erdichtung *см.* Erfindung
erdreisten, sich *см.* wagen
erdröhnen *см.* dröhnen
erdrosseln *см.* würgen
erdrückend *см.* überwältigend
erdulden *см.* ertragen
ereifern, sich *см.* aufregen, sich
ereignen, sich *см.* geschehen
Ereignis событие
das Ereignis — das Vorkommnis — der Fall — der Vorfall — der Zwischenfall — der Vorgang — das Erlebnis — die Sensation — das Geschehnis — die Begebenheit — das Begebnis — die Geschichte
Ereignis *индифф. синоним; напр.:* ein historisch belegtes Ereignis историческое [исторически засвидетельствованное] событие; es trat ein frohes, trauriges, bedeutendes, sensationelles Ereignis ein произошло радостное, печальное, значительное, сенсационное событие; wir besprechen politische Ereignisse мы обсуждаем политические события □ Vielleicht ist auch Hanns aufgeblieben, um das Ereignis mit ihm zu bereden (*Feuchtwanger, »Exil«*) Может быть, и Ганс не лег спать, чтобы обсудить с ним это событие. **Vorkommnis** происшествие *более характерно для книжно-письменной речи; напр.:* die Zeit verlief ohne besondere Vorkommnisse время шло без особых происшествий □ Mann für Mann prüfte er ihre Charaktere, er dachte an Vorkommnisse im Zuchthaus... (*Fallada, »Wolf u. Wölfen«*) Он внимательно изучал характер каждого, вспоминал все происшествия в каторжной тюрьме... **Fall** случай, происшествие; *напр.:* es ereignete sich ein trauriger, merkwürdiger, besonderer Fall произошел печальный, странный, особый случай; sollte dieser Fall eintreten, sage ich Ihnen Bescheid если это произойдет, я дам вам знать. **Vorfall** случай, происшествие (*обыкн. неприятное для тех, кого оно касается*); *напр.:* es ereignete sich ein seltsamer, unangenehmer Vorfall случилось странное, неприятное происшествие; dieser aufregende Vorfall hat sich in unserer Stadt zugetragen этот взволновавший всех случай произошел в нашем городе □ Erst als die Höhe vom Gegner flankiert war, gab er den Befehl zum Rückzug. Die Loslösung glückte dann allerdings nicht ganz, zugestanden. Ein alltäglicher Vorfall — ohne jede Bedeutung (*Kellermann, »Der 9. November«*) И только когда высота была взята противником в клещи, он дал приказ отступить. Отход, надо сознаться, удался не совсем. Повседневный случай, совершенно незначительный. **Zwischenfall** инцидент, недоразумение; *напр.:* es spielte sich ein peinlicher Zwischenfall ab произошел досадный инцидент; während der Verhandlungen kam es zu einem unbedeutenden Zwischenfall во время переговоров произошел незначительный инцидент [имело место небольшое недоразумение] □ Der Professor dort oben fing an zu stottern, obwohl er den Zwischenfall vorausgesehen hatte, und sah dabei jedem der Schreier in den geöffneten Mund (*H. Mann, »Unrat«*) Учитель там, наверху, хотя и предвидел возможность такого инцидента, стал запинаться и смотреть крикунам прямо в открытые рты. **Vorgang** происходящее; событие (*обыкн. о значительном происшествии, часто документально засвидетельствованном*); *напр.:* das war ein wichtiger Vorgang это было важным событием; wir verfolgten diesen Vorgang mit größter Spannung мы следили за происходящим с большим напряжением; bitte, schildern Sie den ganzen Vorgang расскажите, пожалуйста, как было дело. **Erlebnis** событие, произведшее сильное впечатление; *напр.:* das Konzert von gestern war wirklich ein Erlebnis вчерашний концерт был, действительно, событием; an jenem Tag hatte ich ein trauriges Erlebnis в тот день я был свидетелем печального случая [со мной произошел печальный случай]. **Sensation** сенсационное событие, сенсация; *напр.:* seine Rede war eine Sensation его речь была сенсацией; dieses Publikum verlangt Sensationen эта публика требует сенсаций. **Geschehnis** *книжн.* ≅ Vorgang; *напр.:* seit diesem Geschehnis hat sich nichts Besonderes ereignet после этого события ничего особенного не произошло; ein sonderbares Geschehnis hat sich zugetragen произошло странное происшествие □ Oder beeinflußt etwa, was wir schreiben oder nicht schreiben, die politischen Geschehnisse? (*Feuchtwanger, »Exil«*) Неужели то, что мы пишем или не пишем, оказывает какое-то влияние на политические события? **Begebenheit** *книжн.* (необычное) событие, происшествие *часто придает высказыванию оттенок торжественности; напр.:* er spricht über längst vergangene Zeiten und verschollene Begebenheiten он говорит о давно минувших временах и преданных забвению событиях □ ...ich dachte mir damals bei jedem Bekannten zugleich eine historische Begebenheit, deren Jahreszahl mit seiner Hausnummer übereinstimmte... (*Heine, »Das Buch Le Grand«*) ...каждый знакомый вызывал тогда у меня в памяти какое-либо историческое событие, дата которого совпадала с номером дома моего знакомого... Er schlägt den Band auf. »Historia arcana«, Geheimgeschichte, hat er auf die erste Seite geschrieben, und sorgfältig verzeichnet hat er in diesem Band alle jene politischen und sozialen Begebenheiten, um die er weiß und von denen er nicht schreiben darf... (*Feuchtwanger, »Exil«*) Он раскрывает книгу. »Historia arcana«, »Тайная летопись« — написал он заглавие на первой странице этого тома, куда он тщательно записывал все те политические и социальные события, о которых он знал, но о которых он не имел права писать. **Begebnis** = Begebenheit, *но устаревает и употр. редко.* **Geschichte** *разг.* история, происшествие; *напр.:* ich habe von dieser ganzen Geschichte nichts gewußt я ничего не знал обо всей этой истории; das sind ja schöne Geschichten! хорошенькие истории [дела]!; alle waren ihm dankbar, daß er keine große Geschichte daraus machte все были ему благодарны, что он не делал из этого никакой истории

Eremit *см.* Einsiedler
ererbt *см.* angeboren
erfahren I[1] узнавать (*о чем-л., что-л.*)

ERFAHREN

erfahren — ermitteln — erfragen — feststellen — hören — nachspüren — auskundschaften — erkunden — aufklären — sondieren — herausfinden — herausbekommen — herausbringen — herauskriegen — herauslocken — ausbaldowern — ausschnüffeln — ausspionieren

erfahren *индифф. синоним; напр.:* aus dem Brief, aus der Zeitung, aus einer zuverlässigen Quelle etw. erfahren узнать что-л. из письма, из газеты, из надежного источника; ich habe das von ihm rechtzeitig, durch Zufall erfahren я узнал об этом от него своевременно, случайно; wir haben darüber viel Neues, Interessantes erfahren мы узнали об этом много нового, интересного □ ...ist es auch eine große innere Verlockung, ein paar Tage an den »Nachrichten« zu arbeiten. Er wird manches erfahren und manches ausrichten können (*Feuchtwanger,* »*Exil*«) ...большой соблазн поработать несколько дней в «Новостях». Он сможет многое узнать и многого добиться. Schließlich sagte sie: »Nun gut, ich will mal sehen. Aber es ist nicht sicher, daß ich auch wirklich etwas erfahre... (*Fallada,* »*Wolf u. Wölfen*«) Наконец она сказала: «Хорошо, попробую. Но я не уверена, что я действительно что-нибудь узнаю...» **ermitteln** выяснить, разузнать что-л. (*с помощью умелых поисков и расспросов*), установить (*особенно местонахождение чего-л.*); *напр.:* es dauerte sehr lange, bis ich seinen Wohnsitz ermittelt hatte прошло очень много времени, прежде чем я выяснил его местожительство. **erfragen** выспросить, узнать что-л. путем расспросов; *напр.:* die Adresse, j-s Meinung erfragen узнать [выспросить] адрес, чье-л. мнение; den Weg zum Bahnhof erfragen расспросить, как добраться до вокзала. **feststellen** устанавливать, узнавать (*б. ч. самостоятельно, не прибегая к чужой помощи*); *напр.:* stellen Sie fest, wo er wohnt узнайте, где он живет; morgen werde ich seine Adresse feststellen завтра я выясню [узнаю] его адрес; man hat festgestellt, daß... было установлено, что... **hören** услышать, узнать о чем-л. (*обыкн. случайно, из разговора*); *напр.:* ich habe gestern gehört, er sei krank я вчера услышал, что он болен; ich habe gehört, daß Sie verreisen я слышал [узнал], что вы уезжаете. **nachspüren** разведывать о чем-л.; *напр.:* einem Geheimnis nachspüren разведать о тайне, проникнуть в тайну; einem Verbrechen nachspüren распутывать [расследовать] преступление. **auskundschaften** разузнавать, разведывать; *напр.:* j-s Vermögensverhältnisse auskundschaften lassen поручить разузнать [собрать информацию] о чьем-л. имущественном положении; die feindlichen Stellungen auskundschaften разведать не-

приятельские позиции. **erkunden, aufklären** разведывать, производить разведку, рекогносцировку; *напр.:* das Gelände, die Stellungen des Feindes erkunden [aufklären] разведать местность, позиции врага. **sondieren** (осторожно) разузнавать, зондировать; *напр.:* die Lage sondieren зондировать почву, чтобы выяснить положение. **herausfinden, herausbekommen** *разг.* узнавать (что-л. скрываемое), выведывать; *напр.:* nach langem Fragen habe ich herausgefunden [herausbekommen], wo er jetzt wohnt после многочисленных расспросов я выведал, где он теперь живет. **herausbringen** *разг.* **herauskriegen** *фам.* выпытывать, докапываться; *напр.:* ich konnte aus ihm nicht herausbringen, wer dieser Mann war я не мог у него выпытать, кто этот человек; das kriegst du schwer heraus до этого тебе будет нелегко докопаться. **herauslocken** *разг.* допытываться; выведывать (*с помощью хитрости, обмана и т. п.*); *напр.:* ein Geheimnis aus j-m herauslocken выманить у кого-л. тайну, допытаться о чьей-л. тайне. **ausbaldowern** *фам.* выуживать; *напр.:* er hat bei ihm ausbaldowert, wo das zu haben ist он выудил у него, где это можно найти. **ausschnüffeln** *разг. неодобр.* вынюхивать, разнюхивать что-л.; проникать о чем-л.; *напр.:* das Kleine hat ausgeschnüffelt, wo ich die Bonbons versteckt habe малышка разнюхала, где я спрятал конфеты. **ausspionieren** *разг.* = ausschnüffeln *употр. чаще, когда речь идет о шпионаже; напр.:* die technischen Geheimnisse eines Schiffes, einer neuen Maschine ausspionieren выведать [разнюхать] технические секреты корабля, новой машины

erfahren I [2] *см.* erleben
erfahren II опытный

erfahren — gut — tüchtig — geübt — gewitzt — gewitzigt — w e l t k l u g — gewiegt — gewieft

erfahren *индифф. синоним; напр.:* ein erfahrener Lehrer, Arzt опытный учитель, врач; eine erfahrene Verkäuferin, Serviererin опытная продавщица, официантка; ich werde mich mit einem erfahrenen Kollegen beraten я посоветуюсь с опытным сослуживцем; erfahrene Sekretärin gesucht требуется опытная секретарь-машинистка (*объявление*). **gut** хороший; *напр.:* eine gute Lehrerin хорошая учительница; ein guter Arbeiter, Rechtsanwalt хороший рабочий, адвокат **tüchtig** дельный, старательный; *напр.:* er ist ein tüchtiger Arbeiter, Arzt он хороший [дельный] работник, врач; er ist in seinem Fach sehr tüchtig он знаток своего дела □ Und er schwört sich, zu schuften, tüchtig zu sein, alles zu ertragen... (*Fallada,* »*Kleiner Mann*«) И он клянется себе работать не разгибая спины, стараться, все сносить... **geübt** тренированный,

ERFOLG

опытный; *напр.:* ein geübter Turner, Schwimmer тренированный гимнаст, пловец; ein geübtes Auge опытный глаз. **gewitzt, gewitzigt** искушенный, наученный опытом, бывалый; *напр.:* ein gewitzter [gewitzigter] Geschäftsmann опытный [ловкий] коммерсант □ Sie saß allein auf der Bank... So gewitzt war er schon... Nun war es wirklich nicht so leicht, zwischen totem Laub und Kies seine Pfeife wiederzufinden. Sie... sagte: »Das ist nicht neu« (*Strittmatter,* »*Wundertäter*«) Она сидела в одиночестве на скамейке... Настолько-то он был искушен... Снова найти свою трубку среди старой опавшей листвы и щебня было поистине не так легко. Она... сказала: «Это не ново». **weltklug** *книжн.* умудренный опытом (*прагматичный, хорошо разбирающийся в людях*); *напр.:* er war mir zu weltklug по мне в нем было слишком много житейской мудрости [прагматизма]. **gewiegt, gewieft** *разг.* бывалый, тертый; *напр.:* ein gewiegter [gewiefter] Jurist, Kaufmann ловкий юрист, коммерсант

erfassen *см.* fassen [2]/überkommen/ verstehen [1]

erfinden *см.* erdichten

Erfindung выдумка, измышление
die Erfindung — die Erdichtung — das Märchen — die Fabel — die Dichtung

Erfindung *индифф. синоним; напр.:* das war die Erfindung eines Zeitungskorrespondenten это было выдумкой газетного корреспондента; das ist eine glatte, verleumderische Erfindung! это сплошное, клеветническое измышление! **Erdichtung** вымысел; *напр.:* was er erzählt, ist keine Erdichtung то, что он рассказывает, не вымысел. **Märchen, Fabel** *разг.* сказка, басня; *напр.:* erzähl uns keine Märchen! не рассказывай нам сказки!; das sind bloße Märchen! это все сказки!; das gehört ins Reich der Fabel это относится к области фантазии; hier ist Fabel und Wahrheit gemischt здесь смешаны выдумка и правда. **Dichtung** *разг.* фантазия; *напр.:* das ist bloße Dichtung! это сплошная фантазия!

Erfolg успех, удача
der Erfolg — der Fortschritt — die Leistung — die Errungenschaft

Erfolg *индифф. синоним; напр.:* große, glänzende Erfolge eines Landes большие, блестящие успехи страны; sie erzielten politische, wirtschaftliche Erfolge они достигли политических, экономических успехов; die Tänzerin hatte Erfolg балерина имела успех; die Untersuchung führte zu keinem Erfolg расследование не дало никаких результатов □ Der Erfolg Sieberts reizte Michelsen... (*H. Mann,* »*Ehrenhandel*«) Успех Зиберта раздражал Михельсена... Er behandelte Magda mit Achtung, denn sie hatte Erfolg gehabt (*H. Mann,* »*Untertan*«) Он обращался с Магдой уважительно, так как она имела успех. **Fortschritt** прогресс, успех (*более высокий уровень чего-л. по сравнению с прошлым*); *напр.*: der Fortschritt auf politischem, kulturellem Gebiet успех в области политики, культуры; an den Fortschritt glauben верить в прогресс; der Schüler zeigt bedeutende sprachliche Fortschritte ученик обнаруживает значительные успехи в языке. **Leistung** (положительный) результат (*физической или умственной работы*); достижение; *напр.*: die Leistungen unserer Fußballspieler sind gut наши футболисты показали хорошие результаты; diese Schüler haben erstaunliche Leistungen vollbracht эти ученики добились поразительных успехов. **Errungenschaft** достижение, завоевание (*большой успех, достигнутый в результате напряженного труда*); *напр.*: glänzende Errungenschaften in der Technik, in der Kunst блестящие достижения в технике, в искусстве; die großen Errungenschaften der sozialistischen Länder, der Arbeiterklasse большие достижения социалистических стран, рабочего класса; während des Bürgerkrieges verteidigte die Rote Armee die Errungenschaften der Revolution во время гражданской войны Красная Армия защищала завоевания революции

erfolglos *см.* «Приложение»
erfolgreich успешный
erfolgreich — gelungen — glücklich

erfolgreich *индифф. синоним; напр.*: sich an etw. erfolgreich beteiligen успешно участвовать в чем-л.; neue Methoden erfolgreich anwenden успешно применять новые методы; die Verhandlungen waren erfolgreich переговоры были успешными; das war ein erfolgreicher Tag это был удачный день; die Regierung betrieb eine erfolgreiche Politik правительство проводило успешную политику; die Expedition war erfolgreich экспедиция была успешной. **gelungen** удавшийся, удачный *подчеркивает, что возлагавшиеся на что-л. надежды, затраченные усилия оправдались*; *напр.*: das war eine gelungene Reise это было удачное путешествие; das ist eine gelungene Arbeit это удачная [удававшаяся] работа. **glücklich** счастливый, благополучный; *напр.*: eine glückliche Heimkehr счастливое возвращение домой; ein glücklicher Schuß удачный выстрел; sie sind glücklich gelandet они благополучно приземлились

erforderlich *см.* nötig
erfordern *см.* fordern
erforschen *см.* untersuchen
erfragen *см.* erfahren¹
erfrechen, sich *см.* wagen
erfreuen *см.* freuen
erfreulich отрадный, (благо)приятный
erfreulich — angenehm

erfreulich *индифф. синоним; напр.*: eine erfreuliche Nachricht отрадное известие; ein erfreuliches Ergebnis благоприятный результат; eine erfreuliche Erscheinung отрадное явление; er ist ein wenig erfreulicher Mensch он малоприятный человек. **angenehm** приятный; *напр.*: eine angenehme Nachricht, Beschäftigung приятное известие, занятие; es ist mir angenehm, das zu hören мне приятно это слышать □ Gewiß war die Doffistraße abends um sechs dunkel, und gewiß war es höchst angenehm zu wissen, daß Herr Szialoja in der nächsten Zeit mit Angst nach Hause gehen würde. (*Fallada, »Blechnapf«*) Конечно, в шесть часов вечера Доффиштрассе погружалась в темноту, и было чрезвычайно приятно сознавать, что господину Сциалоя будет страшно, когда он вскоре пойдет домой

erfrischen *см.* «Приложение»
erfüllen¹ выполнять
erfüllen — gewähren — nachkommen — entsprechen — willfahren

erfüllen *индифф. синоним; напр.*: eine Bitte, einen Wunsch, Ansprüche, einen Befehl erfüllen выполнять просьбу, желание, требования, приказание; ich habe mein Versprechen erfüllt я выполнил свое обещание. **gewähren** *высок.* великодушно согласиться выполнить что-л. *подчеркивает, что обладает властью и выполняет что-л. добровольно*; *напр.*: einen Wunsch gewähren (великодушно согласиться) выполнить чье-л. желание; j-m sein Gesuch gewähren удовлетворить чье-л. ходатайство □ Ich sei, gewährt mir die Bitte, | In eurem Bunde der Dritte (*Schiller, »Bürgschaft«*) Выполните великодушно мою просьбу и примите меня третьим в ваш союз. **nachkommen** *книжн.* исполнять что-л., следовать чему-л. *действие иногда связано с определенными усилиями, так как происходит не по собственному побуждению субъекта*; *напр.*: dem Befehl, seiner Pflicht pünktlich, ungern nachkommen точно, неохотно исполнять приказ, свой долг; dem Gesetz nachkommen соблюдать закон, следовать букве закона. **entsprechen** *книжн.* идти навстречу (*чему-л. желанию и т. п.*); *напр.*: einer Bitte entsprechen идти навстречу просьбе; einer Einladung entsprechen принять приглашение; ich kann Ihrem Verlangen nicht entsprechen я не могу исполнить ваше требование. **willfahren** *книжн. редко* ≅ entsprechen; *напр.*: den Eltern willfahren исполнить волю [просьбу] родителей, пойти навстречу родителям; dem Wunsche des Vaters willfahren исполнить желание отца

erfüllen² *см.* leisten¹
ergänzen *см.* hinzufügen
Ergänzung дополнение
die Ergänzung — der Nachtrag — die Nachschrift — das Postskript(um)

Ergänzung *индифф. синоним; напр.*: Anmerkungen und Ergänzungen примечания и дополнения; die Ergänzungen zu seinem Brief, zu der Anleitung дополнения к его письму, к инструкции; diese Mitteilung war eine wesentliche Ergänzung des Vortrages это сообщение было существенным дополнением к докладу. **Nachtrag** дополнение (*к написанному или к сказанному*); *напр.*: im Nachtrag wurden noch einige Bedingungen aufgezählt в дополнении были перечислены еще несколько условий. **Nachschrift** приписка, постскриптум; *напр.*: am Ende des Briefes gab es eine längere Nachschrift в конце письма была длинная приписка. **Postskript(um)** = Nachschrift, *но употр. реже*

ergattern *см.* nehmen³
ergaunern *см.* herauslocken¹
ergeben *см.* treu
Ergebenheit *см.* Treue
ergeben, sich I получаться (*в результате*)
sich ergeben — erhellen — herauskommen — herausspringen

sich ergeben *индифф. синоним; напр.*: es ergab sich von selbst это получилось само собой; aus Leichtsinn können sich schwere Folgen ergeben легкомыслие может повлечь за собой тяжелые последствия; dann ergab sich eine lebhafte Diskussion затем возникла оживленная дискуссия; aus alledem ergibt sich, daß... из всего этого следует, что... **erhellen** *книжн.* явствовать; *напр.*: aus diesem Schreiben erhellt, daß... из этого письма явствует, что... **herauskommen** *разг.* выходить, получаться *подчеркивает усилия, приводящие к тому или иному результату*; *напр.*: du kannst darauf bestehen, aber da kommt nichts Gutes dabei heraus ты можешь на этом настаивать, но из этого ничего хорошего не выйдет; ich zweif(e)le daran, ob dabei etwas Nützliches herauskommt я сомневаюсь (в том), чтобы при этом получилась какая-нибудь польза □ Ich wollte einfach nachprüfen, ob das herausgekommen ist, was ich in den Artikel hineinlegen wollte. Ich sehe, es ist herausgekommen, der Aufsatz ist geglückt (*Feuchtwanger, »Exil«*) Я просто хотел проверить, получилось ли то, что я хотел вложить в статью. Я вижу, что получилось, статья удалась. **herausspringen** *фам.* получиться (*в результате чьих-л. действий*) (*о денежных суммах, о пользе*); *напр.*: bei dem Verkauf deines Hauses ist für ihn eine hübsche Summe herausgesprungen при продаже твоего дома ему перепал хороший куш; dabei springt nichts heraus это ничего не даст

ergeben, sich II¹ сдаваться
sich ergeben — kapitulieren — sich übergeben

sich ergeben *индифф. синоним; напр.*: die eingeschlossenen Truppen mußten sich ergeben окруженные вой-

ERGEBEN, SICH

ска должны были сдаться; die Festung hat sich ergeben крепость сдалась □ ...aber plötzlich waren Gerüchte dagewesen, daß ganze Armeekorps abgeschnitten worden wären und sich ergeben hätten... (Remarque, »Zeit zu leben«) ...но вдруг возникли слухи, будто отрезаны целые корпуса и они сдались. Ein junger Franzose bleibt zurück, er wird erreicht, hebt die Hände, in einer hat er den Revolver — man weiß nicht, will er schießen oder sich ergeben (Remarque, »Im Westen«) Молодой француз отстает, его настигают, он поднимает руки, в одной руке у него револьвер — непонятно, хочет ли он выстрелить или сдаться. Borkhausen erwidert auffallend lebhaft: »Aber weil soundso viel Tausende (deutsche Soldaten) den Heldentod gestorben sind, darum hat Frankreich sich doch so rasch ergeben« (Fallada, »Jeder stirbt«) Боркхаузен отвечает с удивительной готовностью: «Вот потому, что тысячи (немцев) пали смертью храбрых, Франция и сдалась так быстро». **kapitulieren** воен. и перен. капитулировать; напр.: die feindliche Armee hat kapituliert вражеская армия капитулировала □ Eines Abends aber berichtete ihm Rumpf, der mit zwei Stunden Verspätung aus dem Büro kam, mit ernster Miene, daß die Armee von Stalingrad kapituliert habe... (Kellermann, »Totentanz«) Но однажды вечером Румпф, который вернулся со службы на два часа позже обычного, сделав серьезное лицо, сообщил ему, что армия в Сталинграде капитулировала... Quangel aber — nach einer längeren Pause — antwortet nur indirekt: «Also Frankreich hat kapituliert? Na, das hätten die gut auch einen Tag früher machen können, dann lebte mein Otto noch...« (Fallada, «Jeder stirbt«) А Квангель — после продолжительной паузы — отвечает, но не прямо на вопрос: «Значит, Франция капитулировала? Это они могли бы сделать и днем раньше, тогда бы мой Отто остался в живых...» **sich übergeben** уст. ≅ sich ergeben; напр.: die feindliche Armee übergab sich неприятельская армия сдалась

ergeben, sich II² см. schicken, sich ¹/widmen, sich ¹

Ergebnis результат

das **Ergebnis** — die **Folge** — die **Frucht** — das **Resultat** — das **Fazit**
Ergebnis индифф. синоним; напр.: ein ausgezeichnetes, schlechtes, mageres, zweifelhaftes, trauriges Ergebnis отличный, плохой, скудный, сомнительный, печальный результат; das Ergebnis der Wahlen результаты выборов; gute Ergebnisse erzielen достигать хороших результатов □ Sie... schlagen mit unerbittlicher Entschiedenheit die Richtung ein, die ihnen das Ergebnis der Wahl... gewiesen hat (Th. Mann, »Buddenbrooks«) С непреклонной решимостью они... выбирают направление, указанное результатами выборов... **Folge** последствие, результат; напр.: die Folgen waren sehr schlimm последствия были очень плохими; ich stehe nicht für die Folgen ein я не ручаюсь за последствия. **Frucht** плод (труда, размышлений); напр.: die Früchte seiner Arbeit ernten пожинать плоды своего труда; sie genossen die Früchte ihres Fleißes они пожинали плоды своих стараний; das sind die Früchte deiner Erziehung! вот плоды твоего воспитания! **Resultat** ≅ Ergebnis, но больше подчеркивает связь между прилагаемыми усилиями и достигаемым успехом; напр.: bei einer so schwierigen Operation dürfen wir im Anfang kein anderes Resultat erwarten при такой сложной операции вначале нельзя ожидать другого результата. **Fazit** книжн. итог; напр.: das Fazit seines Lebens ziehen подвести итог своей жизни; beide kamen zu dem gleichen Fazit оба пришли к одним и тем же итогам

ergebnislos см. erfolglos/unfruchtbar³
Ergebung см. Übergabe²
ergehen, sich см. spazierengehen
ergiebig см. reich²
ergießen, sich см. fließen/münden
erglänzen см. aufleuchten
erglimmen см. aufleuchten
erglühen см. aufleuchten/rot werden
ergötzen, sich см. freuen, sich¹
ergreifen¹ см. aufregen/fassen²/überkommen/verhaften
ergreifen²: die Flucht ergreifen см. fliehen¹; das Wort ergreifen см. sprechen²
ergriffen¹ см. bewegt
ergriffen²: ergriffen werden см. fühlen
ergrimmen см. ärgern, sich
ergründen см. untersuchen
erhaben см. groß⁵
Erhabenheit см. Großmut
erhalten¹ сохранять

erhalten — bewahren — unterhalten — aufrechterhalten — w a h r e n
erhalten индифф. синоним; напр.: das Fleisch frisch, die Vitamine in den Speisen erhalten сохранить мясо свежим, витамины в приготовленной еде; die Gesundheit, die gute Stimmung, den Frieden erhalten сохранить здоровье, хорошее настроение, мир; das alte Buch ist gut erhalten старинная книга хорошо сохранилась □ hat mir die Laufbahn gesichert, die meiner Familie seit dreihundert Jahren zusteht. Sie hat mir mein Heim erhalten... (Seghers, »Die Toten«) Она помогала мне обеспечить мою карьеру, которая уже триста лет является привилегией нашего рода. Она сохранила мне родной дом... **bewahren** не утрачивать в отличие от erhalten предполагает сохранение какого-л. эмоционального состояния, каких-л. черт, свойств; напр.: er hat seinen Humor bewahrt он сохранил свой юмор;

ERHEBEN, SICH

er hat einen klaren Kopf bewahrt он сохранил ясный ум [ясность мыслей]. **unterhalten** содержать (в порядке); не давать прекращаться чему-л. напр.: Straßen, Anlagen unterhalten содержать в порядке улицы, скверы; das Feuer unterhalten поддерживать огонь, не давать угаснуть огню. **aufrechterhalten** сохранять, поддерживать (на существующем уровне, в данном состоянии); напр.: die Ordnung, das Gleichgewicht, die Disziplin aufrechterhalten сохранять порядок, равновесие, дисциплину; Beziehungen, Kontakte aufrechterhalten поддерживать отношения, контакты; er erhält seinen guten Ruf aufrecht он поддерживает [сохраняет] свою хорошую репутацию. **wahren** книжн. (тщательно) оберегать, (бережно) хранить обыкн. употр. с абстрактными понятиями; напр.: seine Würde wahren сохранять свое достоинство; seine Ehre wahren беречь свою честь; den Schein wahren сохранять видимость (чего-либо)

erhalten² см. bekommen¹/ernähren²
erhandeln см. bekommen¹
erhängen см. hängen II
erharren см. warten I¹
erhärten см. bestätigen¹
erhaschen см. fangen¹
erheben¹ см. heben¹
erheben²: ein Geschrei erheben см. schreien¹
erheben, sich¹ возвышаться

sich erheben — emporragen
sich erheben индифф. синоним; напр.: an den Ufern des Sees erheben sich hohe Berge над берегами озера подымаются высокие горы; in der Ebene erheben sich einzelne Hügel над равниной возвышаются отдельные холмы; das Gebirge erhebt sich bedeutend über den Meeresspiegel горы достигают большой высоты над уровнем моря. **emporragen** ≅ sich erheben, но часто высок.; напр.: die Türme der Kathedrale ragen über die Dächer der Häuser empor башни собора высятся над крышами домов

erheben, sich² восставать (подниматься на борьбу)

sich erheben — aufstehen — sich empören — sich auflehnen — rebellieren — meutern — a u f b e g e h r e n
sich erheben индифф. синоним; напр.: die Massen erheben sich zum Kampf gegen ihre Unterdrücker массы встают на борьбу против своих угнетателей; das Volk erhebt sich gegen die Ausbeuter народ восстает против эксплуататоров; gegen Napoleon hat sich ganz Europa erhoben против Наполеона восстала вся Европа. **aufstehen** подниматься; напр.: nach den Soldaten waren auch die Bauern gegen ihre Unterdrücker aufgestanden вслед за солдатами против своих угнетателей поднялись и крестьяне. **sich empören, sich auflehnen** ≅ sich erheben, но больше подчеркивают же-

лание, стремление восставших уничтожить существующее угнетение; *напр.*: die Kolonialvölker empörten sich gegen ihre Unterdrücker колониальные народы восстали против своих угнетателей. **rebellieren** бунтовать; *напр.*: die Soldaten rebellierten солдаты подняли бунт. **meutern** поднимать мятеж; *напр.*: die Gefangenen meuterten пленные подняли мятеж [бунт] ▫ Schön, ein paar Regimenter werden meutern. Er werde fusilieren lassen (*Feuchtwanger, »Jud Süß«*) Пусть несколько полков поднимут мятеж. Он велит их расстрелять. **aufbegehren** *книжн.* возмутиться; *напр.*: gegen die Tyrannei aufbegehren восстать против тирании; gegen Gott aufbegehren восстать против бога

erheben, sich ³ *см.* aufstehen ¹
erheblich *см.* groß ⁴
Erhebung *см.* Aufstand
erheischen *см.* fordern
erheitern веселить

erheitern — belustigen — aufheitern
erheitern *индифф. синоним; напр.*: das Publikum erheitern веселить публику; j-s Stimmung erheitern поднять чье-л. настроение. **belustigen** забавлять; *напр.*: der Clown belustigte das Publikum клоун забавлял публику; seine Späße belustigten uns его шутки нас забавляли. **aufheitern** развеселить (*отвлечь от мрачных мыслей и т. п.*); *напр.*: einen Kranken aufheitern развеселить больного; er hat durch seine lebhafte Unterhaltung, durch seine frohen Nachrichten die ganze Gesellschaft aufgeheitert он поднял настроение у всего общества оживленной беседой, радостными известиями

erhellen *см.* beleuchten ¹/ergeben, sich ¹/klären ¹
erhitzen *см.* wärmen ¹
erhitzt *см.* aufgeregt
erhoffen *см.* hoffen
erhöhen *см.* vergrößern
erhöhen, sich *см.* vergrößern, sich
erholen, sich *см.* ausruhen
Erholung *см.* Ruhe ¹
erinnerlich *см.* unvergeßlich
erinnern напоминать (*о чем-л.*)

erinnern — anklingen — mahnen — gemahnen
erinnern *индифф. синоним; напр.*: j-n an ein Versprechen erinnern напоминать кому-л. о данном обещании; diese Ruinen erinnern mich an die Kriegszeit эти развалины напоминают мне о временах войны; ich erinnerte ihn an die Zeit, wo wir zusammen gelebt hatten я напомнил ему время, когда мы жили вместе ▫ Nun, sie würde schon auf irgendwas kommen, vielleicht würde sie ihn an ein Kindheitserlebnis erinnern, wie er ihr damals zwei Mark gestohlen und Bonbons dafür gekauft hatte (*Fallada, »Jeder stirbt«*) Ну, да она уж что-нибудь придумала бы, может быть она напомнила бы ему случай из его детства, как он украл у нее две марки и купил на них конфет... Alles erinnerte sie an Fritz (*Feuchtwanger, »Exil«*) Все ей напоминало о Фрице. **anklingen** чем-то напоминать что-л., перекликаться с чем-л. (*в силу частичного совпадения в звучании, в стиле и т. п.*); *напр.*: dieses Gedicht klingt an Schiller an это стихотворение напоминает Шиллера. **mahnen** *книжн.* настойчиво напоминать кому-л. о ком-л., о чем-л. *подчеркивает, что тому, о чем напоминают, придается определенное значение; напр.*: j-n öffentlich an seine Pflichten mahnen публично напоминать кому-л. о его обязанностях; dieser Vorfall mahnt an eine ähnliche unangenehme Geschichte это происшествие напоминает аналогичный неприятный случай. **gemahnen** *высок.* ≅ mahnen, но часто употр., когда напоминают о чем-л. неприятном, напоминание содержит порицание, требование и т. п.; *напр.*: dieses Grab soll alle an die Greuel des Krieges gemahnen эта могила должна всем напоминать об ужасах войны; das gemahnte ihn an seine Schuld это напомнило ему о его вине

erinnern, sich вспоминать

sich erinnern — sich besinnen — einfallen — zurückdenken — zurückblicken — sich zurückerinnern — sich entsinnen — gedenken
sich erinnern *индифф. синоним*: a) (*an A*); *напр.*: ich erinnere mich oft, selten an diese Stadt, an diese Geschichte я часто, редко вспоминаю этот город, эту историю; er erinnert sich gut, dunkel an seine Eltern он хорошо, смутно помнит своих родителей; sie erinnern sich an längst vergangene Zeiten они вспоминают давно минувшие времена; b) (*G*) *уст. или книжн.*; *напр.*: ▫ ...so daß ich mich dieser (*der Hausnummer*) leicht erinnern konnte, wenn ich jener (*der historischen Begebenheit*) gedachte... (*Heine, »Das Buch Le Grand«*) ...и таким образом я легко мог припомнить это (*номер дома*), когда я вспомнил то (*историческое событие*)... **sich besinnen** (*auf A*) припоминать, вспоминать (*после некоторых размышлений*); *напр.*: kannst du dich auf seine Hausnummer besinnen? ты можешь вспомнить номер его дома?; ich besinne mich, diesen Artikel gelesen zu haben я припоминаю, что читал эту статью. **einfallen** (*j-m*) неожиданно вспомниться чем-л. (*часто не связанном с тем, о чем думаешь*): прийти на ум (*подлежащим является то, что вспоминают, действующее лицо выражено дополнением в Dat.*); *напр.*: als er mir davon erzählte, fiel mir eine interessante Geschichte ein когда он мне об этом рассказывал, я вспомнил одну интересную историю; es wird mir gleich einfallen сейчас вспомню ▫ »Meine Güte«, erinnert sie sich und spricht plötzlich sehr sächsisch »jetzt fällt mir ein, was ich noch wollte« (*Feuchtwanger, »Exil«*) «Боже мой! — вспоминает она и вдруг переходит на саксонский диалект. — Теперь я вспомнила, что я еще хотела». **zurückdenken** (*an etw.*) вспоминать, мысленно переноситься в прошлое; *напр.*: wir saßen am Feuer und dachten an unsere Jugend zurück мы сидели у огня и вспоминали свою молодость ▫ Wenn sie an die Zeit bei ihren Eltern zurückdenkt, dann sind diese Pariser Jahre trotz ihrer kleinen Sorgen noch immer ein erfüllter Wunschtraum (*Feuchtwanger, »Exil«*) Когда она мысленно возвращается к тому времени, когда она жила у родителей, то годы, прожитые в Париже, несмотря на маленькие огорчения, кажутся ей сбывшейся мечтой. **zurückblicken** (*auf etw.*) оглядываться назад, вспоминать прошлое (*оценивая его с точки зрения настоящего*); *напр.*: wenn ich auf mein Leben zurückblicke, habe ich allen Grund zufrieden zu sein если я думаю о прожитой жизни, у меня есть все основания быть довольным. **sich zurückerinnern** вспоминать давно минувшие времена, мысленно возвращаться к прошлому; *напр.*: sich an die Kindheit zurückerinnern вспоминать детство. **sich entsinnen** (*G*) *чаще книжн.* припоминать что-л. (*забытое*); *напр.*: sich eines Vorganges noch gut, genau entsinnen еще хорошо, точно помнить какое-л. событие; sich eines Vorgangs nur dunkel entsinnen смутно припоминать какое-л. событие; ich kann mich seiner nicht mehr entsinnen я не могу его припомнить [вспомнить] его. **gedenken** (*G*) *высок.* вспоминать о чем-л. (*давно*) минувшем, о ком-л. (*умершем*) (*с почтением, с благодарностью*); *напр.*: ich gedenke oft der fröhlichen Tage meiner Kindheit я часто вспоминаю о радостных днях моего детства; wir müssen der im Kriege gefallenen Opfer gedenken мы должны помнить о жертвах войны [о павших на войне] ▫ ...denn er hat Leistung hinter sich, und wer einmal ernsthaft die Geschichte der Weimarer Republik schreibt, wird nicht umhin können, seiner Verdienste zu gedenken (*Feuchtwanger, »Exil«*) ...ведь у него есть достижения, и если кто-либо когда-нибудь серьезно займется историей Веймарской республики, он не сможет не вспомнить его заслуг

Erinnerung воспоминание

die Erinnerung — das Gedächtnis — das Andenken — das Gedenken — die Reminiszenz
Erinnerung *индифф. синоним; напр.*: die Erinnerung an das Fest воспоминание о празднике; zur Erinnerung an das Fest на память о празднике; eine dunkle Erinnerung von etw., an j-n haben иметь смутное воспоминание о

чем-л., о ком-л.; ich habe ihm dieses Buch als Erinnerung an unsere gemeinsame Schulzeit geschenkt я подарил ему эту книгу на память о наших (совместных) школьных годах ◻ So still war die Sommernacht, so schwebend das Mondlicht, daß auch noch beim Erwachen Erinnerungen an Durchgelebtes mit den Erinnerungen an Träume verschmolzen, wie das zittrige Licht in der Bauernstube mit den vagen Mondschatten (Seghers, »Die Toten«) Летняя ночь была так тиха, так призрачен лунный свет, что даже при пробуждении память о пережитом сливалась с воспоминаниями о снах, как сливался трепетный огонек в крестьянской горнице с зыбкими лунными тенями. **Gedächtnis** память (*о важном событии, об умершем человеке*); *напр.*: j-m ein gutes, ewiges Gedächtnis bewahren сохранить о ком-л. добрую, вечную память. **Andenken** ≃ Gedächtnis *употр., когда воспоминание связано с чувством любви, благодарности, с почтением и т. п.*); *напр.*: zum Andenken an den Verstorbenen на память об усопшем; wir schenken Ihnen das Buch zum Andenken an unsere Reise мы дарим вам книгу на память о нашем путешествии. **Gedenken** *книжн.* ≃ Gedächtnis *часто употр., когда воспоминание связано с чувством благоговения, скорби об умершем, по поводу какого-л. события*; *напр.*: wir haben dem Verstorbenen ein gutes Gedenken bewahrt мы сохранили о покойном добрую память; das Grabmal steht hier zum Gedenken der Gefallenen надгробный памятник стоит здесь в память погибших; sie schenkte ihm einen Ring zum Gedenken an die schöne Zeit она подарила ему перстень на память о минувшей прекрасной поре. **Reminiszenz** *книжн.* воспоминание, реминисценция; *напр.*: Reminiszenzen austauschen делиться воспоминаниями ◻ Ganz überraschend kommen Studmann ein paar Worte — Verszeilen? — in den Sinn, wohl eine Reminiszenz seiner Schülerzeit (*Fallada*, »*Wolf u. Wölfen*«) Совершенно неожиданно Штудману пришли на ум несколько слов (строки стиха?), верно, воспоминание школьных лет
erkalten остывать
erkalten — abkühlen
erkalten *индифф. синоним*; *напр.*: der Ofen, die Suppe erkaltet печь, суп остывает; die Pfeife ist erkaltet трубка потухла; die Lava ist erkaltet лава застыла; seine Liebe zu ihr ist erkaltet он охладел к ней; sein Eifer ist erkaltet его пыл остыл. **abkühlen** *по сравнению с* erkalten *выражает меньшую степень охлаждения и постепенность*; *напр.*: die Suppe muß abkühlen суп должен (еще немного) остыть; der Motor muß abkühlen мотору следует дать (немного) остыть; seine Wut war abgekühlt его ярость

поутихла; ihre Zuneigung ist stark abgekühlt их взаимная склонность заметно утратила былую пылкость
erkämpfen *см.* erzielen
erkennen¹ узнавать (*знакомого, знакомое*)
erkennen — wiedererkennen
erkennen *индифф. синоним*; *напр.*: j-n am Gang, an der Stimme, an den Bewegungen erkennen узнать кого-л. по походке, по голосу, по движениям; ich habe unser altes Haus nicht erkannt я не узнал нашего старого дома ◻ Er erkannte die Seidenmütze seines Sohnes Otto, die eine ganz besondere Form hatte (*Kellermann*, »*Der 9. November*«) Он узнал шелковую шапочку своего сына Отто, которая имела совершенно особую форму. **wiedererkennen** узнать кого-л., что-л. после долгой разлуки (*несмотря на значительные перемены*); *напр.*: unsere Stadt hat sich so verändert, daß ich sie kaum wiedererkannt habe наш город так изменился, что я едва его узнал; dein Sohn ist so groß geworden, daß ich ihn auf der Straße kaum wiedererkannt hätte твой сын стал таким большим, что я бы его едва ли узнал, если бы встретил на улице
erkennen² (о)сознавать, понимать
erkennen — sehen — einsehen
erkennen *индифф. синоним*; *напр.*: seinen Fehler, seine Schuld, den Ernst der Lage, den Wert von etw. erkennen осознать свою ошибку, свою вину, серьезность положения, ценность чего-л. **sehen** видеть, понимать *обыкн. употр., когда осознание чего-л. происходит мгновенно, не в результате размышления*; *напр.*: ich sehe schon meinen Fehler я уже вижу [понял] свою ошибку; ich sehe, daß ich mich geirrt habe я вижу, что (я) ошибся. **einsehen** ≃ erkennen *употр., когда кто-л. по истечении определенного времени или в результате размышления убеждается в неправильности своего прежнего мнения, поведения и часто раскаивается в нем*; *напр.*: ich sehe jetzt meinen Fehler ein я теперь понимаю свою ошибку; er sieht sein Unrecht ein он сознает свою неправоту
erkennen³ *см.* verstehen¹
erkenntlich *см.* dankbar
Erkenntnis *см.* Urteil
erkiesen *см.* wählen
erklären объяснять
erklären — erläutern — auseinandersetzen — darlegen — explizieren — klarmachen
erklären *индифф. синоним*; *напр.*: ein Wort, eine Aufgabe, den Unterschied erklären объяснить слово, задачу, различие; j-m etw. ausführlich, wissenschaftlich erklären подробно, научно объяснить кому-л. что-л. ◻ Was nützte, konnte er ihr erklären, — und er erklärte ihr viel in Gedanken, wenn er sonst nichts zu tun hatte, — das war der Zusammenbruch der Regierung, unter der man nicht aus dem

Elend kam (*Seghers*, »*Die Toten*«) Сейчас нужно одно — объяснить ей, — а мысленно он ей многое объяснял, когда ему нечего было делать, — крушение правительства, при котором не вылезешь из нужды. **erläutern** разъяснять, пояснять, подробно объяснять (*что-л. сложное*); *напр.*: den Sinn eines Textes, eine schwierige Aufgabe erläutern растолковывать смысл текста, трудную задачу; etw. an vielen Beispielen erläutern пояснить что-л. на множестве примеров ◻ Und mit Wichtigkeit erläuterte er ihr das System von Bassins, Walzen und Zylindern... (*H. Mann*, »*Untertan*«) И с важным видом он начал подробно объяснять ей систему бассейнов, валов и цилиндров. **auseinandersetzen** растолковывать, разъяснять; *напр.*: j-m seine Pläne, seine Gründe, den Sinn eines Gesetzes auseinandersetzen растолковывать кому-л. свои планы, свои причины, смысл закона ◻ Er fing an, ihr umständlich auseinanderzusetzen, daß die Krankenkasse nicht länger zahlte, weil er seine sechsundzwanzig Wochen Krankseins rum hatte (*Fallada*, »*Jeder stirbt*«) Он начал ей обстоятельно объяснять, что больничная касса прекратила ему выплату пособия, так как он уже проболел свои двадцать шесть недель. **darlegen** *книжн.* ≃ erläutern; *напр.*: seine Ansicht vor j-m klar, mündlich, ausführlich darlegen ясно, устно, подробно разъяснять кому-л. свой взгляд на что-л. **explizieren** *книжн.* подробно разъяснять (*что-л. очень сложное*); *напр.*: j-m ein schwieriges Problem, einen komplizierten Begriff explizieren разъяснять кому-л. суть трудной проблемы, содержание сложного понятия. **klarmachen** *разг.* втолковывать кому-л. что-л.; *напр.*: ich weiß nicht, wie ich es dir klarmache я не знаю как тебе это втолковать ◻ Er konnte ihr klarmachen, daß es nichts nützte, wenn er jetzt hinter dem Pflug stand oder wenn man dem Viehhändler zahlte... (*Seghers*, »*Die Toten*«) Он мог ей втолковать, почему ему сейчас нет никакого смысла тащиться за плугом или платить деньги скототорговцу...
erklären, sich объясняться (*находить объяснение*)
sich erklären — zurückführen
sich erklären *индифф. синоним*; *напр.*: der Verlust, der Gewinn erklärt sich leicht, schwer убыток, доход можно легко, с трудом объяснить; das Defizit erklärt sich aus den hohen Unkosten дефицит объясняется большими издержками. **zurückführen** ≃ sich erklären *употр. с указанием причины*; *напр.*: das ist auf seine Beredsamkeit, auf seinen Leichtsinn zurückzuführen это объясняется его красноречием, его легкомыслием
erklettern *см.* klettern
erklimmen *см.* klettern

erklingen см. schallen
Erkrankung см. Krankheit
erkühnen, sich см. wagen
erkunden см. erfahren I¹
erkundigen, sich см. fragen
Erkundigung см. Auskunft
erkünstelt см. künstlich¹
erlahmen см. nachlassen¹
erlangen см. erreichen¹/erwerben¹
Erlaß см. Gesetz
erlassen см. befreien²
erlauben¹ разрешать (*давать разрешение*)
erlauben — zulassen — zugeben — vergönnen — gestatten — genehmigen
erlauben *индифф. синоним*; *напр.*: er erlaubt ihm, nach Hause zu gehen, diese Bücher zu lesen, das Rad zu nehmen он разрешает ему пойти домой, читать эти книги, взять велосипед; es ist erlaubt, hier zu rauchen здесь разрешается курить □ Obwohl er ein wenig mehr durchblicken ließ, als seine Schweigepflicht ihm erlaubte (*Seghers, »Die Toten«*) Хотя он дал понять еще кое-что, о чем ему не разрешалось говорить. zulassen допускать что-л., давать разрешение, соглашаться на что-л.; *напр.*: er wurde zu den Prüfungen zugelassen его допустили к экзаменам; ich kann diese Ausnahme zulassen я могу допустить [согласиться на] это исключение. zugeben *редко* соглашаться на что-л., дозволять *б. ч. употр. с отрицанием*; *напр.*: er wird nie zugeben, daß seine Tochter diesen Mann heiratet он никогда не согласится на то, чтобы его дочь вышла замуж за этого человека; das kann ich keinesfalls zugeben на это я ни в коем случае не могу дать своего согласия. vergönnen *высок.* позволять *подчеркивает, что кому-л. оказывают честь, разрешая что-л.*; *напр.*: es war ihm nicht vergönnt, sein großes Werk zu vollenden смерть не позволила ему закончить его большой труд; es war mir vergönnt, an dieser Feier teilzunehmen мне было позволено [на мою долю выпала честь] принять участие в этом торжестве. gestatten *книжн.* ≅ erlauben *употр. при вежливой просьбе и в официальных обращениях*; *напр.*: gestatten Sie (mir), Ihnen zu helfen! разрешите [позвольте] (мне) вам помочь!; Herr Professor! Gestatten Sie mir eine Frage? господин профессор! Разрешите вопрос? □ »Ich hoffe«, grollte Wohlgemuth, »so viel gestatten Sie mir wenigstens, daß ich sie mir anschaue, bevor ich sie anstelle« (*Feuchtwanger, »Exil«*) «Надеюсь,— рассердился Вольгемут,— что вы по крайней мере разрешите мне на нее взглянуть, прежде чем я ее возьму на работу». genehmigen *офиц.* санкционировать, давать согласие, разрешение на что-л.; *напр.*: der Bau des Werkes wurde genehmigt постройка завода была санкциониро-
вана; die Polizei genehmigte mir einen dreitägigen Aufenthalt in Paris полиция дала мне разрешение на трехдневное пребывание в Париже
erlauben² разрешать, позволять (себе) (*давать возможность*)
erlauben — zulassen — (sich) leisten — (sich) gönnen — gestatten
erlauben *индифф. синоним* (*с sich (D), если субъектом является лицо*); *напр.*: seine Mittel erlauben (es) ihm, den Sommer im Süden zu verbringen его средства позволяют ему проводить лето на юге; ich kann es mir erlauben, den Sommer im Süden zu verbringen я могу себе позволить проводить лето на юге; wenn das Wetter es erlaubt, fahre ich gerne mit если погода позволит, я охотно приму участие в поездке. zulassen допускать, позволять (*в силу благоприятного стечения обстоятельств*); *напр.*: ihre Arbeit läßt es zu, daß sie im Winter auf Urlaub geht ее работа позволяет ей идти в отпуск зимой. (sich D) leisten позволять себе что-л. (*обладая достаточными возможностями*); *тж. перен.* позволять себе (вершить что-л. недозволенное); *напр.*: solche Ausgaben kann ich mir leisten я могу себе позволить такие расходы; diesen Mantel kann er sich nicht leisten это пальто ему не по карману; du hast dir einem bösen Spaß geleistet ты позволил себе злую шутку. (sich D) gönnen позволять, доставлять себе (*что-л. приятное*); *напр.*: er gönnt sich selten eine Ruhepause он редко отдыхает [редко позволяет себе отдых]. gestatten *книжн.* ≅ erlauben; *напр.*: seine Mittel gestatten es ihm, viel zu reisen его средства позволяют ему много путешествовать
Erlaubnis разрешение
die Erlaubnis — die Genehmigung — die Lizenz
Erlaubnis *индифф. синоним*; *напр.*: j-n um Erlaubnis bitten просить у кого-л. разрешения; die Erlaubnis der Eltern zu etw. einholen, haben получить, иметь разрешение родителей на что-либо; etw. ohne schriftliche Erlaubnis tun делать что-л. без письменного разрешения; ihm wurde die Erlaubnis verweigert ему было отказано в разрешении. Genehmigung *книжн.* санкция, официальное разрешение (*властей и т. п.*); *напр.*: wir besitzen eine Genehmigung des Ministeriums мы имеем санкцию министерства; ich habe mir die Genehmigung zur Eröffnung einer Werkstatt verschafft я получил разрешение открыть мастерскую. Lizenz *книжн.* лицензия; *напр.*: unser Verlag hat die Lizenz zum [für den] Druck dieses Werkes наше издательство имеет лицензию на печатание этого произведения
erlaubt разрешенный, дозволенный
erlaubt — zulässig — bewilligt — gestattet — statthaft
erlaubt *индифф. синоним*; *напр.*: es ist den Besuchern nicht erlaubt, die Tiere im Zoo zu füttern посетителям зоопарка не разрешается кормить зверей; das ist ein erlaubtes Mittel это разрешенное средство. zulässig допустимый, дозволенный; *напр.*: der Fahrer hat die zulässige Geschwindigkeit überschritten шофер превысил дозволенную скорость; es ist nicht zulässig, den Aufzug zu überlasten недопустимо [запрещается] перегружать подъемник. bewilligt санкционированный, разрешенный, одобренный *предполагает, что кто-л. просил разрешение и получил его*; *напр.*: die bewilligte Gehaltserhöhung tritt ab 1. Januar in Kraft утвержденное увеличение должностных окладов вступает в силу с первого января; sein Gesuch ist bewilligt его прошение удовлетворено. gestattet *офиц.* ≅ erlaubt, *но обыкн. употр. с отрицанием* (*тк. предикативно*); *напр.*: Unbefugten ist das Betreten der Fabrikräume nicht gestattet посторонним вход в фабричные помещения не разрешен. statthaft *офиц.* разрешенный законом, компетентным органом *чаще употр. с отрицанием* (*б. ч. предикативно*); *напр.*: eine nicht statthafte Einmischung недозволенное вмешательство (*в расследование и т. п.*); es ist nicht statthaft, Waren unverzollt ins Ausland mitzunehmen не разрешается везти за границу товары, не уплатив таможенную пошлину
erläutern см. erklären
erleben переживать, испытывать
erleben — erleiden — erfahren — durchmachen
erleben *индифф. синоним*; *напр.*: einen Krieg, Kummer, viel Schweres, glückliche Jahre erleben пережить войну, горе, много тяжелого, счастливые годы; ich habe an ihm viel Freude erlebt он мне доставил мне много радости; sie hat eine Enttäuschung erlebt она испытала разочарование □ Er starb ganz ausgesöhnt, weil er noch die Geburt eines Enkels erlebte, den er dem Urlaub seines Sohnes bei einem Kommando von der Westfront nach dem Balkan verdankte (*Seghers, »Die Toten«*) Он умер, вполне примирившись, так как дожил до рождения внука, которым он был обязан тому, что был заезжал на побывку по дороге с Западного фронта на Балканы. Ich hab's dreimal erlebt und das vierte Mal und noch mal und noch mal, und nun hat's geschnappt bei mir, nun ist es alle! (*Fallada, »Jeder stirbt«*) Три раза мне пришлось это пережить, а потом и в четвертый, а потом еще много раз, нет уж, хватит, крышка! erleiden *книжн.* переносить, испытывать физические или нравственные страдания (*часто сознательно причиняемые кем-л. кому-л.*); *напр.*: die Leute waren nicht gut zu ihm, er hat dort vieles zu erleiden gehabt эти

ERLEBNIS — ERNÄHREN

люди к нему плохо относились, ему пришлось там многое пережить [вынести]. **erfahren** *книжн.* испытать (на своем веку); *напр.*: viel Leid, viel Kummer erfahren перенести много страданий, много горя; sie hat Glück, Liebe erfahren ей довелось испытать счастье, любовь. **durchmachen** *разг.* пройти через трудности, испытания и т. п.; переносить (*б. ч. временные лишения, страдания и т. п.*); *напр.*: er hat eine schwere Krankheit durchgemacht он перенес тяжелую болезнь; wir haben schlechte Zeiten durchgemacht мы пережили тяжелое время

Erlebnis[1] приключение
das **Erlebnis** — das **Abenteuer**
Erlebnis *индифф. синоним*; *напр.*: er erzählte über seine außergewöhnlichen, phantastischen Erlebnisse in Australien он рассказал о своих необыкновенных, фантастических приключениях в Австралии; dieser Schriftsteller schreibt viel über Erlebnisse mit Tieren этот писатель много пишет о случаях с животными. **Abenteuer** необыкновенное, рискованное приключение; авантюра; *мн.* похождения; *напр.*: sich auf ein Abenteuer einlassen пуститься на авантюру; wir erlebten in den Bergen ein Abenteuer у нас в горах было необыкновенное приключение

Erlebnis[2] *см.* Ereignis
erledigen *см.* durchführen/leisten [1]/töten
erledigt *см.* müde
erlegen *см.* bezahlen [1]/erschießen
erleichtern *см.* mildern/nehmen [2]
erleichtern, sich *см.* anvertrauen, sich
erleiden *см.* erleben/ertragen
erlernen *см.* lernen
erlesen I *см.* gut [1]
erlesen II *см.* wählen
erleuchten *см.* beleuchten [1]/leuchten [1]
erliegen *см.* unterliegen
erlogen *см.* unwahr
Erlös *см.* Einkommen [1]
erlöschen[1] тухнуть, гаснуть
erlöschen — **verlöschen** — **ausgehen**
erlöschen *индифф. синоним*; *напр.*: das Feuer, das Lichtsignal, der Brand ist erloschen огонь, световой сигнал, пожар погас; die Kerze, die Zigarette, die Lampe erlosch свеча, сигарета, лампа погасла; die Flamme erlischt пламя тухнет; die Sterne am Himmel erloschen звезды на небе погасли. **verlöschen** ≈ erlöschen, *но обладает меньшей сочетаемостью*; *напр.*: die Kerzen, die Lampen, die Sterne sind verloschen свечи, лампы, звезды погасли. **ausgehen** *разг.* погаснуть, догореть (*о самом огне и о предметах, содержащих раскаленные, тлеющие горючие вещества*); *напр.*: die Zigarre, die Pfeife, das Streichholz ist ausgegangen сигара, трубка, спичка потухла (*догорев*); das Feuer ist ausgegangen огонь потух

erlöschen[2] прекращаться, терять силу
erlöschen — **verjähren**
erlöschen *индифф. синоним*; *напр.*: der Vertrag, das Mandat erlischt договор, мандат теряет силу; seine Mitgliedschaft in dieser Organisation ist erloschen срок его членства в этой организации истек □ Mit dem Tode des Konsuls... war das gesellschaftliche Leben in der Mengstraße erloschen (*Th. Mann, »Buddenbrooks«*) Со смертью консула... светская жизнь на Менгштрассе прекратилась. **verjähren** *юр.* прекращаться по давности, подпадать под действие закона о давности; *напр.*: die Schuld, die Forderung verjährt долг, требование теряет силу (за давностью); Kriegsverbrechen verjähren nicht военные преступления не имеют срока давности, на военные преступления не распространяется закон о давности

erlösen *см.* retten
Erlösung *см.* Rettung
erlügen *см.* lügen
ermächtigen *см.* bevollmächtigen
Ermächtigung *см.* Berechtigung
ermangeln *см.* fehlen
ermannen, sich *см.* zusammennehmen, sich
Ermäßigung *см.* «Приложение»
ermatten *см.* ermüden [1, 2]
ermattet *см.* schwach [1]
ermessen *см.* schätzen [1]
ermitteln *см.* erfahren I [1]
ermorden *см.* töten
ermüden[1] утомлять
ermüden — **erschlaffen** — **angreifen** — **mitnehmen** — **ermatten** — **erschöpfen**
Синонимы данного ряда расположены по степени возрастания интенсивности действия
ermüden *индифф. синоним*; *напр.*: die Hitze, die lange Unterhaltung hat ihn ermüdet жара, долгая беседа утомила его; die lange Reise hat mich ermüdet долгое путешествие меня утомило; der Besuch hat mich ermüdet гости меня утомили; ermüde ich Sie nicht? я вас не утомляю? **erschlaffen** расслаблять, делать вялым; *напр.*: die Hitze hat mich erschlafft жара утомила [расслабила] меня. **angreifen** утомлять (*оказывая вредное действие*); *напр.*: die lange Reise hat mich sehr angegriffen длительное путешествие очень утомило [изнурило] меня. **mitnehmen** переутомлять, подрывать (здоровье); *напр.*: diese Arbeit nimmt ihn mit эта работа его переутомляет; er ist vom Leben mitgenommen жизнь потрепала его. **ermatten** изнурять, изматывать; *напр.*: die Hitze im Juli ermattete mich жара в июле изнуряла меня; der Partisanenkrieg der russischen Bauern und Kosaken ermattete die Heere Napoleons партизанская война, которую вели русские крестьяне и казаки, изматывала войско Наполеона. **erschöpfen** переутомив, довести до полного изнеможения, до упадка сил (*часто в Part. II*); *напр.*: er ist zu Tode erschöpft он до смерти переутомлен; er ist von der schweren Arbeit völlig erschöpft тяжелая работа довела его до полного изнеможения; er lag erschöpft он лежал обессиленный

ermüden[2] утомляться, уставать
ermüden — **erschlaffen** — **sich abhetzen** — **sich abjagen** — **ermatten**
Синонимы данного ряда расположены по степени усиления состояния субъекта
ermüden *индифф. синоним*; *напр.*: er kann viel arbeiten, ohne zu ermüden он может много работать, не уставая; er ermüdet leicht, rasch он легко, быстро утомляется [устает]. **erschlaffen** устать (и сделаться вялым, расслабленным), обессилеть; *напр.*: nach schwerer Arbeit fiel er erschlafft in sich zusammen после тяжелой работы он упал без сил; die Muskeln erschlaffen, wenn sie nicht benutzt werden при длительной неподвижности мускулы делаются вялыми. **sich abhetzen** *разг.* умаяться, намаяться; *напр.*: ich habe mich heute tüchtig abgehetzt я сегодня здорово намаялся. **sich abjagen** *разг.* ≈ sich abhetzen, *но менее употребительно*. **ermatten** изнуряться, изматываться; *напр.*: die Truppen ermatteten войска были изнурены; in der letzten Runde sahen die Boxer ermattet aus в последнем раунде боксеры выглядели измотанными

ermüdet *см.* müde
ermuntern[1] ободрять
ermuntern — **aufmuntern** — **ermutigen** — **aneifern**
ermuntern *индифф. синоним*; *напр.*: j-n ermuntern zu trinken, zuzulangen уговаривать кого-л. не стесняться пить, есть; seine Worte ermunterten mich его слова ободрили меня; er wurde zur literarischen Tätigkeit ermuntert его поощряли к литературной деятельности. **aufmuntern, ermutigen** подбодрять; *напр.*: j-n mit Blicken aufmuntern подбодрять кого-л. взглядами; j-n ermutigen, endlich zu handeln подбодрять кого-л., чтобы тот наконец начал действовать; er mußte zum Kampf erst wieder aufgemuntert werden ему нужно было придать мужества, чтобы он снова начал бороться; wir waren alle durch den Erfolg ermutigt мы все были воодушевлены успехом. **aneifern** *ю.-нем., австр.* ≈ ermuntern; *напр.*: zum Studium aneifern поощрять учение [занятия]; sie eiferten ihn zur Ausdauer an они подбадривали его, чтобы он стойко держался

ermutigen *см.* ermuntern
ernähren[1] кормить, питать
ernähren — **nähren** — **verpflegen** — **herausfüttern** — **stillen** — **sättigen** — **beköstigen** — **speisen** — **füttern** — **überfüttern** — **abfüttern** — **mästen** — **nudeln**

ERNÄHREN 153 ERNST

ernähren *индифф. синоним; напр.*: das Kind mit der Flasche ernähren кормить ребенка из бутылочки, искусственно вскармливать грудного ребенка; j-n zeitgemäß, künstlich ernähren кормить кого-л. своевременно, искусственно (*инъекциями и т. п.*). **nähren** ≅ ernähren, *но больше подчеркивает достигаемый результат; напр.*: man sieht es den Kindern an, daß sie gut genährt werden по детям видно, что их хорошо кормят. **verpflegen** обеспечивать питанием (*б. ч. в организованном порядке*), кормить (*какую-л. группу людей, обыкн. временно*); *напр.*: die Ausflügler werden in dieser Gaststätte verpflegt экскурсантов кормят в этой столовой; an der Front verpflegt man die Soldaten durch Feldküchen на фронте солдаты получают питание из полевых кухонь. **herausfüttern** хорошо питать кого-л. (*чтобы он стал физически сильнее*), откармливать; *напр.*: nach der Krankheit muß man ihn gut herausfüttern после болезни его нужно хорошо кормить; die Ferkel hast du gut herausgefüttert поросят ты хорошо откормил. **stillen** кормить грудью; *напр.*: die Mutter stillt das Kind мать кормит ребенка грудью. **sättigen** *книжн.* насыщать, (на)кормить досыта; *напр.*: die Hungernden sättigen накормить голодающих. **beköstigen** *книжн.* кормить кого-л. (*затрачивая большие средства, прилагая усилия и т. п.*); *напр.*: auch während des Krieges wurden in diesem Hotel alle Gäste reichlich beköstigt даже во время войны всех живущих в этой гостинице сытно кормили. **speisen** *высок.* кормить кого-л. (*особенно из милосердия, а тж. шутл.*), утолить чей-л. голод; *напр.*: Arme, Hungrige speisen кормить бедных, голодных; wir danken der Hausherrin, die uns gespeist hat *шутл.* возблагодарим хозяйку, которая нас покормила. **füttern** *фам.* кормить с ложечки (*ребенка*); регулярно кормить кого-л. (*хорошей пищей*); *напр.*: das Mädchen wurde von den Bauern reichlich gefüttert крестьяне хорошо [обильно] кормили девочку. **überfüttern** *фам.* перекармливать, закармливать (*обыкн. детей*); *напр.*: man soll die Kinder nicht überfüttern детей не следует перекармливать. **abfüttern** *разг. шутл.* досыта кормить (*обыкн. большое число людей запросто, незатейливой пищей, без дорогой сервировки*); *напр.*: wir haben heute eine große Gesellschaft abgefüttert мы сегодня накормили большую компанию; die Kinder haben wir in der Küche abgefüttert детей мы накормили на кухне. **mästen** откармливать; *разг. шутл.* кормить на убой, пичкать; *напр.*: Schweine mästen откармливать свиней; die Tante hat mich so gemästet, daß ich mich kaum bewegen konnte тетка меня так пичкала, что я едва мог двигаться. **nudeln** *разг. шутл.* обкармливать; *напр.*: ich war bei ihnen zu Besuch, und die haben mich ganz schön genudelt я был у них в гостях, и они меня здорово обкормили

ernähren [2] кормить, содержать
ernähren — unterhalten — erhalten
ernähren *индифф. синоним; напр.*: seine Familie, seine Kinder ernähren содержать свою семью, своих детей; der Beruf ernährt seinen Mann профессия может прокормить человека □ ...das Mädchen ernährte sich und ihre zwei kleinen Geschwister (*H. Mann, »Untertan«*) ...девочка кормила себя и своих двоих маленьких — брата и сестру. Der Paragraph ist vollkommen klar; ich habe ihn genau studiert! »Unfähigkeit des Mannes, seine Familie zu ernähren...« (*Th. Mann, »Buddenbrooks«*) Статья (*кодекса*) совершенно ясна, я ее досконально изучила! «Неспособность мужа содержать свою семью...». **unterhalten** материально поддерживать, содержать; *напр.*: er unterhält noch eine alte Tante, die nur eine kleine Rente bekommt он содержит еще старую тетку, которая получает маленькую пенсию. **erhalten** редко полностью содержать, иметь на иждивении; *напр.*: er konnte seine Familie kaum erhalten он еле-еле мог содержать свою семью; in den letzten Lebensjahren wurde er von seinem Bruder erhalten в последние годы жизни он жил на иждивении брата

ernennen назначать (*на должность и т. п.*)
ernennen — einsetzen — berufen — bestellen—bestimmen
ernennen *индифф. синоним; напр.*: er wurde zum Minister, zum Botschafter, zum Rektor, zum Bürgermeister ernannt его назначили министром, послом, ректором, бургомистром; als Vorsitzende dieses Ausschusses wurde Frau Schulze ernannt председателем этого комитета была назначена Шульце. **einsetzen** ≅ ernennen (*чаще о временном или срочном назначении*); *напр.*: er wurde als zeitweiliger Leiter der Abteilung eingesetzt его назначили временным руководителем отдела; man hat einen Ausschuß zur Untersuchung dieser Frage eingesetzt для изучения этого вопроса назначили комиссию; er war als Testamentvollstrecker eingesetzt он был назначен душеприказчиком. **berufen** назначать, приглашать (*на важный, ответственный пост*); *напр.*: er wurde als Botschafter berufen он был назначен послом; er ist ins Ministerium, als Professor an die Universität berufen worden его пригласили в министерство, в университет в качестве профессора. **bestellen** *книжн.* назначать для выполнения определенных функций; *напр.*: er wurde zum Vormund, zum Verteidiger bestellt его назначили опекуном, защитником. **bestimmen** *высок.* ≅ bestellen; *напр.*: er wurde zum Nachfolger, zum Vormund bestimmt его назначили преемником, опекуном

erneuern *см.* wiederholen
erneut *см.* wieder [1]
erniedrigen *см.* demütigen

ernst [1] серьезный (*не веселый, не шутливый*)
ernst — ernsthaft — todernst
ernst *индифф. синоним; напр.*: ein ernstes Gesicht, eine ernste Miene серьезное лицо, выражение (лица); er ist ein ernster Mensch он серьезный человек □ Sie ward plötzlich ernst. »Jetzt bin ich verlobt« (*H. Mann, »Untertan«*) Она вдруг стала серьезной. «Теперь я обручена». **ernsthaft** ≅ ernst, *но реже означает постоянное свойство, а характеризует чье-л. поведение, настроение и т. п. в определенной ситуации, в данный момент; напр.*: plötzlich wurde er ernsthaft он вдруг стал серьезным; heute sprach er sehr ernsthaft zu ihr сегодня он говорил с ней очень серьезно; er setzte eine ernsthafte Miene auf он придал своему лицу серьезное выражение. **todernst** *разг.* очень, ужасно серьезный (*обыкн. при напускной серьезности, когда кто-л. делает вид, что воспринимает что-л. всерьез*); *напр.*: während er den Witz erzählte, blieb er todernst рассказывая анекдот, он сохранял самый серьезный вид

ernst [2] серьезный, основательный (*не легкомысленный*)
ernst — ernsthaft — ernstlich — seriös
ernst *индифф. синоним; напр.*: ein ernstes Angebot, ein ernster Wunsch серьезное предложение, желание; ich halte den Vorschlag für ernst я считаю предложение серьезным. **ernsthaft** ≅ ernst, *но чаще характеризует намерения, подчеркивает целеустремленность действия (не предикативно); напр.*: ich hatte den ernsthaften Wunsch zu kommen у меня было серьезное желание прийти; er beschloß, sich mit der Frage ernsthaft zu befassen он решил серьезно заняться этим вопросом. **ernstlich** серьезный, нешуточный (*предикативно не употр.*); *напр.*: er macht sich ernstliche Gedanken über seine Zukunft он всерьез озабочен своим будущим; störe ich dich ernstlich? я (не) очень тебе мешаю? □ Sie funkelte ihn denn auch an, ernstlich zornig »Red doch nicht solchen Bockmist«, sagte sie (*Feuchtwanger, »Exil«*) Она очень сердито сверкнула на него глазами и сказала: «Не пори такую чепуху». **seriös** *книжн.* серьезный, солидный; *напр.*: nur seriöse Angebote richten an... только серьезные предложения направлять (по адресу); er hat auf mich keinen seriösen Eindruck gemacht он не произвел на меня впечатления серьезного [солидного] человека

ernst³ см. gefährlich
ernsthaft см. ernst¹,²
ernstlich см. ernst²
Ernte урожай
die Ernte — der Ertrag
Ernte *индифф. синоним*; *напр*.: eine gute, schlechte, mittelmäßige Ernte хороший, плохой, средний урожай; die Ernte an Kartoffeln ist dieses Jahr besonders gut урожай картофеля в этом году особенно хорош; dieser Wein ist aus der Ernte 1972 это вино урожая 1972 года ◻ Ob sein Vater, sein Großvater, sein Urgroßvater die Pöppenrader Ernte auf dem Halme gekauft haben würden? (*Th. Mann, »Buddenbrooks«*) Купил ли бы его отец, его дед, его прадед урожай в Пеппенраде на корню? Ertrag ≃ Ernte, *но тк. в смысле количества зерна, плодов и т. п.*; *напр*.: ein hoher, reicher Ertrag высокий, богатый урожай; durch die Düngung kann man den Ertrag von diesem Feld steigern с помощью удобрений можно увеличить урожай с этого поля

ernüchtern см. enttäuschen
erobern завоёвывать, захватывать
erobern — einnehmen — erstürmen — annektieren
erobern *индифф. синоним*; *напр*.: die ganze Welt, ein Land erobern завоевать весь мир, страну; neue Territorien, eine Stadt erobern захватить новые территории, город. einnehmen *занимая по сравнению с* erobern *меньше подчёркивает затраченные усилия, обыкн. не употр. по отношению к целой стране*; *напр*.: eine Stadt, ein Dorf, eine Festung einnehmen занять город, деревню, крепость. erstürmen взять, овладеть штурмом; *напр*.: eine Festung, die feindlichen Stellungen erstürmen взять штурмом крепость, вражеские позиции; das Winterpalais wurde erstürmt Зимний дворец был взят штурмом. überrennen (*внезапно атаковав, смяв противника,*) захватить что-л. (*и двинуться дальше*); *напр*.: die feindliche Stellung überrennen внезапно захватить неприятельскую позицию. annektieren *книжн*. аннексировать; *напр*.: ein Teil des fremden Landes annektieren аннексировать часть (территории) чужой страны

eröffnen см. anfangen²/sagen¹
erörtern см. besprechen
Erörterung см. Besprechung
Eros см. Liebe
erpicht см. gierig
erpressen см. erzwingen
erproben см. prüfen
erprobt испытанный
erprobt — bewährt
erprobt *индифф. синоним*; *напр*.: ein erprobtes Mittel испытанное средство; eine erprobte Legierung испытанный сплав; ein erprobter Freund испытанный друг. bewährt надёжный; *напр*.: ein bewährtes Mittel надёжное [оправдавшее себя] средство; eine be-währte Leitung надёжное [испытанное] руководство; ein bewährter Mitarbeiter надёжный сотрудник

erquicken см. erfrischen
erraffen см. nehmen³
erraten см. raten²
erregbar см. reizbar
erregen¹ см. aufregen
erregen²: Aufsehen erregen см. auffallen
erregen, sich см. aufregen, sich
erregt см. aufgeregt
erreichbar см. zugänglich
erreichen¹ достигнуть (добраться)
erreichen — erlangen
erreichen *индифф. синоним*; *напр*.: wir werden die Stadt in einer Stunde erreichen мы доедем до города через час; er hat das Ufer erreicht он достиг берега; er hat die Altersgrenze erreicht он достиг предельного возраста; der Brief hat mich zu Hause nicht erreicht письмо не застало меня дома ◻ Erreicht den Hof mit Müh und Not; | In seinen Armen das Kind war tot (*Goethe, »Erlkönig«*) С трудом достиг двора; ребёнок на его руках был мёртв. Heute schreiben wir in die leere Luft. Diejenigen, die uns lesen, sind von vornherein unserer Meinung, und diejenigen, die schwanken oder keine Meinung haben, erreichen wir nicht (*Feuchtwanger, »Exil«*) Сегодня мы пишем впустую. Те, которые нас читают, заранее с нами согласны, а до тех, которые колеблются или не имеют своего мнения, то, что мы пишем, не доходит. erlangen ≃ erreichen, *но употр. реже и обладает меньшей сочетаемостью*; *напр*.: das Flugzeug erlangte eine Höhe von 2000 Meter самолёт достиг высоты 2000 метров; manche Bäume erlangen ein Alter von tausend Jahren некоторые деревья достигают тысячелетнего возраста

erreichen² см. erzielen
erretten см. retten
errichten см. bauen¹
erringen¹ см. erzielen
erringen²: den Sieg erringen см. siegen
erröten см. rot werden
Errungenschaft см. Erfolg
Ersatz¹ заменитель
der Ersatz — das Surrogat
Ersatz *индифф. синоним*; *напр*.: ein billiger, schlechter, vollwertiger Ersatz дешёвый, плохой, полноценный заменитель; dafür haben wir keinen Ersatz это мы ничем не можем заменить. Surrogat *книжн*. суррогат, (неполноценный) заменитель; *напр*.: das kann man durch ein Surrogat ersetzen это можно заменить суррогатом

Ersatz² см. Entschädigung
Ersatzmann см. Vertreter¹
ersaufen см. ertrinken
erschaffen см. schaffen¹
erscheinen¹ появляться, выходить (о печатной продукции)
erscheinen — herauskommen
erscheinen *индифф. синоним*; *напр*.: das Buch erschien im Jahre 1950 книга вышла в 1950 году; diese Zeitschrift erscheint zweimal im Monat этот журнал выходит два раза в месяц; wann ist die erste Nummer dieser Zeitung erschienen? когда появился [вышел в свет] первый номер этой газеты? herauskommen ≃ erscheinen, *но обыкн. о книгах*; *напр*.: dieses Buch, dieses Stück ist vor kurzem herausgekommen эта книга, эта пьеса недавно вышла из печати; dieses Werk kommt nächstes Jahr in unserem Verlag heraus это произведение будет выпущено нашим издательством в будущем году

erscheinen² см. kommen¹/scheinen¹/zeigen, sich¹
Erscheinung¹ видение, явление
die Erscheinung — das Gesicht — die Vision
Erscheinung *индифф. синоним*; *напр*.: er hat Erscheinungen ему являются (при)видения; eine Erscheinung geht um бродит призрак. Gesicht видение; *напр*.: Gesicht haben иметь видения, страдать галлюцинациями; sie hatte wieder eins ihrer Gesichte ей опять было [явилось] видение. Vision [v-] ≃ Gesicht; *напр*.: ich hatte eine Vision мне было видение

Erscheinung² см. Äußeres
erschießen застрелить; расстрелять
erschießen — totschießen — niederschießen — füsilieren — schießen — erlegen — an die Wand stellen — abknallen — umlegen
erschießen *индифф. синоним*; *напр*.: man hat ihn auf der Flucht erschossen его убили при попытке к бегству; der Spion, der Verräter wurde erschossen шпиона, предателя расстреляли; er mußte seinen Hund erschießen ему пришлось пристрелить свою собаку ◻ Es (*das Telegramm*) ist an das Regimentskommando gerichtet und vom Obersten selbst dem Posten mitzuteilen, der heute den Arbeiter erschossen hat (*H. Mann, »Untertan«*) Она (*телеграмма*) адресована в штаб полка, и полковнику предлагается лично сообщить о ней часовому, застрелившему сегодня рабочего. totschießen ≃ erschießen *подчёркивает результат обыкн. непреднамеренного действия*; *напр*.: er behauptet, er habe ihn versehentlich totgeschossen он утверждает, что убил [застрелил] его по ошибке. niederschießen застрелить, пристрелить (*неспособного оказать сопротивление из-за внезапности происходящего и т. п.*); *напр*.: der Bankräuber hat eine Angestellte und zwei Kunden kaltblütig niedergeschossen грабитель хладнокровно застрелил сотрудницу и двух посетителей [клиентов] банка ◻ Zugleich... mache ich Sie darauf aufmerksam, daß das Verhalten eines Postens, der ein ihn belästigendes Individuum niederschießt, vor wenigen Monaten... belohnt worden ist (*H. Mann, »Untertan«*) Одно-

ERSCHLAFFEN

временно... обращаю ваше внимание на то, что несколько месяцев тому назад поведение часового, который застрелил оскорбившего его субъекта... было отмечено наградой. **füsilieren** *уст.* подвергать расстрелу, расстреливать *(по приговору военного суда); напр.:* die meuternden Matrosen wurden füsiliert взбунтовавшиеся матросы были расстреляны. **schießen** застрелить (дичь *и т. п.*), убить (на охоте); *напр.:* wir haben heute einen Hasen geschossen мы сегодня подстрелили зайца. **erlegen** *книжн.* ≙ schießen. **an die Wand stellen** *разг.* поставить к стенке; *напр.:* die Deserteure wurden zur Abschreckung an die Wand gestellt дезертиров для устрашения остальных поставили к стенке. **abknallen** *груб.* шлепнуть, кокнуть *по сравнению с* niederschießen *еще больше подчеркивает беззащитность жертвы и жестокость убивающего; напр.:* wir sind hier stets in Gefahr, in einer dunklen Gasse abgeknallt zu werden мы здесь всегда рискуем получить пулю в темном переулке. **umlegen** *жарг.* уложить, прикончить; *напр.:* wenn er sich weigert mitzugehen, legen wir ihn einfach um если он откажется идти с нами, мы его просто прикончим [кокнем]

erschlaffen *см.* ermüden [1, 2]
erschlagen *см.* töten
erschleichen *см.* herauslocken [1]
erschließen *см.* öffnen
erschmeicheln *см.* herauslocken [1]
erschöpfen *см.* ermüden [1]/gebrauchen
erschöpfend *см.* ganz [1]
erschöpft *см.* müde
erschossen *см.* müde
erschrecken I (ис)пугать
erschrecken — schrecken — einschüchtern — terrorisieren

erschrecken *индифф. синоним; напр.:* das Rollen des Donners erschreckte mich раскаты грома испугали меня; der Hund erschreckte den Jungen собака напугала мальчика; diese Nachricht, dein Aussehen erschreckt uns sehr это известие, твой вид очень пугает нас. **schrecken** пугать, напугать чем-л.; *напр.:* mit diesen Drohungen kannst du mich nicht schrecken этими угрозами ты меня не устрашишь. **einschüchtern** запугивать; *напр.:* laßt euch durch diese Drohungen nicht einschüchtern не дайте запугать себя этими угрозами; er war leicht einzuschüchtern его легко было запугать. **terrorisieren** *книжн.* терроризировать; *напр.:* der größte Teil des deutschen Volkes wurde durch die Faschisten terrorisiert бо́льшая часть немецкого народа была терроризирована фашистами

erschrecken II *см.* fürchten
erschüttern *см.* aufregen
erschüttert *см.* bewegt
erschweren [1] затруднять, усложнять
erschweren — komplizieren — verwickeln

erschweren *индифф. синоним; напр.:* j-m die Erfüllung der Aufgabe erschweren затруднять кому-л. выполнение задания; das Leben erschweren делать жизнь тяжелой; Lawinen erschweren den Zugang zum Paß лавины затрудняют подход к перевалу; die Umstände erschweren es mir, meinen Auftrag zu erfüllen обстоятельства мешают мне выполнить поручение. **komplizieren** усложнять; *напр.:* das Problem, die Lage unnötig komplizieren напрасно усложнять проблему, положение. **verwickeln** запутывать; *напр.:* das macht die Sache noch verwickelter это еще больше запутывает дело

erschweren [2] *см.* hindern
erschwindeln *см.* herauslocken [1]
ersetzen *см.* entschädigen/vertreten [1]
ersichtlich *см.* offenbar
ersinnen *см.* ausdenken
Ersparnis *см.* Einsparung
Ersparnisse machen *см.* sparen
ersprießlich *см.* nützlich
erst *см.* zuerst [1]
erstarren неметь *(утрачивать чувствительность)*
erstarren — absterben

erstarren *индифф. синоним; напр.:* seine Glieder, seine Finger waren vor Kälte erstarrt все его члены, его пальцы онемели от холода. **absterben** мертветь; *напр.:* vor Frost ist mir meine Hand abgestorben от мороза моя рука омертвела

erstatten *см.* entschädigen
Erstaufführung *см.* Premiere
erstaunen *см.* wundern, sich
Erstaunen *см.* Verwunderung
erstaunlich *см.* sehr
erstehen I *см.* entstehen
erstehen II *см.* kaufen [1]
ersteigen *см.* steigen [1]
ersteigern *см.* kaufen [1]
erstellen *см.* bauen [1]
ersterben *см.* verstummen [1]
ersticken *см.* unterdrücken/würgen
erstklassig *см.* gut [1]
erstürmen *см.* erobern
ersuchen *см.* bitten [1]
Ersuchen *см.* Bitte
ertappen застать (врасплох), поймать на чем-л., застать кого-л. за каким-л. занятием
ertappen — überraschen — überrumpeln — erwischen

ertappen *индифф. синоним; напр.:* auf frischer Tat [in flagranti] ertappen поймать с поличным [на месте преступления]; er wurde beim Stehlen ertappt он попался на краже; ich habe sie ertappt, als sie dabei waren, das Schloß aufzubrechen я их захватил (врасплох), когда они хотели взломать замок; ich habe mich mehrmals bei diesem Gedanken ertappt я неоднократно ловил себя на этой мысли; sie ertappte ihn bei einer Lüge она поймала его на лжи. **überraschen** застать, застигнуть *(чаще при несерьезных проступках); напр.:* die Mutter hat das Kind beim Naschen überrascht мать застигла ребенка, когда он украдкой лакомился. **überrumpeln** ≙ überraschen, *но еще больше подчеркивает неожиданность появления кого-либо, чего-л.; напр.:* j-n mit einer Frage überrumpeln застать кого-л. врасплох своим вопросом. **erwischen** *разг.* ≙ ertappen; *напр.:* er wurde beim Diebstahl erwischt он попался на краже; wir haben ihn dabei erwischt, wie er Äpfel vom Baume schüttelte мы его поймали на том, что он обтрясал яблоню

ertönen *см.* schallen
Ertrag *см.* Einkommen [1]/Ernte
ertragen выносить, терпеть
ertragen — aushalten — vertragen — erleiden — erdulden — dulden — leiden — tragen — ausstehen — durchhalten — überleben

ertragen *индифф. синоним* а) *употр. по отношению к физическим и душевным страданиям, длящимся определенное, часто длительное, время; напр.:* Schmerzen, die Hitze ertragen переносить [терпеть] боль, жару; er ertrug seinen Verlust sehr tapfer он очень мужественно переносил свою потерю □ »Ich kann den Hunger ertragen, ohne zu mucksen«, dachte Lieven (Seghers, »Die Toten«) «Я могу терпеть голод, не ропща», — подумал Ливен; b) *часто с отрицанием; употр. по отношению к лицу, его поведению и т. п.; длительность действия не подчеркивается; напр.:* ich kann seine Ausflüchte, seine Stimme nicht mehr ertragen я больше не могу выносить его увёрток, его голоса; ich ertrage diesen Menschen nicht я не выношу [терпеть не могу] этого человека □ Er lächelte nie, und wenn er — selten, ganz selten — einmal lächelte, so war es das Gespenst von einem Lächeln, das niemand ertrug (Kellermann, »Der 9. November«) Он никогда не улыбался, и если ему случалось улыбнуться, — редко, очень редко — то это был только призрак улыбки, которую никто не мог вынести. **aushalten** выдерживать *употр. по отношению к физическим, а иногда и душевным страданиям, вызванным чаще бытовой ситуацией и носящим обыкн. временный характер; напр.:* Schmerzen, Strapazen der Reise, Hitze aushalten выдерживать боль, трудности путешествия, жару; ich kann die Zahnschmerzen, diesen Lärm nicht länger aushalten я больше не могу вынести этой зубной боли, этого шума □ Wenn Sie heute nachmittag den Jammer gesehen hätten! Sie hat es mir gestanden, weil sie es nicht mehr aushielt (H. Mann, »Untertan«) Если бы вы видели сегодня ее горе! Она призналась мне, так как не могла больше этого выдержать. **vertragen** переносить *подчеркивает способность или неспособность субъекта переносить что-л. в силу свойств организма* или характера; *напр.*: ich kann dieses Klima, diese Kälte, dieses Essen gut [nicht] vertragen я хорошо [совсем не] переношу этот климат, этот холод, эту пищу; er verträgt diese Leute nicht он органически не переносит этих людей □ Aber gerade dieses behutsame Mitgefühl, das kann er jetzt nicht vertragen (*Feuchtwanger, »Exil«*) Но как раз этого сочувствия он теперь не мог вынести. **erleiden** натерпеться чего-л., испытать что-л. *употр. по отношению к физическим и душевным страданиям, которым кого-л. умышленно подвергают*; *напр.*: was ich alles bei ihnen erlitten habe! чего я только у них не натерпелся!; wir haben Demütigungen und Schmach erlitten нам пришлось испытать унижения и позор. **erdulden** претерпевать, терпеть (*стойко переносить*) *чаще употр. по отношению к душевным, чем к физическим страданиям*; *напр.*: rohe Behandlung, Demütigungen, Beleidigungen erdulden (пре)терпеть грубое обращение, унижения, оскорбления; die Kriegsgefangenen erduldeten in den faschistischen Lagern Mißhandlungen военнопленным в фашистских лагерях приходилось терпеть издевательства. **dulden** a) ≅ leiden, *но употр. реже*; *напр.*: in ihrer Ehe hat sie dulden gelernt ее брак научил ее терпеть; b) терпеть наличие чего-л., присутствие кого-л.; допускать; *напр.*: trotzdem duldeten sie ihn in ihrer Mitte несмотря на это, они терпели его в своей среде; er duldet keinen Widerspruch он не терпит возражений □ Haben Sie sich vor den Leuten geniert, mir meine Gänse totzuschlagen?! Aber ich sage Ihnen, nicht eine Stunde mehr dulde ich Sie auf diesem Hof! (*Fallada, »Wolf u. Wölfen«*) А вы постеснялись перед людьми, когда убивали моих гусей?! Имейте в виду, что я больше вас и часу не потерплю вас на этом дворе! **leiden** сносить, терпеть (*плохое обращение, придирки, несправедливость, не имея возможности защитить себя*); *напр.*: in der zaristischen Schule hatten die Kinder armer Eltern wegen ihrer schäbigen Kleidung viel zu leiden в царской школе детям неимущих родителей приходилось много терпеть из-за своей плохой одежды. **tragen** безропотно переносить (*уготованное судьбой*); *напр.*: ein Leid tragen переносить страдания; sein Kreuz tragen нести свой крест; sie trägt ihr Unglück schweigend она переносит ее несчастье молча. **ausstehen** a) вытерпеть, перенести *обыкн. страдания и т. п. окончились, и о них лишь вспоминают*; *напр.*: die Qualen, den Hunger ausstehen вытерпеть мучения, голод; wieviel Angst haben wir ausgestanden, bis er zurückkehrte сколько страху мы натерпелись, пока он не возвратился; b) *с отрицанием* ≅ ertragen; *напр.*: □ Käthes Vater... hat ihn, Paul, seinen Stiefsohn... nicht ausstehen können (*Feuchtwanger, »Lautensack«*) Отец Кете... не выносил его, Пауля, своего пасынка... **durchhalten** (стойко) выдержать до конца; *напр.*: trotz der Gefahr hat er (den Kampf) standhaft durchgehalten несмотря на опасность, он стойко выдержал (борьбу) до конца. **überleben** *разг. эмоц.* пережить *часто с отрицанием*; *напр.*: diesen Verlust konnte er nicht überleben он не смог вынести этой утраты; das wirst du wohl überleben können! *ирон.* это ты как-нибудь переживешь!

erträglich *см.* mittelmäßig
Erträgnis *см.* Einkommen [1]
ertragreich *см.* vorteilhaft [1]
ertragsarm *см.* unfruchtbar [2]
ertrinken утонуть
ertrinken — ersaufen
ertrinken *индифф. синоним*; *напр.*: während der Schlacht ertranken viele Matrosen im Meer во время боя много матросов утонуло в море; bei dem letzten Hochwasser ertranken Menschen und Vieh в последнее половодье утонули люди и скот. **ersaufen** *груб.* ≅ ertrinken; *напр.*: er war betrunken und ist beim Baden ersoffen он был пьян и, купаясь, утонул

erwachsen *см.* entstehen
erwägen *см.* überlegen I [1]
erwählen *см.* wählen
erwähnen *см.* nennen [2]/sprechen [4]
erwärmen *см.* wärmen [1]
erwärmen, sich *см.* begeistern, sich
erwarten *см.* bevorstehen/hoffen/warten I [1]
erwecken *см.* wecken
erwehren, sich *см.* verteidigen, sich
erweisbar *см.* nachweisbar [1]
erweisen *см.* beweisen
erweisen, sich оказ(ыв)аться (чем-л., кем-л., где-л.)

sich erweisen — sich zeigen — sich herausstellen — sich enthüllen — sich entpuppen

sich erweisen *индифф. синоним*; *напр.*: sich als tüchtiger Mann, als Feigling erweisen оказаться дельным человеком, трусом; sich als falsch, als ein Irrtum, als nutzbringend erweisen оказаться неправильным, ошибкой, полезным; es erwies sich, daß er Recht hatte оказалось, что он прав □ Es erwies sich, daß auch der Agent Mantz nichts mit Politik zu tun haben wollte (*Feuchtwanger, »Lautensack«*) Оказалось, что и агент Манц не хочет иметь ничего общего с политикой. **sich zeigen** ≅ sich erweisen, *но с субъектом-лицом употр. реже*; *напр.*: es zeigte sich, daß er es falsch gemacht hatte оказалось, что он это сделал неправильно; er zeigte sich als tüchtiger Mann он показал себя дельным человеком. **sich herausstellen** ≅ sich erweisen, *но чаще употр. по отношению к фактам, к положению вещей и т. п.*; *напр.*: es hat sich herausgestellt, daß es ein Irrtum war оказалось, что это ошибка; seine Unschuld hat sich herausgestellt выявилась его невиновность. **sich enthüllen** *книжн.* обнаружиться, выявить свою ранее скрытую сущность *и т. п.*; *напр.*: erst jetzt enthüllten sich die unschönen Züge seines Charakters лишь теперь обнаружились некрасивые черты его характера. **sich entpuppen** *разг.* неожиданно оказ(ыв)аться кем-л., чем-л. *субъектом чаще является лицо*; *напр.*: er entpuppte sich als begabter Lehrer он (неожиданно) оказался талантливым педагогом; die ganze Geschichte entpuppte sich als ein Betrug вся история оказалась обманом □ Mit einem Wort: dieser Hauptmann Dönhoff entpuppte sich als ein Lump ersten Ranges, er betrog Dora schon am Hochzeitstage... (*Kellermann, »Der 9. November«*) Одним словом: этот капитан Денгоф оказался подлецом высшей пробы, он обманул Дору уже в день свадьбы...

erweislich *см.* nachweisbar [1]
erweitern расширять
erweitern — breiter machen — weiten — verbreitern — ausbauen

erweitern *индифф. синоним*; *напр.*: ein Flußbett erweitern расширить русло реки; seine Kenntnisse, seinen Bekanntenkreis, seinen Horizont erweitern расширить свои знания, круг своих знакомых, свой кругозор. **breiter machen, weiten** ≅ erweitern, *но обыкн. о конкретных предметах*; *напр.*: eine Brücke, eine Straße, einen Fluß, ein Loch breiter machen расширить мост, улицу, реку, дыру; machen Sie den Tisch etwas breiter сделайте стол немного шире; man muß die Öffnung noch etwas weiten надо сделать отверстие пошире; laß deine Schuhe weiten отдай ботинки в растяжку. **verbreitern** ≅ breiter machen, *но менее употребительно*; *напр.*: die Straße verbreitern расширить улицу. **ausbauen** расширять что-л. (*по определенному плану*); *напр.*: das Eisenbahnnetz, den Hafen, die Straßen ausbauen расширить железнодорожную сеть, гавань, улицы; Handelsbeziehungen zu einem Staat ausbauen развивать торговые отношения с каким-л. государством

erwerben [1] приобретать
erwerben — gewinnen — erlangen — profitieren

erwerben *индифф. синоним*; *напр.*: ein wertvolles Bild, ein Grundstück, Kenntnisse, Ruhm erwerben приобретать ценную картину, земельный участок, знания, славу; sich die Achtung der Kollegen erwerben снискать уважение коллег □ Er hatte gegen die Russen eine Division geführt... und sich das persönliche Lob seines Allerhöchsten Kriegsherrn erwerben (*Kellermann, »Der 9. November«*) Он водил дивизию против русских... и удостоился личной похвалы августейшего главнокомандующего. **gewinnen** по-

лучать, приобретать что-л. (*благодаря собственным усилиям и удачному стечению обстоятельств*); *напр.*: Reichtum, einen Vorteil gewinnen приобрести богатство, преимущество; der Läufer gewann einen sicheren Vorsprung бегун получил значительное преимущество. **erlangen** *книжн.* приобретать что-л. (*что зависит от чужой воли, обыкн. благодаря стараниию, просьбам и т. п.*); *напр.*: Achtung, Beifall erlangen снискать уважение, одобрение; die Doktorwürde erlangen получить степень доктора; diese Firma hat endlich eine Konzession erlangt эта фирма наконец получила концессию. **profitieren** *разг.* выгадывать, извлекать (для себя) пользу; *напр.*: von j-s Erfahrung profitieren использовать для себя чей-л. опыт, воспользоваться чьим-л. опытом
    erwerben ² *см.* kaufen ¹
    erwerbslos *см.* arbeitslos
    Erwerbung *см.* Aneignung
    erwidern *см.* antworten ¹/widersprechen ¹
    erwirken *см.* erzielen
    erwischen *см.* ertappen/verhaften
    erwürgen *см.* würgen
    erzählen рассказывать

erzählen — beschreiben — darstellen — behandeln — schildern — berichten — wiedergeben — umreißen — ausmalen — charakterisieren — sich auslassen — beleuchten — darlegen — referieren — skizzieren — auftischen — auspacken

erzählen *индифф. синоним*; *напр.*: ein Märchen erzählen рассказывать сказку; sein Erlebnis von Anfang bis zu Ende, in allen Einzelheiten erzählen рассказать свое приключение от начала до конца, во всех подробностях; ich habe ihm viel von ihr [über sie] erzählt я ему много о ней рассказал; in dem Roman erzählt er über seine Kindheit в романе он рассказывает о своем детстве □ »Jetzt trinken wir zuerst unsern Kaffee.« Aber die Augen sagten: ‚Erzähl mir jetzt zuerst, was geschehen ist' (*Frank, »Mathilde«*) «Сейчас мы сначала выпьем кофе». Но глаза просили: «Расскажи сначала, что случилось». **beschreiben** описывать; *напр.*: eine Reise, das Äußere eines Menschen, ein Bild, einen Vorgang beschreiben описывать путешествие, внешность человека, картину, какой-л. процесс. **darstellen** изображать (*характеризовать словами*); *напр.*: ich habe ihm die ganze Situation genau dargestellt я точно изобразил ему всю ситуацию; er stellte den Verlauf so dar, als ob er selbst dabeigewesen wäre он представил происшествие так, как будто он сам там присутствовал. **behandeln** излагать (*чаще устно*); *напр.*: einen Stoff in der Schule behandeln излагать материал в школе; ein Thema vielseitig behandeln всесторонне рассматривать [освещать]

тему. **schildern** изображать, (образно и подробно) описывать что-л., кого-л.; *напр.*: die Natur, eine Gegend schildern живописать природу, местность; er schilderte seinen Freund in allen Einzelheiten mit со всеми подробностями описал своего друга (*рассказывая о нем*) □ Er kam zornig zurück, und als Mathilde wahrheitsgetreu schilderte, auf welche Weise der Direktor die drei Bäuerinnen von der Promenade verjagt hatte, schlug er mit der Faust auf den Tisch, daß die Tassen hüpften... (*L. Frank, »Mathilde«*) Он вернулся разгневанный, и, после того как Матильда в точности и живо передала, каким образом директор выгнал этих трех крестьянок с променада, он так стукнул по столу кулаком, что чашки подпрыгнули. Er fing nun an, genau zu schildern, was er alles schon gegen seine Hartleibigkeit getan hatte (*Fallada, »Jeder stirbt«*) И тут он начал подробно рассказывать, чего уж он только не перепробовал от запоров. **berichten** сообщать, рассказывать о чем-л., о ком-л. (*по-деловому, без прикрас*); *напр.*: er hat uns berichtet, wie es ihm nach dem Kriege erging он сообщил нам, как ему жилось после войны □ Aber bevor wir in diesem Sinn nach Berlin berichten, möchten wir gern Ihren Rat hören, lieber Wiesener (*Feuchtwanger, »Exil«*) Но прежде чем мы сообщим в Берлин что-либо в этом смысле, мы хотели бы услышать ваш совет, дорогой Визенер. **wiedergeben** передавать (содержание чего-л.); *напр.*: etw. wortgetreu wiedergeben передать что-л. слово в слово; geben Sie den Inhalt des Textes in Ihren eigenen Worten wieder передайте содержание текста своими словами. **umreißen** обрисовывать (*кратко охарактеризовать суть чего-л.*); *напр.*: die heutige Situation, die Lage der Dinge umreißen обрисовать современную ситуацию, положение вещей. **ausmalen** расписывать, красочно описывать (*подробно и приукрашивая*); *напр.*: die Zukunft, das bevorstehende Fest ausmalen расписывать будущее, предстоящий праздник; die Schrecken des Krieges ausmalen наглядно изобразить ужасы войны. **charakterisieren** [k-] характеризовать; *напр.*: einen Menschen, eine Situation, unsere Epoche charakterisieren (о)характеризовать человека, ситуацию, нашу эпоху; er charakterisierte ihn als Lügner он охарактеризовал его как лжеца. **sich auslassen** (*über A*) *неодобр.* распространяться о чем-л., о ком-л. обыкн. употр. с обстоятельственными словами эмоционально-оценочного характера; *напр.*: sich über seine Abenteuer aufschneiderisch auslassen хвастливо распространяться о своих похождениях. **beleuchten** *книжн.* освещать; *напр.*: ein Thema, ein Problem wissenschaftlich,

kritisch beleuchten научно, критически освещать тему, проблему; in diesem Zeitungsartikel wird eine wichtige Frage beleuchtet в этой газетной статье освещается важный вопрос. **darlegen** *книжн.* излагать, объяснять; *напр.*: seinen Plan, seine Ansichten, den Sachverhalt darlegen изложить свой план, свои взгляды, положение вещей; legen Sie Ihre Aussagen schriftlich dar изложите свои показания в письменном виде □ Williams fuhr mich zu meinem Hotel, während ich darlegte, daß ich doch daran denke, ein bißchen auszusetzen, ein bißchen Ferien zu machen... (*Frisch, »Homo faber«*) В то время как Вильямс вез меня в отель, я излагал ему свой план: на некоторое время прекратить работу и пойти ненадолго в отпуск. **referieren** *книжн.* докладывать, (кратко, объективно) излагать (*суть, результаты, выводы и т. п. в специально подготовленном отчете, чтобы информировать кого-л. о чем-л.*); *напр.*: er referierte über die Ergebnisse seiner Auslandsreise он доложил о результатах своей заграничной поездки. **skizzieren** *книжн.* ≃ umreißen; *напр.*: er skizzierte den ganzen Vorgang in wenigen Worten он в двух словах обрисовал, как было дело. **auftischen** *разг. неодобр.* преподносить, рассказывать (*что-л. неправдоподобное*); *напр.*: Klatschgeschichten, Märchen auftischen рассказывать сплетни, сказки (басни). **auspacken** *фам.* выкладывать, рассказывать все (*без утайки*); *напр.*: Neuigkeiten seine Sorgen auspacken выкладывать новости, свои заботы

Erzählung рассказ
die Erzählung — die Geschichte — die Historie

Erzählung *индифф. синоним*; *напр.*: eine interessante, fesselnde Erzählung интересный, захватывающий рассказ; die Erzählung fußt auf einer wahren Begebenheit рассказ основан на истинном происшествии. **Geschichte** история (*повествование о действительном или вымышленном происшествии, событии*); *напр.*: hier endet diese Geschichte здесь кончается эта история; der Held dieser Geschichte ist ein Junge герой этой истории — мальчик. **Historie** *ист. книжн.*, *теперь часто ирон.* ≃ Geschichte; *напр.*: ich werde euch die ganze Historie bei Gelegenheit erzählen я вам при случае расскажу всю эту историю [эпопею]

    erzböse *см.* böse ¹

Erzeugnis продукт, изделие
das Erzeugnis — das Produkt — das Fabrikat

Erzeugnis *индифф. синоним*; *напр.*: die Erzeugnisse der Landwirtschaft, der Industrie продукты сельского хозяйства, промышленные изделия; das ist ein nützliches, notwendiges Erzeugnis это полезное, необходимое изделие; die Erzeugnisse dieses Werkes sind auf dem Markt sehr gefragt изделия этого завода пользуются на рынке большим спросом. **Produkt** продукт; *напр.*: chemische, landwirtschaftliche Produkte химические, сельскохозяйственные продукты; tierische, pflanzliche Produkte продукты животного, растительного происхождения. **Fabrikat** (фабричное) изделие, фабрикат; *напр.*: auf der Messe wurden neue Fabrikate auf diesem Gebiet vorgestellt на ярмарке были представлены новинки этой отрасли (промышленности)

Erzfeind *см.* Feind
erziehen *см.* großziehen [1]
Erzieherin воспитательница
die Erzieherin — die Pädagogin — die Kindergärtnerin — die Bonne — die Gouvernante

Erzieherin *индифф. синоним; напр.*: sie war eine gute Erzieherin она была хорошей воспитательницей; seine Erzieherin behandelte ihn streng его воспитательница была с ним строга. **Pädagogin** воспитатель (*с педагогическим образованием*), педагог; *напр.*: sie war eine erfahrene Pädagogin она была опытным педагогом (воспитателем]. **Kindergärtnerin** воспитательница детского сада; *напр.*: hier werden Kindergärtnerinnen ausgebildet здесь готовят воспитательниц детских садов. **Bonne** *уст.* бонна (*воспитательница детей дошкольного возраста в богатых домах*); *напр.*: in der Kindheit hatte er eine deutsche Bonne в детстве у него была бонна-немка. **Gouvernante** [guver-] *уст.* гувернантка (*воспитательница и домашняя учительница в богатых домах*); *напр.*: seine Gouvernante erteilte ihm Unterricht in Fremdsprachen его гувернантка преподавала ему иностранные языки

Erziehung воспитание
die Erziehung — die Kinderstube

Erziehung *индифф. синоним; напр.*: die geistige, körperliche, sittliche Erziehung духовное, физическое, нравственное воспитание; der Mangel an Erziehung недостаток воспитания; eine sorgfältige Erziehung genießen получить хорошее воспитание; ihm fehlt die nötige Erziehung он недостаточно воспитан. **Kinderstube** воспитание, полученное кем-л. в родительском доме; *напр.*: er hat eine gute Kinderstube gehabt он хорошо воспитан; seine Umgangsformen verraten eine gute Kinderstube его манеры обнаруживают его воспитанность

Erziehungsberechtigter *см.* Vormund
erzielen достигать (*добиваться чего-л., намеченного заранее*)
erzielen — erreichen — erwirken — erkämpfen — erringen — herausschlagen

erzielen *индифф. синоним; напр.*: durch seinen Fleiß, mit seiner Methode gute Resultate erzielen достичь хороших результатов своим прилежанием, своим методом; einen Erfolg erzielen достичь успеха; bei den Verhandlungen wurde keine Übereinstimmung erzielt во время переговоров не было достигнуто согласия. **erreichen** добиться *предполагает, что достижение желаемого связано с преодолением трудностей*; *напр.*: das Ziel erreichen добиться цели; seine Absicht, seinen Wunsch, seinen Plan erreichen добиться осуществления своего намерения, своего желания, своего плана; bei ihm ist alles zu erreichen с ним легко сговориться; auf diese Weise erreicht er nichts таким образом он ничего не добьется □ Um dies zu erreichen, war er zunächst an den Hauptmann selbst herangetreten (*H. Mann, »Untertan«*) Чтобы добиться этого, он пошел сперва к самому капитану. **erwirken** добиться чего-л. от вышестоящего лица или учреждения путем просьб, личных переговоров; *напр.*: j-s Freilassung, j-s Verurteilung erwirken добиться чьего-л освобождения, осуждения кого-л.; beim Gericht Aufschub erwirken добиться у суда отсрочки; er hat bei seinem Vorgesetzten eine Erlaubnis erwirkt он получил разрешение (у) своего начальника. **erkämpfen** завоевывать; *напр.*: das Recht, die Anerkennung, die Freiheit, den ersten Platz, eine Medaille erkämpfen завоевать право, признание, свободу, первое место, медаль; den Sieg erkämpfen добиться победы. **erringen** завоевывать что-л. (в напряженной борьбе); *напр.*: er hat die Weltmeisterschaft errungen он завоевал первенство мира. **herausschlagen** *разг.* (ловко) добиться чего-л., выбить, заполучить что-л.; *напр.*: er will einen Gewinn für sich herausschlagen он хочет добиться выгоды для себя

erzürnen (, sich) *см.* ärgern (, sich)
erzwingen вынуждать
erzwingen — abpressen — abzwingen — erpressen — abringen — abnötigen

erzwingen *индифф. синоним; напр.*: von j-m eine Einwilligung, ein Geständnis erzwingen вынудить чье-л. согласие, чье-л. признание; Gehorsam erzwingen принудить к послушанию; j-s Rücktritt erzwingen вынудить кого-л. уйти в отставку; Liebe kann man nicht erzwingen погов. насильно мил не будешь. **abpressen, abzwingen** вымогать; *напр.*: j-m Geld abpressen вымогать у кого-л. деньги; Aussagen abpressen [abzwingen] выжать показания; ein Lächeln abzwingen [abpressen] вынудить улыбку; eine Antwort abzwingen вымогать ответ. **erpressen** вымогать (*применяя насилие, угрозы, шантаж*); *напр.*: Geld, eine Unterschrift erpressen вымогать деньги, подпись; hohe Abgaben, einen Tribut von j-m erpressen вынуждать кого-л. платить большие налоги, дань. **abringen** вырывать; *напр.*: j-m ein Versprechen, ein Zugeständnis, eine Erlaubnis abringen вырвать у кого-л. обещание, уступку, разрешение; der Natur noch ein Geheimnis abringen заставить природу раскрыть еще одну тайну. **abnötigen** ≅ erzwingen, *но вынуждение происходит в более мягкой форме*; *напр.*: j-m eine Zusage, ein Lächeln abnötigen заставить кого-л. согласиться, улыбнуться; j-m Tränen abnötigen довести кого-л. до слез (*растрогав*)

es gibt *см.* geben [2]
eskortieren *см.* begleiten
Esse *см.* Schornstein
essen есть
essen — zugreifen — sich stärken — naschen — hinunterwürgen — tafeln — speisen — verzehren — genießen — schmausen — futtern — mampfen — stopfen — knabbern — sich einverleiben — zusprechen — schlingen — einhauen — fressen

essen *индифф. синоним; напр.*: einen Braten, Obst mit der Schale, ein Stück Kuchen essen есть жаркое, фрукты с кожурой, кусок пирога; Suppe vom Teller, aus der Schüssel essen есть суп из тарелки, из миски; ich esse gern Fisch я люблю [охотно ем] рыбу; er ißt sehr hastig, mit großem Appetit он ест очень быстро, с большим аппетитом □ Dennoch will ich recht haben, lieber Sepp, ich muß recht haben. Das ist mir wichtiger als essen und trinken (*Feuchtwanger, »Exil«*) И все же я думаю, что прав, дорогой Зепп, я должен быть прав. Это для меня важнее, чем есть и пить. **zugreifen** кушать *чаще употр. в обращении и при вежливом приглашении отведать какого-л. блюда*; *напр.*: greifen Sie bitte zu! кушайте, пожалуйста! **sich stärken** подкрепляться; *напр.*: vor der Arbeit, vor der Reise müssen wir uns stärken перед работой, перед поездкой нам нужно подкрепиться. **naschen** лакомиться (*часто тайком*); *напр.*: Süßigkeiten naschen лакомиться сладостями; heimlich naschen лакомиться тайком □ Und Heßling wußte noch nicht einmal, daß seine Frau auch naschte, gerade wie das Kind (*H. Mann, »Untertan«*) А ведь Геслинг даже и не знал, что его жена к тому же лакомится тайком, совсем как их ребенок. **hinunterwürgen** с трудом проглатывать (*есть что-л. без удовольствия, без аппетита*); *напр.*: ich konnte dieses zähe Fleisch kaum hinunterwürgen я едва мог проглотить это жесткое мясо; aus Anstand würgte er das ihm gebotene Frühstück hinunter из приличия он проглотил предложенный ему завтрак. **tafeln** *книжн.* есть за праздничным столом обед или ужин, состоящий из многих блюд; *напр.*: wir haben gestern in großer Gesellschaft in dem neuen Restaurant getafelt вчера мы пировали в новом ресторане в многочисленном обществе. **speisen** *высок.* чинно есть; *напр.*: »Haben Sie den Wunsch nach der Karte zu speisen?« fragte der Kellner «Вы желаете обе-

ESSEN

дать [ужинать] по меню?» — спросил официант ☐ Man saß auf hochlehnigen, schweren Stühlen, speiste mit schwerem Silbergerät schwere, gute Sachen, trank schwere, gute Weine dazu und sagte seine Meinung (*Th. Mann, »Buddenbrooks«*) Они сидели на массивных стульях с высокими спинками, ели с массивных серебряных приборов тяжелые, добротные кушанья, запивали их крепким, добрым вином и высказывали свое мнение. Der General gehörte zu den Intimen des Hauses. Zweimal in der Woche, Dienstag und Freitag, pflegte er bei Dora zu Abend zu speisen (*Kellermann, »Der 9. November«*) Генерал принадлежал к интимным друзьям дома. Два раза в неделю, по вторникам и четвергам, он имел обыкновение ужинать у Доры. **verzehren** *книжн.* съедать (*б. ч. что-л. сытное*) (*не употр. без дополнения*); *напр.*: er verzehrte sein Frühstück in dem kleinen Saal он ел свой завтрак в маленьком зале ☐ Während Tony unter Stillschweigen und appetitlos... ihr Ei und ihren grünen Käse zum Brot verzehrte... (*Th. Mann, »Buddenbrooks«*) В то время как Тони молча и без аппетита... ела свое яйцо и хлеб с зеленым сыром... **genießen** *высок.* вкушать (*есть и пить, б. ч. с удовольствием*); *напр.*: haben Sie schon diesen Wein genossen? вы уже отведали этого вина?; haben Sie heute schon etwas genossen? вы уже сегодня что-нибудь ели?; er genoß den Braten mit sichtbarem Vergnügen он ел жаркое с явным наслаждением; dieses Essen ist nicht zu genießen это совершенно несъедобно. **schmausen** *разг.* пировать; *напр.*: wir schauten zu, wie die lustige Gesellschaft schmauste мы глядели, как пировало веселое общество. **futtern** *фам.* уплетать (*есть с аппетитом и непринужденно*); *напр.*: in der Pause futterten die Schüler ihr Frühstück на перемене ученики уплетали свой завтрак. **mampfen** *фам.* уписывать, лопать; *напр.*: mampfe nicht so! ешь как следует, не хватай! **stopfen** *фам.* уминать, набивать рот; *напр.*: er saß am Tisch und stopfte die Pfannkuchen он сидел за столом и уминал оладьи. **knabbern** *фам.* грызть, есть что-л. твердое (*лакомство и т. п.*); *напр.*: sie saß den ganzen Tag am Fenster und knabberte Nüsse, wie ein Eichhörnchen она целый день сидела у окна и грызла орехи, как белочка. **sich** (*D*) **einverleiben** *разг. шутл.* поглощать (*съедать с удовольствием большое количество пищи*); *напр.*: ich wollte mir das ganze Fleisch einverleiben я был готов съесть все мясо. **zusprechen** *разг.* энергично приниматься за еду, налегать (на еду); *напр.*: er sprach dem Kuchen kräftig zu он сильно налегал на пирог. **schlingen** *разг. неодобр.* жадно и торопливо есть, заглатывать; *напр.*: du mußt nicht so schlingen! Es ist für den Magen schädlich не глотай так! Это вредно для желудка. **einhauen** *фам.* сильно проголодавшись, жадно есть; *напр.*: er hieb [haute] in die Grütze ein он рубал кашу. **fressen** *груб.* жрать; *напр.*: der frißt ja schon wieder! этот опять уже жрет! ☐ ...so fuhr er fort: »Ich will's diesmal nicht mit Magenblutungen machen, da geben einem nichts zu fressen in den Krankenhäusern« (*Fallada, »Jeder stirbt«*) ...он снова заговорил: «На этот раз я не буду жаловаться на желудочные кровотечения, а то в больницах нашему брату ничего не дают жрать»

Essen ¹ еда, пища
das Essen — die **Mahlzeit** — der **Imbiß** — das **Mahl** — der **Fraß** — der **Hundefraß** — der **Sauffraß**
Essen *индифф. синоним; напр.*: das Essen war gut, schmackhaft, schlecht, versalzen еда была хорошая, вкусная, плохая, пересоленная; das Essen ist angebrannt еда подгорела; laß dein Essen nicht kalt werden! ешь, пока еда не остыла. ☐ Während Eva Kluge so vor sich hin dachte, hatte sie ihr Essen auf die Gasflamme gesetzt und die Wohnküche aufgeräumt (*Fallada, »Jeder stirbt«*) Погруженная в такие мысли, Эва Клуге поставила еду на газ и прибрала в комнате. **Mahlzeit** еда, трапеза (*пища, которую едят в определенное время дня; завтрак, обед и т. п.*) *напр.*: zweimal am Tage wurde in der Pension eine heiße Mahlzeit serviert два раза в день в пансионе подавали горячую пищу; im Kindergarten bekommen die Kinder drei Mahlzeiten täglich в детском саду дети получают трехразовое питание ☐ Als die Mahlzeit beendet war... waren die jungen Leute in ein lebhaftes Gespräch... geraten (*Th. Mann, »Buddenbrooks«*) Когда трапеза была закончена... между молодыми людьми завязался оживленный разговор. **Imbiß** *тк. ед.* закуска (*еда, не связанная с определенным временем приема пищи*); *напр.*: einen kleinen Imbiß zu sich nehmen немного перекусить; der Imbiß war sehr bescheiden закуска была очень скромной; um 5 Uhr gab es noch einen Imbiß в 5 часов была еще закуска. **Mahl** *высок.* трапеза (*часто праздничная*); *напр.*: ein reichliches, üppiges, kärgliches Mahl обильная, роскошная, скудная трапеза; an den Feiertagen gab es immer ein köstliches Mahl по праздникам всегда была изысканная еда. **Fraß** *груб.* жратва, скверная пища (*плохо приготовленная или пришедшаяся не по вкусу кому-л.*); *напр.*: der Fraß ist wohl schon kalt, was? жратва, небось, уже остыла, а? ☐ Doch dieser Fraß ist schwer zu ertragen (*Seghers, »Die Toten«*) Но такую жратву трудно вынести. **Hun-** # EXISTENZ

defraß, Sauffraß ≃ Fraß, *но более грубо; напр.*: er schimpfte über den Hundefraß [Sauffraß], den er bekommen hatte он ругался из-за собачьей жратвы, которую ему дали

Essen ² званый обед
das Essen — das **Festessen** — das **Bankett** — das **Gastmahl** — das **Gelage** — die **Zecherei** — das **Festmahl** — der **Schmaus**
Essen *индифф. синоним; напр.*: während des Essens wurden zahlreiche Trinksprüche ausgebracht во время (званого) обеда были провозглашены многочисленные тосты; zu Ehren der ausländischen Gäste wurde ein Essen gegeben в честь иностранных гостей был дан обед; das Essen beginnt um 15 Uhr, sofort nach der Trauung обед начнется в три часа, сразу после венчания. **Festessen, Bankett** ≃ Essen, *но еще больше подчеркивают официальный и торжественный характер обеда; напр.*: bei dem Festessen waren einige Minister zugegen на банкете присутствовало несколько министров; das Bankett findet im Hotel Berlin statt банкет состоится в отеле «Берлин». **Gastmahl** *уст.* пир; *напр.*: nachdem sie ihre Abendtoilette angelegt hatte, betrat sie den Saal, in dem das Gastmahl schon begonnen hatte надев вечернее платье, она вошла в зал, где уже шел пир. **Gelage** *неодобр.* кутеж, разгульное пиршество; *напр.*: sie feierten ein wüstes Gelage они устроили оргию. **Zecherei** попойка; *напр.*: die Zecherei dauerte bis in den Morgen hinein попойка длилась до утра. **Festmahl** *книжн.* ≃ Festessen; *напр.*: ein Festmahl geben давать званый обед; ein Festmahl veranstalten устраивать званый обед [банкет]. **Schmaus** *фам.* пирушка (*с вкусной едой*); *напр.*: das war ein Schmaus! вот это был пир!

Essen³ *см.* Gericht
Eßlust *см.* Hunger
Eßwaren *см.* Lebensmittel
es widerstrebt *см.* widerlich
etablieren *см.* gründen
Etage *см.* Stockwerk
Etat *см.* Haushalt
etliche *см.* einig(e)
Etui *см.* Futteral
etwa *см.* ungefähr
etwas *см.* einig(e)
eventuell *см.* möglich/vielleicht
evident *см.* offenbar
ewig *см.* immer/ständig ¹
exakt *см.* genau ¹,²
examinieren *см.* prüfen
exekutieren *см.* töten
Exil *см.* Verbannung
Existenz существование, наличие
die Existenz — das **Dasein** — das **Vorhandensein** — das **Bestehen** — die **Anwesenheit**
Existenz *индифф. синоним; напр.*: die Existenz einer Sache, eines Begriffes leugnen отрицать существование чего-л., какого-л. понятия; haben Sie

meine Existenz vergessen? вы забыли о моем существовании?; die reichlichen Niederschläge erklären die Existenz vieler kleiner Flüsse обильные осадки объясняют существование многих маленьких рек. **Dasein** ≅ Existenz, *но чаще употр. в научной литературе; напр.*: das Dasein der Materie существование материи; der Kampf ums Dasein *биол.* борьба за существование; das Dasein Gottes leugnen отрицать существование бога. **Vorhandensein** наличие; *напр.*: das Vorhandensein von Waren, von Geld, von Bodenschätzen наличие товаров, денег, ископаемых. **Bestehen** ≅ Existenz, *но употр. тк. по отношению к предметам и организациям, обыкн. с указанием на время или условия существования; напр.*: das fünfzigjährige Bestehen der Firma feiern праздновать пятидесятилетие существования фирмы. **Anwesenheit** присутствие; *напр.*: die Anwesenheit von Gift наличие яда; die Anwesenheit der Schwefelsäure führte zu einer überraschenden Reaktion присутствие серной кислоты вызвало бурную реакцию

existieren *см.* geben ²/leben ¹
Exkursion *см.* Ausflug
Experiment *см.* Versuch
Experte *см.* Fachmann
explizieren *см.* erklären
explodieren *см.* platzen ¹
exploitieren *см.* ausnutzen ¹
Export *см.* Ausfuhr
exportieren *см.* ausführen
expropriieren *см.* beschlagnahmen
extra *см.* außerdem/sehr
extrafein *см.* gut ¹
extravagant *см.* überspannt
extrem *см.* ganz ²
exzentrisch *см.* überspannt
Exzerpt *см.* Zitat

F

Fabel *см.* Erfindung
fabeln *см.* erdichten
Fabrik фабрика, завод
die **Fabrik** — das **Werk** — der **Betrieb** — das **Unternehmen** — der **Großbetrieb** — das **Kombinat**

Fabrik *индифф. синоним; напр.*: eine kleine, große Fabrik маленькая, большая фабрика, маленький, большой завод; eine chemische Fabrik химический завод; in die Fabrik gehen идти на фабрику; er arbeitet in der Fabrik als Schlosser он работает на фабрике [на заводе] слесарем; diese Fabrik wurde im Jahre 1920 gegründet эта фабрика была основана [этот завод был основан] в 1920 году □ Damit geht er ohne ein weiteres Wort oder einen Blick in den Torhof der Fabrik hinein (*Fallada, »Jeder stirbt«*) И, не сказав больше ни слова, не оглянувшись, он входит во двор фабрики. **Werk** завод (*чаще большой*); *напр.*: ein modernes Werk современный завод; in diesem Werk arbeiten 5000 Arbeiter на этом заводе работает 5000 рабочих. **Betrieb** предприятие, завод; *напр.*: ich arbeite in einem chemischen Betrieb я работаю на химическом заводе; in dieser Stadt gibt es viele industrielle Betriebe в этом городе много промышленных предприятий; dieser Betrieb arbeitet mit Gewinn, mit Verlust это предприятие работает с прибылью, с убытком □ Wir haben hier so im geheimen eine Widerstandszelle im Betrieb gebildet, ganz klein erst, drei Männer und ich (*Fallada, »Jeder stirbt«*) Мы тайно организовали здесь на предприятии ячейку сопротивления, пока совсем маленькую, три человека и я. **Unternehmen** крупное предприятие (*обыкн. капиталистическое, часто объединяющее несколько заводов, фабрик и т. п., находящихся в разных местах*); фирма; *напр.*: diese Hütte ist das größte Unternehmen seiner Art in Frankreich этот металлургический завод — самое большое предприятие такого рода во Франции. **Großbetrieb** крупное производство, крупное предприятие, завод-гигант; *напр.*: in den Großbetrieben unserer Stadt arbeiten Tausende von Arbeitern на крупных предприятиях нашего города работают тысячи рабочих. **Kombinat** *неол.* (*ГДР*) комбинат; промышленный комплекс; *напр.*: in Schwedt wird ein neues elektrochemisches Kombinat gebaut в Шведте строится новый электрохимический комбинат

Fabrikat *см.* Erzeugnis
Fach¹ область науки, учебный предмет, специальность (*в науке*)
das **Fach** — die **Disziplin**

Fach *индифф. синоним; напр.*: sich Kenntnisse in einem Fach aneignen приобрести знания в какой-л. области науки [по какому-л. предмету]; sich auf ein Fach spezialisieren специализироваться в какой-л. области науки [по какому-л. предмету]; allgemeinbildende Fächer studieren изучать общеобразовательные предметы; die Prüfung in mehreren Fächern ablegen сдавать экзамены по нескольким предметам □ Schließlich müssen Kritiker, die ihr Fach studieren, besser wissen, was Kunst ist, als Wunschgetreu mit seinem Laiengeschmack (*Strittmatter, »Ole Bienkopp«*) В конце концов, критики, которые изучали свой предмет, должны лучше знать искусство, чем профан Вуншгетрой с его вкусом. **Disziplin** область (науки), дисциплина; *напр.*: die juristischen Disziplinen юридические дисциплины; die einzelnen Disziplinen der Medizin отдельные отрасли медицины

Fach² *см.* Regal
Facharbeiterlehrling *см.* Lehrling
Fachmann специалист
der **Fachmann** — der **Spezialist** — der **Sachverständige** — der **Experte**

Fachmann *индифф. синоним; напр.*: ein guter, erfahrener Fachmann хороший, опытный специалист; ein Fachmann des Tischlerhandwerks столяр-специалист; die Hochschule bildet Fachleute auf [in] vielen Gebieten heran институт готовит специалистов во многих областях; ich möchte mich von Fachleuten beraten lassen я хотел бы посоветоваться со специалистами. **Spezialist** ≅ Fachmann, *но чаще употр. о людях умственного труда*; *напр.*: ein Spezialist für innere Krankheiten специалист по внутренним болезням; er ist ein Spezialist für Finanzfragen он специалист по финансовым вопросам; ich habe einen Spezialisten konsultiert я консультировался у специалиста. **Sachverständiger** эксперт; *напр.*: die Sachverständigen waren unterschiedlicher Meinung эксперты были различного мнения; drei Sachverständige haben ein Gutachten vorgelegt три эксперта [специалиста] дали свое заключение; man muß einen Sachverständigen heranziehen надо привлечь эксперта. **Experte** *книжн.* ≅ Sachverständiger, *но еще больше подчеркивает чью-л. осведомленность в данной области*; *напр.*: ein wissenschaftlicher, bedeutender Experte ученый, крупный эксперт; einen Experten hinzuziehen привлечь эксперта; er ist ein Experte für Finanzfragen он эксперт по финансовым вопросам; er bat ihn als Experten um ein Gutachten он попросил его как эксперта дать свое заключение

fackeln *см.* zögern ¹
fade *см.* abgestanden/geschmacklos ¹,²/langweilig/trivial
Faden нить, нитка
der **Faden** — das **Garn** — der **Zwirn**

Faden *индифф. синоним; напр.*: ein dünner, fester Faden тонкая, крепкая нитка; lange Fäden длинные нити; einen Faden einfädeln вдеть нитку в иголку; einen Faden aus dem Gewebe ziehen выдергивать нитку из ткани; einige Tage nach der Operation wurden die Fäden gezogen через несколько дней после операции швы были сняты; ich habe den Faden verloren *перен.* я потерял нить (*беседы и т. п.*). **Garn** *б. ч. ед.* крученая нить; *собир.* нитки; пряжа; *напр.*: eine Rolle Garn катушка ниток. **Zwirn** *б. ч. ед.* толстая крученая нить (*ссученая из нескольких нитей*); суровая нитка; *напр.*: ich brauche festen Zwirn, um die Knöpfe anzunähen мне нужна крепкая нитка, чтобы пришить пуговицы

fähig ¹ *см.* begabt
fähig ²: fähig sein *см.* können ¹
Fähigkeiten способности
die **Anlage** — die **Veranlagung** — die **Befähigung** — die **Fähigkeiten** — die **Begabung** — die **Gabe** — das **Talent** — das **Genie** — die **Genialität**

Синонимы данного ряда расположены по степени возрастания выражаемого признака

Anlage *б. ч. мн.* задатки; *напр.*: der Junge hat gute Anlagen zur Malerei у мальчика хорошие задатки живописца. **Veranlagung** *б. ч. ед.* склонность, природные задатки; *напр.*: eine künstlerische Veranlagung haben иметь склонность к искусству. **Befähigung** *тк. ед. книжн.* способности (*особенно о профессиональной пригодности*); *напр.*: er hat eine besondere Befähigung für wissenschaftliche Tätigkeit у него особая склонность к научной деятельности; er hat eine Befähigung zum Richteramt у него есть все данные для судейской должности. **Fähigkeiten** *тк. мн. индифф. синоним*; *напр.*: ungewöhnliche, angeborene, schöpferische, einseitige Fähigkeiten besitzen обладать необыкновенными, врождёнными, творческими, односторонними способностями; ich zweifle nicht an seinen Fähigkeiten я не сомневаюсь в его способностях; er versuchte, in seinen Schülern musikalische Fähigkeiten zu wecken он пытался пробудить в своих учениках музыкальные способности ☐ Doch die dürren Worte, mit denen er diese seltenen Menschen und ihre Fähigkeiten beschrieb... (*Feuchtwanger, »Lautensack«*) Но мертвые слова, какими он описывал этих необычных людей и их способности... **Begabung** *тк. ед.* дарование; *напр.*: eine große, besondere, dichterische, musikalische Begabung zeigen проявлять большое, особое, поэтическое, музыкальное дарование; er hat eine diplomatische Begabung он одарённый дипломат ☐ Denn Freunde waren in späterem Leben — alles. Nicht die Begabung — welche Albernheit —, die Beziehungen waren alles (*Kellermann, »Der 9. November«*) Ибо друзья в последующей жизни — это всё. Не одарённость — какая нелепость! — связи решают всё. **Gabe** *книжн.* дар; *напр.*: er hat die Gabe der Rede он обладает даром речи [красноречия]; das ist ein Kind mit guten Gaben *устаревает* это одарённый ребенок (*ср.* begabt) ☐ Er, Sepp Trautwein, hatte die Gabe, das Gute länger und tiefer zu bewahren als das Schlechte (*Feuchtwanger, »Exil«*) Он, Зепп Траутвейн, обладал даром хранить в себе хорошее дольше и глубже, чем плохое. **Talent** *б. ч. ед.* талант; *напр.*: er besaß großes Talent zum Schauspieler он обладал большим актёрским талантом; sein Talent reicht dazu nicht aus его таланта на это не хватит ☐ Sie eiferte gegen das Zigeunerhafte an ihm, gegen die Trägheit, mit der er sich vor allen Verpflichtungen drückte, die ihm sein Talent auflegte (*Feuchtwanger, »Exil«*) Она возмущалась его цыганскими наклонностями, его ленью, увиливанием от обязанностей, которые

накладывал на него его талант. **Genie** [зе-] *тк. ед.* гений, гениальность; *напр.*: das Genie des Künstlers гений художника; Genie besitzen, haben обладать гениальностью, быть гениальным; Mozarts Genie гений Моцарта. **Genialität** *тк. ед.* гениальность; *напр.*: Mozarts Genialität offenbarte sich sehr früh гениальность Моцарта проявилась очень рано

fahl *см.* blaß/trübe [1]
fahnden *см.* suchen [1]/verfolgen [2]
Fahne знамя, флаг
die **Fahne** — die **Flagge** — das **Banner** — die **Standarte**

Fahne *индифф. синоним*; *напр.*: mit wehenden Fahnen marschieren маршировать с развевающимися знамёнами; die Fahne hissen, hinaushängen поднять, вывесить флаг; die sowjetische, französische Fahne советский, французский флаг; die Fahne des Roten Kreuzes флаг Красного Креста; die Fahne der Freiheit erheben поднять знамя свободы. **Flagge** флаг (*особенно на судах, правительственных зданиях, флагштоках*); *напр.*: eine Flagge aufziehen, hinaushängen поднять, вывесить флаг; die englische, bulgarische, olympische Flagge английский, болгарский, олимпийский флаг; die Flagge des Roten Kreuzes флаг Красного Креста; die Flagge des Admirals флаг адмирала; unter der Flagge Schwedens segeln плавать (на паруснике) под шведским флагом; die Flagge halbmast setzen приспустить флаг (в знак траура) ☐ Gegenüber, auf dem Dache gegenüber, wehte im frischen Wind, lustig, wie die selbstverständlichste Sache der Welt, hoch oben — eine blutrote, blutrot leuchtende Flagge! (*Kellermann, »Der 9. November«*) Напротив, на крыше напротив, высоко наверху весело развевался на свежем ветру, как будто это нечто само собой разумеющееся, кроваво-красный флаг! **Banner** (старинное) воинское знамя (*прикрепляемое к древку на поперечной перекладине*) *чаще перен.*; хоругвь; *напр.*: unter dem Banner der Revolution kämpfen бороться под знаменем революции; das Banner aufrollen, tragen, retten развёртывать, нести, спасать знамя; der Orden »Banner der Arbeit« орден «Знамя Труда» (*ГДР*); sein Name wurde zum Banner des Fortschritts его имя стало знаменем прогресса. **Standarte** штандарт, знамя воинской части (*небольшое по размеру, первоначально в кавалерии, затем в моторизованных войсках некоторых стран*); флаг (*главнокомандующего или главы государства*); *напр.*: vor dem Palais des Präsidenten wehte die Standarte перед дворцом президента развевался флаг; wir waren stolz auf die Standarte unseres Regiments мы гордились знаменем нашего полка ☐ Und hier — ohne weiteres — wie die natürlichste Sache der Welt — eine ro-

te Flagge, eine rot leuchtende Standarte, gehißt an einem richtigen Flaggenmast, auf einem Dache! (*Kellermann, »Der 9. November«*) А здесь — совсем просто, как самая естественная в мире вещь — красный флаг на крыше, алым пламенем горящий стяг, поднятый на настоящем флагштоке!

Fahnenflucht begehen *см.* fliehen [1]
fahnenflüchtig werden *см.* fliehen [1]
fahren [1] ехать

fahren — **reisen** — **gehen** — **trampen** — **dampfen**

fahren *индифф. синоним*; *напр.*: mit dem Zug, mit der Straßenbahn, mit dem Bus fahren ехать поездом, трамваем, автобусом; mit dem Fahrstuhl fahren ехать в лифте; ich fahre morgen mit der Bahn nach Moskau я завтра еду поездом в Москву; wie lange fährt man von Moskau bis Leningrad? сколько езды от Москвы до Ленинграда?; fährst du mit dem Obus? ты едешь на автобусе?; er fährt nur erster Klasse он ездит только в первом классе; weiter fahren wir per Anhalter *разг.* дальше мы поедем на попутных машинах [автостопом] *ср. тж.* trampen; die Straßenbahn fährt langsam трамвай едет медленно ☐ Der Zug fuhr, hielt, fuhr wieder (*Kellermann, »Tunnel«*) Поезд шёл, останавливался и снова шёл. **reisen** ехать (*обыкн. на далекое расстояние*), разъезжать (*для удовольствия или с образовательными целями*), разъезжать (*по делам службы*); *напр.*: bequem reisen путешествовать с комфортом; er will auf die Krim, in die Schweiz reisen он хочет поехать в Крым, в Швейцарию; mein Freund reist zum Vergnügen мой приятель путешествует ради удовольствия; er reist in Stoffen он разъездной агент по продаже тканей. **gehen** a) *с субъектом-лицом* = fahren, *но часто употр. с указанием на цель или причину поездки*; *напр.*: er ging nach Paris (, um dort zu studieren) он поехал в Париж (учиться); das Klima hier war zu rauh für ihn, und er ging nach Italien здешний климат был слишком суров для него, и он поехал в Италию ☐ Dann gehen wir zusammen nach Berlin, und dann stell ich dich der Trettnow vor (*Feuchtwanger, »Lautensack«*) Затем мы поедем вместе в Берлин, и тогда я представлю тебя госпоже Треттноу; b) *с субъектом — транспортным средством* идти, следовать *обыкн. не употр. с названиями средств городского транспорта* (*автобус, трамвай*); *напр.*: der Zug geht nach Berlin поезд идёт в Берлин. **trampen** [тж. 'trɛm-] (бесплатно) путешествовать на попутных машинах; *напр.*: wir sind durch ganz Frankreich getrampt мы проехали на попутных машинах всю Францию. **dampfen** *фам.* ехать (по железной дороге); *напр.:* nach Berlin dampfen катить в Берлин

fahren [2] ехать; идти, плыть (*о судах, на судах*)

fahren — schwimmen — gehen — laufen — segeln — dampfen

fahren *индифф. синоним; напр.:* das Schiff fährt nach Norden пароход идёт на север; das Boot fährt stromaufwärts лодка плывёт вверх по течению; er fährt mit dem Schiff он едет на пароходе [водным путём]; fahren Sie mit dem Zug oder mit dem Dampfer? вы поедете поездом или на пароходе?; der Erste Offizier fährt schon 15 Jahre старпом плавает уже 15 лет. **schwimmen** плыть *подчёркивается сам процесс движения судна; напр.:* das Schiff schwimmt stromabwärts пароход плывёт вниз по течению; das Boot schwimmt gegen den Strom лодка плывёт против течения; das Schiff schwimmt schon auf hoher See корабль плавает [находится] уже в открытом море. **gehen** идти *чаще употр. с указанием направления, места назначения и т. п.; напр.:* der Erzfrachter geht nach Hamburg рудовоз идёт курсом на Гамбург. **laufen** идти, плыть *подчёркивается равномерность движения; напр.:* wir liefen 40 Knoten мы шли со скоростью сорок узлов; das Schiff läuft vom Stapel судно сходит со стапелей; der Dampfer läuft langsam in den Hafen пароход медленно входит в гавань. **segeln** ехать (*на парусном судне*), идти под парусами; *напр.:* nach Afrika segeln идти под парусами в Африку; um die Welt segeln совершать кругосветное путешествие на паруснике. **dampfen** *фам.* ехать на судне (*моторном, приводимом в движение силой пара*); *напр.:* heute dampfe ich nach Hause сегодня я отчаливаю домой

fahren [3] см. befördern

fahrenlassen см. aufgeben [1]

Fahrer водитель

der Fahrer — der Kraftfahrer — der Chauffeur (Schofför)

Fahrer *индифф. синоним; напр.:* der Fahrer des Omnibusses, eines Lastkraftwagens, eines Personenwagens водитель автобуса, грузовика, легкового автомобиля; Fahrer einer Straßenbahn водитель трамвая, вагоновожатый *уст.*; Fahrer einer U-Bahn машинист (поезда) метрополитена; Major Schulze war ein sicherer Fahrer майор Шульце хорошо водил машину □ Man hatte schon vorher versucht, an den Fahrer heranzukommen, der beim Transport erkannt worden war (Seghers, »Die Toten«) Уже и раньше пытались выведать что-нибудь у водителя, который, как выяснилось, вёл тогда машину с пленными. **Kraftfahrer** водитель автотранспорта, шофёр (*профессионал*); *напр.:* wir stellen ein: Dreher, Schlosser, Kraftfahrer требуются токари, слесари, шофёры (*объявление*). **Chauffeur** [ʃɔ'fø:r] (Schofför) ≃ Kraftfahrer, *но чаще о водителе такси, персональной или частной автомашины; напр.:* er ist Chauffeur bei unserem Chef он шофёр нашего начальника □ Klemms eigener Chauffeur sollte unterdes das Gefangenenauto übernehmen (Seghers, »Die Toten«) Личный шофёр Клемма должен был тем временем повести машину с пленными

fahrlässig см. nachlässig [1]

Fahrt поездка

die Fahrt — die Reise — der Trip — die Tour

Fahrt *индифф. синоним; напр.:* die Fahrt mit dem Auto, mit der Bahn поездка на автомобиле, по железной дороге; das war eine lohnende Fahrt это была стоящая поездка; wir bereiten uns zu einer Fahrt ins Gebirge, ins Ausland vor мы готовимся к поездке в горы, за границу. **Reise** поездка (*обыкн. на далёкое расстояние*), путешествие; *напр.:* das war eine lange, angenehme Reise это было длительное, приятное путешествие; wir machen eine Reise im Auto мы путешествуем в автомобиле. **Trip** *неол.* (маленькое) путешествие (*не требующее долгих сборов*); вылазка; *напр.:* gestern haben wir einen Trip ins Grüne gemacht вчера мы совершили маленькое путешествие [экскурсию] за город. **Tour** [tu:r] поездка (*с деловыми или туристскими целями*); *напр.:* er war viel auf Tour он много разъезжал (по делам); haben Sie an dieser Tour teilgenommen? вы участвовали в этом туристском походе?

Fährte см. Spur

fair см. ehrlich [1]

Fakt см. Tatsache

faktisch см. wirklich [1]

Faktum см. Tatsache

fakultativ см. «Приложение»

falb см. blond

Fall [1] см. Ereignis

Fall [2]: auf keinen Fall см. nein

fallen [1] падать (*потеряв устойчивость, перемещаться из вертикального положения в горизонтальное, наклонное*)

fallen — hinfallen — stürzen — zurückfallen — umfallen — umkippen — umstürzen — hinstürzen — (hin)segeln — hinknallen — hinschmieren — plumpsen

fallen *индифф. синоним; напр.:* auf den Boden, auf das Pflaster, nach vorn, nach hinten, sanft, mit großer Heftigkeit fallen упасть на пол, на мостовую, вперёд, назад, мягко, с большой силой; unglücklich fallen неудачно упасть (*причинив себе серьёзные повреждения и т. п.*); er ist auf den Rücken gefallen он упал на спину; die Last war zu schwer, das Pferd fiel груз был слишком тяжёл, лошадь упала; er fiel über einen Stein он споткнулся о камень и упал. **hinfallen** ≃ fallen, *но больше подчёркивает внезапность, случайность падения и направление движения — на землю, на пол; напр.:* er fiel der Länge nach hin он упал, растянувшись во весь рост. **stürzen** свалиться, рухнуть, упасть (с силой); *напр.:* er stürzte und verletzte sich das Bein он быстро бежал, упал и повредил себе ногу; er stürzte von der Treppe он свалился с лестницы. **zurückfallen** падать навзничь; *напр.:* er glitt aus und fiel zurück он поскользнулся и упал навзничь. **umfallen** повалиться, свалиться (на бок), опрокинуться; *напр.:* vor Müdigkeit umfallen падать [валиться с ног] от усталости; tot umfallen упасть [свалиться] замертво; die Vase fiel um ваза опрокинулась; der Stuhl fiel um стул упал. **umkippen** ≃ umfallen, *но больше подчёркивает, что падение произошло благодаря перемещению центра тяжести; напр.:* der Wagen schwankte und kippte um коляска закачалась и опрокинулась. **umstürzen** рухнуть, обрушиться, завалиться *подчёркивает силу, с которой что-л. опрокидывается; падает; напр.:* der Turm stürzte um башня рухнула; der Zaun stürzte um забор завалился. **hinstürzen** *книжн.* ≃ stürzen, *но больше подчёркивает внезапность падения и направление движения вниз; напр.:* auf der Treppe hinstürzen упасть на лестнице; einer der Läufer stolperte, stürzte hin und konnte sich nicht mehr erheben один из бегунов споткнулся, рухнул на землю и не мог больше подняться. **(hin)segeln** *разг.* поехать, упасть (*б. ч. поскользнувшись*); *напр.:* auf dem glatten Eis segelte er hin на гладком льду он поскользнулся и упал. **hinknallen** *разг.* грохнуться; *напр.:* die Matrosen brüllten vor Vergnügen, als der Koch mit dem Tablett hinknallte матросы заржали от удовольствия, когда кок грохнулся с подносом. **hinschmieren** *фам.* шлёпнуться, грохнуться (с шумом); *напр.:* er war anständig hingeschmiert und rieb sich die verletzte Stelle он здорово шлёпнулся и потирал ушибленное место. **plumpsen** *фам.* неловко падать, плюхаться; *напр.:* ins Wasser plumpsen плюхнуться в воду; das kleine Mädchen plumpste in eine Pfütze und fing an zu heulen маленькая девочка плюхнулась в лужу и начала реветь

fallen [2] падать (*перемещаться сверху вниз под действием собственной тяжести*)

fallen — stürzen — abstürzen — sinken — hineinfallen — niedergehen — absacken — plumpsen

fallen *индифф. синоним; напр.:* die Blätter, die Tropfen fallen schnell, langsam, lautlos листья, капли падают быстро, медленно, бесшумно; die Äpfel fallen vom Baum zur Erde яблоки падают с дерева на землю; der

FALLENLASSEN

Vorhang fällt geräuschvoll занавес с шумом падает; der Stein fällt senkrecht камень падает отвесно; ein Mensch fiel ins Wasser человек упал в воду. **stürzen** падать с силой; *напр.*: aus dem Fenster stürzen вывалиться из окна; ins Wasser, vom Pferd stürzen упасть в воду, с лошади; unglücklich stürzen (сильно, насмерть) разбиться ▫ Gestern ist die Eiche vor dem Unterstand zersplittert, heute stürzte eine hohe Tanne zu Boden (*Kellermann*, »*Der 9. November*«) Вчера раскололся дуб, стоявший перед блиндажом, сегодня наземь рухнула высокая ель. **abstürzen** падать вниз (с большой высоты); *напр.*: das Flugzeug stürzte ab самолет упал; zwei Bergsteiger sind von der Felswand tödlich abgestürzt два альпиниста упали со скалы и разбились насмерть. **sinken** медленно падать, опускаться; *напр.*: der Ballon sank (langsam) zu Boden воздушный шар опускался на землю; er sank auf den Stuhl он (в изнеможении) опустился на стул. **hineinfallen** падать во что-л.; *напр.*: er ist ins Wasser hineingefallen он упал в воду; wer andern eine Grube gräbt, fällt selbst hinein *посл.* не рой другому яму — сам в нее попадешь. **niedergehen** падать, опускаться, ложиться; *напр.*: der Nebel ging nieder опустился [пал] туман; der Regen ging nieder падал дождь; der Vorhang geht nieder занавес падает [опускается]. **absacken** *разг.* (быстро, тяжело) падать; *напр.*: sein Flugzeug sackte ab его самолет начал падать [терять высоту]; das Schiff sackte ab судно камнем шло ко дну. **plumpsen** *разг.* с шумом ударяться, шлепаться; *напр.*: das Boot plumpste aufs Wasser лодка шлепнулась о воду ▫ Ein Koffer wurde ins Gras geworfen. Ein Rucksack plumpste nicht weitab zur Erde (*Strittmatter*, »*Wundertäter*«) Чемодан полетел в траву. Рюкзак шлепнулся на землю неподалеку от него

fallenlassen *см.* aufgeben¹
Fallreep *см.* Treppe
falls *см.* wenn
Falltreppe *см.* Treppe
falsch¹ фальшивый, ложный, поддельный

falsch — unecht — künstlich — blind — gefälscht

falsch *индифф. синоним*; *напр.*: falsches Geld фальшивые деньги; ein falscher Ausweis фальшивое удостоверение; eine falsche Adresse вымышленный адрес; falsche Zähne, Haare фальшивые зубы, волосы; falsche Perlen фальшивый жемчуг; falsches Fenster глухое окно; falscher Alarm ложная тревога; unter einem falschen Namen leben жить под чужим именем. **unecht** ненастоящий (*не натуральный, не подлинный*); *напр.*: unechte Perlen искусственный жемчуг; unechtes Haar накладные волосы; ein unechtes Bild не подлинник (*о картине*); unechter Persianer ненастоящий каракуль (*искусственный мех*) **künstlich** искусственный; *напр.*: künstliche Blumen искусственные цветы; künstliche Zähne вставные зубы; künstliches Gebiß зубной протез; künstliches Haar накладные волосы (*из синтетического материала*); ein künstlicher Satellit искусственный спутник. **blind** ≅ unecht, *но употр. тк. в определенных сочетаниях*; *напр.*: ein blindes Fenster ложное окно; blinder Alarm ложная тревога. **gefälscht** фальшивый, фальсифицированный, подложный; *напр.*: gefälschte Münzen фальшивые монеты; ein gefälschter Paß подложный паспорт; eine gefälschte Unterschrift подложная [поддельная] подпись; gefälschter Wein разбавленное [фальсифицированное] вино

falsch² неправильный, неверный, не тот

falsch — unrichtig — irrig — fehlerhaft — verkehrt — grundfalsch

falsch *индифф. синоним*; *напр.*: sie haben mich falsch verstanden вы меня неправильно поняли; ich habe einen falschen Schlüssel genommen я взял не тот ключ; in der falschen Richtung gehen идти не в том [в неверном] направлении; das ist ein falscher Ausdruck это неправильное выражение; an die falsche Adresse kommen *разг.* обратиться не по адресу. **unrichtig** неверный *по сравнению с* falsch *выражает то же понятие более мягко*; *напр.*: diese Schilderung ist unrichtig это описание неверно; das sind unrichtige Angaben это неверные данные. **irrig** ошибочный, основанный на заблуждении; *напр.*: eine irrige Vorstellung ошибочное представление; irrige Ansichten ошибочные взгляды; es wäre irrig anzunehmen, daß... было бы ошибкой предполагать, что... **fehlerhaft** содержащий (многие) ошибки, неправильный; *напр.*: er hat eine fehlerhafte Aussprache у него неправильное произношение. **verkehrt** превратный, противоположный (*правильному*); *напр.*: du hast darüber eine verkehrte Vorstellung у тебя об этом превратное представление; er ist in die verkehrte Richtung gegangen он пошел в совершенно противоположном направлении; du machst alles verkehrt ты все делаешь наоборот; sie hat das Kleid verkehrt angezogen она надела платье наизнанку. **grundfalsch** в корне неверный, совершенно неправильный; *напр.*: das ist eine grundfalsche Auffassung это в корне ошибочная точка зрения; das hat er grundfalsch gemacht это он сделал совершенно неправильно

falsch³ *см.* heuchlerisch
fälschen *см.* verdünnen/verfälschen
Falschheit *см.* Unaufrichtigkeit
Falte *см.* «Приложение»
falten складывать

FANGEN

falten — zusammenfalten — zusammenlegen — kniffen — knicken

falten *индифф. синоним*; *напр.*: den Brief, das Papier, das Tuch, die Wäsche, die Serviette falten складывать письмо, бумагу, платок, белье, салфетку; er faltete den Zettel und steckte ihn in die Brieftasche ein он сложил записку и сунул ее в бумажник. **zusammenfalten** ≅ falten, *но несколько больше подчеркивает, что что-л. складывается тщательно*; *напр.*: ein Kleid, eine Serviette zusammenfalten (тщательно) сложить платье, салфетку ▫ Er faltete den Brief zusammen und schob ihn unwillig in die Manteltasche (*Kellermann*, »*Der 9. November*«) Он сложил письмо и раздраженно сунул его в карман пальто. **zusammenlegen** ≅ falten, *но употр. по отношению к предметам с довольно большой поверхностью*; *напр.*: sie legt das Tischtuch zusammen она складывает скатерть. **kniffen** сгибать; *напр.*: ein Stück Papier kniffen согнуть кусок бумаги; ein Eselsohr in die Seite kniffen загнуть уголок страницы (*в книге*). **knicken** сложить, согнуть, смять (*образуя резкую складку*); *напр.*: den Bogen Papier knicken согнуть лист бумаги (*и провести по сгибу ногтем*)

faltig морщинистый, в морщинах

faltig — welk — runzlig — zerfurcht — zerknittert

faltig *индифф. синоним*; *напр.*: ein faltiges Gesicht морщинистое лицо; faltige Haut морщинистая кожа; eine faltige Stirn лоб в морщинах. **welk** увядший, дряблый; *напр.*: welke Haut дряблая кожа; das welke Gesicht увядшее лицо; ein welker Leib увядшее тело. **runzlig** морщинистый, сморщенный; *напр.*: eine runzlige Haut сморщенная кожа; er hatte ein runzliges Gesicht у него лицо было (сплошь) в морщинах. **zerfurcht** изборожденный глубокими морщинами (*часто о следах тяжелой жизни, забот и т. п.*); *напр.*: sie war nicht alt, aber ihre Stirn war zerfurcht она была нестарой, но ее лоб был изборожден глубокими морщинами. **zerknittert** изрезанный вдоль и поперек мелкими морщинами; *напр.*: das Gesicht des Greises war ganz zerknittert лицо старика было сплошь покрыто мелкими морщинами [было сморщено]

Fama *см.* Gerücht
familiär *см.* vertraut¹
Familienname *см.* Name²
famos *см.* gut³
Fan *см.* Liebhaber³
Fanatiker *см.* Liebhaber³
fangen¹ ловить; поймать

fangen — auffangen — einfangen — erhaschen

fangen *индифф. синоним*; *напр.*: Fische, Vögel, Mäuse, Schmetterlinge fangen ловить рыбу, птиц, мышей, бабочек; den Ball mit der Hand

FANGEN   164   FAST

fangen ловить [поймать] мяч рукой; einen Dieb, einen Schmuggler fangen ловить [поймать] вора, контрабандиста ◻ Man kann jetzt in Berlin überall Fische fangen (Fallada, »Jeder stirbt«) Сейчас в Берлине всюду можно ловить рыбу. **auffangen** ловить, подхватить, поймать (*падающий предмет*); *напр.*: ich fing den Blumentopf auf, der zum Fenster herausgefallen war я поймал выпавший из окна цветочный горшок. **einfangen** поймать (*часто вторично*); изловить (и водворить, заключить куда-л.); *напр.*: man muß den entflogenen Vogel, entflohenen Verbrecher einfangen нужно поймать улетевшую птицу, убежавшего преступника. **erhaschen** поймать, схватить (*быстро перемещающийся объект*); *напр.*: eine Fliege im Flug erhaschen поймать на лету муху; der Tiger erhaschte seine Beute im Sprung тигр, прыгнув, поймал свою добычу.

    fangen [2] *см.* verhaften
    färben *см.* streichen [2]
    farbig *см.* bunt
    Faselei *см.* Gerede [1]
    faseln *см.* sprechen [1]
    Faß бочка

das **Faß** — die **Tonne**

    Faß *индифф. синоним*; *напр.*: ein Faß aus Holz, aus Metall деревянная, металлическая бочка; ein Faß Bier бочка пива; ein Faß für Heringe бочка для селедки; ein Faß (voll) Benzin, saure Gurken (полная) бочка бензина, соленых огурцов. **Tonne** большая бочка; *напр.*: eine eiserne Tonne (большая) железная бочка

    fassen [1] вмещать

fassen — **aufnehmen** — hineingehen

    fassen *индифф. синоним*; *напр.*: der Saal faßt tausend Menschen зал вмещает тысячу человек; die Flasche faßt ein Liter бутылка вмещает один литр; der Ausstellungssaal konnte die Besucher kaum fassen выставочный зал мог вместить посетителей. **aufnehmen** = fassen; *напр.*: so ein Schiff kann viele Autos aufnehmen такое судно может вместить много автомобилей; der Saal nimmt niemand mehr auf в зале больше никто не поместится. **hineingehen** *разг.* входить *указывает на возможность быть помещенным в пределах какого-л. вместилища* (*в отличие от др. синонимов данного ряда — неперех. гл.*); *напр.*: in diesen Saal gehen 100 Menschen hinein в этот зал вмещается 100 человек; in meinen Koffer geht nichts mehr hinein в мой чемодан больше ничего не входит

    fassen [2] хватать

fassen — **packen** — **greifen** — **erfassen** — **ergreifen**

    fassen *индифф. синоним*; *напр.*: j-n an der Hand [am Arm], am Ärmel fassen хватать кого-л. за руку, за рукав; die Hand, das Seil fassen схватить руку, канат ◻ Wohl liegt der Brief jetzt offen da, aber er wagt nicht nach ihm zu fassen (Fallada, »Jeder stirbt«) Хотя перед ним теперь лежит распечатанное письмо, он не решается протянуть за ним руку. Ganz unwillkürlich hat er mit beiden Händen die Trudel gefaßt und sie so weit zur Seite geführt, daß sie nicht mehr vor dem Plakat steht (*ebenda*) Невольно он схватил Трудель обеими руками и отвел ее в сторону ровно на столько, чтобы она не стояла перед объявлением. **packen** (быстро и энергично) хватать и крепко держать; *напр.*: am Kragen packen схватить за шиворот; er packte ihn an der Kehle он схватил его за горло; ich sprang auf und packte ihn am Arm я вскочил и схватил его за руку ◻ Es genügt ihr nicht, zu schreien. Sie packt den billigen Steingutleuchter... sie schmettert ihn zur Erde, daß er zerklirrt (*Feuchtwanger*, »Exil«) Ей уже недостаточно одного крика. Она хватает дешевый фаянсовый подсвечник... и с такой силой швыряет его на пол, что он со звоном разбивается вдребезги. Da packt ihn Borkhausen am Arm, seine Augen flackern, er schüttelt den Quangel, während er eilig flüstert: »Wie kannst du so reden, Quangel?« (*Fallada*, »Jeder stirbt«) Тут Боркхаузен крепко хватает его за руку, глаза у него горят, он быстро шепчет, не выпуская Квангеля: «Как ты можешь так говорить, Квангель?» **greifen** хвататься за что-л.; *напр.*: er griff nach dem rettenden Seil он ухватился за спасительный канат ◻ Sie hatte die Nadeln von dem Tisch unter dem Weihnachtsbaum weggekehrt, an den die zwei sich setzten. Der Junge hatte nach ihrem Arm gegriffen (*Seghers*, »Die Toten«) Она смела со стола иголки, упавшие с рождественской елки, за этот стол уселись двое; тот, что был помоложе, схватил ее за руку повыше локтя. **erfassen** хвататься за что-л. (*стараясь удержать*); *напр.*: j-s Hand [Arm] erfassen ухватиться за чью-л. руку; das Tau, den Rettungsring erfassen ухватиться за трос, за спасательный круг. **ergreifen** *книжн.* (быстро) схватывать и крепко держать (*под влиянием какого-л. импульса*); *напр.*: er ergriff meine Hand und dankte für die erwiesene Hilfe он схватил мою руку и поблагодарил за оказанную помощь; ich ergriff den Eimer, um das Feuer zu löschen я схватил ведро, чтобы погасить огонь

    fassen [3] *см.* verstehen [1]
    faßlich *см.* klar [2]
    Fassung самообладание

die **Fassung** — die **Beherrschung** — die **Selbstbeherrschung** — die **Beherrschtheit** — der **Gleichmut** — der **Stoizismus**

    Fassung *индифф. синоним*; *напр.*: Schicksalsschläge mit Fassung tragen стойко переносить удары судьбы; die Fassung zurückgewinnen снова овладеть собой; die Fassung bewahren, verlieren сохранять, потерять самообладание. **Beherrschung, Selbstbeherrschung** выдержка (*способность подавить с помощью воли и разума аффекты, возбуждаемые какими-л. внешними событиями, обстоятельствами*); *напр.*: nach dem, was geschehen war, sprach sie mit ihm mit schwer erkämpfter Beherrschung [Selbstbeherrschung] после того, что случилось, ей нужна была вся ее выдержка, чтобы говорить с ним. **Beherrschtheit** выдержанность в отличие от Beherrschung *означает постоянное свойство, черту характера вообще, а не поведение человека в определенной ситуации*; *напр.*: seine Beherrschtheit war beispielhaft его выдержанность была образцовой. **Gleichmut** невозмутимость, хладнокровие (*постоянное внутреннее равновесие, основанное на самообладании*); равнодушие, безучастность, индифферентность к чему-л.; *напр.*: mit gespieltem Gleichmut с деланным безразличием; etw. mit Gleichmut hinnehmen отнестись к чему-л. хладнокровно [равнодушно]; das hörte er mit Gleichmut und ruhig seine Pfeife rauchend an он это слушал, невозмутимо попыхивая трубкой; er bewahrte stoischen Gleichmut он сохранял стоическое хладнокровие; er verlor seinen Gleichmut он потерял хладнокровие. **Stoizismus** *книжн.* стоическое хладнокровие; *напр.*: etw. mit Stoizismus ertragen переносить что-л. стоически

    fast почти

fast — **beinahe** — **nahezu** — **schier**

    fast *индифф. синоним* чуть ли не, почти; с указанием количества, меры приблизительно; *напр.*: ich bin fast gesund я почти здоров; ich habe fast alles mitgenommen я почти все взял с собой; ich hatte fast vergessen, Ihnen den Brief abzugeben чуть не забыл отдать вам письмо; er besuchte uns fast jede Woche он навещал нас почти [чуть ли не] каждую неделю; sie ist fast fünfzig Jahre alt ей около пятидесяти лет; der Fluß ist hier fast 200 m breit ширина реки здесь примерно 200 м ◻ Durch einen Zufall — übrigens einen merkwürdigen, fast lächerlichen Zufall — hatte er heute erfahren, daß... (*Kellermann*, »Der 9. November«) По воле случая, впрочем, странного, почти курьезного случая, он сегодня узнал, что... **beinahe** почти; около, приблизительно *чаще употр. в бытовой сфере, когда не требуется точных сведений о чем-л.*; *напр.*: beinahe die ganze Stadt war abgebrannt чуть ли не весь город сгорел; unsere Reise dauerte beinahe zwei Wochen наше путешествие продолжалось около двух недель [примерно две недели]; wir trafen uns beinahe täglich мы встречались едва ли не ежедневно; ich hätte beinahe vergessen zu sagen, daß... чуть не забыл сказать, что... □ Er hatte sich im vergangenen Jahr so gut eingelebt, daß er dem Schwager beinahe stolz erklärte... (Seghers, »Die Toten«) За прошедший год он настолько свыкся со своим новым положением, что заявил теперь шурину чуть ли не с гордостью... **nahezu** почти, примерно *часто с указанием количества, меры*; *напр.*: nahezu die Hälfte der Schüler war abwesend чуть ли не половина учащихся отсутствовала; meine Arbeit ist nahezu fertig моя работа почти готова; er war nahezu elegant *чаще ирон.* он был почти элегантен. **schier** *уст.* почти (совершенно); *напр.*: eine schier unübersehbare Menschenmenge почти совершенно необозримая толпа людей; ich bin schier verzweifelt я близок к отчаянию

fasten *см.* hungern
Faszikel *см.* Lieferung
faszinieren *см.* bezaubern
fatal *см.* unangenehm¹/verhängnisvoll¹
fauchen *см.* zischen
faul¹ гнилой
faul — morsch
 faul *индифф. синоним; напр.*: faules Holz гнилое дерево; faules Obst гнилые фрукты; faule Kartoffeln гнилой картофель; es riecht hier nach faulem Gemüse здесь пахнет гнилыми овощами. **morsch** гнилой, трухлявый; *напр.*: ein morscher Baum трухлявое дерево; ein morsches Dach гнилая [трухлявая] крыша; morsche Bretter трухлявые доски
faul² ленивый
faul — arbeitsscheu — stinkfaul
 faul *индифф. синоним; напр.*: in der letzten Zeit ist der Junge faul geworden в последнее время мальчик разленился; dieses Pferd ist sehr faul эта лошадь очень ленива □ Verschlemmen soll nicht der faule Bauch, | Was fleißige Hände erwarben (Heine, »Deutschland«) Отныне ленивое брюхо кормить | Не будут прилежные руки. **arbeitsscheu** уклоняющийся от работы; *напр.*: arbeitsscheue Elemente паразитические элементы, не занимающиеся общественно полезным трудом; er war immer arbeitsscheu он всегда уклонялся от работы. **stinkfaul** *груб.* очень ленивый; *напр.*: weißt du denn nicht, daß er stinkfaul ist? разве ты не знаешь, что он страшно ленив?
faul³ *см.* träge
faulen гнить
faulen — verfaulen — anfaulen — verrotten — modern — vermodern — verwesen
 faulen *индифф. синоним; напр.*: die Wurzeln der Pflanzen, die Äpfel faulen корни растений, яблоки гниют; Holz, das Laub fault дерево, листва гниет; das Wasser fault вода застаивается [тухнет, гниет]; die Garben auf dem Feld faulen снопы в поле преют [горят]. **verfaulen** ≅ faulen, *но подчеркивает*, что процесс гниения охватывает предмет целиком или завершен, завершается; *напр.*: es ist hier so feucht, daß die Kartoffeln verfaulen здесь так сыро, что картофель сгниет; bei diesem Regenwetter wird das Heu verfaulen при этой дождливой погоде сено сгниет [сгорит]. **anfaulen** загнивать, начать гнить (*часто в Part. II*); *напр.*: ein Balken ist angefault одна балка подгнила; wenn Äpfel anfaulen, schmecken sie bitter когда яблоки начинают гнить, они горчат. **verrotten** гнить (и распадаться, разрушаться); перегнивать (*часто в Part. II*); *напр.*: Abfälle, Pflanzenreste verrotten отбросы, остатки растений перегнивают [гниют]; Torf, Stroh, Mist verrottet торф, солома, навоз гниет [превращается в перегной]; die Mauer verrottet стена разрушается (от времени). **modern** гнить, тлеть; покрываться плесенью *чаще употр. по отношению к органическим веществам; напр.*: das Obst modert фрукты гниют; die Gebeine modern кости тлеют в земле. **vermodern** ≅ modern, *но подчеркивает*, что данный процесс завершен, завершается; *напр.*: die Pilze vermoderten im Laub грибы сгнили в листве; die alten Kleider vermoderten in der Truhe старое платье истлело в сундуке. **verwesen** разлагаться; *напр.*: die Leiche war schon verwest труп уже разложился

Faulenzer лентяй
der Faulenzer — der Faulpelz — der Lotterbube
 Faulenzer *индифф. синоним; напр.*: er ist als Faulenzer bekannt он слывет лентяем; er ist ein notorischer Faulenzer он заведомый лентяй; du Faulenzer! ты, лентяй! **Faulpelz** *разг.* ≅ Faulenzer; *напр.*: der Junge war ein Faulpelz und machte nie seine Hausaufgaben мальчик был ленив и никогда не делал домашних заданий. **Lotterbube** *разг. устаревает* бездельник *по сравнению с* Faulenzer *выражает большую степень отрицательного качества; напр.*: du bist ein Lotterbube! ты бездельник!
Faulpelz *см.* Faulenzer
faunisch *см.* lüstern¹
Faust: auf eigene Faust *см.* eigenmächtig
Fäustchen: sich ins Fäustchen lachen *см.* schadenfroh sein
Fauteuil *см.* Sessel
Fazit *см.* Ergebnis
federleicht *см.* leicht¹
federweich *см.* weich¹
fegen подметать
fegen — kehren — ausfegen — auskehren
 fegen *индифф. синоним; напр.*: die Straße, den Hof, die Treppe mit dem Besen täglich fegen подметать ежедневно метлой улицу, двор, лестницу; das Zimmer fegen подметать комнату, Schmutz aus der Stube, vom Teppich fegen выметать из комнаты, сметать с ковра сор. **kehren** = fegen; *напр.*: das Zimmer, die Straße kehren подметать комнату, мести улицу. **ausfegen, auskehren** выметать *по сравнению с* fegen *больше подчеркивают* удаление *грязи откуда-л., чем самый процесс подметания; напр.*: wir müssen noch den Schmutz ausfegen [auskehren] мы еще должны вымести сор; sie fegte [kehrte] sorgfältig das Zimmer aus она аккуратно подмела в комнате

Fehde *см.* Streit²
Fehl *см.* Mangel
fehlen отсутствовать
fehlen — ausbleiben — ausstehen — wegbleiben — fortbleiben — mangeln — ermangeln — gebrechen — entbehren — abgehen
 fehlen *индифф. синоним; напр.*: wer fehlt? кто отсутствует?; der richtige Schlüssel fehlte нужного ключа не было; mir fehlt das Geld zur Reise у меня нет денег на путешествие; auch sie fehlte dort nicht она также присутствовала [была] там □ Er hat nämlich immer gleich gemerkt, wo was fehlt, wo was nötig ist (Seghers, »Die Toten«) Он сразу замечал, где чего не хватает и где что необходимо добавить. **ausbleiben** отсутствовать, не иметься (вопреки ожиданию) (*чаще о неодушевленных предметах*); *напр.*: die Antwort blieb aus ответа не последовало; die Bestellung blieb aus заказ не поступил; die Post blieb aus почты (еще) не было, почта (еще) не пришла; die Hilfe, die Unterstützung blieb aus помощи, поддержки (*хотя она и ожидалась*); die vorausgesagten Nachtfröste blieben aus предсказанных ночных заморозков не было; die erwarteten Kunden blieben aus ожидаемые клиенты не появлялись; das bleibt nicht aus это обязательно случится. **ausstehen** (пока, еще) отсутствовать, еще не иметься (в наличии) (*об абстрактных понятиях*); *напр.*: die Antwort, die Bestätigung steht noch aus ответа, подтверждения пока еще нет; die Lösung des Problems steht aus проблема ждет своего решения. **wegbleiben** отсутствовать, не появляться (вопреки ожиданию) (*чаще о лицах, об одушевленных предметах*); *напр.*: von der Feier wegbleiben не присутствовать [не появляться] на празднике; von der Schule wegbleiben (временно) не ходить в школу, пропускать уроки. **fortbleiben** отсутствовать, не возвращаться (*о лицах*); *напр.*: lange fortbleiben долго отсутствовать; er ist von der Arbeit fortgeblieben он не являлся на работу. **mangeln** *книжн.* отсутствовать, не хватать,

недоставать (о чём-л. важном с точки зрения говорящего) (действующее лицо выражено дополнением в Dat.), напр.: ihm mangelt der nötige Ernst, der Mut у него нет [ему не хватает] должной серьёзности, мужества; es mangelt ihr an Geduld у неё не хватает терпения. **ermangeln** (G) высок. ≅ mangeln субъектом б. ч. является неодушевлённый предмет и реже лицо; напр.: ihre Kleidung ermangelte der Eleganz в её одежде не было элегантности; die Angaben ermangeln der erforderlichen Genauigkeit эти данные недостаточно точны; er ermangelt der Würde, des Mutes, der Vorsicht ему не хватает достоинства, мужества, осторожности. **gebrechen** (an etw. D) высок. не иметься у кого-л. (о чём-л. необходимом с точки зрения говорящего) (действующее лицо выражено дополнением в Dat.); напр.: es gebricht ihm an Takt, an Wagemut он не обладает тактом, отвагой; ihm gebrach es an Zeit, an Geld у него не было времени, денег. **entbehren** (G) книжн. не иметь объектом б. ч. является неодушевлённый предмет или абстрактное понятие; напр.: diese Behauptung entbehrt der Logik, der Glaubwürdigkeit, der wissenschaftlichen Grundlage это утверждение лишено логики, достоверности, научной основы. **abgehen** (j-m) разг. совершенно, полностью отсутствовать; напр.: ihm geht der Humor ab у него совершенно отсутствует юмор, он полностью лишён юмора; musikalische Fähigkeiten gehen ihm ab у него нет никаких музыкальных способностей

Fehler[1] ошибка (языковая, математическая и т. п.)
der **Fehler** — der **Lapsus** — der **Schnitzer**

Fehler индифф. синоним; напр.: Fehler korrigieren, aufdecken, aufklären исправлять, обнаруживать, разъяснять ошибки; ich habe in meiner Arbeit, in der Übersetzung zwei unbedeutende, grobe Fehler gemacht я сделал в своей работе, в переводе две незначительные, грубые ошибки; das ist ein häufiger, orthographischer, grammatischer Fehler это частая, орфографическая, грамматическая ошибка; er hat in der Berechnung einen Fehler zugelassen он допустил в подсчёте ошибку; hier hat sich ein Fehler eingeschlichen здесь вкралась ошибка. **Lapsus** книжн. досадная, нелепая ошибка (б. ч. в устной или письменной речи), ляпсус; напр.: einen Lapsus (in der Rede) begehen допустить (в речи) ляпсус. **Schnitzer** разг. промах, промашка; напр.: das war ein grober, großer Schnitzer это был грубый, большой промах

Fehler[2] ошибка (поступок)
der **Fehler** — der **Fehlgriff** — der **Mißgriff**

Fehler индифф. синоним; напр.: das war ein Fehler, daß du ihm Geld geborgt hast было ошибкой с твоей стороны одолжить ему денег; sich auf das gute Wetter zu verlassen, war ein Fehler было ошибкой полагаться на хорошую погоду; der Richter beging einen Fehler судья допустил ошибку. **Fehlgriff, Mißgriff** промах; напр.: einen Fehlgriff tun делать промах; einen Mißgriff vermeiden избегать промахов; seine Verhaftung war ein Fehlgriff с его арестом был допущен промах

Fehler[3] см. Irrtum/Mangel
fehlerfrei см. richtig/tadellos
fehlerhaft см. falsch[2]
fehlerlos см. richtig/tadellos
fehlgehen см. irren, sich
fehlgreifen см. irren, sich
Fehlgriff см. Fehler[2]
Fehlschlag см. Niederlage
fehlschlagen см. mißlingen
Feier см. Fest[1]
feierlich см. festlich
Feierlichkeiten см. Fest[1]
feiern праздновать

feiern — b e g e h e n

feiern индифф. синоним; напр.: den Sieg über den Feind, ein Jubiläum, j-s Geburtstag feiern праздновать победу над врагом, юбилей, чей-л. день рождения. **begehen** высок. праздновать, отмечать (в официальной, торжественной обстановке); напр.: sein Jubiläum haben wir würdig begangen мы достойно отметили его юбилей; wir haben ihren Geburtstag gestern festlich begangen мы вчера торжественно праздновали [отмечали] её день рождения

Feiertag праздничный день, праздник (установленный государственными органами или церковью нерабочий день)
der **Feiertag** — der **Festtag** — das **Fest**

Feiertag индифф. синоним; напр.: der 1. Mai ist der Internationale Feiertag der Werktätigen 1 Мая — международный праздник трудящихся; an Sonn- und Feiertagen arbeiten wir nicht по воскресеньям и праздникам мы не работаем; Ostern ist ein hoher kirchlicher Feiertag пасха — большой церковный праздник □ Er trug im Rucksack den Krempel, den er auf die Feiertage heimbringen wollte (Seghers, »Die Toten«) В рюкзаке у него было всякое барахло, которое он вёз домой на праздники. **Festtag** праздничный день, праздник часто тж. перен.; напр.: an Festtagen sind bei uns alle Läden geschlossen по праздникам у нас все магазины закрыты; der Tisch war gedeckt wie an Festtagen стол был накрыт как по праздникам; der Klassenausflug war für die Schüler ein Festtag экскурсия всем классом была для учеников праздником. **Fest** ≅ Feiertag, но обыкн. не употр., когда праздничный день противопоставляется рабочим дням; напр.: frohes Fest! с праздником (рождества)!; zum Fest fahre ich nach Hause на праздник я еду домой; es gibt bewegliche (Ostern, Pfingsten) und unbewegliche (Weihnachten) kirchliche Feste существуют переходящие церковные праздники (пасха, троица) и не переходящие (рождество)

feig(e) см. ängstlich
feilbieten см. verkaufen
feilhalten см. verkaufen
feilschen см. handeln II[2]
fein см. dünn[1]/gut[1,2]/vornehm/zart[1]

Feind враг
der **Feind** — der **Gegner** — der **Erbfeind** — der **Erzfeind** — der **Widersacher**

Feind индифф. синоним; напр.: er ist stets mein Feind gewesen он всегда был моим врагом; er ist ein Feind aller Neuerungen он враг всяких новшеств; der Feind wurde zurückgeworfen враг [противник] был отброшен; wir werden den Feind aus unserem Lande vertreiben мы прогоним врага из нашей страны □ Allein schon der Haß, mit welchem die Feinde seine Aufsätze erwiderten, bewies, daß sie trafen... (Feuchtwanger, »Exil«) Однако уже та ненависть, с которой враги встречают его статьи, доказывает, что они попадают в цель... **Gegner** противник; напр.: er war stets mein Gegner он всегда был моим противником; er ist ein fairer Gegner он честный противник; ich bin ein Gegner des Kartenspiels я противник карточной игры; der Gegner wurde in die Flucht geschlagen противника обратили в бегство □ Er hat viel Übles auf sich nehmen müssen; die Männer vom Generalstab waren harte, mächtige Gegner, die nichts vergaßen... (Feuchtwanger, »Exil«) Ему пришлось немало вытерпеть: господа из генерального штаба были жестокими и могущественными противниками, которые ничего не прощали... **Erbfeind** кровный, смертельный враг; напр.: die alten Erbfeinde der Demokratie извечные враги демократии. **Erzfeind** заклятый враг обыкн. предполагает старую вражду; напр.: sie waren Rivalen und Erzfeinde они были соперниками и давнишними злейшими врагами. **Widersacher** книжн. (чей-л.) личный враг (который старается вредить всеми возможными средствами), часто ирон. супостат; напр.: er, mein alter Widersacher, war auch gekommen он, мой давнишний враг, тоже пришёл [явился]

feindlich[1] враждебный
unfreundlich — a b h o l d — **übelgesinnt** — **übelwollend** — **feindlich** — **feindschaftlich** — **feindselig**

Синонимы данного ряда расположены по степени возрастания выражаемого признака

FEINDLICH

unfreundlich недружелюбный, неприязненный; *напр.*: ein unfreundlicher Empfang недружелюбный прием; j-m unfreundlich antworten недружелюбно отвечать кому-л.; j-n unfreundlich empfangen недружелюбно принимать кого-л.; j-n unfreundlich behandeln неприязненно относиться к кому-л. abhold *высок.* (*теперь тк. предикативно, в качестве определения устаревает*); *напр.*: er ist allen Neuerungen abhold он противник всяких нововведений; das Glück ist mir abhold счастье мне не улыбается; er ist ein der Kunst abholder Mann он человек, чуждый искусству. übelgesinnt (*и менее употребительное*) übelwollend недоброжелательный; *напр.*: ein übelgesinnter [übelwollender] Mensch недоброжелательный человек. feindlich *индифф. синоним; напр.*: feindliche Parteien враждебные партии; j-m feindlich gesinnt sein относиться к кому-л. враждебно; sie hatten einen feindlichen Zusammenstoß mit den Grenzern des Nachbarlandes у них произошел инцидент [произошло вооруженное столкновение] с пограничниками соседней страны; ich kenne seine feindliche Einstellung gegen mich мне известно его враждебное отношение ко мне. feindschaftlich ≅ feindlich, *но б. ч. о чувствах, высказываниях и т. п.; употр. реже: напр.*: ein feindschaftliches Gefühl враждебное чувство; er steht mir feindschaftlich gegenüber он занимает по отношению ко мне враждебную позицию, он враждебно ко мне относится. feindselig враждебный (*питающий ненависть, вражду к кому-л., угрожающий*); *напр.*: feindselige Pläne, Absichten, Blicke враждебные планы, намерения, взгляды □ Es kam oft vor, daß Anna einen energischen Ton gegen ihn anschlug, doch so leise, scharf und feindselig hatte er sie seit ewigen Zeiten nicht mehr sprechen hören (Feuchtwanger, »Exil«) Случалось часто, что Анна в разговоре с ним переходила на энергичный тон, однако он уже целую вечность не слышал, чтобы она говорила так тихо и в то же время так резко и враждебно

feindlich² неприятельский, вражеский
feindlich — gegnerisch

feindlich *индифф. синоним; напр.*: die feindlichen Truppen неприятельские [вражеские] войска; das feindliche Heer неприятельская армия; einen feindlichen Angriff abschlagen отбить наступление противника. gegnerisch противный, принадлежащий к лагерю противника *по сравнению с* feindlich *менее эмоционально; напр.*: die gegnerische Front, Armee фронт, армия противника; die gegnerische Partei (bei einem Prozeß) противная сторона (в судебном процессе); die gegnerische Mannschaft команда противника

Feindschaft вражда
die **Uneinigkeit** — der **Unfriede(n)** — die **Feindschaft**

Синонимы данного ряда расположены по степени возрастания интенсивности выражаемого состояния

Uneinigkeit несогласие; *напр.*: mit j-m in Uneinigkeit leben жить с кем-л. в несогласии [не в ладу]; Uneinigkeit ist ein Zeichen der Schwäche отсутствие согласия — признак слабости. **Unfriede(n)** раздор; *напр.*: Unfrieden stiften сеять раздор; sie leben in ewigem Unfrieden они вечно ссорятся; Friede ernährt, Unfriede verzehrt *посл.* мир созидает, распря разрушает. **Feindschaft** *индифф. синоним; напр.*: eine alte, erbitterte Feindschaft старая, ожесточенная вражда; mit j-m in Feindschaft leben жить с кем-л. во вражде; sich j-s Feindschaft zuziehen нажить себе в ком-л. врага; zwischen ihnen herrscht Feindschaft они враждуют друг с другом, между ними (царит) вражда

feindschaftlich *см.* feindlich¹
feindselig *см.* feindlich¹
Feindseligkeit *см.* Abneigung
Feingefühl *см.* Takt¹
Feinheit тонкость
die **Feinheit** — die **Finesse** — das **Raffinement** — die **Raffinesse**

Синонимы данного ряда расположены по степени возрастания выражаемого признака

Feinheit *индифф. синоним; напр.*: die Feinheiten der Sprache, der Übersetzung тонкости языка, перевода; die Feinheit seines Spieles тонкость его игры; ein Handwerk bis in seine letzten Feinheiten beherrschen знать свое ремесло до тонкостей. **Finesse** изысканность; *напр.*: die Finessen einer Sprache изысканность языка; er beherrscht alle Finessen der Aussprache он обладает изысканным произношением. **Raffinement** [-'maŋ], **Raffinesse** *книжн.* рафинированность, утонченность; *напр.*: das Raffinement [die Raffinesse] des Luxus утонченность роскоши

Feinschmecker гурман
der **Feinschmecker** — der **Gourmet** — der **Gourmand** — das **Leckermaul**

Feinschmecker *индифф. синоним; напр.*: in unserer Familie galt er als Feinschmecker в нашей семье он слыл гурманом; als Feinschmecker schätzte er Langusten как гурман он ценил лангусты. **Gourmet** [guɾ'me:] *книжн. редко* ≅ Feinschmecker, *но б. ч. о знатоке вин; напр.*: dieser Wein ist für Gourmets это вино для настоящих ценителей [для гурманов]. **Gourmand** [guɾ'mã] *книжн. редко.* гастроном; *напр.*: wenn er das Restaurant besuchte, servierte man ihm immer feine Gerichte, weil er als Gourmand galt когда он посещал ре-

FERTIGMACHEN

сторан, ему подавали всегда тонкие блюда, потому что он слыл гастрономом. **Leckermaul** *разг.* лакомка, сластена; *напр.*: sie ist ein Leckermaul und wird den Kuchen gern essen она лакомка и с удовольствием съест (этот) пирог

feist *см.* dick¹
feixen *см.* lächeln
Feld поле (*участок земли, используемый под посевы*)
das **Feld** — der **Acker** — das **Land** — die **Flur**

Feld *индифф. синоним; напр.*: das Feld bearbeiten, bewässern, düngen, pflügen, abmähen обрабатывать, орошать, удобрять, пахать, скашивать поле; die Bauern arbeiten auf dem Feld крестьяне работают на поле. **Acker** вспаханное поле, используемое под посев, пашня; *напр.*: den Acker eggen, düngen боронить, удобрять пашню; ein fruchtbarer, sandiger Acker плодородная, песчаная пашня □ Und laß nur mal erst das Volk in Ordnung sein, und laß nur mal erst das Unkraut aus dem Land sein, dann kommt dein Acker in Ordnung (Seghers, »Die Toten«) Дай сначала народу прийти в себя, дай сначала очистить страну от сорняков, тогда и на твоей земле будет порядок. **Land** = Acker; *напр.*: er hat drei Hektar Land у него три гектара пахотной земли; sie hat gutes, sandiges Land у нее хорошая, песчаная земля (под пашней). **Flur** *высок. поэт.* нива; *напр.*: das ist ein fruchtbares Land, überall sieht man blühende Fluren это плодородная земля, повсюду видны цветущие нивы □ Wie herrlich leuchtet mir die Natur! Wie glänzt die Sonne! Wie lacht die Flur! (Goethe, »Mailied«) Как сияет природа! Как блещет солнце! Как смеется нива!

Feldgrauer *см.* Soldat
felsenfest *см.* fest
Ferien *см.* Urlaub
fern *см.* weit¹
Ferne *см.* Weite
Fernschreiber *см.* Telegraf
Fernsprecher *см.* Telefon
fertig¹ готовый
fertig — bereit

fertig *индифф. синоним; напр.*: ein fertiges Manuskript готовая рукопись; fertiges Essen готовая [сваренная] пища; ist das Essen fertig? еда готова?; ist er mit den Hausaufgaben fertig? он уже приготовил уроки [выполнил домашние задания]? bereit готовый к чему-л. (*обыкн. предикативно*); *напр.*: das Essen ist schon bereit еда уже готова; es ist alles для ihren Besuch bereit все готово к их приходу [посещению]; wir sind bereit zum Kampf мы готовы к борьбе; er ist bereit, uns zu helfen он готов нам помочь

fertig² *см.* müde/reif
fertiglesen *см.* lesen I¹
fertigmachen *см.* bereiten¹,²

FESCH

fesch *см.* elegant
fesseln *см.* anziehen II/binden³
fesselnd *см.* interessant

fest¹ прочный, крепкий (*о материалах и т. п.*)

fest — dauerhaft — haltbar — stabil

fest *индифф. синоним; напр.:* festes Holz крепкое дерево; festes Gestein крепкая горная порода; ein festes Seil крепкий канат; festes Gewebe, Schuhwerk прочная ткань, обувь. **dauerhaft** прочный, сохраняющийся долгое время; *напр.:* dauerhaftes Material прочный материал; eine dauerhafte Tapete прочные обои. **haltbar** ≅ dauerhaft, *но обладает меньшей сочетаемостью; напр.:* haltbarer Stoff прочная [ноская] материя; haltbare Farben прочные [стойкие] краски. **stabil** ≅ fest, *но употр. тж. как разг. по отношению к лицам; напр.:* stabile Konstruktion прочная конструкция; für sein Alter ist er noch sehr stabil для своего возраста он еще очень крепок

fest² твердый, стойкий (*о людях, убеждениях и т. п.*)

fest — stark — unbeugsam — unnachgiebig — unverbrüchlich — unerbittlich — unerschütterlich — felsenfest — eisern

fest *индифф. синоним; напр.:* feste Zuversicht твердая уверенность; er hat einen festen Glauben daran он в это твердо верит; er war der festen Überzeugung, daß er recht habe он был твердо убежден, что он прав; ich habe die feste Absicht, diesen Sommer eine Reise nach Bulgarien zu unternehmen я твердо намерен предпринять этим летом путешествие в Болгарию; er ist ein Mann mit festen Grundsätzen он человек твердых принципов. **stark** крепкий, твердый *часто употр. по отношению к религиозным убеждениям; напр.:* stark im Glauben sein твердо верить; sie hat einen starken Glauben у нее твердая вера. **unbeugsam** несгибаемый, не поддающийся чужому влиянию; *напр.:* unbeugsame Leute несгибаемые люди; ein unbeugsamer Wille несгибаемая воля; eine unbeugsame Energie несокрушимая энергия. **unnachgiebig** непреклонный, не отступающий от принятого решения; *напр.:* eine unnachgiebige Haltung einnehmen занять твердую позицию; trotz aller Bitten blieb er unnachgiebig несмотря на все просьбы, он остался непреклонным. **unverbrüchlich** нерушимый, непоколебимый; *напр.:* unverbrüchliche Treue нерушимая верность; unverbrüchliche Verschwiegenheit упорное молчание; er hielt unverbrüchlich an seinem Versprechen fest он твердо соблюдал [выполнял] свои обещания. **unerbittlich** неумолимый, непреклонный; *напр.:* wir baten ihn, seinen Entschluß zu ändern, aber er blieb unerbittlich мы просили его изменить свое решение, но он оставался неумолимым [непреклонным]. **unerschütterlich** непоколебимый, незыблемый; *напр.:* mit unerschütterlicher Ruhe с непоколебимым спокойствием; mein Vertrauen zu ihm ist unerschütterlich мое доверие к нему непоколебимо □ ...und nur die alten Professoren bleiben stehen in dieser allgemeinen Bewegung, unerschütterlich fest, gleich den Pyramiden Ägyptens, nur daß in diesen Universitätspyramiden keine Weisheit verborgen ist (*Heine, »Die Harzreise«*) ...и только старые профессора стоят непоколебимо и недвижно среди всеобщего движения, подобно пирамидам Египта — но только в этих университетских пирамидах не скрыта никакая мудрость. **felsenfest** очень твердый, твердый как скала; *напр.:* ich bin felsenfest davon überzeugt я в этом абсолютно [твердо] уверен; ich verlasse mich auf ihn felsenfest я полагаюсь на него как на каменную гору; ich habe die felsenfeste Überzeugung, daß... я совершенно убежден, что... **eisern** железный, твердый (*б. ч. атрибутивно; предикативно и адвербиально тк. разг.*); *напр.:* eiserne Grundsätze железные принципы; eiserne Disziplin железная дисциплина; ein eiserner Wille железная воля; mit eiserner Ausdauer с железной выдержкой; eine eiserne Gesundheit haben обладать железным здоровьем; er hat es mir eisern versprochen *фам.* он это мне твердо (по-)обещал

fest³ твердый, постоянный, установленный

fest — fix — feststehend

fest *индифф. синоним; напр.:* ein festes Gehalt beziehen получать твердый оклад [твердое жалование]; dafür gibt es keine festen Regeln на это нет твердых правил; jetzt hat er einen festen Wohnsitz теперь у него есть постоянное местожительство; ich habe eine feste Anstellung bekommen я получил постоянную работу [постоянное место службы]; diese Leute gehören zu unserer festen Kundschaft эти люди принадлежат к нашей постоянной клиентуре; das ist ein fester Begriff это (вполне) определенное понятие. **fix** твердый, неизменный; *напр.:* fixe Preise твердые цены; ein fixer Tarif твердый тариф; das ist eine fixe Eigenschaft dieses Elements это неизменное свойство данного элемента; er kann von dieser fixen Idee nicht loskommen он не может отделаться от этой навязчивой идеи. **feststehend** твердо установившийся, устойчивый; *напр.:* ein feststehender Brauch укоренившийся обычай; eine feststehende Redewendung устойчивое словосочетание; ein feststehender Begriff твердо установившееся понятие

fest⁴ *см.* hart

Fest¹ праздник, празднество

das Fest — die Feier — die Festlichkeiten — die Feierlichkeiten — die Lustbarkeit — die Party — die Fete

Fest *индифф. синоним; напр.:* ein großes, lustiges, üppiges Fest bereiten, begehen [feiern], veranstalten готовить, праздновать, устраивать большой, веселый, роскошный праздник; an einem prächtigen Fest teilnehmen принимать участие в пышном торжестве; sie hat gestern auf unserem Fest getanzt она вчера танцевала на нашем празднике; wir laden Sie zu unserem Fest ein мы приглашаем вас на наш праздник □ Bei den Steils brach ein großes Fest aus. Ein Bruder der Frau war gekommen, ein Abgesandter der Heimat (*Strittmatter, »Wundertäter«*) Штейли устроили большой праздник. Приехал брат жены, посланец родины. **Feier** торжественное празднование (*по особому поводу или в связи со знаменательной датой, б. ч. о публичных или официальных торжествах, ограниченных определенным временем и проводимых по определенной программе*); *напр.:* die Feier seines sechzigsten Geburtstages war sehr eindrucksvoll празднование его шестидесятилетия было очень впечатляющим [пышным]; den Kosmonauten zu Ehren wurde eine Feier veranstaltet в честь космонавтов было устроено (торжественное) празднество; in ihrem Dorf gibt es an diesem Tage eine Feier в их деревне в этот день праздник. **Festlichkeiten** торжественные празднества (*б. ч. с большой программой*); *напр.:* zu den Festlichkeiten anläßlich der Hundertjahrfeier unserer Stadt werden viele Gäste erwartet на празднества в честь столетия нашего города ожидается много гостей. **Feierlichkeiten** ≅ Festlichkeiten, *но с оттенком большей торжественности и официальности;* *напр.:* die Feierlichkeiten anläßlich der Staatsgründung erstreckten sich über mehrere Tage празднества в честь основания государства длились несколько дней; es wurden große Feierlichkeiten veranstaltet были устроены большие празднества. **Lustbarkeit** устаревает, теперь б. ч. ирон. гулянье (*публичное празднество, устраиваемое для развлечения, обыкн. с танцами*); *напр.:* die Lustbarkeiten wollten kein Ende nehmen увеселения [празднества] сменяли друг друга нескончаемой чередой. **Party** ['pa:ti] *неол.* домашний праздник (*в непринужденной обстановке*), вечеринка; *напр.:* am Sonnabend wollen wir eine Party geben в субботу мы хотим устроить вечеринку. **Fete** *разг. шутл.* (веселая, шумная) вечеринка (*б. ч. с танцами*); *напр.:* die kleine Fete hatte allen gut gefallen скромная вечеринка всем понравилась

Fest 2 *см.* Feiertag
festbinden *см.* binden 2
Festessen *см.* Essen 2
festgespannt *см.* straff 1
festhalten *см.* halten 1
festigen укреплять, упрочивать
festigen — befestigen — stärken

festigen *индифф. синоним; объектом обыкн. является неодушевленный предмет, абстрактное понятие; напр.:* j-s Vertrauen, j-s Glauben festigen укреплять чье-л. доверие, чью-л. веру; seine Autorität, seine Stellung festigen упрочивать свой авторитет, свое положение; Beziehungen zwischen zwei Ländern festigen укреплять связи между двумя странами; die Kenntnisse der Schüler durch Übungen festigen закреплять знания учащихся упражнениями. **befestigen** ≅ festigen, *но объектом часто является лицо (в этом случае помимо прямого дополнения (лица) имеется предложное дополнение); напр.:* j-s Entschluß befestigen укрепить чье-л. решение; j-n in seinem Entschluß befestigen укрепить кого-л. в его решении; j-s Vertrauen befestigen укреплять чье-л. доверие; die Freundschaft befestigen укреплять дружбу; j-n in seiner Hoffnung, in seiner Ansicht befestigen укрепить кого-л. в его надежде, его мнении. **stärken** ≅ befestigen, *но обладает небольшой сочетаемостью; напр.:* j-n im Glauben stärken *рел.* укрепить кого-л. в вере; das stärkt den Charakter это закаляет характер

festlegen *см.* bestimmen 1
festlich праздничный (*особый, торжественный*)
festlich — feierlich — weihevoll

Синонимы данного ряда расположены по степени возрастания выражаемого признака

festlich *индифф. синоним; напр.:* eine festliche Aufführung праздничная постановка; eine festliche Stimmung праздничное настроение; ein festlicher Tag праздничный день; es herrschte festliches Getriebe царило праздничное оживление. **feierlich** торжественный; *напр.:* eine feierliche Rede, Zeremonie торжественная речь, церемония; etw. feierlich versprechen торжественно обещать что-л. **weihevoll** *высок.* высокоторжественный, возвышенный; *напр.:* eine weihevolle Stunde высокоторжественный час; ein weihevoller Tag высокоторжественный день

Festlichkeiten *см.* Fest 1
festmachen *см.* befestigen 1
Festmahl *см.* Essen 2
festnageln *см.* nageln
festnehmen *см.* verhaften
festsetzen 1 заключать в тюрьму
festsetzen — ins Gefängnis werfen — in den Kerker werfen — einkerkern — einsperren — einlochen — einbuchten

festsetzen *индифф. синоним; напр.:* er wurde bald festgesetzt его вскоре посадили в тюрьму; man setzte den Dieb fest вор был посажен в тюрьму. **ins Gefängnis werfen** бросить в тюрьму *выражает сочувствие к заключенному; напр.:* der Führer der Widerstandsbewegung wurde ins Gefängnis geworfen вождь движения Сопротивления был брошен в тюрьму. **in den Kerker werfen** ≅ ins Gefängnis werfen, *но предполагает более суровые условия заключения; напр.:* die verhafteten Arbeiter wurden in den Kerker geworfen арестованные рабочие были брошены в застенок. **einkerkern** *книжн.* ≅ in den Kerker werfen; *напр.:* viele Unschuldige wurden eingekerkert много невиновных было заключено в темницу. **einsperren** *разг.* посадить за решетку; *напр.:* er war drei Wochen eingesperrt он сидел три недели. **einlochen, einbuchten** *жарг.* посадить в кутузку; *напр.:* er hat randaliert, darum hat man ihn eingelocht [eingebuchtet] он скандалил, поэтому его посадили в кутузку

festsetzen 2 *см.* bestimmen 1
feststehend *см.* fest 3
feststellen 1 устанавливать (*факт*)
feststellen — konstatieren — registrieren

feststellen *индифф. синоним; напр.:* ich stellte fest, daß alle Studenten anwesend waren я установил, что все студенты присутствовали; er stellte fest, daß der Anzug 250 Mark gekostet hatte он выяснил [удостоверился в том], что костюм стоил 250 марок; es ist interessant festzustellen, daß... интересно отметить, что... □ Man wird sich doch vor allem bemühen, den festzustellen, der den tödlichen Schuß abgab (*Seghers,* »*Die Toten*«) Ведь прежде всего попытаются установить личность того, чей выстрел оказался смертельным. **konstatieren** *книжн.* констатировать; *напр.:* wir konstatierten, daß die Zollbeamten bei der Gepäckrevision sehr zuvorkommend waren мы должны были констатировать, что таможенные чиновники при досмотре багажа были очень обходительны □ Sie konstatiert nur sachlich, einschlafen werde sie doch kaum wieder, es sei wohl am besten, sie frühstückten mit dem Jungen zusammen (*Feuchtwanger,* »*Exil*«) Она лишь трезво констатировала, что ей едва ли снова удастся заснуть, лучше всего было бы позавтракать вместе с сыном. **registrieren** *разг.* отметить про себя, брать для себя мысленно на заметку; *напр.:* er sagte nichts, aber registrierte seine Frechheit он ничего не сказал, но про себя отметил его нахальство; mit Genugtuung registrierte er, daß seine Vorschläge akzeptiert waren с удовлетворением отметил он (про себя), что его предложения были приняты

feststellen 2 *см.* erfahren I 1
Festtag *см.* Feiertag
Fete *см.* Fest 1
fett *см.* dick 1
fetten *см.* schmieren 1
Fetzen *см.* Lappen
feucht *см.* naß
Feuer 1 огонь

das Feuer — die Flamme — die Lohe

Feuer *индифф. синоним; напр.:* ein starkes, schwaches, glimmendes, bengalisches Feuer сильный, слабый, тлеющий, бенгальский огонь; sich am Feuer wärmen греться у огня; dort brennt ein helles Feuer там горит яркий огонь; stellen Sie die Suppe aufs Feuer поставьте суп на огонь □ Die Haut ging davon ab, und das rohe Fleisch brannte wie Feuer (*Fallada,* »*Wolf u. Wölfen*«) Кожа щеки была содрана до живого мяса так, что ее будто жгло огнем. Dann ist alles hochgewirbelte Erde, Staub, Feuer, Qualm — der Knall der Explosion zerreißt die Luft (*ebenda*) И вот взлетает земляной вихрь, пыль, огонь, чад — взрыв раскалывает воздух. **Flamme** пламя; *напр.:* eine helle, gelbe, starke, schwache, heiße Flamme яркое, желтое, сильное, слабое, горячее пламя; die Flamme der Kerze erhellte schwach das Zimmer пламя свечи слабо освещало комнату; die Flammen schlugen aus dem Dach пламя вырывалось из-под крыши □ Die Flamme der Kerze warf die Umrisse des Dulders Stanislaus vergrößert gegen die gekalkte Wand (*Strittmatter,* »*Wundertäter*«) От пламени свечи на побеленной стене отражалась увеличенная тень мученика Станислауса. **Lohe** *поэт.* столб пламени; *напр.:* die Lohe schlug zum Himmel столб пламени взметнулся к небу

Feuer 2 *см.* Brand 1
Feuer 3: **dem Feuer übergeben** *см.* verbrennen 1
Feuerbrunst *см.* Brand 1
feuern *см.* schießen 1
feurig *см.* heiß 1
Fiasko *см.* Niederlage/Sturz 2
fidel *см.* lustig
Fieber жар, повышенная температура

das Fieber — die Hitze

Fieber *индифф. синоним; напр.:* hohes, leichtes Fieber сильный, небольшой жар, высокая, небольшая температура; er hat 38 Grad Fieber у него температура 38 (градусов); das ist ein Mittel gegen Fieber это жаропонижающее средство. **Hitze** жар, высокая температура; *напр.:* er hat Hitze у него жар; wenn Sie Hitze haben, müssen Sie das Bett hüten если у вас жар, вы не должны вставать с постели

fieberhaft *см.* schnell
fieb(e)rig *см.* aufgeregt
Fiedel *см.* Geige
Figur *см.* Gestalt

FIGÜRLICH   170   **FJORD**

figürlich *см.* übertragen I
Filiale *см.* Zweigstelle
Filou *см.* Betrüger
filtern *см.* reinigen ²
filzig *см.* geizig
Finale *см.* Ende ¹
finden ¹ находить, отыскивать что-либо

finden — auffinden — ausfindig machen — antreffen — stoßen — aufspüren — entdecken — auftreiben — aufstöbern

finden *индифф. синоним; напр.:* die nötigen Bücher finden найти нужные книги; Pilze finden находить грибы; ich habe meinen Schlüssel nicht gefunden я не нашел своего ключа; das Haus ist leicht zu finden дом легко найти; wo soll ich die Zeit dazu finden! где мне найти на это время!; gestern hat er auf der Straße Geld gefunden вчера он нашел на улице деньги □ Er bediente sich einer Krähenfeder, die er — da draußen — gefunden hatte (*Kellermann, »Der 9. November«*) Он пользовался вороньим пером, которое нашел там наверху. So wartet denn Quangel geduldig, bis sie gefunden hat, was sie sucht (*Fallada, »Jeder stirbt«*) Так Квангель терпеливо ждет, пока она найдет то, что ищет. auffinden обнаружить, найти (*исчезнувшее, потерянное*) *часто употр. с обстоятельством места или со словом, характеризующим состояние; напр.:* er war nirgends aufzufinden; его нигде не могли разыскать; er wurde bewußtlos auf dem Boden des Schlafzimmers aufgefunden его нашли без сознания на полу в спальне. ausfindig machen разыскать, найти, выискать (*найти что-л. после тщательных поисков*); *напр.:* es war alles besetzt, aber ich habe doch ein Zimmer ausfindig machen können все было занято, но мне все же удалось отыскать одну (свободную) комнату; die Spur machten wir doch ausfindig след мы все же нашли □ Die Chemiker haben für ihn die richtigen Säfte ausfindig machen müssen; er hat die richtigen Chemiker ausfindig machen müssen (*Seghers, »Die Toten«*) Химики должны были отыскивать для него нужные составы, а он должен был отыскивать нужных химиков. antreffen встретить, найти (*случайно или после некоторых поисков что-л., встречающееся тк. в определенных местах или в определенном положении, состоянии*); *напр.:* diese Blumen habe ich nur in den Bergen angetroffen эти цветы я обнаружил только в горах; bei den Ausgrabungen haben wir guterhaltene Vasen angetroffen при раскопках мы обнаружили [нашли] хорошо сохранившиеся вазы. stoßen (*auf A*) случайно найти, обнаружить кого-л., что-л., натолкнуться, наткнуться на кого-л., на что-л.; *напр.:* in der Buchhandlung stieß ich auf ein Buch, das ich lange gesucht hatte в книжной лавке я наткнулся на книгу, которую долго искал; auf dem Bahnhof stieß ich auf meinen Jugendfreund, der eben von einer langen Reise zurückgekommen war на вокзале я случайно встретил друга детства, который как раз вернулся из дальнего путешествия. aufspüren находить после тщательных поисков; отыскивать, раскапывать; *напр.:* Raritäten, junge Talente aufspüren отыскивать редкости, молодые таланты; ich habe den wahren Grund dieser Geschichte aufgespürt я доискался до истинной причины этой истории; wo hast du diese seltene Briefmarke aufgespürt? где ты раскопал эту редкую (почтовую) марку? entdecken *разг.* (внезапно) увидеть, обнаружить (*потерянное, спрятанное и т. п.*); *напр.:* er entdeckte das Pferd in den Büschen он обнаружил (пропавшую) лошадь в кустах; die Brille entdeckte ich unter dem Buch очки я обнаружил под книгой □ Er söhnte aber die Tante Amalie aus, weil er das Porzellan lobte, das so alt war wie ihr Haus, und weil er die Chodowiecki-Stiche über dem Sofa entdeckte (*Seghers, »Die Toten«*) Тетя Амалия, однако, несколько примирилась с ним, так как он похвалил ее фарфор, который был столь же стар, как ее дом, и не оставил незамеченными гравюры Ходовецкого, висевшие над диваном. auftreiben *разг.* найти с трудом (*после долгих, напряженных поисков*), раздобыть; *напр.:* in der ganzen Stadt war kein Taxi aufzutreiben во всем городе нельзя было найти такси. □ Wenn ihr etwas Derartiges auftreiben könnt, ist mir's recht (*Kästner, »Die verschwundene Miniatur«*) Если вы откопаете что-нибудь подобное, то это мне подойдет. Hunderte sind in diesen paar Jahren kaputtgegangen, einfach weil sie kein gültiges Papier auftreiben konnten (*Feuchtwanger, »Exil«*) Сотни людей погибли за эти несколько лет только потому, что им не удалось раздобыть законного вида на жительство. aufstöbern *фам.* откопать, вытащить, найти (*перерыв, пошарив и т. п.*) что-л.; *напр.:* der Flüchtling wurde im dichten Gesträuch aufgestöbert беглеца нашли в густом кустарнике □ Wir müssen sofort aufbrechen. Irgendwo werden wir ihn schon aufstöbern. Und wenn ich die Straßen nach Berlin mit der Lupe absuchen sollte (*Kästner, »Die verschwundene Miniatur«*) Нам нужно немедленно отправляться. Где-нибудь мы его разыщем. Даже если бы мне пришлось рассматривать все дороги в Берлин через лупу.

finden ²: den Tod finden *см.* umkommen

finden, sich *см.* schicken, sich ¹
findig *см.* schlau
Finesse *см.* Feinheit

fingern *см.* bewerkstelligen
Fingerzeig *см.* Hinweis
fingieren *см.* vortäuschen
finster *см.* dunkel ¹/mürrisch
Finte уловка

die **Finte** — der **Schlich** — der **Bluff** — die **Flause**

Finte *индифф. синоним; напр.:* zu einer Finte greifen прибегнуть к уловке; auf eine Finte hereinfallen попадаться на удочку; durch listige Finten täuschen обманывать, прибегая к хитрым уловкам; etw. für eine Finte halten рассматривать что-л. как уловку □ Sie war immer noch fest davon überzeugt, daß dieses Abschiednehmen nur eine Finte von ihm war, bloß die Einleitung zu neuem, endlosem Gerede (*Fallada, »Jeder stirbt«*) Она все еще была твердо убеждена, что это прощание — просто уловка, за которой снова последует бесконечная болтовня. Schlich *б. ч. мн.* ухищрения, коварные уловки *подчеркивает особую изобретательность*; *напр.:* j-s Schliche kennen знать чьи-л. хитрости; hinter j-s Schliche kommen разгадать чьи-л. ухищрения. Bluff [blaf *и* bluf] блеф (*уловка с целью введения в заблуждение путем запугивания несуществующей опасностью, преувеличивания собственных сил и возможностей и т. п.*); *напр.:* er fiel auf diesen Bluff herein он попался на этот блеф □ »Lieber Herr Külz«, sagte die junge Dame, »wenn ich Ihnen die Wahrheit vorher gesagt hätte, wäre der Bluff mißlungen« (*Kästner, »Die verschwundene Miniatur«*) «Милый господин Кюльц, — сказала молодая дама, — если бы я вам раньше сказала правду, то этот блеф не удался бы». Flause *тк. мн.* (Flausen) *разг.* увертки, отговорки; *напр.:* Flausen machen увиливать, отговариваться

Firlefanz *см.* Dummheit
firm *см.* kundig
fischen ловить рыбу

fischen — angeln

fischen *индифф. синоним; напр.:* Heringe mit dem Netz fischen ловить сельдь сетями; heute gehen sie mit der Harpune fischen сегодня они идут бить рыбу гарпуном; wir haben gestern Forellen gefischt мы вчера ловили форель. angeln ловить рыбу удочкой, спиннингом *и т. п.*; удить; *напр.:* wir saßen am Teich und angelten мы сидели у пруда и удили; er angelt jeden freien Tag каждый свободный день он ходит на рыбалку □ »Ich brächte Aale und Flundern heim.« »Können Sie denn angeln?« fragte Külz (*Kästner, »Die verschwundene Miniatur«*) «Я мог бы приносить домой угрей и камбалу». «Вы разве умеете удить рыбу?» — спросил Кюльц

fix *см.* fest ³/flink
fixieren *см.* ansehen ¹,²/bestimmen ¹
Fjord *см.* Bucht

flach¹ плоский
flach — eben — glatt — platt
   flach *индифф. синоним; напр.*: eine flache Ebene плоская равнина; ein flaches Dach плоская крыша; ein flaches Gelände ровная местность; die Ebene war flach wie ein Tisch равнина была плоской как стол; der Kranke mußte flach liegen больной должен был лежать совершенно горизонтально (*без подушек*). **eben** ≅ flach; *напр.*: ein ebenes Gelände равнинная местность; die Gegend ist eben wie eine Tischplatte местность ровная, как крышка стола; sie ist auf ebenem Boden gestolpert und hingefallen она споткнулась на ровном месте и упала. **glatt** гладкий, без неровностей; *напр.*: eine glatte Fläche гладкая поверхность; das Parkett ist glatt wie ein Spiegel паркет гладкий как зеркало; sie hatte glattes Haar у нее были гладкие волосы. **platt** плоский *по сравнению с* flach *и* eben *более эмоц., иногда о предметах, которые только производят впечатление чего-то плоского; напр.*: eine platte Nase плоский [приплюснутый] нос; sein Gesicht war platt wie ein Pfannkuchen у него лицо было плоское как блин
flach² *см.* oberflächlich/seicht¹/trivial
Flachland *см.* Ebene
flachsen *см.* scherzen
flackern *см.* leuchten²
Flagge *см.* Fahne
Flamme¹ *см.* Feuer¹
Flamme²: den Flammen übergeben *см.* verbrennen¹
flammen *см.* brennen
flanieren *см.* spazierengehen
Flattergeist *см.* Leichtsinniger
flatterhaft *см.* unbeständig
flattern *см.* fliegen
flattieren *см.* schmeicheln
flau *см.* abgestanden/schwach¹
flaumweich *см.* weich¹
flauschig *см.* weich¹
Flause *см.* Finte
Flebbe *см.* Ausweis
Flechte *см.* Zopf
Fleck¹ пятно
der Fleck — der Klecks — der Klecker
   Fleck *индифф. синоним; напр.*: mein Anzug ist voller Flecke мой костюм весь в пятнах; wie kann man die Flecke entfernen? как вывести пятна? **Klecks** клякса, пятно (*от краски, чернил и т. п.*); *напр.*: der Schüler hat viele Kleckse im Heft в тетради ученика много клякс; beim Malen hat sie Kleckse auf den Fußboden gemacht рисуя, она запачкала пол пятнами краски. **Klecker** *разг.* ≅ Fleck; *напр.*: das Kind hat Klecker auf dem Tischtuch gemacht ребенок насажал на скатерть пятен. [заляпал скатерть пятнами]
Fleck² пятно *перен.*
der Fleck — der Makel — der Schandfleck
   Fleck *индифф. синоним; напр.*: das ist ein Fleck auf seiner Ehre этим запятнана его честь, это пятно на его репутации. **Makel** (темное) пятно; *напр.*: ein Makel haftet an ihm на его имени лежит позорное пятно. **Schandfleck** позорное пятно, клеймо позора; *напр.*: er hatte einen Schandfleck auf seiner Ehre на его чести лежало клеймо позора
Fleck³ *см.* Stelle¹
fleckenlos *см.* tadellos
fleckig *см.* schmutzig¹
Flegel невежа
der Flegel — der Grobian
   Flegel *индифф. синоним; напр.*: du bist ein richtiger Flegel! ты настоящий невежа!; so ein Flegel! такой невежа! **Grobian** грубиян; *напр.*: du, Grobian! ты, грубиян!
flehen *см.* bitten¹
fleißig прилежный
fleißig — strebsam — arbeitsam — emsig — eifrig — dienstfrig — dienstfertig — übereifrig
   fleißig *индифф. синоним; напр.*: ein fleißiger Junge, Schüler прилежный мальчик, ученик; die Kinder sind fleißig дети прилежны; er arbeitete fleißig он прилежно работал □ Verschlemmen soll nicht der faule Bauch, | Was fleißige Hände erwarben (*Heine, »Deutschland«*) Отныне ленивое брюхо кормить | Не будут прилежные руки. **strebsam** старательный (*целеустремленный в своей старательности, в своем прилежании*); *напр.*: man hielt ihn für einen strebsamen Arbeiter он слыл старательным рабочим; du mußt strebsamer sein ты должен больше стараться. **arbeitsam** трудолюбивый, работящий; *напр.*: ein arbeitsamer Mensch трудолюбивый человек; ein arbeitsames Volk трудолюбивый народ. **emsig** *эмоц.* очень старательный, усердный; истовый; *напр.*: ich sah ihn emsig arbeiten я видел, как усердно он работает; sie arbeiteten mit emsigem Fleiß они работали с истовым прилежанием. **eifrig** проявляющий рвение, большое усердие в чем-л., ревностный; *напр.*: er ist ein eifriger Kinobesucher он исправно ходит в кино; er ist einer der eifrigsten Schüler meiner Klasse он один из самых усердных [старательных] учеников в моем классе. **dienstfrig, dienstfertig** исполнительный, ревностный (*в делах службы*); *напр.*: ein dienstfriger [dienstfertiger] Beamter ревностный чиновник; der Pförtner öffnete uns dienstfrig die Tür швейцар услужливо распахнул перед нами дверь. **übereifrig** рьяный, чрезмерно ревностный; *напр.*: ein übereifriger Spieler рьяный игрок
flennen *см.* weinen
fliegen летать
fliegen — flattern — schweben — gleiten — segeln — schwirren — gaukeln
   fliegen *индифф. синоним; напр.*: der Vogel fliegt птица летит; Flugblätter flogen durch die Luft в воздухе носились листовки; die Funken fliegen nach allen Seiten искры летят во все стороны; Steine flogen ihm um die Ohren вокруг него свистели камни; ich bin (mit dem Flugzeug) nach Berlin geflogen я улетел (на самолете) в Берлин. **flattern** порхать; *напр.*: der Vogel flattert von einem Baum zum anderen птица порхает с дерева на дерево; über den Blumen flattern Schmetterlinge над цветами порхают бабочки. **schweben** парить (*медленно и плавно летать*), плыть по воздуху; *напр.*: der Adler schwebt in der Luft орел парит в воздухе; der Ballon schwebt in der Luft 1) аэростат висит в воздухе 2) воздушный шар плывет в воздухе; die Wolken schweben am Himmel облака медленно плывут по небу. **gleiten** плавно летать (*без видимых усилий*), скользить (по воздуху); *напр.*: die Segelflugzeuge glitten durch die Luft планеры скользили по воздуху; die Wildenten glitten über den See дикие утки плавно, как бы скользя, летели над озером. **segeln** плыть (*плавно передвигаться в воздухе*); *напр.*: Wolken segelten über der Stadt над городом плыли облака. **schwirren** (про)носиться в воздухе (*со свистом, жужжанием и т. п.*); *напр.*: aus dem feindlichen Lager schwirrte ein Geschoß со стороны противника просвистел снаряд; Maikäfer schwirrten über dem Blumenbeet майские жуки жужжали над цветочной клумбой □ Sie (*die Libelle*) schwirrt und schwebt, rastet nie! (*Goethe, »Die Freuden«*) Она (*стрекоза*) жужжит и кружится — ни отдыха, ни срока! **gaukeln** *поэт.* ≅ flattern, но чаще употр. по отношению к бабочкам; *напр.*: die Schmetterlinge gaukeln in der Luft мотыльки порхают в воздухе
fliehen¹ спасаться бегством, бежать (*спасаясь, скрываясь от кого-л., чего-л.*)
fliehen — die Flucht ergreifen — flüchten — entweichen — entspringen — entkommen — entschlüpfen — ausbrechen — desertieren — fahnenflüchtig werden — Fahnenflucht begehen — entfliehen — entwischen — ausreißen — ausrücken — sich davonmachen — abschieben — sich absetzen — abrücken — abhauen — türmen — durchbrennen — auskneifen — verduften — sich verflüchtigen — sich drücken — auskratzen
   fliehen *индифф. синоним; напр.*: aus der Gefangenschaft fliehen бежать из плена; ins Ausland fliehen бежать за границу; wir sind vor dem Regen in die Scheune geflohen мы скрылись от дождя в сарае; der geschlagene Gegner flieht über die westliche Grenze

FLIEHEN

разбитый противник спасается бегством через западную границу □ Manche waren geflohen, ohne Papiere mitnehmen zu können, die Pässe der meisten liefen allmählich ab und wurden von den Behörden des Dritten Reiches nicht erneuert (Feuchtwanger, »Exil«) Многие бежали, не имея возможности взять с собой документы, у большинства срок действия паспортов постепенно истек, а власти «третьей империи» отказывались их возобновить. **die Flucht ergreifen** обратиться в бегство; напр.: nach dem Warnschuß des Grenzers ergriffen die Schmuggler die Flucht после того как раздался предупредительный выстрел пограничника, контрабандисты бежали [обратились в бегство]. **flüchten** ≅ fliehen, но обыкн. сопровождается указанием места, куда кто-л. спасается бегством; напр.: er ist ins Ausland geflüchtet он бежал за границу; alle, die im Erdgeschoß wohnten, flüchteten vor dem Hochwasser in den ersten Stock des Hauses все, кто жил на первом этаже, бежали от наводнения на второй этаж дома. **entweichen** (быстро и незаметно) удалиться, тайком бежать откуда-л., от кого-л. (б. ч. чтобы обеспечить себе безопасность или свободу); напр.: die Kriegsgefangenen sind in der Nacht aus dem Lager entwichen военнопленные бежали ночью из лагеря. **entspringen** сбегать, быстро убегать откуда-л., от кого-л. (обыкн. в Perfekt и Part. II); напр.: er ist dem Gefängnis entsprungen он убежал [сбежал] из тюрьмы. **entkommen** ≅ fliehen, но подчеркивает успешность действия; напр.: er ist -entkam seinen Verfolgern он убежал от своих преследователей; er wird uns nicht entkommen! он не уйдет от нас! □ »Licht!« brüllten die Leute. »Licht, Licht!« ...Über die am Boden Liegenden hinweg suchten andere ins Freie zu entkommen. Aber wo war die Tür? (Kästner, »Die verschwundene Miniatur«) «Свет! — орали люди. — Свет, свет!» ...Некоторые рвались наружу прямо по телам лежавших на полу. Но где же дверь? Sie hatte grauenvolle Schilderungen gelesen und gehört von dem, was man in Deutschland »Vernehmungen« hieß, sie hatte selber mit solchen »Vernommenen« gesprochen, denen es später geglückt war, zu entkommen... (Feuchtwanger, »Exil«) Она читала и слышала страшные описания того, что в Германии называлось «допросом», она лично разговаривала с такими «допрошенными», которым позднее посчастливилось бежать... **entschlüpfen** (незаметно) ускользать часто употр. с указанием на то, каким образом удалось убежать; напр.: in dem dichten Wald riß er sich los und entschlüpfte seinen Verfolgern в густом лесу он вырвался и ускольз-

нул от своих преследователей □ »So hingegen sind sie der Polizei rechtzeitig entschlüpft«, sagte Seiler (Kästner, »Die verschwundene Miniatur«) «А так они вовремя ускользнули от полиции», — сказал Зейлер. **ausbrechen** бежать из неволи (применив насилие или преодолев препятствия); вырваться; напр.: □ ...in den ersten Minuten nach der Flucht war er nur ein Tier, das in die Wildnis ausbricht, die sein Leben ist, und Blut und Haare kleben noch an der Falle (Seghers, »Das siebte Kreuz«) ...в первые минуты после побега он был всего-навсего животным, которое вырвалось из западни, оставив там свою кровь и шерсть, и искало спасения в лесной чаще. **desertieren** дезертировать; напр.: viele weißgardistische Offiziere sind desertiert многие белые офицеры дезертировали. **fahnenflüchtig werden, Fahnenflucht begehen** = desertieren, но чаще употр. в практике военно-судебных органов. **entfliehen** книжн. ≅ entkommen; напр.: die beiden Kundschafter sind bei Nacht und Nebel entflohen оба разведчика бежали под покровом ночи □ »Also!« sagte der Rittmeister, erfreut, dem verhaßten Büro entfliehen zu können (Fallada, »Wolf u. Wölfen«) «Наконец-то!» — воскликнул ротмистр, обрадованный тем, что сможет вскоре покинуть ненавистную контору. **entwischen** разг. ускользать, удирать; улизнуть (применив хитрость или угрозу); напр.: während wir den Jungen im Schlafzimmer suchten, entwischte er uns durch das Fenster des Speisesaals в то время как мы искали мальчика в спальне, он удрал через окно в столовой; ich habe ihn entwischen lassen я его упустил □ Es galt zahlreiche Anordnungen zu treffen, damit derjenige, der die Gattin Heinrichs VIII. (die Miniatur) geraubt hat, uns nicht entwischt (Kästner, »Die verschwundene Miniatur«) Нужно было принять разные меры, чтобы от нас не ушел тот, кто украл супругу Генриха VIII (миниатюру). **ausreißen, ausrücken** разг. удирать; бежать; напр.: der Hund knurrte, und die Katze riß aus собака зарычала, и кошка пустилась наутек; als die Jungen den Lehrer erblickten, rissen sie aus когда мальчики увидели учителя, они быстро убежали; er ist von zu Hause, nach Amerika ausgerückt он сбежал из дому, в Америку; sie ist ihren Freundinnen ausgerückt она сбежала от своих подруг; der Kassierer ist mit dem Gelde ausgerückt кассир сбежал с деньгами □ Haben Sie je daran gedacht, was für eine Hölle es für diesen alten Mann gewesen ist und er, er konnte nicht ausreißen — er ist auch nicht ausgerissen! (Fallada, »Wolf u. Wölfen«) Вы когда-нибудь подумали о том, каким адом это было для старого человека, а он,

всё же он не мог сбежать — и не сбежал! **sich davonmachen** разг. (незаметно) удалиться, скрыться; напр.: der Augenblick erschien mir günstig, mich davonzumachen момент мне показался благоприятным, чтобы незаметно удалиться. **abschieben** фам. убираться (восвояси); напр.: nun schieb endlich ab! ну, убирайся, наконец, восвояси!; er schob verdrossen ab раздосадованный, он удалился восвояси. **sich absetzen** разг. отчаливать (тайком убегать, уходить); напр.: sich in ein anderes Land absetzen тайком отправиться в другую страну, сбежать за границу; sich vom Feind absetzen воен. незаметно оторваться от противника. **abrücken** фам. смыться; удрать; напр.: als er das hörte, ist er schleunigst abgerückt когда он об этом узнал, он быстренько смылся. **abhauen** фам. убираться, сматываться; напр.: ich rate dir jetzt abzuhauen я советую тебе сматываться □ »Hauen Sie ab, Mensch, belästigen Sie mich nicht!« schreit der Leutnant plötzlich (Fallada, »Wolf u. Wölfen«) «Слушайте, убирайтесь отсюда, не надоедайте мне!» — вдруг кричит лейтенант. **türmen** фам. удирать, сбежать; стрекануть; напр.: als er sah, daß es ernst wurde, türmte er когда он увидел, что дело принимает серьезный оборот, он стреканул □ Wenn er nun den Wagen irgendwo stehen läßt und türmt? Was machen wir dann? (Kästner, »Die verschwundene Miniatur«) А если он где-нибудь оставит машину и сбежит? Что мы тогда будем делать? **durchbrennen** фам. удирать, смываться тайком или неожиданно бежать, уклоняясь от выполнения обязанностей, покидая вверенный пост и т. п.; напр.: die Schüler sind in der Physikstunde durchgebrannt ученики удрали с (урока) физики; der Kassierer ist mit dem Gelde durchgebrannt кассир сбежал с деньгами; sie ist ihrem Mann durchgebrannt она сбежала от мужа. **auskneifen** разг. (тайком) удирать подчеркивает трусость, хитрость или безответственность бежавшего; напр.: er hatte Angst vor der Strafe und ist in der Nacht aus dem Elternhaus ausgekniffen он испугался наказания и удрал ночью из дома □ Soll kein Mißtrauensvotum gegen Sie sein, aber wo mein Herr Schwiegersohn so heimlich ausgekniffen ist, so müssen wir doch was machen... (Fallada, »Wolf u. Wölfen«) Вы не должны рассматривать это как недоверие по отношению к вам, но поскольку мой зять тайком удрал, мы все же должны что-то предпринять... **verduften** разг. испариться; напр.: jetzt mußt du schnell verduften теперь тебе нужно быстро испариться; dieser Betrüger ist längst verduftet этого мошенника давно уже след простыл □ Sie hatte das Bett geräumt und

FLIEHEN 173 FLIRTEN F

war bis zum Morgen in die Sperberstraße verduftet, zu ihrem Bekannten, dem Trambahnschaffner (*Seghers, »Die Toten«*) Она освободила постель и ушла до утра на Шперберштрассе к своему знакомому, трамвайному кондуктору. **sich verflüchtigen** *разг. шутл.* улетучиваться; *напр.:* morgen verflüchtige ich mich aus Berlin завтра я улетучиваюсь из Берлина. **sich drücken** *разг.* улизнуть, тайком скрыться (*с целью избежать опасностей, трудностей, ответственности*); *напр.:* sich stillschweigend aus dem Saal drücken втихомолку скрыться из зала; um 10 Uhr habe ich mich gedrückt в 10 часов я улизнул ☐ Damals noch hatte er sein Köfferchen nehmen und sich feige drücken können, hier gab es das nicht mehr (*Fallada, »Wolf u. Wölfen«*) Тогда еще он мог взять свой чемоданчик и трусливо улизнуть, здесь он не мог так поступить. **auskratzen** *фам. и диал.* удирать, улепетывать; *напр.:* der Hase ist ausgekratzt заяц удрал; der Dieb ist ausgekratzt вора и след простыл

fliehen[2] *см.* vermeiden

fließen течь, литься

fließen — laufen — rinnen — sickern — rieseln — strömen — fluten — sich ergießen — quellen

fließen *индифф. синоним; напр.:* das Wasser fließt schwach aus der Leitung вода из водопровода течет слабо; das Blut fließt stark aus der Wunde кровь из раны течет сильно; elektrischer Strom fließt durch die Leitung электрический ток идет по проводам; Tränen fließen слезы льются; die Donau fließt ins Schwarze Meer Дунай впадает в Черное море; die Körner fließen durch die Hand зерна сыпались сквозь пальцы. **laufen** ≅ **fließen**, *но употр. тк. по отношению к небольшим количествам жидкости; напр.:* der Wein läuft aus dem Faß вино льется [течет] из бочки; die Tränen liefen ihr über das Gesicht слезы бежали [текли] по ее лицу; durch die Wiesen läuft ein Bach через луга течет ручей. **rinnen** течь чаще сплошной струей *употр. по отношению к малым количествам жидкости и к сыпучим телам; напр.:* der Schweiß rinnt пот течет (струйками); der Bach rinnt von den Bergen этот ручей течет с гор; der Sand rann ihr durch die Finger песок струился у нее между пальцами. **sickern** медленно вытекать тонкой струей, сочиться, капать; *напр.:* das Blut sickert aus der Wunde кровь сочится из раны; das Wasser sickert aus dem Faß вода капает из бочки ☐ Das Blut sickerte in den Lehm (*Strittmatter, »Wundertäter«*) Кровь впитывалась в глину. **rieseln** течь тонкими струйками, струиться (*о жидкостях и сыпучих телах*) *часто сопровождается характерным звуком; журчать (о воде, ручье и т. п.); напр.:* am Fuße des Berges rieselte eine Quelle у подножья горы журчал источник; sie ließ den Sand durch die Finger rieseln она взяла пригоршню песка и выпускала его тонкими струйками между пальцев. **strömen** течь с большой силой, широким потоком *употр. по отношению к большим количествам жидкости, широким рекам, а тж. газу и перен.; напр.:* unten strömte die Wolga, sie strömte hier breit und gewichtig внизу текла Волга, она была здесь широка и величава; der Regen strömt heute unablässig дождь льет сегодня не переставая. **fluten** *высок.* течь с силой и быстро *употр. по отношению к массам воды и перен.; напр.:* das Wasser flutete über den Damm вода хлынула через плотину ☐ Sie waren mit einem Wort Soldaten... zuweilen fluteten unübersehbare Heerscharen, alle im gleichen Schritt, durch seinen Kopf (*Kellermann, »Der 9. November«*) Одним словом, они были солдаты... временами перед его мысленным взором шли и шли в ногу необозримые полчища. **sich ergießen** *высок.* изливаться (*политься стремительно, внезапно, в большом количестве*), хлынуть; *напр.:* ein Strom von Wasser ergoß sich in den tiefliegenden Teil der Stadt поток воды хлынул в низменную часть города; ein Schwall schmutzigen Wassers ergoß sich auf die Straße поток грязной воды хлынул на улицу ☐ ...so daß das Wasser hier wild emporzischt oder schäumend überläuft, dort aus allerlei Steinspalten, wie aus vollen Gießkannen in reinen Bögen sich ergießt, und unten wieder über die kleinen Steine hintrippelt, wie ein munteres Mädchen (*Heine, »Die Harzreise«*) ...так что вода здесь, яростно шипя и пенясь, устремляется вверх, а там, вырываясь из всех расщелин, низвергается сильными прозрачными струями, а внизу, подобно резвой девушке, снова легко пробегает по маленьким камешкам. **quellen** *высок.* бить ключом, фонтаном; литься ручьем; *напр.:* das Wasser quillt aus der Erde вода [родник] бьет из земли; Blut quoll aus seiner offenen Wunde из его открытой раны била фонтаном кровь ☐ Ein Tigerschrei, und danach quoll Blut aus Alis Mund (*Strittmatter, »Wundertäter«*) Раздался неистовый крик, затем из горла Али ручьем хлынула кровь

fließend *см.* «Приложение»

flimmern *см.* glänzen/leuchten[2]

flink проворный

flink — gelenkig — behend(e) — hurtig — leichtfüßig — fix

flink *индифф. синоним; напр.:* ein flinker Bursche проворный парень; flinke Finger, Hände проворные пальцы, руки; flink wie ein Wiesel проворный как ласочка [как белка]; sie hatte eine flinke Zunge она была бойка на язык; sie rannte mit flinken Füßen davon она проворно убежала; der Junge sprang flink über den Zaun мальчик проворно перескочил через забор ☐ Sie war viel flinker als der Mann; zwei Mäher war sie wert... (*Seghers, »Die Toten«*) Она была гораздо проворнее мужа; она стоила двух жнецов... Mia stieß den Onkel mit ihren flinken Füßen vor die Brust (*Strittmatter, »Wundertäter«*) Миа толкнула своими ловкими ножками дядю в грудь... **gelenkig** ловкий в движениях, подвижный; *напр.:* ein gelenkiger Torwart ловкий вратарь; er treibt viel Sport, darum ist er sehr gelenkig он много занимается спортом, поэтому он очень подвижен и гибок ☐ ...auch die Charaktere der Völker änderten sich, die Deutschen wurden gelenkig, die Franzosen machten keine Komplimente mehr... (*Heine, »Das Buch Le Grand«*) ...и характеры народов изменились, немцы стали подвижнее, французы перестали делать комплименты... **behend(e)** юркий, проворный *б. ч. употр. по отношению к движениям людей небольшого роста, небольших животных; напр.:* auf den Bäumen sprangen behende Eichhörnchen по деревьям прыгали юркие белки [проворно прыгали белки]; das Mädchen kletterte behende wie ein Äffchen девочка лазала проворно, как обезьянка ☐ Sie setzte sich vor den Spiegel, fingerte behende mit Dosen, Fläschchen, farbigen Stangen (*H. Mann, »Unrat«*) Она села перед зеркалом и начала проворно орудовать баночками, пузырьками и цветными карандашами для грима. **hurtig** прыткий *б. ч. употр. по отношению к движениям людей и животных; напр.:* in hurtigen Sprüngen lief er über die Wiese он прытко побежал через луг; der hurtige Frosch verschwand im Gras прыткая лягушка исчезла в траве. **leichtfüßig** легконогий, подвижный; *напр.:* ☐ ...und als ich in unsere Wohnstube trat und meinem Vater... einen guten Morgen bot, hörte ich wie der leichtfüßige Friseur ihm während des Frisierens haarklein erzählte... (*Heine, »Das Buch Le Grand«*) ...и когда я вошел в гостиную и пожелал моему отцу... доброго утра, я услышал, как легконогий цирюльник, причесывая отца, рассказывал ему в мельчайших подробностях... **fix** *разг.* ≅ behend(e) *употр. по отношению к движениям, быстрой реакции людей; напр.:* fix aufstehen проворно встать; ich möchte nur noch fix etwas essen я хотел бы еще только быстро что-нибудь перекусить

flirren *см.* glänzen

flirten флиртовать

flirten — kokettieren — äugeln — liebäugeln — liebeln — den Hof machen — die Cour machen —

tändeln — poussieren — techtelmechteln

flirten ['flɪr- *u* 'flœr-] *индифф. синоним; напр.:* er flirtet gerne mit jungen Mädchen он любит флиртовать с молодыми девушками; sie flirteten den ganzen Abend miteinander они флиртовали друг с другом весь вечер □ Sie flirtet gern und viel, sie bevorzugt gutaussehende Männer, sie lacht sie an, ihr ganzes, liebenswertes, aufreizendes, rosigweißes, slawisches Gesicht lacht dann (*Feuchtwanger, »Exil«*) Она много и охотно флиртует, она предпочитает красивых мужчин, она улыбается им, и все ее милое, волнующее бело-розовое славянское лицо озаряется улыбкой. **kokettieren** кокетничать; *напр.:* sie liebte ihn nicht, aber kokettierte mit ihm gern она не любила его, но охотно кокетничала с ним. **äugeln, liebäugeln** строить, делать глазки; *напр.:* laß sie doch mit ihm äugeln und kümmere dich nicht darum ну и пусть она делает ему глазки, не обращай на это внимания; du hast ganz schön mit ihm geliebäugelt ну уж ты и строила ему глазки □ Sie hatte mit Männern geäugelt und geliebelt (*Feuchtwanger, »Goya«*) Она строила мужчинам глазки и любезничала с ними. **liebeln** *уст.* любезничать, играть в любовь; *напр.:* zwei Jahre lang liebelt er mit der einen und liebelt mit der anderen два года он флиртует то с одной, то с другой; sie ist unfähig zu liebeln, aber fähig sehr zu lieben она неспособна играть в любовь, но может сильно любить. **den Hof machen** *книжн.* ухаживать (*о мужчинах*); *напр.:* einem Mädchen, seiner Tischdame den Hof machen ухаживать за девушкой, за соседкой по столу. **die Cour machen** [ku:r] *уст.* = den Hof machen. **tändeln** *разг.* заигрывать; *напр.:* alle wissen, sie tändelt nur mit diesem Mann все знают, она только лишь заигрывает с этим человеком. **poussieren** [pu-] *уст. разг. часто неодобр.* ≃ flirten (*б. ч. о мужчине*) ухаживать без серьезных намерений; *напр.:* jetzt will sie ihn nicht kennen, dabei hat er noch letzte Woche mit ihr poussiert сейчас она его знать не желает, а ведь последнюю неделю он с ней флиртовал; wenn der nicht poussieren kann, ist ihm nicht wohl он не может обойтись без флирта. **techtelmechteln** *разг.* ≃ kokettieren; *напр.:* laß sie doch techtelmechteln und kümmere dich nicht darum пусть они себе кокетничают, оставь их в покое

Flitterwöchner *см.* Mann [2]
flitzen *см.* laufen [1]
florieren *см.* vorankommen
Flosse *см.* Hand
flott *см.* elegant/schnell
fluchen *см.* schimpfen [1,2]
Flucht I *см.* Reihe [1]
Flucht II: die Flucht ergreifen *см.* fliehen [1]
flüchten *см.* fliehen [1]
flüchtig *см.* oberflächlich/vorübergehend
Flugblatt листовка

das Flugblatt — die Flugschrift

Flugblatt *индифф. синоним; напр.:* Flugblätter drucken, verbreiten печатать, распространять листовки; an den Wänden hingen Flugblätter на стенах висели листовки □ Damals war ihm das erste Flugblatt im Schützengraben in die Hände gefallen (*Seghers, »Die Toten«*) Тогда в окопе ему первый раз попалась в руки листовка. **Flugschrift** ≃ Flugblatt, *но может означать тж.* листовку объемом в несколько страниц в форме брошюры; *напр.:* □ Ich sollte als Flugschrift eine Rede zum Weihnachten 1939 schreiben (*Klepper, »Schatten«, zit. nach WDG*) Я должен был написать речь в виде брошюры к рождеству 1939 года

flugs *см.* schnell
Flugschrift *см.* Flugblatt
Flunkerer *см.* Lügner
flunkern *см.* lügen
Flur I [1] передняя

der Flur — die Diele

Flur *индифф. синоним; напр.:* ein breiter, geräumiger, enger, dunkler Flur широкая, просторная, тесная, темная передняя; dein Mantel hängt im Flur твоё пальто висит в передней; ich warte im Flur я жду в передней. **Diele** передняя (квартиры); *напр.:* eine geräumige Diele просторная передняя; wir haben in der Diele abgelegt мы сняли пальто [разделись] в передней

Flur I [2] *см.* Korridor
Flur II *см.* Feld
Fluß река

der Fluß — der Bach — der Strom

Fluß *индифф. синоним; напр.:* ein großer, breiter, kleiner, seichter Fluß большая, широкая, маленькая, мелкая река; dieser Fluß entspringt im Gebirge und mündet ins Meer эта река берет начало в горах и впадает в море; wir haben zwei Flüsse überquert мы пересекли две реки. **Bach** ручей; речушка; *напр.:* der Bach rieselt, murmelt, windet sich durch die Felsen ручей журчит, плещется, пробивается между скал. **Strom** большая, широкая река (*впадающая в море*); *напр.:* die beiden Flüsse vereinigen sich hier zu einem breiten Strom обе реки сливаются здесь в одну большую, полноводную реку (*судоходную*)

flüssig жидкий

flüssig — geschmolzen

flüssig *индифф. синоним; напр.:* flüssiges Metall, Wachs жидкий металл, воск; flüssiger Leim жидкий клей; er nahm nur flüssige Nahrungsmittel zu sich он принимал только жидкую пищу. **geschmolzen** расплавленный, плавленый; *напр.:* geschmolzenes Blei расплавленный свинец; geschmolzenes Wachs растопленный воск; geschmolzenes Erz расплавленная руда

flüstern шептать

flüstern — zuflüstern — wispern — tuscheln — zischeln — hauchen — lispeln — raunen

flüstern *индифф. синоним; напр.:* leise flüstern тихо шептать; ein Gebet flüstern шептать молитву; sie flüstert mit ihm она шепчется с ним; was hast du ihm ins Ohr geflüstert? что ты ему шепнул (на ухо)?; »Ruhig!« flüsterte sie «Тише!» — шепнула она. **zuflüstern** ≃ flüstern, *но употр. обязательно с упоминанием лица, к которому обращаются (лицо выражено дополнением в Dat., а то, что ему сообщается — дополнением в Akk., придаточным предложением или прямой речью); напр.:* er flüsterte seiner Frau etwas zu он что-то шепнул своей жене. **wispern** ≃ flüstern, *но часто употр., когда тот, кто шепчет кому-л. что-л., испытывает страх, волнение и т. п.; напр.:* die Kinder wisperten, weil sie Angst hatten дети шептались, так как им было страшно; sie wisperte ihm etwas aufgeregt ins Ohr она взволнованно шепнула ему что-то на ухо □ Frau von Wulckow wisperte: »Passen Sie nur auf!« (*H. Mann, »Untertan«*) Госпожа фон Вулкоу взволнованно шепнула: «Смотрите!» **tuscheln** переговариваться вполголоса, перешептываться; шушукаться (*чаще о не относящемся к делу, несущественном, касающемся третьих лиц и т. п.*); *напр.:* die Mädchen tuschelten während der Stunde девочки шушукались во время урока. **zischeln** говорить, переговариваться (намеренно) громким шепотом: злобно шипеть за чьей-л. спиной; *напр.:* »Ich werde mich zu rächen wissen«, zischelte sie «Я сумею отомстить за себя», — прошипела она. **hauchen** *книжн.* едва слышно (про)шептать; *напр.:* »Ich komme morgen«, hauchte sie «Я приду завтра», — едва слышно прошептала она; »Nein!« hauchte er «Нет!» — выдохнул он. **lispeln** *книжн.* шептать одними губами (*тихо, нежно*); *напр.:* »Ich werde dir helfen«, lispelte das Mädchen «Я тебе помогу», — тихонько шепнула девочка. **raunen** *книжн.* (тайно, таинственно) шептать; *напр.:* er raunte ihm etwas ins Ohr он шепнул ему что-то (по секрету) на ухо

Flut: in den Fluten verschwinden *см.* sinken [1]
fluten *см.* fließen
Folge [1] *см.* Ergebnis/Lieferung
Folge [2]: Folge leisten *см.* folgen [2]
folgen [1] следовать (*за кем-л.*)

folgen — nachkommen — nachgehen — nacheilen

folgen *индифф. синоним; напр.:* folgen Sie mir! следуйте за мной!;

FOLGEN

mit einem kleinen Abstand folgten uns unsere Begleiter на некотором [на небольшом] расстоянии за нами следовали наши спутники: er folgte mir freiwillig он добровольно последовал за мной; sie folgten uns auf Schritt und Tritt они неотступно следовали за нами □ Baldur Persicke folgt, ein wenig schwankend, aber in soldatischer Haltung (*Fallada, »Jeder stirbt«*) Бальдур Перзике следует за ним, немного покачиваясь, но сохраняя солдатскую выправку. **nachkommen** идти, ехать вслед *обыкн. с некоторым интервалом во времени; напр.:* sie wird sofort nachkommen она сейчас же последует [придет, приедет] за нами; geht voraus, ich komme gleich nach идите вперёд, я сейчас к вам присоединюсь; der Hund kommt uns nach собака идет за нами. **nachgehen** ≅ folgen, *но предполагает передвижение пешком; напр.:* sie lief in den Garten und ich ging ihr nach она побежала в сад, и я пошел за ней следом. **nacheilen** быстро последовать, поспешить, побежать за кем-л.; *напр.:* er lief schnell und ich eilte ihm nach он быстро побежал, и я помчался за ним
folgen² следовать (*чему-л.*)
folgen — Folge leisten — nachkommen
folgen *индифф. синоним; напр.:* dem Rat, dem Befehl folgen последовать совету, приказу; er folgte dem Vorbild seines Vaters он следовал примеру своего отца; der Stimme der Vernunft folgen следовать голосу рассудка; Sie folgt sonst ganz der Gewohnheit ihres Mannes: die Mitbewohner können tun und lassen, was sie wollen (*Fallada, »Jeder stirbt«*) Обычно она полностью следует принципу своего мужа: нас не касается, что делают жильцы дома. **Folge leisten** *книжн.* ≅ folgen; *напр.:* er weigerte sich mit Recht, der Anforderung der Polizei Folge zu leisten он правильно сделал, что отказался последовать приказанию полицейского. **nachkommen** *книжн.* ≅ folgen, *но употр. чаще, когда чему-л. следуют неохотно; напр.:* er kommt ihrem Wunsche nach, kann ihn aber nicht billigen он исполняет ее желание, но не может его одобрить

folgen³ *см.* gehorchen/«Приложение»
folgend: auf folgende Weise *см.* so
folgendermaßen *см.* so
folgenderweise *см.* so
folgerecht *см.* folgerichtig
folgerichtig *см.* «Приложение»
folgern *см.* schließen²
Folgerung *см.* Schluß¹
folgewidrig *см.* «Приложение»
folglich *см.* «Приложение»
folgsam *см.* gehorsam
Folter *см.* Schmerz
foltern *см.* quälen
foppen *см.* necken
förderlich *см.* nützlich

fordern требовать
fordern — verlangen — erfordern — in Anspruch nehmen — zurückfordern — beanspruchen — zumuten — ansinnen — ausbedingen — erheischen
fordern *индифф. синоним; напр.:* Geld, Rechenschaft fordern требовать денег, отчета; er forderte Freispruch für den Angeklagten он потребовал оправдания обвиняемого; er fordert keine Bezahlung он не требует оплаты; die Arbeit fordert, daß wir alle daran teilnehmen работа требует, чтобы мы все приняли в ней участие; das fordert viel Zeit это требует много времени □ Der Preis, den Otti Kujahn für diese beiden Dinge fordert, nach langem Zögern fordert, ...entspricht etwa dem Porto für einen Stadtbrief (*Fallada, »Wolf u. Wölfen«*) Цена, которую просит Отти Куян за обе вещи, просит после долгого колебания, ...соответствует примерно почтовым расходам на местное письмо. **verlangen** ≅ fordern *выражает несколько менее категорическое требование; напр.:* Bezahlung, Nahrung verlangen требовать [просить] оплаты, пищи; Aufmerksamkeit verlangen требовать внимания; er verlangte die Beseitigung der vorhandenen Mängel он потребовал устранения существующих недостатков; wieviel verlangt er für diesen Mantel? сколько он просит за это пальто?; dieses Geschäft verlangt viel Geld это предприятие требует много денег; er wird am Telefon verlangt его просят [требуют] к телефону □ Bei Ihrer Schönheit dürften Sie verlangen, daß man Ihnen Rosen in den Schoß legt (*Strittmatter, »Wundertäter«*) С вашей красотой вы могли бы требовать, чтобы вас осыпали розами. Das Spiel, dem man sich hingibt verlangt die völlige Aufmerksamkeit seiner Anhänger (*Fallada, »Wolf u. Wölfen«*) Игра, которой отдаются, требует от ее любителей полного внимания. **erfordern** ≅ verlangen, *но употр. тк. с неодушевленным подлежащим; напр.:* das erfordert viel Zeit, Arbeit, Geld, Mühe это требует много времени, труда, денег, стараний □ Es gab eine einzige Erklärung: Fritzchen war durch seine Geschäfte länger in Genf festgehalten worden, als er geglaubt hatte; die Art dieser Geschäfte erforderte, daß seine Reise möglichst wenig publik wurde... (*Feuchtwanger, »Exil«*) Только одним можно все объяснить: дела задержали Фрицхена в Женеве дольше, чем он предполагал; характер же этих дел, очевидно, требовал, чтобы о них как можно меньше было известно... **in Anspruch nehmen** требовать, отнимать, занимать *в отличие от* erfordern *может иногда употр. с объектом-лицом; напр.:* die Reise nimmt viel Zeit, Geld in Anspruch поездка требует много времени, денег;

FÖRDERN

das nimmt viel Zeit, Kraft in Anspruch это отнимает много времени, сил; die Arbeit nahm ihn ganz in Anspruch работа требовала от него полной самоотдачи, работа поглотила его целиком. **zurückfordern** требовать возврата чего-л.; *напр.:* sein Geld zurückfordern требовать вернуть деньги; die verliehenen Sachen zurückfordern требовать возврата выданных напрокат вещей. **beanspruchen** (справедливо) требовать чего-л.; претендовать (*б. ч. имея на это право*); *напр.:* er kann eine Ermäßigung beanspruchen он может (по)требовать скидку, он имеет право на льготу; er kann einen besseren Arbeitsplatz beanspruchen он может претендовать на лучшую работу; das beansprucht viel Zeit это требует [отнимает] много времени. **zumuten** необоснованно, несправедливо требовать чего-л.; слишком много требовать от кого-л.; *напр.:* du kannst niemanden zumuten, bei dieser Kälte zwei Stunden auf dich zu warten ты ни от кого не можешь требовать, чтобы тебя ждали два часа на таком холоде; mir kann nicht zugemutet werden, das zu glauben меня не заставят в это поверить. **ansinnen** *высок. редко* ≅ zumuten; *напр.:* ihm so etwas ansinnen! думать, что он способен на это! **ausbedingen** (sich D) *книжн.* выдвинуть что-л. в качестве требования, поставить что-л. условием (*при заключении договора, сделки*); *напр.:* sich das Recht ausbedingen, zu Hause zu arbeiten выговорить себе право работать дома; ich habe mir einen Zahlungsaufschub ausbedungen я выговорил себе рассрочку платежа. **erheischen** *книжн.* ≅ erfordern *обыкн. употр. с неодушевленным подлежащим; напр.:* die moderne Technik erheischt neue Arbeitsmethoden новая техника требует новых методов труда; das erheischt der Anstand этого требует приличия. **heischen** *поэт.* устаревает (властно, настоятельно) требовать; *напр.:* Gehör heischen требовать внимания (*к чьим-л. словам и т. п.*); Erklärung heischen требовать объяснений □ ...und der Garten, den sie durchwanderte, war erfüllt von Millionen Wesen, die sie begrüßten, ihre Wangen streiften, Liebe von ihr heischten (*H. Mann, »Heldin«*) ...и сад, по которому она бродила, был полон миллионами существ, которые ее приветствовали, касались ее щек, властно требовали ее любви

fördern¹ поощрять (*что-л.*), способствовать развитию (*чего-л.*)
fördern — stimulieren
fördern *индифф. синоним; напр.:* die Wissenschaft, die Kunst fördern развивать науку, искусство; den Handel fördern поощрять торговлю; edle Bestrebungen fördern поддерживать благородные стремления; die Regierung fördert das Gesundheitswesen

правительство содействует развитию здравоохранения. **stimulieren** *книжн.* *стимулировать б. ч. употр. в сфере экономики и т. п.; напр.*: die Entwicklung der Industrie durch Investitionen stimulieren стимулировать развитие промышленности инвестициями; das neue Entlohnungssystem stimuliert die Arbeitsproduktivität новая система оплаты стимулирует рост производительности труда

fördern [2] продвигать *(кого-л. на его профессиональном поприще)*
fördern — begünstigen — protegieren

fördern *индифф. синоним; напр.*: junge Talente fördern поощрять молодые таланты; ich werde ihn in seiner Arbeit fördern я буду оказывать ему всяческое содействие в его работе; er fördert ihn in seiner Laufbahn он содействует успеху его карьеры; ich werde ihn fördern, wo ich nur kann я буду его всячески поддерживать где только смогу. **begünstigen** покровительствовать кому-л.; *напр.*: der neue Chef begünstigt ihn новый начальник покровительствует ему; das Glück hat ihn begünstigt счастье улыбнулось [благоприятствовало] ему, **protegieren** [-'ʒi:-] *книжн.* ≙ begünstigen, *но подчёркивает незаслуженность оказываемого предпочтения; напр.*: der Schüler war weder begabt noch fleißig, erhielt aber immer gute Zensuren, weil die Lehrer wußten, daß ihn der Direktor protegierte ученик был и не способный, и не очень старательный, но всегда получал хорошие отметки, так как учителя знали, что ему протежирует директор

Forderung требование
die **Forderung — das Verlangen — die Anforderung — der Anspruch — die Zumutung — das Ansinnen**

Forderung *индифф. синоним; напр.*: ich habe seine Forderungen erfüllt я выполнил его требования; er stellt an uns große Forderungen он предъявляет к нам большие требования; es wurden berechtigte, unannehmbare Forderungen vorgelegt были предъявлены справедливые, неприемлемые требования. **Verlangen** ≙ Forderung, *но выражает менее настойчивое требование; напр.*: auf sein Verlangen wurde ihm sein Paß gebracht по его требованию [просьбе] ему принесли его паспорт; auf Verlangen des Chefs wurde die Arbeit eingestellt по требованию начальника работа была прекращена. **Anforderung** *тк. мн.* (Anforderungen) требование *(к кому-л., к чему-л.); напр.*: große Anforderungen an j-n, an etw. stellen предъявлять большие требования к кому-л., к чему-л.; den Anforderungen (nicht) gewachsen sein (не) отвечать данным требованиям; diese Werkstoffe entsprechen allen Anforderungen эти материалы отвечают всем требованиям; die Anforderungen sind mir zu hoch эти требования я считаю чрезмерными. **Anspruch** (обоснованное) требование *(б. ч. логично вытекающее из чего-л.); напр.*: diese Rolle stellt an den Schauspieler besondere Ansprüche эта роль предъявляет к актеру особые требования. **Zumutung** (необоснованное, несправедливое, чрезмерное) требование; *напр.*: das ist eine Zumutung! это неслыханное [возмутительное] требование!; man stellte an mich die Zumutung, in einem kalten Raum zu arbeiten от меня потребовали, чтобы я работал в холодном помещении. **Ansinnen** *высок.* ≙ Zumutung; *напр.*: ein freches, unverschämtes Ansinnen an j-n stellen предъявлять кому-л. наглое, бесстыдное требование; ein provokatorisches Ansinnen провокационное требование

formell официальный
formell — förmlich — konventionell

formell *индифф. синоним; напр.*: eine formelle Bekanntschaft, Begrüßung официальное знакомство, приветствие; etw. formell beschließen решить что-л. официальным путем; eine formelle Erklärung geben дать официальное объяснение; die formelle Verantwortung für etw. tragen нести за что-л. ответственность по всей форме. **förmlich** ≙ formell, *но больше подчёркивает официальность отношений, церемонность поведения и т. п.; напр.*: eine förmliche Begrüßung официальное приветствие; eine förmliche Unterredung официальная беседа; j-n förmlich einladen, vorstellen официально пригласить, представить кого-л. **konventionell** [-v-] *книжн.* сугубо официальный *(скрупулезно соблюдающий формальности этикета, протокола); напр.*: sich sehr konventionell verhalten держаться очень официально; konventionelle Höflichkeiten austauschen обменяться официальными любезностями

formen *см.* bilden [1]
förmlich *см.* formell
formulieren *см.* aussprechen
forschen *см.* untersuchen
Forst *см.* Wald
fort *см.* «Приложение»
fortan *см.* bald
fortbestehen *см.* andauern
fortbewegen *см.* bewegen I [2]
fortbleiben *см.* fehlen
fortbringen уносить, увозить
fortbringen — wegbringen — forttragen — wegtragen — forträumen — entfernen — beiseiteschaffen — abtransportieren — abtragen — fortschaffen — wegschaffen

fortbringen *индифф. синоним; напр.*: dein Bruder hat deinen Koffer schon fortgebracht твой брат уже унёс [увёз] твой чемодан; man hat ihn im Unfallwagen fortgebracht его увезли на машине скорой помощи; ich muß noch den geliehenen Staubsauger fortbringen я еще должен отнести пылесос, который я одолжил [взял на время]. **wegbringen** = fortbringen; *напр.*: ich bringe deine Sachen weg я унесу [увезу] твои вещи. **forttragen, wegtragen** *обыкн. употр., когда фиксируется внимание на том, что уносится и особенно откуда, без указания куда именно); напр.*: einen Tisch, eine Leiter forttragen унести стол, лестницу; einen Sack auf den Schultern forttragen [wegtragen] унести мешок на плечах; einen Verwundeten auf dem Rücken forttragen вынести раненого на спине. **forträumen, wegräumen** убирать прочь *(уносить что-л., что мешает или занимает не надлежащее место); напр.*: man muß das benutzte Geschirr forträumen [wegräumen] нужно унести [убрать] грязную посуду; sie räumte ihre Sachen fort [weg] она убрала свои вещи. **entfernen** удалять; *напр.*: die Bauarbeiter entfernten das Gerüst строительные рабочие сняли [убрали] леса; er entfernte aus dem Zimmer alles, was sie an ihre verstorbene Mutter erinnerte он удалил из комнаты всё, что напоминало ей о покойной матери. **beiseiteschaffen** убирать, уносить (с целью спрятать); *напр.*: er wartete auf eine günstige Gelegenheit, um die Flugblätter beiseitezuschaffen он ожидал благоприятного момента, чтобы унести и спрятать листовки. **abtransportieren** уносить *(обыкн. при помощи специальных служб и т. п.); напр.*: die Verwundeten wurden ins Lazarett abtransportiert раненых увезли в госпиталь. **abtragen** *высок.* уносить, убирать со стола; *напр.*: die Teller, die Tassen abtragen убирать тарелки, чашки; das Abendbrot abtragen убирать со стола после ужина. **fortschaffen, wegschaffen** *разг.* убирать, уносить, увозить *(особенно, прилагая усилия или преодолевая трудности); напр.*: sie hat das Gepäck mit Mühe fortgeschafft [weggeschafft] она с трудом увезла багаж; die Sanitäter haben die Verwundeten aus der beschossenen Ortschaft fortgeschafft [weggeschafft] санитары унесли раненых из обстреливаемого населенного пункта

fortdauern *см.* andauern
fortfahren *см.* fortsetzen/wegfahren
fortfliegen *см.* wegfliegen
fortführen *см.* fortsetzen
fortgehen [1] уходить
fortgehen — weggehen — gehen — abtreten — sich entfernen — sich zurückziehen — aufbrechen — sich trollen — retirieren — sich fortstehlen — sich fortmachen — abschieben — sich packen — sich scheren — sich wegscheren

fortgehen *индифф. синоним; напр.*: schnell, langsam fortgehen быстро, медленно уходить; er ist schon fortgegangen он уже ушел; wann gehen

Sie von zu Hause fort? когда вы уходите из дому?; gehen Sie noch nicht fort! не уходите еще!; geh fort! уйди!; er ging ohne Abschied fort он ушел не простившись; wer fortgeht, ist bald vergessen *посл.* с глаз долой — из сердца вон. **weggehen** = fortgehen; *напр.*: sie ging immer weg, wenn er noch schlief она уходила, когда он еще спал; gehst du schon weg? ты уже уходишь?; ich bitte Sie, nicht wegzugehen я прошу вас не уходить. **gehen** уходить *не фиксирует внимание на вызванном чьим-л. уходом расставании, в отличие от* fortgehen *всегда употр. без обстоятельства места; напр.*: die einen kommen, die anderen gehen одни приходят, другие уходят; jetzt muß ich gehen, sonst komme ich zu spät теперь мне нужно идти [уходить], иначе я опоздаю □ Gehen Sie ins Hotel, oder fahren Sie nach Berlin... Fahren Sie, wohin Sie wollen! Aber gehen Sie! (*Kästner,* »*Die verschwundene Miniatur*«) Идите в отель, или поезжайте в Берлин... Поезжайте, куда хотите! Только уходите! Als ob ihr Wunsch die Kraft gehabt hätte, ihn an dem Tisch festzunageln, war er mit seinem Freund sitzen geblieben, selbst als die anderen Gäste, und sogar Luise, gegangen waren (*Seghers,* »*Die Toten*«) Он продолжал сидеть за столиком со своим другом и тогда, когда все другие посетители, и даже Луиза, ушли — словно ее желание было силой, приковавшей его к своему месту. **abtreten** уходить, удаляться (*обыкн. либо со сцены — об актере, персонаже, либо по приказу — о военнослужащем и т. п.*); *напр.*: Peter tritt ab Петер уходит (*ремарка в пьесе*); die Schauspielerin trat von der Bühne ab актриса ушла со сцены [оставила сцену]; abtreten! разойдись! (*команда*); (*в обращении к одному лицу*) можете идти! **sich entfernen** удаляться (*тж. о неодушевленных предметах*); *напр.*: er hat sich schweigend entfernt он молча удалился; der Dampfer entfernte sich vom Ufer пароход удалился от берега; die Schritte entfernten sich langsam шаги медленно удалялись □ Gemacht! Und nun gehe ich stadtwärts. Sie entfernen sich bitte in der anderen Richtung. Sonst könnten wir auffahlen (*Kästner,* »*Die verschwundene Miniatur*«) Договорились! А теперь я пойду в сторону города. Вы же, пожалуйста, удалитесь в другом направлении. Иначе мы можем привлечь к себе внимание. **sich zurückziehen** удаляться, уединяться; *напр.*: das Gericht hat sich zur Beratung zurückgezogen суд удалился на совещание □ Ich kam — ich näherte mich — sie zieht sich langsam zurück in den dunkeln Hausflur... (*Heine,* »*Die Harzreise*«) Я пришел — приблизился — она медленно отступает в темные сени... **aufbrechen** отправиться (прочь), двинуться в путь (*чаще о внезапном уходе*); *напр.*: rasch aufbrechen быстро уйти; im ersten Morgengrauen brachen wir auf мы отправились на рассвете □ Der Hirt brach auf. Stanislaus sollte bleiben. Stanislaus konnte nicht bleiben. Auch er ging (*Strittmatter,* »*Wundertäter*«) Пастух вдруг собрался идти. Пусть Станислаус останется... Станислаус не мог остаться. Он тоже ушел. **sich trollen** уходить (маленькими шажками) (*обыкн. обидевшись или сконфузившись*); *напр.*: er mußte die Rechnung bezahlen und sich von dannen trollen ему ничего не оставалось, как уплатить по счету (и сконфуженно) побрести прочь. □ »Es ist gut.« Professor Horn winkte dem Wirt. Vater Lieblich trollte sich (*Kästner,* »*Die verschwundene Miniatur*«) «Ладно», — профессор Горн кивнул хозяину. Папаша Либлих засеменил прочь. **retirieren** *уст.* ретироваться; *напр.*: er war vernünftig genug, um zeitig zu retirieren он был достаточно благоразумен, чтобы вовремя ретироваться. **sich fortstehlen** уйти тайком, крадучись; *напр.*: sich aus einem Zimmer fortstehlen уйти тайком [прокрасться] из комнаты; sich aus einer Gesellschaft fortstehlen незаметно покинуть общество □ Durch Stuttgart ließ man das Gerücht wispern... Süß habe sich gleich nach dem Tode des Herzogs aus Ludwigsburg fortgestohlen... (*Feuchtwanger,* »*Jud Süß*«) По Штутгарту пустили слух... Зюсс тайно бежал из Людвигсбурга тотчас же после смерти герцога... **sich fortmachen** *разг.* поспешно уйти, убраться; *напр.*: wenn er bleibt, ziehe ich vor, mich fortzumachen если он останется, я предпочитаю убраться. **abschieben** *фам.* убираться (прочь), восвояси); *напр.*: schieb ab! убирайся!; er schob beleidigt ab обидевшись, он убрался. **sich packen** груб. сматываться, сматывать удочки *употр. по отношению к лицу, чье присутствие нежелательно*; *напр.*: pack dich zum Teufel! мотай отсюда ко всем чертям! **sich scheren, sich wegscheren** груб. уходить вон, убираться *употр. так же, как sich packen; напр.*: er soll sich endlich wegscheren пусть он, наконец, убирается вон; scher dich zum Teufel! проваливай к черту! □ Scher dich aus dem Garten, du Lümmel, und zertrample mir nicht die Radieschen! (*Strittmatter,* »*Wundertäter*«) Убирайся вон из моего сада, озорник, не топчи редиску!

fortgehen[2] *см.* andauern
fortjagen[1] прогонять
fortjagen — wegjagen — verjagen — jagen — vertreiben — treiben — verscheuchen — aufscheuchen — scheuchen — verstoßen

fortjagen *индифф. синоним; напр.*: lärmende Kinder fortjagen прогнать шумящих детей; den Hund, lästige Fliegen, Wespen fortjagen прогнать собаку, назойливых мух, ос; quälende Gedanken fortjagen отгонять мучительные мысли. **wegjagen** ≅ fortjagen, *но выражает несколько меньшую степень интенсивности действия*; *напр.*: Hunde, Fliegen, Wespen wegjagen прогнать собак, мух, ос. **verjagen** прогнать (навсегда, далеко); *напр.*: ich habe den fremden Hund verjagt я прогнал чужую собаку; wir haben den Feind verjagt мы прогнали [изгнали] врага; der Wind hat die Wolken verjagt ветер разогнал тучи. **jagen** гнать, прогонять *употр. с обстоятельством места, указывающим, откуда кого-л. прогоняют*; *напр.*: jag die Gänse aus dem Gemüsegarten! прогони гусей с огорода!; wir haben den Feind aus unserem Lande gejagt мы прогнали врага из нашей страны □ ...manche Potentaten wurden von Haus und Hof gejagt und mußten auf andere Art ihr Brot zu verdienen suchen... (*Heine,* »*Das Buch Le Grand*«) ...некоторых царствующих монархов прогнали из собственного дома, и они вынуждены были изыскивать иной способ зарабатывать себе на хлеб... **vertreiben** прогонять (*применяя силу, угрозы и т. п., а тж. неумышленно*); *напр.*: j-n aus dem Land vertreiben изгонять кого-л. из страны; habe ich Sie von Ihrem Platz vertrieben? я (не) согнал вас с вашего места? **treiben** ≅ fortjagen, *но несколько больше подчеркивает настойчивость в осуществлении действия; как и* jagen, *употр. с обстоятельством места*; *напр.*: der Gärtner trieb die Kinder aus dem Garten садовник прогнал детей из сада; man hat den Jungen vom Hofe getrieben мальчика прогнали со двора. **verscheuchen** спугнув, прогнать; *напр.*: einen Vogel, ein Tier verscheuchen спугнуть птицу, зверя; einen Dieb verscheuchen спугнуть вора; den Schlaf verscheuchen спугнуть [разогнать] сон. **aufscheuchen** спугнуть, вспугнуть *в отличие от* verscheuchen *подчеркивает, что в результате действия субъекта кто-л. поднимается, встает, взлетает и т. п. со своего места*; *напр.*: einen Schwarm Tauben aufscheuchen (в)спугнуть стаю голубей; ein Liebespärchen aufscheuchen *разг.* спугнуть влюбленную парочку. **scheuchen** прогонять (*пугая криками или жестами, особенно животных*); *употр. с обстоятельством места*; *напр.*: ihre Schreie scheuchten die Vögel aus dem Garten ее крики прогнали птиц из сада. **verstoßen** выгнать (из дому) (*вынудить оставить семью*); *напр.*: die Tochter, seine Frau verstoßen выгнать дочь, жену из дому

fortjagen[2] *см.* entlassen
fortkommen *см.* schwinden; [1]/vorankommen

fortlassen *см.* auslassen [1]

FORTLAUFEN

fortlaufen *см.* weglaufen
fortleben *см.* weiterleben
fortmachen, sich *см.* fortgehen¹
fortpflanzen, sich *см.* verbreiten, sich¹
forträumen *см.* fortbringen
fortschaffen *см.* fortbringen
fortschicken *см.* entlassen
fortschreiten *см.* vorankommen
Fortschritt *см.* Erfolg
fortschrittlich *см.* «Приложение»
fortsetzen продолжать
fortsetzen — fortführen — weiterführen — f o r t f a h r e n — weitermachen

fortsetzen *индифф. синоним; напр.:* den Weg, die Reise, eine Arbeit, eine Unterhaltung, eine Untersuchung, das Spiel, den Kampf fortsetzen продолжать путь, путешествие, работу, беседу, расследование, игру, борьбу; eine alte Tradition fortsetzen продолжать старую традицию; eine Bekanntschaft fortsetzen продолжать знакомство; er setzte das Werk seines Vaters fort он продолжил дело своего отца; nach den Ferien setzte er seine Studien fort после каникул он продолжил свои занятия. **fortführen** ≈ fortsetzen, *но б. ч. о продолжении чего-л., начатого кем-л. другим; напр.:* ich habe seine Arbeit fortgeführt я продолжил его работу; er führte die Arbeit unter einem anderen Namen fort он продолжал работу под другой фамилией; sie führte das freudlose Leben der Mutter fort она продолжала жить столь же безрадостной жизнью, как и её мать. **weiterführen** (по)вести дальше (*продолжать начатую кем-л. другим деятельность на новом этапе, уровне и т. п.; причём указывается, что именно продолжается); напр.:* er führte das Experiment weiter und erzielte dabei glänzende Resultate он продолжил эксперимент и получил блестящие результаты. **fortfahren** *книжн.* продолжать то, что было прервано, временно прекращено (*в отличие от остальных синонимов этого ряда — непереходный глагол, употр. с предложным дополнением или инфинитивом, а тж. без дополнения); напр.:* sie fuhren mit der gestrigen Arbeit fort они продолжали вчерашнюю работу; er fuhr in seiner Rede fort он продолжал свою речь; nach einer kurzen Pause fuhr er fort zu lesen после короткого перерыва он продолжал читать □ »Dabei«, fuhr er fort, »darf ich dir nicht verhehlen, daß...« (*Th. Mann, »Buddenbrooks«*) «При этом, — продолжал он, — я не могу от тебя скрыть, что...» **weitermachen** *разг.* продолжать так, как начато, продолжать в том же духе; *напр.:* macht eure Arbeit weiter! продолжайте (делать) вашу работу; wir können nicht weitermachen мы не можем так продолжать; los, weitermachen! продолжайте! (*команда*)

fortstehlen, sich *см.* fortgehen¹

forttragen *см.* fortbringen
fortwähren *см.* andauern
fortwährend *см.* immer/ständig¹
Foto *см.* Aufnahme
Fotografie *см.* Aufnahme
fotografieren *см.* aufnehmen³
Fracht *см.* Last
Frage *см.* Aufgabe²
fragelustig *см.* neugierig
fragen спрашивать

fragen — anfragen — nachfragen — befragen — ausfragen — aushorchen — sich erkundigen — ausforschen — verhören — vernehmen — i n q u i r i e r e n — ausnehmen — ausholen

fragen *индифф. синоним; напр.:* fragen Sie, wann die Vorlesung beginnt спросите, когда начинается лекция; ich werde meine Mutter fragen, ob ich mitkommen darf я спрошу у матери, можно ли мне пойти с вами; jemand fragt nach Ihnen вас кто-то спрашивает; ich habe ihn nach der Ursache ihrer Abwesenheit gefragt я спросил его о причине ее отсутствия; er hat mich nach meinem Namen gefragt он спросил у меня мою фамилию □ »Mit wem von Ihnen kann ich Rücksprache nehmen«, frage ich höflich, »meine Herren?« (*Th. Mann, »Buddenbrooks«*) «С кем из вас я мог бы переговорить, господа?» — спрашиваю я вежливо. Bei den Männern aber fragte er nach dem Fortschritt der Ernte, sagte »Ah!« oder «Oh!« und »Ach was!«, brach aber immer nach drei oder vier Sätzen die Unterhaltung ab... (*Fallada, »Wolf u. Wölfen«*) Мужчин он спрашивал, хорош ли урожай, говорил «А-а!» или «О-о!», или «Ах, вот как!», однако после трех-четырех фраз прекращал беседу... **anfragen** запрашивать у кого-л. что-л. *обыкн. предполагает краткий ответ; напр.;* im Parlament anfragen сделать запрос в парламенте; ich habe bei der Firma wegen der Rechnung angefragt я запросил у фирмы счет; das kann man telefonisch anfragen об этом можно запросить по телефону. **nachfragen** справляться, осведомляться о чем-л. (*особенно обращаться за разрешением что-л. сделать, получить*); *напр.:* er fragte bei der Auskunft nach он справился в справочном бюро; fragen Sie bei Ihrem Chef nach, ob Sie im September Urlaub bekommen спросите у вашего начальника, получите ли вы отпуск в сентябре. **befragen** (*подробно или официально*) расспрашивать, опрашивать; *напр.:* den Arzt über den Zustand des Kranken befragen расспрашивать врача о состоянии больного; den Rechtsanwalt über die Lage der Dinge befragen расспрашивать адвоката [защитника] о положении дел; er befragte mich über meine Absichten он расспрашивал меня о моих намерениях □ Der führte ihn in... ein hübsches Restaurant, in welches Trautwein allein nie gegan-

FRAGEN

gen wäre, da es viel zu teuer aussah. Benjamin wählte umständlich, kennerisch, befragte Trautwein nach seinen Wünschen, machte ihm Vorwürfe, daß er auf das Essen so wenig Gewicht lege (*Feuchtwanger, »Exil«*) Он повел его в прекрасный ресторан, куда Траутвейн один никогда бы не пошел, так как ресторан казался слишком дорогим. Беньямин выбирал блюда обстоятельно, со знанием дела, настойчиво расспрашивая Траутвейна о его пожеланиях и упрекая его за то, что он так безразлично относится к еде. **ausfragen** выспрашивать, (подробно) расспрашивать; *напр.:* j-n über j-n, über etw. ausführlich, neugierig, zudringlich ausfragen подробно, с любопытством, назойливо выспрашивать у кого-л. о ком-л., о чем-л.; er hat ihn über alle Neuigkeiten ausgefragt он расспросил его обо всех новостях □ Und wenn man auf uns verfällt und uns ausfragt? (*Seghers, »Die Toten«*) А если подумают, что это мы, и станут нас расспрашивать? **aushorchen** осторожно (*с неблаговидными намерениями*) расспрашивать кого-л., допытываться у кого-л.; *напр.:* j-n über den Vorfall aushorchen (осторожно) расспрашивать кого-л. о случившемся; über seine Verhältnisse aushorchen выведывать у кого-л., как он живет. **sich erkundigen** справляться у кого-л. о ком-л., о чем-л.; *напр.:* er hat sich bei mir nach deinem Befinden erkundigt он справлялся у меня о твоем самочувствии; hast du dich erkundigt, wann der Zug fährt? ты справился [узнал], когда идет поезд? □ Als er nämlich halten wollte, um sich bei seinem Fahrgast zu erkundigen, wozu man ihn ziellos durch Dutzende von Haupt- und Nebenstraßen hetzte, bemerkte er im Spiegel, daß der vornehme Herr einen Revolver aus der Tasche zog... (*Kästner, »Die verschwundene Miniatur«*) Когда же он захотел остановиться, чтобы спросить у своего пассажира, зачем его бесцельно гоняют по улицам и переулкам, он заметил в зеркале, что важный господин вытащил из кармана револьвер... **ausforschen** подробно расспрашивать (*о чем-л. скрываемом, малоизвестном, преодолевая нежелание расспрашиваемого отвечать*); выпытывать; *напр.:* er forschte ihn schlau über seine Pläne, Absichten aus он хитро выпытывал его планы, намерения. **verhören** допрашивать; *напр.:* einen Kriegsgefangenen verhören допрашивать военнопленного; der Untersuchungsrichter verhörte den Verhafteten следователь допросил арестованного. **vernehmen** опрашивать, допрашивать *употр., когда речь идет о менее строгом допросе, чем при* verhören; *напр.:* die Zeugen vernehmen опрашивать свидетелей. **inquirieren** *книжн.* ≈ verhören; *напр.:* die

FRAGLICH 179 FRAU F

Angeklagten wurden gestern inquiriert обвиняемые были допрошены вчера. **ausnehmen, ausholen** *разг.* вытягивать из кого-л. *(стараться узнать у кого-л. что-л., по возможности избегая прямых вопросов);* выведывать, допытываться; *напр.:* könntest du ihn nicht ausnehmen [ausholen]? ты не мог бы у него допытаться, в чем дело?; er holte ihn über seinen Beruf aus он (дотошно) расспрашивал его о его профессии *(стараясь узнать много подробностей и т. п.)*

fraglich *см.* ungewiß
Fragment *см.* Teil
fragwürdig *см.* zweifelhaft [1]
frankieren *см.* «Приложение»
Fraß *см.* Essen [1]
Fratz *см.* Mädchen [2]
Fratze *см.* Gesicht I/Grimasse
Frau [1] женщина

die **Frau** — das **Fräulein** — die **Dame** — das **Weib** — die **Jungfer** — das **Frauenzimmer** — das **Weibsbild** — das **Weibsstück** — das **Mensch** — die **Person**

Frau *индифф. синоним; напр.:* eine junge, alte, blühende, kränkliche, einfache, mutige, verheiratete, ledige Frau молодая, старая, цветущая, болезненная, простая, мужественная, замужняя, незамужняя женщина; er hat eine kluge Frau geheiratet он женился на умной женщине. **Fräulein** девушка, барышня; девица *употр. по отношению к молодой девушке или незамужней женщине любого возраста; при отсутствии определяющего возраст прилагательного предполагает молодую женщину; напр.:* ich kannte sie als kleines Mädchen, jetzt ist sie ein hübsches Fräulein geworden я знал ее маленькой девочкой, теперь она стала миловидной девушкой; Telefonistinnen nannte man früher »Fräulein von Amt« телефонисток раньше называли «телефонная барышня» □ Zwei alte Fräuleins kamen aus dem Dom (*Seghers, »Das siebte Kreuz«*) Две пожилые девицы вышли из собора. **Dame** а) дама (*женщина, принадлежащая к так наз. высшим слоям общества или импонирующая внешним видом, манерами и т. п.*); *напр.:* sie ist eine vornehme Dame она знатная дама □ Sie war eine korpulente Dame mit dicken weißen Locken über den Ohren... (*Th. Mann, »Buddenbrooks«*) Это была полная пожилая дама с крупными седыми локонами, спускавшимися на уши... »Rothilde Mikat, etwa siebzig Jahre, ehemalige Lehrerin«, sagte er, »eine sehr rüstige und geistig rege Dame... ja, Dame, ein anderer Ausdruck paßt nicht zu ihr. Ziemlich wohlhabend, immer elegant und auffällig gekleidet...« (*Weber, »Museumsräuber«*) «Ротхильда Микат, возрастом — лет семьдесят, бывшая учительница, — сказал он, — очень бодрая и с живым умом дама, да, дама, иначе ее и не назовешь. Со средствами, одета всегда элегантно и так, чтобы бросалось в глаза...» Und jene andere Dame, die Ätherische, die neben Dora auf dem breiten Diwan saß, die spitzen Knie hochgezogen? (*Kellermann, »Der 9. November«*) А та дама; эфирное создание, что сидела рядом с Дорой на широком диване, подняв острые колени?; b) ≅ **Frau**, *но отличается подчеркнутой вежливостью; употр. тж. говорящей о себе самой; напр.:* vermiete an ältere Dame ein gut möbliertes Zimmer сдам комнату с полной обстановкой пожилой женщине (*объявление в газете*); jg. (*junge*) Dame wünscht Briefwechsel mit Wassersportler nicht unter 30 J. (*Jahren*) молодая женщина желает завязать переписку с любителем водного спорта не моложе 30 лет (*объявление в газете*); c) *употр. вместо* **Frau** *в некоторых сферах деятельности, в определенных условиях; напр.:* im Brustschwimmen war unter den Damen Ilse Schulz die erste в плавании брассом среди женщин первой была Ильзе Шульц; er hat diese Dame zum Tanz aufgefordert он пригласил эту даму на танец. **Weib** а) *устаревает и высок., поэт., библ.* женщина (*лицо женского пола вообще*); *напр.:* Mann und Weib мужчина и женщина; holdes Weib прелестная женщина; b) *разг.* ≅ **Frau**, *но обыкн. употр. с определением; напр.:* □ Die Putzfrau im »Ecke«, ein braves Weib, hatte angehört, was ein Fahrer mit einem Freund schwatzte (*Seghers, »Die Toten«*) Уборщица «Уголка», славная женщина, слышала, о чем болтал один шофер с приятелем; c) *разг. пренебр.* баба; *напр.:* ein hysterisches Weib истеричная баба; ich kann das zänkische Weib nicht leiden я терпеть не могу эту сварливую бабу □ Was das damals für Schwierigkeiten gemacht hatte, ihn von dem Weibe wieder loszukriegen — er war solch ein Wutkopf manchmal, der Karlemann! (*Fallada, »Jeder stirbt«*) С каким трудом удалось тогда вырвать его из рук этой бабы — ведь Карлеман иногда бывал очень вспыльчив. **Jungfer** *пренебр.* старая дева (*капризная, с причудами*) *обыкн. употр. с прилагательным* alt; *напр.:* diese alte Jungfer ist immer unzufrieden эта старая дева вечно недовольна. **Frauenzimmer** а) *фам. пренебр.* баба *подчеркивает отрицательные качества или плохую репутацию женщины; напр.:* ein unverschämtes, dummes, liederliches Frauenzimmer бесстыдная, глупая, распутная баба; laß dich mit diesem Frauenzimmer nicht ein! не связывайся с этой бабой!; b) *уст. разг.* = **Weib** b); *напр.:* ein hübsches Frauenzimmer смазливая бабенка. **Weibsbild** *презр.* баба; *напр.:* das war ein böses Weibsbild это была злая баба; mit diesem Weibsbild will ich nichts mehr zu tun haben с этой бабой я не желаю больше иметь ничего общего. **Weibsstück** ≅ **Weibsbild**, *но еще грубее; напр.:* dieses Weibsstück ist mit dem Sohne meines Freundes auf und davon gegangen эта тварь убежала с сыном моего приятеля. **Mensch** *презр. ю.-нем. и бран.* грязная баба, тварь; *напр.:* dieses Mensch hat mein Geld gestohlen эта тварь вытащила мои деньги; solch ein schamloses Mensch! вот бессовестная баба! **Person** *разг. неодобр.* особа *употр. по отношению к женщине, с которой говорящий не желает иметь ничего общего; напр.:* diese Person betritt mein Haus nicht mehr эта особа никогда не переступит порог моего дома, эту особу я больше на порог не пущу

Frau [2] жена

die **Frau** — die **Ehefrau** — die **Partnerin** — die **Ehepartnerin** — die **Lebensgefährtin** — die **Gattin** — die **Ehegattin** — die **Gemahlin** — das **Weib** — die **Ehehälfte** — die **Alte** — die **Olle**

Frau *индифф. синоним; напр.:* das ist seine Frau это его жена; kennen Sie meine Frau? вы знаете мою жену?; ich lasse mich von meiner Frau scheiden я развожусь со своей женой; sie leben miteinander wie Mann und Frau они живут друг с другом, как муж и жена □ »So etwas Blödes!« sagte er. »Hier geht's um'ne halbe Million, und meine Frau fragt, ob ich nun bald zum Essen komme!« (*Kästner, »Die verschwundene Miniatur«*) «Какая чушь! — сказал он. — Здесь дело идет о полумиллионе, а моя жена спрашивает, скоро ли я приду обедать!» **Ehefrau** жена, женщина, состоящая в официальном браке *чаще употр. в официально-деловом языке и языке церкви; напр.:* die Ehefrau des Angeklagten darf nicht als Zeugin vor Gericht aussagen жена обвиняемого не может выступать на суде в качестве свидетельницы. **Partnerin, Ehepartnerin** подруга; *напр.:* suche für meine sechsjährige Tochter eine liebe Mutti und für mich eine Partnerin ищу нежную мать для своей шестилетней дочурки, а для себя подругу (*объявление в газете*). **Lebensgefährtin** *высок.* спутница жизни; *напр.:* sie war seine treue Lebensgefährtin она была его верной спутницей жизни. **Gattin, Ehegattin** *высок.* супруга *не употр. с мест.* mein, unser; *напр.:* er erschien auf dem Ball zusammen mit seiner Gattin он появился на балу вместе со своей супругой □ »Wir haben ganz vergessen«, meinte Rudi Struve, »uns nach dem Ergebnis des Telefongesprächs zu erkundigen, das Sie mit Ihrer Gattin geführt haben« (*Kästner, »Die verschwundene Miniatur«*) «Мы совсем забыли, — сказал Руди Струве, — справиться у вас о результатах телефонных переговоров с вашей супругой». **Gemahlin** *высок.* ≅ Gattin *употр. преимущественно по отношению к женщине так наз. высших слоев общества; напр.*: die Gäste wurden von dem Minister und seiner Gemahlin empfangen гостей принимал министр и его супруга ◻ Sie finden also, daß Ihre Frau Gemahlin Sie ruiniert? (*Th. Mann, »Buddenbrooks«*) Вы считаете, следовательно, что ваша уважаемая супруга вас разоряет? **Weib** *уст. разг.* жёнка, благоверная; *библ.* жена; *напр.*: wo ist dein Weib? где твоя благоверная? laß dich nicht gelüsten deines Nächsten Weibes *библ.* не пожелай жены ближнего твоего. **Ehehälfte** *разг. шутл.* дражайшая половина; *напр.*: ich muß meine Ehehälfte danach fragen мне нужно спросить об этом мою дражайшую половину. **Alte, Olle** *фам.* старуха; *напр.*: Gott sei Dank ist meine Alte [Olle] nicht da! слава богу, моей старухи нет! ◻ Wenn mich meine Alte hier sitzen sähe! (*Kästner, »Die verschwundene Miniatur«*) Если бы моя старуха увидела, что я здесь сижу!

Frau³ госпожа; сударыня
die **Frau** — das **Fräulein** — die **Dame**
Frau *индифф. синоним* госпожа, фрау *б. ч. употр. с именем, званием; напр.*: guten Tag, Frau Klein! добрый день, госпо́жа [фрау] Клейн!; grüßen Sie Ihre Frau Mutter! кланяйтесь вашей уважаемой матушке!; Frau Professor Müller ist oben госпожа профессор Мюллер наверху ◻ Es ist in der Tat kein Scherz, gnädige Frau, mit dieser Grippe (*Kellermann, »Der 9. November«*) Этот грипп, сударыня, действительно, дело нешуточное. **Fräulein** фрейлейн, госпожа *употр. с именем незамужней женщины, со званием; без имени часто употр. в обращении к продавщице, официантке, телефонистке*; *напр.*: Frl. Dr. Inge Stark, Zahnärztin (фрейлейн) доктор Инге Штарк, зубной врач; guten Tag, Fräulein Müller! добрый день, фрейлейн Мюллер!; sehr geehrtes Fräulein Müller глубокоуважаемая госпожа Мюллер!; Fräulein, was kostet dieses Kleid? девушка, сколько стоит это платье? ◻ Er lief ins Café hinein. »Fräulein«, rief er am Büfett. »Wer hat den Brief abgegeben?« (*Kästner, »Die verschwundene Miniatur«*) Он вбежал в кафе. «Девушка, — торопливо обратился он к буфетчице, — кто передал это письмо?» »Wo sind die Schuhe?« fragte Fräulein Trübner, als sie ihr Geld in der Handtasche untergebracht hatte (*ebenda*) «Где туфли?» — спросила фрейлейн Трюбнер, после того как она положила деньги в сумку. **Dame** дама, госпожа *в отличие от Frau и Fräulein употр. без собственного имени, но с оттенком большей вежливости; напр.*: meine Damen und Herren! дамы и господа!; was wünscht die Dame? что угодно госпоже?

Frau⁴: eine Frau nehmen *см.* heiraten
Frauenzimmer *см.* Frau¹
Fräulein *см.* Frau¹,³/Mädchen¹
frech нахальный, дерзкий
unbescheiden — ungeniert — unverfroren — vorlaut — naseweis — schnodd(e)rig — frech — dreist — unverschämt — skrupellos — impertinent — zynisch — schamlos
Синонимы данного ряда расположены по степени возрастания выражаемого признака
unbescheiden нескромный; *напр.*: Ihren Vorschlag anzunehmen, wäre unbescheiden von mir принять ваше предложение было бы нескромно с моей стороны. **ungeniert** [-зе-] бесцеремонный; без стеснения; *напр.*: er benimmt sich ungeniert он ведет себя бесцеремонно; langen Sie bitte ungeniert zu! угощайтесь, пожалуйста, без лишних церемоний! **unverfroren** беззастенчивый, бестактный; *напр.*: eine unverfrorene Antwort беззастенчивый ответ; eine unverfrorene Lüge беззастенчивая ложь; eine unverfrorene Bemerkung бестактное замечание. **vorlaut, naseweis** дерзкий, нескромный (*высказывающийся раньше других, бестактно вмешивающийся во что-л.*) *часто употр. по отношению к детям*; *напр.*: er ist ein vorlauter Junge он дерзкий мальчишка, он выскочка; die Lehrerin überhörte die vorlaute, naseweise Bemerkung der Schülerin учительница сделала вид, что не слышала дерзкого замечания ученицы; »ich habe ihn auch gesehen«, mischte sich der Junge vorlaut ein «я тоже его видел», — ни капельки не смущаясь, вмешался мальчик; sei nicht so vorlaut! не дерзи!, не выскакивай! ◻ «Vorlaut, immer ist dieser Junge vorlaut«, dachte der General (*Kellermann, »Der 9. November«*) «Ну и выскочка этот мальчишка», — подумал генерал. — Был и остался дерзким». **schnodd(e)rig** *разг.* бесцеремонный, небрежный, неуважительный *б. ч. употр. для характеристики речи какого-л. лица; напр.*: eine schnodd(e)rige Bemerkung machen сделать бестактное замечание; er sollte nicht so schnodd(e)rig daherreden ему не нужно было огрызаться; sie fand mich ihr gegenüber schnodderig она считала, что я веду себя дерзко. **frech** *индифф. синоним*; *напр.*: er sah mich schelmisch und frech an он посмотрел на меня лукаво и дерзко; sie ist immer frech zu mir она всегда дерзка со мной; er lachte mir frech ins Gesicht он нахально рассмеялся мне в лицо; er machte freche Anspielungen он делал дерзкие намеки; er leugnete frech seine Teilnahme an diesem Unternehmen он нагло отрицал свое участие в этом деле; der Künstler hat eine freche Karikatur gezeichnet художник нарисовал дерзкую карикатуру ◻ ...das war ein frecher, ein kühner, ein fast genialer Witz (*Feuchtwanger, »Jud Süß«*) ...это была дерзкая, смелая, почти гениальная шутка. **dreist** дерзкий, беззастенчивый; *напр.*: ein dreister Junge дерзкий [нахальный] мальчишка; ein dreistes Lächeln вызывающая улыбка; etw. dreist fordern, behaupten, durchsetzen беззастенчиво требовать, утверждать, добиваться чего-л.; er hat ihn mit dreisten Forderungen eingeschüchtert он запугал его дерзкими требованиями. **unverschämt** бесстыдный, беззастенчивый; *напр.*: er lügt unverschämt он беззастенчиво лжет; sein unverschämtes Benehmen empörte uns его бесстыдство возмутило нас. **skrupellos** бессовестный, беззастенчивый; *напр.*: er ist ein skrupelloser Geschäftemacher он бессовестный спекулянт. **impertinent** высокомерно наглый; *напр.*: ich kann diesen impertinenten Beamten nicht ausstehen я не выношу этого наглого чиновника. **zynisch** циничный; *напр.*: er ist ein zynischer Mensch он циник; das ist eine zynische Antwort это циничный ответ ◻ Es erfordert freilich Intensität, so zynische Verse bei den andern durchzusetzen, und er hat seine ganze Intensität nötig gehabt für die Sache Benjamin (*Feuchtwanger, »Exil«*) Нужна, конечно, большая настойчивость, чтобы пробить дорогу таким циничным стихам, а вся настойчивость, на какую он способен, потребовалась ему в деле Беньямина. **schamlos** бесстыдный, потерявший всякий стыд; *напр.*: wie kann man nur so schamlos sein! как это можно — потерять всякий стыд!; er ist scham- und gewissenlos у него ни стыда, ни совести ◻ »...will sagen, ich verlange mein Kapital.« »Kesselmeyer, Sie sind schamlos!« »A-aha, schamlos finde ich höchst spaßhaft!« (*Th. Mann, »Buddenbrooks«*) «...хочу сказать, я требую свой капитал обратно». — «Кессельмайер, вы потеряли всякий стыд!» — «Так, так, потерял стыд, это я нахожу забавным!» Tscherniq nimmt das Geld, schamlos zählt er nach. »Zweiundvierzig«, konstatiert er sachlich... (*Feuchtwanger, »Exil«*) Черниг берет деньги и без всякого стыда пересчитывает их. «Сорок две марки», — констатирует он деловито.

frei¹ свободный (*обладающий независимостью*)
frei — unabhängig — souverän
frei *индифф. синоним*; *напр.*: ein freies Land свободная страна; freies Volk свободный народ; die freie Hansestadt *ист.* вольный ганзейский город; Freie Deutsche Jugend (FDJ) Союз свободной немецкой молодежи (СНМ); er ist frei wie ein Vogel он свободен как птица; fast alle Kolonien sind jetzt frei почти все колонии

теперь получили свободу □ Der Krieg entbrannte, der Sieg schwankte und entschied sich, und Hanno Buddenbrooks Vaterstadt... blickte nicht ohne Genugtuung auf das reiche Frankfurt, das seinen Glauben an Österreich bezahlen mußte, indem es aufhörte, eine freie Stadt zu sein (*Th. Mann, »Buddenbrooks«*) Вспыхнула война, победа заколебалась на чаше весов — и определилась. Родной город Ганно Будденброка... с удовлетворением стал взирать на богатый Франкфурт, который вынужден был заплатить за свою веру в Австрию тем, что перестал быть вольным городом. **unabhängig** независимый; *напр.*: ein unabhängiger Staat независимое государство; sie ist von ihm finanziell unabhängig она не зависит от него в финансовом отношении. **souverän** [zuvə-] *книжн.* суверенный; *напр.*: ein souveräner Staat суверенное государство

frei² свободный (*не стесненный ограничениями*)
frei — ungehindert — ungehemmt — unverwehrt — hemmungslos

frei *индифф. синоним*; *напр.*: ein freier Meinungsaustausch свободный обмен мнениями; freie Wahlen свободные выборы; ein freies Benehmen развязность; über etw. frei verfügen свободно располагать чем-л.; Fahrt frei! путь свободен!; er ließ seinem Zorn freien Lauf он дал волю своему гневу. **ungehindert** беспрепятственный, не встречающий препятствий ⟨*б. ч. в качестве обстоятельства и предикативного определения*⟩; *напр.*: sich ungehindert bewegen беспрепятственно двигаться; ungehindert die Grenze überschreiten беспрепятственно перейти границу; ungehindert in die Wohnung eindringen беспрепятственно проникнуть в квартиру. **ungehemmt** беспрепятственный, ничем не стесненный (в своем проявлении) (*часто об отсутствии внутренних препятствий*); *напр.*: das Rad rollte ungehemmt колесо свободно вращалось; eine ungehemmte Lebensweise вольный образ жизни; ungehemmt etw. erreichen достичь чего-л. беспрепятственно [без помех]. **unverwehrt** ≅ ungehindert *обыкн. употр. в сочетании* es ist [bleibt] j-m unverwehrt, *указывающем на отсутствие запрета*; *напр.*: es ist jedem unverwehrt, seine Meinung zu äußern каждому предоставляется право беспрепятственно выражать свое мнение. **hemmungslos** безудержный; *напр.*: ein hemmungsloser Redefluß безудержный поток слов; ein hemmungsloses Gelächter безудержный смех; hemmungslos schluchzen безудержно рыдать

frei³ свободный (*от кого-л., чего-л.*)
frei — los
Оба синонима употр. тк. в качестве предикатива

frei (*von etw.*) *индифф. синоним*; *напр.*: frei von Vorurteilen, von Verdacht свободный от предрассудков, от подозрения; er ist frei von Verpflichtungen он не связан обязательствами; er ist frei von Irrtümern он не заблуждается; diese Arbeit ist nicht frei von Fehlern, von Mängeln эта работа не свободна от ошибок, от недостатков. **los** *разг.*: los sein (*А*) освободиться, избавиться *в отличие от* frei *иногда употр. тж. по отношению к лицу*; *напр.*: er ist seinen Husten los он больше не кашляет; er ist seinen Schnupfen los он избавился от насморка, у него прошел насморк; ich bin meine Schulden los я отделался от долгов; den bin ich endgültig los! от этого (*посетителя и т. п.*) я избавился навсегда!

frei⁴ *см.* ledig/offen ²/unentgeltlich

frei⁵: frei machen *см.* räumen²
freidenkerisch *см.* unglaübig
Freier *см.* Verlobter
Freigabe *см.* Befreiung¹
freigeben *см.* entlassen
freigebig щедрый

freigebig — großzügig — weitherzig — spendabel

freigebig *индифф. синоним*; *напр.*: ich habe einen freigebigen Freund у меня щедрый друг; er ist nicht sehr freigebig mit dem Trinkgeld он не очень щедр на чаевые □ Schlecht bezahlt, bin ich doch freigebig und hilfsbereit gegenüber den Armen (*Kafka, »Erzählungen«*) Хотя мне платят мало, я все же щедр по отношению к бедным и готов прийти им на помощь. **großzügig** очень щедрый (*не скупящийся даже на большие расходы*); *напр.*: er hat sich uns gegenüber großzügig gezeigt по отношению к нам он проявил себя широкой натурой. **weitherzig** *книжн.* ≅ großzügig; *напр.*: eine weitherzige Hilfe щедрая помощь. **spendabel** *разг.* не скупящийся (на угощение); *напр.*: wir aßen bei ihm zu Mittag, er war gestern recht spendabel мы обедали у него, вчера он щедро нас угостил

freigeistig *см.* unglaübig
freihalten *см.* bezahlen¹
freikommen *см.* befreien, sich
freilassen *см.* befreien¹
Freilassung *см.* Befreiung¹
freilich *см.* natürlich²
freimachen *см.* frankieren
freimütig *см.* aufrichtig
freistellen *см.* überlassen¹
Freitreppe *см.* Treppe
freiwillig добровольный

freiwillig — ungezwungen — unaufgefordert — ungeheißen — spontan — von sich aus — von selbst — von allein(e)

freiwillig *индифф. синоним*; *напр.*: ein freiwilliger Entschluß добровольное решение; etw. freiwillig tun, abgeben добровольно делать, отдавать что-л.; freiwillig arbeiten, helfen добровольно работать, помогать; er meldete sich freiwillig zum Militärdienst он поступил на военную службу добровольцем □ ...besinne mich aber gleich, daß er ein Fremder ist ...und daß er mir freiwillig aushilft, wo alle andern versagen (*Kafka, »Erzählungen«*) ...но сейчас же вспоминаю, что он чужой ...и что он меня по доброй воле выручает, в то время как все другие отказались мне помочь. **ungezwungen** без принуждения; *напр.*: er hat das völlig ungezwungen getan он сделал это без всякого принуждения. **unaufgefordert** сам, добровольно (*не ожидая соответствующего требования, напоминания и т. п.*); *напр.*: er hat gestern seine Schulden unaufgefordert bezahlt он вчера расплатился со своими долгами, не дожидаясь требования об уплате; ich habe die Bücher unaufgefordert zurückgegeben я возвратил книги, не дожидаясь напоминания. **ungeheißen** *высок.* добровольно, по собственному почину (*не ожидая соответствующего приказа, распоряжения, указания*); *напр.*: er hat seine Pflicht ungeheißen getan он выполнил свой долг, не дожидаясь приказа. **spontan** *книжн.* (внезапно) по собственному побуждению (*и без всякого постороннего воздействия*); *напр.*: er hatte sich spontan dazu bereit erklärt он сразу же на это согласился, (следуя порыву, внутреннему побуждению). **von sich aus, von selbst** *разг.* по собственному побуждению, по собственной инициативе, сам по себе; *напр.*: das Mädchen kam von sich aus zu uns, um älteren Leuten zu helfen девочка пришла к нам сама, чтобы помочь старикам; der Junge geht von selbst früh ins Bett мальчик сам (*без напоминания*) рано ложится спать. **von allein(e)** *разг.* ≅ von selbst, von sich aus, *но еще больше подчеркивает самостоятельность принятого решения поступить каким-л. образом, сделать что-л.*; *напр.*: er hat es von alleine gemacht он сделал это сам [по собственной инициативе]; von alleine wird er nicht kommen сам [по своей воле] он не придет

Freizeit свободное время
die Freizeit — die Muße — der Müßiggang

Freizeit *индифф. синоним*; *напр.*: ich habe nicht viel Freizeit im Winter зимой у меня бывает не много свободного времени; in meiner Freizeit lese ich viel я много читаю на досуге; seine Freizeit verbringt er im Garten свое свободное время он проводит в саду. **Muße** *книжн.* досуг; *напр.*: Muße für etw. haben, finden иметь, находить для чего-л. свободное время [досуг]; etw. in (aller) Muße tun сделать что-л. на досуге; im Urlaub hat er endlich die nötige Muße, um in Ruhe zu lesen во время отпуска у него появилось наконец свободное время, чтобы спокойно почитать □ Die Muße der Frauen am Morgen, zum Beispiel eine Frau, die am Morgen, bevor sie angekleidet ist, imstande ist, Blumen anders in die Vase zu stellen... das erträgt kein Mann, glaube ich, oder er heuchelt (*Frisch*, »*Homo faber*«) Безделье женщин по утрам, когда, например, женщина утром, прежде чем одеться, способна переставлять цветы в вазе... этого не вынесет, я думаю, ни один мужчина, или он лицемерит. **Müßiggang** *высок.* праздность; *напр.:* er hat viele Jahre im Müßiggang verbracht он много лет провёл в праздности; Müßiggang ist aller Laster Anfang *посл.* праздность — мать всех пороков

fremd[1] незнакомый, чужой
fremd — unbekannt — wildfremd

fremd *индифф. синоним*; *напр.:* in der Klasse sah ich mehrere fremde Gesichter в классе я увидел несколько незнакомых лиц; dieses Gefühl war mir fremd это чувство было мне незнакомо [чуждо]; das war mir bis jetzt fremd до сих пор мне это было неизвестно □ Es ist, wie wenn einen unversehens ein fremder Hund anklafft, einem nachläuft, nicht mehr von einem abläßt (*Feuchtwanger*, »*Exil*«) Такое чувство, будто откуда ни возьмись появляется чужая собака, тявкает, бежит за тобой и уже больше от тебя не отстанет. **unbekannt** незнакомый, неизвестный; *напр.:* in diesem Archiv hat er unbekannte Briefe von Heine gefunden в этом архиве он нашел неизвестные письма Гейне; die Leute waren ihm unbekannt эти люди были ему незнакомы, он не знал этих людей; eine unbekannte Frau redete mich auf der Straße an на улице со мной заговорила незнакомая женщина. **wildfremd** совершенно незнакомый; *напр.:* das war für uns eine wildfremde Gegend это была для нас совершенно незнакомая местность; ich kann doch nicht einen wildfremden Menschen um Hilfe bitten я же не могу обращаться за помощью к совершенно незнакомому человеку □ Passanten blieben stehen... Der Auflauf wurde von Minute zu Minute größer. Wildfremde Menschen kamen miteinander ins Gespräch (*Kästner*, »*Die verschwundene Miniatur*«) Прохожие останавливались... Толпа с каждой минутой увеличивалась. Совершенно незнакомые люди заговаривали друг с другом

fremd[2] *см.* ausländisch
fremdartig *см.* merkwürdig
Fremdenheim *см.* Gasthaus
Fremder[1] чужой, иностранец
der Fremde — der Ausländer — der Fremdling

Fremder *индифф. синоним*; *напр.:* er ist ein Fremder, er versteht unsere Sprache nicht он иностранец, на- шего языка он не понимает □ Die Kinder sahen an meinem Ranzen, daß ich ein Fremder sei, und grüßten mich recht gastfreundlich (*Heine*, »*Die Harzreise*«) По моему ранцу дети видели, что я нездешний, и приветствовали меня очень радушно. Hanns hat dieses Hindernis schneller genommen als andere, und wenn er es auch noch manchmal zu spüren kriegt, daß er der Fremde ist, der Boche, so geht es ihm doch im ganzen im Lyzeum viel besser, als er im Anfang gehofft hat (*Feuchtwanger*, »*Exil*«) Ганс быстрее других преодолел этот барьер, и если ему ещё иногда дают почувствовать, что он иностранец, бош, то в целом он все же чувствует себя в лицее значительно лучше, чем он ожидал вначале. **Ausländer** иностранец; *напр.:* im Sommer besuchen viele Ausländer unser Land летом нашу страну посещает много иностранцев □ Aber selbst dann! Ein Ausländer bleibt er eben doch... (*L. Frank*, »*Mathilde*«) Но даже и в этом случае! Он все же остается иностранцем... **Fremdling** *высок.* чужестранец, чужой *часто употр. в смысле* 'чужой в окружающей его среде'; *напр.:* ich fühlte mich dort als Fremdling я чувствовал себя там чужим

Fremder[2] *см.* Unbekannter
Fremdling *см.* Fremder[1]
fremd werden становиться чужим
fremd werden — entfremdet sein — sich entfremden

fremd werden *индифф. синоним*; *напр.:* er ist mir fremd geworden он стал мне чужим; seine Ansichten sind mir fremd geworden его взгляды стали мне чужды. **entfremdet sein, sich entfremden** *книжн.* ≅ fremd werden; *напр.:* durch lange Trennung war er seiner Familie entfremdet из-за долгой разлуки он стал чужим своей семье [отдалился от своей семьи]; durch die lange Trennung haben wir uns entfremdet долгая разлука привела нас к взаимному отчуждению

Fresse *см.* Gesicht 1/Mund[1]
fressen *см.* essen/nagen[2]
Fresser *см.* Vielfraß
Freßsack *см.* Vielfraß
Freude[1] радость
der Spaß — das Vergnügen — das Gefallen — das Behagen — die Lust — die Freude — der Genuß — der Hochgenuß — das Glück — das Entzücken — die Wonne — die Seligkeit — die Glückseligkeit

Синонимы данного ряда расположены по степени возрастания выражаемого чувства.

Spaß забава, удовольствие; *напр.:* diese Arbeit macht mir Spaß эта работа доставляет мне удовольствие; viel Spaß! желаю хорошо повеселиться!; ich habe meinen Spaß daran я в этом нахожу удовольствие; das hat ihm Spaß gemacht это его позабавило □ Es sei ein Glück, daß er rechtzeitig hergekommen sei; sein Vetter sei mit den französischen Bestimmungen nicht fertig geworden... ihm aber mache es richtig Spaß, sich durch die Besatzungsschwierigkeiten durchzuschlängeln (*Seghers*, »*Die Toten*«) Счастье, что он вовремя приехал; его двоюродный брат никак не приспособится к французским постановлениям... ему же лично доставляет истинное удовольствие лавировать среди всех этих трудностей оккупированной зоны. **Vergnügen** удовольствие; *напр.:* wann werde ich das Vergnügen haben, Sie wiederzusehen? когда я буду иметь удовольствие увидеть вас снова?; ich habe mir dieses Theaterstück mit Vergnügen angesehen я с удовольствием посмотрел эту пьесу □ »Nehmen Sie doch noch eine Zigarre!..« — »Ja, mit dem größten Vergnügen, danke sehr«, antwortete der Bankier... (*Th. Mann*, »*Buddenbrooks*«) «Возьмите же ещё сигару!..» — «Да, с превеликим удовольствием, большое спасибо», — сказал банкир... Es würde ihm direkt Vergnügen machen, einmal tüchtig in der Sonne zu schwitzen (*Kellermann*, »*Der 9. November*«) Ему это прямо-таки доставило бы удовольствие — как следует попотеть на солнце. **Gefallen** удовольствие *в отличие от* Vergnügen *употр. тк. в определённых сочетаниях*; *напр.:* an etw. Gefallen finden находить удовольствие в чём-л.; ich finde kein Gefallen daran я в этом не нахожу удовольствия. **Behagen** *книжн.* довольство; удовольствие (*связанное с приятными ощущениями, внутренней гармонией и т. п.*); *напр.:* Behagen finden, empfinden находить, испытывать удовольствие; mit großem, sichtlichem Behagen etw. genießen есть [пить] что-л. с большим, явным удовольствием; die Katze schnurrte vor Behagen кошка мурлыкала от удовольствия □ Er lebe jetzt ausschließlich seiner literarischen Tätigkeit und dem Genuß des Augenblicks und habe nie geahnt, welches Behagen ein solches Leben einem schaffe (*Feuchtwanger*, »*Exil*«) Он («по его словам,») живёт сейчас исключительно своей литературной работой и радостями сегодняшнего дня и никогда не подозревал, какое удовольствие доставляет такая жизнь. Diesen Korridor liebte er, und sooft er ihn entlangging, empfand er ein sonderbares Behagen (*Kellermann*, »*Der 9. November*«) Он любил этот коридор, и каждый раз, когда он по нему проходил, он испытывал какое-то приятное чувство. **Lust** удовольствие, радость (*часто в связи с удовлетворением желания, потребностей и т. п.*); *напр.:* das mache ich mit großer Lust это я сделаю с большим удовольствием [очень охотно]; wir teilten Lust und Leid miteinander мы делили друг с другом радость и горе

FREUDE 183 FREUDIG **F**

□ Zuerst wollte sie sich einmal wieder ordentlich zurechtmachen. Das tat sie sorgfältig und mit Lust (*Feuchtwanger,* »*Exil*«) Сначала ей захотелось снова как следует привести себя в порядок. Это она сделала тщательно и с удовольствием. **Freude** *индифф. синоним; напр.:* eine große, echte, unerwartete Freude большая, истинная, неожиданная радость; sie haben viel Freude an ihren Kindern дети доставляют им много радости; er macht uns viel Freude он приносит нам много радости; ich habe mit Freude die Einladung angenommen я с радостью принял приглашение; sie weinte vor Freude она плакала от радости; seine Erkrankung hat ihm die ganze Freude an der Urlaubsreise genommen [geraubt] болезнь полностью отравила ему радость от путешествия во время отпуска □ Er hatte an seinem beruflichen und gesellschaftlichen Erfolg naive Freude, er zeigte diese Freude, und wenn Anna ihn eitel fand, hätte sie nicht unrecht (*Feuchtwanger,* »*Exil*«) Он наивно радовался своим успехам в профессиональной деятельности и в обществе, он не скрывал этой радости, и если Анна считала, что он тщеславен, это было не лишено оснований. **Genuß** наслаждение; *напр.:* ein großer, unerwarteter, raffinierter Genuß большое, неожиданное, утонченное наслаждение; ein Buch mit Genuß lesen читать книгу с наслаждением; ich esse diesen Fisch mit Genuß я с наслаждением ем эту рыбу; es war mir ein Genuß, sie singen zu hören для меня было наслаждением слушать ее пение □ Mit Genuß atmete er die feuchte Luft ein, die aus dem Tiergarten... strömte (*Kellermann,* »*Der 9. November*«) Он с наслаждением вдыхал влажный воздух, который проникал... из Тиргартена. **Hochgenuß** огромное наслаждение; *напр.:* die Lektüre des Buches bereitet mir einen Hochgenuß чтение этой книги доставляет мне большое наслаждение. **Glück** счастье; *напр.:* ein großes, wahres Glück empfinden испытывать большое, истинное счастье; das Glück des jungen Paares war ungetrübt ничего не омрачало счастья молодых. **Entzücken** восторг, необыкновенно радостное состояние; *напр.:* dieses Theaterstück versetzte mich in Entzücken эта пьеса привела меня в восторг; sie strahlte vor Entzücken она сияла от восторга. **Wonne** блаженство, наслаждение, *напр.:* es ist eine wahre Wonne, seinem Spiel zuzuhören слушать его игру — истинное блаженство □ Das Spiel ist ein unerbittlicher Gott — nur wer sich ihm völlig hingibt, dem schenkt er alle Wonnen des Himmels, alle Verzweiflung der Hölle (*Fallada,* »*Wolf u. Wölfen*«) Игра — это безжалостный кумир, и только тому, кто

ему полностью отдался, он приносит все блаженство рая, все отчаяние ада. **Seligkeit, Glückseligkeit** высшее блаженство; *напр.:* er war voller Seligkeit [Glückseligkeit], er schwamm in Seligkeit он был наверху блаженства; er kostete alle Seligkeiten dieses Lebens aus он вкусил наивысшее блаженство [все (наивысшие) радости] этой жизни.
Freude ²: **seine (helle) Freude haben** *см.* freuen, sich ¹
Freudenmädchen *см.* Prostituierte
freudig ¹ радостный
zufrieden — vergnügt — heiter — froh — freudig — heidenfroh — **glücklich — überglücklich — selig — glückselig — verklärt**

Синонимы данного ряда расположены по степени возрастания выражаемого признака

zufrieden довольный; *напр.:* ich bin mit meinem Leben zufrieden я доволен своей жизнью; er ist mit nichts zufrieden он ничем не доволен; überall sieht man zufriedene Gesichter повсюду видишь довольные лица □ Wenzlow war zufrieden, daß man endgültig dahin kam, wo er sich auskannte (*Seghers,* »*Die Toten*«) Венцлов был доволен, что разговор перешел наконец на знакомую ему тему. Und Sophie war mit ihrem uninteressierten Sportlehrer, den sie sonst einfach beleidigend gefunden hätte, auch sehr zufrieden (*Fallada,* »*Wolf u. Wölfen*«) И Софи тоже была очень довольна своим бескорыстным тренером, поведение которого в другое время она сочла бы просто оскорбительным. **vergnügt** довольный, веселый, хорошо настроенный; *напр.:* er lachte vergnügt он рассмеялся от удовольствия; es war ein vergnügter Abend это был веселый вечер □ »Der werte Name war Külz«, erklärte der andere vergnügt (*Kästner,* »*Die verschwundene Miniatur*«) «Вы имели честь познакомиться с Кюльцем», — весело пояснил другой. **heiter** *книжн.* веселый *чаще употр. с абстрактными существительными, обозначающими душевное состояние человека; напр.:* (in) heiterer Laune sein быть в веселом настроении; die mir aufgetragene Arbeit machte mich heiter возложенная на меня работа привела меня в веселое настроение; zu Hause traf ich eine heitere Gesellschaft дома я застал веселое общество □ Es ist, als habe der Körper neues Blut empfangen, neue fröhliche, heitere Gedanken strömen mit jedem frischen Atemzug durch sie (*Fallada,* »*Wolf u. Wölfen*«) У нее было такое чувство, как будто в ее тело влилась новая кровь, новые радостные, веселые мысли обуревали ее при каждом новом вздохе. **froh** веселый, радостный *употр. как по отношению к человеку и его душевному состоянию, так и для характеристики причины, вызывающей*

это состояние; *напр.:* ich war froh, ihn wiederzusehen я был рад снова увидеть его; das war ein frohes Ereignis это было радостное событие □ Eigentlich bin ich froh, daß Sie nicht meine Cousine sind (*Kästner,* »*Die verschwundene Miniatur*«) Собственно говоря, я рад, что вы не моя двоюродная сестра. Zu meiner Zeit war jeder Ausgelernte froh, wenn er in die Welt gehen konnte (*Strittmatter,* »*Wundertäter*«) В мое время ученики, когда кончался срок ученичества, были рады отправляться в странствие. **freudig** *индифф. синоним; напр.:* eine freudige Botschaft радостная весть; eine freudige Nachricht радостное известие; ein freudiges Ereignis радостное событие; eine freudige Miene радостное выражение лица; diese Nachricht hat mich freudig gestimmt это известие обрадовало меня; man hörte freudige Zurufe были слышны радостные возгласы; ihr Herz klopft vor freudiger Aufregung ее сердце бьется от радостного волнения; ein freudiges Gefühl ergriff ihn радостное чувство овладело им □ Es ist nach Gottes Willen ein Mädchen, und finde ich keine Worte, zu sagen, wie freudig bewegt ich bin (*Th. Mann,* »*Buddenbrooks*«) Богу было угодно, чтобы это была девочка, и я не нахожу слов выразить, как я взволнован и рад. ...welche Überraschung, welch freudige und ungeahnte Überraschung! (*Kellermann,* »*Der 9. November*«) ...какой сюрприз, какой приятный и непредвиденный сюрприз! **heidenfroh** *разг.* очень радостный, вне себя от радости (*б. ч. предикативно*); *напр.:* ich bin heidenfroh, daß du gekommen bist я страшно рад, что ты пришел. **glücklich** счастливый; *напр.:* eine glückliche Frau счастливая женщина; ein glückliches Aussehen счастливый вид; ein glückliches Leben счастливая жизнь; ich bin glücklich, daß ich wieder zu Hause bin я счастлив, что я снова дома □ Ach, ich danke Ihnen, ich danke Ihnen! Sehen Sie, nun bin ich so glücklich wie noch niemals in meinem Leben! (*Th. Mann,* »*Buddenbrooks*«) Ах, благодарю вас, благодарю вас! Видите, я теперь счастлив, как никогда! **überglücklich** очень счастливый; *напр.:* sie war überglücklich, ihr Kind wiederzusehen она была вне себя от счастья снова увидеть своего ребенка. **selig** блаженный, счастливый (*испытывающий или приносящий блаженство*) (*по отношению к лицу тк. предикативно*); *напр.:* das Kind war selig über das Geschenk ребенок был очень счастлив, получив этот подарок; wir haben dort selige Stunden verbracht *книжн.* мы провели там часы блаженства. □ Sie kicherte selig wie ein Backfisch. Nun meine Rechnung hat gestimmt (*Kästner,* »*Die verschwundene Miniatur*«) Она счастливо захихикала, как девочка-подросток. Мой расчет оказался правильным. **glückselig** ≅ **selig**, *но часто привносит оттенок мечтательности; напр.:* glückselige Zeiten! блаженные [счастливые] времена!; Sie haben ihn aus dem glückseligen Zustand gerissen вы нарушили его блаженное состояние. **verklärt** *книжн.* блаженный, просветленный; *напр.:* ein verklärtes Aussehen блаженный [просветленный] вид; die Kinder betrachteten verklärt den Weihnachtsbaum дети, сияя от восторга, рассматривали рождественскую елку

freudig² *см.* lustig
freuen радовать
freuen — erfreuen — beglücken — erbauen — entzücken — beseligen
Синонимы данного ряда расположены по степени возрастания выражаемого признака

freuen *индифф. синоним; напр.:* diese Nachricht, dieses Ergebnis, dieses Ereignis freut mich меня радует это известие, этот результат, это событие; es würde mich sehr freuen, wenn Sie mich besuchten я был бы очень рад, если бы вы меня навестили. **erfreuen** обрадовать, привести кого-л. в веселое, радостное настроение *подчеркивает результат действия; напр.:* dein Geschenk wird ihn erfreuen твой подарок его обрадует; wir sind über die guten Zensuren unserer Schüler sehr erfreut мы очень обрадованы хорошими отметками наших учеников; er lächelte erfreut он радостно улыбался. **beglücken** осчастливить; *напр.:* j-n mit seiner Gegenwart beglücken *часто ирон.* осчастливить кого-л. своим присутствием; j-n mit seinem Lob beglücken доставить кому-л. большое удовольствие своей похвалой; dieser Brief beglückte ihn это письмо его глубоко обрадовало. **erbauen** *высок.* доставлять большое (духовное) наслаждение; *напр.:* Bachs Musik erbaute die Zuhörer музыка Баха доставила большое наслаждение слушателям; er war nicht besonders erbaut *разг.* он был не в восторге *(от предложения и т. п.).* **entzücken** восхищать; *напр.:* der Anblick des Meeres, die Schönheit der Landschaft entzückte die Touristen вид моря, красота ландшафта восхитили туристов. **beseligen** *высок.* дарить блаженство *(букв.* 'приводить кого-л. в блаженное состояние'); *напр.:* die wohltuende Stille beseligte ihn благодатная тишина наполняла его блаженством; das baldige Wiedersehen beseligte mich я был бесконечно счастлив ожиданием скорой встречи

freuen, sich¹ радоваться
sich ergötzen — sich freuen — seine (helle) Freude haben — jauchzen — genießen — schwelgen — strahlen — frohlocken — jubeln
Синонимы данного ряда расположены по степени возрастания проявляемого или только испытываемого чувства

sich ergötzen *высок.* получать удовольствие, тешиться, забавляться *(часто при виде чего-л.); напр.:* wir ergötzten uns an diesen heiteren Erzählungen мы забавлялись этими веселыми рассказами □ ...und ergötzt sich an dem heiteren Treiben, das die Kopenhagener Bürger ihren Fremden darzubieten gewohnt sind (*Kästner*, »*Die verschwundene Miniatur*«) ...и забавляется веселой сутолокой, которую жители Копенгагена охотно демонстрируют иностранцу. **sich freuen** *индифф. синоним; напр.:* sich herzlich, aufrichtig über etw. freuen от всего сердца, искренне радоваться чему-л.; der Junge freute sich über das Geschenk der Mutter мальчик радовался подарку матери; wir freuen uns an dem Erfolg unserer Freunde мы радуемся успеху наших друзей; das Ehepaar freute sich auf den bevorstehenden Urlaub супруги радовались предстоящему отпуску □ Ich freue mich, daß ich mich nützlich machen konnte (*Kästner*, »*Die verschwundene Miniatur*«) Я рад, что я мог быть полезен. **seine (helle) Freude haben** *разг.* радоваться кому-л., чему-л., получать (большое) удовольствие от кого-л., чего-л. *предполагает, что кто-л. или что-л. оправдывает чьи-л. приятные ожидания; напр.:* an diesem Spiel wirst du deine helle Freude haben эта игра тебя (очень) порадует. **jauchzen** ликовать *(испытывать большую радость, громко выражая ее радостными возгласами); напр.:* alle Anwesenden jauchzten Beifall все присутствующие выразили свой восторг криками одобрения □ Ein paar Luftballons stiegen hoch. Die Kinder jauchzten und balgten sich vor Wonne (*Kästner*, »*Die verschwundene Miniatur*«) Несколько воздушных шаров взлетели в воздух. Дети кричали от восторга и толкались. **genießen** наслаждаться; *напр.:* er genoß die Ruhe, den Urlaub, den Duft der Blumen, den Frühling он наслаждался покоем, отпуском, ароматом цветов, весной; seine Rache genießen наслаждаться своей местью □ Erich Wiesener rekelt sich, genießt völlig die Wärme des Bettes, den Anblick der Stadt Paris (*Feuchtwanger*, »*Exil*«) Эрих Визенер потягивается, блаженно наслаждается теплом постели, видом города Парижа. **schwelgen** *высок.* блаженствовать; *напр.:* □ Sie sang... vom Jenseits, wo die Seele schwelgt | Verklärt in ew'gen Wonnen (*Heine*, »*Deutschland*«) Она пела... о мире ином, где душа блаженствует, озаренная вечной радостью. **strahlen** *разг.* сиять от радости; *напр.:* als der Junge eine elektrische Eisenbahn geschenkt bekam, strahlte er когда мальчику подарили модель электрической железной дороги, он весь просиял от радости. **frohlocken** *высок.* торжествовать *употр. сравнительно редко; напр.:* er frohlockte in seinem Innern внутренне он торжествовал □ ...jeder Verkäufer frohlockte, wenn er dem Kollegen einen Kunden weggeschnappt hatte (*Fallada*, »*Kleiner Mann*«) ...каждый продавец торжествовал, если ему удавалось перехватить у другого из-под носа покупателя. **jubeln** ликовать; *напр.:* er jubelte über die Nachricht, die ich ihm mitgeteilt hatte он ликовал по поводу известия, которое я ему сообщил □ Täppisch, das Blatt mit der getippten Meldung in der Hand, lief er von einem zum andern, schlug den Kollegen auf die Schultern, krähte, jubelte, sagte zehnmal, zwanzigmal: »Jetzt haben wir sie«, und: »Was sagen Sie nachher dazu, Herr Kollege?« (*Feuchtwanger*, »*Exil*«) Неуклюже, с телефонограммой в руках, он бегал от одного сотрудника к другому, хлопал каждого по плечу, ликуя, повторял десять, двадцать раз: «Теперь они попались» — или: «Что вы теперь на это скажете, коллега?» Der Himmel blendete, der Himmel jubelte (*Kellermann*, »*Der 9. November*«) Небо ослепляло, небо ликовало

freuen, sich² *см.* schadenfroh sein
Freund¹ друг, приятель
der Freund — der Kamerad — der Jugendfreund — der Schulfreund — der Busenfreund — der Genosse — der Gefährte — der Gespiele — der Spezi — der Kumpel — der Kumpan

Freund *индифф. синоним; напр.:* mein bester Freund мой лучший друг; ein wahrer, bewährter, treuer, intimer Freund истинный, испытанный, верный, близкий друг; sie waren unzertrennliche Freunde они были неразлучными друзьями; er hat viele Bekannte, aber keine Freunde у него много знакомых, но нет друзей; ich habe das Buch von meinem Freunde geliehen я одолжил эту книгу у моего приятеля □ Und mit den Zetteln habe ich nichts zu tun. Die muß mein Freund Struve verteilt haben (*Kästner*, »*Die verschwundene Miniatur*«) А к запискам я не имею никакого отношения. Их, вероятно, разбросал мой приятель Струве. Es kam nur darauf an, gute Freunde zu haben (*Kellermann*, »*Der 9. November*«) Дело было только в том, чтобы иметь хороших друзей. **Kamerad** товарищ; *напр.:* ein guter, treuer, alter Kamerad хороший, верный, старый товарищ; er war ihm ein guter Kamerad он был ему хорошим товарищем; Herr Kamerad! Приятель! *(обращение офицера к незнакомому офицеру, равному по званию; в ГДР не употр.)* □ Sie sind nicht nur eine Familie, sie sind gute Kameraden, und es wird ihnen ehrlich leid tun (*Feuchtwanger*, »*Exil*«) Они не только члены одной семьи, но и хорошие товари-

FREUND

щи, и им, конечно, будет (*его*) искренне жаль. **Jugendfreund** друг детства, юности; *напр*.: er ist mein Jugendfreund он мой друг детства; zu seinem Geburtstag kamen viele von seinen Jugendfreunden на его день рождения пришли многие из друзей его детства. **Schulfreund** школьный товарищ; *напр*.: das war sein alter Schulfreund это был его старый школьный товарищ. **Busenfreund** *ирон*. закадычный друг; *напр*.: er zählte zu seinen Busenfreunden он считался одним из его закадычных дружков. **Genosse** *устаревает* товарищ, сотоварищ (*о людях, совместно участвующих в чём-л.*) *теперь ирон., шутл. или неодобр.*; *напр*.: frag' doch deine Genossen, die wissen immer Bescheid спроси своих (со)товарищей, эти ведь всегда в курсе дела. **Gefährte** *высок*. соратник, верный спутник; попутчик (*с которым подружились за время совместного длительного путешествия*); *напр*.: ein treuer, ständiger Gefährte верный, постоянный соратник; meine lieben Gefährten stiegen in Berlin aus мои милые попутчики сошли в Берлине. **Gespiele** *уст. книжн.* товарищ детства, детских игр; *напр*.: der Junge ging mit seinen Gespielen in den Garten мальчик пошёл со своими товарищами в сад. **Spezi** *ю.-нем*. ≅ Busenfreund; *напр*.: □ Leider freute sich der Herr Pranner auf seinen Freund und Spezi, den Herrn Lautensack ... den ausgehausten Lumpen, den Unglücksmenschen (*Feuchtwanger, »Lautensack«*) К сожалению, господин Пранер рад встрече со своим приятелем и закадычным другом господином Лаутензаком, с этим... бездомным бродягой и неудачником. **Kumpel** *фам*. дружок, кореш(ок); *напр*.: seine Kumpel ließen ihn damals nicht im Stich его друзья (по работе) не оставили его тогда в беде. **Kumpan** *фам*. приятель, дружок (*часто о собутыльнике, сообщнике по неблаговидным действиям и т. п.*); *напр*.: wer kann das sonst gewesen sein, als er und seine rauflustigen Kumpane кто же это мог ещё быть, как не он и его приятели-драчуны

Freund[2] см. Liebhaber[1,3]

freundlich приветливый
freundlich — freundschaftlich — liebenswürdig — verbindlich — entgegenkommend — nett — kulant

freundlich *индифф. синоним*; *напр*.: ein freundlicher Mensch приветливый человек; ein freundliches Lächeln приветливая улыбка; ein freundliches Gesicht приветливое лицо; ein freundlicher Empfang тёплый приём; ein freundliches Wetter (благо)приятная погода; j-m freundlich begegnen приветливо встречать кого-л.; mit freundlichem Gruß! с дружеским приветом!; seien Sie so freundlich! будьте так любезны!; das ist sehr freundlich von Ihnen это очень любезно с вашей стороны; ich sende Ihnen freundliche Grüße шлю вам дружеский привет □ Doch der brave Mann kehrte zurück und war nach wie vor freundlich zu ihnen (*Kästner, »Die verschwundene Miniatur«*) Но этот честный человек вернулся и был с ними так же приветлив, как и прежде. »Herr Förster Kniebusch«, sagte Herr von Studmann, immer in dem gleichen freundlichen, geduldigen Ton, als erkläre er einem trotzigen Kinde etwas. »Wollen Sie nicht offen mit uns reden?« (*Fallada, »Wolf u. Wölfen«*) «Господин лесничий Книбуш, — сказал фон Штудман все тем же приветливым, терпеливым тоном, словно объясняя что-то упрямому ребенку, — не хотите ли поговорить с нами откровенно?» **freundschaftlich** дружеский, дружественный; *напр*.: unsere Staaten unterhalten freundschaftliche Beziehungen наши государства поддерживают дружественные отношения; er hat mich freundschaftlich begrüßt он дружески приветствовал меня. **liebenswürdig** любезный; *напр*.: das ist sehr liebenswürdig von Ihnen! это очень любезно с вашей стороны!; Sie sind sehr liebenswürdig! вы очень любезны!; ich dankte ihm für seine liebenswürdige Einladung я поблагодарил его за любезное приглашение; das war nur eine liebenswürdige Geste это был всего лишь любезный жест. **verbindlich** любезный, обязательный; *напр*.: verbindliche Redensarten любезности; verbindlich lächeln любезно улыбаться; er ist ein sehr verbindlicher Mensch он очень обязательный человек. **entgegenkommend** любезный, предупредительный; *напр*.: ein äußerst entgegenkommender Mensch в высшей степени предупредительный человек; eine entgegenkommende Haltung предупредительное отношение, предупредительность; er ist gegen jeden sehr entgegenkommend он по отношению ко всем очень предупредителен; der Taxifahrer war entgegenkommend, half mir beim Aussteigen und trug meinen Koffer bis zur Haustür шофер был очень любезен, помог мне выйти из такси и донёс мой чемодан до самых дверей. **nett** милый, любезный, приятный; *напр*.: sie scheinen sehr nette Leute zu sein они, кажется, очень милые люди; sei so nett, öffne das Fenster будь так добр, открой окно; das war ein sehr nettes Städtchen это был очень милый городок. **kulant** *книжн*. обходительный, любезный; *напр*.: □ Dann hob er ein gediegenes Gerät für Salz, Pfeffer und Senf empor. »Von Lebrecht Kröger«, sagte Monsieur Buddenbrook schmunzelnd. »Immer kulant, mein lieber Herr Verwandter« (*Th. Mann, »Buddenbrooks«*) Тогда он поднял вверх массивный прибор для соли, перца и горчицы. «От Лебрехта

FRIEDEN

Крегера, — сказал, ухмыляясь, месье Будденброк. — Мой дорогой родственник всегда любезен»

Freundschaft дружба
die Freundschaft — die Brüderschaft — die Kameradschaft — die Kameraderie

Freundschaft *индифф. синоним*; *напр*.: eine echte, wahre Freundschaft настоящая, истинная дружба; eine Freundschaft befestigen укреплять дружбу; er hat mir Beweise seiner Freundschaft gegeben он доказал мне свою дружбу □ Ich enterbe dich nicht... aber mit unserer Freundschaft ist es zu Ende (*Th. Mann, »Buddenbrooks«*) Я не лишаю тебя наследства... но с нашей дружбой покончено. Die Freundschaft... die Freundschaft ist geradezu wie ein Schmetterling, zumal bei jungen Mädchen. Sie sucht sich die anziehendsten Blumen (*Strittmatter, »Wundertäter«*) Дружба... дружба — это как бабочка, в особенности у девушек. Она выбирает себе самые привлекательные цветы. **Brüderschaft** (тесная) дружба, братство; *напр*.: j-m Brüderschaft anbieten предложить кому-л. стать близкими друзьями [перейти на ты]; ich trank mit ihm Brüderschaft я выпил с ним на брудершафт. **Kameradschaft** товарищество; *напр*.: gute Kameradschaft halten быть в хороших товарищеских отношениях; etw. für j-n aus Kameradschaft tun делать что-л. для кого-л. из чувства товарищества. **Kameraderie** *неодобр*. ≅ Kameradschaft; *напр*.: j-n aus Kameraderie decken покрывать кого-л. из чувства ложного товарищества; seine burschikose Kameraderie war mir zuwider его грубоватое панибратство было мне противно

freundschaftlich см. freundlich
Frevel см. Verbrechen/«Приложение»
frevelhaft см. verbrecherisch/«Приложение»
freveln см. lästern[2]/vergehen, sich
Frevler см. «Приложение»
Friede(n)[1] мир, согласие
der Friede(n) — die Eintracht — die Harmonie

Friede(n) *индифф. синоним*; *напр*.: der häusliche, eheliche Frieden мир в семье, между супругами; wir leben mit allen Mietern in Frieden мы живём в мире со всеми жильцами; ich stiftete Frieden zwischen den Eheleuten я помирил супругов; sie gingen in Frieden auseinander они разошлись с миром; sie störten unseren Frieden они нарушили наше согласие. **Eintracht** согласие, единодушие; *напр*.: in Frieden und Eintracht leben жить в мире и согласии; in völliger Eintracht handeln действовать в полном единодушии; die Eintracht wiederherstellen восстановить доброе согласие. **Harmonie** полное согласие, гармония; *напр*.: innere Harmonie внутренняя гармония; sie lebten in schönster Harmonie miteinander они жили в полном согласии □ ...und besonders handelte der Aufsatz von der gestörten Harmonie der Welt. Der Zorn über diese gestörte Harmonie mußte den Leser ergreifen und mitreißen (*Feuchtwanger*, »*Exil*«) ...и особенно в этой статье говорилось о нарушенной гармонии в мире. Читателя не могло не взволновать, не захватить негодование из-за этой нарушенной гармонии

Frieden[2] *см.* Ruhe[2]

Frieden[3]: Frieden schließen [machen] *см.* versöhnen, sich[1]

friedfertig *см.* friedlich

Friedhof кладбище

der Friedhof — der Kirchhof — der Soldatenfriedhof — das Gräberfeld — die Nekropole

Friedhof *индифф. синоним; напр.*: ein gepflegter, verlassener, verwachsener Friedhof содержащееся в порядке, заброшенное, заросшее кладбище; auf den Friedhof gehen идти на кладбище; einen Verstorbenen auf dem Friedhof begraben хоронить умершего на кладбище. **Kirchhof** кладбище (при церкви); *напр.*: dort liegt ein kleiner Kirchhof там находится маленькое (церковное) кладбище. **Soldatenfriedhof** солдатское кладбище, братские могилы на местах прежних боев; *напр.*: in Frankreich gibt es viele Soldatenfriedhöfe во Франции много солдатских кладбищ. **Gräberfeld** (древнее) место массовых захоронений, *археол.* могильник; *напр.*: ein Gräberfeld aus der Völkerwanderungszeit могильник эпохи Великого переселения народов. **Nekropole** *археол.* некрополь; *напр.*: eine große antike Begräbnisstätte hieß Nekropole большое античное кладбище называлось некрополем.

friedlich мирный, миролюбивый

friedlich — friedliebend — verträglich — harmlos — friedfertig — gütlich — schiedlich — friedvoll — friedsam

friedlich *индифф. синоним; напр.*: die friedliche Koexistenz zweier Systeme мирное сосуществование двух систем; friedliche Zeiten мирное время; ein friedlicher Staat миролюбивое государство; die friedliche Anwendung der Atomenergie использование атомной энергии в мирных целях; ein friedlicher Mensch мирный [тихий] человек; ein friedlicher Morgen тихое утро; ich habe friedliche Nachbarn у меня мирные [спокойные] соседи; wollen wir uns friedlich trennen! расстанемся мирно [по-хорошему]!; das hat sie friedlich gestimmt это настроило ее на мирный лад □ Hinter den Männern gluckerte das Wasser des Meeres und schwatzte vor sich hin wie das Wasser in einem friedlichen deutschen Dorfteich (*Strittmatter*, »*Wundertäter*«) Позади солдат хлюпала морская вода и болтала сама с собой, как если бы это была вода в мирном пруду немецкой деревушки. **friedliebend** миролюбивый, стремящийся к миру; *напр.*: ein friedliebendes Volk миролюбивый народ; ein Kongreß der friedliebenden Kräfte Конгресс миролюбивых сил. **verträglich** уживчивый, покладистый; *напр.*: er erwies sich als sehr verträglich он оказался очень покладистым; sie hat einen verträglichen Charakter у нее уживчивый характер. **harmlos** безобидный, мирный; *напр.*: ein harmloser Mensch безобидный человек; dieses Tier ist harmlos это мирное [безобидное] животное □ Er nimmt uns ganz einfach wieder einmal auf den Arm! Wenn sie das Taxi erwischen, wird entweder gar kein Fahrgast drinsitzen oder ein völlig harmloser Mensch (*Kästner*, »*Die verschwundene Miniatur*«) Он просто нас опять разыгрывает! Когда они захватят такси, то там либо не окажется никакого пассажира, либо это будет совершенно безобидный человек. **friedfertig** миролюбивый, мирный (*о человеке, его характере, поведении и т. п.*); *напр.*: friedfertige Absichten haben иметь миролюбивые намерения □ »Wenn Sie den oder jenen weglassen könnten, wirkten die anderen stärker«. »Bon«, sagt Trautwein friedfertig (*Feuchtwanger*, »*Exil*«) «Если бы вы исключили один-другой эпитет, то оставшиеся действовали бы сильнее». «Хорошо», — говорит Траутвейн примирительно. **gütlich** полюбовный, мирный; *напр.*: eine gütliche Einigung полюбовное соглашение; wir haben den Streit gütlich beigelegt мы кончили [уладили] спор полюбовно [мирным путем]. **schiedlich** ≅ gütlich, но *употр. тк. во фразеологическом сочетании* schiedlich, friedlich *и* schiedlich und friedlich полюбовно, мирно; *напр.*: wir haben uns schiedlich, friedlich geeinigt мы уладили дело полюбовно. **friedvoll** высок. мирный (исполненный покоя); *напр.*: friedvolle Dörfer мирные селения; eine friedvolle Stimmung умиротворенность; ein friedvolles Leben führen вести мирную жизнь; die Herde grast friedvoll стадо мирно пасется. **friedsam** *высок. устаревает* ≅ friedvoll; *напр.*: ein friedsamer Mensch, Charakter миролюбивый человек, характер; wir lebten in einer friedsamen Gegend мы жили в спокойной местности

friedliebend *см.* friedlich

friedlos *см.* unruhig

friedsam *см.* friedlich

friedvoll *см.* friedlich

frieren[1] мерзнуть, испытывать холод

frösteln — kalt sein — frieren — schaudern — bibbern — schlottern

Синонимы данного ряда расположены по степени возрастания выражаемого ощущения и степени проявления внешней реакции

frösteln зябнуть (и подрагивать от холода), чувствовать озноб; знобить, познабывать *употр. тк. по отношению к лицам* (*личн. и безл.; в безл. конструкции субъект выражен дополнением в Akk.*); *напр.*: das Mädchen fröstelt in dem leichten Kleid девушка зябнет в легком платье; es fröstelt mich я зябну, меня знобит; sein ganzer Körper fröstelt все его тело зябнет □ Sie ging ins Badezimmer, schloß die Kräne. Aber sie stieg nicht in die Wanne... und setzte sich wieder auf ihr Bett. So verharrte sie eine Zeit, bis sie zu frösteln anfing (*Feuchtwanger*, »*Exil*«) Она пошла в ванную, закрыла краны. Но не влезла в ванну... а снова села на кровать. В этой позе она оставалась некоторое время, пока не стала зябнуть. **kalt sein** ощущать, испытывать холод *употр. по отношению к лицам и животным* (*безл. конструкция, субъект выражен дополнением в Dat.*); *напр.*: mir ist kalt мне холодно; dem Hund ist es kalt draußen собаке холодно на дворе. **frieren** *индифф. синоним* (*личн. и безл. в безл. конструкции субъект выражен дополнением в Akk.*); *напр.*: ich friere an den Händen у меня мерзнут руки; ich habe stark gefroren я сильно (за)мерз, мне было очень холодно; es friert mich мне холодно; er fror bis ins Mark он промерз до костей; er friert wie ein junger Hund он замерз как собака; der Hund friert draußen собаке на дворе холодно □ Es war ein Sommerkleid und sie fror (*Seghers*, »*Die Toten*«) Это было летнее платье, и она мерзла в нем. Er fror sichtlich in der feuchten Kälte der Nacht, und Trautwein hielt es, wenn er ein richtiges Gespräch mit ihm haben wollte, für angebracht, irgendeinen warmen Ort aufzusuchen (*Feuchtwanger*, »*Exil*«) Было видно, что он продрог из-за холодной ночной сырости, и Траутвейн счел за благо, если он собирается поговорить с ним по-настоящему, пойти с ним куда-нибудь, где можно посидеть в тепле. **schaudern** *книжн.* дрожать от холода *употр. по отношению к лицам и реже к частям тела* (*личн. и безл.; в безл. конструкции субъект выражен дополнением в Akk.*); *напр.*: mich schaudert я дрожу от холода; im Schatten schauderte er в тени он дрожал от холода. **bibbern** *разг.* дрожать и стучать зубами от холода *употр. тк. по отношению к лицам*; *напр.*: obwohl er am Feuer hockte, bibberte er хотя он сидел на корточках у самого огня, он дрожал от холода [у него не попадал зуб на зуб]. **schlottern** сильно дрожать от холода *употр. по отношению к лицам и частям тела*; *напр.*: er schlotterte an allen Gliedern он дрожал всем телом (от холода) □ ihr Kinn schlotterte (*Frisch*, »*Homo faber*«) ...ее подбородок трясся от холода

FRIEREN 187 FRÜHER

frieren² замерзать (*превращаться в лед, покрываться льдом*)

frieren — zufrieren — gefrieren

frieren *индифф. синоним; напр.*: bei starkem Frost friert der See при сильном морозе озеро замерзает; das Wasser in der Leitung ist gefroren вода в водопроводе замерзла; die Fensterscheibe ist gefroren окно замерзло; es friert draußen на улице морозно. zufrieren замерзать, покрываться коркой льда; *напр.*: der Fluß ist zugefroren река стала. gefrieren *книжн.* ≃ frieren, *но менее употребительно; напр.*: das Wasser gefriert bei 0° вода замерзает при нуле градусов; in diesem Jahr ist der Erdboden nicht gefroren в этом году почва не замерзла

frisch *см.* kalt¹/lebhaft/neu²

Friseur парикмахер

der Friseur — der Barbier

Friseur [-zø:r] *индифф. синоним; напр.*: zum Friseur gehen идти в парикмахерскую [к парикмахеру]; ich lasse mich beim Friseur rasieren я бреюсь у парикмахера; einmal in der Woche ließ sie sich von ihrem Friseur die Haare waschen und legen один раз в неделю она делала укладку у парикмахера. **Barbier** *уст. и шутл.* цирюльник, брадобрей; *напр.*: der Barbier seifte den Kunden ein und fing an, ihn zu rasieren цирюльник намылил клиента и начал его брить

frisieren (,sich) *см.* kämmen (,sich)

Frist ¹ срок, время

die Frist — die Zeit — das Ziel

Frist *тк. ед. индифф. синоним; напр.*: eine ausreichende, beschränkte Frist für die Erfüllung einer Aufgabe, für die Abgabe einer Arbeit setzen установить достаточный, ограниченный срок для выполнения задания, для сдачи работы; die Frist Ihres Aufenthalts läuft am Ende dieser Woche ab срок вашего пребывания истекает в конце этой недели; die Frist ist verlängert срок продлен. **Zeit** *тк. ед.* ≃ Frist, *но больше подчеркивает протяженность срока, чем то, что к этому сроку что-то должно быть выполнено; напр.*: ich bitte, mir vier Tage Zeit zu gewähren я прошу предоставить мне четыре дня; geben Sie mir nur Zeit! дайте только срок!; der Vertrag wurde auf Zeit geschlossen договор был заключен на срок. **Ziel** *тк. ед. ком.* срок, обусловленный договором сделки купли-продажи (*предоставляется б. ч. одной фирмой другой для исполнения обязательств последней*); *напр.*: diese Firma gewährt uns beim Einkauf der Maschinen fünf Monate Ziel эта фирма предоставляет нам при закупках машин срок в пять месяцев (для уплаты)

Frist ² *см.* Aufschub

fristen ¹ *см.* verlängern¹

fristen ²: sein Leben [Dasein] fristen *см.* leben¹

frivol *см.* leichtsinnig¹

froh *см.* freudig¹/lustig

fröhlich *см.* lustig

frohlocken *см.* freuen, sich¹/schadenfroh sein

frohsinnig *см.* lustig

fromm *см.* gläubig

frömmelnd *см.* gläubig

frösteln *см.* frieren¹

frostig *см.* kalt¹

frotzeln *см.* necken

Frucht *см.* Ergebnis

fruchtbar *см.* nützlich/schöpferisch

fruchtlos *см.* unfruchtbar³

früh ранний

früh — zeitig — frühzeitig

früh *индифф. синоним; напр.*: am frühen Morgen ранним утром; morgens früh рано утром; eine frühe Ernte ранний урожай; es ist zu früh, das Geschäft ist noch zu еще слишком рано, магазин еще закрыт; morgen muß er sehr früh aufstehen завтра он должен встать очень рано. **zeitig** *в отличие от* früh *означает* 'рано по сравнению с обычным, ожидаемым, нужным'; *напр.*: heute geht er zeitig zu Bett сегодня он рано ложится спать; der Schuß war zu zeitig losgegangen ружье выстрелило раньше времени; es gelang dem Arzt, die Krankheit zeitig zu erkennen врачу удалось своевременно [на ранней стадии] распознать болезнь; in diesem Jahr haben wir einen zeitigen Winter в этом году у нас ранняя зима. **frühzeitig** ≃ zeitig, *но сильнее подчеркивает, что явление наступило слишком рано, преждевременно, особенно рано* (*б. ч. как наречие*); *напр.*: in diesem Jahr kam das Obst frühzeitig auf den Markt в этом году фрукты появились на рынке необычно рано; in diesem Jahr haben wir einen frühzeitigen Herbst нынче у нас очень [особенно] ранняя осень

früher I раньше (*в прошлом*)

früher — einst — einmal — vormals — ehemals — ehedem — weiland — vor Zeiten — vor alters

früher *индифф. синоним; напр.*: früher habe ich weniger verdient раньше я меньше зарабатывал; früher war meine Wohnung an der Peripherie der Stadt, inzwischen ist die Stadt gewachsen, und sie liegt jetzt fast im Zentrum раньше моя квартира была на окраине, тем временем город разросся, и теперь она почти в центре города; früher war er Arbeiter раньше он был рабочим; waren Sie früher in Berlin? вы были раньше в Берлине? **einst** как-то, когда-то *б. ч. употр. по отношению к моменту не очень отдаленного прошлого; напр.*: einst im Sommer как-то летом; hier war einst das Haus, wo er geboren wurde здесь когда-то был дом, где он родился; er hatte es mir einst versprochen он мне это когда-то обещал. **einmal** некогда, когда-то, однажды *обыкн. употр. по отношению к более* неопределенному моменту в прошлом; *напр.*: es war einmal... жил-был... (*сказочный зачин*); in diesem Schloß lebte einmal ein junger König в этом замке жил некогда молодой король; ich wohnte einmal bei ihm я когда-то жил у него. **vormals** раньше, прежде *указывает на то, что кто-л. до определенного времени был, что-л. было иным; напр.*: (Firma) Schmidt vorm. (*vormals*) Trautmann (фирма) Шмидт, бывшая Траутман (*на вывесках*). **ehemals** *книжн. редко* ≃ einst, einmal, *но обыкн. употр. по отношению ко времени, более отдаленному, чем время, обозначаемое с помощью* einst; *напр.*: ehemals war es anders когда-то все было по-другому □ Der ehemals elegante, jetzt sehr abgetragene Schlafrock hängt weit und lang an ihm herunter (*Feuchtwanger, »Exil«*) Когда-то элегантный, а теперь уже поношенный халат висит на нем как мешок. **ehedem** *высок.* ≃ einst; *напр.*: er war ehedem Lehrer тогда, в былые годы, он был учителем; sie war genau so schön wie ehedem она была так же красива, как прежде. **weiland** *уст. книжн., теперь шутл.* дотоль, дотоле; в бытность свою; *напр.*: die Urlauber wohnten in einem Schloß wie weiland die Ritter отдыхающие жили в замке, как во время оно — рыцари. **vor Zeiten** *книжн.*, **vor alters** *уст. книжн.* некогда, встарь, в старину; *напр.*: vor Zeiten lebte einmal... жил-был... (*сказочный зачин*); vor alters war sie einmal allein nach Rom gepilgert когда-то встарь она одна совершала паломничество в Рим

früher II прежний

früher — ehemalig — damalig — gewesen — alt

Синонимы данного ряда употр. тк. атрибутивно

früher *индифф. синоним; напр.*: der frühere Besitzer прежний владелец; frühere Zeiten прежние времена; die frühere Auflage war besser прежнее издание было лучше; meine frühere Wohnung war am Rande der Stadt моя прежняя квартира была на краю города. **ehemalig** бывший; *напр.*: ein ehemaliger Schüler, Lehrer, Diplomat бывший ученик, учитель, дипломат; das war die ehemalige Residenz eines Fürsten это бывшая княжеская резиденция. **damalig** тогдашний; *напр.*: die damalige Regierung тогдашнее правительство; damalige Sitten тогдашние нравы; seine damaligen Ansichten sind mir bekannt его тогдашние взгляды мне известны. **gewesen** *устаревает* ≃ ehemalig; *напр.*: der gewesene Präsident бывший президент; sie ist eine gewesene Schönheit в молодости она была красавицей. **alt** *разг.* ≃ früher; *напр.*: ich habe es zum alten Preis gekauft я это купил по прежней цене; immer das alte Lied! старая песня!

FRÜHJAHR   188   **FÜLLEN**

Frühjahr см. Frühling
Frühling весна
der **Frühling** — das **Frühjahr** — der **Lenz**
Frühling индифф. синоним; напр.: ein warmer, kalter, zeitiger, später Frühling теплая, холодная, ранняя, поздняя весна; es wird bald Frühling скоро наступит весна ☐ Die Wälder und Felder grünen, | Es trillert die Lerch' in der Luft, | Der Frühling ist erschienen | Mit Lichtern und Farben und Duft (Heine, »Buch der Lieder«) Зеленеют леса и поля, жаворонок поет в вышине, пришла весна, а с нею свет, краски и аромат. Stanislaus war nicht nur vom nahenden Frühling berauscht (Strittmatter, »Wundertäter«) Станислауса опьянила не только близость весны. **Frühjahr** = Frühling, но чаще употр. в деловой прозе и публицистике, особенно связанной с сельскохозяйственной тематикой; напр.: der Bauer bestellt den Acker im Frühjahr крестьянин обрабатывает поле весной; die Tagung findet im Frühjahr statt конференция состоится весной. **Lenz** поэт. ≃ Frühling особенно подчеркивает красоту природы в это время года; напр.: ☐ Blumen, die der Lenz geboren | Streu' ich dir in deinen Schoß (Schiller, »Der Jüngling am Bache«) Цветами, которые родила весна, я усыплю твои колени
Frühstück завтрак
das **Frühstück** — der **Lunch**
Frühstück индифф. синоним; напр.: ein reichliches, ärmliches, schmackhaftes Frühstück обильный, скудный, вкусный завтрак; beim Frühstück за завтраком; was haben wir zum Frühstück? что у нас на завтрак?; was wünschen Sie zum Frühstück? что вы желаете на завтрак? **Lunch** [lantʃ] обильный второй завтрак (в обеденное время), ленч; напр.: einen Lunch geben дать завтрак (в честь кого-л.); der Lunch ist schon serviert завтрак уже подан
frühzeitig см. früh/vorzeitig
fuchsen см. ärgern
fügen, sich см. gehorchen/schicken, sich [1]
füglich см. passend [1]
fügsam см. gehorsam
fühlen чувствовать, ощущать
fühlen — **spüren** — **verspüren** — **empfinden** — **ergriffen werden**
fühlen индифф. синоним; напр.: Kälte, Schmerz, Freude, Angst fühlen чувствовать холод, боль, радость, страх; ich fühlte einen bitteren Geschmack auf der Zunge я почувствовал горький вкус во рту; er fühlte, daß ihn ein Insekt gestochen hatte он почувствовал, что его укусило какое-то насекомое; sie fühlte etwas hartes unter ihrem Fuß она почувствовала что-то твердое под ногой; ich fühlte meine Wangen brennen я чувствовал, как горят мои щеки; er fühlte, daß sie ihm mißtraut он чувствовал, что она ему не доверяет ☐ Plötzlich fühlte er, wie das Blut ihm zum Kopf stieg (Th. Mann, »Buddenbrooks«) Вдруг он почувствовал прилив крови к голове. **spüren** (по)чувствовать (признаки какого-л. состояния, б. ч. физического) часто передает внезапность или непродолжительность испытываемого ощущения; напр.: Durst, Hunger, Müdigkeit spüren ощущать жажду, холод, усталость; spürst du die Linderung? ты чувствуешь облегчение? ☐ Es gehört zu den aufreizendsten Erlebnissen, die man haben kann: die Gleichgültigkeit der Umwelt zu spüren (Kästner, »Die verschwundene Miniatur«) Из того, с чем сталкиваешься в жизни, пожалуй, больше всего раздражает ощущение равнодушия окружающих. Trautwein also hatte ihm unrecht getan und spürte Scham (Feuchtwanger, »Exil«) Траутвейн, следовательно, поступил по отношению к нему несправедливо и потому испытывал чувство стыда. Er spürte einen sanften Schlag auf seinem Rücken (Strittmatter, »Wundertäter«) Он почувствовал, как кто-то легонько ударил его по спине. **verspüren** (внезапно, остро) почувствовать, ощутить по сравнению с spüren больше подчеркивает момент возникновения ощущения; напр.: Hunger, Schmerz, Angst verspüren почувствовать холод, боль, страх; sie verspürte Lust zu tanzen у нее появилось (сильное) желание [ей очень захотелось] потанцевать ☐ Er stellte sich vor, was Lea für ein Gesicht machen wird, wenn sie so was hört, und er verspürt schier körperliches Unbehagen (Feuchtwanger, »Exil«) Он представил себе, какое лицо сделает Леа, если услышит нечто подобное; от этой мысли он начинает ощущать чуть ли не физическое недомогание. **empfinden** книжн. ≃ fühlen употр. по отношению к чувственной и духовной сфере, часто как термин в специальной литературе; напр.: sie empfand plötzlich heftige Schmerzen она вдруг почувствовала сильную боль; ich empfinde die Kälte sehr я очень чувствую холод [чувствителен к холоду] ☐ Er war in diesem Augenblick ernstlich der Meinung, daß er ein etwas unbegabter, aber fleißiger Schüler sei... und er empfand deutlich, daß seine sämtlichen Klassengenossen... eben derselben Anschauung huldigten (Th. Mann, »Buddenbrooks«) В этот момент он искренне верил в то, что он хотя и не очень способный, но прилежный ученик... и он чувствовал, что все его товарищи по классу... придерживаются того же мнения. Diesen Korridor liebte er, und sooft er ihn entlangging, empfand er ein sonderbares Behagen, obschon dieser Korridor genau so häßlich, kahl und übelriechend war wie alle Korridore des riesigen Amtsgebäudes (Kellermann, »Der 9. November«) Этот коридор он любил, и каждый раз, когда он по нему проходил, он испытывал удовольствие, хотя этот коридор был таким же уродливым и голым, с дурным запахом, как и все коридоры этого огромного присутственного здания. Das Glück, das Sophie jetzt empfand, hatte viele Erfahrungen zur Voraussetzung (Fallada, »Wolf u. Wölfen«) Счастье, которое Софи испытывала теперь, было обусловлено большим опытом. **ergriffen werden** книжн. быть охваченным каким-л. чувством по сравнению с fühlen выражает бо́льшую силу чувства и внезапность его проявления; напр.: er wurde von einer großen Sehnsucht nach der Heimat ergriffen его охватила сильная тоска по родине
Fühlung см. Berührung
führen см. leiten/lenken [1]
führen, sich см. benehmen, sich
Führer см. Leiter I/Nachschlagewerk
Fuhrmann см. Kutscher
Führung см. Leitung
füllen наполнять, заполнять
füllen — **einfüllen** — **ausfüllen** — **auffüllen** — **anfüllen** — **überfüllen** — **vollstopfen**
füllen индифф. синоним; объектом является часть пространства, отрезок времени; напр.: den Eimer mit Wasser, das Faß mit Bier, den Sack mit Mehl füllen наполнять ведро водой, бочку пивом, мешок мукой; der Zuschauerraum war nur halb gefüllt зрительный зал был заполнен только наполовину; mit diesem Stück füllte das Orchester die Pause исполнением этой пьесы оркестр заполнил паузу (между номерами) ☐ Scheußliche, stickige Luft füllte den kahlen, weiten und doch engen, in der Helligkeit doppelt traurigen Raum (Feuchtwanger, »Exil«) Отвратительный, удушливый воздух наполнял голое, широкое и в то же время тесное, при свете еще гораздо более унылое помещение. ...sie füllten das Grab mit Sand und mit Kiefernnadeln, weil es hier keine gute Erde gab (Seghers, »Die Toten«) ...они засыпали могилу песком и хвоей, потому что хорошей земли здесь не было. **einfüllen** ≃ füllen, но подчеркивает, что что-л. помещается внутрь вместилища; объектом является то, чем наполняется что-л.; напр.: Tee in die Thermosflasche einfüllen налить чай в термос; die Früchte in die Weckgläser einfüllen закладывать фрукты в банки для консервирования. **ausfüllen** полностью заполнить (какое-л. пустое пространство); напр.: eine Grube, einen Graben mit Sand, mit Steinen ausfüllen заполнить яму, канаву песком, камнями; ein Loch ausfüllen заделывать дыру; ich muß noch einen Fragebogen ausfüllen мне нужно еще заполнить анкету ☐ Er legt sich auf die rechte Seite, mit dem Kissen den Raum zwischen Schul-

ter und Schläfe ausfüllend (*Feuchtwanger*, »*Exil*«) Он ложится на правый бок, положив подушку между виском и плечом. ...und der ganze Saal ist mit Stuhlreihen ausgefüllt (*Fallada*, »*Jeder stirbt*«) ...и весь зал заполнен рядами стульев. **auffüllen** (снова) наполнять, пополнять; *напр.*: das Faß auffüllen наполнять опорожненную бочку; den Bestand an etw. auffüllen пополнять запас чего-л.; die Kompanie soll morgen aufgefüllt werden рота должна завтра получить пополнение □ Sie stand auf, um dem Christian, der in seinem Tabaksbeutel kratzte, aus der Vorratsdose aufzufüllen (*Seghers*, »*Die Toten*«) она увидела, что Христиан скребет по дну своего кисета, она встала, чтобы подсыпать ему из коробки, где хранился запас табака. **anfüllen** наполнять (до краев, полностью), заполнять (до отказа); *напр.*: der Schrank ist mit Büchern angefüllt шкаф заполнен книгами; das Zimmer ist mit Möbeln angefüllt комната заставлена мебелью; sein Heft ist mit Notizen angefüllt его тетрадь испещрена заметками □ Der Treppenabsatz draußen war mit entschlossen dreinblickenden Männern angefüllt (*Kästner*, »*Die verschwundene Miniatur*«) Лестничная площадка была заполнена весьма решительно настроенными молодцами. Aber was für bürgerlich stickige Luft hatte bei dem allen dieses Kaufmannshaus angefüllt (*Feuchtwanger*, »*Exil*«) Но при всем этом каким буржуазным, затхлым воздухом был насыщен этот купеческий дом. **überfüllen** переполнять; *напр.*: der Saal war überfüllt зал был переполнен; zu dieser Zeit sind sämtliche Busse überfüllt в это время все автобусы переполнены □ Niemand konnte sagen, daß die Kirche überfüllt war. Die Kundschaft des Pfarrers erfreute sich des schönen Tages lieber draußen im Freien (*Strittmatter*, »*Wundertäter*«) Никто не сказал бы, что церковь была переполнена. Паства священника предпочитала наслаждаться прекрасной погодой на воле. **vollstopfen** набивать (до отказа) *объектом является вместилище, обыкн. употр. с указанием, чем именно что-л. заполнено; напр.*: sich die Taschen mit Äpfeln vollstopfen набивать карманы яблоками □ Dazu hatte Dora das ganze Haus mit antiken Möbeln vollgestopft (*Kellermann*, »*Der 9. November*«) К тому же Дора заполнила весь дом старинной мебелью

füllig *см.* dick¹
Fundament *см.* Grundlage
fundiert *см.* stichhaltig
fungieren *см.* arbeiten²
funkeln *см.* glänzen
funkelnagelneu *см.* neu¹
funktionieren *см.* arbeiten³
für *см.* statt
Fürbitte *см.* Bitte

Fürbitter *см.* Fürsprecher
Furcht¹ *см.* Angst¹
Furcht²: Furcht haben *см.* fürchten
furchtbar *см.* schrecklich¹/sehr
fürchten бояться
befürchten — sich scheuen — Angst haben — sich ängstigen — erschrecken — fürchten — sich fürchten — Furcht haben — gruseln — sich gruseln — sich graulen — graulen — sich entsetzen — grauen — sich grauen — grausen — sich grausen — schaudern

Синонимы данного ряда расположены по степени возрастания интенсивности выражаемого чувства (страха, испуга).

befürchten опасаться *употр., когда речь идет не столько о реальной угрозе, сколько о возможности чего-л. неприятного; напр.*: Komplikationen befürchten опасаться осложнений; ich befürchte, daß ich die Prüfungen nicht bestehen werde я опасаюсь, что не выдержу экзаменов; er befürchtete, er könne sich bei diesem Kranken angesteckt haben он опасался, что заразился от этого больного □ Als Gauleiter Rumpf am nächsten Tage in der Liste der Verhafteten den Namen Fahle las, bekam er einen Wutanfall, und Rittmeister Möhn, der ihm die Liste überreichte, befürchtete zum erstenmal, von ihm niedergeschlagen zu werden (*Kellermann*, »*Totentanz*«) Когда гаулейтер Румпф на следующий день увидел в списке арестованных фамилию Фале, он так рассвирепел, что ротмистр Мен, который представил ему этот список, впервые в жизни подумал с испугом, что Румпф своими руками убьет его на месте. **sich scheuen** робеть, пугливо избегать чего-л., пугаться; *напр.*: ich scheue mich, ihm die Wahrheit zu sagen я боюсь [не решаюсь] сказать ему правду □ ...aber Anna erwartete ihn zum Mittagessen, und er scheute sich, überflüssiges Geld im Restaurant auszugeben (*Feuchtwanger*, »*Exil*«) ...но Анна ждала его к обеду, и он боялся истратить лишние деньги в ресторане. Es sah aus, als scheue sich der Leutnant, in den schwächer, aber noch immer kräftig genug fallenden Gewitterregen hinauszutreten (*Fallada*, »*Wolf u. Wölfen*«) Казалось, что лейтенант не решается выйти под дождь, хлеставший теперь слабее, однако все еще довольно сильно. **Angst haben** испытывать страх, бояться *чаще употр., когда страх вызван не слишком большой опасностью; напр.*: Angst vor dem Lehrer, vor dem Examen haben бояться учителя, экзамена; hab' keine Angst vor dem Hund, er beißt nicht! не бойся собаки: она не кусается! □ Da haben wir ja noch einmal Glück gehabt. Ich hatte schon Angst, Herr Külz hätte die halbe Million im Zug liegenlassen (*Kästner*, »*Die verschwundene Miniatur*«) Тогда нам еще раз повезло. Я уже испугался, что господин Кюльц оставил эти полмиллиона в поезде. Aber er wagt es nicht, Eva von seinem Hunger zu sprechen, er hat Angst vor der schweigenden Frau (*Fallada*, »*Jeder stirbt*«) Но он не решается говорить Еве, что голоден, он боится этой молчащей женщины. Ich werde ihm nicht eine Mark geben, sonst denkt er, ich habe Angst vor ihm, und läßt mich nie wieder aus der Zange (*ebenda*). Я не дам ему ни марки, иначе он подумает, что я его боюсь, и не выпустит меня из своих клещей. **sich ängstigen** пугаться, страшиться (*наступления чего-л., предчувствуя что-л.*); *напр.*: sich vor der Zukunft ängstigen страшиться будущего; Kinder ängstigen sich leicht детей легко испугать. **erschrecken** (ис)пугаться *в отличие от предыдущих синонимов подчеркивает внезапность; напр.*: sie erschrak über sein Aussehen она испугалась его вида; das Kind erschrak vor jedem Hund ребенок пугался каждой собаки; vor wem erschrak er? кого он испугался? □ »Emilie, bist du's?« — »Jawohl, ich bin noch auf dem Präsidium. Nun hör einmal gut zu! Erschrick aber nicht! Wir wollen nämlich ein paar Kriminalbeamte herumschicken« (*Kästner*, »*Die verschwundene Miniatur*«) «Эмилия, это ты?» — «Да, я еще в полиции-президиуме. А теперь слушай хорошенько! Но не пугайся. Мы хотим послать к тебе пару сотрудников уголовной полиции». »Sie kann Schadenersatz verlangen.« Diederich erschrak... (*H. Mann*, »*Untertan*«) «Она может потребовать возмещения убытков». Дидерих испугался... **fürchten** индифф. синоним; *напр.*: Kritik, Gefahr, den Tod fürchten бояться критики, опасности, смерти; ich fürchte seinen Besuch я боюсь его посещения; ich fürchte, Sie sind falsch verbunden боюсь, вас неправильно соединили (*ответ по телефону*); es war nicht so schmerzlich, wie ich gefürchtet hatte было не так больно, как я опасался; er fürchtet niemand он никого не боится □ »Es liegt nicht in meinem Schicksal, äußerlich vorwärtszukommen. Dafür wächst mein Inneres.« Frau Klügler sah ihren Mann an und hielt sich die Ohren zu. Sie fürchtete wohl, daß sein inneres Wachstum ihn sprengen, daß er platzen würde (*Strittmatter*, »*Wundertäter*«) «Мне не уготовано судьбой расти по службе, зато я расту внутренне». Госпожа Клюглер посмотрела на мужа и заткнула уши. Она, видимо, опасалась, как бы от внутреннего роста его не разорвало. Er richtet sich im Bett hoch, sieht seine Post durch. Es sind Bitten, Einladungen zur Mitarbeit, Aufforderungen zur Teilnahme an der oder jener wichtigen Sitzung, Frauenbriefe, lauter Schreiben, die ihm bestätigen, daß man ihn schätzt, liebt, fürchtet, seinen Einfluß hoch anschlägt (Feuchtwanger, »Exil«) Он садится в постели, просматривает почту. Просьбы, приглашения участвовать в работе, приглашения участвовать в том или ином важном заседании, письма от женщин — все эти письма свидетельствуют о том, что его ценят, любят, боятся, считают его очень влиятельным человеком. **sich fürchten** = fürchten, *но сильнее подчеркивает чувство страха перед конкретной опасностью*; *напр.*: sie fürchtete sich, allein durch den Wald zu gehen она боялась идти одна через лес; ich fürchtete mich vor seinen Wutausbrüchen я боялся вспышек его ярости; er fürchtete sich vor nichts он ничего не боялся. **Furcht haben** испытывать страх перед кем-л., перед чем-л. (*когда для этого есть достаточно серьезные основания*); *напр.*: Furcht vor dem Tode haben испытывать страх перед смертью; er hatte vor ihm panische Furcht он испытывал перед ним панический страх; er hatte Furcht vor der Verantwortung он испытывал страх перед ответственностью. **gruseln** быть охваченным страхом, содрогаться от страха (*б. ч. перед чем-л. таинственным, загадочным*; *часто о преувеличенном страхе*) (*безл.*; *субъект выражен дополнением в Dat. или Akk.*); *напр.*: es gruselt mich [mir] мне жутко; dem Kind gruselt es allein in dem dunklen Zimmer ребенку страшно одному в темной комнате; es gruselt mich beim bloßen Gedanken daran меня охватывает страх при одной только мысли об этом. **sich gruseln** = gruseln (*личн.*); *напр.*: ich gruselte mich als ich das sah мне было жутко видеть это. **sich graulen** *разг.* трусить, испытывать сильный страх (*особенно о детях*); *напр.*: die Kinder graulten sich vor der Hexe, aber trotzdem baten sie mich, das Märchen weiter zu erzählen дети очень боялись ведьмы, но, несмотря на это, просили меня рассказывать сказку дальше. **graulen** *разг.* = sich graulen *подчеркивает отвращение перед кем-л.* (*безл.*; *субъект выражен дополнением в Dat. или Akk.*); *напр.*: es grault mir [mich] furchtbar vor Mäusen я ужасно боюсь мышей ◻ Es grauite ihn, wenn er an sein Bauernleben vor dem Krieg bloß dachte (Seghers, »Die Toten«) Его жуть брала, когда он только вспоминал о своей крестьянской жизни до войны. **sich entsetzen** ужаснуться *подчеркивает внезапность возникновения очень сильного чувства*; *напр.*: wir entsetzten uns bei diesem Anblick мы ужаснулись при виде этой картины; er entsetzte sich, als er das erfuhr он ужаснулся, узнав об этом. **grauen** испытывать ужас (*б. ч. перед предстоящим*) (*безл.*; *субъект выражен дополнением в Dat., реже в Akk.*); *напр.*: es graute ihr vor den langen Winternächten она с ужасом думала о долгих зимних ночах. **sich grauen** ≅ grauen, *но чаще о чувстве, испытываемом постоянно* (*личн.*); *напр.*: sie graute sich vor Schlangen змеи повергли ее в ужас; ich habe mich dort immer gegraut мне там всегда было страшно. **grausen** быть в ужасе, испытывать ужас (*перед чем-л. неотвратимым, перед непосредственной опасностью*) (*безл.*; *субъект выражен дополнением в Dat. или Akk.*); *напр.*: mir [mich] graust vor dem Anblick при виде этого меня охватывает ужас. **sich grausen** ≅ grausen, *но чувство ужаса часто сочетается с отвращением* (*личн.*); *напр.*: die Kinder grausten sich, die Scheune zu betreten, weil dort Ratten waren дети страшно боялись ходить в амбар, так как там были крысы; sie graust sich davor, am Sarg allein zu bleiben она в ужасе от того, что ей придется остаться одной у гроба. **schaudern** трепетать, содрогаться (*от ужаса*) (*безл.*; *субъект выражен дополнением в Dat. или Akk.*); *напр.*: es schaudert mich bei diesem Gedanken я трепещу при этой мысли; es schauderte sie, wenn sie an diese Nacht zurückdachte она трепетала от ужаса, вспоминая эту ночь; mir schaudert vor diesem Menschen этот человек приводит меня в трепет; er schauderte vor Angst он трепетал от страха ◻ Von Klamm ist es bekannt, daß er sehr grob ist; er spricht angeblich stundenlang nicht, und dann sagt er plötzlich eine derartige Grobheit, daß es einen schaudert (Kafka, »Das Schloß«) Фон Кламму известно, что он очень груб, говорят, что он часами молчит, а затем вдруг скажет такую грубость, что дрожь берет

fürchten, sich *см.* fürchten
fürchterlich *см.* schrecklich [1]/sehr
furchtlos *см.* tapfer
furchtsam *см.* ängstlich
für die Katz(e) *см.* umsonst [1]
Fürsorge *см.* Sorge [2]
Fürsprache *см.* Bitte
Fürsprecher защитник, заступник
der **Fürsprecher** — der **Fürbitter**
Fürsprecher *индифф. синоним*; *напр.*: in j-m einen Fürsprecher haben иметь в чьем-л. лице заступника; als Fürsprecher für die Interessen der Lehrer auftreten выступать в качестве защитника интересов учителей. **Fürbitter** *книжн. устаревает* ходатай; *напр.*: er hat in ihm einen eifrigen Fürbitter в его лице он имеет ревностного ходатая

fürwahr *см.* wirklich [1]
füsilieren *см.* erschießen
Fußabdruck *см.* Spur
Fußboden пол, полы
der **Fußboden** — der **Boden** — die **Diele**
Fußboden *индифф. синоним*; *напр.*: der Fußboden ist aus Holz, aus Stein пол деревянный, каменный; sie fegt, bohnert den Fußboden она подметает, натирает пол; der Fußboden ist mit Teppichen belegt пол покрыт коврами; die Kinder spielen auf dem Fußboden дети играют на полу. **Boden** = Fußboden *употр. вместо* Fußboden, *когда из контекста ясно, что имеется в виду* 'пол', *а не* 'земля, почва' *и т. п.*; *напр.*: der Boden war mit Linoleum ausgelegt пол был покрыт линолеумом; der Boden glänzt vor Sauberkeit пол сверкает чистотой ◻ Eva Kluge steht mit hängenden Armen da, ihre Knie beben so sehr, daß sie sich am liebsten zu Boden sinken ließe (Fallada, »Jeder stirbt«) Ева Клуге стоит опустив руки, колени ее так сильно трясутся, что она готова опуститься на пол. **Diele** деревянный пол; *напр.*: sie schliefen auf den bloßen Dielen они спали на голом (деревянном) полу; wir bohnern die Dielen einmal in der Woche мы натираем пол(ы) один раз в неделю; sie hat die alte Diele weißgescheuert она отмыла старый (деревянный) пол добела

fußen *см.* gründen, sich
Fußnote *см.* Anmerkung [1]
Fußspur *см.* Spur
Fuß(s)tapfe *см.* Spur
Fuß(s)tapfen *см.* Spur
Fußweg *см.* Weg [1]
futsch *см.* entzwei
Futteral футляр
das **Futteral** — das **Etui**
Futteral *индифф. синоним*; *напр.*: ein Futteral aus Leder, aus Kunststoff футляр из кожи, из синтетического материала; die Brille, das Fernglas, die Geige ins Futteral legen положить очки, бинокль, скрипку в футляр; der Musiker hat sein Instrument aus dem Futteral herausgenommen музыкант вынул свой инструмент из футляра ◻ Külz holte die Lesebrille aus dem Futteral, setzte sie auf und musterte die Ansichtskarten (Kästner, »Die verschwundene Miniatur«) Кюльц достал из футляра очки, надел их и начал разглядывать открытки. **Etui** [ɛt'vi: *и* e'twi:] маленький плоский футляр в виде коробочки, коробочка *часто употр. в значениях* 'портсигар, несессер'; *напр.*: die Medaille wurde ihm in einem Etui überreicht медаль была ему вручена в коробочке; ich steckte die Brille, den Füllhalter ins Etui я сунул очки, авторучку в футляр ◻ Er reichte sein Etui herüber. »Rauchen Sie doch!..« (Kästner, »Die verschwundene Miniatur«) Он протянул свой портсигар. «Курите же!»

futtern *см.* essen
füttern *см.* ernähren [1]

G

Gabe *см.* Fähigkeiten/Geschenk/Spende
gäbe: gang und gäbe *см.* verbreitet

gabeln, sich см. verzweigen, sich [1,2]
gackern см. lachen [1]
gaffen см. sehen [1]
Gage см. Lohn [1]
gähnen см. klaffen [1]
Gala см. Kleidung [1]
Galan см. Liebhaber [1]
galant см. höflich
galle(n)bitter см. bitter [1]
gallig см. böse [1]/giftig
Gang I см. Bande [1]
Gang II см. Gericht/Korridor/Spaziergang
gangbar см. gängig [1]/verbreitet
gängeln см. sorgen
gängig [1] ходовой, ходкий
gängig — gangbar — gefragt — gesucht — begehrt — kurant

gängig индифф. синоним; напр.: ein gängiger Artikel, eine gängige Ware ходовой [ходкий] товар; eine gängige Warensorte ходовой [ходкий] сорт. **gangbar** ≅ gängig. **gefragt** пользующийся спросом; напр.: diese Ware, dieses Modell ist stark, wenig gefragt этот товар, эта модель пользуется, не пользуется большим спросом. **gesucht** ≅ gefragt, но употр. и по отношению к лицу; напр.: ein gesuchter Arzt, Rechtsanwalt популярный врач, адвокат; diese Ware ist sehr gesucht этот товар пользуется большим спросом. **begehrt** высок. пользующийся большой популярностью (букв. 'желанный'); напр.: beim Tanzen war sie eine begehrte Partnerin на танцах она была желанной партнершей; das war eine begehrte Stoffqualität это была ткань, пользовавшаяся большим спросом. **kurant** уст. a) ходячий; напр.: eine kurante Münze ходячая монета; b) редко расхожий; напр.: eine kurante Ware ходкий товар

gängig [2] см. verbreitet
gang und gäbe см. verbreitet
Gangway см. Treppe
Ganymed см. Kellner
ganz [1] совсем, совершенно (во всем объеме)

ganz — vollständig — erschöpfend — voll und ganz — ganz und gar — von Grund auf — vollkommen — restlos — total

ganz индифф. синоним; напр.: der Anzug ist ganz fertig костюм совершенно готов; er ist mit der Arbeit noch nicht ganz fertig он не совсем закончил работу; ich bin ganz Ihrer Meinung я с вами совершенно согласен; sie hat das Brot ganz aufgegessen она съела весь хлеб; das ist ganz ausgeschlossen это совершенно исключается; Sie haben ganz recht вы совершенно правы □ »Ja so, dann natürlich!« sagt Zecke und scheint ganz befriedigt (*H. Fallada*, »*Wolf u. Wölfen*«) «Ах так, ну, тогда конечно!» — говорит Цекке и кажется вполне удовлетворенным. **vollständig** полностью, целиком подчеркивает полноту проявления действия, охваченность им всего объекта без пропусков и т. п.; напр.: das Werk hat seine Produktion vollständig umgestellt завод полностью переключился на производство другой продукции; wir haben den Garten vollständig abgesucht мы обыскали весь сад. **erschöpfend** исчерпывающе; напр.: er hat das Thema erschöpfend behandelt он изложил данную тему исчерпывающим образом. **voll und ganz, ganz und gar** ≅ ganz, но имеют усил. знач.; напр.: ich stehe voll und ganz auf deiner Seite я полностью на твоей стороне; er hat uns voll und ganz überzeugt он нас полностью [окончательно] убедил □ Das Glück, das Sophie jetzt empfand, hatte viel Erfahrungen zur Voraussetzung, es war ganz und gar kein Kinderglück (*Fallada*, »*Wolf u. Wölfen*«) Счастье, которое теперь испытывала Софи, было обусловлено большим жизненным опытом, это было совсем не детское счастье. **von Grund auf** с самого основания, коренным образом; напр.: nach dem Krieg wurde die Stadt von Grund auf neu aufgebaut после войны город был совершенно заново отстроен; das Werk wurde von Grund auf umgestaltet завод был коренным образом преобразован [реорганизован]. **vollkommen** разг. абсолютно, совершенно, полностью, во всех деталях; напр.: du hast vollkommen recht ты совершенно прав; das genügt vollkommen этого совершенно достаточно □ Das Zimmer war richtig, weil es vollkommen aufgeräumt war (*Seghers*, »*Die Toten*«) Комната была хорошей, потому что была полностью убрана. »Ich hoffe, deine Einsicht ist nun eine klarere, liebe Betsy?« — »Vollkommen, Jean, vollkommen!« beeilte sich die Konsulin zu antworten (*Th. Mann*, »*Buddenbrooks*«) «Я надеюсь, что ты теперь лучше уяснила себе положение дела, дорогая Бетси?» — «Полностью, Жан, полностью!» — поспешно ответила консульша. **restlos** разг. полностью, без остатка часто употр. гиперболически; напр.: er ist restlos zufrieden он страшно доволен; die Häuser sind hier restlos zerstört дома здесь полностью разрушены. **total** разг. ≅ restlos, но обыкн. об отрицательных явлениях; напр.: die Stadt wurde total zerstört город был полностью разрушен; ich bin total erschöpft я совершенно без сил

ganz [2] совсем, совершенно (о высшей степени качества, пределе развития чего-л.)

ganz — gänzlich — völlig — ganz und gar — extrem — schlechterdings — durchaus — absolut — komplett

ganz индифф. синоним; напр.: er ist ganz ruhig, krank он совершенно спокоен, болен; das Handtuch ist ganz naß полотенце совершенно мокрое; die Milch ist ganz frisch молоко совершенно свежее; das ist ein ganz klarer Fall это совершенно ясный случай; sie ist ganz außer sich она совершенно вне себя. **gänzlich** ≅ ganz, но часто об отрицательных явлениях; напр.: wir waren gänzlich durchnäßt мы промокли насквозь; seine Worte wurden gänzlich verdreht его слова были совершенно искажены; er ist gänzlich unbegabt он совершенно бездарен. **völlig** ≅ ganz, но не имеет усил. знач. и часто подчеркивает постоянство признака; напр.: er ist völlig zuverlässig он совершенно [абсолютно] надежен; das Heu ist völlig trocken сено абсолютно сухое □ Ich muß schreiben, auch wenn das völlig sinnlos ist und keinerlei Wirkung tut (*Feuchtwanger*, »*Exil*«) Я должен писать, даже если это совершенно бессмысленно и не будет иметь никакого эффекта. **ganz und gar** ≅ ganz, но имеет усил. знач.; напр.: sie ist ganz und gar glücklich она абсолютно счастлива; wir sind ganz und gar durchnäßt мы совершенно промокли. **extrem** крайне; напр.: eine extrem feuchte Witterung в высшей степени [до крайности] сырая погода. **schlechterdings, durchaus, absolut, komplett** разг. имеют усил. знач. и часто употр. гиперболически; напр.: es war mir schlechterdings unmöglich, früher zu kommen мне решительно невозможно было прийти раньше; das ist absolut sicher это совершенно твердо; du bist komplett verrückt ты окончательно спятил; er hat durchaus recht он совершенно прав □ Ich kann mich schlechterdings nicht entschließen, Grünlich kurzerhand abzuweisen (*Th. Mann*, »*Buddenbrooks*«) Я просто не могу решиться сразу отказать Грюнлиху. Der behandelt ihn, wie man sich's besser nicht wünschen kann, durchaus als Erwachsenen (*Feuchtwanger*, »*Exil*«) Лучше, чем он с ним обращается, и придумать нельзя, совсем как со взрослым.

ganz [3]: ganz und gar см. ganz [1,2]; voll und ganz см. ganz [1]
gänzlich см. ganz [2]/völlig [1]
gar [1] см. sehr
gar [2]: ganz und gar см. ganz [1,2]
Garant см. Bürge
Garantie см. Sicherung
garantieren см. einstehen/sichern
Garderobe см. Kleiderablage
Gardine см. Vorhang
Garn см. Faden
garstig см. häßlich
Gast [1] гость

der Gast — der Besuch — der Besucher — der Gastfreund

Gast индифф. синоним; напр.: ein häufiger, seltener, ungebetener, willkommener Gast частый, редкий, непрошеный, желанный гость; Gäste einladen, erwarten, empfangen, begrüßen, bewirten, unterhalten приглашать, ожидать, принимать, приветствовать, угощать, развлекать гостей; wir haben heute Gäste у нас сегодня гости; sie ist bei uns zu Gast она у нас в гостях; ich war bei Verwandten zu Gast я был в гостях [гостил] у родственников; wir bekommen heute abend Gäste у нас сегодня вечером будут гости; als Gast der Regierung wurde er feierlich empfangen его торжественно принимали в качестве гостя правительства ☐ Der Konsul aber geleitete die Gäste die Treppe hinunter über die Diele und bis ˌvor die Haustür auf die Straße hinaus (*Th. Mann, »Buddenbrooks«*) Консул же спустился с гостями вниз по лестнице и проводил их через вестибюль на улицу. **Besuch** *б. ч. ед.* гость, гости; визитер, визитеры *уст., часто употр. по отношению к гостю, остающемуся на непродолжительный срок; напр.:* zu Besuch sein быть в гостях; wir hatten späten Besuch у нас поздно были гости [был гость]; morgen erwarten wir Besuch завтра мы ждем гостей [гостя]; heute bekommen wir auswärtigen Besuch сегодня у нас будут иностранные гости. **Besucher** посетитель, гость (*принимаемый не в домашней обстановке*); *напр.:* ein vornehmer, auswärtiger, lästiger Besucher знатный, иностранный, назойливый гость; die Besuchszeit war aus, und die Besucher verließen das Krankenhaus время посещений истекло, и посетители покинули больницу. **Gastfreund** *уст. книжн.* приезжающий, приходящий в гости к своему другу; друг, приехавший, пришедший в гости; *напр.:* sie haben meinen Gastfreund beleidigt они оскорбили моего гостя и друга

Gast² посетитель
der **Gast** — der **Besucher** — der **Stammgast**
Gast *индифф. синоним; напр.:* im Restaurant sind viele Gäste в ресторане много посетителей; im Sommer gibt es in Odessa viele Gäste летом в Одессе много приезжих; die Gäste werden gebeten, den Wagen zu verlassen пассажиров просят выйти из вагона ...und mit seiner hohen Stimme inmitten des Gelärms der Gäste, las er Trautwein die Gedichte vor... (*Feuchtwanger, »Exil«*) ...и он под гомон посетителей ресторана прочел Траутвейну стихи своим высоким голосом... **Besucher** посетитель (*лицо, посещающее зрелищные учреждения*); *напр.:* er ist ein ständiger Besucher von Ausstellungen und Konzerten он постоянный посетитель выставок и концертов; heute waren sie die einzigen Besucher des Theaters, im Zoo сегодня они были единственными зрителями в театре, посетителями в зоопарке. **Stammgast** постоянный посетитель ресторана, завсегдатай; *напр.:* er ist Stammgast in diesem Restaurant он завсегдатай этого ресторана; der Gastwirt kennt sie gut, sie sind seine Stammgäste хозяин ресторана хорошо их знает: они его постоянные посетители ☐ Es verkehrten fast ausschließlich Stammgäste in Stifters Diele (*Kellermann, »Der 9. November«*) В ресторане Штифтера бывали почти исключительно постоянные посетители

Gästehaus *см.* Gasthaus
gastfrei *см.* gastfreundlich
Gastfreund *см.* Gast¹
gastfreundlich гостеприимный
gastfreundlich — **gastlich** — **gastfrei**
gastfreundlich *индифф. синоним; напр.:* ein gastfreundlicher Mensch гостеприимный человек; eine gastfreundliche Familie гостеприимная семья; man wird dich dort gastfreundlich aufnehmen тебя там радушно примут. **gastlich** ≅ gastfreundlich, *но характеризует не столько хозяев, сколько атмосферу радушия и вызванные ею положительные эмоции гостя; напр.:* eine gastliche Aufnahme finden встретить радушный прием; er fühlt sich in diesem gastlichen Haus immer wohl он чувствовал себя в этом гостеприимном доме всегда хорошо. **gastfrei** ≅ gastfreundlich, *но употр. реже и менее эмоционально; напр.:* eine gastfreie Wirtin гостеприимная хозяйка [трактирщица]; sie führen ein gastfreies Haus у них открытый дом

Gastgeber *см.* Hausherr
Gastgeberin *см.* Hausfrau
Gasthaus гостиница
das **Gasthaus** — das **Hotel** — das **Motel** — das **Gästehaus** — der **Gasthof** — die **Pension** — das **Fremdenheim** — die **Jugendherberge**
Gasthaus *индифф. синоним; напр.:* ein komfortables, teures, bescheidenes Gasthaus комфортабельная, дорогая, скромная гостиница; in einem Gasthaus absteigen остановиться в гостинице; sie lebten in einem Gasthaus они жили в гостинице. **Hotel** большая (комфортабельная) гостиница, отель; *напр.:* ein erstklassiges Hotel первоклассный отель; ich fahre Sie in das neue Hotel я повезу вас в новый отель. **Motel** мотель, гостиница для автотуристов (*с гаражами или стоянками для машин*); *напр.:* wenn Sie mit dem Auto fahren, können Sie in einem Motel absteigen если вы поедете на автомобиле, вы можете остановиться в мотеле. **Gästehaus** гостиница для официальных гостей; *напр.:* während seines Aufenthalts in Berlin lebte er im Gästehaus der Regierung am Thälmannplatz во время своего пребывания в Берлине он жил в гостинице для гостей правительства на Тельманплац. **Gasthof** постоялый двор; *напр.:* ich hatte wenig Geld und stieg darum in einem Gasthof ab у меня было мало денег, и потому я остановился на постоялом дворе. **Pension** [paŋ-] маленькая гостиница, пансион; *напр.:* wir wohnen in einer Pension мы живем в пансионе. **Fremdenheim** = Pension, *но употр. редко; напр.:* wir übernachteten in einem Fremdenheim am Stadtrand мы переночевали в маленькой гостинице на окраине города. **Jugendherberge** дешевая гостиница для молодежи, молодежная туристская база; *напр.:* die Studenten übernachteten in einer Jugendherberge студенты переночевали на туристской базе

Gasthof *см.* Gasthaus
gastlich *см.* gastfreundlich
Gastmahl *см.* Essen²
Gastrolle *см.* Gastspiel
Gastspiel *см.* «Приложение»
Gaststätte столовая, ресторан, кафе
die **Gaststätte** — das **Lokal** — das **Restaurant** — das **Café** — die **Imbißstube** — die **Gastwirtschaft** — die **Kantine** — die **Mensa** — das **Wirtshaus** — die **Schenke** — die **Kneipe** — die **Spelunke** — die **Kaschemme**
Gaststätte *индифф. синоним; напр.:* eine vegetarische Gaststätte вегетарианская столовая; eine alkoholfreie Gaststätte ресторан без алкогольных напитков; in einer Gaststätte Mittag essen обедать в столовой [в ресторане]; die Gaststätte an der Ecke ist geschlossen столовая на углу закрыта; unsere Gaststätte führt eine reiche Auswahl an Getränken в нашем ресторане богатый выбор напитков. **Lokal** ресторан, столовая (*обыкн. с залом для проведения собраний и т. п.*) *часто в сложных словах* Weinlokal погребок, Speiselokal столовая; *напр.:* endlich gerieten wir in ein kleines Lokal, wo wir essen und ausruhen konnten наконец мы попали в маленький ресторанчик, где мы могли поесть и отдохнуть ☐ Rundum saßen viele Menschen. Der Lärm ihrer Gespräche füllte das Lokal... (*Weisenborn, »Der Verfolger«*) Вокруг сидело много людей. Шум их голосов наполнял ресторан. **Restaurant** [-stoˈraŋ] ресторан (*обыкн. хорошо обставленный*); *напр.:* ein berühmtes, teures, kleines Restaurant знаменитый, дорогой, небольшой ресторан; im Restaurant spielte Musik в ресторане играла музыка; das Restaurant, wo sie aßen, lag vor der Stadt ресторан, в котором они обедали, находился за городом ☐ Die Traube war das einzige elegante Restaurant, das ich kannte (*Remarque, »Drei Kameraden«*) «Виноградная гроздь» был единственный известный мне элегантный ресторан. **Café** [kaˈfeː] кафе; *напр.:* ein kleines, großes, modernes Café маленькое, большое, современное кафе; wir gingen in das Café Berlin мы пошли в кафе «Берлин»; er saß im Café und aß Eis он сидел в кафе и ел мороженое. **Imbißstube** (маленькая) закусочная, кафетерий с самообслуживанием (*где можно перекусить стоя*); *напр.:* die Zeit reicht knapp zu einer leichten Mahlzeit in einer Imbiß-

stube времени хватит только на то, чтобы слегка перекусить в каком-нибудь кафетерии. **Gastwirtschaft** харчевня; *напр.*: eine kleine verräucherte Gastwirtschaft маленькая закопченная харчевня; die Gastwirtschaft befand sich am Eingang des Dorfes харчевня находилась при въезде в деревню. **Kantine** столовая (с буфетом) для сотрудников; *напр.*: unser Werk ist groß und hat seine eigene Kantine наш завод большой и имеет собственную столовую. **Mensa** студенческая столовая (*в учебном заведении*); *напр.*: in der Mensa kann man billiges Mittagessen erhalten в студенческой столовой можно получить дешевый обед. **Wirtshaus** трактир, ресторанчик; *напр.*: unterwegs aßen wir in einem Wirtshaus по пути мы поели в каком-то ресторанчике; er sitzt ständig im Wirtshaus он все время сидит в трактире; er geht oft ins Wirtshaus он часто ходит в трактир. **Schenke** *устаревает* ≅ Wirtshaus; *напр.*: er war der Wirt einer billigen Schenke он был хозяином дешевого трактира □ Goldmund kehrte spät in der Nacht auf ermüdetem Pferd in die Stadt zurück. Eine Schenke stand noch offen, dort aß er Brot und trank Wein... (Hesse, »*Narziß*«) Златоуст вернулся в город поздно ночью на уставшей лошади. Один трактир был еще открыт, там он съел хлеба и выпил вина... **Kneipe** *разг.* кабак, кабачок; *напр.*: die enge Straße war voller lärmender Kneipen узкая улица была полна шумных кабаков □ Komm jetzt in die Kneipe und schmeiß deinen Einstand... (Remarque, »*Drei Kameraden*«) Пошли теперь в кабачок, вспрыснем твое поступление... Mittags, als wir alle wieder in der Kneipe saßen und unsere Butterbrote aßen, kam ich mir schon vor wie ein gedienter Chauffeur (*ebenda*) В обед, когда мы снова все сидели в кабачке и ели бутерброды, я уже казался себе заправским шофером. **Spelunke** *разг. неодобр.* шалман; *напр.*: am Rande der Stadt liegen üble Spelunken на окраине города расположены шалманы. **Kaschemme** *фам. презр.* вертеп; *напр.*: ahnen Sie, was in diesen Kaschemmen vorgeht? представляете ли вы себе, что происходит в этих кабаках?

Gastwirtschaft *см.* Gaststätte
Gatte *см.* Mann [2]
Gattin *см.* Frau [2]
gaukeln *см.* fliegen
Gauner *см.* Betrüger
Gaunersprache *см.* Jargon
geachtet *см.* angesehen
Geäse *см.* Maul [1]
Gebärde жест
die **Gebärde** — die **Geste**
Gebärde *индифф. синоним*; *напр.*: eine drohende, einladende Gebärde угрожающий, приглашающий жест; sich durch Gebärden verständlich machen изъясняться жестами; seine Worte mit Gebärden begleiten сопровождать свои слова жестами; etw. mit Gebärden unterstreichen, verneinen подчеркивать, отрицать что-л. с помощью жестикуляции [жестов]. **Geste** ≅ Gebärde, *но чаще о жестах в официальной обстановке*; *напр.*: mit sparsamen, einfachen, pathetischen Gesten reden говорить, сопровождая свою речь скупыми, простыми, патетическими жестами; sie machte eine beruhigende Geste она сделала успокаивающий жест; der Redner bedient sich geschickter Gesten оратор умело пользуется жестами

gebärden, sich *см.* benehmen, sich
gebären рождать, родить
gebären — **entbinden** — **entbunden werden** — **zur Welt bringen** — **das Leben schenken** — **niederkommen** — **ein Kind bekommen [kriegen]**
gebären *индифф. синоним*; (*часто в Passiv*); *напр.*: sie hat ein Mädchen geboren она родила девочку; jede Minute wird ein Mensch geboren каждую минуту рождается человек. **entbinden** рожать; *напр.*: meine Frau entbindet in der Klinik моя жена рожает в родильном доме. **entbunden werden** ≅ entbinden, *но часто употр. в речи медиков и предполагает, что роды принимал врач*; *напр.*: seine Frau ist gestern abend in der Klinik entbunden worden его жена родила вчера вечером в родильном доме. **zur Welt bringen** производить на свет; *напр.*: sie hat sechs Kinder zur Welt gebracht она произвела на свет шестерых детей. **das Leben schenken** *высок.* подарить жизнь; *напр.*: sie hat drei Kindern das Leben geschenkt она подарила жизнь трем детям. **niederkommen** *высок. устаревает* разрешиться от бремени; *напр.*: sie ist gestern mit Zwillingen niedergekommen она разрешилась вчера от бремени двойней. **ein Kind bekommen [kriegen]** *разг.* ≅ gebären; *напр.*: sie hat wieder ein Kind bekommen [gekriegt] она снова родила, у нее опять родился ребенок

Gebäude *см.* Haus
Gebeine *см.* Gerippe/Leiche
geben [1] давать
geben — **abgeben** — **hinhalten** — **übergeben** — **überbringen** — **aushändigen** — **einhändigen** — **überreichen** — **zustecken** — **unterschieben** — **verabfolgen** — **reichen** — **darreichen** — **langen**
geben *индифф. синоним*; *напр.*: j-m Geld, ein Buch geben дать кому-л. деньги, книгу; ein Zeugnis geben выдать свидетельство; geben Sie mir bitte ein halbes Kilo Zucker! дайте мне, пожалуйста, полкило сахара!; ich habe für die Hose 60 Mark gegeben я (от)дал за брюки 60 марок. **abgeben** отдавать; *напр.*: wir haben den Kindern die Geschenke abgegeben мы отдали детям подарки. **hinhalten** давать, протягивая что-л. кому-л. *часто подчеркивает, что действие совершается по чьей-л. просьбе, с каким-л. намерением*; *напр.*: er hielt ihr seine Hand hin, um sie zu stützen он подал ей руку, чтобы ее поддержать; alle hielten ihre leeren Gläser zum Nachschenken hin все протянули свои пустые бокалы, чтобы в них снова налили вино. **übergében** передавать; *напр.*: übergeben Sie ihm die Schlüssel передайте ему ключи; ich kann ihr dieses Buch übergeben я могу передать ей эту книгу. **überbringen** ≅ übergeben, *но больше подчеркивает, что кто-л. берет на себя роль посланца при передаче чего-л.*; *напр.*: ich kann ihm diesen Zettel überbringen я могу передать ему эту записку. **aushändigen** вручать лично, выдавать на руки; *напр.*: heute wurde ihm der Paß ausgehändigt сегодня ему вручили [выдали] паспорт; diesen Brief müssen sie gegen Quittung aushändigen это письмо вы должны вручить [выдать] под расписку. **einhändigen** вручать лично; *напр.*: ein Paket, ein Diplom einhändigen вручать пакет, диплом; er hat mir die Schlüssel eingehändigt он вручил мне ключи. **überreichen** ≅ übergeben, *но обыкн. употр., когда передача чего-л. совершается в торжественной обстановке*; *напр.*: einen Preis überreichen вручать премию; man überreichte dem Präsidenten die Urkunde zur Unterschrift президенту передали документ для подписания. **zustecken** (тайком, украдкой) подсовывать кому-л. что-л.; *напр.*: die Mutter steckte ihm oft Geld zu мать часто (тайком) совала ему деньги. **unterschieben** (*реже* únterschieben) незаметно подсовывать, подкидывать кому-л. что-л. (*со злым умыслом*); *напр.*: ich habe ihm den Brief unter(ge)schoben я тайком подложил ему письмо. **verabfolgen** *офиц.* выдавать, отпускать; *напр.*: heißes Essen verabfolgen отпускать горячее питание; die Ware wird Ihnen unten verabfolgt товар вам отпустят внизу; ihm wurden zwanzig Tropfen auf einmal verabfolgt ему давали по двадцать капель на прием. **reichen** *книжн.* подавать, протягивать; *напр.*: reichen Sie mir bitte den Koffer (по-)дайте мне, пожалуйста, чемодан; er reichte ihm das Buch он дал [протянул] ему книгу. **darreichen** *высок.* ≅ überreichen, *но употр. реже; еще больше подчеркивает торжественность передачи чего-л.*; *напр.*: Gaben darreichen подносить дары; die Kinder reichten dem Brautpaar Blumen dar дети поднесли новобрачным цветы. **langen** *разг.* дать что-л. кому-л. (*кто находится на некотором расстоянии от дающего*), протянув руку; *напр.*: ich langte ihm das Buch aus dem oberen Regal я подал ему книгу с верхней полки

geben²: *в конструкции* es gibt иметься, существовать
geben: es gibt — sein — vorhanden sein — bestehen — existieren

geben: es gibt *индифф. синоним*; *напр.*: in diesem Wald gibt es viele Tiere в этом лесу (имеется) много зверей; unter seinen Freunden gibt es solche, die ich nicht leiden kann среди его приятелей есть такие, которых я не выношу; was gibt es Neues? что нового?; es gibt kein Zurück mehr назад пути нет ☐ Länder, in denen neue, fähige Menschen willkommen gewesen wären, gab es nicht mehr (*Feuchtwanger*, »*Exil*«) Стран, где бы приветствовали новых, способных людей, уже не существовало. **sein** быть, иметься; *напр.*: ist in eurer Wohnung ein Bad? у вас в квартире есть ванная?; in Sibirien sind reiche Erdölvorkommen в Сибири (имеются) богатые месторождения нефти. **vorhanden sein** быть в наличии, иметься; *напр.*: hier sind reiche Bodenschätze vorhanden здесь имеются богатые залежи полезных ископаемых; diese Bücher sind nicht mehr vorhanden этих книг (в продаже) больше нет. **bestehen** существовать (*б. ч. об абстрактных понятиях*); *напр.*: es besteht die Aussicht, nach Bulgarien zu fahren есть перспектива поехать в Болгарию; es besteht kein Zweifel, daß er recht hat нет сомнения, что он прав ☐ Sophie ist nun doch der Ansicht, daß das Handarbeitsgeschäft Kujahn nicht ewig bestehen wird (*Fallada*, »*Wolf u. Wölfen*«) Софи приходит к мнению, что магазин рукоделий Куян долго не просуществует. **existieren** существовать (в действительности) *часто эмоц.*; *напр.*: dieses Haus existiert nicht mehr этот дом больше не существует; dort muß eine Stadt existiert haben там, должно быть, существовал город; existiert hier eine Badewanne? существует здесь ванна?; auf dem Dachboden existiert noch unsere alte Petroleumlampe на чердаке еще существует наша старая керосиновая лампа ☐ Ja, er existierte wirklich, dieser Graf Ulrich Herbert Zinsdorff, der damals den Vertrag für Alois mit unterzeichnet hatte (*Feuchtwanger*, »*Lautensack*«) Да, он существовал в действительности, этот граф Ульрих Герберт Цинздорф, чья подпись также стояла под договором с Алоизом

geben³ давать (*предоставлять*)
geben — **zuteilen** — **zuschanzen**

geben *индифф. синоним*; *напр.*: j-m eine Aufgabe, eine Rolle, einen Auftrag geben дать кому-л. задание, роль, поручение; j-m eine Wohnung geben дать кому-л. квартиру; j-m einen Rabatt geben предоставить кому-л. скидку. **zuteilen** предоставлять (при распределении); *напр.*: j-m eine Rolle zuteilen давать [предоставлять] кому-л. какую-л. роль; ihm wurde eine neue Arbeit zugeteilt ему предоставили новую работу. **zuschanzen** *разг.* подбросить, подкинуть; *напр.*: j-m einen vorteilhaften Posten zuschanzen подкинуть кому-л. выгодную должность

geben⁴ *см.* spielen¹
geben⁵: eine Antwort geben *см.* antworten²; Laut geben *см.* bellen¹; sich Mühe geben *см.* bemühen, sich; Kontra geben *см.* widersprechen¹
geben, sich *см.* benehmen, sich
gebieten *см.* befehlen
gebieterisch повелительный
gebieterisch — **herrisch** — **diktatorisch** — **despotisch**

gebieterisch *индифф. синоним*; *напр.*: eine gebieterische Stimme повелительный голос; in gebieterischem Tone sprechen говорить повелительным тоном; er machte eine gebieterische Geste он сделал повелительный жест ☐ Er verlangte gebieterisch, daß sie augenblicklich das Feld räume... (*H. Mann*, »*Untertan*«) Он потребовал в повелительном тоне, чтобы она немедленно ретировалась... **herrisch** властный; *напр.*: ein herrischer Charakter, Sinn властный характер, нрав; ein herrischer Gesichtsausdruck властное выражение лица ☐ Es klingt alles etwas herrisch und gewalttätig (*Feuchtwanger*, »*Lautensack*«) Все это звучит довольно властно и грубо. **diktatorisch** диктаторский; *напр.*: diktatorisch regieren управлять [править] по-диктаторски; der Präsident verlangte diktatorische Vollmachten президент потребовал диктаторских полномочий. **despotisch** деспотический; *напр.*: ein despotischer König король-деспот; die Soldaten waren einem despotischen Drill unterworfen солдат нещадно [жестоко] муштровали

gebildet образованный
gebildet — **gelehrt** — **aufgeklärt** — **studiert**

gebildet *индифф. синоним*; *напр.*: ein gebildeter Mann образованный человек; politisch gebildet политически грамотный; er ist vielseitig gebildet он широко образованный человек; sie stammt aus einer gebildeten Familie она происходит из образованной семьи. **gelehrt** ученый; *напр.*: er ist ein gelehrter Mann он ученый человек: sie führten eine gelehrte Diskussion они вели ученый спор. **aufgeklärt** просвещенный; *напр.*: ein aufgeklärter Staatsmann просвещенный государственный деятель. **studiert** *разг.* получивший высшее образование, образованный; *напр.*: er ist ein studierter Mann он человек образованный [с высшим образованием]

geboren sein родиться, быть рожденным
geboren sein — **das Licht der Welt erblicken**

geboren sein *индифф. синоним*; *напр.*: er ist am 20. Oktober 1930 geboren он родился 20 октября 1930 года. ☐ Die Stadt Düsseldorf ist sehr schön, und wenn man in der Ferne an sie denkt, und zufällig dort geboren ist, wird einem wunderlich zu Mute (*Heine*, »*Das Buch Le Grand*«) Город Дюссельдорф прекрасен, и когда вспоминаешь о нем, будучи вдали от него, и когда к тому же случайно там рожден, на душе становится как-то удивительно. **das Licht der Welt erblicken** *высок.* появиться на свет; *напр.*: Für das ganze Haus bekäme sie jetzt doch kaum so viel, wie schon allein das Trinkgeld betragen wird, das einst die grünverschleierten, vornehmen Engländerinnen dem Dienstmädchen geben, wenn es ihnen die Stube zeigt, worin ich das Licht der Welt erblickt... (*Heine*, »*Das Buch Le Grand*«) За весь дом она едва выручит столько, сколько чаевых получит от знатных англичанок в зеленых вуалях служанка, которая будет показывать им комнату, где я появился на свет...

Gebot *см.* Befehl
geboten *см.* nötig
gebrauchen употреблять, пользоваться
gebrauchen — **benutzen** — **benützen** — **ausnutzen** — **ausnützen** — **nutzen** — **nützen** — **verwerten** — **auswerten** — **verwenden** — **anwenden** — **ausschöpfen** — **erschöpfen** — **sich bedienen**

gebrauchen *индифф. синоним*; *напр.*: die Waffen gebrauchen применять оружие; ein Instrument, ein Präparat, ein Wörterbuch gebrauchen пользоваться инструментом, препаратом, словарем; Fremdwörter richtig gebrauchen правильно употреблять иностранные слова; ein Brett als Unterlage gebrauchen использовать доску в качестве подставки; das kann ich gebrauchen это мне пригодится; all diese Sachen sind nicht mehr zu gebrauchen все эти вещи уже нельзя использовать [уже не годятся]; Sie müssen Ihre Macht gebrauchen вы должны употребить свою власть ☐ Es gibt, in Hamburg oder wo auch immer, sichere, aber beschränkte Geschäfte genug, die einen Kapitalzufluß gebrauchen können (*Th. Mann*, »*Buddenbrooks*«) В Гамбурге, да и в любом другом городе, есть достаточно солидных, но с ограниченными средствами предприятий, которые нуждаются в притоке капитала. **benutzen, benützen** использовать для своих нужд *чаще употр. по отношению к конкретным предметам*; *напр.*: ich kann das Brett als Unterlage benutzen я могу использовать доску в качестве подставки; wir benutzen die Küche als Eßzimmer мы используем кухню в качестве столовой; er benutzt [benützt] dieses Geld für die Reise он использует эти деньги для путешествия; ich benutzte die Gelegenheit, um deutsch zu sprechen я воспользовался случаем поговорить по-немецки □ ...(sie) wanderten... über die große Diele in das helle Gartenzimmer dort hinten, das als Kontor seit längerer Zeit nicht mehr benutzt wurde... (*Th. Mann, »Buddenbrooks«*) ...(они) проходили... через большие сени в светлую дальнюю комнату с окнами в сад, которую давно уже не использовали как конторское помещение... **ausnutzen, ausnützen, nutzen, nützen** ≅ benutzen, *но чаще употр. с абстрактными понятиями; напр.*: die Gelegenheit, die Möglichkeit, die Situation ausnutzen использовать случай, возможность, ситуацию; den Erfolg, den Sieg ausnutzen [ausnützen] использовать успех, победу; wir müssen diesen Raum besser ausnutzen [ausnützen] мы должны лучше использовать это помещение; er nutzt sehr geschickt seine Verbindungen aus он очень ловко использует свои связи; die Zeit, diesen günstigen Augenblick mußt du unbedingt nutzen [nützen] это время, этот благоприятный момент ты должен обязательно использовать □ Hie und da ward etwas gewagt, hie und da ward der Kredit des Hauses... mit Selbstbewußtsein angespannt und ausgenützt (*Th. Mann, »Buddenbrooks«*) Иногда заключались несколько рискованные сделки, иногда фирма разумно и уверенно использовала свой кредит... **verwerten** найти (практическое) применение чему-л.; утилизировать что-л.; *напр.*: altes Eisen, alte Knochen, Lumpen verwerten утилизировать железный лом, кости, тряпье; er konnte seine Sprachkenntnisse nicht verwerten он не мог применить свое знание иностранных языков. **auswerten** употреблять с пользой, использовать *обыкн. употр. по отношению к абстрактным понятиям; напр.*: Vorschläge, Ergebnisse, Erfahrungen auswerten использовать предложения, результаты, опыт. **verwenden** ≅ gebrauchen, *но иногда подчеркивает цель использования; напр.*: die Kohle zum Heizen, das Fleisch zum Braten verwenden употреблять уголь для отопления, мясо для жаренья; j-n für einen Posten verwenden использовать кого-л. на каком-л. посту; viel Geld, viel Zeit auf etw. verwenden потратить много денег, много времени на что-л.; die alten Dachziegel ließen sich nicht verwenden старую черепицу уже нельзя было пустить в дело. **anwenden** ≅ verwenden, *но чаще употр. по отношению к абстрактным предметам; напр.*: seine Kräfte, seine Kenntnisse bei [zu] etw. anwenden применять свои силы, свои знания для чего-л.; eine Regel auf einen Fall anwenden применить правило к какому-л. случаю. **ausschöpfen** полностью использовать, исчерпать *б. ч. употр. по отношению к аб-* *страктным понятиям; напр.*: alle Möglichkeiten, alle Reserven sind ausgeschöpft все возможности, все резервы исчерпаны; die Kapazität des Werkes ist ausgeschöpft производственная мощность завода используется с полной нагрузкой. **erschöpfen** ≅ ausschöpfen, *но больше подчеркивает, что что-л. исчерпано до конца, употр. тж. по отношению к конкретным предметам; напр.*: alle Reserven sind erschöpft все резервы (полностью) исчерпаны; die Geldmittel, die Vorräte sind erschöpft денежные средства, запасы (полностью) исчерпаны. **sich bedienen** (G) *высок.* пользоваться чем-л.; *напр.*: sich unlauterer Mittel bedienen пользоваться нечистоплотными средствами; bedienen Sie sich des Fahrstuhls! пользуйтесь лифтом! □ Herr Buddenbrook bediente sich seiner goldenen Tabaksdose (*Th. Mann, »Buddenbrooks«*) Господин Будденброк воспользовался своей золотой табакеркой

gebräuchlich *см.* verbreitet
gebraucht *см.* alt²
gebrechen *см.* fehlen
Gebrechen *см.* Krankheit
gebrechlich *см.* kränklich
gebrochen *см.* mutlos
Gebühr¹ *см.* Steuer I
Gebühr²: über alle Gebühr *см.* übertrieben²
gebührend *см.* entsprechend
gebühren, sich *см.* schicken, sich²
gebührlich *см.* entsprechend
Geburt *см.* Herkunft
Gebüsch *см.* Strauch
Geck франт
der **Geck** — der **Stutzer** — der **Laffe**
Geck *индифф. синоним; напр.*: ein aufgeblasener, hochnäsiger Geck надутый, заносчивый франт; sich wie ein Geck kleiden одеваться франтом. **Stutzer** устаревает щеголь; *напр.*: er sieht aus wie ein kleinstädtischer Stutzer он походит на провинциального щеголя. **Laffe** *разг. устаревает* пижон; *напр.*: ein abgeschmackter Laffe (молодой) пошляк
geckenhaft *см.* eitel¹
Gedächtnis *см.* Erinnerung
gedämpft *см.* dumpf/mild¹
Gedanke мысль
der **Gedanke** — der **Einfall** — die **Idee** — die **E i n g e b u n g**
Gedanke *индифф. синоним; напр.*: ein guter, kluger, absurder, neuer Gedanke хорошая, умная, абсурдная, новая мысль; auf einen Gedanken verfallen прийти к какой-л. мысли; Gedanken erraten угадывать мысли; mir kam der Gedanke, ihn aufzusuchen мне пришла в голову мысль навестить его □ Sophies Gedanken gehen hin und her, aber sie sind darum nicht etwa trübe (*Fallada, »Wolf u. Wölfen«*) Мысли Софи принимают то одно, то другое направление, но от этого не становятся мрачными. **Einfall** внезапная мысль; *напр.*: ein glän- zender, rettender, kühner, dummer, merkwürdiger Einfall блестящая, спасительная, смелая, глупая, странная мысль; sie kam auf den Einfall, ihn zu besuchen ей вдруг пришла в голову мысль навестить его □ Aber nun hat sie endlich eine Idee, ihr ist ein Einfall gekommen. Rasch läuft sie die Treppen hinunter... (*Fallada, »Wolf u. Wölfen«*) Наконец у нее есть идея, ей внезапно пришла в голову мысль. Быстро сбегает она по лестнице... ...mitten in meiner Todesnot, kam mir der Einfall: »Die fliegt auf den Oskar« (*Feuchtwanger, »Lautensack«*) ...и когда я находился в смертельной опасности, мне пришла в голову мысль: «Оскар будет той приманкой, на которую она клюнет». **Idee** (основополагающая) мысль, идея *часто ирон. — о неглубокой, странной мысли; напр.*: ich habe eine neue Idee für meinen Roman у меня есть новая идея для моего романа □ »Es liegen einige gute Ideen in diesem Rock«, sagte mein Schneider... (*Heine, »Das Buch Le Grand«*) «В этом сюртуке заложены хорошие идеи», — сказал мой портной... »Verheiratet — ich bin verheiratet?« fragte er erstaunt. »Wie kommen Sie denn auf diese wahnsinnige Idee, Amanda?« (*Fallada, »Wolf u. Wölfen«*) «Женат? Я женат?» — спросил он удивленно. «Как вам пришла в голову эта безумная мысль, Аманда?» **Eingebung** книжн. озарение, внезапно возникшая мысль (*влияющая на принятие важного решения*); *напр.*: eine glückliche Eingebung durchfuhr mich меня озарила счастливая мысль
gedankenlos *см.* leichtsinnig²/unüberlegt¹
gedankenverloren *см.* nachdenklich
gedankenvoll *см.* nachdenklich
gedeihen *см.* vorankommen/wachsen
gedeihlich *см.* nützlich
gedenken *см.* erinnern, sich/vorhaben
Gedenken *см.* Erinnerung
Gedicht стихотворение
das **Gedicht** — der **Vers**
Gedicht *индифф. синоним; напр.*: ein lyrisches, klangvolles Gedicht лирическое, мелодичное стихотворение; Gedichte schreiben, verfassen, aufsagen писать, сочинять, читать наизусть стихи; ausgewählte Gedichte von Heine herausgeben издавать избранные стихи Гейне. **Vers** *разг.* куплет, стих; *напр.*: Verse machen [schmieden] сочинять [кропать] стишки, писать вирши
gediegen *см.* solid(e)¹
Gediegenheit *см.* Güte¹
Gedränge *см.* Menge³/«Приложение»
gedrängt *см.* eng¹/kurz¹
gedrückt *см.* mutlos
gedrungen *см.* untersetzt
Geduld терпение
die **Geduld** — die **L a n g m u t**

Geduld индифф. синоним; напр.: sich mit Geduld wappnen вооружиться терпением; etw. mit Geduld ertragen терпеливо выносить что-л.; haben Sie Geduld! имейте терпение!; dazu gehört viel Geduld для этого нужно много терпения; meine Geduld ist erschöpft моё терпение кончилось [иссякло] □ Der Alte... nützt jede Blöße, die sich der andere gibt, so rücksichtslos aus — nun, man muß eben noch viel mehr aufpassen. Und nie die Geduld verlieren... (*Fallada*, *»Wolf u. Wölfen«*) Старик... так бесцеремонно использует каждый допускаемый другим промах, что нужно с ним быть ещё более осмотрительным. И никогда не терять терпения... **Langmut** книжн. долготерпение, большое терпение; напр.: j-s Langmut mißbrauchen злоупотреблять чьим-л. (долго)терпением; er besitzt viel Langmut он обладает большим терпением □ ..die Regierung habe... eine außerordentliche Langmut an den Tag gelegt (*Feuchtwanger*, *»Erfolg«*) ...правительство проявило... удивительное долготерпение

geduldig см. mild[2]
gedunsen см. aufgedunsen
geehrt см. angesehen
geeignet см. passend[1]
gefährden угрожать, подвергать опасности

gefährden — bedrohen — drohen

gefährden индифф. синоним; напр.: der Sturm gefährdete den Verkehr буря угрожала движению транспорта [грозила нарушить (уличное) движение]; der Fahrer hat durch sein fahrlässiges Verhalten viele Menschenleben gefährdet из-за беспечности водителя много человеческих жизней подверглось опасности; das hat seinen Ruf gefährdet это угрожало его репутации; Ihre Gesundheit ist gefährdet ваше здоровье в опасности; der Friede ist durch die Lage im Nahen Osten gefährdet мир под угрозой из-за положения на Ближнем Востоке □ Er begreift, daß der ganze Putsch gefährdet ist, diese durch Monate vorbereitete Aktion und er trägt die Schuld! (*Fallada*, *»Wolf u. Wölfen«*) Он понимает, что весь путч находится под угрозой, — акция, готовившаяся многие месяцы, — и вина за это падает на него! **bedrohen** ≅ gefährden, но обыкн. *о более непосредственной и сильной угрозе*; напр.: den Frieden, die Ordnung bedrohen угрожать миру, порядку; diese seltene Tierart ist vom Aussterben bedroht этому редкому виду животных грозит полное исчезновение; das Feuer bedroht das Nachbarhaus огонь угрожает соседнему дому. **drohen** грозить *по сравнению с* bedrohen *обыкн. выражает не столь непосредственную угрозу*; напр.: Krankheiten drohen jedem Menschen болезни угрожают каждому человеку; bei diesem Unwetter droht der Stadt eine Überschwemmung при такой непогоде городу грозит наводнение

gefährlich опасный

gefährlich — gefahrvoll — gewagt — riskant — ernst — kritisch — bedrohlich — wag(e)halsig — halsbrecherisch

gefährlich индифф. синоним; напр.: ein gefährlicher Weg опасная дорога; ein gefährlicher Verbrecher опасный преступник; ein gefährliches Tier опасный зверь; eine gefährliche Krankheit опасная болезнь; ein gefährliches Abenteuer, Unternehmen опасное приключение, предприятие; ein gefährlicher Irrtum опасное заблуждение; er treibt ein gefährliches Spiel он ведёт опасную игру; diese Sache scheint mir zu gefährlich это дело мне кажется слишком опасным □ Und er lief dann so blaurot an — Sanitätsrat Hotop sagte immer, ein Schlaganfall würde ihm gefährlich werden... (*Fallada*, *»Wolf u. Wölfen«*) И тогда его лицо становилось багрово-синим — санитарный советник Готоп всегда говорил, что удар был бы опасен для его жизни... Der Förster war froh, von dem gefährlichen Thema loszukommen... (*ebenda*) Лесничий был рад переменить опасную тему разговора... **gefahrvoll** чреватый опасностями; напр.: ein gefahrvolles Unternehmen опасное предприятие; ein gefahrvoller Weg, Moment чреватый опасностями путь, момент. **gewagt, riskant** содержащий в себе возможную опасность чего-л., сопряжённый с риском, рискованный; напр.: ein gewagtes [riskantes] Unternehmen рискованное предприятие; ein gewagtes [riskantes] Spiel spielen играть в рискованную игру. **ernst** внушающий опасения, серьёзный (*о болезни, ситуации*); напр.: eine ernste Lage серьёзное положение; eine ernste Krankheit серьёзная [опасная] болезнь; der Arzt hält die Krankheit für ernst врач считает болезнь серьёзной. **kritisch** критический; напр.: der Zustand des Verwundeten ist kritisch состояние раненого критическое; der Kranke befindet sich in einem kritischen Zustand больной находится в критическом состоянии; dieser Prozeß nimmt eine kritische Wendung этот процесс принимает критический оборот; die Lage ist kritisch положение критическое. **bedrohlich** угрожающий, представляющий собой опасность, принимающий опасный оборот; напр.: das nimmt einen bedrohlichen Charakter an это принимает угрожающий характер; es sieht bedrohlich aus положение угрожающее; das Dynamit lag in bedrohlicher Nähe des Feuers динамит хранился в опасной близости от огня. **wag(e)halsig** эмоц. крайне опасный, очень рискованный; напр.: ein waghalsiges Unternehmen крайне опасное [рискованное] предприятие; das ist aber waghalsig! но это же отчаянный риск! **halsbrecherisch** ≅ wag(e)halsig, но ещё более эмоционально окрашено; напр.: ein halsbrecherischer Pfad чрезвычайно опасная тропа (*на головокружительной высоте и т. п.*); ein halsbrecherischer Sport чрезвычайно опасный спорт

Gefahrlosigkeit см. Sicherheit[1]
Gefährte см. Freund[1]
gefahrvoll см. gefährlich
gefallen нравиться

gefallen — zusagen — ansprechen — behagen — sympathisch sein

gefallen индифф. синоним; напр.: dieses Buch hat mir gut gefallen эта книга мне понравилась; der Film, dieser Maler hat uns gut gefallen фильм, этот художник нам очень понравился; wie hat Ihnen Leipzig gefallen? как вам понравился Лейпциг?; mir gefällt diese Farbe nicht мне этот цвет не нравится. **zusagen** быть по вкусу, подходить *в отличие от* gefallen *выражает больше рассудочную, чем эмоциональную оценку чего-л.; по отношению к лицу употр. редко — только как представителю какой-л. профессии и т. п.*; напр.: dieses Zimmer sagt mir zu эта комната мне подходит [меня устраивает]; diese Lektüre sagt mir zu эта литература мне по вкусу; ich fand einen Schneider, der mir zusagt я нашёл портного, который меня устраивает [отвечает моему вкусу]. **ansprechen** производить хорошее, приятное впечатление; напр.: das Buch, das Bild, das Programm spricht mich an книга, картина, программа мне нравится [производит на меня хорошее впечатление]. **behagen** высок. быть приятным кому-л. *подчёркивает больше эмоциональную, чем объективную оценку чего-л.; употр. по отношению к предметам и свойствам, поведению лиц, реже к самим лицам*; напр.: mir behagt sehr seine Ehrlichkeit, seine Offenheit мне нравится [очень приятна] его честность, его прямота; dir scheint mein Vorhaben zu behagen тебе, кажется, импонирует мой замысел. **sympathisch sein** разг. быть симпатичным (*о предметах, событиях и т. п.*) *часто употр. с отрицанием*; напр.: die Stadt ist mir (nicht) sympathisch (этот) город мне (не)симпатичен; dieser Plan ist mir (nicht) sympathisch я (не) сочувствую этому плану

Gefallen см. Freude[1]
gefällig см. hilfsbereit
gefälligst см. bitte
gefallsüchtig см. eitel[1]
gefälscht см. falsch[1]
Gefangener см. Häftling
Gefängnis[1] тюрьма

das Gefängnis — die Strafanstalt — die Besserungsanstalt — der Jugendwerkhof — das Zuchthaus — der Kerker — der Bunker — der Bau — das Kittchen

Gefängnis *индифф. синоним; напр.:* im Gefängnis sitzen сидеть в тюрьме; j-n ins Gefängnis werfen бросить кого-л. в тюрьму; aus dem Gefängnis ausbrechen бежать из тюрьмы □ »Warum sind sie denn im Zuchthaus, wenn sie keine Mörder sind?« sagt sie. »Für die Diebe sind doch die Gefängnisse da« (*Fallada, »Wolf u. Wölfen«*) «Почему же они находятся в каторжной тюрьме, если они не убийцы? — говорит она. — Для воров же существуют обыкновенные тюрьмы». **Strafanstalt** *юр.* место лишения свободы, место заключения; тюрьма; *напр.:* er ist zu uns unmittelbar aus der Strafanstalt gekommen он приехал к нам непосредственно из (места) заключения; er wurde in eine Strafanstalt gebracht его поместили в тюрьму. **Besserungsanstalt** исправительный дом; *напр.:* der Junge wurde in eine Besserungsanstalt gebracht мальчика поместили в исправительный дом. **Jugendwerkhof** исправительно-трудовая колония для несовершеннолетних правонарушителей и трудновоспитуемых; *напр.:* das Mädchen kam nach diesen Diebstählen in den Jugendwerkhof девушку после этих краж поместили в исправительно-трудовую колонию. **Zuchthaus** каторжная тюрьма; *напр.:* in diesem Zuchthaus gibt es Mörder, die eine lebenslange Strafe verbüßen müssen в этой каторжной тюрьме есть убийцы, которые должны отбывать пожизненное заключение □ Sie fährt ins Zuchthaus, den Hans Liebschner, einen rechtskräftig verurteilten, bereits vorbestraften Hochstapler zu besuchen (*Fallada, »Wolf u. Wölfen«*) Она едет в каторжную тюрьму, чтобы навестить Ганса Либшнера, афериста-рецидивиста, отбывающего установленный законом срок наказания. **Kerker** *устарев.* застенок, темница; *напр.:* im Kerker schmachten томиться в неволе. **Bunker, Bau** *воен. жарг.* карцер, тюрьма; *напр.:* in den Bunker fliegen попасть в карцер [в тюрьму]; drei Tage Bau bekommen получить три дня ареста. **Kittchen** *фам.* кутузка; *напр.:* ins Kittchen kommen попасть в кутузку [в каталажку] □ Vor fünf Jahren hätten sie diesen Oskar Lautensack noch ins Kittchen gesteckt wegen Schwindel und Gaukelei (*Feuchtwanger, »Lautensack«*) Еще пять лет назад этого Оскара Лаутензака посадили бы в каталажку за мошенничество и шарлатанство

Gefängnis [2]: ins Gefängnis werfen *см.* festsetzen[1]

Gefasel *см.* Gerede[1]

Gefäß сосуд
das **Gefäß** — der **Behälter**

Gefäß *индифф. синоним; напр.:* ein kleines, großes, feuerfestes Gefäß маленький, большой, огнеупорный сосуд; ein Gefäß mit Wasser, mit Wein сосуд с водой, с вином; Öl in ein Gefäß gießen наливать масло в сосуд. **Behälter** большой сосуд (*фляга, канистра и т. п.*); резервуар; *напр.:* ein Behälter aus Holz, aus Metall большой сосуд из дерева, из металла; Flüssigkeiten, Benzin in einen Behälter gießen наливать жидкость в сосуд, бензин в канистру [в бак]

Gefecht *см.* Schlacht
gefeiert *см.* bekannt[1]
geflissentlich *см.* absichtlich
gefragt *см.* gängig[1]
gefrieren *см.* frieren[2]
Gefühl чувство
das **Gefühl** — die **Empfindung**

Gefühl *индифф. синоним; напр.:* das Gefühl der Freude, der Liebe, der Dankbarkeit чувство радости, любви, благодарности; ein Gefühl der Angst bemächtigte sich seiner им овладело чувство страха. **Empfindung** ощущение, чувство *обыкн. менее сильное, чем* Gefühl; *напр.:* eine Empfindung von Freude, von Bitterkeit, von Reue ощущение радости, горечи, чувство раскаяния

gefühllos *см.* unempfindlich
gefühlsselig *см.* empfindsam[1]
gegeben *см.* gelegen
gegen *см.* ungefähr
Gegensatz *см.* «Приложение»
gegensätzlich *см.* entgegengesetzt
gegenseitig *см.* «Приложение»
Gegenstand предмет
der **Gegenstand** — das **Ding** — die **Sache**

Gegenstand *индифф. синоним; напр.:* ein schwerer, leichter, runder, großer Gegenstand тяжелый, легкий, круглый, большой предмет; was ist das für ein Gegenstand? что это за предмет?; er stolperte über einen Gegenstand он споткнулся о какой-то предмет. **Ding** ≅ Gegenstand *употр., когда не дается (точное) наименование предмета, либо оно неизвестно; в последнем случае — разг.* штука, штучка; *напр.:* hier sind viele nützliche Dinge здесь много полезных предметов; im Schaufenster gab es viele schöne Dinge в витрине было много хороших вещей; wie nennt man dieses Ding? как называется эта шту(ч)ка?; gib mir bitte dieses Ding! дай мне, пожалуйста, эту штуковину! **Sache** *разг.* вещь (*о которой идет речь, или лично принадлежащая кому-л., особенно о носильных вещах*); *напр.:* wo sind die Sachen, die ich auf den Tisch gelegt habe? где вещи, которые я положил на стол?; meine Sachen sind oben мои вещи наверху; wo sind meine Sachen? Ich möchte mich anziehen где мои вещи [моя одежда]? Я хочу одеться □ Er fuhr in die Gabelsbergerstraße. Packte, ohne den abwesenden Alois abzuwarten, seine Sachen (*Feuchtwanger, »Lautensack«*) Он поехал на Габельсбергерштрассе. Упаковал свои вещи, не дожидаясь отсутствовавшего Алоиза

Gegenteil *см.* Gegensatz
gegenteilig *см.* entgegengesetzt
gegenüberstellen *см.* vergleichen
gegenwärtig[1] *см.* jetzt
gegenwärtig[2] *см.* modern[1]
gegenwärtig[3]: gegenwärtig sein *см.* anwesend sein
gegenwartsnah *см.* modern[1]
gegenzeichnen *см.* unterschreiben
Gegner *см.* Feind
gegnerisch *см.* feindlich[2]
Gehabe(n) *см.* Benehmen[1]
Gehalt I *см.* Lohn[1]
Gehalt II *см.* Inhalt
gehaltlos *см.* leer[2]
gehbehindert *см.* lahm
geheim *см.* heimlich[1, 2, 3]/verborgen[1]
geheimhalten *см.* verbergen[1]
geheimnisvoll *см.* unerklärlich[1]
Geheiß *см.* Befehl
gehemmt *см.* schüchtern
gehen[1] идти, ходить
gehen — **schreiten** — **ausschreiten** — **marschieren** — **stolzieren** — **stampfen** — **stapfen** — **trappen** — **trippeln** — **trappeln** — **tänzeln** — **stelzen** — **waten** — **schweben** — **laufen** — **trotteln** — **trotten** — **springen** — **schleichen** — **sich hinschleppen** — **zotteln** — **zuckeln** — **watscheln** — **storchen** — **dappeln**

gehen *индифф. синоним; напр.:* langsam, schnell, barfuß, zu Fuß, eingehakt, gebückt, auf Stelzen, vorwärts, nach links, nach Hause, zum Bahnhof, durch den Wald gehen идти медленно, быстро, босиком, пешком, под руку, согнувшись, на ходулях, вперед, налево, домой, на вокзал, через лес; ich gehe ins Kino я иду в кино □ Er achtete nicht auf die Blicke der Frommen, die ihn ungnädig verfolgten... Er ging in die Vorhalle (*Strittmatter, »Wundertäter«*) Он не обращал внимания на провожавшие его неприязненные взгляды благочестивых... Он прошел в вестибюль. Wachtmeister Dufte schickte sich an, durch die Wache zu gehen (*ebenda*) Вахмистр Дуфте готовился пройти через проходную будку. **schreiten** шагать, идти торжественно и с достоинством, шествовать; *напр.:* zum Ausgang schreiten шествовать к выходу; die Verwandten des Verstorbenen schritten unmittelbar hinter dem Sarg (her) непосредственно за гробом шествовали родственники покойного □ Wachtmeister Dufte schritt durch das Zivilistenspalier wie ein weißer König, der im fremden Erdteil an Land geht und mindermenschliche Neger und Affenverkäufer von seiner Höhe aus betrachtet (*Strittmatter, »Wundertäter«*) Вахмистр Дуфте шествовал между шпалерами штатских, словно белолицый государь, сходящий на берег чужого материка и взирающий с высоты своего величия на недочеловеков-негров и продавцов обезьян. **ausschreiten** идти (бодрым) широким шагом; *напр.:* wir müssen tüchtig ausschreiten, um rechtzeitig am Bahnhof zu sein мы должны прибавить шагу, чтобы вовремя поспеть на вокзал. **marschieren** маршировать; *напр.:* ein Regiment marschierte durch die Stadt полк промаршировал через город; die Demonstranten marschieren zum Roten Platz демонстранты направляются к Красной площади. **stolzieren** шествовать важно, не спеша; выступать; *напр.:* sie stolzierte wie ein Pfau она выступала, словно пава. **stampfen** тяжело ступать, топать; *напр.:* ☐ Träger Sonntagnachmittag. Stanislaus stampfte suchend durch das Dorf. Kein Mensch auf der Straße (*Strittmatter, »Wundertäter«*) Вялый воскресный полдень. Станислаус тяжело шагал по деревне. На улице ни души. **stapfen** тяжело ступать (*по мягкой, рыхлой, мокрой земле и т. п.*); *напр.:* er stapfte durch den tiefen Schnee он тяжело ступал, оставляя следы в глубоком снегу. **trappen** идти, громко топая, цокая; *напр.:* die Soldaten trappten über die Brücke солдаты прогромыхали через мост ☐ Der ganze Stanislaus war ein Zittern, als er am späten Abend über ein Stadtpflaster trappte (*Strittmatter, »Wundertäter«*) Станислаус дрожал всем телом, когда поздним вечером шёл по мостовой, громко стуча каблуками. **trippeln, trappeln** идти мелкими шагами, дробно стуча; семенить; *напр.:* er schritt langsam aus und neben ihm trippelte [trappelte] ein kleines Mädchen он шёл широким шагом, не торопясь, а возле него семенила маленькая девочка ☐ Er trippelte und schlürfte, die Knie etwas eingebogen, die linke Schulter eine Kleinigkeit geneigt (*Kellermann, »Der 9. November«*) Он семенил и шаркал ногами, колени его были немного согнуты, левое плечо слегка опущено. **tänzeln** идти пританцовывая, приплясывая; *напр.:* er ließ das Pferd tänzeln он заставил лошадь гарцевать; das Mädchen näherte sich tänzelnd девочка приближалась танцующей походкой ☐ Da öffnete sich die Türe, und dieselbe kleine Schwarze, die bei seinem Eintritt gesungen hatte, tänzelte ins Zimmer und trällerte (*Kellermann, »Die Stadt«*) Тогда открылась дверь, и та же маленькая брюнетка, которая пела, когда он входил, вошла в комнату танцующей походкой, весело напевая. **stelzen** идти, почти не сгибая ног в коленях, как на ходулях; *напр.:* ☐ Aber dann dreht er sich um, auf dünnen Beinchen stelzt er zur Tür (*Fallada, »Kleiner Mann«*) Но затем он поворачивается и идёт сгорбившись, на своих тонких негнущихся ножках, к двери. Die aufgerissenen Augen des... Jungen folgten ihm, wie er stelzte und den Kopf hoch trug (*H. Mann, »Empfang«*) Молодой человек... широко раскрыв глаза, следил за тем, как он с высоко поднятой головой выступал, как на плацу. **waten** идти, увязая (*в глине, в грязи и т. п.*), идти вброд, шлёпать (*по грязи, по воде и т. п.*); *напр.:* er watete durch den Schnee он шёл, увязая в снегу; wir wateten im Schmutz zum Bahnhof мы шлёпали по грязи к вокзалу ☐ Sie erreichten den Inselstrand, im seichten Wasser watend (*Strittmatter, »Wundertäter«*) Идя вброд по мелководью, они достигли острова. **schweben** идти лёгкой, плавной походкой, скользить (как по воздуху); *напр.:* ☐ Endlich schwebte Marlen weiß und rein durch das Kirchenportal (*Strittmatter, »Wundertäter«*) Наконец Марлен, белая и чистая, проплыла через портал собора. **laufen** идти пешком; *напр.:* wir wollen nach Hause laufen und nicht fahren мы пойдём домой пешком, а не поедем ☐ »Ich muß schnell sehen, daß ich weiterkomme«, denkt er. »Mit dem Bild unter dem Arm durch ein Gewitter zu laufen, wäre nicht angenehm... (*Fallada, »Wolf u. Wölfen«*) «Нужно поторопиться, — думает он. — Идти пешком в грозу с картиной под мышкой было бы неприятно...» **trotteln** *часто разг. пренебр.* идти медленной, неуклюжей походкой, брести; *напр.:* mit seinen Gedanken beschäftigt, trottelte er das Ufer entlang занятый своими мыслями, он брёл по берегу. **trotten** идти медленной, тяжёлой походкой, лениво шагать; *напр.:* es war schwül, und er trottete hinter den Fabrikarbeitern zur Haltestelle было душно, и он лениво шагал за рабочими к остановке ☐ Ganz langsam, tief in Sinnen, trottet er den Weg zu seiner Bude (*Fallada, »Wolf u. Wölfen«*) В глубоком раздумье он плёлой походкой брёл к своей лачуге. **springen** *разг.* быстро сходить куда-л.; *напр.:* spring mal zum Kiosk und kauf mir eine Schachtel Zigaretten сбегай-ка в киоск и купи мне пачку сигарет. **schleichen** *разг.* пробираться, красться, осторожно ступая; *напр.:* sie schlich aus dem Haus, bemüht niemanden zu wecken она тихо [крадучись] вышла из дому, стараясь никого не разбудить ☐ Stanislaus schlich barhäuptig in seine Kammer (*Strittmatter, »Wundertäter«*) Станислаус с непокрытой головой поплёлся в свою каморку. **sich hinschleppen** *разг.* плестись, тащиться; *напр.:* sie konnte sich vor Müdigkeit kaum noch hinschleppen от усталости она едва волочила ноги. **zotteln** *разг.* косолапо ступать; рассеянно брести, медленно идти (*не обращая ни на что внимания, погрузившись в свои думы и т. п.*); *напр.:* der Bär zottelte durch den Käfig медведь расхаживает по своей клетке; durch die Straßen, durch die Stadt zotteln рассеянно брести по улицам, по городу. **zuckeln** *разг.* идти медленно, лениво *или* не обращая ни на что внимания; *напр.:* er zuckelte hinterher он плёлся позади. **watscheln** *разг.* идти вразвалку, переваливаясь с боку на бок; *напр.:* sie watschelt wie eine Ente она ходит утицей; der Dicke watschelte uns entgegen толстяк вразвалку шёл нам навстречу. **storchen** *разг. редко* выступать по-журавлиному, идти, не сгибая ног в коленях (*букв.* 'переставлять ноги как аист'); *напр.:* er stand auf und storchte zur Tür он встал и пошёл к двери на негнущихся ногах. **dappeln** *диал.* ≃ trippeln

gehen² идти, отправляться

gehen — sich auf den Weg machen — sich begeben — sich verfügen — losziehen

gehen *индифф. синоним*; *напр.:* ich gehe nach Hause я иду домой; er geht in die Stadt он идёт в город; ich gehe baden я иду [отправляюсь] купаться; er geht an seinen Platz он идёт на своё место; wir gehen zu Bett мы идём спать. **sich auf den Weg machen** отправляться (в путь); *напр.:* nun mache ich mich auf den Weg теперь я отправляюсь; er machte sich auf den Weg nach Moskau он отправился в Москву ☐ Nach Tische machte ich mich auf den Weg (*Heine, »Die Harzreise«*) Подкрепившись, я отправился в путь. **sich begeben** *книжн.* ≃ sich auf den Weg machen, *но употр. тк. с обстоятельством места, указанием цели движения*; *напр.:* sich nach Hause, in die Stadt begeben отправиться домой, в город; er begab sich von der Bundesrepublik nach Frankreich из ФРГ он направился во Францию; wir begeben uns auf den Heimweg мы отправляемся обратно [домой]; begeben Sie sich an Ihren Platz! отправляйтесь на своё место! ☐ ...er wartete nur auf einen Anlaß, sich unauffällig nach Stuttgart zu begeben (*Feuchtwanger, »Jud Süß«*) ...он ожидал только повода незаметно отправиться в Штутгарт. **sich verfügen** *офиц.* проследовать куда-л.; *напр.:* sich an einen Ort verfügen проследовать в какой-л. пункт; sich nach Hause verfügen направиться [проследовать] домой. **losziehen** *разг.* двинуться (в путь) (*обыкн. в компании*); *напр.:* wann ziehen wir los? когда мы двинемся (в путь)?; kommt, wir ziehen los ins Restaurant! давайте двинем в ресторан!

gehen³ см. arbeiten³/ausscheiden¹/fahren¹,²/fortgehen¹

gehen⁴: auf den Leim gehen см. geraten²; auf die Suche gehen см. suchen¹; vonstatten gehen см. stattfinden; vor sich gehen см. stattfinden

Gehilfe см. «Приложение»
Gehirn см. «Приложение»
gehoben высокий (*о стиле*)

GEHÖFT

gehoben — pathetisch — pompös — hochtrabend — gespreizt — geschwollen — bombastisch — geschraubt — schwülstig — blumig

gehoben индифф. синоним; напр.: ein gehobener Stil высокий стиль; eine gehobene Rede торжественная речь; in gehobener Sprache würde es lauten... выражаясь высоким стилем, можно сказать... **pathetisch** патетический; напр.: eine pathetische Rede патетическая речь ◻ Das ist wahr, unangenehm | Wär' mir das Erschossenwerden; | Bin kein Held, es fehlen mir | Die pathetischen Gebärden (Heine, »Jetzt wohin?«) Действительно, мне было бы неприятно, если бы меня расстреляли. Я не герой и не умею принимать патетические позы. Jetzt spricht er gemessen, jedes Wort betonend, pathetisch langsam, jetzt wieder jagt er dahin (Feuchtwanger, »Lautensack«) Он говорит то размеренно, подчеркивая каждое слово, с патетическими паузами, то вдруг начинает гнать изо всех сил. **pompös** помпезный, отличающийся торжественной пышностью, рассчитанный на внешний эффект; напр.: eine pompöse Rede помпезная [пышная] речь. **hochtrabend, gespreizt, geschwollen, bombastisch** высокопарный, напыщенный; напр.: hochtrabende Redensarten высокопарные выражения; bombastische Reden напыщенные речи; sich geschwollen ausdrücken напыщенно выражаться; gespreizt reden говорить высокопарно; sein Brief war in einem merkwürdig hochtrabenden [geschwollenen] Stil geschrieben его письмо было написано странным высокопарным стилем ◻ Sie zögerte einen Augenblick vor dem »Jawort«, weil es ihr allzu hochtrabend und genant erschien... (Th. Mann, »Buddenbrooks«) Она на мгновение запнулась перед словом «согласие», оно показалось ей слишком высокопарным и нескромным... **geschraubt** ходульный, витиеватый; напр.: ein geschraubter Stil ходульный стиль; geschraubt reden говорить витиевато. **schwülstig** выспренний, вычурный; напр.: ein schwülstiger Ausdruck выспреннее [вычурное] выражение; eine schwülstige Sprache выспренний [вычурный] язык; schwülstig reden выспренно [вычурно] говорить. **blumig** цветистый; напр.: in blumiger Stil цветистый стиль; er drückt sich sehr blumig aus он выражается очень цветисто

Gehöft см. Hof [1]
Gehölz роща
das **Gehölz** — der H a i n — das Wäldchen

Gehölz индифф. синоним; напр.: ein kleines, junges, dichtes Gehölz маленькая, молодая, густая роща; einen Spaziergang durch das Gehölz machen совершить прогулку по роще; das Gehölz wurde zum Schutz der Felder angelegt роща была посажена для защиты полей. **Hain** поэт. ≃ Gehölz; напр.: ◻ Ich höre dich, wenn dort mit dumpfem Rauschen | Die Welle steigt. | Im stillen Haine geh' ich oft zu lauschen, | Wenn alles schweigt (Goethe, »Nähe des Geliebten«) Я слышу тебя, когда с глухим рокотом вздымается волна. В тихой роще я прислушиваюсь, когда все безмолвствует. **Wäldchen** (редкий) лесок более характерно для непринужденной разговорной речи; напр.: in dem kleinen Wäldchen machten wir Rast в лесочке мы сделали привал

gehorchen слушаться, повиноваться
gehorchen — sich fügen — sich unterwerfen — hören — folgen

gehorchen индифф. синоним; напр.: der Junge gehorcht den Eltern мальчик слушается родителей; der Hund gehorcht dem Herrn собака слушается хозяина; sie gehorcht der Stimme des Herzens она повинуется [следует] голосу сердца; das Boot gehorcht dem Ruder лодка слушается руля. **sich fügen** подчиняться, повиноваться; напр.: sich dem Zwang fügen подчиниться насилию; ich muß mich seinen Anordnungen fügen я должен выполнять его распоряжения ◻ Aber nein. So schnell fügte er sich nicht. Er machte noch einen verzweifelten Ansturm (Feuchtwanger, »Lautensack«) Но нет. Так быстро он не подчинился. Он предпринял новую отчаянную попытку. **sich unterwerfen** покоряться, уступая силе кого-л., чего-л., подчиняться, повиноваться кому-л.; напр.: sich der Gewalt, dem Willen eines anderen unterwerfen покориться силе [насилию], чьей-л. воле; sich der Tradition, einem Richterspruch unterwerfen подчиниться традиции, приговору судьи. **hören** разг. слушать(ся) (следовать чьим-л. советам, просьбам и т. п.); напр.: auf die Eltern, auf den Lehrer hören слушать(ся) родителей, учителя. **folgen** разг. ≃ hören, но чаще употр. по отношению к детям; напр.: der Enkel folgte der Großmutter внук слушал(ся) бабушку

gehören [1] принадлежать кому-л., быть чьим-л.
gehören — in j-s B e s i t z sein [stehen] — sich in j-s B e s i t z befinden

gehören индифф. синоним; напр.: wem gehört das Haus? — Das Haus gehört meinen Eltern кому принадлежит [этот] дом? — Дом принадлежит моим родителям; wem gehört das Kleid? — Das Kleid gehört ihr чье это платье? — Это ее платье ◻ Das Haus, in dem er ein Stockwerk bewohnte, gehörte dem Leiter der Firma (Seghers, »Die Toten«) Дом, в котором он занимал один этаж, принадлежал руководителю фирмы. **in j-s Besitz sein [stehen], sich in j-s Besitz befinden** книжн. быть в чьем-л. распоряжении (постоянно или временно); иногда быть чьей-л. собственностью, находиться в чьем-л. владении; напр.: das Auto ist [befindet sich] in meinem Besitz автомобиль находится в моем распоряжении

gehören [2] относиться, принадлежать к числу кого-л., чего-л.
gehören — angehören — zugehören — zählen

gehören (zu D) индифф. синоним; напр.: er gehört zu meinen Freunden он принадлежит к числу моих друзей; Heine gehört zu den besten deutschen Dichtern Гейне принадлежит [относится] к числу лучших немецких писателей; zu unserem Haus gehört noch eine Veranda в число помещений нашего дома входит также веранда ◻ Zu irgendeiner Gruppe oder Partei mußt du doch schließlich gehören (Fallada, »Wolf u. Wölfen«) Должен же ты, в конце концов, принадлежать к какой-нибудь группе или партии. Schließlich haben Sie ganz bequem neben dem Rittmeister im Zug gesessen und sitzen jetzt hier gut neben uns — man muß doch wissen, zu wem man gehört... (ebenda) В конце концов, вам было очень удобно около ротмистра в поезде, и теперь вы себя отлично чувствуете здесь с нами — надо же знать, за кого вы... **angehören** (D) книжн. принадлежать (к какой-л. организации, группе людей и т. п.); напр.: einer Partei angehören принадлежать к какой-л. партии; der älteren Generation angehören принадлежать к старшему поколению; er gehört dem Präsidium an он входит в состав президиума. **zugehören** (D) высок. состоять членом какой-л. организации; напр.: er gehörte schon lange keiner Partei mehr zu он уже давно был вне партий. **zählen** (zu D) высок. относиться, принадлежать (к группе, категории, разряду, классу на основании каких-л. особых признаков или взаимоотношений) часто подчеркивает, что принадлежащий к данной группе или сама группа представляет собой что-л. особое, избранное и т. п.; напр.: das Pferd zählt zu den Säugetieren лошадь — млекопитающее животное; er zählt zu den besten Kunden unserer Firma он принадлежит к числу лучших клиентов нашей фирмы

gehören, sich см. schicken, sich [2]
gehörig см. entsprechend
gehorsam послушный
gehorsam — fügsam — artig — folgsam — lenkbar — unterwürfig — untertänig — demütig — lenksam — brav

gehorsam индифф. синоним; напр.: ein gehorsames Kind послушный ребенок; ein gehorsames Pferd послушная лошадь; den Befehl gehorsam ausführen послушно выполнять приказ; der Hund legte sich gehorsam hin собака послушно легла. **fügsam** легко подчиняющийся (чьему-л. авторитету), легко поддающийся руководству;

напр.: er ist ein fügsamer Junge он послушный мальчик; der Kranke ist fügsam wie ein Kind больной послушен как ребенок ◻ Das seien die fleißigsten und die fügsamsten Leute, wenn sie nur ordentlich zu essen und zu rauchen bekämen (*Fallada, »Wolf u. Wölfen«*) Получи они достаточно еды и курева, так не было бы людей прилежнее и покладистее. **artig** послушный, хорошего поведения (*о детях*); *напр.*: ein artiger Junge послушный мальчик; пай-мальчик *разг.*; bist du heute artig gewesen? ты себя хорошо сегодня вел? ◻ »Ich bringe Sie nach Haus, wenn Sie artig sind«, sagte er (*H. Mann, »Untertan«*) «Я вас провожу до дому, если вы будете послушной», — сказал он. **folgsam** ≅ fügsam, *но чаще о детях*; *напр.*: eine folgsame Tochter послушная дочь. **lenkbar** послушно следующий указаниям, поддающийся воспитанию; управляемый; *напр.*: ein leicht lenkbares Kind ребенок, легко поддающийся воспитанию; ein leicht lenkbares Pferd смирная [послушная] лошадь. **unterwürfig, untertänig** беспрекословно повинующийся, покорный; *напр.*: ein unterwürfiger Diener покорный слуга; ein unterwürfiges Wesen покорный нрав; eine unterwürfige Bitte покорная просьба; Ihr untertänigster Diener *уст.* (*в письмах, б. ч. официальных*) Ваш покорнейший слуга. **demütig** смиренный; *напр.*: eine demütige Bitte смиренная просьба; eine demütige Gebärde жест смирения; j-n demütig um etw. bitten смиренно просить кого-л. о чем-л. ◻ »Es handelt sich um den Pfarrer...« — »Um den Pfarrer?« Die Meisterin machte demütige Augen (*Strittmatter, »Wundertäter«*) «Дело идет о священнике...» — «О священнике?» Глаза хозяйки сделались кроткими. **lenksam** *высок.* ≅ lenkbar. **brav** *разг.* ≅ artig *теперь чаще о собаке, о лошади; о детях — устаревает*; *напр.*: ich bin mit ihm zufrieden, heute war er brav я им доволен, сегодня он вел себя молодцом

geifern *см.* spucken
Geige скрипка
die **Geige** — die **Violine** — die **Fiedel**
Geige *индифф. синоним*; *напр.*: sie spielt gut Geige она хорошо играет на скрипке; er spielt die erste Geige он играет первую скрипку. **Violine** [v-] = Geige, *но чаще о концертном инструменте скрипача-профессионала*; *напр.*: ein Konzert für Violine und Orchester концерт для скрипки с оркестром; dieses Mädchen spielt Violine эта девочка играет на скрипке. **Fiedel** *устаревает, теперь б. ч. разг. шутл.* ≅ Geige, *но обыкн. употр. по отношению к простой, дешевой скрипке*; *напр.*: für ihn ist auch diese Fiedel viel zu gut для него и эта скрипка слишком хороша

geil *см.* lüstern [1]

Geißel *см.* Peitsche
geißeln *см.* anprangern [1]/verurteilen [2]
geißeln, sich *см.* «Приложение»
Geist *см.* Seele [1]
geistern *см.* spuken
geistesabwesend *см.* zerstreut
geistesgestört *см.* verrückt
geisteskrank *см.* verrückt
geistesschwach *см.* schwachsinnig
geistig [1] духовный
geistig — **seelisch**
geistig *индифф. синоним*; *напр.*: geistige Eigenschaften, Bedürfnisse, Interessen духовные качества, потребности, интересы; geistige Kraft, Nahrung духовная сила, пища; die geistige Entwicklung des Menschen духовное развитие человека; j-m geistig überlegen sein превосходить кого-л. в интеллектуальном отношении. **seelisch** душевный; *напр.*: die seelischen Kräfte душевные силы; das seelische Gleichgewicht verlieren потерять душевное равновесие
geistig [2] *см.* «Приложение»
Geistlicher духовное лицо, священник, священнослужитель
der **Geistliche** — der **Pfarrer** — der **Pastor** — der **Priester** — der **Pfaffe** — der **Pope**
Geistlicher *индифф. синоним*; *напр.*: ein evangelischer, katholischer Geistlicher священник евангелической церкви, католический священник; ein islamischer Geistlicher мусульманское духовное лицо; er war Geistlicher он был священником; der Kranke verlangte nach einem Geistlichen больной потребовал священника ◻ Es ist eine Abordnung von Geistlichen beim Grafen, er speist mit ihnen (*Hesse, »Narziß«*) У графа делегация духовенства, он обедает с ними. **Pfarrer** католический *или* евангелический священник; *напр.*: sein Onkel war Pfarrer его дядя был приходским священником; der alte Pfarrer besuchte den Kranken oft старый священник часто навещал больного ◻ Stanislaus saß in der Diele der Gekreuzigten und wartete... Er wurde in die Studierstube des Pfarrers gebeten (*Strittmatter, »Wundertäter«*) Станислаус сидел в прихожей с распятиями и ждал... Его попросили в кабинет пастора. **Pastor** евангелический священник; *напр.*: ◻ Das war der Pastor Tiburtius, welcher aus Riga stammte... (*Th. Mann, »Buddenbrooks«*) Это был пастор Тибурциус, родом из Риги... **Priester** ≅ Geistlicher, *но обыкн. о духовном лице католической или православной церкви, напр.*: ein katholischer Priester католический священник; Priester werden стать священником; er wurde zum Priester geweiht его посвятили в сан, он был рукоположен в священники. **Pfaffe** *пренебр.* поп *употр. по отношению к христианскому священникам всех вероисповеданий*; *напр.*: er haßte die Pfaffen он ненавидел попов; die Pfaffen verleiden ihr das Leben попы

портят ей жизнь ◻ Fürsten haben lange Arme, | Pfaffen haben lange Zungen, | Und das Volk hat lange Ohren! (*Heine, »Warnung«*) У князей длинные руки, у попов длинные языки, а у народа длинные уши. **Pope** православный священник; поп; *напр.*: kein Pope ist im Dorf geblieben ни одного попа не осталось в деревне

geistreich *см.* scharfsinnig
geistvoll *см.* scharfsinnig
Geizdrache *см.* Geizhals
geizen скупиться
geizen — **kargen** — **knausern**
geizen *индифф. синоним*; *напр.*: mit jedem Pfennig, mit jedem Tropfen Wasser geizen экономить каждый пфенниг, каждую каплю воды; mit Lob geizen скупиться на похвалу; von ihm wirst du nichts bekommen, er geizt mit jeder Mark от него ты ничего не получишь, он дрожит над каждой маркой. **kargen** ≅ geizen, *но употр. реже, часто с отрицанием*; *напр.*: mit dem Dank nicht kargen не скупиться на благодарность; mit Trinkgeld nicht kargen не скупиться на чаевые; er kargt mit Worten он скуп на слова. **knausern** *фам.* скряжничать, мелочиться, экономить на пустяках, экономничать; *напр.*: mit der Butter, mit dem Licht, mit den Kohlen knausern экономить на масле, на свете, на угле ◻ Sein Sold war gering, seine prinzliche Apanage lächerlich. Und er konnte nicht knausern (*Feuchtwanger, »Jud Süß«*) Его жалованье было незначительным, его, принца, апанаж до смешного мизерным. А в то же время он не мог скупиться

Geizhals скряга, скупой
der **Knicker** — der **Pfennigfuchser** — der **Knauser** — der **Geizhals** — der **Geizkragen** — der **Geizdrache**
Синонимы данного ряда расположены по степени возрастания выражаемого признака (скупости).
Knicker *разг. неодобр.* прижимистый человек, скаред; *напр.*: wenn du mir nichts abgibst, bist du ein alter Knicker если ты мне ничего не уделишь, ты просто скаред. **Pfennigfuchser, Knauser** *фам.* крохобор; *напр.*: denen geht es nicht um die Kunst, sondern nur ums Geld — das sind lauter Pfennigfuchser! для них важно не искусство, а деньги — это копеечные души! ◻ Allein jetzt wird der Jud ihn für einen Filz und Knauser ästimieren (*Feuchtwanger, »Jud Süß«*) Но теперь еврей будет считать его скрягой и крохобором. **Geizhals** *индифф. синоним*; *напр.*: er ist ein notorischer Geizhals он известный скупец; er ist ein Geizhals von der ärgsten Sorte он страшно скуп, хуже некуда ◻ Wenn du es wissen willst, Vater, du bist ein Geizhals. Du stellst dich tot, damit du nichts geben mußt (*H. Mann, »Empfang«*) Если ты хо-

чешь знать, отец, ты скупец. Ты представляешься мертвым, чтобы ничего не давать. **Geizkragen** *разг.* скупердяй; *напр.*: □ Rittmeister von Prakwitz... der Schwiegersohn von dem alten Geizkragen Teschow, hat drei Flaschen Portwein getrunken (*Fallada*, »*Wolf u. Wölfen*«) Ротмистр Праквиц... зять старого скупердяя Тешова, выпил три бутылки портвейна... **Geizdrache** *разг.* жадюга; *напр.*: er ist überall als Geizdrache bekannt он повсюду известен как жадина [как жадюга]

geizig скупой
geizig — schäbig — knauserig — knick(e)rig — filzig
geizig *индифф. синоним; напр.*: er ist sehr geizig он очень скуп; man hält ihn für geizig его считают скупым; er ist mit Lob sehr geizig он скуп на похвалу. **schäbig** *мелочно-скупой, подчеркивает, что скупость вызывает чувство стыда; напр.*: es war sehr schäbig von ihm, mit seiner geschiedenen Frau um die Einrichtung zu streiten с его стороны это так мелочно — ссориться с разведенной женой из-за обстановки. **knauserig** *фам.* мелочно-скупой, крохоборничающий; *напр.*: sie ist zu knauserig, um uns ein Frühstück anzubieten она слишком скупа, чтобы предложить нам позавтракать □ ...die (*die Landschaft*) war kleinherzig, knauserig; man könnte für alle Fälle nachhelfen, daß sie bestimmt ablehne (*Feuchtwanger*, »*Jud Süß*«) ...они (*феодальные сословные представители земли*) были малодушны и скупы; на всякий случай можно было бы нажать, чтобы они наверняка отказали. **knick(e)rig** *фам.* прижимистый; *напр.*: er ist viel zu knick(e)rig, um seinen Kindern ein kleines Taschengeld zu geben он слишком прижимист, даже не дает своим детям ничтожной суммы на карманные расходы. **filzig** *разг.* сквалыжный (*чья скупость вызывает отвращение, брезгливость*); *напр.*: er ist so filzig, daß er sogar seine Eltern nicht unterstützen will он так скареден, что не желает даже помогать своим родителям

Geizkragen *см.* Geizhals
Gekicher *см.* Lachen
geknickt *см.* mutlos
gekränkt *см.* beleidigt
Gekreisch(e) *см.* Schrei [1]
gekünstelt *см.* künstlich [1]
Gelache *см.* Lachen
Gelächter *см.* Lachen
Gelage *см.* Essen [2]
gelähmt парализованный
gelähmt — lahm — lendenlahm — kreuzlahm
gelähmt *индифф. синоним; напр.*: sein Bruder ist seit zwei Jahren gelähmt его брат уже два года как парализован параличом; der gelähmte rechte Arm wurde mit Massagen behandelt парализованную правую руку лечили массажем; ich stand wie gelähmt da я стоял как столб, меня словно парализовало. **lahm** ≅ **gelähmt**, *но обыкн. употр. по отношению к частям тела; напр.*: ein lahmes Bein парализованная нога; mir wird der Rücken bei dieser Arbeit lahm у меня спина отнимается от этой работы; der Vogel hatte einen lahmen Flügel у птицы было перебито крыло. **lendenlahm, kreuzlahm** *разг.* как парализованный (*от усталости, от боли в пояснице*) (*тк. предикативно*); *напр.*: ich bin lendenlahm у меня онемела поясница; ich bin von dieser Lauferei durch die Straßen lendenlahm [kreuzlahm] у меня ноги отнимаются от этой беготни по улицам (*из-за боли в пояснице*)

Gelahrtheit *см.* Gelehrsamkeit
gelangen *см.* kommen [1]
gelangweilt *см.* langweilig
Gelaß *см.* Zimmer
gelassen *см.* ruhig [1]
geläufig *см.* fließend/verbreitet
Geld деньги
das Geld — die Pinkepinke — die Moneten — das Moos — der Kies — die Kohlen — die Piepen — der Zaster
Geld *индифф. синоним; напр.*: bares Geld наличные деньги; Geld verdienen, zahlen, ausgeben зарабатывать, платить, расходовать деньги; das kostet viel Geld это стоит много денег □ Und warum redet mein Freund Prackwitz alle Tage von Geld? Weil er keines hat (*Fallada*, »*Wolf u. Wölfen*«) А почему мой друг Праквиц каждый день говорит о деньгах? Потому что у него их нет. **Pinkepinke** *разг.* деньжата, финансы; *напр.*: hast du Pinkepinke mit? у тебя есть с собой деньжата? □ »Hast du eigentlich Pinkepinke zur Zeit?« Oskar ärgerte sich mehr über die schnoddrige Berliner Ausdrucksweise als über die Frage selber (*Feuchtwanger*, »*Lautensack*«) «А как у тебя сейчас с финансами?» Оскара задел не столько сам вопрос, сколько нахальная берлинская манера выражаться. **Moneten** *тк. мн. фам.* монета (*небольшая сумма наличными, имеющаяся у кого-л. или необходимая для определенной цели*); *напр.*: hast du noch Moneten? Her damit! есть у тебя монета? Гони! **Moos** *фам.* мелочь (*карманные деньги*); *напр.*: mein Moos ist alle денежки — фьють, у меня в кармане пусто. **Kies** *фам.* деньжищи (*значительная сумма наличными*); *напр.*: er hat eine Menge Kies у него денег прорва. **Kohlen, Piepen** *тк. мн. фам.* бумажки (*значительная сумма крупными купюрами*); *напр.*: wieviel Piepen muß man für so einen Wagen hinblättern? сколько же это нужно отсчитать за такую машину?; bei dem stimmen die Kohlen immer экий-то всегда при деньгах. **Zaster** *тк. ед. жарг.* бабки; *напр.*: her mit dem Zaster! клади бабки!, деньги на бочку!; wo nehm' ich den Zaster her, das zu kaufen? на какие же шиши я это куплю?

Geldbeutel *см.* Portemonnaie
Geldbörse *см.* Portemonnaie
geldgierig *см.* habgierig
Geldschein *см.* «Приложение»
Geldschrank *см.* Safe
Geldstück *см.* Münze
Geldtasche *см.* Portemonnaie
gelegen удобный (*по времени*)
gelegen — passend — angemessen — gegeben — günstig
gelegen *индифф. синоним; напр.*: zu gelegener Zeit в удобное время; zu einer besser gelegenen Stunde kommen прийти в более удобный [подходящий] час; das kommt mir nicht sehr gelegen это мне неудобно [некстати], весьма [как нельзя более] кстати. **passend** *подходящий* (*обыкн. атрибутивно*); *напр.*: Sie haben gerade die passende Zeit gewählt вы как раз выбрали подходящее время; das finde ich gar nicht passend я считаю, что это совершенно не подходит. **angemessen** *соответствующий, подобающий; напр.*: wir benachrichtigen Sie zu einem angemessenen Zeitpunkt мы известим вас в свое время; ich halte diesen Zeitpunkt für angemessen я считаю этот момент подходящим. **gegeben** ≅ **passend**, *но больше подчеркивает, что именно данный момент является подходящим для выполнения чего-л.; напр.*: das ist der gegebene Zeitpunkt это подходящий момент; ich halte den Augenblick für gegeben, dir die Wahrheit zu sagen я считаю, что в этот момент тебе нужно сказать правду. **günstig** *благоприятный подчеркивает случайное совпадение обстоятельств, соответствующих намеченной цели; напр.*: man soll diesen günstigen Moment nicht verpassen нельзя упускать этого благоприятного момента; die Zeit ist günstig время благоприятное.

Gelegenheit *см.* Möglichkeit
gelegentlich *см.* manchmal/zufällig
Gelehrsamkeit ученость
die Gelehrsamkeit — die Gelehrtheit — die Gelahrtheit
Gelehrsamkeit *индифф. синоним; напр.*: eine tiefe Gelehrsamkeit глубокая эрудиция; seine hohe Gelehrsamkeit war allgemein bekannt его большая ученость была широко известна. **Gelehrtheit** ≅ **Gelehrsamkeit**, *но менее употребительно; напр.*: seine Gelehrtheit verschaffte ihm hohes Ansehen его ученость снискала ему большой авторитет. **Gelahrtheit** *ирон. архаизированное книжн.; напр.*: er gibt ja mit seiner Gelahrtheit fürchterlich an он очень хвастает своей ученостью

gelehrt *см.* gebildet
Gelehrtheit *см.* Gelehrsamkeit
geleiten *см.* begleiten
gelenkig *см.* flink
Geliebter *см.* Liebhaber [1]
geliefert *см.* verloren [1]

gelind *см.* mild¹
gelingen удаваться
gelingen — glücken — geraten — klappen
gelingen *индифф. синоним; напр.:* diese Arbeit ist mir nicht gelungen эта работа мне не удалась; es ist mir gelungen, diese Aufgabe zu lösen мне удалось решить эту задачу; diese Überraschung gelang сюрприз удался □ »*Sonne — Wonne*«, versucht Sophie jetzt zu singen, aber es gelingt ihr nicht (*Fallada, »Wolf u. Wölfen«*) «Солнце — блаженство», — пытается Софи петь, но теперь это ей не удается. glücken ≅ gelingen, *но больше подчеркивает, что что-л. удается благодаря счастливому стечению обстоятельств, случаю; напр.:* der Plan ist geglückt план удался; endlich ist es mir geglückt, ihn zu treffen наконец мне посчастливилось его встретить. geraten ≅ gelingen, *но больше подчеркивает, что что-л. удается благодаря стараниям и объективным условиям; напр.:* das Korn ist dieses Jahr gut geraten хлеб в этом году очень удался [хорошо уродился]; das Mittagessen, der Kuchen ist (ihr) heute gut geraten обед, пирог (ей) сегодня удался. klappen *разг.* ≅ gelingen (*чаще в безличных предложениях*); *напр.:* hat es geklappt? удалось?; ну как, порядок?; die Sache klappt nicht дело не ладится
gellen *см.* schallen
gellend *см.* schrill
geloben *см.* schwören/versprechen
Gelöbnis *см.* Versprechen
gelten *см.* kosten II
Geltung *см.* Einfluß²
Gelübde *см.* Versprechen
gelungen *см.* erfolgreich
Gelüst *см.* Wunsch
gelüsten *см.* wollen¹
gemach *см.* ruhig²
Gemach *см.* Zimmer
gemächlich *см.* langsam¹/ruhig²
gemacht *см.* künstlich¹
Gemahl *см.* Mann²
Gemahlin *см.* Frau²
gemahnen *см.* erinnern
Gemälde *см.* Bild¹
gemäß *см.* laut II
gemäßigt *см.* mäßig²
Gemäuer *см.* Wand¹
gemein *см.* allgemein¹/gemeinsam²/gewöhnlich²/niederträchtig
Gemeiner *см.* Soldat
gemeinnützig *см.* nützlich
gemeinsam общий, совместный
gemeinsam — gemeinschaftlich — gemein — kommun
Синонимы данного ряда имеют одно и то же значение и расположены по степени употребительности
gemeinsam *индифф. синоним; напр.:* gemeinsame Interessen общие интересы; eine gemeinsame Arbeit общая [совместная] работа; eine gemeinsame Wirtschaft führen вести общее хозяйство; er ist unser gemeinsamer Freund он наш общий друг; wir haben gemeinsames Geld у нас общие деньги; wir besuchen die Schule gemeinsam мы вместе ходим в школу. gemeinschaftlich ≅ gemeinsam; *напр.:* ein gemeinschaftliches Unternehmen общее [совместное] предприятие; wir besitzen das Grundstück gemeinschaftlich мы владеем земельным участком совместно; sie besaßen viel Gemeinschaftliches у них было много общего. gemein *употр. тк. в определенных сочетаниях; напр.:* mit j-m nichts gemein haben wollen не желать иметь с кем-л. ничего общего □ Aber das Glück, das Sophie Kowalewski jetzt empfindet, hat nichts gemein mit der Kinderfreude (*Fallada, »Wolf u. Wölfen«*) Но счастье, которое Софи Ковалевска ощущает теперь, не имеет ничего общего с детской радостью. kommun *редко, напр.:* das ist doch heute ganz kommun теперь это стало общепринятым
Gemeinschaft *см.* Gesellschaft²
gemeinschaftlich *см.* gemeinsam
gemessen размеренный
gemessen — abgemessen — gravitätisch — gesetzt
gemessen *индифф. синоним; напр.:* gemessenes Benehmen степенное поведение; mit gemessenem Schritt размеренным [степенным] шагом; er verließ das Zimmer gemessenen Ganges он степенно покинул комнату. abgemessen (точно) отмеренный; *напр.:* in abgemessenem Abstand на почтительном расстоянии; mit abgemessenen Schritten daherkommen степенно подойти. gravitätisch [-v-] полный достоинства, торжественный *часто ирон.; напр.:* eine gravitätische Verbeugung полный достоинства поклон; er schritt gravitätisch auf uns zu он торжественно шествовал нам навстречу. gesetzt *высок.* чинный, солидный; *напр.:* für seine Jugend ist er sehr gesetzt он очень солиден для своего возраста
Gemetzel *см.* Schlacht
Gemunkel *см.* Gerede²
gemütlich уютный
gemütlich — behaglich — lauschig — wohnlich — bequem — anheimelnd — heimelig — traulich — komfortabel
gemütlich *индифф. синоним; напр.:* ein gemütliches Zimmer, eine gemütliche Wohnung уютная комната, квартира; machen Sie es sich gemütlich! устраивайтесь поудобнее!; hier ist es sehr gemütlich здесь очень уютно; wir verlebten einen gemütlichen Abend мы провели приятный вечер; wir hatten noch Zeit, gemütlich Tee zu trinken у нас еще было время спокойно выпить чаю □ Das Zimmer ist wirklich gemütlich mit der tiefen Balkendecke und den rotbraunen warmen Mahagonimöbeln (*Fallada, »Kleiner Mann«*) Комната со сплошным накатом низкого потолка и мебелью красного дерева теплого красновато-коричневого тона действительно уютна. behaglich ≅ gemütlich, *но чаще подчеркивает состояние покоя и хорошее настроение, вызванное уютной обстановкой; напр.:* ich fühle mich hier sehr behaglich я чувствую себя здесь очень покойно [уютно], мне здесь приятно; das ist ein behaglicher Sessel это покойное [удобное] кресло □ ...sie liebte diese stille halbe Stunde vor dem Essen, wenn sie behaglich in weichen Filzschuhen auf dem Korbstuhl sitzen konnte... (*Fallada, »Jeder stirbt«*) ...она любила эти спокойные полчасика перед едой, когда можно было уютно посидеть в плетеном кресле в мягких войлочных туфлях. lauschig *в отличие от других синонимов данного ряда подчеркивает, что уют достигается укромностью обстановки, в которой кто-л. находится; напр.:* wir haben im Garten ein lauschiges Plätzchen gefunden мы нашли в саду уютное [укромное] местечко. wohnlich ≅ behaglich, *но употр. по отношению к помещениям; напр.:* ein wohnlicher Raum уютное помещение; ein Zimmer wohnlich einrichten уютно обставить комнату. bequem удобный; *напр.:* ein bequemer Sessel, Wagen удобное кресло, удобный автомобиль; ich sitze, liege hier bequem мне удобно здесь сидеть, лежать. anheimelnd по-домашнему *обыкн. употр. по отношению к месту, где человек чувствует себя как дома; напр.:* hier sieht es sehr anheimelnd aus здесь всё выглядит уютно [по-домашнему]. heimelig ≅ anheimelnd, *но употр. реже и имеет сентиментальный оттенок; напр.:* □ Es ist angenehm warm im Zimmer, der nasse Novemberwind faucht manchmal gegen die Scheiben an, das macht alles noch heimeliger (*Fallada, »Kleiner Mann«*) В комнате приятная теплота, ноябрьский ветер с дождем иногда стучит в окна, но это придает еще больший уют. traulich *высок.* ≅ gemütlich, *но подчеркивает, что уют достигается интимностью обстановки, в которой кто-л. находится; напр.:* traulich plaudern, beisammensitzen уютно беседовать, сидеть вместе; beim traulichen Schein der Lampe sitzen сидеть при уютном свете лампы. komfortabel *книжн.* комфортабельный; *напр.:* ein komfortables Haus комфортабельный дом; eine komfortable Wohnung комфортабельная квартира
genau¹ точный (*полностью соответствующий чему-л. установленному, требуемому и т. п.*)
genau — pünktlich — buchstäblich — getreu — getreulich — strikt — exakt — präzis(e) — haargenau
genau *индифф. синоним; напр.:* eine genaue Übersetzung, Abschrift точный перевод, точная копия; er kam genau um 12 Uhr он пришел точно в 12 часов; der Tisch ist genau zwei Meter lang стол имеет длину ровно два

метра; er hat das genau geschildert он это точно описал. **pünktlich** абсолютно, очень точно, пунктуально; *напр.:* er ist pünktlich eingetroffen он прибыл точно в назначенное время; der Zug ist pünktlich abgefahren поезд отошёл точно по расписанию; er ist immer sehr pünktlich он всегда очень пунктуален. **buchstäblich** буквальный *упот. тк. по отношению к смыслу или значению чего-л.; напр.:* er hat den Text buchstäblich übersetzt он перевёл текст буквально; er hat diesen Satz buchstäblich ausgelegt он точно истолковал это предложение. **getreu, getreulich** верный, точный, истинный; *напр.:* etw. getreu berichten, wiedergeben точно сообщать, передавать что-л.; einen Text getreu übersetzen точно (в соответствии с оригиналом) перевести текст; j-s Gedanken getreulich wiedergeben точно передавать чьи-л. мысли; etw. getreulich nachahmen точно подражать чему-л. **strikt** точный (*не допускающий никаких отклонений*), строгий (*требующий точного соблюдения чего-л.*); *напр.:* ein strikter Befehl строжайший приказ; den Vertrag strikt einhalten точно [строго] соблюдать договор. **exakt** *книжн.* ≅ genau *подчёркивает, что-л. часто полностью соответствует научным данным, требованиям; напр.:* exakte Wissenschaften точные науки; einen Begriff exakt definieren точно определить понятие. **präzis(e)** *книжн.* ≅ pünktlich; *напр.:* präzis arbeiten работать с большой точностью [аккуратностью]; sich präzis ausdrücken точно выражаться; er kommt präzis 10 Uhr он придёт точно в 10 часов. **haargenau** *разг.* абсолютно точный; точь-в-точь; *напр.:* etw. haargenau wiedergeben передавать что-л. абсолютно точно; der Maler traf haargenau die Stimmung der Landschaft художник абсолютно точно уловил [передал] атмосферу ландшафта.

genau² точный (*конкретный, определённый и исчерпывающий, не общий*)

genau — prägnant — exakt — präzis(e)

genau *индифф. синоним; напр.:* ich verfüge über genaue Angaben я располагаю точными данными; ich möchte darüber einen genaueren Überblick haben мне хотелось бы иметь об этом более точное представление; ich weiß es genau я это точно знаю; ich kenne seine genaue Adresse nicht я не знаю его точного адреса; wir haben von ihm einen genauen Bericht erhalten мы получили от него полный отчёт □ »Kennen ihn Ihre Eltern?« — »Ich — glaube nicht. Ich weiß nicht genau« (*Fallada*, »*Wolf u. Wölfen*«) «Ваши родители его знают?» — «Думаю — нет. Точно не знаю». **prägnant** *книжн.* (точный и) меткий; *напр.:* seinen Gedanken prägnant ausdrücken точно и метко выразить свою мысль. **exakt** *книжн.* исчерпывающе точный; *напр.:* nicht in der Lage sein, exakt zu antworten быть не в состоянии точно ответить; eine exakte Antwort geben дать точный ответ; eine exakte Beobachtung machen сделать точное наблюдение □ Er tut alles richtig, exakt, als arbeite sein Hirn noch (*Fallada*, »*Wolf u. Wölfen*«) Он делает всё правильно, точно, как будто его мозг ещё работает. **präzis(e)** *книжн.* ≅ genau; *напр.:* er gab eine präzise Antwort он дал точный ответ □ »Also, Eva«, sagte er, »bitte, sage mir jetzt präzis, was du eigentlich von mir willst« (*Fallada*, »*Wolf u. Wölfen*«) «Итак, Ева, — сказал он, — скажи мне теперь, пожалуйста, точно, чего ты, собственно, от меня хочешь»

genau³ *см.* sorgfältig
genehmigen¹ *см.* erlauben¹
genehmigen²: (sich) einen genehmigen *см.* trinken²
Genehmigung *см.* Erlaubnis
geneigt¹ склонный

geneigt — aufgelegt — gewillt

geneigt *индифф. синоним (чаще с инфинитивом); напр.:* er ist geneigt, daran teilzunehmen он склонен принять в этом участие; ich war wenig geneigt weiterzulesen я не был склонен читать дальше; sie war nicht geneigt mitzukommen она не была склонна [ей не хотелось] идти с нами; wir waren zur Versöhnung geneigt мы были склонны [склонялись к тому, чтобы] помириться. **aufgelegt** расположенный, настроенный (*б. ч. предикативно с предложным дополнением*); *напр.:* er ist zum Scherzen, zum Lachen aufgelegt он расположен шутить, смеяться. **gewillt** *книжн.* готовый (*тк. предикативно с инфинитивом*); *напр.:* sind Sie gewillt, mir zu helfen? вы готовы [хотите] мне помочь? er war gewillt, die Fassung des Artikels zu ändern он был готов [согласен] изменить редакцию статьи

geneigt² *см.* schräg
generalisieren *см.* verallgemeinern
Generation *см.* «Приложение»
generell *см.* allgemein²
generös *см.* großmütig¹
genesen *см.* gesund werden
Genesung выздоровление

die Genesung — die Heilung — die Besserung — die Gesundung

Genesung *индифф. синоним; напр.:* eine baldige, vollständige Genesung скорое, полное выздоровление; die Genesung verlief langsam выздоровление шло медленно; er ist auf dem Wege der Genesung он на пути к выздоровлению. **Heilung** выздоровление, исцеление; *напр.:* völlige, teilweise, unerwartete Heilung eines Schwerkranken полное, частичное, неожиданное исцеление тяжелобольного; die Heilung erhoffen надеяться на излечение [на исцеление]. **Besserung** поправка, улучшение состояния, выздоровление; *напр.:* auf dem Wege der Besserung на пути к выздоровлению; ich wünsche dir gute Besserung! желаю тебе скорее поправиться!; in seinem Befinden ist eine merkliche Besserung eingetreten его состояние заметно улучшилось. **Gesundung** ≅ Genesung, *но более характерно для книжно-письменной речи; напр.:* nach seiner Gesundung erhielt er den gleichen Arbeitsplatz после выздоровления он занял свою прежнюю должность

genial *см.* begabt
Genialität *см.* Fähigkeiten
Genie *см.* Fähigkeiten
genieren, sich *см.* schämen, sich
genierlich *см.* schamhaft
genießen *см.* essen/freuen, sich¹
Genosse *см.* Freund
Genossenschaft *см.* Verband¹
Gentleman *см.* «Приложение»
genug достаточно, довольно

genug — genügend — hinlänglich — hinreichend — ausreichend — reichlich — übergenug

Синонимы данного ряда, за исключением genug *и* übergenug, *могут употребляться и как прилагательные*
genug *индифф. синоним; напр.:* genug! довольно!, хватит!; er hat genug Geld, Zeit, Arbeit у него достаточно денег, времени, работы; für heute ist es genug на сегодня достаточно [хватит]; für uns ist die Wohnung groß genug для нас квартира достаточно просторна; wir haben genug zu essen у нас достаточно еды; jetzt habt ihr genug Lärm gemacht теперь вы уже достаточно пошумели; Von Studmann war nun lange genug Empfangschef, um sich noch allzusehr über Wünsche von Gästen zu wundern (*Fallada*, »*Wolf u. Wölfen*«) Фон Штудман достаточно долго был администратором (*гостиницы*), чтобы не слишком удивляться требованиям постояльцев. **genügend** ≅ genug, *но обыкн. подчёркивает, что количество или объём чего-л. удовлетворяют кого-л.* (*заменяет* genug *в атрибутивной функции*); *напр.:* er hat sich auf die bevorstehende Prüfung genügend vorbereitet он достаточно подготовился к предстоящему экзамену; wir haben für die Studenten genügend Exemplare von diesem Buch для студентов у нас имеется достаточное количество экземпляров этой книги; dafür habe ich keine genügende Entlohnung bekommen за это я не получил должного вознаграждения. **hinlänglich** достаточно, как раз столько, сколько совершенно необходимо; *напр.:* das ist ihm hinlänglich bekannt это ему достаточно известно; ich habe mich hinlänglich informiert, um die nötigen Schritte zu unternehmen я достаточно информирован, чтобы предпринять необходимые шаги □ »Du sollst immerhin noch ein wenig

Honig nehmen, Tony... Essen muß man hinlänglich« (*Th. Mann, »Buddenbrooks«*) «Тебе бы следовало взять еще немного меду, Тони... Есть надо вдоволь». **hinreichend** достаточно, не слишком мало (*для достижения какой-л. цели или выполнения какого-л. требования*) *подчеркивает, что какой-то минимальный уровень достигнут; напр.*: etw. hinreichend lange kochen варить что-л. достаточно долго; für diese Expedition sind sie hinreichend versorgt для этой экспедиции они в достаточной степени экипированы. **ausreichend** (вполне) достаточный, имеющийся в соответствующем (*спросу, потребностям*) количестве, размере; *напр.*: in der Physik hat er ausreichende Kenntnisse в физике у него познания достаточные; ich halte sein Gehalt für ausreichend я считаю его жалованье достаточным. **reichlich** вполне достаточно, в изобилии; *напр.*: es ist reichlich Platz места достаточно □ Das Lied, das aus der Kehle dringt, | Ist Lohn, der reichlich lohnt (*Goethe, »Der Sänger«*) Уже то, что я могу петь, для меня вполне достаточная награда. **übergenug** более чем достаточно, с избытком, с лихвой; *напр.*: Brot haben wir (genug und) übergenug хлеба у нас более чем достаточно

genügen хватать, быть достаточным
genügen -- ausreichen — hinreichen — reichen — langen — vorhalten — auslangen

Синонимы данного ряда имеют примерно одинаковое значение, но различаются по употреблению и стилевой принадлежности

genügen *индифф. синоним; употр. по отношению к конкретным предметам и абстрактным понятиям; напр.*: das Essen genügt für drei Personen еды хватит на троих; zwei Mann genügen für die Arbeit двух человек для этой работы достаточно; das genügt für unsere Verhältnisse для наших условий этого достаточно; der Arzt meint, daß diese Arznei genüge врач полагает, что этого лекарства будет достаточно; mir genügt es zu wissen, daß er gesund ist мне достаточно знать, что он здоров; das genügt этого довольно □ Aber der Glaube der kleinen Alma genügte ihm nicht, er ist eine zu schwache Medizin für seine inneren Beschwerden (*Feuchtwanger, »Lautensack«*) Но веры маленькой Альмы ему было недостаточно: это было слишком слабое лекарство для его внутренних недугов. **ausreichen** в отличие от **genügen** *обыкн. употр. с указанием, для чего именно что-л. достаточно; напр.*: der Stoff zu dem Kleid wird ausreichen материала для платья хватит; der Vorrat an Wäsche reicht für zwei Wochen aus запаса белья хватит на две недели; sein Einfluß reicht aus, um diese Frage zu regeln его влияния бу-

дет достаточно, чтобы уладить этот вопрос. **hinreichen** *часто употр. с отрицанием; напр.*: das Geld reicht (nicht) hin, um die Ausgaben zu decken этих денег (не) хватит, чтобы покрыть расходы; seine Erfahrung reichte für diesen Auftrag nicht hin его опыта было недостаточно для выполнения этого задания. **reichen** *употр. по отношению к конкретным предметам как и с указанием, для чего именно что-л. достаточно; напр.*: das Brot muß für 6 Mann reichen хлеба должно хватить на шесть человек; das Holz reicht für den Winter дров хватит на зиму; das Seil hat nicht gereicht канат оказался коротким, каната не хватило □ Dann können Sie das Filet vom Sonntag kalt aufschneiden, mit grünen Bohnen. Für uns paar Menschen reicht das... (*Fallada, »Wolf u. Wölfen«*) Тогда вы можете подать холодное филе с зеленой фасолью, оставшееся от воскресенья. Для нас, нескольких человек, этого будет достаточно. **langen** *разг.; напр.*: für ein Taxi hat sein Bargeld noch gelangt его (наличных) денег еще хватило на такси. **vorhalten** *разг.* ≙ reichen; *напр.*: die Kohle wird für den Winter vorhalten угля на зиму хватит [достанет]. **auslangen** *разг. террит.* ≙ ausreichen; *напр.*: das Geld langt für zwei Monate aus денег хватит на два месяца; ich kann damit nicht auslangen мне этого будет недостаточно [не хватит]

genügend *см.* genug/mittelmäßig
genügsam *см.* mäßig[1]
Genugtuung[1] удовлетворение (*возмещение за обиду, за оскорбление*)
die **Genugtuung** — die **Satisfaktion**

Genugtuung *индифф. синоним; напр.*: er verlangte Genugtuung он требовал удовлетворения; der Botschafter leistete offiziell Genugtuung посол принес официальное извинение; er war bereit, ihm Genugtuung zu geben он был готов дать ему удовлетворение □ »Ich fordere Genugtuung«, schrie er, »Sie müssen sich mit mir schlagen« (*H. Mann, »Untertan«*) «Я требую удовлетворения, — вскричал он, — вы должны со мной драться». **Satisfaktion** *уст. книжн.* сатисфакция; *напр.*: Satisfaktion fordern требовать сатисфакции; Satisfaktion geben дать сатисфакцию; принять вызов на дуэль

Genugtuung[2] *см.* Befriedigung
Genuß *см.* Freude[1]
Gepäck багаж
das **Gepäck** — die **Bagage**

Gepäck *индифф. синоним; напр.*: wir haben nicht viel Gepäck mit у нас с собой не много багажа; das große Gepäck muß man aufgeben большой багаж нужно сдать; das Gepäck wird an der Grenze kontrolliert багаж подвергается на границе досмотру. **Ba-**

gage [-'ga:ʒə] *устаревает* = Gepäck; *напр.*: ich habe keine Bagage у меня нет багажа

Gepflogenheit *см.* Sitte
Geplänkel *см.* Schlacht[1]
Geplapper *см.* Gerede[1]
Geplauder *см.* Gespräch
Gepolter *см.* Lärm[1]
Gepräge *см.* Stempel[2]
Gepränge *см.* Pracht
gerade[1] прямой (*не кривой*)
gerade — aufrecht — schnurgerade — kerzengerade

gerade *индифф. синоним; напр.*: ein gerader Weg прямая дорога; eine gerade Linie прямая линия; eine gerade Haltung haben держаться прямо; sitz, steh gerade! сиди, стой прямо! **aufrecht** прямой, вертикальный; *напр.*: aufrechter Gang прямая походка; aufrecht gehen, stehen, sitzen прямо ходить, стоять, сидеть; er hielt sich immer sehr aufrecht он всегда очень прямо держался. **schnurgerade** совершенно прямой, прямой как струна; *напр.*: ein schnurgerader Weg совершенно прямая [как протянутая по шнуру] дорога; schnurgerade stehen стоять совершенно прямо. **kerzengerade** совершенно прямой, (вертикально) устремленный вверх; *напр.*: ein kerzengerader Baum совершенно прямое дерево; kerzengerade sitzen сидеть совершенно прямо; der Rauch steigt kerzengerade in die Höhe дым поднимается вверх совершенно отвесно

gerade[2] *см.* aufrichtig/direkt/eben
g(e)radestehen *см.* büßen[1]
geraten[1] попадать (*оказаться где-л.*)
geraten — landen

geraten *индифф. синоним; напр.*: wir sind in eine unbekannte Straße geraten мы попали на незнакомую улицу; der Brief geriet in meine Hände письмо попало в мои руки. **landen** *разг.* очутиться где-л., приземлиться *употр. по отношению к лицу, обыкн. когда достижение какого-л. места связано с какими-л. происшествиями; напр.*: schließlich landeten wir in einer ganz fremden Gegend в конце концов мы очутились в совершенно незнакомой местности; er ist in einer Bierkneipe gelandet он приземлился в пивной

geraten[2] попадать (*оказаться в неблагоприятных условиях*)
geraten — hereinfallen — hineinfallen — hereinfliegen — hineinfliegen — auf den Leim gehen [kriechen]

geraten *индифф. синоним; напр.*: in eine unangenehme Lage, in Not geraten попасть в неприятное положение, в беду; in Gefahr geraten оказаться в опасности; zwischen zwei Stühle geraten очутиться между двумя стульями. **hereinfallen, hineinfallen** *разг.* попасть впросак; *напр.*: mit dem Mantel bin ich hereingefallen [hineingefallen] с (покупкой) пальто я попал впросак; er ist auf einen Schwindel hereingefallen [hineingefallen] он попался на обман. **hereinfliegen, hineinfliegen** *разг.* ≃ hereinfallen, hineinfallen, *но более эмоционально*; *напр.*: ich habe keine Lust noch einmal auf seine Versprechungen hereinzufliegen [hineinzufliegen] у меня нет желания быть еще раз одураченным его обещаниями. **auf den Leim gehen [kriechen]** (*j-m*) *разг.* попасться на удочку; *напр.*: ich bin ihr auf den Leim gegangen. Jetzt muß ich heiraten я попался ей на удочку. Теперь я должен жениться

geraten³ *см.* gelingen
geräumig *см.* groß⁷
Geräusch *см.* Lärm¹/Laut*¹
geräuschvoll *см.* laut I
gerecht справедливый
gerecht — berechtigt — gerechtfertigt — rechtmäßig — billig

gerecht *индифф. синоним*; *напр.*: eine gerechte Forderung, Strafe справедливое требование, наказание; ein gerechter Zorn справедливый гнев; ein gerechtes Urteil справедливый приговор; gerechter Lohn справедливое вознаграждение; für eine gerechte Sache kämpfen бороться за правое дело. **berechtigt, gerechtfertigt** обоснованный, оправданный чем-л., справедливый; *напр.*: eine berechtigte Klage обоснованная жалоба; ein berechtigter Vorschlag обоснованное предложение; eine gerechtfertigte Strafe справедливое [оправданное] наказание; eine gerechtfertigte Rache справедливая [оправданная] месть; eine berechtigte Forderung stellen выставлять обоснованное [справедливое] требование. **rechtmäßig** законный, справедливый; *напр.*: eine rechtmäßige Forderung законное требование; der rechtmäßige Besitzer законный владелец; auf dem rechtmäßigen Wege законным путем. **billig** ≃ gerecht, *но подчеркивает, что справедливость основана больше на соблюдении морально-этических, нежели правовых норм; в свободном словоупотреблении устаревает*; *напр.*: eine billige Forderung законное требование; ein billiger Wunsch законное желание; er verlangt nur, was billig ist его желание [требование] законно [всего лишь справедливо]

gerechtfertigt *см.* gerecht
Gerechtigkeit справедливость
die Gerechtigkeit — die Billigkeit
Gerechtigkeit *индифф. синоним*; *напр.*: die Gerechtigkeit eines Urteils, einer Strafe справедливость приговора, наказания; um der Gerechtigkeit willen во имя справедливости. **Billigkeit** *книжн.* ≃ Gerechtigkeit *в свободном словоупотреблении устаревает*; *напр.*: die Billigkeit dieser Forderungen справедливость этих требований; j-m etw. nach Recht und Billigkeit zugestehen разрешить кому-л. что-л. по праву и справедливости

Gerede¹ болтовня

das **Gerede — das Geplapper — das Geschnatter — das Geschwätz — die Schwätzerei — der Schmus — die Salbaderei — das Wortgeklingel — das Gewäsch — das Gefasel — die Faselei**

Gerede *индифф. синоним*; *напр.*: ein müßiges, leeres, unnützes, dummes Gerede праздная, пустая, бесполезная, глупая болтовня; wie lange soll ich mir Ihr Gerede noch anhören? до каких пор мне еще слушать вашу болтовню? □ Der Hartig aber war das Gerede von diesem Berliner Affen, der ja doch in den nächsten Tagen wieder abhauen würde, ganz egal gewesen (*Fallada*, »*Wolf u. Wölfen*«) Гартиг отнеслась с полным безразличием к болтовне об этом берлинском дуралее, который, несомненно, в ближайшие дни даст тягу. **Geplapper** *разг.* непрерывная, несмолкающая (и быстрая) болтовня; *напр.*: das Geplapper eines kleinen Kindes лепет [щебетание] малыша; ihr Geplapper ermüdete mich их непрерывная болтовня утомила меня. **Geschnatter** *разг. неодобр.* беспорядочная болтовня; *напр.*: durch das offene Fenster konnte man das Geschnatter der Mädchen hören через открытое окно можно было слышать, как болтали девочки, перебивая друг друга. **Geschwätz, Schwätzerei** *разг.* пустая болтовня; *напр.*: ich halte das für dummes Geschwätz я считаю это пустой [глупой] болтовней; das ist nichts als sinnlose Schwätzerei это не что иное, как пустая [бесполезная] болтовня □ Er stand in der Kammer, er sah die getünchten Wände an, er horchte hinunter nach dem Geschwätz in der Gaststube, es wurde nicht still (*Fallada*, »*Wolf u. Wölfen*«) Он стоял в своей каморке, он оглядывал побеленные стены, прислушивался к болтовне внизу в зале, которая не смолкала. **Schmus** *фам.* ≃ Geschwätz, *но подчеркивает, что болтовня имеет целью завлечь кого-л. и т. п.*; *напр.*: das ist bloß Schmus это всего лишь красивые слова; Schmus machen заговаривать зубы, улещать (*любезничая с кем-л. и т. п.*). **Salbaderei** *разг.* (нудные) ханжеские разглагольствования; *напр.*: es ekelt mich vor seiner Salbaderei мне противны его ханжеские разглагольствования. **Wortgeklingel** *разг.* пустозвонство; *напр.*: leeres Wortgeklingel звонкая [ничего не содержащая] фраза. **Gewäsch, Gefasel, Faselei** *разг.* бессмысленная болтовня (*часто лживая*); *напр.*: er belästigte mich mit seinem Gewäsch он надоедал мне своей глупой болтовней; wer glaubt denn noch an das Gefasel? кто еще верит этой глупой болтовне!; hör auf mit deiner Faselei! прекрати твою глупую болтовню! □ Wenn allen zum Tode Verurteilten so komisch aufgeräumt zumute wie ihm ist, ist das Gefasel von der Todesstrafe barer Unsinn (*Fallada*, »*Wolf u. Wölfen*«) Если всем приговоренным к смерти так странно легко на душе, как ему, то вздорная болтовня о смертной казни — сплошная чушь

Gerede² сплетня
das **Gerede — das Gemunkel — das Geschwätz — der Tratsch — der Klatsch — die Klatscherei**

Gerede *индифф. синоним*; *напр.*: ein böses Gerede злая сплетня; sie scheut das Gerede 1) она боится сплетен; 2) она не любит [избегает, не опускается до] сплетен; er ist gleichgültig gegen das Gerede der Leute он не боится сплетен; er brachte das Mädchen ins Gerede из-за него о девушке пошли всякие сплетни □ Dann fordere ich Euch energisch auf, dem Gerede entgegenzutreten (*H. Mann*, »*Untertan*«) Тогда я настоятельно прошу вас пресечь эту сплетню. **Gemunkel** слушок, шушуканье; *напр.*: es war das Gemunkel aufgekommen, er wäre entlassen прошел слух, что его уволили; über seine Entlassung gab es noch lange ein Gemunkel об его увольнении еще долго шушукались. **Geschwätz** *разг.* вздорные россказни, болтовня; *напр.*: das ist bloß bösartiges Geschwätz это просто злобная болтовня. **Tratsch** *разг.* пересуды; сплетня, передаваемая со всеми предполагаемыми подробностями; *напр.*: diesen Tratsch habe ich schon gehört эту сплетню я уже слышал □ Fräulein hört zu von morgens bis abends... Geschichten von Eheirrungen und von Ehescheidungen — Wust und Gerümpel eines ganz in Klatsch und Tratsch verbrachten Lebens... (*Fallada*, »*Wolf u. Wölfen*«) Фрейлейн слушает с утра до вечера... рассказы о неудачных браках и разводах — перетряхиванье хлама жизни, потраченной на сплетни и пересуды... **Klatsch** *разг.* (злобная) сплетня; *напр.*: Klatsch verbreiten распространять злостные сплетни; sie wollte den Klatsch nicht hören она не хотела слушать злых сплетен □ Er kann nicht begreifen, daß eine Frau, die vor Sorgen um die eigene Tochter fast umkommt, sich noch mit Klatsch abgibt (*Fallada*, »*Wolf u. Wölfen*«) Он не может понять, женщина, которая едва жива из-за заботы о своей собственной дочери, может к тому же заниматься сплетнями. **Klatscherei** *разг.* ≃ Klatsch, *но подчеркивает, что распространение сплетен происходит постоянно или повторяется*; *напр.*: das ist typische kleinstädtische Klatscherei это типичные провинциальные злостные сплетни [наговоры]; die Klatscherei blühte in dieser kleinbürgerlichen Gesellschaft злостные сплетни процветали в этом обществе мещан-обывателей □ In der Villa wartete Amanda schon mit dem Essen und mit tausend Klatschereien, die sie von den Weibern gehört hatte (*Fallada*, »*Wolf u. Wölfen*«) На вилле уже ожидала Аманда с

обедом и тысячей сплетен, которые она слышала от женщин
gereizt *см.* böse²
Gericht (приготовленная) еда, блюдо, кушанье
das Gericht — der Gang — das Essen — die Speise
Gericht *индифф. синоним; напр.:* ein warmes, schmackhaftes Gericht горячее, вкусное блюдо; ein Gericht zubereiten, auf den Tisch stellen приготовить, поставить на стол еду; was ist dein liebstes Gericht? какое у тебя самое любимое блюдо?; was bestellen wir als erstes, als zweites Gericht? что мы закажем на первое, на второе?; das Geschäft bietet halbfertige Gerichte an магазин предлагает полуфабрикаты □ Und nun fing der Schriftsteller an, über Gastmanns Kochkunst zu reden, ein Gericht nach dem anderen zu beschreiben (*Dürrenmatt, »Der Richter und sein Henker«*) И тут писатель начал рассказывать о кулинарном искусстве Гастмана, описывать одно блюдо за другим. **Gang** (*в порядке очередности следования, подачи блюд*); *напр.:* der erste, zweite, dritte Gang первое, второе, третье блюдо; das Diner bestand aus sechs Gängen парадный обед состоял из шести блюд; als ersten Gang gab es ein Gericht aus Fisch на первое было блюдо из рыбы. **Essen** *б. ч. ед.* еда; *напр.:* das Essen auf den Tisch stellen поставить еду на стол; das Essen warm machen разогреть еду; das Essen ist kalt geworden еда остыла; ein versalzenes, angebranntes Essen schmeckt nicht пересоленная, подгоревшая еда невкусная. **Speise** а) *устаревает* кушанье *теперь тк. мн. или в составе сложных слов*; *напр.:* orientalische Speisen восточные кушанья [блюда]; am Büfett gibt es kalte Speisen в буфете есть холодные блюда [закуски]; b) *тк. ед.* (холодное) блюдо, десерт *чаще представляет собой густую массу — пудинг и т. п.*; *напр.:* hinterher gab es noch eine Speise после всего подали еще сладкое

gerieben *см.* schlau
gering *см.* klein²
geringfügig *см.* klein³/nebensächlich
geringschätzen *см.* verachten
geringschätzig *см.* verächtlich
Geringschätzung *см.* Verachtung
Grippe *см.* «Приложение»
gerissen *см.* schlau
gern¹ охотно
gern — bereitwillig
gern *индифф. синоним; напр.:* ich werde dir gern helfen я охотно помогу тебе; sie spielt gern Klavier она любит играть [охотно играет] на рояле; Pilze siedeln sich gern an feuchten Stellen an грибы водятся в сырых местах. **bereitwillig** с готовностью; *напр.:* er gab uns bereitwillig Auskunft он с готовностью дал нам справку [ответил на наш вопрос]

gern²: gern haben *см.* lieben
Gernegroß *см.* Prahler
Geruch запах
der Geruch — der Duft — der Gestank — der Wohlgeruch
Geruch *индифф. синоним; напр.:* ein guter, starker, betäubender Geruch хороший, сильный, одуряющий запах; der Geruch des Heus, der Blumen запах сена, цветов; einen Geruch ausströmen издавать запах. **Duft** приятный запах, аромат; *напр.:* ein feiner, herrlicher Duft von Kaffee тонкий, чудесный аромат кофе □ ..ein leiser Duft nach Veilchen und frischer Wäsche erfüllte das Zimmer (*Th. Mann, »Buddenbrooks«*) ..едва уловимый аромат фиалок и свежего белья наполнял комнату. **Gestank** дурной запах, зловоние, вонь; *напр.:* ein abscheulicher Gestank verbreitete sich im Keller по погребу распространилась отвратительная вонь. **Wohlgeruch** *высок.* очень приятный запах, благоухание; *напр.:* das ganze Zimmer war vom Wohlgeruch der Blumen erfüllt вся комната благоухала цветами [была напоена ароматом цветов]
Gerücht слух (*молва*)
das Gerücht — die Ente — die Fama — der Buschfunk
Gerücht *индифф. синоним; напр.:* ein Gerücht tauchte auf, verbreitet sich слух возник, распространяется; man hört zuweilen die törichtsten Gerüchte иногда до тебя доходят самые вздорные слухи. **Ente** утка (*ложный сенсационный слух*); *напр.:* eine Ente verbreiten пустить утку; diese Nachricht war eine Ente это сообщение было уткой. **Fama** *книжн.* молва (*б. ч. с определенным артиклем*); *напр.:* es verbreitete sich die Fama, er wolle eine Weltreise unternehmen распространилась молва, что он хочет предпринять кругосветное путешествие □ Er (*der Stadtvikar*) hatte es sich in den Kopf gesetzt, diesen Mann, dessen Fama durch das ganze römische Reich geflogen war, von den Wahrheiten der Augsburgischen Konfession zu überzeugen (*Feuchtwanger, »Jud Süß«*) Он (*городской викарий*) вбил себе в голову убедить этого человека, молва о котором прошла по всей Священной Римской империи, в истинности аугсбургской веры. **Buschfunk** *разг.* «беспроволочный телеграф»; *напр.:* der Buschfunk meint, er soll Direktor werden ходят слухи, что он станет директором

geruhen *см.* einverstanden sein
geruhig *см.* ruhig²
gerührt *см.* bewegt
geruhsam *см.* ruhig²
Gerümpel *см.* Kram
gerüttelt *см.* voll¹
gesamt *см.* alle¹
Geschäft¹ магазин
das Geschäft — der Laden — die Handlung — das Warenhaus — das Kaufhaus — die Kaufhalle — der Supermarkt — die Bude — die Boutique — die Budike — die Butike
Geschäft *индифф. синоним; напр.:* ein kleines, großes, modernes Geschäft маленький, большой, современный магазин; das Geschäft wird um 8 Uhr geöffnet магазин открывается в 8 часов; das ist eins der ältesten Geschäfte der Stadt это один из старейших магазинов города. **Laden** лавка, небольшой магазин; *напр.:* den Laden öffnen, schließen открывать, закрывать лавку [магазин]; in den Laden gehen идти в лавку [в магазин]. **Handlung** торговля (*торговое предприятие*) *б. ч. в составе сложных слов типа*: Eisenwarenhandlung скобяная торговля; Samenhandlung магазин семян; Holzhandlung дровяной склад *и т. п.*; *напр.:* der Junge ging mit seinem Vater in die zoologische Handlung мальчик пошел с отцом в зоомагазин. **Warenhaus** универсальный магазин; *напр.:* in diesem Kaufhaus [Warenhaus] kann man alles bekommen в этом универмаге можно приобрести все товары. **Kaufhalle** торговый центр (*современный одноэтажный универсальный магазин*); *напр.:* wir gehen in die Kaufhalle einkaufen мы идем в торговый центр за покупками. **Supermarkt** супермаркет, большой (*продовольственный*) магазин самообслуживания (*в США и некоторых других странах*). **Bude** ларек; *напр.:* in dieser Bude wird Eis verkauft в этом ларьке продают мороженое; zum Weihnachtsmarkt werden Buden aufgestellt к рождественскому базару устанавливаются ларьки [палатки] □ Ja, du holtest mir ein Glas Limonade aus der Bude nebenan (*Th. Mann, »Buddenbrooks«*) Да, ты принес мне стакан лимонада из соседнего ларька. **Boutique** [bu'ti:k] маленький магазин модных товаров (*аксессуаров одежды и т. п., б. ч. для женщин*); *напр.:* diese Halskette habe ich mir in der Boutique gekauft эти бусы я купила себе в (*элегантном*) магазинчике. **Budike, Butike** а) = Boutique; b) мелочная лавка, лавчонка; *напр.:* in dieser Budike [Butike] kannst du Zigaretten kaufen в этой лавчонке ты можешь купить сигареты

Geschäft² *см.* Sache¹
geschäftig *см.* tätig¹
geschäftlich *см.* dienstlich
Geschäftsführer *см.* Verwalter
Geschäftsmann *см.* Händler
geschätzt *см.* angesehen
geschehen происходить, случаться
geschehen — sich ereignen — sich abspielen — vorfallen — zustoßen — sich vollziehen — sich zutragen — vorgehen — vorkommen — sich begeben — begegnen — widerfahren — passieren
Синонимы данного ряда имеют примерно одно и то же значение, но различаются по употреблению

GESCHEHEN

geschehen *индифф. синоним* ⟨*может сочетаться с дополнением*⟩; *напр.*: ein Unglück, ein Unfall ist geschehen произошло несчастье, произошел несчастный случай; wie ist das geschehen? как это случилось?; es kann dir dabei nichts geschehen с тобой при этом ничего не случится; es geschah ihm nichts Böses с ним ничего плохого не случилось □ ...und die Vorstellung, was mit Fritz in diesen Tagen geschehen sein mochte, wühlte ihr das Innere hoch (*Feuchtwanger, »Exil«*) ...когда она себе представляла, что в эти дни могло случиться с Фрицем, у нее внутри все переворачивалось. Ich wollte, er wäre beredter gewesen, denn es scheinen hier seltsame Dinge zu geschehen (*Fallada, »Wolf u. Wölfen«*) Я хотел бы, чтобы он был поразговорчивее, потому что здесь, по-видимому, творятся странные вещи. sich ereignen (*о чем-л. примечательном, что происходит в течение относительно короткого времени*) ⟨*не может сочетаться с дополнением*⟩; *напр.*: auf der Sitzung ereignete sich ein kleiner Zwischenfall на заседании произошел небольшой инцидент; in meiner Anwesenheit hat sich nichts Besonderes ereignet в моем присутствии не произошло ничего особенного □ ...er... bedauerte nur, daß sich immer wieder solche Geschichten wie die Entführung dieses Journalisten Benjamin ereigneten (*Feuchtwanger, »Exil«*) ...он... только сожалел о том, что постоянно происходят такие истории, как похищение этого журналиста Беньямина. sich abspielen *подчеркивает протекание действия* (*часто сочетается с обстоятельствами и не может сочетаться с дополнением*); *напр.*: ein Kampf, ein Mord spielte sich ab разыгралась борьба, произошло убийство; das Unglück spielte sich vor unseren Augen ab несчастье произошло на наших глазах. vorfallen *о чем-л., часто неприятном, что происходит внезапно* ⟨*не может сочетаться с дополнением*⟩; *напр.*: in diesem Augenblick ist eine unangenehme Geschichte vorgefallen в этот момент произошла неприятная история □ Das geht nicht, lieber Heßling. Nach dem, was nun mal vorgefallen ist (*H. Mann, »Untertan«*) Так нельзя, дорогой Геслинг. После всего, что случилось. zustoßen *употр. тк. по отношению к лицу, когда речь идет о чем-л. неприятном, что с кем-л. случается, или об опасности, которой кто-л. подвергается* (*лицо выражено дополнением в Dat.*); *напр.*: ihm ist wohl etwas zugestoßen с ним, верно, что-нибудь случилось!; ihr ist ein großes Unglück zugestoßen с нею случилось большое несчастье □ Es ist eigentlich nicht gut vorstellbar, daß er weder Ihnen noch uns sollte Bescheid gegeben haben, wenn ihm nichts zugestoßen ist (*Feuchtwanger, »Exil«*) Собственно говоря, трудно себе представить, чтобы он ни вам, ни нам не дал о себе знать, если с ним ничего не случилось. sich vollziehen *подчеркивает завершение действия* (*не может сочетаться с дополнением*); *напр.*: die Katastrophe vollzog sich sehr rasch катастрофа произошла очень быстро. sich zutragen (*обыкн. о чем-л. значительном или загадочном*) *подчеркивает начало или протекание действия* ⟨*не может сочетаться с дополнением*⟩; *напр.*: es hat sich etwas Seltsames zugetragen случилось что-то странное; dieser Vorfall hat sich gestern zugetragen этот случай произошел вчера. vorgehen (*о чем-л. не совсем обычном*) *подчеркивает протекание действия* (*не может сочетаться с дополнением*); *напр.*: unvorhergesehene Veränderungen sind vorgegangen произошли непредвиденные изменения; seit drei Monaten gehen dort seltsame Dinge vor уже три месяца, как там происходят странные вещи. vorkommen (*часто о повторяющихся событиях, явлениях и т. п.*) ⟨*может сочетаться с дополнением, обозначающим лицо*⟩; *напр.*: Unfälle kommen in dieser Fabrik öfter vor на этой фабрике часто происходят несчастные случаи; so etwas ist mir noch nicht vorgekommen ничего подобного со мной еще не случалось. sich begeben *книжн.* (*о чем-л. важном, часто совершающемся в торжественной обстановке*) ⟨*не может сочетаться с дополнением*⟩; *напр.*: es hat sich dort etwas Außergewöhnliches begeben там случилось что-то необыкновенное; das begab sich bei der Eröffnung des Testaments это произошло при вскрытии завещания. begegnen *книжн. употр. тк. по отношению к лицу, когда речь идет о чем-л. примечательном, что происходит с кем-л.* ⟨*лицо выражено дополнением в Dat.*⟩; *напр.*: □ In jener Nacht, die ich in Goslar zubrachte, ist mir etwas höchst Seltsames begegnet. Noch immer kann ich nicht ohne Angst daran zurückdenken (*Heine, »Die Harzreise«*) В ту ночь, которую я провел в Гocлape, со мной случилось нечто весьма странное. Я все еще не могу вспоминать об этом без страха. widerfahren ≃ begegnen; *напр.*: ihm ist etwas Merkwürdiges, etwas Seltsames widerfahren с ним произошло что-то необычное, что-то странное □ Aber diese letzte blasseste Erinnerung, Unheil sei ihm widerfahren, sie war irgendwie mit Portwein verknüpft, und so hielt er sich an den Portwein (*Fallada, »Wolf u. Wölfen«*) Но это последнее очень смутное воспоминание о том, что с ним приключилась беда, как-то ассоциировалось в его мозгу с портвейном, и поэтому он продолжал пить портвейн. passieren *разг.* = geschehen *если не указано*, что происходит, предполагается, что что-л. неприятное; *напр.*: ist was passiert? что-нибудь случилось?; ein Unglück, eine lustige Geschichte ist passiert случилось несчастье, произошла забавная история; so was ist mir noch nicht passiert! такого со мной еще не случалось!; paßt auf, daß nichts passiert! будьте осторожны, чтобы ничего не случилось! □ Hatte sie sich schon damit abgefunden, daß etwas passiert war und daß Dittmann seine Hand im Spiel gehabt hatte? (*Feuchtwanger, »Exil«*) Она уже примирилась с тем, что что-то случилось и что Дитман в этом замешан? Vom Badezimmer kam Geplätscher, die Wanne lief über. Das passierte ihr sonst nie (*ebenda*) Из ванной послышалось журчание, вода перелилась через край. Этого с ней никогда не случалось

Geschehnis см. Ereignis
gescheit см. klug
Geschenk подарок
das Geschenk — das Andenken — die Gabe — das Präsent

Geschenk *индифф. синоним*; *напр.*: ein großes, kleines, wertvolles Geschenk machen сделать большой, маленький, ценный подарок; ein Buch als Geschenk erhalten получить книгу в подарок; das ist ein Geschenk für Sie это подарок для вас. Andenken подарок на память, сувенир, *напр.*: hier haben Sie ein Andenken вот вам сувенир. Gabe *высок.* дар (*обыкн. ценный подарок*); *напр.*: eine kostbare Gabe ценный дар; zum Weihnachtsfest gab es viele schöne Gaben на рождество было много хороших подарков. Präsent *книжн.* презент, подношение (*преподносимое по какому-л. поводу*); *напр.*: gestatten Sie mir, Ihnen zum Geburtstag ein kleines Präsent zu überreichen разрешите преподнести вам небольшой презент ко дню рождения

Geschichte[1] история (*ход развития чего-л., наука и дисциплина*)
die Geschichte — die Historie

Geschichte *индифф. синоним*; *напр.*: allgemeine Geschichte всеобщая история; die Geschichte der Musik, Frankreichs история музыки, Франции; das gehört der Geschichte an это принадлежит истории; er hat eine Eins in Geschichte у него пятерка по истории. Historie *книжн. редко* ≃ Geschichte, *но имеет более узкое значение* 'историческая наука'; *напр.*: □ Die alten Wälle, Türme, Mauern und Gräber waren für Karin geschichtliche Fundgruben, ihr Wissen um die Historie war unerschöpflich (*Jobst, »Der Glücksucher«*) Древние валы, башни, стены и рвы были для Карин историческими кладами, ее познания в области истории были неисчерпаемы

Geschichte[2] см. Ereignis/Erzählung/Sache[1]
Geschick см. Schicksal

geschickt ловкий, искусный
geschickt — gewandt — anstellig — handfertig

geschickt *индифф. синоним; напр.:* ein geschickter Tänzer искусный танцор; ein geschickter Junge ловкий мальчик; ein geschickter Arbeiter умелый рабочий; ein geschickter Schlosser, Arzt искусный слесарь, врач; er hat geschickte Hände у него ловкие руки; sie haben geschickt verhandelt они искусно вели переговоры; er ist zu allen körperlichen Arbeiten geschickt он ловок во всякой физической работе ◻ Dann als die kraulenden Finger lässiger wurden, schob er mit einer plötzlichen, geschickten Bewegung den Kopf zwischen Weste und Hemd und blieb so ruhend, völlig selig, des höchsten Erdenglückes wieder einmal teilhaftig geworden (*Fallada*, »*Wolf u. Wölfen*«) Затем, когда ласкающие пальцы расслабились, он (*гусь*) внезапным ловким движением просунул голову между жилеткой и рубашкой и, оставаясь в таком положении, был полон блаженства, приобщившись снова к высшему земному счастью. **gewandt** ≅ geschickt, *но больше подчеркивает опытность лица и уверенность его движений, действий и т. п.; напр.:* gewandte Umgangsformen искусное обхождение; er ist ein gewandter Tänzer, Redner он (очень) искусный танцор, оратор; er ist in allen Dingen gewandt он мастер на все руки. **anstellig** расторопный в любом деле, .ловкий; *напр.:* der Junge zeigte sich recht anstellig мальчик оказался очень ловким (и смышленым) (*пригодным для разных поручений*). **handfertig** *редко* обладающий сноровкой, искусными руками; *напр.:* geschickt und handfertig half sie ihm bei der Arbeit она ловко и сноровисто помогала ему в работе

geschliffen *см.* gewandt¹
geschlossen¹ закрытый
geschlossen — zu

geschlossen *индифф. синоним; напр.:* eine geschlossene Tür закрытая дверь; geschlossene Augen закрытые глаза; die Tür ist geschlossen дверь заперта; das Geschäft ist geschlossen магазин закрыт. **zu** *разг.* (*от* zugemacht) ≅ geschlossen (*тк. в качестве предикатива*); *напр.:* die Bäckerei ist schon zu булочная уже закрыта

geschlossen² *см.* einmütig
Geschmack вкус (*эстетический и т. п.*)
der Geschmack — der Gout

Geschmack *индифф. синоним; напр.:* einen guten, schlechten Geschmack haben обладать хорошим, плохим вкусом; sie kleidet sich mit Geschmack она одевается со вкусом; das ist nicht nach meinem Geschmack gemacht это сделано не по моему вкусу. **Gout** [gu:] *книжн. редко* ≅ Geschmack; *напр.:* sie hat einen verfeinerten Gout у нее утонченный вкус

geschmacklos¹ безвкусный (*неэстетичный*)
geschmacklos — abgeschmackt — fade — kitschig

geschmacklos *индифф. синоним; напр.:* ein geschmackloser Hut безвкусная шляпа; ein geschmackloses Gebäude безвкусное здание; geschmacklos gekleidet sein быть безвкусно одетым; geschmacklose Witze machen говорить пошлые остроты, пошло острить. **abgeschmackt, fade** безвкусный, пошлый; *напр.:* abgeschmackte [fade] Späße, Lieder пошлые шутки, песни; er redet nur fades Zeug он говорит только пошлости. **kitschig** безвкусный, слащаво-сентиментальный и аляповатый (*о произведениях искусства и т. п.*); *напр.:* eine kitschige Vase, Dekoration безвкусная ваза, декорация; kitschige Musik слащавая музыка

geschmacklos² *см.* «Приложение»
geschmackvoll *см.* elegant
geschmeidig гибкий (*о теле человека*)
geschmeidig — biegsam — schmiegsam — elastisch

geschmeidig *индифф. синоним; напр.:* ein geschmeidiger Körper гибкое тело; eine geschmeidige Gestalt гибкая фигура; geschmeidige Glieder гибкие члены; geschmeidige Bewegungen плавные движения. **biegsam** гибкий (и упругий); *напр.:* ein biegsamer Körper, Hals гибкое тело, гибкая шея; biegsame Finger гибкие пальцы. **schmiegsam** ≅ geschmeidig, *но обыкн. о всем, теле, а не его частях; напр.:* eine schmiegsame Gestalt гибкая фигура; ein schmiegsamer Körper гибкое тело. **elastisch** эластичный, упругий; *напр.:* elastische Muskeln, Bewegungen эластичные мускулы, движения; elastischer Schritt упругий [пружинистый] шаг; eine elastische Gestalt гибкая фигура; elastisch springen пружинисто прыгать

Geschmeiß *см.* Auswurf
geschmolzen *см.* flüssig
Geschmuse *см.* Liebkosung
Geschnatter *см.* Gerede
Geschoß *см.* Stockwerk
geschraubt *см.* gehoben
Geschrei¹ *см.* Schrei¹
Geschrei²: ein Geschrei erheben [machen] *см.* schreien¹
Geschwätz *см.* Gerede ¹, ²
geschwätzig *см.* gesprächig
geschwind *см.* schnell
geschwollen *см.* aufgedunsen/gehoben
Geselle *см.* junger Mann
gesellen, sich *см.* anschließen, sich¹
gesellig общительный
gesellig — umgänglich — leutselig

gesellig *индифф. синоним; напр.:* ein geselliger Mann общительный человек; ein geselliges Wesen общительная натура; er ist von Natur gesellig он по натуре общительный (человек). **umgänglich** ≅ gesellig, *но подчеркивает обходительность при общении; напр.:* er ist ein umgänglicher Mensch он общительный (и любезный) человек. **leutselig** ≅ gesellig, *но подчеркивает приветливость, часто снисходительную доброжелательность при общении с нижестоящими; напр.:* ◻ Kein Serenissimus hätte leutseliger und doch würdiger zwischen seinen Untertanen wandeln können als der alte Elias unter den Bewohnern des Dorfes, die ihn doch nichts angingen, und die er nichts anging (*Fallada*, »*Wolf u. Wölfen*«) Ни один владетельный князь не смог бы быть более общительным со своими подданными и так сохранять при этом свое достоинство, как старый Элиас, когда он прогуливался среди жителей деревни, до которых, в сущности, ему не было никакого дела и которым не было никакого дела до него

Gesellschaft¹ общество (*группа собравшихся вместе людей*)
die Gesellschaft — der Umgang

Gesellschaft *индифф. синоним; напр.:* in eine lustige, langweilige, interessante Gesellschaft geraten попасть в веселое, скучное, интересное общество; man sieht sie oft in der Gesellschaft ihrer neuen Freundin ее часто видят в обществе ее новой подруги ◻ In größerer Gesellschaft besuchte er nachher Lokale, blieb aber völlig nüchtern... (*H. Mann*, »*Ehrenhandel*«) Потом он с компаниями посещал рестораны, но оставался совершенно трезвым... **Umgang** круг знакомых (*лица, с которыми поддерживаются приятельские отношения*), компания; *напр.:* angenehmer, schlechter Umgang приятная, плохая компания; außer mit dir habe ich keinen Umgang кроме тебя я ни с кем не общаюсь [не встречаюсь]; sie ist kein Umgang für dich она для тебя не компания

Gesellschaft² общество (*организация*)
die Gesellschaft — der Verein — die Vereinigung — die Gemeinschaft — der Verband — die Körperschaft

Gesellschaft *индифф. синоним; напр.:* die Gesellschaft für Deutsch-Sowjetische Freundschaft Общество германо-советской дружбы; eine Gesellschaft mit beschränkter Haftung (*сокр.* GmbH) товарищество с ограниченной ответственностью; eine wissenschaftliche, literarische Gesellschaft gründen основать научное, литературное общество. **Verein** союз; *напр.:* Verein Deutscher Ingenieure Союз немецких инженеров (*ФРГ*); eingetragener Verein зарегистрированный союз; einen Verein zur Förderung einer Sache gründen, stiften основать, учредить союз содействия чему-л. **Vereinigung, Gemeinschaft** объединение (*не имеющее твердо установленного*

GESELLSCHAFTER

числа членов, организованное на основе общности интересов его членов и имеющее относительно свободный устав); *напр.*: die Vereinigung der gegenseitigen Bauernhilfe (*сокр.* VdgB) Объединение крестьянской взаимопомощи (*ГДР*); der Vorsitzende der Gemeinschaft председатель общества; die Sportler verschiedener Gemeinschaften спортсмены различных обществ. **Verband** союз, федерация; *напр.*: Verband Deutscher Konsumgenossenschaften Союз потребительских кооперативов (*ГДР*); der Verband der Kriegsbeschädigten федерация инвалидов войны. **Körperschaft** корпорация; *напр.*: sich als geschlossene Körperschaft organisieren организовать замкнутую корпорацию

Gesellschafter *см.* Teilhaber

Gesetz закон

das **Gesetz** — die **Bestimmung** — die **Verordnung** — die **Anordnung** — der **Erlaß** — die **Verfügung** — das D e k r e t — das **Reskript** — das E d i k t

Gesetz *индифф. синоним; напр.*: ein neue, geltende Gesetz новый, действующий закон; das Gesetz über Ehescheidung закон о разводе; das Gesetz anwenden применить закон; das Gesetz tritt in Kraft закон вступает в силу; das Gesetz schreibt vor, daß... закон предписывает, чтобы...; er berief sich auf das Gesetz он сослался на закон □ Allmählich hatte sich die Moral gelockert, es war keine Schmach mehr, Gesetze zu übertreten. Es war nur eine Schmach, sich dabei erwischen zu lassen (*Fallada, »Wolf u. Wölfen«*) Постепенно моральные устои расшатались, уже не считалось позором нарушать законы. Зазорным считалось лишь попасться на этом. **Bestimmung** распоряжение (правительственного) учреждения, постановление (*регулирующее применение закона*); *напр.*: die Bestimmungen beachten, erfüllen, verletzen соблюдать, выполнять, нарушать постановления [распоряжения]. **Verordnung** распоряжение (административного учреждения, официального лица и т. п.); *напр.*: dienstliche Verordnungen erlassen издавать служебные распоряжения □ Aber nun konnten die Leute nichts mehr kaufen — und dann war der Krieg über sie hingegangen mit Tausenden von Verordnungen, die kein Mensch behalten und halten konnte... (*Fallada, »Wolf u. Wölfen«*) И вот наступило время, когда люди ничего не могли больше купить, — и затем на них обрушилась война с тысячами разных распоряжений, которых ни один человек не мог ни запомнить, ни выполнить... **Anordnung** ≅ Verordnung, *но чаще употр. по отношению к распоряжениям с ограниченным сроком и узкой сферой действия*; *напр.*: diese Anordnung wird nicht lange gelten это распоряжение не будет долго действовать; bis auf weitere Anordnung bleibt er in Moskau он остается в Москве впредь до особого распоряжения. **Erlaß** постановление верховного органа власти, имеющее силу закона; указ; *напр.*: ein amtlicher Erlaß официальное постановление; ein päpstlicher Erlaß папский указ; der Erlaß des Staatsrates постановление Государственного совета; einen Erlaß herausgeben, veröffentlichen издавать, (о)публиковать постановление [указ]. **Verfügung** постановление (*часто содержащее конкретное указание, как его следует применять*); *напр.*: Verfügungen erlassen, aufheben bestätigen, отменять постановления. **Dekret** *книжн.* декрет; *напр.*: ein Dekret verlesen, bekanntgeben прочитать, обнародовать декрет. **Reskript** *ист.* рескрипт; *напр.*: in einem Reskript des Kammergerichtes wurde Weisung gegeben, diese Verfahren beschleunigt abzuwickeln в постановлении Высшего королевского суда было дано указание рассматривать эти дела в ускоренном порядке. **Edikt** *ист.* эдикт; *напр.*: das Edikt von Nantes über die Glaubensfreiheit der Hugenotten нантский эдикт о свободе вероисповедания для гугенотов

gesetzlich законный

gesetzlich — rechtlich — gesetzmäßig — rechtmäßig — legal — legitim — rechtskräftig — rechtsgültig

Синонимы данного ряда имеют примерно одно и то же значение, но различаются по сочетаемости и употреблению

gesetzlich *индифф. синоним; напр.*: auf gesetzlichem Wege законным путем [порядком]; auf gesetzlicher Grundlage на законном основании; gesetzlich geschützt охраняемый законом; gesetzlich vorgeschrieben предписано законом; das steht mir gesetzlich zu это мне полагается по закону. **rechtlich**: ein rechtlicher Anspruch законное притязание [требование]; das ist rechtlich nicht zulässig это недопустимо по закону. **gesetzmäßig, rechtmäßig**: ein rechtmäßiger Anspruch законная претензия; ein gesetzmäßiger Eigentümer, Erbe законный владелец, наследник; das ist nicht gesetzmäßig это незаконно. **legal**: eine legale Regierung законное правительство; etw. legal erwerben приобрести что-л. легальным путем. **legitim** *книжн.*: ein legitimes Kind законный ребенок; etw. für legitim erklären считать законным что-л. Herr Buck ist der älteste unter unseren verdienten Bürgern und übt daher einen zweifellos legitimen Einfluß aus (*H. Mann, »Untertan«*) Господин Бук старейший среди наших заслуженных граждан, и потому его влияние несомненно законно. **rechtskräftig, rechtsgültig** *книжн.* подчеркивают, что что-л. действительно имеет силу закона в данный момент; *напр.*: ein rechtskräftiges [rechtsgültiges] Urteil приговор, вступивший в силу

gesetzlos *см.* ungesetzlich
gesetzmäßig *см.* gesetzlich
gesetzt *см.* gemessen/solid(e) [1]
gesetzwidrig *см.* ungesetzlich

Gesicht I лицо

das **Gesicht** — die **Physiognomie** — das **Angesicht** — das **Antlitz** — die **Fratze** — die **Visage** — die **Fresse**

Gesicht *индифф. синоним; напр.*: ein rundes, längliches, zartes, schönes, müdes Gesicht круглое, продолговатое, нежное, красивое, усталое лицо; er hat ein kluges Gesicht у него умное лицо; ihr Gesicht läuft rot an она краснеет; sein Gesicht verzerrt sich vor Schmerz его лицо искажает гримаса боли □ Das Charakteristische an ihrem Gesicht... war, daß zwischen Unterlippe und Kinn sich durchaus keine Vertiefung befand (*Th. Mann, »Buddenbrooks«*) Самым характерным в ее лице было то, что между нижней губой и подбородком не было никакого углубления. Ihr Schleier verschiebt sich und läßt ihr erhitztes Gesicht sehen (*ebenda*) Вуаль сбилась на сторону, и можно было видеть ее разгоряченное лицо. **Physiognomie** *книжн.* физиономия *обыкн. употр., когда по выражению лица судят о свойствах человека*; *напр.*: seine Physiognomie gefiel mir nicht его физиономия мне не понравилась; выражение его лица мне не понравилось □ Es waren da angenehme und konfizierte Physiognomien... (*Th. Mann, »Buddenbrooks«*) Здесь были располагающие и криминальные физиономии... **Angesicht** *тк. ед. высок.* ≅ Gesicht, *но чаще употр. в определенных сочетаниях*; *напр.*: das liebe, teure Angesicht любимое, дорогое лицо □ Der alte Buddenbrook aber sowohl wie Jean Jacques Hoffstede hatten ihn von Angesicht zu Angesicht gesehen (*Th. Mann, »Buddenbrooks«*) Старый же Будденброк, как и Жан Жак Гофштеде, видели его в лицо. Die goldne Kette gib mir nicht, | Die Kette gib den Rittern, | Vor deren kühnem Angesicht | Der Feinde Lanzen splittern (*Goethe, »Der Sänger«*) Золотую цепь мне не давай, ее ты дай рыцарям, перед лицом которых ломаются копья у врагов. **Antlitz** *б. ч. ед. поэт.* лик; *напр.*: □ ...in kleinen Schlucken trank er von seinem Kaffee, das runde, dickliche, fatal lächelnde Antlitz wirkte jetzt noch mehr wie eine betrübte Clownsmaske (*Feuchtwanger, »Exil«*) ...он пил кофе маленькими глотками, его круглое, толстощекое, зловеще улыбающееся лицо сейчас еще больше производило впечатление грустной маски клоуна. **Fratze** *разг.* рожа; *напр.*: seine Fratze kann ich nicht ausstehen я терпеть не могу его рожи; er hat eine schlaue Fratze у него хитрая

GESICHT | | GESPRÄCH

рожа □ Es ist doch erst so kurze Zeit her, daß der Pagel ihr berichtete... daß die halb närrische, halb verächtliche Fratze des Dieners der Feind gewesen war, der sie so beraubt hatte (*Fallada,* »*Wolf u. Wölfen*«) Ведь прошло совсем немного времени с тех пор, как Пагель сообщил ей... что врагом, который ее обокрал, был слуга с полудурацкой, полупрезрительной рожей. **Visage** [vi'za:ʒə] *груб. презр.* морда; *напр.*: er hat eine widerliche Visage у него противная морда □ Gedulden sie sich nur, alter Herr, es kommen auch wieder andere Zeiten. Sobald ich Reisegeld und Betriebskapital zusammen habe, schmettern wir ab. Meinen Sie, mir gefällt Ihre Kate hier so? Oder ich kann mich nicht von Ihrer Visage trennen? (*Fallada,* »*Wolf u. Wölfen*«) Имейте терпение, папаша, настанут и другие времена. Как только я сколочу деньги на дорогу и оборотный капитал, мы отчалим. Может, вы думаете, что мне так нравится ваша лачуга? Или что я никак не могу расстаться с вами и не видеть больше вашей морды? **Fresse** *груб. презр.* рыло; *напр.*: j-m in die Fresse hauen двинуть в рыло, дать в морду кому-л. □ Dann setzt er drohend hinzu: »Wenn du sie (*die Zigarette*) nicht nimmst, muß ich dir in die Fresse schlagen« (*Fallada,* »*Wolf u. Wölfen*«) Затем он добавляет угрожающе: «Если ты ее (*сигарету*) не возьмешь, мне придется дать тебе в рыло» ...schreit er an Schlüsselloch: »Mach uff ... oder ich lackier dir die Fresse, daß du nicht mehr aus den Augen kieken kannst!« (*Fallada,* »*Jeder stirbt*«) ...кричит он в замочную скважину: «Открывай ... или я так тебе набью морду, что света не взвидишь!»

Gesicht II *см.* Erscheinung [1]
Gesichtskreis кругозор, горизонт
 der **Gesichtskreis** — der **Horizont** — die **Übersicht**
Синонимы данного ряда имеют примерно одно и то же значение и расположены по степени употребительности
Gesichtskreis *индифф. синоним*; *напр.*: er hat einen engen, weiten Gesichtskreis у него узкий, широкий кругозор; das erweitert, verengt seinen Gesichtskreis это расширяет, сужает его кругозор; das liegt außerhalb meines Gesichtskreises это вне моего поля зрения. **Horizont**: einen beschränkten, weiten Horizont haben обладать узким, широким кругозором; den Horizont erweitern расширять кругозор. **Übersicht**: eine gewisse Übersicht haben обладать известным кругозором; es fehlt ihm an Übersicht у него узкий кругозор
Gesichtspunkt *см.* Meinung [1]
Gesichtswinkel *см.* Meinung [1]
Gesindel сброд
 das **Gesindel** — das **Pack** — das **Gezücht** — die **Brut**

Gesindel *индифф. синоним*; *напр.*: auf dieser Landstraße treibt sich allerhand Gesindel herum на этой загородной дороге шатается всякий сброд □ ...Hochstapler und Zuhälter, das ist das unglaubwürdigste Gesindel von der Welt! (*Fallada,* »*Wolf u. Wölfen*«) ...аферисты и сутенеры, это самый ненадежный народ на свете! **Pack** ≅ Gesindel, *но подчеркивает, что данная группа людей чем-то связана между собой*; *напр.*: dort treibt sich nachts allerlei Pack herum там ночью шатается всякий сброд; Pack schlägt sich, Pack verträgt sich *посл.* ≅ одна банда: подерутся и снова помирятся. **Gezücht** *уст.* подлый сброд, отродье; *напр.*: □ ...kein Bündnis ist mit dem Gezücht der Schlangen (*Schiller,* »*Maria Stuart*«) ...никакого союза со змеиным отродьем. **Brut** *разг.* ≅ Gezücht, *но еще подчеркивает враждебное отношение говорящего к данной категории людей*; *напр.*: eine feige, verhaßte, verwünschte Brut трусливое, ненавистное, проклятое отродье
Gesinnung *см.* Anschauung [1]
gesittet *см.* höflich
Gesittung *см.* Kultur
Gesöff *см.* Getränk
gesondert *см.* besonder
gespannt *см.* aufmerksam [1]
Gespenst привидение, призрак
 das **Gespenst** — der **Spuk** — das **Trugbild**
Gespenst *индифф. синоним*; *напр.*: Angst vor Gespenstern haben бояться привидений; er sieht überall Gespenster ему всюду мерещатся призраки □ Nur wenn der Mensch krank ist... glaubt er Gespenster zu sehen (*Heine,* »*Die Harzreise*«) Только когда человек болеет... ему кажется, что он видит привидения. **Spuk** ≅ Gespenst, *но может иметь и собир. знач., т. е. тж.* = Gespenster; *напр.*: □ Wir gingen eine Strecke zusammen, und er erzählte mir allerlei Spukgeschichten, die hübsch klingen könnten, wenn sie nicht alle darauf hinausliefen, daß es doch kein wirklicher Spuk gewesen, sondern daß... die weiße Gestalt ein Wilddieb war... und das Geräusch auf dem Boden von der Hauskatze herrührte (*Heine,* »*Die Harzreise*«) Мы прошли часть пути вместе, и он рассказывал мне разные истории с привидениями, которые могли бы быть очень недурны, если бы они все не сводились к тому, что в действительности не было никаких привидений и что белая фигура оказалась браконьером... а шум на чердаке производила кошка. **Trugbild** *книжн.* призрак, фантом, мираж; *напр.*: ein Trugbild in der Wüste мираж [видение] в пустыне
Gespiele *см.* Freund [1]
Gespött *см.* Spott
Gespräch разговор, беседа
 das **Gespräch** — der **Dialog** — das **Zwiegespräch** — die **Unterhaltung** — das **Geplauder** — die **Plauderei** — die **Unterredung** — die **Aussprache** — die **Zwiesprache** — das **Interview** — die **Konversation** — der **Diskurs**

Gespräch *индифф. синоним*; *напр.*: ein Gespräch beginnen, anknüpfen, fortsetzen, abbrechen начать, завязать, продолжить, прервать разговор; ein freundschaftliches, interessantes, dienstliches, wissenschaftliches Gespräch führen вести дружескую, интересную, деловую, научную беседу; sie konnte unserem Gespräch nicht folgen она не могла следить за ходом нашего разговора; das Gespräch dauerte zehn Minuten разговор продолжался десять минут □ Das alles hatte Herr Herbst Gesprächen entnommen (*Kellermann,* »*Der 9. November*«) Все это господин Гербст узнал из разговоров. Ich will keine gebildeten Gespräche führen... (*Fallada,* »*Wolf u. Wölfen*«) Я не хочу вести ученых разговоров... **Dialog** диалог; *напр.*: einen anregenden, amüsanten Dialog führen вести увлекательный, занятный диалог; die Dialoge dieses Stückes sind gut gelungen диалоги в этой пьесе очень удачные. **Zwiegespräch** ≅ Dialog, *но употр. реже.* **Unterhaltung** непринужденная беседа (*чаще — не затрагивающая серьезных вопросов*); *напр.*: eine lebhafte, anregende Unterhaltung оживленная, увлекательная беседа; eine geistlose Unterhaltung скучный разговор; die Unterhaltung floß munter dahin беседа протекала живо □ Er plauderte wie gewöhnlich etwas mit Niki, dem Kanarienvogel; plötzlich brach er aber die Unterhaltung ab... (*Kellermann,* »*Der 9. November*«) Он, как обычно, немного поговорил с Ники, с канарейкой; но вдруг он прервал беседу. **Geplauder** *тк. ед.* легкая, непринужденная беседа (*обыкн. на случайные темы*) *употр. без указания на тему разговора, подчеркивает процесс говорения и его непрерывность*; *напр.*: bei dem munteren Geplauder verging die Zeit sehr schnell в оживленной беседе время проходило очень быстро. **Plauderei** *б. ч. ед.*, *в отличие от* Geplauder *имеет определенную, часто серьезную, тему*; *подчеркивает больше содержание, чем процесс говорения*, *употр. с указанием на тему* (*последнее выражено предложным дополнением*); *напр.*: ich hörte die Plauderei über das neuerschienene Buch zu, aber beteiligte mich nicht daran я слушал беседу о только что появившейся новой книге, но не принимал в ней участия. **Unterredung, Aussprache** деловая беседа (*обыкн. на важную тему*); *напр.*: eine politische Unterredung [Aussprache] политическая беседа; der Lehrer führte eine Aussprache mit den Eltern der Schülerin учитель вел беседу с родителями ученицы; wir hatten mit ihm eine Unterredung unter vier Augen у нас с ним был разговор с глазу на глаз ◻ Herr von Studmann tritt ein, er ist zurückgekommen von seiner Unterredung mit Frau von Prackwitz (*Fallada*, »*Wolf u. Wölfen*«) Входит фон Штудман, он вернулся после разговора с госпожой. фон Праквиц. Ich habe gestern vormittag in einer längeren Unterredung mit Grünlich... seine Bücher gesehen... Bücher, Bethsy, zum Einrahmen! (*Th. Mann*, »*Buddenbrooks*«) Вчера утром я имел продолжительную беседу с Грюнлихом... и просмотрел его (конторские) книги... Книги, Бетси, просто загляденье! **Zwiesprache** высок. ≃ Dialog; *напр.*: täglich ging sie auf den Friedhof, um stille Zwiesprache mit dem Verstorbenen zu halten каждый день она посещала кладбище, чтобы вести безмолвные беседы с покойником. **Interview** [-vju:] *книжн.*, интервью; *напр.*: ein Interview gewähren, bringen давать, помещать интервью; der Korrespondent bat den Präsidenten um ein Interview корреспондент просил у президента интервью. **Konversation** [-v-] *книжн.* непринужденный, *часто* малосодержательный разговор в обществе (*обыкн. ведется его участниками из вежливости*); *напр.*: ◻ Ich weiß wohl, lieber Doktor, daß Sie nicht uns und unserer leichten, ich möchte sagen allzu leichten Konversation Ihre Zeit opfern... (*H. Mann*, »*Untertan*«) Я понимаю, дорогой доктор, что не нам и нашей легкой, слишком легкой беседе вы жертвуете свое время... **Diskurs** *книжн.* спор; оживленный разговор; *напр.*: ◻ Noch unlängst in einer noblen Gesellschaft verstand ich fast die Hälfte von dem Diskurs zweier deutscher Komtessen, wovon jede über vierundsechzig Jahr und eben so viele Ahnen zählte (*Heine*, »*Das Buch Le Grand*«) Еще недавно в одном высокородном обществе я понял почти половину из разговора двух немецких графинь, из которых каждая насчитывала больше шестидесяти четырех лет и столько же предков

gesprächig разговорчивый
gesprächig — mitteilsam — redelustig — redefreudig — redselig — geschwätzig — schwatzhaft

gesprächig *индифф. синоним*; *напр.*: du bist heute (nicht) sehr, ungewöhnlich gesprächig ты сегодня (не) очень, необыкновенно разговорчив; der Lehrer war heute gesprächig und erzählte uns viel Interessantes учитель был сегодня словоохотлив и рассказал нам много интересного. **mitteilsam** общительный и потому охотно вступающий в разговор *в отличие от* gesprächig *больше подчеркивает свойство характера, чем поведение в данный момент*; *напр.*: deine Schwester ist sehr mitteilsam, sie erzählt gerne alles über sich твоя сестра очень об-

щительна, она охотно о себе все рассказывает; sie ist viel zu mitteilsam für meinen Geschmack она на мой вкус слишком разговорчива. **redelustig, redefreudig** словоохотливый (*по характеру*), любящий (по)говорить; *напр.*: in unserem Abteil war ein sehr redelustiger [redefreudiger] Mann в нашем купе был очень разговорчивый человек. **redselig** многоречивый, излишне словоохотливый (*б. ч. о человеке, который склонен длинно и подробно о чем-л. рассказывать, с удовольствием слушая самого себя*); *напр.*: am Abend pflegte die redselige Wirtin von den guten alten Zeiten zu erzählen вечером словоохотливая хозяйка имела обыкновение рассказывать про добрые старые времена. **geschwätzig, schwatzhaft** болтливый; *напр.*: sie war zu geschwätzig [zu schwatzhaft], als daß man ihr hätte ein Geheimnis anvertrauen können она была слишком болтлива, чтобы ей можно было доверить тайну; der Wein machte ihn geschwätzig вино сделало его болтливым; ich kann schwatzhafte Leute nicht leiden я терпеть не могу болтливых людей

gespreizt *см.* gehoben
Gestade *см.* Ufer
die Gestalt фигура (*телосложение*)
die Gestalt — die Figur — die Statur — der Wuchs

Gestalt *индифф. синоним*; *напр.*: er hat eine schlanke, stämmige, hagere, korpulente Gestalt у него стройная, коренастая, долговязая, полная фигура; sie ist klein von Gestalt она маленького роста; у нее миниатюрная фигура; er ist dem Vater von Antlitz und Gestalt ähnlich он лицом и фигурой похож на отца ◻ Der Fabrikant Lauer hatte sich... heftig gerötet, seine gedrungene Gestalt war geschüttelt vom Zorn (*H. Mann*, »*Untertan*«) Фабрикант Лауэр... сильно покраснел, его приземистая фигура сотрясалась от гнева. **Figur** фигура, телосложение; *напр.*: sie hat eine schlanke, hübsche, untersetzte Figur у нее стройная, красивая, приземистая фигура; sie betrachtete ihre Figur im Spiegel она осмотрела свою фигуру в зеркале; das Bild stellte ein Mädchen in ganzer Figur vor на картине была изображена девушка во весь рост ◻ Es war eine dünne, merkwürdige Figur. Ein Köpfchen, sparsam bedeckt mit grauen Härchen... (*Heine*, »*Die Harzreise*«) Это была тощая, странная фигура. Головка, скупо прикрытая седыми волосиками... **Statur** ≃ Figur, *но чаще о крепком телосложении*; *напр.*: er hat eine kräftige Statur у него крепкое телосложение; er ist von untersetzter Statur у него коренастая фигура. **Wuchs** рост *подчеркивает впечатление, которое производит фигура, телосложение*; *напр.*: sie war von kleinem Wuchs она была маленького роста; er war ein Mensch von schlankem Wuchs он был строен станом

Gestalter *см.* Schöpfer [1]
Geständnis признание (вины)
das Geständnis — das Bekenntnis — die Beichte

Geständnis *индифф. синоним*; *напр.*: der Angeklagte machte ein Geständnis обвиняемый признался; er wurde zum Geständnis gezwungen его принудили признаться; er widerrief sein Geständnis он отказался от своих показаний (с признанием вины); ich muß dir das Geständnis machen, daß ich davon keine Ahnung habe я должен тебе признаться, что не имею об этом никакого представления. **Bekenntnis** ≃ Geständnis, *но чаще предполагает публичное признание своей вины*; *напр.*: er legte ein offenes Bekenntnis seiner Schuld ab он чистосердечно признался в своей вине. **Beichte** исповедь; *напр.*: zur Beichte gehen идти на исповедь; die Mutter hörte die Beichte ihres Sohnes мать слушала исповедь [признание] своего сына ◻ Die Kellner murmelten feierlich wie Priester, die die Beichte abhören (*Kellermann*, »*Der 9. November*«) Кельнеры бормотали торжественно, как священники, выслушивающие исповедь

Gestank *см.* Geruch
gestatten *см.* erlauben [1,2]
gestattet *см.* erlaubt
Geste *см.* Gebärde
gestehen — eingestehen — bekennen — beichten

gestehen *индифф. синоним*; *напр.*: der Verbrecher gestand den Mord преступник сознался в убийстве; er gestand ihr seine Liebe он признался ей в любви; ich muß gestehen, daß ich diese Ortsbezeichnung zum ersten Mal höre я должен сознаться, что впервые слышу название этой местности. **eingestehen** сознаваться в чем-л. (*сделав над собой усилие*); *напр.*: der Verbrecher hat endlich den Diebstahl eingestanden преступник наконец сознался в краже; nach langem Zögern hat er sein Vergehen eingestanden он долго не решался, но наконец сознался в своем проступке; er gestand sich ein, daß... наедине с собой он не мог не признать, что... **bekennen** полностью сознаваться в чем-л. (*б. ч. по внутреннему побуждению*); *напр.*: ich bekenne offen meine Schuld я публично (полностью) признаю свою вину; er bekannte seine Sünden он (полностью) сознался в своих грехах. **beichten** исповедоваться (*тж. перен. шутл. о несерьезных проступках*); *напр.*: er hat dem Priester alles gebeichtet он во всем исповедался священнику; beichte! Wo bist du gestern abend gewesen? признавайся! Где ты был вчера вечером?

Gesträuch *см.* Strauch
gestreng *см.* streng

Gesuch заявление (*письменная просьба*)
das Gesuch — der Antrag — die Bewerbung — die Eingabe — die Petition — die Bittschrift

Gesuch *индифф. синоним; напр.*: ein Gesuch aufsetzen, einreichen, bewilligen, ablehnen составить, подать, удовлетворить, отклонить заявление; wenn Sie den Gefangenen besuchen wollen, müssen Sie ein Gesuch einreichen если вы хотите получить свидание с заключенным, вы должны подать просьбу; ich werde beim Präsidenten ein Gesuch einreichen я подам президенту прошение. **Antrag** заявление (*часто в виде заполняемого формуляра*), написанное заявителем с целью воспользоваться своим правом на что-л., заявка; *напр.*: die Anträge werden nur bis zum ersten März berücksichtigt заявления принимаются во внимание только до первого марта; stellen Sie einen Antrag auf Urlaub, auf Fahrkostenermäßigung подайте заявление об отпуске, на льготный проезд. **Bewerbung** заявление, содержащее просьбу о приеме на работу, в учебное заведение *и т. п.*; *напр.*: Ihre Bewerbung um diese Stelle wurde vom Direktor abgelehnt ваше заявление о зачислении на это место было отклонено директором; auf die Annonce hin gingen mehrere Bewerbungen ein в ответ на опубликованное объявление поступило много заявлений. **Eingabe** заявление, содержащее предложение *или* жалобу, ходатайство, имеющее целью изменение положения заявителя; *напр.*: die Eingaben der Bürger, der Mieter заявления граждан, жильцов; eine Eingabe an ein Ministerium richten направить ходатайство в министерство. **Petition** *книжн.* петиция; *напр.*: eine Petition an die Regierung richten подать петицию правительству; als Reaktion auf die Petition der Arbeiter wurde die Verfügung wieder aufgehoben результатом петиции рабочих была отмена этого распоряжения. **Bittschrift** *уст. книжн.* прошение, челобитная; *напр.*: die Bauern faßten eine Bittschrift an den König ab крестьяне составили челобитную королю

gesucht *см.* gängig¹
gesund здоровый
gesund — wohl — drall — kernig — kerngesund — blühend

gesund *индифф. синоним; напр.*: ein gesunder Mensch здоровый человек; ein gesundes Herz здоровое сердце; ein gesunder Magen, Organismus здоровый желудок, организм; ein gesundes Aussehen здоровый вид; er ist jetzt wieder gesund он теперь снова здоров; wir sind alle gesund мы все здоровы □ ...das Etablissement versprach, seine Gäste gesund und wohlgenährt durch den Krieg zu bringen, wogegen die Gäste sich verpflichteten zu schweigen und zu zahlen (*Kellermann*, »*Der 9. November*«) ...ресторан обещал своим посетителям в продолжение всей войны сохранить их здоровыми и упитанными, в то время как его посетители обязались молчать и платить. **wohl** ≅ gesund, *но употр. тк. в определенных сочетаниях, чаще фразеологических оборотах* ⟨*тк. предикативно или как обстоятельство*⟩; *напр.*: er war krank, jetzt sieht er wieder wohl aus он был болен, а теперь он снова выглядит здоровым; wohl bekomm's! на здоровье! **drall** плотный, ядреный (*о девушке, молодой женщине*) ⟨*б. ч. атрибутивно*⟩; *напр.*: ein dralles Mädchen ядреная девка; ein dralles Gesicht толстощекое лицо. **kernig** здоровый, крепкий телом ⟨*б. ч. атрибутивно*⟩; *напр.*: ein kerniger Mann крепыш, здоровяк; er hat eine kernige Natur он здоров от природы. **kerngesund** *эмоц.-усил.* абсолютно здоровый; *напр.*: er besitzt kerngesunde Zähne у него абсолютно здоровые [крепкие] зубы; sie blieb bis in ihr hohes Alter kerngesund она до преклонного возраста была совершенно здоровой; er ist ein kerngesunder Mann он абсолютно здоровый мужчина. **blühend** цветущий ⟨*б. ч. как предикативное определение*⟩; *напр.*: sie sieht blühend aus, sie sieht aus wie das blühende Leben у нее цветущий вид

gesunden *см.* gesund werden
Gesundung *см.* Genesung
gesund werden выздоравливать
gesund werden — gesunden — genesen — aufkommen — wieder auf die Beine kommen

gesund werden *индифф. синоним; напр.*: er ist gesund geworden он выздоровел; ich wünsche Ihnen, daß Sie bald wieder gesund werden желаю вам скорее выздороветь; nach dieser schweren Krankheit wird er nicht so bald gesund werden после этой тяжелой болезни он не так скоро поправится. **gesunden** *высок.* (постепенно) поправляться после тяжелой *или* продолжительной болезни; *напр.*: nach einer schweren Krankheit langsam gesunden медленно поправляться после тяжелой болезни. **genesen** *книжн.* поправляться после (тяжелой) болезни; *напр.*: sie ist von der Lungenentzündung genesen она выздоровела после воспаления легких. **aufkommen** *разг.* подняться, оправиться (*чаще о выздоровлении после болезней или ранений, требующих длительного постельного режима*); *напр.*: von dieser Krankheit wird er kaum wieder aufkommen после этой болезни он вряд ли поднимется; wir hoffen alle, daß der Verwundete noch aufkommen wird мы все надеемся, что раненый еще поднимется □ Wieder in seinem Haus, mußte er sich ins Bett legen, er trank allerlei Tee, bald wußte man, er wird nicht mehr aufkommen (*Feuchtwanger*, »*Jud Süß*«) Вернувшись домой, он вынужден был лечь в постель, он пил настои из различных трав, но вскоре все уже знали, что он больше не поднимется. **wieder auf die Beine kommen** *разг.* ≅ aufkommen; *напр.*: wenn du dich an die Anweisungen des Arztes hältst, wirst du bestimmt bald wieder auf die Beine kommen если ты будешь соблюдать предписания врача, ты, несомненно, скоро встанешь на ноги

Getöse *см.* Lärm¹
Getränk напиток
das Getränk — der Trank — der Trunk — die Plärre — die Plörre — das Gesöff

Getränk *индифф. синоним; напр.*: ein erfrischendes, starkes, geistiges, alkoholfreies Getränk освежающий, крепкий, спиртной, безалкогольный напиток; ein warmes [heißes] Getränk zu sich nehmen выпить горячего (*кофе и т. п.*). **Trank, Trunk** *высок.* ≅ Getränk; *напр.*: □ Er setzt ihn an, er trank ihn aus; | »O Trank voll süßer Labe!.. | Ergeht's Euch wohl, so denkt an mich, | Und danket Gott so warm, als ich | Für diesen Trunk Euch danke« (*Goethe*, »*Der Sänger*«) Он поднес его к губам, он его осушил: «О напиток, полный услады!.. Если в вашем доме будет благополучие, то вспомните обо мне и благодарите бога столь же горячо, как я благодарю вас за этот напиток. **Plärre, Plörre** *н.-нем. фам.* бурда, помои (*обыкн. о слабом кофе, чае*); *напр.*: diese Plärre kann man kaum Kaffee nennen эту бурду вряд ли можно назвать кофе. **Gesöff** *груб.* пойло (*спиртной напиток низкого качества*); *напр.*: ein dünnes, scheußliches Gesöff слабое, отвратительное пойло; ist das aber ein Gesöff! вот это пойло!

getrauen, sich *см.* wagen
getrennt отдельный, раздельный
getrennt — separat — abgesondert — abgeschlossen — apart

getrennt *индифф. синоним; напр.*: sie lebt getrennt von ihrem Mann она живет отдельно от мужа; die Kinder schlafen getrennt дети спят отдельно; wir führen getrennte Kasse у нас каждый платит за себя. **separat** особый, сепаратный; *напр.*: er hat ein Zimmer mit einem separaten Eingang у него комната с отдельным входом; sie führten separate Verhandlungen они вели сепаратные переговоры. **abgesondert** обособленный; *напр.*: er lebt von allen Menschen abgesondert он живет совершенно обособленно. **abgeschlossen** изолированный; *напр.*: ich habe eine abgeschlossene Wohnung у меня отдельная [изолированная] квартира; sie führte ein ganz abgeschlossenes Leben она жила очень замкнуто. **apart** *устаревает* отдельно, разрозненно; *напр.*: wir können Ihnen diesen Band nicht apart liefern, Sie müssen das ganze Werk kaufen мы не можем вам продать этот том

отдельно, вам придется купить все произведение целиком
getreu см. genau ¹/treu
getreulich см. genau ¹/treu
geübt см. erfahren II
Gewächs см. Pflanze
gewagt см. gefährlich
Gewähr см. Sicherung
gewahren см. bemerken ¹/merken ¹
gewähren см. erfüllen ¹
gewährleisten см. einstehen/sichern
Gewährleistung см. Sicherung
Gewalt см. Kraft ¹, ², ³/Macht ¹
Gewaltherrschaft см. Tyrannei
gewaltig см. groß ¹
gewalttätig см. grausam
Gewand см. Kleidung
gewandt ¹ ловкий (*в обхождении и т. п.*)
gewandt — weltgewandt — weltmännisch — geschliffen — weltläufig
gewandt *индифф. синоним; напр.:* ein gewandter Diplomat ловкий дипломат; ein gewandtes Benehmen ловкое обращение; sie hat gewandte Manieren у нее хорошие манеры; er ist sehr gewandt und weiß mit Menschen umzugehen он очень ловок и умеет обращаться с людьми. **weltgewandt** ≅ gewandt, *но б. ч. употр. по отношению к лицу, подчеркивает умение обходиться с самыми разными людьми, умение уверенно держать себя в любой обстановке; напр.:* er ist weltgewandt он ловкий в обращении человек; sie erwies sich als eine weltgewandte Frau она оказалась женщиной, умеющей держать себя с людьми. **weltmännisch** светский *как и* gewandt, *употр. по отношению к лицу, поведению, манерам и т. п., но б. ч. о мужчинах; напр.:* er hat weltmännische Manieren он обладает светскими манерами; er benahm sich weltmännisch он вел себя как светский человек □ ...worauf er sich weltmännisch erbot, das Fräulein ein Stück zu begleiten (*H. Mann, »Untertan«*) ...после чего он галантно предложил фрейлейн сопровождать ее. **geschliffen** изысканный, тонкий *чаще употр. по отношению к манерам, поведению и т. п.; напр.:* geschliffene Manieren изысканные манеры; sein geschliffenes Benehmen machte auf alle Anwesenden einen guten Eindruck его изысканное поведение произвело на всех хорошее впечатление. **weltläufig** *высок.* ≅ weltgewandt, *но больше подчеркивает жизненный опыт много повидавшего человека; напр.:* er war ein Pastor und dabei ein weltläufiger Mann gewesen он был пастором и в то же время светским человеком
gewandt ² см. geschickt
gewärtigen см. hoffen
Gewäsch см. Gerede ¹
geweckt см. klug
Gewerbe см. Beruf
gewesen см. früher II
Gewicht см. Einfluß ²/Schwere

gewichtig см. schwer ¹/wichtig ¹
gewieft см. erfahren II/schlau
gewiegt см. erfahren II/schlau
Gewieher см. Lachen
gewillt см. geneigt ¹
Gewinn см. Einkommen ¹/Vorteil ¹
gewinnbringend см. vorteilhaft ¹
gewinnen см. erwerben ¹/siegen
gewinnend см. reizend
gewinnsüchtig см. habgierig
gewiß ¹ конечно
gewiß — sicher — sicherlich — jedenfalls — zweifellos — zweifelsohne — bestimmt — klar — todsicher
gewiß *индифф. синоним; напр.:* er kommt gewiß zu spät он, конечно, придет слишком поздно, он наверняка опоздает; das habe ich gewiß nicht getan этого я, конечно, не сделал; haben Sie diese Oper gehört? — Gewiß! вы слышали эту оперу? — Конечно! □ »Uns störst du gewiß nicht, Mama«, erklärt Pinneberg (*Fallada, »Kleiner Mann«*) «Нам ты, конечно, не мешаешь, мама», — заявляет Пиннеберг. **sicher, sicherlich** конечно, разумеется; *напр.:* hat er das gesagt? — Aber sicher! он это сказал? — Разумеется; ich werde ihn dort sicherlich finden я его там, несомненно, найду □ »Es kommt wieder was Neues.« — »Was denn? Gutes doch sicher nicht« (*Fallada, »Kleiner Mann«*) «У нас опять новости». — «Какие же? Разумеется, ничего хорошего». Wenn ich noch einen Tadel bekomme, bleibe ich sitzen, und den bekomme ich sicher (*Th. Mann, »Buddenbrooks«*) Если я получу еще одно замечание, я останусь на второй год, а его я, конечно, получу. Herr Jean Jacques Hoffstede, der Poet der Stadt, der sicherlich auch für den heutigen Tag ein paar Reime in der Tasche halte... (*ebenda*) Господин Жан Жак Гофштеде, местный поэт, наверное, и сегодняшнему дню имел стишки в кармане... **jedenfalls** во всяком случае *имеет уступительное значение; напр.:* er ist sehr erfahren, jedenfalls auf seinem Gebiet он очень опытен, во всяком случае, в своей области; wir haben alle gut gefrühstückt, ich jedenfalls мы все хорошо позавтракали, я, во всяком случае. **zweifellos, zweifelsohne** несомненно, без сомнения; *напр.:* diese Arbeit ist zweifellos [zweifelsohne] sehr gut, nützlich эта работа, без сомнения [вне всякого сомнения], очень хороша, полезна □ Aber es war doch nicht unbedingt sicher, nicht ganz und gar zweifellos! (*Th. Mann, »Buddenbrooks«*) Но это было не наверняка, не совсем бесспорно! **bestimmt** определенно; *напр.:* er kommt bestimmt zu spät он определенно опоздает. **klar** *разг.* ясное дело *употр. в ответах; напр.:* kannst du mir helfen? — Klar! можешь мне помочь? — Ясно [ясное дело, конечно]!; klar, daß du störst, geh fort! ясное дело, мешаешь, ухо-

ди! **todsicher** *разг. эмоц.-усил.* вернее верного, как пить дать (*букв.* 'верно как смерть'); *напр.:* er ist todsicher schon da он, конечно, уже там
gewiß ² см. natürlich ²
gewissenhaft см. sorgfältig
Gewissenhaftigkeit добросовестность
die **Gewissenhaftigkeit** — die **Sorgfalt** — die **Sorgfältigkeit**
Gewissenhaftigkeit *индифф. синоним; напр.:* er erledigte alles mit peinlicher Gewissenhaftigkeit он выполнил все с педантичной добросовестностью; sein Sekretär arbeitet mit der größten Gewissenhaftigkeit его секретарь работает с большой добросовестностью. **Sorgfalt** тщательность; *напр.:* es bedarf großer Sorgfalt, diese Fehler zu vermeiden требуется большая тщательность, чтобы избежать этих ошибок; meine Aufträge erfüllte er stets mit besonderer Sorgfalt мои поручения он всегда исполнял с особой тщательностью. **Sorgfältigkeit** = Sorgfalt, *но употр. реже*
gewissermaßen в известной степени
gewissermaßen — gleichsam — sozusagen
gewissermaßen *индифф. синоним; напр.:* er hat gewissermaßen recht в известной степени он прав; er fühlt, daß er gewissermaßen die Schuld trägt он чувствует себя до некоторой степени виноватым. **gleichsam** *книжн.* ≅ gewissermaßen; *напр.:* er nahm daran teil, gleichsam als Vertreter der ganzen Familie он принял в этом участие, в известной степени, как представитель семьи [как бы представляя при этом всю семью]. **sozusagen** *часто ирон.* можно сказать; *напр.:* er war sozusagen der Held des Tages он был в какой-то степени [, можно сказать ,] героем дня
Gewißheit см. Zuversicht
gewitzigt см. erfahren II
gewitzt см. erfahren II/schlau
gewöhnen приучать
gewöhnen — angewöhnen — abrichten — dressieren
gewöhnen (*j-n an etw.*) *индифф. синоним; напр.:* ich habe die Kinder an Sauberkeit und Ordnung gewöhnt я приучил детей к чистоте и порядку; er hat den Hund an sich gewöhnt он приучил к себе собаку; man muß ihn an die Arbeit gewöhnen надо приучить его к труду. **angewöhnen** (*j-m etw.*) ≅ gewöhnen ⟨*чаще с Inf.*⟩; *напр.:* ich habe ihm angewöhnt, pünktlich zu kommen я приучил его приходить вовремя. **abrichten, dressieren** (*j-n*) приучить (*животное*), натаскать; *напр.:* einen Hund für die Jagd, auf Hasen abrichten натаскивать собаку для охоты, на зайцев; diesen Bären hat man zum Tanzen abgerichtet [dressiert] этого медведя научили [выдрессировали] танцевать
gewöhnen, sich привыкать

GEWOHNHEIT

sich gewöhnen — sich angewöhnen — sich einarbeiten

sich gewöhnen (*an etw.*) *индифф. синоним; часто употр. в форме* gewöhnt sein; *напр.:* ich habe mich an diese Arbeit gewöhnt я привык к этой работе; er hat sich daran gewöhnt, spät aufzustehen он привык поздно вставать; sie hat sich an diesen Gedanken gewöhnt она свыклась с этой мыслью; wir sind an Hitze, an Frost gewöhnt мы привычны к жаре, к морозу; ich bin an einen solchen Ton nicht gewöhnt я не привык к такому тону; er hat sich an uns gewöhnt он привык к нам □ Aber ich bin es ja nun fast zwanzig Jahre gewöhnt und weiß, er denkt sich wirklich nichts dabei... (*Fallada, »Wolf u. Wölfen«*) Но я почти за двадцать лет уже привыкла к этому и знаю, что он действительно ничего такого не думает... **sich** (*D*) **angewöhnen** (*etw.*) ≅ gewöhnen, *но больше подчеркивает, что что-л. стало привычкой; напр.:* ich habe mir Pünktlichkeit angewöhnt я приучила себя к аккуратности; er hat sich das Rauchen angewöhnt он приучился курить. **sich einarbeiten** (*in etw.*) втягиваться (в какую-л. деятельность); осваиваться с чем-л.; *напр.:* nachdem ich mich eingearbeitet hatte, fiel mir die Arbeit nicht mehr schwer после того как я освоился, работа перестала для меня быть трудной; ich habe mich in die neue Methode eingearbeitet я освоился с новым методом

Gewohnheit *см.* Sitte

gewöhnlich[1] обыкновенный, обычный

gewöhnlich — alltäglich — durchschnittlich

gewöhnlich *индифф. синоним; напр.:* gewöhnliches Papier обыкновенная бумага; im gewöhnlichen Leben в обычной жизни; ein gewöhnlicher Sterblicher простой смертный; er ist kein gewöhnlicher Mensch он незаурядный человек □ Als ich erwachte, schien die Sonne wieder wie gewöhnlich durch das Fenster (*Heine, »Das Buch Le Grand«*) Когда я проснулся, солнце снова светило, как обычно, в окно. **alltäglich** обыденный, будничный; *напр.:* ein alltäglicher Mensch обычный человек; человек, каких много; ein alltägliches Ereignis обыденное происшествие; das ist ganz alltäglich, das kommt jeden Tag vor это нечто обычное, это происходит каждый день □ Es mochte sein, daß sich seine Mutter Lena, seine Schwester Elsbeth... einige Stunden freuen würden, wenn er sie aufsuchte, hernach aber würde alles wieder alltäglich werden (*Strittmatter, »Wundertäter«*) Возможно, что Лена, его мать, и Елизавета, его сестра... первые несколько часов были бы рады, если бы он их навестил; затем все стало бы будничным. **durchschnittlich** рядо-

вой, самый обычный (*по результатам, способностям и т. п.*), средний; *напр.:* er verfügt über eine durchschnittliche Begabung он обладает средними способностями; seine Leistungen sind durchschnittlich у него средние достижения [успехи]

gewöhnlich[2] заурядный

gewöhnlich — gemein — ordinär

gewöhnlich *индифф. синоним; напр.:* er ist ein ziemlich gewöhnlicher Mensch он довольно заурядный человек; sie sieht ziemlich gewöhnlich aus она выглядит довольно заурядной. **gemein** вульгарный, грубый; *напр.:* er lachte gemein он вульгарно смеялся; er hatte ein gemeines Gesicht у него было вульгарное лицо. **ordinär** ≅ gemein, *но подчеркивает непристойность чего-л.; напр.:* dieses Mädchen benimmt sich ordinär эта девушка ведет себя вульгарно; man hörte sein ordinäres Lachen слышался его грубый смех

gewöhnlich[3] *см.* üblich[1]

gewohnt *см.* üblich[1]

Gewühl *см.* Gedränge

geziemend *см.* entsprechend

geziemen, sich *см.* schicken, sich[2]

geziert *см.* steif[2]

Gezücht *см.* Gesindel

gierig жадный (*до чего-л.*), жаждущий

begehrlich — erpicht — begierig — lüstern — gierig — versessen

Синонимы данного ряда расположены по степени возрастания интенсивности признака.

begehrlich жаждущий (обладать) *употр. со словами, указывающими на способ внешнего обнаружения желания; напр.:* auf etw. begehrliche Blicke werfen бросать на что-л. жадные взгляды; sie blickte begehrlich auf den Ring она жадно глядела на кольцо. **erpicht** *употр. тк. в сочетании* erpicht sein (*auf etw.*) *обыкн. подчеркивает постоянство данного свойства как черты характера и т. п.; напр.:* auf Süßigkeiten, auf Geld erpicht sein быть падким на сладости, на деньги. **begierig** *книжн.* алчный; *напр.:* etw. mit begierigen Augen ansehen алчно смотреть на что-л.; sie ist begierig auf Neuigkeiten она жаждет новостей. **lüstern** *подчеркивает, что кто-л. пытается подавить или тайно удовлетворить свое желание приобрести что-л., насладиться чем-л.; напр.:* er betrachtete sie mit lüsternen Blicken он пожирал ее глазами, он смотрел на нее с вожделением; er ist lüstern darauf, es zu tun он жаждет это сделать. **gierig** *индифф. синоним; напр.:* gierige Blicke, Hände жадные взгляды, руки; sie aß gierig она жадно ела; sie schöpften gierig Luft они жадно вдыхали свежий воздух; der Hund begann, gierig zu trinken собака начала жадно лакать; er ist gierig nach Geld он жаден до денег; wir waren gierig nach Neuigkeiten мы

GIEßEN

жаждали новостей. **versessen** *эмоц.* одержимый *употр. тк. в сочетании* versessen sein (*auf etw.*) быть одержимым чем-л.; *напр.:* er ist ganz versessen aufs Fernsehen, aufs Schwimmen он как одержимый смотрит все телепередачи подряд, совершенно помешан на плавании; sie ist auf Neuigkeiten versessen она страстно жаждет новостей

Gierschlund *см.* Vielfraß

gießen[1] лить, наливать

gießen — eingießen — einschenken — schütten — einschütten — einflößen — zapfen — schenken

gießen *индифф. синоним; напр.:* Wasser in die Kaffeekanne, Tee in das Glas gießen налить воду в кофейник, чай в стакан; sie gießt Milch in die Milchkanne она льет [наливает] молоко в бидон; gießen Sie Wasser in die Waschschüssel, Petroleum in die Lampe налейте воду в таз, керосин в лампу □ Na, gieß schon. Die Tasse kann ruhig voll werden, das wirft mich nicht um (*Fallada, »Wolf u. Wölfen«*) Ну, наливай же. Можешь налить полную чашку, это меня не свалит с ног. **eingießen** ≅ gießen, *но употр. по отношению к жидкостям, наливаемым в небольшие или маленькие сосуды, причем* einschenken *тк. по отношению к напиткам* (*может употр. без дополнения*); *напр.:* gießen Sie den Kaffee in die Tassen ein налейте кофе в чашки; haben Sie sich schon eingegossen? вы уже себе налили?; sie schenkte den Kaffee, den Tee in die Tassen, den Wein in die Gläser ein она налила кофе, чай в чашки, вино в рюмки; du kannst dir doch selbst einschenken ты же можешь сам себе налить; das flüssige Metall wird in eine Form eingegossen жидкий металл заливают в форму □ Als sich Pagel nun ihm gegenüber hinsetzt, eine Tasse Tee einschenkt, Brot nimmt... (*Fallada, »Wolf u. Wölfen«*) Когда Пагель садится напротив него, наливает чашку чая, берет хлеб... Der Rittmeister erwidert diesen Blick finster, statt einer Antwort kippt er den zweiten Wodka und gießt sich einen dritten ein (*ebenda*) Ротмистр мрачно смотрит на него, вместо ответа он опрокидывает вторую рюмку водки и наливает себе третью. **schütten, einschütten** ≅ gießen, *но чаще употр., когда что-л. наливается энергичным движением в большие сосуды; напр.:* Wasser, Öl in die Tonne, in den Eimer (ein)schütten наливать воду, масло в бочку, в ведро; er schüttete das Wasser in Ausguß он вылил воду в раковину. **einflößen** медленно наливать, вливать (*обыкн. небольшое количество жидкости*); *напр.:* dem Kranken Arznei, Tropfen einflößen влить больному лекарство, капли. **zapfen** (медленно) наливать через узкое отверстие из большого сосуда в меньший (*обыкн.*

GIEßEN — 215 — **GLATT**

с помощью крана), нацеживать; *напр.:* Wein, Bier vom Faß zapfen нацедить вино, пиво из бочки. **schenken** *высок.* ≅ einschenken *(но не употр. без дополнения)*; *напр.:* Wein, Bier in Gläser schenken наливать вино, пиво в стаканы □ ...aus den ältesten Fässern der erlesenste Wein wurde geschenkt... *(Feuchtwanger, »Jud Süß«)* ...из самых старых бочонков наливали самое тонкое вино...

gießen [2] *см.* regnen

giftig язвительный

giftig — beißend — schneidend — bissig — gallig

giftig *индифф. синоним; напр.:* giftiger Hohn язвительная [ядовитая] насмешка; ein giftiges Lächeln язвительная улыбка; j-m giftig antworten язвительно ответить кому-л.; giftige Bemerkungen machen отпускать ядовитые [ехидные] замечания; j-m einen giftigen Blick zuwerfen бросить на кого-л. язвительный взгляд. **beißend** едкий; *напр.:* beißender Spott едкая насмешка; beißende Ironie, Kritik едкая ирония, критика. **schneidend** колкий; *напр.:* schneidender Spott колкая насмешка; schneidend antworten колко отвечать. **bissig** ехидный; *напр.:* eine bissige Bemerkung, Antwort ехидное замечание, ехидный ответ; bissige Reden ехидные речи; bissige Karikaturen злые карикатуры. **gallig** желчный; *напр.:* ein galliger Mensch желчный человек; etw. gallig sagen желчно сказать что-л.; er ließ eine gallige Bemerkung fallen он отпустил желчное замечание

gigantisch *см.* groß [1]

Gilde *см.* Innung

Gilet *см.* Weste

Gipfel *см.* Spitze

Gischt *см.* Schaum

Glanz [1] блеск, сияние

der Glanz — der Schein — der Schimmer — der Widerschein

Glanz *индифф. синоним; напр.:* heller, strahlender, matter Glanz светлый, сверкающий, матовый блеск; der Glanz von Metallen, von Edelsteinen блеск металлов, драгоценных камней; der Spiegel hat seinen Glanz verloren зеркало потускнело; wir bewunderten den Glanz der Sterne am südlichen Himmel мы восхищались сиянием звезд на южном небе; den zornigen Glanz ihrer Augen konnte er lange nicht vergessen он долго не мог забыть сердитый блеск ее глаз. **Schein** ≅ Glanz, *но чаще употр. по отношению к отраженному свету; напр.:* der Schein des Goldes, der Edelsteine блеск золота, драгоценных камней; das lackierte Kästchen hatte einen wunderbaren Schein у лаковой шкатулки был чудесный блеск; ein Schein von Glück machte sie schön она светилась счастьем, и это делало ее красивой. **Schimmer** мерцание, поблескивание; *напр.:* ein schwacher, matter Schimmer слабое, тусклое мерцание; der Schimmer des Goldes, der Sterne мерцание [поблескивание] золота, звезд; im halbdunklen Saal konnte man nur den seidenen Schimmer der Vorhänge wahrnehmen в полутемном зале можно было различить только переливчатый шелковистый блеск занавесей; der Schimmer eines Lächelns lag auf ihrem Gesicht легкая улыбка светилась на ее лице. **Widerschein** отблеск; *напр.:* der Widerschein der Sonne отблеск солнца; der Widerschein des Feuers leuchtete an der Wand отблеск огня пламенел, озаряя стену

Glanz [2] *см.* Pracht

glänzen блестеть

glänzen — schimmern — leuchten — blinken — glitzern — flirren — flimmern — blitzen — funkeln — schillern — blenden — gleißen

glänzen *индифф. синоним; напр.:* Gold, ein Ring, der Spiegel glänzt золото, кольцо, зеркало блестит; die Sterne glänzen am Himmel звезды блестят [сияют] на небе; ihre Augen glänzten vor Freude ее глаза блестели от радости; die Wohnung glänzte vor Sauberkeit квартира блестела чистотой; die Lichter des Dorfes glänzten hell огни села ярко светились □ ...wie glänzt die Sonne, | Wie lacht die Flur *(Goethe, »Mailied«)* ...как блестит солнце, как смеется луг. **schimmern** отсвечивать, матово поблескивать, переливаться матовым блеском, мерцать; *напр.:* die Perlen schimmern жемчуг (матово) блестит; ihre Haut schimmerte durch die dünnen Strümpfe ее кожа просвечивала сквозь тонкие чулки □ ...und in ihrem durchsichtigen feinen Ohr schimmerten in der Tat kleine gelbe Perlen *(Kellermann, »Der 9. November«)* ...и в ее нежном прозрачном ушке и вправду мерцали маленькие желтоватые жемчужины. **leuchten** сиять; *напр.:* die Sterne leuchten am Himmel звезды сияют на небе; die Augen der Kinder leuchteten vor Freude глаза детей сияли от радости □ Das Ägäische Meer leuchtete wie auf guten Reiseprospekten... *(Strittmatter, »Wundertäter«)* Эгейское море сияло, как на хороших туристических проспектах... **blinken** сверкать; *напр.:* die Sterne blinken am Himmel звезды сверкают на небе; in der Ferne blinkte ein Lichtchen вдали сверкал огонек; das Messer blinkte in seiner Hand нож сверкнул в его руке; ein Brillant blinkte an ihrem Finger на ее пальце сверкал бриллиант □ Wohin soll er gehen? Dann meint er, am Ende der Straße den Tschako eines Schutzmanns blinken zu sehen... *(Fallada, »Wolf u. Wölfen«)* Куда ему теперь идти? Потом ему кажется, что он видит в конце улицы сверкающий шлем полицейского... **glitzern** поблескивать, вспыхивать блестками *подчеркивает, что свет* многократно *преломляется в мелких частицах; напр.:* der Schnee, der Sand glitzert in der Sonne снег, песок поблескивает на солнце; nicht weit von uns glitzerte das Licht einer Laterne недалеко от нас поблескивал свет фонаря □ Sehen Sie, Ingo, sehen Sie nur diese Steinchen dort! Wie sie glitzern! *(Strittmatter, »Wundertäter«)* Посмотрите, Инго, вы только посмотрите на те камушки! Как они поблескивают! **flirren, flimmern** искриться; *напр.:* Kohlenstaub flirrt im Scheinwerferlicht угольная пыль искрится в свете прожектора; im Saal flimmerten Orden und Uniformen в зале рябило в глазах от блеска орденов и мундиров; die Sterne flimmerten in der klaren Nacht звезды искрились в ясной ночи □ Auf dem Kirchturmdach flimmerte die Hitze *(Strittmatter, »Wundertäter«)* Над крышей колокольни переливался горячий воздух. **blitzen** ярко сверкать; *напр.:* Silber, Kristall blitzt серебро, хрусталь сверкает; Diamanten blitzen алмазы ярко сверкают; die Waffe blitzte in der Sonne оружие сверкало на солнце; die Wohnung blitzte vor Sauberkeit квартира сверкала чистотой □ ...Ihr goldnes Geschmeide blitzet, | Sie kämmt ihr goldenes Haar *(Heine, »Lorelei«)* Ее золотое ожерелье сверкает, она расчесывает свои золотые кудри. »Es soll dein Schade nicht sein.« Die Meisterin nickte. Ihre Augen blitzten. Sie ging *(Strittmatter, »Wundertäter«)* «Ты внакладе не останешься». Хозяйка кивнула. Ее глаза сверкнули. Она удалилась. **funkeln** (переливчато) гореть, загораться; *напр.:* die Sterne funkeln am Himmel звезды горят на небе; dort funkelten die Lichter der Hauptstadt там горели огни столицы □ »Laß mich deine Muskeln befühlen«, bat die Meisterin, und dabei funkelten ihre Augen. Wie die einer spielenden Katze *(Strittmatter, »Wundertäter«)* «Позволь, я пощупаю твои мускулы», — попросила хозяйка, и при этом ее глаза загорались, как у играющей кошки. **schillern** блестеть, радужно переливаясь красками; *напр.:* die Seide schillerte in allen Regenbogenfarben шелк блестел, отливая всеми цветами радуги; die Seifenblasen schillerten in der Sonne мыльные пузыри переливались на солнце. **blenden** слепить; *напр.:* der Schnee blendete uns, die Augen снег слепил нас, глаза. **gleißen** *поэт.* ослепительно сверкать; *напр.:* die Sonne gleißt auf den Wellen солнечные блики ослепительно сверкают на волнах

glänzend *см.* blank [1] /gut [1, 3] /strahlend

glatt [1] скользкий

glatt — schlüpfrig — glitschig — rutschig

glatt *индифф. синоним; напр.:* heute ist es glatt draußen сегодня на дворе скользко; der Weg, das Pflaster ist hier glatt дорога, мостовая здесь скользкая; das Parkett ist sehr glatt паркет очень скользкий. **schlüpfrig** мокрый и скользкий (*от покрывающего слоя воды, жидкой грязи и т. п.*), ослизлый; *напр.*: schlüpfrige Wege, Stufen ослизлые дороги, ступеньки; ein schlüpfriger Boden раскисшая [ослизлая] почва; paß auf, die Fahrbahn ist schlüpfrig! будь внимателен, проезжая часть скользкая! **glitschig** *разг.* ≅ schlüpfrig; *напр.*: glitschige Sprossen ослизлые ступеньки; ein glitschiger Boden ослизлая почва □ Rollmops sah dieses poetische Wunder nicht. Für ihn waren das Dreckblätter, naß und glitschig (*Strittmatter*, »*Wundertäter*«) Рольмопс (*прозвище Роллинга*) не видел этого поэтического чуда. Для него это были грязные листья, мокрые и ослизлые. **rutschig** *фам.* ≅ glatt; *напр.*: in der Nacht fror es, darum ist es heute sehr rutschig draußen ночью был мороз, и потому сегодня на дворе очень скользко; paß auf, die Stufen sind rutschig! осторожно, ступеньки скользкие! □ So, nun hilf mir auf den Baum. Wenn der Stamm von der Nässe nicht so elend rutschig wäre, würde ich es ja auch allein schaffen (*Fallada*, »*Wolf u. Wölfen*«) Так, теперь помоги мне взобраться на дерево. Если бы ствол от сырости не был таким скользким, я бы и сам с этим справился

glatt ² *см.* flach ¹
glätten разглаживать
glätten — ebnen — planieren

glätten *индифф. синоним*; *напр.*: ein Beet, den Sand glätten выравнивать грядку, песок; der Vogel glättet seine Federn птица разглаживает свои перья; du mußt den zerknüllten Geldschein glätten расправь скомканную банкноту; manches muß im Manuskript geglättet werden кое-что в рукописи следует сгладить. **ebnen** выравнивать, разравнивать; *напр.*: das Feld, die Gartenwege, die Beete ebnen выравнивать поле, садовые дорожки, грядки; Hindernisse, Schwierigkeiten ebnen устранять препятствия, трудности. **planieren** = ebnen, *но действие производится с помощью машины*; *напр.*: das Gelände planieren планировать [выравнивать] рельеф местности; einen Platz planieren выравнивать площадку; einen Hügel planieren срывать холм

Glaube вера (*вероисповедание*)
der Glaube — die Religion — das Bekenntnis — die Konfession

Glaube *индифф. синоним*; *напр.*: der christliche, jüdische Glaube христианская, иудейская религия [вера]; die Freiheit des Glaubens свобода вероисповедания [религии]; an seinem Glauben festhalten твёрдо держаться своей веры; j-n zu einem anderen Glauben bekehren обратить кого-л. в другую веру. **Religion** религия; *напр.*: die christliche, buddhistische Religion христианская, буддийская религия; er hat keine Religion он неверующий. **Bekenntnis, Konfession** вероисповедание; *напр.*: das evangelische, katholische Bekenntnis, die evangelische, katholische Konfession евангелическое, католическое вероисповедание

glauben ¹ верить (*во что-л.*)
glauben — bekennen

glauben *индифф. синоним*; *напр.*: an Gott, an die Unsterblichkeit glauben верить в бога, в бессмертие. **bekennen** *книжн.* быть приверженцем чего-л., верующим во что-л.; *напр.*: Gott bekennen признавать [верить в] бога; einen Glauben bekennen исповедовать веру

glauben ² *см.* vermuten/vertrauen
glaubenslos *см.* unglaubig
gläubig верующий
gläubig — fromm — strenggläubig — gottesfürchtig — gottselig — frömmelnd — religiös — bigott

gläubig *индифф. синоним*; *напр.*: ein gläubiger Mensch верующий человек; eine gläubige Gemeinde верующая община; er ist gläubig он верующий. **fromm** набожный; *напр.*: ein frommer Mensch набожный человек; ein frommer Pilger богомольный странник; er ist sehr fromm он очень набожен. **strenggläubig** строго придерживающийся догматов какой-л. религии, правоверный; *напр.*: er war ein strenggläubiger Katholik он был правоверным [истым] католиком. **gottesfürchtig** *уст.* богобоязненный (*верующий в бога и строго следующий правилам религии, церкви из боязни «божьей кары»*); *напр.*: meine Großmutter war gottesfürchtig моя бабушка была богобоязненной (женщиной). **gottselig** *уст., теперь ирон.* исполненный (искреннего) религиозного рвения, благочестивый; *напр.*: die Verstorbene führte ein gottseliges Leben покойная вела благочестивую жизнь. **frömmelnd** *неодобр.* полный показного благочестия; *напр.*: eine frömmelnde Betschwester набожная святоша. **religiös** *книжн.* религиозный; *напр.*: religiöse Vorurteile религиозные предрассудки; sie ist religiös она религиозна. **bigott** *книжн. неодобр.* ханжеский; *напр.*: ein bigotter Priester священник-ханжа

glaubwürdig *см.* möglich/zuverlässig
gleich ¹ равный (*одинаковый*)
gleich — ebenbürtig — gleichwertig — adäquat

Синонимы данного ряда имеют примерно одинаковое значение, но различаются по сочетаемости и стилевой принадлежности

gleich *индифф. синоним*; *напр.*: gleiche Bedingungen schaffen создать равные условия; gleiche Rechte verlangen требовать равных прав; gleichen Lohn für gleiche Arbeit fordern требовать равной оплаты за равный труд; er ist ihm an Kraft gleich он ему равен по силе □ Es hatte einen langen Krieg auf Leben und Tod mit dem Kerl gegeben; List hatte gegen List und Gewalt gegen Gewalt gekämpft, aber es war doch ein Kampf irgendwie mit gleichen Mitteln gewesen (*Fallada*, »*Wolf u. Wölfen*«) Долго шла борьба с этим негодяем не на жизнь, а на смерть: хитрость против хитрости, насилие против насилия, но это всё же была борьба с одинаковыми средствами. **ebenbürtig** равный (*по способностям, возможностям и т. п.*), равноценный; *напр.*: ein ebenbürtiger Gegner, Rivale равный противник, соперник; er war ihm an Kraft ebenbürtig он был равен [не уступал] ему по силе. **gleichwertig** равноценный; *напр.*: ein gleichwertiger Partner равноценный партнёр; einen gleichwertigen Ersatz bekommen получить равноценную замену. **adäquat** *книжн.* адекватный; *напр.*: eine adäquate Darstellung адекватное изображение; etw. ist einer Sache adäquat что-л. адекватно чему-л.

gleich ² сейчас (*вскоре*)
gleich — umgehend — sogleich — alsbald — sofort — auf der Stelle — unmittelbar — prompt — unverzüglich — stracks

gleich *индифф. синоним*; *напр.*: warte ein wenig, ich komme gleich подожди немного, я сейчас приду; mach das bitte gleich! сделай это, пожалуйста, (прямо) сейчас!; er kommt gleich zurück он сейчас вернётся; ich werde gleich nach dem Mittagessen gehen я пойду сразу после обеда □ Tony hatte sich gleich nach Tische in ihr Schlafzimmer zurückgezogen... (*Th. Mann*, »*Buddenbrooks*«) Сейчас же после обеда Тони уединилась в спальне... Von neuem, gleich nach Beginn, schneidet ihm Hindenburg das Wort ab (*Feuchtwanger*, »*Lautensack*«) И снова, сейчас же, как только он начал, Гинденбург обрывает его на полуслове. **umgehend** незамедлительно *часто употр. в письмах, б. ч. деловых*; *напр.*: er wird Ihnen umgehend antworten он ответит с обратной почтой □ Es war ein Telegramm und lautete: »Erschreckt nicht. Komme umgehend mit Erika. Alles ist zu Ende« (*Th. Mann*, »*Buddenbrooks*«) Это была телеграмма, она гласила: «Не пугайтесь. Вслед за телеграммой приеду с Эрикой. Всё кончено». **sogleich** *часто книжн.* ≅ gleich; *напр.*: er hatte sogleich eine klare Vorstellung darüber он сразу получил об этом ясное представление □ Sie antwortete nicht sogleich, das ist nicht ihre Art... (*Feuchtwanger*, »*Lautensack*«) Она не тотчас же ответила, это не её манера... **alsbald** *устаревает* ≅ gleich *употр. тк. в повествовательном предложении*; *напр.*: ich bemerkte durch das Fenster einen Mann, der alsbald eintrat я увидел через окно человека, который тотчас же вошел. **sofort** сейчас же *подчеркивает, что что-л. должно произойти сразу же после сказанного, сделанного, и придает всему высказыванию более категорический характер; чаще, чем предыдущие синонимы, употр. в повелительных предложениях; напр.:* mach dich sofort an die Arbeit! сейчас же принимайся за работу!; ich komme sofort! я сию минуту приду!; antworte sofort! сию же минуту отвечай! □ ...und sie wollte, daß er, sowie er wieder auftauchte, dieses Land verlasse, sofort, ohne eine Minute Zögerns (*Feuchtwanger, »Lautensack«*) ...она хотела, чтобы он, как только он появится, сейчас же, не медля ни минуты, покинул эту страну. Der Krieg ging um Weißblatt. Beetz befahl, Weißblatt sofort wieder in Arrest zu stecken (*Strittmatter, »Wundertäter«*) Война шла за Вайсблата. Бетц приказал немедленно снова посадить Вайсблата в карцер. **auf der Stelle** тут же, прямо *часто употр. в повелительных предложениях; напр.:* laß mich auf der Stelle los! сейчас же оставь меня! □ Hubert, Sie gehen auf der Stelle mit den Gänsen los, oder Sie sind entlassen (*Fallada, »Wolf u. Wölfen«*) Губерт, вы немедленно отправляетесь с гусями или вы уволены. **unmittelbar** непосредственно, сразу же (после) *обыкн. употр. в повествовательных предложениях; напр.:* unmittelbar nach der Abstimmung mußte ich den Saal verlassen сразу же после голосования мне пришлось покинуть зал. **prompt** тотчас же, тут же *употр., когда в той или иной ситуации ожидается или наблюдается чья-л. быстрая реакция; напр.:* »Ich gehe ins Theater, kommst du mit?« — »Aber natürlich!« antwortete er prompt «Я иду в театр, ты пойдешь со мной?» — «Конечно», ответил он тотчас же [не задумываясь] □ »Kinder, wascht ihr euch denn nicht jeden Abend ab, wie ich es euch gesagt habe?! Warum denn nicht?« Worauf Lotte prompt in Tränen ausbricht (*Fallada, »Wolf u. Wölfen«*) «Девушки, вы разве не моете посуду каждый вечер, как я вам велела?! Почему же?» На что в ответ Лотта тотчас же заливается слезами. **unverzüglich** ≃ prompt *часто употр. при настоятельных просьбах, приглашениях сделать что-л. и т. п.; напр.:* ich bitte Sie unverzüglich zu antworten я прошу вас немедленно ответить. **stracks** *устаревает* прямо сразу; *напр.:* wir müssen stracks nach Hause laufen нам надо немедленно идти домой □ Da er aus Liebe zu ihr ein Lump geworden war, verzieh sie ihm stracks kraft ihrer Liebe sein Lumpentum (*Fallada, »Wolf u. Wölfen«*) Так как он стал подлецом из любви к ней,

она в силу своей любви тотчас же простила ему, что он подлец

gleich[3] *см.* gleichgültig[2]

gleichen быть похожим

gleichen — ähnlich sein — ähneln — ähnlich sehen

gleichen *индифф. синоним; напр.:* er gleicht seinem Vater он похож на своего отца; der Bruder und die Schwester gleichen einander gar nicht брат и сестра совершенно не похожи друг на друга □ Und wüßte ich nicht jene Jahreszahlen, wie hätte ich mich späterhin zurechtfinden wollen in dem großen Berlin, wo ein Haus dem andern gleicht wie ein Tropfen Wasser oder wie ein Grenadier dem andern... (*Heine, »Das Buch Le Grand«*) И если бы я не знал этих дат, как бы я мог впоследствии ориентироваться в большом Берлине, где один дом походит на другой как две капли воды или два гренадера... And weil sich der Mond im Wasser spiegelte, glichen die Wälder hinter den Seen den Wolkenzügen am Himmel (*Seghers, »Die Toten«*) И так как луна отражалась в воде, леса за озерами походили на гряды облаков, тянувшихся по небу. **ähnlich sein** ≃ gleichen, *но больше подчеркивает внутреннее сходство и чаще употр. по отношению к лицам, чем к неодушевленным предметам; напр.:* sie ist ihrer Mutter dem Charakter nach sehr ähnlich она по характеру очень похожа на мать □ Es war ein Bürschchen von sieben Jahren, das schon jetzt in beinahe lächerlicher Weise seinem Vater ähnlich war (*Th. Mann, »Buddenbrooks«*) Это был паренек семи лет, который уже теперь до смешного был похож на своего отца. **ähneln** напоминать кого-л., что-л., иметь сходство с кем-л., с чем-л.; *напр.:* das Bild ähnelt Gemälden von Repin эта картина похожа на картины Репина [напоминает Репина] □ Aber seine Nase war auffallend fein geschnitten, und er ähnelte in den Augen und in der Gesichtsform stark seinem Großvater (*Th. Mann, »Buddenbrooks«*) Но у него был тонко очерченный нос, а по глазам и овалу лица он очень походил на своего деда. ...betrachtete er grübelnd das Kleinste, das so blond, und daß es weißhaarig aussah, worin es dem Onkel mehr als dem Vater ähnelte (*Seghers, »Die Toten«*) ...он рассматривал, размышляя, малыша, который был так белокур, что выглядел седым, чем больше походил на дядю, нежели на отца. Wenn er auch Offizier war, so ähnelte er doch in keiner Weise den Offizieren der Reichswehr, die sie auf den Bällen in Ostade und Frankfurt zum Tanz aufgefordert hatten (*Fallada, »Wolf u. Wölfen«*) Если он и был офицером, то он все же ни в какой мере не походил на офицеров рейхсвера, которые приглашали ее танцевать на балах в Остаде и во

Франкфурте. **ähnlich sehen** ≃ gleichen, *но больше подчеркивает внешнее, бросающееся в глаза сходство людей или предметов; употр. тж. перен. по отношению к явлениям, положению вещей, с которыми связывается определенное представление; напр.:* er sieht seinem Bruder ähnlich он внешностью походит на своего брата; das sieht einem Gewitter ähnlich это похоже на грозу □ »Aber«, dachte Pagel, »es sieht dem schlimmen alten Knaben auch gar nicht ähnlich, daß er diese Sache mit dem Förster so ganz ohne weiteres anfängt (*Fallada, »Wolf u. Wölfen«*) «Но совсем не похоже на этого дурного старика, — размышлял Пагель, — чтобы он просто так начал это дело с лесничим»

gleichfalls *см.* auch[1]

gleichgültig[1] безразличный, равнодушный

gleichgültig — teilnahmslos — stumpf — kalt — indolent — apathisch

gleichgültig *индифф. синоним; напр.:* ein gleichgültiger Mensch, Schüler равнодушный человек, ученик; etw. in einem gleichgültigen Ton sagen сказать что-л. безразличным тоном; er sah dem Fußballspiel gleichgültig zu он равнодушно смотрел на игру в футбол □ Mit einer fast gleichgültigen Neugierde betrachtet sich Violet im Spiegel (*Fallada, »Wolf u. Wölfen«*) Без особого любопытства, почти равнодушно, Виолетта рассматривает себя в зеркале. Es ist ja alles Lüge und Theater, das Mädchen ist ihm so gleichgültig wie alles auf der Welt — es geht ihm doch nur um das Geld (*Fallada, »Wolf u. Wölfen«*) Это все обман и комедия, девушка ему совершенно безразлична — ему нужны только деньги. **teilnahmslos** безучастный; *напр.:* mit teilnahmsloser Miene с безучастным выражением лица, с выражением (полной) безучастности (на лице); er saß im Unterricht teilnahmslos da он безучастно сидел на занятиях □ ...sein (des Dieners) graues faltiges Gesicht sieht teilnahmslos, doch dienstbereit aus (*Fallada, »Wolf u. Wölfen«*) ...его (слуги) серое морщинистое лицо выглядит безучастным, хотя и выражает готовность к услугам. **stumpf** притупившийся (*о чувствах и т. п.*); относящийся с тупым безразличием к чему-л., отупевший (*о человеке*); *напр.:* durch viele Schicksalsschläge ist sie stumpf geworden многочисленные удары судьбы сделали ее равнодушной □ Er sah gleichmütig, stumpf durch die hohen, hellen Scheiben, vor denen Weinlaub hing... (*Fallada, »Wolf u. Wölfen«*) Он невозмутимо, тупо смотрел в высокие, светлые окна, перед которыми висели виноградные листья. **kalt** холодный *часто употр. во фразеологических оборотах; напр.:*

GLEICHGÜLTIG

weder kalt noch warm sein быть безразличным; kalt bleiben остаться равнодушным □ Sie scheinen dafür bestimmt, hinter dem Spieltisch zu stehen, böse, gierig, kalt (Fallada, »Wolf u. Wölfen«) Злые, жадные, холодные, казалось, их предназначение — стоять за игорным столом. **indolent** книжн. неодобр. безразличный, инертный; напр.: ein indolenter Mensch равнодушный [инертный] человек; ein indolentes Verhalten безразличное отношение □ Dann war er einfach ein fauler Kopf, ein indolenter Bursche, den man auf den Trab bringen mußte! (Fallada, »Wolf u. Wölfen«) Тогда, значит, он был просто лентяем, равнодушным, которого нужно было расшевелить. **apathisch** книжн. апатичный в отличие от др. синонимов данного ряда часто характеризует чье-л. болезненное состояние; напр.: ein apathischer Mensch апатичный человек; er befand sich in einem apathischen Zustand он был в апатии

gleichgültig ² безразлично, все равно

glechgültig — egal — gleich — einerlei — Wurst — wurscht — schnuppe — piepe — scheißegal

Синонимы данного ряда расположены по степени возрастания экспрессивности выражения

gleichgültig индифф. синоним; напр.: das ist mir ganz gleichgültig это мне совершенно безразлично; er tat, als wenn es ihm gleichgültig wäre будто ему это безразлично □ Zu einer andern Stunde hätte sie den Zufall begrüßt, der sie hier mit den beiden neuen Herren vom Gut zusammenführte. Aber jetzt sind sie ihr gleichgültig (Fallada, »Wolf u. Wölfen«) В другое время она обрадовалась бы случаю, который свел ее с обоими новыми господами из имения. Но сейчас они ей безразличны. »Weil Dir alles gleichgültig ist bis auf deine Rennwetterei«, antwortete sie nun doch (Fallada, »Jeder stirbt«) «Потому что тебе все безразлично, кроме твоего тотализатора на бегах», — ответила она, не удержавшись. **egal, gleich** разг. все равно; напр.: es ist mir ganz gleich [egal], ob er kommt oder nicht мне совершенно все равно, придет ли он или нет □ Dem war alles egal, der hatte keinen Funken Ehre im Leibe (Fallada, »Jeder stirbt«) Ему все было нипочем, в нем не было ни на грош чувства чести. Wenn du willst, setz dich dazu. Wenn du magst, rede, wenn du nicht magst, halt den Mund, mir ist alles egal (ebenda) Если хочешь, садись рядом. Если хочешь, говори, если не хочешь, молчи, мне все равно. **einerlei** разг. абсолютно все равно, нет разницы; напр.: es ist mir einerlei, wie er das macht мне без разницы, как он это сделает □ Man hatte zur Fahrt auch kein Geld. Es war auch einerlei, wo man war (Seghers, »Die Toten«) Для поездки не было и денег. Да и было совершенно безразлично, где находиться. **Wurst, wurscht, schnuppe, piepe** фам. наплевать; напр.: ob er dafür Geld kriegt, ist mir völlig Wurst [wurscht, schnuppe, piepe] мне совершенно наплевать, получит ли он за это деньги □ Was sein Schwiegervater, dieser lächerliche Greis von siebzig Jahren... tat, das war dem Rittmeister völlig piepe... (Fallada, »Wolf u. Wölfen«) На то, что делал его тесть, этот смешной семидесятилетний старик... ротмистру было совершенно наплевать. **scheißegal** груб. ≅ wurscht; напр.: □ »Ich bitte, Herr Geheimrat... hier vor den Leuten...« — »Die Leute sind mir scheißegal!« röchelte der Alte (Fallada, »Wolf u. Wölfen«) «Прошу вас, господин тайный советник... здесь, в присутствии людей...» — «Плевать я хотел на людей!» — прохрипел старик

gleichlautend см. «Приложение»
gleichmachen см. regeln
Gleichmut см. Fassung
gleichmütig см. ruhig ¹
gleichsam см. gewissermaßen
gleichtun см. nacheifern
gleichwertig см. gleich ¹
gleichwohl см. doch ¹
Gleisner см. Heuchler
Gleisnerei см. Heuchelei ¹
gleisnerisch см. heuchlerisch
gleißen см. glänzen
gleiten ¹ скользить

gleiten — rutschen — schlittern — glitschen

gleiten индифф. синоним; напр.: über das Eis, übers Parkett, über die Wasserfläche gleiten скользить по льду, по паркету, по поверхности воды; das Boot gleitet über die Wellen лодка скользит по волнам; der Schlitten gleitet über den Schnee сани скользят по снегу. **rutschen** скользить, не держаться чаще употр. когда скольжение является нежелательным; напр.: die Beine rutschen übers Parkett ноги скользят по паркету; die Kisten rutschten auf dem nassen Deck von einer Ecke in die andere ящики на мокрой палубе скользили из одного угла в другой; sein Koffer fiel und rutschte über den vereisten Bürgersteig его чемодан упал и заскользил [поехал] по обледенелому тротуару □ Er konnte sich nicht erklären, wie dieser Riesenhaken aus der Wand gerutscht sein sollte (Strittmatter, »Wundertäter«) Он не мог понять, каким образом этот огромный крюк мог выскользнуть из стены. **schlittern, glitschen** разг. скользить (без коньков, лыж) на льду или гладкой поверхности; напр.: in den Pausen schlitterten [glitschten] die Kinder gern auf den zugefrorenen Pfützen im Hof на переменах дети охотно скользили по замерзшим лужам во дворе

GRAB

gleiten ² см. fliegen
Glied см. «Приложение»
glitschen см. gleiten ¹
glitschig см. glatt ¹
glitzern см. glänzen
global см. allgemein ²
Glorie см. Ruhm
glotzen см. sehen ¹
Glück ¹ см. Freude ¹
Glück ²: Glück wünschen см. gratulieren
glücken см. gelingen
glücklich см. erfolgreich/freudig ¹/vorteilhaft ²
Glücklicher счастливец

der Glückliche — der Glückspilz

Glücklicher индифф. синоним; напр.: dieser Glückliche hat heute in der Lotterie gewonnen этот счастливец выиграл сегодня по лотерее; dem Glücklichen schlägt keine Stunde посл. счастливые часов не наблюдают. **Glückspilz** разг. счастливчик; напр.: so ein Glückspilz! Er hat immer Erfolg! вот счастливчик! Он всегда имеет успех!

glückselig см. freudig ¹
Glückseligkeit см. Freude ¹
Glückspilz см. Glücklicher
Glücksritter см. Abenteurer
Glückwünsche: seine Glückwünsche darbringen см. gratulieren
glühen см. brennen
Glut см. Wärme
Gnade см. Auszeichnung ¹
gnädig см. mild ²/wohlwollend
Golf см. Bucht
gönnen (,sich) см. erlauben ²
Gönner см. Beschützer
gönnerhaft см. wohlwollend
Gör см. Kind ¹
Göre см. Kind ¹/Mädchen ²
Gosche см. Mund ¹,²
Gott см. Abgott
Gottesdienst церковная служба, богослужение

der Gottesdienst — die Messe

Gottesdienst индифф. синоним; напр.: der katholische, buddhistische, griechisch-orthodoxe Gottesdienst католическая, буддийская, православная служба; der Gottesdienst beginnt um 6 Uhr церковная служба начинается в 6 часов. **Messe** месса, обедня (тк. о католической церковной службе); напр.: zur Messe gehen идти к обедне; die Messe lesen служить мессу

gottesfürchtig см. gläubig
Gotteshaus см. Kirche
Gotteslästerer см. Frevler
gotteslästerlich см. frevelhaft
Gotteslästerung см. Frevel
Gottheit см. Abgott
gottlos см. ungläubig
gottselig см. gläubig
gottverlassen см. abgelegen
Götze см. Abgott
Gourmand см. Feinschmecker
Gourmet см. Feinschmecker
Gout см. Geschmack
Gouvernante см. Erzieherin
Grab могила

das Grab — die Grube — die G r u f t

Grab индифф. синоним; напр.: ein altes, frisches, offenes, vergessenes Grab старая, свежая, открытая, забытая могила; ein Grab graben, zuschütten, schmücken копать, засыпать, украшать могилу ◻ Der Kaiser ist tot. Auf einer öden Insel... ist sein einsames Grab... (*Heine*, »*Das Buch Le Grand*«) Император мертв. На пустынном острове... находится его одинокая могила... **Grube** вырытая, открытая могила, *тж. уст.* = Grab чаще употр. *во фразеологических оборотах и народно-поэтической речи*; напр.: langsam senkten sie den Sarg in die Grube они медленно опустили гроб в могилу; in die Grube fahren *фам.* сыграть в ящик; j-n in die Grube bringen свести кого-л. в могилу. **Gruft** а) *поэт.* (открытая) могила; напр.: sie warfen Blumen auf den Sarg in der (offenen) Gruft они бросали цветы на гроб в могиле; b) гробница; напр.: alle seine Vorfahren lagen in der Gruft auf dem Dorffriedhof все его предки покоились в (фамильном) склепе на деревенском кладбище

Gräberfeld *см.* Friedhof
Grabmal *см.* Denkmal
Grabstein *см.* Denkmal
Grad *см.* Titel [1]
Gram *см.* Trauer
grämlich *см.* mürrisch
grandios *см.* groß [5]
grantig *см.* mürrisch
grapschen *см.* nehmen [3]
gräßlich *см.* schlecht [2]/schrecklich [1]
Gratifikation *см.* Lohn [2]
gratis *см.* unentgeltlich
gratulieren поздравлять (*кого-л. с чем-л.*)

gratulieren — beglückwünschen — Glück wünschen — seine Glückwünsche darbringen

Синонимы данного ряда имеют одно и то же значение, но различаются по употреблению и стилевой принадлежности

gratulieren (*j-m*) индифф. синоним; напр.: j-m zum Geburtstag, zur Genesung, zur goldenen Hochzeit, zum neuen Jahr gratulieren поздравлять кого-л. с днем рождения, с выздоровлением, с золотой свадьбой, с наступающим Новым годом; ich habe ihr mündlich, schriftlich zur Geburt der Tochter gratuliert я ее устно, письменно поздравил с рождением дочки; darf ich gratulieren? можно вас поздравить?; ich gratuliere zum bestandenen Examen поздравляю с успешной сдачей экзамена. **beglückwünschen** (*j-n*) (*не употр. без прямого дополнения, обозначающего лицо*); напр.: die Arbeiter zu ihrer Leistung beglückwünschen поздравить рабочих с их достижением; seine Freunde beglückwünschten ihn herzlich zu seiner Vermählung его друзья сердечно поздравили его с бракосочетанием ◻ Die Herren Offiziere... tranken Sekt und beglückwünschten sich gegenseitig zum glänzenden Bataillonsfest (*Strittmatter*, »*Wundertäter*«) Господа офицеры... пили шампанское и поздравляли друг друга с блестящим батальонным праздником. **Glück wünschen** (*j-m*) (*б. ч. о более торжественном устном поздравлении*); напр.: wir wünschen Ihnen von Herzen Glück мы от всего сердца вас поздравляем. **seine Glückwünsche darbringen** *высок.* (*об очень торжественном поздравлении в официальной обстановке, в адресе и т. п.*); напр.: gestatten Sie mir Ihnen, anläßlich Ihrer Verlobung meine Glückwünsche darzubringen разрешите мне принести вам свои поздравления по случаю вашего обручения

grau *см.* blaß
grauen I *см.* dämmern
grauen II *см.* fürchten
Grauen *см.* Angst [1]
grauenhaft *см.* schrecklich [1]/stark [2]
grauen, sich *см.* fürchten
grauenvoll *см.* schrecklich [1]
graulen *см.* fürchten
graulen, sich *см.* fürchten
grausam жестокий

grausam — unnachsichtig — herzlos — mitleid(s)los — erbarmungslos — unbarmherzig — gewalttätig — brutal — grausam — schonungslos — barbarisch — unmenschlich — entmenscht — blutig — blutdürstig — tierisch — bestialisch

Синонимы данного ряда расположены по степени возрастания выражаемого признака

unnachsichtig нечуткий, не проявляющий снисхождения; напр.: mit unnachsichtiger Strenge vorgehen поступать строго, не зная снисхождения; er ist unnachsichtig gegen seine Kinder он не снисходителен к своим детям. **herzlos** бессердечный; напр.: ein herzloses Verhalten бессердечное отношение; man hat ihn herzlos behandelt с ним обошлись бессердечно. **mitleid(s)los, erbarmungslos** не знающий жалости, безжалостный; напр.: er konnte mitleid(s)los andere hungern sehen он не чувствовал жалости, глядя, как другие голодают; das Gericht war erbarmungslos суд был безжалостен ◻ »Herr Spiegel«, fuhr Studmann erbarmungslos fort... (*Fallada*, »*Wolf u. Wölfen*«) «Господин Шпигель», — продолжал Штудман безжалостно... Er wartet in aller Ruhe, bis der Förster sich vollständig verhaspelt hat, dann sagt er mitleidlos... (*ebenda*) Он спокойно ждет, пока лесничий окончательно не запутается, и затем безжалостно говорит... **unbarmherzig** немилосердный; напр.: einen Hund, ein Kind unbarmherzig schlagen немилосердно бить собаку, ребенка; so unbarmherzig kann nur eine Frau vorgehen, die nie Kinder gehabt hat так бессердечно может поступить только женщина, никогда не имевшая детей. **gewalttätig** склонный к насилию, принуждающий силой; напр.: j-n gewalttätig behandeln жестоко обращаться с кем-л.; ihr Mann war herrisch und gewalttätig ее муж был властен и жесток ◻ Aber hier zeigt es sich wieder einmal, wie gut es ist, daß Liebschner ein Hochstapler ist, also kein gewalttätiger oder rechthaberischer Mensch, sondern ein... Schlaukopf, also ein fügsamer, artiger Gefangener... (*Fallada*, »*Wolf u. Wölfen*«) Тут опять обнаружилось, как хорошо, что Либшнер — аферист, значит не какой-нибудь жестокий или упорствующий на своем человек... а хитрец, следовательно, смирный и послушный заключенный. **brutal** беспощадный и грубый, способный на жестокость; напр.: einen Aufstand brutal niederschlagen беспощадно [жестоко] подавить восстание ◻ Er wollte hoch, er wollte hineinschlagen in dieses brutale hassenswerte Gesicht... (*Fallada*, »*Wolf u. Wölfen*«) Он хотел вскочить, он хотел ударить по этому жестокому, ненавистному лицу... **grausam** индифф. синоним; напр.: ein grausamer Mensch жестокий человек; eine grausame Strafe жестокое наказание; ein grausames Spiel жестокая игра; er hat sich an ihm grausam gerächt он жестоко ему отомстил; er starb eines grausamen Todes он умер мучительной смертью; der Junge quälte die Katze grausam мальчик жестоко мучил кошку ◻ Aber sie ist schon glücklich, daß er nur wieder mit ihr spricht, sie drückt seine Hand fester, diese knochige, grausame Hand... (*Fallada*, »*Wolf u. Wölfen*«) Она уже счастлива тем, что он снова с ней разговаривает, она крепче сжимает его руку, эту костлявую, жестокую руку... **schonungslos** беспощадный, лютый; напр.: ein schonungsloser Feind лютый враг; gegen diese Verbrecher ging das Gericht schonungslos vor по отношению к этим преступникам суд был беспощаден. **barbarisch** варварский; напр.: die barbarischen Verbrechen der Terroristen варварские преступления террористов. **unmenschlich, entmenscht** крайне жестокий, бесчеловечный; напр.: eine unmenschliche Behandlung бесчеловечное обращение; eine entmenschte Grausamkeit бесчеловечная жестокость; eine unmenschliche Forderung бесчеловечное требование. **blutig** кровавый, жестокий, сопровождающийся кровопролитием *употр. по отношению к действиям и событиям*; напр.: ein blutiger Kampf кровавый бой; eine blutige Abrechnung кровавая расплата. **blutdürstig** жаждущий крови, кровожадный; напр.: ein blutdürstiges Tier кровожадный зверь; ein blutdürstiger Tyrann кровожадный тиран. **tierisch** звериный (*о чувствах, поведении*); напр.: eine tierische Wut звериная ярость. **bestialisch** зверский; напр.: ein bestialischer Mörder зверский

[жестокий] убийца; j-n bestialisch ermorden зверски убить кого-л.
grausen см. fürchten
Grausen см. Angst¹
grausen, sich см. fürchten
gravitätisch см. gemessen
greifbar см. offenbar
greifen см. fassen²
greinen см. weinen
greis см. alt¹
Greißler см. Händler
grell¹ яркий, резкий
grell — schreiend — knallig
grell индифф. синоним; напр.: grelle Farben яркие [резкие] цвета; ein grelles Rot яркий красный цвет; ein grelles Licht яркий [режущий глаза] свет; die Farben des Plakats wirkten zu grell краски плаката казались слишком яркими. schreiend кричащий; напр.: schreiende Farben кричащие краски; das Grün war zu schreiend зеленый цвет был слишком кричащим. knallig разг. ≈ schreiend; напр.: die Farben der Krawatte waren knallig цвета галстука были кричащими до рези в глазах
grell² см. hell¹/schrill
Grenze¹ граница (географическая)
die Grenze — die Scheide
Grenze индифф. синоним; напр.: eine natürliche, gemeinsame Grenze естественная, общая граница; die Grenze verletzen, überschreiten нарушать, переходить границу; die Grenze verläuft an dem Fluß граница проходит по реке; dieser Wald erstreckt sich bis zur Grenze этот лес простирается до границы. Scheide высок. (разделяющий) рубеж; напр.: auf der Scheide beider Länder, Staaten на рубеже обеих стран, обоих государств
Grenze² граница (предел чего-л.)
die Grenze — die Schranke
Оба синонима часто употр. во фразеологических оборотах
Grenze индифф. синоним; напр.: alles hat seine Grenzen всему есть предел; das überschreitet alle Grenzen это переходит все границы; meine Geduld hat ihre Grenze erreicht мое терпение достигло предела; sein Leichtsinn kennt keine Grenzen его легкомыслие не знает границ. Schranke б. ч. мн. барьер; рамки; напр.: die Schranken überschreiten переходить границы; sich in den Schranken des Gesetzes halten не выходить из рамок [не преступать] закона; j-m Schranken auferlegen налагать на кого-л. ограничения; j-n in die Schranken weisen осадить [поставить на место] кого-л.
grenzen см. «Приложение»
grenzenlos см. unbegrenzt
Grenzübertritt см. Übergang¹
greulich см. schlecht²/schrecklich¹
grienen см. lächeln
griesgrämig см. mürrisch
Griff прием (способ)
der Griff — der Handgriff — der Kniff — der Kunstgriff — der Trick

Griff индифф. синоним; напр.: ein sicherer, geübter, falscher Griff уверенный, искусный, неправильный прием; er kannte bereits alle Griffe ему уже знал все приемы; er hat beim Ringen einen verbotenen Griff angewandt он применил в борьбе запрещенный прием. Handgriff профессиональный прием; напр.: die notwendigen, erforderlichen Handgriffe kennen, anwenden знать, применять необходимые, требуемые приемы. Kniff некоторая тонкость, прием, облегчающий или улучшающий работу; напр.: um mit dieser Maschine zu stricken, muß man bestimmte Kniffe kennen чтобы вязать на этой машине, нужно знать определенные приемы. Kunstgriff искусный прием; напр.: er hat mir viele Kunstgriffe gezeigt он показал мне много искусных приемов. Trick трюк; напр.: einen Trick anwenden применить трюк; hier ist ein Trick, den ich nicht verstehe здесь какой-то трюк, которого я не понимаю
Grille см. Laune¹
grillenhaft см. launenhaft
Grimasse гримаса
die Grimasse — die Fratze
Grimasse индифф. синоним; напр.: eine drollige, höhnische Grimasse смешная, злорадная гримаса; Grimassen machen, schneiden делать, строить гримасы; die Schüler schnitten einander alberne Grimassen ученики кривлялись [строили друг другу дурацкие гримасы]. Fratze разг. рожа; напр.: er verzog das Gesicht zu einer albernen Fratze он скорчил дурацкую рожу
Grimm см. Zorn
grimmig см. böse¹/sehr/stark²
grinsen см. lächeln
grob грубый (невежливый)
ungalant — respektlos — ungefällig — unhöflich — unwirsch — derb — rauh — schroff — borstig — grob — roh — barsch — saugrob
Синонимы данного ряда расположены по степени возрастания выражаемого признака
ungalant негалантный; напр.: sein Benehmen ihr gegenüber war ungalant его поведение по отношению к ней было негалантным. respektlos непочтительный; напр.: er benahm sich respektlos он вел себя непочтительно. ungefällig нелюбезный; напр.: ein ungefälliger Mensch нелюбезный человек; ungefällig antworten нелюбезно отвечать. unhöflich невежливый; напр.: eine unhöfliche Antwort невежливый ответ; ein unhöflicher Mensch невежливый человек □ ...und sprach ganz ohne jeden Rechtsgrund zu dem Schwiegersohn des Besitzers: »Stehenbleiben!« Und sprach es auch noch unhöflich (Fallada, «Wolf u. Wölfen») ...и отдал приказание «Остановиться!» без всякого на то юридического права зятю владельца имения. И произнес его к то-

му же невежливо. unwirsch ≅ unhöflich, но предполагает, что невежливость сочетается с раздражительностью, угрюмостью и т. п.; напр.: ein unwirscher Mann раздражительный человек; eine unwirsche Antwort недовольный ответ □ Meier überlegt, unwirsch sagt er: »Ich habe ein Geschäft in Frankfurt« (Fallada, »Wolf u. Wölfen«) Мейер обдумывает и говорит нелюбезно: «У меня во Франкфурте дело». derb, rauh грубоватый; напр.: ein derber [rauher] Kerl грубоватый парень; derbe Witze, Späße грубоватые остроты, шутки; rauhe Sitten грубоватые нравы. schroff резкий; напр.: eine schroffe Abweisung резкий отказ; etw. schroff von der Hand weisen наотрез отклонить что-л.; sein schroffes Benehmen stieß alle ab его резкое поведение всех оттолкнуло □ Darum winkt er dem Leutnant auch recht schroff, im Abstand zu warten... (Fallada, »Wolf u. Wölfen«) Поэтому он дает лейтенанту резким жестом понять, чтобы он ожидал на некотором расстоянии... borstig разг. ≅ schroff; напр.: eine borstige Antwort колючий ответ; sich recht borstig verhalten щетиниться. grob индифф. синоним; напр.: ein grober Mensch грубый человек; ein grobes Wort грубое слово; grobe Redensarten gebrauchen употреблять грубые выражения; j-n grob behandeln грубо обращаться с кем-л.; j-m grob erwidern грубо возражать кому-л. □ Auch, so ein junger Leutnant! Der schießt leicht mal übers Ziel hinaus. Weil er sich noch unsicher fühlt, wird er grob (Fallada, »Wolf u. Wölfen«) Ах, такой молодой лейтенант! Он легко хватает через край. Так как он чувствует себя еще неуверенно, он становится грубым. »Mein lieber Herr!« sagte der Geheimrat grob. »Glauben Sie, ich stell mich in der Mittagszeit 'ne halbe Stunde hin und quassele aus Spaß mit Ihnen?« (ebenda) «Милостивый государь! — грубо сказал тайный советник. — Не воображаете ли вы, что я стою здесь полчаса в обеденное время для того, чтобы посудачить с вами ради развлечения?!» roh ≅ grob, но подчеркивает, что грубость граничит с жестокостью, не щадит чувства окружающих; напр.: ein roher Mensch грубый человек; mit roher Gewalt kann man hier nichts erreichen грубой силой здесь ничего не добьешься; seine Worte waren roh слова были грубыми; er stieß sie roh zur Seite он грубо оттолкнул ее. barsch грубый и резкий (о манере выражаться); напр.: eine barsche Abfuhr erteilen дать грубый и резкий отпор; in barschem Ton sprechen говорить грубым, резким тоном; der Polizist gebot mit barscher Stimme: »Nicht stehenbleiben!« полицейский приказал грубым, резким голосом: «Не останавливаться!» saugrob фам.

очень грубый; *напр.:* ein saugrober Kerl очень грубый субъект; j-n saugrob behandeln обращаться с кем-л. сверх всякой меры грубо [по-свински, как последняя свинья]
Grobian *см.* Flegel
grölen *см.* schreien¹
Groll *см.* Ärger¹
grollen *см.* ärgern, sich/dröhnen
groß¹ большой *(по размеру)*
groß — mächtig — gewaltig — enorm — monumental — kolossal — riesig — ungeheuer — gigantisch
Синонимы данного ряда расположены по степени возрастания выражаемого признака, причем mächtig, gewaltig, enorm *и* riesig, kolossal *соответственно выражают приблизительно одинаковую степень*
groß *индифф. синоним; напр.:* ein großes Haus, Paket, Stück большой дом, пакет, кусок; ein großer Tisch большой стол; ein großes Buch большая книга; eine große Karte большая карта; ein großer Baum большое дерево; das Gebäude ist sehr groß здание очень большое; die deutschen Substantive schreibt man mit großen Anfangsbuchstaben немецкие существительные пишутся с большой буквы. **mächtig** могучий; *напр.:* mächtige Bäume могучие деревья; eine mächtige Gestalt могучая фигура. **gewaltig** огромный, мощный; *напр.:* gewaltige Felsen, Bäume, Bauten огромные скалы, деревья, строения. **enorm** огромный *обладает ограниченной сочетаемостью; напр.:* ein enormer Umfang чрезвычайно большой объем; eine enorme Höhe чрезвычайно большая [необычная] высота; eine enorme Entfernung огромное расстояние □ Es gab Abrechnungen ihres Vaters über den Wert der Dinge, die dieser junge Mann verkauft hatte, es gab Aufstellungen über die Beträge, die er an sie abgeführt hatte — enorme Differenzen! (*Fallada,* »*Wolf u. Wölfen*«) Там были расчеты ее отца о стоимости тех вещей, которые этот молодой человек продал, там были счета на суммы, которые он ей переводил, — чрезмерная разница! **monumental** монументальный; *напр.:* ein monumentales Gebäude, Bauwerk монументальное здание, сооружение; ein monumentales Gemälde монументальная картина. **kolossal** колоссальный; *напр.:* ein kolossales Bauwerk колоссальное сооружение □ ...und wenn jetzt die... Engländerinnen nach Düsseldorf kommen, so... gehen (*sie*) direkt nach dem Marktplatze, und betrachten die dort in der Mitte stehende schwarze, kolossale Reiterstatue (*Heine,* »*Das Buch Le Grand*«) ...а если теперь ...англичанки приезжают в Дюссельдорф, то... (*они*) прямо направляются на базарную площадь и созерцают стоящую в центре ее черную, колоссальную статую всадника. **riesig** исполинский; *напр.:* von riesigen Ausmaßen исполинских размеров; von riesiger Größe необыкновенной [гигантской] величины. **ungeheuer** чудовищный; *напр.:* eine ungeheure Tiefe, Höhe чудовищная глубина, высота □ Dies für dich getan, das um deinetwillen entbehrt, jenes durch dich verloren — und du? Dieses »Und du?« wuchs und wuchs. »Und du« wurde zu einer ungeheuren Wolke, die ihr ganzes Leben beschattete... (*Fallada,* »*Wolf u. Wölfen*«) «Это я сделала для тебя, этого ради тебя лишилась, то потеряла из-за тебя — а ты?» Это «а ты?» все росло и росло, пока не разрослось в чудовищную тучу, которая омрачила всю ее жизнь. **gigantisch** *книжн.* гигантский; *напр.:* eine Baustelle von gigantischem Ausmaß строительная площадка гигантских размеров; gigantische Schatten гигантские тени

groß² большой *(по росту),* высокий
groß — stattlich — hochgewachsen — von hohem Wuchs — hochaufgeschossen — lang — baumlang — riesig — riesenhaft — hünenhaft
Синонимы данного ряда расположены по степени возрастания выражаемого признака
groß *индифф. синоним; напр.:* sie ist groß genug она достаточно рослая; er ist sehr groß für sein Alter он очень высок для своего возраста; er ist größer als du он выше тебя; dort stand ein großer Mann там стоял высокий человек. **stattlich** рослый; *напр.:* er war ein stattlicher Mann он был рослым [статным] мужчиной. **hochgewachsen** высокий *подчеркивает пропорциональность сложения; напр.:* seine Tochter war ein schlankes hochgewachsenes Mädchen его дочь была высокой стройной девушкой. **von hohem Wuchs** *книжн.* высокого роста; *напр.:* er war breitschultrig und von hohem Wuchs он был широкоплеч и высокого роста. **hochaufgeschossen** очень высокий и худой (*обыкн. о подростках, людях молодого возраста); напр.:* ein hochaufgeschossener Junge вытянувшийся мальчик; sie ist hochaufgeschossen она не по возрасту высока. **lang** *разг.* длинный; *напр.:* ein langer Junge длинный мальчик □ Dann aber tritt einer vor und präsentiert sich, ein Mensch, der lang ist wie ein Baum... (*Th. Mann,* »*Buddenbrooks*«) Затем один выступает вперед и представляется, человек, длинный и крепкий как дерево... **baumlang** *разг.* высоченный, дюжий; *напр.:* ein baumlanger Kerl высоченный [дюжий] парень. **riesig, riesenhaft** *разг.* огромный, гигантский; *напр.:* ein riesiger Mensch человек гигантского роста, великан. **hünenhaft** исполинский, богатырский; *напр.:* ein hünenhafter Mann мужчина богатырского роста (и сложения); sein Wuchs war hü- nenhaft рост он имел (поистине) богатырский

groß³ большой *(по силе, степени проявления)*
groß — beispiellos — unbändig — unerhört — unfaßbar — höllisch — mächtig — heillos — himmelschreiend
Синонимы данного ряда, кроме индифферентного, имеют усил. значение; б. ч. употр. по отношению к отрицательным явлениям, состояниям, эмоциям и т. д. (беспорядок, страх и т. п.). Синонимы groß, beispiellos, unbändig, unerhört, unfaßbar *и* mächtig *могут употребляться также и по отношению к положительным явлениям, состояниям и т. п.*
groß *индифф. синоним; напр.:* eine große Kälte большой [сильный] холод; eine große Aufregung большое волнение; ein großer Lärm сильный шум; ein großes Unglück большое несчастье; eine große Freude большая радость; er hat großes Glück gehabt ему очень повезло; wir legen darauf großen Wert мы придаем этому большое значение. **beispiellos** беспримерный; *напр.:* beispiellose Frechheit беспримерное нахальство; beispiellose Grausamkeit беспримерная жестокость; ein beispielloser Erfolg беспримерный успех; mit beispielloser Kühnheit für etw. kämpfen бороться за что-л. с беспримерной смелостью. **unbändig** неукротимый; *напр.:* eine unbändige Wut неукротимая ярость; ein unbändiger Zorn неукротимый гнев; unbändige Freude безудержная радость. **unerhört** неслыханный; *напр.:* das ist eine unerhörte Frechheit это неслыханная дерзость; er verlangte einen unerhörten Preis он назначил неслыханную цену; der Pianist verfügt über eine unerhörte Technik пианист обладает высочайшей техникой. **unfaßbar** *напр.:* eine unfaßbare Grausamkeit непостижимая жестокость; ein unfaßbares Unglück потрясающее несчастье. **höllisch** адский; *напр.:* ein höllisches Durcheinander чертовский беспорядок; höllische Qualen адские муки; eine höllische Angst vor etw. haben бояться чего-л. как огня; es bereitete ihm ein höllisches Vergnügen, Tiere zu quälen ему доставляло адское наслаждение мучить животных. **mächtig** *разг.* страшный; *напр.:* ich habe einen mächtigen Hunger я страшно голоден; heute gibt es einen mächtigen Krach сегодня будет страшный скандал; er hat mächtiges Glück ему страшно повезло. **heillos** *разг.* ужасный, несусветный; *напр.:* ein heilloses Durcheinander ужасный [несусветный] беспорядок; eine heillose Verwirrung ужасное смятение; безнадежная путаница; eine heillose Angst haben ужасно бояться. **himmelschreiend** *разг.* вопиющий; *напр.:* ein himmelschreiendes Unrecht вопиющая несправедливость; das ist ein

himmelschreiender Mißstand это вопиющее положение [нарушение]

groß [4] большой (*по числу, количеству*)
beträchtlich — ansehnlich — erheblich — bedeutend — groß — umfangreich — immens — maximal — horrend — ungeheuer
Синонимы данного ряда расположены по степени возрастания выражаемого признака
beträchtlich порядочный, довольно большой; *напр.*: er verfügt über beträchtliche Mittel он располагает порядочными средствами; diese Firma hat beträchtliche Verluste erlitten эта фирма потерпела довольно большие убытки. **ansehnlich** немалый; *напр.*: eine ansehnliche Summe Geld немалая сумма денег; eine ansehnliche Menge немалое количество. **erheblich, bedeutend** значительный; *напр.*: ein erhebliches [bedeutendes] Vermögen значительное состояние; diese Fabrik zahlt erhebliche Zuschüsse эта фабрика платит значительные дотации ▫ »Ich weiß nicht«, meinte der Rittmeister zögernd... »Eine immerhin erhebliche Summe... Ich weiß nicht, ob das Geld...« (*Fallada*, »*Wolf u. Wölfen*«) «Я не знаю, — ответил ротмистр колеблясь... — Это все же значительная сумма... Я не знаю, будут ли деньги...» **groß** *индифф. синоним*; *напр.*: eine große Menge большое количество; der größte Teil der Bevölkerung большая часть населения; er kam mit großem Gefolge он пришел с большой свитой; er besitzt ein großes Vermögen он обладает большим состоянием ▫ Da ist ein Mann in Frankfurt, er hat einmal eine große Summe Inflationsgeld hergegeben, es wurde dafür ein Auto gekauft — nun will der Mann seine Ware haben (*Fallada*, »*Wolf u. Wölfen*«) Во Франкфурте есть человек, который однажды одолжил (*под залог ржи*) большую сумму инфляционных денег, на эти деньги был куплен автомобиль, теперь этот человек хочет получить свой товар. **umfangreich** большой, многочисленный; *напр.*: er hat umfangreiche Verbindungen у него большие связи; wir haben umfangreiche Bestellungen bekommen мы получили многочисленные заказы. **immens** *книжн.* чрезвычайно большой, непомерный; *напр.*: immense Kosten чрезмерные расходы. **maximal** максимальный; *напр.*: eine maximale Bevölkerungsmenge максимальная численность населения. **horrend, ungeheuer** *разг.* ужасный; *напр.*: das ist ein horrender [ungeheurer] Preis это ужасно высокая [чудовищная] цена; sie haben horrende Einnahmen у них безумные доходы

groß [5] большой (*по значению, важности*)
bemerkenswert — bedeutend — groß — hervorragend — eminent — überragend — unübertrefflich — grandios — erhaben
Синонимы данного ряда расположены по степени возрастания выражаемого признака
bemerkenswert заметный, достойный внимания; *напр.*: ein bemerkenswerter Erfolg, Fortschritt значительный успех, прогресс ▫ Die nächsten Sätze beider waren bemerkenswert (*Fallada*, »*Wolf u. Wölfen*«) Последующие реплики обоих были примечательными. **bedeutend** значительный; *напр.*: ein bedeutendes Ereignis значительное событие; eine bedeutende Persönlichkeit значительная личность; eine bedeutende Rolle spielen играть значительную роль. **groß** *индифф. синоним*; *напр.*: ein großer Dichter, Künstler большой [великий] поэт, художник; er besitzt ein großes Talent он обладает большим талантом; es ist sein großes Verdienst, daß... его большая заслуга в том, что...; er ist ein großer Narr он большой дурак. **hervorragend** выдающийся; *напр.*: ein hervorragender Schauspieler, Gelehrter выдающийся актер, ученый; hervorragende Leistungen выдающиеся достижения; er nimmt in der Literatur eine hervorragende Stellung ein он занимает в литературе выдающееся место. **eminent** *книжн.* ≅ hervorragend; *напр.*: eine eminente Begabung выдающееся дарование; das ist von eminenter Bedeutung это имеет выдающееся значение. **überragend** огромный, намного превосходящий (*все, всех*); *напр.*: eine überragende Rolle spielen играть огромную роль; eine überragende Begabung besitzen обладать огромным дарованием. **unübertrefflich** непревзойденный; *напр.*: eine unübertreffliche Leistung, Qualität непревзойденное достижение, качество. **grandios** грандиозный; *напр.*: ein grandioses Projekt грандиозный проект; ein grandioser Aufbau грандиозное строительство; der Sänger hatte einen grandiosen Erfolg певец имел грандиозный успех. **erhaben** *книжн.* великий, величественный; *напр.*: ein erhabener Anblick величественное зрелище; erhabene Gedanken, Gefühle высокие мысли, чувства; vom Erhabenen zum Lächerlichen ist nur ein Schritt от великого до смешного только один шаг

groß [6] большой (*обширный*)
groß — weit — ausgedehnt
groß *индифф. синоним*; *напр.*: ein großer Wald большой лес; ein großes Feld большое поле; in Finnland gibt es viele große und kleine Seen в Финляндии много больших и малых озер. **weit** обширный, широкий; *напр.*: sie fuhren an den weiten Feldern vorbei они проезжали мимо обширно раскинувшихся [раздольных] полей; weite Steppen umgeben die Stadt обширные степи окружают город. **ausgedehnt** очень большой протяженности; *напр.*: in Sibirien gibt es ausgedehnte Waldungen в Сибири имеются очень большие лесные массивы; er hat ausgedehnte Ländereien он владеет очень большими поместьями

groß [7] большой (*просторный*)
groß — geräumig
groß *индифф. синоним*; *напр.*: ein großes Zimmer большая комната; ein großer Raum большое помещение. **geräumig** ≅ groß, *но подчеркивает вместительность и обыкн. употр. по отношению к помещениям с удобной планировкой и т. п.*; *напр.*: ein geräumiges Zimmer, Haus просторная комната, просторный дом; ein geräumiger Keller просторный погреб

Großbetrieb *см.* Fabrik

Größe [1] величина, размер
die Größe — der Umfang — die Ausdehnung
Größe *индифф. синоним*; *напр.*: die Größe eines Landes размеры страны; die Größe eines Grundstückes величина [размер] земельного участка; die Größe einer Zahl величина числа; Gläser von verschiedener Größe стаканы различной величины; etw. nach der Größe ordnen располагать что-л. по размеру; das überschreitet die zulässige Größe это превышает допустимые размеры [габариты]; die Größe seines Gartens beträgt 1 Hektar размер его сада составляет один гектар. **Umfang** объем, размер; *напр.*: der Umfang seiner Stimme диапазон его голоса; der Umfang des Buches объем книги; der Umfang der Verluste размер потерь; die Arbeit nimmt größeren Umfang an работа принимает все больший объем [размах]. **Ausdehnung** протяженность, размер; *напр.*: der Überseehandel gewinnt an Ausdehnung морская торговля с заграницей расширяется

Größe [2] величина, авторитет (*о человеке*)
die Größe — die Autorität — die Kapazität
Größe *индифф. синоним*; *напр.*: in diesem Hause verkehrten viele Größen der Wissenschaft в этом доме бывали многие крупные ученые; vielleicht ist er eine zukünftige Größe auf dem Gebiet der Kunst он, возможно, будущая величина в искусстве. **Autorität** лицо, знания и мнение которого общепризнаны, авторитет; *напр.*: er ist eine Autorität auf dem Gebiet der Sprachwissenschaft он авторитет в области языкознания; sie galt als Autorität in Erziehungsfragen она считалась авторитетом в вопросах воспитания. **Kapazität** выдающийся специалист в какой-л. области; *напр.*: er ist eine Kapazität als Chirurg он является выдающимся специалистом в области хирургии; er ist eine Kapazität in der Wissenschaft [eine wissenschaftliche Kapazität] он крупная величина в науке

Größe ³ величие
die **Größe** — die **Hoheit**

Größe *индифф. синоним; напр.*: die Größe dieses Helden величие этого героя; die Größe dieser Handlung величие этого поступка; die wahre seelische Größe zeigt sich erst in der Gefahr истинное величие духа проявляется только в минуту опасности. **Hoheit** *уст. высок.* ≅ Größe; *напр.*: die Hoheit dieses Mannes beruht auf seiner Schlichtheit величие этого человека в его простоте

großherzig *см.* vornehm
Großherzigkeit *см.* Großmut
großjährig *см.* mündig
Großmaul *см.* Prahler
Großmut великодушие
die **Großmut** — die **Großherzigkeit** — die **Hochherzigkeit** — der **Edelmut** — der **Adel** — die **Erhabenheit** — der **Edelsinn**

Großmut *индифф. синоним; напр.*: gegen j-n Großmut üben проявлять по отношению к кому-л. великодушие; an j-s Großmut appellieren взывать к чьему-л. великодушию; seine Großmut wurde von allen bewundert все восхищались его великодушием. **Großherzigkeit**, **Hochherzigkeit** *книжн.* ≅ Großmut; *напр.*: in ihrem Benehmen lag Hochherzigkeit [Großherzigkeit] её поведение отличалось великодушием. **Edelmut**, **Adel** *книжн.* благородство; *напр.*: Adel der Seele, des Geistes благородство души, сердца; seinen Edelmut beweisen доказать своё благородство; j-n durch seinen Edelmut entwaffnen обезоружить кого-л. своим благородством. **Erhabenheit** *книжн.* возвышенность; *напр.*: die Erhabenheit seiner Sprache возвышенность его языка; die sittliche Erhabenheit dieses Werkes нравственная возвышенность этого произведения. **Edelsinn** *поэт.* ≅ Edelmut, Adel; *напр.*: sich an j-s Edelsinn wenden обращаться [апеллировать] к чьему-л. благородству; er ließ es nicht an Edelsinn fehlen он проявил достаточно благородства

großmütig ¹ великодушный
großmütig — **hochherzig** — **generös**

großmütig *индифф. синоним; напр.*: eine großmütige Tat великодушный поступок; ein großmütiger Mensch великодушный человек; ein großmütiger Vorschlag великодушное предложение; j-m etw. großmütig verzeihen великодушно простить кому-л. что-л. □ Oskar Lautensack ließ sich nicht lumpen, er hatte Alma großmütig mit nach Berlin genommen und ihr hier ein Geschäft gegründet (*Feuchtwanger, »Lautensack«*) Оскар Лаутензак не поскупился, он великодушно взял с собой в Берлин Альму и открыл ей здесь собственное дело. **hochherzig** *книжн.* ≅ großmütig; *напр.*: eine hochherzige Tat великодушный поступок; eine hochherzige Hilfe вели-

кодушная помощь. **generös** *высок.* благородный и щедрый; *напр.*: ein generöses Verhalten благородное поведение; er zeigte sich generös он показал себя благородным и щедрым человеком

großmütig ² *см.* selbstlos
Großsprecher *см.* Prahler
Großstadt *см.* Stadt
Großstädter *см.* Stadtbewohner
Großtuer *см.* Prahler
großtun (, sich) *см.* prahlen
großziehen ¹ растить (*детей*)
großziehen — **erziehen** — **aufziehen** — **aufpäppeln** — **durchbringen**

großziehen *индифф. синоним; напр.*: sie hat drei Kinder großgezogen она вырастила троих детей; meine Großmutter hat zwei Enkel großgezogen моя бабушка воспитала двоих внуков. **erziehen** воспитывать; *напр.*: er ist von seinen Eltern, von seinem Vormund, in einem Internat erzogen worden его воспитали родители, опекун, в интернате. **aufziehen** ≅ großziehen, *но часто о чужих детях, взятых на воспитание*; *напр.*: er hat die Kinder seines Bruders aufgezogen он вырастил детей своего брата. **aufpäppeln** *фам.* растить, заботливо ухаживая, выхаживать, выкармливать *обыкн. употр. по отношению к слабым детям или ослабевшим после болезни и т. п. лицам*; *напр.*: ein Kind aufpäppeln выхаживать [выкармливать] ребёнка; wir haben ihn mit Ziegenmilch aufgepäppelt мы отпоили его козьим молоком. **durchbringen** *разг.* поднимать, воспитывать в трудных условиях; *напр.*: sie hat ihre Kinder allein durchbringen müssen ей пришлось одной поднимать [растить] своих детей

großziehen ² растить (*животных*), выращивать (*растения*)
großziehen — **aufziehen** — **aufpäppeln** — **durchbringen**

großziehen *индифф. синоним; напр.*: dieses Jahr haben wir viele Kaninchen großgezogen в этом году мы вырастили много кроликов; das junge Reh mußte man mit der Flasche großziehen маленькую косулю нужно было растить, вскармливая из рожка. **aufziehen** ≅ großziehen, *но часто употр. по отношению к животным, которых берут в молодом возрасте для выращивания*; *напр.*: sie kaufte einen jungen Hund und zog ihn mit der Flasche auf она купила щенка и вскормила его из рожка. **aufpäppeln** *разг.* заботливо, с трудом вскармливать (*маленьких, слабых животных*); *напр.*: als das Mutterschaf gestorben war, päppelten wir die Lämmchen mühsam mit der Flasche auf когда овца пала, мы выкармливали ягнят из соски. **durchbringen** *разг.* выращивать в тяжёлых условиях; *напр.*: es gelang uns alle Blumen, nur zwei Lämmer durchzubringen нам удалось выходить (и сохранить) все цветы,

только двоих ягнят

großzügig *см.* duldsam/freigebig
grotesk *см.* lächerlich
Grube *см.* Grab/«Приложение»
grübeln *см.* nachdenken
Gruft *см.* Grab
grün *см.* unreif
Grund I ¹ *см.* Boden I ¹,²
Grund I ²: von Grund auf *см.* ganz ¹
Grund II *см.* Grundlage/Ursache
grundehrlich *см.* ehrlich ¹
gründen основывать
gründen — **bilden** — **stiften** — **etablieren**

gründen *индифф. синоним; напр.*: eine Stadt, eine Siedlung gründen основать город, поселение; eine Unternehmung gründen основать предприятие; er hat einen Verein, einen Orden, eine Zeitung gegründet он основал союз, орден, газету. **bilden** образовывать (*об общественных институтах*); *напр.*: einen Staat, einen Verein, eine Gesellschaft bilden образовать государство, союз, общество □ Aber, weißt du, wir haben hier so im geheimen eine Widerstandszelle im Betrieb gebildet, ganz klein erst, drei Männer und ich (*Fallada, »Jeder stirbt«*) Но, знаешь, мы здесь на фабрике тайно создали группу сопротивления, пока ещё совсем маленькую, я и ещё трое человек. **stiften** учреждать *употр., когда основание чего-л. связано с пожертвованием каких-л. средств*; *напр.*: einen Preis, ein Stipendium stiften учредить премию, стипендию; er hat ein Kloster gestiftet он (на свои деньги) основал монастырь. **etablieren** *книжн.* учредить, (от)крыть *обладает ограниченной сочетаемостью*; *напр.*: ein Büro, eine Fabrik etablieren открыть [основать] контору, фабрику

gründen, sich *см.* «Приложение»
grundfalsch *см.* falsch ²
Grundgesetz *см.* Verfassung ¹
Grundlage *см.* «Приложение»
grundlegend *см.* wichtig ¹
gründlich ¹ основательный (*углублённый*)
gründlich — **radikal** — **eingehend** — **einläßlich**

gründlich *индифф. синоним; напр.*: eine gründliche Überarbeitung основательная переработка; etw. gründlich kennenlernen, verändern основательно изучить, изменить что-л.; sich etw. gründlich überlegen серьёзно продумать что-л. **radikal** коренной, радикальный; *напр.*: den Plan radikal ändern изменить план коренным образом [радикально]; eine radikale Reform durchführen провести радикальную реформу. **eingehend** основательный, детальный; *напр.*: eine eingehende Untersuchung тщательное расследование; ein Gebiet eingehend studieren основательно [в деталях] изучить какую-л. область (*науки*); eine eingehende Prüfung der Lagerbestände ist notwendig тщательная инвентаризация складских запасов совершенно необходима. **einläßlich** *швейц. канц.* детальный, обстоятельный; *напр.:* etw. einläßlich beschreiben, behandeln обстоятельно описывать, обсуждать что-л.

gründlich [2] основательный, солидный
gründlich — solid(e)
gründlich *индифф. синоним; напр.;* eine gründlich ausgeführte Arbeit основательно выполненная работа; ein gründlicher Arbeiter серьезный работник, делающий все основательно; er ist nicht gründlich он человек неосновательный. **solid(e)** ≅ gründlich, *но отличается сочетаемостью; напр.:* eine solide Firma солидная фирма; eine solide Arbeit leisten качественно выполнить работу; einen soliden Eindruck machen произвести солидное впечатление

grundlos I *см.* tief [1]
grundlos II *см.* unbegründet
Grundriß *см.* Abriß
Grundsatz принцип
der Grundsatz — das P r i n z i p
Grundsatz *индифф. синоним; напр.:* er hat seine moralischen, pädagogischen Grundsätze у него есть свои нравственные, педагогические принципы; er besteht auf seinen strengen, laxen Grundsätzen он настаивает на своих строгих, шатких принципах; wir werden an unseren Grundsätzen festhalten мы будем придерживаться своих принципов ◻ Man darf dem Glück seiner Kinder nicht im Wege stehen. Dieses ist immer ein Grundsatz von mir gewesen (*Strittmatter, »Wundertäter«*) Нельзя мешать счастью своих детей. Это всегда было моим принципом. **Prinzip** *часто книжн.* ≅ Grundsatz; *напр.:* ein wichtiges Prinzip unserer Politik важный принцип нашей политики; wir werden nach unseren Prinzipien handeln мы будем действовать в соответствии с нашими принципами ◻ Ich weiß nicht, nach welchen Prinzipien die Herren (*Offiziere*) aufgefordert wurden (*Fallada, »Wolf u. Wölfen«*) Я не знаю, по какому принципу приглашали господ офицеров

grundschlecht *см.* schlecht [2]
grundverschieden *см.* verschieden
Gruppe группа
die Gruppe — die Ansammlung — der Haufen — die Schar
Gruppe *индифф. синоним; напр.:* eine Gruppe von Schülern, von Touristen, von Arbeitern, von Spaziergängern группа учеников, туристов, рабочих, гуляющих; eine Gruppe Kinder, Jugendlicher группа детей, подростков; im Foyer des Theaters bildeten sich Gruppen diskutierender Besucher в фойе театра образовались группы дискутирующих зрителей; die Studenten standen vor dem Universitätsgebäude in Gruppen zusammen студенты стояли группами перед зданием университета. **Ansammlung** скопление (*совокупность людей, собравшихся где-л., привлеченных чем-л.*), стечение народа; *напр.:* eine Ansammlung Neugieriger скопление любопытных ◻ Als... der Wagen... eine Ansammlung lärmender und vergnügter Gassenjungen passierte, flog durch das offene Fenster ein Stein herein (*Th. Mann, »Buddenbrooks«*) Когда... экипаж... проезжал мимо оравы горланящих веселых уличных мальчишек, через открытое окно влетел камень. **Haufen** куча, гурьба (*неорганизованная, довольно большая группа людей, чаще находящаяся в движении*); *напр.:* an der Unfallstelle hatte sich ein Haufen Menschen angesammelt на месте аварии собралась куча людей; die Kinder kamen aus der Schule in hellen Haufen дети возвращались из школы гурьбой. **Schar** толпа, вереница (*обыкн. находящихся в движении людей*) *б. ч. употр. с определением, с указанием, из кого именно состоит эта толпа; напр.:* um 6 Uhr abends verlassen die Arbeiter in Scharen die Fabrik в 6 часов вечера рабочие толпами покидают фабрику; Scharen von Menschen kamen zu diesem Fest толпы людей пришли на этот праздник ◻ Was da einmarschierte, war eine Schar Männer in allen Altersklassen, große und kleine, dicke und dünne... (*Fallada, »Wolf u. Wölfen«*) То, что там приближалось, маршируя, было колонной мужчин всех возрастов, среди них были высокие и низкие, толстые и худые...

gruppieren *см.* ordnen [1]
gruseln *см.* fürchten
gruseln, sich *см.* fürchten
Gruß привет
der Gruß — die E m p f e h l u n g
Gruß *индифф. синоним; напр.:* j-m einen herzlichen Gruß schicken посылать кому-л. сердечный привет; j-m einen freundschaftlichen Gruß bestellen передать кому-л. дружеский привет. **Empfehlung** *высок.* ≅ Gruß; *напр.:* eine Empfehlung ausrichten передать привет; eine Empfehlung an ihre Frau Mutter передайте, пожалуйста, (почтительнейший) привет вашей матушке

grüßen [1] здороваться
grüßen — begrüßen — nicken — zunicken — salutieren
grüßen *индифф. синоним; напр.:* ich traf ihn auf dem Gange und grüßte ihn я встретил его в коридоре и поздоровался с ним; warum grüßen Sie ihn nicht? почему вы с ним не здороваетесь?; wen hast du gegrüßt? с кем ты поздоровался?; im Vorübergehen grüßte er kühl проходя мимо, он холодно поздоровался ◻ Der Leutnant hat Glück; als er in den Gang tritt, begegnet er niemand anderem als dem Mädchen Frieda... »Tag, Friedel!« grüßt der Leutnant (*Fallada, »Wolf u. Wölfen«*) Лейтенанту везет; когда он входит в коридор, он встречает именно горничную Фриду... «Здравствуй, Фридочка!» — приветствует ее лейтенант. **begrüßen** приветствовать (прибывшего) гостя, посетителя (*обыкн. обмениваясь с пришедшим несколькими словами, сопровождая приветствие рукопожатием и т. п.*); *напр.:* eine Dame mit einem Handkuß begrüßen поздороваться с дамой, поцеловав ей руку ◻ Dann springt er (*der Rittmeister*) aber hoch, eilt auf den jungen Mann zu und begrüßt ihn in seiner Freude über diese Abwechslung sehr eifrig: »Guten Morgen, Herr Leutnant, Sie sehen, ich bin schon heute zur Stelle...« (*Fallada, »Wolf u. Wölfen«*) Тогда он (*ротмистр*) быстро вскакивает с места, спешит навстречу молодому человеку и здоровается с ним очень энергично, обрадовавшись его приходу, внесшему некоторое разнообразие: «Доброе утро, господин лейтенант, как вы видите, я уже сегодня на месте...» **nicken, zunicken** здороваться кивком головы ⟨nicken *употр. без объекта, обозначающего лицо*⟩; *напр.:* j-m freundlich zunicken поздороваться с кем-л., приветливо кивнув; er nickte schweigend (mit dem Kopf), als er uns sah он молча кивнул, увидев нас. **salutieren** отдавать кому-л. честь; *напр.:* ◻ »Lenoir«, sagt er und salutiert mit der Linken, denn in der Rechten hält er ein Bündel von fünf oder sechs silbernen Löffeln... (*Th. Mann, »Buddenbrooks«*) «Ленуар», говорит он и отдает честь левой рукой, так как в правой он держит связку, в которой пять или шесть серебряных ложек

grüßen [2] *см.* begrüßen [1]
gucken *см.* sehen [1]
guillotinieren *см.* abschlagen [2]
Gummiknüppel *см.* Stock I
Gunst [1] благосклонность
die Gunst — die Zuneigung — das Wohlwollen — die Sympathie — die H u l d
Gunst *индифф. синоним; напр.:* j-s Gunst genießen пользоваться чьей-л. благосклонностью; sich um j-s Gunst bemühen добиваться чьей-л. благосклонности; j-s Gunst verlieren лишаться чьей-л. благосклонности ◻ Er war von einer ganz ausnehmenden, grenzenlos naiven Ungerechtigkeit, und seine Gunst war hold und flatterhaft wie das Glück (*Th. Mann, »Buddenbrooks«*) Он отличался совершенно исключительной, безгранично наивной несправедливостью, и его благосклонность была столь же приятна и непостоянна, как счастье. Ein Helfer des Croupiers führte ihn — eine noch nie genossene Gunst — zu dem для него свободном Stuhl (*Fallada, »Wolf u. Wölfen«*) Помощник крупье повел его..., к столу, которую ему еще никогда не оказывали, — на специально для него освобожденное место. **Zuneigung** склонность, симпатия;

напр.: sie konnte von meiner Zuneigung zu ihr nichts wissen она ничего не могла знать о моей склонности к ней; er erwarb sich ihre Zuneigung он завоевал ее симпатию. **Wohlwollen** расположение; напр.: j-m Wohlwollen bezeigen выказывать к кому-л. расположение; Wohlwollen für j-n empfinden чувствовать к кому-л. расположение; das Wohlwollen aller genießen пользоваться всеобщим расположением. **Sympathie** по сравнению с Wohlwollen больше подчеркивает привязанность, хорошее отношение, добрые чувства к кому-л.; напр.: ich empfinde für sie eine große Sympathie я чувствую к ней большую симпатию; alle unsere Sympathien gelten den afrikanischen Völkern, die für ihre Unabhängigkeit kämpfen все наши симпатии на стороне народов Африки, борющихся за свою независимость. **Huld** книжн. устаревает, теперь часто ирон. ≈ Gunst; напр.: die Huld des Schicksals милость судьбы; was sind wir, wenn seine Huld sich von uns wendet? что будет с нами, если он лишит нас своей благосклонности?

Gunst ² см. Auszeichnung ¹
günstig ¹ благосклонный
günstig — hold
  günstig индифф. синоним; напр.: j-n für etw. günstig stimmen настроить кого-л. благосклонно в пользу чего-л.; das Glück war uns günstig счастье благоприятствовало нам; ich hoffe, daß er meine Vorschläge günstig aufnehmen wird я надеюсь, что он с одобрением отнесется к моим предложениям. **hold** высок. то же, но употр. реже, часто с отрицанием ⟨б. ч. предикативно⟩; напр.: das Glück war uns nicht hold счастье не благоприятствовало нам; er ist mir nicht hold gesinnt он ко мне не благоволит
günstig ² см. gelegen/gut ³/vorteilhaft ²
Gusche см. Mund ¹, ²
gut ¹ хороший (по качеству)
gut — vollwertig — fein — ausgezeichnet — erstklassig — vorzüglich — vortrefflich — prächtig — hervorragend — glänzend — brillant — prima — erlesen — auserlesen — extrafein — knorke
  gut индифф. синоним; напр.: gute Ware хороший товар; eine gute Arbeit хорошая работа; guter Tee хороший чай; ein guter Boden хорошая почва; eine gute Antwort хороший ответ; er schreibt, liest gut он хорошо пишет, читает; sie arbeitet gut она хорошо работает. **vollwertig** полноценный; напр.: eine vollwertige Ware полноценный товар; ein vollwertiger Ersatz полноценная замена; ein vollwertiger Arbeiter полноценный работник. **fein** очень хороший; напр.: eine feine Sorte очень хороший сорт; feine Weine тонкие вина; das schmeckt fein это очень вкусно. **ausgezeichnet** отличный; напр.: eine Ware von ausgezeichneter Qualität товар отличного качества; das Mittagessen in diesem Restaurant ist immer ausgezeichnet обед в этом ресторане всегда отличный. **erstklassig** первоклассный; напр.: ein erstklassiges Hotel первоклассная гостиница; erstklassiger Stoff первоклассный материал; der Tee ist erstklassig чай первоклассный. **vorzüglich, vortrefflich** превосходный; напр.: er ist ein vorzüglicher Schwimmer он превосходный пловец; sie sieht vorzüglich aus она превосходно выглядит; er ist ein vortrefflicher Reiter он превосходный наездник; das Parfüm riecht vortrefflich духи прекрасно пахнут □ Kann man diese Pachtsumme also schon als recht hoch bezeichnen, so könnte ja Neulohe immerhin ein so vorzügliches Gut sein, daß... *(Fallada, »Wolf u. Wölfen«)* Если и считать размер арендной платы достаточно большим, то и Нойлоэ могло быть настолько превосходным имением, что... **prächtig** замечательный; напр.: eine prächtige Arbeit замечательная работа; prächtige Arbeiter замечательные рабочие. **hervorragend** выдающийся; напр.: hervorragende Leistungen выдающиеся достижения; eine Ware von hervorragender Qualität товар исключительно хорошего качества; er ist ein hervorragender Dichter, Schauspieler он выдающийся писатель, актер. **glänzend** блестящий; напр.: er ist ein glänzender Redner он блестящий оратор; die Studenten haben die Prüfungen glänzend bestanden студенты блестяще сдали экзамены □ Herr von Prackwitz war sicher nie ein besonders glänzender, ein sehr befähigter Offizier gewesen *(Fallada, »Wolf u. Wölfen«)* Господин Праквиц, конечно, никогда не был особенно блестящим, очень способным офицером. **brillant** [-'jant] великолепный, блестящий; напр.: er besitzt ein brillantes Gedächtnis у него великолепная память; sie ist eine brillante Tänzerin она великолепная [блестящая] танцовщица. **prima** ком., тж. перен. разг. ≈ erstklassig ⟨но неизм.⟩; напр.: prima Qualität высший сорт; высшего качества; ein prima Schwimmer классный пловец, пловец экстра-класса; er ist ein prima Kerl он мировой парень. **erlesen, auserlesen** книжн. отборный; напр.: sie liefern (aus)erlesenes Obst они поставляют отборные фрукты; er hat einen (aus)erlesenen Geschmack он обладает изысканным вкусом. **extrafein** разг. наивысшего качества, экстра; напр.: das sind extrafeine Zigaretten это сигареты экстра. **knorke** разг., б. ч. берл. чудесный, отличный; напр.: unser Lehrer ist knorke у нас чудесный учитель □ Der Wagen ist knorke, Papa!.. Er ist sicher der schönste Wagen im ganzen Kreis! *(Fallada, »Wolf u. Wölfen«)* Машина чудесная, папа!.. Это, бесспорно, самая лучшая машина во всей округе!

gut ² хороший (в моральном отношении), добрый
gut — fein — herzensgut — seelengut — ausgezeichnet — vortrefflich — vorzüglich — prächtig
  gut индифф. синоним; напр.: ein guter Mensch хороший человек; ein gutes Mädchen добрая девочка; ein gutes Herz доброе сердце; eine gute Tat хороший поступок; wir brauchen einen guten Rat нам нужен добрый совет; das taten wir in bester Absicht это мы сделали с лучшими намерениями; er hat einen guten Ruf у него хорошая репутация; du hast dich nicht gut benommen ты вел себя нехорошо; er ist sehr gut он очень добр □ »Ich finde, er ist ein guter Mensch«, sagte Klothilde sanft... *(Th. Mann, »Buddenbrooks«)* «Я нахожу, что он хороший человек», — кротко заметила Клотильда. **fein** славный; напр.: er ist ein feiner Kerl он славный (парень). **herzensgut** добрый, сердечный; напр.: sie war eine herzensgute Frau она была сердечной женщиной; unsere Gastgeber sind herzensgute Menschen наши хозяева сердечные люди. **seelengut** очень добрый, добрейший; напр.: er war ein seelenguter Mensch он был добрейшим человеком. **ausgezeichnet** отличный; напр.: □ Es sind ausgezeichnete Menschen insgesamt, Menschen von Herz und Geist *(Th. Mann, »Buddenbrooks«)* Все это отличные люди, люди с умом и душой. **vortrefflich, vorzüglich** превосходный; напр.: das sind vortreffliche [vorzügliche] Menschen это превосходные люди □ Es war ein wahres Wunder... wie mancher vorzügliche Ratschlag, aus alter Erfahrung geboren, seinem Kopf entsprang *(Fallada, »Wolf u. Wölfen«)* Было просто чудом... сколько превосходных советов рождалось в его умудренной опытом голове. **prächtig** прекрасный; напр.: ihre Eltern sind prächtige Menschen ваши родители прекрасные люди

gut ³ хороший (приятный или заслуживающий одобрения)
gut — günstig — ausgezeichnet — vortrefflich — vorzüglich — trefflich — prächtig — glänzend — famos
  gut индифф. синоним; напр.: eine gute Nachricht хорошее известие; gutes Wetter хорошая погода; er macht einen guten Eindruck он производит хорошее впечатление; ein gutes neues Jahr! счастливого Нового года!; guten Morgen! доброе утро! □ Gut sehen sie aus. Ganz anderes als diese Mißgeburt, der Meier! *(Fallada, »Wolf u. Wölfen«)* Хорошо они выглядят. Совсем не то, что этот ублюдок Мейер! **günstig** благоприятный; напр.: eine günstige Witterung

благоприятная погода; ein günstiges Klima благоприятный климат □ Es ist nicht zu leugnen, diese beiden Herren hatten während der Bahnfahrt keinen allzu günstigen Eindruck von der Sophie bekommen (Fallada, »Wolf u. Wölfen«) Нельзя отрицать того, что Софи во время их совместной поездки по железной дороге произвела не слишком благоприятное впечатление на этих обоих господ. **ausgezeichnet** отличный; *напр.:* ein ausgezeichnetes Zeugnis отличное [очень хорошее] свидетельство; ein ausgezeichneter Gedanke отличная мысль □ Sie findet, ihre Beine sehen noch ausgezeichnet aus... (Fallada, »Wolf u. Wölfen«) Она находит, что ее ноги еще очень хороши... **vortrefflich, vorzüglich** превосходный; *напр.:* das ist vortrefflich! это превосходно!; das ist ein vortreffliches [vorzügliches] Buch это превосходная книга; der Wein hat uns vorzüglich geschmeckt вино имело превосходный вкус и очень нам понравилось. **trefflich** *устаревает* = vortrefflich. **prächtig** великолепный; *напр.:* wir haben heute ein prächtiges Wetter у нас сегодня великолепная погода; du hast dich prächtig gehalten ты великолепно держался □ »Ausgezeichnet! Prächtig!« ruft der Neuloher Herr, aber sein Ton hat jetzt nichts mehr von Bonhomie (Fallada, »Wolf u. Wölfen«) «Отлично! Великолепно!» — восклицает владелец Нойлоэ, но от его добродушного тона уже не осталось ни следа. **glänzend** *чаще разг.* блестящий; *напр.:* das ist ein glänzendes Beispiel, eine glänzende Idee это блестящий пример, блестящая идея. **famos** *разг.* чудный; *напр.:* ein famoser Kerl чудесный парень; ein famoser Einfall чудесная мысль; ich habe mich famos amüsiert я чудесно повеселился

gut [4] *см.* einverstanden/erfahren II/reichlich [1]/vorteilhaft [2]

Gut [1] имение

das **Gut** — das **Landgut** — das **Rittergut** — die **Klitsche**

Gut *индифф. синоним*; *напр.:* ein volkseigenes Gut народное имение (ГДР); ein Gut erwerben, kaufen, pachten приобретать, покупать, арендовать имение; ein Gut besitzen владеть имением; er lebte auf seinem Gut он жил в своем имении □ ...es war erst am Abend des nächsten Tages, daß Wolfgang Pagel in schlichter Deutlichkeit erfuhr... was er so eigentlich für eine Rolle auf diesem Gut Neulohe spielte (Fallada, »Wolf u. Wölfen«) ...лишь на следующий день вечером Вольфгангу Пагелю дали совершенно ясно понять, какая роль, собственно, отведена ему в этом имении Нойлоэ. **Landgut** поместье; *напр.:* sich auf sein Landgut zurückziehen уединиться в своем поместье; sie lebten den Sommer über auf ihrem Landgut летом они жили в своем поместье. **Rittergut** крупное дворянское поместье; *напр.:* nach der Bodenreform wurde das Rittergut volkseigen после земельной реформы поместье (юнкера) стало собственностью народа. **Klitsche** *разг. пренебр.* очень мелкое поместье; *напр.:* er hat eine kleine Klitsche у него есть несчастный хуторок

Gut [2] *см.* Ware

Gutachten *см.* Urteil [1]

gutbringen *см.* anrechnen

Gutdünken *см.* Meinung [1]

Güte [1] доброкачественность

die **Güte** — die **Gediegenheit** — die **Bonität**

Güte *индифф. синоним*; *напр.:* der Name der Firma bürgt für die Güte ihrer Produkte имя фирмы гарантирует доброкачественность ее изделий; das sind Waren erster Güte это товары высшего сорта; die Güte dieser Waren ist jedermann bekannt доброкачественность этих товаров всем известна □ Er holte einen Likör aus dem Büfett, rühmte ihn; ließ sich seine Güte von den Gästen bestätigen (H. Mann, »Untertan«) Он достал из буфета ликер, похвалил его, потом предложил гостям подтвердить его качество. **Gediegenheit** добротность особо подчеркивает *солидность, прочность чего-л.;* *напр.:* die Gediegenheit der Stoffe, der Möbel добротность материй, мебели; sein Schuhwerk zeichnete sich durch Gediegenheit aus его обувь отличалась добротностью. **Bonität** *книжн. устаревает* ≈ Güte; *напр.:* die Bonität der Firma, des Erdbodens солидность [платежеспособность] фирмы, (хорошее) качество почвы

Güte [2] доброта

die **Güte** — die **Herzensgüte**

Güte *индифф. синоним*; *напр.:* □ Alles, was an Weichheit und Güte in ihr sitzt, bekommt allein die Tochter zu spüren (Fallada, »Wolf u. Wölfen«) Вся нежность и доброта, на которые она способна, достаются только дочери. Ich glaube an die Güte des Menschen und seine Reinheit! (Kellermann, »Der 9. November«) Я верю в доброту человека и его чистоту! **Herzensgüte** добросердечие; *напр.:* in seiner Herzensgüte kümmerte er sich um viele Notleidende по своему добросердечию он заботился о многих нуждающихся

Güte [3] *см.* Qualität

Gutfinden *см.* Meinung [1]

gutgläubig *см.* vertrauensvoll

gutheißen *см.* billigen

Gutheißung *см.* Billigung

gutherzig *см.* gutmütig

gütig добрый, отзывчивый

gütig — **herzlich**

gütig *индифф. синоним*; *напр.:* ein gütiges Herz доброе [отзывчивое] сердце; eine gütige Frau добрая [отзывчивая] женщина; gütig lächeln сочувственно улыбаться; er hat sich mir gegenüber immer gütig gezeigt он всегда был добр ко мне □ »Verzeihen Sie gütigst, daß Sie haben warten müssen, Kesselmeyer«, sagte Herr Grünlich. Er war voll Höflichkeit... (Th. Mann, »Buddenbrooks«) «Простите великодушно, что вам пришлось ждать, Кессельмейер»,— сказал Грюнлих. Он был сама вежливость... Wenn gnädige Frau so gütig sein wollen, Herrn Rittmeister bei seiner Rückkunft zu sagen, daß ich es bedaure (Fallada, »Wolf u. Wölfen«) Если бы сударыня была так добра сказать господину ротмистру, когда он вернется, что я об этом сожалею. **herzlich** сердечный, задушевный; *напр.:* herzliche Worte сердечные слова; j-m einen herzlichen Empfang bereiten устроить кому-л. сердечный прием; sie war sehr herzlich zu ihm она очень сердечно к нему отнеслась

gütlich *см.* friedlich

gutmütig добродушный

gutmütig — **gutherzig** — **weichherzig** — **nachgiebig**

gutmütig *индифф. синоним*; *напр.:* er ist ein gutmütiger Mensch он добродушный человек; er hat ein gutmütiges Gesicht у него добродушное лицо; sie lächelte gutmütig она добродушно улыбалась; er sah sehr gutmütig aus он выглядел очень добродушным. **gutherzig** добросердечный; *напр.:* eine gutherzige Frau добросердечная женщина. **weichherzig** мягкосердечный; *напр.:* sie war so weichherzig, daß sie niemanden leiden sehen konnte она была так мягкосердечна, что не могла видеть, как другие страдают. **nachgiebig** мягкий, податливый; *напр.:* du bist zu nachgiebig, darum wirst du nichts erreichen können ты слишком мягок, поэтому ты ничего не сможешь достичь [добиться]; er ist heute sehr nachgiebig gestimmt он сегодня очень сговорчив

gutsagen *см.* einstehen

Gutsbesitzer землевладелец, помещик

der **Gutsbesitzer** — der **Junker**

Gutsbesitzer *индифф. синоним*; *напр.:* die Gutsbesitzer waren in Rußland meist adliger Herkunft (крупные) землевладельцы в России были большей частью дворянского происхождения; vor der Großen Oktoberrevolution gab es unter den Gutsbesitzern auch Kaufleute перед Великой Октябрьской революцией среди землевладельцев были и купцы □ Sie war die Frau eines kleinen Gutsbesitzers... (Strittmatter, »Wundertäter«) Она была женой мелкого землевладельца... **Junker** немецкий (б. ч. прусский) землевладелец-дворянин, юнкер; *напр.:* die reaktionären preußischen Junker реакционные прусские юнкеры; lange Zeit waren die Bauern den Junkern hörig долгое время крестьяне были у юнкеров в крепостной зависимости

gutschreiben *см.* anrechnen

gutsprechen *см.* einstehen

H

haargenau см. genau¹
haarklein см. ausführlich
Habe см. Besitz¹
haben¹ иметь

haben — besitzen — verfügen — sein eigen nennen — innehaben

haben индифф. синоним; напр.: er hat eine Mappe, einen Bleistift, viele Bücher, einen neuen Anzug у него есть портфель, карандаш, много книг, новый костюм; sie hat keinen Hund у нее нет собаки; sie haben ein Landhaus у них есть дача; ich habe Vater und Mutter у меня есть отец и мать; er hat ein gutes Gedächtnis, zeichnerisches Talent у него хорошая память, талант к рисованию; er hat viel Energie у него много энергии; diese Stadt hat nur achttausend Einwohner в этом городе только восемь тысяч жителей; das Zimmer hat zwei Fenster в комнате два окна □ »Du bist ein Idiot«, sagte freundschaftlich Hannsjörg. »Ich habe Geld, und solange ich's habe, hast du's auch« (*Feuchtwanger*, »*Lautensack*«) «Ты идиот, — по-дружески сказал Гансйорг. — У меня есть деньги, и пока они есть у меня, они будут и у тебя». **besitzen** владеть, обладать (*обыкн. большими материальными ценностями*); напр.: ein Haus, ein Auto besitzen владеть домом, автомобилем; er besitzt viel Geld он обладает большой суммой денег; er besitzt ein Landgut он владелец имения; unser Staat besitzt eine große Handelsflotte наше государство имеет большой торговый флот □ Thea Barnemann besaß jetzt ein kleines Radiogeschäft, das ihren Freunden als Unterschlupf diente (*Feuchtwanger*, »*Lautensack*«) Tea Барнеман теперь владела небольшим магазином радиотоваров, служившим прибежищем ее друзьям. **verfügen** (*über etw.*) располагать чем-л., иметь что-л. в своем распоряжении; напр.: er verfügt über viel Geld он располагает большими деньгами; der Betrieb verfügt über die nötigen Produktionsmittel предприятие располагает необходимыми средствами производства; er verfügt über großen Einfluß он располагает [пользуется] большим влиянием; verfügen Sie über mich! располагайте мною! **sein eigen nennen** высок. (*букв.* 'называть своим') ≅ besitzen, *но обыкн. о незначительной собственности, приобретенной собственным трудом*; напр.: nur weniges kann er sein eigen nennen он обладает немногим; nie hat er ein Häuschen sein eigen nennen können никогда у него не было своего домика, даже маленького. **innehaben** книжн. высокопарно ≅ besitzen; напр.: □ Am Abend... sitzt Dr. Paul Cramer in der kleinen Wohnung... die er zusammen mit Käthe innehat... (*Feuchtwanger*, »*Lautensack*«) Вечером... доктор Пауль Крамер сидит в маленькой квартирке... которую он занимает вместе с Кете...

haben²: haben zu (+ *Inf*) см. müssen; **seine (helle) Freude haben** см. freuen, sich¹; **die Absicht haben** см. vorhaben; **Angst haben** см. fürchten; **Furcht haben** см. fürchten
Habenichts см. Armer
habgierig жадный (*корыстный*)

habgierig — habsüchtig — geldgierig — gewinnsüchtig — raffgierig

habgierig индифф. синоним; напр.: habgierige Blicke жадные взгляды; die Wucherer waren schlau und habgierig ростовщики были хитрыми и жадными. **habsüchtig** ≅ habgierig, *но подчеркивает, что стремление расширять свою собственность постоянно, не обязательно проявляется открыто, но часто направлено на большие объекты*; напр.: ein habsüchtiger Geizkragen жадный скряга; habsüchtige Wünsche, Pläne корыстные желания, планы. **geldgierig** жадный до денег; напр.: eine geldgierige Frau жадная до денег женщина. **gewinnsüchtig** корыстолюбивый; напр.: ein gewinnsüchtiger Mensch корыстолюбивый человек; etw. aus gewinnsüchtigen Absichten tun делать что-л. из корыстных соображений. **raffgierig** алчный; напр.: das sind raffgierige Menschen это алчные люди (*с загребущими руками*) □ Er brachte volkstümliche Beispiele, die bewiesen, daß er mit den Erwerbsmöglichkeiten dieser wilden Nachkriegsjahre, dem kleinbürgerlich raffgierigen, bäurisch harten Sinn seiner Hörer gut vertraut war (*Feuchtwanger*, »*Erfolg*«) Он приводил доходчивые, яркие примеры, которые свидетельствовали о том, что он хорошо знал, как обстояло дело с заработками в эти дикие послевоенные годы, хорошо знал пообывательски корыстолюбивую, покрестьянски жесткую сущность своих слушателей.

Habseligkeiten см. Besitz¹
habsüchtig см. habgierig
Hader см. Streit²
hadern см. streiten (,sich)²
Haft¹ см. Verhaftung
Haft²: **in Haft nehmen** см. verhaften
haftbar см. verantwortlich
haften см. einstehen
Häftling заключенный

der Häftling — der Arrestant — der Sträfling — der Gefangene

Häftling индифф. синоним; напр.: die Häftlinge arbeiten im Gefängnis заключенные работают в тюрьме; aus dem Gefängnis sind einige Häftlinge ausgebrochen из тюрьмы убежало несколько заключенных; in dieser Strafanstalt gibt es nur weibliche Häftlinge в этой тюрьме содержатся только заключенные женского пола; die politischen Häftlinge traten in den Hungerstreik политические заключенные объявили голодовку. **Arrestant** арестованный; арестант *уст.*; *напр.*: die Arrestanten verhören, abführen допрашивать, уводить арестованных. **Sträfling** заключенный лагеря *или* тюрьмы со строгим режимом; каторжник; *напр.*: hier arbeiten nur vorbestrafte Sträflinge здесь работают только ранее судимые заключенные. **Gefangener** узник; *напр.*: □ Es waren ja die Leute, denen sie ihre ganze Lebensarbeit widmeten, und nachdem die Beamten alle Gefühlsstufen von Verzweiflung, Haß, Gleichgültigkeit durchlaufen hatten, waren sie beinahe dahin gekommen, ihre Gefangenen zu lieben (*Fallada*, »*Wolf u. Wölfen*«) Это же были люди, которым они посвятили работу всей своей жизни, и, после того как чиновники прошли через все ступени отчаяния, ненависти, безразличия, они стали почти любить своих узников. Schon ist sie mit im Besuchzimmer, auf der einen Seite des Gitters stehen die Anverwandten, auf der andern die Gefangenen (*ebenda*) Вот она уже в помещении для свиданий, по одну сторону решетки стоят родственники, по другую — заключенные

Haftpflicht см. Verantwortung
Haftung см. Verantwortung
hager см. mager¹
Hagestolz см. Junggeselle
Hain см. Gehölz
halbdunkel см. dämm(e)rig
halbieren см. teilen¹
Halbwüchsiger см. junger Mann
Halde см. Abhang
Halle см. Saal
hallen см. schallen
Hallodri см. Leichtsinniger
halsbrecherisch см. gefährlich
halsstarrig см. eigensinnig
Halt см. Stütze
haltbar см. fest¹
halten¹ держать

halten — festhalten

halten индифф. синоним; напр.: etw. in der Hand, mit den Händen, mit den Zähnen halten держать что-л. в руке, руками, зубами; j-n bei der Hand halten держать кого-л. за руку; sie hielt die Schlüssel in der Hand она держала ключи в руке. **festhalten** крепко держать; напр.: j-n am Arm festhalten крепко держать кого-л. за руку; das Steuer festhalten крепко держать руль [штурвал]

halten² останавливаться

halten — anhalten — stehenbleiben — haltmachen — stoppen

halten индифф. синоним; *по отношению к транспортным средствам употр., когда речь идет о преднамеренной остановке, в т. ч. о регулярной остановке у всех видов общественного транспорта; по отношению к лицам употр. реже и в этом случае не указывает на преднамеренность* остановки; *напр.*: der Zug hält hier um 12 Uhr поезд останавливается здесь в 12 часов; die Straßenbahn hält an der Ecke трамвай останавливается на углу; das Regiment hielt полк остановился; halt! стой! ◻ Das Auto hielt vor dem Hause Wolfgang Fabians, und die beiden Damen stiegen aus dem Wagen (*Kellermann, »Totentanz«*) Автомобиль остановился перед домом Вольфганга Фабиана, и обе дамы вышли из машины. **anhalten** *временно (обыкн. на короткое время)* остановиться *употр. как по отношению к лицам, так и к транспортным средствам, в последнем случае часто тж. о непреднамеренной остановке; напр.*: ich hielt an und sah mich um я остановился и огляделся; der Autobus hielt (zwischen zwei Haltestellen) автобус остановился (между двумя остановками) ◻ Da begann Diederichs Herz so stark zu klopfen, daß er anhalten mußte (*H. Mann, »Untertan«*) Тогда сердце Дидериха начало так сильно биться, что ему пришлось остановиться. Da er zu plötzlich anhielt, glitt er aus und setzte sich mit Wucht in einen Tümpel (*ebenda*) Так как он остановился внезапно, то поскользнулся и плюхнулся в лужу. **stehenbleiben** *по отношению к транспортным средствам, машинам, механизмам (вынужденно)* останавливаться *(вследствие порчи, невозможности продолжать движение и т. п.); по отношению к лицам ≅* halten, *но более употребительно; напр.*: er ließ die Uhr fallen, und sie blieb stehen он уронил часы, и они остановились; beim roten Licht bleiben alle Fahrzeuge stehen при красном свете весь транспорт останавливается; vor der Tür blieb er stehen перед дверью он остановился; nicht stehenbleiben! не останавливаться! ◻ ...und sein Zug und fuhr, und plötzlich hatte er keine Einfahrt und mußte stehenbleiben (*Kellermann, »Totentanz«*) ...а его поезд все шел и шел, и вдруг он должен был остановиться, так как не было сигнала, разрешающего проезд. Vor der Gartentüre blieb Jacques unentschlossen stehen (*Kellermann, »Die Stadt«*) Перед садовой калиткой Жак нерешительно остановился. **haltmachen** ≅ halten, *но часто о более или менее длительной остановке; напр.*: wir machten halt, um Mittag zu essen мы остановились пообедать; da wir unser Ziel erreicht hatten, machten wir halt мы остановились, так как достигли цели; das Auto machte in einer entlegenen Straße halt автомобиль остановился на уединенной улице. **stoppen** внезапно останавливаться („резко затормозив) *обыкн. употр. по отношению к транспортным средствам, механизмам; напр.*: da ein Kind über die Straße lief, mußte das Auto stoppen так как ребенок перебегал через

улицу, автомобиль должен был тут же остановиться; stopp! стой! ◻ Er hatte sehr gut gehört, wie das Offiziersauto stoppte und, als der Schuß gefallen war, weiterfuhr (*Seghers, »Die Toten«*) Он отлично слышал, как машина с офицерами вдруг остановилась и, после того как раздался выстрел, поехала дальше.

halten³ считать *(расценивать, воспринимать как-л.)*
halten — ansehen — betrachten — erachten — befinden
halten *индифф. синоним; напр.*: etw. für möglich, für zweckmäßig halten считать что-л. возможным, целесообразным; j-n für dumm, für beschränkt halten считать кого-л. глупым, ограниченным; ich halte ihn für meinen Freund я считаю его своим другом; wir halten ihn für einen Ausländer мы думали, что он иностранец, мы принимали его за иностранца; für wie alt halten Sie ihn? сколько, вы думаете, ему лет?; ich habe ihn für älter gehalten я считал, что он старше. **ansehen** смотреть как на кого-л., как на что-л., принимать за кого-л., за что-л. *выражает по сравнению с* halten *более субъективное или менее постоянное мнение о ком-л., о чем-л.* ⟨*употр. с* für *или* als⟩: ich habe ihn für ihren Bruder angesehen я принял его за ее брата; alle sehen ihn für einen Gelehrten, als einen Künstler an все принимают его за ученого, за художника; ich sehe es als [für] meine Pflicht an я рассматриваю это как свой долг. **betrachten** рассматривать в качестве, считать за *выражает по сравнению с* halten *более определенное, окончательное мнение о ком-л., о чем-л.* ⟨*употр. с* als⟩; *напр.*: Sie können die Verhandlungen als abgeschlossen betrachten вы можете считать, что переговоры закончены; das muß man als Zufall betrachten это нужно рассматривать как случайность. **erachten** *книжн.* счесть, прийти к выводу *(что кто-л., что-л. обладает определенными свойствами, качествами или имеет определенное значение)* ⟨*употр. с* für *или* als⟩; *напр.*: er erachtet es für undurchführbar он считает это невыполнимым; unser Chef erachtet diese Maßnahme für verfrüht наш начальник считает эту меру преждевременной; ich erachte es als meine Pflicht, den Vorfall zu melden я считаю [почитаю] своим долгом доложить об этом (случае). **befinden** *высок.* устаревает ≅ erachten ⟨*употр. с* für *или* als⟩; *напр.*: j-n für [als] schuldig befinden считать кого-л. виновным; der Arzt befindet diese Behandlung für falsch врач считает [находит] это лечение неправильным

halten⁴: eine Ansprache [eine Rede, einen Vortrag] halten *см.* sprechen²
Halteplatz *см.* Haltestelle
Haltestelle остановка *(пункт)*

die Haltestelle — die Station — der Halteplatz
Haltestelle *индифф. синоним; напр.*: dort ist die Haltestelle der Straßenbahn, des Autobusses там остановка трамвая, автобуса; der Bus hält an jeder Haltestelle автобус останавливается на каждой остановке; das war die letzte Haltestelle это была последняя остановка; sie müssen an der nächsten Haltestelle aussteigen вам нужно сходить на следующей остановке. **Station** станция *употр. по отношению к железной дороге и метро; напр.*: der Zug hält auf jeder Station поезд останавливается на каждой станции. **Halteplatz** стоянка *(автомашин); напр.*: wo ist hier in der Nähe ein Halteplatz? где здесь поблизости есть стоянка?

haltlos *см.* unbegründet
haltmachen *см.* halten²
Haltung *см.* Benehmen¹/Lage²
hämisch *см.* hinterlistig
hämmern *см.* klopfen
Hand рука

die Hand — die Patsche — die Pfote — die Flosse — die Pranke — die Tatze
Hand *индифф. синоним; напр.*: eine große, kleine, grobe, zarte Hand большая, маленькая, грубая, нежная рука; die Hand reichen, drücken подать, пожать руку; mit der Hand winken махать рукой; rechter Hand направо. **Patsche** *фам.* нежная ручка (ребенка), лапка; *напр.*: das Mädchen streichelte den Hund mit ihren kleinen Patschen девочка гладила собаку своими маленькими ручками. **Pfote, Flosse** *груб.* лапа; *напр.*: er reichte mir seine mächtige Pfote [Flosse] он протянул мне свою огромную лапу. **Pranke, Tatze** *груб.* широкая сильная грубая рука, лапища; *напр.*: er legte mir seine schwere Pranke auf die Schulter он положил мне на плечо свою ручищу; alle Schüler hatten Angst vor seinen Tatzen все ученики боялись его лап

Handbuch *см.* Nachschlagewerk
Hände: sich die Hände reiben *см.* schadenfroh sein
Händeklatschen *см.* Beifall¹
handeln I действовать
handeln — verfahren — vorgehen — durchgreifen
handeln *индифф. синоним; напр.*: es ist Zeit zu handeln время действовать; er handelt energisch, klug, unbedacht он действует энергично, умно, необдуманно; sie handelte auf eigene Faust, aus eigenem Antrieb она действовала на свой страх и риск, по собственному побуждению. **verfahren** действовать, поступать *(часто о действиях должностных лиц); напр.*: der Staatsanwalt weiß, wie man verfahren muß прокурор знает, как нужно действовать. **vorgehen** действовать, предпринимать шаги против кого-л., чего-л.; *напр.*: entschieden, rücksichtslos, mit Gewalt

vorgehen действовать решительно, бесцеремонно, силой; die Regierung ging sehr energisch vor правительство действовало очень энергично. **durchgreifen** решительно действовать против кого-л., чего-л.; *напр.:* die Polizei griff durch полиция действовала решительно; es wurde durchgegriffen und den Schmugglern das Handwerk gelegt были приняты решительные меры, и с контрабандой было покончено

handeln II [1] торговать
handeln — Handel treiben — hausieren — hökern — machen

handeln *индифф. синоним; напр.:* mit verschiedenen Waren handeln торговать различными товарами; wir handeln mit den Nachbarländern мы торгуем с соседними странами; dieses Geschäft handelt mit Verlust этот магазин торгует с убытком. **Handel treiben** заниматься торговлей *употр. для обозначения рода занятий или подчеркивает, что торговля ведется необычными, подозрительными товарами; напр.:* er trieb einen kleinen Handel у него была небольшая торговлишка; er trieb mit alten Autos Handel он занимался продажей старых автомобилей; noch heute gibt es Städte, wo man mit Sklaven Handel treibt еще и сейчас есть города, где существует торговля рабами. **hausieren** торговать вразнос; *напр.:* Hausieren verboten! торговля вразнос запрещена!; er geht mit Kurzwaren hausieren он торгует вразнос галантереей ... So lebten also die deutschen Emigranten zumeist in Dürftigkeit. Es gab Ärzte und Rechtsanwälte, die mit Krawatten hausierten... (*Feuchtwanger, »Exil«*) Таким образом, большинство немецких эмигрантов жило в нужде. Были врачи и адвокаты, которые торговали вразнос галстуками... **hökern** *уст.* торговать мелочным товаром с лотка, в ларьке; *напр.:* er hökerte in einer Bude auf dem Markte он торговал в ларьке на базаре. **machen** (in etw.) *ком. жарг.* непрофессионально, временно заниматься торговлей *употр. с указанием товара, часто перен. ирон.; напр.:* ich weiß nicht, was er von Beruf ist, augenblicklich jedenfalls macht er in Damenstrümpfen я не знаю, кто он по профессии, сейчас, во всяком случае, он торгует дамскими чулками; er macht in Politik он мелкий политикан

handeln II [2] торговаться
handeln — feilschen — markten — schachern

handeln *индифф. синоним; напр.:* zäh mit j-m um den Preis handeln упорно торговаться с кем-л. из-за цены; sie haben lange miteinander gehandelt они долго торговались; hier wird nicht gehandelt здесь цены без запроса. **feilschen** *пренебр.* упорно, мелочно торговаться; *напр.:* er feilsch-te um jeden Groschen он торговался из-за каждой копейки; stundenlang feilschte sie, um den Preis etwas herabzusetzen она часами торговалась, чтобы немного снизить цену. **markten** *редко* ≅ feilschen, *но без неодобрительно-пренебрежительного оттенка,* не подчеркивает мелочности; *напр.:* die Bauern markten schon seit einer Stunde und keiner von ihnen will nachgeben крестьяне торгуются уже целый час, и никто из них не хочет уступить. **schachern** ≅ feilschen, *но подчеркивает жадность торгующихся, нечистоплотность сделки; напр.:* er hatte zwar genug, aber schacherte immer um jeden Pfennig он хотя и был богат, но всегда торговался из-за каждого пфеннига

händelsüchtig *см.* streitbar
Handel treiben *см.* handeln II [1]
handfertig *см.* geschickt
handfest *см.* stark [1, 3]
Handgeld *см.* Vorschuß
Handgemenge *см.* Schlägerei
handgreiflich *см.* überzeugend [1]
Handgriff *см.* Griff
handhaben *см.* umgehen I [1]
Händler торговец
der Händler — der Verkäufer — der Kaufmann — der Geschäftsmann — der Hausierer — der Höker — der Greißler — der Krämer — der Trödler

Händler *индифф. синоним; напр.:* ein tüchtiger Händler дельный торговец; fliegende Händler торговцы вразнос. **Verkäufer** продавец; *напр.:* er ist Verkäufer in einer Buchhandlung он продавец в книжном магазине. **Kaufmann** купец, коммерсант, негоциант; *напр.:* er ist ein reicher Kaufmann он богатый купец; sie sind von Beruf Kaufleute они по профессии коммерсанты. **Geschäftsmann** коммерсант; *напр.:* ein kluger, seriöser Geschäftsmann умный, солидный коммерсант; ein gerissener Geschäftsmann ловкий [тертый] коммерсант. **Hausierer** торговец вразнос, разносчик, лоточник; *напр.:* ich habe diesen Kamm bei einem Hausierer gekauft я купила эту гребенку у лоточника. **Höker** *уст.* мелочной торговец; *напр.:* dieser Höker handelt auf dem Markt этот торговец мелочным товаром торгует на базаре. **Greißler** *австр.* ≅ Höker. **Krämer** *уст.* лавочник; *напр.:* wir kaufen die Lebensmittel bei einem Krämer мы покупаем продукты у лавочника. **Trödler** старьевщик; *напр.:* wenn du eine alte Hose brauchst, so kannst du sie bei einem Trödler kaufen если тебе нужны старые брюки, ты можешь купить их у старьевщика; er ist ein richtiger Trödler! он настоящий старьевщик [тряпичник]!

Handlung I *см.* Tat [1]
Handlung II *см.* Geschäft [1]
Handschrift *см.* Manuskript
hanebüchen *см.* stark [2]
Hang *см.* Abhang/Neigung [1]

hängen I [1] висеть
hängen — baumeln — bammeln

hängen *индифф. синоним; напр.:* die Lampe hängt über dem Tisch лампа висит над столом; der Mantel hängt am Nagel пальто висит на гвозде; an der Tafel hängt eine Bekanntmachung на доске висит объявление; die Wäsche hing zum Trocknen an der Wäscheleine белье сушится [висит для просушки] на веревке; der Felsen hängt über dem Meer утес нависает над морем; der Akrobat hing am Trapez акробат висел на трапеции; der Verbrecher hing am Galgen преступник висел на виселице; sie hängt dauernd an der Strippe *разг.* она висит на телефоне. **baumeln** *разг.* висеть, раскачиваясь; болтаться; *напр.:* die Strümpfe baumeln an der Wäscheleine чулки болтаются на веревке для сушки белья; ein Schild baumelte über der Tür вывеска болталась над дверью; er soll schon längst am Galgen baumeln! он уже давно должен болтаться на виселице! **bammeln** *разг. шутл.* ≅ baumeln, *но обыкн. о неодушевленных предметах, чаще небольших; напр.:* näh' den Knopf an, er bammelt ja nur noch an einem Faden! пришей пуговицу, она ведь болтается на одной нитке!; der wird noch am Galgen bammeln! по нем веревка плачет!

hängen I [2] *см.* lieben
hängen II вешать
hängen — aufhängen — erhängen — henken — aufbammeln

hängen *индифф. синоним; напр.:* man muß das Bild niedriger hängen нужно повесить картину (по)ниже; hängen Sie den Mantel an den Kleiderhaken повесьте пальто на вешалку; sie wollten den Verräter hängen они хотели повесить предателя. **aufhängen** = hängen; *напр.:* die Gardinen am Fenster, das Handtuch an einen Nagel aufhängen повесить занавески на окно, полотенце на гвоздь; der Spitzel wurde aufgehängt шпиона повесили. **erhängen** вешать (*казнить*); *напр.:* die Faschisten haben seinen Vater erhängt фашисты повесили его отца. **henken** *устаревает* = erhängen. **aufbammeln** *разг.* повесить что-л. (*укрепив в одной точке так, что прикрепленный предмет может раскачиваться*); вздернуть кого-л.; *напр.:* hat sie ein Maskottchen im Auto aufgebammelt она повесила в машине талисман; wir hoffen, daß die ganze Bande aufgebammelt wird мы надеемся, что всю банду вздернут на виселицу

Hänger *см.* Mantel
hänseln *см.* necken
Hanswurst *см.* Clown
häretisch *см.* ketzerisch
harmlos *см.* friedlich/schlicht [1]/unschädlich
Harmonie *см.* Einklang/Friede(n) [1]
harmonieren *см.* vertragen, sich [1]

harren см. hoffen/warten I¹
hart твердый
hart — fest — steinhart — stahlhart — verhärtet

hart индифф. синоним; напр.: ein harter Fels твердая скала; hartes Holz, Brot твердое дерево, твердый хлеб; die harte Schale der Nuß твердая скорлупа ореха; ein hartes Lager твердое ложе; eine harte Bank твердая скамейка; ein harter Bleistift твердый карандаш; hart liegen лежать на твердом. fest твердый, крепкий (вследствие большой плотности); напр.: festes Holz твердое [крепкое] дерево; eine feste Schale крепкая [твердая] оболочка. steinhart очень твердый, твердый как камень; напр.: das Brot ist steinhart geworden хлеб затвердел [стал твердым как камень]. stahlhart твердый как сталь; напр.: ein stahlhartes Spezialglas специальное сверхтвердое стекло; ein stahlharter Wille стальная воля. verhärtet затвердевший; напр.: eine verhärtete Geschwulst [ein verhärteter Tumor] затвердевшая опухоль

hartgesotten см. verstockt
harthörig см. taub¹
hartnäckig см. beharrlich
Haß см. Abneigung
hassen ненавидеть
hassen — verabscheuen

hassen индифф. синоним; напр.: j-n heftig, tödlich hassen очень, смертельно ненавидеть кого-л.; er haßte die Lüge он ненавидел ложь; sie haßten einander glühend они жгуче ненавидели друг друга □ Sie haßte ihn nicht etwa, er war so ein reiner Garnichts, daß man nicht einmal Haß gegen ihn aufbringen konnte (Fallada, »Jeder stirbt«) Не то, чтобы она его ненавидела: он был таким ничтожеством, что даже и ненависти к нему нельзя было испытывать. Ich lasse mich nicht einsperren von dir! Ich — ich hasse dich überhaupt! (Fallada, »Wolf u. Wölfen«) Я не позволю тебе запирать меня! Я — я тебя вообще ненавижу! verabscheuen испытывать отвращение, чувствовать сильную неприязнь, смешанную с брезгливостью; напр.: ich verabscheue diesen Menschen мне отвратителен этот человек; er verabscheut diese Speise он питает отвращение к этому блюду □ Du weißt, ich liebe dich, wenn du mich auch immer verabscheut hast (Th. Mann, »Buddenbrooks«) Ты знаешь, я люблю тебя, хотя ты всегда питала ко мне отвращение

häßlich некрасивый
unschön — häßlich — garstig — mißgestaltet — monströs

Синонимы данного ряда расположены по степени возрастания выражаемого признака

unschön некрасивый; напр.: ihr Gesicht war unschön ее лицо было некрасивым. häßlich индифф. синоним; передает различную степень данного признака от 'некрасивого' до 'безобразного', 'уродливого'; напр.: sie hat eine häßliche Figur у нее некрасивая фигура; das Kleid ist häßlich платье некрасиво [безобразно]; die schreienden Farben dieses Gemäldes sehen häßlich aus кричащие краски этой картины выглядят безобразно □ Spion klingt häßlich, aber wer einen Diebstahl anzeigt, ist kein Verräter und kein Spion (Fallada, »Wolf u. Wölfen«) Шпион — это звучит некрасиво, но кто укажет на вора, тот не предатель и не шпион. garstig отталкивающе безобразный; напр.: er hat ein garstiges Gesicht у него безобразное [отталкивающее] лицо. mißgestaltet уродливый; напр.: eine mißgestaltete Figur уродливая фигура; mißgestaltete Beine уродливые ноги; ein mißgestaltetes Denkmal уродливый памятник. monströs чудовищный, очень уродливый; напр.: ein monströses Äußeres (очень) уродливая внешность

Hast см. Eile
hasten см. laufen¹
hastig см. schnell
hätscheln см. streicheln
Hauch см. Atem¹
hauchdünn см. dünn¹
hauchen см. blasen¹/flüstern
hauen, sich см. schlagen, sich
Haufen см. Gruppe/Menge²,³
häufen, sich см. vergrößern, sich
häufig см. oft
Haupt см. Kopf¹/Vorgesetzter
Häuptling см. Leiter 1
Hauptmieter см. Mieter
hauptsächlich см. «Приложение»
Hauptstadt см. Stadt
Hauptstädter см. Stadtbewohner
Haus дом
das Haus — das Wohnhaus — das Mietshaus — das Gebäude — das Hochhaus — der Bau — das Bauwerk — die Hütte — der Wolkenkratzer — die Mietskaserne — die Bude

Haus индифф. синоним; напр.: ein neues, kleines, großes, mehrstöckiges, stattliches, baufälliges Haus новый, маленький, большой, многоэтажный, импозантный, ветхий дом; dieses Haus ist ein Wohnhaus это жилой дом; in unserem Haus befindet sich ein großes Geschäft в нашем доме находится большой магазин. Wohnhaus жилой дом; напр.: in Moskau hat man in der letzten Zeit viele neue Wohnhäuser gebaut в Москве за последнее время построили много новых жилых домов. Mietshaus многоквартирный жилой дом; доходный дом уст.; напр.: sie wohnten in einem Mietshaus, die Wohnungen waren dort verhältnismäßig billig они жили в доходном доме, квартиры были там относительно дешевыми. Gebäude здание; напр.: das Haus, in dem wir wohnen, ist ein altertümliches Gebäude дом, где мы живем, — старинное здание; alle öffentlichen Gebäude wurden beflaggt на всех общественных зданиях вывесили флаги □ Sein Dienst führte ihn... endlich vor das Gebäude der deutschen Botschaft... (H. Mann, »Untertan«) Его служба привела его... наконец к зданию германского посольства... Hochhaus высотный дом; напр.: das neue Hochhaus hat einen Dachgarten у нового многоэтажного дома на крыше имеются зеленые насаждения. Bau постройка, здание в отличие от Gebäude подчеркивает величину здания, которое произвело на говорящего впечатление своей архитектурной формой или внутренним устройством; в ед. иногда неодобр.; напр.: wir erblickten den großzügigen Bau des königlichen Schlosses мы увидели грандиозное здание королевского дворца; die Kasernen waren große plumpe Bauten казармы представляли собой большие неуклюжие постройки. Bauwerk сооружение, здание; напр.: diese Kirche ist ein gotisches Bauwerk эта церковь — сооружение в готическом стиле. Hütte хижина; напр.: eine kleine, niedrige, ärmliche Hütte маленькая, низкая, бедная хижина; eine Hütte aus Holz, aus Lehm хижина из дерева, из глины; eine Hütte bauen построить хижину □ Auf die Berge will ich steigen, | wo die frommen Hütten stehen... (Heine, »Die Harzreise«) Я хочу подняться в горы, где стоят смиренные хижины... Wolkenkratzer разг. небоскреб; напр.: wegen der Wolkenkratzer schien die Straße eng und dunkel из-за небоскребов улица казалась узкой и темной. Mietskaserne разг. (жилой) дом-казарма; напр.: in dem weit vom Zentrum entfernten Randgebiet der Stadt gab es viele Mietskasernen, wo die Arbeiter wohnten на окраинах, расположенных далеко от центра города, находились казармы, где жили рабочие. Bude фам. лачуга, хибара; напр.: eine Bude zusammenzimmern сколотить лачугу [хибарку]; der Greis wohnte in einer alten baufälligen Bude старик жил в старой, ветхой лачуге

Hausangestellte прислуга
die Hausangestellte — die Aufwartefrau — die Putzfrau — das Zimmermädchen — das Stubenmädchen — das Dienstmädchen — das Hausmädchen — das Mädchen

Hausangestellte индифф. синоним; напр.: eine Hausangestellte suchen, finden, einstellen, entlassen искать, находить, нанимать, увольнять прислугу. Aufwartefrau приходящая домашняя работница, выполняющая работу (б. ч. уборку квартиры) за почасовое вознаграждение; напр.: die Aufwartefrau hat dein Zimmer noch nicht aufgeräumt домработница еще не убрала твою комнату □ Es ist Milch übriggeblieben; hoffentlich macht Frau Chaix, die Aufwartefrau,

keine Dummheit und gießt frische Milch dazu (*Feuchtwanger*, »*Exil*«) Осталось молоко; нужно надеяться, что мадам Шэ, приходящая прислуга, не сделает глупости и не дольет туда свежего молока. **Putzfrau** ≅ **Aufwartefrau;** *напр.:* die Putzfrau hat den Teppich geklopft домработница выбила ковер. **Zimmermädchen, Stubenmädchen** горничная в гостинице; *напр.:* dieses Zimmermädchen [Stubenmädchen] räumt die Zimmer des ersten Stockwerks auf эта горничная убирает комнаты второго этажа. **Dienstmädchen** *устаревает* служанка; *напр.:* für Dienstmädchen gebraucht man heute häufiger das Wort Hausangestellte вместо «служанка» теперь чаще говорят «домашняя работница» ◻ Zeit ihres Lebens war sie Dienstmädchen gewesen, erst auf dem Lande, dann hier in der Stadt, zeit ihres Lebens hatte sie Trab laufen müssen und war kommandiert worden (*Fallada*, »*Jeder stirbt*«) Она всю свою жизнь была служанкой, сначала в деревне, а затем здесь, в городе, всю свою жизнь она была на побегушках, и всю жизнь ею командовали. Was für armselige, vergebliche Mühe hat sie sich gemacht, ihre Stellung bei Hirschbergs zu kaschieren, es hat trotzdem jeder gewußt, daß sie dort eine Dienerin war als Dienstmädchen (*Feuchtwanger*, »*Exil*«) Сколько жалких, напрасных усилий она прилагала, чтобы скрыть свое положение у Гиршбергов, и все-таки все знали, что она там не что иное, как служанка. **Hausmädchen** домашняя работница (*обыкн. молодая*); *напр.:* gestern haben wir ein neues Hausmädchen eingestellt вчера мы наняли новую домашнюю работницу. **Mädchen** *разг.* ≅ **Hausmädchen;** *напр.:* ◻ »Es sind zwei Mädchen da. Eine so junge Frau...« — »Zwei Mädchen, gut. Thinka hat abzuwaschen, zu putzen, reinzumachen, zu bedienen. Die Köchin ist über und über beschäftigt« (*Th. Mann*, »*Buddenbrooks*«) «У нас две прислуги. Такая молодая женщина...» — «Две прислуги, прекрасно. Тинке надо мыть посуду, чистить, убирать, прислуживать за столом. У кухарки дел по горло»
hausbacken *см.* **beschränkt**[1]
Häuschen *см.* **Toilette**
hausen *см.* **leben**[2]
Hausfrau хозяйка дома, домохозяйка (*глава семьи*)
die **Hausfrau** — die **Gastgeberin** — die **Wirtin**
Hausfrau *индифф. синоним; напр.:* eine geschäftige, fürsorgliche, erfahrene, sparsame Hausfrau хлопотливая, заботливая, опытная, экономная хозяйка; die Hausfrau war charmant und gastfreundlich хозяйка дома была обаятельна и гостеприимна. **Gastgeberin** хозяйка, принимающая гостей; *напр.:* eine liebenswürdige, herzliche, aufgeräumte Gastgeberin любезная, радушная, веселая хозяйка дома. **Wirtin** *устаревает, теперь б. ч.* о хозяйке ресторана, гостиницы и т. п.; *напр.:* eine gute, tüchtige Wirtin хорошая, дельная хозяйка; eine aufmerksame, liebenswürdige Wirtin внимательная, любезная хозяйка (гостиницы)
Hausfreund *см.* **Liebhaber**[1]
Haushalt *см.* «Приложение»
haushälterisch *см.* **sparsam**
Hausherr хозяин дома (*по отношению к гостям*), глава семьи
der **Hausherr** — der **Gastgeber** — der **Wirt**
Hausherr *индифф. синоним; напр.:* ein liebenswürdiger, aufmerksamer Hausherr любезный, внимательный хозяин дома ◻ Aber sie war noch längst nicht angelangt, da trat vorn der Hausherr aus seinem Büro und öffnete selbst (*H. Mann*, »*Untertan*«) Она еще только приближалась, но ее опередил хозяин: он вышел из своего кабинета и отпер сам. **Gastgeber** хозяин, принимающий (у себя) гостей; *напр.:* ein liebenswürdiger, aufgeräumter, herzlicher Gastgeber любезный, веселый, радушный хозяин (дома) ◻ Auch der Gastgeber, das Geburtstagskind, Monsieur Lenormant, teilte nicht den allgemeinen Enthusiasmus (*Feuchtwanger*, »*Die Füchse*«) Хозяин дома и именинник мосье Ленорман также не разделял всеобщего энтузиазма. **Wirt** *устаревает* хозяин; *напр.:* ein aufmerksamer Wirt внимательный хозяин; der Wirt des Hauses хозяин дома; den Wirt machen [spielen] быть за хозяина; sein Schwiegervater war ein liebenswürdiger Wirt его тесть был любезным [радушным] хозяином ◻ Sein Wirt, der Geschäftsmann Gruet, war redselig und hielt es für seine Pflicht, seinen Gast über die Zustände Frankreichs zu unterrichten (*Feuchtwanger*, »*Die Füchse*«) Его хозяин, коммерсант Грюэ, отличался разговорчивостью и считал своей обязанностью дать гостю представление о французской жизни.
haushoch *см.* **hoch**[1]
hausieren *см.* **handeln II**[1]
Hausierer *см.* **Händler**
häuslich *см.* **sparsam**
Häuslichkeit *см.* **Wohnung**
Hausmädchen *см.* **Hausangestellte**
Hausschuh домашняя туфля
der **Hausschuh** — der **Pantoffel**
Hausschuh *индифф. синоним; напр.:* bequeme, warme Hausschuhe удобные, теплые домашние туфли; sie hat ihre pelzgefütterten Hausschuhe an на ней ее домашние туфли на меховой подкладке. **Pantoffel** домашняя туфля (*без задника*); *напр.:* am Morgen trägt sie ihre weichen Pantoffeln утром она носит свои мягкие домашние шлепанцы.
Haut: ehrliche Haut *см.* **Ehrenmann**
Havarie *см.* **Unfall**
heben[1] поднимать
heben — aufheben — aufrichten — erheben
heben *индифф. синоним; напр.:* den Sack, den Koffer heben поднять мешок, чемодан; der Kran hebt 4 000 Kilogramm кран поднимает 4 000 килограмм(ов); das Mädchen hob den Rock, als sie durch den Fluß watete девушка подняла юбку, когда переходила вброд реку; der Dirigent hob den Taktstock, und alles verstummte дирижер поднял палочку, и все смолкло; die Gäste hoben die Gläser auf das Wohl der Hausfrau гости подняли бокалы за здоровье хозяйки; er hob die Hand zum Gruß он поднял руку в знак приветствия; der Schüler hob den Finger ученик поднял руку (*желая сказать что-л. и т. п.*) ◻ Endlich wagte sie es, die Füßchen in den goldenen Schuhen zu heben und auf den Tisch zu steigen (*Kellermann*, »*Totentanz*«) Наконец она отважилась поднять ножки в золотых туфлях и взобраться на стол. Sie hebt und senkt die Schultern wie befreit von einer Last (*Feuchtwanger*, »*Lautensack*«) Она поднимает и опускает плечи, словно освободившись от тяжелого груза. **aufheben** поднимать (*часто что-л. упавшее*) с пола, с земли; поднимать вверх, придавать кому-л., чему-л. вертикальное положение (, переводя из более низкого положения в более высокое); *напр.:* das Taschentuch, die Scherben vom Fußboden aufheben поднять платок, черепки с пола; einen Gestürzten aufheben поднять упавшего; er hob beide Arme auf он поднял обе руки. **aufrichten** (поднять и) поставить прямо; придавать кому-л., чему-л. вертикальное положение; *напр.:* einen Gestürzten aufrichten поднять упавшего, помочь подняться упавшему; eine Leiter aufrichten поставить лестницу (вертикально); seinen Rücken aufrichten выпрямить спину. **erheben** в(о)здевать, вздымать, поднимать вверх; переводить из наклонного в вертикальное, из более низкого в более высокое положение *чаще употр., когда движение сопряжено с эмоциональными переживаниями; напр.:* er erhob das Glas auf sein Wohl он поднял бокал за его здоровье; der Priester erhob die Hände und verrichtete ein Gebet священник воздел руки и прочел молитву; sie erhob den Blick zum Himmel она устремила свой взор к небу ◻ Er war im Begriff, die Arme zu erheben, vor sie hinzustürzen und weinend um Verzeihung bitten (*H. Mann*, »*Untertan*«) Он готов был воздеть руки, пасть перед ней и плача молить о прощении
heben[2]**: einen heben** *см.* **trinken**[2]
Heft *см.* **Lieferung/Zeitschrift**
heften *см.* **befestigen**[1]
heftig[1] вспыльчивый

heftig — aufbrausend — jähzornig — hitzig — unbeherrscht — ungestüm — cholerisch

heftig *индифф. синоним; напр.:* er hat einen heftigen Charakter у него вспыльчивый характер; sie wird leicht heftig она вспыльчива; mein Freund ist ein maßlos heftiger Mensch мой приятель чрезвычайно вспыльчивый человек. **aufbrausend** ≅ heftig *часто употр., когда вспыльчивость проявляется в громкой возбуждённой речи; напр.:* er hat ein aufbrausendes Wesen он вспыльчив по натуре; er ist ein leicht aufbrausender junger Mann он вспыльчивый юноша. **jähzornig** несдержанный (в ярости) *употр., когда данное состояние возникает внезапно, часто по малейшему поводу, и легко может привести к применению физической силы; напр.:* das war ein jähzorniges Kind это был вспыльчивый ребёнок; er hat einen jähzornigen Charakter он по характеру вспыльчив. **hitzig** горячий; *напр.:* er ist ein hitziger Mensch он горячий человек □ »Warum sagt er zu Ihnen Herr und zu mir bloß Oberwachtmeister...«, fragte der kleine Oberwachtmeister hitzig den jungen Pagel (*Fallada, »Wolf u. Wölfen«*) «Почему он к вам обращается 'господин', а ко мне просто 'обервахмистр'...» — запальчиво спросил маленький обервахмистр Пагеля. »Ich bin kein Spion«, rief Sophie noch einmal hitzig (*ebenda*) «Я не шпионка», — ещё раз крикнула Софи запальчиво. **unbeherrscht** несдержанный; *напр.:* er zeigt sich oft sehr unbeherrscht он часто бывает очень несдержанным. **ungestüm** необузданно вспыльчивый, неистовый; *напр.:* ein ungestümer Mensch неистовый человек; er besaß einen ungestümen Charakter у него был бешеный характер. **cholerisch** [k-] *книжн.* ≅ heftig; *напр.:* auf etw. cholerisch reagieren бурно реагировать на что-л.; er besitzt ein cholerisches Temperament у него холерический темперамент

heftig ² *см.* heiß ¹/stark ²
hegen *см.* pflegen
Heide *см.* Steppe/Wiese
heidenfroh *см.* freudig ¹
Heidenlärm *см.* Lärm ¹
heikel ¹ щекотливый

heikel — verfänglich — delikat — kitzlig

heikel *индифф. синоним; напр.:* eine heikle Frage щекотливый вопрос; eine heikle Situation щекотливое положение; ein heikles Thema, Problem щекотливая тема, проблема; ein heikler Punkt der Tagesordnung щекотливый пункт повестки дня; das ist der heikelste Auftrag, den ich je bekommen habe это самое щекотливое поручение, какое я когда-либо получал. **verfänglich** каверзный; *напр.:* er geriet in eine verfängliche Situation он попал в каверзное положение. **delikat** *книжн.* деликатный, щепетильный; *напр.:* das ist ein delikates Thema это деликатная тема; ich bin in einer delikaten Angelegenheit gekommen я пришёл по деликатному делу. **kitzlig** *разг.* ≅ heikel; *напр.:* eine kitzlige Frage щекотливый вопрос; die Lage wurde für uns recht kitzlig наше положение стало довольно щекотливым

heikel ² *см.* wählerisch
heil *см.* «Приложение»
Heil *см.* Wohl
Heilanstalt *см.* Krankenhaus
heilen лечить; вылечивать

heilen — behandeln — kurieren

heilen *индифф. синоним; напр.:* man heilt ihn durch Sonnenbäder его лечат солнечными ваннами; er wurde von dieser Krankheit geheilt его вылечили от этой болезни; der Arzt hat das Mädchen geheilt врач вылечил девочку. **behandeln** лечить, проводить лечение *в отличие от* heilen *не имеет значения* 'вылечивать'; *напр.:* sich behandeln lassen лечиться; wer behandelt deinen Sohn? кто лечит твоего сына?; diese Krankheiten werden hier nicht behandelt эти болезни здесь не лечат; diese Patienten werden ambulant behandelt этих пациентов лечат амбулаторно. **kurieren** *разг.* лечить (*часто по-знахарски, домашними средствами и т. п.*) *реже употр. в значении* 'вылечивать'; *напр.:* in den Dörfern gibt es noch Menschen, die sich von einem Quacksalber kurieren lassen в деревнях все ещё есть люди, которые лечатся у знахаря; er versuchte, sich selbst zu kurieren он пробовал лечить себя сам; man hatte ihn von der Grippe kuriert его (вы-)лечили от гриппа □ Das Schwitzen wird ihn nicht kurieren (*Strittmatter, »Wundertäter«*) Потение его не вылечит

heiligen *см.* weihen
heillos *см.* groß ³
Heilstätte *см.* Krankenhaus
Heilung *см.* Genesung
Heim *см.* Wohnung/Zuhause
Heimat родина

die Heimat — das Vaterland

Heimat *индифф. синоним; напр.:* die liebe, schöne Heimat любимая, прекрасная родина; die Heimat lieben, verteidigen любить, защищать Родину; wann fährst du in deine Heimat? когда ты едешь на родину?; Moskau ist seine zweite Heimat Москва — его вторая родина; er kehrte in die Heimat zurück он вернулся на родину. **Vaterland** отечество *чаще употр. в эмоционально окрашенной речи; напр.:* das Vaterland ist in Gefahr! отечество в опасности!

heimatlich *см.* heimisch
heimelig *см.* gemütlich
heimgehen *см.* zurückkehren
heimisch отечественный

heimisch — einheimisch — heimatlich — inländisch

Синонимы данного ряда имеют примерно одно и то же значение, но различаются по употреблению и сочетаемости

heimisch *индифф. синоним; напр.:* die heimische Industrie отечественная промышленность; heimische Waren отечественные товары; heimische Erzeugnisse изделия отечественного производства; die heimische Pflanzen- und Tierwelt растительный и животный мир (данной) страны; heimisches Gewässer отечественные воды; водные пути страны; die heimische Sprache местный язык. **einheimisch**: die einheimische Industrie отечественная промышленность; einheimische Waren отечественные товары; einheimische Produkte отечественные продукты; die einheimische Kunst отечественное искусство; das sind einheimische Lehrer это свои, отечественные [туземные] учителя. **heimatlich**: die heimatliche Tierwelt животный мир (данной) страны; heimatliche Berge родные горы. **inländisch**: inländische Waren отечественные товары; inländischer Markt внутренний рынок; inländischer Bedarf спрос на внутреннем рынке

Heimkehr *см.* Rückkehr
heimkehren *см.* zurückkehren
heimkommen *см.* zurückkehren
heimleuchten *см.* schimpfen ¹
heimlich ¹ тайный (*намеренно скрываемый от других*)

heimlich — geheim — verstohlen — unbemerkt — unbeachtet — unauffällig — schleichend — klammheimlich

heimlich *индифф. синоним; напр.:* eine heimliche Verlobung тайное обручение; sich heimlich treffen тайно встречаться; heimlich verschwinden, kommen, gehen тайно исчезать, приходить, уходить; ein heimliches Zeichen geben подать тайный знак; er ist mein heimlicher Verbündeter он мой тайный союзник □ Ich weiß, sie tranken heimlich Wein | Und predigten öffentlich Wasser (*Heine, »Deutschland«*) Я знаю, они тайно пили вино, проповедуя воду публично. **geheim** ≅ heimlich, *но чаще о чём-л., имеющем общественное значение; напр.:* geheime Wahlen тайные выборы; geheime Abstimmung тайное голосование. **verstohlen** украдкой, тайком (*боясь, что совершаемое действие будет обнаружено другими*); *напр.:* ein verstohlener Blick украдкой брошенный взгляд; j-n verstohlen mustern украдкой разглядывать кого-л.; j-m verstohlen folgen тайком следовать за кем-л. □ Denn er spürte, ward irgendwie an den Herrschenden gerüttelt, eine gewisse lasterhafte Befriedigung... fast wie ein Haß, der zu seiner Sättigung rasch und verstohlen ein paar Bissen nahm (*H. Mann, »Untertan«*) Ибо при любом посягательстве на авторитет властителей он испытывал некое кощунственное удо-

HEIMLICH 233 HEISER

влетворение... почти ненависть, стремившуюся разок-другой исподтишка куснуть, чтобы утолить свой голод. **unbemerkt, unbeachtet, unauffällig** незаметно *в отличие от* verstohlen *больше подчеркивают результат действия, чем способ его осуществления; напр.*: unbemerkt weggehen незаметно уйти; unbeachtet bleiben остаться незамеченным; sie steckte den Brief unauffällig in die Tasche ein она незаметно сунула письмо в карман. **schleichend** скрытый, незаметно развивающийся; *напр.*: schleichende Inflation скрытая [ползучая] инфляция. **klammheimlich** *фам.* совершенно незаметно; *напр.*: sie ist klammheimlich verschwunden она совершенно незаметно исчезла

heimlich [2] секретный
heimlich — geheim — vertraulich
  heimlich *индифф. синоним; напр.*: ein heimlicher Befehl, Plan секретный приказ, план; eine heimliche Verabredung, Zusammenkunft секретное соглашение, свидание; etw. auf heimlichem Wege erfahren узнать что-л. секретным путем. **geheim** ≅ heimlich, *но чаще о чем-л., имеющем общественное, государственное значение; напр.*: geheime Waffen секретное оружие; ein geheimer Auftrag секретное поручение; eine geheime Quelle секретный источник; streng geheim! совершенно секретно! □ ...in Altlohe wohnt kein Mensch, der für solche geheime Militärsache in Frage kommt (*Fallada, »Wolf u. Wölfen«*) ...в Алтлоэ нет никого, кому можно поручить такое секретное военное дело. **vertraulich** конфиденциальный; *напр.*: eine vertrauliche Mitteilung конфиденциальное сообщение; eine vertrauliche Sitzung закрытое заседание

heimlich [3] тайный, затаенный, сокровенный
heimlich — geheim — insgeheim — hintergründig
  heimlich *индифф. синоним: напр.*: heimliche Liebe тайная любовь; heimliche Angst затаенный страх; heimliche Wehmut затаенная тоска; ein heimlicher Wunsch сокровенное желание; heimliche Gedanken сокровенные мысли; j-n heimlich beneiden тайно завидовать кому-л. □ Diederich dachte: »Er weiß alles«, und sah schon seine heimlichsten Berechnungen enthüllt (*H. Mann, »Untertan«*) Дидерих подумал: «Он все знает», — и ему показалось, что уже разоблачены его самые тайные расчеты. **geheim** ≅ heimlich (*но б. ч. атрибутивно*); *напр.*: geheime Angst затаенный страх; j-s geheimen Wunsch erraten угадать чье-л. сокровенное желание; eine geheime Hoffnung hegen питать тайную надежду □ Jäh und unabänderlich sank man zur Laus herab... Wahnsinn und Verderben wäre es gewesen, auch nur im geheimsten Herzen sich auf-

zulehnen... (*H. Mann, »Untertan«*) Каждого круто и неуклонно низводили до положения тли... Безумием и гибелью было бы возмутиться даже в самой сокровенной глубине сердца... **insgeheim** ≅ heimlich (*но тк. в качестве обстоятельства); напр.*: er fühlte, was sie insgeheim von ihm erwartete он чувствовал, чего она втайне от него ожидает. **hintergründig** глубоко спрятанный, нелегко обнаруживающийся; *напр.*: hintergründige Gedanken задние мысли; eine Erzählung mit hintergründigem Humor рассказ со скрытым юмором

Heimstätte *см.* Zuhause
Heimsuchung *см.* Unglück [1]
heimtückisch *см.* hinterlistig
heimzahlen *см.* vergelten [1]
Heimzahlung *см.* Rache [1]
heiraten жениться, выходить замуж
heiraten — sich verheiraten — sich (standesamtlich) trauen lassen — sich vermählen — ehelichen — sich verehelichen — eine Ehe eingehen — in den Ehestand treten — Hochzeit machen — einen (Mann) [eine (Frau)] nehmen — sich kriegen
  heiraten *индифф. синоним; напр.*: jung heiraten рано жениться [выйти замуж]; er hat sie geheiratet он на ней женился; sie hat ihn geheiratet она вышла за него замуж; er will heiraten он женится, он собирается жениться; es ist Zeit für sie zu heiraten ей пора замуж; sie hat aus Liebe geheiratet она вышла замуж по любви; er hat in eine gute Familie geheiratet он женился на девушке из хорошей семьи □ »Ich werde natürlich einen Kaufmann heiraten«, sagte sie (*Th. Mann, »Buddenbrooks«*) «Я, конечно, выйду замуж за купца», — сказала она. **sich verheiraten** ≅ heiraten, *но больше подчеркивает не сам акт бракосочетания, а изменение семейного положения; напр.*: hat er sich verheiratet oder ist er immer noch ledig? он женился или все еще холост? □ »Wie schade!« rief Tony lebhaft, »nein, wie schade, Gerda! Du solltest dich hier verheiraten und immer hier bleiben...« (*Th. Mann, »Buddenbrooks«*) «Как жаль!» — живо воскликнула Тони. — Нет, как жаль, Герда! Ты должна была бы здесь выйти замуж и остаться здесь навсегда...» **sich (standesamtlich) trauen lassen** *книжн.* зарегистрировать брак; обвенчаться; *напр.*: wir wollen uns heute standesamtlich trauen lassen мы сегодня распишемся; sie wird sich in der Kirche trauen lassen она обвенчается в церкви. **sich vermählen** *высок.* сочетаться браком *обыкн. употр. по отношению к высокопоставленным лицам, а тж. в брачных объявлениях и т. п.*; *напр.*: □ Allein die politische Schwäche seiner Position hatte James V. seinerzeit gezwungen, auf eine legale Ehe mit der sehr

geliebten Lady Erskine zu verzichten und zur Festigung seiner Macht und seiner Finanzen sich mit einer französischen Prinzessin, der Mutter Maria Stuarts, zu vermählen (*St. Zweig, »Maria Stuart«*) Только слабость политических позиций Якова V заставила его в свое время отказаться от законного брака с горячо любимой им леди Эрскин и для укрепления своей власти и своих финансов сочетаться браком с французской принцессой, матерью Марии Стюарт. **ehelichen** *высок.*, **sich verehelichen** *высок. или офиц., устаревают* вступить в брак; *напр.*: ich gedenke mich in der nächsten Zeit noch nicht zu verehelichen я не намереваюсь в ближайшее время вступить в брак □ Es ist traurig genug, daß Sie vor Jahr und Tag, als ich, auch gegen Ihren Willen, dem Zuge meines Herzens folgend, meine nunmehrige Gattin ehelichte... sich so überaus grausam und völlig von mir wandten.... (*Th. Mann, »Buddenbrooks«*) Весьма печально, что вы некогда, когда я против вашей воли, следуя влечению своего сердца, вступил в брак со своей нынешней супругой... совершенно и жестоко от меня отвернулись... **eine Ehe eingehen** *высок.* вступать в брак *иногда подчеркивает, что брак связан с известным риском или с принуждением; напр.*: Sie sind nun diese Ehe eingegangen, sehen Sie zu, wie Sie zurechtkommen поскольку вы вступили в этот брак, смотрите сами, как вы справитесь со всеми проблемами. **in den Ehestand treten** *офиц. устаревает* ≅ ehelichen, *но часто о нескольких лицах, вступивших в брак; напр.*: in unserer Stadt traten im Januar zwanzig Personen in den Ehestand в нашем городе в январе (месяце) вступило в брак двадцать человек. **Hochzeit machen** *разг.* справлять свадьбу *употр. с указанием времени, когда кто-л. женится или выходит замуж; напр.*: □ Es verging der Dezember, und zu Beginn des Jahres sechsundvierzig ward Hochzeit gemacht (*Th. Mann, »Buddenbrooks«*) Прошел декабрь, и в начале сорок шестого года справили свадьбу. **einen (Mann) [eine (Frau)] nehmen** *разг.* взять в мужья, взять в жены; *напр.*: er nahm (sich) eine (Frau), die viel Geld hatte он взял в жены женщину, которая имела много денег. **sich kriegen** *фам. шутл.* пожениться, соединиться (*преодолев определенные препятствия); напр.*: am Ende haben sie sich doch gekriegt в конце концов они все же соединились [сошлись]

heischen *см.* fordern
heiser хриплый
heiser — belegt
  heiser *индифф. синоним; напр.*: eine heisere Stimme хриплый голос; ein heiseres Lachen хриплый смех; er ist

HEIß | 234 | **HELFEN**

wegen einer Erkältung heiser geworden он охрип из-за простуды; er hat sich heiser geredet он договорился до хрипоты. **belegt** хрипловатый, сиплый *в отличие от* heiser *не употр. по отношению к лицу; напр.:* er hat eine belegte Stimme у него хрипловатый голос

heiß[1] горячий (*о степени проявления чувств, темперамента*)
heiß — hitzig — feurig — leidenschaftlich — inbrünstig — heißblütig — temperamentvoll — heftig
heiß *индифф. синоним; напр.:* ein heißer Dank горячая благодарность; ein heißer Wunsch горячее желание; ein heißes Gebet горячая молитва; ein heißes Herz горячее сердце; ein heißes Verlangen страстное желание; heiße Liebe горячая любовь; eine heiße Diskussion горячая [жаркая] дискуссия; heiße Tränen vergießen плакать горючими слезами; etw. heiß ersehnen горячо желать чего-л.; etw. heiß lieben горячо любить что-л.; er hat heißes Blut у него горячая кровь. **hitzig** ≅ heiß, *но часто неодобр. и подчеркивает излишнюю горячность, несдержанность; напр.:* er hat ein hitziges Temperament у него пылкий темперамент; dort wurden hitzige Wortgefechte geführt там велись жаркие словопрения; er ist ein hitziger Kopf он горячая голова. **feurig** пламенный; *напр.:* ein feuriger Redner, Blick пламенный оратор, взгляд; eine feurige Rede пламенная речь; ein feuriger Jüngling пылкий юноша. **leidenschaftlich** страстный; *напр.:* ein leidenschaftlicher Wunsch страстное желание; ein leidenschaftlicher Anhänger, Verehrer ярый приверженец, почитатель; eine leidenschaftliche Liebe страстная любовь; leidenschaftlich lieben, hassen страстно любить, ненавидеть; sie diskutierten leidenschaftlich они страстно спорили. **inbrünstig** ≅ leidenschaftlich, *но выражает еще бо́льшую глубину чувства; напр.:* eine inbrünstige Verehrung пылкое почитание; eine inbrünstige Liebe пылкая [самозабвенная] любовь; eine inbrünstige Leidenschaft пылкая [всепоглощающая] страсть; sie betete inbrünstig она горячо молилась. **heißblütig** ≅ leidenschaftlich, *но подчеркивает порывистость в проявлении чувств; употр. тк. по отношению к лицу (обыкн. не в качестве обстоятельства); напр.:* ein heißblütiges Mädchen темпераментная [страстная] девушка; ein heißblütiger Liebhaber пылкий любовник. **temperamentvoll** темпераментный; *напр.:* eine temperamentvolle Rede темпераментная речь; er ist ein temperamentvoller Mensch он темпераментный человек; sie tanzte sehr temperamentvoll она танцевала с большим темпераментом. **heftig** ≅ heiß, *но обыкн. употр. по отношению к чувствам и характеру их проявления; напр.:* heftige Liebe сильная [горячая] любовь; eine heftige Leidenschaft сильная страсть; etw. heftig begehren горячо желать чего-л.

heiß[2] *см.* warm
heiß[3]: j-m heiß (und kalt) über den Rücken [den Rücken herunter] laufen *см.* schaudern[1]
heißblütig *см.* heiß[1]
heißen[1] звать(ся) (*каким-л. именем*)
heißen — sich nennen
heißen *индифф. синоним; напр.:* wie heißt er mit Vornamen? как его имя?; er heißt Kurt его зовут Курт; wie heißen Ihre Kinder? как зовут ваших детей?; wissen Sie, wie er heißt? вы знаете его фамилию (и имя)?; ich heiße Schmidt моя фамилия Шмидт □ ...mit seiner Leibwache... die Feuerwehruniform trug, polnisch singen konnte und Phönixgarde hieß (*Grass,* »*Blechtrommel*«) ...с личной охраной... одетой в форму пожарников, которая умела петь польские песни и называлась гвардией Феникса. **sich nennen** называть себя, именоваться *по сравнению с* heißen *менее употребительно; напр.:* wie nennt er sich? как его зовут?

heißen[2] *см.* bedeuten[1]/befehlen/nennen[1]
heiß und kalt werden [sein] *см.* schaudern[1]
heiter *см.* freudig[1]/klar[1]/lustig
Held герой
der Held — der Heros
Held *индифф. синоним; напр.:* ein tapferer, sagenhafter Held храбрый, легендарный герой; die Helden der Revolution герои революции; der Held dieses Romans ist ein Bergmann герой этого романа — шахтер. **Heros** *книжн.* герой (античной) мифологии, богоподобный герой, полубог; *напр.:* der sagenhafte Heros легендарный герой

heldenhaft *см.* tapfer
heldenmütig *см.* tapfer
heldisch *см.* tapfer
helfen помогать
helfen — unterstützen — Hilfe leisten — beistehen — aushelfen — einspringen — beispringen — dienen — behilflich sein — beitragen — beisteuern — zu Hilfe kommen
helfen (j-m) *индифф. синоним; напр.:* rasch, wenig helfen быстро, мало помогать; beim Lernen helfen помогать в учении; mit Rat, mit Geld helfen помогать советом, деньгами; beim Tragen helfen помогать нести; sie hat ihr nähen helfen она помогла ей шить; die Arznei hilft nicht лекарство не помогает; die Einbildungskraft hilft ihm ему помогает воображение; er half ihr in den Mantel он помог ей надеть пальто □ Und ihre Worte hatten so entschlossen geklungen, daß er fühlte, diesmal half auch alles Reden nichts (*Fallada,* »*Jeder stirbt*«) И ее слова прозвучали столь решительно, что он почувствовал: на этот раз никакие уговоры не помогут. Und sehe Sie ihm in was helfen können, dann tun Sie es (*Fallada,* »*Wolf u. Wölfen*«) И если можете ему в чем-нибудь помочь, то помогите. **unterstützen** (j-n) поддерживать (*помогать материально или выражать солидарность в чем-л.*), помогать кому-л. в работе (*взяв часть ее на себя*); *напр.:* einen Arbeitslosen, die Eltern mit Geld unterstützen поддерживать безработного, родителей деньгами; j-n in seinem Vorhaben unterstützen поддерживать кого-л. в его намерении; die Bibliothekarin unterstützte den Wissenschaftler beim Sammeln des Materials библиотекарь помогла ученому собрать материал □ Wenn Sie mich nicht unterstützen wollen, mache ich es allein (*H. Mann,* »*Untertan*«) Если вы не захотите меня поддержать, я это сделаю сам. **Hilfe leisten** (j-m) *с некоторым оттенком официальности* оказывать помощь; *напр.:* sie leisteten dem Ertrinkenden Hilfe они оказали помощь утопающему; sie leistete dem Verwundeten Erste Hilfe она оказала раненому первую помощь. **beistehen** (j-m) заступаться, оказывать (моральную) поддержку (*в беде, в трудную минуту и т. п.*); *напр.:* j-m in der Not beistehen помогать кому-л. в беде; in dieser schweren Zeit muß man einander beistehen в это тяжелое время нужно поддерживать друг друга; Gott steh(e) mir bei! да поможет мне бог! **aushelfen** (j-m), **einspringen** (für j-n) помогать попавшему в затруднительное положение, выручать; *напр.:* j-m mit Geräten, mit Saatkorn aushelfen помочь кому-л. инструментами, семенами; er half mir mit Geld aus, als ich die Miete zahlen mußte он выручил меня, когда мне нужно было платить за квартиру □ ...dein Vater hat mehrere Male mit bedeutenden Summen einspringen müssen, damit kein Unglück geschah (*Th. Mann,* »*Buddenbrooks*«) ...твоему отцу пришлось несколько раз выручать его значительными суммами, чтобы не произошло беды. Aber erst mal die Hauptsache: wenn ich dir mit fünfzig Mark aushelfen kann? (*Fallada,* »*Kleiner Mann*«) Но сначала главное: что, если я смогу тебя выручить пятьюдесятью марками? **beispringen** (j-m) быстро приходить на помощь; *напр.:* einem Kranken, einem Verwundeten, einem Ohnmächtigen beispringen быстро приходить [броситься] на помощь больному, раненому, находящемуся без сознания; mit Geld beispringen (сразу [тут же]) выручить деньгами. **dienen** (j-m) (у)служить; *напр.:* womit kann ich Ihnen dienen? чем я могу вам служить? (*обращение продавца к покупателю; в ГДР — тк. ирон.*); damit ist ihm wenig gedient

HELFER 235 **HERAUSLOCKEN** H

это ему мало поможет. **behilflich sein** (j-m) быть полезным в чем-л. (*оказывать кому-л. регулярную или одноразовую помощь при осуществлении конкретного действия*); *напр.*: j-m beim Umzug, beim Verstauen des Gepäcks behilflich sein помогать кому-л. при переезде, при погрузке багажа; er war mir behilflich, die Tür zu öffnen он помог мне открыть дверь; darf ich Ihnen behilflich sein? могу я вам быть полезным?, позвольте вам помочь. **beitragen, beisteuern** (*zu etw.*) содействовать, способствовать чему-л.; *напр.*: zur Erhaltung des Friedens beitragen содействовать сохранению мира; zur wirtschaftlichen Entwicklung des Landes beitragen способствовать экономическому развитию страны; zur Lösung eines Problems beisteuern способствовать решению проблемы, внести вклад в решение проблемы □ Er hat am meisten dazu beigetragen, die geheime deutsche Aufrüstung... zu enthüllen (*Feuchtwanger, »Exil«*) Он больше всех способствовал тому, чтобы разоблачить тайное вооружение немцев. **zu Hilfe kommen** (j-m) приходить на помощь (*обыкн. о более или менее быстрой помощи*); *напр.*: er hat sich schwer verletzt, aber die Straße war leer, und niemand kam ihm zu Hilfe он сильно поранился, но улица была пуста, и никто не пришел ему на помощь
Helfer *см.* Gehilfe
hell [1] светлый
hell — grell — taghell — licht
hell *индифф. синоним*; *напр.*: ein helles Zimmer светлая комната; eine helle Lampe яркая лампа; die helle Sonne яркое солнце; helle Sterne яркие звезды; es ist schon hell уже светло; die Sonne scheint hell солнце ярко светит. **grell** ослепительный, слишком яркий; *напр.*: die grelle Sonne ослепительное солнце; grelle Blitze яркие молнии; das Zimmer ist grell von der Sonne beschienen комната слишком ярко освещена солнцем. **taghell** светлый (как день); *напр.*: es ist taghell светло как днем. **licht** *высок., поэт.* светлый, ясный; *напр.*: das Zimmer war licht und freundlich комната была светлой и приветливой; ihr Blick war licht у нее был ясный взгляд; das geschah am lichten Tage это случилось средь бела дня □ Die grüne Gegend hier ist durch denn trockenen Sommer jetzt wunderbar licht und rötlich geworden... (*Hesse, »Klingsors letzter Sommer«*) Здесь эта зеленая местность теперь, благодаря сухому лету, стала красноватой и удивительно светлой
hell [2] *см.* klar [1]/klug
hell [3]: seine (helle) Freude haben *см.* freuen, sich [1]
helle *см.* klug
Hellsager *см.* Wahrsager

hellsehen *см.* voraussehen
Hellseher *см.* Wahrsager
hellwach *см.* wach
Helot(e) *см.* Sklave
hemmen задерживать, тормозить
hemmen — aufhalten — bremsen — abbremsen
hemmen *индифф. синоним*; *напр.*: den Lauf, den Schritt hemmen задерживать бег, шаг; die Entwicklung, die Ereignisse, die Bewegung hemmen задерживать [тормозить] развитие, развитие событий, движение; der Partner hemmte die Verhandlungen другая сторона затягивала переговоры. **aufhalten** задерживать (*отняв время, замедлив наступление какого-л. события*) *в отличие от* hemmen *не содержит оттенка* 'оказывать сопротивление'; *напр.*: die Entwicklung aufhalten задерживать развитие; das schlechte Wetter hat ihn aufgehalten плохая погода его задержала. **bremsen** *разг.* (умышленно) тормозить, чинить препятствия; *напр.*: die Produktion bremsen тормозить производство; das Arbeitstempo bremsen тормозить [замедлять] темп работы. **abbremsen** *разг.* сильно замедлить (*вплоть до прекращения чего-л.*); *напр.*: eine gefährliche Entwicklung von etw. abbremsen затормозить опасное развитие чего-л.; die Produktion dieser Waren wurde abgebremst производство этих товаров было значительно сокращено
Hemmnis *см.* Hindernis
Hemmung [1] задержка
die Hemmung — der Anstoß
Hemmung *индифф. синоним*; *напр.*: eine Hemmung im Straßenverkehr, in der Entwicklung der Industrie задержка в уличном движении, в развитии промышленности; eine andauernde Hemmung überwinden преодолеть продолжительную задержку (*в развитии чего-л. и т. п.*). **Anstoß** запинка; *напр.*: ein Gedicht ohne Anstoß aufsagen прочесть наизусть стихотворение без запинки; er spielte das Musikstück ohne jeden Anstoß он сыграл пьесу без запинки
Hemmung [2] *см.* Hindernis
hemmungslos *см.* frei [2]
henken *см.* hängen II
her *см.* hierher
herablassen *см.* senken [1]
herablassend *см.* hochmütig
herabsetzen [1] умалять, принижать
herabsetzen — herabwürdigen — diskriminieren — diskreditieren
herabsetzen *индифф. синоним*; *напр.*: j-s Verdienste, j-s Leistungen herabsetzen умалять чьи-л. заслуги, чьи-л. достижения; er versucht, ihn immer herabzusetzen он всегда стремится его принизить; man darf ihn im Ansehen der Leute nicht herabsetzen нельзя ронять его престиж в глазах людей. **herabwürdigen** принижать; *напр.*: j-s Verdienste herabwür-

digen принижать чьи-л. заслуги. **diskriminieren** *книжн.* дискриминировать, ущемлять, умалять чьи-л. права; *напр.*: einen Gegner diskriminieren ущемлять права противника; die Bürger eines Staates diskriminieren дискриминировать граждан какой-л. страны. **diskreditieren** *книжн.* дискредитировать; *напр.*: diese Handlungsweise hat die Firma endgültig diskreditiert этими действиями фирма полностью дискредитировала себя.
herabsetzen [2] *см.* schwächen/verkleinern [2]
herabwürdigen *см.* demütigen/herabsetzen [1,2]
heranbilden *см.* lehren [1]
herangehen *см.* nähern, sich [1]
herankommen *см.* nähern, sich [1]
heranmachen, sich *см.* anfangen [2]
herannahen *см.* nähern, sich [1]
heranrücken *см.* nähern, sich [1]
herantreten *см.* nähern, sich [1]
heranziehen *см.* nähern, sich [1]
heraufbeschwören *см.* verursachen
heraufziehen *см.* nähern, sich [1]
herausbekommen *см.* erfahren I [1]
herausbitten *см.* rufen [1]
herausbringen *см.* drucken/erfahren I [1]
herausfinden *см.* erfahren I [1]
herausfordernd *см.* aggressiv [1]
herausfüttern *см.* ernähren [1]
herausgeben *см.* drucken
herausgehen *см.* hinausgehen
herauskommen *см.* ergeben, sich I/ erscheinen [1]/hinausgehen
herauskriegen *см.* erfahren I [1]
herauslocken [1] выманивать
herauslocken — ablocken — abschmeicheln — erschmeicheln — ablisten — erschleichen — abschwindeln — ergaunern — erschwindeln — abluchsen
herauslocken (j-n aus etw.; etw. aus j-m) *индифф. синоним*; *напр.*: ein Tier aus dem Bau, den Feind aus dem Hinterhalt herauslocken выманить зверя из норы, врага из засады; Geld herauslocken выманить деньги; aus j-m ein Geheimnis herauslocken выведать у кого-л. тайну; ein Geständnis herauslocken (обманом) добиться признания. **ablocken** (*etw. j-m*) ≅ herauslocken, *но менее употребительно*; *напр.*: j-m ein Geheimnis ablocken выведать у кого-л. тайну; j-m Geld ablocken выманить у кого-л. деньги; j-m ein Lächeln ablocken заставить кого-л. улыбнуться. **abschmeicheln** (*etw. j-m*), **erschmeicheln** (*etw. bei j-m*) выманить что-л., добиться чего-л. лестью; *напр.*: j-m ein Versprechen abschmeicheln лестью вынудить у кого-л. обещание; sie hat ihm die Uhr abgeschmeichelt она его улестила, и он отдал ей часы; er erschmeichelte seine Gunst он лестью добился его благосклонности. **ablisten** (*etw. j-m*) выманить, добиться чего-л. хитростью; *напр.*: sie hat ihm das Geld, die Mappe abgelistet она хитростью

выманила у него деньги, портфель; sie haben ihm ein Zugeständnis abgelistet они хитростью вынудили у него уступку. **erschleichen** (*etw. bei j-m*) выманить что-л. вероломным, коварным путем; *напр.*: ein Erbe, ein Vermögen erschleichen коварством добиться наследства, состояния. **abschwindeln** (*etw. j-m*) выманить, добиться чего-л. обманом; *напр.*: j-m große Geldsummen abschwindeln выманить обманным путем большие денежные суммы у кого-л. **ergaunern, erschwindeln** (*etw. bei j-m*) *разг.* ≅ abschwindeln; *напр.*: ein Amt erschwindeln добиться обманным [мошенническим] путем какой-л. должности □ Sie haben Spitzbübereien begangen, Sie haben sich Kapital ergaunert, nur um mir statt zwölf Prozent sechzehn zu zahlen (*Th. Mann, »Buddenbrooks«*) Вы занимались плутовством, вы мошенническим путем добились получения капитала только для того, чтобы платить мне вместо двенадцати шестнадцать процентов. **abluchsen** *разг.* ≅ ablisten; *напр.*: dem jüngeren Bruder etw. abluchsen хитростью выудить что-л. у младшего брата; er hat den Mitspielern viel Geld abgeluchst он (хитростью) выманил много денег у своих партнеров
herauslocken ² *см.* erfahren I ¹
herausnehmen ¹ вынимать
herausnehmen — auskramen
herausnehmen *индифф. синоним*; *напр.*: Geld aus der Tasche, Blumen aus der Vase herausnehmen вынимать деньги из кармана, цветы из вазы; etw. aus dem Schaufenster herausnehmen вынимать что-л. из витрины. **auskramen** *разг.* вытаскивать что-л. (*обыкн. находящееся среди чего-л. или заполняющее что-л.*); *напр.*: die Kinder kramten das Spielzeug aus дети вытащили игрушки; ich habe den Schrank ausgekramt я освободил шкаф, вытащил все из шкафа
herausnehmen ² *см.* nehmen ¹
herausnehmen, sich *см.* wagen
herausputzen *см.* schmücken
herausputzen, sich *см.* schmücken, sich
herausreden, sich *см.* vorschützen
herausreißen *см.* ausreißen ¹
herausrufen *см.* rufen ¹
herausschlagen *см.* erzielen
herausschleudern *см.* hinauswerfen
herausspringen *см.* eintragen ¹/ergeben, sich I
herausstellen, sich *см.* erweisen, sich
herausstreichen *см.* loben
herausströmen *см.* ausfließen
herauswinden, sich *см.* winden, sich ²
herausziehen, sich *см.* winden, sich ²
herb *см.* bitter ¹
herbeiführen *см.* verursachen
herbeirufen *см.* rufen ¹
herbeischaffen *см.* bringen ¹
herbergen *см.* ansiedeln
Herd *см.* Zuhause

Herde *см.* Menge ³
hereinfallen *см.* geraten ²
hereinfliegen *см.* geraten ²
hereinkommen *см.* hineingehen ¹
hereinlassen *см.* einlassen
hereinlegen *см.* betrügen/legen ¹
hereinplatzen *см.* hineingehen ¹
hergeben *см.* abgeben ¹
herhalten *см.* büßen ¹
herkommen происходить (*иметь причиной*)
herkommen — kommen — herrühren — herstammen — entspringen
Синонимы данного ряда имеют одно и то же значение, но различаются по сочетаемости
herkommen *индифф. синоним*; *напр.*: diese Krankheit kommt oft von einer Erkältung, von schlechter Ernährung her эта болезнь часто происходит от простуды, от плохого питания; seine schlechten Manieren kommen von einer mangelhaften Erziehung her его плохие манеры объясняются недостаточным воспитанием; das kommt vom Geldmangel her это происходит от недостатка денег; wo kommt dieser Fehler her? откуда взялась эта ошибка? **kommen** (*тк. с предлогом von и часто с инфинитивом*); *напр.*: sein Husten kommt vom vielen Rauchen он кашляет оттого, что много курит; seine Krankheit kommt von seiner Überarbeitung его болезнь — следствие перегрузки; das kommt von der Unaufmerksamkeit это происходит из-за невнимания. **herrühren** *чаще употр. с конкретными, реже с абстрактными существительными, обозначающими источник, причину; более характерно для книжно-письменной речи*; *напр.*: der Lärm rührt von einem Bagger her шум вызван экскаватором; der Fleck rührt von Rotwein her это пятно от красного вина; seine Nervosität rührt von dem Schock her его нервозность — следствие шока □ ...er erzählte mir allerlei Spukgeschichten, die hübsch klingen könnten, wenn sie nicht alle darauf hinausliefen, daß es doch kein wirklicher Spuk gewesen, sondern daß... das Geräusch auf dem Boden von der Hauskatze herrührte (*Heine, »Die Harzreise«*) ...он рассказывал мне всевозможные истории с привидениями, которые могли бы быть очень недурны, если бы не сводились к тому, что на деле никаких привидений не было, а... шум на чердаке производила кошка. **herstammen** *чаще употр. с конкретными существительными, обозначающими то, что произошло*; *напр.*: wer weiß, wo dieser Fleck herstammt кто знает, откуда взялось это пятно. **entspringen** *высок., обыкн. употр. с абстрактными существительными, обозначающими источник, причину*; *напр.*: alle Zweifel entspringen ein und demselben Mißverständnis все сомнения происходят из-за одного и того же недоразумения; das alles ist ihrer Phantasie entsprungen все это — плод ее фантазии
herkömmlich привычный (*традиционный*)
herkömmlich — althergebracht — traditionell
herkömmlich *индифф. синоним*; *напр.*: herkömmliche Formen привычные формы; herkömmliche Bräuche принятые обычаи; in der herkömmlichen Weise arbeiten работать обычным методом. **althergebracht** освященный давнишней традицией, стародавний; *напр.*: althergebrachte Ordnung освященный традицией [стародавний] порядок; althergebrachte Sitten стародавние обычаи; althergebrachte Vorstellungen überwinden преодолеть стародавние представления. **traditionell** традиционный; *напр.*: eine traditionelle Methode традиционный метод; die traditionelle Höflichkeit der Franzosen традиционная вежливость французов
Herkunft происхождение
die **Herkunft** — der **Ursprung** — die **Abstammung** — die **Geburt** — die **Abkunft**
Herkunft *индифф. синоним*; *напр.*: er ist von einfacher, von hoher Herkunft он простого, знатного происхождения; das sind Waren französischer, unbekannter Herkunft это товары французского, неизвестного происхождения; er verleugnete nicht seine Herkunft он не скрывал своего происхождения. **Ursprung** ≅ Herkunft, *но относится к еще более отдаленному прошлому*; *напр.*: der Ursprung des Staates, des Privateigentums происхождение государства, частной собственности; ihrem Ursprung nach ist es eine Familie von altem Adel по своему происхождению это семья старинного дворянского рода. **Abstammung** принадлежность по рождению к какому-л. сословию, классу, типу *и т. п.*; *напр.*: er ist bürgerlicher Abstammung он мещанского происхождения; das ist ein Pferd von edler Abstammung это лошадь благородных кровей; seine Abstammung ist urkundlich nicht nachgewiesen его происхождение документально не доказано. **Geburt** *книжн.* принадлежность по рождению к какой-л. семье, местности *употр. тк. по отношению к лицу*; *напр.*: er ist von adliger Geburt он дворянин по рождению; sie ist von Geburt (eine) Engländerin 1) она по происхождению англичанка; 2) она уроженка Англии; ich bin eine Petersdorf von Geburt я урожденная Петерсдорф. **Abkunft** *книжн.* ≅ Herkunft; *напр.*: er ist bäuerlicher Abkunft он крестьянского происхождения; die Abkunft dieses Wortes ist unbekannt происхождение этого слова неизвестно □ Der Herr von historischer Abkunft und gutem Aussehen machte Eindruck überall, nur nicht bei

HERLEITEN, SICH   237   **HEULEN**   **H**

den Befehlshabern, denen jetzt die Macht gehörte (*H. Mann, »Eine Liebesgeschichte«*) Этот видный господин знатного происхождения производил повсюду впечатление, только не на начальников, которые теперь были у власти

herleiten, sich *см.* stammen
hernach *см.* nachher
hernehmen *см.* nehmen [1]
heroisch *см.* tapfer
Heros *см.* Held
Herr *см.* Mann [1]
herrichten *см.* einrichten
herrisch *см.* gebieterisch
Herrschaft *см.* Macht [1]
herrschend *см.* «Приложение»
herrühren *см.* herkommen
hersagen *см.* vortragen [1]
herstammen *см.* herkommen/stammen
herumerzählen *см.* verbreiten
herumkriegen *см.* umstimmen
herumkritteln *см.* nörgeln
herumlegen *см.* legen [1]
herumlungern *см.* umherstreifen
herumnörgeln *см.* nörgeln
herumrätseln *см.* nachdenken
herumscharwenzeln *см.* kriechen [2]
herumschwänzeln *см.* kriechen [2]
herumsprechen, sich поговаривать (*о распространении слухов*)
sich herumsprechen — munkeln

sich herumsprechen *индифф. синоним; напр.:* es hat sich herumgesprochen, daß... пошли толки о том, что...; die Kunde von seiner Ankunft hatte sich bei uns schnell herumgesprochen весть о его прибытии у нас быстро распространилась. **munkeln** *разг.* поговаривать; шептаться; *напр.:* man munkelt, daß... поговаривают, что... ▫ Diese (*die Kriegsgegner*) verfertigten... die besten Waffen gegen ihren gemeinsamen Feind. Das ging gut — obwohl gemunkelt wurde und die Behörden aufmerkten... (*H. Mann, »Eine Liebesgeschichte«*) Эти (*противники войны*) изготавливали... лучшее оружие против их общего врага. Сначала все шло хорошо, хотя начали об этом поговаривать и власти насторожились...

herumstreichen *см.* umherstreifen
herumstreunen *см.* umherstreifen
herumstromern *см.* umherstreifen
herumtragen *см.* verbreiten
herumtreiben, sich *см.* umherstreifen
herumwühlen *см.* wühlen [1]
herunterdrücken: den Preis herunterdrücken *см.* abhandeln
heruntergehen *см.* verkleinern, sich
herunterhandeln *см.* abhandeln
herunterkommen *см.* verkommen [1, 2]
Herunterkommen *см.* Verfall
herunterleiern *см.* vortragen [1]
heruntermachen *см.* tadeln
herunterputzen *см.* tadeln
herunterschnurren *см.* vortragen [1]
heruntersetzen *см.* demütigen
hervorbrechen *см.* zeigen, sich [1]
hervorbringen *см.* sagen [1]
hervorgehen [1] *см.* folgen [3]

hervorgehen [2]: **als Sieger hervorgehen** *см.* siegen
hervorheben *см.* betonen
hervorragend *см.* groß [5]/gut [1]
hervorrufen *см.* verursachen
hervorstechen *см.* auffallen
hervortun, sich *см.* auszeichnen, sich
Herz: sein Herz ausschütten *см.* anvertrauen, sich
herzen *см.* liebkosen
Herzensfreund *см.* Liebhaber [1]
herzensgut *см.* gut [2]
Herzensgüte *см.* Güte [2]
herzhaft *см.* stark [2]
herziehen *см.* kritisieren [1]/lästern [1]
herzlich *см.* gütig/sehr
herzlos *см.* grausam
heterodox *см.* ketzerisch
Hetze *см.* Eile
hetzen *см.* aufwiegeln/verfolgen [1, 3]
Hetzerei *см.* Verfolgung
Heuchelei [1] лицемерие

die **Heuchelei** — die **Scheinheiligkeit** — die **Gleisnerei** — die **Bigotterie** — die **Muckerei**

Heuchelei *индифф. синоним; напр.:* dieses Weinen war nichts als Heuchelei этот плач был сплошным лицемерием; ich fasse das als Heuchelei auf я считаю это лицемерием; in ihrem Tun lag keine Heuchelei в ее поступках не было лицемерия. **Scheinheiligkeit** ханжество; *напр.:* seine Scheinheiligkeit ist mir zuwider его ханжество мне противно. **Gleisnerei** *уст.* ≅ Heuchelei; *напр.:* das war lauter Gleisnerei это было одно лицемерие. **Bigotterie** *книжн.* фарисейство; *напр.:* sie war fromm, aber Bigotterie war ihr fremd она была набожна, но фарисейство ей было чуждо. **Muckerei** *разг.* ≅ Scheinheiligkeit *часто предполагает, что кто-л. публично осуждает то, что тайком делает сам; напр.:* an seine Muckerei bin ich gewöhnt, ich weiß, daß er sich gern was gönnt к его лицемерию я привык, я знаю, что он не прочь побаловать себя кое-чем

Heuchelei [2] *см.* Unaufrichtigkeit
heucheln *см.* vortäuschen
Heuchler лицемер

der **Heuchler** — der **Scheinheilige** — der **Gleisner** — der **Tugendbold** — der **Duckmäuser**

Heuchler *индифф. синоним; напр.:* er ist ein Heuchler, er tut nur so, als ob er sich über unseren Erfolg freue он лицемер, он только делает вид, что радуется нашему успеху; er ist kein Heuchler, er sagt immer, was er denkt он не лицемер, он всегда говорит что думает; nur Heuchler können diesen Entschluß gutheißen только лицемеры могут приветствовать это решение. **Scheinheiliger** ханжа, притворно добродетельный *или* притворно набожный человек; *напр.:* er ist kein frommer Mensch, sondern nur ein Scheinheiliger он не набожный человек, а только ханжа. **Gleisner** *уст.* ≅ Heuchler. **Tugendbold** *ирон.*

неодобр. святоша, ходячая добродетель; *напр.:* er ist ein richtiger Tugendbold он настоящий святоша. **Duckmäuser** *разг.* лицемер, прикидывающийся тихоней, скромником; *напр.:* diesen Duckmäuser werde ich im Auge behalten! с этого тихони я не спущу глаз! ▫ Das hat Er schlau gemacht... Da werden wir noch lang unseren Spaß haben. So ein Heimlicher und Duckmäuser, mein Jud! (*Feuchtwanger, »Jud Süß«*) Это ты хитро придумал... Мы еще долго будем получать удовольствие. Этакий скрытый тихоня, мой еврей!

heuchlerisch лицемерный

heuchlerisch — **scheinheilig** — **gleisnerisch** — **unaufrichtig** — **falsch** — **doppelzüngig** — **bigott** — **maulfromm** — **katzenfreundlich**

heuchlerisch *индифф. синоним; напр.:* heuchlerisches Verhalten лицемерное поведение; ein heuchlerischer Freund лицемерный друг; heuchlerische Tränen vergießen проливать лицемерные слезы; seine Rede ist heuchlerisch его речь лицемерна. **scheinheilig** ханжеский; *напр.:* sein scheinheiliges Wesen его ханжеская натура; scheinheilig versichern ханжески [с видом святой невинности] заверять. **gleisnerisch** *уст.* ≅ heuchlerisch; *напр.:* er suchte ihr mit gleisnerischen Reden zu gefallen он пытался понравиться ей, произнося лицемерные речи. **unaufrichtig** неискренний; *напр.:* ein unaufrichtiger Mensch неискренний человек; unaufrichtige Bewunderung неискреннее восхищение; unaufrichtiges Erstaunen, Mitleid неискреннее удивление, сочувствие; unaufrichtig zu j-m [gegen j-n] sein быть неискренним по отношению к кому-л. **falsch** фальшивый, неискренний; *напр.:* falsche Worte фальшивые слова; ein falscher Freund неискренний друг; falsch lächeln притворно улыбаться; sie ist falsch она фальшива. **doppelzüngig** двуличный; *напр.:* ein doppelzüngiger Mensch двуличный человек; ein doppelzüngiger Verräter двурушник; eine doppelzüngige Politik betreiben проводить двурушническую политику; seine Worte sind doppelzüngig его слова двуличны. **bigott** *книжн.* фарисейский; *напр.:* eine bigotte Erziehung фарисейское воспитание; eine bigotte Bescheidenheit фарисейская скромность; ein bigottes Wesen фарисейская натура. **maulfromm** *разг.* добродетельный на словах; *напр.:* er hält nur maulfromme Reden он добродетелен только в своих речах. **katzenfreundlich** *разг.* притворно-ласковый (*и в душе коварный*); *напр.:* ihr katzenfreundliches Wesen fällt mir auf die Nerven ее притворно-ласковое поведение действует мне на нервы

Heuer *см.* Lohn [1]
heuern *см.* anstellen [1]/mieten
heulen *см.* weinen

heute *см.* jetzt
heutzutage *см.* jetzt
Hieb *см.* Schlag¹
hier *см.* «Приложение»
hierher сюда
hierher — her

hierher *индифф. синоним; напр.:* hierher fahren, laufen, kommen ехать, бежать, приходить сюда; hierher bringen, führen, legen, schleppen приносить, вести, класть, тащить сюда; stell den Koffer hierher поставь чемодан сюда. her *разг.* ≙ hierher (*чаще в повелительных предложениях, где в этом случае отсутствует глагол, часто не переводится; напр.:* Geld her! давай(те) сюда деньги!; schnell Wasser her! скорей воды!; her zu mir! (скорей) ко мне!

Hilfe¹ помощь
die Hilfe — die Aushilfe — die Nachhilfe — der Beistand

Hilfe *индифф. синоним; напр.:* uneigennützige, unerwartete, finanzielle, militärische Hilfe бескорыстная, неожиданная, финансовая, военная помощь; j-n um Hilfe bitten просить кого-л. о помощи; er übersetzte den Text mit Hilfe eines Wörterbuchs он перевел текст с помощью словаря □ ...damit ich mit seiner gnädigen Hilfe das Vermögen der Firma auf die ehemalige Höhe zurückführen kann (*Th. Mann, »Buddenbrooks«*) ...чтобы я с его милосердной помощью мог довести капитал фирмы до прежнего размера. Aushilfe помощь в затруднительном положении, выручка; *напр.:* j-n um eine Aushilfe von 50 Mark bitten просить кого-л. выручить пятьюдесятью марками; niemanden zur Aushilfe haben не иметь никого, кто бы мог выручить [подменить] □ Christian hatte geschrieben, um Unterstützung, um Aushilfe geschrieben, welche die Konsulin seinem dereinstigen Erbe entnehmen mußte (*Th. Mann, »Buddenbrooks«*) Кристиан написал, он написал, обратясь за помощью, прося консульшу выручить его в счет будущего наследства. Nachhilfe дополнительная помощь (в учебе); *напр.:* dieser Schüler braucht Nachhilfe этому ученику требуется помощь (в виде дополнительных занятий с репетитором). Beistand *книжн.* помощь (б. ч. моральная), заступничество в беде; *напр.:* j-m Beistand leisten оказывать кому-л. помощь (в трудную минуту) □ Er müsse ihn (*den Sanitätsrat*) um seinen Beistand bitten, sagte Diederich, rot vor Scham (*H. Mann, »Untertan«*) Дидерих, красный от стыда, сказал, что вынужден просить его (*санитарного советника*) заступничества

Hilfe²: zu Hilfe kommen, Hilfe leisten *см.* helfen
hilflos *см.* ratlos
hilfsbereit готовый помочь
hilfsbereit — gefällig — dienstfertig — dienstbeflissen

hilfsbereit *индифф. синоним; напр.:* hilfsbereite Freunde, Bekannte, Nachbarn готовые помочь друзья, знакомые, соседи; hilfsbereit sein быть готовым помочь; er ist der hilfsbereiteste Mensch, den ich kenne он самый обязательный человек из числа тех, которых я знаю □ Er ist liebenswürdig, er hat überlegenen Verstand, er hat Humor, er ist hilfsbereit... (*Feuchtwanger, »Lautensack«*) Он любезен, исключительно умен, у него есть чувство юмора, он отзывчив... gefällig любезный; готовый оказать услугу; *напр.:* er ist sehr gefällig он очень любезен (и услужлив); er ist ein gefälliger Mensch und tut für Sie alles, was er kann он очень любезный человек и сделает для вас все, что сможет... dienstfertig (заискивающе) услужливый; *напр.:* die Vorgesetzten hatten ihn gern, weil er immer dienstfertig war начальники его любили, потому что он был всегда такой услужливый. dienstbeflissen угодливый, ревностно услужливый; *напр.:* eilig sprang der Chauffeur herbei und öffnete dienstbeflissen die Autotür шофер подбежал и угодливо открыл дверцу автомобиля

Himmel *см.* Paradies
himmelhoch *см.* hoch¹
Himmelreich *см.* Paradies
himmelschreiend *см.* groß³
hin *см.* dorthin/entzwei/tot
hinablassen *см.* senken¹
hinauflegen *см.* legen¹
hinausfahren *см.* ausfahren
hinausgehen выходить
hinausgehen — herausgehen — hinauskommen — herauskommen

Синонимы данного ряда различаются по направлению действия и по тому, находится ли говорящий внутри или вне чего-л.; в разговорной речи эти различия часто не соблюдаются и употребляются редуцированные формы 'raus *вместо* heraus- (*на севере*) *и* 'naus *вместо* hinaus- (*на юге*)

hinausgehen *употр., когда говорящий находится внутри чего-л., а совершающий действие (им может быть и говорящий) двигается изнутри наружу; напр.:* ich ging aus dem Hause hinaus я вышел из дому; er ging ohne Kopfbedeckung auf die Straße hinaus он вышел на улицу без головного убора. herausgehen *употр., когда говорящий находится вне чего-л., а совершающий действие двигается изнутри наружу; напр.:* ich sah ihn aus dem Hause herausgehen я видел, как он выходил из дому; da öffnete sich die Tür, und eine Frau mit einem Kinde ging heraus (тогда) открылась дверь, и женщина с ребенком вышла. hinauskommen *употр., когда говорящий находится внутри чего-л., а совершающий действие (им может быть и говорящий) приближается к тому, что находится* снаружи; *напр.:* warte, ich komme sofort hinaus! подожди, я сейчас выйду!; die Taxe wartete schon, als ich mit meinem Freunde hinauskam когда я с приятелем вышел, такси уже ожидало нас. herauskommen *употр., когда говорящий находится вне чего-л., а совершающий действие двигается изнутри к нему; напр.:* komm schneller heraus, wir können nicht länger warten! выходи скорее, мы не можем дольше ждать!; als ich im Korridor stand, kamen die Schüler aus der Klasse heraus когда я стоял в коридоре, ученики выходили из класса (*по направлению ко мне*)

hinauskommen *см.* hinausgehen
hinausschieben *см.* verlegen I¹
hinausschmeißen *см.* hinauswerfen
hinauswerfen выбрасывать
hinauswerfen — hinausschmeißen — herausschleudern

Синонимы данного ряда расположены по степени возрастания интенсивности выражаемого действия

hinauswerfen *индифф. синоним; напр.:* etw. zum Fenster hinauswerfen выбрасывать что-л. из окна; Abfälle hinauswerfen выбрасывать отбросы; j-n aus dem Zimmer, aus dem Auto hinauswerfen выбросить кого-л. из комнаты, из автомобиля. hinausschmeißen *разг.* вышвыривать; *напр.:* schmeiß diesen Kram hinaus! вышвырни этот хлам!; schmeiß diesen Kerl hinaus! вышвырни этого субъекта! herausschleudern ≙ hinausschmeißen, *но подчеркивает, что выбрасывание происходит с силой, резко, часто из движущегося транспорта; напр.:* in der Kurve wurde er aus der offenen Tür herausgeschleudert на повороте его вышвырнуло из незапертой двери (*автомашины, вагона и т. п.*)

hinausziehen *см.* verzögern¹
hinauszögern *см.* verzögern¹
hinbiegen *см.* bewerkstelligen
hinbringen¹ относить; отвозить
hinbringen — bringen — schaffen — tragen

hinbringen *индифф. синоним; напр.:* ich brachte das Geld, die Bücher zu ihm hin я отнес ему деньги, книги; ich brachte ihn hin я отвез его туда; das Auto bringt Sie hin автомобиль вас туда отвезет. bringen отвозить, доставлять (*всегда с обстоятельством места*); *напр.:* bringe ihn nach Hause, an die Bahn отвези его домой, на вокзал □ Er hatte nur einmal in seiner Umgebung erwähnen hören, man könnte mit einer Vorladung des Chauffeurs rechnen, der den Gefangenen hätte nach Nowawes bringen sollen (*Seghers, »Die Toten«*) Только один раз кто-то в его присутствии упомянул о том, что шофера, который должен был доставить пленного в Новавес, могут вызвать в суд. Sowohl am Esplanade-Hotel wie beim Rolandsbrunnen hielten Autotaxen, sie hätten ihn schnell genug zu Petra gebracht (Fallada, »Wolf u. Wölfen«) Как возле отеля «Эспланада», так и у Роландсбруннен стояли такси, они могли бы достаточно быстро подбросить его к Петре. schaffen *в отличие от первых двух синонимов подчеркивает, что действие сопряжено с определенными усилиями или трудностями, а тж. употр., когда высказывание эмоционально окрашено; напр.*: er ließ den schweren Koffer auf sein Zimmer schaffen он велел отнести тяжелый чемодан в свою комнату; der Verwundete wurde ins Krankenhaus geschafft раненого отвезли в больницу. tragen относить (*не имеет значения 'отвозить'*); *напр.*: trag(e) das Geschirr in die Küche отнеси посуду в кухню; ich trage den Koffer nach unten я отнесу чемодан вниз

hinbringen ² *см.* **verbringen**

hindern мешать, препятствовать

hindern — verhindern — behindern — im Wege stehen — abhalten — erschweren — v e r w e h r e n — stören

hindern *индифф. синоним*; *напр.*: j-n am Essen, am Sprechen hindern мешать кому-л. есть, говорить; der Lärm hinderte mich, seine Worte deutlich zu hören шум помешал мне отчетливо услышать его слова; die Schmerzen hinderten mich daran, fest einzuschlafen боли помешали мне крепко уснуть; wer wird mich (daran) hindern, die Stadt zu verlassen? кто воспрепятствует моему отъезду из города?; du hinderst uns nur an unserer Arbeit ты только мешаешь нам работать; die Kälte hindert ihn am Einschlafen холод мешает ему уснуть □ Einen Herrn, der im Begriff stand, einen (Platz) wegzunehmen, hinderte er (Diederich) daran, indem er ihm heftig auf den Fuß trat (H. Mann, »Untertan«) Господину, который хотел отобрать у него (Дидериха) место, он помешал, сильно наступив ему на ногу. **verhindern** делать что-л. невозможным из-за каких-л. препятствий *чаще употр., когда помехой в чем-л. является не лицо, а обстоятельства, условия; напр.*: der Dienst verhinderte mich zu kommen дела службы помешали мне прийти; die Bäume verhindern, daß die Sonnenstrahlen zu den Pflanzen dringen деревья не пропускают лучей солнца к растениям; er konnte das Unglück nicht verhindern он не мог предотвратить несчастье □ Die beiläufige, ironische Manier, in welche Hannsjörg seine Mitteilung kleidete, und die Anspielung auf das Revolverblatt, das Hannsjörg Geld und Nöte gebracht hatte, verhinderten Oskar nicht, zu erkennen, welch großen Dienst ihm der Bruder wieder einmal leistete (Feuchtwanger, »Lautensack«) Небрежный, иронический тон, в который Гансйорг облек свое сообщение, и намек на бульварный листок, который принес Гансйоргу и деньги, и беду, не помешали Оскару осознать, какую огромную услугу оказал ему брат. **behindern** ≅ hindern, *но чаще употр., когда субъектом действия является неодушевленный предмет, отвлеченное понятие; напр.*: das Herzklopfen behinderte mich zu sprechen сердцебиение помешало мне говорить; die neuen Schuhe behinderten ihn beim Laufen новые ботинки мешали ему бежать □ Da ist nur eine kleine Schwierigkeit. Die manuelle Arbeit, das Technische des Schreibens, behindert ihn in der Ursprünglichkeit des Ausdrucks (Feuchtwanger, »Lautensack«) Есть только одна маленькая загвоздка: самый процесс письма, движения руки мешают непосредственному выражению его мысли. **im Wege stehen** стоять на пути, представлять собой серьезное препятствие (для осуществления чего-л.); *напр.*: sich selbst im Wege stehen действовать в ущерб собственным интересам; er stand ihm bei seinem Aufstieg im Wege он стоял на пути его карьеры. **abhalten** мешать, (постоянно) отвлекая кого-л. от чего-л.; *напр.*: von der Arbeit, vom Lesen abhalten не давать работать, читать; lassen Sie sich bitte nicht abhalten! продолжайте, пожалуйста!; die Versammlung hat mich abgehalten, der Feier beizuwohnen собрание помешало мне присутствовать на празднестве; nichts konnte ihn abhalten zu kommen ничто не могло помешать ему прийти. **erschweren** затруднять; *напр.*: j-m die Arbeit erschweren затруднять кому-л. работу; Sie erschweren mir, meine Pflicht zu erfüllen вы затрудняете мне исполнение моего долга. **verwehren** *высок.* не допускать чего-л., делать невозможным что-л. *употр., когда осуществлению чего-л. препятствуют физические возможности кого-л. или (насильственные) действия другого лица; напр.*: sein Alter verwehrte es ihm, an dieser Expedition teilzunehmen его возраст не позволил ему принять участие в этой экспедиции; sie verschloß das Zimmer und verwehrte ihm den Eintritt она заперла дверь и не дала ему войти. **stören** часто *разг.* мешать (*о незначительных, но докучливых препятствиях, помехах*); *напр.*: der andauernde Lärm störte ihn beim Lesen непрекращающийся шум мешал ему читать; er störte mich beim Schreiben он мешал мне писать

Hindernis препятствие

das Hindernis — das Hemmnis — die Hemmung — der Anstoß

Hindernis *индифф. синоним*; *напр.*: ein unüberwindliches Hindernis darstellen представлять собой непреодолимое препятствие; ein Hindernis beseitigen, überwinden устранять, преодолевать препятствие; auf dem Weg gab es noch ein Hindernis на пути встретилось еще одно препятствие; er schreckt vor keinen Hindernissen zurück его не остановят никакие препятствия. **Hemmnis** помеха; *напр.*: ein vorspringender Fels bedeutete für die Weiterfahrt ein ernstes Hemmnis выступающая скала означала серьезную помеху для дальнейшего продвижения (в машине); er hat alle Hemmnisse überwunden он преодолел все препятствия. **Hemmung** затруднение, препятствие *чаще перен.*; *напр.*: eine Hemmung in den Verhandlungen, in der Planerfüllung затруднение в переговорах, в выполнении плана. **Anstoß** *употр. в выражении* ein Stein des Anstoßes камень преткновения

hindeuten *см.* **zeigen** ²
hineinfallen *см.* **fallen** ²/**geraten** ²
hineinfliegen *см.* **geraten** ²
hineingehen ¹ входить

hineingehen — hineinkommen — hereinkommen — eintreten — betreten — eindringen — sich einschleichen — sich einschmuggeln — hereinplatzen — einbrechen

Употребление первых трех синонимов зависит от того, где находятся говорящий и лицо, совершающее данное действие; в разговорной речи эти различия часто не соблюдаются и употребляется редуцированная форма 'rein- *вместо* herein-

hineingehen *индифф. синоним*; *употр., когда говорящий находится вне чего-л., а совершающий действие (им может быть и сам говорящий) направляется извне внутрь чего-л.*; *напр.*: er geht aus dem Korridor in das Zimmer hinein он входит из коридора в комнату; es fing an zu regnen, und wir gingen ins Haus hinein начался дождь, и мы вошли в дом; gehen wir in den Garten hinein войдемте в сад; ich sah ihn in den Wald hineingehen я видел, как он вошел в лес. **hineinkommen** *употр., когда говорящий находится внутри чего-л., а совершающий действие направляется извне внутрь, или когда говорящий совершает действие извне внутрь по направлению к другому лицу, там находящемуся; напр.*: wie bist du hineingekommen, die Tür war doch zu? как ты вошел, дверь же была закрыта?; darf ich zu dir hineinkommen? могу я к тебе войти? **hereinkommen** *употр., когда говорящий находится внутри чего-л., а совершающий действие направляется внутрь извне; напр.*: komm herein! войди!; er kam herein, ohne den Mantel abzulegen он вошел, не сняв пальто. **eintreten** обыкн. *употр., когда входят в помещение, в замкнутое пространство, где уже кто-л. находится; напр.*: sie bat mich einzutreten она пригласила меня войти; darf ich eintreten? разрешите войти?; er trat unerwartet in mein Zimmer ein он неожиданно вошёл в мою комнату □ Der General wartete, aber nichts regte sich... Jeder Mann von Erziehung mußte längst eingetreten sein (*Kellermann*, »*Der 9. November*«) Генерал ждал, но ничто не нарушало тишину... Любой воспитанный человек давно бы уже вошёл. Kaum war sie eingetreten, als Herr Permaneder emporsprang und ihr mit einer ungeheuren Begeisterung entgegenkam (*Th. Mann*, »*Buddenbrooks*«) Едва она вошла, как господин Перманедер вскочил и с выражением величайшего восторга направился ей навстречу. **betreten** *чаще употр. в официальной обстановке или эмоционально окрашенной речи (всегда с дополнением)*; *напр.*: es wurde verboten, das Laboratorium zu betreten входить в лабораторию было запрещено; ich werde sein Haus nie wieder betreten ноги моей больше не будет в его доме; voll Ehrfurcht betrat er das Haus des Dichters полный благоговения, переступил он порог дома поэта □ Die Abgeordneten betraten nacheinander die Rednertribüne (*Kellermann*, »*Der 9. November*«) Депутаты один за другим поднимались на ораторскую трибуну. Etwas Unglaubliches war geschehen. Der General war in die hinteren Räumlichkeiten gekommen, die er nie betreten hatte (*ebenda*) Произошло невероятное. Генерал пошёл в задние комнаты, куда он никогда не входил. Als der Senator und seine Frau das Zimmer betraten... waren die beiden Ärzte schon zugegen (*Th. Mann*, »*Buddenbrooks*«) Когда в комнату вошли сенатор с супругой... оба врача были уже на месте. **eindringen** проникать куда-л. (тайком *или* недозволенным способом); *напр.*: die Diebe sind durch das Fenster eingedrungen воры проникли через окно; der Feind ist in unser Land eingedrungen враг вторгся в нашу страну. **sich einschleichen** прокрасться внутрь чего-л.; крадучись, проникнуть в пределы чего-л.; *напр.*: der Dieb schlich sich ins Haus ein вор прокрался в дом; der Wolf hat sich in den Stall eingeschlichen волк прокрался в хлев. **sich einschmuggeln** незаметно, тайком пробраться внутрь чего-л.; *напр.*: er schmuggelte sich ins Theater ohne Eintrittskarte ein он пробрался в театр без билета. **hereinplatzen** *фам.* неожиданно прийти, ворваться; *напр.*: als wir beim Mittagessen waren, platzten die Kinder herein когда мы обедали, ворвались дети. **einbrechen** *разг.* вломиться; *напр.*: man war in sein Zimmer eingebrochen und hatte seine Koffer durchwühlt вломились в его комнату и перерыли его чемоданы

hineingehen ² *см.* fassen ¹
hineinkommen *см.* hineingehen ¹
hineinlassen *см.* einlassen ¹

hineinlegen *см.* legen ¹
hineinreiten *см.* verstricken
hineinstecken *см.* legen ¹
hineinziehen *см.* verstricken
hinfallen *см.* fallen ¹
hinfällig *см.* kränklich
hinfort *см.* bald
hingeben *см.* opfern
hingeben, sich *см.* widmen, sich ¹
hingegen *см.* aber
hingehen *см.* vergehen ¹
hinhalten *см.* geben ¹
hinken хромать
hinken — lahmen — humpeln
hinken *индифф. синоним*; *напр.*: stark, etwas auf einem Bein hinken сильно, немного хромать на одну ногу; mit diesem Fuß hat er immer gehinkt на эту ногу он всегда хромал; das Mädchen hinkte nur leicht, es war kaum zu sehen девушка едва заметно прихрамывала [хромала]; der Junge hinkte zum Schularzt мальчик захромал в кабинет школьного врача; da das Pferd hinkte, ließ er es in den Stall führen так как лошадь хромала, он велел отвести ее в конюшню □ Diederich war beim Laufen gefallen, der Fuß tat ihm weh. Nicht, daß er gerade hätte hinken müssen, aber er hinkte... (*H. Mann*, »*Untertan*«) Во время бега Дидерих упал, нога у него болела. Не так сильно, чтобы хромать, но он хромал... **lahmen** ≅ hinken, *но чаще употр. по отношению к животным*; *напр.*: kurz vor dem Start hat er bemerkt, daß sein Pferd etwas lahmt незадолго до старта он заметил, что его лошадь немного хромает. **humpeln** *разг.* прихрамывать, ковылять; *напр.*: nach der Verletzung ist er etwas gehumpelt после ранения он слегка прихрамывал; was ist denn mit ihm, er humpelt ja что с ним такое, он же хромает; der Alte humpelte auf dem Korridor старик ковылял по коридору; der Hund humpelte mühsam, da er sich die Pfote verletzt hatte собака с трудом ковыляла, так как поранила (себе) лапу □ Manchmal, wenn sie morgens das Vieh besorgte, hörte sie Christian in seinem Stallteil humpeln (*Seghers*, »*Die Toten*«) Иногда, когда она утром возилась со своей скотиной, она слышала, как Христиан ковылял в своей клетушке за перегородкой

hinknallen *см.* fallen ¹
hinlänglich *см.* genug
hinlegen *см.* legen ¹/spielen ²
hinlegen, sich *см.* legen, sich
hinmetzeln *см.* töten
hinmorden *см.* töten
hinnehmen *см.* annehmen ¹/versöhnen, sich ²
hinopfern *см.* opfern
hinreichen *см.* genügen
hinreichend *см.* genug
hinreißen *см.* begeistern
hinrichten *см.* töten
hinscheiden *см.* sterben

hinschleppen, sich *см.* gehen ¹
hinschmeißen *см.* werfen ¹
hinschmieren *см.* fallen ¹
hinsegeln *см.* fallen ¹
hinsetzen *см.* setzen ¹/stellen ¹
hinsetzen, sich *см.* setzen, sich
hinsitzen *см.* setzen, sich
hinstellen *см.* stellen ¹
hinstürzen *см.* fallen ¹
hintansetzen *см.* vernachlässigen
Hintansetzung *см.* Vernachlässigung
hinterbringen *см.* sagen ¹
hintergehen *см.* betrügen
hintergründig *см.* heimlich ³
Hinterhalt засада
der Hinterhalt — das Versteck — die Lauer
Hinterhalt *индифф. синоним*; *напр.*: in den Hinterhalt geraten попасть в засаду; in den Hinterhalt locken заманить в засаду; im Hinterhalt liegen находиться в засаде; j-m einen Hinterhalt legen устроить кому-л. засаду. **Versteck** (незаметное) укрытие; *напр.*: im Versteck liegen находиться в секрете [в дозоре]; die Kinder spielten im Wald und bauten sich Verstecke дети играли в лесу и строили себе шалаши [укрытия]. **Lauer** ≅ Hinterhalt, *но употр. тк. в устойчивых словосочетаниях типа*: sich auf die Lauer legen засесть в засаду; *перен.* быть начеку; auf der Lauer liegen [sein] находиться в засаде, подстерегать
hinterhältig *см.* hinterlistig
hinterher *см.* nachher
hinterherblicken *см.* nachsehen ¹
hinterherschauen *см.* nachsehen ¹
hinterhersehen *см.* nachsehen ¹
hinterlassen *см.* lassen ¹/vererben
Hinterlassenschaft *см.* Erbe II
hinterlegen ¹ (с)давать на хранение
hinterlegen — deponieren
hinterlegen *индифф. синоним*; *напр.*: Wertsachen bei einer Bank hinterlegen сдавать ценности в банк на хранение; einen Vertrag hinterlegen сдавать договор на хранение; ich werde den Schlüssel beim Nachbarn hinterlegen я отдам ключ соседу, я оставлю ключ у соседа. **deponieren** *книжн., б. ч. ком. и банк.* депонировать; *напр.*: er hat sein Geld auf der Bank deponiert он депонировал свои деньги в банке
hinterlegen ² *см.* legen ¹
hinterlistig коварный
hinterlistig — hinterhältig — arglistig — tückisch — hämisch — heimtückisch — p e r f i d (e)
hinterlistig *индифф. синоним*; *напр.*: ein hinterlistiger Mensch, Feind коварный человек, враг; ein hinterlistiger Blick, Betrug коварный взгляд, обман; j-s Vertrauen auf hinterlistige Weise mißbrauchen коварно злоупотреблять чьим-л. доверием; das ist eine hinterlistige Handlung это коварный поступок □ Dies leuchtete allen ein, man fand es von Lauer begreiflich, aber hinterlistig (*H. Mann*,

»Untertan«) Это стало для всех очевидным, поведение Лауэра сочли понятным, но коварным. **hinterhältig** ≅ hinterlistig, *но больше подчеркивает опасность тайного коварства; напр.*: ein hinterhältiges Lächeln коварная улыбка; ein hinterhältiges Vorhaben коварный замысел; eine hinterhältige Politik betreiben проводить коварную политику, вести коварную закулисную игру; er hat das mit hinterhältigen Methoden erreicht он достиг этого коварными методами ◻ Es war ein schwerer Fehler, daß ich mich mit dem hinterhältigen Proleten auf Vertraulichkeiten eingelassen habe! (*H. Mann, »Untertan«*) Было большой ошибкой с моей стороны связаться с этим коварным пролетарием, довериться ему! **arglistig** лукавый; *напр.*: ein arglistiger Mensch, Höfling лукавый человек, царедворец; ein arglistiges Lächeln лукавая улыбка; eine arglistige Täuschung коварный обман; ein arglistiger Rat лукавый совет. **tückisch, hämisch** злокозненный; полный коварства; *напр.*: ein tückischer Blick коварный взгляд; hämische Bemerkungen machen делать замечания, исполненные злобного коварства ◻ Auf seinem ungeheuren Rumpf ward sein kleiner Kopf plötzlich tückisch anzusehen (*H. Mann, »Untertan«*) Его маленькая голова на огромном туловище вдруг стала казаться коварной. **heimtückisch** вероломный, предательский; *напр.*: ein heimtückischer Überfall вероломное нападение; ein heimtückischer Plan вероломный план; eine heimtückische Handlung предательский поступок; man hat ihn heimtückisch ermordet его предательски убили. **perfid(e)** *книжн.* ≅ heimtückisch; *напр.*: ein perfides Wesen вероломное создание

Hintermann *см.* Bürge
hintertreiben *см.* vereiteln
hinüber *см.* tot
hin und wieder *см.* manchmal
hinunterwürgen *см.* essen
hinweg *см.* fort
der **Hinweis** — der **Fingerzeig** — der **Wink**

Hinweis *индифф. синоним; напр.*: nützliche, kritische Hinweise полезные критические указания; j-m Hinweise geben давать кому-л. указания; von j-m Hinweise bekommen получать от кого-л. указания; am Ende des Buches finden Sie methodiche Hinweise в конце книги вы найдете методические указания. **Fingerzeig** а) неофициальное указание, рекомендация (частного лица), как поступить; *напр.*: ein wertvoller, nützlicher Fingerzeig ценное, полезное указание; j-m einen Fingerzeig geben давать кому-л. указание; von j-m einen Fingerzeig bekommen получить от кого-л. указание; b) *высок. в* выражениях типа: der Fingerzeig des Schicksals перст судьбы; der Fingerzeig Gottes перст божий. **Wink** указание-намек, подсказка; *напр.*: praktische Winke für die Behandlung der Maschine практические указания по обращению с машиной; ein Wink von oben указание свыше; j-m einen Wink geben давать кому-л. указание (*намеками и т. п.*), подсказать (, как следует действовать)

hinwerfen *см.* werfen¹
hinziehen *см.* verlängern¹/verzögern¹
hinziehen, sich *см.* dauern
hinzielen *см.* streben
hinzufügen добавлять

hinzufügen — hinzusetzen — zusetzen — ergänzen — hinzulegen — nachtragen — zugeben — hinzutun

Синонимы данного ряда с hinzu- *имеют равнозначные синонимы с* dazu-, *т. е.* hinzufügen — dazufügen, hinzusetzen — dazusetzen *и т. п.*

hinzufügen *индифф. синоним; напр.*: Butter in das gedämpfte Gemüse hinzufügen добавить масло в тушеные овощи; eine Tafel Schokolade hinzufügen добавить плитку шоколада; dem Verzeichnis noch zwei Namen hinzufügen добавить в список еще две фамилии; er fügte seinem Brief noch ein paar Zeilen hinzu он приписал к своему письму еще несколько строк; der Redner fügte noch einige Worte hinzu оратор добавил еще несколько слов; zu dieser Zahl füge 3 hinzu прибавь к этому числу 3 ◻ Und, fast ohne Bitterkeit, fügte sie hinzu: »Ich muß es mir auch genügen lassen« (*Feuchtwanger, »Lautensack«*) И почти без горечи она добавила: «Я тоже вынуждена этим довольствоваться». **hinzusetzen** ≅ hinzufügen, *но чаще употр. по отношению к уже сказанному или написанному; напр.*: dem Brief einige Zeilen hinzusetzen добавить к письму несколько строк; er schwieg, setzte aber dann hinzu... он замолчал, а затем добавил...; sie setzte für den Gast einen Teller hinzu она поставила дополнительно [добавила] тарелку для гостя. **zusetzen** ≅ hinzufügen, *но не употр. в смысле* 'добавить к сказанному или написанному'; *напр.*: man muß dem Blau etwas Weiß zusetzen нужно добавить к синему цвету немного белого; setz der Reissuppe etwas Milch zu добавь к рисовому супу молока. **ergänzen** дополнять; *напр.*: einen Satz ergänzen дополнить предложение; das Fehlende ergänzen дополнить [добавить] недостающее; er möchte hierzu noch etwas ergänzen он хотел бы в порядке дополнения еще кое-что добавить к этому. **hinzulegen** класть еще, вдобавок *часто употр. в смысле* 'набавлять (цену), добавлять какую-л. сумму денег'; *напр.*: leg noch eine Tafel Schokolade hinzu добавь еще плитку шоколада (*к подарку и т. п.*); legen Sie noch etwas hinzu, dann verkaufe ich das Haus надбавьте еще немного, тогда я продам дом. **nachtragen** добавлять позднее, через некоторое время; *напр.*: er wird in seinem Buch noch Verschiedenes nachtragen он еще сделает различные дополнения в своей книге. **zugeben** дать в придачу; *напр.*: beim Abwiegen der Äpfel gibt er ein paar Gramm zu при взвешивании яблок он добавляет [дает в придачу] несколько грамм [der Sänger gab mehrere Lieder zu певец спел дополнительно [на бис] несколько песен. **hinzutun** ≅ hinzufügen, *но употр. тк. по отношению к конкретным, физически осязаемым предметам, веществам; напр.*: dem Kaffee Milch hinzutun добавлять молоко в кофе; noch ein Koffer wurde zu seinem Gepäck hinzugetan к его багажу добавили еще один чемодан

hinzulegen *см.* hinzufügen/legen¹
hinzusetzen *см.* hinzufügen
hinzutun *см.* hinzufügen
Hirn *см.* Gehirn
Hirngespinst *см.* Einbildung
hirnlos *см.* dumm¹
Historie *см.* Erzählung/Geschichte¹
Hitze *см.* Fieber/Wärme
hitzig *см.* heftig¹/heiß¹
hoch¹ высокий

hoch — haushoch — turmhoch — himmelhoch

Синонимы данного ряда расположены по степени возрастания выражаемого признака

hoch *индифф. синоним; напр.*: ein hoher Berg высокая гора; ein hohes Haus высокий дом; ein hoher Baum высокое дерево; eine hohe Küste, ein hohes Ufer высокий берег; eine hohe Stirn высокий лоб; dort sehen Sie einen 30 Meter hohen Turm там вы видите тридцатиметровую башню [башню высотой в 30 метров]; das Haus ist 20 Meter hoch дом высотой в 20 метров. **haushoch** очень высокий (*букв.* 'высотой с дом'); *напр.*: haushohe Wellen огромные волны (высотой с дом); einen Ball haushoch werfen очень высоко подбросить мяч. **turmhoch** очень высокий (*букв.* 'высотой с башню'); *напр.*: das ist ein turmhohes Gebäude это высоченное здание. **himmelhoch** бесконечно высокий (*букв.* 'высотой до неба'); *напр.*: himmelhohe Felsen, Berge высочайшие [уходящие в небо] скалы, горы

hoch²: **von hohem Wuchs** *см.* groß²; **auf die hohe Kante legen** *см.* sparen
hochachten *см.* achten²
Hochachtung *см.* Achtung¹
hochanständig *см.* anständig²
hochaufgeschossen *см.* groß²
hochbetagt *см.* alt¹
Hochebene *см.* «Приложение»
hochfahrend *см.* hochmütig
hochfliegend *см.* ehrgeizig
hochgeehrt *см.* angesehen

Hochgenuß *см.* Freude [1]
hochgesinnt *см.* vornehm
hochgespielt *см.* übertrieben [1]
hochgewachsen *см.* groß [2]
hochhalten *см.* achten [2]
Hochhaus *см.* Haus
hochherzig *см.* großmütig [1]
Hochherzigkeit *см.* Großmut
Hochland *см.* Hochebene
hochmütig высокомерный
hochmütig — überlegen — herablassend — eingebildet — eingenommen — eitel — anmaßend — überheblich — übermütig — hochfahrend — blasiert — hoffärtig — dünkelhaft — arrogant — hochnäsig — aufgeblasen.

hochmütig индифф. синоним; напр.: ein hochmütiges Benehmen высокомерное поведение; ein hochmütiger Ton высокомерный тон; eine hochmütige Antwort высокомерный ответ; ein hochmütiger Gesichtsausdruck высокомерное выражение лица; hochmütige Manieren высокомерные манеры; er ist so hochmütig, daß er uns nicht grüßt он так высокомерен, что не здоровается с нами □ Oskar erwiderte hochmütig, über okkulte Dinge zu schreiben, sei Sache der Stimmung (*Feuchtwanger*, »*Lautensack*«) Оскар возразил высокомерно, что нужно настроение, чтобы писать на оккультные темы. **überlegen, herablassend** высокомерно-снисходительный, покровительственный (*исполненный сознания своего превосходства*); напр.: ein überlegenes Lächeln высокомерно-снисходительная улыбка; eine überlegene Miene aufsetzen принять покровительственный вид; er grüßte herablassend он поздоровался свысока. **eingebildet** много мнящий о себе; напр.: ein sehr eingebildeter Mensch очень много о себе воображающий человек; er ist viel zu eingebildet, um sich mit einfachen Leuten zu unterhalten он слишком много о себе воображает, чтобы разговаривать с простыми людьми □ Alle schweigen, und selbst ein so eingebildeter Mensch wie der Baldur spürt, daß dieses Schweigen nicht bei allen Zustimmung bedeutet (*Fallada*, »*Jeder stirbt*«) Все молчат, и даже такой самонадеянный человек, как Бальдур, чувствует, что это молчание не свидетельствует о том, что все согласны. **eingenommen** ≅ eingebildet, *но употр. в конструкции* eingenommen von sich; напр.: ein sehr von sich eingenommener Mensch много воображающий о себе человек. **eitel** тщеславный, самодовольно уверенный в своих (мнимых) преимуществах и успехах и стремящийся выставить их напоказ с целью вызвать восхищение; напр.: ein eitler Mann тщеславный человек; er ist eitel auf sein Wissen он кичится своими знаниями □ Er hatte an seinem beruflichen und gesellschaftlichen Erfolg naive Freude, er zeigte diese Freude, und wenn Anna ihn eitel fand, hatte sie nicht unrecht (*Feuchtwanger*, »*Exil*«) Он наивно радовался своему профессиональному и общественному успеху, он проявлял эту радость, и если Анна находила, что он тщеславен, то она не была неправа. **anmaßend** претенциозный, надменный; напр.: ein anmaßender Ton, Mensch надменный тон, человек с большой амбицией; sein Benehmen ist anmaßend он ведет себя надменно. **überheblich, übermütig** заносчивый; напр.: er sprach in einem überheblichen Ton он говорил с заносчивым тоном; sein Benehmen war überheblich его поведение было заносчивым; sein neuer Posten hat' ihn übermütig gemacht его новая должность сделала его заносчивым; werde nicht übermütig! не зазнавайся! **hochfahrend** ≅ überheblich, *но менее употребительно*; напр.: er hat ein hochfahrendes Wesen у него заносчивый нрав. **blasiert** ≅ eingebildet, *но подчеркивает, что самомнение сочетается с внутренней пустотой*; напр.: blasierte Herren und Damen (пустые и) много мнящие о себе господа и дамы; ein blasiertes Gesicht лицо, выражающее высокомерие (и пресыщенность). **hoffärtig** *книжн.* спесивый; напр.: hoffärtiges Gebaren барские замашки; ein hoffärtiges Wesen спесивый нрав. **dünkelhaft** *книжн.* ≅ hochmütig; напр.: eine dünkelhafte Gesellschaft высокомерное общество; ein dünkelhafter Gelehrter высокомерный ученый муж; in der letzten Zeit ist er sehr dünkelhaft geworden в последнее время он стал очень высокомерным. **arrogant** *книжн.* ≅ anmaßend; напр.: eine arrogante Miene aufsetzen принять надменный вид; er benahm sich sehr arrogant он вел себя очень надменно. **hochnäsig** *разг.* задирающий нос, чванливый; напр.: eine hochnäsige Person чванная особа; ein hochnäsiges Verhalten чванное поведение; dieses Frauenzimmer ist hochnäsig эта баба задирает нос. **aufgeblasen** *разг.* напыщенный, надутый; напр.: ein aufgeblasener Narr напыщенный дурак; der Stolz auf seinen Sohn machte ihn aufgeblasen он надулся от гордости за своего сына

hochnäsig *см.* hochmütig
hochschätzen *см.* achten [2]
hochschrauben *см.* vergrößern
hochsinnig *см.* vornehm
hochspielen *см.* übertreiben [1]
höchst *см.* sehr
Hochstapler *см.* Betrüger
hochtrabend *см.* gehoben
Hochverrat *см.* Verrat
Hochwasser *см.* Überschwemmung
Hochzeit machen *см.* heiraten
hochziehen *см.* bauen [1]
hocken *см.* sitzen
Höcker *см.* Buckel

Hof [1] *см.* «Приложение»
Hof [2]: den Hof machen *см.* flirten
hoffärtig *см.* hochmütig
hoffen надеяться
hoffen — erhoffen — erwarten — warten — entgegensehen — harren — gewärtigen — verhoffen

hoffen индифф. синоним; напр.: auf baldige Genesung, auf gutes Wetter, auf bessere Zukunft hoffen надеяться на быстрое выздоровление, на хорошую погоду, на лучшее будущее; ich hoffe, den Zug noch zu erreichen я надеюсь еще поспеть на поезд; ich hoffe, daß Sie uns bald wieder besuchen я надеюсь, что вы нас скоро опять навестите □ »Meine Herren«, sprach... Herr Doktor Langhals... »Ich hoffe, mich mit Ihnen im Einverständnis zu befinden, wenn ich nunmehr die Sitzung eröffne« (*Th. Mann*, »*Buddenbrooks*«) «Милостивые государи», — обратился (к собравшимся) господин доктор Лангхальс... — Надеюсь, что я поступлю в согласии с вашими намерениями, объявив собрание открытым». **erhoffen, erwarten** рассчитывать, ожидать; напр.: Geschenke, eine Erbschaft von j-m erhoffen, erwarten ожидать от кого-л. подарков, наследства; sie erhoffen viel vom Leben они многого ожидают от жизни; von dieser Vorlesung erwarte ich mir sehr viel я очень многого жду от этой лекции □ Dein Vater hat dir bereits bekannt, daß er sich dir gegenüber nicht unbedingt schuldlos fühlen kann, und in dem Falle, daß du es von ihm erhoffst... würde er die Schulden deines Mannes wohl oder übel decken... (*Th. Mann*, »*Buddenbrooks*«) Твой отец уже признался тебе, что он не чувствует себя свободным от вины перед тобой, и в случае, если ты на него рассчитываешь... он бы мог так или иначе покрыть долги твоего мужа... **warten** ждать; напр.: kann ich auf Antwort warten? могу я ждать ответа? **entgegensehen** *эмоц.* ≅ warten; напр.: er sieht diesem Ereignis mit Freude entgegen он с радостью ждет этого события. **harren** *книжн.* уповать; напр.: auf j-n, auf etw. harren уповать на кого-л., на что-л., с нетерпением ждать кого-л., чего-л.; er harrt auf Antwort он с нетерпением ожидает ответа □ Wir haben vergebens gehofft und geharrt, | Er hat uns geäfft und gefoppt und genarrt... (*Heine*, »*Die schlesischen Weber*«) Мы напрасно ждали и уповали, он (*бог*) нас дурачил, обманывал и дразнил... **gewärtigen** *книжн.* ≅ erhoffen; напр.: □ »Und was habe ich von deiner Gerechtigkeit zu gewärtigen?« sagte er mit gesenkter Stimme (*Th. Mann*, »*Buddenbrooks*«) «И чего я могу ожидать от твоего чувства справедливости?» — сказал он, понизив голос. Du kannst nichts von mir gewärtigen, was den Verpflichtungen widerspricht (*ebenda*)

Ты не можешь рассчитывать ни на что, что противоречило бы моему долгу. **verhoffen** *книжн. редко* ≅ hoffen; *напр.*; ◻ Wohl zu Unrecht verhoffe ich, daß Ihr Rechtssinn groß genug sein wird, um die Entrüstung zu ästimieren, welche ich empfand, als... (*Th. Mann, »Buddenbrooks«*) Вероятно, я напрасно надеюсь на то, что у вас достанет чувства справедливости понять мое возмущение, когда...
hoffentlich *см.* vielleicht
hoffnungslos безнадежный
hoffnungslos — aussichtslos
  hoffnungslos *индифф. синоним; напр.*: eine hoffnungslose Lage безнадежное положение; eine hoffnungslose Krankheit безнадежная болезнь; ein hoffnungsloser Zustand безнадежное состояние; etw. für hoffnungslos halten считать что-л. безнадежным. **aussichtslos** бесперспективный; *напр.*: ein aussichtsloses Unternehmen бесперспективное предприятие; einen aussichtslosen Kampf führen вести борьбу без шанса на успех
hofieren *см.* schmeicheln
höflich вежливый
höflich — wohlerzogen — gesittet — korrekt — galant — zuvorkommend — aufmerksam — artig — urban — manierlich
  höflich *индифф. синоним; напр.*: ein höflicher Mensch вежливый человек; eine höfliche Ermahnung вежливое напоминание; höflich sprechen, bitten вежливо разговаривать, просить; sich höflich benehmen, verabschieden, an j-n wenden вежливо вести себя, попрощаться, обратиться к кому-л.; das ist nicht höflich это невежливо; er wurde sehr höflich aufgenommen его очень вежливо приняли; sie begrüßten einander sehr höflich они очень вежливо поздоровались. **wohlerzogen** (благо)воспитанный; *напр.*: ein wohlerzogener junger Mann (благо-) воспитанный молодой человек; mit uns wollen sie nichts zu tun haben, sie verkehren nämlich nur mit wohlerzogenen Menschen *ирон.* с нами они не желают иметь дела, они вращаются исключительно среди благовоспитанных людей. **gesittet** *устаревает* благонравный; *напр.*: gesittete Kinder благонравные дети; sich gesittet betragen вести себя благонравно; er hat gesittete Manieren у него хорошие манеры. **korrekt** корректный; *напр.*: ein korrekter Mensch корректный человек; ein korrektes Benehmen корректное поведение; korrekte Beziehungen корректные взаимоотношения; er hat sehr korrekt gehandelt он поступил очень корректно. **galant** *устаревает* галантный; *напр.*: ein galanter Mann галантный человек [мужчина]; er bot ihr galant den Arm он галантно предложил ей руку. **zuvorkommend** предупредительный; *напр.*: er hat ein zuvorkommendes Wesen он очень предупредителен; sie wurde überall zuvorkommend behandelt к ней всюду предупредительно относились. **aufmerksam** внимательный (*вежливый и готовый к услугам*); *напр.*: ein aufmerksamer Gastgeber внимательный хозяин (дома); j-n aufmerksam bedienen внимательно обслуживать кого-л.; sie ist zu allen sehr aufmerksam она ко всем очень внимательна. **artig** *книжн. устаревает* вежливый и предупредительный (*о взрослых*); *напр.*: er machte ihr ein artiges Kompliment он сделал ей любезный комплимент; er wurde sehr artig begrüßt его очень любезно приветствовали. **urban** *книжн.* воспитанный, светский; *напр.*: ein urbanes Benehmen обходительное обращение; urbane Manieren светские манеры. **manierlich** *фам.* воспитанный, вежливый *чаще употр. по отношению к детям и молодым людям*; *напр.*: ein manierliches Kind учтивый ребенок; iß doch bitte etwas manierlicher ешь, пожалуйста, поприличнее; der Kleine hat sich manierlich betragen малыш вел себя воспитанно
Höhe[1] возвышенность
die Höhe — die Anhöhe — der Hügel — der Berg
  Höhe *индифф. синоним; напр.*: eine Höhe ersteigen подняться на возвышенность; von dort sah man eine Kette grüner Höhen оттуда была видна цепь зеленых холмов; dieses Land ist reich an Höhen und Tälern в этой стране много возвышенностей и долин. **Anhöhe** небольшая возвышенность, пригорок; *напр.*: eine Anhöhe hinaufsteigen подняться на небольшую возвышенность [на пригорок]; das Haus steht am Fuße einer Anhöhe дом стоит у подножья холма [у взгорья]. **Hügel** холм; *напр.*: ein kleiner, großer Hügel маленький, большой холм ◻ Ich bestieg Hügel und Berge, betrachtete, wie die Sonne den Nebel zu verscheuchen suchte... (*Heine, »Die Harzreise«*) Я поднимался на холмы и горы, наблюдал, как солнце пыталось разогнать туман... **Berg** гора; *напр.*: der Fuß des Berges подножие горы; eine Kette von Bergen цепь гор; ein hoher, steiler Berg высокая, крутая гора ◻ Auf die Berge will ich steigen, | Wo die frommen Hütten stehen (*Heine, »Die Harzreise«*) Я хочу подняться в горы, где стоят смиренные хижины
Höhe[2] *см.* Niveau
Hoheit *см.* Größe[3]
hohl *см.* dumpf/leer[1,2]
Hohn *см.* Spott
höhnisch *см.* spöttisch
Höker *см.* Händler
hökern *см.* handeln II[1]
hold *см.* günstig[1]/schön[1]
holen[1] *см.* bringen[1]
holen[2]: Atem holen *см.* ausruhen
höllisch[1] адский, дьявольский
höllisch — unterweltlich — infernalisch
  höllisch *индифф. синоним; напр.*: das höllische Feuer геенна огненная, адский огонь; ein höllisches Gelächter сатанинский смех ◻ Der teuflische Mephistopheles erschien... und Faust unterzeichnete mit seinem Blute den höllischen Vertrag (*Storm, »Pole Poppenspäler«*) Появился черт Мефистофель... и Фауст подписал собственной кровью дьявольский договор... **unterweltlich** адский (*букв.* 'подземный'); *напр.*: ein unterweltliches Geschöpf исчадие ада. **infernalisch** *книжн.* ≅ höllisch, *но употр. тк. в определенных сочетаниях*; *напр.*: das infernalische Gelächter дьявольский [сатанинский] смех; infernalische Praktiken дьявольские козни; происки сил ада; hier stinkt es infernalisch! *перен. разг.* здесь невыносимая вонь!, здесь страшно воняет!
höllisch[2] *см.* groß[3]
holpern *см.* stolpern
Holzerei *см.* Schlägerei
homonym *см.* gleichlautend
honett *см.* anständig[2]
honigsüß *см.* süß/süßlich[1]
Honorar *см.* Lohn[1]
honorieren *см.* bezahlen[1]
hopsen *см.* springen[1]
hörbar *см.* laut I
horchen *см.* zuhören
Horde *см.* Bande[1]/Menge[3]
hören[1] слышать
hören — verstehen — vernehmen
  hören *индифф. синоним; напр.*: gut, schlecht hören хорошо, плохо слышать; eine Stimme, eine Klingel, Lärm hören слышать голос, звонок, шум; ich höre nichts я ничего не слышу; ich höre die Uhr ticken я слышу, как тикают часы. **verstehen** разбирать, различать (на слух); *напр.*: bei diesem Lärm konnte ich nichts verstehen при этом шуме я ничего не мог разобрать. **vernehmen** *книжн.* ≅ hören; *напр.*: ◻ Eine Möwe schoß dann und wann über die See und ließ ihren Raubvogelschrei vernehmen (*Th. Mann, »Buddenbrooks«*) Время от времени над морем проносилась чайка, и тогда можно было слышать ее хищный крик
hören[2] *см.* erfahren I[1]/gehorchen
hörig *см.* leibeigen
Horizont *см.* Gesichtskreis
horrend *см.* groß[4]
Hörsaal *см.* «Приложение»
Horst *см.* Nest[1]
Hort *см.* Schatz[1]
Hose штаны, брюки
die Hose — die Beinkleider
  Hose *индифф. синоним; напр.*: eine neue, abgetragene, gebügelte Hose anziehen надевать новые, поношенные, выглаженные штаны [брюки]; ein Paar Hosen пара брюк; er hat zu enge Hosen [eine zu enge Hose] у него узенькие брючки ◻ Auch der etwas dickliche Rolling hatte zu enge

Hosen von Marschner empfangen (*Strittmatter,* »*Wundertäter*«) Также и довольно полный Роллинг получил от Маршнера слишком узкие брюки. **Beinkleider** *уст. высок., употр. тж. как портняжный термин* = Hose; *напр.:* □ ...aber niemals im Leben hatte er lange Beinkleider getragen (*Th. Mann,* »*Buddenbrooks*«) ...но никогда в жизни он не носил длинных брюк. Seine anschließenden Beinkleider bestanden aus einem weißen, waschbaren Stoff... (*ebenda*) Его плотно облегающие брюки были из белой стирающейся материи...

Hospital *см.* Krankenhaus
Hotel *см.* Gasthaus
hübsch *см.* schön¹
hudeln *см.* arbeiten¹
Hüfte бедро

die Hüfte — die Lende

Hüfte *индифф. синоним; напр.:* schmale, breite Hüften узкие, широкие бедра; mit wiegenden Hüften gehen идти, покачивая бедрами; die Arme in die Hüften stemmen упереть руки в бедра, подбочениться □ Seine schmalen Hüften wurden gelenkiger, Brust und Schulter breiter (*Feuchtwanger,* »*Erfolg*«) Его узкие бедра стали более гибкими, грудь и плечи раздались. **Lende** *поэт. устаревает* ≅ Hüfte; *напр.:* seine Lenden mit dem Schwert gürten опоясать чресла мечом

hüftlahm *см.* lahm
Hügel *см.* Höhe¹
Huld *см.* Gunst¹
huldigen *см.* verehren¹
huldreich *см.* wohlwollend
huldvoll *см.* wohlwollend
Hülle: die sterbliche Hülle *см.* Leiche
hüllen, sich *см.* wickeln, sich
human *см.* menschlich¹,²
humanitär *см.* menschlich²
Humbug *см.* Betrug
humpeln *см.* hinken
Hundefraß *см.* Essen¹
hundekalt *см.* kalt¹
hundemüde *см.* müde
Hundewetter *см.* Unwetter
hündisch *см.* unterwürfig¹
hundsgemein *см.* niederträchtig
hünenhaft *см.* groß²
Hunger голод

der Appetit — die Eßlust — der Hunger — der Wolfshunger — der Riesenhunger — der Mordshunger

Синонимы данного ряда расположены по степени возрастания интенсивности выражаемого состояния (голода).

Appetit аппетит; *напр.:* guten Appetit! приятного аппетита!; ich habe keinen Appetit у меня нет аппетита; die Vorspeise reizt den Appetit закуска возбуждает аппетит; mir vergeht der Appetit у меня пропадает аппетит □ Na, wenn wir alle Appetit haben, mesdames et messieurs... (*Th. Mann,* »*Buddenbrooks*«) Ну, если у нас всех разыгрался аппетит, милостивые государыни и государи... **Eßlust** ≅ Appetit, *но не о желании съесть что-л. определенное, а о наличии аппетита вообще; напр.:* dieses Mittel regt die Eßlust an это средство возбуждает аппетит. **Hunger** *индифф. синоним; напр.:* heftigen Hunger haben [fühlen] ощущать сильный голод; ich habe keinen Hunger я не голоден; er hat Hunger bekommen он проголодался. **Wolfshunger, Riesenhunger** волчий аппетит, сильный голод; *напр.:* ich habe heute einen Wolfshunger у меня сегодня волчий аппетит; er konnte seinen Riesenhunger nicht länger bezähmen он не мог больше сдерживать свой сильный голод. **Mordshunger** *разг.* зверский голод; *напр.:* nach dem Schilaufen kriege ich Mordshunger после ходьбы на лыжах у меня зверский аппетит [я зверски голоден]

hungern голодать

hungern — fasten — darben

hungern *индифф. синоним; напр.:* während des Krieges hungert die Bevölkerung во время войны население голодает; sie hat sich gesund gehungert она вылечилась голодной диетой; sie haben das Vieh hungern lassen они обрекли скот на голод. **fasten** поститься, ограничивать себя в пище по каким-либо соображениям; *напр.:* an diesem Tag mußten religiöse Menschen beten und fasten в этот день религиозные люди должны были молиться и поститься; der Arzt hat mir geraten, eine Woche zu fasten врач посоветовал мне неделю поголодать. **darben** *книжн.* постоянно голодать, терпеть большие лишения, нужду; *напр.:* in der letzten Zeit mußte seine Familie darben, da er keine Arbeit hatte последнее время его семья должна была терпеть горькую нужду [недоедать], так как у него не было работы... □ Wir wollen auf Erden glücklich sein, | Und wollen nicht mehr darben. | Verschlemmen soll nicht der faule Bauch, | Was fleißige Hände erwarben (*Heine,* »*Deutschland*«) При жизни ласкать нам подавай! | Довольно слез и муки! | Отныне ленивое брюхо кормить | Не будут прилежные руки (*Перевод Левика*)

hüpfen *см.* springen¹
Hure *см.* Prostituierte
Hurrikan *см.* Wind
hurtig *см.* flink/schnell
Husarenstreich *см.* Wagnis
Husarenstück *см.* Wagnis
huschen *см.* laufen¹
hüsteln *см.* husten
husten кашлять

husten — hüsteln — sich räuspern — bellen

husten *индифф. синоним; напр.:* stark, dumpf, laut, krampfhaft husten сильно, глухо, громко, судорожно кашлять; sie hat sich erkältet, und jetzt hustet sie она простудилась и теперь кашляет; er hustet Blut on кашляет кровью. **hüsteln** покашливать; *напр.:* leicht, fortwährend, nervös hüsteln слегка, постоянно, нервно покашливать. **sich räuspern** ≅ hüsteln, *но обыкн. о покашливании, которым заполняют возникшую в разговоре паузу, скрывают смущение и т. п.; напр.:* er räusperte sich, um sich dadurch bemerkbar zu machen он кашлянул, чтобы обратить на себя внимание □ Man räusperte sich, die Herren rieben die Hände. Dann kam die Suppe (*H. Mann,* »*Untertan*«) Мужчины откашливались, потирали руки. Наконец подали суп. **bellen** *разг.* громко и надрывно кашлять (*букв.* 'лаять'); *напр.:* er hat Lungenentzündung und bellt die ganze Nacht hindurch у него воспаление легких, и он всю ночь надрывно кашляет

Hut *см.* Schutz
hüten *см.* schützen
hüten, sich остерегаться

sich hüten — sich vorsehen

sich hüten *индифф. синоним; напр.:* sich vor Aufregungen, vor Erkältung, vor Ansteckung hüten остерегаться волнений, простуды, заразы; sich vor einem schädlichen Einfluß hüten остерегаться вредного влияния; ich habe mich gehütet, ihm davon zu erzählen я поостерегся рассказать ему об этом □ Die Straßen lagen still, die Leute saßen in ihren Häusern und hüteten sich (*Th. Mann,* »*Buddenbrooks*«) Улицы были тихи, люди сидели по домам, остерегаясь выходить на улицу. **sich vorsehen** беречься; *напр.:* sieh dich vor, damit du dich nicht erkältest берегись, чтобы не простудиться; sieh dich mit ihm vor! берегись его!

Hüter *см.* Wächter
Hütte *см.* Haus
Hyperbel *см.* Übertreibung
hypermodern *см.* modern²

I

idealisieren *см.* verschönern
Idee¹ *см.* Gedanke/Vorstellung¹
Idee²: eine Idee *см.* einig(e)
Idiot *см.* Narr¹
idiotisch *см.* dumm¹/schwachsinnig
Idol *см.* Abgott
ignorant *см.* ungebildet
ignorieren *см.* übersehen¹
illegal *см.* ungesetzlich
illegitim *см.* ungesetzlich
Illusion *см.* Einbildung
Illustration *см.* Abbildung
illustrieren *см.* veranschaulichen
imaginär *см.* scheinbar
im Anschluß an *см.* nachher
Imbiß *см.* Essen¹
Imbißstube *см.* Gaststätte
imitieren *см.* nachahmen¹

IMMENS

immens см. groß [4]
immer всегда

immer — stets — zeitlebens — jederzeit — dauernd — immerfort — ständig — beständig — fortwährend — andauernd — immerzu — ewig — allemal

immer индифф. синоним; напр.: er ist immer zu Hause он всегда дома; er ist immer beschäftigt он всегда занят; wenn man ihn sprechen will, hat er immer keine Zeit когда бы ты к нему ни обратился, у него никогда нет времени; alles war wie immer все было как всегда ☐ Am besten begriff ich das Subtrahieren, da gibt es eine sehr praktische Hauptregel: »Vier von drei geht nicht, da muß ich Eins borgen« — ich rate aber jedem, in solchen Fällen immer einige Groschen mehr zu borgen (*Heine, »Das Buch Le Grand«*) Лучше всего я усвоил вычитание, там имеется очень практичное правило: «От трех нельзя отнять четыре, нужно занять единицу» — я же советую всем в таких случаях занимать всегда немного больше. **stets** ≅ immer, *но чаще подчеркивает неизменность чего-л.; напр.:* du bist mir stets willkommen я тебе всегда рад; ich stehe stets zu Ihren Diensten я всегда к вашим услугам; er tritt stets für mich ein он всегда за меня заступается; stets der Ihrige... всегда Ваш... (*в письмах*) ☐ Immer hatten sie sie mit äußerster Höflichkeit behandelt, stets war sie das »Gnädige Fräulein« gewesen, mit dem ernst und unverbindlich von Jagd, Pferden und allenfalls noch von der Ernte geplaudert wurde (*Fallada, »Wolf u. Wölfen«*) С нею всегда обращались исключительно вежливо, всегда она была «милостивая государыня», с которой серьезным тоном, но не принимая всерьез, беседовали об охоте, лошадях и, пожалуй, еще об урожае. **zeitlebens** всю жизнь *обыкн. употр. гиперболически; напр.:* er ist zeitlebens krank gewesen он всю жизнь [вечно] болел; er hat zeitlebens Sorgen он всю жизнь обременен заботами. **jederzeit** всегда, в любое время; *напр.:* du kannst jederzeit zu mir kommen ты можешь прийти ко мне в любое время; er ist jederzeit zu Hause он всегда [в любое время] дома. **dauernd** все время, постоянно *часто употр., когда выражается удивление или недовольство тем, что что-л. часто повторяется, постоянно происходит и т. п.; напр.:* die Leitung ist dauernd besetzt линия постоянно занята; er ist dauernd unterwegs он постоянно в разъездах; es regnet dauernd все время идет дождь; sie kommt dauernd zu spät она постоянно опаздывает. **immerfort** ≅ dauernd, *но с бо́льшим оттенком осуждения; напр.:* du sollst nicht immerfort nörgeln und quengeln! вечно ты ноешь и брюзжишь, перестань!;

245

wenn er immerfort gegen unseren Rat handelt, wollen wir nichts mehr mit der Sache zu tun haben если он все время будет действовать вопреки нашему совету, то мы и знать этого дела больше не хотим. **ständig** ≅ dauernd, *но подчеркивает, что что-л., непрерывно повторяясь, приобретает привычный характер; часто неодобр.; напр.:* er hat ständig etwas auszusetzen он вечно что-нибудь критикует; sie hat ständig Unannehmlichkeiten у нее вечно неприятности. **beständig** ≅ dauernd, *но часто о чем-л. неприятном; напр.:* sie klagte beständig über Schmerzen она вечно жаловалась на боли; er trieb sie beständig zur Eile an он вечно ее торопил; er hockt beständig zu Hause он вечно торчит дома ☐ Warum läßt du uns dann beständig auf dem Lande wohnen, wenn es unseren Verhältnissen nicht entspricht, einen Wagen zu halten... (*Th. Mann, »Buddenbrooks«*) Почему же ты хочешь, чтобы мы постоянно жили за городом, если держать экипаж нам не по средствам... **fortwährend** книжн. ≅ dauernd; *напр.:* fortwährend stöhnen, klagen постоянно стонать, жаловаться; sie versuchte fortwährend an ihm herumzunörgeln она постоянно пыталась к нему придраться. **andauernd** разг., *часто неодобр.* постоянно, непрестанно; *напр.:* er belästigt mich andauernd mit seinen Fragen он вечно докучает мне своими вопросами; es regnet andauernd непрестанно идет дождь. **immerzu** разг. ≅ immerfort; *напр.:* immerzu diese Schmerzen! все время эти боли!; er redet immerzu über sein Lieblingsthema он постоянно говорит на свою любимую тему. **ewig** разг. вечно; *напр.:* er ist ewig krank он вечно болен; das kann nicht ewig so weitergehen! так вечно продолжаться не может! ☐ Es war die Lebensfreude, das Glück dazusein — jenes Gefühl, nach dem die Erwachsenen ewig Heimweh haben... (*Fallada, »Wolf u. Wölfen«*) Это была радость бытия, счастье, то существуешь, — то чувство, по которому вечно тоскуют взрослые... **allemal** разг. всегда, каждый раз; *напр.:* er hat allemal Pech его каждый раз постигает неудача; ein für allemal раз и навсегда

immerfort см. immer
immerzu см. immer
Immigration см. Einwanderung
immigrieren см. einwandern
impertinent см. frech
imponierend см. eindrucksvoll
Import см. Einfuhr
imposant см. eindrucksvoll
Impression см. Eindruck
Impuls см. Antrieb
imstande sein см. können [1]
im Wege stehen см. hindern
in Anspruch nehmen см. fordern
Inbrunst см. Leidenschaft [1]
inbrünstig см. heiß [1]

INNERLICH

in den Fluten verschwinden см. sinken [1]
in den Kerker werfen см. festsetzen [1]
in den Schlaf wiegen см. einschläfern
in den Strumpf stecken см. sparen
in den Wellen verschwinden см. sinken [1]
in der Lage sein см. können [1]
in der Zwischenzeit см. inzwischen
indes см. aber
indessen см. aber/inzwischen
in die Erde versinken см. schämen, sich
in die Länge ziehen см. verzögern [1]
in dieser [der] Weise [Art] см. so
in die Tat umsetzen см. verwirklichen
in die Wirklichkeit umsetzen см. verwirklichen
indiskret см. taktlos
individuell см. besonder
indolent см. gleichgültig [1]
infam см. niederträchtig
infernalisch см. höllisch [1]
infizieren см. anstecken
infolge см. wegen
infolgedessen см. deshalb
Information см. Auskunft/Nachricht
informativ см. lehrreich [1]
informatorisch см. lehrreich [1]
informieren см. mitteilen
Ingrimm см. Zorn
ingrimmig см. böse [1]
Inhaber см. Besitzer [1]
inhaftieren см. verhaften
in Haft nehmen см. verhaften
Inhalt см. «Приложение»
inhalt(s)arm см. leer [2]
inhalt(s)leer см. leer [2]
inhalt(s)los см. leer [2]
inhaltsschwer см. wichtig [1]
Initiator см. Urheber
in j-s Besitz sein [stehen] см. gehören [1]
in jüngster Zeit см. neuerdings
inkognito см. ungenannt
inkommodieren см. stören
inkonsequent см. folgewidrig
inkriminieren см. beschuldigen
inländisch см. heimisch
in letzter Zeit см. neuerdings
innehaben см. einnehmen [1]/haben [1]
innehalten см. aufhören [2]
inner см. innerlich
innerhalb см. während [1]
innerlich внутренний (*относящийся к психическому состоянию человека*)

innerlich — inner — inwendig

innerlich дифф. синоним; *напр.:* der innerliche Zustand eines Menschen душевное состояние человека; innerlich ruhig sein быть внутренне спокойным; innerlich leiden внутренне страдать. **inner** ≅ innerlich (*тк. атрибутивно*); *напр.:* seine innere Ruhe teilte sich auch den andern mit его внутреннее спокойствие передалось окружающим; sie hörte mich mit innerer Anteilnahme, mit Erregung an она выслушала меня с душевным участием, с волнением. inwendig редко ≃ innerlich ⟨тк. как наречие⟩; напр.: inwendig sah es in ihm sehr übel aus на душе у него было тяжело

innewerden см. merken¹
innig см. stark²
Innung объединение (ремесленников одной профессии или родственных профессий), корпорация
die Innung — die Zunft — die Gilde

Innung индифф. синоним; напр.: die Innung der Bäcker, der Weber, der Schuhmacher объединение [цех] булочников, ткачей, сапожников; sich zu einer Innung zusammenschließen объединиться в корпорацию; in die Innung aufgenommen werden быть принятым в корпорацию □ Das Handwerk mußte... wieder auf die Höhe kommen wie vor dem Dreißigjährigen Krieg. Die Innungen hatten Gottesfurcht und Sittlichkeit zu pflegen (H. Mann, »Untertan«) Ремесла... должны были вновь подняться на тот высокий уровень, на котором они пребывали до Тридцатилетней войны. Задача ремесленных цехов была насаждать благочестие и высокую нравственность. Die Innung der Töpfer war stolz auf ihren Zunftmeister (Feuchtwanger, »Der falsche Nero«) Горшечный цех гордился своим старшиной. ...dem (Trullesand) aber ständig die Furcht im Nacken saß, er könnte seine Innung blamieren und sich vor ihr. Mit seiner Innung meinte er die der Zimmerleute (H. Kant, »Die Aula«) ...но ему (Трулезанду) мешало жить беспокойство — как бы не опозорить свой цех и самому перед ним не опозориться. Под своим цехом он разумел цех плотников. **Zunft** ист. цех ремесленников (б. ч. одной профессии) в отличие от Innung — добровольного объединения, пришедшего на смену Zunft в 19 в.,— членство в Zunft было строго обязательным; напр.: die Zunft der Schneider, der Bäcker цех портных, булочников; die Zunft der Gelehrten корпорация ученых; die Zunft der Diebe шутл. воровской цех □ Es war sein Verdienst, daß bei den Festen der Handwerker vor allem bei dem großen Fest im März, die Zunft der Töpfer besonders gut abschnitt (Feuchtwanger, »Der falsche Nero«) Если горшечный цех выделялся на празднествах ремесленников и в особенности отличался на большом мартовском празднике, то это была его заслуга. **Gilde** гильдия (средневековое объединение ремесленников или купцов); напр.: eine strenge, ehrbare Gilde строгая, почтенная гильдия; die Gilde der Schmiede, der Fischer, der Kaufleute, der Bäcker гильдия кузнецов, рыбаков, купцов, булочников □ Dem König gegenüber stand die Gilde der Reis, der Schiffseigentümer und Raubkapitäne... (Br. Frank, »Cervantes«) С королем соперничала гильдия рейсов, кораблевладельцев и разбойничьих капитанов... Sie waren einem der berühmtesten von der Gilde in die Hände gefallen, übrigens auch einem der grausamsten (ebenda) Они попались в руки к одному из знаменитейших этой гильдии, впрочем, и к одному из самых жестоких

in Ordnung см. einverstanden
in Ordnung bringen см. ordnen¹
inquirieren см. fragen
Insasse см. Einwohner
insbesondere см. besonders¹
Inschrift см. Aufschrift
Insel остров
die Insel — das Eiland

Insel индифф. синоним; напр.: eine felsige, vulkanische, einsame Insel скалистый, вулканический, уединенный остров; auf einer Insel landen высаживаться на острове □ Der Kaiser ist tot. Auf einer öden Insel... ist sein einsames Grab... (Heine, »Das Buch Le Grand«) Император мертв. На пустынном острове... находится его одинокая могила... Sie besetzten die Insel. Sie nahmen die Italiener fest (Strittmatter, »Wundertäter«) Они заняли остров. Они арестовали итальянцев. **Eiland** поэт. небольшой (уединенный) остров; напр.: ein kleines, schmales, wildes Eiland маленький, узкий, дикий остров

Inserat см. Anzeige
ins Gefängnis werfen см. festsetzen¹
insgeheim см. heimlich³
Inspiration см. Begeisterung
inspirieren см. begeistern
installieren см. einrichten
inständig см. eindringlich
instinktiv см. unbewußt
Instruktion см. Befehl
instruktiv см. lehrreich¹
Instrument см. «Приложение»
insultieren см. beleidigen
Intellekt см. Vernunft
intellektuell см. geistig²
intelligent см. klug
intensiv см. stark²
Intention см. Absicht¹
interessant интересный
kurzweilig — unterhaltsam — unterhaltend — zeitvertreibend — interessant — anregend — spannend — packend — fesselnd — mitreißend

Синонимы данного ряда расположены по степени возрастания выражаемого признака

kurzweilig устаревает нескучный, забавный; напр.: ein kurzweiliges Buch, Spiel забавная книга, игра; er erzählte uns eine kurzweilige Geschichte он рассказал нам забавную историю. **unterhaltsam** занятный; напр.: eine unterhaltsame Gesellschaft занятная компания; ein unterhaltsamer Erzähler занятный рассказчик. **unterhaltend** занимательный; напр.: eine unterhaltende Lektüre занимательное чтение; das Gespräch war sehr unterhaltend разговор был очень занимательным. **zeitvertreibend** развлекательный (заполняющий досуг, возбуждающий легкий, неглубокий интерес); напр.: eine zeitvertreibende Lektüre развлекательное чтение. **interessant** индифф. синоним; напр.: ein interessantes Buch, Land интересная книга, страна; ein interessantes Leben интересная жизнь; ein interessanter Mensch интересный человек; ich habe heute einen interessanten Film gesehen я видел сегодня интересный фильм. **anregend** возбуждающий интерес, любопытный; напр.: ein anregendes Gespräch содержательный разговор; ein anregendes Buch любопытная книга. **spannend** увлекательный, вызывающий неослабевающий интерес; напр.: ein spannendes Buch увлекательная книга; книга, читаемая с напряжением интересом; im spannendsten Augenblick riß der Film на самом интересном месте оборвалась пленка кинофильма. **packend** захватывающий; напр.: ein packendes Buch, Theaterstück захватывающая книга, пьеса; ein packender Film захватывающий фильм. **fesselnd** ≃ packend, но выражает еще бо́льшую степень вызываемого интереса; напр.: eine fesselnde Perspektive увлекательнейшая перспектива; ein fesselnder Roman захватывающий роман. **mitreißend** ≃ fesselnd, но подчеркивает, что большой интерес сочетается с сопереживанием; напр.: er hat eine mitreißende Rede gehalten он произнес речь, захватившую всех (слушателей) [всю аудиторию]

Interesse см. Teilnahme
Interessent см. Käufer
interpretieren см. deuten¹
Intervall см. Pause²
intervenieren см. eingreifen/verwenden, sich
Intervention см. Einmischung/Vermittlung¹
Interview см. Gespräch
intim см. vertraut¹
intolerant см. unduldsam
Intrige см. Umtriebe
in- und auswendig kennen см. kennen

Invektive см. Beleidigung
Inventar см. Liste
inwendig см. innerlich
in Wut bringen см. ärgern
in Zukunft см. bald
inzwischen в это (же) время, тем временем
inzwischen — in der Zwischenzeit — währenddessen — unterdessen — einstweilen — indessen — mittlerweile

inzwischen индифф. синоним; напр.: wir gehen spazieren, inzwischen kannst du Klavier spielen мы идем гулять, а ты пока можешь поиграть на рояле; inzwischen haben wir eine neue Wohnung bekommen тем временем мы получили новую квартиру; hole das Brot, inzwischen bereite ich das Frühstück сходи за хлебом, а я тем временем приготовлю завтрак □ Inzwischen hat sich aber Ihre Lage verändert (Feuchtwanger, »Lautensack«) За это время ваше положение, однако, изменилось. **in der Zwischenzeit** ≅ inzwischen, *но больше подчеркивает время между двумя событиями, в течение которого что-л. происходит; напр.:* was hast du in der Zwischenzeit gelesen? что ты за это время прочел? □ Die Stadt hat sich in der Zwischenzeit mächtig verändert (Feuchtwanger, »Lautensack«) За это время город сильно изменился. **währenddessen** тем временем; *напр.:* ich muß meine Arbeit beenden, du kannst währenddessen die Zeitung lesen я должен закончить работу, а ты можешь тем временем почитать газету. **unterdessen** ≅ währenddessen, *но более характерно для книжно-письменной речи; напр.:* wir zogen uns an, er rief unterdessen ein Taxi herbei мы оделись, тем временем он подозвал такси. **einstweilen** пока (что) (*в этот промежуток времени*); *напр.:* einstweilen können wir nach Hause gehen пока что мы можем пойти домой; das genügt mir einstweilen этого мне пока достаточно; einstweilen arbeite ich im Büro пока (что) я работаю в конторе. **indessen** *высок.* ≅ inzwischen, *но чаще употр., когда действие в предложении с indessen длится меньше другого, протекающего параллельно; напр.:* ich werde mich jetzt anziehen, du kannst indessen die Koffer hinaustragen я теперь буду одеваться, а ты пока выноси чемоданы. **mittlerweile** *чаще разг.* ≅ inzwischen; *напр.:* mittlerweile ist es dunkel geworden тем временем стемнело

irdisch¹ земной
irdisch — weltlich
irdisch *индифф. синоним; напр.:* das irdische Dasein земное существование; die irdischen Freuden земные радости; die irdische Liebe земная любовь; die irdischen Güter земные блага. **weltlich** мирской, светский; *напр.:* die weltlichen Freuden мирские радости

irdisch² *см.* vergänglich
irgendein *см.* beliebig
irgendwann *см.* einmal¹
Ironie *см.* Spott
ironisch *см.* spöttisch
ironisieren *см.* scherzen
irr(e) *см.* verrückt
irreführen *см.* betrügen
irreführend *см.* täuschend
irreligiös *см.* ungläubig
Irrenanstalt психиатрическая больница; дом для умалишенных *уст.*
die Irrenanstalt — das Irrenhaus — das Tollhaus — das Narrenhaus — die Klapsmühle
Irrenanstalt *индифф. синоним; напр.:* j-n in eine Irrenanstalt bringen помещать кого-л. в психиатрическую больницу; er kam in eine Irrenanstalt он попал в психиатрическую больницу; die gemeingefährlichen Gemütskranken bringt man in eine Irrenanstalt душевнобольных, представляющих опасность для окружающих, помещают в психиатрическую больницу. **Irrenhaus, Tollhaus, Narrenhaus** *разг., чаще перен.* сумасшедший дом; *напр.:* hier geht es ja zu wie im Irrenhaus здесь настоящий сумасшедший дом; du gehörst ins Narrenhaus [ins Tollhaus] тебе место в сумасшедшем доме. **Klapsmühle** *фам.* психушка; *напр.:* er kommt noch in die Klapsmühle он того и гляди угодит в психушку

Irrenhaus *см.* Irrenanstalt
irren, sich заблуждаться, ошибаться
sich irren — sich täuschen — fehlgreifen — sich vergreifen — fehlgehen — sich verrechnen — sich versprechen — sich vergaloppieren — danebenhauen — (sich) verhauen
sich irren *индифф. синоним; напр.:* ich habe mich in der Straße geirrt я ошибся улицей; er hat sich hier geirrt в этом он ошибся; du hast dich in der Person geirrt ты принял одного человека за другого; habe ich mich nicht geirrt? я не ошибся?; sie haben sich in ihm geirrt вы в нем ошиблись; die Kassiererin hat sich um 10 Mark geirrt кассир обсчитался на 10 марок. **sich täuschen** обманываться (*иметь ошибочное, ложное представление о чем-л., о ком-л.*); *напр.:* sich in j-m täuschen обмануться в ком-л. □ Täusche ich mich über die Lage? Hast du schlechte Geschäfte gemacht? (*Th. Mann, »Buddenbrooks«*) Разве у меня неправильное представление о положении вещей? Ты заключил невыгодные сделки? **fehlgreifen** совершить промах, неверный поступок, допустить оплошность, ошибку (*в действиях, предположениях, расчетах*); *напр.:* mit seiner Verhaftung haben sie völlig fehlgegriffen они совершили непростительную ошибку, арестовав его. **sich vergreifen** ≅ fehlgreifen, *но чаще о неправильном выборе чего-л.; напр.:* ich habe mich (beim Klavierspielen) vergriffen я взял не ту ноту (,играя на рояле); du hast dich im Ton vergriffen *перен.* ты взял неверный тон. **fehlgehen** *высок.* ≅ sich irren (*букв.* 'идти неправильным путем'); *напр.:* Sie gehen fehl, wenn Sie das glauben вы заблуждаетесь, если так думаете; wir gehen nicht fehl, wenn wir annehmen, daß das Wort dem Französischen entlehnt ist мы не ошибемся, если предположим, что это слово заимствовано из французского языка. **sich verrechnen** *разг.* просчитаться; *напр.:* da hast du dich gewaltig verrechnet! тут ты сильно просчитался! **sich versprechen** *разг.* оговориться, обмолвиться; *напр.:* der Schauspieler hat sich versprochen актер оговорился; hast du dich nicht versprochen? ты не оговорился? **sich vergaloppieren** *фам.* впопыхах ошибиться, сделать ошибку в спешке; *напр.:* er hatte sich aber schön vergaloppiert он в спешке здорово ошибся. **danebenhauen** *фам.* дать маху, сильно ошибиться, допустить грубую ошибку; *напр.:* ich sollte raten, wer das ist, aber ich habe fürchterlich danebengehauen я должен был угадать, кто это, но дал страшного маху. **(sich) verhauen** *фам.* ≅ danebenhauen, *но чаще употр. в школьном жаргоне; напр.:* ich habe das Diktat verhauen я наделал грубых ошибок в диктанте

irrgläubig *см.* ketzerisch
irrig *см.* falsch²
irrsinnig *см.* verrückt
Irrtum ошибка, заблуждение
der Irrtum — der Fehler — das Versehen — das Mißverständnis
Irrtum *индифф. синоним; напр.:* ein verzeihlicher, lächerlicher, geringfügiger, verhängnisvoller Irrtum простительная, смешная, незначительная, роковая ошибка; ein folgenschwerer Irrtum ошибка, чреватая последствиями; ein Irrtum in der Einschätzung der Lage, in der Diagnose ошибка в оценке положения, в диагнозе; im Irrtum sein заблуждаться; j-n für einen Irrtum verantwortlich machen возложить на кого-л. ответственность за (допущенную) ошибку; es ist ein Irrtum, wenn du glaubst, ich könnte dir helfen ты заблуждаешься, если думаешь, что я (с)могу тебе помочь □ Trautwein hatte geglaubt, das Exil zu kennen. Das war ein Irrtum (*Feuchtwanger, »Exil«*) Траутвейн полагал, что знает жизнь в изгнании. Это было заблуждением. Ich habe wahrhaftig keinen Schlüssel... Sie befinden sich im Irrtum... (*Th. Mann, »Buddenbrooks«*) У меня, право же, нет ключа... Вы ошибаетесь... **Fehler** ошибка, погрешность (*связанная с нарушением какого-л. правила*); *напр.:* ein grober, leichter, häufiger Fehler грубая, маленькая, частая ошибка; einen Fehler begehen, aufdecken, feststellen совершить, обнаружить, установить ошибку; einen Fehler bemänteln, verschleiern маскировать, (за)вуалировать ошибку. **Versehen** недосмотр; *напр.:* sich ein Versehen zuschulden kommen lassen допустить недосмотр; er bedauerte sein Versehen он сожалел, что недосмотрел; das geschah aus Versehen это произошло по недосмотру. **Mißverständnis** недоразумение; *напр.:* ein peinliches, sonderbares Mißverständnis досадное, странное недоразумение; das beruht auf einem Mißverständnis это основано на недоразумении

isolieren *см.* trennen

J

ja да
ja — jawohl — jawoll

ja *индифф. синоним; напр.*: gehst du nach Hause? — Ja ты идешь домой? — Да; willst du mitkommen? — Mit euch, ja ты хочешь пойти с нами? — С вами, да; er sagt zu allem ja он со всем соглашается □ »Ja, ja«, schmunzelte Johann Buddenbrook, «aber die kleinen Napoleons waren nicht übel, was?« (*Th. Mann, »Buddenbrooks«*) «Да, да, — ухмыльнулся Иоганн Будденброк, — однако маленькие наполеондоры были неплохи, не правда ли?» **jawohl** да, конечно; *напр.*: bleibst du bei dem Kranken? — Jawohl ты останешься у больного? — Да, конечно; willst du auch mitspielen? — Jawohl ты тоже хочешь с нами играть? — Да, конечно. **jawoll** *разг., особенно воен. и берл.* ≅ jawohl; *напр.*: die Telefonleitung ist in Ordnung? — Jawoll! телефонная линия в порядке? — Так точно!

jagen *см.* fortjagen/laufen ¹/verfolgen ¹,³
jäh *см.* plötzlich/steil
jählings *см.* plötzlich/steil
Jahrestag годовщина
der Jahrestag — das Jubiläum

Jahrestag *индифф. синоним; напр.*: wir feiern morgen den 10. Jahrestag unserer Hochzeit завтра мы празднуем десятую годовщину нашей свадьбы; das Institut feiert heute den 25. Jahrestag seiner Gründung институт отмечает сегодня двадцатипятилетие со дня основания. **Jubiläum** юбилей; *напр.*: ein Jubiläum feiern [begehen] праздновать юбилей; im Jahre 1947 wurde das 800jährige Jubiläum der Stadt Moskau gefeiert в 1947 году праздновалось восьмисотлетие города Москвы

Jahrmarkt *см.* Markt
Jähzorn *см.* Zorn
jähzornig *см.* heftig ¹
Jammer *см.* Unglück ¹
jämmerlich *см.* elend/schlecht ¹,²,³
jammern *см.* klagen ¹/weinen
Jargon жаргон
der Jargon — das Argot — die Gaunersprache — das Rotwelsch

Jargon [ʒar'gɔŋ] *индифф. синоним; напр.*: unter Jargon verstehen wir die Ausdrucksweise bestimmter sozialer, beruflicher und ähnlicher Gruppen под жаргоном мы понимаем речь определенных социальных, профессиональных или иных групп; er spricht einen [im] Jargon он говорит на жаргоне. **Argot** [-'go:] арго *по сравнению с* Jargon *употр. редко, б. ч. в научной литературе и т. п.; напр.*: er spricht Argot он говорит на жаргоне [на арго]. **Gaunersprache, Rotwelsch** блат, воровской жаргон; *напр.*: »Kies« und »Moos« in der Bedeutung »Geld« sind Ausdrücke der deutschen Gaunersprache. Kies и Moos в значении «деньги» — слова немецкого воровского жаргона

jauchzen *см.* freuen, sich ¹
jawohl *см.* ja
jawoll *см.* ja
jedenfalls *см.* gewiß ¹
jeder каждый
jeder — all(e) — jeglicher

jeder *индифф. синоним; напр.*: jedes Kind каждый ребенок; er ist jeden Abend zu Hause он каждый вечер дома; sie kommt jede Woche zu uns она приходит к нам каждую неделю; sie müssen jede Aufregung vermeiden вам нужно избегать всякого волнения; die Stadtbahn fährt jede 2 Minuten поезда городской железной дороги курсируют каждые две минуты; das mußt du um jeden Preis bekommen это ты должен получить обязательно [любой ценой]. **all** *б. ч. мн.* = jeder, *но обладает сравнительно меньшей сочетаемостью; напр.*: alle Jahre каждый год; alle drei Minuten kommt ein Zug каждые три минуты приходит поезд; er blieb alle zwei Schritte stehen через каждые два шага он останавливался; du mußt alle Aufregung vermeiden ты должен избегать всяких волнений; ihm ist aller Appetit vergangen он потерял всякий аппетит. **jeglicher** всякий, всяческий *употр. по отношению к абстрактным понятиям и в силу этого не сочетается с колич. числ.; напр.*: ihm ist jeglicher Appetit vergangen у него пропал всякий аппетит; ihr wurde jegliche Hilfe gewährt ей оказали всяческую помощь; sie hat jegliche Hilfsangebote abgelehnt она отклонила все предложения помочь ей

jederzeit *см.* immer
jedoch *см.* aber
jeglicher *см.* jeder
jetzt теперь
jetzt — gegenwärtig — zur Zeit — heute — heutzutage — nun — nunmehr — augenblicklich — momentan

jetzt *индифф. синоним; напр.*: wo arbeiten sie jetzt? где они теперь работают?; ist er jetzt zu Hause? он теперь дома? sind Sie jetzt zufrieden? вы теперь довольны?; wieviel Uhr ist es jetzt? который теперь час?; gestern regnete es noch, jetzt schneit es вчера еще шел снег, а теперь идет снег □ Jetzt erst verstand Käthe das alles (*Feuchtwanger, »Lautensack«*) Только теперь Кете все это поняла. **gegenwärtig** в настоящее время *употр. по отношению к сравнительно большому отрезку времени, а не к настоящему моменту; напр.*: er studiert gegenwärtig auf der Universität в настоящее время он учится в университете; gegenwärtig werden in Sibirien große Wasserkraftwerke gebaut в настоящее время в Сибири строятся большие гидроэлектростанции. **zur Zeit** ≅ gegenwärtig, *но больше подчеркивает, что что-л. имеет временный, преходящий характер; напр.*: zur Zeit ist er krank в настоящее время он болен; wir leben zur Zeit in Berlin, aber nach zwei Monaten kehren wir wieder nach Moskau zurück в настоящее время мы живем в Берлине, но через два месяца вернемся в Москву. **heute** сегодня *употр. по отношению ко времени, в котором живет говорящий; напр.*: dieser Brauch hat sich bis heute erhalten этот обычай сохранился до наших дней; heute spielt die Technik in unserem Leben eine große Rolle сегодня техника играет большую роль в нашей жизни. **heutzutage** ≅ heute, *но употр., когда настоящее сравнивается с прошлым; напр.*: heutzutage können die Kinder nicht mehr unbesorgt auf der Straße spielen в наше время дети уже не могут спокойно играть на улице (*из-за большого движения транспорта*). **nun** (и вот) сейчас *подчеркивает связь настоящего с прошлым; напр.*: nun kam sie wieder auf das alte Problem zu sprechen сейчас она снова заговорила о старой проблеме □ Und nun durfte Diederich ihm dienen... (*H. Mann, »Untertan«*) И теперь Дидерих мог ему служить... Dann drohte Diederich, sie beim Vater zu verklagen; tat so, als ginge er ins Kontor, und freute sich irgendwo hinter einer Mauer, daß sie nun Angst hatte (*ebenda*) Тогда Дидерих пригрозил ей, что он на нее пожалуется отцу; сделал вид, будто идет в контору и, стоя где-то за стеной, радовался, что теперь она испугалась. **nunmehr** теперь, отныне *подчеркивает, что возврат к прошлому состоянию уже невозможен; напр.*: die Gefahr ist nunmehr vorüber теперь опасность миновала; wir wollen nunmehr in Frieden leben впредь мы хотим жить в мире. **augenblicklich** в данный момент *подчеркивает, что на будущее данное состояние не распространяется; напр.*: augenblicklich geht es dem Kranken etwas besser в данный момент больному немного лучше; augenblicklich kann ich dir das Geld borgen в данный момент я могу одолжить тебе денег. **momentan** *разг.* ≅ augenblicklich *подчеркивает, что данное состояние не является постоянным; напр.*: momentan bin ich beschäftigt в данный момент я занят; momentan kann ich dir kein Geld geben в данный момент я не могу дать тебе денег

johlen *см.* schreien
Journal *см.* Zeitschrift/Zeitung
Journalist журналист
der Journalist — der Berichterstatter — der Korrespondent — der Reporter — der Zeitungsmann — der Schmock

Journalist [ʒur-] *индифф. синоним; напр.*: an dieser Pressekonferenz nahmen Journalisten aus vielen Ländern teil в этой пресс-конференции приняли участие журналисты многих стран; der Pressechef empfing heute die Journalisten заведующий отделом печати принял сегодня журналистов. **Berichterstatter** корреспондент; *напр.*: er ist Berichterstatter der Zeitung »Neues Deutschland« он корреспондент газеты «Нойес Дойчланд». **Korrespondent** ≅ **Berichterstatter**, *но чаще употр. по отношению к корреспондентам, работающим за границей*; *напр.*: diplomatischer Korrespondent дипломатический обозреватель; unser Korrespondent meldet aus Paris, daß... наш корреспондент сообщает из Парижа, что...; er geht nach Moskau als Korrespondent unserer Zeitung он едет в Москву в качестве корреспондента нашей газеты. **Reporter** репортер; *напр.*: die Reporter berichteten ihren Zeitungen sofort über die Ereignisse in dieser Stadt репортеры тотчас передали своим газетам сообщения о событиях в городе. **Zeitungsmann** *разг.* газетчик; *напр.*: er gab dem Zeitungsmann ein Interview он дал газетчику интервью. **Schmock** *уст. разг. презр.* беспринципный журналист; *напр.*: das konnte nur ein Schmock in die Zeitung bringen это мог напечатать в газете только беспринципный журналист

jovial *см.* lustig/wohlwollend
jubeln *см.* freuen, sich ¹
Jubiläum *см.* Jahrestag
jucken чесаться
jucken — kribbeln
jucken (*j-m, j-n*) *индифф. синоним*; *напр.*: der Finger, die Hand juckt mich у меня чешется палец, рука; ihm juckt das Auge у него чешется глаз; es juckte ihn auf dem Rücken у него чесалась спина; die Wunde juckt рана зудит. **kribbeln** *разг.* jucken, *предполагает более слабое и продолжительное действие*; *напр.*: es kribbelt mir in der Nase у меня щекочет в носу; es kribbelte ihn am ganzen Körper у него все тело зуделo

jucken, sich *см.* kratzen, sich
Jugendfreund *см.* Freund ¹
Jugendherberge *см.* Gasthaus
Jugendlicher *см.* junger Mann
Jugendwerkhof *см.* Gefängnis ¹
jung ¹ молодой
jung — jünger — blutjung
jung *индифф. синоним*; *напр.*: eine junge Frau молодая женщина; in jungen Jahren в молодые годы; er ist noch jung он еще молод; er hat jung geheiratet он рано женился; ich fühle mich sehr jung я чувствую себя очень молодым. **jünger** *довольно молодой* ⟨*обыкн. атрибутивно*⟩; *напр.*: eine jüngere Dame еще молодая женщина; unser Direktor ist ein jüngerer Herr наш директор еще молодой. **blutjung** *эмоц.-усил.* совсем еще юный; *напр.*: ein blutjunger Leutnant совсем еще юный лейтенант; ein blutjunges Mädchen совсем молоденькая девушка

jung ² *см.* neu ²
Junge мальчик
der Junge — der Bub — der Knabe — der Bengel
Junge *индифф. синоним*; *напр.*: ein kleiner, großer, gesunder Junge маленький, большой, здоровый мальчик; ich bin kein kleiner Junge mehr я уже не маленький □ Es war ein hübscher Junge, mit einem blonden Haarwulst über der Stirn... (*Th. Mann, »Buddenbrooks«*) Это был красивый мальчик с белокурой прядью волос, спускавшейся на лоб... **Bub** *б. ч. ю.-нем., австр., швейц.* = **Junge**; *напр.*: ist das ein Bub oder ein Mädel? это мальчик или девочка?; er ist ein fleißiger Bub он прилежный мальчик. **Knabe** *высок.* ≅ **Junge**; *напр.*: □ »Sind die Knaben aus der Schule gekommen?« fragte sie Ida (*Th. Mann, »Buddenbrooks«*) «Мальчики пришли из школы?» — спросила она Иду. **Bengel** *разг. шутл.* мальчишка; *неодобр.* озорник; *напр.*: ein reizender Bengel прелестный мальчуган; ein frecher Bengel нахальный мальчишка □ Bis dahin hatte sie immer noch geglaubt, wenigstens den Schein eines Familienlebens aufrechterhalten zu müssen, trotzdem die großen Bengel genau Bescheid wußten (*Fallada, »Jeder stirbt«*) До этого она еще думала, что, по крайней мере, должна сохранять видимость семейной жизни, хотя большие ребята все уже отлично знали

jungenhaft *см.* «Приложение»
jünger *см.* jung ¹
Jünger *см.* Schüler
junger Mann молодой человек, юноша
junger Mann — der Bursche — der Geselle — der Halbwüchsige — der Twen — der Jugendliche — der Minderjährige — der Jüngling — der Kerl
junger Mann *индифф. словосочетание*; *напр.*: einen jungen Mann einladen пригласить молодого человека; einen jungen Mann zum Tanz auffordern пригласить молодого человека на (белый) танец; dort waren Mädchen und junge Männer там были девушки и юноши. **Bursche** парень; *напр.*: ein hübscher, lediger Bursche красивый, холостой парень; am Abend hörte man die Mädchen und Burschen singen вечером было слышно, как пели девушки и парни. **Geselle** = **Bursche**, *но устаревает, чаще ирон. или неодобр.*; *напр.*: ein frischer, kekker, roher, wüster Geselle здоровый, лихой, грубый, беспутный парень. **Halbwüchsiger** подросток; *напр.*: er ist zwar 19 Jahre alt, sieht aber wie ein Halbwüchsiger aus хотя ему и 19 лет, но он выглядит подростком. **Twen** *чаще мн.* молодой человек (*которому за двадцать*); *напр.*: Hemden und Krawatten für Twens сорочки и галстуки для двадцатилетних. **Jugendlicher** молодой человек в возрасте от четырнадцати до восемнадцати лет *часто офиц., в документах и т. п.*; *напр.*: dieser Film ist für Jugendliche unter 18 Jahren nicht freigegeben на этот фильм дети до восемнадцати лет не допускаются. **Minderjähriger** несовершеннолетний *употр., когда речь идет о правовых отношениях*; *напр.*: Minderjährige dürfen keine Ehe schließen несовершеннолетним не разрешается вступать в брак. **Jüngling** *высок.* юноша; *напр.*: ein hoffnungsvoller Jüngling юноша, подающий надежды; ein lebenslustiger Jüngling жизнерадостный юноша □ Trink, o Jüngling! heil'ges Glücke | Taglang aus der Liebsten Blicke; | Abends gaukl' ihr Bild dich ein! (*Goethe, »Glück der Entfernung«*) Отрок! Счастья ток незримый | Черпай днем в очах любимой, | Унеси их ночью в сон! **Kerl** *разг.* парень, малый; *напр.*: ein hübscher, ehrlicher, frecher, dummer Kerl красивый, честный, нахальный, глупый малый; ich kann den Kerl nicht leiden я не выношу этого парня

Jungfer *см.* Frau ¹/Mädchen ¹
Jungfernschaft *см.* Sittlichkeit
Jungfrau *см.* Mädchen ¹
Jungfräulichkeit *см.* Sittlichkeit
Junggeselle холостяк
der Junggeselle — der Hagestolz
Junggeselle *индифф. синоним*; *напр.*: ein eingefleischter Junggeselle закоренелый холостяк; er will ewig Junggeselle bleiben он хочет навсегда остаться холостяком; ich bin ein alter Junggeselle я старый холостяк. **Hagestolz** *ирон.* чудаковатый старый холостяк *обыкн. не употр. говорящим о самом себе*; *напр.*: er konnte sich nie zur Heirat entschließen und ist ein Hagestolz geblieben он никогда не мог решиться на брак и остался старым холостяком

Jüngling *см.* junger Mann
jüngst ¹ *см.* neulich
jüngst ²: in jüngster Zeit *см.* neuerdings
Junker *см.* Gutsbesitzer
juridisch *см.* juristisch
juristisch *см.* «Приложение»
Juwel *см.* Schatz ¹
Jux *см.* Scherz
juxen *см.* scherzen

K

Kabale *см.* Umtriebe
kabeln *см.* telegrafieren
Kabine каюта
die Kabine — die Kajüte
Kabine *индифф. синоним*; *напр.*: eine komfortabel eingerichtete Kabine комфортабельная каюта; eine Kabine für zwei Personen двухместная каюта; unsere Kabine ist auf dem Vor-

schiff наша каюта в носовой части. **Kajüte** каюта капитана, офицерская каюта, тж. помещение для пассажиров (*б. ч. на торговых и спортивных судах*); *напр.*: auf diesem Handelsschiff gibt es Kajüten auch für Fahrgäste на этом торговом судне имеются каюты и для пассажиров

Kadaver *см.* Leiche
Kaff *см.* Siedlung
Kaffeesatz *см.* Niederschlag
Kaffeeschwester *см.* Schwätzer(in)
Käfig клетка (*для птиц и зверей*) der **Käfig** — das, der **Bauer** — der **Zwinger** — die **Voliere** — das **Vogelhaus**

Käfig индифф. синоним; *напр.*: ein großer, kleiner Käfig für Vögel, für Raubtiere большая, маленькая клетка для птиц, для хищных зверей; der Tiger läuft im Käfig hin und her тигр бегает в клетке взад и вперед. **Bauer** клетка для птиц; *напр.*: wir haben ein(en) Bauer mit einem Kanarienvogel im Zimmer у нас в комнате есть клетка с канарейкой. **Zwinger** клетка, вольер(а) для зверей (*в зоопарке*), для собак (*в питомнике*); *напр.*: in diesem Zwinger sind zwei Bären в этой клетке два медведя. **Voliere** [vɔˈlȉɛːrə], **Vogelhaus** большая клетка для птиц, огражденная сеткой, вольер(а); *напр.*: die Raubvögel befanden sich in einer Voliere хищные птицы находились в большой клетке

kahl *см.* nackt [1, 2]
Kahn *см.* Boot
Kajüte *см.* Kabine
Kalamität *см.* Unglück [1]
Kalkulation *см.* Berechnung
kalt [1] холодный

kühl — frisch — kalt — frostig — eiskalt — bitterkalt — hundekalt — saukalt — eisig

Синонимы данного ряда расположены по степеням возрастания выражаемого признака

kühl прохладный; *напр.*: ein kühler Tag, Wind прохладный день, ветер; kühle Luft прохладный воздух; ein kühles Zimmer прохладная комната; draußen ist es kühl на дворе прохладно □ Sie entschuldigte sich, и fange an, kühl zu werden, und sie müsse die Herren bitten, sofort ins Haus zu kommen (*Kellermann, »Totentanz«*) Она извинилась: становится прохладно, и она вынуждена просить господ войти в дом. **frisch** свежий; *напр.*: ein frischer Wind свежий ветер; ein frischer Morgen свежее утро; heute ist es recht frisch сегодня довольно свежо. **kalt** индифф. синоним; *напр.*: ein kalter Winter холодная зима; eine kalte Gegend холодный край; eine kalte Wohnung холодная квартира; kaltes Wasser холодная вода; das Wetter wird kalt наступает похолодание; die Suppe wird kalt суп стынет; zum Abendbrot gibt es kalten Braten на ужин есть

холодное жаркое; du hast kalte Hände у тебя холодные руки. **frostig** морозный; *напр.*: ein frostiger Wintertag морозный день; eine frostige Luft морозный воздух. **eiskalt** очень холодный, холодный как лед; *напр.*: ein eiskalter Tag очень холодный день; eiskalte Hände очень холодные руки, руки как лед; eiskaltes Wasser очень холодная вода; der Wind blies eiskalt дул очень холодный ветер. **bitterkalt** эмоц. ≃ eiskalt, *но употр., когда ощущение холода неприятно и говорящий хочет высказать свое неудовольствие*; *напр.*: heute ist es bitterkalt, ich bleibe lieber zu Hause сегодня ужасно холодно, я лучше останусь дома. **hundekalt, saukalt** груб. собачий, чертовский холод; *напр.*: heute ist es hundekalt сегодня собачий холод; da die Heizung kaputt war, war es saukalt так как отопление вышло из строя, было чертовски холодно. **eisig** ледяной, леденящий *напр.*: ein eisiger Wind ледяной ветер; eine eisige Luft, Kälte ледяной воздух, холод; sie hatte eisige Füße у нее были ледяные ноги; er badete im eisigen Wasser он купался в ледяной воде

kalt [2] *см.* gleichgültig [1]
kalt [3]: kalt sein *см.* frieren [1]; j-m kalt [heiß (und kalt)] über den Rücken [den Rücken herunter] laufen *см.* schaudern [1]; heiß und kalt werden [sein] *см.* schaudern [1]

kaltblütig *см.* ruhig [1]
kaltmachen *см.* töten
Kamerad *см.* Freund [1]
Kameraderie *см.* Freundschaft
Kameradschaft *см.* Freundschaft
kämmen (,sich) причесывать(ся)

(sich) **kämmen** — (sich) **frisieren**

(sich) **kämmen** индифф. синоним; *напр.*: das Kind mit einem Kamm kämmen причесывать ребенка расческой [гребнем]; sie kämmt sich vor dem Spiegel она причесывается перед зеркалом; vor dem Theaterbesuch muß ich mich beim Friseur kämmen lassen перед тем как идти в театр, я должна сделать себе прическу в парикмахерской □ Die schönste Jungfrau sitzet | Dort oben wunderbar, | Ihr goldnes Geschmeide blitzet, | Sie kämmt ihr goldenes Haar. | Sie kämmt es mit goldenem Kamme, | Und singt ein Lied dabei... (*Heine, »Lorelei«*) Прекраснейшая дева сидит там наверху, ее золотое ожерелье сверкает, она расчесывает свои золотые кудри. Она расчесывает их золотым гребнем и при этом поет песню. (sich) **frisieren** причесывать(ся), делать прическу; *напр.*: ich habe mich frisieren lassen я причесалась [сделала прическу] у парикмахера; sie war immer schön, sorgfältig frisiert она всегда была красиво, тщательно причесана

Kammer *см.* Zimmer
Kampf *см.* Schlacht

kämpfen [1] бороться, сражаться

kämpfen — **ringen** — **bekriegen** — **kriegen** — **streiten**

kämpfen индифф. синоним; *напр.*: gegen die Ausbeutung, gegen den Krieg kämpfen бороться против эксплуатации, против войны; wir kämpfen für den Frieden, für die Freiheit мы боремся за мир, за свободу; die Arbeiter kämpfen um bessere Arbeitsbedingungen рабочие борются за улучшение условий труда; mit der Waffe in der Hand kämpften wir für die Heimat с оружием в руках мы сражались за Родину; an diesem Frontabschnitt wurde hart gekämpft на этом участке фронта шли ожесточенные бои □ Er kämpfte heroisch, aber im Vergleich zu dem Aufwand an Kraft war das Resultat minimal (*Kellermann, »Die Stadt«*) Он героически боролся, но в сравнении с затраченной энергией результат был ничтожным. **ringen** упорно бороться *чаще перен.*; ожесточенно сражаться (*особенно врукопашную*); *напр.*: verbissen rangen sie miteinander und waren kaum zu trennen они ожесточенно боролись, и их трудно было растащить; er rang mit dem Tode он упорно боролся со смертью; sie rangen um ihre Existenz они упорно боролись за свое существование. **bekriegen** (A) вести войну с кем-либо *напр.*: einen gefährlichen Feind bekriegen вести войну против опасного врага; Napoleon bekriegte Österreich und Rußland Наполеон вел войну с Австрией и Россией. **kriegen** *уст.* ≃ bekriegen; *напр.*: Napoleon kriegte erfolgreich mit vielen europäischen Mächten Наполеон успешно воевал со многими европейскими державами. **streiten** высок. ≃ kämpfen; *напр.*: er stritt für eine Idee он боролся за идею; wir stritten mit Waffen gegen den Feind мы боролись с оружием в руках против врага

kämpfen [2] *см.* bekämpfen
kämpferisch [1] боевой

kämpferisch — **kriegerisch**

kämpferisch индифф. синоним; *напр.*: der kämpferische Geist боевой дух; eine kämpferische Haltung боевой вид. **kriegerisch** воинственный (*выражающий решительную готовность к столкновению, спору, драке и т. п.*); *напр.*: ein kriegerisches Aussehen воинственный вид; ein kriegerisches Benehmen [Verhalten] воинственное поведение; seine Stimmung ist recht kriegerisch у него весьма воинственное настроение

kämpferisch [2] *см.* tapfer
Kampfgefährte *см.* Mitkämpfer
Kampfgenosse *см.* Mitkämpfer
Kampfplatz *см.* Schlachtfeld
Kanapee *см.* Sofa
Kandidat кандидат

der **Kandidat** — der **Bewerber** — der **Anwärter** — der **Prätendent**

KANONE — KAUFEN

Kandidat *индифф. синоним; напр.*: für diese Stelle gab es mehrere Kandidaten на это место было несколько кандидатов; die Kandidaten der beiden Parteien wurden gewählt были избраны кандидаты обеих партий; er ist ein Kandidat für die Olympischen Spiele он кандидат в олимпийскую сборную. **Bewerber** ≃ Kandidat, *но чаще употр. по отношению к кандидатам на вакантную должность, участникам конкурсов, состязаний и т. п.; напр.*: die einzelnen Bewerber wurden genau geprüft отдельные кандидаты были подвергнуты тщательному испытанию; er ist einer der aussichtsreichsten Bewerber um den Pokal он один из вероятных претендентов на кубок **Anwärter** перспективный кандидат; *спорт.* фаворит; *напр.*: er ist der erste Anwärter auf den Pokal он первый претендент на кубок. **Prätendent** *книжн.* претендент *употр. по отношению к претендующим на трон, высокую должность и т. п.; напр.*: viele Prätendenten für diesen Posten wurden abgelehnt многие претенденты на это место были отклонены

Kanone: unter aller Kanone *см.* schlecht¹
Kante¹ *см.* Rand
Kante²: auf die hohe Kante legen *см.* sparen
Kantine *см.* Gaststätte
Kapazität *см.* Größe²/Meister
Kapellmeister *см.* Dirigent
kapieren *см.* verstehen
Kapitulation *см.* Übergabe²
kapitulieren *см.* ergeben, sich II¹
kapriziös *см.* launenhaft
kaputt *см.* entzwei/müde/schadhaft
kaputtgehen *см.* zerbrechen²
kaputtmachen *см.* zerbrechen¹
karg¹ незначительный, скудный
karg — kärglich — spärlich — knapp
karg *индифф. синоним ⟨б. ч. атрибутивно⟩; напр.*: ein karger Lohn незначительная зарплата; eine karge Nahrung, Kost скудная пища, скудное питание; eine karge Beleuchtung скудное освещение; er lebte von seiner kargen Rente он жил на свою маленькую [скудную] пенсию; **kärglich** скудный, жалкий; *напр.*: er teilte mit ihnen ihr kärgliches Frühstück он разделил с ними их скудный завтрак; diese kärglichen Mittel genügen nicht, um die Kinder großzuziehen этих жалких средств не хватает, чтобы растить детей; er wird kärglich bezahlt он получает скудное вознаграждение; der Flur ist kärglich beleuchtet передняя скудно освещена. **spärlich** ≃ karg, *но выражает бо́льшую степень данного признака; напр.*: bei so spärlicher Nahrung wird der Kranke nicht so bald genesen от такой скудной пищи больной не скоро поправится; die Straße ist spärlich beleuchtet улица скудно освещена. **knapp** мизерный, недостаточный; *напр.*: sie hat ein knappes Einkommen у нее ничтожные доходы; das ist eine knappe Mahlzeit это мизерная трапеза; in der Kriegszeit waren Zigaretten knapp в военное время сигареты были дефицитом; er ist knapp mit Geld *разг.* у него туго с деньгами

karg² *см.* unfruchtbar²
kargen *см.* geizen
kärglich *см.* karg¹
Karikatur карикатура
die Karikatur — die Scherzzeichnung — das Zerrbild
Karikatur *индифф. синоним; напр.*: eine politische Karikatur политическая карикатура; er zeichnete eine Karikatur von ihm он нарисовал на него карикатуру; es wirkt wie eine Karikatur это производит впечатление карикатуры. **Scherzzeichnung** ≃ Karikatur, *но чаще о дружеском шарже; напр.*: das ist eine Scherzzeichnung, die Majakowski darstellt это дружеский шарж на Маяковского. **Zerrbild** *б. ч. перен.* злая карикатура (*обыкн.* грубо искажающая действительность и носящая злобный характер); *напр.*: ein Zerrbild unserer Sitten (клеветническая) карикатура на наши обычаи

Karrieremacher *см.* Streber
Karrierist *см.* Streber
Karton¹ картон
der Karton — die Pappe
Karton [-'tɔŋ] *индифф. синоним; напр.*: ein Stück Karton кусок картона; dünner, dicker Karton тонкий, толстый картон; die Kinder haben verschiedene Tiere aus Karton (aus)geschnitten дети вырезали из картона разных зверей. **Pappe** толстый картон; *напр.*: diese Figuren sind aus Pappe эти фигуры сделаны из толстого картона

Karton² *см.* Schachtel
Kaschemme *см.* Gaststätte
Käseblatt *см.* Zeitung
Käseblättchen *см.* Zeitung
Kasserolle *см.* Topf
kasteien, sich *см.* geißeln, sich
Kastell *см.* Schloß²
Katastrophe *см.* Unfall
kategorisch *см.* entschieden
Kathedrale *см.* Kirche
Katz(e): für die Katz(e) *см.* umsonst¹
katzenfreundlich *см.* heuchlerisch
kauderwelschen *см.* sprechen³
kauen жевать
kauen — beißen
kauen *индифф. синоним; напр.*: das Fleisch, hartes Brot kauen жевать мясо, черствый хлеб; er kaut mit vollen Backen он уплетает за обе щеки. **beißen** *часто разг.* ≃ kauen, *но менее употребительно; напр.*: Brot beißen жевать хлеб; der alte Mann kann das nicht mehr beißen старику это не по зубам

kauern *см.* sitzen
Kauf покупка
der Kauf — der Einkauf — die Besorgung
Kauf *индифф. синоним; напр.*: der Kauf eines Landhauses, eines Autos покупка дачи, автомобиля; etw. zum Kauf anbieten предложить купить что-л.; sie beschäftigen sich mit dem Kauf und Verkauf von Antiquitäten они занимаются покупкой и продажей антикварных вещей; er zeigte mir seine neuen Käufe он показал мне свои новые покупки. **Einkauf** закупка, покупка; *напр.*: die weihnachtlichen Einkäufe рождественские покупки; der Einkauf von Lebensmitteln, von Waren закупка продовольствия, товаров; ich möchte Einkäufe machen я хочу пойти за покупками. **Besorgung** ≃ Kauf, *но употр. тк. в предметном значении и в определенных сочетаниях; напр.*: sie hat in der Stadt Besorgungen gemacht [erledigt] она сделала в городе покупки

kaufen¹ покупать
kaufen — abnehmen — einkaufen — anschaffen — erwerben — ankaufen — aufkaufen — abkaufen — ersteigern — ramschen — erstehen — mitnehmen — einholen
kaufen *индифф. синоним; напр.*: Lebensmittel, Kleider, Bücher, im Laden, im Kaufhaus, auf dem Markt, billig, auf Abzahlung kaufen покупать продовольствие, одежду, книги, в лавке, в универмаге, на рынке, дешево, в рассрочку. **abnehmen** (*j-m etw.*) взять, купить у кого-л. что-л. *обыкн. употр. по отношению к довольно крупным покупкам; напр.*: er kann ihm diese Ware abnehmen он может взять [купить] у него этот товар; die Firma nimmt Getreide, Erdöl ab фирма покупает зерно, нефть. **einkaufen** делать покупки, закупать *употр., когда действие носит регулярный характер либо распространяется на различные предметы или большое количество чего-л.; напр.*: ich gehe einkaufen я иду делать покупки; die Firma hat viele Waren eingekauft фирма закупила много товаров; jeden Sonnabend kauft sie auf dem Markt ein каждую субботу она делает закупки на рынке. **anschaffen** приобретать, покупать, *чаще употр. по отношению к крупным, ценным покупкам (бытовым приборам, мебели и т. п.); напр.*: wir haben uns gestern eine neue Waschmaschine angeschafft мы вчера купили новую стиральную машину; sie hat sich einen neuen Mantel angeschafft она приобрела новое пальто. **erwerben** ≃ anschaffen, *но больше подчеркивает, что приобретенное куплено, а не получено в подарок, по наследству и т. п.; напр.*: □ Man saß... im ersten Stock des weitläufigen alten Hauses, das die Firma Johann Buddenbrook... käuflich erworben hatte... (*Th. Mann, »Buddenbrooks«*) Они сидели... на втором этаже просторного

старинного дома... приобретенного фирмой «Иоганн Будденброк»... **ankaufen** закупать (*о ценных предметах или большом количестве чего-л.*); *напр.*: Tabak, Konserven, Kleider ankaufen закупать табак, консервы, одежду; der Betrieb hat ein Haus als Ferienheim angekauft предприятие приобрело здание под дом отдыха для своих сотрудников. **aufkaufen** скупать; *напр.*: Getreide, Butter, Fleisch aufkaufen скупать хлеб, масло, мясо; er kaufte alle Aktien dieses Betriebs auf он скупил все акции этого предприятия. **abkaufen** (*j-m etw.*) покупать у кого-л. что-л., приобретенное этим последним, перекупить; откупать *уст.*; *напр.*: ich habe ihm das Auto abgekauft я (пере)купил у него автомобиль; sie haben ihm das Patent abgekauft они откупили у него патент. **ersteigern** покупать с торгов, на распродаже; *напр.*: dieses Gemälde habe ich ersteigert эту картину я купил на аукционе. **ramschen** скупать по бросовым ценам; *напр.*: er ramschte die Restbestände он скупил остатки по бросовым ценам. **erstehen** *высок.* (выгодно, с трудом) купить, достать; *напр.*: dieses seltene Buch habe ich im Antiquariat erstanden эту редкую книгу я с трудом достал в букинистическом магазине; sie erstand den Mantel zu einem billigen Preis она достала пальто по дешевке. **mitnehmen** *разг.* прихватить что-л. (*купить что-л. незначительное вследствие дешевизны или благодаря благоприятному случаю*); *напр.*: ich werde noch 5 Eier mitnehmen я прихвачу еще пяток яиц; die Strümpfe kosten nur 1 Mark, ich nehme sie auch mit чулки стоят только одну марку, я их тоже возьму. **einholen** *разг.* покупать что-л. необходимое для ежедневного потребления; *напр.*: ich gehe Brot und Milch einholen я пойду за хлебом и за молоком [купить хлеба и молока]
kaufen ² *см.* bestechen
Käufer покупатель
der **Käufer** — der **Kunde** — die **Kundschaft** — der **Stammkunde** — der **Einkäufer** — der **Abnehmer** — der **Besteller** — der **Interessent**
Käufer *индифф. синоним*; *напр.*: ein wählerischer Käufer разборчивый покупатель; neue Käufer suchen, finden искать, находить новых покупателей; wir müssen die Interessen der Käufer berücksichtigen мы должны учитывать интересы покупателей. **Kunde** клиент (*лицо, часто или более или менее регулярно покупающее что-л. где-л.*); *напр.*: ein alter, beständiger, guter Kunde старый, постоянный, хороший клиент; neue Kunden gewinnen, bedienen привлекать, обслуживать новых клиентов; wir können unseren Kunden neue Waren anbieten мы можем предложить нашим покупателям новые товары. **Kundschaft** клиентура *собир.*, покупатели; *напр.*: wir haben eine reiche, zahlreiche Kundschaft у нас богатая, многочисленная клиентура. **Stammkunde** постоянный клиент; *напр.*: er gehört zu unseren Stammkunden он относится к числу наших постоянных клиентов; ich bin in diesem Geschäft Stammkunde я в этом магазине постоянный покупатель. **Einkäufer** оптовый покупатель; заготовитель, занимающийся оптовыми закупками для торговой сети, ресторанов *и т. п.*; *напр.*: unsere Firma verkauft die Waren nur an Einkäufer наша фирма продает товары только оптовым покупателям. **Abnehmer** ≙ Käufer, *но чаще о покупателе определенного вида изделий, партии товара, являющемся посредником либо потребителем*; *напр.*: für unsere Waren ist es leicht, Abnehmer zu finden для наших товаров легко найти покупателей. **Besteller** заказчик, лицо, покупающее что-л. по заказу; *напр.*: die Besteller zufriedenstellen удовлетворить заказчиков; der Schneider führt alle Aufträge der Besteller rechtzeitig aus портной выполняет в срок все заказы клиентов. **Interessent** *книжн.* лицо, заинтересованное в покупке чего-л.; *напр.*: für den Verkauf dieses Hauses brauchen Sie einen kaufkräftigen Interessenten чтобы продать этот дом, вам нужно найти платежеспособного покупателя
Kaufhalle *см.* Geschäft ¹
Kaufhaus *см.* Geschäft ¹
käuflich *см.* «Приложение»
Kaufmann *см.* Händler
kaum ¹ (немного) меньше, чем; едва
kaum *индифф. синоним*; *напр.*: die Mauer ist kaum drei Meter hoch высота стены едва достигает трех метров; die Sitzung dauerte kaum zwei Stunden заседание длилось меньше двух часов; er ist kaum 16 Jahre alt ему еще не исполнилось и шестнадцати лет; der Anzug kostet kaum 250 Mark костюм стоит (немногим) меньше двухсот пятидесяти марок. **knapp** *разг.* не совсем; *напр.*: bis zum nächsten Dorf sind es knapp drei Kilometer до соседней деревни неполных три километра; das Kind ist knapp fünf Jahre alt ребенку неполных пять лет
kaum ² *см.* «Приложение»
Kaution *см.* Bürgschaft
Kauz *см.* Sonderling
keck ¹ смелый (*не обнаруживающий смущения, робости*)
keck — **dreist** — **kühn** — **keß**
keck *индифф. синоним*; *напр.*: eine kecke Frage, Antwort смелый вопрос, ответ; keck reden, lügen смело говорить, врать; er sagte ihr seine Meinung keck ins Gesicht он не смущаясь высказал ей свое мнение в лицо ◻ ...und aus der Ungeheuer Mitte nimmt er den Handschuh mit keckem Finger (Schiller, »*Der Handschuh*«) ...и из круга чудовищ подымает перчатку дерзновенной рукой. Als er näher kam, war's ein geblümtes Mädchenkleid und ein blaues Kopftuch. Unter das Kopftuch hatte sich ein keckes Mädchengesicht verkrochen (*Strittmatter*, »*Wundertäter*«) Когда он подошел ближе, то увидел пестрое девичье платье и синий платок. Из-под платка глядело бойкое девичье личико. **dreist** дерзкий (*позволяющий себе такую смелость, которая другим может казаться бестактной*) *часто употр. с осуждением*; *напр.*: j-n dreist ansehen дерзко смотреть на кого-л.; etw. dreist behaupten смело утверждать что-л. **kühn** смелый *содержит положительную оценку*; *напр.*: ihm gefiel meine kühne Antwort ему понравился мой смелый ответ. **keß** *разг.*, *особенно берл.* ≙ dreist; *напр.*: eine kesse Antwort смелый ответ; ist das nicht etwas zu keß? не слишком ли это смело?
keck ² *см.* elegant
kehren I *см.* fegen
kehren II *см.* wenden
Kehricht *см.* Abfall ¹
Kehrseite *см.* Rückseite
keifen *см.* schimpfen ²
Keilerei *см.* Schlägerei
keimen ¹ прорастать
keimen — **sprießen** — **aufgehen** — **knospen**
keimen *индифф. синоним*; *напр.*: die Gerste keimen lassen дать прорасти ячменю; die Bohnen keimen прорастают; die Samen haben gekeimt семена проросли. **sprießen** давать ростки, распускаться; *напр.*: die ersten Knospen sprießen распускаются первые почки. **aufgehen** всходить, давать всходы; *напр.*: durch die anhaltende Dürre ist der Weizen nicht aufgegangen из-за длительной засухи пшеница не взошла. **knospen** пускать почки; *напр.*: die Bäume beginnen zu knospen на деревьях начинают появляться почки; die Blumen beginnen zu knospen начинают распускаться бутоны
keimen ² *см.* entstehen
kein: auf keinen Fall *см.* nein
keiner *см.* niemand
keine Seele *см.* niemand
keinesfalls *см.* nein
keineswegs *см.* nein
kein Mensch *см.* niemand
Kellner официант
der **Kellner** — der **Oberkellner** — der **Steward** — der **Ober** — der **Ganymed**
Kellner *индифф. синоним*; *напр.*: den Kellner rufen позвать официанта; der Kellner bedient die Gäste und bringt die Rechnung официант обслуживает посетителей и приносит счет ◻ Das Speisen hatte hier die Form eines religiösen Kults angenommen. Die Kellner murmelten feierlich wie Priester, die die Beichte abhören (*Kellermann*, »*Der 9. November*«) Еда

здесь походила на отправление религиозного культа. Официанты бормотали что-то торжественное, как священники, слушающие исповедь. **Oberkellner** старший официант; *напр.*: ☐ Manchmal verirrten sich auch zweifelhafte Elemente hier herein — aber sofort kam der Oberkellner, leider alles bestellt, die Herrschaften. — Wie eine Orgel summte die tiefe Stimme des Oberkellners (*Kellermann, »Der 9. November«*) Случалось, что сюда забредали сомнительные личности, но немедленно появлялся старший официант: «К сожалению, все занято, господа», — низкий голос старшего официанта гудел как орган. **Steward** [′stju:ət] стюард, официант на самолете *или* на судне; *напр.*: auf dem Schiff und im Flugzeug bedient der Steward die Fahrgäste на пароходе и на самолете пассажиров обслуживает стюард. **Ober** *разг. сокр. от* Oberkellner ≃ Kellner, *в обращении теряет свою разговорную окраску*; *напр.*: der Ober brachte uns Bier официант принес нам пиво ☐ »Vielleicht weint sie auch?« — »So ein bißchen?« — He, Kellner, Herr Ober!« (*Kellermann, »Der 9. November«*) «Может, она и плачет?» — «Так, чуть-чуть? — Эй, официант, господин официант!» **Ganymed** *шутл. редко* молодой официант; *напр.*: wir wählten die gewünschten Speisen und winkten dann den Ganymed heran мы выбрали блюда по вкусу и подозвали молодого официанта

Kellnerin официантка
die **Kellnerin** — die **Serviererin** — die **Stewardeß**
Kellnerin *индифф. синоним*; *напр.*: im Lokal bediente uns eine junge Kellnerin в ресторане нас обслуживала молодая официантка. **Serviererin** [-v-] = Kellnerin. **Stewardeß** [′stju:ədɛs] стюардесса, официантка на самолете, судне *или* в автобусах; *напр.*: die Stewardeß brachte uns Tee und Kaffee стюардесса принесла нам чай и кофе

kennen знать (*кого-л., что-л.*)
kennen — wissen — sich auskennen — Bescheid wissen — können — in- und auswendig kennen
kennen *индифф. синоним*; *напр.*: das Land, die Stadt, diesen Mann, dieses Gedicht gut, schlecht kennen хорошо, плохо знать страну, город, этого человека, это стихотворение; die Geschichte gut kennen хорошо знать историю; ich kenne seine Ansichten я знаю его взгляды; wir kennen Paul nicht мы не знаем Павла ☐ Ich kenne die Weise, ich kenne den Text, | Ich kenn auch die Herren Verfasser... (*Heine, »Deutschland«*) Я знаю мелодию, я знаю текст, и их сочинителей также... Kennst du das Land, wo die Zitronen blühn? (*Goethe, »Mignon«*) Знаешь ли ты страну, где цветут лимоны? **wissen** *в отличие от* kennen *чаще употр., когда речь идет о знании, приобретенном в результате какой-л. информации, чем в результате личного опыта* ⟨*б. ч. с дополнительным придаточным предложением, дополнением, выраженным указательным или отрицательным местоимением, поэт. тж. с любым дополнением в Akk.*⟩; *напр.*: ich weiß, daß er kommt я знаю, что он придет; er weiß, wann die Ferien beginnen он знает, когда начнутся каникулы; wir wissen schon alles мы уже всё знаем; sie wissen nichts они ничего не знают ☐ Ich weiß, sie tranken heimlich Wein | Und predigten öffentlich Wasser (*Heine, »Deutschland«*) Я знаю, они тайком попивали вино, проповедуя воду публично. **sich auskennen** иметь познания, ориентироваться (*в какой-л. области*); *напр.*: er kennt sich in der Geschichte Frankreichs aus он ориентируется в истории Франции; wir kannten uns in den Klassikern gut aus мы хорошо знали классиков; er kennt sich aus mit diesen Maschinen он разбирается в этих машинах. **Bescheid wissen** хорошо знать что-л., быть хорошо осведомленным о чем-л.; *напр.*: ich weiß Bescheid über seine Pläne я хорошо осведомлен о его планах; er wußte in der Radiotechnik Bescheid он хорошо знал радиотехнику. **können** быть знакомым с чем-л., обладать некоторыми знаниями в какой-л. области; *напр.*: er kann etwas Deutsch он немного знает немецкий язык; er kann nicht viel Geschichte он не очень знает историю. **in- und auswendig kennen** *разг.* знать что-л. вдоль и поперек; *напр.*: ich kenne ihn in- und auswendig я знаю его вдоль и поперек

Kennzeichen *см.* Merkmal
kennzeichnen *см.* «Приложение»
kennzeichnend *см.* charakteristisch
kentern опрокидываться (*о судах*)
kentern — umschlagen — umkippen
kentern *индифф. синоним*; *напр.*: das Boot kenterte лодка опрокинулась; das Schiff kenterte пароход перевернулся; das Segelboot ist gekentert парусник опрокинулся. **umschlagen** ≃ kentern, *но подчеркивает внезапность или быстроту, с которой совершается действие*; *напр.*: viele Rettungsboote schlugen, kaum zu Wasser gelassen, um многие спасательные лодки перевернулись, едва их спустили на воду. **umkippen** *разг.* ≃ kentern, *но употр. по отношению к маленьким судам*; *напр.*: nicht weit vom Ufer kippte das Boot um недалеко от берега лодка перевернулась

Kerbe *см.* Einschnitt
Kerker [1] *см.* Gefängnis [1]
Kerker [2]: in den Kerker werfen *см.* festsetzen [1]
Kerl *см.* junger Mann/Mann [1]
Kern *см.* Wesen [1]

kernfest *см.* stark [1]
kerngesund *см.* gesund
kernhaft *см.* stark [1]
kernig *см.* gesund/stark [1]
Kernpunkt *см.* Sinn [1]
kerzengerade *см.* gerade [1]
keß *см.* keck [1]
ketten *см.* binden [2]
ketzerisch еретический
ketzerisch — irrgläubig — heterodox — häretisch
Синонимы данного ряда имеют примерно одно и то же значение, но различаются по употреблению
ketzerisch *индифф. синоним*; (*о сознательном и упорном отрицании господствующего церковного учения, а тж. перен.*); *напр.*: eine ketzerische Irrlehre еретическое лжеучение; ketzerische Gedanken еретические мысли; die Katholiken betrachten jeden als ketzerisch, der die Unfehlbarkeit des Papstes leugnet католики считают еретиками всех, кто отрицает непогрешимость папы. **irrgläubig** не соответствующий истинной вере *подчеркивает принадлежность к вероучению, противоречащему официальному*; *напр.*: die Römische Kirche verfolgte hartnäckig alle irrgläubigen Ideen римская католическая церковь упорно преследовала все вероотступнические идеи. **heterodox** *книжн., рел.* (*антоним* orthodox правоверный, ортодоксальный) *подчеркивает отклонение от принятого церковного догмата*; *напр.*: eine heterodoxe Lehre еретическое учение. **häretisch** *книжн., рел.* ≃ heterodox, *но подчеркивает, что отклонение от церковного догмата, намеренное или непреднамеренное, проявляется активно*; *напр.*: eine häretische Sekte еретическая секта; häretische Lehrsätze еретические тезисы

keuchen *см.* atmen
keusch *см.* tugendhaft
Keuschheit *см.* Sittlichkeit
kichern *см.* lachen [1]
Kichern *см.* Lachen [1]
kidnappen *см.* rauben
kieken *см.* sehen [1]
Kies *см.* Geld
killen *см.* töten
Kind [1] ребенок
das **Kind** — das **Kleine** — das **Gör** — die **Göre**
Kind *индифф. синоним*; *напр.*: ein kleines, artiges, verwöhntes, kluges, törichtes Kind маленький, послушный, избалованный, умный, глупый ребенок; er hat zwei Kinder у него двое детей; sie erwartet ein Kind она ждет ребенка. **Kleines** *разг.* малыш; *напр.*: die Kleinen freuten sich auf den Weihnachtsbaum малыши радовались елке; was hast du, Kleiner? что с тобой, малыш? **Gör, Göre** *берл.* маленький ребенок; *напр.*: sie muß allein für ihre drei Gören sorgen она одна должна заботиться о своих трех малышах

Kind²: ein uneheliches Kind внебрачный ребёнок
ein uneheliches Kind — der Bankert — der Bastard

ein uneheliches Kind *индифф. синоним; напр.:* sie hatte ein uneheliches Kind у неё был внебрачный ребёнок. **Bankert** *пренебр. устаревает, часто тж. бран.* незаконнорождённый; *напр.:* ist er ein Bankert? он незаконный сын? **Bastard** ≅ Bankert, *но обыкн. употр., когда ребёнок рождён матерью, принадлежащей к более низкому сословию, чем отец; чаще бран.; напр.:* □ Der Thron von England ist durch einen Bastard entweiht, der Britten edelherzig Volk! (*Schiller, »Maria Stuart«*) Отродьем незаконным обесчещен английский трон! Британец благородный искусницею хитрою обманут

Kind³: ein Kind bekommen [kriegen] *см.* gebären

Kindergärtnerin *см.* Erzieherin
Kinderstube *см.* Erziehung
Kino *см. «Приложение»*
Kiosk *см. «Приложение»*
kipp(e)lig *см.* wack(e)lig¹
kippeln *см.* schaukeln²/schwanken
kippen *см.* umwerfen
Kirche церковь
die Kirche — der Dom — das Münster — die Kathedrale — der Tempel — das G o t t e s h a u s

Kirche *индифф. синоним; напр.:* eine moderne, alte Kirche современная, старая церковь □ Niemand konnte sagen, daß die Kirche überfüllt war (*Strittmatter, »Wundertäter«*) Нельзя утверждать, что церковь была переполнена. **Dom** собор; *напр.:* ein gewaltiger, herrlicher Dom огромный, великолепный собор; der Kölner Dom Кёльнский собор. **Münster** ≅ Dom *обыкн. подчёркивает художественную, архитектурную ценность собора; слово Münster вошло в названия некоторых соборов; напр.:* das Ulmer, Freiburger, Straßburger Münster Ульмский, Фрейбургский, Страсбургский собор; eine Bischofskirche nennt man in Nord- und Mitteldeutschland Dom, in Süddeutschland Münster в Северной и Центральной Германии кафедральный собор стал называться Dom, а в Южной — Münster. **Kathedrale** (кафедральный) собор; *напр.:* eine gotische Kathedrale готический (кафедральный) собор; die Kathedrale von Reims Реймский кафедральный собор. **Tempel** храм (*б. ч. не христианский*); *напр.:* ein altgriechischer Tempel древнегреческий храм; ein orientalischer Tempel восточный храм □ »War es ein hohes Dach? Das Dach eines Kirchturms?« — »Es war mehr das Dach eines Tempels« (*Strittmatter, »Wundertäter«*) «А крыша эта высокая? Как крыша колокольни?» — «Скорее, как крыша храма». **Gotteshaus** *книжн.* ≅ Kirche, *но употр. когда с понятием* церкви *связывается особая торжественность, благоговение верующего и т. п.; напр.:* heute haben sie im Gotteshaus eine Andacht gehalten сегодня они совершили богослужение в доме божьем

Kirchhof *см.* Friedhof
kirre machen *см.* locken¹
kirren *см.* locken¹
Kiste *см.* Sache¹
kitschig *см.* geschmacklos¹
Kitchen *см.* Gefängnis¹
kitzeln щекотать
kitzeln — kratzen — krabbeln

kitzeln *индифф. синоним; напр.:* j-n an den Fußsohlen kitzeln щекотать кому-л. ступни; der Kragen kitzelt mich am Hals воротник щекочет мне шею □ Tony hatte den Kopf in beide Hände gestützt und las versunken in Hoffmanns »Serapionsbrüdern«, während Tom sie mit einem Grashalm ganz vorsichtig im Nacken kitzelt... (*Th. Mann, »Buddenbrooks«*) Тони, подперев голову обеими руками, углубилась в чтение «Серапионовых братьев» Гофмана, а Том очень осторожно щекочет травинкой ей шею... Sie sagte ersterbend: »So mit dem Bart kitzeln tut keiner in Netzig«, was ihm zuerst schmeichelte... (*H. Mann, »Untertan«*) Она сказала, замирая: «Так щекотать усами никто в Нетциге не умеет», что ему сначала польстило... **kratzen** царапать; *напр.:* der Rauch kratzt im Hals дым царапает горло; es kratzt mich im Halse у меня першит в горле. **krabbeln** *разг.* ≅ kitzeln; *напр.:* das Tuch krabbelt mich платок кусается; hör auf, sie zu krabbeln! не щекочи её!

kitzlig *см.* heikel¹
klaffen зиять
klaffen — gähnen

klaffen *индифф. синоним; напр.:* in der Mauer klaffen Risse [Spalten] в стене глубокие трещины; vor uns klaffte ein Abgrund перед нами зияла пропасть; auf seiner Brust klaffte eine Wunde на его груди зияла рана. **gähnen** ≅ klaffen, *но более образно и менее употребительно; напр.:* vor uns gähnte ein großes Loch перед нами зияла большая дыра

kläffen *см.* bellen¹
Klage жалоба; *юр.* иск
die Klage — die Beschwerde — die Berufung — der Rekurs — die R e k l a m a t i o n — die Appellation

Klage *индифф. синоним; напр.:* ihr Verhalten gibt Anlaß zur Klage её поведение даёт повод жаловаться; er brachte die Klage vor Gericht он подал жалобу в суд; Sie sind mit Ihrer Klage abgewiesen worden вы получили отказ по вашему иску □ Boris hatte in diesen Tagen eine Klage eingereicht, er machte Ansprüche auf Jankos Grundstück... geltend (*Kellermann, »Die Stadt«*) Борис на днях подал жалобу, он претендует на земельный участок Янко. **Beschwerde** ≅ Klage, *но чаще употр. по отношению к жалобе в официальные органы; напр.:* gegen j-n eine Beschwerde einreichen подать на кого-л. жалобу; die Beschwerde gegen diesen Beschluß können Sie an die zuständige Dienststelle richten это решение вы можете обжаловать в соответствующей инстанции □ Wir schweigen; muß doch selbst wissen, was eine Beschwerde über solche Kleinigkeiten beim Kommiß für Zweck hat (*Remarque, »Im Westen«*) Мы молчим; он и сам должен бы знать, какая польза жаловаться на такие мелочи, когда отбываешь солдатчину. **Berufung** кассационная жалоба; *напр.:* eine Berufung zurückweisen отказать в кассационной жалобе; der Anwalt hat gegen dieses Urteil Berufung eingelegt защитник подал кассационную жалобу на этот приговор. **Rekurs** *книжн. устаревает, напр.:* einen Rekurs einlegen подать кассационную жалобу; gegen diese Entscheidung steht der Rekurs binnen 14 Tagen offen это решение может быть обжаловано в течение четырнадцати дней. **Reklamation** *офиц.* рекламация, претензия; *напр.:* Ihre Reklamation kann nicht mehr berücksichtigt werden ваша рекламация уже не может быть принята во внимание. **Appellation** *уст. книжн.* апелляция; *напр.:* die Appellation an die oberste Instanz war erfolglos апелляция в высшую инстанцию была безрезультатна

klagen¹ жаловаться, сетовать
klagen — jammern — lamentieren — w e h k l a g e n — barmen

klagen *индифф. синоним; напр.:* laut klagen громко жаловаться; er klagte über sein Schicksal он жаловался на свою судьбу; er ist ein Mensch, der ewig über etwas klagt он такой, что вечно на что-нибудь жалуется. **jammern** громко жаловаться, стонать (*сообщать о своём горе другим со стоном и вздохами*); *напр.:* sie jammert über ihr Schicksal она громко сетует на свою судьбу; sie jammern wegen der schweren Wohnungsverhältnisse они стонут из-за тяжёлых жилищных условий □ Sie jammerte: »O mein Herr und mein Gott — Jutta, was für eine Welt! Gott, verzeihe es mir, daß ich richte — aber was für eine schamlose Jugend!« (*Fallada, »Wolf u. Wölfen«*) Она громко жаловалась: «О боже мой, Ютта, что за мир! Боже, прости мне, что я осуждаю, но до чего же бессовестная молодёжь!» **lamentieren** *неодобр.* ныть, хныкать, громко жаловаться (по незначительному поводу) (*вызывая скорее нетерпение окружающих, чем их сочувствие*); *напр.:* immerzu ohne Grund, über jede Kleinigkeit lamentieren постоянно хныкать без причины, по каждому пустяку wehklagen *высок.* причитать (*выражать душевную боль, скорбь громкими возгласами*); *напр.*: sie wehklagte an der Bahre ihres Mannes она громко причитала у гроба своего супруга. barmen *н.-нем. неодобр.* плакаться; *напр.*: sie hatte lange um ihren Verlust gebarmt она долго плакалась по поводу своей потери ☐ »Sie liebenswürdiger Mensch sitzen hier und wissen nicht, wie böse ich sein kann«, barmte Marlen (*Strittmatter,* »*Wundertäter*«) «Вы такой добрый человек, сидите здесь и не знаете, какой злой я могу быть», — плакалась Марлен

klagen *см.* beschweren, sich
kläglich *см.* elend/schlecht [1, 2, 3]
Klamauk *см.* Lärm [1]
klamm *см.* naß
klammheimlich *см.* heimlich [1]
Klamotten *см.* Kram
Klang *см.* Laut [1]
klappen *см.* gelingen
klapperdürr *см.* mager [1]
klappern *см.* dröhnen
Klaps *см.* Schlag [1]
Klapsmühle *см.* Irrenanstalt
klar [1] ясный, ничем не затемненный
klar — heiter — hell — licht

klar *индифф. синоним; напр.*: klares Wetter ясная погода; eine klare Nacht ясная ночь; der Morgen war klar und kalt утро было ясное и холодное; der Himmel war klar небо было ясным. heiter, hell светлый, безоблачный; *напр.*: ein heiterer Himmel безоблачное, ясное небо; ein heiterer, heller Abend светлый, безоблачный вечер; morgen wird es heiter sein завтра будет ясный день [безоблачно]; das kam wie ein Blitz aus heiterem Himmel это было как гром среди ясного неба; es war ein heller und kalter Morgen было ясное, холодное утро. licht *высок.* ≃ hell; *напр.*: ein lichter Abend светлый вечер

klar [2] ясный (*понятный*)
klar — deutlich — verständlich — begreiflich — einleuchtend — faßlich — eindeutig — unzweideutig — unmißverständlich — allgemeinverständlich — sonnenklar — klipp und klar

klar *индифф. синоним; напр.*: eine klare Antwort ясный ответ; ein klarer Fall ясный случай; ein klares Bild ясная картина; mir war alles klar мне все было ясно; ich habe darüber eine klare Vorstellung у меня об этом ясное представление; das Ziel ist klar цель ясна; ist es Ihnen klar, wovon ich rede? вам ясно, о чем я говорю? deutlich отчетливый, четкий (*хорошо видимый, слышимый и т. п., а потому и понятный*); *напр.*: eine deutliche Aussprache отчетливое произношение; eine deutliche Aufnahme отчетливый снимок; ein deutlicher Begriff четкое понятие; deutlich hören, sehen, deutlich verstehen отчетливо слышать, видеть; ясно понимать; sich an etw. deutlich erinnern отчетливо вспоминать что-л. verständlich, begreiflich понятный; *напр.*: j-m etw. verständlich [begreiflich] machen растолковать кому-л. что-л.; es ist verständlich [begreiflich], daß... понятно, что...; sein Vortrag war leicht verständlich его доклад было легко понять; spreche ich verständlich? я понятно говорю?; das ist ein begreiflicher Irrtum это понятная ошибка. einleuchtend очевидный, совершенно ясный, вполне понятный; *напр.*: ein einleuchtender Beweis очевидное доказательство; einleuchtende Tatsachen, Gründe очевидные факты, причины; es war einleuchtend, daß er mit diesem Geld nicht auskommen konnte было совершенно ясно, что он не мог обойтись этими деньгами; deine Erklärung ist mir einleuchtend твое объяснение мне вполне понятно. faßlich доступный для понимания; *напр.*: dieses Buch ist für Kinder leicht faßlich эта книга понятна детям [доступна для детей]; der Vortrag ist in faßlicher Form geschrieben доклад написан в доступной форме. eindeutig, unzweideutig однозначный, недвусмысленный; *напр.*: eine eindeutige [unzweideutige] Antwort, Absage недвусмысленный ответ, отказ; j-m etw. eindeutig [unzweideutig] sagen недвусмысленно сказать кому-л. что-л.; er hat einen eindeutigen [unzweideutigen] Befehl bekommen он получил недвусмысленный приказ. unmißverständlich ≃ eindeutig, *но больше подчеркивает, что то, о чем идет речь, не вызывает никакого сомнения; напр.*: eine unmißverständliche Absage [Ablehnung], Andeutung совершенно определенный [недвусмысленный] отказ, намек; er hat mir unmißverständlich zu verstehen gegeben, daß ich falsch gehandelt habe он совершенно недвусмысленно дал мне понять, что я поступил неправильно. allgemeinverständlich общедоступный, популярный; *напр.*: eine allgemeinverständliche Darstellung популярное изложение; er drückt sich allgemeinverständlich aus он выражает свои мысли общедоступным языком. sonnenklar *разг.* ясный как день, совершенно очевидный; *напр.*: das ist doch sonnenklar! это же ясно как день! klipp und klar *разг.* ясно и понятно (*атрибутивно не употр.*); *напр.*: willst du mir jetzt klipp und klar sagen, warum du nicht mitfahren willst? скажи мне ясно и определенно, почему ты не хочешь с нами поехать?

klar [3] *см.* durchsichtig/gewiß [1]
klären [1] выяснять
klären — aufhellen — aufklären — klarstellen — erhellen

klären *индифф. синоним; напр.*: die Angelegenheit, die Lage klären выяснять дело, положение; die Ursache des Unfalls klären выяснять причину несчастного случая; den Sachverhalt klären выяснить положение [обстоятельства дела]; wir haben diese Frage noch nicht geklärt мы еще не выяснили этот вопрос. aufhellen пролить свет на что-л.; *напр.*: ein schwieriges Problem aufhellen найти решение трудной проблемы; die Motive der Tat aufhellen пролить свет на мотивы поступка. aufklären привести в полную ясность, сделать абсолютно ясным; *напр.*: einen Fehler [einen Irrtum], eine Frage, ein Mißverständnis aufklären полностью выяснить ошибку, вопрос, недоразумение; wir haben seine Schuld völlig aufgeklärt мы полностью выяснили, в чем его вина. klarstellen ≃ aufklären, *но употр. когда при выяснении чего-л. проявляется большая настойчивость; напр.*: ich muß klarstellen, ob er daran teilgenommen hat я должен точно выяснить, принимал ли он в этом участие; sie will das ein für allemal klarstellen она хочет это выяснить раз и навсегда. erhellen *книжн.* ≃ aufhellen; *напр.*: den Sinn eines Kunstwerks erhellen раскрыть смысл художественного произведения; daraus erhellt, daß seine Motive ganz anderer Art waren отсюда становится ясным, что его мотивы были совершенно иными

klären [2] *см.* reinigen [2]
klarmachen *см.* erklären
klarstellen *см.* klären [1]
klassifizicien *см.* ordnen [1]
klassisch *см.* vorbildlich
Klatsch *см.* Gerede [1]
Klatschbase *см.* Schwätzer(in)
klatschen *см.* lästern [1]/sagen [1]
Klatscherei *см.* Gerede [2]
Klatschmaul *см.* Schwätzer(in)
klatschnaß *см.* naß
klatschsüchtig *см.* verleumderisch
Klatschweib *см.* Schwätzer(in)
Klaue *см.* Kralle
klauen *см.* stehlen
Klause *см.* Zelle
Klausel *см.* Einschränkung
Klausner *см.* Einsiedler
Klavier *см.* «Приложение»
kleben наклеивать
kleben — ankleben — bekleben

kleben *индифф. синоним; напр.*: Marken auf einen Briefumschlag, eine Bekanntmachung an die Wand kleben наклеивать марки на конверт, объявление на стену; ein Blatt ins Buch kleben вклеить лист в книгу; Photos in das Album kleben наклеивать фотографии в альбом; der Maler klebt Tapeten an die Wand маляр оклеивает стену обоями. ankleben приклеивать; *напр.*: Plakate an die Wand ankleben приклеить плакаты к стене; einen Zettel an die Flasche ankleben приклеить ярлык на бутылку; er hat sich einen falschen Bart angeklebt он приклеил себе фальшивую бороду. bekleben о(б)клеивать; *напр.*: die Wände mit Tapeten bekleben оклеивать стены обоями; eine Litfaßsäule mit Plakaten bekleben обклеить столб для афиш плакатами; sie hat die Fenster mit Papier beklebt она оклеила окна бумагой

Klecker см. Fleck¹
Klecks см. Fleck¹
klecksen см. malen¹/schreiben¹
kleiden, sich см. anziehen, sich
Kleider см. Kleidung
Kleiderablage см. «Приложение»
Kleidung одежда, платье
die Kleidung — die Tracht — der Putz — die Gala — der Ornat — die Kleider — das Gewand — die Sachen — die Kluft

Kleidung *индифф. синоним; напр.:* warme, leichtere Kleidung anziehen надеть теплую, более легкую одежду; passende Kleidung kaufen купить подходящую одежду; sie sorgen für ihre Kleidung und Nahrung они заботятся об ее одежде и питании. **Tracht** (национальный) костюм; одежда представителей определенной эпохи, профессии, определенного сословия *и т. п.; напр.:* die nationale Tracht национальный костюм; die mittelalterliche Tracht eines Reiters средневековый костюм всадника; die dörfliche Tracht сельская одежда, деревенский костюм □ ...die Mädchen trugen keine Trachten wie sonst, sondern amerikanische Konfektion (*Frisch, »Homo faber«*) ...девушки носили не национальные костюмы, как обычно, а американские готовые платья... **Putz** *устаревает* наряд(ы); *напр.:* die Dorfkinder erschienen in ihrem feiertäglichen Putz деревенские ребятишки пришли по-праздничному нарядные. **Gala** парадная одежда; *напр.:* er ist in Gala erschienen он появился в парадной одежде. **Ornat** облачение; *напр.:* die Priester erschienen in vollem Ornat священники явились в полном облачении. **Kleider** *тк. мн. высок.* ≅ Kleidung, *но чаще употр. по отношению к мужской одежде; напр.:* er fuhr rasch in seine Kleider он быстро оделся; Kleider machen Leute *посл.* по одежке встречают. **Gewand** *поэт.* одеяние; *напр.:* Manch bunte Blumen sind an dem Strand, | Meine Mutter hat manch gülden Gewand (*Goethe, »Erlkönig«*) Много пестрых цветов на берегу, у моей матери много золотых одежд. **Sachen** *тк. мн. разг.*, *напр.:* ich muß noch meine Sachen sauber machen мне еще нужно почистить свои вещи; er hat seine besten Sachen an на нем лучшее, что у него есть из одежды; sie schont ihre Sachen она бережет свои вещи. **Kluft** *разг.* ≅ Kleidung *употр., когда имеется в виду форменная одежда, спецодежда, спортивный костюм и т. п., часто ирон. — о плохой одежде; напр.:* du mußt dich in die gute Kluft werfen ты должен надеть парадный костюм; er zieht seine Kluft zum Rudern an он надевает свой костюм для гребли; was hast du heute für eine Kluft an! ну и костюм же ты надел сегодня!

klein¹ маленький (*по величине*)
klein — niedrig — winzig — klitzeklein — klimperklein

klein *индифф. синоним; напр.:* eine kleine Frau маленькая женщина, женщина маленького роста; ein kleiner Baum маленькое дерево; ein kleines Land, Gebiet маленькая страна, область; kleine Hände, Füße маленькие руки, ноги; er ist klein von Wuchs он маленького роста; sie ist klein für ihr Alter она мала для своего возраста. **niedrig** низкий, невысокий; *напр.:* niedrige Häuser, Zimmer, Türen низкие дома, комнаты, двери; niedrige Berge невысокие горы. **winzig** крохотный, крошечный; *напр.:* eine winzige Wohnung крохотная квартирка; ein winziges Fensterchen крохотное окошечко; winzige Portionen Brot крошечные порции хлеба. **klitzeklein, klimperklein** *разг.* малюсенький; *напр.:* ein klitzekleines Loch малюсенькая дырочка; das Kind hatte klimperkleine Finger у ребенка были малюсенькие пальчики

klein² маленький (*небольшой по количеству*)
klein — niedrig — gering — unbeträchtlich

klein *индифф. синоним; напр.:* eine kleine Summe Geld маленькая сумма денег; etw. in kleinen Mengen geben давать что-л. в небольших [в малых] количествах; einen kleinen Gewinn haben иметь небольшой доход; er besitzt ein kleines Vermögen он владеет небольшим состоянием. **niedrig, gering** ≅ klein, *но подчеркивает недостаточность, несоответствие чего-л. чему-л.; напр.:* er bekommt einen niedrigen [geringen] Lohn он получает низкую заработную плату; sie haben geringe [niedrige] Einkünfte у них небольшие доходы. **unbeträchtlich** незначительный; *напр.:* ein unbeträchtlicher Unterschied незначительная разница; eine unbeträchtliche Summe Geld незначительная сумма денег

klein³ маленький (*по силе, степени проявления и т. п.*)
klein — unerheblich — unbedeutend — geringfügig — winzig

klein *индифф. синоним; напр.:* eine kleine Aufregung небольшое волнение; j-m eine kleine Freude bereiten доставить кому-л. маленькую радость; mir ist ein kleines Unglück passiert со мной произошло небольшое несчастье; wir haben kleine Schwierigkeiten у нас некоторые [небольшие] трудности; er hat einen kleinen Fehler gemacht он допустил маленькую ошибку. **unerheblich, unbedeutend** незначительный; *напр.:* unerheblicher [unbedeutender] Schaden незначительный ущерб; ein unbedeutender Fehler незначительная ошибка; er hat sich nur unbedeutend verändert он очень мало изменился; dieser Umstand ist unerheblich это обстоятельство несущественно. **geringfügig** ничтожный; *напр.:* eine geringfügige Änderung ничтожное изменение; ein geringfügiger Grund, Anlaß ничтожная причина, ничтожный повод; er wurde geringfügig verletzt он получил ничтожное ранение. **winzig** = geringfügig, *но более эмоционально и выражает субъективное представление о незначительности чего-л., напр.:* wir haben nur eine winzige Änderung ihres Texts vorgenommen мы позволили себе только чуть-чуть изменить ваш текст

Kleinbürger см. «Приложение»
Kleine см. Mädchen²
Kleines см. Kind¹
Kleinigkeit мелочь, пустяк
die Kleinigkeit — die Bagatelle

Kleinigkeit *индифф. синоним; напр.:* es ist für ihn eine Kleinigkeit, das zu tun для него пустяк это сделать; es handelt sich um eine Kleinigkeit речь идет о пустяке; du gibst dich immer mit Kleinigkeiten ab! ты вечно занимаешься пустяками!; das sind альтägliche Kleinigkeiten это житейские мелочи. **Bagatelle** сущий пустяк; *напр.:* seine Verwundung war nur eine Bagatelle его ранение было сущим пустяком; sie haben den ganzen Vorfall als eine Bagatelle betrachtet они сочли все происшествие сущим пустяком □ Er war gehetzt von fünfhundert nichtswürdigen Bagatellen, die zum großen Teil nur die Instandhaltung seines Hauses und seiner Toilette betrafen... (*Th. Mann, »Buddenbrooks«*) Он погряз в ничтожных пустяках, которые касались большей частью содержания в порядке дома и собственного гардероба...

kleinkriegen см. siegen
kleinlich мелочный
kleinlich — engherzig

kleinlich *индифф. синоним; напр.:* ein kleinlicher Mensch мелочный человек; eine kleinliche Rache мелочная месть; sei doch nicht so kleinlich! не будь таким мелочным!; er ist in Geldsachen sehr kleinlich он очень мелочен в денежных делах. **engherzig** ≅ kleinlich, *но подчеркивает ограниченность мелочного человека; напр.:* eine engherzige Beschränkung мелочное ограничение; etw. engherzig beurteilen мелочно [ограниченно] судить о чем-либо

kleinmütig см. mutlos
Kleinod см. Schatz¹
Kleinstadt маленький (провинциальный) городок
die Kleinstadt — das Nest — der Krähwinkel

Kleinstadt *индифф. синоним; напр.:* das geruhsame Leben in einer Kleinstadt неторопливая жизнь в провинциальном городке; das ist eine typische Kleinstadt это типичный провин

KLEMMEN — KLUG

циальный городок. **Nest** *разг.* захолустье; *напр.*: ich möchte nicht in diesem Nest wohnen я не хотел бы жить в этом захолустье. **Krähwinkel** *разг. пренебр.* дыра, глухомань; *напр.*: in einem Krähwinkel leben жить в глухомани

klemmen *см.* stehlen
klettern лезть (*взбираться*)
klettern — erklettern — klimmen — erklimmen — kraxeln
klettern *индифф. синоним; напр.*: schnell, gewandt, wie eine Katze klettern лазить быстро, ловко, как кошка; auf einen Baum, auf einen Hügel klettern взбираться [лезть] на дерево, на холм; er kletterte über den Zaun он перелез через забор. **erklettern** (*etw.*) влезать, взбираться на что-л.; влезая, достигать высшей точки; *напр.*: eine steile Anhöhe erklettern взобраться по крутому склону; der Junge erklettert jeden Baum мальчик взберется на любое дерево; mit großer Mühe erkletterten wir die Felswand с большим трудом мы взобрались на отвесную скалу. **klimmen** карабкаться, лезть (с трудом); *напр.*: auf einen steilen Berg klimmen карабкаться на крутую гору; die Soldaten klimmen aus dem verschütteten Graben солдаты с трудом вылезают из засыпанного окопа. **erklimmen** (с трудом) вскарабкаться; карабкаясь, достичь высшей точки; *напр.*: einen Gipfel erklimmen вскарабкаться на вершину; die Sprossen einer Leiter erklimmen вскарабкаться по ступенькам лестницы. **kraxeln** *разг.* ≃ klimmen; *напр.*: die Alte kraxelte auf den Hügel старуха карабкалась на холм; das Mädchen kraxelte vorsichtig über die Mauer девочка осторожно перелезла через стену

Klient клиент (*адвоката и т. п.*)
der Klient — der Mandant
Klient *индифф. синоним; напр.*: ein reicher, einflußreicher Klient богатый, влиятельный клиент; der Rechtsanwalt Schulze führte die Sache seines Klienten ausgezeichnet адвокат Шульце отлично вел дело своего клиента. **Mandant** *юр.* мандант, доверитель; *напр.*: der Anwalt hat sich darüber mit seinem Mandanten beraten адвокат посоветовался об этом со своим доверителем [подзащитным]

klimmen *см.* klettern
klimperklein *см.* klein [1]
klimpern *см.* spielen [3]
klingeln *см.* läuten
klingen *см.* schallen
Klinik *см.* Krankenhaus
klipp und klar *см.* klar [2]
klirren *см.* schallen
Klitsche *см.* Gut [1]
klitschnaß *см.* naß
klitzeklein *см.* klein [1]
Klo *см.* Toilette
klobig *см.* schwerfällig [1]
klönen *см.* sprechen [1]
klopfen стучать

klopfen — pochen — hämmern — trommeln — prasseln — poltern — knallen — knattern
klopfen *индифф. синоним; напр.*: an die Tür, ans Fenster, an die Wand klopfen стучать в дверь, в окно, в стену; es klopft стучат; j-m auf die Schulter klopfen хлопать кого-л. по плечу; der Motor klopft мотор стучит □ »...ich habe noch das alte Soldatenherz«, er klopfte mit den Fingern darauf... (*H. Mann, »Untertan«*) «...у меня еще сердце старого солдата», он постучал по груди... Da Magda erbleichte, klopfte er ihr den Arm (*ebenda*) Так как Магда побледнела, он похлопал ее по плечу. **pochen** (тихо, глухо) стучать; *напр.*: jemand pochte an der Tür кто-то тихо стучал в дверь □ Und er pochte nun... mit einem großen, bläulichen Kuvert auf den Tisch (*Th. Mann, »Buddenbrooks«*) И он постучал... большим голубоватым конвертом по столу. **hämmern** колотить, молотить; *напр.*: mit der Faust an die Tür hämmern колотить в дверь кулаком; die Soldaten hämmerten mit Gewehrkolben gegen das Tor солдаты колотили в ворота прикладами винтовок. **trommeln, prasseln** барабанить; *напр.*: er trommelte mit den Fäusten gegen die Tür он барабанил в дверь кулаками; der Regen prasselt aufs Dach дождь барабанит по крыше □ Kienast trommelte auf den Tisch (*H. Mann, »Untertan«*) Кинаст побарабанил пальцами по столу. Tag für Tag prasseln noch immer die Niethämmer da oben am Wald (*Kellermann, »Die Stadt«*) День-деньской все еще барабанят заклепочные молотки. **poltern** дубасить; *напр.*: an die Tür poltern дубасить в дверь; es poltert draußen an der Tür кто-то дубасит во входную дверь. **knallen** щелкать, (оглушительно) хлопать; *напр.*: mit der Tür knallen хлопать дверью; mit den Absätzen, mit der Peitsche knallen щелкать каблуками, кнутом; die Türen knallen двери хлопают □ Was knallt denn immer so entsetzlich, ist eine Schlacht im Gange? (*Kellermann, »Die Stadt«*) Что это так громко все время грохочет, там что, сражение идет? **knattern** тарахтеть; *напр.*: ein Maschinengewehr knattert строчит [тарахтит] пулемет; die Segel knattern im Winde паруса хлопают на ветру; auf dem Fluß knatterte ein Motorboot на реке тарахтела моторная лодка

Klosett *см.* Toilette
klotzig *см.* schwerfällig [1]
Klubsessel *см.* Sessel
Kluft I пропасть

die Kluft — der Abgrund — die Tiefe — der Schlund
Kluft *индифф. синоним; напр.*: zwischen den Bergen war eine tiefe Kluft между горами была глубокая пропасть; am Rande der Kluft stehen стоять на краю пропасти; in eine tiefe Kluft fallen [stürzen] свалиться в глубокую пропасть; vor uns tat sich eine gähnende Kluft auf перед нами разверзлась зияющая пропасть. **Abgrund** бездна; *напр.*: ein gähnender, tiefer Abgrund зияющая, глубокая бездна; in den Abgrund stürzen низвергнуться в бездну; der Abgrund des Meeres verschlang ihn морская бездна поглотила его. **Tiefe** глубина, глубь; *напр.*: in die Tiefe rutschen скатиться в глубину; er stand am Deck und starrte in die bodenlose Tiefe он стоял на палубе и глядел в бездонную глубь моря □ Wer ist der Beherzte, ich frage wieder, | Zu tauchen in diese Tiefe nieder? (*Schiller, »Taucher«*) Кто смелый, я спрашиваю вновь, кто нырнет в эти глубины? **Schlund** *высок., поэт.* пучина; *напр.*: □ Wer wagt es, Rittersmann oder Knapp, | Zu tauchen in diesen Schlund? (*Schiller, »Taucher«*) Кто, рыцарь или оруженосец, отважится нырнуть в эту пучину?

Kluft II *см.* Kleidung
klug умный

klug — gescheit — aufgeweckt — geweckt — weise — intelligent — hell(e)
klug *индифф. синоним; напр.*: ein kluger Mensch умный человек; kluge Augen умные глаза; eine kluge Rede умная речь; eine kluge Politik умная [мудрая] политика; er ist sehr klug он очень умен; das ist klug von dir это умно с твоей стороны □ Sie hielt es heute noch für die beste, klügste Tat ihres Lebens, daß sie die maßlose Dummheit begangen hatte, ihn zu heiraten (*Feuchtwanger, »Exil«*) И сейчас она считала свое замужество, эту безмерную глупость, лучшим, умнейшим поступком своей жизни. **gescheit** разумный; *напр.*: ein gescheites Mädchen разумная девушка; ein gescheiter Vorschlag разумное предложение; ein gescheiter Gedanke разумная мысль □ Nur schaute er manchmal hoch, wenn Trautwein einen besonders saftigen Satz von sich gegeben hatte; seine schönen, braunen Augen wölbten sich langsam aus seinem gescheiten Gesicht (*Feuchtwanger, »Exil«*) Иногда он вскидывал глаза, когда Траутвейн употреблял особенно сочные выражения; красивые карие глаза медленно округлялись на его умном лице. **aufgeweckt, geweckt** умный и сообразительный, смышленый; *напр.*: ein aufgeweckter [geweckter] Junge, Schüler смышленый [развитой] мальчик, ученик; er zeigte sich sehr aufgeweckt он показал себя очень смышленым [сообразительным]. **weise** мудрый; *напр.*: ein weiser alter Mann мудрый старик; ein weiser Ratschlag мудрый совет; weise handeln мудро поступать. **intelligent** ≃ klug, *но подчеркивает развитость ума, интеллекта и*

способность быстро схватывать; *напр.*: sie ist intelligent она умна; er sieht intelligent aus у него умное лицо. **hell** *разг.*, **helle** *берл.* толковый; *напр.*: er ist ein heller Kopf у него светлая голова; er ist helle он толковый, он умница
klüglich *см.* vernünftig
knabbern *см.* essen/nagen [1]
Knabe *см.* Junge
knacken *см.* knarren
knallen *см.* klopfen
knallig *см.* grell [1]
knapp *см.* eng [1]/karg [1]/kaum [1]/kurz [1]
knarren скрипеть

knarren — knirschen — kreischen — knistern — krachen — knacken

knarren *индифф. синоним; напр.*: die Treppe, die Haustür, der Sessel, das Bett knarrt лестница, входная дверь, кресло, кровать скрипит; die Holzstiege, die Räder eines Wagens knarren деревянные ступеньки, колеса телеги скрипят. **knirschen** хрустеть, скрипеть; *напр.*: der Schnee, der Sand, der Kies knirscht unter den Füßen снег, песок, гравий скрипит [хрустит] под ногами; er knirscht mit den Zähnen он скрипит [скрежещет] зубами. **kreischen** издавать резкий, пронзительный звук, напоминающий визг; *напр.*: die Tür kreischte дверь громко заскрипела; das alte Tor kreischt in den Angeln петли старых ворот визжат; die Säge kreischt пила скрипит. **knistern** трещать; *напр.*: das Feuer knistert im Ofen огонь трещит в печке; mein Haar knistert beim Kämmen мои волосы трещат, когда я их расчесываю; der Docht der Kerze knistert фитиль свечки потрескивает; er knistert mit dem Papier он шуршит бумагой. **krachen** громко трещать; *напр.*: die Dielen knarrten und krachten unter den Stiefeln половицы скрипели и трещали под сапогами; der Sessel krachte unter seinem Gewicht кресло громко затрещало под его тяжестью; er reckte sich, daß die Gelenke krachten он потянулся так, что захрустели суставы. **knacken** резко трещать, щелкать; *напр.*: es knackt im Telefonhörer в телефонной трубке треск; er knackt mit den Knöcheln он хрустит суставами пальцев; das trockene Holz knackt im Feuer сухие дрова трещат в топке

knattern *см.* klopfen
Knauser *см.* Geizhals
knauserig *см.* geizig
knausern *см.* geizen
Knecht *см.* Sklave
knechten *см.* unterwerfen
knechtisch *см.* sklavisch/unterwürfig [1]
kneifen *см.* «Приложение»
Kneipe *см.* Gaststätte
kneipen *см.* trinken [2]
knicken *см.* brechen I [1,2]/falten
Knicker *см.* Geizhals
knick(e)rig *см.* geizig

knicksen *см.* verbeugen, sich
Kniff *см.* Griff
kniffen *см.* falten
knifflig *см.* schwer [2]
knipsen *см.* aufnehmen [3]/schalten
knirschen *см.* knarren
knistern *см.* knarren
knochendürr *см.* mager [1]
knochig *см.* mager [1]
knorke *см.* gut [1]
knospen *см.* keimen [1]
Knüppel *см.* Stock I
knüppeln *см.* schlagen
knurren *см.* brummen [1]
Knute *см.* Peitsche
knutschen *см.* küssen
Knüttel *см.* Stock I
k. o. *см.* müde
Koalition *см.* Bund
Kobold *см.* Zwerg
kochen кипеть

kochen — sieden

kochen *индифф. синоним; напр.*: das Wasser, die Milch kocht вода, молоко кипит; hat die Suppe schon gekocht? суп уже кипел?; der Brei kocht schon каша уже кипит. **sieden** *устаревает* ≅ kochen, *но употр. по отношению к производственному процессу, а тж. ю.-нем., австр.; напр.*: das Kaffeewasser siedet вода для кофе кипит; das Öl siedet im Topf масло бурлит в горшке
Kochfrau *см.* Köchin
Köchin кухарка, повар

die Köchin — die Kochfrau — die Küchenfee

Köchin *индифф. синоним; напр.*: eine gute, schlechte Köchin хорошая, плохая кухарка; eine Köchin einstellen, entlassen нанять, уволить кухарку; sie arbeitet dort als Köchin она работает там поваром. **Kochfrau** ≅ Köchin, *но употр. по отношению к женщине, приглашаемой на короткое время в особых или торжественных случаях в частный дом в качестве кухарки; напр.*: heute feiern sie ihre Hochzeit und haben eine Kochfrau genommen сегодня они празднуют свою свадьбу и наняли кухарку. **Küchenfee** *разг. шутл.* ≅ Köchin, *но употр., когда о кухарке отзываются с большой похвалой; напр.*: unsere Küchenfee ist Gold wert у нас золотая кухарка, настоящая кудесница
ködern *см.* locken [1]
Kohl *см.* Dummheit
kohlen *см.* sprechen [1]
Kohlen *см.* Geld
kokett *см.* eitel [1]
kokettieren *см.* flirten
Kokotte *см.* Prostituierte
Kollaborateur *см.* Mittäter
Kollege *см.* Mitarbeiter
Kollektiv коллектив

das Kollektiv — die Belegschaft

Kollektiv *индифф. синоним; напр.*: ein Kollektiv junger Arbeiter коллектив молодых рабочих; ein großes Kollektiv bilden образовывать большой коллектив; das Buch ist von einem Kollektiv junger Lehrer verfaßt worden книга написана коллективом молодых учителей. **Belegschaft** все, занятые на данном производстве, коллектив рабочих и служащих данного предприятия; *напр.*: eine tausend Mann starke Belegschaft коллектив (рабочих и служащих) в тысячу человек; die Belegschaft macht eine Versammlung рабочие и служащие собрались на митинг
Koller *см.* Zorn
kollidieren *см.* zusammenstoßen
Kolonne *см.* Abteilung
kolossal *см.* groß [1]/sehr
kolportieren *см.* sagen [1]
Kombinat *см.* Fabrik
Komfort *см.* Bequemlichkeit
komfortabel *см.* gemütlich
komisch *см.* lächerlich/merkwürdig
Komitee *см.* «Приложение»
Kommandeur *см.* «Приложение»
Kommando *см.* Befehl/Leitung
kommen [1] приходить

kommen — sich einstellen — sich einfinden — erscheinen — gelangen — antanzen

kommen *индифф. синоним; напр.*: nach Hause, zur Arbeit, zur rechten Zeit kommen приходить домой, на работу, вовремя; unerwartet, gelegen kommen приходить неожиданно, кстати; einen Schüler kommen lassen велеть ученику прийти □ Trübe Tage. Stanislaus konnte im Garten schaufeln, schuften und graben — das Mädchen kam nicht mehr (*Strittmatter*, »*Wundertäter*«) Хмурые дни. Сколько бы времени Станислаус ни проводил в саду: рылся в земле, трудился не покладая рук — девушка больше не приходила. **sich einstellen** являться, приходить по уговору *или* по приглашению (*в определенное время и в назначенное место*); *напр.*: sich rechtzeitig am verabredeten Ort einstellen явиться вовремя в условленное место; ich werde mich rechtzeitig zur Sitzung einstellen я вовремя явлюсь на заседание. **sich einfinden** ≅ sich einstellen, *но часто означает приход по собственному побуждению и подчеркивает место явки; напр.*: viele von seinen Freunden hatten sich auf dem Flugplatz eingefunden многие из его друзей явились на аэродром; wir alle haben uns am Tatort eingefunden мы все явились на место происшествия. **erscheinen** являться по приглашению *или* собственному желанию (*туда, где субъект действия ожидается или его приход привлекает внимание*); *напр.*: er ist als Zeuge vor Gericht erschienen он явился в суд в качестве свидетеля; plötzlich erschien er mit einem riesigen Rosenstrauß вдруг появился он с огромным букетом роз; um welche Zeit müssen wir zur Probe erscheinen? когда нам явиться на репетицию?; er ist heute nicht bei Tisch erschienen он сегодня не явился к столу. **gelangen**

попадать куда-л., оказываться где-л. *употр. по отношению к лицам и неодуш. предметам*; *напр.*: wie gelangen wir zum Bahnhof? как нам попасть на вокзал?; der Brief gelangte nicht zu ihm письмо не дошло до него [не попало по его адресу] ◻ Eine halbe Stunde vor der Stadt gelangt man zu zwei großen, schwärzlichen Gebäuden (*Heine*, »*Die Harzreise*«) Не доходя до города, в получасе ходьбы от него, оказываешься у двух почерневших зданий. **antanzen** *фам.* приходить, незамедлительно являться по чьему-л. требованию; *напр.*: ich muß morgen beim Chef antanzen я завтра должен незамедлительно явиться к начальнику; der wird sofort antanzen! он немедленно прискочит! kommst du schon wieder angetanzt? опять ты приперся (надоедать мне)?
kommen ² *см.* einfallen ²/herkommen/verlieren
kommen ³: sich etw. zuschulden **kommen** lassen *см.* vergehen, sich; **wieder auf die Beine kommen** *см.* gesund werden; **zu Hilfe kommen** *см.* helfen; **ums Leben kommen** *см.* umkommen
kommend *см.* künftig ¹
kommentieren *см.* deuten ¹
kommun *см.* gemeinsam
Komödiant *см.* Schauspieler
Kompagnon *см.* Teilhaber
kompetent *см.* zuständig
komplett *см.* ganz ²
Komplice *см.* Mittäter
Komplikation *см.* Verwicklung
Kompliment *см.* Schmeichelei/Verbeugung
Komplize *см.* Mittäter
komplizieren *см.* erschweren ¹
kompliziert *см.* schwer ²
Komplott *см.* Verschwörung
kompromittieren *см.* entehren
kompromittieren, sich *см.* bloßstellen, sich
Kondolenz *см.* Beileid
kondolieren *см.* bedauern ¹
konferieren *см.* besprechen
Konfession *см.* Glaube
konfiszieren *см.* beschlagnahmen
Konflikt *см.* Streit ²
konform gehen *см.* übereinstimmen
Konkurrent *см.* Rivale
Konkurrenz *см.* Wettbewerb
können ¹ мочь
können — dürfen — mögen — imstande sein — in der Lage sein — fähig sein — vermögen
können *индифф. синоним*; *напр.*: es ist zu dunkel, ich kann das Buch nicht finden слишком темно, я не могу найти книгу; es kann heute regnen сегодня может пойти дождь; morgen kann er kommen, da er schon gesund ist завтра он может прийти, так как он уже выздоровел; Sie können auf seine Ankunft rechnen, weil das Wetter günstig ist вы можете рассчитывать на его прибытие, так как погода благоприятная ◻ Jetzt konnte er sich eine neue Jacke und ein weißes Hemd mit angenähtem Kragen kaufen (*Strittmatter*, »*Wundertäter*«) Теперь он мог купить себе новую куртку и белую рубашку с пришивным воротничком. Franziska konnte den ganzen Tag verbringen, ohne irgend etwas zu tun (*Kellermann*, »*Die Stadt*«) Франциска могла провести целый день, ничего не делая. Ich weiß, was du kannst und was du nicht kannst (*Feuchtwanger*, »*Lautensack*«) Я знаю, что ты можешь и чего ты не можешь. **dürfen** *в отличие от* können *означает возможность, связанную с субъективными моментами*: *чьим-л. разрешением, согласием что-л. сделать, как-л. поступить, отсутствие запрета на что-л.*; *напр.*: darf man hier rauchen? можно здесь курить?; jetzt darf er herein теперь он может войти; darf ich Ihnen helfen? разрешите вам помочь. **mögen** *выражает предположение о вероятности какого-л. факта*; *напр.*: das mag schon sein это вполне вероятно [может быть]; er mag krank sein он, возможно [вероятно], болен; Sie mögen (wohl) auf seine Ankunft rechnen, weil er seine Geschäfte erledigt hat вы (вполне) можете рассчитывать на его приезд, так как он закончил свои дела; wo mag er sein? где бы он ни мог быть? **imstande sein** быть в состоянии (*сделать что-л.*); *напр.*: ich bin so müde, daß ich nicht imstande bin, gleich nach Hause zu gehen я так устал, что не в состоянии сразу идти домой; er ist imstande, Tag und Nacht zu arbeiten он может [способен, в состоянии] работать день и ночь; ich bin schon imstande, mich in der Stadt zurechtzufinden я уже могу ориентироваться в городе. **in der Lage sein** ≅ imstande sein, *но больше подчеркивает, что что-л. может быть сделано в данном положении, при данной ситуации*; *напр.*: wir waren nicht in der Lage, ihnen Widerstand zu leisten мы были не в состоянии оказать им сопротивление; bist du in der Lage, mir zu helfen? ты в состоянии [у тебя есть возможность] мне помочь? **fähig sein** быть способным (*на что-л., что-л. сделать*) ⟨*с дополнением в Gen. — высок.*⟩; *напр.*: er ist nicht fähig, sie zu betrügen он не может [не способен] ее обмануть; er ist zu allem fähig он на все способен; er ist einer solchen Gemeinheit nicht fähig он не способен на такую подлость. **vermögen** *высок.* ≅ imstande sein, *но часто подчеркивает, что для выполнения чего-л. потребовались значительные усилия*; *напр.*: die Wellen waren so hoch, daß nur wenige sich zu retten vermochten волны были столь велики, что только немногие могли спастись
können ² *см.* kennen
können ³: ein paar Brocken können *см.* sprechen ³

Könner *см.* Meister
konsequent *см.* folgerichtig
Konsequenz *см.* Schluß ¹
konstatieren *см.* feststellen ¹
Konstitution *см.* Verfassung ¹
Kontakt *см.* Berührung
kontaktarm *см.* menschenscheu
kontaktschwach *см.* menschenscheu
Konterfei *см.* Porträt
Kontra geben *см.* widersprechen ¹
Kontrakt *см.* Vertrag
konträr *см.* entgegengesetzt
kontrollieren *см.* prüfen
kontrovers *см.* strittig
Konvention *см.* Vertrag
konventionell *см.* formell
Konversation *см.* Gespräch
Konvulsion *см.* Krampf
konzentriert *см.* aufmerksam ¹
Konzession *см.* Zugeständnis
konzipieren *см.* entwerfen
konzis *см.* kurz ¹
Kopf ¹ голова
der **Kopf** — das Haupt — der Schädel — das Dach — die Birne — die Rübe

Kopf *индифф. синоним*; *напр.*: den Kopf senken, neigen, heben опустить, наклонить, поднять голову; den Kopf schütteln качать головой; den Hut auf den Kopf setzen надеть шляпу; vom Kopf bis zu den Füßen с головы до ног ◻ Herr Herbst saß in seinem feuchten, dampfenden Mantel, den steifen Hut auf dem Kopf, neben einem Fenster, das auf den düsteren Hof hinausging (*Kellermann*, »*Der 9. November*«) Господин Хербст сидел в своем сыром пальто, от которого шел пар, с котелком на голове, возле окна, выходившего на мрачный двор. **Haupt** *высок.* ≅ Kopf; *напр.*: das edle, weise Haupt des Greises, des Dichters благородная, мудрая голова старика, поэта; gesenkten Hauptes stehen стоять с поникшей головой; entblößten Hauptes näherte er sich dem Sarge он приближался к гробу, обнажив голову. **Schädel** *фам.* голова, башка; *напр.*: ein hohler Schädel пустая голова; j-m eins auf den Schädel geben дать кому-л. по башке [по черепу]. **Dach** *фам.* (*сокр. от* Schädeldach) ≅ Schädel, *но несколько грубее*; *напр.*: gleich kriegst du eins aufs Dach сейчас ты получишь по башке [по кумполу]. **Birne** *фам. шутл.*, **Rübe** *груб. шутл.* ≅ Schädel *часто используются при игре слов*; *напр.*: er hat eine weiche Birne у него котелок плохо варит; man muß ihm die Rübe schaben нужно задать ему головомойку
Kopf ²: sich den Kopf zerbrechen *см.* nachdenken; **den Kopf abschlagen** *см.* abschlagen ²
Köpfchen *см.* Vernunft
köpfen *см.* abschlagen ²
Kopfgeld *см.* Lohn ²
Kopfflohn *см.* Lohn ²
kopfüber *см.* schnell
Kopie *см.* Abdruck

KOPIEREN

kopieren *см.* abschreiben [1]/nachahmen [1]
koppeln *см.* zusammensetzen
Korbsessel *см.* Sessel
kören *см.* wählen
körnen *см.* locken [1]
Körper тело
der Körper — der Leib — der Korpus
Körper (*антоним* Geist *дух*) *индифф. синоним; напр.:* der menschliche, weibliche Körper человеческое, женское тело; der tierische Körper тело животного; ein fremder Körper инородное тело; ein gesunder, kräftiger Körper здоровое, сильное тело; der Körper des toten Hundes тело [труп] собаки; Körper und Geist тело и дух; seinen Körper pflegen ухаживать [следить] за своим телом; am ganzen Körper zittern [fliegen] дрожать всем телом; in einem gesunden Körper wohnt ein gesunder Geist *посл.* в здоровом теле — здоровый дух ◻ Die ernsten Gedanken, die den General einhüllten, zerflatterten, der etwas massige, schwerbewegliche Körper schien elastisch und verjüngt (*Kellermann*, »*Der 9. November*«) Серьезные мысли, которые овладели генералом, развеялись, его несколько громоздкое, с трудом передвигающееся тело казалось эластичным и помолодевшим. Eine Fröhlichkeit... erfüllt sie. Es ist, als habe der Körper neues Blut empfangen... (*Fallada*, »*Wolf u. Wölfen*«) Радость... наполняет ее. Словно влилась в тело новая кровь... **Leib** (*антоним* Seele *душа*) *в отличие от* Körper — *тела в его внешних, физических формах, подчеркивает, что речь идет о живом теле; напр.:* ein gesunder, kräftiger, schöner, häßlicher, nackter Leib здоровое, сильное, красивое, уродливое, голое тело; die glatten Leiber der Fische гладкие тела рыб; sie schützten mit ihren Leibern ihr Vaterland они грудью защищали свою Родину; er ist krank an Leib und Seele он болен душой и телом; er hat das am eigenen Leibe zu spüren bekommen он испытал это на собственной шкуре; der Mönch kasteite sein Leib монах бичевал свою плоть ◻ »Ja, gehen wir baden«, stimmte Studmann begeistert zu. »Versenken wir diesen heißen Leib in die kühlen Fluten, waschen wir von der zergrübelten Stirn den ätzenden Schweiß des Zweifels...« (*Fallada*, »*Wolf u. Wölfen*«) «Да, пойдем купаться, — с воодушевлением соглашается Штудман. — Погрузим горячее тело в прохладные струи, смоем с изборожденного морщинами лба едкий пот сомнений...» **Korpus** *разг. шутл. или ирон.* ≅ Körper; *напр.:* er hatte seinen Korpus in ein lächerliches Kostüm gehüllt он облачил свое тело в смешной костюм
körperlich физический (*телесный*)
körperlich — leiblich
körperlich (*антоним* geistig *духовный, умственный*) *индифф. синоним; напр.:* körperliche Arbeit физический труд; körperliche Anstrengung физическое напряжение; körperliche Übungen физические упражнения; körperliche Schönheit физическая красота; körperliche Strafe телесные наказания; körperliche Liebe плотская любовь; die körperliche Erziehung физическое воспитание; körperliche und geistige Gesundheit физическое и душевное здоровье; körperliche und seelische Erschöpfung физическое и душевное истощение. **leiblich** (*антоним* seelisch *душевный*) ≅ körperlich, *но употр. тк. в определенных сочетаниях; напр.:* leibliche Bedürfnisse физические потребности; ein leiblicher Genuß физическое наслаждение; sie sorgt für unser leibliches Wohl она заботится о нашем материальном благополучии (*о том, чтобы нам было что есть и что пить*)
Körperschaft *см.* Gesellschaft [2]/Verband [1]
Korporation *см.* Verband [1]
korpulent *см.* dick [1]
Korpus *см.* Körper
korrekt *см.* höflich/richtig/tadellos
Korrektur *см.* Verbesserung
Korrespondent *см.* Journalist
Korridor коридор
der Korridor — der Gang — der Flur
Korridor *индифф. синоним; напр.:* ein schmaler, langer Korridor узкий, длинный коридор; auf den Korridoren des Hotels liegen Läufer в коридорах гостиницы лежат дорожки; durch diesen Korridor kommen Sie ins Speisezimmer через этот коридор вы попадете в столовую; ich warte auf dem Korridor я жду в коридоре ◻ Doras Haus war eine alte Villa, verbaut und immer wieder umgebaut, mit Sälen und Zimmern, Nischen, Erkern, Korridoren, großen und kleinen Treppen und Treppchen (*Kellermann*, »*Der 9. November*«) Дом Доры, уже громоздкий от множества пристроек, перестраивался снова и снова. Это была старая вилла с залами и комнатами, с нишами и эркерами, с коридорами, большими и малыми лестницами и лесенками. **Gang** коридор, соединяющий отдельные части квартиры; крытый переход, соединяющий отдельные части здания; *напр.:* alle Klassen münden auf einen Gang все классы выходят в коридор; ich höre Schritte auf dem Gang я слышу шаги в коридоре ◻ Dies verrichtet, ging Elias durch eine Tür im Hintergrund der Küche auf den dunklen Gang, der das Kellergeschoß der Villa in zwei Teile zerschnitt (*Fallada*, »*Wolf u. Wölfen*«) Сделав это, Элиас прошел через дверь в глубине кухни в темный коридор, который разделял подвальный этаж виллы на две части. Doch der Wirrwarr der weißen Gänge mit den immer gleichen Türen machte ihn ratlos (*ebenda*) Однако он беспомощно запутался в лабиринте белых коридоров, куда выходили одинаковые двери. **Flur** коридор (*в жилых помещениях, включает прихожую с гардеробом*) *по сравнению с* Korridor *означает более уютный коридор; напр.:* ◻ Oben ging er rasch über den Flur, klopfte nur einmal leise gegen die Tür und trat schnell ein (*Fallada*, »*Wolf u. Wölfen*«) Поднявшись наверх, он быстро прошел через коридор, только один раз тихо стукнул в дверь и быстро вошел
korrigieren *см.* verbessern
korrumpieren *см.* bestechen
kosen *см.* liebkosen
Kosename *см.* Name [1]
kostbar *см.* teuer [2]
kosten I пробовать (*на вкус*)
kosten — versuchen — probieren — verkosten — schmecken
kosten *индифф. синоним; напр.:* den Braten kosten пробовать жаркое; er kostete mehrmals von dem Wein он несколько раз попробовал вино; kosten Sie diesen Kuchen! попробуйте это пирожное!; koste die Suppe, ob sie warm genug ist попробуй суп, достаточно ли он горяч; der Koch kostete die Süßspeise, schien aber noch nicht recht zufrieden zu sein mit seinem Werk повар попробовал сладкое и, казалось, остался не очень доволен делом своих рук ◻ Wolfgang Buck schnupperte mit seiner weich gebogenen Nase in die Luft, auf seinen fleischigen Lippen schien er sie zu kosten (*H. Mann*, »*Untertan*«) Вольфганг Бук втянул воздух своим слегка крючковатым носом, и казалось, что он пробует его своими мясистыми губами. **versuchen, probieren** ≅ kosten, *но больше подчеркивают, что производится снятие пробы с целью контроля качества, вкуса и т. п.; напр.:* versuche [probiere] den Wein, ob er nicht zu süß ist попробуй вино, не слишком ли оно сладкое; ich weiß nicht, wie der Fisch schmeckt, ich habe ihn noch nicht versucht [probiert] я не знаю, какой вкус у этой рыбы, я ее еще не пробовал. **verkosten** пробовать что-л., смакуя; дегустировать; *напр.:* er verkostete den spanischen Südwein он смаковал южное испанское вино. **schmecken** *разг.* ≅ kosten *часто употр. в побудительных предложениях; напр.:* schmecke doch mal die Soße! попробуй же соус!

kosten II стоить
kosten — gelten
kosten *индифф. синоним; напр.:* das hat viel Geld gekostet это стоило много денег; was kostet der Anzug? сколько стоит костюм?; das ganze Vergnügen hat mich gar nichts gekostet все удовольствие мне ничего не стоило. **gelten** *уст.* ≅ kosten; *напр.:* er fragte, was der Weizen jetzt gelte он спросил, почем нынче пшеница

KOSTEN 261 **KRALLE**

Kosten расходы, затраты
die **Kosten** — die **Ausgaben** — die **Unkosten** — die **Spesen** — die **Auslagen**

Kosten тк. мн. индифф. синоним; напр.: große, erhebliche, außerordentliche Kosten большие, значительные, чрезвычайно большие расходы; die Kosten für die Reise расходы на путешествие; die Kosten des Verfahrens судебные издержки; die Kosten für eine Neuanschaffung der Maschinen затраты на приобретение новых машин; die Kosten berechnen, ersetzen, übernehmen исчислять, возмещать, брать на себя расходы; dieser Preis deckt die Kosten nicht эта цена не покрывает затрат; er scheut keine Kosten он не останавливается ни перед какими расходами; die Kosten müssen verringert werden надо сократить расходы. **Ausgaben** ≅ Kosten, но чаще о бытовых, повседневных, личных расходах; напр.: über die täglichen, laufenden Ausgaben Buch führen вести учет ежедневных, текущих расходов; die Ausgaben für den Lebensunterhalt, für Kleidung berechnen подсчитывать расходы на питание, на одежду; das ist mit großen Ausgaben verbunden это связано с большими расходами; schreib alle deine Ausgaben auf запиши все твои расходы. **Unkosten** издержки, накладные (дополнительные) расходы; напр.: das erhöht die Unkosten это повышает накладные расходы; durch Anwendung dieser Methode können die Unkosten gesenkt werden применяя этот метод, можно снизить издержки производства. **Spesen** дорожные расходы, дополнительные затраты, связанные с командировками, служебными поездками и т. п.; напр.: die Spesen zahlen, tragen платить, нести издержки; nach Abzug sämtlicher Spesen, verbleibt... за вычетом всех издержек [накладных расходов] остается...; außer Spesen nichts gewesen погов. толку чуть, одни убытки. **Auslagen** офиц. ≅ Unkosten; напр.: die Auslagen wiedererstatten возместить затраты; was haben Sie für Auslagen gehabt? какие у вас были расходы?

kostenfrei см. unentgeltlich
kostenlos см. unentgeltlich
kostspielig см. teuer¹
kostümieren, sich см. verkleiden, sich
Kot см. Schmutz¹
kotzen см. erbrechen, sich
kotzlangweilig см. langweilig
krabbeln см. kitzeln/kriechen¹
Krach см. Lärm¹/Streit²/Sturz²
krachen см. dröhnen/knarren
krächzen см. stöhnen
kraft см. laut II
Kraft¹ сила (физическая или духовная)
die **Kraft** — die **Gewalt** — die **Stärke** — die **Riesenkraft** — die **Riesenstärke**

Kraft индифф. синоним; напр.: körperliche, geistige, moralische Kraft физическая, духовная, моральная сила; er hat Kraft genug, um den schweren Koffer zu heben у него достаточно сил, чтобы поднять тяжелый чемодан; alle seine Kräfte anspannen напрягать все свои силы; seine Kräfte überschätzen переоценивать свои силы; er ist wieder zu Kräften gekommen он снова обрел силы [окреп] (после болезни и т. п.). **Gewalt** сила (обыкн. связанная с принуждением), насилие; напр.: mit Gewalt etw. erlangen достичь чего-л. силой □ Aber auch Kühnchen, der längst nicht mehr hurra schrie, meldete sich. Die beiden anderen hatten ihn, während sie selbst sprachen, nur mit Gewalt auf seinem Sitz festgehalten (H. Mann, »Untertan«) Снова подал голос Кюнхен, который уже давно не кричал ура. Оба других, пока сами говорили, только силой удерживали его на месте. **Stärke** ≅ Kraft, но часто употр. по отношению к силе, поддающейся измерению; напр.: die Stärke der Beine, der Arme сила ног, рук; in ihm vereinigen sich Stärke und Gewandtheit в нем сила сочетается с ловкостью; die Stärke der feindlichen Armee ist uns nicht bekannt силы армии противника нам неизвестны □ Vielleicht hat er, wenn man genau hinschaut, in dem einen oder andern Punkt seine Meinung geändert. Aber bedeutet es etwa geistige Stärke, unbelehrbar bei seiner Meinung zu beharren? (Feuchtwanger, »Exil«) Если он, строго говоря, и изменил свою точку зрения кое в чем, то разве духовная сила заключается в том, чтобы, не извлекая никаких уроков, оставаться непреклонным в отстаивании своего мнения? **Riesenkraft, Riesenstärke** разг. исполинская, богатырская сила; напр.: er besitzt eine Riesenkraft [eine Riesenstärke] он обладает богатырской силой

Kraft² сила (напряженность, интенсивность)
die **Kraft** — die **Stärke** — die **Wucht** — die **Gewalt**

Kraft индифф. синоним; напр.: die Kraft des Windes, des Sturmes сила ветра, шторма; die Kraft des Widerstandes ist gebrochen сила сопротивления сломлена; der Wind nahm an Kraft zu ветер усилился. **Stärke** ≅ Kraft, но предполагает бо́льшую степень проявления силы; напр.: das Gewitter hat an Stärke zugenommen гроза усиливается; ein Orkan von ungeheuren Stärke brach los разразился ураган чудовищной силы. **Wucht** сила (связанная с представлением о тяжести) (чаще в предложных словосочетаниях); напр.: er fiel mit voller Wucht auf das Pflaster он всей тяжестью упал на мостовую; er schlug mit voller Wucht auf den Tisch он ударил по столу что было силы. **Gewalt** высок., по сравнению с Kraft и Stärke предполагает наибольшую степень проявления силы; напр.: die Gewalt des Windes war unbeschreiblich сила ветра была неописуема; er ist von der Gewalt des Sturmes in den Abgrund geschleudert worden он был сброшен в бездну бурей

Kraft³ сила (влияние, власть)
die **Kraft** — die **Macht** — die **Gewalt**

Kraft индифф. синоним; напр.: ich tue alles, was in meinen Kräften steht я сделаю все, что в моих силах [в моей власти]; er hat das aus eigener Kraft erreicht он добился этого своими силами; das Gesetz ist schon in Kraft getreten этот закон уже вступил в силу □ Er hat Witterung dafür gehabt, wo Macht ist, und wenn die andern an den Nazis nur das Lächerliche gesehen haben, so hat er von Anfang an durch diese Lächerlichkeit hindurch ihre Kraft erkannt (Feuchtwanger, »Exil«) Он чутьем чувствовал, на чьей стороне сила, и если другие видели только смешные стороны нацистов, то он с самого начала разглядел сквозь это смешное их силу. **Macht** власть; напр.: die Macht der Liebe, der Gewohnheit сила любви, привычки; das steht nicht in meiner Macht это не в моей власти; Wissen ist Macht знание — сила □ Wir müssen handeln, und wir müssen diejenigen, welche die Macht haben, zum Handeln zwingen (Feuchtwanger, »Exil«) Мы должны действовать сами и должны заставить действовать тех, кто имеет власть. Wer sich vom Krieg nicht hat belehren lassen, daß eine Wahrheit ohne Macht keine Wahrheit ist, dem ist nicht zu helfen (ebenda) Кого война не научила, что истина, не подкрепленная силой, не истина, тому не поможешь. **Gewalt** сила, власть, которой нельзя противостоять; напр.: er ist der Gewalt der Leidenschaft erlegen он стал жертвой своей страсти; ich habe keine Gewalt über ihn я не властен над ним □ Nach so vielen furchtbaren Gewalten, denen man unterworfen war... geriet nun Diederich unter eine noch furchtbarere, den Menschen auf einmal ganz verschlingende: die Schule (H. Mann, »Untertan«) После стольких страшных сил, во власти которых находится человек... Дидерих угодил во власть силы, еще более страшной, без остатка проглатывающей человека... — во власть школы

Kraftfahrer см. Fahrer
kräftig см. stark¹,²,³
kraftlos см. schwach¹,³
Kraftwagen см. Auto
Krähwinkel см. Kleinstadt
Krakeel см. Streit²
krakeelen см. streiten (,sich)²
Krakeeler см. Raufbold
Kralle коготь
die **Kralle** — die **Klaue**

Kralle индифф. синоним; напр.: die Krallen der Katze, des Hundes, der Raubvögel когти кошки, собаки, хищных птиц; der Adler hielt den Hasen in den Krallen орел держал зайца в когтях. **Klaue** ≅ Kralle, *но чаще употр. по отношению к хищникам из семейства кошачьих и хищным птицам*; напр.: die Klauen des Löwen, des Adlers когти льва, орла; der Tiger hielt den Hirsch in seinen Klauen тигр держал оленя в своих когтях

Kram хлам
der Kram — das Gerümpel — der Plunder — die Klamotten

Kram индифф. синоним; напр.: alter, unnützer Kram старый, ненужный хлам; er wühlte in dem alten Kram auf dem Boden он рылся в старом хламе на чердаке; ich habe diesen Kram billig erworben я дешево приобрел этот хлам. **Gerümpel** ≅ Kram, *но чаще употр. по отношению к предметам домашнего обихода*; напр.: der Keller steht voll Gerümpel в погребе полно хлама; er hat die Teekanne unter altem Gerümpel gefunden он нашел чайник среди старого хлама. **Plunder** рухлядь; напр.: in der Truhe gab es viel alten Plunder в сундуке было много старой рухляди. **Klamotten** *тк. мн. разг.* лохмотья; напр.: alte, dreckige Klamotten старые, грязные лохмотья

Krämer *см.* Händler
der **Krampf** — die Konvulsion

Krampf индифф. синоним; напр.: er hat Krämpfe у него судороги; er wand sich im Krampf [in Krämpfen] он корчился в судорогах; ich habe den Krampf in meinen Zehen у меня пальцы (ног) свело судорогой. **Konvulsion** [-v-] сильные судороги, конвульсии; напр.: das Kind wand sich in Konvulsionen ребенок корчился в конвульсиях

krank больной
krank — ungesund — unwohl — todkrank — sterbenskrank

krank индифф. синоним; напр.: ein kranker Mensch больной человек; ein kranker Fuß больная нога; ein krankes Tier больное животное; er hat ein krankes Herz у него больное сердце; ich habe mich krank gemeldet я заявил, что по болезни я не могу выйти на работу; stell dich nicht krank не притворяйся больным; das ist ein kranker Baum это больное дерево. **ungesund** нездоровый *употр. по отношению к внешнему виду человека*; напр.: ungesunde Gesichtsfarbe нездоровый цвет лица; er sieht ungesund aus у него нездоровый вид. **unwohl** не совсем здоровый (*тк. о людях*) *употр. в определенных сочетаниях*; напр.: mir ist [ich fühle mich] unwohl мне нездоровится. **todkrank** смертельно больной; напр.: man sah es ihr an, daß sie todkrank war по ней было видно, что она смертельно больна. **sterbenskrank** такой больной, что готов поверить в возможность смерти *чаще употр. о себе самом и содержит сознательное преувеличение*; напр.: ich fühle mich sterbenskrank наверное, смерть моя пришла (*так плохо я себя чувствую*)

kränkeln *см.* krank sein
kranken *см.* krank sein
kränken *см.* beleidigen
Krankenhaus больница
das Krankenhaus — das Hospital — das Spital — die Klinik — das Lazarett — die Heilanstalt — die Heilstätte — das Sanatorium

Krankenhaus индифф. синоним; напр.: ein städtisches, modernes Krankenhaus für 300 Personen городская, современная больница на триста человек; j-n ins Krankenhaus bringen поместить кого-л. в больницу; er lag zwei Wochen im Krankenhaus он две недели лежал в больнице. **Hospital** *уст.* ≅ Krankenhaus, *но обыкн. больница для хронических больных или нуждающихся в длительном лечении*; напр.: die chronisch Kranken werden im Hospital behandelt хронических больных лечат в больнице (для хроников). **Spital** *австр., швейц.* ≅ Krankenhaus; напр.: sie wohnt in Salzburg und ist Ärztin in einem Spital она живет в Зальцбурге и работает врачом в одной из больниц города. **Klinik** клиника, клиническая больница; напр.: er wurde zur Untersuchung in eine Klinik gebracht его положили в клинику для исследования. **Lazarett** госпиталь, лазарет; напр.: die erkrankten Soldaten liegen im Lazarett заболевшие солдаты лежат в госпитале; während des Krieges war in unserer Schule ein Lazarett untergebracht во время войны в нашей школе помещался госпиталь. **Heilanstalt** лечебница, специализированная больница (*особенно психиатрическая, фтизиатрическая*); напр.: er kann nur in einer Heilanstalt behandelt werden его можно лечить только в специализированной больнице. **Heilstätte** больница санаторного типа для хронических больных; напр.: die Tuberkulosekranken werden in die Heilstätten der Krim geschickt больных туберкулезом посылают в лечебные заведения [здравницы] Крыма. **Sanatorium** санаторий, специализированное лечебное заведение для лечения хронических больных и выздоравливающих; напр.: in diesem Sanatorium werden Herzkranke behandelt в этом санатории лечат страдающих болезнями сердца

Kranker больной (*пациент*)
der Kranke — der Patient

Kranker индифф. синоним; .напр.: ein ansteckender Kranker заразный больной; einen Kranken pflegen ухаживать за больным; einen Kranken heilen лечить больного; wir haben zu Hause einen Kranken у нас дома больной; unser Kranker befindet sich auf dem Wege der Besserung наш больной на пути к выздоровлению. **Patient** пациент; напр.: einen Patienten kurieren лечить пациента; im Wartezimmer des Arztes sind viele Patienten в приемной врача много пациентов

krankhaft болезненный (*неестественный, ненормальный, чрезмерный*)
krankhaft — pathologisch

krankhaft индифф. синоним; напр.: krankhafter Ehrgeiz болезненное честолюбие; krankhafte Eifersucht болезненная ревность; krankhafte Neigungen нездоровые наклонности; das ist eine krankhafte Erscheinung это болезненное [нездоровое] явление. **pathologisch** патологический; напр.: eine pathologische Neigung zu etw. haben иметь патологическую склонность к чему-л.; sein Geiz hat einen pathologischen Charakter его жадность носит патологический характер

Krankheit болезнь
die Krankheit — die Erkrankung — das Unwohlsein — die Beschwerde — das Leiden — das Gebrechen — das Siechtum — das Übel

Krankheit индифф. синоним; напр.: leichte, schwere, tödliche, langwierige, chronische, ansteckende Krankheit несерьезная, тяжелая, смертельная, продолжительная, хроническая, заразная болезнь; von einer Krankheit genesen выздороветь от какой-л. болезни; an einer Krankheit leiden страдать какой-л. болезнью; sie hat eine schwere Krankheit durchgemacht она перенесла тяжелую болезнь. **Erkrankung** заболевание; напр.: eine leichte, ernste, schwere, gefährliche Erkrankung легкое, серьезное, тяжелое, опасное заболевание; wir haben die Ursache der Erkrankung festgestellt мы установили причину заболевания [болезни]. **Unwohlsein** недомогание, нездоровье; напр.: wegen Unwohlseins mußte das Kind zu Hause bleiben из-за недомогания ребенок должен был остаться дома; ich fühle leichtes Unwohlsein я чувствую легкое недомогание. **Beschwerde** недомогание (*обыкн. с болями*); напр.: in seinem Alter stellen sich leicht heftige Beschwerden ein в его возрасте часто чувствуешь сильное недомогание; der Patient nannte dem Arzt seine Beschwerden пациент сказал врачу, на что он жалуется ◻ Alle übrigen Beschwerden waren ja nur Folgeerscheinungen dieses Mangels an roten Blutkörperchen (*Th. Mann, »Buddenbrooks«*) Все прочие серьезные недомогания являлись лишь следствием недостатка красных кровяных шариков. **Leiden** тяжелая болезнь *или* болезнь, которой кто-л. страдает длительное время, постоян-

KRÄNKLICH 263 **KRIECHEN**

но; *напр.*: ein schweres, chronisches, unheilbares Leiden тяжелая, хроническая, неизлечимая болезнь; einem Leiden erliegen умереть от какой-л. (продолжительной) болезни. **Gebrechen** *уст.* недуг, при котором заметны физические недостатки больного; *напр.*: er leidet an allen möglichen Gebrechen он страдает всевозможными недугами. **Siechtum** длительное угасание, постепенное разрушение организма; *напр.*: dem Tode ging ein (langes) Siechtum voraus смерти предшествовала длительная болезнь. **Übel** *высок.* тяжкая болезнь, недуг; *напр.*: ein altes, chronisches Übel старый, хронический недуг; bei den ersten Anzeichen des drohenden Übels muß der Arzt eingreifen при первых признаках угрожающего недуга необходимо врачебное вмешательство.
kränklich болезненный
schwächlich — schwach — kränklich — leidend — siech — bresthaft — gebrechlich — hinfällig
Синонимы данного ряда расположены по степени возрастания выражаемого признака
schwächlich хрупкий, слабоватый (от природы); *напр.*: das war ein schwächliches Kind это был хрупкий [слабого сложения] ребенок. **schwach** слабый, слабого здоровья; *напр.*: er fühlte sich nach seiner Krankheit noch sehr schwach после болезни он чувствовал себя очень слабым; seine Gesundheit ist in der letzten Zeit recht schwach geworden его здоровье за последнее время сильно пошатнулось. **kränklich** *индифф. синоним*; *напр.*: er hat ein kränkliches Aussehen, eine kränkliche Gesichtsfarbe у него болезненный вид, болезненный цвет лица; sie sieht kränklich aus у нее болезненный вид; er war von Kind auf schwächlich und kränklich он с детства был слабым и болезненным. **leidend** страдающий длительной или хронической болезнью; *напр.*: ein leidender Gesichtsausdruck страдальческий вид; er sieht leidend aus у него очень болезненный вид. **siech** *уст.* немощный, хворый; *напр.*: ihr Mann war alt und siech ее муж был старый и немощный. **bresthaft** *уст.* больной и дряхлый; *напр.*: vor der Kirche standen einige bresthafte Weiber перед церковью стояло несколько дряхлых женщин. **gebrechlich, hinfällig** очень дряхлый, болезненный (от старости); *напр.*: er wurde alt und gebrechlich он стал старым и дряхлым; das war eine kleine gebrechliche [hinfällige] Frau это была маленькая немощная женщина; er ist in letzter Zeit recht hinfällig geworden он за последнее время очень одряхлел.
krank sein быть больным
krank sein — leiden — kränkeln — kranken — bettlägerig sein — dahinsiechen

krank sein *индифф. синоним*; *напр.*: er ist schwer krank он тяжело болен; sie war vier Wochen lang krank она проболела четыре недели; er wird vor Kummer krank он, наверное, заболен от горя. **leiden** (an etw.) болеть чем-л., страдать чем-л. *употр. тк. с указанием болезни*; *напр.*: er leidet an Grippe он болен гриппом; sie leidet an Migräne она страдает мигренью; er leidet an einer schweren Krankheit у него серьезная болезнь. **kränkeln** прихварывать (*часто или постоянно, не очень серьезно болеть*); *напр.*: seit dem Herbst kränkelt sie с осени она прихварывает. **kranken** *уст.* ≅ leiden, *но употр. по отношению к состоянию больного, болезнь которого носит длительный, изнурительный характер*; *напр.*: er krankt an Blutarmut, an Leukämie он страдает малокровием, лейкемией [белокровием]. **bettlägerig sein** быть лежачим больным, быть прикованным к постели; *напр.*: dieser Patient ist bettlägerig этот пациент не встает с постели; schon seit zwei Jahren ist sie bettlägerig уже два года, как она прикована к постели. **dahinsiechen** *высок.* страдать неизлечимой болезнью, угасать; *напр.*: der Kranke siecht dahin больной угасает
Kränkung *см.* Beleidigung
kraß *см.* stark ²
kratzen ¹ царапать, оцарапать
kratzen — ritzen
kratzen *индифф. синоним*; *напр.*: die Tiere kratzen mit den Krallen звери царапают когтями; die Katze hat mich gekratzt кошка меня оцарапала; sie hat mich (zufällig) mit der Stricknadel gekratzt она (случайно) оцарапала меня вязальной спицей. **ritzen** ≅ kratzen, *но подчеркивает, что царапина представляет собой одну линию, след орудия с острым концом*; *напр.*: sie hat an einer Nadel, an einem Nagel die Hand geritzt она оцарапала руку иглой, о гвоздь
kratzen ² *см.* kitzeln
kratzen, sich чесать(ся), расчесывать
sich kratzen — sich jucken
sich kratzen *индифф. синоним*; *напр.*: sich blutig, wund kratzen расчесать (кожу) до крови; sich hinter den Ohren kratzen почесать затылок. **sich jucken** *разг.* ≅ sich kratzen; *напр.*: er hat sich blutig gejuckt он расчесал себе кожу до крови
Kratzer *см.* Narbe
Kratzfuß: einen Kratzfuß machen *см.* verbeugen, sich
krauchen *см.* kriechen ¹
kraus *см.* lockig
Krawall *см.* Aufstand
Krawatte *см.* «Приложение»
kraxeln *см.* klettern
kredenzen *см.* bewirten
Kredit *см.* Vertrauen
kreieren *см.* schaffen ¹/spielen ²

Kreis круг (*группа объединенных какими-л. связями людей*)
der Kreis — der Bereich
Kreis *индифф. синоним*; *напр.*: im Kreise der Familie в семейном кругу; in literarischen Kreisen в литературных кругах; in den Kreisen der Gelehrten в кругах ученых; er ist in den weitesten Kreisen bekannt он пользуется известностью в широких кругах общества; in den regierenden Kreisen vertritt man die Meinung, daß dieses Abkommen von großer Bedeutung ist в правительственных кругах придерживаются того мнения, что это соглашение имеет большое значение. **Bereich** *редко* ≅ Kreis; *напр.*: diese Frau gehört zu unserem Bereich эта женщина нашего круга
kreischen *см.* knarren/schreien ¹
kreisen *см.* drehen, sich
kreisförmig *см.* rund ¹
Kreislauf *см.* Umlauf
krepieren *см.* platzen ¹/sterben
Kretin *см.* Narr ¹
kreuzen пересекать (*проходить поперек чего-л.*)
kreuzen — durchkreuzen
kreuzen *индифф. синоним*; *напр.*: dort kreuzt die Mohrenstraße die Friedrichstraße там Моренштрассе пересекает Фридрихштрассе; hier kreuzen die Schienen eine Straße здесь рельсы пересекают улицу; wenn Sie die Straße kreuzen, müssen Sie zuerst nach links und dann nach rechts sehen переходя улицу, сначала посмотрите налево, а потом направо. **durchkreuzen** переезжать, передвигаться из конца в конец чего-л., бороздить; *напр.*: viele Schiffe durchkreuzen das Meer много судов бороздят море
kreuzen, sich скрещиваться
sich kreuzen — sich überschneiden
sich kreuzen *индифф. синоним*; *напр.*: an diesem Platz kreuzen sich zwei Straßen эта площадь — перекресток двух улиц; ihre Wege kreuzten sich immer wieder их пути постоянно пересекались; ihre Blicke kreuzten sich их взгляды скрестились. **sich überschneiden** ≅ sich kreuzen, *но менее употребительно*; *напр.*: diese Linien überschneiden sich эти линии пересекаются
kreuzlahm *см.* gelähmt
kreuzunglücklich *см.* unglücklich ²
kribbelig *см.* reizbar
kribbeln *см.* jucken
kriechen ¹ ползать
kriechen — krabbeln — robben — krauchen
kriechen *индифф. синоним*; *напр.*: auf der Erde kroch eine Schlange по земле ползла змея; das Kind kroch auf allen vieren ребенок ползал на четвереньках; der Junge kroch durch das Loch in der Mauer мальчик лез через дыру в стене. **krabbeln** ползать, опираясь на все конечности и производя ими быстрые, торопливые

KRIECHEN

движения; *напр.*: ein Käfer krabbelt im Gras жук ползает в траве; das Kind fängt an zu krabbeln ребенок начинает ползать. **robben** ползти на животе, передвигаясь на локтях; ползти по-пластунски; *напр.*: die Soldaten robbten im hohen Gras солдаты ползли в высокой траве по-пластунски. **krauchen** *разг. и ср.-нем.* ≅ kriechen; *напр.*: der Junge wollte durch das Rohr krauchen мальчик хотел проползти через трубу

kriechen ² угодничать, пресмыкаться
kriechen — dienern — liebedienern — herumschwänzeln — herumscharwenzeln — auf dem Bauch kriechen
kriechen *индифф. синоним*; *напр.*: vor den Vorgesetzten, vor den Machthabern kriechen угодничать перед начальством, перед власть имущими; er kroch nicht vor seinem Chef он не угодничал перед своим начальником. **dienern** *пренебр.* угождать кому-л.; подслуживаться к кому-л. *разг. напр.*: immerfort dienerte er vor unserem Direktor он постоянно подслуживался к нашему директору □ Du natürlich verkommst hier und dienerst vor dem Alten (*Strittmatter, »Wundertäter«*) А ты, конечно, будешь здесь гнить и угождать старику. **liebedienern** *пренебр.* раболепствовать; *напр.*: er hat immer vor [bei] den Reichen geliebedienert он всегда раболепствовал перед богачами. **herumschwänzeln** *разг.* увиваться вокруг кого-л.; лебезить перед кем-л.; *напр.*: er wußte, daß diese Leute an die Macht gelangen werden und darum schwänzelte er immer um sie herum он знал, что эти люди придут к власти и потому он постоянно лебезил перед ними. **herumscharwenzeln** *разг.* виться вьюном; рассыпаться мелким бесом *по сравнению с* herumschwänzeln *выражает меньшее осуждение*; *напр.*: er scharwenzelte um die Hausfrau herum он вился вьюном вокруг хозяйки (дома). **auf dem Bauch kriechen** *разг.* ползать на брюхе; *напр.*: er kroch nicht vor seinen Vorgesetzten auf dem Bauch он не ползал на брюхе перед своими начальниками
kriechen ³: **auf dem Bauch kriechen** *см.* kriechen ²; **auf den Leim kriechen** *см.* geraten ²
kriechend *см.* unterwürfig ¹
kriecherisch *см.* unterwürfig ¹
kriegen I ¹ *см.* bekommen ¹/verhaften
kriegen I ²: **ein Kind kriegen** *см.* gebären
kriegen II *см.* kämpfen ¹
kriegen, sich *см.* heiraten
Krieger *см.* Soldat
kriegerisch *см.* kämpferisch ¹
Kriegsgefährte *см.* Mitkämpfer
Kriegskamerad *см.* Mitkämpfer
Kriegsverbrecher *см.* Verbrecher
kristallklar *см.* durchsichtig
Kritik ¹ критика
die Kritik — die Krittelei
Kritik *индифф. синоним*; *напр.*: eine begründete, gerechte, sachliche, niederschmetternde Kritik обоснованная, справедливая, деловая, уничтожающая критика; sein Werk wurde einer vernichtenden Kritik unterworfen его произведение было подвергнуто уничтожающей критике; das spottet jeder Kritik это не выдерживает критики. **Krittelei** *разг. неодобр.* критиканство; *напр.*: hör' mit der Krittelei auf! кончай с критиканством!; mit seiner Krittelei wird er nichts erreichen он ничего не достигнет своим критиканством

Kritik ²: **unter aller Kritik** *см.* schlecht ¹
kritisch *см.* gefährlich
kritisieren ¹ критиковать
kritisieren — aussetzen — herziehen — bemäkeln — kritteln — bekritteln
kritisieren (A) *индифф. синоним*; *напр.*: einen Menschen, j-s Handlungen, eine Arbeit, ein Buch, ein Werk, einen Plan scharf kritisieren резко критиковать человека, чьи-л. поступки, работу, книгу, произведение, план; auf der Versammlung wurde die Arbeit unseres Meisters hart kritisiert работа нашего мастера подверглась на собрании суровой критике. **aussetzen** (*etw. an D.*) находить недостатки в ком-л., в чем-л. ⟨*обыкн. в форме Inf. c zu*⟩; *напр.*: was hast du an seiner Arbeit auszusetzen? какие недостатки ты находишь в его работе?; er hat an allem etwas auszusetzen он во всем находит какие-нибудь недостатки, он все критикует. **herziehen** (*über A*) *разг.* обрушиться (с критикой) на кого-л., на что-л., проехаться на чей-л. счет, раскритиковать кого-л., что-л.; *напр.*: er ist über die Zustände an diesem Institut hergezogen он раскритиковал порядки в этом учреждении. **bemäkeln** (*etw.*) *разг.* выискивать недостатки в чем-л., придирчиво критиковать что-л.; *напр.*: er bemäkelte jedes Wort он придирался к каждому слову. **kritteln, bekritteln** (A) *разг.* мелочно критиковать; критиканствовать; *напр.*: er kann nichts anderes als nur immer kritteln он только и умеет, что придираться по мелочам; es ist seine Spezialität, alles zu bekritteln его специальность — все поносить
kritisieren ² *см.* tadeln
Krittelei *см.* Kritik ¹
kritteln *см.* kritisieren ¹/nörgeln
kritzeln *см.* schreiben ¹
Krume *см.* Brocken ¹
krumm кривой
krumm — verkrümmt
krumm *индифф. синоним*; *напр.*: krumme Beine кривые ноги; eine krumme Nase кривой нос; ein krummer Ast кривой сук; eine krumme Gasse кривой переулок; ein krummer Säbel кривая сабля; eine krumme Schere кривые ножницы. **verkrümmt** искривленный *в отличие от* krumm *подчеркивает, что кривизна искажает*

KULTUR

естественную форму чего-л.; *напр.*: vom Gicht verkrümmte Finger пальцы, искривленные подагрой; er hat ein verkrümmtes Rückgrat у него искривленный позвоночник
krümmen *см.* beugen
Krümmung *см.* Biegung
Kübel лохань, кадка
der Kübel — der Bottich — die Bütte — die Butte
Kübel *индифф. синоним*; *напр.*: ein Kübel mit Wasser лохань [кадка] с водой; ein Kübel für Abfälle лохань для отбросов; die Palme steht in einem Kübel пальма стоит в кадке. **Bottich** большая кадка, деревянная лохань; *напр.*: im Flur stand ein Bottich mit Wasser в сенях стояла кадка с водой. **Bütte, Butte** *терр.* кадка; *напр.*: eine Bütte [Butte] am Brunnen mit Wasser füllen наполнить кадку водой у колодца
Küchenfee *см.* Köchin
kucken *см.* sehen ¹
Kuckuck *см.* Teufel
kugeln, sich *см.* rollen ¹
kühl ¹ холодный, сухой (*неласковый*)
kühl — zurückhaltend — unnahbar — reserviert — distanziert
kühl *индифф. синоним*; *напр.*: ein kühler Blick, Ton холодный взгляд, тон; ein kühler Empfang холодный [сухой] прием; er begrüßte mich kühl он холодно со мной поздоровался; sie antwortete kühl она ответила сухо. **zurückhaltend** сдержанный; *напр.*: du sollst ihm gegenüber zurückhaltender sein ты должен быть с ним сдержаннее; die Zuschauer verhielten sich zurückhaltend зрители вели себя сдержанно [проявляли сдержанность]. **unnahbar** неприступный; *напр.*: eine unnahbare Haltung неприступный вид; sie ist unnahbar она держится неприступно □ Auf den Bildern der Zeitungen sah dieses Gesicht protzig aus, unnahbar (*Feuchtwanger, »Erfolg«*) На снимках в газетах лицо у него было спесивое, неприступное. **reserviert** [-v-] *книжн.* ≅ zurückhaltend; *напр.*: er benahm sich reserviert он вел себя сдержанно; während der Verhandlungen war er sehr reserviert во время переговоров он был очень сдержан [проявлял большую сдержанность]; endlich gab er seine reservierte Haltung auf наконец он отбросил свою (холодную) сдержанность. **distanziert** *книжн.* подчеркнуто соблюдающий дистанцию (в отношениях с другими); *напр.*: warum war dein Mann heute so distanziert? почему твой муж был сегодня таким сдержанным?
kühl ² *см.* kalt ¹
kühlen *см.* «Приложение»
kühn *см.* keck ¹/tapfer
kulant *см.* freundlich
kultivieren *см.* züchten
Kultur культура
die Kultur — die Zivilisation — die Gesittung

Kultur *индифф. синоним*; *напр.*: ein Land mit einer hochentwickelten Kultur страна с высокоразвитой культурой; die sozialistische Kultur weiterentwickeln развивать социалистическую культуру. Zivilisation [-v-] цивилизация, *напр.*: der Einfluß von Kultur und Zivilisation auf unser Leben влияние культуры и цивилизации на нашу жизнь; Spuren verschwundener Zivilisationen следы исчезнувших цивилизаций. Gesittung *книжн.* цивилизованность, (духовная) культура; *напр.*: diese Völker haben die gleiche Gesittung эти народы близки друг другу по (обычаям и) культуре

kulturell культурный
kulturell — zivilisiert

kulturell *индифф. синоним*; *напр.*: das kulturelle Leben культурная жизнь; die kulturelle Entwicklung культурное развитие; der kulturelle Austausch zwischen zwei Ländern культурный обмен между двумя странами; das kulturelle Niveau des Volkes heben поднимать культурный уровень народа; ein Abkommen über die kulturelle Zusammenarbeit abschließen заключить соглашение о сотрудничестве в области культуры. zivilisiert [-v-] цивилизованный; *напр.*: ein zivilisierter Mensch цивилизованный человек; zivilisierte Völker цивилизованные народы

Kummer *см.* Trauer
kümmerlich[1] жалкий *(невзрачный)*
kümmerlich — bescheiden — dürftig — armselig — trist — power

kümmerlich *индифф. синоним*; *напр.*: eine kümmerliche Pension жалкая пенсия; eine kümmerliche Bibliothek убогая библиотека; ein kümmerlicher Lohn мизерная зарплата; eine kümmerliche Beute жалкая добыча; ein kümmerliches Ergebnis жалкий результат; eine kümmerliche Beleuchtung скудное освещение; die alte Frau lebt von ihrer kümmerlichen Rente эта старая женщина живёт на свою жалкую пенсию. bescheiden скромный; *напр.*: bescheidene Leistungen скромные достижения; ein bescheidenes Einkommen, eine bescheidene Stellung haben иметь скромный доход, занимать скромное место [положение]; sie stellte bescheidene Ansprüche она предъявляла скромные требования ☐ Diese Straße... verfolgte er ein paar Schritte weit abwärts, bis er vor einem kleinen Hause stand, einem ganz bescheidenen Blumenladen... (*Th. Mann, »Buddenbrooks«*) Пройдя несколько шагов по этой улице... он остановился перед маленьким домиком, очень скромной цветочной лавкой... dürftig крайне недостаточный, скудный; *напр.*: dürftige Einnahmen, Nachrichten, Kenntnisse скудные доходы, известия, знания; das Essen war dürftig пища была скудная ☐ ...bis er vor einem kleinen Hause stand, einem ganz bescheidenen Blumenladen mit schmaler Tür und dürftigem Schaufensterchen, in dem ein paar Töpfe mit Zwiebelgewächsen nebeneinander auf einer grünen Glasscheibe standen (*Th. Mann, »Buddenbrooks«*) ...пока он не остановился перед маленьким домиком, очень скромной цветочной лавкой с узенькой дверью и бедной витриной, в которой на зелёной стеклянной подставке стояло несколько горшков с луковичными растениями. armselig убогий; *напр.*: das armselige Instrument убогий инструмент; eine armselige Wohnung убогая квартира; im Hofe des Hauses wuchsen armselige Bäumchen во дворе дома росли убогие деревца. trist имеющий жалкий, унылый вид; *напр.*: eine triste Vorstadtgegend унылая городская окраина. power *разг.* редко бедный, нищенский; *напр.*: sein Zimmer sah power aus его комната выглядела убого [бедно]

kümmerlich[2] *см.* schlecht[1,3]
kümmern, sich *см.* sorgen
kummervoll *см.* traurig
Kumpan *см.* Freund[1]
Kumpel *см.* Freund[1]
kund *см.* bekannt[2]
Kunde I *см.* Käufer
Kunde II *см.* Nachricht
Künder *см.* Vorbote
kundgeben *см.* mitteilen
Kundgebung *см.* «Приложение»
kundig сведущий, знающий; осведомлённый
kundig — bewandert — sachkundig — firm — taktfest — versiert — beschlagen

kundig *индифф. синоним* a) *напр.*: ein kundiger Arzt знающий врач; er ist auf diesem Gebiet sehr kundig он очень сведущ в этой области; wir wissen es von kundiger Seite мы знаем это из достоверных источников; b) (*G*) *книжн.* ⟨*тк. предикативно*⟩; *напр.*: er ist der englischen Sprache kundig он владеет английским языком; sie waren des Weges nicht kundig они не знали дороги. bewandert ≅ kundig a), *но употр. тк. с зависимыми словами, указывающими на область, в которой кто-л. сведущ*; *напр.*: er ist in der Geschichte sehr bewandert он очень хорошо знает историю; es wird eine in allen Büroarbeiten bewanderte Sekretärin gesucht требуется секретарь, знакомый со всеми видами канцелярской работы. sachkundig компетентный, обладающий достаточными знаниями, сведениями *(чтобы разбираться в чём-л., судить о чём-л.)*; *напр.*: ein sachkundiger Arzt, Fachmann компетентный [знающий] врач, специалист; ein sachkundiges Urteil квалифицированное [компетентное] мнение. firm твердо, хорошо знающий что-л.; *напр.*: er ist in der Syntax nicht sehr firm он не очень твёрд в синтаксисе; auf diesem Gebiet ist er nicht sehr firm он не очень твёрд в этой области. taktfest ≅ firm, *но часто употр. с отрицанием*; *напр.*: er ist in seinem Fach nicht sehr taktfest он не очень хорошо знает своё дело. versiert ≅ kundig a), *но употр. по отношению к профессионалам*; *напр.*: er ist ein versierter Fachmann он специалист, хорошо знающий своё дело. beschlagen *разг.* ≅ bewandert; *напр.*: sie ist auf dem Gebiet der Mathematik gut beschlagen она хорошо подкована в математике

kündigen *см.* entlassen
kundmachen *см.* mitteilen
Kundschaft *см.* Käufer
Kundschafter *см.* «Приложение»
kundtun *см.* mitteilen
künftig[1] будущий
künftig — zukünftig — kommend — bevorstehend — baldig — später

künftig *индифф. синоним*; *напр.*: das künftige Jahr, Semester будущий год, семестр; künftige Generationen будущие поколения; sein künftiger Beruf его будущая профессия; ihr künftiger Mann её будущий муж; er ist der künftige Eigentümer dieses Grundstückes он будущий владелец этого участка; er wird sich künftig besser vorsehen müssen впредь он будет более осмотрительным. zukünftig ≅ künftig, *но менее употребительно*; *напр.*: mein zukünftiger Schwiegersohn мой будущий зять; die zukünftige Generation wird besser leben будущее поколение будет жить лучше; zukünftig bekommen Sie ein höheres Gehalt в дальнейшем вы получите более высокий оклад. kommend наступающий, ближайший ⟨*тк. атрибутивно*⟩; *напр.*: im Laufe des kommenden Jahres в течение наступающего года; die kommenden Feiertage наступающие праздники; am kommenden Sonntag в ближайшее воскресенье; man hält ihn für den kommenden Mann im Schachspiel его считают восходящим светилом в шахматах. bevorstehend предстоящий ⟨*тк. атрибутивно*⟩; *напр.*: die bevorstehenden Ereignisse предстоящие события; wir freuen uns auf die bevorstehenden Ferien мы радуемся предстоящим каникулам. baldig скорый (по времени) ⟨*тк. атрибутивно*⟩; *напр.*: auf baldiges Wiedersehen! до скорого свидания!; ich hoffe auf baldige Antwort я надеюсь на скорый ответ. später более поздний; *напр.*: die späteren Generationen грядущие поколения; darüber werde ich in meinen späteren Arbeiten schreiben об этом я напишу в своих последующих работах; das geschah in einer späteren Periode это произошло в более поздний период; darüber können wir später miteinader reden об этом мы сможем поговорить позже

künftig[2] *см.* bald
Kunst искусство *(мастерство)*

KUNSTFERTIGKEIT

die **Kunst** — die **Kunstfertigkeit**

Kunst индифф. синоним; напр.: die ärztliche Kunst врачебное искусство; die Kunst des Reitens, des Fechtens искусство верховой езды, фехтования; der Hund zeigt seine Kunst собака показывает свои фокусы. **Kunstfertigkeit** сноровка, мастерство (*ремесленника*); напр.: die Kunstfertigkeit des Schnitzers искусство [мастерство] резчика; die Kunstfertigkeit im Sticken мастерство в вышивании

Kunstfertigkeit см. Kunst
Kunstgriff см. Griff
Künstler см. Schauspieler
künstlich[1] искусственный (*притворный*)

künstlich — unnatürlich — gemacht — erkünstelt — gekünstelt — unecht — vorgetäuscht — theatralisch — affektiert

künstlich индифф. синоним; напр.: seine Heiterkeit [Lustigkeit] war künstlich его веселость была искусственной; ihr Lächeln kam mir künstlich vor ее улыбка мне показалась искусственной; jeder Satz wirkt hier künstlich каждое предложение кажется здесь искусственным [производит здесь впечатление чего-то искусственного]. **unnatürlich** неестественный; напр.: seine Freude wirkte unnatürlich его радость казалась неестественной; sie nahm eine unnatürliche Haltung an она приняла неестественную позу; er stimmte allem mit unnatürlichem Eifer zu он на все соглашался с нарочитой готовностью. **gemacht** деланный; напр.: seine Empörung ist nur gemacht его возмущение деланное; seine Gleichgültigkeit scheint mir gemacht его безразличие кажется мне деланным. **erkünstelt** напускной, неискренний; напр.: eine erkünstelte Gleichgültigkeit напускное равнодушие; eine erkünstelte Verwunderung неискреннее удивление; seine Ruhe wirkt erkünstelt его спокойствие кажется напускным. **gekünstelt** натянутый, принужденный; напр.: ein gekünsteltes Lächeln натянутая улыбка; gekünstelte Liebenswürdigkeit натянутая любезность; ein gekünsteltes Benehmen неестественное поведение. **unecht, vorgetäuscht** притворный; напр.: ein unechtes Mitgefühl притворное сочувствие; unechte Frömmigkeit притворная набожность; eine vorgetäuschte Krankheit притворная болезнь; die Glückwünsche wirkten unecht поздравления казались неискренними. **theatralisch** театральный, наигранный; напр.: eine theatralische Geste театральный жест; er begrüßte mich mit einer theatralischen Gebärde он театрально приветствовал меня. **affektiert** книжн. аффектированный; напр.: eine affektierte Gebärde аффектированный жест; ein affektiertes Mädchen жеманная девушка; affektiert sprechen, lachen аффектированно говорить, смеяться

künstlich[2] см. falsch[1]
kunstlos см. schlicht[2]
Kunstmaler см. Maler
Kupon см. Zinsschein
kuppeln см. zusammensetzen
kurant см. gängig[1]
Kurator см. Vormund
küren см. wählen
Kurier см. Bote
kurieren см. heilen
kurios см. lächerlich
Kurpfuscher см. Arzt
Kursus см. Lehrgang
Kurve см. Biegung
kurz[1] краткий

kurz — gedrängt — knapp — kurz und bündig — lakonisch — lapidar — konzis

kurz индифф. синоним; напр.: eine kurze Rede краткая речь; eine kurze Übersicht краткий обзор; etw. kurz beschreiben, zusammenfassen кратко описывать, обобщать что-л.; faß dich kurz говори короче □ Was ist der langen Rede kurzer Sinn? (*Schiller, »Piccolomini«*) В чем вкратце смысл сей пространной речи? **gedrängt** сжатый; напр.: eine gedrängte Übersicht сжатый обзор; etw. in gedrängter Form mitteilen сообщать что-л. в сжатой форме. **knapp** очень краткий, скупой; напр.: eine knappe Meldung очень краткое сообщение; eine knappe Information очень краткая информация; mit knappen Worten в скупых словах; etw. knapp zusammenfassen очень кратко сообщить что-л.; seine Sprache ist knapp его язык скуп, он пишет скупым языком. **kurz und bündig** коротко и ясно (*как наречие*); напр.: kurz und bündig sagen, antworten, erklären сказать, ответить, объяснить коротко и ясно. **lakonisch** лаконичный, предельно краткий и четкий; напр.: eine lakonische Antwort лаконичный ответ; ein lakonisches Telegramm лаконичная телеграмма; j-m lakonisch antworten лаконично ответить кому-л. **lapidar** лапидарный; напр.: ein lapidarer Stil лапидарный стиль; lapidare Sätze лапидарные фразы. **konzis** книжн. gedrängt; напр.: sich konzis ausdrücken выразить что-л. сжато

kurz[2]: **kurz und bündig** см. kurz[1]; **vor kurzer Zeit** см. neulich; **seit kurzem** см. neuerdings; **vor kurzem** см. neulich
kürzen см. verkürzen
kurzerhand см. schnell
kurzfristig см. zeitweilig[1]
kürzlich см. neulich
Kurzweil см. Vergnügen[1]
kurzweilig см. interessant
kuscheln, sich см. legen, sich
kuschen (, sich) см. legen, sich
Kusine см. Cousine
Kuß: einen Kuß geben см. küssen
küssen целовать

küssen — abküssen — einen Kuß geben — knutschen — abknutschen

küssen индифф. синоним; напр.: auf die Wange, auf den Mund küssen целовать в щеку, в губы; er küßte ihr die Stirn он поцеловал ее лоб. **abküssen** несколько раз, крепко поцеловать кого-л.; напр.: auf dem Bahnhof küßte sie ihn vor allen Leuten ab на вокзале она его при всех расцеловала. **einen Kuß geben** поцеловать; напр.: sie gab ihm einen Kuß auf die Stirn она поцеловала его в лоб. **knutschen** фам. пренебр. целоваться взасос, обнимаясь; напр.: sie knutschten sich im Treppenflur они целовались взасос в подъезде, тиская друг друга. **abknutschen** ≅ knutschen, но имеет еще более пренебр. оттенок; напр.: sie saßen im Park auf der Bank, und er knutschte sie ab они сидели на скамейке в парке, и он целовал ее взасос и тискал

Küste см. Ufer
Kutscher возница, кучер

der **Kutscher** — der **Fuhrmann**

Kutscher индифф. синоним; напр.: der Kutscher schirrt die Pferde an кучер запрягает лошадей; der Kutscher setzt sich auf den Bock возница садится на козлы; ich gab dem Kutscher ein Zeichen zum Halten я сделал вознице знак остановиться. **Fuhrmann** устаревает (из)возчик; напр.: in den Städten gibt es keine Fuhrleute mehr в городах больше нет извозчиков

kutschieren см. lenken[1]
Kuvert см. Briefumschlag

L

labberig см. abgestanden
labern см. sprechen[1]
Lache I см. Lachen
Lache II см. Pfütze
lächeln улыбаться

lächeln — belächeln — anlächeln — zulächeln — schmunzeln — grinsen — angrinsen — feixen — grienen

lächeln индифф. синоним; напр.: er lächelte freundlich, als sie ihren Wunsch vortrug он приветливо улыбнулся, когда она высказала ему свое желание □ ...und sie lächelte ein wenig verloren ins Leere (*Weisenborn, »Der Verfolger«*) ...и она улыбнулась несколько растерянно куда-то вдаль. **belächeln** (A) (снисходительно) улыбаться кому-л., чему-л. (*вызывающему улыбку своим поведением и т. п.*) ⟨*прямое дополнение в Akk. указывает, что именно вызывает улыбку*⟩; напр.: j-n mitleidig, wohlwollend belächeln улыбаться кому-л. сочувственно, доброжелательно; einen Witz, eine naive Antwort belächeln улыбаться остроте, наивному ответу □ ...und wenn ihn das leicht beeindruckbare Volk der Schauspieler hochmütig belächelt hatte, so ließen sie sich jetzt willig mitreißen von seiner Kunst (*Feuchtwanger, »Die Füchse«*)

...и если прежде эти легко поддающиеся впечатлениям люди, актеры, высокомерно подсмеивались над ним, то теперь они сами увлеклись его искусством. **anlächeln** (*j-n*), **zulächeln** (*j-m*) *в отличие от* lächeln *всегда выражают направленность действия на того, к кому обращена улыбка; напр.:* wen hast du da angelächelt? кому ты . там улыбаешься?; sie lächelte mir zu ему она мне улыбнулась. **schmunzeln** усмехаться; *напр.:* freundlich, listig schmunzeln усмехаться дружески, хитро; über j-n, über etw. schmunzeln усмехаться, глядя на кого-л., усмехаться чему-л. □ Dann setzte er sich seinesteils hin und schrieb. Schmunzelte grimmig und schrieb. Verfaßte einen Zeitungsbericht (*Feuchtwanger*, »*Die Füchse*«) Тогда и он сел за стол и стал писать. Усмехался злорадно и писал. Писал статью в газету. **grinsen** ухмыляться; *напр.:* fröhlich, häßlich, schadenfroh grinsen ухмыляться весело, отвратительно, злорадно; über j-n, über etw. grinsen ухмыляться, глядя на кого-л., ухмыляться чему-л.; er grinste über ihre Verlegenheit он ухмыльнулся, видя ее смущение; grinse nicht so frech! не ухмыляйся так нахально! □ Mücke erschien in der Logentür. Er hatte eine Taschenlampe in der Hand und grinste mit seinem Lausejungengesicht (*Weisenborn*, »*Der Verfolger*«) Мюке появился в дверях ложи. Он держал в руке карманный фонарик, а его озорное лицо ухмылялось. Er sah den Alten grinsen und hörte ihn freundlich und beschwichtigend sagen: »Das sind edle Träume, Sire, Alexanderträume« (*Feuchtwanger*, »*Die Füchse*«) Он увидел, как ухмыльнулся старик, и услышал, как он сказал приветливо и успокаивающе: «Это благородные мечты, ваше величество, мечты, достойные Александра Великого». **angrinsen** (*j-n*) ≙ grinsen, *но выражает направленность действия на кого-л.; напр.:* was grinst du mich so dumm an? что ты так глупо . ухмыляешься мне в лицо? **feixen** *разг.* (иронически, насмешливо, глумливо) улыбаться, кривить губы в улыбке, усмехаться; *напр.:* □ Tüverlin feixte über den traulichen Namen (*der Villa*) (*Feuchtwanger*, »*Erfolg*«) Тюверлин реагировал на интимное название (*виллы*) кривой усмешкой. **grienen** *разг.* ≙ grinsen; *напр.:* □ Satemin drehte sich ruhig um und grüßte höflich. Schanko griente nur (*Valentin*, »*Die Unberatenen*«) Затемин спокойно обернулся и вежливо поздоровался. Шанко только усмехнулся

lachen[1] смеяться; хохотать
lachen — auflachen — anlachen — zulachen — sich auslachen — kichern — sich totlachen — prusten — pruschen — quieken — gackern — wiehern

lachen *индифф. синоним; напр.:* herzlich, fröhlich, laut, leise, gezwungen lachen смеяться от всего сердца, весело, громко, тихо, принужденно; über einen Spaß, einen Scherz, einen Menschen lachen смеяться над проделкой, над шуткой, над человеком □ Und ich lachte, lachte laut. Ich war wie erlöst (*Weisenborn*, »*Der Verfolger*«) А я смеялся, смеялся громко. Я будто бы освободился. Die Kellner eilten, die Gläser klirrten, rundum lachten die Gäste (*ebenda*) Бегали официанты, звенели стаканы, кругом смеялись гости. **auflachen** рассмеяться; *напр.:* hell, laut, lustig, bitter, verächtlich auflachen звонко, громко, весело, горько, презрительно рассмеяться □ »Wollten Sie etwa die Leute davon überzeugen, daß mit dem Krieg Schluß gemacht werden muß?« — »Ja.« Er lachte kurz auf (*Weisenborn*, »*Der Verfolger*«) «Уж не хотели ли вы убедить людей, что с войной должно быть покончено?» — «Да.» Он коротко хохотнул. **anlachen** (*j-n*) смеяться, глядя на кого-л. (*желая установить эмоциональный контакт с кем-л., понравиться кому-л. и т. п.*); *напр.:* j-n freundlich, schalkhaft anlachen смеяться приветливо, лукаво, глядя на кого-л.; sie lachten sich [einander] an они смотрели друг на друга и смеялись; der Himmel lacht uns an небо улыбается нам □ Er hatte eine überraschend tiefe Stimme. Ich lachte ihn an. Wir standen zusammen. Er lachte auch. Er hatte ein gutes Gesicht (*Weisenborn*, »*Die Verfolger*«) У него был неожиданно низкий голос. Я посмотрел на него и засмеялся. Мы стояли. Он тоже рассмеялся. У него было хорошее лицо. **zulachen** (*j-m*) ≙ anlachen, *но еще больше подчеркивает направленность действия; напр.:* j-m freundlich zulachen смеяться приветливо, глядя на кого-л. **sich auslachen** насмеяться вдоволь, нахохотаться досыта; *напр.:* endlich hatten sie sich ausgelacht наконец они нахохотались досыта. **kichern** хихикать; *напр.:* heimlich, verlegen, schadenfroh kichern хихикать тайком, смущенно, злорадно; verstohlen vor sich hin kichern хихикать исподтишка; die jungen Mädchen kicherten молодые девушки хихикали; alle kicherten über den derben Witz все захихикали над соленым анекдотом. **sich totlachen** *разг.* помирать со смеху, смеяться до упаду; *напр.:* wir haben uns totgelacht мы смеялись до упаду; ich könnte mich darüber totlachen я чуть не умер от смеха, до того это смешно; du wirst dich noch totlachen, wenn du hörst, was geschehen ist ты будешь смеяться до упаду, когда услышишь, что произошло. **prusten, pruschen** *разг.* прыснуть (со смеху); *напр.:* der Junge konnte nicht mehr an sich halten, er prustete мальчик не мог больше удержаться, он прыснул. **quieken** *разг.* визжать от смеха (по-поросячьи),

визгливо хохотать; *напр.:* die Kinder begannen plötzlich vor Vergnügen zu quieken дети вдруг радостно завизжали от смеха. **gackern** *разг.* похохатывать, хохотать (*б. ч. о женщинах*); *напр.:* die beiden Mädchen gackerten laut обе девушки громко хохотали. **wiehern** *разг.* ржать, гоготать (*б. ч. о мужчинах*); *напр.:* das war ein echter Kasernenhofwitz und die Jungs wieherten vergnügt это была настоящая казарменная острота, братва радостно гоготала

lachen[2] *см.* auslachen
lachen[3]: sich ins Fäustchen lachen *см.* schadenfroh sein

Lachen смех
das Lachen — das Gelächter — die Lachsalve — das Kichern — das Gekicher — das Gelache — die Lache — das Gewieher

Lachen *индифф. синоним; напр.:* ein lautes, leises, lustiges Lachen громкий, тихий, веселый смех; in Lachen ausbrechen рассмеяться; j-n zum Lachen bringen рассмешить кого-л. □ Sein Lachen kenne ich, aber woher? (*Frisch*, »*Homo faber*«) Этот смех я знаю, но откуда? **Gelächter** громкий смех, хохот; *напр.:* ein lautes, schallendes Gelächter громкий, звучный хохот; ein homerisches Gelächter гомерический смех [хохот]; ein Gelächter anschlagen [erheben], in ein Gelächter ausbrechen разразиться хохотом; zum Gelächter dienen служить предметом насмешек; ihre Worte gingen im Gelächter der Anwesenden unter ее слова потонули в хохоте присутствующих; aus dem Raum drang fröhliches Gelächter из комнаты слышался веселый хохот. **Lachsalve** [-və] взрыв смеха; *напр.:* der Clown rief unter den Zuschauern wahre Lachsalven hervor клоун вызвал настоящие взрывы смеха среди зрителей. **Kichern, Gekicher** хихиканье; *напр.:* mit unterdrücktem Kichern sahen wir zur Seite подавляя хихиканье, мы отвернулись, стараясь не смотреть; unter den Mädchen gab es Gekicher und Getuschel среди девочек началось хихиканье и перешептыванье. **Gelache** *неодобр.* ≙ Gelächter; *напр.:* so ein Gelache! ну и хохот!; das dauernde Gelache im Nebenzimmer störte ihn bei seiner Arbeit непрекращающийся хохот в соседней комнате мешал ему работать. **Lache** *разг. неодобр.* ≙ Gelächter; *напр.:* eine laute, alberne, häßliche Lache громкий, глупый, отвратительный хохот; in eine laute Lache ausbrechen, eine laute Lache anschlagen громко расхохотаться. **Gewieher** *разг.* гогот, ржанье; *напр.:* das trunkene Gewieher der zechenden Kumpane пьяный гогот собутыльников

lächerlich смешной
lächerlich — drollig — possierlich — spaßig — spaßhaft — amüsant — komisch — schnurrig — possenhaft —

LÄCHERLICH

kurios — burlesk — grotesk — lachhaft — ulkig — putzig

lächerlich индифф. синоним; напр.: ein lächerlicher Anzug смешной костюм; lächerlich aussehen выглядеть смешным; mach dich doch nicht lächerlich! не делай из себя посмешище!; ich komme mir in dem Hut lächerlich vor я кажусь себе смешным в шляпе. **drollig** забавный чаще о детях, зверушках, их поведении — с умилением, о взрослых, их поступках — снисходительно-критически; напр.: ein drolliger Einfall, Brief забавная мысль, забавное письмо; drollige Worte забавные слова; sie sagte es so drollig, daß alle lachen mußten она сказала это так забавно, что все рассмеялись; bei Kindern kommt alles so drollig heraus у детей все получается так забавно. **possierlich** ≅ drollig, но б. ч. относится к движениям или ко всему поведению, особенно маленьких детей, зверушек; напр.: die kleinen Kinder und Katzen sind possierlich маленькие дети и котята забавны; bei Kindern kommt alles possierlich heraus у детей все выходит забавно. **spaßig** шутливый, забавный; напр.: das ist ja spaßig! это забавно!; überhaupt eine spaßige Sache — das Leben вообще-то забавная эта штука — жизнь; ist diese Geschichte nicht spaßig? разве не забавна эта история?; das ist ja ein spaßiger Kerl! ну и шутник же он! **spaßhaft** ≅ spaßig, но употр. реже. **amüsant** занимательный, доставляющий развлечение; напр.: ein amüsantes Abenteuer занимательное приключение; eine amüsante Geschichte занимательная история; er plaudert amüsant он занимательно болтает. **komisch** комичный, комический; напр.: eine komische Geschichte, Situation комичная история, ситуация; etw. von der komischen Seite nehmen воспринимать что-л. как комичное; sie machte ein komisches Gesicht она сделала комическую гримасу; diese geschraubten Worte in seinem Brief kommen mir komisch vor эти высокопарные слова в его письме звучат комично для моего слуха; ich finde das gar nicht komisch! по-моему, это вовсе не смешно! **schnurrig** потешный; напр.: eine schnurrige Geschichte потешная история; ein schnurriger Kauz потешный чудак; er unterhielt uns mit seinen schnurrigen Geschichten он развлекал нас потешными историями; diesen schnurrigen Kerl mußt du unbedingt kennenlernen с этим потешным парнем тебе надо непременно познакомиться. **possenhaft** шутовской; напр.: mir gefällt sein possenhaftes Benehmen gar nicht мне совсем не нравится его шутовское поведение. **kurios** курьезный; напр.: kuriose Dinge, Gedanken, Ereignisse курьезные вещи, мысли, события; ein kurioser Fall, Mensch курьезный случай, человек; diese Geschichte ist wirklich kurios эта история действительно курьезна; manchmal geht es auf der Welt kurios zu курьезные вещи происходят порой на свете. **burlesk** бурлескный, буффонский, шутовской; напр.: eine burleske Komödie комедия-бурлеск, буффонада; burleske Späße буффонские шутки. **grotesk** гротесковый, гротескный, причудливый; напр.: eine groteske Erscheinung гротескное явление; ein grotesker Einfall причудливая идея; eine groteske Verkennung der Tatsachen непонимание фактов, доходящее до гротеска; die Situation war grotesk ситуация была гротескной. **lachhaft** разг. неодобр. смехотворный, смешной (б. ч. предикативно); напр.: eine lachhafte Zeremonie смешная церемония; ein lachhafter Grund, Einwand смехотворная причина, смехотворное возражение; seine Entschuldigung ist einfach lachhaft его извинение просто смехотворно; es ist lachhaft, daß du nicht längst begriffen hast, was hier gespielt wird смешно, что ты до сих пор еще не понял, что здесь происходит. **ulkig** разг. ≅ drollig, но в равной мере употр. по отношению ко взрослым, детям и предметам; напр.: kennst du diesen ulkigen Kerl? ты знаешь этого смешного парня?; die Masken im Karnevalszug waren ja wirklich ulkig маски в карнавальном шествии были действительно потешны. **putzig** разг. ≅ drollig; напр.: ein putziges Kätzchen занятный котенок; das ist aber putzig! это, однако, занятно!

lachhaft см. lächerlich
Lachsalve см. Lachen
lackmeiern см. betrügen
Lade см. Truhe
laden I¹ грузить

LADEN

laden — beladen — aufladen — einladen — verladen — umladen — überladen — vollladen — bepacken — aufpacken — vollpacken — belasten — auflasten — überlasten — befrachten — aufbürden

laden индифф. синоним; напр.: die Güter in Schiffe, in Waggons laden грузить товары на суда, в вагоны; Steine in die Schubkarre laden грузить камни на [в] тачку; man lädt die Möbel auf das Auto мебель грузят на машину; der Lastwagen hat zu schwer geladen грузовик тяжело нагружен. **beladen** нагружать; напр.: einen Wagen, ein Lastauto, ein Schiff mit Kohle, mit Erz, mit Sand beladen нагружать вагон [телегу], грузовик, судно углем, рудой, песком; er belädt den Wagen mit Holz он нагружает машину дровами □ ...mit Bündeln beladen... treiben sie das verstörte Vieh vor sich hin (Frisch, »Stiller«) ...нагруженными узлами... они гнали испуганный скот перед собой. **aufladen** ≅ laden (но предложное дополнение с auf обыкн. опускается); напр.: Kohle, Waren, Kartoffeln (auf einen Wagen) aufladen грузить уголь, товары, картофель (на автомашину); er lädt [ladet] Holz auf он грузит дрова; man kann den Touristen nicht noch weiteres Gepäck aufladen нельзя нагружать туристов еще больше; er lud sich den Koffer auf он взвалил на себя чемодан. **einladen** ≅ laden, но подчеркивает направление внутрь, в какое-л. транспортное средство; напр.: Holz, Kisten (in ein Auto, in einen Waggon) einladen грузить лес, ящики (в машину, в вагон); wir luden schwere Säcke ein мы грузили тяжелые мешки; er lud selbst mit ein он сам работал на погрузке вместе со всеми; die Verwundeten wurden eingeladen грузили раненых. **verladen** погрузить для отправки, отгружать; напр.: Güter, Vieh verladen отгружать товары, скот; im Hafen hat man gestern viele Autos auf Schiffe verladen вчера в порту погрузили на суда много автомобилей; die Truppen wurden auf Lastwagen verladen войска были погружены на грузовики. **umladen** перегружать (с одного транспортного средства на другое); напр.: die Waren müssen hier umgeladen werden товары нужно здесь перегрузить. **überláden** слишком нагружать, перегружать; напр.: der Wagen ist überladen машина перегружена; wir haben das Boot überladen мы слишком тяжело нагрузили лодку. **vollladen** нагружать полностью, до отказа; напр.: Schiffe mit Getreide vollladen полностью нагружать суда зерном; der Karren wurde vollgeladen тележка была полностью загружена; lade den Wagen nicht voll! не нагружай машину до отказа!; ein vollgeladener Laster доверху нагруженный грузовик. **bepacken** ≅ beladen, но по отношению к небольшим грузам и транспортным средствам; напр.: einen Wagen, Karren bepacken нагрузить телегу, тележку; sich, j-n mit Koffern bepacken нагрузить себя, кого-л. чемоданами; sie hat ihren Mann mit Einkäufen bepackt она нагрузила мужа покупками; ⟨часто в Part. II⟩ bepackt wie ein Lastesel нагруженный, как вьючный мул; mit Bündeln bepackt нагруженный свертками. **aufpacken** ≅ aufladen, но чаще употр. по отношению к грузам в контейнерах, упаковке, таре; напр.: j-m auf etw. einen Koffer, einem Sack aufpacken взваливать на кого-л., на что-л. чемодан, мешок; mir wurden natürlich wieder beide Koffer aufgepackt меня, конечно, снова навьючили двумя чемоданами; du kannst nicht noch einen Sack auf diesen kleinen Wagen aufpacken, das schafft er nicht не наваливай еще один мешок на машину-малютку, она не потянет; am liebsten hätte er mir auch noch den schweren Rucksack aufgepackt да он взвалил бы на меня еще и тяжеленный рюкзак. **vollpacken** ≅ vollladen; *напр.:* einen Wagen vollpacken нагрузить полностью машину; einen Koffer vollpacken набить чемодан; wer hat denn das Kind so vollgepackt? кто это так нагрузил ребенка поклажей? **belasten** ≅ beladen *подчеркивает тяжесть груза; напр.:* ein Auto, ein Schiff nicht mehr als zulässig belasten нагружать автомобиль, судно не больше, чем допустимо (по норме); j-n, ein Pferd mit Gepäck belasten нагружать кого-л., лошадь тяжелой поклажей; ihr könnt den Wagen nicht noch mehr belasten! тяжелее вы не могли нагрузить машину?! **auflasten** ≅ aufladen, *но употр. реже и подчеркивает тяжесть груза; напр.:* willst du ihm noch den Koffer auflasten? ты что, хочешь взвалить на него еще и чемодан? **überlasten** ≅ überladen, *но еще больше подчеркивает тяжесть груза; напр.:* einen Aufzug, einen Wagen überlasten перегружать лифт, машину. **befrachten** грузить *(зафрахтованное судно, состав); напр.:* ein Schiff mit Kohle, mit Lebensmitteln befrachten грузить [загружать] судно углем, продовольствием; ein ganzer Güterzug wurde mit Reis befrachtet целый товарный состав был загружен рисом. **aufbürden** *высок.* взваливать (тяжелую) ношу *в прям. знач. употр. редко; напр.:* er hat dem Maultier zwei Säcke aufgebürdet он навьючил на мула два мешка

laden I² возлагать *(обязанность, вину и т. п.)*
laden — aufladen — beladen — überladen — auflasten — überlasten — aufbürden — überbürden — aufpacken
laden *индифф. синоним; напр.:* Schuld, Verantwortung auf sich, auf j-n laden брать на себя, возлагать на кого-л. вину, ответственность; mit der Erziehung des Neffen wurde eine schwere Last auf ihn geladen с заботой о воспитании племянника на него было возложено тяжелое бремя; er hat ihre Schuld auf sich geladen он взял на себя ее вину; du hast ihren Haß auf dich geladen ты навлек на себя ее ненависть; die ganze Arbeit hat sie auf ihn geladen всю работу она возложила на него. **aufladen** взвалить; *напр.:* sie lud ihm alle Sorgen für die Familie auf она взвалила на него все заботы о семье; er hat uns damit eine große Verantwortung aufgeladen этим он возложил на нас большую ответственность; warum mußt du dir auch noch diese Pflicht aufladen? почему ты должен брать на себя еще и эту обязанность? **beladen** отягощать; *напр.:* sein Gewissen mit Schuld beladen отягощать свою совесть виной; er ist mit einem harten Schicksal beladen он

влачит бремя тяжкой судьбы; ich möchte dich nicht mit meinen Sorgen beladen я не хотел бы отягощать тебя своими заботами; mit schmerzlichen Eindrücken beladen, kehrten wir endlich heim отягощенные горестными впечатлениями, мы вернулись наконец домой. **überladen** перегружать чем-л. излишним, ненужным *б. ч. употр. в конструкции* mit etw. überladen sein; *напр.:* das Zimmer ist mit Bildern überladen комната перегружена картинами; die Fassade des Hauses wirkt überladen фасад дома производит впечатление перегруженности (ненужными украшениями). **auflasten** ≅ auflladen, *но подчеркивает тяжесть бремени; напр.:* ihr wurde die ganze Arbeit aufgelastet на нее возложили всю работу; man kann ihm nicht alles auflasten не все можно взвалить на него. **überlasten** перегружать (работой) *б. ч. употр. в конструкции* mit etw. überlastet sein; *напр.:* augenblicklich bin ich sehr überlastet в данный момент я очень перегружен (работой); unsere Angestellten sind überlastet наши служащие перегружены. **aufbürden** *высок.* возлагать бремя; *напр.:* j-m Arbeit, Sorgen, Verantwortung aufbürden возлагать на кого-л. бремя трудов, забот, ответственности; die ganze Schuld für das Mißlingen des Versuchs wurde ihm aufgebürdet вся вина за неудачу эксперимента была возложена на него; er hat sich einen Haufen Arbeit aufgebürdet он взвалил на себя кучу всяких дел. **überbürden** *книжн.* ≅ überlasten, *но подчеркивает большую перегруженность работой; напр.:* unsere Leute sind mit Arbeit überbürdet наши люди перегружены работой. **aufpacken** *разг.* взваливать; *напр.:* er hat mir alle Arbeit aufgepackt он взвалил на меня всю работу; du willst uns wohl die ganze Verantwortung aufpacken? ты, что, хочешь взвалить на нас ответственность?; da habe ich mir etwas Schönes aufgepackt! ничего себе, приятную ношу я взвалил на себя!

laden II *см.* rufen¹
Laden *см.* Geschäft¹
lädieren *см.* beschädigen¹
Ladung I вызов (в суд)
die **Ladung** — die **Vorladung**
Ladung *индифф. синоним; напр.:* die Ladung von Zeugen nahm viel Zeit in Anspruch вызов свидетелей занял много времени; seiner Ladung folgend, war er um sieben Uhr im Gerichtsgebäude согласно вызову он был в семь часов в здании суда. **Vorladung** вызов в суд, повестка; *напр.:* zu Hause fand er eine Vorladung vor дома его ждала повестка в суд
Ladung II *см.* Last
Laffe *см.* Geck
Lage¹ положение, состояние

die **Lage** — die **Situation** — der **Zustand** — der **Stand**
Lage *индифф. синоним; напр.:* eine gefährliche, schlimme, unsichere Lage опасное, плохое, шаткое положение; eine explosive Lage взрывоопасная обстановка; in eine peinliche Lage geraten попасть в неприятное положение; j-n in eine üble Lage bringen поставить кого-л. в тяжелое положение; in der Lage sein, etw. zu tun быть в состоянии что-л. сделать; der zweite Weltkrieg schuf in Europa eine neue politische Lage вторая мировая война создала в Европе новое политическое положение □ Es ging um ihr ʻLeben. Ihre Lage war verzweifelt *(Weisenborn, »Der Verfolger«)* Их жизнь была под угрозой. Их положение было отчаянным. Um gerecht zu sein, schloß Paul, und ein objektives Bild der Lage zu geben, müsse er betonen, daß im Kongreß... auch Männer von Weitblick... säßen *(Feuchtwanger, »Die Füchse«)* И наконец, чтобы быть справедливым и чтобы дать объективную картину состояния дел, он, Поль, должен подчеркнуть, что в Конгрессе... заседают также и прозорливые люди. **Situation** ситуация; *напр.:* eine gefährliche, lächерliche, peinliche Situation опасная, смешная, неприятная ситуация; die politische, wirtschaftliche Situation политическая, экономическая ситуация; die Situation retten спасти положение; in eine verfängliche Situation geraten попасть в рискованную ситуацию □ Auf dem Heimweg blieb ich vor einer blühenden Jasminhecke stehen, atmete ihren Duft tief ein und kostete die Situation aus *(Weisenborn, »Der Verfolger«)* По дороге домой я остановился перед оградой из цветущего жасмина, глубоко вдохнул его аромат и насладился ситуацией. In gepflegter Rede stellte er seinen Herren die hoffnungslose Lage dar und fragte, ob ihnen aus der Kriegsgeschichte ein Fall bekannt sei, in dem in einer ähnlichen Situation eine Armee nicht kapituliert hätte *(Feuchtwanger, »Die Füchse«)* В корректной речи он изложил господам безнадежное положение и спросил, известен ли им из военной истории хоть один случай, когда в подобной ситуации армия не капитулировала бы. **Zustand** *часто мн.* состояние, положение на сегодняшний день; *напр.:* der augenblickliche, heutige, jetzige Zustand настоящее, сегодняшнее, теперешнее состояние; der körperliche, moralische Zustand физическое, моральное состояние; unhaltbare, unerträgliche Zustände нетерпимое, невыносимое положение; die wirtschaftlichen, politischen Zustände im Lande экономическое, политическое положение в стране; das Haus befindet sich in bestem Zustand дом находится в прекрасном состоянии; ich fand ihn

in traurigem Zustand я застал его в печальном положении ◻ Er fügte laut und an niemand gerichtet hinzu, daß er Schritte tun werde zur Beseitigung von Zuständen, wie die hier von gewissenlosen Abenteurern ins Leben gerufenen... (*H. Mann*, »*Unrat*«) Он добавил громко и ни к кому не обращаясь, что предпримет шаги к устранению положения, созданного здесь бессовестными искателями приключений... **Stand** *тк. ед.* = Zustand, *на употр. реже*; *напр.*: sie hält das Haus in gutem Stande она содержит дом в хорошем состоянии

Lage[2] положение, расположение
die **Lage** — die **Stellung** — der **Stand** — die **Haltung** — die **Position**
Lage *индифф. синоним*; *напр.*: eine senkrechte, horizontale, schräge, geneigte Lage вертикальное, горизонтальное, косое, наклонное положение; eine schöne, ruhige, verkehrsgünstige Lage красивое, спокойное, удобное в транспортном отношении местоположение [расположение]; eine (un)bequeme Lage (не)удобное положение, (не)удобная поза; sie braucht eine bestimmte Lage zum Einschlafen чтобы заснуть, ей нужно определенное положение; der Kranke wechselte unruhig die Lage больной беспокойно менял свое положение; unser Haus hat eine schöne Lage am Wald наш дом красиво расположен на краю леса; die Stadt Leipzig hatte im Mittelalter eine besonders günstige Lage город Лейпциг занимал в средние века особенно благоприятное местоположение ◻ Meine Wohnung... zwei Zimmer mit Dachgarten, einzigartige Lage (*Frisch*, »*Homo faber*«) Моя квартира... две комнаты и сад на крыше, единственное в своем роде расположение. **Stellung** положение в пространстве относительно других предметов; положение человека *тж. перен.*; расположение (*войск, звезд*); *напр.*: eine bequeme, zwanglose Stellung удобная, непринужденная поза; in einer gebückten, liegenden, sitzenden Stellung в согнутом, лежачем, сидячем положении; eine hohe, einflußreiche Stellung высокое, влиятельное положение; eine befestigte Stellung укрепленная позиция; die Stellung der Gestirne, der Planeten zur Sonne расположение звезд, планет относительно Солнца; eine neue Stellung beziehen занимать новую позицию; das Modell nahm eine andere Stellung ein натурщик принял другую позу; der Gegner wurde aus seiner Stellung getrieben противник был выбит из своих позиций; nach der Stellung der Sterne war es Mitternacht по положению звезд была полночь. **Stand** положение (в данной точке, в данный момент); *напр.*: der Stand der Sonne, der Gestirne положение Солнца, звезд; Kugelstoßen, Springen aus dem Stand толкание

ядра, прыжки с места (*без разбега*); das Wasser hat seinen höchsten Stand erreicht вода достигла своего наивысшего уровня. **Haltung** поза, осанка; *напр.*: eine gute, schlechte, gerade Haltung хорошая, плохая, прямая осанка; in schlechter, nachlässiger Haltung am Tisch sitzen сидеть за столом в плохой, небрежной позе ◻ Aus der schönen und stolzen Lisbeth war eine scheue, gebückte Jungfer geworden... mit unsicherem Blick und ängstlicher Haltung (*Hesse*, »*Narziß*«) Красивая и гордая Лизбет стала робкой, согбенной старой девой... с растерянным взглядом и всей своей осанкой выражающей страх. **Position** положение (относительно чего-л.); *напр.*: die Position eines Schiffes, eines Flugzeugs ermitteln, melden установить, сообщить положение судна, самолета; in gesicherter, guter Position sein занимать прочное, хорошее положение; seine Position in diesem Streit ist nicht zu verteidigen его позицию в этом споре невозможно отстаивать

Lage[3]: in der Lage sein *см.* können[1]

Lager *см.* «Приложение»
lagern *см.* liegen[1]
lagern, sich *см.* setzen, sich
lahm[1] хромой
lahm — **hüftlahm** — g e h b e h i n d e r t
lahm *индифф. синоним*; *напр.*: lahm sein быть хромым; lahm gehen хромать, ходить хромая; das Kind ist von der Geburt an lahm ребенок хромает от рождения. **hüftlahm** хромой (из-за повреждения, вывиха тазобедренного сустава) *чаще о животных*; *напр.*: das Pferd ist hüftlahm лошадь хромает. **gehbehindert** *эвф. и офиц.* испытывающий трудности при передвижении, с больными ногами (*б. ч. об инвалидах, передвигающихся при помощи протезов, костылей и т. п.*); *напр.*: unsere Nachbarin ist gehbehindert у нашей соседки больная нога; gebrechliche und gehbehinderte Personen, bitte, den Fahrstuhl benutzen! престарелых и тех, кому трудно ходить, просим воспользоваться лифтом!

lahm[2] *см.* gelähmt
lahmen *см.* hinken
lähmen парализовать
lähmen — **lahmlegen**
lähmen *индифф. синоним*; *напр.*: er wurde durch einen Schlaganfall gelähmt его разбил паралич [его парализовало] после удара; seine Einwendungen lähmten die Verhandlungen его возражения парализовали переговоры ◻ Sehr gerne hätte er dem Meister gezeichnet, wäre jener Widerspruch zwischen Gesicht und Händen nicht gewesen, der lähmte ihn (*Hesse*, »*Narziß*«) С большой охотой он бы нарисовал мастера, если бы не было того противоречия между лицом и руками, оно парализовало его. Sie

gehörte zu den Menschen, die immer beherzt, manchmal sogar keck auftreten, aber im entscheidenden Augenblick plötzlich von der Angst gelähmt werden (*Kellermann*, »*Totentanz*«) Она относилась к тем людям, которые ведут себя смело, иногда даже дерзко, но в решающий момент их вдруг парализует страх. **lahmlegen** парализовать *перен.*; сковать *перен.*; *напр.*: durch den Orkan wurde der gesamte Verkehr lahmgelegt ураган парализовал все движение; der Streik legte die Stahlindustrie lahm забастовка парализовала всю сталелитейную промышленность; er hat seine Gegner lahmgelegt он сковал действия своих противников

lahmlegen *см.* lähmen
Laie *см.* Liebhaber[2]
Lakai *см.* Diener[1]
lakaienhaft *см.* unterwürfig[1]
lakonisch *см.* kurz[1]
lallen *см.* sprechen[1]
lamentieren *см.* klagen[1]
Land *см.* Dorf/Feld/Staat
Landarbeiter сельскохозяйственный рабочий
der **Landarbeiter** — der **Tagelöhner**
Landarbeiter *индифф. синоним*; *напр.*: Landarbeiter eines Volksgutes сельскохозяйственные рабочие народного имения (*ГДР*); sein Vater war früher Landarbeiter auf einem Rittergut его отец был раньше батраком в дворянском имении; die Zeitungen melden den Streik der Landarbeiter in Italien газеты сообщают о забастовке сельскохозяйственных рабочих в Италии. **Tagelöhner** поденщик, батрак; *напр.*: ein armer Tagelöhner бедный поденщик; für die Ernte wurden einige Tagelöhner eingestellt на время уборки урожая было нанято несколько батраков; Tagelöhner wagten nicht einmal zu streiken батраки не смели даже бастовать

landen[1] приземляться, садиться (*о самолетах и т. п.*)
landen — **wassern** — **monden**
landen *индифф. синоним*; *напр.*: das Flugzeug landete glücklich самолет благополучно приземлился; soeben ist eine Maschine aus Prag gelandet только что приземлился [сел] самолет из Праги; die Fallschirmspringer sind auf der Wiese gelandet парашютисты приземлились на лугу; das Raumschiff landete in der Steppe космический корабль совершил посадку в степи; die Astronauten sind auf dem Mond gelandet астронавты совершили посадку на Луну. **wassern** садиться на воду (*о самолетах и т. п.*), приводняться; *напр.*: das Flugzeug wasserte nicht weit von der Küste (гидро)самолет сел недалеко от берега; amerikanische Raumschiffe wassern gewöhnlich im Ozean американские космические корабли обычно приводняются в океане. **monden**

геол. редко прилуниться; *напр.*: die Rakete ist weich gemondet ракета совершила мягкую посадку на Луну; die Astronauten mondeten glücklich астронавты благополучно прилунились

landen ² *см.* aussteigen/geraten ¹
Landesverrat *см.* Verrat
Landgut *см.* Gut ¹
landläufig *см.* verbreitet
Landsknecht *см.* Söldner
Landstraße *см.* Weg ¹
Landstreicher бродяга
der **Landstreicher** — der **Vagabund** — der **Stromer** — der **Strolch** — der **Lump** — der **Tippelbruder** — der **Pennbruder** — der **Pülcher**

Landstreicher *индифф. синоним; напр.*: wie ein Landstreicher aussehen выглядеть как бродяга; er schreibt gern über Landstreicher он любит писать о бродягах □ Es ist ein Landstreicher, der hier gestohlen hat. Setzt ihn fest, und morgen früh hängt den Schelm an den Galgen (*Hesse,* »*Narziß*«) Это бродяга, он тут стащил кое-что. Посадите его, а завтра утром повесьте негодяя. **Vagabund** [v-] ≅ Landstreicher *иногда подчеркивает беззаботность, беспечность и т. п.; напр.*: sein Leben lang war er ein Vagabund всю свою жизнь он был бродягой; du siehst wie ein richtiger Vagabund aus ты выглядишь как настоящий бродяга □ Ein Vagabund kann zart oder roh sein, kunstfertig oder tölpisch, tapfer oder ängstlich, immer aber ist er im Herzen ein Kind (*Hesse,* »*Narziß*«) Бродяга может быть нежным или грубым, искусным или недотепой, храбрым или боязливым, но всегда в душе он остается ребенком. **Stromer** бродяжка; *напр.*; ein Stromer bat an der Haustür um ein Stück Brot какой-то бродяжка просил у двери кусок хлеба; wo bist du denn gewesen, du kleiner Stromer? *шутл.* где же ты был, маленький бродяжка? **Strolch** босяк *подчеркивает преступные наклонности бродяги; напр.*: sie hatte Angst vor den Strolchen, die über das Land zogen она боялась босяков, бродивших по округе. **Lump** оборванец; *напр.*: die Lumpen haben mir mein ganzes Geld gestohlen оборванцы украли у меня все деньги; er sah einem Lumpen ähnlich он был похож на оборванца. **Tippelbruder** *разг. устаревает* ≅ Landstreicher; *напр.*: zwei Tippelbrüder rasteten im Wald двое бродяг остановились в лесу отдохнуть; bist du auch ein Tippelbruder? ты тоже бродяга? **Pennbruder** *фам. пренебр.* (со)ночлежник; *напр.*: sein Schrei schreckte die Pennbrüder auf его окрик заставил вскочить сночлежников. **Pülcher** *австр. разг.* ≅ Strolch; *напр.*: es schellte. Ein Pülcher stand vor der Tür позвонили. Какой-то босяк стоял в дверях

lang ¹ длинный
lang — **länglich**

lang *индифф. синоним; напр.*: lange Arme, Beine, Haare длинные руки, ноги, волосы; eine lange Straße, Reihe длинная улица, очередь; ein langes Kleid, Hemd длинное платье, длинная рубашка; ein langer Weg длинный путь. **länglich** продолговатый, (несколько) удлиненный, вытянутый в длину; *напр.*: ein längliches Gesicht продолговатое лицо; ein länglicher Schädel продолговатый череп; ein länglicher Raum помещение, несколько вытянутое в длину; länglich geschnittene Augen глаза с продолговатым разрезом

lang ² долгий, длинный, длительный
lang — langwierig

lang *индифф. синоним; напр.*: eine lange Rede длинная речь; ein langer Weg долгий путь; ein langer Aufenthalt длительное пребывание; lange warten долго ждать; er ist des langen Alleinseins müde он устал от долгого одиночества; er muß für lange Zeit verreisen он должен уехать на долгое время; sie ist nach einer langen Krankheit verstorben она умерла после продолжительной болезни; acht lange Jahre haben wir gewartet мы ждали восемь долгих лет. **langwierig** длительный и трудный; *напр.*: langwierige Verhandlungen длительные (и трудные) переговоры; eine langwierige Arbeit долгая и трудная работа; die Krankheit macht eine langwierige Behandlung erforderlich болезнь требует длительного и упорного лечения; das Buch ist so angelegt, daß dem Leser das langsam gehen, arbeiten, sprechen, bebleibt книга построена так, чтобы сэкономить читателю время, избавив его от долгих поисков нужных сведений

lang ³ *см.* groß ²
lang ⁴: seit langem *см.* lange
langatmig *см.* ausführlich
lange давно
lange — längst — seit langem

lange *индифф. синоним; напр.*: er ist lange fertig он давно готов; er weiß es schon lange он уже давно это знает; es ist (schon) lange her это было (уже) давно □ Meine Wohnung... war mir schon lange zu teuer (*Frisch,* »*Homo faber*«) Моя квартира... была уже давно мне не по карману. ...das große Licht in der Kabine war lange schon gelöscht (*ebenda*) ...верхний свет в салоне был давно уже выключен. **längst** уже давно; *напр.*: er ist längst verstorben он уже давно умер; das ist längst bekannt это уже давно известно; ich habe das längst vergessen я это уже давно забыл □ Langsam wurde die Sache doch langweilig, eigentlich ein Skandal, daß die zweiundvierzig Passagiere und fünf Leute der Besatzung nicht längst aus dieser Wüste befreit waren (*Frisch,* »*Homo faber*«) Понемногу это начинало надоедать, просто скандал, что сорок два пассажира и пять членов экипажа не были уже давным-давно вывезены из этой пустыни. seit langem с давних пор; *напр.*: er trägt sich seit langem mit diesem Gedanken он с давних пор вынашивает эту мысль

lange nicht *см.* längst nicht
Länge ¹ длина
die **Länge** — die **Ausdehnung**

Länge *индифф. синоним; напр.*: die Länge der Beeten messen измерять длину грядок; die Straße ist in [auf] einer Länge von elf Kilometer nur einseitig befahrbar по шоссе на участке длиною в одиннадцать километров одностороннее движение. **Ausdehnung** протяженность; *напр.*: die kolossale Ausdehnung einer modernen Industrieanlage колоссальная протяженность современного промышленного предприятия; vom Aussichtsturm kann man die Landschaft in ihrer vollen Ausdehnung überblicken со смотровой вышки можно увидеть всю местность

Länge ²: in die Länge ziehen *см.* verzögern ¹
langen *см.* geben ¹/genügen
Lang(e)weile haben *см.* langweilen, sich
Langfinger *см.* Dieb
länglich *см.* lang ¹
Langmut *см.* Geduld
längs вдоль
längs — entlang

längs *индифф. синоним* ⟨*предлог с Gen. и, реже, Dat.*⟩; *напр.*: längs des Zauns, der Straße вдоль забора, вдоль улицы; längs des Flusses [dem Fluß] вдоль реки; längs des Weges standen Apfelbäume вдоль дороги стояли яблони; der Zug fuhr längs dem Fluß поезд шел вдоль реки. **entlang** ≅ längs ⟨*послелог с Akk., реже предлог с Dat., редко послелог с Dat.*⟩; *напр.*: sie hatten das Auto abgestellt und gingen das Ufer, die Straße entlang zu Fuß они поставили машину и пошли вдоль берега, вдоль по улице пешком; die Neugierigen stellten sich entlang der Straße auf любопытные выстроились вдоль улицы □ ...er steuerte am Ufer entlang, bis die Stelle gefunden war, wo man überqueren konnte (*Frisch,* »*Homo faber*«) ...он правил вдоль берега, пока не добрался до места, где можно было переправляться

langsam ¹ медленный
langsam — **sacht** — **bedächtig** — **gemächlich** — **schleichend** — **bedachtsam**

langsam *индифф. синоним; напр.*: langsam gehen, arbeiten, sprechen, begreifen медленно ходить, работать, говорить, соображать; ein langsamer Tanz медленный танец; ein langsames Verkehrsmittel тихоходное транспортное средство; er ist zu langsam bei der Arbeit он слишком медлителен в работе; er trank langsam sein Glas aus он медленно выпил свой стакан; der Puls geht langsam пульс бьётся редко. **sacht** а) небыстрый, тихий *подчёркивает осторожность и мягкость спокойных движений*; *напр.*: sie geht mit sachten Schritten у неё мягкая походка; er näherte sich sacht dem Tisch он тихо приблизился к столу; die Alte entfernte sich sacht старая женщина тихо удалилась; b) *в отдельных разг. выражениях* = langsam; *напр.*: sachte! sachte! не так быстро!; nur sachte voran, immer sachte (лучше) медленно, но верно; wer sacht fährt, kommt auch an *посл.* тише едешь, дальше будешь. **bedächtig** неторопливый, спокойный, размеренный (*чаще о действиях лиц зрелого, пожилого возраста*); *напр.*: mit bedächtigem Schritt размеренным шагом; sie stieg bedächtig bergan она неторопливо шла в гору; er trank sein Glas langsam und bedächtig aus он медленно, размеренными глотками выпил свой стакан; der Alte nickte bedächtig старик медленно (‚с важностью) кивнул. **gemächlich** неторопливый (*о движении*); не спеша; *напр.*: ein gemächliches Tempo anschlagen начать в медленном темпе; er stieg gemächlich bergan он неторопливо поднимался в гору; er kam mit gemächlichem Schritt auf uns zu он подошёл к нам неторопливым шагом; wir gingen gemächlich nach Hause мы не спеша шли домой. **schleichend** крадущийся; *перен.* медленно протекающий, замедленный ⟨*б. ч. атрибутивно*⟩; *напр.*: schleichendes Gift медленно действующий яд; schleichende Krankheit медленно [вяло] протекающая болезнь; schleichende Inflation ползучая инфляция; draußen im Garten hörte ich schleichende Schritte снаружи в саду я услыхал крадущиеся шаги. **bedachtsam** *высок.* = bedächtig, *но употр. реже*; *напр.*: er näherte sich bedachtsam он приближался размеренным шагом

langsam[2] *см.* träge
längst *см.* lange
längst nicht далеко не, совсем не, вовсе не
längst nicht — bei weitem nicht — lange nicht

längst nicht *индифф. синоним*; *напр.*: hier ist es längst nicht so schön wie zu Hause здесь совсем [далеко] не так хорошо, как дома; das ist noch längst nicht alles это ещё далеко не всё; er singt längst nicht so gut wie sein Freund он поёт далеко не так хорошо, как его друг. **bei weitem nicht** ≅ längst nicht, *но несколько усиливает это значение*; *напр.*: du hast bei weitem nicht alles erfahren ты узнал ещё далеко не всё. **lange nicht** *разг.* = längst nicht; *напр.*: hier ist es lange nicht so schön wie zu Hause здесь далеко не так хорошо, как дома; das ist noch lange nicht alles это ещё далеко не всё □

Ich hatte Ringe unter den Augen, nichts weiter, im übrigen war ich sonnengebräunt, wie gesagt, lange nicht so hager wie üblich (*Frisch*, »Homo faber«) У меня были круги под глазами, больше ничего, а вообще я загорел и был совсем не так худ, как обычно

langweilen наводить скуку, заставлять скучать
langweilen — ennuyieren — anöden

langweilen *индифф. синоним*; *напр.*: das Theaterstück, der Film hat ihn gelangweilt спектакль, фильм наводил на него скуку; er langweilt mich мне скучно с ним ◇ Für Fouché ist Robespierre noch immer der abgeschundene, dürre Advokat, der... die Versammlung von 1789 durch seinen Redeschwall langweilte (*St. Zweig*, »Fouché«) Для Фуше Робеспьер всё ещё был тем заезженным, тощим адвокатом, который... потоком своих речей наводил скуку на ассамблею 1789 года. Ich hatte ihr mein Kamera erläutert, aber es langweilte sie alles, was ich sagte (*Frisch*, »Homo faber«) Я объяснял ей устройство кинокамеры, но всё, что я говорил, нагоняло на неё скуку. **ennuyieren** [any'ji:-] *уст. книжн.* ≅ langweilen; *напр.*: der Roman ennuyierte ihn von den ersten Seiten an роман наскучил ему с первых же страниц. **anöden** *разг.* нагонять тоску; *напр.*: er ödet die Leute mit seinem Gefasel an своей пустой болтовнёй он нагоняет на людей зелёную скуку □ ...es ödete mich einfach an, schon wieder in ein Flugzeug zu steigen, schon wieder Gürtel zu schnallen (*Frisch*, »Homo faber«) ...на меня просто нагоняло тоску, что надо снова садиться в самолёт, снова пристёгивать ремни. Er sah ganz so aus, als wenn ihn diese ganze Show mit uns Musterknaben ungeheuer anödete (*Plenzdorf*, »Die neuen Leiden«) Он выглядел совсем так, как если бы это представление с нами, примерными мальчиками, нагоняло бы на него жуткую скучищу

langweilen, sich скучать
sich langweilen — Lang(e)weile haben — sich ennuyieren — sich mopsen

sich langweilen *индифф. синоним*; *напр.*: sich sehr, schrecklich langweilen очень, ужасно скучать; ich langweile mich dort immer мне там всегда скучно; er hat sich dort zu Tode gelangweilt он там смертельно скучал, он там скучал до смерти □ ...sobald sie sich langweilen, kommen die Vorwürfe, man habe keine Gefühle. Dann, offen gestanden, langweile ich mich noch lieber allein (*Frisch*, »Homo faber«) ...когда они заскучают, начинаются упрёки, нет, мол, чувств. В таком случае, откровенно говоря, уж лучше я буду скучать один. **Lang(e)weile haben** томиться от ску-

ки, не знать, куда девать себя от скуки; *напр.*: wenn er Lang(e)weile hatte, ging er auf die Jagd от скуки, когда ему нечем было заняться, он ходил на охоту. **sich ennuyieren** [any'ji:-] *уст. книжн.* ≅ sich langweilen; *напр.*: sie weilt hier zur Kur und ennuyiert sich sehr она здесь (*на курорте*) находится для лечения и очень скучает. **sich mopsen** *разг.* ≅ sich langweilen; *напр.*: beim Spaziergang mit den beiden alten Damen hat er sich furchtbar gemopst на прогулке с обеими старыми дамами он неимоверно скучал; ich habe mich in seinem Vortrag schrecklich gemopst я страшно скучал на его докладе

langweilig скучный
langweilig — gelangweilt — todlangweilig — sterbenslangweilig — fade — anödend — stinklangweilig — kotzlangweilig

langweilig *индифф. синоним*; *напр.*: eine langweilige Arbeit скучная работа; eine langweilige Stadt скучный город; eine langweilige Gesellschaft скучная компания; unsere Reise war langweilig наша поездка была скучной; es ist hier zum Sterben langweilig! здесь до смерти скучно! **gelangweilt** соскучившийся, скучающий; *напр.*: ein gelangweiltes Gesicht скучающее лицо; gelangweilt zuhören слушать, скучая; слушать со скучающим видом; sie sah gelangweilt aus у неё был скучающий вид; er machte eine gelangweilte Miene он сделал скучающую мину. **todlangweilig, sterbenslangweilig** *эмоц.-усил.* смертельно скучный; *напр.*: ein todlangweiliger Mensch до смерти скучный человек; es ist sterbenslangweilig hier здесь скука смертная. **fade** *разг. пренебр.* нудный, неинтересный, пресный; *напр.*: ein fades Geschwätz нудная болтовня; ein fades Leben серая жизнь; ein fader Mensch, Schwätzer нудный человек, болтун; er redet nur fades Zeug он говорит тягомотину. **anödend** *разг.* наводящий скуку, нагоняющий тоску; *напр.*: sein Geschwätz war anödend его болтовня наводила скуку. **stinklangweilig** *фам.* ≅ anödend; *напр.*: sein Theaterstück ist stinklangweilig его пьеса — тоска смертная. **kotzlangweilig** *груб.* тошнотворно скучный; *напр.*: es ist hier kotzlangweilig здесь до тошноты скучно

langwierig *см.* lang[2]
lapidar *см.* kurz[1]
Lappen тряпка, лоскут; *мн.* тряпьё
der Lappen — der Lumpen — der Fetzen

Lappen *индифф. синоним*; *напр.*: ein schmutziger, nasser Lappen грязная, мокрая тряпка; ein bunter Lappen пёстрый лоскут; einen Lappen auswringen [auswinden] выжимать тряпку; etw. mit einem Lappen auswischen вытирать что-л. тряпкой; aus alten Lappen fertigte sie nette Puppenkleider an из старых лоскутьев она делала прелестные платья для кукол; bunte Lappen schmückten sein Faschingskostüm пестрые заплаты украшали его карнавальный костюм; hier liegen nur Lappen здесь валяется одно тряпье. **Lumpen** рваный лоскут; *мн.* лохмотья; *напр.*: ein alter Lumpen старый (рваный) лоскут; Lumpen und Altpapier sammeln собирать тряпье и макулатуру; sie mußte ihre Kleider so lange tragen, bis sie ihr als Lumpen vom Körper fielen ей приходилось носить свои платья до тех пор, пока лохмотья уже не прикрывали тела; er geht in Lumpen он ходит в рванье [в лохмотьях]. **Fetzen** *разг.* обрывок, клок; *напр.*: ein Fetzen Papier, Stoff клок бумаги, материи; ein schmutziger Fetzen грязная тряпка; dein Kleid ist nur noch ein Fetzen твое платье превратилось в клочья; der Rock wird bald in Fetzen gehen юбка скоро расползется на куски

läppisch *см.* dumm¹
Lapsus *см.* Fehler¹
Lärm¹ шум
der **Lärm** — das **Geräusch** — das **Gepolter** — das **Getöse** — der **Rummel** — der **Krach** — der **Rumor** — der **Heidenlärm** — der **Radau** — der **Mordsradau** — der **Klamauk**

Lärm *индифф. синоним; напр.*: ein unbeschreiblicher, schrecklicher, ungewöhnlicher, großer Lärm неописуемый, страшный, необычный, большой шум; von draußen dringt Lärm herein с улицы врывается шум; es war ein Lärm, daß man sein eigenes Wort nicht verstehen konnte был такой шум, что нельзя было разобрать своих собственных слов; kannst du bei diesem Lärm arbeiten? (как) ты можешь работать при таком шуме? □ Am Morgen, jedesmal, weckte mich ein sonderbarer Lärm, halb Industrie, halb Musik *(Frisch, »Homo faber«)* По утрам, и притом каждый раз, меня будил какой-то странный шум, какая-то смесь индустриального и музыкального. **Geräusch** легкий шум; шорох, шелест, шуршание; *напр.*: ein Geräusch von leichten Schritten шорох легких шагов; das macht ja so viel Geräusch! от этого так много шума! □ ...ein Geräusch, das ich nicht erklären konnte, nicht laut, aber rasend wie Grillen, metallisch, monoton, es mußte eine Mechanik sein, aber ich erriet sie nicht *(Frisch, »Homo faber«)* ...шум, который я не мог себе объяснить, не громкий, но неистовый, как стрекот кузнечиков, металлический, монотонный, источник его, вероятно, был механический, но я не мог угадать какой. **Gepolter** грохот; *напр.*: die Kinder liefen mit Gepolter die Treppe herunter дети с грохотом сбежали вниз по лестнице; das Geschirr fiel mit Gepolter zu Boden посуда с грохотом упала на пол. **Getöse** сильный и непрерывный шум; *напр.*: ein verworrenes, starkes, dumpfes, anhaltendes Getöse разноголосый, сильный, приглушенный, непрекращающийся шум [гул]; das Getöse des Meeres, des Sturmes, des Wasserfalls непрерывный шум моря, бури, водопада; die Mauer brach mit furchtbarem Getöse zusammen стена рухнула со страшным грохотом; da hörten wir ein unterirdisches Getöse тут мы услышали подземный гул. **Rummel** шум и гам, сутолока; *напр.*: es gab einen großen Rummel было много шума и гама; ich habe diesen Rummel satt! мне надоела эта суматоха! □ Übermorgen in Paris — das war ungefähr alles, was ich denken konnte in diesem Rummel — werde ich zu einem Arzt gehen... *(Frisch, »Homo faber«)* Послезавтра в Париже я пойду к врачу... это было, пожалуй, все, о чем я мог думать в этой сутолоке. **Krach** раскатистый шум, громкий треск *часто звуки действуют раздражающе*; *напр.*: die Kinder machen entsetzlichen Krach auf dem Hof дети ужасно шумят во дворе; die Tür fiel mit lautem Krach ins Schloß дверь с шумом захлопнулась; der Blumentopf schlug mit lautem Krach zu Boden цветочный горшок с грохотом упал на пол. **Rumór** *разг.* устаревает глухой шум, возня; *напр.*: die Kinder machten einen fürchterlichen Rumor дети затеяли ужасную возню; was macht ihr denn für einen Rumor? что вы подняли такой шум? **Heidenlärm** *разг.* адский шум, гвалт; *напр.*: was für einen Heidenlärm macht ihr da? что за гвалт вы подняли? □ ...wir saßen zu nahe bei der Musik, ein Heidenlärm... *(Frisch, »Homo faber«)* ...мы сидели слишком близко от оркестра, был адский шум... **Radau** *разг.* галдеж, гвалт; *напр.*: die Kinder machen auf dem Hof einen mächtigen Radau ребята страшно галдят во дворе; das war ein Radau! вот был галдеж! **Mordsradau** *разг. эмоц.-усил.* ≅ Radau; *напр.*: der Mordsradau auf der Straße hat ihn aus dem Schlaf geschreckt дикий гвалт на улице заставил его в испуге проснуться. **Klamauk** *разг.* гвалт, шумиха; *напр.*: seid still, Kinder, macht nicht solchen Klamauk! тише, дети, не галдите!; mit viel Klamauk wurde das Fest gefeiert на праздник было много шума; um das Stück wurde viel Klamauk gemacht вокруг пьесы была поднята шумиха

Lärm² *см.* Alarm
lärmen¹ шуметь
lärmen — **poltern** — **rumoren** — **tollen** — **tosen** — **rummeln**

lärmen *индифф. синоним; напр.*: die Kinder lärmen auf der Straße дети шумят на улице. **poltern** громыхать, грохотать; *напр.*: an die Tür poltern громыхать в дверь; Steine, Kisten poltern vom Wagen auf die Straße камни, ящики с грохотом валятся с телеги на дорогу; der Wagen polterte über die Brücke машина прогромыхала по мосту; er poltert die Treppe herunter он, громко топая, сбегает вниз по лестнице. **rumoren** шумно возиться; *напр.*: die Pferde rumoren im Stall лошади топчутся в конюшне; es rumort auf dem Hausboden на чердаке кто-то возится. **tollen** шумно резвиться, носиться *(о детях)*; *напр.*: die Kinder tollen im Garten дети, весело крича, носятся по саду; im Wald können die Kinder ordentlich tollen в лесу дети могут резвиться и шуметь как хотят. **tosen** сильно шуметь, бушевать; *напр.*: wir hörten die Brandung tosen мы слышали громкий рокот [гул] прибоя. **rummeln** *терр.* = rumoren ⟨*б. ч. безл.*⟩; *напр.*: es rummelt auf dem Dachboden на чердаке кто-то возится

lärmen² шуметь, скандалить
lärmen — **randalieren** — **skandalieren**

lärmen *индифф. синоним; напр.*: auf den Hinterbänken brach ein Streit aus, die Halbstarken lärmten und störten die Zuschauer в задних рядах вспыхнула ссора, подростки шумели [кричали] и мешали зрителям; als man ihm den Eintritt verweigerte, fing er an zu lärmen когда его отказались впустить, он начал скандалить [поднял шум]. **randalieren** буянить, дебоширить; *напр.*: die Betrunkenen randalierten in der Kneipe пьяные буянили в пивной. **skandalieren** *уст.* скандалить; *напр.*: du darfst hier nicht skandalieren! ты не должен здесь скандалить!

Larve *см.* Maske
lasch *см.* träge
lassen¹ оставлять
lassen — **liegenlassen** — **stehenlassen** — **zurücklassen** — **hinterlassen** — **reservieren**

lassen *индифф. синоним; напр.*: wo kann ich meinen Mantel lassen? где мне можно оставить пальто?; den Koffer lassen wir in der Gepäckaufbewahrung чемодан мы оставим в камере хранения; laß mir das Buch! оставь мне книгу! **liegenlassen** ≅ lassen, *но подчеркивает, что что-л. случайно или намеренно оставляется там, где находилось раньше; напр.*: ich habe meine Handschuhe im Zug liegenlassen я оставила [забыла] свои перчатки в поезде; wir haben die Stadt links liegenlassen мы проехали мимо, оставив город левее; ich ließ das Geld hier liegen, vergiß es bitte nicht я оставил деньги здесь, не забудь, пожалуйста. **stehenlassen** ≅ lassen, *но подчеркивает, что кто-л. или что-л. остается в том состоянии, виде, в котором его (неожиданно) оставили; напр.*: er ging und ließ sie in der Straße stehen он ушел, оставив ее стоять на улице; laß das Buch stehen! оставь книгу (на полке), не бери ее!; wir haben alles liegen- und stehenlassen мы все оставили как было. **zurücklassen** оставить после себя (*уехав, исчезнув, погибнув*); *напр.*: ich lasse alle meine Bücher zurück я оставлю (,когда уеду,) все свои книги; die Wunde hat eine Narbe zurückgelassen (зажив,) рана оставила шрам; der Verunglückte ließ drei kleine Kinder zurück погибший (*в результате несчастного случая*) оставил троих маленьких детей. **hinterlassen** ≙ zurücklassen, *часто тж.* оставить в наследство; *напр.*: er hat bei seinem Weggang ein großes Durcheinander hinterlassen уходя, он оставил все в страшном беспорядке; er hat einen Auftrag, seine neue Adresse hinterlassen он оставил поручение, свой новый адрес; der Wagen hinterließ eine tiefe Spur машина оставила глубокий след; er hinterließ dem Neffen sein ganzes Vermögen он оставил племяннику (в наследство) все свое имущество. **reservieren** [-v-] оставлять специально для кого-л. (*по заявке и т. п.*); *напр.*: für j-n einen Platz reservieren оставить для кого-л. место; reservieren Sie bitte dieses Buch für mich оставьте, пожалуйста, эту книгу для меня; der Tisch ist reserviert стол(ик) заказан

lassen [2] *см.* aufgeben [1]/befehlen/verzichten

lassen [3]: sich zuschulden kommen lassen *см.* vergehen, sich; eine Rede vom Stapel lassen *см.* sprechen [2]

lässig *см.* nachlässig [1, 2]

läßlich *см.* verzeihlich

Last груз, ноша

die **Last** — die **Ladung** — die **Fracht** — die **Bürde**

Last *индифф. синоним*; *напр.*: eine schwere Last tragen нести тяжелый груз [тяжелую ношу]; eine Last aufladen, abwerfen погрузить, сбросить груз; eine Last auf sich nehmen взять на себя обузу [тяжкую ношу, бремя]; das Auto fuhr mit seiner Last Kohlen davon машина уехала с грузом угля; die Last der Erinnerungen lag auf ihm на нем лежал груз воспоминаний □ Er versuchte, den Jüngling aufzuheben, war aber der Last nicht gewachsen (*Hesse, »Narziß«*) Он попробовал поднять юношу, но такая тяжесть оказалась ему не под силу. **Ladung** транспортируемый груз; *напр.*: eine leichte, schwere, wertvolle Ladung легкий, тяжелый, ценный груз; die Ladung des Lastwagens bestand aus Kisten груз в кузове грузовика состоял из ящиков □ Die Ladung, die der zweite Transport zurückbrachte, watte gar nur vier Prozent der Rechnung gedeckt (*Feuchtwanger, »Die Füchse«*) Груз, с которым вернулся второй транспорт, позволил оплатить всего лишь четыре процента счета. Er habe denn auch erreicht, daß er gleichzeitig mit seinem Brief eine Ladung von Tabak und Indigo... abgehen lassen könne (*ebenda*) Он ведь также добился возможности отправить одновременно с письмом груз табака и индиго... **Fracht** фрахт, оплаченный груз; *напр.*: die Fracht einladen, ausladen, umschlagen грузить, выгружать, переваливать груз [фрахт]; er lud seine Fracht am Haus ab он сгрузил свой груз у дома; für die ganze Fracht bekam er 100 Mark за весь груз он получил 100 марок. **Bürde** *высок.* ноша *тж. перен.*, бремя; *напр.*: eine leichte, schwere Bürde легкая, тяжелая ноша; eine Bürde tragen, ablegen, abstellen нести, снять с себя, положить ношу; die Bürde der Jahre, des Amtes тяготы [бремя] прожитых лет, службы; er atmete schwer unter seiner Bürde он тяжело дышал под тяжестью своей ноши; der Mensch trug schwer an der Bürde des Lebens этому человеку было трудно нести бремя жизни □ Niemand schien es dem schönen, strahlenden Knaben anzusehen, und doch lag eine Bürde auf ihm, eine Bürde der Herkunft (*Hesse, »Narziß«*) Никто, казалось бы, не замечал этого, глядя на мальчика, красивого, сияющего радостью, и все же на нем лежало тяжелое бремя, бремя его происхождения

lasten *см.* liegen [1]

lasterhaft порочный

lasterhaft — unsittlich — unmoralisch — locker — liederlich — ausschweifend — verdorben — wüst — wild — unzüchtig — widernatürlich — pervers

lasterhaft *индифф. синоним*; *напр.*: ein lasterhafter Mensch порочный человек; ein lasterhaftes Leben führen вести порочную жизнь. **unsittlich** безнравственный; *напр.*: ein unsittliches Leben безнравственная жизнь; unsittliche Forderungen stellen предъявлять безнравственные [аморальные] требования; sich unsittlich aufführen [betragen] вести себя безнравственно [аморально]. **unmoralisch** аморальный; *о человеке тж.* испорченный; *напр.*: ein unmoralischer Lebenswandel аморальный образ жизни; ein unmoralischer Mensch аморальный человек. **locker** распущенный; *напр.*: lockere Sitten (чересчур) вольные нравы; eine lockere Moral распущенность; ein lockerer Vogel [Zeisig] распущенный человек, распутник; ein lockeres Leben führen вести распущенную жизнь. **liederlich** беспутный; *напр.*: ein liederlicher Kerl беспутный человек, распутник; ein liederliches Weibsstück беспутная бабенка; ein liederliches Leben führen вести беспутную жизнь. **ausschweifend** разгульный, разнузданный, предающийся излишествам; *напр.*: ein ausschweifender Lebenswandel разгульный образ жизни; ausschweifende Vergnügungen разгул; er lebt ausschweifend он живет разгульно [предается излишествам]. **verdorben** испорченный; *напр.*: ein verdorbener Mensch испорченный человек; sie ist noch jung, aber ganz verdorben она еще юная, но совсем испорченная. **wüst** распутный, развратный; *напр.*: ein wüster Mensch распутный [развратный] человек; ein wüstes Treiben распутство, разврат; sie haben es wüst getrieben они развратничали; sie haben wüst gelebt они жили распутно. **wild** = ausschweifend, *но употр. тк. в определенных сочетаниях*; *напр.*: ein wildes Leben führen вести разгульную жизнь [беспорядочный образ жизни]. **unzüchtig** непристойный; развратный; *напр.*: unzüchtige Handlungen непристойные поступки; *юр.* развратные действия; er wurde wegen Verbreitung unzüchtiger Schriften streng bestraft его строго наказали за распространение непристойной литературы. **widernatürlich** противоестественный; *напр.*: widernatürliche Triebe противоестественные желания; widernatürliche Unzucht противоестественный разврат; содомия. **pervers** [-v-] извращенный; *напр.*: ein perverser Mensch извращенец □ ...sie ist nicht dumm, aber ein bißchen pervers, so schien mir... (*Frisch, »Homo faber«*) ...она не глупа, но немного извращенная, так мне показалось...

Lasterhaftigkeit *см.* Verdorbenheit

lästerlich *см.* verleumderisch

Lästermaul *см.* Verleumder

lästern [1] злословить

lästern — bereden — klatschen — beklatschen — herziehen — durchhecheln

lästern (*über j-n*) *индифф. синоним*; *напр.*: hinter j-s Rücken lästern злословить за чьей-л. спиной; kaum war er fort, begannen sie über ihn zu lästern как только он ушел, они начали злословить на его счет; ihr habt vorhin wohl über mich gelästert *шутл.* вы, я догадываюсь, только что перемывали мои косточки. **bereden** (А) обсуждать, разбирать (*поведение, личную жизнь кого-л. и т. п.*); *напр.*: die Klatschbasen beredeten die Neuvermählten кумушки по косточкам разбирали молодоженов; man beredete stets sein Benehmen вечно злословили [судачили] по поводу его поведения. **klatschen** (*über A*) *разг.* сплетничать; *напр.*: über wen klatschen sie? о ком они сплетничают?; diese Frau klatscht gern эта женщина любит сплетничать. **beklatschen** (А) *разг.* = klatschen; *напр.*: sie beklatschen die letzten Ereignisse они сплетничают по поводу последних событий; sie beklatschten ihre Nachbarn они сплетничали о своих соседях. **herziehen** (*über j-n*) *фам.* плохо отзываться о ком-л. (*подчеркивая ошибки, недостатки кого-л.*), обрушиваться на кого-л. *обыкн.* с указанием, каким именно образом; *напр.*: kaum war er fort, da zogen sie über ihn her, daß man es nicht mit anhören konnte едва он вышел, как они так обрушились на него, что это невозможно было слушать. **durchhecheln** (A) *разг.* перемывать косточки кому-л., судачить о ком-л., о чем-л.; *напр.:* sie haben alle Verwandten und Bekannten durchhechelt они перемывали косточки всем родным и знакомым; die Klatschbasen durchhechelten dieses Ereignis кумушки судачили об этом происшествии

lästern ² кощунствовать, святотатствовать, богохульствовать
lästern — freveln
lästern *индифф. синоним; напр.:* er lästert Gott [gegen, wider Gott], gegen den Himmel он богохульствует, он оскорбляет небо; sie lästert den Glauben она святотатствует [кощунствует], оскорбляя веру; ihr lästert! вы богохульствуете! **freveln** [-v-] *высок. устаревает* = lästern; *напр.:* er hat schwer gefrevelt он изрыгал богохульства

lästern ³ *см.* verleumden
lästig ¹ обременительный, тягостный, надоедливый
lästig — beschwerlich — störend
lästig *индифф. синоним; напр.:* eine lästige Pflicht обременительная обязанность; eine lästige Krankheit удручающая болезнь; ein lästiger Besuch 1) обременительный визит; 2) надоедливый гость; lästig sein быть в тягость, надоедать; seine Besuche werden mir allmählich lästig его посещения становятся мне в тягость [начинают надоедать мне]; der warme Mantel ist mir lästig теплое пальто мне мешает; er ist lästig wie eine Fliege он надоедлив как муха □ Marcel badete ebenfalls... es war ein trübes und warmes Wasser... lästig nur die zahllosen Libellen und Herbert, der weiter drängte (*Frisch, »Homo faber«*) Марсель тоже искупался... вода была мутная и теплая... только надоедали бесчисленные стрекозы да Герберт, требовавший ехать дальше. **beschwerlich** ≃ lästig, *но выражает тж. затруднение, неудобство; напр.:* eine beschwerliche Reise обременительная [связанная с неудобствами] поездка; eine beschwerliche Bitte обременительная просьба; j-m beschwerlich fallen [werden] стать кому-л. в тягость, доставлять кому-л. неудобства. **störend** ≃ lästig, *но подчеркивает, что что-л. мешает кому-л., чему-л.; напр.:* ein störender Besuch 1) обременительный [неуместный] визит; 2) пришедший не вовремя гость; ein störender Umstand помеха, мешающее обстоятельство; der Lärm ist sehr störend этот шум очень мешает

lästig ² *см.* aufdringlich
lasziv *см.* lüstern ¹
latent *см.* verborgen I
Latrine *см.* Toilette
lau *см.* warm
Lauer *см.* Hinterhalt

lauern ¹ подстерегать, подкарауливать, поджидать
lauern — belauern — auflauern — abpassen
lauern (*auf A*) *индифф. синоним; напр.:* er lauert nur auf eine Gelegenheit, alles zu verderben он только и ждет случая, чтобы все испортить □ ...und doch war es ein wenig so wie im Urwald, wo hinter dichtem Blattgrün verborgen, ein Mann mit glänzenden Augen auf das Nahen eines anderen Mannes lauert... (*Weisenborn, »Der Verfolger«*) ...и все это немного походило на первобытные джунгли, где скрытый в зеленой чаще человек с горящими глазами подкарауливал другого человека. **belauern** = lauern (*но употр. обязательно с дополнением в Akk.*); *напр.:* er belauert mich auf der Straße он подстерегает меня на улице; die Katze belauert die Maus кошка подстерегает мышь □ Hier im dunklen Wagen, wo aufdringliche Blicke ihn nicht belauerten, konnte er getrost die Augen öffnen (*Kellermann, »Der 9. November«*) Здесь в машине, где его не подстерегали назойливые взгляды, он мог спокойно открыть глаза. **auflauern** = lauern (*но употр. обязательно с дополнением в Dat.*); *напр.:* dem Feind, dem Wild auflauern подстерегать врага, дичь; er hatte seinem Opfer aufgelauert он подстерегал свою жертву □ Es war in der Tat einiges geschehen, bis ich dazu kam; ihm aufzulauern, mitten unter den Schaufensterfronten der großen Stadt... (*Weisenborn, »Der Verfolger«*) И действительно, прежде чем я стал подкарауливать его прямо у витрин большого города, кое-что произошло... **abpassen** выжидать (момент, появление *и т. п.*) (*употр. обязательно с дополнением в Akk.*); *напр.:* morgen werde ich versuchen, den Briefträger abzupassen завтра я постараюсь поймать почтальона; er hat das gerade gut abgepaßt он это как раз хорошо подгадал; ich passe nur die Gelegenheit ab, mit dem Chef darüber zu sprechen я только жду случая, чтобы поговорить об этом с начальником

lauern ² *см.* warten I ¹
Laufbursche *см.* Bote
laufen ¹ бегать
laufen — rennen — rasen — stürmen — stürzen — flitzen — eilen — hasten — huschen — (auseinander)stieben — sprinten — spurten — jagen — sausen — wetzen
laufen *индифф. синоним; напр.:* schnell, eilig laufen бежать быстро, поспешно; sie ist aus dem Haus gelaufen она выбежала из дома; wir liefen um die Wette мы бегали наперегонки; er lief, was er nur konnte [was seine Beine hergaben] он бежал как только мог [что есть сил, изо всех сил]; die Pferde liefen Galopp, Trab лошади бежали галопом, рысью. **rennen** ≃ laufen, *но подчеркивает высокую скорость бега, часто употр. гиперболически и неодобр.; напр.:* wegen jeder Kleinigkeit zum Arzt rennen бежать из-за каждого пустяка к врачу □ Wir mußten rennen, da der Gendarm bereits seinen weißen Stab hob (*Frisch, »Homo faber«*) Нам пришлось бежать, так как жандарм уже поднял свой белый жезл. **rasen** нестись, мчаться *выражает наивысшую степень скорости; напр.:* wie ein Verrückter durch die Stadt rasen нестись [бежать] как сумасшедший по городу; ich bin gerast, um möglichst schnell hier zu sein я бежал изо всех сил, чтобы как можно скорее быть здесь. **stürmen** мчаться (вихрем); *напр.:* nach Hause, durch die Straßen, zum Bahnhof stürmen мчаться домой, по улицам, на вокзал; sie stürmten zur Brandstelle они мчались на пожар. **stürzen** броситься, кинуться (бежать), бежать опрометью; *напр.:* er stürzte aus dem Haus он кинулся бежать [выбежал опрометью] из дома; er stürzte auf sie zu он бросился к ней; er stürzte quer über die Straße он кинулся бежать напрямик через улицу. **flitzen** мелькать, сновать; лететь стрелой; *напр.:* Kinder flitzen über den Platz ребята сновали по площади; Eidechsen flitzten über den Boden ящерицы сновали по земле; Kellner flitzten hin und her официанты сновали туда и сюда; als er ausriß, flitzte ich hinter ihm her когда он вырвался и побежал, я стрелой кинулся за ним. **eilen** спешить; *напр.:* nach Hause, zum Arzt, zur Schule eilen спешить домой, к врачу, в школу; ich bin sofort zu meinem Freund geeilt я тут же поспешил к другу. **hasten** торопиться, бежать торопясь, боясь не успеть; *напр.:* zur Arbeit, in die Schule, zum Bahnhof hasten торопиться на работу, в школу, на вокзал; die Reisegruppe hastete durch die Stadt туристская группа торопливо ходила по городу. **huschen** юркнуть, шмыгнуть *подчеркивает легкость движений того, кто может двигаться незаметно (чаще о детях, худощавых старушках); напр.:* über die Straße huschen легко перебежать улицу; zur Seite huschen шмыгнуть в сторону; hin und her huschen скользить туда-сюда; das Mädchen huschte ins Haus девушка шмыгнула в дом; eine Gestalt ist über den dunklen Hof gehuscht какая-то фигура мелькнула в темноте двора; ein Schatten huschte über sein Gesicht тень промелькнула по его лицу. **(auseinander)stieben** мгновенно разбежаться (*обыкн. о детях*); *напр.:* als es zur Pause klingelte, stoben die Kinder aus der Klasse когда прозвенел звонок на перемену, дети мгновенно высыпали из класса; erschrocken stoben die Kinder auseinander

дети испуганно бросились врассыпную. **sprinten** *спорт.* бежать на короткую дистанцию, *тж. образно* бежать со спринтерской скоростью (*очень быстро*); *напр.*: als es zu regnen anfing, sprinteten wir nach Hause когда начался дождь, мы бросились бежать домой. **spurten** *спорт.* рвануться, спуртовать, стремительно закончить свой бег; *тж. образно* бежать что есть силы; *напр.*: er spurtete zum Hafen, um seinen Vater gleich beim Eintreffen des Schiffes begrüßen zu können он помчался в порт, чтобы встретить отца сразу же по приходе судна. **jagen** *разг.* = stürmen; *напр.*: um die Wette, ganz außer Atem jagen нестись наперегонки, совсем задыхаясь; nach dem Bahnhof jagen мчаться на вокзал; ich bin jetzt aber gejagt! ну и несся же я!; Menschen jagen über die Straßen люди несутся по улицам. **sausen** *разг.* = rennen; *напр.*: zur Tür sausen броситься [подлететь, кинуться] к двери; auf die Straße sausen вылететь на улицу; er sauste über den Platz он промчался [пронесся] по площади. **wetzen** *разг.* бегать взад и вперед; *напр.*: ⬜ Ich fing an, im Zimmer hin und her zu wetzen, mir alles zu besehen und darüber zu reden (*Plenzdorf, »Die neuen Leiden«*) Я начал носиться по комнате, все осматривать и обо всем говорить

laufen² *см.* fahren²/gehen¹

laufen³ *см.* fließen/lecken II

laufen⁴: j-m kalt [heiß (und kalt)] über den Rücken [den Rücken herunter] laufen *см.* schaudern¹

Laufsteg *см.* Treppe

Laune¹ прихоть, каприз

die **Laune** — die **Schrulle** — die **Marotte** — der **Tick** — die **Grille** — die **Mucke**

Laune *индифф. синоним*; *напр.*: es war nur so eine Laune von ihr это был просто ее каприз ⬜ ...leider auch war die komische, chauvinistisch militärische Stimmung seiner Landsleute keine vorübergehende Laune gewesen (*Feuchtwanger, »Erfolg«*) ...к сожалению, смешное, шовинистически-воинственное настроение его соотечественников не было временной причудой. Oft hatte er sich dem Feuer absichtlich ausgesetzt, unverständliche, perverse Laune... (*Kellermann, »Der 9. November«*) Часто он намеренно подставлял себя под пули — непонятная, противоестественная прихоть... Nichts aber liebte sie mehr als Abenteuer, aus einer Laune geboren... (*ebenda*) Но ничего она так не любила, как приключения, рожденные минутным капризом... **Schrulle** причуда, странная выдумка; *напр.*: er hat den Kopf voller Schrullen у него голова полна причуд; was hat sie sich da wieder für eine Schrulle in den Kopf gesetzt! что за выдумки у нее опять в голове! **Marotte** стран-

ность, причуда, фантазия (*странная привычка, выдумка*); *напр.*: eine kindische, vornehme, kostspielige Marotte ребяческая, барская, дорогостоящая причуда; es ist eine Marotte von dir, nie ein Telefon zu benutzen у тебя странная особенность — никогда не пользоваться телефоном; er hat jetzt eine neue Marotte! у него теперь новая причуда! ⬜ Er war eine Marotte von Bollmann, daß er dem märkischen Sand eine gute Traube abringen wollte (*Zuchardt, »Spießrutenlauf«*) Это было чудачество Больмана. Он хотел вырастить на бранденбургской песчаной почве хороший виноград. **Tick** странность, болезненная привычка; *напр.*: neuerdings hat er den Tick, sich alle halbe Stunde die Hände zu waschen недавно у него появилась странная привычка каждые полчаса мыть руки; daß er sich dauernd mißverstanden fühlt, ist ein richtiger Tick geworden то, что ему все время кажется, что его не понимают, стало у него настоящей манией. **Grille** *разг.* блажь, дурь; *напр.*: das ist nur so eine Grille von ihm это только его блажь; er hat nur Grillen im Kopf у него в голове одна блажь. **Mucke** *б. ч. мн. разг.* причуды, фокусы; *напр.*: in letzter Zeit hat sie ihre Mucken: sie antwortet nicht, wenn man sie fragt в последнее время у нее появились причуды: она не отвечает, когда ее спрашивают; diese Sache hat so ihre Mucken в этом деле свои странности; das Fahrzeug hat seine Mucken у этой машины свои фокусы

Laune² *см.* Stimmung

launenhaft непостоянный, капризный

launenhaft — **launisch** — **kapriziös** — **unberechenbar** — **grillenhaft** — **wetterwendisch**

launenhaft *индифф. синоним*; *напр.*: ein launenhaftes Wetter неустойчивая [капризная] погода; ein launenhafter Mensch капризный человек; launenhaft sein быть непостоянным [капризным]. **launisch** капризный, своенравный; *напр.*: launisch wie eine Primadonna, wie das Wetter im April капризный как примадонна, как апрельская погода; ein launisches Mädchen своенравная [капризная] девочка; die launische Mode капризная мода ⬜ Reizend und störend flackerte das schöne und launische Kind zwischen den Liebenden (*Hesse, »Narziß«*) Прекрасное и капризное дитя порхало между влюбленными, дразнило и мешало. ...braune sonnige Falter flogen auf und verschwanden launisch in zackigem Flug (*ebenda*) ...солнечно-коричневые бабочки взлетали и исчезали в причудливом, зигзагообразном полете. **kapriziös** капризный, прихотливый; причудливый; *напр.*: ein kapriziöses Persönchen капризная особа; ein kapriziöses Modell aus Brokat

причудливая модель (*платья*) из парчи. **unberechenbar** импульсивный, неожиданный в своих поступках, решениях, поведении (*такой, действия которого нельзя предвидеть*); *напр.*: er ist unberechenbar никогда не знаешь, чего от него ждать; das Wetter ist in diesem Sommer unberechenbar погода этим летом непредсказуема. **grillenhaft** капризно-раздражительный; с причудами; *напр.*: ein grillenhafter Mensch капризно-раздражительный человек, человек с причудами. **wetterwendisch** переменчивый, капризный как погода; *напр.*: ein wetterwendischer Freund непостоянный друг; das Glück erwies sich als wetterwendisch счастье оказалось переменчивым

launisch *см.* launenhaft

lauschen *см.* zuhören

lauschig *см.* gemütlich

lausig *см.* sehr

laut *см.* громкий

hörbar — **vernehmbar** — **vernehmlich** — **laut** — **geräuschvoll** — **lautstark** — **überlaut** — **ohrenbetäubend**

Синонимы данного ряда расположены по степени возрастания признака, при этом первые три синонима выражают приблизительно одинаковую степень громкости

hörbar, vernehmbar слышимый, слышный; *напр.*: er sprach kaum hörbar он говорил едва слышно; sie atmete hörbar она громко дышала; er sprach mit weithin vernehmbarer Stimme он говорил, и голос его был слышен далеко; nichts als leises Pfeifen war vernehmbar не было слышно ничего, кроме тихого свиста. **vernehmlich** (отчетливо) слышный, внятный; *напр.*: er sprach leise, aber vernehmlich он говорил тихо, но внятно [но его было слышно]. **laut** *индифф. синоним*; *напр.*: ein lautes Gelächter громкий хохот; eine laute Unterhaltung громкий разговор; laut singen, lachen, sprechen громко петь, смеяться, говорить; laut lesen читать вслух; sie schrie vor Schreck laut auf с испугу она громко вскрикнула; laut dröhnten die Flugzeuge über der Stadt над городом громко гудели самолеты. **geräuschvoll** шумный; *напр.*: sie atmete geräuschvoll она шумно дышала; die Kinder spielten geräuschvoll дети шумно играли. **lautstark** очень громкий; громким голосом; *напр.*: eine lautstarke Unterhaltung очень громкий разговор; die Gastmannschaft wurde durch ihre Anhänger lautstark unterstützt команду гостей громко подбадривали их болельщики; er sprach sehr lautstark und mit Nachdruck он говорил очень громко, делая упор на каждом слове. **überlaut** сверхгромкий, слишком громкий; *напр.*: er sprach mit überlauter Stimme он говорил зычным голосом; die Musik klingt überlaut музыка звучит слишком громко. **ohren-**

betäubend оглушительный; *напр.*: das Getöse war ohrenbetäubend гул был оглушительный

laut II согласно *(предлог)*
laut — gemäß — kraft — vermöge

laut *индифф. синоним (употр. с Nom. без артикля; при наличии атрибута, артикля — с Dat. и, реже, с Gen.)*; *напр.*: laut Vertrag, Übereinkunft, Verordnung vom 1. Juni согласно договору, соглашению, распоряжению от первого июня; laut unserem Bericht [unseres Berichts *устаревает*] согласно нашему сообщению; laut ärztlichem Befund согласно медицинскому заключению. **gemäß** в соответствии с *(как предлог и послелог с Dat.)*; *напр.*: gemäß der Vorschrift в соответствии с предписанием; dem Wunsche gemäß в соответствии с пожеланием □ Es war Hanna, die nicht heiraten wollte, und ich hatte keine Wahl, ich mußte nach Bagdad, gemäß Vertrag *(Frisch, »Homo faber«)* Это Ганна не хотела выходить замуж, а у меня не было выбора, мне нужно было отправляться в Багдад, в соответствии с договором. **kraft** *(G)* в силу, на основании; *напр.*: kraft seines Amtes в силу своих обязанностей; kraft seines reichen Wissens благодаря своим обширным знаниям; er wurde kraft Gesetzes zu drei Jahren Gefängnis verurteilt на основании закона он был приговорен к трем годам тюремного заключения. **vermöge** *(G)* благодаря; *напр.*: vermöge seiner Geschicklichkeit благодаря его ловкости; vermöge seiner Stellung war es ihm ein leichtes, sich für ihn einzusetzen благодаря занимаемому положению ему ничего не стоило заступиться за него

Laut¹ звук
der Laut — der Klang — der Schall — der Ton — das Geräusch

Laut *индифф. синоним*; *напр.*: einen Laut von sich geben издавать звук; keinen Laut hören не слышать ни звука; die Tür öffnete sich ohne einen Laut дверь открылась без звука; wir hörten den entfernten Laut einer Glocke мы услышали отдаленный звон колокола. **Klang** (более или менее продолжительный) звук, звучание; *напр.*: ein lauter, tiefer, leiser, zarter, melodischer Klang громкий, низкий, тихий, нежный, мелодичный звук; der Klang der Glocke, der Stimme звучание [звук] колокола, звук голоса; der Klang der Sirene tönt laut, schallt, verstummt звук сирены звучит громко, раздается, замирает; die Geige, das Klavier hat einen reinen Klang у скрипки, у рояля чистое звучание [чистый звук]; man hörte den Klang seiner Schritte послышался звук его шагов; beim bloßen Klang des Namens erschrak sie при одном упоминании его имени она испугалась. **Schall** = Laut, *но характеризует звук как физическое явление и не употр. по отношению к звукам речи; в обиходе чаще употр. по отношению к громким звукам*; *напр.*: ein dumpfer, heller Schall глухой, высокий звук; der Schall eines Schusses, des Donners, seiner Stimme звук выстрела, грома, его голоса; die Geschwindigkeit, die Stärke, die Intensität des Schalls скорость, сила, интенсивность звука; die Lehre vom Schall учение о звуке, акустика; einen Schall erzeugen, hören производить, слышать звук; die Luft trägt den Schall weit воздух хорошо проводит звук. **Ton** тон, (музыкальный) звук, звучание; *напр.*: ein hoher, heller, tiefer, dumpfer Ton высокий, звонкий, низкий, глухой звук; er stimmte die Geige einen halben Ton höher он настроил скрипку на полтона выше; der Empfänger hat einen guten Ton у приемника хороший звук □ Vom Motor kein Ton! *(Frisch, »Homo faber«)* Мотор — ни звука! **Geräusch** шорох, шум *(в отличие от тона)*; *напр.*: ein leises, lautes, eigenartiges Geräusch тихий, громкий, своеобразный шорох; ein Geräusch hören слышать шорох; der Rundfunkempfang war durch Geräusche gestört радиоприему мешали шумы (в эфире)

Laut²: Laut geben *см.* bellen¹

läuten звонить
läuten — klingeln — schellen — bimmeln

läuten *индифф. синоним*; *напр.*: die Glocke läutet колокол звонит; es läutet auf dem Turm Mittag на башне пробило полдень; er läutete die Glocken он зазвонил в колокола; es läutet! звонок!; es läutet an der Tür звонят в дверь; das Telefon, die Klingel läutet звонит телефон, звонок □ Es war Abend, und die Glocken einer Kirche der Stadt läuteten *(Heiduczek, »Abschied von den Engeln«)* Был вечер, звонили колокола какой-то церкви в городе. **klingeln** = läuten, *но употр. тк. по отношению к звонку, к колокольчику и т. п., не к колоколу*; *напр.*: an der Tür, zum Unterricht klingeln звонить в дверь, на урок; das Telefon klingelt звонит телефон; bitte eintreten, ohne zu klingeln входите без звонка; Radfahrer klingeln in der Straße на улице слышатся звонки велосипедистов. **schellen** *терр.* звонить в колокольчик, греметь бубенцами; *напр.*: an der Tür schellen позвонить в дверной колокольчик [в звонок]; der Scherenschleifer schellt auf der Straße на улице слышен колокольчик точильщика. **bimmeln** *разг.* = klingeln; *напр.*: den ganzen Tag bimmelst du, und ich muß zur Tür laufen, das halte ich nicht mehr aus ты целый день трезвонишь, а я должен бегать к двери, с меня хватит, не могу больше!

lauter I *см.* rein²
lauter II *см.* nur
läutern *см.* reinigen²
läutern, sich *см.* bessern, sich
lautstark *см.* laut I
lauwarm *см.* warm
lax *см.* schwach¹
Lazarett *см.* Krankenhaus

leben¹ жить, существовать
leben — existieren — vegetieren — sein Leben fristen — sein Dasein fristen — sich durchbringen — sich durchschlagen

leben *индифф. синоним*; *напр.*: ruhig, sorgenfrei, froh und glücklich leben жить спокойно, беззаботно, весело и счастливо; einfach, sparsam, schlecht, elend leben жить просто, экономно, плохо, нищенски; vernünftig, gesund, mäßig leben вести разумный, здоровый, умеренный образ жизни; in Freiheit leben жить на свободе; nach j-s Vorbild leben жить по примеру кого-л.; kurz, lange, viele Jahre leben жить недолго, долго, много лет; hier lebt es sich prächtig здесь живется великолепно; wir lebten mit unseren Freunden sehr lustig мы с друзьями жили очень весело □ Sie hat sehr glücklich mit ihrem Mann gelebt *(Probst, »Wir brauchen euch beide«)* Она очень счастливо жила с мужем. Dreizehn Jahre lang hat sie nur für die Kinder gelebt *(ebenda)* Тринадцать лет она жила только для детей. **existieren** существовать, жить, (с трудом обеспечивая существование); *напр.*: davon kann man nicht existieren на это нельзя жить [существовать]; wenn ich nur existieren kann, bis ich das Bild verkauft habe только бы прожить, пока не продам картину. **vegetieren** [v-] *книжн.* прозябать; *напр.*: diese Menschen vegetieren nur noch эти люди только прозябают. **sein Leben fristen** *высок.* вести нищенскую жизнь, кое-как перебиваться; *напр.*: er fristet sein Leben mit Stundengeben он кое-как перебивается, давая уроки; Hunderte fristen ihr Leben in diesen elenden Hütten сотни ведут нищенскую жизнь в этих жалких хижинах. **sein Dasein fristen** *высок.* влачить жалкое, нищенское существование; *напр.*: er verdiente kaum so viel, um sein Dasein fristen zu können того, что он зарабатывал, едва хватало, чтобы вести жалкое существование. **sich durchbringen** *разг.* еле перебиваться, трудясь; *напр.*: er hat sich immer ehrlich durchgebracht он жил всегда честным трудом; wie werdet ihr euch allein durchbringen? как вы будете перебиваться одни? **sich durchschlagen** ≅ sich durchbringen, *но подчеркивает усилия, необходимые, чтобы прожить, перебиться*; *напр.*: sich allein, mit ihren Kindern durchschlagen перебиваться одной, с детьми; den Winter werden wir uns schon durchschlagen зиму уж мы как-нибудь перебьемся; wie geht's Ihnen denn? —

Na, man schlägt sich so durch как живёте? — Да перебиваемся кое-как
leben ² жить, проживать
leben — wohnen — bewohnen — logieren — hausen — nisten — sich einnisten — r e s i d i e r e n

leben *индифф. синоним; напр.:* bei j-m, in einer Dreizimmerwohnung leben жить у кого-л., в трехкомнатной квартире; auf dem Lande, an dem See leben жить за городом, у моря; er lebt in unserer Nachbarschaft он живёт по соседству с нами; sie lebte lange in der Schweiz, in der Nähe von Zürich она долго жила в Швейцарии, недалеко от Цюриха; er lebt bei seiner Mutter он живёт у матери ▢ Irgend jemand, aber ein Augenzeuge, hatte die Kammer beschrieben, in der Daniel lebte (*Lenz, »Stadtgespräch«*) Какой-то человек, но, ясно, очевидец, описал комнатенку, в которой жил Даниэль. **wohnen** проживать, жить где-л.; *напр.:* auf dem Lande, in der Stadt wohnen жить на селе, в городе; bei j-m wohnen жить у кого-л.; ich wohnte lange in Berlin я долго жил в Берлине; wo wohnst du? где ты живёшь?; in welchem Hotel wohnen Sie? в какой гостинице вы живёте? ▢ Das erste, was ich von Daniel erfuhr, war, daß er unten am Fjord wohnte (*Lenz, »Stadtgespräch«*) Первое, что я узнал о Даниэле, было то, что он живёт внизу у фиорда. **bewohnen** (*etw.*) занимать под жильё (*помещение*), обитать (*на территории и т. п.*); *напр.:* die Delegation bewohnte alle Zimmer im Hotel делегация заняла все комнаты в гостинице; sie bewohnt ein altes Haus она живёт в старом доме; die Erde wird von über drei Milliarden Menschen bewohnt на земле живёт свыше трёх миллиардов людей. **logieren** [-'ʒi:-] жить временно, квартировать; *напр.:* in einem Haus, bei j-m logieren (временно) жить, расположиться в каком-л. доме, у кого-л.; ich logierte in einem Gasthaus am Markt я жил какое-то время в гостинице около рынка. **hausen** ютиться, *шутл.* расположиться, хозяйничать; *напр.:* die Flüchtlinge hausten in Baracken беженцы ютились в бараках; wo haust du jetzt eigentlich? ну и где же ты теперь живёшь [приютился]?; auf dieser Burg hausten früher die Raubritter в этой крепости раньше хозяйничали рыцари-разбойники; hier hausen wir! вот здесь мы и расположимся! ▢ Und er gehörte zu den tausend Glücklichen... die unter einem festen Dach hausten (*Schulz, »Wir sind nicht Staub im Wind«*) А он принадлежал к тысяче счастливцев... которые имели крышу над головой. Bei unserer Ankunft erlebte ich eine Überraschung; als wir unvermittelt vor einer... flachen Holzbaracke hielten, fragte ich ihn, ob er etwa hier hause, Hägelin nickte, über meine Verblüffung lachend (*Joho, »Das Klassentreffen«*) По прибытии меня ждал сюрприз: когда мы вдруг остановились перед низким деревянным бараком, я спросил Хегелина, уж не здесь ли он обитает. Хегелин кивнул, смеясь моему великому изумлению. **nisten** жить, гнездиться, вить гнездо (*о птицах*); *перен.* поселиться (*о чувствах и т. п.*); *напр.:* unter dem Dach nisten Schwalben под крышей живут ласточки; Tauben nisten gern in der Nähe des Wassers голуби любят вить гнёзда вблизи воды; eine tiefe Traurigkeit nistete in ihrem Herzen глубокая печаль поселилась в её сердце; Elend und Not nisten in diesem Viertel нужда и нищета свили гнездо в этом квартале. **sich einnisten** *шутл.* неодобр. водвориться; *напр.:* er hat sich bei ihr eingenistet он водворился у неё. **residieren** *высок.* иметь резиденцию; *напр.:* während seines Aufenthaltes in Berlin residierte der französische Staatspräsident im Schloß Niederschönhausen во время своего пребывания в Берлине президент Франции имел резиденцию в замке Нидершенхаузен; der Bischof residiert in der Stadt N епископ имеет резиденцию в городе N

Leben: das Leben schenken *см.* gebären; sein Leben fristen *см.* leben ¹; ums Leben kommen *см.* umkommen
 lebendig *см.* lebhaft
 Lebensart *см.* Manier ¹
 Lebensbeschreibung *см.* Lebenslauf
 Lebensbild *см.* Lebenslauf
 lebensfern *см.* unpraktisch
 lebensfremd *см.* unpraktisch
 lebensfroh *см.* lustig
 Lebensgefährte *см.* Mann ²
 Lebensgefährtin *см.* Frau ²
 Lebensgeschichte *см.* Lebenslauf
 Lebenskamerad *см.* Mann ²
 lebenslänglich *см.* ständig ¹

Lebenslauf биография
der Lebenslauf — die Lebensbeschreibung — das Lebensbild — die Lebensgeschichte — die Biographie — die Autobiographie

Lebenslauf *индифф. синоним; напр.:* ein handgeschriebener Lebenslauf написанная от руки автобиография; ein kurzer Lebenslauf краткая биография; er hat der Bewerbung seinen Lebenslauf beigefügt он приложил к заявлению свою автобиографию; du mußt deinen Lebenslauf eigenhändig schreiben свою автобиографию ты должен написать собственноручно. **Lebensbeschreibung, Lebensbild** описание жизни (выдающегося человека); *напр.:* sie hat mit großem Interesse eine Lebensbeschreibung Schillers gelesen она с большим интересом прочитала описание жизни Шиллера; das ist ein typisches Lebensbild eines Künstlers это описание жизни, типичной для художника. **Lebensgeschichte** история жизни; *напр.:* das Buch enthält die Lebensgeschichten vieler bedeutender Männer der Wissenschaft книга содержит истории жизни многих замечательных людей науки; hier hat er seine eigene Lebensgeschichte niedergeschrieben здесь он написал историю своей собственной жизни. **Biographie** биография; *напр.:* eine kurze, spannende Biographie краткая, увлекательная биография; er sammelt Material zu einer Biographie des Akademiemitglieds Wernadski он собирает материал к биографии академика Вернадского. **Autobiographie** автобиография (*литературное произведение, содержащее полное жизнеописание автора*); *напр.:* Autobiographien sind heute wieder zur literarischen Mode geworden автобиографии [мемуары] стали теперь снова модой в литературе

 lebenslustig *см.* lustig
Lebensmittel продовольствие, продовольственные товары, продукты
die Lebensmittel — das Nahrungsmittel — die Eßwaren — der Mundvorrat — die V i k t u a l i e n

Lebensmittel *б. ч. мн. индифф. синоним; напр.:* hochwertige, vitaminreiche Lebensmittel ценные, богатые витаминами продукты питания [продовольственные товары]; Lebensmittel aufbewahren, verzehren хранить, съесть продукты; wir müssen nur noch Lebensmittel an Bord nehmen нам осталось взять на борт только продовольствие; Frischfisch stellt ein hochwertiges Lebensmittel dar. свежая рыба — ценный продукт питания ▢ Das Hauptproblem... war... die Nahrung. Zwar teilten manche Mitbürger ihre kärglichen Lebensmittel mit ihnen, aber das war zuwenig (*Weisenborn, »Der Verfolger«*) Главной проблемой... была... пища. Правда, некоторые сограждане делились с ними своими скудными запасами, но этого было недостаточно. **Nahrungsmittel** пищевой продукт, продукт питания; *напр.:* Milch ist ein hochwertiges Nahrungsmittel молоко — ценный продукт питания ▢ Es wurde verboten, den Gefangenen zusätzliche Nahrungsmittel zu übersenden (*Feuchtwanger, »Narrenweisheit«*) Было запрещено пересылать арестованным дополнительные продукты. **Eßwaren** *тк. мн.* продукты, съестное; *напр.:* die Eßwaren im Kühlschrank aufbewahren хранить продукты в холодильнике ▢ In den Ranzen packte er einige Hemden... dazu die Eßwaren (*Hesse, »Narziß«*) В ранец он уложил несколько рубашек... и еду. **Mundvorrat** *устаревает* припасы на дорогу; *напр.:* wir wollen Mundvorrat mitnehmen мы хотим взять припасы на дорогу ▢ ...er bekam... einen alten ledernen Reiseranzen und einen reichlichen Mundvorrat für die Reise (*Hesse, »Narziß«*) ...он получил... старый кожаный ранец и много еды на дорогу. Viktualien *уст.* провизия, провиант; *австр.* продукты питания, продовольствие; *напр.*: wir kauften auf dem Markt allerhand Viktualien мы накупили на рынке всякой провизии; für Viktualien ist gesorgt о съестных припасах уже позаботились

Lebewohl *см.* Abschied [1]

lebhaft живой (*полный жизненной энергии*)

lebhaft — lebendig — munter — frisch — beweglich — rege — regsam — rührig — rüstig — alert

lebhaft *индифф. синоним; напр.*: ein lebhafter Junge живой [подвижный] мальчик; lebhafte Augen живые глаза; ein lebhaftes Gesicht живое [подвижное] лицо; lebhaft sprechen, erzählen живо говорить, рассказывать; lebhaft aufspringen проворно вскочить; er hat eine lebhafte Phantasie у него живая фантазия; lebhaftes Treiben herrscht auf dem Markt на рынке царит оживление. **lebendig** очень живой, полный жизни; *напр.*: ein lebendiges Kind живой [бойкий] ребенок; lebendige Augen живые глаза; eine lebendige Phantasie живая фантазия; auf den Straßen wird es lebendig на улицах становится оживленно; sie ist schon siebzig Jahre alt, aber dabei noch immer sehr lebendig ей уже семьдесят лет, но она еще полна жизни. **munter** бодрый; *напр.*: eine muntere Stimme бодрый голос; muntere Augen живые [веселые] глаза; bleiben Sie immer gesund und munter! будьте всегда здоровы и бодры! **frisch** свежий, бодрый, полный сил; *напр.*: ein frisches Mädchen свеженькая девушка; ein frisches Gesicht свежее [бодрое] лицо; frische Augen blicken uns an живые глаза смотрят на нас; frisches Leben erfüllt das alte Haus кипучая жизнь наполняет старый дом. **beweglich** подвижный; *напр.*: ein beweglicher Geist живой ум; ihr frisches, bewegliches Wesen machte sie überall beliebt живая, энергичная натура снискала ей любовь окружающих; der Schüler ist geistig sehr beweglich у этого ученика живой ум; sie war ein lebhaftes, überaus bewegliches Kind она была живым, чрезвычайно подвижным ребенком. **rege** ≃ lebhaft (*по отношению к лицам б. ч. употр. предикативно*); *напр.*: rege Beteiligung живое участие; reger Briefwechsel живой обмен письмами; er hat einen regen Geist у него живой ум; in den Straßen herrscht reger Verkehr на улицах большое движение; er blieb körperlich und geistig rege он сохранил бодрость и живость ума [живой ум]. **regsam** ≃ rege, *но менее употр.*; *напр.*: sie ist geistig regsam у нее живой ум; die alte Frau ist noch erstaunlich regsam старушка еще удивительно подвижна. **rührig** энергичный, деятельный; *напр.*: ein rühriger Kaufmann энергичный [предприимчивый] коммерсант; sie ist immer sehr rührig она всегда очень энергична. **rüstig** бодрый, бойкий (*тк. о старых людях*); *напр.*: eine rüstige Dame старая, но еще бодрая и живая дама; rüstig ausschreiten бодро шагать; er ist noch sehr rüstig für sein Alter он еще бодр для своего возраста □ Viele Erinnerungen kamen ihm jetzt... Ihnen sann er nach, während er rüstig zu wandern begann (Hesse, »*Narziß*«) Его одолели воспоминания... он все еще был занят ими, в то время как бодро отправился в путь. **alert** *уст. книжн.* поворотливый, проворный; *напр.*: ein alerter Bote проворный рассыльный □ Wenn er (*der Bundestag*) ein bißchen alerter wäre... (Th. Mann, »*Buddenbrooks*«) Если бы он (*конгресс*) был более поворотливым...

Lebhaftigkeit живость

die **Lebhaftigkeit — die Munterkeit**

Lebhaftigkeit *индифф. синоним*; *напр.*: seine Lebhaftigkeit wirkte künstlich его оживление казалось искусственным. **Munterkeit** ≃ Lebhaftigkeit, *но больше подчеркивает веселость*; *напр.*: die allgemeine Munterkeit ergriff auch mich общее веселое оживление охватило также и меня

lechzen *см.* streben/wollen [1]

leck: leck sein *см.* lecken II

Leck [1] *см.* Riß [1]

Leck [2]: **ein Leck haben** *см.* lecken II

lecken I лизать

lecken — ablecken — schlecken

lecken *индифф. синоним; напр.*: die Lippen lecken облизывать губы; an einer Eiswaffel lecken лизать мороженое; an einer Briefmarke lecken лизнуть марку; der Hund leckt seinem Herrn die Hand собака лижет хозяину руку; die Katze leckt sich das Fell кошка лижет [облизывает] свою шерсть; Kind, lecke nicht am Löffel! малыш, не лижи ложку! **ablecken** слизывать что-л. с чего-л., облизывать кого-л., что-л.; *напр.*: er leckte das Blut mit der Zunge ab он слизнул кровь языком; das Kind wollte seinen Teller ablecken ребенок хотел облизать свою тарелку; die Katze leckte ihre Jungen ab кошка облизала своих котят. **schlecken** *б. ч. ю.-нем.* ≃ lecken *употр. тк. по отношению к лакомствам, сладостям, когда субъектом является лицо* (*б. ч. ребенок, девушка*); *о животных тж.* лакать; *напр.*: die Tiermutter schleckt ihre Jungen самка лижет своих детенышей; die Katze schleckt Milch aus der Schüssel кошка лакает молоко из миски; das Kind schleckt an einer Eiswaffel ребенок лижет мороженое

lecken II течь, протекать, пропускать воду

lecken — tropfen — laufen — leck sein — ein Leck haben — rinnen

lecken *индифф. синоним; напр.*: das Schiff leckt судно дало течь; der Kessel leckt котел течет; das Dach leckt крыша протекает. **tropfen** капать, (немного) протекать (*о сосудах, клапанах, трубах*); *напр.*: der Eimer, das Faß tropft ведро, бочка течет; der Wasserhahn tropft из крана капает, кран течет. **laufen** ≃ lecken (*обыкн. о предметах домашнего обихода, особенно о посуде*) *означает более сильную течь, чем* tropfen; *напр.*: der Eimer, der Topf läuft ведро, кастрюля течет; das Faß läuft бочка протекает; der Wasserhahn läuft кран течет. **leck sein, ein Leck haben** ≃ lecken, *но тк. о судах и сосудах*; *напр.*: das Boot, der Kessel ist leck [hat ein Leck] в лодке, в котле течь. **rinnen** *диал.* = tropfen; *напр.*: der Wasserhahn rinnt кран немного течет, из крана капает; der Topf rinnt кастрюля немного протекает

lecker *см.* schmackhaft

Leckerbissen лакомство

der **Leckerbissen — die Delikatesse**

Leckerbissen *индифф. синоним*; *напр.*: ein ausgesuchter, besonderer Leckerbissen изысканное, особое лакомство; j-n mit den erlesensten Leckerbissen bewirten угощать кого-л. изысканнейшими яствами. **Delikatesse** деликатес; *напр.*: Kaviar ist eine Delikatesse икра — деликатес; zum Abendbrot wurden allerlei Delikatessen aufgetischt на ужин были поданы разные деликатесы

Leckermaul *см.* Feinschmecker

ledig холостой, неженатый, незамужняя

ledig — nicht verheiratet — unverheiratet — ehelos — frei — alleinstehend — unvermählt — unverehelicht — unbeweibt

ledig *индифф. синоним; напр.*: ein lediger Mann холостой [неженатый] мужчина; eine ledige Frau незамужняя женщина; seine Tochter ist noch ledig его дочь еще не замужем. **nicht verheiratet** неженатый, незамужняя (*чаще предикативно*); *напр.*: er ist noch nicht verheiratet он еще не женат; meine Schwester ist nicht verheiratet und wohnt bei mir моя сестра незамужняя и живет со мной. **unverheiratet** ≃ nicht verheiratet (*чаще атрибутивно*); *напр.*: seine unverheiratete Tochter его незамужняя дочь; unverheiratet bleiben остаться незамужней [неженатым]. **ehelos** не состоящий в браке; безбрачный обладает ограниченной сочетаемостью; *напр.*: ein eheloses Leben führen жить в безбрачии; er starb ehelos он умер холостым. **frei** свободный (*не связанный браком*); *напр.*: seinen Heiratsantrag lehnte sie ab, weil sie nicht frei war она не приняла [отвергла] его предложение, так как не была свободна. **alleinstehend** одинокий; *напр.*: eine alleinstehende Frau женщина без мужа, одинокая женщина; ein alleinstehender Herr одинокий мужчина; eine alleinstehende Mutter одинокая мать. **unvermählt** *высок.*

LEDIGLICH

= unverheiratet; *напр.:* unvermählt bleiben остаться незамужней [неженатым]. **unverehelicht** *канц.* = unyerheiratet; *напр.:* die unverehelichte Ruth Müller, wohnhaft... Рут Мюллер, незамужняя, проживающая... **unbeweibt** *разг. шутл.* = ledig, *но тк. о мужчинах; напр.:* er ist noch unbeweibt он еще холостой; geht er nicht immer unbeweibt durchs Leben? он все еще ходит в холостяках?

lediglich *см.* nur

leer[1] пустой, порожний

leer — hohl

leer *индифф. синоним; напр.:* ein leeres Glas пустой стакан; ein leeres Zimmer пустая комната; der Wagen fuhr leer zurück машина поехала обратно пустой [порожней]. **hohl** пустой внутри, полый; *напр.:* ein hohler Baum дерево с (большим) дуплом [без сердцевины]; ein hohles Gefäß полый сосуд; ein hohles Faß пустая бочка; ein hohler Zahn зуб с дуплом; hohle Wangen впалые щеки

leer[2] пустой, бессодержательный

leer — hohl — nichtssagend — gehaltlos — inhalt(s)los — inhalt(s)leer — inhalt(s)arm — phrasenhaft

leer *индифф. синоним; напр.:* ein leerer Blick пустой взгляд; leere Phrasen пустые фразы; ein leerer Begriff понятие, лишенное содержания; sich innerlich leer fühlen чувствовать себя опустошенным; ich habe genug von diesem leeren Gerede! с меня хватит этой пустой болтовни!; sie hat leere Augen у нее пустые глаза. **hohl** = leer, *но больше подчеркивает отрицательную оценку; напр.:* hohle Phrasen, Worte пустые [пустопорожние] фразы, слова; ein hohler Mensch пустой человек; sich innerlich hohl fühlen чувствовать себя опустошенным; was er sagt, ist hohl und leer что бы он ни говорил, все пусто и бессодержательно; seine Versprechungen, Beteuerungen sind nichts als hohle Phrasen его обещания, уверения — пустые фразы и ничего больше. **nichtssagend** ничего не говорящий; *напр.:* er hat mich mit ein paar nichtssagenden Worten abgespeist он отделался от меня несколькими пустыми словами; ich vergesse nicht seinen nichtssagenden Blick я как сейчас вижу его пустой взгляд. **gehaltlos, inhalt(s)los, inhalt(s)leer** бессодержательный; *напр.:* ein gehaltloses [inhaltsloses] Buch бессодержательная книга; ein inhaltsleeres Geschwätz бессодержательная болтовня. **inhalt(s)arm** малосодержательный; *напр.:* inhaltsarme Worte малосодержательные слова; das Theaterstück war trotz seiner Länge inhaltsarm пьеса была хотя и длинная, но малосодержательная. **phrasenhaft** *книжн.* содержащий только пустые фразы; *напр.:* eine phrasenhafte Antwort фразерский ответ

leer[3] пустой, пустынный, безлюдный

leer — öde — wüst — menschenleer

leer *индифф. синоним; напр.:* eine leere Landschaft пустынная местность; leere Straßen пустынные [пустые] улицы; die Wohnung stand leer квартира пустовала, в квартире никто не жил; die Wohnung war leer квартира была пуста, в квартире никого не было. **öde** пустынный *подчеркивает тягостное впечатление от окружающей пустоты; напр.:* eine öde Landschaft пустынная местность; der Hof lag öde und verlassen двор был пустынный [безлюдный] и заброшенный; öde lag der ausgebrannte Wald da пустыней простирался выгоревший лес; alles war öde und leer кругом было пустынно и безлюдно. **wüst** дикий, пустынный (и мрачный); *напр.:* eine wüste Gegend бесприютная пустынная местность. **menschenleer** безлюдный; *напр.:* eine menschenleere Straße безлюдная улица; das Haus war menschenleer в доме не было ни души

leeren[1] опоражнивать

leeren — entleeren — ausleeren

leeren *индифф. синоним; напр.:* den Briefkasten leeren вынимать корреспонденцию [производить выемку] из почтового ящика; eine Flasche Wein leeren опорожнить бутылку вина; j-m die Taschen leeren *перен.* очистить кому-л. карманы, выудить у кого-л. денежки. **entleeren** ≅ leeren, *но подчеркивает, что что-л. опорожняется полностью; напр.:* ein Gefäß entleeren опорожнить сосуд; den Magen entleeren опорожнять желудок **ausleeren** *разг.* ≅ leeren; *напр.:* j-m die Taschen ausleeren очистить кому-л. карманы; das Glas ausleeren осушить стакан

leeren[2] *см.* räumen[2]

legal *см.* gesetzlich

legen[1] класть, положить

legen — anlegen — auflegen — auslegen — vorlegen — unterlegen — weglegen — zurücklegen — beiseitelegen — hinlegen — zusammenlegen — niederlegen — zurechtlegen — verlegen — umlegen — aneinanderlegen — aufeinanderlegen — auseinanderlegen — nebeneinanderlegen — übereinanderlegen — hinauflegen — hineinlegen — hereinlegen — dazwischenlegen — herumlegen — dazulegen — hinzulegen — zulegen — einlegen — verstauen — stecken — hineinstecken — hinterlegen

legen *индифф. синоним; напр.:* eine Decke auf den Tisch legen класть скатерть на стол; j-m die Hand auf die Schulter legen положить кому-л. руку на плечо; die Kleider in den Koffer legen класть одежду в чемодан; die Gabel neben den Teller legen положить вилку рядом с тарелкой. **anlegen** прикладывать; *напр.:* den Säugling (an die Brust) anlegen приложить [поднести] младенца к груди; den Winkel, das Lineal anlegen приложить (тре)угольник, линейку. **auflegen** класть что-л. на что-л.; накладывать *причем в предложении отсутствует слово, обозначающее то, на что кладут что-л., так как оно предопределяется значением прямого дополнения; напр.:* ein Bettuch, eine Wolldecke auflegen положить простыню, шерстяное покрывало (на кровать); ein frisches Tischtuch auflegen класть свежую скатерть (на стол); j-m die Speisen auflegen накладывать кому-л. еду (на тарелку); ein Pflaster auflegen наложить пластырь (на рану); den Hörer auflegen положить трубку (на телефонный аппарат); eine Platte auflegen поставить пластинку (на проигрыватель); etwas Puder auflegen слегка припудриться, наложить (на лицо) тонкий слой пудры. **auslegen** выложить (*для обозрения и т. п.*); *напр.:* Waren auslegen выложить товар. **vorlegen** класть, ставить что-л. перед кем-л., перед чем-л.; *напр.:* j-m Speisen vorlegen поставить перед кем-л. кушанья; einem Kunden einige Stoffe, Bücher vorlegen положить [разложить] перед покупателями разные ткани, книги; ich habe ihm den Brief zur Unterschrift vorgelegt я положил ему письмо на подпись. **unterlegen** подкладывать, подложить; *напр.:* ich werde mir noch eine Decke unterlegen я подложу себе еще одно одеяло; wir haben der Henne Enteneier untergelegt мы подложили наседке утиные яйца; du mußt bei dieser Schraube noch eine Scheibe unterlegen под этот винт нужно еще подложить шайбу [прокладку]. **weglegen** отложить в сторону, оставить; *напр.:* leg deine Arbeit weg! отложи [брось] свою работу! **zurücklegen** а) класть, положить обратно [назад]; *напр.:* sie legt das Buch schon zurück она уже кладет книгу обратно; b) откладывать (для кого-л.); *напр.:* würden Sie mir bitte den Stoff zurücklegen? отложите для меня, пожалуйста, этот материал; ich habe mir zwei Eintrittskarten zurücklegen lassen я попросил отложить [забронировать] для меня два билета (в театр). **beiseitelegen** ≅ zurücklegen b); *напр.:* ein seltenes Buch für einen guten Kunden beiseitelegen отложить редкую книгу для постоянного покупателя. **hinlegen** класть, положить кого-л., что-л. на (определенное) место; *напр.:* den Hörer hinlegen положить трубку рядом с телефонным аппаратом (*не прерывая связи*); ich habe dir die Schlüssel hingelegt я положил для тебя ключи (*на видное или известное место*); leg die Schere sofort wieder hin! сейчас же положи ножницы на место!; ich lege das Kind abends um sieben Uhr hin я укладываю ребенка (спать) в семь часов вечера; wo habt ihr den Verletzten hingelegt? куда вы положили раненого? **zusammenlegen** складывать в одно место; *напр.*: sie legte ihre Sachen ordentlich zusammen она аккуратно сложила свои вещи; du sollst die Wäsche nicht auf einen Haufen zusammenlegen не складывай белье в одну кучу; dafür müssen wir eben zusammenlegen для этого нам нужно сложиться [устроить складчину]. **niederlegen** положить на землю; *напр.*: das Gepäck vor dem Haus niederlegen положить багаж на землю перед домом; einen Kranz am Grab, am Fuße des Denkmals niederlegen положить [возложить] венок на могилу, к подножию памятника; die Waffen niederlegen сложить оружие. **zurechtlegen** уложить в порядке (,приготовив для какой-л. цели); *напр.*: ich habe dir die Sachen schon zurechtgelegt я уже уложила [приготовила] твои вещи; er legte sich sein Werkzeug zurecht он разложил свои инструменты. **verlegen** a) перекладывать на другое место, класть не туда, заложить; *напр.*: ich habe meine Brille verlegt und kann sie nicht finden я куда-то положил свои очки и не могу их найти; b) прокладывать, укладывать; *напр.*: Röhre, Kabel, Schienen verlegen прокладывать трубы, кабель, рельсы; die Erdölleitung wird unterirdisch verlegt нефтепровод прокладывают под землей ▫ Jochen ist Elektriker... Außerdem arbeitet er nach Feierabend und verlegt in Neubauten Leitungen (*Roehricht, »Monolog einer Braut«*) Йохен — электрик... Кроме того, он после работы занят на новостройках — делает там проводку. **umlegen** a) перекладывать на другое место; класть по-другому; *напр.*: ein Kabel, eine Leitung umlegen переложить кабель, протянуть проводку заново; Kranke im Krankenhaus umlegen переводить больных из одной палаты в другую; b) положить, повалить (*перевести из вертикального положения в горизонтальное*); *напр.*: der Wind hat das Getreide umgelegt ветер положил [пригнул] зерновые; der Ringer legte seinen Gegner mit einem geschickten Griff um ловким приемом борец уложил своего противника (на обе лопатки). **aneinanderlegen** положить рядом вплотную друг к другу; *напр.*: zum Schlafen mußt du die kleinen Kätzchen eng aneinanderlegen уложи котят спать поближе друг к другу. **aufeinanderlegen** класть одно на другое; *напр.*: Bücher, Tücher, Zeitungen aufeinanderlegen класть книги, салфетки [платки], газеты стопкой. **auseinanderlegen** раскладывать, разложить; *напр.*: sie hat die Wäsche auseinandergelegt она разложила белье. **nebeneinanderlegen** класть друг возле друга, положить в ряд; *напр.*: wir legten die Kartons nebeneinander мы положили картонки рядом. **übereinanderlegen** класть, положить одно поверх другого; *напр.*: er legte die Hefte übereinander он сложил тетради в стопку. **hinauflegen** положить наверх, класть сверху; *напр.*: ich habe das Buch hinaufgelegt und kann es jetzt nicht finden я положил книгу наверх, а теперь не могу ее найти. **hineinlegen** класть внутрь чего-л., во что-л., вложить; *напр.*: etw. in den Korb, in den Koffer hineinlegen положить что-л. в корзину, в чемодан; die Wäsche in den Schrank hineinlegen положить белье в шкаф; ein Lesezeichen in das Buch hineinlegen заложить книгу закладкой, вложить в книгу закладку; wenn du dir etwas aus dem Fach nimmst, bitte leg es dann auch wieder hinein если ты что-нибудь берешь из ящика, клади, пожалуйста, снова туда же; er legte sein ganzes Gefühl in das Spiel hinein он вложил в игру все свое чувство. **hereinlegen** = hineinlegen, *но употр. реже*; *напр.*: wir haben Blumen zum Trocknen zwischen Papierblättern hereingelegt чтобы цветы высохли, мы положили их между листками бумаги; bitte legen Sie mir die Akten über den Fall N herein пожалуйста, принесите в мою комнату папку с делом N. **dazwischenlegen** класть, положить что-л. между чем-л. *причем слово, обозначающее предмет, в который кладут что-л., в предложении опускается*; *напр.*: wir legten Kräuter dazwischen в промежутках мы положили травы (переложили травами). **herumlegen** разложить вокруг (себя); *напр.*: sie hat Bücher, Zeitungen, Zeitschriften herumgelegt она разложила вокруг книги, газеты, журналы. **dazulegen, hinzulegen** положить дополнительно, подкладывать, прибавлять что-л. к чему-л.; *напр.*: die Großmutter legte noch einen Apfel dazu бабушка положила еще и яблоко; legen Sie noch ein bißchen Wurst hinzu положите еще и немного колбасы. **zulegen** ≅ hinzulegen, dazulegen, *но употр., когда к чему-л.* добавляется то же самое; *напр.*: der Verkäufer legte noch 50 Gramm Wurst zu продавец положил (на весы) еще 50 граммов колбасы; legen Sie bitte noch einen Knochen zu! положите, пожалуйста, еще косточку! (*при покупке мяса*). **einlegen** a) ≅ hineinlegen; *напр.*: einen neuen Film in den Apparat einlegen вставить новую пленку в аппарат; ein Lesezeichen in das Buch einlegen вложить в книгу закладку; Filzsohlen in die Schuhe einlegen вложить войлочные стельки в ботинки; das Gemüse in die kochende Brühe einlegen положить овощи в кипящий бульон; b) класть деньги (*в банк и т. п.*), вкладывать деньги; *напр.*: Geld in die Sparkasse, auf ein Konto einlegen класть деньги в сберкассу, вносить деньги на (банковский) счет; Geld in ein Unternehmen einlegen вложить деньги в какое-л. предприятие. **verstauen** помещать, укладывать в какое-л. вместилище; *напр.*: Koffer, Gepäck im Auto verstauen укладывать чемоданы, багаж в машину; Bücher, Wäsche im Koffer verstauen укладывать книги, белье в чемодан. **stecken** *разг.* класть, совать; *напр.*: die Zeitung in den Kasten stecken сунуть газету в ящик; den Füllhalter in das Etui stecken положить авторучку в футляр; er steckte den Rest in die Tasche он сунул сдачу в карман ▫ ...nur bring die Möhre wieder in die Küche, Herr Braun will sie in den großen, dicken Topf stecken (*Roehricht, »Monolog einer Braut«*) ...отнеси-ка морковку обратно на кухню, господин Браун положит ее в большую, пузатую кастрюлю. **hineinstecken** *разг.* ≅ stecken, *но подчеркивает направление внутрь чего-л.*; *напр.*: ich habe noch ein Buch in den Rucksack hineingesteckt я засунул в рюкзак еще одну книгу. **hinterlegen** *ср.-нем. ю.-нем. разг.* класть позади себя, сзади; *напр.*: den Mantel habe ich hintergelegt пальто я положил сзади [позади себя]; damit wir im Auto mehr Platz haben, lege ich diesen Koffer hinter чтобы у нас было посвободней в машине, я положу чемодан сзади

legen[2] *см.* pflanzen/tun[1]

legen[3]: beiseite legen *см.* sparen; auf die hohe Kante legen *см.* sparen; auf die Seite legen *см.* sparen; ein Wort einlegen *см.* verwenden, sich

legen, sich ложиться, лечь

sich legen — sich hinlegen — sich niederlegen — sich kuscheln — (sich) kuschen

sich legen *индифф. синоним*; *напр.*: sich ins Bett, auf das Sofa, auf die rechte Seite legen ложиться [лечь] в постель, на кушетку, на правый бок; sich in die Sonne legen лечь на солнце [на припеке]; sich schlafen legen лечь спать. **sich hinlegen** a) ≅ sich legen, *но указывает направление, место*; *напр.*: wir haben uns auf den Erdboden, auf einer Waldwiese hingelegt мы (при)легли на землю, на лесной поляне; b) *без указания места* лечь (спать); *напр.*: er legt sich mittags immer eine Stunde hin он всегда днем ложится на час (поспать); ich werde mich heute zeitig hinlegen, weil ich morgen sehr früh aufstehen muß я сегодня лягу пораньше, так как завтра мне надо очень рано встать. **sich niederlegen** прилечь; *напр.*: sich auf dem [auf das] Sofa niederlegen (при)лечь на кушетке [на кушетку]; sie hat sich für eine Stunde niedergelegt она прилегла на час. **sich kuscheln** (уютно) улечься; устроиться; *напр.*: sich in das Bett kuscheln уютно улечься в постели; sie kuschelte sich in die Kissen она зарылась в подушки. (sich) kuschen лечь (о собаке); напр.: auf Befehl soll der Hund (sich) kuschen по приказу собака должна лечь; das folgsame Tier hat sofort gekuscht послушное животное сразу легло; kusch (dich)! куш!, (ложись) на место!

leger см. nachlässig²
legitim см. gesetzlich
Legitimation см. Ausweis
legitimieren, sich см. ausweisen, sich

Lehm глина
der Lehm — der Ton
Lehm индифф. синоним; напр.: Ziegel aus Lehm brennen обжигать кирпич; im weichen Lehm steckenbleiben застрять в вязкой глине □ Einmal träumte er: er war groß und erwachsen, saß aber wie ein Kind am Boden, hatte Lehm vor sich und knetete wie ein Kind aus dem Lehm Figuren (Hesse, »Narziß«) Однажды ему приснился сон: он был большой и взрослый, но сидел, как ребенок, на земле, перед ним была глина, и он, как ребенок, лепил из глины фигурки. Ton гончарная глина, идущая на изготовление посуды, скульптур и т. п.; напр.: eine Vase aus Ton керамическая ваза; eine Figur in Ton bilden создать скульптуру в глине; eine Figur aus Ton kneten вылепить фигуру из глины □ Diese Hände griffen mit festen, aber sehr gefühligen Fingern in den Ton, den sie formten... (Hesse, »Narziß«) Эти руки мяли сильными, но очень чувствительными пальцами глину, которой они придавали форму.

lehnen, sich см. beugen, sich¹
Lehnsessel см. Sessel
Lehnstuhl см. Sessel
Lehrbub см. Lehrling¹
lehren¹ учить, обучать

lehren — beibringen — unterrichten — ausbilden — heranbilden — anlernen — schulen — einprägen — einschärfen — unterweisen — einpauken — einbüffeln — einhämmern — eintrichtern — einbleuen — einfuchsen

lehren (j-n etw.) индифф. синоним; напр.: er hat mich gutes Deutsch gelehrt он научил меня хорошему немецкому языку; die Mutter lehrt ihr Kind sprechen мать учит ребенка говорить; der Meister lehrte mich, mit dem Werkzeug richtig umzugehen мастер обучил меня правильно обращаться с инструментами; der neue Dozent lehrt Geschichte новый преподаватель (вуза) читает историю; die Erfahrung lehrt, daß viele Unglücksfälle auf Unachtsamkeit beruhen опыт показывает [учит нас], что многие несчастные случаи происходят из-за невнимательности □ Lange hatte er sich bemüht, ihn zu wecken, ihn die Sprache zu lehren, in der das Geheimnis mitteilbar wäre (Hesse, »Narziß«) Долго... он старался пробудить его, научить его языку, на котором можно было бы поведать тайну. beibringen (j-m etw.) = lehren, но не имеет значения 'преподавать в учебном заведении'; напр.: j-m das Lesen, das Schwimmen, das Tanzen beibringen учить кого-л. чтению, плаванию, танцам; j-m das Einmaleins, das Ungarische beibringen обучать кого-л. таблице умножения, венгерскому языку; wer hat dir diesen Unsinn beigebracht? кто научил тебя этой ерунде?; er hat mir das Schachspiel beigebracht он научил меня играть в шахматы □ Obwohl durch einen ihrer Füße ein wenig gestört, bringt die junge Catherine dem jungen Rosny einen neuen Tanz bei (H. Mann, »Die Jugend«) Хотя нога ей немного мешает, юная Катрин учит юного Росни новому танцу. Es war ein Schlag wie mit einem Hammer... Köster hatte ihn mir beigebracht (Remarque, »Drei Kameraden«) Это был удар как молотом... Кестер научил меня ему. unterrichten преподавать (употр. с Akk. лица, при этом указание на преподаваемый предмет может отсутствовать или выражаться дополнением с предлогом in, как правило, без арт. или без указания лица, но с указанием преподаваемого предмета, последний выражается дополнением в Akk.); напр.: der Lehrer unterrichtet die Kinder учитель занимается с детьми; sie unterrichtete noch seine Eltern in Mathematik она преподавала математику еще его родителям; er unterrichtet Französisch он преподает французский язык. ausbilden обучать кого-л. (профессии, специальности), готовить кадры (кого-л.) (употр. с Akk. лица, обозначающего либо профессию, специальность, либо того, кого обучают; в последнем случае обозначение профессии выражено дополнением с предлогом zu); напр.: die Pädagogischen Hochschulen bilden Lehrer aus педагогические вузы готовят учителей; es müssen mehr Ärzte ausgebildet werden нужно подготовить больше врачей; er wird zum Sänger ausgebildet его готовят в певцы; er wird im Gesang ausgebildet его обучают пению. heranbilden (A) готовить, растить; напр.: den Nachwuchs heranbilden готовить смену, обучать подрастающее поколение; man bildete einen Stamm von Fachleuten heran были подготовлены кадры специалистов; j-n zum Künstler heranbilden сделать [вырастить] из кого-л. художника. anlernen (j-n) обучать кого-л. какому-л. делу, ремеслу, трудовым приемам предполагает практическую подготовку работника невысокой квалификации; напр.: einen Lehrling anlernen обучать ученика ремеслу; er ist dafür besonders angelernt worden он специально этому обучен; die Arbeiterin wurde an einer neuen Maschine angelernt работницу обучали работать на новой машине. schulen (j-n) учить кого-л., упражнять что-л., тренировать кого-л., что-л.; напр.: die Augen, das Ohr, das Gedächtnis, den Verstand schulen упражнять [тренировать] глаза, ухо, память, ум; (часто в Part. II) wir können nur geschulte Kader einstellen мы принимаем на работу только хорошо обученные [квалифицированные] кадры; er hat einen geschulten Blick für junge Talente у него наметанный глаз на молодые таланты. einprägen (j-m etw.) запечатлеть в чьей-л. памяти, учить так, чтобы врезалось в память (обучаемому); напр.: einem Kind die Monatsnamen einprägen выучить с ребенком названия месяцев; diese Worte hat sie ihm eingeprägt эти слова она заставляла его запомнить. einschärfen ≅ einprägen, но подчеркивает бо́льшую интенсивность, настойчивость, строгость обучения; напр.: dieser Satz wurde ihm immer wieder eingeschärft его снова и снова заставляли заучивать это предложение [эти слова]; er schärfte ihr ein, wie der Hebel zu betätigen sei он (настойчиво) учил ее, как действовать рычагом. unterweisen высок. = unterrichten; напр.: Kinder unterweisen обучать детей; j-n im Rechnen, im Zeichnen unterweisen преподавать кому-л. арифметику, рисование. einpauken (j-m etw.) разг. заставлять учить, зубрить; напр.: j-m Geschichtszahlen, Lehrsätze einpauken заставлять кого-л. учить исторические даты, правила; ihm war alles eingepaukt worden его заставили все зазубрить. einbüffeln ≅ einpauken, но употр. реже и еще больше подчеркивает интенсивность действия; напр.: j-m sich Geschichtszahlen, Formeln einbüffeln вбивать кому-л., себе в голову исторические даты, формулы. einhämmern (j-m etw.) разг. вдалбливать; напр.: den Kindern Regeln einhämmern вдалбливать детям правила; j-m etw. ununterbrochen, schon früh einhämmern вдалбливать кому-л. что-л. непрерывно, с ранних лет. eintrichtern (j-m etw.) разг. (систематически) вдалбливать; напр.: er hat ihnen den kleinen Vers mühsam eingetrichtert он с трудом заставил выучить их это маленькое стихотворение; man hat ihr diesen Satz in ihren armen Kopf eingetrichtert в ее бедную голову вдолбили эту фразу. einbleuen (j-m etw.) разг. вколачивать в голову (,прибегая к наказаниям); напр.: j-m Vernunft einbleuen учить уму-разуму кого-л.; j-m Gehorsam einbleuen железной рукой приучать кого-л. к покорности [прививать кому-л. покорность]; j-m etw. handgreiflich einbleuen вбивать что-л. кому-л. в голову, вбивать кому-л. колотушками что-л.; den Kindern wurden nur trockene Geschichts-

daten eingebleut детям вколачивали в головы только сухие исторические даты. einfuchsen (j-n auf etw.) разг. хорошо натренировать (кого-л. в чем-л.), хорошо натаскать (кого-л. по какому-л. предмету); напр.: schon als Kind haben sie ihn eingefuchst auf Gehorsam уже в детстве его приучили к послушанию; er ist eingefuchst auf Rechnen он поднаторел в арифметике
lehren² учить (поучать), наставлять
lehren — belehren — schulmeistern — anleiten

lehren индифф. синоним; напр.: j-n Gehorsam, Bescheidenheit lehren учить кого-л. послушанию, скромности; er lehrte seine Kinder, bescheiden zu sein он наставлял своих детей, что надо быть скромными. belehren поучать по сравнению с lehren подчёркивает бо́льшую наставительность, поэтому часто неодобр.; напр.: j-n belehren, wie er sich zu verhalten habe учить [поучать] кого-л., как себя вести; mußt du mich immer belehren? тебе обязательно все время поучать меня?; sich nicht, von niemand belehren lassen не позволять (никому) учить себя; j-n eines Besseren [eines anderen] belehren вразумить кого-л.; die Zeit hat uns belehrt, wie falsch die damalige Entscheidung war время показало нам, как неправильно было то решение. schulmeistern неодобр. ≈ belehren, но подчёркивает педантизм; напр.: ich lasse mich nicht schulmeistern я не позволю поучать себя, как школьника. anleiten направлять, наставлять на путь; напр.: j-n zum Guten anleiten наставлять кого-л. на путь добра; j-n zu Pflichterfüllung anleiten побуждать кого-л. исполнить свой долг
Lehrer учитель, преподаватель
der Lehrer — der Schullehrer — der Lektor — der Schulmann — der Schulmeister — der Pädagoge — die Lehrkraft — der Pauker — der Steißpauker — der Steißtrommler — der Steißklopper

Lehrer индифф. синоним; напр.: ein Lehrer an einer Landschule, an einer Oberschule, an einer Universität учитель сельской, средней школы, преподаватель университета; ein Lehrer für Physik, für Reiten учитель физики, верховой езды; akademischer Lehrer преподаватель вуза; die meisten Philologiestudenten wollen Lehrer werden большинство студентов-филологов хотят стать учителями. Schullehrer школьный учитель звучит старомодно, так как вытесняется из живого словоупотребления словом Lehrer; напр.: unseren alten Schullehrer wollte ich schon immer einmal besuchen мне все хотелось как-нибудь зайти к нашему старому школьному учителю. Lektor преподаватель высшего учебного заведения, ведущий практические занятия (по языку, музыке, рисунку и т. п.); напр.: unser Deutschlektor ist wieder abgereist наш преподаватель немецкого языка опять в отъезде. Schulmann (опытный) школьный работник (с большим стажем, авторитетом и т. п.); напр.: aus diesen Sätzen spricht deutlich der Schulmann по этим словам сразу узнаешь старого работника школы ◻ Die Herren wußten es am grünen Tisch natürlich besser, der erfahrene Schulmann wurde gelangweilt angehört — und seine Expertise in den Wind geschlagen (Valentin, »Die Unberatenen«) Господа, сидя за своими столами, знали все, конечно, лучше, опытного школьного работника выслушали со скучающим видом, а его заключение пропустили мимо ушей. Schulmeister устаревает, чаще шутл. наставник, тж. неодобр. ментор; напр.: hoffentlich weiß euer Schulmeister zu würdigen, welche Mühe ich mir mit deinem Hausaufsatz gebe надеюсь, господин учитель знает, сколько хлопот доставляет мне твои домашние сочинения. Pädagoge педагог; напр.: er ist der einzige Pädagoge unter uns он единственный педагог среди нас. Lehrkraft офиц. ≈ Lehrer; напр.: es ist Vorschrift, daß eine Lehrkraft die Aufsicht übernimmt, wenn die Schüler einen Aufsatz schreiben существует положение, по которому учитель обязан наблюдать за учениками, когда те пишут классное сочинение. Pauker школьн. жарг. ≈ Lehrer; напр.: der neue Pauker scheint ganz annehmbar новый-то учитель, кажется, ничего ◻ Sie bemerken, ich bin mittlerweile wieder bei Goethen angelangt. Ohne den geht es nicht ab, wenn ein alter deutscher Pauker wie ich zu reden anfängt... (Schulz, »Wir sind nicht Staub im Wind«) Вы замечаете, что я нет-нет и снова возвращаюсь к Гете. Старому немецкому учителишке, вроде меня, без него не обойтись, если уж начал говорить... Steißpauker, Steißtrommler фам. презр. (бездарный) учителишка (применяющий телесные наказания); напр.: sein Vater ist ein richtiger Steißpauker его отец типичный зануда-учителишка. Steißklopper н.-нем. ≈ Steißpauker
lehrerhaft см. lehrhaft
Lehrgang см. «Приложение»
lehrhaft назидательный
lehrhaft — belehrend — lehrreich — didaktisch — lehrerhaft — schulmeisterlich — professorenhaft — professoral — doktrinär — dogmatisch

lehrhaft индифф. синоним; напр.: eine lehrhafte Dichtung назидательная поэма; eine lehrhafte Absicht воспитательное намерение; einen lehrhaften Ton anschlagen начать (говорить) в назидательном тоне; die Schüler langweilten sich in diesem lehrhaften Film ученики скучали на этом назидательном фильме; sein Brief kommt mir ein wenig lehrhaft его письмо кажется мне несколько назидательным; ein Sprichwort ist ein Volksspruch mit lehrhafter Tendenz пословица — это народное речение с назидательной тенденцией. belehrend поучающий; напр.: sie führte die Unterhaltung in belehrendem Ton она вела разговор в поучающем тоне; die Fabel hat einen belehrenden Sinn басня имеет поучающий смысл. lehrreich поучительный; напр.: eine lehrreiche Geschichte поучительная история; dieser Vorfall war für ihn ziemlich lehrreich этот случай был довольно поучителен для него. didaktisch дидактический; напр.: eine didaktische Dichtung дидактическая поэма; das tat er gewiß mit einer didaktischen Absicht он сделал это, конечно, с дидактической целью. lehrerhaft наставительный; напр.: ein lehrerhafter Ton наставительный тон; er ist manchmal allzu lehrerhaft он иногда держится [ведет себя] уж слишком наставительно. schulmeisterlich неодобр. педантский, наставительный; напр.: ein schulmeisterlicher Ton (педантично) наставительный тон; seine schulmeisterliche Sprechweise geht mir auf die Nerven его манера говорить наставительно действует мне на нервы. professorenhaft, professoral неодобр. профессорский, менторский; напр.: er ist noch kein Professor, spricht aber schon ganz professorenhaft он еще не профессор, а разговаривает уже совсем по-профессорски; der Professor sprach in einem gar nicht professorenhaften Ton профессор говорил совсем не менторским [профессорским] тоном; er hat schon ein ganz professorales Benehmen он ведёт себя совсем как истый профессор. doktrinär доктринерский; напр.: er zeigte sich doktrinär он показал себя доктринером; sein doktrinärer Ton findet keinen Gefallen его доктринерский тон никому не нравится. dogmatisch догматичный; напр.: verfalle bitte nicht in diesen dogmatischen Ton! не впадай, пожалуйста, в этот догматичный тон!
Lehrjunge см. Lehrling¹
Lehrkraft см. Lehrer
Lehrling¹ ученик (на производстве)
der Lehrling — der Facharbeiterlehrling — der Lehrjunge — der Praktikant — der Volontär — der Eleve — der Stift — der Lehrbub

Lehrling индифф. синоним; напр.: er ist noch kein richtiger Schlosser, er ist bloß Lehrling он еще не слесарь, он еще только ученик; er ist Lehrling in einer Brotfabrik он ученик на хлебозаводе; in diesem Werk werden auch Lehrlinge ausgebildet на этом заводе обучают также и учеников (разных специальностей); die Lehrlinge haben heute Schule у наших учеников сегодня школьный день.

Facharbeiterlehrling = Lehrling полное наименование ученика производственного обучения на государственных предприятиях ГДР; *напр.*: die Schulabgänger, die sich für den Schlosserberuf interessieren, haben Lehrstellen als Facharbeiterlehrlinge erhalten выпускникам школ, интересующимся слесарным делом, было предоставлено место ученика слесаря. **Lehrjunge** *устаревает* ≅ Lehrling, *но чаще об учениках в частной мастерской и т. п.*; *напр.*: der Lehrmeister hat die Lehrjungen und Lehrmädchen entsprechend den Vorschriften ausgebildet мастер обучал учеников в соответствии с инструкциями. **Praktikant** практикант; *напр.*: er ist Praktikant in der Apotheke он практикант в аптеке, »Unsere Praktikanten leisten uns eine große Hilfe«, hob der Abteilungsleiter hervor «Наши практиканты оказывают нам большую помощь», — подчеркнул начальник цеха. **Volontär** [v-] a) *в капиталистических странах*: ученик, помощник, работающий где-л. без вознаграждения с целью получения профессиональной практики; *напр.*: er arbeitet als Volontär in einer Bank in München он работает помощником в одном из банков Мюнхена; b) *в ГДР*: стажер редакции; *напр.*: er ist Volontär bei der hiesigen Tageszeitung он ученик в редакции здешней газеты. **Éleve** [-və] ≅ Lehrling, *но употр. в 19 в. и в начале 20-го в. по отношению к ученикам в сельском и лесном хозяйстве; теперь — об учениках в театре и т. п.*; *напр.*: er wurde vor dem 1. Weltkrieg als Eleve auf einem großen Rittergut aufgenommen перед первой мировой войной его взяли учеником в одно большое поместье; Eleven und Elevinnen der Ballettschule liefen fröhlich aus dem Probensaal ученики и ученицы балетного училища весело выбежали из репетиционного зала. **Stift** *разг. шутл.* мальчик, ученик; *напр.*: alle Stifte müssen zum Chef. Beeilt euch! всю мелюзгу требует к себе шеф. Поторапливайтесь-ка! **Lehrbub** *ю.-нем., австр., швейц.* = Lehrling; *напр.*: mein Sohn ist Lehrbub beim Schuster мой сын в учениках у сапожника

Lehrling [2] *см.* Schüler
lehrreich [1] полезный, ценный в познавательном отношении, поучительный
lehrreich — aufschlußreich — wissenswert — informativ — informatorisch — instruktiv
lehrreich *индифф. синоним*; *напр.*: ein lehrreiches Buch поучительная [полезная] книга; eine lehrreiche Beobachtung ценное наблюдение; das Experiment war lehrreich опыт был полезен; das Studium der Fachliteratur war für mich lehrreich изучение литературы по специальности было для меня полезным делом. **aufschlußreich** ценный; объясняющий, поясняющий многое; *напр.*: eine aufschlußreiche Statistik ценные статистические данные (*позволяющие судить о многом*); ein aufschlußreicher Vergleich сравнение, которое многое объясняет; seine Ausführungen waren mir sehr aufschlußreich его пояснения дали мне очень много; das Buch ist sehr aufschlußreich книга много дает. **wissenswert** ценный, важный; содержащий то, что нужно, что следует знать; *напр.*: er hat uns wissenswerte Neuigkeiten erzählt он рассказал нам важные [ценные] новости; das ist wissenswert это надо [важно] знать. **informativ** информативный; *напр.*: eine informative Berichterstattung информативное сообщение; die Zeitschrift ist rein informativ журнал носит чисто информативный характер; die Zeitschrift ist sehr informativ журнал очень информативен. **informatorisch** информационный, информирующий; *напр.*: am Anfang stand ein informatorisches Gespräch вначале состоялся разговор информирующего характера; der Vortrag ist vor allem informatorisch gedacht доклад задуман прежде всего информационным; ich finde, daß unser Gespräch rein informatorisch war я нахожу, что наш разговор был чисто информирующим. **instruktiv** *книжн.* инструктивный; *напр.*: ein instruktiver Aufsatz инструктивная статья; sein Vortrag war instruktiv für uns его доклад был для нас инструктивным; man kann von ihm viel lernen, seine Bemerkungen sind sehr instruktiv у него можно многому поучиться, его замечания очень много дают [информативны]

lehrreich [2] *см.* lehrhaft
Leib *см.* Körper/Magen
leibeigen — hörig — unfrei
leibeigen *индифф. синоним*; *напр.*: die leibeigenen Bauern крепостные крестьяне; ich bin nicht sein Leibeigener я ему не крепостной. **hörig** *ист.* кабальный, находящийся в полной зависимости от господина; *теперь б. ч. перен. — об отношениях между мужчиной и женщиной, тк. в сочетании* (j-m) hörig sein; *напр.*: die Hörigen mußten schwere Arbeit leisten холопы должны были делать тяжелую работу □ Die bis dahin hörigen Handwerker in der Stadt suchten ihre Verpflichtungen abzuschütteln, und die hörigen Handwerker aus der Umgebung flüchteten in die Stadt (Mehring, »Deutsche Geschichte«) Все еще зависимые городские ремесленники старались освободиться от кабалы, а зависимые ремесленники, жившие в окрестностях, бежали от своих господ в город. Ich hatte ihr geschrieben, daß es Schluß ist... sie hatte es einfach nicht geglaubt. Sie hatte gemeint, ich sei ihr hörig, und wenn wir eine Woche verbringen, sei alles wieder beim alten... (Frisch, »Homo faber«) Я ей написал, что все кончено... она этому не поверила. Она возразила, что я ей во всем послушен — стоит нам провести вместе неделю, и все останется по-старому. **unfrei** несвободный, подневольный; *напр.*: unfreie Bauern arbeiten nur unwillig несвободные крестьяне работали нехотя

leiblich *см.* körperlich
Leiche труп
die Leiche — der Leichnam — der Kadaver — die Gebeine — die sterblichen Überreste — die sterbliche Hülle
Leiche *индифф. синоним*; *напр.*: verstümmelte Leichen изуродованные трупы; die Leiche eines Hundes труп собаки; eine Leiche begraben захоронить тело; зарыть труп [тело]; die Passagiere des abgestürzten Flugzeuges konnten nur noch als Leichen geborgen werden с места катастрофы удалось привезти только трупы пассажиров разбившегося самолета; er ist blaß wie eine Leiche он бледен как мертвец □ Mein Gesicht im Spiegel... weiß wie Wachs, mein Gesicht, beziehungsweise grau und gelblich mit violetten Adern darin, scheußlich wie eine Leiche (Frisch, »Homo faber«) Мое лицо в зеркале... белое, восковое мое лицо или серое и желтоватое с фиолетовыми прожилками, отвратительное, как труп. **Leichnam** ≅ Leiche, *но тк. о трупе человека*; *напр.*: sein Lechnam wurde unweit des Hauses gefunden его тело нашли недалеко от дома; der Leichnam des großen Dichters wurde feierlich beigesetzt тело великого поэта было торжественно похоронено; er sieht wie ein lebender Leichnam aus он выглядит как живой труп. **Kadaver** [-v-] труп животного; падаль *груб. презр. тж. о трупе человека*; *напр.*: einen Kadaver begraben закопать труп животного; wegen Seuchegefahr, müssen die Kadaver schnellstens beseitigt werden из-за угрозы эпидемии трупы животных нужно убирать как можно скорее. **Gebeine** *тк. мн. высок.* останки, остов; *напр.*: die Gebeine der Toten останки; die Gebeine zur letzten Ruhe betten предать земле останки; seine Gebeine ruhen in dieser Gruft его останки покоятся в этом склепе. **die sterblichen Überreste, die sterbliche Hülle** *высок.* прах, тело, останки; *напр.*: die sterbliche Hülle des Präsidenten wurde im Palast aufgebahrt тело покойного президента было установлено на постаменте во дворце; die sterblichen Überreste des Komponisten wurden in seine Heimatstadt überführt останки композитора перевезли в его родной город

leichenblaß *см.* blaß
Leichnam *см.* Leiche

leicht¹ легкий (*не тяжелый*)
leicht — federleicht — luftig
  leicht *индифф. синоним; напр.*: leichtes Gepäck легкий багаж; ein leichter Anzug легкий костюм; leichte Gardinen легкие занавески; mein Koffer ist leicht мой чемодан легкий; sie hörten ihren leichten Schritt они услыхали ее легкие шаги; sie ist leicht wie eine Feder она легкая как перышко. **federleicht** очень легкий, (почти) невесомый; *напр.*: ein federleichtes Gewebe невесомая ткань; ein federleichter Mantel очень легкое пальто; sie tanzt federleicht она танцует легко, как пушинка. **luftig** ≅ leicht, *но тк. о легкой, свободной одежде; напр.*: luftige Kleider легкие [воздушные] платья; luftige Gewänder легкие одежды; bist du für dieses Wetter nicht ein wenig zu luftig gekleidet? не слишком ли легко ты одет для этой погоды?
  leicht² *см.* leichtsinnig¹
  leichtfertig *см.* leichtsinnig¹, ²
  Leichtfuß *см.* Leichtsinniger
  leichtfüßig *см.* flink
  leichtgläubig *см.* vertrauensvoll
  leichtsinnig¹ легкомысленный (*о качестве, проявляющемся в поведении человека, в его моральном облике*)
leichtsinnig — leichtfertig — leicht — lose — frivol — locker
  leichtsinnig *индифф. синоним; напр.*: ein leichtsinniges Mädel легкомысленная девушка; sie führten in der Stadt ein leichtsinniges Leben они вели в городе легкомысленную жизнь; deine leichtsinnige Lebensweise macht mir Sorgen твой легкомысленный образ жизни тревожит меня. **leichtfertig** ≅ leichtsinnig, *но с бóльшим оттенком осуждения; напр.*: ein leichtfertiges Mädchen легкомысленная девушка; eine leichtfertige Person легкомысленная особа; leichtfertige Moral нестрогая мораль; er lebt leichtfertig он живет легкомысленно; sie macht sich leichtfertig an Männer heran она легкомысленно сближается с мужчинами. **leicht** *неодобр.* легкий, легкого поведения; *напр.*: ein leichtes Mädchen девица легкого поведения; ein leichter Bursche беспутный парень; einen leichten Lebenswandel führen вести легкомысленный образ жизни. **lose** распущенный; *напр.*: ein loses Mädchen распущенная девица; einen losen Streich mit j-m spielen сыграть с кем-л. неприличную шутку. **frivol** [-v-] фривольный, выходящий за границы приличия; *напр.*: ein frivoler Ton, Witz фривольный тон, анекдот; eine frivole Bemerkung фривольное замечание; das Lied war ziemlich frivol песенка была довольно фривольной. **locker** *разг.* беспутный; *напр.*: lockere Sitten вольные нравы; ein lockeres Leben führen вести беспутную жизнь; sie hat [führt] einen lockeren Lebenswandel она ведет беспутный образ жизни

  leichtsinnig² легкомысленный (*о качестве, проявляющемся в решениях, словах, поступках и т. п.*)
leichtsinnig — leichtfertig — unbedacht — unüberlegt — gedankenlos — unbesonnen — windig
  leichtsinnig *индифф. синоним; напр.*: ein leichtsinniger Mensch легкомысленный человек; eine leichtsinnige Tat легкомысленный поступок; ein leichtsinniges Versprechen легкомысленное обещание; er geht leichtsinnig mit dem Geld um он легкомысленно обращается с деньгами; er setzte leichtsinnig sein Leben aufs Spiel он легкомысленно поставил на карту свою жизнь. **leichtfertig** ≅ leichtsinnig, *но с бóльшим оттенком осуждения*; *напр.*: ein leichtfertiger Plan легкомысленный план; leichtfertige Worte легкомысленные слова; eine leichtfertige Antwort легкомысленный ответ; er setzte leichtfertig sein Glück aufs Spiel он легкомысленно поставил на карту свое счастье. **unbedacht** необдуманный; *напр.*: eine unbedachte Antwort, Handlung необдуманный ответ, поступок; nie tat er etwas unbedacht он никогда ничего не делал необдуманно. **unüberlegt** ≅ unbedacht; *напр.*: eine unüberlegte Äußerung необдуманное высказывание; ein unüberlegter Schritt необдуманный шаг; wie konntest du ihm das nur so unüberlegt versprechen! как ты только мог так необдуманно обещать ему это!; sie folgte unüberlegt diesem leichtsinnigen Menschen in eine fremde Stadt она необдуманно поехала с этим легкомысленным человеком в чужой город. **gedankenlos** бездумный; *напр.*: eine gedankenlose Antwort бездумный ответ; gedankenlos handeln действовать, не думая; das ist ein gedankenloses Gerede это пустая болтовня; gedankenlos sprach er über einen Vorfall, der einem der Anwesenden viel Leid angetan hatte не думая, он разговорился о случае, который когда-то причинил много горя одной из присутствующих. **unbesonnen** безрассудный; *напр.*: ein unbesonnener Mensch безрассудный человек; eine unbesonnene Rede безрассудная речь; unbesonnen handeln поступать безрассудно; unbesonnen wie er war, meldete er sich sofort zu dieser Aufgabe как человек безрассудный, он сразу пошел на это дело. **windig** *разг.* пустой; *напр.*: ein windiger Bursche пустой малый; ein windiger Kopf пустая башка; eine windige Ausrede пустая отговорка

  Leichtsinniger легкомысленный
der Leichtsinnige — der Leichtfuß — der Luftikus — der Windbeutel — der Windhund — der Hallodri — der Flattergeist — der Springinsfeld
  Leichtsinniger *индифф. синоним; напр.*: er, der Leichtsinnige, schlug alle Warnungen in den Wind он — вот легкомысленный! — пренебрег предостережениями; so ein Auftrag ist nicht für Leichtsinnige такое поручение не для легкомысленных (*людей, исполнителей*). **Leichtfuß** *разг.* ≅ Leichtsinniger, *но подчеркивает беспечность*; *напр.*: das war ein Leichtfuß und Vagabund он был ветреник и бродяга; er war ein ziemlicher Leichtfuß und hat sein ganzes Geld durchgebracht он был порядочный ветрогон и прожил все свои деньги. **Luftikus** *разг.* пустышка, вертопрах; *напр.*: ein unverbesserlicher Luftikus неисправимый вертопрах; man hatte ihn für einen Luftikus gehalten его считали вертопрахом. **Windbeutel** *разг.* ветреный гуляка; *напр.*: wer hätte denn geahnt, daß er so ein Windbeutel ist кто бы подумал, что он такой гуляка. **Windhund** *фам.* ≅ Windbeutel; *напр.*: so ein Windhund von einem Ehemann ничего себе гуляка-муженек. **Hallodri** *ю.-нем., австр.* весельчак и повеса; *напр.*: ein großer Hallodri большой повеса. **Flattergeist, Springinsfeld** *уст. разг.* вертопрах, повеса; *напр.*: alle hatten diesen jungen Flattergeist [Springinsfeld] gern все любили молодого повесу

  leiden¹ страдать, томиться
leiden — schmachten — verschmachten
  leiden *индифф. синоним; напр.*: Durst, Hunger, Hitze leiden страдать от жажды, от голода, от жары; er litt unschuldig im Kerker он невинно страдал [томился] в застенке. **schmachten** *часто высок.* томиться, изнывать; *напр.*: die Reisenden mußten in der Hitze schmachten путешественники изнемогали на этой жаре (от жажды); er schmachtete nach Wasser он томился жаждой, мечтая о глотке воды; die Gefangenen schmachteten hinter Kerkermauern пленные томились в застенках. **verschmachten** *часто высок.* изнемогать, погибать (от жажды); *напр.*: vor Durst verschmachten погибнуть от жажды; gib mir ein Glas Wasser, ich verschmachte дай мне стакан воды, я умираю от жажды

  leiden² страдать (*за кого-л., за что-л., из-за кого-л., из-за чего-л.*)
leiden — büßen
  leiden *индифф. синоним; напр.*: sie leidet für ihren Sohn она страдает ради своего сына; jetzt muß sie dafür leiden, daß sie ihm vertraut hat теперь она страдает из-за того, что доверилась ему. **büßen** (*etw., für etw.*) нести наказание, (по)платиться; *напр.*: (für) eine Unvorsichtigkeit, ein Versehen büßen нести наказание [поплатиться] за неосторожность, за ошибку; etw. mit dem Kopf, mit dem Leben büßen поплатиться за что-л. головой, жизнью; etw. mit dem Tod büßen müssen поплатиться за что-л. жизнью

  leiden³ *см.* ertragen/krank sein

Leiden см. Krankheit/Schmerz
leidend см. kränklich
Leidenschaft[1] страстность, страсть
die **Leidenschaft** — die **Inbrunst**
Leidenschaft *индифф. синоним*; *напр.*: eine feurige, verborgene Leidenschaft пламенная, затаенная страсть; politische Leidenschaften политические страсти; etw. mit, ohne Leidenschaft tun делать что-л. со страстью, без страсти; sie läßt ihrer Leidenschaft freien Lauf она не сдерживает своей страсти; der Krieg entfesselt gefährliche Leidenschaften война развязывает опасные страсти. **Inbrunst** ≃ Leidenschaft, *но подчеркивает возвышенность и глубину чувства*; *напр.*: die Inbrunst seiner Liebe, seines Glaubens страстность [весь пыл] его любви, его веры; mit Inbrunst beten, flehen горячо молиться, страстно умолять; mit Inbrunst an j-m hängen быть страстно [всей душой] привязанным к кому-л.; mit Inbrunst arbeitete der Bildhauer an dieser Plastik самозабвенно [со всей страстью, со всем пылом своей души] работал скульптор над этой скульптурой

Leidenschaft[2] см. Liebe
leidenschaftlich см. heiß[1]
leidig см. schlecht[1]
leidlich см. mittelmäßig

leihen[1] давать в долг, во временное пользование, одалживать
leihen — **borgen** — **ausleihen** — **verleihen** — **verborgen** — **beleihen** — **vorschießen** — **vorstrecken** — **ausborgen** — **pumpen** — **verpumpen** — **belehnen**

leihen *индифф. синоним*; *напр.*: j-m Geld leihen давать кому-л. деньги в долг; er lieh ihm sein Fahrrad он дал ему на время свой велосипед; kannst du mir bitte dein Taschenmesser leihen? не можешь ли ты одолжить мне свой перочинный нож? **borgen** ≃ leihen, *но чаще употр., когда одно частное лицо дает другому на время некоторую сумму, какой-л. предмет и т. п.*; *напр.*: sie will ihrer Nachbarin für drei Tage die Kaffemühle borgen она хочет одолжить соседке кофемолку на три дня; ich werde dir die Summe borgen, bis du sie mir zurückgeben kannst я дам тебе эту сумму взаймы; когда сможешь, вернешь. **ausleihen** ≃ leihen, *но б. ч. о непосредственной передаче из рук в руки во временное пользование*; *напр.*: ich habe ihm ein Buch ausgeliehen я дал ему книгу на время [почитать]; hier werden Tonbänder und Bücher ausgeliehen здесь выдаются магнитофонные пленки и книги; die Bank lieh ihm die nötige Summe aus банк ссудил ему нужную сумму. **verleihen** давать напрокат, под залог; *напр.*: Autos, Fahrräder, Kostüme verleihen давать напрокат автомобили, велосипеды, (карнавальные, театральные и т. п.) костюмы; ich kann dir jetzt die Schallplatten nicht geben, ich habe momentan alle verliehen я не могу тебе сейчас дать пластинки, я их все как раз раздал; die Bank verleiht Geld an ihre Kunden gegen 5 Prozent банк дает своим клиентам денежные ссуды из расчета 5 ссудных процентов. **verborgen** давать на время, во временное пользование (*б. ч. вещи домашнего обихода*); *напр.*: ich verborge meine Sachen nicht gern я не люблю давать (носить) свои вещи. **beleihen** (*etw.*) давать ссуду под залог (*чего-л.*); *напр.*: Gegenstände, Grundstücke beleihen давать ссуду под залог (ценных) вещей, земельных участков; der Pelzmantel wurde in der Pfandleihe mit 1000 Mark beliehen за меховое манто в ломбарде дали 1000 марок. **vorschießen** ссужать (недостающую сумму для определенной цели); *напр.*: ich bin bereit, dir Geld für das Haus vorzuschießen я готов ссудить тебе денег для предстоящей покупки дома; wieviel kannst du vorschießen? сколько ты сможешь ссудить?; er hat mir für die Möbel 500 Mark vorgeschossen он ссудил мне на мебель 500 марок. **vorstrecken** ≃ vorschießen, *но предполагает, что деньги даются на короткий срок*; *напр.*: wenn Ihr Geld nicht reicht, kann ich Ihnen etwas vorstrecken если ваших денег не хватит, то я могу вам немного одолжить; er hat mir eine große Summe vorgestreckt он ссудил мне большую сумму. **ausborgen** *разг.* ≃ ausleihen; *напр.*: er hat mir ein interessantes Buch ausgeborgt он дал мне (почитать) интересную книгу; wer hat dir das Fahrrad ausgeborgt? кто одолжил тебе велосипед? **pumpen** *фам.* подкинуть; *напр.*: ich habe ihm 20 Mark gepumpt я подкинул ему 20 марок с возвратом; kannst du mir deine Schuhe pumpen? ты можешь одолжить мне свои ботинки? □ »Könntest du mir zwei Steine pumpen, sister?« — »Nein! Für was?« — »Kino« (Valentin, »Die Unberatenen«) «Не подкинешь ли пару монет, sister?» — «Вот уж! А на что?» — «На кино». **verpumpen** *фам.* ≃ verborgen; *напр.*: er hat alles verpumpt он все раздал (в долг, в пользование). **belehnen** *швейц.* = beleihen; *напр.*: ein Grundstück belehnen дать ссуду под залог земельного участка.

leihen[2] брать в долг, во временное пользование, одалживать
leihen — **borgen** — **sich ausleihen** — **entleihen** — **erborgen** — **entlehnen** — **sich ausborgen** — **pumpen** — **anpumpen**

leihen *индифф. синоним* (*обыкн. с* sich (*D*)); *напр.*: sich von j-m etw. leihen брать у кого-л. что-л. в долг [на время]; er lieh (sich) von [bei] ihr fünf Mark он взял у нее взаймы пять марок; das Fahrrad habe ich (mir) nur geliehen велосипед я взял только на время. **borgen** ≃ leihen чаще употр., когда одно частное лицо берет на время у другого некоторую сумму, какой-л. предмет и т. п.; *напр.*: kannst du mir 5 Mark borgen? ты можешь дать мне взаймы 5 марок?; den Spaten hat er von der Nachbarin geborgt эту лопату он взял (на время) у соседки. **sich ausleihen** (*D*) ≃ leihen, *но б. ч. о получении чего-л. из рук в руки, о взятии в пользование, напрокат*; *напр.*: ich habe mir von meinem Freund einen Fotoapparat ausgeliehen я взял у друга на время фотоаппарат; er hat sich alle nötigen Campingsachen ausgeliehen он взял напрокат все вещи, необходимые для отдыха в кемпинге (*палатку и т. п.*). **entleihen** ≃ leihen, *но больше характерно для книжно-письменной речи*; *напр.*: Bücher, Geld von j-m entleihen брать у кого-л. книги на время, деньги в долг; ich habe (mir) diese Zeitschrift aus der Bibliothek entliehen я взял этот журнал из библиотеки; er hat aus unserer gemeinsamen Kasse 100 Mark entliehen он взял из нашей общей кассы 100 марок. **erborgen** *часто неодобр.* ≃ borgen, *но употр. редко* (*б. ч. в Part. II*); *напр.*: erborgte Bücher взятые на время книги; der erborgte Prunk позаимствованная [взятая напрокат] роскошь. **entlehnen** *книжн.* заимствовать *употр. по отношению к духовным ценностям; по отношению к конкретным предметам, денежной сумме и т. п. — уст.*; *напр.*: das Wort »Fenster« ist aus dem Lateinischen entlehnt слово »Fenster« заимствовано из латинского языка; dieser Begriff ist der Philosophie entlehnt это понятие взято из философии; ich entlehnte von ihm ein paar Franken я взял заимообразно у него несколько франков. **sich** (*D*) **ausborgen** *разг.* ≃ sich ausleihen; *напр.*: sich von seinem Kollegen einen Bleistift, ein paar Mark ausborgen взять у товарища по работе карандаш на время, несколько марок в долг; die Hausfrau borgt sich bei der Nachbarin ein wenig Mehl aus (домашняя) хозяйка берет у соседки в долг немного муки. **pumpen** *фам.* (sich) leihen, borgen (*часто с* sich (*D*)); *напр.*: ich habe mir von ihm 20 Mark gepumpt я стрельнул у него 20 марок. **anpumpen** (j-n) *фам.* занимать деньги; брать, просить взаймы (у кого-л.); *напр.*: er hat wieder seine Tante angepumpt он снова занял денег у тетки □ »Aber andere, die arbeiten, anpumpen — das kannst du« — »Petzen ist kein schöner Charakterzug, Schwesterherz« (Valentin, »Die Unberatenen«) «А вот стрелять у других, которые работают, это ты умеешь». — «Ябедничать — это не самая хорошая черта характера, сестренка»

Leim: auf den Leim gehen [kriechen] см. geraten[2]

Leine см. Strick
leise см. still [1]
Leisetreter см. Schmeichler
leisten [1] делать (*выполнять работу и т. п.*)
leisten — erfüllen — ausführen — erledigen — ausüben — vollbringen — vollführen — vollziehen — vollstrecken

leisten *индифф. синоним; напр.:* gute, schnelle, schwere Arbeit leisten выполнять [делать] хорошую, срочную, трудную работу; viel, wenig, nichts leisten (с)делать много, мало, ничего не (с)делать; er hat für die Wissenschaft Hervorragendes geleistet он сделал выдающийся вклад в науку; sie müssen acht Stunden Arbeit am Tage leisten они должны работать восемь часов в день; diese Aufgabe ist nicht zu leisten это задание невыполнимо □ Ich habe schließlich nicht nötig Minderwertigkeitsgefühle zu haben, ich leiste meine Arbeit... (*Frisch, »Homo faber«*) Мне, в конце концов, необязательно страдать комплексом неполноценности, я делаю свое дело... **erfüllen** выполнять; *напр.:* den Produktionsplan erfüllen выполнить производственный план; eine Aufgabe, einen Auftrag erfüllen выполнять задание, поручение. **ausführen** осуществлять, выполнять; *напр.:* einen Plan schnell ausführen быстро осуществить [привести в исполнение] план; einen Auftrag genau ausführen точно выполнить задание; die Arbeiten, die Reparatur billig ausführen производить работы, ремонт за небольшую плату. **erledigen** сделать до конца; *напр.:* eine Arbeit, eine Aufgabe, einen Auftrag erledigen полностью выполнить работу, задание, поручение; er hat noch eine Kleinigkeit, eine Menge zu erledigen ему надо доделать еще кое-какие мелочи, очень много; ich werde alles pünktlich erledigen я все сделаю точно; ich habe mein Pensum für heute noch nicht erledigt я еще не выполнил до конца свою сегодняшнюю норму. **ausüben** исполнять, осуществлять *подчеркивает, что выполняемая работа является чьей-л. профессией, входит в чью-л. компетенцию и т. п.; напр.:* ein Amt ausüben исполнять должностные обязанности; eine Praxis ausüben практиковать (*о враче*); die Kontrolle, Macht, Herrschaft ausüben осуществлять контроль, власть, господство; welche Tätigkeit üben Sie jetzt aus? какой деятельностью вы теперь занимаетесь?; seine Kunst übte er aus bis ins hohe Alter hinein он не оставлял свое искусство до глубокой старости. **vollbringen** совершать, свершить; *напр.:* eine Tat, eine Heldentat, Wunder vollbringen совершить поступок, подвиг, творить чудеса; etwas Großartiges vollbringen свершить нечто великое. **vollführen** совершать, выполнять; *напр.:* er hat eine große Tat vollführt он совершил

великое дело; wir haben das große Werk glücklich vollführt мы успешно выполнили это большое дело; er vollführte einen Luftsprung vor Freude он подпрыгнул от радости. **vollziehen** исполнять, совершать (в официальном порядке); *напр.:* ein Urteil vollziehen привести в исполнение приговор; mit der Trauung auf dem Standesamt ist die Ehe rechtlich vollzogen после регистрации в загсе брак считается совершенным по закону. **vollstrecken** приводить в исполнение (*приговор и т. п.*); *напр.:* das Urteil ist bereits vollstreckt приговор уже приведен в исполнение

leisten [2]: Folge leisten см. folgen [2]; Hilfe leisten см. helfen

leisten (,sich) см. erlauben [2]

Leistung см. Erfolg

Leistungsfähigkeit работоспособность
die Leistungsfähigkeit — das Vermögen

Leistungsfähigkeit *индифф. синоним; напр.:* die körperliche, geistige Leistungsfähigkeit des Menschen физическая, умственная работоспособность человека. **Vermögen** способность (*тк. с прилагательным или притяжательным местоимением*); *напр.:* das körperliche, geistige Vermögen des Menschen физические, умственные способности человека; ich will alles tun, was in meinem Vermögen steht я сделаю все, что в моих силах; das geht über mein Vermögen это свыше моих сил [возможностей]

leiten руководить, управлять
leiten — führen — anleiten — anführen — regieren — verwalten — lenken — vorstehen — bewirtschaften — dirigieren

leiten *индифф. синоним; напр.:* ein Werk, eine Firma, einen Betrieb, eine Arbeit leiten руководить заводом, фирмой, предприятием, работой □ Er war gelassen, nüchtern und leitete die Flugblattarbeit (*Weisenborn, »Der Verfolger«*) Он был спокоен, рассудителен и руководил работой по распространению листовок. Er spürte, wie sehr er sich in den wenigen Tagen schon an den Gedanken gewöhnt hatte, wieder eine Schule leiten zu können (*Heiduczek, »Abschied von den Engeln«*) Он почувствовал, как сильно он за эти несколько дней привык к мысли, что может снова быть директором школы. **führen** возглавлять что-л., командовать чем-л.; *напр.:* einen Betrieb, ein Geschäft führen руководить предприятием [стоять во главе предприятия], вести дело; die Wirtschaft (eines Landes) führen возглавлять экономику (страны); ein Regiment, einen Truppenteil führen командовать полком, войсковой частью □ Ihr Gatte... führte Truppen des Königs von Frankreich, als sein entfernter Verwandter und sein General (*H. Mann, »Die Jugend«*) Ее

супруг... стоял во главе войск короля Франции, будучи его дальним родственником и генералом. **anleiten** ≅ leiten, *но подчеркивает непосредственный практический характер руководства какой-л. работой; напр.:* er hat uns bei den Ausgrabungen angeleitet он руководил нами при раскопках. **anführen** ≅ führen, *но подчеркивает непосредственное участие руководителя в чем-л.;* die Truppe, die Mannschaft anführen командовать отрядом, частью (*при выполнении определенного задания*); wer führte den Protestmarsch an? кто (непосредственно) возглавлял марш протеста?; die römischen Truppen wurden von Varus angeführt войсками римлян (*в Тевтобургском лесу*) командовал Вар. **regieren** управлять, править (*страной, редко машиной*); *грам.* управлять (*падежом*); *напр.:* ein Land, einen Staat regieren править страной, государством; der König regierte von ... bis ... король правил с ... по ...; er war nicht mehr imstande, das Flugzeug zu regieren он был больше не в состоянии управлять самолетом; die Präposition »mit« regiert den Dativ предлог «mit» управляет дательным падежом □ Und da war auch das Schloß, der stolze Bischofspalast, in dem jetzt der Graf Heinrich regierte (*Hesse, »Narziß«*) А еще был и замок, горделивый епископский дворец, в котором теперь правил граф Генрих. **verwalten** управлять (делами), возглавлять администрацию; *напр.:* ein Gut verwalten управлять имением; ein Amt verwalten занимать должность; er verwaltet ein Hotel он администратор отеля [управляющий отелем]. **lenken** руководить кем-л., чем-л., направлять кого-л., что-л.; *напр.:* das Kind ist leicht, schwer zu lenken на ребенка легко, трудно воздействовать; er läßt sich leicht, schwer lenken он легко, трудно поддается руководству; die Mutter vermochte den Jungen kaum noch zu lenken матери было трудно управиться с сыном; sie lenkte ihren Haushalt mit dem kleinen Finger она шутя управлялась с домашним хозяйством; der Stab lenkte die Schlacht штаб руководил боем [направлял ход сражения]. **vorstehen** возглавлять что-л., быть во главе чего-л. *по отношению к должностным лицам ГДР употр. редко (в отличие от остальных, прямопереходных глаголов этого ряда, требует Dat.); напр.:* einer Anstalt, einer Organisation, einer Gemeinde, einer Schule vorstehen руководить учреждением, организацией, общиной, школой; über dreißig Jahre stand Professor N der Klinik als ärztlicher Direktor vor свыше тридцати лет профессор N возглавлял клинику, будучи главным врачом. **bewirtschaften** управлять (хозяйством) (*обыкн. о сельскохозяйственном пред-*

приятии, ресторане, гостинице); *напр.*: einen Bauernhof gut, schlecht, rentabel bewirtschaften управлять крестьянским хозяйством хорошо, плохо, эффективно; ein ehemaliger Kellner bewirtschaftete die Gaststätte рестораном управлял бывший официант; das Hotel wird musterhaft bewirtschaftet гостиницей руководят образцово. **dirigieren** a) дирижировать *редко тж. перен.*; *напр.*: ein Konzert, ein Orchester dirigieren дирижировать концертом, управлять оркестром; er dirigierte die Rettungsarbeiten von der Leitstelle aus он руководил спасательными работами с командного пункта; b) *уст.* = leiten; *напр.*: die Station einer Klinik dirigieren руководить отделением клиники

Leiter I руководитель
der **Leiter** — der **Führer** — der **Anführer** — die **Rädelsführer** — der **Häuptling** — der **L e n k e r** — der **Boß**
Leiter *индифф. синоним*; *напр.*: ein technischer, künstlerischer Leiter технический, художественный руководитель; kaufmännischer Leiter коммерческий директор; der Leiter einer Baustelle, einer Delegation, eines Unternehmens руководитель стройки, делегации, предприятия; der Leiter einer Schule директор школы. **Führer** руководитель, вождь; *напр.*: ein bewährter, militärischer, politischer Führer испытанный, военный, политический руководитель [вождь]; der Führer der Nation, der Partei руководитель [вождь] нации, партии; j-n als Führer anerkennen признать кого-л. руководителем [вождем]. **Anführer** *чаще неодобр.* предводитель, глава, организатор; *напр.*: der Anführer einer Bande, eines Komplotts предводитель банды, организатор заговора. **Rädelsführer** ≅ Anführer, *но выражает бо́льшую степень осуждения*; *напр.*: die Rädelsführer eines Tumults организаторы [зачинщики] беспорядка; der Rädelsführer einer Verschwörung главарь заговора. **Häuptling** a) вождь (племени); *напр.*: ein ehrwürdiger, weiser, tapferer Häuptling почтенный, мудрый, храбрый вождь; die Häuptlinge der Indianerstämme вожди индейских племен; b) *неодобр., часто ирон.* главарь; *напр.*: der Häuptling der Bande главарь банды; die Räuber brachten die Gefesselten zu ihrem Häuptling разбойники привели связанных пленников к атаману □ Die Bewegung so vieler Häuptlinge des Kapitals war natürlich nicht unbemerkt geblieben (*Kellermann*, »*Tunnel*«) Передвижение такого количества заправил мирового капитала не осталось, конечно, незамеченным. **Lenker** *высок.* руководитель (*направляющий ход чего-л.*); *напр.*: der Lenker des Staates руководитель государства; der Lenker einer Schlacht военачальник, руководящий боем. **Boß** *разг. пренебр.*

босс; *напр.*: lange Zeit war er der Boß einer kleinen Bande долгое время он был главарем небольшой банды; er war der anerkannte Boß der Brigade в бригаде он был всеми признанным вожаком
Leiter II *см.* Treppe
Leitung руководство (*действие и орган*)
die **Leitung** — die **Führung** — die **Regierung** — die **Verwaltung** — das **Präsidium** — der **Vorsitz** — der **Vorstand** — das **Kommando**
Leitung *индифф. синоним*; *напр.*: unter Leitung под руководством; die Prinzipien der kollektiven Leitung принципы коллективного руководства; die Leitung des Werkes руководство завода; die Leitung übernehmen взять на себя [принять] руководство; die Leitung besteht aus mehreren Personen руководящий орган состоит из нескольких человек; er gehört der Leitung seines Betriebes an он входит в руководство своего завода; er wurde mit der Leitung der Untersuchung beauftragt ему поручили возглавить следствие. **Führung** ≅ Leitung, *но подчеркивает главенствующую роль руководителя*; *напр.*: die geistige, politische Führung übernehmen взять на себя духовное, политическое руководство; die Führung des Staates in die Hand nehmen взять в свои руки руководство государством; unter j-s Führung stehen быть под чьим-л. командованием [руководством]; ihm wurde die Führung eines Betriebs übertragen ему было поручено руководство заводом; die Führung der Armee hat den Marsch befohlen командование армии отдало приказ о марше □ Im Westen dagegen hatten seine Ansichten mit denen der Obersten Führung nicht immer übereingestimmt (*Kellermann*, »*Der 9. November*«) Напротив, на западе его взгляды не всегда согласовывались со взглядами высшего командования. **Regierung** правительство, правление; *напр.*: die Regierung des Staates 1) правительство государства; 2) правление государством; eine neue Regierung wird gebildet формируется новое правительство; er ist Mitglied der Regierung он член правительства; er hat die Regierung des Landes vor zwei Jahren übernommen два года тому назад он взял на себя правление страной; das Land blühte unter seiner Regierung auf при его правлении страна процветала. **Verwaltung** управление, администрация; *напр.*: die Verwaltung der Stadt администрация [магистрат, муниципалитет *и т. п.*] города; j-m etw. zur Verwaltung geben, übergeben отдать, передать что-л. в чье-л. управление; etw. in Verwaltung nehmen взять что-л. в свое управление. **Präsidium** президиум; *напр.*: ein Präsidium, j-n ins Präsidium wählen выбирать пре-

зидиум, кого-л. в президиум; das Präsidium übernehmen принять председательство; das Präsidium führen председательствовать, вести собрание; das Präsidium des Obersten Sowjets tritt regelmäßig zu seinen Tagungen zusammen Президиум Верховного Совета регулярно собирается на заседания; er saß im Präsidium он сидел в президиуме. **Vorsitz** председательство, руководство собранием, обществом; *напр.*: председатель; den Vorsitz haben [führen] председательствовать; den Vorsitz übernehmen, niederlegen взять на себя, сложить с себя руководство организацией; man übertrug ihm den Vorsitz des Sportvereins ему поручили руководство спортивным обществом; die Kommission trat unter dem Vorsitz des Kollegen Zimmermann zusammen комиссия собралась под председательством товарища Циммермана. **Vorstand** правление (общества, банка *и т. п.*) *в отличие от предыдущих синонимов ряда означает тк. орган*; *напр.*: die Damen und Herren vom Vorstand [des Vorstandes] дамы и господа из правления; den Vorstand bilden, wählen образовать, избрать правление; dem Vorstand angehören состоять в правлении; der Vorstand tritt am Donnerstag zusammen правление собирается в четверг. **Kommando** командование; *напр.*: das Kommando des Militärbezirks командование военного округа; das Kommando führen, übernehmen командовать, принять командование; die Mutter führt das Kommando über das Haus мать командует в доме

Lektion *см.* Vorlesung
Lektor *см.* Lehrer
Lektüre *см.* Lesestoff
Lende *см.* Hüfte
lendenlahm *см.* gelähmt
lenkbar *см.* gehorsam
lenken[1] править (*транспортным средством*), направлять движение (*чего-л.*)

lenken — **führen** — **steuern** — **lotsen** — **kutschieren** — **manövrieren**
lenken *индифф. синоним*; *напр.*: ein Auto, ein Flugzeug, Pferde lenken править автомобилем, самолетом, лошадьми; der Autofahrer lenkte plötzlich seinen Wagen scharf nach rechts водитель вдруг повернул машину резко вправо □ Herbert bemerkte das Langsamwerden des Wagens. Der Fahrer lenkte den Wolga in die Ausfahrt der Autobahn (*Heiduczek*, »*Abschied von den Engeln*«) Герберт заметил, что машина замедлила ход. Шофер направил «Волгу» к съезду с шоссе. **führen** водить *употр. тк. по отношению к моторизованному транспорту, б. ч. автотранспорту и самолетам*; *напр.*: wer wird den Wagen führen? кто поведет машину?; die Polizei untersagte ihm, ein Kraftfahrzeug zu führen полиция

запретила ему водить автомашину и мотоцикл; er kann kein Flugzeug mehr führen он не может больше водить самолет. **steuern** вести в определенном направлении, по определенному маршруту, курсу; *напр.:* einen Wagen links, rechts, geradeaus steuern направлять машину влево, вправо, прямо; er steuerte das Schiff nach Osten он вел корабль на восток □ Er steuerte am Ufer entlang, bis die Stelle gefunden war, wo man überqueren konnte (Frisch, »Homo faber«) Он правил вдоль берега, пока не нашел места, подходящего для переправы. **lotsen** проводить, вести к определенной цели, обеспечивая безопасность корабля *или* самолета; *напр.:* das Schiff durch den Kanal in den Hafen lotsen (про)вести корабль через канал в гавань; der Flugsicherungsdienst lotst die Maschine sicher durch den Luftraum служба безопасности полетов уверенно направляет самолет (к месту посадки). **kutschieren** править экипажем; *напр.:* er kann einen Pferdewagen kutschieren он умеет править лошадиной упряжкой. **manövrieren** [-v-] искусно (*или* с трудом) провести в определенное место; *напр.:* es dauerte einige Zeit, bis sie den Wagen in die Garage manövriert hatte прошло определенное время, пока ей удалось завести [поставить] машину в гараж; der Lotse manövrierte das Schiff in den Hafen лоцман (искусно) провел судно в гавань

lenken² *см.* leiten
lenken³: die Aufmerksamkeit auf sich lenken *см.* auffallen
Lenker *см.* Leiter I
lenksam *см.* gehorsam
Lenz *см.* Frühling
lernen учить (*что-л.*), учиться
lernen — studieren — durcharbeiten — durchnehmen — erlernen — ablernen — einstudieren — einüben — einlernen — büffeln — pauken — ochsen

lernen *индифф. синоним; напр.:* gut, schlecht, viel, wenig lernen учиться хорошо, плохо, много, мало; etw. auswendig lernen учить что-л. наизусть; lesen, tanzen, kochen lernen учиться читать, танцевать, готовить (пищу); bei j-m, in der Schule lernen учиться у кого-л., в школе □ »Was ist denn das für ein Wunsch?« — »Ich möchte Euer Lehrling werden und bei Euch lernen« (Hesse, »Narziß«) «И что же это за желание?» — «Я хотел бы стать вашим учеником и учиться у вас». In den ersten Zeiten seiner neuen Wanderschaft... mußte Goldmund erst wieder lernen, das heimatlose und zeitlose Leben der Fahrenden zu leben (ebenda) На первых порах своего нового странствия... Златоусту снова пришлось учиться бездомной и безвременной жизни бродяг. **studieren** изучать; учиться (в высшем *или* среднем специальном учебном заведении); *напр.:* Biologie, Jura, Germanistik studieren изучать биологию, юриспруденцию, германскую филологию; eine Frage, ein Problem studieren изучать вопрос, проблему; j-s Charakter, j-s Gesichtsausdruck studieren изучать чей-л. характер, чье-л. выражение лица; sie studiert an der Universität, an der Schwesternschule она учится в университете, в медицинском училище; er hat 5 Semester Medizin studiert он учился пять семестров на медицинском факультете □ Hanna hatte Deutschland verlassen müssen und studierte damals Kunstgeschichte bei Professor Wölfflin (Frisch, »Homo faber«) Ганна была вынуждена уехать из Германии, в то время она изучала историю искусства у профессора Вельфлина. »Übrigens«, sagte ich, »sind Sie irgendwie verwandt mit einem Joachim Hencke, der einmal in Zürich studiert hat?« (ebenda) «Между прочим, — сказал я, — вам случайно не родственник некий Иоахим Хенке, который когда-то учился в Цюрихе?» **durcharbeiten** прорабатывать (*книгу, источник и т. п.*); *напр.:* einen Artikel, das neue Buch, Werk gründlich durcharbeiten основательно проработать статью, новую книгу, новое произведение. **durchnehmen** проходить, разбирать (*в качестве учебного материала*); *напр.:* ein Thema, den Stoff in der Schule durchnehmen проходить тему, материал в школе; den Inhalt eines Romans gründlich durchnehmen основательно разобрать содержание романа; in der Stunde wurden die Flüsse der Sowjetunion durchgenommen на уроке проходили реки Советского Союза. **erlernen** овладевать (*профессией, знаниями и т. п.*); выучиться чему-л.; *напр.:* ein Handwerk, die Krankenpflege erlernen овладевать ремеслом, умением ухаживать за больными; eine Fremdsprache läßt sich nicht in kurzer Zeit erlernen иностранным языком нельзя овладеть в короткое время; auch das Kunst des Wanderns will erlernt werden пешему туризму тоже нужно учиться. **ablernen** (*j-m etw.*) перенимать что-л. у кого-л. *по сравнению с* bei j-m lernen *употр. реже; напр.:* j-m Handgriffe, Redensarten ablernen перенимать у кого-л. приемы, выражения; die Kinder haben ihm das Liedchen schnell abgelernt дети быстро выучились от него песенке. **einstudieren** заучивать (*роль, пьесу и т. п.*) (*часто с sich (D)*); *напр.:* du hast (dir) diese Sätze einstudiert ты заучил эти предложения; wir wollen das Stück unter seiner Leitung einstudieren мы хотим разучить пьесу под его руководством. **einüben** разучивать, заучивать путем упражнений (*часто с sich (D)*): *напр.:* etw. vor dem Spiegel einüben разучивать что-л. перед зеркалом; er hat sich diese Geste eingeübt он отрепетировал этот жест; Höflichkeit sollte von Kind auf eingeübt werden вежливости надо учиться с детских лет; der Künstler übte ein kompliziertes Stück ein артист разучивал сложную пьесу. **einlernen** *часто неодобр.* (механически) заучивать (*часто с sich (D)*); *напр.:* du hast dir die Phrasen eingelernt ты заучил эти фразы; sie hat den kleinen Vers gut eingelernt она хорошо заучила стишок. **büffeln** *фам.* зубрить, корпеть *содержит добродушную насмешку с оттенком уважительности; напр.:* Mathematik, Grammatik, Latein büffeln корпеть над математикой, над грамматикой, над латынью; für das Abitur büffeln зубрить перед экзаменом на аттестат зрелости. **pauken** *фам.* зубрить, долбить *подчеркивает бессмысленность зубрежки; напр.:* Wörter einer fremden Sprache, Mathematik pauken зубрить иностранные слова, долбить математику; vorm *Examen hat man keine Zeit für Vergnügungen, man muß tüchtig pauken перед экзаменом не до развлечений, нужно зубрить, да еще как. **ochsen** *фам.* ≈ büffeln *подчеркивает напряженность, трудность учебы; напр.:* er ochste für das Examen он корпел перед экзаменом

lesen I¹ читать
lesen — durchlesen — studieren — durchsehen — durchblättern — überfliegen — durchfliegen — verschlingen — auslesen — fertiglesen — schmökern

lesen *индифф. синоним; напр.:* aufmerksam, flüchtig lesen читать внимательно, поверхностно; ein Buch, eine Zeitung lesen читать книгу, газету; über etw. lesen читать о чем-л.; (nicht) lesen können (не) уметь читать; ich lese gern Goethe я люблю читать Гете; die erste Seite hat sie Wort für Wort gelesen первую страницу она прочитала слово за словом [,вчитываясь в каждое слово]. **durchlesen** a) *durchlésen* прочитать; *напр.:* ich habe das Buch schon durchgelesen я прочитала уже всю книгу; er las den Bericht aufmerksam durch он внимательно прочитал весь отчет; b) *dúrchlesen редко* прочитать от начала до конца; *напр.:* sie durchlas schnell den Brief она быстро прочитала письмо (от первого до последнего слова). **studieren** штудировать; читать, изучая, глубоко вникая; *напр.:* ein Buch studieren штудировать книгу; einen Brief studieren читать и перечитывать письмо (*внимательно изучая его содержание*). **durchsehen** просматривать; *напр.:* haben Sie die heutige Zeitung schon durchgesehen? вы уже просмотрели сегодняшнюю газету?; wir haben die Hefte, die Arbeiten der Studenten durchgesehen мы просмотрели тетради, работы студентов. **dúrchblät-

LESEN

tern перелистывать; *напр.*: ich habe keine Zeit, diese Arbeit zu lesen, ich kann sie nur durchblättern у меня нет времени прочесть эту работу, я могу ее только пролистать. **überfliegen** пробежать глазами; *напр.*: einen Brief überfliegen пробежать глазами письмо; ich habe das Buch nur so überfliegen können, ich lese es nachher noch einmal мне удалось только мельком просмотреть книгу, потом я прочту ее еще раз. **durchfliegen** ≃ überfliegen, *но сильнее подчеркивает, что читают бегло, а иногда и небрежно; напр.*: diese Arbeit will studiert, nicht durchflogen sein эта работа заслуживает того, чтобы ее изучить, а не только пробежать глазами. **verschlingen** проглотить; *напр.*: er hat den Roman in einer Nacht verschlungen он залпом проглотил роман за одну ночь. **auslesen** *разг.* прочитать до конца *подчеркивает, что объем большой, требует* *много времени для прочтения*; *напр.*: einen Roman auslesen (наконец-то) осилить [дочитать] роман; sie hat schon ihren ganzen Bücherschrank ausgelesen она перечитала уже все книги в своем книжном шкафу. **fertiglesen** *разг.* кончить читать, дочитать до конца; *напр.*: wann liest du das Buch fertig? когда ты кончишь читать [дочитаешь] книгу? **schmökern** *разг.* увлекаться всяким чтивом, читать запоем *(особенно развлекательную литературу или старые книги)*; *напр.*: ich habe früher gern geschmökert, jetzt komme ich gar nicht mehr dazu прежде я любил посидеть за книжкой, а сейчас до этого руки не доходят
    lesen I ² *см.* vortragen ¹
    lesen II *см.* pflücken
    Leseratte *см.* Liebhaber ³
    Lesestoff материал для чтения
    der Lesestoff — die Lektüre
    Lesestoff *индифф.* синоним; *напр.*: er brachte mir als Lesestoff einige deutsche Zeitungen он принес мне почитать несколько немецких газет; dieses Buch ist als Lesestoff für Schüler der oberen Klassen geeignet эта книга годится в качестве материала для чтения в старших классах; die Beilage zur Zeitschrift »Deutsch als Fremdsprache« bringt viel Lesestoff приложение к журналу »Deutsch als Fremdsprache« содержит много материала для чтения. **Lektüre** (занимательное) чтение, книга для чтения (на досуге) *б. ч. употр., когда книга выбрана с определенной целью*; *напр.*: eine amüsante, spannende, leichte Lektüre развлекательная, увлекательная, легкая книга; книга, журнал *и т. п.* как развлекательное, увлекательное, легкое чтение; ich brauche noch Lektüre für den Urlaub мне надо еще что-нибудь для чтения в отпуске; das ist keine passende Lektüre für dich это неподходящая

для тебя книга; das ist meine englische Lektüre это мои английские книжки
    Letter *см.* Buchstabe
    letzt: in letzter Zeit *см.* neuerdings;
    der letzte Schrei *см.* modern ²
    letztens *см.* neulich
    letzthin *см.* neulich
    Leuchte *см.* Meister
    leuchten ¹ светить *(куда-л., на кого-л., на что-л.)*

leuchten — anleuchten — beleuchten — erleuchten — ableuchten — blenden

leuchten *индифф.* синоним; *напр.*: unter den Tisch, in jeden Winkel leuchten (по)светить под столом, в каждом углу; darf ich Ihnen leuchten? разрешите вам посветить?; ich leuchte ihm, wenn er in den Keller geht я свечу ему, когда он идет в подвал □ Mit dem *(dem Span)* leuchtete er der Sitzenden ins Gesicht... Das Weib war hier gestorben, im Stuhl sitzend *(Hesse, »Narziß«)* Лучиной он посветил сидящей в лицо... Женщина умерла здесь, сидя на стуле. **anleuchten** ≃ leuchten, *но больше подчеркивает направленность лучей света на кого-л., на что-л.; напр.*: j-n, etw. mit einer Taschenlampe anleuchten (по)светить на кого-л., на что-л. карманным фонариком; die Sonne leuchtete mich an солнце светило на меня. **beleuchten** освещать; *напр.*: mit Scheinwerfern die Bühne beleuchten освещать прожекторами сцену; die Fassade eines Gebäudes beleuchten освещать фасад здания; der Mond beleuchtet den Weg луна освещает дорогу □ Er nahm die Laterne aus der Hand des Wirts und beleuchtete die zwei *(Kafka, »Das Schloß«)* Он взял фонарь из рук хозяина и осветил этих двоих. **erleuchten** *эмоц.* ≃ beleuchten, *но подчеркивает переход от темноты к свету; напр.*: ein Zimmer erleuchten осветить (темную) комнату; einen Raum festlich erleuchten празднично осветить помещение; der Blitz erleuchtete die Dunkelheit молния прорезала темноту. **ableuchten** светить, освещать в поисках чего-л.; *напр.*: einen Winkel mit einer Taschenlampe ableuchten (ярко) осветить карманным фонариком угол, обыскивая его; обшарить угол, светя [освещая его] карманным фонариком; den nächtlichen Himmel mit Scheinwerfern ableuchten обшаривать ночное небо прожекторами. **blenden** ослеплять (светом); *напр.*: plötzlich hat uns eine Taschenlampe geblendet вдруг нас ослепил свет карманного фонарика
    leuchten ² светить(ся)

leuchten — scheinen — schimmern — flimmern — flackern — strahlen — blenden

leuchten *индифф.* синоним; *напр.*: die Kerze, die Laterne, die Lampe leuchtet свеча, фонарь, лампа светит; die Sonne, der Mond, ein Stern

LICHT

leuchtet солнце, луна, звезда светит; die Augen leuchten глаза светятся; als die Sonne sank, leuchtete das ganze Gebirge когда солнце закатилось, все горы окрасились багрянцем; die erhellten Fenster leuchten durch die Nacht освещенные окна далеко видны в ночном мраке; die Lampe leuchtet nicht hell genug лампа светит недостаточно ярко. **scheinen** *в отличие от* leuchten *употр. тк. по отношению к источникам света, т. е. не употр. со словами типа* Augen, Gesicht *и т. п.; напр.*: die Sonne, die Lampe scheint солнце, лампа светит; der Mond scheint ins Zimmer, auf die Straße луна светит в комнату, освещает улицу; die Lampe schien hell, matt лампа светила ярко, тускло. **schimmern** слабо светиться; *напр.*: endlich schimmerte das Licht durch die Nacht наконец в ночной тьме забрезжил свет; grüne Katzenaugen schimmerten in der Ecke зеленые кошачьи глаза светились в углу. **flimmern** мерцать; *напр.*: die Sterne flimmern звезды мерцают; das Licht flimmert in der Nacht свет мерцает в ночи; nachts sah man im Tal die Lichter der Stadt flimmern ночью было видно, как в долине мерцают огни города. **flackern** светить неровно, мигать; *напр.*: die Kerze flackert свеча светит неровно; das Licht der Laterne flackerte im Sturm свет фонаря мигал на сильном ветру. **strahlen** сиять, лучиться; *напр.*: die Sonne strahlt am Himmel солнце сияет на небе; ihre Augen strahlen vor Freude ее глаза сияют [лучатся] от радости; er strahlt über das ganze Gesicht все его лицо сияет. **blenden** ослепительно ярко светить, слепить глаза; *напр.*: die Sonne, der Schnee blendet солнце светит, снег сверкает ослепительно ярко
    leuchten ³ *см.* glänzen
    leugnen *см.* verneinen
    Leumund *см.* Ruf ²
    Leute *см.* Belegschaft ¹
    leutselig *см.* gesellig/wohlwollend
    Lexikon *см.* Wörterbuch
    licht ¹ редкий *(о растительности)*

licht — dünn — schütter — spärlich

licht *индифф.* синоним; *напр.*: lichte Birkenwälder редкие березовые рощи; ein lichtes Gehölz редкий кустарник; die Bäume stehen hier lichter als dort деревья стоят здесь реже, чем там; seine Haare sind licht geworden его волосы поредели. **dünn** жидкий; *напр.*: dünnes Haar жидкие [редкие] волосы; dünne Saat изреженные [жиденькие] посевы; der Wald ist an dieser Stelle sehr dünn лес в этом месте очень редкий; die Nordhänge sind dünner bewachsen растительность на северных склонах более редкая. **schütter** поредевший *(чаще о волосах)*; *напр.*: er hat schon schütteres Haar у него уже поредели волосы; auf dem ziemlich schütteren Rasen des Fußballplatzes war kein gutes Spiel möglich на довольно поредевшей траве футбольного поля нельзя было играть как следует. **spärlich** скудный, чахлый; *напр.*: spärlicher Pflanzenwuchs скудная растительность; sein spärliches Haar war grau его редкие волосы были седы

licht² *см.* hell¹/klar¹

Licht¹ свет

das **Licht** — die **Beleuchtung** — der **Schimmer** — der **Schein** — der **Lichtschein**

Licht *индифф. синоним; напр.*: das Licht der Sonne, des Mondes, einer Lampe, einer Kerze свет солнца, луны, лампы, свечи; ein helles, grelles, trübes, spärliches, künstliches, elektrisches Licht яркий, резкий, тусклый, слабый, искусственный, электрический свет; (j-m) aus dem Licht gehen отойти от света, не заслонять кому-л. свет; bei Licht arbeiten работать при свете; etw. gegen das Licht halten держать что-л. против света; das Gemälde hängt im richtigen Licht картина висит в правильном освещении. **Beleuchtung** освещение; *напр.*: eine helle, trübe, schwache, elektrische Beleuchtung яркое, тусклое, слабое, электрическое освещение; die Beleuchtung des Zimmers освещение комнаты; die Beleuchtung der Straßen уличное освещение, освещение улиц; das war die richtige Beleuchtung für das Bild это было правильное освещение для картины; die Stadt bei nächtlicher Beleuchtung entzückte ihn город при ночном освещении привел его в восторг. **Schimmer** слабый свет, свечение; *напр.*: der Schimmer der Sterne свечение звезд; beim traulichen Schimmer einer Kerze при уютном свете свечи. **Schein, Lichtschein** свет, падающий на что-л.; *напр.*: der Schein des Mondes war nicht hell genug, um die Schrift zu entziffern свет луны был недостаточно ярок, чтобы можно было разобрать написанное; im Lichtschein der Straßenlaterne stand eine dunkle Gestalt в свете уличного фонаря виднелась чья-то темная фигура

Licht²: das Licht der Welt erblicken *см.* geboren sein

Lichtbild *см.* Aufnahme
lichten, sich *см.* zerstreuen, sich¹
Lichtschein *см.* Licht¹
Lichtspiele *см.* Kino
Lichtspielhaus *см.* Kino
Lichtspieltheater *см.* Kino
lieb *см.* angenehm¹/teuer³
liebäugeln *см.* flirten
Liebe любовь

die **Liebe** — die **Sympathie** — die **Zuneigung** — die **Neigung** — die **Leidenschaft** — der **Eros** — die **Minne**

Liebe *индифф. синоним; напр.*: mütterliche, zärtliche, heimliche, (un)glückliche, reine Liebe материнская, нежная, тайная, (не)счастливая, чистая любовь; Liebe auf den ersten Blick любовь с первого взгляда; Liebe zu j-m [für j-n] fühlen, zeigen, beweisen чувствовать, проявлять, доказывать любовь к кому-л.; die Liebe ist in ihm erwacht в нем проснулась любовь; seine Liebe zu ihr erstarb, erlosch его любовь к ней умерла, угасла; er gestand dem Mädchen seine Liebe он признался девушке в любви; er hat sie aus Liebe geheiratet он женился на ней по любви; er hat Glück in der Liebe ему везет в любви □ Er blieb... weil die Liebe der armen Marie ihm wohltat. Er konnte sie nicht erwidern... aber ihre stille, demütige Anbetung wärmte ihn doch (*Hesse,* »*Narziß*«) Он остался... так как любовь бедной Марии была ему приятна. Он не мог ответить на нее... но тихое, смиренное преклонение Марии все же согревало его. Sie haben in dieser Nacht ohne große Worte ihre Liebe begraben. Um der Kinder willen. Wenn man das kann: eine Liebe begraben (*Probst,* »*Wir brauchen euch beide*«) Этой ночью они без громких слов похоронили свою любовь. Ради детей. Если только это возможно: похоронить любовь. **Sympathie** симпатия; *напр.*: er bringt ihr viel Sympathie entgegen он очень ей симпатизирует [выказывает ей явную симпатию]; er hat große Sympathie für sie у него к ней большая симпатия; seine Sympathie gehört ganz und gar der anderen Schwester его симпатия целиком и полностью принадлежит другой сестре. □ Er empfand sofort Sympathie für dieses zierliche, braunhaarige und braunäugige Mädchen, als er sie kennenlernte (*Březan,* »*Christa*«) Он сразу, как только познакомился с ней, почувствовал симпатию к этой тоненькой девочке с темными волосами и глазами. **Zuneigung** склонность, влечение; *напр.*: aufrichtige, herzliche, innige Zuneigung искреннее, сердечное, глубокое влечение; für j-n Zuneigung empfinden чувствовать к кому-л. влечение; zu j-m Zuneigung haben, fassen иметь, почувствовать к кому-л. склонность; sie freute sich darüber, daß er ihr Zuneigung entgegenbrachte она радовалась тому, что он выказывал ей расположение □ Ich habe zu ihm eine besondere Zuneigung, und ich glaube ihn besonders zu verstehen (*Hesse,* »*Narziß*«) У меня к нему особая склонность, и я думаю, что понимаю его особенно хорошо. Dabei erinnerte er sich daran, daß Barnabas bei aller Zuneigung, die er für ihn hatte, doch nichts anderes als ein Bote war, und ließ ihm Bier geben (*Kafka,* »*Das Schloß*«) Тут он вспомнил, что Барнабас, при всем расположении, которое он к нему чувствовал, был всего лишь посыльный, и велел дать ему пива. **Neigung** влечение, склонность, любовь; *напр.*: eine geheime, starke Neigung тайное, сильное влечение; eine zarte, scheue Neigung нежная, робкая любовь; er hat zu ihr eine tiefe Neigung gefaßt он почувствовал к ней глубокое влечение; seine Neigung zu ihr ist erwidert worden она ответила на его любовь; sie brachte ihm eine aufrichtige Neigung entgegen она выказывала ему искреннее расположение. **Leidenschaft** страсть; *напр.*: eine glühende, heftige, stürmische, echte Leidenschaft пламенная, сильная, бурная, истинная страсть; von Leidenschaft erfaßt werden быть охваченным страстью; in Leidenschaft entbrennen пылать страстью □ Und sie ließ die Leidenschaft mit Kinoglut aus ihren Augen steigen... (*Weisenborn,* »*Der Verfolger*«) И, как в кинофильме, пламень страсти загорелся у нее в глазах. **Eros** высок. эрос; *напр.*: der Eros war in ihm noch nicht geweckt эрос в нем еще не пробудился □ ...(es waren) vielleicht jene geheimnisvollen, aber jedem bekannten Kräfte und Fähigkeiten, die in bezug auf Mann und Frau die dominierende Rolle spielen, der Eros (*R. Hirsch,* »*Wie bewährt sich ein Bigamist*«) ...наверное, это были те тайные, но известные каждому силы, которые играют доминирующую роль в отношениях мужчины и женщины, это был эрос. **Minne** = Liebe, *но обозначает любовь рыцаря к своей даме, теперь поэт., часто тж. ирон. и шутл.; напр.*: die hohe, niedere Minne высокая, низменная любовь; der Minne entsagen отказаться от любви; er sprach über Liebe und Minne, über Tod und Unsterblichkeit он говорил о любви простой и о любви рыцарской, о смерти и бессмертии; Minne verkehrt die Sinne *посл.* любовь ослепляет, любовь слепа

liebedienern *см.* kriechen²
liebeln *см.* flirten
lieben любить

lieben — **mögen** — **liebhaben** — **liebgewinnen** — **hängen** — **gern haben**

lieben *индифф. синоним; напр.*: j-n, etw. zärtlich, innig, leidenschaftlich lieben любить кого-л., что-л. нежно, глубоко, страстно; er liebt seine Frau sehr он очень любит свою жену; lieben Sie Mozart? вы любите Моцарта?; sie liebt schöne Kleider она любит красивые платья; er liebt es nicht, wenn ihm widersprochen wird он не любит, когда ему противоречат □ Und dieser Paul Riedel liebte sie? (*Weisenborn,* »*Der Verfolger*«) И этот Пауль Ридель любил ее? Ich liebe diese kühle Drei-Uhr-morgens-Stimmung in den leeren Straßen der großen Städte (*ebenda*) Я люблю это особое предрассветное настроение прохладных пустых улиц больших городов в три часа утра. Er liebte es nicht, einen Auftrag zu geben, wenn ein anderes Mitglied etwas davon erfahren konnte (*ebenda*) Он не любил давать поручений, если об этом мог узнать другой член группы. **mögen** ≃ lieben, *но выражает чувство менее глубокое и менее сильное; часто употр. в сочетании со словом* gern, *а тж. с отрицанием* nicht; *напр.:* ich mag ihn он мне по душе; magst du Beethoven? ты любишь Бетховена?; ich mag es nicht, wenn mir jemand beim Schminken zusieht я не люблю, когда смотрят, как я крашусь. **liebhaben** ≃ lieben, *но употр. тк. с объектом-лицом; напр.:* ich habe dich sehr lieb я очень люблю тебя; die kleine Anna muß man einfach liebhaben маленькую Анну нельзя не любить □ Ich sah ihre verheulten Augen. »Warum soll ich dich nicht mehr liebhaben?« fragte ich (*Frisch,* »*Homo faber*«) Я увидел ее зареванное лицо. «Почему ты думаешь, что я тебя разлюбил?» — спросил я. **liebgewinnen** полюбить; *напр.:* j-n, etw. liebgewinnen полюбить кого-л., что-л.; er wird das Kind bald liebgewinnen он скоро полюбит ребенка; sie konnte ihre neue Wohnung lange nicht liebgewinnen она долго не могла полюбить свою новую квартиру; hast du deine Arbeit schon liebgewonnen? ты уже полюбила свою работу? **hängen** (*an D*) быть привязанным к кому-л., к чему-л.; *напр.:* die Mutter hängt sehr an ihrer Tochter мать очень привязана к своей дочери; sein Herz hängt mit allen Fasern an ihr он привязан к ней всеми фибрами своей души; er hängt an der Heimat он привязан к родине [к родным местам]; ich hänge an diesem Haus я люблю этот дом □ Ich verstand ohne weiteres, daß Hanna an ihrem Kind hängt... (*Frisch,* »*Homo faber*«) Я понял сразу, что Ганна привязана к своему ребенку. **gern haben** ≃ mögen, *но часто разг.*; *напр.:* ich habe ihn, das Buch sehr gern я люблю его, эту книгу

liebenswert *см.* angenehm¹/sympathisch¹

liebenswürdig *см.* freundlich

Liebesmüh(e): verlorene Liebesmühe *см.* umsonst¹

liebgewinnen *см.* lieben

liebhaben *см.* lieben

Liebhaber¹ любовник
der **Liebhaber** — der **Geliebte** — der **Freund** — der **Herzensfreund** — der **Hausfreund** — der **Schatz** — der **Buhle** — der **Bekannte** — der **Galan**

Liebhaber *индифф. синоним; напр.:* sie hatte viele Liebhaber у нее было много любовников; er spielt die Rolle eines jugendlichen Liebhabers он играет роль юного любовника □ Hatte sie schon wieder einen neuen Liebhaber gefunden, so wie er heute eine neue Frau gefunden hatte? (*Hesse,* »*Narziß*«) Нашла ли она себе уже нового любовника, так же, как он нашел сегодня другую женщину? **Geliebter** возлюбленный *реже в знач.* 'любимый', *б. ч.* = Liebhaber; *напр.:* er ist ihr Geliebter он ее возлюбленный [любовник]; sie hat keinen Geliebten у нее нет любовника. **Freund** *эвф.* друг; *напр.:* ein zärtlicher Freund нежный друг; sie hat schon einen festen Freund у нее есть уже постоянный друг. **Herzensfreund** друг сердца; *напр.:* ich weiß, er ist ihr Herzensfreund я знаю, он ее друг сердца. **Hausfreund** *эвф.* друг дома (*любовник замужней женщины*); *напр.:* □ ...und es tauchte auch ein neuer Freund des Hauses auf, der bald der Hausfreund wurde (*R. Hirsch,* »*Wie bewährt sich ein Bigamist?*«) ...а в доме тоже появился новый друг семьи, который скоро стал другом дома. **Schatz** *эвф.* милый *часто в обращении и народно-поэтической речи; напр.:* da kommt ja ihr Schatz schon wieder вот уже снова идет ее милый; guten Morgen, mein Schatz здравствуй, милый. **Buhle** *уст. поэт., тж. ирон.* = Liebhaber; *напр.:* □ So speiste sie zu Sterlyn ihren Gatten, | Da sie aus Gold mit ihrem Buhlen trank (*Schiller,* »*Maria Stuart*«) Так она кормила своего супруга в Стерлине, в то время как со своим любовником пила из золотой посуды. **Bekannter** *разг. эвф.* знакомый; *напр.:* hast du mit deinem Bekannten noch nicht über Heirat gesprochen? ты еще не говорила со своим знакомым о (законном) браке?; sie ging mit ihrem Bekannten spazieren она пошла гулять со своим знакомым. **Galan** *разг. пренебр.* обожатель; *напр.:* sie geht mit ihrem Galan spazieren она гуляет со своим обожателем

Liebhaber² любитель (*не профессионал, не специалист*)
der **Liebhaber** — der **Laie** — der **Dilettant** — der **Amateur** — der **Stümper** — der **Pfuscher**

Liebhaber *индифф. синоним; напр.:* eine Sendung für Liebhaber des Sports, für Liebhaber italienischer Opern передача для любителей спорта, для любителей итальянской оперы; die Lichtbilder hat ein Liebhaber (der Fotografie) gemacht фотографии сделал фотограф-любитель. **Laie** неспециалист; *напр.:* auf diesem Gebiet bin ich nur ein Laie в этой области я только любитель; er ist ein vollständiger Laie in der Malerei в живописи он полный профан □ Sabeth wußte nichts von Kybernetik, und wie immer, wenn man mit Laien darüber redet, galt es, allerlei kindische Vorstellungen vom Roboter zu widerlegen (*Frisch,* »*Homo faber*«) Сабет ничего не знала о кибернетике, и, как всегда, когда говоришь об этом с профанами, приходилось преодолевать всякие детские представления о роботах. **Dilettant** дилетант; *напр.:* ein reiner, oberflächlicher Dilettant чистейший, поверхностный дилетант; Musik eines Dilettanten музыка дилетанта, дилетантская музыка; er blieb zeit seines Lebens nur ein Dilettant он всю жизнь оставался только дилетантом. **Amateur** [-'tøːr] ≃ Liebhaber, *но чаще о любителях в области спорта и искусства; напр.:* ein Handbuch für Amateure руководство для любителей; er beschäftigt sich mit dem Fotografieren nur als Amateur он занимается фотографией только как любитель; zu den Olympischen Spielen werden nur Amateure zugelassen к Олимпийским играм допускаются только спортсмены-любители [непрофессионалы]. **Stümper** *презр.* бездарный дилетант, халтурщик; *напр.:* er komponiert wie ein Stümper он сочиняет музыку, как бездарный дилетант; welcher Stümper hat denn diese Reparatur ausgeführt? какой халтурщик делал этот ремонт? **Pfuscher** *разг. презр.* портач; *напр.:* diese Arbeit ist ganz unfachmännisch ausgeführt, sie ist das Werk eines Pfuschers эта работа выполнена непрофессионально, ее делал какой-то халтурщик □ Kinder sind etwas, was wir wollen, beziehungsweise nicht wollen. Schädigung der Frau? Physiologisch jedenfalls nicht, wenn nicht Eingriff durch Pfuscher (*Frisch,* »*Homo faber*«) Дети — это то, что мы хотим или не хотим иметь. Вредит ли это женщине? Физиологически во всяком случае нет, если операцию делают не коновалы

Liebhaber³ любитель, поклонник (*чего-л.*)
der **Liebhaber** — der **Verehrer** — der **Fan** — der **Fanatiker** — der **Freund** — der **Bücherwurm** — die **Leseratte** — die **Wasserratte**

Liebhaber *индифф. синоним; напр.:* er ist ein Liebhaber moderner Kunst, alter Stiche, von Pferden он любитель современного искусства, старых гравюр, лошадей; die neue Kaffeesorte hat viele Liebhaber gefunden новый сорт кофе нашел себе многочисленных поклонников. **Verehrer** поклонник; *напр.:* er ist ein großer Verehrer von klassischer Musik он большой поклонник классической музыки; die Verehrer des Eiskunstlaufs hatten viel Freude am neuen Kürprogramm der weltbekannten Meister поклонников фигурного катания порадовала новая произвольная программа всемирно известных мастеров. **Fan** [fɛn] страстный поклонник (*б. ч. определенного направления и определенных исполнителей современной легкой музыки*); ярый болельщик; *напр.:* nach dem Konzert gaben die Sänger ihren Fans eine Autogrammstunde после концерта певцы раздавали автографы своим поклонникам; bei dem Jazzfestival schrien die Fans vor Begeisterung во время фестиваля джазовой музыки страстные поклонники кричали от восторга; die Zurufe der Fans spornten die Sportler zu Höchstleistungen ап крики ярых болельщиков подстегивали спортсменов, и они добивались самых высоких результатов. **Fanatiker** фанатик, фанатичный поклонник; *напр.*: nach dem Sieg der Landesauswahl stürzten die Fanatiker aufs Spielfeld, um die Sieger zu begrüßen после победы сборной страны фанатичные болельщики [поклонники] бросились на поле, чтобы поздравить победителей; so einen Fanatiker der Pünktlichkeit habe ich noch nie gesehen такого фанатичного приверженца точности я еще никогда не видел. **Freund** *разг.* = Liebhaber; *напр.*: er ist ein Freund der Kunst он поклонник искусства; Freunde guten Weins und Essens versammelten sich gern in seinem Lokal любители хорошего вина и вкусной еды охотно собирались у него в ресторанчике; er ist kein Freund von vielen Worten он не любитель длинных речей. **Bücherwurm** *разг. шутл.* книжный червь; *напр.*: er ist ein richtiger Bücherwurm он настоящий книжный червь; du hockst wieder über den Büchern, du willst wohl ein Bücherwurm werden? опять сидишь за книгами, хочешь стать книжным червем? **Leseratte** *разг. шутл.* книгочей, любитель чтения (*часто о молодых читателях*); *напр.*: sie ist eine unersättliche Leseratte она ненасытная любительница чтения; jede Woche holt er sich neue Bücher aus der Bibliothek, eine richtige Leseratte каждую неделю он берет в библиотеке новые книги, настоящий пожиратель книг. **Wasserratte** *разг. шутл.* любитель плавания; любитель водного спорта; *напр.*: schon im fünften Lebensjahr war die Kleine eine Wasserratte девчушка уже в пять лет была заядлой пловчихой; trotz Regen und Kälte segelten die Wasserratten den ganzen Tag auf dem See несмотря на дождь и холод, любители парусного спорта целый день катались по озеру

liebkosen ласкать
liebkosen — herzen — kosen — schmusen

liebkosen *индифф. синоним; более характерно для книжно-письменной речи*; *напр.*: die Mutter hat ihr Kind (ge)liebkost мать ласкала своего ребенка; er liebkoste ihr Haar он гладил [ласкал] ее волосы. **herzen** *устаревает* обнимать, ласкать, прижимать к сердцу; *часто в сочетании* herzen und küssen; *напр.*: Kinder herzen ласкать детей; sie herzte und küßte ihn nach der langen Trennung она обнимала и целовала его после долгой разлуки □ Anna Magdalena herzte ihren Mann (*Sachse, »Menuett und Motette«*) Анна Магдалена ласкала своего мужа. ...sie herzten und küßten ihn, weil er so mutig gewesen war und den Bären vertrieben hatte (*Fallada, »Geschichten aus der Murkelei«*) ...они обнимали и целовали его, потому что он был храбрый и прогнал медведя. **kosen** *разг. шутл. и поэт.* = liebkosen; *напр.*: man sah die beiden miteinander kosen видели, как они (ласкались) миловались. **schmusen** *разг.* нежничать, ластиться (*часто о детях*); *напр.*: er hat mit ihr geschmust он нежничал с ней; sie schmuste wie ein Kätzchen mit der Mutter она как кошка ластилась к матери; er überraschte die beiden, als sie miteinander schmusten он застал обоих, когда они нежничали друг с другом.

Liebkosung ласка
die Liebkosung — die Zärtlichkeiten — das Geschmuse

Liebkosung *индифф. синоним*; *напр.*: eine zärtliche Liebkosung нежная ласка; seine Liebkosung war ihr zuwider его ласка была ей противна. **Zärtlichkeiten** *тк. мн.* нежности; *напр.*: Zärtlichkeiten austauschen нежничать друг с другом; j-n mit Zärtlichkeiten überhäufen осыпать кого-л. нежностями [ласками]; seine Zärtlichkeiten mag ich nicht не люблю его нежностей □ Zärtlichkeiten am Abend, ja, aber Zärtlichkeiten am Morgen sind mir unerträglich (*Frisch, »Homo faber«*) Нежности вечером — да, но нежности утром мне невыносимы. **Geschmuse** *разг. презр.* = Liebkosung; *напр.*: ihr Geschmuse langweilte ihn nur ее ласки только наводили на него скуку; was soll das Geschmuse, damit erreichst du nichts bei mir чего ты нежничаешь, все равно ты этим от меня ничего не добьешься

lieblich *см.* schön[1]
Liebreiz *см.* Anmut
liederlich *см.* lasterhaft/nachlässig[1]
liefern *см.* versorgen[1]
Lieferung выпуск (*книжка*)
die Lieferung — das Heft — die Nummer — die Folge — der Faszikel

Lieferung *индифф. синоним*; *напр.*: das Werk erscheint in Lieferungen произведение выходит в свет отдельными выпусками; kürzlich erschien die 30. Lieferung des Wörterbuchs недавно вышел тридцатый выпуск словаря. **Heft** номер, книжка (*журнала*); *реже* = Lieferung; *напр.*: Heft 10 des Jahrganges 1979 der Zeitschrift »Sprachpflege« bringt einige interessante Artikel в десятом номере журнала »Sprachpflege« за 1979 год есть несколько интересных статей; das Buch erscheint in zehn Heften книга выходит в десяти выпусках [отдельных книжках]. **Nummer** = Heft (*тк. о журнале*); *напр.*: wann erscheint die nächste Nummer? когда выйдет следующий номер журнала? **Folge** очередной выпуск серии; *напр.*: darüber lesen Sie in der nächsten Folge unserer Zeitschrift об этом вы прочитаете в следующем выпуске нашего журнала; bald erscheint eine neue Folge des Romans скоро выйдет очередной выпуск романа с продолжением. **Faszikel** *книжн.* = Lieferung *употр. как издательский термин по отношению к научной литературе*; *напр.*: ein zweiter Faszikel wird bald in Druck gehen второй выпуск скоро пойдет в печать; in der ersten Hälfte des Jahres erscheinen die Faszikel sieben und acht des Werkes в первой половине года появятся седьмой и восьмой выпуски этого произведения

Liege *см.* Sofa
liegen[1] лежать
liegen — lasten — lagern

liegen *индифф. синоним*; *напр.*: im Bett, auf dem Tisch liegen лежать в постели, на столе; auf dem Rücken, auf der rechten Seite liegen лежать на спине, на правом боку; bequem, ausgestreckt liegen лежать удобно, вытянувшись; überall liegen Bücher повсюду лежат книги; sie liegt schon drei Tage krank она уже три дня лежит больная; die Verantwortung liegt auf ihr ответственность лежит на ней □ Etwas später lag ein dünner grader Mensch wie ein abgebrochener Pfahl stumm auf dem Boden. Daneben lag das Stück Metall. Und der nackte Schädel lag wie ein erloschener Mond in dem halbdunklen Zimmer (*W. Borcherts Werke*) Спустя некоторое время худой прямой человек безмолвно лежал на полу, как обломанная жердь. Рядом лежал кусок металла. И лысый череп лежал в полутемной комнате, как погасшая луна. In einer kleinen Lichtung fand er eine lange Schlange liegen... es war keine lebendige Schlange, nur ihre leere Haut... (*Hesse, »Narziß«*) На маленькой полянке он нашел длинную змею... это была не живая змея, а только пустая кожа... **lasten** лежать тяжелым грузом, тяжело давить; *напр.*: der Schnee lastet auf den Ästen тяжелый слой снега лежит на ветвях; die ganze Verantwortung lastet auf ihm вся тяжесть ответственности лежит на нем □ Melitta vermag nicht, die Freundin zu trösten. Ihr eigenes Geschick lastet auf ihr, niederdrückend genug... (*May, »Die Letzten von U 189«*) Мелита не в состоянии утешить подругу. Ее собственная судьба давит на нее тяжелым грузом, немало ее угнетая. **lagern** лежать, быть сложенным где-л., храниться; *напр.*: Äpfel lagern auf dem Dachboden яблоки лежат на чердаке; die Bücher lagern unordentlich auf den Regalen книги беспорядочно сложены на полках □ Unter dem Hühnermist lagerten bereits wertvolle Kfz-Ersatzteile, Elektrobohrer, Werkzeugsätze, Pneus und andere Kostbarkeiten (*Schulz, »Wir sind nicht Staub im Wind«*) Под куриным пометом уже хранились ценные запчасти для автомашин, электросверла, комплекты инструментов, шины и другие сокровища. Trübnis lagerte über den

Schneefeldern (*Lenz,* »*Stadtgespräch*«) Над снежными полями лежала печаль
    liegen[2] *см.* **abhängen**
    liegenlassen *см.* **lassen**[1]/**vergessen** I[2]
    limitieren *см.* **beschränken**
    lind *см.* **mild**[1]
    lindern *см.* **mildern**
    Linie *см.* **Strich**[1]
    linkisch *см.* **schwerfällig**[1]
    linsen *см.* **sehen**[1]
    Lippen *см.* **Mund**[2]
    liquidieren *см.* **vernichten**
    lispeln *см.* **flüstern**
    Liste список

die Liste — das Verzeichnis — die Bestandsliste — das Bestandsverzeichnis — das Inventar

Liste *индифф. синоним; напр.:* eine Liste der Waren aufstellen, anlegen составить, завести список товаров; j-n, etw. auf eine Liste setzen занести кого-л., что-л. в список; auf [in] einer Liste stehen быть в списке; aus der Liste streichen вычеркнуть из списка □ Was von auswärts bestellt werden muß, durch Fuhrleute, darüber fertige eine Liste an (*Hesse,* »*Narziß*«) На то, что должно быть доставлено из других мест извозчиками, составь список. Wer auffiel oder dem Intendanten nicht paßte, den strich er von der Liste der U.-k.-Gestellten (*Weisenborn,* »*Der Verfolger*«) За кем было замечено что-нибудь или кто был неугоден директору театра, тех он вычеркивал из списка имеющих бронь (*не подлежащих мобилизации*). **Verzeichnis** опись, реестр; перечень; алфавитный указатель; *напр.:* namentliches Verzeichnis поименный список; ein vollständiges Verzeichnis von Waren anlegen, aufstellen, vorlegen, führen завести, составить, предъявить, вести подробные списки товаров; ein Verzeichnis der Neuerscheinungen ist beigelegt каталог новых поступлений прилагается. **Bestandsliste** список наличного имущества *или* наличного состава, *напр.:* bei der Inventur wird eine Bestandsliste aufgenommen при инвентаризации составляется список наличного имущества; wer führt die Bestandsliste? кто ведет регистрацию присутствующих? **Bestandsverzeichnis** опись наличного имущества; *напр.:* das Bestandsverzeichnis war nicht vollständig опись наличного имущества была неполной. **Inventar** [-v-] инвентарная опись, инвентарный список; штатное расписание; *напр.:* ein Inventar aufstellen составить список инвентаря, инвентаризировать; das steht nicht im Inventar этого в инвентарном списке нет □ Ich sagte wohl schon, daß ich praktisch zum Inventar von diesem Kindergarten gehörte (*Plenzdorf,* »*Die neuen Leiden*«) Я ведь уже, кажется, говорил, что практически вошел в список служащих этого детского сада.
    listig *см.* **schlau**

Literat *см.* **Schriftsteller**
Live-Sendung *см.* **Sendung**[4]
Lizenz *см.* **Erlaubnis**
loben хвалить

loben — belobigen — beloben — lobhudeln — belobhudeln — anpreisen — rühmen — preisen — lobpreisen — lobsingen — herausstreichen — verhimmeln

loben (*A*) *индифф. синоним; напр.:* j-n für [wegen] etw. loben хвалить кого-л. за что-л.; j-n, etw. übermäßig, über alle Gebühr, über alles loben хвалить кого-л., что-л. безмерно, сверх всякой меры, превыше всего; er lobt den Schüler für seinen Aufsatz он хвалит ученика за сочинение; sie lobt seinen Fleiß она хвалит его усердие; sie lobte sein Bild überschwenglich она превозносила его картину; er wurde wegen seiner Leistungen sehr gelobt его очень хвалили за достигнутое [за успехи, показатели] □ Der Meister lobte diese Arbeit, aber Goldmunds Wunsch, sie in Metall gießen zu lassen, erfüllte er nicht (*Hesse,* »*Narziß*«) Мастер похвалил эту работу, но желание Златоуста отлить ее в металле не выполнил. **belobigen** (*j-n*) отметить кого-л. официальным похвальным отзывом (*часто в сочетании с другими видами поощрения*); *напр.:* j-n für vorbildliche Pflichterfüllung belobigen (официально) отметить [похвалить] кого-л. за примерное выполнение обязанностей; die Soldaten wurden vom Kommandeur belobigt солдаты получили от командира поощрение. **beloben** (*j-n*) *устаревает* = belobigen; *напр.:* j-n für eine gute Tat, für seinen Diensteifer beloben (публично) хвалить кого-л. за хороший поступок, за усердие по службе □ Er wurde seines guten Einfalls wegen belobt (*A. Zweig,* »*Erziehung vor Verdun*«) Его хорошая идея была отмечена публично. **lobhudeln** (*j-n, j-m*) угодливо, льстиво восхвалять; *напр.:* er lobhudelt alle(n) Vorgesetzten он льстиво хвалит всех вышестоящих. **belobhudeln** (*j-n*) ≅ lobhudeln *подчеркивает грубую лесть хвалящего;* *напр.:* er belobhudelt ihn он превозносит его, беззастенчиво льстя. **anpreisen** (*A*) хвалить, расхваливать качества кого-л., чего-л.; *напр.:* eine Ware anpreisen хвалить товар (*рекламируя его и т. п.*); einen Menschen anpreisen хвалить человека (*рекомендуя его кому-л.*); diese Medizin wird als Mittel gegen Grippe angepriesen это лекарство рекомендуют как средство против гриппа; er wurde uns als guter Lehrer angepriesen нам хвалили его как хорошего учителя. □ ...diese Radio-Sprecher, die Hundefutter anpreisen, Backpulver oder was weiß ich... (*Frisch,* »*Homo faber*«) ...эти дикторы, рекламирующие корм для собак, разрыхлитель для теста и не знаю что еще... **rühmen** (*A*) *высок.* особенно хвалить (*чаще имея основания*); *напр.:* j-n (wegen seiner Leistung) rühmen очень хвалить кого-л. (за его успехи); er rühmte an ihr die Zuverlässigkeit он особенно хвалил ее за то, что на нее всегда можно положиться; ich muß an ihm besonders seinen Fleiß rühmen особенно мне хочется похвалить его за прилежание. **preisen** (*A*) *высок.* восхвалять, горячо хвалить; *напр.:* die Vorzüge des Landlebens preisen восхвалять преимущества сельской жизни; einen Maler preisen восхвалять художника □ Er sieht sie. Und er preist die Fahrt, die über sieben Jahre geht (*Schulz,* »*Wir sind nicht Staub im Wind*«) Он видит ее. И он воздает хвалу путешествию, длящемуся почти семь лет. Er... wollte es anfangs nicht gelten lassen, daß ein Kraftfahrer keinen Alkohol zu sich nehmen dürfe. Aber dann lenkte der Bauer ein und pries sogar Rudis standhafte Weigerung... (*ebenda*) Вначале он... и слышать не хотел о том, что шоферам запрещено пить спиртное. Но затем хозяин пошел на уступки и даже начал превозносить стойкость Руди. **lobpreisen** (*A, реже D*) *поэт.* славословить; *напр.:* einen Maler, einen Sänger lobpreisen восторженно восхвалять [славословить] художника, певца; ein Bild, ein Werk lobpreisen восторженно восхвалять [превозносить] картину, произведение □ ...und ihm wird ja auch wenig daran gelegen haben, ob ich ihm lobpreise oder nicht. Schlecht hat er die Welt gemacht (*Hesse,* »*Narziß*«) ...да ему и дела мало до того, славословлю я его или нет. Плохо он создал этот мир. **lobsingen** (*j-m*) *высок.* воспевать хвалу *б. ч. употр. в сочетании* Gott lobsingen воспевать хвалу богу. **herausstreichen** (*A*) *разг.* выставлять, выхвалять; *напр.:* j-s Verdienste herausstreichen подчеркивать [выпячивать] чьи-л. заслуги; er hat wieder sich selbst herausgestrichen он опять выхвалялся. **verhimmeln** (*A*) *разг.* превозносить до небес; *напр.:* einen Schauspieler verhimmeln превозносить артиста до небес; sie verhimmelt einen jeden, der zu ihr nett ist того, кто с ней ласков, она превозносит до небес

lobenswert похвальный

lobenswert — rühmenswert — löblich — rühmlich

lobenswert *индифф. синоним; напр.:* ein lobenswerter Fleiß похвальное усердие; eine lobenswerte Tat похвальный поступок; ein lobenswerter Mensch человек, достойный похвалы; er entdeckte an ihr allerhand lobenswerte Eigenschaften он открыл в ней много похвальных качеств; sein Vorhaben finde ich lobenswert я нахожу его намерение похвальным. **rühmenswert** благой, достойный высокой похвалы; *напр.:* eine rühmenswerte

Tat благой поступок; die Absicht ist rühmenswert это намерение весьма похвально. **löblich** ≃ lobenswert, *но оттенок легкой иронии выражен отчетливее*; *напр.*: eine löbliche Ansicht похвальная точка зрения; ein löbliches Vorhaben похвальное намерение; das ist ja sehr löblich! что ж, весьма похвально! **rühmlich** ≃ löblich, *но чаще употр. в устойчивых сочетаниях*: eine rühmliche Ausnahme bilden составлять похвальное [отрадное] исключение; sich rühmlich auszeichnen [hervortun] отличиться; *напр.*: eine rühmliche Tat похвальный поступок; das war nicht sehr rühmlich von ihm это было не очень похвально с его стороны

Lobhudelei *см.* Schmeichelei
lobhudeln *см.* loben/schmeicheln
Lobhudler *см.* Schmeichler
löblich *см.* lobenswert
lobpreisen *см.* loben
lobsingen *см.* loben
Loch *см.* Öffnung
locken[1] — **ködern** — **körnen** — **(an-)ludern** — **kirre machen** — **kirren**

locken *индифф. синоним*; *напр.*: ein Tier, einen Vogel mit Futter locken подманивать животное, птицу на корм; j-n in eine Falle, in einen Hinterhalt locken заманить кого-л. в ловушку, в засаду; die Henne lockt ihre Jungen наседка созывает своих цыплят; er wollte den fremden Hund mit einem Stück Wurst locken он хотел подманить чужую собаку куском колбасы; sie ließ sich mit diesen Versprechungen in eine richtige Falle locken этими обещаниями она дала заманить себя в настоящую ловушку □ Nun aber, so schien es, war er in eine Welt eingetreten, wo man nicht sprach, wo man einander mit Eulenrufen lockte (*Hesse*, »*Narziß*«) Но теперь он, казалось, вступил в такой мир, где не разговаривали, а призывали друг друга совиными криками. **ködern** заманивать приманкой; *напр.*: ein Tier ködern заманивать зверя приманкой; j-n mit Geld ködern приманивать [соблазнять] кого-л. деньгами; Fisch ködert man mit Würmern рыбу ловят на червя; den werde ich mir ködern! *разг.* ну, я его уж чем-нибудь да заманю! **körnen** *охот.* приманивать птиц на зерно; *напр.*: sie streuten reichlich Körnerfutter aus, um die Rebhühner zu körnen они рассыпали много зерна, чтобы приманить куропаток. **(an)ludern** *охот.* приманивать зверей на падаль *и т. п.*; *напр.*: der Fuchs wird mit einem Hering (an)geludert лису приманивают (тухлой) селедкой. **kirre machen, kirren** *фам.* (приманивая ласковыми словами, обещаниями,) приручить; *напр.*: er verstand es sehr schnell, sie kirre zu machen очень скоро он сумел сделать ее ручной [подчинить ее себе]; sie hatten ihn mit schönen Versprechungen gekirrt они заманили его посулами; sie ließ sich nicht so schnell kirren она долго не поддавалась

locken[2] *см.* anziehen II
locker *см.* lasterhaft/leichtsinnig [1]/lose[1]

lockern[1] ослаблять, расслаблять (*что-л. тугое, тж. перен.*)
lockern — **entspannen**

lockern *индифф. синоним*; *напр.*: den Gürtel lockern отпустить [ослабить] пояс; den Körper [seine Muskeln] lockern расслабить мышцы; Vorschriften, Bestimmungen lockern смягчать предписания, распоряжения; diese Regel gilt für alle, sie darf nicht gelockert werden это правило обязательно для всех, не должно быть послаблений. **entspannen** снимать напряжение, уменьшить напряженность; *напр.*: Nerven, Muskeln entspannen снять напряжение нервов, мускулов; j-n körperlich, seelisch entspannen снять с кого-л. физическое, душевное напряжение; дать кому-л. отдых; in dieser Haltung sind die Muskeln völlig entspannt в этом положении мышцы полностью расслаблены; im Schlaf war ihr Gesicht entspannt во сне с ее лица сошла напряженность; der Abschluß dieses Vertrags kann die Lage entspannen подписание этого договора может ослабить напряженность.

lockern[2] *см.* schwächen
lockig вьющийся (*о волосах*); кудрявый
lockig — **kraus** — **wellig**

lockig *индифф. синоним*; *напр.*: lockiges Haar вьющиеся [кудрявые] волосы; ein lockiges Kind кудрявый ребенок; sie hat blondes lockiges Haar у нее белокурые вьющиеся волосы. **kraus** курчавый, в мелких завитках; *напр.*: dichtes krauses Haar густые курчавые волосы; krause Locken тугие завитки; ein krauser Bart курчавая борода. **wellig** волнистый; *напр.*: welliges Haar волнистые волосы

lodern *см.* brennen
logieren *см.* absteigen [1]/leben[2]
Logis *см.* Wohnung
Lohe *см.* Feuer [1]
lohen *см.* brennen

Lohn[1] заработная плата, плата за работу
der **Lohn** — das **Einkommen** — der **Verdienst** — das **Gehalt** — die **Entlohnung** — das **Honorar** — die **Gage** — der **Sold** — der **Wehrsold** — die **Heuer** — die **Löhnung** — das **Salär**

Lohn *индифф. синоним*; *напр.*: ein hoher, niedriger Lohn высокая, низкая зарплата [плата за работу]; der tarifmäßige Lohn (о)плата по тарифу, ставка; den Lohn erhöhen повышать заработную плату; der Kampf der Streikenden für [um] höhere Löhne, gegen die Kürzung der Löhne борьба забастовщиков за более высокую оплату труда, против снижения зарплаты; ihr wurde der wöchentliche Lohn ausgezahlt ей выплатили недельную зарплату; »Gleicher Lohn für gleiche Arbeit« stand auf dem Plakat «Равная оплата за равный труд», — было написано на плакате; er bringt seinen Lohn nach Hause он приносит свою зарплату домой □ ...der Meister schenkte ihm einen ledernen Geldsäckel, in dem waren zwei Goldstücke, Goldmunds Lohn für die fertig gewordene Figur (*Hesse*, »*Narziß*«) ...мастер преподнес ему кожаный мешочек, в нем были две золотые монеты, плата Златоусту за оконченную фигуру. **Einkommen** (постоянный) доход; *напр.*: ein gutes, sicheres, festes, geringes Einkommen хороший, верный, твердый, незначительный доход; das Einkommen eines Lehrers, eines Richters доход [заработок] учителя, судьи; das Einkommen in Form von Lohn, von Gehalt, von Honoraren, von Naturalien доход в виде зарплаты, должностного оклада, гонораров, натуроплаты; wie hoch ist Ihr monatliches Einkommen? каков ваш месячный доход? **Verdienst** заработок; *напр.*: einen auskömmlichen, guten, geringen Verdienst haben иметь достаточный, хороший, маленький заработок; er hat nun wieder Arbeit und Verdienst у него снова есть работа и заработок; er gibt seinen Verdienst an die Eltern ab он отдает то, что зарабатывает, родителям. **Gehalt** (должностной) оклад; жалованье служащего; *напр.*: ein gutes, kärgliches Gehalt хороший, жалкий оклад; хорошее, скудное жалованье; das Gehalt zahlen, abholen платить, получать зарплату [жалованье]; die Firma kann die Gehälter ihrer Angestellten anheben фирма может повысить заработную плату своим служащим. **Entlohnung** вознаграждение за (сделанную) работу; *напр.*: □ Bei solchen Gedanken kam er sich vor wie ein Komplize, einer, der sich eingereiht hatte und dafür seine Entlohnung erhielt (*Heiduczek*, »*Abschied von den Engeln*«) При этой мысли он почувствовал себя сообщником, человеком примкнувшим и получающим плату за это. **Honorar** гонорар; *напр.*: wann bekommst du dein Honorar für das Buch? когда ты получишь гонорар за книгу? **Gage** [-зэ] заработная плата, жалованье артистов; *напр.*: eine hohe, kleine Gage высокое, маленькое жалованье (артиста); er bekam eine schmale Gage он получал скудное жалованье. **Sold** денежное содержание солдата; *ист.* плата наемникам; *напр.*: die Soldaten wurden auf halben Sold gesetzt солдат посадили на половинное денежное довольствие; der Sold war nicht hoch солдатам платили мало □ Also, die Männer bekommen Sold, sogar doppelten Sold. Großbritannien läßt sich nichts schenken,

Arbeit wird bezahlt. Sold britischer mariners (May, »Die Letzten von U 189«) Итак, люди получат жалованье, даже двойное жалованье. Великобритания не нуждается в подарках, она платит за работу. Жалованье британских моряков. **Wehrsold** *уст.* = Sold. **Heuer** матросское жалованье; *напр.*: Heuer bekommen, zahlen получать, платить (матросское) жалованье. **Löhnung** ≅ Sold, *но в форме единовременной выплаты; напр.*: für den tapferen Einsatz der Mannschaft gab es doppelte Löhnung за смелые действия солдаты получили в награду двойное жалованье. **Salär** *швейц.* = Lohn; *напр.*: Haustochter gesucht, gutes Salär ищу домработницу, хорошая плата (*объявление*)

Lohn ² плата, награда
der **Lohn** — die **Belohnung** — der **Preis** — die **Prämie** — die **Auszeichnung** — die **Gratifikation** — der **Kopflohn** — das **Kopfgeld**

Lohn *индифф. синоним; напр.*: ein (un)verdienter, reicher, gerechter Lohn (не)заслуженное, большое, справедливое вознаграждение; zum Lohn в награду; das ist ein schlechter Lohn für alle meine Mühe это плохая награда за все мои старания; er bekommt noch seinen Lohn он еще получит (по заслугам) □ Sein eigener Lohn sollte sein gutes Gewissen sein (*H. Mann, »Die Jugend«*) Наградой для него должна быть чистая совесть. **Belohnung** вознаграждение; *напр.*: eine hohe, geringe, schlechte Belohnung высокое, маленькое, плохое вознаграждение; j-m eine Belohnung zuerkennen присудить кому-л. награду; eine Belohnung von 1000 Mark bekommen получить вознаграждение в 1000 марок; der Erfolg war die schönste Belohnung seiner Mühen успех был ему лучшей наградой за старания; als Belohnung für seine Gutmütigkeit erntete er nur Spott наградой за его доброту была только насмешка. **Preis** премия, приз, награда; *напр.*: einen Preis auf etw. aussetzen назначить премию [награду, приз] за что-л.; einen Preis stiften учредить премию; er bekam den ersten Preis он получил первую премию [первый приз]; auf den Kopf des Mörders wurde ein hoher Preis gesetzt за голову убийцы была назначена высокая награда. **Prämie** (денежная) премия *в отличие от* Preis *не употр. по отношению к национальным, международным и т. п. премиям; напр.*: eine Prämie aussetzen назначить премию; vom Betrieb eine Prämie bekommen получить премию от завода; außer seinem Lohn hat er oft Prämien кроме зарплаты он часто получает премии. **Auszeichnung** награда (*знак отличия*); *напр.*: eine hohe, militärische, staatliche Auszeichnung высокая, военная, государственная награда; j-m eine Auszeichnung zuerkennen, überreichen присуждать, вручать кому-л. награду; daß sie ihn vor allen anderen begrüßte, war für ihn eine besondere Auszeichnung то, что она поздоровалась с ним первым, было для него особой наградой. **Gratifikation** наградные, (денежное) вознаграждение по особому случаю (*к праздникам или по случаю завершения работы, обыкн. от частного предпринимателя, хозяина*); *напр.*: er erhielt zu Weihnachten eine Gratifikation von seiner Firma он получил к рождеству наградные от фирмы; wenn die Arbeit gut gemacht ist, bekommen wir von ihm eine Gratifikation если работа будет сделана хорошо, мы получим от него денежный подарок. **Kopflohn, Kopfgeld** вознаграждение за голову беглеца *теперь б. ч. презр. по отношению к дающему и получающему; напр.*: die imperialistischen Söldner erhielten Kopfgelder für jeden getöteten Afrikaner империалистические наемники получали вознаграждение за голову каждого убитого африканца

lohnen (,sich) стоить, оправдывать (себя)
(sich) **lohnen** — sich **rentieren**

(sich) **lohnen** *индифф. синоним; напр.*: die Arbeit lohnt (sich) работа оправдывает себя; es lohnt (sich), den Versuch zu machen стоит сделать попытку; darüber lohnt sich nicht zu reden об этом не стоит говорить; der Fleiß hat sich gelohnt усердие было вознаграждено; das Ergebnis lohnte den Aufwand nicht результат не оправдал затраченных средств; der Bergbau hat sich immer gelohnt горное дело всегда оправдывало себя □ Ach, um hübsche Engelsfigürchen oder anderen Tand zu machen, und sei er noch so hübsch, lohnte es sich nicht, Künstler zu sein (*Hesse, »Narziß«*) Ах, для того чтобы делать хорошенькие фигурки ангелов и другие безделушки, пусть хоть и красивые, не стоило быть художником. **sich rentieren** окупаться; *напр.*: das Geschäft, die Ausgabe rentiert sich nicht дело, издание не окупает себя; die Direktion hofft, daß die neue Maschine sich rentiert дирекция надеется, что новая машина окупится; seine Bemühungen haben sich rentiert его старания окупились; das rentiert sich nicht это не оправдывает себя

Löhnung *см.* Lohn¹
lokal *см.* örtlich
Lokal *см.* Gaststätte
Lokus *см.* Toilette
los *см.* frei³
Los *см.* Schicksal
lösbar *см.* löslich
losbinden *см.* lösen¹
losbrechen *см.* anfangen¹
löschen I¹ тушить, гасить
löschen — auslöschen — ausblasen

löschen *индифф. синоним; напр.*: ein Feuer, einen Brand, eine Kerze, das Licht löschen тушить огонь [костер], пожар, свечу, свет; das Feuer wurde schnell gelöscht огонь был быстро потушен □ ...das große Licht in der Kabine war lange schon gelöscht (*Frisch, »Homo faber«*) ...верхний свет в салоне был уже давно погашен. **auslöschen** ≅ löschen, *но выражает завершенность действия; напр.*: eine Fackel, eine Flamme auslöschen потушить [погасить] свечу, факел, пламя; Licht, das Gas auslöschen погасить свет, газ; der Wind hat die Kerze ausgelöscht ветер потушил свечу; der Diener hat die Laterne ausgelöscht слуга погасил фонарь. **ausblasen** задуть; *напр.*: ein Streichholz, das Licht ausblasen задуть спичку, огонь (лампы); der Junge blies schnell die Kerze aus мальчик быстро задул свечу; der Wind hat die Laterne ausgeblasen ветер задул фонарь

löschen I² *см.* streichen¹
löschen II *см.* ausladen
lose¹ незакрепленный, подвижный, свободный
lose — locker — ungebunden — wack(e)lig

lose *индифф. синоним; напр.*: ein loser Bolzen незакрепленный болт; ein loser Nagel шатающийся [некрепко сидящий] гвоздь; lose Blätter отдельные [несброшюрованные] листы; etw. lose binden связывать что-л. свободно; die Schnürsenkel waren lose шнурки ботинок были не завязаны; ein Knopf ist lose одна пуговица болтается; die beiden Teile des Werkstücks sind nur lose miteinander verbunden обе части детали соединены друг с другом подвижно; sie trägt gern lose Kleider она любит носить свободные [неприталенные] платья; der Wind spielte mit ihrem losen Haar ветер играл ее распущенными волосами. **locker** нетугой, неплотный, шатающийся; *напр.*: ein lockeres Stuhlbein расшатанная ножка стула; ein lockeres Seil ненатянутый канат; eine lockere Schraube слабо завинченный шуруп; der Nagel sitzt locker гвоздь шатается; die Bindung an den Schiern ist locker крепление на лыжах слабое; das Kleid sitzt locker платье не прилегает плотно к фигуре; der Zahn ist locker зуб шатается. **ungebunden** несвязанный; *напр.*: ungebundene Blumen не связанные в букет цветы; ein ungebundenes Buch несброшюрованная книга. **wack(e)lig** шаткий; *напр.*: ein wackeliger Stuhl шаткий стул; ein wackliger Zahn шатающийся зуб; wacklig sein шататься, быть шатким [непрочным]; die Tür ist wacklig дверь болтается на навесах; ich bin nach der langen Krankheit noch etwas wackelig после долгой болезни меня все еще немного шатает [я еще нетвердо стою на ногах]

lose² *см.* leichtsinnig¹

losen бросать, тянуть жребий
losen — würfeln

losen *индифф. синоним; напр.*: sie losten um den Hauptgewinn они тянули жребий, кому достанется главный приз лотереи; sie losten, wer anfangen durfte они бросили жребий, кому начинать. **würfeln** ≅ losen, *но жребием служит игральная кость; напр.*: um die erste Runde Bier würfeln бросать кости, кому первому платить за пиво ◻ Lenz und ich würfelten, wer als erster fahren sollte (*Remarque, »Drei Kameraden«*) Мы с Ленцем бросили жребий, кому ехать первым

lösen[1] развязывать, распускать
lösen — auflösen — aufbinden — losbinden — entwirren — loslassen — losketten — entfesseln — losmachen

lösen *индифф. синоним; напр.*: einen Knoten, eine Schleife, den Gürtel lösen развязывать узел, бант, пояс; einen Knäuel lösen распускать клубок; sie löste das Kopftuch она развязала платок; er löste die Schnürsenkel он развязал [распустил] шнурки ботинок; der Wind löste ihr Haar ветер растрепал ее волосы; das Mädchen löste die Zöpfe девочка расплела [распустила] косы. **auflösen** ≅ lösen, *но подчеркивает начало или завершенность действия; напр.*: Schnürsenkel auflösen развязывать шнурки ботинок; sich das Haar, die Zöpfe auflösen распускать волосы, косы. **aufbinden** развязывать; *напр.*: eine Schürze, eine Schleife aufbinden развязать фартук, ленту; einen Sack aufbinden развязать мешок; sie hat den Blumenstrauß wieder aufgebunden она снова развязала букет. **losbinden** отвязать кого-л., что-л.; развязать (и снять) (*привязь и т. п.*); *напр.*: einen Kahn, einen Hund losbinden отвязать лодку, собаку; eine Schleife, eine Krawatte losbinden развязать [снять] бант, галстук; j-n losbinden развязать кого-л. **entwirren** распутывать; *напр.*: einen Knäuel, einen Knoten, verworrene Fäden entwirren распутывать клубок, узел, перепутанные нитки; keiner konnte den Haufen alter Stricke entwirren никто не мог распутать ворох перепутавшихся старых веревок. **loslassen** спустить с привязи; *напр.*: die Hunde, die Meute loslassen спустить (с привязи) собак, свору. **losketten** освободить от цепи; *напр.*: einen Hund losketten спустить собаку с цепи. **entfesseln** снять путы, оковы; *напр.*: die Gefangenen wurden entfesselt с заключенных сняли оковы, заключенных освободили от оков. **losmachen** *разг.* ≅ lösen; *напр.*: einen Gürtel losmachen развязать пояс; einen Hund (von der Kette) losmachen отвязать [спустить] собаку (с цепи); die Matrosen machten die Boote los матросы отвязали лодки [отдали швартовы]

lösen[2] решать (*задачу, проблему и т. п.*)
lösen — auflösen — enträtseln — entwirren

lösen *индифф. синоним; напр.*: eine Aufgabe, ein Problem lösen решать задачу, проблему; ein Rätsel lösen отгадывать загадку; ein Geheimnis lösen разгадывать тайну; einen Widerspruch lösen разрешать противоречие; er hat die Gleichung schnell gelöst он быстро решил уравнение; die Offiziere lernen dabei, verschiedene taktische Aufgaben zu lösen офицеры учатся при этом решать различные тактические задачи; damit ist noch nichts gelöst этим еще ничего не решено; die Angelegenheit mußte rasch gelöst werden нужно было решать быстро; die Schwierigkeiten sind nun gelöst трудности теперь разрешены. **auflösen** ≅ lösen, *но подчеркивает начало или завершенность действия, часто тж. трудность решения; напр.*: eine Gleichung auflösen решать уравнение; ein Geheimnis auflösen разгадать тайну; es ist schwer, dieses Rätsel aufzulösen трудно отгадать эту загадку. **enträtseln** разгадывать, отгадать, расшифровать; *напр.*: ein Geheimnis enträtseln разгадывать тайну; sie wollte enträtseln, wie das alles zusammenhängt она хотела разгадать, как все это связано одно с другим. **entwirren** распутывать; *напр.*: Widersprüche entwirren распутывать противоречия; er konnte lange diese sich widersprechenden Theorien nicht entwirren он долго не мог разобраться в путанице этих противоречащих друг другу теорий

lösen[3] *см.* trennen
losfahren *см.* wegfahren
losgehen *см.* anfangen[1]
losketten *см.* lösen[1]
loskommen *см.* befreien, sich
loslassen *см.* lösen[1]
loslegen *см.* anfangen[2]
löslich *см.* «Приложение»
losmachen *см.* lösen[1]
Lossagung *см.* Weigerung
losschlagen *см.* schlagen
lostrennen *см.* trennen

Lösung решение, разгадка
die Lösung — die Enträtselung

Lösung *индифф. синоним; напр.*: eine gute, überraschende, richtige, falsche Lösung хорошее, неожиданное, правильное, неправильное решение; die Lösung einer Frage, eines Problems решение вопроса, проблемы; die Lösung eines Rätsels, eines Geheimnisses отгадка (загадки), разгадка тайны. **Enträtselung** разгадывание *подчеркивает трудность процесса; напр.*: die Enträtselung eines Geheimnisses разгадывание тайны; die Enträtselung einer unbekannten Schrift дешифровка неизвестной письменности

loswerden *см.* befreien, sich

losziehen *см.* gehen[2]
lotsen *см.* lenken[1]
Lotterbube *см.* Faulenzer
luchsen *см.* sehen[1]
Lücke *см.* Öffnung
Luder *см.* Aas
ludern *см.* locken[1]
Lüftchen *см.* Wind
lüften проветривать
lüften — ventilieren

lüften *индифф. синоним; напр.*: die Betten, die Kleider lüften проветривать постели, одежду; das Zimmer wurde täglich gelüftet комната ежедневно проветривалась. **ventilieren** [v-] проветривать (с помощью вентилятора), вентилировать; *напр.*: die Räume des neuen Gebäudes waren schlecht ventiliert помещения нового здания были плохо провентилированы

luftig *см.* leicht[1]
Luftikus *см.* Leichtsinniger
Luftschloß *см.* Einbildung
Lug *см.* Lüge
Lüge ложь
die Lüge — die Unwahrheit — der Lug

Lüge *индифф. синоним; напр.*: eine alberne, feige, freche, unverschämte Lüge глупая, трусливая, нахальная, бесстыдная ложь; Lügen verbreiten, in Umlauf [in die Welt] setzen распространять ложь; bei ihm ist jedes dritte Wort eine Lüge у него что ни слово, то ложь ◻ Eine barmherzige Lüge ist keine Lüge, dachte sie (*Brězan, »Christa«*) «Ложь из сострадания — не ложь», — подумала она. **Unwahrheit** неправда; *напр.*: die Unwahrheit sagen говорить неправду; das ist eine Unwahrheit! это неправда!; er hat bewußt die Unwahrheit gesagt он сознательно сказал неправду. **Lug** *тк. в сочетании* Lug und Trug *разг.* ложь и обман; *напр.*: alles war nur Lug und Trug все было только ложь и обман

lugen *см.* sehen[1]
lügen лгать
lügen — belügen — anlügen — erlügen — schwindeln — flunkern — ankohlen — sohlen

lügen *индифф. синоним; напр.*: schamlos lügen бессовестно лгать [врать]; er lügt immer он все время врет; er lügt, wie es ihm gerade paßt он плетет то, что ему выгодно; er lügt wie gedruckt врет как по-писаному; sie hat noch nie gelogen она еще ни разу не солгала ◻ »...ich bin auch angesteckt.« Das letzte war gelogen; er sagte es, um den anderen loszuwerden (*Hesse, »Narziß«*) «...я тоже заразился». Тут он солгал; он сказал это, чтобы отделаться от него. **belügen, anlügen** (j-n) (со)лгать, (со)врать кому-л. *употр. всегда с указанием объекта-лица; напр.*: j-n dreist, schamlos, schändlich belügen лгать кому-л. нахально, бесстыдно, позорно; hast du mich wieder belogen [angelogen]? ты что, снова соврал мне? ◻ Der Alte hat sich in seinem

Leben so oft belogen, daß er gar nicht mehr weiß, was er für wahr hält! (Valentin, »Die Unberatenen«) Старик так часто в своей жизни лгал самому себе, что он уже больше и сам не знает, что он считает правдой! **erlügen** *б. ч. употр. в конструкции* erlogen sein; *напр.:* der ganze Brief war erlogen все письмо было ложью; was er sagt, ist alles erlogen все, что он говорит, — ложь; das ist von Anfang bis Ende erlogen это ложь с начала и до конца. **schwindeln** говорить неправду, хитрить (стараясь выгадать, скрыть что-л.); *напр.:* er schwindelt gelegentlich он иногда привирает; das ist bestimmt geschwindelt! это, определенно, вранье!; das hat er geschwindelt это он приврал. **flunkern** *разг.* ≅ schwindeln, *но более мягко; напр.:* er hat wohl nur ein bißchen geflunkert он, небось, чуточку приврал; flunkere nicht! не ври!; hier ist viel geflunkert worden здесь было много наврано; er hat nicht geflunkert. Dieses Schloß gab es wirklich он не соврал. Замок действительно существовал. **ankohlen** *фам.* разыгрывать, дурачить; *напр.:* er hat dich angekohlt, in diesem Monat gibt es überhaupt keine Prämien он тебя разыграл, в этом месяце премии вообще давать не будут. **sohlen** *диал. фам.* брехать; *напр.:* ich würde sagen, daß er gesohlt hat я бы сказал, что он сбрехнул.

Lügenbold *см.* Lügner
lügenhaft *см.* unwahr
Lügenmaul *см.* Lügner
Lügner лгун, лжец
der **Lügner** — der **Flunkerer** — der **Aufschneider** — das **Lügenmaul** — der **Lügenbold**

Lügner *индифф. синоним; напр.:* ein gemeiner, infamer, niederträchtiger, notorischer Lügner подлый, низкий, всем известный лгун [лжец]; j-n als Lügner brandmarken заклеймить кого-л. как лжеца. **Flunkerer** *разг.* врун(ишка); *напр.:* er ist ein alter Flunkerer он старый врун. **Aufschneider** *разг.* враль, бахвал; *напр.:* j-n für einen Aufschneider halten считать кого-л. вралем; du bist aber ein Aufschneider! ты враль и хвастун! **Lügenmaul** *бран.* брехун; *напр.:* so ein Lügenmaul! вот брехун! **Lügenbold** *редко* ≅ Lügenmaul; *напр.:* du elender Lügenbold! ах ты, брехун!

lügnerisch лживый, лгущий
lügnerisch — **verlogen**
lügnerisch *индифф. синоним; напр.:* eine lügnerische Behauptung, Version лживое утверждение, лживая версия; ein lügnerischer Bursche лживый парень, лгун. **verlogen** насквозь лживый; изолгавшийся; *напр.:* ein verlogenes Kind изолгавшийся ребенок; eine verlogene Zeitung, Moral лживая газета, мораль; was für ein verlogener Mensch! что за лживый человек!

□ »Sie sollten mir«, erwiderte sie, »nicht mit so verlogenem Gerede kommen, von dem man nicht weiß, ob es mehr albern oder mehr unverschämt ist« (Feuchtwanger, »Exil«) «Не следовало бы вам, — сказала она, — рассказывать мне такие лживые басни, о которых не знаешь, чего в них больше, нелепости или бесстыдства»

Luke *см.* Öffnung
lukrativ *см.* vorteilhaft [1]
Lump *см.* Landstreicher
lumpen *см.* zechen [1]
Lumpen *см.* Lappen
lumpig жалкий, ничтожный
lumpig — **pop(e)lig** — **ruppig**

lumpig *индифф. синоним; напр.:* ein lumpiges Hotel захудалая гостиница; das Buch kostet lumpige drei Mark книга стоит всего каких-нибудь несчастных три марки; er blieb bloß lumpige acht Tage он остался всего лишь на каких-то восемь дней; behalt dein lumpiges Geld! оставь себе свои жалкие гроши! **pop(e)lig** *разг.* никудышный; *напр.:* ein pop(e)liger Mensch никудышный человек; замухрышка. **ruppig** *сев.-нем. разг.* ≅ pop(e)lig; *напр.:* ein ruppiges Aussehen жалкий [нищенский, неопрятный] вид

Lunch *см.* Frühstück
lungern *см.* umherstreifen
Lust *см.* Freude [1]/Wunsch
Lustbarkeit *см.* Fest [1]
lüsten *см.* wollen
lüstern [1] похотливый, чувственный
lüstern — **geil** — **lasziv** — **faunisch**

lüstern *индифф. синоним; напр.:* lüsterne Augen, Blicke, Vorstellungen похотливые глаза, взгляды, сладострастные представления [видения, мысли]; eine lüsterne Neugier похотливое любопытство; j-n lüstern anschauen смотреть на кого-л. похотливо; er war widerlich lüstern он был отвратительно похотлив □ Diese Hände... gingen mit dem Ton um wie die Hände eines Liebenden mit der hingegebenen Geliebten: verliebt, voll zart schwingender Empfindung... lüstern zugleich und fromm... (Hesse, »Narziß«) Эти руки... обращались с глиной, как руки любовника с податливой возлюбленной: влюбленно, полные нежного трепетного чувства... сладострастно и благоговейно одновременно... **geil** *неодобр.* похотливый; *напр.:* geile Blicke, Gedanken похотливые взгляды, мысли; ein geiles Lachen похотливый смех; ein geiler Kerl похотливый тип; seine geile Zudringlichkeit stieß sie ab его похотливые приставания отталкивали ее. **lasziv** *книжн. неодобр.* непристойно сладострастный, сластолюбивый; *напр.:* laszive Worte двусмысленные слова; ein lasziver Blick масленый взгляд. **faunisch** *книжн.* (безудержно) сладострастный, как Фавн (бог плодородия в римской мифологии); *напр.:* ein faunisches Lächeln сладострастная улыбка (как у Фавна); mit faunischer Lust сладострастно, сластолюбиво; er blickte sie faunisch an он смотрел на нее, как сатир; он плотоядно посмотрел на нее

lüstern [2] *см.* gierig
lustig веселый
lustig — **freudig** — **heiter** — **froh** — **fröhlich** — **frohsinnig** — **aufgeräumt** — **lebenslustig** — **lebensfroh** — **jovial** — **vergnügt** — **munter** — **wohlgemut** — **fidel**

lustig *индифф. синоним; напр.:* lustige Augen, Gesichter, Leute веселые глаза, лица, люди; eine lustige Geschichte веселая история; ein lustiger Erlebnis веселое приключение; lustig sein, leben, lachen, sprechen быть веселым, весело жить, смеяться, разговаривать; hier ist es lustig здесь весело; dann ging es lustig an die Arbeit затем весело принялись за работу; das Feuer brannte lustig весело горел огонь □ ...und die Leute freuen sich, daß Klingsor so ein lustiger Bruder ist (Hesse, »Klingsors letzter Sommer«) ...а люди радуются, что Клингзор такой веселый малый. **freudig** радостный; *напр.:* eine freudige Erregung радостное возбуждение; freudige Zurufe радостные крики; ein freudiges Ereignis радостное событие (*б. ч. эвф. — о рождении ребенка*); mit freudigem Gesicht, Herzen с радостным лицом, сердцем; freudig arbeiten, lernen с радостью работать, учиться; j-n freudig begrüßen радостно приветствовать кого-л.; ihre Augen leuchteten freudig auf ее глаза радостно засветились; er eilte freudig dem Besuch entgegen он обрадованно поспешил навстречу гостю. **heiter** беззаботно-веселый, ничем не омраченный, светлый; *напр.:* heitere Gespräche веселые беседы [разговоры]; ein heiteres Programm, Spiel веселая [развлекательная] программа, игра; ein heiteres Gesicht веселое [радостное] лицо; sie ist ein heiterer Mensch она веселый [жизнерадостный] человек; das Erlebnis stimmte ihn heiter приключение настроило его на веселый лад □ Goya nahm mit heiterer Genugtuung die Verblüffung wahr (Feuchtwanger, »Goya«) Гойя воспринял это удивление с радостным удовлетворением. Man sollte meinen, es habe sie (die Skulptur) ein Mensch gemacht, in dessen Herzen es sehr hell und heiter ist (Hesse, »Narziß«) Можно было бы подумать, что ее (скульптуру) сделал человек, на душе у которого светло и весело. **froh** веселый и радостный; *напр.:* ein froher Mensch, ein frohes Kind веселый человек, ребенок; ein frohes Gesicht, ein froher Gesang радостное лицо, пение; in froher Erwartung в радостном ожидании; froh aussehen, lachen, singen выглядеть веселым, радостно

смеяться, петь; sie hat immer ein frohes Lied auf den Lippen у нее на устах всегда веселая песенка; sie sind froh über die gute Nachricht они рады хорошей вести. **fröhlich** ≃ lustig; *напр.*: eine fröhliche Gesellschaft, Geschichte веселая компания, история; ein fröhliches Fest веселый [радостный] праздник; ein fröhliches Leben führen вести веселую жизнь; in ein fröhliches Lachen ausbrechen разразиться веселым смехом; ein fröhliches Gesicht machen сделать радостное лицо; j-n fröhlich ansehen смотреть на кого-л. весело [радостно]; wir feiern ein fröhliches Wiedersehen мы празднуем радостную встречу; ich wünsche euch fröhliche Feiertage! желаю вам веселых праздников! **frohsinnig** *редко* веселого нрава; *напр.*: er blieb auch im Alter ein frohsinniger Mensch и в преклонном возрасте он оставался человеком веселого нрава. **aufgeräumt** в веселом, хорошем настроении; *напр.*: er ist heute abend recht aufgeräumt сегодня вечером он настроен весело; der alte Herr wurde bei einem Glas Wein lustig und aufgeräumt за стаканом вина старик развеселился □ Mahlke spielte einen aufgeräumten Onkel, der nach jahrelanger und abenteuerlicher Abwesenheit auf Besuch kommt (*Grass, »Katz und Maus«*) Мальке разыгрывал из себя веселого дядюшку, прибывшего с визитом после долгих, насыщенных приключениями, лет отсутствия. **lebenslustig, lebensfroh** веселый, жизнерадостный; *напр.*: lebenslustige junge Menschen жизнерадостные молодые люди; trotz seinem hohen Alter ist er lebenslustig несмотря на свой старческий возраст, он жизнерадостен [жизнерадостный человек]; er bemühte sich, seine Kinder zu lebensfrohen Menschen zu erziehen он старался воспитать своих детей веселыми и жизнерадостными. **jovial** [-v-] добродушно-веселый (*чаще о пожилых влиятельных людях, снисходительно-приветливых по отношению к нижестоящим*); *напр.*: ein jovialer Mensch добродушно-веселый [простой в обращении] человек; in jovialer Laune в добродушно-веселом настроении; mit jovialem Kopfnicken grüßen добродушно приветствовать кивком; er gibt sich sehr jovial он ведет себя, как человек добродушный и простой. **vergnügt** веселый (и довольный); *напр.*: es war ein vergnügter Abend это был веселый вечер (*доставивший всем удовольствие*); er lächelte vergnügt vor sich hin он улыбался весело и довольно; er ist immer heiter und vergnügt он всегда весел и доволен □ Ich war ihr zu alt, ich war ihr nicht mehr hübsch und vergnügt genug... (*Hesse, »Narziß«*) В ее глазах я был слишком стар, я был недостаточно красив и весел. **munter** веселый и бодрый, оживленный; *напр.*: er ist in munterer Stimmung он в веселом [бодром] настроении; er ist munter und guter Dinge он бодр и в хорошем расположении духа; sie sang ein munteres Lied она пела веселую песенку; er redete munter auf sie ein он оживленно убеждал ее. **wohlgemut** в веселом и бодром настроении (*свидетельствующем об оптимизме*); *напр.*: er ist noch immer wohlgemut он все еще бодр и весел. **fidel** *разг.* ≃ lustig; *напр.*: eine fidele Gesellschaft (*разг.*)веселая компания; wir waren fideler Laune мы были в веселом настроении; es ging sehr fidel zu bei unserer Feier уж очень было весело на нашем празднике □ Ich machte Konversation... mit dem amerikanischen Geistlichen, Baptist aus Chicago, aber ein fideler Kerl (*Frisch, »Homo faber«*) Я разговаривал... с американским священником, баптистом из Чикаго, но веселым парнем
lustwandeln *см.* spazierengehen
lutschen *см.* saugen
Luxus *см.* Pracht

M

machen[1] *см.* betragen/handeln II [1]/ spielen [2]
machen[2]: Aufsehen machen *см.* auffallen; sich anheischig machen *см.* anbieten, sich; den Hof [die Cour] machen *см.* flirten; Hochzeit machen *см.* heiraten; einen Strich durch die Rechnung machen *см.* vereiteln; sich wichtig machen *см.* prahlen; ein Geschrei machen *см.* schreien [1]; Stielaugen machen *см.* sehen [1]; das Rennen machen *см.* siegen; Ersparnisse machen *см.* sparen; sich Bewegung machen *см.* spazierengehen; einen Kratzfuß machen *см.* verbeugen, sich; sich strafbar machen *см.* vergehen, sich; dingfest machen *см.* verhaften; Frieden machen *см.* versöhnen, sich [1]
Machenschaften *см.* Umtriebe
machen, sich: sich auf den Weg machen *см.* gehen [2]
Macht [1] власть
die Macht — die Gewalt — die Herrschaft — das Regiment
Macht *индифф. синоним*; *напр.*: die politische, staatliche Macht политическая, государственная власть; die Macht haben обладать властью, иметь власть; die Macht ergreifen захватить власть; die Macht mißbrauchen злоупотреблять властью; zur [an die] Macht kommen прийти к власти; das steht [liegt] nicht in seiner Macht это не в его власти; wer hat die Macht im Staat? в чьих руках государственная власть?; die Rechten bleiben nicht lange an der Macht правые недолго останутся у власти; da hört seine Macht auf здесь кончается его власть; er hat keine Macht über mich он не властен надо мной; er läßt seine Macht fühlen он дает почувствовать свою власть □ »Du würdest es also dulden?« — »Gewiß, wenn mir nicht die Macht gegeben wäre, es zu verhindern« (*Hesse, »Narziß«*) «И ты бы это стал терпеть?» — «Конечно, если бы воспрепятствовать этому было бы не в моей власти». Gewalt ≃ Macht, *но больше подчеркивает элемент принуждения*; *напр.*: die elterliche, staatliche, vollziehende, absolute Gewalt родительская, государственная, исполнительная, абсолютная власть; Gewalt über Leben und Tod власть над жизнью и смертью; Gewalt über j-n, über etw. haben иметь силу [власть] над кем-л., над чем-л.; Gewalt gewinnen, verlieren получить, потерять власть; unter, in j-s Gewalt sein, stehen быть, находиться под чьей-л. властью, в чьей-л. власти □ Über die habe ich keine Gewalt (*Goethe, »Faust«*) Над нею я не властен. Herrschaft господство; *напр.*: die unumschränkte, absolute Herrschaft неограниченное, абсолютное господство; die Herrschaft ausüben [haben] господствовать; die Herrschaft erringen, ergreifen завоевывать, захватывать господство; die Herrschaft über sich verlieren потерять власть над собой; zur Herrschaft kommen прийти к власти; der Diktator bemächtigte sich der Herrschaft über das Land диктатор захватил власть в стране; sie waren unter fremde Herrschaft gekommen они попали под чужеземное господство; der Fahrer verlor die Herrschaft über den Wagen [über das Auto] водитель потерял управление машиной, машина перестала слушаться руля. Regiment *устаревает* правление; *напр.*: die geistliche, kirchliche Regiment правление духовенства, церкви; das Regiment antreten начать править; das Volk litt unter seinem harten Regiment народ страдал под игом его жестокого правления; die Junta riß das Regiment an sich хунта захватила правление в свои руки; unter seinem Regiment wurden Künste und Wissenschaften gepflegt при его правлении процветали искусства и науки □ Wenig, heißt es, ward gestohlen | Unter seinem Regimente (*Heine, »Rhampsenit«*) Говорят, в его правленье | Очень редки были кражи
Macht [2] *см.* Kraft [3]
mächtig [1] могущественный
mächtig — machtvoll — einflußreich — potent
mächtig *индифф. синоним*; *напр.*: ein mächtiges Land могущественная страна; ein mächtiger Staat могущественное государство; ein mächtiger Mann, Diktator, Herrscher могущественный человек, диктатор, властитель; mächtig sein, werden быть, становиться могущественным; er wurde

den Fürsten zu mächtig он стал слишком могущественным, по мнению князей, опасавшихся этого; die Medici waren ein mächtiges und reiches Geschlecht Медичи были могущественным и богатым родом ◻ Lohmann... durfte, bis er nach England ging, auf der Schule verbleiben; seine Verwandten waren zu mächtig, als daß an seine Entfernung zu denken gewesen wäre (H. Mann, »Unrat«) Ломану... было разрешено оставаться до отъезда в Англию в школе; его родственники были слишком могущественны, чтобы можно было помышлять о его исключении из школы. **machtvoll** мощный; напр.: eine machtvolle Demonstration мощная демонстрация; ein machtvoller Streik мощная забастовка; hier fand vor kurzem eine machtvolle Protestversammlung statt здесь недавно состоялся мощный митинг протеста. **einflußreich** влиятельный; напр.: eine einflußreiche Persönlichkeit, Zeitung влиятельная личность, газета; einflußreiche Kreise влиятельные круги; er ist einflußreich он влиятельный (человек), он пользуется большим влиянием; er besitzt einflußreiche Freunde у него влиятельные друзья; er hat einen einflußreichen Posten он занимает влиятельный пост. **potent** книжн. сильный, обладающий большим потенциалом; напр.: ein kleiner Industriebetrieb sucht potente Kapitalgeber небольшое предприятие ищет сильных вкладчиков капитала с большими возможностями (объявление)
mächtig ² см. groß ¹, ³/sehr
machtvoll см. mächtig ¹
mackellos см. tadellos
Mädchen ¹ девушка
das **Mädchen** — das **Fräulein** — der **Teenager** — die **Jungfrau** — die **Jungfer** — die **Maid** — die **Magd** — das **Mädel** — der **Backfisch** — die **Dirn(e)**
Mädchen индифф. синоним; напр.: ein schlankes, hübsches, zartes, kräftiges Mädchen стройная, красивая, нежная, сильная девушка; ein schönes Mädchen heiraten жениться на красивой девушке; sich in ein Mädchen verlieben влюбиться в девушку; ein Mädchen verführen соблазнить девушку; sie ist ein intelligentes Mädchen она умная девушка ◻ Mädchen sangen auf abendlichen Dorfgassen (Hesse, »Narziß«) Девушки пели по вечерам на деревенских улочках. Aus dem Kind wird ein Mädchen, dachte die Mutter ein wenig wehmütig und wünschte bei sich, sie möchte noch so lange leben, bis aus dem Mädchen ein fertiger Mensch würde (Březan, »Christa«) «Ребенок становится девушкой», — подумала немного грустно мать, и ей захотелось дожить до тех пор, когда девушка станет настоящим человеком. **Fräulein** взрослая девушка, барышня (в отличие от подростка); напр.: ich kannte sie als kleines Mädchen, jetzt ist sie ein richtiges Fräulein я знал ее маленькой девочкой, теперь она настоящая [взрослая] девушка ◻ Es bestand keine Hoffnung für ihn, eines dieser schönen blonden Fräulein zu gewinnen (Hesse, »Narziß«) У него не было никакой надежды завоевать одну из этих красивых белокурых девушек. **Teenager** ['ti:ne:dʒər] подросток, молоденькая девушка (от 13 до 19 лет); напр.: ein schmucker, lustiger Teenager нарядная, веселая (молоденькая) девушка; Kleider und Röcke für Teenager молодежные платья и юбки; unsere Teenager sind heute zu einer Party eingeladen наши девушки приглашены сегодня на вечер(инку) ◻ Früher hätte man Simone einen Backfisch genannt, heute ist sie ein Teenager, 16 Jahre alt, Lidschatten, geklebte Augenwimpern, große Ohrringe... (Hirsch, »Der Dieb, der Diebe faßt«, Wp 7/1974) Раньше Симону называли бы подростком, сегодня она — «тинэйджер», ей шестнадцать лет, тени на веках, наклеенные ресницы, в ушах большие серьги... **Jungfrau** высок. дева, девственница; напр.: eine reine, keusche, schöne, stolze Jungfrau чистая, непорочная, прекрасная, гордая дева; die Jungfrau von Orleans Орлеанская дева; die Jungfrau Maria дева Мария ◻ Die schönste Jungfrau sitzet | Dort oben wunderbar. | Ihr goldnes Geschmeide blitzet. | Sie kämmt ihr goldenes Haar (Heine, »Lorelei«) Взошла на утесы крутые | И села девица-краса, | И чешет свои золотые, | Что солнечный луч, волоса (Перевод Л. Мея). **Jungfer** уст. ≈ Jungfrau теперь обыкн. в сочетании alte Jungfer (Ср. тж. ряд Frau ¹); напр.: ◻ Viktor fand, Goldmund sei ein Esel ohnegleichen, daß er da einfach davonlaufe und die Burg und die Jungfern darin dem lieben Gott überlasse (Hesse, »Narziß«) Виктор считал, что Златоуст — осел, каких еще поискать: сбежать так просто и оставить господу богу и замок, и барышень в нем. **Maid** уст. поэт., теперь ирон. ≈ Mädchen; напр.: ◻ Ich ging und nahete mich ihr | Und flüsterte: »O sage mir, | Du wunderschöne, süße Maid, | Für wen ist dieses weiße Kleid?« (Heine, »Ein Traum gar seltsam schauerlich«) Я приблизился к ней и прошептал: «О, поведай мне, прекрасная, сладостная дева, для кого это белое платье?» **Magd** рел. ≈ Jungfrau; напр.: Maria, die reine Magd Мария, пречистая дева. **Mädel** терр. разг. ≈ Mädchen; напр.: ein hübsches, nettes Mädel хорошенькая, миленькая девушка; er war mit seinem Mädel beim Tanz он был со своей девушкой на танцах. **Backfisch** разг. устаревает девушка-подросток (от 14 до 17 лет); напр.: ein lachender, lustiger, netter Backfisch смеющаяся, веселая, милая девушка-подросток ◻ Ich fand sie komisch, eine Frau von fünfzig Jahren, die wie ein Backfisch philosophiert... (Frisch, »Homo faber«) Она казалась мне смешной, женщина пятидесяти лет, рассуждающая, как отроковица... **Dirne** уст. терр., **Dirn** диал. девица, девка (б. ч. о деревенской девушке); напр.: eine dralle Dirn(e) ядреная деваха [девка]; eine schmucke, saubere, frische Dirne нарядная, опрятная, свежая девушка

Mädchen ² девочка
das **Mädchen** — das **Mägd(e)lein** — das **Mädel** — die **Kleine** — das **Ding** — der **Fratz** — die **Göre**
Mädchen индифф. синоним; напр.: ein kleines, hübsches, niedliches Mädchen маленькая, хорошенькая, миленькая девочка; ein Mädchen von 5 Jahren девочка пяти лет; ein Mädchen streng erziehen, verwöhnen строго воспитывать, баловать девочку; Frau N hat ein Mädchen bekommen фрау N родила девочку. **Mägd(e)lein** уст., теперь ирон. ≈ Mädchen выражает любовное отношение к ребенку; напр.: sie gebar ihm ein liebliches Mägdlein она родила ему очаровательную девочку; das zarte Mägdelein wuchs heran нежная крошка подрастала. **Mädel** терр. разг. ≈ Mädchen; напр.: Ihre beiden Mädels sind in der letzten Zeit sehr gewachsen обе ваши девочки в последнее время очень выросли; laßt doch euer Mädel bis morgen im Kindergarten! оставьте же свою девчушку до завтра в детском саду! **Kleine** разг. крошка, малышка; напр.: wie heißt du denn, Kleine? как тебя зовут, малышка?; eure Kleine ist aber schon sehr weit für ihr Alter ваша маленькая очень развита для своего возраста ◻ Annette beobachtet Muck, ob die Kleine sich auch nicht verrät (Probst, »Wir brauchen euch beide«) Аннетта наблюдает за Мук, не выдаст ли себя малышка. **Ding** фам. ≈ Mädchen; напр.: ein kleines, liebes, lebhaftes, neugieriges Ding маленькая, милая, живая, любопытная девочка [девчушка]; sie ist ein recht dummes Ding! она очень глупая девчонка!; das sind noch ganz junge Dinger! это совсем молоденькие девчонки! **Fratz** разг. ≈ Mädchen выражает умиление и подчеркивает лукавство ребенка; напр.: so ein Fratz! что за прелестная девчушка!, что за прелесть!; deine Tochter ist ein entзюкkender kleiner Fratz! твоя дочь — восхитительная малышка!; der Fratz benimmt sich wie eine kleine Dame (эта) девчушка ведет себя как маленькая дама. **Göre** берл. разг. девчонка; напр.: sie benahm sich wie eine Göre она вела себя как девчонка

Mädchen ³ см. Hausangestellte
Mädchenname см. Name ²

Mädel см. Mädchen [1, 2]
Magazin I см. Lager
Magazin II см. Zeitschrift
Magd см. Mädchen [1]
Mägd(e)lein см. Mädchen [2]
Magen желудок, живот
der **Magen** — der **Leib** — der **Bauch**

Magen индифф. синоним; напр.: ein voller, leerer Magen полный, пустой желудок; sich (D) den Magen füllen, überladen, vollschlagen наполнять, переполнять, набивать свой желудок; ich habe (noch) nichts im Magen у меня еще в желудке пусто; mir knurrt der Magen у меня бурчит в животе; wir mußten mit leerem Magen ins Bett gehen нам пришлось лечь спать с пустым желудком; mir schmerzt der Magen у меня боли в желудке; sieh zu, daß du was in den Magen bekommst! смотри же, съешь что-нибудь! **Leib** живот; напр.: ich habe noch nichts im Leib у меня еще в животе пусто; er hat heute nichts Ordentliches in den Leib bekommen он сегодня ничего толком не съел; er eilte ohne einen Bissen in den Leib zur Arbeit он побежал на работу натощак; er schlug sich den Leib voll фам. он набил себе брюхо. **Bauch** разг. брюхо; напр.: dieses Essen füllt nur den Bauch эта еда только наполняет брюхо; der Bauch knurrte ihm vor Hunger у него от голода бурчало в брюхе; er hat sich den Bauch vollgeschlagen он набил себе брюхо; der Bauch tut mir weh у меня болит брюхо

mager [1] худой
mager — **hager** — **abgemagert** — **abgezehrt** — **ausgemergelt** — **dünn** — **schmal** — **schmächtig** — **dürr** — **knochig** — **spindeldürr** — **knochendürr** — **klapperdürr** — **rappeldürr** — **spillerig**

mager индифф. синоним; напр.: ein magerer Mensch худой человек; magere Hände худые руки; mager sein, aussehen быть, выглядеть худым ⬜ Wie dann Paul Cramer vor den Richtern stand, mager und gelenkig mit seinem gescheiten, lebendigen Gesicht... flogen ihm denn auch viele Sympathien zu... (*Feuchtwanger*, »*Lautensack*«) Как стоял тогда Пауль Крамер перед судьями, худой и гибкий, с умным, живым лицом... то симпатии многих были отданы ему. Nachdenklich betrachtete Goldmund seines Freundes Hände, diese vornehmen, ebenso strengen wie zarten, mageren und weißen Hände (*Hesse*, »*Narziß*«) Задумчиво рассматривал Златоуст руки своего друга, эти благородные, строгие и одновременно нежные, худые, белые руки. **hager** ≅ mager, но подчеркивает, что худоба сочетается с высоким ростом или большой длиной какой-л. части тела, чаще употр. по отношению к человеку; напр.: ein hagerer Alter сухощавый (и высокий) старик; ein hageres Gesicht худое (удлиненное) ли-

цо; ein hagerer Hals худая (и длинная) шея; eine hagere Gestalt худая [сухопарая, долговязая] фигура; ein hagerer Gaul поджарый конь; er hat hagere Arme у него худые (и жилистые) руки; er wirkte hager он казался худым (из-за высокого роста) ⬜ ...er sah Goldmund an, mit festem Blick aus dem harten und hageren Gesicht (*Hesse*, »*Narziß*«) ...он посмотрел на Златоуста, взгляд его сурового и худого лица был тверд. **abgemagert** похудевший, исхудалый; напр.: ein abgemagertes Gesicht похудевшее [исхудалое] лицо; er nahm das Buch in die abgemagerten Hände он взял книгу в исхудалые руки; er ist bis auf die Knochen abgemagert он исхудал до костей; он похудел так, что остались одни кости. **abgezehrt** худой и изможденный; напр.: ein abgezehrter Mensch истощенный человек; ein abgezehrtes Gesicht изможденное лицо; vor Hunger abgezehrt изможденный голодом; ihre abgezehrte Gestalt erregte sein Mitleid ее изможденная фигура вызвала в нем сострадание; er sah abgezehrt aus он выглядел изможденным. **ausgemergelt** истощенный; напр.: eine ausgemergelte Gestalt истощенная фигура; ein ausgemergeltes Gesicht истощенное лицо; ein ausgemergeltes Pferd истощенная лошадь; die Menschen waren von den Entbehrungen ausgemergelt люди были истощены из-за лишений. **dünn** тонкий; напр.: dünne Beine тонкие ноги; eine dünne Gestalt тонкая фигура; ein dünner Hals тонкая шея; sie hat dünne Beine und Arme у нее тонкие ноги и руки; sein dünner Körper glitt ins Wasser его тонкое тело скользнуло в воду; sie ist dünn wie ein Faden она худая как спичка (*букв.* 'тонкая как нитка') ⬜ Narziß blickte auf seine langen weißen Finger, dünn und gespenstisch kamen sie aus den weiten Kuttenärmeln hervor (*Hesse*, »*Narziß*«) Нарцисс смотрел на свои длинные белые пальцы; они, тонкие и призрачные, выглядывали из широких рукавов рясы. **schmal** узкий, тонкий; напр.: ein schmales Gesicht тонкое (и узкое) лицо; schmale Hände тонкие, узкие руки; du bist schmal geworden ты стала совсем тоненькой; er sieht schmal aus он выглядит худым [похудевшим]. **schmächtig** худенький, тщедушный; напр.: ein schmächtiger Junge хилый [худенький] мальчик; ein schmächtiges Mädchen худенькая [хрупкая] девушка; schmächtige Schultern слабые [худенькие] плечи; ein schmächtiger Alter хилый [тщедушный] старик. **dürr** сухой, тощий; напр.: ein dürrer Mensch тощий человек; es ist weiter nichts als ein dürres Gerippe in ihr ничего нет, она всего лишь сухой [тощий] скелет; er ist furchtbar dürr geworden он (весь высох и) стал

страшно тощим. **knochig** костлявый; напр.: eine knochige Hand костлявая рука; die Krankenschwester sah dürr und knochig aus медсестра была тощей и костлявой ⬜ Pelle hatte ein verschlossenes, fast düsteres Gesicht, knochig und hager (*Weisenborn*, »*Der Verfolger*«) У Пелле было замкнутое, почти мрачное лицо, костлявое и худое. **spindeldürr** разг. эмоц.-усил. тощий как щепка (*букв.* 'тощий как веретенце'); напр.: eine spindeldürre Gestalt тощая как щепка фигура; es war ein spindeldürres Mädchen это была худая как щепка девушка. **knochendürr** разг. эмоц.-усил. такой тощий, что кости торчат; напр.: seine knochendürre Gestalt его тощая фигура с торчащими костями; er ist knochendürr он кожа да кости. **klapperdürr** разг. эмоц.-усил. тощий как скелет; напр.: ein klapperdürres Pferd тощая как скелет кляча, одёр; sie ist klapperdürr geworden она стала тощей как скелет; она ходит — костями гремит. **rappeldürr** диал. фам. эмоц.-усил. тощий как жердь; напр.: du bist rappeldürr geworden ты стал тощим как жердь. **spillerig** разг. ≅ schmächtig; напр.: das Mädchen ist etwas spillerig девочка немного хилая

mager [2] см. dünn [2]/schlecht [3]
Mahl см. Essen [1]
Mahlzeit см. Essen [1]
mahnen см. erinnern/warnen
Mahnung см. Warnung
Maid см. Mädchen [1]
Majorität см. Mehrheit
Makel см. Fleck [2]/Mangel
makellos см. tadellos
mäkeln см. nörgeln
Makler см. Vermittler
mal см. einmal [1]
malen [1] рисовать
malen — **zeichnen** — **pinseln** — **klecksen**

malen индифф. синоним; напр.: ein Bild, ein Stilleben, ein Porträt, eine Landschaft malen (на)рисовать (красками) картину, натюрморт, портрет, пейзаж; mit Wasserfarben, in Öl malen рисовать акварелью, писать маслом; nach der Natur malen рисовать с натуры; mein Freund malt (gut) мой друг (хорошо) рисует; er hat sie in Lebensgröße gemalt он нарисовал ее в натуральную величину [во весь рост]; diese Landschaft ist meisterhaft gemalt этот пейзаж нарисован мастерски; sie kann auf Glas malen она умеет рисовать по стеклу ⬜ In einem Kloster sah er ein neugemaltes Wandbild, das mußte er lange betrachten. Es war da der Totentanz an eine Mauer gemalt (*Hesse*, »*Narziß*«) В одном монастыре он увидел свежую стенную роспись, он долго ее рассматривал. На стене была нарисована «Пляска смерти». Ich habe im Sinn, sobald dieser Sommer herum ist, eine Zeit lang nur noch Phantasien zu malen, namentlich Träume (*Hesse,* »*Klingsors letzter Sommer*«) Я намереваюсь, как только лето кончится, некоторое время рисовать только одни фантазии, главным образом сны. **zeichnen** рисовать линиями, штрихами (*карандашом, углем, сангиной и т. п., но не красками*); чертить, изображать графически; *напр.:* etw. in Umrissen zeichnen нарисовать эскиз чего-л., набросать что-л.; mit Bleistift, mit Feder, mit Kreide zeichnen рисовать карандашом, пером, мелом; eine Landschaft nach der Natur zeichnen рисовать пейзаж с натуры; eine Person nach dem Leben, nach einer Fotografie zeichnen рисовать человека с натуры, с фотографии ◻ Setz dich hin und zeichne (*Hesse,* »*Narziß*«) Садись и рисуй. »Wer ist das, den du da gezeichnet hast?« fragte Niklaus nach einer Weile (*ebenda*) «Кто это, кого ты там нарисовал?» — спросил Никлаус через некоторое время. Ich mußte Figuren zeichnen, Lehrsatz des Pythagoras und so, in Tusche... (*Frisch,* »*Homo faber*«) Мне нужно было чертить геометрические фигуры, чертеж к теореме Пифагора и тому подобное в туши... **pinseln** *разг.* малевать; *напр.:* nun hat er ein paar Bilder gepinselt und nennt sich bereits Kunstmaler намалевал пару картинок и уже называет себя художником. **klecksen** *разг.* мазать; *напр.:* für das Bild, das er auf diese Leinwand gekleckst hat, verlangt er 100 Mark за мазню на этом холсте он требует 100 марок

malen² *см.* streichen²
malenswert *см.* malerisch
Maler *см.* «Приложение»
malerisch живописный
malerisch — malenswert — pittoresk

malerisch *индифф. синоним; напр.:* eine malerische Gegend живописная местность; ein malerisches Haus, Kostüm живописный дом, костюм; das Städtchen liegt sehr malerisch городок расположен очень живописно; in diesem Spitzentuch bietets du einen malerischen Anblick в этом кружевном платке у тебя (очень) живописный вид. **malenswert** *редко* достойный кисти художника; *напр.:* der kleine Dorfplatz schien malenswert маленькая деревенская площадь казалась достойной кисти художника. **pittoresk** *книжн.* ≅ malerisch, *но подчеркивает несколько экзотический вид чего-л.; напр.:* ein pittoresker alter Turm живописная старая башня; im Tal lag eine kleine pittoreske Stadt в долине лежал небольшой живописный городок

Malheur *см.* Unglück¹
Máma, Mamá *см.* Mutter
mampfen *см.* essen
manch(e) *см.* einig(e)
manchmal иногда

manchmal — gelegentlich — von Zeit zu Zeit — zeitweise — zeitweilig — ab und zu — hin und wieder — dann und wann — zuweilen — mitunter — zuzeiten — bisweilen — ab und an

manchmal *индифф. синоним; напр.:* früher besuchte er mich manchmal раньше он иногда заходил ко мне; manchmal denke ich, er sei wirklich krank иногда я думаю, что он на самом деле болен ◻ Manchmal hatte er einen treuen Hundeblick, manchmal schaute er wild verzweifelt, aber es waren geniale Augen (*Feuchtwanger,* »*Exil*«) Иногда у него был преданный собачий взгляд, иногда он смотрел с диким отчаянием, но это были глаза гения. Manchmal sah ich dort am Flügel jenen Mann von einst vor mir... (*Weisenborn,* »*Der Verfolger*«) Иногда там, за роялем, я видел перед собой снова того человека из прежних времен... ...auch wirkliche Blumen, Pferde, Menschengesichter versuchte er manchmal zu zeichnen (*Hesse,* »*Narziß*«) ...но и настоящие цветы, настоящих лошадей, человеческие лица он тоже пытался иногда рисовать. **gelegentlich** иногда, от случая к случаю, когда представляется возможность *употр. тк. по отношению к прошлому; напр.:* er kam gelegentlich zu mir, um sich meine Bilder anzuschauen он приходил порой ко мне, чтобы посмотреть мои картины ◻ Jene wenigen, welche gelegentlich die Einfalt des Abtes etwas belächelten, waren desto mehr von Narziß bezaubert (*Hesse,* »*Narziß*«) Те немногие, кто, случалось, посмеивались над простотой аббата, были тем более очарованы Нарциссом. Aber in sein gerissenes Vorstadtgeklimper mischte sich gelegentlich ein goldener Akkord (*Weisenborn,* »*Der Verfolger*«) Но в его разухабистое бренчанье, предназначенное для окраинных кабаков, вмешивался порой какой-нибудь драгоценный аккорд. Eigentlich bewegte sich nur die Sonne. — Gelegentlich ein Frachter am Horizont... (*Frisch,* »*Homo faber*«) Собственно говоря, двигалось только солнце. — Время от времени торговое судно на горизонте... **von Zeit zu Zeit** время от времени *подчеркивает повторяемость чего-л.; напр.:* von Zeit zu Zeit sehe ich meine Schulkameraden время от времени я вижусь со своими школьными друзьями ◻ Er malte sitzend und auswendig, nur von Zeit zu Zeit, fast nur in den Arbeitspausen, ging er zu dem großen... Spiegel... (*Hesse,* »*Klingsors letzter Sommer*«) Он рисовал сидя, по памяти, и лишь время от времени, только когда отрывался от работы, подходил к большому... зеркалу... **zeitweise** временами, порой; *напр.:* zeitweise nickte er ein порой он засыпал; das Ufer ist zeitweise überschwemmt временами берег затопляет ◻ Ich sah nur das grüne Blinklicht unserer Tragfläche, die heftig schwankte, zeitweise wippte (*Frisch,* »*Homo faber*«) Я видел только зеленые огоньки на крыле нашего самолета, которое сильно покачивалось, порой вдруг резко поднималось или опускалось. **zeitweilig** ≅ zeitweise, *но употр. реже; напр.:* sein Puls setzt zeitweilig aus у него порой пропадает пульс. **ab und zu** = von Zeit zu Zeit; *напр.:* er läßt sich ab und zu sehen он показывается (у нас) время от времени ◻ Als man die Bouillon gelöffelt hatte, blickte ich zum Fenster hinaus, obschon nichts anderes zu sehen war als... ab und zu Funkenregen wie üblich (*Frisch,* »*Homo faber*«) Когда съели бульон, я посмотрел в окно, хоть там ничего увидеть нельзя было, разве что... время от времени, как обычно, дождь искр (*вылетавших из сопел*). Ab und zu hielt unser Zug auf offener Strecke in der Nacht (*ebenda*) Время от времени наш поезд останавливался ночью в открытом поле. **hin und wieder** = von Zeit zu Zeit; *напр.:* hin und wieder besucht er uns noch время от времени он еще заходит к нам; so etwas kommt hin und wieder vor время от времени случается [бывает] и такое. **dann und wann** ≅ manchmal, *но подчеркивает неожиданность действия; напр.:* dann und wann treffe ich ihn in der Bibliothek иногда (*вдруг, неожиданно*) я встречаю его в библиотеке; dann und wann stirbt jemand случается (вдруг), кто-нибудь умирает ◻ Dickicht ohne Ende, unabsehbar, dann und wann eine Gruppe indianischer Hütten... (*Frisch,* »*Homo faber*«) Чаща без конца, необозримые заросли, иногда группка индейских хижин... **zuweilen** ≅ manchmal, *но употр. реже; напр.:* die Kranke war niedergedrückt, sie las viel und weinte zuweilen больная была подавлена, она много читала, а порой и плакала. **mitunter** порой; *напр.:* mitunter war ein dumpfer Laut zu hören порой слышался глухой звук; er fühlte sich mitunter nicht recht wohl порой он чувствовал себя не совсем хорошо. **zuzeiten** *книжн.* по временам, временами; *напр.:* zuzeiten kommt er in seine Heimatstadt временами он приезжает в родной город ◻ Warum konnte in sein junges Glück ebenso wie in Narzissens Tugend und Weisheit zuzeiten dieser merkwürdige Schmerz dringen?.. (*Hesse,* »*Narziß*«) Почему в его юное счастье, так же как в добродетель и мудрость Нарцисса, могла временами проникать эта странная боль?.. **bisweilen** *высок.* ≅ manchmal; *напр.:* bisweilen erinnerte er sich noch ihrer иногда он еще вспоминал о ней; bisweilen hat man den Eindruck, daß er gar nicht zuhört иногда бывает впечатление, что он совсем не слушает. ab und an н.-нем. иной раз; *напр.:* ab und an übernahm ich das Ruder иной раз я (,бывало,) брался за весло

Mandant *см.* Klient

Mangel недостаток, изъян
der **Mangel** — der **Fehler** — der **Nachteil** — der **Defekt** — der **Makel** — der, das **Fehl**

Mangel *индифф. синоним; напр.:* einen Mangel sehen aufdecken, beseitigen [beheben] видеть, вскрыть, устранить недостаток; charakterliche Mängel haben иметь характерные недостатки; die Arbeit hat einige Mängel в работе имеются некоторые недостатки; an der Maschine traten später größere Mängel auf в машине позже обнаружились крупные недостатки [изъяны]; sie hat nur einen Mangel: sie ist nicht fleißig genug у нее только один недостаток: ей не хватает прилежания; wer ist ohne Mängel? кто без недостатков? **Fehler** ≅ Mangel, *но подчеркивает, что недостаток, изъян в чем-л., в ком-л. является отклонением, нарушением и т. п.; напр.:* ein körperlicher Fehler физический недостаток; Porzellan mit kleinen Fehlern фарфор с маленькими изъянами; seine Fehler kennen, erkennen, einsehen, ablegen знать, осознать, признать, отбросить свои слабости; wir alle haben (unsere) Fehler у всех нас есть (свои) недостатки [слабые стороны]; du hast den Fehler, zu schnell aufzubrausen у тебя есть недостаток: ты чуть что сразу вспыхиваешь ◻ Conny ist kein Engel, er hat seine Fehler, das darf nicht verschwiegen werden (*Hirsch*, »*Das Präkollektiv*«, Wp 27/1973) Конни не ангел, у него есть свои недостатки, не следует об этом умалчивать. Ich habe deine Zeichnung gesehen. Sie hat Fehler, aber sie ist dennoch schön (*Hesse*, »*Narziß*«) Я видел твой рисунок. В нем есть недостатки, но он все же прекрасен. **Nachteil** недочет, недостаток, устанавливаемый кем-л.; *напр.:* ein erheblicher, geringer, großer Nachteil значительный, незначительный, большой недочет [недостаток]; Vorteile und Nachteile преимущества и недостатки; der Plan hat den Nachteil, daß er zu viel Zeit fordert у плана тот недостаток [отрицательной стороной плана является то], что его осуществление требует много времени. **Defekt** изъян, дефект, неисправность; *напр.:* ein leicht zu behebender Defekt легко устранимый недостаток; an dem Wagen entstand ein Defekt в автомашине появилась неисправность; der Motor hat einen Defekt в моторе есть дефект; bei dem Angeklagten wurde ein geistiger Defekt festgestellt у подсудимого был установлен психический недостаток. **Makel** *высок.* несовершенство, порок, изъян; *напр.:* ein schwerer Makel серьезный изъян; mit einem Makel behaftet sein быть отягощенным каким-л. пороком; an ihr ist kein Makel она беспорочна; er ist ohne Makel он не имеет недостатков ◻ Irgendein geheimer Makel schien an der Geburt Goldmunds zu haften (*Hesse*, »*Narziß*«) Какой-то тайный изъян, казалось, пятнал рождение Златоуста. ...ich will nicht, daß an diesem Mann auch nur in Ihren Gedanken ein Makel bleibt (*Kafka*, »*Das Schloß*«) ...я не хочу, чтобы вы даже в мыслях допускали, что у этого человека есть какой-то изъян. **Fehl** *высок.* ≅ Makel *употр. тк. в определенных сочетаниях; напр.:* er ist ohne Fehl он безупречен [без изъяна]; an ihm war kein Fehl у него не было ни малейшего изъяна

mangelhaft *см.* schlecht [1, 3]
mangeln *см.* fehlen
Manier[1] манера (*особенность поведения*)
die **Manier** — die **Lebensart** — das **Benehmen**

Manier *б. ч. мн. индифф. синоним; напр.:* gute, feine, schlechte Manieren хорошие, тонкие [изящные], плохие манеры; ein Mensch mit [von] guten Manieren человек с хорошими манерами; j-m Manieren beibringen научить кого-л. манерам; er hat keine Manieren у него плохие манеры; das ist keine Manier! что за манеры! ◻ Daß er so sehr still und beherrscht war und so höfische Manieren hatte, nahmen manche ihm übel (*Hesse*, »*Narziß*«) То, что он был так тих, так владел собой и имел такие благородные манеры, многих в нем раздражало. **Lebensart** *тк. ед.* (*хорошие*) манеры *чаще употр. в сочетании с глаголом* haben; *напр.:* eine vornehme, feine, keine Lebensart haben иметь благородные, изысканные, плохие манеры. **Benehmen** поведение, манера вести себя (в обществе); *напр.:* ein Mensch ohne Benehmen человек, не умеющий вести себя (в обществе); ein Benehmen ist das! что за манера!; ich werde ihm Benehmen beibringen я его научу манерам (*угроза*) (*Ср. тж. ряды* Benehmen [1] *и* Erziehung)

Manier[2] *см.* Weise [2]
manierlich *см.* höflich
Mann[1] мужчина
der **Mann** — der **Herr** — der **Kerl** — das **Mannsbild** — die **Mannsperson**

Mann *индифф. синоним; напр.:* ein alter, junger, großer, kleiner, schöner, interessanter Mann старый, молодой, высокий, низенький, красивый, интересный мужчина; ein Mann in reiferen, in den besten Jahren мужчина зрелого возраста, в расцвете сил; alle Männer bis zum 45. Lebensjahr wurden eingezogen все мужчины в возрасте до сорока пяти лет были мобилизованы ◻ Wir waren fünf Männer und sie (*Weisenborn*, »*Der Verfolger*«) Нас было пятеро мужчин и она. Ich trank ein Bier und aß einen Hamburger, Mann unter Männern, Hamburger mit viel Senf... (*Frisch*, »*Homo faber*«) Я выпил пива, съел котлету по-гамбургски с большим количеством горчицы, мужчина среди мужчин. **Herr** господин, человек *соотносится с* Mann, *как* Dame *с* Frau[1]; *напр.:* die Tanzkapelle besteht aus fünf Herren инструментальный ансамбль, сопровождающий танцы, состоит из пяти человек; mehrere Herren wollten sie zum Tanz auffordern многие мужчины хотели пригласить ее танцевать; kennst du den reizenden alten Herren? ты знаешь этого приятного старого господина?; er ist ein eleganter Herr geworden он стал элегантным мужчиной; ich sah einen Herren und eine Dame vorübergehen я увидел, как мимо прошли мужчина и женщина; die Herren zogen sich ins Rauchzimmer zurück, die Damen tranken Kaffee мужчины ушли в курительную комнату, дамы остались пить кофе; meine Damen und Herren! дамы и господа! ◻ Er ging in das Haus hinein, klopfte an Türen... stieß endlich auf einen Herrn im pelzbesetzten Sammetrock (*Hesse*, »*Narziß*«) Он вошел в дом, стал стучаться в двери... натолкнулся наконец на господина в бархатном кафтане с меховой опушкой. Dem Ensemble... gehören vier Damen an... außerdem vier Herren (*Seeger*, »*Reinhard Lakomy*«, Wp 15/1973) В ансамбль... входят четыре женщины,... кроме того, четверо мужчин. **Kerl** *разг.* парень, малый, мужик *обыкн. употр. с определением оценочного характера; напр.:* ein ehrlicher, tapferer, anständiger Kerl честный, храбрый, порядочный парень [мужик]; ein frecher, widerlicher Kerl наглый, противный малый; ein gemeiner Kerl подлец; was für prächtige Kerle! что за великолепные парни!; dafür brauchen wir ganze Kerle для этого нам нужны настоящие ребята [мужчины]; ich kann den albernen Kerl nicht leiden я терпеть не могу этого придурка ◻ Dennoch gefiel ihm das Bild: dieser alte schwache Kerl im Spiegel war ihm lieber als der Goldmund, der er so lang gewesen war (*Hesse*, »*Narziß*«) Все-таки ему понравилось собственное отражение: этот старый слабый человек в зеркале был ему дороже, чем тот Златоуст, которым он был так долго. **Mannsbild** *фам., часто пренебр.* мужчина, мужик; *напр.:* diese (blöden) Mannsbilder! уж эти дураки-мужчины!; dieses Mannsbild ist zu nichts zu gebrauchen этот (мужик) ни на что не годится; ist er nicht ein prachtvolles Mannsbild? разве он не великолепный мужик?; das sind kräftige Mannsbilder! вот это сильные мужики! **Mannsperson** *разг. устаревает* ≅ Mann; *напр.:* nach dem zierlichen

Mädchen betrat eine riesenhafte Mannsperson den Raum вслед за хрупкой девушкой в комнату вошел огромный мужчина; da hat sie sich aber eine Mannsperson aufgegabelt! ну уж и подцепила она мужлана!; sie hat Angst vor jeder Mannsperson, die ihr nahe kommt она боится любого приближающегося к ней мужчину

Mann ² муж
der **Mann** — der **Ehemann** — der **Lebensgefährte** — der **Lebenskamerad** — der **Gatte** — der **Ehegatte** — der **Gemahl** — der **Ehegemahl** — der, das **Ehegespons** — die **Ehehälfte** — der **Alte** — der **Flitterwöchner** — der **Pantoffelheld**

Mann индифф. синоним; напр.: mein zukünftiger Mann мой будущий муж; sie hat noch keinen Mann у нее еще нет мужа; sie hat ihren Mann verloren она потеряла мужа; sie lebte von ihrem Mann getrennt она жила отдельно от своего мужа; grüßen Sie bitte Ihren Mann! передайте, пожалуйста, привет вашему мужу! ◻ Du solltest dich nicht zu sehr auf sie verlassen, glaube ich. Sie wird vielleicht Verwandte haben, vielleicht einen Mann (Hesse, »Narziß«) Тебе не стоит очень полагаться на нее. У нее могут быть родственники, может быть муж. **Ehemann** муж, супруг (мужчина, состоящий в официальном браке) чаще употр. в официально-деловом языке и языке церкви; напр.: ein guter Ehemann хороший муж; in diese Spalte sind Name und Geburtsdatum des Ehemanns einzutragen в эту графу записывается имя и дата рождения мужа. **Lebensgefährte** высок. спутник жизни; напр.: ein treuer Lebensgefährte верный спутник жизни; trotz alledem blieb er der treue Lebensgefährte seiner Frau несмотря ни на что, он остался для своей жены верным спутником жизни. **Lebenskamerad** ≅ Lebensgefährte, но обыкн. о муже при фактическом и, реже, при зарегистрированном браке; напр.: sie hat in ihm einen Lebenskameraden gefunden она нашла в нем спутника жизни. **Gatte** высок. супруг не употр. с мест. mein, unsere; напр.: ein liebevoller Gatte нежный супруг; das ist der Gatte von Frau Müller это супруг фрау Мюллер; grüßen Sie bitte Ihren Gatten! передайте, пожалуйста, привет вашему супругу! ◻ In seiner Seele aber hatte er sie mitgenommen und aufbewahrt, treuer als der beste Gatte... (Hesse, »Narziß«) Но в душе он унес ее с собой и сохранил вернее, чем самый лучший супруг. **Ehegatte** = Gatte; напр.: sie erschien an jenem Abend in Begleitung ihres Ehegatten она появилась в тот вечер в сопровождении супруга. **Gemahl** высок. = Gatte не употр. с мест. mein, unsere, особенно изысканно-вежливо в сочетании с предшествующим Herr; напр.: die Fürstin und ihr Gemahl weilen in N zur Kur княгиня и ее супруг находятся в N для лечения; wie geht es Ihrem Herrn Gemahl? как поживает ваш (уважаемый) супруг? **Ehegemahl** книжн., часто ирон. ≅ Gemahl; напр.: sie blickte mißbilligend zu ihrem finster dreinblickenden Ehegemahl hinüber она неодобрительно посмотрела в сторону мрачно насупившегося супруга. **Ehegespons** разг. шутл. ≅ Mann; напр.: hast du dein Ehegespons zu Hause gelassen? ты оставила своего муженька дома? **Ehehälfte** разг. шутл. благоверный б. ч. употр. с мест. mein; напр.: ich muß meine Ehehälfte danach fragen я должна спросить об этом своего благоверного. **Alter** разг. старик б. ч. употр. с притяжательным мест.; напр.: so etwas würde mein Alter nicht essen мой бы этого есть не стал; ihr Alter ist sehr eifersüchtig ее старик очень ревнив. **Flitterwöchner** разг. шутл. молодожен (в первые шесть недель после свадьбы); mit dem ist derzeit nichts anzufangen, er ist eben noch Flitterwöchner с ним сейчас ничего не поделаешь, он ведь еще молодожен; er gebärdet sich noch heute wie ein Flitterwöchner он и сейчас все еще ведет себя как молодожен. **Pantoffelheld** разг. ирон. подкаблучник; напр.: hier spielt er einen großen Mann, aber zu Hause ist er ein ausgesprochener Pantoffelheld здесь он разыгрывает из себя великого человека, а дома он явно под каблуком своей жены

Mann ³ см. Mensch ¹
Mann ⁴: einen Mann nehmen см. heiraten; ein Mann von Welt см. Gentleman

mannhaft см. tapfer
mannigfach см. verschiedenartig
mannigfaltig см. verschiedenartig
männlich см. tapfer
Mannsbild см. Mann ¹
Mannschaft ¹ команда (личный состав)
die **Mannschaft** — die **Besatzung** — die **Bemannung**

Mannschaft индифф. синоним; напр.: eine starke, tapfere Mannschaft большая команда, храбрый отряд; die Mannschaft und die Offiziere команда [матросы] и офицеры; die Mannschaft auf dem Deck antreten lassen собрать [построить] команду [экипаж] на палубе; die Mannschaft ging an Land команда сошла на берег; das Schiff ging mit der ganzen Mannschaft unter судно погибло со всем экипажем ◻ Die Mannschaften auf den U-Booten des Flottillenchefs erhielten bereits am Vormittag Schnaps und Freibier (May, »Die Letzten von U 189«) Команды флагманских подводных лодок уже утром получили шнапс и даровое пиво. **Besatzung** экипаж, команда (судна, самолета и т. п.); напр.: die Besatzung des Panzers экипаж танка; drei Mann der Besatzung kamen bei diesem Flugzeugunglück ums Leben три члена экипажа самолета погибли в этой авиационной катастрофе ◻ Die Besatzung von U 189 sitzt jetzt zusammengepfercht in der engen Back um das gestiftete Faß Bier herum (May, »Die Letzten von U 189«) Команда подводной лодки 189 сидит, сбившись в кучу, на тесном баке вокруг выставленной им бочки пива. Die Besatzung holte Wolldecken heraus, um die Pneus vor der Sonne zu schützen... (Frisch, »Homo faber«) Экипаж (самолета) вытащил шерстяные одеяла, чтобы укрыть скаты от солнца... **Bemannung** = Besatzung; напр.: die Bemannung des Schiffs bestand aus sechzehn Personen экипаж корабля состоял из шестнадцати человек; die Bemannung des »Salut« besteht aus drei Kosmonauten экипаж космического корабля «Салют» состоит из трех космонавтов; das Flugzeug flog mit der gleichen Bemannung wie am Vortag самолет летел с тем же экипажем, что и день тому назад

Mannschaft ² команда (спортивная)
die **Mannschaft** — das **Team** — die **Auswahl(mannschaft)** — die **Nationalmannschaft** — die **Equipe**

Mannschaft индифф. синоним; напр.: eine Mannschaft bilden, aufstellen составлять, выставлять команду; eine starke Mannschaft zu den Olympischen Spielen entsenden посылать на Олимпийские игры сильную команду; die Mannschaft aus N siegte, verlor команда города N победила, проиграла; die Mannschaft ist in die Oberliga aufgestiegen команда вошла в высшую лигу. **Team** [ti:m] неол. ≅ Mannschaft; напр.: er spielt in unserem Team он играет в нашей команде. **Auswahl(mannschaft)** сборная (команда); напр.: die Österreich-Auswahl siegte überlegen сборная Австрии победила с большим преимуществом. **Nationalmannschaft** национальная сборная (на международных соревнованиях); напр.: zu unserer Nationalmannschaft, die in zahlreichen internationalen Wettkämpfen die UdSSR vertritt, gehören berühmte Sportler в состав нашей национальной сборной, представляющей на многочисленных международных состязаниях СССР, входят прославленные спортсмены. **Equipe** [e'k(v)ip] сборная (для данного, для одного соревнования) (часто в конном спорте); напр.: er gehört zur diesjährigen (Reiter-)Equipe он входит в сборную (конников) этого года

Mannsperson см. Mann ¹
manövrieren см. lenken ¹
Mantel пальто

der **Mantel** — der **Regenmantel** — der **Staubmantel** — der **Trenchcoat** — der **Hänger** — der **Slipper** — der **Ulster** — der **Paletot** — der **Überzieher** — der **Überrock**

Mantel *индифф. синоним; напр.*: ein warmer, dünner, leichter, weiter, langer, kurzer Mantel теплое, тонкое, легкое, широкое, длинное, короткое пальто; ein eleganter, abgetragener, sportlicher Mantel элегантное, поношенное пальто, пальто спортивного покроя; den Mantel anziehen [überziehen], ausziehen [ablegen] надеть, снять пальто; einen Mantel anhaben быть в пальто; den Mantel zuknöpfen, offenlassen застегнуть, оставить незастегнутым пальто; den Mantel an der Garderobe abgeben раздеться в гардеробе, сдать пальто в гардероб; sie ist schon in Hut und Mantel она уже в шляпе и пальто; er trug den Mantel über dem Arm он перекинул пальто через руку; er half ihr in den, aus dem Mantel он помог ей надеть, снять пальто □ Und Frau Reichwald kommt herein, gibt ihnen die Hand, hängt den Mantel an die Garderobe... und folgt ihnen ins Wohnzimmer (*Probst, »Wir brauchen euch beide«*) И фрау Рейхвальд входит, подает им руку, вешает пальто на вешалку... идет за ними в комнату. **Regenmantel** плащ; *напр.*: □ Ich sah ihn unter der Laterne vorbeigehen, sein heller Regenmantel verriet ihn (*Weisenborn, »Der Verfolger«*) Я заметил его, когда он шел под фонарем, светлый плащ выдал его. **Staubmantel** пыльник; *напр.*: er trug einen leichten Staubmantel на нем был легкий пыльник. **Trenchcoat** [trentʃko:t] плащ (*часто на утепленной подкладке*); *напр.*: ich will mir einen Trenchcoat kaufen я хочу купить себе плащ с поясом. **Hänger** дамское пальто свободного покроя (с рукавами реглан); *напр.*: sie hat einen entzückenden und preiswerten Hänger gekauft она купила чудесное и недорогое пальто (свободного покроя). **Slipper** *австр.* легкое дамское пальто; *напр.*: sie trug einen hellen Slipper на ней было (легкое) светлое пальто. **Ulster** мужское двубортное теплое пальто; *напр.*: ein Mann in dickem Ulster stand auf dem Gehsteig мужчина в теплом толстом пальто стоял на тротуаре. **Paletot** [-'to] *уст.* двубортное мужское (полу)пальто, прилегающее в талии; *напр.*: ein warmer leichter Paletot für lange Spaziergänge теплое легкое (полу)пальто для продолжительных прогулок. **Überzieher** *уст.* демисезонное мужское пальто; *напр.*: an der Wand hing ein alter Überzieher на стене висело старое мужское (демисезонное) пальто. **Überrock** *уст.* мужское пальто; *напр.*: er fror in seinem alten Überrock ему было холодно в старом пальто

Manuskript рукопись
das **Manuskript** — die **Handschrift**
Manuskript *индифф. синоним; напр.*: ein Manuskript redigieren, für den Druck bearbeiten редактировать, готовить к печати рукопись; die Arbeit ist im Manuskript fertig работа готова в рукописном виде; die Arbeit wurde als Manuskript gedruckt работу издали на правах рукописи; die Bibliothek besitzt viele wertvolle Manuskripte библиотека обладает многими ценными рукописями [рукописными изданиями]. **Handschrift** (старинный) манускрипт, рукопись, действительно написанная от руки; *напр.*: eine alte, kostbare Handschrift древняя, драгоценная рукопись; die Echtheit einer Handschrift anzweifeln, beweisen сомневаться в подлинности, доказывать подлинность рукописи; eine Sammlung alter Handschriften коллекция старых манускриптов; die Universitätsbibliothek besitzt Handschriften des zwölften Jahrhunderts в университетской библиотеке есть рукописи двенадцатого века.

Märchen *см.* Erfindung
Marionette *см.* Puppe/Strohmann
markant *см.* auffallend
markig *см.* stark [1]
Markt рынок
der **Markt** — der **Jahrmarkt** — die **Messe** — der **Basar** — der **Rummel**

Markt *индифф. синоним; напр.*: ein großer, kleiner Markt большой, маленький рынок; die Bauern fahren zum Markt in die Stadt крестьяне едут на рынок в город; mittwochs und sonnabends wird hier Markt abgehalten по средам и субботам здесь базарные дни □ Markt in Mexiko! Man erinnert sich an Farbfilme, und genau so ist es, malerisch, sehr malerisch... (*Frisch, »Stiller«*) Рынок в Мехико! Вспоминаешь цветные фильмы, и это так и есть, живописно, очень живописно... **Jahrmarkt** ярмарка (*б. ч. местная, сельская*), торжище; *напр.*: einen großen Jahrmarkt abhalten устроить большую ярмарку; einen Jahrmarkt besuchen побывать на ярмарке; etw. auf dem Jahrmarkt kaufen купить что-л. на ярмарке; nächsten Sonntag ist Jahrmarkt в следующее воскресенье будет ярмарка. **Messe** ярмарка (*выставка образцов изделий, на которой оформляются договоры о поставках, заказы на изготовление и т. п.*); *напр.*: die Leipziger, Pariser, Mailänder Messe Лейпцигская, Парижская, Миланская ярмарка; eine Messe für Maschinen, für Spielwaren, für Lederwaren ярмарка машин, игрушек, кожаных изделий; auf der Messe ausstellen выставлять (свои товары) на ярмарке; zur Messe fahren ехать на ярмарку. **Basar** ≅ Markt *употр. по отношению к восточным базарам, тж. для обозначения благотворительного, книжного, рождественского базара, а в ГДР* — *часто базара в фонд солидарности*; *напр.*: ich habe dieses Buch im Basar gekauft я купил эту книгу на (книжном) базаре. **Rummel** *разг.* ≅ Jahrmarkt ярмарка-гулянье с балаганами, аттракционами и т. п.; *напр.*: auf den Rummel gehen идти на ярмарку [на гулянье]; der Rummel endete spät in der Nacht ярмарка-гулянье кончилась поздно ночью

markten *см.* handeln II [2]
Marotte *см.* Laune [1]
Marsch *см.* Niederung
marschieren *см.* gehen [1]
Marter *см.* Schmerz
martern *см.* quälen
martialisch *см.* tapfer
Masche *см.* Schlinge
maschineschreiben печатать на пишущей машинке
maschineschreiben — **tippen**
maschineschreiben *индифф. синоним; напр.*: gut, schlecht maschineschreiben хорошо, плохо печатать на пишущей машинке; es ist sehr anstrengend, den ganzen Tag lang maschinezuschreiben очень трудно [утомительно] весь день печатать на машинке. **tippen** *разг.* ≅ maschineschreiben, *но иногда противопоставляется последнему, когда подчеркивается неумелое, непрофессиональное печатание на машинке; напр.*: eine Arbeit, einen Text tippen напечатать какую-л. работу, текст на машинке; sie kann nur mit zwei Fingern tippen она может только кое-как печатать двумя пальцами

Maske *см.* «Приложение»
maskieren *см.* verkleiden [1, 2]
maskieren, sich *см.* verkleiden, sich
Massaker *см.* Schlacht
massakrieren *см.* töten
Masse *см.* Menge [2, 3]
maßgebend служащий мерилом; имеющий решающее значение, влияние

maßgebend — **maßgeblich** — **entscheidend** — **ausschlaggebend** — **durchschlagend** — **bestimmend** — **tonangebend** — **autoritativ** — **normativ**

maßgebend *индифф. синоним; напр.*: maßgebende Persönlichkeiten, Kreise, Wissenschaftler авторитетные лица, круги, ученые; eine maßgebende Meinung, Entscheidung решающее мнение, определяющее решение; sein Urteil war maßgebend его суждение было решающим [служило мерилом]; folgende Verfügungen sind für diesen Fall maßgebend для этого случая следует руководствоваться следующими постановлениями. **maßgeblich** главный; *напр.*: an dieser Konstruktion war er maßgeblich beteiligt в разработке этой конструкции он принимал главное участие; er war der maßgebliche Mann bei diesem Unternehmen он был главным в этом предприятии; deine Worte sind für mich maßgeblich твои слова для меня решают все; die Medizin hat maßgeblich dazu beigetragen, daß die Menschen jetzt länger leben als früher медицина явилась главным фактором, способствовавшим тому, что теперь люди живут дольше, чем прежде. **entscheidend** решающий; *напр.*: eine entscheidende Antwort, Frage, Stunde решающий ответ, вопрос, час; so hat er den entscheidenden Fehler begangen так он совершил ошибку, которая оказалась решающей; im entscheidenden Augenblick pflegt sie zu Hilfe zu kommen в решающий момент она всегда приходит на помощь; das ist von entscheidender Wichtigkeit это самое важное, это имеет решающее значение. **ausschlaggebend** = entscheidend; *напр.*: von ausschlaggebender Bedeutung sein иметь решающее значение; seine Worte waren für uns alle ausschaggebend его слова были для нас всех решающими. **durchschlagend** решающий для дальнейшего; *напр.*: das Theaterstück hatte einen durchschlagenden Erfolg пьеса имела решающий для ее дальнейшей судьбы успех; die Arbeit brachte den durchschlagenden Beweis für die Richtigkeit seiner These работа дала решающее доказательство правильности его тезиса. **bestimmend** определяющий; *напр.*: bestimmenden Einfluß auf j-n haben оказывать на кого-л. определяющее влияние; für die Entwicklung der französischen Nation war das Geschehen in und um Paris bestimmend для развития французской нации определяющими были события в Париже и на территории вокруг него. **tonangebend** задающий тон *употр. в сочетании с* sein; *напр.*: sie will immer und überall tonangebend sein она хочет всегда и везде задавать тон; Paris war in der Mode lange tonangebend Париж долгое время задавал тон в моде. **autoritativ** авторитетный; *напр.*: autoritative Entscheidungen, Maßnahmen treffen принимать авторитетные решения, решающие меры. **normativ** нормативный; *напр.*: eine normative Grammatik нормативная грамматика; ohne normative Festlegungen ist eine Arbeit am Fließband nicht möglich без нормативов работа на конвейере невозможна

maßgeblich *см.* maßgebend
maßhalten быть умеренным, соблюдать меру
maßhalten — sich mäßigen — sich beherrschen — sich zurückhalten — sich bezähmen

maßhalten *индифф. синоним*; *напр.*: beim [im] Essen maßhalten быть умеренным [знать меру] в еде; sie hat in letzter Zeit beim Geldausgeben (nicht) maßgehalten в последнее время была (не очень) умеренна в расходах; die Jugend kann selten maßhalten молодежь редко соблюдает умеренность. **sich mäßigen** умерять проявление своих чувств, свои потребности *и т. п.*; *напр.*: er kann sich in der Erregung nicht mäßigen он не умеет умерять свое волнение; mäßige dich beim Essen! соблюдай умеренность в еде!, умерь свой аппетит!; man muß lernen, sich zu mäßigen надо учиться ограничивать себя. **sich beherrschen** владеть собой; *напр.*: er beherrschte sich он (о)владел собой; ich konnte mich nicht mehr beherrschen я не могла больше сдержаться. **sich zurückhalten** сдерживать себя; *напр.*: sich beim Trinken zurückhalten воздерживаться [ограничивать себя] в питье; länger konnte sie sich nicht zurückhalten, sie sagte ihm deutlich ihre Meinung больше она себя не могла сдерживать, она высказала ему свое мнение. **sich bezähmen** брать себя в руки, держать себя в руках; *напр.*: er konnte sich nicht bezähmen он не сумел взять себя в руки; ich mußte mich bezähmen, um ihn nicht hinauszuwerfen я должен был держать себя в руках [сдержаться], чтобы не вышвырнуть его

mäßig¹ умеренный, воздержанный
mäßig — maßvoll — bescheiden — anspruchslos — genügsam — enthaltsam

mäßig *индифф. синоним*; *напр.*: mäßige Forderungen умеренные требования; mäßig leben вести умеренный образ жизни; er war sehr mäßig in seinen Wünschen он был очень умерен в своих желаниях. **maßvoll** (очень) умеренный, сдержанный; *напр.*: maßvoll essen, trinken, leben есть, пить, жить умеренно; ein maßvolles Benehmen сдержанное поведение; seine Forderungen waren durchaus maßvoll его требования были чрезвычайно умеренными; er macht von seinen Verbindungen maßvollen Gebrauch он в меру использует свои связи. **bescheiden** скромный; *напр.*: bescheiden leben жить скромно; ein bescheidener Wunsch скромное желание; bescheidene Forderungen скромные требования; in seinen Ansprüchen bescheiden sein быть скромным в своих запросах; er hat ein bescheidenes Auftreten он держится скромно. **anspruchslos** непритязательный; *напр.*: ein anspruchsloser Mensch, Gast, Mieter непритязательный человек, гость, (квартиро)съемщик; anspruchslos leben жить непритязательно [скромно, без больших запросов]; sie bewahrt immer eine anspruchslose Haltung ее поведение всегда непретенциозно. **genügsam** довольствующийся малым; *напр.*: Schafe sind genügsame Tiere овцы — неприхотливые животные; er ist genügsam in seinen Ansprüchen он непритязателен в своих запросах, он довольствуется малым; die Nomadenvölker führen ein genügsames Leben кочевые народы ведут непритязательную жизнь. **enthaltsam** воздержанный; *напр.*: ein enthaltsamer Mensch воздержанный человек; eine enthaltsame Lebensweise жизнь, полная воздержания; enthaltsam leben жить воздержанно

mäßig² умеренный, небольшой; без крайностей
mäßig — maßvoll — gemäßigt

mäßig *индифф. синоним*; *напр.*: mäßige Preise умеренные цены; mäßige Hitze умеренная жара; mäßig essen, trinken есть, пить в меру; der Stromverbrauch war durchaus mäßig расход электроэнергии был очень умеренным; mäßige Schneefälle setzten ein начались умеренные снегопады □ Zu Lebzeiten hatte sein schriftstellerisches Werk nur mäßigen Erfolg. Heute ist es Weltliteratur (*Valentin, »Die Unberatenen«*) При жизни его произведения имели умеренный успех. Сегодня они вошли в сокровищницу мировой литературы. **maßvoll** (продуманно) умеренный; *напр.*: maßvolle Proportionen eines Gebäudes выдержанные пропорции здания. **gemäßigt** умеренный, ровный, без крайностей; *напр.*: ein gemäßigtes Klima умеренный [ровный] климат; die gemäßigte Zone *геогр.* умеренный пояс; er sprach mit gemäßigter Stimme он говорил ровным голосом; alles läuft im gemäßigten Tempo ab все идет в ровном темпе [размеренно]

mäßig³ *см.* mittelmäßig
mäßigen, sich *см.* maßhalten
maßlos *см.* sehr/übertrieben²
maßregeln *см.* strafen
maßvoll *см.* mäßig¹,²
mästen *см.* ernähren¹
matt *см.* schwach¹/trübe⁴
Mauer *см.* Wand¹
Maul¹ морда, пасть (*рот животного*) — das Geäse
das Maul — das Geäse

Maul *индифф. синоним*; *напр.*: das Maul des Esels, des Ochsen, der Kuh морда осла, вола, коровы; das geöffnete Maul des Karpfens, Hechts, Haifischs открытый рот карпа, открытая пасть щуки, акулы; der Löwe reißt sein Maul weit auf лев широко разевает свою пасть. **Geäse** *охот.* ≅ Maul, но *употр. по отношению к диким животным типа оленя, косули и т. п. и не употр. по отношению к хищникам, к кабанам*

Maul² *см.* Mensch¹/Mund¹,²
maulen *см.* nörgeln
maulfaul *см.* schweigsam
maulfromm *см.* heuchlerisch
Maulheld *см.* Prahler
Maulschelle *см.* Ohrfeige
mäuschenstill *см.* still¹
mausen *см.* stehlen
mausern, sich *см.* ändern, sich
mausetot *см.* tot
maximal *см.* groß⁴
meckern *см.* nörgeln
meditieren *см.* nachdenken
Meer море
das Meer — die See

Meer *индифф. синоним*; *напр.*: das blaue, weite, unendliche, stürmische

MEERBUSEN — MEINUNG

Meer синее, широкое, бескрайнее, бурное море; das Rote, Schwarze, Mittelländische Meer Красное, Черное, Средиземное море; am Meer wohnen жить у моря; ans Meer reisen, fahren ехать к морю; über das Meer fahren ехать через море; das Meer liegt still море спокойно; das Meer braust und wogt море волнуется □ »Ist denn das Meer hier bodenlos?« hört man plötzlich die angstgepreßte Stimme Baldaufs (May, »Die Letzten von U 189«) «Что, здесь море бездонное, что ли?» — слышится вдруг сдавленный от страха голос Бальдауфа. Das Meer hat sich beruhigt (ebenda) Море успокоилось. See тк. ед. ≃ Meer нередко передает личное отношение или причастность говорящего к морю, часто употр. в морской терминологии и фразеологических оборотах, а тж. в составе сложных слов типа die Ostsee Балтийское море, die Nordsee Северное море и т. п.; напр.: die unendliche, tückische See бесконечное, коварное море; zu Land und See на суше и на море; an der See sein быть в открытом море; an die See fahren ехать к морю; zur See fahren плавать (быть моряком), служить во флоте; in See gehen [stechen] выйти в море; die See ist ruhig, bewegt море спокойно, на море волнение □ »...ihr hattet Dusel mit der glatten See«, ruft Petersen ihnen zu (May, »Die Letzten von U 189«) «...вам чертовски повезло, что море спокойно», — кричит им Петерсен

Meerbusen см. Bucht
Meeting см. Treffen
mehrdeutig см. vieldeutig
mehren см. vergrößern
mehren, sich см. vergrößern, sich
mehrere см. einig(e)
mehrfach см. vielfach
Mehrheit большинство
die **Mehrheit** — die **Mehrzahl** — die **Majorität**
Mehrheit индифф. синоним; напр.: die parlamentarische, einfache, absolute Mehrheit парламентское, простое, абсолютное большинство; die Mehrheit der Stimmen, der Wähler большинство голосов, избирателей; die Mehrheit besitzen, erringen, verlieren иметь, завоевать, потерять большинство; der Präsident wurde mit großer Mehrheit wiedergewählt президент был переизбран убедительным большинством. Mehrzahl наибольшее число; напр.: die Mehrzahl der Stimmen наибольшее число голосов; die große Mehrzahl der Anwesenden stimmte für den Antrag наибольшее число [подавляющее большинство] присутствующих голосовало за это предложение. Majorität книжн. ≃ Mehrheit; напр.: in der Majorität sein быть в большинстве; die Partei hat die Majorität im Parlament у партии большинство в парламенте

mehrmals см. oft
Mehrzahl см. Mehrheit
meiden см. vermeiden
meinen см. sagen ¹/vermuten
meinetwegen см. einverstanden
Meinung ¹ мнение
die **Meinung** — der **Standpunkt** — die **Ansicht** — die **Anschauung** — die **Auffassung** — der **Gesichtspunkt** — der **Gesichtswinkel** — der **Blickpunkt** — der **Blickwinkel** — die **Einstellung** — das **Gutdünken** — das **Gutfinden** — die **Stellungnahme** — das **Dafürhalten**

Meinung индифф. синоним; напр.: eine eigene, andere, persönliche, weitverbreitete, private Meinung собственное, иное, личное, широко распространенное, частное мнение; seine Meinung durchsetzen, ändern отстаивать, изменять свое мнение; ich bin der Meinung, daß... я такого мнения [мое мнение], что...; er hat überhaupt keine Meinung у него вообще нет никакого мнения; wir sind mit ihm gleicher Meinung мы с ним одного мнения; sie verteidigt hartnäckig ihre Meinung она упорно защищает свою точку зрения; niemand unterstützt diese Meinung никто не поддерживает это мнение □ Er konnte großartig zuhören und sprach erst, wenn er sich eine Meinung gebildet hatte (Weisenborn, »Der Verfolger«) Он великолепно умел слушать и говорил, только когда у него уже складывалось свое мнение. Sie hatte dieselbe Meinung von dem Krieg und den Herren, die den Krieg so eifrig betrieben, wie wir (ebenda) У нее было такое же мнение о войне и о тех, кто столь усердно раздувал войну, как и у нас. Standpunkt точка зрения; напр.: ein richtiger, falscher, neuer, überwundener Standpunkt правильная, неверная, новая, изжившая себя точка зрения; einen Standpunkt vertreten, teilen, klarmachen представлять, разделять, разъяснять какую-л. точку зрения; auf dem Standpunkt stehen, daß... стоять на точке зрения, что...; sich auf den Standpunkt stellen встать на точку зрения, что...; von seinem Standpunkt aus betrachten рассматривать со своей точки зрения; es kommt auf den Standpunkt an все дело в точке зрения; ich werde mich von meinem Standpunkt nicht abbringen lassen ничто не сможет поколебать мою точку зрения; das ist auch ganz mein Standpunkt это также и моя точка зрения. Ansicht взгляд, мнение; напр.: j-s persönliche, eigene Ansicht чье-л. собственное мнение; eine veraltete, falsche, wohlbegründete Ansicht устарелое, неверное, хорошо обоснованное мнение; j-s политические, философские, künstlerische Ansichten чьи-л. политические, философские, чьи-л. взгляды на искусство; eine Ansicht äußern, ändern, teilen выражать, изменять, разделять какое-л. мнение [какой-л. взгляд]; zu einer Ansicht kommen прийти к мнению; es besteht, herrscht die Ansicht, daß... существует, господствует мнение, что...; der Ansicht sein... быть [придерживаться] мнения [взгляда]...; nach seiner Ansicht, seiner Ansicht nach по его мнению; das bestärkt mich nur noch in meiner Ansicht это только укрепляет меня в моем мнении. Anschauung воззрение; напр.: eine moderne, fortschrittliche, naive, veraltete Anschauung современное, прогрессивное, наивное, устарелое воззрение; eine politische, philosophische Anschauung политическое, философское воззрение; eine Anschauung vertreten, teilen представлять, разделять какое-л. воззрение; er hat eine falsche Anschauung von der Sache у него неверный взгляд на дело; er hält an seiner Anschauung fest он твёрд в своем мнении. Auffassung ≃ Meinung, но подчеркивает момент индивидуального восприятия, понимания чего-л.; напр.: eine verfehlte, einseitige, richtige Auffassung von Beruf, von Liebe, von Ehe ошибочное, одностороннее, правильное представление о профессии, любви, браке; eine Auffassung vertreten, ändern, teilen, darlegen представлять, изменять, разделять, излагать мнение [взгляд]; zu einer einheitlichen Auffassung kommen прийти к единому мнению [пониманию чего-л.]; ich kann dieser Auffassung von Kunst nicht beipflichten я не могу согласиться с таким взглядом на искусство. Gesichtspunkt = Standpunkt; напр.: ein neuer Gesichtspunkt новая точка зрения; von dem Gesichtspunkt aus betrachten, beurteilen рассматривать, оценивать с этой точки зрения; etw. unter einem bestimmten Gesichtspunkt sehen видеть что-л. под определенным углом зрения; es kommt auf den Gesichtspunkt an все дело в точке зрения. Gesichtswinkel угол зрения; напр.: etw. unter einem anderen, zu engen, richtigen, falschen Gesichtswinkel betrachten, beurteilen, sehen рассматривать, оценивать, видеть что-л. под другим, слишком ограниченным, правильным, неверным углом зрения; es kommt auf den Gesichtswinkel an все зависит от того, под каким углом зрения это рассматривать. Blickpunkt = Standpunkt; напр.: es kommt ganz auf den Blickpunkt an все зависит от того, как на это посмотреть; von einem anderen Blickpunkt aus gesehen, erscheint die Lage gar nicht so schlimm рассмотренное с другой точки зрения положение не кажется таким уж скверным. Blickwinkel = Gesichtswinkel; напр.: etw. unter [aus] einem bestimmten, neuen Blickwinkel betrachten, sehen рассматривать, видеть что-л. под определенным, новым углом зрения; aus dem Blickwinkel des Freundes,

des Arztes с точки зрения друга, врача. **Einstellung** отношение, позиция по отношению к кому-л., к чему-л.; *напр.*: eine fortschrittliche, moderne, sachliche, kritische, positive, negative Einstellung прогрессивная позиция, современное, деловое, критическое, позитивное, негативное отношение; eine Einstellung gegen, für j-n позиция против, за [в поддержку] кого-л.; er hat eine richtige Einstellung in politischen Fragen он занимает правильную позицию в политических вопросах; wie ist ihre Einstellung zur Arbeit? каково ее отношение к работе?; ich habe darin dieselbe Einstellung wie du я занимаю в этом вопросе ту же позицию, что и ты; er beurteilte alles aus seiner Einstellung heraus он оценивал все, исходя из своего отношения [из своей позиции]. **Gutdünken** усмотрение; благоусмотрение *уст.* *подчеркивает, что это тк. личное, субъективное мнение*; *напр.*: etw. nach seinem (eigenen) Gutdünken entscheiden, auslegen решать, толковать что-л. по-своему [как бог на душу положит]; etw. ist j-s Gutdünken überlassen что-л. оставлено на чье-л. усмотрение; er schaltet und waltet hier nach seinem Gutdünken он правит здесь по своему усмотрению □ ...vielleicht führt der Weg nicht bis zu Klamm, vielleicht hört er weit vor ihm auf, darüber entscheidet das Gutdünken des Herrn Sekretärs (*Kafka, »Das Schloß«*) ...может быть, этот путь не доведет до Кламма, может быть, он оборвется раньше, это решится по усмотрению господина секретаря. **Gutfinden** *швейц.* ≅ Gutdünken; *напр.*: nach j-s Gutfinden handeln действовать по усмотрению кого-л. **Stellungnahme** *офиц.* ≅ Meinung; *напр.*: seine Stellungnahme abgeben (официально) высказать свое мнение; sich jeder Stellungnahme enthalten воздержаться от высказывания своего мнения; sich seine Stellungnahme vorbehalten оставить за собой право высказать свое мнение; die Presse forderte vom Minister eine klare Stellungnahme zu diesem Vorfall печать потребовала от министра ясно изложить свое мнение об этом происшествии. **Dafürhalten** *высок.* ≅ Meinung, *но употр. тк. в сочетании* nach meinem Dafürhalten на мой взгляд, по моему мнению

Meinung [2] *см.* Urteil [1]

Meinungsaustausch *см.* Besprechung

meist большей частью

meist — meistens — meistenteils — vorwiegend — überwiegend — zumeist

meist *индифф. синоним*; *напр.*: er kommt meist gegen Abend он большей частью приходит к вечеру; sie kommt meist diesen Weg она приходит большей частью этой дорогой; es waren meist ältere Leute это были большей частью пожилые люди.

meistens ≅ meist; *напр.*: er ist meistens zu Hause он большей частью бывает дома; meistens steht er zeitig auf чаще всего он встает рано; meistens gewinnt sein Freund im Schach при игре в шахматы большей частью выигрывает его друг. **meistenteils** ≅ meistens *часто носит резюмирующий характер*; *напр.*: meistenteils erledigte ich meine Einkäufe schon vormittags большей частью я справлялся со всеми покупками уже в первой половине дня; meistenteils hat er recht большей частью он прав. **vorwiegend** преимущественно; *напр.*: in diesem Sommer herrschte vorwiegend trockenes Wetter этим летом стояла преимущественно сухая погода; bei der Vorstellung waren vorwiegend Kinder da на представлении были преимущественно дети; in diesem Wald stehen vorwiegend Buchen в этом лесу преобладает [встречается преимущественно] бук. **überwiegend** в (подавляющем) большинстве случаев; *напр.*: das Wetter war überwiegend heiter погода чаще всего была ясной; diese Arbeit wird überwiegend von Frauen verrichtet эта работа выполняется главным образом женщинами; das ist eine Gegend mit überwiegend ländlicher Bevölkerung это область с преимущественно сельским населением. **zumeist** *книжн.* ≅ meist; *напр.*: zumeist waren hier solide verheiratete Männer большей частью здесь были солидные женатые мужчины; zumeist hat er Gedichte gelesen большей частью он читал стихи

meistens *см.* meist

meistenteils *см.* meist

Meister мастер (*специалист*)

der Meister — die Kapazität — der Könner — die Leuchte

Meister *индифф. синоним*; *напр.*: ein Meister seines Fachs [in seinem Fach] мастер своего дела; ein Meister der Feder [der Sprache], des Pinsels мастер слова, кисти; auf diesem Gebiet ist er Meister в этой области он мастер; er ist ein Meister im Anfertigen von Puppen он мастер делать куклы; das war die Arbeit eines großen Meisters это была работа большого мастера. **Kapazität** крупный специалист, крупная величина; *напр.*: eine medizinische Kapazität крупная величина в медицине; es waren lauter wissenschaftliche Kapazitäten anwesend присутствовали всё крупные специалисты-ученые. **Könner** *разг.* ≅ Meister; *напр.*: ein Könner auf seinem Gebiet он мастер в своей области; die Plastik verriet die Hand eines großen Könners скульптура выдавала руку большого мастера; er zeigte, was er für ein Könner war он показал, что он за мастер. **Leuchte** *разг.* светило; *напр.*: eine Leuchte seines Faches светило в своей области; eine Leuchte der Wissenschaft светило науки; er zählt nicht zu den Leuchten он не принадлежит к числу светил

meistern *см.* bewältigen

Melancholie *см.* Trauer

melancholisch *см.* traurig

melden [1] заявить (*о прибытии, об участии, о готовности к чему-л.*), доложить

melden — sich melden — anmelden — sich anmelden

melden *индифф. синоним*; *напр.*: j-n polizeilich melden заявить в полицию о чьем-л. прибытии [местопребывании] (*для прописки*); man meldete ihn zum Rennen было заявлено, что он примет участие в гонках; его заявили на гонки; sie meldete den Schüler dem Direktor она сказала [доложила] директору, что ученик явился. **sich melden** заявить о своей готовности, о своем желании, вызваться; *напр.*: er meldete sich freiwillig an die Front он ушел на фронт добровольцем; он сам попросил, чтобы его отправили на фронт; bei der Katastrophe meldete er sich zu Hilfe во время катастрофы он вызвался помочь. **anmelden** сделать заявку, зарегистрировать (в учреждении) (*прибытие, участие, наличие*); *напр.*: seine Familie polizeilich anmelden прописать свою семью по новому местожительству; sein Kind zur Schule anmelden записать ребенка в школу; ein Patent anmelden подать заявку на патент; er meldete seine Erfindung zum Patent an он подал заявку на свое изобретение в патентное бюро. **sich anmelden** подать заявку (*о своем участии и т. п.*), (предварительно) записаться; *напр.*: sich zu einem Kursus anmelden записаться на курсы; sich telefonisch beim Arzt anmelden записаться на прием к врачу по телефону; sie ließ sich durch die Sekretärin beim Direktor anmelden она записалась у секретаря на прием к директору

melden [2] *см.* mitteilen

melden, sich [1] являться (*в официальное учреждение*)

sich melden — sich stellen

sich melden *индифф. синоним*; *напр.*: sich zum Dienst, zur Prüfung melden явиться на дежурство, на экзамен; auf die Anzeige hin haben sich viele Bewerber gemeldet по объявлению явилось много желающих; der neue Lehrer meldete sich beim Schuldirektor новый учитель явился к [представился] директору школы; melden Sie sich bitte zunächst im Sekretariat зайдите, пожалуйста, вначале в канцелярию [в секретариат]. **sich stellen** являться *обыкн. в судебные, полицейские, военные органы* по вызову *или* добровольно, предстать; *напр.*: sich dem Gericht stellen явиться в суд; sich zur ärztlichen Musterung stellen явиться на медицинскую комиссию (*призывников*); sich (als

MELDEN, SICH 309 MENGE

Schuldiger) stellen явиться с повинной; der Mörder hat sich der Polizei freiwillig gestellt убийца добровольно явился в полицию ▫ Und wenn Daniel sich gestellt hätte? (*Lenz*, »*Stadtgespräch*«) А если бы Даниэль явился с повинной?
melden, sich² *см*. melden¹
Melder *см.* Bote
Meldung *см.* Nachricht
Melodie мелодия
die **Melodie** — das **Motiv** — die **Weise**
Melodie *индифф. синоним*; *напр.*: Text und Melodie eines Liedes текст и мелодия песни; Melodien aus Opern und Operetten мелодии из опер и оперетт; sie spielte, trällerte eine lustige Melodie она играла, напевала веселую мелодию; das war eine vertraute Melodie это была хорошо знакомая мелодия ▫ Die Jungen pfiffen einstweilen die Melodie, die das Schifferklavier übernehmen sollte (*Noll*, »*Werner Holt*«) Парни за неимением аккордеона пока сами насвистывали мелодию. **Motiv** мотив; *напр.*: ein schönes Motiv красивый мотив; ein Motiv anschlagen запеть какой-л. мотив; der Komponist verwendete ein Motiv aus einem alten Volkslied композитор использовал мотив старинной народной песни; er spielte eine Fantasie über Motive aus »*Don Giovanni*« он играл фантазию на темы из оперы «Дон Жуан». **Weise** напев; *напр.*: heitere, fröhliche Weisen веселые, радостные напевы; die schlichte Weise eines Volksliedes простой напев народной песни; die Kapelle spielte flotte Weisen оркестр играл бодрые мелодии
melodisch *см.* wohlklingend
Menge¹ количество
die **Menge** — die **Quantität** — das **Quantum** — der **Posten**
Menge *индифф. синоним*; *напр.*: die doppelte, begrenzte, geringe Menge двойное, ограниченное, незначительное количество; beim Gebrauch die vorgeschriebene Menge beachten при употреблении брать именно то количество, которое указано; eine winzige Menge Arsenik wirkt tödlich очень маленькое количество мышьяка действует смертельно; er erhielt die ihm zustehende Menge он получил причитающееся ему количество (*чего-л.*). **Quantität** количество *употр. как противопоставление* к Qualität качеству, *а тж. в научной литературе; напр.*: das Umschlagen von Quantität in Qualität *филос.* переход количества в качество; die Quantität der Vokale *фон.* долгота и краткость гласных; eine größere Quantität Essig, Zucker, Braunkohlenbriketts nehmen взять большее количество уксуса, сахара, угольных брикетов. **Quantum** *книжн.* определенное количество *чего-л.*; *напр.*: ein großes, kleines Quantum большое, небольшое (,но определенное) количество; welches Quantum Zucker rechnet man auf 1 kg Früchte beim Einkochen? какое количество сахара кладут на 1 кг фруктов для варенья?; er bekam das ihm zustehende Quantum он получил причитающееся ему количество (*чего-л.*). **Posten** *ком., офиц.* определенное количество товара, партия (товара); *напр.*: ein Posten Hemden, Socken, Getreide партия рубашек, носков, зерна; wir haben noch einen größeren Posten Strümpfe abzugeben мы располагаем крупной партией чулок для продажи
Menge² множество, большое количество
die **Menge** — die **Masse** — die **Unmenge** — die **Unzahl** — die **Unsumme** — die **Unmasse** — der **Haufen**
Menge *индифф. синоним*; *напр.*: eine Menge Bücher, Schallplatten, Blumen, Menschen множество книг, пластинок, цветов, людей; in diesem Jahr gab es eine große Menge Äpfel в этом году яблок была масса; er verdient eine Menge Geld он зарабатывает большие деньги; er machte eine Menge Fehler in der Kontrollarbeit он сделал множество ошибок в контрольной работе; ich traf dort eine Menge Kollegen я встретил там множество знакомых с работы ▫ Und die wortkarge Herta nickte mit leuchtenden Augen. Wir merkten, daß eine Menge Mißtrauen bei ihnen verschwunden war (*Weisenborn*, »*Der Verfolger*«) А скупая на слова Герта кивнула, блестя глазами. Мы заметили, что огромное недоверие в них рассеялось. **Masse** масса, огромное количество; *напр.*: Massen von Büchern, welken Blättern масса книг, увядших листьев; eine Masse Sorgen масса забот; er hatte eine Masse Briefmarken у него была масса почтовых марок; alle Waren sind in Massen vorhanden все товары имеются в большом количестве; es lag eine Masse Verantwortung auf ihm много ответственности лежало на нем. **Unmenge** огромное, чрезмерное количество; *напр.*: eine Unmenge von Büchern, von Menschen огромное количество книг, людей; in der Arbeit hat er eine Unmenge Fehler в работе у него огромное количество ошибок; er verdient eine Unmenge Geld он зарабатывает огромные деньги. **Unzahl** несметное число; *напр.*: eine Unzahl von Menschen, von Geschenken, von Fehlern несметное число людей, подарков, ошибок. **Unsumme** (неоправданно) огромное количество, огромная сумма (денег), *напр.*: für diesen Zweck wurden Unsummen ausgegeben для этой цели были израсходованы огромные суммы; ihr Halsschmuck kostet eine Unsumme Geld ее ожерелье стоит колоссальных денег. **Unmasse** *разг.* уйма; *напр.*: eine Unmasse Bücher, Bilder, Menschen уйма книг, картин, людей; er hat eine Unmasse Geld ausgegeben он потратил уйму денег. **Haufen** *разг.* куча; *напр.*: ein Haufen Geld, Kinder, Arbeit куча денег, детей, работы; sie hat einen Haufen Sorgen у нее куча забот; es wurde wieder ein Haufen dummes Zeug geredet снова наговорили кучу глупостей
Menge³ толпа
die **Menge** — die **Masse** — das **Gedränge** — die **Schar** — die **Horde** — der **Schwarm** — die **Meute** — die **Herde** — der **Haufen** — die **Bande** — das **Rudel**
Menge *индифф. синоним*; *напр.*: eine bunte, unübersehbare, begeisterte Menge пестрая, необозримая, восторженная толпа; eine tausendköpfige Menge versammelte sich auf dem Platz тысячная толпа собралась на площади; er trat aus der Menge он вышел из толпы; wir drängten uns durch die Menge мы пробирались сквозь толпу; sie hat sich in die Menge gemischt она замешалась в толпу. **Masse** масса (людей); *напр.*: eine Masse von [an] Menschen, von Kindern масса людей, детей; in Massen gehen, stehen идти, стоять толпами; die breite Masse der Bevölkerung unterstützt diese Maßnahme широкие массы населения поддерживают это мероприятие; er hat die Massen hinter sich он за ним (стоят) массы. **Gedränge** давка в толпе, тесно сгрудившаяся толпа; *напр.*: ein schreckliches Gedränge ужасная давка; in ein Gedränge geraten попасть в давку; vor der Theaterkasse entstand ein großes Gedränge перед театральной кассой возникла большая давка; sie verloren einander im Gedränge они потеряли друг друга в толпе; der Dieb verschwand im Gedränge вор исчез в толпе ▫ Ich hatte filmen wollen, ich winkte noch immer, ohne sie im Gedränge zu sehen (*Frisch*, »*Homo faber*«) Мне хотелось поснимать, я все еще махал рукой, не видя ее в толпе. Er... mengte sich unter die Frauen im Basar, ließ sich stoßen und schieben, fühlte sich irgendwie geborgen in dem anonymen Gedränge (*Heiduczek*, »*Abschied von den Engeln*«) Он... смешался с женщинами на базаре, давая толкать и влечь себя куда-то, чувствовал себя как-то защищенно в этой анонимной толчее. **Schar** небольшая толпа, стайка, группа; *напр.*: Scharen von Menschen strömten herbei группки людей стекались со всех сторон; den Lehrer umgab eine Schar von Kindern учителя окружала стайка детей; die Arbeiter verlassen um 5 Uhr in Scharen die Fabrik рабочие группами выходят в 5 часов из завода; Schar auf Schar zogen die Festteilnehmer vorbei чередой проходили мимо участники празднества. **Horde** орда, скопище; *напр.*: eine lärmende, johlende Horde шумная, орущая орда; eine Horde Halbstarker орава хулиганов; eine Horde von

Kindern lief hinter dem Fuhrwerk her орава ребятишек бежала за телегой □ Und in seiner Gegend gab's da so eine Horde, die kippte die Parkbänke um, schmiß Scheiben ein und dergleichen Zeugs (Plenzdorf, »Die neuen Leiden«) И там, где он жил, была такая банда, они переворачивали скамейки в парках, били стекла, ну и тому подобные штуки. **Schwarm** рой; *напр.*: sie hatte einen Schwarm von Anbetern um sich вокруг нее вился рой поклонников; ein Schwarm lärmender Kinder verließ eben die Schule шумный рой детей как раз высыпал из школы. **Meute** свора; *напр.*: eine Meute Halbstarker stürzte in den Saal свора хулиганов ворвалась в зал; unten brüllte die Meute der Verfolger внизу орала свора преследователей. **Herde** стадо; *напр.*: eine abgestumpfte Herde Menschen стадо отупевших людей; die ängstlichen Leute liefen wie eine führerlose Herde in alle Richtungen auseinander испуганные люди, как стадо без пастуха, разбежались во все стороны. **Haufen** *разг.* ≃ Schar; *напр.*: ein Haufen Neugieriger stand vor der geschlossenen Tür куч(к)а любопытных стояла перед закрытой дверью; in hellen Haufen kamen sie von allen Seiten большими группами шли они со всех сторон. **Bande** *разг. шутл.* ватага (*о детях, подростках*); *напр.*: die ganze Bande zog mit ihm mit вся ватага отправилась с ним; eine Bande von Kindern und Jugendlichen kam gezogen прибыла ватага детей и подростков. **Rudel** *разг.* стая, стайка; *напр.*: ein Rudel von Kindern tummelte sich auf dem Spielplatz стайка ребят шумно играла на площадке; sie sind nur dann tapfer, wenn sie in Rudeln auftreten они только тогда и храбры, когда выступают гуртом □ Ich atmete auf, als ich das Rudel unserer Passagiere über das leere Feld gehen sah, um einzusteigen, mein Düsseldorfer ziemlich voran (Frisch, »Homo faber«) Я вздохнул с облегчением, когда увидел, что стая пассажиров с нашего самолета идет по пустому полю на посадку, мой дюссельдорфец шел впереди, заметно опережая остальных

mengen (, sich) *см.* mischen (, sich)
mengen, sich *см.* eingreifen
Mensa *см.* Gaststätte
Mensch[1] человек
der **Mensch** — die **Person** — der **Mann** — das **Maul**
Mensch *индифф. синоним*; *напр.*: ein erwachsener, hübscher, gesunder, großer, kluger Mensch взрослый, красивый, здоровый, высокий, умный человек; sie ist ein ruhiger Mensch она спокойный человек; jeder Mensch hat seine Fehler у каждого человека свои недостатки; sie liebt diesen Menschen она любит этого человека □ ...Er wußte selbst, daß er kein zuverlässi-ger und fleißiger Mensch sei (Hesse, »Narziß«) Он сам знал, что он не усерден, не тот человек, на которого можно положиться. **Person** лицо, личность; *напр.*: eine unbekannte, fragwürdige Person неизвестная, подозрительная личность; eine wichtige, hochgestellte Person важное, высокопоставленное лицо; am Wagen entstand Sachschaden, Personen wurden nicht verletzt автомашина была повреждена, но люди не пострадали [но раненых не оказалось]; er ist Hausmeister und Gärtner in einer Person он дворник и садовник в одном лице; wir waren sechs Personen нас было шестеро; jede Person zahlt eine Mark каждый платит одну марку □ Sie hatte sich umgekleidet und trug jetzt einen olivgrünen Manchesterrock, glockig, was ihr besser stand als die Bubenhosen, fand ich — vorausgesetzt, daß es wirklich dieselbe Person war! (Frisch, »Homo faber«) Она переоделась и была теперь в темно-зеленой вельветовой юбке клеш, что ей больше шло, чем мальчишеские брюки, так я считал, разумеется, если это действительно было одно и то же лицо! **Mann** *тк. ед.* = Mensch *употр. с указанием количества людей и в устойчивых сочетаниях*; *напр.*: 20 Mann двадцать человек; bis zum letzten Mann kämpfen бороться до последнего (человека); Mann über Bord! человек за бортом!; die Lasten des Rüstungsrennens trägt der kleine Mann бремя гонки вооружений всей тяжестью ложится на маленького человека [на простых людей]; wenn Not am Mann ist, helfe ich gern если есть нужда (в людях), с удовольствием помогу. **Maul** *тк. мн.* (**Mäuler**) *фам.* рот, едок (*о детях, членах семьи*); *напр.*: er hat zehn Mäuler zu ernähren он должен кормить десять ртов; fünf hungrige Mäuler warten zu Hause auf sie её ждут дома пять голодных ртов
Mensch[2] *см.* Frau[1]
Mensch[3]: kein Mensch *см.* niemand
Menschenalter *см.* Generation
Menschenfeind человеконенавистник
der **Menschenfeind** — der **Menschenhasser** — der **Misanthrop**
Menschenfeind *индифф. синоним*; *напр.*: ein unverbesserlicher Menschenfeind неисправимый человеконенавистник; er wurde in seiner Einsamkeit ein Menschenfeind он стал в своем одиночестве нелюдимым. **Menschenhasser** ≃ Menschenfeind, *но больше подчеркивает, что кто-л. активно ненавидит людей*; *напр.*: er war ein Tyrann und Menschenhasser он был тираном и человеконенавистником. **Misanthrop** *книжн.* мизантроп; *напр.*: er war Junggeselle und Misanthrop он был холостяк и мизантроп
menschenfreundlich человеколюбивый

menschenfreundlich — philanthropisch
menschenfreundlich *индифф. синоним*; *напр.*: menschenfreundliche Gesinnung человеколюбие (*образ мыслей*); menschenfreundliches Verhalten человеколюбивое отношение; er war sehr menschenfreundlich он был очень человеколюбив. **philanthropisch** *книжн.* филантропический; *напр.*: eine philanthropische Einrichtung филантропическое учреждение [заведение]; aus philanthropischen Gründen handeln действовать из филантропических побуждений
Menschenhasser *см.* Menschenfeind
menschenleer *см.* leer[3]
menschenscheu нелюдимый
menschenscheu — ungesellig — kontaktarm — kontaktschwach
menschenscheu *индифф. синоним*; *напр.*: er ist menschenscheu он нелюдим, он сторонится людей; das Unglück hat sie menschenscheu gemacht несчастье сделало ее нелюдимой; er ist ein menschenscheuer Sonderling он нелюдимый чудак. **ungesellig** необщительный; *напр.*: mit ihm ist jetzt nichts anzufangen, er ist ganz ungesellig geworden с ним теперь ничего не поделаешь, он стал совсем необщителен. **kontaktarm** не способный к контакту с людьми, некоммуникабельный, неконтактный; *напр.*: er ist kontaktarm он неконтактен [очень замкнут]; man hält sie für kontaktarm ее считают некоммуникабельной. **kontaktschwach** трудно контактирующий с людьми; *напр.*: daß er kontaktschwach ist, wußten wir, aber konnte das immer als Erklärung seines merkwürdigen Verhaltens dienen? что он испытывает трудности в контактах с людьми, мы знали, но этим ли всегда объяснялось его странное поведение?

menschenwürdig *см.* menschlich[2]
menschlich[1] человеческий
menschlich — human
menschlich *индифф. синоним*; *напр.*: der menschliche Körper человеческое тело; das menschliche Leben человеческая жизнь; die menschliche Gesellschaft человеческое общество □ Er hatte nie verheimlicht, daß er nicht wäre, was er war, ohne Fox. Aber das hatte nichts mit Protektion zu tun, es war die Grundfrage seiner menschlichen Existenz überhaupt (Heiduczek, »Abschied von den Engeln«) Он никогда не делал тайны из того, что без Фокса он не был бы тем, кем он был. Но это не имело ничего общего с протекцией, это было вообще кардинальным вопросом его человеческого существования. **human** свойственный человеку, человеческий *употр. в научной литературе*; *напр.*: beide Tierarten können auch an einer durch den humanen Erregertyp hervorgerufenen Tuberkulose erkranken (Urania, 1959, zit. nach WDG, 3. B.

MENSCHLICH   311   **MERKMAL**   **M**

S. 1909) Оба вида животных заболевают также туберкулезом, вызываемым возбудителем этой болезни у человека

menschlich ² человечный
menschlich — menschenwürdig — human — h u m a n i t ä r

menschlich *индифф. синоним; напр.:* j-n menschlich behandeln обращаться с кем-л. человечно; menschlich handeln поступать человечно; ein menschlicher Chef [Vorgesetzter] человечный начальник; er gab sich immer betont menschlich во всех его поступках была подчеркнутая человечность; diese Handlungsweise war nicht sehr menschlich этот образ действий был не очень-то человечным; hier ist er wirklich menschlich verfahren здесь он действовал по-настоящему человечно. **menschenwürdig** достойный человека, человеческий; *напр.:* ein menschenwürdiges Dasein достойное человека существование; eine menschenwürdige Behandlung человеческое обращение; die Verhältnisse waren nicht menschenwürdig условия жизни были недостойны человека. **human** гуманный; *напр.:* ein humaner Vorgesetzter гуманный начальник; eine humane Tat гуманный поступок; j-n human behandeln обращаться с кем-л. гуманно; aus humanen Gründen wurde das Experiment verboten из соображений гуманности эксперимент был запрещен. **humanitär** *книжн.* ≃ human *характеризует мысли и поступки людей, употр. по отношению к абстрактным понятиям; напр.:* eine humanitäre Gesinnung, Absicht, Pflicht гуманный образ мыслей, гуманное намерение, гуманная обязанность; (zutiefst) humanitäre Ideen, Bestrebungen (глубоко) гуманные идеи, устремления; die Kommission behandelt humanitäre Fragen комиссия занимается гуманитарными вопросами

merken ¹ замечать (*кого-л., что-л.*)
merken — bemerken — anmerken — entdecken — w a h r n e h m e n — g e w a h r e n — i n n e w e r d e n

merken *индифф. синоним; напр.:* etw., alles merken замечать что-л, все; sie merkt erst jetzt, daß sie sich geirrt hat она только теперь заметила, что ошиблась; an seinem Benehmen kann man merken, daß etwas vorgefallen ist по его поведению можно заметить, что что-то произошло □ ...dann merkte er, daß er den Weg zu seinem Schulsaal nicht mehr wisse, der ihm gestern gezeigt worden war (*Hesse, »Narziß«*) ...тогда он заметил, что не помнит дорогу в класс, показанную ему вчера. Behalten Sie den Fisch... Ich hätte sowieso erst zu Hause gemerkt, daß er weg war (*Weisenborn, »Der Verfolger«*) Берите рыбу себе... Я все равно только дома заметил бы, что ее нет. **bemerken** ≃ merken; *напр.:* j-s Absicht, j-s Überraschung, j-s Erschrecken bemerken заметить чье-л. намерение, чье-л. удивление, чей-л. испуг; sie schien seinen Blick nicht zu bemerken она, казалось, не замечала его взгляда; sie konnte alles sehen, ohne daß sie bemerkt wurde она могла все видеть, оставаясь незамеченной □ Haben Sie nicht bemerkt, daß jedes Verbrechen... ja jede Tat unter uns Menschen mit den Jahren eine andere Qualität bekommt? (*Weisenborn, »Der Verfolger«*) Вы не замечали, что с годами каждое преступление... да и каждый поступок, приобретает среди нас, людей, иное качество; Hätte er den Fisch genommen und mich nicht gerufen, so hätte ich... so getan, als bemerkte ich jetzt erst den Verlust (*ebenda*) Если бы он поднял рыбу и не окликнул бы меня, то я... сделал бы вид, что только сейчас заметил пропажу. **anmerken** замечать (что-л. по чьему-л. виду, поведению, состоянию *и т. п.*) (*то, что замечают, выражено дополнением в Akk. или придат. предлож., а то, по чему замечают — дополнением в Dat. или предложным дополнением с* an); *напр.:* j-m seinen Ärger, seine Verlegenheit, seine Sorge anmerken заметить по чьему виду, что он сердится, смущен, озабочен; j-m etw. an der Miene, an den Augen, an der Stimme anmerken заметить что-л. по чьему-л. выражению лица, по чьим-л. глазам, по чьему-л. голосу; man merkt ihm an, daß er krank ist по нему заметно, что он болен; ihr war nichts anzumerken по ней ничего не было заметно. **entdecken** подметить, обнаружить; *напр.:* einen Fehler (in der Rechnung) entdecken обнаружить ошибку (в расчете, в счете); ein Talent an j-m entdecken подметить [обнаружить] в ком-л. талант; er hat ihn in der Menge entdeckt он заметил [обнаружил] его в толпе; auf einem Baum entdeckte er ein Vogelnest он приметил на дереве птичье гнездо □ ...du hast entdeckt, daß ich unter einem Bann stand und meine Kindheit vergessen habe (*Hesse, »Narziß«*) ...ты обнаружил, что я был в плену заблуждения и что я забыл свое детство. Es war, als habe er sich mit einem Stück Zucker auf der offenen Hand einem Pferdemaul genähert und plötzlich entdeckt, daß er das Gebiß eines Tigers vor sich hatte (*Weisenborn, »Der Verfolger«*) Как если бы он с куском сахара на ладони приближался к морде лошади и вдруг обнаружил перед собой оскал тигра. **wahrnehmen** *высок.* замечать (и осознавать значение замеченного); *напр.:* als er den Betrug wahrnahm, zitterten ihm die Knie когда он заметил обман, у него задрожали колени; er hatte von dem ganzen Streit nichts wahrgenommen спор как бы прошел мимо его сознания □ ...aber er zweifelte nicht, daß Narziß an dem Schüler Goldmund Besonderes wahrgenommen habe (*Hesse, »Narziß«*) ...но он не сомневался, что Нарцисс заметил в ученике Златоусте нечто особенное. **gewahren** *высок.* заметить что-л. в ком-л.; *напр.:* j-s Erregung, j-s Erschütterung, j-s Zögern gewahren заметить чье-л. возбуждение, потрясение, чье-л. колебания; allmählich gewahrten wir eine Änderung in seinem Wesen, die uns erstaunte постепенно мы стали замечать в нем перемену, которая нас удивила. **innewerden** *книжн.* ≃ wahrnehmen, *но больше подчеркивает осознание замеченного; напр.:* sie begann ihrer Einsamkeit innezuwerden она стала замечать [ощущать] свое одиночество; endlich wurde sie des Schweigens inne наконец она заметила (наступившее) молчание; plötzlich wurde er inne, daß es schon dunkel geworden war вдруг он осознал, что уже стемнело

merken ² *см.* behalten

Merkmal признак, примета
das Merkmal — das Zeichen — das Kennzeichen — das Wahrzeichen — das Anzeichen — das S y m p t o m

Merkmal *индифф. синоним; напр.:* ein typisches, charakteristisches, wesentliches Merkmal типичный, характерный, существенный признак; bestimmte Merkmale haben, aufweisen иметь, обнаруживать [проявлять] определенные признаки [приметы]; als Merkmal für die Echtheit von etw. dienen служить признаком подлинности чего-л.; er hat keine besonderen Merkmale у него нет особых примет; an diesem Merkmal hat sie ihn erkannt по этой примете она его узнала □ Wissenschaft heißt Unterscheidungskunst. Zum Beispiel an jedem Menschen die Merkmale finden, die ihn von den anderen unterscheiden, heißt ihn erkennen (*Hesse, »Narziß«*) Наука есть искусство различать. Найти, например, в каждом человеке признаки, отличающие его от других, — значит познать его. **Zeichen** знак, внешне обнаруживающийся признак; *напр.:* ein deutliches, klares Zeichen очевидный, явный знак; ein Zeichen von Großzügigkeit, von Schwäche, von Unsicherheit (внешний) признак щедрости, слабости, неуверенности; wenn nicht alle Zeichen trügen, gibt es heute noch ein Gewitter если все признаки не обманывают, то еще сегодня будет гроза. **Kennzeichen** отличительный (при-)знак; *напр.:* die typischen Kennzeichen eines Genies, einer Krankheit типичные (отличительные) признаки гения, болезни; das Kennzeichen unserer Zeit ist ihr Tempo отличительным признаком нашего времени является его темп. **Wahrzeichen** характерная примета, символ чего-л.; *напр.:* das Wahrzeichen einer Stadt характерная примета города; der Petersdom ist das Wahrzeichen von Rom собор св. Петра — характерная примета Рима. **Anzeichen** (первый, начальный) признак; признак того, что предстоит, наступит; *напр.*: alle Anzeichen sprechen für einen strengen Winter все признаки говорят о предстоящей суровой зиме; wenn nicht alle Anzeichen trügen, bekommen wir Regen если все признаки не обманывают, будет дождь; Fieber ist oft das erste Anzeichen einer Krankheit повышенная температура часто бывает первым признаком (начала) болезни ☐ Aus unscheinbaren Anzeichen die Nähe menschlicher Wohnungen zu erkennen... das waren Künste, in welchen Viktor es zur Meisterschaft gebracht hatte (*Hesse*, »*Narziß*«) По неприметным признакам узнать близость человеческого жилья... это было искусство, в котором Виктор достиг совершенства. **Symptom** *книжн.* симптом; *напр.*: alle Symptome sprechen für Scharlach все симптомы говорят за скарлатину; die andauernde Inflation war ein ernstes Symptom der Wirtschaftskrise продолжающаяся инфляция была серьезным симптомом экономического кризиса

merkwürdig странный
merkwürdig — ungewöhnlich — sonderbar — seltsam — eigenartig — eigentümlich — eigen — fremdartig — absonderlich — wunderlich — komisch
merkwürdig индифф. синоним; *напр.*: ein merkwürdiger Mensch, Zwischenfall, Gedanke странный человек, случай, странная мысль; sein Verhalten kommt mir merkwürdig vor его поведение кажется мне странным; er legt eine merkwürdige Ruhe an den Tag он проявляет странное спокойствие; das finde ich merkwürdig я нахожу это странным ☐ Er sprach Ungarisch. Auch das war merkwürdig (*Kellermann*, »*Tunnel*«) Он говорил на венгерском. Это тоже было странным. »Maud?« sagte er halblaut, und der Name klang merkwürdig in seinen Ohren (*ebenda*) »Мод?» — сказал он вполголоса, и имя прозвучало странно для его слуха. **ungewöhnlich** необычный, необычайный; *напр.*: eine ungewöhnliche Hitze, Kälte необычная [необычайная] жара, необычайный [необычайный] холод; er ist ein ungewöhnlicher Mensch он необыкновенный человек; er behandelte uns mit ungewöhnlicher Freundlichkeit он обошелся с нами необычайно приветливо. **sonderbar** ≅ merkwürdig *подчёркивает, что кто-л., что-л. является иным, чем все остальные*; *напр.*: ein sonderbares Benehmen странное поведение; ein sonderbarer Mensch странный [какой-то особенный] человек; ein sonderbares Naturereignis странное явление природы; sonderbar! странно!; warum siehst du mich so sonderbar an? почему ты так странно на меня смотришь? ☐ ...es ist sonderbar, daß niemand verletzt wurde (*Kellermann*, »*Tunnel*«) ...удивительно, что никто не был ранен. Eva saß neben mir, in Reichweite. Sie saß sonderbar still. Es war, als sei sie tot, so still saß sie (*Weisenborn*, »*Der Verfolger*«) Ева сидела рядом со мной, совсем близко. Она сидела странно тихо. Казалось, что она умерла, так тихо она сидела. **seltsam** ≅ merkwürdig, *но подчёркивает, что кто-л., что-л. кажется странным из-за редкости данного явления*; *напр.*: ein seltsamer Mensch редкостный человек; eine seltsame Geschichte странная история; das kommt mir seltsam vor это кажется мне странным ☐ »Und was willst du lernen?« Christa... hob... das Gesicht und lächelte seltsam (*Brězan*, »*Christa*«) «И чему же ты хочешь учиться?» Криста... подняла... голову и странно улыбнулась. **eigenartig** своеобразный; *напр.*: ein eigenartiges Wesen своеобразное существо; eine eigenartige Ausdrucksweise своеобразная манера выражаться; eine eigenartige Landschaft своеобразный ландшафт; das finde ich eigenartig это я нахожу странным ☐ Ich hatte auf einmal das Gefühl, daß er unseren Plan erraten hatte. Er reagierte eigenartig. War er etwa ein Betriebsspitzel? (*Weisenborn*, »*Der Verfolger*«) Вдруг у меня появилось такое чувство, что он догадался о нашем плане. Он отреагировал своеобразно. Уж не был ли он шпиком на предприятии? **eigentümlich** ≅ merkwürdig, *но подчёркивает, что кто-л., что-л. обладает только ему одному свойственными чертами и кажется поэтому странным*; *напр.*: ein eigentümlicher Mensch странный человек; eine eigentümliche Sache странная вещь; ein eigentümliches Lächeln странная улыбка; ein eigentümlicher Reiz ging von ihr aus странное обаяние исходило от неё; hier riecht es eigentümlich здесь странно пахнет ☐ »Sie sind eigentümlich, Herr Landvermesser«, sagte die Wirtin. »Sie verlangen Unmögliches« (*Kafka*, »*Das Schloß*«) «Вы странный человек, господин землемер, — сказала хозяйка. — Вы требуете невозможного». **eigen** особый, своеобразный; *напр.*: das war eine eigene Geschichte это была особая история; sie hat so eine eigene Art, einen anzublicken у неё такая особая манера смотреть на человека; er ist ein ganz eigener Mensch он совсем особый человек; damit ist es ein eigen Ding *устаревает* это уж особая статья; mir ist eigen zumute у меня как-то чудно на душе. **fremdartig** чужеродный, чуждый; *напр.*: eine fremdartige Aussprache чуждое произношение; sie ist von fremdartigem Reiz в ней есть необычная [экзотическая] прелесть. **absonderlich** странный, особенный, особый *подчёркивает, что кто-л., что-л. представляет собой отклонение от нормы*; *напр.*: ein absonderlicher Mensch странный человек, человек со странностями; absonderliche Gewohnheiten, Formen странные [особые] привычки, формы; seine Vorstellung von der Sache erschien mir absonderlich его представление о деле показалось мне очень странным; daran finde ich nichts Absonderliches я не нахожу в этом ничего странного [особенного]. **wunderlich** диковинный, в высшей степени странный; *напр.*: ein wunderlicher Mensch в высшей степени странный человек; ein wunderliches Abenteuer диковинное приключение; der Alte wird jetzt etwas wunderlich старик становится несколько чудаковатым; damit ging es wunderlich zu с этим произошли диковинные вещи ☐ Aber dennoch war es ihm wunderlich und ein wenig traurig, daß überall Liebe so sehr vergänglich war (*Hesse*, »*Narziß*«) Но всё же ему было диковинно и немного грустно, что любовь повсюду столь преходяща. **komisch** *разг.* чудной; *напр.*: er ist ein komischer Mensch он чудной человек; sie hat einen komischen Geschmack у неё чудной вкус ☐ Komisch, eine Bühne ohne Menschen. Hab ich noch nie gesehen (*Weisenborn*, »*Der Verfolger*«) Чудно, сцена без людей. Никогда ещё не видела

meschugge *см.* verrückt
Messe I *см.* Markt
Messe II *см.* Gottesdienst
messen мерить, измерять
messen — abmessen — ausmessen — durchmessen — nachmessen — aufmessen — anmessen

messen индифф. синоним; *напр.*: die Breite, die Länge, die Geschwindigkeit, die Temperatur messen мерить ширину, длину, скорость, температуру; etw. mit einem Zentimetermaß messen измерять что-л. сантиметром; etw. genau messen измерять что-л. точно ☐ Die Strecke zwischen Palenque und der Plantage, in der Luftlinie gemessen, beträgt kaum siebzig Meilen... (*Frisch*, »*Homo faber*«) Расстояние между Паленке и плантацией, измеренное по кратчайшей прямой, составляет едва ли семьдесят миль... Meine Zelle — ich habe sie eben mit meinem Schuh gemessen, der nicht ganz dreißig Zentimeter hat — ist klein wie alles in diesem Land, sauber (*Frisch*, »*Stiller*«) Моя камера — я только что измерил её ботинком, в котором немного меньше тридцати сантиметров, — маленькая, как всё в этой стране, чистенькая. »Oh, was machst du für Augen. Sprich doch!« Goldmund maß ihn mit kühlem Blick (*Hesse*, »*Narziß*«) «О, какие ты делаешь глаза. Говори же!» Златоуст

смерил его холодным взглядом. **abmessen** a) измерить от начала до конца, обмерить весь предмет; *напр.*: die Länge abmessen измерить всю длину; ein Stück Land abmessen обмерить всю площадь участка земли; den Schaden abmessen измерить весь ущерб; b) отмерять *(отделив часть от целого)*; *напр.*: 3 Meter Tuch (vom Ballen) abmessen отмерить 3 метра сукна (и отрезать от штуки, от рулона). **ausmessen** вымерить *(точно измерить площадь, объем или расстояние)*; *напр.*: ein Grundstück, einen Raum ausmessen измерить площадь участка, кубатуру помещения; eine Entfernung mit Schritten ausmessen измерить расстояние шагами. **durchmessen** тщательно измерить от начала до конца; *напр.*: er maß die Strecke immer wieder durch он все снова и снова тщательно измерял расстояние. **nachmessen** измерять еще раз для контроля; *напр.*: die Entfernung wurde nachgemessen, sie war ganz genau расстояние было измерено еще раз, оно было абсолютно точным. **aufmessen** *стр.* замерить, снять размеры с чего-л. *(измерить каждое помещение здания и т. п.)*; *напр.*: ein Haus aufmessen измерить все помещения дома; die Baulichkeiten wurden genau aufgemessen постройки были точно замерены. **anmessen** *астр.* измерять (на расстоянии); *напр.*: einen Planeten anmessen измерить (другую) планету; mit Radarwellen den Mond anmessen измерять Луну при помощи радара
metaphorisch *см.* übertragen I
Methode *см.* Verfahren
methodisch *см.* planmäßig
Metier *см.* Beruf
Metropole *см.* Stadt
Metzelei *см.* Schlacht
Meuchelmörder *см.* Mörder
meucheln *см.* töten
Meuchler *см.* Mörder
Meute *см.* Menge ³
Meuterei *см.* Aufstand
meutern *см.* erheben, sich ²
mick(e)rig *см.* rückständig
mies *см.* schlecht ¹
mieten нанимать, снимать
mieten — heuern — pachten — chartern
mieten *индифф. синоним*; *напр.*: einen Raum, ein ganzes Haus, ein Zimmer mieten снимать помещение, целый дом, комнату; einen Wagen, ein Boot mieten нанять машину [карету], лодку □ Ein Liebespaar... hat eine Gondel voll Musikanten gemietet... (*Frisch, »Stiller«*) Пара влюбленных... наняла гондолу, полную музыкантов... Einem Einfall folgend, mietete er ein Pferd und ritt in das Kloster hinaus, wo er einst zum erstenmal ein Werk des Meisters gesehen... hatte (*Hesse, »Narziß«*) Следуя порыву, он нанял верховую лошадь и поскакал в монастырь, где когда-то впервые увидел произведение мастера. **heuern** *устаревает* ≅ mieten, *но тк. о судне*; *напр.*: ein Schiff heuern нанять [зафрахтовать] судно; sie heuerten einen Schlepper они наняли буксир. **pachten** арендовать; *напр.*: ein Grundstück, ein Hotel pachten арендовать участок земли, гостиницу. **chartern** [ʃ-] ≅ mieten, *но тк. о судне или самолете*; *напр.*: ein Schiff, einen Dampfer für eine Ferienreise chartern нанять [зафрахтовать] судно, пароход для путешествия во время отпуска; eine Maschine der Lufthansa chartern зафрахтовать самолет компании «Люфтганза»; für j-n ein Motorboot chartern нанять для кого-л. моторную лодку
Mieter наниматель, квартиросъемщик; жилец
der Mieter — der Mitmieter — der Dauermieter — der Hauptmieter — der Untermieter — der Aftermieter
Mieter *индифф. синоним*; *напр.*: ein unbequemer, rücksichtsvoller Mieter неудобный, внимательный к другим жилец; einem Mieter kündigen отказать жильцу в квартире; sich über einen Mieter beschweren жаловаться на квартиросъемщика. **Mitmieter** жилец, проживающий в квартире на равных правах с другими жильцами; сонаниматель *офиц.*; *напр.*: □ Herr Wendehals möchte doch lieber sicherheitshalber als Mitmieter in dem Vertrag über die Wohnung von Monika Meise genannt sein (*Göhler, »Er wohnt bei mir«, Wp 27/1973*) Господин Вендехальс хотел бы для верности быть обозначенным в жилищном договоре Моники Мейзе в качестве сонанимателя. **Dauermieter** постоянный жилец, жилец на неопределенно долгое время; *напр.*: sie waren Dauermieter, manche glaubten, sie wären die Hausbesitzer они были постоянными жильцами, некоторые думали, что они и есть домовладельцы. **Hauptmieter** (основной) квартиросъемщик, сдающий часть квартиры [дома] другим жильцам; *напр.*: die Untermieterin wollte vor dem Einzug mit dem Hauptmieter über Küchenbenutzung sprechen квартирантка хотела до въезда поговорить с основным квартиросъемщиком насчет права пользоваться кухней. **Untermieter** квартирант, жилец, снимающий комнату у другого жильца — основного квартиросъемщика; поднаниматель *офиц.*; *напр.*: □ Nichts fand sich hier, was diesen Mann von anderen Untermietern unterschieden hätte (*Weisenborn, »Der Verfolger«*) Нельзя было обнаружить ничего, что отличало бы этого человека от других квартирантов. **Aftermieter** *уст.* = Untermieter
Mietling *см.* Söldner
Mietshaus *см.* Haus
Mietskaserne *см.* Haus
mild¹ мягкий *(умеренный по своим свойствам, в своих проявлениях)*

mild — sanft — weich — gedämpft — gelind — lind — zahm
mild *индифф. синоним*; *напр.*: mildes Licht мягкий свет; milde Farben мягкие краски; ein mildes Klima мягкий климат; es wird einen milden Winter geben будет мягкая зима; es tut gut, in der milden Sonne zu sitzen приятно сидеть на нежарком солнце; aus welcher Quelle stammt diese, milde gesagt, merkwürdige Behauptung? из какого источника взято это, мягко говоря, странное утверждение? □ ...und als er... weiterwollte, hielt sie ihn zurück, da in diesen Tagen der Mond wechsle und es gewiß milderes Wetter geben werde (*Hesse, »Narziß«*) ...и когда он... захотел отправиться дальше, она удержала его, так как в эти дни было новолуние и погода, конечно, станет мягче. **sanft** нежный (и поэтому мягкий, приятный); *напр.*: sanftes Licht мягкий свет; sanfte Farben нежные краски; eine sanfte Stimme нежный голос; ein sanfter Regen несильный дождь □ Der General fühlte den sanften Druck ihrer Hand im Herzen (*Kellermann, »Der 9. November«*) Генерал сердцем ощутил нежное пожатие ее руки. Und er schob Diederich sanft hinaus (*H. Mann, »Untertan«*) И он мягко подтолкнул Дидериха к выходу. **weich** мягкий *(как бы физически ощущаемый)*; *напр.*: ein weicher Klang мягкое звучание; ein weicher Wind ласковый ветерок; eine weiche Stimme мягкий голос □ Weich und fein klang Ruths Stimme (*Kellermann, »Der 9. November«*) Мягко и изысканно звучал голос Рут. Ihre braunen Augen, die weichen, leuchtenden Augen der Sommerstorf, waren voller Erstaunen auf den General gerichtet (*ebenda*) Ее карие глаза, мягкие, блестящие глаза Зоммерсторфов, полные удивления, были обращены на генерала. ...weich und schneeig fiel das Licht durch die Glasdecke (*ebenda*) ...мягкий и белоснежный свет падал сквозь стеклянный потолок. **gedämpft** приглушенный; *напр.*: gedämpfte Farben приглушенные краски; gedämpftes Licht приглушенный свет; mit gedämpfter Stimme sprechen разговаривать приглушенным голосом; man hörte ein gedämpftes Lachen был слышен приглушенный смех; die Geräusche dringen nur gedämpft herein звуки доходят сюда приглушенно □ ...immer aber war es zauberhaft schön und verlockend, dies kurze gedämpfte Aufblinken versunkener Goldschätze im nassen schwarzen Grunde (*Hesse, »Narziß«*) ...но всегда были волшебно прекрасными и заманчивыми эти короткие приглушенные вспышки сверкания золотых кладов, лежащих затонувшими на мокром черном дне. **gelind** несильный, мягкий; *напр.*: ein gelinder Regen несильный дождь;

gelinde Wärme несильная жара; gelinde Witterung мягкая погода; gelinde gesagt мягко говоря; die Luft war still und gelinde воздух был спокоен и мягок ☐ Mit diesen Worten schob ihn der Vater ganz gelinde zur Bude hinaus (*Hauff*, »*Der Zwerg Nase*«) И с этими словами отец легонько вытолкнул его из лавки. **lind** поэт. ≅ mild; *напр.*: ein linder Regen мягкий [несильный] дождь; eine linde Stimme мягкий голос ☐ (*der Kachelofen*) ...verbreitete in dem... karg möblierten Zimmer eine linde Wärme (*Th. Mann*, »*Königliche Hoheit*«) (*кафельная печь*) ...распространяла по... скупо обставленной комнате мягкое тепло. **zahm** *разг.* = mild, *но употр. в определенных сочетаниях*; *напр.*: eine zahme Kritik мягкая [беззубая] критика; eine zahme Gesinnung умеренный образ мыслей

mild [2] мягкий (*о людях, их характере, поступках*); нестрогий
mild — sanft — sanftmütig — nachsichtig — geduldig — gnädig — barmherzig

mild *индифф. синоним*; *напр.*: ein milder Richter, Herrscher, Erzieher мягкий [добрый] судья, властитель, воспитатель; eine milde Strafe мягкое наказание; milde Worte мягкие [нестрогие] слова; j-n mild behandeln обращаться с кем-л. мягко; j-n mit milder Strenge erziehen воспитывать кого-л. с мягкой строгостью; er kam mit einem milden Verweis davon он отделался небольшим взысканием ☐ Maria Stuart versucht, milde zu sein (*St. Zweig*, »*Maria Stuart*«) Мария Стюарт пытается быть мягкой. »Nachher, mein Sohn«, sagte der General wieder milder und ging (*Kellermann*, »*Der 9. November*«) «После, сын мой», — сказал генерал еще раз мягче и ушел. Was er vom Lebenswandel Goldmunds erfuhr... konnte ihn nicht milder stimmen (*Hesse*, »*Narziß*«) То, что он узнал о жизни Златоуста... не могло настроить его мягче. **sanft** нежный, мягкий; *напр.*: er hat ein sanftes Herz у него нежное [мягкое] сердце; sie sprach sehr sanft mit dem Kind она очень мягко разговаривала с ребенком ☐ ...der ganze Bursche machte einen ebenso sanften und versöhnlichen Eindruck (*Kellermann*, »*Der 9. November*«) ...все в юноше производило такое же впечатление мягкости и примирительности. Außen freundlich und sanft, aber innen gierig und trocken (*Fallada*, »*Wolf u. Wölfen*«) Внешне приветливая и мягкая, а по существу жадная и сухая. **sanftmütig** мягкосердечный, добросердечный; *напр.*: eine sanftmütige Frau добросердечная женщина; seine Mutter war sehr sanftmütig его мать была очень мягкосердечна ☐ »Ihr sehet das Schloß an?« fragte er sanftmütiger, als K. erwartet hatte (*Kafka*, »*Das Schloß*«) «Вы смотрите на замок?» — спросил он добросердечнее, чем ожидал К. Sanftmütiger geworden, ließ er auf dem Rückweg die Gehilfen tun, was sie wollten (*ebenda*) Смягчившись, он на обратном пути разрешил помощникам делать, что они хотели. **nachsichtig** готовый понять и простить, снисходительный (*к поступкам и т. п.*); *напр.*: nachsichtige Eltern снисходительные родители; eine nachsichtige Behandlung чуткое [снисходительное] обращение; gegen j-n nachsichtig sein быть к кому-л. нестрогим, проявить чуткость к кому-л. **geduldig** терпеливый; *напр.*: ein geduldiger Lehrer, Erzieher, Vater терпеливый учитель, воспитатель, отец; j-m geduldig zuhören слушать кого-л. терпеливо. **gnädig** *часто ирон.* милостивый; *напр.*: gnädige Frau милостивая государыня; eine gnädige Strafe (незаслуженно) мягкое наказание; j-n gnädig stimmen настроить милостиво, умилостивить кого-л.; j-n gnädig anhören милостиво выслушать кого-л.; gnädig lächeln, nicken милостиво улыбаться, кивать; er war so gnädig, mir die Hand zu geben он был столь милостив, что (по)дал мне руку. **barmherzig** *высок.*, *рел.* милосердный; *напр.*: ein barmherziger Mensch милосердный человек; eine barmherzige Tat милосердный поступок; mit j-m, gegen j-n barmherzig sein быть с кем-л., к кому-л. милосердным; смиловаться над кем-л.

mildern смягчать, умерять
mildern — abmildern — dämpfen — erleichtern — lindern

mildern *индифф. синоним*; *напр.*: die Stimme, den Lärm, das Licht mildern смягчать голос, приглушать шум, убавлять свет; einen Anprall, einen Stoß mildern амортизировать столкновение, удар; die Wirkung mildern умерить воздействие (чего-л.); den Eindruck mildern смягчить впечатления (от чего-л.); j-s Zorn mildern смягчить чей-л. гнев; diese Textstelle muß noch etwas gemildert werden это место в тексте следует еще немного смягчить; die Medizin hat seine Schmerzen gemildert лекарство облегчило его боль ☐ In historisch kurzer Zeit wurden Unterschiede im Bildungsstand... das Ergebnis kapitalistischer Vergangenheit, entscheidend gemildert (»*DDR: 1. Januar 1971*«, *Wp 41/1972*) В исторически короткий срок различия в уровне образования... являющиеся наследием капиталистического прошлого, были в значительной мере стерты. **abmildern** несколько смягчить, немного уменьшить; *напр.*: den Druck, den Lärm abmildern несколько уменьшить [ослабить] давление, уменьшить шум; einen schlechten Eindruck, eine scharfe Äußerung abmildern (немного) смягчить плохое впечатление, резкое высказывание. **dämpfen** приглушать, *напр.*: den Lärm, das Lachen dämpfen приглушать шум, смех; den Zorn, die Freude, die Aufregung dämpfen умерять гнев, радость, возбуждение; dicke Teppiche dämpfen den Schritt толстые ковры приглушают звук шагов; ich muß deinen Optimismus dämpfen я должен умерить твой оптимизм ☐ »Wie!« rief K. und dämpfte sofort die Stimme, da Olga bittend die Hand hob (*Kafka*, »*Das Schloß*«) «Как!» — вскричал К. и тут же приглушил голос, так как Ольга умоляюще подняла руку. **erleichtern** облегчать; *напр.*: eine Spritze hat ihm sein Leiden erleichtert укол облегчил ему страдание. **lindern** (несколько) смягчать, облегчать, делать выносимым; *напр.*: Schmerzen lindern смягчать боли; Not, Elend lindern облегчать бедственное, тяжелое положение; die Tabletten haben die Schmerzen nicht gelindert таблетки не смягчили боль ☐ Wandern, wandern, marschieren, Luft atmen, müde werden, neue Bilder sehen... das würde vielleicht seine tiefe Bedrücktheit lindern (*Hesse*, »*Narziß*«) Ходить, ходить, шагать, дышать воздухом, уставать, видеть новые картины... возможно, это умерило бы его глубокую подавленность

Milieu *см.* Umwelt
Mime *см.* Schauspieler
mimen *см.* spielen [2]
mimosenhaft *см.* empfindlich [1]
Minderjähriger *см.* junger Mann
mindern *см.* verkleinern [1, 2]
minderwertig [1] неполноценный, недоброкачественный, низкосортный
minderwertig — wertlos

minderwertig *индифф. синоним*; *напр.*: minderwertige Waren, Produkte неполноценные [низкосортные] товары, продукты; sich minderwertig fühlen чувствовать себя неполноценным; sie haben für die Konserven minderwertiges Fleisch verwendet они употребили на консервы низкосортное мясо; er ist ein ganz minderwertiges Subjekt он субъект самого худшего сорта. **wertlos** ничего не стоящий; *напр.*: wertlose Geldscheine обесцененные бумажные деньги; eine wertlose Nachahmung ничего не стоящая подделка; ein wertloser Mensch нестоящий человек; solche unvollständigen Angaben sind für mich wertlos такие неполные данные ничего мне не дают
minderwertig [2] *см.* schlecht [1]
Mine *см.* Grube
Minne *см.* Liebe
Misanthrop *см.* Menschenfeind
mischen (,sich) мешать(ся), смешивать(ся)
(sich) mischen — (sich) beimischen — (sich) vermischen — einmischen — untermischen — (sich) mengen — beimengen — vermengen — mixen — zusammenwerfen

(sich) **mischen** *индифф. синоним*; *напр.*: Wasser und Wein, Wasser mit

MISCHEN (‚SICH)

Wein mischen смешать воду и вино, воду с вином; verschiedene Farben miteinander mischen смешивать различные краски; Wasser in den Wein mischen подмешать воду в вино; der Bauer mischt Futter aus Hafer und Häcksel крестьянин готовит корм, смешивая овес и сечку; Öl und Wasser mischen sich nicht масло и вода не смешиваются; er mischte sich unter die Zuhörer он смешался со слушателями; er mischte einen Cocktail он сбивал коктейль ▫ Seine Kameraden... machten sich mit lateinischen Redensarten wichtig, die sie in die Unterhaltung mischten (Hesse, »Narziß«) Его товарищи... важничали, щеголяя латинскими выражениями, которыми они пересыпали разговор. (sich) beimischen подмешивать(ся); добавлять что-л. к чему-л. ⟨то, к чему подмешивают, выражено дополнением в Dat., а то, что подмешивают, — дополнением в Akk.⟩; напр.: einer Teesorte eine andere beimischen подмешать к одному сорту чая другой; einer Farbe eine andere beimischen подмешать к одной краске другую; seit kurzem mischten sich unserer sauberen Waldluft die Abgase einer chemischen Fabrik bei с недавнего времени в нашем чистом лесном воздухе стали появляться примеси газов, выбрасываемых химзаводом; seinen Worten war viel Bitterkeit beigemischt к его словам примешалось много горечи. (sich) vermischen смешивать(ся); напр.: das Mehl wird mit der Butter, etwas Salz und einem Ei vermischt und zu einem Teig geknetet мука тщательно перемешивается с маслом, солью (по вкусу) и одним яйцом, и месится тесто; du hast wieder alles vermischt ты снова все смешал; diese beiden Völker haben sich miteinander vermischt оба эти народа смешались друг с другом ▫ ...der Duft des Flieders vermischte sich leider mit dem Sirupgeruch... (Th. Mann, »Buddenbrooks«) Аромат сирени смешивался, к сожалению, с запахом сиропа. einmischen вмешать, смешать, добавив что-л. внутрь чего-л.; напр.: etwas Zitronensaft und Zucker in den Quark einmischen вмешать немного лимонного сока и сахара в творог; geschlagenes Eiweiß einmischen перемешать, влив взбитые белки. untermischen подмешивать ⟨значения и форма дополнений такие же, как у beimischen⟩; напр.: dem Quark etwas Zitronensaft und Zucker untermischen добавить в творог немного лимонного сока и сахара. (sich) mengen ≅ (sich) mischen, но употр. реже, обыкн. один из компонентов — сухое вещество; часто перен.; напр.: Zement und Sand, Zement mit Sand mengen смешивать цемент и песок, цемент с песком; Rosinen in den Teig mengen подмешать изюм в тесто; du mengst immer eins ins andere! ты всегда мешаешь одно с другим! beimengen ≅ beimischen; напр.: dem Weizenmehl Roggenmehl beimengen подмешать в пшеничную муку ржаную; dem Sauerstoff sind verschiedene andere Gase beigemengt с кислородом смешаны различные другие газы. vermengen ≅ mengen подчеркивает интенсивность действия; напр.: alle Zutaten sind beim Kochen gut miteinander zu vermengen все приправы следует при варке хорошо перемешать друг с другом; er hat zwei völlig verschiedene Begriffe vermengt он смешал два совершенно разных понятия; du vermengst ja wieder alles! ты не снова все путаешь! mixen = mischen (чаще о напитках и перен.); напр.: einen Cocktail mixen смешать [сбить] коктейль; er mixte sich, den Gästen einen starken Punsch он приготовил себе, гостям крепкий пунш; die Zutaten zum Kuchen werden in dieser Schüssel gemixt приправы к пирогу смешивают в этой миске; die Veranstalter haben ein buntes Programm gemixt устроители смешали все в пестрой программе. zusammenwerfen мешать все вместе, бросать в одну кучу; напр.: du darfst nicht alles zusammenwerfen не мешай все в одну кучу

Mischpoke см. Verwandtschaft
miserabel см. schlecht [1, 2, 3]
Misere см. Armut
mißachten [1] (умышленно) не обращать внимания, не принимать во внимание

mißachten — überhören — übersehen

mißachten индифф. синоним; напр.: ein Verbot, eine Verordnung, einen Befehl mißachten не обращать внимания на [игнорировать] запрещение, указание, приказ; er mißachtete die Gefahr он пренебрег опасностью. überhören не услышать, прослушать, не обратить внимания на услышанное (тж. сделав вид, что не услышал); напр.: eine Mahnung, eine Bemerkung überhören не услышать [пропустить мимо ушей] предостережение, замечание; er überhörte den Spott он не обратил внимания на [он сделал вид, что не слышит] насмешку. übersehen не обратить внимания на увиденное (тж. сделав вид, что не видел, не заметил); напр.: eine Taktlosigkeit übersehen (постараться) не заметить бестактность; sie ist beleidigt, weil du sie bei der Begrüßung übersehen hast она оскорблена тем, что, здороваясь с другими, ты не заметил ее

mißachten [2] см. verachten
Mißachtung см. Verachtung
mißbilligen см. tadeln
mißbilligend неодобрительный
mißbilligend — mißfällig

mißbilligend индифф. синоним; напр.: ein mißbilligender Blick неодобрительный взгляд; den Kopf mißbilligend schütteln неодобрительно покачать головой; mißbilligend zusehen, wie... смотреть неодобрительно, как...; seine Augen blickten mißbilligend его глаза смотрели с неодобрением. mißfällig (устаревает) выражающий неудовольствие, с неудовольствием; напр.: eine mißfällige Bemerkung, Äußerung замечание, высказывание, выражающее неудовольствие; sie sprach mißfällig über ihn она говорила о нем с неудовольствием

Mißbilligung см. Tadel
Mißbrauch злоупотребление
der Mißbrauch — der Übergriff

Mißbrauch индифф. синоним; напр.: der Mißbrauch von Medikamenten, von Alkohol злоупотребление лекарствами, алкоголем; den Mißbrauch eines Amtes bestrafen наказать за злоупотребление служебным положением; er treibt Mißbrauch mit seiner Stellung он злоупотребляет своим положением; er wollte Mißbräuche beseitigen он хотел устранить злоупотребления; Mißbräuche wurden aufgedeckt und ausgerottet злоупотребления были вскрыты и пресечены. Übergriff злоупотребление властью, превышение власти, своих полномочий; напр.: sich (D) Übergriffe erlauben, zuschulden kommen lassen позволять себе, допускать злоупотребление властью; er mußte sich wegen mancher Übergriffe verantworten ему пришлось отвечать за случаи злоупотребления властью

mißdeuten см. verfälschen
missen см. vermissen
Mißerfolg см. Niederlage
Missetat см. Verbrechen
Missetäter см. Verbrecher
Mißfallen см. Tadel
mißfällig см. mißbilligend
Mißgeschick см. Unglück [1]
mißgestaltet см. häßlich
mißglücken см. mißlingen
Mißgriff см. Fehler [2]
Mißgunst см. Neid
mißhellig см. uneinig
Mission см. Auftrag [1]
Mißklang см. Unstimmigkeit
Mißkredit см. Mißtrauen
mißlich см. unangenehm [1]
mißlingen не удаваться

mißlingen — mißglücken — mißraten — scheitern — fehlschlagen — sich zerschlagen — danebengelingen — danebenglücken — danebengeraten — schiefgehen — danebengehen — auffliegen

mißlingen индифф. синоним; напр.: ein Versuch, ein Plan, eine Arbeit mißlingt эксперимент, план, работа не удается; dieses Unternehmen mußte mißlingen это предприятие не могло удаться; das Porträt ist dem Maler mißlungen портрет не удался художнику; sie versuchte ein Lächeln, aber es mißlang она попыталась улыбнуться, но ей это не удалось. mißglücken ≅ mißlingen, но чаще употр. по отношению к действиям и выражает сожаление по поводу неудачи; напр.: ein Versuch ist mißglückt эксперимент не удался; alles, was ich anfange, mißglückt во всем, что бы я ни начинал, мне не везет. **mißraten** = mißlingen, но употр. по отношению к предметам, а тж. к детям; напр.: der Kuchen ist mißraten пирог не удался; dieses Bild ist ihm mißraten эта картина не удалась ему; die Eltern sind anständige Leute, der Sohn aber ist mißraten родители приличные люди, а сын неудачный. **scheitern** полностью, окончательно не удаться, провалиться; напр.: der Plan scheiterte план провалился; alle seine Hoffnungen sind gescheitert все его надежды окончательно рухнули; auch der letzte Versuch, die Verunglückten zu retten, scheiterte последняя попытка спасти пострадавших также потерпела неудачу. **fehlschlagen** не оправдаться, не оправдать чьих-л. ожиданий, расчетов и т. п.; не дать желаемых результатов; напр.: der Versuch ist fehlgeschlagen эксперимент не дал желаемых результатов; die Operation ist fehlgeschlagen операция не оправдала ожиданий; meine Erwartung schlug fehl мои ожидания не оправдались; alle ihre Bemühungen, ihn zu überzeugen, schlugen fehl ее старания убедить его не удались. **sich zerschlagen** срываться, не сбываться; напр.: meine Pläne zerschlugen sich мои планы не сбылись [сорвались]; seine Hoffnung auf die Rückkehr zerschlug sich его надежда на возвращение разбилась; das Verlöbnis zerschlug sich wieder помолвка снова расстроилась; die Sache hat sich wieder zerschlagen дело снова сорвалось. **danebengelingen** разг. шутл. ≃ mißlingen; напр.: der Versuch ist ihm danebengelungen опыт ему не удался. **danebenglücken** разг. шутл. ≃ mißglücken; напр.: er wollte ein Kunststück zeigen, leider ist es ihm danebengeglückt он хотел показать фокус, но, к сожалению, ничего из этого не вышло. **danebengeraten** разг. ≃ mißraten; напр.: der Kuchen ist danebengeraten пирог плохо получился [не удался]. **schiefgehen** разг. не выходить, не получаться; напр.: die Sache ist schiefgegangen дело не вышло, из этого дела ничего не вышло; alles ist schiefgegangen все пошло наперекосяк, ничего не получилось. **danebengehen** разг. ≃ mißlingen; напр.: diesmal wird das Experiment bestimmt nicht danebengehen на этот раз эксперимент обязательно удастся; ich werde mich pünktlich zum Examen melden, aber es wird sicher danebengehen я являюсь сдавать экзамен в срок, но наверняка провалюсь. **auffliegen** разг. ≃ scheitern часто употр., когда неудачей завершается деятельность, не

совместимая с законом; напр.: das Schwindelunternehmen ist aufgeflogen мошенническое предприятие сорвалось (было разоблачено); die Verbrecherorganisation flog auf преступная организация провалилась (участники арестованы).
mißmutig см. mürrisch
mißraten см. mißlingen
Mißton см. Unstimmigkeit
Mißtrauen недоверие
das **Mißtrauen** — der **Mißkredit** — die S k e p s i s
Mißtrauen индифф. синоним; напр.: (un)begründetes, leises, tiefes Mißtrauen (не)обоснованное, легкое, глубокое недоверие; Mißtrauen haben [hegen книжн.] испытывать [питать] недоверие; j-s Mißtrauen erregen, wecken, überwinden, zerstreuen вызвать, возбудить, преодолеть, рассеять чье-л. недоверие □ Aber es lag nichts gegen ihn vor, nichts als Gerüchte, nichts als eifersüchtiges Mißtrauen der andern (Hesse, »Narziß«) Но против него не было никаких улик, ничего, кроме слухов, ничего, кроме ревнивого недоверия других. **Mißkredit** отсутствие доверия в связи с плохой репутацией кого-л., чего-л. (скомпрометировавшего себя и т. п.); напр.: in Mißkredit geraten [kommen] вызвать к себе недоверие; j-n, etw., sich in Mißkredit bringen лишить кого-л., что-л., себя доверия; er geriet bei seinen Kollegen in Mißkredit он утратил доверие своих коллег; er hat durch sein Benehmen unsere Schule in Mißkredit gebracht своим поведением он полностью подорвал доверие к нашей школе. **Skepsis** книжн. скепсис; напр.: eine gesunde Skepsis здоровый скепсис, здоровое недоверие; sie betrachteten das Warenangebot mit Skepsis они с недоверием [скептически] рассматривали выставленные товары; seine angeborene Skepsis bewahrte ihn vor leichtfertigen Beschlüssen врожденный скепсис предохранял его от опрометчивых решений.
mißtrauisch недоверчивый
mißtrauisch — **argwöhnisch**
mißtrauisch индифф. синоним; напр.: ein mißtrauischer Blick недоверчивый взгляд; mißtrauisch sein, werden быть, стать недоверчивым; er musterte mißtrauisch seine Nachbarn он недоверчиво рассматривал своих соседей □ Nur Tjaden ist mißtrauisch und reserviert (Remarque, »Im Westen«) Только Тьяден недоверчив и сдержан. Er schielt Kropp mißtrauisch an, weil er keine Ahnung hat, was der meint (ebenda) Он недоверчиво косится на Кроппа, так как не имеет представления, что тот имеет в виду. **argwöhnisch** недоверчивый (до подозрительности), подозрительный; напр.: argwöhnisch sein, werden быть, стать недоверчивым; j-n argwöhnisch machen внушать кому-л. подозрение;

er sah sie argwöhnisch an он смотрел на нее подозрительно; er machte eine argwöhnische Miene его лицо выразило недоверчивость.
mißvergnügt см. mürrisch
Mißverständnis см. Irrtum
Mist см. Dummheit
mit с
mit — nebst — samt
Синонимы данного ряда являются предлогами, управляющими Dat.
mit индифф. синоним; напр.: die Eltern mit ihren Kindern родители со своими детьми; ein Krug mit Deckel кувшин [кружка] с крышкой; er wohnt mit seiner Mutter zusammen он живет вместе с матерью; ich muß mit dir sprechen я должен с тобой поговорить. **nebst** устаревает = mit, но употр. в определенных сочетаниях, подчеркивает раздельность объединяемых предметов; напр.: sie ließ sich ihr Kapital nebst Zinsen auszahlen по ее требованию ей выплатили капитал, а равно и проценты; das Haus nebst Garten ist zu verkaufen этот дом и сад при нем продается; er kam nebst Angehörigen он приехал (вместе) с родственниками. **samt** ≃ mit, но употр. реже, подчеркивает совокупность, единство предметов; напр.: das Haus samt allem Zubehör дом со всем к нему относящимся; ich habe mein Geld samt der Brieftasche verloren я потерял деньги вместе с бумажником; er ist samt seinem Gepäck gut hier angekommen он благополучно прибыл сюда вместе со своим багажом.
mitarbeiten см. beteiligen, sich
Mitarbeiter сотрудник, сослуживец, коллега
der **Mitarbeiter** — der **Kollege**
Mitarbeiter индифф. синоним; напр.: ein guter, erfahrener, wissenschaftlicher, freier Mitarbeiter хороший, опытный, научный, внештатный сотрудник; diese Zeitung hat zehn ständige Mitarbeiter в этой газете десять постоянных сотрудников □ »Schluß mit der Probe!..« schrie der Intendant, erhob sich mit seinen Mitarbeitern... und näherte sich... dem Ausgang (Weisenborn, »Der Verfolger«) «Конец репетиции!..» — крикнул режиссер, поднялся вместе с сотрудниками... и пошел... к выходу. ...und er erwog den Plan, ihn nicht als Untergebenen, sondern als Mitarbeiter dauernd an sich zu fesseln (Hesse, »Narziß«) ...и он вынашивал план надолго привязать его к себе не как подчиненного, а как коллегу. **Kollege** сослуживец, товарищ по работе, по профессии; коллега книжн.; неол. (ГДР) при имени, фамилии, должности и обращении; напр.: ein neuer, erfahrener Kollege новый, опытный сослуживец [сотрудник, коллега]; wir sind Kollegen мы работаем вместе, мы коллеги [товарищи по работе]; ihn besuchten seine Kollegen его навеща-

MITBEWERBER 317 MITGIFT M

ли товарищи по работе; das ist unter Kollegen nicht üblich это не принято среди товарищей по работе; ist Kollege Schulze hier? (товарищ) Шульце здесь? ◻ In einem Kloster sah er ein neugemaltes Bild... Da hatte der unbekannte Kollege die Lehre aus dem gezogen, was er vom Schwarzen Tode gesehen hatte (*Hesse*, »*Narziß*«) В одном монастыре он увидел свеженарисованную картину... На ней неизвестный собрат делал выводы из того, что он видел во время чумы

Mitbewerber *см.* Rivale
mitempfinden *см.* mitfühlen
Mitempfinden *см.* Mitgefühl
mitfreuen, sich *см.* mitfühlen
mitfühlen сочувствовать, разделять чьи-л. чувства

mitfühlen — mitempfinden — nachfühlen — nachempfinden — sich mitfreuen — mitleiden — teilen — teilnehmen

mitfühlen *индифф. синоним; напр.:* j-s Unglück, j-s Schmerz mitfühlen сочувствовать чьему-л. несчастью, чьей-л. боли; j-s Glück, j-s Freude mitfühlen разделять чье-л. счастье, чью-л. радость; er fühlte ihren Kummer mit он сочувствовал ее горю [разделял ее горе]; ich kann mit Ihnen nur mitfühlen я могу только посочувствовать вам. **mitempfinden** ≅ mitfühlen, *но чаще употр. в связи с печальными событиями, чувствами; напр.:* j-s Gefühl, j-s Leid mitempfinden разделять чье-л. чувство, чье-л. страдание; ich habe deinen Schmerz über den Tod des Vaters lebhaft mitempfunden я с живым участием разделял твою боль в связи со смертью отца. **nachfühlen** (по)чувствовать то же, что, чувствовал (ранее) испытывал кто-л.; *напр.:* j-s Schmerz, j-s Freude nachfühlen (по)чувствовать ту же боль, радость (,что ранее испытал кто-л. другой); das kann mir keiner nachfühlen никто не почувствует того, что (в тот момент) чувствовал [испытывал] я. **nachempfinden** ≅ nachfühlen; *напр.:* j-s Freude, j-s Schmerz nachempfinden чувствовать ту же радость, боль (,что ранее испытал кто-л. другой); j-m nachempfinden (по)чувствовать то же самое, что испытал кто-л. (*кому сочувствуют*); das kann ich nicht nachempfinden я не могу чувствовать то же. **sich mitfreuen** разделять чье-л. чувство радости, радоваться вместе с кем-л.; *напр.:* sich über j-s Glück mitfreuen радоваться вместе с кем-л. его счастью; ich kann mich nur mitfreuen, daß dir alles gelingt я могу только порадоваться вместе с тобой, что тебе все удается. **mitleiden** ≅ mitfühlen, *но употр. тк. по отношению к лицам, терпящим страдания и т. п.; напр.:* mit j-m mitleiden сострадать кому-л.; wir litten mit den Unglücklichen mit мы сострадали несчастным. **teilen** *высок.* делить, раз-

делять (чувства); *напр.:* j-s Freude, j-s Leid, j-s Schmerzen teilen разделять чью-л. радость, чье-л. страдание, чью-л. боль; er teilte ihr Entzücken он разделял ее восторг; er ist nicht imstande, meinen Kummer zu teilen он не в состоянии разделить мое горе. **teilnehmen** *книжн.* разделять (чувства), принимать участие в ком-л.; *напр.:* an j-s Kummer, an j-s Freude, an j-s Verlust, an j-s Glück teilnehmen разделять чье-л. горе, чью-л. радость, чью-л. утрату, чье-л. счастье; sie nimmt an meinen Interessen teil ей небезразличны мои интересы; ich danke Ihnen dafür, daß Sie an meinem Schicksal teilgenommen haben благодарю вас за то, что вы приняли участие в моей судьбе

mitfühlend сочувствующий, сочувственный

mitfühlend — teilnehmend — mitleidig — barmherzig

mitfühlend *индифф. синоним; напр.:* ein mitfühlender Mensch сочувствующий [проявляющий участие] человек; ein mitfühlendes Herz участливое сердце; j-n mitfühlend ansehen сочувственно смотреть на кого-л.; er sprach einige mitfühlende Worte он сказал несколько сочувственных слов; er zeigte sich sehr mitfühlend он проявил большое участие. **teilnehmend** полный участия; с участием; *напр.:* ein teilnehmender Mensch, Blick полный участия человек, взгляд; sich teilnehmend nach j-s Befinden erkundigen с участием справляться о чьем-л. здоровье [состоянии]; er sprach teilnehmend über ihr Schicksal он с участием говорил о ее судьбе. **mitleidig** сострадательный, участливый; *напр.:* ein mitleidiger Mensch, Blick сострадательный [участливый] человек, жалостливый взгляд; ein mitleidiges Herz haben иметь чуткое (к чужим страданиям) сердце; mitleidig blicken, sprechen сочувственно смотреть, говорить сочувственно; mitleidig lächeln улыбаться сочувственно [участливо]; mitleidig half er dem Alten он участливо помог старику; er ist eine mitleidige Seele, добрая душа, всех жалеет. **barmherzig** *высок., рел.* милосердный; *напр.:* ein barmherziger Mensch милосердный человек; gegen j-n [mit j-m] barmherzig sein быть милосердным к кому-л.

Mitgefühl сочувствие

das Mitgefühl — das Mitempfinden — das Mitleid — das Beileid — das Erbarmen

Mitgefühl *индифф. синоним; напр.:* tiefes, echtes, lebhaftes Mitgefühl глубокое, неподдельное, живое сочувствие; Mitgefühl haben сочувствовать; sein Mitgefühl äußern [aussprechen, ausdrücken] выразить свое сочувствие; sein Zustand erweckte das Mitgefühl der anderen его состояние возбудило сочувствие окружающих; darf ich Ihnen mein aufrichtiges Mit-

gefühl aussprechen? разрешите выразить вам мое искреннее сочувствие. **Mitempfinden** = Mitgefühl, *но употр. реже; напр.:* sein Mitempfinden war tief его сочувствие было глубоким; er versicherte uns seines aufrichtigen Mitempfindens он уверял нас в своем искреннем сочувствии; das Mitempfinden der Freunde konnte ihre Lage nicht lindern сочувствие друзей не могло облегчить ее положение. **Mitleid** сострадание; *напр.:* großes, tiefes, echtes Mitleid большое, глубокое, искреннее сострадание; Mitleid mit j-m fühlen, empfinden чувствовать, питать к кому-л. сострадание; Mitleid erfaßte [überkam] ihn сострадание овладело им; er kennt kein Mitleid mit seinen Feinden он не знает сострадания к врагам; tiefes Mitleid sprach aus seinen Worten глубокое сострадание звучало в его словах; sie erregte das Mitleid ihrer Nachbarn она вызывала у соседей сострадание ◻ »Bist du krank?« Die Mutter kehrt ihr das blasse Gesicht zu, lächelt beruhigend, schüttelt den Kopf... Minutenlang hat Annette Mitleid mit ihr (*Probst*, »*Wir brauchen euch beide*«) «Ты заболела?» Мать поворачивает к ней бледное лицо, успокаивающе улыбается, качает головой... Несколько минут Аннетта чувствует к ней сострадание. »Sieh, wie die hier liegen«, sagte eine und warf aus Mitleid ein Tuch über sie (*Kafka*, »*Das Schloß*«) «Гляди-ка, как они тут валяются», — сказала одна и накинула на них из сострадания одеяло. **Beileid** соболезнование; *напр.:* j-m sein Beileid aussprechen [ausdrücken] выразить кому-л. свое соболезнование; (mein) aufrichtiges Beileid! примите мои искренние соболезнования! **Erbarmen** глубокое сострадание; жалость; *напр.:* mit j-m Erbarmen fühlen чувствовать к кому-л. (глубокое) сострадание; bei j-m kein Erbarmen finden не найти в ком-л. (никакого) сострадания; er kannte kein Erbarmen он не знал (никакой) жалости; er flehte sie um Erbarmen an он молил ее о сострадании

Mitgift приданое

die Mitgift — die Aussteuer — die Ausstattung

Mitgift *индифф. синоним; теперь чаще перен. или шутл.; напр.:* eine gute Mitgift in die Ehe bringen принести с собой хорошее приданое. **Aussteuer** ≅ Mitgift, *но тк. о предметах домашнего обихода (белье, посуда и т. п.), как и* Mitgift, *употр. по отношению к обычаям прошлого; напр.:* eine Aussteuer nähen lassen заказать шить приданое; j-m etw. zur Aussteuer schenken подарить кому-л. что-л. в приданое ◻ Er tat es aus zwei Gründen: weil er darauf hielt, ein berühmter und mit Aufträgen überhäufter Künstler zu sein und weil er Geld anhäufen wollte... Geld für seine

MITGLIED

Tochter... Geld für ihre Aussteuer, für Spitzenkragen und Brokatkleider und für ein nußbaumenes Ehebett voll kostbarer Decken und Leinenzeug! (*Hesse*, »*Narziß*«) Он делал это по двум причинам: потому, что ему было очень важно быть знаменитым, заваленным заказами художником и потому, что он копил деньги... деньги для своей дочери... деньги ей на приданое, на кружевные воротники, платья из парчи и супружескую постель орехового дерева, полную дорогих одеял и льняного постельного белья! **Ausstattung** ≅ Aussteuer, *но употр. тж. по отношению к современному быту*; *напр*.: die Tochter erhielt eine gute Ausstattung дочь получила все, что нужно для обзаведения хозяйством; sie nähte an ihrer Ausstattung она шила что-то себе к свадьбе □ »Möchtest du auch noch etwas vom Silber für die Ausstattung der jungen Frau? Nimm es! Ach, ich kenne doch euch Pagels!« ruft sie (*Fallada*, »*Wolf u. Wölfen*«) «Тебе хотелось бы взять еще серебра для приданого молодой жены? Бери! Ах, я ведь знаю вас, Пагелей!» — воскликнула она

Mitglied[1] *см*. Glied
Mitglied[2]: Mitglied werden *см*. beitreten[1]
Mitinhaber *см*. Teilhaber
Mitkämpfer соратник

der **Mitkämpfer** — der **Kampfgenosse** — der **Kampfgefährte** — der **Kriegsgefährte** — der **Kriegskamerad** — der **Waffengefährte** — der **Waffenbruder** — der Mitstreiter

Mitkämpfer *индифф. синоним*; *напр*.: ein treuer, alter Mitkämpfer верный, старый соратник; Mitkämpfer für die gemeinsame Sache соратники по общему делу; jahrelang waren sie Mitkämpfer, nichts konnte sie trennen в течение многих лет они были соратниками, ничто не могло их разлучить. **Kampfgenosse**, **Kampfgefährte** боевой товарищ, соратник; *напр*.: Karl Liebknecht, der Kampfgefährte Rosa Luxemburgs Карл Либкнехт, боевой соратник Розы Люксембург. **Kriegsgefährte**, **Kriegskamerad** (фронтовой) товарищ, соратник (*по совместному участию в войне*); *напр*.: an diesem Tag versammelten sich bei ihm seine Kriegsgefährten [Kriegskameraden] в этот день у него собрались фронтовые товарищи; er erkannte seinen Kriegsgefährten nicht wieder он не узнал своего однополчанина. **Waffengefährte**, **Waffenbruder** товарищ, брат по оружию; *напр*.: einmal im Jahr kommen die alten Waffengefährten hierher один раз в году сюда приезжают старые товарищи по оружию; Soldaten der Nationalen Volksarmee und Soldaten der Sowjetarmee sind Waffenbrüder солдаты Национальной народной армии ГДР и солдаты Советской Армии — братья по оружию. **Mitstreiter** *высок*. ≅ Mitkämpfer; *напр*.: ein Mitstreiter für die Sache des Friedens соратник в деле борьбы за мир

Mitleid *см*. Mitgefühl
mitleiden *см*. mitfühlen
mitleiderregend *см*. elend
mitleidig *см*. mitfühlend
mitleid(s)los *см*. grausam
mitmachen *см*. beteiligen, sich
Mitmieter *см*. Mieter
mitnehmen *см*. ermüden[1]/kaufen[1]/nehmen[1]
mitreißen *см*. begeistern
mitreißend *см*. interessant
Mitschüler соученик, одноклассник

der **Mitschüler** — der **Schulkamerad**

Mitschüler *индифф. синоним*; *напр*.: sich mit den Mitschülern vertragen быть в хороших отношениях с одноклассниками; sich an seine Mitschüler erinnern вспоминать своих соучеников □ ...es war keiner unter den Mitschülern, dem er sich besonders verwandt oder gar zugeneigt fühlte (*Hesse*, »*Narziß*«) ...среди соучеников не было ни одного, к кому бы он испытывал чувство близости, тем более симпатию. **Schulkamerad** школьный товарищ, товарищ по школе; *напр*.: das war ein Treffen alter Schulkameraden это была встреча старых школьных товарищей

mitsingen петь (со всеми) вместе

mitsingen — **einstimmen** — **einfallen**

mitsingen *индифф. синоним*; *напр*.: ein Lied mitsingen петь песню со всеми вместе; er singt im Chor mit он поет [участвует] в хоре. **einstimmen** вступить (в хор), начать петь с уже поющими; *напр*.: in den Gesang einstimmen вступить; присоединить свой голос к пению остальных; nach dem Solo stimmte der Chor ein после соло вступил хор; Baßstimmen stimmten ein вступили басы. **einfallen** подхватить, вступить *по сравнению с* einstimmen *более эмоционально*; *напр*.: helle Kinderstimmen fielen in den Gesang ein высокие детские голоса подхватили мелодию; plötzlich fiel eine helle Sopranstimme ein вдруг вступило высокое сопрано

Mitstreiter *см*. Mitkämpfer
Mittäter сообщник, соучастник (преступления)

der **Mittäter** — der **Komplize** (Komplice) — der **Spießgeselle** — der Kollaborateur

Mittäter *индифф. синоним*; *напр*.: die Polizei konnte sowohl ihn, als auch seine Mittäter fassen полиция смогла поймать как его, так и соучастников его преступления. **Komplize** (Komplice [-sə]) *пренебр*. ≅ Mittäter; *напр*.: der Täter wollte seine Komplizen nicht nennen преступник не хотел называть своих сообщников. **Spießgeselle** *презр*. пособник *содержит наиболее резкую отрицательную оценку*, *часто перен*.; *напр*.: der Verbrecher, der Tyrann und seine Spießgesellen преступник, тиран и его пособники [сообщники]. **Kollaborateur** [-'tøːr] *книжн. неодобр*. коллаборационист; *напр*.: die Kollaborateure wurden vor Gericht gestellt und zum Tode oder zu hohen Freiheitsstrafen verurteilt коллаборационисты были преданы суду и приговорены к смертной казни или длительным срокам лишения свободы

MITTEILEN

mitteilen сообщать

mitteilen — **berichten** — **melden** — **benachrichtigen** — **verständigen** — **unterrichten** — **bekanntgeben** — **bekanntmachen** — **ankündigen** — **ausrufen** — **anzeigen** — **verkünden** — **verkündigen** — **kundgeben** — **kundtun** — **informieren** — **kundmachen**

mitteilen *индифф. синоним*; *напр*.: j-m eine Nachricht, eine Neuigkeit, einen Entschluß mitteilen сообщить кому-л. известие, новость, решение; j-m etw. mündlich, schriftlich, amtlich, sofort mitteilen сообщить кому-л. что-л. устно, письменно, официально, сейчас же; sie teilten uns den Tod unseres Freundes mit они сообщили нам о смерти нашего друга; in diesem Brief teilt sie mit, daß ihre Tochter geheiratet hat в этом письме она сообщает, что ее дочь вышла замуж; teile mir gleich mit, wo du wohnst сообщи мне сразу, где ты будешь жить; er teilte mir vertraulich seinen Wunsch mit, eine Reise nach Australien zu unternehmen он доверительно сообщил мне о своем желании поехать в Австралию □ ...und neuerdings war eine zeitweilige Atemnot, ein asthmatisches Übel hinzugetreten, das Christian während längerer Wochen für Lungenschwindsucht hielt und dessen Wesen und Wirkungen er seiner Familie mit gekrauster Nase in ausführlichen Beschreibungen mitzuteilen bemüht war (*Th. Mann*, »*Buddenbrooks*«) ...а недавно ко всему еще прибавилась одышка, астматическая явления, которые Кристиан в течение многих недель считал чахоткой, о природе и симптомах которой, он, сморщив нос, старался сообщать своей семье, изливаясь в подробных описаниях. **berichten** сообщать, рассказывать (*б. ч. то, о чем рассказчику известно как очевидцу, участнику событий*); *напр*.: j-m etw., über [von] etw. brieflich, mündlich, ausführlich, in knapper Form, mit kurzen Worten berichten [рассказать] кому-л. что-л., о чем-л. в письме, устно, подробно, в сжатой форме, коротко; der Assistent berichtete dem Professor die Ergebnisse seiner Untersuchungen ассистент сообщил [доложил] профессору о результатах своих исследований; die Presse berichtet regelmäßig über die neuesten Tagesereignisse пресса регулярно сообщает о новейших событиях дня □ ...er berichtete Abenteuer, die er auf Schiffen,

MITTEILEN

auf Eisenbahnen, in St. Pauli, in Whitechapel, im Urwald erlebt hatte (*Th. Mann*, »*Buddenbrooks*«) ...он рассказывал о приключениях, которые случались с ним на кораблях, железных дорогах, в Санкт-Паули, Уайтчепеле, в лесных дебрях. Er... schien sich... in das »klägliche Blättchen« zu vertiefen, das von nichts anderem als der silbernen Hochzeit des Konsuls Soundso zu berichten wußte (*ebenda*) Казалось, он... погрузился в «жалкий листок», который и сообщал-то ни о чем ином, кроме как о серебряной свадьбе консула такого-то. **melden** официально сообщать (*в прессе, по радио и т. п.*), докладывать; *напр.*: der Rundfunk meldet neue Unruhen in N радио сообщает о новых беспорядках в N; der Wetterbericht meldet Regen сводка погоды сообщает, что будет дождь; wie die Presseagentur meldet... как сообщает агентство печати...; der Spähtrupp meldet Truppenbewegungen des Gegners разведка докладывает о движении войск противника; der Ingenieur meldete dem Werkleiter den Abschluß der Arbeiten инженер доложил директору завода об окончании работ □ Es ist nichts Bedeutendes, davon zu melden (*Th. Mann*, »*Buddenbrooks*«) Ничего значительного, о чем следовало бы сообщить. **benachrichtigen** извещать; *напр.*: j-n brieflich, sofort benachrichtigen извещать кого-л. письмом, тотчас; die Polizei benachrichtigen известить полицию; j-n von seiner Krankheit benachrichtigen известить кого-л. о своей болезни; entschuldige, daß ich dich nicht vorher benachrichtigt habe извини, что я не известил тебя заранее. **verständigen** давать знать, извещать о чем-л. важном (*для того лица, которому сообщают*); *напр.*: j-n über die Resultate [von den Resultaten] der Untersuchung verständigen известить кого-л. о результатах расследования; ich werde Sie über das Weitere verständigen я дам вам знать о дальнейшем. **unterrichten** информировать; *напр.*: j-n über die Ereignisse [von den Ereignissen] unterrichten информировать кого-л. о событиях; darüber hat mich der Chef unterrichtet об этом меня проинформировал начальник; das Buch unterrichtet uns gut über diese Fragen книга сообщает нам ценную информацию по этим вопросам; ich bin über diese Ereignisse schlecht unterrichtet я плохо информирован об этих событиях □ Ich unterrichtete den Rechtsanwalt von Pelles Vorschlag, der gewisse Flugblätter betraf (*Weisenborn*, »*Der Verfolger*«) Я информировал адвоката о предложении Пелле, касавшемся неких листовок. **bekanntgeben, bekanntmachen** сообщать для сведения всех, объявлять публично; *напр.*: den Termin, einen Befehl, eine Verordnung durch Anschlag, am Schwarzen Brett bekanntgeben [bekanntmachen] сообщить всем срок, приказ, распоряжение, вывесив объявление, на доске объявлений; die neue Anordnung wurde durch den Betriebsfunk bekanntgemacht новое распоряжение было объявлено по заводскому радио. **ankündigen** оповещать, объявлять о чем-л. предстоящем; *напр.*: eine Veranstaltung, ein Fest, ein Konzert durch Plakate ankündigen объявить о предстоящем мероприятии, о празднике, о концерте в афишах; seinen Besuch ankündigen сообщить о своем предстоящем визите; ein Buch ankündigen сообщить о предстоящем выходе книги. **ausrufen** громко объявлять; *напр.*: der Schaffner ruft die Stationen aus кондуктор громко объявляет станции. **anzeigen** (официально) оповещать, поместив объявление (в газете и т. п.); *напр.*: seine Vermählung, die Geburt eines Kindes anzeigen официально оповестить о своем бракосочетании, о рождении ребенка; der Verlag hat die neuen Bücher angezeigt издательство сообщило о новых книгах (*опубликовав объявления, аннотации и т. п.*). **verkünden, verkündigen** высок. ≅ bekanntgeben; *напр.*: ein Urteil, die Entscheidung des Gerichtes verkünden объявлять публично приговор, решение суда; im Radio wurde das Ergebnis der Präsidentenwahl verkündet по радио был объявлен результат голосования по президентским выборам; er verkündete stolz, daß er gewonnen habe он гордо объявил, что победил □ Auch wenn du morgen... irgendeine tolle Irrlehre in der Welt verkündigen würdest, ich würde keinen Augenblick bereuen, dir auf den Weg geholfen zu haben (*Hesse*, »*Narziß*«) А даже, если бы ты завтра же... возвестил миру какую-нибудь безумную ересь, я бы ни на минуту не пожалел в том, что помог тебе встать на этот путь. **kundgeben, kundtun** высок. объявлять во всеуслышание, возвещать; *напр.*: seine Absicht kundgeben [kundtun] объявить во всеуслышание о своем намерении; er gab kund, was ihn zu dieser Tat bewogen hatte он во всеуслышание объявил, что побудило его так поступить; sie warten nur darauf, ihr Mißfallen kundzutun они только того и ждут, чтобы возвестить всем свое неудовольствие. **informieren** книжн. информировать; *напр.*: über ein Problem, gut, schlecht, ungenügend, falsch informieren информировать о проблеме, хорошо, плохо, неудовлетворительно, неверно; man informierte ihn über die neue Lage in der Industrie его проинформировали о новом положении в промышленности; Sie sind unvollständig informiert вы информированы не полностью. **kundmachen** австр. офиц. = bekanntgeben; *напр.*: es wird kundgemacht, daß die Verordnung ab 1. Juli in Wirkung tritt объявлено, что постановление вступает в силу с первого июля

mitteilsam см. gesprächig
Mitteilung см. Nachricht
mittel см. mittelmäßig
Mittel средство, способ

das Mittel — der Weg — der Ausweg

Mittel индифф. синоним; *напр.*: ein gutes, richtiges, schlechtes, sicheres Mittel хорошее, правильное, плохое, верное [надежное] средство; das äußerste, letzte Mittel крайнее, последнее средство; ein Mittel anwenden, finden применять, находить средство [способ]; kein Mittel unversucht lassen испробовать все средства; ihm war jedes Mittel recht для него все средства были хороши, он не брезгал никакими средствами; sie war ihm nur ein Mittel zum Zweck она была для него только средством для достижения цели; er wird schon Mittel und Wege zu seiner Befreiung finden он найдет пути и средства для своего освобождения □ Ihn durch gewaltsame Mittel ins Bewußtsein zurückzuschrecken, schien ihm nicht geraten. Der Junge sah allzu schlecht aus (*Hesse*, »*Narziß*«) Заставить его прийти в себя насильственными средствами казалось ему неразумным. Юноша выглядел очень уж плохо. Goldmund gehörte nicht zu jenen unseligen Künstlern, welche wohl hohe Gaben haben, zu ihrer Äußerung aber nie die rechten Mittel finden (*ebenda*) Златоуст не относился к тем несчастным художникам, которые, обладая высоким талантом, не находят, однако, нужных средств для его выражения. **Weg** путь (к цели); *напр.*: ein gerader, ehrlicher, krummer, zweckmäßiger Weg прямой, честный, кривой [обходный], рациональный путь; einen Weg weisen, zeigen, einschlagen указать, показать путь, пойти каким-л. путем; wir müssen den Weg finden, um ihm zu helfen мы должны найти путь, как помочь ему; kein Weg darf unversucht bleiben надо испробовать все пути □ Es gibt ja manche solche Menschen, welchen es gegeben ist... in ihrer Seele hohe, edle Bilder zu tragen, welche aber nicht den Weg finden, sich dieser Bilder zu entäußern (*Hesse*, »*Narziß*«) Есть ведь такие люди, которым дано... носить в душе своей высокие и благородные образы, но которые не находят способов выразить эти образы. **Ausweg** выход (из положения); *напр.*: einen Ausweg suchen, finden искать, находить выход; es gibt keinen anderen Ausweg, als ihn wegzuschicken нет другого выхода, как отослать его отсюда; ich muß einen rettenden Ausweg finden я должен найти спасительный выход

mittellos см. arm [1]

mittelmäßig посредственный
mittelmäßig — durchschnittlich — mittler — erträglich — annehmbar — leidlich — genügend — mäßig — mittel — soso

mittelmäßig *индифф. синоним*; *напр.*: ein mittelmäßiger Schüler, Künstler посредственный ученик, художник; ein mittelmäßiges Bild, Buch посредственная картина, книга; mittelmäßige Leistungen посредственные показатели [успехи, оценки]; der Vortrag hatte ein mittelmäßiges Niveau доклад был на очень среднем уровне; seine Bilder sind sehr mittelmäßig его картины очень посредственны. **durchschnittlich** средний, среднего уровня, заурядный; *напр.*: ein durchschnittlicher Mensch заурядный человек; durchschnittliche Leistungen средние показатели; er ist ein Mensch von durchschnittlicher Intelligenz он человек среднего ума; mit ihrem durchschnittlichen Äußeren war sie eine Zeitlang der Liebling des Publikums при своей заурядной внешности она была одно время любимицей публики. **mittler** средний (*тк. атрибутивно*); *напр.*: ein mittlerer Beamter средний чиновник; eine Ware von mittlerer Güte товар среднего качества; ein Schüler von mittlerer Intelligenz ученик среднего умственного развития. **erträglich** сносный; *напр.*: ein erträgliches Leben, Einkommen сносная жизнь, сносный доход; er sprach ein erträgliches Französisch он говорил на сносном французском языке; das Wetter war erträglich погода была сносной; es geht ihnen recht erträglich они живут вполне сносно; sie sieht ganz erträglich aus она выглядит вполне сносно. **annehmbar** *и более отрицательное* **leidlich** приемлемый, (вполне) терпимый; *напр.*: er sprach ein ganz annehmbares [leidliches] Französisch он говорил на вполне терпимом французском; sie hat eine annehmbare [leidliche] Figur у нее не такая уж плохая фигура; die Straßen sind jetzt in annehmbarem Zustand улицы теперь в приемлемом состоянии; mir geht es leidlich мне живется [я живу] терпимо [ничего]. **genügend** удовлетворительный *употр. в качестве оценки успеваемости (предикативно или в знач. сущ., в последнем случае берется в кавычки)*; *напр.*: seine Leistungen sind nicht genügend его успехи [показатели, оценки] неудовлетворительны; die Leistungen des Schülers sind mit »genügend« bewertet успеваемость ученика оценена на «удовлетворительно». **mäßig** *разг.* ≃ mittelmäßig, *но выражает более отрицательную оценку*; *напр.*: ein mäßiger Film, ein mäßiges Bild средний [посредственный] фильм, средняя [посредственная] картина; die Leistungen der Schwimmer sind in diesem Jahr mäßig показатели пловцов в этом году средние; er hat bei den Prüfungen nur mäßig abgeschnitten он посредственно сдал экзамены. **mittel** *разг.* ≃ mittelmäßig *часто в ответах, в эллиптических предложениях (атрибутивно не употр.)*; *напр.*: »Wie ist er in der Schule?« — »Mittel!« «Как он учится в школе?» — «Средне!» **soso** *разг.* так себе, неважно (*употр. как наречие*) *часто в сочетании* soso lala; *напр.*: ihm geht es soso он живет неважнецки; es geht mir soso lala я живу так себе; es steht mit ihm soso его дела так себе; seine Leistungen sind soso lala успехи его неважные

Mittelperson *см.* Vermittler
Mittelpunkt *см.* Zentrum
mittels *см.* durch¹
Mittelsmann *см.* Vermittler
Mittelsperson *см.* Vermittler
mittler *см.* mittelmäßig
mittlerweile *см.* inzwischen
mitunter *см.* manchmal
mitwirken *см.* beteiligen, sich
mixen *см.* mischen (,sich)
Mob *см.* Pöbel
mobil¹ *см.* beweglich¹
mobilisieren *см.* mobilmachen
mobilmachen *см.* «Приложение»
möblieren *см.* einrichten
Modell *см.* Muster¹
modeln *см.* bilden¹
modeln, sich *см.* ändern, sich
moderig *см.* muffig
módern *см.* faulen
modérn¹ современный (*связанный с современностью*)

modern — gegenwärtig — gegenwartsnah — neuzeitlich — zeitgemäß — aktuell

modern *индифф. синоним*; *напр.*: das moderne Leben, die moderne Wissenschaft, Technik современная жизнь, наука, техника; moderne Instrumente, Waffen современные инструменты, виды оружия; ein moderner Mensch современный человек; sie geben den Kindern eine moderne Erziehung они дают детям современное воспитание; er denkt modern он мыслит современно. **gegenwärtig** настоящий, относящийся к настоящему моменту; *напр.*: der gegenwärtige Augenblick настоящий момент; die gegenwärtige Lage современное положение; die gegenwärtige Situation erlaubt keine unüberlegten Handlungen в настоящей [в данной] ситуации нельзя действовать необдуманно. **gegenwartsnah** современный по своей проблематике, по своему духу; *напр.*: viele Werke der klassischen Literatur sind in ihrer Aussage gegenwartsnah многие произведения классической литературы весьма современны по своей выразительной силе; das ist ein gegenwartsnahes Problem это актуальная (в настоящее время) проблема. **neuzeitlich** современный, новейший; *напр.*: eine neuzeitliche Fabrikanlage новейшее [современное] оборудование фабрики; neuzeitliche Methoden, Verfahren новейшие методы, процессы. **zeitgemäß** отвечающий духу времени; *напр.*: eine zeitgemäße Veränderung изменение в духе времени; seine Ansichten sind nicht mehr zeitgemäß его взгляды не отвечают больше духу времени; das Buch ist zeitgemäß книга своевременна [отвечает духу времени]. **aktuell** актуальный; *напр.*: eine aktuelle Frage актуальный вопрос; ein aktuelles Problem, Buch, Thema актуальная проблема, книга, тема; sein Buch gewinnt wieder aktuelle Bedeutung его книга снова обретает актуальное значение

modérn² современный, модный

modern — übermodern — modisch — neumodisch — hypermodern — der letzte Schrei — Dernier cri

modern *индифф. синоним*; *напр.*: sie trägt ein modernes Kleid на ней модное платье; meine Tasche ist nicht mehr modern моя сумка уже вышла из моды □ Wir wollen uns doch ganz modern einrichten, mit neuen Möbeln und schicken Lampen... nun dachte ich, du bringst so ein modernes Bild an (Roehricht, »Monolog einer Braut«, Wp 15/1973) Ведь мы хотим обставиться совсем по-современному, новой мебелью, элегантными светильниками... вот я и думала, что ты принесешь какую-нибудь модную картину. **übermodern** сверхмодный, ультрасовременный; *напр.*: ein übermodernes Kleid сверхмодное платье; übermoderne Musik ультрасовременная музыка. **modisch** модный сейчас, по моде сегодняшнего дня; *напр.*: ein modisches Kleid модное платье; diese Krawatte gibt dem Kleid ein modisches Aussehen этот галстук придает платью модный вид; ich habe endlich eine modische Leuchte наконец-то у меня есть лампа, какие сейчас в моде. **neumodisch** новомодный; *напр.*: eine neumodische Einrichtung новомодная обстановка; diese neumodische Jugend! эта нынешняя новомодная молодежь! □ Und wieder andere sagen, das sei keine rechte Mutter Gottes, sie sei viel zu neumodisch und weltlich (Hesse, »Narziß«) А другие говорят, это не настоящая богородица, слишком уж она новомодная и мирская. **hypermodern** *книжн., часто ирон.* ≃ übermodern; *напр.*: sich hypermodern kleiden одеваться ультрамодно; ein hypermodernes Küchengerät сверхсовременное кухонное приспособление; dein Kleid ist aber geradezu toll und hypermodern твое платье прямо-таки сногсшибательное и ультрамодное. **der letzte Schrei** *книжн.* последний крик моды; *напр.*: die Sackmode war einmal der letzte Schrei платья мешком были когда-то последним криком моды. **Dernier cri** [dɛr'ni̯e: 'kri:] = der letzte Schrei, *но употр. реже*; *напр.*:

die Farbe des Mantels ist (der) Dernier cri цвет пальто — последний крик моды; das ist ja ein Hut, Dernier cri! ну и шляпка, последний крик!
modisch *см.* **modérn**²
mögen *см.* **können**¹/**lieben**/**wollen**¹
möglich возможный
möglich — denkbar — erdenklich — wahrscheinlich — glaubwürdig — eventuell

möglich *индифф. синоним; напр.*: die möglichen Folgen возможные последствия; etw. für möglich halten считать что-л. возможным; etw. möglich machen сделать что-л. возможным; so rasch wie möglich как можно быстрее; ein Zweifel an dieser Tatsache ist nicht mehr möglich сомневаться в этом факте больше невозможно; es ist möglich, daß es bald regnet возможно, что скоро пойдет дождь. **denkbar** мыслимый (*такой, какой возможно представить себе*); *напр*.: die denkbaren Folgen einer Handlung мыслимые последствия поступка; das ist kaum, durchaus denkbar это едва ли, вполне возможно [вероятно]; ohne Licht und Luft ist kein Leben denkbar без света и воздуха жизнь немыслима. **erdenklich** ≅ denkbar *употр. в сочетании с* alle, nur, jede, *напр*.: ich habe mir alle erdenkliche Mühe gegeben я прилагал все возможные усилия; er versuchte jedes erdenkliche Mittel он пробовал любое средство, какое только было возможно; auf jede nur erdenkliche Weise versuchte man, den von der Katastrophe Betroffenen zu helfen любым образом, каким только было возможно, пытались помочь пострадавшим от катастрофы; er wünschte ihm alles erdenklich Gute он пожелал ему всех мыслимых благ. **wahrscheinlich** вероятный; *напр*.: der wahrscheinliche Täter предполагаемый преступник; die wahrscheinlichen Folgen вероятные последствия; etw. für wahrscheinlich halten считать что-л. вероятным; es ist wahrscheinlich, daß er gewinnt возможно, что он выиграет; das ist möglich, aber nicht wahrscheinlich это возможно, но не вероятно. **glaubwürdig** правдоподобный (*такой, в который можно поверить*); *напр*.: eine glaubwürdige Erklärung правдоподобное объяснение; das ist ganz und gar glaubwürdig это вполне вероятно [похоже на правду]. **eventuell** [-v-] ≅ möglich, *но подчеркивает, что что-л. возможно, может иметь место при определенных обстоятельствах*; *напр*.: eventuelle Wünsche, Beschwerden возможные пожелания, жалобы; bei eventuellen Schwierigkeiten при возможных затруднениях, если возникнут затруднения; man darf auch von dieser eventuellen Lösung nicht absehen нельзя отказываться также и от этого возможного (при определенных обстоятельствах) решения; eventuell komme ich früher возможно, я приду раньше

möglicherweise *см.* vielleicht
Möglichkeit возможность
die Möglichkeit — die Gelegenheit — die Chance

Möglichkeit *индифф. синоним; напр*.: eine große, neue, günstige, verpaßte Möglichkeit большая, новая, благоприятная, упущенная возможность; jede Möglichkeit ausnutzen использовать любую возможность; j-m die Möglichkeit geben zu studieren дать кому-л. возможность учиться в вузе; es besteht die Möglichkeit, daß er kommt не исключена возможность, что он приедет □ ...und dann berichtete ich von Escher-Wyss, von den beruflichen Möglichkeiten eines Ingenieurs überhaupt (*Frisch, »Homo faber«*) ...и тогда я рассказал об Эшер-Вис, о профессиональных возможностях инженера вообще. **Gelegenheit** (представившаяся) возможность, удобный случай; *напр*.: eine seltene, günstige, verpaßte, ungeahnte Gelegenheit редкая, благоприятная, упущенная, невиданная возможность; die Gelegenheit ergreifen, ausnutzen ухватиться за, использовать подвернувшуюся возможность; er hatte bisher keine Gelegenheit, mit ihr allein zu sprechen ему до сих пор не представлялось случая поговорить с ней наедине; sie ließ diese einmalige Gelegenheit vorübergehen она упустила эту единственную возможность □ Er erbettelte und erlistete immer einmal wieder die Gelegenheit, eine Stunde oder zwei auf dem Pferd Bleß zu reiten (*Hesse, »Narziß«*) Мольбами и хитростью добивался он каждый раз возможности час-другой поездить верхом на лошади Блесс. Dieser Mensch... hatte sich schon als Knabe eine Wallfahrt nach Rom in den Kopf gesetzt... und die erste Gelegenheit... ergriffen (*ebenda*) Этот человек... еще мальчиком задумал совершить паломничество в Рим... и ухватился за первую же представившуюся возможность... **Chance** [ˈʃãsə *и* ˈʃãsə] шанс; *напр*.: eine einmalige, großартige, blendende Chance единственный в своем роде, великолепный, блестящий шанс; alle Chancen haben иметь все шансы; die Chance ausnutzen использовать шанс; eine Chance verpassen [versäumen] упустить шанс; er hat gute Chancen zu siegen у него есть хорошие шансы на победу □ Es gibt eine Art von Fachleuten der Feindschaft, die fürchterlicher sind als alle Gelegenheitsfeinde. Es sind die früheren Freunde, die jede Chancen für einen Herzschuß genauer kennen als Fremde (*Weisenborn, »Der Verfolger«*) Есть своего рода специалисты по вражде, опаснее любых случайных врагов. Это прежние друзья, которым точнее, чем чужим, известны все шансы попасть прямо в сердце. In jener Zeit kam das Angebot von Escher-Wyss, eine Chance sondergleichen für einen jungen Ingenieur (*Frisch, »Homo faber«*) В то время пришло предложение от Эшер-Вис, шанс, не имеющий себе равных для молодого инженера

mokieren, sich *см.* auslachen
mollig *см.* dick¹
Moment *см.* Zeitpunkt
momentan *см.* jetzt
mondän *см.* elegant
monden *см.* landen¹
Moneten *см.* Geld
monieren *см.* tadeln
Monolog *см.* Selbstgespräch
monoton *см.* einförmig
monströs *см.* häßlich
Monument *см.* Denkmal
monumental *см.* groß¹
Moor *см.* Sumpf
Moos *см.* Geld
mopsen, sich *см.* langweilen, sich
Morast *см.* Sumpf
morden *см.* töten
Mörder убийца
der Mörder — der Meuchelmörder — der Meuchler

Mörder *индифф. синоним; напр*.: ein gemeiner, gedungener Mörder низкий [подлый], наемный убийца; einen Mörder ergreifen, verurteilen схватить, осудить убийцу; der vermutliche Mörder wurde verhaftet предполагаемый убийца был арестован; aus Habgier wurde er zum Mörder an seinem Vater из жадности он стал убийцей своего отца □ »Es ist nicht zum Lächeln«, sage ich, »es hat mich Jahre meines Lebens gekostet, bis ich einsah, daß ich ihr Mörder bin, und endlich Konsequenzen zog« (*Frisch, »Stiller«*) «Не до улыбок, — говорю я, — мне стоило многих лет жизни, пока я осознал, что я ее убийца, и сделал наконец соответствующие выводы». **Meuchelmörder** (подосланный) тайный убийца; *напр*.: einen Meuchelmörder dingen нанять тайного убийцу; er wurde von einem Meuchelmörder erstochen его заколол подосланный убийца; er wurde als gemeiner Meuchelmörder überführt он был разоблачен как подлый убийца из-за угла. **Meuchler** *уст. презр*. ≅ Meuchelmörder; *напр*.: ein gemeiner Meuchler подлый убийца из-за угла
mörderisch *см.* stark²
mordsheiß *см.* warm
Mordshunger *см.* Hunger
Mordsradau *см.* Lärm¹
mordswenig *см.* wenig
Morgenland *см.* Osten
moros *см.* mürrisch
morsch *см.* faul¹
Motel *см.* Gasthaus
Motiv *см.* Melodie/Ursache
motivieren *см.* begründen
Mucke *см.* Laune¹
Muckerei *см.* Heuchelei¹
mucksmäuschenstill *см.* still¹
müde усталый

MÜDE   322   MUFFIG

müde — abgespannt — angegriffen — ermüdet — übermüde — übermüdet — erschöpft — ausgelaugt — todmüde — angeschlagen — kaputt — erschossen — ausgepumpt — erledigt — k. o. — fertig — zerschlagen — hundemüde — saumüde

müde *индифф. синоним; напр.:* müde Augen усталые глаза; mit müder Stimme усталым голосом; müde sein, werden быть усталым, уставать; er ist zum Umfallen [zum Hinsinken] müde он так устал, что падает с ног; seine Augen blicken müde его глаза смотрят устало; durch Lärm wird man müde от шума устаешь; das lange Stehen macht mich müde долгое стояние утомляет меня, от долгого стояния я устаю; sie machte eine müde Handbewegung она сделала рукой усталое движение ☐ ...nun war es Frühling; aber Goldmund war müde und fühlte sich kränklich (*Hesse, »Narziß«*) ...настала весна; но Златоуст чувствовал себя усталым и нездоровым. Gewiß dachte er zuweilen an seine Gattin, wenn er nicht einfach zu müde war (*Frisch, »Stiller«*) Конечно, он вспоминал порой о супруге, если не был просто слишком усталым. **abgespannt** (*несколько*) утомленный; *напр.:* ein abgespanntes Gesicht (*немного*) утомленное лицо; einen abgespannten Eindruck machen производить впечатление уставшего; er kam völlig abgespannt nach Hause он пришел домой совершенно утомленным; ich fühle mich abgespannt я чувствую себя усталым. **angegriffen** утомленный; *напр.:* sie sieht bleich und angegriffen aus она выглядит бледной и утомленной; ich fühle mich noch immer matt und angegriffen я все еще чувствую себя слабым и утомленным; er kam angegriffen zurück он вернулся утомленным. **ermüdet** уставший; *напр.:* ein ermüdeter Wanderer уставший путник; ermüdete Augen уставшие глаза; sie sank ermüdet ins Bett уставшая, она повалилась на постель; wir waren auf den Tod ermüdet мы устали до смерти; er war ermüdet von der langen Reise он устал от долгой поездки, долгая поездка утомила его ☐ Goldmund kehrte spät in der Nacht auf ermüdetem Pferd in die Stadt zurück (*Hesse, »Narziß«*) Златоуст вернулся в город поздней ночью на уставшем коне. **übermüde** (очень, сильно) усталый, утомленный ⟨*предикативно и в качестве предикативного определения*⟩; *напр.:* nach der Reise sanken wir übermüde ins Bett после поездки мы, очень усталые, свалились в постель. **übermüdet** переутомленный, очень уставший; *напр.:* ich bin übermüdet und kann nicht lesen я переутомлен и не могу читать; von der Anstrengung übermüdet, schlief ich sofort ein сильно устав от напряжения, я тут же заснул.

erschöpft уставший до изнеможения; *напр.:* er ist von der schweren Arbeit völlig erschöpft от тяжелой работы он совершенно без сил; er sah erschöpft aus он выглядел уставшим до изнеможения ☐ Sie konnten die geplante Tagesstrecke nicht bewältigen, Goldmund war zu sehr erschöpft, seine Hände konnten die Zügel nicht mehr halten (*Hesse, »Narziß«*) Они не смогли преодолеть намеченную на этот день часть пути, Златоуст устал до изнеможения и не мог больше держать поводья в руках. **ausgelaugt** измотанный, вымотанный (*в результате длительного нервного напряжения*); *напр.:* ein ausgelaugtes Gesicht изнуренное лицо; er fühlt sich vom vielen Denken ausgelaugt он чувствует себя вымотанным бесконечными думами ☐ Jedem Arbeiter sein Automobil!.. Damit er die gleichen Kilometer Heimfahrt spielend bewältigen kann, wenn er sich müde und ausgelaugt hinter das Steuerrad seiner Mobilmachungsmaschine klemmt (*Gluchowski, »Blutiger Stahl«*) Каждому рабочему свой автомобиль!.. Чтобы он мог играючи преодолеть те же километры, возвращаясь домой, когда он, усталый и измотанный, втискивается за руль своего средства мобильности. **todmüde** смертельно усталый; *напр.:* nach dem langen Weg waren wir todmüde после долгого пути мы были смертельно усталые; wir sahen einen todmüden Menschen vor uns мы увидели перед собой смертельно усталого человека ☐ Da war er gelegen, todmüde und erloschen, mit dem bleichen Gesicht und den gemagerten Händen (*Hesse, »Narziß«*) И вот он лежал, смертельно усталый и угасший, с бледным лицом и исхудавшими руками. Ich war todmüde. Ivy hatte drei Stunden lang... auf mich eingeschwätzt, obschon sie wußte, daß ich grundsätzlich nicht heirate (*Frisch, »Homo faber«*) Я смертельно устал. Иви болтала три часа... пытаясь уговорить меня, хотя и знала, что я принципиально не женюсь. **angeschlagen** *разг.* ≈ angegriffen; *напр.:* er kam schon reichlich angeschlagen nach Hause он пришел домой уже изрядно утомленным; der Boxer ist angeschlagen боксер устал; er machte einen angeschlagenen Eindruck он произвел впечатление утомленного человека. **kaputt** *разг.* вконец усталый *б. ч. употр. с усилительными словами* völlig, total, ganz ⟨*предикативно*⟩; *напр.:* ich bin ganz kaputt я вконец измотался; ich bin viel zu kaputt, um ins Kino zu gehen я чересчур устал, чтобы идти в кино. **erschossen** *фам.* ≈ erschöpft ⟨*предикативно*⟩; *напр.:* nach dem langen Weg war ich ganz erschossen после долгого пути я устал до смерти; nach dem Umzug waren wir alle erschossen после переезда мы все валились от усталости. *разг.* ≈ ausgelaugt; *напр.:* er war durch die Anstrengungen völlig ausgepumpt он был совсем измотан напряжением; die völlig ausgepumpten Läufer hatten noch drei Runden vor sich вконец обессилевшие бегуны должны были бежать еще три круга. **erledigt** *фам.* совершенно вымотанный ⟨*предикативно и в качестве предикативного определения*⟩; *напр.:* er ist völlig erledigt он вымотан до предела; er kam erledigt zu Hause an он приехал домой без сил. **k. o.** ['ka:'o:] (*сокр. от английского* knock out) *фам.* ≈ erledigt ⟨*предикативно*⟩; *напр.:* bei diesem Tempo werde ich schnell k. o. sein при этом темпе я скоро свалюсь без сил, этот темп прикончит меня. **fertig** *разг. эмоц.* ≈ erschöpft *часто в сочетании* fix und fertig; *напр.:* nach dieser Anstrengung war ich fertig после этого напряжения я дошел до точки от усталости; nach dieser Sitzung bin ich fix und fertig после этого заседания я все [готов] (*больше никуда не гожусь от усталости*). **zerschlagen** *разг.* разбитый ⟨*предикативно и в качестве предикативного определения*⟩; *напр.:* heute bin ich ganz zerschlagen я сегодня совсем разбитый; der Föhn ist schuld, daß ich mich zerschlagen fühle южный ветер виноват, что я чувствую себя такой разбитой. **hundemüde** *фам. эмоц.-усил.* усталый как собака ⟨*предикативно*⟩; *напр.:* es tut mir leid, daß ich jetzt gehen muß, aber ich bin hundemüde мне жаль, что придется сейчас уйти, но я устал как собака. **saumüde** *фам. эмоц.-усил.* чертовски усталый ⟨*предикативно*⟩; *напр.:* saumüde von der ungewohnten Arbeit, schlichen wir abends nach Hause чертовски усталые от непривычной работы, тащились мы по вечерам домой

muffig затхлый, спертый

muffig — moderig

muffig *индифф. синоним; напр.:* ein muffiger Geruch затхлый запах; muffige Luft спертый воздух; muffiger Zwieback затхлые [пахнущие плесенью] сухари; es roch im Zimmer muffig und ungelüftet в непроветренной комнате был спертый воздух; es war ein kleines, muffiges Haus это был маленький домик, пропитанный затхлостью. **moderig** гнилой, гнилостный; *напр.:* ein moderiger Geruch, Keller гнилой запах, пахнущий гнилью подвал; eine moderige Kälte schlug ihnen entgegen на них пахнуло промозглым холодом; das Zimmer roch modrig в комнате стоял запах гнили ☐ Es war schwüler als je, moosig und moderig, es schwirrte von Vögeln mit langen blauen Schwänzen (*Frisch, »Homo faber«*) Было душнее, чем обычно, пахло болотом и гнилью,

MÜHE 323 MÜRRISCH M

с шумом пролетали птицы с длинными синими хвостами
Mühe: sich Mühe geben см. bemühen, sich
mühen, sich см. bemühen, sich
mühevoll см. schwierig [1]
Muhme см. Tante
mühsam см. schwierig [1]
mühselig см. schwierig [1]
Mulde см. Tal
Müll см. Abfall [1]
Mumpitz см. Dummheit
Mund [1] рот (полость рта)
der **Mund** — der **Schnabel** — das **Maul** — die **Schnauze** — die **Fresse** — die **Gosche** — die **Gusche**

Mund индифф. синоним; напр.: ein großer, kleiner, zahnloser Mund большой, маленький, беззубый рот; den Mund öffnen, schließen открывать, закрывать рот; den Mund halten не открывать рта, молчать [помалкивать] о чем-л.; den Mund aufmachen открыть рот, (за)говорить о чем-л.; er hörte mit offenem Mund zu он слушал с открытым ртом; man spricht nicht mit vollem Mund с полным ртом не разговаривают ☐ Man merkt, daß die Lippen und der Mund vertrocknet sind (Remarque, »Im Westen«) Видно, что губы и рот пересохли. Phrasen sprangen vielen wie quakende Frösche vom Mund (Koeppen, »Treibhaus«) Фразы выскакивали у многих изо рта, как квакающие лягушки. **Schnabel** разг. ≃ Mund; напр.: mach doch den Schnabel auf! открой же рот!; halt endlich den Schnabel! заткнись же!; ihr steht der Schnabel keine Minute still у нее рот не закрывается ни на минуту ☐ Na eben. Die das verbockt haben, werden sich hüten, den Schnabel aufzutun (Gluchowski, »Blutiger Stahl«) Именно поэтому. Те, кто запорол это, поостерегутся раскрыть рот. **Maul** груб. пасть; напр.: ihm steht das Maul keinen Augenblick still он ни на минуту не закрывает свою пасть; tu doch dein Maul endlich auf! открой же, наконец, свою пасть! (скажи); halt dein freches Maul! заткни свою нахальную глотку [пасть]! ☐ Wochenlang stauten sich die Spaziergänger davor, um das Gemälde mit offenen Mäulern zu bestaunen (Kellermann, »Totentanz«) Неделями толпились прохожие перед галереей, чтобы с разинутыми ртами дивиться на картину. **Schnauze** груб. ≃ Mund; напр.: mach mal deine verdammte Schnauze auf! открой же свой проклятый рот!; er kriegte eins auf die Schnauze ему дали по зубам; halt die Schnauze! заткни глотку! wieder macht er seine Schnauze auf! опять он разевает свою пасть! ☐ »Hältst du jetzt endlich die Schnauze« fiel ihm ein schwergewichtiger Mann ins Wort und stieß ihn vor die Brust (Gluchowski, »Blutiger Stahl«) «Заткнись же наконец!» — перебил его какой-то здоровяк и толкнул в грудь. **Fresse** груб. ≃ Mund; напр.: eine Fresse ziehen скривить рот; halt die Fresse! заткнись!, заткни свой вонючий рот! **Gosche** ю.-нем., австр., швейц., **Gusche** ср.-нем. груб. хайло; напр.: halt deine Gusche! заткни хайло!; sie hat eine gefürchtete Gosche все боятся попасться к ней на язык

Mund [2] рот, губы
der **Mund** — die **Lippen** — das **Maul** — die **Schnute** — die **Gosche** — die **Gusche**

Mund индифф. синоним; напр.: ein schöner Mund красивый рот; ein voller, blasser Mund полные, бледные губы; den Mund verziehen скривить рот [губы]; er hat einen harten Zug um den Mund у него жесткая складка вокруг рта; er legte den Finger an den Mund он приложил палец к губам; er setzte sein Glas an den Mund он поднес стакан ко рту; er spitzte den Mund zum Pfeifen он сложил губы (трубочкой), чтобы свистнуть; er küßte ihren Mund он целовал ее губы ☐ »Komm wieder!« flüsterte sie, und ihr Mund berührte den seinen in einem kindlichen Kuß (Hesse, »Narziß«) «Приходи еще!» — шепнула она, и ее губы коснулись его губ в детском поцелуе. **Lippen** мн. губы; напр.: rote, volle, bleiche Lippen красные, полные, бледные губы; sie hat einen bitteren Zug um die Lippen у нее вокруг губ горькая складка; ermahnend legte er den Finger auf die Lippen он предостерегающе приложил палец к губам; sie führte die Tasse an die Lippen она поднесла чашку к губам; sie spitzte die Lippen zum Kuß она сложила губы для поцелуя; seine Lippen bewegten sich lautlos его губы беззвучно двигались. **Maul** груб. пренебр. ≃ Mund подчеркивает некрасивую форму рта, губ; напр.: sein breites Maul verzog sich zu einem bösartigen Grinsen его широкий рот искривился в злобной ухмылке; sie machte ein schiefes Maul она надула губы; sie spitzte ihr Maul она сложила губы трубочкой. **Schnute** разг. ≃ Mund, но обыкн. употр. по отношению к детским и девичьим губам в гримасе недовольства; напр.: sie zog [machte] eine Schnute она недовольно надула [скривила] губы. **Gosche** ю.-нем., австр., швейц., **Gusche** ср.-нем. фам. ротик, губенки (у детей и молоденьких девушек); напр.: sie hat eine süße Gusche у нее миленький ротик; der Kleine lächelte mit seiner niedlichen Gosche малыш улыбался своими прелестными губенками

munden см. schmecken [1]
münden впадать, вливаться; перен. выходить куда-л. (оканчиваться где-л.)
münden — **einmünden** — **sich ergießen**

münden (in A, D) индифф. синоним; напр.: die Donau mündet ins [im] Schwarzen Meer Дунай впадает в Черное море; mehrere Bäche münden in den [im] See много ручейков впадают [вливаются] в озеро; in den Gang mündeten viele Türen в коридор выходило много дверей ☐ Er ging weiter. Die Straße mündete in einen kleinen Platz mit Anlagen (Remarque, »Zeit zu leben«) Он пошел дальше. Улица выходила на маленькую площадь со сквериками. Die Kleinbahn mündete hier in eine größere Linie (ebenda) Узкоколейка выходила здесь к обычному железнодорожному полотну. **einmünden** (in A) ≃ münden; напр.: mehrere Bäche münden in den See ein много ручьев впадает в озеро; ein Weg mündet in die Lichtung ein дорога выходит на поляну; der Gang mündete in einen Tunnel ein коридор выходил в туннель. **sich ergießen** (in A) вливаться; напр.: der Fluß ergießt sich ins Meer река впадает в море; brausend ergießt sich der Wasserfall ins Tal с шумом врывается водопад в долину

mundfaul см. schweigsam
mundfertig см. beredt
mündig совершеннолетний
mündig — **volljährig** — **großjährig**

mündig индифф. синоним; напр.: noch nicht mündig sein быть еще несовершеннолетним; j-n (vorzeitig) für mündig erklären объявить кого-л. (досрочно) совершеннолетним (и дееспособным); er ist schon mündig он уже совершеннолетний; in diesem Land wird man mit 21 Jahren mündig в этой стране становятся совершеннолетними в 21 год. **volljährig** совершеннолетний, достигший полного, установленного для чего-л. законом возраста теперь употр. чаще, чем mündig; напр.: (noch nicht) volljährig sein быть (не)совершеннолетним; (не) достичь полного возраста; alle volljährigen männlichen Personen wurden eingezogen все лица мужского пола, достигшие совершеннолетия, были призваны. **großjährig** устаревает ≃ mündig; напр.: sie darf nicht heiraten, sie ist noch nicht großjährig она не может вступить в брак, она еще несовершеннолетняя

Mundvorrat см. Lebensmittel
munkeln см. herumsprechen, sich
Münster см. Kirche
munter см. lebhaft/lustig/wach
Munterkeit см. Lebhaftigkeit
Münze см. «Приложение»
münzen см. prägen
murksen см. arbeiten [1]
murmeln см. rieseln [1]/sprechen [1]
murren см. brummen [1]
mürrisch угрюмый, ворчливый
mürrisch — **finster** — **düster** — **mißmutig** — **mißvergnügt** — **verdrossen** — **verdrießlich** — **grämlich** — **griesgrämig** — **moros** — **sauertöpfisch** — **grantig**

mürrisch индифф. синоним; напр.: ein mürrischer Mensch угрюмый человек; ein mürrischer Alter старый ворчун; ein mürrisches Gesicht machen сделать угрюмое лицо, принять угрюмый вид; etw. mürrisch sagen сказать что-л. ворчливо; etw. mürrisch tun сделать что-л. недовольно [ворча]; er gab ihr eine mürrische Antwort он ответил ей ворчливо □ ...immer wieder brachte er einen mürrischen Pultnachbarn zum Lachen (Hesse, »Narziß«) ...то и дело он смешил угрюмого соседа по парте. Fräulein Chrobock kam müde und mürrisch die Treppe herauf. Sie mampfte einen Schokoladenriegel (Valentin, »Die Unberatenen«) Фрейлейн Хробок поднималась по лестнице, усталая и раздраженная. Она, причмокивая, сосала шоколадку. finster мрачный; напр.: ein finsterer Blick мрачный взгляд; ein finsteres Gesicht мрачное лицо; ein finsterer Mensch мрачный человек; finster aussehen выглядеть мрачным; j-n finster ansehen посмотреть на кого-л. мрачно □ Tony sagte mit finstern Brauen gute Nacht (Th. Mann, »Buddenbrooks«) Мрачно нахмурившись, Тони пожелала спокойной ночи. düster сумрачный; напр.: ein düsterer Blick сумрачный взгляд; ein düsteres Gesicht сумрачное лицо; düster aussehen выглядеть сумрачным; düster lächeln сумрачно улыбнуться; er hat ein düsteres Wesen он сумрачен от природы; er starrte düster vor sich hin он сумрачно смотрел перед собой неподвижным взглядом. mißmutig пребывающий в дурном настроении (и поэтому недовольный); напр.: mißmutig sein быть не в духе; etw. mißmutig sagen сказать что-л. недовольно (тоном, свидетельствующим о плохом настроении); er machte ein mißmutiges Gesicht он сделал недовольное лицо; er schüttelte mißmutig den Kopf он недовольно покачал головой; mißmutig setzten wir unseren Weg fort мы продолжали свой путь в плохом настроении. mißvergnügt недовольный и сердитый; не в настроении; напр.: mißvergnügt sein быть недовольным и в плохом настроении; mißvergnügt blicken смотреть недовольно и сердито; sich mißvergnügt an die Arbeit machen неохотно приниматься за работу; mit mißvergnügtem Gesicht schaute er uns an он смотрел на нас с недовольным и сердитым лицом. verdrossen раздосадованный, раздраженный, в испорченном настроении; напр.: ein verdrossenes Schweigen раздраженное молчание; ein verdrossenes Gesicht сердитое лицо, выражающее досаду; ich bin heute leicht verdrossen у меня сегодня немного испорчено настроение, сегодня я слегка раздосадован. verdrießlich ≃ verdrossen, но выражает несколько меньшую степень признака; напр.: ein verdrießliches Gesicht (слегка) раздосадованное лицо; über j-n verdrießlich sein досадовать на кого-л.; du bist heute so leicht verdrießlich! ты сегодня так легко раздражаешься!; verdrießlich wiederholte er seine Erklärungen слегка досадуя, он повторил свои объяснения. grämlich ≃ mürrisch, но подчеркивает, что угрюмость, недовольство и т. п. являются постоянным свойством; напр.: dieser grämliche alte Mann этот всегда угрюмый старый человек; sein grämliches Gesicht geht mir auf die Nerven его вечно недовольное лицо действует мне на нервы; sie hat bereits grämliche Falten im Gesicht у нее на лице уже появились горькие складки от вечного недовольства. griesgrämig эмоц.-усил. ≃ mürrisch содержит неодобрительную оценку; напр.: ein griesgrämiger Nachbar всегда брюзгливый сосед; er ist noch immer in griesgrämiger Stimmung он все еще пребывает в ворчливом настроении; so ein griesgrämiger alter Mann! что за ворчливый старикан! moros уст. редко ≃ mürrisch; напр.: er ist ewig moros он вечно угрюм [раздосадован, в плохом настроении]. sauertöpfisch разг. ≃ кислый; напр.: eine sauertöpfische alte Jungfer вечно кислая старая дева; was machst du denn für ein sauertöpfisches Gesicht? ну что ты делаешь кислое лицо? grantig разг., чаще ю.-нем., австр. ≃ verdrießlich; напр.: ein grantiger Mensch сердитый человек; ich werde ihn heute nichts fragen, er scheint sehr grantig zu sein я его сегодня ни о чем не буду спрашивать, он, кажется, в очень испорченном настроении [очень сердит]

Muße см. Freizeit

müssen быть должным, обязанным müssen — sollen — haben zu (+Inf.) — obliegen

müssen индифф. синоним; напр.: er muß jeden Tag um 6 Uhr aufstehen он должен вставать каждый день в шесть часов; er muß die Arbeit ganz allein machen он должен делать эту работу совсем один (ему никто не может помочь); ich muß jetzt gehen мне надо идти; das mußt du nicht tun ты не должен этого делать; so etwas mußt du nicht sagen это тебе не следует говорить; man muß ihm helfen надо ему помочь □ »Die Stadt muß Ihnen eine andere Wohnung zuweisen, die können Sie doch nicht einfach auf die Straße setzen!« tröstete sie Frau Murawski... (Gluchowski, »Blutiger Stahl«) «Городские власти обязаны дать вам другую квартиру, не могут же они просто выбросить вас на улицу!» — утешала она фрау Муравски. Ich gehe zu ihr, aber ich gehe nicht ihretwegen. Ich gehe, weil ich muß, weil es mich ruft (Hesse, »Narziß«) Я иду к ней, но я иду не ради нее. Я иду, потому что должен идти, потому что я слышу зов. sollen ≃ müssen употр. тж. для выражения поручения, желания, приказания; напр.: er soll sofort nach Hause kommen пусть он сейчас же придет домой; so soll es sein да будет так; was soll ich hier tun? что мне здесь делать?; soll ich gehen? мне (следует) уйти?; Sie sollen zum Chef kommen вы должны пойти к начальнику; ich soll dir sagen, daß du um 5 Uhr kommen kannst я должен тебе сказать (меня просили тебе передать), что ты можешь прийти в 5 часов. haben zu (+Inf.) ≃ müssen, но подчеркивает, что обязательность чего-л. связана с исполнением долга, соблюдением дисциплины, часто офиц. (в инструкциях, предписаниях и т. п.); напр.: er hat jeden Tag um 8 ins Bett zu gehen он должен каждый день в 8 часов ложиться спать; sie hat vier Kinder zu versorgen она должна заботиться о четверых детях [содержать четверых детей]; nach Arbeitsschluß hat der Lehrling seinen Arbeitsplatz aufzuräumen по окончании работы ученик обязан произвести уборку своего рабочего места. obliegen книжн. вменяться в обязанность, надлежать (субъект действия выражен дополнением в Dat., а само действие — подлежащим, часто инфинитивной группой); напр.: die Hauptverantwortung obliegt ihm главная ответственность лежит на нем; der Nationalen Volksarmee obliegt der Schutz der Grenzen, des Luftraums und der Hoheitsgewässer der DDR Национальная Народная Армия обязана защищать границы, воздушное пространство и территориальные воды ГДР □ Der Fürsorgerin oblag die Benachrichtigung der Angehörigen Verunglückter (Gluchowski, »Blutiger Stahl«) Сотруднице вменялось в обязанность извещать родственников пострадавших

müßig см. untätig

Müßiggang см. Freizeit

Muster¹ образец

das Muster — die Vorlage — das Modell — die Probe — die Schablone

Muster индифф. синоним; напр.: als Muster für etw. dienen служить образцом для чего-л.; ein Muster kopieren скопировать образец; nach (einem) Muster arbeiten работать [сделать что-л.] по образцу; sie hat das Kleid nach einem Muster gearbeitet она сшила платье по (журнальной и т. п.) выкройке; der Vertreter zeigte ein Muster der neuen Ware представитель (фирмы) показал образец нового товара. Vorlage ≃ Muster часто употр. по отношению к образцу, который следует размножить (переписать, срисовать и т. п.); напр.: eine Vorlage für [zu] etw. haben иметь образец для чего-л.; sich genau an die Vorlage halten точно придерживаться образца; etw. nach einer Vorlage zeichnen, malen чертить, рисовать что-л. с образца [по образцу]; etw. nach einer Vorlage anfertigen изготовлять что-л. по образцу; die

MUSTER

Vorlage ist verlorengegangen образец утрачен. **Modell** модель; *напр.*: das Modell eines neuen Stadtteils, eines Flugzeuges, eines Kleides модель новой части города, самолета, платья; auf der Messe wurde das Modell einer neuen Mähmaschine gezeigt на выставке была показана модель новой косилки; die Mannequins führten die neusten Modelle vor манекенщицы демонстрировали новейшие модели. **Probe** проба, образец для проверки; *напр.*: eine Probe Kaffee, Tee, Wein порция кофе, чая, вина для пробы; hier ist eine Probe seiner Handschrift вот образец его почерка; er untersuchte eine Probe der Flüssigkeit исследовал жидкость, взятую на пробу; geben Sie mir eine Probe Stoff mit дайте мне, пожалуйста, с собой образчик [лоскуток] материала. **Schablone** *тех.* шаблон, трафарет; *напр.*: mit, nach einer Schablone arbeiten работать с шаблоном, по трафарету; sich an die Schablone halten придерживаться шаблона [трафарета]; eine Schablone verwenden пользоваться шаблоном [трафаретом].

Muster² *см.* Vorbild
mustergültig *см.* vorbildlich
musterhaft *см.* vorbildlich
mustern *см.* ansehen ²/sehen ¹
mutig *см.* tapfer
mutlos малодушный, павший духом

mutlos — entmutigt — verzagt — niedergeschlagen — niedergedrückt — gedrückt — bedrückt — gebrochen — verzweifelt — resigniert — kleinmütig — deprimiert — geknickt — niedergeschmettert

mutlos *индифф. синоним*; *напр.*: ein mutloser Mensch потерявший мужество человек; den Kopf mutlos sinken lassen пав духом, понуриться [повесить голову]; sie machte eine mutlose Handbewegung она уныло махнула рукой; ich war schon ganz mutlos, weil mir nichts gelang я уже совсем потерял мужество [приуныл], потому что мне ничего не удавалось. **entmutigt** лишенный мужества, обескураженный; *напр.*: eine entmutigte Mannschaft утратившая боевой дух (спортивная) команда; völlig entmutigt kehrte er nach Hause zurück совершенно обескураженный, он вернулся домой; er ließ entmutigt den Kopf sinken он, обескураженный, повесил голову. **verzagt** утративший, потерявший надежду; *напр.*: ich bin viel zu verzagt, um noch etwas zu unternehmen я настолько утратил всякую надежду, что не в состоянии еще что-то предпринимать; verzagt fragte sie mich um Rat потерянная, она спросила у меня совета; der Kranke war völlig verzagt, weil sein Zustand sich nicht besserte больной совершенно утратил надежду, так как его состояние не улучшалось. **niedergeschlagen** подавленный; *напр.*: er macht einen niedergeschlagenen Eindruck он производит впечатление подавленного человека; er scheint sehr niedergeschlagen zu sein он казался очень подавленным; nach dem Besuch im Krankenhaus war er niedergeschlagen после посещения больницы он был подавлен. **niedergedrückt** угнетенный; *напр.*: es herrschte eine niedergedrückte Stimmung царило угнетенное настроение; er ist seit einigen Tagen sehr niedergedrückt несколько дней он выглядит очень угнетенным. **gedrückt, bedrückt** удрученный; *напр.*: eine gedrückte Stimmung удрученное настроение; gedrückt [bedrückt] aussehen выглядеть удрученным; gedrückt [bedrückt] wirken производить впечатление удрученного человека; mir fiel sein gedrücktes Wesen auf мне бросилось в глаза его удрученное состояние; nach der Niederlage war die Stimmung der Mannschaft sehr gedrückt после поражения команда была в очень удрученном настроении; sie saß bedrückt in einer Ecke она сидела, удрученная, в уголке. **gebrochen** сломленный; *напр.*: völlig gebrochen stand sie an seinem Grab окончательно сломленная, стояла она у его могилы; sie ist ganz gebrochen она совсем сломлена; er macht einen völlig gebrochenen Eindruck он производит впечатление совершенно сломленного человека. **verzweifelt** отчаявшийся, доведенный до отчаяния; *напр.*: ein verzweifelter Vater отчаявшийся отец; ich bin ganz verzweifelt я совсем отчаялся; verzweifelt stürzte sie davon в отчаянии она бросилась бежать прочь; er ist so verzweifelt, daß er vor nichts zurückschrecken wird он доведен до такого отчаяния, что не испугается ничего. **resigniert** смирившийся, сознающий свое бессилие; *напр.*: resigniert gab er den Kampf auf смирившись [осознав свое бессилие] он прекратил борьбу; er hörte resigniert zu он, смирившись, слушал. **kleinmütig** *высок.* ≅ mutlos; *напр.*: ich habe ihn nie so kleinmütig gesehen я никогда не видел его столь малодушным; er machte einen kleinmütigen Eindruck он производил впечатление малодушного человека. **deprimiert** *книжн.* ≅ niedergeschlagen; *напр.*: er ging deprimiert nach Hause он, подавленный, пошел домой; ich bin sehr deprimiert über diese Entwicklung der Ereignisse я очень подавлен таким развитием событий. **geknickt** *разг.* ≅ gebrochen; *напр.*: er hat wieder eine schlechte Note bekommen und ist nun ganz geknickt он опять получил плохую отметку и сейчас совсем убит; sie kam geknickt nach Hause она пришла домой убитая. **niedergeschmettert** *разг.* ≅ niedergeschlagen, *но более эмоционально и выражает более высокую степень подавленности*; *напр.*: seine Frau hat ihn verlassen, und er kam niedergeschmettert zu mir от него ушла жена, и он пришел ко мне совершенно подавленный.

mutmaßen *см.* vermuten
mutmaßlich *см.* vielleicht
Mutmaßung *см.* Vermutung
Mutter мать

die Mutter — die Mutti — die Máma — die Mamá

Mutter *индифф. синоним*; *напр.*: eine gütige, nachsichtige, fürsorgliche, strenge Mutter добрая, терпеливая, заботливая, строгая мать; Mutter sein, werden быть, стать матерью; seine älteste Schwester war ihm Mutter, ersetzte ihm die Mutter его самая старшая сестра была ему матерью, заменила ему мать; sie war zu den Kindern wie eine Mutter она была для детей как (родная) мать. **Mutti** *уменьш.-ласк.* мамочка; *напр.*: □ »Na«, sagte meine Mutter, »wie war denn der Kindermaskenball?« — »Es war langweilig, Mutti« (*Richter*, »*Spuren im Sand*«) «Ну, — сказала мать, — как было на детском маскараде?» — «Скучно, мамочка». **Máma** *детск.* мама; *напр.*: er ist Mamas Liebling он мамин любимец; Mama hat heute Geburtstag у мамы сегодня день рождения ▫ »Und jetzt eine Frage, Onkel Jürgen: Wie hast du Mama kennengelernt, ich meine, wie seid ihr euch nahegekommen?« — »Warum fragst du nicht deine Mutter?« (*Max von der Grün*, »*Irrlicht*«) «А теперь один вопрос, дядя Юрген: как ты познакомился с мамой, я хочу сказать, как вы подружились?» — «Почему ты не спросишь свою мать?» »Warum denke ich nur plötzlich so gereizt an Mama?« überlegte er (*Fallada*, »*Wolf u. Wölfen*«) «Почему это я вдруг так раздраженно думаю о маме?» — думал он. **Mamá** *книжн.* ≅ Mutter; *напр.*: Ihre Idee, mit Autostop nach Rom zu reisen, war ihr nicht auszureden... »Und Ihre Mama weiß das?« Sie behauptete: ja. »Ihre Mama macht sich keine Sorgen?« — »Mama macht sich immer Sorgen...« (*Frisch*, »*Homo faber*«) Ее нельзя было отговорить от идеи добраться до Рима автостопом... «А ваша мамá знает об этом?» Она ответила: «Да». — «И ваша мать не беспокоится?» — «Мама всегда беспокоится...»

mutterseelenallein *см.* allein ¹
Mutti *см.* Mutter
Mutwille *см.* Übermut
mutwillig *см.* übermütig ¹
mysteriös *см.* unerklärlich ¹
mystisch *см.* übernatürlich/unerklärlich ¹

N

nachäffen *см.* nachahmen ¹
nachahmen ¹ подражать

NACHAHMEN nachahmen — nachäffen — nachbilden — nacharbeiten — imitieren — kopieren — nachmachen — nachtun

nachahmen *индифф. синоним; напр.:* er ahmte den Lehrer nach он подражал учителю [копировал учителя]; er ahmte (ihm) seinen Gang nach он передразнивал его походку; er ahmt ausgezeichnet Vogelstimmen nach он отлично подражает голосам птиц; er versuchte die Handschrift seines Vaters nachzuahmen он попытался подделать почерк отца; der Stoff ahmt ein altertümliches Muster nach материал имитирует старинный образец ткани; er hat dein Bild nachgeahmt он скопировал твою картину; er wurde ständig nachgeahmt ему всегда подражали, у него всегда были подражатели. **nachäffen** *неодобр.* слепо подражать, копировать; обезьянничать *разг.; напр.:* die älteren Geschwister nachäffen подражать старшим братьям и сестрам, копировать старших братьев и сестер; j-s Stimme, j-s Gebärden [*редко* j-m seine Stimme, j-m seine Gebärden] nachäffen подражать чьему-л. голосу, копировать чьи-л. жесты; er äfft seinen Kameraden nach он все перенимает у своего товарища; der Schüler äffte den Lehrer nach ученик копировал [передразнивал] учителя. **nachbilden** копировать (*произведения изобразительного, прикладного искусства и т. п.*), делать по образцу; *напр.:* bei dem Wiederaufbau des Gebäudes wurde die Fassade historisch getreu nachgebildet при восстановлении здания фасад был сделан в соответствии с историческим оригиналом; das Portal war einem antiken Tempel nachgebildet портал был скопирован с античного храма; seine Skulpturen werden oft nachgebildet его скульптуры часто служат образцом для подражания. **nacharbeiten** (изготовляя что-л.) копировать; *напр.:* ein Muster nacharbeiten копировать [воспроизводить] образец. **imitieren** *книжн.* имитировать; *напр.:* j-n, j-s Gang, j-s Gebärden imitieren имитировать кого-л., чью-л. походку, чьи-л. жесты; Prozesse der Natur mit technischen Mitteln imitieren имитировать природные процессы техническими средствами; er hat gestern am Telefon deine Stimme so verblüffend genau imitiert, daß ich glaubte, du wärst es вчера по телефону он так поразительно точно имитировал твой голос, что я подумал, это был ты; Leder kann man täuschend imitieren кожу можно имитировать так, что имитацию не отличишь от натуральной кожи. **kopieren** *книжн.* копировать; *напр.:* ein Gemälde, die Natur kopieren копировать картину [делать копию с картины], копировать природу; j-s Redeweise kopieren копировать чью-л. манеру говорить; er kopierte ein klassisches Werk он скопировал классическое произведение; diese Malerin wurde oft kopiert эту художницу часто копировали. **nachmachen** *разг.* = nachahmen; *напр.:* j-s Stimme, j-s Bewegungen nachmachen подражать чьему-л. голосу, чьим-л. движениям; j-s Schrift nachmachen подделать чей-л. почерк; er macht sehr gut das Miauen der Katze nach он очень хорошо мяукает по-кошачьи; schäm' ihr euch nicht, die alte Frau nachzumachen! как вам не стыдно передразнивать старую женщину!; sie macht mir alles nach она все делает как я [перенимает у меня]. **nachtun** ≃ nachmachen, *но употр. в конструкции* es j-m nachtun (с)делать то же самое, что кто-л.; *напр.:* sie möchte es ihrer Freundin in allem nachtun ей хотелось во всем подражать своей подруге [делать все так же, как подруга]; die größeren Kinder liefen zuerst weg, die kleineren taten es ihnen nach первыми убежали дети побольше, маленькие последовали их примеру

nachahmen² *см.* nacheifern
nacharbeiten *см.* nachahmen¹
Nachbar сосед
der Nachbar — der Nebenmann — der Anwohner — der Anlieger

Nachbar *индифф. синоним; напр.:* er ist mein Nachbar он мой сосед; wir haben einen neuen Nachbarn bekommen у нас (появился) новый сосед; mein linker Nachbar hat während der Vorstellung dauernd gehustet мой сосед слева все время кашлял во время спектакля □ Er kam aus Düsseldorf, mein Nachbar, und so jung war er auch wieder nicht (Frisch, »Homo faber«) Он был из Дюссельдорфа, мой сосед, и он был не так уж молод. **Nebenmann** человек, сидящий, стоящий, работающий *и т. п.* рядом; *напр.:* mein Nebenmann rauchte stark человек, сидящий рядом со мной, много курил; der Soldat reichte seinem Nebenmann die Feldflasche солдат протянул своему соседу фляжку; er ist mein Nebenmann am Arbeitsplatz он работает рядом со мной, он мой сосед (*по рабочему месту*). **Anwohner** *б. ч. мн.* живущие по соседству с чем-л.; *напр.:* die Anwohner des Flughafens живущие по соседству с аэропортом; die Anwohner der Ostsee (народы-соседи,) живущие по берегам Балтийского моря; alle Anwohner der Straße hörten den nächtlichen Lärm все жители улицы слышали ночью шум; Parkplatz nur für Anwohner стоянка автомашин только для жителей прилегающих домов (*надпись*). **Anlieger** *б. ч. мн.* владельцы участков, жители домов, прилегающих к данной транспортной магистрали; *напр.:* die Anlieger eines Flusses, eines Kanals живущие по берегу реки, канала; Rechte und Pflichten der Anlieger права и обязанности жителей прилегающих домов; Parken nur für Anlieger стоянка разрешена только жителям прилегающих домов (*надпись*)

nachbilden *см.* nachahmen¹
nachblicken *см.* nachsehen¹
nachdem после того как
nachdem — als

nachdem *индифф. синоним; напр.:* nachdem die Arbeit beendet war, fuhr er in Urlaub после того как работа была закончена, он уехал в отпуск; der Arzt traf ein, nachdem sich die Herzbeschwerden bereits beruhigt hatten врач пришел после того, как боли в сердце уже прекратились. **als** когда, как только *подчеркивает, что одно действие следует за другим сразу же, без какого-л. разрыва во времени; напр.:* als er fortgegangen war, atmeten alle auf как только он ушел, все вздохнули; er fuhr erst in Urlaub, als die Arbeit beendet war он поехал в отпуск только тогда, когда работа была закончена; als der letzte Ton verklungen war, brach der Beifall aus когда замер последний звук, раздались аплодисменты

nach dem Rechten sehen *см.* sorgen
nachdenken (по)думать, размышлять
nachdenken — überlegen — grübeln — nachgrübeln — sich den Kopf zerbrechen — rätseln — sinnieren — reflektieren — meditieren — sinnen — nachsinnen — brüten — spintisieren — tüfteln — herumrätseln

nachdenken *индифф. синоним; напр.:* darüber muß ich erst nachdenken об этом я должен сначала подумать; denk' mal gründlich nach! подумай-ка как следует!; ich habe gestern über diese Aussprache nachgedacht я думал вчера об этом разговоре. **überlegen** ≃ nachdenken, *но подчеркивает, что думают о чем-л., чтобы принять решение (часто с sich D); напр.:* ich werde mir überlegen, wie wir das machen können я подумаю, как мы это сможем сделать; überlege es mal! подумай-ка об этом!; ich habe mir folgendes überlegt... я думаю так... [следующее...]; ich habe es mir anders überlegt я передумал; ohne lange zu überlegen, gab er sein Einverständnis не раздумывая долго, он согласился. **grübeln** упорно, напряженно размышлять, раздумывать; *напр.:* die ganze Nacht grübelte ich über die Lösung der Aufgabe всю ночь я упорно думал, как решить эту задачу; sie sitzt stundenlang am Tisch und grübelt она часами сидит за столом и думает (думу); ich habe lange grübeln müssen, aber jetzt habe ich es geschafft мне пришлось хорошенько подумать, но я все-таки додумался; wortlos grübelten sie vor sich hin они молча, сосредоточенно думали; du grübelst ganz unnütz darüber ты совсем напрасно так упорно думаешь об этом. **nachgrübeln** ≅ grübeln, *но подчеркивает стремление найти решение, определить суть проблемы*; *напр.*: darüber habe ich schon oft vergeblich nachgegrübelt об этом я уже часто и тщетно задумывался; Tag und Nacht grübelte er über die Lösung der mathematischen Aufgabe nach день и ночь он настойчиво размышлял над решением математической задачи. **sich** (*D*) **den Kopf zerbrechen** ломать себе голову; *напр.*: viele Gelehrte zerbrechen sich den Kopf über dieses Problem многие ученые ломают себе голову над этой проблемой; ich habe mir den Kopf zerbrochen, wo ich das nötige Geld hernehmen könnte я ломал себе голову над тем, где взять нужную сумму денег. **rätseln** гадать; *напр.*: ich habe lange gerätselt, was das bedeuten soll я долго гадал, что бы это значило; er rätselt, wie so etwas passieren konnte он гадает, как могло такое произойти. **sinnieren** ≅ grübeln, *но употр. реже и подчеркивает спокойную созерцательность, а не напряженную работу мысли*; *напр.*: die beiden Alten schwiegen, jeder sinnierte vor sich hin старики молчали, каждый думал о своем. **reflektieren** *книжн.* раздумывать (над своими поступками и чувствами), предаваться воспоминаниям, самосозерцанию, самоанализу; *напр.*: du reflektierst zu viel über deine Handlungen ты слишком много раздумываешь над своими поступками; er reflektiert über ein mathematisches Problem он думает о решении одной математической проблемы. **meditieren** *книжн.* погрузиться в размышления, сосредоточенно размышлять (*часто об отвлеченных предметах, сущности, свойствах чего-л.*); *напр.*: über die Schönheit einer Blüte meditieren размышлять о красоте цветка; er meditiert gern он любит размышлять; er störte sie beim Meditieren он помешал ей в ее размышлениях. **sinnen** *высок.* предаваться размышлениям; *напр.*: er sann auf eine Möglichkeit, sich das nötige Geld zu verschaffen он старался измыслить какую-нибудь возможность достать необходимую сумму денег; er sann, was zu tun sei он предавался размышлениям о том, что же делать. **nachsinnen** *высок.* ≅ nachdenken; *напр.*: er sann lange über ihre Worte [über ihren Worten] nach он долго размышлял о ее словах; sie schwieg in tiefem Nachsinnen она молчала, погруженная в глубокое раздумье. **brüten** *разг.* ≅ grübeln; *напр.*: er hatte stundenlang gebrütet und keinen Ausweg gefunden он часами упорно размышлял и не находил выхода; er brütet über dem Plan der Reise он сидит [бьется] над планом путешествия; worüber brütest du? над чем ты сидишь? **spintisieren** *разг. пренебр.* ≅ grübeln, *но подчер-*

кивает, *что мысли странные, необычные и т. п.*; *напр.*: er sollte nicht so viel spintisieren нечего ему так много думать. **tüfteln** *разг., часто пренебр.* мудрить; *напр.*: was tüftelst du an dieser Aufgabe? Laß sie sein! что ты мудришь [бьешься] над этой задачей? Брось!; er tüftelt gern он любит посидеть, подумать. **herumrätseln** *разг.* так и сяк гадать; *напр.*: daran rätsele ich seit Tagen herum я несколько дней так и сяк гадаю, что это; an diesem Schreiben haben wir lange herumgerätselt по поводу этого письма мы долго так и сяк гадали

nachdenklich задумчивый
nachdenklich — **gedankenvoll** — **gedankenverloren** — **versonnen**
nachdenklich *индифф. синоним*; *напр.*: ein nachdenklicher Mensch задумчивый человек; ein nachdenkliches Gesicht задумчивое лицо; nachdenklich dasitzen, blicken сидеть, смотреть задумчиво; du bist heute so nachdenklich ты сегодня так задумчив; der Vorfall machte ihn nachdenklich этот случай заставил его задуматься; das stimmte ihn nachdenklich после этого он призадумался. **gedankenvoll** погруженный в задумчивость *часто употр. с глаголами* zusehen, dasitzen, sagen *и т. п.*; *напр.*: sie sah ihm gedankenvoll nach она глядела ему вслед, глубоко задумавшись; gedankenvoll starrte er die niedrige Decke an погруженный в задумчивость, он неподвижно глядел на низкий потолок. **gedankenverloren** (весь, глубоко) погруженный в свои мысли (и не замечающий окружающего); *напр.*: er schwieg gedankenverloren он молчал, погруженный в свои мысли; gedankenverloren ging ich nach Hause погруженный в свои мысли, я шел домой („не разбирая дороги). **versonnen** ≅ gedankenverloren, *но подчеркивает мечтательность задумавшегося*; *напр.*: ein versonnener Blick отрешенный взгляд; ein versonnener Mensch человек, занятый своими мечтами; er blickte versonnen in sein Glas он задумчиво смотрел в свой стакан; sie lächelte versonnen она задумчиво улыбалась; sie war ganz versonnen она вся ушла в свои мысли

nachdichten *см.* übersetzen
nachdrücklich *см.* entschieden
nacheifern стараться быть таким же, как кто-л. (*в своей работе и т. п.*)
nacheifern — **nachstreben** — **nachfolgen** — **nachahmen** — g l e i c h t u n
nacheifern (*D*) *индифф. синоним*; *напр.*: er eiferte seinem großen Lehrer nach он старался быть достойным своего великого учителя; ich werde mich bemühen, diesem Vorbild nachzueifern я буду стараться следовать этому примеру. **nachstreben** (*D*) стремиться к какому-л. идеалу; *напр.*: dieser Künstler war das Vor-

bild, dem er nachstrebte этот художник был образцом, к которому он стремился приблизиться; wie kannst du nur diesen verlogenen Idealen nachstreben? как ты можешь стремиться к этим ложным идеалам? **nachfolgen** (*D*) следовать кому-л., чьему-л. учению; *напр.*: sie folgten begeistert ihrem Idol nach они восторженно следовали своему кумиру; als Philosoph folgte er der Lehre Platos nach как философ он следовал учению Платона. **nachahmen** (*A*) (по)следовать примеру кого-л.; *напр.*: will er seinen Vater nachahmen? он хочет последовать примеру своего отца?; er würde am liebsten Robinson nachahmen und sich auf eine Insel zurückziehen он предпочел бы последовать примеру Робинзона и удалиться на какой-нибудь остров. **gleichtun** *книжн.* сравняться с кем-л. *употр. в конструкции* es j-m gleichtun; *напр.*: wir konnten es ihm an Tüchtigkeit nicht gleichtun мы не могли сравняться с ним в трудолюбии; er wollte es ihr gleichtun он хотел сравняться с ней

nacheilen *см.* folgen [1]
nachempfinden *см.* mitfühlen
Nachen *см.* Boot
Nachfahr(e) *см.* Nachkomme
nachfolgen *см.* nacheifern
Nachfolger *см.* Anhänger [1]/Erbe I
nachfragen *см.* fragen
nachfühlen *см.* mitfühlen
nachgaffen *см.* nachsehen [1]
nachgeben уступать, поддаваться
nachgeben — **nachlassen** — **weichen** — **einlenken**
nachgeben *индифф. синоним*; *напр.*: j-s Bitten, j-s Drängen nachgeben уступить чьим-л. просьбам, чьему-л. настоянию; einem Gefühl, einer Laune nachgeben поддаваться чувству, настроению; schließlich gab sie doch der Müdigkeit nach und schlief ein в конце концов усталость превозмогла ее, и она уснула; wir dürfen nicht nachgeben мы не должны уступать □ Es war ein Gefühl, das ich dir nicht schildern kann! Ein Gefühl, daß, wenn ich dieser Verlockung nachgebe... ich niemals mehr zurück könne (*Hesse,* »Narziß«) Это было чувство, которое я не могу тебе описать! Чувство, что если я поддамся этому соблазну... то никогда уже больше не смогу вернуться. ...erst, als ich sagte, ich hätte selbst Hunger, gab sie nach (*Remarque,* »Drei Kameraden«) ...только когда я сказал, что я сам голоден, она уступила. **nachlassen** отступаться („ослабляя свои усилия по достижению чего-л.) *часто употр. с отрицанием*; *напр.*: er ließ nicht nach, bis er sein Ziel erreicht hat он не ослаблял усилий, пока не достиг своей цели; nur nicht nachlassen! только не отступать! **weichen** ≅ nachgeben, *но подчеркивает, что кто-л. отступает, отходит от занимаемой пози-*

ции; *напр.*: der Gewalt, der Übermacht weichen уступать насилию, превосходящей силе; nicht wanken und nicht weichen непоколебимо стоять (на своем); in dieser Sache will er keinen Schritt weichen в этом деле он не отступит ни на шаг; ich werde nicht wanken und nicht weichen, bis du mir versprichst, mit ihm zu sprechen я не отстану до тех пор, пока ты мне не пообещаешь с ним поговорить. **einlenken** идти на уступки; *напр.*: versöhnlich, begütigend einlenken пойти на уступки, чтобы помириться, чтобы задобрить (кого-л.); um die Stimmung nicht zu verderben, hat er eingelenkt он уступил, чтобы не портить настроения; kaum hatte er ihr betroffenes Gesicht gesehen, lenkte er auch schon ein едва он увидел ее обиженное лицо, как сразу же пошел на уступки

nachgehen *см.* beschäftigen, sich ¹/ folgen ¹

nachgiebig *см.* gutmütig
nachgrübeln *см.* nachdenken
nachgucken *см.* nachsehen ¹
nachher потом, после

nachher — dann — danach — hinterher — anschließend — im Anschluß an — hernach

nachher *индифф. синоним*; *напр.*: kaufe den Stoff lieber jetzt gleich, nachher ist er vielleicht ausverkauft лучше купи эту ткань сейчас, потом ее может и не быть; mache erst deine Hausaufgaben, nachher kannst du spielen сделай сначала домашние задания, тогда можешь играть; die Bedeutung dieser Worte wurde ihm erst nachher klar значение этих слов ему стало ясным только потом; überlege es dir vorher ganz genau, nachher kannst du nichts mehr ändern обдумай вначале все как следует: потом ничего уже больше не исправишь. **dann** затем, потом *по сравнению с* nachher *больше подчеркивает связь с предшествующим действием, событием и т. п.*; *напр.*: erst spielten sie friedlich zusammen, dann stritten sie sich сначала они мирно играли, а потом поссорились; wenn die Vorräte zu Ende sind, was machen wir dann [was dann, was soll dann werden]? когда кончатся запасы, что мы будем делать [что тогда]? **danach** вслед затем, после этого; *напр.*: kurz danach kamen wir вскоре после этого; gleich danach сразу после этого; sie spielte zuerst Mozart, danach Haydn она сыграла сначала Моцарта, потом Гайдна; zuweilen bewegt ein Windstoß die Blätter, danach ist alles wieder ruhig иногда порыв ветра шевельнет листья, потом все стихает; am 15. März ist er abgereist, eine Woche danach erhielt sie schon den ersten Brief пятнадцатого марта он уехал, а уже неделю спустя она получила от него первое письмо. **hinterher** ≃ nachher, *но может тж. подчеркивать*, что одно действие следует непосредственно за другим; *напр.*: er aß gut zu Mittag und trank hinterher ein Glas Wein он хорошо пообедал и затем выпил стакан вина; zuerst wurden Straßen gebaut, hinterher die Wohnhäuser вначале построили дороги, а затем (сразу же) жилые дома; hinterher sieht es leicht aus потом все кажется легко. **anschließend, im Anschluß an** ≃ danach, *но подчеркивают непосредственное следование действий друг за другом, часто офиц.*; *напр.*: wir hörten uns den Vortrag an, anschließend besuchten wir die Ausstellung мы прослушали доклад, вслед за этим осмотрели выставку; im Anschluß an das Programm wird getanzt (сразу) после выступления артистов будут танцы. **hernach** *устаревает* ≃ nachher; *напр.*: der Mann, der den Diebstahl begangen hatte, wurde bald hernach verhaftet человек, совершивший кражу, был вскоре после этого арестован

Nachhilfe *см.* Hilfe ¹
nachjagen *см.* verfolgen ¹
Nachkomme потомок

der **Nachkomme** — der **Sproß** — der **Nachfahr**(e) — der **Sprößling**

Nachkomme *индифф. синоним*; *напр.*: er hat keine Nachkommen у него нет детей [потомков]; er ist ein Nachkomme des großen Künstlers он потомок великого художника; sie starb ohne Nachkommen она умерла, никого не оставив после себя. **Sproß** *высок. устаревает* отпрыск; *напр.*: ein Sproß aus edlem Geschlecht отпрыск благородного рода; der letzte männliche Sproß der Familie последний отпрыск мужского пола в семье; er ist der jüngste Sproß aus diesem Hause он самый младший отпрыск этого дома. **Nachfahr, Nachfahre** *высок. устаревает* ≃ Nachkomme; *напр.*: unsere Nachfahren werden noch darüber sprechen наши потомки будут еще говорить об этом. **Sprößling** *разг., б. ч. шутл. или ирон.* отпрыск *употр. по отношению к чужому ребенку*; *напр.*: wenn er auf Reisen ist, bringt er seinen Sprößling bei Verwandten unter когда он уезжает, он отправляет своего отпрыска к родственникам; was treibt dein Sprößling jetzt? чем занимается сейчас твой отпрыск?

nachkommen *см.* erfüllen ¹/folgen ¹, ²
Nachlaß *см.* Erbe II/Ermäßigung
nachlassen ¹ уменьшаться, убывать

nachlassen — sich abschwächen — erlahmen — abflauen — abebben — verebben

nachlassen *индифф. синоним*; *напр.*: der Regen, die Hitze hat nachgelassen дождь почти прекратился, жара спала; der Schmerz, das Nasenbluten ließ nach боль утихла, кровотечение из носа стало слабее; sein Interesse ließ merklich nach его интерес заметно спал; im Alter lassen die Kräfte nach в старости силы убывают □ Später schlief ich ein. Die Böen ließen nach (Frisch, »Homo faber«) Позже я заснул. Порывы ветра стали слабее. Die Waldangst begann nun nachzulassen, mit neuer Freude vertraute er sich dem Waldleben an (Hesse, »Narziß«) Страх перед лесом начал отступать, с новой радостью он доверчиво окунулся в лесную жизнь. **sich abschwächen** ослабевать; *напр.*: das Interesse schwächt sich ab интерес ослабевает; das Tief, der Zyklon schwächt sich allmählich ab циклон постепенно ослабевает. **erlahmen** ≃ nachlassen, *но употр. по отношению к различным проявлениям духовной жизни человека*; *напр.*: seine Energie beginnt zu erlahmen его энергия начинает иссякать; sein Interesse für das Theater war noch nicht erlahmt его интерес к театру еще не угас; die Aufmerksamkeit der Zuhörer erlahmte immer mehr внимание слушателей все больше ослабевало. **abflauen** идти на убыль *подчеркивает медленный и постепенный характер уменьшения, ослабления чего-л.*; *напр.*: der Sturm flaut ab буря постепенно стихает; die Spannung, der Lärm flaut ab напряжение, шум постепенно ослабевает; die Stimmung flaute nach und nach ab настроение мало-помалу падало. **abebben** убывать, схлынуть; *напр.*: das Hochwasser ebbt ab полая вода убывает; die Wogen der Erregung ebbten ab волны возбуждения улеглись; der Lärm, der Streit ebbt ab шум, спор стихает. **verebben** ≃ abebben, *но подчеркивает постепенность и завершенность процесса*; *напр.*: der Beifall verebbte аплодисменты постепенно (совсем) стихли; das Stimmengewirr verebbte гул голосов стих [умолк]

nachlassen ² *см.* nachgeben
nachlässig ¹ небрежный, неаккуратный

nachlässig — lässig — unordentlich — liederlich — fahrlässig — schlampig

nachlässig *индифф. синоним*; *напр.*: nachlässige Kleidung, Arbeit небрежная одежда, работа; mit etw. nachlässig umgehen обращаться с чем-л. небрежно; er ist ein nachlässiger Schüler он неаккуратный ученик; er fühlte nachlässig ihren Puls он небрежно [невнимательно] пощупал ее пульс. **lässig** довольно небрежно; *напр.*: er war lässig angezogen он был небрежно одет; er ist der Meinung, daß seine Beschwerde lässig behandelt worden war он считает, что к его жалобе отнеслись небрежно. **unordentlich** неаккуратный; *напр.*: ein unordentlicher Mensch неаккуратный человек; ein unordentliches Zимmer неубранная комната; du hast unordentlich gearbeitet ты неаккуратно работал. **liederlich** неряшливый; *напр.*: ein liederlicher Mensch неряшливый человек; eine liederliche Arbeit

NACHLÄSSIG

неряшливая работа; liederlich angezogen sein быть неряшливо одетым; sie ist ein wenig liederlich она немного неряха; die Bluse war liederlich genäht кофточка была сшита грубо [кое-как]; alle Sachen lagen liederlich herum вещи были неряшливо разбросаны вокруг. **fahrlässig** халатный, небрежный (*в соблюдении определенных правил, следствием чего может быть несчастный случай*); *напр*.: ein fahrlässiger Autofahrer (преступно) небрежный водитель; fahrlässige Brandstiftung преступная неосторожность, послужившая причиной пожара; неосторожный поджог *юр*.; fahrlässig handeln действовать халатно [,не соблюдая правил]; der Arbeiter war fahrlässig рабочий пренебрегал соблюдением правил техники безопасности; er hat die Straße fahrlässig überquert он перешел улицу, не соблюдая правил уличного движения. **schlampig** *разг*. ≃ liederlich, *но еще более неодобр*.; *напр*.: eine schlampige Frau очень неряшливая женщина, грязнуля; ein schlampiger Mensch нечистоплотный человек; eine schlampige Arbeit халтурная работа; ihr Haushalt ist sehr schlampig она очень неряшливо ведет домашнее хозяйство; er macht einen schlampigen Eindruck он производит впечатление очень неопрятного человека
nachlässig [2] небрежный, непринужденный

nachlässig — lässig — leger — nonchalant

nachlässig *индифф. синоним*; *напр*.: er hatte eine nachlässige Haltung, als er mit ihr sprach у него была небрежная поза, когда он с ней разговаривал; sie lehnte sich nachlässig in den Sessel zurück она небрежно откинулась в кресле; er benahm sich betont nachlässig он вел себя подчеркнуто непринужденно. **lässig** ≃ nachlässig; *напр*.: eine lässige Haltung небрежная [непринужденная] поза; lässig rauchen небрежно [непринужденно] курить; mit lässiger Handbewegung schob er das Geschenk beiseite небрежным движением руки он отодвинул подарок в сторону; er saß lässig im Sessel он непринужденно сидел в кресле; seine Spielweise ist sehr lässig его манера играть очень непринужденна. **leger** [-'ʒeːr] ≃ nachlässig, *но подчеркивает свободу, легкость движений и т. п.*; *напр*.: der junge Mann lehnte sich leger in die Polster zurück молодой человек свободно [непринужденно] откинулся на мягкую спинку кресла [дивана]; er schlug leger die Beine übereinander он небрежно перекинул ногу за ногу; sie bewegte sich leger im Zimmer она непринужденно [легко] двигалась по комнате. **nonchalant** [nɔ̃ʃaˈlɑ̃] *книжн*. небрежный *часто подчеркивает, что кто-л. рисуется непринужденностью поведения, пренебрежением этикетом и т. п.*; *напр*.: eine nonchalante Gebärde небрежный жест; sich nonchalant benehmen вести себя непринужденно; er grüßte nonchalant он небрежно [непринужденно] поздоровался; sie warf ihren Mantel nonchalant auf den Sessel она небрежно сбросила пальто на кресло; er spielte den nonchalanten Plauderer он разыгрывал из себя непринужденного собеседника; mit nonchalanter Gelassenheit nahm er die Vorwürfe hin с небрежным спокойствием он выслушивал все упреки

nachlaufen *см*. verfolgen [1]
nachlesen *см*. suchen [2]
nachmachen *см*. nachahmen [1]
nachmessen *см*. messen
Nachname *см*. Name [2]
nachprüfen *см*. prüfen
nachrennen *см*. verfolgen [1]
Nachricht сообщение, известие

die Nachricht — die Mitteilung — die Meldung — die Botschaft — die Neuigkeit — die Information — die Kunde

Nachricht *индифф. синоним*; *напр*.: eine gute, schlechte, wichtige, eilige Nachricht хорошая, плохая весть, важное, срочное сообщение; die neusten, letzten Nachrichten самые новые, последние известия; das ist eine falsche Nachricht это ложное сообщение; diese Nachricht ist eben (an-)gekommen, eingegangen это сообщение только что пришло, поступило; wir haben schon lange keine Nachrichten mehr von ihm мы уже давно не имеем от него никаких известий; die Nachricht von seiner Ankunft wurde durch Presse und Rundfunk verbreitet известие [сообщение] о его приезде было распространено прессой и радио □ Und er berichtete eifrig, daß diese Nachricht ganz gewiß sei (*Fallada, »Jeder stirbt«*) И он уверял, что это сообщение абсолютно верное. Der Mann, der diese Nachricht verbreitete, ist der größte Lügner der Welt (*Kellermann, »Der Tunnel«*) Человек, распространявший это известие, — величайший в мире лгун. **Mitteilung** ≃ Nachricht, *но подчеркивает, что у сообщения имеется определенный адресат*; *напр*.: eine mündliche, kurze, vertrauliche, (un)angenehme, offizielle Mitteilung устное, краткое, доверительное, (не)приятное, официальное сообщение; eine Mitteilung erhalten, weitergeben получать, передавать сообщение; eine Mitteilung mit Dank, mit Interesse entgegennehmen принимать известие с благодарностью, с интересом; erst heute kam die Mitteilung von seiner Abreise только сегодня пришло известие о его отъезде; diese Mitteilung überrascht mich это сообщение для меня неожиданно; die Mitteilung seiner Vorschläge war uns wertvoll то, что нам были сообщены его предложения, было для нас ценно. **Meldung** ≃ Nachricht, *но подчеркивает официальный характер сообщения, обыкн. адресованного вышестоящей инстанции*; *напр*.: eine eilige, chiffrierte Meldung срочное, зашифрованное сообщение; eine Meldung übermitteln [weiterleiten], bekommen, entgegennehmen передавать, получать, принимать официальное сообщение; Sie hören die neusten Meldungen передаем [вы слушаете] последние известия; von der Front treffen ständig neue Meldungen ein с фронта непрерывно поступают новые сообщения. **Botschaft** ≃ Mitteilung, *но подчеркивает важный характер сообщения*; *напр*.: eine gute, schlimme, frohe, traurige Botschaft добрая, плохая, радостная, печальная весть; eine königliche, päpstliche Botschaft королевское, папское послание; eine Botschaft schicken, bringen, bekommen послать, принести, получить важное сообщение; ich habe eine freudige Botschaft für dich у меня есть радостное известие [радостная весть] для тебя. **Neuigkeit** новость, только что полученное сообщение; *напр*.: die Neuigkeiten des Tages новости дня; eine Neuigkeit wissen, erzählen, erfahren, verbreiten знать, рассказывать, узнавать, распространять новость; woher weißt du diese aufregende Neuigkeit? откуда ты знаешь эту волнующую новость? **Information** информация; *напр*.: eine richtige, falsche, sachliche, vertrauliche, spärliche Information правильная, неверная, объективная, доверительная, скудная информация; eine Information erteilen, empfangen, sammeln, weitergeben давать, получать, собирать, передавать информацию; deine Information stimmt nicht твоя информация неверна; er hat nur einseitige Informationen über diese Ereignisse у него только односторонняя информация об этих событиях. **Kunde** *высок*. весть; *напр*.: eine gute, schlimme, zuverlässige Kunde благая, дурная, достоверная весть; Kunde von j-m, von etw. haben, bekommen иметь, получить весть о ком-л., о чем-л.; die Kunde von seinem Tod hat sich nicht bestätigt молва о его смерти не подтвердилась; die gute Kunde kam auch uns zu Ohren добрая весть дошла и до наших ушей □ Wer weiß denn nicht, daß wir siegen sollen! Sogar der Feind hat davon Kunde (*H. Mann, »Die Jugend«*) Кто же не знает, что победить должны мы! Даже врагу это ведомо

nachschauen *см*. nachsehen [1]
nachschlagen *см*. suchen [2]
Nachschlagewerk справочник

das Nachschlagewerk — das Handbuch — der Führer

Nachschlagewerk *индифф. синоним*; *напр*.: Wörterbücher, Lexika und Enzyklopädien sind Nachschlagewerke словари, лексиконы и энциклопедии являются справочниками; er hat sich ein großes Nachschlagewerk ange-

NACHSCHRIFT 330 NACKT

schafft, он приобрел большой справочник. **Handbuch** справочник по какой-л. определенной отрасли знаний; *напр.*: ein Handbuch der Physik справочник по физике; ich brauche ein Handbuch der Medizin мне нужен справочник по медицине; das steht in keinem Handbuch этого нет ни в одном справочнике. **Führer** справочник-путеводитель по городу, по музею; *напр.*: sie kauften einen Führer durch Moskau они купили путеводитель по Москве; in Weimar brauche ich keinen Führer в Веймаре мне не нужен путеводитель

Nachschrift *см.* Ergänzung
nachsehen[1] смотреть вслед
nachsehen[1] — **nachschauen** — **nachblicken** — **hinterhersehen** — **hinterherschauen** — **hinterherblicken** — **nachspähen** — nachgucken — nachgaffen *индифф. синоним; напр.*: j-m traurig, betrübt nachsehen смотреть кому-л. вслед печально, огорченно; den abreisenden Gästen, Schiffen nachsehen смотреть вслед отъезжающим гостям, пароходам; alle Leute sahen ihr nach, weil sie so auffällig gekleidet war все смотрели ей вслед, потому что она была так броско одета; sie sah dem Flugzeug nach, bis es ihren Blicken entschwand она смотрела вслед самолету, пока он не исчез из поля зрения. **nachschauen** ≅ nachsehen; *напр.*: den Davonfahrenden, dem Zug nachschauen смотреть вслед отъезжающим, поезду. **nachblicken** = nachsehen, *но более характерно для книжно-письменной речи*; *напр.*: j-m, dem abfahrenden Zug nachblicken смотреть вслед кому-л., отходящему поезду; er blickte ihr lange nach он долго провожал ее взглядом. **hinterhersehen**, **hinterherschauen** = nachsehen; *напр.*: er sah [schaute] dem Mädchen hinterher он посмотрел вслед девушке. **hinterherblicken** = nachsehen; *напр.*: er blickte ihr traurig hinterher он грустно смотрел ей вслед. **nachspähen** (*незаметно*) наблюдать за кем-л., находясь позади и выглядывая из укрытия; *напр.*: sie spähte ihm vorsichtig nach она осторожно следила за ним сзади; er spähte dem Wagen nach он смотрел (*из укрытия и т. п.*) машине вслед (*,оставаясь незамеченным*); он следил за (удалявшейся) машиной. **nachgucken** *разг.* = nachsehen; *напр.*: er guckte ihr nach он глядел ей вслед; er guckte dem neuen Wagen nach он глядел вслед новой машине. **nachgaffen** *разг. пренебр.* уставиться, долго смотреть вслед, разинув рот; *напр.*: er gafft ihr immer nach он всегда смотрит ей вслед, разинув рот; was gaffst du dem Wagen nach? что ты уставился вслед машине?

nachsehen[2] *см.* entschuldigen/schonen
nachsehen[3] *см.* suchen[2]
nachsetzen *см.* verfolgen[4]

nachsichtig *см.* mild[2]
Nachsicht üben *см.* schonen
nachsinnen *см.* nachdenken
nachspähen *см.* nachsehen[1]
nachspüren *см.* erfahren I[1]/verfolgen[3]
nachstehen *см.* zurückstehen
nachstellen *см.* verfolgen[2]
nachstreben *см.* nacheifern
nachsuchen *см.* bitten[1]
Nachteil *см.* Mangel
nachteilig *см.* schädlich
nächtig *см.* nächtlich
nächtlich ночной
nächtlich — **nächtig**
nächtlich *индифф. синоним; напр.*: nächtliche Stille, Finsternis ночная тишина, ночной мрак; der nächtliche Wald, Wind ночной лес, ветер; ein nächtlicher Überfall ночное нападение; wir machten einen Bummel durch das nächtliche Paris мы совершили прогулку по ночному Парижу; nichts störte die nächtliche Ruhe ничто не нарушало ночной покой. **nächtig** *высок. редко* ≅ nächtlich; *напр.*: wir saßen im nächtigen Garten мы сидели в ночном саду

Nachtmahl *см.* Abendessen
Nachtrag *см.* Ergänzung
nachtragen *см.* hinzufügen/übelnehmen[1]
nachtragend *см.* «Приложение»
nachträgerisch *см.* nachtragend
nachträglich *см.* zusätzlich
nachtun *см.* nachahmen[1]
nachweisbar доказуемый, могущий быть точно установленным
nachweisbar — **beweisbar** — **beweiskräftig** — **erweisbar** — **erweislich**
nachweisbar *индифф. синоним; напр.*: ein nachweisbarer Schaden, Mangel ущерб, недостаток, который может быть (точно) установлен; nachweisbar sein быть доказуемым, подтверждаться доказательствами; diese Tat ist leicht nachweisbar это деяние [преступление] легко доказуемо; Sauerstoff ist auf diesem Planeten nicht nachweisbar наличие кислорода на этой планете не установлено; an diesen Möbeln sind noch Spuren des Empirestils nachweisbar в этой мебели еще можно обнаружить следы стиля ампир. **beweisbar** доказуемый, могущий быть доказанным; *напр.*: die Richtigkeit seiner Aussage ist dokumentarisch beweisbar верность его показаний может быть подтверждена документами; seine Schuld ist aber beweisbar но его вина может быть доказана. **beweiskräftig** *книжн.* доказательный, убедительный; *напр.*: ich brauche beweiskräftige Argumente мне нужны убедительные аргументы; er kann beweiskräftige Schriftstücke vorlegen он может предъявить убедительные письменные документы; Ihre Behauptungen sind nicht beweiskräftig ваши утверждения бездоказательны. **erweisbar** *книжн.* ≅ nachweisbar; *напр.*: sein Betrug ist leicht erweisbar его обман легко установить; die Richtigkeit dieser These scheint schwer erweisbar правильность этого тезиса представляется трудно доказуемой. **erweislich** *уст. книжн.* ≅ nachweisbar; *напр.*: sein Aufenthalt an diesem Ort ist erweislich факт его пребывания в этом месте может быть подтвержден [доказан]

nachweisen *см.* beweisen
Nachwirkung *см.* Einfluß[1]
nackend *см.* nackt[1]
nackicht *см.* nackt[1]
nackig *см.* nackt[1]
nackt[1] голый, нагой
nackt — **bloß** — **unbekleidet** — **unbedeckt** — **blank** — **entblößt** — **splitternackt** — **splitterfasernackt** — **nackend** — **nackicht** — **nackig** — **pudelnackt** — **kahl**
nackt *индифф. синоним; напр.*: nackte Arme, Beine голые руки, ноги; ein nackter Mensch голый человек; nackt sein, gehen, baden быть, ходить, купаться голым □ Er zog das Gewand aus und warf es ans andere Ufer, dann ging er nackt durch den tiefen... Bach (Hesse, »Narziß«) Он снял одежду и бросил ее на другой берег, затем, нагой, перешел глубокий... ручей. **bloß** голый, неприкрытый *употр. по отношению к частям тела (б. ч. атрибутивно) и тк. в сочетании* nackt und bloß *употр. по отношению ко всему телу (б. ч. как предикативное определение); напр.*: bloße Arme, Knie голые [неприкрытые] руки, колени; mit bloßen Füßen laufen бегать босиком; mit bloßen Händen zufassen схватить голыми руками; mit bloßem Kopf dastehen стоять с непокрытой головой; das Kind lag nackt und bloß da ребенок лежал совсем голый [ничем не прикрытый]. **unbekleidet** неодетый; *напр.*: sie ist noch unbekleidet она еще не одета; der Patient wurde unbekleidet in die Röntgenkammer geführt пациента провели в рентгеновский кабинет раздетым. **unbedeckt** непокрытый; *напр.*: er stand mit unbedecktem Kopf da он стоял с непокрытой головой. **blank** а) ≅ bloß, *но употр. тк. в определенных сочетаниях; напр.*: etw. auf der blanken Haut tragen надевать что-л. на голое тело; etw. mit der blanken Hand anfassen трогать что-л. голой рукой; unter der Bluse schimmerte die blanke Haut durch сквозь блузку просвечивало голое тело; b) *ю.-нем., австр.* раздетый (*без верхней одежды*); *напр.*: blank gehen ходить раздетым (*без пальто*). **entblößt** *высок.* обнаженный; *напр.*: entblößte Arme, Schultern обнаженные руки, плечи; der entblößte Kopf обнаженная голова; mit entblößtem Haupt stand er vor dem Grab с обнаженной головой стоял он перед могилой; die Soldaten

warteten mit entblößtem Oberkörper auf den Arzt солдаты, обнаженные до пояса, ждали врача. **splitternackt, splitterfasernackt** *разг. эмоц.-усил.* совершенно голый; *напр.:* manche lagen splitternackt in der Sonne иные лежали на солнце нагишом; er stand splitterfasernackt da он стоял совершенно голый □ Ich lag splitternackt. — Es stank die ganze Nacht. Auch Herbert lag splitternackt (*Frisch, »Homo faber«*) Я лежал совершенно голый. — Воняло всю ночь. И Герберт тоже лежал совсем голый. **nackend** *терр. фам.* нагишом, голышом; *напр.:* nackend in der Sonne liegen лежать нагишом на солнце, у моря. **nackicht, nackig** *терр. фам.* ≃ nackt; *напр.:* wir waren alle beide ganz nackicht мы оба были нагишом. **pudelnackt** *разг.* в чем мать родила; *напр.:* pudelnackt zum Vorschein kommen появиться в чем мать родила. **kahl** *диал.* без шапки; *напр.:* er geht mit kahlem Kopf он ходит без шапки

nackt² голый (*лишенный травяного, волосяного и т. п. покрова*)
nackt — kahl — bloß — blank

nackt *индифф. синоним; напр.:* der nackte Schädel голый череп; nackte Bäume голые деревья; die nackte Erde голая земля; nackte Wände голые стены; die nackten Zweige bieten einen traurigen Anblick голые ветви являют собой печальное зрелище; sie schliefen dort auf dem nackten Boden они спали там на голом полу □ Er hatte sich aufgerichtet und saß hager auf dem nackten Schlafbrett (*Hesse, »Narziß«*) Он поднялся и сидел теперь, худой, на голых досках своего ложа. **kahl** лысый, голый; *напр.:* kahler Kopf, Schädel лысая голова, лысый череп; kahle Berge лысые горы; kahle Bäume голые деревья; die Felder sind im Winter kahl поля зимой пусты и голы; das Zimmer wirkte kahl und ärmlich комната была голая, убогая; auf den früher kahlen Stellen wächst jetzt Gras на прежде голых местах теперь растет трава; ringsum waren kahle Felsen вокруг были голые скалы □ Die Zelle, die kahle Pritsche... alles zeigte ihm deutlich, wie sehr er hier störe (*Hesse, »Narziß«*) Келья, голые нары... все ясно указывало ему, насколько он здесь лишний. **bloß** ≃ nackt, но обладает ограниченной сочетаемостью (*тк. атрибутивно*); *напр.:* er schlief auf der bloßen Erde он спал на голой земле; er ist mit dem bloßen Schwert in der Hand dargestellt он изображен с обнаженным мечом в руке. **blank** ≃ bloß, но частично отличается по сочетаемости; *напр.:* er schlief auf dem blanken Boden он спал на голом полу; auf dem Bild steht in der rechten Hand ein blanker Dolch in der rechten Hand на картине изображен мужчина с обнаженным кинжалом в правой руке; er ritt ohne Sattel auf einem blanken Pferderücken он ехал верхом на неоседланной лошади; blanker Draht unter Spannung ist gefährlich голый [неизолированный] провод под напряжением опасен

nageln прибивать (гвоздями)
nageln — annageln — festnageln — anschlagen

nageln *индифф. синоним; напр.:* ein Bild an die Wand nageln прибивать (гвоздями) картину к стене; eine Latte auf die Kiste nageln прибивать (гвоздями) планку к ящику; ein Brett an das andere nageln прибивать гвоздями одну доску к другой. **annageln** ≃ nageln, но подчеркивает, что что-л. прибивают гвоздями к другому предмету, который в предложении может быть не указан, но подразумевается; *напр.:* ein Brett annageln прибить доску (гвоздями к чему-л.); ein Hufeisen ist an die Tür angenagelt к двери прибита подкова. **festnageln** ≃ annageln, но подчеркивает, что что-л. прибивают крепко, прочно; *напр.:* ein Schild, ein Hufeisen festnageln крепко прибить (гвоздями) вывеску, подкову. **anschlagen** ≃ annageln, но обладает ограниченной сочетаемостью и не содержит указания на то, что что-л. прибивают именно гвоздями; *напр.:* ein Plakat, einen Aufruf anschlagen прибить на стену плакат, воззвание

nagelneu *см.* neu¹
nagen¹ грызть, глодать
nagen — knabbern

nagen *индифф. синоним; напр.:* die Maus nagt am Brot мышь грызет хлеб; der Hund nagt an einem Knochen собака грызет [гложет] кость; die Hasen haben die Rinde von den Bäumen genagt зайцы обглодали кору с деревьев; er nagte an einem Zwieback он грыз сухарь. **knabbern** грызть (с хрустом), похрустывать, грызя *употр. по отношению к человеку и животному* (*Ср. тж. ряд* essen); *напр.:* die Maus hat am Keks geknabbert мышь хрустела печеньем; das Kind knabbert ein Stück Schokolade ребенок грызет шоколадку; er knabbert gern Nüsse он любит грызть орехи

nagen² подтачивать (*действовать разрушающе*); грызть, глодать, точить (*о чувствах и т. п.*)
nagen — fressen

nagen *индифф. синоним; напр.:* die Brandung nagt am Ufer прибой подтачивает [размывает] берег; eine Krankheit nagt an seiner Gesundheit болезнь подтачивает его здоровье; der Kummer nagt an ihm, an seinem Herzen забота гложет его, его сердце; das Heimweh nagte an ihm его съедала тоска по родине. **fressen** ≃ nagen, но подчеркивает большую интенсивность действия; *напр.:* die Brandung fraß unaufhörlich an den Deichen прибой беспрестанно размывал дамбы; der Rost frißt an den Eisenteilen ржавчина разъедает детали из железа; die Flammen fraßen am Gebälk пламя пожирало стропила; Sorge, Verzweiflung fraß an ihm забота грызла, отчаяние снедало его; die Enttäuschung fraß an [in] seinem Herzen разочарование точило его сердце; an ihm frißt der Neid его гложет зависть

nagen³ *см.* schaden
nah(e) близкий, ближний
nah(e) — nahegelegen — benachbart — dicht — nahebei

nah(e) *индифф. синоним (атрибутивно тк. nah); напр.:* die nahe Stadt ближний город; der nahe Wald ближний лес; nah(e) stehen, sitzen, herantreten близко стоять, сидеть, подходить; das Haus liegt nah(e) am Bahnhof дом расположен близко от вокзала; die Straße führt nah(e) am Abgrund vorbei дорога проходит вблизи пропасти; du kannst ganz nah(e) herangehen ты можешь подойти совсем близко; nahe dabei stand eine alte Eiche близко к этому месту (*дому и т. п.*) стоял старый дуб. **nahegelegen** близко расположенный, ближайший (*по месту расположения*) (*б. ч. атрибутивно*); *напр.:* ein nahegelegenes Dorf расположенная вблизи [ближайшая] деревня; sie machen ihre Einkäufe in einem nahegelegenen Städtchen они делают покупки в ближайшем городке. **benachbart** соседний (*б. ч. атрибутивно*); *напр.:* ein benachbartes Dorf, Haus, Grundstück соседняя деревня, соседний дом, участок; der benachbarte Wald соседний лес; die benachbarte Stadt соседний город; er wohnt in einer benachbarten Straße он живет на соседней улице. **dicht** вплотную (*как наречие при существительном с предлогом, уточняющим положение предмета*); *напр.:* dicht am Wege, am Wasser, an der Wand вплотную к дороге, у самой воды, у самой стены; die Weiden stehen dicht am Bach ивы стоят у самого ручья; dicht vor mir machte er halt прямо передо мной он остановился; er setzte sich dicht neben mich hin он сел вплотную ко мне; er rückte dicht zum Fenster он придвинулся к самому [вплотную к] окну; sie traten dicht vor ihn hin они подошли к нему вплотную; er stand dicht dahinter он стоял сзади вплотную (*к кому-л., к чему-л.*). **nahebei** совсем близко, рядом (*дом*) (*как наречие*); *напр.:* der Bahnhof liegt nahebei вокзал расположен совсем близко; das Buch lag nahebei auf dem Nachttisch книга лежала рядом на ночном столике; er wohnt nahebei он живет совсем рядом

nahebei *см.* nah(e)
nahegelegen *см.* nah(e)
nahekommen *см.* nähern, sich²
nahelegen *см.* raten¹

NAHEN (,SICH)   **NAIV**

nahen (,sich) *см.* nähern, sich¹
näherkommen *см.* nähern, sich²
nähern, sich¹ приближаться (к какому-л. пункту), сближаться (в пространстве, во времени и т. п.)
sich nähern — sich annähern — herangehen — herantreten — herankommen — anrücken — heranrücken — heranziehen — aufziehen — (sich) nahen — herannahen — heraufziehen
sich nähern *индифф. синоним*; *напр.*: sich dem Dorf, dem Bahnhof, der Tür nähern приближаться к деревне, к вокзалу, к двери; das Schiff näherte sich der Küste судно приближалось к берегу; du darfst dich dem Hund nur vorsichtig nähern будь осторожен, когда приближаешься к собаке; die Temperatur näherte sich dem Gefrierpunkt температура приближалась к точке замерзания □ Kaum war K. eingetreten, erhoben sich die Bauern, um sich ihm zu nähern (*Kafka*, »*Das Schloß*«) Едва К. вошел, как крестьяне поднялись, чтобы приблизиться к нему. **sich annähern** ≅ sich nähern, *но подчеркивает незавершенность процесса приближения*; *напр.*: als wir uns dem Dorf schon etwas angenähert hatten, begannen die Hunde zu bellen когда мы уже подошли немного ближе к деревне, залаяли собаки; ich sah einen Wagen sich annähern я увидел приближающуюся машину. **herangehen** подходить (к кому-л., чему-л.); *напр.*: dicht, bis auf drei Meter an den Zaun herangehen подойти к самому [вплотную к] забору, на три метра к забору; er ging an das Schaufenster heran und betrachtete die Auslagen näher он подошел к витрине и хорошенько рассмотрел выставленные вещи; er ging ganz nah an ihn heran und flüsterte ihm etwas zu он подошел к нему совсем близко и что-то прошептал. **herantreten** ≅ herangehen, *но больше подчеркивает, что подходят к объекту с близкого расстояния*; *напр.*: an einen Schalter, an die Brüstung herantreten подойти к окошку кассы, к перилам; ich trat an die Menschengruppe heran я подошел к группе людей; der Arzt trat an das Bett des Kranken heran врач подошел к постели больного; die Häuser treten dicht an das Meer heran дома подступают к самому морю. **herankommen** подходить, приближаться *в отличие от* herangehen *больше подчеркивает направление к говорящему или достижение цели движения*; *напр.*: ich beobachtete, wie er langsam zu mir herankam я наблюдал, как он медленно подходил ко мне; ich konnte nicht an die Bücherausgabe herankommen я не мог подойти к месту выдачи книг; der Tag des Konzertes war herangekommen день концерта настал; ich komme schon an die Fünfzig heran я приближаюсь уже к пятидесяти годам. **anrücken** ≅ herankommen, *но употр. по отношению к военным или военизированным подразделениям*; *разг. шутл. тж. о любой группе людей*; *напр.*: der Feind rückt an враг приближается; die Feuerwehr rückt an пожарная команда прибывает; Pioniere rückten an und sprengten die Brücke прибыли саперы и взорвали мост; sie kriegen Angst, wenn wir zu sechst anrücken они испугаются, если мы заявимся [нагрянем] вшестером; gestern sind meine Verwandten angerückt вчера нагрянули мои родственники. **heranrücken** (неотвратимо) приближаться, наступать, надвигаться; *напр.*: der Feind rückte immer näher heran враг подступал все ближе; der äußerste Termin für die Abgabe der Arbeit rückt heran подходит крайний срок сдачи работы; ich sah das Gewitter heranrücken я видел, как надвигается гроза. **heranziehen** ≅ sich nähern, *но употр. по отношению к большим массам чего-л. и т. п.*; *напр.*: von den Bergen zieht ein Gewitter herangezogen с гор надвинулась гроза; die Leute zogen von allen Seiten heran со всех сторон тянулся народ. **aufziehen** ≅ heranziehen, *но подчеркивает, что кто-л., что-л., приближаясь, собирается в одном месте*; *напр.*: ein Gewitter ist aufgezogen надвинулась [собралась] гроза; eine Menschenmenge zog vor dem Rathaus auf толпа людей собралась *(приблизилась и остановилась)* перед ратушей □ Ja, Magdalena, die letzte Wolke ist aufgezogen, die allerletzte (*Sachse*, »*Menuett und Motette*«) Да, Магдалена, собирается последняя туча, самая последняя. **(sich) nahen** *высок.* ≅ sich nähern *(может употр. без* sich*, если обстоятельство места отсутствует, и тк. с* sich*, если обстоятельство места указывается)*; *напр.*: ich höre sie (sich) nahen я слышу, как они приближаются; ich sehe sie sich dem Rathaus nahen я вижу, как они приближаются к ратуше; der Sommer naht лето приближается; der Sommer naht sich seinem Ende лето близится к концу; es naht Gefahr надвигается опасность; das Ende naht sich unaufhaltsam неотвратимо приближается конец. **herannahen** *высок.* ≅ nahen, *но подчеркивает направление к действующему лицу или к говорящему*; *напр.*: wir sahen ein Boot herannahen мы увидели приближающуюся лодку; eine dunkle Wolke naht heran приближается темное облако. **heraufziehen** *высок.* ≅ heranziehen, *но употр. тк. по отношению к явлениям природы или перен. к абстрактным понятиям*; *напр.*: ein Gewitter zieht herauf надвигается гроза; der Abend zieht herauf наступает вечер; alle ahnten das Unheil, das heraufzog все предчувствовали надвигающееся несчастье

nähern, sich² сближаться, становиться ближе (*о духовном сближении и т. п.*)
sich nähern — sich annähern — nahekommen — nahetreten — näherkommen — nähertreten
sich nähern *индифф. синоним*; *напр.*: sich j-m nähern сблизиться с кем-л.; ihre Meinungen näherten sich mit der Zeit их мнения со временем сблизились; er hat sich der Dame in vertraulicher Weise genähert он завязал близкие отношения с этой дамой; wir haben uns in unseren Standpunkten genähert наши точки зрения сблизились; ich versuchte vergeblich, sich dem Künstler zu nähern он напрасно старался сблизиться с художником. **sich annähern** ≅ sich nähern, *но подчеркивает незавершенность процесса сближения*; *напр.*: sie näherten sich mit der Zeit immer mehr an со временем они становились все ближе; wir nähern uns einander in unseren Meinungen an мы становимся ближе друг другу во мнениях. **nahekommen** подойти вплотную к чему-л.; (очень) сблизиться с кем-л.; *напр.*: der Wahrheit, der Lösung des Problems nahekommen подойти вплотную к истине, к решению проблемы; er ist so verschlossen, daß man ihm nicht nahekommen kann он так замкнут, что сближение с ним невозможно; wir sind uns im Laufe der Zeit sehr nahegekommen со временем мы очень сблизились. **nahetreten** приблизиться к кому-л., (тесно) сблизиться с кем-л. *часто с оттенком некоторой торжественности*; *напр.*: es war mir nicht vergönnt, dem Künstler nahezutreten мне так и не довелось сблизиться с художником; sie wohnten lange am gleichen Ort, traten sich aber nicht nahe они долго жили в одном и том же месте, но не сблизились. **näherkommen** все более сближаться, становиться ближе; *напр.*: in der letzten Zeit sind sie sich nähergekommen в последнее время они сблизились; er hatte das Gefühl, daß sie ihm nähergekommen sei у нее было такое чувство, что она стала ему ближе. **nähertreten** a) ≅ näherkommen, *но менее употребительно*; *напр.*: er ist ihm erst in der letzten Zeit nähergetreten он стал ему ближе только в последнее время; er wollte ihr zwar gern nähertreten, aber es wurde nichts daraus ему хотелось сблизиться с ней, но из этого ничего не вышло; b) *офиц.* познакомиться ближе (*с каким-л. делом*); *напр.*: einem Plan, einem Vorschlag nähertreten ближе ознакомиться с планом, с предложением

nähertreten *см.* nähern, sich²
nahetreten *см.* nähern, sich²
nahezu *см.* fast
nähren *см.* ernähren¹
Nahrungsmittel *см.* Lebensmittel
naiv *см.* schlicht¹

Name¹ имя
der Name — der Vorname — der Rufname — der Kosename

Name *индифф. синоним*; *напр.*: ein häufiger, seltener Name часто встречающееся, редкое имя; hat das Kind schon einen Namen? у ребенка уже есть имя?; er fragte mich nach meinem Namen он спросил у меня мое имя; der Hund hört auf den Namen Nero собака отзывается на кличку Нерон; der Papagei hat den Namen Lola bekommen попугая назвали Лола □ »Madelon!« Er darf getrost den Namen rufen, der trennende Raum ist groß (*H. Mann*, *»Die Jugend«*) «Маделон!» Он может спокойно позволить себе кричать ее имя, разделяющее их пространство велико. **Vorname** ≅ Name, *но подчеркивает, что это только имя, а не фамилия*; *напр.*: sie hat drei Vornamen: Eva, Maria und Anna у нее три имени: Ева, Мария и Анна; nennt bitte alle eure Vornamen укажите все свои имена (*раньше было принято давать ребенку несколько имен (б. ч. два-три), одно из которых было главным, а другие фигурировали только в документах*) □ »Wie kommen Sie eigentlich zu Ihrem englischen Vornamen?« fragte Gottfried Patrice Hollmann (*Remarque*, *»Drei Kameraden«*) «Откуда у вас, собственно, английское имя?» — спросил Готфрид у Патриции Хольман. **Rufname** (главное, основное) имя (*то из имен, которым называют кого-л., обращаясь к нему*; *ср.* Vorname); *напр.*: Schulze heißt mit Vornamen Hans Georg. Welcher sein Rufname ist, weiß ich nicht Шульце по имени зовут Ганс Георг, какое из этих имен главное, я не знаю. **Kosename** ласкательное, ласковое имя; *напр.*: er erfand für sie immer neue Kosenamen он придумывал ей все новые ласковые имена; sie wurde von vielen mit diesem Kosenamen genannt ее многие называли этим ласкательным именем □ Lafargues brauner Teint trug ihm bei Karl Marx viele Spitz- und Kosenamen bei (*Marx*, *»Wie ich meinen Schwiegersohn erzog«*) Смуглость Лафарга служила Карлу Марксу поводом для придумывания ему разных прозвищ и ласкательных имен

Name² фамилия
der Name — der Familienname — der Nachname — der Zuname — der Mädchenname

Name *индифф. синоним*; *напр.*: mein Name ist Müller моя фамилия Мюллер; ein Mann mit Namen Schulze человек по фамилии Шульце; er hat ein Buch unter dem Namen N veröffentlicht он опубликовал книгу под фамилией N; die Namen der Anwesenden wurden verlesen были зачитаны фамилии присутствующих; er hat sich einen fremden Namen beigelegt он принял чужую фамилию □ Bach? Aber gehört habe ich den Namen schon (*Sachse*, *»Menuett und Motette«*) Бах? Я слышал уже эту фамилию. **Familienname** ≅ Name, *но подчеркивает, что это именно фамилия, а не имя*; *напр.*: mein Familienname ist Meier моя фамилия Мейер; er untersucht die Herkunft der Familiennamen он исследует происхождение фамилий; seinen Familiennamen kenne ich nicht я не знаю его фамилии; sie ist mir unter einem anderen Familiennamen bekannt она известна мне под другой фамилией; in die Liste sind Vor- und Familiennamen einzutragen в список следует внести имя и фамилию □ Die Hausmeisterin nannte Anna Magdalenens Familiennamen, wenn auch deutlich, so doch leise (*Sachse*, *»Menuett und Motette«*) Домоправительница назвала фамилию Анны Магдалены хотя и четко, но тихо. **Nachname** = Familienname; *напр.*: nennen Sie bitte auch Ihren Nachnamen! назовите, пожалуйста, также вашу фамилию!; wer kennt seinen Vor- und Nachnamen? кто знает его имя и фамилию? □ Hat der Betreffende keinen Nachnamen, so ist sein gemeinhin gebräuchlicher Spitzname anzugeben (*Wp 26/1970*) Если данное лицо не имеет фамилии, то следует указать его общеизвестное прозвище. **Zuname** = Nachname, б. ч. в формулярах; *напр.*: er heißt Alfred, seinen Zunamen kenne ich nicht его зовут Альфред, а его фамилии я не знаю. **Mädchenname** девичья фамилия; *напр.*: sie hat nach der Scheidung wieder ihren Mädchennamen angenommen после развода она снова приняла свою девичью фамилию

Name³ название
der Name — die Benennung — die Bezeichnung — der Titel — die Überschrift — der Deckname

Name *индифф. синоним*; *напр.*: der Name einer Oper, eines Buches, eines Flusses название оперы, книги, реки; wie ist der Name dieser Stadt? как называется этот город?; der Name des Medikaments ist mir entfallen название лекарства выпало у меня из памяти; er untersucht geographische Namen он исследует географические названия □ Denn alle Wege... führten auf die ehemalige Geheimrat-Döppe-Straße, die jetzt keinen Namen hatte (*Schulz*, *»Wir sind nicht Staub im Wind«*) Потому что все дороги вели к бывшей улице Тайного Советника Деппе, у которой теперь не было названия. **Benennung** наименование, название; *напр.*: einer Sache eine (neue) Benennung geben дать чему-л. (новое) наименование; die alte Benennung ändern изменить старое наименование; alte Häuser tragen manchmal eigenartige Benennungen старые дома носят иногда своеобразные названия. **Bezeichnung** обозначение; *напр.*: eine genaue, richtige Bezeichnung точное, правильное обозначение; die Bezeichnung der Pflanzen mit lateinischen Namen обозначение растений латинскими названиями; dieser Gegenstand hat eine falsche Bezeichnung у этого предмета неправильное наименование; diese verschiedenen Stoffe haben die gleiche Bezeichnung эти различные материалы имеют одинаковое название; Adonis ist die Bezeichnung für einen schönen Mann Адонис — это обозначение красивого мужчины □ ...ein Mädchen, von dem man sagte, es sei Klamms Geliebte — ich halte das übrigens für eine sehr übertriebene Bezeichnung (*Kafka*, *»Das Schloß«*) ...девушка, о которой говорили, что она возлюбленная Кламма, — между прочим, я считаю что такое обозначение — гипербола. **Titel** название (*тж. о самом произведении*); заголовок; *напр.*: ein treffender Titel меткое [удачное] название; ein erfolgreicher Titel произведение (*книга, фильм, пластинка и т. п.*), пользующееся успехом; der Film, das Fernsehstück unter dem Titel »Die Brücke« фильм, телевизионная пьеса под названием «Мост»; einen Titel für ein Buch suchen, finden искать, найти название для книги; das Buch trägt einen vielversprechenden Titel у книги многообещающее название; wie lautet der Titel des Romans? как называется роман? □ Seine Stahlarbeiter-Reportage... sollte unter dem Titel »Blutiger Stahl« veröffentlicht werden (*Gluchowski*, *»Blutiger Stahl«*) Его репортаж о сталеварах... должен был выйти под заголовком «Кровавая сталь». Das Manuskript trug den Titel »Sonett 66« (*Feuchtwanger*, *»Exil«*) Рукопись была озаглавлена «Сонет 66». **Überschrift** заглавие, заголовок; *напр.*: jedes Kapitel des Buchs hat eine treffende Überschrift каждая глава книги имеет удачное заглавие; er liest in der Zeitung nur die Überschriften он читает в газете только заголовки статей; diese Überschrift paßt nicht zum Inhalt des Aufsatzes это заглавие не отвечает содержанию статьи; wie lautet die Überschrift des Artikels, des Gedichtes, des Kapitels? как называется статья, стихотворение, глава? □ Er nahm eine Zeitung, legte sie auf den Boden und schob mit einer anderen die Glassplitter darauf. Dabei sah er die Überschriften: Weitere Verkürzungen der Linien. Schwere Kämpfe bei Orel (*Remarque*, *»Zeit zu leben«*) Он взял газету, положил ее на пол и другой газетой собрал на нее осколки. При этом он прочел заголовки: «Дальнейшее сокращение линии фронта», «Тяжелые бои под Орлом». Auf großen, mit Blech bezogenen Tischen lag der fertige Satz, lange Spalten mit gegossenen Bleizeilen, daneben die Kästen mit den Überschriften in verschiedenen Größen (*Feuchtwanger*, »*Exil*«) На больших, обитых жестью столах лежал готовый набор: длинные столбцы с отлитыми свинцовыми строчками, рядом — ящики с заголовками различной величины. **Deckname** условное, кодовое название; *напр*.: das Projekt läuft unter dem Decknamen »Elektra« проект идет под кодовым названием «Электра»

namhaft *см*. bekannt [1]

Narbe рубец, шрам

die **Narbe** — der **Schmiß** — die **Schramme** — der **Ritz** — der **Kratzer**

Narbe *индифф. синоним*; *напр*.: eine große, kleine, tiefe, breite, lange, frische, rote Narbe большой, маленький, глубокий, широкий, длинный, свежий, красный шрам; er hat eine Narbe über dem linken Auge у него шрам над левым глазом; diese Narbe rührt von der Operation her этот рубец [шов] остался от операции; die Wunde hat fast keine Narbe hinterlassen рана почти не оставила следа □ Sie hatte neugierig, überschauert, gekitzelt ihre Narben gesehen, befühlt (*Feuchtwanger*, »*Exil*«) С любопытством, со щекочущим нервы ужасом осматривала и ощупывала она ее шрамы. **Schmiß** шрам на лице (*след дуэли на шпагах между студентами-корпорантами*); *напр*.: sein Vater hat mehrere Schmisse im Gesicht, er hatte sich als Student noch duelliert у его отца несколько шрамов на лице: будучи студентом, он еще дрался на дуэлях; er ist tatsächlich stolz auf seinen Schmiß an der Schläfe он, действительно, гордится своим шрамом на виске, полученным на студенческой дуэли. **Schramme** царапина (*б. ч. незажившая, свежая*); ссадина; *напр*.: bei dem Autounfall ist er mit ein paar Schrammen davongekommen при автомобильной аварии он отделался парой царапин; am Körper hatte er einige Schrammen у него на теле было несколько ссадин. **Ritz** небольшая (незажившая) царапина; *напр*.: sie zeigte mir einen Ritz im Finger она показала мне небольшую царапину на пальце; die Nadel hinterließ einen tiefen Ritz игла оставила небольшую, но глубокую царапину. **Kratzer** *разг*. (случайная) царапина; *напр*.: sie hatte einen Kratzer im Gesicht у нее на лице была царапина; das Auto war noch neu, ohne jeden Kratzer машина была еще новая, без единой царапины

Narr [1] дурак

der **Narr** — der **Tor** — der **Dummkopf** — der **Einfaltspinsel** — der **Tropf** — der **Trottel** — der **Kretin** — der **Idiot**

Narr *индифф. синоним*; *напр*.: ein alter Narr старый дурак; j-n für einen (ausgemachten) Narren halten считать кого-л. (законченным) дураком; j-n zum Narr halten дурачить кого-л.,

обманывать кого-л. как последнего дурака; sei doch kein Narr, laß das! не будь же дураком, оставь это!; ich möchte mich nicht zum Narren machen lassen я не хотел бы, чтобы из меня делали дурака; ich Narr, wie konnte ich das nur glauben! (ах,) дурак, как я только мог этому поверить! □ Narren sind sie, blind wie die Nacht sind sie, sie begreifen nicht, worum es geht (*Feuchtwanger*, »*Die Füchse*«) Они глупцы, ничего не видят, как во тьме ночной, не понимают, что происходит. **Tor** *высок*. глупец; *напр*.: was war ich für ein Tor! каким же я был глупцом!; er ist ein reiner Tor! он совершенный глупец!; ты, несчастный глупец! **Dummkopf** *разг*. глупый, глупая голова; *напр*.: er ist ein Dummkopf он же глупый; sei kein Dummkopf! не глупи!; er ist ein unverbesserlicher Dummkopf он неисправимый дурак. **Einfaltspinsel** *фам. пренебр*. простак; *напр*.: so ein Einfaltspinsel! вот простачок!; der Einfaltspinsel glaubt alles, was man ihm sagt этот простак верит всему, что ему говорят. **Tropf** *разг. устаревает* ≃ Dummkopf, *но подчеркивает простодушие и беспомощность*; *напр*.: so ein Tropf! ну и глупый же!; armer Tropf! дурак несчастный! □ Und er wollte kein... »Dalken« sein, kein dummer, ungeschickter Tropf (*Schulz*, »*Wir sind nicht Staub im Wind*«) А ему не хотелось быть растерехой, глупым, неловким дурнем. **Trottel** *разг. пренебр*. простофиля; *напр*.: so ein Trottel! ну и простофиля! □ ...und der distinguierte Engel sagte zu seinem Führer: »Was hast du Trottel denn da angestellt?« (*Feuchtwanger*, »*Die Füchse*«) ...и изысканный ангел сказал своему проводнику: «Что же ты там натворил, дурень?» **Kretin** *бран*. кретин; *напр*.: du bist ein Kretin! ты кретин!; er sagte, es wären hier lauter Kretins он сказал, что здесь сплошь одни кретины. **Idiot** *бран*. идиот; *напр*.: so ein Idiot! что за идиот!; hör auf, du Idiot! прекрати, ты, идиот!; was für ein Idiot bin ich, ständig denselben Fehler zu machen! ну какой же я идиот, все время делаю одну и ту же ошибку! □ Sie suchen einen Grund, solche Leute in die Fänge zu kriegen, und ich habe einen geliefert, ich Idiot! (*Schulz*, »*Wir sind nicht Staub im Wind*«) Они ищут повод, чтобы заполучить таких людей в свои лапы, и я дал им такой повод, я — идиот!

Narr [2] *см*. Clown

Narrenhaus *см*. Irrenanstalt

närrisch *см*. dumm [1]

naschen *см*. essen/stehlen

Nase: unter die Nase reiben *см*. vorwerfen

naseweis *см*. frech/neugierig

naß мокрый, сырой

naß — **feucht** — **regennaß** — **tränennaß** — **tropfnaß** — **triefnaß** — **durchnäßt** — **klamm** — **klatschnaß** — **klitschnaß** — **quatschnaß** — **p(l)atsch(e)naß** — **pitsch(e)naß** — **pudelnaß**

naß *индифф. синоним*; *напр*.: ein nasser Lappen, Schwamm мокрая [сырая] тряпка, губка; nasse Wäsche мокрое [сырое] белье; naß werden промокнуть; nasse Füße bekommen промочить ноги; meine Kleider sind ganz naß vom Regen моя одежда совсем мокрая от дождя; ich habe nasse Hände у меня мокрые руки; nasses Holz brennt schlecht сырые дрова плохо горят; ihre Wangen sind naß von Tränen ее щеки мокры от слез □ ...man nahm ihm den nassen Rock ab, um ihn beim Ofen zu trocknen (*Kafka*, »*Das Schloß*«) ...с него сняли мокрый пиджак, чтобы просушить у печки. **feucht** влажный, сырой; *напр*.: ein feuchtes Tuch влажный [сырой] платок; feuchter Boden влажная [сырая] земля; das Gras ist feucht vom Tau трава влажна от росы; sie bekam feuchte Augen у нее глаза увлажнились; wir haben eine feuchte Wohnung у нас сырая квартира; ich habe vor Aufregung feuchte Hände у меня от волнения руки влажные □ Die Straße wurde feucht. Auf der lehmigen Straße schwänzelte der Wagen und schleuderte (*Remarque*, »*Drei Kameraden*«) Дорога стала влажной. На глинистой дороге машину заносило и кидало. **regennaß** мокрый от дождя; *напр*.: eine regennasse Straße мокрая от дождя улица □ ...ich... sagte aber auch zu Mahlke, als der in der Uniform und regennaß vor mir stand: »Du, Idiot!« (*Grass*, »*Katz und Maus*«) ...но я... сказал все же Мальке, когда тот появился передо мной в военной форме и мокрый от дождя: «Ты, идиот!» **tränennaß** мокрый от слез; *напр*.: ein tränennasses Tuch мокрый от слез платок; ihr Gesicht war tränennaß ее лицо было мокрым от слез. **tropfnaß** такой мокрый, что капает; *напр*.: das Kleid war tropfnaß платье было такое мокрое, что с него капало; sie hat das Hemd tropfnaß zum Trocknen aufgehängt она повесила рубашку сушиться такой мокрой, что с нее капала вода. **triefnaß** такой мокрый, что течет; *напр*.: der Mantel war triefnaß с пальто текло; sie hängte die triefnasse Wäsche auf die Leine она повесила на веревку такое мокрое белье, что с него текло. **durchnäßt** промокший; *напр*.: durchnäßte Strümpfe, Schuhe промокшие чулки, ботинки; bis auf die Haut durchnäßt промокший до костей; sie waren ganz durchnäßt они были совсем промокшие; er wechselte seine durchnäßte Kleidung он сменил свою промокшую одежду; wir kamen völlig durchnäßt zu Hause an мы пришли домой совсем промокшие □ Er lachte... Warf die völlig durchnäßte Jacke zu den

NASSAUER 335 NATÜRLICH

Schuhen und das Hemd darauf (*Heiduczek*, »*Abschied von den Engeln*«) Он рассмеялся... Бросил насквозь промокшую куртку туда же, где ботинки, и рубашку сверху. **klamm** *разг.* пропитанный влагой, отсыревший; *напр.*: klamme Betten, Decken, Wäsche отсыревшие постели, одеяла, отсыревшее бельё; die Sachen sind ganz klamm вещи совсем отсырели; der Mantel fühlt sich klamm an пальто влажное на ощупь □ Fußbodentrocken sei der Raum, sagte er, wenn auch etwas klamm (*Grass*, »*Katz und Maus*«) В помещении сухие полы, говорил он, хотя оно немного сыровато. **klatschnaß, klitschnaß** *разг. эмоц.-усил.* ≃ triefnaß; *напр.*: klatschnasse [klitschnasse] Haare такие мокрые волосы, что с них течёт; klatschnasse [klitschnasse] Kleidung такая мокрая одежда, что с неё течёт; ich bin klatschnaß geworden я так намок, что с меня текло; er war klitschnaß vom Regen он промок под дождём так, что с него текло. **quatschnaß** *разг.* хлюпающий от воды; *напр.*: quatschnasse Schuhe мокрые ботинки, что в них хлюпает вода; quatschnasse Kleidung такая мокрая одежда — хоть выжимай; auf dem Spaziergang bin ich quatschnaß geworden на прогулке я так намок, хоть выжимай. **patsch(e)naß, platsch(e)naß, pitsch(e)naß** *разг. эмоц.-усил.* промокший насквозь, до нитки; *напр.*: der Mantel war patsch(e)naß пальто промокло насквозь; er hatte platschnasse Schuhe на нём были мокрые насквозь ботинки; er war pitsch(e)naß он промок до нитки. **pudelnaß** *разг.* мокрый до нитки. (*букв.* мокрый как пудель'); *напр.*: wir sind ja pudelnaß мы ведь мокрые насквозь; er kam pudelnaß nach Hause он пришёл домой мокрый, как бездомный пёс из-под дождя

Nassauer *см.* Schmarotzer

nässen (с)мочить, увлажнять

nässen — befeuchten — anfeuchten — einweichen — netzen — benetzen

nässen *индифф. синоним*; *напр.*: der Tau näßt das Gras роса увлажняет траву; Tränen näßten ihre Wangen слёзы смочили её щеки; der Kleine näßt sein Bett nicht mehr малыш больше не мочит свою постельку; der Kranke näßte sein Bett больной намочил постель. **befeuchten** смочить; увлажнять; *напр.*: die Lippen, eine Briefmarke befeuchten слегка смочить губы, почтовую марку; er befeuchtet einen Finger, um schnell umblättern zu können он слегка смачивает палец, чтобы быстрее листать; sie befeuchtete ihr Taschentuch und rieb das Gesicht ab она слегка смочила носовой платок и вытерла им лицо; die Wangen sind von Tränen befeuchtet щёки влажны от слёз; der Tau hat die Blumen befeuchtet роса увлажнила цветы. **anfeuchten** ≃ befeuchten, но ещё больше подчёркивает, что что-л. смачивается совсем мало; *напр.*: die Lippen, den Mund, einen Finger anfeuchten слегка смочить губы, рот, палец; er hat die Briefmarke angefeuchtet und auf den Umschlag geklebt он слегка смочил марку и наклеил её на конверт; sie hat die Wäsche vor dem Bügeln angefeuchtet прежде чем гладить, она слегка увлажнила бельё. **einweichen** размачивать, отмачивать; намочить, погрузив (в воду); *напр.*: Erbsen einweichen размачивать горох; Wäsche einweichen замачивать бельё; sie weichte eine trockene Semmel in Milch ein она размочила сухую булочку в молоке. **netzen** *высок. редко* окроплять, увлажнять; *напр.*: die Lippen, j-s Stirn mit Wasser netzen окропить губы, чей-л. лоб водой; Tränen netzten sein Gesicht слёзы окропили её лицо □ Christa legte das Gesicht auf den Unterarm und weinte laut und stoßend. Dicke Tränen quollen unaufhörlich unter ihren Lidern hervor, rannten über die brennenden Wangen, netzten den Unterarm und tropften in den weichen Nadelboden (*Brězan*, »*Christa*«) Криста уткнулась лицом в локоть и расплакалась громко, с рыданиями. Крупные слёзы безостановочно текли из-под ресниц, бежали по горящим щекам, мочили руку и капали на мягкую хвою. **benetzen** *высок.* ≃ netzen; *напр.*: die Stirn, das Gesicht mit Wasser benetzen (слегка) окропить лоб, лицо водой; er benetzte ihre Hand mit seinen heißen Tränen он окропил её руку своими горячими слезами; die Blumen sind vom Tau benetzt цветы окроплены росою

Nationalmannschaft *см.* Mannschaft²

Natur природа, характер

die Natur — die Art — das Wesen — die Wesensart — der Charakter

Natur *индифф. синоним*; *напр.*: die menschliche Natur человеческая природа, человеческий характер; das liegt in seiner Natur это заложено в его природе [характере]; er kann seine Natur nicht ändern он не может изменить свою природу; die Naturen der Menschen sind verschieden характеры людей различны; Heuchelei war seiner Natur zuwider лицемерие было противно его натуре; das Lügen ist ihr zur zweiten Natur geworden ложь стала её второй натурой; es liegt in der Natur der Dinge это в природе вещей; hier handelt es sich um Fragen allgemeiner Natur здесь речь идёт о вопросах общего характера; die Verletzung ist nur leichter Natur ранение носит (довольно) лёгкий характер □ Dann mußt du wissen, was du zu tun hast — oder du wärst eine falsche Natur (*Schulz*, »*Wir sind nicht Staub im Wind*«) Тогда ты должен знать, как поступить — или ты фальшив по природе. **Art** ≃ Natur, но подчёркивает манеру поведения кого-л., форму проявления чего-л., характерную для данного рода людей, явлений и т. п.; *напр.*: er ist von stiller Art он спокойный (по природе); das ist so meine Art уж я таков; das Nachgeben lag nicht in seiner Art уступать было не в его характере; не таков он был, чтобы уступать; wir besprachen Fragen allgemeiner Art мы обсуждали вопросы общего рода; Vorfälle solcher Art dürfen sich nicht wiederholen случаи такого рода не должны повторяться. **Wesen** природа, сущность; *напр.*: das Wesen der Dinge суть вещей; diese Handlung widerspricht seinem Wesen этот поступок противоречит всему его существу [всей его природе]; die Sorge um den Menschen liegt im Wesen des Sozialismus забота о человеке заключена в самой природе социализма; das Kind hat ein sehr freundliches Wesen у ребёнка очень приветливый нрав □ Etwas Fröhliches, Freies war in ihrem Wesen, was K. früher gar nicht bemerkt hatte (*Kafka*, »*Das Schloß*«) Нечто радостное и свободное было в ней, чего К. раньше совсем не заметил. Immer und immer wieder suchte er den Grund zu finden für die Veränderung seines Wesens (*Heiduczek*, »*Abschied von den Engeln*«) Он снова и снова старался найти причину изменения самой своей сути. **Wesensart** склад характера; *напр.*: dieses Verhalten ist kennzeichnend für seine Wesensart это поведение характерно для его склада характера; er hat alle durch seine freundliche Wesensart für sich eingenommen он покорил всех своим приветливым характером. **Charakter** [k-] характер; *напр.*: ein ruhiger, fester, ausgeglichener, schlechter, kleinlicher Charakter спокойный, твёрдый, уравновешенный, плохой, мелочный характер; er ist von unbeugsamem Charakter он человек несгибаемого характера; das ist ein guter Zug in seinem Charakter это хорошая черта в его характере; er hat keinen Charakter у него нет характера; das Buch trägt den Charakter einer historischen Untersuchung книга носит характер исторического исследования; die Krankheit hat einen bösartigen Charakter эта болезнь злокачественная по своему характеру

naturalisieren *см.* einbürgern

naturgemäß *см.* natürlich ¹,²

natürlich¹ естественный (непритворный)

natürlich — naturgemäß — ungekünstelt — ungezwungen — zwanglos

natürlich *индифф. синоним.*; *напр.*: ein natürliches Benehmen естественное поведение; ein natürlicher Mensch естественный человек; дитя природы;

die natürliche Anmut der Bewegungen естественная прелесть движений; sie hat sich ihr natürliches Wesen bewahrt она сохранила свою природную естественность; sie spricht ganz natürlich она разговаривает [держит себя при разговоре] вполне естественно. **naturgemäß** естественный, соответствующий (своей) природе; *напр.*: eine naturgemäße Lebensweise естественный [находящийся в соответствии с природой] образ жизни; naturgemäß leben жить естественно [в соответствии с природой]; unsere Hunde versuchten naturgemäß, den Hasen zu fangen наши собаки попытались, естественно (*в соответствии со своей природой*), поймать зайца. **ungekünstelt** безыскусственный, безыскусный; *напр.*: ein ungekünsteltes Benehmen безыскусное поведение; ein ungekünstelter Charakter естественный [безыскусственный] характер; sie macht ja alles ganz ungekünstelt она делает все совершенно естественно; sie spricht ungekünstelt она говорит безыскусственно. **ungezwungen** непринужденный; *напр.*: sich ungezwungen benehmen, unterhalten вести себя, беседовать непринужденно; er saß in ungezwungener Haltung da он сидел в непринужденной позе; sie fühlt sich hier frei und ungezwungen она чувствует себя здесь свободно и непринужденно; ihr ungezwungenes Wesen machte sie bei allen beliebt ее непринужденность снискала ей всеобщую любовь. **zwanglos** ≅ ungezwungen, *но подчеркивает независимость от обязательных формальностей этикета*; *напр.*: ein zwangloses Beisammensein встреча в непринужденной атмосфере; sich zwanglos benehmen, unterhalten непринужденно [раскованно] вести себя, беседовать; wir kommen zweimal im Monat zwanglos zusammen мы собираемся непринужденной компанией два раза в месяц

natürlich [2] конечно

natürlich — gewiß — selbstverständlich — freilich — selbstredend — allerdings — naturgemäß

natürlich *индифф. синоним*; *напр.*: er hat natürlich sehr übertrieben он, конечно, очень преувеличил; du hast natürlich recht ты прав, конечно; kommst du mit? — Natürlich! ты пойдешь с нами? — Конечно! ▫ Ich kenne Tolstoi nicht. Natürlich foppte sie mich, wenn sie sagte: »Jetzt reden Sie wie der Tolstoi« (*Frisch*, »*Homo faber*«) Я не знаю Толстого. Конечно, она дурачила меня, когда сказала: «Сейчас вы говорите, как Толстой». »Aber sagen Sie doch, worüber wollen Sie denn mit Klamm sprechen?« — »Über Frieda natürlich«, sagte K. (*Kafka*, »*Das Schloß*«) «Но скажите же, о чем вы хотите говорить с Кламмом?» — «О Фриде, конечно», — сказал К. **gewiß** ≅ natürlich, *но выражает бо́льшую степень уверенности говорящего*; *напр.*: du kommst gewiß zu spät конечно же, ты опоздаешь; das hat er gewiß nicht getan он, конечно же, не сделал этого; hast du das gesehen? — Aber ganz gewiß! ты это видел? — Ну, конечно же! ▫ »Gewiß, Sicherungen, natürlich«, sagte K. (*Kafka*, »*Das Schloß*«) «Разумеется, гарантии, ну, конечно», — сказал К. **selbstverständlich** само собой разумеется; *напр.*: er hat selbstverständlich recht он, само собой разумеется, прав; selbstverständlich käme ich gerne, aber ich habe keine Zeit само собой разумеется, я охотно бы пришел, но у меня нет времени; hast du ihm das gesagt? — Selbstverständlich nicht! ты ему это сказал? — Само собой разумеется, нет! **freilich** правда; *под ударением тж.* ≅ selbstverständlich *чаще ю.-нем.*; *напр.*: morgen kommen sie, nicht alle freilich, aber doch viele завтра они приедут, не все, правда, но все-таки многие; diese Tatsache spricht freilich dagegen этот факт, правда, говорит против; in der Regel ist es so, aber freilich gibt es Ausnahmen как правило, это так, но, конечно, бывают исключения ▫ Freilich, K.s Gespräch mit der Wirtin hatte das Kochen des Mittagessens sehr verzögert (*Kafka*, »*Das Schloß*«) Правда, разговор К. с хозяйкой очень затянул приготовление обеда. **selbstredend** *разг.* ≅ selbstverständlich; *напр.*: hast du sie gesehen? — Selbstredend! ты видел ее? — Само собой!; er hat selbstredend recht, само собой, прав. **allerdings** *разг.* ≅ natürlich *употр. в качестве усилительного утверждения*; *напр.*: hast du schon bezahlt? — Allerdings! ты уже заплатил? — Ну, конечно!; hast du das gewußt? — Allerdings habe ich das gewußt! ты это знал? — Ну, конечно, я это знал! **naturgemäß** *разг.* натурально; *напр.*: da ich die Straßenbahn verpaßte, kam ich naturgemäß zu spät так как я прозевал трамвай, то, натурально, опоздал

Nebel туман

der Nebel — der Dunst

Nebel *индифф. синоним*; *напр.*: ein grauer, dichter, feuchter, kalter Nebel серый, густой, сырой, холодный туман; Nebel steigt auf поднимается туман; der Nebel verzieht sich туман рассеивается; der Gipfel ist in Nebel gehüllt вершина окутана туманом; die Scheinwerfer drangen kaum durch den Nebel лучи прожекторов еле проникали сквозь туман ▫ Ein heller Strich wischte durch den Nebel (*Remarque*, »*Drei Kameraden*«) Светлая узкая полоска мелькнула сквозь туман. **Dunst** дымка; *напр.*: leichter, starker, nebliger Dunst легкая, густая, туманная дымка; über dem Industriegebiet liegt ständig ein feiner Dunst над индустриальным районом всегда висит тонкая дымка; die Berge sind in Dunst gehüllt горы окутаны дымкой; der bläuliche Dunst verdichtete sich zu dunklem Nebel голубоватая дымка сгустилась в темный туман ▫ Ein Vogel schrie durch den Dunst (*Remarque*, »*Drei Kameraden*«) Сквозь дымку тумана крикнула какая-то птица. Man erkannte die Wasserzweige des Mississippi, wenn auch unter Dunst (*Frisch*, »*Homo faber*«) Можно было разглядеть рукава Миссисипи, хотя и сквозь дымку

nebelhaft *см.* unklar [1]
Nebenbuhler *см.* Rivale
nebeneinanderlegen *см.* legen [1]
nebeneinanderstellen *см.* vergleichen
Nebenmann *см.* Nachbar
nebensächlich второстепенный, неважный, несущественный

nebensächlich — unbedeutend — unwichtig — unwesentlich — untergeordnet — geringfügig — belanglos

nebensächlich *индифф. синоним*; *напр.*: nebensächliche Dinge, Angelegenheiten второстепенные вещи, дела; das ist doch alles nebensächlich это все ведь не так уж важно, это все второстепенное; es ist nebensächlich, ob es teuer ist oder nicht неважно, дорого ли это или нет ▫ Eine Welle hob das Boot und stürzte es um, und Max hatte dabei jenen erstaunlich nebensächlichen Gedanken: Das Wasser ist ja warm (*Heiduczek*, »*Abschied von den Engeln*«) Волна подняла лодку и опрокинула, а в голове у Макса мелькнула в этот момент удивительно пустяковая мысль: «А вода-то теплая». **unbedeutend** незначительный; *напр.*: ein unbedeutender Mensch незначительный человек; ein unbedeutendes Werk незначительное произведение; eine unbedeutende Stellung незначительная должность; das ist unbedeutend это не имеет значения. **unwichtig** маловажный; *напр.*: eine unwichtige Angelegenheit маловажное дело; eine unwichtige Rolle spielen играть маловажную роль; diese Frage ist vorläufig unwichtig этот вопрос пока неважен. **unwesentlich** несущественный; *напр.*: unwesentliche Dinge, Kleinigkeiten несущественные вещи, мелочи; er machte nur eine unwesentliche Bemerkung он сделал только одно несущественное замечание; es ist unwesentlich, ob du einverstanden bist oder nicht это несущественно, согласен ли ты или нет; wir müssen nur einige unwesentliche Änderungen vornehmen мы должны сделать только несколько несущественных изменений. **untergeordnet** подчиненный, второстепенный; *напр.*: eine untergeordnete Rolle spielen играть подчиненную роль; eine untergeordnete Stellung innehaben занимать подчиненное положение; das ist von untergeordneter Bedeutung это имеет второстепенное [подчиненное] значение. **geringfügig** ничтожный, несто́ящий; *напр.*: ein geringfügiger Unterschied очень незначительная [ничтожная] разница; eine geringfügige Änderung ничтожное изменение; er hatte nur geringfügige Verletzungen у него были только очень легкие ранения; aus geringfügigem Anlaß wird er böse он сердится по ничтожному поводу. **belanglos** ничего не значащий; *напр.*: eine belanglose Bemerkung ничего не'значащее замечание; eine belanglose Persönlichkeit ничего не представляющая собой личность; sie sprachen über belanglose Dinge они говорили о ничего не значащих вещах; diese Arbeit ist für die Wissenschaft belanglos эта работа ничего не значит для науки, эта работа лишена научного значения

neblig туманный
neblig — dunstig — diesig
neblig *индифф. синоним*; *напр.*: ein nebliger Morgen, Tag туманное утро, туманный день; nebliges Wetter туманная погода; es wird neblig ложится туман; sie ging in die neblige Nacht она ушла в туманную ночь. **dunstig** окутанный дымкой, в дымке; *напр.*: ein dunstiges Flußtal речная долина в туманной дымке; dunstige Luft воздух, мутный от тумана; es wird herbstlich, die Morgen sind dunstig наступает осень, по утрам бывает легкий туман; es ist dunstig сыровато и туман; es war dunstig, fast neblig была дымка, почти туман. **diesig** хмурый (от тумана, моросящего дождя) и промозглый; *напр.*: ein diesiger Novembertag ноябрьский день в дымке тумана; es ist diesig und feucht туманно и сыро; diesiger Nebel breitet sich aus расползается дымка измороси и тумана □ Die Luft war diesig. Ich fluchte; ich wußte, was das für Köster war (*Remarque, »Drei Kameraden«*) Воздух был пропитан туманом. Я выругался; я знал, что это значило для Кестера. Wir gingen durch die Straßen. Es war diesig geworden. Nebel fielen langsam über die Stadt (*ebenda*) Мы шли по улицам. Все уже было во мгле. Туман медленно опускался на город. Draußen lag der Schulhof noch immer leer und diesig (*Valentin, »Die Unberatenen«*) Перед окнами раскинулся школьный двор, все еще пустой и пасмурный
nebst *см.* mit
necken дразнить
necken — hänseln — aufziehen — vexieren — foppen — uzen — frotzeln
necken *индифф. синоним*; *напр.*: er neckt sie oft он часто дразнит ее; wir necken sie mit ihm мы дразним ее им; sie necken sich (einander) gern они любят поддразнивать друг друга □ Dem Mädchen fielen die Haare... ins Gesicht, während es sich über Peter beugte und ihn mit einem Grashalm neckte (*Březan, »Christa«*) Волосы... закрыли лицо девушки, когда она, склонившись над Петером, дразня, щекотала его травинкой. **hänseln** ≅ necken, *но подчеркивает, что дразнят обидно, обижают беспомощного (б. ч. о детях)*; *напр.*: das Kind wird von den großen Schülern oft gehänselt ребенка часто дразнят старшие ученики; der Junge wurde von seinen Kameraden wegen seiner schmutzigen Finger gehänselt мальчишку дразнили товарищи из-за его грязных рук. **aufziehen** ≅ necken, *но подчеркивает, что при этом выставляются напоказ слабости человека, которого дразнят*; *напр.*: seine Kameraden haben ihn wegen seines Namens aufgezogen товарищи дразнили его из-за его имени; sie wurde mit der zerbrochenen Vase aufgezogen ее поддразнивали, припоминая разбитую вазу; sie zogen sich beide gegenseitig auf они поддевали друг друга; du willst mich wohl aufziehen? тебе хочется подразнить меня? **vexieren** [vɛ-] *устаревает* ≅ necken, *но подчеркивает насмешку и употр. редко*; *напр.*: er vexiert sie ständig он постоянно дразнит ее. **foppen** *разг.* (обидно) дразнить, дурачить; *напр.*: j-n ein wenig, unaufhörlich foppen дразнить кого-л. слегка, непрерывно; du willst mich wohl foppen? тебе хочется подразнить меня?; er foppte uns mit seinen Versprechungen он дурачил нас своими посулами. **uzen** *разг.* ≅ necken *иногда подчеркивает насмешку над чьей-л. доверчивостью или неловкостью*; *напр.*: warum habt ihr ihn immer geuzt? почему вы его все время дразнили? **frotzeln** *б. ч. ю.-нем., австр. разг.* ≅ necken; *напр.*: er wurde dauernd gefrotzelt его все время дразнили; sie frotzelten sich wegen ihrer Jugendstreiche они подтрунивали друг над другом, вспоминая свои юношеские проделки
Neckerei *см.* Scherz/Spott
Neckname *см.* Beiname
Negation *см.* Verneinung
negieren *см.* verneinen
nehmen¹ брать, взять
nehmen — mitnehmen — abholen — abnehmen — wegnehmen — herausnehmen — ausnehmen — aussondern — entnehmen — übernehmen — hernehmen
nehmen *индифф. синоним*; *напр.*: das Buch, sein Werkzeug, eine Zigarette nehmen брать [взять] книгу, свой инструмент, сигарету; er nahm seinen Hut und ging он взял шляпу и ушел; sie nahm das Geschirr vom Tisch она сняла посуду со стола; sie nahm das Kind auf den Schoß она взяла ребенка на колени; er hat die ganze Schuld auf sich genommen он всю вину взял на себя □ Ich nahm einen Becher und trank ihn (*Remarque, »Drei Kameraden«*) Я взял бокал и выпил его. Sie kam zurück aus der Dunkelheit zu mir und nahm mein Gesicht in ihre Hände (*ebenda*) Она вернулась ко мне из темноты и взяла мое лицо в свои руки. **mitnehmen** брать, взять с собой; *напр.*: den Regenschirm, seine Brille mitnehmen брать с собой зонтик, очки; er nahm ein Buch auf die Reise mit он взял с собой в поездку книгу; die Eltern haben die Kinder an die See mitgenommen родители взяли детей с собой к морю; er ging spazieren und nahm den Hund mit он пошел прогуляться и взял с собой собаку □ »Deine Sachen nehmen wir alle mit«, sagte ich (*Remarque, »Drei Kameraden«*) «Все твои вещи мы возьмем с собой», — сказал я. **abholen** зайти, заехать за кем-л., за чем-л. и взять с собой; *напр.*: ein Paket, Geld von der Post abholen зайти на почту и забрать посылку, деньги; am Abend holte mich mein Freund zum Tanzen ab вечером за мной зашел мой друг, и мы пошли на танцы; вечером пришел мой друг и взял меня с собой на танцы; wann willst du das Buch abholen? когда ты зайдешь за книгой [зайдешь взять книгу]? □ Ich fahre nach Hause und hole erst Pat ab und dann in einer Stunde euch (*Remarque, »Drei Kameraden«*) Я поеду домой и заберу сначала Пат, а потом, через час, вас. **abnehmen** снимать; *напр.*: die Decke (vom Bett), das Bild (vom Nagel), die Wäsche (von der Leine), den Hörer (vom Telefon) abnehmen снимать одеяло (с постели), картину (с гвоздя), белье (с веревки), трубку (с телефона); den Hut, die Brille, den Verband abnehmen снять шляпу, очки, повязку; die Mutter nimmt dem Sohn alle Sorgen ab мать снимает с сына все заботы; er nahm ihr den Mantel ab он (помог ей снять и) взял у нее пальто. **wegnehmen** брать, забирать откуда-л.; *напр.*: das Tischtuch wegnehmen снимать [убирать] скатерть; würden Sie, bitte, Ihre Sachen hier wegnehmen? не будете ли вы столь любезны забрать отсюда свои вещи? **herausnehmen** вынимать; *напр.*: Bücher aus der Mappe, den Anzug aus dem Schrank herausnehmen вынимать книги из портфеля, костюм из шкафа; sie nimmt welke Blumen aus der Vase heraus она вынимает увядшие цветы из вазы; der Dekorateur nimmt die Ausstellungsstücke aus dem Schaufenster heraus декоратор достает с [вынимает из] витрины выставленные предметы. **ausnehmen** ≅ herausnehmen, *но употр. тк. в определенных сочетаниях*; *напр.*: ein Huhn, ein Kaninchen, eine Ente, einen Hering ausnehmen потрошить курицу, кролика, утку, чистить селедку; Vogelnester ausnehmen вынимать яйца [птенцов] из птичьих гнезд, разорять птичьи гнезда. **aussondern** вынимать, выбирать, отделять (при сортировке) (*о чем-л. непригодном*); *напр.*: schlechte Kartoffeln, faulige

22 Нем.-русский сл. синонимов

NEHMEN

Apfel, zerrissene Wäsche, Ausschuß aussondern отбирать [отделять] негодный картофель, гнилые яблоки, разорванное белье, брак. **entnehmen** ≅ herausnehmen, *но подчеркивает, что что-л. берется, извлекается окончательно (то, из чего что-л. извлекается, может быть выражено как дополнением с предлогом* aus, *так и дополнением в* Dat. *без предлога*); *напр.*: er entnahm der Brieftasche einen Schein он взял [вынул] из бумажника банкноту; aus der Vene wird Blut entnommen из вены берется кровь; diese Mitteilung ist der Tagespresse entnommen это сообщение взято из дневных газет; dieses Zitat ist Goethes »Faust« entnommen эта цитата взята из «Фауста» Гете; woraus hast du das entnommen? откуда ты это взял [почерпнул]? **übernehmen** брать, взять на себя, к себе; *напр.*: einen Auftrag, Verantwortung, die Kosten übernehmen взять на себя поручение, ответственность, плату; die Passagiere wurden von einem anderen Schiff übernommen пассажиров взял [забрал] другой корабль; er hat diese Meinung von seinem Freund übernommen он позаимствовал это мнение у друга; sie hat manche Textstellen wörtlich in ihre Arbeit übernommen она включила некоторые места из текста дословно в свою работу; die Bürgschaft für ihn übernahm sein Betrieb поручительство за него взял на себя завод; würden Sie es nicht übernehmen, Eintrittskarten zu besorgen? не взяли бы вы на себя покупку билетов? **hernehmen** *разг.* ≅ nehmen, *но употр. в сочетании с* wo; *напр.*: wo sollen wir das Geld hernehmen? откуда нам взять денег?; wo könnte man die Steine zum Hausbau hernehmen? откуда [где] можно было бы взять камень для строительства дома?; wir wissen nicht, wo wir die Fachleute dafür hernehmen sollen мы не знаем, где взять для этого специалистов; wer weiß, wo er das alles hergenommen hat кто же знает, откуда он все это взял

nehmen [2] забирать, отбирать, лишать

nehmen — abnehmen — wegnehmen — entreißen — entwinden — ausnehmen — erleichtern — schröpfen — rupfen — ausziehen

nehmen (j-m etw.) *индифф. синоним*; *напр.*: ein Dieb hat ihr das ganze Geld genommen вор забрал у нее все деньги; er nahm ihm einen Bauern он взял одну его пешку; er hat mir mein Mädchen genommen он отнял [отбил] у меня мою девушку; der Krieg hatte ihm alles genommen *высок.* война лишила его всего; willst du mir damit alle Freude am Spaziergang nehmen? ты хочешь этим лишить меня удовольствия от прогулки? **abnehmen** (j-m etw.) ≅ nehmen, *но может указывать на официальный* характер изъятия имущества у кого-л. и т. п.; *напр.*: der Angeklagte nahm ihm die Brieftasche ab обвиняемый отобрал у него бумажник; den Einbrechern konnte der Raub abgenommen werden у взломщиков удалось отобрать похищенное; dem entlassenen Arbeiter hat man den Betriebsausweis abgenommen у уволенного рабочего отобрали [изъяли] пропуск; im zweiten Spiel wurde ihm der ganze Gewinn wieder abgenommen во второй партии у него отобрали [отыграли] весь выигрыш. **wegnehmen** (j-m etw.) отнимать; *напр.*: der Vater nahm dem Kind das Messer weg отец отнял нож у ребенка; der Fremde nahm ihr die Tasche weg незнакомец отнял у нее сумку; paß auf, daß dir nichts weggenommen wird! следи, чтобы у тебя ничего не отняли! **entreißen** (j-m etw.) вырывать; *напр.*: der Dieb entriß ihr die Handtasche вор вырвал у нее сумочку; sie entriß ihm ihre Hand она вырвала у него свою руку; der Arzt entriß die Kranke dem Tode врач вырвал больную из костлявых рук смерти. **entwinden** (j-m etw.) отбирать силой, вырывать что-л. из рук, выворачивая руку; *напр.*: er wollte ihr den Schlüssel entwinden он хотел вырвать ключ у нее из рук; der Mann entwand ihr sanft den Brief муж мягко, но с силой выхватил письмо у нее из рук; die Waffe wurde ihm schnell entwunden оружие было быстро отобрано у него [вырвано у него из рук]. **ausnehmen** (j-n) *фам.* выпотрошить; *напр.*: j-n beim Kartenspiel tüchtig ausnehmen хорошенько выпотрошить кого-л., играя в карты; der Bursche hat ihn einfach ausgenommen этот парень просто выпотрошил его. **erleichtern** (j-n um etw.) *разг. шутл.* облегчить (*кого-л. на какую-л. сумму, б. ч. выпросив деньги или какую-л. вещь*); *напр.*: du hast wohl deinen Vater wieder um einige Scheine erleichtert? ты, наверное, снова облегчил (бумажник) отца на несколько купюр?; sie erleichterte die Mutter um fünfzig Mark und einige Kleider она облегчила карман матери на пятьдесят марок и «избавила» ее от нескольких платьев. **schröpfen** (j-n) *разг.* обирать кого-л., содрать с кого-л.; *напр.*: sie haben ihn beim Kartenspiel ordentlich geschröpft они его хорошенько обобрали при игре в карты; man hat ihn dort tüchtig geschröpft его там здорово обобрали, у него там здорово повыкачали. **rupfen** *разг.* обирать, ощипывать; *напр.*: die gutmütige Alte wird von ihren Enkelkindern ganz schön gerupft добрую старуху начисто обирают внуки; man hat mich dort tüchtig gerupft меня там здорово ощипали. **ausziehen** (j-n) обирать до нитки *употр. в выражении* bis aufs Hemd ausziehen; *напр.*: der Sohn hat den Vater in drei Jahren bis aufs Hemd ausgezogen сын за три года снял с отца последнюю рубашку; er zieht seine Kunden bis aufs Hemd aus он обирает своих клиентов до нитки

nehmen [3] брать, взять (себе)

nehmen — einnehmen — sich aneignen — sich zueignen — sich bemächtigen — an sich raffen — erraffen — ergattern — sich zulegen — angeln — grapschen

nehmen *индифф. синоним* (*часто с* sich (D)); *напр.*: er nahm, was sie ihm bot он брал все, что мог [что попадалось]; er nimmt kein Geld dafür он не берет за это денег; er hat ein Darlehen genommen он взял ссуду; nimm (dir) noch vom Salat! возьми (себе) еще салата! **einnehmen** выручать (*деньги*), взимать; принимать (*денежные поступления*); *напр.*: er hat mehr Geld ausgegeben, als er eingenommen hat он израсходовал больше денег, чем выручил; wieviel hast du heute eingenommen? сколько ты сегодня взял [выручил]?; er nimmt große Summen ein он получает большие суммы [доходы] □ »Wie war's denn bei dir?« — »Schlecht. Habe die ganze Nacht herumgestanden und nicht mal zwanzig Mark eingenommen« (*Remarque,* »Drei Kameraden«) «А как у тебя?» — «Плохо. Простоял всю ночь, а не выручил и двадцати марок». **sich** (D) **aneignen** присвоить; *напр.*: sich j-s Vermögen, j-s Ländereien aneignen присвоить чье-л. состояние, чьи-л. владения; sie hat sich das Buch einfach angeeignet она просто присвоила книгу. **sich** (D) **zueignen** ≅ sich aneignen, *но употр. реже*; *напр.*: er hat sich ihr Geld zugeeignet он присвоил себе ее деньги. **sich bemächtigen** овладеть, взять силой (*употр. с дополнением в* Gen.); *напр.*: er bemächtigte sich des Geldes он силой взял деньги; sie bemächtigten sich des Fahrzeuges und flohen они силой завладели машиной и сбежали; er bemächtigte sich einer Waffe он (силой) овладел оружием. **an sich raffen** захватить себе *подчеркивает страсть к стяжательству*; *напр.*: er will alles an sich raffen он хочет все захватить себе; alles Geld rafften sie an sich все деньги они захватили себе. **erraffen** ≅ an sich raffen, *но имеет усилительное значение*; *напр.*: er hat durch Spekulationen viel Geld errafft он нахватал путем спекуляций много денег; sie hat längst genug, will immer noch mehr Reichtümer erraffen у нее уже давно все есть, а она хочет захватить все больше и больше ценностей. **ergattern** *фам.* раздобыть, ухватить; *напр.*: eine Theaterkarte, ein Buch ergattern раздобыть билет в театр, книгу; im vollbesetzten Zug noch einen Sitzplatz ergattern изловчиться захватить в переполненном поезде еще одно место;

NEHMEN   339   NEIGUNG

wir konnten noch ein Stück davon (*von der Mangelware*) ergattern мы еще сумели ухватить кое-что (*из дефицитного товара*); ich konnte lange kein Taxi ergattern я долго не могла поймать такси. **sich** (*D*) **zulegen** *разг.* заводить себе, обзаводиться; *напр.*: ich möchte mir einen Hund zulegen я хотел бы завести себе собаку; sie hat sich wieder ein neues Kleid zugelegt она снова обзавелась новым платьем; er hat sich ein Auto zugelegt он обзавелся машиной. **angeln** *разг.* выуживать (‚чтобы забрать себе); подцепить (*часто с* sich (*D*)); *напр.*: er hat die größten Fleischstücke geangelt он выуживал [вытаскивал] самые большие куски мяса; sie hat sich einen reichen Mann geangelt она подцепила богатого мужа. **grapschen** *сев.-нем. разг.* хапнуть, цапнуть (*часто с* sich (*D*)); *напр.*: kaum sah er den Korb mit Äpfeln, da hatte er sich schon einige gegrapscht едва только он увидел корзину с яблоками, как уже цапнул несколько штук; ich grapschte meine Sachen und rannte я хвать свои вещички и бежать

nehmen⁴: **einen** (**Mann**) [**eine** (**Frau**)] **nehmen** *см.* heiraten; **in Anspruch nehmen** *см.* fordern; **Rache nehmen** *см.* rächen (, sich); **in Haft nehmen** *см.* verhaften; **Abschied nehmen** *см.* verabschieden, sich; **das Wort nehmen** *см.* sprechen²; **Platz nehmen** *см.* setzen, sich

Neid зависть
der Neid — die Scheelsucht — die Mißgunst
Neid *индифф. синоним*; *напр.*: leiser, blanker, tückischer Neid тихая, одна только [чистая], коварная зависть; voller Neid [von Neid erfüllt] sein быть полным зависти; etw. aus Neid tun сделать что-л. из зависти; mit, ohne Neid zusehen, wie... смотреть с завистью, без зависти, как...; aus ihm sprach der blasse Neid в нем говорила чистейшая [лютая] зависть; seine Erfolge können Neid erwecken его успехи могут вызвать зависть; er blickte ihr mit heimlichem Neid nach он посмотрел ей вслед с тайной завистью □ Er... schätzte zum Beispiel die Stellung eines Momus, der unter Klamms Augen leben durfte, nicht hoch ein, fern war ihm Bewunderung oder gar Neid... (Kafka, »*Das Schloß*«) Он... не мог, например, высоко оценивать положение Момуса, которому разрешалось жить в непосредственной близости от Кламма, он не мог испытывать ни восхищения, ни тем более зависти... **Scheelsucht** *уст.* ≅ Neid, *но более неодобр.*; *напр.*: ihn plagt die Scheelsucht его мучает зависть; ich kenne seine Scheelsucht я знаю о его зависти. **Mißgunst** недоброжелательство, неприязнь на почве зависти; *напр.*: j-s Erfolge mit Mißgunst betrachten смотреть на чьи-л. успехи с неприязнью; das zieht dir nur die Mißgunst deiner Kollegen это принесет тебе [навлечет на тебя] только неприязнь коллег

neidisch завистливый
neidisch — scheel — scheelsüchtig — scheelblickend — scheeläugig
neidisch *индифф. синоним*; *напр.*: ein neidischer Mensch, Blick завистливый человек, взгляд; j-n, etw. mit neidischen Augen, neidisch ansehen смотреть на кого-л., на что-л. завистливыми глазами, завистливо; auf j-n, auf etw. neidisch sein завидовать кому-л., чему-л.; sei nicht so neidisch! не будь так завистлив!; auf ihre Erfolge sind wir nicht neidisch мы не завидуем ее успехам. **scheel** ≅ neidisch, *но б. ч. употр. по отношению к выражению глаз, взгляду человека*; *напр.*: ein scheeler Blick завистливый взгляд; scheele Augen machen смотреть завистливыми глазами; er warf auf den Freund scheele Blicke он бросал на друга завистливые взгляды; seinen Erfolg haben manche scheel angesehen на его успех многие смотрели косо. **scheelsüchtig** *редко* ≅ neidisch, *но более неодобр.*; *напр.*: er ist scheelsüchtig von Natur aus он завистлив от природы. **scheelblickend** *редко* не скрывая зависти, завистливо глядя (*тк. как обстоятельство или предикативное определение*); *напр.*: er geht scheelblickend herum он ходит, бросая на все завистливые взгляды. **scheeläugig** ≅ scheelblickend (*б. ч. атрибутивно и предикативно*); *напр.*: eine scheeläugige Frau женщина, завистливо смотрящая на все вокруг; du bist aber scheeläugig! ну и завистник же ты!

Neige *см.* Abhang
neigen, sich *см.* beugen, sich¹/verbeugen, sich
Neigung¹ склонность, стремление
die Neigung — die Vorliebe — der Hang — der Zug — der Drang — der Trieb — die Sucht
Neigung *индифф. синоним*; *напр.*: eine ausgeprägte, krankhafte, verbrecherische Neigung ярко выраженная, болезненная, преступная склонность; eine Neigung zur Kunst, zur Technik склонность к искусству, к технике; eine Neigung spüren, haben, zeigen чувствовать, иметь, обнаруживать склонность; die Neigung zur Poesie war früh in ihm erwacht склонность к поэзии проснулась в нем рано; er wählte diesen Beruf aus innerer Neigung он выбрал эту профессию по внутренней склонности; sie zeigen wenig Neigung, uns entgegenzukommen они не очень-то склонны пойти нам навстречу; sie befindet sich in Widerspruch zwischen Pflicht und Neigung в ней происходит борьба между чувством долга и личным расположением. **Vorliebe** пристрастие (к кому-л., к чему-л.), предпочтение; *напр.*: er hat eine Vorliebe für alte Musik у него пристрастие к старой музыке; er hat eine ausgesprochene Vorliebe für Picasso у него явное пристрастие к Пикассо; seine Vorliebe gilt den neueren Dichtern он отдает предпочтение новейшим поэтам; ihre Vorliebe für Blumen führte sie zu diesem Beruf любовь к цветам привела ее к этой профессии. **Hang** влечение, приверженность (*чаще об отрицательных наклонностях*); *напр.*: ein unbezähmbarer, krankhafter, unglücklicher, angeborener, ausgesprochener Hang неудержимое, болезненное, несчастное, врожденное, явно выраженное [сильное] влечение; einen Hang zum Träumen, zur Verschwendung, zur Lüge haben быть склонным к мечтательности, к расточительности, ко лжи; einen Hang spüren, besitzen, bezähmen чувствовать, иметь в себе, сдерживать сильное влечение; er hatte schon immer einen Hang zum Übertreiben у него всегда была сильная склонность к преувеличению □ Köhler hatte einen Hang zum Attraktiven, eine Neigung zur Show, aber seine Berechnungen stimmten (*Heiduczek*, »*Abschied von den Engeln*«) У Кёлера было стремление ко всему притягательному, была склонность к театральщине, но его расчеты были правильны. Alle Frauen haben einen Hang zum Aberglauben... (*Frisch*, »*Homo faber*«) Все женщины склонны к суеверию... **Zug** тяга; *напр.*: ich kenne ihren Zug zum Pompösen я знаю ее тягу к помпезности. **Drang** сильное внутреннее побуждение, влечение *часто употр. с тавтологичными определениями*; *напр.*: der heftige, innere, dunkle Drang сильное, внутреннее, смутное влечение; etw. aus innerem Drang tun делать что-л. повинуясь [следуя] внутреннему порыву; von einem unwiderstehlichen Drang ergriffen, besessen sein быть охваченным, одержимым непреодолимым внутренним влечением; er fühlte in sich einen Drang und folgte ihm он почувствовал в себе сильное влечение и последовал ему □ Kaum war der Alte begraben, da erklärte Robert seiner Mutter und Schwester, daß nichts ihn zurückhalten könne, sofort zur Stillung seines Dranges, und um für seine und seines Vaters Sünden zu büßen, die Pilgerfahrt nach Rom anzutreten (*Hesse*, »*Narziß*«) Не успели схоронить старика, как Роберт объявил своей матери и сестре, что ничто не сможет удержать его от того, чтобы тотчас отправиться паломником в Рим для утоления своего внутреннего влечения и искупления своих и отцовых грехов. **Trieb** инстинктивное влечение; *напр.*: ein sinnlicher, innerer, dunkler Trieb чувственное, внутреннее влечение, темный инстинкт; er versteht es, seine Triebe zu beherrschen он умеет обуздывать свои инстинкты. **Sucht** болезненная страсть; *напр.*: die Sucht nach Ver-

gnügen безудержная жажда удовольствий; die Sucht nach Alkohol болезненная тяга к спиртному, алкоголизм; das Rauchen ist bei ihm eine Sucht geworden курение стало у него болезненной страстью; er hat einfach die Sucht, immer wieder etwas zu erleben у него просто болезненная страсть испытывать все время новые ощущения

Neigung ² склонность, предрасположенность

die **Neigung** — die **Anlage** — die **Veranlagung** — die D i s p o s i t i o n

Neigung *индифф. синоним; напр.:* eine Neigung zu Kopfschmerzen, zu Schwindel подверженность головным болям, головокружениям; ihre Neigung zu Erkältungen macht ihr viel zu schaffen ее предрасположенность [склонность] к простуде доставляет ей много хлопот. **Anlage** предрасположенность, (природные) задатки; *напр.:* eine Anlage zur Korpulenz, zu einer Krankheit haben иметь предрасположенность к полноте, к болезни; seine Anlage zur Verschwendung zeigte sich früh genug его склонность к расточительству обнаружилась довольно рано. **Veranlagung** природное, врожденное предрасположение; *напр.:* künstlerische Fähigkeiten sind im allgemeinen eine Sache der Veranlagung способности к тому или иному виду искусства, в общем, дело врожденное [зависят от предрасположенности]; sein Neid ist eine krankhafte Veranlagung он от природы болезненно завистлив; er hat eine glückliche Veranlagung он оптимист от природы. **Disposition** *книжн.* ≅ Anlage; *напр.:* Menschen mit schmalem Brustkasten können eine Disposition zu Lungenleiden haben люди с узкой грудной клеткой могут быть предрасположенными к легочным заболеваниям; er hat eine besondere Disposition zur wissenschaftlichen Arbeit у него есть особые задатки [данные] для научной работы

Neigung ³ *см.* Abhang/Liebe

nein нет (*в ответе*)

nein — **nicht** — **auf keinen Fall** — **keinesfalls** — **keineswegs** — **ausgeschlossen** — **unmöglich**

nein *индифф. синоним; напр.:* kommst du mit? — Nein! пойдешь с нами? — Нет!; seid ihr fertig? — Nein, noch nicht вы готовы? — Еще нет!; sage nicht nein не говори нет; nein, das geht entschieden zu weit нет, это решительно заходит слишком далеко; das war kein Verrat, nein это не было предательством, нет; er antwortete weder mit Ja, noch mit Nein он не ответил ни да ни нет; das ist doch sehr interessant, nein? это же очень интересно, разве нет?; nein, nein und abermals nein, нет и еще раз нет □ »Soll ich also«, sagte Barnabas, »dem Vorstand melden, daß zwischen ihm und dir eine andere Verbindung hergestellt werden soll als durch mich?« — »Nein, nein«, sagte К., »ganz und gar nicht...« (*Kafka*, »*Das Schloß*«) «Следует ли мне, — сказал Барнабас, — сообщить правлению, что между ним и тобой должна быть установлена иная связь, не через меня?» — «Нет-нет, — сказал К., — совсем даже нет...» **nicht** = nein *употр. тк. в сочетании с усиливающими отрицание словами типа* absolut, ganz und gar *и т. п.; напр.:* bist du mit mir einverstanden? — Absolut nicht! ты со мной согласен? — Абсолютно нет!; willst du hinfahren? — Durchaus nicht! хочешь туда поехать? — Совсем нет!; kennen Sie diesen Menschen? — Überhaupt nicht! вы знаете этого человека? — Нет, вообще не знаю!; kann ich kommen? — Noch nicht! можно прийти? — Еще нет!; ich bringe Sie nach Hause. — Bitte nicht я отведу вас домой. — Пожалуйста, не надо; sie will zu dir kommen. — Bloß nicht! она хочет прийти к тебе. — Только не это! »Hättest du wohl wirklich einen Priester, der als Beichtvater zu dir kam, totschlagen können?« — »Dich nicht, Narziß, natürlich nicht« (*Hesse*, »*Narziß*«) «Ты действительно мог бы убить священника, пришедшего исповедовать тебя?» — «Тебя, Нарцисс, конечно, нет». **auf keinen Fall**, **keinesfalls** конечно, нет; ни в коем случае; *напр.:* denkst du, ich habe ihn gesprochen? — Keinesfalls! думаешь, я говорил с ним? — Конечно, нет!; soll ich ihm absagen? — Auf keinen Fall! [Keinesfalls!] (мне) отказать ему? — Ни в коем случае! **keineswegs** отнюдь, совсем нет; *напр.:* seid ihr uns böse? — Keineswegs! вы сердитесь на нас? — Отнюдь нет! **ausgeschlossen** исключено; *напр.:* fahren wir morgen aufs Land? — Ausgeschlossen, ich habe in der Stadt viel zu tun поедем завтра за город? — Исключено, у меня много дел в городе. **unmöglich** невозможно; *напр.:* sind Sie morgen mit dem Auftrag fertig? — Unmöglich, ich brauche noch zwei Tage dafür вы закончите завтра порученную работу? — Невозможно, мне нужно для этого еще два дня

Nekropole *см.* Friedhof

nennen ¹ называть

nennen — **benennen** — **betiteln** — **bezeichnen** — **rufen** — **taufen** — h e i ß e n — benamsen

nennen *индифф. синоним; напр.:* ein Kind, eine Stadt nach j-m nennen назвать ребенка, город в честь кого-л.; j-n klug, tapfer, dumm, feige, seinen Freund, einen Dummkopf nennen называть кого-л. умным, смелым, глупым, трусливым, своим другом, дураком; etw. klug, tapfer, Mut, Heroismus nennen называть что-л. умным, смелым поступком, мужеством, героизмом; wir wollen unseren Sohn Rudolf nennen мы хотим назвать своего сына Рудольфом; alle nennen ihn den Dicken все называют его Толстяком; er ist genau das, was man einen Karrieristen zu nennen pflegt он как раз тот, кого называют карьеристом; es ist eine Größe zu suchen, wir nennen sie X требуется найти некую величину, назовем ее X; die Überlagerung der Wellen wird Interferenz genannt наложение волн называют интерференцией; nennen Sie es Fleiß, Genie oder wie immer Sie wollen называйте [назовите] это усердием, гениальностью или как хотите; das nennt man umsichtig handeln это называется действовать осмотрительно; er läßt sich Herr Direktor nennen он хочет, чтобы его называли господином директором □ Eva nannte ihn »das Geigerlein«, und es war eigenartig, wie die alerte Gerissenheit in seinen Augen schwand, wenn er ein Adagio spielte (*Weisenborn*, »*Der Verfolger*«) Ева называла его «малыш скрипач», и было странно видеть, как исчезало из его глаз хитроватое выражение, когда он играл адажио. Sie werden es einen Verkehrsunfall mit tödlichem Ausgang... nennen (*ebenda*) Они назовут это дорожным происшествием со смертельным исходом... **benennen** назвать каким-л. именем, дать какое-л. название *по сравнению с* nennen *более офиц., чаще обозначает законченное действие, с прилагательным употр. редко и в этом случае высок. или ирон.; напр.:* seine Eltern benannten ihn nach seinem Großvater родители назвали его в честь деда; die Pflanze wurde nach ihrem Entdecker benannt растение было названо в честь того, кто его открыл; es ist eine Farbe, die schwer zu benennen ist это цвет, который трудно назвать [которому трудно подобрать точное название] □ Er hieß Döppe und war der Enkel jenes Geheimrats Döppe, nach dem die schöne Terrassenstraße mit den hochgebauten Villen benannt gewesen war (*Schulz*, »*Wir sind nicht Staub im Wind*«) Его звали Деппе, и он был внуком того тайного советника Деппе, в честь которого была названа красивая улица с высокими виллами, террасами спускающимися вдоль нее. Dort wurde sie von Zwillingen entbunden, zwei gesunden Buben, die Günter und Gernot benannt wurden (*Brězan*, »*Christa*«) Там она родила близнецов, двух здоровых мальчиков, которых назвали Гюнтером и Гернотом. **betiteln** а) назвать, озаглавить, дать название; *напр.:* wie betiteln Sie Ihren Artikel? как вы назовете вашу статью?; wir müssen den Film neu betiteln мы должны назвать фильм по-новому; er hat sein Buch vielversprechend betitelt он озаглавил свою книгу многообещающе; b) титуловать, обращаться к кому-л. по званию; *напр.:* man betitelt ihn Herr Medizinalrat его называют господин советник медицины; wir betiteln unsere Mitarbeiter nicht мы не называем своих сотрудников по званиям. **bezeichnen** обозначать, называть (*давая характеристику, определение*) *не употр. с именами собственными; напр.*: man bezeichnet diesen Gegenstand in dieser Gegend mit einem anderen Wort этот предмет в этой местности обозначают другим словом; jede gefundene Pflanze muß bezeichnet werden каждое впервые найденное растение должно получить свое наименование; sie hat seine Worte als Verleumdung und Beleidigung bezeichnet она называла его слова клеветой и оскорблением; er bezeichnete die Arbeit als gelungen он назвал работу удачной; warum behandelst du mich so, wenn du mich als deinen Freund bezeichnest? почему ты так со мной обращаешься, если ты называешь меня своим другом?; sie bezeichnet sich als Malerin она называет себя художницей □ Und Wissenschaft ist gar nichts anderes als eben das »Versessensein auf das Finden von Unterschieden«. Man könnte ihr Wesen gar nicht besser bezeichnen (Hesse, »Narziß«) А наука как раз и есть не что иное, как «одержимость поисками различий». Лучше нельзя было бы определить ее сущность. **rufen** звать, называть (*по имени, по прозвищу*); *напр.*: wir rufen ihn Paulchen мы зовем его Паульхен. **taufen** окрестить; *напр.*: das Kind, das Schiff taufen наречь ребенка, дать имя кораблю; das Mädchen auf den Namen Inge taufen дать девочке (при крещении) имя Инге; die Jungs tauften ihn »Tiger« ребята окрестили его Тигром. **heißen** *высок. устаревает* ≅ bezeichnen, *с именами собств.* ≅ nennen; *напр.*: er heißt ihn einen Dummkopf он называет его глупцом; er heißt mich seinen Freund он называет меня своим другом; das heiße ich arbeiten это я называю работой; den Sohn hieß man Karl сына называли Карлом □ ...wer ihn, den herrlichen Phönix einen roten Hahn heißen will, er verdient, daß man ihm einen Mühlstein um den Hals... (Grass, »Die Blechtrommel«) ...тот, кто его, чудесного феникса, захочет назвать красным петухом, тому мельничный жернов на шею... **benamsen** *разг. шутл.* ≅ benennen; *напр.*: das kleine Mädchen wurde »Häschen« benamst девчушку прозвали Зайкой

nennen² называть (*в какой-л. связи, в речи, при письме и т. п.*)
nennen — erwähnen — anführen — angeben — zitieren

nennen *индифф. синоним; напр.*: es wurden verschiedene Namen genannt были названы разные фамилии; nennen Sie einige Beispiele приведите несколько примеров; im Programm ist Theo Adam unter den Mitwirkenden genannt в программе Тео Адам назван среди исполнителей; im Brief ist auch der Termin seiner Abreise genannt в письме указан также и срок его отъезда □ Nur um die Spannung etwas zu erhöhen, nenne ich den Namen jener Stadt... nicht... (Grass, »Die Blechtrommel«) Только для того, чтобы несколько усилить напряжение, я не называю тот город... **erwähnen** упоминать; *напр.*: am Rande, nebenbei erwähnen упоминать на полях, между прочим; mit keiner Silbe erwähnen не упоминать ни единым словом; er hat davon nichts erwähnt он об этом совсем не упомянул; sie hat ihn in ihrem Referat mehrmals erwähnt она упомянула его в своем докладе несколько раз □ Wenn ich soeben den Rock meiner Großmutter besonders erwähnte... weiß ich, was ich diesem Kleidungsstück schuldig bin (Grass, »Die Blechtrommel«) Если я только что особо упомянул юбку своей бабки, то ... я знаю, чем я обязан этой принадлежности туалета. Sie erwähnten damals etwas von Liebe und Sorge, davon habe ich dann aber weiter nicht viel gemerkt... (Kafka, »Das Schloß«) Вы что-то упомянули тогда о любви и заботе, но потом я ничего подобного не заметил... Glücklicherweise kam Frieda bald und erwähnte K. nicht... (ebenda) К счастью, скоро пришла Фрида и не упомянула о К. **anführen** приводить (*в качестве примера, доказательства и т. п.*); *напр.*: Beispiele, Tatsachen, Gründe anführen приводить примеры, факты, причины; einen Brief, eine Quelle anführen привести (в качестве примера) письмо, указать источник; etw. als Beweis, manches zu seiner Entschuldigung anführen привести что-л. как доказательство, кое-что в свое оправдание. **angeben** указать; *напр.*: seinen Namen, seine Adresse, sein Alter angeben указать свое имя, свой адрес, свой возраст; den Wortlaut, die Quelle angeben указать точный текст, источник; einen Grund, etw. als Grund angeben указать причину, привести что-л. как причину; etw. falsch, richtig, (nicht) genau angeben указать что-л. неправильно, правильно, (не)точно. **zitieren** приводить (*в речи, при письме*), цитировать; *напр.*: j-s Namen zitieren приводить [называть] чье-л. имя; ein Sprichwort zitieren привести [процитировать] пословицу; er hat die Quellen seiner Arbeit nicht zitiert он не указал источников, использованных им в работе

nennen³: sein eigen nennen *см.* haben¹
nennen, sich *см.* heißen¹
Nepotismus *см.* Vetternwirtschaft
neppen *см.* betrügen
nervös *см.* reizbar

Nest¹ гнездо
das Nest — der Horst

Nest *индифф. синоним; напр.*: Vögel bauen Nester птицы вьют гнезда; ein Vogel sitzt im Nest птица сидит в гнезде; im Hof stand ein Baum voller Nester во дворе стояло дерево, все в птичьих гнездах; die jungen Leute haben sich ein hübsches Nest eingerichtet молодые устроили себе прелестное гнездышко; wir wollten sie besuchen, fanden aber das Nest leer мы хотели зайти к ним, но птички улетели из гнездышка. **Horst** ≅ Nest, *но обозначает гнездо больших хищных птиц; напр.*: der Falke umfliegt seinen Horst сокол кружит над своим гнездом; der Adler trug seine Beute zum Horst орел унес свою добычу в гнездо

Nest² *см.* Kleinstadt
nett *см.* freundlich
netzen *см.* nässen
neu¹ новый (*недавно появившийся, недавно сделанный, приобретенный и т. п.*)
neu — nagelneu — funkelnagelneu

neu *индифф. синоним; напр.*: eine neue Straße новая улица; eine neue Erfindung, Entdeckung новое изобретение, открытие; ein neues Kleid новое платье; er hat ein neues Buch geschrieben он написал новую книгу; die Tasche ist noch ganz neu сумка еще совсем новая; diese Nachricht ist ganz neu это известие совсем новое. **nagelneu** *разг.* новехонький, с иголочки *б. ч. употр. по отношению к предметам домашнего обихода, одежде и т. п.; о других явлениях — иногда шутл. или ирон.; напр.*: ein nagelneues Auto, Haus, Kleid новехонькая машина, новехонький дом, новехонькое платье; ein nagelneuer Anzug костюм с иголочки; die Schuhe waren nagelneu ботинки были новенькие; wir bekamen eine nagelneue Nachricht мы получили совсем свеженькое известие. **funkelnagelneu** *разг.* ≅ nagelneu *подчеркивает, что что-л. только что сделано или приобретено; напр.*: ein funkelnagelneues Kleid, Auto новехонькое [прямо из магазина] платье, новенькая [только что купленная] машина; funkelnagelneue Instrumente, Maschinen новехонькие [прямо с завода] инструменты, машины

neu² новый (*свежий, не бывший в употреблении*)
neu — frisch — jung

neu *индифф. синоним; напр.*: ein neues Hemd новая (*надеваемая впервые*) рубашка; neue Kartoffeln (молодой) картофель нового урожая; nimm dir ein neues Taschentuch! возьми новый носовой платок!; wir tranken neuen Wein мы пили молодое вино; sie gingen mit neuen Kräften ans Werk они с новыми силами принялись за работу; neue Truppen wurden eingesetzt новые войска были введены в бой. frisch свежий; *напр.*: eine frische Spur свежий след; ein frischer Kragen свежий воротничок; das Zimmer riecht nach frischer Farbe комната пахнет свежей краской; er hat ein frisches Hemd angezogen он надел свежую рубашку; über Nacht fiel frischer Schnee ночью выпал свежий снег; wir sammeln frische Kräfte für morgen мы набираемся свежих сил на завтра; auf der Reise haben wir viele frische Eindrücke bekommen в поездке мы получили много свежих впечатлений. jung молодой; *напр.*: junge Kartoffeln молодой картофель; ein junges Unternehmen молодое предприятие; junges Laub erscheint auf den Bäumen молодая листва появляется на деревьях; junge Erbsen schmecken gut молодой зеленый горошек вкусный; er war Inhaber einer jungen Firma он был владельцем новой фирмы

neuerdings с недавних пор
neuerdings — neuestens — seit kurzem — in letzter Zeit — in jüngster Zeit
neuerdings *индифф. синоним; напр.*: neuerdings liest er viel с недавних пор он много читает; neuerdings läßt er sich kaum noch sehen с недавних пор он почти не показывается (у нас); er fährt neuerdings nur noch mit der Straßenbahn с недавних пор он ездит только трамваем. **neuestens** ≅ neuerdings; *напр.*: neuestens hat er die Gewohnheit angenommen, Pfeife zu rauchen с недавних пор он взял привычку курить трубку; es geht ihm neuestens schlecht с недавних пор ему живется плохо. **seit kurzem** (начиная) с недавнего времени; *напр.*: das ist seit kurzem üblich geworden это стало обычным с недавнего времени; er ist seit kurzem ein anderer он другой с недавнего времени; wir hören darüber seit kurzem мы слышим об этом с недавнего времени. **in letzter Zeit** в последнее время; *напр.*: in letzter Zeit hörten wir viel von diesem Maler в последнее время мы много слышали об этом художнике. **in jüngster Zeit** в самое последнее время; *напр.*: in jüngster Zeit kleidet sie sich auffällig последнее время она одевается броско; in jüngster Zeit sehen wir uns wieder oft в самое последнее время мы опять видимся часто

Neuerscheinung *см.* Neuheit
Neuerung *см.* Neuheit
neuestens *см.* neuerdings
neugierig любопытный
neugierig — wißbegierig — fragelustig — schaulustig — naseweis — vorwitzig
neugierig *индифф. синоним; напр.*: ein neugieriges Kind любопытный ребенок; ein neugieriger Blick любопытный взгляд; neugierige Fragen любопытные вопросы [расспросы]; neugierig fragen с любопытством спрашивать; etw. neugierig betrachten рассматривать что-л. с любопытством; sie waren von Neugierigen umringt они были окружены любопытными (зеваками); er ist sehr neugierig он очень любопытный; seine Worte machten uns neugierig его слова возбудили наше любопытство. **wißbegierig** любознательный; *напр.*: ein wißbegieriger Junge, Mensch любознательный мальчик, человек; ein Schüler muß wißbegierig sein ученик должен быть любознательным; wißbegierig blätterte er im Buch он листал книгу, полный любознательности. **fragelustig** любящий задавать вопросы (*о детях*); *напр.*: ein fragelustiger kleiner Kerl почемучка; in diesem Alter sind alle Kinder fragelustig в этом возрасте все дети без конца задают вопросы. **schaulustig** желающий все (у)видеть; *напр.*: ein schaulustiger Tourist желающий все видеть турист; die schaulustige Menge жаждущая зрелищ толпа; die schaulustigen Besucher des Tierparkes bewunderten die Bärenjungen любопытные посетители зоопарка с восторгом рассматривали медвежат. **naseweis** нескромно любопытный, назойливый (*чаще о детях, подростках, вмешивающихся в дела и разговоры взрослых*) подчеркивает, что нескромность проявляется в неуместных высказываниях; *напр.*: eine naseweise Frage нескромно любопытный вопрос; ein naseweises Kind ребенок, сующий повсюду со своими замечаниями *и т. п.*; sei nicht so naseweis! не будь таким назойливым! **vorwitzig** ≅ naseweis, *но подчеркивает дерзость высказываний любопытствующего*; *напр.*: sei nicht so vorwitzig не суй свой нос не в свое дело

Neuheit новшество, новинка
die Neuheit — die Novität — das Novum — die Neuerung — die Neuerscheinung
Neuheit *индифф. синоним; напр.*: Neuheiten in der Mode новинки моды; eine interessante Neuheit ist im Angebot в продажу поступила интересная новинка; dieses Gerät ist eine Neuheit этот прибор — новшество; das Theaterstück ist eine Neuheit эта театральная пьеса — нечто совершенно новое ▫ Mit 233 Flugzeugen und Hubschraubern, von denen etwa 70 ihr Debüt gaben, war Le Bourget 77 der Salon mit den meisten Neuheiten (*Wp 27/1977*) 233 самолета и вертолета, из которых приблизительно 70 выставлялись впервые, сделали Бурже-77 выставкой с наибольшим количеством новинок. **Novität** [-v-] новинка; *напр.*: das Geschäft führt die letzten Novitäten der Mode магазин имеет в продаже последние новинки моды; dieses Buch ist eine Novität für den Leser эта книга — новинка для читателя; zwei Novitäten erschienen erstmals auf der Bühne две новые пьесы впервые появились на сцене ▫ Der Besitzer des »Eldorado«-Palastes... ist wieder einmal genötigt, sich nach Novitäten umzusehen (*May, »Die Letzten von U 189«*) Владелец «Эльдорадо»... вынужден снова искать что-нибудь новенькое. **Novum** [-v-] *б. ч. ед.* нечто совсем новое, небывалое; *напр.*: in der deutschen wissenschaftlichen Literatur ist diese Arbeit ein gewisses Novum в немецкой научной литературе эта работа представляет собой в известном смысле нечто новое; diese Art der Inszenierung ist ein Novum beim Theater подобная постановка — нечто новое в театральном искусстве; dieser Fall ist in meiner Praxis ein Novum этот случай не имеет прецедентов в моей практике; vor kurzem erschienen zwei Nova im Buchhandel недавно в продаже появились две новые книги ▫ Ein Novum war auch die französische Falcon-50... ein dreistrahliges Geschäftsflugzeug, das 14 Passagiere über eine interkontinentale Strecke (z. B. London — New York) befördern kann (*Wp 27/1977*) Совершенно новой была также французская машина «Фалькон-50»... трехтурбинный служебный самолет на 14 пассажиров, предназначенный для межконтинентальных линий (например, Лондон — Нью-Йорк). **Neuerung** нововведение, новшество; *напр.*: eine technische Neuerung техническое нововведение; die Ausstellung zeigte Neuerungen auf dem Gebiet der Elektronik на выставке показывали новшества в области электроники ▫ Nur das Ölgemälde — »Propagandisten« — war die einzige Neuerung seit Jahren in diesem Zimmer (*Heiduczek, »Abschied von den Engeln«*) Только картина маслом «Пропагандисты» была по прошествии многих лет единственным новшеством в этой комнате. **Neuerscheinung** книжная новинка; *напр.*: der Buchhandel zeigte Neuerscheinungen an книжные магазины объявили о поступлении в продажу новых книг

Neuigkeit *см.* Nachricht
neulich недавно
neulich — vor kurzem — vor kurzer Zeit — kürzlich — unlängst — letzthin — letztens — vorhin — soeben — eben — jüngst — vor einer Weile
neulich *индифф. синоним; напр.*: das war neulich это было недавно; ich habe ihn neulich gesehen я его недавно видел; wir sprachen neulich davon мы недавно говорили об этом ▫ Auch mein unglücklicher Ausspruch neulich in ihrer Wohnung... hat Hanna sehr beschäftigt (*Frisch, »Homo faber«*) Мое недавнее неудачное высказывание в ее квартире тоже... очень занимало Ганну. Er hatte Sabeth gesehen... damals in Paris, wie er sagt: Neulich in Paris (*ebenda*) Он видел Сабету... тогда в Париже,

как он говорит: «Недавно в Париже». vor kurzem (совсем) недавно, не так давно (несколько часов, дней, недель тому назад); напр.: ich habe ihn vor kurzem gesehen я видел его не так давно; das ist vor kurzem geschehen это случилось не так давно; erst vor kurzem haben wir davon gesprochen как раз недавно мы говорили об этом. vor kurzer Zeit ≅ vor kurzem; напр.: wir haben uns erst vor kurzer Zeit gesehen мы виделись только недавно; vor kurzer Zeit war ich wieder in dieser Stadt не так давно я снова побывал в этом городе. kürzlich не так давно (несколько дней, недель тому назад), некоторое время тому назад; напр.: er hat kürzlich diese Stadt besucht он не так давно посетил этот город; kürzlich ist eine neue Ausgabe seiner Werke erschienen некоторое время тому назад вышло новое издание его произведений ☐ Erst kürzlich kehrten die Hauptgewinner des Preisausschreibens... von ihrer Reise zurück... (Wp 28/1977) Не так давно победители конкурса... вернулись из путешествия... unlängst совсем недавно; напр.: er ist unlängst angekommen он совсем недавно приехал; er hat mich unlängst besucht он был у меня совсем недавно; er sagte, auch er sei unlängst in einen Verkehrsunfall verwickelt worden он сказал, что он тоже совсем недавно попал в дорожное происшествие ☐ Seit Jahren mischt sich der amerikanische Geheimdienst CIA in die inneren Angelegenheiten Australiens ein, stellte unlängst der Vorsitzende der Labour-Partei des Bundesstaates Victoria... fest (Wp 28/1977) В течение нескольких лет американская секретная служба ЦРУ вмешивается во внутренние дела Австралии, заявил совсем недавно председатель лейбористской партии штата Виктория... letzthin ≅ vor kurzem, но больше подчеркивает тесную связь недавно происшедшего с настоящим; напр.: als ich ihn letzthin besuchte, sah er gut aus когда я не так давно был у него, он выглядел хорошо; letzthin habe ich mir einen Fernseher gekauft недавно я купил себе телевизор. letztens ≅ letzthin, но более характерно для непринужденной разговорной речи; напр.: letztens habe ich mir einen neuen Mantel gekauft не так давно я купил себе новое пальто; letztens habe ich gehört, daß er gestorben ist недавно я услышал, что он умер. vorhin только что более характерно для непринужденной разговорной речи; напр.: vorhin hatte ich noch das Buch in der Hand, und jetzt finde ich es nicht только что книга была у меня в руках, а сейчас я ее не найду; ich habe ihn vorhin gesehen я его только что видел. soeben только что обозначает еще более короткий промежуток, отделяющий действие от момента высказывания, чем остальные синонимы данного ряда; напр.: ich habe soeben erfahren, daß ihre Ernennung zum Professor bestätigt worden ist я вот только узнал, что вы утверждены в звании профессора. eben ≅ soeben, но часто разг.; напр.: eben hat er angerufen он только что позвонил по телефону. jüngst высок. поэт. ≅ vor kurzem; напр.: dieser Vorfall hat sich jüngst zugetragen этот случай произошел не так давно; er war jüngst in Leipzig он был недавно в Лейпциге. vor einer Weile разг. ≅ vorhin; напр.: die Frau sagte, daß ihr Mann vor einer Weile das Haus verlassen hatte женщина сказала, что ее муж только что ушел из дома; sein Vater sagte, daß vor einer Weile zwei Männer nach ihm gefragt hätten его отец сказал, что его только что спрашивали двое мужчин

neumodisch см. modérn²
neutral нейтральный

neutral — unparteiisch — unbeteiligt
neutral индифф. синоним; напр.: ein neutraler Beobachter нейтральный наблюдатель; eine neutrale Haltung einnehmen занять нейтральную позицию; er verhielt sich in dem Streit ganz neutral он держал себя в этом споре совсем нейтрально; sie lenkte das Gespräch auf ein neutrales Thema она перевела разговор на нейтральную тему; wir dürfen dabei nicht mehr neutral bleiben мы не можем больше оставаться при этом нейтральными. unparteiisch беспристрастный; напр.: eine unparteiische Haltung einnehmen занять беспристрастную позицию; unparteiisch richten, urteilen беспристрастно судить, выносить приговор; er bemühte sich, bei diesem Streit unparteiisch zu sein он старался быть беспристрастным в этом споре. unbeteiligt непричастный, безучастный; напр.: unbeteiligt sein, bleiben быть, оставаться безучастным; er hörte dem Streit unbeteiligt zu он слушал спор индифферентно; bei der Demonstration war er unbeteiligt к демонстрации он был непричастен; er machte ein (ganz) unbeteiligtes Gesicht он сделал (абсолютно) безучастное лицо

neuzeitlich см. modérn¹
nicht см. nein
nicht abgeneigt sein см. einverstanden sein
Nichtannahme см. Weigerung
nichtig см. schlecht³/ungültig
nichtsnutzig см. schlecht¹,²
nichtssagend см. leer²
nicht verheiratet см. ledig
nicken I см. grüßen¹
nicken II см. schlafen
nie никогда

nie — niemals — nimmer — nimmermehr
nie индифф. синоним; напр.: das geschieht nie этого никогда не бывает; ich will das nie mehr tun я никогда больше этого не сделаю; das habe ich nie gehört я этого никогда не слышал; noch nie war sie so glücklich wie an diesem Abend никогда она еще не была так счастлива, как в этот вечер. niemals ≅ nie, но подчеркивает категоричность отрицания и более характерно для книжно-письменной речи; напр.: das darf niemals geschehen этого никогда не должно случиться; werden wir uns niemals wiedersehen? мы никогда не увидимся; so etwas hat niemals jemand gesagt никто никогда не говорил такого. nimmer высок. устаревает и ю.-нем., австр. никогда (больше); напр.: ich will dich nimmer sehen я не хочу тебя никогда (больше) видеть; der Schmerz wird nimmer vergehen эта боль никогда не пройдет; das vergesse ich nimmer я этого никогда не забуду. nimmermehr ≅ nimmer, но более эмоц.; напр.: das kann ich nimmermehr vergessen этого я никогда больше не забуду; er hat sie nimmermehr gesehen он никогда больше ее не видел

niederbeugen, sich см. bücken, sich¹
niederbrennen см. verbrennen¹,²
Niedergang см. Untergang
niedergedrückt см. mutlos
niedergehen см. fallen²
niedergeschlagen см. mutlos
niedergeschmettert см. mutlos
niederkommen см. gebären
Niederlage поражение

die Niederlage — der Mißerfolg — der Fehlschlag — das Fiasko — die Schlappe — die Pleite — der Durchfall — der Reinfall
Niederlage индифф. синоним; напр.: eine militärische, moralische, schwere Niederlage военное, моральное, тяжелое поражение; eine Niederlage erleiden потерпеть поражение; das war eine klare Niederlage это было явное поражение; es geht um Sieg oder Niederlage речь идет о победе или поражении; die Fußballmannschaft mußte eine 0:3 Niederlage hinnehmen футбольная команда должна была примириться с поражением, проиграв со счетом 0:3. Mißerfolg неуспех, неудача; напр.: ein persönlicher, geschäftlicher Mißerfolg личный неуспех, неудача в делах; einen Mißerfolg haben не иметь успеха, потерпеть неудачу; das Buch war ein großer Mißerfolg книга не имела ни малейшего успеха [оказалась крупной неудачей]; dieser Mißerfolg war vorauszusehen эту неудачу можно было предвидеть. Fehlschlag промах, неудача; напр.: ein geschäftlicher Fehlschlag неудача в делах; dieses Unternehmen war von Anfang an ein Fehlschlag с самого начала это предприятие было ошибкой; in seinem Leben hat er viele Fehlschläge einstecken müssen в течение своей

жизни ему пришлось пережить много неудач. **Fiasko** фиаско; *напр.*: der Autor erlebte mit seinem Buch ein Fiasko автор потерпел со своей книгой фиаско; die Firma erleidet ein Fiasko nach dem anderen фирма терпит одно фиаско за другим; ich wußte nichts von seinem kläglichen Fiasko я ничего не знал о его позорном фиаско. **Schlappe** *эмоц.* ≅ Niederlage, *но более характерно для непринужденной разговорной речи*; *напр.*: eine militärische, schwere Schlappe erleiden потерпеть военное, тяжелое поражение; eine Schlappe einstecken, hinnehmen (müssen) (быть вынужденным) примириться с поражением; von dieser Schlappe konnte er sich lange nicht erholen от этого поражения он долго не мог прийти в себя. **Pleite** *фам. эмоц.* непредвиденный крах; *напр.*: eine Pleite erleben потерпеть крах; der Film war eine Pleite фильм с треском провалился; das Fußballspiel endete mit einer großen Pleite für die Mannschaft футбольный матч окончился для команды полным поражением. **Durchfall** *разг.* провал; *напр.*: diese Oper war sein einziger Durchfall провал этой оперы был его единственной неудачей; sein Durchfall in der Prüfung war sicher провал на экзамене был ему обеспечен. **Reinfall** *разг.* ≅ Fehlschlag; *напр.*: das war ein schöner Reinfall! ничего себе неудача!; ich überlebe diesen Reinfall nicht! я не переживу эту неудачу!

niederlassen, sich *см.* ansiedeln, sich/setzen, sich

Niederlassung *см.* Siedlung/Zweigstelle

niederlegen *см.* aufhören ²/legen ¹/schreiben ²

niederlegen, sich *см.* legen, sich

niedermachen *см.* töten

niedermetzeln *см.* töten

niederreißen разрушать, сносить

niederreißen — einreißen — abreißen — abbrechen — abtragen — schleifen

niederreißen *индифф. синоним*; *напр.*: ein Haus, Mauern niederreißen разрушить [снести] дом, стены; der Architekt beschloß, das Gebäude doch niederreißen zu lassen, denn es ließ sich nicht umbauen архитектор решил все-таки снести здание, так как его нельзя было перестроить; die alten Befestigungsmauern wurden zum Teil niedergerissen стены старых укреплений были частично снесены. **einreißen** сломать, снести; *напр.*: ein Haus, Mauern einreißen сломать [снести] дом, стены; er hat sein altes Gartenhaus eingerissen, bevor das neue gebaut wurde он сломал свой старый дом в саду, прежде чем построил новый; diese Trümmer stammen von den Baracken, die nach dem Krieg eingerissen worden sind это остатки бараков, снесенных после войны. **abreißen** сносить, ломать (*то, что стало ненужным, ветхим и т. п.*); *напр.*: in der Altstadt werden ganze Straßen abgerissen в старом городе ломают [сносят] целые улицы; das baufällige Haus mußte abgerissen werden ветхий дом пришлось сломать. **abbrechen** убрать, снести (*чтобы освободить место*); *напр.*: das ehemalige Zeughaus wurde im vorigen Jahr abgebrochen бывший цейхгауз сломали в прошлом году; die Brücke mußte abgebrochen werden мост нужно было сломать; das Zeltlager wurde in einer Stunde abgebrochen палаточный лагерь сняли за час; kaum hatte man das Baugerüst abgebrochen, wurde das neue Haus vom Feuer vernichtet не успели убрать леса, как новый дом был уничтожен пожаром. **abtragen** разбирать, сносить; *напр.*: der alte Tempel wurde abgetragen und an einem anderen Ort wiedergebaut старый храм разобрали и снова построили на другом месте; einen Teil des Bahnhofsgebäudes hat man abgetragen, den anderen umgebaut одну часть здания вокзала снесли, другую перестроили; das Dach muß abgetragen werden крышу надо разобрать. **schleifen** разрушить до основания, сровнять с землей (*б. ч. о военных объектах*); *напр.*: der Feind hatte die Dörfer verwüstet und die Burgen geschleift враг опустошил деревни, а крепости сровнял с землей; der General ließ sofort nach der Einnahme der Stadt die Mauern schleifen генерал приказал тотчас же после взятия города разрушить стены до основания

niederschießen *см.* erschießen

Niederschlag осадок

der Niederschlag — der Satz — der Bodensatz — der Kaffeesatz

Niederschlag *индифф. синоним*; *напр.*: auf dem Boden der Flasche setzte sich ein Niederschlag ab на дне бутылки осел осадок; es bildet sich ein Niederschlag von Eisen im Wasser в воде образуется осадок железа. **Satz** гуща; *напр.*: er spülte den Satz aus der Tasse он выполоснул гущу, выполоскав чашку; er hat den Satz des Kaffees noch einmal aufgebrüht он еще раз заварил кофейную гущу. **Bodensatz** отстой, осадок на дне сосуда; *напр.*: im Gefäß blieb ein Bodensatz zurück в сосуде остался (на дне) отстой. **Kaffeesatz** кофейная гуща; *напр.*: den Kaffeesatz ausspülen выплеснуть кофейную гущу, выполоскав чашку; sie kann aus dem Kaffeesatz wahrsagen она умеет гадать на кофейной гуще.

niederschlagen *см.* unterdrücken

niederschreiben *см.* aufschreiben/schreiben ²

niedersetzen *см.* setzen ¹/stellen ¹

niedersetzen, sich *см.* setzen, sich

niedersitzen *см.* setzen, sich

niederstellen *см.* stellen ¹

niederstrecken *см.* siegen

niederträchtig подлый, гнусный

niederträchtig — gemein — niedrig — schnöde — infam — hundsgemein

niederträchtig *индифф. синоним*; *напр.*: ein niederträchtiger Mensch подлый [гнусный] человек; eine niederträchtige Tat подлый [гнусный] поступок; eine niederträchtige Verleumdung, Lüge подлая [гнусная] клевета, ложь; j-n niederträchtig behandeln обращаться с кем-л. подло; er hat einen niederträchtigen Charakter у него подлый [гнусный] характер; das ist niederträchtig von ihm это подло [гнусно] с его стороны; er benahm sich niederträchtig gegen seine Frau он вел себя подло по отношению к своей жене. **gemein** подлый; *напр.*: ein gemeiner Mensch, Betrüger подлый человек, обманщик; eine gemeine Verleumdung, Lüge подлая клевета, ложь; gemein handeln поступать подло; er verbreitet gemeine Lügen über ihn он распространяет о нем подлую ложь; er benahm sich ihr gegenüber sehr gemein он вел себя по отношению к ней очень подло □ Immer war es besser, man blieb in der Nähe, es gab überall gemeine Weiber genug, für die das Geld war, was für den Mistkäfer der Mist (*Fallada*, »*Wolf u. Wölfen*«) Всегда было лучше оставаться вблизи, везде было предостаточно подлых баб, для которых деньги были что навоз для навозных жуков. **niedrig** низкий; *напр.*: ein niedriger Mensch низкий человек; niedrig handeln низко поступать; er handelte so aus niedrigen Beweggründen он поступил так из низких побуждений; die niedrigsten Instinkte wurden geweckt были разбужены самые низменные инстинкты. **schnöde** гнусный; *напр.*: ein schnöder Verrat гнусное предательство; j-n schnöde behandeln обращаться с кем-л. гнусно; er hat seine Freunde schnöde im Stich gelassen он подло бросил своих друзей в беде; das war schnöder Undank это была черная [гнусная] неблагодарность. **infam** бесчестный, гнусный; *напр.*: ein infamer Lügner бесчестный лгун; eine infame Lüge гнусная ложь; ein infamer Betrug гнусный обман; j-n infam verleumden, hintergehen бесчестно оклеветать, обмануть кого-л.; hier liegt ein infames Manöver vor здесь бесчестный маневр; sein Handeln war infam его поступки были бесчестны. **hundsgemein** *груб. эмоц.-усил.* ≅ gemein; *напр.*: ein hundsgemeiner Bengel [Kerl, Schuft] подлый [негодяй, мерзавец]; eine hundsgemeine Lüge, Verleumdung подлая [мерзкая] ложь, клевета; er ist hundsgemein он подлец [мерзавец]; er benimmt sich hundsgemein он ведет себя как последний мерзавец

Niederung низина

die Niederung — die Tiefebene — das Tiefland — die Marsch

Niederung *индифф. синоним; напр.:* der Fluß überschwemmte die umliegenden Niederungen река затопила близлежащие низины; in den Niederungen an der Küste wachsen viele Sträucher в низинах по берегу растет много кустов. **Tiefebene** *геогр.* низменность; *напр.:* die Ungarische Tiefebene Венгерская низменность; die Norddeutsche Tiefebene Северогерманская низменность; eine Tiefebene ist eine Ebene in nicht mehr als 200 m Höhe über dem Meeresspiegel низменностью является равнина, расположенная не выше 200 м над уровнем моря. **Tiefland** *геогр.* низина; *напр.:* ein Tiefland ist eine Landschaft in geringer Höhe (bis 200 m) über dem Meeresspiegel низиной является участок, расположенный на небольшой высоте (до 200 м) над уровнем моря. **Marsch** марши (*русск. тк. мн.*); *напр.:* während der Sturmflut waren die Marschen überschwemmt во время бури марши были затоплены; wir fuhren durch die norddeutschen Marschen мы ехали по северо-германским маршам; er hat ein Gut in der Marsch у него поместье в маршах; die Kühe weiden auf der Marsch коровы пасутся в маршах

niederwerfen *см.* unterdrücken
niedlich *см.* schön [1]
niedrig *см.* klein [1, 2]/niederträchtig
niemals *см.* nie
niemand никто

niemand — keiner — kein Mensch — keine Seele

niemand *индифф. синоним; напр.:* niemand hat mich besucht никто ко мне не пришел; ich habe niemand(en) gesehen я никого не видел; ich habe es niemandem erzählt я никому об этом не рассказал. **keiner** ни один; *напр.:* keiner will die Arbeit erledigen ни один не хочет сделать эту работу; und wenn man dann fragt, will es keiner gewesen sein а если потом спросят, ни один не признается, что это был он. **kein Mensch** ни один человек; *напр.:* kein Mensch wird sich so was gefallen lassen ни один человек не станет терпеть этого; kein Mensch darf es erfahren никто не должен узнать об этом. **keine Seele** *разг.* ни одна душа; *напр.:* keine Seele war auf der Straße zu sehen на улице не видно было ни души; keine Seele braucht davon etwas zu wissen ни одна живая душа не должна знать об этом

nieseln *см.* regnen
nimmer *см.* nie
nimmermehr *см.* nie
nimmermüde *см.* unermüdlich
Nimmersatt *см.* Vielfraß
nippen *см.* trinken [1]
Nische *см.* Vertiefung
nisten *см.* leben [2]
Niveau уровень (*развития и т. п.*)

das **Niveau** — die **Stufe** — die **Höhe** — der **Rang**

Niveau [-'vo:] *индифф. синоним; напр.:* das wirtschaftliche, kulturelle, geistige Niveau хозяйственный, культурный, духовный уровень; ein hohes, niedriges, durchschnittliches Niveau высокий, низкий, средний уровень; das Niveau heben, senken повышать, снижать уровень; sein Unterricht hat ein überdurchschnittliches Niveau уровень его преподавания выше среднего; das ist ein literarisches Werk von beachtlichem Niveau это литературное произведение высокого уровня; der Inhalt der Zeitschrift entspricht dem Niveau der Leser содержание журнала соответствует уровню читателей. **Stufe** ступень; *напр.:* auf niedriger, hoher, gleicher Stufe stehen стоять на низкой, высокой, одинаковой [той же] ступени; wir stehen beruflich und gesellschaftlich auf gleicher Stufe профессионально и социально мы находимся на одинаковой ступени [на одном уровне]; man kann ihn mit seinem Vorgänger nicht auf eine Stufe stellen его нельзя ставить на одну ступень с предшественником; er erreichte die höchste Stufe seiner Laufbahn он достиг высшей ступени своей карьеры; das war die höchste Stufe des Glücks это было вершиной счастья. **Höhe** высокий уровень, высота; *напр.:* die geistige, intellektuelle, moralische Höhe dieses Volkes высокий духовный, высокий интеллектуальный, высокий моральный уровень этого народа; auf der Höhe sein, stehen быть, стоять на высоте; die Höhe des Bewußtseins, der Kultur высокий уровень сознания, культуры; hoffentlich hält sich der Schüler auf dieser Höhe надеемся, что ученик удержится на этом высоком уровне; die Kunst hat dort eine beachtliche Höhe erreicht искусство достигло там заметно высокого уровня; er war in seiner Laufbahn in ungeahnte Höhen aufgestiegen он достиг в своей карьере таких высот, которых никто не ожидал. **Rang** ранг, класс; *напр.:* ein hervorragender, hoher, niedriger Rang выдающийся, высокий, низкий класс; ein Gelehrter von (hohem) Rang видный ученый; ein Künstler ersten Ranges первоклассный художник; den Rang über, unter j-m haben быть рангом [классом] выше, ниже кого-л.

nobel *см.* vornehm
nölen *см.* zögern [1]
nonchalant *см.* nachlässig [2]
Nonsens *см.* Dummheit
nörgeln быть (беспричинно) недовольным, придираться, брюзжать

nörgeln — herumnörgeln — kritteln — herumkritteln — querulieren — räsonieren — mäkeln — meckern — maulen — raunzen — quengeln — quesen

nörgeln *индифф. синоним; напр.:* du schimpfst und nörgelst nur! ты только ругаешься и брюзжишь!; er nörgelt an allem [über alles] он всем недоволен; immer hat man an ihm genörgelt им всегда из-за чего-нибудь были недовольны, к нему всегда придирались. **herumnörgeln** = nörgeln, *но часто употр. в сочетании с предложным дополнением; напр.:* er nörgelt an der neuen Wohnung herum то ему не так, и это не так в новой квартире. **kritteln, herumkritteln** *неодобр.* критиканствовать, придираться к мелочам; *напр.:* du kannst nichts anderes als nur immer kritteln ты только и можешь, что все время выискивать недостатки [придираться к мелочам]; wenn sie nur nicht wieder zu kritteln anfängt! только бы она снова не начала критиканствовать [придираться к мелочам]!; er krittelt an allem (herum) он во всем придирается к мелочам. **querulieren** ≅ nörgeln *подчеркивает необоснованный характер придирок; напр.:* der Alte queruliert schon wieder старик опять брюзжит. **räsonieren** *уст. разг.* осуждать, хаять; *напр.:* er schimpfte und räsonierte den ganzen Tag он целый день ругался и все осуждал; er muß fortwährend über alles räsonieren ему непременно надо все (о)хаять. **mäkeln** *разг. неодобр.* привередничать, ко всему цепляться; *напр.:* am [über das] Essen mäkeln привередничать в еде; an allem, an j-s Verhalten mäkeln цепляться ко всему, к чьему-л. поведению; er mäkelt ständig, bald am Wetter, bald am Essen он все время привередничает, то погода ему не нравится, то еда; nichts ist ihr gut genug, an allem hat sie zu mäkeln ей ничем не угодишь, она во всем найдет изъян. **meckern** *разг. неодобр.* мелочно и злобно придираться; злобствуя, поносить; *напр.:* über die Zustände meckern злопыхательствовать по поводу положения дел; über j-s Benehmen meckern давать волю своему недовольству чьим-л. поведением; er ist ein Querkopf, er hat immer etwas zu meckern ему все не так, у него всегда есть к чему придраться и что поносить; hör auf zu meckern! перестань злобствовать! **maulen** *разг.* дуться, капризничать; *напр.:* sie mault, weil sie mit der Entscheidung nicht einverstanden ist она дуется (на всех), потому что она не согласна с этим решением; sie machte alles und maulte nie она все делала и никогда не капризничала. **raunzen** *ю.-нем., австр. разг.* говорить недовольным тоном, брюзжать; *напр.:* »Kannst du nicht aufpassen?« raunzte die Mutter «Ты что, не можешь поосторожнее?» — сказала недовольным тоном мать; im Zug raunzte und räsonierte der Alte в поезде старик брюзжал и все осуждал. **quengeln** *разг.* недовольно ныть, хныкать, канючить; *напр.:* das übermüdete Kind fing an zu quengeln уставший ребенок начал хныкать; der Junge quengelte den ganzen Tag мальчишка ныл весь день; »Komm nicht immer so spät«, quengelte sie «Не приходи всегда так поздно», — канючила она. **quesen** *н.-нем. разг.* ≅ quengeln; *напр.*: er quest ja wieder! он снова ноет!, он опять расхныкался!

Norm норма
die **Norm** — das **Soll** — der **Satz**
Norm *индифф. синоним; напр.*: die allgemeine Norm общая норма; fortschrittliche Normen прогрессивные нормы; eine Norm einführen, begründen вводить, обосновывать норму; er leistete die doppelte Norm он выполнил двойную норму; er kam (nicht) auf seine Norm он (не) дотянул до своей нормы; er überbot die Norm он перевыполнил норму; für die Maschinen wurden bestimmte Normen festgesetzt для машин были установлены определенные нормы. **Soll** ≅ Norm, *но подчеркивает, что это рабочая, обязательная норма, плановое задание; напр.*: das Soll erfüllen, schaffen выполнить, выдать норму; wir haben unser Soll mit zehn Prozent übererfüllt мы перевыполнили свою норму на десять процентов; die LPG hat ihr Soll an Kartoffeln abgeliefert сельскохозяйственный производственный кооператив выполнил свою плановую норму продажи картофеля государству. **Satz** (обычная) норма расхода; *напр.*: diese Summe überschreitet den festgelegten Satz an Reisespesen эта сумма превышает установленную норму путевых расходов; der Satz beträgt hundert Mark норма расхода составляет сто марок; zwei Tassen Kaffee pro Tag, das ist mein Satz две чашки кофе в день — вот моя норма

normal *см.* üblich¹

normativ *см.* maßgebend

Not¹ нужда, тяжелое положение
die **Not** — die **Notlage** — die **Entbehrung** — die, das **Drangsal** — die **Bedrängnis**
Not *индифф. синоним; напр.*: bittere, drückende, große, schwere Not горькая, гнетущая, большая, тяжелая нужда; Not leiden терпеть нужду; j-m seine Not klagen жаловаться кому-л. на свою нужду [на свое тяжелое положение]; j-s Not erleichtern облегчить чью-л. нужду [чье-л. тяжелое положение]; j-m in der Not helfen помочь кому-л. в нужде; in Not leben жить в нужде; sie litten schwer unter der Not они тяжко страдали от нужды; es wurde alles getan, um die Not zu lindern было сделано все, чтобы смягчить нужду [тяжелое положение]; das Kind befand sich in großer Not ребенок был в беде; er stand ihr in der Stunde der Not bei он помог ей в трудный час. **Notlage** бедственное, тяжелое положение; *напр.*: j-s Notlage ausnutzen использовать чье-л. бедственное положение; in einer wirtschaftlichen Notlage sein быть в тяжелом экономическом положении: das Hochwasser versetzte die Stadt in eine Notlage из-за наводнения город оказался в бедственном положении; niemand kann mir in meiner Notlage helfen никто не может помочь мне в моем тяжелом положении. **Entbehrung** *б. ч. мн.* лишение; *напр.*: Entbehrungen erdulden [erleiden] терпеть лишения; es war eine Zeit voller Entbehrungen это было время лишений; unter Schwierigkeiten und Entbehrungen gelang die Expedition экспедиция удалась, но было много трудностей и лишений; die Entbehrungen haben sein Gesicht gezeichnet его лицо было отмечено печатью лишений □ Und es würde endlich, endlich nach aller Not, nach aller Entbehrung ein paar Wochen Sättigung geben, mit Eiern, Fett und Äpfeln und Brot und allem, was ein Mensch braucht (*Weisenborn, »Der Verfolger«*) И наконец, наконец-то, после всей нужды, после всех лишений, наступили бы несколько недель сытости, с яйцами, жирами, яблоками и хлебом и всем, что нужно человеку. **Drangsal** *высок.* ≅ Not; *напр.*: in großer Drangsal sein быть в большой нужде; viele Drangsale erdulden [leiden] терпеть нужду; Drangsale (und Entbehrungen) auf sich nehmen принять на себя нужду (и лишения); er schrieb über die Drangsale des Krieges он написал о тяготах войны. **Bedrängnis** *высок.* беда, бедственное положение; *напр.*: in arger Bedrängnis sein быть в очень бедственном [в отчаянном] положении; in Bedrängnis geraten попасть в беду [в безвыходное положение]; j-n in große Bedrängnis bringen поставить кого-л. в отчаянное положение; er lebt in innerer Bedrängnis он живет в душевном тупике; in der Bedrängnis seines Herzens bat er sie um Rat в своем состоянии душевного смятения он просил у нее совета

Not² *см.* Notwendigkeit/Unglück¹

notieren *см.* aufschreiben

nötig нужный
nötig — **notwendig** — **erforderlich** — **unentbehrlich** — **unerläßlich** — **vonnöten** — **geboten**
nötig *индифф. синоним; напр.*: nötige Kleider, Bücher, Mittel нужные платья, книги, средства; er hat Ruhe nötig он нуждается в покое, ему нужен покой; danke, es ist nicht nötig спасибо, не нужно; er hat es nötig, daß man ihm hilft он нуждается в помощи; er hat die nötigen Unterlagen besorgt он достал нужные документы; wenn nötig, komme ich если нужно, я приду □ Ich hatte das Bedürfnis, mich zu rasieren, nicht weil ich's nötig hatte, sondern einfach so (*Frisch, »Homo faber«*) У меня была потребность побриться, не потому, что мне это было действительно нужно, а просто так. ...seine Anspielung, ich hätte Ferien sehr nötig, konnte ja nur ironisch gemeint sein (*ebenda*) ...его намек, что мне нужен отпуск, мог быть ведь только ироническим. **notwendig** необходимый; *напр.*: notwendige Anschaffungen, Unterlagen необходимые покупки, документы; etw. für notwendig halten считать что-л. необходимым; wir werden die notwendigen Schritte unternehmen мы предпримем необходимые шаги; es ist notwendig, sofort zu beginnen необходимо сейчас же начинать □ »Ich habe mir das tagelang überlegt. Aufhören dürfen wir nicht, weil unsere Arbeit einfach notwendig ist. Not-wendig, versteht ihr, not-wendig« (*Weisenborn, »Der Verfolger«*) «Я думал об этом целыми днями. Прекратить мы не имеем права, потому что наша работа просто необходима. Не-обходима, понимаете, не-обходима». **erforderlich** требуемый, требующийся; *напр.*: es werden die erforderlichen Maßnahmen getroffen принимаются необходимые меры; das erforderliche Alter für diesen Beruf ist 25 Jahre требуемый для этой профессии возраст — 25 лет; gute Kenntnisse in zwei modernen Fremdsprachen sind (für diese Arbeit) erforderlich (для этой работы) требуется хорошее знание двух современных иностранных языков; die für den Bau erforderlichen Mittel sind schon bereitgestellt требующиеся для строительства средства уже выделены. **unentbehrlich** совершенно необходимый, такой, без которого нельзя обойтись; *напр.*: er ist mir eine unentbehrliche Hilfe он мне так помогает, без него я не могу обойтись; für das Verständnis ist hier eine kurze Erläuterung unentbehrlich для понимания здесь нельзя обойтись без короткого разъяснения; du hast dich hier unentbehrlich gemacht ты сумел стать здесь незаменимым человеком; dieses Gerät ist mir unentbehrlich без этого прибора я не могу обойтись. **unerläßlich** совершенно необходимый, непременный *употр. по отношению к абстрактным понятиям; напр.*: eine unerläßliche Bedingung, Voraussetzung непременное условие, непременная предпосылка; ein abgeschlossenes Studium ist für diesen Posten unerläßlich законченное высшее образование совершенно необходимо для этой должности; ich betrachte es als unerläßlich, rechtzeitig Vorkehrungen zu treffen я считаю совершенно необходимым вовремя принять меры. **vonnöten** ≅ nötig *(тк. предикативно); напр.*: eine ärztliche Behandlung ist dringend vonnöten нужно срочное лечение; das ist nicht vonnöten это не нужно. **geboten** *высок.* ≅ nötig *(б. ч. предикативно и как предикативное определение); напр.*: höchste Eile scheint geboten крайняя поспешность представляется

NÖTIGEN   347   **NUR**   **N**

необходимой; Vorsicht ist hier geboten здесь нужна осторожность; wir hielten es für geboten, Sie sofort zu benachrichtigen мы сочли нужным тотчас же известить вас

nötigen *см.* zwingen
Notiz *см.* «Приложение»
Notlage *см.* Not¹
notleidend *см.* arm¹
notwendig¹ неизбежный (*в данных обстоятельствах*), необходимый

notwendig — unvermeidlich — unumgänglich — unausbleiblich — unabwendbar — unausweichlich — unausweichbar

notwendig *индифф. синоним; напр.:* das ist ein notwendiges Übel это неизбежное зло; das war eine notwendige Folge seiner ungesunden Lebensweise это было неизбежным следствием его нездорового образа жизни; der Verkauf des Hauses war notwendig продажа дома была неизбежна; es mußte notwendig dazu kommen, daß die Mauer einstürzte это должно было неизбежно привести к тому, что стена рухнет. **unvermeidlich** ≅ notwendig, *но еще больше подчеркивает, что чего-л. (нежелательного) нельзя избежать; напр.:* unvermeidliche Schwierigkeiten, Auseinandersetzungen неизбежные трудности, споры; ein unvermeidliches Zusammentreffen неизбежная встреча; ein Zusammenstoß war unvermeidlich столкновение было неизбежным; es ist leider unvermeidlich, daß du einen Arzt konsultieren mußt к сожалению, это неизбежно, ты должен обратиться за советом к врачу; dieser Weg führt unvermeidlich in eine Sackgasse этот путь неизбежно ведет в тупик. **unumgänglich** такой, что обойти невозможно, без чего нельзя обойтись; *напр.:* die Behandlung dieser Fragen ist unumgänglich обсуждения этих вопросов нельзя обойти; es ist unumgänglich этого нельзя избежать; die Anschaffung von Schuhen war unumgänglich необходимо было приобрести обувь, без этого нельзя было обойтись □ ...nur war sie, wie ich zugeben mußte, sehr verheult, ein make-up unumgänglich (*Frisch, »Homo faber«*) ...только она была, как я вынужден был признать, очень зареванная, и без косметики нельзя было обойтись. **unausbleiblich** неминуемый *подчеркивает, что что-л. неизбежно последует, наступит, произойдет; напр.:* dieser Vorfall wird unausbleibliche Folgen haben это происшествие будет иметь неизбежные последствия; Mißverständnisse waren dabei unausbleiblich недоразумения при этом были неизбежны [не могли не возникнуть]; die Katastrophe schien unausbleiblich катастрофа казалась неминуемой. **unabwendbar** неотвратимый; *напр.:* das Schicksal ist unabwendbar (злая) судьба неотвратима; die tragischen Folgen dieses verhängnisvollen Irrtums waren unabwendbar трагические последствия этой роковой ошибки были неотвратимы. **unausweichlich** ≅ unabwendbar, *но подчеркивает, что от чего-л. невозможно уклониться; напр.:* die Zuspitzung des Konflikts war unausweichlich обострение конфликта было неизбежным [неотвратимым]; der Zusammenstoß war unausweichlich столкновение было неотвратимо; das war ein unausweichliches Verhängnis это был неотвратимый рок. **unausweichbar** редко ≅ unausweichlich; *напр.:* die Katastrophe war unausweichbar катастрофа была неотвратима

notwendig² *см.* nötig
Notwendigkeit необходимость

die Notwendigkeit — das Bedürfnis — der Bedarf — die Not

Notwendigkeit *индифф. синоним; напр.:* eine unumgängliche, dringende, bittere, innere Notwendigkeit неизбежная, настоятельная, горькая, внутренняя необходимость; die Notwendigkeit erkennen признавать [понимать] необходимость; es besteht eine zwingende Notwendigkeit für diese Maßnahme существует крайняя необходимость для принятия этих мер; es besteht nicht die geringste Notwendigkeit, so zu handeln нет ни малейшей необходимости так поступать; die Notwendigkeit von Reformen wird von niemandem angezweifelt никто не сомневается в необходимости реформ. **Bedürfnis** потребность, надобность; *напр.:* ein großes, dringendes, lebendiges Bedürfnis большая, настоятельная, насущная потребность; einem Bedürfnis folgen следовать потребности; etw. aus innerem Bedürfnis heraus tun делать что-л., следуя внутренней потребности; er hat ein Bedürfnis nach Einsamkeit у него есть потребность в уединении; er fühlte das Bedürfnis, sich auszusprechen он чувствовал потребность выговориться; diese Edition entspricht einem allgemeinen Bedürfnis это издание отвечает потребностям всех читателей; dazu besteht kein wirkliches Bedürfnis в этом нет действительной надобности. **Bedarf** ≅ Bedürfnis, *но употр. по отношению к конкретным предметам и явлениям; напр.:* der tägliche, häusliche Bedarf каждодневные, домашние [хозяйственные] потребности [нужды]; der Bedarf an Baustoffen, an Elektroenergie, an Gemüse потребность в строительных материалах, в электроэнергии, в овощах; bei Bedarf по потребности, если нужно; nach Bedarf по потребности, сколько нужно; Material ist über Bedarf vorhanden материала больше, чем требуется; die Straßenbahn hält hier nur bei Bedarf трамвай останавливается здесь только по требованию; bei Bedarf werde ich mich an Sie wenden при необходимости я обращусь к вам. **Not** *уст.* ≅ Notwendigkeit *теперь тк. в устойчивых сочетаниях; напр.:* ohne Not без нужды; zur Not в случае нужды, в крайнем случае; wenn Not am Mann ist если есть нужда; ohne Not hätte er das nicht getan без нужды он бы этого не сделал; wenn Not am Mann ist, müssen alle einspringen когда нужно, каждый должен помочь; zur Not kannst du hier übernachten в крайнем случае можешь переночевать здесь

notzüchtigen *см.* vergewaltigen
Novität *см.* Neuheit
Novum *см.* Neuheit
nüchtern *см.* vernünftig
nudeln *см.* ernähren¹
Nummer *см.* Lieferung
nun *см.* jetzt
nunmehr *см.* jetzt
nur только

nur — bloß — lediglich — lauter — allein — ausschließlich

nur *индифф. синоним; напр.:* nur noch zwei Minuten еще только две минуты; es war nur ein Traum это была только мечта; ich habe nur einen Schlüssel у меня есть только один ключ; ich habe ihr nur gesagt, sie solle nichts erzählen я ей только сказал, чтобы она ничего не рассказывала; er braucht es nur zu sagen ему стоит только сказать; nur das nicht! только не это!; ich konnte nur staunen я мог только удивляться □ Ich bin nicht zynisch Ich bin nur, was die Frauen nicht vertragen, durchaus sachlich (*Frisch, »Homo faber«*) Я не циничен. Я только абсолютно объективен, чего женщины не выносят. **bloß** ≅ nur (*как наречие и прилагательное, в последнем случае атрибутивно*); *напр.:* er ist nicht dumm, sondern bloß faul он не глуп, а только ленив; er denkt bloß an sich он думает только о себе; du hast das bloß geträumt тебе это только приснилось; er ist nicht bloß ein Bekannter, er ist ein Freund von mir он не только знакомый, он мой друг; mit bloßen Worten kann ihm nicht geholfen werden только словами ему не поможешь □ Wie lange wohl dauerte es, Jahrzehnte oder bloß Jahre? (*Hesse, »Narziß«*) Сколько же это длилось, десятилетия или только годы? Ich folgte ihr in etliche Museen, bloß um in ihrer Nähe zu sein (*Frisch, »Homo faber«*) Я шел за ней в разные музеи, только чтобы быть вблизи нее. Ihre Idee: mit Autostop nach Rom! Auch wenn sie es schließlich nicht getan hätte, die bloße Idee machte mich eifersüchtig (*ebenda*) Ее идея: автостопом в Рим! Даже если бы она в конце концов и не сделала этого, одна только мысль об этом заставляла меня ревновать. **lediglich** всего лишь, только (*тк. как наречие*); *напр.:* er kümmert sich lediglich um seine Angelegenheiten он заботится только о своих делах; das ist lediglich ein Hinweis für dich это тебе только для ориентации; ich berichte lediglich Tatsachen я сообщаю только лишь факты □ ...und was mich nervös machte, war lediglich diese idiotische Information: Kurs nach Tampico, während die Maschine landeinwärts fliegt (Frisch, »Homo faber«) ...и единственное, что меня нервировало, была только эта идиотская информация: летим курсом на Тампико, тогда как машина летела в глубь страны. Es konnte sein, daß es lediglich eine fixe Idee von ihm war, er sich nur einredete, man spräche so über ihn (Heiduczek, »Abschied von den Engeln«) Возможно, это было только его идеей фикс, возможно, он только внушал себе, что о нем так говорят. **lauter** лишь только, один только ⟨тк. как наречие; употр. с сущ., может стоять между предлогом и сущ.⟩; напр.: sie verbreiteten lauter Lügen они распространяли одну только ложь; in unserem Abteil saßen lauter Soldaten в нашем купе сидели одни солдаты; er redete lauter dummes Zeug он говорил только одни глупости; sie war von lauter Verehrern umgeben она была окружена толпой одних только поклонников; sie hat das aus lauter Liebe getan она сделала это только лишь из любви □ ...und zugleich ist alles Leid wie zu lauter Glück und Lächeln geworden (Hesse, »Narziß«)...и в то же время все страдания будто стали лишь счастьем и улыбкой. Ich rauchte, Blick zum Fenster hinaus: unter uns der blaue Golf von Mexico, lauter kleine Wolken (Frisch, »Homo faber«) Я курил, глядя в окно: под нами синий Мексиканский залив, одни только маленькие облачка. **allein** один, только ⟨часто употр. в усилительном парном словосочетании einzig und allein, а тж. с nur, bloß ⟨тк. как наречие⟩⟩; напр.: er denkt einzig und allein an sich он думает только лишь о себе; er allein kann noch helfen один [только] он может еще помочь; nur du allein bist schuld только ты один виноват; allein der bloße Gedanke entsetzt uns одна только мысль ужасает нас; eine reiche Sammlung, allein fünf holländische Meister богатая коллекция, одних только голландских мастеров пять полотен. **ausschließlich** исключительно ⟨как наречие и прилагательное⟩; напр.: er interessiert sich ausschließlich für Sport он интересуется исключительно спортом; er beschäftigt sich ausschließlich mit seiner neuen Arbeit он занимается исключительно своей новой работой; der Wagen steht zu seiner ausschließlichen Verfügung машина находится исключительно в его распоряжении; das ist sein ausschließliches Recht это его исключительное право

nuscheln см. sprechen [1]
Nutte см. Prostituierte
nutzbringend см. nützlich
nutzen см. gebrauchen
nützen см. gebrauchen
Nutzen см. Vorteil [1]
nützlich полезный ⟨для дела и т. п.⟩
nützlich — gemeinnützig — behilflich — nutzbringend — fruchtbar — produktiv — förderlich — dienlich — ersprießlich — gedeihlich
nützlich индифф. синоним; напр.: ein nützliches Buch полезная книга; allerlei nützliche Dinge разные полезные вещи; nützliche Tiere und Pflanzen полезные животные и растения; er leistet nützliche gesellschaftliche Arbeit он выполняет полезную общественную работу; das ist mir in meiner Lage sehr nützlich это мне очень полезно в моем положении; das Handbuch erwies sich als nützlich für meine Arbeit (этот) справочник оказался полезным для моей работы; kann ich mit etwas nützlich sein? могу ли я быть вам чем-то полезен?; er versteht es, das Angenehme mit dem Nützlichen zu verbinden он умеет соединять приятное с полезным □ ...was unsereiner leistet, das ist nützlicher (Frisch, »Homo faber«) ...то, что делаем мы, гораздо полезнее. **gemeinnützig** общеполезный, общественно полезный; напр.: eine gemeinnützige Tätigkeit общественно полезная деятельность; das Geld wird für gemeinnützige Zwecke verwendet эти деньги используются для общеполезных целей. **behilflich** помогающий ⟨тк. предикативно⟩; напр.: j-m behilflich sein быть кому-л. полезным, оказывать кому-л. помощь; darf ich Ihnen behilflich sein? разрешите вам помочь?; er war mir beim Umzug behilflich он оказал мне помощь при переезде. **nutzbringend** приносящий пользу; напр.: diese Aussprache war nutzbringend эта дискуссия была полезной [принесла пользу]; du sollst nicht immer herumlungern, sondern deine freie Zeit ein bißchen nutzbringend verwenden ты должен не бездельничать все время, с пользой проводить свое свободное время. **fruchtbar** плодотворный; напр.: eine fruchtbare Idee, Aussprache плодотворная идея, дискуссия; dieser Gedanke ist sehr fruchtbar эта мысль очень плодотворна; fruchtbare Kritik förderte sein Werk плодотворная критика способствовала улучшению его произведения; sie machten ihre Erfahrungen für die Allgemeinheit fruchtbar они сделали свой опыт полезным для всех. **produktiv** продуктивный; результативный; напр.: produktive Arbeit продуктивный труд; produktiv tätig sein продуктивно работать [трудиться]; produktive Kritik ist stets willkommen конструктивная критика всегда желательна. **förder-**

lich книжн. ≈ nützlich, но подчеркивает, что что-л. способствует улучшению, совершенствованию кого-л., чего-л., и обладает меньшей сочетаемостью; напр.: eine förderliche Lektüre полезное чтение; eine förderliche Tätigkeit полезная деятельность; der mehrwöchige Aufenthalt auf dem Lande war für ihn [für seine Gesundheit] sehr förderlich несколько недель пребывания за городом были очень полезны для него [для его здоровья]. **dienlich** книжн. служащий (на пользу) чему-л., могущий быть полезным; напр.: dienliche Angaben, Auskünfte сведения, справки, служащие делу; eure Hinweise sind uns sehr dienlich ваши указания нам очень полезны [сослужат нам полезную службу]; mit meinem Vorschlag kann ich dir vielleicht dienlich sein своим предложением я смогу, может быть, быть тебе полезным; er trank mehr, als ihm dienlich war он перебрал. **ersprießlich** высок. полезный и успешный ⟨тем самым приносящий удовлетворение кому-л.⟩; напр.: eine ersprießliche Unterhaltung приятная и плодотворная беседа; für j-n ersprießlich sein быть для кого-л. приятным и плодотворным; das ist ja wenig ersprießlich! от этого не так уж много пользы и радости! **gedeihlich** высок. благотворный, способствующий процветанию, благоденствию; напр.: zwischen beiden Ländern besteht eine gedeihliche Zusammenarbeit между обеими странами существует благотворное сотрудничество; das Medikament übt eine gedeihliche Wirkung aus медикамент оказывает благотворное воздействие
nutzlos см. unnütz
Nutznießung см. Ausnutzung

O

Obdach см. Unterkunft
Obelisk см. Denkmal
obendrein см. außerdem
Ober см. Kellner
oberflächlich поверхностный
oberflächlich — flach — flüchtig — äußerlich — seicht
oberflächlich индифф. синоним; напр.: ein oberflächlicher Mensch поверхностный человек; ein oberflächliches Urteil поверхностное суждение; du neigst dazu, oberflächlich zu sein ты часто бываешь поверхностным; ich kenne ihn nur oberflächlich я знаю его лишь поверхностно; ich habe das Bild oberflächlich betrachtet я рассмотрел картину в общих чертах. **flach** неглубокий; напр.: ein flaches Buch неглубокая книга; es war alles ziemlich flach, was er sagte все, что он говорил, было довольно неглубоким; sie sprachen über alles, ohne

flach zu werden они говорили обо всем, но разговор их не превращался в поверхностную беседу. **flüchtig** ≅ oberflächlich, *но подчеркивает, что поверхностность является следствием спешки или невнимательности*; *напр.*: eine flüchtige Bekanntschaft поверхностное [беглое] знакомство; eine flüchtige Arbeit наспех сделанная работа; flüchtig arbeiten работать наспех; ich habe das Buch flüchtig gelesen я прочитал книгу бегло [наспех]; er ist zu flüchtig он слишком поверхностный, он делает все наспех; ich kenne ihn nur flüchtig я едва знаю его. **äußerlich** ≅ oberflächlich, *но тк. о человеке*; *напр.*: er ist ein sehr äußerlicher Typ он относится к типу очень поверхностных людей. **seicht** *разг. пренебр.* ≅ flach; *напр.*: ein seichtes Gespräch поверхностный [неглубокий] разговор; ein seichter Roman роман, лишенный глубины; ich kann mich an deinen Freund nicht gewöhnen, er ist mir zu seicht я никак не могу привыкнуть к твоему другу, он для меня слишком поверхностный человек; die Unterhaltung plätscherte seicht dahin беседа текла, не затрагивая глубоких тем

Oberhaupt *см.* Vorgesetzter
Oberkellner *см.* Kellner
obgleich хотя
obgleich — obwohl — obschon — obzwar — wenngleich — wennschon — wenn auch — zwar

obgleich *индифф. синоним*; *напр.*: wir erkannten sie nicht, obgleich sie schon einmal bei uns gewesen war мы ее не узнали, хотя она и была у нас как-то раз; obgleich die Zeit drängte, nahmen sie noch einen kurzen Imbiß ein хотя времени было в обрез, они все же слегка перекусили; obgleich überrascht, behielt er äußerlich die Ruhe несмотря на свое удивление, внешне он хранил спокойствие. **obwohl** ≅ obgleich; *напр.*: obwohl der Künstler schon zwei Zugaben gegeben hatte, hörte der Applaus noch nicht auf несмотря на то что артист уже два раза бисировал, аплодисменты не прекращались; obwohl in gleicher Art angelegt, machten die zwei Gärten einen ganz verschiedenen Eindruck два сада, хотя и разбитые одинаково, производили совершенно разное впечатление. **obschon** ≅ obgleich, *но употр. реже*; *напр.*: sie nannte ihre Schwester alt, obschon sie selbst an die Siebzig war она называла сестру старухой, хотя ей самой было около семидесяти; obschon erwachsen, waren sie in einem gewissen Sinne noch Kinder хотя и взрослые, в определенном смысле они были еще дети. **obzwar** *устаревает* ≅ obgleich; *напр.*: ich erzählte niemand von diesem Vorfall, obzwar die Versuchung groß war я никому не рассказывал об этом случае, хотя искушение было велико. **wenngleich** да-же если; *напр.*: er gab sich große Mühe, wenngleich ihm die Arbeit wenig Freude machte он очень старался, даже если работа и не приносила ему много радости. **wennschon** ≅ wenngleich, *но еще больше подчеркивает уступительность*; *напр.*: wennschon er sich dagegen sträubt, muß er noch heute abreisen даже если он и противится этому, он должен уехать еще сегодня; (na) wennschon! *разг.* ну и пусть! **wenn auch, wenn ... auch** хотя и, несмотря на то, что; *напр.*: er gehorchte, wenn es ihm auch schwerfiel он слушался, хотя ему это было и нелегко; wenn auch sein Einkommen nicht groß ist, kann er davon leben хотя его доходы и невелики, он все же может жить на них; wenn auch! *разг.* хоть бы и так! **zwar** правда, хотя *употр. в сочетании с* aber, doch; *напр.*: der Wagen ist zwar gut gepflegt, er hat aber doch einige verrostete Stellen хотя за машиной и хорошо ухаживают, все же в ней есть несколько заржавевших мест; zwar war er dabei, aber angeblich hat er nichts gesehen хотя он и присутствовал при этом, но он якобы ничего не видел; er kam zwar, doch war es schon zu spät правда, он пришел, но было уже слишком поздно

objektiv объективный
objektiv — unparteiisch — unparteilich — unbefangen — unvoreingenommen — sachlich

objektiv *индифф. синоним*; *напр.*: eine objektive Beurteilung объективная оценка; objektiv urteilen судить объективно; etw. objektiv abwägen взвесить что-л. объективно; sein Urteil war nicht objektiv его суждение не было объективным; man muß die Dinge nüchtern und objektiv sehen нужно смотреть на вещи трезво и объективно; vom objektiven Standpunkt aus hatte er recht объективно [с объективной точки зрения] он был прав. **unparteiisch, unparteilich** беспристрастный; *напр.*: ein unparteiisches Urteil беспристрастное суждение; unparteiisch [unparteilich] richten судить беспристрастно; die Punkte wurden ganz unparteiisch verteilt очки были выставлены абсолютно беспристрастно; sie versuchte, bei diesem Streit unparteiisch zu bleiben она старалась оставаться в этом споре беспристрастной. **unbefangen** непредвзятый; *напр.*: eine unbefangene Meinung непредвзятое мнение; an eine Sache unbefangen herangehen подходить к делу непредвзято; sie war dabei nicht unbefangen она отнеслась к этому предвзято. **unvoreingenommen** непредубежденный, без предубеждения; *напр.*: etw. unvoreingenommen beobachten, beurteilen наблюдать что-л., судить о чем-л. без предубеждения; er ist nicht mehr unvoreingenommen он уже теперь не свободен от предубеждений; der Fall wurde unvoreingenommen geprüft этот случай был проверен без предвзятости □ Und da wollte ich, weil du doch so erfahren und unvoreingenommen bist... ich wollte gern wissen, was du dazu sagst (*Weiskopf*, »*Abschied vom Frieden*«) Вот мне и хотелось... раз ты такой опытный и у тебя нет предрассудков... вот мне и хотелось бы знать твое мнение. **sachlich** деловой; *напр.*: eine sachliche Bemerkung деловое замечание; eine sachliche Kritik деловая критика; sachlich sein, bleiben быть, оставаться деловым; sein Urteil war sachlich его суждение было деловым; er versuchte, bei dem Gespräch sachlich zu bleiben он старался оставаться деловым в этом разговоре; er sagte das in sachlichem Ton он сказал это деловым [бесстрастным] тоном

obliegen *см.* müssen
obliegend *см.* obligatorisch
Obliegenheit *см.* Aufgabe¹
obligat *см.* obligatorisch
Obligation *см.* Schuld
obligatorisch обязательный
obligatorisch — obligat — verpflichtend — bindend — verbindlich — obliegend

obligatorisch *индифф. синоним*; *напр.*: der obligatorische Schulbesuch обязательное посещение школы; diese Vorlesung ist obligatorisch эта лекция является обязательной; das Gesetz ist für alle obligatorisch закон обязателен для всех. **obligat** обязательный по традиции, по обычаю; *напр.*: sie schenkte ihm den obligaten Schlips zum Geburtstag *шутл.* она подарила ему в день рождения неизбежный галстук; das ist obligat это обязательно, такова традиция. **verpflichtend** обязывающий к чему-л.; *напр.*: eine verpflichtende Zusage, Antwort обязывающее согласие, обязывающий ответ; er sagte ihr ein paar zu nichts verpflichtende Worte он сказал ей несколько ни к чему не обязывающих слов. **bindend** связывающий обязательством; *напр.*: eine bindende Zusage, Versprechung обязывающее согласие, обещание; ein bindender Auftrag обязывающее поручение; поручение, связывающее кого-л. обязательством выполнить его; eine bindende Entscheidung treffen принять обязывающее [возлагающее обязанности] решение; das ist ein wechselseitig bindendes Abkommen это соглашение, обязательное для обеих сторон. **verbindlich** ≅ bindend; *напр.*: eine verbindliche Zusage обязывающее согласие; das ist für mich nicht verbindlich это для меня не обязательно; das Abkommen wurde für beide Seiten verbindlich erklärt соглашение было объявлено обязательным для обеих сторон. **obliegend** *книжн.* входящий в чьи-л. обязанности, обязательный для кого-л.;

OBRIGKEIT

напр.: er hat die ihm obliegende Arbeit gemacht он сделал работу, входящую в его обязанности; der ihr obliegende Besuch war ihr lästig обязательный визит [визит по обязанности] был ей тягостен

Obrigkeit *см.* Behörden
obschon *см.* obgleich
obsiegen *см.* siegen
obstinat *см.* eigensinnig
obszön *см.* unanständig ²
obwohl *см.* obgleich
obzwar *см.* obgleich
ochsen *см.* lernen
öde *см.* leer ³
Öde *см.* Wüste
Odem *см.* Atem ¹
Ödnis *см.* Wüste
offen ¹ открытый

offen — auf

offen *индифф. синоним (как прилагательное и наречие)*; *напр.*: ein offenes Buch, Fenster открытая книга, открытое окно; ein offener Brief *перен.* открытое письмо; der Schrank steht offen шкаф открыт; sie lag lange mit offenen Augen она долго лежала с открытыми глазами; die Bäckerei ist bis acht Uhr offen булочная открыта до восьми часов; die Frage ist noch offen вопрос еще открыт. **auf** *разг.* ≃ offen (*как наречие и полупрефикс глаголов типа* aufsein, aufhaben *и т. п.*) *в сочетании с глаголом* haben *означает 'быть открытым для публики, для покупателей'*; *напр.*: das Fenster, die Tür ist auf окно открыто, дверь открыта; das Tor steht weit auf ворота стоят широко открытыми; wann haben Sie auf? когда у вас открыто?; die Geschäfte haben heute nur bis 16 Uhr auf магазины открыты [работают] сегодня только до шестнадцати часов

offen ² открытый, свободный

offen — frei

offen *индифф. синоним*; *напр.*: ein offener Ausblick открытый вид; das Auto hielt auf offener Straße машина остановилась прямо на улице [на открытом месте]; die Teilnahme an den Wettkämpfen ist für alle offen участие в соревнованиях открыто для всех. **frei** ≃ offen, *но подчеркивает, что что-л. ничем не заслонено, доступно кому-л., чему-л.*; *напр.*: der Zug hielt im freien Feld поезд остановился в открытом поле; wir übernachteten unter freiem Himmel мы ночевали под открытым небом; das Haus steht ganz frei дом открыт со всех сторон; der Eintritt ist frei вход свободный [бесплатный]

offen ³ *см.* aufrichtig/empfänglich

offenbar очевидный, явный

offenbar — offensichtlich — sichtlich — sichtbar — ersichtlich — greifbar — unverkennbar — unleugbar — ausgesprochen — augenscheinlich — evident

offenbar *индифф. синоним*; *напр.*: ein offenbarer Irrtum очевидная ошибка; eine offenbare Ungerechtigkeit явная несправедливость; ein offenbarer Verrat прямое предательство; es wurde offenbar, daß er gelogen hatte стало очевидным, что он солгал; er ist offenbar noch nicht hiergewesen он явно еще не был здесь □ ...wie bezaubert hielt sie still... als werde ihre Schönheit in diesem Augenblick zum erstenmal, auch ihr selbst, entdeckt und offenbar (*Hesse*, »*Narziß*«) ...она замерла как очарованная... как будто бы в это мгновение впервые в жизни ей самой открылась и стала очевидной ее красота. **offenkundig** ≃ offenbar, *но подчеркивает, что очевидность чего-л. понятна, известна всем*; *напр.*: ein offenkundiger Irrtum явная ошибка; ein offenkundiges Mißverständnis явное недоразумение; es ist offenkundig, daß er einen Betrug begangen hat совершенно очевидно, что он пошел на обман. **offensichtlich** ≃ offenbar, *но подчеркивает, что очевидность чего-л. заметна всем*; *напр.*: ein offensichtlicher Irrtum явная [очевидная для всех] ошибка; eine offensichtliche Herausforderung явный [нескрываемый] вызов; er hat es offensichtlich vergessen он это явно забыл □ Unsere Maschine vermied offensichtlich jede Kurve, um nicht abzusacken (*Frisch*, »*Homo faber*«) Наш самолет, по всему было видно, избегал виражей, чтобы не свалиться вниз. **sichtlich** явный, видимый; *напр.*: sichtliche Verlegenheit, Erleichterung, Freude видимое [заметное] смущение, облегчение, явная радость; er stieg die Treppe mit sichtlicher Mühe hinauf он поднимался по лестнице с явным трудом; er war sichtlich entrüstet было видно, что он возмущен. **sichtbar** (ясно) видимый, зримый; *напр.*: ein sichtbarer Fehler (ясно) видимая ошибка; diese Übungen haben keinen sichtbaren Zweck эти упражнения не имеют какой-либо ясно видимой цели; sie wurde sichtbar traurig она явно опечалилась; das ist für alle sichtbar это видно [заметно] всем. **ersichtlich** ≃ sichtlich, sichtbar, *но более характерно для книжно-письменной речи*; *напр.*: ohne ersichtlichen Grund gab er sein Studium auf без какой-либо видимой причины он оставил учебу; er ist in den letzten Jahren ersichtlich gealtert за последние годы он заметно постарел; er war ersichtlich in bester Laune он явно был в прекрасном настроении; aus dem Brief ist ersichtlich, daß sie Schwierigkeiten hat из письма явствует, что ей трудно. **greifbar** ощутимый; *напр.*: greifbare Ergebnisse ощутимые результаты; ein greifbarer Erfolg ощутимый успех; das hat greifbare Vorteile это имеет ощутимые преимущества. **unverkennbar** несомненный (*который не может быть не узнан, не признан и т. п.*); *напр.*: eine unverkennbare Tatsache несомненный факт; das ist unverkennbar der Stil dieses Malers несомненно, это стиль этого художника, es ist unverkennbar, daß zwischen uns ein Mißverständnis besteht совершенно очевидно, что между нами существует недоразумение. **unleugbar** бесспорный (*который невозможно отрицать*); *напр.*: unleugbare Fortschritte, Tatsachen, Vorteile, Nachteile бесспорные успехи, факты, преимущества, недостатки; es ist unleugbar eine Schwäche von ihm, daß er resignierte нельзя отрицать, что это слабость с его стороны, что он опустил руки. **ausgesprochen** *эмоц.* ярко выраженный, явный; *напр.*: ein ausgesprochener Willkürakt явный акт произвола; er hat eine ausgesprochene Abneigung gegen Kartenspiele у него ярко выраженная неприязнь к карточным играм. **augenscheinlich** *высок.* ≃ offenbar; *напр.*: augenscheinlich hat es ihm gefallen очевидно, что это ему понравилось; das ist augenscheinlich in Vergessenheit geraten очевидно, что это предано забвению; er hat einen augenscheinlichen Mangel an Selbstvertrauen у него явно недостаточно веры в себя [в свои силы]. **evident** [-v-] *книжн.* ≃ offensichtlich; *напр.*: ein evidenter Fehler явная [очевидная] ошибка; ihre unterschiedlichen Anschauungen wurden in der Diskussion evident различие их точек зрения стало во время дискуссии очевидным для всех

offenbaren, sich *см.* anvertrauen, sich

offenherzig *см.* aufrichtig
offenkundig *см.* offenbar
offensichtlich *см.* offenbar
offensiv *см.* aggressiv ¹
öffentlich открытый, публичный

öffentlich — publik

öffentlich *индифф. синоним*; *напр.*: eine öffentliche Sitzung открытое заседание; ein öffentlicher Tadel публичное порицание; öffentlich auftreten, verkünden выступить, объявить [провозгласить] публично; er will nicht öffentlich aussagen он не хочет давать публичные показания; das ist doch ein öffentliches Geheimnis это ведь ни для кого не тайна □ Ich konnte nicht besonders gut tanzen, jedenfalls nicht öffentlich (*Plenzdorf*, »*Die neuen Leiden*«) Я не умел особенно хорошо танцевать, во всяком случае, не на людях. **publik** публичный, гласный *употр. тк. в сочетаниях с глаголами* machen, werden, sein; *напр.*: etw. publik machen опубликовать [огласить, сделать достоянием гласности] что-л.; publik werden стать гласным [достоянием гласности]; die Sache ist inzwischen publik geworden дело, между тем, получило огласку; es war längst publik, daß wir uns verlobt hatten уже давно было достоянием гласности, что мы помолвлены

OFFERIEREN — 351 — **OFT**

offerieren см. anbieten
Offerte см. Vorschlag
offiziell см. amtlich

öffnen открывать

öffnen — aufschließen — aufschlagen — aufstoßen — aufreißen — aufbrechen — aufsprengen — erschließen — aufmachen — aufsperren — auftun

öffnen индифф. синоним; напр.: die Tür, das Fenster öffnen открывать дверь, окно; eine Schachtel, eine Kiste öffnen открывать коробку, ящик; ein Schloß, einen Verschluß öffnen открывать замок, запор; einen Brief öffnen вскрывать письмо; die Augen öffnen открыть глаза; j-m die Augen öffnen перен. открыть глаза кому-л.; das Warenhaus wird um 8 Uhr geöffnet универмаг открывается в 8 часов; er konnte den Koffer nicht öffnen он не мог открыть чемодан □ Ich ging sofort zur Pension »Elvira«. Dort öffnete mir eine breitschultrige Wirtin (Weisenborn, »Der Verfolger«) Я тут же пошел в пансион «Эльвира». Там мне открыла широкоплечая хозяйка. **aufschließen** отпирать, открывать ключом; напр.: die Tür, das Zimmer, den Schrank aufschließen открывать [отпирать] дверь, комнату, шкаф. **aufschlagen** а) раскрывать, открывать (книгу, газету, страницу, а тж. глаза); напр.: eine Zeitschrift aufschlagen раскрыть журнал; er schlug eine Stelle, eine Seite im Buch auf und las sie vor он открыл (нужное) место, определенную страницу в книге и стал читать вслух; er schlug die Augen auf он открыл глаза (проснувшись и т. п.) □ Und nun schlug der Kranke nochmals die Augen auf und blickte lang in seines Freundes Gesicht (Hesse, »Narziß«) И вот больной еще раз открыл глаза и посмотрел долгим взглядом в лицо друга; b) вскрыть ударом (открывая доступ к содержимому); напр.: eine Nuß aufschlagen расколоть орех; er schlug zwei Eier auf она разбила два яйца (для яичницы и т. п.). **aufstoßen** открыть толчком; напр.: das Fenster aufstoßen (толчком) открыть [растворить] окно; er hat die Tür mit einem Fußtritt aufgestoßen он открыл дверь ногой [пинком ноги]. **aufreißen** а) распахнуть, резко, рывком широко открыть; напр.: die Tür aufreißen распахнуть дверь; eine Schublade aufreißen рывком открыть ящик (стола и т. п.); die Augen aufreißen внезапно широко открыть глаза; ein Windstoß riß das Fenster auf порыв ветра распахнул окно; vor Erstaunen riß er den Mund auf он разинул рот от удивления; b) открыть, вскрыть, разорвав оболочку; напр.: einen Brief, eine Packung Zigaretten aufreißen открыть [вскрыть] письмо, пачку сигарет. **aufbrechen** вскрыть (сломав при этом замок, печать и т. п.); взломать; напр.: eine Tür, ein Schloß, eine Kiste aufbrechen взломать дверь, замок, ящик; einen Brief aufbrechen высок. вскрыть письмо; der Geldschrank ist aufgebrochen worden сейф был взломан. **aufsprengen** взломать; напр.: ein Schloß, eine Tür aufsprengen взломать замок, дверь; das Zimmer war mit einem Brecheisen aufgesprengt worden дверь комнаты была взломана при помощи ломика. **erschließen** высок. ≅ öffnen; напр.: die Rosen erschlossen ihre Knospen розы раскрыли свои бутоны. **aufmachen** разг. ≅ öffnen; напр.: die Tür, das Tor, das Fenster aufmachen открывать дверь, ворота, окно; einen Brief, ein Paket aufmachen открывать письмо, посылку; die Augen, den Mund aufmachen открывать глаза, рот; er klopfte, aber niemand machte ihm auf он стучал, но ему никто не открыл; die Geschäfte machen morgens um 8 Uhr auf магазины открываются утром в 8 часов. **aufsperren** разг. широко открыть, распахнуть; напр.: die Tür aufsperren распахнуть дверь; Mund und Augen aufsperren широко раскрыть рот и вытаращить глаза; sperr das Fenster nicht so weit auf, es zieht! не раскрывай так широко окно, сквозняк! **auftun** ≅ aufmachen, но употр. тк. в сочетании с Augen, Mund, а диал. тж. с Tür, Fenster и т. п.; напр.: tu deinen Mund auf, wenn du etwas willst! открой же рот, если тебе чего-то хочется!; er lügt, wenn er den Mund auftut он врет (всякий раз), когда открывает рот; tu die Augen auf! перен. открой же глаза!

öffnen, sich открываться

sich öffnen — aufspringen — auffliegen — sich auftun — aufgehen

sich öffnen индифф. синоним; напр.: die Tür, das Fenster öffnet sich дверь, окно открывается; die Blüte öffnet sich цветок раскрывается; nachdem sich das schwere Tor geöffnet hatte, konnten wir eintreten после того как тяжелые ворота открылись, мы смогли войти внутрь. **aufspringen** открываться внезапно, неожиданно; напр.: das Tor ist von selbst aufgesprungen ворота вдруг сами открылись; die Türen und Fenster sprangen bei dem Windstoß auf двери и окна (внезапно) открылись от порыва ветра; das Schloß des Koffers sprang auf замок чемодана вдруг открылся □ Die Augen in den tiefen Höhlen sprangen auf — hier im dunklen Wagen, wo aufdringliche Blicke ihn nicht belauerten, konnte er getrost die Augen öffnen (Kellermann, »Der 9. November«) Глаза в глубоких глазницах вдруг раскрылись — здесь, в темной машине, где его не подстерегали навязчивые взгляды, он мог спокойно открыть глаза. **auffliegen** мгновенно открыться, распахнуться; напр.: das Fenster flog auf окно быстро открылось; der Deckel flog auf крышка отскочила; der Vorhang flog auf занавес быстро открылся. **sich auftun** б. ч. высок. ≅ sich öffnen; напр.: die Tür tat sich einen Spalt auf дверь чуть-чуть приоткрылась; seine Augen taten sich auf его глаза открылись □ Und wie er winkt mit dem Finger, | Auf tut sich der weite Zwinger (Schiller, »Der Handschuh«) И как только он подаст знак, открывается большая клетка. **aufgehen** разг. ≅ sich öffnen; напр.: das Fenster geht (nicht) auf окно (не) открывается; die Tür ist durch einen Windstoß aufgegangen дверь открылась от порыва ветра; das Weckglas ist wieder aufgegangen с банки с домашними консервами снова соскочила крышка

Öffnung отверстие

die Öffnung — das Loch — der Spalt — die Lücke — die Luke — die Scharte

Öffnung индифф. синоним; напр.: eine große, kleine, runde, längliche Öffnung большое, маленькое, круглое, продолговатое отверстие; durch eine Öffnung im Dach strömte Wasser через отверстие в крыше текла вода; durch eine Öffnung im Zaun verließ er den Garten он ушел из сада через отверстие [лаз] в заборе. **Loch** дыра; напр.: ein großes, kleines, rundes Loch большая, маленькая, круглая дыра; er bohrte ein Loch in [durch] das Brett он просверлил дырку в доске; ich habe mir ein Loch ins Kleid gerissen я разорвала платье; ich habe ein Loch im Zahn у меня дырка [дупло] в зубе. **Spalt** щель; напр.: ein schmaler, winziger Spalt узкая, маленькая щель; es bildete sich zuerst ein kleiner Spalt in der Wand вначале в стене образовалась щелка; sie öffnete die Tür nur einen Spalt weit auf она приоткрыла дверь чуть-чуть [только на узкую щелку]. **Lücke** промежуток, щель (на месте, где что-то выпало, чего-то не хватает и т. п.), перен. брешь, пробел; напр.: eine Lücke zwischen den Häusern пустующее пространство между домами; eine Lücke ausfüllen [schließen] заполнить пробел; eine Lücke reißen пробить брешь; die Lücke im Zaun ist jetzt ausgebessert щель в заборе теперь заделана; sein Gebiß weist viele Lücken auf у него не хватает многих зубов; sein Wissen hat große Lücken в его знаниях много пробелов. **Luke** люк; напр.: die Luken aufdecken, schließen открыть, закрыть люки; die Luke führte ins Innere des Schiffes люк вел во внутренние помещения корабля. **Scharte** бойница, амбразура; напр.: die Burgmauer hatte viele Scharten в крепостной стене было много бойниц

oft часто

oft — mehrmals — häufig — oftmals — öfter(s) — des öfteren

oft индифф. синоним; напр.: ich sehe ihn oft я его часто вижу; ich war schon oft dort я уже часто

ÖFTER(S) ORDNEN

бывал там; ich habe es ihr oft genug gesagt я говорил ей это достаточно часто; ich habe zu oft Enttäuschungen erleben müssen мне слишком часто приходилось переживать разочарования; je öfter ich das Stück sehe, desto besser gefällt es mir чем чаще я вижу эту пьесу, тем больше она мне нравится. **mehrmals** несколько раз, неоднократно; *напр.*: er hat mich mehrmals besucht он неоднократно бывал у меня; er wiederholte den Satz mehrmals он несколько раз повторил это предложение. **häufig** ≅ oft, *но более эмоционально (употр. тж. как прилагательное)*; *напр.*: häufige Krankheiten часто встречающиеся болезни; j-n häufig besuchen, sehen бывать у кого-л., видеть кого-л. часто; er kam häufig zu spät он часто [то и дело] опаздывал; das ist häufig der Fall это часто бывает. **oftmals** часто, не раз *по сравнению с предыдущими членами ряда употр. реже и б. ч. по отношению к прошлому*; *напр.*: der Inspektor hatte sich oftmals über ihn beschwert инспектор не раз жаловался на него; man weiß oftmals gar nicht, woran man mit dir ist! часто совсем не знаешь, чего от тебя можно ожидать! **öfter(s)** *разг.* частенько; *напр.*: wir haben uns öfter gesehen мы частенько виделись; die alten Leutchen gingen öfters ins Kino старички частенько ходили в кино □ Mein Vater war Schmied, und Hans, mein jetziger Mann, der Pferdeknecht bei einem Großbauern war, kam öfters zu meinem Vater (*Kafka*, »*Das Schloß*«) Мой отец был кузнецом, и Ганс, мой теперешний муж, а тогда конюх у одного богатого крестьянина, частенько заходил к моему отцу. **des öfteren** часто *разг.* (уже) не раз *выражение официально-делового стиля, используемое как эмоционально окрашенное модное словечко*; *напр.*: ich habe sie des öfteren wissen lassen, daß wir bald kommen я не раз извещал их, что мы скоро приедем; unsere Laienspielgruppe tritt des öfteren in anderen Orten auf наша любительская труппа часто выступает в других городах; sie behauptet, sie habe es ihm des öfteren gesagt она утверждает, что говорила ему это не раз

öfter(s) *см.* oft
oftmals *см.* oft
Oheim *см.* Onkel
ohnedies *см.* sowieso
ohnehin *см.* sowieso
ohnmächtig *см.* schwach [3]
ohrenbetäubend *см.* laut I
Ohrfeige *см.* «Приложение»
ökonomisch *см.* sparsam/wirtschaftlich [1]
Okzident *см.* Westen
ölen *см.* schmieren [1]
oll *см.* alt [1]
Olle *см.* Frau [2]
Omen *см.* Vorzeichen
Onkel *см.* «Приложение»

Opfer жертва
das **Opfer** — die **Aufopferung**
Opfer *индифф. синоним*; *напр.*: ein großes Opfer большая жертва; ein Opfer aus Liebe, aus Dankbarkeit жертва ради любви, из благодарности; er hat für seine Kinder keine Opfer gescheut ради детей он не останавливался ни перед какими жертвами; sein Opfer war vergeblich его жертва была напрасной. **Aufopferung** самопожертвование, самоотверженность; *напр.*: die Aufopferung für eine Idee самоотверженность ради идеи; sie ist jeder Aufopferung fähig она способна на любое самопожертвование [на любые жертвы]; er führte ein Leben voller Aufopferung он вел жизнь, полную самоотречения

opferbereit *см.* selbstlos
opferfreudig *см.* selbstlos
opfern жертвовать
opfern — **aufopfern** — **hinopfern** — **hingeben** — **spenden**
opfern *индифф. синоним*; *напр.*: Zeit opfern жертвовать (своим) временем; er hat all sein Geld für die gute Sache geopfert он пожертвовал все свои деньги на доброе дело; er opferte mich für seine Ziele он пожертвовал мною ради своих целей. **aufopfern** ≅ opfern, *но имеет усилительное значение*; *напр.*: seine besten Jahre für j-n, für etw. aufopfern пожертвовать все свои лучшие годы кому-л., чему-л.; er hat sein Hab und Gut für diese Sache aufgeopfert он пожертвовал всем, что имел, во имя этого дела; sie hat sich für ihn aufgeopfert она пожертвовала собой ради него. **hinopfern** *редко* ≅ aufopfern, *но подчеркивает, что жертвуют бескорыстно, не думая о пользе*; *напр.*: er war bereit, alles hinzuopfern он был готов (бескорыстно) пожертвовать всем. **hingeben** отдавать, приносить в жертву; *напр.*: sein ganzes Vermögen, das Letzte hingeben отдать все свое состояние, последнее; sie haben für ihre Idee alles hingegeben они все отдали ради своей идеи. **spenden** жертвовать деньги, одежду *и т. п.*; *напр.*: Geld für ein Denkmal spenden пожертвовать деньги на памятник; für den Solidaritätsfonds spenden (*ГДР*) делать добровольные взносы в (профсоюзный) фонд солидарности; viele Menschen spendeten Geld und Kleider für die heimgesuchte Bevölkerung dieser Gegend многие жертвовали деньги и одежду для населения этой местности, пострадавшего от стихийного бедствия

opferwillig *см.* selbstlos
Opposition *см.* Widerstand
optimieren *см.* vervollkommnen
opulent *см.* reichlich [1]
Opus *см.* Arbeit [1]
orakeln *см.* voraussagen
ordentlich *см.* sehr/sorgfältig
Order *см.* Befehl/Bestellung
ordinär *см.* gewöhnlich [2]

ordnen [1] расположить по порядку, привести в (определенный) порядок
ordnen — in **Ordnung** bringen — sortieren — gruppieren — klassifizieren — reihen
ordnen *индифф. синоним*; *напр.*: die Bücher in den Schrank ordnen (по)ставить книги в шкаф (на место, в определенном порядке); die Bücher im Schrank ordnen расставлять книги в шкафу (в определенном порядке); sie ordnete sorgfältig seine Papiere она заботливо разобрала [привела в порядок, уложила] его бумаги; der gesammelte Stoff muß chronologisch geordnet werden собранный материал нужно расположить в хронологическом порядке [хронологически упорядочить]; das Mädchen ordnete sich das Haar девушка поправила прическу; er ordnete seine Kleidung он оправил свою одежду; sie ordnet die Blumen zu einem Strauß она собирает цветы в букет, она составляет букет. **in Ordnung bringen** приводить в порядок что-л., наводить порядок в чем-л.; *напр.*: er hat seine Akten auf dem Schreibtisch in Ordnung gebracht он навел порядок в своих (деловых) бумагах на письменном столе; sie brachte das Kleid in Ordnung она привела платье в порядок [оправила платье] [*тж.* вычистила, выстирала платье *и т. п.*); der Vater brachte das Spielzeug in Ordnung отец привел игрушку в порядок, отец починил игрушку. **sortieren** сортировать; *напр.*: das Obst ist nach der Qualität sortiert worden фрукты были рассортированы по качеству; Fische werden nach Art und Größe sortiert выловленную рыбу сортируют по видам и по величине; sie sortierte die Zeitungen nach dem Datum она разложила [рассортировала] газеты по датам; die Frau sortierte die Wäsche in den Schrank женщина разобрала и уложила белье в шкаф. **gruppieren** группировать; *напр.*: der Verfasser gruppiert sein Material nach bestimmten Gesichtspunkten автор группирует материал по определенным направлениям; der Fotograf gruppierte die Kinder für die Aufnahme immer wieder neu фотограф все по-новому группировал детей для снимка. **klassifizieren** классифицировать; *напр.*: Sätze, Wörter klassifizieren классифицировать предложения, слова; die Pflanzen werden nach ihren Staubgefäßen klassifiziert растения классифицируют по тычинкам; der Snob klassifizierte seine Gäste nach ihrer Herkunft сноб классифицировал своих гостей по их происхождению [по знатности]. **reihen** ставить, устанавливать в ряд; *напр.*: er reihte neue Bücher zu den alten он поставил новые книги в один ряд со старыми; man hat die Stühle um den Tisch gereiht стулья поставили в ряд вокруг стола; um den Platz

sind Kaufhäuser, Cafés, Lichtspielhäuser gereiht вокруг площади расположены в ряд магазины, кафе, кино; er reiht Wort an Wort он нанизывает слово на слово; sie reiht Perlen auf eine Schnur она нанизывает бусы на нитку

ordnen ² см. regeln
Ordnung: in Ordnung см. einverstanden; in Ordnung bringen см. ordnen ¹
Ordonnanz см. Bote
organisieren организовывать
organisieren — veranstalten — abhalten — ausrichten — arrangieren
organisieren индифф. синоним; напр.: eine Veranstaltung, eine Gesellschaftsreise, ein Fest organisieren организовывать мероприятие, увеселительную поездку, праздник; die Gewerkschaften organisierten einen Protestmarsch gegen den Krieg профсоюзы организовали марш протеста против войны; wer organisiert die Ausstellung? кто организует выставку? veranstalten устраивать, проводить (часто отдельное, разовое мероприятие); напр.: eine Ausstellung, eine Versammlung, ein Fest veranstalten устраивать выставку, собрание, праздник; die Volkszählungen werden nur in größeren Abständen veranstaltet перепись населения проводится через большие промежутки времени. abhalten проводить (регулярно); напр.: eine Sitzung, eine Konferenz, eine Übung abhalten проводить заседание, конференцию, тренировку; in der Stadt wird ein Jahrmarkt abgehalten в городе проводится ярмарка; bald werden neue Wahlen abgehalten скоро будут проведены новые выборы. ausrichten ≅ organisieren, но подчеркивает, что кто-л. организует что-л. своими силами, средствами; напр.: eine Hochzeit, einen Ball, ein Festmahl ausrichten устроить свадьбу, бал, банкет; der Schweizer Verband wurde beauftragt, die Europameisterschaften der Turner auszurichten Швейцарскому спортивному союзу было поручено провести соревнование гимнастов на первенство Европы. arrangieren [arɑ̃'ʒi:-] ≅ organisieren, но выражает, что кто-л. устраивает что-л. по установленному порядку; напр.: ein Fest, einen Tanzabend arrangieren устроить праздник, вечер танцев; er hat die Reise kurzfristig arrangiert он устроил поездку в кратчайший срок; für den Abend ist ein besonderes Essen arrangiert вечером будет устроен специальный ужин

Orient см. Osten
orientieren, sich см. zurechtfinden, sich
Original ¹ оригинал, подлинник
das Original — der Urtext — die Urschrift — das Urbild
Original индифф. синоним; напр.: das Original des Briefes behalte ich hier und schicke dir nur die Abschrift оригинал письма я оставляю у себя и посылаю тебе только копию; das Original des Bildes hängt im Louvre подлинник картины висит в Лувре; ich habe das Original des Gedichtes in der Lenin-Bibliothek gesehen я видел подлинник стихотворения в библиотеке имени Ленина. Urtext, Urschrift = Original, но тк. о литературных произведениях; напр.: im Urtext lautet das Lied anders в подлиннике текст песни звучит иначе; die Urschrift des Buches ist nicht gefunden worden оригинал книги не найден. Urbild ≅ Original, но тк. о картине; напр.: die Farben auf dem Urbild des »Abendmahls« von Leonardo da Vinci sind fast verschwunden краски на подлиннике «Тайной вечери» Леонардо да Винчи почти исчезли

Original ² см. Sonderling
Orkan см. Wind
Ornat см. Kleidung
Ort см. Stelle ¹
Örtchen см. Toilette
orthodox см. «Приложение»
örtlich см. «Приложение»
Ortschaft см. Siedlung
Osten Восток, восточные страны
der Osten — der Orient — das Morgenland
Osten индифф. синоним; напр.: der Ferne Osten Дальний Восток; der Mittlere Osten Средний Восток; der Nahe Osten Ближний Восток; diese Sitte stammt aus dem Osten этот обычай пришел с Востока. Orient Ближний и Средний Восток; напр.: der Vordere Orient Передняя Азия; der Zauber des Orients волшебство Востока; er hat den Orient gründlich studiert он основательно изучил Ближний и Средний Восток. Morgenland уст. и поэт. ≅ Orient; напр.: ich gebe dieses einzige Buch für alle Schätze des Morgenlands nicht hin я не отдам эту одну книгу за все сокровища Востока
oval см. rund ¹
Ovation см. Beifall ¹

P

paar: ein paar Brocken können см. sprechen ³
pachten см. mieten
Pack I см. Packen
Pack II см. Gesindel/Pöbel
Päckchen см. Packen/Sendung ²
packen ¹ упаковывать
packen — einpacken — verpacken — wickeln — einwickeln
packen индифф. синоним; без дополнения подразумевает, что объектом действия являются вещи уезжающего, и означает 'укладываться'; напр.: den Koffer packen укладывать чемодан; Bücher in Papier packen упаковывать книги в бумагу; seine Kleidung, seine Sachen in den Reisekoffer packen укладывать свою одежду, свои вещи в чемодан; er packte die Mappe voll(er) Bücher он набил полный портфель книг; ich muß noch packen мне нужно еще уложиться □ Es war Sonntag, als wir packten (Frisch, »Homo faber«) Было воскресенье, когда мы укладывали свои вещи. einpacken ≅ packen, но б. ч. употр. с указанием объекта; напр.: sie hat das Porzellan in Watte eingepackt она упаковала фарфор в вату; er packte einen Anzug für die Reise ein он уложил дорожный костюм; hast du deine Kleider schon eingepackt? ты уже уложила свои платья? □ Ich gab ihm eine von den Zeitungen. Er packte den Fisch ein (Weisenborn, »Der Verfolger«) Я дал ему одну из газет. Он завернул в нее рыбу. verpacken ≅ einpacken, но часто употр. по отношению к тому, что предназначено для отправки куда-л., подчеркивает завершенность действия; напр.: Flaschen in Kisten, Ware in Papier verpacken упаковывать бутылки в ящики, товар в бумагу; die Ware ist gut, schlecht verpackt товар хорошо, плохо упакован. wickeln завертывать; напр.: etw. in Papier wickeln завертывать что-л. в бумагу; der Verkäufer wickelt das Paket in Papier продавец завертывает сверток в бумагу. einwickeln ≅ wickeln, но подчеркивает, что предмет целиком завертывается во что-л., упаковывается внутрь обертки; напр.: eine Ware in Papier einwickeln заворачивать товар в бумагу; sie ließ die Porzellanfigur einwickeln она попросила (хорошо) завернуть фарфоровую фигурку

packen ² см. anziehen II/fassen ²/überkommen
Packen пачка, стоп(к)а
der Packen — das Paket — der Pack — das Päckchen — das Bündel — der Ballen
Packen индифф. синоним; напр.: ein Packen Bücher, Hefte, Geldscheine пачка [стопка] книг, тетрадей, денег; ein Packen Papier lag auf dem Tisch стопа бумаги лежала на столе; sie holte einen Packen Wäsche она принесла пачку [стопку] белья. Paket (компактная) пачка (завернутых или упакованных предметов); напр.: ein Paket Geldscheine пачка денег; er trug ein Paket Bücher, Akten он нес пачку книг, стопку папок с делами; der Verkäufer schnürte alles zu einem Paket zusammen продавец увязал все покупки в (аккуратный) пакет; sie kaufte ein Paket Würfelzucker она купила пачку рафинада. Pack ≅ Packen, но употр. реже; напр.: ein Pack alter Zeitungen пачка старых газет; ein Pack Wäsche стопка белья. Päckchen пачка (небольшое количество расфасованного товара); напр.: ein Päckchen Tabak, Zigaretten, Wasch-

PACKEND

pulver пачка табака, сигарет, стирального порошка; sie kaufte ein Päckchen Tee она купила пачку чая. **Bündel** перевязанная пачка, связка; *напр.*: ein Bündel Briefe, Banknoten (перевязанная) пачка [связка] писем, банкнот; man brachte ihm noch ein Bündel Akten ему принесли еще одну пачку дел [стопку папок]. **Ballen** кипа, тюк; *напр.*: ein Ballen Stoff, Baumwolle тюк ткани, кипа хлопка; das Lasttier trägt die Kisten und Ballen животное навьючено ящиками и тюками

packend *см.* interessant
packen, sich *см.* fortgehen [1]
Pädagoge *см.* Lehrer
Pädagogin *см.* Erzieherin
paffen *см.* rauchen
Page *см.* Diener [1]
Paket *см.* Packen/Sendung [2]
Pakt *см.* Vertrag
Palais *см.* Schloß I
Palast *см.* Schloß I
palavern *см.* sprechen [1]
Paletot *см.* Mantel
Panik *см.* Angst [1]
Panne *см.* Unfall
panschen *см.* verdünnen
Pantoffel *см.* Hausschuh
Pantoffelheld *см.* Mann [2]
Panzerschrank *см.* Safe
Papa *см.* Vater
Pappe *см.* Karton [1]
paradieren *см.* prahlen
Paradies рай

das Paradies — das Eden — das Himmelreich — der Himmel

Paradies *индифф. синоним*; *напр.*: ein Paradies auf Erden рай на земле; wie im Paradies leben жить как в раю; dieser Garten ist ein Paradies für Kinder этот сад — рай для детей □ ...ich sehe Gesichter, die schön sind wie aus einem verlorenen Paradies (*Frisch, »Stiller«*) ...я вижу лица, прекрасные, как в утерянном раю. **Eden** Эдем, райский сад *б. ч. употр. в сочетании* der Garten Eden; *напр.*: das ist kein Garten Eden это не рай [не сады Эдема]; er fühlt sich hier wie im Eden он чувствует себя здесь как в райских кущах. **Himmelreich** царство небесное; *напр.*: in das Himmelreich kommen попасть в царство небесное. **Himmel** небеса; *напр.*: wie im Himmel leben жить как на небесах; den Himmel auf Erden haben устроить рай на земле, жить как в раю

paraphieren *см.* unterschreiben
Parasit *см.* Schmarotzer
parieren *см.* abschlagen [1]
parteiisch *см.* voreingenommen
Parterre *см.* Stockwerk
Partie *см.* Ausflug
partizipieren *см.* beteiligen, sich
Partnerin *см.* Frau [2]
partout *см.* unbedingt
Party *см.* Fest [1]
Parvenü *см.* Streber
Paß I *см.* Ausweis

Paß II *см.* Weg [1]
Passant *см.* «Приложение»
passen *см.* achten [1]
passend [1] подходящий

passend — geeignet — angemessen — angebracht — schicklich — füglich

passend *индифф. синоним*; *напр.*: ein passendes Wort suchen, finden искать, найти подходящее слово; bei passender Gelegenheit при удобном случае; der passende Augenblick ist noch nicht gekommen подходящий [удобный] момент еще не наступил; ich halte diese Methode nicht für passend я считаю этот метод неподходящим. **geeignet** подходящий (для выполнения определенной задачи), пригодный; *напр.*: für etw. gut, schlecht geeignet, nicht geeignet sein хорошо, плохо подходить, не годиться для чего-л.; ich sage dir alles zur geeigneten Zeit я тебе все скажу в подходящее время; der Betrieb sucht einen geeigneten Mitarbeiter für die Werbung предприятию требуется подходящий работник для отдела рекламы (*объявление*). **angemessen** соответствующий (определенным условиям), уместный (в данных условиях); *напр.*: eine (der Arbeit) angemessene Bezahlung соответствующая (работе) (о)плата; etw. angemessen finden найти что-л. уместным; er erhielt eine angemessene Entschädigung он получил соответствующее [соразмерное] возмещение убытков; er hielt sich in angemessener Entfernung auf он держался на должном расстоянии; sein Benehmen erscheint mir nicht angemessen его поведение кажется мне неуместным. **angebracht** уместный; *напр.*: die Bemerkung ist durchaus angebracht замечание весьма уместное; seine Frage war hier gar nicht angebracht его вопрос был здесь совсем неуместен; er hielt es nicht für angebracht, früher zu reisen он посчитал неуместным уехать раньше. **schicklich** *высок. устаревает* приличествующий; *напр.*: etw. für (nicht) schicklich finden считать что-л. (не)подобающим; was du getan hast, ist nicht schicklich то, что ты сделал, неуместно (*с точки зрения приличий*). **füglich** *уст. высок.* соответствующим, должным образом; *напр.*: es darf füglich bezweifelt werden, daß die Angaben stimmen соответственно представляется сомнительным, что эти данные верны

passend [2] *см.* gelegen
passen, sich *см.* schicken, sich [2]
passieren I *см.* vorbeigehen [1]
passieren II *см.* geschehen
Pastor *см.* Geistlicher
pathetisch *см.* gehoben
pathologisch *см.* krankhaft
Patient *см.* Kranker
Patron *см.* Beschützer
Patsche I *см.* Hand
Patsche II *см.* Pfütze

PEITSCHE

patsch(e)naß *см.* naß
pauken *см.* lernen
Pauker *см.* Lehrer
Pauperismus *см.* Verarmung
Pause [1] пауза, остановка

die Pause — die Unterbrechung

Pause *индифф. синоним*; *напр.*: eine Pause (beim Reden) machen делать паузу (в разговоре); ohne Pause arbeiten, marschieren работать, идти без перерыва [без остановки]; es kam zu einer verlegenen Pause от смущения наступила пауза; die Geigen haben hier 5 Takte Pause у скрипок здесь пауза в пять тактов. **Unterbrechung** перерыв; *напр.*: sie reisten mit nur geringen Unterbrechungen они путешествовали, делая лишь небольшие перерывы; nach einer kurzen Unterbrechung konnten die Schüler ihre Gymnastik fortsetzen после короткого перерыва ученики снова могли продолжать свои занятия гимнастикой; er sprach drei Stunden ohne Unterbrechung он говорил три часа подряд [без перерыва]

Pause [2] перерыв, перемена

die Pause — die Zwischenzeit — das Intervall

Pause *индифф. синоним*; *напр.*: 10 Minuten Pause перерыв на 10 минут; eine (kurze) Pause machen [einlegen] сделать (короткий) перерыв; die große Pause liegt nach dem 2. Akt большой антракт (будет) после второго акта; wir haben gerade Pause у нас как раз перерыв; in der großen Pause liefen die Kinder in den Schulhof во время большой перемены дети побежали на школьный двор. **Zwischenzeit** промежуток (*время между двумя действиями и т. п.*); *напр.*: in der Zwischenzeit kannst du lesen в промежутке ты можешь почитать; in der Zwischenzeit hat er Erkundigungen eingezogen за это время он навел справки □ Übrigens ließ er den König von Frankreich warten, und dieser benutzte die Zwischenzeit, um seinen Vetter Navarra hinter einem Vorhang zu verstecken (*H. Mann, »Die Jugend«*) Между тем, он заставил ждать короля Франции, а тот воспользовался этим временем, чтобы спрятать за занавеской своего брата — короля Наваррского. **Intervall** [-v-] *книжн.* интервал, определенный промежуток времени; *напр.*: ein Intervall von zehn Jahren интервал в десять лет; seine Krankheit kehrt in Intervallen wieder его болезнь возобновляется через определенные промежутки времени

Pech *см.* Unglück [1]
pedantisch *см.* sorgfältig
Pein *см.* Schmerz
peinigen *см.* quälen
peinlich *см.* sehr/sorgfältig/unangenehm [1]
Peitsche кнут

die Peitsche — die Reitpeitsche — die Reitgerte — die Knute — die Geißel

PEITSCHEN 355 **PFLEGEN**

Peitsche *индифф. синоним; напр.:* die Peitsche schwingen взмахнуть [махать] кнутом; mit der Peitsche knallen щелкать кнутом; er schlug das Tier mit der Peitsche он бил [стегал] животное кнутом; das Pferd bekam die Peitsche zu fühlen лошадь получила удар кнутом; sie gehen mit Zukker und Peitsche vor они применяют политику кнута и пряника □ Bevor sie es erwartet hatte, entriß er ihr die Peitsche (*H. Mann, »Die Jugend«*) Прежде чем она опомнилась, он вырвал у нее плетку. Reitpeitsche хлыст; *напр.:* eine elegant gekleidete Dame trieb mit einer Reitpeitsche ihr Pferd an элегантно одетая дама подгоняла хлыстом свою лошадь. Reitgerte ≅ Reitpeitsche, *но употр. по отношению к более короткому хлысту; напр.:* der siegreiche Jockei hielt triumphierend seine Reitgerte empor победивший жокей с триумфом поднял вверх свой хлыст. Knute ≅ Peitsche, *но обязательно ременный кнут, иногда из сыромятной кожи, часто неодобр.; напр.:* die Knute des Aufsehers кнут надсмотрщика; einem Pferd die Knute geben дать лошади кнута; mit der Knute peitschen стегать кнутом. Geißel *ю.-нем.* бич; *напр.:* der Kutscher schwang die Geißel кучер взмахнул бичом; mit der Geißel hieb der Bauer auf das Pferd ein крестьянин ударил лошадь бичом

peitschen *см.* schlagen
pellen *см.* schälen
pendeln *см.* schaukeln [1, 2]
penetrant *см.* durchdringend
penibel *см.* sorgfältig
Pennbruder *см.* Landstreicher
pennen *см.* schlafen
Pension *см.* Gasthaus/Rente
Pensionär *см.* Rentner
pensionieren *см.* entlassen
pensioniert *см.* abgedankt
perfid(e) *см.* hinterlistig/treulos
perlen *см.* tropfen [1]
permanent *см.* ständig [1]
Person *см.* Frau [1]/Mensch [1]
Personal *см.* Belegschaft [1]
persönlich *см.* besonder
pervers *см.* lasterhaft
Petition *см.* Gesuch
petzen *см.* verraten [1]
Pfad *см.* Weg [1]
Pfaffe *см.* Geistlicher
Pfahl *см.* Pfeiler
Pfalz *см.* Schloß I
Pfand залог, заклад
das Pfand — der Einsatz — der Versatz — das Unterpfand

Pfand *индифф. синоним; напр.:* ein Pfand geben, einlösen давать, выкупить залог; zum Pfand nehmen брать в залог [в заклад]; das Pfand verfällt срок залога истекает (*заложенная вещь пропадет*); der Ring ist ein Pfand der Liebe (этот) перстень — залог любви; er hat seinen Ausweis als Pfand zurückgelassen он оставил в качестве залога свое удостоверение; ich gebe mein Wort dafür zum Pfand я ручаюсь за это своим словом. Einsatz денежный залог, ставка (*в игре, в споре, редко в др. ситуациях*); *напр.:* er begann mit einem Einsatz von fünf Mark он начал со ставки в пять марок; den Einsatz bekommt man nicht zurück денежный залог не возвращается. Versatz *б. ч. ю.-нем., австр.* залог, отдача в залог, в заклад; *напр.:* etw. in Versatz geben отдавать что-л. в залог. Unterpfand *устаревает* ≅ Pfand, *но б. ч. перен. высок.; напр.:* das Kind als Unterpfand der Liebe дитя — залог любви; nimm meinen Ring als Unterpfand meiner Treue возьми мое кольцо в залог моей верности

pfänden *см.* beschlagnahmen
Pfarrer *см.* Geistlicher
Pfeiler (опорный) столб, колонна, опора
der Pfeiler — die Säule — der Pfahl — der Pfosten — der Ständer — der Pilaster

Pfeiler *индифф. синоним; напр.:* ein starker, hoher, steinerner Pfeiler мощный, высокий, каменный столб; Pfeiler aus Stahlbeton столбы [колонны] из железобетона; ein Gewölbe durch Pfeiler [mit Pfeilern] stützen, sichern подпереть, укрепить свод столбами [колоннами]; die Pfeiler tragen die Decke колонны поддерживают потолок; die Brücke ruht auf sechs Pfeilern мост покоится на шести опорах. Säule колонна; *напр.:* eine dicke, hohe, steinerne, marmorne, dorische Säule толстая, высокая, каменная, мраморная, дорическая колонна; die Säulen tragen das Dach, schmücken die Fassade колонны поддерживают крышу, украшают фасад; das Dach ruht auf Säulen крыша покоится на колоннах. Pfahl столб, вбиваемый (*заостренным концом*) в землю, свая; *напр.:* ein Bau auf Pfählen свайная постройка; einen Pfahl zuspitzen, einschlagen, eintreiben, einrammen заострить, вбить, вогнать, вколотить сваю [столб]; die alte Brücke steht auf morschen Pfählen старый мост стоит на прогнивших стойках. Pfosten ≅ Pfahl *часто употр. по отношению к столбу ограды, стойке ворот; напр.:* er spannte den Draht von Pfosten zu Pfosten он протянул проволоку от столба к столбу. Ständer (невысокая) стойка; *напр.:* die rasch geschlagene Brücke ruht auf starken Ständern быстро наведенный мост покоится на крепких стойках. Pilaster пилястра; *напр.:* er stand am Eingang, an einen Pilaster gelehnt он стоял у входа, прислонившись к пилястре

Pfennigfuchser *см.* Geizhals
pfiffig *см.* schlau
Pflanze растение
die Pflanze — das Gewächs

Pflanze *индифф. синоним; напр.:* eine einjährige, immergrüne, zarte Pflanze однолетнее, вечнозеленое, нежное растение; Pflanzen pflegen, sammeln ухаживать за растениями, собирать растения; das ist eine wildwachsende Pflanze это дикорастущее растение; er zieht wunderbare Pflanzen in seinem Garten он выращивает в своем саду чудесные растения. Gewächs = Pflanze *обыкн. употр. с указанием на характерные признаки и свойства, отличающие данное растение; напр.:* seltene, farbenprächtige, exotische, einheimische Gewächse редкие, красочные, экзотические, местные растения; Wein ist ein edles Gewächs виноград — благородное растение; Tabak ist ein südliches Gewächs табак — южное растение; er züchtet seltene Gewächse он разводит редкие растения

pflanzen сажать (*растения*)
pflanzen — bepflanzen — setzen — legen — stecken

pflanzen *индифф. синоним; напр.:* Bäume, Blumen, Sträucher pflanzen сажать деревья, цветы, кустарник; ich pflanzte eine Birke vor unserem Haus я посадил березку перед нашим домом; der Gärtner pflanzt Sämlinge in kleine Töpfe садовник сажает сеянцы в горшочки; hast du den Salat schon gepflanzt? ты уже посадил салат? bepflanzen засаживать, обсаживать; *напр.:* ein Beet bepflanzen засадить грядку; den Hof mit Blumen bepflanzen засадить весь двор цветами; eine Allee mit Bäumen, Sträuchern bepflanzen обсадить аллею деревьями, кустами. setzen ≅ pflanzen, *но больше подчеркивает, что растение высаживается в лунку, в почву и т. п.; напр.:* Bäume, Blumen setzen сажать деревья, цветы; sie setzt jeden Frühling Blumen in den Garten каждую весну она сажает цветы в саду; an die Stelle der erfrorenen Bäume setzen wir neue на место погибших от мороза деревьев мы посадим новые. legen, stecken сажать семенами, клубнями; *напр.:* Kartoffeln legen сажать картофель; Erbsen und Bohnen werden im Frühjahr gelegt [gesteckt] горох и фасоль сажают весной; alle sind auf den Feldern, um Kartoffeln, Zwiebeln zu stecken все в поле — сажают картофель, лук

pflaumenweich *см.* weichlich
pflegen ухаживать (*заботиться*)
pflegen — betreuen — warten — hegen

pflegen *индифф. синоним; напр.:* Kranke pflegen ухаживать за больными; den Garten, Blumen pflegen ухаживать за садом, за цветами; sie pflegte ihre alte Mutter она ухаживала за своей старой матерью; er pflegte den Rasen vor dem Haus selbst он сам ухаживал за газоном перед домом; sie pflegt ihre Hände она холит свои руки. betreuen ≅ pflegen, *но подчеркивает, что кто-л.*

выполняет работу по уходу за кем-л. с участием, чувством ответственности и т. п.; напр.: einen Kranken, Kinder betreuen ухаживать за больным, за детьми; die Kinder werden im Lager gut betreut за детьми в лагере хорошо следят; sie betreute die alte, gebrechliche Dame in den drei letzten Jahren три последних года она ухаживала за старой, больной дамой. warten следить, ухаживать за машинами и т. п., реже за животными (в животноводстве и т. п.); напр.: er wartet eine komplizierte Anlage он следит за работой сложной установки; er hat die Rolltreppen, die Autos zu warten он обслуживает эскалаторы, автомашины; es war ihre Aufgabe, im Zoo die Reptilien zu warten в ее обязанности входило ухаживать в зоопарке за рептилиями. hegen беречь, заботливо ухаживать упогр. по отношению к природе, животному миру и т. п.; часто высок. лелеять, но в словосочетании hegen und pflegen стилистически нейтрально; напр.: den Wald hegen заботливо ухаживать за лесом; die Jäger haben die Aufgabe, das Wild zu hegen в обязанности егерей входит забота о диких животных; sie hegte ihren Garten высок. она лелеяла свой сад; sie hat mich während der Krankheit gehegt und gepflegt она нежно ухаживала за мной во время болезни; die Kunst wird hier gehegt und gepflegt здесь очень заботятся об искусстве

Pflicht см. Aufgabe [1]
pflichtig см. verpflichtet
pflücken рвать, собирать (*ягоды, фрукты и т. п.*)
pflücken — lesen
pflücken индифф. синоним; напр.: Blumen pflücken рвать цветы; Obst pflücken срывать [собирать] фрукты; sie hat einen Strauß gepflückt она нарвала букет; die Baumwolle ist schon gepflückt хлопок уже собран □ Hier standen auch schon die ersten gelb blühenden Stauden Johanniskraut, und Goldmund fing an zu pflücken (*Hesse, »Narziß«*) Здесь поднимались уже в желтом цвете первые кустики зверобоя, и Златоуст начал рвать их. **lesen** обирать, собирать; напр.: Beeren, Trauben lesen собирать ягоды, виноград; Ähren lesen подбирать колосья; sie ging in den Wald Reisig lesen она пошла в лес собирать хворост

Pforte см. Tor I
Pförtner см. «Приложение»
Pfosten см. Pfeiler
Pfote см. Hand
Pfuhl см. Pfütze/Sumpf/Teich
Pfuscher см. Liebhaber [2]
Pfütze лужа
die **Pfütze** — die **Lache** — der **Pfuhl** — der **Tümpel** — die **Patsche**
Pfütze индифф. синоним; напр.: eine große, kleine Pfütze большая, маленькая лужа; nach dem Regen sind auf dem Weg viele Pfützen после дождя на дороге много луж □ ...sie... lagen dann in den kleinen Pfützen Biers und dem sonstigen Unrat, von dem der Boden bedeckt war (*Kafka, »Das Schloß«*) ...они... валялись потом в лужах пива и всей грязи, покрывавшей пол. Der See ist später versumpft, vertrocknet bis auf diese bescheidene Pfütze (*Frisch, »Stiller«*) Озеро позже заболотилось, высохло так, что осталась эта вот скромная лужа. **Lache** лужица, неглубокая лужа; напр.: eine kleine, breite Lache небольшая, широкая лужа; hier und da waren Lachen von Regenwasser кое-где были дождевые лужицы; auf dem Tisch waren Lachen von Bier на столе были лужицы пива □ ...das zerronnene Wasser... war gegen eine Mulde gelaufen, in der stand noch eine kleine Lache (*Hesse, »Narziß«*) ...разлившаяся вода... сбежалась в углубление, в котором стояла еще небольшая лужица. **Pfuhl** большая грязная лужа; напр.: der Pfuhl stinkt грязная лужа источает зловоние; der Pfuhl muß weg грязную лужу надо убрать. **Tümpel** (небольшая) стоячая, зацветшая лужа; напр.: ein schmutziger Tümpel грязная лужа; nicht weit vom Weg war ein Tümpel недалеко от дороги была стоячая лужа □ Die Erde ist Schlamm nach einem einzigen Gewitter... Tümpel im Morgenrot wie Tümpel von schmutzigem Blut... Tümpel voller Molche (*Frisch, »Homo faber«*) Земля — сплошная грязь после одной-единственной грозы... зацветшие лужи в лучах восходящего солнца, как стоячие лужи нечистой крови... стоячие лужи, кишащие гадами. **Patsche** разг., чаще перен. грязь, лужа (*уличной грязи*), в прям. знач. употр. редко; напр.: wir sitzen in der Patsche мы оказались в луже (*в крайне затруднительном положении*)

Phantasie см. Einbildung
Phase см. Stufe [1]
philanthropisch см. menschenfreundlich
Philister см. Kleinbürger
Phlegma см. Trägheit
phlegmatisch см. träge
phrasenhaft см. leer [2]
Physiognomie см. Gesicht I
Pian(in)o см. Klavier
Picknick см. Spaziergang
piepe см. gleichgültig [2]
piepen см. piepsen
Piepen см. Geld
piepsen см. «Приложение»
piesacken см. quälen
Pietät см. Achtung [1]
pietschen см. trinken [2]
Pilaster см. Pfeiler
Pilger см. Wallfahrer
pilgern см. reisen [1]/wandern [1]
Pilgrim см. Wallfahrer
Pinkepinke см. Geld
pinseln см. malen [1]
Pissoir см. Toilette
pitsch(e)naß см. naß
pittoresk см. malerisch
placieren см. stellen [1]
placieren, sich см. setzen, sich
placken, sich см. bemühen, sich
pladdern см. regnen
Plage см. Schmerz
plagen см. quälen
plagen, sich см. bemühen, sich
Plakette см. Abzeichen
planen см. vorhaben/vorsehen
plangemäß см. planmäßig
planieren см. glätten
Plänkelei см. Schlacht
planmäßig планомерный
planmäßig — planvoll — methodisch — systematisch — plangemäß
planmäßig индифф. синоним; напр.: eine planmäßige Arbeit работа по плану; die planmäßige Entwicklung der Volkswirtschaft плановое развитие народного хозяйства; der planmäßige Flugverkehr zwischen Moskau und Berlin регулярное воздушное сообщение между Москвой и Берлином; es verlief alles planmäßig все шло по плану; die Arbeitsproduktivität steigt planmäßig производительность труда повышается планомерно; wir kamen mit dem Zug planmäßig in Berlin an мы приехали в Берлин точно по расписанию. **planvoll** (хорошо) спланированный, продуманный; напр.: planvoll arbeiten работать по (хорошо продуманному) плану; in planvoller Arbeit gelang es dem Gelehrten, eine neue Weizensorte zu züchten в ходе планомерной [продуманной] работы ученому удалось вывести новый сорт пшеницы. **methodisch** методический; напр.: methodisch arbeiten методически работать; der Wissenschaftler analysierte methodisch alle Entwicklungsstadien der Pflanze ученый методически проанализировал все стадии развития (этого) растения; er hat seinen Sohn methodisch zu einem Sportler erzogen он методически воспитывал из сына спортсмена. **systematisch** систематический; по определенной, разработанной системе; напр.: eine systematische Darstellung систематическое описание; an etw. systematisch arbeiten систематически работать над чем-л.; man muß bei diesem Problem streng systematisch vorgehen при работе над этой проблемой надо действовать по определенной системе; diese Krankheit wird systematisch bekämpft с этой болезнью борются систематически; sie treibt systematisch Gymnastik она систематически занимается гимнастикой. **plangemäß** офиц. согласно плану; напр.: die Arbeit wurde plangemäß erledigt работа была выполнена согласно плану; das Vorhaben wird plangemäß ausgeführt мероприятие выполняется в соответствии с пла-

PLANSCHEN

ном; wir haben plangemäß eine Versammlung im Monat согласно плану собрание у нас бывает раз в месяц; die Züge verkehren plangemäß поезда ходят по расписанию

planschen *см.* spritzen [1]
planvoll *см.* planmäßig
plappern *см.* sprechen [1]
Plärre *см.* Getränk
plärren *см.* weinen
platsch(e)naß *см.* naß
plätschern *см.* rieseln [1]
platt *см.* flach [1]/trivial
plätten *см.* bügeln
Platz [1] место *(для чего-л., пространство)*
der **Platz** — der **Raum**
Platz *индифф. синоним; напр.:* ein leerer, freier, geschützter Platz пустое, свободное, защищенное место; hier ist noch Platz здесь есть еще место; wir brauchen noch mehr Platz für das Haus нам надо еще больше места для (постройки) дома; ich muß für die neuen Bücher Platz schaffen мне надо найти [освободить] место для новых книг □ Fox hatte recht, sie hatte zu schwache Nerven. Aber dadurch, daß sie sich diese Schwäche eingestand, überwand sie ihre Angst und ihre Unruhe auch nicht. Beides nahm einen solchen Raum in ihr ein, daß kaum noch Platz blieb für anderes (*Heiduczek*, »*Abschied von den Engeln*«) Фокс был прав, у нее были слишком слабые нервы. Но тем, что она признавалась себе в этой слабости, она не преодолевала своего страха, а также и своего беспокойства. Оба чувства занимали в ней такое большое место, что ни на что другое места уже почти не оставалось. **Raum** пространство *(свободное)* помещение *(б. ч. без артикля)*; *напр.:* Raum sparen экономить место; du wirst im oberen Zimmer Raum für deine Sachen finden ты найдешь в комнате наверху место для своих вещей; für viele Menschen war Raum zu schaffen нужно было найти место [помещение] для многих людей; ich habe keinen Raum für meine Bücher у меня нет места для книг □ Es war, als gäbe es keinen Raum mehr; daß wir noch lebten, zeigte uns nur noch der Wechsel der Tageszeit (*Frisch*, »*Stiller*«) Было такое ощущение, что будто бы пространства больше не существовало; о том, что мы еще живы, нам говорило только еще меняющееся время суток

Platz [2] площадка, место для (спортивных) игр
der **Platz** — der **Sportplatz** — der **Spielplatz**
Platz *индифф. синоним; напр.:* unser Sportverein hat einen neuen Platz eingerichtet наше спортивное общество оборудовало новую площадку; auf diesem Platz trainieren Tennisspieler на этом корте тренируются теннисисты. **Sportplatz** спортивная площадка *по сравнению с* Platz *имеет уточняющее значение; напр.:* Sportplätze und Schwimmhallen erwarten euch вас ждут спортплощадки и бассейны; neben dem Turnsaal verfügt die Schule über einen ausgezeichneten Sportplatz наряду с гимнастическим залом школа располагает отличной площадкой для спортивных игр. **Spielplatz** площадка для (детских) игр *(часто приспособленная и используемая тж. для игр спортивных); напр.:* auf dem Spielplatz ging es lustig zu на площадке для игр было весело

Platz [3] *см.* Sitz [1]/Stelle [1]
Platz [4]: Platz nehmen, seinen Platz [die Plätze] einnehmen *см.* setzen, sich

platzen взрываться, лопаться
platzen — zerplatzen — zerspringen — explodieren — detonieren — krepieren — bersten — zerbersten — zerknallen
platzen *индифф. синоним; напр.:* ein Reifen, eine Mine platzt шина лопается, мина взрывается; eine Bombe platzte in unmittelbarer Nähe бомба взорвалась в непосредственной близости; der Ballon platzte mit lautem Knall шар лопнул с громким шумом; das Wasserrohr platzte vom Frost водопроводная труба лопнула от мороза. **zerplatzen** ≅ platzen, *но подчеркивает, что что-л., взорвавшись, лопнув, распадается на куски; напр.:* in Stücke zerplatzen разлететься на куски; die Eisscholle zerplatzte льдина треснула (на части). **zerspringen** трескаться, лопаться на части *(о стеклянных, фарфоровых предметах); напр.:* das Glas, die Tasse zersprang стакан лопнул, чашка лопнула. **explodieren** взрываться *предполагает, что взрыв громкий и происходит от большого давления или от действия взрывчатых веществ; напр.:* ein Geschoß, ein Kessel explodiert снаряд, котел взрывается; die Höllenmaschine explodierte mitten im Saal адская машина взорвалась посреди зала; das Flugzeug explodierte in der Luft самолет взорвался в воздухе □ Den ganzen Sommer lang arbeiten die Kommandos; aber noch immer explodieren Bomben, krepieren Tellerminen und Panzerfäuste (*May*, »*Die Letzten von U 189*«) Команды работают в течение всего лета, но все еще взрываются бомбы, рвутся мины и фаустпатроны. **detonieren** детонировать; *напр.:* die Bomben, die Granaten detonieren бомбы, гранаты детонируют; in den Panzern detonierte Munition в танках детонировали боеприпасы. **krepieren** ≅ zerplatzen, *но употр. по отношению к боеприпасам; напр.:* die Bomben, die Granaten krepieren бомбы, гранаты взрываются [рвутся на части]; die Mine krepierte und verletzte ihn schwer разорвалась мина и тяжело ранила его; die Schrapnells krepierten genau über den feindlichen Linien шрапнель рвалась точно над вражеской линией. **bersten** ≅ zerplatzen, *но чаще употр. по отношению к твердым и крупным предметам или подчеркивает силу взрыва; напр.:* die Eisdecke des Flusses birst unter der Sonne ледяной покров реки трескается на куски под лучами солнца; die Granaten barsten, es war eine Hölle гранаты рвались, это был ад; die Mauer ist geborsten каменная стена раскололась на части. **zerbersten** ≅ bersten, *но имеет усилительное значение; напр.:* die riesigen Tanks hielten dem Druck nicht stand und zerbarsten огромные хранилища горючего не выдержали давления и рвались на части. **zerknallen** *разг.* лопаться с шумом; *напр.:* einige Luftballons zerknallten über den Köpfen der Tanzenden несколько воздушных шариков лопнули над головами танцующих; die Vase fiel und zerknallte am Boden ваза упала и со звоном разбилась об пол

Plauderei *см.* Gespräch
Plauderer *см.* Redner
plaudern *см.* sprechen [1]
Plaudertasche *см.* Schwätzer(in)
plauschen *см.* sprechen [1]
plausibel *см.* stichhaltig
Plebs *см.* Pöbel
pleite *см.* bankrott
Pleite *см.* Niederlage
Plörre *см.* Getränk
plötzlich внезапный; внезапно, вдруг
plötzlich — unerwartet — unvermittelt — unvermutet — unverhofft — überraschend — unversehens — jäh — jählings — urplötzlich — auf einmal
plötzlich *индифф. синоним; напр.:* eine plötzliche Bewegung внезапное движение; ein plötzlicher Entschluß внезапное решение; plötzlich aufstehen, sterben внезапно встать, умереть; das war ein plötzlicher Besuch это был внезапный визит; plötzlich stand er vor mir вдруг он оказался передо мной; plötzlich kam mir ein Gedanke внезапно мне пришла в голову одна мысль; es kam sehr plötzlich это произошло очень внезапно □ Er sah nicht, wie Goldmunds Gesicht plötzlich zuckte und zu verwelken begann (*Hesse*, »*Narziß*«) Он не увидел, как внезапно дрогнуло лицо Златоуста и стало увядать. Sie... wollte vorbeifahren, hielt dann aber doch, wie sie überhaupt oft etwas tat: spontan, aus einem plötzlichen Verlangen heraus (*Heiduczek*, »*Abschied von den Engeln*«) Она... хотела проехать мимо, но все-таки остановилась, как она вообще часто поступала: спонтанно, следуя внезапному желанию. **unerwartet** неожиданный; *напр.:* eine unerwartete Nachricht неожиданное известие; ein unerwartetes Wiedersehen неожиданная встреча; wir haben unerwartet Besuch bekommen к нам

неожиданно пришли гости; es geschah für uns alle unerwartet это случилось для всех нас неожиданно □ Diese Laune des Chefredakteurs... kam unerwartet, aber ihm gelegen (*Heiduczek*, »*Abschied von den Engeln*«) Этот каприз главного редактора... был неожиданным, но очень кстати для него. **unvermittelt** ≈ unerwartet, *но подчеркивает, что что-л. происходит без связи с предыдущим, но непосредственно следует за ним; напр.:* unvermittelte Worte, Fragen неожиданные слова, вопросы; er brach seine Reise unvermittelt ab неожиданно он (по непонятной причине) прервал свою поездку; unvermittelt fragte er mich, ob ich den Kollegen N kenne вдруг [без всякого перехода] он спросил меня, знаю ли я товарища N □ »Mein Vater ist aus dem Gefängnis geflohen.« Sie sagte es unvermittelt, etwas hastig (*Heiduczek*, »*Abschied von den Engeln*«) «Мой отец убежал из тюрьмы». Она сказала это неожиданно, немного поспешно. **unvermutet** непредвиденный; *напр.:* unvermutete Schwierigkeiten непредвиденные трудности; ein unvermutetes Hindernis непредвиденное препятствие; er erschien ganz unvermutet bei dem Fest вдруг он появился на празднике, чего никто не мог предвидеть. **unverhofft** нежданный; *напр.:* ein unverhofftes Wiedersehen нежданная встреча; wir trafen uns gestern ganz unverhofft мы встретились вчера совсем нежданно; sein Sieg bei den Wettkämpfen kam allen unverhofft его победа на соревнованиях оказалась для всех неожиданной, никто и надеяться не мог на это □ Franz war ihr Ersatz für Bruder und Kind. Als er so unverhofft aus Lohenhagen zu ihnen gekommen war, hatte sie mit einem Male entdeckt, was ihr als Kind schon gefehlt hatte... (*Heiduczek*, »*Abschied von den Engeln*«) Франц заменил ей брата и сына. Когда он так неожиданно приехал к ним из Лоэнхагена, она сразу поняла, чего ей не хватало с детства. **überraschend** ≈ unerwartet, *но подчеркивает, что что-л. является сюрпризом, застает врасплох, ошеломляет неожиданностью; напр.:* ein überraschender Besuch нежданный-негаданный визит; ihre Abreise kam überraschend für mich ее отъезд явился для меня полной неожиданностью [застал меня врасплох]; das Problem wurde auf überraschende Weise gelöst проблема была решена неожиданным образом (и быстро). **unversehens** вдруг, неожиданно (*тк. адвербиально*); *напр.:* er kam unversehens ins Zimmer он вдруг вошел в комнату; unversehens war der Winter da неожиданно [незаметно] пришла зима □ Unversehens schlief Christa ein. Ruhig und leicht ging ihr Atem (*Brězan*, »*Christa*«) Неожиданно Криста

заснула. Она дышала легко и спокойно. **jäh** *высок.* ≈ plötzlich, *но больше подчеркивает внезапность и силу действия; напр.:* ein jäher Windstoß резкий [сильный и внезапный] порыв ветра; ein jäher Schmerz внезапная и острая боль; eine jähe Katastrophe внезапная катастрофа; ein jäher Entschluß внезапное решение; jäher Zorn hat ihn gepackt внезапный сильный гнев охватил его; jähe Röte übergoß ihre Wangen внезапно яркая краска залила ее щеки; sie fuhr jäh aus dem Schlaf auf она сразу проснулась. **jählings** *книжн.* ≈ jäh (*но тк. адвербиально*); *напр.:* jählings aufspringen внезапно вскочить; er zog jählings seine Hand zurück он резко убрал руку; jählings kam ein Windstoß внезапно налетел порыв ветра. **urplötzlich** *разг. эмоц.-усил.* ≈ plötzlich; *напр.:* das war ein urplötzlicher Entschluß это было совсем внезапное решение; er verreiste urplötzlich он уехал очень внезапно. **auf einmal** *разг.* сразу, вдруг; *напр.:* auf einmal war er fort вдруг он сразу ушел; auf einmal ging die Tür auf вдруг открылась дверь; auf einmal fing es an zu schneien вдруг пошел снег □ »Ein Irrtum? Nein. Sieh mir doch mal genau in die Augen, Paul.« Und auf einmal erkannte er mich (*Weisenborn*, »*Der Verfolger*«) «Ошибка? Нет. Посмотри-ка мне хорошенько в глаза, Пауль». И тут он сразу узнал меня

plump *см.* schwerfällig [1]
plumpsen *см.* fallen [1, 2]
Plunder *см.* Kram
plündern *см.* rauben
Pöbel чернь, толпа

der **Pöbel** — der **Mob** — das **Pack** — der **Plebs**

Pöbel *индифф. синоним; напр.:* gemeiner Pöbel подлая чернь; gedankenloser Pöbel тупая чернь, безрассудная толпа □ Wer in den Verdacht dieser Greuel kam, war verloren... er wurde entweder von der Justiz oder vom Pöbel mit dem Tod bestraft (*Hesse*, »*Narziß*«) Тот, на кого падало подозрение в этих ужасных злодеяниях, был обречен... его казнил закон или самосуд черни. **Mob** *пренебр.* ≈ Pöbel, *но обозначает тк. агрессивную, разнузданную, ослепленную ненавистью и т. п. толпу; напр.:* der Mob zog plündernd durch die Straßen банда разъяренной черни грабила по дорогам. **Pack** *неодобр.* (подлый) сброд; *напр.:* hier treibt sich in der Nacht allerlei Pack herum по ночам здесь шляется всякий сброд; Pack schlägt sich, Pack verträgt sich *погов.* ничего, подерутся и помирятся: одна шайка. **Plebs** *книжн.* плебеи, плебс; *напр.:* mit leeren Versprechungen brachte er den Plebs auf seine Seite пустыми обещаниями он привлек простонародье на свою сторону; er weckte mit diesen Losungen

die niedrigen Instinkte im Plebs он будил этими лозунгами низменные инстинкты плебса [толпы]
pochen *см.* klopfen
Poet *см.* Schriftsteller
Pointe *см.* Sinn [1]
Pokal *см.* Becher
pokulieren *см.* trinken [2]
polar *см.* entgegengesetzt
Polemik *см.* Streit [1]
polemisieren *см.* streiten [1]
polisem *см.* vieldeutig
Polstersessel *см.* Sessel
poltern *см.* dröhnen/klopfen/lärmen [1]
pomadig *см.* träge
Pomp *см.* Pracht
pompös *см.* gehoben
Pope *см.* Geistlicher
pop(e)lig *см.* lumpig
populär *см.* beliebt
Portal *см.* Tor I
Portemonnaie кошелек

das **Portemonnaie** — die **Börse** — die **Geldbörse** — der **Geldbeutel** — die **Geldtasche**

Portemonnaie [pɔrtmɔ'ne:] *индифф. синоним; напр.:* ein kleines, ledernes, hübsches Portemonnaie маленький, кожаный, хорошенький кошелек; das Portemonnaie hat drei Fächer в кошельке три отделения; er steckte das Geld in sein Portemonnaie он спрятал деньги в кошелек; er hat ein dickes Portemonnaie *разг.* у него тугая мошна. **Börse, Geldbörse** *устаревает* = Portemonnaie; *напр.:* wo hast du denn deine Geldbörse [Börse] verloren? где же ты потерял свой кошелек? **Geldbeutel** *уст.* ≈ Portemonnaie *теперь тк. в некоторых сочетаниях ю.-нем.; напр.:* sein Geldbeutel ist wieder leer в кошельке у него опять пусто. **Geldtasche** (большая) денежная сумка (*кондуктора, инкассатора и т. п.*); *напр.:* das Geld wird zur Bank in einer Geldtasche gebracht деньги доставляются в банк в сумке

Portier *см.* Pförtner
Portion *см.* Teil
Porträt портрет

das **Porträt** — das **Bildnis** — das **Konterfei**

Porträt ['-trɛ:] *индифф. синоним; напр.:* ein großes, in Öl gemaltes Porträt большой, написанный маслом портрет; ein Porträt malen, ausstellen нарисовать, выставить портрет; ich blieb lange vor dem Porträt der Sängerin stehen я долго стоял перед портретом певицы. **Bildnis** *книжн.* ≈ Porträt; *напр.:* ein ovales, in Öl gemaltes Bildnis овальный, нарисованный маслом портрет; ein Bildnis in Auftrag geben заказать портрет; vor einem Bildnis verweilen задержаться перед портретом; es war eine alte Münze mit dem Bildnis des Kaisers это была старинная монета с изображением императора □ Noch andere, und darunter einige seiner erbittertsten Gegner, sehen in diesem Bildnis lediglich ein Produkt und Zeichen von Klingsors angeblichem Wahnsinn (Hesse, »Klingsors letzter Sommer«) А другие, и среди них некоторые из его злейших врагов, видят в этом портрете только лишь продукт и знак предполагаемого безумия Клингзора. **Konterfei** *устаревает* = Bildnis; *напр.:* ein Konterfei von j-m malen нарисовать чей-л. портрет; in einem Kästchen verwahrte sie das Konterfei ihres Mannes в маленькой шкатулке она хранила портрет своего мужа; aus einem prunkvollen Rahmen leuchtete das Konterfei der Königin Elisabeth в роскошной раме сверкал портрет королевы Елизаветы; die alte Dame ließ sich ihr Konterfei machen старая дама заказала свой портрет

Position *см.* Lage [2]

positiv положительный (*выражающий согласие*)

positiv — bejahend — zustimmend

positiv *индифф. синоним; напр.:* eine positive Antwort положительный ответ; sich positiv äußern высказаться положительно; er war zu meinen Plänen positiv eingestellt, seine Einstellung zu meinen Plänen war positiv его отношение к моим планам было положительным. **bejahend** утвердительный; *напр.:* eine bejahende Antwort утвердительный ответ; im bejahenden Sinne в утвердительном смысле; er nickte mir bejahend mit dem Kopf он согласно кивал головой. **zustimmend** ≃ bejahend, *но подчеркивает согласие с чьим-л. мнением и т. п.; напр.:* er nickte mir zustimmend zu он кивнул, соглашаясь со мной; он кивнул утвердительно; wir haben uns über sein zustimmendes Gutachten sehr gefreut мы были очень рады его положительному отзыву; мы были очень рады его отзыву, в котором он соглашался с нами

Possen *см.* Scherz
possenhaft *см.* lächerlich
Possenreißer *см.* Spaßmacher
possierlich *см.* lächerlich
Posten *см.* Menge [1]/Stelle [2]/Wache [2]
Postskript(um) *см.* Ergänzung
potent *см.* mächtig [1]
poussieren *см.* flirten/schmeicheln
power *см.* kümmerlich [1]
prachern *см.* bitten [1]
Pracht роскошь

die Pracht — der Prunk — der Glanz — der Pomp — der Luxus — das Gepränge

Pracht *индифф. синоним; напр.:* verschwenderische Pracht расточительная роскошь; die kalte Pracht der Halle холодная роскошь [пышность] зала; sich mit großer Pracht umgeben окружать себя большой роскошью; das war ein Schloß von einmaliger Pracht это был замок, роскошь которого была единственной в своем роде; der Maler bewunderte die Pracht ihrer goldenen Haare художник любовался роскошью ее золотых волос. **Prunk** пышность; *напр.:* die Operette wurde mit viel Prunk aufgeführt оперетта была поставлена с большой пышностью; alle entrüsteten sich über den Prunk, mit dem er sich umgab все возмущались пышностью, которой он себя окружал. **Glanz** блеск; *напр.:* ein Fest mit Glanz feiern с блеском отмечать какой-л. праздник; sie war vom trügerischen Glanz des Reichtums geblendet она была ослеплена фальшивым блеском богатства. **Pomp** помпезность; *напр.:* in diesem Schloß herrscht ein unglaublicher Pomp в этом дворце царит невиданная помпезность. **Luxus** роскошь (*нечто, выходящее за рамки обычного комфорта и требующее расходов, не вызванных необходимостью*); *напр.:* das ist ein Luxus, den ich mir nicht leisten kann это роскошь, которую я не могу себе позволить; er lebt in Luxus он живет в (непозволительной) роскоши; wir haben eine neue Wohnung bekommen und können sich endlich den Luxus leisten, daß jeder sein eigenes Zimmer hat мы получили новую квартиру и можем себе наконец позволить такую роскошь, чтобы у каждого была своя комната; ein bißchen Luxus ist doch ganz schön приятно все-таки иногда побаловать себя. **Gepränge** *высок.* ≃ Prunk; *напр.:* feierliches Gepränge торжественная пышность; die Hochzeit wurde mit festlichem Gepränge gefeiert свадьбу отпраздновали торжественно и пышно

prächtig *см.* gut [1, 2, 3]
prägen чеканить, тиснить

prägen — ausprägen — münzen

prägen *индифф. синоним; напр.:* (Gold zu) Münzen prägen чеканить (из золота) монеты; ein Bildnis in Silber prägen вычеканить портрет на серебре; in kurzer Zeit wurden 10 Millionen in Silber geprägt в короткое время начеканили 10 миллионов в серебре; er hatte auf sein Briefpapier sein Wappen prägen lassen он велел сделать на бумаге для писем оттиски своего герба. **ausprägen** ≃ prägen, *но подчеркивает законченность действия; напр.:* Gold, Silber zu Münzen ausprägen начеканить из золота, из серебра монет; 100 000 Mark in Pfennigen ausprägen начеканить 100 000 марок в пфеннигах; eine Medaille in Silber ausprägen (lassen) (заказать) вычеканить медаль в серебре; ein Bild auf einer Münze ausprägen оттиснуть [вычеканить] изображение на монете. **münzen** *редко* чеканить монеты; *напр.:* Gold, Silber, Kupfer (zu Geld) münzen чеканить монеты из золота, из серебра, из меди

prägnant *см.* genau [2]

prahlen хвастать(ся)

prahlen — prunken — prangen — sich wichtig machen — (sich) wichtig tun — sich aufblähen — sich brüsten — renommieren — paradieren — bramarbasieren — angeben — (sich) großtun — (sich) dicktun — sich aufspielen — aufschneiden — protzen — sich aufblasen — sich aufplustern

prahlen *индифф. синоним; напр.:* mit seinem Reichtum, mit seinen Erfolgen prahlen хвастаться своим богатством, своими успехами; er prahlt gern он любит хвастаться; er prahlt mit seinen Sprachkenntnissen он хвастается знанием иностранных языков □ In 15 Minuten verschlang er 3,31 Meter Wurst. Danach prahlte er: »Die Grenzen meiner Aufnahmefähigkeit sind noch nicht erreicht!« (*Wp 41/1972*) За 15 минут он проглотил 3 м 31 см колбасы. После он похвастался: «Границы моих возможностей еще не достигнуты!» **prunken** *неодобр.* выставлять напоказ; *напр.:* sie hat mit ihrem kostbaren Schmuck geprunkt она навесила всем напоказ свои дорогие украшения; er prunkt mit seinen Erfolgen он выпячивает свои успехи; die Familie prunkte mit ihrem Reichtum семья кичилась своим богатством. **prangen** *устаревает* ≃ prunken; *напр.:* er prangt mit seiner Baßstimme он хвастается своим басом. **sich wichtig machen, (sich) wichtig tun** важничать; *напр.:* er macht sich [tut (sich)] wichtig он важничает, он напускает на себя важность; er macht sich [tut] wichtig mit seinem Studium an der Universität он важничает из-за своей учебы в университете. **sich aufblähen** *неодобр.* кичиться; *напр.:* sich mit seinem Titel aufblähen кичиться своим званием; er bläht sich auf mit seinem Wissen он кичится своими познаниями. **sich brüsten** ≃ prahlen, *но больше подчеркивает неодобрение, может выражать иронию, насмешку; напр.:* sich mit seiner Kraft brüsten хвастать своей силой; sie brüstet sich mit ihren Verehrern она хвастается своими поклонниками; er hat keine Ursache, sich zu brüsten у него нет причин хвастаться; sie brüstet sich ihrer Vergangenheit *высок.* она кичится своим прошлым. **renommieren** ≃ prahlen *подчеркивает уверенность хвастающегося в своем превосходстве; напр.:* er renommiert gern mit seinen Erfolgen он любит хвалиться своими успехами, он носится со своими успехами; er renommiert mit dem Titel seines Vaters он хвастается званием своего отца. **paradieren** *уст. ирон.* ≃ prunken; *напр.:* er paradierte mit seinen Kenntnissen он (с гордостью) щеголял своими знаниями; mit dieser »Leistung« brauchst du nicht zu paradieren тебе не стоит с такой гордостью выставлять напоказ это «достижение». **bramarbasieren** *книжн. редко* фанфаронить; *напр.:* er bramarbasiert mit seinen Erfolgen он фанфронит своими успехами; er bramarbasierte wild gestikulierend über seine Reiseerlebnisse rasskazyvaя о своих приключениях, он фанфаронил, отчаянно жестикулируя. **angeben** *разг.* ≅ prahlen *часто употр. по отношению к тому, кто преувеличивает свои возможности и т. п.; напр.:* sie gibt gern ein bißchen an она любит немножко прихвастнуть; der gibt aber eine Stange an! ну и здорово же он хвастает! ◻ Ich hatte ganz schön was mit Mädchen... Ich sag das nicht, um anzugeben, sondern daß sich keiner ein falsches Bild macht, Leute (Plenzdorf, »Die neuen Leiden«) Я прекрасно знаю женщин... Я говорю это, люди, не для того, чтобы похвастаться, а чтобы ни у кого не возникло ложного представления. **(sich) großtun** *фам.* бахвалиться; *напр.:* er tat (sich) groß mit seinen Verwandten он бахвалился своими родственниками; tu nicht so groß! не бахвалься (так)! **(sich) dicktun** = (sich) großtun; *напр.:* mit seinem Geld dicktun бахвалиться своими деньгами; tu (dich) doch nicht so dick! не бахвалься же так!; er wollte sich vor den Freunden mit seinen Taten dicktun он хотел похвалиться перед друзьями своим геройством [своими подвигами]. **sich aufspielen** *разг.* строить из себя (кого-л.), задаваться; *напр.:* sich vor j-m als Held aufspielen корчить [строить] из себя героя перед кем-л.; er spielte sich ja mächtig auf он здорово задавался; er spielte sich vor den Freunden wunder wie auf он хвастался перед друзьями незнамо как. **aufschneiden** *разг.* пускать пыль в глаза; сильно прихвастнуть; *напр.:* mit seinen Erfolgen, mit seinen Heldentaten aufschneiden пускать пыль в глаза своими успехами, своим геройством; er hat ja gehörig aufgeschnitten! он прихвастнул ничего себе! **protzen** *разг.* ≅ (sich) großtun; *напр.:* mit seinen Erfolgen, mit seinem Geld, mit seiner Kraft protzen бахвалиться своими успехами, своими деньгами, своей силой ◻ Und der Medizinstudent, der immer wieder dieselbe Charlestonplatte aufgelegt hatte, war ein Idiot. Hatte damit geprotzt, daß er nach dem Physikum an die Sorbonne gehen würde (Heiduczek, »Abschied von den Engeln«) А студент-медик, который все время ставил чарльстон, был идиот. Бахвалился тем, что после зачетов уедет учиться в Сорбонну. **sich aufblasen** *разг.* пыжиться; *напр.:* sich mit seinen Kenntnissen aufblasen кичиться своими знаниями; er blies sich auf, als verstünde er etwas von Kunst он напыжился от важности, как будто бы понимает что-то в искусстве. **sich aufplustern** *фам.* ≅ (sich) großtun; *напр.:* er plustert sich mit seinem Können auf он хвалится своим умением; er hat sich mit seiner Stärke aufgeplustert он хва-

лился своей силой; du sollst dich nicht aufplustern! не хвались!
Prahler хвастун
der **Prahler** — der **Angeber** — der **Wichtigtuer** — der **Blender** — der **Großtuer** — der **Dicktuer** — der **Gernegroß** — der **Protz** — der **Aufschneider** — der **Prahlhans** — der **Großsprecher** — der **Schwadroneur** — der **Maulheld** — das **Großmaul**
Prahler *индифф. синоним; напр.:* ein großer Prahler большой хвастун; er ist kein Prahler он не хвастун; mit diesem Prahler will ich nichts zu tun haben с этим хвастуном я не хочу иметь никаких дел; er gilt als Prahler он слывет хвастуном. **Angeber** ≅ Prahler, *но подчеркивает, что кто-л. много берет на себя; напр.:* er ist ein großer Angeber он большой хвастун; du bist aber ein Angeber! ну ты и хвастун! **Wichtigtuer** напускающий на себя важность; *напр.:* ich weiß, er ist ein Wichtigtuer я знаю, он любит поважничать. **Blender** тот, кто пускает пыль в глаза (*умеет производить выгодное впечатление*); *напр.:* er ist ein großer Blender он умеет пускать пыль в глаза (,а сам ничего собой не представляет). **Großtuer, Dicktuer** *разг.* воображала, задавака; *напр.:* der Dicktuer schneidet wieder auf этот воображала снова бахвалится; auf den Großtuer höre ich nicht mehr я больше не слушаю этого задаваку. **Gernegroß** *разг.* задавака *подчеркивает потуги хвастуна казаться чем-то бо́льшим, чем он есть; напр.:* er ist ein kleiner Gernegroß он маленький задавака. **Protz** *разг.* чванливый хвастун; *напр.:* ich weiß nicht, was du an diesem unsympатhischen Protz findest не понимаю, что хорошего ты находишь в этом несимпатичном, чванливом хвастуне. **Aufschneider** *разг.* бахвал; *напр.:* er ist ein Aufschneider он бахвал; man hält ihn für einen Aufschneider его считают бахвалом. **Prahlhans** *разг.* хвастунишка; *напр.:* er ist ein Prahlhans он хвастунишка; ich kenne diesen Prahlhans я знаю этого хвастунишку; so ein Prahlhans! ну и хвастунишка! **Großsprecher** *разг.* крикун, пустозвон (*выступающий с хвастливыми угрозами, обещаниями и т. п.*); *напр.:* ein unerträglicher Großsprecher невыносимый пустозвон; er ist ein Großsprecher, dem man nicht alles glauben kann он пустозвон, которому не во всем можно верить. **Schwadroneur** [-'nøːr] *разг.* болтун; *напр.:* höre nur nicht darauf, was dieser Schwadroneur verspricht не слушай только, что обещает этот болтун; du darfst diesen Schwadroneur nicht so wichtig nehmen не стоит принимать всерьез этого болтуна. **Maulheld** *фам.* ≅ Großsprecher *часто употр., когда (хвастливые) заверения противоречат поступкам человека; напр.:* er ist als Maulheld bekannt

он известен как пустозвон (,который много говорит и мало делает). **Großmaul** *фам.* пустобрех; *напр.:* so ein Großmaul! ну и пустобрех!; diesem Großmaul brauchst du nicht allzuviel zu glauben этому пустобреху не стоит очень-то верить
Prahlhans *см.* Prahler
Praktikant *см.* Lehrling [1]
prall *см.* straff [1]/voll [2]
prallen *см.* anstoßen
prallvoll *см.* voll [2]
Prämie *см.* Lohn [2]
präm(i)ieren *см.* belohnen
prangen *см.* prahlen
Pranger *см.* «Приложение»
Pranke *см.* Hand
präparieren *см.* bereiten [2]
Präsent *см.* Geschenk
Präsidium *см.* Leitung
prasseln *см.* klopfen
prassen *см.* zechen [1]
Prätendent *см.* Kandidat
präzis(e) *см.* genau [1, 2]
Preis [1] цена, стоимость
der **Preis** — der **Wert**
Preis *индифф. синоним; напр.:* der hohe, niedrige, unerschwingliche Preis высокая, низкая, недоступная цена; Waren zu herabgesetzten [ermäßigten] Preisen verkaufen продавать товары по сниженным ценам; unterm Preis verkaufen продавать ниже стоимости; der Preis des Mantels beträgt 200 Mark цена пальто составляет 200 марок; die Preise klettern in die Höhe цены ползут вверх; etw. um jeden Preis haben wollen добиваться чего-л. любой ценой. **Wert** стоимость; *напр.:* den Wert eines Gegenstandes schätzen, feststellen оценить предмет, установить стоимость предмета; ein Bild über, unter seinem Wert verkaufen продать картину выше, ниже стоимости; Gold steigt im Wert стоимость золота повышается; er hat Bücher im Wert von vielen 1000 Mark у него имеется книг на несколько тысяч марок; ich kenne seinen Wert я знаю, чего он стоит
Preis [2] *см.* Lohn [2]
Preis [3]: den Preis herunterdrücken *см.* abhandeln
preisen *см.* loben
preisgeben *см.* verlassen I [1]
preiswert *см.* billig [1]
prellen *см.* betrügen
Premiere премьера
die **Premiere** — die **Erstaufführung** — die **Uraufführung**
Premiere *индифф. синоним; напр.:* zur Premiere gehen идти на премьеру; der Film hat am Wochenende Premiere премьера фильма состоится в конце недели; die Premiere hatte Erfolg премьера имела успех. **Erstaufführung** первая постановка, премьера; *напр.:* die Erstaufführung einer Oper премьера [первая постановка] оперы; die deutsche Erstaufführung des Dramas fand im Jahre 1920 statt первая постановка драмы на немецкой сце-

не состоялась в 1920 году; der Eratauffübrung des Schauspiels wohnte der Autor bei на премьере пьесы присутствовал ее автор. **Uraufführung** ≅ Erstaufführung, *но подчеркивает, что это самая первая постановка; напр.*: die Uraufführung des Theaterstücks war im Herbst in Berlin, jetzt erlebte es schon mehrere Erstaufführungen in verschiedenen Städten der DDR самая первая постановка пьесы была в Берлине, сейчас ее премьеры прошли в различных городах ГДР
pressen [1] жать *(фрукты, плоды, сок из фруктов, плодов)*
pressen — quetschen
  pressen *индифф. синоним; напр.*: den Saft aus einer Zitrone, aus Beeren, aus Trauben pressen жать сок из лимона, из ягод, из винограда; Früchte, Obst, Wein pressen жать плоды, фрукты, виноград; sie preßte den Saft aus einer Apfelsine in die Tasse она выжала сок из апельсина в чашку. quetschen мять, давить; *напр.*: den Saft aus einer Zitrone, aus einer Apfelsine quetschen давить сок из лимона, из апельсина; sie quetschte gerade Kartoffeln für Kartoffelbrei, als ich kam она как раз мяла картошку для пюре, когда я пришел
  pressen[2] *см.* drücken[1]
  Prestige *см.* Einfluß[2]
  preziös *см.* steif[2]
  Priester *см.* Geistlicher
  prima *см.* gut[1]
  primitiv *см.* schlicht[2]
  Prinzip *см.* Grundsatz
  Prise *см.* Beute
  privat частный *(неслужебный, неофициальный), личный*
privat — außeramtlich — außerdienstlich
  privat [-v-] *индифф. синоним; напр.*: eine private Mitteilung неофициальное сообщение; ein privater Wagen личный автомобиль; j-n privat sprechen разговаривать с кем-л. по личным вопросам; er äußerte damit nur seine private Meinung он выразил этим только свое частное мнение; er kam in die Stadt in privaten Angelegenheiten он приехал в город по личным делам; der Minister reist privat министр путешествует как частное лицо; mit wem verkehrt er privat? с кем он общается в неслужебное время? □ Fox brachte Herbert zur Tür, sagte daß es an der Zeit wäre, wieder einmal privat zusammenzukommen, beide lachten und nahmen es nicht ernst (*Heiduczek*, »*Abschied von den Engeln*«) Фокс проводил Герберта до двери, сказал, что уже пора снова встретиться как-нибудь неофициально, оба засмеялись, не принимая этого всерьез. außeramtlich неофициальный; *напр.*: ein außeramtlicher Bericht неофициальное сообщение; ein außeramtliches Schreiben неофициальное письмо. außerdienstlich внеслужебный, неслужеб-

ный; *напр.*: das war ein außerdienstliches Gespräch это был неслужебный разговор; ich weiß nicht, mit wem er außerdienstlich verkehrt я не знаю, с кем он общается во внеслужебное время
  Privileg *см.* Vorrecht
  Privilegium *см.* Vorrecht
  Probe *см.* Muster[1]/Versuch
  probieren *см.* kosten I
  Problem *см.* Aufgabe[2]
  Produkt *см.* Erzeugnis
  produktiv *см.* nützlich/schöpferisch
  professionell *см.* beruflich
  professoral *см.* lehrhaft
  professorenhaft *см.* lehrhaft
  Profit *см.* Einkommen[1]/Vorteil[1]
  profitieren *см.* erwerben[1]
  progressiv *см.* fortschrittlich
  Proklamation *см.* Verkündigung
  Proklamierung *см.* Verkündigung
  prolongieren *см.* verlängern[1]
  promenieren *см.* spazierengehen
  prominent *см.* bekannt[1]
  prompt *см.* gleich[2]
  Prophet *см.* Wahrsager
  prophezeien *см.* voraussagen
  proppenvoll *см.* voll[2]
  prosperieren *см.* vorankommen
  Prosperität *см.* Blüte
  Prostituierte проститутка
die Prostituierte — die Dirne — das Callgirl — das Straßenmädchen — das Freudenmädchen — die Kokotte — die Hure — die Nutte
  Prostituierte *индифф. синоним; напр.*: die Prostituierten werden von der Polizei überwacht полиция следит за проститутками; sie war arbeitslos und wurde eine gewerbsmäßige Prostituierte она была безработной и стала профессиональной проституткой. Dirne девка; *напр.*: eine öffentliche, käufliche Dirne публичная, продажная девка; er treibt sich mit ganz gemeinen Dirnen herum он путается с самыми последними девками □ Und einmal hatte er auch das beobachtet, wie Niklaus in einem fremden Städtchen... eines Abends im Verborgenen eine käufliche Dirne besucht hatte (*Hesse*, »*Narziß*«) А однажды ему случилось видеть, как Никлаус в чужом городке... как-то вечером ходил тайком к продажной девке. Callgirl [ˈkɔːlɡœːl] проститутка, вызываемая по телефону; *напр.*: das Callgirl wies es entschieden zurück, als eine Prostituierte bezeichnet zu werden девица решительно протестовала против того, чтобы ее считали проституткой. Straßenmädchen уличная женщина; *напр.*: sie war das, was man ein Straßenmädchen nennt она была то, что называется уличная женщина. Freudenmädchen *устаревает* девица легкого поведения, веселая девица; *напр.*: ihn kannten alle Freudenmädchen in der Stadt его знали все девицы легкого поведения в городе. Kokotte *книжн.* кокотка; *напр.*: sie ist eine mondäne Kokotte

она элегантная кокотка; seine Romane über Kokotten waren sehr beliebt его романы о дамах полусвета были очень популярны □ ...anfangs hatte ich sie für eine Tänzerin gehalten, dann für eine Kokotte, beides stimmte nicht — ich glaube, Ivy arbeitete wirklich als Mannequin (*Frisch*, »*Homo faber*«) ...сначала я принимал ее за танцовщицу, потом за кокотку, и то и другое неверно — я думаю, что Иви действительно работала манекенщицей. Hure *груб.* шлюха; *напр.*: er ging ins Bordell zu den Huren он ходил в публичный дом к шлюхам □ Sie hatte eine glänzende Karriere hinter sich. Sie war das gewesen, was die unerreichbare Sehnsucht jeder kleinen Hure ist: eine Hoteldame. Eine Hoteldame geht nicht auf den Straßenstrich, — sie wohnt im Hotel und macht da ihre Bekanntschaften (*Remarque*, »*Drei Kameraden*«) Она сделала блестящую карьеру. Она была — и это недосягаемая, страстная мечта каждой мелкой шлюхи — дамой из отеля. Дама из отеля не ловит мужчин на улице — она живет в гостинице и заводит знакомства там же. Nutte *груб.* потаскуха; *напр.*: die Nutte war sinnlos betrunken потаскуха была пьяной до бесчувствия
  Protegé *см.* Schützling
  protegieren *см.* fördern[2]
  Protest *см.* Einwand
  Protz *см.* Prahler
  protzen *см.* prahlen
  provisorisch *см.* zeitweilig[1]
  Prozent процент *(с капитала и т. п.)*
das Prozent — der Zins
  Prozent *индифф. синоним; напр.*: (hohe) Prozente geben, nehmen, zahlen давать, брать, платить (высокие) проценты; bei sofortiger Zahlung wird drei Prozent Rabatt gewährt при немедленной оплате дается три процента скидки; diese Anlage bringt mehr als 30 Prozent Gewinn эта установка приносит больше тридцати процентов прибыли; er bekommt gute Prozente für sein Geld он получает хорошие проценты со своих денег. Zins *б. ч. мн.* ≅ Prozent, *но употр. тк. по отношению к доходу от отданных в долг, пущенных в оборот денег; напр.*: das Kapital bringt Zinsen капитал приносит проценты; Geld auf Zinsen leihen давать [ссужать] деньги под проценты; von seinen Zinsen leben жить на проценты; er spart bei der Sparkasse und bekommt 3 Prozent Zinsen он хранит деньги в сберегательной кассе и получает три процента годовых
  prüde *см.* steif[2]
  prüfen проверять, испытывать *(с целью проверки)*
prüfen — überprüfen — nachprüfen — erproben — ausprobieren — kontrollieren — testen — überhören — examinieren

prüfen *индифф. синоним; напр.*: einen Schüler in Mathematik, in Deutsch prüfen проверять [экзаменовать] ученика по математике, по немецкому языку; eine Maschine prüfen испытывать машину; den Geschmack einer Speise prüfen (по)пробовать вкус блюда [пищи]; j-n, etw. auf Tauglichkeit prüfen проверить пригодность кого-л., чего-л.; gründlich, gewissenhaft prüfen проверить основательно, на совесть; hier wird die Qualität der Erzeugnisse geprüft здесь проверяется качество продукции; Abiturienten werden mündlich und schriftlich geprüft выпускников экзаменуют устно и письменно; du mußt dich noch ernstlich prüfen, ob du das wirklich wünschst ты должен себя еще раз серьезно проверить, действительно ли ты этого хочешь. **überprüfen** проверить, как что-л. сделано, как что-л. работает; *напр.*: eine Rechnung überprüfen проверить счет; er überprüfte die Maschine immer wieder он еще и еще раз проверял работу машины. **nachprüfen** перепроверять (после кого-л.); *напр.*: eine Aussage, j-s Alibi nachprüfen (пере)проверить показание, удостовериться в чьем-л. алиби; ich müßte alle Rechnungen noch einmal nachprüfen мне нужно было бы еще раз (пере)проверить все расчеты; er wurde im Herbst nachgeprüft его переэкзаменовали осенью. **erproben** испытывать длительное время; *напр.*: eine neue Methode erproben испытывать новый метод; die Haltbarkeit, die Brauchbarkeit von etw. erproben испытывать прочность, пригодность чего-л.; der Kessel wird zur Zeit im Werk erprobt котел испытывается в настоящее время на производстве; auf diese Weise wurde seine Verschwiegenheit erprobt таким образом испытали, умеет ли он молчать; die Techniker hatten das Auto in harten Tests erprobt техники подвергли автомашину серии жестких испытаний. **ausprobieren** испробовать, проверить на практике; *напр.*: eine Maschine ausprobieren проверить, как работает машина; ich probiere eine andere Methode aus я испробовал другой метод; hast du die neue Waschmaschine schon ausprobiert? ты опробовал уже новую стиральную машину?, ты уже проверил, как работает новая стиральная машина? **kontrollieren** контролировать, проверять, все ли правильно; *напр.*: etw. scharf, streng kontrollieren пристально, строго контролировать что-л.; die Reisenden werden an der Grenze kontrolliert путешественники на границе проходят таможенный досмотр; der Grenzpolizist kontrollierte unsere Pässe пограничник проверил наши паспорта; der Lehrer kontrollierte die Rechenaufgaben учитель проверил задание по арифметике □ ...ich kontrollierte mit meiner Zunge, ob mir wirklich keine Zähne wackelten (*Frisch, »Homo faber«*) ...я пощупал языком, не качаются ли в самом деле мои зубы. Und er war eifersüchtig gewesen, zum Wahnsinnigwerden eifersüchtig. Hatte sogar angefangen, ihre Briefe zu kontrollieren (*Heiduczek, »Abschied von den Engeln«*) А он ревновал, бешено ревновал. Начал даже проверять ее письма. **testen** испытывать (*прибор и т. п. по определенной программе*), проверять при помощи тестов, тестировать; *напр.*: das neue Modell muß noch getestet werden новую модель надо еще испытать; sie testen vor allem die Haltbarkeit des Gewebes они проверяют прежде всего прочность ткани; der Psychologe testete die Kinder des ersten Schuljahres психолог тестировал первоклассников. **überhören** прослушать, проверить; *напр.*: ich habe das Tonband überhört, es klingt ganz gut я прослушал пленку, она звучит хорошо. **examinieren** *книжн.* экзаменовать; *напр.*: einen Schüler examinieren экзаменовать ученика; der Kandidat wurde examiniert кандидата проэкзаменовали; die Klasse wurde in allen Fächern gründlich examiniert класс основательно проэкзаменовали по всем предметам

Prügel *см.* Stock I
Prügelei *см.* Schlägerei
prügeln *см.* schlagen
prügeln, sich *см.* schlagen, sich
Prunk *см.* Pracht
prunken *см.* prahlen
pruschen *см.* lachen [1]
prusten *см.* lachen [1]
Pseudonym *см.* Beiname
publik *см.* öffentlich
Publikation *см.* Veröffentlichung
publizieren *см.* veröffentlichen
pudelnackt *см.* nackt [1]
pudelnaß *см.* naß
Puff *см.* Schlag [1]
Pülcher *см.* Landstreicher
pumpen *см.* leihen [1, 2]
Punkt *см.* Stelle [1]
pünktlich *см.* genau [1]
Puppe *см.* «Приложение»
pur *см.* rein [2]
Puste *см.* Atem [1]
pusten *см.* blasen [1]
Putsch *см.* Aufstand
Putz *см.* Kleidung/Schmuck
putzen *см.* reinigen [1]/schmücken
Putzfrau *см.* Hausangestellte
putzig *см.* lächerlich
putzsüchtig *см.* eitel [1]

Q

Quacksalber *см.* Arzt
Qual *см.* Schmerz
quälen мучить
quälen — plagen — peinigen — foltern — schikanieren — schinden — martern — piesacken — zwiebeln — schurigeln

quälen *индифф. синоним; напр.*: ein Tier, einen Menschen quälen мучить животное, человека; dieser Gedanke, die Reue quält ihn эта мысль, раскаяние мучит его; das Kind quält mich schon seit Tagen, ich soll mit ihm in den Zirkus gehen ребенок мучит меня уже несколько дней, чтобы я сходил с ним в цирк; quäle dich nicht mit traurigen Gedanken не мучай себя печальными мыслями □ Alles beschäftigte, reizte, spannte, quälte ihn... (*Hesse, »Klingsors letzter Sommer«*) Все занимало его, раздражало, держало в напряжении, мучило... **plagen** донимать, изводить; *напр.*: die Hitze, der Durst, der Hunger, der Husten plagt j-n жара, жажда, голод, кашель донимает кого-л.; er wird von Kopfschmerzen geplagt его донимают головные боли; die Kinder plagten mich, ihnen eine Geschichte zu erzählen дети изводили меня, требуя, чтобы я рассказал им какую-нибудь историю □ Ich habe mir viele Gedanken gemacht... und einige von diesen Gedanken haben mich immer wieder geplagt und mir keine Ruhe gelassen (*Hesse, »Narziß«*) У меня возникало много мыслей... и некоторые из этих мыслей изводили меня и не давали мне покоя. **peinigen** терзать; *напр.*: j-n grausam peinigen жестоко истязать кого-л.; mein Gewissen peinigt mich меня мучит совесть; der Gedanke peinigt mich, daß ich falsch gehandelt habe меня терзает мысль, что я поступил неправильно; die Gefangenen wurden grundlos gepeinigt пленных без причины истязали. **foltern** пытать, мучить; *напр.*: j-n grausam, zu Tode foltern пытать кого-л. жестоко, до смерти; j-n zum Krüppel foltern превратить кого-л. пытками в калеку; sie war von Angst gefoltert она была измучена страхом; das schlechte Gewissen foltert ihn нечистая совесть мучит его; im Gefängnis wurde er zum Krüppel gefoltert пытки в тюрьме сделали его калекой □ Er hatte einen Traum, in dem sah er sich selbst, wie er gefoltert wurde, in die Augen wurden Nägel geschlagen, die Nase mit Haken aufgerissen (*Hesse, »Klingsors letzter Sommer«*) Ему приснился сон, в котором он видел самого себя, как его пытали, в глаза загоняли гвозди, нос рвали крючьями. **schikanieren** изводить злобно, мелочно (*нередко пользуясь своим положением*); *напр.*: der Chef schikaniert seine Untergebenen начальник изводит своих подчиненных (всяческими придирками). **schinden** истязать, жестоко мучить; *напр.*: j-n, ein Tier zu Tode schinden замучить кого-л., животное до смерти; die Gefangenen wurden geschunden заключенных истязали. **martern** *высок.* ≅ foltern; *напр.*: die Henkersknechte marterten den Gefangenen палачи пытали заключенного; Angst und Verzweiflung, Gewissensbisse marterten ihn страх и отчаяние, угрызения совести мучили его; *стилистически нейтрально в предложениях типа:* die Mücken martern mich bis aufs Blut комары совершенно замучили меня. **piesacken** *разг.* изводить, досаждать (*тж. причиняя физическую боль, не сильную, но систематически*); *напр.:* die Tante piesackt ihn den ganzen Tag тетка изводит его целый день (*упреками и т. п.*); wir wurden von Mücken gepiesackt нас замучило комарье; du sollst endlich aufhören, deinen Bruder zu piesacken прекрати же, наконец, изводить своего брата (*насмешками, щипками и т. п.*). **zwiebeln** *разг.* терзать, гонять (*учеников и т. п.*); *напр.:* den habe ich so lange gezwiebelt, bis er das Gedicht konnte я гонял его до тех пор, пока он не выучил стихотворение назубок; der Unteroffizier zwiebelte die Soldaten унтер-офицер гонял солдат; den habe ich so lange gezwiebelt, bis er klein beigab я его терзал до тех пор, пока он не сдался. **schurigeln** *разг.* ≃ schikanieren; *напр.:* er glaubt, uns alle schurigeln zu können он думает, что может изводить нас всех; der Meister schurigelte den Lehrjungen мастер допекал ученика

quälen, sich *см.* bemühen, sich
Qualität качество (*степень достоинства, пригодности чего-л.*)
die **Qualität** — die **Güte**
Qualität *индифф. синоним; напр.:* ausgezeichnete, geringe, schlechte Qualität отличное, низкое, плохое качество; die Qualität verbessern улучшить качество; der Kaffee, das Essen ist von ausgezeichneter Qualität кофе, пища отличного качества; der Name des Betriebes bürgt für Qualität название предприятия служит гарантией высокого качества продукции. **Güte** ≃ Qualität, *но употр. тк. по отношению к товарам, их сортности; напр.:* die bekannte Güte eines Artikels, einer Ware известное качество (продаваемой) вещи, товара; dieser Wein, dieser Stoff ist von ausgezeichneter Güte это вино, этот материал отличного качества; diese Marke ist ein Zeichen für besondere, anerkannte Güte эта марка — знак особого, признанного качества; das ist eine Ware mittlerer Güte это товар среднего качества [сорта]

qualmen *см.* rauchen
qualstern *см.* spucken
Quantität *см.* Menge [1]
Quantum *см.* Menge [1]
Quartier *см.* Unterkunft/Wohnung
quasseln *см.* sprechen [1]
Quatsch *см.* Dummheit
quatschen *см.* sagen [1]/sprechen [1]
Quatschkopf *см.* Schwätzer(in)
quatschnaß *см.* naß

Quell *см.* Quelle [1,2]
Quelle [1] источник, родник
die **Quelle** — der **Brunnen** — der **Born** — der **Quell**
Quelle *индифф. синоним; напр.:* eine klare, warme Quelle чистый родник, теплый источник; die Quelle sprudelt aus dem Felsen источник пробивается из скалы; wir tranken aus einer Quelle мы напились из родничка; hier ist die Quelle des Flusses здесь исток этой реки. **Brunnen** целебный, минеральный источник; *напр.:* ein heißer, salziger, kohlensäurehaltiger Brunnen горячий, соленый, углекислый источник; im Kurort trinkt man Brunnen на курорте пьют воду из (минерального) источника. **Born** *книжн., поэт.* ≃ Quelle; *напр.:* der sprudelnde Born бурлящий родник [ключ]. **Quell** *высок. и ю.-нем.* ≃ Quelle; *напр.:* ein frischer, klarer Quell свежий, чистый родник; wir rasteten im Schatten am Quell мы отдыхали в тени у ключа □ Dich habe ich lieben können, dich allein unter den Menschen. Du kannst nicht ermessen, was das bedeutet. Es bedeutet den Quell in einer Wüste, den blühenden Baum in einer Wildnis (*Hesse, »Narziß«*) Тебя я мог любить, тебя одного из всех людей. Ты не можешь постичь, что это значит. Это значит родник в пустыне, цветущее дерево на диком пустыре
Quelle [2] источник (*знаний и т. п.*)
die **Quelle** — der **Quell** — der **Born**
Quelle *индифф. синоним; напр.:* die Quelle der Freude, des Leidens, des Glücks источник радости, страдания, счастья; eine unversiegbare Quelle неиссякаемый источник; eine amtliche, historische, sichere Quelle официальный, исторический, достоверный источник; das ist die Quelle alles [allen] Übels это источник всех зол; ich weiß es aus erster Quelle я знаю это из первоисточника. **Quell** *книжн.* ≃ Quelle; *напр.:* ein Quell der Freude источник радости; er trank am Quell des Glücks он пил из источника счастья; der Quell des Lebens war versiegt источник жизни иссяк. **Born** *книжн., поэт.* ≃ Quelle; *напр.:* der Born des Wissens источник [кладезь] знания; der Born der Freude источник радости; er sitzt den ganzen Tag über den Büchern, am Born der Weisheit он целый день сидит над книгами, у источника мудрости

quellen *см.* fließen
quengeln *см.* nörgeln
queren *см.* durchqueren
querulieren *см.* nörgeln
quesen *см.* nörgeln
quetschen *см.* pressen [1]
quieken *см.* lachen [1]
quietschen *см.* schreien [1]
Quote *см.* Teil

R

Rabatt *см.* Ermäßigung
rabiat *см.* böse [2]
Rache [1] месть
die **Rache** — die **Blutrache** — die **Heimzahlung** — die **Ahndung**
Rache *индифф. синоним; напр.:* eine grausame, schreckliche Rache жестокая, страшная месть; Rache fordern требовать отмщения; j-m Rache schwören поклясться (ото)мстить кому-л.; auf Rache sinnen замышлять месть; er wurde aus Rache ermordet его убили из мести; das war die Rache für alles, was er getan hatte это была месть за все, что он сделал; Rache dem Verräter! месть предателю!; die Stunde der Rache ist gekommen настал час расплаты. **Blutrache** кровная месть; *напр.:* die Sitte der Blutrache hat es hier nie gegeben здесь никогда не было обычая кровной мести; er ist der Blutrache zum Opfer gefallen он пал жертвой кровной мести. **Heimzahlung** *редко* расплата; *напр.:* das war eine Heimzahlung für seine Verleumdung это была расплата за клевету; die Heimzahlung für unsere schlechte Behandlung kam schnell расплата за плохое обхождение с нами пришла быстро. **Ahndung** *высок.* возмездие, кара; *напр.:* eine harte Ahndung суровая кара; das war eine gesetzliche Ahndung seiner Verbrechen это было законное возмездие за его преступление

Rache [2]: Rache nehmen *см.* rächen (,sich)
Rachedurst *см.* Rachegefühl
rachedurstig *см.* rachsüchtig
Rachegefühl чувство мести
das **Rachegefühl** — die **Rachsucht** — die **Rachgier** — der **Rachedurst** — die **Rachegelüste**
Rachegefühl *индифф. синоним; напр.:* ein starkes Rachegefühl erfaßte ihn его охватило сильное чувство мести; er ließ sich nicht von Rachegefühl leiten он не позволил себе руководствоваться чувством мести; Rachegefühle sind ihm fremd ему чуждо чувство мести. **Rachsucht** мстительность; *напр.:* eine heftige Rachsucht erfaßte ihn жестокая мстительность овладела им; gemeine Rachsucht trieb ihn zu dieser Tat подлая мстительность толкнула его на этот поступок; seine Rachsucht kannte keine Grenzen его мстительность не знала границ; er war voll Rachsucht gegen seinen Rivalen он был полон мстительной ненависти к своему сопернику. **Rachgier** жажда мести; *напр.:* eine heftige Rachgier erfaßte ihn его охватила сильнейшая жажда мести; nichts konnte seine Rachgier mindern ничто не могло ослабить его жажду мести. **Rachedurst** *высок.* ≃ Rachgier; *напр.:* ihn verzehrte der Rachedurst gegen seinen

glücklicheren Nebenbuhler его снедала жажда мести к счастливому сопернику. **Rachegelüste** *тк. мн. высок.* страстная жажда мести; *напр.:* Rachegelüste gegen den verhaßten Feind machten ihm das Leben unerträglich страстное желание отомстить своему ненавистному врагу делало его жизнь невыносимым

Rachegelüste см. Rachegefühl
rächen (‚sich) (ото)мстить
(sich) rächen — Rache nehmen — abrechnen — a h n d e n — eintränken — zurückzahlen

(sich) rächen *индифф. синоним; напр.:* ich werde seinen Mord rächen я отомщу за то, что его убили; er rächte das an den Unschuldigen begangene Unrecht он отомстил за несправедливость, причиненную невинным людям; ich werde mich für diese Beleidigung an ihm rächen я отомщу ему за это оскорбление; seine Unvorsichtigkeit hat sich an ihm bitter gerächt он жестоко поплатился за свою неосторожность ◻ So, wie die Mutter vor ihm saß, tat sie ihm leid, und er fühlte sich versucht, ihr zu gestehen, daß er sie angelogen hatte, um sich an ihr und Hans zu rächen (*Heiduczek, »Abschied von den Engeln«*) То, как мать сидела перед ним, вызывало чувство жалости к ней, и он испытывал искушение признаться ей, что он тогда солгал ей, чтобы отомстить ей и Гансу. **Rache nehmen** ≅ (sich) rächen, *но больше подчеркивает намерение отомстить или жажду мести, чем действие; напр.:* an j-m für etw. Rache nehmen отомстить кому-л. за что-л.; er hat an dem Feind grausame Rache genommen он жестоко отомстил врагу; er wollte an dem Mörder seines Vaters blutige Rache nehmen он хотел кровью отомстить убийце своего отца. **abrechnen** сводить счеты; *напр.:* er hat mit seinen Gegnern abgerechnet он свел счеты со своими противниками. **ahnden** *высок.* ≅ rächen; *напр.:* einen Schimpf ahnden отомстить за позор; er hat das Unrecht geahndet он отомстил за эту несправедливость. **eintränken** *разг.* попомнить; *напр.:* das werde ich dir noch eintränken! ну, я тебе это еще припомню! **zurückzahlen** *разг.* расквитаться, рассчитаться; *напр.:* j-m etw. mit gleicher Münze zurückzahlen отплатить кому-л. за что-л. той же монетой; dem Kerl werde ich seine Gemeinheit zurückzahlen я еще расквитаюсь с этим типом за его подлость

Rachgier см. Rachegefühl
rachgierig см. rachsüchtig
Rachsucht см. Rachegefühl
rachsüchtig мстительный
rachsüchtig — rachgierig — r a c h e d u r s t i g

rachsüchtig *индифф. синоним; напр.:* ein rachsüchtiger Mensch мстительный человек; sie warf einen rachsüchtigen Blick auf ihn она бросила на него мстительный взгляд. **rachgierig** жаждущий мести; *напр.:* er ist noch immer rachgierig он все еще жаждет мести; ich habe noch keinen rachgierigeren Menschen gekannt я не знал еще ни одного человека, более жаждущего мести. **rachedurstig** *высок.* ≅ rachgierig; *напр.:* rachedurstig wie er war, trachtete er nach dem Leben seines Beleidigers пылая жаждой мести, он замышлял убить своего обидчика

Radau см. Lärm [1]
radebrechen см. sprechen [3]
Rädelsführer см. Leiter I
radikal см. gründlich [1]
Radio см. «Приложение»
raffen: an sich raffen см. nehmen [3]
raffgierig см. habgierig
Raffinement см. Feinheit
Raffinesse см. Feinheit
raffiniert см. schlau
Rage см. Zorn
ramponieren см. beschädigen [1]
Ramsch см. Ausschuß [1]
ramschen см. kaufen [1]
Rand край (*какого-л. предмета*)
der Rand — die Kante

Rand *индифф. синоним; напр.:* der Rand des Tisches край стола; am Rande des Waldes на краю [на опушке] леса; er wohnt am Rand(e) der Stadt он живет на окраине города; die Gläser sind bis zum Rand gefüllt стаканы наполнены до краев; er steht am Rande des Grabes он стоит на краю могилы ◻ Die Mutter ließ sich, ein wenig mühsam, auf den Rand des Frühbeets nieder (*Brězan, »Christa«*) Мать с некоторым трудом опустилась на край грядки с ранними овощами. **Kante** край поверхности, грань; *напр.:* sich auf die Kante des Bettes, des Stuhles setzen сесть на самый край [на краешек] постели, стула; stell die Tasse nicht auf die Kante не ставь чашку на край; dieses Taschentuch hat eine hübsch gehäkelte Kante у этого носового платка кромка красиво обвязана крючком

randalieren см. lärmen [2]
Randbemerkung см. Anmerkung [1]/Äußerung
randvoll см. voll [2]
Rang см. Niveau/Titel [1]
Ränke см. Umtriebe
rappeldürr см. mager [1]
rar см. selten
rasch см. schnell
rascheln см. rauschen
rasen см. laufen [1]/wüten
rasend см. böse [2]/sehr
Raserei см. Zorn
rasieren брить
rasieren — scheren — barbieren — schaben — balbieren

rasieren *индифф. синоним; напр.:* trocken rasieren брить электробритвой; der Frisör hat ihn sorgfältig rasiert парикмахер тщательно побрил его; er war frisch rasiert он был свежевыбрит; warum hast du dir den Kopf rasieren lassen? почему ты сбрил себе волосы на голове (*у парикмахера*)? **scheren** коротко стричь; *б. ч. в сочетании с* Bart *устаревает* брить (бороду); *напр.:* hast du dir den Bart geschoren? ты побрился?; er ließ sich den Kopf kahl scheren он остригся наголо (*у парикмахера*). **barbieren** *уст.* ≅ rasieren, *но обыкн.* бреет цирюльник, брадобрей; *напр.:* er ließ sich barbieren его побрили; der Mann war glatt barbiert мужчина был гладко выбрит. **schaben** *фам. шутл.* скоблить, скрести; *напр.:* er hat sich den Bart geschabt он поскреб себе бороду. **balbieren** *диал.* = barbieren

räsonieren см. nörgeln
rasseln см. dröhnen
rastlos см. unermüdlich
Rat совет (*рекомендация*)
der Rat — der Ratschlag — die Empfehlung — die Anempfehlung

Rat (*мн.* Ratschläge) *индифф. синоним; напр.:* ein guter, schlechter, weiser Rat хороший, плохой, мудрый совет; j-m einen Rat geben давать кому-л. совет; j-n um Rat fragen спрашивать у кого-л. совета; auf j-s Rat hören слушаться чьего-л. совета; ich habe seinen Rat befolgt, ich bin seinem Rat gefolgt я последовал его совету; ich habe es auf seinen Rat hin getan я сделал это по его совету; zu spät hat er den Arzt zu Rate gezogen он слишком поздно прибегнул к совету врача; er weiß für alles Rat у него на все готов совет; alle meine Ratschläge hat er in den Wind geschlagen он пренебрег всеми моими советами ◻ »Da bin ich nicht zuständig«, erklärte er... »Da kann ich keinen Rat geben« (*Feuchtwanger, »Lautensack«*) «Тут я не компетентен, — сказал он. — В этом случае я не могу дать совета». **Ratschlag** = Rat; *напр.:* Ratschläge erteilen [geben] давать советы; j-s Ratschlag befolgen следовать чьему-л. совету; er bat mich um einen Ratschlag он попросил у меня совета; ich weiß keinen Ratschlag я не знаю, что посоветовать. **Empfehlung** рекомендация; *напр.:* auf Empfehlung des Arztes reiste er zur Kur по рекомендации врача он поехал на курорт; der Ausschuß schloß sich den Empfehlungen des Ministers an комитет присоединился к рекомендациям министра. **Anempfehlung** *книжн. редко* ≅ Empfehlung; *напр.:* ich folgte seiner Anempfehlung und ging zuerst zu Professor Müller я последовал его совету и пошел сначала к профессору Мюллеру

Rate взнос (*при платеже в рассрочку*)
die Rate — die Teilzahlung

Rate *индифф. синоним; напр.:* auf Raten kaufen покупать в рассрочку; in Raten zahlen выплачивать в рассрочку; er bezahlte den Kühlschrank in vier Raten он выплатил стоимость холодильника в четыре взноса; er ist mit einer Rate für das Haus im Rückstand он запаздывает с уплатой очередного взноса за дом. **Teilzahlung** выплата, уплата по частям, в рассрочку; *напр.*: monatliche Teilzahlung месячная выплата по частям; etw. auf [in] Teilzahlung kaufen покупать что-л. с выплатой по частям; die ersten drei Teilzahlungen für das Haus fielen ihm nicht schwer первые три взноса за дом дались ему без труда; das Werk hat die Teilzahlungen einzuhalten завод должен соблюдать сроки платежей [уплаты по частям]

raten¹ советовать
raten — anraten — zuraten — beraten — empfehlen — nahelegen — anempfehlen

raten *индифф. синоним*; *напр.*: ich habe ihm geraten, er soll sofort nach Hause fahren я посоветовал ему, чтобы он тотчас же ехал домой; ich rate Ihnen dringend, das Angebot anzunehmen я настоятельно советую вам принять это предложение; was rätst du mir? о чем ты мне посоветуешь?; laß dir raten, tu es nicht! позволь дать тебе совет: не делай этого!; ich weiß ihm nicht zu raten я не знаю, что ему посоветовать; ich rate Ihnen zu diesem Buch я рекомендую вам эту книгу; ich rate Ihnen zur Vorsicht я советую вам быть осторожным; sie riet ihm Geduld она посоветовала ему проявить терпение. **anraten** настоятельно советовать; *напр.*: j-m Ruhe anraten настоятельно советовать кому-л. покой; der Arzt riet ihm an, weniger zu essen врач настоятельно советовал ему меньше есть; es wurde ihm Vorsicht angeraten ему настоятельно посоветовали быть осторожным □ Ruth entschied sich, mit Thomas doch nicht über den Vater zu reden, die Nachricht für sich zu behalten, wie ihr auch angeraten worden war (*Heiduczek, »Abschied von den Engeln«*) Рут решила все же не говорить с Томасом об отце, сообщение о нем сохранить в тайне, как ей и посоветовали сделать. **zuraten** советовать что-л. сделать; *напр.*: er riet mir zu, diesen Wagen zu kaufen он (по)советовал мне купить эту машину; wer hat dir (dazu) zugeraten? кто это тебе посоветовал сделать?; ich kann dir weder zu- noch abraten я не могу тебе этого ни советовать, ни отсоветовать. **beraten** (*j-n*) помогать советом кому-л. (,обсуждая что-л.); *напр.*: er hat ihn bei seinem Kauf beraten он помог ему советом [консультировал его] при покупке; er ist gut beraten ему дали хороший совет. **empfehlen** рекомендовать; *напр.*: er empfahl mir, meinen Urlaub im Süden zu verbringen он порекомендовал мне провести отпуск на юге; dieser Arzt ist mir sehr empfohlen worden мне очень рекомендовали этого врача; ich kann dir dieses Buch weniger empfehlen я не очень рекомендую тебе эту книгу; er hat mir Geduld empfohlen он рекомендовал мне быть терпеливым. **nahelegen** настоятельно советовать, предлагать; *напр.*: es wurde ihm nahegelegt, von seinem Posten zurückzutreten ему настоятельно посоветовали уйти с занимаемой должности; man riet ihm nahegelegt, das Haus zu verlassen ему предложили покинуть этот дом; ich habe ihm nahegelegt, seinen Plan aufzugeben я настоятельно посоветовал ему отказаться от его плана. **anempfehlen** *книжн.* ≅ empfehlen; *напр.*: ihm wurde äußerste Zurückhaltung anempfohlen ему (настоятельно) рекомендовали быть в высшей степени сдержанным; er hat uns anempfohlen, unsere Reisevorräte hier einzukaufen он рекомендовал нам закупить здесь припасы на дорогу

raten² гадать (*предполагать*), отгадывать
raten — erraten — enträtseln — entziffern — dechiffrieren — dahinterkommen

raten *индифф. синоним*; *напр.*: ein Rätsel raten отгадывать загадку; rate doch einmal, wie das Spiel ausgegangen ist ну-ка, отгадай, как кончилась игра; ich weiß es nicht, ich kann nur raten я этого не знаю, я могу только гадать. **erraten** разгадать, угадать; *напр.*: ein Rätsel, ein Geheimnis erraten разгадать загадку, тайну; ich habe deine Absichten erraten я разгадал твои намерения; jetzt habe ich erraten, was du meinst теперь я разгадал, что ты думаешь; du errätst es nicht! ты не угадаешь!; das ist leicht zu erraten это нетрудно угадать. **enträtseln** разгадать, найти объяснение (*сделать загадочное понятным*); *напр.*: die Natur einer unbekannten Krankheit enträtseln разгадать [раскрыть] природу неизвестной болезни; ein Geheimnis enträtseln разгадать тайну; ich kann den tieferen Sinn seiner Handlungen nicht enträtseln я не могу разгадать глубокий смысл его действий; es wird uns vielleicht doch gelingen, diese unleserliche Schrift zu enträtseln нам, может быть, все-таки удастся разгадать эти неразборчивые [полустершиеся] письмена. **entziffern** расшифровывать; *напр.*: eine Geheimschrift, Hieroglyphen entziffern расшифровать тайнопись, иероглифы; ich kann die Schrift kaum entziffern я с трудом разбираю почерк [,что тут написано]; er konnte ihren Brief nicht entziffern он не мог разобрать ее письмо. **dechiffrieren** [-ʃ-] *книжн.* дешифровать, расшифровать; *напр.*: eine Nachricht dechiffrieren расшифровать тайнопись, сообщение; er konnte diese Aufschrift nur mit Mühe dechiffrieren он только с трудом мог дешифрировать эту надпись. **dahinterkommen** *разг.* докопаться; *напр.*: ich werde schon dahinterkommen, was er eigentlich will уж я докопаюсь, что у него на уме [чего он хочет на самом деле]; er kann nicht dahinterkommen, was das bedeuten soll ему и невдомек, что все это значит

ratifizieren см. bestätigen²
ratlos растерянный
ratlos — hilflos

ratlos *индифф. синоним*; *напр.*: er ist völlig ratlos он не знает, что делать, он совершенно растерян; er zuckte ratlos die Achseln он растерянно пожал плечами. **hilflos** беспомощный; *напр.*: sie sah ihn hilflos an она беспомощно смотрела на него; er stand ganz hilflos da он стоял совсем беспомощный; sie zuckte hilflos die Achseln она беспомощно пожала плечами

ratschen см. dröhnen
Ratschlag см. Rat
rätselhaft см. unerklärlich¹
rätseln см. nachdenken
Rattenschwanz см. Zopf
rattern см. dröhnen
Raub¹ похищение, ограбление
der Raub — der Diebstahl — die Entführung

Raub *индифф. синоним*; *напр.*: einen Raub verüben [begehen] совершить ограбление; auf Raub ausgehen отправляться грабить; das ist eine Sage über den Raub der Sabinerinnen это легенда о похищении сабинянок; er ist wegen schweren Raubs angeklagt worden он был обвинен в ограблении; über den Raub der Bilder wird viel geschrieben о похищении картин много пишут. **Diebstahl** кража; *напр.*: einen Diebstahl begehen, aufdecken совершить, раскрыть кражу; er wurde bei einem Diebstahl ertappt его поймали с поличным при попытке совершить кражу; bald wurde der Diebstahl entdeckt скоро кража была обнаружена. **Entführung** похищение (человека); *напр.*: die Entführung eines Flugzeugs угон самолета (*с пассажирами*); alle Zeitungen schrieben über die Entführung der beiden Kinder des Präsidenten все газеты писали о похищении обоих детей президента

Raub² см. Beute
rauben похищать (*применяя силу*), грабить
rauben — berauben — entführen — kidnappen — plündern — ausrauben — ausplündern — brandschatzen — ausräubern

rauben *индифф. синоним*; *напр.*: sie raubten und mordeten они грабили [разбойничали] и убивали; Wertsachen rauben похищать ценные вещи; ein Kind rauben похитить ребенка; er hat ihr das Geld und den Schmuck geraubt он похитил [отнял] у нее деньги и драгоценности; der Wolf

RAUBEN

hat ein Schaf geraubt волк утащил овцу; es kommt vor, daß aus den Museen und Sammlungen wertvolle Kunstwerke geraubt werden случается, что из музеев и собраний похищают ценные произведения искусства. **berauben** (j-n) ограбить *в отличие от* rauben *не употр. без объекта, причем объектом действия может быть тк. лицо; напр.:* sie wurde überfallen und beraubt на нее напали и ограбили; man hatte bei ihm eingebrochen und ihn beraubt квартиру взломали, и его ограбили; man beraubte sie aller ihrer Ersparnisse *высок.* у нее отняли все ее сбережения. **entführen** похитить (человека) *предполагает тайное похищение или насильственный захват и увоз; теперь часто употр. по отношению к самолетам с пассажирами, к заложникам и т. п.; шутл.* похищать, уводить; *напр.:* ein Mädchen, ein Kind entführen похитить девушку, ребенка; ein Flugzeug entführen угнать самолет; eine Braut entführen похищать [умыкать] невесту; darf ich Ihnen einen Augenblick Ihre Dame entführen? разрешите похитить на минутку вашу даму; ich habe dir deinen Bleistift für kurze Zeit entführt я увел у тебя на минутку карандаш. **kidnappen** ['kidnɛp-] ≅ entführen, *употр. тк. по отношению к заложникам, первоначально — о похищении детей с целью получения выкупа; напр.:* Gangster haben den Sohn des Präsidenten gekidnappt гангстеры похитили сына президента; der Gelehrte wurde von einer Bande Terroristen gekidnappt ученый был похищен бандой террористов. **plündern** беспощадно грабить; *напр.:* eine Stadt plündern беспощадно грабить город; in der Nacht wurden zwei Geschäfte geplündert ночью были полностью разграблены два магазина. **ausrauben** (о)грабить дочиста, (полностью) разграбить; *напр.:* fremde Länder ausrauben грабить чужие страны; den Gefangenen ausrauben отнять все у пленного; eine Wohnung ausrauben ограбить квартиру дочиста; er ist bei Dunkelheit überfallen und ausgeraubt worden в темноте на него напали и ограбили дочиста. **ausplündern** ≅ ausrauben; *напр.:* Reisende ausplündern грабить путешественников; Diebe plünderten die Kasse aus воры очистили кассу; mehrere Autos wurden gestohlen, zwei weitere ausgeplündert несколько автомобилей украли и еще два ограбили. **brandschatzen** *книжн. ист.* ≅ ausplündern, *но обыкн. употр. по отношению к действиям вторгшихся чужеземных войск и т. п.; напр.:* fremde Truppen haben (diese Gebiete) gebrandschatzt чужеземные войска грабили (эти области); die reichen Provinzen waren mehrfach gebrandschatzt worden богатые провинции неоднократно подвергались набегам и разграблению. **ausräubern** *разг.* очищать; *напр.:* den Schreibtisch ausräubern очистить письменный стол, унести все из письменного стола; j-n beim Kartenspiel tüchtig ausräubern обобрать до нитки кого-л. при игре в карты

rauchen дымить; курить
rauchen — qualmen — paffen
rauchen *индифф. синоним; напр.:* der Ofen, das Lagerfeuer raucht печка, костер дымит; er raucht eine Zigarette он курит сигарету; danke, ich rauche nicht спасибо, я не курю. **qualmen** сильно дымить; *разг.* много курить; *напр.:* die eben ausgelöschte Kerze qualmt только что потушенная свеча чадит; der Ofen qualmt печь сильно дымит; du sollst nicht so viel qualmen! ты не должен так много курить!; sie qualmten wie die Schlote они дымили, как фабричная труба. **paffen** *разг.* дымить *(курить, глубоко затягиваясь); напр.:* er paffte eine dicke Zigarre он дымил толстой сигарой; er paffte ruhig an seiner Pfeife он спокойно попыхивал трубкой
Rauchfang *см.* Schornstein
Raufbold драчун
der Raufbold — der Krakeeler
Raufbold *индифф. синоним; напр.:* jeder geht diesem Raufbold aus dem Wege каждый сторонится этого драчуна; so ein kleiner Raufbold! ах ты, маленький буян! **Krakeeler** *разг.* скандалист; *напр.:* die Polizei nahm einige Krakeeler wegen nächtlicher Ruhestörung fest полиция забрала нескольких скандалистов за нарушение ночной тишины; er ist ein alter Krakeeler он старый скандалист
raufen (,sich) *см.* schlagen, sich
Rauferei *см.* Schlägerei
rauh *см.* grob
Raum *см.* Platz ¹/Zimmer
räumen ¹ чистить, очищать *(от чего-л., от кого-л.);* убирать *(что-л. откуда-л.)*
räumen — aufräumen — säubern
räumen *индифф. синоним; напр.:* einen Abguß räumen вычищать водосток; eine Latrine räumen чистить уборную; die Straße sollte von Schutt geräumt werden улицу нужно было очистить от мусора. **aufräumen** расчищать, убирать; *напр.:* nach dem Hochwasser mußte viel Schutt aufgeräumt werden после наводнения нужно было убрать много мусора. **säubern** очищать от ненужного, вредного; *напр.:* ein Beet von Unkraut säubern очищать грядку от сорняков; die Stadt von den Verbrechern säubern очищать город от преступников
räumen ² очищать, освобождать *(помещение, пространство и т. п.)*
räumen — leeren — verlassen — frei machen
räumen *индифф. синоним; напр.:* den Platz räumen очистить [освободить] место; die Stadt, das Land räumen оставить [эвакуировать] город, оставить страну *(вывести войска);* wir müssen die Wohnung bis zum 1. April räumen мы должны освободить квартиру к первому апреля; räume bitte ein Fach für neue Bücher освободи, пожалуйста, полку для новых книг □ ...die Glocken läuteten ohne Unterlaß... Das Dorf wurde geräumt *(Frisch, »Stiller«)* ...колокола звонили не переставая... Жители оставляли село. **leeren** опорожнять; *напр.:* ein Gefäß leeren опорожнить сосуд; den Briefkasten leeren вынимать почту из почтового ящика; er leerte das Glas auf einen Zug он осушил стакан одним глотком; er hat mir die Taschen gründlich geleert *разг. шутл.* он основательно опустошил мои карманы. **verlassen** оставлять, покидать *(уходить, уезжать); напр.:* der Feind verließ die Stadt враг оставил город; er verließ das Land und uехал из страны; er verließ zornig die Wohnung он ушел сердитый из дома. **frei machen** освободить *(место, квартиру); напр.:* er machte für uns drei Sitze frei он освободил для нас три места; wir müssen in drei Tagen die Wohnung frei machen мы должны через три дня освободить квартиру

raunen *см.* flüstern
raunzen *см.* nörgeln
Rausch опьянение *прям. и перен.*
der Rausch — der Taumel
Rausch *индифф. синоним; напр.:* seinen Rausch ausschlafen проспаться, чтобы вышел хмель; ein Rausch der Liebe, des Glückes опьянение любовью, счастьем; er hatte einen Rausch он был под хмельком; im Rausch der Leidenschaft bemerkte er nichts опьяненный страстью, он ничего не замечал. **Taumel** упоение; *напр.:* Taumel des Entzückens упоение восторга; vom Taumel der Leidenschaft erfaßt, sah er nichts ringsum в упоении страсти он ничего вокруг себя не видел; die Bevölkerung geriet nach dem Sieg in einen Taumel der Begeisterung после победы население страны было охвачено экстатическим воодушевлением
rauschen шелестеть, шуршать
rauschen — rascheln — säuseln
rauschen *индифф. синоним; напр.:* Bäume rauschen im Wind деревья шелестят (листьями) [шумят] на ветру; der Regen rauscht in den Bäumen дождь (монотонно) шумит в деревьях; ihr Seidenkleid rauscht слышно шуршание ее шелкового платья; trockene Blätter rauschen сухие листья (громко) шуршат. **rascheln** (сухо) шуршать; *напр.:* dort in der Ecke raschelt etwas там в углу что-то шуршит; die Blätter rascheln im Winde сухие листья шуршат на ветру; ein Igel raschelt im Laub еж шуршит в опавшей листве. **säuseln** (тихо) шелестеть; *напр.:* der Wind säuselt im Laub ветер шелестит в листве

räuspern, sich см. husten
rausschmeißen см. entlassen
rauswerfen см. entlassen
reaktionär реакционный
reaktionär — rückschrittlich — stockreaktionär
reaktionär индифф. синоним; напр.: eine reaktionäre Partei реакционная партия; diese Gruppe verfolgt reaktionäre Ziele эта группа преследует реакционные цели; reaktionäre Kräfte unterminieren die demokratische Umgestaltung des Landes реакционные силы подрывают демократическое преобразование страны. rückschrittlich отсталый, враждебный прогрессу; напр.: seine Politik war rückschrittlich его политика была возвратом к прошлому; er hat rückschrittliche politische Ansichten у него отсталые политические взгляды. stockreaktionär разг. ультрареакционный; напр.: der Putsch wurde von stockreaktionären Generälen geleitet переворотом руководили ультрареакционные генералы
real см. wirklich [1]
realisieren см. verwirklichen
rebellieren см. erheben, sich [3]
Rebellion см. Aufstand
rechnen см. zählen [1]
Rechnung [1] счёт (для оплаты)
die Rechnung — die Zeche
Rechnung индифф. синоним; напр.: die Rechnung für Gas счёт за газ; eine Rechnung ausstellen выписать счёт; eine Rechnung bezahlen оплатить счёт; eine Rechnung begleichen уплатить по счёту; schicken Sie die Rechnung an mich пришлите мне счёт; das geht auf meine Rechnung это идёт на мой счёт; er hat das auf Rechnung seines Vaters gekauft он купил это, а счёт оплатит его отец. Zeche счёт за съеденное и выпитое (в ресторане, гостинице и т. п.) более характерно для непринуждённой разговорной речи, в частности, при общении посетителей ресторана друг с другом, но не с персоналом; напр.: die Zeche bezahlen оплатить счёт в ресторане; jeder zahlt seine Zeche каждый платит за себя; er hat die Zeche geprellt, er hat den Gastwirt um die Zeche geprellt он ушёл, не заплатив по счёту
Rechnung [2]: einen Strich durch die Rechnung machen см. vereiteln
recht [1] см. sehr/ziemlich
recht [2]: zur rechten Zeit см. rechtzeitig
Recht см. Berechtigung
rechten см. streiten (,sich) [2]
Rechtes: nach dem Rechten sehen см. sorgen
rechtfertigen, sich оправдываться
sich rechtfertigen — sich rehabilitieren — sich weißwaschen
sich rechtfertigen индифф. синоним; напр.: er versuchte sich zu rechtfertigen он попытался оправдать себя; sie rechtfertigte sich vor ihrer Mutter она оправдывалась перед матерью; du brauchst dich nicht zu rechtfertigen тебе нечего оправдываться. sich rehabilitieren реабилитировать себя; напр.: du kannst dich vor der Öffentlichkeit rehabilitieren ты можешь реабилитировать себя перед общественностью. sich weißwaschen неодобр. обелить себя; напр.: er will sich weißwaschen он старается обелить себя
Rechtfertigung оправдание
die Rechtfertigung — die Beschönigung
Rechtfertigung индифф. синоним; напр.: was kannst du zu deiner Rechtfertigung sagen, vorbringen? что ты можешь сказать, привести в своё оправдание?; es ist unmöglich, eine Rechtfertigung für sein Benehmen zu finden невозможно найти оправдание для его поведения. Beschönigung неодобр. прикрашивание, затушёвывание; напр.: die Beschönigung seiner Fehltritte kann ihm nur Schaden bringen замазывание его ошибок может принести ему только вред; du kannst dir jede Beschönigung deiner Handlungsweise sparen нечего стараться оправдывать свои поступки, тебе это не поможет
rechtgläubig см. orthodox
rechthaberisch см. eigensinnig
rechtlich см. gesetzlich
rechtlos бесправный
rechtlos — vogelfrei — entrechtet
rechtlos индифф. синоним; напр.: ein rechtloser Sklave бесправный раб; sie ist rechtlos in ihrem eigenen Haus она бесправна в своём собственном доме. vogelfrei ист., теперь б. ч. перен. (объявленный) вне закона, лишённый всех прав и защиты закона, государства; напр.: er wurde für vogelfrei erklärt его объявили вне закона; ab heute ist er vogelfrei с сегодняшнего дня он лишён каких-либо прав. entrechtet (насильственно) лишённый прав; напр.: politisch entrechtete Massen лишённые политических прав массы; das entrechtete Volk stand auf народ, лишённый всех прав, восстал
rechtmäßig см. gerecht/gesetzlich
rechtschaffen см. anständig [2]
rechtsgültig см. gesetzlich
rechtskräftig см. gesetzlich
rechtswidrig см. ungesetzlich
rechtzeitig своевременный; вовремя
rechtzeitig — zur rechten Zeit — beizeiten — zeitig
rechtzeitig индифф. синоним; напр.: eine rechtzeitige Maßnahme своевременная мера; die Krankheit muß rechtzeitig behandelt werden болезнь надо лечить своевременно; sei bitte rechtzeitig da будь там, пожалуйста, вовремя; ich kam gerade noch rechtzeitig я пришёл как раз ещё вовремя; um rechtzeitiges Erscheinen wird gebeten просьба прийти вовремя, просим не опаздывать. zur rechten Zeit вовремя, в нужный момент; напр.: du kommst zur rechten Zeit ты пришёл вовремя [кстати]; das Buch erschien zur rechten Zeit книга вышла вовремя. beizeiten заранее, заблаговременно; напр.: mache dich nur beizeiten auf den Weg! отправляйся заранее (в путь)!; morgen müssen wir beizeiten aufstehen завтра нам надо встать пораньше; er hätte sich beizeiten nach Ersatz umsehen sollen он должен был бы заранее позаботиться о замене. zeitig раньше обычного, пораньше; напр.: er stand zeitig auf und ging noch vor dem Frühstück schwimmen он встал пораньше и ещё до завтрака пошёл купаться; ich gehe heute zeitig los, um noch Zeitungen zu kaufen я сегодня выйду пораньше, чтобы ещё успеть купить газеты
recken см. dehnen [1]/strecken [1]
Rede [1] речь (выступление)
die Rede — die Ansprache
Rede индифф. синоним; напр.: eine kurze, lange, flammende Rede короткая, длинная, пламенная речь; eine Rede halten держать [произносить] речь; sich mit einer Rede an j-n wenden обратиться к кому-л. с речью; seine Reden sind immer interessant его выступления всегда интересны; dieser Band enthält seine letzten öffentlichen Reden этот том содержит его последние речи. Ansprache краткая речь, обращение; напр.: eine flammende Ansprache an die Versammelten halten обратиться к собравшимся с краткой пламенной речью; der Kongreß wurde mit einer Ansprache des Vorsitzenden eröffnet конгресс открылся краткой речью председательствующего; er hielt aus Anlaß des Jubiläums eine Ansprache vor den Gästen по поводу юбилея он произнёс перед гостями краткую речь
Rede [2]: eine Rede halten, eine Rede schwingen [vom Stapel lassen] см. sprechen [2]
Redefluß поток слов
der Redefluß — der Wortschwall
Redefluß индифф. синоним; напр.: j-s Redefluß unterbrechen прервать чей-л. поток красноречия; dieser Redefluß ist nicht aufzuhalten этот поток слов нельзя удержать; sie ergoß über uns einen Redefluß она излила на нас поток слов. Wortschwall словоизвержение; напр.: er empfing uns mit einem Wortschwall он встретил нас словоизлияниями; er überschüttete mich mit einem wahren Wortschwall он обрушил на меня настоящий поток слов
redefreudig см. gesprächig
redegewandt см. beredt
redelustig см. gesprächig
reden см. sprechen [1, 2]
redenscheu см. schweigsam
redlich см. ehrlich [1]
Redner оратор, выступающий
der Redner — der Sprecher — der Plauderer
Redner индифф. синоним; напр.: ein guter, schlechter Redner хороший, плохой оратор; er hörte sich alle

REDSELIG

Redner gleich aufmerksam an он слушал всех выступающих одинаково внимательно; der Redner sprach über die Weiterentwicklung des Bezirks докладчик говорил о дальнейшем развитии района. **Sprecher** выступающий (*в данный момент или от имени какой-л. организации, группы и т. п.*); *напр.*: der letzte Sprecher machte auf sie einen guten Eindruck последний выступающий произвел на нее хорошее впечатление; wer ist euer Sprecher? кто выступает от вас? (*от вашей группы*). **Plauderer** краснобай, болтун; *напр.*: er war früher ein amüsanter Plauderer он был прежде занятным болтуном; er ist ein netter Plauderer, sonst kann er aber nicht viel он приятный болтун и больше ничего

redselig *см.* gesprächig
reduzieren *см.* verkleinern [1, 2]
reell *см.* wirklich [1]
Referat *см.* Vorlesung
Referenz *см.* Urteil [1]
referieren *см.* erzählen/vortragen [2]
reflektieren *см.* nachdenken/spiegeln
Regal полка

das **Regal** — das **Fach** — das **Bord**

Regal *индифф. синоним; напр.*: die Bücher liegen im Regal книги лежат на полке; in der Ecke stand ein Regal в углу стоял стеллаж; Hemden lagen hochgestapelt in Regalen рубашки лежали высокими стопками на полках. **Fach** полка в шкафу; *напр.*: der Schrank hat drei Fächer в шкафу три полки; er legte seine Hemden in das mittlere Fach он положил рубашки на среднюю полку (шкафа); sie nahm Tassen aus dem Fach она сняла чашки с полки (буфета). **Bord** стенная полка *чаще сев.-нем.*; *напр.*: ein breites, schmales Bord широкая, узкая полка; auf einem kleinen Bord standen einige Bücher на маленькой стенной полке стояло несколько книг; um die Wand läuft ein Bord по всей стене тянется полка

regalieren *см.* bewirten
rege *см.* lebhaft
regelmäßig правильный, закономерный, регулярный

regelmäßig — **regulär** — **reglementarisch** — **reglementmäßig**

regelmäßig *индифф. синоним; напр.*: ein regelmäßiges Gesicht правильное лицо; ein regelmäßiges Leben правильная [упорядоченная] жизнь; regelmäßig essen есть регулярно; das war ein großer, regelmäßiger Platz это была большая, правильной формы площадь; der Kranke muß seine Tabletten regelmäßig einnehmen больной должен регулярно принимать свои таблетки; der Puls geht regelmäßig пульс бьется нормально; er lebt regelmäßig он живет размеренной жизнью. **regulär** регулярный *тж. воен.*, правильный *тж. мат.*, очередной *тж. офиц.*, установленный; *напр.*: reguläre Streitkräfte регулярные войска; das reguläre Vieleck правильный многоугольник; eine reguläre Tagung очередная сессия; sie nahm ihren regulären Urlaub она взяла очередной отпуск; sie flogen mit der regulären Linienmaschine они летели обычным рейсом; er bezahlte den regulären Preis für das Auto он заплатил за машину установленную [обычную] цену. **reglementarisch** *офиц.* регламентированный; по уставу, по предписанию; *напр.*: kulturelle Angelegenheiten sollten nicht so reglementarisch behandelt werden культурные мероприятия нельзя строго регламентировать. **reglementmäßig** [-ˈmaŋ-] *офиц.* соответствующий регламенту, предписанию, положению; *напр.*: das war eine reglementmäßige Abänderung это было изменение, соответствующее регламенту; er handelt reglementmäßig он действует по предписанию; der Schiedsrichter entscheidet über das Spiel reglementmäßig судья судит игру по правилам

regeln улаживать, регулировать (*добиваясь равновесия, гармонии*)

regeln — **regulieren** — **ordnen** — **ausgleichen** — **gleichmachen**

regeln *индифф. синоним; напр.*: eine Sache regeln (у)регулировать дело; Streitfragen regeln улаживать спорные вопросы; ich muß noch meine persönlichen Angelegenheiten regeln мне надо еще уладить свои личные дела; das werde ich noch regeln это я еще улажу. **regulieren** регулировать; *напр.*: das Zusammenleben der Menschen durch Gesetze regulieren регулировать жизнь людей в обществе при помощи законов; eine Uhr regulieren отрегулировать ход часов; einen Flußlauf regulieren регулировать уровень воды в реке. **ordnen** приводить в порядок, улаживать; *напр.*: j-s Angelegenheiten ordnen улаживать чьи-л. дела; vor der Abreise ordnete er seine privaten Verhältnisse перед отъездом он уладил свои личные дела; ordne bitte dein Leben selbst улаживай свою жизнь, пожалуйста, сам. **ausgleichen** уравнивать (возмещая, восполняя недостающее), компенсировать, уравновешивать; *напр.*: Differenzen ausgleichen уравнивать [ликвидировать] различия; Schaden ausgleichen возмещать [компенсировать] ущерб; eine Rechnung ausgleichen погашать задолженность по счету; Einnahmen und Ausgaben ausgleichen сбалансировать приход и расход; einen Streit ausgleichen разрешить [уладить] спор; sie war bemüht, das begangene Unrecht auszugleichen она старалась искупить совершенную несправедливость; dieser Fehler ist kaum auszugleichen едва ли можно исправить эту ошибку. **gleichmachen** *разг.* равнять, уравнивать; *напр.*: sie lehnten seinen Vorschlag, alle Löhne gleichzumachen, entschieden ab они решительно отклонили его предложение уравнять все заработки

regen *см.* bewegen I [2]
regen, sich *см.* arbeiten [1]/bewegen, sich
Regenmantel *см.* Mantel
regennaß *см.* naß
regieren *см.* leiten
regierend *см.* herrschend
Regierung *см.* Leitung
Regiment *см.* Macht [1]
Region *см.* Zone
registrieren *см.* einschreiben/feststellen [1]
Reglement *см.* Befehl
reglementarisch *см.* regelmäßig
reglementmäßig *см.* regelmäßig
reglos *см.* unbeweglich [1]
regnen идти (*о дожде*)

regnen — **nieseln** — **sprühen** — **gießen** — **pladdern**

Синонимы данного ряда являются безличными глаголами

regnen *индифф. синоним; напр.*: es regnet seit drei Stunden дождь идет уже три часа; es regnete leicht шел мелкий дождь; es hat stark geregnet шел сильный дождь; es regnete in Strömen был ливень, шел проливной дождь. **nieseln** ≅ regnen, *но предполагает, что дождевые капли мелкие и дождь довольно частый*; *напр.*: es nieselt leise, aber ununterbrochen тихо, но без конца сеет частый мелкий дождик. **sprühen** *редко* накрапывать, моросить; *напр.*: bald sprüht es, bald scheint die Sonne то (дождик) накрапывает, то солнце светит. **gießen** *разг.* лить; *напр.*: es gießt schon seit Stunden ununterbrochen дождь льет уже несколько часов подряд; es gießt in Strömen льет ливень, идет проливной дождь. **pladdern** *сев.-нем. разг.* ≅ gießen; *напр.*: heute morgen hat es tüchtig gepladdert сегодня утром был хороший ливень [дождь лил как из ведра]

regsam *см.* lebhaft
regulär *см.* regelmäßig
regulieren *см.* regeln
regungslos *см.* unbeweglich [1]
rehabilitieren, sich *см.* rechtfertigen, sich
reiben [1] тереть

reiben — **scheuern** — **schaben**

reiben *индифф. синоним; напр.*: heftig [kräftig], leicht reiben тереть сильно, слегка; eine Fensterscheibe, eine Tischplatte mit einem Tuch reiben протирать окно, вытирать стол тряпкой; er hat seine Knöpfe blank gerieben он натер [начистил] пуговицы до блеска; nicht reiben! (при стирке) не тереть! **scheuern** оттирать (до белизны, до блеска *и т. п.*), отчищать; *напр.*: das Deck scheuern *мор.* драить палубу; sie scheuert die Töpfe она оттирает [чистит] кастрюли. **schaben** (со)скрести; *напр.*: er schabte den Lack von dem Brett он соскреб лак с доски

reiben ²: sich die Hände reiben см. schadenfroh sein; unter die Nase reiben см. vorwerfen

Reiberei см. Streit ²

Reibungen см. Streit ²

reich ¹ богатый (владеющий ценностями, деньгами и т. п.)

reich — wohlhabend — begütert — vermögend — bemittelt — besitzend — steinreich

reich индифф. синоним; напр.: ein reicher Mann богатый человек; die Armen und die Reichen бедные и богатые; die Familie war nicht besonders reich семья была не очень богатая; er machte eine reiche Erbschaft он получил богатое наследство. **wohlhabend** зажиточный; напр.: er ist ein wohlhabender Bürger он зажиточный бюргер; sie stammt aus einer wohlhabenden Familie она из зажиточной семьи; sie sind wohlhabend они живут зажиточно. **begütert** ≅ wohlhabend; напр.: begüterte Kreise зажиточные слои; sie stammt aus begütertem Haus она (родом) из зажиточного дома; er heiratete eine begüterte Bauerntochter он женился на дочери зажиточного крестьянина. **vermögend** состоятельный; напр.: sie ist eine vermögende Frau она состоятельная женщина; sie heiratete einen vermögenden Mann она вышла замуж за состоятельного человека. **bemittelt** книжн. устаревает со средствами, с деньгами; напр.: sie ist das Kind bemittelter Eltern ее родители — люди со средствами; sie galten für wenig bemittelt они слыли людьми с небольшим достатком; er vertrat die Interessen bemittelter Bürger он представлял интересы людей обеспеченных. **besitzend** книжн. имущий; напр.: die besitzenden Klassen имущие классы. **steinreich** разг. очень богатый; напр.: er ist ein steinreicher Mann он богач; er ist steinreich und kann sich jeden Luxus erlauben он очень богат и может позволить себе любую роскошь.

reich ² богатый, (из)обильный

reich — ergiebig

reich индифф. синоним; напр.: ein reiches Vorkommen von Erzen богатое месторождение руд; reich an Wäldern лесистый; in dieser Gegend wurde eine reiche Erdölquelle entdeckt в этой области был открыт богатый источник нефти; das Land ist reich an Bodenschätzen страна богата полезными ископаемыми; er ist reich an Ideen у него много идей. **ergiebig** щедрый, плодоносный; напр.: ein ergiebiges Erdölvorkommen богатое нефтяное месторождение; dieser Boden ist sehr ergiebig эта земля очень плодоносная [щедрая]

reich ³ см. reichlich ¹

Reich см. Staat

reichen см. geben ¹/genügen

reichlich ¹ обильный, более чем достаточный

reichlich — gut — reich — opulent — ausgiebig

reichlich индифф. синоним; напр.: reichliche Verpflegung более чем достаточное обеспечение питанием; eine reichliche Stunde добрый час; j-n reichlich belohnen щедро вознаградить кого-л.; die Portionen sind reichlich порции большие; das waren reichliche Geschenke это были щедрые подарки; für diese Arbeit brauchen wir reichlich eine Woche для этой работы нам потребуется добрая неделя; das ist reichlich viel! более чем достаточно!; er wurde reichlich beschenkt его щедро одарили; es ist reichlich Platz места более чем достаточно; er hat sein reichliches Auskommen он живет более чем обеспеченно [в полном достатке]. **gut** хороший, добрый; напр.: eine gute Ernte обильный урожай; die gute Hälfte des Weges хорошая [добрая] половина пути; sie trägt einen guten Teil der Schuld на ней лежит добрая часть вины; wir mußten eine gute Stunde warten нам пришлось ждать добрый час; er hat sein gutes Auskommen он живет в достатке. **reich** богатый; напр.: eine reiche Auswahl богатый выбор; das Buch ist reich bebildert книга богато иллюстрирована; er wurde reich belohnt он был богато вознагражден; er hat eine reiche Erfahrung auf diesem Gebiet у него богатый опыт в этой области. **opulent** книжн. обильный (о еде); напр.: ein opulentes Frühstück обильный завтрак; ein opulentes Mahl богатая трапеза; er nahm im Restaurant eine opulente Mahlzeit zu sich он съел в ресторане обильный обед [ужин]. **ausgiebig** часто разг. ≅ reichlich; напр.: ein ausgiebiges Frühstück обильный завтрак; ausgiebig lesen (очень) много читать; heute nacht hat es ausgiebig geregnet сегодня ночью прошел обильный дождь; er machte ausgiebige Vorstudien für seine wissenschaftliche Arbeit для своей научной работы он провел более чем достаточные предварительные изыскания; er hatte sich vorgenommen, im Urlaub ausgiebig zu wandern он вознамерился вдоволь побродить пешком во время отпуска.

reichlich ² см. genug/sehr

Reichtum богатство

der Reichtum — das Vermögen — der Wohlstand

Reichtum индифф. синоним; напр.: ein großer Reichtum большое богатство; Reichtum [Reichtümer] erwerben приобретать богатство; zu Reichtum kommen добиться [достичь] богатства, разбогатеть; mein ganzer Reichtum ist dieser Koffer все мое богатство — этот чемодан. **Vermögen** состояние; напр.: er hat sich damit ein Vermögen erworben этим он нажил состояние; sie hat großes Vermögen у нее большое состояние. **Wohlstand** благосостояние, зажиточность; напр.: sie leben im Wohlstand они живут зажиточно

reif зрелый (сложившийся, сформировавшийся)

reif — fertig

reif индифф. синоним; напр.: ein reifer Mensch зрелый человек; die Zeit ist reif dafür время для этого созрело; der Plan ist reif zur Ausführung план созрел для выполнения. **fertig** готовый; напр.: er ist bereits ein fertiger Künstler он уже готовый художник

Reihe ¹ ряд

die Reihe — die Flucht

Reihe индифф. синоним; напр.: eine kurze, lange, lückenlose, unterbrochene Reihe короткий, длинный, непрерывный [сплошной], прерывающийся ряд; eine Reihe Häuser, Bäume ряд домов, деревьев; eine Reihe von Zimmern анфилада комнат; er nahm das erste beste Buch aus der oberen Reihe im Regal он взял первую попавшуюся книгу из верхнего ряда на полке; wir saßen in der dritten Reihe мы сидели в третьем ряду. **Flucht** один (прямой) ряд б. ч. употр. по отношению к зданиям, помещениям; напр.: eine Flucht von Zimmern анфилада комнат; die Häuser stehen in einer Flucht дома стоят в один порядок; die Zimmer liegen in einer Flucht hintereinander комнаты расположены анфиладой [друг за другом]

Reihe ² очередь

die Reihe — die Schlange

Reihe индифф. синоним; напр.: eine kurze, lange Reihe короткая, длинная очередь; in einer Reihe stehen стоять в очереди; Sie sind an der Reihe (сейчас) ваша очередь; ich komme an die Reihe подходит моя очередь; nur nicht drängeln, immer der Reihe nach! не толкайся, все по очереди!; die Reihe ist an dir, ihm zu schreiben теперь твой черед писать ему. **Schlange** разг. длинная очередь (людей); напр.: Schlange stehen стоять в длинной очереди; vor der Ladentür stand schon am Morgen eine Schlange перед дверью лавки уже с утра стояла длинная очередь

reihen см. ordnen ¹

Reimeschmied см. Schriftsteller

reimlos нерифмованный, без рифмы

reimlos — ungereimt — ungebunden

reimlos индифф. синоним; напр.: der Dichter schreibt in der letzten Zeit nur reimlose Gedichte поэт пишет в последнее время только стихи без рифмы; Blankvers nennt mah eine Art reimlose Verse белым стихом называют разновидность нерифмованных стихов. **ungereimt** ≅ reimlos; напр.: ungereimte Verse нерифмованные стихи. **ungebunden** прозаический (антоним стихотворный, в стихах) б. ч. употр. как литературоведческий термин; напр.: ungebundene Rede проза

rein ¹ чистый (без грязи)

REIN

rein — sauber — reinlich — blank — blitzsauber — blitzblank

rein *индифф. синоним; напр.*: reine Wäsche чистое белье; reine Quelle чистый родник; die Wohnung rein halten содержать квартиру в чистоте; er hat sich in der reinen Seeluft gut erholt он хорошо отдохнул, дыша чистым морским воздухом; sie hat ihren Aufsatz ins reine geschrieben она переписала свое сочинение начисто. **sauber** ≅ rein, *но обыкн. обозначает чистоту поверхности предмета, б. ч. твердого тела, отсутствие грязи на ней и гораздо реже употр. по отношению к воде, воздуху и т. п., напр.*: saubere Wäsche, Fensterscheiben чистое белье, чистые окна; die Wohnung war sauber квартира была чистая; sie ist sauber gekleidet она чисто одета; er schreibt sehr sauber он пишет очень чисто □ Heute... hatte sie die Finger so voll von dem klebrig-roten Saft, daß sie bat: »Lies mir vor, Christa! Du hast saubere Hände...« (*Brězan, »Christa«*) Сегодня... все ее пальцы были так перепачканы липким алым соком, что она попросила: «Почитай мне, Криста! У тебя ведь чистые руки...» Ja, sogar ein Kamin war hier, aus schönen rotgebrannten Steinen mit sauberen weißen Fugen (*Fallada, »Wolf u. Wölfen«*) Да, здесь был даже камин из красивых красных обожженных кирпичей с аккуратными белыми швами между ними. **reinlich** опрятный; *напр.*: eine reinliche Frau опрятная женщина; die Katze ist ein reinliches Tier кошка — опрятное животное; sie war ärmlich, aber reinlich gekleidet она жила очень бедно, но опрятно; sie hält ihr Zimmer reinlich она содержит свою комнату в чистоте. **blank** чистый до блеска; *напр.*: ein blanker Fußboden отмытый до блеска пол; sie hat den Tisch blank gescheuert она оттерла стол до блеска; die Gläser werden nicht blank стаканы не отмываются до блеска. **blitzsauber** *разг.* очень чистый; *напр.*: ein blitzsauberes Hemd очень чистая рубашка; eine blitzsaubere Wohnung очень чистая квартира; alles war blitzsauber aufgeräumt все было убрано и блестело. **blitzblank** *разг.* сверкающий чистотой; *напр.*: ein blitzblanker Fußboden пол, сверкающий чистотой; sie hielt ihre Wohnung blitzblank ее квартира всегда блистала чистотой; sie hatte alles blitzblank gebohnert она натерла все полы до полного блеска.

rein² чистый (*без примесей*)

rein — lauter — pur — schier — blank

rein *индифф. синоним; напр.*: reines Gold, Silber чистое золото, серебро; Stoff aus reiner Wolle ткань из чистой шерсти; ein Pferd von reiner Abstammung лошадь чистых кровей; sie trug ein Kleid aus reiner Seide на ней было платье из чистого шелка; er spricht reines Deutsch он говорит на чистом немецком языке; das ist ja reiner Unsinn это же чистая бессмыслица; du bist ein Spinner von reinstem Wasser ты чистейшей воды фантазер. **lauter** *часто высок*. a) ≅ rein, *но употр. по отношению к металлам, драгоценностям и абстрактным понятиям; напр.*: lauteres Gold чистое золото; die lautere Wahrheit чистая правда; es war eine Schale aus lauterem Kristall это была ваза из чистого хрусталя; sie sprach lauteren Unsinn он говорил чистый вздор; b) прозрачный, кристально чистый (*о жидкостях*); *напр.*: lauteres Quellwasser хрустальная родниковая вода. **pur** a) ≅ lauter a) (*тк. атрибутивно*); *напр.*: es war ein Ring aus purem Gold это было кольцо из чистого золота; sie fragte aus purer Neugierde она спрашивала из чистого любопытства; das ist der pure Wahnsinn это чистое безумие □ ...jedenfalls ist es noch nie vorgekommen, daß ich eine Dienstreise aus purer Laune verzögerte, geschweige denn änderte (*Frisch, »Homo faber«*) ...во всяком случае, никогда еще не бывало так, чтобы я из чистого каприза задерживался бы с отъездом в командировку, не говоря уже о том, чтобы менять ее маршрут; b) чистый, неразбавленный; беспримесный (*о спиртных напитках, реже о некоторых продуктах питания*) (*чаще нескл. после определяемого слова*); *напр.*: er trank einen Whisky pur [einen puren Whisky] он выпил рюмку неразбавленного виски □ »Mosel oder Beaujolais?« — »Whisky.« — »Gib ihm Whisky, Mary, pur. Er hat Nachholebedarf« (*Heiduczek, »Abschied von den Engeln«*) «Мозельское или божоле?» — «Виски». — «Дай ему виски, Мэри, чистого виски. Ему надо наверстывать»; **schier** a) ≅ rein, *но употр. тк. по отношению к абстрактным понятиям; напр.*: das ist ja schiere Dummheit, schierer Undank! это же чистейшая глупость, неблагодарность!; b) ≅ rein, *но обыкн. употр. по отношению к продуктам питания, напр.*: schieres Fleisch (одно) чистое мясо (*без костей и жира*). **blank** *разг.* ≅ rein, *но обыкн. употр. по отношению к отрицательным явлениям, эмоциям и т. п.*; *напр.*: der blanke Hohn, Neid чистая насмешка, зависть; eine blanke Lüge чистая ложь; das ist ja blanker Unsinn! это же чистая бессмыслица! all das ist blanker Betrug это же чистый обман

rein³ *см.* tugendhaft

Reinfall *см.* Niederlage

Reinheit *см.* Sittlichkeit

reinigen¹ чистить (*удалять грязь*)

reinigen — säubern — saubermachen — putzen — bürsten — scheuern

reinigen *индифф. синоним; напр.*: die Kleider, die Straße reinigen чистить одежду, улицу; die Abwasser

REINIGEN

reinigen очищать сточные воды; ich ließ meine Kleider chemisch reinigen я отдала одежду в химчистку; sie reinigte das Zimmer она навела в комнате чистоту; die Schwester reinigte die Wunde сестра обработала рану. **säubern** ≅ reinigen, *но обыкн. механическим способом; напр.*: den Anzug mit der Bürste säubern чистить костюм щеткой; eine Wunde säubern обработать рану; sie hat das Geschirr gesäubert она вымыла посуду. **saubermachen** ≅ reinigen, *но обыкн. употр. по отношению к чистке одежды, мебели, уборке помещений и т. п.; напр.*: den Anzug, den Teppich saubermachen чистить костюм, ковер; das Baby saubermachen подмыть младенца (*и сменить пеленки*); wir haben am Samstag die Wohnung saubergemacht в субботу мы навели в квартире чистоту; wir müssen noch saubermachen нам надо еще убраться. **putzen** ≅ reinigen, *но предполагает, что чистят, снимая с поверхности тонкий слой грязи, налет и т. п.; напр.*: die Fenster putzen протирать окна; die Zähne putzen чистить зубы; die Pferde putzen чистить (скребницей) лошадей; die Eßbestecke sind schlecht geputzt столовые приборы плохо вычищены; sie putzt Gemüse in der Küche она моет (щеткой) овощи в кухне; er hat die Schuhe blank geputzt он начистил ботинки до блеска □ Während er die Zelle putzt, liege ich auf der Pritsche, und er putzt, bis das Wasser, wenn er den Lappen auswringt, klar wie zum Trinken ist (*Frisch, »Stiller«*) Пока он моет пол в камере, я лежу на нарах, а он моет до тех пор, пока вода, когда он выжимает тряпку, не станет прозрачной — хоть пей. **bürsten** чистить щеткой; *напр.*: den Mantel, den Teppich bürsten чистить щеткой пальто, ковер; du mußt kräftig bürsten нажимай крепче щеткой. **scheuern** скрести, сильно тереть (,очищая что-л.); *напр.*: den Fußboden scheuern оттирать пол; Töpfe scheuern скрести [чистить] кастрюли; sie hat den Tisch blitzsauber gescheuert она отскребла стол до блеска

reinigen² очищать (*от примесей, от постороннего и т. п.*)

reinigen — läutern — klären — filtern

reinigen *индифф. синоним; напр.*: das Wasser, Erz reinigen очищать воду, руду; die Sprache reinigen очищать язык (*от варваризмов и т. п.*); die Atmosphäre hat sich gereinigt атмосфера очистилась. **läutern** *устаревает* ≅ reinigen *теперь б. ч. употр. как термин, обыкн. предполагает очистку каких-л. материалов от твердых примесей; напр.*: die flüssige Glasmasse läutern очищать жидкое стекло; bergbauliche Rohstoffe von tonigen Bestandteilen läutern очищать горнорудное сырье [руду] от частиц глины; Branntwein wird geläutert водку очищают. **klären** ≅ reinigen, *но обыкн. предполагает очистку жидкости от мути, воздуха от пылевидных частиц и т. п.; напр.*: Abwässer klären очищать [отстаивать] сточные воды; das Gewitter hat die Luft geklärt гроза очистила воздух; der Wein wird geklärt вино очищают [осветляют]; das Wasser hat sich geklärt, und man konnte bis auf den Grund sehen вода очистилась, и стало видно дно; der Himmel klärt sich небо очищается (от туч) [проясняется]. **filtern** фильтровать, пропускать через фильтр; *напр.*: eine Flüssigkeit filtern фильтровать жидкость; Lichtstrahlen filtern пропускать световые лучи через фильтр; sie hat den Kaffee nicht gefiltert она не процедила кофе

Reinigung чистка *прям. и перен.*, очистка, уборка
die **Reinigung** — die **Säuberung**
Reinigung *индифф. синоним; напр.*: die Reinigung des Gesichts, der Hände, des Körpers очищение лица, рук, тела; die Reinigung der Straße, der Treppe, des Zimmers уборка улицы, лестницы, комнаты; einen Anzug in die Reinigung geben отдать костюм в чистку; sie hat eine gründliche Reinigung des ganzen Hauses vorgenommen она провела основательную уборку всего дома. **Säuberung** ≅ Reinigung, *но подчеркивает, что речь идет об очистке от грязи, а перен. разг. — от нежелательных элементов*; *напр.*: die Säuberung des Korridors nahm nicht viel Zeit in Anspruch уборка [мытье] коридора заняло немного времени; noch eine Säuberung des Apparats wurde verkündet было сообщено о еще одной чистке аппарата

reinlassen *см.* einlassen
reinlich *см.* rein¹
Reise *см.* Fahrt
reisen¹ путешествовать
reisen — pilgern — wallfahren — wallfahrten — wallen
reisen *индифф. синоним; напр.*: durch das Land reisen путешествовать по стране; zu seinem Vergnügen reisen путешествовать ради (собственного) удовольствия; er ist schon viel gereist он уже много поездил ◻ »Warum reisen Sie unter einem falschen Schwur nicht (*Frisch*, »*Stiller*«) «Почему вы путешествуете под чужим именем?» Он тоже не поверил моей клятве. **pilgern** паломничать, идти, ехать на богомолье; *перен. разг.* совершать паломничество (*для осмотра достопримечательностей и т. п.*), странствовать по свету; *напр.*: sie pilgerten nach Rom они шли на богомолье в Рим; jedes Jahr pilgert er nach Salzburg zu den Festspielen каждый год он совершает паломничество на фестиваль в Зальц-

бург; er pilgert immer noch durch die weite Welt он все еще бродит [странствует] по белу свету. **wallfahren** *рел.* ≅ pilgern; *напр.*: ein Flugzeug mit 100 mohammedanischen Pilgern, die nach Mekka wallfahrten, mußte notlanden самолет, на борту которого было сто богомольцев-мусульман, совершающих паломничество в Мекку, сделал вынужденную посадку; er hatte nichts dagegen, daß sie nach Lourdes wallfahrten он ничего не имел против, чтобы они отправились на богомолье в Лурд. **wallfahrten** *уст.* = wallfahren. **wallen** *высок. поэт.* странствовать пилигримом, паломничать (,исполняя обет); *напр.*: die Pilger wallten zu den heiligen Stätten пилигримы совершали паломничество к святым местам

reisen² *см.* fahren¹

Reisender путешественник, путник
der **Reisende** — der **Tourist**
Reisender *индифф. синоним; напр.*: die Reisenden versammelten sich am Hotel туристы собрались у гостиницы; viele Reisende besuchen unsere Stadt много приезжих заезжают в наш город; in dieser Zeit gibt es wenige Reisende в это время бывает мало туристов. **Tourist** [tu-] турист; *напр.*: dieser See wird von vielen Touristen besucht на это озеро приезжает много туристов

reißen рвать (*разрывать*)
reißen — zerreißen — zerfetzen
reißen *индифф. синоним; напр.*: j-m etw. aus der Hand reißen рвать у кого-л. что-л. из рук; Papier in Stücke reißen рвать бумагу на куски; der Sturm riß die Fahne mittendurch ветер разорвал флаг посредине; er hat ein Loch in die Hose gerissen он порвал брюки [сделал дыру в брюках]; der Wolf hat ein Schaf gerissen волк разорвал овцу. **zerreißen** разрывать; *напр.*: Papier in Stücke zerreißen разрывать бумагу на клочки; sie zerriß seinen Brief она разорвала его письмо; mein Kleid ist zerrissen мое платье разорвалось; er wurde von einem Tiger zerrissen его разорвал тигр. **zerfetzen** (разо)рвать, разодрать в клочья, на клочки; *напр.*: der Hund hat die Zeitung zerfetzt собака разодрала газету в клочья; sein Arm wurde von einer Granate zerfetzt гранатой ему раздробило руку; er wurde buchstäblich zerfetzt его буквально разорвало на куски

Reitgerte *см.* Peitsche
Reitpeitsche *см.* Peitsche
Reiz *см.* Anmut
reizbar раздражительный
reizbar — empfindlich — erregbar — nervös — kribbelig
reizbar *индифф. синоним; напр.*: ein reizbarer Mensch раздражительный человек; der Chef ist heute sehr reizbar шеф сегодня очень раздражителен; seine Reden machten sie reizbar его слова раздражали ее. **emp-**

findlich (*излишне*) чувствительный; *напр.*: ein empfindlicher Mensch чувствительный человек; er ist sehr empfindlich он очень чувствительный; er hat die empfindliche Natur eines Künstlers он обладает чувствительной натурой художника. **erregbar** (легко) возбудимый; *напр.*: ein leicht erregbarer Mensch легко возбудимый человек; erregbare Nerven легко возбудимые нервы; nach der Anstrengung des Tages ist sie meist stark erregbar обычно после утомительного дня она бывает сильно возбужденной; er war von Natur krankhaft erregbar он был от природы болезненно возбудим. **nervös** [-v-] нервный; *напр.*: ein nervöser Mensch нервный человек; sie ist heute wieder sehr nervös она сегодня опять очень нервозна; du machst mich mit deinen Fragen nervös ты действуешь мне на нервы своими вопросами ◻ ...und was mich nervös machte... war... einzig und allein diese Vibration in der stehenden Maschine mit laufenden Motoren (*Frisch*, »*Homo faber*«) ...а что меня нервировало... так это была... единственно только вибрация самолета, который стоял с работающими двигателями. **kribbelig** *разг.* ≅ reizbar; *напр.*: sei doch nicht so kribbelig! не раздражайся только!; die Hitze macht die Menschen kribbelig жара делает людей раздражительными

reizen *см.* anziehen II/ärgern/verführen

reizend очаровательный, прелестный
reizend — charmant — gewinnend — anziehend — einnehmend — anmutig — anmutsvoll
reizend *индифф. синоним; напр.*: ein reizendes Kind прелестный ребенок; ein reizendes Mädchen очаровательная [прелестная] девушка; reizende Anmut чарующая прелесть; sie ist eine reizende Person она очаровательное существо; es war ein reizender Abend это был прелестный вечер; sie lächelt reizend она прелестно улыбается. **charmant** [ʃ-] обаятельный, очаровательный; *напр.*: eine charmante Frau очаровательная женщина; eine charmante Stimme голос, полный обаяния; ich finde sie ausgesprochen charmant я нахожу ее просто очаровательной; er verstand es, seine Gäste charmant zu unterhalten он умел с большим обаянием занимать своих гостей. **gewinnend** подкупающий; *напр.*: sie hat ein gewinnendes Lächeln у нее подкупающая улыбка; er hat gewinnende Umgangsformen у него подкупающие манеры; sie ist von gewinnender Offenheit она подкупающе откровенна ◻ Greta vermochte ihren blassen schmallippigen Mund jederzeit zu einem gewinnenden Lächeln zu formen (*Brězan*, »*Christa*«) Грета в любое время умела сложить свой блед-

ные тонкие губы в чарующую улыбку. **anziehend** привлекательный; *напр.*: sie ist ein sehr anziehendes Mädchen она очень привлекательная девушка; alle fanden sie höchst anziehend все нашли ее в высшей степени привлекательной; sie ist eine anziehende Erscheinung она очень привлекательна. **einnehmend** располагающий к себе; *напр.*: sie hat ein einnehmendes Äußeres у нее располагающая к себе внешность; er hat ein einnehmendes Wesen у него располагающий к себе характер; sie hat etwas Einnehmendes в ней есть что-то располагающее. **anmutig** *высок.* прелестный, милый; *напр.*: ein anmutiges Mädchen, Kind прелестная девушка, милое дитя; sie machte eine anmutige Kopfbewegung она сделала прелестное движение головой; sie grüßte anmutig она грациозно поклонилась; die Kinder tanzten anmutig дети прелестно танцевали. **anmutsvoll** *книжн.* ≅ anmutig; *напр.*: ein anmutsvolles Mädchen прелестная девушка; sie sang anmutsvoll она мило пела

Reklamation *см.* Klage
reklamieren *см.* beanstanden [1]
rekrutieren *см.* einberufen
Rekurs *см.* Klage
relativ *см.* verhältnismäßig/ziemlich
relegieren *см.* ausschließen
Religion *см.* Glaube
religiös *см.* gläubig
Reminiszenz *см.* Erinnerung
Rendezvous *см.* Verabredung [1]
Renegat *см.* Verräter
renitent *см.* eigensinnig
rennen *см.* laufen [1]
Rennen: das Rennen machen *см.* siegen
Renommee *см.* Ruf [2]
renommieren *см.* prahlen
renovieren *см.* wiederherstellen
rentabel *см.* vorteilhaft [1]
Rente пенсия
die Rente — die Pension — das Ruhegeld — das Ruhegehalt
Rente *индифф. синоним*; *напр.*: eine große, kleine Rente bekommen [beziehen] получать большую, маленькую пенсию; eine Rente aussetzen назначить пенсию; in diesem Jahr werden die Renten erhöht в этом году размер пенсии будет увеличен □ Nein, nein, der Herr solle das Geld wieder mitnehmen, sie kämen auch so aus, Gott sei Dank. Noch sei der Mann rüstig, und sie bekäme ja die Rente (*Brězan*, »*Christa*«) Нет, нет, пусть господин заберет свои деньги, они обойдутся, слава богу. Ее муж еще крепкий, да и она получает пенсию. **Pension** [paŋ'zĭo:n] пенсия (по старости) для чиновников, офицеров и их вдов (*в буржуазном государстве*); *напр.*: er lebt von der mageren Pension eines kleinen Beamten он живет на скудную пенсию мелкого чиновника; sie lebt von der Pension ihres verstorbenen Mannes она живет на пенсию за умершего мужа. **Ruhegeld** *офиц.* пенсия по старости для рабочих и служащих, выплачиваемая по социальному страхованию или предпринимателем (*в буржуазном государстве*) употр. реже, чем Rente и Pension *даже в официальном стиле*; *напр.*: er hat sein Ruhegeld redlich verdient он честно заслужил свою пенсию по старости; die Streikenden wandten sich gegen die Kürzung des sogenannten »Ruhegeldes« бастующие выступали против уменьшения так называемого «пенсионного пособия». **Ruhegehalt** *офиц.* пенсия по старости для государственных служащих (*в буржуазном государстве*) употр. реже, чем Rente и Pension *даже в официальном стиле*; *напр.*: er bezieht ein Ruhegehalt als ehemaliger Staatsangestellter он получает пенсию как бывший государственный служащий.

rentieren, sich *см.* lohnen (‚sich)
Rentner пенсионер
der Rentner — der Pensionär
Rentner *индифф. синоним*; *напр.*: der rüstige Rentner hilft seinen Nachbarn этот еще бодрый пенсионер охотно помогает соседям; in dieser stillen Gegend wohnen viele Rentner в этой тихой местности живет много пенсионеров; er ist schon lange Rentner он уже давно на пенсии. **Pensionär** [paŋzĭo-] чиновник, государственный служащий на пенсии *в ГДР не употр., в ФРГ редко*; *напр.*: in diesem Lokal kommen gern Pensionäre zusammen в этом ресторанчике любят собираться чиновники на пенсии.

reparieren *см.* ausbessern
Reporter *см.* Journalist
Repräsentant *см.* Vertreter [2]
requirieren *см.* beschlagnahmen
reservieren *см.* lassen [1]
reserviert *см.* kühl [1]
Residenz *см.* Wohnsitz
residieren *см.* leben [2]
resigniert *см.* mutlos
Resistenz *см.* Widerstand
Reskript *см.* Gesetz
resolut *см.* entschlossen
Respekt *см.* Achtung [1]
respektieren *см.* achten [2]
respektlos *см.* grob
Rest остаток
der Rest — der Überrest — das Überbleibsel
Rest *индифф. синоним*; *напр.*: der Rest des Stoffes остаток материи; der Rest des Tages остаток дня; den Rest des Urlaubs verbringen wir an einem See остаток отпуска мы провели на озере; vom Kuchen blieb nur ein kleiner Rest übrig от пирога осталось всем немного □ Der letzte Rest an Religion, Überbleibsel kindlichen Glaubens in ihm, war in jener Scheune gestorben (*Heiduczek, »Abschied von den Engeln«*) Последний остаток религиозности, пережиток детской веры, умер в нем в том сарае. **Überrest** последний остаток (*исчезнувшего, разрушенного и т. п.*); *напр.*: ein kläglicher Überrest жалкий остаток; die Überreste eines Autos обломки автомобиля; die sterblichen Überreste *высок.* бренные останки; von dem Haus sind nur noch einige traurige Überreste vorhanden от дома сохранились лишь кое-какие печальные следы. **Überbleibsel** (небольшой) остаток (*чего-л. исчезнувшего и т. п.*), сохранившийся от прошлого времени; *часто перен.* пережиток; *напр.*: wenige Steine waren die einzigen Überbleibsel der Kapelle, die hier gestanden hatte несколько камней были единственными остатками часовни, некогда стоявшей здесь; diese Sitte ist ein Überbleibsel der Vergangenheit этот обычай — пережиток прошлого

Restaurant *см.* Gaststätte
Restauration *см.* Wiederherstellung
restaurieren *см.* wiederherstellen
restlich *см.* übrig [2]
restlos *см.* ganz [1]/völlig [1]
Resultat *см.* Ergebnis
resümieren *см.* zusammenfassen
retirieren *см.* fortgehen [1]
retour *см.* zurück
retten спасать, избавлять
retten — befreien — erlösen — bergen — erretten
retten *индифф. синоним*; *напр.*: Hab und Gut retten спасать добро [имущество]; einen Menschen retten спасать человека; er rettete ihn aus den Flammen он спас его из огня; er rettete ihn vor der drohenden Gefahr он избавил его от угрожавшей ему опасности; er rettete mir das Leben он спас мне жизнь; die Verunglückten konnten gerettet werden попавших в катастрофу удалось спасти; du hast mich gerettet *прям. и перен.* ты спас меня; er konnte das Bild nicht retten он не смог спасти картину. **befreien** освобождать, избавлять; *напр.*: das Land wurde vom Faschismus befreit страна была освобождена от фашизма; die Polizei befreite sie aus den Händen der Verbrecher полиция освободила ее из рук преступников; seine Worte befreiten mich von der Angst um ineinen Sohn его слова освободили [избавили] меня от страха за сына; befreien Sie mich von seiner Gegenwart избавьте меня от его присутствия. **erlösen** избавить кого-л. (*от гнета, чар, беды и т. п.*), принести избавление кому-л.; *напр.*: j-n von Angst, von Sorgen, von seinen Qualen erlösen избавить кого-л. от страха, от забот, от мучений; der Prinz erlöste die verzauberte Prinzessin принц освободил [избавил] принцессу от колдовских чар; der Tod erlöste sie von ihrem langen Leiden смерть избавила ее от мук долгой болезни. **bergen** доставить (*находящегося в опасности*) в безопасное место (*при кораблекрушении, наводне-

нии, пожаре и т. п.); напр.: Hausrat und Wertsachen bergen спасать домашнее имущество и ценные вещи; die Rettungsmannschaft konnte vier Bergleute nur noch tot bergen спасательная команда смогла вытащить четырех горняков уже мертвыми; die Fischer bargen drei Schiffbrüchige рыбаки спасли троих потерпевших кораблекрушение; er hat bei dem Brand nur seine Manuskripte geborgen он спас при пожаре только свои рукописи. **erretten** *высок.* избавлять, спасать от большой опасности, от беды; *напр.*: er war vom sicheren Tode errettet worden он был спасен [избавлен] от верной смерти; er war wunderbar errettet worden он был спасен чудесным образом; nichts konnte die Stadt aus dieser Not erretten ничто не могло избавить город от этой беды

Rettung спасение
die Rettung — die Erlösung — der Ausweg
Rettung *индифф. синоним*; *напр.*: wir hoffen auf seine Rettung мы надеемся на его спасение; für ihn gibt es keine Rettung для него нет спасения; er denkt nicht an seine Rettung он не думает о своем спасении; die Rettung der Tiere aus den Flammen war nicht möglich спасти животных из огня было невозможно; seine letzte Rettung war die Flucht его последним спасением было бегство. **Erlösung** избавление; *напр.*: er wartete auf Erlösung von dieser unangenehmen Arbeit он ждал избавления от этой неприятной работы; sein Tod war für ihn eine Erlösung смерть была для него избавлением. **Ausweg** выход, путь к спасению; *напр.*: das war ein rettender Ausweg это был спасительный выход; es findet sich immer wieder ein Ausweg всегда находится какой-нибудь выход; er weiß keinen Ausweg aus dieser Lage он не знает выхода из этого положения

Reue раскаяние
die Reue — die Buße
Reue *индифф. синоним*; *напр.*: bittere, tiefe Reue горькое, глубокое раскаяние; Reue fühlen, zeigen чувствовать, проявлять раскаяние; er empfand keine Reue über seine Tat он нисколько не раскаивался в своем поступке; er zeigte tiefe Reue, und es wurde ihm vergeben он обнаружил свое глубокое раскаяние, и ему простили. **Buße** покаяние; *напр.*: Buße tun каяться; die Gläubigen wurden zur Buße ermahnt верующих призывали к покаянию □ Er legte ihm die Buße auf, vor dem Empfang der Kommunion vier Wochen mäßig und keusch zu leben (Hesse, »Narziß«) Он наложил на него епитимью до принятия причастия жить в течение четырех недель воздержанно и целомудренно

reuevoll *см.* reuig
reuig кающийся, раскаивающийся

reuig — reumütig — reuevoll — bußfertig
reuig *индифф. синоним*; *напр.*: ein reuiger Sünder кающийся грешник; zum Schluß der Unterhaltung zeigte er sich doch reuig к концу беседы он все-таки обнаружил раскаяние. **reumütig** ≅ reuig; *напр.*: der Junge kehrte reumütig zu den Eltern zurück раскаявшись, мальчик вернулся к родителям; er legte ein reumütiges Bekenntnis ab раскаявшись в содеянном, он сделал добровольное признание. **reuevoll** полный, исполненный раскаяния; *напр.*: er warf ihr einen reuevollen Blick zu он бросил на нее взгляд, исполненный раскаяния. **bußfertig** готовый покаяться; *напр.*: ein bußfertiger Sünder готовый покаяться грешник

reumütig *см.* reuig
revanchieren, sich *см.* belohnen/vergelten [1]
Reverenz *см.* Verbeugung
Revolte *см.* Aufstand
Revolution *см.* Aufstand
Revolverblatt *см.* Zeitung
rezensieren *см.* urteilen
Rezidiv *см.* Rückfall
rezitieren *см.* vortragen [1]
richten [1] направлять (*кому-л.*)

richten — adressieren
richten *индифф. синоним*; *напр.*: eine Aufforderung, eine Bitte an j-n richten направить кому-л. приглашение, просьбу; Fragen an j-n richten адресовать кому-л. вопросы; an wen war der Brief gerichtet? кому было направлено это письмо?; der Aufruf ist an alle gerichtet призыв обращен ко всем. **adressieren** адресовать; *напр.*: der Brief ist an dich adressiert письмо адресовано тебе; seine Bitte ist nicht an mich adressiert его просьба адресована не мне

richten [2] *см.* wenden, sich [1]
richtig правильный, верный
richtig — fehlerlos — fehlerfrei — korrekt — unfehlbar — treffend
richtig *индифф. синоним*; *напр.*: eine richtige Aussprache правильное произношение; ein Wort richtig schreiben правильно написать слово; über etw. richtig urteilen правильно судить о чем-л.; die Antwort war richtig ответ был правильным [верным]; er geht von der richtigen Annahme aus, daß... он исходит из правильного предположения, что...; ist dies der richtige Weg nach K? эта дорога ведет к К?, я правильно иду [еду] в К?; er handelt nicht immer richtig он поступает не всегда правильно. **fehlerlos, fehlerfrei** без ошибок; *напр.*: eine fehlerlose [fehlerfreie] Arbeit работа без ошибок; der Schüler sagt das Gedicht fehlerlos auf ученик читает стихотворение наизусть без ошибок; er meint, er sei fehlerlos он думает, что будто бы никогда не делает ошибок; niemand ist fehlerfrei никто не без ошибок, никто не свободен от ошибок. **korrekt** корректный; *напр.*: das ist grammatisch korrekt это грамматически правильно; die Krawatte sitzt ganz korrekt галстук сидит абсолютно безупречно. **unfehlbar** непогрешимый; *напр.*: seine Entscheidungen sind unfehlbar его решения непогрешимы; er hat einen unfehlbaren Instinkt für talentierte Menschen у него безошибочное чутье на талантливых людей; kein Mensch ist unfehlbar непогрешимых людей нет. **treffend** меткий; *напр.*: ein treffender Ausdruck меткое выражение; das ist treffend gesagt это метко сказано; er gab ihr eine treffende Antwort он ей метко ответил; er hat für sein Benehmen eine treffende Bezeichnung gefunden он нашел для его поведения точное (и меткое) обозначение

richtig sein быть правильным
richtig sein — stimmen — zutreffen — zutreffend sein
richtig sein *индифф. синоним*; *напр.*: (das ist) richtig! правильно!, так!; (das ist) sehr richtig! совершенно верно!; es ist gerade richtig so так будет как раз правильно; das ist ganz richtig это совершенно правильно [именно так]; es ist nicht ganz richtig mit ihm *разг.* с ним что-то не так; er ist im Kopf nicht (ganz) richtig *разг.* у него в голове не всё в порядке. **stimmen** быть правильным, соответствовать истине, сходиться; *напр.*: das stimmt nicht! это не так!; hier stimmt etwas nicht! здесь что-то не так!; das kann nicht [kann unmöglich] stimmen это не может быть так, это не может быть правильным; die Rechnung stimmt счет сходится; die Nachricht stimmt сообщение правильно; die Nachricht stimmt nicht сообщение неверное [не соответствует действительности]; bei dir stimmt's wohl nicht? *разг.* у тебя не все дома? □ Es stimmte, er konnte sich nicht beklagen (Heiduczek, »Abschied von den Engeln«) Все было так, и он не мог жаловаться. **zutreffen** соответствовать истине, (истинному) положению дел; *напр.*: seine Beschreibung traf genau zu его описание точно соответствовало истинному положению дел; die von ihm erzählte Geschichte trifft nicht zu рассказанная им история не соответствует истине. **zutreffend sein** быть точным, метким; *напр.*: seine Charakterisierung ist durchaus zutreffend его характеристика абсолютно правильна

Richtlinie *см.* Weisung [1]
Richtschnur *см.* Weisung [1]
riechen [1] обонять, чувствовать запах
riechen — wittern — winden
riechen *индифф. синоним*; *напр.*: Gas riechen (по)чувствовать запах газа; ich rieche Maiglöckchen я чувствую [слышу] запах ландышей; riechst du die See? чувствуешь запах

моря?; er kann Zwiebeln nicht riechen он не переносит запаха лука; sie roch diesen Duft gern она любила этот запах [аромат]; ich rieche nichts я не чувствую никакого запаха □ Herbert empfand es als angenehm... den Atem Ruths zu spüren... ihr Haar zu riechen... (Heiduczek, »Abschied von den Engeln«) Герберту было приятно... чувствовать дыхание Рут... ощущать запах ее волос. **wittern** чуять (*о животных; образно и разг. тж. о лицах*); *напр.*: der Hund wittert Wild собака чует дичь; das Reh wittert косуля принюхивается; er wittert Verrat он чует предательство; er muß von diesem Vorhaben etwas gewittert haben он, должно быть, что-то пронюхал об этом плане □ Unterwegs schien ihm, als wittere er immer noch den widerlich süßlichen Rauch des Krematoriums (*Remarque,* »*Der Himmel*«) По дороге ему казалось, что он все еще ощущает противно сладковатый запах крематория. Es ging Gefahr aus von Zinsdorff, er (*Oskar*) witterte es (*Feuchtwanger,* »*Lautensack*«) Цинздорф опасен, Оскар чуял это. **winden** *охот.* чуять (дичь, опасность); *напр.*: das Tier windet зверь принюхивается

riechen [2] нюхать
riechen — beriechen — schnüffeln — schnuppern

riechen *индифф. синоним; напр.*: an Blumen нюхать цветы; an einer Parfümflasche riechen понюхать флакон с духами; er roch prüfend an der Speise он испытующе понюхал еду; woran riechst du da? что ты там нюхаешь? **beriechen** обнюхивать; *напр.*: sie beroch die Wurst, ob sie frisch ist она обнюхала колбасу, свежая ли; der Hund beroch alle Ecken im Zimmer собака обнюхала все углы в комнате. **schnüffeln** нюхать, принюхиваться (*б. ч. о собаках*); *перен. разг.* (*о лицах*); *напр.*: der Hund schnüffelte an den Schuhen des Gastes собака обнюхивала ботинки гостя; du hast hier gar nichts zu schnüffeln! нечего тебе здесь вынюхивать! **schnuppern** принюхиваться, глубоко втягивая ноздрями воздух; *напр.*: der Hund schnuppert an meiner Tasche собака обнюхивает мою сумку

riechen [3] нюхнуть
riechen — duften — stinken

riechen *индифф. синоним; напр.*: (un)angenehm, gut, stark, schlecht, widerlich riechen пахнуть (не)приятно, хорошо, сильно, плохо, противно; ihr Parfüm riecht süß ее духи пахнут приторно; es riecht angebrannt пахнет подгоревшим; es riecht nach Fisch und Knoblauch пахнет рыбой и чесноком; er riecht aus dem Mund у него пахнет изо рта. **duften** хорошо пахнуть, благоухать; *напр.*: zart, süß, stark duften пахнуть [благоухать] нежно, сладко, сильно; es duftet hier nach Blumen здесь пахнет цветами; das Essen duftet appetitlich еда аппетитно пахнет; er duftete nach Branntwein *ирон.* он благоухал водочным перегаром □ ...wieder duftete es unter den faulen Laub nach Veilchen (*Hesse,* »*Narziß*«) ...снова из-под гнилой листвы слышался аромат фиалок. **stinken** *неодобр.* дурно пахнуть; вонять *груб.; напр.*: nach Alkohol, nach Tabak stinken разить спиртным, табаком; er stinkt nach Bier от него несет пивом; die Abwässer der Fabrik stinken сточные воды фабрики зловонны; es stinkt hier 1) здесь дурно пахнет; 2) здесь дело нечисто; »Tampico«, sagte er, »das ist die drekkigste Stadt der Welt, Ölhafen, Sie werden sehen, entweder stinkt'nach Öl oder nach Fisch« (*Frisch,* »*Homo faber*«) »Тампико«, — сказал он, — это самый грязный город на земле: нефтяная гавань, увидите еще: воняет то нефтью, то рыбой»

rieseln [1] журчать
rieseln — plätschern — murmeln

rieseln *индифф. синоним; напр.*: neben dem Haus rieselt ein Bach возле дома журчит ручей; er hörte Wasser rieseln он слышал, как журчала вода. **plätschern** плескаться; *напр.*: der Bach plätscherte leise ручей тихо плескался; die Wellen plätschern волны плещутся; ich hörte den Brunnen plätschern я слышал, как плескалась вода в фонтане. **murmeln** *поэт.* тихо журчать; *напр.*: der Bach murmelt ручей тихо журчит; hörst du, wie die Quelle murmelt? ты слышишь, как бормочет родник?

rieseln [2] *см.* fließen
Riesendurst *см.* Durst
riesenhaft *см.* groß [2]
Riesenhunger *см.* Hunger
Riesenkraft *см.* Kraft [1]
Riesenstärke *см.* Kraft [1]
riesig *см.* groß [1, 2]
rigoros *см.* streng
ringen *см.* kämpfen [1]
ringsherum *см.* um [1]
rings um *см.* um [1]
ringsum *см.* um [1]
rinnen *см.* fließen/lecken II
Risiko *см.* Wagnis
riskant *см.* gefährlich
riskieren *см.* trinken [2]/wagen

Riß [1] разрыв (*продолговатое отверстие, щель*)
der Riß — der Ritz — die Ritze — der Schlitz — das Leck — der Spalt — die Spalte — die Bresche — der Schnitt — der Bruch

Riß *индифф. синоним; напр.*: ein großer, kleiner Riß большой, небольшой разрыв; большая, небольшая щель; ein Riß in der Haut царапина [трещина, порез] на коже; ein Riß im Eis трещина [щель] на льду; ein Riß im Stoff разрыв [дыра] в ткани; einen Riß flicken чинить дыры [прорехи]; einen Riß verschmieren замазать щель [трещину]; der Junge hat schon wieder einen Riß in der Hose у мальчишки опять прореха на штанах; der Kessel bekam einen Riß котел дал трещину; der Riß in unserer Freundschaft hat sich vertieft трещина в нашей дружбе стала еще глубже; durch die Gruppierung geht ein tiefer Riß группировку разобщает глубокий раскол □ ...ich sah, wie die Erde ringsum Risse bekam (*Frisch,* »*Stiller*«) ...я увидел, как вокруг на земле появились трещины. **Ritz** царапина, трещинка; *напр.*: das Leder des alten Koffers hatte unzählige Ritze на коже старого чемодана были бесчисленные царапины; er hat nur einen kleinen Ritz im Finger у него на пальце лишь легкий порез. **Ritze** щель; *напр.*: eine Ritze im Fußboden, in der Tür, in der Wand щель в полу, в двери, в стене; eine Ritze ausbessern [dichten] заделывать щель; der Wind pfiff durch die Ritzen des alten Hauses ветер свистел в щелях старого дома; Staub setzt sich in die Ritzen пыль проникает в щели. **Schlitz** узкий разрез, прорезь; *напр.*: ein Schlitz im Kleid узкий разрез на платье; die Augen zu einem Schlitz zusammenkneifen сощурить глаза в щелки; er schob den Brief durch den Schlitz des Briefkastens он сунул письмо в отверстие почтового ящика. **Leck** пробоина (*судна*); *напр.*: ein Leck dichten, stopfen забивать, затыкать пробоину [течь]; das Schiff hat ein Leck в корабле пробоина; das Schiff hat ein Leck bekommen корабль дал течь. **Spalt** щель *в отличие от* Ritze *употр. по отношению к щелевидному отверстию неповрежденных предметов и расстоянию между предметами; напр.*: ein Spalt in der Wand щель в стене; sie öffnete die Tür einen Spalt она приоткрыла дверь на маленькую щелочку; er ließ das Fenster einen Spalt offen он неплотно затворил окно, оставив щель; er guckte durch einen Spalt im Zaun он заглянул через щель в заборе □ Franz blickte auf das Spiel der Lichtreflexe, die eine Lampe vor dem Haus durch einen Spalt des Vorhangs ins Zimmer warf (*Heiduczek,* »*Abschied von den Engeln*«) Франц следил за игрой отраженного света, падавшего в комнату от фонаря перед домом через щелку в занавеске. **Spalte** = Riß, *но тк. в твердом материале; напр.*: in den Mauern waren tiefe Spalten zu erkennen на стенах были видны глубокие трещины; der Gletscher bekam Spalten на леднике появились трещины. **Bresche** брешь; *напр.*: eine Bresche schlagen пробить брешь; durch eine Bresche klettern, eindringen влезть в брешь, проникнуть через брешь; in den Burgmauern waren viele alte Breschen в крепостных стенах было много старых пробоин. **Schnitt** надрез, разрез; *напр.*: einen

Schnitt ins Holz, ins Leder machen сделать надрез на дереве, на коже; der Schnitt ging tief ins Fleisch порез был глубоким (с повреждением тканей). **Bruch** поломка, перелом; *перен.* разрыв (в отношениях и т. п.); *напр.*: wir haben gestern Bruch gemacht (mit dem Auto) у нас вчера была поломка (в машине); ein komplizierter Bruch des linken Armes сложный перелом левого плеча [предплечья]; es kam zu einem offenen Bruch zwischen ihnen между ними дошло до открытого разрыва

Riß [2] *см.* Streit [2]
Rittergut *см.* Gut [1]
ritterlich *см.* vornehm
Ritz *см.* Narbe/Riß [1]
Ritze *см.* Riß [1]
ritzen *см.* kratzen [1]
Rivale соперник

der Rivale — der Konkurrent — der Mitbewerber — der Wettbewerber — der Nebenbuhler

Rivale [-v-] *индифф. синоним; напр.*: ein gefährlicher, mächtiger, überlegener, ebenbürtiger Rivale опасный, сильный, превосходящий, достойный соперник; er schlug alle seine Rivalen aus dem Feld он побил всех своих соперников; diese Staaten sind Rivalen auf dem Weltmarkt эти государства — соперники на мировом рынке; die Fußballelf war ihrem Rivalen nicht gewachsen футбольная команда явно уступала своему сопернику □ ...Störtebeker sah in dem Anführer mehr einen Freund als einen Rivalen (*Grass, »Die Blechtrommel«*) ...Стертебекер видел в предводителе больше друга, чем соперника. **Konkurrent** конкурент; *напр.*: er ärgerte sich über den Konkurrenten он сердился на конкурента; dieser Unternehmer war sein schärfster Konkurrent этот предприниматель был его самым опасным конкурентом; alle Konkurrenten des Wettbewerbs zeigten gute Leistungen все участники конкурса [соревнования] показали хорошие результаты. **Mitbewerber** соперник, один из соревнующихся *подчёркивает большее совместное участие претендентов, чем соперничество; напр.*: er achtete seine Mitbewerber он уважал своих соперников (*по конкурсу, состязанию и т. п.*); er hat keinen Mitbewerber für diese Stelle у него нет соперников [конкурентов], претендующих на эту же должность; der junge Mann wußte von den vielen Mitbewerbern um das Mädchen молодой человек знал, что у него много соперников, претендующих на руку этой девушки. **Wettbewerber** ≅ Rivale, *но употр. по отношению к соперникам в частнопредпринимательской деятельности, в экономике; напр.*: er hatte alle Wettbewerber besiegt он победил всех соперников. **Nebenbuhler** *неодобр.* (злой) соперник *обыкн. употр. по отношению к сопернику в* любви или в борьбе за *расположение высокого лица; напр.*: ein gefährlicher Nebenbuhler опасный соперник; einen Grafen zum Nebenbuhler haben иметь соперником графа; er duldet keinen Nebenbuhler он не потерпит соперника; der Bursche stach alle seine Nebenbuhler aus молодой человек одолел всех своих соперников □ ...eine kleine Rache an der sklavenhaften Ordnung und Seßhaftigkeit seines jetzigen Lebens nahm er in gewissen Abenteuern, die mit der Liebe zusammenhingen, in den Raufhändeln mit Nebenbuhlern (*Hesse, »Narziß«*) ...за рабскую упорядоченность и осёдлость своей теперешней жизни он мстил понемногу любовными приключениями и драками с соперниками

robben *см.* kriechen [1]
röcheln *см.* atmen
Rohrstock *см.* Stock I
rollen [1] кататься

rollen — sich wälzen — sich kugeln

rollen *индифф. синоним; напр.*: der Ball ist ins Tor gerollt мяч закатился в ворота; die Billardkugel rollt unter den Schrank бильярдный шар(ик) катится под шкаф; Tränen rollten ihr über die Wangen слёзы катились у неё по щекам. **sich wälzen** кататься (*лёжа на какой-л. поверхности*) *может в отличие от* rollen *означать частую смену направления вращательного движения, попеременное вращение в противоположные стороны и т. п.; напр.*: sich von einer Seite auf die andere wälzen ворочаться с боку на бок; er wälzte sich auf dem Boden он катался по полу; der Hund wälzt sich im Gras собака катается по траве. **sich kugeln** катиться шаром; *напр.*: der Ball kugelte unter den Schrank мяч покатился под шкаф; der junge Hund kugelte mir unter die Füße щенок подкатился мне под ноги, как шарик; die Kinder kugelten sich im Schnee ребята катались в снегу

rollen [2] *см.* dröhnen
rösten *см.* braten
rotieren *см.* drehen, sich
Rotte *см.* Bande [1]
rot werden краснеть (*покрываться румянцем*)

rot werden — erröten — erglühen

rot werden *индифф. синоним; напр.*: vor Verlegenheit, vor Scham, vor Freude rot werden (по)краснеть от смущения, от стыда, от радости; bis über beide Ohren, bis an den Hals rot werden покраснеть до ушей, до самой шеи; plötzlich wurde sie über das ganze Gesicht rot вдруг всё её лицо залилось краской; bei dieser Lobrede wurde sie ganz rot она покраснела, слушая эти славословия; werde nicht gleich rot! да не красней же! **erröten** ≅ rot werden, *но часто в книжно-письменной речи; напр.*: vor [aus] Freude, vor [aus] Scham, vor [aus] Verlegenheit erröten покраснеть от радости, от стыда, от смущения; leicht, tief erröten слегка, сильно покраснеть; erröten machen заставить покраснеть; sie errötete zart bei diesen Worten при этих словах она залилась нежным румянцем; sein Blick machte das Mädchen bis in die Haarwurzeln erröten его взгляд заставил девушку покраснеть до корней волос. **erglühen** *книжн.* залиться ярким румянцем, зардеться; *напр.*: sie erglühte vor Scham от стыда она залилась ярким румянцем; ihr Gesicht erglühte vor Freude от радости её лицо зарделось

Rübe *см.* Kopf [1]
Ruck *см.* Stoß
Rückberufung *см.* Abberufung
rücken *см.* bewegen I [1]
Rücken: j-m kalt [heiß (und kalt)] über den Rücken [den Rücken herunter] laufen *см.* schaudern [1]
Rückerstattung *см.* Rückgabe
Rückfall рецидив (*повторное проявление чего-л.*)

der Rückfall — der Rückschlag — das Rezidiv

Rückfall *индифф. синоним; напр.*: der Patient erlitt einen Rückfall seiner alten Krankheit у пациента был рецидив старой болезни; er beging einen Diebstahl im Rückfall он совершил вторичную кражу (как рецидивист); sein Verhalten erschien uns als ein Rückfall in seine alte Lebensweise его поведение показалось нам возвратом к прежнему образу жизни. **Rückschlag** резкое ухудшение, резкий спад; *напр.*: der Patient erlitt einen Rückschlag у больного наступило резкое ухудшение; er hat seinen geschäftlichen Rückschlag überwunden он преодолел резкий спад в своих делах. **Rezidiv** *книжн.* рецидив; *напр.*: der Arzt sprach von einem möglichen Rezidiv врач говорил о возможном рецидиве

Rückgabe *см.* «Приложение»
Rückgang *см.* Abnahme
Rückhalt *см.* Stütze [1]
rückhaltlos *см.* aufrichtig
Rückkehr возвращение (*из поездки и т. п.*)

die Rückkehr — die Heimkehr

Rückkehr *индифф. синоним; напр.*: nach seiner Rückkehr после своего возвращения; auf j-s Rückkehr warten ждать чьего-л. возвращения; der Zeitpunkt seiner Rückkehr ist nicht genau bekannt время его возвращения ещё точно не известно; wir erwarten heute ihre Rückkehr мы ожидаем её возвращения сегодня □ Er war so überzeugt von der Richtigkeit seiner Idee, daß er nicht die Geduld aufbrachte, auf Konczinskis Rückkehr zu warten (*Heiduczek, »Abschied von den Engeln«*) Он был так убеждён в правильности своей идеи, что у него не хватило терпения дождаться возвращения Кончинского. **Heimkehr**

RÜCKSCHLAG 376 RUF

возвращение домой (на родину) (*часто после долгого отсутствия*); *напр.*: viele Blumen schmückten die Wohnung zu ihrer Heimkehr много цветов украшало квартиру, убранную в честь ее возвращения (домой); bald kam die Zeit der Heimkehr скоро настало время возвращения (домой)

Rückschlag *см.* Rückfall

rückschrittlich *см.* reaktionär

Rückseite обратная сторона, изнанка

die **Rückseite** — die **Kehrseite**

Rückseite *индифф. синоним*; *напр.*: auf der Rückseite на обороте, на обратной стороне; die Rückseite des Stoffes ist glänzend изнанка материала блестящая; auf der Rückseite der Münze standen unleserliche Buchstaben на обратной стороне монеты были неразборчивые буквы. **Kehrseite** *б. ч. перен.* оборотная сторона, изнанка; *разг. шутл.* задняя часть (*спина*); *напр.*: die Kehrseite der Medaille оборотная сторона медали; j-m seine Kehrseite zuwenden повернуться к кому-л. задней частью; er kennt auch die Kehrseite des Kapitalismus он знает также и изнанку капитализма; der Zweifel ist die Kehrseite des Denkens сомнение — оборотная сторона мышления

Rückstand *см.* Schuld

rückständig отсталый

rückständig — **zurückgeblieben** — **unterentwickelt** — **mick(e)rig**

rückständig *индифф. синоним*; *напр.*: rückständige Ansichten отсталые взгляды; ein rückständiger Mensch отсталый человек; er ist in seinen Meinungen sehr rückständig он очень отстал в своих суждениях; ein früher rückständiges Land entwickelt sich in raschem Tempo ранее отсталая страна развивается быстрыми темпами. **zurückgeblieben** отстающий; *напр.*: ein zurückgebliebener Schüler неуспевающий [отстающий] ученик; ein geistig zurückgebliebenes Kind умственно отсталый ребенок; er macht einen zurückgebliebenen Eindruck он производит впечатление умственно отсталого; für zurückgebliebene Industriebetriebe sind Subventionen vorgesehen для отстающих промышленных предприятий предусмотрены дотации. **unterentwickelt** недоразвитый, малоразвитый; *напр.*: das Kind ist geistig und körperlich unterentwickelt ребенок умственно и физически плохо развит; das Land zählte lange zu den unterentwickelten Agrarstaaten эту страну долго относили к слаборазвитым аграрным странам. **mick(e)rig** *разг.* недоразвитый, чахлый; *напр.*: eine mickrige Person тщедушный человечек; die Saat ist mickerig всходы очень чахлые [не развиваются]; der Tabak ist in diesem Jahr mickrig geraten табак в этом году недоразвитый [чахлый]

Rücktritt уход с поста, отставка

der **Rücktritt** — die **Abdankung** — der **Ruhestand** — der **Abschied** — die **Demission**

Rücktritt *индифф. синоним*; *напр.*: der Rücktritt der Regierung, des Innenministers отставка правительства, министра внутренних дел; er meldete dem Chef seinen Rücktritt он заявил начальнику о своем уходе (с должности); das war kein freiwilliger Rücktritt это не был добровольный уход с поста. **Abdankung** увольнение в отставку; *напр.*: die Abdankung des Innenministers war erzwungen увольнение министра внутренних дел в отставку было вынужденным; seine Abdankung stand bevor ему предстояло увольнение в отставку; alle Zeitungen schrieben über die Abdankung des Königs все газеты писали об отречении короля (от престола). **Ruhestand** отставка *в отличие от* Rücktritt *означает не уход в отставку, а статус, время после отставки*; *напр.*: im Ruhestand (*сокр.* i. R.) в отставке (*при указании профессии, должности и т. п.*); ein Beamter, ein General im Ruhestand отставной чиновник, генерал в отставке; mit 65 Jahren trat er in den Ruhestand в 65 лет он вышел в отставку; er wurde in den wohlverdienten Ruhestand versetzt его отправили на заслуженный отдых; er lebte im Ruhestand noch volle 15 Jahre он прожил в отставке еще полных 15 лет. **Abschied** *высок.* уход в отставку; *напр.*: den Abschied bekommen [erhalten] получать отставку; j-m den Abschied geben дать кому-л. отставку; der Oberst nahm nach diesem Vorfall den Abschied полковник после этого случая ушел в отставку. **Demission** *книжн., дип.* отставка (*правительства, министра*); *напр.*: seine Demission einreichen, nehmen подать заявление об отставке, уйти в отставку; der Minister nahm seinen Antrag auf Demission zurück министр взял обратно прошение об отставке; das Kabinett drohte mit seiner Demission кабинет (министров) угрожал отставкой

rückwärts *см.* zurück

Rudel *см.* Menge³

Ruf¹ призыв (к чему-л.)

der **Ruf** — der **Aufruf** — der **Appell**

Ruf *индифф. синоним*; *напр.*: der Ruf zur Mitarbeit призыв к сотрудничеству; alle folgten dem Ruf der Regierung nach Hilfe für die Opfer der Überschwemmung все последовали призыву правительства помочь пострадавшим от наводнения. **Aufruf** призыв, обращение (к общественности); *напр.*: ein flammender Aufruf пламенный призыв; ein Aufruf an die Bevölkerung призыв [обращение] к населению; einen Aufruf schreiben, verlesen, unterzeichnen написать, зачитать, подписать призыв [обращение]; der Aufruf zum Schutz der Umwelt fand ein weltweites Echo призыв к охране окружающей среды нашел отклик во всем мире. **Appell** ≃ Aufruf; *напр.*: ein flammender Appell пламенный призыв; der Stockholmer Appell *ист.* Стокгольмское воззвание; ein Appell an die Versammlung обращение к собранию; das war ein Appell an die Menschlichkeit это было обращение к (чувству) гуманности; der Appell verhallte unerhört призыв не был услышан [не нашел никакого отклика]

Ruf² репутация

der **Ruf** — der **Leumund** — das **Renommee**

Ruf *индифф. синоним*; *напр.*: einen guten, schlechten Ruf haben пользоваться хорошей, плохой репутацией; in gutem, schlechtem Ruf stehen пользоваться хорошей, дурной славой; das war eine Firma von Ruf это была фирма с хорошей репутацией; sie genießt keinen guten Ruf она не пользуется хорошей репутацией; das wird deinem Ruf schaden это повредит твоей репутации; er steht im Ruf eines Strebers у него репутация карьериста; er ist besser als sein Ruf он лучше, чем слава о нем; er wird das Mädchen noch in schlechten Ruf bringen он еще испортит девушке репутацию; sie hält auf ihren Ruf она дорожит своей репутацией; ihm geht der Ruf eines erfahrenen Pädagogen voraus он славится как опытный педагог □ Doch das waren immer die gleichen, fragwürdigen Gestalten gewesen, deren Erwerb dunkel und deren Ruf noch dunkler war (*Fallada, »Wolf u. Wölfen«*) Это были все те же подозрительные личности, чьи источники существования были достаточно сомнительными, а слава еще сомнительней. Die wirkliche Herrin des Geschäftes war aber seine Tochter Greta, eine Modistin von gutem Ruf in der Stadt (*Brězan, »Christa«*) Но настоящей хозяйкой салона была его дочь Грета, модистка, пользующаяся в городе хорошей репутацией. **Leumund** ≃ Ruf *часто употр. в официальных характеристиках и т. п.*; *напр.*: einen guten, schlechten Leumund haben пользоваться хорошей, дурной славой; j-n in schlechten Leumund bringen испортить кому-л. репутацию; sein Leumund ist nicht gut у него недобрая слава; er verteidigte eifrig ihren Leumund он старался защитить ее репутацию; gesucht wird eine Persönlichkeit mit einwandfreiem Leumund требуется человек с безупречной репутацией (*объявление*). **Renommee** престиж, (хорошая) репутация, реноме; *напр.*: ein gutes Renommee haben иметь хорошую репутацию; das wird seinem Renommee als Arzt schaden это повредит его престижу врача; sein Renommee hat durch diese Affäre gelitten его реноме пострадало из-за этой истории; diese Frau hat ein gutes Reпопітее у этой женщины хорошая репутация

rufen¹ звать, призывать
rufen — bitten — einladen — auffordern — aufrufen — herausrufen — herbeirufen — herausbitten — bestellen — beordern — vorladen — zitieren — laden — bescheiden

rufen *индифф. синоним; напр.:* bitte rufen Sie ihn пожалуйста, позовите его; lassen Sie ihn rufen скажите, чтобы его позвали; der Kranke ließ den Arzt rufen больной попросил вызвать врача; das Kind ruft nach der Mutter ребенок зовет мать; die Mutter ruft zum Essen мать зовет обедать; er rief mich zu Hilfe он позвал меня на помощь; er ruft um Hilfe он зовет на помощь; das Horn ruft zur Jagd рог зовет на охоту; die Pflicht ruft долг зовет. **bitten** просить; *напр.:* dürfen wir Sie für morgen zum Tee zu uns bitten? можем ли мы просить вас завтра к нам на чай?; der Direktor bat alle Abteilungsleiter zu sich директор попросил всех начальников отделов к себе. **einladen** приглашать; *напр.:* j-n für eine Woche einladen пригласить кого-л. на неделю (к себе); ins Konzert einladen приглашать на концерт; bei Freunden eingeladen sein быть приглашенным к друзьям; ich bin heute abend eingeladen сегодня вечером я приглашен (в гости); er hat mich zum Kaffee eingeladen он пригласил меня на (чашку) кофе; er lud ihn zum Platznehmen ein он пригласил его сесть. **auffordern** просить, приглашать, призывать сделать что-л.; *напр.:* j-n zur Mitarbeit, zur Teilnahme auffordern просить кого-л. о сотрудничестве, об участии; j-n auffordern mitzuarbeiten, teilzunehmen приглашать кого-л. сотрудничать, участвовать; er forderte mich zu einer Schachpartie auf он пригласил меня на партию шахмат; er wagte nicht, sie zum Walzer aufzufordern он не осмелился пригласить ее на вальс. **aufrufen** призывать к чему-л.; *напр.:* zum Kampf, zum Widerstand aufrufen призывать к борьбе, к сопротивлению; wir rufen alle auf, an der Kundgebung teilzunehmen мы призываем всех принять участие в митинге [демонстрации]. **herausrufen** вызывать (*откуда-л. куда-л.*); *напр.:* Schauspieler herausrufen вызывать артистов (*аплодисментами*); würden Sie mir bitte Herrn Schulze herausrufen? не вызовите ли вы мне господина Шульце? **herbeirufen** подозвать; *напр.:* er rief mich herbei und zeigte das zerrissene Buch он подозвал меня и показал разорванную книгу; er ruft mich immer herbei, wenn er Hilfe braucht он всегда зовет меня, когда ему нужна помощь. **herausbitten** просить выйти; *напр.:* er bat mich für einige Minuten heraus, denn er wollte mir etwas sagen он попросил меня выйти (с ним) на несколько минут, потому что хотел что-то сказать мне; der unverschämte Besucher wurde herausgebeten нахального посетителя попросили выйти. **bestellen** вызывать, приглашать (прийти) (в назначенное время, место); *напр.:* j-n zu sich bestellen вызывать к себе; ich bin für 10 Uhr zum Direktor bestellt worden меня вызвали к директору на 10 часов; er wurde zum Gericht bestellt его вызвали в суд; ich habe ihn in ein Café bestellt я пригласил его (прийти) в кафе; bestelle ihn für heute abend! пригласи его прийти сегодня вечером! **beordern** вызывать приказом; *напр.:* der Soldat wurde zum Kommandanten beordert солдата (приказом) вызвали [солдату приказали, передали приказ явиться] к командиру; er wurde telegrafisch nach Hause beordert его вызвали телеграммой домой □ Ich habe für den Abtransport einen Krankenwagen beordert (*Fallada, »Jeder stirbt«*) Для перевозки (*больной*) я вызвал санитарный автомобиль. **vorladen** вызывать повесткой (*в суд, в полицию*); *напр.:* er wurde als Zeuge vorgeladen его вызвали в качестве свидетеля; jeden Monat wurde er zur Polizei vorgeladen его каждый месяц вызывали в полицию. **zitieren** официально вызывать по какому-л. делу; *напр.:* er wurde vor Gericht zitiert его вызвали (по делу) в суд; er wurde schon morgen früh zum Chef zitiert уже рано утром его вызвали к начальнику. **laden** а) *высок.* ≈ einladen; *напр.:* j-n zum Essen laden приглашать кого-л. на обед; er lud ihn häufig zu Tisch он часто звал его обедать; keiner von ihren Bekannten wurde zur Hochzeit geladen никто из знакомых не был зван на свадьбу; б) *офиц.* ≈ vorladen; *напр.:* j-n vor Gericht laden вызывать кого-л. в суд; er wurde als Zeuge geladen его вызвали в качестве свидетеля. **bescheiden** *высок.* ≈ bestellen; *напр.:* er beschied seinen Stellvertreter zu sich он вызвал своего заместителя к себе; ich wurde hierher beschieden меня вызвали сюда; ich habe ihn zu mir beschieden я пригласил его прийти ко мне

rufen² *см.* nennen¹
Rüffel *см.* Tadel
rüffeln *см.* schimpfen¹
Rufname *см.* Name¹
Rüge *см.* Tadel
rügen *см.* tadeln
Ruhe¹ покой, отдых
die Ruhe — die Erholung — die Ausspannung

Ruhe *индифф. синоним; напр.:* keine Ruhe haben, finden не иметь, не находить покоя; j-m keine Ruhe lassen не давать кому-л. покоя; ich möchte endlich meine Ruhe haben дай(те) мне, наконец, покой; er läßt mich nicht in Ruhe он не дает мне покоя; diese Sorgen nehmen mir die Ruhe эти заботы лишают меня покоя; du solltest dir mehr Ruhe gönnen! ты должен больше отдыхать!; nach dem Umzug bin ich noch nicht zur Ruhe gekommen после переезда я еще не передохнул; der Kranke braucht Ruhe больному нужен покой. **Erholung** отдых; *напр.:* zur Erholung fahren ехать отдыхать; er braucht Erholung ему нужен отдых; sie suchten Erholung im Gebirge они искали отдыха в горах; du solltest verreisen, zu Hause hast du doch nicht die richtige Erholung тебе следовало бы уехать, ведь дома ты не можешь по-настоящему отдохнуть. **Ausspannung** кратковременный отдых (*от напряженной работы, от напряженных занятий*); *напр.:* zur Ausspannung fuhr er für drei Tage an die See чтобы отдохнуть, он уехал на три дня к морю; jetzt hast du Ausspannung nötig теперь тебе надо передохнуть; der Arzt hat mir eine Ausspannung empfohlen врач порекомендовал мне сделать перерыв в работе [отдохнуть]

Ruhe² покой, тишина
die Ruhe — die Stille — der Frieden

Ruhe *индифф. синоним; напр.:* die nächtliche Ruhe ночной покой; in Ruhe und Frieden leben жить в мире и спокойствии; im Saal herrscht völlige Ruhe в зале царит полная тишина; der Lehrer ruft: »Ruhe bitte!« учитель призывает: «Тише, пожалуйста!»; der Redner mußte sich erst Ruhe verschaffen прежде чем говорить, оратор должен был установить тишину [заставить публику успокоиться]; im Urlaub sucht man Ruhe во время отпуска ищешь покоя. **Stille** тишина; *напр.:* die Stille der Nacht тишина ночи; andächtige Stille благоговейная тишина; die Stille des Waldes tat wohl тишина леса действовала благотворно; im Saal herrschte feierliche Stille в зале царила торжественная тишина. **Frieden** мир, покой; *напр.:* der Frieden in der Natur гармония в природе; in Frieden miteinander leben жить в мире и согласии друг с другом; es herrscht kein Frieden in unserem Haus нет мира в нашем доме; laß mich in Frieden! оставь меня в покое!

Ruhegehalt *см.* Rente
Ruhegeld *см.* Rente
ruhelos *см.* unruhig
ruhen¹ (временно) бездействовать, оставаться на месте
ruhen — beruhen

ruhen *индифф. синоним; напр.:* die Arbeit ruht während des Streiks во время забастовки работа стоит; die Verhandlungen ruhen zur Zeit переговоры пока прекращены; der Vertrag ruht действие договора временно прекращено; die Waffen ruhen орудия молчат, военные действия прекращены; wir wollen dieses Problem ruhen lassen оставим пока эту проблему, прекратим на время обсу-

ждение этой проблемы; den Streit lassen wir ruhen оставим [прекратим] спор. **beruhen** *употр. тк. в сочетании* auf sich beruhen lassen оставлять открытым, больше не заниматься чем-л.; *напр.*: wir haben diese Frage auf sich beruhen lassen мы оставили этот вопрос открытым; das Beste ist, wir lassen vorläufig alles auf sich beruhen нам лучше оставить пока все как есть
ruhen [2] *см.* ausruhen
Ruhestand *см.* Rücktritt
ruhig [1] спокойный (*без волнения*)
ruhig — gelassen — gleichmütig — kaltblütig

ruhig *индифф. синоним; напр.*: ein ruhiger Mensch спокойный человек; ruhig sein, bleiben быть, оставаться спокойным; ruhiges Blut bewahren сохранять [хранить] спокойствие; er sah sie ruhig an он спокойно смотрел на нее; als Chirurg muß er eine ruhige Hand haben как хирург он должен оставаться спокойным, чтобы рука была тверда; überlege es dir ruhig! подумай спокойно!; so ein ruhiger Beamter! *разг.* такой невозмутимый чинуша! **gelassen** невозмутимый; *напр.*: gelassen sein, bleiben быть, оставаться невозмутимым; eine Nachricht gelassen aufnehmen невозмутимо принять известие; er stand der Gefahr gelassen gegenüber он встретил опасность с невозмутимым спокойствием; »Wann kommst du zurück?« fragte er gelassen «Когда ты вернешься?» — спросил он со спокойной небрежностью; sie hörte ihn mit gelassener Miene an она слушала его с невозмутимым видом □ Er wartete darauf, daß der Leutnant es ihm verbieten würde. Aber der Leutnant sah ihm gelassen zu, Erde von Mütze und Rock klopfend (*Heiduczek*, »*Abschied von den Engeln*«) Он ждал, что лейтенант запретит ему это. Но лейтенант, отряхивая землю с фуражки и кителя, невозмутимо смотрел на него. **gleichmütig** безразличный, равнодушный; *напр.*: gleichmütige Ruhe невозмутимое спокойствие; eine Nachricht gleichmütig aufnehmen равнодушно принять сообщение; er sprach mit gleichmütiger Höflichkeit он разговаривал с равнодушной вежливостью; sie hörte seine Worte gleichmütig an она равнодушно слушала его слова. **kaltblütig** хладнокровный; *напр.*: ein kaltblütiger Mensch хладнокровный человек; mit kaltblütiger Überlegung хладнокровно рассуждая; er blickte der Gefahr kaltblütig ins Auge он хладнокровно смотрел опасности в глаза; er antwortete kaltblütig: »Nein!« он ответил хладнокровно: «Нет!»
ruhig [2] спокойный (*неторопливый*)
ruhig — gemächlich — gemach — geruhsam — g e r u h s a m

ruhig *индифф. синоним; напр.*: ein ruhiges Leben führen вести спокойную жизнь; alles geht seinen ruhigen Gang все идет спокойно своим чередом; der Motor läuft ruhig мотор работает ровно; wir haben dort ruhige Tage verlebt мы провели там спокойные дни; ruhig gingen sie durch den Park они спокойно шли по парку. **gemächlich** неторопливый; *напр.*: ein gemächliches Leben führen вести неторопливый образ жизни; er kam gemächlichen Schrittes auf uns zu он подошел к нам неторопливым шагом; wir gingen gemächlich nach Hause мы неторопливо шли домой. **gemach** *устаревает* спокойно, без спешки (*употр. как междометное предложение*); *напр.*: gemach! спокойно!; gemach, es werden sich schon Wege finden lassen! спокойствие, найдутся какие-нибудь пути! **geruhsam** ≃ ruhig, *но подчеркивает, что спокойная неторопливость приятна, полезна кому-л., связана с положительными эмоциями и т. п.*; *напр.*: in geruhsamem Tempo fahren ехать спокойно и неторопливо; geruhsam frühstücken спокойно и неторопливо завтракать; es war ein geruhsamer Abend был приятный, спокойный вечер; sie führen ein geruhsames Leben они ведут спокойную и неторопливую жизнь; er ging geruhsam spazieren он спокойно и неторопливо прогуливался. **geruhig** *уст. поэт.* ≃ ruhig; *напр.*: ein geruhiges Leben führen вести покойную жизнь
ruhig [3] спокойный (*тихий*)
ruhig — still

ruhig *индифф. синоним; напр.*: eine ruhige Gegend спокойная местность; ruhige See спокойное море; ruhiges Wetter тихая погода; sie sind ruhige Mieter они спокойные жильцы; die Wohnung liegt ruhig квартира расположена в тихом месте; wir müssen uns ruhig verhalten мы должны вести себя тихо; sei doch endlich einmal ruhig! успокойся же, наконец! **still** тихий; *напр.*: er ist ein stiller und bescheidener Kollege он тихий и скромный товарищ; heute ist ein stiller Tag сегодня тихий день; sie ging still neben ihm her она тихо [молча] шла рядом с ним; sei still! замолчи!
ruhig [4]: ruhig sein *см.* schweigen
Ruhm слава
der Ruhm — der Weltruhm — der Weltruf — die Glorie

Ruhm *индифф. синоним; напр.*: großer, unsterblicher, verdienter, wahrer, falscher, vergänglicher Ruhm великая, бессмертная, заслуженная, настоящая, ложная, преходящая слава; Ruhm erringen добиваться славы; den Gipfel [die Höhe] seines Ruhmes erreichen достичь вершины своей славы; die Zeitungen sind seines Ruhmes voll все газеты прославляют его; sein Ruhm lebt weiter его слава живет; er sonnt sich in seinem Ruhm он греется в лучах своей славы. **Weltruhm** мировая слава; *напр.*: Weltruhm erlangen получить мировую славу; sein Name genießt Weltruhm его имя пользуется мировой славой; dieses Bild brachte ihm Weltruhm ein эта картина принесла ему мировую славу. **Weltruf** мировая известность; *напр.*: ein Wissenschaftler von Weltruf ученый с мировым именем; dieses Fabrikat genießt Weltruf это изделие пользуется мировой известностью. **Glorie** блеск славы; *напр.*: er steht immer nur in der Glorie seines berühmten Bruders на него падает только отблеск славы его брата
ruhmbegierig *см.* ehrgeizig
rühmen *см.* loben
rühmenswert *см.* lobenswert
rühmlich *см.* lobenswert
ruhmreich *см.* bekannt [1]
rühren *см.* aufregen/berühren [1]/bewegen I [2]
rührend трогательный
rührend — bewegend

rührend *индифф. синоним; напр.*: ein rührender Anblick трогательный вид; eine rührende Szene трогательная сцена; er hat einen rührenden Brief geschrieben он написал трогательное письмо; es ist rührend, zu sehen, wie er mit dem Kind spielt трогательно видеть, как он играет с ребенком; er sorgt für sie auf rührende Weise он трогательно заботится о ней □ Manchmal zeigte er ein rührendes Bemühen um Förmlichkeit, die ihm nie gelang, und dann wiederum war er unbeherrscht grob (*Heiduczek*, »*Abschied von den Engeln*«) Иногда он старался выказывать трогательное усердие при соблюдении этикета, что ему никогда не удавалось, а потом он снова был несдержан и груб. **bewegend** волнующий; *напр.*: es war ein bewegender Moment это был волнующий момент; er hielt eine bewegende Rede он произнес волнующую речь; er dankte ihr mit bewegenden Worten он поблагодарил ее в трогательных выражениях
rühren, sich *см.* arbeiten [1]/bewegen, sich
rührig *см.* lebhaft
Ruine *см.* Trümmer
ruinieren *см.* beschädigen [1]
ruiniert *см.* bankrott
Rummel *см.* Lärm [1]/Markt
rummeln *см.* lärmen [1]
Rumor *см.* Lärm [1]
rumoren *см.* lärmen [1]
rumpeln *см.* dröhnen
rund [1] круглый
rund — rundlich — kreisförmig — oval

rund *индифф. синоним; напр.*: ein runder Tisch, Turm круглый стол, круглая башня; runde Backen круглые щеки; die Erde ist rund Земля круглая; sie hat hübsche, runde Arme у нее красивые, округлые руки; das Mädchen ist hübsch rund девушка вся кругленькая. **rundlich** округлый; *напр.*: eine rundliche Form округлая форма; ein rundliches Kinn округлый подбородок; der Stein ist rundlich

RUND

geschliffen камень округло обточен. **kreisförmig** круговидный, круговой; *напр.:* er beobachtete die kreisförmigen Bewegungen des Vogels он наблюдал за круговыми движениями птицы; er zeichnete kreisförmige Gestalten aufs Papier он рисовал какие-то круговые фигуры на бумаге. **oval** [-v-] овальный; *напр.:* ein ovales Gesicht овальное лицо; ein ovaler Tisch овальный стол; sie trug eine ovale Brosche на ней была овальная брошь; die Baumkronen waren oval geschnitten кроны деревьев были подстрижены овально
rund ² *см.* ungefähr
Rundfunk *см.* Radio
rundlich *см.* dick ¹/rund ¹
Rundschau *см.* Überblick
Rundschreiben *см.* «Приложение»
runzlig *см.* faltig
rupfen *см.* nehmen ²
ruppig *см.* lumpig
rüstig *см.* lebhaft/tätig ¹
Rüstung *см.* Ausrüstung/Bewaffnung
rutschen *см.* gleiten ¹
rutschig *см.* glatt ¹
rütteln *см.* schütteln ¹

S

Saal зал
der **Saal** — die **Halle** — die **Diele**
Saal *индифф. синоним; напр.:* ein großer, hoher, festlich geschmückter Saal большой, высокий, празднично украшенный зал; der Saal war bei diesem Konzert überfüllt во время этого концерта зал был переполнен. **Halle** *по сравнению с* Saal *означает помещение еще большее и менее замкнутое, часто отделенное от смежных помещений колоннами, свободными переходами и т. п.; напр.:* eine lange, weite, hohe Halle длинный, широкий, высокий зал; die große Halle des Konzerthauses konnte die zahlreichen Besucher kaum fassen большой концертный зал едва вместил многочисленных слушателей; die riesige Halle war schön geschmückt für den Abend огромный зал был красиво украшен для вечера; die Fahrkartenschalter sind in der Halle des Bahnhofs билетные кассы находятся в зале вокзала. **Diele** *уст. редко* (небольшой) танцевальный зал (*при кафе и т. п.*); *теперь обыкн. в составе сложного слова* Tanzdiele; *напр.:* in der Diele des alten Gasthauses wird getanzt в танцевальном зале старой гостиницы бывают танцы
Sabbat *см.* Sonnabend
Sache ¹ дело
die **Sache** — die **Angelegenheit** — das **Geschäft** — die **Affäre** — die **Geschichte** — die **Kiste**
Sache *индифф. синоним; напр.:* eine gute, schlechte, ehrliche, gerechte Sa-

che правое, неправое, честное, справедливое дело; für die gute Sache kämpfen бороться за правое дело; in eine unangenehme Sache verwickelt sein быть замешанным в неприятное дело □ In der Sache mit dem kleinen Emil, erklärt er, könne nur eine Frau einer Frau helfen (*Feuchtwanger*, »*Lautensack*«) «В деле с маленьким Эмилем, — говорит он, — только женщина может помочь женщине». **Angelegenheit** ≅ Sache, *но подчеркивает, что дело входит в чью-л. компетенцию, кого-л. касается; напр.:* eine dringende, komplizierte, delikate, peinliche Angelegenheit срочное, сложное, деликатное, неприятное дело; eine Einmischung in die innere Angelegenheiten eines Staates вмешательство во внутренние дела какого-л. государства; das Ministerium für Auswärtige Angelegenheiten министерство иностранных дел; in einer персональной, privaten, dienstlichen, dringenden Angelegenheit zu j-m kommen, j-n sprechen приходить к кому-л., разговаривать с кем-л. по личному, частному, служебному, срочному делу; sich mit einer Angelegenheit beschäftigen заниматься каким-л. делом; er mischt sich nie in fremde Angelegenheiten он никогда не вмешивается в чужие дела. **Geschäft** дело, занятие (*связанное с профессией, входящее в круг задач или обязанностей кого-л.*); *напр.:* die laufenden Geschäfte текущие дела; ich habe ein wichtiges Geschäft zu erledigen мне надо сделать важное дело; er ist mit Geschäften überlastet он перегружен делами. **Affäre** *книжн.* (скандальное) дело, (неблаговидные) действия *подчеркивает, что дело стало достоянием гласности; напр.:* eine dunkle, peinliche, skandalöse Affäre темное, неприятное, скандальное дело; die Affäre ist beigelegt (неприятное) дело улажено. **Geschichte** *разг.* история, дело; *напр.:* eine dumme Geschichte глупая история; eine alte Geschichte старое дело, старая история; er hat von dieser Geschichte nichts gewußt он ничего не знал об этой истории [о всем этом деле]; du hast mir eine schöne Geschichte eingebrockt ты втянул меня в хорошенькую историю [в хорошенькое дельце]. **Kiste** *фам.* ≅ Sache, *но эмоционально окрашено, подчеркивает, что это хорошее или плохое, привлекающее к себе внимание дело; напр.:* eine schwierige, tolle Kiste трудное, то еще дельце; wir werden die Kiste schon schmeißen это дельце мы уж как-нибудь обделаем [проверим, обтяпаем]
Sache ² *см.* Gegenstand
Sachen *см.* Kleidung
sachkundig *см.* kundig
sachlich *см.* objektiv
sacht *см.* langsam ¹/vorsichtig ¹
sachte *см.* vorsichtig ¹

SAGEN

Sachverständiger *см.* Fachmann
Safe *см.* «Приложение»
sagen ¹ сказать
sagen — **meinen** — **sprechen** — **bemerken** — **hervorbringen** — **vorbringen** — **stammeln** — **stottern** — **stocken** — **brummen** — **anvertrauen** — **eröffnen** — **hinterbringen** — **verraten** — **zutragen** — **zuflüstern** — **kolportieren** — **stecken** — **klatschen** — **quatschen** — **verzapfen** — **brabbeln** — **blubbern**
sagen *индифф. синоним; напр.:* j-m etw. freundlich, im guten, vorwurfsvoll, grob, zornig, spöttisch, kalt, höflich, ernst sagen сказать кому-л. что-л. приветливо, по-хорошему, с упреком, грубо, сердито, насмешливо, холодно, вежливо, серьезно; j-m ein Kompliment, Schmeicheleien, die Wahrheit, seine Meinung sagen сказать кому-л. комплимент, льстивые слова, правду, свое мнение; das hast du gut gesagt это ты хорошо сказал; sie sagte uns gute Nacht она пожелала нам спокойной ночи; »Ich habe noch viel zu tun«, sagte sie «У меня еще много дел», — сказала она; er sagte, er sei bereit [daß er bereit sei] он сказал, что (он) готов; wir sagten ihm, was wir von ihm denken мы сказали ему, что мы о нем думаем; sie konnte mir nichts über ihn sagen она ничего не могла мне о нем сказать; was wollen Sie damit sagen? что вы хотите этим сказать?; er kann ein paar Worte in deutscher Sprache sagen он может сказать несколько слов по-немецки; ich sage kein Wort mehr я больше не скажу ни слова □ »Kann nicht schlafen«, sagte er (*Fallada,* »*Jeder stirbt*«) «Не могу спать», — сказал он. Ich habe dir doch gesagt, ich will nicht mehr darüber reden (*ebenda*). Я же тебе сказал, я не хочу больше об этом говорить. **meinen** ≅ sagen *употр. с прямой или косвенной речью, обыкн. в коротких репликах; напр.:* »Gut so«, meinte er «Хорошо», — сказал он; »Was für eine Überraschung!« meinte sie leise «Какой сюрприз!» — сказала она тихо; wie meinten Sie eben? что вы сейчас сказали? **sprechen** ≅ sagen, *но с прямой речью употр. редко, в др. случаях употребления звучит несколько приподнято; напр.:* »Ich habe Hunger«, sprach er «Я голоден», — сказал он; da hast du ein wahres Wort gesprochen ты сказал истинную правду; sprich die Wahrheit und du bist gerettet скажи правду и ты спасен; du weißt nicht, was du sprichst ты сам не знаешь, что говоришь □ Er sprach kein Wort von dem, was geschehen war (*Fallada,* »*Jeder stirbt*«) Он не сказал ни слова о том, что случилось. **bemerken** заметить, отметить; *напр.:* etw. beiläufig, ausdrücklich bemerken замечать [отмечать] что-л. мимоходом, специально; nebenbei bemerkt (говоря) ме-

жду прочим; über ihr Benehmen ist nichts Nachteiliges zu bemerken о ее поведении нельзя сказать ничего плохого; ich möchte dazu bemerken, daß nicht alle dieser Meinung sind я хотел бы в связи с этим заметить, что не все придерживаются этого мнения; »Das ist nicht wahr«, bemerkte er «Это неправда», — заметил он. **hervorbringen** произносить, выговаривать *часто употр. с отрицанием; напр.:* kein Wort, keinen Ton, nichts mehr hervorbringen не произнести ни слова, ни звука, больше ничего; er brachte keinen Laut hervor он не произнес ни звука; vor Schreck konnte er kein Wort hervorbringen от страха он не мог выговорить ни слова; »Na, gut«, brachte sie endlich hervor »Ну, хорошо«, — произнесла она наконец. **vorbringen** высказывать; *напр.:* einen Wunsch, einen Protest, eine Forderung vorbringen высказать желание, протест, требование; er hat seine Entschuldigungen vorgebracht он принес свои извинения; er brachte seine Ansicht vor он высказал свою точку зрения; bringen Sie Ihre Klage vor! изложите вашу жалобу!; was hast du noch vorzubringen? что ты можешь еще сказать (по этому поводу)? **stammeln** (про)мямлить, произнести неотчетливо, с трудом, запинаясь; *напр.:* er stammelte einige Worte der Entschuldigung он сбивчиво извинился; запинаясь, он извинился; »Oh, Sie sind es!« stammelte sie «О, это вы!» — еле выговорила она; das Kind kann schon einige Worte stammeln ребенок с трудом, но может уже произнести несколько слов; er stammelte etwas auf deutsch он сказал что-то, запинаясь, по-немецки □ »Überlegen — ich dir!« stammelte Goldmund (Hesse, »Narziß«) «Превосхожу — я тебя!» — запинаясь, сказал Златоуст. **stottern** сказать заикаясь; *напр.:* er stotterte etwas Unverständliches заикаясь, он сказал что-то непонятное; völlig verwirrt, stotterte er, er sei nicht schuld daran абсолютно смущенный, заикаясь, он сказал, что он в этом не виноват. **stocken** запнуться; *напр.:* er stockte mitten im Satz он запнулся посреди предложения; sie stockte einige Male bei ihrer Erzählung она несколько раз запнулась в своем рассказе. **brummen** проворчать; *напр.:* er brummte eine Antwort он проворчал что-то в ответ; er brummte etwas vor sich hin он что-то проворчал себе под нос; »So ein Tag!« brummte der Alte «Ну и день!» — проворчал старик. **anvertrauen** доверить (*рассказать кому-л. что-л.*); *напр.:* j-m ein Geheimnis, eine Neuigkeit anvertrauen доверить кому-л. тайну, новость; dir kann ich diese Nachricht anvertrauen тебе я могу доверить эту весть; sie hat sich meiner Mutter anvertraut она доверилась моей матери. **eröffnen** открыть (*рассказать кому-л. что-л.*); *напр.:* j-m seinen Plan, seine Absicht, seinen Wunsch eröffnen открыть кому-л. свой план, свое намерение, свое желание; er eröffnete uns den Zweck seiner Reise он открыл нам цель своей поездки; er eröffnete ihr, der Brief wäre schon vor einigen Tagen abgeschickt worden он открыл ей, что письмо было отослано уже несколько дней тому назад. **hinterbringen** доносить, передавать по секрету (*то, что не следовало кому-л. знать*); *напр.:* j-m eine abfällige Bemerkung, eine Kritik hinterbringen рассказать кому-л. о сделанном кем-л. порочащем замечании, о критике (*по адресу того, кому доносят*); sie hinterbrachte ihm, daß sein Nachbar von der Polizei sei она по секрету сказала ему, что его сосед служит в полиции; man hinterbrachte ihm sofort, was über ihn beschlossen worden war ему тут же донесли, что было решено относительно него. **verraten** выдавать (*секрет и т. п.*); *напр.:* j-m ein Geheimnis verraten выдать кому-л. тайну; er hat ihm verraten, wo das Treffen stattfinden soll он выдал ему место, где должна состояться встреча; ich will dir verraten, wo ich hinfahre я открою тебе, куда я поеду. **zutragen** передавать (*слухи, сплетни и т. п.*); *напр.:* sie trägt ihm alles zu, was sie erfährt она передает ему все, что узнает; wer hat dir das zugetragen? кто тебе это передал? □ Er sieht Ursula zwar noch jeden Tag in Betrieb, aber sie sprechen sich nicht... Man hat es ihm zugetragen, da sie um ihre Versetzung gebeten hat (Probst, »Wir brauchen euch beide«) Он, правда, видит Урсулу все еще каждый день на работе, но они не разговаривают... Ему передали, что она просила перевести ее в другое место. **zuflüstern** нашептывать, наушничать, *напр.:* sie hat ihm auch diese Neuigkeit zugeflüstert она потихоньку донесла ему эту новость; wer hat dir das zugeflüstert? кто тебе это нашептал? **kolportieren** распространять, сеять слухи; *напр.:* eine Nachricht, unwahre Behauptungen kolportieren распространять (в виде слухов) сообщение, ложные заявления; er kolportiert gern die neusten Gerüchte он любит распространять новейшие слухи; die Namen der mutmaßlichen Präsidentschaftskandidaten wurden überall kolportiert имена предполагаемых кандидатов на пост президента распространялись везде (*неофициально, в качестве слухов*). **stecken** *разг.* ≅ hinterbringen; *напр.:* j-m etw. stecken сообщить кому-л. что-л. по секрету; wer hat dir diese Neuigkeit gesteckt? кто тебе преподнес [сообщил по секрету] эту новость? **klatschen** *фам.* разболтать, проболтаться; *напр.:* er hat es geklatscht он разболтал об этом; wehe, wenn du klatschst! смотри, если разболтаешь [проболтаешься]! **quatschen** *фам. неодобр.* растрепать; *напр.:* der hat schon einmal gequatscht он уже однажды проболтался; wer hat das gequatscht? кто это растрепал?; darüber wird zu niemandem gequatscht об этом ни с кем не нужно трепаться. **verzapfen** *разг. неодобр.* сказать ерунду, городить чушь *и т. п.*; *напр.:* er verzapft lauter Unsinn он говорит чистейшую ерунду; welchen Mist verzapfst du da! какую же чушь ты несешь!; er verzapft seine gewöhnlichen Witze! он отпускает свои обычные шуточки! **brabbeln** *разг.* бормотать; *напр.:* er brabbelte etwas in seinen Bart он что-то пробормотал себе в бороду; was brabbelt er da? что он там бормочет? **blubbern** *разг.* сердито бормотать; *напр.:* er blubberte vor sich hin он сердито бормотал себе под нос; hör' auf zu blubbern! перестань сердиться [ворчать]!

sagen[2] *см.* besagen[1]
sägen *см.* spielen[3]
säkularisieren *см.* beschlagnahmen
Salär *см.* Lohn[1]
Salbaderei *см.* Gerede[1]
salben *см.* schmieren[1]
salbungsvoll *см.* süßlich[1]
salutieren *см.* grüßen[1]
sammeln собирать

sammeln — einsammeln — ansammeln — versammeln — eintreiben — vereinnahmen

sammeln *индифф. синоним; напр.:* Pilze, Reisig, Lumpen sammeln собирать грибы, хворост, тряпье; Briefmarken, Gemälde, Münzen sammeln собирать марки, картины, монеты; Kräfte, Kenntnisse, Erfahrungen sammeln накапливать силы, знания, опыт; Leute, Schüler um sich sammeln собирать вокруг себя людей, учеников □ «...es bleibt immer viel Unerledigtes zurück, das ist dort in jenem Kasten gesammelt«, und er zeigte auf einen anderen Schrank (Kafka, »Das Schloß«) «...всегда остается много недоделанного, все это собрано там, в ящике, — и он показал на другой шкаф. **einsammeln** собирать с кого-л., с чего-л.; *реже* = sammeln; *напр.:* Schulhefte, Beiträge, Geld einsammeln собирать (школьные) тетради, взносы, деньги; Vorräte für den Winter einsammeln собирать припасы на зиму; eine Schülerin sammelte die Hefte ein одна ученица собрала тетради; die Bienen sammeln die Nahrung ein пчелы собирают нектар. **ansammeln** собирать в одном месте, накапливать; *напр.:* Reichtümer, Millionen, Kunstschätze ansammeln собирать [накапливать] богатства, миллионы, сокровища искусства; im Laufe von Jahrzehnten sammelte das Museum unzählige Schätze an в течение десятилетий музей собрал бесчисленные сокровища. **versammeln** собирать людей *обыкн. употр. с указанием места, реже — времени действия; напр.*: die Schüler (vor der Schule), die Belegschaft (im Speiseraum) versammeln собирать учеников (перед школой), персонал (в столовой); er versammelte seine Familie um sich он собрал вокруг себя свою семью; im März werden wir wieder alle Vorstandsmitglieder versammeln в марте мы снова соберем всех членов правления. **eintreiben** собирать долги, взыскивать; *напр.*: Schulden, Gelder eintreiben собирать долги, деньги; ich muß noch meine Beiträge eintreiben я должен собрать еще взносы с тех, кто не уплатил; sie will die Miete schon jetzt eintreiben она хочет собрать [взыскать с жильцов] квартплату уже теперь. **vereinnahmen** *канц.* взимать; *напр.*: Außenstände vereinnahmen взимать задолженность

Samstag *см.* Sonnabend
samt *см.* mit
sämtlich *см.* alle [1]
samtweich *см.* weich [1]
Sanatorium *см.* Krankenhaus
sanft *см.* mild [1, 2]
sanftmütig *см.* mild [2]
sanktionieren *см.* billigen
Sarkasmus *см.* Spott
sarkastisch *см.* spöttisch
Satan *см.* Teufel
Satellit *см.* «Приложение»
Satisfaktion *см.* Genugtuung [1]
sättigen *см.* ernähren [1]
Satz *см.* Behauptung/Niederschlag/Norm/Sprung
Sau: unter aller Sau *см.* schlecht [4]
sauber *см.* rein [1]/anständig [2]
saubermachen *см.* reinigen [1]
säubern *см.* räumen [1]/reinigen [1]
Säuberung *см.* Reinigung
saudumm *см.* dumm [1]
sauer [1] кислый *прям. и перен.*

sauer — säuerlich

sauer *индифф. синоним; напр.*: saures Obst кислые фрукты; saure Milch кислое молоко; ein saures Gesicht machen сделать кислое лицо; der Apfel ist recht sauer яблоко очень кислое; er tut alles mit saurer Miene он делает все с кислой миной. **säuerlich** кисловатый; *напр.*: säuerlicher Geschmack кисловатый вкус; diese leicht säuerlichen Bonbons stillen den Durst эти слегка кисловатые конфеты утоляют жажду; die Trauben schmecken leider säuerlich виноград, к сожалению, кисловат на вкус; mach' nicht so ein säuerliches Gesicht, so eine säuerliche Miene! не делай такое кислое лицо, такую кислую мину!

sauer [2] *см.* ärgerlich [1]
säuerlich *см.* sauer [1]
sauertöpfisch *см.* mürrisch
saufen *см.* trinken [1, 2]
Saufraß *см.* Essen [1]
saugen сосать, втягивать в себя

saugen — aussaugen — einsaugen — lutschen

saugen *индифф. синоним; напр.*: Saft aus einer Frucht saugen сосать сок из плода; das Kind saugt Milch aus der Brust ребенок сосет молоко из груди; der Bär saugt an seinen Tatzen медведь сосет лапу; er saugte [sog] die Luft durch die Zähne он втянул в себя воздух сквозь зубы; er saugte [sog] an seiner Pfeife он сосал свою трубку. **aussaugen** высасывать; *напр.*: den Saft aus der Frucht aussaugen высосать сок из плода; der Ackerboden wurde völlig ausgesogen пашня была полностью истощена, из пашни были высосаны все соки; er saugte das Schlangengift schnell aus der Wunde aus он быстро высосал яд змеи из раны; im Nu saugte [sog] er die Apfelsine aus в мгновение он высосал весь апельсин. **einsaugen** всасывать; *напр.*: die Erde saugt gierig den Regen ein земля жадно всасывает дождевую влагу; der Schwamm saugt das Wasser ein губка всасывает воду; diese Vorurteile hat er mit der Muttermilch eingesogen эти предрассудки он всосал с молоком матери. **lutschen** *разг.* ≅ saugen, но не употр. по отношению к жидкости; *напр.*: ein(en) Bonbon, Drops lutschen сосать конфету, драже; am Daumen lutschen сосать большой палец; die Kinder lutschten Eis und lachten дети сосали мороженое и смеялись

saugrob *см.* grob
saukalt *см.* kalt [1]
Säule *см.* Pfeiler
saumäßig *см.* schlecht [1]
säumen *см.* zögern [1]
säumig *см.* träge
saumselig *см.* träge
Saumseligkeit *см.* Trägheit
saumüde *см.* müde
säuseln *см.* rauschen
sausen *см.* laufen [1]/tosen [1]
Sauwetter *см.* Unwetter
schaben *см.* rasieren/reiben [1]
Schabernack *см.* Scherz
schäbig *см.* abgetragen/geizig
Schablone *см.* Muster [1]
schachern *см.* handeln II [2]/spekulieren [1]
Schachtel коробка, картонка

die Schachtel — der Karton

Schachtel *индифф. синоним; напр.*: eine kleine, große Schachtel маленькая, большая коробка [картонка]; eine Schachtel aus Pappe, aus Holz картонная, деревянная коробка; etw. in einer Schachtel aufbewahren хранить что-л. в коробке [в картонке]; eine Schachtel Konfekt, Zündhölzer liegt auf dem Tisch коробка конфет, спичек лежит на столе; dies ist die Schachtel für Mutters Hut вот картонка от маминой шляпы. **Karton** [-'tɔŋ и -'to:n] картонная коробка, картонка; *напр.*: ein Karton Seife коробка мыла *(несколько кусков мыла, упакованных в картонную коробку)*; ein großer, kleiner Karton большая, маленькая картонка; die Schuhe liegen noch im Karton ботинки еще в коробке

schächten *см.* schlachten
Schädel *см.* Kopf [1]
schaden вредить, быть вредным *(для кого-л., чего-л.)*

schaden — schädigen — beeinträchtigen — nagen

schaden (D) *индифф. синоним; напр.*: das viele Lesen schadet den Augen много читать вредно для глаз; er schadet damit nur seiner Gesundheit этим он только вредит своему здоровью; seine Gutmütigkeit hat ihm nur geschadet его добродушие только повредило ему; was schadet das? чем это повредит?; wem schadet das? кому это помешает? **schädigen** (A) ≅ schaden, *но б. ч. употр. по отношению к абстрактным понятиям; напр.*: das schädigt seinen guten Ruf это вредит его хорошей репутации; die Reise schädigte seine Gesundheit поездка повредила его здоровью; ich will Ihre Interessen nicht schädigen я не хочу вредить вашим интересам. **beeinträchtigen** *(etw.)* повредить, нанести некоторый ущерб, испортить (в какой-то мере); *напр.*: das Regenwetter konnte die gute Laune nicht beeinträchtigen дождливая погода не могла испортить хорошее настроение; der Warenabsatz wurde durch die Konkurrenz beeinträchtigt конкуренция нанесла (некоторый) ущерб сбыту товаров; Alkohol beeinträchtigt die Reaktionsschnelligkeit алкоголь понижает быстроту реакции. **nagen** *(an etw.)* (тайно) вредить, подтачивать; *напр.*: diese Gerüchte nagen an seinem guten Ruf эти разговоры незаметно подрывают его репутацию; allmählich nagte das Rauchen an seiner Gesundheit постепенно курение подточило его здоровье

Schaden *см.* Verlust [2]
schadenfroh sein злорадствовать

schadenfroh sein — sich freuen — frohlocken — triumphieren — sich die Hände reiben — sich ins Fäustchen lachen

schadenfroh sein *индифф. синоним; напр.*: über das Unglück eines anderen schadenfroh sein злорадствовать по поводу несчастья другого; sie war schadenfroh, als sie von seinen Verlusten hörte она позлорадствовала, когда услышала о его убытках; sei nicht schadenfroh! не будь злорадным!, не злорадствуй! **sich freuen** радоваться *(чужой беде и т. п.)*; *напр.*: sich über den Schaden eines anderen freuen радоваться чужой беде; du freust dich zu früh! ты слишком рано радуешься [злорадствуешь]! □ Die Unabhängigen freuen sich, wenn sie irgendwo Stunk machen können (Seghers, »Die Toten«) Независимые радуются, если им удается где-нибудь затеять смуту. **frohlocken** ликовать *(по поводу чьей-л. беды и т. п.); напр.*: er frohlockte in

SCHADHAFT

seinem Inneren über ihren Mißerfolg внутренне он ликовал, узнав о ее неудаче; die Feinde haben zu früh frohlockt враги ликовали слишком рано □ Valois, der zitterte, tobte, schaurig frohlockte... (*H. Mann, »Die Jugend«*) Валуа, дрожащий, неистовствующий, страшный в своем ликовании... **triumphieren** торжествовать (*по поводу чьей-л. беды и т. п.*); *напр.:* er wird triumphieren, wenn er erfährt, daß du die Prüfung nicht bestanden hast он будет торжествовать, когда узнает, что ты не сдал экзамена □ Morgen um Morgen erbittert und amüsiert den leidenschaftlichen Mann die Dummheit der Welt, wie sie ihm aus den Zeitungsberichten entgegenspringt. Da hat er wieder etwas gefunden. Er schnalzt mit der Zunge. »Das mußt du dir anschauen, Anna«, triumphiert er mit seiner hellen Stimme, fast krähend vor Freude (*Feuchtwanger, »Exil«*) Каждое утро эту страстную натуру огорчает и забавляет глупость мира, выпирающая из газетных сообщений. Вот он и снова на что-то напал. Он прищелкивает языком. «Нет, ты только посмотри, Анна», — торжествует он. Его звонкий голос срывается на фальцет. **sich die Hände reiben** *разг.* (злорадно) потирать руки; *напр.:* er wird sich nur die Hände reiben, wenn er von unserem Mißgeschick liest он только станет потирать руки, когда прочтет о нашей неудаче. **sich ins Fäustchen lachen** *разг.* посмеиваться втихомолку, в кулак; *напр.:* sein Gegner lachte sich ins Fäustchen, denn er wußte, daß daraus nichts wird его противник посмеивался втихомолку, зная, что из этого ничего не выйдет

schadhaft испорченный, поврежденный

schadhaft — beschädigt — defekt — kaputt

schadhaft *индифф. синоним*; *напр.:* schadhafte Zähne испорченные зубы; schadhafte Stellen поврежденные места; bei genauerem Hinsehen konnte man erkennen, daß der Gegenstand schadhaft war если внимательно присмотреться, то можно было заметить, что вещь была неисправна [с изъяном]; es regnete durch das schadhafte Dach дождь капал через прохудившуюся крышу. **beschädigt** ≙ schadhaft, *но подчеркивает причину неисправности, а также то, что что-л. испорчено, повреждено кем-л., чем-л.;* *напр.:* das Möbelstück ist beschädigt мебель испорчена [повреждена] (*кем-л., чем-л., при перевозке и т. п.*); er wollte uns ein beschädigtes Exemplar verkaufen он хотел продать нам испорченный экземпляр. **defekt** с дефектом, неисправный; *напр.:* eine defekte Maschine машина с дефектом; der Automat ist defekt у автомата есть дефект, автомат неисправен; der Motor ist defekt в моторе есть изъян.

kaputt *разг.* совершенно испорченный (*поломанный, разбитый и т. п.*); *напр.:* eine kaputte Scheibe разбитое (оконное) стекло; das Radio ist kaputt радиоприемник испорчен; der Teller ist kaputt тарелка разбита

schädigen *см.* schaden

schädlich вредный

schädlich — nachteilig — abträglich

schädlich *индифф. синоним*; *напр.:* ein schädliches Insekt вредное насекомое; schädliche Pflanzen вредные растения; dieser Stoff ist dem Menschen, für den Menschen schädlich это вещество вредно человеку, для человека; das hat für ihn schädliche Folgen это имеет для него вредные последствия; der Einfluß seiner Freunde ist schädlich влияние его друзей вредно. **nachteilig** неблагоприятный (*вызывающий отрицательные последствия*); *напр.:* nachteilige Folgen неблагоприятные последствия; sich auf j-n, auf etw. nachteilig auswirken оказаться неблагоприятным для кого-л., для чего-л., неблагоприятно отразиться на ком-л., на чем-л.; diese dauernde Überanstrengung ist der Gesundheit nachteilig это постоянное перенапряжение неблагоприятно для здоровья; seine Zurückhaltung war nachteilig für seine Interssen его необщительность обернулась против него же. **abträglich** наносящий ущерб, неблагоприятный; *напр.:* abträgliche Auswirkungen неблагоприятное [отрицательное] обстоятельство; diese Blamage ist seinem Ansehen abträglich этот провал наносит ущерб его авторитету; das wäre seiner Gesundheit abträglich это было бы вредно для его здоровья [причинило бы вред его здоровью]

schaffen[1] создавать

schaffen — erschaffen — schöpfen — kreieren

schaffen *индифф. синоним*; *напр.:* der Künstler hat ein neues Bild geschaffen художник создал новую картину; diese Wissenschaftler schufen eine originelle Theorie эти ученые создали оригинальную теорию; im Produktionsprozeß werden neue Werte geschaffen в ходе производственного процесса создаются новые ценности. **erschaffen** *высок.* сотворить; *напр.:* der Mann hat dieses Werk aus dem Nichts erschaffen этот человек создал это произведение из ничего; nach der Bibel hat Gott zuerst den Mann, dann die Frau erschaffen по библии, бог сначала сотворил мужчину, а потом женщину. **schöpfen** *уст. высок.* ≙ schaffen, *но подчеркивает творческое начало, вдохновение*; *напр.:* Goethe hat viele neue Wörter geschöpft Гете создал много новых слов. **kreieren** [kre'i:rən] *книжн.* создавать новое явление (*особенно в искусстве, в моде и т. п.*); *напр.:* Goethe hat viele neue Wörter kreiert Гете создал много новых слов; diesen weiten Rock haben die polnischen Modeschöpfer kreiert модель этой широкой юбки создали польские модельеры; er hat einen neuen Stil (in der Literatur) kreiert он создал новый стиль (в литературе); der Schauspieler Krause kreierte die Titelrolle in dem neuen Bühnenstück актер Краузе создал образ главного героя в новой пьесе (*первым исполнил эту роль*)

schaffen[2] *см.* arbeiten[1, 2]/hinbringen[1]

schäkern *см.* scherzen

schal *см.* abgestanden/trivial

schälen очищать от кожуры, чистить

schälen — pellen

schälen *индифф. синоним*; *напр.:* Obst, Eier schälen чистить фрукты, яйца; das Ei aus der Schale schälen очистить яйцо от скорлупы; die Schalen von den Kartoffeln schälen снимать кожуру с картофеля; ich muß noch Kartoffeln schälen мне еще нужно начистить картошки. **pellen** ≙ schälen, *но употр. тк. по отношению к вареному картофелю*; *напр.:* Kartoffeln pellen чистить картошку в мундире

Schall *см.* Laut[1]

schallen раздаваться

schallen — hallen — tönen — klingen — ertönen — erklingen — gellen — klirren — schrillen

schallen *индифф. синоним*; *напр.:* der Gesang, das Glockengeläut, ein Schrei, ein Schuß schallt раздается пение, колокольный звон, крик, выстрел; er schlug die Tür ins Schloß, daß es nur so schallte он так захлопнул дверь, что звук разнесся по всему дому; ich höre eine Stimme schallen я услышал, как раздался чей-то голос; Schritte schallten in der Straße на улице раздались шаги. **hallen** гулко разноситься, отдаваться эхом; *напр.:* seine Stimme hallte im Gewölbe его голос отдавался под сводами; die Schritte hallten im Gang шум шагов разносился по гулкому коридору; ein Schrei hallt durch die Nacht крик разносится в ночи. **tönen** звучать (*б. ч. о низких звуках*); *напр.:* eine Baßstimme tönte aus dem Radio по радио звучал чей-то бас; von draußen tönte Musik с улицы доносилась музыка. **klingen** звучать (*б. ч. о высоких звуках, благозвучно*); *напр.:* hell klang eine Glocke звонко звонил колокол; ich höre noch ihr Lied klingen я еще слышу, как звучит ее песня; dieser Satz klingt schlecht эта фраза плохо звучит. **ertönen** зазвучать, раздаться подчеркивает начало действия, момент, в который звук достигает слуха; *напр.:* es ertönte zarte Musik зазвучала [заиграла] нежная музыка; plötzlich ertönte ein Schrei вдруг раздался крик; da ertönte eine Stimme тут раздался чей-то голос. **erklingen** ≙ ertönen, *но б. ч. употр. по отношению*

к гармоничному звучанию, звукам, приятным для слуха и т. п.); напр.: aus dem geöffneten Fenster erklang ein Lied из открытого окна послышалась песня; beim Anstoßen erklingen die Gläser при чоканье раздается звон бокалов. **gellen** пронзительно звучать (*б. ч. о человеческом голосе*); напр.: das Geschrei gellt mir in den Ohren пронзительный крик так и звенит у меня в ушах. **klirren** (громко) звенеть (*о стеклянных и металлических предметах*); напр.: die Armreifen klirren an ihrem Handgelenk браслеты звенят на ее запястье; als die Lastkraftwagen vorbeifuhr, klirrten die Fensterscheiben когда мимо проезжал грузовик, окна дребезжали. **schrillen** раздаться неприятно резко; напр.: in der Nacht schrillte das Telefon ночью раздался резкий звонок телефона
schalten включать
schalten — einschalten — anstellen — andrehen — aufdrehen — anknipsen — knipsen
schalten *индифф. синоним; напр.*: die Ampel auf Rot schalten включить в светофоре красный свет; das Radio laut schalten включить приемник на большую громкость; schalte doch nicht dauernd das Radio! не балуйся с радио! (*т. е. не надо его то и дело включать и выключать*). **einschalten** ≅ schalten, *но подчеркивает момент включения и употр. чаще; напр.*: eine Maschine, den Motor einschalten включить машину, мотор; einen anderen Gang einschalten переключить скорость (*автомобиля*); sie schaltete eine andere Station ein она включила [поймала] другую станцию; schalte das Licht ein! включи свет! **anstellen** включить, пустить; напр.: das Radio, den Motor, das Bügeleisen anstellen включить радио, мотор, утюг; das Wasser, Gas anstellen пустить воду, газ; er hat den Lautsprecher angestellt он включил громкоговоритель; im Oktober wird die Heizung angestellt в октябре включают [пускают] отопление; er konnte den Motor lange nicht anstellen он долго не мог запустить мотор. **andrehen, aufdrehen** *разг.* включить, повернуть (*выключатель, кран и т. п.*); напр.: das Radio andrehen включить радио; das Wasser, Gas andrehen открыть воду, газ; den Wasserhahn, den Gashahn aufdrehen отвернуть [открыть] водопроводный, газовый кран; den Apparat (*das Radio, den Fernseher, den Plattenspieler*) auf volle Lautstärke aufdrehen включить аппарат (*радиоприемник, телевизор, проигрыватель*) на полную громкость; wozu drehst du das Licht an? Es ist noch hell зачем включаешь свет? Еще светло. **anknipsen** *разг.* включить, зажечь свет, щелкнув выключателем; напр.: das Licht anknipsen зажечь свет; die Taschenlampe anknipsen зажечь карманный фонарик; wer hat die Lampe angeknipst? кто зажег лампу? **knipsen** ≅ anknipsen, *но употр. реже*; напр.: sie knipste, aber das Licht brannte nicht она щелкнула выключателем, но свет не горел

Scham[1] *см.* Schande
Scham[2]: vor Scham vergehen *см.* schämen, sich
schämen, sich стыдиться
sich schämen — sich genieren — vor Scham vergehen — in die Erde versinken
sich schämen *индифф. синоним (с дополнением в Gen. без предлога — высок.); напр.*: sich wegen der abgetragenen Kleidung, wegen das Irrtums schämen стыдиться поношенной одежды, ошибки [недоразумения]; sich seiner Tat, einer solchen Empfindung schämen стыдиться своего поступка, такого чувства; er braucht sich dessen nicht zu schämen ему нечего этого стыдиться; du sollst dich schämen, das zu sagen стыдись говорить такое; ich schämte mich für ihn мне было за него стыдно; das Kind schämte sich vor Fremden ребенок стыдился чужих. **sich genieren** [зе-] стесняться; напр.: sich ein bißchen, sehr, gar nicht genieren немного, очень стесняться, совсем не стесняться; ich geniere mich, das zu fragen я стесняюсь спросить об этом; wir brauchen uns voreinander nicht zu genieren нам не следует стесняться друг друга; sie geniert sich vor Ihnen она стесняется вас. **vor Scham vergehen** умереть со стыда; напр.: als sie merkte, daß wir ihre abfälligen Bemerkungen gehört hatten, verging sie fast vor Scham когда она заметила, что мы слышали ее нелестные замечания, она чуть не умерла со стыда. **in die Erde versinken** провалиться сквозь землю (от стыда); напр.: wie konntest du in seiner Gegenwart so etwas sagen? Ich bin fast in die Erde versunken как ты могла сказать такое в его присутствии? Я чуть сквозь землю не провалилась
schamhaft стыдливый
schamhaft — verschämt — genierlich
schamhaft *индифф. синоним; напр.*: schamhaft lächeln стыдливо улыбаться; etw. schamhaft gestehen стыдливо признаться в чем-л.; ihr schamhaftes Schweigen verriet mehr, als sie ahnte ее стыдливое молчание выдавало больше, чем она предполагала; daß er sie früher einmal sehr geliebt hatte, verschwieg er ihr schamhaft sein ganzes Leben lang о том, что он ее когда-то давно очень любил, он стыдливо молчал всю свою жизнь. **verschämt** смущенный; напр.: die Augen verschämt niederschlagen смущенно опустить глаза; verschämt tun притворяться смущенным; er lächelte verschämt vor sich hin он смущенно улыбался; sie hörte seinen Worten verschämt zu она смущенно слушала его слова. **genierlich** [зе-] застенчивый; напр.: sie ist beim Arzt sehr genierlich она очень стесняется у врача; als ich sie damals kennenlernte, war sie eigentlich noch ein junges genierliches Ding в то время, когда я с ней познакомился, она была, собственно говоря, еще застенчивым ребенком
schamlos *см.* frech
Schande позор, стыд
die Schande — die Schmach — die Scham — die Blamage — der Schimpf — die Unehre
Schande *индифф. синоним; напр.*: eine große, ungeheure, ewige Schande великий, чудовищный, вечный позор; zu seiner Schande к его стыду; Schmach und Schande стыд и срам, стыд и позор; mit Schimpf und Schande с позором; j-m Schande machen позорить кого-л.; der Schande entrinnen *высок.* избежать позора; in Schande bringen *высок.* опозорить; ich will dir diese Schande ersparen я хочу избавить тебя от этого позора; es ist eine Schande, wie du dich benimmst позор, как ты себя ведешь; ich halte das für eine Schande я считаю это позором; die Aufführung war so schlecht, daß es eine Schande war спектакль был так плох, что просто позор. **Schmach** бесчестье, позор (*вызванный перенесенным унижением*); напр.: etw. als Schmach empfinden воспринимать что-л. как унижение и позор; j-m diese Schmach antun [bereiten, zufügen] причинить кому-л. такое бесчестье, так (публично) унизить кого-л.; dieser Friede war eine Schmach für jeden Patrioten этот мир был позорным унижением для каждого патриота; Schmach und Schande über dich! стыд и позор тебе! **Scham** стыд; напр.: falsche Scham чувство ложного стыда; Scham empfinden, zeigen чувствовать стыд, проявлять чувство стыда; das Gefühl der Scham abtun [abwerfen], unterdrücken отбросить, подавить чувство стыда; aus falscher Scham etw. verschweigen умолчать о чем-л. из ложного стыда; er wurde rot vor Scham он покраснел от стыда; ich möchte vor Scham vergehen я готов умереть от стыда; hast du denn gar keine Scham (im Leibe)? что, в тебе совсем нет ни капли стыда? **Blamage** [-зе] ≅ Schande, *но обыкн. связано с какой-л. неудачей и выражает понятие в более мягкой форме*; напр.: eine Blamage erleben [erleiden] (müssen) (с)терпеть позор; j-m eine Blamage bereiten готовить кому-л. позорный провал; j-n vor einer Blamage bewahren уберечь кого-л. от позора; das war eine Blamage für mich! ну и осрамился же я!; diese Niederlage war eine große Blamage für die Schule это поражение было большим позором для школы. **Schimpf** поругание, оскорбление (*с целью опозо-*

рить кого-л.) б. ч. употр. в обороте mit Schimpf und Schande, в др. случаях — высок., устаревает; напр.: j-m einen Schimpf antun [zufügen] оскорбить кого-л., нанести оскорбление кому-л.; mit Schimpf und Schande davonjagen прогнать с позором; er wollte diesen Schimpf nicht auf sich sitzen lassen он не хотел сносить [терпеть] оскорбление своей чести (и остаться неотомщенным). Unehre *уст. высок.* бесчестье, бесславие; *напр.:* es macht dir Unehre, wenn du so etwas tust это бесчестит тебя, если ты так делаешь [так поступаешь]; er glaubte, ein Leben in Unehre nicht ertragen zu können он думал, что не перенесет жизни в бесчестье

schänden¹ позорить, осквернять
schänden — entheiligen — entweihen

schänden *индифф. синоним; напр.:* j-s Ehre, j-s guten Namen schänden позорить чью-л. честь, чье-л. доброе имя; ein Grab, eine Statue schänden осквернить могилу, статую; durch ihr Vergehen hat sie den Namen ihrer Familie geschändet своим поступком она опозорила доброе имя своей семьи; Armut schändet nicht *погов.* бедность не порок. **entheiligen, entweihen** *книжн.* осквернять что-л., совершить святотатство по отношению к чему-л.; *напр.:* den Sonntag entheiligen нарушить святость воскресенья; ein Heiligtum, eine heilige Stätte entweihen осквернять святыню, святое место; die Stille der Nacht entweihen нарушить тишину ночи

schänden² *см.* entehren
Schandfleck *см.* Fleck²
schändlich позорный, постыдный
schändlich — schimpflich — schmählich — schmachvoll — entehrend — unrühmlich — skandalös

schändlich *индифф. синоним; напр.:* eine schändliche Tat позорный [постыдный] поступок; schändlicher Verrat позорное [бесчестное] предательство; ein schändliches Ende nehmen позорно окончиться, найти свой бесславный конец; ein schändliches Leben führen вести позорную [постыдную] жизнь; er hat schändliche Lügen über mich verbreitet он распространял обо мне позорную ложь. **schimpflich** оскорбительный, позорный, позорящий; *напр.:* eine schimpfliche Tat позорный поступок; eine schimpfliche Behandlung позорящее [оскорбительное] обращение с кем-л.; einen schimpflichen Frieden schließen заключить позорный мир. **schmählich** унизительный, позорный; *напр.:* eine schmähliche Behandlung унизительное обращение; einen schmählichen Rückzug antreten обратиться в позорное бегство; er hat dabei eine schmähliche Rolle gespielt он играл при этом жалкую [унизительную] роль; die Oper hat ein schmähliches Fiasko erlitten опера потерпела позорный провал; ich habe mich schmählich getäuscht я позорно ошибся [обманулся] ◻ Du hast das hohe Amt eines Boten und verwaltest es so schmählich? (*Kafka, »Das Schloß«*) Ты занимаешь высокую должность посланца и исполняешь ее столь позорно? **schmachvoll** постыдный, оскорбительный; *напр.:* eine schmachvolle Niederlage постыдное поражение; ein schmachvolles Schicksal постыдная [бесславная] судьба; eine schmachvolle Behandlung позорное обращение; schmachvoll sterben позорно умереть; **entehrend** бесчестящий, бесчестный; *напр.:* eine entehrende Tat бесчестный поступок; es ist entehrend, sich mit solchen Leuten abzugeben общаться с такими людьми — позор. **unrühmlich** бесславный; *напр.:* etw. nimmt, j-d findet ein unrühmliches Ende что-л., кто-л. находит бесславный конец. **skandalös** скандальный; *напр.:* eine skandalöse Geschichte скандальная история; eine skandalöse Tat скандальный поступок

Schandpfahl *см.* Pranger
schanzen *см.* arbeiten¹
Schar *см.* Abteilung/Gruppe/Menge³
scharf *см.* durchdringend
Schärfe¹ резкость
die Schärfe — die Schroffheit

Schärfe *индифф. синоним; напр.:* die Schärfe des Tons резкость тона; seine Artikel, Worte, Kritiken haben an Schärfe (etwas) verloren его статьи, слова, критические статьи (несколько) утратили свою резкость; ich habe das bewußt mit einer gewissen Schärfe gesagt я сказал это в какой-то мере сознательно резко. **Schroffheit** резкость, граничащая с грубостью; *напр.:* seine Schroffheit war allen bekannt его резкость была известна всем; er hat sie mit Schroffheit abgewiesen он грубо [резко] отказал ей

Schärfe² *см.* Strenge
scharfmachen *см.* aufwiegeln
scharfsinnig остроумный, острый (*проницательный*)
scharfsinnig — geistreich — geistvoll — sinnreich — witzig — spritzig

scharfsinnig *индифф. синоним; напр.:* ein scharfsinniger Denker проницательный [остроумный] мыслитель; eine scharfsinnige Antwort остроумный [меткий] ответ; es war eine scharfsinnige Lösung der Aufgabe это было остроумное решение задачи; er ist scharfsinnig он остроумен. **geistreich** остроумный *в отличие от* scharfsinnig *подчеркивает не проницательность, находчивость и т. п., а интеллект, глубину и живость ума, проявляющиеся в остроумии; напр.:* ein geistreicher Mann (остро)умный человек; eine geistreiche Bemerkung (остро)умное замечание; seine Äußerung war nicht sehr geistreich его замечание было не очень остроумно. **geistvoll** ≅ geistreich; *напр.:* ein geistvoller Einfall, Scherz (остро)умная идея, шутка; er schrieb eine geistvolle Satire auf seine Zeitgenossen он написал (остро)умную сатиру на своих современников; sie plauderten geistvoll они вели (непринужденную) остроумную беседу. **sinnreich** остроумный, хорошо, оригинально придуманный, *напр.:* eine sinnreiche Erfindung остроумное изобретение; eine sinnreiche Einrichtung остроумное [удачно придуманное] устройство; das ist eine sinnreiche Lösung это остроумное решение; er gab diesem Vorfall eine sehr sinnreiche Deutung он дал этому случаю очень остроумное истолкование. **witzig** остроумный, веселый (*с большим чувством юмора*), шутливый; *напр.:* sie ist sehr witzig она очень остроумна(я); er hat die Sache witzig dargestellt он представил это дело весело и остроумно; es war eine witzige Rede это была остроумная речь; sehr witzig! *ирон.* очень остроумно! **spritzig** искрящийся остроумием; *напр.:* es war ein spritziges Lustspiel это была комедия, искрящаяся остроумием; er schreibt einen spritzigen Stil он пишет легко, с блеском и остроумием; его стиль так и искрится остроумием

Scharmützel *см.* Schlacht
scharren *см.* sparen
Scharte *см.* Öffnung
Scharwenzelei *см.* Schmeichelei
scharwenzeln *см.* schmeicheln
schattenhaft *см.* verschwommen¹
Schatz¹ сокровище *прям. и перен.*
der Schatz — das, der Juwel — das Kleinod — der Hort

Schatz *индифф. синоним; напр.:* der Schatz der Nibelungen сокровище Нибелунгов; Schätze anhäufen, erwerben накапливать, приобретать сокровища; ein kostbarer, reicher, verborgener Schatz драгоценный, богатый, сокровенный [тайный] клад; für alle Schätze der Welt gebe ich das nicht her за все сокровища мира я этого не отдам; das Museum besitzt einen reichen Schatz an impressionistischen Gemälden музей обладает богатой коллекцией картин импрессионистов (,представляющей огромную ценность). **Juwel** драгоценность (*драгоценный ограненный камень*); *перен.* сокровище, клад; *напр.:* funkelnde, seltene Juwelen сверкающие, редкие драгоценности; ein Schmuck aus Juwelen украшение из драгоценных камней; j-m Juwelen schenken подарить кому-л. драгоценности; diese Kirche ist ein Juwel mittelalterlicher Baukunst эта церковь — жемчужина средневековой архитектуры; ihr Vater ist ein Juwel ее отец — золото [золото, а не человек]. **Kleinod** *высок.* редкая драгоценность, драгоценное украшение; *напр.:* seltene, teure, unschätzbare Kleinodien редкие, дорогие, бесценные драгоценности; ein

SCHATZ

köstliches Kleinod великолепное драгоценное украшение; ein Kleinod aus Perlen драгоценное украшение из жемчуга; er hütet sie wie ein Kleinod он бережет ее как драгоценность; sie ist sein Kleinod она для него дороже всего на свете; dieses Werk ist ein Kleinod der Novellistik это произведение — жемчужина среди новелл. Hort *уст. поэт.* ≅ Schatz, *но не употр. по отношению к лицу; напр.:* der Nibelungen Hort сокровище нибелунгов □ ...wie er auch den ihm hinterlassenen goldenen Hort noch mit keinem Finger berührt hatte (*Meier, »Die Hochzeit des Mönchs«*) ...так же, как он еще даже пальцем не прикоснулся к оставленному ему золотому кладу

Schatz² *см.* Liebhaber¹

schätzen¹ оценивать, определять (*величину чего-л. и т. п.*)
schätzen — einschätzen — abschätzen — bewerten — werten — taxieren — zensieren — veranschlagen — ermessen

schätzen *индифф. синоним; напр.:* ein Grundstück, eine Entfernung schätzen оценивать земельный участок, определять (на глаз) расстояние; man schätzt sein Vermögen auf mehrere Millionen его состояние оценивают в несколько миллионов; ich kann nicht schätzen, wieviel Äpfel im Korb sind я не могу (на глаз) определить, сколько яблок в корзине; von hier aus kann ich die Entfernung nicht schätzen отсюда я не могу определить расстояние □ Auf den ersten Blick schätzte ich ihn für ziemlich schlapp, aber ich hatte gelernt, daß man einen Partner nie nach dem ersten Blick einschätzen darf (*Plenzdorf, »Die neuen Leiden«*) С первого взгляда я мог бы счесть его слабаком, но я уже научился не давать оценку партнеру с первого взгляда. ...den Taillenumfang schätzten wir auf siebzig, Alter auf zweiunddreißig (*Morgner, »Kaffee verkehrt« Wp 5/1974*) ...объем талии мы на глазок определили — сантиметров семьдесят, а возраст — года этак тридцать два. einschätzen ≅ schätzen, *но обыкн. употр. с указанием на то, как именно оценивается, расценивается что-л.; напр.:* etw. richtig, falsch, negativ, positiv, real, hoch einschätzen оценивать что-л. правильно, неправильно, отрицательно, положительно, реально, высоко; wie schätzt du die Lage ein? как ты оцениваешь обстановку?; er hatte die Verhältnisse, den künstlerischen Wert des Bildes richtig eingeschätzt он правильно оценил положение дел, художественные достоинства картины; man hat sein Vergehen als einen bedauerlichen Ausrutscher eingeschätzt его проступок был расценен как неверный шаг, достойный сожаления □ »Ich bin doch eigentlich ein sehr ehrlicher Mensch«, so schätzt Wolf sich selber ein (*Hirsch, »Ein ganz ehrlicher Mensch«, Wp 5/1974*) «Я все же, собственно говоря, очень честный человек», — так оценивает сам себя Вольф. abschätzen ≅ schätzen, *но чаще употр. по отношению к количественной оценке; напр.:* die Höhe, die Geschwindigkeit, die Entfernung abschätzen определить высоту, скорость, расстояние; der wirkliche Schaden ist noch nicht abzuschätzen действительный ущерб еще нельзя точно установить; er verstand es nicht, die Wirkung seiner Worte abzuschätzen он не умел правильно оценивать силу воздействия своих слов. bewerten ≅ schätzen, *но обыкн. употр. по отношению к стоимости, ценности, значимости чего-л. в конкретном выражении; напр.:* man bewertet den entstandenen Schaden mit ungefähr zehntausend Mark причиненный ущерб оценивают приблизительно в десять тысяч марок; das Schmuckstück wurde mit fünfhundert Mark bewertet украшение было оценено в пятьсот марок; die Kritik hat seinen neuen Roman hoch bewertet критика высоко оценила его новый роман; die Arbeit wurde mit »gut« bewertet работа была оценена на «хорошо»; man soll Menschen nicht nach ihrem Äußeren bewerten людей не следует оценивать по внешности. werten ≅ bewerten, *но употр. по отношению к нематериальным ценностям, к абстрактной оценке важности, значимости чего-л.; напр.:* etw. gering, hoch werten оценивать что-л. низко, высоко; etw. als gute, schlechte Leistung werten оценивать что-л. как достижение, расценивать что-л. как неуспех; er hat seine Hilfe hoch gewertet он высоко оценил его помощь; das kann und muß anders gewertet werden это может и должно быть оценено иначе; die Kampfrichter werteten heute sehr streng оценивали выступления (*спортсменов*) очень строго. taxieren (*профессионально, официально*) оценивать (*какую-л. вещь для продажи и т. п.*); установить цену, стоимость чего-л.; er taxierte das Haus auf 100 000 Mark он оценил дом в 100 000 марок; er konnte das Bild nicht taxieren он не смог оценить картину; er taxierte sie von oben bis unten он внимательно осмотрел ее с головы до ног. zensieren оценивать (*школьные, ученические работы*); *напр.:* die Aufsätze sind noch nicht zensiert worden за сочинения еще не проставлены оценки; der Lehrer hat die Arbeit sehr streng zensiert учитель оценил работу очень строго. veranschlagen предварительно, предположительно оценивать; определить сметную стоимость; *напр.:* die Kosten eines Baues, einer Reparatur veranschlagen оценивать стоимость строительства, ремонта; man hat die Kosten zu niedrig veranschlagt предполагаемая сумма расходов [затрат] оказалась заниженной; wie hoch veranschlagen Sie den Bau des Theaters? во сколько вы оцениваете, предположительно, строительство театра? ermessen *высок.* измерить все значение, всю важность чего-л.; *напр.:* den Wert dieser Arbeit kann nur der Fachmann ermessen измерить всю ценность этой работы может только специалист; was dieser Schriftsteller geleistet hat, läßt sich erst später voll ermessen то, что сделал этот писатель, может быть полностью оценено только позже; ich kann nicht ermessen, ob sich die Sache lohnen wird я не могу точно угадать, окупится ли это □ Dich habe ich lieben können, dich allein unter den Menschen. Du kannst nicht ermessen, was das bedeutet (*Hesse, »Narziß«*) Тебя я мог любить, тебя одного из всех людей. Ты не можешь объять, что это значит.

schätzen² *см.* achten²/vermuten
Schätzung *см.* Achtung¹
schätzungsweise *см.* ungefähr
Schauder *см.* Angst¹
schauderhaft *см.* sehr/stark²

schaudern¹ содрогаться
schaudern — schauern — heiß und kalt werden [sein] — j-m kalt [heiß (und kalt)] über den Rücken [den Rücken herunter] laufen

schaudern *индифф. синоним; напр.:* ich schaudere [es schaudert mich, mir schaudert] vor Entsetzen, vor Abscheu (bei diesem Anblick) я содрогаюсь от ужаса, от отвращения (при виде этого); ihm schauderte bei dem Gedanken hinzugehen он содрогнулся при мысли, что ему придется пойти туда. schauern трепетать; *напр.:* ich schauere [mich, mir schauert] vor Entsetzen, vor Ergriffenheit я трепещу от ужаса, от волнения; ihn schauerte, als er sich ihrem Haus nahte он затрепетал, приближившись к ее дому; ihr schauert, wenn sie an den Winter denkt она трепещет, когда думает о зиме; ich schauerte bei diesen Worten при этих словах я затрепетал. heiß und kalt werden [sein] бросать в жар и холод (*употр. в безл. конструкции с es, субъект действия выражен дополнением в Dat.*); *напр.:* es wird mir von deinen Worten heiß und kalt от твоих слов меня бросает в жар и холод; er las den Brief, und es wurde [war] ihm heiß und kalt он читал письмо, и ему становилось [было] то холодно, то жарко. j-m kalt [heiß (und kalt)] über den Rücken [den Rücken herunter] laufen у кого-л. по спине бегают (холодные) мурашки (*употр. в безл. конструкции с es, субъект действия выражен дополнением в Dat.*); *напр.:* bei diesem Anblick lief es mir kalt den Rücken herunter при виде этого у меня по спине забегали холодные мурашки; er dachte an seinen Vater, und es

SCHAUDERN

lief ihm heiß (und kalt) über den Rücken он думал об отце, и у него по спине мурашки бегали

schaudern² см. frieren¹/fürchten
schauen см. bemerken¹/sehen¹
schauern см. schaudern¹
Schaufel см. Spaten
schaukeln¹ качать (*раскачивать*)

schaukeln — wiegen — wippen — pendeln — baumeln lassen

schaukeln *индифф. синоним; напр.:* er setzte das Kind auf die Schaukel und schaukelte es он посадил ребенка на качели и качал его; sie schaukelt das Baby im Arm, in der Wiege она качает маленького ребенка на руках, в колыбельке; sie schaukelt die Wiege она качает колыбель [люльку]; die Wellen schaukeln das Boot волны качают лодку; der Wind schaukelt die Straßenlaterne ветер качает уличный фонарь; du sollst doch nicht mit dem Stuhl schaukeln! не раскачивайся на стуле! **wiegen** (мерно) качать, покачивать (*как в колыбели*); *напр.:* das Kind wiegen качать ребенка; den Kopf wiegen покачивать головой; die Mutter wiegte das Baby in den Schlaf мать укачала дитя; das kleine Mädchen wiegt seine Puppe маленькая девочка баюкает свою куклу; er wiegte sorgenvoll den Kopf он озабоченно покачал головой. **wippen** качать, покачивать (вниз и вверх); *напр.:* der Junge wippte mit den Beinen мальчик качал [болтал] ногами; der Vogel wippte mit dem Schwanz птица трясла хвостиком; er wippte mit der Fußspitze он покачивал носком ботинка. **pendeln** размахивать, махать чем-л. из стороны в сторону (*напоминая движения маятника*); *напр.:* pendele nicht mit den Armen! не маши руками!. **baumeln lassen** *разг.* ≅ schaukeln, *но тк. о (небольших) предметах, которые могут висеть, свешиваться; напр.:* laß deine Füße nicht baumeln! не болтай ногами!; sie ließ den leeren Eimer baumeln она небрежно болтала пустым ведром; sie ließ die Beine im Wasser baumeln она болтала ногами в воде

schaukeln² качаться

schaukeln — sich wiegen — (sich) schwingen — wippen — pendeln — schlenkern — baumeln — bammeln — kippeln

schaukeln *индифф. синоним; напр.:* die Kinder schaukeln gern дети любят качаться (на качелях); der Junge schaukelt an den Ringen мальчик качается на кольцах; das Schiff schaukelte leicht судно слегка покачивалось; das Boot schaukelt auf dem Wasser лодка качается на воде; die Straßenlampen schaukeln im Wind уличные фонари качаются на ветру. **sich wiegen** (мягко) покачиваться (*как в колыбели*); *напр.:* das Boot wiegt sich auf den Wellen лодка покачивается на волнах; sie wiegte sich im Schaukelstuhl она покачивалась в кресле-качалке; beim Gehen wiegte sie sich in den Hüften при ходьбе она (слегка) покачивала бедрами. **(sich) schwingen** качаться, раскачиваться в воздухе; *напр.:* das Pendel, die Glocke schwingt маятник, колокол(ьчик) качается; die Girlanden zwischen den Bäumen schwangen im Wind гирлянды между деревьями раскачивались на ветру; sie hat sich auf der Schaukel hoch in die Luft geschwungen она взлетала на качелях высоко вверх. **wippen** качаться вверх — вниз; *напр.:* sie wippten lustig im Hof auf einer Wippe они весело качались во дворе на качалке; ihre Löckchen wippten über der runden Stirn завитушки дрожали [болтались] над ее выпуклым лбом □ Ich sah nur das grüne Blinklicht an unserer Tragfläche, die heftig schwankte, zeitweise wippte (Frisch, »Homo faber«) Я видел только зеленые сигнальные огни на крыле, сильно раскачивающемся, а иногда и подскакивающем. **pendeln** качаться из стороны в сторону (*как маятник*); *напр.:* das Pendel pendelt маятник качается; die Kiste hat an dem Kran gependelt ящик раскачивался из стороны в сторону на подъемном кране; alles, was hing, schwang und pendelte все, что висело, качалось и ходило ходуном. **schlenkern** *фам.* болтаться; *напр.:* das weite Kleid schlenkerte um ihren Körper широкое платье болталось на ней; der Vorhang schlenkert im Wind занавеска колышется на ветру; die kleinen Beinchen schlenkerten über dem Fußboden ножонки болтались, не доставая пола. **baumeln** *разг.* ≅ schlenkern, *но тк. о подвешенных (б. ч. небольших) предметах; напр.:* ein Knopf baumelt am letzten Faden пуговица болтается на одной нитке; ein Maskottchen baumelt im Autofenster безделушка-талисман болтается в окне машины. **bammeln** *терр. фам.* ≅ baumeln; *напр.:* du mußt den Knopf annähen, er bammelt ja nur noch an einem Faden тебе нужно пришить пуговицу, ведь она болтается только на одной нитке; ein kleines Bärchen bammelte vor dem Rückspiegel des Wagens маленький медвежонок болтался перед зеркальцем автомашины. **kippeln** *разг.* качаться (б. ч. о мебели, о неровно стоящих предметах); *напр.:* der Tisch kippelt стол качается; paß auf, die Vase kippelt осторожнее, ваза качается

schaukeln³ см. schwanken¹
schaulustig см. neugierig
Schaum пена

der Schaum — der, die Gischt

Schaum *индифф. синоним; напр.:* ein weißer, flockiger, dichter Schaum белая, пушистая, густая пена; der Schaum zergeht пена исчезает; am Wasserfall bildet sich Schaum водопад пенится; er trank den Schaum vom Bier ab он схлебнул пену с пива; vor Wut und Haß trat ihm der Schaum vor den Mund от ярости и ненависти у него на губах выступила пена. **Gischt** морская пена (*особенно при волнении моря*), пена (морского) прибоя; *напр.:* brausender, weißer Gischt кипящая, белая пена (морского прибоя); um den Bug schäumt der Gischt вокруг носа корабля пенятся морские волны

schäumen см. brodeln
Schauspiel спектакль, пьеса

das Schauspiel — das Stück — das Theaterstück

Schauspiel *индифф. синоним; напр.:* ein gutes, schlechtes, packendes Schauspiel хорошая, плохая, захватывающая пьеса; ein historisches Schauspiel историческая драма; ein Schauspiel in [mit] drei Akten пьеса [спектакль] в трех действиях; ein Schauspiel schreiben написать пьесу; ich möchte mir dieses Schauspiel ansehen я хотел бы посмотреть эту пьесу [этот спектакль]; wir gehen in ein Schauspiel мы идем на спектакль. **Stück, Theaterstück** пьеса; *напр.:* ein neues, bekanntes Theaterstück новая, известная пьеса; die Stücke von Bertolt Brecht пьесы Бертольта Брехта; ein Stück schreiben, inszenieren написать, поставить пьесу; das Stück hat Erfolg пьеса имеет успех; das Stück läuft Abend für Abend пьеса идет из вечера в вечер [каждый вечер]

Schauspieler актер, (драматический) артист

der Schauspieler — der Künstler — der Darsteller — der Artist — der Komödiant — der Akteur — der Mime

Schauspieler *индифф. синоним; напр.:* ein berühmter, genialer Schauspieler знаменитый, гениальный актер [артист]; er ist Schauspieler он (драматический) артист; das Publikum dankte den Schauspielern mit herzlichem Applaus публика от всего сердца благодарила артистов, аплодируя им. **Künstler** артист; *напр.:* der junge Künstler erhielt ein Engagement beim Film молодого артиста пригласили сниматься в кино; jedes Auftreten des Künstlers am städtischen Schauspielhaus war ein Triumph каждое выступление артиста в городском театре было триумфом. **Darsteller** исполнитель (роли); *напр.:* der Darsteller des Faust исполнитель (роли) Фауста; zwei Darsteller wurden von der Kritik besonders erwähnt исполнители двух ролей были особо отмечены критикой. **Artist** артист цирка, варьете; *напр.:* er war ein alter Artist он был старым цирковым артистом; den Artisten wurde viel Beifall gespendet артистам цирка [варьете] щедро аплодировали □ Ich hatte auch nach einer Stunde noch keine Ahnung, wer diese Leute waren. Einer sollte ein berühmter Artist sein. Um es zu beweisen, drohte er, einen Handstand auf dem Geländer unseres sechzehnten Stockwerkes zu machen (Frisch, »Homo faber«) И спустя час я все еще не знал, что это за люди. Один якобы был известный артист цирка. Чтобы доказать это, он грозился сделать стойку на перилах нашего балкона на семнадцатом этаже. **Komödiant** *устаревает, б. ч. пренебр.* комедиант; *напр.:* er war nur ein einfacher Komödiant он был всего лишь простым комедиантом; auf dem Schloß traten umherziehende Komödianten auf в замке выступали бродячие комедианты. **Akteur** [-'tø:r] *высок.* ≃ Schauspieler; *напр.:* die Akteure legen noch ihre Schminke auf актеры еще накладывают грим. **Mime** *высок. устаревает* лицедей, мим; *теперь б. ч. шутл.* актер; *напр.:* ich lese ein Buch über berühmte Mimen der alten Zeiten я читаю книгу о великих актерах старых времен; die Zuschauer jubelten dem genialen Mimen zu зрители восторженно аплодировали гениальному актеру

schauspielern *см.* verstellen, sich
scheel *см.* neidisch
scheeläugig *см.* neidisch
scheelblickend *см.* neidisch
Scheelsucht *см.* Neid
scheelsüchtig *см.* neidisch
scheffeln *см.* verdienen
Scheibe *см.* Stück¹
Scheide *см.* Grenze¹
scheiden *см.* trennen/trennen, sich
scheiden, sich *см.* trennen, sich
Schein I¹ видимость, кажущееся впечатление
der Schein — der Anschein — der Augenschein

Schein *индифф. синоним; напр.:* Schein und Wirklichkeit видимость и реальность; der äußere Schein внешнее [кажущееся] впечатление; der Schein trügt видимость обманчива; er ließ sich durch den Schein täuschen, blenden он дал обмануть, ослепить себя показной [внешней] видимостью; der Schein ist gegen mich кажущееся впечатление [видимость] говорит против меня. **Anschein** ≃ Schein, *но часто подчеркивает преднамеренность создаваемого впечатления и то, что оно кажущееся; напр.:* sein Verhalten erweckt den Anschein, als hätte er im Lotto gewonnen по его поведению создается впечатление, будто бы он выиграл в лотерею; unter dem Anschein des Rechtes geschehen in Südafrika schreckliche Taten под видимостью законности в ЮАР творятся ужасные вещи. **Augenschein** первое личное, зрительное впечатление (не всегда правильное); *напр.:* der Augenschein trügt первое впечатление обманчиво; ich möchte mich davon durch den Augenschein überzeugen я хотел бы убедиться в этом лично, взглянув

Schein I² *см.* Glanz¹/Licht¹
Schein II *см.* Zeugnis¹
scheinbar кажущийся, для вида

scheinbar — anscheinend — angeblich — vorgeblich — imaginär — virtuell

scheinbar *индифф. синоним; напр.:* sein Eifer war nur scheinbar его усердие было только кажущимся; er lauschte mit scheinbarer Aufmerksamkeit он слушал с кажущимся вниманием; er sprach mit scheinbarer Sicherheit, die aber niemand täuschen konnte он говорил с кажущейся уверенностью, которая, однако, никого не могла обмануть; scheinbar war ich in mein Buch vertieft, in Wirklichkeit aber ließ ich mir nichts entgehen казалось, что я был углублен в книгу, но на самом деле от меня ничто не могло ускользнуть; er gab seinen Plan nur scheinbar auf он отказался от своего плана только для вида □ Ich war hier zwar als Landvermesser aufgenommen, aber das war nur scheinbar (*Kafka, »Das Schloß«*) Меня взяли сюда, правда, в качестве землемера, но это так только казалось. **anscheinend** видимо, с виду; *напр.:* das war anscheinend ein Zufall это была, видимо, случайность; er sprach anscheinend gutmütig он говорил с видимым [кажущимся] добродушием; das ist anscheinend gefahrlos это только кажется безопасным. **angeblich** предполагаемый, мнимый; *напр.:* der angebliche Täter предполагаемый преступник; sein angeblicher Vater его якобы отец; das angebliche Unglück wurde zu ihrem Glück предполагаемое несчастье стало их счастьем. **vorgeblich** ≃ angeblich, *но подчеркивает явную ложность предположения, утверждения; напр.:* seine vorgebliche Krankheit его мнимая болезнь; ihre vorgebliche Abreise sollte alle täuschen ее мнимый отъезд должен был всех обмануть. **imaginär** [-ʒi-] *книжн.* воображаемый, мнимый; *напр.:* ein imaginäres Besitztum мнимое [воображаемое] владение; ein imaginäres Glück воображаемое [мнимое] счастье; eine imaginäre Welt воображаемый мир, мир грез; eine imaginäre Größe мнимая величина; er spielte auf einer imaginären Geige он играл на воображаемой скрипке (*имитировал движения скрипача*); schade, daß ihre Reize bloß imaginär sind жаль, что ее прелести существуют только в ее воображении. **virtuell** [-v-] *книжн.* виртуальный; потенциально возможный; *напр.:* eine virtuelle Größe виртуальная величина; ein virtuelles Bild мнимое изображение (*в оптике*)

scheinen¹ казаться
scheinen — erscheinen — vorkommen — vorschweben — dünken

scheinen *индифф. синоним; напр.:* er scheint gesund, krank, munter, traurig (zu sein) он кажется здоровым, больным, бодрым, грустным; irgend etwas scheint nicht in Ordnung zu sein что-то, кажется, не в порядке; das scheint mir die beste Lösung (zu sein) это кажется мне наилучшим решением; sie schien mich zu kennen она, казалось, знала меня. **erscheinen** ≃ scheinen, *но употр. без Inf. с указанием, каким именно кажется что-л.; напр.:* es erscheint mir überaus seltsam, daß er nicht mitkommen will мне кажется очень странным, что он не хочет идти с нами; die Idee erschien uns gut идея показалась нам хорошей; von weitem erscheint das Haus viel schöner издалека дом кажется гораздо красивее; das erscheint mir problematisch это кажется мне проблематичным. **vorkommen** ≃ scheinen *выражает субъективное впечатление и употр. всегда с Dat. лица и с наречиями, характеризующими производимое впечатление; напр.:* etw. kommt einem merkwürdig, seltsam, verdächtig vor что-л. кажется кому-л. удивительным, странным, подозрительным; von weitem kam mir das Haus viel imposanter vor издалека дом казался мне более импозантным; sein Gesicht kam ihr bekannt vor его лицо казалось ей знакомым; neben ihm komme ich mir ganz klein vor рядом с ним я сам себе кажусь очень маленьким. **vorschweben** представляться кому-л., представать в чьем-л. воображении, (мысленно) видеться; *напр.:* dabei schwebt mit etwas Bestimmtes vor при этом мне представляется нечто определенное; mir schwebt ein anderer Ausdruck vor мне представляется [у меня в уме мелькает] иное выражение; andere Bilder schwebten ihnen vor иные картины представлялись (чудились) им. **dünken** *высок. устаревает* ≃ scheinen (*б. ч. употр. в 3-ем л.:* etw. dünkt *и уст.* etw. deucht; *субъект действия выражен дополнением в Akk. или, реже, в Dat.*); *напр.:* mich [mir] dünkt dieses Vorhaben ganz unsinnig мне это предприятие кажется совершенно бессмысленным; mich dünkt, es wird schon herbstlich мне кажется, что наступает осень; mir deucht, die Sache ist zweifelhaft дело мне представляется сомнительным

scheinen² *см.* aussehen/leuchten²
scheinheilig *см.* heuchlerisch
Scheinheiliger *см.* Heuchler
Scheinheiligkeit *см.* Heuchelei¹
scheißegal *см.* gleichgültig²
scheitern *см.* mißlingen/sinken¹
schellen *см.* läuten
Schelte *см.* Tadel
schelten *см.* schimpfen¹
Scheltworte *см.* Tadel
Schenke *см.* Gaststätte
schenken¹ дарить
schenken — beschenken — bescheren — bedenken — verehren — begnaden — spendieren

schenken (j-m etw.) *индифф. синоним; напр.:* einer Dame einen Strauß Blumen schenken подарить даме букет цветов; einem Kind ein Buch schenken подарить ребенку книгу; er schenkte seiner Frau zum Geburtstag eine Kette он подарил своей жене на день рождения бусы; sie hat mir ein Bild zur Erinnerung geschenkt она подарила мне на память картину; diese Vase ist ihr als Andenken geschenkt worden эта ваза была подарена ей на память. **beschenken** (*j-n mit etw.*) дарить, одаривать; *напр.:* das Kind wurde mit einem Buch beschenkt ребенку подарили книгу; er wurde reichlich beschenkt его щедро одарили; zu Weihnachten beschenken sie sich (gegenseitig) на рождество они делают друг другу подарки; sie beschenkte die Kinder zum Fest mit Nüssen und Pfefferkuchen она надарила детям на праздник орехов и пряников. **bescheren** (*j-n mit etw.*) дарить, делать подарки на рождество (*б. ч. в семейном кругу*) (*употр. тж. в более старой конструкции*: j-m etw. bescheren); *напр.:* den Kindern wurde ein Puppentheater beschert детям подарили на рождество кукольный театр; die Kinder sind schon beschert worden дети уже получили рождественские подарки; der Vater bescherte ihm einen Baukasten отец подарил ему на рождество конструктор. **bedenken** ≈ beschenken, *но подчеркивает, что подарок является (памятной) наградой; напр.:* er wurde mit einem Buch bedacht ему подарили книгу, его наградили книгой; auch ich wurde bedacht и меня не забыли (*мне тоже что-то подарили*); die Alte hat alle Verwandten in ihrem Testament bedacht старая женщина не забыла никого из родных в своем завещании; zum Geburtstag wurde sie reich bedacht на день рождения она получила много подарков. **verehren** ≈ schenken, *но подчеркивает, что подарок делается в знак уважения, дружбы и т. п.; напр.:* er verehrte der Gastgeberin einen wunderbaren Blumenstrauß он преподнес хозяйке дома букет чудесных цветов; darf ich Ihnen dies verehren? разрешите мне подарить вам это в знак дружбы [уважения]?; er verehrte ihr eine goldene Kette (в знак своего расположения) он подарил ей золотую цепочку. **begnaden** (*j-n mit etw.*) *уст. высок.* милостиво одарить; *напр.:* sie hat ihn mit einem Lächeln begnadet она милостиво одарила его улыбкой; manchmal begnadete ihn der König mit einigen Worten порой король милостиво удостаивал его несколькими словами. **spendieren** *разг.* дарить не скупясь, щедро жертвовать; *напр.:* er spendierte den Kindern eine große Tafel Schokolade он подарил детям большую плитку шоколада; wer hat den Wein spendiert? кто это выставил вино [расщедрился на вино]?

schenken[2] *см.* befreien[2] / gießen[1]

schenken[3]: das Leben schenken *см.* gebären

scheren *см.* rasieren

scheren, sich *см.* fortgehen[1]

Schererei *см.* Unannehmlichkeit

Scherz шутка (*высказывание, поступок*)

der **Scherz** — der **Spaß** — der **Witz** — der **Ulk** — der **Streich** — der **Schabernack** — der **Possen** — die **Schnurre** — die **Neckerei** — der **Schwank** — der **Jux**

Scherz *индифф. синоним; напр.:* ein grober, plumper, kleiner, harmloser Scherz грубая, неуклюжая, маленькая, безобидная шутка; keinen Scherz verstehen не понимать шуток; etw. im [aus, zum] Scherz sagen, tun сказать, сделать что-л. в шутку; Scherz beiseite! шутки в сторону!; es war nur ein (kleiner) Scherz это была только (маленькая) шутка; ich habe das für einen Scherz gehalten я думал, что это шутка; er sagte das ohne Scherz он сказал это не в шутку; mach keinen Scherz, mach keine (solchen) Scherze! не устраивай (таких) шуток! **Spaß** ≈ Scherz, *но как высказывание часто содержит (грубоватую) насмешку, а как поступок — розыгрыш; напр.:* ein dummer Spaß глупая шутка; deine albernen Späße verstehe ich nicht я не понимаю твоих дурацких шуток; das war ein harmloser Spaß это была безобидная шутка; Spaß beiseite! шутки в сторону!; du darfst mit dem Kind nicht deinen Spaß treiben не шути ты с ребенком, не разыгрывай [не дразни] ребенка. **Witz** веселая, (остроумная) шутка, острота, анекдот; *напр.:* ein guter, geistreicher Witz хорошая, остроумная шутка; ein alter, pikanter, zweideutiger Witz старый, пикантный, двусмысленный анекдот; sich mit j-m einen Witz erlauben позволить себе шутку с кем-л.; das ist doch ein Witz! это же анекдот [неправда]!; machst du einen Witz? ты шутишь?; ich sehe keinen Witz darin я не вижу в этом ничего забавного [остроумного]; er erzählte einen gepfefferten Witz он рассказал соленый анекдот □ Was mich aufregt, sind keineswegs seine blöden Witze über die Ingenieure, sondern seine Flirterei mit dem jungen Mädchen (Frisch, »Homo faber«) Что мне действует на нервы, так это не его дурацкие анекдоты про инженеров, а заигрывание с этой молоденькой девушкой. **Ulk** *тк. ед.* шумная шутка, забава, проказы; *напр.:* etw. aus Ulk tun, sagen сделать, сказать что-л. в шутку; ein köstlicher Ulk! чудесная шутка!; so ein Ulk! ну и проделка!; er machte sich einen Ulk daraus, uns zu erschrecken он устраивал себе веселую забаву, пугая нас; wir durchschauten den Ulk, aber schwiegen мы разгадали, что за смеха ради, но молчали. **Streich** шутка (*поступок*), выходка, проделка; *напр.:* ein dummer, leichtsinniger, böser Streich глупая, легкомысленная, злая выходка [проделка]; j-m einen Streich spielen сыграть с кем-л. шутку; das war ein kluger Streich это была умная проделка; seine Vergeßlichkeit hat ihm einen bösen Streich gespielt его забывчивость сыграла с ним злую шутку. **Schabernack** *тк. ед.* озорная шутка (*поступок*), каверза; *напр.:* j-m einen Schabernack spielen сыграть с кем-л. озорную шутку; etw. aus Schabernack tun делать что-л. из озорства; darin witterte er einen Schabernack в этом он почуял какую-то каверзу. **Possen** *б. ч. мн.* (глупая) шутка (*поступок*), проделка; *напр.:* j-m einen Possen spielen сыграть с кем-л. глупую шутку, (зло и) глупо подшутить над кем-л.; der Lehrer war über die Possen seiner Schüler verärgert учитель сердился из-за проделок своих учеников; laß die Possen! оставь глупые шутки [свои проделки]! **Schnurre** шутливая история; *напр.:* lustige Schnurren erzählen рассказывать веселые истории; der Alte steckte voller Schnurren und Späße старик был напичкан всякими забавными историями и шутками; er gab ein paar Schnurren zum besten он рассказал пару забавных историй. **Neckerei** подшучивание, подтрунивание; *напр.:* eine harmlose, gutmütige Neckerei безобидное, добродушное подшучивание [подтрунивание]; das war bloß eine Neckerei это было только ради шутки; ich laß' mir seine Neckereien nicht gefallen я не собираюсь терпеть его подтруниваний. **Schwank** анекдот, забавная история; *лит. тж.* шванк, фарс; *напр.:* er erzählt gern allerhand Schwänke aus seiner Jugendzeit он любит рассказывать разные забавные истории из своей молодости. **Jux** *разг.* (грубоватая) шутка, потеха; *напр.:* etw. aus Jux tun сделать что-л. на потеху; das gibt einen Jux! вот это будет потеха!; sie nannten ihn aus Jux mit seinem Spitznamen они называли его ради потехи его прозвищем; nur so zum Jux! так только, ради потехи!

scherzen шутить

scherzen — **spaßen** — **ironisieren** — **witzeln** — **schäkern** — **flachsen** — **juxen**

scherzen *индифф. синоним; напр.:* grob, munter, unschuldig scherzen шутить грубо, весело, невинно; die jungen Leute scherzten und lachten молодые люди шутили и смеялись; ich scherze nicht я не шучу; er scherzt gern mit jungen Mädchen он любит шутить с молодыми девушками; scherze bitte nicht über meine Worte! не шути, пожалуйста, над моими словами!; damit soll man nicht scherzen этим нельзя шутить; damit ist nicht zu scherzen этим не шутят. **spaßen** ≈ scherzen, *но часто содержит и насмешку; напр.:* ich denke, er hat bloß gespaßt я думаю, он только пошутил; mach keinen Unsinn, er läßt nicht mit sich spaßen не глупи, с ним шутки плохи; mit solchen Dingen ist nicht zu spaßen с такими вещами не шутят; die Mutter spaßt mit ihrem Kind мать забавляет ребенка. **ironisieren** (A) иронизировать, вышучивать; *напр.*: j-s Schwächen, Eigenheiten, Probleme ironisieren иронизировать над чьими-л. слабостями, странностями, проблемами. **witzeln** насмешничать; *напр.*: sie haben über alles und jedes gewitzelt они насмешничали над всем и каждым. **schäkern** *разг. шутл.* ≅ scherzen, *но подчеркивает игривость, кокетливость того, кто шутит, б. ч. с женщиной, ребенком*; *напр.*: das kleine Mädchen schäkert mit der Mutter маленькая девочка забавляет мать; er schwätzte und schäkerte mit der hübschen Verkäuferin он болтал и шутил с хорошенькой продавщицей; die Mädchen schäkern mit ihren Kavalieren девушки шутят со своими кавалерами. **flachsen** *фам.* балагурить; *напр.*: er flachst den ganzen Tag он весь день балагурит; du flachst doch bloß, ich glaube dir gar nichts ты все только балагуришь, я тебе нисколько не верю. **juxen** *разг. шутл.* ≅ spaßen; *напр.*: sie albern und juxen dauernd они все время дурачатся и потешаются

Scherzname *см.* Beiname
Scherzzeichnung *см.* Karikatur
scheu *см.* schüchtern
Scheu *см.* Angst¹
scheuchen *см.* fortjagen¹
scheuen *см.* vermeiden
scheuen, sich *см.* fürchten
Scheuer *см.* Scheune
scheuern *см.* reiben¹/reinigen¹
Scheune сарай
die **Scheune** — der **Schuppen** — der **Speicher** — die **Scheuer** — der **Schober**
Scheune индифф. синоним; *напр.*: die Ernte in die Scheune bringen убрать урожай в сарай [в ригу]; am Haus stand eine abgebrannte Scheune около дома стояли остатки обгоревшего сарая; er hat in diesem Jahr eine volle Scheune у него в этом году полны закрома; das ist kein Saal, sondern eine Scheune это не зал, а сарай. **Schuppen** сарай для хранения инструментов, хозяйственных предметов *и т. п.*; *напр.*: in der Nähe des Hauses befand sich ein Schuppen für alle Geräte вблизи от дома находился сарай для всякого инвентаря; im Schuppen lagert Brennholz в сарае хранятся дрова; das Fahrrad stellt er im Schuppen unter велосипед он ставит в сарай. **Speicher** амбар; *напр.*: das Getreide lagert in einem Speicher зерно хранится в амбаре; aus dem Speicher kommt das Saatgut auf das Feld из амбара семенное зерно идет на поле. **Scheuer** *ю.-нем.* = Scheune; *напр.*: die Ernte wurde in die Scheuer gebracht урожай убрали в ригу; Ställe und Scheuern wurden neu gebaut конюшни [хлева] и сараи строили заново. **Schober** *диал.* овин, *напр.*: der Schober war aus Holzbrettern zusammengezimmert овин был сколочен из досок

Scheusal *см.* Unmensch
scheußlich *см.* schlecht ¹,²/sehr
Schi *см.* Ski
schick *см.* elegant
schicken посылать, отправлять
schicken — abschicken — aufgeben — ausschicken — wegschicken — verschicken — überweisen — anweisen — beordern — senden — absenden — aussenden — entsenden — versenden

schicken индифф. синоним; *напр.*: j-m [an j-n] eine Nachricht, einen Brief, ein Paket, ein Buch, einen Gruß schicken посылать кому-л. известие, письмо, посылку, книгу, привет; j-n nach Hause, auf Reisen, in die [zur] Schule, zu [ins] Bett, schlafen schicken посылать кого-л. домой, в поездку, в школу, в постель; ich habe ihr einen Strauß Rosen geschickt я послал ей букет роз; er schickte einen Boten nach Berlin он послал гонца в Берлин; schicke jemanden nach dem Arzt! пошли кого-нибудь за врачом! □ »Schicke mir auf alle Fälle ein Telegramm«, bittet er (*Feuchtwanger*, »*Lautensack*«) «Пошли мне на всякий случай телеграмму», — просит он. **abschicken** отсылать, отправлять; *напр.*: den Brief, das Paket an j-n abschicken отсылать [отправлять] кому-л. письмо, посылку; wir haben das Geld an ihn abgeschickt деньги мы ему отослали; als er danach fragte, war der Bote schon abgeschickt worden когда он спросил об этом, курьер уже был отослан [отправлен]; wenn ich das Telegramm schreibe, wirst du es abschicken? если я напишу телеграмму, ты ее отправишь? **aufgeben** (с)давать, отправлять *предполагает, что отсылка, отправка чего-л. оформляется у специального окошка, связана с получением квитанции и т. п.*; *напр.*: einen Brief, ein Telegramm aufgeben посылать [отправлять] письмо, дать телеграмму; er hat die Koffer schon aufgegeben он уже отправил чемоданы (багажом); ich habe das Paket längst aufgegeben я давным-давно отослала посылку. **ausschicken** посылать, отправлять кого-л. с поручением, с заданием; *напр.*: Boten, Kundschafter, einen Spähtrupp ausschicken посылать [отправлять] посыльных, разведчиков, разведывательный отряд; j-n auf Kundschaft, auf Patrouille ausschicken посылать кого-л. в разведку, в патруль; ich habe den Jungen ausgeschickt, sie zu suchen я послал сына поискать ее. **wegschicken** отсылать в другое место, прочь от себя; *напр.*: einen Brief wegschicken отослать [отправить] письмо; Waren wegschicken отсылать [отправлять] товары (*обратно, в другое место*); j-n wegschicken отослать кого-л. (*велеть, заставить уйти*); du kannst mich doch nicht wegschicken, ohne mich anzuhören! ты же не можешь отослать меня, не выслушав!; sie hat das Kind mit einem Auftrag weggeschickt она услала ребенка с каким-то поручением. **verschicken** рассылать что-л.; посылать, отправлять кого-л. (*на лечение, отдых и т. п.*); *напр.*: Einladungen, Warenproben verschicken рассылать приглашения, образцы товара; Kinder aufs Land verschicken отправлять детей в деревню; hast du unsern Prospekt schon verschickt? ты разослал уже наш проспект?; er war vom Betrieb zur Kur verschickt worden завод отправил его на лечение. **überweisen** пересылать, направлять; *напр.*: j-m [an j-n] Geld, ein Honorar (auf sein Konto) überweisen пересылать кому-л. деньги, гонорар (на банковский счет); einen Kranken [zu einem] anderen Arzt überweisen направлять больного к другому врачу; ich habe dir [an dich] fünfzig Mark überwiesen я перевел тебе пятьдесят марок; ich bin von Dr. Müller zu Ihnen überwiesen worden я направлен к вам доктором Мюллером. **anweisen** пересылать, переводить (деньги); *напр.*: j-m Geld, eine Summe (durch die Post, durch die Bank) anweisen пересылать кому-л. деньги, какую-л. сумму (почтой, через банк); er ließ sich sein Gehalt nach Berlin anweisen он распорядился, чтобы зарплату ему пересылали в Берлин. **beordern** посылать, отправлять согласно приказу; *напр.*: Truppen, Kriegsschiffe nach N beordern посылать, отправлять в город Н войска, военные корабли; zu Beginn des Krieges wurde er nach Minsk beordert в начале войны он был послан в Минск. **senden** *высок.* ≅ schicken; *напр.*: j-m [an j-n] einen Brief, ein Paket, Grüße senden посылать кому-л. письмо, посылку, приветы; j-n irgendwohin senden послать кого-л. куда-л. (*с каким-л. поручением*); von allen Stationen seiner Reise sandte er Kartengrüße an sie отовсюду, где он останавливался в пути, он посылал ей открытки с приветами; sie hat mir ein Geburtstagsgeschenk gesendet [gesandt] она прислала мне подарок ко дню рождения; dich sendet mir der Himmel! тебя мне посылает небо!; sofort wurde nach Dresden ein Mann gesandt, der die Angelegenheit in Ordnung bringen sollte тотчас же в Дрезден послали человека, который должен был уладить дело. **absenden** *высок.* ≅ abschicken; *напр.*: den Brief, das Paket an j-n absenden отослать [отправить] кому-л. письмо, посылку; einen Boten mit einem Auftrag absenden отослать [отправить] посыльного с поручением; er telegrafierte, daß er das Dokument an die angegebene Adresse abgesandt hatte он телеграфировал, что отправил документ по указанному адресу. **aussenden** высок. ≃ ausschicken; напр.: Boten, Kundschafter aussenden посылать гонцов, разведчиков; Reiter wurden zur Verfolgung des fliehenden Feindes ausgesandt кавалерию послали преследовать бегущего врага. **entsenden** высок. посылать со специальной миссией; напр.: eine Delegation, einen Beobachter entsenden посылать [отправлять] делегацию, наблюдателя; man entsandte eine Expedition nach Afrika в Африку отправили экспедицию; dieser Staat hat vier Professoren zur Konferenz entsandt это государство направило на конференцию четырех профессоров. **versenden** высок. рассылать; напр.: Todesanzeigen, Heiratsanzeigen versenden рассылать объявления о смерти, о бракосочетании

schicken, sich[1] смиряться, примириться (*с тем, что нельзя изменить*)
sich schicken — sich finden — sich fügen — sich ergeben — sich beugen

sich schicken индифф. синоним; напр.: sich in die Umstände, in das Unvermeidliche schicken смириться с обстоятельствами, с неизбежностью; sich in das langwierige Krankenlager schicken смириться с продолжительной болезнью. **sich finden** примириться с чем-л. и приспособиться к чему-л.; напр.: sich in einen Gedanken, in sein Unglück, in seine Lage finden примириться с какой-л. мыслью, со своим несчастьем, со своим положением; sich in eine neue Rolle finden приспособиться к новой роли. **sich fügen** ≃ sich schicken, *но употр. тк. в определенных сочетаниях*; напр.: sich in sein Schicksal, ins Notwendige fügen примириться со своей участью, с необходимостью. **sich ergeben** покоряться (без сопротивления), сдаться; напр.: sich in sein Schicksal, in Gottes Willen ergeben покориться судьбе, божьей воле. **sich beugen** покорно склониться, покориться; напр.: sich seinem Schicksal beugen покориться своей судьбе; sich einer höheren Macht, der Gewalt beugen покориться высшей власти, силе

schicken, sich[2] быть приличным
sich schicken — sich gehören — sich gebühren — sich ziemen — sich geziemen — sich passen

Синонимы данного ряда употр. тк. в 3-м лице ед. числа с es, das и т. п.

sich schicken индифф. синоним; напр.: es schickt sich nicht, mit den Händen in der Hosentasche ein Gespräch zu führen не полагается [неприлично, нехорошо] вести разговор, держа руки в карманах; er weiß ganz gut, was sich schickt он очень хорошо знает, что положено в таких случаях (*как надо себя вести, что хорошо, что плохо*); es schickt sich nicht, jeden gleich zu duzen неприлично сразу же переходить со всеми на ты [говорить всем «ты»]. **sich gehören** ≃ sich schicken, *но подчеркивает, что что-л. так принято, соответствует обычаям, правилам*; напр.: es gehört sich, älteren Leuten den Platz anzubieten принято уступать место пожилым людям; es gehört sich einfach nicht, an Bekannten ohne Gruß vorbeizugehen просто не принято проходить мимо знакомых, не здороваясь; er benahm sich, wie es sich gehört он вел себя как полагается. **sich gebühren** высок. ≃ sich schicken, *но подчеркивает, что что-л. так чем-л., кем-л. установлено*; напр.: er führte alles so aus, wie es sich gebühren он сделал все так, как было положено; es gebührt sich nicht, mit alten Leuten zu streiten нехорошо [не положено] спорить со старыми людьми. **sich ziemen** высок. устаревает ≃ sich gehören; напр.: es ziemt sich nicht zu sitzen, wenn ältere Leute stehen не принято [неприлично] сидеть, когда пожилые люди стоят. **sich geziemen** высок. устаревает приличествовать; напр.: es geziemt dir nicht hier mitzureden тебе не приличествует принимать участие в этом разговоре; du mußt nur höflich antworten, wie es sich für ein gut erzogenes Kind geziemt ты должен только вежливо отвечать, как это приличествует хорошо воспитанному ребенку; er weiß nie, was sich geziemt он никогда не знает, что прилично (, а что нет). **sich passen** разг. ≃ sich schicken; напр.: das paßt sich nicht! это нехорошо!; это неприлично!

schicklich см. passend[1]
Schicklichkeit см. Anstand
Schicksal судьба
das Schicksal — das Geschick — das Los — das Verhängnis — die Schickung

Schicksal индифф. синоним; напр.: das blinde, grausame, unerbittliche Schicksal слепая, жестокая, неумолимая судьба; ein trauriges, schweres Schicksal печальная, тяжелая судьба; die Macht, die Hand, die Gunst des Schicksals власть, перст, милость судьбы; etw. dem Schicksal überlassen предоставить что-л. своей судьбе; sie wurden vom Schicksal heimgesucht на них обрушился удар судьбы; ein schweres Schicksal lastete auf ihm он нес бремя тяжелой [тяжкой] судьбы; man überließ die Unglücklichen einfach ihrem Schicksal несчастных просто оставили на произвол судьбы; sie hat sich in ihr Schicksal ergeben она покорилась своей судьбе; sein Schicksal hat sich entschieden его судьба решилась □ Der General hatte die Gelegenheit begrüßt, in den Gesichtskreis einer Persönlichkeit treten zu können, die das Ohr des Allerhöchsten Herrn hatte und über Schicksale entschied (*Kellermann, »Der 9. November«*) Генерал приветствовал возможность войти в общение с лицом, обладающим доверием самого высокопоставленного человека и решающим людские судьбы. **Geschick** ≃ Schicksal, *но употр. реже и неизбежность, предопределенность выражены несколько слабее*; напр.: ein schönes, trauriges, schreckliches Geschick прекрасная, печальная, ужасная судьба; ihn traf ein schweres Geschick его постигла тяжелая участь; sie fügte sich in ihr Geschick она подчинилась своей участи; das Volk nahm sein Geschicke selbst in die Hand народ взял свою судьбу в свои руки. **Los** жребий, доля; напр.: ein bitteres, glückliches, schweres Los горький, счастливый, тяжелый жребий; sein Los geduldig tragen терпеливо нести свой крест; er war mit seinem Los zufrieden он был доволен своим жребием; sie wollten das Los der Gefangenen erleichtern они хотели облегчить участь пленных. **Verhängnis** рок, удар судьбы; напр.: ein schweres Verhängnis тяжелый удар судьбы; das Verhängnis aufhalten отвести удар судьбы; er entging seinem Verhängnis nicht он не ушел от своей (роковой) судьбы; seine Leidenschaft wurde ihm zu Verhängnis его страсть стала для него роковой; es ist ein Verhängnis, daß uns das nicht gelingen will просто какой-то злой рок, что нам это никак не удается; das Verhängnis brach über ihn herein рок настиг его □ Hätte sie nur irgendwie zum Schein gefolgt, nur die Schwelle des Herrenhofes zur Zeit gerade überschritten, das Verhängnis hätte sich abwenden lassen (*Kafka, »Das Schloß«*) Если бы она хотя бы как-нибудь для вида последовала бы, хотя бы как раз теперь перешагнула порог господской усадьбы, рок можно было бы отвести. **Schickung** рел. провидение, рука божья; напр.: eine Schickung Gottes божественное провидение; eine Schickung des Allmächtigen рука всемогущего

Schickung см. Schicksal
schieben см. bewegen I[1]/spekulieren[1]
Schiebung см. Spekulation
schiedlich см. friedlich
schief см. schräg
schiefgehen см. mißlingen
schier см. fast/rein[2]
schießen[1] стрелять
schießen — feuern — ballern

schießen индифф. синоним; напр.: gut, schlecht, sicher schießen стрелять хорошо, плохо, уверенно; er schoß mit dem Revolver nach dem [auf den] Angreifer он выстрелил из револьвера в напавшего на него; er hat ihn [ihm] ins Bein geschossen он выстрелил ему в ногу; die Kanone schoß aus großer Entfernung орудие стреляло с большого расстояния; der Jäger schießt Hasen охотник стреляет зайцев. **feuern** вести огонь, стрелять; *напр*.: die Geschütze feuerten aus allen Rohren орудия вели огонь из всех стволов; die Soldaten feuerten auf die Menge солдаты стреляли [открыли огонь] по толпе. **ballern** *разг*. палить *подчеркивает длительность и беспрерывность стрельбы*; *напр*.: es ballerte von allen Seiten со всех сторон непрерывно стреляли; der Junge ballert mit seiner Spielzeugpistole мальчик беспрестанно палит из своего игрушечного револьвера

schießen² *см*. erschießen
Schiffer *см*. Seemann
schikanieren *см*. quälen
schildern *см*. erzählen
Schildwache *см*. Wache²
schillern¹ переливаться, поблескивать

schillern — schimmern — spielen

schillern *индифф. синоним*; *напр*.: in allen Regenbogenfarben schillern переливаться всеми цветами радуги; das auf dem Wasser schwimmende Öl schillerte bunt плавающая на поверхности воды нефть переливалась разными цветами; ihre glänzenden Haare schillerten blauschwarz ее волосы отливали иссиня-черным блеском. **schimmern** матово поблескивать, тускло переливаться; *напр*.: das Kleid aus Seide schimmerte schwarz платье из черного шелка матово поблескивало; rosig schimmerte die Haut durch die dünnen Strümpfe сквозь тонкие чулки виднелась розовая кожа. **spielen** играть; *напр*.: der Edelstein spielt in allen Farben драгоценный камень играет всеми красками; der Stoff spielt ins Bläuliche материал отливает голубоватым; ihre Bluse spielte ins Gelbliche ее кофточка отливала желтизной

schillern² *см*. glänzen
Schimmer *см*. Glanz¹/Licht¹
schimmern *см*. glänzen/leuchten²/schillern¹
Schimpf *см*. Schande
schimpfen¹ ругать, бранить кого-л., что-л.

schimpfen — ausschimpfen — ausschelten — fluchen — schelten — rüffeln — wettern — anblasen — heimleuchten — abkanzeln

schimpfen (auf, über A) *индифф. синоним*; *напр*.: wir schimpften über das schlechte Wetter мы ругали плохую погоду; er schimpfte maßlos auf das Essen он вовсю ругал еду; schimpfe nicht auf den Jungen, es tut ihm selbst schon leid не ругай [не брани] мальчишку, он уже и сам жалеет (о своем поступке); er hat sehr mit ihm geschimpft он очень сильно поругался с ним; die Mutter schimpft mit ihrem Kind мать бранит своего ребенка. **ausschimpfen** (j-n) отругать кого-л.; *напр*.: er hat seinen Sohn ausgeschimpft он отругал своего сына; und wegen dieser Nichtigkeit läßt du dich ausschimpfen? и из-за такой мелочи ты позволяешь ругать себя? **ausschelten** ≅ ausschimpfen, *но выражает действие в более мягкой форме, часто подразумевает порицание за упущение, плохое поведение*; *напр*.: sie hat mich wegen meiner Nachlässigkeit ausgescholten она отругала меня за небрежность; er wurde wegen der Verspätung tüchtig ausgescholten за опоздание его как следует отругали. **fluchen** (грубо) ругаться, клясть; *напр*.: er fluchte auf sie он грубо ругал ее; der Fahrer fluchte auf die Straße шофер клял дорогу; was hilft es schon, über das schlechte Wetter zu fluchen? к чему клясть плохую погоду, все равно не поможет. **schelten** *высок. и диал.* бранить(ся); *напр*.: sie schalt ihn wegen seines Leichtsinns она бранила его за легкомыслие; der Lehrer schalt auf seine Faulheit учитель бранил его за лень; der unreife Bursche schalt auf seine Eltern недоросток ругал своих родителей. **rüffeln** *разг*. устраивать нагоняй, зад(ав)ать нахлобучку; *напр*.: er rüffelte den Kellner wegen der langsamen Bedienung он устроил официанту нагоняй за медленное обслуживание; der Junge wurde wegen seiner Zensuren vom Vater gerüffelt мальчик получил от отца нагоняй (нахлобучку) за свои оценки. **wettern** *разг*. поносить вовсю, ругать на чем свет стоит; *напр*.: er wetterte über die schlechten Straßen он на чем свет стоит ругал плохие дороги; sie wetterte auf ihre erwachsenen Söhne она метала громы и молнии на своих взрослых сыновей. **anblasen** *разг*. налетать на кого-л.; *напр*.: er hat mich ganz schön angeblasen ох, и здорово он налетел на меня! **heimleuchten** *фам*. отбрить, задать (жару), отделать; *напр*.: dem werde ich heimleuchten! ну, я его и отбрею!, ну, я ему и задам!; der Wirt hat dem Betrunkenen ganz schön heimgeleuchtet хозяин задал жару пьяному. **abkanzeln** *фам*. отчитать; *напр*.: er hat seinen Gehilfen tüchtig abgekanzelt он отчитал как следует своего помощника; der Chef hat mich vor allen Leuten abgekanzelt шеф отчитал меня перед всеми

schimpfen² ругаться

schimpfen — fluchen — keifen — donnern — belfern

schimpfen *индифф. синоним*; *напр*.: laut, unflätig schimpfen ругаться громко, неприлично; »Donnerwetter!« schimpfte er «Черт побери!» — выругался он; er schimpfte und fluchte он ругался и сыпал проклятиями. **fluchen** ругаться (бранными словами); *напр*.: »Schweinehunde!« fluchte er «Сволочи!» — грубо выругался он; er flucht wie ein Fuhrknecht он ругается, как извозчик; du sollst doch nicht so fluchen! нельзя же так грубо ругаться! **keifen** *пренебр*. (визгливо) ругаться (*обыкн. о женщинах*); *напр*.: sie keifte wütend, als der junge Mann den Preis herunterhandeln wollte она начала яростно и визгливо ругаться, когда молодой человек попытался торговаться; die Frauen keiften женщины ругались визгливыми голосами. **donnern** громко ругаться; *напр*.: er hat furchtbar gedonnert, weil wir zu spät gekommen waren он ужасно ругался, так как мы опоздали. **belfern** *фам*. лаяться, гавкать; *напр*.: er belfert heute den ganzen Tag он лается сегодня весь день

schimpflich *см*. schändlich
schinden *см*. quälen
schinden, sich *см*. bemühen, sich
Schippe *см*. Spaten
Schirm *см*. Schutz
schirmen *см*. schützen
Schirmer *см*. Beschützer
Schlacht битва, сражение

die Schlacht — der Kampf — das Gefecht — das Scharmützel — das Geplänkel — die Plänkelei — das Gemetzel — die Metzelei — das Massaker — der S t r a u ß

Schlacht *индифф. синоним*; *напр*.: eine heiße, blutige, entscheidende Schlacht жаркая, кровавая, решающая битва; j-m eine Schlacht liefern дать кому-л. бой; eine Schlacht gewinnen, verlieren выиграть, проиграть сражение; die Schlacht bei [von] Waterloo битва при Ватерлоо. **Kampf** бой; *напр*.: ein harter, heißer, blutiger Kampf жестокий, жаркий, кровавый бой; einen Kampf beginnen [eröffnen], führen, gewinnen, verlieren начать, вести, выиграть, проиграть бой; um den Brückenkopf tobte der Kampf am heißesten самый горячий бой разгорелся на подходе к мосту; der Kampf um die Hauptstadt begann бой за столицу начался. **Gefecht** (короткий, небольшой) бой, вооруженное столкновение; *напр*.: an der Grenze gab es ein blutiges Gefecht на границе было кровавое столкновение; wir kamen bei Sonnenaufgang ins Gefecht с восходом солнца мы вступили в бой; den Feind muß man durch Artilleriefeuer außer Gefecht setzen врага надо вывести из боя артиллерийским огнем. **Scharmützel** *устаревает* ≅ Gefecht *подчеркивает непродолжительность и местное значение боя*; *напр*.: j-m ein Scharmützel liefern дать кому-л. короткий бой; nach einigen Scharmützeln konnten die Truppen in den Ort einmarschieren после нескольких коротких боев войска смогли вступить в город; es kam am Abend zu einem Scharmützel вечером завязался короткий бой □ Und wahrscheinlich handelte es sich um kleine Gefechte, um Scharmützel (*Feuchtwanger, »Die Füchse«*) И, наверное, речь шла о небольших сражениях, о схватках. **Geplänkel** беспорядочная стычка; *напр*.: schon nach einigen Stunden wurden einzelne Vorposten in ein Geplänkel verwickelt уже через несколько часов отдельные передовые отряды участвовали в стычке с врагом □ Mayenne steht drüben hinter dem Wald, kein Geplänkel lockt ihn hervor: in diesem Nebel will er nicht kämpfen (*H. Mann*, »*Die Jugend*«) Майенн стоит на той стороне, за лесом, никакая перестрелка не выманит его оттуда: он не хочет драться в этом тумане. **Plänkelei** *уст.* ≃ Geplänkel; *напр.:* die häufigen Plänkeleien mit einzelnen feindlichen Abteilungen wiederholten sich vor jeder größeren Schlacht частые стычки с отдельными вражескими отрядами имели место перед каждым крупным сражением. **Gemetzel** бойня; *напр.:* ein furchtbares, blutiges Gemetzel страшная, кровавая бойня; das war ein Gemetzel, kein Kampf это была бойня, не бой. **Metzelei** ≃ Gemetzel; *напр.:* es begann eine scheußliche Metzelei началась страшная [омерзительная] бойня. **Massaker** жестокая бойня, поголовное истребление; *напр.:* er ist dem blutigen Massaker im Dorf gerade noch entkommen он еле спасся бегством от жестокой, кровавой бойни в деревне. **Strauß** *поэт.* ≃ Kampf *теперь б. ч. ирон. или шутл., чаще употр. с глаголом* ausfechten; *напр.:* einen Strauß ausfechten вести бой; er hatte manchen harten Strauß mit seinen Eltern auszufechten ему пришлось вести с родителями не одну жестокую баталию; das war ein blutiger Strauß это был кровавый бой

schlachten резать, забивать (*скот*)
schlachten — abschlachten — abstechen — stechen — schächten
schlachten *индифф. синоним; напр.:* ein Schwein, ein Kalb schlachten забить свинью, теленка; ein Huhn schlachten зарезать курицу; dieser Fleischer schlachtet zweimal in der Woche этот мясник режет скот два раза в неделю. **abschlachten** ≃ schlachten, *но часто подчеркивает, что животное или птицу забивают не только ради мяса, но и по какой-л. другой причине: болезни, бескормицы и т. п.; напр.:* die erkrankten Tiere müssen sofort abgeschlachtet werden заболевших животных необходимо тут же забить; die Übersiedler haben alle Rinder, die sie nicht verkaufen konnten, abgeschlachtet переселенцы зарезали весь рогатый скот, который не смогли продать. **abstechen** (за)колоть; *напр.:* ein Kalb, ein Schwein abstechen заколоть теленка, свинью; das Ferkel wurde erst am Morgen abgestochen поросенок был заколот только этим утром. **stechen** *редко* ≃ abstechen; *напр.:* in jedem Hof wurden Schweine gestochen на каждом дворе кололи свиней. **schächten** резать животных, выпуская из них кровь (*первоначально по еврейскому религиозному обряду*);

напр.: □ ...in der nächsten Halle wird á la juive geschlachtet. Der Mann, der schächtet, ist aus dem Bilderbuch (*Tucholsky*, »*Zwischen Gestern und Morgen*«) ...в следующем цехе животных режут á la juive. Мясник, выпускающий им кровь из глотки, выглядит как из книжки с картинками

Schlachtfeld поле битвы, поле сражения
das Schlachtfeld — der Kampfplatz
Schlachtfeld *индифф. синоним; напр.:* das Schlachtfeld räumen оставить поле сражения (*отступить*); auf dem Schlachtfeld bleiben, fallen остаться (лежать), пасть на поле битвы; in diesem Kampf behaupteten die Franzosen das Schlachtfeld в этом бою поле битвы осталось за французами; bis zum Abend war noch nicht entschieden, welche Armee Herr auf dem Schlachtfeld bleiben würde до самого вечера еще не решилось, за чьей армией останется поле сражения. **Kampfplatz** поле боя (*небольшое*); *напр.:* das Dorf diente zweimal als Kampfplatz деревня дважды служила полем боя

Schlaf¹ сон
der Schlaf — der Traum
Schlaf *индифф. синоним; напр.:* ein schwerer, (un)ruhiger, leichter, fester, gesunder Schlaf тяжелый, (не)спокойный, легкий, крепкий, здоровый сон; ein traumloser Schlaf сон без сновидений; sie lag in tiefem Schlaf она лежала в глубоком сне; sie konnte aus dem bleiernen Schlaf lange nicht erwachen она долго не могла очнуться от свинцового сна. **Traum** сон, сновидение; *напр.:* ein schöner, häßlicher, schwerer Traum прекрасный, отвратительный, тяжелый сон; Träume deuten, auslegen разгадывать, толковать сны; aus dem Traum erwachen пробудиться от сна; ich habe einen sonderbaren Traum gehabt мне приснился странный сон; sie sagt, sie habe mich im Traum gesehen она говорит, что видела меня во сне; oft redet er im Traum он часто говорит [разговаривает] во сне

Schlaf²: in den Schlaf wiegen *см.* einschläfern

schlafen спать
schlafen — schlummern — dösen — duseln — nicken — pennen
schlafen *индифф. синоним; напр.:* fest, tief, leise, (un)ruhig, süß, gut schlafen крепко, глубоко, тихо, (не)спокойно, сладко, хорошо спать; schlafen gehen идти спать; sich schlafen legen ложиться спать; schlaf wohl! спи спокойно!; wir konnten vor Hitze nicht schlafen мы не могли спать из-за жары; er schläft schon drei Stunden он спит уже три часа □ Überhaupt wollte ich es so machen: bis Mittag schlafen und dann bis Mitternacht leben (*Plenzdorf*, »*Die neuen Leiden*«) Вообще я хотел бы

так: до полудня спать, а потом до полуночи жить на полную катушку. **schlummern** мирно спать, забыться легким сном; *напр.:* das Kind schlummert sanft ребенок спит безмятежным [легким и сладким] сном; sie schlummerte in ihrem Bett она мирно спала в своей постели. **dösen** *разг.* дремать; *напр.:* die Augen schließen und ein bißchen dösen закрыть глаза и немного подремать; er döste über dem Buch он дремал над книгой; sie saßen endlich in der Wärme und dösten они сидели наконец в тепле и, разомлев, дремали. **duseln** *терр.* ≃ dösen; *напр.:* in der Schule duselt er oft в школе он частенько спит [дремлет] на уроке; die Männer duselten dumpf über ihren Gläsern мужчины тупо дремали [засыпали] над стаканами. **nicken** *разг.* ≃ schlafen, *но обыкн. сидя и опустив голову* клевать носом; *напр.:* der Großvater nickt im Sessel дедушка мирно спит [клюет носом] в кресле; er liebt es, nach dem Essen im Lehnstuhl ein Stündchen zu nicken он любит после еды поспать [подремать, вздремнуть] часок в кресле. **pennen** *разг. неодобр.* дрыхнуть; *напр.:* er pennt in der Schule он дрыхнет на уроке; wir haben nur eine Stunde gepennt und mußten schon weiter мы прикорнули только на часок и должны были идти дальше; nicht pennen! не дрыхнуть! □ Pennen will ich. Tot sein. Mein ganzes Leben lang tot sein. Und pennen. Endlich in Ruhe pennen. Zehntausend Nächte pennen (*Borchert*, »*Draußen vor der Tür*«) Я хочу спать. Быть мертвым. Быть мертвым всю свою жизнь. И спать. Наконец-то спокойно спать. Спать десять тысяч ночей подряд

schlaff *см.* schwach ¹/träge

Schlag¹ удар
der Schlag — der Hieb — der Streich — der Stich — der Einschlag — der Klaps — der Puff
Schlag *индифф. синоним; напр.:* ein starker, schwacher, schmerzender, derber, tödlicher Schlag сильный, слабый, болезненный, грубый, смертельный удар; ein leichter Schlag auf die Schulter, auf die Hand легкий удар по плечу, по руке; ein Schlag ins Gesicht удар по лицу; Schläge austeilen наносить удары; j-m einen Schlag versetzen нанести кому-л. удар; plötzlich bekam er einen Schlag auf den Kopf вдруг он получил удар по голове; er hatte sich vom ersten Schlag noch nicht erholt, als ihn der zweite traf он не опомнился еще от первого удара, как на него обрушился второй □ Es war ein Schlag wie mit einem Hammer... Köster hatte ihn mir beigebracht (*Remarque*, »*Drei Kameraden*«) Это был удар как молотом... Кестер научил меня ему когда-то. **Hieb** ≃ Schlag, *но чаще о сильном ударе, об ударе с разма-*

ху, особенно каким-л. орудием; напр.: ein Hieb mit der Axt genügte, um das Holz zu spalten одного удара топора было достаточно, чтобы расколоть полено; er hat den Hieb geschickt pariert он ловко парировал удар □ Er war aufgesprungen... fiel zu Boden und spürte plötzlich die Axt in seiner Hand und stemmte sich hoch und schlug, schlug, mit jedem Hieb einen gepreßten Laut ausstoßend, auf den Kopf des Hauptmanns ein... (*Heiduczek, »Abschied von den Engeln«*) Он вскочил... упал на пол, вдруг почувствовал в руке топор, тяжело поднялся и начал бить, бить, с каким-то свистящим звуком при каждом ударе, по голове капитана... **Streich** удар рукой, холодным оружием *или* кнутом, розгой *и т. п.*; напр.: j-m einen heftigen Streich versetzen нанести кому-л. сильный удар; er holte zu einem Streich aus он размахнулся, чтобы ударить; er tötete zwei Gegner auf einen Streich одним ударом (меча) он убил двух противников. **Stich** (колющий) удар холодным оружием; напр.: der Stich ins Herz war tödlich удар в сердце был смертельным; er erhielt einen Stich mit dem Messer он получил удар ножом. **Einschlag** удар, разрыв, попадание снаряда; напр.: man hörte Einschläge von Bomben in der Ferne вдали слышались разрывы бомб; der Einschlag einer Granate zerstörte das Dach попаданием гранаты разрушило крышу. **Klaps** легкий удар рукой, шлепок; подзатыльник; напр.: einem Kind einen Klaps geben дать ребенку шлепок [подзатыльник]; sie gab ihm einen scherzhaften Klaps она шутливо шлепнула его; er bekam für seine Unart einen Klaps auf die Hand за свои шалости он получил по руке. **Puff** *разг.* тычок; напр.: Püffe austeilen осыпать тумаками; j-n mit Püffen traktieren награждать тумаками кому-л.; er gab mir einen freundschaftlichen Puff ins Kreuz он дружески ткнул меня в спину

Schlag[2] *см.* Тур

schlagartig *см.* schnell

schlagen ударить, бить (кого-л.)

schlagen — prügeln — verprügeln — peitschen — auspeitschen — losschlagen — zurichten — hauen — verhauen — durchhauen — durchprügeln — dreschen — knüppeln

schlagen *индифф. синоним*; напр.: j-n schlagen бить кого-л.; nach j-m schlagen ударить кого-л.; (heftig) um sich schlagen отбиваться (изо всех сил); er schlug ihm ins Gesicht он ударил его по лицу; er schlug den armen Hund он бил бедную собаку □ Ich mußte abfahren oder schlagen. Es war zu deutlich (*Remarque, »Drei Kameraden«*) Я должен был или ехать, или бить его. Это было совершенно очевидно. Daß mein Mann mich schlägt, nun ja, das ist so, es ist in Ordnung. Aber ich wollte nicht auch noch von dir Schläge bekommen (*Hesse, »Narziß«*) Что муж меня бьет, это ничего, это так, так уж полагается. Но получать побои еще и от тебя, этого я бы не хотела. **prügeln** ≃ schlagen, *но более эмоционально, б. ч. употр. по отношению к человеку, реже к животному*; напр.: er hat den Apfeldieb mit einem Stock geprügelt он побил палкой вора, кравшего яблоки; ein guter Erzieher hat es nicht nötig, Kinder zu prügeln хорошему воспитателю нет необходимости бить детей □ Willst du nicht lieber mit mir gehen statt mit deinem Mann, wenn er dich doch prügelt? (*Hesse, »Narziß«*) Разве тебе не хочется пойти лучше со мной, чем с мужем, раз он тебя бьет? **verprügeln** избить; напр.: er hat sie derart verprügelt, daß die Nachbarn eingreifen mußten он так избил ее, что должны были вмешаться соседи; der Junge verprügelte seinen Klassenkameraden мальчишка избил своего одноклассника; sie verprügelte ihren Hund, weil er die Wurst gefressen hatte она сильно побила собаку за то, что та съела колбасу. **peitschen** бить кнутом, хлестать; напр.: der Fuhrmann peitschte verzweifelt sein Pferd кучер в отчаянии бил [хлестал] лошадь. **auspeitschen** бить, наказывать кнутом; напр.: Menschen, die sich dieses Vergehens schuldig gemacht hatten, wurden öffentlich ausgepeitscht людей, виновных в этом преступлении, били публично кнутом. **losschlagen** стукнуть, ударить (не раздумывая, без предупреждения *и т. п.*); напр.: mit geballten Fäusten schlug er auf ihn los он накинулся на него с кулаками; der Feind schlug los враг нанес удар. **zurichten** жестоко избить, отделать; напр.: er war bei der Schlägerei übel zugerichtet worden в драке его жестоко (*до крови, синяков*) избили; wer hat dich so zugerichtet? кто же так избил тебя? **hauen** *разг.* ≃ schlagen; напр.: j-n hauen бить [колотить] кого-л.; j-m ins Gesicht hauen ударить кого-л. по лицу; der Junge hat mich gehauen! мальчишка ударил меня!; was ihm einfällt, fremde Kinder zu hauen! и придет же такое в голову — бить чужих детей!; warum macht er ein solches Geschrei? Ich habe ihn doch gar nicht gehauen! почему он так орет? Я же его даже и не стукнул! **verhauen** *разг.* ≃ verprügeln; напр.: zwei Jungen haben einen anderen verhauen двое мальчишек избили третьего; er hat die kleinen Strolche, die ihm die Fensterscheiben eingeworfen haben, jämmerlich verhauen он жестоко избил маленьких хулиганов, разбивших ему окно. **durchhauen** *разг.* ≃ prügeln, *но подчеркивает, что это делается намеренно и с целью наказания*; напр.: der Bengel wurde von seinem Vater tüchtig durchgehauen отец как следует побил сорванца. **durchprügeln** ≃ durchhauen; напр.: als er von dem Diebstahl seiner beiden Sprößlinge erfuhr, prügelte er sie fürchterlich durch когда он узнал о краже, совершенной его двумя отпрысками, он их изрядно поколотил; wenn er frech wird, kannst du ihn ruhig durchprügeln, er hat es verdient если он будет вести себя нахально, можешь побить его как следует, он это заслужил. **dreschen** *разг.* колотить; напр.: er drosch den Jungen windelweich он здорово поколотил мальчишку; er drischt die Kinder bei dem geringsten Anlaß он колотит детей по ничтожному поводу. **knüppeln** *разг.* бить дубин(к)ой; напр.: man hat ihn zu Boden geknüppelt его сбили с ног дубинкой; er wurde aus dem Dorf geknüppelt его выгнали из села дубинами

schlagen, sich драться

sich schlagen — sich prügeln — (sich) raufen — sich balgen — sich hauen

sich schlagen *индифф. синоним*; напр.: die Kinder schlagen sich (um das Spielzeug) дети дерутся (из-за игрушки); die beiden Brüder schlagen sich dauernd оба брата постоянно дерутся; er schlug sich jeden Tag mit seinem Nachbarn он каждый день дрался с соседом. **sich prügeln** ≃ sich schlagen, *но несколько более эмоционально*; напр.: die Schüler prügelten sich auf dem Schulhof ученики дрались на школьном дворе; er prügelt sich mit seinem Nachbarn он дерется со своим соседом □ Hat sie es dir erzählt? Ich habe mich mit Hans geprügelt (*Heiduczek, »Abschied von den Engeln«*) Она тебе рассказала? Я подрался с Гансом. **(sich) raufen** ≃ sich schlagen, *но употр. реже, б. ч. ю.-нем., чаще по отношению к подросткам, собакам*; напр.: sie rauften sich um den Apfel они подрались из-за яблока; wenn die Burschen zu raufen anfangen, schmeiße ich sie raus! если мальчишки [парни] начнут драться, я их выброшу отсюда!; ich habe mich mit ihm gerauft я подрался с ним. **sich balgen** *разг.* ≃ sich schlagen, *но подчеркивает, что дерутся от избытка сил, без злобы*; напр.: die Kinder balgten sich auf der Straße ребята устроили на улице потасовку; die Jungen balgten sich um Äpfel мальчишки дерутся из-за яблок; die jungen Hunde spielen und balgen sich den ganzen Tag молодые собаки играют и возятся целый день. **sich hauen** *разг.* ≃ sich schlagen *употр. по отношению к детям или пренебр.*; напр.: die Geschwister hauten sich братья и сестры колотили друг друга; sie haben sich wieder mit den Nachbarskindern gehauen они опять подрались с соседскими детьми; hier könnt ihr euch ruhig hauen здесь можете драться, сколько вам угодно

Schlägerei драка
die Schlägerei — die Prügelei — die Rauferei — das Handgemenge — die Balgerei — die Holzerei — die Keilerei

Schlägerei *индифф. синоним; напр.:* eine wild Schlägerei дикая драка; eine Schlägerei anfangen начать драку; es kam zu einer Schlägerei дело дошло до драки. **Prügelei** ≃ Schlägerei; *напр.:* wer hat die Prügelei angefangen? кто начал драку?; die Prügelei endete böse драка плохо кончилась; misch dich in keine Prügelei ein! не вмешивайся ни в какую драку! **Rauferei** потасовка; *напр.:* das Fest endete mit einer Rauferei праздник окончился потасовкой. **Handgemenge** рукопашная, общая свалка; *напр.:* es entstand ein Handgemenge началась рукопашная; es kam zu einem Handgemenge дело дошло до рукопашной; bei dem Handgemenge wurden viele verletzt в общей свалке многих ранило; er geriet in ein wildes Handgemenge он попал в ужасную драку. **Balgerei** *разг.* ≃ Rauferei, *но обыкн. употр. по отношению к детям, котятам, щенятам и т. п., о взрослых — редко; напр.:* es entstand eine große Balgerei началась великая потасовка; der Junge hat bei der Balgerei einen Handschuh verloren мальчик потерял перчатку во время потасовки; es kam zu einer Balgerei zwischen den Matrosen дело дошло до потасовки между матросами. **Holzerei** *разг. пренебр.* ≃ Schlägerei; *напр.:* eine böse Holzerei war im vollen Gange жуткая драка была в полном разгаре. **Keilerei** *фам.* ≃ Schlägerei; *напр.:* eine blutige Keilerei кровавая драка; im Wirtshaus gab es oft Keilereien в кабачке часто бывали драки; der Streit artete in eine allgemeine Keilerei aus спор перешел во всеобщую потасовку.

Schlamassel *см.* Unglück¹
schlampig *см.* nachlässig¹
Schlange *см.* Reihe²
schlank¹ тонкий, изящный
schlank — dünn — schmal — schmächtig

schlank *индифф. синоним; напр.:* schlanke Finger тонкие [изящные] пальцы; eine schlanke Gestalt тонкая [стройная] фигура; das Kleid macht dich schlank платье делает тебя изящной [худит тебя *разг.*]; sie hat eine schlanke Taille у нее тонкая талия □ Eine schlanke Tänzerin trat aus dem Vorhang (*Kellermann, »Der 9. November«*) Тонкая, изящная балерина вышла из-за занавеса. **dünn** тоненький; *напр.:* dünne Finger тоненькие пальчики; eine dünne Gestalt тоненькая фигурка; sie ist ganz dünn geworden она стала совсем тоненькой; er hat dünne Arme und Beine у него тон(ень)кие руки и ноги; ihre dünnen Lippen lächeln selten ее тонкие губы редко улыбаются. **schmal** тонкий, узкий; *напр.:* eine schmale Hand тонкая [узкая] рука; ein schmales Mädchen тонкая девушка; sie hat ein schmales Gesicht у нее узкое лицо; er ist ganz schmal geworden он стал совсем тонким. **schmächtig** худой, хрупкий, тщедушный; *напр.:* ein schmächtiger Junge хрупкий [хилый] мальчик; eine schmächtige Frau худая [хрупкая] женщина; ein Hustenkrampf schüttelte seine schmächtige Schultern его хилые плечи затряслись в приступе кашля; ihre schmächtige Gestalt flößte allen Mitleid ein ее хрупкая фигурка внушала всем сострадание □ Ein schmächtiger junger Mann war ins Zimmer getreten (*Kellermann, »Der 9. November«*) Тщедушный молодой человек вошел в комнату

schlank² стройный (о телосложении)
schlank — wohlgebaut — stattlich

schlank *индифф. синоним; напр.:* eine schlanke Frau стройная женщина; ein großer, schlanker Herr stand vor mir высокий, стройный мужчина стоял передо мной; sie ist schlank wie eine Tanne она стройна как березка [как тополь] (*букв.* 'как ель'); schlanke Birken stehen am Wege стройные березы стоят у дороги; es ist ein Mädchen von schlankem Wuchs это высокая и стройная девушка. **wohlgebaut** хорошо сложенный; *напр.:* ein wohlgebauter Junge хорошо сложенный юноша; sie ist wohlgebaut она хорошо сложена. **stattlich** статный, внушительный (*высокий и пропорционально сложенный*); *напр.:* ein stattlicher Mann статный мужчина; er sieht stattlich aus он выглядит внушительно; eine stattliche, ältere Frau betrat den Saal статная, пожилая женщина вошла в зал

schlapp *см.* schwach¹,³/träge
Schlappe *см.* Niederlage
schlau хитрый
schlau — listig — gewitzt — findig — spitzfindig — verschmitzt — pfiffig — raffiniert — durchtrieben — abgefeimt — verschlagen — gerissen — gerieben — gewiegt — gewieft

schlau *индифф. синоним; напр.:* ein schlauer Mensch хитрый человек; ein schlauer Kopf хитрая голова; ein schlauer Gedanke хитрая мысль; schlaue Ränke хитрые интриги; etw. schlau anfangen хитро взяться за что-л.; sie ist schlau она хитра; er hat einen schlauen Plan у него есть хитрый план; das ist ein ganz Schlauer! ну и хитрец! **listig** ≃ schlau, *но больше подчеркивает использование уловок и т. п. хитрым человеком; напр.:* ein listiger Mensch хитрый человек; listige Augen хитрые глаза; listig vorgehen действовать хитро; er hat die Sache sehr listig eingefädelt он очень хитро повёл дело; unser listiger Plan mißlang наш хитрый план не удался; der ist aber listig! ну и хитрый же он! **gewitzt** ≃ schlau *подчеркивает практическую направленность хитрости; напр.:* ein gewitzter Geschäftsmann хитрый бизнесмен; er war klüger und gewitzter als die anderen он был умнее и хитрее других; durch Schaden wurde er gewitzt благодаря горькому опыту (*букв.* убыткам) он стал хитрее. **findig** находчивый; *напр.:* ein findiger Mensch, Unternehmer находчивый человек, предприниматель; du mußt etwas findiger sein! тебе следует быть несколько находчивее!; ihn rettete ein findiger Kamerad его спас находчивый товарищ; sie war sehr findig im Lügen она была изобретательна во лжи; wir brauchen findige Leute нам нужны находчивые люди. **spitzfindig** хитроумный; *напр.:* ein spitzfindiger Diplomat хитроумный дипломат; diese Erklärung ist mir zu spitzfindig это объяснение слишком хитроумно для меня. **verschmitzt** лукавый; *напр.:* ein verschmitzter Mensch лукавый человек; verschmitzt lächeln лукаво улыбаться. **pfiffig** плутоватый, плутовской; *напр.:* ein pfiffiger Bauer плутоватый крестьянин; pfiffig lächeln плутовато [плутовски] улыбаться; er war pfiffig und sagte kein Wort он был плутом и не сказал ни слова; sie stehen mit pfiffigen Mienen herum они стоят вокруг с плутоватыми [плутовскими] минами; er ist ein pfiffiger Kerl он плут; der ist pfiffig! ну и плут! **raffiniert** изощренно хитрый; *напр.:* ein raffinierter Betrüger изощренный обманщик; das ist raffiniert eingefädelt это было подстроено изощренно хитро; dieser Plan ist raffiniert angelegt этот план задуман с изощренной хитростью. **durchtrieben** продувной; *напр.:* ein durchtriebener Bursche продувной парень; er ist ein ganz durchtriebener Schelm он продувная бестия; sie ist ganz durchtrieben ну, и продувная же она!; so ein durchtriebener Fuchs! такая хитрая лиса! **abgefeimt** ≃ raffiniert; *напр.:* ein abgefeimter Bursche, Lügner, Schurke очень хитрый парень, прожженный лжец, негодяй; abgefeimte Methoden изощренные методы; das war eine abgefeimte Niedertracht это была изощренная низость. **verschlagen** *разг.* ≃ listig, *но подчеркивает скрытность и расчетливость; напр.:* er ist ein verschlagener Mensch он себе на уме; »Sie haben recht«, gab er verschlagen zurück «Вы правы», — ответил он хитро. **gerissen** *разг.* ≃ durchtrieben; *напр.:* ein gerissener Bursche, Betrüger продувной парень, обманщик; er war ein gerissener Winkeladvokat он был продувным крючкотвором; sie ist gerissen она продувная [хитрая] баба. **gerieben** *разг.* тертый, продувной; *напр.:* ein geriebener Bursche, Gauner продувной парень, жулик; er ist ziemlich gerieben он довольно-таки тертый калач; sie ist bestimmt von diesen geriebenen Kerlen betrogen worden она, конечно, была обманута этими хитрыми пройдохами. **gewiegt** *разг.* ≃ gewitzt; *напр.*: ein gewiegter Kaufmann хитрый торговец; er ist ein alter gewiegter Praktiker он старый хитрый практик. **gewieft** *фам.* ≃ gewitzt; *напр.*: ein gewiefter Geschäftsmann хитрый делец; für den bist du nicht gewieft genug для него ты недостаточно хитер

schlauchen *см.* dressieren [1]
Schlaufe *см.* Schlinge
schlecht[1] плохой *(по качеству, по физическому состоянию и т. п.)*
schlecht — schlimm — böse — übel — unwohl — minderwertig — mangelhaft — nichtsnutzig — kümmerlich — kläglich — jämmerlich — abscheulich — leidig — zum Davonlaufen — arg — erbärmlich — zum Erbarmen — miserabel — unter aller Kritik — unter aller Kanone — unter aller Sau — mies — scheußlich — belemmert — verteufelt — verflixt — verflucht — dreckig — saumäßig — beschissen

schlecht *индифф. синоним*; *напр.*: schlechter Tee, Kaffee, Saft плохой чай, кофе, сок; ein schlechter Film плохой фильм; eine schlechte Arbeit плохая работа; das Essen schmeckt schlecht еда невкусная; die Luft ist schlecht воздух плохой (спертый *и т. п.*); die Arbeit gelang ihm schlecht эта работа удалась ему плохо; er versteht sich schlecht auf sein Handwerk он плохо разбирается в своем деле; er sieht schlecht aus он плохо выглядит; ich habe schlecht geschlafen я плохо спал; es geht mir schlecht мне плохо живется. **schlimm** ≃ schlecht, *но обыкн. употр. по отношению к состоянию, положению людей*; *напр.*: wir waren in einer schlimmen Lage мы были в плохом положении; das war ein schlimmer Tag für mich это был плохой день для меня; das hätte schlimm ausgehen können это могло бы плохо кончиться; ich verband seinen schlimmen Finger я перевязал ему больной палец. **böse** ≃ schlimm, *но подчеркивает вред плохого явления, состояния для всех*; *напр.*: ein böses Wetter heute! ну и плохая [лихая] погода сегодня!; das waren böse Jahre это были плохие [тяжелые, лихие] годы; es kommen böse Zeiten наступают лихие [недобрые] времена; er sieht böse aus дело обстоит плохо; er ist böse dran его дела плохи. **übel** скверный, дурной; *напр.*: es riecht hier übel здесь скверно [дурно] пахнет; er befindet sich in einer üblen Lage он находится в скверном положении; es geht ihr übel ей скверно живется; es steht übel um seine Gesundheit с его здоровьем дело сквер-

но; bei diesem Anblick ist es mir übel geworden при виде этого мне стало дурно. **unwohl** нехорошо *употр. тк. по отношению к физическому и психическому состоянию человека*; *напр.*: ich fühle mich hier unwohl я чувствую себя здесь нехорошо (заболеваю); mir ist etwas unwohl мне немного нехорошо; ihm wurde plötzlich unwohl ему вдруг стало нехорошо. **minderwertig** не(добро)качественный, неполноценный, низкосортный, низкопробный; *напр.*: minderwertige Waren, Lebensmittel не(добро)качественные товары, продукты; minderwertige Literatur низкопробная литература; sich minderwertig fühlen чувствовать себя неполноценным; das war eine minderwertige Arbeit это была недоброкачественная работа; diese minderwertige Musik höre ich mir lieber gar nicht an эту низкопробную музыку я лучше совсем не стану слушать; der Mantel sieht minderwertig aus пальто выглядит некачественным. **mangelhaft** неудовлетворительный, с изъяном, бракованный; *напр.*: mangelhafte Leistungen неудовлетворительные результаты [плохая успеваемость]; mangelhafte Waren бракованные товары; sein Gedächtnis ist mangelhaft у него плохая память; er hat eine mangelhafte Erziehung у него плохое воспитание; sie klagte über die mangelhafte Ausbildung mancher Techniker она жаловалась на неудовлетворительную профессиональную подготовку некоторых техников. **nichtsnutzig** негодный, никчемный; *напр.*: nichtsnutzige Dinge негодные вещи; du führst ein nichtsnutziges Leben ты ведешь никчемную жизнь; **kümmerlich** бедственный; *напр.*: das alte Haus war in einem kümmerlichen Zustand старый дом был в плачевном состоянии; die Familie führt ein kümmerliches Leben семья бедствует; seine Leistungen sind kümmerlich еле-еле учится [еле-еле успевает]. **kläglich** жалкий; *напр.*: das Haus ist in einem kläglichen Zustand дом в жалком состоянии; er führt ein klägliches Dasein он влачит жалкое существование; ihr ist kläglich zumute у нее скверно на душе; das ist eine klägliche Leistung, Summe это жалкий результат, жалкая сумма; der Film, sein Vortrag machte einen kläglichen Eindruck фильм, его доклад произвел жалкое впечатление; der Plan scheiterte kläglich план позорно провалился. **jämmerlich** ≃ kläglich, *но более эмоционально*; *напр.*: die Straße war in einem jämmerlichen Zustand дорога была в абсолютно жалком состоянии; sie lebten hier jämmerlich они жили здесь отчаянно плохо; es ist mir jämmerlich zumute у меня совсем отвратительно на душе; es war eine jämmerliche Arbeit это была совершенно [отчаянно] жалкая работа; du siehst heute jämmer-

lich aus ты сегодня скверно выглядишь, у тебя сегодня совсем жалкий вид. **abscheulich** отвратительный; *напр.*: ein abscheuliches Getränk отвратительный напиток; eine abscheuliche Zigarre отвратительная сигара; an diesem abscheulichen Ort fahren wir immer schnell vorbei мимо этого отвратительного места мы всегда спешим проехать поскорее; diese Musik klingt ja abscheulich эта музыка звучит отвратительно; er sah abscheulich aus он выглядел отвратительно. **leidig** злосчастный, проклятый *(приносящий горе, огорчение)* *(тк. атрибутивно)*; *напр.*: das leidige Geld проклятые деньги; der leidige Alkohol проклятый алкоголь, проклятая выпивка; ein leidiger Zufall brachte alles in Unordnung проклятая случайность выбила все из колеи; er verwünschte den leidigen Schnupfen он проклинал этот злосчастный насморк; er versuchte, den leidigen Streit zu vergessen он старался забыть этот проклятый спор. **zum Davonlaufen** невыносимый, хоть беги; *напр.*: seine Rede war zum Davonlaufen его речь была невыносимой; er spielte zum Davonlaufen он играл невыносимо [так, что хотелось сбежать]; das ist zum Davonlaufen! это невыносимо! **arg** ≃ schlimm, *но более характерно для книжно-письменной речи или ю.-нем., подчеркивает вред плохого явления, состояния для того, кто к ним непосредственно причастен, или отрицательное отношение говорящего*; *напр.*: ein arges Wetter heute! ну и погода! *(неприятная говорящему)*; ihn plagen arge Gedanken его мучают дурные мысли; ärger kann es nicht mehr kommen хуже уж не может и быть; er macht alles ärger, als es wirklich ist он представляет всё в худшем свете, чем это есть на самом деле; Sie müssen auf das Ärgste gefaßt sein вы должны быть готовы к худшему. **erbärmlich** *разг.* ≃ jämmerlich; *напр.*: das Haus war in einem erbärmlichen Zustand дом был в жалком состоянии; er führt ein erbärmliches Dasein он влачит жалкое существование; ihm war es erbärmlich zumute у него было ужасно на душе; seine Leistungen sind einfach erbärmlich его успехи просто жалки; die Aufführung des neuen Theaterstückes war geradezu erbärmlich постановка новой пьесы была просто жалкой; der Film, das Buch macht einen erbärmlichen Eindruck фильм, книга производит жалкое впечатление. **zum Erbarmen** *разг.* ≃ erbärmlich; *напр.*: das Essen war zum Erbarmen еда была из рук вон плохая; seine Leistungen sind zum Erbarmen у него из рук вон плохие оценки; sie sang zum Erbarmen она пела из рук вон плохо; das ist zum Erbarmen! это из рук вон плохо! **miserabel** *разг.* скверный,

SCHLECHT

убогий, жалкий в своем убожестве; *напр.:* miserables Essen очень плохая [убогая] еда; der Film ist miserabel фильм очень плохой [никуда не годится]; das Urlaubswetter war miserabel погода во время отпуска была из рук вон плохая; dorthin führt eine miserable Straße туда ведет скверная дорога; ich habe miserabel geschlafen я спал ужасно плохо; er hat miserabel gearbeitet он работал из рук вон плохо; mir ist miserabel zumute у меня отвратно на душе; du siehst heute miserabel aus ты выглядишь сегодня прескверно. **unter aller Kritik** *разг.* ниже всякой критики; *напр.:* das Buch war unter aller Kritik книга была ниже всякой критики; er arbeitet unter aller Kritik он работает ниже всякой критики; es geht mir unter aller Kritik мои дела ниже всякой критики. **unter aller Kanone** *фам.* ≅ unter aller Kritik; *напр.:* das Fußballspiel war unter aller Kanone футбольный матч был ниже всякой критики; was er geleistet hat, ist unter aller Kanone то, что он сделал, ниже всякой критики. **unter aller Sau** *груб. эмоц.-усил.* ≅ unter aller Kritik; *напр.:* das Wetter war am Sonntag unter aller Sau погода в воскресенье была хуже некуда [черт-те что]; sein Gesang war heute unter aller Sau его пение сегодня было просто безобразным [ни к черту]; das ist unter aller Sau! это ни в какие ворота не лезет! **mies** *разг. пренебр.* дрянной, паршивый; *напр.:* ein mieser Laden дрянная, паршивая лавчонка; ein mieses Fernsehprogramm дрянная телепередача; das Essen im Hotel wird immer mieser еда в отеле становится все паршивее; wir hatten im Urlaub mieses Wetter во время нашего отпуска была дрянная погода; er hat miese Laune у него паршивое настроение; damit sieht es mies aus дело дрянь; mir ist mies мне паршиво. **scheußlich** *разг.* гадкий, мерзкий, ужасный, жуткий; *напр.:* ein scheußliches Wetter ужасная [жуткая] погода; ein scheußliches Gemälde жуткая [ужасно плохая] картина; er befand sich in einer scheußlichen Lage он находился в ужасном положении; er sieht scheußlich aus он жутко плохо выглядит; die Suppe schmeckt aber scheußlich суп ведь мерзкий [ужасно невкусный]; es ist mir scheußlich zumute у меня мерзко на душе, у меня жуткое настроение. **belemmert** *фам.* скверный, пакостный; *напр.:* das Wetter ist ja belemmert погода пакостная; das ist eine belemmerte Geschichte! скверная история!; damit sieht es ganz belemmert aus это уж совсем скверно; ihm ist ganz belemmert zumute у него на совсем пакостно на душе. **verteufelt** *фам.* чертов; *напр.:* eine verteufelte Angelegenheit чертовщина, чертовски скверное дело. **verflixt** *фам.* проклятый, чертов-

ский; *напр.:* eine verflixte Geschichte! проклятая история!; wo steckt denn der verflixte Bengel bis jetzt? куда запропастился этот чертов парень? **verflucht** *груб.* (рас)проклятый; *напр.:* das verfluchte Spiel! проклятая игра!; das ist eine verfluchte Sache!. проклятое дело!; ich habe das verfluchte Buch nicht finden können я не мог найти проклятую книгу. **dreckig** *фам. пренебр.* дрянной; *напр.;* ein dreckiger Film дрянный фильм; so ein dreckiges Leben! такая дрянная жизнь!; es geht ihm dreckig у него дела дрянь. **saumäßig** *груб.* чертовски плохой; *напр.:* er hat ein saumäßiges Zeugnis у него чертовски плохой аттестат; das ist eine saumäßige Arbeit эта работа ни к черту не годится; das Wetter war saumäßig погода была ни к черту. **beschissen** *бран. пренебр.* дерьмовый; *напр.:* das Leben ist beschissen жизнь дерьмовая; ihm geht es beschissen он живет дерьмово.

schlecht² плохой (*о моральных качествах, о деятельности и поступках человека*)

schlecht — schlimm — grundschlecht — übel — böse — nichtsnutzig — verwerflich — kläglich — jämmerlich — ekelhaft — abscheulich — gräßlich — greulich — unerhört — scheußlich — verworfen — erbärmlich — miserabel — eklig

schlecht *индифф. синоним; напр.:* ein schlechter Mensch плохой человек; eine schlechte Tat плохой поступок; sich schlecht aufführen плохо вести себя; er hat einen schlechten Umgang у него плохая компания; er gibt seinem Sohn ein schlechtes Beispiel он подает сыну плохой пример; sie steht in einem schlechten Ruf у нее плохая репутация; das war schlecht von dir это было плохо с твоей стороны. **schlimm** ≅ schlecht; *напр.:* ein schlimmer Geselle нехороший тип; das war eine schlimme Tat это был плохой поступок; er gibt seinem Sohn ein schlimmes Beispiel он подает сыну плохой пример; sie steht in einem schlimmen Ruf у нее плохая репутация. **grundschlecht** глубоко порочный, в корне испорченный; *напр.:* ein grundschlechter Mensch в корне испорченный человек; er benimmt sich grundschlecht он ведет себя очень плохо. **übel** дурной, скверный; *напр.:* ein übler Bursche скверный малый; er hat einen üblen Ruf у него скверная репутация; sie scheint in eine üble Gesellschaft geraten zu sein она, кажется, попала в дурную компанию; sein Verhalten war übel его поведение было скверным. **böse** злой, нехороший, недобрый (*приносящий людям вред*); *напр.:* ein böser Mensch нехороший [дурной] человек; eine böse Tat плохой поступок; злое дело; er war in böse Gesellschaft geraten он попал в плохую

компанию; sie steht in bösem Ruf у нее нехорошая репутация; er gibt dem Bruder ein böses Beispiel он подает брату нехороший пример; nie habe ich ein böses Wort von ihm gehört я никогда не слышал от него дурного слова; böse Beispiele verderben gute Sitten *посл.* дурные примеры заразительны; **nichtsnutzig** никчемный; *напр.:* ein nichtsnutziger Bursche никчемный парень; nichtsnutziges Pack никчемный сброд. **verwerflich** дурной, предосудительный; *напр.:* eine verwerfliche Handlung дурной [предосудительный] поступок; ich finde nichts Verwerfliches daran я не нахожу в этом ничего предосудительного [дурного]. **kläglich** жалкий, постыдный; *напр.:* ein kläglishes Verhalten жалкое [постыдное] поведение; ein kläglicher Kerl жалкий человечишка; er hat kläglich versagt он обнаружил постыдную несостоятельность; sie spielte in dieser Angelegenheit eine klägliche Rolle она играла в этом деле жалкую [постыдную] роль. **jämmerlich** ≅ kläglich, но более эмоционально; *напр.:* er ist ein jämmerlicher Kerl он жалкий [отвратительный] тип; ich finde sein Verhalten jämmerlich я нахожу его поведение более чем постыдным; er hat jämmerlich versagt он постыдно провалился [оскандалился]. **ekelhaft** противный; *напр.:* ein ekelhafter Mensch противный человек; er benahm sich ekelhaft он вел себя гадко; ich finde deine Handlungsweise ekelhaft я нахожу, что ты поступил отвратительно. **abscheulich** отвратительный; *напр.:* ein abscheulicher Mensch отвратительный человек; eine abscheuliche Tat отвратительный поступок; ein abscheulicher Gedanke отвратительная мысль; es war eine abscheuliche Verleumdung это была отвратительная клевета; er führt ein abscheuliches Leben он ведет отвратительную жизнь; von dieser abscheulichen Frau kann man alles erwarten от этой отвратительной женщины можно всего ожидать; das finde ich abscheulich von ihm я нахожу это отвратительным с его стороны; er hat sich abscheulich benommen он вел себя отвратительно; er hat abscheulich gelogen он отвратительно лгал. **gräßlich** омерзительный; *напр.:* ein gräßlicher Mensch омерзительный человек; eine gräßliche Tat омерзительный поступок; er führt einen gräßlichen Lebenswandel он ведет омерзительный образ жизни; das war eine gräßliche Lüge это была омерзительная ложь; das finde ich gräßlich von ihm я нахожу это омерзительным с его стороны. **greulich** мерзкий; *напр.:* eine greuliche Tat жестокий, мерзкий поступок; ein greuliches Verbrechen ужасное [мерзкое] преступление; diese Mißwirtschaft finde ich greulich такая бесхозяйственность, по-моему, — что-то ужасное. **unerhört** *эмоц.* неслыханный; *напр.*: das ist eine unerhörte Frechheit это неслыханная наглость; er führt sich unerhört auf он ведет себя неслыханно; das ist unerhört! это неслыханно! **scheußlich** *эмоц.* ужасный (*внушающий глубокое отвращение*); *напр.*: ein scheußlicher Kerl ужасный тип; eine scheußliche Tat ужасный поступок; sein Benehmen war einfach scheußlich его поведение было просто ужасно; es ist scheußlich, die Menschen so zu behandeln ужасно так обращаться с людьми; das ist ein scheußlicher Verrat an uns allen это гнусное предательство по отношению ко всем нам; das finde ich scheußlich von dir я нахожу это ужасным с твоей стороны. **verworfen** *высок.* порочный; *напр.*: er ist ein verworfener Mensch он порочный человек. **erbärmlich** *разг. пренебр.* жалкий, низкий; *напр.*: das ist eine erbärmliche Gemeinheit это низкая подлость; er hat sich ziemlich erbärmlich benommen он вел себя довольно жалко; so ein erbärmlicher Lump! что за жалкий подлец! **miserabel** *разг.* ≅ schlecht, *но подчеркивает ничтожность человека*; *напр.*: ein miserabler Kerl ничтожество; ein miserables Verhalten недостойное поведение; er geriet in eine miserable Gesellschaft он попал в мерзкую компанию; er hat sich miserabel benommen он вел себя недостойно; du lügst ja miserabel ты мерзко лжешь. **eklig** *фам.* ≅ ekelhaft; *напр.*: ein ekliger Kerl противный тип; ein ekliges Weib противная баба; er kann auch eklig werden он бывает порой противным; ich finde dein Benehmen eklig я нахожу твое поведение гадким.

schlecht ³ плохой (*недостаточный по количеству, по составу, неудовлетворительный*)

schlecht — mangelhaft — ärmlich — dürftig — kümmerlich — kläglich — jämmerlich — nichtig — mager — erbärmlich — miserabel

schlecht *индифф. синоним*; *напр.*: eine schlechte Ernte плохой [низкий] урожай; die Arbeit wurde schlecht bezahlt за работу плохо платили; die Belieferung war schlecht снабжение было плохим; das Theater war schlecht besucht театр плохо посещался, в театре было мало зрителей; er war schlecht informiert он был плохо информирован; er sprach ein schlechtes Deutsch он говорил на плохом немецком языке. **mangelhaft** недостаточный; *напр.*: die Baustelle war nachts mangelhaft beleuchtet ночью стройка освещалась недостаточно; sie klagt über mangelhafte Aufmerksamkeit она жалуется на недостаточное внимание; er beherrscht Deutsch nur mangelhaft он владеет немецким языком в недостаточной мере. **ärmlich** бедный, скудный; *напр.*: ärmliche Nahrung скудное питание; er hat ein ärmliches Auskommen у него нищенские заработки, он перебивается кое-как. **dürftig** скудный, бедный, незначительный; *напр.*: dürftige Kleidung бедная одежда; dürftige Nahrung скудное питание; dürftiges Kerzenlicht слабый свет свечи; er zeigte in der Prüfung recht dürftige Deutschkenntnisse он обнаружил на экзамене очень слабое знание немецкого языка; sie leben dürftig они живут в бедности; das Referat war etwas dürftig реферат был довольно бедным по содержанию; die Versammlung war dürftig besucht на собрание пришло очень мало народу. **kümmerlich** жалкий, убогий; *напр.*: ein kümmerlicher Lohn жалкая [ничтожная] зарплата; ein kümmerliches Mahl жалкая [бедная] еда; im Raum war eine kümmerliche Beleuchtung помещение было еле освещено; das waren kümmerliche Reste einer einst reichen Bibliothek это были жалкие остатки когда-то богатой библиотеки; er konnte nur ein kümmerliches Französisch он говорил на очень плохом французском языке; die Ergebnisse seiner Arbeit sind recht kümmerlich результаты его работы ничтожны. **kläglich** жалкий, нищенский; *напр.*: eine klägliche Behausung жалкое жилье; er lebt in kläglichen Verhältnissen он живет в жалких [в нищенских] условиях; sein Verdienst ist kläglich у него нищенский заработок. **jämmerlich** ≅ kläglich, *но более эмоционально*; *напр.*: eine jämmerliche Behausung совершенно жалкое жилье; die Arbeit wurde jämmerlich bezahlt за работу заплатили ничтожно мало [жалкие гроши]. **nichtig** ничтожный, пустячный; *напр.*: ein nichtiger Vorwand пустяковый предлог, пустяковая отговорка; aus einem nichtigen Anlaß sind sie in Streit geraten из-за ничтожного повода они поссорились. **mager** *разг.* тощий; *напр.*: ein mageres Ergebnis жалкий результат; sein Reisebericht war recht mager его отчет о поездке был бедноват [сух и краток]; von seinem mageren Gehalt kann die Familie kaum leben на его тощее жалованье семья еле перебивается. **erbärmlich** *разг.* убогий; *напр.*: ein erbärmliches Dorf убогая деревня; er läuft erbärmlich gekleidet umher он ходит убого одетый; der Lohn, den er bekommt, ist ja erbärmlich ведь зарплата, которую он получает, ничтожна. **miserabel** *разг.* мизерный, жалкий; *напр.*: er bekommt ein miserables Gehalt у него мизерная [жалкая] ставка; er spricht ein miserables Deutsch он лепечет на жалком немецком языке, он скверно говорит по-немецки.

schlechterdings *см.* ganz ²
schlecken *см.* lecken ¹
schleichen *см.* gehen ¹
schleichend *см.* heimlich ¹/langsam ¹
Schleichweg *см.* Seitenweg
schleierhaft *см.* unerklärlich ¹
Schleife *см.* Schlinge
schleifen *см.* niederreißen/ziehen ¹
schlemmen *см.* zechen ¹
schlendern *см.* spazierengehen
schlenkern *см.* schaukeln ²/schwingen ¹
schleppen *см.* ziehen ¹
schleudern *см.* werfen ¹
Schleuderware *см.* Ausschuß ¹
schleunig *см.* schnell
Schlich *см.* Tinte

schlicht ¹ простой, безыскусный (*о людях, об их чувствах, поведении и т. п.*)

schlicht — einfach — naiv — einfältig — treuherzig — zutraulich — harmlos — arglos — unschuldig — simpel

schlicht *индифф. синоним*; *напр.*: ein schlichter Mensch простой [безыскусный] человек; der schlichte Glaube простая вера; j-m etw. schlicht sagen бесхитростно сказать кому-л. что-л.; der schlichte Mann dachte nichts Böses dabei он, простая душа, не думал при этом ничего дурного; ihr schlichtes Wesen empörte sich über diese Tat все ее бесхитростное существо возмутилось этим поступком; er erzählte mit schlichten, überzeugenden Worten он рассказывал простыми, убедительными словами; er sagte schlicht seine Meinung он со всей простотой [без обиняков] сказал свое мнение. **einfach** ≅ schlicht, *но больше подчеркивает естественность и скромность*; *напр.*: sie war eine einfache Frau она была простая женщина; im Dorf herrschten einfache Sitten в деревне царили простые нравы; seine einfachen Worte wirkten Wunder его простые слова сделали чудо; das ist die einfache Wahrheit это простая [бесхитростная] правда. **naiv** наивный; *напр.*: ein naives Mädchen наивная девочка; eine naive Bemerkung наивное замечание; naiv denken, handeln наивно думать, поступать; das finde ich recht naiv я нахожу это довольно-таки наивным; das zeugt von sehr naiven Ansichten это свидетельствует об очень наивных взглядах; bist du aber naiv! ну, и наивен же ты! **einfältig** *неодобр.* ≅ naiv, *но подчеркивает ограниченность и легковерие человека*; *напр.*: ein einfältiger Mensch простоватый человек, простак; eine einfältige Frage простодушный вопрос; damals war er noch ein dummer, einfältiger Junge тогда он был еще глупый, наивный мальчик; ich bin nicht so einfältig, das zu glauben я не такой простофиля, чтобы верить этому. **treuherzig** *часто ирон.* простодушный; *напр.*: ein treuherziger Mensch простодушный человек; sein treuherziges Wesen его простодушие; ein treuherziger Blick простодушный взгляд; sie hat ein treuherziges Gesicht у нее простодушное лицо; die Frau lächelte uns treuherzig an женщина простодушно улыбалась нам. **zutraulich** доверчивый; *напр.*: ein zutrauliches Kind доверчивый ребенок; j-n zutraulich anblicken доверчиво смотреть на кого-л.; sie war einfach zu zutraulich она была просто слишком доверчива. **harmlos** простосердечный, безобидный; *напр.*: ein harmloser Mensch безобидный человек; er machte eine harmlose Bemerkung он сделал безобидное замечание; er ist harmlos, ein wenig naiv он простосердечен, немного наивен; sie fragte ihren Freund ganz harmlos nach der Reise она спросила своего друга безо всяких задних мыслей о его поездке □ Otto, der Sohn des Generals, sprach mit lauter, heller Stimme, die stets etwas keck klang, selbst wenn er die harmlosesten Dinge sagte (*Kellermann*, »*Der 9. November*«) Отто, сын генерала, разговаривал громким, высоким голосом, который звучал всегда несколько вызывающе, даже если он говорил самые безобидные вещи. **arglos** незлобивый; бесхитростный; *напр.*: ein argloses Kind бесхитростное дитя; eine arglose Frage бесхитростный вопрос; j-n arglos ansehen смотреть на кого-л. незлобиво; sie betrügt ihren arglosen Mann она обманывает своего бесхитростного [ничего не подозревающего] мужа; er sagte das arglos он сказал это незлобиво. **unschuldig** невинный; *напр.*: das unschuldige Kind wußte nicht, was es eigentlich gesagt hatte невинное дитя не знало, что оно, собственно говоря, сказало; laß ihm doch sein unschuldiges Vergnügen оставь ему его невинное развлечение; sie fragte unschuldig nach seinen weiteren Plänen она задала ему невинный вопрос о его дальнейших планах; ihr unschuldiges Gesicht trügt manchen, aber mich nicht ее невинное лицо может кого-нибудь обмануть, но не меня. **simpel** *разг.* ≅ schlicht, *но часто пренебр.*; *напр.*: wir sind ganz simple Leute мы совсем простые люди; früher fühlte sie sich als simple Hausfrau, jetzt hatte sie einen Beruf раньше она чувствовала себя простой домохозяйкой, а теперь у нее была профессия; sie leben zu Hause ganz simpel дома они живут совсем просто; er ist ein simpler Narr! он просто дурак!

schlicht [2] простой, незатейливый (*о предметах, явлениях, результатах труда и т. п.*)
schlicht — einfach — simpel — kunstlos — schmucklos — anspruchslos — ungeziert — p r i m i t i v
schlicht *индифф. синоним*; *напр.*: ein schlichtes, aber elegantes Kleid простое, но элегантное платье; ein schlichtes Leben führen вести простую [скромную] жизнь; das Haar schlicht tragen носить гладкую прическу; er hielt eine schlichte Ansprache он произнес простую [скромную] речь; das Lied hatte eine schlichte Melodie у песни была незатейливая [простая] мелодия; eine schlichte dörfliche Mahlzeit stand auf dem Tisch простая деревенская еда стояла на столе. **einfach** ≅ schlicht, *но подчеркивает целесообразность, функциональную простоту предмета*; *напр.*: eine einfache Kleidung простая одежда; einfache Holzbänke простые деревянные скамейки; eine einfache Kost простая еда; im Zimmer waren einfache Möbel в комнате была простая мебель; sie war von allen am einfachsten gekleidet она была одета проще всех; sie trug ein Kostüm von einfachem, geradezu klassischem Zuschnitt на ней был костюм простого, почти классического покроя. **simpel** *часто неодобр.* ≅ einfach, *но подчеркивает обыкновенность, несложность чего-л.*; *напр.*: ein simples Haus простой [обыкновенный] дом; eine simple Frage простой [несложный] вопрос; etw. ganz simpel machen упрощать что-л.; sie aßen in einer simplen Gaststätte они поели в простой столовой; er löste die Aufgabe auf die simpelste Weise он решил задачу простейшим способом □ Das war im Juni 1964... Die 1963 gegründete algerische nationale Ölgesellschaft Sonatrach eröffnete mit einer simplen Tankstelle ihren ersten Betrieb (*Polkehn*, »*Anfang mit einer Tankstelle*«) Это было в июне 1964 года... Основанная в 1963 году алжирская национальная нефтяная компания «Сонатрах» открыла свое первое предприятие — примитивную заправочную станцию. **kunstlos** безыскусный; *напр.*: ein kunstloser Bau безыскусная постройка; ein kunstloses Kleid простенькое платье; er sagte alles direkt und kunstlos он сказал все прямо и безыскусно. **schmucklos** без украшений, ничем не украшенный; *напр.*: ein schmuckloses Kleid платье без украшений; ein schmuckloses Zimmer комната без украшений, ничем не украшенная комната; es war eine schmucklose Lebensbeschreibung это было ничем не приукрашенное описание жизни. **anspruchslos** непритязательный; *напр.*: ein anspruchsloses Kleid непритязательное платье; das Zimmer ist anspruchslos eingerichtet комната обставлена непритязательно. **ungeziert** без прикрас; *напр.*: ungeziert sprechen, schreiben говорить, писать без прикрас. **primitiv** *книжн.* примитивный; *напр.*: eine primitive Hütte примитивная хижина; primitiv denken, sprechen примитивно думать, говорить; ein primitiver Zaun umgab sein Anwesen примитивный забор окружал его участок; das Haus ist kunstlos und primitiv gebaut дом построен безыскусно и примитивно; sein Geschmack ist primitiv его вкус примитивен

schlichten улаживать (*спор и т. п.*)
schlichten — beilegen
schlichten *индифф. синоним*; *напр.*: einen Streit, Meinungsverschiedenheiten schlichten улаживать спор, разногласия; diese Angelegenheit ist von einem Schiedsgericht geschlichtet worden это дело было улажено третейским судом; er versteht es, Streitigkeiten zu schlichten он умеет улаживать спорные дела; alles ließ sich im guten schlichten все уладилось по-хорошему. **beilegen** мирно разрешить, завершить (*спор и т. п.*), удовлетворив всех; *напр.*: Meinungsverschiedenheiten, Streitigkeiten friedlich, im guten beilegen мирно, по-хорошему разрешить разногласия, споры; die Sache war im guten beigelegt дело было закончено по-хорошему; der Streit um den Erfinder ist immer noch nicht beigelegt спор об изобретателе все еще не завершен

Schlichtung улаживание, мирное урегулирование
die **Schlichtung** — die **Beilegung** — die **Versöhnung** — die **Aussöhnung** — der **Vergleich** — der **Ausgleich**
Schlichtung *индифф. синоним*; *напр.*: die Schlichtung eines Streites, eines Konflikts улаживание [мирное урегулирование] спора, конфликта; ihr Ziel ist die Schlichtung der Meinungsdifferenzen их целью является устранение расхождений во мнениях. **Beilegung** (мирное) разрешение; *напр.*: die Beilegung eines Zwistes, eines Streites, eines Konflikts мирное разрешение ссоры, спора, конфликта; eine friedliche Beilegung dieser Streitigkeiten ist kaum zu erreichen вряд ли можно добиться мирного разрешения этих спорных вопросов. **Versöhnung** примирение сторон, умиротворение; *напр.*: eine Versöhnung ablehnen [zurückweisen] отказаться от примирения; eine Versöhnung anbahnen подготавливать примирение; die Versöhnung ist zustande gekommen примирение состоялось; heute feiern wir die Versöhnung zwischen ihnen сегодня мы празднуем примирение между ними. **Aussöhnung** ≅ Versöhnung, *но подчеркивает окончательный характер примирения*; *напр.*: eine unerwartete, mißlungene Aussöhnung неожиданное, неудавшееся примирение; die Aussöhnung kam zustande примирение состоялось; an eine Aussöhnung zwischen ihnen ist niemals zu denken о примирении между ними не приходится и думать; er hat sich vergeblich um eine Aussöhnung bemüht он напрасно искал примирения; die Aussöhnung war gescheitert примирение не состоялось. **Vergleich** *юр.* мировая сделка; *напр.*: es gelang, einen Vergleich zuwege zu bringen удалось уладить дело полюбовно [заключить мировую сделку]. **Aus-**

gleich ≅ Vergleich, но подчеркивает, что урегулирование спора достигнуто путем компромисса и б. ч. связано с компенсацией; напр.: der Ausgleich der Interessen (der beteiligten Staaten) примирение интересов (государств-участников); der Anwalt riet ihnen zu einem Ausgleich адвокат советовал им пойти на соглашение [на мировую]

schließen¹ закрывать, запирать
schließen — einschließen — abschließen — zuschließen — verschließen — zuschlagen — versiegeln — zumachen — sperren — einsperren — absperren — zusperren

schließen индифф. синоним; напр.: das Buch schließen закрыть книгу; die Augen, den Mund schließen закрыть глаза, рот; das Fenster schließen закрыть окно; die Tür, den Koffer schließen закрыть [запереть] дверь, чемодан; er schloß das Geld in die Schublade он запер деньги в ящик стола; der Schlüssel schließt schlecht ключ плохо запирает; die Fenster schließen nicht fest окна закрываются неплотно; die Tür schließt (sich) von selbst дверь сама закрывается [захлопывается]; man schloß den Gefangenen in eine Zelle пленного заперли [заключили] в камеру. **einschließen** запирать где-л., куда-л.; напр.: j-n in ein [in einem] Zimmer einschließen запирать кого-л. в комнату [в комнате]; Schmuck in einen [in einem] Schrank einschließen запирать (драгоценные) украшения в шкаф [в шкафу]; wem konnte es nur einfallen, das Kind einzuschließen? кому только могло прийти в голову запереть ребенка? **abschließen** запирать (помещение и т. п.), закрывать на ключ; напр.: die Tür, das Zimmer abschließen запирать на ключ дверь, комнату; ich schloß die Wohnung (hinter mir) ab я запер (за собой) квартиру на ключ; er schloß den Geldschrank ab он закрыл сейф на ключ. **zuschließen** ≅ abschließen, но подчеркивает, что этим закрывается доступ куда-л., к чему-л. другим; напр.: wenn die Kinder mich bei der Arbeit stören, so schließe ich die Tür zu если дети мешают мне работать, то я запираю дверь на ключ; hast du die Tür zugeschlossen? ты запер [закрыл] дверь на ключ?; wir konnten nicht hinein, das Haus war zugeschlossen мы не могли войти, дом был заперт. **verschließen** ≅ abschließen, но подчеркивает сознательное намерение не допускать других куда-л., к чему-л.; напр.: wenn ich weiß, daß dieser Mensch im Hause ist, werde ich mein Zimmer verschließen если я узнаю, что этот человек у нас в доме, я буду запирать свою комнату на ключ; ich habe meine Papiere verschlossen я запер свои бумаги на ключ; ist die Schublade verschlossen? закрыт ли ящик на ключ? **zuschla-**gen захлопнуть; напр.: ein Fenster, ein Buch zuschlagen захлопнуть окно, книгу; ich schlug heftig die Tür (hinter mir) zu я с силой захлопнул (за собой) дверь. **versiegeln** запечатать (сургучом), опечатать, напр.: einen Brief versiegeln запечатать письмо (сургучом); er hat sein Testament eigenhändig versiegelt он собственноручно запечатал свое завещание; die Wohnung ist versiegelt worden квартира была опечатана. **zumachen** разг. ≅ schließen; напр.: ein Buch zumachen закрыть книгу; die Augen zumachen закрыть глаза; die Tür zumachen закрывать [запирать] дверь; mach den Mund zu! закрой рот!; mach mir bitte den Reißverschluß zu! затяни мне, пожалуйста, молнию! **sperren, einsperren** разг. ≅ einschließen; напр.: j-n in ein Zimmer, in eine Zelle sperren запереть кого-л. в комнату, в камеру; sie hat die Hühner in den Stall gesperrt она заперла кур в курятник; die Kinder waren eingesperrt worden дети были заперты (дома); er hat sich in sein Zimmer eingesperrt он заперся у себя в комнате. **absperren** разг., б. ч. ю.-нем. ≅ abschließen; напр.: hast du den Schallplattenschrank abgesperrt? ты запер на ключ шкаф с пластинками? **zusperren** разг., б. ч. ю.-нем. ≅ zuschließen; напр.: kann ich den Koffer jetzt zusperren, oder wollt ihr noch mehr Sachen einpacken? можно мне теперь запирать чемодан на ключ, или вы еще будете класть туда вещи?

schließen² заключать, делать вывод
schließen — folgern — entnehmen

schließen индифф. синоним; напр.: daraus kann man schließen, daß... из этого можно заключить, что...; ich schließe aus seinen Worten, daß er gegen unseren Plan ist я заключаю из его слов, что он против нашего плана; du schließt von dir auf andere ты делаешь заключения о других, судя по себе; das läßt sich nicht ohne weiteres aus seinem Brief schließen это не вытекает прямо из его письма, из его письма нельзя сделать об этом прямого заключения. **folgern** выводить, делать вывод; напр.: das kann man aus seinen Äußerungen folgern это можно вывести из его высказываний; aus seinen Worten folgerte man, daß er mit seiner Arbeit zufrieden war из его слов сделали вывод, что он доволен своей работой. **entnehmen** заключать, узнавать; брать, извлекать (сведения) из чего-л.; напр.: aus Ihrem Brief habe ich mit Vergnügen entnommen, daß Sie gut angekommen sind из вашего письма я с удовольствием узнал, что вы благополучно прибыли; woraus entnimmst du das? откуда ты это взял?; es läßt sich aus deiner Darstellung nicht entnehmen, wer der An- greifer war из твоего рассказа нельзя узнать, кто на кого напал

schließen³ см. beenden/enden¹
schließen⁴: Frieden schließen см. versöhnen, sich¹
schließlich см. endlich
schlimm см. schlecht¹, ²
Schlinge петля
die Schlinge — die Schleife — die Schlaufe — die Masche

Schlinge индифф. синоним; напр.: eine Schlinge knüpfen завязывать петлю; die Schlinge ist aufgegangen, gerissen петля распустилась, разорвалась; den gebrochenen Arm in der Schlinge tragen носить сломанную руку на повязке [на перевязи]; er fühlte, wie die Schlinge um seinen Hals immer fester zugezogen wurde он чувствовал, как петля вокруг его шеи затягивалась все туже. **Schleife** а) петля для украшения, отделки (из ленты, шнура и т. п.), бант(ик); напр.: eine Schleife knüpfen, lösen завязать, развязать бант; b) петля дороги, реки и т. п.; напр.: die Schleife eines Flusses петля [излучина] реки; die Straßenbahn macht eine Schleife трамвай делает поворот; das Flugzeug zieht eine Schleife самолет делает петлю; der Weg geht in Schleifen дорога петляет. **Schlaufe** петля, на которой что-л. держится, закреплено; напр.: die Schlaufen an den Schistöcken (кожаные) петли у лыжных палок; den Gürtel durch die Schlaufen ziehen продеть пояс в петли. **Masche** петля (вязания, плетеного изделия, чулка); ячея (сети); напр.: eine Masche aufnehmen, fallen lassen набрать, спустить петлю; die Maschen eines Netzes knüpfen вязать [плести] сеть; der Ball blieb in den Maschen des Netzes hängen мяч застрял в сетке

schlingen см. essen
Schlips см. Krawatte
schlittern см. gleiten¹
Schlitz см. Riß¹
Schloß I замок, дворец
das Schloß — die Burg — der Palast — das Palais — die Pfalz — das Kastell

Schloß индифф. синоним; напр.: ein altes, romantisches Schloß старый, романтический замок; er baute sich ein schönes Schloß он построил себе прекрасный замок; der Weg führt direkt zum Schloß дорога ведет прямо к замку; tausende Touristen besuchen Sanssouci und andere Schlösser in Potsdam тысячи туристов посещают Сан-Суси и другие дворцы Потсдама. **Burg** укрепленный замок, крепость; напр.: eine feste, altertümliche Burg прочная, старинная крепость; die Ruinen einer alten Burg руины старой крепости; die Zugbrücke der Burg подъемный крепостной мост; eine Burg belagern, erstürmen, verteidigen, zerstören осаждать, штурмовать, защищать, разрушать крепость; am Rhein stehen viele alte Burgen по

Рейну расположено много старых крепостей. **Palast** дворец; *напр.*: ein großartiger, moderner, alter Palast великолепный, современный, старый дворец; der Palast der Republik Дворец Республики (*в столице ГДР — Берлине*); der Palast des Königs дворец короля; er baute sich einen echten Palast он построил себе настоящий дворец. **Palais** [pa′lɛ:] ≅ Palast, *но употр. реже и б. ч. по отношению к старинным или стилизованным под старину дворцам, резиденциям*; *напр.*: wir fuhren an einem herrlichen Palais vorbei мы проехали мимо прелестного дворца; in dieser Straße stehen zwei Palais aus dem 18. Jahrhundert на этой улице стоят два дворца XVIII века. **Pfalz** дорожный замок королей и императоров средневековой Германии (*служивший временной резиденцией*); *напр.*: auf Befehl des Königs Philipp war diese Pfalz gebaut worden, er besuchte sie aber nie по приказу короля Филиппа был построен этот (дорожный) замок, но он ни разу не побывал в нем. **Kastell** римская крепость, крепость римских времен; *напр.*: ein altes Kastell старая римская крепость; hier seht ihr ein verfallenes Kastell здесь вы видите развалины крепости; durch Kastelle und Wälle wurde die Grenze geschützt крепостями и валами защищали границу (*во времена римлян*)

Schloß II замо́к
das **Schloß** — der **Verschluß**

Schloß *индифф. синоним*; *напр.*: ein großes, eisernes Schloß большой, железный замок; ein Schloß an der Tür, an einem Kasten замок на двери, на ящике; Schlösser einsetzen, aufbrechen, sprengen вставлять, взламывать, открывать силой замки; der Schlüssel steckt im Schloß ключ (торчит) в замке; er steckte den Schlüssel ins Schloß он вставил ключ в замок. **Verschluß** замыкающее устройство (*механизма*), затвор, запор (*собир. обозначение приспособлений, закрывающих, запирающих что-л.*); *напр.*: automatischer Verschluß автоматический запор [замок]; ein fester, lockerer Verschluß прочный, непрочный запор; ein luftdichter, hermetischer Verschluß не пропускающий воздуха, герметический запор (*пробка, крышка и т. п*); der Verschluß des Geschützes war beschädigt замок орудия был поврежден; er bewahrt seine Papiere unter Verschluß он хранит свои бумаги под запором.

Schlot *см.* Schornstein
schlottern *см.* frieren [1]/zittern
Schlucht *см.* Tal
schluchzen *см.* weinen
schlucken глотать
schlucken — verschlucken — verschlingen

schlucken *индифф. синоним*; *напр.*: Tabletten schlucken глотать таблетки; vor Halsschmerzen konnte er kaum schlucken из-за болей в горле он едва мог глотать; beim Schwimmen schluckte sie Wasser плавая, она наглоталась воды; schlucke nicht so hastig! не глотай так жадно! **verschlucken** проглотить (*часто поспешно или случайно*); *напр.*: er hat (aus Versehen) den Kern einer Kirsche verschluckt (по неосторожности) он проглотил косточку от вишни; das Kind hatte die Pille schon verschluckt ребенок уже проглотил пилюльку (*хотя не должен был этого делать или сделал это неожиданно быстро*). **verschlingen** глотать, проглотить с жадностью; *напр.*: er verschlang das Essen im Nu он проглотил еду в одну минуту; der Hund verschlang das Fleisch собака проглотила мясо; der Schiffbrüchige wurde von Haien verschlungen потерпевший кораблекрушение был проглочен акулами; er gähnt, als wollte er uns verschlingen он зевает, как будто бы хочет проглотить нас.

schlummern *см.* schlafen
schlummernd *см.* unentdeckt
Schlund *см.* Kluft I
schlüpfrig *см.* glatt [1]/unanständig [2]
schlürfen *см.* trinken [1]
Schluß [1] заключение, вывод
der **Schluß — die Folgerung — die Schlußfolgerung — die Konsequenz**

Schluß *индифф. синоним*; *напр.*: ein richtiger, falscher, voreiliger Schluß правильное, неправильное, поспешное заключение; einen Schluß aus etw. ziehen сделать заключение [вывод] из чего-л.; ein Schluß vom Allgemeinen auf das Besondere вывод от общего к частному; aus diesem Gespräch zog er den Schluß zu kündigen из этого разговора он сделал вывод [заключение], что ему надо уволиться; das ist kein zwingender Schluß этот вывод ни к чему не обязывает. **Folgerung** вывод; *напр.*: aus etw. praktische, die nötigen Folgerungen ziehen сделать из чего-л. практические, необходимые выводы; daraus können sich weitgehende Folgerungen ergeben из этого могут следовать далеко идущие выводы. **Schlußfolgerung** умозаключение; *напр.*: zu einer Schlußfolgerung kommen прийти к (умо)заключению; aus etw. eine Schlußfolgerung ziehen сделать [вывести] из чего-л. умозаключение; er kam letzten Endes zur Schlußfolgerung, daß sein Resultat falsch war в конечном итоге он пришел к умозаключению, что его результат был неправильным; seine Schlußfolgerungen überraschen mich его умозаключения поражают меня. **Konsequenz** вывод, следствие; *напр.*: die Konsequenzen aus etw. ziehen делать из чего-л. выводы; es gibt sich die logische Konsequenz, daß... из этого следует логический вывод, что...; er zog aus seiner Tat keine Konsequenzen он не сделал выводов из своего поступка

Schluß [2] *см.* Ende [1]
Schlußfolgerung *см.* Schluß [1]
Schmach *см.* Schande
schmachten *см.* leiden [1]/streben/wollen [1]
schmächtig *см.* mager [1]/schlank [1]
schmachvoll *см.* schändlich
schmackhaft вкусный
schmackhaft — wohlschmeckend — lecker — delikat

schmackhaft *индифф. синоним*; *напр.*: schmackhafte Speisen, Getränke вкусные блюда, напитки; das Essen ist schmackhaft zubereitet еда приготовлена вкусно. **wohlschmeckend** ≅ schmackhaft, *но больше подчеркивает удовольствие от вкусной пищи, вкусного напитка и т. п.*; *напр.*: wohlschmeckende Speisen standen auf dem Tisch вкусные блюда стояли на столе. **lecker** лакомый; *напр.*: leckerer Bissen лакомый кусок; ein leckeres Gericht лакомое блюдо; diese Speise sieht lecker aus это блюдо выглядит соблазнительно. **delikat** прекрасный на вкус, нежный; *напр.*: der Schinken ist delikat окорок прекрасен на вкус; die Forellen schmecken delikat форель (нежна и) прекрасна на вкус; das war eine delikate Speise это было прекрасное на вкус блюдо

schmählich *см.* schändlich
Schmähung *см.* Beleidigung
schmal [1] узкий
schmal — eng

schmal *индифф. синоним*; *напр.*: schmale Fenster, Türen, Bretter узкие окна, двери, доски; schmale Füße, Hände узкие ступни (ног), кисти (рук); ein schmaler Weg, Steg узкая дорога, тропинка; ein schmaler Durchgang führte zum Schloß узкий проход вел к за́мку; ihre schmalen Schultern bebten vor Weinen ее узкие плечи содрогались от плача. **eng** тесный, узкий *подчеркивает ограниченность чего-л. или ограничение чем-л. в пространстве*; *напр.*: ein enger Raum 1) узкое пространство (*между чем-л.*); 2) тесное помещение; eine enge Gasse узкий переулок; ein enges Kleid узкое (*облегающее, ограничивающее движения*) платье; enge Schuhe узкие ботинки; in dem engen Zimmer standen ein Bett und zwei Stühle в узкой комнате стояли кровать и два стула (и было тесно); der Rock wird mir zu eng юбка становится мне узковата □ Die Straßen waren eng, die meisten Häuser schmal (*H. Mann, »Die Jugend«*) Улицы были тесные, большинство домов узкие

schmal [2] *см.* mager [1]/schlank [1]
schmälern *см.* verkleinern [1, 2]
Schmälerung *см.* Verkleinerung
Schmarotzer паразит
der **Schmarotzer — der Parasit — der Nassauer**

Schmarotzer *индифф. синоним*; *напр.*: Pilze sind oft Schmarotzer грибы часто бывают паразитами; das Leben eines Schmarotzers führen жить жизнью паразита, вести паразитический образ жизни; er ist ein typischer Schmarotzer он типичный паразит. **Parasit** ≅ Schmarotzer *часто в письменной речи*; *напр.*: der Bandwurm ist ein Parasit ленточный червь — паразит; er ist ein Parasit он паразит; eine Menge von Parasiten umgab ihn sein Leben lang толпа паразитов окружала его всю жизнь. **Nassauer** *разг.* дармоед, нахлебник, прихлебатель; *напр.*: er ist ein richtiger, alter Nassauer он настоящий, старый прихлебатель

Schmaus *см.* Essen²
schmausen *см.* essen
schmecken¹ быть вкусным, быть по вкусу кому-л.
schmecken — munden
schmecken *индифф. синоним*; *напр.*: das schmeckt (gut)! это вкусно!; das Essen schmeckt ihm еда нравится ему; wie schmeckt Ihnen der Wein? вкусное вино?, как вам нравится это вино?; er ließ es sich schmecken он наслаждался едой; lassen Sie sich's schmecken! ешьте на здоровье! **munden** *высок.* приходиться по вкусу, нравиться (*употр. всегда с Dat. лица*); *напр.*: das Essen mundete ihm еда нравилась ему; mundet Ihnen das Essen? как вам нравится еда?, вкусно?; ich habe ein den Wein köstlich munden lassen я с удовольствием пил вино, наслаждаясь им □ Captain Price sitzt allein an der Kasinotafel und stochert verärgert im Essen herum, das ihm gar nicht munden will... Die Steaks schmecken wie gebackenes Kuheuter... (*May, »Die Letzten von U 189«*) Капитан Прайс сидит в столовой казино и сердито ковыряет еду, которая ему явно не по вкусу... Бифштексы на вкус как печеное коровье вымя...
schmecken² *см.* kosten I
Schmeichelei лесть, комплимент
die **Schmeichelei** — das **Kompliment** — die **Lobhudelei** — die **Scharwenzelei** — die **Augendienerei**
Schmeichelei *индифф. синоним*; *напр.*: auf Schmeichelei(en) hereinfallen попасться [поддаться] на лесть; j-m Schmeicheleien sagen говорить кому-л. льстивые слова [комплименты]; das war eine glatte Schmeichelei это была неприкрытая лесть; ich glaube Ihren Schmeicheleien nicht я не верю вашим льстивым словам [комплиментам]; jede Schmeichelei freute sie любая лесть радовала ее. **Kompliment** комплимент; *напр.*: ein galantes, nettes, leeres, zweifelhaftes, unverbindliches Kompliment галантный, милый, пустой, сомнительный, ни к чему не обязывающий комплимент; j-m ein Kompliment machen (с)делать кому-л. комплимент; er macht den Damen gern Komplimente он любит делать дамам комплименты; sie erwiderte sein Kompliment nicht она не ответила на его комплимент; bitte keine Komplimente! пожалуйста, без комплиментов! **Lobhudelei** *пренебр.* грубая лесть; *напр.*: er soll mich mit seiner Lobhudelei verschonen пусть он избавит меня от своей грубой лести; er erging sich in Lobhudeleien auf den neuen Chef он расточал грубую лесть в адрес нового начальника. **Scharwenzelei** угодничество; *напр.*: er haßte diese plumpe Scharwenzelei он ненавидел это грубое угодничество. **Augendienerei** *уст.* заглядыванье в глаза, подхалимчанье; *напр.*: sie war geübt in Augendienerei она поднаторела в подхалимстве

schmeicheln льстить
schmeicheln — **lobhudeln** — **scharwenzeln** — **hofieren** — **flattieren** — **schöntun** — **poussieren** — **schwänzeln**
schmeicheln (D) *индифф. синоним*; *напр.*: er schmeichelte ihr, sie sei eine große Sängerin он льстил ей, говоря, что она великая певица; dieses Lob schmeichelte ihm эта похвала льстила ему; sie versteht es zu schmeicheln, wenn sie etwas will она умеет льстить, если чего-то хочет; ich schmeichle mir, das gut gemacht zu haben я льщу себя надеждой, что сделал это хорошо; du mußt seiner Eitelkeit schmeicheln польсти его тщеславию. **lobhudeln** (j-m, j-n) *пренебр.* грубо льстить; *напр.*: er lobhudelt ihm [ihn] он грубо льстит ему. **scharwenzeln** (um j-n) угодничать; *напр.*: er scharwenzelt um seine Lehrer он угодничает перед своими учителями; obwohl er um seinen Chef scharwenzelt ist [hat], hat er nichts erreicht хотя он и угодничал перед шефом, он ничего не добился. **hofieren** (j-n) *устаревает* угодливо льстить, ухаживать; *напр.*: einen berühmten Künstler, Gast hofieren угодливо льстить знаменитому артисту, гостю. **flattieren** (j-m, j-n) *швейц.* = schmeicheln; *напр.*: er flattierte seine(r) Dame он льстил своей даме. **schöntun** (mit j-m) *разг. неодобр.* ≅ schmeicheln; *напр.*: obwohl er mit der Alten schöntut, erreicht er nichts bei ihr хоть он и улещает старуху, он ничего от нее не добьется; es ist mir zuwider, wie sie mit dem Chef schöntut мне противно, как она увивается вокруг шефа. **poussieren** [pu-] (mit j-m, реже j-n) *разг.* льстить, ухаживать, добиваться расположения; *напр.*: er hat mit seinem Chef tüchtig poussiert он здорово льстил своему начальнику, добиваясь его расположения; du mußt mit deiner Schwiegermutter poussieren ты должен поухаживать за своей тещей (*чтобы добиться ее расположения*). **schwänzeln** (um j-n, vor j-m) *разг.* вилять хвостом перед кем-л.; *напр.*: er schwänzelt ständig um seine Vorgesetzten он все время виляет хвостом перед своими начальниками; immer schwänzelt und kriecht er vor seinem reichen Onkel он все время виляет хвостом и пресмыкается перед своим богатым дядей □ Er schwänzelte um den Rittmeister, sprudelte einen Schwall halb deutscher, halb polnischer Worte heraus... (*Fallada, »Wolf u. Wölfen«*) Он лебезил перед ротмистром, изливая поток полунемецких, полупольских слов...

Schmeichler льстец
der **Schmeichler** — der **Schöntuer** — der **Leisetreter** — der **Speichellecker** — der **Lobhudler** — der **Weihrauchstreuer** — der, die **Schranze**
Schmeichler *индифф. синоним*; *напр.*: er ist ein alter Schmeichler он старый льстец; du, kleiner Schmeichler! ты, маленький льстец! **Schöntuer** ≅ Schmeichler, *но более эмоционально*; *напр.*: diesen Schöntuer kenne ich этого льстеца я знаю; er ist kein Schöntuer он не льстец. **Leisetreter** подлиза (, действующий тихой сапой); *напр.*: dieser Leisetreter hat jetzt die ganze Macht an sich gerissen этот пролаза забрал теперь всю власть в свои руки. **Speichellecker** лизоблюд; *напр.*: er ist ein widerlicher Speichellecker! он противный лизоблюд! **Lobhudler** *редко* угодник, низкий льстец; *напр.*: er ist doch nur ein Lobhudler он всего только низкий угодник. **Weihrauchstreuer** *редко* куритель фимиама; *напр.*: er ist kein Weihrauchstreuer он не куритель фимиама; он никому не кадит *разг.* **Schranze** *пренебр.* угодливый придворный льстец; *напр.*: die königlichen Schranzen stoben auseinander угодливые придворные короля бросились врассыпную

schmeißen *см.* werfen¹
schmelzen¹ плавить, топить
schmelzen — **einschmelzen** — **auslassen** — **zerlassen**
schmelzen *индифф. синоним*; *напр.*: Erz, Metall wird geschmolzen руду, металл плавят; die Sonne schmelzte [schmolz] den Schnee солнце растопило снег; Wachs kann man schmelzen воск можно растопить [расплавить]. **einschmelzen** расплавлять и (одновременно) сплавлять с чем-л., переплавлять для получения сплава; *напр.*: Eisenteile einschmelzen переплавлять железные части [детали]; Gold einschmelzen расплавлять золото (и сплавлять его с другими металлами); man hat die alten Münzen eingeschmolzen старые монеты переплавили. **auslassen** растопить (*жир*), распускать; *напр.*: ein Stück Butter, Fett, Speck auslassen растопить кусок масла, жир, сало. **zerlassen** (полностью) распускать (*на сковороде и т. п.*); *напр.*: Butter, Fett, Speck zerlassen распускать масло, жир, сало
schmelzen² (рас)таять, (рас)плавиться, (рас)топиться

schmelzen — tauen — auftauen — zergehen — zerrinnen

schmelzen *индифф. синоним; напр.:* der Schnee ist (in der Sonne) geschmolzen снег растаял (на солнце); die Butter schmilzt auf der Pfanne масло расходится [растапливается] на сковороде; das Wachs ist geschmolzen воск расплавился [растопился]. **tauen** таять; *напр.:* das Eis ist getaut лед растаял; der Schnee taut снег тает; es hat getaut таяло. **auftauen** стаять (*о снеге, льде*); оттаивать; *напр.:* die Eisdecke ist endlich aufgetaut ледяной покров наконец сошел; im Frühling taut die Erde auf весной земля оттаивает; der See taut in diesem Jahr sehr langsam auf озеро оттаивает в этом году очень медленно. **zergehen** расходиться; *напр.:* Eis zergeht (in der Sonne) лед тает (на солнце); man muß Butter zergehen lassen надо дать маслу разойтись. **zerrinnen** *высок.* (полностью, совсем) растаять; *напр.:* das Eis ist in der Sonne zerronnen (весь) лед растаял на солнце

Schmerz боль

der **Schmerz — die Leiden — die Qual — die Folter — die Tortur — das Weh — die Pein — die Marter — die Plage — das Wehwehchen — das Wehweh**

Schmerz *индифф. синоним; напр.:* ein stechender, brennender, bohrender, schrecklicher, quälender Schmerz колющая, жгучая, сверлящая, ужасная, мучительная боль; ein körperlicher, seelischer Schmerz физическая, душевная боль; Schmerzen verursachen, dulden, ertragen, leiden причинять, терпеть, переносить боль, страдать от боли; er war stumm vor Schmerzen он онемел от боли; sie gab sich ihrem Schmerz hin она всё была поглощена своей болью; er empfand tiefen Schmerz über ihre Treulosigkeit он чувствовал глубокую боль от ее неверности. **Leiden** *здесь тк. мн.* страдания; *напр.:* körperliche, seelische Leiden телесные, душевные страдания; sie trug alle Leiden mit großer Geduld она вытерпела все страдания; ihre Leiden waren umsonst ее страдания были напрасны. **Qual** мука, мучение; *напр.:* fürchterliche, wilde Qualen страшные, дикие муки [мучения]; Qualen leiden, empfinden, ertragen страдать от мук, чувствовать, переносить муки [мучения]; j-s Qual erleichtern, mildern облегчать, смягчать чью-л. муку [чье-л. мучение]; sie mußte große Qualen ertragen ей пришлось перенести большие мучения; das Herumstehen in dieser Hitze wurde für uns zur Qual долгое стояние на этой жаре стало для нас мукой [мучением]. **Folter** пытка, невыносимая боль; *напр.:* die unerträgliche Folter des bösen Gewissens невыносимые муки нечистой совести; alle Foltern der Reue erdulden претерпеть все пытки [всю боль] раскаяния; das lange Warten wurde für ihn zu einer Folter долгое ожидание стало для него пыткой; diese schlechten Verse anzuhören ist eine wahre Folter слушать эти плохие стихи — настоящая пытка. **Tortur** ≅ Qual (*чаще о физическом напряжении, неудобствах*); *напр.:* j-n einer Tortur unterwerfen подвергнуть кого-л. пытке [мучению]; der Marsch durch die glühende Hitze war eine Tortur марш по самому пеклу был пыткой [мучением]; es bedeutete für mich eine wahre Tortur, in dieser Gesellschaft bis zum Ende auszuhalten для меня было настоящей пыткой [настоящим мучением] выдержать до конца в этом обществе; die Fahrt hierher war eine Tortur поездка сюда была пыткой [мучением]. **Weh** *тк. ед. высок.* ≅ Schmerz, *но не употр. в качестве медицинского термина и крайне редко по отношению к физической боли; напр.:* seelisches, tiefes Weh душевная, глубокая боль; tiefes Weh erfüllte sie глубокая боль наполнила ее; er trug im Herzen bitteres Weh он носил в своем сердце горечь и боль; sie konnte sich nicht fassen vor lauter Weh она не могла овладеть собой от боли. **Pein** *высок.* ≅ Qual; *напр.:* körperliche, seelische, schwere Pein телесная, душевная, тяжелая мука; die ewige Pein *рел.* ≅ вечная мука; j-m zum Pein machen (с)делать что-л. мучением для кого-л.; es ist eine Pein, ihm zuzuhören слушать его — мука; er machte sich und ihr das Leben zur Pein он сделал жизнь мучением для себя и для нее. **Marter** *высок.* ≅ Qual; *напр.:* eine körperliche, seelische Marter телесная, душевная мука; Martern leiden, ertragen страдать от мук, переносить муки; der Gedanke an das Geschehene war für sie eine furchtbare Marter мысль о случившемся была для нее страшной мукой. **Plage** *разг.* мучение, наказание; *напр.:* eine Plage sein быть мучением; (seine) Plage mit j-m, mit etw. haben мучиться с кем-л., с чем-л.; es ist eine Plage mit diesen Fußböden! одно мучение с этими полами!; man hat schon seine Plage mit ihm! ну и мучаются же с ним! □ Ich habe Plage genug mit den Kindern; ich will mich nicht auch noch mit einem Schuldiener ärgern (*Kafka, »Das Schloß«*) Я достаточно мучаюсь с детьми, я не хочу еще возиться с каким-то школьным служителем. **Wehwehchen** *разг.* болячка, *детск.* бо-бо *по отношению к взрослым всегда содержит оттенок легкого пренебрежения; напр.:* na was hast du dann wieder für ein Wehwehchen? ну, что там у тебя снова за бо-бо?; er geht mit jedem kleinen Wehwehchen zum Arzt с малейшей болячкой он бежит к врачу. **Wehweh** = Wehwehchen, *но употр реже; напр.:* ich werde dir gleich ein Pflaster auf dein kleines Wehweh kleben сейчас я тебе залеплю бо-бо пластырем

schmerzhaft болезненный (*причиняющий боль*)

schmerzhaft — schmerzlich — wund

schmerzhaft *индифф. синоним; напр.:* eine schmerzhafte Verletzung болезненное ранение; eine schmerzhafte Operation болезненная [мучительная] операция; ein schmerzhafter Verlust тяжкая утрата, болезненно переживаемая потеря; die Behandlung ist schmerzhaft это лечение болезненно [мучительно]; deine Mitteilung berührt mich sehr schmerzhaft твое сообщение причиняет мне большую боль. **schmerzlich** ≅ schmerzhaft, *но обыкн. употр. по отношению к душевной, а не физической боли; напр.:* ein schmerzlicher Verlust прискорбная [мучительно переживаемая] утрата; ein schmerzlicher Verzicht auf etw. мучительный отказ от чего-л., отречение от чего-л. после мучительной борьбы; eine schmerzliche Erinnerung мучительное воспоминание; es ist mir sehr schmerzlich, Ihnen mitteilen zu müssen, daß... мне очень прискорбно [больно] сообщить вам, что...; diese Nachricht hat ihn schmerzlich berührt это известие больно задело его; er wurde sich des Verlustes schmerzlich bewußt он с болью осознал утрату. **wund** болезненный (*при прикосновении*), больной (*из-за потертости и т. п.*); *напр.:* wunde Füße до боли [в кровь] стертые ноги; eine wunde Stelle *прям. и перен.* больное место; sich die Finger wund schreiben писать до боли в пальцах; sich wund laufen сбить ноги, бегая; seine Worte waren Balsam für ihr wundes Herz его слова были бальзамом для ее наболевшего сердца

schmerzlich *см.* schmerzhaft

schmettern *см.* werfen[1]

schmiegsam *см.* geschmeidig

schmieren[1] смазывать (*мазью и т. п.*)

schmieren — ölen — fetten — einfetten — salben

schmieren *индифф. синоним; напр.:* die Achsen, einen Wagen, ein Schloß schmieren смазывать оси, машину, замок; die Türangel müßte geschmiert werden надо бы смазать дверные петли. **ölen** смазывать (машинным) маслом; *напр.:* ein Schloß, eine Maschine ölen смазывать маслом замок, машину; er hat das Schloß geölt, und es quietscht nicht mehr он смазал замок маслом, и тот больше не скрипит. **fetten** смазывать (жиром) (*чем-л., содержащим жир и т. п.*); *напр.:* das Blech fetten смазывать противень жиром; die Haut muß mit Creme gefettet werden кожу следует смазывать (жирным) кремом. **einfetten** основательно смазывать, пропитывать (жиром); *напр.:* die Schuhe, die Haut, das Schloß, die Scharniere

SCHMIEREN

einfetten основательно смазать ботинки, кожу, замóк, шарниры. salben мазать, смазывать мазью; напр.: die Hände salben смазывать [мазать] руки мазью; die Wunde mußte regelmäßig gesalbt werden рану нужно было регулярно мазать мазью; vor dem Schlafengehen salbt sie die Gesichtshaut перед сном она мажет лицо (косметической) мазью

schmieren² см. bestechen/schreiben¹

schmieren³: aufs Butterbrot [aufs Brot] schmieren см. vorwerfen

schmierig см. schmutzig¹

Schmiß см. Narbe

Schmock см. Journalist

schmökern см. lesen I¹

schmollen см. ärgern, sich

schmuck см. schön¹

Schmuck украшение, убранство
der **Schmuck** — die **Verzierung** — der **Putz** — der **Ausputz** — die **Zierde** — der **Zierat** — die **Zier**

Schmuck индифф. синоним; напр.: goldener, silberner, kostbarer, echter, falscher Schmuck золотое, серебряное, дорогое, настоящее, фальшивое украшение; der Garten im Schmuck der Blumen сад в убранстве из цветов; die Straßen im Schmuck der Fahnen улицы в убранстве из знамен; sie sollte sich nicht mit so viel Schmuck behängen ей не следовало бы навешивать на себя так много украшений; das Land lag im Schmuck des Frühlings земля была в весеннем уборе. Verzierung украшение, украшающая отделка; напр.: ein historischer Saal mit reichen Verzierungen исторический зал с богатыми украшениями; ihr gefiel ein alter Kleiderstoff mit aufgestickten Verzierungen ей понравилась старинная ткань с вышитыми украшениями [узорами]. Putz устаревает украшение, отделка на одежде, для одежды; напр.: sie war in einem schlichten Kleid ohne jeglichen Putz она была в простом платье без всяких украшений. Ausputz терр. = Putz; напр.: Pelz als Ausputz verwenden использовать мех для отделки; Spitzen dienen zum Ausputz кружева служат отделкой. Zierde высок., устаревает украшение (, которым гордятся), краса; напр.: der alte Dom ist eine Zierde der Stadt старый собор является украшением [красой] города; sie ist eine Zierde ihrer Schule она краса и гордость [украшение] своей школы. Zierat высок. украшение, предмет украшения; напр.: der Vorhang erfüllt keinen praktischen Zweck, sondern ist nur Zierat занавес не имеет практического назначения, он является только украшением; auf dem Dach war ein Türmchen als Zierat на крыше в качестве украшения была башенка. Zier уст. поэт. ≅ Zierde; напр.: sie ist eine Zier unserer Stadt она украшение [краса] нашего города

schmücken украшать
schmücken — **ausschmücken** — **verzieren** — **putzen** — **herausputzen** — **aufputzen** — **dekorieren** — **zieren**

schmücken индифф. синоним; напр.: die Straßen, die Wohnung schmücken украшать улицы, квартиру; den Weihnachtsbaum schmücken украшать елку; seine Rede mit Zitaten schmücken украшать свою речь цитатами; das Haus wurde festlich geschmückt дом празднично украсили; die Tafel war mit Blumen geschmückt стол был украшен цветами; der Bericht war reichlich mit Einzelheiten geschmückt worden сообщение было щедро украшено подробностями. ausschmücken ≅ schmücken, но подчеркивает полноту охвата действием или законченность действия; напр.: einen Saal, ein Haus, ein Zimmer ausschmücken украшать зал, дом, комнату; die an sich wahre Geschichte hat er mit allerhand Zutaten ausgeschmückt саму по себе правдивую историю он украсил всякими добавлениями. verzieren ≅ schmücken, но употр. по отношению к одному, отдельно взятому предмету; напр.: ein Kleid mit Stickerei verzieren украшать платье вышивкой; eine Torte mit Schlagsahne verzieren украшать торт взбитыми сливками; er wollte das Kästchen, bevor er es verschenkte, mit Schnitzereien verzieren он хотел украсить шкатулку резьбой, прежде чем подарить ее. putzen часто неодобр. красить, делать нарядным; напр.: die Mutter konnte ihre Tochtern nicht genug putzen мать не знала, как нарядить свою дочь. herausputzen нарядно украшать; напр.: anläßlich des Festes wurden alle Häuser herausgeputzt по случаю праздника все дома были нарядно украшены. aufputzen наряжать; напр.: Pferde mit Blumen und Bändern aufputzen разукрасить лошадей цветами и лентами; der Weihnachtsbaum war festlich aufgeputzt елка была празднично наряжена. dekorieren декорировать, (художественно) оформлять; напр.: einen Saal für die Feier dekorieren декорировать зал для праздника; der Tisch wurde künstlerisch dekoriert стол был художественно оформлен; die Schaufenster werden morgen neu dekoriert витрины будут завтра декорированы заново. zieren высок. ≅ verzieren; напр.: diese Schleife ziert ihr Haar эта лента украшает ее волосы; eine Feder zierte seinen Hut перо украсило его шляпу; sie hat den Tisch mit Blumen geziert она украсила стол цветами

schmücken, sich наряжаться
sich schmücken — **sich herausputzen** — **sich schniegeln**

sich schmücken индифф. синоним; напр.: sie schmückt sich gern она любит наряжаться; das Mädchen schmückte sich vor dem Spiegel девушка наряжалась перед зеркалом; er schmückt sich gern mit fremden Federn он любит рядиться в чужие перья. sich herausputzen нарядно одеться, вырядиться; напр.: die Mädchen haben sich alle herausgeputzt все девушки вырядились. sich schniegeln ≅ sich herausputzen, но подчеркивает преувеличенную тщательность в туалете, часто ирон. или неодобр. (обыкн. в Part. II); напр.: ein geschniegeltes Bürschchen расфранченный молодчик; er geht immer geschniegelt und gebügelt он ходит всегда разодетый [расфранченный] и наглаженный

schmucklos см. schlicht²

¹schmudd(e)lig см. schmutzig¹

schmunzeln см. lächeln

Schmus см. Gerede

schmusen см. liebkosen/sprechen¹

Schmutz¹ грязь прям. и перен.
der **Schmutz** — der **Kot** — der **Dreck**

Schmutz индифф. синоним а) напр.: den Schmutz zusammenkehren сметать грязь [сор] в одну кучу; den Schmutz aus dem Zimmer, von der Treppe fegen вымести грязь из комнаты, с лестницы; er war über und über mit Schmutz bedeckt он был с головы до ног покрыт грязью; du trägst wieder den ganzen Schmutz ins Haus опять ты тащишь всю грязь в дом (не вытираешь ноги); mein Kleid nimmt leicht Schmutz an мое платье очень маркое; b) перен.; напр.: j-n mit Schmutz bewerfen забросать кого-л. грязью; j-n, j-s Ehre, j-s guten Namen in den Schmutz treten втоптать в грязь кого-л., чью-л. честь, чье-л. доброе имя. Kot а) устаревает жидкая уличная, дорожная грязь; напр.: der Wagen war mit Kot bespritzt машина была забрызгана грязью; da in dieser Siedlung die Straße noch nicht befestigt war, trug jeder den Kot ins Haus так как улица в этом поселке не была еще вымощена, каждый тащил грязь в дом; b) высок. ≅ Schmutz b), но употр. редко; напр.: auch er wurde mit dem Kot beworfen его также забросали грязью; sein Andenken wurde in den Kot gezogen память о нем была очернена. Dreck а) разг. ≅ Schmutz a); напр.: den Dreck zusammenfegen смести грязь в кучу; in den Dreck fallen упасть в грязь; wir blieben mit dem Wagen im Dreck stecken мы застряли с машиной в грязи; wir mußten durch tiefen Dreck gehen нам пришлось идти по глубокой грязи; b) фам. пренебр. ≅ Schmutz b); напр.: j-n mit Dreck bewerfen забросать грязью [марать] кого-л.; etw. in den Dreck treten, ziehen втоптать что-л. в грязь

Schmutz² см. Abfall¹

schmutzig¹ грязный (о предметах)
schmutzig — **unsauber** — **unrein** — **unreinlich** — **schmierig** — **fleckig** — **befleckt** — **dreckig** — **schmudd(e)lig**

SCHMUTZIG

schmutzig *индифф. синоним*; *напр.*: schmutziges Wasser грязная вода; schmutzige Hände, Füße, Fingernägel грязные руки, ноги, ногти; schmutzige Wäsche грязное бельё; eine schmutzige Straße грязная улица [дорога]; sich bei der Gartenarbeit schmutzig machen испачкаться, работая в саду; ich habe mir die Schuhe schmutzig gemacht я испачкал ботинки; sieh dich vor, damit du nichts schmutzig machst смотри, ничего не испачкай; bei diesem Wetter werden die Fensterscheiben schnell wieder schmutzig при такой погоде окна быстро становятся снова грязными; bei dieser schmutzigen Arbeit muß man sich eine Schürze umbinden при этой грязной работе надо надевать фартук; das Zimmer sah einfach schmutzig aus комната выглядела просто грязной. **unsauber** нечистый, неопрятный, немытый; *напр.*: unsaubere Wäsche несвежее бельё; unsaubere Hände немытые руки; ein unsauberes Zimmer неопрятная комната; das Hemd ist unsauber рубашка давно не стирана [несвежая]; unsauberes Geschirr stand auf dem Tisch немытая посуда стояла на столе; sie ist unsauber она неопрятная. **unrein** загрязнённый, нечистый; *напр.*: unreines Wasser загрязнённая вода; unreine Luft загрязнённый воздух; unreine Wäsche несвежее бельё; unreine Hände, Füße грязные [запущенные] руки, ноги; unreines Essen нечистая [грязно приготовленная] еда; der Fluß ist hier ziemlich unrein река здесь довольно загрязнённая; sein Atem ist unrein у него нечистое дыхание; unreine Tischdecke lag auf dem Tisch несвежая скатерть лежала на столе. **unreinlich** неопрятный; *напр.*: ein unreinlicher Mensch неопрятный человек; unreinliche Kleidung неопрятная одежда; das Zimmer sieht unreinlich aus комната выглядит неопрятно. **schmierig** пропитанный грязью, засаленный, липкий (*от грязи*); *напр.*: ein schmieriger Lappen грязная тряпка; ein schmieriges Kleidungsstück засаленная [замызганная] одежда; schmierige Finger липкие от грязи пальцы; das Leder der Sitze war schmierig кожа сидений была засаленной; der Regen hat die Fahrbahn schmierig gemacht от дождя шоссе стало скользким от грязи; in der Ecke lag ein schmieriges Buch в углу валялась засаленная книга. **fleckig** в (грязных) пятнах; *напр.*: ein fleckiges Tischtuch скатерть в пятнах; ein fleckiger Anzug костюм в грязных пятнах; das Hemd war ganz fleckig рубашка была вся в пятнах; an der fleckigen Wand hing ein buntes Foto на стене в грязных подтёках висела яркая фотография; im fleckigen Spiegel sah er sein verzerrtes Gesicht в мутном от пятен зеркале он увидел своё искажённое лицо. **befleckt** покрытый пятнами *обыкн. употр. в составе сложных прилагательных*; *напр.*: weinbefleckt покрытый пятнами вина, в пятнах от вина, испачканный вином; blutbefleckt покрытый пятнами крови, в пятнах крови, испачканный кровью; ihr Kleid war mit Obstsaft befleckt её платье было испачкано соком от фруктов. **dreckig** *разг. эмоц.-усил.* ≅ schmutzig; *напр.*: dreckige Hände грязные руки; dreckige Wäsche грязное [перепачканное] бельё; eine dreckige Wohnung грязная [вся загаженная] квартира; sie sah immer dreckig aus она выглядела всегда немытой; er hat sich bei der Arbeit dreckig gemacht он весь вывозился в грязи за работой; faß bitte mein Kleid nicht mit deinen dreckigen Fingern an! не хватай, пожалуйста, моё платье своими грязными пальцами! **schmudd(e)lig** *разг.* засаленный, замызганный; *напр.*: ein schmuddliger Kragen засаленный воротник; eine schmuddelige Schürze замызганный фартук; das Kind sah schmuddelig aus ребёнок выглядел замызганным (неряхой)

schmutzig ² грязный (*о делах и т. п.*)
schmutzig — unsauber — unlauter
schmutzig *индифф. синоним*; *напр.*: ein schmutziges Geschäft грязная сделка, грязный бизнес; ein schmutziger Verdacht грязное подозрение; ein schmutziger Krieg грязная война; das ist schmutziges Geld, ich nehme es nicht это грязные деньги, я их не возьму; er schrickt vor den schmutzigsten Mitteln nicht zurück он не останавливается перед использованием и самых грязных средств; die Kolonialpolitik ist eines der schmutzigsten Kapitel in der Geschichte колониальная политика одна из самых грязных страниц истории. **unsauber** нечистый; *напр.*: ein unsauberes Geschäft, Spiel нечистая сделка, игра; unsaubere Absichten нечистые намерения; er ist zu anständig, unsaubere Mittel anzuwenden он слишком порядочен, чтобы пользоваться нечистыми средствами; er treibt ein unsauberes Gewerbe он занимается нечистыми делами. **unlauter** *высок.* нечистоплотный, порочный; *напр.*: unlautere Ziele und Methoden нечистоплотные [неблаговидные] цели и методы; er hat sich dabei unlauterer Mittel bedient он пользовался при этом нечистоплотными средствами; die Konkurrenz entartet in einen unlauteren Wettbewerb конкуренция выродилась в бесчестную борьбу

schmutzig ³ *см.* unanständig ²
Schnabel *см.* Mund ¹
schnappen *см.* verhaften
schnapsen *см.* trinken ²
schnattern *см.* sprechen ¹
schnauben *см.* atmen
schnaufen *см.* atmen
Schnauze *см.* Mund ¹
Schneeschuh *см.* Ski

SCHNELL

schneiden ¹ резать
schneiden — abschneiden — anschneiden
schneiden *индифф. синоним*; *напр.*: Brot, Fleisch, Wurst schneiden резать хлеб, мясо, колбасу; Papier, Glas schneiden резать бумагу, стекло; in Stücke schneiden резать на куски; die Mutter schnitt mir eine Scheibe Brot мать отрезала мне ломоть хлеба; das Messer schneidet gut нож режет хорошо; die Schere schneidet nicht ножницы не режут; Stämme werden zu Brettern geschnitten стволы режут на доски. **abschneiden** отрезать; *напр.*: einen Meter Stoff, ein Stück Brot abschneiden отрезать метр материала, кусок хлеба; eine Rose abschneiden срезать розу; ich schneide mir eine Scheibe Wurst ab я отрежу себе кусок колбасы; sie hat den Faden mit der Schere (vom Knäuel) abgeschnitten она отрезала ножницами нитку (от клубка). **anschneiden** отрезать первый кусок, начать (разрезать); *напр.*: das Brot, die Wurst anschneiden начать хлеб, колбасу; sie hat den Kuchen angeschnitten она начала разрезать пирог [отрезала первый кусок от пирога]

schneiden ² *см.* übersehen ¹
schneidend *см.* giftig
schneien идти (*о снеге*)
schneien — stöbern
schneien *индифф. синоним*; *напр.*: es schneit идёт снег; es schneit in dichten Flocken снег падает густыми хлопьями; es hat die ganze Nacht geschneit всю ночь шёл снег. **stöbern** *терр.* мести (*о снеге*); *напр.*: der Schnee stöbert снег метёт; es stöbert метёт

schnell скорый, быстрый
schnell — rasch — geschwind — schleunig — hastig — eilig — überstürzt — blitzschnell — fieberhaft — hurtig — schlagartig — kopfüber — kurzerhand — flugs — flott — dalli
schnell *индифф. синоним*; *напр.*: ein schnelles Pferd быстрая лошадь; ein schneller Junge быстрый мальчик; eine schnelle Bedienung быстрое обслуживание; ein schneller Blick быстрый взгляд; schnell sprechen, entscheiden, urteilen, gehen, laufen быстро говорить, решать [принимать решения], судить, идти, бежать; schnelle Schritte näherten sich der Tür быстрые шаги приблизились к двери; die Nachricht verbreitete sich schnell известие быстро распространилось; der Puls geht schnell пульс частый □ Während solcher Gedanken geht Borkhausen immer schneller in die Jablonskistraße zurück (*Fallada,* »*Jeder stirbt*«) Думая так, Боркхаузен шёл всё быстрее обратно на Яблонскиштрассе. Sie versuchte, sie aneinanderzupassen, aber sie sah schnell, daß das jetzt zu lange dauern würde (*ebenda*) Она попробовала приладить их друг к другу, но скоро увидела,

SCHNELL   SCHÖN

что это заняло бы теперь слишком много времени. **rasch** быстрый, стремительный; *напр.*: eine rasche Handbewegung быстрое движение рукой; ein rascher Blick быстрый взгляд; ein rascher Entschluß мгновенное решение; ein rascher Kopf быстро соображающая голова; rasch gehen, laufen, handeln быстро [стремительно] идти, бежать, действовать; sie machte eine rasche Bewegung она сделала быстрое [стремительное] движение; er arbeitete rasch und ruhig он работал быстро и спокойно; ein bißchen rascher, bitte! побыстрей, пожалуйста!; er erledigte den Auftrag rasch он быстро выполнил поручение □ Er schrie, pfiff, kletterte rasch wie ein Affe über die Waggons (*Kellermann*, »*Der Tunnel*«) Он кричал, свистел, карабкался быстро, как обезьяна, через вагоны. Sie hat nur den einen Gedanken, möglichst rasch die Wohnung zu erreichen (*Fallada*, »*Jeder stirbt*«) У нее одна только мысль: как можно скорее добраться до квартиры. Trudel ist in ihrer raschen Art schon in die Tasche der blauen Hose gefahren und hat einen Taschenkalender hervorgeholt (*ebenda*) Трудель в своей стремительной манере уже сунула руку в карман синих брюк и достала календарик. **geschwind** = schnell, *но употр. реже и в некоторых сочетаниях (см. первые два примера) начинает устаревать; напр.*: im geschwinden Lauf в быстром беге; geschwinden Schrittes gehen идти быстрым шагом; geschwind gehen, fahren, herbeieilen быстро идти, ехать, подбежать; komm geschwind! иди скорей сюда!; das geht nicht so geschwind так быстро это не пойдет; lauf geschwind zum Bäcker! сбегай быстро в булочную! **schleunig** очень быстрый, незамедлительный, немедленный; *напр.*: schleunige Schritte очень быстрые шаги; wir bitten Sie um schleunige Rückgabe des Buches мы просим вас незамедлительно [немедленно] вернуть книгу. **hastig** торопливый *подчеркивает взволнованность или суетливость того, кто боится не успеть и т. п.; напр.*: hastige Schritte, Bewegungen торопливые шаги, движения; eine hastige Abreise торопливый отъезд; hastig sprechen, essen, laufen, atmen торопливо говорить, есть, бежать, дышать; er trank hastig sein Bier aus он торопливо выпил свое пиво; sein Herz schlug immer hastiger его сердце билось все чаще; er konnte ihre hastige Rede nicht recht verstehen он не мог толком понять ее торопливую речь; nur nicht so hastig! только не надо торопиться! **eilig** поспешный; *напр.*: eilige Schritte waren zu hören были слышны поспешные шаги; er warf einen eiligen Blick auf mich он бросил на меня поспешный взгляд; er lief eilig weg он поспешно убежал; sie antwortete eilig она поспешно ответила; nur nicht so eilig! только не надо спешить! **überstürzt** слишком поспешный; *напр.*: eine überstürzte Abreise, Antwort слишком поспешный отъезд, ответ; überstürzt handeln действовать слишком поспешно; seine überstürzte Flucht verblüffte uns его слишком поспешное бегство крайне изумило нас. **blitzschnell** молниеносный; с быстротой молнии; *напр.*: ein blitzschneller Entschluß молниеносное решение; eine blitzschnelle Antwort молниеносный ответ; blitzschnell handeln, überlegen молниеносно действовать, соображать; er hat alles blitzschnell begriffen он понял все молниеносно; sie entschied sich blitzschnell zu verreisen она мгновенно решила уехать. **fieberhaft** лихорадочный, суетливо-поспешный; *напр.*: eine fieberhafte Aktivität, Tätigkeit лихорадочная активность, деятельность; wir haben fieberhaft an der Aufgabe gearbeitet мы лихорадочно [с лихорадочной быстротой] работали над заданием; er erzählte alles in fieberhafter Eile он рассказывал все в лихорадочной спешке; ich überlegte fieberhaft я лихорадочно думал. **hurtig** устаревает проворный; *напр.*: hurtige Bewegungen, Hände проворные движения, руки; hurtig herbeilaufen проворно подбежать; das Bächlein plätschert hurtig ins Tal ручеек, журча, проворно бежит в долину; sie redete hurtig, ohne aufzuhören она что-то быстро говорила, не останавливаясь; hurtig, hurtig! попроворнее! **schlagartig** неожиданно быстро, внезапно; *напр.*: der Regen setzte schlagartig ein дождь полил как-то сразу; die Krankheit überfiel ihn schlagartig болезнь обрушилась на него внезапно; der Lärm hörte schlagartig auf шум прекратился неожиданно быстро. **kopfüber** сломя голову (*без промедления, без колебаний*) *употр. тк. в определенных сочетаниях (в отличие от всех предшествующих синонимов данного ряда тк. как наречие); напр.*: sie stürzte sich kopfüber in die Arbeit она сразу окунулась в работу, **kurzerhand** не раздумывая, без церемоний (*как наречие*); *напр.*: kurzerhand abreisen уехать не раздумывая; er lehnte ihre Bitte kurzerhand ab он не раздумывая отказал ей в просьбе; er sprach sie kurzerhand an он прямо [не раздумывая] заговорил с ней. **flugs** устаревает мигом (*как наречие*); *напр.*: sie kam flugs herbei она мигом пришла; flugs stand er auf он мигом встал; sie haben sich flugs umgestellt они очень быстро переориентировались [перестроились]. **flott** разг. живой, бойкий, в быстром темпе, ритме; *напр.*: ein flottes Tempo бойкий темп; die Arbeit geht flott voran работа спорится [продвигается в темпе]; in dieser Gaststätte ist flotte Bedienung в этой столовой бойко обслуживают; etwas flott! поживей! **dalli** *фам.* ≅ schnell; *напр.*: dalli, dalli! давай, давай!; komm her, aber ein bißchen dalli! иди-ка сюда, да побыстрее!

schnellen *см.* aufstehen ¹/werfen ¹
schniegeln, sich *см.* schmücken, sich
Schnitt *см.* Riß ¹
Schnitte *см.* Stück ¹
Schnitzer *см.* Fehler ¹
schnodd(e)rig *см.* frech
schnöde *см.* niederträchtig
schnüffeln *см.* riechen ²
schnuppe *см.* gleichgültig ²
schnuppern *см.* riechen ²
Schnur *см.* Strick
schnüren *см.* binden ³
schnurgerade *см.* gerade ¹
Schnurre *см.* Scherz
schnurrig *см.* lächerlich
Schnute *см.* Mund ²
Schober *см.* Scheune
Schofför *см.* Fahrer
schon *см.* «Приложение»
schön ¹ красивый, прекрасный (*о внешности человека*)

schön — bildschön — wunderschön — hübsch — bildhübsch — niedlich — attraktiv — schmuck — lieblich — hold

schön *индифф. синоним; напр.*: ein schönes Kind, Mädchen красивый ребенок, красивая девушка; ein schöner Junge красивый мальчик [юноша]; sie ist schön она красива [прекрасна]; sie war ungewöhnlich schön она была необычайно красива; der Mann war auffallend schön мужчина был очень красив (*броской, эффектной красотой*). **bildschön** *эмоц.-усил.* красивейший, как на картинке; *напр.*: eine bildschöne Frau очень красивая женщина; ein bildschönes Kind прелестный ребенок; die Dame sieht bildschön aus дама очень красива [прекрасна]. **wunderschön** удивительно красивый, прекрасный; *напр.*: eine wunderschöne Frau необыкновенно красивая женщина; sie ist wunderschön она прекрасна. **hübsch** хорошенький; *напр.*: ein hübsches Mädchen, Kind хорошенькая девушка, хорошенький ребенок; sie ist hübsch, wenn auch nicht schön она хорошенькая, хотя и не красавица. **bildhübsch** *эмоц.-усил.* очень хорошенький, как на картинке; *напр.*: ein bildhübsches Kind очень хорошенький ребенок, ребенок как с картинки; eine bildhübsche junge Frau очень хорошенькая молодая женщина; sie sieht bildhübsch aus она очень хорошенькая [очень хороша собой]. **niedlich** миленький *подчеркивает наивность, детскость, игривость; напр.*: ein niedliches Kind, Mädchen миленький ребенок, миленькая девочка; sie hat ein niedliches Gesicht у нее миленькое личико; sie ist recht niedlich geworden она стала очень миленькой [миловидной]; das Baby sieht niedlich aus малыш такой миленький. attraktiv привлекательный; напр.: ein attraktives Mädchen привлекательная девушка; er ist ein ausgesprochen attraktiver Mann он определенно эффектный мужчина; sie hat ein attraktives Äußeres у нее привлекательная внешность; sie sieht attraktiv aus она на вид привлекательна. schmuck ≅ hübsch, но подчеркивает тж. опрятность, ухоженность и т. п.; напр.: ein schmuckes Mädchen хорошенькая девушка (нарядно одетая, аккуратно причесанная и т. п.). lieblich высок. милый, очаровательный; напр.: ein liebliches Kind милое [прелестное] дитя; ein liebliches Mädchen очаровательная девочка; sie sieht lieblich aus она прелестно выглядит; sie hat ein liebliches Gesicht у нее очаровательное личико. hold поэт. устаревает ≅ lieblich подчеркивает нежность и одухотворенность красоты; напр.: ein holdes Mädchen прелестная дева; ein holdes Kind очаровательное [прелестное] дитя; sie lächelte hold она очаровательно улыбалась

schön² см. einverstanden
schonen щадить
schonen — verschonen — nachsehen — Nachsicht üben
schonen индифф. синоним; напр.: einen Schwachen schonen щадить слабого; die Augen schonen беречь глаза; ich muß meine Kräfte schonen я должен беречь свои силы; er gab sich keine Mühe, ihre Gefühle zu schonen он совсем не старался щадить ее чувства; du mußt dich mehr schonen ты должен себя больше щадить. verschonen пощадить; напр.: der Krieg verschonte niemanden война никого не пощадила; die Sieger verschonten die Gefangenen победители пощадили пленных; er wurde von diesem Unglück verschont беда обошла его стороной; verschone mich mit deinen Fragen! пощади меня со своими вопросами! nachsehen быть снисходительным; напр.: die Großmutter sah dem Kind zu viel nach бабушка была слишком снисходительна к ребенку; sie sahen sich gegenseitig ihre Fehler nach они были снисходительны к ошибкам друг друга. Nachsicht üben книжн. проявлять снисхождение, снисходительность; напр.: man muß mit ihm Nachsicht üben надо проявить к нему снисхождение; in diesem Fall darf man keine Nachsicht üben в этом случае нельзя проявлять снисходительность [оказывать снисхождение]

schonend см. sorgsam¹
schönfärben см. verschönern
schonsam см. sorgsam¹
Schöntuer см. Schmeichler
schöntun см. schmeicheln
schonungslos см. grausam
schöpfen¹ черпать прям. и перен.
schöpfen — ausschöpfen
schöpfen индифф. синоним; напр.: Wasser aus der Wanne, aus einem Fluß, mit der Hand, mit dem Eimer schöpfen черпать воду из ванны, из реки, рукой, ведром; wir schöpften Wasser aus dem Brunnen мы зачерпнули воду из колодца; woher, aus welcher Quelle hat er sein Wissen geschöpft? откуда, из какого источника почерпнул он свои знания? ausschöpfen вычерпать; перен. исчерпать; напр.: Wasser aus dem Kahn, den Kahn ausschöpfen вычерпать воду из лодки, вычерпать лодку; ein Thema, alle Möglichkeiten ausschöpfen исчерпать тему, все возможности; alle Reserven wurden ausgeschöpft все резервы были исчерпаны; die Kapazität des Betriebes wurde ausgeschöpft мощность завода была исчерпана

schöpfen² см. schaffen¹
Schöpfer творец, создатель
der Schöpfer — der Gestalter
Schöpfer индифф. синоним; напр.: er ist der Schöpfer dieses großen Projektes он создатель этого большого проекта; wer ist der Schöpfer dieses Denkmals? кто создатель этого памятника? Gestalter ≅ Schöpfer, но подчеркивает в процессе творчества момент придания формы чему-л., формирования чего-л.; напр.: der Mensch ist der Gestalter seines Geschickes человек — творец своей судьбы; er ist der Gestalter dieser Landschaft он создатель этого ландшафта; wer ist der Gestalter dieses Denkmals? кто создатель этого памятника?

schöpferisch творческий
schöpferisch — fruchtbar — produktiv
schöpferisch индифф. синоним; напр.: ein schöpferischer Mensch творческий человек; schöpferische Kritik, Phantasie творческая критика, фантазия; in dem Kollektiv herrscht eine schöpferische Atmosphäre в коллективе царит творческая атмосфера; lange Jahre noch war er schöpferisch tätig он еще долгие годы творчески работал. fruchtbar плодотворный; напр.: ein fruchtbarer Autor плодотворно работающий [плодовитый] автор; fruchtbare Kritik плодотворная критика; eine fruchtbare Idee плодотворная идея; dieser Gedanke ist sehr fruchtbar эта мысль очень плодотворна; das Kollektiv förderte sein Werk durch eine fruchtbare, freie Aussprache плодотворной, свободной дискуссией коллектив содействовал совершенствованию его произведения. produktiv продуктивный; напр.: ein produktiver Mensch продуктивно работающий человек; produktive Vorschläge sind immer willkommen продуктивные предложения всегда желательны; Müller ist ein produktiver Maler Мюллер — продуктивный художник

Schöpfung см. Arbeit¹
Schoppen см. Bierglas
Schornstein (дымовая) труба
der Schornstein — der Schlot — die Esse — der Rauchfang
Schornstein индифф. синоним; напр.: der Schornstein qualmt труба дымит; der Schornstein muß gefegt werden трубу нужно почистить. Schlot фабричная, пароходная труба; напр.: die Schlote rauchten nicht mehr (фабричные) трубы больше не дымили; die Schlote der Industrie sollen die Luft nicht verpesten трубы промышленных предприятий не должны отравлять воздух. Esse вост.-ср.-нем. = Schornstein; напр.: die Essen der Häuser und Fabriken qualmen трубы домов и фабрик дымят; schwarzer Rauch stieg aus der Esse черный дым шел из трубы. Rauchfang дымоход; австр. = Schornstein; напр.: der Rauchfang ist verstopft дымоход забит сажей

schräg косой, наклонный
schräg — schief — geneigt
schräg индифф. синоним; напр.: eine schräge Linie косая [наклонная] линия; in schräger Richtung по наклонной, наискось; etw. schräg schneiden резать что-л. наискось; der Mast steht schräg мачта стоит наклонно [наклонилась]; das Schiff liegt schräg корабль дал крен; er geht schräg über die Straße он идет через улицу наискось; die Post ist schräg gegenüber почта напротив наискосок. schief косой, кривой; напр.: ein schiefer Zaun покосившийся забор; der Schiefe Turm zu Pisa Пизанская падающая башня; eine schiefe Fläche, Ebene мат. наклонная плоскость; ein schiefer Winkel мат. косой угол; der Tisch steht schief стол стоит косо [криво]; sie hat eine schiefe Schulter у нее одно плечо выше [ниже] другого; sie hielt den Kopf schief она косо [криво] держала голову; die Birke ist schief gewachsen береза выросла вкось. geneigt наклонный, отлогий; напр.: eine geneigte Ebene наклонная [покатая] плоскость; ein sanft geneigter Hang отлогий склон; sie hielt den Kopf zur Seite geneigt она держала голову наклоненной набок

Schramme см. Narbe
Schrank шкаф
der Schrank — der Spind — der Schrein
Schrank индифф. синоним; напр.: ein alter, neuer, großer Schrank старый, новый, большой шкаф; den Schrank öffnen, schließen, einräumen, ausräumen открывать, закрывать шкаф, убирать что-л. в шкаф, опорожнять шкаф; sie hängt Kleider in den Schrank она вешает платья в шкаф; Bücher liegen und stehen in den Schränken книги лежат и стоят в шкафах. Spind узкий простой одностворчатый шкаф (б. ч. в казармах, общежитиях и т. п.); напр.: der Spind muß sauber gehalten werden шкаф следует содержать в чистоте; er

hängte seinen Arbeitskittel in den Spind он повесил свою спецовку в шкаф(чик). **Schrein** *уст. и терр.* = Schrank; *напр.*: die Tassen standen in einem altmodischen Schrein чашки стояли в старомодном шкафу

Schranke *см.* Grenze ²
schrankenlos *см.* unbegrenzt
Schranze *см.* Schmeichler
Schreck *см.* Angst ¹
schrecken *см.* erschrecken I
Schrecken *см.* Angst ¹
schreckhaft *см.* ängstlich
schrecklich ¹ страшный, ужасный

schrecklich — fürchterlich — furchtbar — entsetzlich — grauenvoll — grauenhaft — gräßlich — greulich

schrecklich *индифф. синоним*; *напр.*: eine schreckliche Krankheit страшная [ужасная] болезнь; eine schreckliche Entdeckung страшное [ужасное] открытие; ein schrecklicher Tod страшная [ужасная] смерть; er leidet schreckliche Qualen он страдает от ужасной боли; das waren schreckliche Tage! это были страшные [ужасные] дни!; es ist mir schrecklich, das sagen zu müssen ужасно, что мне приходится это говорить; der Anblick war schrecklich вид был ужасный; er ist ein schrecklicher Mensch! он страшный [ужасный] человек! **fürchterlich** жуткий, страшный *подчеркивает субъективность оценки, преувеличение и вследствие этого часто ирон.*; *напр.*: eine fürchterliche Katastrophe, Explosion, Seuche жуткая катастрофа, жуткий взрыв, страшная эпидемия; er starb einen fürchterlichen Tod он умер страшной смертью; es ist fürchterlich kalt ужасно холодно; der Brand hat in der Stadt fürchterlich gewütet пожар страшно бушевал в городе; die Stadt bot einen fürchterlichen Anblick вид города был жуток; er ist fürchterlich in seiner Wut он страшен в своей ярости. **furchtbar** страшный *подчеркивает личную эмоциональную оценку явления*; *напр.*: ein furchtbarer Brand, Sturm страшный пожар, страшная буря; eine furchtbare Katastrophe, Krankheit страшная катастрофа, болезнь; er mußte furchtbare Schmerzen erdulden ему пришлось терпеть страшные [ужасные] боли; er ist furchtbar in seinem Zorn он страшен в своем гневе; der Verwundete war furchtbar anzusehen на раненого было страшно смотреть. **entsetzlich** ужасный, внушающий ужас; *напр.*: ein entsetzliches Verbrechen ужасное преступление; er starb einen entsetzlichen Tod он умер ужасной смертью; nach dem Angriff bot die Stadt einen entsetzlichen Anblick вид города после нападения (врагов) был ужасен; er sah entsetzlich aus он выглядел ужасно; es war entsetzlich anzuschauen было ужасно смотреть на это. **grauenvoll, grauenhaft** кошмарный; *напр.*: ein grauenvolles [grauenhaftes] Bild, ein grauenvoller Tod кошмарная картина, смерть; ein grauenhaften [grauenvoller] Anblick кошмарный вид; eine grauenvolle [grauenhafte] Tat кошмарное злодеяние; eine grauenvolle Stille herrschte ringsum повсюду царила жуткая тишина; er sah grauenhaft aus он выглядел кошмарно. **gräßlich, greulich** ≅ schrecklich, *но подчеркивают, что кто-л., что-л. вызывает ужас, связанный с отвращением*; *напр.*: ein gräßlicher [greulicher] Anblick, Ton, Schmerz ужасный вид, звук, ужасная боль; gräßlich [greulich] klingen, riechen ужасно звучать, омерзительно пахнуть; das sieht gräßlich [greulich] aus это выглядит ужасно; sein Gesicht war gräßlich entstellt его лицо было ужасно обезображено; seine Hand war greulich verstümmelt его рука была страшно изуродована □ Ich fand Athen eine gräßliche Stadt (*Frisch*, »*Homo faber*«) Я нашел, что Афины — ужасный город

schrecklich ² *см.* sehr
Schrei ¹ крик, вскрик

der Schrei — das Geschrei — das Gekreisch(e)

Schrei *индифф. синоним*; *напр.*: ein lauter, schrecklicher Schrei громкий, ужасный крик; ein leiser Schrei тихий вскрик; einen Schrei unterdrücken подавить крик; ein gellender Schrei zerriß die Stille пронзительный [надсадный] крик разорвал тишину; sie hörte zwei leise Schreie она услышала два тихих вскрика; in der Nacht ertönten Schreie в ночи раздались крики; diese Schreie sind unerträglich эти крики невыносимы. **Geschrei** *тк. ед.* крик *в отличие от* Schrei *означает длящееся действие, целый ряд звуков, высказываний и т. п., не употр. по отношению к одиночным восклицаниям, выкрикам и т. п.*; *напр.*: ein Geschrei anheben, ausstoßen поднять, издать крик; in (ein) Geschrei ausbrechen разразиться криком; die Luft war von Geschrei erfüllt воздух был наполнен криком [криками]; er wurde mit jubelndem Geschrei begrüßt его приветствовали ликующими криками; hör mit dem hysterischen Geschrei auf! прекрати свой истерический крик! **Gekreisch(e)** визги, визгливый крик; *напр.*: das Gekreisch der Möwen (визгливый) крик чаек; die Mädchen liefen mit Gekreisch davon девчонки с визгом убежали прочь.

Schrei ²: einen Schrei ausstoßen *см.* schreien ¹; der letzte Schrei *см.* modérn ²

schreiben ¹ писать (*о процессе письма, о почерке*)

schreiben — schmieren — klecksen — kritzeln

schreiben *индифф. синоним*; *напр.*: schön, gut, (un)leserlich, (un)ordentlich schreiben писать красиво, хорошо, (не)разборчиво, (не)аккуратно; mit dem Bleistift, mit dem Füller, mit dem Kugelschreiber schreiben писать карандашом, авторучкой, шариковой ручкой; schnell, langsam schreiben писать быстро, медленно; schreiben lernen учиться писать; das Kind kann (noch nicht) schreiben ребенок (еще не) умеет писать; er schreibt eine gute Handschrift у него хороший почерк; die Tinte schreibt blaß чернила бледные; die Feder schreibt nicht перо не пишет. **schmieren** мазать (*писать грязно, неразборчиво*), марать бумагу; *напр.*: etw. ins Heft schmieren писать что-л. грязными каракулями в тетради; der Schüler hat sehr geschmiert ученик писал очень грязно; die Feder schmiert перо пишет плохо [мажет]. **klecksen** писать с кляксами, делать кляксы; *напр.*: der Junge hat ins Heft gekleckst мальчик написал в тетрадке, насажав кляксы; paß auf, daß du nicht klecksst! будь внимательнее, не наделай клякс!; mein Füller kleckst моя ручка делает кляксы. **kritzeln** *разг.* (на)царапать; *напр.*: etw. auf einen Zettel, in sein Heft kritzeln нацарапать что-л. на листке бумаги, в тетради; sie hat einige Bemerkungen an den Rand gekritzelt она нацарапала несколько замечаний на полях; die Federn kritzelten leise перья тихо поскрипывали

schreiben ² писать, написать (*сообщать письменно*)

schreiben — niederschreiben — niederlegen

schreiben *индифф. синоним*; *напр.*: etw. ins Heft, aufs Papier schreiben написать что-л. в тетради, на бумаге; ein paar Worte schreiben написать несколько слов; er schreibt mir alles, was er erlebt он пишет мне обо всем, что с ним происходит; hast du ihm deine Adresse geschrieben? ты написала ему свой адрес?; worüber schreibt er in seinem Buch? о чем он пишет в своей книге?; ich schreibe einen Brief an ihn я пишу ему письмо. **niederschreiben** записать; *напр.*: seine Gedanken, Erlebnisse niederschreiben записать свои мысли, события (своей жизни); nun schreiben Sie alles nieder, was Sie gesagt haben теперь запишите все, что вы сказали □ Dieses Gespräch hat meine Frau so beeindruckt, daß sie es mir fast Wort für Wort berichtete, und ich habe es niedergeschrieben (*Heym*, »*Gespräch im Kurpark*«) Этот разговор произвел на мою жену такое впечатление, что она передала его мне почти слово в слово, и я записал его. **niederlegen** *книжн.* излагать (в письменном виде); *напр.*: seine Gedanken schriftlich, in einem Buch niederlegen излагать свои мысли в письменной форме, в книге; er hat seine Forschungsergebnisse in einem kurzen Aufsatz niedergelegt он изложил результаты своих исследований в краткой статье; die Ergebnisse der Verhandlungen sind in

SCHREIBEN

einem Kommuniqué niedergelegt результаты переговоров изложены в коммюнике

schreiben³ см. verfassen

Schreiben см. Brief

schreien¹ кричать

schreien — brüllen — zetern — ein Geschrei erheben [machen] — einen Schrei ausstoßen — kreischen — quietschen — grölen — johlen — blöken — bölken

schreien индифф. синоним; напр.: laut, kläglich, vor Schmerz, vor Angst schreien кричать громко, жалобно, от боли, от страха; jemand schrie um Hilfe кто-то громко звал на помощь; das Kind schreit die ganze Nacht ребёнок кричит всю ночь; schrei nicht so, ich bin nicht taub! не кричи так, я не глухой!; die Kinder schreien in der Straße ребята кричат на улице. **brüllen** реветь, очень громко кричать; напр.: vor Schmerz, vor Angst, vor Freude brüllen реветь от боли, от страха, от радости; er brüllte aus vollen Leibeskräften он кричал изо всех сил; dem Schwerhörigen mußte man die Antwort ins Ohr brüllen глуховатому нужно было громко крикнуть ответ в самое ухо; brülle nicht so, ich bin nicht taub! не ори так, я не глухой!; die Menge brüllte ihm Beifall толпа громко кричала, одобряя его □ ...und wenn er schlief, schrak er plötzlich auf, weil er glaubte, der andere habe gebrüllt (*Heiduczek*, »Abschied von den Engeln«) ...а если он и засыпал, то вдруг испуганно просыпался, так как ему казалось, что тот, другой, орёт. **zetern** неодобр. вопить, громко жаловаться; кричать караул; напр.: hör doch nur auf zu zetern und sage ihm deutlich deine Meinung перестань же причитать и скажи ему ясно своё мнение. **ein Geschrei erheben [machen]** поднять крик; напр.: da erhoben sie ein lautes Geschrei тогда они подняли великий крик; die Kinder machen viel [erheben ein lautes] Geschrei дети поднимают большой крик; mach kein Geschrei! не поднимай крика!. **einen Schrei ausstoßen** издавать крик; напр.: sie stieß einen Schrei aus und fiel um она издала крик и упала; die Kinder stießen einen Schrei der Freude aus дети издали крик радости. **kreischen** разг. визжать; напр.: die Kinder kreischen vor Vergnügen дети визжат от удовольствия; alles kreischt und schreit durcheinander все визжат и кричат наперебой. **quietschen** разг. пищать; напр.: die Kinder quietschen vor Vergnügen дети пищат от удовольствия; sie quietschte vor Schreck она пискнула от испуга. **grölen** разг. орать, горланить; напр.: laut und unflätig grölen громко и непристойно горланить; begeistert grölen восторженно орать; der Betrunkene grölte ein Lied пьяный горланил песню; er hat sich heiser gegrölt он наорался до хрипоты; die Kinder grölten in der Straße ребята орали на улице; er grölte aus vollem Halse он орал во всю глотку. **johlen** разг. пренебр. ≅ grölen; напр.: die Zuschauer johlten зрители орали; die Halbstarken johlten an der Ecke хулиганы горланили на углу; die Menge johlte vor Empörung толпа возмущённо заулюлюкала; sie johlten Beifall они орали, выражая своё одобрение. **blöken** (*сев.-нем. тж.* **bölken**) разг. ≅ brüllen; напр.: blök [bölk] nicht so! не ори же так!; er blökt doch nur dummes Zeug он только и умеет, что глупо орать (*громко утверждать несуразное*)

schreien² см. weinen

schreiend см. grell¹

Schrein см. Schrank/Truhe

schreiten см. gehen¹

Schrift шрифт, письмо

die Schrift — der Druck

Schrift индифф. синоним; напр.: lateinische, griechische, kyrillische, deutsche Schrift латинский, греческий, славянский, готический шрифт; geschriebene und gedruckte Schrift письменный и печатный шрифт; die Schrift der Ägypter, der Azteken письмо [письменность] египтян, ацтеков. **Druck** печатный шрифт, печать; напр.: ein (un)klarer, kleiner, alter Druck (не)ясная, мелкая, старая печать; ich kann diesen schlechten Druck nicht entziffern я не могу разобрать эту плохую печать

Schriftsteller писатель

der Schriftsteller — der Dichter — der Poet — der Literat — der Dichterling — der Reimeschmied — der Versemacher

Schriftsteller индифф. синоним; в отличие от др. синонимов данного ряда употр. не тк. по отношению к создателю произведений художественной литературы, но и научных, публицистических и т. п. книг, статей; напр.: ein begabter, bekannter, realistischer Schriftsteller способный, известный писатель, писатель-реалист; er ist Schriftsteller geworden он стал писателем; ich kenne das letzte Werk dieses Schriftstellers gut я хорошо знаю последнее произведение этого писателя. **Dichter** поэт, писатель (*создатель художественного произведения высокого уровня, не обязательно стихотворного*); напр.: ein lyrischer, volkstümlicher, echter Dichter лирический, народный, настоящий поэт; ein dramatischer, genialer, realistischer Dichter драматический, гениальный писатель, писатель-реалист; die Dichter des Naturalismus писатели — представители натурализма; der Dichter besingt die Natur поэт воспевает природу; Shakespeare gehört zu den größten Dichtern der Weltliteratur Шекспир принадлежит к величайшим писателям мировой литературы; er ist zum Dichter geboren он рождён поэтом; sie zitiert diesen Dichter gern она любит цитировать этого поэта [писателя]. **Poet** высок. устаревает, теперь часто ирон. сочинитель, поэт; напр.: so ein Poet! ну и сочинитель!; diesen Poeten кенne ich ja! ну, этого пиита я знаю! **Literat** книжн. литератор; иногда употр. тж. ирон; напр.: so eine Auflage ist der Traum eines jeden jungen Literaten такой тираж — мечта каждого молодого литератора. **Dichterling** разг. пренебр. поэтишка; напр.: ein unbegabter, talentloser Dichterling бездарный, бесталанный поэтишка; er verachtete den, wie er sagte, Dichterling он презирал этого, как он говорил, поэтишку. **Reimeschmied** разг. рифмоплёт; напр.: er ist kein Dichter, sondern ein Reimeschmied он не поэт, а рифмоплёт. **Versemacher** разг. ирон. стихоплёт, стихокропатель; напр.: der junge Versemacher ist gekommen пришёл молодой стихоплёт; in meiner Jugend war ich auch Versemacher в юности я тоже был стихоплётом

Schriftstück см. Urkunde

schrill пронзительный

schrill — grell — gellend

schrill индифф. синоним; напр.: ein schriller Mißton, Schrei пронзительный неприятный звук, крик; der schrille Ton einer Klingel, einer Pfeife пронзительный звук звонка, свистка; mich weckte das schrille Läuten des Telefons меня разбудил пронзительный телефонный звонок; sie lachte schrill auf она пронзительно рассмеялась; er sang mit schriller Stimme он пел своим пронзительным голосом; er pfiff schrill он пронзительно засвистел. **grell** (очень) резкий; напр.: ein greller Ton резкий звук; eine grelle Stimme резкий голос; ihr grelles Lachen fiel ihm auf die Nerven её резкий смех действовал ему на нервы; man lachte grell in der Nähe вблизи кто-то разразился резким смехом; seine Musik ist voller greller Dissonanzen его музыка полна резких диссонансов. **gellend** пронзительно-резкий, режущий слух; напр.: gellende Schreie, Hilferufe истошные крики, крики о помощи; ein gellendes Lachen резкий, пронзительный смех; sie schrie gellend она пронзительно кричала; er brach in ein gellendes Gelächter aus он разразился пронзительно-резким хохотом

schrillen см. schallen

Schritt шаг

der Schritt — der Tritt

Синонимы данного ряда часто употр. в парном словосочетании auf Schritt und Tritt *на каждом шагу, то и дело, постоянно, повседневно*

Schritt индифф. синоним; напр.: ein fester, leiser, leichter, schwerer Schritt твёрдый, тихий, лёгкий, тяжёлый шаг; ein großer, kleiner, kurzer Schritt большой, маленький, короткий шаг; den Schritt beschleunigen, verlangsamen ускорить, замедлить шаг; einen Schritt nähertreten, zurücktreten подойти, отойти на шаг; das Kind machte heute die ersten Schritte ребенок сделал сегодня первые шаги; die Freude auf das Wiedersehen beflügelte seine Schritte радость свидания окрыляла его шаги; wir sind in unseren Verhandlungen noch keinen Schritt weitergekommen мы не продвинулись в переговорах ни на шаг; das war ein gewagter Schritt это был рискованный шаг; er begegnet mir auf Schritt und Tritt он встречается мне на каждом шагу. **Tritt** ≅ Schritt, *но употр. тк. в значении акта движения и звука шагов; напр.*: j-d hat einen festen, leichten, leisen Tritt у кого-л. твердый, легкий, тихий шаг; einen falschen Tritt haben идти не в ногу; im gleichen Tritt marschieren маршировать в ногу; beim nächsten Tritt wäre er in den Abgrund gestürzt еще шаг — и он полетел бы в пропасть; man hörte schwere Tritte послышались тяжелые шаги; man bemühte sich, Tritt zu halten старались держать шаг; er folgt dem Mädchen auf Schritt und Tritt он преследует девушку на каждом шагу

schroff *см.* grob/steil
Schroffheit *см.* Schärfe [1]
schröpfen *см.* nehmen [2]
Schrulle *см.* Laune [1]
schrumpfen *см.* verkleinern, sich
Schub *см.* Stoß
Schubs *см.* Stoß
schüchtern застенчивый

schüchtern — scheu — befangen — verlegen — betreten — gehemmt — verschämt — zaghaft — zag

schüchtern *индифф. синоним; напр.*: ein schüchterner Mensch застенчивый человек; schüchtern sein быть застенчивым, стесняться; sie lächelte schüchtern она застенчиво улыбнулась; er klopfte schüchtern an die Tür он нерешительно постучал в дверь; er ist so schüchtern он такой застенчивый [так стесняется]; hier liegt ein schüchterner Ansatz vor, in das unbekannte Gebiet einzudringen перед нами робкая попытка проникнуть в неизведанную область □ Ein paar Indianer kamen heran, um unser Vehikel zu besichtigen, wortlos und schüchtern (*Frisch, »Stiller«*) Несколько индейцев подошли поближе, чтобы посмотреть на нашу колымагу, молча и застенчиво. **scheu** робкий; *напр.*: ein scheues Kind робкий ребенок; ein scheues Mädchen робкая девушка; ein scheuer Blick робкий взгляд; scheu sein быть робким, робеть; sich scheu nähern робко подойти поближе; sie hat ein scheues Wesen у нее робкий характер; scheu sah sie zu dem Mann auf она робко снизу вверх взглянула на мужчину; mit einer scheuen Bewegung strich er ihr über das Haar он робким движением погладил ее по волосам; sei nicht so scheu! не надо так робеть!; sie wird aber sofort scheu она сразу же робеет □ Der hochgewachsene Jacques Robert Turgot aber... trat zu Franklin zu und umarmte ihn linkisch und scheu (*Feuchtwanger, »Die Füchse«*) Но высокий Жак Робер Тюрго... подошел к Франклину и обнял его неловко и с робостью. **befangen** ≅ schüchtern, *но подчеркивает чувство скованности у стеснительного человека; напр.*: ein befangenes junges Mädchen застенчивая [стеснительная] девушка; j-n befangen machen смутить [привести в замешательство] кого-л.; befangen antworten отвечать застенчиво, er sprach mit einer leisen, befangenen Stimme он говорил тихим, сдавленным от застенчивости голосом; sie grüßte befangen она застенчиво поздоровалась; sie unterhielten sich stockend und befangen они беседовали, порой в замешательстве умолкая. **verlegen** смущенный; *напр.*: ein verlegener Blick смущенный взгляд; verlegen sein быть смущенным, смущаться; verlegen lächeln смущенно улыбаться; als ich eintrat, herrschte verlegenes Schweigen когда я вошел, царило смущенное молчание; du bist doch sonst nicht so verlegen но ведь обычно ты не такой же стеснительный; seine Fragen machten sie verlegen его вопросы смутили ее. **betreten** ≅ verlegen, *но подчеркивает чувство растерянности и неловкости; напр.*: als er eintrat, herrschte betretenes Schweigen когда он вошел, царило неловкое молчание; alle waren über seine Worte betreten всем было очень неловко от его слов, его слова привели всех в замешательство; bei diesem Anblick sah er betreten zur Seite при виде этого он смущенно отвел глаза; die Anwesenden blickten betreten vor sich hin присутствующие смущенно [растерянно] смотрели прямо перед собой. **gehemmt** внутренне скованный, стесненный *часто употр. по отношению к лицу, неспособному преодолеть свою нерешительность, и к его поведению; напр.*: sich gehemmt fühlen чувствовать себя стесненно; er machte auf mich den Eindruck eines gehemmten Menschen он произвел на меня впечатление внутренне нерешительного человека; er antwortete ihr gehemmt он отвечал ей как-то скованно; sie wirkt irgendwie gehemmt она кажется какой-то скованной [стеснительной]. **verschämt** застыдившийся, стыдливый; *напр.*: ein verschämtes junges Mädchen застыдившаяся юная девушка; ein verschämter Blick стыдливый взгляд; verschämt blicken, lächeln стыдливо смотреть, улыбаться; sie senkte verschämt die Augen она стыдливо опустила глаза; sie flüsterte etwas mit einer leisen, verschämten Stimme она прошептала что-то тихим, стыдливым голосом. **zaghaft** нерешительный *подчеркивает* отсутствие уверенности в осуществимости или правильности своего намерения; *напр.*: er klopfte zaghaft an die Tür он нерешительно постучал в дверь; seine zaghaften Worte hatten keine Wirkung его нерешительные слова не подействовали. **zag** *высок. редко* ≅ zaghaft; *напр.*: er überhörte ihren zagen Einwand он сделал вид, что не слышит ее нерешительную попытку возразить

schuften *см.* arbeiten [1]
schuld *см.* schuldig [1]
Schuld долг, обязательство

die Schuld — die Verpflichtung — der Rückstand — die Verbindlichkeit — die Obligation

Schuld *индифф. синоним (в знач.* 'денежный долг' *чаще мн.*); *напр.*: Schulden machen, haben делать, иметь долги; in Schulden stecken быть в долгах; eine Schuld begleichen, bezahlen отдать, заплатить долг; nach Bezahlung seiner Schulden blieb ihm wenig übrig после уплаты долгов у него мало что осталось; auf dem Haus liegt eine Schuld von 3000 Mark на доме 3000 марок долга; ich stehe in Ihrer Schuld я вам обязан, я ваш должник; eine große Schuld der Dankbarkeit lastet auf ihm на нем бремя долга великой благодарности. **Verpflichtung** обязательство; *напр.*: eine eidliche, feierliche Verpflichtung принятое под присягой, торжественное обязательство; dienstliche, moralische, internationale Verpflichtungen служебные, моральные, международные обязательства; eine geldliche Verpflichtung денежное обязательство; eine Verpflichtung übernehmen, erfüllen брать на себя, выполнять обязательство; gegenseitige Verpflichtungen aufnehmen взять на себя встречные обязательства; er will sich durch keine Verpflichtung binden он не хочет связывать себя никаким обязательством; er anerkennt seine Verpflichtung он признает свое обязательство; sie hat auch ihre (gesellschaftlichen) Verpflichtungen у нее также есть обязательства (перед обществом) □ Die bayrische Verwaltung stand gerechtfertigt vor den scheelsüchtigen norddeutschen Nörglern, ihre Kassen waren einer unangenehmen Verpflichtung ledig (*Feuchtwanger, »Erfolg«*) Баварская администрация была оправдана в глазах завистливых северогерманских критиканов, от ее касса была освобождена от неприятного обязательства. Am 9. Januar stellte die Reparationskommission fest, Deutschland sei seinen Verpflichtungen aus dem Vertrag von Versailles nicht nachgekommen (*ebenda*) Девятого января комиссия по репарациям установила, что Германия не выполнила обязательств, взятых на себя по Версальскому договору. **Rückstand** задолженность; недоимка; *напр.*: Rückstände eintreiben, bezahlen взимать, платить задолженность; er ist mit den Raten im Rückstand у него задолженность по погашению процентов по очередным платежам. **Verbindlichkeit** *книжн.* а) (денежное) обязательство; *напр.*: gegen j-n Verbindlichkeiten haben in Höhe von... иметь перед кем-л. долговое обязательство в размере...; keine Verbindlichkeiten eingehen не брать обязательств; er wollte seine Verbindlichkeiten nicht erfüllen он не хотел выполнять своих обязательств; б) *тк. ед.* обязательность, (безоговорочное) обязательство; *напр.*: die Verbindlichkeit des Völkerrechts обязательность соблюдения международного права; die Verbindlichkeit des Kaufs durch seine Unterschrift bestätigen подтвердить своей подписью обязательность совершения покупки. **Obligation** *книжн. редко* долговое обязательство; обязательство получателя займа *(обыкн. подтвержденное специальным документом — облигацией)*; *напр.*: er hat seine Obligationen gegenüber den Banken immer erfüllt свои обязательства банкам он всегда выполнял

schuldbewußt *см.* schuldig [1]
schulden *см.* verdanken
schuldig [1] виновный, виноватый
schuldig — schuld — schuldbewußt
schuldig *индифф. синоним*; *напр.*: sich schuldig fühlen чувствовать себя виноватым; sich schuldig machen стать виновным, провиниться; j-n für schuldig erklären объявить кого-л. виновным; er ist an diesem Tod nicht schuldig он не виновен в этой смерти; wir sind schuldig vor ihr мы виноваты перед ней; er machte ein schuldiges Gesicht он сделал виноватое лицо; die Geschworenen sprachen ihn schuldig суд присяжных признал его виновным. **schuld** ≃ schuldig, *но употр. тк. в определенных сочетаниях с глаголами* sein, haben, geben; *напр.*: schuld sein [haben] быть виновным [виноватым]; j-m schuld geben обвинять кого-л.; wer ist schuld? кто виноват?; er allein hat schuld один виноват; sie ist an allem schuld она во всем виновата; die Verhältnisse sind schuld daran обстоятельства этому виной; man gibt ihm schuld an dem ganzen Unheil его считают виновным во всем несчастье; er gibt dem schlechten Wetter schuld, daß so viele Leute krank sind в том, что так много людей болеет. **schuldbewußt** виноватый, сознающий свою вину; *напр.*: er sah seinen Lehrer schuldbewußt an он смотрел на своего учителя, сознавая свою вину [с сознанием своей вины]; er sah sofort ihr schuldbewußtes Lächeln он тотчас же увидел ее виноватую улыбку

schuldig [2] *см.* entsprechend
Schuldigkeit *см.* Aufgabe [1]
schuldlos *см.* unschuldig [1]

Schuldner должник
der Schuldner — der Debitor
Schuldner *индифф. синоним*; *напр.*: ein schlechter, unzuverlässiger Schuldner недобросовестный, ненадежный должник; ein säumiger Schuldner неплательщик; er ist mein Schuldner он мой должник; Sie haben so viel für mich getan, ich werde immer Ihr Schuldner sein вы так много для меня сделали, я буду вашим вечным должником. **Debitor** *офиц., банк.* дебитор; *напр.*: das Werk ist unser Debitor завод является нашим дебитором
schulen *см.* lehren [1]
Schüler ученик
der Schüler — der Lehrling — der Anhänger — der Jünger
Schüler *индифф. синоним*; *напр.*: er ist noch Schüler он еще ученик [школьник]; der Dirigent ist ein Schüler von Karajan этот дирижер — ученик Караяна; dieser Gelehrte hat viele Schüler у этого ученого много учеников. **Lehrling** ученик на производстве, в мастерской; *напр.*: er ist Lehrling он ученик на производстве; der Betrieb wird in diesem Jahr zwölf Lehrlinge annehmen предприятие набирает в этом году двенадцать учеников; ich bin nicht jung genug, um noch einmal Lehrling zu werden я недостаточно молод, чтобы снова ходить в учениках. **Anhänger** приверженец; *напр.*: ein treuer, begeisterter, leidenschaftlicher Anhänger верный, восторженный, страстный приверженец; er hat seine Bewunderer und Anhänger у него свои почитатели и приверженцы; diese Lehre hat viele Anhänger у этого учения много последователей. **Jünger** *высок.* ≃ Schüler; *напр.*: der hochbegabte Jünger des Meisters высокоодаренный ученик мастера; die zwölf Jünger Jesu *рел.* двенадцать апостолов Иисуса Христа; er ist ein Jünger der Musen он питомец муз; er wurde ein eifriger Jünger der Medizin он стал прилежным учеником в области медицины

Schulfreund *см.* Freund [1]
Schulkamerad *см.* Mitschüler
Schullehrer *см.* Lehrer
Schulmann *см.* Lehrer
Schulmeister *см.* Lehrer
schulmeisterlich *см.* lehrhaft
schulmeistern *см.* lehren [2]
Schulter плечо
die Schulter — die Achsel
Schulter *индифф. синоним*; *напр.*: schmale, breite, schiefe Schultern узкие, широкие, кривые плечи; j-m auf die Schulter klopfen похлопать кого-л. по плечу; er zog die Schultern bedauernd hoch он сожалеюще пожал плечами; der Redner wurde aus Begeisterung auf die Schultern gehoben оратора в восторге подняли на плечи; wir arbeiten Schulter an Schulter мы работаем плечом к плечу. **Achsel** ≃ Schulter, *но обозначает*

как часть плечевого сустава (=Schulter), *так и, главным образом, его нижнюю часть — подмышку*; *напр.*: die Achseln hochziehen, heben und senken высоко поднять, поднять и опустить плечи; j-m die Hand auf die Achsel legen положить кому-л. руку на плечо; den Stock unter die Achsel nehmen взять трость под мышку; er zuckte mitleidig die Achseln он сожалеюще пожал плечами; er warf den Rucksack auf die Achsel он забросил рюкзак за плечо

schumm(e)rig *см.* dämm(e)rig
schummern *см.* dämmern
Schund *см.* Ausschuß [1]
Schuppen *см.* Scheune
schüren *см.* entzünden [1]
schurigeln *см.* quälen
Schürzenjäger *см.* Verführer
Schuß *см.* Verletzung [1]
Schüssel миска
die Schüssel — das Becken
Schüssel *индифф. синоним*; *напр.*: eine runde, verdeckte Schüssel круглая, накрытая крышкой миска; auf dem Tisch steht eine Schüssel voll Kartoffeln на столе стоит миска, полная картофеля; die Schüssel wurde schnell geleert миску быстро опорожнили. **Becken** таз; *напр.*: er wusch sich die Hände im Becken он вымыл руки в тазу; sie füllte das Becken mit Wasser она наполнила таз водой; neben dem Krankenbett stand ein rundes Becken mit Wasser у кровати больного стоял круглый таз с водой

Schutt *см.* Trümmer
schütteln [1] трясти
schütteln — rütteln
schütteln *индифф. синоним*; *напр.*: die Hand schütteln (по)трясти руку; vor dem Gebrauch schütteln! перед употреблением взбалтывать! ich hätte ihn schütteln mögen! мне хотелось встряхнуть его как следует!; ein unwiderstehlicher Lachreiz schüttelte ihn его сотрясал смех, который он тщетно пытался подавить □ Mein Verteidiger schüttelt den Kopf. »Warum erzählen Sie mir solche Hirngespinste?« sagt er (Frisch, »Stiller«) Мой защитник качает головой. «Почему вы рассказываете мне эти выдумки?» — говорит он. **rütteln** ≃ schütteln, *но предполагает более резкие, энергичные движения*; *напр.*: j-n an den Schultern rütteln тряхнуть [сильно трясти] кого-л. за плечи; der Sturm rüttelt an der Tür буря сотрясает дверь; er rüttelte den Baum, bis die Äpfel herunterfielen он тряс дерево, пока с него не посыпались яблоки; er rüttelte mich aus dem Schlaf он растолкал меня

schütteln [2] *см.* zittern
schütten [1] сыпать
schütten — streuen
schütten *индифф. синоним*; *напр.*: den Zucker in die Zuckerdose schütten (на)сыпать сахар в сахарницу; alles auf einen Haufen schütten (с)сы-

пать все в одну кучу; das Getreide wurde auf den Kornboden geschüttet зерно было ссыпано на току; sie schüttete noch mehr Mehl in den Teig она подсыпала еще муки в тесто □ Micky sah ihm zu, wie er eine Sammlung Kippen aus einer Blechschachtel in den Handteller schüttete (*Valentin*, »*Die Unberatenen*«) Мики смотрел, как он высыпал на ладонь из жестяной банки собранные окурки. streuen посыпать, разбрасывать (*более или менее равномерно*); *напр*.: Zucker auf den Kuchen streuen посыпать пирог сахаром, сыпать сахар на пирог; die Straße wird bei Glatteis gestreut при гололеде улицу посыпают; in den Viehstall wird Stroh gestreut в хлеву разбрасывают солому (для подстилки); bei der Trauung werden hier nach dem herkömmlichen Brauch Blumen gestreut при свадебном обряде здесь по традиционному обычаю разбрасывают цветы
schütten² *см.* gießen¹
schütter *см.* licht¹
schüttern *см.* zittern

Schutz защита
der **Schutz** — die **Verteidigung** — die **Abwehr** — die **Wehr** — der **Schirm** — die **Hut**
Schutz *индифф. синоним; напр.*: Schutz suchen, finden, bieten, gewähren искать, находить, предоставлять, обеспечивать защиту; in [unter] Schutz des Gesetzes stehen быть под защитой закона, охраняться законом; j-n unter (seinen) Schutz nehmen взять кого-л. под (свою) защиту; das Dach über der Haltestelle bietet Schutz gegen Regen крыша над остановкой дает защиту [прикрытие] от дождя; die Einbrecher entkamen unter dem Schutz der Dunkelheit взломщикам удалось скрыться под покровом темноты. **Verteidigung** оборона; (активная) защита *часто употр. тж. как юридический, военный и спортивный термин; напр.*: eine geschickte, tapfere, schwache Verteidigung умелая, смелая, слабая оборона; zur Verteidigung bereit sein быть готовым к обороне [к защите]; er versuchte kaum eine Verteidigung он и не пытался обороняться [защищаться]; die gegnerische Verteidigung brach zusammen оборона противника не выдержала; meine Verteidigung blieb wirkungslos моя защита не возымела действия. **Abwehr** отпор, оборона; *напр*.: die militärische, eine wirksame Abwehr вооруженный, действенный отпор; sich in Abwehr befinden находиться в обороне; sich zur Abwehr bereit halten быть готовым к обороне [к отпору]; du darfst dich nicht nur auf die Abwehr beschränken ты не имеешь права ограничиваться только отражением ударов; dank der starken Abwehr siegte unsere Mannschaft благодаря сильной обороне наша команда победила. **Wehr** ≅ **Verteidigung** *употр. тк. в устойчивом словосочетании* sich zur Wehr setzen обороняться; *напр*.: du hättest dich zur Wehr setzen müssen тебе следовало бы обороняться; ich habe mich tüchtig zur Wehr gesetzt я отчаянно оборонялся. **Schirm** ≅ **Schutz** *употр. для усиления значения в парном словосочетании* Schutz und Schirm *высок. устаревает* (надежная) защита; *напр*.: j-n unter seinen Schutz und Schirm nehmen взять кого-л. под свою защиту; du bist mein einziger Schutz und Schirm! ты моя единственная защита; der Neue steht unter meinem Schutz und Schirm новенький находится под моей особой защитой. **Hut** ≅ **Schutz**, *но употр. тк. в определенных сочетаниях, стилистически нейтрально в* auf der Hut sein остерегаться, быть настороже *и высок. в* j-n in seine Hut nehmen брать кого-л. под свою защиту *и др*.; *напр*.: er ist noch unter der Hut seiner Mutter он находится еще под материнской опекой; sei auf der Hut vor ihm! остерегайся его!; ich nehme dich in meine Hut я возьму тебя под свою защиту

schützen защищать, охранять, оберегать
schützen — **beschützen** — **hüten** — **behüten** — **verteidigen** — **bewahren** — **decken** — **beschirmen** — **schirmen**
schützen *индифф. синоним; напр*.: j-n vor einer Gefahr schützen защитить кого-л. от опасности; sie schützen die Heimat они защищают [охраняют] родину; er schützte treu ihre Interessen он верно охранял [защищал] ее интересы; der Baum schützte uns vor Regen дерево защитило нас от дождя; der Damm schützt das Dorf vor Überschwemmung плотина защищает деревню от наводнения. **beschützen** ≅ **schützen**, *но имеет более узкое значение* 'защищать, охранять кого-л. от опасности'; *напр*.: j-n vor einem Feind, vor einer Gefahr beschützen охранять кого-л. от врага, от опасности; er beschützte seinen kleineren Bruder, seine Schwestern он защищал своего младшего брата, своих сестер; die Mutter wollte ihn vor der Wut des Vaters beschützen мать хотела защитить его от гнева отца; damit möchte ich dich vor Schlimmerem beschützen этим я хотел бы предохранить тебя от худшего. **hüten** беречь, стеречь *часто в книжно-письменной речи; напр*.: gewissenhaft, vorsorglich hüten добросовестно, заботливо беречь [стеречь]; er wird sicher das Geheimnis hüten он, конечно, сохранит тайну; sie hat den Nachlaß des Dichters sorgfältig gehütet она заботливо берегла наследство писателя; er hütet die Gesetze des Staates, das ist sein Beruf он стоит на страже законов государства, это его профессия. **behüten** (тщательно) оберегать *часто в книжно-письменной речи; напр*.: j-n sorgsam, gut behüten заботливо, хорошо оберегать кого-л.; sie behütet ihre Kinder vor dem Einfluß dieses Menschen она старательно оберегает своих детей от влияния этого человека; sie behütet das Kind, daß ihm nichts zustößt она старательно оберегает ребенка, чтобы с ним ничего не случилось; sie behüteten einander liebevoll vor allerlei Unannehmlichkeiten они любовно оберегали [ограждали] друг друга от разных неприятностей. **verteidigen** ≅ **schützen**, *но подчеркивает активный характер защиты; напр*.: das Vaterland vor den Feinden verteidigen защищать [оборонять] отечество от врагов; in diesem Kampf verteidigt er sein Leben в этой борьбе он защищает свою жизнь; niemand hat mich vor seinen Angriffen verteidigt никто не защитил меня от его нападок. **bewahren** ≅ **behüten**; *напр*.: j-n vor Schaden, vor Verlust bewahren оберегать кого-л. от убытков, от потери; j-n vor Enttäuschungen, vor Überraschungen bewahren оберегать кого-л. от разочарований, от неожиданностей; die Jugendlichen müssen vor schlechten Einflüssen bewahrt werden подростков надо уберечь от дурных влияний; man muß diese seltene Tierart vor dem Aussterben bewahren этот редкий вид животных необходимо уберечь от вымирания; ein gütiges Geschick hat ihn vor dem Schlimmsten bewahrt добрая судьба оберегла его от самого плохого. **decken** прикрывать; *напр*.: er deckte den Bruder mit seinem Leibe он прикрыл брата своим телом; die Nacht deckte sie ночь укрыла их; dichter Wald deckte den Rückzug густой лес прикрывал отступление; willst du ihn wieder decken? *перен*. ты хочешь снова покрывать его? **beschirmen** *высок*. ≅ **schützen**; *напр*.: j-n vor allen Gefahren beschirmen охранять [ограждать] кого-л. от всех опасностей; die Burg beschirmte die Stadt крепость защищала город; die mächtige Linde beschirmte das Haus могучая липа осеняла дом; **schirmen** *уст. высок*. ≅ **beschützen**; *напр*.: der Ritter hatte die Schwachen und Schutzlosen, die Witwen und Waisen zu schirmen рыцарь должен был охранять [быть защитником] слабых и беззащитных, вдов и сирот

Schutzengel *см*. Beschützer
schützen, sich *см*. verteidigen, sich
Schützer *см*. Beschützer
Schutzgeist *см*. Beschützer
Schützling подопечный, опекаемый
der **Schützling** — der **Protégé**
Schützling *индифф. синоним; напр*.: er ist mein Schützling он мой подопечный; er wurde Schützling eines reichen Gönners он стал подопечным богатого покровителя; ich will kein Schützling von dir sein я не хочу быть твоим опекаемым [, чтобы ты

меня опекал]. **Protegé** [-'ʒe:] протеже; *напр.:* als Protegé einiger einflußreicher Politiker machte er schnell Karriere в качестве протеже некоторых влиятельных политических деятелей он быстро сделал карьеру; ich weiß, wessen Protegé er ist я знаю, чей он протеже

schutzlos беззащитный
schutzlos — wehrlos
schutzlos *индифф. синоним; напр.:* sie stand allein und schutzlos da она стояла одинокая и беззащитная; die Bevölkerung war dem Feind schutzlos ausgeliefert население было беззащитно перед лицом врага; es war ein schutzloses Kind это было беззащитное дитя; man ermordete schutzlose Menschen убивали беззащитных людей. **wehrlos** безоружный *чаще перен.; напр.:* ein wehrloser Verwundeter безоружный раненый; sie stand seinen Drohungen wehrlos gegenüber она была безоружна против его угроз; wir waren völlig wehrlos gegen diesen Vorwurf мы были абсолютно безоружны против этого упрека

schwach[1] слабый (*не сильный*)
schwach — kraftlos — matt — ermattet — schlaff — schlapp — lax — flau
schwach *индифф. синоним; напр.:* ein schwaches Kind слабый ребенок; ein schwaches Herz слабое сердце; eine schwache Bewegung слабое движение; er war nach der Krankheit noch schwach он был еще слаб после болезни; er hatte schwache Augen у него были слабые глаза; sie sprach mit schwacher Stimme она говорила слабым голосом; sie ist alt und schwach она стара и слаба; er ist krank und schwach он больной и слабый. **kraftlos** бессильный; *напр.:* kraftlos sein быть бессильным, не иметь сил; der Kranke ist noch kraftlos больной еще очень слаб, у больного нет еще сил; sie ließ kraftlos die Arme sinken она бессильно опустила руки; sie sprach mit kraftloser Stimme она говорила слабым-слабым голосом. **matt** слабый, вялый *тж. перен.; напр.:* ein mattes Interesse слабый интерес; mit matter Stimme sprechen говорить слабым [вялым] голосом; vor Hunger, vor Durst, vor Anstrengung matt sein ослабнуть от голода, от жажды, от напряжения; er hatte einen matten Puls у него был слабый пульс; sie lächelte ihn matt an она чуть улыбнулась ему. **ermattet** ≅ matt, *но больше подчеркивает, что слабость является результатом какого-л. напряжения; напр.:* die ermatteten Boxer waren nicht mehr fähig zu kämpfen обессиленные боксеры были больше не в состоянии продолжать бой; von Durst ermattet, tranken sie gierig Milch ослабевшие от жажды, они жадно пили молоко; die Bergsteiger waren von dem schwierigen Aufstieg sehr ermattet альпинисты были без сил после трудного восхождения. **schlaff** ≅ matt, *но больше подчеркивает вялость и дряблость; напр.:* ein schlaffes Wesen слабое существо; schlaff sein быть слабым [вялым]; er stand mit schlaff herabhängenden Armen vor ihr он стоял перед ней с вяло опущенными руками. **schlapp** ≅ schlaff, *но употр. по отношению к лицу, позе, состоянию человека; часто пренебр. или неодобр.; напр.:* ein schlapper Mensch вялый [слабый] человек; ich bin noch schlapp nach der Krankheit я еще слаб после болезни; sie fühlte sich nach dem langen Spaziergang schlapp она чувствовала себя ослабевшей после долгой прогулки (*Ср. тж. ряд* schwach[3]). **lax** слабый, неустойчивый (*о дисциплине, морали и т. п.*); *напр.:* eine laxe Disziplin слабая дисциплина; er hat laxe Grundsätze у него нетвердые принципы; sein Benehmen ist lax его поведение неустойчиво. **flau** *разг.* ≅ schwach; *напр.:* ich fühle mich noch ganz flau я чувствую себя еще совсем слабым; mir wurde, war ganz flau zumute мне стало, было совсем не по себе; die Geschäfte gehen flau дела идут не шибко; ihm wird flau vor Hunger он ослаб [стал слабым] от голода

schwach[2] слабый, некрепкий, жидкий
schwach — dünn
schwach *индифф. синоним; напр.:* schwacher Tee, Kaffee слабый [некрепкий] чай, кофе; schwache Brühe слабый [некрепкий] бульон; eine schwache Mauer непрочная стена; ein schwacher Faden, Draht, Balken непрочная [слабая] нить, проволока, балка; das Eis ist schwach лед слаб [непрочен]. **dünn** тонкий; жидкий; *напр.:* dünner Tee, Kafee жидкий [некрепкий] чай, кофе; dünne Brühe жидкий бульон; eine dünne Stelle (am Ärmel) тонкое [истонченное, непрочное] место (на рукаве); ein dünner Faden тонкая нить; das Eis ist dünn лед тонкий [непрочный]; der neue Tenor hat leider eine ziemlich dünne Stimme у нового тенора, к сожалению, довольно жидкий [слабый] голос; sie antwortete mit einem dünnen Lächeln она ответила тонкой улыбкой

schwach[3] слабый, безвольный
schwach — kraftlos — ohnmächtig — energielos — willenlos — charakterlos — schlapp
schwach *индифф. синоним; напр.:* ein schwacher Mensch, Charakter слабый [безвольный] человек, слабый характер; sich schwach zeigen, sich als schwach erweisen показать свою слабость, оказаться слабым; du darfst nicht schwach werden! ты не имеешь права на слабость [стать слабым]!; in einer schwachen Stunde ließ ich mich überreden в минуту слабости я дал уговорить себя. **kraftlos** бессильный; *напр.:* seine kraftlose Haltung schadet der Sache проявляемое им бессилие вредит делу. **ohnmächtig** ≅ kraftlos *употр. тк. в определенных сочетаниях б. ч. с* Wut, Haß, Zorn *и глаголом* zusehen; *напр.:* ohnmächtige Wut бессильная ярость; ohnmächtiger Haß бессильная ненависть; ohnmächtig zusehen, wie etw. geschieht смотреть, как что-л. происходит, будучи не в силах помешать этому. **energielos** неэнергичный, лишенный энергии; *напр.:* ein energieloser Mensch неэнергичный человек, человек без [лишенный] энергии; energielos vorgehen действовать неэнергично [вяло, робко]; sein energieloses Verhalten entmutigte uns его неэнергичность лишала нас мужества; er begann das Unternehmen energielos он начал дело без энергии. **willenlos** слабовольный, безвольный; *напр.:* ein willenloser Mensch слабовольный [безвольный] человек; er ist ein willenloses Werkzeug in den Händen seines Freundes он безвольное орудие в руках своего друга; er hat willenlos alles seiner Frau überlassen он безвольно отдал все в руки своей жены. **charakterlos** [k-] бесхарактерный; *напр.:* ein charakterloser Mensch бесхарактерный человек; ein charakterloses Wesen бесхарактерное существо; charakterlos handeln поступать бесхарактерно; sei nicht so charakterlos! не будь таким бесхарактерным! **schlapp** *фам. пренебр.* ≅ energielos; *напр.:* ein schlapper Mensch бесхребетный человек; eine schlappe Disziplin расхлябанность

schwach[4] *см.* kränklich

schwächen ослаблять
schwächen — abschwächen — herabsetzen — entkräften — entmannen — ausmergeln — zermürben — lockern
schwächen *индифф. синоним; напр.:* den Gegner schwächen ослаблять противника; j-s Ansehen, j-s Interesse schwächen подрывать чью-л. репутацию, ослаблять чей-л. интерес; er hat dadurch seine Gesundheit geschwächt он подорвал этим свое здоровье; der Feind wurde in diesem Kampf stark geschwächt враг был сильно ослаблен в этом бою. **abschwächen** (несколько) ослабить, снизить *употр. по отношению к результатам, эффективности и т. п.; напр.:* der Eindruck des Bildes wird dadurch abgeschwächt, daß es schlecht hängt впечатление от картины ослабляется тем, что она плохо [неудачно] висит; die Wirkung seiner Worte wurde durch seine Haltung abgeschwächt воздействие его слов оказалось слабее из-за его позиции; die Tatsachen schwächen diese seine Behauptung ab факты делают шатким это его утверждение. **herabsetzen** понижать, сокращать; *напр.:* das Interesse, die Forderung herabsetzen понизить интерес, требовательность; Alkohol setzt die Empfindlich-

SCHWÄCHLICH

keit der Sinnesorgane herab алкоголь понижает восприимчивость органов чувств; die Arbeitszeit wird weiter herabgesetzt продолжительность рабочего дня сокращается; diese Arznei setzt das Fieber herab это лекарство понижает температуру. **entkräften** лишать кого-л. сил, лишать что-л. силы; *напр.*: die Anstrengungen der Reise haben ihn entkräftet трудности путешествия лишили его сил; die Krankheit hatte ihn völlig entkräftet болезнь полностью лишила его сил; er konnte den Verdacht nicht entkräften он не мог лишить силы [опровергнуть] это подозрение; diese Hypothese ist bis jetzt noch nicht entkräftet эта гипотеза до сих пор еще не опровергнута. **entmannen** schwächen *употр. образно, подчеркивает, что слабость является следствием утраты мужества, веры и т. п.; напр.*: der Gram entmannte ihn allmählich тоска постепенно подтачивала его; dieses Gesetz sollte die Opposition entmannen этот закон должен был ослабить оппозицию. **ausmergeln** изнурять истощать; *напр.*: Hitze und Hunger haben ihn ganz ausgemergelt жара и голод совсем изнурили его; übermäßige Kalkdüngung mergelt den Boden aus излишнее известкование истощает почву; die Menschen waren durch die langen Kriegsjahre ausgemergelt люди были изнурены долгими годами войны. **zermürben** выматывать, (постепенно) изматывать; *напр.*: die Sorgen haben ihn zermürbt заботы вымотали его; die Belagerung zermürbte den Feind осада изматывала врага; der Täter ist durch das Kreuzverhör völlig zermürbt (worden) преступник был полностью раздавлен перекрестным допросом. **lockern** ослабить, расслабить, сделать менее тугим *и т. п.*; *напр.*: den Griff lockern ослабить хватку; seine Muskeln lockern расслабить мускулы; den Gürtel lockern распустить [расслабить] пояс; er lockerte den Verschluß mit einer Zange он ослабил запор с помощью клещей; der neue Chef hat manche Vorschriften gelockert новый начальник внес некоторые послабления в действующие предписания

schwächlich *см.* kränklich
schwachsinnig слабоумный
schwachsinnig — geistesschwach — blöd(e) — blödsinnig — verblödet — idiotisch

schwachsinnig *индифф. синоним; напр.*: eine schwachsinnige Alte слабоумная старуха; das Kind ist schwachsinnig ребенок слабоумный. **geistesschwach** умственно отсталый; *напр.*: ein geistesschwaches Kind умственно отсталый ребенок; ihr Sohn ist geistesschwach und lernt in einer Sonderschule ее сын умственно отсталый и учится в специальной школе; sie wurde als geistesschwach entmün-

digt ее.взяли под опеку как умственно неполноценную. **blöd(e), blödsinnig** тупоумный, тупой (*в результате врожденного порока, мозгового заболевания*); *напр.*: ein blödes [blödsinniges] Kind тупоумный ребенок; ein blöder Gesichtsausdruck тупое выражение лица; seine Augen blickten blöd у него был тупой взгляд; sie lachte blöd [blödsinnig] она тупо смеялась; er starrte blödsinnig vor sich hin он тупо уставился в одну точку. **verblödet** schwachsinnig, *но подчеркивает, что слабоумие является не врожденным, а наступило в результате болезни и т. п.; чаще разг.* выживший из ума *тж. перен.*; *напр.*: dieses Kind ist schon in früher Jugend verblödet этот ребенок уже в раннем детстве стал дефективным; der Alte ist ganz verblödet старик совсем впал в детство. **idiotisch** идиотический; *напр.*: ein idiotischer Mensch слабоумный человек, идиот; das Mädchen ist ja idiotisch девочка ведь полная идиотка; er lächelte idiotisch vor sich hin он идиотски улыбался

Schwadroneur *см.* Prahler
schwadronieren *см.* sprechen [1]
schwammig *см.* aufgedunsen
Schwank *см.* Scherz
schwanken [1] шататься, колебаться, качаться (*держась на какой-л. опоре*)
schwanken — taumeln — wanken — wackeln — torkeln — schaukeln — kippeln

schwanken *индифф. синоним*; *напр.*: unter einer Last schwanken шататься под тяжестью; die Gräser, die Halme, die Zweige schwanken im Winde травы, стебли растений, ветви качаются [колеблются] на ветру; die Brücke schwankte unter unseren Füßen мост шатался у нас под ногами; bleich schwankte sie aus dem Saal бледная, она, шатаясь, вышла из зала. **taumeln** ≈ schwanken *употр. тк. по отношению к живым существам*; *напр.*: nach einem Schlag, nach einem Stoß, vor Müdigkeit, vor Schwäche, wie ein Betrunkener taumeln качаться от удара, от толчка, шататься от усталости, от слабости, как пьяный; er taumelt durch die Straße он идет, качаясь, по улице; aus der Unterführung taumelte ein Betrunkener из подземного перехода вышел, качаясь, пьяный; er begann zu taumeln und brach zusammen он зашатался и упал. **wanken** ≈ schwanken *подчеркивает неустойчивость*; *в отличие от* taumeln *употр. тж. по отношению к предметам*; *напр.*: der Schrank wankte und drohte zu fallen шкаф покачнулся и, казалось, упадет; ihm wankten die Knie у него подкосились ноги; die alte Frau wankte bei diesem Anblick старая женщина пошатнулась при виде этого; ganz grün im Gesicht wankte er auf die Reling zu с позеленевшим

лицом, чуть не падая [шатаясь], он подошел к борту; der Boden wankte ihm unter den Füßen земля качалась у него под ногами, почва уходила у него из-под ног. **wackeln** покачиваться, пошатываться; идти покачиваясь, пошатываясь (*часто разг.— о детях, старых людях и т. п.*); *напр.*: der Zahn wackelt зуб шатается; mit dem Kopf wackeln трясти головой (от старости); die Alte wackelte durch die Stube старуха ковыляла по комнате; wenn ein Bus an unserem Haus vorbeifährt, wackelt alles когда мимо нашего дома едет автобус, все качается; er lachte so laut, daß die Wände wackelten он рассмеялся так громко, что стены задрожали □ ...ich kontrollierte mit meiner Zunge, ob mir wirklich keine Zähne wackelten... (*Frisch, »Homo taber«*) ...я пощупал языком, не шатаются ли у меня действительно зубы... **torkeln** таумeln (*б. ч. о пьяных*); *напр.*: aus dem Wirtshaus torkelte einer из кабачка вышел кто-то, шатаясь; fast besinnungslos torkelte der Mann durch den Hof почти без сознания, мужчина шел через двор, качаясь. **schaukeln** двигаться, раскачиваясь; *напр.*: der Bus schaukelte über das Pflaster автобус ехал, подпрыгивая, по булыжной мостовой; das Boot schaukelte das Ufer entlang лодка, покачиваясь, плыла вдоль берега. **kippeln** *разг.* ≈ wackeln (*о непрочно стоящих предметах, особенно о столах и стульях*); *напр.*: der Tisch, die Vase kippelt стол, ваза качается; kipple nicht dauernd! не качай все время стул! (*обращение к ребенку, сидящему на этом стуле*)

schwanken [2] *см.* zögern [2]
schwankend колеблющийся
schwankend — unentschlossen — unschlüssig — unentschieden — unsicher

schwankend *индифф. синоним*; *напр.*: ein schwankender Mensch колеблющийся человек; er ist zu schwankend in seinen Entschlüssen он слишком колеблется в своих решениях; sie hat recht schwankende Ansichten у нее очень колеблющиеся [меняющиеся] взгляды. **unentschlossen** нерешительный; *напр.*: ein unentschlossener Mensch нерешительный человек; sie waren noch unentschlossen они еще (окончательно) не решили; ich bin unentschlossen, was ich tun soll я не решил, что делать; er macht einen unentschlossenen Eindruck он производит впечатление нерешительного. **unschlüssig** не знающий, на что решиться, как поступить, что делать; *напр.*: unschlüssig sein колебаться, быть в нерешительности; bist du noch unschlüssig, ob du morgen fahren sollst? ты все еще не знаешь [не решил], ехать ли тебе завтра?; er blieb unschlüssig stehen он нерешительно остановился; sie tadelte ihn wegen seiner unschlüssigen

Haltung она порицала его за нерешительную позицию ▫ Unschlüssig blieb sie stehen, dann sah sie Hollmann und kam zu ihm herüber (Remarque, »Der Himmel«) Она в нерешительности остановилась, потом увидела Хольмана и подошла к нему. Er war einen Augenblick unschlüssig und blickte in die Dämmerung. Dann verließ er das Haus (Noll, »Werner Holt«) Он с минуту постоял в нерешительности, вглядываясь в сумерки. Затем вышел из дому. **unentschieden** не решенный окончательно; нерешительный; напр.: ein unentschiedener Mensch нерешительный человек; eine unentschiedene Frage нерешенный вопрос; es ist noch unentschieden, ob er diese Arbeit aufnimmt еще не решено, возьмет ли он эту работу. **unsicher** неуверенный; напр.: er beantwortete die Frage unsicher он неуверенно ответил на заданный вопрос; sie hat ein unsicheres Auftreten она держится неуверенно (*смущается, робеет и т. п.*) ▫ Unsicher und etwas schwer stand er vor dem höflich schweigenden Herrn Novodny (Feuchtwanger, »Erfolg«) Неуверенно и как-то неуклюже стоял он перед вежливо молчавшим господином Новодни

Schwanz хвост
der Schwanz — der Schweif
Schwanz *индифф. синоним; напр.*: der Schwanz eines Tieres, eines Kometen хвост животного, кометы; der Hund wedelt mit dem Schwanz собака виляет хвостом; die Bachstelze wippt mit dem Schwanz трясогузка трясет хвостом. **Schweif** *высок.* длинный пушистый хвост; напр.: der Schweif eines Kometen хвост кометы; der Schweif des Pferdes muß gestutzt werden надо подрезать лошади хвост
schwänzeln *см.* schmeicheln/schwingen[1]
schwänzen *см.* versäumen[2]
Schwarm *см.* Menge[3]
schwärmen I *см.* träumen[1]
schwärmen II *см.* wimmeln[1]
schwärmerisch *см.* träumerisch
schwatzen *см.* sprechen[1]
schwätzen *см.* sprechen[1]
Schwätzer болтун, Schwätzerin болтунья
der Schwätzer — die Schwätzerin — die Plaudertasche — die Kaffeeschwester — der Quatschkopf — die Klatschbase — das Klatschmaul — das Klatschweib — das Waschweib
Schwätzer, Schwätzerin *индифф. синоним; напр.*: er war ein redseliger Mann, aber kein Schwätzer он был словоохотливым человеком, но не болтуном; du bist mir aber eine Schwätzerin ну и болтунья же ты! **Plaudertasche** *разг.* говорун, говорунья; напр.: diese alte Plaudertasche mußte sofort alles im Institut herumerzählen этот старый болтун, конечно, все тотчас же разболтал по всему институту; drei Plaudertaschen standen schon eine halbe Stunde am Haus три болтушки уже полчаса стояли у дома ▫ Einsilbig saß ich. Die Plaudertasche, | Das Weib hingegen schürte beständig | Herum in der alten Liebesasche (Heine, »Wiedersehen«) Я молча сидел. Говорунья пустая, | Болтала она между тем, то и дело | Остывший пепел любви разгребая. **Kaffeeschwester** *разг.* кумушка, любительница поболтать и посудачить за чашкой кофе; напр.: am Nachmittag kommen die Kaffeeschwestern wie gewöhnlich zusammen к вечеру, как обычно, соберутся любительницы поболтать за чашкой кофе. **Quatschkopf** *фам. пренебр.* пустозвон, пустомеля; напр.: du bist ein Quatschkopf ты пустомеля; so ein Quatschkopf! ну и пустозвон! **Klatschbase** *разг.* сплетник, сплетница; напр.: sie ist eine richtige Klatschbase он настоящий сплетник; von dieser Klatschbase will ich nichts mehr hören об этой сплетнице я не хочу больше ничего слышать. **Klatschmaul** *фам.* ≅ Klatschbase; напр.: das Ereignis gab den Klatschmäulern wieder reichlich Stoff происшествие снова дало сплетникам много пищи [материала] (для сплетен). **Klatschweib** *фам.* сплетница; реже *эмоц.* сплетник; напр.: die Klatschweiber versammelten sich im Hof все сплетницы собрались во дворе. **Waschweib** *груб.* болтливая баба (*о мужчинах и женщинах*); напр.: du bist ein altes Waschweib ты старая болтливая баба
Schwätzerei *см.* Gerede[1]
schwatzhaft *см.* gesprächig
schweben *см.* fliegen/gehen[1]
Schweif *см.* Schwanz
schweifen *см.* umherstreifen
schweigen молчать
schweigen — stillschweigen — verstummen — still sein — ruhig sein
schweigen *индифф. синоним; напр.*: alle schweigen все молчат; die Vögel schweigen птицы молчат; die Musik schweigt музыка не играет [умолкла]; der Erzähler schwieg рассказчик замолчал [умолк]; vor Erstaunen schwieg sie от удивления она замолчала [умолкла]; nun schweig aber jetzt! ну, а сейчас замолчи [умолкни]! **stillschweigen** *эмоц.-усил.* ≅ schweigen; напр.: alles ringsum schweigt still все вокруг молчит [безмолвствует]; du hast hier stillzuschweigen! а твое дело здесь молчать!; schweig still! замолчи!, умолкни!; nach dieser taktlosen Bemerkung schwieg alles still после этого бестактного замечания все замолчали [умолкли]. **verstummen** умолкать, смолкать *подчеркивает момент перерыва звучания, часто внезапность такого перерыва; напр.*: er verstummte vor Schreck от испуга он вдруг замолчал [умолк]; das Lied verstummte песня вдруг смолкла; der Lärm verstummte, als die Tür sich öffnete шум сразу умолк, когда дверь открылась ▫ So scharf redeten die beiden jetzt aufeinander ein, daß die andern allmählich verstummten und ihnen zuhörten (Feuchtwanger, »Exil«) Они говорили с такой запальчивостью, что постепенно все вокруг замолчали и стали прислушиваться. **still sein, ruhig sein** *разг.* ≅ schweigen; напр.: wollt ihr wohl still sein! да замолчите же!; Kinder, seid jetzt endlich ruhig! ребята, замолчите же, наконец!

Schweigen молчание
das Schweigen — das Stillschweigen — die Stille
Schweigen *индифф. синоним; напр.*: ein tiefes, niederdrückendes, beredtes Schweigen глубокое, гнетущее, красноречивое [многозначительное] молчание; Schweigen bewahren хранить молчание; j-m Schweigen befehlen приказать кому-л. замолчать; j-n zum Schweigen bringen заставить кого-л. замолчать; im Wald herrschte (ein) tiefes Schweigen в лесу царило глубокое безмолвие; das Schweigen wurde unerträglich молчание становилось невыносимым; laute Stimmen brachen das Schweigen der Nacht громкие голоса нарушили молчание ночи; endlich unterbrach sie das gespannte Schweigen наконец она прервала напряженное молчание; er antwortete durch Schweigen он ответил молчанием; Reden ist Silber, Schweigen ist Gold *посл.* речь — серебро, а молчание — золото. **Stillschweigen** полное молчание *в отличие от др. синонимов данного ряда употр. тк. по отношению к молчанию людей; напр.*: Stillschweigen bewahren хранить полное молчание; j-m (absolutes) Stillschweigen auferlegen обязать кого-л. хранить абсолютное молчание; er antwortete auf meinen Brief mit Stillschweigen он ответил на мое письмо полным молчанием; sie begegnete allen Vorwürfen mit Stillschweigen она встречала все упреки полным молчанием; er ist über dieses Problem mit Stillschweigen hinweggegangen он обошел эту проблему полным молчанием. **Stille** тишина; напр.: eine tiefe, unheimliche, unwirkliche Stille глубокая, жуткая, неестественная тишина; die Stille wurde durch keinen Laut unterbrochen ни один звук не нарушал тишину; im Zimmer herrschte plötzlich Stille в комнате вдруг воцарилась тишина; die Stille des Waldes tat ihm wohl тишина леса действовала на него благотворно
schweigend молчаливый, безмолвный; молча
schweigend — stillschweigend — stumm — wortlos
schweigend *индифф. синоним; напр.*: der schweigende Wald безмолвный лес; in schweigender Erwartung в молчаливом [безмолвном] ожидании; er stand schweigend dane-

ben он молча стоял рядом ◻ Sie marschierten zu dreien weiter, schweigend zuerst, dann allmählich fing das Mädchen zu sprechen an (*Hesse*, »*Narziß*«) Они пошли втроем дальше, вначале молча, потом постепенно девушка разговорилась. **stillschweigend** эмоц.-усил. ≅ schweigend; *напр.*: ein stillschweigendes Einverständnis молчаливое согласие; er nahm ihren Vorwurf stillschweigend hin он принял ее упрек молчаливо [молча, без единого слова]; seine Bemühungen wurden stillschweigend anerkannt его старания были молчаливо признаны ◻ »Makarenko: ‚Flaggen auf den Türmen'«, las Rull und beobachtete, wie Groenewald das Buch durchblätterte und dann stillschweigend in die Tasche schob (*Valentin*, »*Die Unberatenen*«) «Макаренко, 'Флаги на башнях'», — прочитал Рул и проследил, как Греневальд перелистал книгу и затем молча сунул ее в карман. **stumm** безмолвный, немой; *напр.*: eine stumme Bitte немая мольба; eine stumme Rolle немая роль, роль без слов; eine stumme Person безмолвная [молчаливая] личность; sie saß stumm dabei, während wir uns unterhielten она безмолвно [молча] сидела, пока мы разговаривали; er ist stumm wie ein Fisch он нем как рыба. **wortlos** бессловесный; не говоря ни слова; *напр.*: warum sitzt du denn heute so wortlos da? почему ты сегодня сидишь такой бессловесный?; er drehte sich wortlos um und ging он повернулся, не говоря ни слова, и ушел; er saß wortlos dabei он сидел при этом, не говоря ни слова ◻ Er lächelt, verliert aber sein Lächeln, da wir uns wortlos anblicken... (*Frisch*, »*Stiller*«) Он улыбается, но улыбка его исчезает, так как мы смотрим друг на друга, не говоря ни слова...
schweigsam молчаливый, неразговорчивый
schweigsam — wortkarg — einsilbig — verschwiegen — diskret — redenscheu — wortarm — mundfaul — maulfaul
schweigsam *индифф. синоним*; *напр.*: er ist ein schweigsamer Mensch он молчаливый человек; er verhält sich heute abend recht schweigsam сегодня вечером он что-то очень молчалив. **wortkarg** скупой на слова; *напр.*: eine wortkarge Bäuerin скупая на слова крестьянка; **er ist recht wortkarg** он очень скуп на слова; er antwortete ihr wortkarg он ответил ей неохотно и односложно. **einsilbig** односложный, немногословный; *напр.*: eine einsilbige Antwort односложный ответ; ein einsilbiger Mensch немногословный человек; er war heute recht einsilbig он был сегодня очень немногословен; er saß ihr zerstreut und einsilbig gegenüber он сидел напротив нее, рассеян и неразговорчив. **verschwiegen** молчаливый, умеющий молчать (*не разглашающий секретов и т. п.*); *напр.*: ein verschwiegener Mensch молчаливый [скрытный] человек; klug und verschwiegen sein быть умным и не болтливым; er ist verschwiegen wie das Grab он молчалив [безмолвен] как могила. **diskret** молчаливый от скромности, тактичный, сдержанный (*не задающий нескромных вопросов и т. п.*); *напр.*: ein diskreter Mensch сдержанный человек; er sprach sehr diskret über ihre Angelegenheit он очень тактично говорил о ее деле. **redenscheu** редко неразговорчивый от стеснения, от робости; *напр.*: sie ist etwas redenscheu она несколько стеснительная, когда приходится говорить. **wortarm** редко малословный; *напр.*: unser Gespräch war recht wortarm наша беседа была довольно немногословной. **mundfaul** *разг.* неразговорчивый; *напр.*: er ist schrecklich mundfaul он ужасно неразговорчив. **maulfaul** *фам.* ≅ mundfaul; *напр.*: er ist einfach maulfaul он просто неразговорчив [молчун]

schwelen *см.* brennen

schwelgen *см.* freuen, sich [1]

schwellen увеличиваться в объеме, пухнуть, набухать, наполняться
schwellen — anschwellen — aufschwellen — sich blähen
schwellen *индифф. синоним*; *напр.*: der Finger schwillt палец пухнет [распухает]; die Stirnader schwoll ihm vor Zorn вена у него на лбу набухла [вздулась] от гнева; der Bach schwoll zum Strom ручей вздулся и превратился в поток; die Knospen an den Bäumen schwellen почки на деревьях набухают; ihr Herz schwoll vor Begeisterung ее сердце наполнилось [переполнилось] восторгом; **anschwellen** ≅ schwellen, *но подчеркивает результат действия*; *напр.*: die Füße waren angeschwollen ноги распухли [отекли]; die Adern auf der Stirn schwollen ihm an жилы у него на лбу вздулись; die Knospen schwellen an почки набухают; die Arbeit schwoll von Tag zu Tag an работы день ото дня прибавлялось, объем работы увеличивался изо дня в день. **aufschwellen** ≅ anschwellen, *но подчеркивает интенсивность процесса*; *напр.*: der Zahn tat weh, und die Wange schwoll auf зуб болел, и щека распухла [и щеку разнесло *разг.*]. **sich blähen** раздуваться, наполняться воздухом, ветром; *напр.*: der Rock bläht sich im Wind юбка раздувается на ветру; das Segel bläht sich in Wind парус раздувается на ветру; das Segel bläht sich парус раздувается [наполняется ветром] ihre Nasenflügel blähten sich ее ноздри раздулись

schwenken *см.* schwingen [1]

schwer [1] тяжелый (*на вес*)
schwer — bleischwer — bleiern — gewichtig — wuchtig

schwer *индифф. синоним*; *напр.*: eine schwere Last, Tasche тяжелая ноша, сумка; ein schwerer Wagen тяжелая (авто)машина; es fielen nur einige schwere Tropfen упало только несколько тяжелых капель; die Kiste war schwer ящик был тяжелый; die Kleidung war schwer vom Regen одежда была тяжелой от дождя; schwer lag seine Hand auf ihrer Schulter его рука тяжело лежала у нее на плече; sein Gang war schwer у него была тяжелая походка; die Beine waren schwer wie Blei ноги были налиты свинцом. **bleischwer** тяжелый как свинец; *напр.*: meine Lider waren bleischwer vor Müdigkeit веки у меня от усталости были тяжелые как свинец; der Koffer schien bleischwer zu sein чемодан казался тяжелым как свинец. **bleiern** свинцовый; *напр.*: eine bleierne Müdigkeit свинцовая усталость; sie hatte heute nacht einen bleiernen Schlaf она спала сегодня свинцовым сном. **gewichtig** увесистый; *напр.*: ein gewichtiges Paket увесистая посылка; eine gewichtige Münze полновесная монета; er schenkte mir drei gewichtige Schiller-Bände он подарил мне три увесистых тома сочинений Шиллера. **wuchtig** мощный, массивный, тяжеловесный; *напр.*: ein wuchtiges Gebäude мощное здание; ein wuchtiger Gang тяжеловесная походка; der Schrank ist für dieses Zimmer zu wuchtig шкаф слишком тяжел и громоздок для этой комнаты; das Dach ruht auf sechs wuchtigen Säulen крыша покоится на шести мощных колоннах

schwer [2] тяжелый, трудный
schwer — schwierig — kompliziert — umständlich — bedrängt — knifflig
schwer *индифф. синоним*; *напр.*: eine schwere Arbeit, Aufgabe, Frage тяжелая [трудная] работа, задача, трудный вопрос; Japanisch ist eine schwere Sprache японский язык трудный; er hat einen schweren Beruf gewählt он выбрал трудную [тяжелую] профессию; er hat ein schweres Leben gehabt у него была тяжелая жизнь; es war schwer, ihn zu überreden было трудно уговорить его. **schwierig** трудный, нелегкий; *напр.*: eine schwierige Arbeit, Aufgabe трудная [нелегкая] работа, задача; es war ein schwieriges Unternehmen это было трудное предприятие; mein Onkel ist ein schwieriger Mensch мой дядя нелегкий человек; er ist schwierig zu erreichen его нелегко [трудно] застать; es war schwierig, mit ihm auszukommen было нелегко [трудно] с ним ладить. **kompliziert** сложный; *напр.*: eine komplizierte Aufgabe сложная задача; ein komplizierter Mensch, Charakter сложный человек, характер; die Sache wird immer komplizierter дело все усложняется; der Fall liegt sehr kompliziert случай очень сложный; wir wollen die Angelegen-

heit nicht komplizieren machen мы не хотели бы усложнять дело. **umständlich** сопряженный с трудностями, связанный с рядом осложняющих обстоятельств (потерей времени и т. п.); хлопотливый; напр.: eine umständliche Reise (долгое и) утомительное путешествие; eine umständliche Arbeit большая работа, требующая усилий [напряжения]; das ist mir viel zu umständlich! это для меня слишком хлопотно! **bedrängt** затруднительный, напр.: eine bedrängte Lage трудное (материальное) положение; sie befindet sich in bedrängten Verhältnissen она находится в стесненных обстоятельствах; ihre Lage war recht bedrängt ее положение было очень затруднительно. **knifflig** разг. ≅ schwierig; напр.: eine knifflige Geschichte запутанная [темная] история; ein kniffliges Strickmuster замысловатый узор для вязания; er machte knifflige mikroskopische Untersuchungen он провел мудреные микроскопические исследования; es gab in der Diskussion einige knifflige Fragen во время дискуссии было задано несколько каверзных вопросов
Schwere тяжесть
die **Schwere** — das **Gewicht**
Schwere индифф. синоним; напр.: das Gesetz der Schwere закон тяготения; die Schwere der Verantwortung тяжесть ответственности; beim Erwachen spürte er eine bleierne Schwere in allen Gliedern проснувшись, он ощутил свинцовую тяжесть во всех членах; er empfand die Beleidigung in ihrer ganzen Schwere он почувствовал в полной мере всю тяжесть оскорбления. **Gewicht** вес; напр.: das Gewicht eines Körpers, eines Gegenstandes вес тела, предмета; seine Meinung hat großes Gewicht его мнение имеет большой вес
schwerfällig [1] тяжеловесный, неповоротливый
schwerfällig — **plump** — **linkisch** — **täppisch** — **klotzig** — **klobig**
schwerfällig индифф. синоним; напр.: ein schwerfälliger Mensch медлительный [неповоротливый] человек; schwerfällig gehen, sprechen тяжеловесно ходить, говорить; er denkt langsam und schwerfällig он соображает медленно и с трудом, он тугодум; er schreibt einen schwerfälligen Stil он пишет тяжеловесным стилем. **plump** неуклюжий; напр.: plumpe Hände, Füße неуклюжие руки, ноги; ein plumper Körper неуклюжее тело; sich plump ausdrücken неуклюже выражаться; sie sah in der Ferne seine plumpe Gestalt она увидела вдали его неуклюжую фигуру; er brachte eine plumpe Entschuldigung vor он принес неуклюжее извинение; sie machte einen plumpen Versuch, mich zu loben она сделала неуклюжую попытку похвалить меня ◻ Fern sei es von mir, damit etwa in plumper Weise dem Herrn Sekretär schmeicheln zu wollen... (Kafka, »Das Schloß«) Я далек от того, чтобы пытаться таким неуклюжим способом польстить господину секретарю. **linkisch** нескладный, с неловкими движениями; напр.: ein linkischer Mensch, Junge нескладный человек, мальчик; eine linkische Bewegung неловкое движение; sich linkisch verbeugen нескладно поклониться. **täppisch** неповоротливый, неумело двигающийся; напр.: täppische Bewegungen неуверенные движения; er war ein mürrischer, täppischer Alter он был ворчливым, неповоротливым стариком. **klotzig** громоздкий; напр.: ein klotziges Möbelstück громоздкая мебель; ein klotziger Mann громоздкий [квадратный] человек; er wirkte klotzig in ihrem Zimmer в ее комнате он казался громоздким. **klobig** грубый (о внешности), неуклюжий; напр.: ein klobiger Mensch кряжистый человек (крепкого сложения и неуклюже медлительный); er drückt sich klobig aus он выражается коряво; er hat ein klobiges Benehmen он ведет себя как неотесанный человек
schwerfällig [2] см. träge
schwerhörig см. taub [1]
schwerlich см. kaum
Schwermut см. Trauer
schwermütig см. traurig
Schwerverbrecher см. Verbrecher
schwierig [1] трудный, тяжкий; с трудом
schwierig — **mühevoll** — **mühsam** — **mühselig** — **beschwerlich** — **anstrengend**
schwierig индифф. синоним; напр.: eine schwierige Arbeit, Reise трудная [утомительная] работа, поездка; die Verhandlungen waren schwierig переговоры были трудные [протекали трудно]. **mühevoll** трудный, хлопотливый; напр.: eine mühevolle Tätigkeit трудная [хлопотливая] деятельность; eine mühevolle Reise трудная [хлопотливая] поездка; er erreichte dieses Resultat in mühevoller Kleinarbeit он добился этого результата ценой трудной, кропотливой работы; es war mühevoll, seinen Ausführungen zu folgen было трудно [требовались большие усилия, чтобы] следить за ходом его рассуждений. **mühsam** тяжкий, тягостный; с (большим) трудом; напр.: eine mühsame Kleinarbeit тягостная кропотливая работа; ein mühsames Lächeln вымученная улыбка; sich mühsam beherrschen (können) с (большим) трудом (суметь) овладеть собой; eine Schrift mühsam entziffern с (большим) трудом расшифровать написанное; nur mühsam fand er eine Gliederung für das Schlußkapitel seiner Arbeit только с (большим) трудом он пришел к тому, как надо разбить на рубрики заключительную главу своей работы; mühsam bahnten sie sich einen Weg durch das Dickicht с (большим) трудом они прокладывали себе путь через чащу ◻ Alles ist nicht tragisch, nur mühsam: man kann sich nicht selbst Gutnacht sagen. — Ist das ein Grund zum Heiraten? (Frisch, »Homo faber«) Все это не трагично, только тягостно: не скажешь ведь сам себе «Спокойной ночи». — Но разве это причина, чтобы жениться? **mühselig** изнурительный, требующий крайнего напряжения; напр.: eine mühselige Kleinarbeit мучительная кропотливая работа; ein mühseliges Leben führen вести жизнь, полную тяжкого труда (и лишений); mühselig laufen, atmen, aufstehen бежать, дышать, вставать с превеликим трудом; er schlägt sich mühselig durch он еле-еле перебивается; diese mühselige Arbeit wird auch noch schlecht bezahlt эта изматывающая работа к тому же еще плохо оплачивается; du kannst dir nicht denken, wie mühselig es war, diese Kartei anzulegen ты и представить (себе) не можешь, как мучительно трудно было завести эту картотеку. **beschwerlich** обременительный; напр.: eine beschwerliche Arbeit обременительная работа, обременительный труд; ein beschwerlicher Weg обременительный путь; die Reise war lang und beschwerlich путешествие было долгим и утомительным; das Bücken war ihr beschwerlich ей было затруднительно наклоняться; das Steigen durch den hohen Schnee wurde immer beschwerlicher подъем по глубокому снегу становился все труднее. **anstrengend** напряженный; напр.: eine anstrengende Arbeit, Tätigkeit напряженная работа, деятельность; die Reise war sehr anstrengend поездка была очень напряженной
schwierig [2] см. schwer [2]
schwimmen см. fahren [2]
Schwindel см. Betrug
schwindeln см. lügen
schwinden [1] исчезать
schwinden — **verschwinden** — **sich verlieren** — **sich verwischen** — **sich auflösen** — **versiegen** — **entweichen** — **entschwinden** — **fortkommen** — **untertauchen** — **sich verflüchtigen** — **sich verkrümeln** — **verduften** — **ausgehen** — **alle sein** — **alle werden**
schwinden индифф. синоним; напр.: meine Angst, meine Hoffnung schwindet мой страх, моя надежда исчезает; sein Einfluß schwindet mehr und mehr его влияние убывает все больше; der Mut schwand ihm мужество покинуло его; der Name ist mir aus der Erinnerung geschwunden имя исчезло у меня из памяти; er ist ihr aus den Augen geschwunden он исчез из ее поля зрения; sein Reichtum schwand von Jahr zu Jahr его богатство таяло с каждым годом. **verschwinden** ≅ schwinden, но подчеркивает законченность действия; напр.: er verschwand auf Nimmerwiedersehen он

исчез навечно; der Hirsch verschwand im Wald олень исчез [скрылся] в лесу; die Sonne verschwand hinter den Bergen солнце скрылось за горами; das Kind ist seit gestern verschwunden ребенок исчез со вчерашнего дня; der Fleck verschwindet mit der Zeit пятно со временем исчезнет; mein Schlüssel ist verschwunden мой ключ исчез; sie verschwindet neben ihm она теряется [незаметна] рядом с ним. **sich verlieren** теряться, исчезать; *напр.:* der Pfad verlor sich im Wald тропинка терялась в лесу; die Klänge verloren sich in der Ferne звуки исчезали вдали; seine Befangenheit verlor sich allmählich его застенчивость постепенно исчезала; meine Furcht verlor sich nach und nach мой страх понемногу исчезал; sie verloren sich in [unter] der Menge они исчезли [затерялись] в толпе. **sich verwischen** стираться; *напр.:* im Laufe der Zeit verwischen sich die Eindrücke с течением времени впечатления стираются; diese Gegensätze verwischen sich nie эти противоречия никогда не сотрутся; die Erinnerung an jene Zeit hat sich bei mir fast ganz verwischt воспоминание о том времени почти совсем стерлось в моей памяти. **sich auflösen** рассеяться; растворяться; *напр.:* der Nebel hat sich aufgelöst туман рассеялся; die Menge löste sich auf толпа рассеялась; der Streit löste sich in Wohlgefallen auf спор разрешили наилучшим образом; die Spannung löste sich in ein fröhliches Gelächter auf напряжение разрядилось веселым смехом. **versiegen** иссякать; *напр.:* diese Quelle ist nun auch versiegt и этот источник тоже иссяк; seine Schaffenskraft ist noch nicht versiegt его творческая сила еще не иссякла. **entweichen** *высок.* отступать; *напр.:* alles Blut entwich seinem Gesicht вся кровь отхлынула у него от лица; die Nacht entweicht ночь отступает; Zorn und Entsetzen entwichen schnell гнев и ужас быстро отступили; die Spannung zwischen ihnen entwich vollends напряжение между ними полностью исчезло. **entschwinden** *высок.* ≅ schwinden *теперь — часто шутл.* ≅ *напр.:* das Auto entschwand um die Ecke машина исчезла за углом; sie ist meinem Blickfeld für immer entschwunden она навсегда исчезла из поля моего зрения; schnell entschwand das Glück счастье быстро унеслось. **fortkommen** *разг.* ≅ verschwinden, *но обладает меньшей сочетаемостью; напр.:* rasch fortkommen быстро исчезнуть, убраться (откуда-л.); wir wollen sehen, daß wir hier schnellstens fortkommen давайте-ка, быстренько уберемся отсюда; mach, daß du bald fortkommst! убирайся отсюда, да поживей!; mein Geld ist fortgekommen мои денежки тю-тю. **untertauchen** *разг.* как в воду кануть, скрыться; *напр.:* der Verbrecher war in der Großstadt schnell untergetaucht преступнику удалось быстро скрыться в большом городе; er ist in der Menge untergetaucht он скрылся в толпе; wo willst du jetzt untertauchen? где же ты теперь хочешь найти укрытие? **sich verflüchtigen** *разг.* испариться; *напр.:* mein Schlüssel hat sich wohl verflüchtigt мой ключ, наверное, испарился куда-то; der ideale Grundgedanke dieser Bewegung verflüchtigte sich от идеалов и основной идеи этого движения не осталось и следа. **sich verkrümeln** *разг.* рассыпаться, рассеяться *подчеркивает, что исчезнувшее трудно найти; напр.:* die beiden haben sich im Park verkrümelt оба скрылись в парке; ich möchte wissen, wohin sich mein Schlüssel verkrümelt hat хотел бы я знать, куда запропастился мой ключ. **verduften** *разг.* улетучиться *чаще употр. по отношению к имеющим все причины быстро исчезнуть: к людям с нечистой совестью и т. п.; напр.:* er ist schon längst verduftet он уже давно улетучился; verdufte! исчезни!, скройся! **ausgehen** *разг.* иссякнуть, выйти; *напр.:* der Expedition war der Proviant ausgegangen у экспедиции вышел провиант; dem Raucher sind die Zigaretten ausgegangen у курильщика кончились сигареты; auf der Reise war ihr das Geld ausgegangen в поездке у нее вышли все деньги; ihm geht nie der Humor aus у него юмор никогда не иссякает; ihr geht nie die Geduld aus у нее никогда не иссякает терпение. **alle sein, alle werden** *разг., чаще сев.-нем., ср.-нем.* не остаться; *напр.:* mein Geld ist alle мои денежки все вышли; die Bonbons werden alle конфеты уже кончаются; meine Geduld ist alle мое терпение кончилось; die Dummen werden nicht alle *погов.* дураки не переводятся

schwinden 2 *см.* vergehen 2
Schwindler *см.* Betrüger
schwingen 1 махать, размахивать
schwingen — schwenken — schlenkern — wedeln — schwänzeln
schwingen *индифф. синоним; напр.:* er schwang grüßend den Hut он помахал в знак приветствия шляпой; der Soldat schwang die Fahne солдат махал флагом; der Kutscher schwang die Peitsche кучер размахивал кнутом; der Vorsitzende schwingt die Glocke und bittet die Anwesenden um Ruhe председатель взмахивает колокольчиком и просит присутствующих успокоиться. **schwenken** махать *(приподнимая, приподняв что-л.) по сравнению с* schwingen *движения менее энергичные, менее размашистые; напр.:* die Fahnen, den Hut, das Taschentuch schwenken махать флагами, шляпой, платком *(приподнимая их)*; er schwenkte sie im Tanz он кружил ее в танце, поднимая в воздух □ Ich saß und schwenkte meinen Burgunder... und trank (Frisch, »Homo faber«) Я сидел и покачивал бокал бургундского... и пил. **schlenkern** (небрежно) махать чем-л., опущенным вниз; *напр.:* das Mädchen schlenkert mit den Beinen девочка болтает ногами; er schlenkerte ungeschickt mit den Armen он неловко болтал руками. **wedeln** помахивать, обмахивать(ся); *напр.:* mit dem Taschentuch, mit einem Blatt Papier, mit einem Zweig, mit einem Fächer wedeln помахивать [обмахивать(ся)] носовым платком, листом бумаги, веткой, веером; der Hund wedelt mit dem Schwanz собака помахивает [виляет] хвостом. **schwänzeln** вилять хвостом; *напр.:* der Hund schwänzelt, wenn er seinen Herren sieht собака виляет хвостом, увидев хозяина

schwingen 2: eine Rede schwingen *см.* sprechen 2
schwingen (, sich) *см.* schaukeln 2
schwirren *см.* fliegen
schwitzen потеть
schwitzen — transpirieren
schwitzen *индифф. синоним; напр.:* sie schwitzt schnell она быстро потеет; im Examen schwitzte er vor Angst на экзамене он от страха вспотел; seine Hände schwitzten vor Verlegenheit у него от смущения вспотели руки; er schwitzte am ganzen Körper все его тело покрылось потом. **transpirieren** *эвф.* ≅ schwitzen *придает речи некоторую напыщенность; напр.:* es störte ihn, daß sie beim Tanzen stark transpirierte ему претило, что во время танца она покрывалась потом [была в поту]; der Redner transpirierte auf der Stirn лоб у оратора покрылся испариной

schwören клясться, присягать
schwören — beschwören — beeiden — beeidigen — geloben
schwören *индифф. синоним; напр.:* feierlich, öffentlich, hoch und heilig [teuer] schwören клясться торжественно, публично, свято [всем святым, всем дорогим]; leichtsinnig schwören легкомысленно (по)клясться; bei seiner Ehre, bei allem, was einem heilig ist, schwören клясться своей честью, всем, что кому-л. свято; falsch, einen Meineid schwören (по)клясться ложно, дать ложную присягу, совершить клятвопреступление; vor Gericht schwören присягнуть в суде, дать в суде показания под присягой; zur Fahne schwören приносить воинскую присягу; j-m Treue schwören клясться кому-л. в верности; j-m Rache schwören поклясться отомстить кому-л.; ich könnte schwören, daß ich ihn gesehen habe я мог бы поклясться, что видел его; ich schwöre dir, ich habe es selbst gehört клянусь тебе, я сам слышал это; er schwor ihr ewige Liebe он клялся ей в вечной любви; □ Man glaubt mir überhaupt nichts, und am Ende muß ich wohl noch schwören, daß die Fin-

ger, womit ich schwöre, meine eigenen Finger sind (Frisch, »Stiller«) Мне не верят вообще ни в чем, и в конце концов мне придется еще клясться и в том, что пальцы, которые я поднимаю, произнося клятву, это мои собственные пальцы. **beschwören** клясться в чем-л., подтвердить что-л. клятвой (*этот и все последующие глаголы данного ряда не употр. без прямого дополнения или придаточного дополнительного предложения*); *напр.*: ich kann beschwören, daß er dabei war я могу поклясться в том, что он был при этом; er war sofort tot, ich kann es beschwören он сразу умер, я могу в этом поклясться; er beschwor seine Aussagen vor Gericht он подтвердил клятвой свои показания перед судом. **beeiden, beeidigen** подтверждать что-л. присягой, присягать в чем-л.; *напр.*: eine Aussage, einen Tatbestand, die Richtigkeit der Behauptung beeiden подтверждать присягой показание, факты, правильность утверждения; etw. vor Gericht als wahr beeiden присягнуть перед судом, что что-л. верно; können Sie beeiden, was Sie gesagt haben? вы можете подтвердить присягой то, что вы сказали?; der Zeuge beeidete die Identität des Verbrechers mit dem Angeklagten свидетель присягнул в том [заявил под присягой], что преступник и обвиняемый одно и то же лицо. **geloben** *высок.* давать обет, торжественно клясться; *напр.*: er hat ihr Beistand gelobt он торжественно поклялся помогать ей; er gelobte ihr zu schweigen он торжественно поклялся ей молчать; er hat seiner Frau ewige Treue gelobt он дал обет вечной верности своей жене; ich habe mir gelobt, es nie wieder zu tun я поклялся себе никогда больше этого не делать

schwül душный; знойный (*как перед грозой*)
schwül — drückend
schwül *индифф. синоним*; *напр.*: schwüle Luft душный [знойный] воздух; schwüles Wetter душная [знойная] погода; es ist heute schwül сегодня душно; es war ein schwüler Sommer было знойное лето; die schwüle Atmosphäre im Treibhaus berauschte uns душная атмосфера оранжереи одурманила нас; ich kann in dem schwülen Zimmer nicht schlafen в душной комнате мне не спится. **drückend** гнетущий, давящий; *напр.*: es herrschte drückende Hitze царила гнетущая жара; es war drückend heiß было тяжко от зноя и духоты

schwülstig *см.* gehoben
Schwung *см.* Begeisterung
Schwur клятва, присяга
der Schwur — der Eid — der Eidschwur
Schwur *индифф. синоним*; *напр.*: einen Schwur leisten [ablegen], verletzen [brechen] давать, нарушать клятву; er erhob die Hand zum Schwur он поднял руку для присяги; er wollte seine Aussage mit einem Schwur bekräftigen он хотел подтвердить свое показание присягой; er hält seinen Schwur он держит свою клятву. **Eid** присяга *по сравнению с* Schwur *подчеркивает официальный, публичный характер клятвы*; *напр.*: einen Eid leisten [ablegen], brechen приносить, нарушать присягу; einen falschen Eid schwören ложно присягать, давать ложные показания под присягой; j-n durch einen Eid binden связать [обязать] кого-л. присягой; er mußte vor Gericht unter Eid aussagen ему пришлось давать показания на суде под присягой; er verweigerte den Eid он отказался принять [принести] присягу. **Eidschwur** *уст. высок.* ≅ Eid, *но подчеркивает торжественность присяги*; *употр. редко*; *напр.*: ein feierlicher Eidschwur торжественная присяга [клятва]; einen Eidschwur leisten давать торжественную клятву; er hat sich durch diesen Eidschwur gebunden он связал себя этой клятвой

See *см.* Meer
Seele[1] душа
die Seele — der Geist
Seele *индифф. синоним*; *напр.*: eine edle, große, reine, schöne, stolze Seele благородная, большая, чистая, прекрасная, гордая душа; mit Leib und Seele душой и телом; sie hat eine empfindliche, zarte Seele у нее чувствительная, нежная душа; er dankte ihr aus tiefster Seele он благодарил ее от всей души; in ihrem Gesang liegt keine Seele в ее пении нет души; sie ist mir in tiefster Seele zuwider она мне противна до глубины души; ihre Seele spricht aus jeder ihrer Bewegungen ее душа чувствуется в каждом движении. **Geist** дух; *напр.*: ein edler, freier, starker, kühner Geist благородный, свободный, сильный, отважный дух; der menschliche Geist человеческий дух; Körper und Geist тело и душа; Geist und Materie дух и материя; er ist ein Mann von Geist он духовно богатый [одаренный] человек; der Geist ist willig, aber das Fleisch ist schwach *посл.* душа послушна добру, да плоть слаба

Seele[2]: keine Seele *см.* niemand
seelengut *см.* gut[2]
seelisch *см.* geistig[1]
Seemann моряк
der Seemann — der Schiffer
Seemann *индифф. синоним*; *напр.*: Rostock ist die Stadt der Seeleute Росток — город моряков; sie hat einen Seemann geheiratet она вышла замуж за моряка. **Schiffer** моряк каботажного плавания *или* речного парохода, речник; *напр.*: er ist Schiffer он речник; er wollte Seemann, kein Schiffer werden он хотел стать настоящим моряком, а не моряком речного парохода

segeln *см.* fahren[2]/fallen[1]/fliegen
sehen[1] смотреть
sehen — schauen — blicken — mustern — überblicken — durchbohren — spähen — starren — stieren — äugen — lugen — gucken — kucken — kieken — luchsen — linsen — gaffen — glotzen — Stielaugen machen
sehen *индифф. синоним*; *напр.*: vorwärts, rückwärts, nach oben, nach unten sehen смотреть вперед, назад, вверх, вниз; aus dem Fenster, durch die Brille, durch ein Fernglas sehen смотреть в окно, сквозь очки, в бинокль; sie sieht nie auf den Preis она никогда не смотрит на цену; er kann mir nicht ins Gesicht sehen он не может смотреть мне в лицо; sie sehen sicher in die Zukunft они уверенно смотрят в будущее. **schauen** *преимущественно ю.-нем.* ≅ sehen, *в ср.-нем., сев.-нем. более характерно для книжно-письменной речи*; *напр.*: vorwärts, rückwärts, hin und her, zur Seite schauen смотреть вперед, назад, туда и сюда, в сторону; aus dem Fenster schauen смотреть из окна; er hat dem Tod ins Auge geschaut он смотрел смерти в глаза; du kannst keinem ins Herz schauen в сердце ни к кому не заглянешь; er kann ihr ruhig ins Gesicht schauen он может спокойно смотреть ей в лицо; überall, wohin man schaut повсюду, куда ни глянешь. **blicken** ≅ sehen, *но больше подчеркивает сознательность, намеренность действия, направленность на определенный объект*; *напр.*: nach rechts, nach links, um sich herum blicken смотреть направо, налево, вокруг себя; böse, finster, freundlich blicken смотреть сердито, мрачно, приветливо; die Sonne blickt durch die Wolken auf friedliche Dörfer солнце смотрит сквозь облака на мирные села; von hier aus kann man weit in die Ferne blicken отсюда видно далеко-далеко; so weit das Auge blicken kann, liegen Wälder насколько хватает глаз — повсюду леса. **mustern** смотреть испытующе, осматривать; *напр.*: j-n von oben bis unten mustern измерить кого-л. взглядом; j-n abschätzend, kühl, skeptisch, spöttisch mustern (по)смотреть на кого-л. оценивающе, холодно, скептически, насмешливо; er musterte ihn von Kopf bis Fuß он осмотрел его с головы до ног; der Mann musterte die Vorübergehenden мужчина внимательно рассматривал всех проходящих □ Das Fräulein drehte sich beim Klang seiner Schritte um und musterte ernst den Fremden (*Fallada*, »Wolf u. Wölfen«) При звуке шагов девушка обернулась и серьезным взглядом испытующе окинула незнакомца с ног до головы. **überblicken** окидывать взглядом, взором; *напр.*:

eine Landschaft, ein Gelände überblicken окидывать взглядом ландшафт, местность; so weit man die Gegend von hier überblicken kann, gibt es kein einziges Haus in der Nähe отсюда, насколько хватает глаз, нет поблизости ни одного дома; aus dem Fenster kann man den Platz überblicken из окна можно окинуть взором всю площадь. **durchbóhren** пронизывать (взглядом, взором) *б. ч. употр. в сочетании с* Blick; *напр.:* sie durchbohrte ihn mit strengem Blick она сверлила его строгим взглядом; er sah ihn an, als wollte er ihn mit seinen Blicken durchbohren он смотрел на него так, как будто бы хотел пронзить его своим взглядом. **spähen** высматривать; *напр.:* durch eine Mauerritze, durch eine Zaunlücke spähen высматривать через щель в каменной стене, через дыру в заборе; er spähte nach ihr über den Zaun он следил за каждым её шагом через забор [поверх забора]. **starren** смотреть неподвижным взглядом; *напр.:* auf j-n, auf etw. starren смотреть неподвижным взглядом на кого-л., на что-л.; er starrte vor sich hin он смотрел перед собой неподвижным взглядом; sie starrte ihm ins Gesicht она смотрела ему в лицо неподвижным взглядом; er starrte auf den Brief он уставился на письмо неподвижным взглядом. **stieren** *неодобр.* ≃ starren, *но ещё больше подчёркивает неподвижность взгляда; напр.:* auf etw., auf j-n stieren уставиться на что-л., на кого-л.; er trank und stierte vor sich hin он пил и смотрел перед собой остановившимся взглядом в одну точку. **äugen** ≃ sehen (*обыкн. о животных, но тж. перен., когда подчёркивается настороженность смотрящего*); *напр.:* ein Reh äugte in die Ferne косуля смотрела вдаль; er äugte ängstlich nach allen Seiten он боязливо смотрел по сторонам. **lugen** *высок. устаревает* ≃ spähen; *напр.:* er lugte aus dem Fenster он высматривал кого-то из окна; sie lugte neugierig ins Zimmer она с любопытством заглянула в комнату; der Junge lugte vorsichtig um die Ecke мальчик осторожно выглянул из-за угла. **gucken** *разг.*, **kucken** *сев.-нем., берл. разг.* глядеть; *напр.:* in das Buch, in den Kochtopf gucken глядеть в книгу, заглядывать в кастрюлю; aus dem Fenster gucken глядеть из окна; er guckte [kuckte] über ihre Schulter ins Heft он заглянул через ее плечо в тетрадь; guck [kuck] mal! погляди-ка!, глянь-ка! **kieken** *диал. фам.* ≃ kucken; *напр.:* kiek mal! гляди-ка! **luchsen** *разг.* подсматривать, высматривать; *напр.:* nach allen Seiten, nach j-m, nach etw. luchsen смотреть во все стороны, высматривать кого-л., что-л.; er bemerkte die Bewegung und luchste vorsichtig он заметил это движение и

настороженно присмотрелся; sie luchsten erst durch das Tor, ob die Luft rein ist вначале они выглянули из ворот, чтобы убедиться, что все спокойно (*никого нет*). **linsen** *разг. шутл.* (незаметно, украдкой) заглядывать, подглядывать; *напр.:* sie linste durch die Tür она незаметно заглянула через дверь; der Junge linste auf das Heft seines Nachbarn мальчик незаметно заглядывал в тетрадь своего соседа. **gaffen** *фам.* глазеть; *напр.:* müßig, blöde gaffen праздно, тупо глазеть; die Menge steht und gafft толпа стоит и глазеет; alle Leute gafften nach dem Gefährt все люди (изумлённо) глазели на упряжку; was gibt's da zu gaffen? ну, чего глазеете? **glotzen** *груб.* пялиться; *напр.:* dumm, verständnislos glotzen пялиться глупо, бессмысленно; auf das Bild, durch das Fenster glotzen пялиться на картину, в окно; sie glotzten mit aufgerissenen Augen dorthin они пялились на это широко открытыми глазами; er glotzte wie ein Fisch он глупо пялился рыбьим взглядом; was steht ihr da und glotzt? ну, что стоите и пялитесь?; glotze nicht! не пялься! **Stielaugen machen** *фам.* уставиться во все глаза, таращиться; *напр.:* als er sie sah, machte er Stielaugen когда он её увидел, он уставился [вытаращился] на неё; когда он её увидел, он глаза вылупил (*от восхищения и т. п.*).
sehen [2] *см.* erkennen [2]
sehen [3]: nach dem Rechten sehen *см.* sorgen; ähnlich sehen *см.* gleichen
sehen, sich *см.* streben
Sehnsucht *см.* Wunsch
sehr очень

sehr — recht — überaus — höchst — zu — besonders — erstaunlich — unglaublich — unbeschreiblich — unsagbar — unsäglich — außergewöhnlich — außerordentlich — ungemein — äußerst — maßlos — übermäßig — grimmig — unmäßig — ungeheuer — peinlich — arg — herzlich — gar — reichlich — ordentlich — mächtig — lausig — deftig — extra — enorm — kolossal — furchtbar — fürchterlich — schrecklich — entsetzlich — scheußlich — schauderhaft — wahnsinnig — rasend — unsterblich — verdammt

sehr *индифф. синоним; напр.:* sehr schön, traurig очень красивый, печальный; er weiß sehr gut, worum es sich handelt он очень хорошо знает, о чем идет речь; er ist sehr beschäftigt он очень занят; das ist sehr liebenswürdig von Ihnen это очень любезно с вашей стороны; er ist mit seiner Arbeit sehr im Rückstand он очень отстает со своей работой; ich freue mich sehr, Sie zu sehen я очень рад видеть вас; sie hat sehr geweint она очень плакала; sehr vieles hat mir nicht gefallen очень многое мне не понравилось. **recht** ≃ sehr, *но выражает несколько меньшую сте-*

пень признака в более мягкой форме; напр.: wir haben das recht bedauert мы об этом очень сожалели; das ist alles recht gut und schön, aber... это все очень хорошо, но...; ich werde nicht recht klug daraus я не очень-то понимаю, в чем тут дело; der Koffer ist wohl recht schwer? чемодан, наверное, очень тяжелый?; recht vielen Dank! большое спасибо! **überaus** весьма; *напр.:* überaus schön весьма красивый; überaus viel весьма много; er machte einen überaus günstigen Eindruck он производил весьма благоприятное впечатление; der Film hat mir überaus gefallen фильм мне даже очень понравился. **höchst** в высшей степени, весьма; *напр.:* er ist höchst leichtsinnig он в высшей степени легкомысленный; sie ist höchst naiv она весьма наивна; das ist höchst schädlich это в высшей степени вредно; es ist höchst unwahrscheinlich, daß er noch kommt маловероятно, что он еще придет. **zu** слишком; *напр.:* zu groß, hoch, klein, tief слишком велик, высок, мал, глубок; zu hohe Absätze слишком высокие каблуки; das ist zu schade слишком жалко; er ist zu klug, als daß er so etwas täte он слишком умен, чтобы сделать что-либо подобное; es ist zu schön, um wahr zu sein *шутл.* это слишком хорошо, чтобы быть правдой. **besonders** особенно; *напр.:* sie arbeitet besonders flink она работает особенно ловко; es geht ihr heute besonders gut она чувствует себя сегодня особенно хорошо; er hat einen besonders weiten Weg ему особенно далеко добираться [идти, ехать и т. п.]; dieser Winter war besonders kalt эта зима была особенно холодной; ich habe in der letzten Woche besonders viel, wenig geschafft я сделал за последнюю неделю особенно много, мало. **erstaunlich** удивительно; *напр.:* er ist erstaunlich mutig он удивительно смелый; er hat erstaunlich lange Arme у него удивительно длинные руки; sie hat sich erstaunlich wenig verändert она удивительно мало изменилась. **unglaublich** невероятно; *напр.:* er kam unglaublich schnell zurück он вернулся невероятно быстро; das hast du unglaublich billig gekauft ты купил это невероятно дешево; die Stadt liegt unglaublich weit von hier этот город расположен невероятно далеко отсюда. **unbeschreiblich** неописуемо; *напр.:* der Wald war unbeschreiblich schön лес был неописуемо красив; seine Kleidung war unbeschreiblich schmutzig его одежда была неописуемо грязна; er ist unbeschreiblich dumm и неописуемо глуп; wir freuen uns unbeschreiblich, dich zu sehen мы неописуемо рады видеть тебя; sie amüsierten sich unbeschreiblich они веселились просто неописуемо. **unsagbar, unsäglich** несказанно, невыразимо; *напр.*: sie ist unsagbar traurig, unsäglich glücklich она невыразимо печальна, несказанно счастлива; ich liebe dich unsäglich я люблю тебя невыразимо; er litt unsagbar он невыразимо страдал. **außergewöhnlich** необычайно; *напр.*: es war außergewöhnlich heiß было необычайно жарко; sie war ein außergewöhnlich schönes Mädchen она была необычайно красивая девушка; er sah außergewöhnlich schlecht aus он выглядел необычайно плохо. **außerordentlich** чрезвычайно; *напр.*: er ist musikalisch außerordentlich begabt он чрезвычайно музыкален; sie war eine außerordentlich kluge Frau она была чрезвычайно умной женщиной; ich habe mich darüber außerordentlich gefreut я чрезвычайно радовался этому. **ungemein** необыкновенно; *напр.*: er ist ungemein liebenswürdig, klug он необыкновенно [необычайно] любезен, умен. **äußerst** крайне, в высшей степени; *напр.*: äußerst wichtig крайне важно; das ist äußerst unangenehm это в высшей степени неприятно; sie war äußerst erregt она была крайне возбуждена. **maßlos** безмерно; *напр.*: er übertreibt maßlos он безмерно преувеличивает; diese Entscheidung empörte ihn maßlos это решение безмерно возмутило его; ich bin maßlos enttäuscht я безмерно разочарован; er war maßlos verärgert он был безмерно рассержен. **übermäßig** чрезмерно, сверх меры; *напр.*: übermäßig dick, breit, groß, hoch чрезмерно [сверх меры] толстый, широкий, большой, высокий; sich übermäßig anstrengen напрягаться сверх меры; er ißt übermäßig viel он ест сверх меры [слишком много]; das Kleid ist übermäßig teuer платье непомерно дорогое. **grimmig** люто, очень (сильно); *напр.*: es ist heute grimmig kalt сегодня зверски холодно. **unmäßig** без меры, не зная меры; *напр.*: unmäßig essen, trinken есть, пить не зная меры. **ungeheuer** чудовищно; *напр.*: ungeheuer viel чудовищно много; ungeheuer groß, stark, schwer чудовищно большой, сильный, тяжелый; er ist ungeheuer reich он чудовищно богат; er freut sich ungeheuer auf die Reise он ужасно радуется поездке; alle waren ungeheuer erregt все были ужасно возбуждены. **peinlich** ≅ überaus, *может выражать как приятное, так и неприятное впечатление от усиления какого-л. качества*; *напр.*: peinlich genau сверхточный; peinlich sauber чрезвычайно чистый; der Mann war peinlich korrekt gekleidet мужчина был одет чрезвычайно тщательно; er war peinlich genau in seinen Beschreibungen он был скрупулезно точен в своих описаниях. **arg** *разг. б. ч. ю.-нем.* ≅ sehr; *напр.*: arg erschrecken, lügen очень напугать, сильно врать; er ist noch arg jung он еще очень молод; sie ist arg verliebt она очень влюблена; die Krankheit hat ihn arg mitgenommen болезнь очень измучила его. **herzlich** *разг.* больно *в сочетании с прилагательными отрицательной оценки, придает усилению ироническую окраску*; *напр.*: herzlich wenig больно мало; es war herzlich langweilig und uninteressant было уж больно скучно и неинтересно; herzlich schlechte Verse wurden in Musik gesetzt беспомощные [совсем уж плохие] стихи были положены на музыку; das tue ich herzlich gern я сделаю это очень охотно; er ist ja herzlich gut он ведь очень добр. **gar** *разг.* а) чересчур *употр. в сочетании с* zu, *усиливая значение*; *напр.*: er wohnt gar zu weit entfernt von uns он живет слишком уж далеко от нас; ich bin gar zu froh darüber! я до того уж рада этому!; gar zu viele Leute waren da уж слишком много народу было там □ Aber seit die Muhme tot ist, | Können wir ja nicht mehr gehn | Nach dem Schützenhof zu Goßlar und dort ist es gar zu schön (Heine, »Die Harzreise«) Но с тех пор, как тетка умерла, мы не можем больше ходить в Дом стрелков в Гесларе, а там очень уж красиво; b) *ю.-нем., австр., швейц.* = sehr; *напр.*: ich bin gar glücklich я очень счастлив; das schmeckt gar gut это очень вкусно; das Haus liegt nicht gar weit vom Wasser entfernt дом не очень далеко от воды. **reichlich** *разг.* ≅ recht; *напр.*: der Film war reichlich langweilig фильм был очень скучный; er war reichlich unverschämt он был очень нахальный; wir haben reichlich viel Zeit у нас (еще) очень много времени. **ordentlich** *разг.* порядочно, прямо-таки; *напр.*: es ist heute ordentlich kalt сегодня изрядно холодно; er sieht ordentlich blaß aus он выглядит прямо-таки бледным; ich war ordentlich gerührt я был прямо-таки растроган; das hat ihn ordentlich geärgert это его порядком рассердило. **mächtig** *разг.* здорово; *напр.*: sich mächtig freuen, ärgern, aufregen здорово радоваться, сердиться, волноваться; er fror mächtig он здорово замерз; er gibt mächtig an он здорово задается; ich mußte mich mächtig beeilen мне пришлось очень торопиться; das hat mir mächtig imponiert это мне очень импонировало; du mußt mächtig aufpassen будь внимательным вовсю. **lausig** *фам.* ≅ mächtig, *но подчеркивает отрицательное отношение к кому-л., к чему-л.*; *напр.*: es ist lausig kalt здорово холодно; man kann lausig hereinfallen можно здорово попасться; er hat lausig viel Geld у него чертовски много денег. **deftig** *чаще сев.-нем.* = mächtig; *напр.*: j-n deftig verprügeln здорово избить кого-л. **extra** *разг.* ≅ besonders; *напр.*: ein extra guter Kaffee особо хороший кофе; er möchte ihr etwas extra Feines kaufen он хотел бы купить ей что-нибудь особенно хорошее. **enorm** *разг.* необыкновенно; *напр.*: darauf freue ich mich enorm я радуюсь этому несказанно; ich habe mich enorm amüsiert я необыкновенно веселился; es ist mir enorm peinlich мне ужасно неприятно. **kolossal** *разг.* колоссально; *напр.*: kolossal interessant колоссально интересный; das Problem interessiert mich kolossal эта проблема меня чрезвычайно интересует; das Stück hat mir kolossal gefallen пьеса мне чрезвычайно понравилась; der Politiker hat kolossal an Einfluß gewonnen влияние этого политического деятеля колоссально возросло; er ist mir kolossal gleichgültig мне он в высшей степени безразличен. **furchtbar, fürchterlich** *разг.* страшно; *напр.*: furchtbar [fürchterlich] lustig страшно весело; sich furchtbar [fürchterlich] freuen страшно радоваться; seine Mutter war furchtbar nett zu mir его мать была страшно любезна [мила] со мной; es tut mir fürchterlich leid мне страшно жаль; ich habe es furchtbar eilig я страшно спешу; wir haben uns fürchterlich amüsiert мы страшно веселились; wir haben furchtbar gelacht мы страшно смеялись. **schrecklich** *разг.* ужасно; *напр.*: es hat schrecklich lange gedauert это продолжалось ужасно долго; ihr wurde schrecklich viel geschenkt ей надарили страшно много; er fuhr wieder einmal schrecklich schnell он опять поехал ужас как быстро. **entsetzlich** ≅ schrecklich, *но еще более эмоционально*; *напр.*: entsetzlich müde, aufgeregt ужасно усталый, взволнованный; sich entsetzlich freuen ужасно радоваться; ich bin entsetzlich gespannt, womit du mich überraschen wirst я ужасно любопытствую, что там у тебя за сюрприз для меня; er hat entsetzlich viel Gratulationen erhalten он получил ужасно много поздравлений. **scheußlich** *разг.* кошмарно; *напр.*: ich habe heute scheußlich viel zu tun у меня сегодня кошмарно много дел; es ist scheußlich kalt кошмарно холодно. **schauderhaft** *разг.* жутко; *напр.*: wir mußten schauderhaft lange warten мы должны были жутко долго ждать; er fror schauderhaft он жутко замерз [продрог]; er schwitzte schauderhaft он жутко вспотел. **wahnsinnig** *разг.* безумно; *напр.*: sie liebt ihn wahnsinnig она его безумно любит; er ist wahnsinnig verliebt он безумно влюблен; ich habe wahnsinnig viel zu tun у меня безумно много дел; der Mantel ist wahnsinnig teuer пальто безумно дорогое; ich habe mich wahnsinnig gefreut я был безумно рад; es tat wahnsinnig weh было безумно больно. **rasend** *разг.* бешено; *напр.*: er ist rasend verliebt он бешено [до неистовства] влюблен; das tu' ich rasend gern я это сделаю с колоссальным удовольствием. **unsterblich** *разг.* до смерти; *напр.*: er hat sich unsterblich verliebt он до смерти влюбился; er hat sich unsterblich blamiert он вконец осрамился; **verdammt** *разг.* чертовски; *напр.*: es war verdammt schwer было чертовски тяжело; ich habe es verdammt eilig я чертовски спешу; sie ist verdammt hübsch она чертовски мила

seicht[1] мелкий, мелководный
seicht — flach — untief
   seicht *индифф. синоним*; *напр.*: ein seichter Fluß мелководная река; der Teich ist seicht пруд неглубок; seichte Stellen im See мелкие места в озере; an den seichtesten Stellen des Wassers konnten sie den Grund sehen на самых мелких местах [на мелководье] они могли видеть дно; im Sommer war der Fluß in der Regel ziemlich seicht летом река, как правило, мелела. **flach** ≙ seicht, *но содержит представление не только о низком уровне (воды), но и о плоской поверхности, плоском рельефе*; *напр.*: an diesem Strand ist das Meer sehr flach und ungefährlich здесь, у пляжа, море очень мелкое и безопасное; das Boot ist an einer flachen Stelle auf Grund geraten на мелком месте лодка врезалась в дно (реки); stelle bitte die flachen Teller auf den Tisch поставь, пожалуйста, мелкие тарелки на стол. **untief** неглубокий *употр. тк. в определенных сочетаниях (б. ч. атрибутивно)*; *напр.*: im See gibt es untiefe Stellen в озере есть мели
seicht[2] *см.* oberflächlich
Seidel *см.* Bierglas
Seil *см.* Strick
sein[1] быть *(где-л.)*
sein — sich befinden — sich aufhalten | verweilen — weilen — stecken
   sein *индифф. синоним*; *напр.*: sie sind in Leipzig они в Лейпциге; im Sommer waren sie am Schwarzen Meer летом они были на Черном море; er ist schon unterwegs он уже в пути; sie ist noch zu Hause она еще дома; ich bin schon lange hier я уже давно здесь □ Tschanz wollte weiter wissen, ob noch andere Mitglieder der Gesellschaft um diese Zeit bei Gastmann gewesen seien (*Dürrenmatt, »Der Richter und sein Henker«*) Чанц хотел далее знать, бывали ли еще и другие члены общества в это время у Гастмана. **sich befinden** находиться; *напр.*: sie befindet sich im Moment auf dem Land в данное время она находится в деревне; der Hund befindet sich im Zimmer собака находится в комнате; er befindet sich oft auf Reisen он часто бывает в поездках □ Sie scheinen zu vergessen, Herr Gauleiter, in welch einem Hause Sie sich befinden (*Schallück, »Pro Ahn sechzig Pfennig«*) Кажется, вы забываете, господин гауляйтер, в каком доме вы находитесь. Die Haspeltreppen stieg er etwas mühsam hinauf, denn er war über sechzig... doch befand er sich bald vor dem Hause Schönler... (*Dürrenmatt, »Der Richter und sein Henker«*) По ступенчатым улочкам он поднимался с трудом, так как ему было за шестьдесят... однако скоро он уже стоял перед домом Шенлер... **sich aufhalten** задержаться (про)быть, находиться некоторое время; *напр.*: wir hielten uns einige Tage in Florenz auf мы пробыли несколько дней во Флоренции; ich möchte mich hier nicht lange aufhalten я не хотел бы задерживаться здесь надолго; du solltest dich mehr im Freien aufhalten тебе надо больше бывать на воздухе; er hält sich zur Zeit bei seinem Onkel auf в настоящее время он живет у своего дяди □ ...der Soldat... erhielt den Befehl, sich auf der Veranda aufzuhalten (*Lenz, »Stadtgespräch«*) ...солдат... получил приказ быть все время на веранде. Er habe die Gaststube schon vor einer halben Stunde verlassen... meldete die Wirtin; kaum fünf Minuten habe er sich im Wirtshaus aufgehalten (*Dürrenmatt, »Der Richter und sein Henker«*) Он ушел из зала уже полчаса тому назад... сообщила хозяйка; он не задержался в ресторане даже и на пять минут. **verweilen** остановиться (на время), задержаться, побыть *высок. устаревает*; *напр.*: auf dem Dorfplatz verweilten wir einen Augenblick на деревенской площади мы на минутку остановились [задержались]; ich habe mich schon zu lange verweilt я задержался уже и так слишком долго; laß uns hier noch ein wenig verweilen давай побудем здесь еще немного. **weilen** *высок., офиц.* пребывать; *напр.*: die Delegation weilte zwei Tage in der Stadt делегация пребывала в городе два дня; in Gedanken weilte er schon daheim в мыслях своих он был уже дома; er weilt nicht mehr unter uns его нет больше среди нас (*нет больше в живых*) □ Es erschien... Emil Reinacher, der Schleicher — ich traute meinen Augen nicht — im Priestergewand..: »Grüß dich Gott, lieber Freund! Schön, daß man auch dir die Möglichkeit gab, unter uns zu weilen...« (*Joho, »Das Klassentreffen«*) Появился... Эмиль Рейнахер, тихая сапа, — я не поверил своим глазам — в облачении священника..: «Приветствую тебя, мой дорогой друг! Чудесно, что и тебе дали возможность побыть с нами...» **stecken** *разг.* торчать, пропадать; *напр.*: sie steckt immer zu Hause она все время торчит дома; wo steckt der Junge? где пропадает этот мальчишка?; wo hast du die ganze Zeit gesteckt? где ты проторчал все это время?
sein[2] быть *(каким-л., в каком-л. состоянии)*
sein — stehen
   sein *индифф. синоним (глагол-связка)*; *напр.*: wie ist das Wetter? — Das Wetter ist gut какая погода? — Погода хорошая; die Geschichte ist merkwürdig это странная история; er ist in Gefahr он в опасности; ich bin den Streit [des Streites] müde я устал от спора; sie ist zu allem fähig она способна на все; die Wohnung ist geräumig квартира просторная; die Tür ist eng дверь узкая; er ist nicht allein der Ansicht, daß ihr Gefahr droht не он один того мнения, что ей грозит опасность. **stehen** ≙ sein, *но сохраняет связь с полнозначным глаголом, больше подчеркивает состояние в определенный момент; употр. со значительным, но по сравнению с sein ограниченным кругом слов*; *напр.*: das Getreide steht in diesem Jahr gut хлеба в этом году хорошие; die Tür steht offen дверь открыта; das Haus steht in Flammen дом в пламени; weite Gebiete standen unter Wasser обширные области были под водой; er steht im besten Mannesalter он в самом цветущем возрасте для мужчины; der Gelehrte steht mit seiner Meinung nicht allein ученый не одинок в своем мнении; er steht sehr unter ihrem Einfluß он находится под ее сильным влиянием
sein[3] *см.* geben[2]
sein[4]: **auf der Suche sein** *см.* suchen[1]; **alle sein** *см.* schwinden[1]; **zu Ende sein** *см.* aufhören[1]; **ähnlich sein** *см.* gleichen; **nicht abgeneigt sein** *см.* einverstanden sein; **entfremdet sein** *см.* fremd werden
   seine Glückwünsche darbringen *см.* gratulieren
   sein eigen nennen *см.* haben[1]
   seinen Platz einnehmen *см.* setzen, sich
   seinerzeit *см.* damals
   Seite: auf die Seite legen *см.* sparen
   Seitenweg окольный путь
der Seitenweg — der Schleichweg
   Seitenweg *индифф. синоним*; *напр.*: dieser Seitenweg führt wieder zur Hauptstraße эта окольная дорога выводит снова на главную магистраль; der Seitenweg war auch gesperrt боковая дорога тоже была перекрыта; er geht leider zu oft Seitenwege он, к сожалению, слишком часто действует окольными путями; das kann nur auf einem Seitenweg erreicht werden этого можно достигнуть только окольным путем. **Schleichweg** (контрабандистская) тайная тропа; *напр.*: der Schmuggler nähert sich auf Schleichwegen der Grenze контрабандист приближается к границе тайными тропами; er kennt hier jeden Schleichweg он знает здесь каждую тайную тропку; er benutzt wieder einen Schleichweg, um sein Ziel zu erreichen он снова пользуется тайными путями [он опять действует исподтишка], чтобы добиться своей цели
   seit kurzem *см.* neuerdings
   seit langem *см.* lange

selbst¹ *см.* sogar
selbst²: **von selbst** *см.* freiwillig
selbständig самостоятельный
selbständig — unabhängig — autonom — autark

selbständig *индифф. синоним; напр.:* ein selbständiger Staat, Mensch самостоятельное государство, самостоятельный человек; selbständig arbeiten, leben, aufstehen самостоятельно работать, жить, вставать; sie ist jetzt völlig selbständig она теперь совершенно самостоятельна; er kann selbständig handeln он может действовать самостоятельно; die Schule erzieht die Jugend zu selbständigem Denken und Handeln школа воспитывает в молодежи умение думать и действовать самостоятельно. **unabhängig** независимый; *напр.:* ein unabhängiger Staat независимое государство; unabhängig sein быть независимым; er führt ein unabhängiges Leben он живет, ни от кого не зависит; sie ist materiell unabhängig она ни от кого не зависит в материальном отношении; ich will von ihm unabhängig sein я хочу быть от него независимым. **autonom** автономный; *напр.:* Tatarische Autonome Sozialistische Sowjetrepublik Татарская Автономная Советская Социалистическая республика; autonom sein быть автономным; autonom handeln действовать автономно; diese Institution besitzt eine autonome Stellung это учреждение занимает автономное положение; nach dem 2. Weltkrieg bildeten sich aus vielen Kolonien autonome Staaten после второй мировой войны из многих колоний образовались автономные государства. **autark** *книжн.* автаркический, (экономически) обособленный (*совершенно не зависящий от ввоза*); *напр.:* ein autarkes Land автаркическая страна; in den ersten Jahren seiner Unabhängigkeit wollte das Land eine autarke Wirtschaft aufbauen в первые годы независимости страна хотела создать автаркическое хозяйство

Selbstbeherrschung *см.* Fassung
selbstbewußt уверенный в себе, самоуверенный
selbstbewußt — selbstgerecht

selbstbewußt *индифф. синоним; напр.:* eine selbstbewußte Haltung поведение человека, уверенного в себе; selbstbewußte Reden самоуверенные речи; er tritt selbstbewußt auf он ведет себя уверенно; er ist sehr selbstbewußt он очень самоуверен; Sie müssen selbstbewußter handeln вы должны действовать увереннее [с большей верой в себя]. **selbstgerecht** абсолютно уверенный в своей правоте, в своей непогрешимости, самоуверенный; *напр.:* ein selbstgerechter Mensch абсолютно уверенный в своей правоте человек; человек, считающий, что он всегда и во всем прав; ein selbstgerechtes Verhalten самоуверенное поведение; du hast keinen Grund, so selbstgerecht zu sein у тебя нет оснований быть таким уверенным в своей непогрешимости; ich finde ihn zu selbstgerecht я нахожу, что он слишком уверен в своей правоте

selbstgerecht *см.* selbstbewußt
Selbstgespräch разговор с самим собой
das Selbstgespräch — der Monolog

Selbstgespräch *индифф. синоним; напр.:* Selbstgespräche führen вести разговоры [разговаривать] с самим собой; unterwegs hielt er ein langes Selbstgespräch по дороге он (мысленно) вел с собой долгий разговор. **Monolog** a) монолог (*в пьесе*); *напр.:* der Monolog Hamlets монолог Гамлета; er deklamierte einen berühmten Monolog он прочитал знаменитый монолог; b) длинная тирада (*в разговоре, когда не принимают во внимание собеседника, его желание высказаться*); *напр.:* deine langen Monologe sind ja nicht auszuhalten! ведь твои длинные монологи невозможно выдержать!; das ist kein Gespräch, sondern ein lauter Monolog это не разговор, а монолог

selbstisch *см.* egoistisch
selbstlos самоотверженный
selbstlos — uneigennützig — opferbereit — unegoistisch — altruistisch — opferwillig — opferfreudig — großmütig — edel

selbstlos *индифф. синоним; напр.:* eine selbstlose Liebe самоотверженная любовь; ein selbstloser Verzicht самоотверженный отказ; selbstlos handeln действовать самоотверженно; er setzte sich selbstlos für den Jungen ein он самоотверженно вступился за мальчика; sie unterstützte den Bruder in selbstloser Weise она самоотверженно поддерживала брата □ Und im Kampf gegen das Vorurteil, den sein Herr so leidenschaftlich, groß und selbstlos geführt hatte, sah Wagniére sein höchstes Verdienst (*Feuchtwanger, »Die Füchse«*) И в этой борьбе с предрассудками, которую его господин вел так страстно, широко и самоотверженно, видел Ваньер свою величайшую заслугу. **uneigennützig** бескорыстный; *напр.:* eine uneigennützige Liebe бескорыстная любовь; uneigennützig handeln действовать бескорыстно; er zeigt sich stets uneigennützig он всегда проявляет бескорыстие; sie hilft mir uneigennützig она бескорыстно помогает мне; ihre Freundschaft war uneigennützig их дружба была бескорыстной. **opferbereit** готовый на жертвы, жертвенный; *напр.:* ein opferbereiter Mensch человек, готовый на жертвы; opferbereit sein быть готовым на жертвы; er setzte sich opferbereit für sie ein он вступился за нее, готовый на жертвы. **unegoistisch** *редко* неэгоистичный; *напр.:* ein unegoistischer Mensch неэгоистичный человек; unegoistisch denken, handeln думать, поступать неэгоистично; er ist unegoistisch он не эгоистичен. **altruistisch** *книжн.* альтруистический; *напр.:* ein altruistischer Mensch альтруист, альтруистка; altruistisch handeln поступать альтруистически; rein altruistische Ziele verfolgen преследовать чисто альтруистические цели. **opferwillig, opferfreudig** *высок.* ≅ opferbereit; *напр.:* ein opferwilliger [opferfreudiger] Mensch человек, готовый на жертвы; ich weiß, Sie sind opferwillig я знаю, вы готовы на жертвы. **großmütig** *высок.* великодушный; *напр.:* eine großmütige Tat великодушный поступок; sich großmütig gegen j-n zeigen вести себя великодушно [проявить великодушие] по отношению к кому-л.; sie hat ihm großmütig verziehen она великодушно простила его; er war großmütig und erließ ihm die Schulden он был великодушен и простил ему долги. **edel** *высок.* благородный; *напр.:* ein edler Mensch благородный человек; eine edle Tat благородный поступок; edel denken, handeln благородно мыслить, поступать; das geschah in edler Absicht это было сделано с благородной целью; er hatte einen edlen Vorsatz у него было благородное намерение; ich kenne seinen edlen Charakter *часто ирон.* я знаю его благородный характер

selbstredend *см.* natürlich²
selbstsüchtig *см.* egoistisch
selbstverständlich *см.* natürlich²
selig *см.* freudig¹/tot
Seligkeit *см.* Freude¹
selten редкий
selten — rar

selten *индифф. синоним; напр.:* seltene Bücher, Pflanzen, Tiere редкие книги, растения, животные; er ist ein seltener Gast hier он здесь редкий гость; er ist ein Mensch von seltener Begabung он человек редкого дарования; er sammelt seltene Briefmarken он собирает редкие почтовые марки; das ist ein seltener Fall это редкий случай. **rar** ≅ selten, *но подчеркивает что что-л. является ценным в силу того, что встречается редко; напр.:* ein rarer Artikel редкий товар; eine rare Briefmarke редкая почтовая марка

seltsam *см.* merkwürdig
senden *см.* schicken
Sendung¹ передача (*по радио, по телевидению*)
die Sendung — die Übertragung — die Direktsendung — die Live-Sendung

Sendung *индифф. синоним; напр.:* eine politische, literarische, interessante Sendung политическая, литературная, интересная передача; eine Sendung ausstrahlen транслировать передачу; eine Sendung im Rundfunk hören слушать передачу по радио; eine Sendung im Fernsehen sehen

смотреть передачу по телевидению □ Doktor Fechner fand heraus — das ist das Entscheidende, — daß die Arbeit dann besonders fehlerhaft ausgeführt wird in den Vormittagsstunden, wenn am Vorabend eine Sendung im Fernsehen war, die erst nach dreiundzwanzig Uhr zu Ende ging (Max von der Grün, »Irrlicht«) Доктор Фехнер обнаружил — и это главное, — что особенно недоброкачественной работа бывает в те утренние часы, когда накануне вечером телевизионные передачи оканчиваются позже двадцати трех часов. Абер ich ging noch zu Veronika und sah mir auf dem Bildschirm die Affäre Dreyfus an. Nach der Sendung fragte sie, warum man diesen alten Quatsch wieder auskrame (ebenda) Но я еще пошел к Веронике и посмотрел по телевизору передачу о деле Дрейфуса. После передачи она спросила, почему снова откопали это старье. **Übertragung** трансляция передачи, передача; *напр.*: die Übertragung einer Rede, eines Fußballspiels передача речи, футбольной игры; eine Übertragung aus Dresden передача из Дрездена; die Übertragung im Rundfunk hören слушать передачу по радио; die Übertragung des Konzerts ist beendet передача концерта закончена; das Fernsehen sendet eine Übertragung von der Fußballweltmeisterschaft телевидение ведет передачу игры [об игре] на первенство мира по футболу □ Draußen versammelten sich einige Passanten vor dem Fenster, sie wollten die Übertragung des Boxkampfes hören... (Remarque, »Schatten«) Снаружи у витрины собралось несколько прохожих: им хотелось послушать репортаж о соревнованиях по боксу... **Direktsendung** прямая передача (с места событий); *напр.*: der Start des Raumschiffes wurde in einer Direktsendung übertragen о запуске космического корабля велась прямая передача (с космодрома). **Live-Sendung** ['laef-] *неол.* = Direktsendung; *напр.*: es wird nicht leicht sein, das Radrennen in einer Live-Sendung zu übertragen нелегко будет вести прямую [живую *разг.*] передачу с велогонок.
Sendung² почтовое отправление die **Sendung** — das **Paket** — das **Päckchen** — die **Überweisung** — der **Versand**

Sendung *индифф. синоним; напр.*: eine Sendung Waren партия отправленных почтой товаров; den Empfang einer Sendung bestätigen подтвердить получение почтового отправления; wir haben eure Sendung mit Dank erhalten мы с благодарностью получили вашу посылку [перевод *и т. п.*]; ich warte auf eine Sendung von Mutter я жду почту от матери. **Paket** (почтовая) посылка; *напр.*: ein Paket zur Post bringen отнести посылку на почту; er hat ein Paket von zu Hause erhalten он получил посылку из дому; er stellt Pakete zu он доставляет посылки на дом. **Päckchen** бандероль; *напр.*: ein Päckchen zustellen доставить бандероль; ein Päckchen von der Post holen взять [забрать] бандероль на почте; das Päckchen wog ein halbes Kilogramm бандероль весила полкило; sie brachte das Päckchen zur Post она отнесла бандероль на почту. **Überweisung** почтовый перевод; *напр.*: die Überweisung ist eingetroffen почтовый перевод пришел; ich habe Ihre Überweisung heute erhalten я получил ваш перевод сегодня. **Versand** отправление, отправка (почтой) *в отличие от* Sendung *означает не предмет, посылаемый по почте, а процесс действия* (отсылки); *напр.*: der Versand von Waren отправка товаров почтой; diesen Packen müssen Sie zum Versand bringen этот тюк вы должны отправить почтой; die Bücher sind schon zum Versand gekommen эти книги уже отправлены почтой

Sendung³ *см.* Auftrag¹

senken¹ опускать (вниз)
senken — herablassen — hinablassen — einsenken — versenken

senken *индифф. синоним; напр.*: die Arme, den Blick, den Kopf senken опускать руки, взгляд, голову; die Angel, das Lot ins Wasser senken опускать в. воду удочку, лот; sie senkte die Augen она опустила глаза; um den Toten zu ehren, wurden die Fahnen gesenkt флаги были опущены, чтобы почтить умершего; der Sarg wurde ins Grab gesenkt гроб был опущен в могилу. **herablassen** спускать *означает все движение сверху вниз от высшей точки; напр.*: den Vorhang herablassen опускать занавес; die Bäuerinnen ließen die Eimer an einer Kette herab крестьянки спускали ведра на цепи; der Verfolgte ließ sich an einem Seil herab преследуемый спустился вниз по канату; die Frau ließ schnell die Jalousie herab женщина быстро опустила жалюзи. **hinablassen** ≃ herablassen, *но подчеркивает направление вниз; напр.*: einen Sarg in die Gruft hinablassen опустить гроб в склеп; er ließ sich behende am Seil hinab он быстро спустился вниз по канату; laß den Korb hinab! спусти корзину вниз! **einsenken** опускать куда-л. вглубь; *напр.*: etw. ins Wasser, in die Erde einsenken опускать что-л. в воду, в землю; er sah zu, wie man die Wurzelballen einsenkte он смотрел, как опускали в землю мощные корни деревьев; die Vogeltränke ist in den Erdboden eingesenkt поилка для птиц заглублена в землю. **versenken** опускать глубоко (*под воду, под землю и т. п.*); *напр.*: einen Toten ins Meer versenken опустить мертвеца в море; Schätze in die Erde versenken опустить [зарыть] клады глубоко под землю; die Hände in die Taschen versenken опустить [засунуть] руки глубоко в карманы; der Junge versenkte die Münze stolz in die Tasche мальчик с гордостью опустил монету (глубоко) в карман; sie versenkten die gestohlenen Sachen ins Wasser они спрятали краденые вещи глубоко под воду

senken² *см.* verkleinern¹
Senkung *см.* Abhang
Sensation *см.* Ereignis
sensationell *см.* auffallend
sensibel *см.* empfindlich¹
sensitiv *см.* empfindlich¹
sentimental *см.* empfindsam¹
sentimentalisch *см.* empfindsam¹
separat *см.* getrennt
seriös *см.* ernst²
servieren *см.* auftragen¹
Serviererin *см.* Kellnerin
servil *см.* unterwürfig¹
Sessel кресло
der **Sessel** — der **Armsessel** — der **Lehnsessel** — der **Drehsessel** — der **Polstersessel** — der **Klubsessel** — der **Fauteuil** — der **Lehnstuhl** — der **Korbsessel**

Sessel *индифф. синоним; напр.*: ein moderner, niedriger, weicher Sessel современное, низкое, мягкое кресло; sie saß in einem bequemen Sessel она сидела в удобном кресле □ Petersen trat hinter den Sessel der Exzellenz (Kellermann, »Der 9. November«) Петерсен встал за креслом его превосходительства. Im Sessel, den Niklaus ihm bezeichnet hatte, saß nun Goldmund am Zeichentisch (Hesse, »Narziß«) И вот Златоуст сидел за рисовальным столом в кресле, которое указал ему Никлаус. **Armsessel** кресло с подлокотниками; *напр.*: ein alter, schöner Armsessel старое, красивое кресло с подлокотниками. **Lehnsessel** (удобное) кресло (для отдыха) с высокой спинкой (и подлокотниками); *напр.*: sie schlummerte in einem Lehnsessel она дремала в кресле с высокой спинкой. **Drehsessel** вращающееся кресло; *напр.*: er saß in einem Drehsessel vor dem Pult он сидел во вращающемся кресле перед пультом. **Polstersessel** кресло с мягкой обивкой, мягкое кресло; *напр.*: an den Wänden standen einige Polstersessel у стен стояло несколько мягких кресел. **Klubsessel** ≃ Polstersessel (*чаще о глубоком мягком кресле*); *напр.*: eine Sitzecke mit Klubsesseln und Rauchtischchen уголок с мягкими креслами и низкими столиками для курения. **Fauteuil** [fo'tœ:ɪ] кресло-раковина, (мягкое) целиком обитое кресло обтекаемой формы (*спинка которого переходит в подлокотники, составляя с ними единое целое*); *напр.*: ein breiter Fauteuil широкое мягкое кресло; sie saß in einem Fauteuil она сидела в мягком кресле. **Lehnstuhl** ≃ Sessel; *напр.*: ein Lehnstuhl stand im Garten в саду стояло кресло □ Aus einer großen Lücke... kam... bleiches Schneelicht und gab dem Kleid einer Frau, die tief in der Ecke in einem hohen Lehnstuhl müde fast lag, einen Schein wie von Seide (*Kafka*, »*Das Schloß*«) Из большого отверстия... падал... снежно-бледный свет и придавал платью женщины, которая в самом углу устало почти лежала в высоком кресле, шелковый блеск. **Korbsessel** плетеное кресло; *напр.*: auf der Veranda standen ein Tisch und einige Korbsessel на веранде стояли стол и несколько плетеных кресел

seßhaft *см.* einheimisch [1]
setzen [1] сажать, усаживать
setzen — niedersetzen — hinsetzen

setzen *индифф. синоним; напр.*: sie setzte ihm das Kind auf den Schoß она посадила ребенка ему на колени; er setzte sie an meine Seite он посадил ее рядом со мной; sein Vater hatte ihn schon aufs Pferd gesetzt, als er noch kaum laufen konnte отец уже сажал его на лошадь, когда он едва начал ходить; die Kranke kann man schon ans Fenster setzen больную можно уже сажать к окну. **niedersetzen** ≅ setzen, *но подчеркивает направление движения сверху вниз; напр.*: sie setzte das Kind auf die Bank nieder она посадила ребенка на скамейку. **hinsetzen** ≅ setzen, *но предполагает, что кто-л. продолжает сидеть на данном месте длительное время; напр.*: der Kleine saß ganz ruhig in der Ecke, wo ihn die Oma hingesetzt hatte малыш спокойно сидел в уголке, куда его посадила бабушка

setzen [2] *см.* pflanzen/stellen [1]/tun [1]
setzen, sich садиться
sich setzen — Platz nehmen — sich hinsetzen — sich niedersetzen — seinen Platz [die Plätze, die Sitze] einnehmen — sich lagern — sich niederlassen — niedersitzen — hinsitzen — sich placieren

sich setzen *индифф. синоним; напр.*: setzen Sie sich bitte! садитесь, пожалуйста!; er setzte sich bequem auf das Sofa он уютно уселся на софу; sie setzte sich unbefangen neben mich она, нисколько не стесняясь, села около меня; setze dich bitte ins Licht, ich möchte dich besser sehen сядь, пожалуйста, к свету, я хочу тебя лучше видеть; sie war so erschöpft, daß sie sich öfter setzen mußte она была так измучена, что должна была частенько присаживаться; wir setzen uns lieber in sein Zimmer лучше мы сядем в его комнату; ein Vogel setzte sich auf den Zaun птичка села на забор. **Platz nehmen** ≅ sich setzen, *но употр. тк. по отношению к лицам и имеет более ограниченное значение 'занять предназначенное место, расположиться сидя'; напр.*: (bitte) nehmen Sie Platz! садитесь (, пожалуйста)!; wollen Sie bitte Platz nehmen? не хотите ли сесть?; wir nahmen Platz an einem Tisch мы сели за стол; die Mädchen nahmen Platz auf der Bank vor dem Haus девочки уселись на скамейку перед домом. **sich hinsetzen** ≅ sich setzen, *но подчеркивает, что сидящий остается на данном месте некоторое время; напр.*: wollt ihr euch nicht hinsetzen? не хотите ли сесть?; nach der Begrüßung setzten sich die Schüler hin поздоровавшись, ученики сели (на свои места); setz dich hin und arbeite! садись и работай! **sich niedersetzen** ≅ sich setzen, *но подчеркивает направление движения сверху вниз, употр. реже, преимущественно в книжно-письменной речи; напр.*: bitte, setzen Sie sich nieder! пожалуйста, садитесь!; sie setzte sich in einen Sessel nieder она села [опустилась] в кресло; wir setzten uns zum Abendbrot nieder мы сели ужинать. **seinen Platz [die Plätze, die Sitze] einnehmen** занять свое место, свои места; *напр.*: nehmen Sie bitte die Plätze ein, bald beginnt es! занимайте, пожалуйста, места, скоро начнется!; er hat seinen Platz in der ersten Reihe eingenommen он занял свое место в первом ряду. **sich lagern** расположиться на отдых, сесть отдохнуть; *напр.*: ich lagerte mich im [ins] Gras я расположился на отдых в [на] траве; wollen wir uns im Schatten lagern! давайте сядем отдохнуть в тени! **sich niederlassen** *высок.* ≅ sich niedersetzen; *напр.*: sie ließ sich in einen [einem] Sessel nieder она опустилась в кресло; wir lassen uns am Tisch nieder мы садимся за стол; die kleine Gesellschaft ließ sich auf einer schönen Wiese nieder маленькая компания расположилась на красивой лужайке; eine Vogelschar hat sich auf den Telegraphendrähten niedergelassen стая птиц опустилась на телеграфные провода. **niedersitzen** *ю.-нем. разг.* ≅ sich setzen; *напр.*: er zog sich einen Stuhl heran und saß nieder он пододвинул к себе стул и сел; sie saß mühsam nieder она с трудом села. **hinsitzen** *австр., швейц. разг.* ≅ sich hinsetzen; *напр.*: sie saß hin und fing an zu schreiben она села и начала писать; wollen Sie nicht hinsitzen? не хотите ли сесть? **sich placieren** [-'tsi-] *разг.* усаживаться; *напр.*: ich placierte mich auf das Sofa я уселся на софу; wir placierten uns in der ersten Reihe мы уселись в первом ряду

seufzen *см.* stöhnen
sich auf den Weg machen *см.* gehen [2]
sich Bewegung machen [verschaffen] *см.* spazierengehen
sich den Kopf zerbrechen *см.* nachdenken
sich die Beine vertreten *см.* spazierengehen
sich die Hände reiben *см.* schadenfroh sein
sich einig sein [werden] *см.* übereinstimmen [1]
sicher [1] уверен(ный)
sicher — zuversichtlich — überzeugt

sicher sein *индифф. синоним; напр.*: sicher sein быть уверенным; wir sind sicher, daß sie wieder gesund wird мы уверены, что она выздоровеет; sind Sie ganz sicher, daß er es so gemeint hat? вы абсолютно уверены, что он именно это имел в виду?; er ist seines Erfolges sicher он уверен в своем успехе; er ist sich seines Freundes ganz sicher он совершенно уверен в своем друге. **zuversichtlich** твердо уверенный; *напр.*: zuversichtlich sein быть твердо уверенным; zuversichtlich sprechen говорить с твердой уверенностью; ich glaube zuversichtlich, daß er seinen Verpflichtungen nachkommt я твердо верю, что он выполнит свои обязательства; er sprach zuversichtlich von ihrer Genesung он говорил с твердой уверенностью о ее выздоровлении; wir hoffen zuversichtlich, daß sich alles zum Guten wendet мы твердо надеемся, что все пойдет к лучшему. **überzeugt** убежденный; *напр.*: überzeugt sein быть убежденным; ich bin überzeugt, daß du recht hast я убежден, что ты прав; davon bin ich nicht ganz überzeugt в этом я не совсем убежден; ich bin von seinen Fähigkeiten nicht sehr überzeugt я не очень убежден в его способностях

sicher [2] *см.* gewiß [1]
Sicherheit [1] безопасность
die Sicherheit — die Gefahrlosigkeit

Sicherheit *индифф. синоним; напр.*: internationale, kollektive Sicherheit международная, коллективная безопасность; die Sicherheit gewährleisten обеспечить безопасность; in Sicherheit sein быть в безопасности; j-n, etw. in Sicherheit bringen укрыть [спрятать] кого-л., что-л. в безопасном месте; er tat das wegen seiner eigenen Sicherheit он поступил так ради своей собственной безопасности; er wiegt sich in Sicherheit он (беспечно) считает себя в безопасности; man wiegt ihn in Sicherheit его убеждают (, усыпляя его бдительность), будто бы он в безопасности. **Gefahrlosigkeit** безопасность, отсутствие непосредственной угрозы для жизни и здоровья; *напр.*: er verbürgt sich für die Gefahrlosigkeit des Unternehmens, des Experiments он гарантирует безопасность этого предприятия, эксперимента

Sicherheit [2] *см.* Zuversicht
sicherlich *см.* gewiß [1]
sichern обеспечивать (*гарантировать*)
sichern — garantieren — gewährleisten — sicherstellen — sich vorbehalten

sichern *индифф. синоним; напр.*: j-m, sich das Recht auf etw. sichern обеспечивать кому-л., себе право на что-л.; sich einen Sitzplatz sichern забронировать себе (сидячее) место (*в театре и т. п.*); seine Zukunft ist gesichert его будущее обеспечено; er sichere sich seinen Einfluß unter den Kollegen он обеспечил себе влияние среди товарищей по работе. **garantieren** гарантировать; *напр.*: diese Arbeit garantiert ihm ein gutes Auskommen эта работа гарантирует ему хороший заработок; ich garantiere (für) den Erfolg я гарантирую успех; für gute Qualität wird garantiert отличное качество гарантируется; die Unverletzlichkeit des Briefgeheimnisses wird garantiert тайна переписки гарантируется. **gewährleisten** ≃ sichern, *но употр., когда речь идет об обеспечении интересов других, б. ч. многих лиц, общества в целом*; *напр.*: die Sicherheit der Bürger gewährleisten обеспечить безопасность граждан; diese Regeln gewährleisten den geordneten Ablauf der Wettkämpfe эти правила обеспечивают порядок проведения соревнований; um allen gleiche Chancen zu gewährleisten, müssen bei unserem Preisausschreiben bestimmte Maßnahmen getroffen werden чтобы обеспечить всем равные шансы, на нашем конкурсе должны быть приняты определенные меры. **sicherstellen** ≃ sichern, *но употр. тк. по отношению к обеспечению в случае ущерба или опасности*; *напр.*: j-n sicherstellen обеспечить кого-л. (на будущее деньгами); die Zukunft des Volkes sicherstellen обеспечить будущее народа; er hat versprochen, das Kind finanziell sicherzustellen он пообещал обеспечить (будущее) ребенка в финансовом отношении; es gelang ihm noch rechtzeitig vor dem Konkurs, sein Kapital aus der Firma zu ziehen und sicherzustellen ему удалось вовремя, до банкротства, изъять свой капитал из фирмы и сохранить его; die Zusammenarbeit zwischen beiden Abteilungen war nicht immer sichergestellt взаимодействие в работе цехов не всегда было обеспечено. **sich** (*D*) **vorbehalten** оставлять за собой, обеспечить себе право на что-л.; *напр.*: ich behalte mir das Recht vor, Änderungen vorzunehmen я оставлю за собой право вносить изменения; die endgültige Entscheidung ist ihm vorbehalten право на окончательное решение (остается) за ним; alle Rechte vorbehalten (*надпись на обороте титула книги*) все права (издательства) сохраняются

sicherstellen *см.* sichern

Sicherung обеспечение (*гарантирование*)

die Sicherung — die Gewährleistung — die Garantie — der Gewähr

Sicherung *индифф. синоним*; *напр.*: die Sicherung der Rechte, des Friedens обеспечение прав, мира; zur Sicherung des Friedens wird vieles unternommen для обеспечения мира делается многое; zur Sicherung der Planerfüllung wurden die notwendigen Maßnahmen getroffen для обеспечения выполнения плана были приняты соответствующие меры. **Gewährleistung** ≃ Sicherung, *но чаще употр. по отношению к конкретным мерам, действиям по обеспечению чего-л.*; *напр.*: die Gewährleistung des Friedens обеспечение [меры по обеспечению] мира; die Gewährleistung der Sicherheit bei diesem Versuch ist Aufgabe des Leiters der Gruppe обеспечение безопасности при этом опыте является задачей руководителя группы. **Garantie** гарантия; *напр.*: unter Garantie с гарантией; für etw. Garantie geben [leisten] давать гарантию в чем-л.; ручаться; dieser Vertrag stellt eine Garantie gegen jeden Überraschungsangriff dar этот договор является гарантией против любого неожиданного нападения; für die Uhr erhalten Sie ein Jahr Garantie на часы вы получите год гарантии. **Gewähr** ≃ Garantie, *но чаще офиц.*; *напр.*: das Abkommen bietet die Gewähr für einen regen Handelsaustausch это соглашение является залогом оживленного торгового обмена; der Hersteller leistet (für die Ware) ein Jahr Gewähr изготовитель предоставляет (на этот товар) один год гарантии

sich ins Fäustchen lachen *см.* schadenfroh sein

sich strafbar machen *см.* vergehen, sich

Sicht вид, видимость (*возможность видеть*)

die Sicht — der Blick — die Aussicht — der Ausblick

Sicht *индифф. синоним*; *напр.*: die Sicht verstellen заслонять, мешать видеть; aus der Sicht verlieren потерять из виду; in Sicht kommen появиться [показаться] (на горизонте, в поле зрения); in Sicht sein, bleiben быть, оставаться на виду [в поле зрения]; von hier oben hat man eine weite Sicht отсюда сверху открывается широкая панорама [перспектива]; heute ist gute Sicht сегодня хорошая видимость; das Flugzeug ist in Sicht самолет находится в поле зрения. **Blick** вид, обзор (*то, что можно окинуть одним взглядом*); *напр.*: ich habe hier einen herrlichen Blick у меня здесь чудесный вид; der Blick aus meinem Fenster geht direkt aufs Meer из моего окна открывается вид прямо на море; immer wieder eröffneten sich neue Blicke in alle Richtungen все снова и снова открывались новые виды во всех направлениях. **Aussicht** широкий вид, панорама; *напр.*: das Haus hat die Aussicht aufs Meer из дома открывается панорама моря; die Mauer versperrt die Aussicht in den Garten стена закрывает сад от взоров; wir waren begeistert von der wunderbaren Aussicht мы были восхищены чудесной панорамой. **Ausblick** ≃ Aussicht; *напр.*: von der Höhe hat man einen schönen Ausblick с вершины [с высоты] открывается прекрасный вид; die Baumgruppe versperrt den Ausblick группа деревьев заслоняет перспективу; er hat ein Zimmer mit Ausblick auf den See у него комната с видом на озеро

sichtbar *см.* offenbar

sichtlich *см.* offenbar

sich wichtig machen *см.* prahlen

sich zuschulden kommen lassen *см.* vergehen, sich

sickern *см.* dringen ¹/fließen

sieben просеивать

sieben — durchsieben — beuteln

sieben *индифф. синоним*; *напр.*: Mehl, Sand sieben просеивать муку, песок; bei dieser Behörde ist tüchtig gesiebt worden *перен.* это учреждение как следует перетряхнули, в этом учреждении отсеяли плохих работников. **durchsieben** пропускать сквозь сито; *напр.*: Mehl, Staubzucker durchsieben просеивать муку, сахарную пудру; die Mannschaft wurde tüchtig durchgesiebt *перен.* команду как следует перетряхнули, из команды отсеяли слабых игроков. **beuteln** *уст.* ≃ sieben, *но употр. тк. по отношению к муке*; *напр.*: Mehl beuteln пеклевать муку

siech *см.* kränklich

Siechtum *см.* Krankheit

sieden *см.* kochen

Siedlung поселок

die Siedlung — die Ortschaft — die Niederlassung — der Weiler — das Kaff

Siedlung *индифф. синоним*; *напр.*: eine ländliche, städtische Siedlung сельский, городской поселок; eine Siedlung anlegen заложить поселение; die Familie wohnt in einer kleinen Siedlung an der See семья живет в небольшом поселке у моря; der Student hat in seiner Diplomarbeit eine Siedlung zu planen этот студент должен разработать в своей дипломной работе проект поселка; das ist in der ganzen Siedlung bekannt это известно во всем поселке. **Ortschaft** ≃ Siedlung, *но чаще употр. по отношению к поселку сельского типа*; *напр.*: eine große, kleine Ortschaft большой, маленький поселок; die nächste Ortschaft ist vier Kilometer entfernt ближайший поселок находится в четырех километрах отсюда; die ganze Ortschaft wußte das весь поселок знал об этом. **Niederlassung** поселение; *напр.*: das Dorf ist eine von Umsiedlern gegründete Niederlassung эта деревня является поселением, основанным выходцами из других мест [переселенцами]. **Weiler** *уст. терр.* поселок в несколько дворов, хутор (*не являющийся самостоятельной территориальной единицей*); *напр.*: in der Nähe liegt nur ein kleiner Weiler вблизи расположен только небольшой поселок. **Kaff** *фам. пренебр.* дыра; *напр.*: ein entsetzliches Kaff ужасная дыра; in diesem elenden Kaff werde ich

SIEG   SINGEN

nicht lange bleiben в этой несчастной дыре я надолго не останусь; in diesem Kaff ist gar nichts los в этой дыре никогда ничего (интересного) не происходит

Sieg: den Sieg davontragen [erringen] см. siegen

Siegel см. Stempel¹

siegen побеждать

siegen — besiegen — den Sieg erringen — den Sieg davontragen — als Sieger hervorgehen — gewinnen — überwinden — sich durchsetzen — überwältigen — bezwingen — übertrumpfen — triumphieren — niederstrecken — obsiegen — kleinkriegen — das Rennen machen

siegen *индифф. синоним; напр.:* im Kampf, im Streit, im Sport siegen побеждать в борьбе, в споре, в спорте; Suworows Truppen siegten bei Rymnik войска Суворова победили (в битве) под Рымником; er siegte im Wettkampf nach Punkten он победил в соревновании по очкам; er siegte leicht über seinen Gegner он легко победил своего противника; sein Mitleid siegte über seinen Zorn сострадание победило в нем гнев; die Vernunft siegt разум побеждает; wir haben 3 : 2 gesiegt мы победили со счетом 3 : 2. **besiegen** = siegen *(употр. тк. с объектом — прямым дополнением); напр.:* den Feind besiegen побеждать врага; seine Leidenschaften, Vorurteile besiegen побеждать свои страсти, предрассудки; er besiegte im Kampf mehrere Gegner он победил в борьбе нескольких противников; er hat alle Schwierigkeiten besiegt он преодолел все трудности; deine Großzügigkeit hat mich besiegt твое великодушие покорило меня, я побежден твоим великодушием. **den Sieg erringen, den Sieg davontragen** одержать победу; *напр.:* auch in diesem Kampf hat er den Sieg errungen и в этой борьбе он одержал победу; er errang den Sieg über das eigene Herz он одержал победу над своим собственным сердцем; wir freuen uns, daß unsere Mannschaft einen großartigen Sieg davongetragen hat мы рады, что наша команда одержала великолепную победу; endlich trug er den Sieg über seine Leidenschaften davon в конце концов он одержал победу над своими страстями. **als Sieger hervorgehen** выйти победителем; *напр.:* aus allen schweren Kämpfen ist er als Sieger hervorgegangen из всех тяжелых боев он вышел победителем; wer wird wohl aus diesem anstrengenden Turnier als Sieger hervorgehen? кто же выйдет победителем в этом напряженном турнире? **gewinnen** выиграть; *напр.:* eine Schlacht, den Kampf, eine Wette gewinnen выиграть битву, бой, пари; nach Punkten, sicher, klar gewinnen *спорт.* выиграть по очкам, уверенно, с явным преимуществом; wir haben gewonnen мы выиграли; das Volk hat diesen Krieg gewonnen народ выиграл эту войну; er gewinnt die Schachpartie он выиграет шахматную партию; sein Pferd gewinnt das Rennen его лошадь выигрывает забег. **überwinden** (пре)одолевать; *напр.:* den Feind, den Gegner überwinden одолевать врага, противника; seine Gefühle, Schwierigkeiten, sich überwinden преодолевать свои чувства, трудности, себя; er überwand alle Feinde он одолел всех врагов; sie konnte ihre Abneigung gegen diesen Mann nicht überwinden она не могла преодолеть свою антипатию к этому человеку; es gilt noch viele Hindernisse zu überwinden надо преодолеть еще много препятствий [трудностей]; ich kann mich nicht überwinden, das zu tun я не могу преодолеть себя и сделать это. **sich durchsetzen** добиваться признания, успеха; взять верх; *напр.:* der Künstler hat sich durchgesetzt художник добился признания; die Wahrheit setzt sich immer durch правда всегда победит [возьмет верх]; er wird sich gegen alle Feinde durchsetzen он добьется успеха в борьбе с любыми врагами, он возьмет верх над всеми врагами; die Neuerung setzt sich allmählich durch новшество постепенно завоевывает признание. **überwältigen** одолевать, пересиливать; *перен.* сразить; *напр.:* den Feind im Krieg, im Kampf überwältigen одолеть, превзойти врага на войне, в борьбе; der Jammer, die Wehmut überwältigt sie жалость, печаль овладевает ею; er hat den Einbrecher überwältigt он одолел взломщика; der Schlaf überwältigte ihn сон одолел его; die Schönheit der Landschaft überwältigte mich красота этого пейзажа сразила меня; ich bin von seiner Großzügigkeit völlig überwältigt я совершенно повергнут [сражен] его великодушием. **bezwingen** покорять, подавлять; *напр.:* ein Land bezwingen покорить страну; den Berg, den Kosmos bezwingen покорять гору, космос; seinen Zorn, seine Ungeduld bezwingen подавлять [смирять] свой гнев, свое нетерпение; er bezwang sie durch seine Aufrichtigkeit он покорил ее своей искренностью; er wollte etwas Heftiges erwidern, aber bezwang sich он хотел резко возразить, но преодолел себя. **übertrumpfen** побить *перен.*, превзойти; *напр.:* niemand konnte ihn bei dieser Arbeit übertrumpfen никто не мог превзойти [опередить, побить] его в этой работе; er übertrumpft hier alle он здесь побьет [оставит далеко позади] всех и каждого. **triumphieren** торжествовать победу над кем-л.; *напр.:* über den Feind triumphieren торжествовать победу над врагом; du hast zu früh triumphiert ты слишком рано торжествовал победу. **niederstrecken** *высок.* сразить, повергнуть; *напр.:* den Feind niederstrecken сразить врага; er hat ihn mit einem Fausthieb niedergestreckt он сразил его ударом кулака; im Nu streckt er den Rivalen nieder в одно мгновение он сражает соперника. **obsiegen** *высок. устаревает* ≅ siegen; *напр.:* er siegte schließlich über seine Trägheit ob, er obsiegte schließlich über seine Trägheit он победил наконец свою лень; die Bauern obsiegten nach vielen Jahren im Streit mit den Gutsherren крестьяне через много лет победили в борьбе с помещиками; er hat im Prozeß obsiegt [obgesiegt] он выиграл этот процесс. **kleinkriegen** *разг.* сломить, согнуть (в бараний рог); *напр.:* er wird dich schon kleinkriegen уж он тебя согнет; die kriegt keiner klein! эту уж никто не сломит!; er ist nicht so schnell kleinzukriegen его не так-то быстро согнешь; er hat uns nicht kleingekriegt ему не удалось нас сломить. **das Rennen machen** *фам.* прийти (к финишу) первым, вырваться вперед; *напр.:* ich bin sehr gespannt, wer bei der diesjährigen Weltmeisterschaft im Eiskunstlauf das Rennen machen wird мне очень интересно, кто вырвется в этом году вперед на первенстве мира по фигурному катанию; in Mathe macht unsere Klasse das Rennen по математике наш класс впереди всех

Sieger¹ победитель

der Sieger — der Bezwinger — der Überwinder

Sieger *индифф. синоним; напр.:* ein Sieger beim [im] Wettkampf победитель в соревновании; das Stadion begrüßte die Sieger стадион приветствовал победителей; er kehrte als Sieger zurück он вернулся победителем. **Bezwinger** покоритель; *напр.:* der Bezwinger des Gipfels покоритель вершины; das Volk begrüßt die Bezwinger des Kosmos народ приветствует покорителей космоса. **Überwinder** победитель в борьбе с трудностями, с грозным противником; преодолевающий препятствия; *напр.:* Theseus, der Überwinder des Minotaurus Тезей, победитель Минотавра

Sieger²: als Sieger hervorgehen см. siegen

signieren см. unterschreiben

simpel см. schlicht ¹,²

simulieren см. verstellen, sich/vortäuschen

singen петь

singen — summen — trällern

singen *индифф. синоним; напр.:* ein Lied singen петь песню; rein, falsch singen петь чисто, фальшиво; mit, ohne Ausdruck singen петь с выражением, без выражения; im Chor singen петь в хоре; er singt Tenor он поет тенором; er sang ein Lied zur Gitarre он пел песню под гитару; sie sang ohne Seele она пела без души; sie singen nur mittelmäßig они поют не более чем посредственно □ Ich

SINKEN

singe, wie der Vogel singt, | Der in den Zweigen wohnt... (*Goethe*, »*Der Sänger*«) Я пою, как вольная птица, что живет среди ветвей... **summen** тихо напевать (без слов, со сжатыми губами); *напр.*: ein Liedchen summen мурлыкать песенку; sie summte etwas auf ihrem Zimmer она что-то напевала в своей комнате; während der Arbeit pfeift und summt er unaufhörlich во время работы он все время насвистывает и напевает. **trällern** весело напевать (популярную мелодию) (*без слов, но обычно используя звуковые комплексы типа* tra-la-la); *напр.*: sie trällert oft stundenlang die gleiche Melodie она часто часами весело напевает одну и ту же мелодию; der Junge trällerte eine fröhliche Weise мальчик распевал веселую мелодию

sinken [1] тонуть

sinken — versinken — untergehen — scheitern — in den Wellen [in den Fluten] verschwinden

sinken *индифф. синоним*; *напр.*: das Schiff sinkt корабль тонет; das Boot sank langsam лодка медленно погружалась [тонула]. **versinken** утонуть, потонуть; *напр.*: er ist im Fluß versunken он утонул в реке; die beiden Schiffe versanken fast gleichzeitig оба корабля потонули почти одновременно. **untergehen** идти ко дну; *напр.*: sie sprang über Bord und ging sofort unter она прыгнула за борт и тут же пошла ко дну; das Schiff ist untergegangen корабль пошел ко дну [затонул]; der Sage zufolge versank die Stadt im See по преданию, город ушел на дно озера. **scheitern** *устаревает* потерпеть крушение, сев на мель, разбившись о скалы, рифы *и т. п.*; *напр.*: das Schiff scheiterte nicht weit vom Strand корабль потерпел крушение недалеко от берега. **in den Wellen [in den Fluten] verschwinden** исчезать в волнах; *напр.*: als wir ans Ufer kamen, sahen wir das kleine Boot in den Wellen verschwinden когда мы пришли на берег, то увидели, как маленькая лодка исчезла в волнах; viele Menschen verschwanden damals in den Fluten много людей исчезло тогда в волнах

sinken [2] *см.* fallen [2]/verkleinern, sich

Sinn [1] смысл

der Sinn — der Kernpunkt — die Pointe

Sinn *индифф. синоним*; *напр.*: der Sinn des Lebens, eines Werkes смысл жизни, произведения; der Sinn seiner Rede blieb mir unklar смысл его речи остался мне неясным; der eigentliche Sinn dieser Handlung bleibt verborgen истинный смысл этого поступка остается скрытым; ich habe den Sinn Ihrer Worte richtig erkannt я понял смысл ваших слов □ Ihre Antwort ließ warten, und was sie schließlich plapperte im Ton einer Schülerin, hatte für ihn keinen Sinn; er durfte annehmen, daß sie ihn ebensowenig verstanden hatte (*H. Mann*, »*Die Vollendung*«) Она ответила не сразу, а то, что она в конце концов пролепетала тоном ученицы, не имело для него никакого смысла; он мог предположить, что и она так же мало поняла его. **Kernpunkt** главное, главный пункт; зерно *перен.*; *напр.*: der Kernpunkt der Rede, seiner Ausführungen главное в речи, в его рассуждениях; der Kernpunkt des Vorschlages ist klar herausgearbeitet главный пункт предложения разработан ясно. **Pointe** [poˈɛ̃tə] соль (*остроты, анекдота и т. п.*); *напр.*: die Pointe des Witzes соль анекдота; wo bleibt denn die Pointe? в чем же соль?; er wollte einen Witz erzählen, hatte aber die Pointe vergessen он хотел рассказать анекдот, но забыл самую соль

Sinn [2] *см.* Bedeutung [1]

Sinnbild *см.* «Приложение»

sinnen *см.* nachdenken

sinnieren *см.* nachdenken

sinnig *см.* vernünftig

sinnlich чувственный

sinnlich — wollüstig

sinnlich *индифф. синоним*; *напр.*: ein sinnlicher Mund, Blick чувственный рот, взгляд; sinnliche Liebe чувственная любовь; er ist ein sinnlicher Mensch он чувственный человек; er war sinnlich leicht erregbar он был чувственно легко возбудим. **wollüstig** сладострастный; *напр.*: wollüstige Lippen сладострастные губы; er ist wollüstig он сладострастен; er warf wollüstige Blicke auf sie он бросал на нее сладострастные взгляды

sinnlos *см.* dumm [1]

sinnreich *см.* scharfsinnig

Sinnspruch *см.* Ausspruch

sinnvoll *см.* vernünftig

Sippe *см.* Verwandtschaft

Sippschaft *см.* Verwandtschaft

Sitte обычай; нравы

die Sitte — der Brauch — die Gewohnheit — die Tradition — die Gepflogenheit

Sitte *индифф. синоним*; *напр.*: eine gute, alte, bäuerliche Sitte хороший, старый, крестьянский обычай; ein Mensch von guten, vornehmen Sitten человек хороших, благородных правил; die Sitten und Bräuche des Volkes нравы и обычаи народа; Cicero sprach vom Verfall der Sitten Цицерон говорил об упадке [о падении] нравов; er wollte sich der althergebrachten Sitte nicht fügen он не хотел подчиняться унаследованному от дедов обычаю; das verstößt gegen die guten Sitten [gegen die gute Sitte] это нарушение принятых приличий; bei uns ist es Sitte zu danken у нас принято [в обычае] говорить спасибо. **Brauch** (народный) обычай (*обыкн. связанный с обрядностью*); *напр.*: ein althergebrachter, längst vergessener, strenger Brauch старинный, давно забытый, строгий обычай; nach altem Brauch по старому

SITTLICHKEIT

обычаю; er studiert die Bräuche dieses Volkes он изучает обычаи этого народа; es lohnt sich, manchen alten Brauch wieder aufleben zu lassen иной старый обычай стоит снова возродить; dieses Fest ist allmählich Brauch geworden этот праздник постепенно вошел в обычай; so ist es (der) Brauch bei uns таков у нас обычай. **Gewohnheit** привычка (*отдельного человека*); обычай (*в обществе*); *напр.*: eine gute, schlechte Gewohnheit хорошая, плохая привычка; eine eingewurzelte Gewohnheit укоренившийся обычай; er läßt sich von seinen Gewohnheiten nicht abbringen он не хочет отвыкать от своих привычек; er ist wieder in seine alte Gewohnheit zurückgefallen, bis in die Morgenstunde hinein zu studieren он снова вернулся к своей старой привычке заниматься всю ночь до утра; nach hiesiger Gewohnheit ging der Mann seiner Frau einige Schritte voran по здешнему обычаю мужчина шел на несколько шагов впереди своей жены. **Tradition** традиция; *напр.*: eine fortschrittliche, überlebte Tradition передовая, изжитая традиция; eine Tradition bewahren, fortsetzen сохранять, продолжать традицию; hier werden alte handwerkliche Traditionen gepflegt здесь бережно поддерживают старинные традиции ремесла; mit dem neuen Erntefest wollte man an die alte Tradition anknüpfen новым праздником урожая хотели утвердить преемственность старой традиции. **Gepflogenheit** *высок.* ≅ Gewohnheit, *но б. ч. подчеркивает положительный и сознательный характер привычки, обычая*; *напр.*: eine verbreitete Gepflogenheit распространенная привычка, распространенный обычай; gesellschaftliche Gepflogenheiten общественные установления [традиции]; grob zu sein gehört nicht zu seinen Gepflogenheiten быть грубым не в его правилах; nach langjähriger Gepflogenheit schickte er ihr einen Blumenstrauß zum Geburtstag по долголетней привычке он послал ей букет цветов ко дню рождения; das entspricht nicht den Gepflogenheiten unserer Gesellschaft это не соответствует обычаям нашего общества

sittenlos *см.* unsittlich [1]

sittig *см.* anständig [1]/tugendhaft

sittlich *см.* anständig [1]

Sittlichkeit нравственность

die Sittlichkeit — die Sittsamkeit — die Reinheit — die Unschuld — die Unberührtheit — die Keuschheit — die Jungfernschaft — die Jungfräulichkeit

Sittlichkeit *индифф. синоним*; *напр.*: strenge Sittlichkeit строгая нравственность; an der tiefen Sittlichkeit unserer gesellschaftlichen Normen darf kein Zweifel bestehen не может быть сомнения в глубокой нравственности наших общественных норм; man sieht hier sehr auf Sittlichkeit *тж. ирон.* здесь очень следят за нравственностью. **Sittsamkeit** *устаревает* благовоспитанность; добродетельность; *напр.:* Sittsamkeit und Bescheidenheit kennzeichnen sie благовоспитанность и скромность отличают ее; sie erzieht ihre Kinder zu Sittsamkeit она воспитывает своих детей добродетельными людьми. **Reinheit** (нравственная) чистота; *напр.:* Reinheit der Seele, des Charakters чистота души, характера; ich bewundere die Reinheit ihres Herzens я восхищаюсь чистотой ее сердца; wir zweifeln an der Reinheit seiner Absichten мы сомневаемся в чистоте его намерений. **Unschuld** невинность; *напр.:* einem Mädchen die Unschuld rauben [nehmen] лишить девушку невинности; sie spielt gern die gekränkte Unschuld она любит разыгрывать из себя оскорбленную невинность; sie ist die reine Unschuld она — сама невинность; so eine Unschuld vom Lande! *часто ирон.* такая сельская невинность! (*о застенчивой, наивной девушке*). **Unberührtheit** *устаревает* нетронутость, девственность *теперь б. ч. перен. — о лесах, больших территориях и т. п.; напр.:* er ist erst in die Stadt gekommen, seine Unberührtheit ist entzückend он только что приехал в город, его невинность восхитительна. **Keuschheit** целомудрие; *напр.:* strenge Keuschheit строгое целомудрие; die Keuschheit der Frau целомудрие женщины; die Keuschheit bewahren сохранить целомудрие; im Kloster wurde das Gelübde der Keuschheit abgelegt в монастыре давали обет целомудрия; er hat sein Leben lang die seelische Keuschheit bewahrt он сохранил на всю жизнь душевное целомудрие. **Jungfernschaft** *устаревает редко* девственность; *напр.:* die Jungfernschaft bewahren, verlieren сохранить, утратить девственность; einem Mädchen die Jungfernschaft rauben лишить девушку девственности. **Jungfräulichkeit** *высок.* ≅ Jungfernschaft; *напр.:* sie hatte sich ihre Jungfräulichkeit bis zur Ehe bewahrt она сохранила свою девственность до замужества

sittsam *см.* anständig ¹
Sittsamkeit *см.* Sittlichkeit
Situation *см.* Lage ¹
Sitz ¹ сиденье, место
der Sitz — der Platz

Sitz *индифф. синоним; напр.:* ein Wagen mit vier Sitzen машина с четырьмя сиденьями, четырехместная машина; ein Sitz im Saal ist noch frei одно место в зале еще свободно; die Gäste nehmen ihre Sitze ein гости садятся на свои места. **Platz** место; *напр.:* wir haben einen schlechten Platz im Theater bekommen нам достались плохие места в театре; die Schüler müssen an ihren Plätzen bleiben ученики должны оставаться на своих местах; er sprach vom Platze aus он говорил с места.
Sitz ² *см.* Wohnsitz
Sitz ³: die Sitze einnehmen *см.* setzen, sich
sitzen сидеть
sitzen — hocken — kauern — thronen

sitzen *индифф. синоним; напр.:* aufrecht, gebückt, bequem sitzen сидеть прямо, согнувшись, удобно; am Tisch, um den Tisch herum, im Zimmer, im Sessel sitzen сидеть за столом, вокруг стола, в комнате, в кресле; bei Tisch, beim Kaffee, bei einem Glas Wein sitzen сидеть за столом [за обедом *и т. п.*], за (чашкой) кофе, за стаканом вина; er saß mitten unter den Kindern он сидел среди детей; zwei Stunden saßen wir im Wartesaal einer kleinen Station два часа мы сидели в зале ожидания маленькой станции; er sitzt schon wieder bei den Karten он уже опять сидит за картами. **hocken** a) сидеть на корточках; *напр.:* auf dem Fußboden, auf der Schwelle hocken сидеть на корточках на полу, на пороге; die Kinder hockten im Kreise auf der Wiese дети кружком сидели на корточках на лужайке; der Junge hockte unter der Hobelbank und suchte ein passendes Brett мальчик сидел на корточках под верстаком и выбирал подходящую доску □ ...er hockte wartend da, lautlos... (Lenz, »*Stadtgespräch*«) ...он сидел на корточках в ожидании, без малейшего звука... b) *разг.* сидеть в небрежной позе, наклонившись; *напр.:* sie hockte hinter der Ladenkasse она сидела в небрежной позе за кассой; die Familie hockte um den Tisch члены семьи кто как сидели за столом □ Die Männer hockten rund um den Hügel und in den Zelteingängen (Lenz, »*Stadtgespräch*«) Мужчины сидели кто как по холму и при входах в палатки. **kauern** сидеть согнувшись, скорчившись; *напр.:* in der Ecke kauern сидеть, согнувшись, в углу; sie kauerte auf dem Boden она сидела, согнувшись, на земле; hinter dem Baumstamm kauerte eine Männergestalt за стволом дерева виднелась скорчившаяся фигура мужчины; der Mechaniker kauerte vor dem Motorrad механик сидел согнувшись у мотоцикла □ ...am Fußende kauerte der »Doktor«, in seinen Mantel vergraben (Lenz, »*Stadtgespräch*«) ...в ногах сидел, согнувшись в три погибели, «доктор», закутавшийся в свое пальто. **thronen** восседать, сидеть, величественно возвышаясь, как на троне; *напр.:* sie thronte auf ihrem Sessel она восседала в своем кресле; er thronte am obersten Ende des Tisches он торжественно сидел в самом верхнем конце стола □ Blumenthal thronte hinter seinem Schreibtisch und aß gerade einen Apfel (Remarque, »*Drei Kameraden*«) Блументаль восседал за своим письменным столом и как раз ел яблоко

Sitzung *см.* Versammlung
skandalieren *см.* lärmen ²
skandalös *см.* schändlich
Skepsis *см.* Mißtrauen
Ski *см.* «Приложение»
Skizze *см.* Entwurf
skizzieren *см.* entwerfen/erzählen
Sklave раб
der Sklave — der Knecht — der Helot(e)

Sklave [-v-] *индифф. синоним; напр.:* einen Sklaven kaufen, verkaufen, freilassen купить, продать, отпустить раба; j-n zum Sklaven machen сделать кого-л. рабом; der Sklave seiner eigenen Begierden sein, werden быть, стать рабом своих собственных страстей; er ist der Sklave seiner Gewohnheiten он раб своих привычек; sie behandelt ihn wie einen Sklaven она обращается с ним, как с рабом; lieber tot als Sklav'! *посл.* лучше умереть, чем быть рабом! **Knecht** a) *устаревает* батрак; *напр.:* der Bauer hatte drei Knechte у хозяина было три батрака; er wollte nicht mehr sein Knecht sein он больше не хотел быть его батраком; b) *книжн. перен. редко* слуга, холоп; *напр.:* Knechte der öffentlichen Meinung рабы общественного мнения; er ist ein Knecht der Sünde он служит греху. **Helot(e)** *ист.* илот (*государственный раб в Спарте*); *редко книжн. перен.* бесправный раб; *напр.:* das ist ein Buch über einen Aufstand der Heloten это книга о восстании илотов
sklavisch рабский
sklavisch — knechtisch

sklavisch *индифф. синоним; напр.:* sklavischer Gehorsam рабское послушание; eine sklavische Nachahmung eines berühmten Kunstwerkes рабское подражание знаменитому произведению искусства; sie ist ihm sklavisch ergeben она ему рабски предана. **knechtisch** *редко* холопский, лакейский; *напр.:* knechtisches Benehmen холопское поведение; eine knechtische Gesinnung холопский образ мыслей, сервилизм

Skrupel *см.* Zweifel
skrupellos *см.* frech
Slipper *см.* Mantel
so так

so — auf diese [die] (Art und) Weise — in dieser [der] Weise [Art] — auf folgende Weise — folgendermaßen — folgenderweise

so *индифф. синоним; напр.:* so und nicht anders muß man das machen так, а не иначе надо это сделать; so meinte sie das auch она так и думала; so habe ich das nicht aufgefaßt так я это не воспринял; sie spricht bald so, bald so она говорит то так, то (э)так; das war nur so gesagt это только так было сказано; so oder so, ich muß ans Ziel kommen так или иначе, но я должен достичь цели;

SOEBEN — SÖLDNER

wie machst du das? — So! как ты это делаешь? — Так! **auf diese [die] (Art und) Weise, in dieser [der] Weise [Art]** таким образом; *напр.*: auf diese Weise [Art] wirst du nichts erreichen таким образом ты ничего не добьешься; auf diese Art und Weise erzieht man die Kinder nicht таким образом детей не воспитывают; wir wollen in der Weise vorgehen, daß er nichts bemerkt мы будем действовать таким образом, что он ничего не заметит; er hat mir in dieser Weise wenig geholfen он мало помог мне таким образом; in dieser [der] Art habe ich mir das gedacht я себе это мыслил так; auf die Art (auf die Art und Weise) werden wir den Zug verpassen так [таким образом] мы на поезд опоздаем. **auf folgende Weise** следующим образом; *напр.*: das Lied wird auf folgende Weise gesungen песня поётся следующим образом; wir machen diese Arbeit auf folgende Weise мы сделаем эту работу следующим образом. **folgendermaßen, folgenderweise** ≅ auf folgende Weise, *но чаще в книжно-письменной речи*; *напр.*: wir denken uns das folgendermaßen мы это представляем себе следующим образом; die Sache hat sich folgenderweise zugetragen дело происходило следующим образом

soeben *см.* eben ¹/neulich

Sofa диван, софа

das Sofa — die Liege — die Couch — die Chaiselongue — das Kanapee

Sofa *индифф. синоним*; *напр.*: ein großes, weiches Sofa большой, мягкий диван, большая, мягкая софа; auf dem Sofa sitzen сидеть на диване [на софе]; im Zimmer stand ein niedriges Sofa в комнате стояла низкая софа; auf dem Sofa lag ein Mann на софе лежал мужчина. **Liege** (низкая) кушетка, тахта; *напр.*: die Liege ist mit einem kostbaren Teppich bedeckt кушетка покрыта дорогим ковром; du kannst auf dieser Liege schlafen можешь спать на этой тахте. **Couch** [kaʊtʃ] (широкий) диван (*обыкн. с невысокими спинкой и подлокотниками*); *напр.*: die Couch ist mit rotem Stoff bezogen диван обит красной материей; sie schlief auf einer Couch она спала на софе. **Chaiselongue** [ʃɛzə'lɔŋ] диван-кровать (*без спинки*); *напр.*: ein breites Chaiselongue stand in einer Zimmerecke в углу комнаты стоял широкий диван; auf der Chaiselongue lag jemand на диване кто-то лежал. **Kanapee** *устаревает, теперь чаще шутл.* канапе; *напр.*: zwei Frauen saßen auf einem Kanapee две женщины сидели на канапе; das Kanapee war breit und bunt канапе было широкое и пёстрое

sofort *см.* gleich ²

sogar даже

sogar — selbst

sogar *индифф. синоним*; *напр.*: er hat mir sogar noch ein Buch geschenkt он мне даже подарил ещё книгу; man könnte sogar sagen, es sei Betrug можно было бы даже сказать, что это обман; er war sogar in Grönland он был даже в Гренландии. **selbst** ≅ sogar, *но не употр. с глаголами, всегда предшествует выделяемым словам или словосочетаниям*; *напр.*: selbst der Lehrer даже учитель; selbst in den schlimmsten Zeiten даже в самые плохие времена; selbst er даже он; selbst seine Freunde haben ihn im Stich gelassen даже его друзья покинули его в беде; selbst meine Warnung konnte ihn nicht davon abhalten даже моё предостережение не могло его удержать от этого; selbst wenn du das sagst, glaube ich das nicht даже если это скажешь ты, я этому не поверю; selbst wir haben das nicht gesehen даже мы не видели этого

sogleich *см.* gleich ²

sohlen *см.* lügen

solange *см.* während ²

solch такой

solch — derartig — dergleichen — derlei

solch *индифф. синоним*; *напр.*: solch ein Mensch, ein solcher Mensch такой человек; solch gute Menschen, solche gute(n) Menschen такие хорошие люди; mit solchen Leuten kann man nicht verkehren с такими людьми невозможно общаться; solch feiner Stoff! такой приятный материал!; bei solch einem Regen können wir nicht gehen в такой дождь мы не можем идти. **derartig** такого рода, *напр.*: ich wußte nicht, daß hier derartige Dinge geschehen können я не знал, что здесь могут происходить такого рода вещи; eine derartige Frechheit habe ich noch nicht erlebt такого нахальства я ещё не видел; sie führt gern derartige Gespräche она любит вести разговоры такого рода; wir haben noch nie derartige Erfahrungen gemacht у нас ещё не было опыта такого рода. **dergleichen** (*сокр.* dgl.) подобный *в отличие от предшествующих членов ряда употр. тж. самостоятельно в предложениях (и не склоняется)*; *напр.*: und dergleichen mehr (*сокр.* u. dgl. m.) и тому подобное (*сокр.* и т. п.); nichts dergleichen ничего подобного; dergleichen Dinge kommen immer wieder vor подобные вещи случаются часто; haben Sie davon etwas gehört oder gesehen? — Nichts dergleichen вы что-нибудь об этом слышали или видели это? — Ничего подобного; er hat auch früher nichts dergleichen gemacht он и раньше не делал ничего подобного. **derlei** = dergleichen; *напр.*: derlei Dinge sind mir noch nie begegnet с подобными вещами я ещё никогда не встречался; derlei Vorurteile kenne ich nicht подобных предрассудков я не знаю; derlei fühlt man gleich такое чувствуешь сразу

Sold *см.* Lohn ¹

Soldat солдат

der Soldat — der Gemeine — der Krieger — der Feldgraue

Soldat *индифф. синоним*; *напр.*: ein guter, schlechter, tapferer Soldat хороший, плохой, смелый солдат; ein Soldat auf Zeit солдат [военнослужащий] сверхсрочной службы; Soldat sein, werden быть, становиться солдатом; als Soldat dienen служить солдатом; zu den Soldaten kommen пойти в солдаты; in der Stadt gibt es ein Grabmal des Unbekannten Soldaten в городе есть памятник Неизвестному солдату; er ist als Soldat gefallen он погиб как солдат. **Gemeiner** *уст.* рядовой, нижний чин; *напр.*: er hat seine Militärzeit als Gemeiner abgedient он отслужил действительную службу рядовым. **Krieger** *уст. и высок.* воин; *напр.*: in der Schlacht fielen viele Krieger в этой битве пало много воинов; die alten Krieger kamen zu einer Beratung zusammen старые воины сошлись на совет; man gedachte der gefallenen Krieger почтили память павших воинов □ Von beiden Seiten drücken seine alten Krieger, Freiheitskrieger, Gewissenskrieger, den Feind ein (*H. Mann,* »Die Jugend«) С обеих сторон теснят врага его старые воины, борцы за свободу, борцы за истинную веру. **Feldgrauer** *разг.* (немецкий) солдат-пехотинец (*времён первой и второй мировых войн*) «серая шинель»; *напр.*: da marschieren die Feldgrauen вон маршируют серые шинели

Soldatenfriedhof *см.* Friedhof

Söldling *см.* Söldner

Söldner наёмный солдат, наёмник

der Söldner — der Söldling — der Mietling — der Landsknecht

Söldner *индифф. синоним*; *напр.*: sich als Söldner anwerben lassen завербоваться в наёмные солдаты; das Heer des Fürsten bestand zum großen Teil aus Söldnern войско князя состояло большей частью из наёмных солдат; er ist Söldner in Asien und Afrika gewesen und hat korrupten Regimes geholfen, gegen das eigene Volk zu kämpfen он был наёмником в Азии и Африке и помогал продажным режимам вести борьбу против собственного народа. **Söldling** *пренебр.* платный наёмник *чаще употр. перен. не тк. по отношению к военным, но и ко всем, кто за деньги служит грязным военным целям чужеземцев*; *напр.*: dieser Journalist ist ein Söldling der imperialistischen Kreise этот журналист является наёмником империалистических кругов. **Mietling** *уст. неодобр.* наймит, наёмник; *напр.*: Haufen von Mietlingen und Landsknechten zogen plündernd durch das Land кучки наёмников и ландскнехтов разбойничали по всей стране. **Landsknecht** *ист. и перен.*

SOLID(E) — SORGE

ландскнехт; *напр*.: das sind keine Soldaten, das sind Landsknechte des Imperialismus это не солдаты, это ландскнехты [наемники] империализма

solid(e) ¹ солидный
solid(e) — gediegen — gesetzt

solid(e) *индифф. синоним*; *напр*.: ein solides Unternehmen солидное предприятие; ein solider Mensch солидный человек; solid(e) leben жить честно; er macht einen soliden Eindruck он производит солидное впечатление; er ist sehr solide он очень солидный; er arbeitet solid und billig он делает на совесть и дешево. **gediegen** основательный, положительный (*о человеке*); добротный (*о предметах*); *напр*.: gediegene Stoffe, Schuhe добротные ткани, ботинки; gediegene Kenntnisse основательные знания; ein gediegener Mensch положительный человек; der Haushalt war gediegen eingerichtet домашнее хозяйство было налаженным [солидно поставленным]; alles war geschmackvoll und gediegen все было со вкусом и добротно; er besitzt ein gediegenes Wissen у него основательные знания; er hat einen gediegenen Charakter у него положительный [уравновешенный] характер. **gesetzt** степенный; *напр*.: für seine Jugend ist er sehr gesetzt для своих молодых лет он очень степенный; er hat ein gesetztes Wesen у него степенный характер; sie sind schon recht gesetzte Leute они уже довольно степенные люди; er ist ein gesetzter Herr он степенный господин

solid(e) ² *см*. **gründlich** ²
Soll *см*. **Norm**
sollen ¹ долженствовать
sollen — dürfen

Модальные глаголы этого ряда в отрицательных предложениях как выражение запрета соответствуют русскому 'нельзя, не надо'

sollen *индифф. синоним*; *напр*.: du sollst nicht kommen тебе нельзя приходить; der Kranke soll noch nicht aufstehen больному еще нельзя вставать; es soll nicht wieder vorkommen! это не должно повториться!; du sollst nicht so viel fragen нельзя так много спрашивать. **dürfen** *обыкн. выражает запрет как пожелание, просьбу*; *напр*.: du darfst nicht danach fragen не надо об этом спрашивать; du darfst nicht so traurig sein не надо так печалиться; das darf nicht geschehen это не должно случиться; ich darf nicht daran denken мне нельзя об этом думать

sollen ² *см*. **müssen**
Söller *см*. **Balkon**
sonderbar *см*. **merkwürdig**
Sonderling странный человек
der Sonderling — der Kauz — das Original — der Eigenbrötler

Sonderling *индифф. синоним*; *напр*.: er ist ein Sonderling он странный человек; nur er allein besucht ab und zu den alten Sonderling только он один бывает иногда у этого странного старика. **Kauz** чудак; *напр*.: er ist ein komischer, sonderbarer, lustiger, liebenswürdiger Kauz он смешной, странный, веселый, милый чудак. **Original** оригинал; *напр*.: er, sie ist wirklich ein Original он(а) действительно оригинал(ка); in der Stadt gibt es mehrere bekannte Originale в городе есть несколько известных оригиналов. **Eigenbrötler** нелюдим (со странностями); *напр*.: ein seltsamer, weltfremder, störrischer Eigenbrötler странный, чуждающийся мира, упрямый нелюдим; in seiner Einsamkeit ist er zum Eigenbrötler geworden в своем одиночестве он стал чудаком-нелюдимом

sondern *см*. **trennen**
sondieren *см*. **erfahren** I ¹/**untersuchen**
Sonnabend суббота
der Sonnabend — der Samstag — der Sabbat

Sonnabend *индифф. синоним*; *напр*.: Sonnabend, den 27. April суббота, 27-е апреля; am Sonnabend reiste er ab в субботу он уехал; an einem Sonnabend waren wir bei Frau Müller zu Gast однажды в субботу мы были в гостях у фрау Мюллер; Sonnabend morgen erwachte ich früh в субботу утром я проснулся рано. **Samstag** *ю.-нем., рейнск., австр., швейц.* = Sonnabend *теперь получает все большее распространение в центральных и северонемецких областях, вытесняя* Sonnabend; *напр*.: Samstag, den 3. März 1974 суббота, 3-е марта 1974 г.; am Samstag waren wir schon in Zürich в субботу мы были уже в Цюрихе; samstags geht er kegeln по субботам он ходит играть в кегли. **Sabbat** еврейская суббота (*еженедельный праздник и день отдыха верующих с вечера пятницы до вечера субботы*); *напр*.: es war Sabbat, alles war geschlossen была еврейская суббота, и все было закрыто

sonnenklar *см*. **klar** ²
sonst иной (*кроме этого*)
sonst — anders

sonst *индифф. синоним*; *напр*.: wer sonst soll das machen? кто иной сделает это?; wer käme sonst in Frage? о ком ином еще может идти речь (в этой связи)?; wer sonst sollte das gewesen sein? кто же иной мог это быть?; das war Peter, wer kommt sonst so spät? это был Петер, кто еще приходит так поздно? **anders** другой; *напр*.: wer anders als er könnte das getan haben? кто другой, как не он, мог бы сделать это?; wer käme anders in Frage? о ком другом можно было бы говорить (в этой связи)?; geht jemand anders mit uns mit? кто еще пойдет с нами?

sonstig *см*. **übrig** ¹
Sorge ¹ забота (*озабоченность*)
die Sorge — die Besorgnis — die Unruhe

Sorge *индифф. синоним*; *напр*.: bange, finstere, drückende, schwere, große Sorge тревожная, мрачная, давящая, тяжелая, большая забота; die Sorgen abschütteln, vertreiben, vergessen сбросить с себя, прогнать, забыть заботы; j-m Sorgen machen причинять кому-л. заботу, тревожить кого-л.; sich Sorgen um [über] j-n, etw. machen заботиться [беспокоиться] о ком-л., о чем-л.; schwere Sorgen plagen, drücken j-n тяжелые заботы мучают, давят кого-л.; dein schlechtes Aussehen macht mir Sorgen твой плохой вид беспокоит меня; lassen Sie das meine Sorge sein! предоставьте мне самому позаботиться об этом!; Sorgen um seine Zukunft ließen ihr keine Ruhe забота о его будущем не давала ей покоя; das sind unnütze Sorgen это ненужные заботы; das ist meine größte Sorge это моя самая большая забота; deine Sorgen möcht' ich haben! *ирон*. мне бы твои заботы!; kleine Kinder, kleine Sorgen, große Kinder, große Sorgen *посл*. маленькие дети — маленькие заботы, большие дети — большие заботы. **Besorgnis** опасение, озабоченность; *напр*.: ernste, große, unnütze Besorgnisse haben иметь серьезные, большие, неоправданные опасения; Besorgnis zeigen, äußern, empfinden показывать, выражать, чувствовать озабоченность; es besteht kein Grund zur Besorgnis нет основания для опасений; der Gesundheitszustand gibt Anlaß zu großer Besorgnis состояние здоровья дает повод для больших опасений; aus Besorgnis, es könne etwas geschehen, traf er Vorsichtsmaßnahmen из опасения, как бы что-нибудь не случилось, он принял меры предосторожности; sie blickte ihn mit Besorgnis an она посмотрела на него озабоченно. **Unruhe** беспокойство, тревога; *напр*.: krankhafte, nervöse, quälende Unruhe болезненное, нервное, мучительное беспокойство; j-m Unruhe bereiten, verursachen тревожить кого-л., внушать тревогу кому-л.; Unruhe erfaßte mich тревога охватила меня; er bringt seiner Mutter nur Unruhe он приносит матери только беспокойство; sie fühlt ewige Unruhe um das Kind она испытывает вечное беспокойство за ребенка; heute läßt mich die Unruhe um meine Schwester nicht los сегодня меня не отпускает тревога за сестру

Sorge ² забота (*внимание, хлопоты*)
die Sorge — die Fürsorge

Sorge *индифф. синоним*; *напр*.: liebevolle, mütterliche Sorge нежная [полная любви], материнская забота; er übernahm die Sorge für die Kinder seines verstorbenen Freundes он взял на себя заботу о детях своего умершего друга; deine Sorge für die Neffen ist rührend твоя забота о племянниках трогательна; die Sorgen schlagen über ihm zusammen он погряз в заботах; er kommt aus den Sorgen nicht heraus он не вылезает из забот. **Fürsorge** заботливая помощь, попечение, забота об обеспечении; *напр*.: väterliche, freundschaftliche, wohlwollende Fürsorge отцовская, дружеская, доброжелательная заботливая помощь; öffentliche, soziale Fürsorge общественное, социальное обеспечение; die Liebe und Fürsorge der Kollegen umgab sie любовь и заботливая помощь товарищей окружали ее; das verwaiste Kind wurde der Fürsorge seiner Tante übergeben осиротевший ребенок был передан на попечение его тети; die besondere Fürsorge des Staates gilt den Alten und Kranken государство особенно заботится [проявляет особую заботу] об обеспечении престарелых и больных ◻ Nun, es mochte recht gut sein, daß sie etwas mißverstanden hatte, seine Fürsorge falsch deutete... (*Kellermann, »Der 9. November«*) Конечно, могло и так быть, что она что-то неправильно поняла, неверно истолковала его заботу о ней...

sorgen заботиться

sorgen — versorgen — sich kümmern — sich bekümmern — zusehen — betreuen — bevormunden — bemuttern — nach dem Rechten sehen — gängeln

sorgen *индифф. синоним*; *напр*.: für die Kinder, für Ruhe, für j-s Lebensunterhalt sorgen (по)заботиться о детях, о тишине, о чьем-л. содержании; sie sorgt für ihren Bruder она заботится о брате; die Mutter sorgt für den Haushalt мать занимается домашним хозяйством; sorge dafür, daß die Kinder die Hausaufgaben machen позаботься о том, чтобы дети сделали домашние задания; dafür laß mich sorgen об этом предоставь заботу мне, об этом я позабочусь сам; dafür ist gesorgt об этом уже позаботились ◻ Als seine Mutter behauptet, der Selige habe auf dem Sterbebett die Zuversicht geäußert... Diederich werde sich niemals verheiraten, um immer für die Seinen zu sorgen, da brach Diederich aus (*H. Mann, »Untertan«*) Когда же мать сказала, что покойный выразил на смертном одре уверенность, что... Дидерих никогда не женится, чтобы иметь возможность всегда заботиться о своих близких, то Дидерих не выдержал. »Und ich werde dafür sorgen«, versicherte Jadassohn, »daß die Anklage erhoben wird« (*ebenda*) «А я позабочусь о том, — сказал Ядасзон, — чтобы было возбуждено обвинение». Otto würde ja Babenberg behalten, genug und übergenug für ihn, und Ruth — nun, es würde auch für Ruth gesorgt sein (*Kellermann, »Der 9. November«*) Отто остался бы Бабенберг, более чем достаточно для него, а Рут — о Рут тоже позаботились бы.

versorgen ≃ sorgen, *но подчеркивает, что забота оказывается постоянно*; *напр*.: sie hat ihren alten Vater zu versorgen, der jetzt bei ihr wohnt она должна постоянно заботиться об отце, который теперь живет у нее; sie ist berufstätig, und ihre Mutter versorgt den Haushalt она работает, а домашнее хозяйство ведет ее мама.

sich kümmern ≃ sorgen, *но подчеркивает, что о ком-л., о чем-л. заботятся не во исполнение долга, а из желания помочь или в отдельный, данный момент*; *напр*.: er kümmerte sich um den Verletzten он позаботился о раненом; du kümmerst dich wenig um uns ты мало о нас думаешь [заботишься], ты мало нами занимаешься; jetzt kümmere dich um das Gepäck теперь позаботься о багаже; kümmere dich nicht um Sachen, die dich nichts angehen! не заботься о вещах, которые тебя не касаются! (*не вмешивайся*) ◻ Um jede Kleinigkeit kümmerte sich der General (*Kellermann, »Der 9. November«*) О каждой мелочи позаботился генерал. Zum ersten Male verließ er sein Zimmer in der roten Backsteinvilla, wo keine Seele sich um ihn kümmerte (*ebenda*) Впервые он покинул свою комнату в вилле из красного кирпича, где ни одной душе не было до него дела. Mahlmann bot den Damen Pralinés an und stellte die übrigen vor Agnes hin, Diederich kümmerte sich nicht um sie (*H. Mann, »Untertan«*) Мальман угостил дам пралине, а оставшиеся поставил перед Агнесой. Дидерих не занимался ею. Ich kümmere mich grundsätzlich nicht um die Angelegenheiten meiner Kinder (*Kellermann, »Der 9. November«*) Я принципиально не занимаюсь делами своих детей.

sich bekümmern *устаревает* = sich kümmern; *напр*.: sie bekümmerte sich um jedes ihr anvertraute Kind она заботилась о каждом доверенном ей ребенке; er hat sich um meine Sachen bekümmert он позаботился о моих вещах; du bekümmerst dich um nichts ты ни о чем не заботишься ◻ Otto hatte sich nie viel um Ruth bekümmert, wie es in ihrer Familie von jeher üblich war, jeder lebte für sich (*Kellermann, »Der 9. November«*) Отто никогда особенно не заботился о Рут, как это и было заведено в их семье с давних пор, каждый жил сам по себе. Jetzt ist die Sache die, daß ich vorläufig dort hänge und mich um Guste nicht so viel bekümmern kann, wie ich müßte (*H. Mann, »Untertan«*) Сейчас дело обстоит так, что я пока застряну там и не смогу заботиться о Густе так, как должен бы.

zusehen *перен.* смотреть (*употр. с последующим придаточным предложением*); *напр*.: wir müssen zusehen, daß wir so schnell wie möglich zum Bahnhof kommen нам нужно постараться как можно быстрее приехать на вокзал; sehen Sie doch zu, daß Sie morgen mit uns mitkommen können смотрите же, чтобы завтра вы смогли бы пойти с нами вместе; soll er selbst zusehen, wie er damit fertig wird пусть сам глядит, как ему с этими справиться; sieh zu, daß du nicht hinfällst! смотри не упади!

betreuen (заботливо) обслуживать, окружать заботой; *напр*.: Kinder im Ferienlager betreuen заботиться о детях [обслуживать, иметь на своем попечении детей] в лагере; sie betreute das Kind mütterlich она окружила ребенка материнской заботой; Alte und Gebrechliche werden in diesem neuen Feierabendheim liebevoll betreut старые люди и инвалиды окружены в этом интернате для пенсионеров любовью и заботой.

bevormunden опекать; *напр*.: du möchtest mich immer gern bevormunden тебе хотелось бы опекать меня все время; ich lasse mich nicht von Ihnen bevormunden я не желаю, чтобы вы меня опекали; er bevormundet sie bis jetzt он опекает ее до сих пор.

bemuttern *разг.* по-матерински, как мать заботиться; *напр*.: ein Kind, j-n bemuttern заботиться о ребенке, о ком-л. как мать; sie liebte es, ihre kleinen Brüder zu bemuttern ей нравилось по-матерински заботиться о своих младших братьях; sein Freund bemutterte ihn in dieser ganzen schwierigen Zeit его друг заботился о нем, как родная мать, все это трудное время; er läßt sich gern bemuttern он любит, чтобы о нем проявляли материнскую заботу.

nach dem Rechten sehen *фам.* присматривать за кем-л., за чем-л.; *напр*.: ich muß bei meiner kranken Nachbarin nach dem Rechten sehen мне приходится присматривать за больной соседкой; würden Sie während unseres Urlaubs ab und zu einmal in der Wohnung nach dem Rechten sehen? не присмотрите ли вы иногда во время нашего отпуска за квартирой?

gängeln *разг.* водить на помочах, опекать; *напр*.: j-n ständig gängeln все время опекать [водить за руку] кого-л.; j-n bevormunden und gängeln опекать и возиться с кем-л.; vielleicht hat sie ihn mit ihren Ratschlägen zuviel gegängelt наверное, она уж слишком водила его на помочах своими советами; er wollte sich nicht wie ein Schuljunge gängeln lassen он не хотел, чтобы его как ребенка водили за руку

Sorgfalt *см*. Gewissenhaftigkeit

sorgfältig тщательный

sorgfältig — gewissenhaft — genau — übergenau — pedantisch — ordentlich — akkurat — sorgsam — peinlich — penibel

sorgfältig *индифф. синоним*; *напр*.: eine sorgfältige Arbeit тщательная [добросовестная] работа; eine sorgfältige Hausfrau аккуратная [старательная] домашняя хозяйка; sorgfältig arbeiten тщательно [точно, добросовестно] работать; sorgfältig aufpassen тщательно следить; mach es sorgfältig! сделай это тщательно!; er legte die Serviette sorgfältig zusammen он тщательно [аккуратно] сложил салфетку; ein geliehenes Buch muß man sorgfältig behandeln со взятой (у кого-л., где-л.) книгой надо обращаться аккуратно; er kleidet sich sehr sorgfältig он всегда бывает тщательно одет; wir haben alles sorgfältig vorbereitet мы все тщательно подготовили; er handelte so auf Grund sorgfältiger Überlegungen он действовал, тщательно все продумав. **gewissenhaft** добросовестный; *напр.*: ein gewissenhafter Mann добросовестный человек; gewissenhaft arbeiten добросовестно работать; gewissenhaft abrechnen добросовестно расплатиться; wir werden die Angelegenheit gewissenhaft prüfen мы добросовестно расследуем это дело. **genau** точный, пристальный; *напр.*: eine genaue Arbeit точная работа; eine genaue Darstellung точное изображение; ein sehr genauer Mensch пунктуальный человек; bei genauerer Bekanntschaft при более пристальном знакомстве; bei genauerem Hinsehen при более пристальном рассмотрении; etw. genau unterscheiden различать что-л. точно; er ist sehr genau, was seine Arbeit betrifft он очень точен во всем, что касается его работы □ Die Birke besah er sich genau, betrachtete sie von allen Seiten... (*Strittmatter*, »*Wundertäter*«) Березу он осмотрел пристально, рассматривал ее со всех сторон... **übergenau** исключительно точный, сверхточный; *напр.*: eine übergenaue Arbeit исключительно точная [сверхточная] работа; ein übergenauer Mensch исключительно точный [пунктуальнейший] человек; er ist in Geldsachen übergenau в денежных делах он исключительно точен. **pedantisch** педантичный; *напр.*: ein pedantischer Mensch педантичный человек; pedantische Sauberkeit, Genauigkeit, Gründlichkeit педантичная чистота, точность, основательность; sei nicht so pedantisch! не будь таким педантичным!; pedantisch ordnet er seine Papiere auf dem Schreibtisch он педантично, в строгом порядке раскладывает свои бумаги на письменном столе □ Ich gelte in beruflichen Dingen als äußerst gewissenhaft, pedantisch... (*Frisch*, »*Homo faber*«) В делах, касающихся работы, я считаюсь в высшей степени добросовестным, педантичным... **ordentlich** любящий порядок, аккуратный; *напр.*: ein ordentlicher Mensch человек, любящий порядок; eine ordentliche Schrift аккуратный почерк; sie war die ordentlichste von allen Schülerinnen она была самая аккуратная из всех учениц; hier sieht es ordentlich aus здесь все выглядит аккуратно, здесь наведен порядок; hänge deine Sachen ordentlich in den Schrank! повесь свои вещи как следует в шкаф! **akkurat** аккуратный; *напр.*: eine akkurate Frau аккуратная женщина; eine akkurate Handschrift аккуратный почерк; er arbeitet sehr akkurat он работает очень аккуратно. **sorgsam** тщательно и осторожно, тщательно и заботливо; *напр.*: sorgsam legte sie ihre Strickarbeit zusammen, um keine Masche zu verlieren тщательно и осторожно сложила она свое вязанье, чтобы не спустить ни одной петли; die Blüten, die gepreßt werden sollten, wurden sorgsam zwischen Löschblätter und dann in ein dickes Buch gelegt цветы, которые нужно было засушить, были тщательно и осторожно заложены между листами промокательной бумаги, а затем положены в толстую книгу; sie stellte sorgsam das Geschirr in den Schrank она осторожно и аккуратно ставила посуду в шкаф; er deckte sie sorgsam zu он заботливо и тщательно укрыл ее. **peinlich** тщательнейший (*часто о чрезмерной тщательности*); *напр.*: die peinliche Befolgung aller Vorschriften тщательнейшее следование всем предписаниям; sie hält peinlich auf Sauberkeit она тщательнейшим образом следит за чистотой; hier herrscht immer peinliche Ordnung здесь всегда царит полнейший порядок; er vermied es peinlich, ein heikles Problem zu berühren он тщательнейшим образом избегал касаться острых проблем. **penibel** аккуратнейший, нетерпимый к неаккуратности; *напр.*: ein penibler Mensch аккуратнейший человек; eine penible Hausfrau аккуратнейшая домашняя хозяйка; er ist in allem penibel он во всем необычайно аккуратен □ Jachmann ist in so was schrecklich penibel, er wirft solch Glas einfach an die Wand (*Fallada*, »*Kleiner Mann*«) Яхман ужасно нетерпим в таких вещах, он просто швырнет такой стакан об стенку

Sorgfältigkeit *см.* Gewissenhaftigkeit

sorglich *см.* sorgsam ¹
sorgsam ¹ заботливый
sogrsam — schonend — behutsam — sorglich — schonsam
sorgsam *индифф. синоним*; *напр.*: eine sorgsame Mutter заботливая мать; sie deckte sorgsam das Kind zu она заботливо укрыла ребенка; sie legte sorgsam seine Kleider in den Koffer она заботливо уложила его вещи в чемодан. **schonend** щадящий, осторожный; *напр.*: eine schonende Behandlung осторожное обращение; möglichst schonend gegen j-n vorgehen обращаться с кем-л. самым осторожным образом; всячески щадить кого-л.; ihm wurde schonend die Wahrheit gesagt ему осторожно сказали правду; sie wurde schonend auf diese Nachricht vorbereitet ее осторожно подготовили к этому известию; er wollte ihr auf schonende Weise zu verstehen geben, daß sie unrecht gehabt hatte он хотел осторожным образом дать ей понять, что она была неправа. **behutsam** бережный; *напр.*: behutsam und ganz langsam öffnete die alte Frau das Kästchen бережно и очень медленно открывала старушка шкатулку; ganz behutsam fragte er sie, ob sie die Reise gut überstanden habe он заботливо спросил ее, хорошо ли она перенесла поездку; wir müssen dieses Problem behutsam anfassen мы должны осторожно браться за эту проблему. **sorglich** *высок. устаревает* ≅ sorgsam; *напр.*: jeden Abend stellte ihm die Mutter sorglich das Essen bereit каждый вечер мать заботливо ставила ему на стол еду; er deckte sorglich die Kranke zu он заботливо укрыл больную; überall sieht man ihre sorgliche Hand повсюду видна ее заботливая рука. **schonsam** *высок. редко* ≅ schonend; *напр.*: j-n, etw. äußerst schonsam behandeln обращаться с кем-л., с чем-л. чрезвычайно осторожно [бережно]; er sagte ihr schonsam, daß er verreise он сказал ей осторожно (*щадя ее чувства*), что уезжает

sorgsam ² *см.* sorgfältig
sortieren *см.* ordnen ¹
soso *см.* mittelmäßig
soufflieren *см.* vorsagen
Souper *см.* Abendessen
souverän *см.* frei ¹
sowieso все равно, так или иначе
sowieso — ohnehin — ohnedies
sowieso *индифф. синоним*; *напр.*: wir brauchen nicht zu warten, er wird sowieso nicht kommen нам не надо ждать, он всё равно не придет; ich nehme dein Paket mit, ich muß sowieso zur Post я возьму твою посылку с собой, мне все равно надо на почту. **ohnehin** и без того, и без этого; *напр.*: er konnte nicht noch mehr leisten, er war ohnehin schon überlastet он не мог больше ничего сделать, он и без этого был перегружен; niemand lachte über seine Witze, die ohnehin längst bekannt waren никто не смеялся его шуткам, и без того давно известным; ich bringe dir ein Brot mit, ich gehe ohnehin zur Kaufhalle я принесу тебе хлеб, я и так иду в магазин. **ohnedies** ≅ ohnehin; *напр.*: wir können uns jetzt Zeit nehmen, wir kommen ohnedies zu spät мы все равно можем теперь повременить, мы все равно опоздаем

Sozius *см.* Teilhaber
sozusagen *см.* gewissermaßen
Spagat *см.* Strick
spähen *см.* sehen ¹
Späher *см.* Spion
Spalt *см.* Öffnung/Riß ¹
Spalte *см.* Riß ¹

spalten колоть, раскалывать, расщеплять

spalten — zerspalten — spleißen

spalten *индифф. синоним; напр.:* Holz spalten колоть дрова; j-m den Schädel (mit dem Beil, mit dem Schwert) spalten раскроить кому-л. череп (топором, мечом); der Blitz hat den Baum gespalten молния расщепила дерево; er spaltete einen Klotz nach dem anderen он раскалывал один чурбан за другим; der Atomkern kann gespalten werden атомное ядро может быть расщеплено. **zerspalten** ≅ spalten, *но усиливает значение распада на части, разъединения частей; напр.:* Holz zerspalten (рас)колоть дрова; Ende der dreißiger Jahre gelang es, den Atomkern zu zerspalten в конце тридцатых годов удалось расщепить ядро атома. **spleißen** ≅ spalten, *но употр. редко и тк. в определенных сочетаниях; напр.:* Holz spleißen щепать дерево; Federn spleißen щипать перья (*на подушку*)

spannen[1] запрягать

spannen — anspannen — einspannen

spannen *индифф. синоним; напр.:* ein Pferd vor [an] den Wagen spannen запрягать лошадь в телегу; Ochsen an den Pflug spannen запрягать быков в плуг; j-n ins Joch harter Arbeit spannen *перен.* запрячь кого-л. в трудную работу; ich lasse mich doch nicht vor seinen Wagen spannen я не позволю впрячь себя в его колесницу. **anspannen** ≅ spannen, *но объектом может быть не тк. животное, но и то, во что его запрягают; употр. тж. без объекта, когда запрягаемое животное не названо; напр.:* anspannen lassen велеть запрячь; den Wagen anspannen запрягать повозку; die Pferde anspannen запрягать лошадей; er ließ anspannen он велел запрягать; an einem Morgen spannte der Bauer an однажды утром крестьянин запряг лошадей; die Kutsche wurde angespannt карету заложили. **einspannen** впрягать; *напр.:* die Pferde, die Ochsen einspannen впрягать лошадей, быков; j-n einspannen *перен.* впрягать кого-л. в работу; der Kutscher hatte bereits eingespannt кучер уже впряг лошадей; spann ein! закладывай!; sie verstand es, alle einzuspannen она умела всех впрячь в работу

spannen[2] *см.* warten I

spannend *см.* interessant

sparen экономить (деньги), копить

sparen — aufsparen — einsparen — Ersparnisse machen — zurücklegen — zusammenbringen — absparen — beiseite legen — auf die Seite legen — auf die hohe Kante legen — in den Strumpf stecken — zusammenscharren — scharren — zusammenkratzen — abzweigen

sparen *индифф. синоним; напр.:* ich habe in diesem Monat hundert Mark gespart я сэкономил в этом месяце сто марок; wir sparen für einen Kühlschrank мы собираем [копим] деньги на холодильник; sie sparen am Essen они экономят на еде; spare (dir) dein Benzin lieber für die Rückfahrt сэкономь [оставь] лучше свой бензин на обратный путь. **aufsparen** откладывать, приберегать на будущее (*обязательно с дополнением в Akk.*); *напр.:* sie spart (sich) das Geld für Notzeiten auf она откладывает деньги на случай нужды; er sparte das Geld bis zum letzten auf до последнего дня он откладывал деньги на будущее; das wollen wir uns als Notgroschen aufsparen а это отложим про черный день; er spart sich seine Schokolade noch auf он припрятал свой шоколад на следующий раз. **einsparen** сэкономить, сберечь (*с дополнением в Akk.*); *напр.:* Material einsparen сэкономить материал; damit sparen wir unnötige Ausgaben ein этим мы сэкономим деньги, избежав ненужных расходов; die Kosten müssen wir wieder einsparen израсходованное нам надо покрыть, сэкономив. **Ersparnisse machen** делать сбережения; *напр.:* von dem wenigen können wir keine Ersparnisse machen от такой маленькой зарплаты [от того, что мы получаем] мы не можем делать сбережений. **zurücklegen** откладывать (*обыкн. с дополнением в Akk.*); *напр.:* sie legt das Geld zurück она откладывает [копит] деньги; wir legen was für ein Auto zurück мы копим [откладываем (кое-что)] на машину; hast du schon viel zurückgelegt? ты уже много накопила [отложила]? **zusammenbringen** собирать (с трудом), сколачивать; *напр.:* nach dem Tode ihres Mannes wußte sie nicht, wie sie das Geld für die Ausbildung ihrer fünf Kinder zusammenbringen sollte после смерти мужа она не знала как собрать деньги, чтобы дать образование пятерым детям; er hat damit ein Vermögen zusammengebracht этим он сколотил состояние. **absparen** экономить ради кого-л., отказывая себе (*в последнем*) *часто в выражении* sich (D) etw. vom Munde absparen недоедать, чтобы набрать денег на что-л.; *напр.:* der Junge hat sich das Geschenk für dich vom Taschengeld abgespart мальчик откладывал свои карманные деньги, чтобы купить тебе подарок; die Mutter hat sich das Geld für das Studium ihres Sohnes vom Munde abgespart мать куска не доедала, и на эти деньги сын учился (в университете). **beiseite legen, auf die Seite legen** *разг.* откладывать (понемногу, потихоньку) (*обязательно с дополнением в Akk.*); *напр.:* ich weiß, sie legt von der Rente noch etwas beiseite я знаю, она еще понемногу откладывает из пенсии; legst du was auf die Seite? ты что-нибудь откладываешь?; es war ihm gelungen, einiges beiseite zu legen ему удалось кое-что отложить; sie nimmt ihre Söhne aus und legt das Geld auf die Seite она обирает своих сыновей и откладывает денежки. **auf die hohe Kante legen** *разг.* копить деньги на черный день (*обязательно с дополнением в Akk.*); *напр.:* er legt jeden Monat etwas auf die hohe Kante он каждый месяц кладет немного на книжку; sie verbraucht ihr ganzes Geld, statt etwas auf die hohe Kante zu legen она тратит все деньги, вместо того чтобы хоть немного откладывать на черный день. **in den Strumpf stecken** *разг.* класть в чулок (*обязательно с дополнением в Akk.*); *напр.:* alles Ersparte steckt sie in den Strumpf она кладет в чулок все, что сэкономит; sie hat schon viel Geld in den Strumpf gesteckt она уже много денег положила в чулок. **zusammenscharren** *фам. неодобр.* жадно копить, загребать (*обязательно с дополнением в Akk.*); *напр.:* was hast du denn bis jetzt dafür zusammengescharrt? сколько же тебе удалось нагрести на это? **scharren** ≅ zusammenscharren, *но еще более эмоц.* (*часто без объекта*); *напр.:* die ganze Familie scharrt und spart für den neuen Wagen все члены семьи только экономят да копят изо всех сил на новую машину. **zusammenkratzen** *разг.* наскрести (*обязательно с дополнением в Akk.*); *напр.:* er hat sein letztes Geld für das Motorrad zusammengekratzt он наскреб на мотоцикл последние деньги; wir kratzen alles für diese Reise zusammen мы с трудом наскребем на эту поездку. **abzweigen** *фам.* выгадать (*обязательно с дополнением в Akk.*); *напр.:* sie hat das Geld für ein neues Kleid aus ihrer Haushaltskasse abgezweigt она урвала деньжат на новое платье из денег на домашнее хозяйство; unser Ökonom hat die Kosten für das Kinderferienlager aus dem Prämienfonds abgezweigt наш хозяйственник выгадал [выкроил] средства на детский летний лагерь из премиального фонда

spärlich *см.* karg[1]/licht[1]

sparsam бережливый

sparsam — ökonomisch — wirtschaftlich — haushälterisch — häuslich

sparsam *индифф. синоним; напр.:* eine sparsame Frau бережливая женщина; ein sparsamer Verbrauch бережливое расходование; sparsam leben, wirtschaften расчетливо жить, хозяйствовать; er ist sehr sparsam он очень бережлив; er geht mit seinen Kräften sparsam um он бережно расходует свои силы; sie versteht es, mit dem Geld sparsam umzugehen она умеет бережливо обращаться с деньгами; dieses Waschmittel ist sparsam im Verbrauch это моющее средство экономно при расходовании; er macht von seiner Macht sparsam(en)

Gebrauch он редко (и в скромных пределах) пользуется своей властью. **ökonomisch** экономный; *напр.:* eine ökonomische Hausfrau экономная хозяйка; man kann auch noch ökonomischer vorgehen можно работать и еще экономичнее; er geht ökonomisch mit seinen Mitteln um он экономно расходует свои средства. **wirtschaftlich** хозяйственный; *напр.:* sie ist sehr wirtschaftlich она очень хозяйственная; diese Seife ist im Verbrauch sehr wirtschaftlich это мыло расходуется очень экономно. **haushälterisch** ≙ wirtschaftlich *подчеркивает расчетливость при экономном использовании чего-л.; напр.:* eine haushälterische Frau хозяйственная женщина; mit seinen Vorräten haushälterisch umgehen по-хозяйски расходовать свои запасы; in der trockenen Jahreszeit muß man Wasser sehr haushälterisch verwenden в засушливое время года воду надо расходовать очень по-хозяйски; sie geht jetzt mit ihren Kräften haushälterisch um она расходует теперь свои силы экономно. **häuslich** хозяйственный, домовитый, рачительный *б. ч. употр. по отношению к женщинам; напр.:* sie ist ein häusliches Mädchen она хозяйственная девушка; sie ist mit den Jahren sehr häuslich geworden она стала с годами очень хозяйственной

Spaß см. Freude¹/Scherz
spaßen см. scherzen
spaßhaft см. lächerlich
spaßig см. lächerlich
Spaßmacher см. «Приложение»
Spaten лопата
der **Spaten** — die **Schaufel** — die **Schippe**
Spaten *индифф. синоним; напр.:* ein Spaten Erde лопата земли; mit dem Spaten graben копать лопатой [заступом]; ein Spaten lehnte an der Wand к стене была прислонена лопата; er arbeitete mit dem Spaten im Garten он работал в саду лопатой. **Schaufel** совковая лопата *(для погрузки, переброски чего-л.: земли, сыпучих тел и т. п.);* совок; *напр.:* zwei Schaufeln Kohlen, Mehl две лопаты угля, муки; nimm Schaufel und Besen und kehr das zusammen возьми совок и веник и собери мусор. **Schippe** = Schaufel *(часто тж. о совочке, детской лопатке); напр.:* mit der Schippe Sand schaufeln копать и отбрасывать лопат(к)ой песок; den Schnee mit Schippen wegräumen убрать снег вручную [лопатами]; der Junge spielt mit Eimer und Schippe im Sandkasten мальчик играет в песочнице с ведерком и лопаткой
später см. bald/künftig¹
späterhin см. bald
spazieren см. spazierengehen
spazierengehen гулять, прогуливаться
spazierengehen — spazieren — flanieren — promenieren — wandeln — lustwandeln — sich ergehen — bummeln — schlendern — sich die Beine vertreten — sich Bewegung machen [verschaffen]

spazierengehen *индифф. синоним; напр.:* im Park spazierengehen гулять по парку; wir gehen jeden Tag spazieren мы каждый день гуляем; sie wollten noch ein Stück spazierengehen, aber es fing an zu regnen они хотели еще немного пройтись пешком, но пошел дождь. **spazieren** прохаживаться; *напр.:* er spazierte unruhig durch das Zimmer он беспокойно ходил по комнате; an diesem Frühlingsabend spazierten viele Menschen durch die Straßen в этот весенний вечер много народу прохаживалось по улицам. **flanieren** *устаревает* фланировать; *напр.:* durch die Straßen flanieren фланировать по улицам; elegante Damen und Herren flanierten im Schloßpark элегантные дамы и господа фланировали по дворцовому парку. **promenieren** *высок. устаревает, теперь шутл. или ирон.* ≙ spazierengehen; *напр.:* unter den Bäumen promenieren прогуливаться под деревьями; sie promenierten gemächlich durch die Straßen они не спеша прогуливались по улицам; sie promeniert mit ihrem Verlobten im Park она прогуливается со своим женихом по парку. **wandeln** *поэт. устаревает, теперь часто шутл. или ирон.* прохаживаться; *напр.:* wir sahen sie im Schatten der Bäume wandeln мы видели, как они прохаживались в тени деревьев. **lustwandeln** *поэт. устаревает, теперь шутл.* ≙ spazierengehen; *напр.:* sie lustwandelten in ihren langen Abendkleidern im Park они прогуливались в длинных вечерних платьях по парку; statt zu arbeiten, lustwandeln sie auf dem Gang вместо того чтобы работать, они изволят прогуливаться по коридору □ Wenn eine Liebe gut vorbereitet ist, mag man sich Zeit nehmen. Sie kommt heran wie das schöne Wetter. Die Liebessonne kommt, und man lustwandelt in ihrem Scheine dahin (*Strittmatter, »Wundertäter«*) Если любовь хорошо подготовлена, то можно и не спешить. Она настанет, как хорошая погода. Появится солнце любви, и станешь прогуливаться в ее лучах. **sich ergehen** *высок.* прогуливаться, совершать моцион; *напр.:* er ergeht sich im Freien он любит прогуливаться на свежем воздухе; Liebespaare ergingen sich auf der Promenade влюбленные пары прогуливались по бульвару. **bummeln** *разг.* бродить, шататься; *напр.:* sie wollten durch die Straßen bummeln und Schaufenster ansehen им хотелось побродить по улицам и поглядеть на витрины; wir bummelten durch die Stadt мы шатались по городу. **schlendern** *разг.* слоняться; ходить как на прогулке; *напр.:* er ist durch die Altstadt geschlendert он слонялся по старой части города; wir schlenderten zum Markt мы пошли себе на рынок □ Die Ziegenhirtin zupfte ihr Kleid zurecht, schlenderte zu einem Gesträuch und setzte sich dort nieder (*Strittmatter, »Wundertäter«*) Пастушка одернула платье, не спеша подошла к кустам и уселась там. ....er war einfach, da ihr Dampfer noch nicht fuhr, nach Männerart ein wenig geschlendert (*Frisch, »Stiller«*) ...он просто, поскольку их пароход еще стоял, пошел по мужской привычке немного пошататься. **sich** (*D*) **die Beine vertreten** *разг.* размять ноги; *напр.:* ich gehe ein wenig hinaus, ich möchte mir die Beine vertreten я выйду ненадолго, мне хотелось бы размять ноги; nun, hast du dir die Beine vertreten? ну как, погулял, размял ноги? **sich** (*D*) **Bewegung machen [verschaffen]** *разг.* размяться, подвигаться; *напр.:* nach dem Essen muß man sich Bewegung machen после еды надо немного подвигаться; er verschaffte sich immer Bewegung vor dem Schlafengehen перед сном он любил всегда размяться [пройтись]

Spaziergang прогулка
der **Spaziergang** — der **Gang** — das **Picknick** — der **Bummel**
Spaziergang *индифф. синоним; напр.:* ein langer, kurzer, weiter Spaziergang длинная, короткая, дальняя прогулка; einen Spaziergang machen прогуливаться, пойти погулять; sonntags machten sie längere Spaziergänge in die Umgebung по воскресеньям они совершали довольно продолжительные прогулки по окрестностям; ich traf ihn bei einem Spaziergang я встретил его на прогулке; sie ist eben erst von einem Spaziergang zurückgekehrt она только что вернулась с прогулки; ich möchte Sie zu einem Spaziergang einladen я хотел бы пригласить вас на прогулку. **Gang** = Spaziergang, *но употр. редко; напр.:* wollen wir bei dem schönen Wetter noch einen kleinen Gang machen? погода прекрасная, пойдем еще погуляем?; ein Gang am See erfrischte sie прогулка к озеру освежила ее. **Picknick** пикник; *напр.:* ein Picknick im Walde пикник в лесу; Picknick machen устраивать пикник; j-n zum Picknick einladen пригласить кого-л. на пикник; sie lernten einander bei einem Picknick kennen они познакомились на пикнике. **Bummel** *разг.* бесцельная прогулка для препровождения времени, шатание; *напр.:* einen Bummel machen пойти прогуляться, пошататься; j-n zu einem Bummel einladen пригласить кого-л. прошвырнуться; sie macht gern so einen Bummel durch die Geschäfte она любит походить по магазинам
Spazierstock см. Stock I
Speer копье
der **Speer** — der **Spieß**

Speer *индифф. синоним;* напр.: ein langer Speer длинное копье; den Speer werfen метнуть копье. **Spieß** пика; напр.: der Nachtwächter mit Horn und Spieß ночной страж с (сигнальным) рогом и пикой; j-n mit dem Spieß durchbohren, durchstechen проткнуть, пронзить кого-л. пикой

Speichellecker *см.* Schmeichler
speicheln *см.* spucken
Speicher *см.* Scheune
speien *см.* spucken
Speise *см.* Gericht
speisen *см.* ernähren [1]/essen
Spekulation спекуляция
die Spekulation — die Schiebung
Spekulation *индифф. синоним;* напр.: sich auf alle möglichen Spekulationen einlassen пускаться на [ввязываться во] всяческие спекуляции; das ist eine gewagte Spekulation это рискованная спекуляция; es war eine geglückte Spekulation это была удачная (биржевая) спекуляция. **Schiebung** *неодобр.* ≅ Spekulation *подчеркивает нечестный, противозаконный характер сделки;* напр.: Schiebungen machen заниматься спекуляцией (на черном рынке); er hat seinen Reichtum durch Schiebungen erworben он сколотил состояние при помощи махинаций

spekulieren [1] спекулировать
spekulieren — schieben — schachern
spekulieren *индифф. синоним;* напр.: an der Börse spekulieren спекулировать, играть на бирже; auf Hausse ['ho:sə], auf Baisse ['bɛ:sə] spekulieren играть на бирже на повышение, на понижение; er spekulierte gewagt mit seinem Vermögen он спекулировал, рискуя своим состоянием. **schieben** *разг. неодобр.* ≅ spekulieren, *но обыкн. на черном рынке, наживаясь на народной нужде;* напр.: Lebensmittel schieben спекулировать продуктами; mit Butter, mit Kaffee, mit Teppichen schieben спекулировать маслом, кофе, коврами; harte Währung [Valuta] schieben спекулировать валютой, заниматься валютными махинациями; der hat auch geschoben тот тоже спекулировал [занимался спекуляцией]. **schachern** *разг. презр.* (долго торгуясь) перепродавать, спекулировать *подчеркивает нечистый характер сделки;* напр.: du hast ja auch mal auf dem schwarzen Markt geschachert ты ведь тоже когда-то обделывал темные делишки на черном рынке

spekulieren [2] *см.* verkaufen
Spelunke *см.* Gaststätte
spendabel *см.* freigebig
Spende пожертвование
die Spende — das Almosen — die Gabe
Spende *индифф. синоним;* напр.: Spenden für wohltätige Zwecke пожертвования на благотворительные цели; Spenden sammeln, geben собирать, делать пожертвования; sie lebt von Spenden она живет на пожертвования; es gingen reiche Spenden ein поступили богатые пожертвования. **Almosen** подаяние, милостыня; напр.: ein Almosen geben подать милостыню; um ein Almosen bitten просить подаяние [милостыню]; von Almosen leben жить подачками [подаянием]; mit Almosen ist ihr nicht geholfen подаянием ей не поможешь; ich will kein Almosen haben, ich fordere mein Recht я не хочу милостыни, я требую то, что мне принадлежит по праву. **Gabe** ≅ Almosen, *но употр. тк. в определенных сочетаниях, часто шутл.;* напр.: eine milde Gabe милостыня, подаяние; Gaben spenden делать пожертвования; ich bitte um eine milde Gabe! *тж. шутл.* подайте милостыню!; das ist meine kleine Gabe это моя маленькая лепта

spenden *см.* opfern
spendieren *см.* schenken [1]
sperrangelweit *см.* breit [1]
Sperre *см.* Verbot
sperren [1] перегораживать, преграждать
sperren — versperren
sperren *индифф. синоним;* напр.: j-m den Weg sperren преградить кому-л. дорогу; eine Straße sperren перекрывать улицу; die Truppen haben die Straße mit Stacheldraht gesperrt войска перегородили дорогу колючей проволокой; die Festung sperrt den Paß крепость преграждает дорогу к перевалу [закрывает доступ к перевалу]; gesperrt für Durchgangsverkehr проезд закрыт (*надпись*). **versperren** загораживать; напр.: den Weg, den Eingang, den Ausgang versperren загораживать дорогу, вход, выход; die Aussicht versperren загораживать вид, мешать видеть; er versperrte uns den Weg он загородил нам дорогу; die Straße ist durch die umgestürzten Bäume versperrt улица перегорожена упавшими деревьями

sperren [2] *см.* schließen [1]
Spesen *см.* Kosten
Spezi *см.* Freund [1]
Spezialist *см.* Fachmann
speziell *см.* besonder
spicken *см.* bestechen
spiegelblank *см.* blank [1]
spiegeln отражать, отсвечивать
spiegeln — widerspiegeln — zurückwerfen — reflektieren
spiegeln *индифф. синоним;* напр.: die Fensterscheibe spiegelt ihr Bild оконное стекло отражает ее (лицо); man sagt, die Augen spiegeln die Seele говорят, в глазах отражается душа. **widerspiegeln, widerspiegeln** отражать *тж. перен.;* напр.: das Wasser spiegelt die Bäume, den Himmel wider вода отражает деревья, небо; das Buch widerspiegelt die wirklichen Zustände im Land книга отражает действительное положение в стране. **zurückwerfen** отбрасывать *употр. в сочетании с* Strahl, Schein *и подобными словами;* напр.: der Spiegel wirft den Lichtstrahl, den Schein der Taschenlampe, das Kerzenlicht zurück зеркало отбрасывает луч света, свет карманного фонарика, свечи. **reflektieren** *книжн.* отражать свет, (электромагнитные) волны; *перен.* отражать, служить отражением; напр.: die Sonnenstrahlen werden von der [durch die] Wasseroberfläche, vom glänzenden [durch das glänzende] Metall reflektiert солнечные лучи отражаются водной поверхностью, блестящим металлом; helle Kleidung reflektiert die Wärmestrahlen besser als dunkle светлая одежда лучше отражает тепловые лучи, чем темная; dieser Roman reflektiert die gesellschaftlichen Verhältnisse seiner Entstehungszeit этот роман отражает общественные отношения в эпоху своего возникновения

spiegeln, sich *см.* widerspiegeln, sich
spielen [1] играть (*пьесу и т. п.*)
spielen — aufführen — geben — vorspielen
spielen *индифф. синоним;* напр.: ein Drama, ein Schauspiel, eine Oper, eine Operette spielen играть драму, спектакль, давать оперу, оперетту; im Theater wird heute »Hamlet« gespielt в театре идет сегодня «Гамлет»; was wird morgen gespielt? что пойдет завтра?; dieses Schauspiel wird hier wunderbar gespielt этот спектакль играют здесь великолепно; die Oper wird schon seit Jahren gespielt эту оперу ставят [эта опера идет] уже много лет. **aufführen** ставить; напр.: ein Drama, ein Schauspiel, ein Ballett aufführen ставить драму, спектакль, балет; die Oper wurde mit einem durchschlagenden Erfolg aufgeführt опера прошла с потрясающим успехом. **geben** давать; напр.: ein Konzert, eine Vorstellung geben давать концерт, представление; gestern wurde im Theater »Hamlet« gegeben вчера в театре давали «Гамлета»; welches Stück wird morgen im Theater gegeben? какая пьеса идет завтра в театре? **vorspielen** ≅ spielen, *но подчеркивает, что что-л. играют публично, для зрителей, жюри и т. п.; употр. с указанием субъекта действия, которым является лицо или группа;* напр.: die Puppenspieler spielten den Kindern ein Kasperlestück vor актеры-кукольники показали ребятам пьесу про Петрушку; die Kinder wollen in den Winterferien ein kleines Theaterstück vorspielen ребята хотят в зимние каникулы поставить [показать] маленькую пьесу

spielen [2] играть, изображать кого-л. (*на сцене и т. п., тж. перен.*)
spielen — darstellen — auftreten — mimen — kreieren — machen — hinlegen
spielen *индифф. синоним;* напр.: den Don Carlos, die Hauptrolle spielen

играть дона Карлоса, главную роль; am Theater spielen играть в театре; den Beleidigten, den Unschuldigen spielen разыгрывать роль оскорблённого, невинного; der Darsteller von Hamlet spielte ausgezeichnet исполнитель роли Гамлета играл отлично; sie spielt seit Jahren am Kirow-Theater она уже много лет играет в театре им. Кирова; wer hat Elisabeth gespielt? кто играл Елизавету?; sie spielt gern eine große Dame она любит разыгрывать роль великосветской дамы; er spielt immer den großen Herrn он всегда разыгрывает из себя знатного господина. **darstellen** исполнять роль (кого-л.), изображать на сцене; *напр.*: den Don Carlos darstellen исполнять роль дона Карлоса; er vermag den Faust ebenso überzeugend darzustellen wie den Mephisto он способен так же убедительно исполнить роль Фауста, как и Мефистофеля; Leporello wird von einem Gast dargestellt роль Лепорелло исполняет артист, приехавший на гастроли. **auftreten** выступать; *напр.*: in einem Theater, in einem Stück auftreten выступать в театре, в пьесе; als Gast auftreten выступать в качестве актёра-гастролёра, гастролировать; auf einer Provinzbühne als Falstaff auftreten выступать на провинциальной сцене в роли Фальстафа; er war nicht in der Lage, heute aufzutreten он был не в состоянии выступать сегодня; sie wird bald wieder auftreten können она скоро снова сможет выступать; er tritt im Zirkus mit seiner Hundegruppe auf он выступает в цирке со своими дрессированными собаками. **mimen** *уст.* = darstellen, *теперь часто шутл.*; *напр.*: er mimte seine Rolle hervorragend он замечательно сыграл свою роль; sie wollte einen feierlichen Auftritt mimen она хотела изобразить [разыграть] торжественный выход; ❝ Ich drehte das Karussell... oder ich mimte den Indianer (*Plenzdorf*, »*Die neuen Leiden*«) Я крутил карусель... или изображал индейца. **kreieren** [kre'i:rən] *книжн.* создать образ, роль в первый сыграть; *напр.*: die Titelrolle dieses Stücks wurde von Müller kreiert главную роль в этой пьесе первым сыграл Мюллер; es war die letzte Rolle, die sie kreierte это была последняя роль, которую она создала (*ср. тж. ряд* schaffen¹). **machen** *разг.* выступать в роли (кого-л.) *перен.*; *напр.*: den Anführer machen выступать в роли зачинщика; den Narren machen разыгрывать из себя дурака; er hat immer den Handlanger gemacht он всегда играл роль прихвостня; er mußte den Wirt machen ему пришлось быть за хозяина; die Kinder spielten Hochzeit, und unser Kleiner machte den Bräutigam дети играли в свадьбу, и наш малыш был женихом. **hinlegen** *фам.* ≈ spielen,

но подчёркивает одобрение; *напр.*: er hat einen großartigen Wallenstein hingelegt он выдал великолепного Валленштейна; sie hat die ganze Szene nur so hingelegt она всю сцену сыграла одинаково здорово
spielen³ играть (*музыкальное произведение, на музыкальном инструменте*)
spielen — klimpern — sägen
spielen *индифф. синоним*; *напр.*: eine Sonate, ein Konzert spielen играть сонату, концерт; Geige, Klavier spielen играть на скрипке, на пианино; er spielt gut Beethoven он хорошо играет Бетховена; sie spielten vierhändig они играли в четыре руки; sie spielte einen Schlager auf dem Klavier она играла какой-то шлягер на пианино; er spielt dieses Stück vom Blatt он играет это произведение с листа. **klimpern** *разг.* бренчать; *напр.*: auf dem Klavier klimpern барабанить на рояле; sie kann auf der Gitarre ein paar Akkorde klimpern она может пробренчать на гитаре пару аккордов; er klimperte einen Tanz он бренчал какой-то танец. **sägen** *фам.* пиликать; *напр.*: er sägt auf der Geige он пиликает на скрипке, он терзает скрипку
spielen⁴ *см.* schillern¹
Spielplatz *см.* Platz²
Spieß *см.* Speer
Spießbürger *см.* Kleinbürger
Spießer *см.* Kleinbürger
Spießgeselle *см.* Mittäter
spillerig *см.* mager¹
Spind *см.* Schrank
spindeldürr *см.* mager¹
spintisieren *см.* nachdenken
Spion шпион
der Spion — der Späher — der Spitzel
Spion *индифф. синоним*; *напр.*: Spione ausbilden, ausschicken обучать, разослать шпионов; Spion für eine fremde Macht sein быть шпионом (на службе у) иностранной державы; er wurde als Spion entlarvt его разоблачили как шпиона. **Späher** соглядатай *обыкн. употр. по отношению к тайным агентам прошедших эпох*; *напр.*: feindliche Späher вражеские соглядатаи; Napoleon sandte seine Späher aus, die ihm über alles genaue Berichte schickten Наполеон засылал своих шпионов, которые посылали ему обо всём точные донесения. **Spitzel** тайный агент, шпик; *напр.*: er war einige Jahre Spitzel bei der Polizei несколько лет он был тайным агентом полиции; ein Spitzel folgte ihm zu paar (по пятам) шёл шпик за ним; Ein paar tausend, hat dieser feige Spitzel, der Borkhausen, gesagt (*Fallada*, »*Jeder stirbt*«) «Несколько тысяч», — сказал этот трусливый шпик, этот Боркхаузен
spionieren *см.* bespitzeln
Spital *см.* Krankenhaus
Spitzbube *см.* Dieb
Spitze вершина, верхушка, верх

die Spitze — der Gipfel — der Wipfel
Spitze *индифф. синоним*; *напр.*: die Spitze des Berges war immer wieder hoch über ihnen вершина горы была всё ещё высоко над ними; die Spitzen der Bäume konnte er von hier aus nicht sehen он не мог видеть отсюда вершин деревьев; nun standen wir auf der Spitze des Turmes и вот мы стояли на самом верху башни. **Gipfel** ≈ Spitze *употр. по отношению к горе, поэт. тж. к высокому дереву*, *но в последнем случае устаревает*; *напр.*: schneebedeckter Gipfel вершина, покрытая снегом; ein steiler, kahler Gipfel крутая, голая вершина; den Gipfel des Berges besteigen подняться на вершину горы; die Gipfel der Bäume wiegen sich im Wind верхушки (высоких, могучих) деревьев гнутся на ветру; in den Gipfeln rauschte es leise в вершинах деревьев тихо шумело. **Wipfel** вершина, макушка, верхушка, самая верхняя часть кроны (большого) дерева; *напр.*: ein grüner Wipfel зелёная вершина дерева; die hochragenden Wipfel der Tannen уходящие ввысь вершины елей; in den Wipfeln der Bäume rauscht der Wind в вершинах деревьев шумит ветер ❑ Über allen Gipfeln | Ist Ruh, | In allen Wipfeln | Spürest du | Kaum einen Hauch (*Goethe*, »*Wandrers Nachtlied*«) Горные вершины объяты покоем, в верхушках деревьев не услышишь ты ни дуновенья
Spitzel *см.* Spion
spitzfindig *см.* schlau
Spitzname *см.* Beiname
spleißen *см.* spalten
splitterfasernackt *см.* nackt¹
splitternackt *см.* nackt¹
spontan *см.* freiwillig
Sportplatz *см.* Platz²
Spott насмешка
der Spott — die Ironie — die Anzüglichkeit — die Spöttelei — das Gespött — der Hohn — der Sarkasmus — die Neckerei
Spott *индифф. синоним*; *напр.*: ein gutmütiger, scharfer, giftiger, verletzender Spott добродушная, острая, ядовитая, оскорбительная насмешка; Spott und Hohn насмешки и издевательства; seinen Spott über j-n ausgießen излить на кого-л. поток насмешек; j-n dem Spott der anderen preisgeben сделать кого-л. посмешищем для других; er war Gegenstand des allgemeinen, öffentlichen Spottes он был предметом всеобщих, публичных насмешек; er erntete nur Spott und Hohn он получил в ответ только насмешки и издевательства; er überсыпал sie mit Spott он осыпал её насмешками. **Ironie** ирония; *напр.*: eine bittere, bissige, scharfe, feine Ironie горькая, едкая, острая, тонкая ирония; er sagte das ohne Ironie он сказал это без иронии; er überслышал die Ironie in ihren Worten он не захотел услышать [не услышал] в её

SPOTTBILLIG — SPRECHEN

словах иронию; das ist ein Buch voller Ironie это книга, полная иронии; sie behandelte ihn mit Ironie она относилась к нему иронически. **Anzüglichkeit** колкость (*чаще содержащая скрытый язвительный или двусмысленный намек*); *напр.*: laß deine Anzüglichkeiten! оставь свои колкости!; seine Anzüglichkeiten empörten sie его язвительные замечания возмутили ее. **Spöttelei** *б. ч. мн.* насмешливое замечание; *напр.*: laß deine Spötteleien! оставь свои насмешливые замечания!; du mußt seine Spötteleien gar nicht beachten тебе совсем не следует обращать внимание на его насмешки. **Gespött** a) ≅ Spott *подчеркивает длительность или повторяемость действия*; *напр.*: das Gespött der Leute fürchten бояться людских насмешек; ich kann sein Gespött nicht ertragen я не выношу его насмешек; b) предмет насмешек; *напр.*: sich, j-n zum Gespött der Leute machen стать, сделать кого-л. предметом всеобщих насмешек; er diente allen zum Gespött он для всех служил предметом насмешек. **Hohn** (издевательская) насмешка, издевка, глумление; *напр.*: bitterer, kalter Hohn горькая, холодная насмешка; blanker, unverhüllter Hohn неприкрытая издевка; offener Hohn явное глумление; Hohn leuchtete in seinen Augen издевательская насмешка светилась в его глазах; er sagte das mit deutlichem Hohn in der Stimme он сказал это с явной издевкой в голосе; jeder Satz des Briefes erschien ihm wie Hohn каждое предложение в письме казалось ему (обидной) насмешкой; das tat er ihr zum Hohn он сделал это, чтобы поиздеваться над ней; man überschüttete ihn mit Spott und Hohn его осыпали насмешками и издевательствами; das ist ja reinster Hohn! это чистейшее издевательство! **Sarkasmus** *книжн.* сарказм; *напр.*: man fürchtet seinen Sarkasmus его сарказма боятся; er sagte das mit Sarkasmus он сказал это с сарказмом; das ist ein Schauspiel voll Sarkasmus это пьеса, полная сарказма. **Neckerei** *разг.* поддразнивание; *напр.*: eine gegenseitige, harmlose Neckerei взаимное, безобидное поддразнивание; er versuchte mit ihr eine kleine Neckerei он затеял с ней обмен легкими колкостями; er war durch diese dauernden Neckereien gereizt его раздражало это постоянное поддразнивание; sie verkürzten sich die Zeit mit Neckereien они коротали время, поддразнивая друг друга

spottbillig *см.* billig [1]
Spöttelei *см.* Spott
spotten *см.* auslachen
spöttisch насмешливый

spöttisch — ironisch — anzüglich — höhnisch — sarkastisch

spöttisch *индифф. синоним*; *напр.*: eine spöttische Bemerkung (обидное) насмешливое замечание; ein spöttisches Lächeln насмешливая улыбка; er sagte das in spöttischem Ton он сказал это насмешливым тоном; er betrachtete ihn mit spöttischen Blicken он смотрел на него с насмешкой во взгляде; er war ein spöttischer Mensch он был насмешливым человеком; sie lächelte spöttisch она насмешливо улыбалась. **ironisch** иронический; *напр.*: eine ironische Bemerkung иронческое замечание; ein ironischer Blick иронический взгляд; ironisch lächeln, fragen иронически улыбаться, спрашивать; sich ironisch über etw., über j-n äußern высказаться о чем-л., о ком-л. иронически; er sagte das in ironischem Ton он сказал это ироническим тоном; das ist ja ironisch gemeint это же сказано иронически. **anzüglich** колкий, с (язвительным *или* двусмысленным) намеком; *напр.*: anzüglich lächeln колко [с намеком] улыбаться; er stellte ihr anzügliche Fragen он задавал ей вопросы с намеком; werde nicht anzüglich! не будь язвительным! **höhnisch** издевательский, злорадный; *напр.*: höhnische Worte злорадные [издевательские] слова; ein höhnisches Lächeln издевательская улыбка; höhnisch lachen, sagen смеяться, говорить издевательски [с издевкой]; er starrte ihr höhnisch ins Gesicht он с насмешкой уставился ей в лицо; sie gab ihm eine höhnische Antwort она дала ему издевательский ответ; er verzog das Gesicht zu einer höhnischen Grimasse он сделал глумливую гримасу. **sarkastisch** *книжн.* саркастический; *напр.*: eine sarkastische Äußerung саркастическое высказывание; sarkastisch sprechen, lächeln саркастически говорить, улыбаться; er ist sarkastisch он саркастичен; er sagte das in sarkastischem Ton он сказал это саркастическим тоном; seine sarkastischen Worte beleidigten sie его саркастические слова обидели ее

Spottname *см.* Beiname
spottwenig *см.* wenig
Sprache язык (*речь*)
die Sprache — die Zunge

Sprache *индифф. синоним*; *напр.*: eine fremde, alte, lebende, tote Sprache иностранный, древний, живой, мертвый язык; eine Sprache lernen изучать [учить] какой-л. язык; aus einer Sprache in die andere übersetzen переводить с одного языка на другой; er spricht mehrere Sprachen он говорит на нескольких языках; er studiert orientalische Sprachen он изучает восточные языки; diese Sprache ist bildhaft und melodisch этот язык образный и мелодичный. **Zunge** *высок. поэт.* ≅ Sprache; *напр.*: die Völker spanischer Zunge народы, говорящие на испанском языке; in fremden Zungen reden говорить на чужеземных языках; so weit die deutsche Zunge klingt повсюду, где звучит немецкая речь

sprachlos *см.* stumm
Sprachmittler *см.* Übersetzer
sprechen [1] говорить, разговаривать

sprechen — reden — sich unterhalten — sich verbreiten — plaudern — murmeln — lallen — daherreden — stottern — stammeln — nuscheln — schmusen — schwatzen — schwätzen — plappern — brabbeln — schnattern — klönen — plauschen — schwadronieren — palavern — quatschen — quasseln — faseln — kohlen — labern — babbeln

sprechen *индифф. синоним*; *напр.*: laut, ruhig, schnell, offen sprechen говорить громко, спокойно, быстро, откровенно; mit seinem Freund, mit seinem Nachbarn, mit seinem Vorgesetzten sprechen разговаривать с другом, с соседом, с начальником; über eine Angelegenheit, von dem neuen Film sprechen говорить [разговаривать] о каком-л. деле, о новом фильме; das Kind lernt sprechen ребенок учится говорить; wir haben uns lange nicht gesprochen мы долго не разговаривали друг с другом; wir haben lang und breit darüber [davon] gesprochen мы долго и подробно говорили об этом; er spricht in Rätseln он говорит загадками; sie kamen auf die Kinder zu sprechen они заговорили о детях; man spricht von seinen neuen Bauplänen говорят о его новых планах строительства; man spricht (schlecht) von ihm о нем (плохо) говорят □ Sie nährte ihn selbst, sie lehrte ihn die ersten Worte sprechen und die ersten Schritte tun (*Kellermann*, »*Der Tunnel*«) Она сама его кормила, учила произносить первые слова и делать первые шаги. **reden** = sprechen, *но иногда подчеркивает, что говорят слишком много, не по существу и т. п.*; *напр.*: lange, leise, verwirrt, offen, großartig reden говорить долго, тихо, путано, откровенно, великолепно; mit einem Freund, mit dem Direktor reden разговаривать с другом, с директором; über den Urlaub, über den Betriebsplan reden говорить об отпуске, о производственном плане; sie redeten nur und handelten nicht они только говорили, но не действовали; ich habe mit dir zu reden мне надо поговорить с тобой; sie reden über Dinge, die sie nicht verstehen они говорят о вещах, которых не понимают; man redet gut über ihn о нем хорошо говорят; laß doch die Leute reden! пусть говорят!; du hast gut, leicht reden тебе хорошо, легко говорить; du redest Unsinn ты говоришь ерунду □ Ideen hast du gar nicht so schlechte, Vater, bloß, du sollst mit keinem darüber reden, als mit uns (*Fallada*, »*Jeder stirbt*«) Мысли у тебя совсем неплохие, отец, только не говори об этом ни с кем, кроме нас. »Ich werde nie zu denen reden, und wenn ich sterben müßte!« rief Trudel mit flammenden Wangen (ebenda) «Я никогда не буду говорить с ними, даже если мне придется умереть!» — воскликнула Трудель с пылающими щеками. **sich unterhalten** беседовать; *напр.*: sich (mit j-m) angeregt, laut, ungezwungen unterhalten беседовать (с кем-л.) оживленно, громко, непринужденно; er hat sich mit ihnen deutsch unterhalten он беседовал с ними по-немецки; sie unterhielten sich über den neuen Film они разговаривали о новом фильме; worüber unterhält er sich mit ihr so lange? о чем он с ней так долго беседует? **sich verbreiten** пространно говорить, распространяться *содержит оттенок осуждения*; *напр.*: sich über ein Thema verbreiten пространно говорить о какой-л. теме; der Gelehrte verbreitete sich über die Vorgeschichte des ersten Weltkrieges ученый пространно говорил о предыстории первой мировой войны. **plaudern** легко и непринужденно говорить о чем-л., беседовать; *напр.*: er plauderte über seine Reise он непринужденно говорил о своей поездке; sie kann charmant plaudern она умеет очаровательно вести непринужденную беседу; wir haben fast eine Stunde geplaudert мы проболтали [проговорили] почти час; ich habe mit der Alten ganz gemütlich geplaudert мы со старой женщиной очень приятно поговорили. **murmeln** бормотать; *напр.*: etw., ein paar Worte, etwas Unverständliches murmeln бормотать что-л., несколько слов, что-то непонятное; was murmelst du da? что ты там бормочешь?; die Frau murmelte vor sich hin женщина бормотала себе под нос; sie murmelte ein Gebet она бормотала молитву; er murmelte etwas in seinen Bart он пробормотал что-то себе под нос. **lallen** лепетать, бормотать; *напр.*: das Baby lallt ребенок лепечет; der Betrunkene lallte ein paar unverständliche Worte пьяный пробормотал несколько нечленораздельных слов; sie lallte etwas zur Antwort она что-то пролепетала в ответ; er lallte das Gedicht vor sich hin он пробормотал [пролепетал] стихотворение себе под нос. **daherreden** *неодобр.* говорить пустое; говорить, не думая; *напр.*: dumm, geschwollen, unverständlich, wirr daherreden глупо, напыщенно, непонятно, путано говорить; er redet seltsame Dinge daher он говорит странные вещи; er ist sich der Gefahr gar nicht bewußt, sonst würde er nicht so leichtsinnig daherreden он совсем не осознает опасности, иначе он не стал бы так легкомысленно говорить. **stottern** заикаться; *напр.*: das Kind stottert ребенок заикается; er stottert vor Aufregung вот он заикается от волнения. **stammeln** запинаться; *напр.*: er stammelte unsinniges Zeug он, запинаясь, говорил [нес] какую-то чепуху; er stotterte und stammelte immer wieder vor Aufregung волнуясь, он всегда заикался и запинался. **nuscheln** *разг.* мямлить; *напр.*: leise, hinter vorgehaltener Hand nuscheln *разг.* мямлить тихо, прикрыв рот рукой; er nuschelt immer so, daß ihn keiner verstehen kann он всегда так мямлит, что его никто не может понять; sie nuschelte ein paar Worte она промямлила пару слов; nuschle nicht so! не мямли! **schmusen** *фам.* любезничать с кем-л.; *напр.*: sie schmusten miteinander они любезничали [заигрывали] друг с дружкой; er schmust mit der Bibliothekarin, um interessante Bücher zu kriegen он любезничает с библиотекаршей, чтобы получать интересные книги. **schwatzen** *разг.* болтать; *напр.*: wir schwatzten bis tief in die Nacht мы проболтали до поздней ночи; ich muß arbeiten und nicht schwatzen мне надо работать, а не болтать; sie schwatzten miteinander über ihre Bekannten они болтали друг с другом о своих знакомых; die Frau schwatzt dummes Zeug женщина болтает глупости; ihr sollt nicht so viel schwatzen! поменьше болтайте! **schwätzen** *ю.-нем., ср.-нем.* ≅ schwatzen; *напр.*: sie schwätzt das Blaue vom Himmel herunter она может заговорить любого до смерти; die Weiber schwätzten, bis sie heiser wurden бабы болтали, пока не охрипли; wovon schwätzt ihr da? о чем вы там болтаете? **plappern** *разг.* (*о детях*) лопотать; *неодобр.* (*о взрослых*) ≅ schwatzen *подчеркивает неосмысленность болтовни*; *напр.*: er plappert wie ein Papagei он болтает как попугай; sie plappert unaufhörlich она болтает и болтает, не закрывая рта; sie plapperte etwas von Ehre und Gerechtigkeit он нес какой-то вздор о чести и справедливости; er plapperte sogar französisch он даже болтал по-французски; die Kleine plapperte während der ganzen Fahrt vor sich hin малышка в течение всей поездки что-то сама с собой лепетала. **brabbeln** *разг.* бормотать, ворчать (*немного сердито*); was brabbelst du da in deinen Bart? что ты там бурчишь себе в бороду?; ich habe nicht verstanden, was er gebrabbelt hat я не разобрал, что он там проворчал. **schnattern** *разг. шутл.* тараторить (*о женщинах*); *напр.*: die kleinen Mädchen lachten und schnatterten den ganzen Tag девчушки целый день смеялись и тараторили; abends sitzen die Frauen auf der Bank und schnattern по вечерам женщины сидят на скамейке и тараторят, не закрывая рта. **klönen** *сев.-нем. разг.* (по)толковать; *напр.*: die beiden Mädchen klönten lange девушки долго толковали друг с дружкой; sie kommt am Abend zu uns, um mit zu klönen она заходит к нам вечерком потолковать о том, о сем. **plauschen** *разг.* ≅ plaudern, *но подчеркивает интимность, задушевность беседы; особенно распространено в южных областях*; *напр.*: sie nahm sich die Zeit, noch etwas mit ihrer Freundin zu plauschen она нашла-таки еще время, чтобы поговорить по душам с подругой; sie wollten ruhig mal über dies und das unter vier Augen plauschen они хотели как-нибудь спокойно поговорить [потолковать] о том, о сем с глазу на глаз. **schwadronieren** *разг. неодобр.* разглагольствовать, говорить и говорить (*громко, раздражающе назойливо и т. п.*); *напр.*: er schwadroniert so gern он любит поразглагольствовать; die Frau schwadroniert schon eine halbe Stunde женщина говорит и говорит вот уже полчаса. **palavern** [-v-] *фам. неодобр.* подолгу заниматься болтовней; *напр.*: er palaverte stundenlang mit seinem Freund он часами занимался болтовней со своим другом; die Frauen palaverten den ganzen Tag auf dem Markt женщины целый день занимались на базаре болтовней. **quatschen** *фам. неодобр.* трепаться; *напр.*: sie quatschten dumm они трепались как дураки; sie wissen selber nicht, was sie quatschen они сами не знают, о чем болтают; er konnte stundenlang über die Liebe quatschen он часами мог трепаться о любви; die Kollegen quatschen gern miteinander сотрудники любят потрепаться друг с другом. **quasseln** *фам. презр.* ≅ quatschen, *но подчеркивает, что болтовня скучна и глупа*; *напр.*: er quasselt mit allen möglichen Leuten он может трепаться со всеми [встречными и поперечными]; die beiden Frauen quasselten stundenlang auf der Straße обе женщины часами пустословили на улице; quass(e)le nicht solch dummes Zeug! не пори ерунду! **faseln** *разг. презр.* нести вздор *часто подчеркивает наивность или неискренность сказанного*; *напр.*: von Gerechtigkeit, von Humanität, von Freiheit faseln лицемерно болтать о справедливости, о гуманности, о свободе; er faselte etwas über Musik он нес какой-то вздор о музыке; glaubt nicht, was sie faselt! не верьте тому вздору, что она несет! **kohlen** *фам.* болтать чепуху; врать *уст.*; *напр.*: er hat wieder mal tüchtig gekohlt он опять наболтал всякой чепухи; kohl nicht so! не болтай такую чепуху!, полно врать-то! **labern** *терр. фам. презр.* молоть чепуху, трепаться; *напр.*: laß ihn labern! пусть треплется! **babbeln** *разг.* лопотать; *напр.*: das Baby babbelt vor sich hin ребенок лопочет; sie babbelt ja den ganzen Tag она целый день лопочет что-то

sprechen[2] говорить публично, выступать

sprechen — reden — vortragen — auftreten — das Wort ergreifen [neh-

SPRECHEN 439 SPRINGEN S

men] — eine Ansprache halten — eine Rede halten — einen Vortrag halten — eine Rede schwingen — eine Rede vom Stapel lassen

sprechen *индифф. синоним; напр.:* unvorbereitet, aus dem Stegreif, völlig frei sprechen выступать неподготовленно, экспромтом, абсолютно свободно; vor einer Versammlung, im Rundfunk sprechen говорить на собрании, по радио; ein Gedicht sprechen декламировать [читать] стихотворение; als nächster spricht der Kollege Müller следующим выступает товарищ Мюллер; ich habe gestern den Ministerpräsidenten sprechen hören я слушал вчера выступление премьер-министра; er sprach seine Rede ins Mikrophon он говорил свою речь перед микрофоном ▫ ...ich werde an seinem Grabe meine Gebete sprechen (Fallada, »Jeder stirbt«) ...я буду молиться [читать молитвы] у его могилы. **reden** ≅ sprechen, но тк. в значении 'выступать с речью' (употр. без прямого дополнения); напр.: er hat gestern in der Versammlung geredet он выступал вчера на собрании; sie redet nicht gern vor einem großen Zuhörerkreis она не любит выступать перед большой аудиторией; vor kurzem habe ich unseren Professor im Rundfunk reden hören недавно я слышала нашего профессора по радио; reden Sie zur Sache bitte говорите [выступайте], пожалуйста, по существу. **vortragen** докладывать; напр.: j-m eine Angelegenheit, einen Beschluß vortragen докладывать кому-л. суть дела, решение; er hat die Sache in einer Sitzung des Ausschusses glänzend vorgetragen он блестяще доложил об этом деле на одном из заседаний комитета. **auftreten** выступать; напр.: in einer Versammlung auftreten выступать на собрании; er trat als letzter auf он выступал последним; noch zwei Redner sollten auftreten, aber die Zeit reichte nicht mehr aus должны были выступить еще два оратора [докладчика], но времени не хватило. **das Wort ergreifen [nehmen]** взять слово; напр.: er ergriff als erster das Wort он взял слово [выступил] первым; wer nimmt noch das Wort? кто еще выступит [возьмет слово]? **eine Ansprache halten** выступать с речью часто употр. по отношению к приветственной речи при открытии чего-л., в начале какого-л. общественного мероприятия; напр.: bei der Eröffnung des Kongresses hielt der Präsident eine feierliche Ansprache на открытии конгресса с торжественной речью выступил президент; er hielt eine flammende Ansprache an die Versammelten он обратился к собравшимся с пламенной речью. **eine Rede halten** выступать с речью; напр.: der Direktor hat auf der Institutsversammlung eine Rede gehalten директор выступил на институтском собрании; er hielt eine glänzende Rede auf den Jubilar он выступил с блестящей речью в честь юбиляра. **einen Vortrag halten** делать доклад, выступать с докладом; напр.: der Gelehrte hielt einen Vortrag über neue Entdeckungen in der Biologie ученый сделал доклад о новых открытиях в биологии. **eine Rede schwingen** *фам. ирон.* толкать речь; напр.: willst du auch eine Rede schwingen? и ты хочешь толкнуть речь?; in der letzten Versammlung hat er eine große Rede geschwungen на последнем собрании он толкнул большую речь. **eine Rede vom Stapel lassen** *фам. ирон.* разразиться речью; напр.: will er etwa wieder eine Rede vom Stapel lassen? он что, снова хочет разразиться речью?; niemand hat erwartet, daß er eine richtige Rede vom Stapel läßt никто не ожидал, что он разразится настоящей речью

sprechen ³ (*eine Sprache*) говорить на каком-л. языке (*владеть языком*) sprechen — radebrechen — kauderwelschen — ein paar [einige] Brocken können

sprechen *индифф. синоним; напр.:* verschiedene, mehrere fremde Sprachen sprechen говорить на разных, нескольких иностранных языках; er spricht etwas russisch он говорит немного по-русски; sie sprechen ziemlich gut deutsch они довольно хорошо говорят по-немецки; mit dir muß man eine andere Sprache sprechen с тобой надо говорить по-другому; diese Fotos sprechen eine beredte Sprache эти фотографии красноречиво говорят за себя. ▫ Allan sprach nicht Französisch... (Kellermann, »Der Tunnel«) Аллан не говорил на французском... **radebrechen** говорить на ломаном (иностранном) языке, коверкать (иностранный) язык; напр.: einige Worte radebrechen быть в состоянии с грехом пополам сказать несколько слов (*б. ч. на каком-л. иностранном языке*); er radebrecht deutsch он кое-как говорит по-немецки; sie radebrechten einige Brocken in russisch они еле-еле говорили на ломаном русском языке; der Herr radebrechte etwas von Recht und Freiheit господин нес какую-то чепуху о правах и свободе. **kauderwelschen** *пренебр.* коверкать язык, говорить на непонятном (*б. ч. исковерканном иностранном*) языке, нести тарабарщину (*иногда тж. о родном языке, засоренном иностранными словами*); напр.: er hat nur gekauderwelscht, ich konnte nichts verstehen он только нес тарабарщину, я не мог ничего понять; ich hörte sie in einer fremden Sprache kauderwelschen я слышал, как они лопотали (, коверкая язык,) на каком-то непонятном языке. **ein paar [einige] Brocken können** быть в состоянии сказать несколько слов на иностранном языке; напр.: er kann ein paar Brocken Spanisch он умеет чуть-чуть говорить по-испански; er kann einige russische Brocken он может совсем немного говорить по-русски

sprechen ⁴ говорить, высказываться (*по какому-л. вопросу*) sprechen — sich äußern — erwähnen — berühren — anschneiden

sprechen *индифф. синоним; напр.:* zu einer Frage, zu einem Thema sprechen говорить по какому-л. вопросу, по какой-л. теме; er spricht gern zu den Fragen der Außenpolitik он охотно высказывается по вопросам внешней политики; er sprach zu wirtschaftlichen Fragen он высказывался по вопросам экономики; zu diesem Problem möchte ich nicht sprechen по этой проблеме я не хотел бы высказываться. **sich äußern** высказываться (публично), высказать свое мнение; напр.: sich zu einer [über eine] Frage äußern высказаться (публично) [высказать свое мнение] по какому-л. вопросу; er äußerte sich vorsichtig über diese Angelegenheit он осторожно высказал свое мнение по этому делу; sie hat sich gegen ihn geäußert она высказалась против него. **erwähnen** упомянуть кого-л., что-л., о ком-л., о чем-л.; напр.: er hat über diesen [von diesem] Fall nichts erwähnt он не упомянул об этом случае; diese Frage wurde in seinem Referat mehrmals erwähnt этот вопрос многократно упоминался в его докладе. **berühren** касаться; напр.: eine Angelegenheit, eine Frage berühren касаться какого-л. дела, какого-л. вопроса; er hat diesen Punkt nicht berührt он не касался этого пункта; er berührte dieses Problem nur flüchtig он только бегло коснулся этой проблемы. **anschneiden** затронуть; напр.: eine Frage, ein Thema anschneiden затронуть какой-л. вопрос, какую-л. тему; er hat das Problem nur angeschnitten он только затронул эту проблему; dieses Thema wollen wir lieber nicht anschneiden эту тему лучше мы не будем затрагивать

sprechen ⁵ см. sagen ¹/zeugen
Sprecher см. Redner
sprengen см. spritzen ¹
sprießen см. keimen ¹/wachsen
springen ¹ прыгать
springen — hüpfen — hopsen

springen *индифф. синоним; напр.:* hoch, weit springen прыгать высоко, далеко; über etw. springen прыгать через что-л.; aus dem Fenster springen выпрыгнуть из окна; er springt 2,20 m hoch он прыгает в высоту на 2 м 20 см; das Pferd sprang über den Graben лошадь прыгнула через ров; er sprang zur Seite он отпрыгнул в сторону; sie sprang lustig durch das Zimmer она весело прыгала по комнате; dem wird ja das Herz vor Freude springen у него сердце запрыгает от радости. **hüpfen** ≅ springen, *но подчеркивает, что прыжков много и они легкие и небольшие*; *напр.*: über etw. hüpfen легко перепрыгивать через что-л.; auf einem Bein hüpfen прыгать на одной ноге; die Kinder hüpften fröhlich zum Gartentor dети весело поскакали к садовой калитке; das Boot hüpft auf den Wellen лодка легко прыгает на волнах; die Tassen hüpfen auf dem Tisch, wenn ein Lastauto vorbeifährt чашки слегка подпрыгивают на столе, когда мимо проезжает грузовик; der Puls hüpft пульс скачет; das Herz hüpfte ihr vor Freude у нее сердце подпрыгнуло от радости; das ist gehüpft wie gesprungen погов. это все равно, ≅ это что в лоб, что по лбу. **hopsen** *разг.* ≅ hüpfen, *но больше подчеркивает быстроту и резкость движений*; *напр.*: die Kinder hopsen im Kreis дети скачут [прыгают] по кругу

springen² *см.* gehen¹

Springinsfeld *см.* Leichtsinniger

sprinten *см.* laufen¹

spritzen¹ опрыскивать, брызгать

spritzen — sprengen — bespritzen — besprengen — planschen

spritzen *индифф. синоним*; *напр.*: Wasser auf etw. spritzen опрыскивать что-л. водой, брызгать на что-л. водой; den Garten, die Blumen mit einem Schädlingsbekämpfungsmittel spritzen опрыскивать сад, цветы средством от вредителей; Papa, Andreas spritzt! папа, Андреас брызгается!; spritz nicht so! не брызгай(ся) так!; sie spritzte mich mit Eau de Cologne она брызгала на меня одеколоном (из пульверизатора). **sprengen** поливать, разбрызгивая воду; *напр.*: den Rasen sprengen поливать газон; Wäsche vor dem Bügeln (mit Wasser) sprengen спрыснуть белье (водой) перед глаженьем; die Straße sprengen поливать улицу; der Alte sprengte seine Blumen mit einer Gießkanne старик полил свои цветы из лейки; er sprengte Wasser auf die staubige Straße он полил пыльную улицу водой. **bespritzen** ≅ spritzen (*но употр. всегда с прямым дополнением, обозначающим то, что опрыскивают, поливают*); *напр.*: er bespritzt die Straße он поливает улицу; sie bespritzte das Kleid mit Eau de Cologne она подушила платье одеколоном; das Auto hat die Fußgänger bespritzt машина забрызгала пешеходов. **besprengen** ≅ sprengen (*но употр. всегда с прямым дополнением, обозначающим то, что опрыскивают, поливают*); *напр.*: die staubige Straße würde besprengt поливали пыльную улицу; sie besprengte die trockenen Wäschestücke vor dem Bügeln она спрыскивает сухое белье перед глаженьем; man besprengte den Ohnmächtigen mit Eau de Cologne лежащего в обмороке опрыскали одеколоном. **planschen** брызгаться водой (, плескаясь, играя в воде); *напр.*: die Kinder planschen in der Wanne дети брызгаются в ванне водой

spritzen² *см.* sprühen¹

spritzig *см.* scharfsinnig

spröde *см.* steif²/zerbrechlich

Sproß *см.* Nachkomme

Sprosse *см.* Stufe²

sprossen *см.* wachsen

Sprößling *см.* Nachkomme

sprühen¹ разлетаться; метать (*об искрах*)

sprühen — stieben — spritzen

sprühen *индифф. синоним*; *прям. и перен.*; *напр.*: die Funken sprühen nach allen Seiten искры летят в разные стороны; das Feuer sprüht Funken пламя мечет искры; jugendliches Feuer sprühte aus seinen Augen молодой огонек светился в его глазах; seine Augen sprühten Blitze его глаза метали молнии. **stieben** *в отличие от* sprühen *употр. тк. в прямом значении (как непереходный глагол)*; *напр.*: das Pferd galoppierte davon, daß die Funken stoben лошадь галопом поскакала прочь, так что искры брызнули (из-под копыт). **spritzen** ≅ stieben, *но обыкн. о целом снопе искр*; *напр.*: beim Schweißen spritzen die Funken nach allen Seiten при сварке искры летят во все стороны

sprühen² *см.* regnen

Sprung прыжок, скачок

der Sprung — der Satz

Sprung *индифф. синоним*; *напр.*: ein großer [weiter], hoher, kleiner, mächtiger Sprung большой, высокий, маленький, мощный прыжок; ein Sprung ins Wasser, aus dem Fenster, über einen Graben прыжок в воду, из окна, через канаву; ein Sprung übers Pferd, über den Bock *спорт.* прыжок через коня, через козла; ein Sprung mit Anlauf прыжок с разбега; er lief in großen Sprüngen davon он убежал, делая большие прыжки [передвигаясь большими скачками]; beim Sprung von der Mauer brach er sich ein Bein при прыжке со стены он сломал ногу; er überquerte den Bach mit einem Sprung он перепрыгнул (через) ручей одним махом; der Tiger setzte zum Sprung an тигр приготовился к прыжку; die Katze duckte sich zum Sprung кошка выгнулась перед прыжком. **Satz** ≅ Sprung *употр. по отношению к прыжку, которым преодолевается какая-л. преграда, какое-л. расстояние*; *напр.*: ein Satz über den Graben прыжок через канаву; in einem Satz одним махом [прыжком]; einen Satz über den Bach machen, mit einem Satz den Bach nehmen перемахнуть [перепрыгнуть] через ручей; in drei Sätzen war er an der Tür в три прыжка он очутился у двери; mit einem großen Satz sprang er zur Seite одним большим прыжком он отскочил в сторону; mit wenigen Sätzen hatte er ihn eingeholt несколькими прыжками он догнал его; mit einem gewaltigen Satz war er auf dem Pferderücken одним мощным прыжком он оказался на спине лошади

sprunghaft *см.* unbeständig

spucken плевать, харкать

spucken — ausspucken — geifern — speicheln — speien — qualstern

spucken *индифф. синоним*; *напр.*: Blut spucken плевать [харкать] кровью; Schleim spucken отхаркивать мокроту; auf etw. spucken *тж. перен. груб.* плевать на что-л.; j-m ins Gesicht spucken плюнуть кому-л. в лицо; er brachte sie in Wut, und sie spuckte ihm vor die Füße он привел ее в ярость, и она плюнула ему под ноги; ich spucke darauf *перен.* я плюю [мне плевать] на это; spucken wir noch mal in die Hände, dann schaffen wir es *перен.* ну-ка, поплюем на ладони [поднажмем] и сделаем. **ausspucken** выплевывать, сплевывать, *напр.*: der Zahnarzt gab ihr ein Glas Wasser und sagte: »Spucken Sie aus!« зубной врач дал ей стакан воды и сказал: «Сплюньте!»; er räusperte sich und spuckte aus он откашлялся и сплюнул; sie spuckte Blut aus она сплюнула кровью. **geifern** брызгать слюной (от ярости); *тж. перен.*; *напр.*: der Hund zerrt an der Kette, geifert und schnappt собака рвется с цепи с пеной у рта, яростно огрызаясь; er geifert auf [gegen] seine Angehörigen он в ярости на своих близких (и злобно поносит их); sie geiferten vor Haß und Angst они брызгали слюной [кричали с пеной у рта, были в исступлении] от ненависти и страха. **speicheln** пускать, выделять слюну; *напр.*: der Hund speichelt beim bloßen Anblick des Fleischfutters собака пускает слюну при одном только виде мясной пищи. **speien** *высок.* ≅ spucken; *напр.*: Blut speien плевать кровью; Gift und Galle speien *перен.* рвать и метать; voller Verachtung spie sie ihm ins Gesicht полная презрения, она плюнула ему в лицо; der Vulkan speit Feuer, Lava вулкан извергает огонь, лаву; **qualstern** *сев.-нем. фам. редко* харкать; *напр.*: der Kranke qualsterte in einem fort больной то и дело отхаркивался

Spuk *см.* Gespenst

spuken являться, водиться (*о привидении*)

spuken — geistern

spuken *индифф. синоним*; *напр.*: in diesem Haus soll es spuken в этом доме, по преданию, водятся привидения; der alte Graf spukt noch immer nachts im Schloß старый граф [призрак старого графа] все еще является по ночам в замке; ein Fremder spukt seit Tagen im Dorfe какой-то неизвестный уже несколько дней бродит (как привидение) по деревне; dieser Aberglaube spukt noch immer unter den Leuten это суеверие все еще встречается среди людей. **gei-**

SPÜLEN — STADTBEWOHNER

stern бродить как призрак; *напр.*: sie geisterte tagelang durch die Zimmer она целыми днями бродила, как призрак, по комнатам; ein Irrlicht geistert durch das Moor блуждающий огонек то тут, то там виднеется на болоте

spülen мыть, полоскать (посуду)
spülen — abwaschen — aufwaschen

spülen *индифф. синоним; напр.*: Gläser, Tassen spülen полоскать стаканы, чашки; das Geschirr spülen мыть посуду; die Mädchen spülten die Töpfe девушки мыли кастрюли; sie half der Mutter in der Küche spülen она помогала матери в кухне мыть посуду; sie spülten schnell zwei Gläser они быстро ополоснули два стакана. **abwaschen** мыть (грязную) посуду; *напр.*: das Geschirr (nach der Mahlzeit) abwaschen мыть посуду (после еды); nach dem Essen wollen wir gleich abwaschen после еды сразу помоем посуду; sie wäscht in der Küche ab она моет в кухне посуду. **aufwaschen** *терр.* = abwaschen; *напр.*: ich muß das Geschirr aufwaschen мне надо помыть посуду

Spur след
die Spur — die Fährte — die Fuß(s)tapfe — der Fuß(s)tapfen — der Fußabdruck — die Fußspur — die Tapfe — der Tapfen

Spur *индифф. синоним; напр.*: eine alte, neue, frische Spur старый, новый, свежий след; keine Spuren hinterlassen не оставлять следов; eine Spur verfolgen идти по следу; die Spur verlieren потерять след; wir fanden die Spuren eines Menschen im Sande мы нашли следы человека на песке; die Spur des Rehs führt in den Wald след косули ведет в лес; wir folgten der Spur eines Wagens мы поехали [пошли] по следу машины; am Himmel war die leuchtende Spur eines Meteors zu sehen на небе был виден яркий след метеора. **Fährte** звериный след *тж. перен.; напр.*: eine frische, warme Fährte свежий, горячий звериный след; einen Hund auf die Fährte setzen пустить собаку по следу; der Jäger ist dem Wild auf der Fährte охотник идет по следу зверя; der Spürhund war dem Verbrecher auf der Fährte ищейка шла по следу преступника; die Polizei war in dieser Sache auf eine falsche Fährte geraten полиция, расследуя это дело, пошла по ложному следу. **Fuß(s)tapfe(n)** след человека, отпечаток ноги, обуви; *напр.*: er machte auf dem Teppich schmutzige Fußtapfen он наследил на ковре; im Sandboden sahen wir noch die Fußtapfen der beiden на песке мы увидели еще следы тех обоих. **Fußabdruck** отпечаток ноги человека; *напр.*: die Polizei suchte nach den Fußabdrücken der Einbrecher полиция искала отпечатков ног взломщиков. **Fußspur** след человеческих ног; *напр.*: es waren keine Fußspuren zu erkennen нельзя было различить никаких следов человеческих ног. **Tapfe(n)** *редко* = Fuß(s)tapfe(n); *напр.*: frische, verwischte, kleine Tapfen свежие, стертые, маленькие следы; im Schnee fanden wir viele frische Tapfen на снегу мы нашли много свежих следов; er hinterließ schmutzige Tapfen он оставил грязные следы, он наследил

spüren *см.* fühlen
spurten *см.* laufen [1]
sputen, sich *см.* beeilen, sich
Staat государство
der Staat — das Land — das Reich

Staat *индифф. синоним; напр.*: ein (un)abhängiger, selbständiger, neutraler Staat (не)зависимое, самостоятельное, нейтральное государство; der demokratische, sozialistische, kapitalistische Staat демократическое, социалистическое, капиталистическое государство; im Interesse des Staates в интересах государства; an der Spitze des Staates stehen стоять во главе государства; nach dem zweiten Weltkrieg bildeten sich viele neue Staaten после второй мировой войны образовалось много новых государств; auf deutschem Boden wird ein sozialistischer Staat der Arbeiter und Bauern aufgebaut на немецкой земле строится социалистическое государство рабочих и крестьян. **Land** страна; *напр.*: ein sozialistisches, kapitalistisches, neutrales Land социалистическая, капиталистическая, нейтральная страна; ein Land aufteilen, spalten разделить, расколоть страну на части; der Gegner hat das Land überfallen враг напал на страну; es gilt, das Land zu verteidigen нужно защищать страну; zur Messe kommen Gäste aus aller Herren Ländern на ярмарку приезжают гости из всех стран; andere Länder, andere Sitten *посл.* другие страны — другие нравы. **Reich** империя; царство *тж. перен.; напр.*: das Heilige Römische Reich deutscher Nation Священная Римская империя германской нации; das Russische Reich Российская империя; das Britische Reich Британская империя; das Reich der Schatten царство теней; das Reich der Träume царство грез; das Reich der Töne царство [мир] звуков; hier begann schon das Reich des Winters здесь уже началось царство зимы

Staatsangehöriger *см.* Bürger [1]
Stab *см.* Stock [1]
stabil *см.* fest [1]
Stadium *см.* Stufe [1]
Stadt город
die Stadt — die Großstadt — die Hauptstadt — die Metropole

Stadt *индифф. синоним; напр.*: eine kleine, große, schöne, übervölkerte Stadt маленький, большой, красивый, перенаселенный город; wir wohnen am Rande der Stadt мы живем на окраине города; er wohnt außerhalb der Stadt он живет за городом; ich liebe unsere Stadt am meisten bei Nacht больше всего я люблю наш город ночью; die Stadt liegt sehr malerisch город расположен очень живописно. **Großstadt** крупный, большой город (*с населением свыше 100 000); напр.*: er träumt vom Leben in einer Großstadt он мечтает жить в крупном городе; das Leben in einer Großstadt zieht mich nicht an жизнь в большом городе не привлекает меня. **Hauptstadt** столица; *напр.*: die Hauptstadt der DDR ist Berlin столица ГДР — Берлин; er besuchte auch Taschkent, die Hauptstadt der Usbekischen Sozialistischen Sowjetrepublik он посетил также и Ташкент, столицу Узбекской Советской Социалистической Республики. **Metropole** *книжн.* столица, центр; *напр.*: Wien ist die Metropole Österreichs Вена — столица Австрии; er gab in allen großen Metropolen der Welt Konzerte он давал концерты во всех крупных центрах мира

Stadtbewohner житель города, горожанин
der Stadtbewohner — der Städter — der Stadtmensch — der Großstädter — der Hauptstädter — der Bürger

Stadtbewohner *индифф. синоним; напр.*: die Zahl der Stadtbewohner wächst количество городских жителей растет; die Stadtbewohner helfen jedes Jahr bei der Ernte горожане каждый год помогают при сборе урожая. **Städter** а) горожанин *подчеркивает характер, образ жизни жителей города, отличающие их от жителей деревни; напр.*: er ist durch und durch Städter geworden он стал насквозь горожанином; b) = Stadtbewohner; *напр.*: die Städter fahren am Wochenende aufs Land горожане уезжают на выходные дни за город. **Stadtmensch** а) = Städter а); *напр.*: sie ist Stadtmensch, stille Wälder und Wiesen ziehen sie nicht an она горожанка, тихие леса и луга ее не привлекают; b) *устаревает* = Städter b); *напр.*: Wagen mit Stadtmenschen zogen zurück in die Stadt машины с горожанами тянулись обратно в город. **Großstädter** житель большого города; *напр.*: Großstädter haben ihre Probleme у жителей большого города свои проблемы. **Hauptstädter** житель столицы, столичный житель; *напр.*: alle Hauptstädter nahmen am Subbotnik teil все жители столицы приняли участие в субботнике; die Hauptstädter lieben diesen Park жители столицы любят этот парк. **Bürger** житель (определенного) города *теперь часто употр. и по отношению к жителям поселков, сел и любых населенных пунктов; напр.*: die Bürger Moskaus жители Москвы; es wurde ein Aufruf an alle Bürger der Stadt erlassen было выпущено воззвание ко всем жителям города; die Bürger wählten einen neuen Bürgermeister жители города выбрали нового бургомистра

Städter см. Stadtbewohner
Stadtmensch см. Stadtbewohner
Staffel см. Stufe ²/Treppe
stahlhart см. hart
stammeln см. sagen ¹/sprechen ¹
stammen происходить, быть родом, брать начало

stammen — abstammen — entstammen — herstammen — sich herleiten — ausgehen — e n t s p r i e ß e n

stammen индифф. синоним; напр.: er stammt aus einer Arztfamilie он родом из семьи врачей; er stammt aus Hamburg он родом из Гамбурга; dieses Wort stammt aus dem Griechischen это слово происходит из греческого языка; der Ausspruch stammt von Plato это изречение (идет от) Платона; das Gedicht stammt von Rilke это стихотворение (принадлежит) Рильке; woher stammen Sie? откуда вы родом?; woher stammt diese Nachricht? откуда взято это известие? **abstammen** происходить; напр.: in gerader [direkter] Linie von j-m abstammen происходить от кого-л. по прямой линии; der Mensch stammt vom Affen ab человек происходит от обезьяны; das Wort »Fenster« stammt vom lateinischen »fenestra« ab слово »Fenster« происходит от латинского «fenestra». **entstammen** ≅ stammen ⟨употр. с Dat. без предлога; в вопросительных предложениях не употр.⟩; напр.: er entstammte einer alteingesessenen Familie он был родом из семьи старожилов (этих мест); dieser Name entstammt dem Französischen это имя происходит из французского языка; die Idee zu diesem Theaterstück entstammt einem alten Märchen сюжет этой пьесы восходит к старой сказке. **herstammen** ≅ stammen б. ч. употр. в прямом и косвенном вопросах с wo; напр.: wo stammen Sie her? откуда вы родом?; wer weiß, wo dieser Fehler herstammt? кто знает, откуда берется эта ошибка?; er glaubt, von den Hugenotten herzustammen он думает, что его род берет начало от гугенотов. **sich herleiten** выводиться (из) чего-л., восходить (к кому-л., к чему-л.); напр.: sein Familienname leitet sich von französischen Einwanderern her его фамилия восходит к именам французских переселенцев; dieses Wort leitet sich aus dem Lateinischen her это слово восходит к латыни. **ausgehen** (von D) идти (от чего-л.), исходить (от кого-л., от чего-л.); напр.: die Initiative ging von mehreren Mitarbeitern aus инициатива исходила от нескольких сотрудников; der Vorschlag ist von der Gewerkschaft ausgegangen предложение исходило от профсоюза; die Gerüchte gehen von ihm aus эти слухи идут [исходят] от него. **entsprießen** высок. ≅ stammen подчеркивает, что кто-л., что-л. уходит корнями куда-л., о людях б. ч. ирон. ⟨употр. с Dat. без предлога⟩; напр.: er war einer vornehmen Familie entsprossen он был отпрыском благородного семейства; Verb und Substantiv sind einer Wurzel entsprossen глагол и существительное ведут свое начало от одного корня; sie sind demselben Boden entsprossen их породила одна земля; dieser Ehe sind eine Tochter und zwei Söhne entsprossen от этого брака родились дочь и два сына

Stammgast см. Gast ²
stämmig см. untersetzt
Stammkunde см. Käufer
stampfen ¹ топать

stampfen — trampeln

stampfen индифф. синоним; напр.: mit dem Fuß [den Fuß] auf die Erde stampfen топнуть ногой по земле; den Takt stampfen притопывать в такт, отбивать ногой такт; das Pferd stampfte mit dem Huf die Erde лошадь била копытом землю; er stampfte zornig mit dem Fuß auf den Boden он сердито топнул ногой об пол; das Kind stampfte vor Ungeduld mit den Füßen ребенок топал ногами от нетерпения. **trampeln** топать, стучать ногами; напр.: die Zuhörer fingen vor Ungeduld an zu trampeln зрители начали от нетерпения топать ногами; die Studenten trampelten beim Erscheinen des Professors студенты громко затопали ногами при появлении профессора (в знак приветствия); er trampelte sich den Schnee von den Schuhen он топал ногами, чтобы отряхнуть снег с ботинок; das Kind trampelte auf den Boden ребенок затопал ногами по полу

stampfen ² см. gehen ¹
Stand см. Kiosk/Lage ¹, ²
Standarte см. Fahne
Ständer см. Pfeiler
standesamtlich: sich standesamtlich trauen lassen см. heiraten
ständig ¹ постоянный

ständig — beständig — stetig — stet — dauernd — anhaltend — fortwährend — permanent — ewig — ununterbrochen — unaufhörlich — unausgesetzt — unentwegt — unablässig — unvergänglich — unveränderlich — chronisch — unbefristet — lebenslänglich

ständig индифф. синоним; напр.: ein ständiger Gast постоянный гость; sein ständiger Aufenthalt его постоянное пребывание; seine ständige Anschrift его постоянный адрес; ihrer ständigen Klagen waren alle überdrüssig ее постоянные жалобы всем надоели; er ist ein ständiges Mitglied unserer Gesellschaft он постоянный член нашего общества; wir haben ständigen Ärger mit ihm у нас с ним постоянные неприятности; sie lebten in ständiger Feindschaft они жили в постоянной вражде. **beständig** ≅ ständig, но более характерно для письменной речи; напр.: in beständiger Angst, Unruhe, Sorge leben жить в постоянном страхе, беспокойстве. в постоянной заботе; er hat beständig über etwas zu klagen он постоянно на что-то жалуется; sie hielt alle in beständiger Furcht она держала всех в постоянном страхе; das Glück ist nicht beständig счастье непостоянно ⟨Ср. тж. ряд immer⟩. **stetig** ≅ ständig, но подчеркивает равномерность и непрерывность; напр.: stetige Arbeit постоянный труд; sein stetiger Fleiß ist allen bekannt его постоянное прилежание известно всем; sie lebt in stetiger Sorge um ihr Kind она живет в постоянной заботе о своем ребенке. **stet** ≅ stetig, но употр. реже; напр.: stete Sorgen постоянные заботы; ein steter wirtschaftlicher Aufschwung постоянный [неуклонный] экономический подъем; seine stete Zuversicht macht Eindruck его постоянная уверенность производит впечатление. **dauernd** ≅ ständig подчеркивает, что что-л. продолжается непрерывно и долго; напр.: eine dauernde Ausstellung постоянная выставка; ein dauernder Wohnsitz постоянное местожительство; er hat eine dauernde Anstellung gefunden он нашел постоянную работу; er ist dauernd auf Reisen он постоянно в отъезде; diese dauernden Störungen! эти постоянные помехи! ⟨ср. тж. ряд immer⟩. **anhaltend** продолжительный; напр.: anhaltender Beifall продолжительные аплодисменты; der Wetterbericht spricht von anhaltenden Regenfällen в сообщении о погоде говорится о продолжительных осадках; er leidet an anhaltenden Störungen des Blutkreislaufs он страдает длительными [стойкими] нарушениями кровообращения. **fortwährend** ≅ dauernd, но более характерно для книжно-письменной речи; напр.: eine fortwährende Störung постоянная помеха; sie sind in fortwährender Sorge um ihre Zukunft они находятся в постоянной заботе о ее будущем; er litt an fortwährenden Schwindelanfällen он страдал постоянными приступами головокружения; Freude und Leid wechseln fortwährend радость и страдание непрерывно сменяют друг друга. **permanent** перманентный, часто употр. в книжно-письменной речи; напр.: eine permanente Krise перманентный кризис; ein permanentes Defizit перманентный дефицит; ein permanentes Mißtrauen постоянное недоверие; zwischen ihnen herrscht ein permanenter Kleinkrieg между ними ведется перманентная малая война; er hat permanente Geldsorgen ему постоянно не хватает денег. **ewig** вечный в непринужденной разговорной речи часто употр. вместо ständig, но более эмоционально; напр.: ewige Treue, Liebe, Freundschaft schwören клясться в вечной верности, любви, дружбе; in einer ewigen Unruhe, Angst leben жить в вечном беспокойстве, страхе; in der Arktis liegt ewiger Eis в Арктике вечный лед; sie lebt in ewiger Erwartung она живет в вечном ожидании; es herrschte ein ewiges Kommen und Gehen вечно кто-то приходил и уходил; ihre ewige Fragerei konnte er kaum ertragen он еле выносил ее вечные расспросы (*Ср. тж. ряд* immer). **ununterbrochen** непрерывный, беспрерывный; *напр.:* sie redet ununterbrochen она говорит (и говорит) беспрерывно; über die Brücke rollten Autos in ununterbrochener Reihenfolge по мосту непрерывными рядами шли машины; das ununterbrochene Getöse des Meeres störte uns nicht mehr непрерывный [беспрерывный] шум моря больше не мешал нам. **unaufhörlich** непрекращающийся, нескончаемый; *напр.:* es regnet unaufhörlich беспрестанно [беспрерывно] идет дождь. **unausgesetzt** беспрестанный, безостановочный; *напр.:* sie bemühte sich unausgesetzt um bessere Leistungen она беспрестанно заботилась о повышении успеваемости [показателей]; deine unausgesetzte Fragerei geht mir auf die Nerven твои беспрестанные вопросы действуют мне на нервы; es schneite unausgesetzt vier Wochen lang четыре недели подряд безостановочно шел снег. **unentwegt** ≅ unaufhörlich, *но подчеркивает, что что-л. продолжается несмотря ни на что*; *напр.:* das Kind schrie unentwegt ребенок беспрерывно кричал. **unablässig** неотступный; *напр.:* unablässiges Bitten неотступные просьбы, неотступное упрашивание. **unvergänglich** непреходящий; *напр.:* unvergänglicher Ruhm непреходящая слава; unvergängliche Erinnerungen непреходящие воспоминания; diese Musik ist unvergänglich эта музыка непреходяща [бессмертна]. **unveränderlich** неизменный; *напр.:* ein unveränderliches Naturgesetz неизменный закон природы; nichts ist unveränderlich ничто не бывает неизменным. **chronisch** хронический, постоянный; *напр.:* er hat eine chronische Gelenkentzündung у него хроническое воспаление суставов; sie lebten lange in chronischer Angst vor Wassernot они долго жили в вечном [постоянном] страхе перед наводнением; er leidet an chronischer Faulheit *шутл.* он страдает хронической ленью. **unbefristet** бессрочный; *напр.:* er hat einen unbefristeten Kredit bei dieser Bank у него в этом банке бессрочный кредит; die Aufenthaltsgenehmigung ist unbefristet разрешение на пребывание бессрочное. **lebenslänglich** пожизненный; *напр.:* lebenslängliche Haft пожизненное заключение; ein lebenslängliches Asyl приют [убежище] на всю оставшуюся жизнь; ihm wurde eine lebenslängliche Rente ausgesetzt ему была назначена пожизненная пенсия; er hat eine lebenslängliche Schuld mit sich herumgetragen он на протяжении всей своей жизни чувствовал за собой вину

ständig[2] *см.* immer
Standpunkt *см.* Meinung[1]
Stange *см.* Bierglas
Stänkerei *см.* Streit[2]
stänkern *см.* aufwiegeln
Stapel: eine Rede von Stapel lassen *см.* sprechen[2]
stapfen *см.* gehen[1]
Star звезда, знаменитость (*о выдающихся артистах кино, эстрады*)
der Star — der Stern — die Diva — das Starlet
Star [stɑ:r] *индифф. синоним; напр.:* das war ein Film mit vielen Stars это был фильм со многими кинозвездами; sie ist jetzt ein Star beim Theater она теперь театральная знаменитость; er ist kein Star mehr он уже больше не знаменитость. **Stern** = Star, *но употр. реже, сохраняет образность; напр.:* Sterne vom Theater und Film звезды театра и кино; er ist ein aufgehender Stern an diesem Theater он восходящая звезда в этом театре; alle bewunderten sie, einen leuchtenden Stern am Himmel des Varietés все восхищались ею, сверкающей звездой варьете. **Diva** [-v-] дива, примадонна; *напр.:* eine berühmte Diva знаменитая примадонна; von allen Wänden des Foyers lächelten die Bilder der Divas [der Diven] den Besuchern zu со всех стен фойе зрителям улыбались дивы; die Diva läßt auf sich warten дива заставляет ждать себя. **Starlet** [ˈstɑːlet] *неол.* молоденькая киноактриса с амбициями и повадками кинозвезды, старлетка; *напр.:* auf dem Titelblatt der Illustrierten ist ein Starlet abgebildet на обложке иллюстрированного журнала изображена молоденькая актриса-старлетка.

stark[1] крепкий, сильный (*по природе, по своим возможностям и т. п.*)
stark — kräftig — baumstark — urkräftig — derb — handfest — kernfest — kernig — markig — kernhaft
stark *индифф. синоним; напр.:* ein starker Mann крепкий [сильный] мужчина; starke Arme крепкие [сильные] руки; starke Nerven крепкие нервы; ein starker Motor мощный мотор; ein starkes Seil крепкий [прочный] канат; starke Schuhe крепкие [прочные] ботинки; der Kranke fühlt sich schon stark genug auszugehen больной чувствует себя уже достаточно крепким [сильным], чтобы выходить из дома; seine starke Natur hielt auch dieser Anforderung stand его сильная натура устояла и перед этим испытанием; er gebraucht oft starke Worte он часто употребляет крепкие слова; er hat einen starken Händedruck у него крепкое рукопожатие □ Er war stärker, als sie meinte (*H. Mann,* »*Unrat*«) Он был сильнее, чем она думала. **kräftig** сильный; *напр.:* ein kräftiger Mann сильный мужчина; hier werden kräftige Arme gebraucht здесь нужны сильные руки; seine kräftige Natur sträubte sich dagegen его сильная натура противилась этому; er drückte mir kräftig die Hand он сильно пожал мне руку; er hat ein kräftiges Kinn у него волевой подбородок; der Baum hat kräftige Triebe на дереве сильные побеги; er benutzt oft kräftige Ausdrücke он часто употребляет сильные выражения □ Er hatte sich gewissermaßen zum moralischen Schutzherren des kräftigen, jungen Edelmanns aufgeworfen... (*H. Mann,* »*Unrat*«) Он возомнил себя в некотором роде хранителем моральных устоев сильного молодого дворянина... **baumstark** *эмоц.-усил.* ≅ stark *обыкн. употр. по отношению к сильному мужчине; напр.:* ein baumstarker junger Mann очень сильный [могучий] молодой человек; er hatte baumstarke Arme у него были могучие руки. **urkräftig** *эмоц.-усил. редко* ≅ kräftig *подчеркивает первозданность силы; напр.:* ein urkräftiger Baum исполинское дерево; er sang mit seiner urkräftigen Stimme он пел своим мощным голосом. **derb** грубый (*в проявлении силы, крепости, прочности и т. п.*); *напр.:* ein derber Junge дюжий парень; derbes Schuhwerk грубая [прочная] обувь; derbe Witze, Worte грубые [соленые] шутки, грубые слова; er faßte die Tasse so derb an, daß sie zerbrach он так грубо схватил чашку, что она разбилась. **handfest** ≅ derb, *но отличается по сочетаемости; напр.:* ein handfester Bursche дюжий парень; eine handfeste Lüge грубая [явная] ложь; handfeste Beweise сильные [веские, весомые] доказательства; ein handfester Spaß грубая шутка; er holte sich eine handfeste Abfuhr он получил крепкий [решительный] отпор; das ist ein handfester Betrug это грубый [наглый] обман; seine handfeste Ausdrucksweise machte den Gegner unsicher его энергичная [решительная, веская] манера выражаться лишила противника уверенности. **kernfest** *редко* ≅ stark, *но более эмоционально и подчеркивает способность к сопротивлению; напр.:* ein kernfester Bursche парень крепкого [прочного] сложения; er ist ein Mensch mit kernfesten Überzeugungen он человек с незыблемыми [прочными] убеждениями. **kernig** прочный, ядреный; *напр.:* ein kerniges Holz прочное дерево, прочная древесина; ein kerniger Mann сильный [здоровый] мужчина; sie hat eine kernige Gesundheit у нее крепкое здоровье; er gebrauchte derbe und kernige Ausdrücke он употреблял грубые и ядреные выражения; seine kernige Rede macht Eindruck его яркая речь производит впечатление.

markig ≃ stark, *но подчеркивает выразительность, эффектность силы*; *напр.*: eine markige Gestalt мощная фигура; ein markiges Gesicht выразительное [волевое] лицо; er sprach mit markiger Stimme он говорил мощным [сильным] голосом; er zeichnete mit markigem Bleistift у него яркая по силе [сочная] манера рисовать; er gebraucht zu gern markige Worte он слишком любит употреблять крепкие выражения. kernhaft *уст. высок. и геол.* = kernig; *напр.*: eine kernhafte Natur сильная [здоровая] натура; kernhafte Erdschichten плотные слои земли.

stark² сильный (*по своей интенсивности*)

stark — kräftig — heftig — intensiv — stürmisch — tief — innig — herzhaft — betäubend — bitter — grimmig — kraß — unmenschlich — übermenschlich — drastisch — mörderisch — grauenhaft — schauderhaft — hanebüchen

stark *индифф. синоним*; *напр.*: starke Hitze сильная жара; starker Hunger сильный голод; eine starke Explosion сильный взрыв; starker Zweifel сильное сомнение; stark beschädigt сильно поврежденный; stark gesalzen сильно посоленный; stark husten сильно кашлять; im Januar setzte starker Frost ein в январе начались сильные морозы; er hatte starke Schmerzen у него были сильные боли; sie kamen bei starkem Gewitter an они приехали в сильную грозу; die Wunde blutet stark рана сильно кровоточит; er hat ein starkes Interesse für Physik у него большой интерес к физике; man hatte ihn stark in Verdacht, dies getan zu haben сильно подозревали, что это сделал он; es riecht stark nach Qualm сильно пахнет чадом □ Sie kam in einem stark ergrauten Frisiermantel und klopfte ihm auf die Schulter (*H. Mann*, »*Unrat*«) Она вышла в сильно посеревшем пеньюаре и похлопала его по плечу. kräftig ≃ stark, *но подчеркивает насыщенность чем-л., наличие качеств, воспринимаемых органами чувств, ощутимых*; *напр.*: kräftiger Wind сильный ветер; kräftiger Hunger сильный голод; kräftige Farben густые краски; den Boden kräftig düngen интенсивно удобрять землю, класть в землю много удобрений; kräftig essen много есть, хорошо поесть; er nahm einen kräftigen Schluck aus der Flasche он сделал большой глоток из бутылки; das Bild hat kräftig aufgetragene Farben краски густо нанесены на холст; die Preise sind kräftig gestiegen цены сильно поднялись. heftig ≃ stark, *но подчеркивает не тк. высокую интенсивность чего-л., но и выражает эмоциональное отношение к явлению*; *напр.*: heftiger Wind сильный [резкий] ветер; heftiger Hunger сильный [острый] голод; heftige Schmerzen сильные [острые] боли; heftige Kritik жесткая [резкая, острая] критика; heftiger Kampf ожесточенная борьба; heftig widersprechen резко противоречить; heftig streiten горячо [бурно, ожесточенно] спорить; ein heftiges Unwetter tobte über der Stadt сильная непогода бушевала над городом; er machte ihr heftige Vorwürfe он горько упрекал ее; er erschrak heftig он сильно испугался; sie sind gestern heftig aneinandergeraten они вчера бурно поссорились; er lehnte alles heftig ab он все резко отклонил. intensiv интенсивный; *напр.*: intensives Licht интенсивный свет; intensive Farben интенсивные краски; ein intensiver Geruch интенсивный запах; sich intensiv mit etw. beschäftigen интенсивно заниматься чем-л.; wir bewunderten das intensive Blau des Himmels мы любовались яркой голубизной неба; intensiver Lärm wirkt störend сильный шум мешает; er widmet sich intensiv seiner Arbeit он усиленно занимается своей работой. stürmisch бурный; *напр.*: stürmische Freude, Begeisterung бурная радость, бурное восхищение; stürmischer Protest бурный протест; er bedrängte uns mit stürmischen Fragen он осаждал нас нетерпеливыми вопросами; es läutete stürmisch an der Tür раздался резкий звонок в дверь; es entbrannte eine stürmische Debatte разгорелись бурные дебаты; diese Worte lösten stürmisches Gelächter aus эти слова вызвали бурный смех. tief глубокий; *напр.*: tiefe Stille глубокая тишина; tiefe Verzweiflung глубокое отчаяние; ein tiefes Rot насыщенный красный цвет; tief unglücklich глубоко несчастный; tief erblassen сильно побледнеть; er sank in tiefen Schlaf он погрузился в глубокий сон; er hörte diese Worte mit tiefem Bedauern он слушал эти слова с глубоким сожалением; ich bin an ihm tief enttäuscht я в нем глубоко разочарован; ich bin tief beunruhigt я сильно обеспокоен. innig ≃ tief, *но тк. о положительных эмоциях, чувствах*; *напр.*: innige Dankbarkeit глубокая благодарность; die innigste Überzeugung глубочайшее убеждение; j-n innig lieben глубоко любить кого-л.; das ist mein inniger Wunsch это мое сокровенное желание; ich hoffe innig, dich bald wiederzusehen я всей душой надеюсь скоро увидеться с тобой; das tue ich mit innigem Vergnügen я сделаю это с великим удовольствием. herzhaft ≃ kräftig, *но обыкн. употр. по отношению к действиям и подчеркивает их основательность*; *напр.*: ein herzhafter Kuß крепкий поцелуй; ein herzhaftes Gelächter (очень) громкий смех; er nahm einen herzhaften Schluck aus der Flasche он сделал основательный глоток из бутылки; der Mann schlug ihn herzhaft auf die Schulter мужчина с силой хлопнул его по плечу; er herzhaft он основательно поел; er gähnte herzhaft он широко зевнул; alle lachten herzhaft все громко смеялись. betäubend оглушающий; одурманивающий; *напр.*: in den Straßen herrscht betäubender Lärm на улицах оглушающий шум; sie benutzt ein betäubendes Parfüm она душится дурманящими духами; es roch betäubend nach Jasmin одурманивающе пахло жасмином; aus dem Fenster klang betäubende Jazzmusik из окна гремела оглушающая джазовая музыка. bitter горький, жестокий *употр. по отношению к отрицательным явлениям и подчеркивает очень высокую степень интенсивности*; *напр.*: bittere Kälte страшный холод; bittere Schmerzen жестокие боли; das ist bitterer Ernst это страшно серьезно; er litt bitteren Hunger он ужасно страдал от голода; er bereut das Getane bitter он горько раскаивается в содеянном; er rächte sich bitter an dem Feind он жестоко отомстил врагу; das war ein bitteres Unrecht это была ужасная несправедливость. grimmig жестокий, лютый; *напр.*: grimmiger Frost жестокий [лютый, трескучий] мороз; grimmiger Hunger жестокий голод; grimmige Schmerzen жестокие [невыносимые] боли; heute ist es grimmig kalt сегодня ужасно холодно; ich habe grimmigen Durst мне ужасно хочется пить. kraß резкий, яркий (*бросающийся в глаза своей интенсивностью*); *напр.*: ein krasser Egoismus ярко выраженный эгоизм; eine krasse Lüge наглая [грубая, очевидная] ложь; das ist ein krasses Unrecht это вопиющая несправедливость; seine Taten unterscheiden sich kraß von seinen Worten его поступки резко отличаются от его слов. unmenschlich *эмоц.* нечеловеческий; *напр.*: unmenschliche Leiden, Schmerzen нечеловеческие страдания, боли; eine unmenschliche Hitze *разг.* жестокая жара; sie mußten unmenschliche Strapazen auf sich nehmen они должны были выносить нечеловеческие трудности; wir haben unmenschlich gefroren мы жестоко мерзли. übermenschlich *эмоц.* сверхчеловеческий; *напр.*: eine übermenschliche Anstrengung сверхчеловеческое усилие; er besaß eine übermenschliche Überzeugungskraft он обладал сверхчеловеческой силой убеждения; sie ertrug übermenschliche Leiden она перенесла сверхчеловеческие страдания. drastisch *книжн.* (очень) резкий, весьма энергичный; *напр.*: drastische Maßnahmen энергичные [суровые] меры; das Etat drastisch kürzen резко сократить бюджет. mörderisch *эмоц. разг.* убийственный; *напр.*: eine mörderische Kälte убийственный холод; ein mörderisches Unwetter убийственно плохая погода; ich habe mörderi-

schen Hunger я до смерти хочу есть; hier ist ein mörderisches Klima здесь убийственный климат. **grauenhaft** *фам.* жуткий, жутко плохой; *напр.:* grauenhafte Schmerzen жуткие боли; grauenhafte Hitze жуткая жара; er ißt grauenhaft viel он ест жутко много; sie sang grauenhaft она пела жутко плохо. **schauderhaft** *разг.* ужасный, ужасно плохой; *напр.:* schauderhaftes Fieber ужасный жар, ужасная температура; eine schauderhafte Hitze ужасная жара; ich hatte schauderhaften Durst мне ужасно хотелось пить. **hanebüchen** *фам.* неодобр. неслыханный; *напр.:* eine hanebüchene Hitze неслыханная жара; eine hanebüchene Frechheit неслыханная наглость; er hat ganz hanebüchen gelogen он врал без зазрения совести
stark[3] крепкий (*о напитках, пище и т. п.*)

stark — kräftig — derb — handfest
stark *индифф. синоним; напр.:* starker Kaffee, Tabak крепкий кофе, табак; er trinkt starken Tee он пьет крепкий чай; er raucht starke Zigaretten он курит крепкие сигареты; der Arzt verschrieb ihr eine starke Arznei врач прописал ей сильное лекарство. **kräftig** сытный, питательный; *напр.:* ein kräftiges Essen сытная еда; er aß mit Appetit eine kräftige Fleischbrühe он с аппетитом ел крепкий мясной бульон; ich möchte etwas Kräftiges essen мне хотелось бы чего-нибудь сытного. **derb** грубый; *напр.:* er liebt derbe Kost он любит грубую пищу; derbes Brot zu einem Glas kalte Milch paßte ihm sehr gut хлеб из грубой муки да стакан холодного молока — это было как раз по нему. **handfest** грубый, но питательный; *напр.:* eine handfeste Mahlzeit грубая, но питательная еда
stark[4] *см.* dick[1]/fest[2]
Stärke *см.* Kraft[1, 2]
stärken *см.* festigen
stärken, sich *см.* essen
Starlet *см.* Star
starr *см.* steif[1]
starren *см.* sehen[1]
starrköpfig *см.* eigensinnig
starrsinnig *см.* eigensinnig
starten *см.* anfangen[1, 2]
Station *см.* Haltestelle
statt вместо, вместо того, чтобы
statt — anstatt — für
statt *индифф. синоним (предлог и союз, употр. с существительными и местоимениями в Gen., с инфинитивным оборотом и придаточным предложением); напр.:* statt einer Antwort вместо ответа; statt meiner [*разг.* mir] вместо меня; statt zu schweigen вместо того чтобы молчать; statt daß er schweigt... вместо того чтобы (ему) молчать...; er wird statt deiner [*разг.* dir] zu ihnen gehen он пойдет к ним вместо тебя; statt des »Wallenstein« wurde im Theater »Tasso« gegeben вместо «Валлен-

штейна» в театре давали «Тассо»; er wollte heute zu mir kommen, hat aber statt dessen angerufen он хотел сегодня ко мне зайти, но вместо этого позвонил по телефону; statt zu lernen, ging er ins Kino вместо того чтобы заниматься, он пошел в кино; statt daß er sich einen neuen Mantel kaufte, besorgte er einige seltene Briefmarken вместо того чтобы купить себе новое пальто, он приобрел несколько редких марок. **anstatt** = statt; *напр.:* anstatt eines Briefes вместо письма; anstatt meiner вместо меня; anstatt zu schlafen вместо того чтобы спать; anstatt daß er hinfuhr... вместо того чтобы (ему) поехать туда...; anstatt des Hutes hättest du lieber eine Mütze aufsetzen sollen вместо шляпы тебе было бы лучше надеть шапку; anstatt seiner kam sein Freund вместо него пришел его друг; du solltest lieber arbeiten, anstatt dich herumzutreiben ты бы лучше работал вместо того, чтобы гонять по улице; anstatt daß du kommst, rufst du wieder bloß an вместо того чтобы прийти, ты снова только звонишь по телефону. **für** за, вместо, взамен *подчеркивает, что кто-л., что-л. является представителем кого-л., чего-л. (предлог с Akk.); напр.:* für j-n arbeiten, zahlen работать, платить за кого-л.; ich gab ihm für seine verlorene Mütze eine andere я отдал ему за его потерянную шапку [вместо, взамен потерянной шапки] другую; ich will für einen erkrankten Freund einspringen я хочу поработать за своего заболевшего друга; sag mir ein anderes Wort für »Angst« скажи мне другое слово вместо [близкое к] »Angst«; er hat für mich unterschrieben он подписался за меня; er arbeitet für zwei он работает за двоих; da er kein Geld bei sich hatte, bezahlte sie für ihn так как у него не было с собой денег, она заплатила за него; ich spreche hier nicht nur für mich я говорю здесь не только за себя; ein für alle mal раз навсегда
Stätte *см.* Stelle[1]
stattfinden состояться, происходить
stattfinden — vonstatten gehen — vor sich gehen
stattfinden *индифф. синоним; напр.:* heute findet keine Vorstellung statt сегодня спектакль не состоится; das Konzert findet in der Sporthalle statt концерт состоится во Дворце спорта; was findet hier statt? что здесь происходит? □ Es war ein heißer Tag, das Begräbnis fand am frühen Nachmittag statt (Lenz, »Stadtgespräch«) Был жаркий день, похороны состоялись немного за полдень. Er führte mich... bis zu den... Räumen, in denen der Probelauf der Turbinen stattfand (Joho, »Das Klassentreffen«) Он провел меня... до тех... помещений, в которых происходил пробный запуск турбин. **vonstatten gehen** ≅ stattfinden, *но подчеркивает протяженность происходящего во времени; напр.:* wann soll das Fest vonstatten gehen? — Von acht bis zwölf Uhr когда будет происходить праздник? — С восьми до двенадцати часов; die Sache ging gut vonstatten дело шло как по маслу; der bunte Teil der Versammlung ging ohne seine Mitwirkung vonstatten развлекательная часть собрания проходила без его участия. **vor sich gehen** ≅ stattfinden *охватывает происходящее во всех фазах и подчеркивает характер его протекания; напр.:* das Begräbnis ging in größter Stille vor sich похороны происходили в полнейшей тишине; was geht hier vor sich? что здесь происходит?; ich weiß nicht genau, wie alles vor sich gegangen ist я не знаю точно, как все происходило □ Du verstehst nicht, was vor sich geht... (Lenz, »Stadtgespräch«) Ты не понимаешь, что происходит...
statthaft *см.* erlaubt
stattlich[1] статный, представительный

stattlich — ansehnlich
stattlich *индифф. синоним; напр.:* ein stattlicher Mann статный мужчина. **ansehnlich** видный; *напр.:* ein ansehnlicher Mann видный мужчина
stattlich[2] *см.* groß[2]/schlank[2]
Statur *см.* Gestalt/Wuchs[1]
Staubmantel *см.* Mantel
stauen, sich *см.* ansammeln, sich
staunen *см.* wundern, sich
stechen *см.* schlachten
stecken I[1] *см.* legen[1]/pflanzen/sagen[1]/tun[1]
stecken I[2]: in den Strumpf stecken *см.* sparen
stecken II *см.* sein[1]
Steg *см.* Weg[1]
stehen[1] *см.* abhängen/sein[2]
stehen[2]: in j-s Besitz stehen *см.* gehören[1]; im Wege stehen *см.* hindern
stehenbleiben *см.* halten[2]
stehenlassen *см.* lassen[1]
stehlen красть, воровать
stehlen — naschen — entwenden — klauen — stibitzen — mausen — klemmen — ausspannen
stehlen *индифф. синоним; напр.:* Geld, Waren stehlen воровать [красть] деньги, товары; Zeit, Gedanken stehlen красть время, идеи; sie hat ihm eine größere Geldsumme gestohlen она украла у него довольно большую сумму; ihr sind alle Hühner gestohlen worden у нее всех кур украли; er mußte sich die Zeit dazu förmlich stehlen ему приходилось буквально урывать время для этого; dieser Gedanke stiehlt mir den Schlaf эта мысль лишает меня сна □ Nun ist Wolf aufgefallen. Wer einmal stiehlt, so glaubt die Volkspolizei, stiehlt auch öfters (Hirsch, »Ein ganz ehrlicher Mensch« Wp 5/1974) Итак, Вольф попался на заметку. Кто способен

украсть однажды, так думает народная полиция, может красть также и частенько. **naschen** украдкой лакомиться, таскать еду; *напр.:* die Kinder haben an [von] der Torte genascht ребята украдкой (по)лакомились тортом; die Mutter schloß die Speisekammer ab, damit niemand naschte мать заперла кладовку, чтобы никто не таскал украдкой еду. **entwenden** *высок.* ≈ похитить; *напр.:* j-m die Uhr, Brieftasche entwenden похитить [украсть] у кого-л. часы, кошелек; er hat 300 Mark entwendet он похитил триста марок; sie hat aus der Wohnung alles entwendet, was nicht nietund nagelfest war она унесла из квартиры все, что можно было унести. **klauen** *фам.* таскать, стащить; *напр.:* man hatte ihm die Uhr geklaut у него стащили часы; sie hat Taschentücher geklaut она воровала носовые платки; er klaut wie ein Rabe он вороватый как сорока, он таскает все подряд □ Wenn ich hätte klauen wollen, hätte ich ganz andere Dinge genommen (Hirsch, »Ein ganz ehrlicher Mensch« Wp 5/1974) Если бы я хотел утащить, я бы взял совсем другие вещи. Blöd war bloß, daß ich auf die Art keine Zeit mehr hatte, mir die nötige Düse anzufertigen. Ich mußte bis Feierabend warten, am besten bis es dunkel wurde, und dann die von Addi klauen (Plenzdorf, »Die neuen Leiden«) Глупо только, что у меня таким образом уже не оставалось времени на изготовление нужного мне сопла. Нужно было дождаться конца рабочего дня, а еще лучше, пока стемнеет, и тогда стащить сопло у Адди. **stibitzen** *разг.* стибрить (*часто о похищении чего-л. съестного или о мнимом похищении малоценного предмета ради шутки*); *напр.:* der kleine Strolch hat mir wieder die Schokolade stibitzt маленький негодник опять стащил у меня шоколад; wem hast du das Buch stibitzt? у кого ты стибрил книгу?; wer hat mir meinen Bleistift stibitzt? кто стибрил мой карандаш? **mausen** *фам.* таскать по мелочам; *напр.:* Äpfel mausen таскать яблоки; habt ihr wieder Kuchen gemaust? опять вы таскали пирожные?; sie hat gemaust она таскала по мелочам; stehlen... nein, ein bißchen mausen, ja! воровать... нет, слямзить какую-нибудь чепуховину, вот это да! **klemmen** *фам.* прихватить, стянуть, утянуть; *напр.:* das Tuch hat sie in einem Warenhaus geklemmt платок она стянула в универмаге; er hat ein paar Werkzeuge geklemmt он прихватил кое-что из инструментов. **ausspannen** *разг.* увести (*б. ч. хитростью*); *напр.:* j-m den Freund, die Freundin ausspannen увести [отбить] у кого-л. друга, подругу; ich habe meiner Mutter den neuen Schirm ausgespannt я увела у матери новый зонтик; ich

möchte dir für heute abend mal deine Handtasche ausspannen мне хотелось бы увести у тебя на сегодняшний вечер твою сумочку

steif [1] жесткий, негнущийся

steif — starr — unbeweglich — taub

steif *индифф. синоним; напр.:* steife Seide, Pappe, жесткий шелк, картон; steifes Papier жесткая бумага; ein steifer Hut твердая шляпа; ein steifes Bein не гнущаяся в колене нога; er hat einen steifen Arm у него не сгибается [занемела] рука; seine Glieder sind im Alter steif geworden он состарился и его члены утратили подвижность; meine Finger sind steif vor Kälte у меня пальцы окоченели от холода; ich bin vom langen Sitzen steif geworden от долгого сидения я не могу согнуться. **starr** ≈ steif, *но выражает крайнюю степень качества; напр.:* dieser Kunststoff ist zu starr, er bricht leicht этот синтетический материал слишком жесткий, он легко ломается; mir sind die Finger starr vor Kälte от холода у меня совсем одеревенели пальцы; ich bin starr vor Staunen я остолбенел от удивления; wir waren starr vor Schrecken мы окаменели от испуга; sie stand mit starrem Gesicht, mit starrem Blick, mit starren Augen da она стояла с окаменевшим [застывшим] лицом, с неподвижным [застывшим, неживым] взглядом, с остановившимися [застывшими] глазами. **unbeweglich** неподвижный; *напр.:* ein unbewegliches Gelenk неподвижный сустав; ein unbewegliches Maschinenteil неподвижная часть машины; wir standen unbeweglich мы стояли неподвижно. **taub** онемелый; *напр.:* die Füße sind mir taub geworden у меня онемели ноги; die Fingerspitzen wurden mir vor Kälte taub от холода у меня онемели кончики пальцев

steif [2] чопорный

steif — geziert — spröde — zimperlich — prüde — preziös — zeremoniell — zeremoniös

steif *индифф. синоним; напр.:* ein steifer Mensch чопорный человек; ein steifer Empfang чинный [чопорный] прием; j-n steif begrüßen поздороваться с кем-л. чопорно [натянуто]; die Unterhaltung war sehr steif беседа была очень чопорной [натянутой]; »Wie Sie wünschen!« sagte er steif «Как вы пожелаете!» сказал он чопорно; er verbeugte sich steif он чопорно поклонился; bei ihnen geht es immer etwas steif zu у них всегда бывает несколько чопорная атмосфера. **geziert** манерный, жеманный; *напр.:* ein geziertes Wesen манерность; gezierte Bewegungen манерные движения; ein gezierter Gang манерная походка; sie benahm sich geziert она жеманилась, она вела себя манерно [жеманно]; sie tat geziert она манерничала [жеманилась]. **spröde** сухой, замкнуто-неприступ-

ный (*б. ч. о девушках*); *напр.:* ein sprödes Mädchen неприступная девушка; spröde tun ломаться; sie ist nicht spröde она не жеманится [не строит из себя неприступную]; sie verhielt sich ziemlich spröde она держалась довольно неприступно. **zimperlich** жеманно-щепетильный (*б. ч. в вопросах морали, этикета и т. п.*); *напр.:* ein zimperliches Mädchen жеманная девушка; zimperlich tun быть недотрогой; sei nicht so zimperlich! не жеманничай! **prüde** *неодобр.* ≈ zimperlich *употр. с осуждением по отношению к нетерпимому или ханжескому поведению в интимной сфере; напр.:* ein prüder Mensch педант в вопросах морали; etw. prüde verschweigen, verheimlichen умолчать о чем-л., утаить что-л. из ложного стыда; ihre Ansichten in erotischen Dingen sind sehr prüde она очень строга во всем, что касается эротики. **preziös** *книжн.* ≈ geziert; *напр.:* eine preziöse Frau манерная дама; etw. preziös tun делать что-л. манерно. **zeremoniell, zeremoniös** *книжн.* церемонный; *напр.:* zeremonielle [zeremoniöse] Bewegungen церемонные движения; er verbeugte sich zeremoniell [zeremoniös] он церемонно поклонился

Steige *см.* Treppe

steigen [1] подниматься, влезать; садиться (*на какое-л. средство передвижения*)

steigen — aufsteigen — besteigen — einsteigen — ersteigen

steigen *индифф. синоним; напр.:* auf einen Berg steigen подниматься на гору; auf einen Stuhl, auf eine Leiter steigen влезать на стул, на лестницу; aufs Fahrrad, aufs Pferd steigen садиться на велосипед, на лошадь; in den Zug, ins Auto, in die Straßenbahn steigen садиться на [в] поезд, в машину, на [в] трамвай; wir sind bis auf den Berggipfel gestiegen мы поднялись до самой вершины горы; der Junge stieg auf das Dach der Scheune мальчик влез на крышу сарая; der Alte stieg auf seinen Esel und ritt davon старик сел на своего осла и уехал; ich sah sie in den Bus steigen я (у)видел, как она садилась в автобус. **aufsteigen** ≈ steigen, *но содержит в себе указание на движение вверх, поэтому употр. как с предлогом* auf (*при средствах передвижения*), *так и без него; напр.:* auf das Fahrrad, auf das Pferd aufsteigen садиться на велосипед, на лошадь; auf den Wagen aufsteigen садиться на телегу [на грузовик]; zum Gipfel aufsteigen подниматься к вершине; er stieg auf das Trittbrett auf, und der Zug fuhr an он поднялся на подножку, и поезд тронулся; die Höhlenforscher konnten nicht weiter aufsteigen спелеологи не могли больше подниматься в гору; sie wollten noch zur Berghütte aufsteigen они хотели еще подняться к горной хижине. **besteigen** ≅ steigen ⟨*но употр. с прямым дополнением*⟩; *напр.* einen Berg besteigen подниматься на гору; das Pferd, das Fahrrad besteigen садиться на лошадь, на велосипед; den Zug besteigen садиться в [на] поезд; die Touristen bestiegen einen Turm туристы поднялись на башню; die Passagiere bestiegen das Flugzeug пассажиры садились в самолет. **einsteigen** ≅ steigen, *но тк. в транспортное средство*; *напр.*: in einen Wagen, in den Zug, in das Boot einsteigen садиться в машину, в [на] поезд, в лодку; die Straßenbahn hielt, und ich stieg ein трамвай остановился, и я сел в него; er war schon eingestiegen, als ihm der vergessene Beutel einfiel он уже сел в поезд, когда вспомнил о забытой сумке. **ersteigen** ≅ steigen, *но тк. о подъеме на значительную высоту, иногда подчеркивает, что преодоление высоты связано с известными усилиями* ⟨*употр. с прямым дополнением*⟩; *напр.*: einen Berg, einen Turm ersteigen подняться на гору, на башню; eine Leiter, eine Treppe ersteigen подняться на стремянку, на лестницу; eine Treppe langsam, schnell, mühsam ersteigen медленно, быстро, с трудом подняться по лестнице; mühsam erstiegen sie den Kamm des Berges с трудом взобрались они на гребень горы; er erstieg die Mauer und sprang in den Hof он влез на стену и спрыгнул во двор

steigen² *см.* vergrößern, sich
steigern *см.* vergrößern
steil крутой

steil — abschüssig — jäh — schroff — jählings

steil *индифф. синоним*; *напр.*: steile Berge, Abhänge, Felswände крутые горы, обрывы, скалы; ein steiler Weg крутая [круто поднимающаяся] дорога, ein steiler Anstieg крутой подъем; die Treppe ist sehr steil лестница очень крутая; der Weg führt steil aufwärts дорога идет круто вверх; die Hänge fallen steil ab склоны круто падают вниз. **abschüssig** (резко) наклонный; *напр.*: eine abschüssige Straße, Strecke наклонная улица; отрезок пути, идущий под уклон; zwei Jungen lagen auf dem abschüssigen Dach двое мальчишек лежали на покатой крыше. **jäh** (очень) крутой; *напр.*: ein jäher Abgrund круто обрывающаяся пропасть; der Hang fällt jäh nach Norden ab склон очень круто обрывается к северу; rechts ging es jäh in die Tiefe справа шел очень крутой обрыв. **schroff** отвесный; *напр.*: schroffe Felsen, Klippen отвесные скалы, рифы; die Felswand stürzt schroff in die Tiefe скалы отвесно уходят вниз; ein Fels ragte schroff auf одна скала возвышалась отвесно. **jählings** *высок.* ≅ jäh ⟨*но употр. тк. как наречие*⟩; *напр.*: ein jählings abfallender Weg дорога, очень круто ведущая вниз; die Felswand stürzt jählings nach der See ab скалы очень круто обрываются к морю

steinalt *см.* alt¹
steinhart *см.* hart
steinreich *см.* reich¹
Steißklopper *см.* Lehrer
Steißpauker *см.* Lehrer
Steißtrommler *см.* Lehrer
Stelldichein *см.* Verabredung¹
Stelle¹ место

die Stelle — der Platz — der Ort — der Punkt — die Stätte — der Fleck

Stelle *индифф. синоним*; *напр.*: an der richtigen, falschen Stelle stehen стоять на своем, не на своем месте; etw. an eine andere Stelle setzen поставить что-л. на другое место; er hat die Sachen an die falsche Stelle gestellt он поставил вещи не туда [не на то место]; er blieb auf der gleichen Stelle stehen он продолжал стоять на том же месте; er rührte sich nicht von der Stelle он не двигался с места; ich bringe den Schrank nicht von der Stelle я не (с)могу сдвинуть шкаф с места; mangelnde Ausdauer ist seine schwache Stelle его слабое место — отсутствие выдержки; das ist seine empfindliche Stelle это является его чувствительным местом; seine Argumentation hat viele schwache Stellen в его аргументации есть много уязвимых [слабых] мест. **Platz** ≅ Stelle, *но подчеркивает определенность, известную ограниченность места*; *напр.*: ein windgeschützter Platz защищенное от ветра место; bei uns haben die Möbel ihren festen Platz у нас вся мебель стоит на строго определенных местах; die Bücher stehen nicht an ihrem Platz книги стоят не на своем месте; er weicht nicht von seinem Platz он не сойдет со своего места; sie hat ihren Platz im Leben gefunden она нашла свое место в жизни; deine Kritik ist hier ganz fehl am Platz твоя критика здесь совсем неуместна. **Ort** ≅ Stelle, *но подразумевает прежде всего место действия либо, что это определенное, с известным расположением, место*; *напр.*: ein windgeschützter, angenehmer, kühler, berühmter Ort защищенное от ветра, приятное, прохладное, знаменитое место; ein Ort der Erholung место отдыха; der Ort des Verbrechens место преступления; seinen, ihren (festen, bestimmten) Ort haben иметь свое (твердое, определенное) место; Ort und Zeit, Ort und Stunde bestimmen определить [назначить] место и время, место и час; an Ort und Stelle sein быть на месте; an diesem Ort haben sich die Unfälle gehäuft на этом месте участилось количество несчастных случаев; die Zange liegt nicht an ihrem Ort клещи лежат не на своем месте; ich habe das Buch wieder an seinen Ort gestellt я поставил книгу снова на место; hier ist der richtige Ort für uns вот место как раз для нас; das ist nicht der passende Ort für solche Scherze это неподходящее место для таких шуток; sie trafen sich am vereinbarten Ort они встретились в условленном месте; um sechs Uhr müssen wir an Ort und Stelle sein в шесть часов мы должны быть на месте. **Punkt** точка, пункт, место; *напр.*: der höchste Punkt des Geländes ist der Gipfel dieses Berges высшей точкой местности является вершина этой горы; dieser Platz ist einer der schönsten Punkte der Alpen это место является одной из самых красивых точек в Альпах; an diesem Punkt gabelt sich der Weg в этой точке [в этом пункте, в этом месте] дорога раздваивается; er hat den Blick starr auf einen Punkt gerichtet он глядел остановившимся взглядом в одну точку; das ist ein schwacher Punkt in seiner Beweisführung это слабое место в ходе его доказательств; in diesem Punkt ist er sehr empfindlich в этом он очень чувствителен; das ist ein wunder Punkt bei ihm это у него больное место □ »Ich... sehe mich veranlaßt, Ihnen zu eröffnen«, fuhr er... fort, indem seine Augen mit ungeheurer Aufmerksamkeit von einem Punkt des Zimmers auf einen anderen und dann zum Fenster sprangen... (Th. Mann, »Buddenbrooks«) «Я... вынужден сказать вам», — продолжал он... в то время как его напряженно-внимательный взгляд перебегал по комнате с одного места на другое и остановился на окне... **Stätte** *высок.* ≅ Ort; *напр.*: eine historische, geweihte, gastliche Stätte историческое, священное, гостеприимное место; eine Stätte des Grauens ужасное место, место ужасов; er besuchte die Stätten seiner Kindheit он посетил места своего детства; er mußte die liebgewordene Stätte verlassen он должен был оставить полюбившееся ему место; dieser Ort ist eine Stätte des Friedens это место — место мира и покоя. **Fleck** *разг.* ≅ Stelle; *напр.*: ein hübscher Fleck Erde прелестное место на земле, красивый уголок; ich stehe schon eine halbe Stunde auf demselben Fleck я уже полчаса стою на одном и том же месте; er rührte sich nicht vom Fleck он не двигался с места; wir konnten den Wagen nicht vom Fleck bringen мы не могли сдвинуть машину с места; er kommt mit seiner Arbeit nicht vom Fleck он никак не сдвинется в своей работе с одного места □ Der Förster steht noch immer auf dem gleichen Fleck, auf dem er stand, als der Schuß fiel (*Fallada, »Wolf u. Wölfen«*) Лесничий все еще стоит на том же самом месте, на котором он стоял, когда раздался выстрел

STELLE

Stelle² место (*работы*), должность
die **Stelle** — die **Stellung** — der **Posten**

Stelle *индифф. синоним; напр.:* eine freie, gutbezahlte Stelle вакантное, хорошо оплачиваемое место; sich eine Stelle suchen искать себе место; eine Stelle finden, bekommen, verlieren найти, получить, потерять место; ohne Stelle sein быть без места; in diesem Betrieb ist eine Stelle frei на этом предприятии свободно одно место; sie hat eine gute Stelle у нее хорошее место; er hat seine Stelle gewechselt он сменил место работы; viele bemühen sich um diese Stelle многие стараются получить это место. **Stellung** место (*служащего*), должность; *напр.:* eine gute, schlechte, gutbezahlte, einflußreiche Stellung хорошая, плохая, хорошо оплачиваемая, влиятельная должность; eine Stellung suchen, finden, verlieren искать, найти, потерять место; eine Stellung annehmen принять должность; eine Stellung antreten вступить в должность; in Stellung gehen *устаревает* пойти в прислуги; er hat häufig seine Stellung gewechselt он часто менял место; sie hat eine Stellung als Sekretärin у нее должность секретаря; er ist schon einige Zeit ohne Stellung он уже некоторое время без места [без работы]; er ist in eine leitende Stellung aufgestiegen он выдвинулся на руководящую должность; er bekleidet eine hohe Stellung он занимает высокую должность. **Posten** пост, должность; *напр.:* ein guter, gutbezahlter Posten хорошая, хорошо оплачиваемая должность; die Jagd nach Posten охота за тёплым местечком, погоня за высокой должностью; einen Posten suchen, finden, verlieren искать, находить, терять место; er hat bei der Firma einen Posten als Buchhalter он работает на фирме в должности бухгалтера; er ist seinem Posten nicht gewachsen он не соответствует своей должности; er hat sich auf seinem Posten bewährt он доказал на своем посту свою пригодность; er bekleidet einen hohen Posten он занимает высокий пост

Stelle³: auf der Stelle *см.* gleich²

stellen¹ ставить
stellen — **setzen** — **niederstellen** — **niedersetzen** — **abstellen** — **absetzen** — **hinstellen** — **hinsetzen** — **aufstellen** — **aufsetzen** — **placieren**

stellen *индифф. синоним; напр.:* du mußt die Flasche stellen, nicht legen! ты должен поставить бутылку (вертикально), а не класть ее!; sie stellte die Bücher in das Regal und die Vase in den Schrank она поставила книги на полку, а вазу в шкаф; stell das Fahrrad in den Keller поставь велосипед в подвал; er stellte die Teller zur Seite он отставил тарелки; in dem kleinen Zimmer kann ich den Schrank nicht stellen в маленькой комнате мне негде поставить шкаф; wie sollen wir die Möbel stellen? как нам поставить мебель? **setzen** поставить, поместить (*чаще небольшой предмет на предназначенное для него место*); *напр.:* er setzte den Koffer auf den Boden он поставил чемодан на пол; sie setzt das Frühstück, Tassen und Teller auf den Tisch она ставит завтрак, чашки и тарелки на стол; wer hat den Topf auf den Herd gesetzt? кто поставил кастрюлю на плиту?; er setzte einen Fuß auf die Treppe und blieb stehen он поставил одну ногу на ступеньку и остановился; sie sah in der Dunkelheit nicht, wohin sie ihre Füße setzte в темноте она не видела, куда ставила ноги. **niederstellen** ≅ stellen, *но подчеркивает направление движения вниз; напр.:* er stellte seinen Koffer nieder он поставил [опустил] свой чемодан (на землю); sie stellte die Kanne auf den Tisch nieder она поставила чайник на стол. **niedersetzen** ≅ setzen, *но подчеркивает направление движения вниз; напр.:* sie setzte das Tablett auf den Tisch nieder она поставила поднос на стол; er setzte die Tasse nieder und stand auf он поставил чашку (на свое место) и встал; er setzte das Gepäck nieder он поставил багаж (на землю). **abstellen** поставить тяжелую ношу *обыкн. употр., когда что-л. ставят на короткое время; напр.:* die Frau stellte den Korb ab, dann hob sie ihn wieder und ging weiter женщина поставила корзину, потом снова подняла ее и пошла дальше; sie stellte das Tablett mit Weingläsern ab und fragte nach unserem Wunsch она поставила поднос с рюмками и спросила, что мы желаем. **absetzen** = abstellen; *напр.:* er setzte mit Erleichterung seine Last ab он с облегчением поставил (на минутку) свою ношу; setze endlich den Koffer ab! опусти же наконец чемодан (и передохни)! **hinstellen** ≅ stellen, *но подчеркивает, что поставленный предмет остается на данном месте некоторое время; напр.:* wir haben im Garten einen Tisch hingestellt в саду мы поставили стол; sie hat ihm das Essen hingestellt она поставила перед ним еду; stell die Vase hin! поставь туда вазу! **hinsetzen** ≅ setzen, *но подчеркивает, что поставленный на какое-л. определенное место предмет остается там некоторое время; напр.:* du sollst doch den Korb vor die Tür hinsetzen! поставь же корзину у двери!; setze die Gläser bitte hier, hin! поставь, пожалуйста, стаканы сюда! **aufstellen** a) расставить, поставить; *напр.:* Stühle wurden im Saal aufgestellt в зале были расставлены стулья; im Zimmer kann noch ein Bett aufgestellt werden в комнате можно поставить еще одну кровать; b) поставить на плиту, на огонь; *напр.:* stell das Teewasser auf! поставь воду для чая! **aufsetzen** = aufstellen b); *напр.:* er setzte Kartoffeln und Fleisch auf он поставил картофель и мясо вариться; hast du Teewasser aufgesetzt? ты поставил воду для чая? **placieren** [-'tsi:-] размещать; расставлять, ставить по местам, на место; *напр.:* er hat die Gäste in der ersten [in die erste] Reihe placiert он разместил гостей в первом ряду; er placierte die Koffer ganz nach oben он разместил чемоданы на самом верху; die kunstgewerblichen Gegenstände sind dekorativ placiert изделия прикладного искусства расставлены декоративно; wohin soll ich das Buch placieren? куда поставить книгу?

stellen² *см.* tun¹
stellen³: an die Wand stellen *см.* erschießen
stellenlos *см.* arbeitslos
stellen, sich¹ становиться, встать куда-л.
sich stellen — **sich anstellen** — **sich einreihen**

sich stellen *индифф. синоним; напр.:* sich ans Fenster, vor die Tür, unter einen Baum stellen становиться к окну, к двери, под дерево; stell dich dorthin! встань туда!; er hat sich neben meinen Stuhl gestellt он встал около моего стула; sie stellte sich hinter ihn она встала позади него. **sich anstellen** становиться в очередь; *напр.:* sich an der Kasse anstellen становиться в очередь к кассе; sich nach Kinokarten anstellen становиться в очередь за билетами в кино; Sie müssen sich hinten anstellen! вы должны встать в конец очереди!; wir mußten uns in einer endlosen Schlange anstellen нам пришлось встать в бесконечно длинную очередь. **sich einreihen** встать в общий ряд; присоединиться к очереди; *напр.:* er reihte sich auch ein он тоже встал в очередь; Sie müssen sich hinten einreihen! вы должны встать в конец очереди! □ Reih dich ein in die Arbeitereinheitsfront, | Weil du noch ein Arbeiter bist (*Brecht,* »*Einheitsfront*«) Встань в ряды, товарищ, к нам! Ты войдёшь в наш единый рабочий фронт, потому что рабочий ты сам

stellen, sich² *см.* melden, sich¹/verstellen, sich
Stellung *см.* Lage²/Stelle²
stellungslos *см.* arbeitslos
Stellungsnahme *см.* Meinung¹
Stellvertreter *см.* Vertreter¹
Stelze *см.* Bein
stelzen *см.* gehen¹
stemmen¹ *см.* stützen²
stemmen²: einen stemmen *см.* trinken²
Stempel¹ печать, штемпель, штамп
der **Stempel** — das **Siegel**

Stempel *индифф. синоним; напр.:* ein runder Stempel круглая печать; der Stempel einer Behörde печать [штамп] учреждения; einen Stempel

anfertigen изготовить печать [штамп, штемпель]; den Stempel auf den Briefumschlag drücken проштемпелевать конверт; das Dokument ist mit Unterschrift und Stempel versehen на документе есть подпись и печать; die Briefmarken sind durch einen Stempel entwertet марки погашены (штемпелем); der Brief trägt einen Stempel vom 4. März на письме штемпель от 4-го марта. **Siegel** печать; *напр.*: das Siegel der Stadt, der Universität (гербовая) печать города, университета; das Siegel auf etw. drücken приложить к чему-л. печать; er brach das Siegel auf dem Paket auf он сломал (сургучную) печать, вскрывая пакет; es war eine alte Urkunde mit einem Siegel это была старинная грамота с гербовой печатью
Stempel ² печать, отпечаток
der **Stempel** — das **Gepräge**
Stempel *индифф. синоним; напр.*: der Stempel der Zeit печать [отпечаток] времени; seine Arbeiten tragen den Stempel des Genies его работы отмечены печатью гения; er hat diesem Werk seinen Stempel aufgedrückt он наложил на это произведение печать своей индивидуальности. **Gepräge** *высок.* отпечаток, печать; *напр.*: das Gepräge der Zeit отпечаток времени; das Gepräge geben накладывать отпечаток; große Männer verleihen ihrer Zeit ihr Gepräge великие люди придают эпохе свой отпечаток
Steppe степь
die **Steppe** — die **Heide**
Steppe *индифф. синоним; напр.*: eine weite, baumlose Steppe широкая, без единого дерева степь; durch die Steppe fahren ехать по степи; im Frühling macht die Steppe einen wunderbaren Eindruck весной степь производит чудесное впечатление. **Heide** (вересковая) степь, пустошь; *напр.*: die blühende, grüne Heide цветущая, зеленая вересковая степь; die Lüneburger Heide Люнебургская пустошь; durch die Heide wandern бродить по вересковой степи; sie fuhren lange über die Heide они долго ехали по (вересковой) степи
sterben умирать
sterben — vergehen — verenden — versterben — verscheiden — hinscheiden — dahingehen — entschlafen — verrecken — krepieren
sterben *индифф. синоним; напр.*: plötzlich, unerwartet, ruhig, sanft, schwer, leicht sterben умереть вдруг, неожиданно, спокойно, мирно, тяжело, легко; jung, hochbetagt sterben умереть молодым, в преклонном возрасте; einsam, arm, verlassen sterben умереть одиноким, бедным, покинутым; er ist an einem Herzschlag gestorben он умер от разрыва сердца [от инфаркта]; er starb auf dem Operationstisch, über seiner Arbeit он умер на операционном столе, за

своей работой; er ist einen leichten Tod gestorben он умер легкой смертью; sie ist im Alter von siebzig Jahren gestorben она умерла в возрасте семидесяти лет. **vergehen** (медленно) гибнуть (от чего-л.) *чаще перен. эмоц.; напр.*: vor Durst vergehen гибнуть от жажды; ich bin vor Schmerz fast vergangen я чуть не умер от боли; alle einjährigen Pflanzen vergehen im Herbst все однолетние растения гибнут осенью; wir vergehen hier vor Langeweile мы здесь погибаем от скуки. **verenden** погибать, пасть (*о животных*); *напр.*: das Reh war in der Schlinge verendet косуля погибла в капкане; in dem harten Winter sind viele Tiere verendet суровой зимой погибло [пало] много животных. **versterben** *книжн.* ≅ sterben *часто употр. в газетных объявлениях; напр.*: am 1. Oktober verstarb unsere liebe Großmutter Dora Kunze 1-го октября скончалась наша дорогая бабушка Дора Кунце; er ist an einer Magenerkrankung verstorben он умер от желудочного заболевания. **verscheiden** *высок.* скончаться; *напр.*: am 19. Juni verschied nach langer Krankheit mein geliebter Mann 19-го июня скончался мой дорогой супруг (*объявление в газете*). **hinscheiden** *высок.* ≅ verscheiden; *напр.*: er mußte schon in frühester Jugend hinscheiden ему выпало на долю скончаться в ранней молодости. **dahingehen** *высок.* уйти, покинуть этот мир; *напр.*: er mußte früh dahingehen он должен был рано покинуть этот мир. **entschlafen** *высок.* почить; *напр.*: er war sanft entschlafen он мирно почил; sie entschlief schmerzlos im Alter von zweiundachtzig Jahren она почила без страданий в возрасте восьмидесяти двух лет. **verrecken** *груб.* (по)дохнуть; *напр.*: man ließ ihn wie einen Hund verrecken его бросили подыхать как собаку; dem Nachbarn sind alle Kühe verreckt у соседа подохли все коровы; meinetwegen mag er verrecken по мне — пусть он хоть подохнет □ Einerlei, ob da ein armes holdes Tier vor ihren Augen verreckte oder ob ein Meister in einem Heiligengesicht alle Hoffnung, allen Adel... sichtbar machte — nichts sahen sie, nichts ergriff sie! (*Hesse, »Narziß«*) Все равно, издыхало ли у них на глазах бедное прекрасное животное или великий мастер раскрывал в лице святого всю надежду, все благородство (*мира*)... они ничего не видели, их ничто не трогало! **krepieren** *разг.* (*о животных*); *груб.* (*о человеке*) ≅ verrecken; *напр.*: ihm sind zwei Pferde krepiert у него издохли две лошади; er ist auf dem Rückmarsch krepiert он подох (как собака) на обратном пути □ ...und er, Herbert, als Antwort darauf gedacht hatte: »Dich Schwein müßte ich kre-

pieren lassen«, laut aber sagte: »Wir müssen weiter...« (*Heiduczek, »Abschied von den Engeln«*) ...и он, Герберт, ответил ему мысленно: «Тебе, свинье, надо бы было дать подохнуть», а вслух он сказал: «Пошли дальше...»
sterbenskrank *см.* krank
sterbenslangweilig *см.* langweilig
sterblich: die sterblichen Überreste, die sterbliche Hülle *см.* Leiche
steril *см.* unfruchtbar ¹, ²
Stern *см.* Star
stet *см.* ständig ¹
stetig *см.* ständig ¹
stets *см.* immer
Steuer I налог
die **Steuer** — die **Abgabe** — die **Gebühr** — die **Akzise**
Steuer *чаще мн. индифф. синоним; напр.*: eine direkte, indirekte, staatliche Steuer прямой, косвенный, государственный налог; hohe, drückende Steuern высокие, тяжелые налоги; die Steuern erhöhen, senken повысить, понизить налоги; eine Steuer auf etw. legen, etw. mit einer Steuer belegen обложить что-л. налогом; etw. unterliegt der Steuer что-л. подлежит обложению налогом; vom (Brutto-) Gehalt werden die Steuern abgezogen с (общей суммы) зарплаты удерживаются налоги; vom Gehalt geht die Steuer ab с зарплаты идет налог; er kann die Steuern nicht aufbringen он не в состоянии заплатить налоги; das Haus kostet zu viel Steuern за дом нужно платить большие налоги. **Abgabe** *тк. мн.* (Abgaben) ≅ Steuer; *напр.*: direkte, indirekte, regelmäßige, jährliche Abgaben прямые, косвенные, регулярные, годовые налоги; hohe, niedrige, drückende Abgaben высокие, низкие, тяжелые налоги; Abgaben eintreiben, erheben, auferlegen собирать, взимать налоги, облагать налогом; Abgaben zahlen [entrichten] платить налоги; er wurde von allen Abgaben befreit его освободили от всех налогов; die Abgaben auf Tabakerzeugnisse werden erhöht акциз на табачные изделия повышается. **Gebühr** взнос; сбор; плата за пользование; *напр.*: eine Gebühr entrichten, erhöhen уплатить, повышать взнос [сбор]; eine Gebühr festsetzen, kassieren устанавливать, собирать взнос; die Gebühr für die Benutzung beträgt zehn Mark плата за пользование составляет десять марок; sie hat die Gebühr für das Telefon bezahlt она внесла плату [заплатила] за телефон. **Akzise** *уст. книжн.* акциз, косвенный налог; *напр.*: der König von Preußen belegte die meisten importierten Waren mit Akzise прусский король ввел акциз на большинство ввозимых товаров.
Steuer II кормило (власти), бразды правления
das **Steuer** — das **Steuerruder** — der **Zügel**

Steuer *индифф. синоним; напр.*: am Steuer des Staates stehen стоять у кормила власти; das Steuer ergreifen взять бразды правления в свои руки; das Steuer herumwerfen круто изменить (политический) курс; in diesem Land führt ein erfahrener Politiker das Steuer des Staates в этой стране кормило власти в руках опытного политика; es scheint, das Reich treibt ohne Steuer dem Verderben zu кажется, империя плывет без руля и без ветрил навстречу своей гибели. **Steuerruder** = Steuer. **Zügel** узда *перен*.; *мн.* бразды (правления); *напр.*: den [die] Zügel anlegen надеть узду; die Zügel in der Hand halten держать бразды правления в своих руках; die alte Partei ergriff wieder die Zügel der Regierung старая партия опять взяла бразды правления в свои руки; die Junta will die Zügel straffer anziehen хунта стремится натянуть узду [вожжи, поводья] покрепче

steuern *см.* lenken¹
Steuerruder *см.* Steuer II
Steward *см.* Kellner
Stewardeß *см.* Kellnerin
stibitzen *см.* stehlen
Stich *см.* Schlag¹
stichhaltig убедительный, неопровержимый
stichhaltig — überzeugend — triftig — einleuchtend — plausibel — fundiert
stichhaltig *индифф. синоним; напр.*: eine stichhaltige Begründung неопровержимое обоснование; ein stichhaltiger Beweis неопровержимое доказательство; das ist kein stichhaltiger Grund это неубедительная причина; seine Beweise sind nicht stichhaltig его доказательства могут быть опровергнуты. **überzeugend** убедительный; *напр.*: überzeugende Gründe, Beweise убедительные причины, доказательства; er nannte ein überzeugendes Argument он привел убедительный аргумент; seine Gegenrede scheint überzeugend zu sein его ответное выступление кажется убедительным. **triftig** обоснованный, основательный *б. ч. в сочетании* triftiger Grund, *в других сочетаниях — чаще книжн.*; *напр.*: ein triftiger Einwand убедительное возражение; er hat immer eine triftige Entschuldigung у него всегда и на все есть уважительная причина [убедительное оправдание]; du hast keinen triftigen Grund für deine Verspätung у тебя нет причин опаздывать; der Beweis, den er anführt, ist nicht triftig доказательство, которое он приводит, неубедительно. **einleuchtend** убеждающий (ясностью, понятностью аргументации); *напр.*: eine einleuchtende Begründung обоснование, убеждающее своей ясностью; er hat eine neue, einleuchtendere Lösung der Aufgabe vorgeschlagen он предложил новое, более убедительное (и понятное) решение задачи; dein Beweis ist einleuchtend твое доказательство убеждает (своей ясностью); das ist mir einleuchtend это убеждает меня (, поскольку я понял правильность этого). **plausibel** *часто разг.* (очень) правдоподобный; *напр.*: eine plausible Erklärung объяснение, которому можно верить; seine Begründung ist ganz plausibel его обоснование достаточно убедительно. **fundiert** *книжн.* фундированный; *напр.*: seine Argumente sind nicht hinreichend fundiert его аргументы недостаточно фундированы; Sie müssen besser fundierte Beweise anführen вы должны привести более основательно фундированные доказательства

stieben *см.* laufen¹/sprühen¹
Stiege *см.* Treppe
Stielaugen machen *см.* sehen¹
stieren *см.* sehen¹
Stift *см.* Lehrling¹
stiften *см.* gründen
still¹ тихий
still — leise — tonlos — unhörbar — mäuschenstill — mucksmäuschenstill
still *индифф. синоним; напр.*: ein stiller Ort тихое место; ein stilles Kind тихий ребенок; still sitzen, liegen, sich still verhalten тихо сидеть, лежать, вести себя; es war nun endlich still наконец-то стало тихо; sei still! тихо, не шуми!; er ist sehr still он очень тихий; auf das Klopfen hin blieb es still in der Wohnung мы постучали(сь), но в квартире по-прежнему было тихо; er saß still wie ein Mäuschen он сидел тихо как мышка; ihr müßt still stehen! стойте же тихо! **leise** негромкий, тихий; *напр.*: eine leise Stimme негромкий [тихий] голос; leise Musik негромкая [тихая] музыка; leise Schritte тихие [еле слышные] шаги; ein leises Kind тихий ребенок; leise sprechen, lachen, weinen негромко [тихо] разговаривать, смеяться, плакать; leise gehen, anklopfen, eintreten тихо ходить, постучаться, войти; er hörte leise Rufe он слышал негромкие восклицания; im Zuschauerraum wurde es leiser в зрительном зале стало тише; seid bitte etwas leiser! нельзя ли немного потише!; er verhielt sich ganz leise он вел себя совсем тихо; still und leise schlich er in das Zimmer он неслышно прокрался в комнату. **tonlos** беззвучный, глухой; *напр.*: tonlose Stille глухая тишина, безмолвие; etw. tonlos sagen сказать [произнести] что-л. беззвучно; er sprach mit tonloser Stimme он говорил глухим голосом. **unhörbar** неслышный; *напр.*: unhörbare Schritte неслышные шаги; sich unhörbar bewegen неслышно двигаться; sie sprachen fast unhörbar они разговаривали почти неслышно; der Motor läuft unhörbar мотор работает бесшумно. **mäuschenstill** *разг.* тихохонький, смирнехонький; тихо как мышка (*б. ч. предикативно или в качестве предикативного определения*); *напр.*: sich mäuschenstill verhalten вести себя смирнехонько, не подавать голоса, не пикнуть; es ist mäuschenstill так тихо, что слышно, как муха пролетит; es wurde mäuschenstill in Saal зал замер; er sitzt mäuschenstill in seiner Ecke он тихо-тихо сидит в своем углу, он сидит в своем углу тихо как мышка. **mucksmäuschenstill** *разг.* ≈ mäuschenstill, *но усиливает это значение*; *напр.*: im Vortragssaal war es mucksmäuschenstill в зале было так тихо, что было слышно, как муха пролетит; in der Klasse wurde es plötzlich mucksmäuschenstill в классе вдруг наступила гробовая тишина; die Kinder lauschen mucksmäuschenstill der Märchenerzählerin ребята слушали сказочницу тихо-тихо, не шелохнувшись

still² *см.* ruhig³
still³: still sein *см.* schweigen
Stille *см.* Ruhe²/Schweigen
stillegen *см.* aufhören²
stillen *см.* ernähren¹
stillschweigen *см.* schweigen
Stillschweigen *см.* Schweigen
stillschweigend *см.* schweigend
stimmen¹ голосовать
stimmen — abstimmen
stimmen *индифф. синоним; напр.*: er hat für diesen Kandidaten gestimmt он голосовал за этого кандидата; viele stimmten gegen seinen Vorschlag многие голосовали против его предложения. **abstimmen** проводить голосование, решать голосованием; *напр.*: über j-n abstimmen проводить голосование по чьей-л. кандидатуре; über etw. abstimmen проводить голосование по какому-л. вопросу, решать голосованием что-л.; offen, geheim abstimmen проводить открытое, тайное голосование; durch Stimmzettel, durch Handaufheben abstimmen голосовать, опуская бюллетень, поднятием рук; wir haben über den Antrag ohne Aussprache abgestimmt мы проголосовали за это предложение, не высказываясь по нему; die Versammlung stimmte namentlich ab собрание голосовало [проводило голосование] поименно

stimmen² *см.* richtig sein
Stimmung настроение
die Stimmung — die Laune — die Verfassung
Stimmung *индифф. синоним; напр.*: eine frohe, gute, traurige, schlechte Stimmung веселое, хорошее, грустное, плохое настроение; die Stimmung der Truppen настроение [дух] войска; guter, schlechter Stimmung sein быть в хорошем, в плохом настроении; j-n in gute, schlechte Stimmung versetzen приводить кого-л. в хорошее, плохое настроение; j-m die Stimmung verderben испортить кому-л. настроение; die Stimmung schlug plötzlich um настроение вдруг изменилось; er war in düsterer Stim-

mung он был в мрачном настроении; es herrschte eine angeregte Stimmung царило возбуждение [приподнятое настроение]; ich bin nicht in der Stimmung я не в настроении; ich bin nicht in der Stimmung, aufmerksam zuzuhören у меня не то настроение, чтобы внимательно слушать; sie ist sehr von Stimmungen abhängig у нее все зависит от настроения ◻ ...er... war in der gehobenen Stimmung einer Lebenswende (*H. Mann,* »*Untertan*«) ...он... был в приподнятом настроении, какое бывает, когда стоишь накануне жизненных перемен. In besonderen Stimmungen hatte er in dem Flattern dieses Mantels sogar etwas Herausforderndes erblickt... (*Kellermann,* »*Der 9. November*«) Будучи в особом состоянии духа, он видел даже нечто вызывающее в том, как развевалось это пальто... **Laune** ≅ **Stimmung**, *но выражает непостоянный, изменчивый характер настроения отдельного лица*; *напр*.: er hat heute gute Laune у него сегодня хорошее настроение; diese Nachricht hat mir die Laune gründlich verdorben это известие основательно испортило мне настроение; eine düstere Laune ergriff sie ее охватило мрачное настроение; er ist nicht bei Laune он не в настроении; was hat er heute für Laune? что у него за настроение сегодня? ◻ Niemand hatte Dora jemals in schlechter Laune gesehen (*Kellermann,* »*Der 9. November*«) Никто никогда не видел Дору в плохом настроении. ...und wieder heulte der General in das Telefon: »Stimmung ausgezeichnet, sagen Sie — prächtige Laune!..« (*ebenda*) ...и снова генерал закричал в телефон: «Отличное настроение, говорите вы — великолепное настроение!..» **Verfassung** состояние, расположение (духа); *напр*.: in guter, schlechter Verfassung sein быть в хорошем, плохом состоянии духа; ich befand mich an jenem Tag in bester Verfassung я находился в тот день в наилучшем расположении духа; er fühlte sich nicht in der Verfassung, das Fest mitzumachen он не чувствовал себя не в том состоянии духа, чтобы участвовать в празднике; ich fand sie in einer unbeschreiblichen Verfassung, fast wahnsinnig я застал ее в неописуемом состоянии духа, почти безумной
stimulieren *см.* fördern¹
stinken *см.* riechen³
stinkfaul *см.* faul²
stinklangweilig *см.* langweilig
stöbern *см.* schneien/wühlen¹
Stock I палка
der **Stock** — der **Spazierstock** — der **Stab** — der **Prügel** — der **Rohrstock** — der **Knüppel** — der **Knüttel** — der **Gummiknüppel**
Stock *индифф. синоним*; *напр*.: ein langer, dünner, dicker Stock длинная, тонкая, толстая палка; am Stock ge- hen ходить с палкой; j-n mit dem Stock schlagen бить кого-л. палкой; er braucht zum Gehen einen Stock ему нужна палка для ходьбы; er geht auf einen Stock gestützt он ходит, опираясь на палку; er geht, als wenn er einen Stock verschluckt hätte он ходит будто аршин проглотил; bunte Luftballons sind an einem langen Stock befestigt разноцветные воздушные шары прикреплены к длинной палке. **Spazierstock** трость, (*специально сделанная*) палка для ходьбы; *напр*.: Andreas, hole mal der Oma ihren Spazierstock! Андреас, принеси-ка бабушке ее палку!; er schwenkte seinen Spazierstock он помахивал тросточкой. **Stab** посох, жезл; *напр*.: der Stab des Hirten, des Pilgers посох пастуха, пилигрима; der Stab des Marschalls жезл маршала; den Stab führen управлять оркестром, дирижировать; der Dirigent hob den Stab дирижер поднял дирижерскую палочку. **Prügel** ≅ **Stock**, *но тк. о палке, которой бьют кого-л.*; *напр*.: ein starker [dicker] Prügel толстая палка [дубинка]; er griff nach seinem Prügel он схватился за палку; der Mann war mit einem Prügel bewaffnet мужчина был вооружен палкой. **Rohrstock** (бамбуковая) трость, палка (*в прошлом тж. традиционное орудие телесных наказаний в школе*); *напр*.: er hat einen schönen Rohrstock у него есть красивая бамбуковая трость; er stützte sich auf einen Rohrstock он опирался на трость. **Knüppel** дубин(к)а; *напр*.: ein schwerer, dicker Knüppel тяжелая, толстая дубин(к)а; j-n mit einem Knüppel niederschlagen сбить кого-л. с ног дубинкой; die Polizei trieb die Demonstranten mit Knüppeln auseinander полиция дубинками разогнала демонстрантов; er ging auf ihn mit einem Knüppel los он пошел на него с дубиной; der Weg durch das Moor ist mit Knüppeln befestigt дорога через болота укреплена бревнами. **Knüttel** дубина; *напр*.: sie schlugen ihnen mit Knütteln die Schädel ein они проломили им головы дубинами. **Gummiknüppel** резиновая дубинка (*используемая полицейскими для разгона демонстрантов*); *напр*.: die Polizisten waren mit Gummiknüppeln bewaffnet полицейские были вооружены резиновыми дубинками
Stock II *см.* Stockwerk
stockblind *см.* blind¹
stockdumm *см.* dumm¹
stockdunkel *см.* dunkel¹
stocken *см.* sagen¹
stockfinster *см.* dunkel¹
stockreaktionär *см.* reaktionär
stocktaub *см.* taub¹
Stockwerk этаж
das **Stockwerk** — der **Stock** — das **Geschoß** — die **Etage** — das **Erdgeschoß** — das **Parterre** — die B e l e t a g e

Stockwerk *индифф. синоним*; *традиционно не употр. по отношению к первому этажу, но в современных многоэтажных домах означает любой этаж*; *напр*.: das untere, obere Stockwerk нижний, верхний этаж; das Haus hat drei Stockwerke в доме четыре этажа (*т. е. по немецкой традиции три этажа, не считая первого*); für die Ateliers wurde noch ein Stockwerk aufgesetzt для мастерских (художников) надстроили еще один этаж. **Stock** *первоначально употр. как сокр. от* Stockwerk; *напр*.: das Haus hat vier Stock [Stockwerke] в доме пять этажей; das Haus ist zwölf Stock hoch дом высотой в тринадцать этажей; im oberen Stock wohnt die Familie Behrens на верхнем этаже живут Беренсы. **Geschoß** = **Stockwerk** (*часто тж. о первом этаже*); *напр*.: das Haus hat mit Keller und Boden sechs Geschosse в доме, считая подвал и чердак, шесть этажей; er wohnt im obersten Geschoß он живет на последнем этаже. **Etage** [-ʒə] = **Stock**; *напр*.: in der ersten Etage wohnen жить на втором этаже; das Hochhaus hat elf Etagen в доме двенадцать этажей; wir fuhren mit dem Fahrstuhl in die oberste Etage мы поднялись на лифте на верхний этаж. **Erdgeschoß** первый этаж; *напр*.: die Wohnung lag im Erdgeschoß квартира была на первом этаже; die Fenster des Erdgeschosses waren vergittert окна первого этажа были с решетками. **Parterre** [-'ter] = **Erdgeschoß**; *напр*.: das Zimmer lag im Parterre комната была на первом этаже; die Fenster im Parterre waren vergittert окна на первом этаже были с решетками. **Beletage** [-'ta:ʒə] *уст.* бельэтаж; *напр*.: die Herrschaften wohnen in der Beletage господа живут в бельэтаже; eine Wohnung in der Beletage war sein Lebenstraum квартира в бельэтаже была мечтой его жизни
stöhnen стонать
stöhnen — **ächzen** — **seufzen** — **krächzen**
stöhnen *индифф. синоним*; *напр*.: laut, leise, vor Schmerz, vor Anstrengung stöhnen стонать громко, тихо, от боли, от напряжения; die Kranke stöhnte die ganze Nacht больная стонала всю ночь; sie seufzte und stöhnte она вздыхала и стонала. **ächzen** охать, стонать; *напр*.: laut, unter einer schweren Last, vor Anstrengung ächzen (стонать и) охать громко, под тяжелой ношей, от напряжения; der Kranke ächzte vor Schmerzen больной охнул от боли; sie ächzte und stöhnte она охала и стонала. **seufzen** вздыхать; *напр*.: sie seufzte tief, als sie an der Abschied dachte она глубоко вздыхала, думая о расставании. **krächzen** кряхтеть *часто употр. с оттенком осуждения*; *напр*.: sie ächzte und krächzte она охала и кряхтела

Stoizismus см. Fassung
stolpern спотыкаться *прям. и перен.*
stolpern — straucheln — holpern
stolpern *индифф. синоним; напр.*: über etw. stolpern спотыкаться обо что-л.; er stolperte und fiel hin он споткнулся и упал; er ist über die Schwelle gestolpert он споткнулся о порог; er stolpert über die eigenen Füße он (так неловок, что) спотыкается на ровном месте; über diese Affäre ist er gestolpert он споткнулся на этом деле; er stolpert über jedes Fremdwort он спотыкается на каждом слове иностранного происхождения. **straucheln** оступаться *по отношению к лицу б. ч. употр. перен., а прямое значение — высок. редко; напр.*: das Pferd strauchelte лошадь оступилась; sein Leichtsinn ließ ihn im Leben straucheln из-за своего легкомыслия он оступался в жизни [сбивался с пути]; er ist leider wieder gestrauchelt он, к сожалению, снова оступился; der Mann strauchelte über einen Stein *высок.* мужчина оступился на камне. **holpern** трястись по неровной дороге; *напр.*: der Wagen holperte über die Straße машина тряслась по неровной улице; beim Lesen holpert er noch an er еще спотыкается при чтении

stolzieren см. gehen [1]
stopfen см. essen
stoppen см. halten [2]
storchen см. gehen [1]
stören [1] мешать кому-л., беспокоить
stören — belästigen — behelligen — inkommodieren
stören *индифф. синоним; напр.*: die Arbeitenden, die Schlafenden stören мешать работающим, спящим; du störst mich ты мне мешаешь; darf ich einen Augenblick stören? разрешите побеспокоить?; störe ich? я помешал?; verzeihen Sie bitte, wenn ich störe! извините, пожалуйста, если я помешал!; bitte nicht stören! прошу не беспокоить! (*не шуметь, не разговаривать*); der Lärm störte sie sehr шум очень мешал ей; lassen Sie sich nicht stören! не беспокойтесь, пожалуйста! **belästigen** беспокоить, обременять; *напр.*: j-n mit Fragen, mit Bitten, mit Besuchen belästigen беспокоить кого-л. вопросами, просьбами, посещениями; ich möchte Sie nicht belästigen я не хотел бы вас беспокоить [обременять]; darf ich Sie in dieser Angelegenheit noch einmal belästigen? разрешите побеспокоить вас еще раз по этому поводу?; Mücken belästigten ihn beim Einschlafen комары не давали ему заснуть (*Ср. тж. ряд* belästigen [1]). **behelligen** беспокоить, надоедать, обеспокоить; *напр.*: j-n mit einer Frage, mit einer Bitte behelligen обеспокоить кого-л. вопросом, просьбой; j-n mit Briefen, mit Forderungen, mit Wünschen behelligen надоедать кому-л. письмами, требованиями, пожеланиями; darf ich Sie mit [in] dieser Angelegenheit behelligen? разрешите побеспокоить вас по этому поводу?; ich möchte Sie nicht damit behelligen я не хотел бы вас этим затруднять; er hat alle mit dieser Sache behelligt он ко всем приставал с этими делом (*Ср. тж. ряд* belästigen [1]). **inkommodieren** *книжн. устаревает* утруждать; *напр.*: ich will Sie nicht inkommodieren я не хочу вас утруждать □ Aber ich inkommodiere nicht länger, nein, bei Gott, Frau Konsulin, ich inkommodiere nicht länger (*Th. Mann, »Buddenbrooks«*) Но я не хочу больше вас утруждать, нет, избави бог, госпожа консульша, не хочу больше утруждать

stören [2] см. hindern
störend см. lästig [1]
störrisch см. eigensinnig
Stoß толчок
der Stoß — der Ruck — der Schub — der Anprall — der Schubs — der Bums
Stoß *индифф. синоним; напр.*: ein leichter, kräftiger [derber] Stoß легкий, грубый толчок; ein Stoß mit dem Ellenbogen, mit dem Fuß толчок локтем, пинок; j-m, einem Gegenstand einen Stoß versetzen толкнуть кого-л., какой-л. предмет; der Stoß warf ihn zu Boden толчок свалил его с ног; er bekam einen Stoß in den Rücken он получил толчок [его толкнули] в спину; der Boden wurde von Stößen erschüttert земля сотрясалась от (подземных) толчков. **Ruck** рывок; *напр.*: ein heftiger [starker, kräftiger] Ruck сильный рывок; er stand mit einem Ruck auf он резко поднялся; der Zug setzte sich mit einem leichten Ruck in Bewegung поезд тронулся с места с легким рывком; plötzlich gab es einen Ruck вдруг — рывок. **Schub** толчок, приводящий что-л. в движение; *напр.*: ein kräftiger Schub beförderte die Kiste in den Laderaum сильный толчок отправил ящик в трюм; er traf alle neun Kegel auf einen Schub он повалил одним броском все девять кеглей; der Nebenmann gab ihm einen Schub сосед сдвинул его толчком с места. **Anprall** натиск, сильный толчок; *напр.*: der Anprall der Wellen натиск волн; unter der Wucht des Anpralls под силой натиска; unter seinem Anprall gab die Tür nach под его натиском дверь поддалась. **Schubs** *разг.* ≅ Stoß; *напр.*: j-m einen Schubs geben подтолкнуть кого-л.; mit einem kräftigen Schubs setzte er das Fahrzeug in Bewegung сильным толчком он сдвинул машину с места. **Bums** *разг.* ≅ Stoß, *но предполагает, что толчок сопровождается* (*глухим*) *шумом; напр.*: mit einem Bums gegen die Tür stoßen с шумом толкнуть дверь

stoßen см. finden [1]
stottern см. sagen [1]/sprechen [1]
stracks см. gleich [2]
Strafanstalt см. Gefängnis [1]
strafbar [1] наказуемый

strafbar — sträflich — strafwürdig — straffällig
strafbar *индифф. синоним; напр.*: eine strafbare Tat (уголовно) наказуемое деяние; eine strafbare Handlung наказуемый [караемый] поступок; sich strafbar machen нарушить закон; etw. ist strafbar что-л. карается законом; das Überfahrung der Kreuzung bei Rot ist strafbar пересечение перекрестка транспортным средством на красный свет влечет за собой наказание [штраф]; ich mache mich strafbar, wenn ich das tue я нарушу закон, если я так поступлю; я не могу так поступить — это подсудное дело. **sträflich** преступный *больше подчеркивает моральное осуждение, чем наказуемость чего-л.; напр.*: sträflicher Leichtsinn преступное легкомыслие; er treibt mit ihr ein sträfliches Spiel он ведет с ней преступную игру; das war ein geradezu sträflicher Irrtum это была, можно сказать, преступная ошибка; sie haben ihre elterlichen Pflichten sträflich vernachlässigt они преступно пренебрегали своими родительскими обязанностями; es ist geradezu sträflich, solche Gerüchte zu verbreiten просто преступно распространять такие слухи. **strafwürdig** заслуживающий наказания; *напр.*: ein strafwürdiges Vergehen заслуживающий наказания проступок; das war eine strafwürdige Tat это был заслуживающий наказания поступок. **straffällig** подлежащий наказанию, подпадающий под действие закона о наказании (тк. о лицах) *употр. в конструкции с глаголом* werden *и, реже,* sein; *напр.*: straffällig werden совершить деяние, подпадающее под действие статьи уголовного кодекса; der Dieb wurde nach seiner Entlassung aus dem Gefängnis wieder straffällig после освобождения из тюрьмы вор снова нарушил закон, совершив уголовное преступление

strafbar [2]: sich strafbar machen см. vergehen, sich
strafen наказывать
strafen — bestrafen — maßregeln — ahnden — züchtigen
strafen *индифф. синоним; напр.*: j-n hart, schwer, empfindlich, grausam für etw. strafen наказывать кого-л. за что-л. сильно [сурово], тяжело, чувствительно, жестоко; j-n körperlich strafen подвергнуть кого-л. телесному наказанию; j-n mit Verachtung strafen наказать кого-л. презрением; für seine Tat ist er schon genug gestraft worden за свой поступок он уже достаточно наказан; sie straft die Kinder wegen jeder Kleinigkeit она наказывает детей за каждый пустяк; das Schicksal hat ihn furchtbar gestraft судьба его ужасно покарала. **bestrafen** ≅ strafen, *но употр., когда применяются и приводятся в исполнение конкретные меры наказания, в частности, налагаемые официальными*

органами и т. п.; напр.: j-n hart, schwer, streng, milde bestrafen наказывать кого-л. сильно [сурово], тяжело, строго, мягко; j-n mit Gefängnis, mit dem Tode bestrafen (по)карать кого-л. тюремным заключением, смертью; dafür ist er genug bestraft за это он достаточно наказан; dieses Vergehen wird mit Gefängnis nicht unter drei Monaten bestraft это преступление карается тюремным заключением сроком не менее трех месяцев; sie wurde mit zehn Mark bestraft ее оштрафовали на десять марок. **maßregeln** налагать взыскание, наказывать по службе в административном порядке *обыкн. употр. с оттенком осуждения (как несправедливого, слишком строгого и т. п.) и подчеркивает сочувствие к наказанному лицу;* напр.: man maßregelte ihn wegen geringfügiger Versäumnisse его (слишком строго) наказали по службе за незначительные недосмотры; die Matrosen wurden streng gemaßregelt матросов (несправедливо) наказали; man maßregelte den Beamten, indem man ihn in eine andere Stadt versetzte чиновника наказали, переведя его в другой город. **ahnden** *высок.* карать; напр.: ein Unrecht streng ahnden строго покарать несправедливость; alle Vergehen werden mit schweren Strafen geahndet все преступления караются строгим наказанием; das Gericht ahndet jede Übertretung des Gesetzes суд карает каждое нарушение закона. **züchtigen** *высок.* наказывать, бить, подвергать телесному наказанию; напр.: er hat die Kinder mit dem Stock gezüchtigt он наказывал детей палкой; wer sein Kind lieb hat, der züchtigt es *посл.* ≃ люби как душу, тряси как грушу
straff ¹ тугой, упругий
straff — stramm — prall — festgespannt

straff *индифф. синоним;* напр.: ein straffes Seil тугой [туго натянутый] канат; eine straffe Brust тугая [упругая] грудь; straffes Haar гладко причесанные волосы; die Zügel straff anziehen туго натянуть вожжи; die Schnur straff ziehen [spannen] туго натянуть веревку; das Gummiband ist straff резинка тугая [упругая]; die Saiten sind straff gespannt струны туго натянуты; du mußt die Decke straff ziehen расправь одеяло [покрывало]; die Hose sitzt straff брюки плотно облегают фигуру; das Kleid liegt straff an платье плотно прилегает. **stramm** ≃ straff, *но подчеркивает, что что-л. туго и ровно натянуто;* напр.: ein strammer Gummizug тугая резинка, вздержка; die Hose sitzt zu stramm брюки слишком облегают фигуру; der Gürtel sitzt stramm пояс сидит туго, пояс туго затянут. **prall** ≃ straff, *но обозначает, что что-л. тугое, так как заполнено изнутри;* напр.: ein praller Sack, Luftballon туго набитый мешок, надутый воздушный шар(ик); pralle Schenkel, Muskeln, Arme, Brüste тугие [упругие] икры, мускулы, руки, груди; die Brieftasche war prall gefüllt бумажник был туго набит; der Reifen fühlt sich prall an шина, тугая на ощупь; der Pullover sitzt ziemlich prall пуловер обтягивает; die Hose liegt prall an брюки плотно облегают. **festgespannt** туго натянутый; напр.: ein festgespanntes Seil туго натянутый канат; die Decke ist festgespannt одеяло [покрывало] туго натянуто (*как тент*)
straff ² *см.* streng
straffällig *см.* strafbar ¹
straffrei *см.* ungestraft
sträflich *см.* strafbar ¹
Sträfling *см.* Häftling
straflos *см.* unbestraft
Straftat *см.* Verbrechen
strafwürdig *см.* strafbar ¹
strahlen *см.* freuen, sich ¹/leuchten ²
strahlend сияющий (*от радости и т. п.*)
strahlend — glänzend

strahlend *индифф. синоним;* напр.: strahlende Augen сияющие глаза; ein strahlender Blick сияющий взгляд; ein strahlendes Gesicht сияющее лицо; j-n strahlend ansehen смотреть на кого-л. сияя; er kam ihr mit strahlendem Gesicht entgegen он шел ей навстречу с сияющим лицом; er wird ihren strahlenden Blick lange nicht vergessen können он долго не сможет забыть ее сияющий взгляд. **glänzend** блестящий *б. ч. употр. с* Augen; напр.: glänzende Augen блестящие глаза; mit glänzenden Augen betrachteten die Kinder den Weihnachtsbaum с блестящими глазами рассматривали дети новогоднюю елку
stramm *см.* straff ¹/streng
Strand *см.* Ufer
stranden сесть на мель
stranden — aufsitzen

stranden *индифф. синоним;* напр.: das Schiff ist vor der Küste gestrandet корабль сел на мель недалеко от берега; wir strandeten auf einer Sandbank мы сели на мель на песчаной отмели. **aufsitzen** *мор. жарг.* ≃ stranden; напр.: wir saßen (auf einer Sandbank) auf (на банке) мы сели на мель
Strang *см.* Strick
strapazieren, sich *см.* bemühen, sich
Straße *см.* Weg ¹
Straßenmädchen *см.* Prostituierte
sträuben, sich *см.* widersetzen, sich
Strauch куст
der Strauch — der Busch — das Gesträuch — das Gebüsch

Strauch *индифф. синоним;* напр.: ein blühender Strauch цветущий куст; Sträucher pflanzen, beschneiden [verschneiden] сажать, обрезать кусты; vor meinem Fenster wächst ein schöner Strauch у меня под окном растет красивый куст; stachlige Sträucher versperrten uns den Weg колючие кусты преграждали нам путь. **Busch** ≃ Strauch, *но обозначает* густой куст, покрытый листвой или цветами; напр.: ein grüner, blühender Busch зеленый, цветущий куст; die Vögel fliegen aus den Büschen auf птицы вылетают из (густых) кустов; durch die Büsche schimmerte das helle Kleid des Mädchens сквозь густые кусты виднелось светлое платье девушки; da lag ein Teich, umgeben von Büschen und Bäumen там раскинулся пруд, окруженный густыми кустами и деревьями. **Gesträuch** кустарник; напр.: dunkles, kahles Gesträuch темный, голый кустарник; das ganze Gesträuch muß im Herbst verschnitten werden осенью все кусты должны быть подрезаны □ Den Grashalm hielt Mia in der Hand. Die Sonne blitzte durch das Gesträuch (*Strittmatter*, »*Wundertäter*«) Травинку Миа держала в руке. Солнце сияло сквозь ветки кустарника. **Gebüsch** густой кустарник; напр.: dichtes, dorniges Gebüsch густой, колючий кустарник; Gebüsch pflanzen, roden сажать, корчевать кустарник; der Weg ist auf beiden Seiten von Gebüsch eingefaßt дорога окружена с обеих сторон густым кустарником; dichtes Gebüsch ist ein idealer Nistplatz für Singvögel густой кустарник — идеальное место для гнездования певчих птиц; der Hügel ist mit Gebüsch bewachsen холм порос густым кустарником
straucheln *см.* stolpern
Strauß I букет
der Strauß — der Blumenstrauß — das Bukett — das Bouquet

Strauß *индифф. синоним;* напр.: ein frischer, duftender, schöner Strauß свежий, ароматный, красивый букет; zwei Sträuße Astern два букета астр; einen Strauß pflücken, zusammenstellen нарвать, составить букет; er schickte ihr einen Strauß Nelken он послал ей букет гвоздик; der Strauß ist verwelkt букет увял; ein großer Strauß weißer Flieder stand auf dem Tisch большой букет белой сирени стоял на столе. **Blumenstrauß** букет цветов; напр.: j-m einen Blumenstrauß überreichen преподнести кому-л. букет цветов. **Bukett** *высок.* ≃ Strauß; напр.: ein Bukett roter Rosen букет красных роз; sie stellt prachtvolle Bukette zusammen она делает великолепные букеты; er überreichte der Gastgeberin ein wunderbares Bukett он преподнес хозяйке дома чудесный букет. **Bouquet** [buˈkeː] *уст.* = Bukett; напр.: ein Bouquet für die gnädige Frau! сударыня, вам букет!
Strauß II *см.* Schlacht
streben стремиться
streben — bestrebt sein — anstreben — zielen — hinzielen — abzielen — bezwecken — sich sehnen — trachten — schmachten — dürsten — lechzen

streben (*nach etw.*) индифф. синоним; напр.: nach Freiheit, nach Macht, nach Ruhm, nach Glück, nach Reichtum, nach Vollkommenheit streben стремиться к свободе, к власти, к славе, к счастью, к богатству, к совершенству; er ist sein Leben lang nach Selbständigkeit gestrebt он всю свою жизнь стремился к самостоятельности; der Mensch strebt nach Erkenntnis человек стремится к знанию; er strebte immer, sich zu vervollkommnen он всегда стремился к самоусовершенствованию. **bestrebt sein** стараться; напр.: er ist bestrebt, ihr jeden Wunsch zu erfüllen он старается выполнить любое ее желание. **anstreben** (*etw.*) ≅ streben, *но часто в книжно-письменной речи*; напр.: Reformen, eine Neuordnung, die Lösung aktueller Fragen anstreben добиваться реформ, нового порядка, решения актуальных вопросов; sie strebte ihre Versetzung in eine andere Abteilung an она добивалась перевода [, чтобы ее перевели] в другой отдел; man sollte innere Harmonie anstreben следует добиваться внутренней гармонии. **zielen** (*auf etw.*) иметь целью, быть нацеленным; напр.: worauf hat seine Frage gezielt? на что был направлен [какую цель преследовал] его вопрос?; die Bemerkung zielt auf dich это замечание относится к тебе; seine Bemühungen zielten auf eine Änderung der Verhältnisse in seinem Betrieb его старания имели целью изменение условий (работы) на его предприятии. **hinzielen** ≅ zielen, *но больше подчеркивает направленность действия на что-л.*; напр.: worauf zielt deine Frage hin? какую цель преследует твой вопрос?; die Bemerkung zielte darauf hin, ihn unsicher zu machen замечание имело целью подорвать его уверенность; alle seine Pläne zielen nur darauf hin, sich bald selbständig machen zu können все его планы нацелены только на то, чтобы скоро сделаться самостоятельным. **abzielen** (*auf etw.*) нацеливаться, быть нацеленным; напр.: er zielte mit seiner Rede auf die Mißstände im Werk ab он нацелил свою речь на недостатки на заводе; seine Worte zielten darauf ab, ihr Mitgefühl zu erregen его слова были нацелены на то, чтобы вызвать ее сострадание. **bezwecken** (*etw.*) добиваться (достижения какой-л. цели), иметь целью; напр.: was bezweckst du mit diesem Brief? чего ты добиваешься этим письмом?; er hat mit diesem Besuch das Gegenteil davon erreicht, was er bezwecken wollte этим посещением он достиг противоположного тому, чего он добивался; ich weiß nicht, was er mit solchen Behauptungen bezweckt я не знаю, какую цель он преследует этими утверждениями. **sich sehnen** (*nach D*) тосковать, душой стремиться; напр.: sich nach Ruhe sehnen стремиться к покою; sich nach j-m sehnen тосковать по кому-л.; стремиться к кому-л.; ich sehnte mich im stillen nach ihr в глубине души я тосковал по ней; ich sehne mich nach dem Gebirge я тоскую по горам; ich sehne mich danach, mit dir wieder einmal zu unterhalten я очень стремлюсь к тому, чтобы снова побеседовать с тобой; er sehnte sich nach Menschen он тосковал [стосковался] по людям. **trachten** (*nach etw.*) высок. всеми помыслами стремиться, добиваться; посягать; напр.: nach Ruhm, nach Reichtum trachten добиваться славы, богатства; думать только о том, как бы прославиться, разбогатеть; j-m nach dem Leben trachten посягать на чью-л. жизнь; er trachtete danach, so schnell wie möglich wegzukommen он добивался того, чтобы уехать отсюда как можно скорее; sie trachteten nur noch nach Ruhe они помышляли только о покое; ich werde trachten, es zu tun я постараюсь это сделать. **schmachten** (*nach D*) высок., часто ирон. томиться, страстно тосковать; напр.: nach der Geliebten schmachten ирон. вздыхать по возлюбленной; nach einem Tropfen Wasser schmachten страстно мечтать о капле воды, томясь жаждой; das Kind schmachtete geradezu nach der Liebe der Mutter ребенок прямо-таки страстно тосковал по материнской любви; das Land schmachtet nach Regen земля, изнывая, жаждет дождя. **dürsten** (*nach etw.*) высок. жаждать чего-л. (*употр. тж. в безличной конструкции* es dürstet j-n nach etw.); напр.: nach Wahrheit, nach Freiheit, nach Ruhm dürsten жаждать правды, свободы, славы; er dürstete nach einem freundlichen Wort он жаждал приветливого слова; es dürstete ihn nach Rache он жаждал мести; er dürstete danach, Gerechtigkeit zu erlangen он жаждал добиться справедливости. **lechzen** высок. страстно жаждать, алкать; напр.: nach Kühlung, nach Macht lechzen страстно жаждать прохлады, власти; er lechzte nach Rache он страстно жаждал [алкал] мести; die Erde lechzt nach Regen земля страстно жаждет дождя; der Wanderer lechzte in der heißen Sonne nach kühlem Schatten путник под палящим солнцем страстно жаждал прохладной тени.

Streber карьерист, честолюбец

der **Streber** — der **Karrieremacher** — der **Karrierist** — der **Emporkömmling** — der **Ehrgeizling** — das **Parvenü**

Streber индифф. синоним; напр.: er ist ein Streber он карьерист [честолюбец]; in der Klasse gibt es mehrere Streber в классе есть несколько честолюбцев; unter seinen Kollegen galt er als Streber среди своих коллег он слыл карьеристом. **Karrieremacher** карьерист; напр.: er ist ein übler Karrieremacher он отвратительный карьерист; man hielt ihn für einen Karrieremacher его считали карьеристом. **Karrierist** = Karrieremacher; напр.: er ist ein typischer Karrierist он типичный карьерист; man hat ihn als Karrieristen entlarvt его разоблачили как карьериста. **Emporkömmling** выскочка (*выбившийся из низов*); напр.: er war ein Emporkömmling он был выскочкой; sie behandelte ihn als Emporkömmling она обращалась с ним как с выскочкой; er fühlte sich nicht mehr als Emporkömmling он больше не чувствовал себя выскочкой. **Ehrgeizling** пренебр. честолюбец *более характерно для книжно-письменной речи*; напр.: ein Ehrgeizling ist er und nichts mehr он честолюбец и больше ничего. **Parvenü** [-ve'ny:] книжн. ≅ Emporkömmling; напр.: er war für sie nur ein Parvenü он был для нее только парвеню; er fühlte sich hier als Parvenü он чувствовал себя здесь как парвеню; sie wollte mit diesen Parvenüs nicht sprechen она не хотела разговаривать с этими парвеню.

strebsam см. fleißig

Strecke см. Weg²

strecken¹ протягивать, вытягивать

strecken — ausstrecken — ausrecken — dehnen — recken

strecken индифф. синоним; напр.: die Arme nach vorn, in die Höhe strecken протянуть [вытянуть] руки вперед, вверх; die Arme zur Seite strecken вытянуть руки в стороны; die Beine unter den Tisch strecken протянуть ноги под стол; die Schüler strecken die Finger, die Hände, wenn sie antworten wollen ученики поднимают палец, руку, когда хотят отвечать; sie streckte den Kopf durch die Tür она просунула голову в дверь. **ausstrecken** ≅ strecken, *но подчеркивает, что что-л. вытянуто, протянуто полностью, во всю длину*; напр.: die Beine ausstrecken вытянуть ноги (во всю длину); die Arme ausstrecken протягивать руки; das Mädchen streckte die beiden Arme nach ihrer Mutter aus девочка протянула к матери обе руки; der Bettler streckte flehend die Hand aus нищий с мольбой протянул руку; die Schnecke streckte ihre Fühler aus улитка выпустила свои рога. **ausrecken** ≅ ausstrecken, *но подчеркивает ненатуральность жеста*; напр.: der Redner reckte den Arm aus оратор вытянул руку далеко вперед; beim Schwur reckte er drei Finger aus давая клятву, он (вычурным жестом) поднял три пальца; sie reckte den Hals aus, um alles sehen zu können она вытянула [чуть не вывихнула] шею, чтобы (быть в состоянии) все видеть. **dehnen** протягивать (руки и ноги) *чаще употр. в парном сочетании* dehnen und recken; напр.: nachdem er aufgewacht war, dehnte und reckte er erst einmal die Glieder проснувшись, он сначала сладко потянулся. **recken** *разг.* ≙ strecken; *напр.:* die Hand nach etw. recken протянуть за чем-л. руку; den Kopf in die Höhe recken, um etw. besser zu sehen тянуть голову вверх, чтобы лучше видеть что-л.; die Schülerin reckte das Heft hoch ученица подняла вверх и протянула тетрадь; er reckte den Kopf aus dem Wagen он высунул голову из машины

strecken² *см.* dehnen¹
Streich *см.* Scherz/Schlag¹
streicheln гладить, погладить
streicheln — hätscheln — tätscheln

streicheln *индифф. синоним; напр.:* j-s Gesicht, Hände, Haar streicheln гладить чье-л. лицо, руки, волосы; er streichelte zärtlich ihre Wange он нежно гладил ее по щеке; er streichelte seinen Hund он погладил свою собаку; sie streichelte und liebkoste das Kind она гладила и ласкала ребенка. **hätscheln** (то и дело) гладить, заласкивать; *напр.:* das Kind, die Puppe, den Hund hätscheln то и дело гладить ребенка, куклу, собаку; er hätschelte sie zerstreut он рассеянно поглаживал ее. **tätscheln** потрепать; *напр.:* j-m den Rücken, die Wange, die Hand tätscheln потрепать кого-л. по спине, по щеке, по руке; sie tätschelten sich gegenseitig они похлопывали друг друга (по спине)

streichen¹ зачеркивать, вычеркивать *прям. и перен.*
streichen — ausstreichen — durchstreichen — wegstreichen — löschen — tilgen

streichen *индифф. синоним; напр.:* ein Wort, einen Satz streichen вычеркивать [зачеркивать] слово, предложение; diesen Abschnitt im Text können wir streichen эту часть текста мы можем зачеркнуть [вычеркнуть]; du kannst ihn aus der Liste streichen можешь вычеркнуть его из списка; Nichtzutreffendes bitte streichen! ненужное зачеркнуть!; ich habe seinen Namen aus meinem Gedächtnis gestrichen я вычеркнул его имя из своей памяти. **ausstreichen** вычеркивать; *напр.:* ein Wort, einen Satz ausstreichen вычеркивать слово, предложение; einen Namen auf einer Liste ausstreichen вычеркнуть фамилию из списка; ich habe die Stelle ausgestrichen я вычеркнул это место; das Gewesene kann nicht so leicht ausgestrichen werden то, что было, не так легко перечеркнуть. **durchstreichen** перечеркивать, зачеркивать; *напр.:* ein Wort, einen Satz durchstreichen перечеркивать [зачеркивать] слово, предложение; er hat die falschen Zahlen durchgestrichen он перечеркнул неверные цифры; bitte Nichtzutreffendes durchstreichen ненужное перечеркнуть. **wegstreichen** ≙ streichen, *но более эмоционально;* подчеркивает, что что-л. вычеркивают с целью выбросить, изменить; *напр.:* ein Wort, einen Satz wegstreichen вычеркивать [выбрасывать] слово, предложение; in diesem Aufsatz muß noch vieles weggestrichen werden из этой статьи надо еще многое вычеркнуть; du kannst ja unsere Liebe nicht wegstreichen ты же не можешь перечеркнуть нашу любовь. **löschen** стирать написанное, запись; *напр.:* die Schrift [das Angeschriebene] auf der Tafel löschen стирать написанное с доски; Tonbänder [Tonbandaufnahmen] löschen стирать магнитофонные записи; eine Eintragung im Strafregister löschen аннулировать запись в списке лиц, имеющих судимость; die Firma wurde im Handelsregister gelöscht фирма была вычеркнута из официального списка торговых фирм; seine Schulden sind gelöscht его долг погашен; die Spuren des Krieges sind endlich gelöscht следы войны стерлись наконец. **tilgen** ≙ löschen, *но в перен. знач. —* *высок.; напр.:* die Schuld tilgen погасить [аннулировать] долг; die Spuren eines Verbrechens tilgen уничтожить следы преступления; er wollte die Erinnerung an diesen Tag aus seinem Gedächtnis tilgen он хотел вычеркнуть из своей памяти воспоминание об этом дне

streichen² красить, выкрасить, покрасить
streichen — anstreichen — färben — malen

streichen *индифф. синоним; напр.:* die Decke, die Wände streichen красить потолок, стены; er hat die Türen mit Ölfarbe gestrichen он покрасил двери масляной краской; der Zaun war grün gestrichen забор был выкрашен в зеленый цвет; Vorsicht, frisch gestrichen! осторожно, окрашено! **anstreichen** ≙ streichen, *но больше фиксирует внимание на поверхности, на которую наносят краску; напр.:* ein Haus, einen Zaun anstreichen красить дом, забор; etw. mit Ölfarbe, mit Lack anstreichen красить что-л. масляной краской, лаком; ich habe das Spielzeug neu angestrichen я заново покрасил игрушку; das Haus war gelb angestrichen дом был выкрашен в желтый цвет. **färben** красить, погружая в краску, пропитывая краской (*ткани, волосы и т. п.*); *напр.:* Wolle, Kleider färben красить шерсть, одежду; die Wimpern, die Augenbrauen färben красить ресницы, брови; sie hat ein Kleid schwarzgefärbt она окрасила платье в черный цвет; sie hat ihr Haar blond gefärbt она выкрасила волосы в светлый цвет; ihr Haar ist gefärbt у нее крашеные волосы; die Bluse ist gefärbt блузка крашеная. **malen** *разг.* ≙ streichen; *напр.:* das Haus, die Tür malen красить дом, дверь; er malte die Wände bunt он покрасил стены в разные цвета; der Besitzer hat die Fassade malen lassen владелец выкрасил фасад дома (*поручил, оплатил работу*)

streichen³ *см.* umherstreifen
streichen⁴: aufs Butterbrot [aufs Brot] streichen *см.* vorwerfen
streifen *см.* berühren¹/umherstreifen
Streifen *см.* Band
Streik забастовка, стачка
der Streik — der Ausstand

Streik *индифф. синоним; напр.:* Streiks für höhere Löhne забастовки с требованием повышения заработной платы; ein Streik gegen die Beschlüsse der Unternehmer забастовка против решений предпринимателей; einen Streik organisieren, ausrufen организовать, объявить забастовку [стачку]; den Streik abbrechen, gewaltsam niederschlagen прервать, подавить силой забастовку [стачку]; die Gewerkschaften haben zu einem Streik aufgerufen профсоюзы призвали к забастовке; die Metallarbeiter haben sich dem Streik angeschlossen металлисты присоединились к забастовке; die Arbeiter haben vieles durch Streik erzwungen рабочие многого добились забастовками [стачками]. **Ausstand** ≙ Streik, *но употр. реже; напр.:* ein zweiwöchiger Ausstand двухнедельная стачка [забастовка]; die Eisenbahner traten in (den) Ausstand железнодорожники начали стачку; der Ausstand hat das Werk stillgelegt из-за стачки завод остановился

Streit¹ спор, дискуссия
der Streit — der Wortstreit — das Wortgefecht — der Wortwechsel — die Polemik — die Diskussion — die Auseinandersetzung

Streit *индифф. синоним; напр.:* um diese Frage entbrannte ein heftiger Streit по этому вопросу разгорелся горячий спор; es kam zu einem ernsthaften Streit zwischen zwei Gelehrten между двумя учеными дело дошло до серьезного спора. **Wortstreit** словесный спор, препирательство; *напр.:* ihr Disput ging in einen heftigen Wortstreit über их диспут перешел в горячий словесный спор; er vermied jeden Wortstreit он избегал препирательств. **Wortgefecht** словесный поединок; *напр.:* es entstand ein heftiges Wortgefecht zwischen ihnen между ними возник горячий словесный поединок. **Wortwechsel** пререкания; *напр.:* sich in einen Wortwechsel einlassen вступить в пререкания; sie gerieten in einen Wortwechsel они начали спорить. **Polemik** полемика; *напр.:* eine interessante Polemik интересная полемика, интересное полемическое выступление; eine Polemik führen вести полемику; er wollte bisweilen jede Polemik vermeiden ему хотелось до поры до времени избежать какой бы то ни было полемики. **Diskussion** дискуссия; *напр.:* eine erregte Diskussion über ekologische Probleme kam auch in dieser Konferenz in Gang возбужденная дискуссия по экологическим проблемам началась и на этой конференции; er ließ sich auf keine Diskussion mit seinen Arbeitskollegen ein он не вступал в дискуссию с коллегами по работе. **Auseinandersetzung** столкновение (*мнений*), дискуссия; *напр.*: wir hatten eine fruchtbare Auseinandersetzung über manche wichtige Fragen у нас была плодотворная дискуссия по некоторым важным вопросам

Streit [2] ссора, споры
der Streit — die Streitigkeit — die Streiterei — der Zwist — die Zwistigkeit — der Zank — die Auseinandersetzung — der Auftritt — die Entzweiung — die Reibungen — das Zerwürfnis — der Bruch — der Riß — der Zwiespalt — die Zwietracht — der Hader — die Fehde — der Konflikt — die Differenz — die Diskrepanz — der Ärger — der Krakeel — der Krach — die Reiberei — die Zänkerei — der Stunk — die Stänkerei

Streit индифф. синоним; *напр.*: ein heftiger, erbitterter Streit горячий, ожесточенный спор; ein Streit um Nichtigkeiten ссора [спор] по пустякам; einen Streit anfangen, anzetteln начинать, завязывать спор [ссору]; den Streit beilegen [schlichten] уладить спор; ein Streit entsteht, bricht aus спор возникает, разражается; er sucht dauernd Streit он все время ищет ссоры; sie leben in Streit miteinander они живут в ссоре друг с другом; zwischen ihnen entbrannte ein heftiger Streit um nichts между ними разгорелся горячий спор из-за ничего; sie liegen miteinander in unversöhnlichem Streit между ними постоянно идет непримиримый спор. **Streitigkeit, Streiterei** *б. ч. мн.* споры; *напр.*: es gab endlose Streitigkeiten [Streitereien] были бесконечные споры; Streitereien [Streitigkeiten] brachen aus разразились споры; es kam wiederholt zu unerfreulichen Streitereien дело не раз доходило до досадных споров. **Zwist** ссора, распря; *напр.*: ein innerer Zwist междоусобица; einen Zwist mit j-m haben быть в ссоре с кем-л.; einen Zwist beilegen прекратить ссору [распрю]; er lebt in [im] Zwist mit seinem Bruder он живет в ссоре с братом; wir wollen den alten Zwist begraben забудем былые распри. **Zwistigkeit** *б. ч. мн.* ≅ Zwist; *напр.*: er kennt die Zwistigkeiten zwischen ihnen он знает о ссорах между ними; die Zwistigkeiten sind schon längst beigelegt worden ссоры уже давно улажены. **Zank** ссора, перебранка; *напр.*: Zank um den besten Platz ссора [перебранка] за лучшее место; mit j-m Zank suchen, anfangen искать ссоры, начинать ссору с кем-л.; einen Zank beenden кончать ссору [перебранку]; es gab Zank zwischen ihnen между ними была ссора; sie lebten in ewigem Zank они жили в вечной ссоре; tu das nicht, sonst gibt es nur Zank und Streit не делай этого, иначе будут только споры да ссоры. **Auseinandersetzung** (сильное, острое) столкновение; Auseinandersetzungen zwischen Mann und Frau столкновения между мужем и женой; eine unerquickliche Auseinandersetzung mit j-m haben иметь неприятное столкновение с кем-л.; es kam zu einer militärischen Auseinandersetzung дело дошло до военного столкновения; wir hatten eine stürmische Auseinandersetzung у нас было бурное столкновение. **Auftritt** сцена; *напр.*: ein unangenehmer, heftiger Auftritt неприятная, бурная сцена; er hatte einen unliebsamen Auftritt mit seiner Frau у него была неприятная сцена с женой; es kam zu einem peinlichen Auftritt дело дошло до мучительной сцены; er wollte jeden Auftritt vermeiden он хотел избежать сцен; sie machte ihm einen häßlichen Auftritt она устроила ему отвратительную сцену; Auftritte waren ihm verhaßt он ненавидел сцены. **Entzweiung** размолвка, разрыв *часто в книжно-письменной речи*; *напр.*: seine Entzweiung mit der Familie wird immer größer его разрыв с семьей становится все больше; wie kam es zu der Entzweiung zwischen den beiden Freunden? что привело к размолвке между друзьями? **Reibungen** *тк. мн.* трения; *напр.*: internationale Reibungen международные трения; seit langem schon gab es Reibungen zwischen den beiden между ними уже давно были трения; er versucht jeder Reibung aus dem Wege zu gehen он стремится избежать каких бы то ни было трений. **Zerwürfnis** разлад; *напр.*: das Zerwürfnis begann vor Jahren разлад начался несколько лет тому назад; es kam zu einem Zerwürfnis zwischen ihnen дело дошло до разлада между ними. **Bruch** (*mit j-m, zwischen j-n*) разрыв (с кем-л., между кем-л.); *напр.*: sie stritten sich seit Jahren und es kam zu einem endgültigen Bruch zwischen ihnen они годами ссорились, и дело дошло до окончательного разрыва между ними. **Riß** *перен.* трещина; *напр.*: ihre Freundschaft hat einen Riß bekommen в их дружбе появилась трещина; der Riß in unserer Freundschaft hat sich vertieft трещина в нашей дружбе углубилась; die Risse im Bündnis wurden mühsam geklebt трещины в союзе были с трудом замазаны [склеены]. **Zwiespalt** (внутренний) разлад; *напр.*: der Zwiespalt zwischen Gefühl und Verstand разлад между чувством и разумом; in einen Zwiespalt geraten оказаться в разладе с самим собой; sich in einem Zwiespalt der Empfindungen befinden быть в состоянии разлада чувств; er versuchte vergeblich, aus dem Zwiespalt herauszukommen он тщетно старался выбраться из состояния внутреннего разлада. **Zwietracht** *высок.* раздор; *напр.*: unter ihnen herrscht offene Zwietracht между ними царит открытый раздор; er sät mit seinen Worten nur Zwietracht своими словами он сеет только раздор; man muß die Zwietracht beenden следует покончить с раздорами. **Hader** *тк. ед. высок.* вражда; *напр.*: mit j-m in Hader liegen быть в ссоре [вражде, распре] с кем-л.; Hader säen сеять вражду; allem Hader ein Ende machen покончить со всеми распрями; es gab viel Hader zwischen den Eheleuten много было споров между супругами; er suchte Hader mit seinem Vater он искал ссоры с отцом; der alte Hader der Religionen war endlich verstummt старая распря между религиями наконец утихла; er lebt in ewigem Hader mit allen он живет в вечной вражде со всеми. **Fehde** *высок.* распря; *напр.*: eine literarische, politische, persönliche Fehde литературная, политическая, личная распря; eine alte Fehde beenden кончить [прекратить] старую распрю [вражду]; mit j-m in Fehde liegen быть во вражде с кем-л. **Konflikt** *книжн.*; *напр.*: ein bewaffneter, militärischer, ideologischer Konflikt вооруженный, военный, идеологический конфликт; ein seelischer, innerer Konflikt душевный, внутренний конфликт; der Konflikt zwischen Pflicht und Neigung конфликт между обязанностями и склонностями; einen Konflikt auslösen, schüren, schlichten, beenden начинать, раздувать, смягчать, прекращать конфликт; in einen Konflikt eingreifen вмешаться в конфликт; in einen Konflikt geraten оказаться в конфликте; der Konflikt spitzt sich zu конфликт обостряется; die Regierung wünscht keinen Konflikt mit dem Nachbarland правительство не хочет конфликта с соседней страной; das bringt mich in einen schweren Konflikt mit meinem Gewissen это приведет меня к тяжкому конфликту с совестью. **Differenz** *б. ч. мн. книжн.* разногласия, расхождения во мнениях; *напр.*: scharfe, zunehmende, персональные, политические Differenzen острые, усиливающиеся, личные, политические разногласия; ernstliche Differenzen mit den Partnern серьезные разногласия с партнерами; zwischen den beiden gibt es ständige Differenzen между ними существуют постоянные разногласия; die Differenzen konnten beigelegt werden разногласия удалось уладить. **Diskrepanz** *книжн.* расхождение; *напр.*: eine starke, auffällige Diskrepanz большое, бросающееся в глаза расхождение; die Diskrepanz zwischen Theorie und Praxis расхождение между теорией и практикой; hier bestehen erhebliche Dis-

STREITBAR 457 STREITEN

krepanzen здесь существуют значительные расхождения; er fühlte deutlich die Diskrepanz zwischen Wunsch und Wirklichkeit он отчетливо ощущал расхождение между желаемым и действительным. **Ärger** *разг.* неприятный разговор, «выяснение отношений»; *напр.*: er ging keinem Ärger mit seiner Frau aus dem Wege он и не пытался избежать ссор со своей женой; zum Schluß hatten beide den täglichen Ärger miteinander satt в конце концов им надоело ежедневно выяснять отношения друг с другом. **Krakeel** *разг.* шумная ссора, шум; *напр.*: Krakeel machen, anfangen устроить, начать шумную ссору [шум]; zwischen den beiden gab es Krakeel wegen des Geldes между ними был шум из-за денег; was war der Anlaß für diesen Krakeel? что было поводом для этой шумной ссоры?; zu Hause gab es dauernd Krakeel дома часто бывали шумные ссоры. **Krach** *б. ч. ед. разг.* ссора, скандал; *напр.*: mit j-m Krach haben скандалить с кем-л.; Krach machen устроить скандал; zwischen den Brüdern kam es wegen des Autos zum Krach из-за машины между братьями дошло до скандала; willst du Krach mit deiner Schwester anfangen? ты что, хочешь начать скандал с сестрой? **Reiberei** *б. ч. мн. разг.* ≅ Reibung; *напр.*: zwischen den beiden gab es Reibereien между ними были трения; gewisse Reibereien sind unvermeidlich некоторые трения неизбежны. **Zänkerei** *разг.* ≅ Zank, *но подчеркивает, что ссора, перебранка носит продолжительный и неприятный характер*; *напр.*: diese Zänkerei habe ich schon über эта ругань надоела мне; die Zänkerei zwischen den Weibern dauert nicht weniger als eine Stunde ссора между женщинами длится не менее часу. **Stunk** *разг. пренебр.* склока, ссора; *напр.*: Stunk machen устроить склоку; es hat einen furchtbaren Stunk gegeben была ужасная ссора [склока]; mach keinen Stunk! не устраивай склоку! **Stänkerei** *разг.* склока, дрязги; *напр.*: ich habe die Stänkereien satt я сыт этими дрязгами; die ewigen Stänkereien mit den Kollegen, davon lebt er эти вечные склоки с товарищами по работе, вот чем он живет

streitbar воинствующий (*готовый спорить, вызывающий на спор*)
streitbar — aggressiv — streitsüchtig — zänkisch — zanksüchtig — händelsüchtig

streitbar *индифф. синоним*; *напр.*: ein streitbarer Mensch человек, готовый спорить, спорщик; eine streitbare Gesinnung haben быть воинствующим в своих убеждениях; sie gilt als sehr streitbar она слывет [заядлой] спорщицей; er ist streitbar он спорщик. **aggressiv** агрессивный; *напр.*: er ist sehr aggressiv он очень агрессивен; seid doch nicht alle so aggressiv und hört ihr erstmal zu! не нападайте же все так сразу, послушайте ее сначала!; sie muß immer gleich aggressiv werden она сразу становится агрессивной, она тут же переходит в наступление. **streitsüchtig** любящий спорить, задиристый; *напр.*: ein streitsüchtiger Mensch любящий спорить [задиристый] человек; sie ist streitsüchtig она любит спорить, она задиристая. **zänkisch** склочный, сварливый; *напр.*: ein zänkischer Mensch сварливый человек; ein zänkisches Weib сварливая баба; ein zänkischer Greis сварливый старик; er gilt als zänkisch он слывет склочником. **zanksüchtig** ≅ zänkisch, *но усиливает это значение*; *напр.*: eine zanksüchtige Frau склочная [сварливая] женщина; er ist zanksüchtig он очень склочный [сварливый]. **händelsüchtig** *уст. высок.* ищущий ссоры; *напр.*: ein händelsüchtiger Bursche тип, ищущий ссоры, скандальный парень; der Händelsüchtige sprang wütend auf задира, ищущий ссоры, вскочил, кипя от злости

streiten[1] спорить (*о чем-л.*)
streiten — bestreiten — polemisieren

streiten *индифф. синоним*; *напр.*: über ein Problem, über ein wissenschaftliches Thema streiten спорить о какой-л. проблеме, о научной теме; sie stritten über die Gleichberechtigung они спорили о равноправии; sie haben miteinander darüber gestritten, ob die Frage richtig gestellt war они спорили между собой о том, правильно ли (был) поставлен вопрос; darüber läßt sich streiten об этом можно поспорить. **bestreiten** оспаривать; *напр.*: eine Behauptung, eine These, j-s Worte bestreiten оспаривать утверждение, тезис, чьи-л. слова; etw. energisch, entschieden bestreiten оспаривать что-л. энергично, решительно; das kann niemand bestreiten это никто не может оспаривать; das läßt sich nicht bestreiten это нельзя оспорить; er bestritt diese Theorie mit allem Nachdruck он оспаривал эту теорию со всей настойчивостью; diese Tatsache hat noch nie jemand bestritten этот факт еще никто никогда не оспаривал. **polemisieren** *книжн.* полемизировать; *напр.*: über ein Problem, über ein wissenschaftliches Thema polemisieren полемизировать по [о] какой-л. проблеме, по [о] научной теме; die Wissenschaftler polemisieren über diese Methode schon jahrelang ученые полемизируют об этом методе годами; die beiden haben darüber mehr als einmal miteinander polemisiert оба они полемизировали об этом друг с другом.

streiten[2], **sich streiten** спорить (*из-за чего-л.; ссориться*)
(sich) streiten — sich zanken — sich überwerfen — sich zerstreiten — sich verzanken — sich entzweien — sich vereinigen — brechen — sich verfeinden — zerfallen — rechten — hadern — aneinandergeraten — anbinden — sich verkrachen — krakeelen

(sich) streiten *индифф. синоним*; *напр.*: (sich) mit j-m um [wegen] etw. streiten спорить с кем-л. из-за чего-л.; er hat sich mit seinem Freund wegen des Mädchens gestritten он поспорил [поссорился] с другом из-за девушки; er streitet sich mit seinem Bruder um das Erbteil он спорит с братом из-за наследства; sie streiten sich den ganzen Tag um nichts они спорят целый день из-за ничего; ich habe (mich) noch nie mit ihm gestritten я еще никогда с ним не спорила; müßt ihr (euch) denn immer streiten? что же вы все время [без конца] спорите?; warum streitet ihr den ganzen Tag? почему вы целый день спорите?; ich habe kein Lust zu streiten у меня нет желания спорить. **sich zanken** ссориться; *напр.*: sich mit j-m um etw. zanken ссориться с кем-л. из-за чего-л.; er zankt sich mit allen Leuten он со всеми ссорится; die Kinder zanken sich um das Spielzeug ребята ссорятся из-за игрушки; er hat sich mit seiner Frau heftig gezankt он сильно поссорился со своей женой; sie zanken sich schon wieder um nichts они снова ссорятся из-за ничего. **sich überwerfen** поссориться; *напр.*: sich mit j-m wegen etw. überwerfen поссориться с кем-л. из-за чего-л.; wir haben uns mit ihm überworfen мы с ним поссорились; ich habe mich mit ihm wegen der Finanzierung überworfen я поссорился с ними из-за ассигнований; die beiden haben sich wegen einer Kleinigkeit überworfen они поссорились из-за какой-то мелочи. **sich zerstreiten** ≅ überwerfen; *напр.*: sie haben sich zerstritten они поссорились; er hat sich mit mir zerstritten он поссорился со мной; wir sind miteinander zerstritten мы поссорились друг с другом. **sich verzanken** рассориться, быть в ссоре; *напр.*: wir haben uns verzankt мы рассорились; die beiden sind verzankt miteinander они в ссоре друг с другом. **sich entzweien** ≅ sich verzanken; *напр.*: er hat sich mit seiner Familie entzweit он рассорился со своей семьей; sie hat sich mit ihren Bekannten entzweit она рассорилась со своими знакомыми; du bist wohl mit der ganzen Welt entzwei ты, кажется, в ссоре со всем миром. **sich vereinigen** разойтись (во мнениях) и поссориться *употр. редко*; *напр.*: sie haben sich über dieses Problem vereinigt они разошлись во мнениях по этой проблеме; die Brüder haben sich vereinigt братья разошлись [поссорились]. **brechen** (*mit j-m*) порвать (с кем-л.); *напр.*: weil sie sich

STREITEN

auf keine Weise einigen konnten, haben sie miteinander gebrochen так как они никак не могли поладить, они порвали друг с другом. **sich verfeinden** стать врагами; *напр.*: sie haben sich verfeindet они стали врагами; ich bin mit ihm verfeindet мы с ним стали врагами; die beiden Länder waren seit langem verfeindet обе страны давно стали врагами; die beiden Nachbarn hatten sich wegen der Grenze ihrer Grundstücke verfeindet соседи стали врагами из-за границы между земельными участками. **zerfallen** *употр. тк. в конструкции* mit j-m, mit etw. zerfallen sein быть в ссоре с кем-л., быть не в ладу с чем-л.; *напр.*: er ist mit seinen Freunden zerfallen он в ссоре со своими друзьями; sie ist mit ihrer Familie zerfallen она в ссоре со своим семейством; er ist mit sich (und der Welt) zerfallen он не в ладу с самим собой (и со всем миром). **rechten** *высок.* вызывать на спор (*доказывая свое право на что-л.*); *напр.*: er rechtet mit seiner Frau um jeden Pfennig он рядится с женой из-за каждого пфеннига; mußt du mit uns wegen jeder Kleinigkeit immer rechten? что ты все воюешь с нами из-за каждой мелочи?; er rechtet mit Gott он ропщет на бога. **hadern** *высок.* не ладить, быть недовольным, роптать; *напр.*: er hadert mit seinem Schicksal он ропщет на свою судьбу, он не хочет покориться судьбе; er hadert mit Gott он ропщет на бога; sie hadern um die Erbschaft они враждуют из-за наследства. **aneinandergeraten** *разг.* столкнуться, сцепиться друг с другом; *напр.*: die beiden gerieten heftig aneinander они сцепились друг с другом; die Brüder sind gestern hart aneinandergeraten братья вчера сильно поцапались; wir beide werden noch mal aneinandergeraten мы еще с ним поспорим. **anbinden** *разг.* завязывать ссору; *напр.*: er wagte nicht, ihm anzubinden он не осмелился завязать с ним ссору. **sich verkrachen** *разг.* ≈ sich verzanken; *напр.*: er verkrachte sich mit seinen Kollegen он рассорился с товарищами по работе; wir haben uns neulich verkracht мы недавно рассорились; wir sind noch immer verkracht мы все еще в ссоре. **krakeelen** *разг.* скандалить, шуметь; *напр.*: die Nachbarn krakeelen schon wieder soseди снова скандалят [шумят]; er krakeelt jeden Tag mit seiner Frau он каждый день скандалит с женой; er krakeelt wegen jeder Kleinigkeit он скандалит из-за каждой мелочи

streiten³ *см.* kämpfen¹
Streiterei *см.* Streit²
Streitfrage *см.* Aufgabe²
streitig *см.* strittig
Streitigkeit *см.* Streit²
Streitkräfte *см.* Truppe
streitsüchtig *см.* aggressiv¹/streitbar

streng строгий
streng — unerbittlich — rigoros — straff — stramm — gestreng
streng *индифф. синоним*; *напр.*: ein strenger Lehrer, Vater, Richter, Kritiker строгий учитель, отец, судья, критик; ein strenger Befehl строгий приказ; eine strenge Erziehung, Kontrolle строгое воспитание, строгий контроль; j-m strenge Bettruhe, strenge Diät verordnen предписать кому-л. строгий постельный режим, назначить кому-л. строгую диету; etw. streng verbieten строго запретить что-л.; die Aufsätze der Schüler streng zensieren строго оценивать сочинения учеников; er ist streng gegen sich selbst und gegen andere он строг к себе и к другим; sie wurde streng erzogen ее воспитывали в строгости; es wurde in diesem Fall sehr streng verfahren в этом случае поступили очень строго; er bekam einen strengen Verweis он получил строгий выговор; sie hält sich streng an die Anweisungen она строго придерживается указаний; er behandelt das Thema streng wissenschaftlich он рассматривает тему строго научно. **unerbittlich** неумолимый; *напр.*: ein unerbittlicher Gesetz неумолимый закон; gegen j-n unerbittlich sein быть к кому-л. беспощадным; er blieb unerbittlich bei seinen Forderungen он оставался неумолимым в своих требованиях; es muß hier unerbittlich durchgegriffen werden здесь должны быть приняты беспощадные меры. **rigoros** очень строгий, суровый, непреклонный; *напр.*: eine rigorose Maßnahme строжайшая [суровая] мера; mit rigoroser Strenge с непреклонной строгостью; etw. rigoros verurteilen, verbieten сурово осудить, строжайше запретить что-л.; die Polizei griff gegen die Schmuggler rigoros durch полиция приняла строжайшие [суровые] меры против контрабандистов; er ist mir zu rigoros по мне, он чересчур уж суров. **straff** ≅ streng, *но употр. по отношению к тому, что должно следовать определенному принципу, порядку, закону и т. п.*; *напр.*: eine straffe Leitung строгое руководство; eine straffe Organisation строгая организация; man forderte die straffste Zentralisierung aller Bauarbeiten требовали строжайшей централизации всех строительных работ; alle mußten sich einer straffen Disziplin unterwerfen все должны были подчиняться строгой дисциплине. **stramm** ≅ streng, *но употр. тк. по отношению к дисциплине, режиму, воспитанию и т. п.*; *напр.*: stramme Zucht строгая [суровая] дисциплина, строгое [суровое] воспитание; die Jungen in der Familie wurden recht stramm erzogen мальчиков воспитывали в семье довольно строго [сурово]; er gab sich seinen Schülern gegenüber betont stramm он

STRICK

держался со своими учениками подчеркнуто строго. **gestreng** *уст.* = streng; *напр.*: eine gestrenge alte Dame строгая старая дама; er war ein gestrenger Vorgesetzter он был строгим начальником; sie machte ein gestrenges Gesicht она сделала строгое лицо

Strenge строгость
die Strenge — die Schärfe
Strenge *индифф. синоним*; *напр.*: unerbittliche Strenge неумолимая строгость; mit Strenge со строгостью; Strenge zeigen проявлять строгость. **Schärfe** подчеркнутая строгость чего-л., резкость; *напр.*: etw. in aller Schärfe sagen сказать что-л. со всей строгостью и резкостью; er bemerkte das ohne jede persönliche Schärfe он сказал это, не вкладывая в свое замечание никакой резкости

strenggläubig *см.* gläubig
streuen *см.* schütten¹
Strich¹ черта, штрих
der Strich — die Linie — der Zug
Strich *индифф. синоним*; *прям. и перен.*; *напр.*: ein dicker, dünner, feiner, sauberer Strich толстая, тонкая, изящная, аккуратная черта; Striche (mit dem Lineal) ziehen штриховать [линовать] (при помощи линейки); der Strich ist nicht gerade черта неровная; der Zeichner hat ihn mit wenigen schnellen Strichen skizziert художник [рисовальщик] набросал его портрет несколькими быстрыми штрихами; der Redner entwarf mit knappen Strichen ein Bild der wirtschaftlichen Entwicklung оратор несколькими скупыми штрихами обрисовал картину развития экономики. **Linie** линия; *напр.*: eine gerade, krumme, gebogene, gebrochene Linie прямая, кривая, изогнутая, ломаная линия; eine gepunktete, gestrichelte Linie пунктирная, штрихпунктирная линия; parallele Linien параллельные линии; eine Linie (mit dem Lineal) ziehen [zeichnen] провести линию (по линейке); die Linien sind nur schwach zu erkennen линии едва видны; er zieht es vor, auf Linien zu schreiben он предпочитает писать по линейкам. **Zug** *чаще перен.* черта, линия; *напр.*: etw. in kurzen, knappen, großen Zügen erklären, schildern объяснить, сообщить что-л. в кратких, сжатых, общих чертах; die Züge seiner Schrift verraten seinen Charakter линии его почерка выдают его характер; er unterschreibt in einem Zug он подписывается одним росчерком

Strich²: einen Strich durch die Rechnung machen *см.* vereiteln
Strick веревка
der Strick — das Seil — das Tau — die Leine — der Strang — der Bindfaden — die Schnur — der Spagat — die Strippe
Strick *индифф. синоним*; *напр.*: ein langer, dicker Strick длинная, толстая

STRICK веревка, длинный, толстый канат; der Strick hält, reißt веревка [канат] держит [не рвется], рвется; er verschnürte seinen Koffer mit einem festen Strick он перевязал свой чемодан крепкой веревкой; der Bauer führte die Ziege am Strick крестьянин вел козу на веревке; der Gefangene war mit Stricken gefesselt пленный был связан веревками; wenn es so weitergeht, nehme ich mir einen Strick! если так будет продолжаться, я повешусь!; im Hause des Gehängten soll man nicht vom Strick sprechen *посл.* в доме повешенного не говорят о веревке. **Seil** a) канат, трос; *напр.:* ein Seil spannen натянуть канат; beim Abschleppen des Wagens riß uns das Seil при буксировке машины у нас порвался трос; die schwere Last wurde schnell an einem Seil hochgezogen тяжелый груз быстро подняли вверх на канате; der Bergsteiger befestigte sein Seil альпинист закрепил канат; der Artist tanzte auf dem Seil цирковой артист ходил по канату; b) (бельевая) веревка; *напр.:* die Kinder springen über das Seil дети прыгают через веревку; nimm die Wäsche vom Seil, sie ist längst trocken сними белье с веревки, оно давно сухое. **Tau** корабельный канат; *спорт.* канат для лазанья; *напр.:* ein Tau zusammenrollen [aufwickeln, *мор. тж.* aufschießen] свернуть канат в бухту; ein Tau kappen разрубить канат; die Boote wurden mit Tauen fest angebunden лодки были прочно привязаны канатами; der Junge kletterte schnell am Tau мальчик быстро лез по канату; er hielt sich an den Tauen fest он крепко держался за снасти. **Leine** a) веревка для (сушки) белья, (бельевая) веревка; *напр.:* eine Leine spannen, abnehmen натянуть, снять веревку для белья; die Wäsche hing auf der Leine белье висело на веревке; sie nimmt die Wäsche von der Leine она снимает белье с веревки; b) поводок; *напр.:* einen Hund an der Leine führen вести собаку на поводке; nehmen Sie Ihren Hund an die Leine! возьмите собаку на поводок!; c) *мор.* линь, конец; *напр.:* die Leine aufschießen свернуть линь в бухту; »Leinen los!« hörte man das Kommando «Отдать концы!» — послышалась команда. **Strang** a) веревка виселицы; *напр.:* er wurde zum Tode durch den Strang verurteilt его приговорили к смертной казни через повешение; er ist längst reif für den Strang по нему уже давно веревка плачет; b) толстый канат, постромки; *напр.:* er zog kräftig am Strang, um die Glocke zu läuten он сильно потянул за канат, чтобы ударить в колокол; der Kutscher löste ein wenig die Stränge кучер немного ослабил постромки; wir ziehen alle an einem Strang *перен.* мы все в одной упряжке. **Bindfaden** тонкая веревка, бечевка; *напр.:* ein dicker, dünner Bindfaden толстая, тонкая бечевка; etw. mit Bindfaden verschnüren перевязывать что-л. бечевкой [шпагатом]; er hat den Sack mit einem Bindfaden zugebunden он завязал мешок бечевкой; der Bindfaden ist gerissen бечевка разорвалась; sie reichte ihm eine Rolle Bindfaden она подала ему моток бечевки. **Schnur** шнур; *напр.:* eine dünne, lange Schnur тонкий, длинный шнур; eine Schnur aufknoten [auseinanderwickeln], zusammenwickeln разматывать, сматывать шнур; das Paket war mit einer Schnur verschnürt пакет был перевязан шнуром; die Schnüre des Zeltes wurden fest angezogen шнуры палатки крепко натянули. **Spagat** *австр.* шпагат; *напр.:* einen Spagat um etw. wickeln обмотать что-л. шпагатом; er band den Sack mit Spagat fest zu он крепко завязал мешок шпагатом. **Strippe** *разг., особенно берл.* ≅ Schnur; *напр.:* ein Paket mit Strippe zubinden обвязать пакет веревочкой [шнурком]; sie hängt dauernd an der Strippe она все время висит на телефоне

Strickleiter *см.* Treppe
strikt *см.* genau¹
Strippe *см.* Strick
strittig спорный, оспариваемый
strittig — umstritten — anfechtbar — angreifbar — bestreitbar — streitig — kontrovers
strittig *индифф. синоним*; *напр.:* eine strittige Angelegenheit, Frage спорное дело, спорный вопрос; das strittige Territorium спорная территория; die strittige Geldsumme спорная сумма денег; der letzte Punkt der Tagesordnung ist noch strittig последний пункт повестки дня является еще спорным. **umstritten** ≅ strittig, *но подчеркивает, что что-л. является спорным потому, что еще недостаточно выяснено, установлено*; *напр.:* die Herkunft dieses Wortes ist umstritten происхождение этого слова спорно; das ist ein viel umstrittenes Problem это очень спорная [вызывающая много споров] проблема. **anfechtbar** уязвимый; *напр.:* eine anfechtbare Behauptung, Arbeit уязвимое утверждение, уязвимая работа; ein (юристиски) anfechtbarer Vertrag (юридически) уязвимый договор; seine Beweisführung war anfechtbar его манера доказательства была уязвима. **angreifbar** ≅ anfechtbar; *напр.:* ein angreifbarer Standpunkt уязвимая точка зрения; ein (juristisch) angreifbares Testament (юридически) уязвимое завещание; seine These war angreifbar его тезис был уязвим. **bestreitbar** редко оспоримый *иногда подчеркивает употребительный антоним* unbestreitbar неоспоримый; *напр.:* seine These ist bestreitbar его тезис оспорим; was du für unbestreitbar hältst, scheint mir bestreitbar zu sein то, что тебе кажется неоспоримым, мне представляется спорным. **streitig** спорный (*б. ч. в юридическом отношении*) *часто употр. в выражении* j-m etw. streitig machen оспаривать что-л. у кого-л.; *напр.:* eine streitige Angelegenheit (юридически) спорное дело; er machte seinem Bruder das Haus streitig он оспаривал у своего брата (право на) дом. **kontrovers** [-v-] *книжн.* ≅ strittig; *напр.:* eine kontroverse Frage спорный [вызывающий споры] вопрос; ein Problem kontrovers diskutieren обсуждать проблему с противоположных позиций.
Strohmann подставное лицо
der Strohmann — die **Marionette**
Strohmann *индифф. синоним*; *напр.:* einen Strohmann abgeben [machen] играть роль подставного лица; einen Strohmann schicken послать подставное лицо; er war nur der Strohmann он был лишь подставным лицом. **Marionette** марионетка; *напр.:* eine willenlose, unbedeutende Marionette безвольная, ничтожная марионетка; eine von den Kolonialherren als Staatsoberhaupt eingesetzte Marionette поставленная колонизаторами во главе государства марионетка; er ist nichts als eine Marionette seiner Herren он ничто иное как марионетка (в руках) своих хозяев.
Strolch *см.* Landstreicher
strolchen *см.* umherstreifen
Strom *см.* Fluß
strömen *см.* fließen
Stromer *см.* Landstreicher
stromern *см.* umherstreifen
strotzen изобиловать, быть переполненным
strotzen — wimmeln
strotzen *индифф. синоним*; *напр.:* vor [von] Energie, von [vor] Kraft, von [vor] Gesundheit strotzen быть полным энергии, сил, здоровья; er strotzt vor Lebensfreude он переполнен радостью жизни; der Aufsatz strotzt von Fehlern в сочинении полно ошибок; der See strotzt von Fischen озеро изобилует рыбой; в озере полным-полно рыбы; die Behausung strotzte von Schmutz жилье было все в грязи. **wimmeln** кишеть *часто употр. в безл. конструкции с местоимением* es; *напр.:* auf der Straße wimmelte es von Menschen на улице кишмя кишели люди; die Straße wimmelte von Menschen улица кишела людьми; hier wimmelt es von Ameisen здесь полно муравьев; der Käse wimmelte von Maden сыр кишел червями; die Arbeit wimmelt von Fehlern работа пестрит ошибками; in dem Buch wimmelt es von Druckfehlern книга кишит опечатками, в книге полным-полно опечаток.
Strumpf: in den Strumpf stecken *см.* sparen
Stube *см.* Zimmer
Stubenmädchen *см.* Hausangestellte
Stück¹ кусок (*съестного*)

STÜCK

das **Stück** — die **Scheibe** — die **Schnitte** — die **Stulle**

Stück *индифф. синоним; напр.:* ein großes, kleines, dickes, dünnes Stück большой, маленький, толстый, тонкий кусок; ein Stück Brot, Kuchen, Fleisch, Butter кусок хлеба, пирога, мяса, масла; ein Stück von etw. abschneiden отрезать от чего-л. кусок; etw. in Stücke schneiden разрезать что-л. на куски; sie gab ihm ein Stück Schokolade она дала ему кусок шоколада; er biß vom Apfel ein Stück ab он надкусил яблоко. **Scheibe** ломоть, ломтик; *напр.:* eine große, dicke, dünne Scheibe Brot большой, толстый, тонкий ломтик хлеба; eine Scheibe Wurst, Schinken ломтик колбасы, ветчины; sie schnitt einen Apfel in Scheiben она разрезала яблоко ломтиками; auf dem Teller lagen einige Scheiben Käse на тарелке лежало несколько ломтиков сыра. **Schnitte** ломоть хлеба, бутерброд; *напр.:* belegte Schnitten бутерброды (с колбасой, сыром *и т. п.*); er aß schnell eine Schnitte mit Wurst он наскоро съел бутерброд с колбасой. **Stulle** *разг., б. ч. сев.-нем., берл.* = Schnitte; *напр.:* eine Stulle abschneiden, mit Butter streichen, essen отрезать, намазать маслом, съесть кусок [ломоть] хлеба; der Junge hat schon wieder seine Stullen in der Schule nicht gegessen мальчик опять не съел в школе свои бутерброды; er hat Leberwurst, Käse auf der Stulle у него бутерброд с ливерной колбасой, с сыром

Stück[2] *см.* Schauspiel/Teil

studieren *см.* ansehen [2]/lernen/lesen I [1]/untersuchen

studiert *см.* gebildet

Stufe[1] ступень (развития)

die **Stufe** — die **Phase** — das **Stadium**

Stufe *индифф. синоним; напр.:* die erste Stufe des Baus первая стадия [очередь] строительства; von Stufe zu Stufe (in der beruflichen Entwicklung) steigen подниматься со ступени на ступень (в своей профессии); auf der obersten Stufe seiner Entwicklung ankommen дойти до высшей ступени своего развития; er hat alle Stufen der Entwicklung durchgemacht он прошел все стадии развития. **Phase** фаза; *напр.:* eine neue, kritische Phase новая, критическая фаза; die Verhandlungen sind in eine entscheidende Phase getreten переговоры вступили в решающую фазу; er verfolgte die einzelnen Phasen des Kampfes он следил за отдельными фазами [этапами] борьбы. **Stadium** стадия; *напр.:* die Verhandlungen sind in ein neues Stadium getreten переговоры вступили в новую стадию; er verfolgte alle Stadien seiner Entwicklung он проследил все стадии своего развития; im letzten Stadium der Krankheit fühlte er keine Schmerzen на последней стадии болезни он не чувствовал боли

Stufe[2] ступень(ка)

die **Stufe** — die **Sprosse** — der **Staffel**

Stufe *индифф. синоним; прям. и перен.; напр.:* eine breite, schmale, hohe, ausgetretene, steinerne Stufe широкая, узкая, высокая, стоптанная, каменная ступень(ка); die Stufen der Treppe, der Leiter, des Throns ступени лестницы, перекладины стремянки, ступени трона; die Stufen hinaufgehen [hinaufsteigen], hinuntergehen [hinuntersteigen] идти вверх [подниматься], идти вниз [спускаться] по лестнице; die Treppe hat zehn Stufen у лестницы десять ступенек; er steht auf der obersten Stufe des Ruhms он стоит на высшей ступени славы; er hat die höchste Stufe seiner Laufbahn erreicht он достиг высшей ступени своей карьеры. **Sprosse** ≅ Stufe, *но в прям. знач. обозначает тк. ступеньки, перекладины стремянки, приставной лестницы; напр.:* an der Leiter fehlen ein paar Sprossen у стремянки нет нескольких ступенек; eine Sprosse ist gebrochen сломана одна перекладина; er hat die höchste Sprosse seiner Laufbahn erreicht он достиг высшей ступени своей карьеры. **Staffel** *терр., б. ч. ю.-нем.* ≅ Stufe, *но употр. тк. как обозначение следующих друг за другом ступенек, уступов, ярусов; напр.:* ausgetretene Staffeln im Felsen протоптанные ступени в скале; von Staffel zu Staffel klettern лезть со ступени на ступень

Stufe[3] *см.* Niveau

Stulle *см.* Stück[1]

stumm[1] немой, безмолвный

stumm — **sprachlos** — **taubstumm**

stumm *индифф. синоним; напр.:* ein stummer Mensch немой человек; stumm werden, sein стать немым [онеметь], быть немым; er ist von Geburt an stumm он нем от рождения; das Kind ist stumm geboren ребенок родился немым; nach dem schweren Unfall wurde er stumm после несчастного случая он стал немым [онемел]; er ist stumm vor Schrecken он онемел от испуга ◇ Man versammelte sich, ohne daß es eine Order brauchte, im Schatten unter der Tragfläche, alle stumm, als wäre Sprechen in der Wüste strengstens verboten (*Frisch, »Homo faber«*) Все собрались без какого-либо распоряжения в тени под крылом самолета, безмолвные, как будто бы в пустыне строжайше запрещено говорить. **sprachlos** лишенный дара речи, онемевший *б. ч. употр. перен.; напр.:* eine sprachlose Kreatur бессловесное существо; vor Wut, vor Erstaunen sprachlos werden онеметь [лишиться дара речи] от ярости, от удивления; sie war sprachlos, als sie das hörte она лишилась дара речи, когда услышала это; sie sah ihn in sprachlosem Erstaunen an

STURZ

она смотрела на него с немым изумлением; sie hörten sprachlos vor Entsetzen zu они слушали, онемев от ужаса. **taubstumm** глухонемой; *напр.:* ein taubstummer Mensch глухонемой человек; er ist taubstumm von Geburt an он глухонемой от рождения; stell dich nicht taubstumm! не притворяйся глухонемым!

stumm[2] *см.* schweigend

Stümper *см.* Liebhaber[2]

stümpern *см.* arbeiten[1]

stumpf *см.* gleichgültig[1]

stumpfsinnig *см.* dumm[1]

stunden *см.* verlängern[1]

Stundung *см.* Aufschub

Stunk *см.* Streit[2]

stupid(e) *см.* dumm[1]

stur *см.* eigensinnig

Sturm *см.* Überfall/Unwetter

stürmen *см.* laufen[1]/überfallen[1]/wüten

stürmisch *см.* stark[2]

Sturz[1] падение, обвал

der **Sturz** — der **Einsturz** — der **Zusammensturz** — der **Zusammenbruch**

Sturz *индифф. синоним; напр.:* ein Sturz vom Pferd, mit dem Motorrad, aus dem Fenster падение с лошади, с мотоцикла, из окна; der Sturz des Barometers падение барометра; der Sturz der Börsenkurse падение курса акций на бирже; er hat sich bei dem Sturz schwer verletzt он сильно поранился при падении; man rechnete mit einem Sturz der Preise ожидали падения цен. **Einsturz**; *напр.:* der Einsturz eines Schachtes, eines Stollens обвал шахты, штольни; dem Einsturz nahe sein быть в аварийном состоянии (*о строении и т. п.*); etw. zum Einsturz bringen обвалить [снести] что-л.; im Falle eines lokalen Einsturzes des Abbaustollens ist ein Fluchtweg vorhanden на случай местного обвала забоя есть запасный выход; die Wand zeigte große Risse, so daß der Einsturz drohte в стене были такие большие трещины, что угрожал обвал; das Haus steht kurz vor dem Einsturz дом скоро обвалится. **Zusammensturz** обрушение, разрушение; *напр.:* der Zusammensturz der verwitterten Gewölbe war nicht zu vermeiden разрушения ветхого свода нельзя было избежать; da der Zusammensturz der Mauer drohte, mußten die Ausgrabungen beschleunigt werden так как стена грозила обрушиться, раскопки пришлось ускорить; dieser Baufehler könnte zu einem Zusammensturz des ganzen Gebäudes führen эта ошибка при строительстве могла бы привести к тому, что все здание обрушилось бы. **Zusammenbruch** *горн.* обвал, обрушение выработок; *напр.:* es drohte der Zusammenbruch des ganzen Abbaustollens существовала угроза обвала всего забоя

Sturz[2] падение, крах

der Sturz — der Zusammenbruch — der Zusammensturz — das Fiasko — der Krach

Sturz *индифф. синоним; напр.:* der Sturz der Monarchie падение монархии; der Sturz einer Regierung свержение [падение, крах] правительства; der aussichtslose Krieg hatte den Sturz der Regierung zur Folge следствием безнадежной войны было падение правительства; nach diesem Krach war sein Sturz unvermeidlich после этого скандала его падение было неизбежным; der Sturz des Kabinetts war nur noch eine Frage einiger Tage падение кабинета было вопросом всего нескольких дней. **Zusammenbruch** крушение, крах; *напр.:* ein politischer, wirtschaftlicher Zusammenbruch политическое, экономическое крушение; der Zusammenbruch der Bank war nicht aufzuhalten банкротство [крах] банка нельзя было остановить; das führte zum Zusammenbruch der Firma это привело к краху фирмы; Überarbeitung und familiäre Sorgen trugen zu seinem Zusammenbruch bei перегрузка в работе и семейные неприятности способствовали истощению его нервной системы [тому, что он сломался]. **Zusammensturz** *редко* ≅ Zusammenbruch, *но не употр. по отношению к лицам, организму и т. п.; напр.:* nach dieser Krise war der Zusammensturz des ganzen wirtschaftlichen Systems nicht zu vermeiden после такого кризиса крушения всей экономической системы нельзя было избежать. **Fiasko** фиаско; *напр.:* ein Fiasko erleben [erleiden] потерпеть фиаско; er erlebte mit seinem Theaterstück ein Fiasko он провалился со своей пьесой; die Firma erleidet ein Fiasko nach dem anderen фирма терпит одно фиаско за другим; die Verhandlungen endeten mit einem Fiasko переговоры окончились полным провалом. **Krach** *разг.* крах; *напр.:* ein Krach an der Börse крах на бирже; die Bank stand vor einem Krach банк был на грани краха; das Buch behandelt den großen Krach der siebziger Jahre des vorigen Jahrhunderts в книге речь идет о большом кризисе [экономическом крахе] семидесятых годов прошлого века.

stürzen *см.* absetzen²/fallen¹, ²/laufen¹/umwerfen

Stuß *см.* Dummheit

Stütze опора *прям. и перен.;* подпорка, поддержка

die **Stütze** — der **Halt** — die **Unterstützung** — der **Rückhalt**

Stütze *индифф. синоним; напр.:* die Stützen der Wäscheleine опоры [столбы] для привязывания бельевой веревки; etw. mit Stützen versehen устанавливать подпорки для чего-л., подпирать что-л. (подпорками); die Stütze seines Alters опора его старости; die Stützen des Staates опора [устои] государства; der Pfeiler dient der Mauer als Stütze столб служит опорой для стены; er ist eine große Stütze für seinen Vater он хорошая опора своему отцу; er hat eine (feste) Stütze an ihm он имеет в нем (твердую) опору [поддержку]. **Halt** опора, упор; *напр.:* ein fester Halt прочная опора; der einzige Halt единственная опора; innerer, moralischer Halt внутренняя, моральная опора; (nach einem) Halt suchen искать опору (*для руки, ноги*); einen Halt an j-m haben иметь в ком-л. опору; der Bergsteiger gewann mit den Füßen an der Felswand keinen Halt альпинист не мог найти на скале опору для ног; er verlor den Halt und fiel hin он потерял опору и упал; das Bücherregal hat so zuwenig Halt так книжная полка не будет держаться; er ist ein Mensch ohne jeglichen Halt он человек без всяких устоев; sie fand bei ihm keinen Halt она не нашла у него поддержки. **Unterstützung** поддержка (*помощь, сочувствие*); *напр.:* uneingeschränkte, bedingungslose Unterstützung неограниченная, безусловная поддержка; j-m seine Unterstützung zusagen обещать кому-л. свою поддержку; du kannst auf meine Unterstützung rechnen можешь рассчитывать на мою поддержку; sie bat ihn um Unterstützung она просила у него поддержки; er versagte ihnen seine Unterstützung он отказал им в своей поддержке; bei wem hoffst du, Unterstützung zu finden? у кого ты надеешься найти поддержку? **Rückhalt** опора, поддержка *подчеркивает, что поддержка придает надежность, уверенность и т. п.; напр.:* ein finanzieller, moralischer Rückhalt финансовая, моральная поддержка; einen Rückhalt brauchen, bieten нуждаться в поддержке, оказать поддержку; einen Rückhalt finden, verlieren найти, утратить поддержку; er hat in seiner Familie einen starken Rückhalt он имеет в семье крепкую поддержку; ich habe keinen Rückhalt an ihm он мне не опора

stutzen *см.* wundern, sich

stützen¹ поддерживать, подпирать

stützen — tragen

stützen *индифф. синоним; напр.:* Säulen stützen das Gewölbe колонны поддерживают [несут] свод; das баufällige Haus muß gestützt werden ветхий дом следует подпереть; der Kranke wurde im Bett aufgesetzt und mit Kissen gestützt больного посадили в постели и обложили подушками. **tragen** нести, выдерживать тяжесть; *напр.:* das Dach wird von Säulen getragen колонны несут [держат] крышу; das Eis trägt schon лед уже держит

stützen² упирать (*что-л. во что-л., обо что-л.*)

stützen — stemmen

stützen *индифф. синоним; напр.:* er stützte die Ellenbogen auf den Tisch он уперся локтями [облокотился] об стол; sie stützte die Arme in die Hüften она подбоченилась; die Frau saß da, den Kopf in die Hände gestützt женщина сидела, подперев голову руками. **stemmen** тяжело, с силой упирать; *напр.:* er stemmte die Ellenbogen auf den Tisch он с силой уперся локтями в стол, он тяжело облокотился об стол; sie stemmte die Fäuste in die Hüften und sah ihn empört an она уперла руки в боки и возмущенно смотрела на него

stützen, sich *см.* beziehen, sich

Stutzer *см.* Geck

subaltern *см.* untergeordnet¹

Subordination *см.* Unterordnung

Subvention *см.* Unterstützung¹

Suche: auf der Suche sein, auf die Suche gehen *см.* suchen¹

suchen¹ искать

suchen — auf der Suche sein — auf die Suche gehen — sich umsehen — sich umschauen — fahnden — sich umtun

suchen *индифф. синоним; напр.:* er sucht ein Buch, das er verlegt hat он ищет книгу, которую куда-то положил; er suchte fieberhaft in allen Taschen nach dem Schlüssel он лихорадочно искал во всех карманах ключ; er sucht eine neue Stellung он ищет новое место (работы); der Verbrecher wird polizeilich gesucht преступника ищет полиция; er suchte nach einem Bundesgenossen он искал союзника; Haushaltshilfe gesucht ищу домработницу (*объявление в газете*). **auf der Suche sein** заниматься поисками; *напр.:* er ist auf der Suche nach einer Wohnung он ищет квартиру, он занят поисками квартиры; ich bin eben auf der Suche nach dir я как раз ищу тебя. **auf die Suche gehen** отправиться на поиски, идти искать; *напр.:* er ging auf die Suche nach einer Unterkunft он отправился на поиски пристанища; ich gehe auf die Suche nach Hans пойду поищу Ганса. **sich umsehen, sich umschauen** подыскивать что-л. (более) подходящее, нужное; *напр.:* er sah sich bald nach einer anderen Arbeit он скоро стал искать другую (более подходящую) работу; sie hat sich nach einem passenden Geschenk für ihn umgesehen она искала для него подходящий подарок; der Chef sieht sich nach einer neuen Sekretärin um шеф подыскивает себе новую секретаршу; ich will mich heute in der Stadt umsehen, ob ich passende Knöpfe finde я хочу сегодня побегать по городу, может найду подходящие пуговицы; er hat sich nach einer neuen Stellung umgeschaut он искал себе новое место (работы); wir haben uns nach einem Nachtquartier umgeschaut мы искали место для ночлега. **fahnden** проводить розыск, разыскивать (*особенно преступника или что-л., пропавшее при неясных* обстоятельствах); напр.: die Polizei fahndet nach einem Dieb, nach einem Verbrecher полиция разыскивает вора, преступника; man fahndet nach dem gestohlenen Wagen разыскивают угнанную машину; ich habe in allen Buchhandlungen nach dieser Ausgabe gefahndet я разыскивал это издание во всех книжных магазинах; er fahndete nach den Zusammenhängen zwischen diesen zwei Vorfällen он настойчиво искал связи между этими двумя случаями. sich umtun разг. подыскивать, разузнавать (наводя справки о чем-л., о ком-л.); напр.: sie hat sich nach einer neuen Hausgehilfen umgetan она подыскивала новую домработницу; er hat sich nach einer Auslandsreise umgetan он разузнавал о путевке для туристической поездки за границу; hast du dich nach Konzertkarten umgetan? ты узнавал насчет билетов на концерт? (пытался их достать)

suchen² искать (в книге и т. п.)
suchen — nachschlagen — nachsehen — nachlesen

suchen индифф. синоним; напр.: eine Stelle im Buch suchen искать какое-л. место в книге; ich suchte nach einem passenden Zitat im »Faust« я искал подходящую цитату в »Фаусте«; ich suchte und blätterte lange, konnte aber das nötige Wort nicht finden я долго искал и листал (книгу, словарь и т. п.), но не мог найти нужное слово. nachschlagen искать в справочной литературе; напр.: in einem Lexikon nachschlagen искать в энциклопедии; ich mußte lange nachschlagen, bis ich das Zitat fand мне пришлось долго искать, пока я не нашел эту цитату; hast du diese Wörter im Wörterbuch nachgeschlagen? а ты искал эти слова в словаре? nachsehen (по)смотреть, (по)искать (в словаре, книге и т. п.); напр.: ich muß nachsehen, wie das Gedicht genau lautet надо посмотреть, как точно звучит текст стихотворения; ich habe diese Stelle im Buch nachgesehen, das Zitat ist richtig я отыскал это место в книге, цитата правильная. nachlesen отыскать и прочитать, перечитать; напр.: im Gesetzbuch den genauen Wortlaut des Gesetzes nachlesen отыскать и прочитать в своде законов точный текст закона; darüber kannst du im Lexikon nachlesen об этом ты можешь прочитать в энциклопедии; ich muß das noch einmal nachlesen, um dir eine genaue Auskunft geben zu können я должен это отыскать и еще раз перечитать, чтобы дать тебе точный ответ

suchen³ см. versuchen¹
Sucht см. Neigung¹
summen см. singen
Sumpf болото
der Sumpf — das Moor — der Morast — der Pfuhl

Sumpf индифф. синоним; напр.: ausgedehnte Sümpfe болота, занимающие большую площадь; einen Sumpf entwässern [trockenlegen, austrocknen] осушать болото; in einen Sumpf geraten прям. и перен. попасть в болото [в трясину]; im Sumpf versinken [untergehen] прям. и перен. гибнуть в болоте [в трясине]; der Wagen ist im Sumpf steckengeblieben машина застряла в трясине; er ist im Sumpf der Großstadt untergegangen его засосала трясина (пороков) большого города □ Unter uns immer noch Sümpfe, seicht und trübe... (Frisch, »Homo faber«) Под нами все еще болота, мелкие и мутные... Moor большое (торфяное) болото, болотистая местность; напр.: ein weites, schilfreiches, gefährliches Moor широкое, заросшее тростником, опасное болото; das Moor trockenlegen, abbrennen, urbar machen осушать болотистую местность, выжигать, распахивать торфяник; im Moor steckenbleiben, versinken, umkommen застрять, утонуть, погибнуть в болоте; das ganze Gebiet mit allen Wäldern, Sümpfen und Mooren wurde zum Naturschutzgebiet erklärt вся область со всеми лесами, болотами и топями была объявлена заповедником; er kennt den Weg durch das Moor он знает дорогу через болото. Morast болотистое, топкое место; трясина, топь; напр.: ein zäher, schwarzer, tiefer Morast вязкая, черная, глубокая трясина; im Morast steckenbleiben, versinken застревать, тонуть в трясине; durch den anhaltenden Regen hatte sich die Straße in einen Morast verwandelt из-за продолжительных дождей дорога превратилась в топь [в трясину]; das Auto blieb im Morast stecken машина застряла в грязи [на топком месте] □ ...das moderne Mexiko, die City mit ihren schlechten und guten Hochhäusern, steht buchstäblich auf einem Morast (Frisch, »Stiller«) ...современный Мехико, город с плохими и хорошими высотными домами, стоит буквально на трясине. Pfuhl топкая, грязная лужа, топь; напр.: ein schwarzer, morastiger Pfuhl черная, топкая лужа; die vom Schmelzwasser aufgeweichte Straße war ein einziger Pfuhl дорога, размытая талой водой, превратилась в сплошную топь; sie verkam im Pfuhl der Großstadt уст. перен. ее затянуло в омут большого города

sündigen см. vergehen, sich
Supermarkt см. Geschäft¹
Surrogat см. Ersatz¹
suspekt см. zweifelhaft¹
suspendieren см. entlassen
süß сладкий

süßlich — süß — übersüßt — zuckersüß — honigsüß — übersüß

Синонимы данного ряда расположены по степени возрастания выражаемого признака

süßlich сладковатый; напр.: ein süßlicher Geschmack, Beigeschmack, Geruch сладковатый вкус, привкус, запах; leicht süßlich riechen [duften] пахнуть слегка сладковато; die erfrorenen Kartoffeln schmecken süßlich мерзлая картошка сладковата на вкус; das Parfüm ist mir zu süßlich эти духи кажутся мне слишком приторными. süß индифф. синоним; напр.: süße Speisen сладкие блюда; süße Trauben, Mandeln сладкий виноград, миндаль; süße Kirschen черешня; süßer Wein сладкое вино; er ißt gern süße Sachen он любит сладости; der Kuchen ist mir zu süß пирог слишком сладкий для меня; das schmeckt widerlich süß это имеет противно сладкий вкус. übersüßt переслащенный, слишком сладкий; напр.: der Kuchen ist übersüßt пирожное слишком сладкое; der Kaffee ist übersüßt кофе переслащен [слишком сладкий]. zuckersüß сладкий как сахар; напр.: zuckersüße Trauben виноград, сладкий как сахар; die Erbsen waren zuckersüß горошек был сладкий как сахар. honigsüß сладкий как мед; напр.: honigsüße Weintrauben виноград, сладкий как мед. übersüß редко приторный, приторно-сладкий; напр.: der Kaffee ist übersüß кофе приторный; übersüße Kuchen mag ich nicht приторные пирожные я не люблю

süßen подслащивать
süßen — zuckern — versüßen — übersüßen

süßen индифф. синоним; напр.: Speisen, Getränke süßen подслащивать еду, питье; mit Honig, mit Zucker süßen подслащивать медом, сахаром; der Saft ist gesüßt сок подслащен; der Kaffee ist nicht gesüßt кофе не сладкий; sie süßten den Tee mit Zucker они положили в чай сахар. zuckern подслащивать, посыпать сахаром; напр.: sie zuckerte die Erdbeeren она посыпала землянику сахаром; er zuckert alle Speisen он подслащивает сахаром все блюда; die Schlagsahne ist nicht gezuckert сбитые сливки не подслащены сахаром. versüßen ≈ süßen, но чаще употр. в перен. значении; напр.: etw. Saures, Bitteres versüßen подслащивать что-л. кислое, горькое; j-m eine bittere Pille versüßen перен. подсластить кому-л. горькую пилюлю; sie versüßte die Sauermilch mit Zucker она подсластила простоквашу сахаром; er wollte ihm die unangenehme Pflicht irgendwie versüßen он хотел каким-нибудь образом подсластить ему эту неприятную обязанность; willst du dir damit das Leben versüßen? ты хочешь этим подсластить себе жизнь? übersüßen редко пересластить; напр.: paß auf, daß der Pudding nicht übersüßt wird следи, чтобы не пересластить пудинг

süßlich¹ слащавый
süßlich — salbungsvoll — zuckersüß — honigsüß

SÜSSLICH

süßlich *индифф. синоним; напр.*: ein süßliches Lächeln слащавая улыбка; ein süßlicher Mensch слащавый человек; eine süßliche Miene machen сделать умильное лицо; er ist mir zu süßlich по-моему, он слишком слащавый; seine süßlichen Redereien sind mir zuwider его слащавые разглагольствования противны мне. **salbungsvoll** елейный; *напр.*: salbungsvolle Reden елейные речи; salbungsvoll reden говорить елейно; er ist ein salbungsvoller Mensch он лицемер; sie hörte seinen salbungsvollen Worten gern zu она охотно слушала его елейные речи. **zuckersüß** приторный; *напр.*: ein zuckersüßes Lächeln приторная улыбка; er versuchte, sie mit zuckersüßen Reden irrezuführen он пытался обмануть ее приторными речами. **honigsüß** медоточивый, медовый; *напр.*: er sprach mit honigsüßer Stimme он говорил медовым голосом; ihre honigsüßen Versprechungen konnten niemand irreführen ее медоточивые обещания никого не могли обмануть

süßlich² *см.* süß
Symbol *см.* Sinnbild
Sympathie¹ симпатия
die **Sympathie** — das **Verständnis**

Sympathie *индифф. синоним; напр.*: j-m, einer Sache viel [große], wenig [geringe] Sympathie entgegenbringen относиться к кому-л., к какому-л. делу с большой, с небольшой симпатией; Sympathie für j-n, für etw. haben симпатизировать кому-л., чему-л.; er zeigte viel Sympathie für ihre Sache он обнаружил большое сочувствие их делу; seine Sympathie war auf der Seite der Bauern его сочувствие было на стороне крестьян; dieser Plan hat meine volle Sympathie этот план пользуется полным сочувствием с моей стороны; ich habe wenig Sympathie für ihn он мне мало симпатичен. **Verständnis** понимание; *напр.*: j-m, einer Sache viel, großes Verständnis entgegenbringen [für j-n, für etw. viel, großes Verständnis aufbringen] относиться к кому-л., к какому-л. делу с полным, с большим пониманием; du kannst bei ihm auf Verständnis rechnen ты можешь рассчитывать на понимание с его стороны; der Lehrer bringt seinen Schülern viel Verständnis entgegen учитель относится к своим ученикам с полным пониманием; er zeigte großes Verständnis für die Sorgen der Bauern он проявил большое понимание нужд и забот крестьян; er hat kein Verständnis für sie он ее не понимает

Sympathie² *см.* Gunst ¹/Liebe
sympathisch¹ *см.* angenehm ¹/«Приложение»
sympathisch²: sympathisch sein *см.* gefallen
Symptom *см.* Merkmal
systematisch *см.* planmäßig

T

Tadel выговор, порицание
der **Tadel** — die **Mißbilligung** — das **Mißfallen** — die **Rüge** — der **Verweis** — die **Schelte** — die **Scheltworte** — der **Rüffel** — der **Anschnauzer** — der **Anschiß**

Tadel *индифф. синоним; напр.*: ein schwerer, (un)berechtigter, versteckter, milder, strenger Tadel суровое, (не)заслуженное порицание, завуалированный, мягкий, строгий выговор; ein (un)gerechter, notwendiger Tadel (не)справедливый, необходимый упрек; einen Tadel aussprechen высказать порицание, сделать выговор; einen Tadel verdienen, bekommen заслужить порицание, получить выговор; er nahm den Tadel gleichmütig hin он воспринял выговор равнодушно; dein Tadel berührt mich nicht то, что ты порицаешь меня, меня не задевает □ So vieles dem Meister an seinem Schüler mißfiel, so manchen Tadel er ihm spendete... über den Johannes sagte er ihm nie ein Wort (*Hesse, »Narziß«*) Хотя многое не нравилось мастеру в своем ученике, как бы много упреков он ему ни делал... об Иоанне он не сказал ему ни слова. ...Schuhe und Handschuhe und alles, was zu einer Dame gehört, waren ohne jeden Tadel (*Kellermann, »Totentanz«*) ...туфли, перчатки — все, что отличает даму, было безупречно. **Mißbilligung** неодобрение; *напр.*: seine Mißbilligung zu erkennen geben дать понять свое неодобрение; seine Mißbilligung ausdrücken выразить свое порицание; ich muß Ihnen meine Mißbilligung für Ihre voreiligen Beschlüsse aussprechen я должен высказать вам свое неодобрение в связи с вашими поспешными решениями. **Mißfallen** неудовольствие; *напр.*: etw. erregt j-s Mißfallen что-л. вызывает чье-л. неудовольствие; sein Mißfallen über etw. zeigen, äußern показать, выразить свое неудовольствие чем-л.; seine Ansichten lösten bei den Verwandten nur Mißfallen aus его взгляды вызвали у родственников только [одно] неудовольствие; das Publikum äußerte unmißverständlich sein Mißfallen публика недвусмысленно выражала свое неудовольствие. **Rüge** выговор; *напр.*: eine scharfe, strenge, ernste, deutliche Rüge резкий, строгий, серьезный, недвусмысленный выговор; eine Rüge wegen unentschuldigten Fehlens, wegen Zuspätkommen выговор за отсутствие без разрешения [без уважительной причины], за опоздание; eine Rüge bekommen, erteilen получить, сделать [объявить] выговор; er erhielt eine Rüge für sein Versehen он получил выговор за свой недосмотр [за свою оплошность] □ Er wurde entlassen, ohne Rüge, doch mit dem vorläufigen Verbot, den Kran-

TADELLOS

ken aufzusuchen (*Hesse, »Narziß«*) Он был отпущен без выговора, однако с временным запретом навещать больного. **Verweis** замечание, предупреждение; *напр.*: ein milder, strenger Verweis мягкое, строгое предупреждение; einen Verweis bekommen, erteilen получить, сделать [объявить] предупреждение; man bestrafte den Ingenieur mit einem Verweis инженеру поставили на вид □ »Es war nicht der letzte, sondern mein erster Verweis in meiner sechsjährigen Betriebszugehörigkeit«, warf Conny ungefragt ein (*Hirsch, »Das Präkollektiv«, Wp 27/1973*) «Это было не последнее, а первое замечание, полученное мною за шесть лет работы на предприятии», — вмешался Конни. **Schelte** *б. ч. ед.* ругань (*громкое порицание, часто обращенное к ребенку*); *напр.*: Schelte bekommen быть выруганным; wenn du das tust, gibt es Schelte если ты это сделаешь, будут ругаться. **Scheltworte** *мн.* брань; *напр.*: schon von weitem hörte ich ihre lauten Scheltworte уже издали я услышал, что она громко бранит кого-то. **Rüffel** *разг.* ≃ Tadel; *напр.*: j-m einen Rüffel erteilen сделать кому-л. выговор; er hat einen Rüffel bekommen он получил нахлобучку; er mußte einen Rüffel einstecken ему пришлось проглотить выговор. **Anschnauzer** ≃ Rüffel, *но предполагает более резкую форму выговора*; *напр.*: er hat einen mächtigen Anschnauzer bekommen он получил нагоняй. **Anschiß** *груб. разнос*; *напр.*: j-m einen kräftigen Anschiß verpassen устроить кому-л. сильный разнос; er mußte einen Anschiß einstecken он схлопотал втык (*и ему пришлось примириться с этим*)
tadelfrei *см.* tadellos
tadellos безупречный, безукоризненный

tadellos — untad(e)lig — tadelfrei — untadelhaft — einwandfrei — fehlerlos — fehlerfrei — korrekt — fleckenlos — unbefleckt — unbescholten — makellos — tipptopp

tadellos *индифф. синоним; напр.*: eine tadellose Arbeit безупречная [безукоризненная] работа; tadelloses Benehmen безупречное поведение; er benimmt sich tadellos он ведет себя безупречно [безукоризненно]; der Anzug sitzt tadellos костюм сидит безукоризненно; er spricht tadellos englisch он безукоризненно говорит по-английски □ Ihre Uniformen waren tadellos, ihre Waffen sauber... (*Remarque, »Zeit zu leben«*) Форма на них была безукоризненна, их оружие начищено... »Wir haben heute ein tadelloses Wiener Schnitzel«, sagte der Marabu (*ebenda*) «Сегодня у нас безукоризненный венский шницель», — сказал Марабу. ...was nützt es mir, daß von 1000 Flügen, die ich mache, 999 tadellos verlaufen?.. (*Frisch, »Homo faber«*) ...что мне с того, что из

TADELLOS

тысячи моих полетов 999 проходят безупречно?.. **untad(e)lig** ≅ tadellos, *но употр. реже и менее эмоционально;* *напр.:* untad(e)liges Benehmen, Leben, Qualität безупречное поведение, безупречная жизнь, безупречное качество; er hat sich untad(e)lig geführt он вел себя безукоризненно; er war untad(e)lig gekleidet он был одет безупречно; er ist ein untad(e)liger Mensch он безупречный человек. **tadelfrei** не дающий повода для упрека, порицания; *напр.:* ein tadelfreies Verhalten безупречное поведение; seine Arbeit tadelfrei machen делать свою работу безукоризненно. **untadelhaft** *устаревает* ≅ untadelig; *напр.:* er benimmt sich untadelhaft он ведет себя безупречно. **einwandfrei** ≅ tadellos, *но подчеркивает объективность констатации того, что что-л. безупречно по качеству, что недостатков нельзя обнаружить при проверке, испытании и т. п.;* *напр.:* eine einwandfreie Ware безупречный товар; ein einwandfreies Deutsch безупречный немецкий язык; etw. einwandfrei tun, aufsagen, vorsingen сделать, продекламировать, спеть что-л. безупречно; die Maschine arbeitet einwandfrei машина работает безупречно; er hat das Buch in einem einwandfreien Zustand abgeliefert он сдал книгу в безупречном состоянии; er hat sich einwandfrei benommen он вел себя безупречно. **fehlerlos** a) без ошибок (*и поэтому безукоризненный*); *напр.:* er hat eine fehlerlose Arbeit abgeliefert он сдал безукоризненную работу; sie spricht ein fehlerloses Französisch она говорит на безукоризненном французском языке; b) без изъянов (*и поэтому безукоризненный*); *напр.:* ein fehlerloses Gebiß зубы в безукоризненном состоянии (*красивой формы и совершенно здоровые, без пломб и т. п.*); er glaubt fehlerlos zu sein он думает, что он без недостатков. **fehlerfrei** = fehlerlos; *напр.:* er hat eine fehlerfreie Arbeit geleistet он сдал безукоризненную работу. **korrekt** корректный, безукоризненный (*в силу полного соответствия с нормой*); *напр.:* sich korrekt kleiden одеваться безукоризненно (*именно так, как нужно*); er hat vollkommen korrekt gehandelt он действовал абсолютно корректно; seine Krawatte sitzt nicht korrekt его галстук повязан не безукоризненно; er machte eine korrekte Verbeugung он корректно поклонился □ Nun war ja K. an dem allen unschuldig, die Schuld traf Schwarzer, aber Schwarzer war der Sohn eines Kastellans, und äußerlich hatte er sich ja korrekt verhalten, man konnte es also nur K. vergelten lassen (*Kafka, »Das Schloß«*) Только ведь К. во всем этом не был виноват, вина падала на Шварцера, но Шварцер был сыном кастеляна, и внешне он вел себя абсолютно кор-

ректно, поэтому поплатиться за это мог один только К. **fleckenlos** незапятнанный; *напр.:* seine Personalakte ist fleckenlos его анкета не запятнана. **unbefleckt** *уст.* беспорочный, *напр.:* er hat eine unbefleckte Vergangenheit у него незапятнанное прошлое. **unbescholten** с безупречной репутацией; *напр.:* sie galt allgemein als eine unbescholtene Dame она повсюду считалась дамой с безупречной репутацией; der Angeklagte war ein bisher unbescholtener junger Mann обвиняемый был молодой человек с до сих пор безупречной репутацией. **makellos** *книжн.* ≅ tadellos; *напр.:* eine makellose Haut безупречная кожа; makellose Hände безупречные руки; das Tischtuch ist makellos rein скатерть безупречно чистая; sie ist makellos schön она безупречно красива; er hat einen makellosen Ruf у него безупречной репутации; sie führt ein makelloses Leben ее образ жизни безупречен; seine Führung war makellos его поведение было безупречным. **tipptopp** *разг.* ≅ tadellos (*атрибутивно не употр.*); *напр.:* das Zimmer ist wieder tipptopp комната опять что надо [в полном порядке]; deine Arbeit ist wirklich tipptopp твоя работа, действительно, высший класс; er ist tipptopp gekleidet он одет что надо □ Ivy fand mich tipptopp (*Frisch, »Homo faber«*) Айви нашла, что я в порядке

tadeln порицать

tadeln — rügen — zurechtweisen — mißbilligen — bemängeln — beanstanden — kritisieren — verpönen — monieren — heruntermachen — herunterputzen — verreißen

tadeln *индифф. синоним;* *напр.:* er tadelte sie wegen ihres Leichtsinns он осуждал [бранил] ее за ее легкомыслие; wir tadeln ihn für seine Faulheit мы ругаем его за лень; ich tadle andere nicht gern я не люблю бранить других; wer kann sie dafür tadeln? кто же осудит ее за это?; er findet an allem etwas zu tadeln он во всем найдет, что ругать □ Er konnte sich nicht erklären, woher auf einmal seine Empfindlichkeit rührte, dieses verstärkte Gefühl, zu Unrecht getadelt worden zu sein (*Heiduczek, »Abschied von den Engeln«*) Он не мог понять, откуда у него эта чувствительность, это обостренное ощущение, что его зря ругали. **rügen** ≅ tadeln, *но предполагает, что порицание высказывает наставительным или резким тоном старший младшему, начальник подчиненному и т. п.;* *напр.:* der Lehrer rügte ihn wegen seiner Nachlässigkeit учитель бранил его за небрежность; sein Leichtsinn ist zu rügen его легкомыслие достойно осуждения [порицания]; der Redner rügte die Unentschlossenheit der Leitung оратор осудил нерешительность руководства; »So spricht man nicht zu seiner Mutter! Du hast einen losen Mund!« rügte

TADELN

die Mutter streng und ging ohne ein weiteres Wort ins Haus (*Brězan, »Christa«*) «Так с матерью не говорят! Распустила язык!» — строго выбранила ее мать и ушла, не говоря больше ни слова, в дом. **zurechtweisen** поставить кого-л. на место, сделать выговор (*указав на упущение, напомнив о долге и т. п.*); *напр.:* j-n streng zurechtweisen строго указать кому-л. (*выразить порицание*); der Chef hat ihn zurechtgewiesen начальник сделал ему выговор; der Lehrer wies die Schüler zurecht учитель сделал выговор ученикам. **mißbilligen** не одобрять, выражать свое неодобрение; *напр.:* eine Handlung, j-s Benehmen, j-s Vorhaben, j-s Heirat mißbilligen не одобрять поступок, чье-л. поведение, чье-л. намерение, чью-л. женитьбу [чье-л. замужество]; wir mißbilligen seinen Entschluß мы не одобряем его решения; er lobte sie nicht, im Gegenteil, er mißbilligte ihr Verhalten он не хвалил ее, напротив, он не одобрял ее поведения. **bemängeln** выражать недовольство по поводу обнаруженных в чем-л. недостатков; порицать, считая что-л. недостатком; *напр.:* die Höhe der Ausgaben bemängeln выражать недовольство по поводу величины расходов; die Großmutter bemängelte seine Manieren бабушка упрекала его, находя изъяны в его манерах; er bemängelte, daß sie immer zu spät kamen он выражал недовольство по поводу того, что они всегда опаздывали. **beanstanden** *часто офиц.* высказывать недовольство (*в форме упрека, выговора и т. п.*); возражать против чего-л., отклонять что-л. (, *считая неприемлемым*); *напр.:* der Verkehrspolizist beanstandete die schlechte Bereifung des Autos автоинспектор сделал замечание за плохое состояние шин; er beanstandete die fehlende Unterschrift он отказал, указав, отсутствует подпись. **kritisieren** критиковать; *напр.:* alle Kollegen kritisierten sein Verhalten все сотрудники осудили его поведение; er kritisierte meine Unentschlossenheit он осуждал мою нерешительность. **verpönen** *б. ч. употр. в выражении* es ist verpönt это осуждено (*обычаем, общественным мнением*), так не делают; *напр.:* damals war es streng verpönt, kurze Röcke zu tragen в те времена строго возбранялось носить короткие юбки. **monieren** *книжн.* ≅ tadeln; *напр.:* die Polizei monierte die schlechte Beleuchtung des Fahrzeuges полиция указала на плохое освещение машины; du hast auch immer etwas zu monieren ты всегда что-нибудь ругаешь. **heruntermachen** *фам.* разделать, отделать; *напр.:* j-n nach Strich und Faden heruntermachen разделать кого-л. под орех, разнести в пух и прах; j-n in der Zeitung heruntermachen отделать кого-л. в газете; der Chef hat ihn vor allen Kollegen heruntergemacht начальник разнес его в присутствии всех коллег; der Kritiker hat den neuen Film heruntergemacht критик разнес новый фильм. **herunterputzen** *фам.* пропесочить; *напр.*: j-n tüchtig, wie einen Schuljungen herunterputzen пропесочить кого-л. как следует, как мальчишку; sie hat ihn in ein paar Sätzen heruntergeputzt она отделала его, сказав ему пару слов. **verreißen** *разг.* изругать; *напр.*: das neue Theaterstück wurde von den Kritikern völlig verrissen новая пьеса была вконец разругана критиками

Tafel *см.* Tisch
tafeln *см.* essen
tagaus, tagein *см.* täglich
Tagelöhner *см.* Landarbeiter
tagen *см.* dämmern
Tag für Tag *см.* täglich
taghell *см.* hell¹
täglich ежедневный
täglich — alltäglich — tagtäglich — tagaus, tagein — Tag für Tag
täglich *индифф. синоним*; *напр.*: die tägliche Zeitung ежедневная газета; meine tägliche Arbeit моя ежедневная работа; der tägliche Bedarf an Lebensmitteln суточная потребность в продуктах питания; die Arznei täglich einnehmen принимать лекарство ежедневно; täglich zur Arbeit gehen ежедневно ходить на работу; er arbeitet täglich sieben Stunden он ежедневно работает по семь часов; er klagte über seine täglich wiederkehrenden Anfälle он жаловался на ежедневно повторяющиеся приступы. **alltäglich** каждодневный, повседневный; *напр.*: sein alltäglicher Spaziergang его каждодневная прогулка; sie geht alltäglich an meinem Haus vorüber она ежедневно проходит мимо моего дома; das war unsere alltägliche Arbeit это была наша повседневная работа. **tagtäglich** ≅ täglich, *но подчеркивает непрерывность того, что происходит ежедневно*; *напр.*: tagtäglich stand er am Abend vor ihrem Haus ежедневно, не пропуская ни одного дня, он стоял вечером перед ее домом; die tagtägliche Arbeit lenkte sie von ihren trüben Gedanken nicht ab привычная повседневная работа не отвлекала ее от мрачных мыслей □ Wie die Mitglieder der Hofkapelle tagtäglich in Bachs Haus ein und aus gingen, so tat das gleiche auch Anna Magdalena Wülcken (*Sachse, »Menuett und Motette«*) Так же как музыканты придворного оркестра ежедневно посещали дом Баха, точно так поступала и Анна Магдалена Вюлькен. **tagaus, tagein** изо дня в день; *напр.*: tagaus, tagein fährt er morgens ins Büro изо дня в день он ездит по утрам в контору; tagaus, tagein das gleiche Jammern! изо дня в день одни и те же жалобы! **Tag für Tag** день за днем; *напр.*: Tag für Tag kommen Briefe aus allen Teilen der Welt день за днем приходят письма из всех частей света □ Ich werde das alles noch einmal durchmachen, Tag für Tag, und noch einige hundert Studien malen (*Hesse, »Klingsors letzter Sommer«*) Я буду переживать все это еще раз, день за днем, и нарисую еще несколько сотен этюдов

tagtäglich *см.* täglich
Tagung *см.* Versammlung
Takt¹ такт
der Takt — das Feingefühl — das Zartgefühl
Takt *индифф. синоним*; *напр.*: viel, wenig Takt haben иметь много, мало такта; den Takt verletzen допустить бестактность; Mangel an Takt недостаток такта; sie half ihm mit feinem Takt darüber hinweg она с тонким тактом помогла ему преодолеть это; es fehlt ihm an Takt ему не хватает такта. **Feingefühl** тактичность, тонкость чувств (*тонкое понимание*); *напр.*: ich habe von dir mehr Feingefühl erwartet я ждал от тебя большего понимания [большей чуткости]; ich überlasse das ganz deinem Feingefühl я полагаюсь в этом целиком и полностью на твою душевную тонкость. **Zartgefühl** чуткость, большая тактичность; *напр.*: er ist wirklich mit sehr viel Zartgefühl vorgegangen он действовал, в самом деле, с очень большой тактичностью; mit Zartgefühl machte er seiner Mutter klar, daß er bald abreisen müsse тактично и осторожно он разъяснил матери, что скоро ему придется уехать

Takt² *см.* Anstand
taktfest *см.* kundig
taktlos бестактный
taktlos — indiskret — unzart
taktlos *индифф. синоним*; *напр.*: ein taktloser Mensch бестактный человек; ein taktloses Benehmen бестактное поведение; eine taktlose Frage бестактный вопрос; es war taktlos von dir, darauf anzuspielen было бестактно с твоей стороны намекать на это. **indiskret** нескромный, нетактичный; *напр.*: eine indiskrete Frage нескромный вопрос; ein indiskreter Mensch нетактичный человек; ein indiskretes Benehmen нетактичное поведение; indiskret sein быть нетактичным [нескромным]; er wollte nicht indiskret erscheinen он не хотел показаться нескромным; sie empfand die Frage nach ihrem Alter als höchst indiskret она восприняла вопрос о ее возрасте как в высшей степени нетактичный. **unzart** *высок.* неделикатный; *напр.*: eine unzarte Frage неделикатный вопрос; unzartes Benehmen неделикатное поведение; er war so unzart, sie an ihren Fehltritt zu erinnern он был настолько неделикатен, что напомнил ей о ее ошибке

Tal долина
das Tal — die Mulde — die Schlucht
Tal *индифф. синоним*; *напр.*: ein breites, enges, einsames, stilles Tal широкая, узкая, уединенная, тихая долина; über Berg und Tal через горы и долы; ins Tal hinabsteigen спускаться в долину; der Fluß hat sich ein tiefes Tal in die Berglandschaft gegraben река прорыла себе глубокое ущелье; die Sennen treiben im Herbst das Vieh ins Tal горные пастухи сгоняют осенью скот в долину. **Mulde** лощина, котловина, (неглубокая) впадина; *напр.*: der Bauernhof liegt in einer flachen Mulde хутор расположен в неглубокой лощине; der Weg führt durch eine weite Mulde дорога ведет по широкой котловине; in den Mulden hatten sich Moore gebildet в низинах образовались болота. **Schlucht** ущелье; *напр.*: eine enge, tiefe Schlucht узкое, глубокое ущелье; unten in der Schlucht rauschte ein reißender Fluß внизу в ущелье шумела бурная река

Talent *см.* Fähigkeiten
talentiert *см.* begabt
talentvoll *см.* begabt
tändeln *см.* flirten
tanken *см.* trinken²
Tante тетя
die Tante — die Muhme
Tante *индифф. синоним*; *напр.*: meine, deine Tante моя, твоя тетя; Tante Erika тетя Эрика; er besucht eine alte Tante он навещает старушку тетку. **Muhme** *уст.* ≅ Tante, *но употр. не тк. по отношению к сестре отца или матери, но и близкой родственнице соответствующего возраста вообще, особенно в диалектально окрашенной речи и шутл.*; *напр.*: in die Ferien fährt er zu einer Muhme aufs Land на каникулы он ездит к тетушке в деревню

tänzeln *см.* gehen¹
Tänzerin танцовщица, балерина
die Tänzerin — die Balletttänzerin — die Ballerina — die Ballerine — die Balletteuse
Tänzerin *индифф. синоним*; *напр.*: eine große, berühmte Tänzerin великая, знаменитая балерина; eine gute Tänzerin хорошая танцовщица; sie will Tänzerin werden она хочет стать балериной; sie tanzte nicht gern, denn sie war keine gute Tänzerin она не любила танцевать, так как танцевала плохо □ »...aber Ihre Gattin lebt in Paris. Eine Tänzerin, wenn ich richtig verstanden habe. Sie soll eine bildschöne Frau sein.« Ich schwieg (*Frisch, »Stiller«*) «...но ваша супруга живет в Париже. Балерина, насколько я понимаю. Говорят, изумительно красивая женщина». Я молчал. **Balletttänzerin** артистка балета, балерина; *напр.*: sie will Balletttänzerin werden она хочет стать балериной; sie wird zur Balletttänzerin ausgebildet она учится на балерину *разг.* **Ballerina** балетная танцовщица, балерина *чаще употр. по отношению к солистке*; *напр.*: sie möchte eine Ballerina werden она хочет стать балериной.

Ballerine *редко* = Ballerina. **Balletteuse** [-'tø:zə] ≙ Ballerina; *напр.*: sie nahm Tanzunterricht bei einer berühmten Balletteuse она брала уроки танца у одной знаменитой балерины

Tapfe *см.* Spur
Tapfen *см.* Spur
tapfer смелый
tapfer — mutig — furchtlos — unerschrocken — heldenhaft — heldenmütig — heroisch — mannhaft — männlich — kämpferisch — kühn — verwegen — tollkühn — wagemutig — wag(e)halsig — vermessen — heldisch — martialisch — draufgängerisch

tapfer *индифф. синоним*; *напр.*: ein tapferer Mensch храбрый человек; eine tapfere Tat смелый поступок; tapfer standhalten стойко сопротивляться, стойко выдерживать напор [атаку, удар *и т. п.*]; Schmerzen tapfer aushalten мужественно переносить боль; bleib immer tapfer! будь всегда храбрым!; er hat sich tapfer gewehrt он смело оборонялся; du bist ein tapferer Kerl! ты храбрый парень! **mutig** мужественный; *напр.*: ein mutiger Mann мужественный человек; eine mutige Tat мужественный поступок; ein mutiger Entschluß мужественное решение; mutig sein быть мужественным; mutig handeln поступать мужественно; er hat ein mutiges Herz у него мужественное сердце; er trat mutig für die gerechte Sache ein он мужественно выступал за справедливое дело. **furchtlos** бесстрашный; *напр.*: ein furchtloser Mensch бесстрашный человек; sein furchtloses Auftreten hat uns sehr beeindruckt то, как бесстрашно он держался, произвело на нас сильное впечатление; er sah seinen Feind furchtlos an он без страха смотрел на своего врага; furchtlos sagte er seine Meinung он не страшась высказал свое мнение; er ist überhaupt furchtlos он вообще не знает страха. **unerschrocken** неустрашимый; *напр.*: er trat unerschrocken für die gerechte Sache ein он неустрашимо выступал за справедливое дело; sein unerschrockenes Benehmen flößte allen Mut ein его неустрашимость внушала всем мужество. **heldenhaft** героический, геройский; *напр.*: ein heldenhafter Kampf героическая борьба; eine heldenhafte Tat героический [геройский] поступок; das Volk leistete einen heldenhaften Widerstand gegen die Unterdrücker народ оказывал героическое сопротивление поработителям; sie kämpften heldenhaft um ihre Freiheit они героически боролись за свою свободу. **heldenmütig** героический, доблестный; *напр.*: ein heldenmütiger Kampf, Widerstand доблестная борьба, доблестное сопротивление; die Stadt wurde heldenmütig gegen die Aggressoren verteidigt город героически защищался от агрессоров. **heroisch** героический *часто в книжно-письменной речи*; *напр.*: eine heroische Tat героический поступок; ein heroischer Entschluß героическое решение; der heroische Kampf des ganzen Volkes dauerte mehrere Jahre героическая борьба всего народа длилась несколько лет; man wehrte sich heroisch сопротивлялись героически. **mannhaft** смелый, стойкий (*как подобает настоящему мужчине*); *напр.*: ein mannhaftes Verhalten смелое поведение, достойное мужчины; er tritt mannhaft dafür ein он выступает за это (по-мужски) смело; er wehrte sich mannhaft gegen die Feinde он смело отбивался от врагов; das war endlich eine mannhafte Antwort наконец-то это был ответ не мальчика, но мужа. **männlich** = mannhaft; *напр.*: ein männliches Verhalten, Auftreten поведение, выступление, достойное мужчины; männlich handeln действовать по-мужски; er faßte einen männlichen Entschluß он принял смелое решение. **kämpferisch** боевой, воинственный; *напр.*: kämpferischer Geist боевой дух; kämpferischer Humanismus воинственный гуманизм; er war in kämpferischer Stimmung он был в воинственном настроении; sie ist so kämpferisch und aktiv она такая боевая и активная. **kühn** смелый, дерзкий; *напр.*: kühne Menschen смелые люди; eine kühne Tat смелый поступок; ein kühnes Abenteuer смелое [рискованное] приключение; eine kühne Idee смелая [дерзкая] идея; er hat ein kühnes Herz у него храброе сердце; er verwirklichte seinen Plan kühn und tatkräftig он осуществил свой план смело и энергично; das war ein kühner Gedanke это была дерзкая мысль □ Was ohne Bitte vielleicht ein kühner, aber doch gutgläubiger Versuch bleibt, wäre nach einer ablehnenden Antwort offene Widersetzlichkeit. Das wäre freilich viel schlimmer (*Kafka*, »*Das Schloß*«) То, что без просьбы остается попыткой, может быть, дерзкой, но предпринятой все же из хороших побуждений, стало бы после отрицательного ответа открытым сопротивлением. Было бы, конечно, намного хуже. **verwegen** дерзкий, отважный; *напр.*: eine verwegene Tat отважный поступок; ein verwegener Bursche лихой [удалой] парень; die Mütze saß ihm verwegen auf einem Ohr шапка у него была лихо сдвинута на одно ухо; er griff verwegen seine Gegner an он с какой-то бесшабашной храбростью атаковал своих противников. **tollkühn** отчаянно смелый; *напр.*: ein tollkühner Mann отчаянный человек; ein tollkühner Entschluß сверхсмелое решение; ich finde diesen seinen Gedanken tollkühn я нахожу эту его мысль сверхсмелой; tollkühn wagte er den Sprung он отважился на этот отчаянный прыжок. **wagemutig** отважный; рискованный; *напр.*: ein wagemutiger Mensch отважный человек; eine wagemutige Tat отважный [сопряженный с риском] поступок; bei aller Vorsicht war er wagemutig при всей своей осторожности он был отважен; das waren wagemutige Worte это было рискованное высказывание. **wag(e)halsig** безрассудно смелый, отчаянный; *напр.*: eine wag(e)halsige Person безрассудно смелый [отважный] человек; ein wag(e)halsiges Unternehmen отчаянное предприятие; waghalsige Fahrer rasten über die schwierige Strecke шоферы-лихачи неслись по опасному участку пути; an dieser waghalsigen Sache will ich nicht beteiligt sein в этом более чем рискованном деле я не хочу участвовать □ Wenn ich das überlege, klage ich mich an, daß ich ihn allein in jenen unbekannten Räumen lasse, wo es derart zugeht, daß sogar er, der eher waghalsig als feig ist, dort vor Furcht wahrscheinlich zittert (*Kafka*, »*Das Schloß*«) Когда я об этом думаю, то я обвиняю себя в том, что оставляю его одного в тех незнакомых комнатах, где все происходит так, что даже он, скорее безрассудно смелый, чем трусливый, вероятно, дрожит там от страха. **vermessen** *книжн.* ≙ kühn; *напр.*: ein vermessener Mensch отважный человек; es ist vermessen, so zu reden слишком дерзко так говорить; es war vermessen zu behaupten, man könne die Arbeit in drei Tagen vollenden было необдуманно смело утверждать, что работу можно якобы сделать за три дня. **heldisch** *книжн.* ≙ heldenhaft; *напр.*: eine heldische Gesinnung образ мыслей, достойный героя; ein heldischer Sieg героическая победа. **martialisch** [-'tsĭa:-] *книжн.* воинственный; *напр.*: der Alte hat ein martialisches Aussehen у старика был воинственный вид. **draufgängerisch** *разг.* безрассудный, идущий напролом; *напр.*: ein draufgängerischer Kerl безрассудный [идущий напролом] парень; er war unbeherrscht und draufgängerisch он не умел владеть собой и шел напролом

täppisch *см.* schwerfällig [1]
tarnen *см.* verkleiden [2]
tasten *см.* betasten

Tat[1] дело, поступок
die **Tat — die Handlung — der Akt**
Tat *индифф. синоним*; *напр.*: eine gute, böse Tat хороший, плохой поступок; er bereut seine Tat он раскаивается в своем поступке; er hat diese kühne Tat selbst geplant und ausgeführt он сам задумал и выполнил это отважное дело; guter Wille muß durch Taten bewiesen werden добрую волю надо доказать делами. **Handlung** действие, поступок *подчеркивает единичность и конкретность действия*; *напр.*: eine überstürzte, unverantwortliche Handlung необдуманный, безот-

ветственный поступок; eine strafbare Handlung наказуемое действие; die Beweggründe seiner Handlungen sind unbekannt побудительные причины его поступков неизвестны; seine Handlung hat uns überrascht его поступок поразил нас; wie konnte sie sich nur zu dieser Handlung hinreißen lassen! как только она могла пойти на это! Akt акт *часто употр. в книжно-письменной речи; напр.:* ein symbolischer Akt символический акт; ein barmherziger Akt, ein Akt der Barmherzigkeit акт милосердия; sein Selbstmord war ein Akt der Verzweiflung его самоубийство было актом отчаяния; wir haben seine schnelle Abreise als einen unfreundlichen Akt empfunden мы восприняли его поспешный отъезд как недружелюбный акт [поступок]

Tat[2]: **in die Tat umsetzen** *см.* verwirklichen

Täter *см.* Verbrecher

tätig[1] деятельный

tätig — aktiv — energisch — geschäftig — arbeitsam — tatkräftig — betriebsam — rüstig

tätig *индифф. синоним; напр.:* ein tätiger Mensch деятельный человек; tätige Mitarbeit деятельное сотрудничество; er hat mir seine tätige Mitwirkung versprochen он обещал мне свое деятельное участие. aktiv активный; *напр.:* ein aktiver Teilnehmer активный участник; sich aktiv beteiligen активно участвовать; er ist eine aktive Natur он активная натура, он активен от природы; seine aktive Unterstützung förderte unsere Arbeit его активная поддержка способствовала нашей работе; er schaltete sich aktiv in die Unterredung ein он активно включился в разговор. energisch энергичный; *напр.:* ein energischer Mensch энергичный человек; sie ist eine energische Natur она энергичная натура; er handelte energisch он действовал энергично. geschäftig деловитый; *напр.:* eine geschäftige Hausfrau деловитая хозяйка дома; ein geschäftiges Treiben деловитая суета; er tat sehr geschäftig он делал вид, что (очень) занят; man eilte geschäftig hin und her туда и сюда деловито сновали какие-то люди. arbeitsam трудолюбивый; наполненный трудом; *напр.:* ein arbeitsamer Mensch трудолюбивый человек; ein arbeitsames Leben жизнь, наполненная трудом; dieses Volk ist sehr arbeitsam этот народ очень трудолюбив; es waren interessante, arbeitsame Wochen это были интересные недели, наполненные трудом. tatkräftig = energisch; *напр.:* tatkräftige Hilfe энергичная помощь; ein tatkräftiger Mensch энергичный человек; er hat beim Bau des Wohnviertels tatkräftig mitgearbeitet на строительстве жилого квартала он энергично работал со всеми вместе. **betriebsam** = geschäftig; *напр.:* ein betriebsamer Mensch деловитый человек; er ist eine betriebsame Natur он по природе деловит; die Angestellten gingen betriebsam hin und her служащие деловито сновали туда и сюда. rüstig деятельный, активный (*для своего преклонного возраста*); *напр.:* ein rüstiger Alter бодрый старик; eine rüstige alte Dame энергичная пожилая дама; er ist noch sehr rüstig он еще очень энергичен; rüstige Rentner wirkten im Ausschuß mit энергичные пенсионеры участвовали в работе комитета

tätig[2]: **tätig sein** *см.* arbeiten[2]

Tätigkeit деятельность, работа

die Tätigkeit — die Arbeit — die Beschäftigung — die Betätigung

Tätigkeit *индифф. синоним; напр.:* angenehme, anstrengende, rege Tätigkeit приятная, напряженная, оживленная деятельность; berufliche, nebenberufliche, häusliche Tätigkeit работа по профессии, по совместительству, по дому; er entfaltete eine fieberhafte Tätigkeit он развернул лихорадочную деятельность; du mußt dich an eine geregelte Tätigkeit gewöhnen ты должен привыкнуть к регулярной работе; was für eine Tätigkeit haben Sie früher ausgeübt? чем вы занимались прежде?; er kann auf eine langjährige Tätigkeit im Werk zurückblicken у него за спиной многолетняя работа на заводе; seine Tätigkeit erstreckte sich auf viele Gebiete его деятельность охватывала многие области. Arbeit работа; *напр.:* körperliche, geistige, praktische Arbeit физическая, умственная, практическая работа; angenehme, langweilige, interessante, leichte, schwere Arbeit приятная, скучная, интересная, легкая, тяжелая работа; häusliche Arbeit работа по дому; eine Arbeit als j-d leisten заниматься работой в качестве кого-л., работать кем-л.; j-m eine Arbeit geben, anbieten давать, предлагать кому-л. работу; sie widmete sich ganz ihrer Arbeit она всю себя отдала [посвятила] работе; sie werden für ihre Arbeit gut bezahlt им хорошо платят за работу; sie hat ihre Arbeit als Lehrerin wieder aufgenommen она вернулась к своей работе учительницы. Beschäftigung занятие; *напр.:* eine einförmige, sinnlose, interessante, nützliche, angenehme Beschäftigung монотонное, бессмысленное, интересное, полезное, приятное занятие; eine Beschäftigung wieder aufnehmen снова взяться за какое-л. занятие; eine Beschäftigung suchen, finden искать, найти работу; sich nach einer anderen Beschäftigung umsehen подыскивать себе другую работу; Malerei ist eine schöne Beschäftigung живопись — прекрасное занятие; aber du mußt eine Beschäftigung haben! но у тебя должно же быть какое-то занятие! Betätigung деятельность (*в определенной области*); *напр.:* künstlerische, sportliche, kulturelle Betätigung деятельность в области искусства, спорта, культуры; seine politische Betätigung füllte ihn ganz aus его политическая деятельность целиком занимала его

tatkräftig *см.* tätig[1]

Tatsache факт

die Tatsache — das Faktum — der, das Fakt

Tatsache *индифф. синоним; напр.:* eine unleugbare, unbestrittene, unzweifelhafte Tatsache неопровержимый, бесспорный, не вызывающий сомнений факт; eine Tatsache betonen, feststellen, beweisen подчеркнуть, установить, доказать факт; du mußt auf dem Boden der Tatsachen bleiben ты должен придерживаться фактов; diese Tatsache spricht für sich этот факт говорит сам за себя; sie mußte sich mit dieser Tatsache abfinden ей пришлось примириться с этим фактом □ Dennoch blieb Holt unzufrieden. Er grübelte. Die Tatsache, daß der erste Weltkrieg unmenschlich gewesen war, hatte den zweiten nicht verhindern können und war also gar nicht wesentlich (*Noll, »Werner Holt«*) И все же Хольт не был удовлетворен. Он размышлял. Ведь тот факт, что первая мировая война была бесчеловечной, не предотвратил второй, значит, суть вовсе не в этом. Faktum *книжн.* установленный факт; *напр.:* ein historisches, politisches, naturwissenschaftliches Faktum исторический, политический, естественнонаучный (установленный) факт; das ist ein interessantes, positives Faktum это интересный, положительный факт; das ist ein Faktum, mit dem man sich abfinden muß это установленный факт, с которым надо примириться; er sammelt wissenschaftliche Fakten für seinen Aufsatz он собирает научные факты для своей статьи; sie ist dabei von den realen Fakten ausgegangen она исходила при этом из реальных фактов. Fakt *книжн.* обособившаяся краткая форма от Faktum; *напр.:* ein realer, sichtbarer, historischer Fakt реальный, очевидный, исторический факт; einen Fakt feststellen, betonen, beachten устанавливать, подчеркивать, учитывать факт; das ist ein Fakt, mit dem man sich abfinden muß это факт, с которым надо примириться; er wies auf einige interessante Fakten hin он указал на некоторые интересные факты

tatsächlich *см.* wirklich[1]

tätscheln *см.* streicheln

Tatze *см.* Hand

Tau *см.* Strick

taub[1] глухой

taub — schwerhörig — harthörig — stocktaub

taub *индифф. синоним; напр.:* auf einem, auf dem linken, auf dem rechten Ohr, auf beiden Ohren taub sein быть глухим на одно, на левое, на правое ухо, на оба уха; von Geburt an, durch einen Unfall taub sein быть глухим от рождения, в результате несчастного случая; schrei nicht so, ich bin nicht taub не кричи так, я не глухой; stell dich nicht taub не притворяйся глухим; er blieb gegen ihre Bitten taub он оставался глух к ее просьбам. **schwerhörig** глуховатый, тугоухий; *напр.:* eine etwas schwerhörige alte Frau туговатая на ухо старуха; die alte Frau ist schwerhörig старая женщина плохо слышит; er stellte sich bei meinen Anspielungen schwerhörig он оставался глух ко всем моим намекам, как будто и не слышал их; bist du etwa schwerhörig? ты что, плохо слышишь? **harthörig** ≅ schwerhörig, *но чаще употр. по отношению к лицам, не желающим прислушаться к кому-л., чему-л., (почти) не реагирующим на что-л.; напр.:* der Alte ist harthörig старик туг на ухо; die Alten zeigten sich den Neuerungen gegenüber nicht taub, aber harthörig старики оказались не глухими к новшествам, а так, тугими на ухо. **stocktaub** *разг. эмоц.--усил.* совершенно глухой; *напр.:* der alte Mann ist stocktaub старик глух как пень

taub[2] *см.* steif[1]/unempfindlich
taubstumm *см.* stumm[1]
tauchen[1] нырять
tauchen — eintauchen — untertauchen
tauchen *индифф. синоним; напр.:* die Ente taucht утка ныряет; er taucht gern он любит нырять; ich kann zwei Minuten tauchen я могу нырнуть и пробыть под водой две минуты; er ist [hat] nach einer Münze getaucht он нырнул за монетой. **eintauchen** погружаться; *напр.:* der Schwimmer ist ins Wasser eingetaucht пловец погрузился в воду; das U-Boot tauchte ein подводная лодка погрузилась; ich tauchte mit dem Kopf ins Wasser ein я с головой погрузился в воду. **untertauchen** ≅ tauchen, *но подчеркивает, что кто-л., что-л. скрывается из виду, исчезая под водой, в воде; напр.:* er ist mehrmals untergetaucht он несколько раз (глубоко) нырнул; der Schwimmer tauchte unter, aber her den Grund nicht erreicht пловец ушел под воду, но не достал дна

tauchen[2] окунать, макать
tauchen — eintauchen — untertauchen — tunken — eintunken
tauchen *индифф. синоним; напр.:* sie tauchte die Hand ins Wasser она окунула руку в воду; sie taucht Stoff in die kochende Farbbrühe она окунает материю в кипящую краску; der Junge tauchte den Pinsel in die Farbe мальчик макал кисть в краску □ Sie setzten sich, und jeder tauchte sein Brot in die gemeinsame Milchschüssel... (*Hesse*, »*Narziß*«) Они сели, и каждый стал макать свой хлеб в общую миску с молоком... **eintauchen** ≅ tauchen, *но больше подчеркивает* момент погружения (*обстоятельство места, указывающее, во что окунается объект, может отсутствовать, т. к. приставка* ein- *уже означает помещение внутрь чего-л.*); *напр.:* einen Schwamm eintauchen окунуть губку; ein Kind eintauchen окунуть ребенка; wir haben ihn trotz seines Sträubens ins Wasser eingetaucht несмотря на сопротивление, мы его окунули в воду; sie tauchten die Ruder ein они опустили весла в воду; er tauchte die Feder ein und schrieb schnell weiter он обмакнул перо и быстро продолжал писать. **untertauchen** (полностью) окунать, погружать целиком (*и держать недолго под водой или в др. жидкости*); *напр.:* er hatte seinen Freund beim Schwimmen aus Spaß untergetaucht плавая с другом, он ради шутки окунал его с головой; beim Färben wird der Stoff in der kochenden Farbbrühe untergetaucht при крашении вся материя целиком погружается в кипящую краску; er hat das Lot noch tiefer untergetaucht он погрузил лот еще глубже. **tunken** макать *иногда употр. тж. в знач.* tauchen, *особенно разг. и диал.; напр.:* Brot in den Kaffee, in die Milch tunken макать хлеб в кофе, в молоко; sie tunkte das Kind vorsichtig ins Wasser *диал. разг.* она осторожно окунула ребенка в воду □ Mit seinen kurzsichtigen Augen las er, dabei tunkte er das Fleisch mechanisch in das Gelee... (*Feuchtwanger*, »*Die Füchse*«) Он читал близорукими глазами, механически макая при этом мясо в соус... **eintunken** *соотносится с* tunken, *как* eintauchen *с* tauchen; *напр.:* sie tunkte das Brot ein она макала хлеб; er hat sich den Ärmel eingetunkt *диал. разг.* он намочил рукав; край рукава попал в воду

tauen *см.* schmelzen[2]
taufen *см.* nennen[1]
Taumel *см.* Rausch
taumeln *см.* schwanken[1]
Tausch обмен
der Tausch — der Austausch — der Umtausch
Tausch *индифф. синоним; напр.:* einen guten, schlechten Tausch machen сделать хороший, плохой обмен; einen Tausch vornehmen произвести обмен; ich habe dieses Buch im Tausch gegen Briefmarken bekommen я получил эту книгу в обмен на марки; das war ein vorteilhafter Tausch это был выгодный обмен. **Austausch** взаимный обмен чем-л., кем-л. *предполагает обмен на равном уровне, объектами того же рода или той же ценности; напр.:* der Austausch von Waren обмен товарами; der Austausch von Professoren und Studenten взаимный обмен преподавателями и студентами; der Austausch von Gefangenen обмен пленными; Wolle wird im Austausch gegen Maschinen eingeführt шерсть ввозится в обмен на машины. **Umtausch** обмен на что-л. другое, замена чего-л. *обыкн. употр. по отношению к купленному товару; напр.:* Waren zu herabgesetzten Preisen sind vom Umtausch ausgeschlossen уцененные товары обмену не подлежат; ein Umtausch ist nur innerhalb einer Woche möglich обмен возможен только в течение одной недели (после покупки)

tauschen *см.* wechseln
täuschen *см.* betrügen
täuschend обманчивый, вводящий в заблуждение
täuschend — trügerisch — betrügerisch — irreführend
täuschend *индифф. синоним; напр.:* er hat eine täuschende Ähnlichkeit mit seinem Bruder у него такое сходство с братом, что можно ошибиться, приняв одного за другого; у него поразительное сходство с братом; das war eine täuschende Nachahmung это была обманчивая [вводящая в заблуждение] подделка. **trügerisch** обманчивый; *напр.:* trügerischer Glanz обманчивый блеск; ein trügerisches Merkmal обманчивый признак; er gab sich trügerischen Hoffnungen hin он предался обманчивым надеждам. **betrügerisch** обманывающий, (намеренно) вводящий в заблуждение, ложный; *напр.:* eine betrügerische Handlung вводящее в заблуждение действие, обман; betrügerischer Bankrott ложное [злостное] банкротство. **irreführend** вводящий в заблуждение, ложный; *напр.:* eine irreführende Auskunft ложная справка; irreführende Angaben вводящие в заблуждение сведения, ложная информация

täuschen, sich *см.* irren, sich
Täuschung *см.* Betrug
taxieren *см.* schätzen[1]
Team *см.* Mannschaft[2]
techtelmechteln *см.* flirten
Teenager *см.* Mädchen[1]
Teich пруд
der Teich — der Weiher — der Tümpel — der Pfuhl
Teich *индифф. синоним; напр.:* nicht weit vom Haus lag ein Teich недалеко от дома был пруд; in diesem Teich gibt es viele Fische в этом пруду много рыбы. **Weiher** (небольшой) пруд (*б. ч. искусственный*); *напр.:* das Dorf hat einen Weiher в деревне есть небольшой пруд. **Tümpel** пруд со стоячей зацветающей водой, пруд, затянутый ряской; *напр.:* an einem Tümpel lärmten die Kinder у покрытого ряской пруда шумели ребята; die vielen Tümpel hier müssen getrocknet werden много заболоченных прудов здесь должны быть осушены □ An einem Ort im Walde war ein Loch, ein Tümpel voll mit grünem, dickem Wasser (*Hesse*, »*Narziß*«) В одном месте в лесу была впадина, лужа, полная зеленой, густой воды. **Pfuhl** грязный, заболоченный пруд; *напр.:* der Pfuhl stank грязный пруд

наполнял воздух зловонием; und du willst in diesem Pfuhl baden? и ты хочешь купаться в этом грязном пруду [в этой луже]?

Teil часть, доля

der **Teil** — der **Bruchteil** — das **Stück** — der **Abschnitt** — das **Bruchstück** — der **Anteil** — die **Portion** — die **Quote** — das **Fragment**

Teil *индифф. синоним; напр.*: seinen Teil bekommen получить свою долю; aus einigen Teilen bestehen состоять из нескольких частей; der schwierigste Teil der Aufgabe ist erledigt самая трудная часть задания выполнена; ich habe die Arbeit zum Teil fertig работа у меня частично готова; sie erbten das Haus zu gleichen Teilen они унаследовали дом в равных долях. **Bruchteil** незначительная, малая часть; *напр.*: der Bruchteil einer Sekunde ничтожная доля секунды; einen Bruchteil der Waren retten спасти незначительную часть товаров; sie erbte nur einen Bruchteil des großen Vermögens она получила в наследство только ничтожную долю большого состояния; hätte ich nur einen Bruchteil seines Talentes! мне бы хоть малую долю его таланта! **Stück** кусок, (органическая) часть; *напр.*: ein langes, kurzes, wichtiges Stück длинный, короткий, важный отрезок; ein Stück aus dem Buch часть книги, отрывок из книги; ein Stück des Weges часть пути; ein Stück der Zeitgeschichte отрезок современной истории; er las ein Stück aus seinem Buch vor он прочитал отрывок из своей книги; ich begleite dich ein Stück я провожу тебя немножко; der Vortrag behandelt ein großes Stück der jüngsten Geschichte темой доклада является большой отрезок новейшей истории. **Abschnitt** отрезок, отрывок; *напр.*: der erste, ein neuer, ein besonderer, ein wichtiger Abschnitt первый, новый, особый, важный отрезок; der Abschnitt eines Textes, eines Buches (данный) отрывок текста, книги; ein Abschnitt der Geschichte, in j-s Leben отрезок истории (в) чьей-л. жизни; einen Text in Abschnitte einteilen разделить текст на разделы; wir fangen den nächsten Abschnitt aus dem Lehrbuch an мы начинаем следующий раздел (из) учебника; an diesem Abschnitt der Front herrscht Ruhe на этом участке фронта все спокойно. **Bruchstück** отдельный кусок (*часть, отделенная от, возможно, уже не существующего целого*); отрывок; *напр.*: ein Bruchstück des alten Manuskriptes часть древнего манускрипта; er hörte nur Bruchstücke ihrer Unterhaltung он слышал лишь отдельные отрывки их разговора; sie erzählte immer nur in Bruchstücken von ihrer Reise она только отрывочно рассказывала о своем путешествии; nur ein Bruchstück des Heldenliedes ist uns erhalten geblieben только отрывок героического эпоса дошел до нас. **Anteil** причитающаяся доля, приходящаяся на долю кого-л. часть; *напр.*: der gesetzliche Anteil законная часть; часть, причитающаяся по закону; jeder zahlt seinen Anteil каждый платит свою долю; wie hoch ist Ihr Anteil am Gewinn? какова ваша доля прибыли? **Portion** порция *б. ч. употр. по отношению к еде; напр.*: eine Portion Eis, Gemüse, Kartoffeln порция мороженого, овощей, картофеля; sich noch eine Portion nehmen взять себе еще одну порцию; die Portionen in der Kantine sind klein порции в столовой [в буфете] маленькие. **Quote** квота, доля, взнос; *напр.*: das Gesetz bestimmt die Quote für den Import закон устанавливает долю импорта [импортную квоту]; in diesem Quartal zahlen wir die letzte Quote в этом квартале мы выплатим последний взнос. **Fragment** *книжн.* фрагмент; *напр.*: wir hörten nur ein Fragment des Musikstücks мы слышали лишь фрагмент из этого музыкального произведения □ »Was bist du denn?« — »Nichts Halbes und nichts Ganzes. Ein Fragment.« — »Das ist das Beste«, sagte ich. »Das regt die Phantasie an. Solche Frauen liebt man ewig. Fertige Frauen kriegt man leicht über. Wertvolle auch. Fragmente nie« (*Remarque*, »*Drei Kameraden*«) «Кто же ты?» — «Ни два ни полтора. Фрагмент». — «Это лучше всего, — сказал я. — Это будоражит фантазию. Таких женщин любят. Цельные женщины легко надоедают. Ценные тоже. Фрагменты же никогда»

teilen [1] делить

teilen — **halbieren** — **einteilen** — **dividieren**

teilen *индифф. синоним; напр.*: etw. in zwei, in gleiche Teile, redlich teilen делить что-л. на две, на равные части, честно; etw. in mehrere, in viele Teile teilen делить что-л. на несколько, на много частей; Mutter ließ mich den Kuchen in vier Stücke teilen мама велела мне разрезать пирог на четыре части; die Eroberer wollten das Land teilen завоеватели хотели разделить страну; die Räuber teilten die Beute разбойники делили (между собой) добычу; der Fluß teilt die Stadt in Altstadt und Neubauviertel река делит город на старую часть и кварталы новостроек; beim Sportunterricht werden die Schüler in zwei Gruppen, Mannschaften geteilt на уроках физкультуры учеников разбивают на две группы, команды; teilen wir die Arbeit поделим работу; 21 geteilt durch 7 ist 3 двадцать один, поделенное на семь, равняется трем. **halbieren** делить пополам, на две равные части; *напр.*: die Portionen sind zu groß, man muß sie halbieren порции слишком большие, каждую нужно поделить пополам; die Gerade wird halbiert прямая делится пополам [на два равных отрезка]. **einteilen** делить на несколько (*обыкн. больше двух*) частей (*равных или неравных*); подразделять; *напр.*: eine Stadt in Bezirke einteilen делить город на районы; den Kuchen in gleich große Stücke einteilen делить пирог на несколько равных частей; die Schüler werden nach ihrem Alter in Gruppen eingeteilt ученики по возрасту разбиваются на группы; er versteht es, die Arbeit sinnvoll einzuteilen он умеет рационально распределить свою работу. **dividieren** [-v-] *мат.* делить; *напр.*: den Bruch dividieren делить дробь; 15 durch [mit] 3 dividieren делить 15 на 3; 10 dividiert durch 2 ist [gibt] 5 десять, поделенное на два, равняется пяти

teilen [2] *см.* mitfühlen

Teilhaber пайщик, компаньон

der **Teilhaber** — der **Gesellschafter** — der **Mitinhaber** — der **Kompagnon** — der **Sozius**

Teilhaber *индифф. синоним; напр.*: er ist Teilhaber der Firma »Jung & Co« он один из владельцев фирмы «Юнг и К°»; alle Teilhaber wurden zu dieser Versammlung eingeladen всех пайщиков пригласили на это собрание □ In einem solchen Ruf zu stehen, konnte bedeuten, einer zu werden, dem man mißtraute, ein Isolierter, dessen Gruß man gerade noch höflich erwiderte, den man aber nicht zu seinem gesellschaftlichen und geschäftlichen Teilhaber machte (*Heiduczek*, »*Abschied von den Engeln*«) Иметь такую репутацию значило бы превратиться в такого человека, которому не доверяют, в человека, находящегося в изоляции, которому лишь вежливо отвечают на приветствие, но которого не пригласят в компаньоны ни в делах, ни в развлечениях. **Gesellschafter** компаньон; *напр.*: er ist ein stiller Gesellschafter он негласный акционер. **Mitinhaber** совладелец; *напр.*: sein Bruder ist Mitinhaber der Firma его брат является совладельцем фирмы. **Kompagnon** ['kɔmpanjɔŋ и -'jɔ̃] компаньон по торговому делу; *напр.*: sie wurden Kompagnons und gründeten ein Geschäft они стали компаньонами и основали дело; er betreibt das Geschäft mit einem Kompagnon он ведет дело вместе с компаньоном; er wurde Kompagnon einer soliden Firma он стал компаньоном солидной фирмы. **Sozius** ≅ Teilhaber *в ГДР устаревает* (*тк. о частном секторе*); *напр.*: sein Sozius ist eben abgereist его компаньон как раз уехал; sie sind schon seit Jahren Soziusse они уже много лет компаньоны

Teilnahme участие

die **Teilnahme** — die **Anteilnahme** — das **Interesse**

Teilnahme *индифф. синоним; напр.*: eine Sache mit aufrichtiger Teilnahme verfolgen следить за ходом дела с искренним участием; er zeigte Teilnahme am Schicksal des Kindes он проявил участие к судьбе ребенка; er hörte ihr mit offener Teilnahme zu он слушал ее с явным участием. **Anteilnahme** ≅ Teilnahme, но больше подчеркивает непосредственный, личный интерес к чему-л., сочувствие к кому-л.; напр.: etw. mit wacher, heißer Anteilnahme verfolgen следить за чем-л. с живым, горячим участием; er hörte ihren Worten mit warmer Anteilnahme zu он слушал ее слова с теплым участием. **Interesse** интерес; напр.: lebhaftes [reges], offenkundiges Interesse живой, явный интерес; sein Interesse für etw. zeigen обнаружить свой интерес к чему-л.; etw. mit Interesse verfolgen следить за чем-л. с интересом; er las ihren Brief mit großem Interesse он читал ее письмо с большим интересом

teilnahmslos см. gleichgültig [1]
teilnehmen см. beteiligen, sich/mitfühlen
teilnehmend см. mitfühlend
Teilzahlung см. Rate
Telefon см. «Приложение»
Telegraf см. «Приложение»
telegrafieren см. «Приложение»
Telegramm см. «Приложение»
Tempel см. Kirche
Temperament см. Begeisterung
temperamentvoll см. heiß [1]
temporär см. zeitweilig [1]
terrorisieren см. erschrecken I
Test см. Versuch
Testament завещание

das **Testament** — das **Vermächtnis**
Testament индифф. синоним; напр.: sein Testament machen составить (свое) завещание; ein Testament anfechten оспаривать завещание; j-n im Testament bedenken упомянуть кого-л. в завещании; das Testament eröffnen вскрыть завещание; er starb, ohne ein Testament zu hinterlassen он умер, не оставив завещания; □ Wenn ich ein Testament gemacht hätte, hätte ich dich zu meinem Alleinerben gemacht (*Plenzdorf*, »*Die neuen Leiden*«) Если бы я писал завещание, то я сделал бы тебя своим единственным наследником. **Vermächtnis** завещание *в отличие от* Testament *б. ч. употр. образно и в широком смысле*: завещание оставшимся в живых друзьям, ученикам и т. п.; напр.: wir sollen seine Forschungen weiterführen, denn das war das Vermächtnis des Verstorbenen мы должны продолжать его исследования и идти дальше, так как умерший завещал нам это; er hat mir die Sorge für das Kind als Vermächtnis hinterlassen он завещал мне заботиться о ребенке; du mußt nach seinem Vermächtnis handeln ты должен действовать согласно его завещанию

testen см. prüfen
teuer [1] дорогой, дорогостоящий

teuer — kostspielig — aufwendig
teuer индифф. синоним; напр.: ein teu(e)res Restaurant дорогой ресторан; sie trug ein teu(e)res Kostüm на ней был дорогой костюм; das ist mir zu teuer для меня это слишком дорого; es waren teu(e)re Zeiten это были времена дороговизны; das ist ein teu(e)res Vergnügen это дорогое удовольствие; der Umbau des Hauses kam mich teuer zu stehen перестройка дома обошлась мне дорого. **kostspielig** дорогостоящий; напр.: ein kostspieliger Prozeß дорогостоящий [разорительный] процесс; er hat eine kostspielige Wohnung у него дорогостоящая квартира; seine Liebhaberei ist kostspielig его увлечение обходится дорого. **aufwendig** связанный с большими расходами, затратами; напр.: ein aufwendiges Leben führen вести роскошный образ жизни, требующий больших затрат; den Wahlen ging eine aufwendige Wahlkampagne voran выборам предшествовала предвыборная кампания, потребовавшая огромных расходов; der Entwurf wurde als zu aufwendig abgelehnt проект был отклонен как связанный со слишком большими затратами

teuer [2] ценный, дорогой
teuer — wertvoll — kostbar
teuer индифф. синоним; напр.: ein teueres Geschenk ценный подарок; sie trägt teu(e)ren Schmuck она носит дорогие [ценные] украшения; das ist ein teu(e)rer Ring это ценное кольцо; dieses alte Buch ist sehr teuer эта старая книга очень ценная; die Zeit ist teuer время дорого. **wertvoll** ценный; напр.: ein wertvoller Schmuck ценное украшение; er hat seiner Frau ein wertvolles Geschenk gemacht он сделал жене дорогой подарок; jede Sekunde ist wertvoll каждая секунда дорога. **kostbar** драгоценный; напр.: ein kostbares Geschenk драгоценный подарок; kostbare Sachen lagen im Schaufenster аus драгоценные вещи были выставлены в витрине; sie trägt den kostbaren Schmuck nur selten она лишь изредка надевает драгоценности; die Zeit ist kostbar время дорого

teuer [3] дорогой, милый
teuer — lieb — wert
teuer индифф. синоним; напр.: sie ist mir (lieb und) teuer она мне очень дорога; ich schwöre bei allem, was mir teuer ist клянусь всем, что мне дорого; dieser Ring ist mir sehr teuer это кольцо мне очень дорого. **lieb** милый; напр.: lieber Vater! милый отец!; liebe Frau Schulze! дорогая фрау Шульце!; dieses Schmuckstück ist mir sehr lieb (und wert) эта бедушка мне очень дорога (я люблю эту вещь); er ist mir der liebste von allen он мне дороже всех. **wert** уважаемый, дорогой; напр.: werter Herr Schulze! уважаемый господин Шульце!; werte Kollegen! дорогие товарищи!; er ist mir (lieb und) wert он мне очень дорог; Ihre Hilfe ist uns sehr viel wert ваша помощь нам очень дорога, мы очень ценим вашу помощь

Teuerung см. Verteuerung
Teufel черт
der **Teufel** — der **Satan** — der **Böse** — der **Widersacher** — der **Kuckuck**
Teufel индифф. синоним; напр.: zum Teufel к черту; das weiß der Teufel черт его знает; es ist zum Teufel все идет к черту; □ Nein, nein, er wollte das Glück und die Sattheit der anderen nicht, der Fischkäufer, der Bürger, der geschäftigen Leute. Mochte der Teufel sie holen! (*Hesse*, »*Narziß*«) Нет, нет, он не хотел счастья и сытости тех других, скупщиков рыбы, бюргеров, занятых людей. Черт их всех побери! ...und es interessierte sie einen Teufel, was unsereiner in dieser Welt schon tatsächlich geleistet hat (*Frisch*, »*Homo faber*«) ...и черта с два ее интересовало, что действительно уже сделали на этом свете такие, как я. Weiß ich, welcher Teufel ihn geritten hat? Anstatt sich von Beckmann zu distanzieren, stellt er sich hinter ihn... (*Heiduczek*, »*Abschied von den Engeln*«) Откуда мне знать, что за черт в него вселился? Вместо того чтобы отмежеваться от Бекмана, он его защищает... **Satan** сатана; напр.: er ist ein leibhaftiger Satan! он настоящий сатана; hol dich der Satan! сатана тебя побери! □ Sie war ein Satan, wußte, er kam nicht los von ihr, er wollte es auch nicht... (*Heiduczek*, »*Abschied von den Engeln*«) Она была сама сатана, знала, что он не уйдет от нее, что он этого и не хочет **Böser** уст. нечистый; напр.: um ihr Ziel zu erreichen, hätte sie sich mit dem Bösen eingelassen, wenn es nötig gewesen wäre чтобы добиться цели, она спуталась бы и с нечистым, если нужно. **Widersacher** враг рода человеческого; напр.: er ist ja der Widersacher selbst он же враг рода человеческого. **Kuckuck** шут; напр.: hol dich der Kuckuck! ну тебя к шуту!; das weiß der Kuckuck шут его знает

Theaterstück см. Schauspiel
theatralisch см. künstlich [1]
These см. Behauptung
thronen см. sitzen
Tick см. Laune [1]
tief [1] глубокий

tief — bodenlos — grundlos
tief индифф. синоним; напр.: ein tiefer Abgrund глубокая пропасть; tiefes Wasser глубокая вода; tiefer Schnee глубокий снег; tief unten глубоко внизу; der Fluß ist hier sehr tief река здесь очень глубокая; wir sanken tief in den Schnee ein мы глубоко проваливались в снег; der Pflock wurde tief in die Erde gebohrt кол забили глубоко в землю. **bodenlos** бездонный; напр.: hier scheint der See bodenlos zu sein здесь озеро кажется бездонным; es war ein Gefühl, als

falle man in einen bodenlosen Abgrund было такое чувство, будто падаешь в бездонную пропасть. grundlos ≅ bodenlos, *но употр. тж. для характеристики того, что не имеет дна как прочной опоры и поэтому является не только глубоким, но и топким, непроходимым и т. п.*; *напр.*: das Moor ist grundlos болото бездонное; sie gingen durch den grundlosen Morast они шли по непроходимой топи; die Wege sind nach dem langen Regen grundlos geworden дороги стали непроходимыми после продолжительных дождей

tief² глубокий (*о мыслях и т. п.*)
tief — tiefsinnig

tief *индифф. синоним*; *напр.*: tiefe Gedanken глубокие мысли; sie war in tiefes Nachdenken versunken она была погружена в глубокое раздумье; er ist ein tiefer Denker он глубокий мыслитель; seine Worte haben einen tiefen Sinn его слова имеют глубокий смысл; er zeigte eine tiefe Einsicht он проявил глубокое понимание (*чуткость*). tiefsinnig глубокомысленный, *напр.*: eine tiefsinnige Betrachtung, Abhandlung глубокомысленное рассуждение, глубокий трактат; er machte eine tiefsinnige Bemerkung он сделал глубокомысленное замечание

tief³ *см.* stark²
Tiefe *см.* Kluft I
Tiefebene *см.* Niederung
Tiefland *см.* Niederung
tiefsinnig *см.* tief²
tierisch *см.* grausam
tilgen *см.* bezahlen¹/streichen¹/vernichten
Tinnef *см.* Ausschuß¹
Tippelbruder *см.* Landstreicher
tippen I *см.* maschineschreiben
tippen II *см.* vermuten
tipptopp *см.* tadellos
Tisch стол
der Tisch — die Tafel

Tisch *индифф. синоним*; *напр.*: ein langer, ovaler, rechteckiger Tisch длинный, овальный, квадратный стол; ein reich gedeckter Tisch богато накрытый стол; sie deckte schnell den Tisch она быстро накрыла на стол; er führte die Tochter des Hauses zum Tisch он повёл к столу дочь хозяев дома. Tafel длинный (, празднично) накрытый стол; *напр.*: eine festliche, festlich gedeckte, geschmückte Tafel праздничный, празднично накрытый, украшенный стол; die Tafel war mit Blumen geschmückt стол был украшен цветами; er führte die Dame des Hauses zur Tafel он повёл к столу хозяйку дома

Titel¹ звание, титул
der Titel — die Würde — der Grad — der Rang

Titel *индифф. синоним*; *напр.*: akademischer Titel академическое звание; ein langer Titel длинный титул; einen Titel haben, tragen, erwerben иметь Titel, носить, получать звание [титул]; den Titel des Weltmeisters im Schwergewicht erringen, verteidigen завоевать, защищать звание чемпиона мира в тяжёлом весе; j-n mit seinem Titel anreden титуловать кого-л. [обратиться к кому-л.], назвав его по чину [по званию и т. п.]; er hat den Professortitel он имеет звание профессора. Würde высокое звание; *напр.*: er hat die höchsten Würden erreicht он достиг самых высоких званий; Würde bringt Bürde *посл.* чем выше звание, тем больше ответственность. Grad степень; *напр.*: einen wissenschaftlichen Grad erlangen получить учёную степень; er erwarb den Grad des Doktors sc. он получил степень доктора наук; er hat alle wissenschaftlichen Grade, die in seinem Land verliehen werden у него есть все учёные степени, которые присваиваются в его стране. Rang ранг, чин; *напр.*: einen hohen, niederen Rang im diplomatischen Dienst haben иметь высокий, низкий ранг на дипломатической службе; im Rang eines Majors stehen быть в чине майора; er nimmt jetzt schon den Rang eines Botschafters ein он сейчас уже в ранге посла; er starb im Rang(e) eines Feldwebels ≅ Der Staatsrat legt die militärischen Dienstgrade, die diplomatischen Ränge und andere spezielle Titel fest (*Verfassung DDR*) Государственный Совет устанавливает воинские звания, дипломатические ранги и другие специальные титулы

Titel² *см.* Name³
toben *см.* wüten
Tobsucht *см.* Wahnsinn
tobsüchtig *см.* verrückt
Tod: den Tod finden *см.* umkommen
todernst *см.* ernst¹
todkrank *см.* krank
todlangweilig *см.* langweilig
todmüde *см.* müde
todsicher *см.* gewiß¹
todunglücklich *см.* unglücklich²
Toilette туалет, уборная
die Toilette — das WC — der Abort — das Klosett — die Latrine — die Bedürfnisanstalt — das Klo — der Lokus — das Örtchen — das Häuschen — der Abtritt — das Pissoir

Toilette [toa-] *индифф. синоним*; *напр.*: eine öffentliche Toilette общественная уборная; auf die Toilette gehen пойти в туалет; die Toiletten befinden sich eine Treppe tiefer туалеты находятся этажом ниже; die Toilette ist am Ende des Bahnsteiges туалет в конце перрона. WC уборная со спуском воды *б. ч. употр. при констатации факта наличия таковой*; *напр.*: ein Landhaus mit drei Zimmern, Bad und WC ist zu verkaufen продаётся загородный дом с тремя комнатами, ванной и уборной; in unserer Wohnung befindet sich das WC im Badezimmer у нас в квартире уборная совмещена с ванной. Abort уборная; *напр.*: der Abort liegt links vom Eingang уборная налево от входа; sie fühlte Brechreiz und lief in den Abort она почувствовала тошноту и побежала в уборную. Klosett клозет, уборная со спуском воды *часто употр. в более узком значении и может означать не помещение, а его оборудование: унитаз и т. п.*; *напр.*: das Klosett war verriegelt клозет был закрыт на задвижку; das Klosett war kaputt, und das Wasser rauschte ununterbrochen клозет был не в порядке, и вода непрерывно шумела; das Klosett schien verstopft zu sein уборная, видимо, засорилась. Latrine (временная) уборная с выгребной ямой (*на несколько очков*) *б. ч. в лагерях, при казармах и т. п.*; *напр.*: die Latrine liegt seitlich der Baracke уборная находится в стороне от барака; vor der Latrine stand eine lange Schlange (Wartender) перед уборной стояла длинная очередь (ожидающих). Bedürfnisanstalt *офиц.* общественная уборная; *напр.*: es müssen noch einige Bedürfnisanstalten gebaut werden необходимо построить ещё несколько общественных уборных. Кло *разг. обособившаяся краткая форма от* Klosett (*помещение*); *напр.*: das Klo war leer клозет был пуст; ich muß aufs Klo мне надо в уборную. Lokus *фам.* ≅ Toilette; *напр.*: der Lokus liegt am Ende des Korridors уборная в конце коридора; die größeren Schüler rauchten auf dem Lokus старшие школьники курили в уборной; gehst du auf den Lokus? ты идёшь в уборную? Örtchen *разг. эвф. шутл.* одно место (*уборная*); *напр.*: aufs Örtchen gehen идти в одно место (в уборную); ein gewisses, stilles Örtchen aufsuchen пойти в одно местечко, в кабинет задумчивости. Häuschen *разг. эвф. шутл.* укромное местечко; *напр.*: aufs Häuschen gehen идти в укромное местечко; vor allem müssen wir aber das Häuschen aufsuchen но прежде всего нам надо в одно укромное местечко. Abtritt *груб. нужник*; *напр.*: auf dem Abtritt sitzen сидеть в нужнике; der Abtritt ist gleich hinter der Baracke нужник сразу за бараком. Pissoir [-'sŏa:r] *устаревает груб.* писсуар, общественная уборная для мужчин; *напр.*: das Pissoir ist da unten мужская уборная там внизу

tolerant *см.* duldsam

toll¹ безумный, бешеный (*о поведении и т. п.*)
toll — wild — ungestüm — unbändig — ungebärdig

toll *индифф. синоним*; *напр.*: ein toller Lärm дикий [жуткий] шум; ein toller Streich безумная выходка; wir lachten toll мы дико смеялись; sie sprang in toller Angst auf она вскочила в безумном страхе. wild дикий; *напр.*: wildes Geschrei дикий крик; ein wilder Kampf отчаянная борьба; ein wilder Zorn ergriff ihn бешеный гнев обуял его; es herrschte ein wildes Durcheinander был дикий беспорядок; die Kinder sind sehr wild дети ведут себя очень буйно. **ungestüm** неистовый, бурный; *напр.*: er hat ein ungestümes Wesen у него бурный характер; er sprang ungestüm auf он быстро вскочил; ungestüm unterbrach er unser Gespräch он бурно вмешался, прервав наш разговор. **unbändig** буйный; *напр.*: unbändige Freude буйная радость; es herrschte unbändiger Jubel царило буйное ликование; eine unbändige Wut erfaßte ihn буйная ярость охватила его; er lachte unbändig он неудержимо смеялся. **ungebärdig** необузданный, не умеющий себя вести (*способный на дикие выходки*); *напр.*: ein ungebärdiges Betragen буйное поведение; ein ungebärdiges Kind ребенок, не умеющий себя вести; sei nicht so ungebärdig! не будь таким дикарем, веди себя как следует!

toll[2] *см.* verrückt
tollen *см.* lärmen[1]
Tollhaus *см.* Irrenanstalt
Tollheit *см.* Wahnsinn
tollkühn *см.* tapfer
Tollwut *см.* Wahnsinn
Ton I *см.* Laut[1]
Ton II *см.* Lehm
tonangebend *см.* maßgebend
tönen *см.* schallen
tonlos *см.* still[1]
Tonne *см.* Faß

Topf кастрюля, горшок
der **Topf** — die **Kasserolle**

Topf *индифф. синоним*; *напр.*: ein Topf voll Suppe полная кастрюля супа; den Topf aufs Feuer setzen поставить кастрюлю на огонь; den Topf vom Feuer nehmen снять кастрюлю с огня; sie reichte ihm einen Topf Milch она подала ему горшок молока; der Topf ist leck кастрюля течет [прохудилась]; er steckte seine Nase in jeden Topf он заглянул [сунул нос] во все кастрюли (*ища, чего бы поесть*). **Kasserolle** сотейник, плоская кастрюля (*с двумя ручками или одной длинной ручкой*); *напр.*: schmort Fleisch in der Kasserolle она тушит мясо в кастрюльке; setz die Kasserolle auf kleines Feuer поставь кастрюлю на маленький огонь

Tor I ворота
das **Tor** — die **Pforte** — das **Portal**

Tor *индифф. синоним*; *напр.*: ein hohes, eisernes Tor высокие, железные ворота; das Tor öffnen, schließen открывать, закрывать ворота; der Hof hat zwei Tore во дворе двое ворот; das Auto fuhr durch das offene Tor машина проехала в открытые ворота □ ...zwei Kinder liefen ihrer Mutter entgegen, die aus dem Tor kam (*Weisenborn, »Der Verfolger«*) ...двое детей кинулись навстречу матери, выходящей из ворот. **Pforte** калитка; *напр.*: eine schmale, eiserne Pforte узкая, железная калитка; die Pforte zum Garten war gut verschlossen калитка в сад была хорошо заперта; wir gelangten in den Park durch die hintere Pforte мы попали в парк через задний вход. **Portal** портал; *напр.*: sie gingen durch das Portal in die Kathedrale они через портал вошли в собор; in der Stadt gibt es noch einige alte Häuser mit verzierten Portalen в городе есть еще несколько старых домов с украшенными порталами □ Warum hörte er stundenlang diese Ratsherren oder Pröpste an, wenn sie ein Portal oder eine Kanzel bei ihm bestellten? (*Hesse, »Narziß«*) Почему он слушал часами этих господ советников или благочинных, когда они заказывали ему отделку портала или церковной кафедры?

Tor II *см.* Narr[1]
töricht *см.* dumm[1]
torkeln *см.* schwanken[1]
Tortur *см.* Schmerz
tosen[1] бушевать, реветь
tosen — **brausen** — **sausen**

tosen *индифф. синоним*; *напр.*: ein gewaltiger Sturm tost an der Küste на побережье бушует ураган; der Wasserfall tost ревет водопад; der Beifall toste und wollte kein Ende nehmen бушевала нескончаемая овация. **brausen** громко шуметь; *напр.*: der Wind hat die ganze Nacht ums Haus gebraust ветер всю ночь бушевал вокруг дома; nichts war zu hören, nur der Wald brauste ничего не было слышно, только лес шумел; hörst du das Meer brausen? ты слышишь, как шумит море? **sausen** свистеть, гудеть; *напр.*: der Wind saust mir in den Ohren ветер свистит у меня в ушах; der Wind saust in den Bäumen ветер гудит [свищет] в деревьях; der Sturm saust und braust schon zwei Tage буря бушует уже двое суток

tosen[2] *см.* lärmen[1]
tot мертвый
tot — **verstorben** — **selig** — **mausetot** — **hin** — **hinüber**

tot *индифф. синоним*; *напр.*: ein toter Vogel мертвая птица; er lag tot im Bett он лежал мертвый в постели; seine Eltern sind tot его родители умерли; das Kind wurde tot geboren ребенок родился мертвым □ *Goethe*, 74 Jahre alt, ist in Marienbad. Sieben Jahre ist Christiane tot (*Wp 15/1969*) Семидесятичетырехлетний Гете в Мариенбаде. Семь лет, как умерла Христиана. **verstorben** умерший; *напр.*: sie trauert noch immer um ihren verstorbenen Mann она до сих пор скорбит о своем умершем муже; ihre verstorbene Tochter hinterließ zwei kleine Kinder ее умершая дочь оставила после себя двух малышей; der Verstorbene war ein liebenswerter Mensch умерший был милейшим человеком. **selig** *уст.* покойный; *рел.* почивший в бозе (*тк. атрибутивно; иногда, особенно ю.-нем., тж. после существительного*); *напр.*: seine selige Frau его покойная жена; mein Vater selig war ein ruhiger Mensch мой покойный отец был спокойный человек; Ihr seliger Bruder war mir ein guter Mann ваш покойный брат был мне хорошим мужем. **mausetot** *разг. эмоц.-усил.* мертвее мертвого; *напр.*: habe keine Angst, das Tier ist tot, mausetot не бойся, зверь мертв, мертвее мертвого. **hin, hinüber** *фам.* ≅ tot по отношению к лицу — грубовато, употр. тк. в hinsein *и в конструкции* hinüber sein; *напр.*: seine Fische waren durch diese Krankheit alle hin все его рыбки сдохли от этой болезни; die Frau weiß auch nicht, daß ihr Mann schon hin ist а жена и не знает, что ее муж уже на том свете; die Kleine ist tot, hinüber малютка померла, уже на том свете; da der Alte hinüber ist, kommt der Erbe endlich zu seinem Geld так как старик отправился на тот свет, наследник получит наконец-то свои денежки

total *см.* ganz[1]
töten убивать
töten — **umbringen** — **morden** — **ermorden** — **hinmorden** — **erschlagen** — **totschlagen** — **meucheln** — **niedermachen** — **niedermetzeln** — **hinmetzeln** — **abschlachten** — **totmachen** — **hinrichten** — **exekutieren** — **erledigen** — **massakrieren** — **kaltmachen** — **abmurksen** — **killen**

töten *индифф. синоним*; *напр.*: einen Menschen, ein Tier töten убивать человека, животное; der Jäger hat einen Bären getötet охотник убил медведя; wer hat den Mann getötet? кто убил этого человека?; Blicke können auch töten взглядом тоже убивают; du sollst nicht töten! не убий! □ »Liebe Mutter Gottes, nun habe ich getötet«, hörte er sich selbst sprechen (*Hesse, »Narziß«*) «Матерь божья, вот я и убил», — услышал он свои собственные слова. **umbringen** ≅ töten, *но больше подчеркивает насильственный характер смерти, часто — об убийстве в состоянии аффекта*; *напр.*: es ist anzunehmen, daß er umgebracht worden ist предположительно, его убили; die Katze hatte sechs Jungen, wir mußten sie alle umbringen у кошки было шесть котят, пришлось их всех уничтожить; ich hätte sie umbringen können! я готов был убить ее! □ »Nun habe ich einen Menschen umgebracht«, dachte Goldmund... (*Hesse, »Narziß«*) «Ну вот, я убил человека», — подумал Златоуст... »Am 9. November 1938«, fuhr die Frau leise, aber mit fester Stimme fort, »haben die Nazis jüdische Geschäfte und Häuser geplündert und viele Menschen in die Lager verschleppt. Deine Mutter und deinen Großvater auch. Dort hat man sie umgebracht« (Brězan, »Christa«) «Девятого ноября 1938 года, — продолжала она тихо, но твердым голосом, — нацисты разграбили многие еврейские магазины и дома и бросили многих в лагеря. Твою мать и дедушку тоже. Там их убили». **morden** предумышленно убивать (*часто употр. без объекта*); *напр.*: er hat gemordet он убивал людей; er mordete mit Kälte und Überlegung он убивал хладнокровно и обдуманно; der Krieg hat Millionen Menschen gemordet в войну были убиты миллионы людей □ Siehst du, Mutter, wenn ich so ein koreanisches Mädchen wäre, ich meine, genauso alt, wie ich jetzt bin, dann will ich doch wissen, warum meine Eltern gestorben sind oder wer sie gemordet hat... (Brězan, »Christa«) Видишь ли, мама, если бы я была такой корейской девочкой, ну, ей было бы столько лет, сколько мне сейчас, тогда я хотела бы все-таки знать, почему умерли мои родители или кто их убил... **ermorden** ≅ morden (*но употр. обязательно с объектом действия, выраженным дополнением в Akk.*); *напр.*: j-n meuchlings, bestialisch ermorden убить кого-л. из-за угла, зверски; er hat auf seiner Flucht einen Polizisten ermordet при побеге он убил полицейского. **hinmorden** ≅ morden (*чаще о массовом убийстве людей*); *напр.*: die Gefangenen wurden hingemordet пленных убили; der König ließ die Rebellen hinmorden король приказал убить мятежников; der Deserteur wurde hingemordet дезертир был убит. **erschlagen** убить кого-л. ударом (*твердого предмета*) *субъектом действия является лицо или падающий предмет*; *напр.*: er hatte sein Opfer mit einem Hammer erschlagen он убил свою жертву молотком; er wurde von den Einbrechern erschlagen он был убит взломщиками; der Bergsteiger wurde von einem Felsbrocken erschlagen осколком скалы убило альпиниста; er wurde vom Blitz erschlagen его убило молнией □ Es war ihm leid um Viktor... den er heute erschlagen hatte (Hesse, »Narziß«) Ему было жалко Виктора... которого он сегодня убил. **totschlagen** убить одним ударом; убивать, осыпая ударами; забить до смерти (*иногда без намерения лишить жизни свою жертву*); *напр.*: eine Fliege totschlagen убить муху; einen Menschen totschlagen убить человека; er hat im Rausch einen Mann totgeschlagen в состоянии опьянения убил человека; du kannst mich totschlagen, ich weiß es wirklich nicht хоть убей, но я этого, действительно, не знаю; er kann keine Fliege totschlagen он и мухи не обидит □ War er darum aus dem Kloster fortgegangen... um dort in den Steinen diesen armen Kerl totzuschlagen... (Hesse, »Narziß«) Разве он для

этого ушел из монастыря... чтобы там в камнях убить этого беднягу... **meucheln** *неодобр.* убивать коварно, тайно, из-за угла *и т. п.*; *напр.*: er wurde auf gemeinste Art gemeuchelt его убили подлейшим образом из-за угла; er ließ durch gedungene Mörder seine Gegner meucheln руками наемных убийц он коварно убивал своих противников. **niedermachen** *неодобр.* уничтожать без жалости, приканчивать; *напр.*: er ließ die Gefangenen niedermachen он велел прикончить пленных; wer sich ihm in den Weg stellte, wurde niedergemacht того, кто становился ему поперек пути, он (безжалостно) уничтожал. **niedermetzeln** *неодобр.* вырезать, перебить, истребить; *напр.*: die Aufständischen wurden niedergemetzelt восставших перебили; er ließ vierzehn Patrioten niedermetzeln по его приказу были зверски убиты четырнадцать патриотов. **hinmetzeln** ≅ niedermetzeln; *напр.*: aus Rache für den Überfall der Partisanen wurden alle Dorfbewohner hingemetzelt из мести за нападение партизан были истреблены все жители деревни; der SS-Gruppenführer ließ alle hinmetzeln группенфюрер СС приказал всех перебить. **abschlachten** перебить, устроить бойню *подчеркивает хладнокровие убийцы и беззащитность жертвы*; *напр.*: bei den Unruhen wurden Hunderte von Menschen abgeschlachtet при беспорядках были перебиты сотни людей; er ließ alle Gefangenen abschlachten он приказал перебить всех пленных. **totmachen** приканчивать, добивать (*б. ч. по отношению к небольшим животным, насекомым*); *напр.*: ich habe zuerst die Mücken totgemacht сначала я уничтожил [перебил] комаров; der kranke Hund wurde totgemacht больную собаку прикончили. **hinrichten** казнить; *напр.*: er wurde im Morgengrauen hingerichtet он был казнен на рассвете; der Verräter wurde öffentlich hingerichtet предатель был публично казнен. **exekutieren** *книжн. устаревает* ≅ hinrichten; *напр.*: der Verbrecher wurde exekutiert преступник был казнен; die Deserteure wurden exekutiert дезертиров казнили. **erledigen** *разг.* убрать; *напр.*: man hat den Nachtwächter schnell erledigt ночного сторожа быстро убрали; er erledigte seine Feinde skrupellos он устранял своих врагов без угрызений совести. **massakrieren** *фам.* ≅ niedermetzeln; *напр.*: sämtliche Bewohner des Dorfes wurden von den feindlichen Soldaten massakriert все жители деревни были перебиты [вырезаны] вражескими солдатами; sie massakrierten ohne Mitleid Männer, Frauen, Kinder они жестоко, без сострадания убивали мужчин, женщин, детей. **kaltmachen** *фам.* ≅ töten; *напр.*: es fehlte nicht viel, und er hätte sie kaltgemacht еще немного, и он

убил бы ее; paßt auf, daß ihr ihn nicht kaltmacht смотрите, не убейте его; die Alte ist schon vor zwei Stunden kaltgemacht worden старуху прикончили уже два часа тому назад. **abmurksen** *фам.* укокошить; *напр.*: der Kerl wollte mich abmurksen парень хотел меня укокошить; hat er denn viele abgemurkst? и многих он укокошил? **killen** *груб.* пришить, хладнокровно прикончить; *напр.*: der Gangsterboß wurde von seinen eigenen Leuten gekillt босса гангстеров пришили свои же; er hat seinen Rivalen mit einem Messer gekillt он хладнокровно прирезал своего соперника

totenblaß *см.* blaß
totlachen, sich *см.* lachen [1]
totmachen *см.* töten
totschießen *см.* erschießen
totschlagen *см.* töten
totschweigen *см.* verschweigen
Tour *см.* Fahrt
Tourist *см.* Reisender
Trabant *см.* Satellit
Tracht *см.* Kleidung
trachten *см.* streben/versuchen [1]
tradieren *см.* überliefern [1]
Tradition *см.* Sitte
traditionell *см.* herkömmlich
träge медлительный, инертный, вялый

träge — faul — bequem — langsam — schwerfällig — schlaff — säumig — phlegmatisch — saumselig — schlapp — lasch — pomadig

träge *индифф. синоним*; *напр.*: ein träger Mensch медлительный [инертный] человек; träge Bewegungen вялые движения; alt und träge werden становиться старым и медлительным (*о животных, людях*); die Hitze macht mich träge из-за жары я делаюсь вялым □ Der Wagen ist dunkel, und der Regen trommelt träge auf das Wagendach (Weisenborn, »Der Verfolger«) Машина темная, и дождь вяло стучит по крыше машины. **faul** ленивый, обленившийся; *напр.*: heute war ich ganz faul und habe den ganzen Tag auf der Couch gelegen сегодня я совсем разленилась и провалялась весь день на диване. **bequem** инертный; не желающий сдвинуться с места, ничем не желающий утруждать себя; *напр.*: ein bequemer Mensch инертный человек; sei doch nicht so bequem! не будь же таким лежебокой!; er war zu bequem, um mir in den Mantel zu helfen он не потрудился подать мне пальто. **langsam** медлительный; *напр.*: er ist sehr langsam, es dauert immer eine Weile, bis er antwortet он очень медлителен, прежде чем ответить, он долго думает. **schwerfällig** неповоротливый, медлительный и неловкий; *напр.*: ein schwerfälliger Mensch неповоротливый человек; schwerfällig antworten, gehen, sprechen медлительно [еле-еле] отвечать, ходить, говорить; stell dich nicht so schwerfällig an!

не прикидывайся таким неповоротливым! **schlaff** вялый, расслабленный; *напр.*: ein schlaffer Mensch вялый человек; ein schlaffes Wesen расслабленное существо. **säumig** медлительный; нерадивый вследствие своей медлительности и небрежности (*не выполняющий чего-л. в срок, откладывающий неотложные дела*); *напр.*: ein säumiger Schüler нерадивый ученик; ein säumiger Schuldner неплательщик, не платящий вовремя долги [налоги *и т. п.*]. **phlegmatisch** флегматичный; *напр.*: er ist zu phlegmatisch он слишком флегматичен. **saumselig** *высок.* ≃ säumig, *но больше подчеркивает неоправданную медлительность* (*чаще предикативно и адвербиально*); *напр.*: er war sehr saumselig bei der Bezahlung seiner Schulden он долго тянул [очень опаздывал] с уплатой своих долгов. **schlapp** *разг., б. ч. неодобр.* ≃ schlaff; *напр.*: so ein schlapper Kerl! вот слабак [тюфяк, тряпка]! **lasch** *разг.* вялый, безвольный; *напр.*: ein lascher Bursche размазня; человек, лишенный всякой энергии. **pomadig** *разг.* (вызывающе) невозмутимый; *напр.*: so ein pomadiger Kerl! этого ничем не прошибешь!, этого с места не сдвинешь!; er antwortete pomadig: »Na und?« он с ленцой процедил: «Ну и что?»

tragen[1] носить (*одежду, украшения и т. п.*), быть одетым во что-л.

tragen — anhaben — aufhaben

tragen *индифф. синоним*; *напр.*: helle Kleider, Schmuck, eine Brille tragen носить светлую одежду, украшения, очки; er trug die Uniform nicht gern он не любил носить форму; das Kind trug abgetretene Schuhe на ребенке были изношенные ботинки; sie trägt einen modernen Hut на ней модная шляпа; er trägt keinen Ehering он не носит обручального кольца □ ...damals trug er die teuersten Anzüge... (H. Mann, »*Die Jugend*«) ...в те времена он носил самые дорогие костюмы... **anhaben** быть в чем-л., быть одетым (*в какую-л. одежду*); *напр.*: das Mädchen hatte ein neues Kleid, neue Schuhe an девочка была в новом платье, в новых туфлях; warum hast du den Mantel an? почему ты в пальто? □ Wenn der Bauer und der König aber beide gleiche Kleider anhaben, dann kennt das Kind sie nicht mehr auseinander (Hesse, »*Narziß*«) Но если крестьянин и король — оба в одинаковой одежде, то ребенок не отличит одного от другого. **aufhaben** *разг.* носить на голове (*головной убор, какое-л. приспособление и т. п.*); *напр.*: einen Hut aufhaben быть в шляпе; der Junge hatte eine wollene Mütze auf мальчик был в шерстяной шапочке; die Mutter hatte wie immer eine Brille auf мать была, как обычно, в очках

tragen[2] *см.* ertragen/hinbringen[1]/stützen[1]

Trägheit медлительность, инертность, вялость

die Trägheit — die Saumseligkeit — das Phlegma

Trägheit *индифф. синоним*; *напр.*: seine Trägheit macht mich nervös его медлительность выводит меня из себя; seine Trägheit kann keinem gefallen его инертность никому не может понравиться. **Saumseligkeit** *высок. редко* медлительность и нерадивость; *напр.*: wie kann ich deine Saumseligkeit loben? как я стану хвалить тебя за нерадивость? **Phlegma** *книжн.* флегматичность; *напр.*: der Junge zeichnet sich durch sein Phlegma aus мальчик отличается флегматичностью

Tragweite *см.* Wichtigkeit
trainieren *см.* üben[1]
traktieren *см.* bewirten
trällern *см.* singen
trampeln *см.* stampfen[1]
trampen *см.* fahren[1]

Träne слеза

die Träne — die Zähre

Träne *индифф. синоним*; *напр.*: eine große, heiße Träne крупная, горючая слеза; Tränen des Mitleids, der Reue слезы сострадания, раскаяния; Tränen hingen ihr an den Wimpern слезы висели у нее на ресницах; über ihr Gesicht liefen Tränen по ее лицу бежали слезы; er schämte sich seiner Tränen nicht он не стыдился своих слез. **Zähre** *высок. поэт.* ≃ Träne; *напр.*: Zähren wie kostbare Perlen слезы как драгоценные жемчужины

tränennaß *см.* naß
tränenselig *см.* empfindsam[1]
Trank *см.* Getränk
transparent *см.* durchsichtig
transpirieren *см.* schwitzen
transportieren *см.* befördern
trappeln *см.* gehen[1]
trappen *см.* gehen[1]
Tratsch *см.* Gerede[2]
trauen[1] *см.* vertrauen
trauen[2]: **sich (standesamtlich) trauen lassen** *см.* heiraten
trauen, sich *см.* wagen

Trauer печаль, грусть

die Trauer — die Traurigkeit — der Trübsinn — der Kummer — die Wehmut — die Schwermut — die Melancholie — der Gram — die Trübsal

Trauer *индифф. синоним*; *напр.*: könnt Ihr unsere Trauer um dieses schöne, alte Haus nachfühlen? можете ли вы понять нашу грусть [тоску] по этому прекрасному, старому дому?; ihre Trauer über die Niederlage war groß они были очень опечалены поражением. **Traurigkeit** опечаленность, чувство печали, грусти *причина печали б. ч. не указывается*; *напр.*: eine grenzenlose Traurigkeit erfüllt ihr Herz беспредельная печаль наполняет ее сердце. **Trübsinn** глубокая печаль, тоска (*длительное состояние*); *напр.*: womit kann ihr Trübsinn erklärt werden? чем можно объяснить ее (болезненную) тоску? **Kummer** печаль и забота; *напр.*: was hast du denn für Kummer? что у тебя за печаль? **Wehmut** *книжн.* легкая печаль, грусть (о былом); *напр.*: Wehmut erfaßte ihn, wenn er daran dachte грусть охватывала его, когда он вспоминал об этом □ Sie steht ihnen gut, die Wehmut, den Frauen der zwanziger Jahre (Grass, »*Die Blechtrommel*«) Она им к лицу, женщинам двадцатых годов, эта легкая грусть. **Schwermut** *книжн.* глубокая грусть, (беспричинная) тоска; *напр.*: seine Schwermut bedrückt uns alle его тоска действует подавляюще на всех нас □ Eine ihm zeitweilig anhaftende Trägheit, die an Schwermut grenzte, mag ihn daran gehindert haben... einen Ausbruchversuch zu wagen (Grass, »*Die Blechtrommel*«) Находящая на него по временам вялость, граничащая с меланхолией, наверное, мешала ему... отважиться на попытку к бегству. **Melancholie** *книжн.* меланхолия; *напр.*: da hat uns ein Gefühl hilfloser Melancholie ergriffen тогда нас охватило чувство беспомощной меланхолии □ Selbst wenn er fröhlich zu sein schien, was selten bei ihm vorkam, weil er der Melancholie anhing, trank er nicht um der Lustigkeit willen (Grass, »*Die Blechtrommel*«) Даже если он казался веселым, что с ним бывало редко, так как он любил предаваться меланхолии, он пил не ради веселья. **Gram** *книжн.* мрачная, снедающая тоска; *напр.*: sie starb aus Gram über den Tod ihres Mannes она умерла от тоски, не пережив смерти мужа. **Trübsal** a) *высок. устаревает* ≃ Trauer; *напр.*: er war voller Trübsal он был исполнен скорби; nichts konnte sie aus ihrer Trübsal reißen ничто не могло вырвать ее из объятий скорби; nach dieser Nachricht hat sie alle Trübsal vergessen получив это известие, она забыла всю свою скорбь □ Eine vage Trübsal füllte Toinette, wenn sie an ihre alte Mutter dachte (Feuchtwanger, »*Die Füchse*«) Смутная тоска наполняла Туанетту, когда она думала о своей старой матери; b) *в фразеологическом обороте* **Trübsal blasen** *разг.* хандрить

träufeln *см.* tropfen[1]
traulich *см.* gemütlich
Traum *см.* Schlaf[1]
träumen мечтать

träumen — schwärmen

träumen *индифф. синоним*; *напр.*: er träumt von einer großen Zukunft он мечтает о великом будущем; sie träumt, Schauspielerin zu werden она мечтает стать актрисой; du träumst zuviel bei der Arbeit ты слишком много предаешься мечтам во время работы □ Sie saßen... und träumten, bis der Lakai meldete, die Frau Prin-

TRÄUMERISCH 475 TREFFEN

zessin sei im Begriff aufzubrechen (*Feuchtwanger*, »*Die Füchse*«) Они сидели... и мечтали, пока лакей не доложил, что принцесса собирается уезжать. **schwärmen** грезить, восторженно предаваться мечтам; *напр.*: er schwärmt wieder он снова предается мечтам; er hat die ganze Nacht von ihr geschwärmt он восторженно мечтал о ней всю ночь ◻ Mit animalischem Wohlbehagen schwärmt Irene: »Wein mit Blasen, Brause für Große« (*Egel*, »*Dr. Schlüter*«) С животным наслаждением Ирена восторженно мечтает вслух: «Вино с пузырьками, шипучка для взрослых». Sie saßen und schwärmten und schwiegen und hielten sich an den Händen (*Feuchtwanger*, »*Die Füchse*«) Они сидели и грезили наяву, и молчали, и держались за руки

träumerisch мечтательный
träumerisch — schwärmerisch — verträumt

träumerisch *индифф. синоним*; *напр.*: sie hat träumerische Augen у нее мечтательные глаза; sie schaute ihn träumerisch an она мечтательно смотрела на него. **schwärmerisch** восторженно-мечтательный; *напр.*: sie schaute ihn schwärmerisch an она смотрела на него восторженно-мечтательно; sie hing ihren schwärmerischen Gedanken nach она предавалась своим восторженным мыслям ◻ »Ja, der Cadillac«, sagte ich schwärmerisch (*Remarque*, »*Drei Kameraden*«) «Да, кадиллак», — сказал я восторженно-мечтательно. **verträumt** замечтавшийся, погруженный в свои мечты; *напр.*: ein verträumtes Kind замечтавшийся ребенок; er ist zu verträumt, um sich im Leben durchzusetzen он слишком погружен в свои мечты, чтобы пробиться в жизни

traurig печальный, грустный
traurig — betrübt — bekümmert — kummervoll — trüb(e) — trübselig — trist — wehmütig — schwermütig — trübsinnig — melancholisch

traurig *индифф. синоним*; *напр.*: traurige Augen печальные [грустные] глаза; eine traurige Nachricht печальное известие; traurig sein быть печальным, грустить; j-n traurig machen опечалить кого-л.; sie war traurig über den Verlust ihres Ringes она была опечалена тем, что потеряла кольцо; das Kunstwerk hat ein trauriges Schicksal у этого произведения искусства печальная судьба; (es ist) traurig genug, daß du das nicht einsiehst довольно грустно, что ты этого не хочешь понять; die Blumen ließen traurig die Köpfe hängen цветы грустно склонили свои головки; das Gespräch hat mich traurig gestimmt этот разговор настроил меня на грустный лад. **betrübt** опечаленный; *напр.*: sie machten betrübte Gesichter на их лицах появилось выражение печали; ich bin sehr betrübt darüber я очень этим опечален; »Nichts zu machen«, sagte sie betrübt «Ничего не поделаешь», — сказала она опечаленно. **bekümmert** огорченный; *напр.*: sie machten bekümmerte Gesichter их лица выразили огорчение; er schwieg bekümmert он огорченно молчал; er war tief bekümmert он был глубоко огорчен. **kummervoll** горестный; *напр.*: er hatte ein kummervolles Gesicht у него было горестное выражение лица; sie sah ihn kummervoll an она с горестью смотрела на него. **trüb(e)** грустный, мрачный; *напр.*: trübe Gedanken мрачные мысли; ein trübes Gesicht омраченное печалью лицо; ihre Zukunft sieht trübe aus ее будущее выглядит безрадостно; er schaute trübe vor sich hin он грустно смотрел прямо перед собой ◻ Ehrerbietig machten sie darauf aufmerksam, daß sie leider recht gehabt hätten mit ihren trüben Voraussetzungen über die Folgen, welche die Konversation mit den Rebellen für das Ansehen Ihrer Majestät bei den Parisern haben werde (*Feuchtwanger*, »*Die Füchse*«) Почтительно обращали они внимание на то, что, к сожалению, они были правы в своих мрачных предсказаниях относительно последствий, которые могут иметь переговоры с мятежниками, для репутации ее величества в глазах парижан. Noch immer bist du Klamms Geliebte, noch lange nicht meine Frau. Manchmal macht mich das ganz trübe... (*Kafka*, »*Das Schloß*«) Ты все еще возлюбленная Кламма и совсем не моя жена. Иногда это очень омрачает мою жизнь... **trübselig** унылый, в подавленном настроении; *напр.*: trübselige Gedanken унылые мысли; eine trübselige Landschaft унылый пейзаж; sie saß trübselig in ihrem Zimmer она уныло сидела в своей комнате; es ist alles so trübselig все такое унылое. **trist** унылый, однообразно-печальный (*о внешнем виде*); *напр.*: eine triste Gegend унылая местность; tristes Wetter унылая погода; nimm dich zusammen und mach kein tristes Gesicht! возьми себя в руки и не делай унылого лица!; das ist ein tristes Gebäude это унылое здание. **wehmütig** щемящий душу; *напр.*: ein wehmütiges Lied щемящая душу песня; wehmütig lächeln улыбаться щемящей душу улыбкой; wehmütig dachte er an diese Zeit печально думал он об этом времени; mit einem wehmütigen Lächeln sah er dem Vergnügen zu с печальной улыбкой глядел он на веселье ◻ Mir wird wehmütig, wenn Barnabas früh sagt, daß er ins Schloß geht (*Kafka*, »*Das Schloß*«) Мне щемит душу, когда Барнабас утром говорит, что идет в замок. **schwermütig** меланхоличный, (всегда) подавленный, тоскующий; *напр.*: ein schwermütiger Mensch меланхоличный [(всегда) подавленный] человек; sie ist von Natur aus schwermütig она от природы меланхолична; er hat einen schwermütigen Blick у него тоскливый взгляд ◻ Und er sang das ganze, schlichte, schwermütige Lied (*Feuchtwanger*, »*Die Füchse*«) И он спел до конца простую, тоскливую песню. **trübsinnig** ≅ schwermütig; *напр.*: er geht oft tagelang trübsinnig umher он часто ходит целыми днями в очень подавленном состоянии; man kann nichts mit ihm anfangen, er ist so trübsinnig с ним ничего не поделаешь, он такой меланхоличный. **melancholisch** *книжн.* меланхоличный, меланхолический, в меланхолии; *напр.*: ein melancholischer Mensch меланхолик; melancholische Augen печальные глаза; melancholischer Blick; melancholisch lächeln меланхолично улыбаться; ich bin heute melancholisch gestimmt я сегодня в меланхолии; bist du in melancholischer Stimmung? ты в меланхолии? ◻ »Ich spiele immer gut, wenn ich melancholisch bin«, erwiderte Ferdinand (*Remarque*, »*Drei Kameraden*«) «Я всегда хорошо играю, когда у меня меланхолия», — ответил Фердинанд. Der Bäcker hockte ziemlich melancholisch neben mir. Er trauerte im voraus um sein Geld (*ebenda*) Булочник в довольно-таки меланхолическом настроении примостился около меня. Он заранее грустил по своим денежкам

Traurigkeit *см.* Trauer

treffen[1] встретить
treffen — begegnen — antreffen

treffen *индифф. синоним*; *напр.*: j-n auf der Straße, bei Freunden treffen встретить кого-л. на улице, у друзей; ich habe ihn gestern im Theater getroffen я встретил его вчера в театре; er traf auf einen harten Gegner он встретил упорного противника; ich bin im Buch auf eine interessante Stelle getroffen я встретил в книге интересное место; wo und wann kann ich dich treffen? где и когда я увижу тебя? ◻ Und sie hat diesen Herrn Leutnant heute zwischen zwölf und drei getroffen, sonst könnte sie von dem Brande nichts wissen (*Fallada*, »*Wolf u. Wölfen*«) И она встретила этого господина лейтенанта сегодня между двенадцатью и тремя часами, иначе она ничего не знала бы о пожаре. **begegnen** встретить (случайно), натолкнуться; попасться навстречу (*в отличие от других прямопереходных глаголов этого ряда употр. с объектом в Dat.*); *напр.*: j-m zufällig, unverhofft, bei einem Fest begegnen встретить кого-л. случайно, неожиданно, на празднике; der allgemeinen Abneigung, großem Wohlwollen begegnen столкнуться со всеобщей антипатией, встретить истинное расположение; ich bin ihm kürzlich begegnet я его недавно встретил; он мне недавно

TREFFEN

попался навстречу □ Es war schon dunkel, als er das Haus verließ... Ich richtete es so ein, daß ich ihm begegnete (*Weisenborn*, »*Der Verfolger*«) Было уже темно, когда он вышел из дома... Я устроил так, чтобы попасться ему навстречу. ...sie (*die Lava*) zischelte wie eine Schlange, indem sie alles verdampfte, was ihr an Wasser begegnete (*Frisch*, »*Stiller*«) ...она (*лава*) шипела как змея, превращая в пар всю воду, какая встречалась ей на пути. **antreffen** заставать, встречать (*находить, видеть в определенном месте или состоянии*); *напр.*: j-n in seinem Zimmer, bei der Arbeit, über den Büchern antreffen застать кого-л. у него в комнате, за работой, за книгами; j-n bei einem Freund antreffen встретить [застать, увидеть] кого-л. у друга; j-n ganz unverändert antreffen найти кого-л. совсем не изменившимся; ich habe ihn nicht zu Hause angetroffen я не застал его дома; er war froh, sie gesund anzutreffen он был рад найти [увидеть] ее здоровой; diese Pflanze trifft man nur in bestimmten Gegenden an это растение встречается только в определенных местностях; wirkliches Kunstverständnis ist nicht oft anzutreffen настоящее понимание искусства встречается не часто
treffen ² *см.* **beleidigen**
Treffen встреча
das **Treffen** — die **Begegnung** — das **Zusammentreffen** — die **Zusammenkunft** — das **Meeting**
Treffen *индифф. синоним*; *напр.*: ein großes Treffen aller Mitglieder, Sportler большая встреча [большой съезд, слет] всех членов, спортсменов; bei unserem letzten Treffen при нашей последней встрече; ein Treffen der Absolventen ist für den Juni geplant встреча выпускников запланирована на июнь; sie hat Angst vor diesem Treffen она боится этой встречи. **Begegnung** встреча двух людей друг с другом *или* одного человека с кем-л., с чем-л.; *напр.*: eine zufällige Begegnung случайная встреча; er erinnert sich ihrer ersten Begegnung он вспоминает их первую встречу; die bevorstehende Begegnung mit dem Großmeister ist für die jungen Schachspieler ein Ereignis для молодых шахматистов предстоящая встреча с гроссмейстером — событие; ich suche keine persönliche Begegnung mit ihm я не ищу с ним личной встречи. **Zusammentreffen** встреча, слет; *напр.*: das Zusammentreffen der ehemaligen Partisanen stand im Mittelpunkt des allgemeinen Interesses встреча бывших партизан была в центре всеобщего внимания. **Zusammenkunft** (очередная) встреча, собрание; *напр.*: unsere monatliche Zusammenkunft наша ежемесячная встреча; der Termin für die nächste Zusammenkunft liegt noch nicht fest срок

следующей встречи еще не установлен; wir verabredeten für nächsten Mittwoch eine Zusammenkunft мы договорились о встрече в следующую среду; wir haben heute abend eine Zusammenkunft der Schuldirektoren сегодня вечером у нас совещание директоров школ. **Meeting** ['mi:-] официальная (политическая) встреча с большим числом участников, собрание *чаще употр. в переводах с русского и английского языков*; *напр.*: ein Meeting findet statt состоится собрание; auf dem Meeting wurden verschiedene aktuelle Probleme diskutiert на этой встрече обсуждались различные актуальные проблемы; auf dem Meeting sprachen mehrere Redner на (многолюдном) собрании выступило несколько ораторов
treffend *см.* **richtig**
treffen, sich встречаться
sich **treffen** — sich **begegnen** — **zusammentreffen** — **zusammenkommen**
sich **treffen** *индифф. синоним*; *напр.*: wir trafen uns auf der Straße мы встретились на улице; wir treffen uns heute nachmittag мы встречаемся сегодня вечером; sie haben sich im Café am Markt getroffen они встретились в кафе у рынка. **sich begegnen** встречаться (случайно); *напр.*: sie sind sich bei einer Versammlung begegnet они (впервые) встретились на собрании; ihre Blicke begegneten sich их взгляды встретились; wir begegnen uns täglich auf der Straße, sind aber nicht miteinander bekannt мы ежедневно встречаемся на улице, но незнакомы □ Ein Wunder, daß sie sich auf Treppe oder Straße nicht begegnet waren! (*Fallada*, »*Wolf u. Wölfen*«) Только чудом они не встретились на лестнице или на улице! **zusammentreffen** встретиться (намеренно или случайно), чтобы поговорить, побыть вместе, повидаться и т. п.; *напр.*: er ist mit alten Bekannten zusammengetroffen он встретился со старыми знакомыми; ich bin lange nicht mit ihm zusammengetroffen я давно не встречался [не виделся] с ним. **zusammenkommen** встретиться, собраться; *напр.*: wir werden im nächsten Monat wieder zusammenkommen мы встретимся [соберемся] снова в следующем месяце; die Mitglieder des Vereins kommen einmal im Jahr zusammen члены объединения встречаются один раз в год; morgen kommen wir zum Tennisspiel zusammen завтра встретимся, будем играть в теннис □ ....Leute aus allen möglichen Berufen kamen da zusammen (*Remarque*, »*Drei Kameraden*«) ...там собирались люди самых разных профессий
trefflich *см.* **gut** ³
treiben ¹ *см.* **beschäftigen, sich** ¹/**fortjagen** ¹
treiben ²: **Handel treiben** *см.* **handeln** II ¹

TRENNEN

Trenchcoat *см.* **Mantel**
trennen отделять, делить
trennen — **abtrennen** — **zertrennen** — **scheiden** — **lösen** — **ablösen** — **sondern** — **absondern** — **isolieren** — **lostrennen**
trennen *индифф. синоним*; *напр.*: die Mauer trennt die beiden Höfe стена отделяет один двор от другого; es ist schwer, die Bestandteile dieser Mischung zu trennen трудно отделить друг от друга составные части этой смеси; Theorie und Praxis sind nicht zu trennen теория и практика неотделимы друг от друга; der Kragen muß vom Kleid getrennt werden воротник надо отпороть от платья; das Kleid wurde schnell getrennt платье быстро распороли. **abtrennen** ≃ trennen, *но подчеркивает отделение части от целого*; *напр.*: die Ärmel vom Kleid abtrennen отпороть рукава у платья; einen Teil eines Raums abtrennen отделить часть комнаты; Kristalle durch Filtration abtrennen отделять [выделять] кристаллы путем фильтрования; bei dem Unglück wurden ihm beide Beine abgetrennt когда произошел несчастный случай, ему оторвало обе ноги. **zertrennen** ≃ trennen, *но усиливает момент разъединения целого на части*; *напр.*: einen Mantel zertrennen (полностью) распороть пальто. **scheiden** ≃ trennen, *но подчеркивает различение отделяемых элементов, частей и т. п.*; *напр.*: das Erz vom tauben Gestein scheiden отделять руду от пустой породы; die Alpen scheiden Italien von Mitteleuropa Альпы отделяют Италию от Центральной Европы; uns scheiden gegensätzliche Ansichten нас разделяют противоположные взгляды [воззрения]. **lösen** ≃ abtrennen, *но подчеркивает высвобождение части из целого*; *напр.*: eine Briefmarke vom Briefumschlag lösen отклеить марку от конверта; die Spange aus dem Haar lösen вынуть заколку из волос; eine Eisscholle hat sich gelöst льдина откололась; das Denken und die Sprache sind voneinander nicht zu lösen мышление и язык неотделимы друг от друга; er hat sich schwer aus seiner alten Umgebung gelöst он с трудом оторвался от своего прежнего окружения. **ablösen** (медленно, постепенно) отделять (*часть от целого*); *напр.*: dazu muß man die Rinde vom Baum ablösen для этого надо отделить кору от дерева; man muß die Briefmarke vorsichtig vom Umschlag ablösen нужно осторожно отделить марку от конверта. **sondern** ≃ trennen, *но подчеркивает обособление части или частей*; *напр.*: die angefaulten Früchte müssen von den guten gesondert werden загнившие фрукты следует отделить от хороших; falsche Lösungen sind von den richtigen zu sondern неправильные ответы [решения] следует отделить от правиль-

ных. **absondern** ≅ **sondern**, *но больше усиливает момент обособления*; *напр.*: die kranken Tiere werden abgesondert больных животных изолируют; du sonderst dich immer mehr ab ты все больше обособляешься. **isolieren** *книжн.* изолировать; *напр.*: man isolierte den Kranken sofort von der Familie больного тут же изолировали от семьи; sein Verhalten isoliert ihn von seinem Freundeskreis его поведение изолирует его от круга друзей. **lostrennen** *разг.* ≅ **abtrennen**; *напр.*: ich habe den Kragen vom Hemd losgetrennt я оторвал [отпорол] воротник от рубашки

trennen, sich расставаться, расходиться

sich trennen — sich scheiden — scheiden

sich trennen *индифф. синоним*; *напр.*: wir müssen uns trennen мы должны расстаться; er hat sich von seiner Frau getrennt он расстался [разошелся, развелся] с(о своей) женой; hier hat er sich von uns getrennt здесь он расстался с нами; unsere Wege trennen sich hier здесь расходятся наши пути. **sich scheiden** a) расходиться, разводиться; *напр.*: ich will mich von ihm scheiden я хочу с ним разойтись; die Eheleute ließen sich scheiden супруги (официально) развелись; b) *книжн.* расходиться (в разные стороны); *напр.*: hier scheiden sich die Meinungen здесь мнения расходятся; unsere Wege haben sich geschieden наши пути разошлись. **scheiden** *высок.* расставаться; *напр.*: der Besucher war fröhlich von ihnen geschieden гость расстался с ними в хорошем настроении; sie ist aus dem Leben geschieden она рассталась с жизнью; scheide nicht von mir! не расставайся [не разлучайся] со мной!

Treppe лестница

die **Treppe** — die **Stiege** — die **Leiter** — der **Aufgang** — die **Freitreppe** — der **Laufsteg** — die **Gangway** — das **Fallreep** — die **Falltreppe** — die **Strickleiter** — die **Steige** — die **Staffel**

Treppe *индифф. синоним*; *напр.*: eine breite, enge, steile, imposante Treppe широкая, узкая, крутая, пышная лестница; eine Treppe hinaufsteigen, hinuntersteigen подниматься, спускаться по лестнице; vom Ufer führt eine Treppe zum Fluß hinunter с берега к реке ведет лестница; er wohnt eine Treppe hoch он живет на втором этаже. **Stiege** *б. ч. ю.-нем.* = **Treppe** *в др. областях употр. реже, обыкн. по отношению к простой, узкой, часто деревянной лестнице*; *напр.*: über eine steile Stiege gelangte er in den Keller по узкой крутой лестнице он попал в подвал; man beförderte den Kranken mühsam die schmale Stiege hinauf in seine Wohnung больного с трудом подняли по узкой лестнице в его квартиру. **Leiter** (приставная) лестница; стремянка; *напр.*: eine Leiter aufstellen приставить лестницу; von der Leiter fallen упасть с лестницы [со стремянки]; der Maler brachte eine Leiter маляр принес лестницу. **Aufgang** лестница, ведущая наверх, вход со ступенями; *напр.*: das Haus hat drei Aufgänge в доме три входа [подъезда]; ein aus Naturstein gemauerter Aufgang führte zu der breiten Eingangstür сложенная из природного камня лестница вела к широкой входной двери. **Freitreppe** (парадная) лестница перед входом в здание; широкое крыльцо; *напр.*: die Freitreppe des Rathauses, des Museums лестница перед входом в ратушу, в музей; zu dem Schloß führte eine schöne Freitreppe к замку вела красивая лестница □ Auf die wild umwehte Freitreppe trat K. hinaus und blickte in die Finsternis (*Kafka*, »*Das Schloß*«) К. вышел на продуваемую свирепым ветром лестницу и всмотрелся в темноту. **Laufsteg** трап; *напр.*: die Matrosen ließen die Laufstege herunter матросы спустили сходни; sie winkte vom Laufsteg aus она помахала с трапа. **Gangway** ['gɛnwe:] (перевозной) трап, подаваемый к пароходу или самолету; *напр.*: die Gangway betreten вступить на трап; der hohe Gast wurde an der Gangway des Flugzeugs begrüßt высокого гостя приветствовали у трапа самолета; die Passagiere verließen das Schiff über die Gangway пассажиры по трапу сошли с парохода. **Fallreep** забортный трап судна; *мор.* штормтрап; *напр.*: das Fallreep herablassen спустить забортный трап; über das schwankende Fallreep gelangten sie aus dem Boot an Bord des Schiffes по качающемуся штормтрапу они взобрались из лодки на борт корабля. **Falltreppe** лестница, идущая вниз от люка в полу, в земле *и т. п.*; *напр.*: er stieg langsam die Falltreppe zum Keller hinunter он медленно спускался по лестнице в погреб. **Strickleiter** веревочная лестница с деревянными перекладинами; *напр.*: die Matrosen kletterten an einer Strickleiter матросы карабкались по веревочному трапу; die Feuerwehr rettete die Menschen über eine Strickleiter пожарные спасали людей, эвакуируя их по веревочной лестнице. **Steige** *диал. разг.* ≅ **Stiege**; *напр.*: die Hühner liefen über eine schmale Steige in den Stall куры бежали в курятник по узкой лесенке; vom Ufer aus führte eine kleine Steige auf den Deich hinauf от берега вверх на плотину вела маленькая лесенка. **Staffel** *диал. разг.* ступеньки, крыльцо; *напр.*: als Zugang zur Haustür hat er eine schöne Staffel aus Buntsandstein gebaut он построил красивую лестницу из пестрого песчаника, которая вела к дверям дома

Tresor *см.* **Safe**
treten: in den Ehestand treten *см.* **heiraten**

treu верный, преданный

treu — anhänglich — ergeben — treulich — getreu — getreulich

treu *индифф. синоним*; *напр.*: ein treuer Freund верный [преданный] друг; treue Liebe верная любовь; j-m, einer Sache treu sein, bleiben быть, оставаться верным кому-л., какому-л. делу; sie verbindet treue Freundschaft их связывает верная дружба; er hatte einen treuen Hund у него был преданный пес; treu seinem Versprechen kommt er am Sonntag верный своему обещанию, он приезжает в воскресенье; er bleibt seiner Überzeugung treu он остается верным своим убеждениям; er erfüllte treu seine Pflicht он верно исполнял свой долг. **anhänglich** привязчивый, преданный; *напр.*: er hat ein anhängliches Wesen он привязчив по характеру; der Hund ist sehr anhänglich собака очень привязчива; er war ein sehr anhänglicher Schüler он был очень преданный учеником. **ergeben** преданный; *напр.*: j-m, einer Sache ergeben sein быть преданным кому-л., какому-л. делу; sie ist ihm blind ergeben она ему слепо предана; Ihr ergebener N преданный Вам N (*в конце письма*). **treulich** *устаревает* с верностью, преданно (*употр. тк. как наречие, б. ч. в качестве обстоятельства образа действия*); *напр.*: treulich warten преданно ждать; er hält treulich sein Wort он верен своему слову; er hielt treulich alles aus он безропотно выносил все трудности. **getreu** *высок. устаревает* ≅ **treu**; *напр.*: ein getreuer Freund верный друг; sie war ihm getreu bis in den Tod она была верна ему до самой смерти; er handelte getreu seinem Entschluß, ihr überall zu folgen он поступал так, верный своему решению повсюду следовать за нею; Ihr getreuer N всецело преданный Вам N (*в конце письма*). **getreulich** *высок.* ≅ **treulich** (*часто употр. как предикативное определение*); *напр.*: getreulich zu j-m halten преданно стоять на чьей-л. стороне; er hielt getreulich sein Versprechen он сдержал свое обещание; sie nahm sich getreulich seiner Kinder an она стала преданно заботиться о его детях

Treubruch *см.* **Verrat**

Treue верность, преданность

die **Treue** — die **Ergebenheit**

Treue *индифф. синоним*; *напр.*: eheliche Treue супружеская верность; die Treue brechen нарушить верность; j-m Treue schwören поклясться кому-л. в верности; ich glaube an deine Treue я верю твоей преданности; er hat mir auch in Zeiten der Not die Treue gehalten он оставался мне преданным также и в тяжелые времена. **Ergebenheit** преданность; *напр.*:

bedingungslose Ergebenheit безусловная [беззаветная] преданность; er spricht viel von Treue und Ergebenheit он много говорит о верности и преданности; in stummer Ergebenheit blickte der Hund auf seinen Herrn собака с покорной преданностью смотрела на своего хозяина

Treuhändler *см.* Verwalter
treuherzig *см.* schlicht [1]
treulich *см.* treu
treulos неверный, вероломный

treulos — untreu — verräterisch — wortbrüchig — eidbrüchig — perfid(e) — abtrünnig — ungetreu

treulos *индифф. синоним; напр.:* ein treuloser Freund неверный [вероломный] друг; treulos handeln поступать вероломно; ihr treuloser Geliebter hat sie wieder verlassen ее вероломный возлюбленный снова покинул ее; er hat treulos an ihr gehandelt он поступил с ней вероломно; du bist aber treulos! ну и вероломный же ты! **untreu** изменивший, нарушивший верность; *напр.:* ein untreuer Ehemann изменивший [неверный] супруг; j-m, einer Sache untreu werden изменить кому-л., какому-л. делу; sie ist ihm untreu она ему неверна [изменяет]. **verräterisch** вероломный, предательский; *напр.:* ein verräterischer Freund вероломный [предавший] друг; verräterische Worte вероломные речи. **wortbrüchig** нарушивший, не сдержавший свое слово; *напр.:* wortbrüchig sein нарушать [не держать] свое слово; er wurde an seinem Freund wortbrüchig он нарушил слово, данное другу; du darfst nicht wortbrüchig handeln не смей поступать вероломно. **eidbrüchig** нарушивший, не сдержавший клятву; *напр.:* er ist eidbrüchig geworden он нарушил клятву. **perfid(e)** *неодобр.* коварный, предательский *более характерно для книжно-письменной речи, особенно для публицистики; напр.:* ein perfider Verräter коварный предатель; eine perfide Frage коварный [предательский] вопрос; er wurde perfid verleumdet его коварно [предательски] оклеветали; das ist eine perfide Lüge это коварная ложь □ Er spricht mit perfiden Andeutungen von «Männern, deren Hände voll sind von Beute und Verbrechen» (*St. Zweig, »Fouché«*) С коварными намеками он говорит о «людях, чьи руки полны наживы, добытой путем преступлений». **abtrünnig** *высок.* ≅ untreu; *напр.:* seinem Versprechen abtrünnig sein [werden] изменить своему обещанию; warum bist du mir abtrünnig geworden? о, почему ты изменил мне [предал меня]?; sein abtrünniger Verbündeter war geflohen отступившийся от него союзник бежал. **ungetreu** *устаревает* ≅ treulos подчеркивает нечестность лица, нарушившего верность, его способность к нечестным поступкам вообще; *напр.:* ein ungetreuer Geliebter неверный возлюбленный

Trick *см.* Griff
Trieb *см.* Neigung [1]
triefen *см.* tropfen [1]
triefnaß *см.* naß
triftig *см.* stichhaltig
trillern *см.* trinken [2]
trinken [1] пить

trinken — nippen — schlürfen — saufen

trinken *индифф. синоним; напр.:* Kaffee, Bier, Milch trinken пить кофе, пиво, молоко; schnell, langsam trinken пить быстро, медленно; aus dem Glas, aus der Flasche trinken пить из стакана, из бутылки; die Touristen tranken frisches Wasser aus der hohlen Hand туристы пили свежую воду прямо из ладони; halt, trink nicht so rasch! подожди, не пей так быстро! **nippen** пить маленькими глотками; отпить, пригубить; *напр.:* am [vom] Wein nippen пить вино маленькими глотками; an einem Becher nippen пригубить бокал; aus dem Glas nippen отпить из стакана; sie trank nicht, sondern nippte nur она не пила, а только пригубила. **schlürfen** прихлебывать (*пить шумно, небольшими глотками, б. ч. с удовольствием*); попивать, потягивать; *напр.:* die beiden Kinder schlürften ihre Milch um die Wette дети наперегонки шумно хлебали молоко; er schlürfte seinen Kaffee он (с удовольствием) пил небольшими глотками свой кофе; sie schlürften Wein und plauderten они потягивали вино и болтали. **saufen** пить (*о животных*); *груб. тж. о людях; напр.:* das Vieh soff aus dem Brunnentrog скот пил из корыта у колодца; das Kalb kann einen ganzen Eimer Milch saufen теленок может выпить ведро молока; er mag keine Milch, er säuft lieber Bier он не любит молоко, он лучше будет хлестать пиво; er soff den Wein direkt aus der Flasche он лакал вино прямо из бутылки

trinken [2] пить, пьянствовать

trinken — sich betrinken — zechen — pokulieren — einheizen — (sich) einen genehmigen — einen heben — tanken — kneipen — zwitschern — schnapsen — trillern — trudeln — riskieren — verlöten — bezähmen — saufen — einen stemmen — pietschen

trinken *индифф. синоним; напр.:* er hat angefangen zu trinken он начал пить [пьянствовать]; er trinkt gern он любит выпить; ihr Mann trinkt ее муж пьет; der Kraftfahrer hatte getrunken und wurde streng gestraft шофер выпил и был строго наказан □ Ich saß und schwenkte meinen Burgunder... und trank (*Frisch, »Homo faber«*) Я сидел и покачивал бокалом бургундского... и пил. **sich betrinken** напиваться (пьяным); *напр.:* er hat sich sinnlos betrunken он напился до бесчувствия; er hat sich mit Schnaps betrunken он напился шнапсом; jeden Tag betrinkt er sich он напивается каждый день. **zechen** пить в компании, кутить; *напр.:* sie zechten bis spät in die Nacht они пили [кутили] до поздней ночи; er zecht mit den Freunden schon drei Tage он пьянствует [кутит] с друзьями уже три дня. **pokulieren** *уст. книжн.* ≅ zechen; *напр.:* sie pokulierten in den frühen Morgen hinein они кутили до самого утра. **einheizen** *разг.* здорово выпить; *напр.:* er hatte wohl gestern abend stark eingeheizt он вчера вечером, наверное, здорово поддал. **(sich D) einen genehmigen** *разг.* пропустить по одной; *напр.:* er hat sich noch einen genehmigt он пропустил еще одну (стопку, рюмку). **einen heben** *фам.* тяпнуть; *напр.:* er will noch einen heben он хочет тяпнуть еще стаканчик. **tanken** *фам.* (под)набраться; *напр.:* er hat heute zu viel getankt он сегодня слишком накачался. **kneipen** *фам. пренебр.* ≅ zechen; *напр.:* er hat die ganze Nacht gekneipt он пьянствовал всю ночь (в компании с такими же, как он); er hat schwer gekneipt он сильно загулял. **zwitschern** *фам.* пропустить стаканчик, заложить за галстук; *напр.:* sie zwitscherten einen, dann noch einen они пропустили по одной, потом еще по одной. **schnapsen** *разг.* пить шнапс; *напр.:* habt ihr geschnapst? вы пили шнапс? **trillern, trudeln, riskieren, verlöten, bezähmen** = zwitschern, *но употр. реже.* **saufen** *груб.* пьянствовать; *напр.:* er säuft schon seit Jahren он пьянствует уже много лет; er wird sich noch zu Tode saufen он сопьется и помрет от пьянства; die Frau tut mir leid, ihr Mann säuft мне жаль эту женщину, ее муж пьяница [пьет]; wenn er einmal dabei ist, säuft er wie ein Loch уж если он примется пить, то пьет как бочка. **einen stemmen** *берл.* ≅ einen heben; *напр.:* der kann einen stemmen! ну и здоров же он пить! **pietschen** *сакс.* ≅ saufen; *напр.:* sie pietschen den ganzen Tag Bier они целыми днями хлещут пиво

Trip *см.* Fahrt
trippeln *см.* gehen [1]
trist *см.* kümmerlich [1]/traurig
Tritt *см.* Schritt
triumphieren *см.* schadenfroh sein/siegen
trivial пошлый, тривиальный

trivial — banal — abgeschmackt — schal — platt — flach — abgedroschen — fade

trivial *индифф. синоним; напр.:* ein trivialer Mensch тривиальный человек; eine triviale Idee тривиальная идея; ein trivialer Roman тривиальный роман; deine Bemerkung klingt etwas trivial твое замечание звучит несколько тривиально; was sie gesagt hat, ist eine triviale Weisheit то, что она сказала, — азбучная истина; dieser Film ist trivial und verlogen этот фильм тривиален и фальшив. **banal** банальный; *напр.*: ein banales Gespräch банальный разговор; ein banaler Mensch банальный человек; er machte ihr ein banales Kompliment он сделал ей банальный комплимент; ihr erschien alles banal ей все казалось банальным. **abgeschmackt** безвкусный, дурного вкуса, тона; *напр.*: ein abgeschmackter Spaß безвкусная шутка, шутка дурного тона; ein abgeschmacktes Lied пошлая песня; er führt oft abgeschmackte Redensarten он часто выражается пошло; er findet ihr Leben abgeschmackt он считает ее жизнь пошлой. **schal** без изюминки (*лишенный вкуса, смысла*); *напр.*: ein schaler Witz бессмысленный [безвкусный] анекдот; schale Worte пустые [пошлые] слова; er war der schalen Vergnügungen überdrüssig ему надоели бессмысленные [пошлые] развлечения. **platt** *неодобр.* плоский, пошлый; *напр.*: ein platter Spaß плоская шутка; er ist ein platter Mensch он пошлый человек; ich hasse solche platten, nichtigen Gespräche ненавижу такие пошлые, никчемные разговоры. **flach** *неодобр.* плоский, поверхностный; *напр.*: ein flacher Mensch поверхностный человек; ein flacher Witz плоский анекдот; eine flache Unterhaltung поверхностный разговор; das Gedicht wirkte flach стихотворение показалось лишенным глубины; er ist ein flacher Kopf он скользит по верхам; das Gespräch droht, flach zu werden разговор грозит стать совсем тривиальным. **abgedroschen** *разг.* затасканный, избитый; *напр.*: ein abgedroschener Witz затасканный анекдот; abgedroschene Worte избитые слова; ich kenne diese abgedroschenen Redensarten я знаю эти затасканные фразы. **fade** *разг. неодобр.* пресный; *напр.*: ein fader Mensch нудный человек; ein fader Witz анекдот без соли; er redet immer nur fades Zeug он не говорит, а нудно тянет резину

trocken сухой

trocken — dürr — vertrocknet — verdorrt

trocken *индифф. синоним*; *напр.*: trockene Erde сухая земля; trockene Blätter сухие листья; die Wäsche ist trocken белье сухое; zieh trockene Schuhe an! надень сухие ботинки!; seine Lippen waren trocken его губы были сухи. **dürr** высохший, иссохший; *напр.*: ein dürrer Ast сухой сук; dürrer Boden высохшая [иссохшая] земля; dürre Blätter raschelten сухие листья шелестели; er bewegte kaum seine dürren Lippen он еле шевелил своими иссохшими губами. **vertrocknet** засохший; *напр.*: vertrocknetes Gras засохшая трава; am Wegrand standen vertrocknete Bäume на обочине стояли засохшие деревья; die Quelle ist ganz vertrocknet источник совсем высох. **verdorrt** высушенный, ставший совсем сухим (*о растениях*); *напр.*: verdorrte Sträucher сухие кусты; sie schnitt die verdorrten Blumen ab она срезала ставшие сухими цветы; wir fuhren an verdorrten Feldern vorbei мы ехали мимо иссохших полей

Trockenboden *см.* Dachboden

trocknen [1] сохнуть

trocknen — austrocknen — abtrocknen — eintrocknen — vertrocknen — dörren — ausdörren — verdorren — dorren — ausdorren

trocknen *индифф. синоним*; *напр.*: die Wäsche trocknet draußen белье сохнет на дворе; das Heu trocknet gut in der Sonne сено хорошо сохнет на солнце; der Anstrich trocknete lange (*на окрашенной поверхности*) долго сохла; sind die Schuhe noch nicht getrocknet? ботинки еще не высохли?; sie ließ das nasse Kleid im Wind trocknen она (вы)сушила мокрое платье на ветру. **austrocknen** пересохнуть; *напр.*: der Teich trocknet im Sommer aus пруд летом пересыхает; die Kehle ist ihm ausgetrocknet у него пересохло в горле. **abtrocknen** просыхать; *напр.*: die Wäsche trocknete bei dem Wind rasch ab белье скоро просохло на ветру; die Fahrbahn ist schon abgetrocknet дорога уже просохла [сухая]. **eintrocknen** высохнуть, ссохнуться; *напр.*: die Pfütze ist rasch eingetrocknet лужа быстро высохла; die Tinte ist im Tintenfaß eingetrocknet чернила высохли в чернильнице; das Leder ist eingetrocknet кожа ссохлась. **vertrocknen** (совсем) засохнуть, пересохнуть; *напр.*: der Baum ist vertrocknet дерево совсем засохло; ohne Wasser vertrocknen die Blumen без воды цветы засыхают; in diesem heißen Sommer waren alle Wasserstellen vertrocknet этим жарким летом все источники пересохли. **dörren** сохнуть на солнце, на ветру (*о растениях, почве*); *напр.*: das Gras dörrte in der Sonne трава сохла на солнце; der Boden dörrt bei dieser Hitze земля сохнет при этой жаре. **ausdörren** пересохнуть от жары, от жажды; *напр.*: die Erde ist ausgedörrt земля пересохла (от жары); meine Kehle ist ausgedörrt у меня пересохло в горле (от жажды); der Mund dörrt mir aus у меня пересыхает во рту (от жажды). **verdorren** засохнуть; *напр.*: die Felder sind in der Hitze verdorrt поля засохли от жары; Blumen verdorren in dieser Sonnenglut цветы засыхают от этого палящего солнца. **dorren** *высок. поэт.* ≙ dörren; *напр.*: die Pflanzen dorrten in der Gluthitze растения засыхали от палящей жары; das Getreide dorrte auf dem Feld хлеба гибли в поле (от засухи). **ausdorren** *высок.* иссохнуть (от жары); *напр.*: der Erdboden ist ausgedorrt земля иссохла

trocknen [2] сушить, вытирать (*удаляя влагу*)

trocknen — austrocknen — abtrocknen — auftrocknen — aufwischen — dörren — ausdörren — wischen — abwischen

trocknen *индифф. синоним*; *напр.*: er hat sein Haar getrocknet он вытер волосы [голову]; sie hat sich das Haar getrocknet она (вы)сушила волосы; ich muß noch Wäsche trocknen мне надо еще (вы)сушить белье; die Frau hat sich die schweißnasse Stirn getrocknet женщина вытерла мокрый от пота лоб; im Sommer werden Obst und Gemüse getrocknet летом сушат фрукты и овощи; Wind und Sonne trockneten seine Haut ветер и солнце высушили его кожу. **austrocknen** высушить, осушить; *напр.*: die Hitze hat den Boden ausgetrocknet жара высушила землю; der Sumpf wurde ausgetrocknet болото осушили; die heiße Luft trocknete im Nu seine Kehle от горячего воздуха у него вмиг пересохло в горле. **abtrocknen** вытирать (*мокрый предмет*), промокать (*полотенцем и т. п.*); *напр.*: das Gesicht, die Hände abtrocknen вытереть лицо, руки; die Tränen abtrocknen вытереть слезы; sich am Tuch abtrocknen утираться полотенцем; der Wind hat die Wäsche schnell abgetrocknet ветер быстро высушил белье; die Krankenschwester trocknete ihm den Schweiß ab (мед)сестра вытерла ему пот; hast du schon das Geschirr abgetrocknet? ты уже вытерла посуду? **auftrocknen, aufwischen** подтирать (*удалять жидкость с поверхности стола, пола и т. п.*); *напр.*: verschüttetes Wasser auftrocknen подтирать пролитую воду; den Boden in der Küche auftrocknen подтирать пол в кухне; sie wischte flink die Bierlachen auf она ловко подтирала пролитое пиво [лужицы пива]. **dörren** сушить на огне, на солнце, на воздухе (*растения*); *напр.*: Äpfel, Birnen dörren сушить яблоки, груши; sie dörrte die Pflaumen im Backofen она сушила сливы в духовке; die Sonne dörrt das Gras солнце сушит траву. **ausdörren** высушивать; иссушить (*субъектом действия является солнце, жара, жажда и т. п.*); *напр.*: die Sonne hat den Boden ausgedörrt солнце высушило [иссушило] землю; sein Körper war völlig ausgedörrt его тело совсем иссохло; ein brennender Durst dörrte ihn aus жгучая жажда иссушила его. **wischen** вытирать; *напр.*: ich wischte mir den Schweiß von der Stirn я вытер пот со лба; sie hat rasch [flink] den nassen Fußboden gewischt она быстро вытерла мокрый пол. **abwischen** ≙ wischen, *но больше подчеркивает удаление влаги*; *напр.*: sie hat sich die Stirn abgewischt она вытерла лоб; sie wischte die feuchte Hand am Rock ab она вытерла влажную руку об юбку; das Kind wischte sich die Tränen ab ребенок вытер слезы; die Mutter wischte ihm den Schweiß von der Stirn ab мать вытерла ему пот со лба

trödeln *см.* zögern [1]
Trödler *см.* Händler
trollen, sich *см.* fortgehen [1]
trommeln *см.* klopfen
Tropf *см.* Narr [1]
tröpfeln *см.* tropfen [1]
tropfen [1] капать
tropfen — tröpfeln — träufeln — triefen — perlen

tropfen *индифф. синоним; напр.*: Medizin in das Glas tropfen накапать лекарство в стакан; das Wasser tropfte vom Hut вода капала со шляпы; das nasse Gefäß tropft с мокрого сосуда капает □ Das Blut hat nur so getropft, aber Lewandowski war ganz still (*Apitz, »Nackt unter Wölfen«*) Кровь так и капала, но Левандовский не шевелился. »Jetzt kannst du nicht rein, wie?« sagte er zum Regen, der aufs Dach tropfte (*Strittmatter, »Wundertäter«*) «Ну что, теперь тебе не попасть сюда?» — сказал он дождю, который капал на крышу. **tröpfeln** редко капать; *напр.*: es tröpfelt von den Blättern с листьев капают редкие капли дождя; es fängt an zu tröpfeln начинает накрапывать дождь; ich tröpfelte Baldrian auf ein Stück Zucker я накапала валерьяновых капель на сахар; Blut tröpfelte aus der Wunde капельки крови сочились из раны □ Gegen Morgen hatte der Regen aufgehört... aber es tropfte von den Gewächsen, es hörte nicht auf zu glucksen, zu tröpfeln (*Frisch, »Homo faber«*) К утру дождь перестал... но со всех листьев капало, не переставая булькало, капало редкими каплями. **träufeln** ≅ tröpfeln, *но в непереходном значении — поэт.; напр.*: Zitronensaft auf das Fischfilet träufeln капнуть несколько капель лимонного сока на рыбное филе; die Krankenschwester träufelte ihm vorsichtig die Tropfen in die Augen (мед)сестра осторожно накапала ему капли в глаза; die Regentropfen träufelten vom Dach капли дождя падали с крыши. **triefen** (обильно) стекать каплями; *напр.*: der Schweiß triefte ihm von der Stirn пот стекал у него со лба; Hut triefte [troff *уст., высок.*] vom Regen с моей шляпы так и текло; er triefte von Schweiß с него тек пот, он был мокрым от пота. **perlen** тихо капать крупными, блестящими каплями; *напр.*: die Tautropfen perlen von den Blättern жемчужные капли росы падают с листьев; der Regen perlt von den Scheiben дождь крупными каплями стекает по стеклам

tropfen [2] *см.* lecken II
tropfnaß *см.* naß
Trottel *см.* Narr [1]

trotteln *см.* gehen [1]
trotten *см.* gehen [1]
trotz несмотря на
trotz — entgegen — ungeachtet

trotz *индифф. синоним (употр. с Gen., реже с Dat., но в оборотах* trotz allem, trotz alledem *тк. Dat.; разг. часто Dat.); напр.*: trotz seiner Erfolge ist er bescheiden geblieben несмотря на свои успехи, он остался скромным; trotz des Regens machten wir einen Spaziergang несмотря на дождь, мы сходили на прогулку; trotz aller Vorsicht stürzte er несмотря на всю свою осторожность, он упал; trotz allem kann ich dir nicht böse sein несмотря на все, я не сержусь на тебя; trotz alledem war es doch schön несмотря ни на что, все же было хорошо. **entgegen** вопреки (*употр. с Dat. как предлог и послелог); напр.*: entgegen dem Befehl, aller Voraussicht, seinen Wünschen вопреки приказу, всем предположениям, его желаниям; der Anordnung entgegen вопреки указанию [распоряжению]; entgegen seinem Versprechen schrieb er keinen Brief вопреки своему обещанию он не написал ни одного письма; diesen Behauptungen entgegen muß festgestellt werden, daß die ganze Schuld bei dem Oberbauleiter liegt вопреки этим утверждениям следует констатировать, что во всем виновен начальник строительства. **ungeachtet** невзирая на (*употр. с Gen. как предлог и послелог); напр.*: ungeachtet dessen невзирая на это; ungeachtet aller Mahnungen, aller Mahnungen ungeachtet невзирая на все предостережения [предупреждения]; ungeachtet seiner großen Fähigkeiten hat man ihn doch entlassen müssen невзирая на его большие способности, его все-таки должны были уволить; der drohenden Gefahr ungeachtet betrat er das Haus невзирая на угрожавшую опасность, он вошел в дом

trotzdem *см.* doch [1]
trotzig *см.* eigensinnig
trübe [1] мутный, тусклый
trübe — matt — fahl — blind

trübe *индифф. синоним; напр.*: trübes Wasser мутная вода; trübe Augen мутные [тусклые] глаза; trübes Licht тусклый свет; trübes Wetter пасмурная погода; der Spiegel hat trübe Stellen на зеркале есть помутневшие места; im Glas war eine trübe Flüssigkeit в стакане была (какая-то) мутная жидкость; die Straßenlampen leuchteten in einem trüben Gelb durch den dichten Nebel уличные фонари светились тусклой желтизной сквозь густой туман; in diesem Sommer gab es wenige trübe Tage этим летом было мало пасмурных дней □ Unter uns immer noch Sümpfe, seicht und trübe... (*Frisch, »Homo faber«*) Под нами все еще тянутся болота, мелкие и мутные... **matt** тусклый, потускневший; *напр.*: die frisch lackierten Türen haben matte Stellen на покрытых свежим лаком дверях есть тусклые места; die Chromteile des Autos sind matt хромированные части машины потускнели; ihre Augen sind heute so matt у нее сегодня такие тусклые глаза; die Lampe warf nur mattes Licht auf den Tisch лампа бросала на стол лишь тусклый свет. **fahl** бледный, блеклый (*о свете); напр.*: das fahle Licht der Neonlampen блеклый свет неоновых ламп; es war ein fahler Morgen было серенькое утро; in diesem fahlen Licht sieht alles grau aus при этом блеклом свете все выглядит серым. **blind** тусклый; потемневший (*о металле*); очень мутный (*о стекле и т. п.); напр.*: ein blinder Spiegel «слепое» [мутное] зеркало; die Glasscheibe ist ganz blind geworden стекло в окне стало совсем мутным; die glänzende Politur war vom Alter blind блестящая полировка потускнела от старости; die Messingklinke wurde immer blinder медная дверная ручка становилась все тусклее

trüb(e) [2] *см.* traurig
Trubel сутолока
der Trubel — das Durcheinander — der Tumult

Trubel *индифф. синоним; напр.*: auf dem Jahrmarkt herrschte großer Trubel на ярмарке была большая сутолока; sie stürzte sich in den Trubel der Großstadt она бросилась в водоворот большого города; im Trubel der Geschäfte vergaß er, an sie zu schreiben в сутолоке дел он забыл написать ей; sie hat eine richtige Angst vor dem Trubel des Verkehrs сутолока уличного движения внушает ей самый настоящий страх. **Durcheinander** неразбериха; *напр.*: im allgemeinen Durcheinander der letzten Tage konnte er sich nicht zurechtfinden он не мог сориентироваться в общей неразберихе последних дней; dieses Durcheinander im Betrieb stört uns эта неразбериха на заводе мешает всем. **Tumult** (шумная) суматоха; *напр.*: ich kann bei diesem Tumult nicht arbeiten при такой суматохе я не могу работать; der Tumult legt sich суматоха стихает

trüben замутить, затуманивать
trüben — vernebeln

trüben *индифф. синоним; напр.*: die Abwässer haben das Flußwasser getrübt сточные воды замутили реку; Tränen trübten ihre Augen слезы затуманили ей глаза; kein Wölkchen trübte den Himmel ни одно облачко не омрачало горизонта; kein Mißklang trübte den Abend ни один диссонанс [ни малейшая размолвка] не омрачили этого вечера; sein Bewußtsein ist getrübt его сознание затуманено; die Stimmung war etwas getrübt настроение было несколько омрачено. **vernebeln** затуманивать, застилать (как) туманом; *напр.*: dichter Rauch vernebelte die Sicht густой дым как завесой скрывал все от глаз; sie bemühten sich vergeblich, die Tatsachen zu vernebeln они напрасно старались завуалировать факты; was hat sein Bewußtsein vernebelt? что помутило его сознание?

trüben, sich помутнеть
sich trüben — anlaufen — (sich) beschlagen

sich trüben *индифф. синоним; напр.*: das Wetter hat sich getrübt погода испортилась, стало пасмурно; der Himmel trübt sich небо мрачнеет; unser gutes Verhältnis has sich getrübt наши хорошие отношения омрачились; sein Verstand hat sich getrübt его ум помутился. **anlaufen** помутнеть, запотеть, потускнеть; *напр.*, die Scheiben sind angelaufen стекла запотели; die Brille ist angelaufen очки запотели; die silbernen Bestecks sind angelaufen серебряные столовые приборы потускнели. **(sich) beschlagen** ≅ anlaufen, *но употр. тк., когда помутнение вызвано оседанием капель влаги; напр.*: das Fenster hat sich beschlagen окно запотело; die Brille beschlägt, wenn man von der kalten Straße ins Haus kommt очки мутнеют [запотевают], когда с холодной улицы входишь в дом; die metallene Platte hat sich beschlagen металлическая пластинка потускнела [запотела]

Trübsal *см.* Trauer
trübselig *см.* traurig
Trübsinn *см.* Trauer
trübsinnig *см.* traurig
trudeln *см.* trinken²
Trug *см.* Betrug
Trugbild *см.* Gespenst
trügen *см.* betrügen
trügerisch *см.* täuschend

Truhe сундук
die Truhe — die Lade — der Schrein

Truhe *индифф. синоним; напр.*: eine alte, große, dunkle, geschnitzte Truhe старый, большой, темный, резной сундук; eine Truhe mit Kleidern, mit Bettzeug сундук с одеждой, с постельными принадлежностями; in einer Truhe, ganz unten, bewahrte sie seine Briefe в сундуке, в самом низу, она хранила его письма. **Lade** *уст.* деревянный сундук, ларь; ларец; *напр.*: neben dem Schrank steht eine Lade für Wäsche около шкафа стоит (старинный) деревянный сундук для белья; er klappte den Deckel der alten Lade zurück он откинул крышку старого ларя; in einer kleinen lackierten Lade lag ein vergilbter Brief в маленьком лакированном ларце лежало пожелтевшее письмо □ Rudi... setzte sich an die alte hohe Lade mit dem gewölbten Deckel und schrieb noch am Brief weiter (*Schulz, »Wir sind nicht Staub im Wind«*) Руди сел на старый высокий сундук со сводчатой крышкой и продолжал писать

письмо. **Schrein** *уст. высок.* ларец; *напр.*: die Reliquien befanden sich in einem kostbaren Schrein реликвии находились в драгоценном ларце

Trümmer обломки, развалины
die Trümmer — der Schutt — die Ruine — der Wrack

Trümmer *тк. мн. индифф. синоним; напр.*: die Trümmer eines Hauses обломки [развалины] дома; mehrere Menschen wurden unter den Trümmern des eingestürzten Hauses begraben несколько человек были погребены под обломками обвалившегося дома; vom Schiff blieben nur noch Trümmer от корабля остались одни обломки; eine alte Frau suchte nach etwas in den Trümmern старая женщина что-то искала в развалинах; die Stadt lag in Trümmern город лежал в развалинах. **Schutt** *тк. ед.* (каменные) обломки, груда щебня (*от разрушенного или снесенного здания*) *часто употр. в парных словосочетаниях; напр.*: in Schutt und Asche legen разрушить дотла; in Schutt und Asche liegen лежать в развалинах; Bomben legten die Stadt in Schutt und Asche бомбы разрушили город дотла. **Ruine** руины, развалины; *напр.*: von dem Schloß steht nur noch eine Ruine от замка остались только одни руины; die malerisch gelegenen Ruinen sind ein sehr beliebtes Touristenziel живописно расположенные развалины [руины] — излюбленное место туристов. **Wrack** обломки корабля *часто тж. о поврежденных машинах, крупных частях машин и т. п., если это ясно из контекста; напр.*: ein Wrack liegt am Strand обломки корабля лежат на берегу; verrostete Wracks bedeckten das Feld ржавые обломки (машин, самолетов, тракторов *и т. п.*) покрывали поле; er ist nur noch ein Wrack *перен.* он развалина

Trunk *см.* Getränk
trunken *см.* betrunken
Trupp *см.* Abteilung
Truppe войска
die Truppe — die Streitkräfte

Truppe *индифф. синоним* (в значении 'действующая армия' *тк. ед.*); *напр.*: reguläre, frische Truppen регулярные, свежие войска; Truppen zusammenziehen стянуть войска; neue Truppen wurden an die Front geschickt новые войска были посланы на фронт; er meldete sich zur Truppe он добровольцем ушел в армию; der Feind hat seine Truppen abgezogen противник отвел свои войска. **Streitkräfte** вооруженные силы; *напр.*: die Streitkräfte des Landes bestehen aus Heer, Luftwaffe und Marine вооруженные силы страны состоят из наземных войск, военно-воздушного флота и военно-морского флота; feindliche Streitkräfte überfielen das Land вооруженные силы врага вторглись в страну; die Streitkräfte der

Großmächte müssen reduziert werden вооруженные силы великих держав должны быть сокращены

tüchtig *см.* erfahren II
tückisch *см.* ärgerlich ¹/hinterlistig
tüfteln *см.* nachdenken
Tugendbold *см.* Heuchler
tugendhaft добродетельный
tugendhaft — tugendsam — tugendvoll — tugendreich — unbefleckt — unberührt — unbescholten — unschuldig — rein — keusch — tugendlich — sittig

Синонимы данного ряда относятся к книжной лексике, возвышенные и архаичные выделены пометами

tugendhaft *индифф. синоним; напр.*: ein tugendhafter Mensch добродетельный человек; tugendhaft leben жить добродетельно; sie ist sehr tugendhaft она очень добродетельна; er führt ein tugendhaftes Leben он ведет добродетельную жизнь □ »Der König ist sehr tugendhaft«, konstatierte Maurepas (*Feuchtwanger, »Die Füchse«*) «Король очень добродетелен», — констатировал Морепа. **tugendsam** *уст.* ≅ tugendhaft; *напр.*: ein tugendsames Leben добродетельная жизнь; Anna war eine tugendsame Frau Анна была добродетельная женщина. **tugendvoll** *уст.* исполненный добродетели; *напр.*: er führte ein tugendvolles Leben он вел жизнь, (пре)исполненную добродетели. **tugendreich** *уст.* украшенный многими добродетелями; *напр.*: sein tugendreiches Leben war zu Ende его богатая добродетелями жизнь окончилась. **unbefleckt** незапятнанный; *уст.* непорочный; *напр.*: ein unbefleckter Ruf незапятнанная репутация; die unbefleckte Empfängnis *рел.* непорочное зачатие; trotz aller Verleumdungen bleibt er in unseren Augen unbefleckt вопреки всем порочащим слухам он остается в наших глазах незапятнанным. **unberührt** нетронутый; *устаревает* девственный; *напр.*: ein von der Zivilisation unberührter Stamm нетронутое цивилизацией племя; ein unberührtes Mädchen девственница; das Mädchen blieb bis zu seiner Heirat unberührt девица оставалась невинной до самого вступления в брак. **unbescholten** безупречный; *уст.* беспорочный; *напр.*: ein unbescholtener Ruf безупречная репутация; ein unbescholtenes Mädchen непорочная дева; sie galt allgemein als eine unbescholtene Dame она считалась повсюду безупречной дамой; er führte einen unbescholtenen Lebenswandel он вел безупречный образ жизни. **unschuldig** *часто высок.* невинный; *напр.*: unschuldige Kinder невинные дети; ein junges, unschuldiges Mädchen юная, невинная девушка; ein unschuldiges Gesicht невинное личико; das Kind hatte große unschuldige

Augen у ребенка были большие невинные глаза; ihr unschuldiges Herz verstand nicht seine ganze Schlechtigkeit со своим невинным сердцем она не понимала, насколько он плохой человек. **rein** чистый; *напр.*: eine reine Liebe чистая любовь; ein reines Mädchen чистая девушка; er hat die reinsten Absichten у него самые чистые намерения; sie hat ein reines Herz у нее чистое сердце. **keusch** *высок.* целомудренный; *напр.*: ein keusches Mädchen целомудренная девушка; ein keusches Leben целомудренная жизнь; er ist keusch wie eine Jungfrau он целомудрен как дева; bis zu diesem Ereignis kannte er nur eine keusche Liebe до этого события он знал только целомудренную любовь. **tugendlich** *уст.*, *теперь ирон.* ≅ tugendhaft; *напр.*: sie war keusch und tugendlich она была целомудренна и добродетельна. **sittig** *уст.*, *теперь ирон.* благонравный; *напр.*: ein sittiges Mädchen благонравная девица

 tugendlich *см.* tugendhaft
 tugendreich *см.* tugendhaft
 tugendsam *см.* tugendhaft
 tugendvoll *см.* tugendhaft
 tummeln, sich *см.* beeilen, sich
 Tümpel *см.* Pfütze/Teich
 Tumult *см.* Trubel
 tun ¹ помещать (*положить*, *поставить и т. п.*)
 tun — legen — stellen — setzen — stecken

 tun *индифф. синоним*; *напр.*: tu den Koffer auf den Schrank положи [поставь] чемодан на шкаф; er tut seine Bücher in die Aktentasche он кладет свои книги в портфель; sie tat frische Blumen in die Vase она поставила в вазу свежие цветы. **legen** класть; *напр.*: er legte das Buch auf den Tisch он положил книгу на стол; sie legt das Brot in den Korb она кладет хлеб в корзинку. **stellen** ставить; *напр.*: sie stellte die Vase in die Ecke она поставила вазу в угол; er stellt Bücher ins Regal он ставит книги на полку; du mußt die Flasche stellen, nicht legen бутылку надо поставить, а не класть ее. **setzen** сажать; ставить; *напр.*: die Mutter setzt das Kind auf den Stuhl мать сажает ребенка на стул; setz den Topf auf den Herd поставь кастрюлю на плиту. **stecken** совать, засовывать; *напр.*: er steckte etwas Geld in die Tasche он сунул немного денег в карман; sie steckt den Schlüssel ins Schloß und öffnet die Tür она вставляет ключ в замок и открывает дверь; er hat den Brief in den Briefkasten gesteckt он бросил [опустил] письмо в почтовый ящик; sie steckte sich Watte in die Ohren она засунула себе в уши вату

 tun ²: (sich) wichtig tun *см.* prahlen
 tunken *см.* tauchen ²
 Turm башня
 der Turm — die Warte

 Turm *индифф. синоним*; *напр.*: einen Turm besteigen взойти на башню; das Schloß hat zwei Türme у замка две башни; in der Ferne kann man schon die Türme der Stadt sehen вдали уже можно видеть башни города. **Warte** вышка (*сторожевая, смотровая*); *напр.*: eine hohe Warte steht mitten im Wald посреди леса стоит высокая вышка; von dieser Warte aus wird der Wald beobachtet с этой вышки наблюдают за лесом

 türmen *см.* fliehen ¹
 türmen, sich *см.* vergrößern, sich
 turmhoch *см.* hoch ¹
 tuscheln *см.* flüstern
 Tutor *см.* Vormund
 Twen *см.* junger Mann
 Typ тип; типичный представитель
 der Typ — der Typus — die Art — der Schlag

 Typ *индифф. синоним*; *напр.*: im Werk wird ein neuer Typ von Autos entwickelt на заводе разрабатывают новый тип автомашин; Menschen von diesem Typ habe ich nicht gern я не люблю людей этого типа; sie ist ein zarter Typ она принадлежит к женщинам нежного типа; dieses Mädchen ist nicht mein Typ эта девушка не в моем вкусе. **Typus** *устаревает* ≅ Typ; *напр.*: er ist der Typus des kühl berechnenden Geschäftsmannes он типичный делец, холодный и расчетливый; он типичный представитель породы холодно расчетливых дельцов. **Art** род, вид; *напр.*: das ist eine neue Art Flugzeug это новый вид самолета; diese Art Leute ist unangenehm этот род людей неприятен; er schrieb ein Drama nach Art der griechischen Tragödie он написал драму по типу греческих трагедий; ihr Sohn ist ganz aus der Art geschlagen их сын пошел совсем не в них. **Schlag** порода (*людей*), склад; *напр.*: ein Beamter alten Schlages чиновник старого закала; Leute unseres Schlages gehen nie in Ruhestand люди нашей породы [нашего склада] не уходят на пенсию; ihr zwei seid vom gleichen Schlag вы оба одной породы; das ist ein schwerfälliger Schlag (von Menschen) это медлительная порода (людей)

 typisch *см.* charakteristisch
 Typographie *см.* Buchdruckerkunst
 Typus *см.* Typ
 Tyrannei тирания
 die Tyrannei — die Gewaltherrschaft — die Zwangsherrschaft

 Tyrannei *индифф. синоним*; *напр.*: seine Herrschaft artete in eine Tyrannei aus его господство выродилось в тиранию; die fremde Tyrannei wurde gestürzt чужеземная тирания была свергнута; ich dulde deine Tyrannei nicht länger я не хочу больше терпеть твою тиранию. **Gewaltherrschaft** господство (при помощи) силы; *напр.*: das Land wurde von der Gewaltherrschaft befreit страна была освобождена от тиранического господства. **Zwangsherrschaft** власть, основанная на принуждении, на насилии; *напр.*: seit dem Militärputsch steht das Land unter einer Zwangsherrschaft со времени военного путча страна находится во власти насилия

U

 übel ¹ *см.* schlecht ¹, ²
 übel ²: übel beleumdet *см.* verrufen
 Übel *см.* Böses/Krankheit/Unglück ¹
 übelgesinnt *см.* feindlich ¹
 übellaunig в плохом настроении, раздраженный
 übellaunig — verstimmt

 übellaunig *индифф. синоним*; *напр.*: übellaunig sein быть в плохом настроении [не в духе]; er ist so übellaunig, daß man ihm am besten nicht unter die Augen kommt он в таком плохом настроении, что ему лучше не попадаться на глаза ☐ »Ich habe die ewigen Betteleien Ihres Caron satt«, beschied ihn übellaunig Louis (*Feuchtwanger, »Die Füchse«*) «Вечно ваш Карон что-нибудь клянчит, надоел он мне», — раздраженно оборвал его Луи. Der Minister Flaucher knurrte, seufzte, rülpste, goß Wein hinunter, lehnte sich mit beiden Armen übellaunig über den Tisch... (*Feuchtwanger, »Erfolg«*) Министр Флаухер проворчал что-то, вздохнул, рыгнул, выпил вина, с досадой положил обе руки на стол... **verstimmt** расстроенный, раздосадованный *часто употр. с указанием причины такого состояния*; *напр.*: durch eine Äußerung, durch eine Ablehnung verstimmt sein быть расстроенным каким-л. замечанием, отказом; er schien verstimmt zu sein казалось, он был чем-то раздосадован; er war durch den Vorfall etwas verstimmt он был несколько расстроен из-за этого случая ☐ Schließlich brachte ihn Anna doch dazu, das Hemd zu wechseln, aber er blieb verstimmt (*Feuchtwanger, »Exil«*) В конце концов Анна все-таки уговорила его сменить сорочку, но досада его не прошла. Auf keinen Fall sollte der Junge verstimmt von ihm gehen (*ebenda*) Ни в коем случае нельзя дать мальчику уйти в плохом настроении. Mühlheim sah spöttisch auf den erregten Mann (*Gustav*). Erwiderte kühl, ironisch. Die beiden Freunde trennten sich verstimmt (*Feuchtwanger, »Oppermann«*) Мюльгейм насмешливо смотрел на возбужденного Густава. Отвечал холодно, иронически. Друзья расстались, недовольные друг другом

 übelnehmen ¹ обижаться
 übelnehmen — verübeln — nachtragen — verdenken — verargen

 übelnehmen *индифф. синоним*; *напр.*: nehmen Sie es ihm nicht übel не обижайтесь на него за это; er nimmt alles übel он обижается на все; er hat mir diese Bemerkung sehr übelgenommen он очень обиделся на меня за это замечание; sie nimmt jeden Versuch, ihre Arbeit zu kritisieren, übel она обижается на любую попытку критиковать ее работу; Sie nehmen es mir hoffentlich nicht übel, daß ich noch nicht bei Ihnen gewesen bin надеюсь, вы не обижаетесь, что я еще не был у вас □ Gustav, so gut er sich sonst mit Martin vertrug, hatte es ihm übelgenommen, daß er ihm das Bild verweigerte (Feuchtwanger, »Oppermann«) Густав, хотя он в остальном отлично ладил с Мартином, обиделся на него за то, что тот не отдавал ему портрет. ...trotzdem sie es übelnahm, wenn man ihre Dispositionen umwarf (Feuchtwanger, »Exil«) ...хотя ее всегда злило, если кто-нибудь расстраивал ее планы. verübeln ≃ übelnehmen, но подчеркивает, что обижаются из-за того, что дурно истолковали чьи-л. поступки, слова и т. п.; напр.: j-m etw. verübeln обижаться на кого-л. за что-л.; du darfst ihm seine Aufrichtigkeit nicht verübeln ты не должен обижаться на него за откровенность; man hat ihr ihr Verhalten oft verübelt на нее часто обижались за ее поведение; du darfst es mir nicht verübeln, daß ich schon gehe не обижайся на меня, пожалуйста, что я уже ухожу □ Sonst versteht er doch Spaß und verübelt es Lea nicht, wenn sie ihn ein wenig aufzieht (Feuchtwanger, »Exil«) Обычно он понимает шутку и не обижается, если Леа его немножко поддразнивает. ...es seien flüchtige Beziehungen gewesen, die sie ihm nicht weiter verübelt habe (Feuchtwanger, »Erfolg«) ...это были мимолетные связи, за которые она не обижалась на него больше. Er hörte seine Mutter sagen: »Ich hoffe, du verübelst mir diesen Hinweis nicht« (Noll, »Werner Holt«) Он слышал, как мать сказала: «Надеюсь, ты не обижаешься на меня за это замечание». nachtragen (за)таить обиду на кого-л., не прощать что-л. кому-л.; напр.: j-m seine Grobheit, seine Äußerungen, eine Beleidigung nachtragen не прощать кому-л. грубости, его высказываний, оскорбления; sie trägt nichts [nie] nach она незлопамятна □ Pierre war inmitten all seiner Intrigen ein harmloser, lustiger Junge, er konnte keine Feindschaft festhalten, er trug niemand was nach... (Feuchtwanger, »Die Füchse«) При всем своем интриганстве Пьер был безобидным, веселым малым, он не умел быть настоящим врагом, он не был злопамятен... verdenken ≃ übelnehmen обыкн. употр. с отрицанием, часто в книжно-письменной речи; напр.: das kann er ihm nicht verdenken в этом я не могу его винить;

das kann mir niemand verdenken в этом меня никто не может упрекнуть □ Eigentlich hätte es ihm, so fand er, niemand verdenken können, wenn er jetzt schon »fremd gegangen« wäre (Weiskopf, »Lissy«) Собственно говоря, думал он, никто не мог бы упрекнуть его, если бы он уже теперь стал искать развлечений на стороне. verargen высок. ≃ übelnehmen, но подчеркивает, что при этом кому-л. что-л. ставится в вину; часто употр. с отрицанием; напр.: das kann man ihm nicht verargen на него нельзя обижаться [нельзя его винить] за это; sie konnte ihm seine Neugierde nicht verargen она не могла обижаться на него за его любопытство □ Auch als Krüger über Herzschmerzen klagte, verargte er ihm das nicht... (Feuchtwanger, »Erfolg«) И когда Крюгер стал жаловаться на сердце, он не рассердился на него за это...

übelnehmen ² см. ärgen, sich
Übeltäter см. Verbrecher
übelwollend см. feindlich ¹
üben ¹ упражняться, практиковаться

üben — trainieren

üben индифф. синоним; напр.: täglich, geduldig üben упражняться [заниматься] ежедневно, терпеливо; auf dem [am] Klavier üben упражняться в игре на пианино; man muß viel üben нужно много упражняться [практиковаться, заниматься]; er übte am Barren он выполнял упражнения [упражнялся] на брусьях; wieviel Stunden üben Sie täglich? сколько часов вы упражняетесь [занимаетесь] ежедневно? □ Spiel weiter, Ruth, wozu gibt man das viele Geld aus für deine Stunden, wenn du nicht übst (Feuchtwanger, »Exil«) Играй, играй, Рут, чего ради платить так много денег за уроки музыки, если ты не будешь упражняться? Graf Dosse begab sich auf sein Zimmer, um eine Stunde Geige zu üben (Kellermann, »Totentanz«) Граф Доссе удалился к себе в комнату, чтобы часок поупражняться на скрипке. In dieser Konditorei haben wir Eis gegessen und uns im Zigarettenrauchen geübt (Remarque, »Im Westen«) В этой кондитерской мы если мороженое и пробовали курить сигареты. trainieren [trɛ-] тренироваться; напр.: jeden Tag trainieren тренироваться каждый день; für den Wettkampf, für die Olympiade trainieren тренироваться к соревнованиям, к Олимпиаде; er trainiert Hochsprung, Langlauf он тренируется в прыжках. в высоту, в беге на длинные дистанции; die Mannschaft trainierte an zwei Abenden in der Woche команда тренировалась два вечера в неделю

üben ²: Nachsicht üben см. schonen
über alle Gebühr см. übertrieben ²
überanstrengen, sich перенапрягаться, переутомляться

sich überanstrengen — sich überarbeiten — sich überfordern — sich verheben — sich übernehmen — sich überheben

sich überanstrengen индифф. синоним; напр.: nach der Krankheit darf sie sich nicht überanstrengen после болезни ей нельзя переутомляться; überanstrenge dich nicht! не перенапрягайся!; er hat sich während der Prüfungen überanstrengt он очень переутомился во время экзаменов □ Doktor Geyer nahm die Brille ab, schloß die rötlichen Lider, legte sich zurück; er hatte sich überanstrengt, wofür eigentlich? (Feuchtwanger, »Erfolg«) Доктор Гейер снял очки, закрыл покрасневшие веки, откинулся на подушки, он переутомился, ради чего, собственно говоря? sich überarbeiten работать не щадя своих сил и переутомиться, работой довести себя до изнеможения; напр.: er hat sich überarbeitet он работал, не жалея сил, и переутомился; was hat die Familie davon, wenn sich die Mutter überarbeitet? какая польза будет для семьи, если мать доведет себя работой до изнеможения? □ Es tut ihm leid, daß Anna, die sich ohnedies überarbeitet, so viel Mühe an diese Rundfunkaufführung wendet (Feuchtwanger, »Exil«) Ему жаль, что Анна, и без того работающая сверх своих сил, тратит столько энергии на эту радиопередачу. Aber sie weiß, daß seine erste Energie schon verbraucht ist, daß er neu ankurbeln muß. Er ist überarbeitet. Ihr Professor ist immer überarbeitet (Feuchtwanger, »Oppermann«) Но она знает, что первый запас энергии у него уже иссяк, что ему нужно снова зарядиться. Он переутомлен. Ее профессор всегда переутомлен. sich überfordern требовать от себя больше, чем позволяют силы; брать на себя непосильное, нанося этим вред своему здоровью; напр.: er hat sich in der letzten Zeit laufend überfordert, und diese Krankheit ist jetzt die Quittung dafür в последнее время он постоянно перенапрягался, и болезнь — результат этого. sich verheben надорваться, поднимая слишком тяжелый груз; напр.: ich habe mich verhoben я надорвался; verheb dich nicht! не надорвись! sich übernehmen взять на себя слишком много, не рассчитать свои силы (и надорваться); напр.: mit dieser Verpflichtung hat er sich übernommen он взял на себя обязательство, которое ему не под силу; er hat sich mit dem Hausbau übernommen он не рассчитал [переоценил] свои силы, решив построить дом; sie wollte den ganzen Umzug allein machen und hat sich dabei übernommen она хотела сама организовать весь переезд и не рассчитала свои силы; übernimm dich nicht! не надорвись!, не бери на себя слишком много! □ Schneidereit stützte Müller, der umzusinken drohte. »Sprich nicht weiter! Mach keine Geschichten, du hast dich übernommen...« (Noll, »Werner Holt«) Если бы Шнайдерайт не поддержал Мюллера, он повалился бы без сил. «Перестань говорить! Пожалей себя! Разве можно так надрываться...». **sich überheben** *высок.* ≅ sich verheben, *но часто перен. — о непосильной нагрузке и т. п.; напр.:* er hat sich beim Heben der Last überhoben он надорвался, поднимая тяжесть □ Ephraims Worte trafen Don Jehuda, und wieder vor ihm auf stieg die ganze Schwierigkeit seines Unternehmens. Vielleicht hatte er sich überhoben (Feuchtwanger, »Die Jüdin von Toledo«) Слова Эфраима задели дона Иегуду, и снова перед ним встала вся сложность задуманного им. Возможно, он взвалил на себя слишком тяжелую ношу

überantworten *см.* übergeben [1]
überarbeiten, sich *см.* überanstrengen, sich
überaus *см.* sehr
überbauen надстраивать
überbauen — aufstocken
überbauen *индифф. синоним; напр.:* ein Haus überbauen надстроить дом; man hat den Platz mit einem Dach überbaut над площадкой возвели навес; die Verkaufsräume im Erdgeschoß sind mit Wohngeschossen überbaut над торговыми помещениями на первом этаже возведены жилые этажи. **aufstocken** надстраивать здание (, увеличивая число этажей); *напр.:* ein Haus aufstocken возводить [надстраивать] еще один этаж □ Zweitens: der Professor zieht aus, die Mansarden werden frei; und Blohm will das Dach abreißen und das ganze Gebäude aufstocken (Noll, »Werner Holt«) Во-вторых, профессор выезжает, мансарды освобождаются, Блом хочет снять крышу и надстроить все здание

überbieten *см.* übertreffen [1, 2]
Überbleibsel *см.* Rest
Überblick обзор, сообщение (*в статье, докладе и т. п.*)
der **Überblick — die Übersicht — die Umschau — die Rundschau**
Überblick *индифф. синоним; напр.:* ein kurzer, umfassender Überblick краткий, подробный обзор; einen Überblick über die deutsche Literatur geben делать обзор немецкой литературы; einen Überblick über den Stand der Forschung, über die Entwicklung der Kernphysik geben сделать сообщение о состоянии исследования, о развитии ядерной физики; er hat genügend Überblick über... достаточно (в этом) сведущ; er besitzt einen guten Überblick über dieses Gebiet он хорошо знаком с этой областью; das Ziel des Werkes ist es, einen Überblick über die deutsche Kunst des Barock zu geben цель этой работы — дать обзор немецкого искусства эпохи барокко. **Übersicht** (краткое) сообщение обзорного характера; eine vergleichende Übersicht сравнительный обзор; eine internationale Übersicht обзор международных событий; eine kurze Übersicht über die letzten Ereignisse geben сделать краткий обзор последних событий. **Umschau** ≅ Überblick *употр. преимущественно по отношению к политическим обзорам, а тж. часто в качестве названия журналов и газет; напр.:* eine internationale, politische Umschau международный, политический обзор. **Rundschau** *редко* краткое обобщенное изложение (*каких-л. фактов*) *обыкн. употр. в качестве названия журналов и газет; напр.:* eine politische, literarische Rundschau обзор политических событий, литературный обзор; der Reporter hält eine Rundschau über die letzten politischen Ereignisse корреспондент делает обзор последних политических событий; die heutige Nummer der Zeitung bringt eine internationale Rundschau der wichtigsten politischen Ereignisse сегодня в газете напечатано обозрение важнейших политических событий международной жизни

überblicken *см.* sehen [1]
überbringen *см.* geben [1]
überbürden *см.* laden I [2]/überlasten [1]
überdies *см.* außerdem
übereifrig *см.* fleißig
übereilen, sich *см.* beeilen, sich
übereilt *см.* unüberlegt [1]
übereinanderlegen *см.* legen [1]
Übereinkommen *см.* Vereinbarung
Übereinkunft *см.* Vereinbarung
übereinstimmen [1] совпадать (*о мнении*)
übereinstimmen — sich einig sein — sich einig werden — sich einigen — konform gehen
übereinstimmen *индифф. синоним; напр.:* in diesem Punkt stimmt er mit mir überein его мнение по этому пункту совпадает с моим; die beiden Verhandlungspartner stimmen in allem Wesentlichen überein мнения обоих партнеров по переговорам совпадают по всем существенным вопросам □ Gundel sagt, daß Sie mit uns in den politischen und ökonomischen Grundfragen ziemlich übereinstimmen (Noll, »Werner Holt«) Гундель говорит, что по основным политическим и экономическим вопросам у вас с нами нет расхождений. Wir stimmen darin überein, daß es jedem ähnlich geht (Remarque, »Im Westen«) Мы приходим к единому мнению, что нечто подобное переживает каждый. **sich einig sein** быть согласным, быть одного мнения; *напр.:* sie waren sich über diese [in dieser] Frage einig они были в этом вопросе одного мнения; wir sind uns darüber einig, daß... мы единодушны [придерживаемся одного мнения] в том, что... **sich einig werden** прийти к соглашению (*по какому-л. вопросу*); *напр.:* wir sind uns schließlich darüber einig geworden мы в конце концов договорились об этом [пришли к соглашению (по этому вопросу)] □ Sie wurden sich einig, daß man bald die Düna mit dem Dnepr verbinden müsse, um von der Ostsee direkt Wasserverbindung zum Schwarzen Meer zu schaffen (Seghers, »Die Toten«) Они согласились между собой, что надо как можно скорее соединить Западную Двину с Днепром и таким образом связать водным путем Балтийское море с Черным. **sich einigen** договариваться с кем-л., соглашаясь на что-л.; *напр.:* sich auf einen Kompromiß einigen согласиться на компромисс; sich über eine Streitfrage einigen договориться [достигнуть соглашения] по спорному вопросу. **konform gehen** *разг.* ≅ übereinstimmen; *напр.:* in dieser Sache gehen wir konform в этом деле наши мнения совпадают; unser Standpunkt ging mit seinem nicht konform наша точка зрения не совпадала с его точкой зрения

übereinstimmen [2] *см.* entsprechen [1]
Übereinstimmung согласие, соглашение
die **Übereinstimmung — die Eintracht — die Einstimmigkeit**
Übereinstimmung *индифф. синоним; напр.:* volle, teilweise, beiderseitige Übereinstimmung полное, частичное, обоюдное согласие; in beiderseitiger Übereinstimmung с обоюдного [с общего] согласия; zu einer Übereinstimmung kommen прийти к согласию [к соглашению]; Übereinstimmung erzielen [erreichen] достигнуть согласия; es herrscht volle Übereinstimmung über diese Frage по этому вопросу достигнуто полное соглашение [согласие]; wir sind zu keiner Übereinstimmung gekommen мы не пришли к согласию [к соглашению]; der Vertrag wurde in beiderseitiger Übereinstimmung gekündigt договор был расторгнут с согласия обеих сторон; es wurde in zahlreichen Punkten Übereinstimmung erzielt, während in anderen bisher keine Einigung möglich war по многим пунктам было достигнуто согласие, по иным же до сих пор нет единства взглядов □ Übereinstimmung herrschte, daß der Firma... aus diesem Verlust Schadenersatzansprüche an die Regierung zustanden (Feuchtwanger, »Die Füchse«) По общему мнению, фирма... имела право требовать от правительства компенсацию за причиненный ей ущерб. Bisher hatte er an ihr vor allem die Einheitlichkeit ihres Wesens bewundert... die Übereinstimmung ihres Denkens und Fühlens und Handelns (Noll, »Werner Holt«) До сих пор он восхищался цельностью ее натуры... полным соответствием ее мыслей, чувств и поступков. **Eintracht** согласие во всем (*во взглядах,*

убеждениях); мир и лад; *напр.*: in brüderlicher Eintracht leben жить в братском согласии; in völliger Eintracht handeln действовать в полном согласии; in bester Eintracht leben жить в мире и согласии [в ладу]; Eintracht stiften, die Eintracht stören, wiederherstellen установить, нарушить, восстановить мир и согласие; die Mutter hat unter den Kindern wieder Eintracht geschaffen [gestiftet] мать снова установила лад между детьми. **Einstimmigkeit** единодушие (*особенно при голосовании*), единогласие; *напр.*: in dieser Frage gibt's keine Einstimmigkeit по этому вопросу нет полного единодушия; es wurde in allen Punkten Einstimmigkeit erzielt по всем пунктам было достигнуто полное единство мнений [точек зрения]

Überfall нападение
der Überfall — der Angriff — der Anfall — der Vorstoß — der Ansturm — der Sturm — die Attacke — die Überrumpelung — der Ausfall

Überfall *индифф. синоним; напр.*: ein feindlicher, heimtückischer, plötzlicher, frecher, nächtlicher, räuberischer Überfall вражеское, вероломное, внезапное, наглое, ночное, разбойничье нападение; ein Überfall auf ein Land, auf feindliche Stellungen нападение на страну, на позиции противника; einen Überfall befürchten опасаться нападения; der Überfall wurde abgewehrt [abgewiesen] нападение было отражено [отбито]. **Angriff** наступление; *напр.*: ein unerwarteter, heftiger Angriff неожиданное, яростная атака; ein bewaffneter, militärischer Angriff вооруженное, военное наступление; einen Angriff vorbereiten, eröffnen, unternehmen, abschlagen готовить, начинать, предпринимать, отбивать наступление; das Signal zum Angriff geben дать сигнал к наступлению; zum Angriff übergehen перейти в наступление; der Angriff scheiterte, prallte ab наступление не удалось, захлебнулось □ Wir erwarten den Angriff und liegen mit den Masken fertig... (*Remarque, »Im Westen«*) Мы ждем атаки и лежим в противогазах... Eine Stunde später erfolgte ein überraschender Angriff ohne Artillerievorbereitung (*Remarque, »Zeit zu leben«*) Через час неожиданно, без артподготовки, началось наступление. **Anfall** *уст.* ≃ Überfall; *напр.*: □ Räuberische Anfälle... wiederholten sich (*Th. Mann, »Tod in Venedig«*) Разбойничьи нападения... повторялись. **Vorstoß** *воен.* удар, наступление с целью прорыва обороны противника; *напр.*: einen Vorstoß unternehmen предпринять наступление с целью прорыва; einen Vorstoß abschlagen отбить удар; der Vorstoß kam zum Stillstand наступление приостановилось □ Atemlos liegt alles beieinander und wartet ab,

bis der Vorstoß einsetzt (*Remarque, »Im Westen«*) Прижавшись друг к другу и затаив дыхание, все выжидают момента, чтобы броситься в атаку. Der Vorstoß soll in den nächsten Tagen mit beträchtlichen republikanischen Kräften erfolgen... (*Renn, »Im spanischen Krieg«*) В последующие дни должно быть предпринято наступление значительными силами республиканцев. **Ansturm** *воен.* натиск, приступ, мощное наступление; *напр.*: den feindlichen Ansturm aushalten, abwehren выдержать, отразить натиск врага; einem Ansturm trotzen, widerstehen выдерживать, отражать натиск. **Sturm** *воен.* штурм; *напр.*: die Festung im Sturm nehmen взять крепость штурмом; den Befehl zum Sturm geben дать приказ начать штурм; zum Sturm blasen, antreten, vorgehen дать сигнал к штурму, приготовиться к штурму, начать штурм; der Sturm wurde abgeschlagen [zurückgeschlagen] штурм был отбит □ Er erhielt bei einem Sturm einen Schuß in die Augen, und wir ließen ihn für tot liegen (*Remarque, »Im Westen«*) Во время атаки он был ранен в глаза, и мы сочли его убитым. Es war schwere Artillerievorbereitung an der unruhigen Front. Morgen früh würde wahrscheinlich der allgemeine Sturm kommen (*Remarque, »Zeit zu leben«*) На этом беспокойном участке фронта начиналась усиленная артподготовка. Завтра чуть свет надо ждать общего наступления. **Attacke** атака *часто тж. перен.*; *напр.*: eine plötzliche, kühne Attacke внезапная, смелая атака; eine Attacke unternehmen, bestehen [überstehen] предпринять, выдержать атаку; eine Attacke reiten 1) предпринять кавалерийскую атаку; 2) резко нападать на кого-л.; zur Attacke übergehen, blasen перейти в атаку, дать сигнал к атаке; j-n mit einer Attacke überfallen (внезапно) атаковать кого-л. **Überrumpelung** (внезапный, неожиданный) налет, наскок; *напр.*: wir bauten auf eine schnelle Überrumpelung мы строили свой расчет на внезапности нападения. **Ausfall** вылазка (из осажденной крепости, из укрепления); *напр.*: einen kühnen Ausfall unternehmen предпринять смелую вылазку; einen verzweifelten Ausfall machen сделать отчаянную попытку прорыва; einen Ausfall versuchen пытаться прорваться; die Ausfälle der Belagerten abweisen [zurückschlagen] отбить вылазки осажденных

überfallen¹ нападать
überfallen — anfallen — einfallen — angreifen — vorstoßen — stürmen — attackieren

überfallen *индифф. синоним; напр.*: j-n plötzlich, nachts überfallen внезапно, ночью напасть на кого-л.; j-n hinterlistig, von hinten überfallen напасть на кого-л. коварно, сзади; ein

Land, den Feind überfallen напасть на страну, на неприятеля; er wurde von Räubern überfallen на него напали разбойники □ ...die Engländer hatten den ersten Schuß getan, hatten sein gutes Schiff, die »Belle-Poule«, frech überfallen (*Feuchtwanger, »Die Füchse«*) ...англичане выстрелили первыми, дерзко напали на его славный корабль, на «Бель-Пуль». Im benachbarten Abschnitt haben sie (*Ratten*) zwei große Katzen und einen Hund überfallen (*Remarque, »Im Westen«*) На соседнем участке они (*крысы*) напали на двух больших кошек и собаку. **anfallen** ≃ überfallen, *но больше подчеркивает неожиданность нападения, а тж. начало действия*; *напр.*: j-n von hinten, aus dem Hinterhalt anfallen напасть на кого-л. сзади, из засады; einen Feind anfallen напасть на неприятеля (врасплох); die Wölfe fallen eine Herde an волки нападают на стадо; er wurde von einem Hund angefallen на него бросилась собака; die Banditen fielen die Reisenden an на путешественников напали бандиты; sie wurde auf dem Heimwege angefallen по дороге домой на нее напали □ Wenn man die Zeitungen aufschlägt, dann glaubt man, man könne in Deutschland nicht über die Straße gehen, ohne angefallen zu werden (*Feuchtwanger, »Oppermann«*) Читая газеты, можно подумать, что в Германии нельзя пройти по улице без того, чтобы на тебя не напали. Die Gesichter sind verzerrt, die Arme schlagen, die Tiere (*Ratten*) quietschen, es fällt schwer, daß wir aufhören, fast hätte einer den anderen angefallen (*Remarque, »Im Westen«*) Лица искажены злобой, руки наносят удары, крысы пищат. Все так разошлись, что уже трудно угомониться; еще немного, и мы набросимся друг на друга. Jeder Kardinal oder große adlige Herr hielt sich eine Truppe, um nicht von einem anderen angefallen und umgebracht zu werden (*Renn, »Zu Fuß zum Orient«*) Каждый кардинал или знатный дворянин держал дружину, чтобы другой на него не напал и не убил его. **einfallen** вторгаться, совершать нападение (на страну); *напр.*: von Süden her einfallen напасть [вторгнуться] с юга; feindliche Truppenverbände fielen in das Land ein вражеские войска вторглись в страну □ Don Pedro, der plangemäß ins Gebiet von Valencia eingefallen war und seinen Vormarsch gegen die Hauptstadt Valencia nicht aufgeben wollte, hatte gezögert (*Feuchtwanger, »Die Jüdin von Toledo«*) Дон Педро, который, как и было предусмотрено, вторгся в Валенсийские владения и не желал отказаться от наступления на столицу Валенсию, медлил. **angreifen** a) наступать, атаковать; *напр.*: den Feind in der Flanke, im Rücken, von vorn angreifen атаковать противника с фланга, с тыла, в лоб; die Festung im Sturm angreifen идти на штурм крепости; die Verbrecher griffen den Polizisten an преступники напали на полицейского; der Gegner hat die Brücke überraschend angegriffen противник неожиданно атаковал мост ☐ Die Russen griffen an. Sie griffen seit Monaten an (Remarque, »Zeit zu leben«) Русские наступали. Они наступали уже несколько месяцев; b) нападать, обрушиваться на кого-л. (в печати и т. п.); напр.: er wurde in den Zeitungen angegriffen он подвергся нападкам в газетах. vorstoßen атаковать, продвигаться, нанося удар; напр.: gegen die feindlichen Stellungen vorstoßen наносить удар по вражеским позициям ☐ Es wäre aber ebenso möglich, daß sie (die Division) den Auftrag habe, direkt in Richtung Greifswald — Stralsund vorzustoßen (Petershagen, »Gewissen in Aufruhr«) Не исключено также, что она (дивизия) имеет задачу наступать в направлении Грейфсвальд — Штральзунд. ...aus diesem Grund haben wir Festungen angelegt und Zufahrtsstraßen, auf denen motorisierte Truppenteile vorstoßen können (Seghers, »Die Toten«) ...поэтому мы построили укрепления и коммуникации, по которым могли бы двинуться в наступление моторизованные части. stürmen атаковать, брать штурмом, штурмовать; напр.: die feindlichen Stellungen stürmen штурмовать вражеские позиции ☐ Die Republikaner stürmten mit dem Gesang der Marseillaise (Bredel, »Der Kommissar am Rhein«) Республиканцы шли в атаку с пением Марсельезы. attackieren a) атаковать (чаще о коннице); напр.: das Kavallerieregiment attackierte wiederholt die feindlichen Stellungen кавалерийский полк неоднократно атаковал вражеские позиции ☐ Wolken von Bombern taumelten niedrig und unbeholfen aus dem grauen Himmel und attackierten die Stachelschweinbunker (Remarque, »Zeit zu leben«) Армады бомбардировщиков тяжело и неуклюже пикировали вниз с серого неба, бомбя доты; b) нападать на кого-л., допускать выпады против кого-л.; напр.: die Opposition attackieren нападать на оппозицию, подвергать нападкам оппозиционеров

überfallen ² *см.* überkommen
überfliegen *см.* lesen I ¹
überfließen переливаться (через край)

überfließen — überlaufen

überfließen *индифф. синоним; напр.:* das Wasser fließt über вода переливается через край; das Benzin ist aus dem Tank übergeflossen бензин перелился через край бака; die Milch ist übergeflossen молоко убежало; der Topf, die Wanne fließt über кастрюля, ванна переполнилась; die Augen flie-

ßen ihr über у нее глаза наполняются слезами. **überlaufen** ≅ überfließen, *но чаще употр. по отношению к кипящей жидкости; напр.:* das Wasser läuft über вода (кипит и) переливается через край; die Milch ist übergelaufen молоко убежало; die Suppe läuft über, nimm sie schnell vom Feuer суп бежит, сними его с огня; das Faß, die Wanne läuft über бочка, ванна переполнилась; die Galle läuft ihm über он вне себя, у него разлилась желчь от ярости ☐ Vom Badezimmer kam Geplätscher, die Wanne lief über (Feuchtwanger, »Exil«) Из ванной донесся плеск, вода лилась через край переполненной ванны

überflügeln *см.* überholen
Überfluß избыток, изобилие

der Überfluß — der Überschuß — das Übermaß

Überfluß *индифф. синоним; напр.:* Überfluß an Geld haben иметь деньги в избытке; Überfluß an Nahrungsmitteln haben иметь в изобилии продукты питания; etw. ist im Überfluß vorhanden что-л. имеется в избытке ☐ »Leider ist heute Zeit das einzige«, erwiderte Herr Wels mit seiner düsteren, knarrenden Stimme, »worüber ein Geschäftsmann im Überfluß verfügen kann« (Feuchtwanger, »Oppermann«) «К сожалению, в наши дни единственное, чем деловой человек обладает в избытке, — это время», — угрюмым, скрипучим голосом ответил господин Вельс. **Überschuß** излишек; напр.: Überschuß an Kartoffeln излишек картофеля; ein Überschuß an Kraft und Temperament haben обладать избытком энергии и темперамента ☐ Am ersten Dezember war Herr Wolfsohn im Besitz eines Überschusses von zweiundachtzig Reichsmark gewesen, von denen Frau Wolfsohn nichts wußte (Feuchtwanger, »Oppermann«) Первого декабря господин Вольфсон оказался обладателем излишков в размере восьмидесяти двух марок, о которых госпожа Вольфсон ничего не знала. Während er auf den Kellner wartet, um zu zahlen, überlegt er wollüstig, was er wohl mit dem verheimlichten Überschuß beginnen könnte (ebenda) Ожидая кельнера со счетом, он сладострастно обдумывает, что бы такое предпринять с утаенными денежными излишками. **Übermaß** избыток (то, что выходит за пределы нормального — об интенсивности, количестве чего-л.); напр.: ein Übermaß an Hitze, an Kälte чрезмерная жара, холод; ein Übermaß an Belastung, an Forderungen непомерно большая нагрузка, непомерно большие требования; ein Übermaß an Freude, an Trauer, an Zärtlichkeit чрезмерная радость, печаль, нежность; Sport im Übermaß treiben не знать меры в занятиях спортом; Arbeit im Übermaß haben иметь слишком много работы; er ist

im Übermaß beschäftigt он чрезмерно занят ☐ Worunter Gustav litt, das war die unzureichende Ernährung und das Übermaß des Exerzierens (Feuchtwanger, »Oppermann«) Отчего Густав особенно страдал, это от недостаточного питания и от чрезмерной муштры. Er wußte nicht, daß er sich aufraffte und wankend weiterlief, immer weiter, das Übermaß der Angst, der Erschöpfung hatte ihn verwirrt (Noll, »Werner Holt«) Он не помнил, как встал и, пошатываясь, двинулся дальше, все дальше. От непомерного страха и усталости все в голове спуталось и сознание притупилось

überflüssig *см.* unnötig
überfluten *см.* überschwemmen
überfordern, sich *см.* überanstrengen, sich

überführen ¹ перевозить, переводить (*изменять местонахождение кого-л., чего-л.*)

überführen — verlegen — versetzen

überführen (überführen) *индифф. синоним; напр.:* einen Kranken ins Krankenhaus überführen перевезти больного в больницу; die Truppen an einen anderen Frontabschnitt überführen перебрасывать войска на другой участок фронта; der Verstorbene wurde nach Leipzig über(ge)führt умершего перевезли в Лейпциг. **verlegen** изменять местонахождение *обыкн. употр. по отношению к неодушевленным предметам, по отношению к лицам — тк. в определенных сочетаниях; напр.:* den Betrieb in eine andere Stadt verlegen перевести завод в другой город; seinen Wohnsitz von Leipzig nach Dresden verlegen переехать жить из Лейпцига в Дрезден; die Universität an einen anderen Ort, nach der Hauptstadt verlegen перевести университет в другое место, в столицу; die Schwerverletzten sind in ein anderes Krankenhaus verlegt worden тяжелораненые были переведены в другую больницу ☐ Dann ging er zum Wohnungsamt. Er war verlegt worden und befand sich jetzt im Naturkundezimmer einer Schule (Remarque, »Zeit zu leben«) Потом он отправился в жилищное бюро. Его перевели в другое место, и оно помещалось теперь в кабинете живой природы какой-то школы. Der Bahnhof war inzwischen wieder anderswohin verlegt worden (ebenda) Вокзал за это время опять перенесли в какое-то другое место. Auf diesen Berg (Olymp) hatten die Griechen den Sitz der Götter verlegt (Renn, »Zu Fuß zum Orient«) На эту гору (Олимп) греки перенесли обитель богов. **versetzen** переводить на новую должность, на новое место работы, перемещать по службе; напр.: j-n in eine andere Abteilung, an ein anderes Institut versetzen переводить кого-л. в другой отдел, в другой институт; j-n in einen höheren Rang versetzen повысить кого-л. в должности; man versetzt den Ingenieur an eine andere Arbeitsstelle инженера переводят на другое место работы; er wurde nach Dresden versetzt его перевели в Дрезден ☐ Die anderen waren tot oder versetzt oder im Lazarett oder kriegsuntauglich in Deutschland, wenn sie Glück gehabt hatten (Remarque, »Zeit zu leben«) Другие — кто убит, кто переведен, кто в госпитале или, если повезло, признаны негодными к строевой службе и находятся в Германии. Er verbarg sie (seine Bangigkeit) wie ein geheimes Laster, selbst vor seinem alten und wieder neuen Freund Stachwitz, der im letzten Jahr in seine Garnison versetzt worden war (Seghers, »Die Toten«) Он скрывал ее (свою тревогу) как тайный порок, скрывал даже от своего старого и вновь обретенного друга Штахвитца, которого в прошлом году перевели в его гарнизон

überführen[2] см. **befördern**
Überführung см. **Übergang**[1]
überfüllen см. **füllen**
überfüttern см. **ernähren**[1]

Übergabe[1] передача (чего-л.)
die **Übergabe** — die **Übermitt(e)lung** — die **Vermittlung**

Übergabe индифф. синоним; напр.: die Übergabe des Schlüssels, der Unterlagen, eines Wagens передача ключа, документации, автомашины; die ordnungs- und fristgemäße Übergabe правильная и своевременная передача; die Übergabe der Amtsgeschäfte передача служебных дел; die Übergabe der neuen Strecke, der Brücke an den Verkehr сдача новой линии, моста в эксплуатацию. **Übermitt(e)lung** передача, пересылка (сведений, сообщений, распоряжений и т. п.); напр.: die Übermittlung einer Nachricht, der Grüße, der Glückwünsche передача сообщения, приветов, поздравлений; die telefonische Übermittlung der Meldung передача сообщения по телефону; die Übermittlung des Geldes пересылка денег ☐ Also entwerfen Sie mir mal den Befehl, und vor allen Dingen organisieren Sie schon jetzt seine rechtzeitige Übermittlung (Petershagen, »Gewissen in Aufruhr«) Подготовьте, пожалуйста, приказ и позаботьтесь о его своевременной передаче. **Vermittlung** передача (опыта, знаний), сообщение; напр.: die populärwissenschaftliche Vermittlung der neuesten Forschungsergebnisse популярное изложение последних достижений науки; Vermittlung von Wissen пед. сообщение знаний

Übergabe[2] сдача (города, крепости и т. п.)
die **Übergabe** — die **Kapitulation** — die **Ergebung**

Übergabe индифф. синоним; напр.: die Übergabe einer Festung, einer eingeschlossenen Stadt сдача крепости, осажденного города; die bedingungslose, kampflose Übergabe безоговорочная сдача, сдача без боя; die Übergabe fordern, anbieten, ablehnen потребовать, предложить сдаться, отклонить предложение сдаться; die Übergabe ansetzen [anberaumen], verschieben назначить дату сдачи, отложить сдачу ☐ Mit dieser Besprechung am 29. April 1945 um 20.00 Uhr begann der eigentliche Akt der Übergabe (der Stadt) (Petershagen, »Gewissen in Aufruhr«) Этим совещанием 29 апреля 1945 года в 20.00 и начался акт сдачи города. Pünktlich 11 Uhr erschienen die Vertreter der Roten Armee im Rathaus, um die Übergabe entgegenzunehmen (ebenda) Ровно в одиннадцать часов в ратушу явились представители Красной Армии, чтобы принять капитуляцию. **Kapitulation** капитуляция (происходит по требованию противника на определенных условиях или как безоговорочная); напр.: bedingungslose Kapitulation безоговорочная капитуляция; die Kapitulation einer Armee, einer Festung, eines Staates капитуляция армии, крепости, государства; die Kapitulation unterzeichnen подписать капитуляцию ☐ Es war ja sonnenklar, daß die russische Heeresgruppe, die fähig war, die Armee von Stalingrad zur Kapitulation zu zwingen, von bedeutender Stärke sein mußte (Kellermann, »Totentanz«) Было совершенно очевидно, что русская группа армий, заставившая капитулировать армию под Сталинградом, должна была представлять большую силу. Seit es moderne Kriege gab, forderte der Sieger eine Stadt, die ihm den Weg versperrte, zur Kapitulation auf (ebenda) В современных войнах победитель всегда требовал капитуляции города, стоявшего на его пути. **Ergebung** редко сдача в плен (в ходе боя, в результате исхода боя); напр.: die Ergebung einer Festung сдача крепости; zur Ergebung auffordern потребовать сдаться

Übergang[1] переход (место)
der **Übergang** — der **Grenzübertritt** — die **Überführung** — die **Unterführung**

Übergang индифф. синоним; напр.: ein Übergang über die Bahn, über die Grenze переход через дорогу, через границу; ein Übergang für Fußgänger [für Passanten] переход для пешеходов; einen neuen Übergang anlegen, eröffnen сделать, открыть новый переход; die Truppen besetzten, bewachten alle Übergänge des Flusses, des Gebirges войска заняли, охраняли все переправы на реке, все перевалы в горах ☐ Wir gaben dem Unteroffizier vor dem Wachthäuschen unsere Pässe. »Hier darf niemand hinüber«, sagte er. »Und wo ist der Übergang?« (Renn, »Zu Fuß zum Orient«) Унтер-офицеру у караульной будки мы предъявили свои паспорта. «Здесь нельзя переходить границу», — сказал он. — А где переход?» **Grenzübertritt** место для перехода границы; напр.: einen Grenzübertritt benutzen, sperren пользоваться переходом, закрывать переход (через границу); es gibt mehrere Grenzübertritte на границе есть несколько переходов [пропускных пунктов] ☐ Am Grenzübertritt stand kein Neger, sondern ein schmaler blonder Franzose (Seghers, »Die Toten«) У перехода через границу стоял не негр, а худощавый белокурый француз. **Überführung** виадук (дорога, мост над железнодорожной линией, над улицей); напр.: eine neue, alte Überführung новый, старый виадук; eine Überführung bauen строить виадук; zum überqueren der Schienen die Überführung benutzen пользоваться виадуком для перехода через железнодорожные пути; unter der Überführung hindurchfahren проезжать под виадуком. **Unterführung** туннель, подземный переход; путепровод (под полотном железной дороги и т. п.); напр.: die Unterführung benutzen пользоваться подземным переходом

Übergang[2] переход (действие)
der **Übergang** — der **Übertritt**

Übergang индифф. синоним; напр.: der Übergang über die Grenze, über den Fluß переход через границу, через реку; Suworows Übergang über die Alpen переход Суворова через Альпы; der Übergang der Truppen über den Fluß переправа войск через реку; der gewaltsamer Übergang über ein Wasserhindernis воен. форсирование водной преграды; der Übergang über die Grenze ging ohne besondere Hindernisse vor sich переход через границу произошел без особых препятствий ☐ Mich interessierte, ob der Übergang einigermaßen so ausgeführt worden war, wie wir es besprochen hatten (Renn, »Im spanischen Krieg«) Меня интересовало, был ли переход хоть до некоторой степени осуществлен так, как мы об этом договаривались. Sie nahmen zum Übergang in das unbesetzte Gebiet den geläufigen Weg bei Griesheim (Seghers, »Die Toten«) Чтобы перейти в неоккупированную область, они избрали хорошо известную дорогу близ Грисгейма. **Übertritt** ≅ Übergang, но б. ч. употр. по отношению к переходу границы, а тж. к переходу из одной организации, партии, церкви и т. п. в другую; напр.: der Übertritt über die Grenze переход через границу; der Übertritt von einer Partei zu einer anderen переход из одной партии в другую; der Übertritt zur katholischen Kirche переход в католическую веру; der Übertritt in eine andere Organisation переход в другую организацию; der Übertritt aus einem Beruf in einen anderen смена профессии ☐ An einer

Wand hingen die Bilder des letzten Zaren... und der Zarin, einer Prinzessin von Hessen, die zu hochmütig gewesen war, um richtig Russisch zu lernen, aber nach ihrem Übertritt zur orthodoxen Kirche so gläubig wurde, daß es auch nicht schön war (*Renn*, »*Zu Fuß zum Orient*«) На стене висели портреты последнего царя... и царицы, урожденной принцессы гессенской, которая считала ниже своего достоинства как следует выучиться говорить по-русски, но с переходом в православие стала такой богомольной, что это тоже было уже нехорошо

übergeben[1] передавать, поручать (*другому лицу, другой инстанции и т. п.*)
übergeben — übertragen — ausliefern — überantworten
übergében индифф. синоним; напр.: j-m die Führung, die Leitung, die Aufsicht übergeben передавать кому-л. руководство, управление, контроль; eine Angelegenheit dem Anwalt übergeben передавать дело адвокату; einen Verbrecher der Polizei übergeben передавать преступника в руки полиции; j-n dem Gericht übergeben предавать кого-л. суду □ Er ließ den zweiten Bürgermeister, einen nüchternen ehrlichen Mann, zu sich bitten und übergab ihm die Geschäfte der Stadt (*Kellermann*, »*Totentanz*«) Он вызвал второго бургомистра, степенного, честного человека, и передал ему городские дела. Es widersteht mir, ihn einem Leutnant als Schüler zu übergeben (*Renn*, »*Im spanischen Krieg*«) Мне неприятно передавать его в качестве ученика какому-то лейтенанту. **übertragen** ≅ übergeben, но употр. тк. по отношению к передаче функций, полномочий и т. п., к поручению выполнить задание, миссию и т. п.; напр.: j-m eine Aufgabe, eine Arbeit, die Leitung übertragen возлагать на кого-л. задание, работу, руководство; j-m ein Amt übertragen давать кому-л. должность [пост]; die Sache dem Anwalt übertragen передавать ведение дела адвокату □ Man übertrug ihm ein neues Amt, und seine Autos brausten wieder nach dem Osten ab (*Kellermann*, »*Totentanz*«) Он получил новое назначение, и его автомобили снова помчались на восток. Den früheren Direktor dieses Instituts, einen alten geschätzten Künstler, hatte man kurzerhand entlassen und Sanftleben, der kaum dreißig Jahre zählte, die Stelle übertragen (*ebenda*) Прежний директор, старый, весьма уважаемый художник, был просто-напросто уволен, и его место отдано Занфтлебену, едва достигшему тридцатилетнего возраста. Aber er wartete nun seit langem... darauf, endlich nach der Bretagne abzugehen zu der Armee, die dort für die Invasion Englands aufgestellt und deren Führung ihm übertragen war (*Feuchtwanger*, »*Die Füchse*«) Но он так давно... ждал отбытия в Бретань, в армию, которая была сосредоточена там для вторжения в Англию и командование которой было поручено ему. **ausliefern** передавать в чье-л. распоряжение, выдавать по требованию о выдаче (*часто из одной страны в другую*) употр. по отношению к лицам; напр.: einen Verbrecher, einen Gefangenen, einen Flüchtling (an einen anderen Staat) ausliefern выдавать преступника, пленного, беглеца (другому государству); einen Verbrecher dem Gericht ausliefern передавать преступника суду □ Heimlich aber sorgen die französischen Verwandten Maria Stuarts dafür, daß der König von Dänemark diesen gefährlichen Zeugen nicht ausliefere (*St. Zweig*, »*Maria Stuart*«) В свою очередь, французские родичи Марии Стюарт тайно хлопочут, чтобы датский король не выдал этого опасного свидетеля. **überantworten** препоручать, передавать, вверять *указывает, что тот, кому передают, несет полную ответственность за кого-л., за что-л.*; напр.: das Kind den Großeltern überantworten поручить ребенка заботам бабушки и дедушки; j-n dem Gericht überantworten отдавать кого-л. под суд [в руки правосудия] □ Sie hat ihn mir geradezu übergeben, sein Schicksal mir geradezu überantwortet, Vater geradezu an mein Herz gelegt (*Hauptmann*, »*Vor Sonnenuntergang*«) Она буквально передала мне, буквально возложила на меня ответственность за его судьбу, буквально умоляла меня заботиться об отце

übergeben[2] *см.* geben[1]
übergeben[3]: dem Feuer [den Flammen übergeben] *см.* verbrennen[1]
übergeben, sich *см.* erbrechen, sich/ ergeben, sich II[1]
über Gebühr *см.* übertrieben[2]
übergehen I[1] переходить, переезжать, переправляться
übergehen — überschreiten
übergehen индифф. синоним; напр.: auf die andere Seite der Straße übergehen переходить на другую сторону улицы; aufs andere Ufer übergehen переправляться на другой берег. **überschréiten** переходить что-л., переступать, перешагивать (*через какую-л. линию и т. п.*); напр.: die Straße, den Fahrdamm überschreiten переходить улицу, проезжую часть; die Schwelle eines Hauses überschreiten переступить порог дома; die Grenze überschreiten переходить границу □ Eine Katze überschritt geschmeidig die Straße, behutsam Pfote um Pfote in den Schnee setzend (*Kellermann*, »*Jester und Li*«) Кошка, изгибаясь, перешла улицу, осторожно опуская лапы одну за другой в снег. Er machte kehrt und überschritt, als er sich der Villa näherte, die Straße, um nicht gesehen zu werden (*ebenda*) Он повернул обратно и, приблизившись к вилле, перешел через улицу, чтобы его не увидели. Die sowjetischen Truppen hatten inzwischen die Oder überschritten (*Petershagen*, »*Gewissen in Aufruhr*«) Советские войска между тем переправились через Одер. An der Mündung des Ebro bei Tortosa sollte die französische Vierzehnte Brigade den Ebro überschreiten (*Renn*, »*Im spanischen Krieg*«) В устье Эбро у Тортоса французская Четырнадцатая бригада должна была переправиться через Эбро

übergehen I[2] переходить (*в другие руки, в другой лагерь*)
übergehen — übertreten — überwechseln — überlaufen
übergehen индифф. синоним; напр.: ins andere Lager, zum Feind übergehen переходить в другой лагерь, на сторону врага; die Macht, der Betrieb geht in die Hände des Volkes über власть, предприятие переходит в руки народа; das Geschäft ist in andere Hände übergegangen магазин перешел в другие руки; er ist zu einer anderen Partei übergegangen он перешел в другую партию □ ...und als die Leitung des Geschäftes an Gustav und Martin übergegangen war, gründete man eine eigene Fabrik (*Feuchtwanger*, »*Oppermann*«) ...и когда дело перешло к Густаву и Мартину, они открыли собственную фабрику. Bei ihnen würde keiner plötzlich zu den Nazis übergehen, durch Arbeit und Stellung verlockt (*Seghers*, »*Die Toten*«) Из них ни один вдруг не перешел бы к нацистам, прельстившись работой и положением. **übertreten** переходить в другой лагерь (*изменив свои политические, религиозные и др. взгляды*); напр.: zu einer anderen Partei, Organisation übertreten переходить в другую партию, организацию □ Etwas später trat die Königin Jeanne zum reformierten Bekenntnis über (*H. Mann*, »*Die Jugend*«) Немного спустя королева Жанна перешла в протестантство. Gleichwohl waren noch am Tage vor der Urteilsfällung von den fünf Richtern nur zwei für ein Todesurteil zu haben, und die zwei mußten auf die drei stundenlang einreden, ehe die zu ihnen übertrat... (*Feuchtwanger*, »*Die Füchse*«) И все-таки еще накануне вынесения приговора из пяти судей за смертную казнь высказались только двое, и этим двоим часами пришлось улаживать остальных, пока один из этих трех не присоединился к тем двум... **überwechseln** переходить в другую организацию, на другую работу и т. п.; напр.: zu einem anderen Beruf überwechseln перейти на другую работу, переменить профессию; er ist vom Medizin- zum Physikstudium

übergewechselt он оставил медицину и стал изучать физику. **überlaufen** *разг.* перебежать; *напр.*: zum Feind überlaufen перебежать на сторону врага; viele Soldaten weigerten sich, gegen das eigene Volk zu kämpfen und liefen zu den Aufständischen über многие солдаты отказывались воевать против своего народа и перебежали к повстанцам ☐ Und wir dachten, Sie wären übergelaufen! (*Brecht, »Das Leben des Galilei«*) А мы думали, что вы переметнулись!

übergéhen II *см.* auslassen ¹
übergenau *см.* sorgfältig
übergenug *см.* genug
übergeschnappt *см.* verrückt
Übergewicht *см.* Überlegenheit
überglücklich *см.* freudig ¹
übergreifen *см.* verbreiten, sich ¹
Übergriff *см.* Mißbrauch
überhasten, sich *см.* beeilen, sich
überheben, sich *см.* überanstrengen, sich
überheblich *см.* hochmütig
überholen обгонять *прям. и перен.*
überholen — überflügeln — übertrumpfen — zuvorkommen — zurücklassen
überhólen *индифф. синоним*; *напр.*: ein Auto, einen Radfahrer, einen Fußgänger überholen обогнать машину, велосипедиста, пешехода; einholen und überholen догнать и перегнать; die Straßenbahn wird rechts überholt трамвай можно обгонять справа; im Studium hat er alle weit überholt в учебе он далеко обогнал всех ☐ Sie haben es eilig, überholen uns fortwährend (*Remarque, »Im Westen«*) Они спешат, все время обгоняют нас. In der Nähe des Klosters überholten wir einen Mönch (*Renn, »Zu Fuß zum Orient«*) Вблизи монастыря мы обогнали одного монаха. Der Omnibus fuhr an. Es war ein alter Kasten mit schlechtem Benzin. Die Maschine hustete. Ein paar Mercedes überholten sie (*Remarque, »Zeit zu leben«*) Автобус тронулся. Это была старая колымага, а бензин был плохой, мотор кашлял. Вскоре их обогнали несколько «мерседесов». **überflügeln** превосходить, обгонять *чаще употр. по отношению к лицам*; *напр.*: er hat seine Mitschüler schon längst überflügelt он уже давно перегнал своих соучеников; er hat seinen Lehrmeister weit überflügelt он намного превзошел своего учителя ☐ Als die Oppermanns Heinrich Wels überflügelten, hatte das seinen persönlichen Ehrgeiz noch viel mehr getroffen als seine Profitgier (*Feuchtwanger, »Oppermann«*) То, что Опперманы преуспели больше, чем он, сильнее било по честолюбию Генриха Вельса, чем по его жажде наживы. Wie sollen wir ein großes Reich aufbauen, das die anderen überflügelt, wenn wir unser kleines Haus in Passy nicht in Ordnung halten können? (*Feuchtwanger, »Die Füchse«*) Как же мы можем построить великое государство, которое опередит все другие, если мы не можем содержать в порядке даже наш маленький дом в Пасси? **übertrumpfen** превзойти; перещеголять *разг.*; *напр.*: darin hat er alle übertrumpft в этом он перещеголял всех ☐ »Der gute Schwabach will uns wieder alle übertrumpfen«, dachte Fabian lächelnd, als er die mächtige Fahne sah, die von Schwabachs Balkon bis auf den Bürgersteig herabhing (*Kellermann, »Totentanz«*) «Старина Швабах, как всегда, хочет перещеголять всех нас», — подумал Фабиан, увидев огромный флаг, свисавший с балкона Швабаха до самого тротуара. **zuvorkommen** опережать кого-л., сделать что-л. раньше других (*употр. тк. с дополнением в Dat.*); *напр.*: sie ist mir darin zuvorgekommen она опередила меня в этом; du mußt rasch zugreifen, ehe dir andere zuvorkommen ты должен действовать быстро, пока тебя не опередили другие; sie ist den anderen zuvorgekommen und hat diese Stelle erhalten она опередила [обошла] других соискателей и получила это место ☐ Saint-Just riet, ihnen zuvorzukommen und am nächsten Tag in der Frühe die Schlacht zu eröffnen (*Bredel, »Der Kommissar am Rhein«*) Сен-Жюст советовал опередить их и начать сражение ранним утром следующего дня. Auch viele der französischen Minister und Generäle fanden, man solle, da doch nun der Vertrag unterzeichnet sei, dem Gegner zuvorkommen und losschlagen (*Feuchtwanger, »Die Füchse«*) Многие французские министры и генералы тоже считали, что раз договор подписан, им следует опередить противника и ударить первыми. **zurücklassen** оставить позади, превзойти; *напр.*: seinen Mitbewerber weit hinter sich zurücklassen оставить своего соперника далеко позади; du hast sie weit zurückgelassen ты намного их превзошел; in diesem Wettbewerb ließ er die anderen Teilnehmer weit zurück в этом соревновании он намного опередил всех других участников; das läßt alles weit hinter sich zurück, was wir auf diesem Gebiet je erlebt haben это намного превосходит все, что мы имели когда-либо в этой области

überholt *см.* veraltet
überhören *см.* mißachten ¹/prüfen
überirdisch *см.* übernatürlich
überkommen охватывать (*о чувствах, мыслях, настроении*)
überkommen — überfallen — befallen — ergreifen — erfassen — packen — beschleichen — anwandeln — übermannen
überkommen *индифф. синоним*; *напр.*: Angst, Entsetzen überkam mich меня охватил страх, ужас; ein Gefühl des Neides, des Ekels, des Zornes überkommt ihn им овладевает зависть, отвращение, гнев; die Rührung überkam ihn он был растроган; es überkam mich heiß, kalt bei dem Gedanken, daß... мне стало жарко, холодно при мысли, что... ☐ Haßvoll schaut Herr Wolfsohn auf diese Visitenkarte. Er ist ein ruhiger Mann, aber oft überkommt ihn Lust, sie wegzureißen (*Feuchtwanger, »Oppermann«*) С ненавистью смотрит господин Вольфсон на эту визитную карточку. Он человек спокойный, но часто его охватывает желание сорвать эту карточку. Sinnlose Angst überkam ihn, man könnte über ihn herfallen, ihn totschlagen... (*ebenda*) Его охватил бессмысленный страх, он боялся, что на него могут напасть, убить его... **überfallen** нападать *указывает на внезапность чувства, состояния*; *напр.*: ein Schrecken, das Heimweh überfiel ihn внезапно его охватил ужас, на него напала тоска по дому; Müdigkeit, der Schlaf überfiel ihn вдруг его сморила усталость, внезапно его одолел сон ☐ Der letzte Rest der Müdigkeit, die ihn in diesen Wochen schwerer Arbeit manchmal überfallen hat, weicht von ihm (*Feuchtwanger, »Exil«*) Рассеялись последние следы усталости, которая в эти недели тяжелой работы иногда овладевала им. Unruhe überfiel ihn (*Kellermann, »Jester und Li«*) Его вдруг охватило беспокойство. Zuweilen jedoch überfiel ihn ein Zustand vollkommenster Gleichgültigkeit (*ebenda*) Иногда его все-таки охватывало состояние полного равнодушия. **befallen** ≅ überfallen, *но подчеркивает не столько внезапность, сколько интенсивность чувства, состояния*; *напр.*: von Unruhe, von Zorn, von Grauen befallen werden быть охваченным беспокойством, гневом, страхом; Furcht befiel ihn на него напал страх; es befiel ihn Wehmut, tiefe Traurigkeit его охватила тоска, глубокая печаль; anhaltendes Lachen befiel ihn на него напал приступ безудержного смеха ☐ Eine lähmende Müdigkeit befiel mich (*Renn, »Zu Fuß zum Orient«*) Мною овладела парализующая усталость. Drei Uhr und nichts zu sehen. Ginstermann wurde von einer lähmenden Angst befallen und hielt den Schritt an (*Kellermann, »Jester und Li«*) Три часа ночи, ничего не видно. Парализующий страх охватил Гинстермана, и он замедлил шаг. **ergreifen** ≅ überkommen, *но подчеркивает силу охватившего чувства, состояния*; *напр.*: ihn ergriff Furcht, Zorn его охватил страх, гнев; er wurde von Unruhe ergriffen им овладело беспокойство; Entzücken ergriff die Zuschauer зрители были восхищены. **erfassen** ≅ ergreifen, *но чаще употр., когда речь идет об отрицательных эмоциях*; *напр.*: Abscheu, Unruhe, Angst erfaßte ihn его

ÜBERLADEN 490 ÜBERLEGEN

охватило отвращение, беспокойство, охватил страх. **packen** захватывать, охватывать с неудержимой силой; *напр.*: Angst packte ihn страх овладел им [охватил его]; die Wut packte mich мною овладела ярость □ Eine wilde Angst hatte ihn plötzlich gepackt (*Remarque*, »*Zeit zu leben*«) Им вдруг овладел безумный страх. Bald packte mich eine Unruhe (*Renn*, »*Zu Fuß zum Orient*«) Вскоре мною властно овладело беспокойство. **beschleichen** *книжн.* незаметно охватывать, подкрадываться; *напр.*: Verzweiflung, eine unbeschreibliche Angst beschleicht mich меня (постепенно) охватывает отчаяние, неописуемый страх; Bedenken beschleichen ihn сомнения охватывают его; ein Verdacht, ein Gefühl der Niedergeschlagenheit beschlich sie подозрение, чувство подавленности незаметно овладело ею □ Eine kühle, fremde Angst beschlich ihn plötzlich (*Remarque*, »*Zeit zu leben*«) Вдруг в него закрался знобящий неведомый страх. »Sie sehen mich außerordentlich erstaunt«, rief Marion aus, von einer ungewissen Angst beschlichen (*Kellermann*, »*Totentanz*«) «Я вне себя от удивления!» — воскликнула Марион, охваченная каким-то непонятным страхом. **anwandeln** *книжн.* находить на кого-л.; временно, по временам овладевать кем-л.; *напр.*: ein Lachen wandelte mich an на меня напал приступ смеха; Reue wandelte mich an мною овладело раскаяние; ihn wandelte die Lust an zu schwimmen ему захотелось поплавать. **übermannen** *книжн.* овладевать кем-л., одолевать кого-л. (*о состоянии или сильном чувстве, часто связанном с отрицательными эмоциями*); *напр.*: der Schlaf übermannte ihn сон овладел им; der Zorn übermannte ihn им овладел гнев; die Sehnsucht, die Wehmut übermannte ihn тоска овладела, уныние овладело им; der Schmerz übermannte ihn он был весь во власти боли; die Rührung übermannte ihn умиление охватило его □ Da übermannte Georg eine solche Traurigkeit, wie er nie im Leben eine gekannt hatte (*Seghers*, »*Das siebte Kreuz*«) Тут Георг почувствовал такую печаль, какой он еще никогда за всю свою жизнь не испытывал
überladen *см.* laden I ¹, ²/**überlasten** ¹
überlassen ¹ предоставлять (*право, возможность делать что-л., поступать как-л.*)
überlassen — freistellen — anheimstellen
überlassen *индифф. синоним*; *напр.*: überlaß das bitte mir, meiner Entscheidung предоставь это мне, решать мне; die Wahl möchte ich dir überlassen я хотел бы предоставить выбор тебе; ich überlasse es seinem Ermessen я (пред)оставляю это на его усмотрение □ Praktische Politik für den Alltag machen, das kannst du doch überhaupt nicht. Überlaß das gefälligst den Berufspolitikern und Berufsjournalisten (*Feuchtwanger*, »*Exil*«) Заниматься изо дня в день практической политикой ты не способен. Предоставь это профессиональным политикам и профессиональным журналистам. Anton überließ mir auch diesmal, den Weg zu bestimmen (*Renn*, »*Zu Fuß zum Orient*«) Антон предоставил мне и в этот раз выбирать дорогу. Um zwölf Uhr will Lorenz kommen. Also muß Edgar die Krankenvisite dem Doktor Reimers überlassen (*Feuchtwanger*, »*Oppermann*«) Лоренц будет в двенадцать. Следовательно, обход больных Эдгар должен поручить доктору Реймерсу. **freistellen** ≅ überlassen, *но больше подчеркивает свободу в выборе решения*; *напр.*: man stellt ihm die Entscheidung, die Wahl frei ему предоставляется решение, выбор; ich stelle (es) dir frei, dich daran zu beteiligen решай сам, принимать ли тебе в этом участие □ ...(er) hatte seinem Sohn freigestellt, in Europa fertig zu studieren oder in Amerika (*Feuchtwanger*, »*Oppermann*«) ...(он) предоставил сыну самому решать, где завершить образование, в Европе или в Америке. **anheimstellen** *высок.* ≅ überlassen; *напр.*: etw. j-s Entscheidung, j-s Urteil anheimstellen предоставлять что-л. чьему-л. решению, на чей-л. суд; etw. der Zukunft, dem Geschick anheimstellen предоставлять что-л. (решать) будущему, судьбе; ich stelle es dir anheim, ob du kommen willst oder nicht я оставляю на твое усмотрение, приходить тебе или нет □ Vergennes las den Brief ein zweites Mal, lächelte, schickte eine Abschrift an die Firma Hortalez und stellte Monsieur de Beaumarchais anheim, selber das Schreiben zu erwidern (*Feuchtwanger*, »*Die Füchse*«) Верженн прочитал письмо еще раз, улыбнулся, послал копию письма фирме Горталес, предоставив ответить на него самому мосье де Бомарше. »Es ist freundlich von Ihnen, Kollege«, sagt er, »daß Sie es gewissermaßen mir anheimstellen, ob ich hier noch einige Zeit sitzen darf« (*Feuchtwanger*, »*Oppermann*«) «С вашей стороны очень любезно, коллега, — говорит он,— что вы, так сказать, оставляете на мое усмотрение, могу ли я еще посидеть здесь некоторое время»
überlassen ² *см.* abgeben ¹
überlasten ¹ перегружать (*чрезмерно нагружать*)
überlasten — überladen — überbürden
überlasten *индифф. синоним*: j-n mit Aufträgen, mit Arbeit überlasten перегружать кого-л. поручениями, работой; das Herz überlasten перегружать сердце; einen Wagen, ein Schiff überlasten перегружать машину, судно; er ist mit Arbeit überlastet он перегружен работой; der Lift ist überlastet лифт перегружен □ Mühlheim ist überlastet, er kann ihm nicht zumuten, sich mit den kleinen Dingen zu befassen (*Feuchtwanger*, »*Oppermann*«) Мюльгейм и без того перегружен, он не может требовать, чтобы Мюльгейм занимался мелочами. »Grüßen Sie ihren Vater tausendfach«, sagte Fabian. »Ich wäre ja selbst mit Freuden nach Amselwies hinausgekommen, aber Sie wissen, wie sehr ich überlastet bin« (*Kellermann*, »*Totentanz*«) «Передайте отцу тысячу приветов, — сказал Фабиан. — Я бы сам с удовольствием поехал в Амзельвиз, но вы знаете, как я перегружен» (*Ср. тж.* laden I ¹). **überladen** *но употр. по отношению к неодушевленным предметам*; *напр.*: einen Wagen, den Aufzug überladen чрезмерно нагрузить машину, лифт; das Gedächtnis überladen перегружать память; den Magen überladen перегружать желудок; das Haus ist mit Verzierungen überladen дом слишком перегружен орнаментом □ Der Speisetisch war mit Blumen geschmückt und mit bestechenden Herrlichkeiten überladen (*Kellermann*, »*Totentanz*«) Стол был убран цветами и ломился от соблазнительных яств. Der Schreibtisch war überladen wie stets (*Feuchtwanger*, »*Exil*«) Письменный стол был, как всегда, загромажден. **überbürden** *высок.* чрезмерно обременять, перегружать работой *употр. по отношению к лицам*; *напр.*: er war in der letzten Zeit mit Geschäften überbürdet в последнее время он был завален делами; die Angestellten sind am Ende des Jahres mit Arbeit überbürdet в конце года служащие перегружены работой
überlasten ² *см.* laden I ¹, ²
überlaufen *см.* überfließen/übergehen I ²
überlaut *см.* laut I
überleben *см.* ertragen
überlebt *см.* veraltet
überlegen *см.* überwerfen
überlégen I ¹ обдумывать; думать, размышлять
überlegen — bedenken — abwägen — erwägen — wägen
überlegen *индифф. синоним*; *напр.*: die Antwort, die Frage, den Vorschlag, den Plan, seine Tat überlegen продумывать [обдумывать] ответ, вопрос, предложение, план, свой поступок; etw. gut, ruhig, gründlich, reiflich, von allen Seiten, noch einmal überlegen продумать [обдумать] что-л. хорошо, спокойно, основательно, тщательно, всесторонне, еще раз; ich habe es gut überlegt я это хорошо продумал [обдумал]; lassen Sie mich überlegen дайте мне подумать; hier ist gar nichts zu überlegen тут и думать нечего □ Er überlegte, was er mit dem freien Nachmittag anfangen solle (*Weiskopf*, »*Lissy*«) Он думал о том,

как ему провести остаток этого дня. Pierre, mit ungeheurer Anstrengung, das Gesicht abgewandt, sagte: »Ich will es mir bis morgen überlegen« (*Feuchtwanger*, »*Die Füchse*«) Сделав над собой невероятное усилие, Пьер отвернулся и сказал: «Я хотел бы подумать до завтра». **bedenken** обдумывать, продумывать (*учитывая последствия чего-л.*); *напр.*: die Folgen, ein Argument, einen Schritt, die Lage, sein Vorgehen bedenken обдумывать последствия, аргумент, шаг, положение, его действия; etw. gut, reiflich, gründlich, ernstlich bedenken обдумывать что-л. хорошо, тщательно, основательно, серьезно; er hatte (nicht) bedacht, daß ...он (не) подумал о том, что...; bedenken Sie es gut! обдумайте это как следует! □ Dann, mit erzwungener Geduld, wie zu einem Kinde, sagte er: »Wenn Sie ihn heiraten, werden Sie Ihr ganzes Leben ändern müssen. Haben Sie das bedacht?« (*Feuchtwanger*, »*Die Füchse*«) Потом, призвав все свое терпение, принялся разъяснять ей, словно ребенку: «Если вы выйдете за него замуж, вам придется изменить весь образ жизни. Вы подумали об этом?» Die Stadt München, mitten in diesem Staat gelegen, war ihrer Struktur und ihrer Bevölkerung nach eine Siedlung mit stark bäuerlichem Einschlag. Das sollten seine Kollegen gefälligst bedenken (*Feuchtwanger*, »*Erfolg*«) Город Мюнхен, расположенный в центре этой страны, как по характеру своего населения, так и по своей структуре носил определенно крестьянский отпечаток. Об этом не мешало бы подумать его коллегам. **abwägen** взвешивать, всесторонне и тщательно обдумывать *подчеркивает оценку, сопоставление обдумываемых фактов, деталей и т. п.*; *напр.*: die Worte, sein Urteil, jeden Schritt abwägen взвешивать слова, свое суждение, каждый шаг; die Vorzüge, die Meinungen, die Chancen (gegeneinander) abwägen взвешивать (оценивая, сопоставляя) преимущества, мнения, шансы; Für und Wider, Plus und Minus, Gründe und Gegengründe, Vorteile und Nachteile (gegeneinander) abwägen взвешивать (, сравнивая,) за и против, плюсы и минусы, доводы за и против, преимущества и недостатки □ Es bleibt immer nur die Frage, abzuwägen, wieweit Selbstbewußtsein und Leistung einander entsprechen (*Feuchtwanger*, »*Exil*«) Остается только взвесить, в какой степени сознание своих заслуг соответствует этим заслугам. Steinbrenner betrachtete Graeber abwägend. »Du hast geheiratet, was?« (*Remarque*, »*Zeit zu leben*«) Штейнбреннер рассматривал Гребера оценивающим взглядом. «Ты женился, так ведь?» **erwägen** *книжн.* взвешивать, принимать во внимание; *напр.*: einen Vorschlag, eine Möglichkeit, eine Frage, einen Plan, ein Projekt erwägen тщательно взвешивать предложение, возможность, вопрос, план, проект; etw. ernsthaft, gründlich erwägen обдумывать что-л. серьезно, тщательно; die Chancen, j-s Vorteile, die Nachteile bei etw. erwägen взвешивать [обдумывать] шансы, чьи-л. преимущества, недостатки чего-л.; ich erwog lange, ob ich schreiben sollte я долго обдумывал, стоит ли мне писать; erwägen Sie es reiflich! хорошенько взвесьте все это! □ Herr Heßreiter hatte es wichtig, überlegte, zog sich vor dem Abschluß wieder zurück, erwog von neuem (*Feuchtwanger*, »*Erfolg*«) Господин Гессрейтер имел очень деловой вид, взвешивал, снова отступал перед окончательным решением, снова взвешивал. Sie und Edith erwogen ernsthaft und von taktischen und moralischen Gesichtspunkten aus die Für und Wider der Angelegenheit... (*Feuchtwanger*, »*Exil*«) Она и Эдит долго и серьезно взвешивали с точки зрения тактики и морали все за и против. **wägen** *высок. устаревает* ≅ abwägen; *напр.*: erst wägen, dann wagen *посл.* сначала взвешивать, потом дерзать □ Der König finde, sagte er dann, langsam, die Worte wägend (*Feuchtwanger*, »*Die Füchse*«) «Король считает», — сказал он потом, медленно, взвешивая слова

überlégen I² *см.* nachdenken
überlégen II *см.* hochmütig
Überlegenheit превосходство
die **Überlegenheit** — das **Übergewicht** — die **Übermacht**
Überlegenheit *индифф. синоним*; *напр.*: geistige, wirtschaftliche, militärische, zahlenmäßige Überlegenheit умственное, экономическое, военное, численное превосходство; seine Überlegenheit zeigen, nutzen проявлять, использовать свое превосходство; j-s Überlegenheit anerkennen признавать чье-л. превосходство □ Er schaut ihn nur an, und schon seine Ruhe machte ihn dem Knaben überlegen. Diese Überlegenheit reizt Raoul noch mehr (*Feuchtwanger*, »*Exil*«) Он только смотрит на него, и уже одно это спокойствие дает ему превосходство над сыном. А это превосходство только сильнее взвинчивает Рауля. Er beschränkte sich auf das, was er verstand, und anerkannte freimütig und ehrerbietig Franklins Überlegenheit (*Feuchtwanger*, »*Die Füchse*«) Он ограничивался теми делами, в которых он понимал, и с чистосердечной почтительностью признавал превосходство Франклина. Holt wurde von Zernicks kritischer Überlegenheit immer stärker angezogen (*Noll*, »*Werner Holt*«) Хольта все сильнее притягивало критическое отношение и превосходство Церника. Aber jenseits stieß sie (*die Brigade*) auf eine ganze faschistische Division. Sie konnte eine solche Überlegenheit des Gegners natürlich nicht gleich erkennen und versuchte... vorwärtszukommen (*Renn*, »*Im spanischen Krieg*«) Но на той стороне она (*бригада*) натолкнулась на целую фашистскую дивизию. Она не могла сразу определить, сколь велико превосходство противника и попыталась... пробиться. **Übergewicht** перевес, преобладание, превосходство *б. ч. употр. по отношению к численному, экономическому, материальному превосходству*; *напр.*: militärische, wirtschaftliche, zahlenmäßige Übergewicht военное, экономическое, численное превосходство; das Übergewicht theoretischer Fächer im Lehrplan преобладание теоретических дисциплин в учебной программе; das Übergewicht haben, erhalten, behalten иметь, получать, сохранять перевес; sich das Übergewicht über j-n verschaffen доби(ва)ться перевеса над кем-л.; das politische, wirtschaftliche Übergewicht eines Staates erstreben стремиться к перевесу политического влияния, экономической мощи государства □ Während in Barcelona die Anarchisten das Übergewicht hatten, war es in Madrid die Kommunistische Partei (*Renn*, »*Im spanischen Krieg*«) В то время как в Барселоне имели перевес анархисты, в Мадриде большинство было на стороне коммунистической партии. **Übermacht** превосходство в силе *в отличие от* Übergewicht *обыкн. употр. по отношению к численному, военному превосходству сил*; *напр.*: eine erdrückende, zehnfache Übermacht haben иметь подавляющее, десятикратное превосходство сил; mit großer Übermacht angreifen наступать, имея значительное превосходство сил; in der Übermacht sein иметь превосходство сил; sie erlagen der Übermacht des Feindes они были побеждены превосходящими силами противника □ Doch das Stückchen zerwühlter Erde, in dem wir liegen, ist gehalten gegen die Übermacht, nur wenige hundert Meter sind preisgegeben worden (*Remarque*, »*Im Westen*«) Зато нам удалось удержать изрытый клочок земли, который мы обороняли, отбиваясь от превосходящих сил противника; мы отдали лишь несколько сот метров. Die »Belle-Poule« hatte sich gegen eine ungeheure Übermacht behauptet und ehrenvoll den Hafen Brest erreicht (*Feuchtwanger*, »*Die Füchse*«) «Бель-Пуль» сумела устоять против огромного превосходства сил противника и с честью достигнуть гавани Бреста

überliefern¹ передавать (из поколения в поколение) (*культурные ценности и т. п.*)
überliefern — tradieren
überliefern *индифф. синоним*; *напр.*: eine handwerkliche Kunst überliefern

передавать (из поколения в поколение) искусство ремесла; eine Sage überliefern передавать [хранить] предание; sie behielten alle Bräuche bei, die ihnen von ihren Vorfahren überliefert worden waren они сохранили все обычаи, которые достались им от предков ◻ Die Geschichte aller bisherigen Gesellschaft, das heißt, genau gesprochen, die schriftlich überlieferte Geschichte, ist die Geschichte von Klassenkämpfen (*Marx und Engels,* »*Manifest der Kommunistischen Partei*«) История всех до сих пор существовавших обществ, то есть вся история, дошедшая до нас в письменных источниках, была историей борьбы классов. Der Name dieses Königs wurde uns in der verhunzten Form Xerxes überliefert (*Renn,* »*Zu Fuß zum Orient*«) Имя этого царя дошло до нас в искаженной форме «Ксеркс». Kaum je in ihren hunderten Jahren hat die Geschichte eine tragischere Hochzeitsszene überliefert als jene des 15. Mai 1567... (*St. Zweig,* »*Maria Stuart*«) История не помнит за многие столетия такой трагической свадьбы, как та, что имела место 15 мая 1567 года... **tradieren** *книжн.* ≃ überliefern, *но чаще употр. по отношению к устному способу передачи; напр.:* tradierte Dichtungen, Sprachformen дошедшие до нас поэтические произведения, языковые формы; die Verse dieses mittelalterlichen Dichters sind nur in wenigen Handschriften tradiert стихи этого средневекового поэта дошли до нас только в немногих рукописях

überlisten *см.* betrügen
Übermacht *см.* Überlegenheit
übermannen *см.* überkommen
Übermaß *см.* Überfluß
übermäßig *см.* sehr/übertrieben [2]
übermenschlich *см.* stark [2]
Übermitt(e)lung *см.* Übergabe [1]
übermodern *см.* modern [2]
übermüde *см.* müde
übermüdet *см.* müde
Übermut (веселое) озорство, шаловливость

der **Übermut** — die **Ausgelassenheit** — der **Mutwille**

Übermut *индифф. синоним; напр.:* etw. aus Übermut tun сделать что-л. из озорства (*не злобства*); die Kinder wußten sich vor Übermut nicht zu lassen дети расшалились; er weiß vor Übermut nicht, was er anstellen soll из-за своей шаловливости он уже не знает, что бы такое еще напроказить. **Ausgelassenheit** ≃ Übermut, *но подчеркивает больше буйную, безудержную веселость; напр.:* eine wilde, schrankenlose Ausgelassenheit буйная, безудержная веселость; die tolle Ausgelassenheit des Faschings буйное веселье карнавала ◻ Sie war ein ziemlich keckes Geschöpf, das mit seiner Ausgelassenheit seinen Eltern, im besonderen dem Konsul, manche Sorge bereitete... (*Th. Mann,* »*Buddenbrooks*«) Она была довольно резвым созданием и доставляла своими шалостями немало огорчений родителям, в особенности консулу... **Mutwille** ≃ Übermut, *но подчеркивает, что озорство способно причинить зло окружающим; напр.:* etw. aus (reinem, bloßem) Mutwillen tun сделать что-л. из (чистого) озорства; seinen Mutwillen an j-m auslassen проделывать с кем-л. озорные шутки; er hat die Fensterscheiben aus bloßem Mutwillen eingeworfen он бил стекла в окнах только из озорства; man soll mit den Tieren keinen Mutwillen treiben нельзя мучить животных из озорства

übermütig [1] задорный, озорной

übermütig — **ausgelassen** — **mutwillig**

übermütig *индифф. синоним; напр.:* ein übermütiger Streich озорная проделка; übermütig antworten, scherzen задорно отвечать, шутить; die Kinder tollten übermütig durch den Garten дети шалили и резвились в саду; die Kinder waren so übermütig, daß es schwer war, sie zur Ruhe zu bringen дети так расшалились, что трудно было их унять ◻ Er lachte übermütig wie ein Knabe (*Kellermann,* »*Totentanz*«) Он задорно, как мальчишка, расхохотался. Die übermütige Klara zerbrach wieder ein Glas (*ebenda*) Не в меру разрезвившаяся Клара опять разбила бокал. Der heiße Sommertag hatte sie in übermütige Stimmung versetzt (*Kellermann,* »*Jester und Li*«) Жаркий летний день настроил их на беззаботно-веселый лад. Er summte eine übermütige Melodie (*ebenda*) Он напевал веселую мелодию. **ausgelassen** ≃ übermütig, *но больше подчеркивает необузданность веселья, озорства; напр.:* ausgelassene Fröhlichkeit буйное [бесшабашное] веселье; ein ausgelassenes Mädchen озорная [бедовая] девица; in ausgelassener Laune sein быть в веселом настроении; das Fest war sehr ausgelassen праздник был очень веселым (и шумным); sie sangen laut und ausgelassen они пели громко и разудало ◻ Ich kannte meine Frau nicht mehr, sie war jung und ausgelassen wie ein übermütiges Mädchen (*Max von der Grün,* »*Irrlicht*«) Я не узнавал свою жену, она помолодела и вела себя как шаловливая девчонка. Er war in ausgelassener Stimmung und leicht beschwipst (*Kellermann,* »*Totentanz*«) Он был в веселом настроении и слегка под хмельком. Die Herren, noch angeheitert vom Diner im »*Stern*«, waren in übermütiger Laune, und die geladenen Damen verloren augenblicklich jegliche Scheu und lachten und scherzten ausgelassen (*ebenda*) Мужчины, еще под хмельком после обеда в «Звезде», пребывали в самом веселом настроении, а приглашенные дамы сразу же стали стесняться и вовсю шутили и смеялись. **mutwillig** озорной *в отличие от* übermütig *подчеркивает преднамеренный и небезобидный характер озорства, проказ и т. п.; напр.:* ein mutwilliger Scherz озорная шутка; mutwillige Streiche проказы [озорство]; eine mutwillige Beschädigung предумышленное повреждение (чего-л.) из озорства; etw. mutwillig zerstören разрушить что-л. из озорства

übermütig [2] *см.* hochmütig
Übername *см.* Beiname
übernatürlich сверхъестественный

übernatürlich — **mystisch** — **überirdisch**

übernatürlich *индифф. синоним; напр.:* eine übernatürliche Kraft, Erscheinung сверхъестественная сила, сверхъестественное явление; ein übernatürliches Wesen сверхъестественное существо; der Zaubertrank verlieh ihm übernatürliche Kraft волшебный напиток придал ему сверхъестественную силу ◻ Schwarz auf weiß hat er es jetzt, verbrieft und besiegelt, daß ihm übernatürliche Kräfte eignen (*Feuchtwanger,* »*Lautensack*«) Черным по белому официальным документом удостоверено, что ему дарованы сверхъестественные силы. **mystisch** мистический *подчеркивает, что что-л. является загадочным, непонятным, необъяснимым; напр.:* eine mystische Furcht мистический [непонятный] страх ◻ Der gute Klamroth hat mystische Wallungen (*Hauptmann,* »*Vor Sonnenuntergang*«) У милейшего Кламрота бывают странные вспышки. Ich wollte, auch er solle diesen Tag, ohne seine Bedeutung zu wissen, als einen mystischen Feiertag von Jugend her empfinden (*St. Zweig,* »*Der Brief einer Unbekannten*«) Я хотела, чтобы и он, ни о чем не подозревая, с ранних лет запомнил этот день, как некий таинственный праздник. **überirdisch** *высок.* неземной (*о чудесном явлении, действии чего-л.*); *напр.:* ein überirdisches Licht brach aus ihren Augen неземной свет сиял в ее глазах ◻ Marie starrte die Stieftochter an, als sei dieses Mädchen ein überirdisches Wesen (*Seghers,* »*Die Toten*«) Мария, не отрываясь, смотрела на падчерицу, как на неземное создание. Dazu erklärte Georgi Gretschko...: »Als ich von meinem ersten Raumflug zurückkehrte, hat man mich oft gefragt, ob es im Bermuda-Dreieck nicht etwa ‚fliegende Untertassen' gebe. Ich kann bekräftigen, daß es auch jetzt dort nichts Überirdisches zu sehen gibt« (*BZ 30.12.77*) На это Георгий Гречко заявил...: «Когда я вернулся из своего первого полета в космос, меня часто спрашивали, не было ли в Бермудском треугольнике 'летающих тарелок'. Я могу подтвердить, что и теперь там не наблюдается ничего сверхъестественного»

übernehmen см. nehmen [1]
übernehmen, sich см. überanstrengen, sich
überprüfen см. prüfen
überqueren см. durchqueren
überragen см. übertreffen [1]
überragend см. groß [5]
überraschen см. ertappen
überraschend см. plötzlich
überreden см. überzeugen
überreichen см. geben [1]
überrennen см. erobern
Überrest см. Rest
Überreste: die sterblichen Überreste см. Leiche
Überrock см. Mantel
überrumpeln см. ertappen
Überrumpelung см. Überfall
überschlagen см. auslassen [1]/zählen [1]
überschlagen, sich см. umkippen [1]
überschneiden, sich см. kreuzen, sich
überschreien см. übertönen
überschreiten см. durchqueren/übergehen I [1]/verletzen [2]
Überschrift см. Name [3]
Überschuß см. Überfluß
überschwemmen затоплять; *перен.* наводнять
überschwemmen — überfluten
überschwemmen *индифф. синоним;* напр.: der Fluß überschwemmte die Wiesen река затопила луга; alle Wege waren überschwemmt все дороги были затоплены; die Wasserfluten überschwemmten das Tal потоки воды затопили долину; die Touristen überschwemmten das Land туристы наводнили страну; der Markt war mit Gemüse überschwemmt на рынке было изобилие овощей ◻ In der jugoslawischen Kornkammer Vojvodina sind über 120 000 Hektar Ackerland überschwemmt (*ND 12. 6. 80*) В югославской житнице Воеводине затоплено свыше 120 000 га пахотной земли. Das Wasser aus der zerbrochenen Leitung überschwemmte die Straße (*Remarque, »Zeit zu leben«*) Вода из разорванных труб затопила улицу. Vermutlich ging seine Praxis nur in der schönen Jahreszeit besser, wenn die Fremden Florenz überschwemmten (*Renn, »Zu Fuß zum Orient«*) Вероятно, с практикой у него дела обстояли лучше только в хорошее время года, когда Флоренцию наводняли иностранцы. **überfluten** *см.* **überschwemmen,** *но вызывает представление о большей интенсивности действия, мощности потока; часто употр. в более широком смысле и перен. (о лучах солнца и т. п.);* напр.: der Strom, das Meer hat das Land, die Dämme überflutet поток затопил, море затопило страну, дамбы; die Straßen waren überflutet улицы были затоплены; die feindlichen Truppen überfluteten das Land вражеские войска заполонили страну; wir wurden von Aufträgen überflutet нас завалили заказами; der Platz wurde von Menschen überflutet площадь была

наводнена людьми; das Zimmer ist von Sonne überflutet комната залита солнцем ◻ Jede Woge überflutete die Granitmauern des Dammes... (*Kellermann, »Das Meer«*) Каждая волна захлестывала гранитные стены дамбы... Nun wurde es zu dem bedeutungslosen Fischerstädtchen, das im Sommer von englischen Touristen überflutet wird (*Renn, »Zu Fuß zum Orient«*) А теперь это стал ничем не примечательный рыбацкий поселок, который летом наводняли английские туристы. Im Nu waren die Straßen überflutet, blieben Straßenbahnen und Busse stehen (*ND 18. 6. 80*) В одно мгновение были затоплены улицы, остановились трамваи и автобусы
Überschwemmung разлив, половодье; наводнение
die Überschwemmung — das Hochwasser — die Wassersnot
Überschwemmung *индифф. синоним;* напр.: die Überschwemmung des Rheins разлив Рейна; die Überschwemmung weiter Gebiete, der Altstadt наводнение на большой территории, в старой части города; die Überschwemmung der Wiesen, der Felder затопление лугов, полей; die häufigen Regenfälle hatten eine Überschwemmung zur Folge частые дожди вызвали наводнение; die Überschwemmung geht zurück вода отступает; die Überschwemmung hat große Schäden angerichtet наводнение причинило большой ущерб ◻ Sieben Tote gab es bei Überschwemmungen im Nordwesten Argentiniens (*ND 14. 3. 80*) Во время наводнения на северо-западе Аргентины погибло семь человек. Der Fluß bedeckte bei Überschwemmungen alles mit einer Schicht von drei bis fünf Metern (*Renn, »Zu Fuß zum Orient«*) Во время разливов река покрывала все кругом слоем воды толщиной от трех до пяти метров. **Hochwasser** (необычно) высокий уровень воды, паводок, половодье; напр.: kleines, großes Hochwasser малый, большой паводок; das Hochwasser hat in den Elbniederungen großen Schaden angerichtet половодье причинило большой ущерб в низинах Эльбы; das Hochwasser hat den Höhepunkt bereits überschritten пик паводка миновал (*вода стала спадать*) ◻ Die Ereignisse der Stadt, das letzte Hochwasser, das in viele Keller gedrungen, und bei dem man in den unteren Gruben mit Booten gefahren war... wurden besprechen (*Th. Mann, »Buddenbrooks«*) Обсуждались события в городе, недавнее наводнение, когда вода залила многие погреба и по набережной приходилось ездить на лодках. Nach Jahren relativer Trockenheit im Gebiet des Huanghe (Gelber Fluß) rechnen chinesische Experten in diesem Sommer mit starkem Hochwasser (*ND 18. 6. 80*) После не-

скольких лет относительной засухи в бассейнах Хуанхэ (Желтой реки) этим летом, по предположениям китайских специалистов, ожидается сильное наводнение. **Wassersnot** *уст.* наводнение; напр.: die Stadt war von Wassersnot bedroht городу угрожало наводнение
überschwenglich см. übertrieben [2]
übersehen [1] не замечать (*кого-л.*)
übersehen — ignorieren — schneiden
übersehen *индифф. синоним;* напр.: j-n in der Menge übersehen не заметить кого-л. в толпе; er ist beleidigt, weil du ihn bei der Begrüßung übersehen hast он обиделся, потому что ты, здороваясь (с другими), не заметил его ◻ Sie gingen durch den Mitteleingang hinaus, am Tisch Lydia Morellis vorbei, die Clerfayt übersah (*Remarque, »Der Himmel«*) Они вышли из ресторана через средний вход, мимо стола Лидии Морелли, которая делала вид, что не видит Клерфе. **ignorieren** *книжн.* игнорировать; напр.: sie ignoriert ihre Mitschülerinnen она игнорирует своих одноклассниц ◻ In diesem Augenblick kam Lydia Morelli mit ihrem Begleiter aus der Tür. Sie wollte Clerfayt aufs neue ignorieren, aber ihre Neugier auf Lillian war zu stark (*Remarque, »Der Himmel«*) В этот момент из двери вышла Лидия Морелли со своим спутником. Она снова хотела проигнорировать Клерфе, но слишком сильным было любопытство, которое вызывала Лилиан. **schneiden** *разг.* умышленно не замечать *употр. тк. по отношению к лицам;* напр.: er hat mich heute auf der Straße einfach geschnitten сегодня на улице он попросту сделал вид, что не заметил меня ◻ Es war so vorgekommen, als lege der Generalleutnant Brauns keinen allzu großen Wert gerade auf seinen Vortrag, als übersehe er ihn auf eine Art, die an Schneiden grenzte (*Seghers, »Die Toten«*) Ему казалось, что генерал-лейтенант Браунс не придает значения как раз его докладу, не замечает его так, что это граничит уже с пренебрежением
übersehen [2] см. auslassen [1]/mißachten [1]
übersetzen переводить (*с одного языка на другой*)
übersetzen — dolmetschen — verdeutschen — verdolmetschen — übertragen — nachdichten
übersetzen *индифф. синоним;* напр.: ein Buch, einen Text, einen Artikel übersetzen переводить книгу, текст, статью; gut, flüssig, richtig, wörtlich, Wort für Wort übersetzen переводить хорошо, бегло, правильно, буквально, слово в слово; mündlich, schriftlich, ohne Wörterbuch, simultan übersetzen переводить устно, письменно, без словаря, синхронно; aus dem Deutschen ins Russische übersetzen пере-

ÜBERSETZEN

водить с немецкого на русский; von wem wurde dieses Buch übersetzt? кто перевел эту книгу? ◻ Wir alle setzten uns um einen Tisch, und Lukácz sagte: »Wie sollen wir verhandeln? Ich spreche schlecht Deutsch und kann kein Französisch. Könntest du aus dem Russischen ins Französische übersetzen?« Ich übernahm das (Renn, »Im spanischen Krieg«) Мы все сели к столу, и Лукач сказал: «Как мы будем вести переговоры? Я плохо говорю по-немецки и совсем не знаю французского. Ты можешь переводить с русского на французский?» Я согласился. **dolmetschen** переводить устно (написанное или сказанное); напр.: ein Gespräch dolmetschen переводить беседу; ins Deutsche dolmetschen переводить на немецкий язык ◻ Der Prokurist Erbenbeck dolmetsche ganz geläufig (Seghers, »Die Toten«) Поверенный фирмы Эрбенбек переводил довольно бегло. **verdeutschen** переводить на немецкий язык (такие иностранные слова и выражения, которые представляют трудность для понимания); напр.: ein Fremdwort verdeutschen перевести иностранное слово на немецкий язык; kannst du diese lateinische Redensart verdeutschen? ты можешь перевести это латинское выражение на немецкий язык? **verdolmetschen** ≃ dolmetschen, но больше подчеркивает, что в результате перевода слушающему становится понятен смысл сказанного на иностранном языке; напр.: eine Heerschar von Übersetzern verdolmetscht die Reden vor dem Forum simultan in die verschiedenen Landessprachen der UNO-Mitglieder целая армия переводчиков синхронно переводит выступления на различные языки стран—членов ООН. **übertragen** ≃ übersetzen, но обыкн. употр. по отношению к более свободному письменному переводу, преимущественно художественному, подчеркивает его литературную ценность; напр.: einen Text, ein Buch aus [von] dem Deutschen übertragen переводить текст, книгу с немецкого ◻ Er, Franklin, hatte sich denn auch mit Eifer bemüht, den Aufsatz gut zu übertragen (Feuchtwanger, »Die Füchse«) Ведь он, Франклин, постарался хорошо перевести это произведение. Es ging ihm nicht darum, das Dokument möglichst treu zu übertragen, viel mehr wollte er seinen Hörern die Wirkung übermitteln, welche das Schriftstück auf ihn gehabt hatte (ebenda) Ему было важнее передать слушателям впечатление, которое произвел на него документ, чем точно его перевести. Es waren Wochen her, daß sie ihm die Sätze vorgelesen und übertragen hatte... (Feuchtwanger, »Die Jüdin von Toledo«) Уже прошло несколько недель с тех пор, когда она прочитала ему эти фразы и пере-

вела их... **nachdichten** переводить стихи, делать свободное переложение стихов (с другого языка); напр.: Rilke hat eine Reihe von Werken Lermontows nachgedichtet Рильке перевел ряд произведений Лермонтова

Übersetzer переводчик
der **Übersetzer** — der **Dolmetscher** — der **Dragoman** — der **Sprachmittler**
Übersetzer индифф. синоним; напр.: ein erfahrener Übersetzer aus dem Russischen ins Deutsche опытный переводчик с русского языка на немецкий; wir brauchen einen Übersetzer нам нужен переводчик ◻ Herr Boucher schrieb und ich übersetzte — denn ich fungierte hier als Übersetzer (Kellermann, »Das Meer«) Господин Буше писал, а я переводил, ибо выполнял здесь функции переводчика. Der Konsul empfing uns freundlich und fragte: »Wie wollen Sie sich in den Klöstern verständigen? Hier in der Stadt gibt es Übersetzer, die man mitnehmen kann« (Renn, »Zu Fuß zum Orient«) Консул принял нас любезно и спросил: «Как же вы будете объясняться в монастырях? Здесь в городе есть переводчики, которых можно взять с собой». **Dolmetscher** (профессиональный) переводчик, переводящий (обыкн. устно) написанное или сказанное; напр.: ein tüchtiger Dolmetscher дельный переводчик; den Dolmetscher machen разг. выступать в роли переводчика; als Dolmetscher an einer internationalen Konferenz teilnehmen принимать участие в международной конференции в качестве переводчика; die Delegation braucht einen Dolmetscher делегации нужен переводчик; nehmen Sie einen Dolmetscher! пригласите (себе) переводчика! ◻ Im zweiten Wagen, meinem Privatwagen, sollten Professor Katsch und ein zweiter Dolmetscher gefahren werden (Petershagen, »Gewissen in Aufruhr«) Во второй машине, моей личной, должны были ехать профессор Кач и второй переводчик. **Dragoman** драгоман, переводчик-гид (на Ближнем Востоке); напр.: mit der Karawane fuhr ein Dragoman с караваном ехал драгоман. **Sprachmittler** неол. переводчик, языковой посредник; напр.: er ist als Sprachmittler tätig он работает переводчиком

Übersetzung перевод (с одного языка на другой)
die **Übersetzung** — die **Übertragung**
Übersetzung индифф. синоним; напр.: eine gute, schwierige, wörtliche, interlineare, freie Übersetzung хороший, трудный, дословный, подстрочный, свободный перевод; eine Übersetzung aus dem [vom] Russischen ins Deutsche перевод с русского на немецкий ◻ eine automatische, maschinelle Übersetzung machen [anfertigen] сделать машинный перевод; gibt es von diesem Buch eine Übersetzung? есть ли перевод этой книги?, эта кни-

ÜBERSIEDELN

га переведена? ◻ Was ließ er zurück? Die unvollendete Übersetzung eines Gedichtes, einen Tisch voll unbeantworteter Briefe... (Koeppen, »Treibhaus«) Что он оставлял после себя? Незаконченный перевод одного стихотворения, стол, полный неотвеченных писем... Von den Polen gingen wir zur Balkan-Kompanie. Dort herrschte die schlimmste Sprachen-Verwirrung. Daher gab es nach der französischen Rede zuerst eine Übersetzung ins Serbische, dann ins Ungarische (Renn, »Im spanischen Krieg«) От поляков мы отправились в балканскую роту. Там царило невероятное смешение языков. Французскую речь приходилось сначала переводить на сербский, потом на венгерский. **Übertragung** ≃ Übersetzung, но обыкн. употр. по отношению к более свободному письменному переводу, преимущественно художественному; напр.: die Übertragung des Romans, des Buches aus dem [vom] Russischen ins Deutsche перевод романа, книги с русского на немецкий ◻ Er scheute sich nicht, Sätze abzubrechen, wenn ihm die Übertragung nicht sogleich glückte (Feuchtwanger, »Die Füchse«) Если перевод сразу не удавался, он, не стесняясь, обрывал фразы на середине

Übersicht см. Gesichtskreis/Überblick

übersiedeln переселяться, поселяться на новом месте
übersiedeln — **umziehen** — **verziehen** — **umsiedeln** — **ziehen**
übersiedeln (**übersiedeln**) индифф. синоним; напр.: von Berlin nach Dresden übersiedeln переселиться из Берлина в Дрезден; die Firma siedelte hierher über [übersiedelte hierher] фирма переехала сюда; sie werden nach dem Norden, ans Meer übersiedeln они переедут на север, к морю ◻ Sobald Fabian die Wohnung geräumt hatte, um in den »Stern« überzusiedeln, begann Clotilde mit der Verwirklichung ihrer Pläne (Kellermann, »Totentanz«) Как только Фабиан ушел из дома и переселился в «Звезду», Клотильда начала осуществлять свои планы. In diesen Tagen entschloß sich Fabian, in Clotildes neue Wohnung überzusiedeln (ebenda) В эти дни Фабиан решил переехать на новую квартиру Клотильды. In diesem Zustand erhielt ich im Herbst 1944 eine Berufung zum Reichskriegsgericht, das zu diesem Zeitpunkt bereits von Berlin nach Torgau übergesiedelt war (Petershagen, »Gewissen in Aufruhr«) При таких обстоятельствах я в сентябре 1944 года получил вызов в Имперский военный суд, который к этому времени уже переехал из Берлина в Торгау. **umziehen** переезжать на новую квартиру; напр.: in eine größere Wohnung umziehen переехать в большую квартиру; wir

ziehen um мы переезжаем на новую квартиру; sie sind vorigen Monat umgezogen в прошлом месяце они переехали на новую квартиру □ Allein es wäre ihm... wie in Unrecht gegen die Tote vorgekommen, jetzt ohne sie umzuziehen (*Feuchtwanger*, »*Exil*«) Однако ему казалось... как бы несправедливым по отношению к покойной переезжать теперь без нее. Wenn du willst, schließen wir sofort die Tür zu und logieren uns in ein Hotel ein, bis wir umziehen (*Gluchowski*, »*Blutiger Stahl*«) Если хочешь, мы тотчас же запрем квартиру и до переезда поселимся в гостинице. **verziehen** уезжать, переезжать; *напр.*: er ist vor sechs Jahren nach Dresden verzogen он уехал в Дрезден шесть лет тому назад; wohin er verzogen ist, kann niemand sagen куда он переехал, никто не может сказать; Adressat verzogen, neuer Wohnsitz unbekannt адресат выбыл, новое местожительство неизвестно □ »Den suchen Sie?« fragte gedehnt... die Portiersfrau, bei der sich Fromeyer erkundigte, ob Herr Ebermann, vorn vier Treppen, verzogen sei (*Weiskopf*, »*Lissy*«) «Ах, так вот кого вы ищете?» — протяжно спросила... привратница, когда Фромайер осведомился у нее, не съехал ли с квартиры господин Эберман — пятый этаж по парадной лестнице. **umsiedeln** ≅ übersiedeln, *но больше указывает на переселение из одной местности в другую, особенно, если речь идет о переселении больших групп населения в организованном порядке; по отношению к переезду на новую квартиру и т. п. употр. реже*; *напр.*: nach dem Kriege sind seine Eltern von Hamburg nach München umgesiedelt после войны его родители переехали из Гамбурга в Мюнхен; der Reisende ist in ein anderes Hotel umgesiedelt путешественник переехал в другую гостиницу. **ziehen** *разг.* перебраться; *напр.*: aufs Land, in die Stadt, von Berlin nach Leipzig ziehen перебраться за город, в город, из Берлина в Лейпциг; er ist zu seinen Eltern, zu seiner Tante gezogen он перебрался к родителям, к тетке; sie mußte für ein paar Wochen ins Eckzimmer ziehen ей пришлось на несколько недель перебраться в угловую комнату □ Fredi konnte das Zimmer hier aufgeben und sich ein billigeres Quartier suchen oder noch besser, zu Lissys Eltern ziehen (*Weiskopf*, »*Lissy*«) Фреди мог бы переехать из этой комнаты и подыскать себе что-нибудь подешевле, а еще лучше, если он переедет к родителям Лисси. Der Urgroßvater... war aus Fürth in Bayern nach Berlin gezogen (*Feuchtwanger*, »*Oppermann*«) Прадед перебрался из баварского города Фюрта в Берлин **Übersied(e)lung** переезд, переселение

die **Übersied(e)lung** — der **Umzug** — die **Umsied(e)lung**
Übersied(e)lung *индифф. синоним*; *напр.*: die Übersiedlung von Berlin nach Leipzig переселение из Берлина в Лейпциг □ Auf ruhige, vernünftige Art stellt sie Sepp die Gründe vor, die für die Übersiedlung sprechen (*Feuchtwanger*, »*Exil*«) Спокойно и разумно излагает она Зеппу мотивы, говорящие в пользу переселения. **Umzug** переезд на другую квартиру; *напр.*: j-m beim Umzug helfen помогать кому-л. при переезде; ich stehe vor einem Umzug мне предстоит переезд; der Umzug in eine andere Wohnung ist mit Scherereien verknüpft переезд на новую квартиру всегда связан с большими хлопотами; nach dem Umzug teilen wir Ihnen unsere neue Anschrift mit после переезда на новую квартиру мы сообщим вам наш новый адрес □ Der Umzug wurde ihm so bequem wie möglich gemacht, seine beiden Jungen besorgten alles, er spürte die Übersiedlung kaum (*Kellermann*, »*Totentanz*«) Переезд сделали максимально удобным для него, обо всем позаботились сыновья, он почти не ощутил переселения. **Umsied(e)lung** (вынужденное) переселение (на новые земли, в новые районы, в другую квартиру); *напр.*: die Umsiedlung der Bevölkerung bei der Überschwemmungskatastrophe переселение жителей во время наводнения

überspannt экстравагантный
überspannt — **extravagant** — **exzentrisch**
überspannt *индифф. синоним*; *напр.*: überspannter Mensch экстравагантный человек; überspannte Einfälle, Ideen, Gedanken сумасбродные причуды, идеи, мысли; ich finde das etwas überspannt я нахожу, что это несколько экстравагантно; ihr überspanntes Benehmen stört mich ее экстравагантное поведение раздражает меня □ Sie sagte vorsichtig: »Sie meinen wohl, er ist ein bißchen überspannt?« (*H. Mann*, »*Untertan*«) Она осторожно сказала: «Вы, вероятно, считаете его взбалмошным?» Er hatte beinahe Angst vor den »Sachen«, die Harry ihm mitgegeben. Er fürchtete, sie möchten anspruchsvoll sein, überspannt... (*Feuchtwanger*, »*Exil*«) Он почти боялся «вещей», которые дал ему Гарри. Он боялся, что они претенциозны, неестественны... **extravagant** [-v-] *книжн.* ≅ überspannt; *напр.*: extravagantes Aussehen, Benehmen экстравагантный вид, экстравагантное поведение; eine extravagante Frau экстравагантная женщина; eine extravagante Innenausstattung der Wohnung экстравагантный интерьер квартиры; sich extravagant kleiden одеваться экстравагантно □ Daß es extravagant war, wenn sie gegen die Mode ihre langen Haare beibehielt, darin hatte ihre Mutter sicher recht (*Feuchtwanger*, »*Erfolg*«) Было экстравагантно вопреки моде носить длинные волосы, — в этом ее мать была права. »Sie dürfen, lieber Mr. Adams«, erklärte auf der Nachhausefahrt Franklin, »den Parisern ihre übertriebenen, extravaganten Huldigungen nicht übelnehmen« (*Feuchtwanger*, »*Die Füchse*«) «Вы не должны, дорогой мистер Адамс, — объяснял ему по дороге домой Франклин, — обижаться на парижан за их преувеличенные экстравагантные похвалы». Ein bißchen extravagant war Madame de Chassefierre immer gewesen (*Feuchtwanger*, »*Exil*«) Вкусы мадам де Шасефьер всегда отличались некоторой экстравагантностью. **exzentrisch** эксцентричный *по сравнению и* überspannt *и* extravagant *но подчеркивает еще большую, доходящую до странности, необычность; более характерно для книжно-письменной речи*; *напр.*: ein exzentrischer Mensch, Künstler эксцентричный человек, художник; ein exzentrischer Anzug эксцентричный костюм; er benimmt sich exzentrisch он ведет себя эксцентрично □ Sie trug ein ziegelrotes Kleid von leicht exzentrischem Schnitt mit einer großen schwarzen Samtblume auf der Brust (*Weiskopf*, »*Abschied vom Frieden*«) На ней было платье кирпичного цвета несколько эксцентричного фасона, с большим черным бархатным цветком на груди
überspitzen *см.* übertreiben
überspitzt *см.* übertrieben [1]
überspringen *см.* auslassen [1]
überstehen *см.* überwinden [1]
überstreffen *см.* übertreffen [2]
überstürzen, sich *см.* beeilen, sich
überstürzt *см.* schnell/unüberlegt [1]
übersüß *см.* süß
übersüßen *см.* süßen
übersüßt *см.* süß
übertölpeln *см.* betrügen
übertönen заглушать (*превосходить по силе какие-л. звуки, делая их неслышными или менее слышными*)
übertönen — **überschreien**
übertönen *индифф. синоним*; *напр.*: das Orchester übertönte die Stimme der Sängerin оркестр заглушал голос певицы; der Lärm des Flugzeugs wurde durch das Rauschen des Wasserfalls übertönt за шумом водопада самолета не было слышно; der Lautsprecher übertönte alles громкоговоритель заглушал все вокруг; das Gebell der Hunde übertönte den Ruf des Jägers лай собак заглушал крик охотника; jeder versuchte, den anderen zu übertönen каждый старался перекричать другого □ ...bemüht lauschend auf die krähende Stimme, die scharf, gesammelt, deutlich den Lärm ringsum übertönte (*Feuchtwanger*, »*Exil*«) ...старательно вслушивался в звуки пронзительного голоса, который резко, уверенно перекрывал стоявший здесь шум. Nur wie ein

ÜBERTRAGEN

sehr fernes Gewitter hören wir das gedämpfte Brummen der Front. Hummeln, die vorübersummen, übertönen es schon (*Remarque*, »*Im Westen*«) Приглушенный гул фронта доносится до нас лишь очень слабо, как далекая-далекая гроза. Стоит шмелю прожужжать, и гула этого уже совсем не слышно. Das Heulen der Sirenen übertönte im nächsten Augenblick bereits die Gespräche im Raum (*Remarque*, »*Zeit zu leben*«) Через мгновение вой сирен уже заглушил все разговоры. **überschreien** перекричать; *напр*.: er versuchte, alle zu überschreien он пытался всех перекричать □ Wir brüllten wie Teufel, um das Meer zu überschreien (*Kellermann*, »*Das Meer*«) Мы надсаживали глотки, стараясь перекричать рев моря. Allgemeines Gelächter im Saal, dann überschrie jeder jeden (*Max von der Grün*, »*Irrlicht*«) Всеобщий смех в зале, потом каждый старался перекричать другого

übertragen I переносный (*о значении слова и т. п.*)

übertragen — uneigentlich — figürlich — metaphorisch

Синонимы данного ряда более характерны для книжно-письменной речи, наиболее специальные выделены особо

übertragen *индифф. синоним*; *напр*.: die übertragene Bedeutung переносное значение; ein Wort übertragen, in übertragener Bedeutung, in übertragenem Sinn gebrauchen употребить слово переносно, в переносном значении, смысле; im übertragenen Sinn bedeutet das Wort »Herz« »Gefühl«, »Gemüt« в переносном смысле слово «сердце» означает «чувство», «душа» □ ...Mittel des bildlichen Ausdrucks auf Grund übertragener Wortbedeutung (*Riesel*, »*Stilistik der deutschen Sprache*«) ...выразительно-изобразительные средства языка, создаваемые на основе переносного значения слова. **uneigentlich** ≅ übertragen, *но употр. реже*; *напр*.: die uneigentliche Bedeutung des Wortes переносное [несобственное] значение слова; im uneigentlichen Sinne в переносном смысле. **figürlich** *книжн.* образный, фигуральный; *напр*.: figürliche Ausdrücke, Wörter образные выражения, слова; figürliche Rede образная речь; im figürlichen Sinne фигурально выражаясь; das Wort, der Satz kann auch figürlich gebraucht werden слово, предложение может быть также употреблено фигурально. **metaphorisch** *лингв.*, *лит.* метафорический; *напр*.: der metaphorische Gebrauch eines Wortes метафорическое употребление слова; er bevorzugt eine metaphorische Ausdrucksweise он предпочитает выражаться метафорически

übertragen II *см.* übergeben ¹/übersetzen ²

Übertragung *см.* Sendung ¹/Übersetzung

übertreffen ¹ превосходить (*кто-л. превосходит кого-л. в чем-л.*)

übertreffen — überragen — überbieten — zuvortun — ausstechen

übertreffen *индифф. синоним*; *напр*.: j-n weit, um vieles übertreffen далеко, во многом превосходить кого-л.; j-n an Fleiß, an Mut, an Kühnheit, an Energie, an Ausdauer übertreffen превосходить кого-л. прилежанием, мужеством, смелостью, энергией, выдержкой; j-n im Gesang, im Weitsprung, im Kopfrechnen übertreffen превосходить кого-л. в пении, в прыжках в длину, в устном счете; er hat sich selbst übertroffen он превзошел самого себя; darin ist er nicht zu übertreffen в этом его нельзя превзойти. **überragen** ≅ übertreffen, *но подчеркивает бо́льшую степень превосходства*; *напр*.: j-n an Tatkraft, an Mut, an Geist überragen (намного) превосходить кого-л. энергией, мужеством, умом; j-n um Haupteslänge überragen быть выше кого-л. на целую голову; er hat alle anderen in seinen Leistungen überragt он своими успехами превзошел всех остальных □ Natur, Schicksal und Menschen täten sich zusammen gegen das, was den Durchschnitt überrage (*Feuchtwanger*, »*Exil*«) Природа, судьба и люди всегда объединяются против того, что выше среднего уровня (*продолжал он*). Bald erreichten Holts Leistungen in der Schule den Durchschnitt der Klasse, überragten ihn in Mathematik (*Noll*, »*Werner Holt*«) Вскоре Хольт по всем предметам подтянулся до среднего уровня в классе, а по математике даже его превысил. **überbieten** ≅ übertreffen; *напр*.: j-n, j-s Leistung überbieten превосходить кого-л., чье-л. достижение; alle an Eifer überbieten превосходить всех в усердии; seine Frechheit, seine Gemeinheit ist nicht zu überbieten его наглость, его подлость не имеет себе равных; sie überboten sich (einander) in Liebenswürdigkeiten они рассыпались в любезностях, стараясь превзойти друг друга □ Die reichen Beherrscher der Stadt wollten alles überbieten, was es in Italien gab (*Renn*, »*Zu Fuß zum Orient*«) Богатые властители города хотели превзойти все, что было в Италии. **zuvortun** ≅ übertreffen, *но употр. редко и тк. в сочетании* es j-m zuvortun; *напр*.: es j-m an Freigebigkeit zuvortun превзойти кого-л. в щедрости; er tut es ihr in Großzügigkeit zuvor он превосходит ее в великодушии. **ausstechen** *разг.* взять верх (над кем-л.) (*в соперничестве, в борьбе и, доказав превосходство, вытеснить другого, занять его место*); *напр*.: einen Konkurrenten ausstechen вытеснить конкурента; einen Nebenbuhler ausstechen затмить соперника; er sticht ihn in jeder Beziehung aus

ÜBERTREFFEN

он превосходит его по всем статьям □ Es war wirklich so, daß sie in dem kleinen Part der Zofe ihre Freundin Gabriele in der großen Rolle der Marquise mühelos ausstechen konnte (*Feuchtwanger*, »*Die Füchse*«) Это было действительно так, что в этой маленькой роли камеристки она могла без труда затмить свою приятельницу Габриэль, игравшую главную роль, роль маркизы. Befriedigt sagte er sich, daß er sie alle ausstechen konnte, wenn es darauf ankam (*Weiskopf*, »*Abschied vom Frieden*«) И с удовлетворением он отметил, что, если на то пошло, он всем им даст несколько очков вперед. Erna ist viel mehr als eine Rivalin: längst ausgestochen hat sie sie (*Anna*) (*Feuchtwanger*, »*Exil*«) Эрна — больше чем соперница: она давно уже вытеснила ее (*Анну*)

übertreffen ² превосходить (*что-л. превосходит что-л.*)

übertreffen — übersteigen — überbieten

übertreffen *индифф. синоним*; *напр*.: das übertraf meine Erwartungen, die kühnsten Hoffnungen это превзошло мои ожидания, самые смелые надежды; das übertrifft meine Befürchtungen это хуже, чем я опасался □ Der Blick von dort übertraf alle unsere Erwartungen (*Renn*, »*Zu Fuß zum Orient*«) Вид оттуда превзошел все наши ожидания. Die Zusagen, die ihm die Regierung heute gemacht hatte, übertrafen weit seine Hoffnung (*Feuchtwanger*, »*Die Füchse*«) Обещания, которые ему дало сегодня правительство, превзошли все его надежды. Gleichen selbst haßte das braune Gesindel mit einem abgründigen Fanatismus, der selbst den Marions übertraf (*Kellermann*, »*Totentanz*«) Глейхен сам ненавидел этот коричневый сброд и в своем фанатизме был еще неистовей, чем Марион. **übersteigen** превосходить, превышать (*определенный предел*) *подчеркивает, что что-л. больше, сильнее и т. п., чем можно было ожидать*; *напр*.: das übersteigt alle meine Erwartungen, meine Kräfte, seine Möglichkeiten это превосходит все мои ожидания, мои силы, его возможности; die Ausgaben übersteigen die Einnahmen расходы превышают доходы; ich hoffe, daß die Kosten 100 Mark nicht übersteigen я надеюсь, что расходы не превысят ста марок; das ist eine Frechheit, die alle Grenzen übersteigt это — наглость, переходящая всякие границы. **überbieten** ≅ übertreffen; *напр*.: □ Diese neuromanische Burg hatte sich der Sohn Maximilians, Ludwig II., mit enormen Kosten bauen lassen. Sie sollte die Wartburg in Thüringen überbieten (*Renn*, »*Zu Fuß zum Orient*«) Эту неороманскую крепость-за́мок велел построить для себя за огромные деньги сын Максимилиана Людвиг II. Она должна была превзойти Вартбург в Тюрингии

übertreiben преувеличивать
übertreiben — überspitzen — hochspielen — aufbauschen — auftragen
übertreiben *индифф. синоним;* напр.: j-s Bedeutung, die Bedeutung von etw. übertreiben преувеличивать значение кого-л., чего-л.; j-s Verdienste, j-s Vorzüge übertreiben преувеличивать чьи-л. заслуги, чьи-л. достоинства; er übertreibt maßlos он чрезмерно преувеличивает; wie kann man nur so übertreiben! ну как можно так преувеличивать!; ich übertreibe nicht, wenn ich sage... я не преувеличу, если скажу... ◻ Wir haben... den Eindruck, daß Sie übertreiben und die Wirklichkeit verzerren (*Max von der Grün, »Etwas außerhalb der Legalität«*) У нас... создалось впечатление, что вы преувеличиваете и искажаете действительность. »Mann, Mann, du übertreibst aber schaurig«, wandte er ein (*Gluchowski, »Blutiger Stahl«*) «Ах, ты жутко преувеличиваешь», — возразил он. **überspitzen** утрировать, слишком подчеркивать, чересчур заострять; напр.: ein Problem überspitzen утрировать [слишком заострять] проблему; das ist leicht überspitzt это несколько утрировано; er soll die Angelegenheit nicht überspitzen ему не следует излишне выпячивать это дело ◻ Ich verzerre nicht, ich übertreibe nicht, ich überspitze oft nur des dramatischen Effektes wegen (*Max von der Grün, »Etwas außerhalb der Legalität«*) Я не искажаю, я не преувеличваю, я только заостряю проблемы ради драматического эффекта. **hochspielen** *неол.* (неправомерно и преднамеренно) преувеличивать значение кого-л., чего-л., привлекая внимание общественности; напр.: eine politische Frage, einen Konflikt hochspielen (неправомерно) выпячивать какой-л. политический вопрос, раздувать конфликт. **aufbauschen** *неодобр.* раздувать (б. ч. с определенным намерением); напр.: eine Geschichte, Gerüchte, einen Vorfall, eine Affäre aufbauschen раздувать историю, слухи, случай, скандал; bausch doch nicht alles so auf! не раздувай кадила!; der Vorfall wurde zu einem Skandal aufgebauscht случай раздули в целый скандал ◻ ...er habe immer gesagt, die Sache sei aufgebauscht worden (*H. Mann, »Untertan«*) ...он, мол, с самого начала говорил, что дело это раздули. Diese Sache haben die Nazis zu einem großen Sieg aufgebauscht und sollen sogar einen Film drehen (*Renn, »Im spanischen Krieg«*) Это дело нацисты раздули, представив его как большую победу, и собираются даже снимать фильм. »Lumpenhund, der mich verraten hat«, antwortete Cervantes, »hat aufgebauscht, um seinen Lohn zu erhöhen« (*Br. Frank, »Cervantes«*)

«Негодяй, предавший меня, — ответил Сервантес, — раздул дело (*преувеличил число бежавших пленников*), чтобы повысить себе награду».
auftragen *разг. употр. тк. в сочетаниях* (faust)dick, stark auftragen сгущать краски, преувеличивать (*так грубо, что это сразу бросается в глаза*); напр.: sie hat ein bißchen dick aufgetragen она слишком уж преувеличила ◻ »Ich bin überarbeitet, abgespannt«, behauptet Holt. »Zuviel gelernt, zuviel gelesen, zuwenig geschlafen. Und obendrein Tag und Nacht an dich gedacht«. Sieh doch mal, wie sie da rot wird! Trag ruhig noch dicker auf, sie schluckt es hinunter! (*Noll, »Werner Holt«*) «Я выдохся, устал, — утверждал Хольт. — Слишком много занимался, слишком много читал, слишком мало спал. А тут еще день и ночь мысли о тебе». Скажите на милость, она даже краснеет. Валяй, расписывай дальше, она это проглотит

Übertreibung преувеличение
die Übertreibung — die H y p e r b e l
Übertreibung *индифф. синоним;* напр.: das ist eine starke Übertreibung это сильное преувеличение; seine Darstellung ist eine einzige Übertreibung его описание — сплошное преувеличение; man darf ohne Übertreibung behaupten, daß... можно без преувеличения сказать, что...; ich war, ohne Übertreibung, von dem Stück begeistert скажу без преувеличений: я был в восторге от этой пьесы ◻ Aber Elisabeth schien zu Übertreibungen zu neigen (*Remarque, »Zeit zu leben«*) Но Элизабет, кажется, вообще склонна все преувеличивать. Allein er bezähmt sich, vermeidet geflissentlich jede Übertreibung, gibt einen exakten Bericht (*Feuchtwanger, »Oppermann«*) Но он берет себя в руки, старательно избегает преувеличений, дает точный отчет. **Hyperbel** *книжн.* гипербола, преувеличение (*средство художественной выразительности*) *употр. тк. как термин в стилистике, литературоведении;* напр.: in Hyperbeln reden говорить гиперболами; ein »himmelhochragender Felsen« ist eine Hyperbel если сказать «скала высотой до небес», то это будет гипербола

übertreten I *см.* übergehen I ²
übertréten II *см.* verletzen ²
Übertretung *см.* Verletzung ²
übertrieben ¹ преувеличенный (*приукрашенный*)
übertrieben — überspitzt — hochgespielt — aufgebauscht
übertrieben *индифф. синоним;* напр.: etw. für stark übertrieben halten считать что-л. сильно преувеличенным; das dürfte übertrieben sein это, пожалуй, преувеличено; die ganze Geschichte war etwas übertrieben вся история была несколько преувеличенной ◻ In der Stadt erzählte man sich wahre Märchen von den Badezimmern, die aber alle übertrieben waren (*Kellermann, »Totentanz«*) В городе ходили целые легенды о ваннах, правда, сильно преувеличенные. Die meisten dieser Porträts hatten Verse zur Umrahmung oder zur Unterschrift, sehr übertriebene Verse gewöhnlich (*Feuchtwanger, »Die Füchse«*) Большинство портретов были обрамлены стихотворениями или подписаны стихами. Стихи были чрезмерно хвалебными. Der Kommerzienrat zeigte sich über das gute Einvernehmen Holts mit Henning derart befriedigt, daß es Holt übertrieben anmutete (*Noll, »Werner Holt«*) Коммерции советник так неумеренно выражал свою радость по поводу доброго согласия между Хольтом и Хеннингом, что Хольту это показалось преувеличенным. **überspitzt** утрированный, слишком подчеркнутый, заостренный; напр.: eine überspitzte Formulierung слишком острая формулировка; eine überspitzte Darstellung утрированное изображение; das ist leicht, etwas überspitzt это слегка, несколько утрировано; bei ihm ist alles überspitzt у него все утрировано. **hochgespielt** искусственно выдвинутый на передний план, поставленный в центр внимания общественности (*о ком-л., о чем-л., чье значение незаслуженно и преднамеренно преувеличено*); напр.: eine (künstlich) hochgespielte Frage вопрос, который усиленно муссируется; ein hochgespielter Konflikt раздутый (*прессой и т. п.*) конфликт. **aufgebauscht** *неодобр.* раздутый; напр.: eine aufgebauschte Geschichte, Kleinigkeit раздутая история, мелочь; ein aufgebauschter Vorfall раздутый эпизод; eine furchtbar aufgebauschte Sache страшно раздутое дело
übertrieben ² преувеличенный (*чрезмерный*)
übertrieben — übermäßig — maßlos — überschwenglich — allzu — ü b e r (alle) G e b ü h r
übertrieben *индифф. синоним;* напр.: übertriebene Bescheidenheit, Sauberkeit, Genauigkeit, Höflichkeit, Strenge an den Tag legen проявлять излишнюю скромность, чистоплотность, точность, вежливость, строгость; übertrieben vorsichtig, sparsam sein быть чрезмерно осторожным, экономным ◻ Nachts dachte man anders als am Tage, aber Sauer war ein alter Soldat und nicht übertrieben rührselig (*Remarque, »Zeit zu leben«*) Ночью думали иначе, чем днем, но Зауэр был старый солдат и не слишком сентиментальный. Auch Sybil fand Gustavs Vorsicht im Grunde übertrieben (*Feuchtwanger, »Oppermann«*) И Сибилла считала осторожность Густава, в сущности, чрезмерной. **übermäßig** чрезмерный; напр.: eine übermäßige Anstrengung, Belastung чрез-

мерное напряжение, непомерная нагрузка; der übermäßige Gebrauch von Arzneimitteln чрезмерное употребление лекарств; übermäßig essen, rauchen, arbeiten чрезмерно есть, курить, слишком много работать; er hatte übermäßig viel zu tun у него было дел по горло □ ...der nicht übermäßig schlanke... Hals war auf hilflose und rührende Art gereckt... (*Feuchtwanger, »Erfolg«*) ...не слишком стройная... шея была как-то беспомощно и трогательно вытянута... Der wuchtige Mann fuhr nicht übermäßig rasch (*ebenda*) Могучего сложения мужчина ехал не чересчур быстро. **maßlos** ≈ übermäßig, *но указывает на то, что кто-л. не знает меры в чем-л., преступает границу возможного или допустимого; употр. преимущественно по отношению к свойствам и чувствам;* напр.: eine maßlose Beleidigung тяжкое оскорбление; maßloser Dünkel необыкновенное самомнение; eine maßlose Taktlosigkeit исключительная бестактность; maßlose Wut необузданный гнев; er ist in seinen Reden [Worten] maßlos он несдержан на язык; das sind doch maßlose Übertreibungen это ведь недопустимые преувеличения; seine Ansprüche sind maßlos его претензии непомерны, в своих претензиях он не знает меры □ Er fuhr zurück mit seinem livrierten Lakaien, seinem Negerknaben und der Zusage der halben Million. Und voll von maßloser Wut (*Feuchtwanger, »Die Füchse«*) Он возвращался со своим ливрейным лакеем, арапчонком и обещанием, что получит полмиллиона. Он был полон безмерной ярости. **überschwenglich** чрезмерно восторженный (*о чувствах, словах*); напр.: eine überschwengliche Begeisterung, Freude чрезмерный восторг, чрезмерная радость; j-n mit überschwenglichen Worten loben расхваливать кого-л. захлебываясь; sich überschwenglich bedanken рассыпаться в благодарностях, (излишне) восторженно благодарить; sie ist mir zu überschwenglich она, на мой взгляд, слишком экзальтирована □ »Entschuldigen Sie, wenn ich überschwenglich geworden bin, Doktor Franklin«, wandte er sich an diesen, »aber wir Franzosen, wenn wir begeistert sind, sagen heraus, was uns auf dem Herzen liegt, eilig und hemmungslos« (*Feuchtwanger, »Die Füchse«*) «Простите, если я разошелся, доктор Франклин, — продолжал он, — но когда мы, французы, чем-нибудь восхищаемся, мы должны сразу же излить душу». **allzu** слишком, чересчур; напр.: etw. nicht allzu schwer nehmen не принимать что-л. слишком близко к сердцу. **über (alle) Gebühr** *высок.* сверх (всякой) меры; напр.: etw. über Gebühr betonen, loben, tadeln выделять, хвалить, ругать что-л. сверх меры; sich über Gebühr ereifern чересчур [сверх меры] горячиться; j-n über Gebühr aufhalten слишком задерживать кого-л. □ Er vernachlässigte seine russische Partnerin, dehnte alle Drehungen, die ihm der Tanz mit Johanna erlaubte, über Gebühr aus (*Feuchtwanger, »Erfolg«*) Он перестал оказывать должное внимание своей русской партнерше, старался продлить свыше положенного времени все фигуры с Иоганной.
Übertritt *см.* Übergang [2]
übertrumpfen *см.* siegen/überholen
übervoll *см.* voll [1, 2]
übervorteilen *см.* betrügen
Übervorteilung *см.* Betrug
Überwachung *см.* Aufsicht
überwältigen *см.* siegen
überwältigend подавляющий (*преобладающий в каком-л. отношении*)
überwältigend — erdrückend
überwältigend *индифф. синоним;* напр.: die überwältigende Mehrzahl [Mehrheit] подавляющее большинство; die überwältigende Übermacht подавляющий перевес сил; mit überwältigender Mehrheit wählen избрать подавляющим большинством □ Und voll überwältigenden Dranges, in der Meinung, seine Stunde sei da, stürzte er hinunter, nach dem Rednerpodium (*H. Mann, »Untertan«*) И в неодолимом порыве, полагая, что его час настал, он устремился вниз, к ораторской трибуне. Auch von nahem sollte sie (*die Kuppel*) überwältigend groß erscheinen (*Renn, »Zu Fuß zum Orient«*) Но и вблизи он (*купол*) должен был казаться подавляющим своими размерами. **erdrückend** ≈ überwältigend, *но подчеркивает еще большую степень (численного) превосходства;* напр.: eine erdrückende Übermacht исключительное превосходство сил; die erdrückende Mehrheit der Teilnehmer подавляющее большинство участников; gegen eine erdrückende Übermacht kämpfen бороться против многократно превосходящих сил; einer erdrückenden Übermacht gegenüberstehen противостоять подавляющему превосходству сил.
überwechseln *см.* übergehen [I²]
überweisen *см.* schicken
Überweisung *см.* Sendung [2]
überwerfen набрасывать (*одежду и т. п.*)
überwerfen — überlegen
überwerfen *индифф. синоним;* напр.: sich den Mantel überwerfen набросить на себя пальто; j-m ein Tuch überwerfen набросить на кого-л. платок; dem schlafenden Kind eine Decke überwerfen набросить на спящего ребенка одеяло; er hatte nur den Bademantel übergeworfen он набросил только купальный халат. **überlegen** *разг.* накрывать; напр.: j-m eine Decke überlegen накрыть [прикрыть] кого-л. одеялом; ich habe mir eine Decke übergelegt я накрылся [прикрылся] одеялом

überwerfen, sich *см.* streiten (, sich) [2]
überwiegen *см.* vorherrschen
überwiegend *см.* meist
überwinden [1] преодолевать
überwinden — überstehen
überwinden *индифф. синоним;* напр.: Hindernisse, Schwierigkeiten, eine Leidenschaft, seine Scheu, Angst überwinden преодолевать препятствия, трудности, страсть, свою робость, страх; alle Bedenken überwinden преодолеть все сомнения; ich mußte ein Gefühl des Ekels überwinden я должен был побороть чувство отвращения; er hat seinen Kummer überwunden он справился со своим горем □ Auch nach so langer Zeit hatte Fabian den Tod Robbys noch nicht überwunden (*Kellermann, »Totentanz«*) Хотя после смерти Робби прошло уже немало времени, Фабиан все еще не пришел в себя. Als sich Spitzi im Hotel Watteau einfand, sah er sogleich, daß Wiesener den Schock wegen jenes Artikels offenbar überwunden hatte und seiner Sache sicher war (*Feuchtwanger, »Exil«*) Едва войдя в отель «Ватто», Шпицци тотчас же увидел, что Визенер, очевидно, справился с ударом, нанесенным ему той статьей, и вполне уверен в себе. Die Unterschiede, die Bildung und Erziehung schufen... bringen auch Nachteile mit sich, indem sie Hemmungen wachrufen, die erst überwunden werden müssen (*Remarque, »Im Westen«*) Различия, созданные образованием и воспитанием... имеют и свои теневые стороны, они порождают ненужные комплексы, которые приходится преодолевать. Das Leben ging weiter. Das Kind sah gesund aus. Der Tod war überwunden (*Remarque, »Zeit zu leben«*) Жизнь продолжалась. У малыша был цветущий вид. Смерть была побеждена. Das ist натурально eine große Schwierigkeit. Wir müssen sie mit den Mitteln überwinden, die wir haben (*Renn, »Im spanischen Krieg«*) Это, конечно, большая трудность. Мы должны преодолеть ее с помощью тех средств, которые у нас есть. **überstehen** переносить, (успешно) выдержать (*преодолев что-л., связанное с трудностями, усилиями, болью, опасностями и т. п.*); напр.: eine Krankheit, die Reise überstehen перенести болезнь, трудности путешествия; eine Gefahr, eine Krise überstehen преодолеть опасность, кризис; etw. schlecht, gut, leicht überstehen переносить что-л. плохо, хорошо, легко; der Kranke hat die Krise überstanden кризис у больного миновал; der Kranke hat die Operation gut überstanden больной хорошо перенес операцию □ Die Seligkeit, daß das Leiden überstanden war, und die Erschöpfung wirkten sänftigend (*Feuchtwanger, »Die Füchse«*) Блаженство при мысли о том, что страдания миновали, и страшная

ÜBERWINDEN 499 ÜBERZEUGEND U

усталость действовали смягчающе. Der Junge wird den Transport kaum überstehen (*Remarque*, »*Im Westen*«) Паренек вряд ли перенесет транспортировку. Und nun komm — wir haben den ersten Schock überstanden (*Remarque*, »*Zeit zu leben*«) А теперь пойдем, мы преодолели первый страх. Wie soll er einen solchen Schlag überstehen? (*Feuchtwanger*, »*Exil*«) Как перенести ему такой удар? ...die Vorbereitungen waren erledigt, die Unannehmlichkeiten waren überstanden (*Seghers*, »*Die Toten*«) ...приготовления были закончены, неприятности остались позади

überwinden ² см. siegen
Überwinder см. Sieger ¹
überzählig см. übrig ²
überzeugen убеждать

überzeugen — überreden — bereden — einreden — zureden — dringen

überzeugen *индифф. синоним; напр.*: j-n von der Notwendigkeit einer Kur, einer Reise überzeugen убеждать кого-л. в необходимости лечения, поездки; j-n von der Richtigkeit, von der Zweckmäßigkeit solcher Handlungsweisen überzeugen убеждать кого-л. в правильности, в целесообразности таких действий; ich habe ihn überzeugt, daß es notwendig ist я убедил его, что это необходимо; er überzeugte sie, daran teilzunehmen он убедил ее принять в этом участие □ Er durfte sich keine Schwäche erlauben, er mußte immer in Bereitschaft sein, mußte Zweifler stets von neuem überzeugen (*Feuchtwanger*, »*Die Füchse*«) Он не имел права на слабость, ему всегда надо было быть начеку, чтобы снова и снова убеждать маловеров. Klemm hatte ihn endgültig überzeugt, daß jeder Gedanke an eine Verfolgung kindisch sei (*Seghers*, »*Die Toten*«) Клемм его окончательно убедил его в том, что думать о преследовании наивно. **überreden** уговаривать, склонять, побуждать кого-л. к чему-л.; напр.: j-n zu etw. überreden уговорами склонять [побуждать] кого-л. к чему-л.; j-n überreden, daheim zu bleiben уговаривать кого-л. остаться дома; j-n überreden, ins Kino zu gehen, ins Grüne zu fahren уговаривать кого-л. пойти в кино, поехать за город; er hat mich überredet mitzukommen он уговорил меня пойти с ним; er läßt sich nicht überreden он не поддается на уговоры; nicht zu überreden, zu überzeugen gilt es wichtig не уговорить, а убедить □ Struwe überredete Nadler, mit ihm in den Sportpalast zu einer Versammlung zu gehen (*Seghers*, »*Die Toten*«) Штруве уговаривал Надлера пойти с ним на собрание во Дворец спорта. Nachmittags gelang es ihr, eine junge Assistenzschwester im Operationsraum zu überreden, ihr die letzten Röntgenaufnahmen zu zeigen (*Remarque*, »*Der Himmel*«) После обеда Лилиан удалось уговорить молоденькую сестру в операционной показать ей последние рентгеновские снимки. **bereden** ≅ überreden, *но употр. реже*; напр.: j-n bereden, etw. zu tun, den Vorschlag anzunehmen уговаривать кого-л. сделать что-л., принять предложение; j-n zu diesem Schritt bereden уговаривать кого-л. сделать этот шаг; er hat mich beredet mitzukommen он уговорил меня пойти с ним; ich habe sie zu diesem Kauf beredet я уговорил ее сделать эту покупку; er ließ sich leicht bereden он дал легко уговорить себя □ Vielleicht bleibt Johannes länger, vielleicht kann er ihn bereden, ein paar Monate mit ihm dort oben zu bleiben (*Feuchtwanger*, »*Oppermann*«) Возможно, что Иоганнес останется здесь подольше. Возможно, он сможет уговорить его пожить с ним в горах несколько месяцев. **einreden** уговаривать, (пытаться) убеждать *обыкн. указывает на продолжительность, настойчивость уговоров*; напр.: j-m einen Plan einreden уговорить кого-л. принять план; sie hatte ihm eingeredet, sich zunächst völlig ruhig zu verhalten она уговорила [убедила] его держаться для начала совершенно спокойно; er redete energisch, unablässig auf sie ein он настойчиво, неотступно уговаривал ее □ Aber Herr Gingold redete auf ihn ein, er ließ nicht ab, in einem Atem überhäufte er Hermann Fisch mit Bitten und Beschimpfungen (*Feuchtwanger*, »*Exil*«) Но господин Гингольд стал его уговаривать, он не отставал от него, то и дело переводя дух осыпал Германа Фиша просьбами и бранью. Die ganze Zeit her redest du auf mich ein, ich soll die Literatur pflegen und die schönen Künste (*Feuchtwanger*, »*Die Füchse*«) Ты без конца твердишь мне, что я должна заниматься литературой и изящными искусствами. **zureden** ≅ überreden, *но употр., как правило, со словами, указывающими на характер уговоров*; напр.: j-m gut, gütlich, eindringlich, lange zureden уговаривать кого-л. ласково, по-хорошему, настойчиво, долго; man redete ihm zu wie einem kranken Kind его уговаривали, как больного ребенка; ich habe ihm lange zugeredet, daß... я его долго уговаривал, чтобы... □ Wenn ihm Anna gut und geduldig zuredete, wurde er heftig (*Feuchtwanger*, »*Exil*«) Когда Анна терпеливо и ласково его уговаривала, он раздражался. Obwohl sie sich vorgenommen hat, keine leichtsinnigen Versprechungen zu machen, redet sie ihr zu: »Kopf hoch, Elli. Wir bringen dich schon unter« (*ebenda*) Хотя она раз навсегда решила про себя не давать легкомысленных обещаний, все же она уговаривает Элли: «Не унывай, Элли. Мы тебя как-нибудь устроим». »Ich möchte dir nicht zureden«, sagte er, »etwas zu tun, was dir gegen den Strich geht« (*Feuchtwanger*, »*Lautensack*«) «Я не хочу тебя уговаривать делать то, что тебе не по нутру», — сказал он. **dringen** (in j-n) (настойчиво) уговаривать, увещевать кого-л.; напр.: in j-n mit Bitten, mit Fragen dringen осаждать кого-л. просьбами, вопросами; sie drang mit ihrem Anliegen in ihn она настойчиво просила его помочь ей в этом деле; der Vater drang in das Kind, ihm alles zu sagen отец настаивал, чтобы ребенок сказал ему все (сознался) □ »Ich will Ihnen einen guten Rat geben, Herr Löb«, drang er weiter in den jungen Mann (*Kellermann*, »*Totentanz*«) «Хочу дать вам добрый совет, господин Леб, — настойчиво убеждал он молодого человека. Anna trocknet ihre Teller und dringt nicht weiter in ihn (*Feuchtwanger*, »*Exil*«) Анна вытирает тарелки и больше не пристает. Sie darf nicht mit Oskar sprechen, sie darf nicht. Wenn sie's tut, dann wird er in sie dringen, ihn zu heiraten und das Kind zur Welt zu bringen (*Feuchtwanger*, »*Lautensack*«) Ей нельзя говорить об этом с Оскаром. Если она заговорит с ним, он будет ее уговаривать, чтобы она вышла за него замуж и родила ребенка

überzeugend ¹ убедительный
überzeugend — bündig — handgreiflich

überzeugend *индифф. синоним*; напр.: ein überzeugendes Argument, Dokument убедительный аргумент, документ; ein überzeugender Beweis, Grund убедительное доказательство, убедительная причина; überzeugende Worte убедительные слова; das klingt sehr, recht überzeugend это звучит очень, довольно убедительно; sie spielt ihre Rolle überzeugend она играет свою роль убедительно □ Nochmals, überzeugt und überzeugend, stellte sie mit Ruhe alle Argumente vor ihn hin, die für die Übersiedlung sprachen (*Feuchtwanger*, »*Exil*«) Еще раз спокойно, убежденно и убедительно перечислила она все доводы, говорящие за переезд. **bündig** ≅ überzeugend, *но подчеркивает меткость, краткость и определенность аргументов и т. п. (б. ч. атрибутивно)*; напр.: ein bündiger Beweis убедительное доказательство; eine bündige Erklärung, Antwort убедительное объяснение, убедительный ответ; ein bündiger Schluß убедительный [логичный] конец □ Ein Schauspieler, dem der andere die Rolle wegspielte, ein Versemacher, den der Kollege hämisch glossiert hatte, hielt einen Dolchstich für die bündigste Widerlegung (*Br. Frank*, »*Cervantes*«) Актер, у которого отбили роль, рифмоплет, злорадно высмеянный товарищем, считал убедительнейшим опровержением удар кинжала. **handgreif-**

lich убедительный благодаря своей очевидности; веский, ощутимый; *напр.*: ein handgreiflicher Beweis веское доказательство; ein handgreifliches Argument веский аргумент; ein handgreiflicher Vorzug убедительное [явное] преимущество; ein handgreiflicher Mißerfolg явный провал; etw. handgreiflich widerlegen убедительно опровергнуть что-л.

überzeugend ² *см.* stichhaltig
überzeugen, sich убеждаться
sich überzeugen — sich vergewissern

sich überzeugen *индифф. синоним*; *напр.*: sich von der Notwendigkeit, von der Richtigkeit dieser Worte überzeugen убеждаться в необходимости, в правильности этих слов; sich von j-s Ehrlichkeit, j-s Schuldlosigkeit überzeugen убедиться в чьей-л. честности, в чьей-л. невиновности; sich mit eigenen Augen von etw. überzeugen убеждаться воочию в чем-л.; er hat sich von der Qualität der Arbeit überzeugt он убедился в качестве работы; ich habe mich endgültig davon überzeugt, daß... я окончательно убедился в том, что... ◻ Er nahm eigens eine Tram, um sich von der Reizlosigkeit des heutigen Bahnhofsplatzes zu überzeugen (*Kellermann*, »*Totentanz*«) Как-то раз он сел в трамвай и поехал к вокзалу — лишний раз убедиться в убогости нынешней Вокзальной площади. Sie ging ins Haus; sie überzeugte sich, daß ihr Mann mit dem älteren Buben weg war (*Seghers*, »*Die Toten*«) Она вошла в дом; она убедилась, что мужа и старшего сына нет дома. **sich vergewissern** удостовериться; *напр.*: hast du dich vergewissert, daß die Tür abgeschlossen ist? ты удостоверился, что дверь заперта; wir haben uns vergewissert, daß er die Wahrheit gesagt hat мы удостоверились в том, что он сказал правду ◻ Er folgte dem klugen Rat der Mutter, die ihm sagte, er müsse sich erst vergewissern, daß der Vater auch wirklich im Hotel sei (*Kellermann*, »*Totentanz*«) Он последовал умному совету матери — сначала удостовериться, в гостинице ли отец. Jeder greift nach seinen Sachen und vergewissert sich alle Augenblicke von neuem, daß sie da sind (*Remarque*, »*Im Westen*«) Каждый хватается за свои вещи и то и дело проверяет, все ли на месте

überzeugt *см.* sicher ¹
Überzeugung *см.* Zuversicht
überziehen *см.* anziehen I ²
Überzieher *см.* Mantel
Überzug *см.* Bezug/«Приложение»

üblich ¹ обычный, общепринятый
üblich — gewöhnlich — gewohnt — normal

üblich *индифф. синоним*; *напр.*: die übliche Arbeit, Beschäftigung, Ausrede, Methode обычная работа, обычное занятие, обычная отговорка, обычный метод; zu üblichen Preisen kaufen покупать по обычным ценам; etw. zu üblichen Bedingungen bekommen получить что-л. на обычных условиях; er sprach die üblichen Worte он говорил обычные слова; sie kam um die übliche Zeit она пришла в обычное время; so ist es bei uns üblich так у нас принято; wir sehen uns, wie üblich, am Sonnabend мы увидимся, как обычно, в субботу ◻ Wir sind nie sehr zärtlich in der Familie gewesen, das ist nicht üblich bei armen Leuten (*Remarque*, »*Im Westen*«) Мы в нашей семье никогда не были особенно нежны друг с другом — это не принято у бедняков. Es ist mein Deutschlehrer, der mich mit den üblichen Fragen überfällt (*ebenda*) Это мой учитель немецкого языка, он набрасывается на меня с обычными вопросами. Deine Frau braucht schon die üblichen Papiere, glaube ich (*Remarque*, »*Zeit zu leben*«) Твоей жене, я думаю, нужны обычные документы. Den größten Teil der Post hat Herr Gingold auf die übliche Art erledigt (*Feuchtwanger*, »*Exil*«) С большей частью почты Гингольд разделался быстро, как всегда. **gewöhnlich** обычный, ставший правилом (*предикативно не употр.*); *напр.*: unsere gewöhnliche Beschäftigung наше обычное занятие; zur gewöhnlichen Zeit в обычное время; er benahm sich, antwortete wie gewöhnlich он вел себя, отвечал как обычно; gewöhnlich ist er sehr pünktlich обычно он очень точен; er steht für gewöhnlich um 6 Uhr auf он встает обычно в 6 часов ◻ Seine Unruhe war völlig verschwunden, und er hatte seine gewöhnliche gute Laune zurückgefunden (*Kellermann*, »*Totentanz*«) Его беспокойство исчезло, полностью уступив место обычному хорошему расположению духа. **gewohnt** ставший привычкой, привычный; *напр.*: der gewohnte Weg, Anblick привычная дорога, привычный вид; die gewohnte Arbeit привычная работа; seine gewohnte Lebensordnung его привычный распорядок жизни; in der gewohnten Umgebung arbeiten работать в привычном окружении; zur gewohnten Stunde aufwachen просыпаться в свой обычный час; etw. auf gewohnte Weise erledigen делать что-л. обычным образом; etw. mit gewohnter Gründlichkeit tun делать что-л. с обычной основательностью; wir mußten heute unseren gewohnten Spaziergang ausfallen lassen нам пришлось сегодня отказаться от нашей обычной прогулки; die Dinge gehen ihren gewohnten Gang дела идут своим обычным ходом ◻ Ginstermann verlebte die folgenden Wochen in gewohnter Zurückgezogenheit (*Kellermann*, »*Jester und Li*«) Все следующие недели Гинстерман прожил в привычном одиночестве. Seine gewohnte Mittagszeit ist längst vorbei (*Feuchtwanger*, »*Oppermann*«) Привычное для него время обеда давно миновало. Er segelt durch die langen Korridore der Klinik. Alles geht seinen gewohnten Gang (*ebenda*) Он быстрым твердым шагом проходит по длинным коридорам клиники. Все идет своим чередом. **normal** нормальный, обычный, не выходящий за пределы нормы; *напр.*: normales Gewicht нормальный вес; normaler Zustand нормальное состояние; normale Größe нормальная величина; auf normalem Wege läßt es sich nicht erreichen обычным путем этого не добьешься ◻ Tagsüber haben wir nur das normale Feuer, so daß wir die Gräben ausbessern können (*Remarque*, »*Im Westen*«) Днем по нам ведут лишь нормальный, несильный огонь, так что теперь мы можем привести в порядок траншеи. Ein augenscheinlich intelligenter und wahrscheinlich fleißiger Mensch hatte endgültig auf ein normales Leben verzichtet (*Renn*, »*Zu Fuß zum Orient*«) Явно неглупый и, вероятно, прилежный, этот человек окончательно отказался от нормальной жизни.

üblich ² *см.* verbreitet
übrig ¹ остальной
übrig — sonstig — anderweitig

übrig *индифф. синоним*; *напр.*: die übrigen все остальные [прочие, другие]; im übrigen в остальном; die übrigen Gäste reisen am nächsten Tage ab остальные гости уехали на другой день; allmählich lernte ich die übrigen Bewohner des Hauses kennen постепенно я познакомился с остальными жильцами дома; alle übrigen waren einverstanden все остальные были согласны; das übrige nehme ich остальное возьму я ◻ Sein Haus glich den übrigen (*Renn*, »*Zu Fuß zum Orient*«) Его дом был похож на остальные. Wir verabschiedeten uns von dem reichen Mann und allen übrigen (*ebenda*) Мы попрощались... с богачом и со всеми остальными. Am nächsten Morgen ging das Rettungsboot hinaus und holte die zehn übrigen (*Kellermann*, »*Das Meer*«) На следующее утро спасательная лодка вышла в море и подобрала оставшихся десятерых человек. **sonstig** прочий, другой; *напр.*: seine sonstigen Leistungen waren besser другие его результаты были лучше; seine sonstigen Verhältnisse sind gut всё прочие его дела в порядке ◻ Marion erfuhr telefonisch, daß er... sie bitten lasse, morgen mit ihm zu Abend zu speisen. Sonstige Gäste erwarte er nicht (*Kellermann*, »*Totentanz*«) Из разговора по телефону Марион узнала, что он... просит Марион завтра отужинать у него. Других гостей он не ждет. Wir sehen ihn ja fast ausschließlich in Erfüllung von Repräsentationspflichten. Aber sein sonstiges Wirken... spielt sich meist unter Ausschluß der Öffentlichkeit ab (*Gluchowski, »Blutiger Stahl«*) Мы видим его почти исключительно при исполнении представительских функций. Вся же прочая его деятельность проходит преимущественно при закрытых дверях. **anderweitig** *книжн.* иной, другой; *напр.*: anderweitige Verpflichtungen, Geschäfte иные обязательства, дела; wir werden ihn anderweitig beschäftigen müssen мы должны будем его занять [использовать] по-другому

übrig ² (из)лишний
übrig — restlich — überzählig
übrig *индиф. синоним; напр.*: die übrigen Sachen, Teile aufheben спрятать [сохранить] лишние вещи, части; die übrigen Möbel in den Keller räumen убрать лишнюю мебель в подвал; ein übriges tun сделать больше (, чем требуется); vom Material, vom Essen ist noch etwas übrig от материала, от еды кое-что еще осталось; er hat nichts mehr übrig у него ничего больше не осталось. **restlich** оставшийся, остающийся (*в качестве неиспользованного остатка, невыполненной части работы, как что-то неосуществленное, нереализованное и т. п.*); *напр.*: der restliche Betrag оставшаяся сумма; die restliche Schuld оставшийся долг; die restlichen Arbeiten еще не выполненные работы; die restliche Summe wird er auf sein Bankkonto überweisen оставшуюся сумму он переведет на свой банковский счет; die restlichen Raten konnte er nicht mehr zahlen оставшиеся взносы он не смог больше выплатить; mit dem restlichen Geld unternahmen sie einen Ausflug на оставшиеся деньги они совершили прогулку за город □ Holt fühlte in der Tasche nach den restlichen Geldscheinen (*Noll, »Werner Holt«*) Хольт пощупал, в кармане ли оставшиеся деньги. Das Abgießen von Konverter III war ein Normalvorgang. Aber die restlichen Konverter... Sie lagen tot... waren bereits stillgelegt (*Gluchowski, »Blutiger Stahl«*) Плавка в конвертере III шла нормально. Но остальные конвертеры... Они бездействовали... они были уже остановлены. Dieser See muß stets seicht gewesen sein, so daß heute nur noch Teiche übrig sind. Das restliche Land hat man durch Gräben entwässert (*Renn, »Zu Fuß zum Orient«*) Это озеро, должно быть, всегда было мелким, так что теперь здесь остались только пруды. Остальную территорию осушили с помощью дренажных канав. **überzählig** лишний, сверхкомплектный; *напр.*: hier ist ein überzähliges Exemplar вот лишний экземпляр; man hat die überzähligen Bestände eines Warenlagers abgestoßen излишки товаров, скопившиеся на складе были сбыты по низким ценам
übrigbleiben *см.* bleiben

Ufer берег
das Ufer — der Strand — die Küste — das Gestade
Ufer *индиф. синоним; напр.*: ein hohes, steiles, felsiges, sanft abfallendes, flaches Ufer высокий, крутой, скалистый, пологий, низменный берег; das Ufer des Baches, des Flusses, des Sees, des Meeres берег ручья, реки, озера, моря; das Ufer befestigen укреплять берег; am rechten, am anderen Ufer на правом, на другом берегу; am Ufer anlegen причалить к берегу; das Ufer erreichen достигнуть берега; das Boot ist ans Ufer getrieben worden лодку прибило к берегу; die Stadt liegt an beiden Ufern des Flusses город расположен по обеим сторонам реки; das Wasser ist über die Ufer getreten вода вышла из берегов □ Er ging über den Schulhof bis zum Ufer des Flusses (*Remarque, »Zeit zu leben«*) Он прошел по школьному двору до берега реки. Sie kehren um, langsam gehen sie den Kanal aufwärts, immer am Ufer entlang (*Remarque, »Im Westen«*) Они поворачивают обратно и медленно идут вверх по течению канала, все время вдоль берега. **Strand** (низменный, пологий) берег, *реже* реки, озера (*б. ч. с пляжами и т. п.*); *напр.*: ein flacher, breiter, schmaler, sandiger, steiniger Strand низменный, широкий, узкий, песчаный, каменистый (морской) берег; der Strand der Ostsee побережье Балтийского моря; das Schiff lief [geriet] auf Strand корабль сел на прибрежную мель □ Herangedämmert kam der Abend, | Wilder toste die Flut, | Und ich saß am Strand, und schaute zu | Dem weißen Tanz der Wellen (*Heine, »Erklärung«*) Тихо с сумраком вечер подкрался, | Грозней бушевало море, | А я сидел на прибрежье, глядя | На белую пляску валов (*Перевод Михайлова*) Und ich saß noch ruhig auf weißer Düne, | Am einsamen Strand (*Heine, »Poseidon«*) И я еще мирно сидел | На белой отмели | Пустынного берега (*Перевод Михайлова*). Ich war eine Stunde geschwommen und lag am Strande in der Sonne (*Remarque, »Drei Kameraden«*) Я плавал целый час и теперь загорал на берегу. **Küste** морское побережье; *напр.*: eine felsige, flache, steile Küste скалистый, пологий, крутой (морской) берег; eine zerklüftete Küste изрезанный берег; die Küste entlang, längs der Küste вдоль побережья □ Der junge Marquis, während sich die Küste immer deutlicher abzeichnete, dachte an den Empfang, den er finden würde (*Feuchtwanger, »Die Füchse«*) Молодой маркиз глядел на все приближавшийся берег и думал о том, как его встретят. Die Küste dort wurde gelegentlich auch von sarazenischen Seeräubern unsicher gemacht (*Renn, »Zu Fuß zum Orient«*) В тех местах побережье время от времени подвергалось нападению сарацинских морских разбойников. **Gestade** *высок. поэт.* б(е)рег; лукоморье; *напр.*: an den Gestaden des Mittelmeeres на брегах Средиземного моря □ Derweilen, am flachen Gestade, | Über den flutbefeuchteten Sand, | Schreitet ein Fremdling... (*Heine, »Die Nacht am Strande«*) Между тем по волной омоченным пескам | Плоского берега | Проходит путник... (*Перевод Михайлова*)

Ulk *см.* Scherz
ulkig *см.* lächerlich
Ulster *см.* Mantel
ultimativ *см.* entschieden
um ¹ вокруг
um — ringsum — rings um — ringsherum
um *индиф. синоним;* а) *как предлог часто употр. в сочетании* um... herum; *напр.*: viele Menschen, Freunde um sich haben иметь вокруг себя много людей, друзей; ängstlich, vorsichtig um sich schauen смотреть вокруг себя [осматриваться] боязливо, осторожно; sich ein Tuch um den Kopf binden повязать голову платком; um den Tisch sitzen сидеть вокруг стола; eine Reise um die Welt unternehmen совершить кругосветное путешествие; sie standen, saßen um ihn (herum) они стояли, сидели вокруг него; sie ging um den Teich (herum) она (по)шла вокруг пруда, она обогнула [обошла] пруд; die Erde dreht sich um die Sonne Земля вращается вокруг Солнца □ Jetzt will er nur eines: Ruhe und wenig Menschen um sich (*Feuchtwanger, »Oppermann«*) Теперь он жаждет одного: покоя и поменьше людей вокруг себя. Er ging um Heinrich herum, schaute ihn von der Seite an, gespannt, bettelnd (*ebenda*) Он ходил вокруг Генриха, смотрел на него сбоку молящим взором. Sie sprang hoch und schlug mit den Armen um sich (*Remarque, »Zeit zu leben«*) Она высоко подпрыгивала и махала руками; b) *как наречие употр. в отдельных оборотах*; *напр.*: um und um со всех сторон. **ringsum** *нареч.* кругом, повсюду; *напр.*: ringsum ist keine Menschenseele кругом ни души; schauen Sie ringsum! посмотрите вокруг!; ringsum stehen blühende Sträucher вокруг [повсюду] — цветущие кустарники; ringsum läuft ein Geländer вокруг идут перила □ Ringsum herrschte lautlose Stille, kein Schritt, kein Wagen war weit und breit zu hören (*Kellermann, »Totentanz«*) Кругом стояла глубокая тишина: нигде ни шагов, ни стука колес. Die Maschine ratterte, klingelte, ringsum war Lärm, übler, strenger Geruch (*Feuchtwanger, »Exil«*) Машина стучала, звенела, вокруг стояли шум, неприятный, сильный запах. Es

war sehr warm, ein wildes, sanftes Blühen war ringsum (*Feuchtwanger, »Oppermann«*) Было очень тепло, и все вокруг цвело буйным и нежным цветом. **rings um** ≅ **ringsum**, *rings употр. как наречие, а* um *как предлог; напр.*: die Kinder standen rings um ihren Lehrer дети стояли вокруг своего учителя; rings um das Dorf sind Felder und Wiesen вокруг деревни поля и луга □ Jetzt ist alles versunken, versunken auch die Menschen rings um ihn, er steht vor dem Bildwerk, verzaubert (*Feuchtwanger, »Exil«*) Теперь все исчезло, исчезли и люди вокруг него, он стоит, очарованный, перед статуей. **ringsherum** = **ringsum**; *напр.*: □ Die Heimat ist ihnen weggeglitten, sie haben Berthold verloren, das Haus in der Gertraudtenstraße und alles ringsherum, Edgars Laboratorium, das Haus in der Max-Reger-Straße (*Feuchtwanger, »Oppermann«*) Родины они лишились, потеряли Бертольда, потеряли и дом на Гертраудтенштрассе и все вокруг, что было с ним связано, лабораторию Эдгара, особняк на Макс-Регер-Штрассе
um ² *см.* ungefähr
umändern *см.* ändern
umarbeiten *см.* ändern
umarmen обнимать
umarmen — umhalsen — umfassen — umfangen

umarmen *индифф. синоним; напр.*: den Sohn, die Tochter, den Vater, den Freund umarmen обнимать сына, дочь, отца, друга; j-n zärtlich, freudig, leidenschaftlich umarmen обнимать кого-л. нежно, радостно, страстно □ Zu meiner freudigen Überraschung trat aus dem Nebenzimmer mein alter Freund Erich Weinert und umarmte mich (*Renn, »Im spanischen Krieg«*) К моему радостному удивлению, из соседней комнаты вышел мой старый друг Эрих Вайнерт и обнял меня. **umhalsen** обнимать за шею *по сравнению с* umarmen *употр. реже; напр.*: er umhalste seine Frau он обнял свою жену (за шею) □ »Und warum auf einmal?« fragte sie und umhalste die Mädchen, die weinten (*Max von der Grün, »Irrlicht«*) «А почему так, ни с того ни с сего?» — спросила она, обняв плачущих девочек. »Ich bin dir ganz böse, und ich bin so glücklich«, und sie umhalste ihn von neuem (*Feuchtwanger, »Die Füchse«*) «Я очень зла на тебя и очень счастлива», — и она снова обняла его. **umfassen** обхватывать, обнимать кого-л. (за плечи, за талию); *напр.*: j-s Schultern umfassen обхватывать кого-л. за плечи; er umfaßte seine Mutter он обнял свою мать; sie umfaßten sich und küßten sich они обнялись и поцеловались □ Jetzt, wie ihn Johanna in der Française gegenüberstand, wie er sie den Vorschriften des Tanzes gemäß umfaßte

(*Feuchtwanger, »Erfolg«*) Сейчас, когда он и Иоганна стояли визави во франсезе и он, согласно правилам танца, обнимал ее... **umfangen** *высок.* обхватывать (руками), заключать в объятия; *напр.*: j-n mit beiden Armen umfangen обхватывать кого-л. обеими руками; ihre Arme umfingen seinen Hals ее руки обхватили его шею; bei der Begrüßung umfing sie ihn freudig und küßte ihn здороваясь, она обняла его радостно и поцеловала

umbenennen переименовать (*что-л.*), изменить название (*чего-л.*)
umbenennen — umtaufen

umbenennen *индифф. синоним; напр.*: eine Straße, eine Stadt, einen Platz umbenennen переименовать улицу, город, площадь; im Jahre 1924 wurde Petrograd in Leningrad umbenannt в 1924 году Петроград был переименован в Ленинград. **umtaufen** *эмоц.* дать другое имя, название (*букв.* 'окрестить, перекрестить') *в отличие от* umbenennen *указывает на неофициальность перемены имени, названия, употр. как по отношению к неодушевленным предметам, так и к лицам; напр.*: ein Kind, eine Straße, eine Stadt umtaufen дать другое имя ребенку, улице, городу □ Aber wir werden den Platz umtaufen. Wir werden ihn Hans-Rumpf-Platz nennen... (*Kellermann, »Totentanz«*) Но мы окрестим площадь иначе. Мы назовем ее площадью Ганса Румпфа...

umblicken, sich *см.* umsehen, sich ¹
umbringen *см.* töten
umdrehen ¹ поворачивать
umdrehen — umkehren — umwenden

umdrehen *индифф. синоним; напр.*: den Schlüssel (im Schloß), eine Münze, einen Teller umdrehen поворачивать ключ (в замке), перевернуть монету, тарелку; eine Zeitung umdrehen переворачивать газету; einem Huhn den Hals umdrehen свернуть шею курице □ Er nahm das gerahmte Blatt von der Wand, drehte es um, mechanisch, betrachtete die leere Rückseite (*Feuchtwanger, »Oppermann«*) Он снял со стены раму, машинально перевернул ее, посмотрел на пустую оборотную сторону. ...sang er, während er den außensteckenden Schlüssel zu seinem Appartement umdrehte (*Feuchtwanger, »Exil«*) ...напевал он, поворачивая торчащий в дверях квартиры ключ; Er konnte den Kopf nicht umdrehen (*Seghers, »Die Toten«*) Он не мог повернуть голову (*чтобы посмотреть*). **umkehren** переворачивать, поворачивать; выворачивать; *напр.*: die Hand umkehren поворачивать руку ладонью кверху; die Sachen, die Strümpfe, die Hemden, die Taschen umkehren выворачивать вещи, чулки, рубашки, карманы. **umwenden** поворачивать, оборачивать другой стороной, переворачивать (*листы, страницы*); *напр.*: die Notenblätter, die Seiten

eines Buches umwenden переворачивать ноты, страницы книги; sie wendete langsam die Seiten um она медленно переворачивала страницы □ Holt sah ihr zu, wie sie die Seiten des Dünndruckpapiers umwendete (*Noll, »Werner Holt«*) Хольт смотрел, как она переворачивала страницы тонкой бумаги

umdrehen *см.* wenden
umdrehen, sich *см.* wenden, sich ³
umfallen *см.* fallen ¹
Umfang ¹ объем
der Umfang — das Volumen

Umfang *индифф. синоним; напр.*: der Umfang der Erde окружность Земли; ein Baum, ein Stamm von 10 Metern Umfang дерево, ствол десяти метров в обхвате; die Schneiderin hat den Umfang der Taille abgemessen портниха измерила объем талии; der Angeklagte war in vollem Umfang geständig обвиняемый полностью сознался. **Volumen** *книжн.* объем *чаще употр. как термин в физике, экономике и др. науках; напр.*: das Volumen des Körpers объем тела; das Volumen der Produktion объем продукции □ Der vereinbarte Warenaustausch wird das Volumen des Vorjahres um rund eine Milliarde Rubel übersteigen (*ND 10. 1. 80*) Товарообмен, предусмотренный соглашением, превысит объем товарообмена предыдущего года примерно на миллиард рублей

Umfang ² *см.* Größe ¹
umfangen *см.* umarmen
umfangreich *см.* groß ⁴
umfassen *см.* enthalten/umarmen/umringen ¹

Umgang *см.* Gesellschaft ¹/Verkehr
umgänglich *см.* gesellig
umgeben окружать, быть расположенным вокруг кого-л., чего-л.
umgeben — umringen — umschließen — einschließen — einkreisen — umrahmen — einrahmen

umgeben *индифф. синоним; напр.*: die Bäume umgeben das Haus деревья окружают дом; das Städtchen ist von Gärten umgeben городок окружен садами; der Redner war von Zuhörern umgeben докладчика окружили слушатели; er ist von Freunden, von Feinden umgeben он окружен друзьями, врагами; Nebel, Dunkelheit umgab den Wanderer туман окутал, темнота обступила путника □ Der junge Oberleutnant Wolf Thünen hielt sich hochmütig lächelnd etwas abseits von den Damen, die seine Mutter umgaben (*Kellermann, »Totentanz«*) Молодой обер-лейтенант Вольф фон Тюнен, высокомерно улыбаясь, держался поодаль от дам, окружавших его мать. In Toledo aber war jedes einzelne Stadtviertel nochmals von Mauern und Türmen umgeben... (*Feuchtwanger, »Die Jüdin von Toledo«*) В Толедо же каждый квартал был еще отдельно обнесен стенами с башнями... Dort mußte es sehr kalt sein, während uns hier eine milde Luft umgab (*Renn*, »*Zu Fuß zum Orient*«) Там, наверно, было очень холодно, в то время как здесь, вокруг нас, воздух был мягкий. **umringen** обступать, окружать кольцом (*близко стоять вокруг кого-л.*); *напр.*: die Kinder umringten den Vater дети обступили отца; Käufer umringten den Stand покупатели обступили киоск [ларек]; der Lehrer war von seinen Schülern umringt учитель был окружен своими учениками ◻ Fast alle saßen auf Koffern und Körben oder waren umringt von Bündeln und Paketen (*Remarque*, »*Zeit zu leben*«) Почти все сидели на чемоданах и корзинах или в окружении узлов и свертков. Die Fischer umringten mich und rieben ihre stacheligen Wangen an mein Gesicht (*Kellermann*, »*Das Meer*«) Рыбаки окружили меня и терлись своими щетинистыми щеками о мое лицо. **umschließen** (тесно) окружить что-л. со всех сторон (*б. ч. о неодушевленных предметах*); *напр.*: eine Mauer umschließt die Burg стена со всех сторон окружает крепость; ein Gitter umschließt den Garten сад со всех сторон окружен железной решеткой; von drei Seiten umschließt der Fluß die Stadt с трех сторон город охватывает река ◻ Am Fluß umschloß eine Hügelkette hufeisenförmig die Ebene (*Bredel*, »*Der Kommissar am Rhein*«) У реки гряда холмов подковообразно охватывала долину. **einschließen** охватывать, окружать, заключать в себе (*о неодушевленных предметах*); *напр.*: eine Mauer schließt das Städtchen ein стена окружает городок; die Stadt ist von Bergen eingeschlossen город со всех сторон окружен горами, город находится в кольце гор; der See ist von alten Buchenwäldern eingeschlossen озеро окружено со всех сторон старыми буковыми лесами. **einkreisen** окружить, оцепить; *напр.*: das Wild, seine Beute einkreisen окружить дичь, свою добычу; Das Feuer war bald von allen Seiten eingekreist worden скоро борьба с огнем велась уже со всех сторон ◻ Vier große Hunde liefen uns entgegen und kreisten uns ein (*Renn*, »*Zu Fuß zum Orient*«) Четыре больших собаки побежали нам навстречу и окружили нас. **umrahmen** обрамлять; *напр.*: der Kurort, von Bergen und Wäldern umrahmt курорт, окруженный горами и лесами ◻ Umrahmt war das Porträt von einem lateinischen Vers, der besagte: »Dem Himmel entriß er den Blitz, dem Tyrannen das Zepter« (*Feuchtwanger*, »*Die Füchse*«) Обрамлением портрета служил латинский стих, гласивший: «У неба он исторгнул молнию, у тирана — скипетр». **einrahmen** *высок.* ≅ umrahmen; *напр.*: wilder Wein rahmt das Fenster ein дикий виноград обрамляет окно; das Dorf wird von grünen Höhenzügen eingerahmt деревня окружена зелеными грядами холмов

Umgebung *см.* Umwelt
úmgehen I[1] обращаться с чем-л. (*определенным образом*), пользоваться чем-л.

umgehen — handhaben — behandeln
úmgehen (*mit etw.*) *индифф. синоним*; *напр.*: sparsam, leichtsinnig, verschwenderisch mit dem Geld umgehen обращаться с деньгами экономно, легкомысленно, расточительно; er ging mit seinen Sachen ordentlich, nachlässig um он обращался со своими вещами аккуратно, небрежно; die Kinder lernten, mit Messer und Gabel, mit Zirkel und Lineal umzugehen дети учились пользоваться ножом и вилкой, циркулем и линейкой; er kann gut mit dem Gerät umgehen он умеет хорошо пользоваться прибором ◻ ...mit dem Taschengeld, das er sich... zurückbehält, muß er vorsichtig umgehen (*Feuchtwanger*, »*Exil*«) ...карманные деньги, которые он оставляет себе... надо расходовать бережно. Ebenso sparsam gingen wir mit dem Brot um (*Renn*, »*Zu Fuß zum Orient*«) Так же экономно мы расходовали хлеб. Helga Roth verstand es, mit der Lohntüte ihres Mannes umzugehen (*Gluchowski*, »*Blutiger Stahl*«) Хельга Рот знала, как распределять получку мужа. **handhaben** (*etw.*) владеть чем-л., уметь держать в руках (*пользоваться чем-л. в соответствии с назначением данного предмета*); *напр.*: ein Werkzeug handhaben владеть инструментом; Messer und Gabel richtig handhaben правильно пользоваться ножом и вилкой; etw. gut, geschickt, falsch handhaben орудовать чем-л. хорошо, ловко, не уметь [неправильно] пользоваться чем-л.; der Künstler verstand es, Pinsel und Palette meisterhaft zu handhaben художник блестяще владел кистью и палитрой ◻ ...ich lehnte mit dem Rücken gegen den Mast und handhabte das fünf Meter lange Ruder (*Kellermann*, »*Das Meer*«) ...я упирался спиной в мачту и управлялся с пятиметровым веслом. **behandeln** (*etw.*) ≅ umgehen *б. ч. употр. по отношению к вещам, которые требуют надлежащего ухода, обращения*; *напр.*: komplizierte Geräte, Maschinen behandeln обращаться со сложными приборами, машинами; den Staubsauger vorschriftsmäßig behandeln обращаться с пылесосом согласно инструкции; seine Schuhe, seine Kleidung sorgsam behandeln тщательно ухаживать за обувью, за одеждой; er behandelte den Motor unsachgemäß он неправильно обращался с мотором

úmgehen I[2] *см.* verkehren/behandeln[1]
umgéhen II *см.* vermeiden/verletzen[2]

umgehend *см.* gleich[2]
umgekehrt *см.* entgegengesetzt
umgucken, sich *см.* umsehen, sich[1]
umhalsen *см.* umarmen
umherschweifen *см.* umherstreifen
umherstreichen *см.* umherstreifen
umherstreifen бродить (без цели, без дела)

umherstreifen — umherschweifen — streichen — umherstreichen — lungern — vagabundieren — streifen — schweifen — herumstreichen — herumstreunen — (herum)stromern — sich herumtreiben — herumlungern — strolchen
umherstreifen *индифф. синоним*; *напр.*: im Wald, in den Feldern und Wiesen umherstreifen бродить по лесу, по полям и лугам ◻ Ziellos streifte er in den Straßen umher, bis es plötzlich so spät war... (*Weiskopf*, »*Lissy*«) Он бесцельно бродил по улицам; внезапно он опомнился, было уже очень поздно... **umherschweifen** ≅ umherstreifen, *но менее конкретно и употр. реже*; *напр.*: in Wald und Feld umherschweifen бродить по лесам и полям ◻ Ich schweife draußen umher und besah mir die Gegend (*Renn*, »*Im spanischen Krieg*«) Я бродил за городом и осматривал местность. **streichen** ≅ umherstreifen *употр. с указанием места*; *напр.*: tagelang durch die Wälder, durch die Gegend streichen бродить целыми днями по лесам, по окрестностям; er streicht durch das Haus, durch alle Räume он бродит по дому, по всем комнатам; j-d streicht um das Haus кто-то бродит вокруг дома. **umherstreichen** ≅ streichen, *но подчеркивает повторяемость или длительность действия*; *напр.*: ◻ Dann beginn ich, nachts in den Sälen des Museums umherzustreichen und die Bilder zu betrachten... (*Remarque*, »*Schatten*«) Позже я стал ночами бродить по залам музея, рассматривать картины... **lungern** праздно шататься, слоняться (без дела); *напр.*: einige Jungen lungerten auf dem Marktplatz несколько мальчишек слонялось без дела по рыночной площади. **vagabundieren** [v-] скитаться, странствовать, вести бродячий образ жизни; *напр.*: er hat durch viele Länder vagabundiert он скитался [странствовал] по многим странам; wenn er genug vagabundiert hat, kehrt er immer wieder nach Hause zurück когда он достаточно поскитается, он всегда возвращается домой. **streifen** ≅ umherstreifen *подчеркивает отсутствие определенной цели*; *преимущественно употр. с указанием места*; *напр.*: durch Wald und Feld streifen бродить по лесам и полям; durch die Gegend, durch die Straßen streifen бродить по окрестностям, по улицам; er ist wochenlang durch das Land gestreift он неделями странствовал по стране. **schweifen** *высок.* ≅

umherschweifen; *напр.*: durch den Wald schweifen бродить по лесу; durch das Land schweifen странствовать по стране. **herumstreichen** *разг.* ≅ umherstreichen; *напр.*: er streicht immer allein im Gelände, im Wald herum он бродит по окрестностям, по лесу всегда один. **herumstreunen** *разг.* ≅ umherstreifen, *но обыкн. употр. по отношению к животным (собакам, кошкам, волкам, лисам)*; *напр.*: der Hund streunt durch die Gegend herum (бездомная) собака бродит [рыскает] по округе. **(herum)stromern** *разг.* бродить (без надзора); шататься; *напр.*: die Kinder stromern durch die Gegend herum дети бродят по окрестностям; in den Ferien können sie herumstromern, soviel sie wollen в каникулы они могут бродить, сколько хотят. **sich herumtreiben** *разг.* ≅ lungern; *напр.*: sich beschäftigungslos herumtreiben слоняться без дела; sie treibt sich den ganzen Tag auf der Straße herum она целый день слоняется по улице ▫ Also wartete er; trieb sich in den Straßen herum... (*Weiskopf, »Lissy«*) И он ждал; шатался по улицам... **herumlungern** *разг.* ≅ lungern; *напр.*: die Halbstarken lungerten auf der Straße herum безнадзорные подростки слонялись [шатались] по улице; statt hier herumzulungern, könntest du mitanfassen вместо того чтобы слоняться без дела, ты мог бы помочь (в работе) ▫ Er lungerte in den Straßen herum, in den Anlagen (*Weiskopf, »Lissy«*) Он бесцельно слонялся по улицам или в скверах. **strolchen** *фам. неодобр.* бродяжничать, шататься *употр. с указанием места*; *напр.*: den ganzen Tag durch die Stadt, durch die Gegend, durch den Wald strolchen шататься целый день по городу, по окрестностям, по лесу; durch die Welt strolchen бродягой шататься по свету
um... herum *см.* ungefähr
umkehren *см.* bessern, sich/umdrehen ¹/zurückkehren
umkippen ¹ опрокидываться
umkippen — sich überschlagen
umkippen *индифф. синоним*; *напр.*: die Vase, die Flasche, die Tasse, das Tintenfaß ist umgekippt ваза, бутылка, чашка, чернильница опрокинулась (набок); er ist mit dem Stuhl umgekippt он опрокинулся вместе со стулом, на котором сидел; das Boot fing an zu schwanken und kippte um лодка закачалась и перевернулась; er haute so wütend auf den Tisch, daß die Tasse umkippte он с такой яростью стукнул по столу, что чашка опрокинулась ▫ Er schien Sterne pflücken zu wollen, so holte seine Rechte aus zu einer Backpfeife. Himmelstoß kippte um (*Remarque, »Im Westen«*) Размахнувшись правой рукой чуть не до неба, словно собираясь захватить пригоршню звезд, он влепил Химмельштосу оплеуху. Химмельштос

опрокинулся навзничь. **sich überschlagen** опрокинуться, перевернувшись вокруг своей оси, перекувырнуться; *напр.*: der Wagen hat sich mehrmals überschlagen машина перевернулась несколько раз; beim Sturz hat sich das Pferd überschlagen при падении лошадь перекувырнулась; er überschlug sich mehrmals, als er die Treppe hinunterstürzte падая с лестницы, он полетел кубарем ▫ Um das »Kamel« spielten schwarze kleine Enten und tauchten und überschlugen sich (*Kellermann, »Das Meer«*) Вокруг «Верблюда» резвились маленькие черные утки, они ныряли и кувыркались. Es war in der Nähe der kleinen Stadt Weißenburg in Bayern gewesen, wo sein Wagen sich überschlagen und seine Frau den Tod gefunden hatte (*Feuchtwanger, »Exil«*) Это было вблизи небольшого городка Вейсенбурга в Баварии, где его машина перевернулась и жена погибла
umkippen ² *см.* fallen ¹/kentern/umwerfen
umkommen погибнуть
umkommen — untergehen — zugrunde gehen — verunglücken — eingehen — enden — ums Leben kommen — den Tod finden — endigen
umkommen *индифф. синоним*; *напр.*: beim Erdbeben, bei einem Schiffbruch, im Krieg, im Feuer, tragisch umkommen погибнуть во время землетрясения, во время кораблекрушения, на войне, в огне, трагически; vor Hitze, vor Durst, vor Hunger umkommen погибать от жары, от жажды, от голода; sie sind bei einem Flugzeugunglück, auf See umgekommen они погибли в авиационной катастрофе, в море ▫ Ellis Mann ist im Konzentrationslager umgekommen (*Feuchtwanger, »Exil«*) Муж Элли погиб в концентрационном лагере. Die Hunde laufen mit uns. Wenn ein Schaf umkommt, fällt für sie etwas ab (*Renn, »Zu Fuß zum Orient«*) Собаки бегут вместе с нами. Если погибает овца, то им кое-что перепадает. **untergehen** гибнуть *в отличие от* umkommen, *которое употр. тк. по отношению к живым существам, чаще употр. по отношению к крупным предметам, явлениям, большим группам людей*; *напр.*: ein Schiff, eine Gesellschaftsklasse, das Römische Reich ist untergegangen судно погибло, общественный класс исчез, Римская империя погибла; er ist mit dem Schiff untergegangen он погиб (во время кораблекрушения) вместе с судном; alle seine gesammelten Materialien sind in den letzten Kriegstagen untergegangen все собранные им материалы погибли в последние дни войны. **zugrunde gehen** ≅ umkommen, *причем подчеркивается, что погибают в результате неблагоприятных жизненных обстоятельств (реже о предметах и т. п.)*; *напр.*: er ist im Exil lang-

sam verhungert und jämmerlich zugrunde gegangen в изгнании он влачил полуголодное существование и погиб в нищете; sie ist an einer schweren Krankheit zugrunde gegangen она погибла в результате тяжелой болезни; sie wird an ihrem [über ihrem] Kummer noch zugrunde gehen она изведет себя своим горем ▫ Es geht um die Entscheidung. Wer sich nicht zu entscheiden vermag, muß zugrunde gehen, wie mein Vater daran zugrunde gegangen ist (*Noll, »Werner Holt«*) Каждый из нас поставлен перед выбором. Кто не в силах принять решение, должен погибнуть, как погиб мой отец. Viele Plagen kamen über ihn, sein Geschäft ging zugrunde, seine Kinder gingen zugrunde, er wurde aussätzig (*Feuchtwanger, »Oppermann«*) На него сыпалось испытание за испытанием, его дело погибло, дети его погибли, его поразила проказа. **verunglücken** погибнуть в результате несчастного случая *часто употр. в сочетании с* tödlich; *напр.*: tödlich verunglücken погибнуть в катастрофе; sie ist mit dem Auto, in der Fabrik verunglückt она погибла в автомобильной катастрофе, при аварии на фабрике; beim Aufstieg auf diesen Berg verunglückten vier Bergsteiger при восхождении на эту гору погибло четыре альпиниста ▫ Mein Gatte ist gestorben, verunglückt bei einer Segelpartie in Nizza (*Kellermann, »Jester und Li«*) Мой супруг умер. Катался на яхте в Ницце и попал в аварию. **eingehen** погибать (*о животных, растениях*); *напр.*: der Baum ist eingegangen дерево засохло; die Pflanze, die Blume geht ein растение, цветок гибнет; wenn es weiter so trocken bleibt, geht dieser Strauch ein если и дальше будет такая засуха, этот куст погибнет; unser Hund ist an einer Vergiftung eingegangen наша собака погибла от отравления. **enden** окончить (свою) жизнь; *напр.*: am Galgen enden окончить жизнь на виселице; elend, in Verzweiflung, in der Gosse, im Zuchthaus enden окончить (свою) жизнь плачевно, в полном отчаянии, на дне, в тюрьме. **ums Leben kommen** погибнуть, лишиться жизни; *напр.*: ▫ Seit der starke Schellhammerbunker zerstört wurde, wobei der »Bürgerschutz« mit zwanzig jungen Schülern ums Leben kam, befanden sich alle Bewohner der Stadt in ungewöhnlicher Erregung (*Kellermann, »Totentanz«*) Все жители города пребывали в необыкновенном возбуждении с тех пор, как был разрушен прочный Шеллхамеровский бункер и погибло двадцать юношей-учащихся из дружинников гражданской обороны. Belloni ist nicht in seinem Beruf ums Leben gekommen, er ist auf der Flucht verunglückt (*Seghers, »Das siebte Kreuz«*) Акробат Беллони погиб не во время выступления, а во время побега. **den Tod finden** *выс.* найти свою гибель, свою смерть, свой конец; *напр.*: ▫ Bei einer Flugzeugkatastrophe, die sich in der Nacht zum Sonntag auf dem Flughafen von Funchal (Madeira) ereignete, fanden 123 Menschen den Tod (*ND 21.9.77*) Во время авиационной катастрофы, которая произошла в ночь на воскресенье на аэродроме в Фуншале (Мадейра), погибло 123 человека. **endigen** *выс. устаревает* ≅ enden; *напр.*: er endigt noch im Straßengraben он окончит свои дни в уличной канаве; er wollte nicht als Lebensmüder feige endigen он не хотел малодушно покончить с собой

umkreisen *см.* drehen, sich
umladen *см.* laden I¹
Umlauf круговорот
der Umlauf — der Kreislauf
Umlauf *индифф. синоним; напр.*: Umlauf des Kapitals круговорот капитала; Umlauf des Blutes циркуляция крови; der Umlauf der Erde um die Sonne dauert ein Jahr полный оборот Земли вокруг Солнца продолжается один год ▫ Seine Verfettung war unnatürlich, krankhaft; offenbar war der Blutumlauf oder eine andere innere Funktion gestört (*Feuchtwanger, »Die Füchse«*) Ожирение его было ненормальным, болезненным, очевидно, было нарушено кровообращение или другая функция организма. Kreislauf круговорот *по сравнению с* Umlauf *больше подчёркивает непрерывность процесса, постоянство движения; напр.*: der Kreislauf des Wassers круговорот воды; der Kreislauf der Jahreszeiten постоянная смена времён года; der ewige Kreislauf des Lebens вечный круговорот жизни; der Kreislauf der Wirtschaft war gestört экономическая цикличность была нарушена
umlaufen *см.* drehen, sich
umlegen *см.* erschießen/legen¹
ummodeln *см.* ändern
umnachtet *см.* verrückt
umordnen *см.* umstellen
umpflanzen *см.* verpflanzen
umrahmen *см.* umgeben
umreißen I *см.* umwerfen
umreißen II *см.* erzählen
umringen¹ окружать (со всех сторон) (*не давая уйти и т. п.*)
umringen — einkreisen — einschließen — einkesseln — umfassen — umzingeln — umstellen

umringen *индифф. синоним; напр.*: die Kinder umringten uns, den Stand дети окружили [обступили] нас, обступили киоск; die Journalisten haben den Sieger umringt журналисты обступили победителя; er war von Verehrern umringt он был окружён почитателями ▫ Als ich in die Schule zurückkam, umringte man mich (*Renn, »Im spanischen Krieg«*) Когда я вернулся в школу, меня окружили со всех сторон. Gundel kam eilig zu den beiden hin, andere folgten ihr, Jungen und Mädchen, Holt sah sich von fremden Gesichtern umringt (*Noll, »Werner Holt«*) Гундель поспешила к ним, за ней другие ребята. Хольта окружили незнакомые лица. einkreisen окружить, взять в кольцо (*группу людей, войска, город и т. п.*); *напр.*: ein Dorf, eine Festung, eine Stadt einkreisen окружить деревню, крепость, город; den Feind, die feindliche Armee einkreisen окружить неприятеля, армию противника; sie waren [sahen sich] von Feinden eingekreist они были в кольце врагов; das Wild wurde eingekreist зверь был окружён ▫ Wir sitzen in einem Loch und sind eingekreist (*Remarque, »Im Westen«*) Мы сидим в воронке, нас окружили. Man brachte nach einer Stunde die Nachricht, ein Regiment aus der Stadt sei dabei, das ganze Seengebiet einzukreisen (*Seghers, »Die Toten«*) Через час пришло известие, что полк, выступающий из города, окружает весь озёрный край. einschließen *воен.* замкнуть кольцо окружения (*вокруг кого-л.*), блокировать со всех сторон, перекрыв все входы и выходы *б. ч. употр. по отношению к крупным соединениям, объектам; напр.*: eine Festung, eine Stadt (von allen Seiten) einschließen блокировать крепость, город (со всех сторон); die Armee war eingeschlossen армия была окружена ▫ Immer hartnäckiger hielt sich das Gerücht, daß eine starke Armeegruppe bei Stalingrad eingeschlossen sei (*Kellermann, »Totentanz«*) Все настойчивей становились слухи, будто крупная армейская группировка попала в окружение под Сталинградом. einkesseln *воен.* окружить, устроив «котёл»; *напр.*: eine Stadt, eine Festung, ein Land, den Gegner, eine Division einkesseln окружить город, крепость, страну, противника, дивизию. umfassen *воен.* охватывать с целью окружения (*позиции противника, город, крепость и т. п.*); *напр.*: die gegnerischen Stellungen von Norden her umfassen охватить неприятельские позиции с севера; die gegnerische Stellung muß von zwei Seiten her umfaßt werden необходимо осуществить охват неприятельских позиций с двух сторон ▫ Jede Flotte versuchte, ohne die Mitte zu sehr zu schwächen, die gegnerische Front auf einem oder beiden Flügeln zu umfassen (*Renn, »Zu Fuß zum Orient«*) Каждый флот пытался, не ослабляя центра, охватить противника с одного или с обоих флангов. umzingeln ≅ umringen, *но употр. преимущественно, когда речь идёт об окружении с враждебными намерениями; напр.*: ein Dorf, eine Stadt, eine Festung umzingeln окружить деревню, город, крепость; die feindliche Armee umzingeln окружить вражескую армию; einen Flüchtling umzingeln окружить беглеца; die Polizei umzingelte das Haus, das Stadtviertel, um nach dem Verbrecher zu fahnden полиция окружила дом, квартал, чтобы поймать преступника ▫ An einer Stelle... war ein ganzes Bataillon umzingelt und abgefangen worden (*Renn, »Im spanischen Krieg«*) В одном месте... целый батальон был окружён и захвачен. Aber er hatte Furcht, glaubte sich umzingelt (*Hofé, »Schlußakkord«*) Но он боялся, он думал, что его окружили. umstellen оцеплять, устроив облаву; *напр.*: das Haus, das Gelände umstellen оцеплять дом, местность; das Diebesnest umstellen окружить воровской притон (*при облаве*); Wild wurde von den Jägern umstellt охотники обложили зверя ▫ »Man hat auch das Dorf umstellt«, sagte jemand (*Seghers, »Die Toten«*) «Деревню тоже оцепили», — сказал кто-то. Er hatte genau dieselbe Empfindung wie damals bei seiner ersten Verhaftung, als plötzlich das Haus umstellt war (*Seghers, »Das siebte Kreuz«*) В нём сейчас происходило то же, что и при самом первом его аресте, когда дом был внезапно оцеплен.
umringen² *см.* umgeben
Umriß *см.* Abriß
Umschau *см.* Überblick
umschauen, sich *см.* suchen¹/umsehen, sich¹
Umschlag *см.* Änderung
umschlagen *см.* kentern
umschließen *см.* umgeben
umschmeißen *см.* umwerfen
Umschweife *см.* Umweg
Umschwung *см.* Änderung
umsehen, sich¹ оглядываться
sich umsehen — sich umblicken — sich umschauen — zurücksehen — zurückblicken — zurückschauen — sich umgucken

sich umsehen *индифф. синоним; напр.*: er hat sich mehrmals (nach ihm) umgesehen он оглянулся несколько раз (на него); er sah sich unruhig um und schien j-n zu suchen он беспокойно оглядывался и словно искал кого-то; wenn sie über die Straße geht, so sehen sich alle nach ihr um когда она идёт по улице, на неё все оглядываются ▫ Als Holt den nahen, schützenden Wald erreicht hatte, krachte eine Handgranate. Er sah sich um (*Noll, »Werner Holt«*) Когда Хольт добежал до ближнего леса, который мог служить защитой, взорвалась ручная граната. Хольт оглянулся. sich umblicken оглянуться, ища глазами кого-л., что-л.; *напр.*: er ging fort, ohne sich umzublicken он пошёл, не оглядываясь ▫ Doch wie sie, an der Haustür angelangt, sich noch einmal umblickte, stieg er langsam vom Rad und kam ihr nach (*Weiskopf, »Lissy«*) Но когда она подошла к двери дома и ещё раз оглянулась, он медленно слез с мотоцикла и последовал за ней. Er blickte sich suchend in der Kneipe um... (*ebenda*) Он окинул взглядом бар, словно ища кого-то... **sich umschauen** ≅ sich umsehen; *напр.*: er schaute sich noch einmal um, ehe er ging он оглянулся еще раз, прежде чем уйти; sie hat sich nicht einmal umgeschaut она даже не оглянулась □ Er beeilte sich nicht sonderlich, schaute sich nicht um, bog langsam um die Ecke, verschwand (*Weiskopf*, »*Lissy*«) Он не очень торопился, не оглядывался, медленно завернул за угол и исчез. **zurücksehen** (по)смотреть назад, *напр.*: er sah auf die durchquerte Strecke zurück он посмотрел назад на пройденный путь. **zurückblicken** оглянуться назад (посмотреть на что-л., что остается); *напр.*: er blickte zum letzten Male auf die heimatlichen Stätten zurück он в последний раз оглянулся на родные места; ich blicke auf eine lange Wegstrecke, auf das vergangene Jahr zurück я оглядываюсь на пройденный долгий путь, на прошедший год. **zurückschauen** = zurücksehen; *напр.*: er schaute aus dem fahrenden Zug noch einmal zurück он еще раз посмотрел назад из тронувшегося поезда. **sich umgucken** *разг.* ≅ sich umsehen; *напр.*: er guckte sich noch einmal um он оглянулся еще раз

umsehen, sich ² *см.* suchen ¹
umsetzen ¹ *см.* verkaufen
umsetzen ²: **in die Tat [Wirklichkeit] umsetzen** *см.* verwirklichen
umsichtig *см.* vorsichtig ¹
umsiedeln *см.* übersiedeln
Umsied(e)lung *см.* Übersied(e)lung
ums Leben kommen *см.* umkommen
umsonst ¹ напрасно (*тщетно, бесполезно*)
umsonst — vergebens — vergeblich verlorene Liebesmüh(e) — für die Katz(e)
umsonst *индифф. синоним; часто разг. и тогда соответствует* 'даром, зря'; *напр.*: sich umsonst bemühen напрасно стараться; umsonst hoffen, versuchen напрасно надеяться, пытаться; alles umsonst! все напрасно!; es war nicht umsonst это было не напрасно; ich habe diese Zeit umsonst vertan я потратил время напрасно [зря]; euer Kampf war nicht umsonst ваша борьба была не напрасной; er ist umsonst hingegangen, es war niemand zu Hause он напрасно ходил туда, дома никого не было □ Einmal wacht er auf und grinst uns so listig an, daß wir schon erschrecken und glauben, er habe gemogelt, und der ausgegebene Punsch sei umsonst gewesen (*Remarque*, »*Im Westen*«) Однажды он вдруг просыпается и смотрит на нас с такой хитрой ухмылкой, что мы уже начинаем опасаться, не вздумал ли он одурачить нас и не зря ли мы тратились на пунш. München war hin gewesen, ein großer Teil dessen, was er in Deutschland gelernt hatte, umsonst gelernt (*Feuchtwanger*, »*Exil*«) Мюнхен остался позади, а с ним — бо́льшая часть того, чему он научился в Германии, — напрасно научился. Er hatte versucht zu schlafen, umsonst (*Kellermann*, »*Jester und Li*«) Он пытался заснуть — тщетно. **vergebens** ≅ umsonst, *но больше подчеркивает сожаление по поводу того, что что-либо не достигнуто*; *напр.*: ich habe gestern vergebens auf dich gewartet я напрасно прождал тебя вчера; ich habe vergebens versucht, ihn von seinem Vorhaben abzubringen я напрасно пытался отговорить его от осуществления его намерения; er hat sich vergebens bemüht он напрасно старался; er hat sie mehrfach gewarnt, es war alles vergebens он неоднократно предупреждал ее, все было напрасно □ Vergebens hatte er seine Vernunft gegen sein Gefühl zu Hilfe gerufen (*Feuchtwanger*, »*Exil*«) Тщетно призывал он рассудок на помощь себе в борьбе с чувством. Er bemühte sich, Fräulein Scholl aufzufinden, aber es war vergebens (*Kellermann*, »*Jester und Li*«) Он старался разыскать фрейлейн Шолль, но безуспешно. **vergeblich** тщетный (*в отличие от наречий vergebens и umsonst употр. как прилагательное, атрибутивно и в качестве обстоятельства*); *напр.*: eine vergebliche Arbeit напрасная работа; vergebliche Bemühungen, Versuche тщетные усилия, попытки; ich habe ihn vergeblich gebeten я тщетно его просил; lassen Sie mich nicht vergeblich warten не заставляйте меня ждать напрасно □ Einen suchen wir vergeblich zwei Tage hindurch (*Remarque*, »*Im Westen*«) Одного мы тщетно разыскиваем целых двое суток. Meine Glieder kleben am Boden, ich mache einen vergeblichen Versuch — sie wollen sich nicht lösen (*ebenda*) Руки и ноги накрепко прилипают ко дну воронки, и я тщетно пытаюсь оторвать их. **verlorene Liebesmüh(e)** *разг.* напрасный труд; *напр.*: es ist verlorene Liebesmüh(e)! напрасный труд! **für die Katz(e)** *фам.* напрасно, впустую, коту под хвост; *напр.*: die ganze Arbeit ist für die Katz(e) вся работа впустую □ Es ist schon ein verdammtes Pech, daß dieser begabte Mann, ihr Sepp, dazu verurteilt bleibt, für die Katz zu arbeiten (*Feuchtwanger*, »*Exil*«) Что за проклятая судьба, обрекающая такого одаренного человека, как ее Зепп, работать впустую!

umsonst ² *см.* unentgeltlich
umspringen *см.* behandeln ¹
Umstand *см.* Verhältnisse
umständlich *см.* ausführlich/schwer ²
úmstellen переставить (*на другое место*)
umstellen — umordnen
umstellen *индифф. синоним; напр.*: die Möbel im Zimmer, Bücherschränke, Bücher, Schachfiguren umstellen переставить мебель в комнате, книжные шкафы, книги, шахматные фигуры □ Die Wohnung war völlig verändert. Alle Möbel waren umgestellt (*Seghers*, »*Bienenstock*«) Квартира совершенно изменилась. Вся мебель была переставлена. **umordnen** переставлять, изменяя порядок расположения, следования чего-л., расположить по-другому (, заменив одно другим); *напр.*: die Wörter im Satz umordnen переставить слова, изменить порядок слов в предложении; die Bücher im Bücherschrank umordnen расставить книги в шкафу по-другому; Wörter aus der alphabetischen Reihenfolge nach sachlichen Gesichtspunkten umordnen перегруппировать расположенные в алфавитном порядке слова по их предметной соотнесенности

umstéllen *см.* umringen ¹
umstimmen переубедить кого-л., изменить чье-л. отношение (*к чему-л., к кому-л.*)
umstimmen — herumkriegen
umstimmen *индифф. синоним; напр.*: er läßt sich nicht umstimmen его трудно переубедить [заставить изменить свое мнение]; ihr Entschluß steht fest, niemand kann sie umstimmen ее решение твердо, никто не может заставить ее изменить его; er wurde durch die Tatsachen umgestimmt факты переубедили его □ Anna liebte ihn. Trotzdem glaubte sie nur halb. Was sich hinter dieser eckigen Stirn einmal festgesetzt hatte, haftete. Es war eine aufreibende Arbeit, sie umzustimmen (*Feuchtwanger*, »*Oppermann*«) Анна любила его. Однако верила ему лишь наполовину. То, что однажды засело под ее выпуклым лбом, прочно оставалось там. Пытаться переубедить ее — изнурительный труд. **herumkriegen** *разг.* уломать; *напр.*: er ist leicht, schwer herumzukriegen его легко, трудно убедить; er ließ sich nicht herumkriegen его невозможно было уломать; wie haben Sie ihn nur herumgekriegt? и как вам только удалось уломать его?; den kriege ich spielend herum! я его быстро уговорю! □ Sie muß ihn herumkriegen, heute, jetzt (*Feuchtwanger*, »*Exil*«) Она должна его уговорить, сегодня, сейчас же. Niemand anders wäre es gelungen, Frau Ellerbeck so weit herumzukriegen, daß sie den Damenbesuch nicht nur entschuldbar, sondern sogar in Ordnung fand (*Weiskopf*, »*Lissy*«) Никто другой не смог бы уломать фрау Эллербек и добиться того, чтобы она не только смотрела на ее посещения сквозь пальцы, но даже находила их в порядке вещей

umstoßen *см.* umwerfen
umstritten *см.* strittig

Umsturz см. Aufstand
umstürzen см. fallen¹/umwerfen
umtaufen см. umbenennen
Umtausch см. Tausch
umtauschen см. wechseln
Umtriebe происки
die **Umtriebe** — die **Intrige** — die **Machenschaften** — die **Ränke** — die **Kabale**

Umtriebe *тк. мн. индифф. синоним; обыкн. не употр. для характеристики личных отношений в быту; напр.:* geheime, feindliche, politische, reaktionäre Umtriebe тайные, враждебные, политические происки, происки реакции; j-s Umtriebe entlarven разоблачать чьи-л. происки; alle Umtriebe der Reaktion scheiterten все происки (сил) реакции потерпели крах. **Intrige** интрига; *напр.:* politische, infame Intrigen политические, бесчестные интриги; eine Intrige (gegen j-n) spinnen плести интриги (против кого-л.) □ Hatte alle seine Tage angefüllt mit Leidenschaft, großer Literatur, kleinen Intrigen, mit Ruhm, Erfolg, Theater, Geld... (*Feuchtwanger, »Die Füchse«*) Дни его были наполнены страстями, большой литературой, мелкими интригами, славой, успехами, театром, деньгами... **Machenschaften** *тк. мн.* махинации, маневры; *напр.:* dunkle, verbrecherische Machenschaften темные, преступные махинации; Machenschaften gegen j-n, gegen etw. маневры, направленные против кого-л., против чего-л.; die Machenschaften der Reaktion, der Gegner козни реакции, противников; er erhob seine Stimme gegen die Machenschaften der Reaktion он поднял голос против маневров (сил) реакции. **Ränke** *тк. мн. высок.* интриги, козни; *напр.:* hinterlistige Ränke коварные козни; Ränke schmieden [spinnen] строить козни; auf Ränke sinnen замышлять интриги; hinter j-s Ränke kommen раскрыть чьи-л. козни; er ist voller List und Ränke он полон коварных замыслов; seine gefährlichen Ränke wurden durchschaut его опасные интриги были разгаданы □ Der Vater war früh in den Ruhestand versetzt worden, durch allerlei Ränke, wie er behauptete (*Seghers, »Die Toten«*) Отец был вынужден очень рано выйти в отставку, как он уверял, в результате всяких интриг. **Kabale** *книжн. устаревает* ≅ Intrige; *напр.:* politische Kabalen (коварные) политические интриги; heute gibt man Schillers »Kabale und Liebe« сегодня идет «Коварство и любовь» Шиллера □ Rühmte seine Ruhe in den schwierigsten Verhältnissen, seinen Gleichmut vor den ewigen Kabalen und Intrigen, die mit Duldung des Kongresses gegen ihn gezettelt würden (*Feuchtwanger, »Die Füchse«*) Он восхвалял его хладнокровие в самых тяжелых ситуациях и его равнодушие к бесконечным проискам и интригам, которые плелись против него при попустительстве Конгресса

umtun, sich см. suchen¹
Umweg окольный путь *перен.*
der **Umweg** — die **Umschweife**

Umweg *индифф. синоним; напр.:* auf Umwegen окольными путями; ohne Umwege напрямик; etw. auf einem [über einen] Umweg, auf Umwegen, über Umwege erreichen добиться чего-л. окольным путем [окольными путями]; sie kam auf einem Umweg zum [ans] Ziel она достигла своей цели окольным путем □ Man kennt sich jetzt... und man braucht keine langen Umwege mehr zu machen (*Feuchtwanger, »Exil«*) Они уже изучили друг друга... и им уже нет надобности пользоваться обходными путями. ...immerhin hätte er Mittel und Wege finden können, sie auf einem Umweg zu verständigen (*ebenda*) ...но все-таки он мог бы найти средство как-нибудь окольным путем известить ее. **Umschweife** *тк. мн.* околичность *употр. тк. в определенных сочетаниях; напр.:* Umschweife machen говорить обиняками, ходить вокруг да около; юлить; etw. ohne Umschweife sagen сказать что-л. напрямик, без обиняков; etw. ohne Umschweife tun сделать что-л. не задумываясь; ich werde ihn ohne Umschweife fragen я его спрошу прямо; ohne Umschweife begann er, kam er zur Sache он начал, перешел к делу без обиняков □ Wie immer, Herr Zarnke hatte von dem Zahlungsbefehl gehört und war zur Stelle. Er machte keine langen Umschweife (*Feuchtwanger, »Oppermann«*) Господин Царнке, как полагается, тоже узнал о платежном приказе и не замедлил явиться. Он сразу приступил к делу. Diederich war weit weniger sicher; er schnaufte — und dann entschloß er sich, ohne Umschweife, mit brutaler Ehrlichkeit auf sein Ziel loszugehen (*H. Mann, »Untertan«*) Дидерих далеко не был так уверен в себе; он долго сопел носом и вдруг решился без дальних слов ринуться к цели, напролом, с открытым забралом. »Seit neuestem frühstückst du allein«, begann er ohne Umschweife. »Ich bekomme dich tagelang nicht zu Gesicht« (*Noll, »Werner Holt«*) «Последнее время ты не завтракаешь со мной, — напрямик начал он. — Я тебя целыми днями не вижу»

Umwelt окружающая среда (*все то, что окружает человека и оказывает на него влияние*)
die **Umwelt** — die **Umgebung** — das **Milieu**

Umwelt *индифф. синоним; напр.:* die natürliche Umwelt природная [естественная] среда (обитания); eine fremde, (un)gewohnte Umwelt чужая; (не)привычная среда; sich der Umwelt anpassen приспосабливаться к окружающей среде; die Verschmutzung der Umwelt bekämpfen бороться с загрязнением окружающей среды; dem Einfluß der Umwelt standhalten противостоять влиянию окружающей среды; den Einflüssen der Umwelt ausgesetzt sein подвергаться влиянию окружающей среды □ Er arbeitete konzentriert und verstand, die Umwelt dabei abzuschalten (*Gluchowski, »Blutiger Stahl«*) Он работал сосредоточенно и умел отключаться от всего окружающего. **Umgebung** окружение (*круг людей, окружающая обстановка*); *напр.:* seine nähere Umgebung его ближайшее окружение; eine schlechte, die unmittelbare Umgebung плохое, непосредственное окружение; der Präsident und seine Umgebung президент и его окружение; zur näheren Umgebung von j-m gehören принадлежать к ближайшему окружению кого-л.; sich an die neue Umgebung gewöhnen привыкать к новой обстановке; in solcher Umgebung konnte er sich nicht wohl fühlen в такой обстановке он не мог чувствовать себя хорошо □ Nach seiner Rückkehr aus seinem längeren Krankheitsurlaub empfand Frank Fabian... mit großer Deutlichkeit die auffallenden Veränderungen, die in seiner Umgebung vor sich gegangen waren (*Kellermann, »Totentanz«*) Вернувшись из длительного отпуска по болезни, Франк Фабиан... сразу почувствовал резкую перемену в окружающей обстановке. Der Kleine hatte sich schon so gut an seine neue Umgebung gewöhnt, daß er beim Abschied auch weinte (*Seghers, »Die Toten«*) Малыш уже так привык к новому окружению, что при прощании даже плакал. **Milieu** [-'liø:] (социальная) среда; *напр.:* das soziale, häusliche, historische Milieu социальная, домашняя, историческая среда; in einem schlechten Milieu aufwachsen вырасти в плохой среде; sich einem Milieu anpassen приспосабливаться к среде; der Schriftsteller kennt das Milieu der Fischer gut писатель хорошо знает среду рыбаков; sie stammt aus einem kleinbürgerlichen Milieu она происходит из мещанской среды

umwenden см. umdrehen¹
umwenden, sich см. wenden, sich²
umwerfen опрокидывать; сшибать, сваливать (с ног)
umwerfen — **umstoßen** — **umreißen** — **umstürzen** — **stürzen** — **kippen** — **umkippen** — **umschmeißen**

umwerfen *индифф. синоним; напр.:* eine Vase, den Stuhl, Figuren auf dem Schachbrett umwerfen (случайно задев) опрокинуть вазу, стул, фигуры на шахматной доске; der Sturm hat das Zelt umgeworfen бурей опрокинуло [снесло] палатку; die Brandung hat ihn umgeworfen его сбило с ног морским прибоем □ »Ja, wirklich«, dachte er ganz betroffen, weil er wach nie mehr daran gedacht hatte, »ich habe doch damals etwas umgeworfen — eine Lampe« (*Seghers*, »*Das siebte Kreuz*«) «Действительно, — думал он, пораженный, так как наяву ни разу не вспоминал об этом, — я тогда действительно что-то опрокинул — лампу». Aus der Küche war keine Hilfe für mich zu erwarten, dazu stand ich mit Frida zu schlecht. Sie hätte nur höchstens etwas umgeworfen (*Remarque*, »*Drei Kameraden*«) Ждать помощи из кухни не приходилось — с Фридой у меня сложились неважные отношения. Она бы только опрокинула что-нибудь. **umstoßen** ≅ umwerfen, *но подчеркивает, что кто-л. толчком или в результате (случайного) толчка опрокидывает что-л., сталкивает кого-л.*; напр.: eine Kanne, eine Vase, den Stuhl umstoßen толкнув, опрокинул кувшин, вазу, стул; er stieß den Eimer um он толкнул и опрокинул ведро; er hat seinen Spielkameraden mit dem Ellenbogen umgestoßen он столкнул своего товарища (по играм) локтем. **umreißen** (*с силой*) повалить, опрокинуть *кого-л., что-л.* (, *увлекая за собой в стремительном движении, порыве и т. п.*); *напр.*: der Sturm riß das Zelt um бурей сорвало палатку; die Brandung hat die Badenden umgerissen морской прибой сбил с ног купающихся; das durchgehende Pferd riß mehrere Fußgänger um лошадь понесла и сбила с ног нескольких пешеходов ▫ Im gleichen Moment schleuderte Vogt ihm mit einem Tritt beiseite. Otto hatte damit gerechnet; er hatte in derselben Sekunde das Bein gefaßt und Vogt umgerissen (*Remarque*, »*Drei Kameraden*«) В ту же секунду Фогт ударом ноги оттолкнул его в сторону. Отто, ожидавший этого, мгновенно схватил Фогта за ногу и свалил на землю. **umstürzen** опрокинуть, повалить, *задев за что-л. не употр. по отношению к объекту-лицу*; *напр.*: ein Faß, einen Sack umstürzen опрокинуть [уронить] бочку, мешок; bei der Rauferei wurden Tische und Stühle umgestürzt в драке опрокинули столы и стулья. **stürzen** переворачивать, опрокидывать (*о сосуде*) *употр. тк. в определенных сочетаниях*; *напр.*: die Puddingform stürzen опрокидывать форму с пудингом; die gespülten Gläser auf ein Tuch stürzen переворачивать и ставить вымытые стаканы на полотенце; nicht stürzen! не кантовать!, не бросать! (*надпись на ящиках*). **kippen** повернуть (набок), наклонить, накренить; *напр.*: du mußt die Kiste kippen ты должен перевернуть ящик набок; einen kippen, ein Glas Schnaps kippen *разг.* опрокинуть стаканчик. **umkippen** ≅ kippen, *но чаще опрокидываемый предмет падает, перевернувшись, в результате непредумышленного действия*; *напр.*: er hat (versehentlich) die Tasse, das Tintenfaß, den Papierkorb, das Faß eine Lore umgekippt он (нечаянно) опрокинул чашку, чернильницу, корзинку с бумажным мусором, бочку, вагонетку; der Sturm hat das Boot umgekippt бурей перевернуло [опрокинуло] лодку. **umschmeißen** *фам.* ≅ umwerfen; *напр.*: einen Tisch, einen Stuhl umschmeißen опрокинуть стол, стул; sie hat die Vase mit den Blumen umgeschmissen она опрокинула вазу с цветами; der Sturm hat das leichte Boot umgeschmißt буря перевернула легкую лодку ▫ Erbarme dich über den Bewohner liebloser Pensionen, wenn er in seiner Verwirrung vielleicht eine Tasse umschmeißt (*Remarque*, »*Drei Kameraden*«) Не осуждай обитателя жалких пансионов, если в своем смятении он, может быть, опрокинет чашку

Umzäunung *см.* Zaun
umziehen *см.* übersiedeln
umzingeln *см.* umringen¹
Umzug *см.* Übersied(e)lung
unabhängig *см.* frei¹/selbständig
unabkömmlich *см.* unersetzlich
unablässig *см.* ständig
unabsehbar *см.* unvorhergesehen
unabwendbar *см.* notwendig¹/unvermeidlich
Unachtsamkeit *см.* Unaufmerksamkeit

unangenehm¹ неприятный (*вызывающий чувство неловкости, раздражения, сожаления, досады и т. п.*)
unangenehm — peinlich — bedauerlich — unerfreulich — mißlich — fatal — ärgerlich — dumm
unangenehm *индифф. синоним*; *напр.*: ein unangenehmer Mensch неприятный человек; eine unangenehme Geschichte, Begegnung, Überraschung неприятная история, встреча, неожиданность; eine unangenehme Verzögerung досадное промедление; meine Verspätung war mir sehr, höchst unangenehm то, что я опоздал, было для меня очень, крайне неприятно; es war mir unangenehm, daß... мне было неприятно, что...; ich war von seinem Benehmen unangenehm berührt я был неприятно удивлен его поведением ▫ Die plötzliche Abreise Charlottes war für Fabian eine sehr unangenehme Überraschung (*Kellermann*, »*Totentanz*«) Внезапный отъезд Шарлотты был для Фабиана крайне неприятной неожиданностью. Eine unangenehm fettige Stimme hat dieser Benjamin (*Feuchtwanger*, »*Exil*«) Какой неприятный жирный голос у этого Беньямина. Unangenehme Sachen muß man rasch hinter sich bringen, dachte Klemm (*Seghers*, »*Die Toten*«) Нужно скорее покончить с неприятными делами, думал Клемм. **peinlich** мучительный, неприятный тем, что связан с тягостным ощущением неловкости, смущения *и т. п.; употр. тк. по отношению к абстрактным понятиям: обстоятельствам, ситуации, чувствам, мыслям и т. п.*; *напр.*: ein peinlicher Augenblick неприятный момент; eine peinliche Frage неприятный вопрос; ein peinliches Gefühl der Unsicherheit неприятное [мучительное] чувство неуверенности; in einer peinlichen Lage sein быть в неприятном [неловком] положении; es ist mir peinlich, Ihnen zu sagen... мне неприятно вам говорить...; man unterzog ihn einem peinlichen Verhör его подвергли неприятному допросу (*букв.* допросу с пристрастием) ▫ Aber es bleibt zu bedenken, daß, wenn man die »PN« schnell abwürgt, ein solches Vorgehen peinliches Aufsehen erregen wird (*Feuchtwanger*, »*Exil*«) Но надо помнить, что скоропалительное удушение «ПН» может вызвать неприятный для нас шум. Fabian errötete über die bitteren Vorwürfe Fahles, und um das Gespräch von diesem peinlichen Thema abzulenken, fragte er ihn, ob er Nachricht von Marion habe (*Kellermann*, »*Totentanz*«) Фабиан покраснел от горьких упреков Фале и, чтобы отвлечь разговор от этой неприятной темы, спросил его, получил ли он какие-нибудь вести от Марион. Ginstermann hatte das peinliche Gefühl, daß die Mädchen auf eine Anrede seinerseits warteten (*Kellermann*, »*Jester und Li*«) Гинстерман испытывал неловкость от того, что девушки ждали, чтобы он заговорил с ними. **bedauerlich** достойный сожаления, досадный; *напр.*: ein bedauerlicher Fehler, Irrtum досадная ошибка, досадное заблуждение; ein bedauerlicher Zwischenfall, Vorfall, Verlust досадный инцидент, случай, досадная потеря; es ist sehr bedauerlich, daß du nicht gekommen bist очень жаль, что ты не пришел; ich finde das im höchsten Maße bedauerlich я нахожу, что это крайне досадно [неприятно] ▫ »Was übrigens diesen Rechtsanwalt Wolf anlangt«, sagte er, »so bleibt natürlich der Fall überaus bedauerlich« (*Feuchtwanger*, »*Oppermann*«) «А что касается адвоката Вольфа, — продолжал он, — то это, конечно, печальный факт». **unerfreulich** неутешительный; *напр.*: das ist eine unerfreuliche Neuigkeit это нерадостная новость; ich muß dir eine unerfreuliche Mitteilung machen я должен сообщить тебе неутешительную весть; die Atmosphäre im Haus ist unerfreulich атмосфера в доме гнетущая ▫ Alle diese Geschäfte Franklins, die wenigen erfreulichen und die vielen unerfreulichen, spielten sich ab in dem feuchtkalten Pariser Winter (*Feuchtwanger*, »*Die Füchse*«) Все эти дела Франклина, и приятные и, в большинстве случаев, неприятные, пришлись на сырую, холодную парижскую зиму. Vom Tor aus schien mir der Friedhof ebenso unerfreulich zu sein wie solche Anlagen in Deutschland (*Renn*, »*Zu Fuß zum Orient*«) Со стороны ворот кладбище являло такое

же безотрадное зрелище, как и кладбища Германии. mißlich неблагоприятный, неприятный тем, что связан с ощущением трудности положения и т. п.; *более характерно для книжно-письменной речи; напр.:* eine mißliche Sache, Angelegenheit неприятное дело; mißliche Verhältnisse, Umstände, Folgen тяжелые [неблагоприятные] условия, обстоятельства, последствия; in einer mißlichen Lage sein быть в незавидном положении; seine Situation ist mißlich его положение незавидное □ Und Marion begann, die mißlichen Verhältnisse der jüdischen Schule zu schildern (*Kellermann*, »*Totentanz*«) Марион стала рассказывать о трудном положении, в котором очутилась еврейская школа. Die mißlichen Ereignisse häuften sich (*ebenda*) Все чаще стали случаться разные неприятные происшествия. fatal фатальный, роковой, крайне неприятный тем, что связан с сознанием неизбежности отрицательных последствий *употр. для характеристики положения дел, ситуации, случая и т. п. и более характерно для книжно-письменной речи*; *напр.:* ein fataler Vorfall, Ereignis пренеприятное происшествие, событие; eine fatale Angelegenheit, Geschichte пренеприятное дело, пренеприятная история; eine fatale Frage stellen задать неприятный вопрос; das ist äußerst fatal это крайне неприятно; er wurde das fatale Gefühl nicht los, etwas falsch gemacht zu haben он не мог избавиться от неприятного чувства, что что-то сделал неправильно; die Lage war fatal [sah fatal aus] положение было скверное □ Ganz so schlimm zwar, wie er nach jenem fatalen Telefongespräch hatte fürchten müssen, war es nicht gekommen (*Feuchtwanger*, »*Exil*«) После того неприятного телефонного разговора все, в конце концов, сложилось не так плохо, как он опасался. ärgerlich *разг.* досадный, вызывающий чувство раздражения; *напр.:* eine ärgerliche Geschichte неприятная [досадная] история; ein ärgerlicher Vorfall досадный случай; ein ärgerliches Erlebnis досадное происшествие; wie ärgerlich! как досадно!; es ist ärgerlich, daß ich den Zug versäumt habe очень досадно, что я опоздал на поезд □ ...nach dem Gespräch mit Spitzi hatte er gehofft, in dieser ärgerlichen Sache Benjamin endlich Ruhe zu haben (*Feuchtwanger*, »*Exil*«) ...он надеялся после разговора со Шпицци, что сможет наконец выкинуть из головы это неприятное дело с Беньямином. Franklin war froh, die ärgerlichen, verwirrenden Darstellungen, die ihm überdies anatomisch nicht zu stimmen schienen, nicht mehr sehen zu müssen (*Feuchtwanger*, »*Die Füchse*«) Франклин был рад, что не видит больше этих про-

тивных обескураживающих изображений, которые к тому же, как показалось ему, не соответствуют законам анатомии. dumm *разг.* глупый, неприятный своей непредвиденностью, нелепостью; *напр.:* eine dumme Geschichte глупая [нелепая] история; er ist heute in eine dumme Lage geraten он попал сегодня в глупое положение; er hatte die dumme Angewohnheit, dauernd zu zwinkern у него была дурацкая привычка постоянно подмигивать

unangenehm ² неприятный, противный (*вызывающий отвращение*)
unangenehm — eklig — ekelhaft
unangenehm *индифф. синоним*; *напр.:* ein unangenehmer Geruch неприятный запах; ein unangenehmer Typ неприятный тип; die Suppe hat einen unangenehmen Geschmack у супа неприятный вкус. eklig отвратительный, вызывающий физическое отвращение; *напр.:* eine eklige Kröte противная жаба; Schaben sind eklige Tiere тараканы — отвратительные насекомые. ekelhaft мерзкий, гадкий; *напр.:* ein ekelhafter Mensch гадкий человек; ein ekelhaftes Benehmen отвратительное [мерзкое] поведение; ein ekelhaftes Tier гадкое животное; es ist ekelhaft anzusehen противно смотреть на это; es riecht ekelhaft это пахнет отвратительно □ Die Szene, die er da im Kontor Martins aufgeführt hat, ekelhaft (*Feuchtwanger*, »*Oppermann*«) Какую отвратительную сцену он устроил в кабинете Мартина

unangreifbar *см.* unantastbar
Unannehmlichkeit неприятность
die Unannehmlichkeit — der Ärger — die Bescherung — die Scherrerei
Unannehmlichkeit *индифф. синоним*; *напр.:* eine große, kleine Unannehmlichkeit большая, маленькая неприятность; unnötige Unannehmlichkeiten лишние неприятности; j-m Unannehmlichkeiten bereiten [machen] доставлять кому-л. неприятности; mit etw. nur Unannehmlichkeiten haben иметь одни неприятности из-за чего-л.; ich möchte Ihnen keine Unannehmlichkeiten bereiten я не хотел бы доставлять вам неприятности; ich hatte seinetwegen Unannehmlichkeiten у меня были из-за него неприятности □ »Retta hat recht, gehe hinaus auf die Felder, Wolfgang«, sagte er rasch. »Du ersparst dir Unannehmlichkeiten. Ich werde öffnen« (*Kellermann*, »*Totentanz*«) «Ретта права, уходи в поле, Вольфганг,— быстро проговорил он.— Ты избавишь себя от неприятностей. Я открою». Weil er eitler- und unbesonnenerweise unter ein reichlich überflüssiges Dokument eine Unterschrift gesetzt hat, sind ihm etliche Unannehmlichkeiten entstanden (*Feuchtwanger*, »*Oppermann*«) Из-за того, что он тщеславно и опрометчиво поставил свою подпись под совершенно

никчемной бумажкой, у него произошли кое-какие неприятности. Ärger неприятность, огорчение; *напр.:* viel Ärger (im Beruf) haben иметь много неприятностей (по работе); viel häuslichen Ärger haben иметь много семейных неприятностей; j-m Ärger bereiten доставлять кому-л. неприятности [огорчения]; viel Ärger mit j-m, mit etw. haben иметь много неприятностей с кем-л., с чем-л.; nichts als Ärger haben иметь только одни неприятности [огорчения]; gestern hat es im Büro wieder Ärger gegeben вчера в конторе опять были неприятности. Bescherung *тк. ед. разг. ирон.* неприятная неожиданность, неприятный сюрприз; *напр.:* da haben wir die Bescherung!, das ist eine schöne, nette Bescherung! вот так сюрприз!, вот тебе и на! Scherrerei *б. ч. мн. разг.* неприятное дело, неприятность, связанная с хлопотами, возней; *напр.:* j-m Scherrereien machen доставлять кому-л. неприятные хлопоты; Scherrereien bekommen схлопотать неприятности; ich habe mit euch nichts als Scherrereien у меня с вами одни только неприятности [хлопоты]; das macht ihm allerhand Scherrereien это доставляет ему массу хлопот; der Umzug in eine andere Wohnung ist mit vielen Scherrereien verknüpft переезд на новую квартиру связан с большими хлопотами □ Ich will dir heute offen gestehen, daß ich in Wahrheit mein gutes, bequemes, von allen Scherrereien ungestörtes Leben mehr als alles liebte (*Kellermann*, »*Totentanz*«) Сегодня я хочу тебе откровенно признаться, что на самом деле я больше всего любил свою удобную, огражденную от всяких забот и неприятностей жизнь. Aber es sind hundert läppische Scherrereien dazugekommen, von denen man in Deutschland keine Ahnung hatte haben können (*Feuchtwanger*, »*Exil*«) Но к этому присоединились тысячи забот и неприятностей, о которых они в Германии и представления не имели. Und mit der Arbeitskarte wird es auch nichts, und die Pässe laufen auch ab, und man wird tausend Scherrereien haben, eine Legitimation zu kriegen (*ebenda*) С трудовой карточкой ничего не выходит, срок паспортов истекает, и, пока получишь вид на жительство, хлопот не оберешься

unanständig ¹ неприличный, не отвечающий правилам приличия (*о поведении*)
unanständig — ungehörig — unschicklich — ungebührlich — ungeziemend — unziemlich
unanständig *индифф. синоним*; *напр.:* unanständige Bemerkungen, Äußerungen неприличные (*неуместные*) замечания, высказывания; ich finde es unanständig я считаю это неприличным □ Dieses indirekte Eingeständnis, daß er, Martin, damals

bei der Unterredung mit Wels einiges verdorben habe, fiel ihm schwer, aber es schien ihm unanständig, sich davor zu drücken (Feuchtwanger, »Oppermann«) Это косвенное признание того, что он, Мартин, кое-что напортил при своем свидании с Вельсом, далось ему нелегко, но умолчать об этом он считал некорректным. **ungehörig** неподобающий (*нарушающий нормы поведения в обществе, граничащий с наглостью*); *напр.*: ein ungehöriges Benehmen неподобающее поведение; so etwas finde ich ungehörig я нахожу это неподобающим; es war ungehörig von dir, das zu sagen было неуместно с твоей стороны сказать это; er ist schon einige Male durch seine ungehörigen Antworten aufgefallen он уже несколько раз обращал на себя внимание своими дерзкими ответами □ Und es war grob und ungehörig, daß sich dieser Vaudreuil hinstellte und das Lied grölte (Feuchtwanger, »Die Füchse«) Было грубо и непозволительно, что Водрейль посмел горланить эту песню. Gern hätte ich gefragt, wovon die Leute lebten, wußte aber nicht, ob das vielleicht als ungehörig galt (Renn, »Zu Fuß zum Orient«) Я очень хотел бы спросить, на что живут люди, но не знал, не будет ли это считаться неприличным. **unschicklich** ≅ unanständig, *но употр. реже и подчеркивает, что что-л. не принято в хорошем обществе, часто ирон.*; *напр.*: unschickliches Benehmen [Betragen] неподобающее поведение; unschickliche Bemerkungen неприличные замечания; unschickliche Reden führen вести неподобающие разговоры; es ist unschicklich, dir so etwas zu sagen не пристало говорить тебе это. **ungebührlich** *высок.* ≅ ungehörig *подчеркивает отсутствие должного уважения*; *напр.*: ein ungebührliches Benehmen [Verhalten] неподобающее поведение; in ungebührlichem Ton mit j-m sprechen говорить с кем-л. неподобающим тоном; eine ungebührliche Antwort geben дать неподобающий (*невежливый*) ответ; sich j-m gegenüber ungebührlich benehmen вести себя неподобающим образом по отношению к кому-л. □ Herr Heßreiter... mußte sich zwingen, nicht ungebührlich schnell zu gehen (Feuchtwanger, »Erfolg«) Гессрейтер... принужден был сделать над собой усилие, чтобы не ускорить до неприличия шаг. Aber daß du verlangtest, mein Siegel zu führen, das fand ich, gelinde gesagt, ungebührlich (Feuchtwanger, »Die Jüdin von Toledo«) Но твое требование быть моим хранителем печати я счел, мягко говоря, неприличным. **ungeziemend** *высок. устаревает редко* непристойный (в данной обстановке), неподобающий; *напр.*: ein ungeziemendes Benehmen [Verhalten] неподобающее поведение, отношение; etw. in ungeziemendem Tone sagen сказать что-л. неподобающим тоном; es ist ungeziemend, so etwas zu tun не подобает делать так. **unziemlich** *высок. устаревает* ≅ ungeziemend; *напр.*: ein unziemliches Benehmen неподобающее поведение; unziemliche Reden, Bemerkungen, Äußerungen неподобающие разговоры, замечания, высказывания □ Jedenfalls habe sie deutlich gesehen, beziehungsweise gehört, daß der Herr einige Male zu unziemlichen Zeiten das Atelier betrat oder verließ (Feuchtwanger, »Erfolg«) Во всяком случае, она точно видела, либо слышала, что этот господин приходил в мастерскую или уходил из нее в самое неподобающее время. Das war ihre schamlose Gewohnheit, maskiert auf öffentliche Bälle zu laufen und sich mit Wildfremden in unziemliche, häufig frivole Gespräche einzulassen (Feuchtwanger, »Die Füchse«) Например, ее бесстыдная манера появляться в маске на публичных балах и заводить неподобающие, часто весьма фривольные разговоры с совершенно незнакомыми людьми. Meine Herren sagen mir, die Komödie Monsieur de Beaumarchais' sei unziemlich (ebenda) Мои господа министры говорят мне, что комедия мосье де Бомарше непристойна. Es war unziemlich, solche Neugier zu bezeigen (ebenda) Было непристойно высказывать такое любопытство

unanständig[2] неприличный, непристойный (*безнравственный*)
unanständig — anstößig — zweideutig — schlüpfrig — unflätig — zotig — schmutzig — obszön
unanständig *индифф. синоним*; *напр.*: unanständige Witze erzählen рассказывать неприличные анекдоты; unanständige Lieder singen петь неприличные песни; ein unanständiges Wort sagen сказать неприличное слово; sich unanständig benehmen вести себя неприлично (*нарушать порядок*) □ Aber die Pariser sollen das unanständige Stück nicht zu sehen bekommen (Feuchtwanger, »Die Füchse«) Но пусть парижане не увидят эту неприличную пьесу. **anstößig** ≅ unanständig, *но подчеркивает, что что-л. своим неприличием шокирует кого-л.*; *напр.*: anstößige Witze, Geschichten неприличные анекдоты, истории; anstößige Lieder singen петь непристойные песни; eine Filmszene anstößig finden находить сцену из фильма неприличной; sich anstößig benehmen вести себя неприлично □ Sie wie das ganze Haus hätten an den anstößigen Beziehungen des Herrn zu dem Fräulein Ärgernis genommen (Feuchtwanger, »Erfolg«) И как она, так и весь дом были возмущены неприличными отношениями между этим господином и фрейлейн Гайдер. Ferner sei aus dem Atelier kreischendes Gelächter gekommen, kleine, gekitzelte Schreie, Geflüster, eben anstößige Laute (ebenda) Далее, по ее словам, из мастерской доносился взвизгивающий смех, короткие, словно от щекотки, вскрикивания, шепот, одним словом, всякие неприличные звуки. Heute aber war das Lied nicht nur dumm, es war auch höchst anstößig (Feuchtwanger, »Die Füchse«) Теперь же песня казалась не только глупой, но и вызывающе неприличной. **zweideutig** двусмысленный, скабрезный; *напр.*: eine zweideutige Bemerkung скабрезное замечание; zweideutige Witze erzählen рассказывать двусмысленные анекдоты □ Ihm will scheinen, als seien sie (*die Verse*) noch stärker, wenn sie losgelöst sind von der zweideutigen Umgebung der Kneipe und von der nicht schlackenfreien Persönlichkeit Tschcherniggs (Feuchtwanger, »Exil«) Ему кажется, как будто они (*стихи*) звучат с новой силой, освобожденные от двусмысленной обстановки кабачка и небезупречной личности Чернига. Es verdrießt ihn, daß die gutmütige Erna unschuldig in eine zweideutige Situation geraten ist (ebenda) Ему досадно, что милая Эрна безвинно попала в двусмысленное положение. Das Fräulein war schlampig, schmutzig... zahlte unpünktlich, empfing zweideutige, lärmende Besuche... (Feuchtwanger, »Erfolg«) Фрейлейн Гайдер была неряшлива и нечистоплотна... платила неаккуратно, принимала у себя подозрительных шумных гостей... **schlüpfrig** сальный, непристойный; *напр.*: schlüpfrige Witze, Reden сальные анекдоты, разговоры; diese Szenen des Romans machen einen etwas schlüpfrigen Eindruck эти сцены романа воспринимаются как немного непристойные □ Castricius hatte dasselbe Gefühl, das Erwachsene haben, wenn jemand in Gegenwart eines Kindes einen schlüpfrigen Witz erzählt (Seghers, »Die Toten«) У Кастрициуса было такое же чувство, которое испытывают взрослые, когда кто-либо рассказывает в присутствии ребенка сальный анекдот. Ingeborg erzählte mir Witze, wie wir sie schlüpfriger nicht unter Tage erzählen konnten (Max von der Grün, »Irrlicht«) Ингеборг приносила домой анекдоты, похабней которых я не слыхал даже в шахте. **unflätig** грубый (*о словах, о ругательствах*); грязный; *напр.*: unflätige Beschimpfungen грубая брань; j-n mit unflätigen Ausdrücken überschütten осыпать кого-л. скверными словами □ Die vier hinter ihr machen ihre unflätigen Bemerkungen so laut, daß sie unmöglich überhören kann (Feuchtwanger, »Erfolg«) Эти четверо за ее спиной делают свои циничные замечания так громко, что она не может не слышать их. Wie kam er dazu, für derartige unflätige und überdies schwer verständliche

UNANTASTBAR — **511** — **UNBÄNDIG**

Gedichte seine sauer verdienten Franken zu verschleudern? (*Feuchtwanger, »Exil«*) Как это случилось, что на такие непристойные и к тому же неудобопонятные стихотворения тратятся его тяжелым трудом заработанные франки? Noch eine Weile schimpfte er unflätig weiter (*Feuchtwanger, »Die Füchse«*) Некоторое время он еще нещадно ругался. Der brachte die Rebellen mit ein paar kräftigen, unflätigen Flüchen zur Ruhe (*Feuchtwanger, »Oppermann«*) И он, прикрикнув и крепко выругавшись, сразу утихомирил бунтовщиков. **zotig** сальный, похабный; *напр.*: □ Diese Briefe waren voll von zotigen vorstädtischen, manchmal sehr bildkräftigen Schimpfworten... (*Feuchtwanger, »Erfolg«*) Эти письма были полны похабных, весьма красочных ругательств обитателей предместий... **schmutzig** грязный, сальный; *напр.*: schmutzige Worte, Gedanken грязные слова, мысли; er gab schmutzige Witze zum besten он рассказывал сальные анекдоты; sie treibt ein schmutziges Handwerk она занимается грязным ремеслом. **obszön** *книжн.* непристойный, бесстыдный; *напр.*: obszöne Bilder, Worte непристойные картинки, слова; sie machte eine obszöne Geste она сделала непристойный жест; das ist einfach obszön это просто непристойно [бесстыдно]

unantastbar неприкосновенный
unantastbar — **unangreifbar** — **unverletzlich** — **unverletzbar**
unantastbar *индифф. синоним*; *напр.*: eine unantastbare Person неприкосновенная личность; unantastbare Rechte неприкосновенные права □ Erwin war unangreifbar und unantastbar (*Seghers, »Die Toten«*) Эрвин был неуязвим и неприкосновенен. **unangreifbar** а) неприкосновенный, не подлежащий расходованию (*о запасе, фонде, сбережениях и т. п.*); *напр.*: die Vorräte, Ersparnisse waren vorläufig unangreifbar запасы, сбережения были пока неприкосновенны; б) неприкосновенный; неуязвимый *чаще употр. по отношению к абстрактным понятиям*; *напр.*: unangreifbare Rechte неприкосновенные [гарантированные] права; eine unangreifbare These неопровержимый тезис. **unverletzlich** неприкосновенный, не(на)рушимый (*о правах, законах и т. п.*); *напр.*: unverletzliche Menschenrechte неприкосновенные права человека; das unverletzliche Recht auf Arbeit неотъемлемое право на труд. **unverletzbar** *редко* = unverletzlich

Unart *см.* Unsitte
unartig *см.* unerzogen
unauffällig *см.* heimlich ¹/unmerklich
unauffindbar *см.* verschwunden
unaufgefordert *см.* freiwillig
unaufhörlich *см.* ständig ¹

Unaufmerksamkeit невнимательность (*равнодушное, не вполне добросовестное отношение*)
die **Unaufmerksamkeit** — die **Unachtsamkeit**
Unaufmerksamkeit *индифф. синоним*; *напр.*: etw. aus Unaufmerksamkeit übersehen, nicht tun просмотреть, не сделать что-л. по невнимательности; seine Unaufmerksamkeit fiel mir sofort auf его невнимательность мне сразу бросилась в глаза. **Unachtsamkeit** небрежность *в отличие от* Unaufmerksamkeit *указывает, что в основе невнимательности не только равнодушное, но и халатное отношение к чему-л.*; *напр.*: aus Unachtsamkeit по недосмотру [по невниманию]; die kleinste Unachtsamkeit kann die ganze Sache verderben малейшая небрежность может испортить все дело

unaufrichtig *см.* heuchlerisch
Unaufrichtigkeit неискренность
die **Unaufrichtigkeit** — die **Heuchelei** — die **Verstellung** — die **Falschheit** — die **Verlogenheit**
Unaufrichtigkeit *индифф. синоним*; *напр.*: die Unaufrichtigkeit seiner Worte неискренность его слов; j-n bei einer Unaufrichtigkeit ertappen уличить кого-л. в неискренности. **Heuchelei** лицемерие; *напр.*: seine Freundlichkeit war reine Heuchelei его дружелюбие было сплошным лицемерием; sein Mitgefühl, seine Reue war Heuchelei его сочувствие, его раскаяние было лицемерным; in ihrem Tun war [lag] keine Heuchelei в ее поступках не было лицемерия; er faßte das als Heuchelei auf он расценил это как лицемерие □ »Oh!« machte Diederich mit verzweifelter Heuchelei (*H. Mann, »Untertan«*) «О!» — воскликнул Дидерих с лицемерным отчаянием. Pierre, immer voll Bewunderung für den großen Schriftsteller Gibbon, enthüllte die erhabene Heuchelei, die sein Manifest durchdrang (*Feuchtwanger, »Die Füchse«*) Бесконечно восхищаясь великим писателем Гиббоном, Пьер разоблачал лицемерие, скрывавшееся за высокопарными фразами его манифеста. **Verstellung** притворство, симуляция; *напр.*: ihre Trauer ist ja nur Verstellung ее скорбь — это только притворство; seine Verstellung war offensichtlich его притворство было очевидным. **Falschheit** лицемерие, фальшь, нечестность; *напр.*: j-s Falschheit erkennen [durchschauen] разгадать чье-л. лицемерие; seine Falschheit ist erwiesen его лицемерие доказано □ Der Mann hat ein aberwitziges Gewebe von Falschheit und Bitterkeit gesponnen (*Feuchtwanger, »Die Füchse«*) Этот человек плел затейливый узор из фальши и горечи. **Verlogenheit** лживость; *напр.*: die Verlogenheit der bürgerlichen Moral, Propaganda лживость буржуазной морали, пропаганды; seine Verlogenheit übersteigt alle Grenzen его лживость переходит все границы □ Nicht, daß er das tut, macht ihn zu einem Schuft, sondern die bewußte Verlogenheit seiner politischen Haltung und Methode (*Feuchtwanger, »Exil«*) Негодяем его делает не то, что он так поступает, а сознательная лживость его политической позиции и методов. Wie sollte sie etwas ahnen von der ungeheuren Korruption bei der Partei, von ihrer schamlosen Verlogenheit? (*Kellermann, »Totentanz«*) Откуда ей было знать о разложении национал-социалистов, об их продажности и бесстыдной лживости?

unausbleiblich *см.* notwendig ¹/unvermeidlich
unausgesetzt *см.* ständig ¹
unauslöschlich *см.* unvergeßlich
unausstehlich *см.* unerträglich
unausweichbar *см.* notwendig ¹
unausweichlich *см.* notwendig ¹/unvermeidlich

unbändig ¹ безудержный, огромный (*об эмоциональном состоянии*)
unbändig — **unbezähmbar** — **unbezwinglich** — **unbezwingbar**
unbändig *индифф. синоним*; *напр.*: eine unbändige Freude огромная [безудержная] радость; unbändiger Zorn безудержная ярость; unbändig lachen безудержно хохотать; unbändige Wut packte ihn дикая ярость охватила его □ ...mit einer so unbändigen Freude erfüllte sie schon der Klang seiner Stimme (*Feuchtwanger, »Exil«*) ...такой неукротимой радостью наполнил ее уже самый звук его голоса. Doch kaum je hatte ihn so unbändige Freude geschwellt wie heute (*Feuchtwanger, »Die Füchse«*) Но никогда еще он не был полон такой безудержной радости, как сегодня. Er fühlte einen unbändigen Wunsch, sich zu rächen (*Seghers, »Die Toten«*) Его охватила неодолимая потребность отомстить. **unbezähmbar** неукротимый; *напр.*: ein unbezähmbarer Hunger, Durst неукротимый голод, неукротимая жажда; eine unbezähmbare Lust, etw. zu tun неукротимое желание что-л. сделать; eine unbezähmbare Wut erfaßte sie ее охватила неукротимая ярость; ihre Neugierde war unbezähmbar ее любопытство было столь велико, что она не могла с ним совладать □ Auch er fühle in der Badewanne häufig einen unbezähmbaren Drang zu singen (*Feuchtwanger, »Erfolg«*) Он, мол, и сам, сидя в ванне, часто испытывает непреодолимое желание петь. **unbezwinglich, unbezwingbar** не(пре)одолимый; *напр.*: ein unbezwinglicher Hunger, Durst непреодолимый голод, непреодолимая жажда; ein unbezwingbarer Wunsch непреодолимое желание; es überkam ihn eine unbezwingbare Neugier, Begierde его охватило непреодолимое любопытство, стремление [желание] □ Mit ihm hinab sank ein **Verstand** von

blitzender Schärfe, eine grenzenlose Begier und Kunst zu spotten, ein unbezwinglicher, kindisch-naiver Geltungsdrang (Feuchtwanger, »Die Füchse«) С ним ушли сверкающий острый ум, безграничная жажда и искусство насмешки, непреодолимое, детски наивное тщеславие

unbändig [2] неукротимый, необузданный

unbändig — zügellos — ungezügelt — unbezähmbar — ungebunden

unbändig индифф. синоним; напр.: ein unbändiges Temperament необузданный темперамент; ein unbändiges Pferd необъезженная [норовистая] лошадь. **zügellos** разнузданный, распущенный употр. по отношению к чувствам, состояниям, поведению, вызывающим отрицательную оценку, и к лицам, для которых такое поведение и т. п. характерно; напр.: ein zügelloses Treiben распущенная жизнь; ein zügelloser Mensch разнузданный [распущенный] человек; zügellose Leidenschaften необузданные страсти; sie benimmt sich zügellos она ведет себя крайне вольно □ Noch ärger wurde es unter Johanna II., die sich zügellos ihren Leidenschaften hingab (Renn, »Zu Fuß zum Orient«) Еще хуже стало при Иоганне II, которая безудержно предавалась своим страстям. Sowie der Oskar einmal mit dem Kopf daraufgestoßen wird, was für überdimensionale Blödheiten er macht und was für Schlamassel er durch seine zügellosen Launen anrichtet, dann schlägt er um sich wie ein kleines Kind (Feuchtwanger, »Lautensack«) Когда Оскара ткнешь носом в содеянное, когда ему растолкуешь, какие сверхъестественные глупости он натворил, какие беды он навлек на себя своим сумасбродством, он начинает бушевать, как маленький ребенок. **ungezügelt** необузданный (о чувствах и т. п.), несдержанный (без самодисциплины, не владеющий собой, своими чувствами); напр.: ungezügeltes Temperament необузданный темперамент; ungezügelte Leidenschaften необузданные страсти; er benimmt sich ungezügelt он ведет себя необузданно, у него нет сдерживающих центров □ Die Tante Amalie hatte ihn aus unerfindlichen Gründen den übrigen Knaben vorgezogen, obwohl er ungezügelt und grob war (Seghers, »Die Toten«) Тетя Амалия по каким-то непонятным причинам предпочитала его всем другим мальчикам, хотя он был строптив и груб. Er hatte bisher, wenn auch erregt, so doch mit einiger Beherrschung gesprochen, aber jetzt brach es ungezügelt aus ihm hervor (Weiskopf, »Abschied vom Frieden«) До сих пор, хотя и взволнованно, он говорил, все же владея собой, но теперь слова вырвались неудержимым потоком. **unbezähmbar** неукротимый; напр.: unbezähmbare Leidenschaften неукротимые страсти; seine Trunksucht ist unbezähmbar невозможно справиться с его пьянством. **ungebunden** ничем не связанный; напр.: ein ungebundenes Leben führen вести свободную [независимую] жизнь; es herrschte ungebundene Fröhlichkeit царила раскованная веселость □ Sepp Trautwein liebte ihn leidenschaftlich, den Mann und seine Verse. Das Ungebundene an ihm, das Anarchistische, Nihilistische zog ihn an (Feuchtwanger, »Exil«) Зепп Траутвейн горячо любил Чернига, его самого и его стихи. Независимость Чернига, его анархизм, его нигилизм влекли к нему Траутвейна

unbändig [3] см. groß [3]/toll [1]
unbarmherzig см. grausam
unbeachtet см. heimlich [1]
unbedacht см. leichtsinnig [2]/unüberlegt [1]
unbedeckt см. nackt [1]
unbedeutend см. klein [3]/nebensächlich

unbedingt непременно

unbedingt — bestimmt — durchaus — partout

unbedingt индифф. синоним; напр.: du mußt unbedingt dabeisein ты должен непременно присутствовать при этом; ich muß ihn unbedingt sehen я должен его обязательно увидеть; kommen Sie unbedingt zu mir! непременно приходите ко мне!; du mußt unbedingt zum Arzt gehen ты непременно должен пойти к врачу □ ...es war nicht unbedingt notwendig, daß er es ihm morgens gebracht hat (Feuchtwanger, »Oppermann«) ...это было не так уж необходимо, чтобы он принес это ему утром. **bestimmt** определенно, обязательно (о чем-л., что должно наступить, состояться, быть сделано и т. п.); напр.: ganz bestimmt непременно [обязательно]; er wird bestimmt kommen он определенно [обязательно] придет; ich gehe bestimmt dorthin я непременно пойду туда; das ist bestimmt so это, конечно, так. **durchaus** ≅ unbedingt, но подчеркивает, что что-л. должно состояться при любых обстоятельствах; напр.: er will das durchaus wissen, besitzen он во что бы то ни стало хочет это знать, иметь; er will durchaus dieses Buch lesen он непременно [во что бы то ни стало] хочет прочитать эту книгу; er möchte durchaus mitkommen он во что бы то ни стало хотел бы пойти (с нами); wenn du durchaus willst... если уж тебе так хочется... □ Jetzt indes beriet er mit Lassone, und dann wandten sie sich beide an Louis und erklärten, es sei durchaus notwendig, daß nicht alle... ins Zimmer der hohen Wöchnerin eingelassen würden (Feuchtwanger, »Die Füchse«) Теперь он посоветовался с Лассоном, и они, обратившись к Луи, разъяснили ему, что ни в коем случае нельзя впускать в покои к августейшей родильнице всех... Jetzt mußte und konnte sein Schwager durchaus etwas beisteuern (Seghers, »Die Toten«) Теперь его зять мог и обязательно должен был внести свою лепту. **partout** [-'tu:] разг. ≅ unbedingt часто употр., когда чье-л. намерение представляется странным, бесперспективным, а на нем продолжают настаивать; напр.: er will partout mitgehen он непременно хочет пойти вместе (с нами); du mußt dich jetzt nicht über die Hitze beklagen, denn du wolltest diese Reise ja partout im Hochsommer machen теперь тебе нечего жаловаться на жару, ведь ты обязательно хотел предпринять это путешествие в разгар лета □ Wenn Sie schon partout den Drang zum Höheren in sich spüren... dann nehmen Sie sich gefälligst Ihren Lessing vor (Feuchtwanger, »Oppermann«) А уж если у вас такой зуд к возвышенному... так займитесь, пожалуйста, вашим Лессингом

unbefangen см. objektiv
unbefleckt см. tadellos/tugendhaft
unbefriedigt см. unzufrieden
unbefristet см. ständig [1]
unbegreiflich см. unverständlich [1]
unbegrenzt неограниченный, безграничный

unbegrenzt — unbeschränkt — uneingeschränkt — unumschränkt — grenzenlos — schrankenlos

unbegrenzt индифф. синоним; напр.: unbegrenzte Weite бескрайний простор; unbegrenzte Möglichkeiten, Vollmachten неограниченные возможности, полномочия; Rohstoffe, Material in unbegrenzter Menge haben иметь сырье, материал в неограниченном количестве; unbegrenztes Vertrauen haben безгранично доверять; das Aufnahmealter ist unbegrenzt возраст для поступающих не ограничен; seine Großzügigkeit ist nahezu unbegrenzt его великодушие не знает границ □ Der Mann, der ein solches Geschäft durchführen wollte, mußte über unbegrenzten Kredit verfügen (Feuchtwanger, »Die Füchse«) Человек, желающий осуществить подобное предприятие, должен располагать неограниченным кредитом. ...und es war beglückend für sie, zu sehen, wie der schweigsame und düstere Mann allmählich aus sich herausging und ihr zuletzt unbegrenztes Vertrauen schenkte (Kellermann, »Totentanz«) ...и она была счастлива видеть, как этот угрюмый с виду, молчаливый человек постепенно расставался со своей замкнутостью и в конце концов стал относиться к ней с полным доверием. Wenn man Vetter glauben durfte, war eine Zeit unbegrenzter Möglichkeiten angebrochen... (Noll, »Werner Holt«) Если верить Феттеру, наступило время неограниченных возможностей... **unbeschränkt** ≅ unbegrenzt; напр.:

unbeschränkter Raum неограниченное пространство; unbeschränkte Möglichkeiten, Mittel неограниченные возможности, средства; unbeschränkte Rechte неограниченные права; unbeschränkte Vollmachten неограниченные полномочия; räumlich unbeschränkt sein иметь неограниченный пространство; von unbeschränkter Dauer с неограниченным сроком; für etw. unbeschränkt haften полностью ручаться [нести полную ответственность] за что-л.; unbeschränkten Kredit erhalten получить неограниченный кредит ◻ Es war, wie ich mir gestand, eine dumme Unruhe, da ich unbeschränkt Zeit hatte (Renn, »Zu Fuß zum Orient«) Это было, как я сам себе признался, глупое беспокойство, потому что я не был ограничен временем. **uneingeschränkt** неограниченный, абсолютный, полный *в отличие от* unbegrenzt *и* unbeschränkt *не употр. по отношению к пространству и времени*; *напр.*: uneingeschränkte Handlungsfreiheit, Macht неограниченная свобода действий, власть; uneingeschränkte Rechte неограниченные права; uneingeschränktes Vertrauen zu j-m haben полностью доверять кому-л. ◻ Offenbar schien er sich ziemlich wenig aus Frauen zu machen, und Fabian hatte ihn nur einmal über eine Frau mit uneingeschränktem Lob sprechen hören (Kellermann, »Totentanz«) Женщины, видимо, мало интересовали его, и Фабиан только однажды слышал от него восторженный отзыв об одной из них. Wäre nicht der Fleck darüber und Herr Zarnke nebenan, er wäre uneingeschränkt glücklich (Feuchtwanger, »Oppermann«) Если бы не пятно над ней (*над картиной*) и не господин Царнке за стеной, он был бы безгранично счастлив. **unumschränkt** неограниченный (*о правах, о действии чего-л.*); *напр.*: er hat die unumschränkte Vollmacht, Verfügungsgewalt, etw. zu tun у него неограниченные полномочия, неограниченное право (с)делать что-л., распоряжаться чем-л. ◻ Wenige Tage nach dieser nächtlichen Unterhaltung entsandte der Konvent die Bürger Saint-Just und Le Bas mit unumschränkten Vollmachten zur Rheinarmee (Bredel, »Der Kommissar am Rhein«) Несколько дней спустя после этой ночной беседы конвент послал граждан Сен-Жюста и Ле Ба с неограниченными полномочиями в Рейнскую армию. **grenzenlos** безграничный, беспредельный; *напр.*: die grenzenlose Weite des Meeres, des Himmels безграничная даль моря, неба; eine grenzenlose Ebene, Steppe бескрайняя равнина, степь; ihre grenzenlose Liebe zu den Kindern ее безграничная [беспредельная] любовь к детям; das Gefühl grenzenloser Einsamkeit, Angst, Leere чувство безграничного одиночества,

страха, безграничной пустоты; ein grenzenloser Haß безграничная ненависть; grenzenlos glücklich sein быть бесконечно счастливым ◻ Er ist gutmütig, zuweilen mehr als das: edelmütig, hochherzig, und er ist komödiantisch, voll von grenzenloser, lächerlicher Geltungssucht (Feuchtwanger, »Die Füchse«) Он благодушен, временами даже великодушен и благороден, но сколько фиглярства в его безграничном, смешном тщеславии. Er hat ein paar anerkennende Worte für ihn gehabt, und aus dem Munde Raouls bedeutet ein bißchen herablassende Anerkennung soviel wie aus dem Munde anderer grenzenlose Bewunderung (Feuchtwanger, »Exil«) Он сказал ему несколько одобрительных слов, а в устах Рауля это чуть-чуть снисходительное одобрение равносильно беспредельному восхищению в устах других людей. **schrankenlos** безграничный, не ограниченный какими-л. рамками; *напр.*: für j-n eine schrankenlose Bewunderung fühlen (в душе) безгранично восхищаться кем-л.; zu j-m schrankenloses Vertrauen haben питать безграничное доверие к кому-л.; etw. schrankenlos ausnutzen использовать что-л. полностью [вовсю] ◻ Hans hatte an dem toten Harry vor allem wahrgenommen, daß er ein schrankenloser Individualist war, ein Egoist... (Feuchtwanger, »Exil«) Ганс видел в покойном Гарри прежде всего безудержного индивидуалиста, эгоиста... Dabei drückte Käthchens Blick eine so schrankenlose Verachtung aus... (H. Mann, »Untertan«) При этом взгляд Кетхен выразил такое безмерное презрение...
unbegründet необоснованный
unbegründet — grundlos — haltlos
unbegründet *индифф. синоним*; *напр.*: ein unbegründeter Verdacht необоснованное подозрение; das unbegründete Mißtrauen необоснованное недоверие; eine Anschuldigung als unbegründet zurückweisen отклонить обвинение как необоснованное; diese Bedenken, ihre Vorwürfe sind unbegründet эти сомнения, ее упреки необоснованны. **grundlos** беспочвенный, беспричинный; *напр.*: grundlose Furcht, Eifersucht беспричинный страх, беспричинная ревность; grundloser Verdacht необоснованное подозрение; grundloses Lachen беспричинный смех; grundlos verärgert sein сердиться беспричинно; grundlos weinen плакать без причины ◻ Als Holt sich wegen der grundlosen Kränkung bei Gundel entschuldigen wollte, machte sie es ihm leicht und ging gar nicht darauf ein (Noll, »Werner Holt«) Когда Хольт хотел извиниться перед Гундель за то, что без всякого основания оскорбил ее, она, щадя его самолюбие, тотчас переменила разговор. **haltlos** несостоятельный, лишенный достаточных оснований, не

выдерживающий критики; *напр.*: eine haltlose Beschuldigung беспочвенное [необоснованное] обвинение; eine haltlose Behauptung необоснованное утверждение; haltlose Gerüchte необоснованные слухи; haltlose Lügen явная ложь; eine haltlose Hypothese, Theorie необоснованная [несостоятельная] гипотеза, теория; seine Beschuldigung ist völlig haltlos его обвинение совершенно необоснованно [беспочвенно], с его стороны это огульное [голословное] обвинение
unbeherrscht *см.* heftig
unbeholfen *см.* ungeschickt
unbekannt *см.* fremd [1]
Unbekannter незнакомец
der Unbekannte — der Fremde
Unbekannter *индифф. синоним*; *напр.*: ein Unbekannter kam auf ihn zu, sprach ihn an незнакомый человек подошел к нему, заговорил с ним; wer ist die schöne Unbekannte? кто эта прекрасная незнакомка? Er setzte sich in ein kleines Café. Hier, allein unter Unbekannten, durchlas er nochmals in Ruhe die Berichte und beschaute nochmals die Fotos (Feuchtwanger, »Exil«) Он зашел в маленькое кафе. Здесь, один среди незнакомых людей, он еще раз медленно перечитал все сообщения и еще раз пересмотрел фотографии. Wieder zwei Tage später erhielt er einen in Straßburg aufgegebenen Brief eines Unbekannten (Feuchtwanger, »Oppermann«) И снова, спустя два дня, он получил письмо от какого-то незнакомца, опущенное в Страсбурге. **Fremder** ≃ Unbekannter, *но больше подчеркивает, что кто-л. является чужим, недавно появившимся в данном месте, обществе и т. п.*; *напр.*: die Kinder fürchten sich vor den Fremden дети боятся чужих; ich bin von einem Fremden angesprochen worden незнакомый человек заговорил со мной; Fremden gegenüber ist er zurückhaltend он очень сдержан в разговоре с незнакомыми людьми. Monsieur Finck kam, musterte den Fremden und sagte... (Feuchtwanger, »Die Füchse«) Мосье Финк подошел к нему и, смерив незнакомца взглядом, сказал... Der Fremde sprach einen harten Dialekt und führte Holt kreuz und quer durch die Straßen Freiburgs (Noll, »Werner Holt«) Незнакомец говорил на каком-то твердом диалекте, он повел Хольта по улицам Фрейбурга
unbekleidet *см.* nackt [1]
unbemerkt *см.* heimlich [1]
unbemittelt *см.* arm [1]
unberechenbar *см.* launenhaft
unberechtigt *см.* ungerecht
unberührt *см.* tugendhaft
Unberührtheit *см.* Sittlichkeit
unbeschäftigt *см.* arbeitslos
unbescheiden *см.* frech
unbescholten *см.* tadellos/tugendhaft
unbeschränkt *см.* unbegrenzt

unbeschreiblich см. sehr
unbesonnen см. leichtsinnig ²/unüberlegt ¹
unbeständig непостоянный (*о человеке, его характере*)

unbeständig — sprunghaft — flatterhaft — wetterwendisch

unbeständig *индифф. синоним*; *напр.*: ein unbeständiger Charakter непостоянный характер; unbeständig in seinen Gefühlen und Neigungen sein быть непостоянным в своих чувствах и склонностях; man darf nicht so unbeständig sein, bald das eine, bald das andere wollen нельзя быть таким непостоянным: то одно хотеть, то другое □ Mit ihrem scharfen und zynischen Menschenblick weiß sie bald, wo sie diesen unbeständigen Burschen fassen kann — bei seinen menschlichen Schwächen (*St. Zweig, »Maria Stuart«*) Ее проницательность и циничное знание людей подсказывает ей, чем взять неустойчивого юношу: игрой на его человеческих слабостях. **sprunghaft** порывистый, импульсивный; неуравновешенный; *напр.*: ein sprunghafter Mensch порывистый человек; ein sprunghaftes Wesen неуравновешенная натура; sein sprunghaftes Wesen erschwert die Freundschaft mit ihm его неуравновешенный характер осложняет дружбу с ним. **flatterhaft** *неодобр.* ветреный *подчеркивает, что непостоянство объясняется легкомыслием*; *напр.*: ein flatterhaftes Ding, Mädchen непостоянное [легкомысленное] существо, ветреница; er ist sehr flatterhaft он очень непостоянен [легкомыслен]; sie wird mit ihrem flatterhaften Wesen noch schlimme Erfahrungen machen с ее непостоянным характером у нее еще будут неприятности в жизни. **wetterwendisch** *пренебр.* изменчивый, непостоянный (*, как погода, как ветер*); *напр.*: er ist ein wetterwendischer Mensch 1) он человек настроения; 2) у него семь пятниц на неделе □ Aber bei dieser wetterwendischen Frau schlägt der Wind immer unerwartet rasch um (*St. Zweig, »Maria Stuart«*) Но настроение у этой непостоянной, как погода, женщины то и дело меняется

unbestechlich см. anständig ²
unbestimmt см. ungewiß/unklar ¹
unbestochen см. anständig ²
unbeteiligt см. neutral
unbeträchtlich см. klein ²
unbeugsam см. fest ²
unbeweglich ¹ неподвижный; неподвижно

unbeweglich — bewegungslos — reglos — regungslos — unbewegt

unbeweglich *индифф. синоним*; *напр.*: ein unbewegliches Gelenk неподвижный сустав; die unbeweglichen Maschinenteile неподвижные части машины; unbewegliche Güter недвижимое имущество; unbewegliche Feste праздники, связанные с точными календарными датами (*в противоположность скользящим*); unbeweglich sitzen, stehen сидеть, стоять неподвижно; unbeweglich bleiben оставаться недвижимым □ Und der Soldat, der vorhin so munter auf und ab gegangen war, stand jetzt unbeweglich vor seinem Schilderhaus (*H. Mann, »Untertan«*) А солдат, который раньше так молодцевато расхаживал взад и вперед, теперь неподвижно стоял перед своей будкой. Graf Dosse stand noch immer unbeweglich bei der Türe (*Kellermann, »Totentanz«*) Граф Доссе все еще неподвижно стоял у двери. Der lange junge Mann machte eine steife Verbeugung aus der Hüfte, es sah aus, als verbeuge sich nur der Oberkörper, während der Unterkörper unbeweglich blieb (*ebenda*) Долговязый молодой человек сухо поклонился, причем создавалось впечатление, что у него сгибается только верхняя половина туловища, нижняя же остается неподвижной. **bewegungslos** неподвижно, не меняя своего положения, не двигаясь *чаще употр. по отношению к лицам* (*обыкн. адвербиально и как предикативное определение*); *напр.*: bewegungslos liegen, stehen лежать, стоять неподвижно; bewegungslos stehenbleiben остановиться неподвижно, замереть; vor Schreck war er völlig bewegungslos он оцепенел от ужаса; die Ehrenwache steht bewegungslos почетный караул стоит неподвижно □ Auch stand sein Bruder fast bewegungslos und hatte kaum die geringste Bewegung gemacht, ihn zu begrüßen (*Kellermann, »Totentanz«*) И его брат стоял почти неподвижно и едва шевельнулся, чтобы приветствовать его. **reglos, regungslos** совершенно неподвижный, не делающий ни малейшего движения, (как бы) застывший в одном положении; *напр.*: eine reglose [regungslose] Gestalt неподвижная фигура; seine regungslose Miene гримаса, застывшая на его лице; eine reglose [regungslose] Wasserfläche неподвижная гладь воды; sie blieb regungslos wie eine Statue она оставалась неподвижной как статуя; die Luft ist regungslos воздух неподвижен; sie war reglos vor Entsetzen она застыла от ужаса; die Fahne hing regungslos am Mast флаг, не колышась, висел на мачте □ Graf Dosse stand regungslos bei der Türe, das Gesicht gegen die Wand gerichtet (*Kellermann, »Totentanz«*) Граф Доссе все еще неподвижно стоял у двери, обратив лицо к стене. Flamingos standen reglos auf einem Bein (*Feuchtwanger, »Exil«*) Фламинго стояли неподвижно на одной ноге. Der Körper lag reglos — wie tot (*Max von der Grün, »Irrlicht«*) Тело лежало без движения, как мертвое. **unbewegt** ≅ unbeweglich, *но больше подчеркивает состояние в определенный момент*; *напр.*: ein unbewegter Blick неподвижный взгляд; unbewegt sitzen, stehen, sehen неподвижно сидеть, стоять, смотреть □ Starr, das Nußknackergesicht mit dem grauen, harten Schnurrbart unbewegt, stand der alte Portier Leschinsky (*Feuchtwanger, »Oppermann«*) Старый портье Лещинский неподвижно стоял в дверях. Его лицо Щелкунчика с тяжелым квадратным подбородком, с жесткими седыми усами окаменело. Da saß er auf einem Stuhl, der eigentlich zu klein war für den schweren Mann, aufrecht, in unschöner Haltung, bemüht, unbewegt vor sich hin zu schauen, nicht rechts noch links (*ebenda*) Он сидел на стуле, пожалуй, слишком маленьком для его грузного тела. Сидел прямо, в некрасивой позе, стараясь неподвижно глядеть прямо перед собой, не вправо, не влево

unbeweglich ² см. steif ¹
unbewegt см. unbeweglich ¹
unbeweibt см. ledig
unbewußt бессознательный, инстинктивный

unbewußt — unwillkürlich — instinktiv

unbewußt *индифф. синоним*; *напр.*: eine unbewußte Geste, Handlung непроизвольный жест, поступок; eine unbewußte Angst бессознательный страх; er hat unbewußt das Richtige getan он инстинктивно поступил правильно; sie ahmte unbewußt die Sprechweise des Lehrers nach она бессознательно подражала манере учителя говорить □ ...man sah unbewußt im andern das eigene Bild und beschimpfte in der Kleinheit des anderen die eigene Unzulänglichkeit (*Feuchtwanger, »Exil«*) ...каждый бессознательно видел в другом свое подобие и, хуля мелкотравчатость других, бичевал свою неполноценность. **unwillkürlich** невольный, непроизвольный *в отличие от* unbewußt *подчеркивает, что что-л. делается вопреки первоначальному намерению, желанию, совсем неожиданно*; *напр.*: eine unwillkürliche Bewegung непроизвольный жест [невольное движение]; eine unwillkürliche Aufregung невольное волнение; ein unwillkürlicher Schrei невольный крик; er drehte sich unwillkürlich um он невольно обернулся; bei seiner Erzählung erinnerte sie sich unwillkürlich an ihre eigene Jugend во время его рассказа она невольно вспомнила о своей молодости □ Die Köchin, der Gärtner, sogar die Emma, die immer unwillkürlich die Gesten und Züge Beckers nachahmten... (*Seghers, »Die Toten«*) Повариха, садовник и даже Эмма, невольно подражавшие жестам и манерам Беккера... Er dämpfte unwillkürlich die Stimme (*ebenda*) Он невольно понизил голос. **instinktiv** инстинктивный; *напр.*: instinktiv das Richtige tun инстинктивно сделать то, что нужно; sie hat die Situation instinktiv erfaßt она инстинктивно поняла [правильно оценила] обстановку

unbezähmbar см. unbändig [1, 2]
unbezwingbar см. unbändig [1]
unbezwinglich см. unbändig [1]
Unbill см. Ungerechtigkeit
unbillig см. ungerecht
unbotmäßig см. ungehorsam
unbrauchbar см. untauglich
undeutlich см. unklar [1]/verschwommen [1]
Unding см. Dummheit
unduldsam нетерпимый (*о человеке*)
unduldsam — i n t o l e r a n t

unduldsam *индифф. синоним; напр.*: ein unduldsamer Mensch нетерпимый человек; unduldsam sein быть нетерпимым; sich j-m gegenüber [sich gegen j-n] unduldsam zeigen относиться нетерпимо к кому-л.; er ist gegenüber Bummelanten sehr unduldsam он очень нетерпимо относится к прогульщикам □ ...und jetzt war es so weit, daß er sich am wohlsten fühlte, wenn er den schroffen, unduldsamen Schulmeister herauskehren konnte (*Feuchtwanger, »Die Füchse«*) ...а теперь дошло уже до того, что он лучше всего чувствовал себя в роли нетерпимого, крутого наставника. **intolerant** *книжн.* ≅ unduldsam, *но обыкн. употр. не по отношению к отрицательным явлениям, лицам с дурными привычками и т. п., а по отношению к чужому мнению, иноверцам и т. п.; напр.*: □ Er (*Louis*) war entschlossen, eisern intolerant zu bleiben; der Thron wollte dem Altar nicht nachstehen (*Feuchtwanger, »Die Füchse«*) Он (*Людовик*) решил быть железно нетерпимым. Трону не пристало отставать от алтаря. Ich finde nämlich, Monsieur, wenn man schon tolerant ist, dann soll man nicht gerade gegen die Gläubigen intolerant sein (*ebenda*) Я думаю, что если уж кто-нибудь проявляет терпимость, то ему не следует быть нетерпимым в отношении верующих

undurchdringlich см. dicht [1]
unecht см. falsch [1]/künstlich [1]
unegoistisch см. selbstlos
unehelich: ein uneheliches Kind см. Kind [2]
Unehre см. Schande
unehrenhaft см. unehrlich
unehrlich нечестный
unehrlich — unfair — unredlich — unehrenhaft — ehrlos

unehrlich *индифф. синоним; напр.*: ein unehrlicher Mensch нечестный человек; eine unehrliche Handlungsweise нечестный образ действий; in unehrlicher Absicht с нечестным намерением; unehrlich spielen играть нечестно; unehrlich sein, bleiben быть, оставаться нечестным (человеком); er treibt ein unehrliches Spiel он ведет нечестную игру. **unfair** [-fɛːr] некорректный, неджентльменский, непорядочный *часто в спорте и тогда* подчеркивает *сознательность нарушения спортивных правил; напр.*: ein unfaires Spiel нечестная [некорректная] игра; ein unfairer Spieler нечестный [некорректный] игрок; ein unfaires Benehmen, Vorgehen непорядочное (неспортивное, некорректное) поведение, некорректные действия; unfair handeln поступать непорядочно; du bist ihr gegenüber unfair gewesen ты вел себя по отношению к ней не по-джентльменски [непорядочно]; das ist unfair это нечестно [непорядочно] □ ...denn es wäre Fritzchen gegenüber unfair, wenn sie es auch während seiner Anwesenheit mit einem Faschisten triebe (*Feuchtwanger, »Exil«*) ...было бы непорядочно по отношению к Фрицхену, если бы она и при нем путалась с фашистом. Er fand es unfair, sein Geld aus Deutschland herauszuziehen. Er hing nun einmal an Deutschland (*Feuchtwanger, »Oppermann«*) Он считал непорядочным изымать свои капиталы из Германии. Он все-таки был привязан к Германии. **unredlich** *высок.* нечестный, недобросовестный *употр. по отношению к лицам, а тж. к их действиям, принципам (особенно в деловых отношениях) и т. п.; напр.*: ein unredlicher Kaufmann недобросовестный [нечистый на руку] коммерсант; ein unredlicher Charakter неискренняя натура; eine unredliche Tat недобросовестный [нечестный] поступок; seine unredliche Handlungsweise ist zu verurteilen следует осудить его недобросовестные действия □ Eine Usance, verstehst du, das ist ein Manöver, das nicht ganz einwandfrei ist, sich nicht ganz mit dem geschriebenen Gesetze verträgt und für den Laienverstand schon unredlich aussieht... (*Th. Mann, »Buddenbrooks«*) «Узанс», понимаешь ли, это маневр, не вполне безупречный, не в полном смысле слова законный; человеку непосвященному он может даже показаться нечестным... **unehrenhaft** *книжн.* бесчестный, несовместимый с принципами чести, позорный *б. ч. употр. по отношению к действиям, поступкам, поведению человека; напр.*: unehrenhaft handeln, sich unehrenhaft benehmen поступать, вести себя бесчестно; eine unehrenhafte Handlungsweise, Tat бесчестные [позорные] действия, бесчестный поступок; ein unehrenhaftes Benehmen позорное поведение. **ehrlos** *книжн.* бесчестный, без (чувства) чести, непорядочный *по сравнению с* unehrlich *более эмоционально, содержит более резкое осуждение и употр. реже; напр.*: ein ehrloser Mensch бесчестный человек; eine ehrlose Gesinnung, Tat бесчестный образ мыслей, поступок; sich ehrlos benehmen, ehrlos handeln вести себя, поступать бесчестно; etw. Ehrloses tun, begehen сделать, совершить что-л. бесчестное [непорядочное]; wie konnte er so ehrlos handeln! как он мог поступить так бесчестно!

Unehrlichkeit нечестность
die Unehrlichkeit — die U n r e d l i c h k e i t

Unehrlichkeit *индифф. синоним; напр.*: die Unehrlichkeit seines Verhaltens нечестность его поведения; sich zu einer Unehrlichkeit verleiten lassen позволить толкнуть себя на нечестный поступок; den Beweis seiner Unehrlichkeit liefern представить доказательство его нечестности; seine Unehrlichkeit in Geldangelegenheiten ist bekannt его нечестность в денежных делах известна. **Unredlichkeit** *высок.* нечестность, недобросовестность; *напр.*: eine Unredlichkeit begehen допустить нечестность; darin zeigte sich seine Unredlichkeit в этом проявилась его нечестность [недобросовестность]

uneigennützig см. selbstlos
uneigentlich см. übertragen I
uneingeschränkt см. unbegrenzt
uneinig несогласный (*расходящийся во взглядах, в мнениях*)
uneinig — mißhellig — uneins

uneinig *индифф. синоним; напр.*: uneinig sein расходиться во мнениях, спорить; die beiden Seiten sind sich über diese Frage uneinig обе стороны расходятся во мнениях [между сторонами нет согласия] по этому вопросу; sie waren uneinig, wie man am besten vorgehen wolle они расходились во мнениях, как им лучше следует действовать. **mißhellig** *устаревает редко* несогласный (*характеризующийся некоторым несовпадением, разногласием, в мнениях, точках зрения и т. п.*); *напр.*: mißhellige Äußerungen разноречивые высказывания. **uneins** ≅ uneinig, *но употр. тк. в определенных сочетаниях (и тк. предикативно)*; *напр.*: mit j-m uneins sein быть не в ладу с кем-л.; mit j-m uneins werden разойтись во мнениях с кем-л.; in dieser Frage war er mit seinem Lehrer uneins по этому вопросу он был со своим учителем несогласен

Uneinigkeit см. Feindschaft
uneins см. uneinig
unempfindlich нечувствительный (*к механическим и т. п. воздействиям*)
unempfindlich — empfindungslos — gefühllos — taub

unempfindlich *индифф. синоним; напр.*: eine unempfindliche Stelle нечувствительное место; ein unempfindliches Organ нечувствительный орган; unempfindlich gegen Schmerzen, gegen Kälte, gegen Hitze sein быть нечувствительным к боли, к холоду, к жаре; unempfindlich gegen Stoß нечувствительный к толчкам; безударный, вибростойкий (*о приборах и т. п.*). **empfindungslos** бесчувственный, лишенный способности чувствовать; *напр.*: nach dem Unfall war

UNENDLICH

mein linker Arm lange Zeit empfindungslos после аварии моя левая рука на долгое время потеряла чувствительность; der Nerv ist empfindungslos geworden нерв потерял чувствительность. **gefühllos** ≅ empfindungslos, *но тк. о конечностях; напр.:* eine gefühllose Fingerkippe кончик пальца, лишённый чувствительности; seit dem Sturz ist sein Fuß gefühllos с тех пор, как он упал, его нога потеряла чувствительность. **taub** онемевший; *напр.:* die Füße sind mir taub geworden у меня онемели ноги

unendlich бесконечный *(не ограниченный во времени и пространстве)*
unendlich — endlos
  unendlich *индифф. синоним;* a) *напр.:* die unendliche Weite des Meeres безграничная даль моря; die unendliche Weite der Landschaft бесконечная даль ландшафта; unendliche Mühen, Schmerzen бесконечные усилия, бесконечная боль; b) *часто десемантизируется и имеет усил. значение (б. ч. употр. с прилагательным и глаголом как наречие); напр.:* unendlich glücklich sein быть бесконечно счастливым; sich über etw. unendlich freuen бесконечно радоваться чему-л.; die Freude, die Enttäuschung war unendlich groß радость не знала, разочарование не знало границ; zu unserem unendlichen Bedauern müssen wir sagen... к нашему величайшему сожалению мы должны сказать... ◻ Er verbeugte sich. »Ich bedauere unendlich, mich der Gesellschaft der Damen berauben zu müssen«, sagte er, »ich habe hundert dringende Geschäfte« (Kellermann, »Totentanz«) Он поклонился. «Я бесконечно сожалею, что должен покинуть дам. Но у меня столько неотложных дел». Unendlich traurig sah das aus, hoffnungslos (*Feuchtwanger, »Exil«*) Бесконечно печальна была эта картина, безнадежна. Plötzlich sah sie aus einer Nische ein Paar Augen auf sich gerichtet, unendlich sanfte Augen voller Trauer (*Kellermann, »Der 9. November«*) Вдруг она увидела устремлённую на неё из ниши пару глаз, бесконечно нежных, полных печали. **endlos** нескончаемый; *напр.:* endlose Wälder, Felder нескончаемые леса, поля; endlose Kolonnen der Demonstration нескончаемые колонны демонстрантов; endlose Reden, Diskussionen бесконечные речи, дискуссии; ein endloses Suchen нескончаемые поиски; der Krieg hatte endloses Leid gebracht война принесла с собой нескончаемые бедствия; die Nacht schien mir endlos ночи, казалось, не будет конца; das dauert endlos lange это продолжается бесконечно долго; ich mußte endlos lange warten я должен был бесконечно долго ждать ◻ Sepp kommt wieder auf anderes zu reden, fährt fort in seinem endlosen, zusammenhanglosen Monolog (*Feuchtwanger, »Exil«*) А Зепп уже говорит о другом, он не прерывает свой бесконечный, бессвязный монолог. Wenn wenigstens die beim Rundfunk schon endgültig nein sagten. Das wäre besser, als einen so endlos hinzuziehen (*ebenda*) Если бы, по крайней мере, на радио сказали окончательно «нет». Это было бы лучше, чем без конца тянуть за душу

unentbehrlich *см.* nötig
unentdeckt неоткрытый, нераскрытый, скрытый
unentdeckt — schlummernd
  unentdeckt *индифф. синоним; напр.:* ein unentdecktes Talent неоткрытый талант; unentdeckte Möglichkeiten, Eigenschaften неоткрытые возможности, свойства; unentdeckte Vorzüge скрытые преимущества. **schlummernd** дремлющий, скрытый, пока ничем себя не проявляющий, пока бездействующий; *напр.:* die im Atomkern schlummernden Energien запасы энергии, скрытые в ядре атома; ein schlummerndes Talent дремлющий талант; schlummernde Gefühle, Fähigkeiten in j-m wecken пробудить в ком-л. доселе дремавшие чувства, способности ◻ Allein Sybils Geschenk hat in ihm gegen seinen Willen wieder jenes schlummernde Gefühl angerührt, das er nie hochkommen lassen will (*Feuchtwanger, »Oppermann«*) Но подарок Сибиллы невольно расшевелил в нём обычно дремлющее чувство, которому он никогда не даёт воли. Indem er (*der Mensch*)... auf die Natur außer ihm wirkt und sie verändert, verändert er zugleich seine eigene Natur. Er entwickelt die in ihr schlummernden Potenzen und unterwirft das Spiel ihrer Kräfte seiner eigenen Botmäßigkeit (*Marx, »Das Kapital«*) Воздействуя на внешнюю природу и изменяя её, он (*человек*) в то же время изменяет свою собственную природу. Он развивает дремлющие в ней силы и подчиняет игру этих сил своей собственной власти

unentgeltlich бесплатный
unentgeltlich — umsonst — kostenlos — kostenfrei — frei — gratis
  unentgeltlich *индифф. синоним; напр.:* eine unentgeltliche Reparatur, Betreuung бесплатный ремонт, бесплатное обслуживание; unentgeltlicher Unterricht бесплатное обучение; etw. unentgeltlich machen сделать что-л. бесплатно; alle Auskünfte sind unentgeltlich все справки предоставляются бесплатно ◻ Der König lud zum unentgeltlichen Genuß von Würstchen und Kuchen (*Feuchtwanger, »Die Füchse«*) Король выставил бесплатное угощение в виде сосисок и пирогов. Man wirft Oppermann vor, er verwende die Patienten der dritten Klasse, die armen, unentgeltlich behandelten Patienten... für seine lebensgefährlichen Experimente (*Feuchtwanger, »Oppermann«*) Оппермана обвиняют в том, что он использует пациентов третьего разряда, неимущих, которых лечат бесплатно... для своих опасных для жизни экспериментов. **umsonst** даром (*в отличие от* unentgeltlich *употр. тк. как наречие*); *напр.:* etw. umsonst haben, tun, bekommen владеть чем-л., делать, получить что-л. даром; er hat die Arbeit umsonst gemacht, er hat nichts dafür verlangt он сделал эту работу даром, он ничего не потребовал за неё; sie durften umsonst mitfahren они могли поехать вместе (с нами, с ними *и т. п.*) бесплатно ◻ Kommen Sie nur, bei uns leben Sie vornehm und umsonst (*H. Mann, »Untertan«*) Приезжайте, поживёте у нас с комфортом и без всяких издержек. »Was denkst du von mir?« erwiderte der. »Ich ginge ja auch nicht, aber muß vor den Priestern schöntun. Dafür lebe ich hier umsonst!« (*Renn, »Zu Fuß zum Orient«*) «А я, что ты думаешь? — ответил тот. — Я бы тоже не ходил, да приходится перед попами угодничать. Зато живу на даровщинку!» Den Mantel bekommen wir umsonst (*Max von der Grün, »Irrlicht«*) Пальто мы получим даром. **kostenlos, kostenfrei** ≅ unentgeltlich, *но б. ч. употр. по отношению к действиям, услугам и т. п., за которые полагается платить, но в данном случае, данному лицу они могут быть предоставлены без оплаты; напр.:* eine kostenlose [kostenfreie] Fahrkarte bekommen получить бесплатный проездной билет; kostenlose Übernachtung, Verpflegung haben иметь бесплатный ночлег, бесплатное питание; die Beförderung des Gepäcks ist kostenlos доставка багажа производится бесплатно; der Eintritt ist kostenlos вход бесплатный; die Teilnahme an den Lehrgängen ist kostenlos обучение на курсах бесплатное; die Sache ist für dich ganz kostenlos это дело тебе ничего не будет стоить ◻ Es wurden zahlreiche Omnibuslinien eingerichtet, damit die Kinder bequem zu ihrem Schulort kommen; die Fahrten von und zur Schule sind kostenlos (*»DDR, 300 Fragen«*) Введены многочисленные автобусные линии для доставки детей в школы. Проезд до школы и обратно бесплатный. **frei** ≅ kostenlos *подчёркивает, что предлагаемые услуги и т. п. не требуют никаких расходов от того, кто ими пользуется; напр.:* freie Kost [freies Essen] haben иметь бесплатное питание; freie Unterkunft haben иметь бесплатный ночлег; freie Fahrt auf allen Verkehrsmitteln haben иметь право на бесплатный проезд во всех видах транспорта; wieviel Gepäck hat man frei? сколько багажа можно провозить бесплатно? ◻ »Dann wäre noch das da«, sagte der Mensch. Es war eine Anordnung, zwei

Mark zu bezahlen, eine Mark für Unterkunft, eine Mark für Verpflegung und Behandlung. »Die Musik ist frei«, dachte Martin (*Feuchtwanger*, »*Oppermann*«) «Теперь вот это еще», — сказал молодчик. Он положил перед Мартином ордер на уплату двух марок: марка за помещение, марка за питание и услуги. «Музыка, значит, бесплатно», — подумал Мартин. Alle Pariser Theater kündigten Festvorstellungen an. Der Eintritt war frei. Der König zahlte (*Feuchtwanger*, »*Die Füchse*«) Все парижские театры объявили о праздничных спектаклях. Вход свободный. Платит король. gratis *разг.* ≅ kostenlos, *но употр. тж. в тех случаях, когда кому-л. делается маленький подарок, предлагается что-л. в качестве образца (с целью рекламы и т. п.); напр.:* das bekommst du gratis von mir ты это получишь от меня бесплатно; die kleinen Seifenstücke bekamen wir in der Drogerie gratis маленькие кусочки мыла мы получили в магазине аптекарских товаров бесплатно □ »Herr Blumenthal«, sagte ich überwältigt, »erlauben Sie mir, zu dem Wagen zwei kristallene Aschenbecher und eine erstklassige Gummifußmatte gratis dreinzulegen (*Remarque*, »*Drei Kameraden*«) «Господин Блюменталь, — взволнованно сказал я, — позвольте мне бесплатно в качестве приложения к машине положить в нее две хрустальные пепельницы и первоклассный резиновый коврик»

unentschieden *см.* schwankend/ungewiß

unentschlossen *см.* schwankend

unentwegt *см.* ständig [1]

unerbittlich *см.* fest [2]/streng

unerfahren неопытный

unerfahren — ungeübt — ungeschult

unerfahren *индифф. синоним; напр.:* ein unerfahrener Lehrer неопытный учитель; ein unerfahrener junger Mensch неопытный (в жизни) молодой человек; er ist darin noch unerfahren он в этом еще неопытен; er ist nicht so unerfahren он не так уж неопытен □ Morgens sind einige Rekruten bereits grün und kotzen. Sie sind noch zu unerfahren (*Remarque*, »*Im Westen*«) Наутро некоторые новобранцы позеленели, и их уже рвет. Они еще совсем неопытные. **ungeübt** ≅ unerfahren *подчеркивает, что кто-л. неопытен из-за того, что недостаточно упражнялся, тренировался; напр.:* ein ungeübter Reiter, Schwimmer, Turner неопытный [неумелый] наездник, пловец, гимнаст; ein ungeübter Schauspieler неопытный актер; sie ist im Klavierspielen noch ungeübt у нее еще мало опыта в игре на фортепьяно. **ungeschult** ≅ unerfahren, *но подчеркивает отсутствие должной подготовки; напр.:* ein ungeschulter Mitarbeiter неопытный сотрудник; ungeschultes Personal необученный персонал; der Betrieb stellt ungeschulte Kader [Kräfte] nicht ein предприятие не принимает на работу сотрудников, не имеющих профессионального опыта

unerfindlich *см.* unverständlich [1]

unerfreulich *см.* unangenehm [1]

unergiebig *см.* unfruchtbar [2]

unerheblich *см.* klein [3]

unerhört *см.* groß [3]/schlecht [2]

unerklärlich [1] необъяснимый

unerklärlich — unverständlich — geheimnisvoll — rätselhaft — mysteriös — mystisch — dunkel — schleierhaft

unerklärlich *индифф. синоним; напр.:* eine unerklärliche Tatsache, Tat необъяснимый факт, поступок; sein unerklärliches Verhalten его необъяснимое поведение; ein unerklärlicher Irrtum необъяснимое заблуждение; eine unerklärliche Angst überfiel mich необъяснимый страх овладел мной; ihre Unsicherheit ist unerklärlich ее неуверенность необъяснима; es ist mir unerklärlich, wie das Buch auf meinen Tisch gekommen ist я не могу объяснить, как книга попала на мой стол □ Schon als Kinder hatten wir eine Vorliebe für sie (*Pappeln*), unerklärlich zogen sie uns an... (*Remarque*, »*Im Westen*«) Они (тополя) полюбились нам, когда мы были еще детьми, но необъяснимо влекло к ним... Ihr jähes Erröten und die unerklärliche Hast hatten ihn erschreckt (*Kellermann*, »*Totentanz*«) Необъяснимая поспешность и краска, бросившиеся ей в лицо, испугали его. Das war alles so unerklärlich rasch und ohne eigenen Willen geschehen (*Kellermann*, »*Jester und Li*«) Все это произошло с непостижимой быстротой и невольно, само по себе. **unverständlich** непонятный *(из-за несоответствия обстановке, обычному поведению и т. п.); напр.:* deine, diese Handlungsweise ist mir (einfach) unverständlich твои, эти действия мне (просто) непонятны; sein Verhalten ist unverständlich его поведение непонятно; es war mir unverständlich, wie... мне было непонятно, как... □ Völlig unverständlich! Fabian warf den rätselhaften Brief in den Papierkorb (*Kellermann*, »*Totentanz*«) Совершенно непонятно! Фабиан бросил загадочное письмо в корзину. **geheimnisvoll** таинственный; *напр.:* ein geheimnisvoller Ort, Fall, Anruf таинственное место, таинственный случай, телефонный звонок; auf geheimnisvolle Weise verschwinden, ums Leben kommen исчезнуть, погибнуть таинственным образом; diese Sache schien mir geradezu geheimnisvoll это дело показалось мне прямо-таки таинственным □ So fand Fabian in den nächsten Tagen einen geheimnisvollen Brief auf seinem Schreibtisch, dessen Sinn und Ursprung er nicht enträtseln konnte (*Kellermann*, »*Totentanz*«) И Фабиан через несколько дней обнаружил у себя на столе таинственное письмо, смысл и происхождение которого он не мог разгадать. **rätselhaft** загадочный; *напр.:* eine rätselhafte Erscheinung, Krankheit загадочное явление, загадочная болезнь; ein rätselhafter Zusammenhang загадочная связь; auf rätselhafte Weise загадочным образом; es ist mir rätselhaft, wie das geschehen konnte для меня остается загадкой, как это могло случиться; er verschwand unter rätselhaften Umständen он исчез при загадочных обстоятельствах □ Eine tiefe Trauer ergriff ihn, sie auf so rätselhafte Weise verloren zu haben, nachdem er sie kaum gewonnen hatte (*Kellermann*, »*Totentanz*«) Глубокая печаль овладела им: едва завоевав Кристу, он как-то загадочно ее потерял. »Ich gebe zu«, fuhr Schneidereit fort, »daß es mir rätselhaft war, wie Müller für so was Zeit hatte« (*Noll*, »*Werner Holt*«) «Признаюсь, — продолжал Шнайдерайт, — для меня было загадкой, как Мюллер находил время для подобных вещей». **mysteriös** ≅ rätselhaft, *но еще больше подчеркивает необъяснимость происходящего, загадочность предмета и т. п.; напр.:* eine mysteriöse Scheu, Furcht необъяснимая робость, необъяснимый страх; ein mysteriöser Vorfall загадочный случай; das ist eine mysteriöse Geschichte это загадочная история; er war eine ziemlich mysteriöse Persönlichkeit он был довольно загадочной личностью; sie starb unter mysteriösen Umständen она умерла при весьма загадочных обстоятельствах □ Nur im Außenministerium hüllt man sich in mysteriöses Schweigen (*Weiskopf*, »*Abschied vom Frieden*«) И только господа из министерства иностранных дел хранят загадочное молчание. **mystisch** мистический, таинственный *(необъяснимый с точки зрения реального опыта); напр.:* eine mystische Kraft мистическая сила; eine mystische Gestalt мистический [таинственный] образ □ Sie (*die Möwen*) umkreisten mich schrillend wie eine wetternde Wolke, und mich erfaßte eine mystische Furcht, denn es waren ihrer so viele (*Kellermann*, »*Das Meer*«) Они (чайки) с пронзительными криками окружили меня, словно грозовая туча, и меня охватил какой-то мистический ужас, потому что их было так много. **dunkel** темный, неясный *употр. по отношению к какому-л. предложению в книге, рукописи и т. п.; напр.:* eine dunkle Stelle im Text темное [неясное] место в тексте. **schleierhaft** *разг.* туманный, неясный *употр. в сочетаниях* j-m ist, bleibt, erscheint etw. schleierhaft; *напр.:* der Sinn seiner Worte blieb mir schleierhaft смысл его слов остался для меня туманным; wie er das

UNERKLÄRLICH 518 **UNERZOGEN**

fertiggebracht hat, ist mir heute noch schleierhaft как это ему удалось сделать, мне и теперь еще непонятно ☐ Warum ausgerechnet ich ausersehen war, am Samstag auf der Konferenz unseren Arbeitssaal zu vertreten, blieb mir schleierhaft *(Max von der Grün, »Irrlicht«)* Почему именно я был удостоен чести представлять на субботней конференции наш цех, осталось для меня неясным

unerklärlich[2] *см.* **unverständlich**[1]
unerläßlich *см.* **nötig**
unerlaubt *см.* **verboten**
unermüdlich неутомимый, не знающий усталости
unermüdlich — rastlos — nimmermüde
unermüdlich *индифф. синоним; напр.:* ein unermüdlicher Mensch, Kämpfer неутомимый человек, борец; seine unermüdlichen Bemühungen его неутомимые усилия [старания]; sie arbeiten unermüdlich они неутомимо трудятся; er ist unermüdlich in seiner Hilfsbereitschaft он неутомим в своей готовности помочь ☐ Sie liefen herum, in vielen Läden. Anna war unermüdlich, fand hier ein Stück, dort eines *(Feuchtwanger, »Oppermann«)* Они бегали по магазинам. Анна была неутомима, находила здесь одну вещь, там другую. Der Kongreß schätzte den unermüdlich tatkräftigen Mann hoch *(Feuchtwanger, »Die Füchse«)* Конгресс высоко ценил этого неутомимого энергичного человека. **rastlos** *книжн.* не знающий покоя (в своей деятельности); *напр.:* rastlos tätig sein трудиться не покладая рук; er ist ein rastloser Geist он неугомонный человек; sein rastloser Eifer wurde gerühmt его неутомимое усердие хвалили ☐ Doch muß sich der Sekretär diese Freundschaft täglich neu erobern durch Beweise unbedingter Ergebenheit, rastlosen Fleißes, ungewöhnlicher Verwertbarkeit *(Feuchtwanger, »Exil«)* Но секретарю приходится каждый день наново завоевывать эту дружбу доказательствами беспредельной преданности, неутомимого усердия, исключительной деловитости. **nimmermüde** *книжн.* ≅ unermüdlich; *напр.:* ihre nimmermüden Hände ее не знающие усталости руки; ihr nimmermüdes Bemühen um Ordnung und Sauberkeit ее неустанная забота о порядке и чистоте; sie war ihm eine nimmermüde Gehilfin она была его неутомимой помощницей; das hat er in nimmermüder Arbeit erreicht он достиг этого неустанной работой

unerschrocken *см.* **tapfer**
unerschütterlich *см.* **fest**[2]
unersetzbar *см.* **unersetzlich**
unersetzlich незаменимый
unersetzlich — unersetzbar — unabkömmlich
unersetzlich *индифф. синоним; напр.:* ein unersetzlicher Mitarbeiter,

Helfer, Lehrer незаменимый сотрудник, помощник, учитель; er ist in unserem Betrieb unersetzlich он незаменим на нашем предприятии ☐ ...Heinrich Lavendel war ein unersetzlicher Torwart *(Feuchtwanger, »Oppermann«)*... Генрих Лавендель был незаменимым вратарем. Er hatte seine Arbeit behalten, weil er gelernter Arbeiter war und unersetzlich in seiner Abteilung *(Seghers, »Die Toten«)* Он остался на своей работе, потому что был квалифицированным рабочим и был незаменим в своем цехе. **unersetzbar** = unersetzlich; *напр.:* ein unersetzbarer Verlust невосполнимая потеря; dieser Mitarbeiter ist in unserem Betrieb unersetzbar этот сотрудник незаменим на нашем предприятии. **unabkömmlich** такой, без которого не могут обойтись сейчас, в настоящее время *и т. п.;* незаменимый *употр. тк. по отношению к лицам; напр.:* er ist unabkömmlich без него нельзя обойтись, его нельзя отпустить; bei uns sind alle unabkömmlich нам нужны все; ich bin augenblicklich unabkömmlich я сейчас не могу уехать [уйти] (в отпуск *и т. п.)*

unerträglich невыносимый
unerträglich — unleidlich — unausstehlich — unmöglich
unerträglich *индифф. синоним; напр.:* unerträgliche Leiden, Qualen невыносимые страдания, муки; unerträgliche Verhältnisse невыносимые условия; ein unerträglicher Mensch невыносимый человек; die Situation wird immer unerträglicher ситуация становится все более невыносимой; das Leben wurde mit einem Male unerträglich жизнь сразу стала невыносимой; es ist für mich unerträglich, hier zu bleiben для меня невыносимо оставаться здесь; die Schmerzen sind unerträglich боль невыносимая ☐ Schwarze Hoffnungslosigkeit, unerträgliche Trauer klemmte Monsieur Lenormant die Brust *(Feuchtwanger, »Die Füchse«)* Мрачная безнадежность, невыносимая тоска сковали сердце Ленормана. Der Verlust des Bruders schmerzte ihn tief, seine Feindschaft war unerträglich *(Kellermann, »Totentanz«)* Потеря брата причинила ему сильную боль, его враждебное отношение было невыносимым. **unleidlich** a) *устаревает* = unerträglich; *напр.:* unleidliche Schmerzen, Qualen невыносимая боль, невыносимые муки; b) несносный *употр. по отношению к лицам, подчеркивает, что с кем-л. трудно говорить, ладить, что у кого-л. дурной характер, плохое настроение; напр.:* ein unleidlicher Mensch, Patient, Mitarbeiter невыносимый человек, пациент, сотрудник; er ist heute unleidlich он сегодня невыносим; sei nicht so unleidlich! не будь таким несносным! ☐ Unleidlich so einer, aus dem man

nicht klug ward! *(H. Mann, »Untertan«)* Как несносны подобные люди, в них ни черта не поймешь! Aber sie hat auch oft eine unangenehme Art gehabt, eine unleidliche, sie hat alles zwanzigmal gesagt und keine Ruhe gegeben *(Feuchtwanger, »Exil«)* Но у нее часто была неприятная манера, несносная, она повторяла одно и то же двадцать раз и покоя не давала. Er war unleidlich. Er geriet in immer neue Wut über die Tücken der alten, abgebrauchten Schreibmaschine *(ebenda)* Он был невыносим. Его приводили в бешенство козни старой, разбитой пишущей машинки. **unausstehlich** ≅ unleidlich b); *напр.:* ein unausstehlicher Mensch, Nörgler несносный человек; брюзга; ich finde diese Leute unausstehlich по-моему, эти люди несносны; er ist mir unausstehlich я его не выношу [терпеть не могу]; er ist unausstehlich neugierig он невыносимо любопытен ☐ ...die Frau ist für mich unausstehlich, seit ich hörte, wie sie zu Ingeborg sagte, daß nicht ich zu bestimmen hätte, ob sie arbeite oder nicht *(Max von der Grün, »Irrlicht«)* ...эту женщину я не выношу с тех пор, как я услышал, как она сказала Ингеборг, что не мое это дело указывать жене, работать ей или нет. Und natürlich müßte ich dir erklären, was mich so unausstehlich macht *(Weiskopf, »Abschied vom Frieden«)* И, конечно, мне следовало бы объяснить, почему я сейчас такой невыносимый. **unmöglich** *разг.* невозможный, невыносимый *часто тж. шутл.* — *при положительном отношении к кому-л., к чему-л.; напр.:* sich unmöglich benehmen невозможно вести себя; er ist ein unmöglicher Mensch! он невозможный [невыносимый] человек!; du bist einfach unmöglich! ты просто невозможен [невыносим]!; in dieser Aufmachung ist sie unmöglich! в этом наряде она просто невозможна!

unerwartet *см.* **plötzlich**
unerzogen невоспитанный
unerzogen — ungezogen — unartig — unkultiviert — ungehobelt — ungeschliffen — ungesittet
unerzogen *индифф. синоним; напр.:* ein unerzogener Junge невоспитанный мальчик; Sie sind ein unerzogener Mensch вы невоспитанный человек. **ungezogen** невоспитанный, грубый *в отличие от* unerzogen *чаще употр. по отношению к молодежи и подчеркивает конкретные формы и случаи невоспитанности: дерзость, бестактность, непослушание кого-л.; напр.:* ein ungezogenes Kind невоспитанный [невежливый] ребенок; j-m eine ungezogene Antwort geben, j-m ungezogen antworten ответить кому-л. грубо; das war recht ungezogen von dir это было довольно непонятно [грубо] с твоей стороны ☐ Er ist ein dummer, ungezogener Junge

UNFAIR 519 UNFRUCHTBAR

(*Feuchtwanger*, »*Exil*«) Он глупый, невоспитанный мальчишка. Vielleicht war er immer ein alter Schulknabe, ein ungezogener Schüler, der die Aufgaben nicht konnte, weil er die Bücher liebte (*Koeppen*, »*Treibhaus*«) Может быть, он всегда был таким старым школяром, невоспитанным учеником, который не знал урока, потому что любил книги. **unartig** ≅ **ungezogen**, *но б. ч. употр. по отношению к детям*; *напр*.: ein unartiges Kind непослушный ребенок; die Kinder waren heute sehr unartig дети были сегодня очень непослушны. **unkultiviert** [-v-] некультурный *подчеркивает отсутствие хороших манер*; *напр*.: ein unkultivierter Mensch некультурный человек; sich unkultiviert betragen [benehmen] вести себя некультурно; er aß sehr unkultiviert он ел очень некультурно; mit seinem unkultivierten Benehmen fiel er bei allen auf seinem некультурным поведением он обращал на себя внимание всех ▫ Ähnlich den Kondottieri Italiens in ihrer amoralischen Rauflust und Raublust, nur unkultivierter und hemmungsloser in ihren Instinkten... (*St. Zweig*, »*Maria Stuart*«) Драчливые и хищные, как итальянские кондотьеры, но еще более необузданные и неотесанные в проявлении своих страстей... **ungehobelt** неотесанный; *напр*.: ein ungehobelter Mensch, Kerl неотесанный человек, парень; sich ungehobelt aufführen грубо [некультурно] вести себя; sein Benehmen ist ungehobelt он ведет себя как неотесанный чурбан ▫ In der einen Stunde hielt ich Natascha für eine chauvinistische Modeziege, in der andern mich für einen ungehobelten Polterer (*Remarque*, »*Schatten*«) То Наташа казалась мне модницей и шовинисткой, то я сам себе казался неотесанным ворчуном. **ungeschliffen** ≅ **ungehobelt**, *но не содержит столь резкого осуждения и больше подчеркивает отсутствие внешнего лоска, такта*; *напр*.: ungeschliffene Manieren грубые манеры. **ungesittet** *высок. устаревает* ≅ **unerzogen**, *но подчеркивает, что чье-л. поведение не отвечает правилам приличия, этикету и т. п.*; *напр*.: ungesittete Kinder невоспитанные дети; sich ungesittet benehmen вести себя невоспитанно; sie haben sich im Lokal ungesittet benommen они в ресторане вели себя невоспитанно
unfair *см*. **unehrlich**

Unfall несчастный случай, авария
der **Unfall** — der **Unglücksfall** — das **Unglück** — die **Katastrophe** — die **Havarie** — die **Panne**

Unfall *индифф. синоним*; *напр*.: ein leichter Unfall небольшая авария (, ставшая причиной травмы, ранения и т. п.); ein tragischer, schwerer Unfall трагический, тяжелый случай; ein tödlicher Unfall, ein Unfall mit tödlichem Ausgang несчастный случай со смертельным исходом; ein Unfall im Betrieb несчастный случай [авария] на предприятии; gegen Unfälle versichert sein быть застрахованным от несчастных случаев; ein Unfall mit dem Auto автомобильная авария; er hat einen Unfall gehabt [erlitten] с ним произошел несчастный случай; der Unfall hat ein Todesopfer gefordert в результате аварии [несчастного случая] погиб один человек ▫ Die Nachricht von dem tödlichen Unfall kam ein paar Tage später (*Seghers*, »*Die Toten*«) Известие о несчастном случае со смертельным исходом пришло спустя несколько дней. Alle haben es auf der Zeche eilig, die Vorgesetzten und die Kumpels, wie eine Seuche ist das. Kein Wunder, daß dann Unfälle passieren (*Max von der Grün*, »*Irrlicht*«) Все на шахте спешат, и начальники и рабочие, просто напасть какая-то. Неудивительно, что в результате происходят несчастные случаи. 60 000 Tote und über 1 Million Opfer schwerer Unfälle bilden die blutige Rechnung, die Deutschlands Arbeiter in den letzten zehn Jahren bezahlen mußten (*Gluchowski*, »*Blutiger Stahl*«) 60 000 смертных случаев и свыше одного миллиона тяжелых травм составляют тот кровавый счет, который пришлось оплатить западногерманским рабочим на протяжении последних десяти лет. **Unglücksfall** ≅ **Unfall**, *но подчеркивает тяжелые последствия несчастного случая*; *напр*.: die Zahl der Unglücksfälle hat sich vermehrt число несчастных случаев увеличилось; es kam zu einem Unglücksfall in der Eisengießerei имел место несчастный случай в литейном цеху; er ist durch einen Unglücksfall ums Leben gekommen он погиб в результате несчастного случая. **Unglück** несчастье *подчеркивает особенно тяжелый характер несчастного случая*; *напр*.: ein schweres, schreckliches Unglück тяжелый, ужасный случай; ein großes Unglück большое несчастье; eine große Havarie большая авария; ein Unglück verhindern [verhüten] предотвратить несчастье; bei dem Unglück gab es einen Toten und viele Verletzte в результате несчастного случая один человек погиб и было много раненых ▫ Von einem schweren Unglück wurden heute vormittag die Eisen-Stahlwerke Ruhr AG betroffen (*Gluchowski*, »*Blutiger Stahl*«) Сегодня в первой половине дня металлургические заводы «АО Рур» постигло большое несчастье. **Katastrophe** катастрофа, несчастье (*бедствие большого масштаба, влекущее за собой трагические последствия*); *напр*. eine schreckliche, erschütternde Katastrophe ужасная, потрясающая катастрофа; die Ursachen der Katastrophe im Bergwerk untersuchen расследовать причины катастрофы на руднике; die Katastrophe forderte achtzig Todesopfer в результате катастрофы погибло восемьдесят человек ▫ Die Katastrophe ereignete sich, als zwei aus entgegengesetzten Richtungen kommende Züge in einem 1400 Meter langen Tunnel... sich ineinander verkeilten (*ND 12. 6. 72*) Катастрофа произошла, когда два поезда, шедшие навстречу друг другу по туннелю длиной в 1400 метров, врезались друг в друга. **Havarie** [-v-] авария, выход из строя (*крупная поломка, в результате которой не обязательно имеются пострадавшие*); *напр*.: die im Wasserwerk aufgetretene Havarie konnte schnell behoben werden случившуюся на водопроводной станции аварию смогли быстро устранить; der für die Havarie verantwortliche Kapitän wird zur Rechenschaft gezogen капитан, по вине которого произошла авария, привлекается к ответственности. **Panne** небольшая авария (*б. ч. поломка автомобиля, мотоцикла и т. п.*); *напр*.: eine Panne am Motorrad beheben [reparieren] устранить поломку в мотоцикле; der Wagen hatte unterwegs eine Panne в машине по дороге случилась поломка ▫ »Ich hatte eine Panne«, fuhr Christa lebhaft fort, »und mußte den Wagen in der Stadt stehenlassen, um zu Fuß nach Hause zu gehen« (*Kellermann*, »*Totentanz*«) «У меня произошла авария, — оживленно рассказывала Криста, — пришлось оставить машину в городе и возвращаться домой пешком»

unfaßbar *см*. **groß** [3]/**unverständlich** [1]
unfehlbar *см*. **richtig**
unflätig *см*. **unanständig** [2]
unfolgsam *см*. **ungehorsam**
unfrei *см*. **leibeigen**
unfreundlich *см*. **feindlich** [1]
Unfriede(n) *см*. **Feindschaft**
unfruchtbar [1] бесплодный (*не способный давать потомство*)
unfruchtbar — **zeugungsunfähig** — **steril**

unfruchtbar *индифф. синоним*; *напр*.: eine unfruchtbare Frau бесплодная женщина; eine unfruchtbare Kuh яловая корова. **zeugungsunfähig** не способный производить потомство *употр. тк. по отношению к мужчинам*; *б. ч. в специальной литературе*; *напр*.: eine Kriegsverletzung hat ihn zeugungsunfähig gemacht фронтовое ранение лишило его способности быть отцом. **steril** *книжн*. стерильный, бесплодный *употр. как по отношению к мужчине, так и к женщине*; *напр*.: es läßt sich nicht vermeiden, daß sie nach der Operation steril sein wird этого не избежать, после операции она останется бесплодной

unfruchtbar [2] бесплодный, неплодородный
unfruchtbar — **unergiebig** — **ertragsarm** — **ausgelaugt** — **karg** — **dürr** — **steril**

unfruchtbar бесплодный; *напр.*: ein unfruchtbares Land, Gebiet неплодородная страна, область; ein unfruchtbarer Boden, Acker бесплодная земля, пашня; ein unfruchtbarer Baum неплодоносящее дерево ◻ Sie hatten das wenige gute Land hier bedenkenlos aufgekauft und die Italiener wie Eingeborene einer Kolonie in die unfruchtbaren Berge verdrängt (*Renn, »Zu Fuß zum Orient«*) Они без зазрения совести скупили здесь хорошую землю, которой и так было немного, и вытеснили итальянцев, словно туземцев колонии, в бесплодные горы. Viel bestellbaren Boden hatte es in unfruchtbaren Griechenland nie gegeben (*ebenda*) В неплодородной Греции никогда не было много земли, пригодной для посевов. »Seid fruchtbar und mehret euch«, denn die Äcker sind unfruchtbar, und die Kriege dezimieren euch (*Brecht, »Das Leben des Galilei«*) «Плодитесь и размножайтесь», ибо ваши поля бесплодны и войны сокращают вашу численность. **unergiebig** бедный (*о почве и т. п.*); *напр.*: ein unergiebiger Boden, Acker неплодородная земля, пашня. **ertragsarm** малоурожайный, дающий низкий урожай; *напр.*: ein ertragsarmer Boden малоплодородная земля; eine ertragsarme Kartoffelsorte малоурожайный сорт картофеля; die ertragsarmen Flächen werden nicht bebaut земли, не дающие урожаев, не возделываются. **ausgelaugt** истощенный; выщелоченный (*о почве*); *напр.*: der Boden ist ausgelaugt почва истощена. **karg** скудный (*о почве*); *напр.*: dem kargen Boden sind nur geringe Erträge abzugewinnen со скудной земли можно получить только небольшие урожаи. **dürr** тощий *подчеркивает недостаток питательных веществ и отсутствие влаги в почве*; *напр.*: das Land ist dürr und gibt nichts her земля тощая и ничего не родит. **steril** *книжн. редко* совершенно бесплодный, стерильный; *напр.*: der Boden hier ist steril земля здесь совершенно бесплодна

unfruchtbar[3] бесплодный, безрезультатный

unfruchtbar — fruchtlos — unproduktiv — ergebnislos

unfruchtbar *индифф. синоним*; *напр.*: eine unfruchtbare Diskussion бесплодная дискуссия; ein unfruchtbares Warten бесплодное ожидание; ein unfruchtbares Gespräch бесполезный разговор; ein unfruchtbarer Versuch тщетная попытка ◻ Niemals hatte er eine Zeit gehabt, in der er sich so unfruchtbar, so steril fühlte (*Feuchtwanger, »Exil«*) Еще никогда в жизни он не чувствовал себя таким бесплодным, выхолощенным. Abgesehen vom Diktat dieser Postkarte, blieb es ein unfruchtbarer Vormittag (*Feuchtwanger, »Oppermann«*) Если не считать открытки, текст которой он продиктовал, утро было неплодотворным. **fruchtlos** безрезультатный, напрасный; *напр.*: fruchtlose Bemühungen напрасные усилия; eine fruchtlose Diskussion [Erörterung] abbrechen прекратить бесплодную дискуссию; eine fruchtlose Suche aufgeben отказаться от бесплодных поисков; sich fruchtlos anstrengen, bemühen делать напрасные усилия, напрасно стараться; alle Rettungsversuche haben sich als fruchtlos erwiesen все попытки спасения были безрезультатными [тщетными] ◻ Die ganzen Tage über hat sie gewünscht, ihm zu sagen: Jetzt hören wir aber auf mit dem Unsinn, begraben wir unsern stummen, fruchtlosen Streit, lassen wir alles so sein, wie es früher war (*Feuchtwanger, »Exil«*) Все эти дни ей хотелось сказать ему: «Пора кончать с этим безумием. Забудем эту безмолвную и бесплодную ссору, пусть всё будет, как раньше». **unproduktiv** непродуктивный, непроизводительный; *напр.*: eine unproduktive Tätigkeit непродуктивная деятельность; ein unproduktiver Mitarbeiter непроизводительно работающий сотрудник; unproduktive Stunden, Tage непродуктивные часы, дни; unproduktiv arbeiten работать непроизводительно. **ergebnislos** безрезультатный; *напр.*: die Verhandlungen blieben ergebnislos переговоры закончились безрезультатно

Unfug бесчинство, безобразие

der Unfug — das Unwesen

Unfug *индифф. синоним*; *напр.*: Unfug machen [treiben, anstellen] бесчинствовать, безобразничать; groben Unfug treiben хулиганить; die Kinder trieben Unfug дети безобразничали; hört auf, Unfug zu treiben! прекратите безобразничать!; so ein Unfug! какое безобразие!; was treibt ihr denn wieder für Unfug! вы опять безобразничаете! ◻ Es war ein grober Unfug, während des Kriegs zu trinken und zu tanzen, die Polizei hatte die Festgäste ausgehoben (*Feuchtwanger, »Erfolg«*) Было-де величайшим безобразием петь и плясать во время войны. Полиция переписала гостей. Amerikanische Matrosen, die in Marseille wegen allerlei Unfugs von der Polizei festgehalten wurden... (*Feuchtwanger, »Die Füchse«*) Американские матросы, которые за учиненный ими дебош были задержаны марсельской полицией... Den ganzen Abend vollführten sie den übermütigsten Unfug, stopften sich Kissen unter die Uniform, spielten Bucklige und Fettwänste und wollten sich halbtot lachen (*Kellermann, »Totentanz«*) Весь вечер они озорничали, безобразничали, засовывали под мундиры подушки, изображая из себя горбунов и толстяков, и хохотали до упаду. **Unwesen** ≅ Unfug, *но подчеркивает причиняемый вред и употр. тк. в сочетании* sein Unwesen treiben; *напр.*: ein Schwindler trieb in der Stadt, in der Gegend sein Unwesen в этой местности орудовал один аферист

unfügsam *см.* ungehorsam
ungalant *см.* grob
ungeachtet *см.* trotz
ungeahnt *см.* unvorhergesehen
ungebärdig *см.* toll[1]
ungebildet необразованный

ungebildet — unwissend — ungelehrt — unkundig — ignorant

ungebildet *индифф. синоним*; *напр.*: ein ziemlich ungebildeter Mensch довольно необразованный человек; politisch ungebildet sein быть политически неграмотным; musikalisch ungebildet sein плохо разбираться в музыке, не иметь музыкальной подготовки ◻ Ich kann auch nichts wissen, ich bin eine ungebildete Person (*Brecht, »Das Leben des Galilei«*) Я и знать ничего не могу, ведь я необразованная женщина. **unwissend** не имеющий достаточных знаний (*в определенной области*); невежественный; *напр.*: ein unwissender Mensch невежественный человек; sich unwissend stellen притворяться незнающим; unwissend in einer Sache sein не знать чего-л., быть невежественным в чем-л.; er liest kein Buch, ist dumm und unwissend он не читает книг, глуп и невежествен. ◻ So war es den beiden leichter, ein ganz vergnügtes Zusammensein vor dem Vater zu spielen, der unwissend war wie Helenes Kind (*Seghers, »Die Toten«*) Таким образом им обоим легко было разыгрывать спокойствие перед отцом, который пребывал в таком же неведении, как ребенок Елены. Ich bin so unwissend wie ein Kind (*Hauptmann, »Vor Sonnenuntergang«*) Я несведущ, как ребенок. **ungelehrt** *редко* не получивший (специальных) знаний в каких-л. науках, неученый; *напр.*: ein ungelehrter Mensch неученый человек ◻ Wir müssen nach uns sehen lassen, ungelehrt, alt und verbraucht, wie wir sind? (*Brecht, »Das Leben des Galilei«*) Значит, мы сами должны заботиться о себе, мы, невежественные, старые, усталые. »Ich bin eine Ausgabe von dir in Duodez«, sagte er einmal — ein buchhändlerischer Vergleich, — den der ungelehrte Rodrigo wahrscheinlich gar nicht verstand (*Br. Frank, »Cervantes«*) «Я — это ты, но только изданный в одну двенадцатую листа», — сказал он ему как-то, книготорговое сравнение, едва ли понятное необразованному Родриго. **unkundig** *высок.* несведущий в чем-л., не знающий чего-л. (*тк. предикативно с Gen.*); *напр.*: einer Sache unkundig sein быть несведущим в каком-л. деле; des Lesens und Schreibens unkundig sein не уметь ни читать ни писать, быть неграмотным; er ist der russischen, der englischen Sprache unkundig он не знает русского, английского языка; sie waren des Weges unkundig они не знали дороги. **ignorant** *книжн. редко* невежественный; *напр.:* □ Der Magistrat ist nicht nur ignorant, er ist schlechtweg schulfeindlich (*Valentin*, »*Die Unberatenen*«) Магистрат не только невежественный, он просто-напросто враждебен школе

ungebührlich *см.* unanständig [1]
ungebunden *см.* lose [1]/reimlos/unbändig [2]
ungefähr приблизительно
ungefähr — etwa — gegen — annähernd — schätzungsweise — um (...herum) — zirka (cirka) — rund — an die
ungefähr *индифф. синоним; напр.:* ungefähr 100 Stück, 5000 Unterschriften, 100 Menschen приблизительно 100 штук [около ста штук]; около пяти тысяч подписей, около ста [сотни] человек; ungefähr um sechs Uhr примерно в шесть часов; ungefähr die Hälfte приблизительно половина; er ist ungefähr dreißig Jahre alt ему лет тридцать; bis ungefähr neun Uhr ist er wieder zurück он вернется приблизительно к девяти часам; wir kennen einander seit ungefähr zehn Jahren мы знаем друг друга около десяти лет; ungefähr bis zu dieser Stelle gingen wir zu Fuß приблизительно до этого места мы шли пешком; in dieser Gegend weiß ich ungefähr Bescheid я приблизительно знаю эту местность; so ungefähr ist es gewesen это было приблизительно так □ Ungefähr eine Stunde diktierte er eifrig und mit gutem Gewissen (*Feuchtwanger*, »*Exil*«) Около часа он диктовал, усердно и с чистой совестью. Wenn man in ungefähr vierzehn Tagen an die Front zurück muß, kann einem nicht sehr viel passieren (*Remarque*, »*Zeit zu leben*«) Если человеку предстоит примерно через две недели вернуться на фронт, с ним ничего особенного случиться не может. **etwa** ≅ ungefähr, *но подчеркивает, что какие-л. данные основаны на личных предположениях (употр. в утвердительном повествовательном предложении и в вопросительном предложении с вопросительным словом); напр.:* etwa eine Stunde, eine Woche около часа, около недели; in etwa zehn Tagen примерно через десять дней; es wird etwa zehn Minuten dauern это продлится минут десять; er ist etwa fünfundzwanzig Jahre alt ему около двадцати пяти лет; das Buch kostet etwa zwölf Mark книга стоит около двенадцати марок; es mögen etwa zehn Tage her sein, daß... прошло, вероятно, дней десять с тех пор, как....; wann wirst du etwa eintreffen? когда ты, примерно, приедешь?; wie viele etwa werden mitkommen? сколько человек, примерно, придут с тобой?; an dieser Stelle etwa geschah das Unglück несчастный случай произошел приблизительно на этом месте □ ...aber er konnte schätzen, daß es (*das Regiment*) etwa hundert Kilometer weiter zurückgegangen war (*Remarque*, »*Zeit zu leben*«) ...все же он прикинул, что полк отступил примерно на сто километров. Es war ein Mädchen von etwa zwei Jahren, blond, mit einer blauen Schleife im Haar (*ebenda*) Это была маленькая девочка, лет двух, с голубым бантом в светлых волосах. **gegen** *в сочетании с указанием времени обозначает время, приблизительно соответствующее названному; в сочетании с цифровыми данными обозначает количество, величину и т. п., которые, как правило, несколько меньше этих округленных приближенных данных; напр.:* gegen 4 Uhr, gegen Abend около четырех часов, под вечер; gegen Ende der Aufführung к концу спектакля; gegen Ostern примерно на пасху; gegen Abend wurde das Wetter besser к вечеру погода улучшилась, gegen 2000 Menschen besuchten die Ausstellung выставку посетило около двух тысяч человек; es waren gegen 30 Kinder in der Klasse в классе было около 30 детей □ Gegen drei Uhr nachts hatten wir Unglück (*Kellermann*, »*Das Meer*«) Часа в три ночи случилась катастрофа. **annähernd** приблизительно, приближенно, близкий соответствующей величине (*в отличие от других синонимов данного ряда может употр. атрибутивно*); *напр.:* eine annähernd richtige Lösung приблизительно правильное решение; mit annähernder Sicherheit с приблизительной точностью (*предсказать что-л. и т. п.*); etw. annähernd errechnen приблизительно высчитать что-л.; wir ernteten annähernd so viel wie im vergangenen Jahr мы собрали приблизительно такой же урожай, как и в прошлом году. **schätzungsweise** примерно, на глазок (*о грубо приблизительном определении величины, размера, ценности чего-л.*); *напр.:* zur nächsten Stadt sind es schätzungsweise 8 Kilometer до следующего города по приблизительным подсчетам 8 километров □ Müller war schätzungsweise sechzig Jahre alt (*Noll*, »*Werner Holt*«) Мюллеру было с виду лет шестьдесят. **um (...herum)** ≅ ungefähr, *но б. ч. употр. при самых общих, ориентировочных указаниях на срок, время или цену; напр.:* um Weihnachten, um Ostern (herum) примерно на рождество, на пасху; um 1930 herum где-то около 1930-го года; es kostet um 50 Mark (herum) это стоит что-то около пятидесяти марок □ Da war der dicke Bernhard Pfeiffer phlegmatisch, asthmatisch, um die fünfzig herum (*Feuchtwanger*, »*Exil*«) Тут был толстяк Бернгард Пфайфер, флегматик, астматик — ему было что-то около пятидесяти. **zirka (cirka)** (*сокр.* ca.) ≅ ungefähr, *но употр. тк. с количественными данными и мерами; напр.:* zirka [ca.] hundert Meter приблизительно сто метров; zirka zwanzig Personen примерно двадцать человек; zirka drei Wochen приблизительно три недели; es entstand ein Sachschaden von zirka 5000 Mark был причинен материальный ущерб примерно в 5000 марок □ Wenn er noch fünfunddreißig Jahre zu leben hat, reduzieren sich die Ausgaben auf zirka zwei Mark pro Jahr, mit Zins und Zinseszins auf zirka acht Mark (*Feuchtwanger*, »*Oppermann*«) Если он проживет еще тридцать пять лет, весь расход сведется примерно к двум маркам в год, а с процентами и с процентами на проценты — приблизительно маркам к восьми. **rund** *разг.* округленно, круглым счетом *употр., когда важна не столько точность каких-л. данных, сколько возможность отчетливо, в запоминающейся форме представить масштабы чего-л.; напр.:* rund drei Monate im Jahr примерно три месяца в году; er hat rund hundert Mark ausgegeben он израсходовал круглым счетом сто марок; die Stadt hat rund zehntausend Einwohner в городе приблизительно десять тысяч жителей; rund eine Stunde mußte ich warten я должен был ждать битый час; sie war rund drei Monate krank она была больна месяца три □ Rund 100 000 Büsche aus elf Ländern wurden im Ausstellungspark gepflanzt (*ND* 26.4.72) Около ста тысяч кустов, привезенных из одиннадцати стран, было посажено в парке выставки. **an die** *разг.* (считай), не меньше, чем *б. ч. употр. с круглыми числами; напр.:* sie besitzt an die zwanzig Paar Schuhe у нее, считай, не меньше двадцати пар туфель; ich habe schon an die tausend Mark ausgegeben я израсходовал уже, считай, тысячу марок; sie ist an die dreißig ей не меньше тридцати лет; ich habe die Oper an (die) fünfmal gehört я слышал эту оперу раз пять; die Strecke war an die dreißig Kilometer lang этот отрезок пути был не меньше тридцати километров □ In Saßnitz mit seinen 15 000 Einwohnern gibt es ein Jugendblasorchester, einen Volkschor... drei Schulchöre, an die fünfzig Zirkel (*ND* 28.5.72) В Засснице с его пятнадцатью тысячами жителей есть молодежный духовой оркестр, хор народных песен... три школьных хора, не менее пятидесяти кружков

ungefällig *см.* grob
ungeheißen *см.* freiwillig
ungehemmt *см.* frei [2]
ungeheuer *см.* groß [1], [4]/sehr
Ungeheuer *см.* Unmensch
ungehindert *см.* frei [2]
ungehobelt *см.* unerzogen
ungehörig *см.* unanständig [1]
ungehorsam непослушный

ungehorsam — unfolgsam — unlenkbar — unfügsam — unbotmäßig

ungehorsam *индифф. синоним*; *напр.*: ein ungehorsames Kind, ein ungehorsamer Junge непослушный ребёнок, мальчик; warum bist du ungehorsam? почему ты не слушаешься? ☐ Um aber nicht ungehorsam gegen seine Königin zu scheinen, versteckt sich der kluge Puritaner hinter eine höhere Instanz, hinter seinen Gott (*St. Zweig, »Maria Stuart«*) Но, чтобы не казаться непослушным своей королеве, умный пуританин предпочитает спрятаться за более высокую инстанцию — за бога. **unfolgsam** ≅ ungehorsam, *но б. ч. употр. по отношению к детям*; *напр.*: ein unfolgsames Kind непослушный ребёнок; ihre Tochter war immer unfolgsam их дочь была всегда непослушной; warum bist du unfolgsam? почему ты такой непослушный? **unlenkbar** трудноуправляемый, не поддающийся влиянию; *напр.*: ein unlenkbares Kind трудный [своевольный] ребёнок; der Sohn ist für die Eltern unlenkbar geworden сын стал для родителей «неуправляемым»; er ist ein unlenkbarer Starrkopf он своевольный упрямец. **unfügsam** *редко* строптивый, непокорный; *напр.*: der Kranke ist unfügsam wie ein Kind больной капризничает как ребёнок. **unbotmäßig** *уст. высок., теперь шутл. и ирон.* строптивый, (непочтительный и) упрямый; *напр.*: die unbotmäßige Jugend упрямая молодёжь; der unbotmäßige Professor непокорный профессор.

ungeklärt *см.* ungewiß
ungekünstelt *см.* natürlich¹
ungeladen *см.* ungerufen
ungelehrt *см.* ungebildet
ungelogen *см.* wirklich¹
ungemein *см.* sehr
ungenannt неназванный

ungenannt — anonym — inkognito

ungenannt *индифф. синоним*; *напр.*: der Spender will ungenannt bleiben пожертвовавший эту сумму хочет остаться неизвестным. **anonym** анонимный, неизвестный по имени, не подписавший своего имени; *напр.*: ein anonymer Artikel анонимная статья, статья без подписи; ein anonymer Brief анонимное письмо; der Verfasser möchte anonym bleiben автор хочет остаться неизвестным; das Buch ist anonym erschienen книга вышла без фамилии автора ☐ Dann attackierte er die Komödie... in zwei langen, anonymen, sorgfältig geschriebenen Aufsätzen (*Feuchtwanger, »Die Füchse«*) Вслед за тем он (*аббат*) атаковал комедию в двух пространных, тщательно написанных анонимных статьях. In der Redaktion der »PN« lief ein anonymer Brief ein, der Mitteilungen enthielt... (*Feuchtwanger, »Exil«*) В редакцию «ПН» поступило анонимное письмо с сообщениями... **inkognito** под вымышленным именем, не раскрывая своего настоящего имени, инкогнито (*нескл.*); *напр.*: ...reiste gern inkognito, überzeugt, daß das die beste Möglichkeit sei, ein ungefärbtes Bild von Land und Leuten zu erhalten (*Feuchtwanger, »Die Füchse«*) ...ездил часто инкогнито, убеждённый, что это лучший способ получить верное, без прикрас, представление о стране и людях. ...er wollte auf der Fahrt und während der ersten Pariser Tage inkognito bleiben (*ebenda*) ...во время этого путешествия и в первые дни пребывания в Париже он пожелал оставаться инкогнито

ungeniert *см.* frech
ungerecht несправедливый

ungerecht — unrecht — unberechtigt — unbillig

ungerecht *индифф. синоним*; *напр.*: eine ungerechte Beurteilung, Behandlung, Strafe несправедливая оценка, несправедливое обращение, наказание; ein ungerechtes Urteil несправедливый приговор; j-n, etw. ungerecht beurteilen несправедливо судить о ком-л., о чем-л.; ungerecht gegen j-n sein быть несправедливым по отношению к кому-л.; du bist aber ungerecht! ты просто несправедлив! ☐ Es quälte ihn, daß er so oft zu Anna grantig und ungerecht gewesen war (*Feuchtwanger, »Exil«*) Его мучило, что он так часто был ворчлив, был несправедлив к Анне. Damals hatte er sich Sepp als Zielscheibe ebenso geistreicher wie ungerechter und unanständiger Angriffe herausgesucht (*ebenda*) В свое время он избрал мишенью для своих остроумных, но несправедливых и непорядочных нападок Зеппа Траутвейна. Der Minister erkannte, wie tief jener ungerechte Spruch Pierre getroffen (*Feuchtwanger, »Die Füchse«*) Министр понял, как глубоко ранил Пьера этот несправедливый приговор. **unrecht** ≅ ungerecht, *но употр. тк. в сочетании* j-m unrecht tun; *напр.*: j-m (bitter) unrecht tun быть несправедливым к кому-л., поступать [обходиться] с кем-л. (крайне) несправедливо ☐ Er sagte sich, er habe dieser Frau unrecht getan, und ließ von seinem Vorsatz ab (*Feuchtwanger, »Exil«*) Он подумал, что был к ней несправедлив, и отказался от своего намерения. Trautwein also hatte ihm unrecht getan und spürte Scham (*ebenda*) Он, Траутвейн, следовательно, был несправедлив по отношению к нему. Ему стало стыдно. **unberechtigt** несправедливый, необоснованный (*не имеющий справедливого, достаточного основания*); *напр.*: unberechtigte Forderungen stellen предъявлять несправедливые [необоснованные] требования; unberechtigtes Mißtrauen überwinden преодолевать несправедливое [незаслуженное] недоверие ☐ Aber sein unberechtigter Zorn war ihm willkommen, ja, er steigerte sich in eine immer größere Wut und Entschlossenheit hinein (*Feuchtwanger, »Exil«*) Но его гнев, как бы он ни был несправедлив, обрадовал его. Он даже сам себя распалял, впадая все в бо́льшую ярость и становясь все более решительным. **unbillig** *высок.* неправедный, несправедливый (*и в силу этого недопустимый, не могущий быть оправданным*); *напр.*: ein unbilliges Verlangen несправедливое требование; eine unbillige Forderung недопустимое требование; es ist unbillig, eine Meinungsänderung von ihm zu verlangen было бы несправедливо требовать от него, чтобы он изменил свое мнение ☐ Laß sein, daß meiner Forderungen eine | Unbillig und vermessen war... (*Schiller, »Don Carlos«*) Пускай была дерзка, невыполнима | Одна из просьб моих... (*Перевод Левика*)

Ungerechtigkeit несправедливость

die Ungerechtigkeit — das Unrecht — die Unbill

Ungerechtigkeit *индифф. синоним*; *напр.*: eine große, schreiende Ungerechtigkeit большая, вопиющая несправедливость; Ungerechtigkeit erleiden терпеть несправедливость; gegen die Ungerechtigkeit kämpfen бороться с несправедливостью; so eine Ungerechtigkeit! какая несправедливость!; diese Ungerechtigkeit lasse ich mir nicht gefallen я не потерплю такую несправедливость; solche Ungerechtigkeit empört uns такая несправедливость возмущает нас ☐ Wiesener wurde für Heilbrunn zur Verkörperung der Ungerechtigkeit der Welt (*Feuchtwanger, »Exil«*) Визенер стал для Гейльбруна воплощением всей несправедливости мира. Wenn es nicht genug Mörder und Diebe gab, dürften die Behörden und Richter Leute schuldig gesprochen und zur Ruderklaverei verurteilt haben, wenn sie arm waren und keine Möglichkeit hatten, sich gegen die Ungerechtigkeit zu wehren (*Renn, »Zu Fuß zum Orient«*) Если не хватало убийц и воров, власти и суд, возможно, посылали на галеры бедняков, не имевших возможности защитить себя от несправедливости. **Unrecht** несправедливый поступок, несправедливое поведение, отношение, действие *и т. п.*; *подчёркивает, что что-л. не отвечает общим представлениям о праве*; *напр.*: ein bitteres, schreiendes Unrecht горькая, вопиющая несправедливость; ein Unrecht erleiden терпеть несправедливость; ein Unrecht begehen допустить несправедливость; j-m schweres Unrecht (an)tun [zufügen] поступать с кем-л. очень несправедливо; j-m geschieht [widerfährt] ein Unrecht с кем-л. поступают несправедливо; ihn traf ein Unrecht его коснулась несправедливость ☐ Das neue wüste Unrecht, das man Pierre antat, hatte sie aufgewühlt (*Feuchtwanger, »Die Füchse«*) Новая чудовищная несправедливость по отношению к Пьеру жестоко потрясла ее. Pierre war gewohnt, Unrecht zu leiden (*ebenda*) Пьер привык к несправедливостям. Dann ging er in seinem prunkvollen, schwarzen Schlafrock auf und ab, halb ein Cäsar, halb ein Samurai und fühlte sich als ein Mann, dem seine Nächsten greuliches Unrecht zugefügt, den aber jetzt die Ereignisse glorreich gerechtfertigt haben (*Feuchtwanger, »Exil«*) В своем роскошном черном халате он ходил взад и вперед, не то цезарь, не то самурай, чувствуя себя человеком, которого жестоко обидели его ближние, но зато блестяще оправдали последние события. **Unbill** *высок.* обида (*несправедливый поступок, несправедливое отношение*); *напр.*: j-m eine Unbill antun [zufügen] нанести [причинить] кому-л. обиду; eine Unbill erleiden терпеть обиду [несправедливость]; er hat die ihm zugefügte Unbill tapfer ertragen он мужественно переносил нанесенную ему обиду □ Und Pierre las: »Die Geschichte des derzeitigen Königs von Großbritannien ist eine Geschichte immer wiederholter Unbill und Willkür« (*Feuchtwanger, »Die Füchse«*) И Пьер читал: «История правления нынешнего короля Великобритании — это история непрекращающихся несправедливостей и произвола». Der Minister erkannte, wie tief jener ungerechte Spruch Pierre getroffen hatte, welche Tapferkeit dazu gehört hatte, die angetane Unbill die drei langen Jahre hindurch mit Witzworten wegzuscherzen (*ebenda*) Министр понял, как глубоко ранил Пьера несправедливый приговор и каким нужно было обладать мужеством, чтобы в течение трех лет острить по поводу незаслуженной обиды

ungereimt *см.* dumm ¹/reimlos
ungerufen незваный
ungerufen — ungeladen

ungerufen *индиф. синоним*; *напр.*: ein ungerufener Gast, Besucher незваный гость, посетитель; ungerufen kommen прийти незваным □ Wäre sie zu einer andern Zeit gekommen, dann hätte er sich wohl gefreut, obgleich sie, wenn sie ihn ungerufen aufsuchte, beinahe immer etwas von ihm zu verlangen pflegte (*Feuchtwanger, »Die Füchse«*) Приди она в другое время, он бы, конечно, обрадовался, хотя обычно, если она являлась к нему без приглашения, то почти всегда чего-нибудь требовала.
ungeladen неприглашенный; ungeladene Gäste неприглашенные гости; er kommt ungeladen он приходит без приглашения
ungeschickt неловкий, неумелый
ungeschickt — unbeholfen — ungewandt

ungeschickt *индиф. синоним*; *напр.*: ein ungeschickter Mensch неловкий человек; ungeschickte Finger, Hände, Bewegungen неловкие пальцы, руки, движения; ungeschickt danken неловко поблагодарить; eine Sache ungeschickt anfassen [anfangen] приступить к делу без должной ловкости; sich ungeschickt bewegen двигаться неловко; sich ungeschickt ausdrücken неудачно выразиться; wie kann man nur so ungeschickt sein! как можно быть таким неловким! □ Wenzlow fühlte sich neben Klemm etwas ungeschickt, etwas ungewandt (*Seghers, »Die Toten«*) Рядом с Клеммом Венцлов чувствовал себя немного неловким, неуклюжим. Noch ungeschickter erwies er sich in der Erlernung der höfischen Künste... des Fechtens, Reitens, Tanzens und der umständlichen Manieren (*Feuchtwanger, »Die Füchse«*) Еще более неловким он оказался при изучении придворных премудростей... фехтования, верховой езды, танцев и церемонных манер. **unbeholfen** неловкий, беспомощный *часто употр. по отношению к пожилым людям*; *напр.*: eine unbeholfene Bewegung неловкое движение; sich etwas unbeholfen bewegen, benehmen, ausdrücken двигаться, вести себя, выражаться несколько неловко; alte Leute sind oft unbeholfen старые люди часто беспомощны □ Holt folgte den unbeholfenen Schreibbewegungen (*Noll, »Werner Holt«*) Хольт следил за неловкими движениями пишущего. Der magere Herr Tischler machte sich unbeholfen an Oskar heran (*Feuchtwanger, »Lautensack«*) Тощий господин Тишлер неловко подошел к Оскару. **ungewandt** неповоротливый, неуклюжий (*без легкости, уверенности в поведении, в движениях, в выражениях*); *напр.*: etw. ungewandt formulieren неудачно сформулировать что-л.; er ist noch etwas ungewandt in seinem Auftreten [Benehmen] он держится еще немного неуклюже □ Er mißbilligte Annas Angriffe auf den ungewandten Mann und bemühte sich, ihn aus ihren Fängen zu befreien (*Feuchtwanger, »Exil«*) Он не одобрял наскоков Анны на этого неловкого человека и старался помочь ему выпутаться из ее силков.
ungeschliffen *см.* unerzogen
ungeschminkt *см.* aufrichtig
ungeschult *см.* unerfahren
ungesellig *см.* menschenscheu
ungesetzlich незаконный
ungesetzlich — gesetzlos — gesetzwidrig — rechtswidrig — unrechtmäßig — widerrechtlich — illegal — illegitim

ungesetzlich *индиф. синоним*; *напр.*: eine ungesetzliche Handlung, Forderung незаконное действие, требование; eine ungesetzliche Kündigung, Verhaftung незаконное увольнение, незаконный арест; etw. auf ungesetzlichem Wege erreichen добиться чего-л. незаконно; sich etw. auf ungesetzlichem Wege beschaffen, bekommen приобрести, получать что-л. незаконным путем. **gesetzlos** беззаконный, не имеющий под собой законного [юридического] основания; *напр.*: eine gesetzlose Forderung, Handlung беззаконное требование, действие; gesetzlose Willkür беззаконие. **gesetzwidrig** противозаконный, противоречащий закону; *напр.*: eine gesetzwidrige Handlung противозаконное действие [противозаконный поступок]; ein gesetzwidriger Beschluß противозаконное решение; ein gesetzwidriges Urteil противозаконный приговор; das ist gesetzwidrig это противозаконно. **rechtswidrig** неправомерный, противозаконный, противоречащий правовым нормам; *напр.*: eine rechtswidrige Verfügung, Handlung противозаконное постановление, неправомерное действие; ein rechtswidriges Verhalten противозаконное действие [поведение]. **unrechtmäßig** незаконный, не признаваемый законом; *напр.*: ein unrechtmäßiger Besitz незаконное владение собственностью; eine unrechtmäßige Forderung незаконное требование; sich (*D*) etw. unrechtmäßig aneignen присвоить себе что-л. незаконным путем; er ist unrechtmäßige Wege gegangen он действовал незаконными путями. **widerrechtlich** противозаконный, противоправный; *напр.*: widerrechtliche Verfolgung, Aneignung противозаконное преследование, присвоение; sein Paß ist ihm widerrechtlich weggenommen worden у него противозаконно отобрали заграничный паспорт. **illegal** нелегальный, подпольный, недозволенный; *напр.*: eine illegale Organisation нелегальная организация; die illegale Arbeit, Tätigkeit нелегальная работа, деятельность; illegaler Waffenbesitz незаконное владение оружием; illegale Einfuhr, Ausfuhr нелегальный ввоз, вывоз; illegale Literatur нелегальная литература; etw. auf illegale Weise tun делать что-л. нелегально; illegal leben жить нелегально; die Grenze illegal überschreiten перейти нелегально границу □ Der Buchbinder Merkle brachte Hans zum Beispiel gelegentlich mit Parteigenossen zusammen, die im Dritten Reich illegale Arbeit verrichteten (*Feuchtwanger, »Exil«*) Переплетчик Меркле иногда знакомил Ганса с немецкими коммунистами, проводившими подпольную работу в «третьей империи». Doktor Simmel, der als geschickter Anwalt galt, arbeitete zusammen mit einem französischen Kollegen, aber er hatte keine französischen Examina gemacht, seine Tätigkeit war illegal (*ebenda*) Доктор Зиммель был известен как очень способный адвокат. Он работал вместе с одним французским коллегой, но работал нелегально: у него не было французского диплома. **illegitim** *книжн.* ≅ unrechtmäßig *тж. употр. по отношению к внебрачным детям*; *напр.*: eine illegitime Einmischung, Verordnung незаконное вмешательство, распоряжение; illegitime Gewinne незаконные доходы; ein illegitimes Kind незаконнорожденный ребёнок □ Immer machten die Söhne den Vätern illegitimen Nachwuchs, und immer bereiteten die Söhne den Vätern Herzeleid (*Feuchtwanger, »Die Füchse«*) Сыновья всегда приносили отцам незаконное потомство и всегда причиняли им боль

ungesittet *см.* unerzogen

ungestraft безнаказанно; не опасаясь наказания, плохих последствий

ungestraft — straffrei — straflos — ungesühnt

ungestraft *индифф. синоним*; *напр.*: ungestraft ausgehen [davonkommen] оставаться безнаказанным; das wird nicht ungestraft bleiben это не останется безнаказанным □ Er hätte wissen müssen, daß man einen nur dann reizen darf, wenn man es ungestraft tun kann (*Feuchtwanger, »Exil«*) А следовало бы знать, что дразнить кого-нибудь можно лишь тогда, когда знаешь, что это сойдёт безнаказанно. Wenn Weinschenk sich vergangen hat, so hat er es höchstwahrscheinlich nicht ärger getrieben als viele seiner Kollegen, die ungestraft davongekommen sind (*Th. Mann, »Buddenbrooks«*) Если Вайншенк и поступил не вполне благовидно, то всё же, надо думать, сделал не многим больше того, что делали его коллеги, вышедшие сухими из воды. Sie haben etwa die gesamten Führer der Linken von einiger Bedeutung einfach abgeschossen, einen nach dem anderen. Ungestraft (*Feuchtwanger, »Oppermann«*) Они, например, перестреляли одного за другим почти всех более или менее авторитетных левых лидеров. Безнаказанно. **straffrei, straflos** ≅ ungestraft, *но б. ч. употр. с глаголами* ausgehen, davonkommen, hervorgehen (*как обстоятельство или предикативное определение*); *напр.*: er ist bei der Sache straffrei ausgegangen [davongekommen] он не понёс наказания за это дело; für diesmal sollst du noch straffrei ausgehen на этот раз ты ещё избежишь наказания; der Schuldige läuft noch immer straflos herum виновный всё ещё безнаказанно разгуливает на свободе. **ungesühnt** *высок.* не повлёкший за собой кары, оставшийся без возмездия *часто употр. с отрицанием*; *напр.*: die Schuld war [blieb] ungesühnt вина не повлекла за собой кары; das Verbrechen wird nicht ungesühnt bleiben преступление не останется без возмездия □ Es seien nicht die einzelnen Verbrechen, die ihn so erregt hätten, sondern es sei die Tatsache, daß sie ungesühnt blieben (*Feuchtwanger, »Oppermann«*) Его волнует, по его словам, не наличие тех или иных преступлений, а факт их безнаказанности. Schreckhaft war die Zahl der sinnlos Getöteten, mit gelbem Gesicht und durchlöcherter Brust hastig eingescharrt in einem nächtlichen Wald, ungesühnt... (*Feuchtwanger, »Erfolg«*) Чудовищным было число бессмысленно убитых, с жёлтыми лицами и продырявленной грудью, наспех закопанных ночью в лесу и не отомщённых...

ungestüm *см.* heftig [1]/toll [1]

ungesühnt *см.* ungestraft

ungesund *см.* krank

ungetreu *см.* treulos

ungeübt *см.* unerfahren

ungewandt *см.* ungeschickt

ungewiß неизвестный, неопределённый; не уверенный (*в исходе, в наличии чего-л. и т. п.*)

ungewiß — unsicher — unbestimmt — fraglich — ungeklärt — unentschieden — unverbürgt — zweifelhaft

ungewiß *индифф. синоним*; *напр.*: eine ungewisse Zukunft неопределённое будущее; ungewiß, ob es den Apfel nehmen durfte, schaute das Kind die Mutter an не зная [не будучи уверенным], можно ли ему взять яблоко, ребёнок (по)смотрел на мать; es ist ungewiß, ob er heute kommt неизвестно, придёт ли он сегодня; der Ausgang, der Erfolg der Sache ist ungewiß нельзя быть уверенным в исходе, в успехе дела; seine Zustimmung, seine Teilnahme ist ungewiß на его согласие, на его участие нельзя рассчитывать определённо □ Es behagte ihm nicht, ins Gespräch gezogen zu werden; so bewegte er nur ungewiß den Kopf (*Noll, »Werner Holt«*) Ему не хотелось, чтобы его втягивали в разговор, и он неопределённо мотнул головой. Holt knüpfte eine ungewisse Hoffnung an diesen Besuch (*ebenda*) Хольт возлагал какие-то смутные надежды на его приезд. **unsicher** (*точно*) не определённый; не (вполне) уверенный; *напр.*: ein unsicherer Termin не окончательно установленный срок; ich bin (mir) unsicher [im unsichern], ob ich es tun werde я не уверен, буду ли я это делать; es ist noch unsicher, ob er kommt ещё неопределённо, придёт ли он; der Termin der Abreise ist noch unsicher срок отъезда ещё точно не определён □ Daß er jetzt in ein neues Unternehmen hineinging, ins ganz Unsichere, das den ganzen Mann erforderte, machte ihn jung (*Feuchtwanger, »Die Füchse«*) Он начинал новое, ещё совершенно неясное дело, дело, которое требовало, чтобы человек ушёл в него весь, целиком, и это его молодило. **unbestimmt** неопределённый; *напр.*: er ist auf unbestimmte Zeit verreist он уехал на неопределённое время; es ist unbestimmt, wann er kommt неопределённо, придёт ли он; es ist ещё неопределённо, wann er zurückkehrt ещё не известно точно, когда он вернётся. **fraglich** под вопросом, сомнительный (*чаще не атрибутивно*); *напр.*: ein ziemlich fragliches Ergebnis довольно сомнительный результат; etw. für fraglich halten считать что-л. сомнительным [проблематичным]; es ist noch (sehr) fraglich, ob er kommt ещё (большой) вопрос [ещё неизвестно], придёт ли он; es scheint mir fraglich, ob ich das schaffen werde мне кажется сомнительным, что я смогу это сделать. **ungeklärt** (*точно*) не выяснено; *напр.*: es ist ungeklärt, ob man morgen dorthin fahren kann ещё не выяснено, можно ли поехать туда завтра. **unentschieden** нерешённый (*о вопросе и т. п.*); *напр.*: es ist noch unentschieden, ob er das Angebot annimmt ещё неизвестно, примет ли он предложение. **unverbürgt** недостоверный, неподтверждённый (*о сообщениях и т. п.*), не гарантированный; *напр.*: unverbürgten Angaben zufolge soll er die Stadt verlassen haben по непроверенным [неподтверждённым] сведениям, он покинул город. **zweifelhaft** сомнительно, под сомнением (*чаще не атрибутивно*); *напр.*: es ist zweifelhaft, ob wir seine Einwilligung dazu bekommen ещё сомнительно, получим ли мы его согласие на это; der Erfolg ist (noch) zweifelhaft ещё неизвестно, будет ли успех

Ungewisses *см.* Ungewißheit

Ungewißheit неопределённость, неизвестность

die Ungewißheit — die Unsicherheit — das Ungewisse

Ungewißheit *индифф. синоним*; *напр.*: volle, ewige Ungewißheit полная, вечная неопределённость; soziale Ungewißheit неуверенность в завтрашнем дне; in Ungewißheit warten, schweben ожидать, пребывать в неизвестности; j-n (über etw.) in Ungewißheit lassen оставить кого-л. в неизвестности (относительно чего-л.) □ Zwar war er einen so herablassenden Ton nicht gewöhnt, aber nach der Ungewißheit der letzten Tage waren ihm die Worte des mächtigen Mannes eine Erleichterung (*Feuchtwanger, »Exil«*) Хотя он и не привык к такому снисходительному тону, но после неопределённости последних дней он почувствовал облегчение от слов этой влиятельной особы. Morgen in aller Frühe mußte der Rückzug angetreten werden... Ob bis dahin die Flußübergänge fertig waren?.. Ungewißheit begann ihn zu quälen... (*Bredel, »Der Kommissar am Rhein«*) Завтра рано утром должен начаться отход... Будут ли готовы к тому времени переправы через реку?.. Его начала мучить неизвестность... **Unsicherheit** ≅ Ungewißheit, *но больше относится не*

к внутреннему состоянию человека, которого беспокоит неопределенность, а к положению, ситуации; напр.: ◻ So hat er zu spüren bekommen, was Heimat ist und was Fremde, was Gebundenheit und was Freiheit, was Unsicherheit und was gefestigte Stellung (Feuchtwanger, »Exil«) Он постиг, что такое родина и чужбина, зависимость и свобода, неуверенность в завтрашнем дне и прочное положение. In zunehmendem Maße kämpfen auch Bauern, Landarbeiter, Angestellte und Vertreter anderer Schichten an der Seite der Arbeiterklasse gegen Inflation und soziale Unsicherheit (ND 7. 2. 74) Все больше крестьян, сельскохозяйственных рабочих, служащих и представителей других слоев населения выступают на стороне рабочего класса против инфляции и социальной нестабильности. **Ungewisses** неизвестность, неопределенность предстоящего; напр.: Angst vor dem Ungewissen haben бояться неизвестности ◻ Morgen ging er auf die Wanderschaft, ins Ungewisse (Noll, »Werner Holt«) Завтра он отправится в путь, отправится в неизвестное
ungewöhnlich см. außerordentlich ¹/merkwürdig
ungezählt см. viele
ungeziemend см. unanständig ¹
ungeziert см. schlicht ²
ungezogen см. unerzogen
ungezügelt см. unbändig ²
ungezwungen см. freiwillig/natürlich ¹
ungläubig неверующий
ungläubig — atheistisch — gottlos — freigeistig — freidenkerisch — irreligiös — areligiös — glaubenslos
ungläubig индифф. синоним; напр.: ein ungläubiger Mensch неверующий человек; Krieg gegen die Ungläubigen führen вести войну с неверными ◻ Aber wenn er hier in Paris in seinem jetzigen ungläubigen Stande verlöschen sollte, würde ihm die Kirche ein anständiges Begräbnis verweigern (Feuchtwanger, »Die Füchse«) Но умри он здесь, в Париже, в положении неверующего, церковь отказала бы ему в достойном погребении. **atheistisch** атеистический, отрицающий существование бога (исходя из научного мировоззрения); напр.: eine atheistische Weltanschauung, Lehre атеистическое мировоззрение, учение; atheistische Propaganda атеистическая пропаганда. **gottlos** безбожный, (демонстративно) отрицающий бога и нарушающий предписания религии; напр.: ein gottloser Mensch безбожник ◻ Gott, der in die Herzen schaute, wußte, daß er, Louis, sein Bestes tat, die Flut der rebellischen, gottlosen Gesinnung einzudämmen (Feuchtwanger, »Die Füchse«) Бог, которому открыты все сердца, знал, что он, Луи, делал все возможное, дабы преградить путь потоку мятежных, безбожных мыслей. **freigeistig** свободомыслящий, независимый от догм и предписаний (в первую очередь церковных), вольнодумный; напр.: ein freigeistiger Mensch вольнодумец; freigeistige Gedanken, Reden вольнодумные мысли, речи ◻ Man sprach an diesem Abend viel von religiösen Dingen. Die freigeistigen Anschauungen der Pariser Gesellschaft hatten abgefärbt auf die Tafelrunde, die sich hier in Nantes versammelt hatte (Feuchtwanger, »Die Füchse«) В этот вечер много толковали о религии. Вольнодумство парижского общества наложило свой отпечаток и на застольное сборище в Нанте. Louis' des Sechzehnten Vater, der bigotte Dauphin, hatte in dem freigeistigen Ministerpräsidenten Choiseul einen Feind gesehen (ebenda) Отец Людовика Шестнадцатого, святоша-дофин, считал вольнодумного премьер-министра Шуазеля своим врагом. **freidenkerisch** ≅ freigeistig, но употр. реже; напр.: ◻ Er fürchtete, es könnte, wenn gerade ein ungünstiger freidenkerischer Wind blase, der Erzbischof ihn im Stich lassen, und er bereute seinen Mut (Feuchtwanger, »Die Füchse«) Он опасался, что если вновь подует враждебный ветер вольнодумства, тут-то архиепископ и бросит его в беде, и он раскаялся в своей смелости. **irreligiös** книжн., **areligiös** книжн. редко нерелигиозный, не верующий в бога и не соблюдающий предписаний религии; напр.: ein irreligiöser Mensch нерелигиозный человек; eine irreligiöse [areligiöse] Denkart нерелигиозный склад мышления ◻ Herrn Cremonini haben wir nicht nur nicht an die Inquisition ausgeliefert, als man uns bewies, bewies, Herr Galilei, daß er irreligiöse Äußerungen tut... (Brecht, »Das Leben des Galilei«) Господина Кремонини мы не только не выдали инквизиции, когда нам доказали, господин Галилей, что он высказывает безбожные суждения... **glaubenslos** книжн. редко не исповедующий никакой веры, ни во что не верящий; напр.: ◻ Der Mann, der ihr jetzt diktierte, das war der gewissenlose, glaubenslose Streber und Schieber von vorgestern (Feuchtwanger, »Exil«) Человек, диктовавший ей статью, был все тот же бессовестный, ни во что не верящий карьерист и спекулянт, что и позавчера. Daß Menschen so jung sein konnten und so glaubenslos (Feuchtwanger, »Erfolg«) Как странно, что люди могли быть так молоды и так лишены всякой веры
unglaublich см. sehr/unwahrscheinlich
unglaubwürdig см. unwahrscheinlich
Unglück ¹ несчастье
das Unglück — das Elend — das Unheil — die Not — der Jammer — das Mißgeschick — das Übel — die Bedrängnis — der Unsegen — die Heimsuchung — die Kalamität — das Malheur — das Pech — der, das Schlamassel
Unglück индифф. синоним; напр.: ein großes, schreckliches Unglück большое, ужасное несчастье; Unglück über Unglück несчастье за несчастьем; zum Unglück... к несчастью...; das Unglück ertragen переносить несчастье; Unglück voraussehen, verhindern предвидеть, предотвратить несчастье; ihn hat ein Unglück getroffen его постигло несчастье ◻ Und nicht nur ein großer Musiker ist ihr Sepp, sondern auch ein Mann, Freunde zu halten, selbst im Unglück (Feuchtwanger, »Exil«) Но он, ее Зепп, не только выдающийся музыкант, он, кроме того, человек, умеющий сохранить друзей даже в несчастье. Dadurch fühlte sie sich, wenn auch unwillentlich und unwissentlich, in Sepps Unglück hineinverstrickt (ebenda) Тем самым она, помимо своей воли и не отдавая себе в этом отчета, связана с несчастьем Зеппа. **Elend** большое несчастье (часто неожиданное), беда характеризует чье-л. состояние, положение в определенный период; напр.: ein großes, bitteres Elend большая, тяжкая беда; sein Elend schildern, zu vergessen suchen рассказывать о своей беде, пытаться забыть свою беду; er ist selbst an seinem Elend schuld он сам виноват в своем несчастье [в своей беде]; es ist ein Elend mit ihm! разг. просто несчастье с ним! ◻ Kahn lächelte. »Vorläufig halten die Emigranten noch zusammen. Elend ist ein besserer Kitt als Glück« (Remarque, »Schatten«) Кан улыбнулся. «Пока что эмигранты держатся вместе. Беда связывает крепче, чем счастье». **Unheil** большое, непоправимое несчастье (часто в будущем) в отличие от Unglück и Elend подчеркивает зловещий, неотвратимый, гибельный характер несчастья, бедствия для многих людей; напр.: Unheil voraussehen предвидеть беду; Unheil bringen приносить несчастье; Unheil stiften причинять зло, быть причиной несчастья; Unheil anrichten натворить бед; Unheil brach herein нагрянула беда; der Krieg hat viel Unheil gestiftet [angerichtet] война принесла большие бедствия ◻ Am meisten verdroß ihn, daß er tatenlos da hocken und warten mußte und nichts unternehmen konnte, um das herannahende Unheil abzuwehren (Feuchtwanger, »Exil«) Больше всего раздражало его, что приходится ждать сложа руки, что ничем нельзя оборониться от близкой беды. Die Erwartung des Unheils, war, wie immer, schlimmer gewesen als die Katastrophe selbst, und jetzt war er ruhig, beinahe heiter (ebenda) Ожидание беды, как всегда,

было хуже самой катастрофы, и теперь он был спокоен, почти весел. »Glaubst du wirklich, daß all das Unheil, das ihr über die Welt brachtet, mit einer romantischen Geste gesühnt werden kann?« (*Kellermann*, »*Totentanz*«) Неужели ты веришь, что романтическим жестом можно искупить все то несчастье, которое вы принесли в мир? **Not** беда, трудное, тяжелое положение (*характеризующееся разного рода лишениями, наличием опасности и т. п.*); *напр.*: eine große, schwere, unerbittliche Not большая, тяжелая, неумолимая беда; in Not sein, sich in Not befinden быть в беде [в опасности]; in Not geraten попасть в беду; j-m in der Not helfen [beistehen] помогать кому-л. в беде; j-m die Not erleichtern облегчить чье-л. тяжелое положение; j-n aus der Not retten выручать кого-л. из беды □ Nun er Mühlheim nicht erreicht hat, ist niemand da, mit dem er seine Not bereden könnte (*Feuchtwanger*, »*Oppermann*«) Вот нет Мюльгейма и, значит, не с кем поговорить о своей беде. Heilbrunn blieb in großer Not zurück, die Stirn unter dem eisengrauen Stichelhaar war ihm feucht (*Feuchtwanger*, »*Exil*«) Гейльбрун остался один, в очень трудном положении; его лоб и стриженная ежиком голова с сединой стального цвета взмокли от пота. **Jammer** горе, несчастье (*обыкн. в личной жизни*); *напр.*: ein unbeschreiblicher Jammer неописуемое горе; vor Jammer weinen, klagen плакать от горя, сетовать; mit seinem Jammer fertig werden справиться со своим горем; er bot ein Bild des Jammers он являл собой горестное зрелище; es ist ein Jammer, das mit anzusehen горестно смотреть на это; ein Jammer, daß er schon sterben mußte! какое горе, что он уже [так рано] умер! **Mißgeschick** неудача, беда (*случившаяся с одним лицом, часто в результате неловкости, неосторожности*); *напр.*: ein schweres [großes] Mißgeschick большая беда; ein Mißgeschick erleiden потерпеть неудачу; vom Mißgeschick verfolgt werden быть преследуемым неудачами; er ist von einem Mißgeschick betroffen worden его постигла неудача; sie hatte das Mißgeschick, ihren Ring zu verlieren она имела несчастье потерять (свое) кольцо □ ...die Kränkung über sein Mißgeschick begann zu vernarben (*Feuchtwanger*, »*Exil*«) ...рана от его позорной неудачи мало-помалу зарубцевалась. Frau Beate war überzeugt, daß Christa ein schweres Mißgeschick getroffen hatte, von dem sie nur schwer erzählen konnte (*Kellermann*, »*Totentanz*«) Фрау Беата была уверена, что с Кристой стряслась большая беда, о которой ей даже говорить трудно. Fabian nickte, er war erleichtert zu hören, daß er sein Mißgeschick mit

vielen anderen teilte (*ebenda*) Фабиан утвердительно кивнул; у него стало легче на душе, когда он узнал, что и многих других постигла такая же неудача. **Übel** зло как причина чьей-л. беды; *напр.*: einem alten Übel abhelfen помочь старой беде (*устранить непорядки и т. п.*); der Grund alles Übels ist, daß... причиной всех бед [всего зла] является... □ Solange feudale Elemente über beträchtlichen Einfluß verfügen, die Kastenschranken weiter existieren und viele andere soziale Fragen ungelöst sind, bleiben die Wurzeln des Übels bestehen (*ND 20.5.72*) Пока феодальные элементы пользуются значительным влиянием, пока, как и прежде, существуют кастовые барьеры и не разрешены многие другие социальные вопросы, продолжают оставаться и корни зла. **Bedrängnis** бедственное положение *более характерно для книжно-письменной речи*; *напр.*: sich in arger Bedrängnis befinden, in arger Bedrängnis sein находиться в бедственном [очень трудном] положении; in Bedrängnis geraten попасть в тяжелое [бедственное] положение; j-n in große Bedrängnis bringen поставить кого-л. в трудное положение. **Unsegen** *уст. высок. редко* напасть, большая неприятность (*часто неожиданная*); *напр.*: diese Tat brachte nur Unsegen über seine Familie этот поступок принес только несчастье [проклятие] его семье. **Heimsuchung** *уст. книжн.* испытание, несчастье (*о массовом бедствии, тяжелом, большом несчастье для народа, страны и т. п.*); *напр.*: der Krieg war eine schwere Heimsuchung für das Volk война была тяжким испытанием для народа. **Kalamität** *уст., теперь разг. шутл.* злоключение, напасть; *напр.*: ich befinde mich in einer ziemlichen Kalamität, seit mein Geld alle ist я нахожусь в довольно затруднительном положении с тех пор, как у меня кончились все деньги. **Malheur** [-'lø:r] *разг.* (мелкая) неприятность, неудача; *напр.*: ihm ist ein Malheur passiert у него неприятность; wenn Sie nicht sofort verschwinden, passiert ein Malheur если вы сейчас же не исчезнете, случится неприятность; es ist bloß ein kleines Malheur und kein Unglück это только неприятность, а не несчастье. **Pech** *разг.* неудача, невезение; *напр.*: ich habe heute bei allem Pech мне сегодня ни в чем не везет; er wird vom Pech verfolgt его преследуют неудачи; sie hat Pech bei der Prüfung gehabt ей не повезло на экзамене; so ein Pech! какая неудача!, какое невезение! □ Es ist schon ein verdammtes Pech, daß dieser begabte Mann, ihr Sepp, dazu verurteilt bleibt, für die Katz zu arbeiten (*Feuchtwanger*, »*Exil*«) Чертовская неудача, что этот талантливый человек, ее Зепп, обречен рабо-

тать зря. Wenn es gut geht, ist Martin um elf Uhr zehn im Büro; wenn er Pech mit den Ampeln hat, erst nach elf ein viertel (*Feuchtwanger*, »*Oppermann*«) В лучшем случае Мартин приедет в контору в одиннадцать часов десять минут. Если же не повезет со светофорами, то, когда он доберется туда, будет уже больше четверти двенадцатого. **Schlamassel** *фам.* пиковое положение, беда, передряга; *напр.*: jetzt sitzen wir schön im Schlamassel теперь мы оказались в переделке [в передряге]; wie werden wir aus diesem Schlamassel wieder herauskommen? как нам выбраться из этого пикового положения?; da haben wir den Schlamassel! ну, теперь мы попали в переделку (, вот и расхлебывай)! □ ...ja wenn man es genau nahm, war es Spitzi, dem Wiesener die Rettung aus dem letzten Schlamassel verdankte (*Feuchtwanger*, »*Exil*«) ...больше того, если говорить честно, то не кто другой, как Шпицци, вызволил Визенера из его последней беды. Dieses Trommelfeuer ist zu viel für die armen Kerle; sie sind vom Feldrekrutendepot gleich in einen Schlamassel geraten, der selbst einem alten Mann graue Haare machen könnte (*Remarque*, »*Im Westen*«) Сегодняшний ураганный огонь — слишком тяжелое испытание для этих несчастных парней; с полевого пересыльного пункта они сразу же попали в такую переделку, от которой даже и бывалому человеку впору поседеть. »Weißt du, was an der Front vorgeht?« — »Es klingt nach Schlamassel. Es ist schon wieder ein Rückzugsgefecht« (*Remarque*, »*Zeit zu leben*«) «Ты знаешь, что творится на фронте?» — «Похоже, что все летит к чертям. Опять отступление с боем».

Unglück[2] *см.* **Unfall**

unglücklich[1] несчастный, несчастливый (*испытавший или испытающий несчастье*)

unglücklich — arm — bedauernswert
  unglücklich *индифф. синоним*; *напр.*: ein unglücklicher Mensch несчастный человек; ein unglückliches Leben несчастная [несчастливая] жизнь; eine unglückliche Liebe несчастная любовь; j-n unglücklich machen сделать кого-л. несчастным, обездолить кого-л. □ »Ich würde mich auch schämen, es zu tun«, antwortete er, während er an diese unglückliche Frau dachte, die er einmal vorübergehend liebte (*Kellermann*, »*Totentanz*«) «Я бы постыдился сделать это», — отвечал он, вспомнив несчастную женщину, с которой у него была мимолетная связь. Er erging sich in überschwenglichen Dankesworten für die Herren Trautwein und Tschernigg, die letzten Freunde seines unglücklichen Sohnes (*Feuchtwanger*, »*Exil*«) Он рассыпался в благодарности господам Траут-

вейну и Чернигу, которые были последними друзьями его несчастного сына. Der ganze unglückliche Verlauf seiner Ehe mit Clotilde stand ihm vor Augen (Kellermann, »Totentanz«) Перед его глазами проходила вся его несчастливая супружеская жизнь с Клотильдой. **arm** бедный, бедненький; напр.: ein armes Geschöpf бедное создание; armes Kind бедняжка; der arme Kerl бедняга; armes kleines Mädchen! несчастная малютка!; was für ein armes Leben [Dasein]! что за несчастная жизнь [несчастное существование]!; er quälte das arme Tier он мучил бедное животное □ Wie arm sie in ihrem Bette liegt, sie, die mich liebt, mehr als alles (Remarque, »Im Westen«) Вот она лежит в постели, бедная мама, которая любит меня больше всего на свете. **bedauernswert** жалкий, несчастный, внушающий жалость; достойный сожаления; напр.: ein bedauernswerter Mensch жалкий [несчастный] человек; ein bedauernswertes Geschöpf жалкое [несчастное] создание; ein bedauernswerter Vorfall достойный сожаления инцидент; ein bedauernswertes Zusammentreffen unglücklicher Umstände прискорбное стечение несчастливых обстоятельств.

unglücklich[2] несчастный (опечаленный чем-л.)
unglücklich — todunglücklich — kreuzunglücklich

unglücklich индифф. синоним; напр.: unglücklich aussehen, sich unglücklich fühlen выглядеть, чувствовать себя несчастным; einen unglücklichen Eindruck machen производить впечатление несчастного; er sitzt unglücklich da он сидит тут с несчастным видом; sie ist tief unglücklich darüber, daß... она глубоко опечалена тем, что...; sie schreibt unglückliche Briefe она пишет грустные письма □ Der Junge sah verlegen aus, aber keineswegs unglücklich, ja, er lächelte (Feuchtwanger, »Die Füchse«) Юноша казался смущенным, но нисколько не несчастным, он даже улыбнулся. **todunglücklich** разг. эмоц.-усил. очень несчастный; напр.: er macht ein todunglückliches Gesicht у него невероятно [очень] несчастное выражение лица; er ist todunglücklich darüber, daß ihm die Vase auf den Boden gefallen und kaputtgegangen ist он чувствует себя глубоко несчастным: уронил вазу, и она разбилась. **kreuzunglücklich** фам. эмоц.-усил. крайне несчастный, несчастнейший; напр.: er ist kreuzunglücklich über sein Pech он несчастнейший человек из-за своей неудачи.

Unglücksfall см. Unfall
ungültig недействительный
ungültig — nichtig
ungültig индифф. синоним; напр.: ein ungültiger Paß, Fahrschein недействительный паспорт, билет; ungülti-

ges, aus dem Verkehr gezogenes Geld недействительные, изъятые из обращения деньги; ein Gesetz für ungültig erklären отменить закон, объявить закон утратившим силу; der Vertrag ist ungültig договор недействителен; das Tor war ungültig гол не был засчитан. **nichtig** офиц. юр. аннулированный, недействительный; напр.: einen Vertrag, eine Vereinbarung für nichtig erklären аннулировать договор, соглашение; eine Ehe für nichtig erklären объявить брак недействительным; nach dem Gesetz ist diese Ehe nichtig по закону этот брак недействителен □ Am 26. Mai traf die Meldung ein, daß das höchste Gericht das Urteil über den General Lally für nichtig erklärt habe, mit allen zweiundsiebzig Stimmen (Feuchtwanger, »Die Füchse«) Двадцать шестого мая стало известно, что верховный суд единогласно, семьюдесятью двумя голосами, отменил приговор по делу генерала Лалли.

Unheil см. Unglück[1]
unheilbringend см. unheilvoll
unheilvoll — unheilbringend — verhängnisvoll

unheilvoll индифф. синоним; напр.: der unheilvolle Krieg губительная война; eine unheilvolle Nachricht страшное [роковое] известие; eine unheilvolle Wirkung haben иметь [оказывать] пагубное воздействие; einen unheilvollen Verlauf nehmen принять роковой оборот. **unheilbringend** злополучный, роковой, несчастный (приносящий несчастье, беду) по сравнению с unheilvoll употр. реже; напр.: ein unheilbringendes Jahr злополучный год; der unheilbringende Krieg губительная [разрушительная] война. **verhängnisvoll** роковой, губительный подчеркивает тяжелые, гибельные последствия чего-л.; напр.: ein verhängnisvoller Fehler роковая ошибка; eine verhängnisvolle Entscheidung, Tat, Nachlässigkeit роковое решение, роковой поступок, роковая небрежность; ein verhängnisvolles Abenteuer гибельная авантюра; einen verhängnisvollen Schritt unternehmen предпринять роковой шаг; diese Politik hat sich als verhängnisvoll erwiesen эта политика оказалась роковой □ Er sprach von dem großen verhängnisvollen Irrtum, den er begangen hatte, wie er sich verstrickt hatte in seine Politik (Feuchtwanger, »Exil«) Он рассказал о своей великой и роковой ошибке, о том, как он впутался в политику.

unhöflich см. grob
Unhold см. Unmensch
unhörbar см. still[1]
unintelligent см. dumm[1]
unken см. voraussagen
unkeusch см. unsittlich[1]
unklar[1] неясный
unklar — undeutlich — unbestimmt —

dunkel — verschwommen — vag(e) — nebelhaft

unklar индифф. синоним; напр.: eine unklare Stelle (im Text) неясное место (в тексте); eine unklare Antwort неясный ответ; eine unklare Empfindung, Erinnerung неясное ощущение, смутное воспоминание; im unklaren sein быть в неизвестности; eine unklare Vorstellung haben иметь неясное представление; er hatte eine unklare Ahnung у него было неясное предчувствие; er empfand ein unklares Gefühl он испытывал какое-то неясное чувство □ Was jetzt der andere mit seiner Frage will, ist ihm durchaus unklar (Feuchtwanger, »Erfolg«) Ему совершенно неясно сейчас, чего хочет добиться другой своим вопросом. Seine Gedanken verwirrten sich, nur unklare, zusammenhanglose Erinnerungsbilder tauchten in ihm auf (Kellermann, »Jester und Li«) Мысли его спутались, только неясные, бессвязные картины возникали в его памяти. Aber sie spürt hinter seinen unklaren Sätzen eine Größe, die jede unehrerbietige Kritik verscheucht (Feuchtwanger, »Lautensack«) Но она ощущает за его туманными фразами нечто высокое, не допускающее никакой непочтительной критики. **undeutlich** неотчетливый; напр.: ein undeutliches Gefühl неопределенное чувство; eine undeutliche Vorstellung von etw. haben иметь нечеткое представление о чем-л.; eine undeutliche Erinnerung an etw. haben смутно помнить что-л.; ich habe es nur undeutlich gehört я слышал это неотчетливо □ Dieser Spitzname, trotz seiner undeutlichen Begründung, hafte an dem Mann jetzt seit zwanzig Jahren (Feuchtwanger, »Erfolg«) Это прозвище, несмотря на его туманное значение, держится за этим человеком, считай, вот уже двадцать лет. Als er jedoch, zurück in der Wohnung, den Türriegel vorschob, hörte er aus der Richtung, wo die Zimmer der Frauen lagen, undeutliche Stimmen (Weiskopf, »Abschied vom Frieden«) Но когда, вернувшись обратно в квартиру, он запирал на засов входную дверь, оттуда, где были расположены комнаты женщин, до него донеслись неясные голоса. **unbestimmt** неопределенный; напр.: eine unbestimmte Vorstellung von etw. haben иметь смутное представление о чем-л.; sich unbestimmt äußern высказаться неопределенно; er hat davon nur einen unbestimmten Eindruck zurückbehalten у него осталось от этого только неопределенное впечатление □ Da er inzwischen unbestimmte Gerüchte von Ellis Verhaftung gehört hatte, wurde er bleich vor Freude, weil sie gesund vor ihm stand (Seghers, »Das siebte Kreuz«) Так как до него дошли смутные слухи об аресте Элли, он даже побледнел от радости, увидев ее перед собой целой и невредимой. Eine unbestimmte Sehnsucht nach Veränderung ergriff plötzlich von ihm Besitz (*Weiskopf*, »*Abschied vom Frieden*«) Им вдруг овладела смутная жажда перемены. **dunkel** темный, смутный *б. ч. употр. по отношению к чувствам, впечатлениям, интуитивным догадкам и т. п.*; *напр.*: eine dunkle Ahnung, Vorstellung, Erinnerung смутное предчувствие, представление, воспоминание; einen dunklen Verdacht haben иметь смутное подозрение; dunkle Andeutungen machen делать неясные намеки ◻ ...in der Praxis folgt man immer wieder dunklen Stimmen, die nichts mit dem gesunden Menschenverstand zu tun haben (*Feuchtwanger*, »*Exil*«) ...на практике всегда прислушиваешься к невнятным голосам, которые ничего не имеют общего со здравым смыслом. Alexander mußte plötzlich an Irenes dunkle Worte über ihren Mann denken (*Weiskopf*, »*Abschied vom Frieden*«) Александру вдруг вспомнились непонятные слова Ирены, когда она говорила о муже. Die Inflation werde nicht ewig dauern, meinte er dunkel (*Feuchtwanger*, »*Erfolg*«) «Инфляция, впрочем, не будет тянуться до бесконечности», — туманно добавил он. **verschwommen** расплывчатый (*о неопределенности высказывания, неотчетливости слышимого и т. п.*); *напр.*: eine verschwommene Erinnerung расплывчатое воспоминание; eine verschwommene Formulierung расплывчатая формулировка; eine verschwommene Hoffnung неясная надежда; er konnte nur verschwommene Laute wahrnehmen он мог слышать только неясные [нечеткие] звуки; das ist mir zu verschwommen ausgedrückt это, на мой взгляд, слишком расплывчато выражено. **vag(e)** [v-] неопределенный, смутный *употр. по отношению к неопределенным сведениям, представлениям и т. п., часто в книжно-письменной речи*; *напр.*: vage Hoffnungen, Vermutungen, Vorstellungen неопределенные [туманные] надежды, предположения, смутные представления; sich an j-n, an etw. nur vag erinnern только смутно помнить кого-л., что-л.; dieser Gedanke war im Aufsatz nur vag angedeutet в статье эта мысль высказана очень невнятно ◻ Hier war alles vag, unbestimmt, nichts festzustellen (*Feuchtwanger*, »*Erfolg*«) Здесь все было смутно, неопределенно, неуловимо. Oder war das Projekt von Anfang an so vag gewesen, daß Raoul es beim ersten Widerstand fallen ließ? (*Feuchtwanger*, »*Exil*«) Или план с самого начала был настолько туманен, что Рауль отступился от него при первом же препятствии? **nebelhaft** туманный; *напр.*: nebelhafte Vorstellungen, Erinnerungen туманные представления, воспоминания; eine nebelhafte Zukunft туманное [неясное] будущее; eine nebelhafte Erklärung туманное объяснение [разъяснение]; das ist alles noch völlig nebelhaft это все еще совсем неясно; das liegt noch in nebelhafter Ferne это еще дело отдаленного будущего; die Zukunft war mir nebelhaft я туманно представлял себе будущее

unklar [2] *см.* verschwommen [1]
Unkosten *см.* Kosten
unkultiviert *см.* unerzogen
unkundig *см.* ungebildet
unlängst *см.* neulich
unlauter *см.* schmutzig [2]
unleidlich *см.* unerträglich
unlenkbar *см.* ungehorsam
unleugbar *см.* offenbar
Unmasse *см.* Menge [2]
unmäßig *см.* sehr
Unmenge *см.* Menge [2]
Unmensch жестокий человек, изверг
der Unmensch — das Ungeheuer — das Scheusal — der Bösewicht — der Wüterich — der Unhold

Unmensch *индифф. синоним*; *напр.*: so ein Unmensch! какой изверг [жестокий человек]!; er ist ein Unmensch, er verprügelt seine Kinder он изверг, он бьет своих детей ◻ Schließlich bin ich kein Unmensch, ich setze dich nicht bei Nacht und Nebel auf die Straße (*Max von der Grün*, »*Irrlicht*«) В конце концов, я не изверг, я не выгоню тебя ночью на улицу. **Ungeheuer** чудовище; *напр.*: so ein Ungeheuer! какой изверг!, какое чудовище!; er ist ein richtiges Ungeheuer он настоящее чудовище; wer ein solches Verbrechen begeht, muß ein Ungeheuer sein только изверг способен совершить подобное преступление. **Scheusal** отвратительное чудовище *подчеркивает изощренную жестокость кого-л.*; *напр.*: dieser Mörder ist ein Scheusal этот убийца — отвратительное чудовище. **Bösewicht** *уст., теперь шутл.* — *б. ч. о детях* злодей; *напр.*: dieser Bösewicht hat ihm die letzten Groschen genommen этот злодей отобрал у него последние гроши; na, du kleiner Bösewicht! ах ты, разбойник! ◻ Der Böswicht, der sie fälschlich angeklagt, | Er sei verflucht, er sei ein falscher Zeuge! (*Schiller*, »*Maria Stuart*«) Тот изверг, что ее оклеветал, | Будь проклят он, преступный лжесвидетель! (*Перевод Вильмонта*) **Wüterich** *устаревает, теперь б. ч. шутл. или ирон.* (разъяренный) изверг, свирепый тиран (*легко приходящий в ярость и страшный в ярости, в гневе*); *напр.*: ein gefürchteter Wüterich страшный изверг ◻ Der Wüterich! Der hat nun seinen Lohn! (*Schiller*, »*Wilhelm Tell*«) Ах, изверг! Поделом ему награда! Ein trunkener Wüterich war dieser Selim, soff seinen verbotenen Wein, vermischt mit Christenblut (*Br. Frank*, »*Cervantes*«) Опившийся изверг Селим тянул свое запретное вино пополам с кровью христиан. **Unhold** *устаревает* преступник, утративший все человеческое, (аморальный) изверг *часто употр. по отношению к сексуальным преступникам*; *напр.*: der Unhold, der die Mädchen angefallen hatte, konnte gefaßt werden преступника, который напал на девушек, удалось задержать

unmenschlich *см.* grausam/stark [2]
unmerklich незаметный (*такой, который трудно или невозможно увидеть*)
unmerklich — unauffällig

unmerklich *индифф. синоним*; *напр.*: eine unmerkliche Veränderung, Schattierung незаметное изменение, едва уловимый оттенок; sich unmerklich zurückziehen незаметно удалиться; unmerklich lächeln едва заметно улыбнуться; mit ihm war eine unmerkliche Veränderung vor sich gegangen с ним произошло какое-то неуловимое изменение; unmerklich ist es dunkel geworden незаметно стемнело ◻ Es war die Gestalt eines zarten Jünglings, der mit verhaltener Kraft und einem unmerklichen Lächeln der trotzigen Lippen die Glieder einer Kette über dem Knie sprengte (*Kellermann*, »*Totentanz*«) Юноша, почти мальчик, едва заметно улыбаясь упрямым ртом, со сдержанной силой разрывал о колено звенья цепи. Die Schwenkung, denn um eine solche handle es sich, müsse unmerklich vor sich gehen (*Feuchtwanger*, »*Exil*«) Изменение курса, ибо речь идет об изменении курса, должно пройти незаметно. ...sie wollen die »PN« von innen her umstülpen, langsam, unmerklich (*ebenda*) ...они хотят переделать «ПН» изнутри, медленно, незаметно. **unauffällig** не бросающийся в глаза, не привлекающий к себе внимания; *напр.*: ein unauffälliges Aussehen небросский внешний вид; sich unauffällig kleiden одеваться небросско; sich unauffällig entfernen удалиться незаметно, не привлекая к себе внимания ◻ ...auch war sie (*die Notiz*) an unauffälliger Stelle gebracht, so daß wenige von den Abonnenten merken werden, daß es sich um eine neue Zeitung handelte (*Feuchtwanger*, »*Exil*«) Заметка была помещена на незаметном месте, и, вероятно, немногие подписчики поймут, что это была новая газета. Er war sorgfältig gekleidet, kostbar, doch unauffällig, etwas altfränkisch (*Feuchtwanger*, »*Die Füchse*«) Одет он был очень тщательно, в его дорогом, но не бросавшемся в глаза костюме было что-то старомодное
unmißverständlich *см.* klar [2]
unmittelbar *см.* direkt [2]/gleich [2]
unmöglich *см.* nein/unerträglich
unmoralisch *см.* lasterhaft/unsittlich [1]

Unmut *см.* Ärger [1]
unnachgiebig *см.* fest [2]

unnachsichtig см. grausam
unnahbar см. kühl¹
unnatürlich см. künstlich¹
unnötig ненужный
unnötig — überflüssig
unnötig индифф. синоним; напр.: unnötige Ausgaben, Sorgen, Aufregungen ненужные расходы, заботы, волнения; unnötige Arbeit ненужная работа; sich unnötige Sorgen machen доставлять себе излишнее беспокойство; sich unnötig beeilen, abmühen напрасно торопиться, стараться; seine Sorge war unnötig он тревожился напрасно □ Wie gut, daß er gewartet hatte, ehe er sich mit Anna aussprach. Er hätte sich unnötig gedemütigt (*Feuchtwanger*, »*Exil*«) Как хорошо, что он решил повременить и не рассказал о случившемся Анне. Только напрасно унизил бы себя. Aber nun war er ja da, und alles war gut, sie hatten, zwei dumme, eigensinnige Kinder, sich gegenseitig unnötige Schmerzen gemacht (*ebenda*) Но теперь он здесь, и все хорошо, они, два глупых упрямых ребенка, причинили друг другу ненужные муки. **überflüssig** (из)лишний, ненужный *подчеркивает, что что-л. выходит за пределы необходимого и потому без этого можно обойтись*; напр.: ein überflüssiges Gerät лишний прибор; überflüssige Worte, Sorgen лишние слова, заботы; eine überflüssige Arbeit лишняя [ненужная] работа; etw. für überflüssig halten считать что-л. излишним; diese Bemerkung, diese Mahnung war überflüssig это замечание, это напоминание было излишним; er kommt sich hier überflüssig vor ему кажется, что он здесь лишний □ Warum also hatte er, Wiesener, ihm diese überflüssige Weisung gegeben, die nach verblümtem Tadel schmeckte? (*Feuchtwanger*, »*Exil*«) Зачем же было Визенеру давать ему это лишнее указание, смахивающее на замаскированный выговор? Es war überflüssige Vorsicht gewesen, daß Gustav den Rat Mühlheims befolgt hat (*Feuchtwanger*, »*Oppermann*«) Густав проявил излишнюю осторожность, последовав совету Мюльгейма. Wir begriffen sogar, daß ein Teil dieser Dinge notwendig, ein anderer aber ebenso überflüssig war (*Remarque*, »*Im Westen*«) Мы даже поняли, что часть этих вещей была действительно необходима, зато другая была столь же лишней
unnütz бесполезный
unnütz — nutzlos — vergeblich — zwecklos
unnütz индифф. синоним; напр.: eine unnütze Arbeit бесполезная работа; ein unnützes Möbelstück ненужный [бесполезный] предмет мебелировки; unnütze Sorgen напрасные заботы; sein Geld unnütz ausgeben тратить деньги впустую; seine Zeit unnütz vertun бесполезно тратить время; das ist alles unnützes Gerede это все пустая болтовня; es ist unnütz, darüber zu streiten бесполезно спорить об этом; kauf nichts Unnützes не покупай ничего ненужного □ Ich habe Ihnen gleich gesagt, Sie machen sich unnütze Sorgen über das Wohlergehen Ihres Fritzchen Benjamin (*Feuchtwanger*, »*Exil*«) Я вам сразу сказал, что вы напрасно тревожитесь об участи вашего Фрицхена Беньямина. Der Junge war beinahe jeden Abend fort. Er lernte eine Menge unnützes Zeug (*ebenda*) Мальчик теперь чуть не каждый вечер уходил. Он выучился множеству всяких бесполезных вещей. **nutzlos** бесполезный, не дающий положительного результата, оканчивающийся ничем; напр.: nutzlose Anstrengungen, Versuche бесполезные усилия, попытки; sein Leben nutzlos aufs Spiel setzen бессмысленно рисковать жизнью; die Bemühungen waren nicht völlig nutzlos усилия были не совсем бесполезными □ Es ist vielleicht nutzlos, es ist vielleicht gegen die Vernunft, aber man muß reden (*Feuchtwanger*, »*Oppermann*«) Может быть, это бесполезно, может быть, это противно здравому смыслу, но нужно говорить. »Und Sokrates? Seneca? Christus? War ihr Tod nutzlos?« fragte er (*ebenda*) «А Сократ, Сенека, Христос? Их смерть тоже была бесполезной?» — спросил он. **vergeblich** напрасный (*о действиях, усилиях и т. п., не приносящих ожидаемых результатов, не оправдывающих себя*); напр.: vergebliche Anstrengungen, Bemühungen, Versuche напрасные старания, усилия, попытки; ein vergebliches Opfer напрасная жертва; sich vergeblich bemühen напрасно стараться. **zwecklos** бесцельный, бесполезный *подчеркивает, что что-л. не имеет никакого смысла и не обещает никакого успеха*; напр.: zwecklose Bemühungen, Versuche бесполезные усилия, попытки; ein zweckloses Unternehmen бесцельное [бессмысленное] дело; es ist zwecklos, weiter zu warten бессмысленно ждать дальше; alle Versuche, ihn von diesem Plan abzuhalten, sind zwecklos все попытки отговорить его от этого намерения бесполезны

unordentlich см. nachlässig¹
unparteiisch см. neutral/objektiv
unparteilich см. objektiv
unpraktisch непрактичный
unpraktisch — weltfremd — wirklichkeitsfremd — wirklichkeitsfern — lebensfern — lebensfremd — weltentrückt
unpraktisch индифф. синоним; напр.: ein unpraktischer Mensch непрактичный человек; du bist aber unpraktisch! ну и непрактичен же ты! □ Es war ein wenig arrogant von dem Krüger, und jedenfalls, das dürfte sich jetzt erweisen, war es unpraktisch (*Feuchtwanger*, »*Erfolg*«) Со стороны Крюгера это было несколько самонадеянно, а главное, как это теперь, возможно, выяснится, — непрактично. **weltfremd** оторванный от жизни, не от мира сего; напр.: ein weltfremder Träumer, Idealist оторванный от жизни мечтатель, идеалист; er war ein wenig weltfremd он был несколько далек от жизни □ Sie sind im Grunde weltfremd, auch wenn Sie das Leben in mancher Hinsicht recht genau kennen (*Noll*, »*Werner Holt*«) Вы, в сущности, далеки от жизни, хотя некоторые ее стороны вам, возможно, чересчур хорошо знакомы. **wirklichkeitsfremd, wirklichkeitsfern** далекий от действительности *обыкн. употр. по отношению к абстрактным понятиям*; напр.: wirklichkeitsferne Vorstellungen представления, далекие от действительности; ein wirklichkeitsfremder Idealismus далекий от действительности идеализм. **lebensfern** нежизненный, далекий от жизни; напр.: ein lebensferner Idealismus далекий от жизни идеализм. **lebensfremd** ≅ weltfremd; напр.: ein lebensfremder Träumer мечтатель, не от мира сего; ein lebensfremder Standpunkt нежизненная концепция; точка зрения, оторванная от жизни. **weltentrückt** высок. далекий от суетного мира, от всего земного, погруженный в мечты, в созерцание *и т. п.*; напр.: weltentrückt lauschte er der Musik погруженный в мечты, он слушал музыку (, забыв обо всем на свете)
unproduktiv см. unfruchtbar³
Unrat см. Abfall¹
unrecht см. ungerecht
Unrecht см. Ungerechtigkeit
unrechtmäßig см. ungesetzlich
unredlich см. unehrlich
Unredlichkeit см. Unehrlichkeit
unreif незрелый (*не достигший полного развития, возмужалости*)
unreif — grün
unreif индифф. синоним; напр.: ein unreifer junger Mann незрелый юноша; im unreifen Alter в незрелом возрасте; er wirkt noch ziemlich unreif он производит впечатление еще незрелого человека; er ist noch viel zu unreif, um ein eigenes Urteil zu haben он еще не созрел настолько, чтобы иметь собственное суждение. **grün** разг. зеленый *по сравнению с* unreif *сильнее подчеркивает отсутствие зрелости и опыта и содержит отрицательную оценку*; напр.: ein grüner Junge молокосос, зеленый юнец; dazu ist er noch viel zu grün он для этого еще слишком зелен
unrein см. schmutzig¹/unsittlich¹
unreinlich см. schmutzig¹
unrichtig см. falsch²
Unruhe см. Sorge¹
Unruhen см. Aufstand
unruhig неспокойный
unruhig — ruhelos — friedlos — unstet

unruhig индифф. синоним; напр.: ein unruhiger Mensch неспокойный человек; unruhige Kinder неспокойные дети; ein unruhiger Geist беспокойная душа; einen unruhigen Schlaf haben спать неспокойно; das Meer war sehr unruhig море было очень неспокойно; die Tiere liefen unruhig in ihrem Käfig auf und ab звери беспокойно бегали по клетке взад и вперед; er führt ein unruhiges Leben он ведет неспокойную жизнь ◻ Georg wurde gegen Ende des Winters unruhig (Seghers, »Das siebte Kreuz«) К концу зимы Георгом овладело какое-то беспокойство. **ruhelos** беспокойный, не знающий покоя (находящийся все время в движении); напр.: ruhelos auf und ab gehen ходить беспокойно [в волнении] взад и вперед; eine ruhelose Nacht verbringen провести беспокойную [тревожную] ночь; seine Hände spielten ruhelos mit dem Bleistift он беспокойно вертел карандаш в руках; ihre Augen blickten ruhelos umher она тревожно смотрела по сторонам; er bleibt in seinem Urlaub nie lange an einem Ort, dazu ist er zu ruhelos во время отпуска ему не сидится на одном месте, для этого у него слишком беспокойный характер ◻ Einer der Rekruten hat einen Anfall. Ich habe ihn schon lange beobachtet, wie er ruhelos die Zähne bewegte und die Fäuste ballte und schloß (Remarque, »Im Westen«) У одного из новобранцев припадок. Я давно уже наблюдал за ним. Он беспокойно двигал челюстями и то сжимал, то разжимал кулаки. Er setzte sich auf den Perron einer Kneipe, aß, in Gedanken, schlecht, mit gutem Appetit. Hernach ging er wieder durch die Straßen, ruhelos (Feuchtwanger, »Exil«) Усевшись на террасе какого-то кабачка, весь погруженный в свои мысли, он поел что попало с большим аппетитом. И опять беспокойно зашагал по улицам. **friedlos** высок. ≅ ruhelos, но больше подчеркивает отсутствие покоя, мира; напр.: ein friedloses Leben, Dasein суетная жизнь, суетное существование. **unstet** высок. неуемный, беспокойный; напр.: er hat ein unstetes Wesen у него беспокойная натура; er hat einen unsteten Blick у него блуждающий взгляд; ein unstetes Leben führen вести непоседливую жизнь; er ist sehr unstet он очень беспокоен [непоседлив] ◻ ...sie war ihre guten fünfundzwanzig Jahre jünger als er, hübsch gewachsen und sah, mit ihren schwarzen, unsteten Augen in dem ovalen Gesicht, noch recht anziehend aus (Feuchtwanger, »Die Füchse«) ...она была на добрых двадцать пять лет моложе своего мужа, благодаря хорошему росту и черным, беспокойным глазам на овальном лице она еще сохраняла привлекательность. Ist menschliche Art so unstet? (Feuchtwanger, »Exil«) Неужто человеческая природа так непостоянна? Er hing an dem unsteten Kriegsleben (Seghers, »Die Toten«) Ему нравилась беспокойная военная жизнь

unrühmlich см. schändlich
unsagbar см. sehr
unsäglich см. sehr
unsauber см. schmutzig [1, 2]
unschädlich безвредный
unschädlich — harmlos — unschuldig

unschädlich индифф. синоним; напр.: unschädliche Insekten, Mittel безвредные насекомые, средства; eine (für das Herz, für die Leber) unschädliche Medizin безвредное (для сердца, для печени) лекарство; ein unschädliches Schlafmittel безвредное снотворное; einen Verbrecher unschädlich machen обезвредить преступника; dieser Mensch ist unschädlich этот человек безопасен ◻ An sich war das alles so unschädlich, wie es überflüssig war (Feuchtwanger, »Die Füchse«) Все это само по себе было столь же безобидно, сколь и никчемно. Er war natürlich nicht nur hergekommen, um den Fall Benjamin zu liquidieren und die »PN« unschädlich zu machen... (Feuchtwanger, »Exil«) Разумеется, он приехал в Париж не только для того, чтобы ликвидировать дело Беньямина и обезвредить «ПН»... **harmlos** безобидный; напр.: ein harmloser Mensch безобидный человек; ein harmloses Tier безобидное животное; eine harmlose Bemerkung безобидное замечание; ein harmloses Vergnügen безобидное развлечение; ein harmloser Scherz безобидная шутка; eine harmlose Arznei безвредное лекарство; eine harmlose Verletzung, Krankheit неопасное ранение; неопасная болезнь; die neue Zigarettensorte ist verhältnismäßig harmlos новые сигареты сравнительно безвредны; er versuchte die Sache als harmlos darzustellen он пытался представить это дело как безобидное; der Hund ist harmlos эта собака безобидная [смирная] ◻ Sogar hier in der Stadt begannen sie Krieg mit den harmlosen Kapuzinern, die keiner Fliege etwas zuleide tun (Kellermann, »Totentanz«) Даже здесь в городе они затеяли войну с безобидными капуцинами, которые и мухи не обидят. Natürlich war Sybils Bemerkung harmlos gewesen, sie drängt sich geradezu auf vor dem Bilde (Feuchtwanger, »Oppermann«) Конечно, в замечании Сибиллы не было ничего обидного, ведь оно так и напрашивается при виде картины. **unschuldig** невинный, безобидный (не причиняющий неприятностей, огорчений) употр. по отношению к неодушевленным предметам, к абстрактным понятиям; напр.: ein unschuldiges Vergnügen, Gespräch невинное развлечение, невинный [безобидный] разговор; ein unschuldiges Schlafmittel безобидное снотворное

unschicklich см. unanständig [1]
unschlüssig см. schwankend
unschön см. häßlich
Unschuld см. Sittlichkeit
unschuldig [1] невиновный (не причастный к какому-л. проступку, преступлению и т. п.)
unschuldig — schuldlos

unschuldig индифф. синоним; напр.: an etw. unschuldig sein быть невиновным в чем-л.; einen Unschuldigen bestrafen наказать невиновного; der Angeklagte ist unschuldig обвиняемый невиновен; er wurde unschuldig verurteilt он осужден невинно; die Brigade war an dem Planrückstand unschuldig бригада была невиновна в невыполнении плана ◻ Dann aber kamen genauere Berichte, und er hellte sich auf. Er war unschuldig, seine Leute waren unschuldig, die Engländer hatten den ersten Schuß getan (Feuchtwanger, »Die Füchse«) Потом пришли более точные сообщения, и он воспрянул духом. Он невиновен, его солдаты невиновны. Англичане произвели первый выстрел. ...es verdrießt ihn, daß die gutmütige Erna unschuldig in eine zweideutige Situation geraten ist (Feuchtwanger, »Exil«) ...ему досадно, что милая Эрна безвинно попала в двусмысленное положение. **schuldlos** ни в чем не повинный; напр.: schuldlose Menschen невинные [ни в чем не повинные] люди; ein schuldloses Opfer невинная жертва; sich schuldlos fühlen не чувствовать за собой вины; j-n schuldlos verurteilen осудить невинного; er ist schuldlos in Not geraten он попал в беду безвинно [не по своей вине]; sie wurde schuldlos geschieden ее развели, признав, что брак распался не по ее вине ◻ ...und der Herzog hatte durchgesetzt, daß der schuldlose Pierre ins Gefängnis kam (Feuchtwanger, »Die Füchse«) ...и герцогу удалось упрятать в тюрьму ни в чем не повинного Пьера

unschuldig [2] см. schlicht [1]/tugendhaft/unschädlich
Unsegen см. Unglück [1]
unsicher см. schwankend/ungewiß/unzuverlässig
Unsicherheit см. Ungewißheit
unsichtbar см. verborgen I
Unsinn см. Dummheit
Unsitte плохая привычка, плохой обычай
die Unsitte — die Unart

Unsitte индифф. синоним; напр.: die Unsitte, spät am Abend viel zu essen, den Sprechenden zu unterbrechen дурная привычка наедаться на ночь, перебивать говорящего; eine Unsitte ablegen отучиться от дурной привычки; das ist eine häßliche Unsitte von ihm это у него отвратительная привычка; man muß diese schlech-

UNSITTLICH

te Unsitte bekämpfen нужно бороться с этой дурной традицией [с этим плохим обычаем]. **Unart** дурная привычка, проявляющаяся при общении с окружающими *чаще употр. по отношению к поведению детей, производящему отталкивающее впечатление*; *напр.*: j-m die Unart abgewöhnen, beim Essen zu schmatzen отучать кого-л. от дурной привычки чавкать во время еды; er hat eine Unart beim Trinken zu schlürfen у него дурная привычка громко прихлёбывать, когда он пьёт; sie hat viele Unarten у неё много дурных привычек □ Früher hat Gustav seine Unart, mit den Zähnen zu malmen, bekämpft, jetzt läßt er sich gehen (*Feuchtwanger, »Oppermann«*) Прежде Густав боролся со скверной привычкой скрежетать зубами, теперь он перестал следить за собой. Christa dagegen hatte die Unart angenommen, während des Gesprächs Zeichnungen und Einfälle auf ein Stück Papier zu kritzeln (*Kellermann, »Totentanz«*) Криста усвоила себе невежливую манеру во время разговора делать зарисовки и чертить что-нибудь на клочке бумаги

unsittlich[1] безнравственный
unsittlich — sittenlos — unmoralisch — amoralisch — ausschweifend — unzüchtig — buhlerisch — unkeusch — unrein

unsittlich *индифф. синоним*; *напр.*: ein unsittlicher Lebenswandel безнравственный образ жизни; unsittliche Beziehungen безнравственные отношения; ein unsittliches Buch безнравственная книга; sich unsittlich betragen [aufführen] безнравственно вести себя (*особенно в сексуальном отношении*). **sittenlos** ≅ unsittlich, *но подчёркивает не столько нарушение норм морали, сколько отсутствие моральных устоев вообще*; *напр.*: ein sittenloser Mensch безнравственный человек; ein sittenloses Buch безнравственная книга; ein sittenloses Treiben безнравственные поступки; ein sittenloses Leben führen вести безнравственный образ жизни □ Der junge Mann, der in dem großen Hamburg sich sittenlose. Gesellschaft gewählt zu haben schien (*Th. Mann, »Buddenbrooks«*) Молодой человек, поселившись в таком большом городе, как Гамбург, по-видимому, связался с безнравственной компанией. **unmoralisch** аморальный; *напр.*: ein unmoralischer Mensch аморальный человек; unmoralische Gesinnung аморальные взгляды; ein unmoralisches Buch аморальная книга; ein unmoralisches Leben führen вести аморальный образ жизни; unmoralisch handeln, leben поступать, жить аморально □ »Sie glaubt es nicht!« sagte Müller zu Schneidereit. »Sie hat die linke Kinderkrankheit und hält es für unmoralisch, hübsch zu sein!« (*Noll,*

531

»Werner Holt«) «Вот ведь не верит!— сказал Мюллер Шнайдерайту. — У неё, видишь ли, детская болезнь левизны: красота, мол, аморальна». **amoralisch** = unmoralisch, *но употр. реже*; *напр.*: eine amoralische Handlungsweise аморальный образ действий. **ausschweifend** распутный, предающийся (половым) излишествам; *напр.*: ein ausschweifender Mensch распутник; eine ausschweifende Orgie разнузданная оргия; ein ausschweifendes Leben führen вести распутную жизнь □ Ein Genie von Geburt, hatte ihn sein ausschweifendes Leben frühzeitig zu einer totalen Erschlaffung seines Willens geführt (*Kellermann, »Jester und Li«*) Его, гения от рождения, распутная жизнь рано довела до полного паралича воли. So kam es nur dahin, daß er haltlos zwischen krassen Extremen, zwischen eisiger Geistigkeit und verzehrender Sinnenglut hin und her geworfen, unter Gewissensnöten ein erschöpfendes Leben führte, ein ausbündiges, ausschweifendes und außerordentliches Leben, das er, Tonio Kröger, im Grunde verabscheute (*Th. Mann, »Tonio Kröger«*) Так вот и получилось, что он, безудержно кидаясь из одной крайности в другую — от ледяных вершин духа к всепожирающему пламени низких страстей, все же вел изнурительную жизнь, неумеренную и исключительную, которая ему, Тонио Крегеру, внушала отвращение. **unzüchtig** *устаревает* развратный; *напр.*: ein unzüchtiger Mensch развратный человек; unzüchtige Handlungen *юр.* развратные действия; unzüchtige Schriften порнографическая литература; unzüchtiger Lebenswandel распутство □ Sie lachte aus der Kehle und zwinkerte ihn mit ihren kleinen Augen unzüchtig an (*H. Mann, »Untertan«*) Она залилась воркующим смехом и бесстыдно подмигивала ему своими маленькими глазками. **buhlerisch** бесстыдный, похотливый; *напр.*: eine buhlerische Dirne бесстыдная [распутная] девка; j-m buhlerische Blicke zuwerfen бросать на кого-л. похотливые взгляды. **unkeusch** *высок.* нецеломудренный, порочный; *напр.*: j-n unkeusch anschauen (по)смотреть на кого-л. с вожделением; unkeusch sind solche Gedanken такие мысли развратны [порочны]. **unrein** *высок.* нечистоплотный, грязный *б. ч. употр. по отношению к мыслям, намерениям и т. п.*; *напр.*: unreine Gedanken грязные мысли; eine unreine Leidenschaft порочная страсть; ein unreines Begehren нечистое желание

unsittlich[2] *см.* lasterhaft
unstatthaft *см.* verboten
unsterblich *см.* sehr
unstet *см.* unruhig
Unstimmigkeit разногласие, несогласие

UNTÄTIG U

die **Unstimmigkeit** — der **Mißklang** — der **Mißton**

Unstimmigkeit *индифф. синоним*; *напр.*: kleine, geringfügige, große Unstimmigkeiten маленькие, незначительные, большие разногласия; Unstimmigkeiten beseitigen, bereinigen устранять, улаживать разногласия; es bestehen Unstimmigkeiten zwischen den Parteien между сторонами [между партнёрами] есть разногласия; es gab häufig Unstimmigkeiten zwischen ihnen между ними часто бывали разногласия; bei seinem Besuch kam es zu Unstimmigkeiten во время его визита возникли неудовольствия. **Mißklang** разлад, диссонанс; *напр.*: einen Mißklang in etw. bringen вносить диссонанс во что-л.; den Mißklang vertuschen, verheimlichen затушёвывать, скрывать разлад; der Abend endete mit einem Mißklang вечер кончился неудачно; der Mißklang wirkte störend (auf alle) этот диссонанс подействовал на всех неприятно. **Mißton** = Mißklang; *напр.*: einen Mißton in die Gesellschaft, in die Unterhaltung bringen вносить диссонанс в общество, в беседу; seine Taktlosigkeit brachte einen Mißton in die Unterhaltung его бестактность внесла диссонанс в беседу; das Fest, die Unterredung endete mit einem Mißton праздник кончился, беседа кончилась неудачно; es gab nicht den geringsten Mißton bei den Verhandlungen во время переговоров не было никаких разногласий

Unsumme *см.* Menge[2]
untadelhaft *см.* tadellos
untad(e)lig *см.* tadellos
Untat *см.* Verbrechen

untätig бездеятельный, ничего не делающий

untätig — beschäftigungslos — müßig

untätig *индифф. синоним*; *напр.*: untätig zu Hause sitzen сидеть дома, ничего не делая; untätig herumstehen торчать [стоять] без дела; untätig warten ожидать, ничего не делая; er ist keine Minute untätig он не сидит ни минуты без дела □ Die Besatzung holte Wolldecken heraus, um die Pneus vor der Sonne zu schützen, während wir in unseren Schwimmwesten umherstanden, untätig (*Frisch, »Homo faber«*) Экипаж (самолёта) вытаскивал шерстяные одеяла, чтобы закрыть шины от солнца, в то время как мы без дела стояли в своих спасательных жилетах. **beschäftigungslos** не занятый *подчёркивает временный характер бездеятельности*; *напр.*: er lief beschäftigungslos umher он бегал туда и сюда, не зная, чем занять себя. **müßig** *высок.* праздный; *напр.*: ein müßiges Leben führen вести праздную жизнь; müßige Stunden verbringen праздно проводить часы; müßig umhergehen праздно шататься, слоняться без дела; müßig herumsitzen сидеть сложа руки □ Tony ging nicht müßig, sie nahm ihre Sache in die Hand (*Th. Mann*, »*Buddenbrooks*«) Тони не сидела сложа руки, **а** немедленно начала действовать

untauglich негодный
untauglich — unbrauchbar

untauglich *индифф. синоним; напр.*: ein untaugliches Werkzeug, ein untauglicher Apparat негодный инструмент, аппарат; ein untauglicher Arbeiter негодный работник; für diese Arbeit untauglich sein не подходить [быть непригодным] для этой работы; er wurde für den Militärdienst für untauglich befunden он был признан негодным к военной службе. **unbrauchbar** непригодный; такой, который нельзя (больше) использовать, употребить *чаще употр. по отношению к неодушевленным предметам; напр.*: eine unbrauchbare Kapsel, Schraube непригодная капсула, непригодный болт; ein unbrauchbarer Mitarbeiter неподходящий (для этой работы) сотрудник; unbrauchbar sein быть непригодным; das Gerät ist unbrauchbar прибором пользоваться нельзя; die Geschütze wurden unbrauchbar gemacht орудия были выведены из строя; das Pferd war völlig unbrauchbar лошадь уже ни на что не была годна; das ist vollkommen unbrauchbar это никуда не годится □ Aber Doktor Dubourg hatte bisher immer nur unbrauchbare Ratschläge erteilt (*Feuchtwanger*, »*Die Füchse*«) Но до сих пор доктор Дюбур давал только бесполезные советы. »Ich stelle also fest«, sagte der Direktor, »daß in der Zeit von sechs Uhr dreißig bis neun Uhr die meiste unbrauchbare Arbeit abgeliefert wird« (*Max von der Grün*, »*Irrlicht*«) «Итак, я констатирую, — сказал директор, — что бо́льшая часть брака приходится на время с шести тридцати до девяти»

unter *см.* zwischen
unter aller Kanone [Kritik, Sau] *см.* schlecht [1]
unterbieten *см.* verkleinern [1]
unterbrechen *см.* aufhören [2]
Unterbrechung *см.* Pause [1]
unterbringen [1] устроить, поместить
unterbringen — einstellen

unterbringen *индифф. синоним; напр.*: das Gepäck im Wagen, im Abteil unterbringen разместить багаж в машине, в купе; die Sachen in den Taschen, in den Koffern unterbringen разместить вещи по карманам, в чемоданах; die Gäste, die Fahrgäste, die Festivalteilnehmer unterbringen разместить гостей, пассажиров, участников фестиваля; j-n im Hotel, im Krankenhaus unterbringen поселить кого-л. в гостинице, поместить кого-л. в больницу; j-n in einem Betrieb unterbringen устроить кого-л. на завод; man hat ihn als Schlosser untergebracht его устроили работать слесарем; er hat seinen Sohn auf diesem Posten untergebracht он устроил своего сына на эту должность; sie wird ihre Tochter in einer Musikschule unterbringen она устроит свою дочь в музыкальную школу □ Freunde des Vaters hatten den Jungen in Paris untergebracht und für ihn weiter gesorgt (*Feuchtwanger*, »*Exil*«) Друзья отца устроили мальчика в Париже и взяли на себя дальнейшую заботу о нем. Des weiteren hatte er nun Platz genug, sich, seine Bücher und die mannigfachen Dinge seines Komforts unterzubringen, wo immer es ihm paßte (*Feuchtwanger*, »*Die Füchse*«) Кроме того, у него теперь было достаточно места, чтобы по собственному вкусу расставить книги и разные предметы, способствующие комфорту. Er hat ihn in der Filiale der Staatsbank in Allertshausen untergebracht (*Feuchtwanger*, »*Erfolg*«) Он пристроил мальчишку в отделение государственного банка в Аллертсгаузене. **einstellen** временно поставить, поместить (*что-л., чем в данный момент не пользуются*); *напр.*: den Wagen [das Auto], das Fahrrad in die [in der] Garage einstellen поставить машину, велосипед в гараж; den Handwagen in einen [in einem] Schuppen einstellen поставить ручную тележку в сарай; seine Möbel, seine Sachen bei j-m einstellen поставить (на время) свою мебель, свои вещи у кого-л.; Bücher in ein Regal einstellen поставить книги на полку; die Pferde in den Stall einstellen поставить лошадей в конюшню

unterbringen [2] *см.* ansiedeln
unterdessen *см.* inzwischen
unter die Nase reiben *см.* vorwerfen
unterdrücken угнетать; подавлять
unterdrücken — niederwerfen — niederschlagen — ersticken

unterdrücken *индифф. синоним; напр.*: ein Volk, eine Klasse, Minderheiten unterdrücken угнетать народ, класс, меньшинства; einen Aufstand unterdrücken подавлять восстание; das Volk wurde lange Zeit von seinen Herrschern unterdrückt народ долгое время угнетали его властители □ Die Massen waren blutig unterdrückt, wie du sagst, aber viele Menschen wußten es nicht! (*Noll*, »*Werner Holt*«) Массы были подавлены кровавым террором, как ты говоришь, но очень многие этого не знали. **niederwerfen** подавлять вооруженной силой (*восстание и т. п.*); *напр.*: einen Aufstand, eine Revolte, die Konterrevolution niederwerfen подавлять восстание, мятеж, контрреволюцию; eine Verschwörung niederwerfen ликвидировать заговор; einen Aufstand blutig niederwerfen потопить восстание в крови; die aufständischen Truppen wurden grausam niedergeworfen над восставшими войсками была учинена жестокая расправа □ Warum nicht! Bismarck hat es auch so gemacht mit Österreich. Zuerst niedergeworfen, dann ein Bündnis (*H. Mann*, »*Untertan*«) А почему бы и нет! Точно так же поступил Бисмарк с Австрией. Сначала растоптал, а потом заключил союз. **niederschlagen** ≅ niederwerfen, *но тж. употр. по отношению к забастовке и т. п.; напр.*: einen Aufstand, den Aufruhr, den Befreiungskampf, eine Revolution niederschlagen подавлять восстание, волнения, освободительное движение, революцию; der Streik ist niedergeschlagen worden забастовка была подавлена □ Lenore lag noch zu Bett, als sie Klemms Auto tuten hörte; sie dachte bitter: »Sie haben die Roten niedergeschlagen: die Kämpfe sind vorbei« (*Seghers*, »*Die Toten*«) Ленора еще лежала в постели, когда услышала, что подошла машина мужа. Она с горечью подумала: «Вот они разбили красных, бои окончены». Noch steckt ihnen der Schrecken zu tief in den Knochen, mit welcher Schnelligkeit und Festigkeit Maria Stuart die letzte Rebellion niedergeschlagen hat (*St. Zweig*, »*Maria Stuart*«) У них еще поджилки трясутся при воспоминании, как быстро и решительно пресекла Мария Стюарт их недавний бунт. **ersticken** задушить *подчеркивает применение жестоких мер подавления и употр. тк. в определенных сочетаниях; напр.*: der Aufstand wurde im Blut erstickt восстание было потоплено в крови; der Aufruhr wurde im Keime erstickt мятеж был подавлен в зародыше

unterentwickelt *см.* rückständig
Unterfangen *см.* Wagnis
unterfangen, sich *см.* wagen
Unterführung *см.* Übergang [1]
Untergang гибель; крушение
der **Untergang** — der **Niedergang**

Untergang *индифф. синоним; напр.*: der Untergang der Sklavengesellschaft, der Feudalordnung гибель рабовладельческого общества, феодального строя; der Untergang Karthagos, des Römischen Reichs гибель Карфагена, падение Римской империи; der Untergang des Schiffes гибель корабля; der Untergang der Welt конец света; dem Volksstamm droht der Untergang племени грозит гибель; sie sind dem Untergang geweiht они обречены на гибель □ Die Mutter hat einer unseligen Generation angehört, einer Generation, die zum Untergang bestimmt war (*Feuchtwanger*, »*Exil*«) Мать принадлежала к несчастному поколению, к поколению, обреченному на гибель. Er spürte seinen Untergang und den Untergang alles dessen, was ihm und den Seinen das Leben lebenswert machte (*Feuchtwanger*, »*Die Füchse*«) Он предчувствовал свою гибель, гибель всего, что дела-

UNTERGEBEN 533 UNTERGRABEN

ло жизнь заманчивой для него и для людей его круга. **Niedergang** упадок *(постепенный процесс разрушения, разложения, характеризующий государство, какую-л. область культуры и т. п.);* напр.: der Niedergang des römischen Imperiums, alter Kulturen, der Landwirtschaft, der Moral упадок Римской империи, древних культур, сельского хозяйства, морали; ein unaufhaltsamer Niedergang неудержимый регресс □ Und mit Wärme sprach er vom Niedergang Englands und vom Aufstieg Frankreichs *(Feuchtwanger, »Die Füchse«)* И он горячо заговорил об упадке Англии и о расцвете Франции. ...keiner von uns wußte, daß damals, kurz nach 1900, bei einigen die Erkenntnis heraufdämmerte, daß ihres Sinns entleerte Kunstformen einen Niedergang anzeigen *(Renn, »Zu Fuß zum Orient«)* ...никто из нас не знал, что тогда, вскоре после 1900-го года, у некоторых уже начинало пробуждаться сознание того, что лишенные содержания формы искусства являются признаками начинающегося упадка

untergeben *см.* untergeordnet¹
untergehen *см.* sinken¹/umkommen
untergeordnet¹ подчиненный
untergeordnet — unterstellt — untergeben — untertan — dienstbar — botmäßig — subaltern

untergeordnet *индифф. синоним;* напр.: ein untergeordneter Angestellter нижестоящий служащий, подчиненный; untergeordnete Stellen подчиненные инстанции; untergeordnete Bedeutung второстепенное значение; untergeordnete Fragen второстепенные вопросы; die Einwirkungszeit spielt dabei eine untergeordnete Rolle время действия *(лекарства и т. п.)* имеет при этом второстепенное значение; diese Behörde ist unmittelbar dem Ministerium untergeordnet это учреждение подчинено непосредственно министерству. **unterstellt** ≅ untergeordnet, *но употр. тк. по отношению к служебной подчиненности;* напр.: die der Hauptverwaltung unterstellten Betriebe заводы, подчиненные главному управлению; er ist diesem Ingenieur unterstellt он подчиняется этому инженеру □ Jetzt, während der Kriegszeit, waren die Herren dem General Lally unterstellt, doch sie leisteten ihm Hilfe nur halben Herzens *(Feuchtwanger, »Die Füchse«)* Теперь, в военное время, эти господа оказались в подчинении у генерала Лалли, но оказывали ему помощь скрепя сердце. Saint-Just diktierte folgenden Befehl: »General, Sie müssen uns sofort über alle Reklamationen der Ihnen unterstellten Brigade, insbesondere über die Beschaffenheit des Essens, berichten« *(Bredel, »Der Komnissar am Rhein«)* Сен-Жюст продиктовал следующий приказ: «Генерал, вы должны нам тотчас доложить о всех претензиях подчиненной вам бригады, особенно о качестве пищи». **untergeben** ≅ unterstellt, *но подчеркивает более зависимое положение, чаще употр. по отношению к лицам;* в *ГДР уст.;* напр.: untergebene Offiziere младшие по званию офицеры; j-m untergeben sein быть подчиненным кому-л. **untertan** *устаревает* покорный, подвластный *(тк. предикативно в сочетании* j-m, einer Sache untertan sein); напр.: einem König untertan sein быть покорным королю; dem Willen eines anderen untertan sein покоряться воле другого; sich j-m untertan machen покоряться [подчиняться] кому-л. □ »Ich bin also Ihnen untertan und Sie nicht mir?« *(St. Zweig, »Maria Stuart«)* «Стало быть, я подвластна вам, а не вы мне?» Kein leichtes Leben hat der biedere Mann zwischen den drei aufgeregten Frauen, einer untertan, der zweiten verbunden... *(ebenda)* Нелегко этому доброму человеку лавировать между тремя разъяренными женщинами, одной из которых он подвластен, другой предан... Luther hatte ausdrücklich gefordert: »Jedermann sei untertan der Obrigkeit« *(Fründt, »Barock«)* Лютер недвусмысленно требовал: «Да будет каждый покорен своим властям». **dienstbar** обязанный служить, подчиненный *употр. тк. в сочетании* sich (D) j-n, etw. dienstbar machen; напр.: sich einen Menschen dienstbar machen заставить себе служить человека, использовать человека; etw. seinen Interessen dienstbar machen подчинить что-л. своим интересам; wir haben uns die Atomenergie dienstbar gemacht мы поставили себе на службу атомную энергию. **botmäßig** *уст.* подвластный, подчиненный *подчеркивает, что какой-л. народ, какая-л. страна и т. п., находится под господством, во власти кого-л.;* напр.: j-m botmäßig sein быть подвластным кому-л.; sich ein Gebiet, fremdes Volk botmäßig machen подчинить себе область, другой народ. **subaltern** *книжн.* ≅ untergeordnet, *но подчеркивает несамостоятельный, второстепенный характер работы, положения и т. п.;* напр.: ein subalterner Beamter мелкий чиновник; in subalterner Stellung sein занимать подчиненное положение □ Schau her, Sepp, ich hab kein Talent, um mich ist es nicht schade, wenn ich bei meinem Doktor meine widerliche, subalterne Arbeit verrichte *(Feuchtwanger, »Exil«)* Послушай меня, Зепп, у меня таланта нет, и не жалко, если я трачу себя на противную, третьестепенную работу у доктора. ...und Sepp Trautwein litt oft darunter, daß er subalterne Arbeit leisten mußte, die hundert andere auch hätten leisten können *(ebenda)* ...и Зепп Траутвейн часто страдал оттого, что делал рядовую работу, которую могли бы выполнить сотни других. Sie schickten subalterne Leute ins Kabinett, begnügten sich, aus dem Hintergrund zu dirigieren *(Feuchtwanger, »Erfolg«)* На министерские посты они посылали второстепенных лиц и довольствовались тем, что руководили политикой, сами оставаясь в тени

untergeordnet² *см.* nebensächlich
untergraben подрывать
untergraben — unterhöhlen — unterminieren — unterwühlen

untergraben *индифф. синоним;* напр.: j-s Ansehen, j-s Stellung untergraben подрывать чей-л. авторитет, чье-л. положение; den Handel, die Wirtschaft, die staatliche Ordnung untergraben подрывать торговлю, экономику, государственный строй; die Einheit, den Kampfgeist untergraben подрывать единство, боевой дух; er untergräbt durch Ausschweifungen seine Gesundheit он излишествами подрывает свое здоровье □ Denn es untergräbt die Ordnung, und ich stehe auf dem Standpunkt, in dieser harten Zeit haben wir Ordnung nötiger als je *(H. Mann, »Untertan«)* Это значит подкапываться под существующий порядок, а я держусь той точки зрения, что порядок в наше суровое время необходимее, чем когда-либо. ...und daß zweitens bei der Stimmung, die nun einmal in der Stadt München herrsche, Johanna ihre eigene wirtschaftliche Existenz ein für allemal untergraben habe *(Feuchtwanger, »Erfolg«)* ...и что, во-вторых, Иоганна, принимая во внимание господствующие в Мюнхене настроения, раз и навсегда подорвала материальные основы .своего существования. **unterhöhlen** подтачивать, подрывать *подчеркивает, что что-л. подрывается изнутри, исподволь;* напр.: j-s Ansehen [Autorität] unterhöhlen подрывать чей-л. авторитет; die Staatsmacht unterhöhlen подрывать государственную власть; es waren Kräfte am Werk, die die Autorität des Staates unterhöhlten действовали силы, которые подрывали авторитет государства; das Rauchen hat seine Gesundheit völlig unterhöhlt курение полностью подорвало его здоровье □ Unter dem bisherigen Kabinett des Reichskanzlers Brüning war das bürgerlich-parlamentarische Regierungssystem schon weitgehend unterhöhlt worden *(ND 27. 5. 72)* При кабинете рейхсканцлера Брюнинга буржуазно-парламентарная система правления была уже сильно подорвана. Le Bas lehnte bequem im Reisewagen zurück und meinte... Wahlen innerhalb der Armee könnten leicht die Disziplin unterhöhlen und die Autorität der Truppen gefährden *(Bredel, »Der Kommissar am Rhein«)* Ле Ба удобно откинулся на сиденье и заметил... что выборы внутри армии могут легко подорвать

UNTERHALTEN

дисциплину и нанести вред единству отрядов. **unterminieren** вести подкоп, (злонамеренно) подрывать изнутри; *напр.*: j-s Ansehen, j-s Vertrauen, j-s Stellung unterminieren подрывать чей-л. авторитет, чье-л. доверие, чье-л. положение; den Staat, die Gesellschaftsordnung unterminieren подрывать устои государства, общественного строя. **unterwühlen** *неодобр. редко* ≅ untergraben, *но подчеркивает, что что-л. подрывается незаметно*; *напр.*: einen Staat unterwühlen вести подрывную деятельность против государства

unterhalten[1] развлекать, занимать
unterhalten — vergnügen — zerstreuen

unterhalten *индифф. синоним*; *напр.*: er unterhielt die ganze Gesellschaft mit seinen Witzen он занимал все общество [всю компанию] своими анекдотами; sie bemüht sich, mich geistreich zu unterhalten она старается занять меня умным [содержательным] разговором; man unterhielt die Gäste mit Musik, Spiel und Tanz гостей развлекали музыкой, играми и танцами □ Nur einmal, zu seinem eigenen Erstaunen, tauchte er weit in seine Erinnerung zurück und berichtete vom sanften Kardinal Aquaviva und vom Kanonikus Fumagalli. Das tat er, um den Oheim zu unterhalten (*Br. Frank, »Cervantes«*) Только однажды, к своему собственному удивлению, он окунулся в свои воспоминания и рассказал о кротком кардинале Аквавиве и о канонике Фумагалли. Он это сделал, чтобы развлечь дядю. **vergnügen** развлекать, забавлять; *напр.*: die Kinder mit einem Spiel, die Gäste mit Musik, mit lustigen Darbietungen vergnügen развлекать детей игрой, гостей музыкой, веселым представлением. **zerstreuen** развлекать, отвлекая от грустных мыслей, заставляя забыть что-л.; *напр.*: mit Mühe gelang es mir, ihn nach diesen Vorfällen etwas zu zerstreuen с трудом мне удалось развлечь его после этих происшествий; man muß sie ein wenig zerstreuen ее нужно немного развлечь [отвлечь]

unterhalten[2] *см.* erhalten[1]/ernähren[2]

unterhaltend *см.* interessant

unterhalten, sich[1] развлекаться
sich unterhalten — sich amüsieren — sich zerstreuen

sich unterhalten *индифф. синоним*; *напр.*: haben Sie sich gut unterhalten? вы хорошо провели время?; das Kind kann sich stundenlang mit dem Spielzeug unterhalten ребенок часами может забавляться игрушками; im Kino will er sich vor allem unterhalten кино для него в первую очередь развлечение; wir haben uns mit Spielen, mit Musizieren unterhalten мы проводили время за играми, за музицированием. **sich amüsieren** веселиться, развлекаться; *напр.*: ich amüsiere mich gern я люблю повеселиться; sie haben sich großartig amüsiert они великолепно повеселились; wie haben Sie sich amüsiert? ну как, хорошо повеселились? □ Seine Leidenschaften waren dünn. Er hatte ein einziges wirkliches Bedürfnis: sich zu amüsieren (*Feuchtwanger, »Exil«*) Он не знал больших страстей. У него была только одна действительная потребность — веселиться. Er schlug Holt freundschaftlich auf die Schulter. »Amüsieren Sie sich gut!« (*Noll, »Werner Holt«*) Он дружески похлопал Хольта по плечу: «Желаю повеселиться!» **sich zerstreuen** рассеяться, немного развлечься, отвлечься; *напр.*: um mich ein wenig zu zerstreuen, ging ich in ein Café чтобы немного рассеяться, я зашел в кафе

unterhalten, sich[2] *см.* sprechen[1]
unterhaltsam *см.* interessant
Unterhaltung *см.* Gespräch/Vergnügen[1]
unterhandeln *см.* besprechen
Unterhändler *см.* Vermittler/Vertreter[2]
unterhöhlen *см.* untergraben
unterjochen *см.* unterwerfen
Unterkommen *см.* Unterkunft
Unterkunft (временное) жилье, пристанище
die Unterkunft — das Obdach — das Quartier — das Asyl — die Zuflucht — der Zufluchtsort — das Unterkommen — der Unterschlupf — die Bleibe

Unterkunft *индифф. синоним*; *напр.*: eine einfache, gute, billige Unterkunft простое, хорошее, дешевое жилище; eine Unterkunft im Hotel, für drei Tage, für eine Nacht пристанище в отеле, на три дня, на одну ночь; eine Unterkunft haben, suchen, finden иметь, искать, находить (временное) жилье [пристанище]; j-m Unterkunft geben, gewähren, anbieten предоставить, предложить кому-л. (временное) жилье; wo ist Ihre Unterkunft? где вы остановились? □ ...es blieb dem Grafen Falkenstein nichts übrig, als im Palais des Herzogs Unterkunft zu suchen (*Feuchtwanger, »Die Füchse«*) ...графу Фалькенштейну ничего не оставалось, как искать пристанище во дворце герцога. Tschernigg wollte also aus dem Asyl hinaus in eine gesicherte Unterkunft (*Feuchtwanger, »Exil«*) Черниг стремился выбраться из ночлежки и получить надежное пристанище. Die Bewohner der Häuser hatten so viel von ihrem Besitz gerettet, wie sie konnten. Jetzt wußten sie nicht, wohin damit. Es gab keine Transportmittel und keine Unterkunft (*Remarque, »Zeit zu leben«*) Обитатели домов спасли столько, сколько успели вынести, и теперь не знали, что делать со своим добром. Не было ни транспорта, ни пристанища.

UNTERKUNFT

Obdach кров, приют (*место, заменяющее кому-л. родной дом, домашний очаг*); *напр.*: ein Obdach suchen искать приют; kein Obdach haben, finden не иметь, не найти крова; j-m Obdach geben, gewähren, bieten дать, предоставить, предложить кому-л. приют □ Sie waren wohl Flüchtlinge, die hier Obdach gefunden hatten (*Seghers, »Die Toten«*) Это были, наверное, беженцы, нашедшие здесь приют. **Quartier** ≅ Unterkunft, *но подчеркивает кратковременность проживания в данном месте, жилище*; *напр.*: er hat für heute nacht noch kein Quartier у него сегодня еще нет ночлега, ему негде сегодня остановиться на ночлег; sie erhielten in einem Berghotel Quartier они остановились на ночлег в горной гостинице □ Er aber, zum Umfallen müde, ging auf und ab, von der Tür zum Fenster, als sei er bestraft mit Entzug des Lagers. Ob das mein letztes Quartier ist? Mein letztes, ja, aber wovor? (*Seghers, »Das siebte Kreuz«*) А он, валившийся с ног от усталости, продолжал ходить взад и вперед, от двери к окну, словно был лишен права лечь на эту постель. Может быть, это мое последнее убежище? Последнее — перед чем? Auf Kredit gab es vielleicht eine Molle Bier, ein Glas Schnaps, eine Tasse Kaffee und Brötchen, aber kein Mittagessen und kein Quartier (*Weiskopf, »Lissy«*) Может быть, ему удалось бы получить в кредит кружку пива, рюмку шнапса, чашку кофе с булочкой, но не обед и ночлег. **Asyl** убежище, приют; *напр.*: ein Asyl für Obdachlose ночлежный дом; ein Asyl suchen, finden искать, найти убежище; j-m Asyl geben, gewähren давать, предоставлять кому-л. приют; um Asyl bitten просить (политического) убежища □ Sie kann auch darauf pochen, daß Elisabeth bisher allen ihren Untertanen, die nach England flüchteten, sei sie Moray und Morton, den Mördern Rizzos, den Mördern Darnleys, trotz ihrer Verbrechen Asyl gegeben (*St. Zweig, »Maria Stuart«*) Она может также сослаться на то, что Елизавета неизменно предоставляла право убежища всем шотландским беглецам, что Меррей и Мортон, убийцы Риччо и убийцы Дарнлея, несмотря на свои преступления, находили в Англии приют. Schweigsam gingen sie wieder dem Asyl zu (*Feuchtwanger, »Exil«*) Молча направились они к ночлежке. **Zuflucht** убежище, прибежище, укрытие (*место, которое может защитить в случае опасности*) *более характерно для книжно-письменной речи*; *напр.*: bei j-m Zuflucht suchen искать убежища у кого-л.; er hat vielen Verfolgten eine Zuflucht geboten [gewährt] он предоставил убежище многим преследуемым; sie fanden in einer

UNTERLASSEN 535 UNTERORDNUNG U

Scheune Zuflucht vor dem Unwetter они спрятались от грозы в сарае □ Die Kantine ist eine Zuflucht, Bier ist mehr als ein Getränk (Remarque, »Im Westen«) Столовая — это тихая пристань, пиво — не просто напиток. In demselben | Kartäuserkloster, das schon lange Zeit | Die Zuflucht unserer Freundschaft war gewesen... (Schiller, »Don Carlos«) В картезианском | Монастыре — приюте нашей дружбы... (Перевод Вильмонта). Zufluchtsort ≅ Zuflucht; напр.: □ O Hanna! Rette mich aus seinen Händen! | Wo find ich Ärmste einen Zufluchtsort? (Schiller, »Maria Stuart«) О Анна! Как от дерзкого укрыться? | И на какой замкнуться мне запор? (Перевод Вильмонта). Unterkommen разг. ≅ Unterkunft; напр.: ein Unterkommen für die Nacht, für ein paar Tage suchen, finden искать, найти пристанище на ночь, на несколько дней; j-m (ein) Unterkommen geben, gewähren дать, предоставить кому-л. убежище [кров]; noch kein Unterkommen haben (все) еще не иметь пристанища; ich bin mit meinem Unterkommen zufrieden я доволен своим (временным) жильем □ Als alter Emigrant hatte er keinen Blick für das, was mir fehlte: ein Unterkommen und Arbeit (Remarque, »Schatten«) Как старый эмигрант он отлично понимал, чего мне не хватало — пристанища и работы. Unterschlupf разг. ≅ Zuflucht; напр.: vor dem Gewitter Unterschlupf suchen искать убежище от грозы; die Hütte bot den Bergsteigern Unterschlupf für die Nacht альпинисты нашли в избушке пристанище на ночь; der Flüchtende fand bei den Freunden einen sicheren Unterschlupf бежавший нашел у друзей надежное убежище □ Selbst als die Wände des Zimmers zusammenwuchsen wie undurchdringliche Hecken, war der Gedanke in seinem Kopf nicht erloschen, daß das hier im Notfall ein günstiger Unterschlupf war (Seghers, »Das siebte Kreuz«) И даже когда стены комнаты сомкнулись, словно непроницаемый колючий кустарник, в его сознании не угасала мысль о том, что здесь, в случае чего, хорошо можно спрятаться. Bleibe разг. ночлег; напр.: eine Bleibe suchen, finden искать, найти ночлег; j-m eine Bleibe anbieten, geben предложить, дать кому-л. ночлег; ich habe heute keine Bleibe сегодня на ночь мне некуда деваться, мне негде переночевать □ Morgen könne er zwar Geld und Essen und eine Bleibe bekommen, aber bis morgen halte er ohne Schlaf nicht durch (Weiskopf, »Lissy«) Правда, завтра он сможет получить деньги, еду и ночлег, но до завтра ему не выдержать без сна.
unterlassen см. verzichten
unterlegen см. legen¹

unterliegen быть побежденным, потерпеть поражение
unterliegen — erliegen
unterliegen индифф. синоним; напр.: in einem Kampf, in einem Wettbewerb unterliegen быть побежденным в борьбе, в соревновании; seinem Gegner nur knapp unterliegen проиграть своему противнику с минимальным счетом; der Übermacht des Gegners unterliegen уступать превосходящим силам противника; sie sind nach hartem Kampf unterlegen после ожесточенной борьбы они потерпели поражение □ ...entweder lieferten die Nazi den Geraubten ohne weiteres zurück, oder aber die unterwarfen sich einem Schiedsgerichtsverfahren, in dem sie unter allen Umständen unterliegen mußten (Feuchtwanger, »Exil«) ...либо нацисты без дальнейших разговоров освободили бы похищенного, либо им пришлось бы выполнить решение третейского суда, которое, без всякого сомнения, было бы для них поражением. erliegen ≅ unterliegen, но тж. употр. по отношению к абстрактным понятиям, обозначающим то, что наносит поражение; напр.: einem Gegner erliegen быть побежденным противником; einer Krankheit, einer Verwundung erliegen не перенести болезни, ранения, умереть от болезни, от ранения; einer Versuchung, den Verlockungen der Großstadt erliegen не устоять перед искушением, перед соблазнами большого города; einem großen Irrtum erliegen стать жертвой глубокого заблуждения; er erliegt oft seinem Temperament он часто бывает жертвой собственного темперамента □ ...zuerst kommen die obligatorischen Gedenksekunden für die Arbeitskollegen, die während des letzten Vierteljahres verstorben sind, tödlich verunglückten oder ihren Verletzungen erlagen (Max von der Grün, »Irrlicht«) ...сначала наступают обязательные секунды молчания в память о товарищах по работе, которые либо умерли, либо стали жертвами несчастных случаев на производстве, либо погибли от увечий в последнем квартале года.
Untermieter см. Mieter
unterminieren см. untergraben
untermischen см. mischen (, sich)
Unternehmen см. Fabrik
unterordnen, sich подчиняться, быть в подчинении
sich unterordnen — sich unterstellen
sich unterordnen индифф. синоним; напр.: sich j-s Willen, seinem Chef, dem Brigadier, seinem Freund unterordnen подчиняться чьей-л. воле, своему начальнику, бригадиру, другу; sich der Gemeinschaft unterordnen подчиняться обществу [коллективу]; du mußt dich unterordnen! ты должен подчиниться!; sie haben sich dem Befehl, dem Gesetz untergeordnet они подчинились приказу, закону □ Es widerstand ihm, sich einem Mann wie dem Bauern Harms unterzuordnen (Seghers, »Die Toten«) Он противился, не хотел подчиняться такому человеку, как крестьянин Хармс. Herr Bormann wollte doch nur sagen, daß sich die Privatinteressen des einzelnen dem Wohl des Betriebes unterzuordnen haben (Max von der Grün, »Irrlicht«) Господин Борман хотел ведь только сказать, что личные интересы отдельного человека должны быть подчинены общим интересам предприятия. sich unterstellen офиц. ≅ sich unterordnen, но больше подчеркивает добровольность подчинения в определенной ситуации; напр.: sich j-m freiwillig, notgedrungen unterstellen подчиняться кому-л. добровольно, вынужденно; ich bin ihm unterstellt я нахожусь в его подчинении; bei den Rettungsarbeiten unterstellte er sich sofort dem Einsatzleiter во время спасательных работ он поступил в распоряжение руководителя спасательной команды □ Aber Sie werden sich doch nicht einem ehemaligen Untergebenen unterstellen! (Renn, »Nachkrieg«) Но вы же не будете подчиняться своему бывшему подчиненному!

Unterordnung подчинение
die Unterordnung — die Unterwerfung — die Dienstbarkeit — die Subordination
Unterordnung индифф. синоним; напр.: freiwillige, erzwungene, völlige Unterordnung добровольное, вынужденное, полное подчинение; die Unterordnung unter j-s Willen подчинение чьей-л. воле; die Unterordnung unter das Gesetz подчинение закону □ Mit kluger Berechnung hielt er sich vorläufig im Rahmen des Amtlichen, färbte aber seine Unterordnung unter den Willen des Vorgesetzten, so, daß dieser jederzeit vertraulichere Töne anschlagen könnte, ohne sich was zu vergeben (Feuchtwanger, »Exil«) Из благоразумного расчета он пока строго держался официальных рамок, но своему полному подчинению воле начальника придал такой оттенок, что, тот, стоило ему лишь захотеть, мог, ничем не поступаясь, перейти на более доверительный тон. Unterwerfung покорность, повиновение; напр.: blinde Unterwerfung слепое повиновение; die Unterwerfung unter j-s Willen повиновение чьей-л. воле; die Unterwerfung unter j-s Macht подчинение чьей-л. власти □ Noch mehr sah Vanselow auf den soldatischen Geist freudiger Unterwerfung, und den hatte Diederich (H. Mann, »Untertan«) Больше всего Ванселов ценил в солдате радостную готовность повиноваться, а она у Диде́риха была. Bernd Vogelsang schätzte blinde Unterwerfung unter die Autorität (Feuchtwanger, »Opper-

mann«) Бернд Фогельзанг ценил слепое повиновение авторитету. Ihre völlige Unterwerfung hat gewirkt (Brecht, »Das Leben des Galilei«) Ваше подчинение подействовало. Noch bin | Ich König. Unterwerfung will ich sehen (Schiller, »Don Carlos«) Я все еще король! | Я требую покорности! (Перевод Левика). **Dienstbarkeit** (полная) зависимость, подвластность; напр.: die Bauern lebten damals in drückender Dienstbarkeit крестьяне жили тогда под тяжелым гнетом (крепостной зависимости); nach erbitterten Kämpfen gegen die Türken befreiten sich die Bulgaren und Griechen von jahrhundertelanger Dienstbarkeit в результате жестокой борьбы с турками болгары и греки освободились от многовекового ига. **Subordination** уст. офиц. субординация; напр.: die Subordination achten, verletzen соблюдать, нарушать субординацию

Unterpfand см. Pfand
Unterredung см. Besprechung/Gespräch
unterrichten см. lehren ¹/mitteilen
untersagen см. verbieten
unterschätzen недооценивать
unterschätzen — verkennen
unterschätzen индифф. синоним; напр.: eine Aufgabe, die Schwierigkeit einer Mission unterschätzen недооценивать задание, трудность миссии; einen Gegner, j-s Einfluß unterschätzen недооценивать противника, чье-л. влияние; j-s Leistungen, j-s Kräfte unterschätzen недооценивать чьи-л. успехи, чьи-л. силы; das ist nicht zu unterschätzen этого нельзя недооценивать □ Sollte er sich geirrt, sollte er trotz allem das Risiko unterschätzt haben? (Feuchtwanger, »Die Füchse«) Неужели он ошибся, неужели все-таки недооценил риск? »Es gibt«, fuhr der Buchbinder denn auch fort, »heute zahllose Menschen, die sich zwischen den Klassen herumtreiben und nicht wissen, wohin sie gehören. Wir haben ihre Zahl unterschätzt (Feuchtwanger, »Exil«) «Существует, — продолжал переплетчик, — множество людей, которые мечутся между классами и не знают, где их место. Мы недооценивали их численность». **verkennen** допускать ошибку в оценке чего-л.; не осознавать, не понимать (значения, важности чего-л.); напр.: den Ernst der Lage, die tatsächliche Lage verkennen не осознавать серьезности положения, действительного положения вещей; die Tatsachen verkennen недооценивать факты; seine Absicht war nicht zu verkennen нельзя было не понять его намерения; er wurde von allen verkannt его все недооценивали [не признавали]; wir wollen nicht verkennen, daß... нам нельзя недооценивать того факта, что... □ »Noch immer scheinen Sie die wahre Lage der Dinge zu verkennen, mein wertes Fräulein«, fuhr er sarkastisch fort (Kellermann, »Totentanz«) «Вы, кажется, моя дорогая фрейлейн, до сих пор не уяснили себе истинного положения вещей», — саркастически продолжал он. Der Dichter Heinrich Heine wurde verkannt, angefeindet und verfolgt, seine Werke waren verboten (аннотация к Steinberg, »Der Tag ist in die Nacht verliebt«) Поэта Генриха Гейне не понимали, он был окружен враждебностью, его преследовали, его произведения были запрещены. Ihr eignete ein brennender Sinn für Gerechtigkeit, es kränkte sie, daß Pierres Verdienste um Amerika und die Freiheit so bitter verkannt wurden (Feuchtwanger, »Die Füchse«) Она страстно любила справедливость, ее оскорбляло, что заслуги Пьера перед Америкой и свободой нашли так мало признания

unterscheiden различать
unterscheiden — auseinanderhalten — differenzieren
unterscheiden индифф. синоним; напр.: Wesentliches von Unwesentlichem unterscheiden отличать существенное от несущественного; die Einzelheiten unterscheiden различать детали; die Schattierungen unterscheiden различать оттенки; kannst du Roggen von Gerste unterscheiden? ты можешь отличить рожь от ячменя?; können Sie die Kaffeesorten unterscheiden? вы можете отличить один сорт кофе от другого?; das kann man nur nach dem Geruch unterscheiden это можно различить только по запаху; wir unterscheiden mehrere Perioden der Eiszeit мы различаем несколько стадий ледникового периода □ Er (der junge Ersatz) wird aufgerieben, weil er kaum ein Schrapnell von einer Granate unterscheiden kann (Remarque, »Im Westen«) Оно (новое пополнение) тает на глазах: новобранцы даже шрапнель от гранаты толком отличить не умеют. Schweres Feuer liegt über uns. Wir drücken uns in die Ecken. Geschosse aller Kaliber können wir unterscheiden (ebenda) Над нами тяжелая завеса огня. Мы жмемся по углам. По звуку можно различить снаряды всех калибров. **auseinanderhalten** отличать, не путать (два похожих объекта) часто употр. с отрицанием; напр.: die Sorten auseinanderhalten различать сорта; ich kann die Zwillinge nicht auseinanderhalten я не могу различить этих близнецов; diese zwei Begriffe kann ich nicht auseinanderhalten я не вижу разницы между этими двумя понятиями. **differenzieren** книжн. дифференцировать, различать; напр.: er kann diese Pflanzenarten noch nicht differenzieren он не может еще различать [дифференцировать] эти виды растений; um das Problem zu lösen, mußt du genauer differenzieren чтобы решить проблему, ты должен точней дифференцировать (разные моменты)

unterscheiden, sich отличаться (от кого-л., от чего-л.)
sich unterscheiden — sich abheben — abweichen — abstechen — differieren
sich unterscheiden индифф. синоним; напр.: dieses Haus unterscheidet sich durch nichts von den Nachbarhäusern этот дом ничем не отличается от соседних домов; die beiden Schwestern unterscheiden sich stark voneinander эти две сестры сильно отличаются друг от друга; wodurch unterscheidet sich dieses Lehrbuch von den anderen? чем отличается этот учебник от других?; er unterscheidet sich von seinen Geschwistern durch seine Lebhaftigkeit он отличается от братьев и сестер своей живостью □ Er sah seiner Mutter ähnlich. Aber es war eine äußere Ähnlichkeit. Sonst unterschied er sich in allem von ihr (Noll, »Werner Holt«) Хольт походил на мать. Но это было лишь внешнее сходство. Во всем остальном он отличался от нее. **sich abheben** выделяться среди других, на фоне чего-л.; напр.: ihr weißes Kleid hob sich gegen die dunklen Bäume scharf ab ее белое платье резко выделялось на фоне темных деревьев; seine Leistungen heben sich besonders von denen seiner Mitschüler ab его успеваемость особенно отличается от успеваемости его соучеников □ Der Kalk auf der Mauer schimmerte schwach wie frischgefallener Schnee. Er spürte am ganzen Körper, daß er sich dunkel abhob (Seghers, »Das siebte Kreuz«) Белая стена чуть мерцала, как только что выпавший снег. Он ощущал всем телом, что выделяется на ней темным пятном. **abweichen** иметь отклонения, несходство; отличаться употр. по отношению к неодушевленным предметам и абстрактным понятиям; напр.: in der Darstellung, in den Methoden abweichen различаться по изображению, по методам; im Gewicht, in der Höhe, in der Länge voneinander abweichen различаться [отличаться друг от друга] по весу, по высоте, длиной; ihre Ansichten weichen ab их взгляды расходятся; sie weichen in ihren Ansichten voneinander ab они расходятся во взглядах; ihr Geschmack weicht von dem der Mutter ab ее вкусы расходятся [не совпадают] со вкусами матери; mein Ergebnis weicht bedeutend, stark, teilweise von deinem ab мой результат значительно, сильно, частично расходится с твоим. **abstechen** резко отличаться, выделяться (на общем фоне), контрастировать; напр.: durch Kleidung, durch Sprache, durch Leistungen von j-m abstechen сильно отличаться от кого-л. одеждой, языком, достижениями; sie stach durch ihr gepflegtes Äußeres von den anderen

UNTERSCHIEBEN 537 UNTERSCHREIBEN U

ab она сильно выделялась среди других своей ухоженной внешностью; das Ende sticht gegen den Anfang ab конец резко контрастирует с началом □ ...und das mühevolle, fehlerhafte Französisch Franklins stach seltsam ab von dem hurtigen, beschwingten Pierres (*Feuchtwanger, »Die Füchse«*) ...и затрудненная, нечистая французская речь Франклина разительно отличалась от быстрой, изящной речи Пьера. Was aber später in den »PN« über die Versammlung zu lesen war, klang keineswegs enthusiastisch. Es waren ein paar lahme, matte Zeilen, die traurig abstachen von den schwungvollen Berichten der französischen Presse (*Feuchtwanger, »Exil«*) Но заметка о митинге, которую увидали на следующее утро читатели «ПН», далеко не отличалась восторженностью. Эти несколько вялые, бесцветные строки прискорбно выделялись на фоне горячих отзывов французской прессы. Er konnte sich wirklich bei dem Prozeß nicht mehr in dem schäbigen braunen präsentieren, da stach er ja von vornherein gegen den prächtigen Oskar ab (*Feuchtwanger, »Lautensack«*) Не мог же он явиться на процесс в потертом коричневом — он, Пауль Крамер, составил бы слишком резкий контраст с великолепным Оскаром Лаутензаком.
differieren *книжн.* расходиться, разниться; *напр.:* ihre Ansichten, ihre Meinungen differieren sehr stark их взгляды, их мнения очень сильно расходятся; die Rahmen differieren in der Größe um einige Millimeter разница в величине рамок составляет несколько миллиметров; die beiden Uhren differieren часы показывают разное время
unterschieben *см.* geben¹
Unterschied различие, разница
der **Unterschied** — die **Verschiedenheit** — die **Differenz**
Unterschied индифф. синоним; *напр.:* ein geringer, wesentlicher, gewaltiger Unterschied незначительное, существенное, огромное различие; alle ohne Unterschied все без различия (без разбора); den Unterschied ausgleichen, erkennen, feststellen сгладить, увидеть [понять], установить различие; der Unterschied fällt ins Auge разница бросается в глаза; der Unterschied verwischt sich allmählich различие постепенно стирается; der Unterschied ist, daß... разница в том, что...; zwischen ihnen ist absolut kein Unterschied между ними нет никакой разницы; der Unterschied in der Qualität beider Stoffe ist kaum festzustellen различие в качестве обоих материалов едва ли можно установить □ ...wir erklären den Unterschied in der Zündungsdauer zwischen den gegnerischen Handgranaten und unseren (*Remarque, »Im Westen«*) ...мы объясняем разницу в скорости горения запала у наших гранат и у гранат противника. Ohne Frage klaffte zwischen der wirklichen Lea und dem Bild, das in seiner Bibliothek hing, ein weiter Unterschied (*Feuchtwanger, »Exil«*) Бесспорно, разница между реальной Леа и портретом, висевшим в его библиотеке, резко бросалась в глаза. Welcher Unterschied zum Leben der Bergbauern mit ihren weit verstreuten winzigen Feldern! (*Renn, »Zu Fuß zum Orient«*) Как отличалась эта жизнь от жизни крестьян в горах с их далеко разбросанными крошечными полями!
Verschiedenheit разность, неодинаковость *б. ч. употр. с отвлеченными существительными и подчеркивает несхожесть их свойств, качеств; напр.:* die Verschiedenheit der Gesinnung, der Charaktere, der Ansichten, des Geschmacks разность убеждений, характеров, взглядов, вкусов. **Differenz** *книжн.* (измеряемое) различие, разница двух величин; *мат.* разность; *напр.:* eine kleine, unbedeutende, beträchtliche Differenz маленькое, незначительное, значительное различие; eine Differenz von drei Mark, von zwanzig Minuten разница в три марки, в двадцать минут; die Differenz bestimmen, ausrechnen *мат.* вычислять разность; die Werkstücke haben [zeigen] in den Abmessungen große Differenzen детали сильно отличаются по размерам; die Differenz zwischen Berechnung und Messung ist erheblich разница между расчетными данными и данными измерения значительная; die Differenz von zehn minus acht ist zwei разность между десятью и восемью составляет два
unterschiedlich *см.* verschieden
unterschlagen *см.* ausgeben/verbergen¹
Unterschlupf *см.* Unterkunft
unterschreiben подписывать(ся)
unterschreiben — unterzeichnen — gegenzeichnen — signieren — zeichnen—paraphieren
unterschreiben индифф. синоним; *напр.:* einen Brief, einen Vertrag, ein Schriftstück, ein Protokoll unterschreiben подписывать письмо, договор, документ, протокол; die Abkommen ist noch nicht unterschrieben соглашение еще не подписано; wo soll ich unterschreiben где мне расписаться?; unterschreiben Sie hier, unten links! распишитесь здесь, внизу слева!; er hat vergessen zu unterschreiben он забыл расписаться □ Und dann bat Beaumarchais Voltaire, den Vertrag zu unterschreiben über die Rechte und Pflichten des Herausgebers (*Feuchtwanger, »Die Füchse«*) А потом Бомарше попросил Вольтера подписать договор о правах и обязанностях издателя. Graeber unterschrieb langsam. Er wollte nicht zeigen, daß er las, was vorgedruckt war; aber er wollte auch nicht blind unterschreiben (*Remarque, »Zeit zu leben«*) Гребер расписывался медленно. Он не хотел показать, что читает текст документа, но не хотел и подписывать вслепую. **unterzeichnen** ≅ unterschreiben, *но чаще употр. по отношению к официальным, важным документам, договорам и т. п.; напр.:* ein Schreiben, einen Aufruf, einen Vertrag unterzeichnen подписывать (официальное) письмо, призыв, договор; das Urteil ist noch nicht unterzeichnet приговор еще не подписан; Sie müssen hier, unten links unterzeichnen! вы должны поставить свою подпись здесь, внизу слева!; er hat vergessen zu unterzeichnen он забыл расписаться [поставить свою подпись] □ Am erfreulichsten war der Brief eines Bekannten aus dem Bibliophilenverein, eines angesehenen Schriftstellers, der ihn aufforderte, ein Manifest gegen die zunehmende Barbarisierung des öffentlichen Lebens mit zu unterzeichnen (*Feuchtwanger, »Oppermann«*) В особенности порадовало Густава письмо известного писателя, с которым он был знаком по Обществу библиофилов. Писатель предлагал подписать его воззвание против растущего варварства и одичания общественной жизни. Gustav unterzeichnete die Vollmacht, die Mühlheim ihm vorlegte (*ebenda*) Густав подписал доверенность, которую Мюльгейм положил перед ним. Und er (*Beaumarchais*) ergriff den Federkiel und unterzeichnete. Und dann unterschrieb der Alte, und da stand es nebeneinader: »Beaumarchais — Voltaire« (*Feuchtwanger, »Die Füchse«*) Схватив перо, он (Бомарше) подписал договор. А вслед за ним подписал и старик. Вот они, их подписи, рядом: Бомарше и Вольтер. **gegenzeichnen** визировать (*ставить свою подпись на документе в знак согласия с другими, подписавшими этот документ*); *напр.:* er muß das Schriftstück noch gegenzeichnen он еще должен завизировать документ; die Anweisung ist vom Betriebsleiter gegengezeichnet это руководство завизировано также директором предприятия □ Pierre genoß den Glanz und die Fülle, er sog in sich den Anblick der Wechsel, unterschrieben von dem Grafen Vergennes und gegengezeichnet von dessen Erstem Sekretär Conrad-Alexandre de Gérard (*Feuchtwanger, »Die Füchse«*) Пьер наслаждался блеском и изобилием, он пожирал глазами векселя, подписанные графом Верженом и визированные его первым секретарем Конрадом-Александром де Жераром. Der schickte ihm den Vertrag und ersuchte um Rücksendung des gegengezeichneten Exemplars (*Feuchtwanger, »Lautensack«*) Он послал ему договор и просил вернуть экземпляр с визой согласования. **signieren** *книжн.* скреплять подписью; *напр.:* einen Vertrag,

ein Abkommen, ein Dokument signieren подписывать [скреплять подписью] договор, соглашение, документ; das Dokument wurde von drei Ministern signiert документ был подписан тремя министрами □ Dieses Schriftstück wollte er dem Sterbenden vor Augen halten und sich zufriedengeben, wenn der es mit einem einfachen »V« in Gegenwart von Zeugen signierte (*Feuchtwanger, »Die Füchse«*) Слова эти он собирался показать умирающему (*Вольтеру*) и удовлетворился бы, если бы тот в присутствии свидетелей начертал под ними одну только букву «В». zeichnen *книжн.* ≅ unterzeichnen, *но обыкн. употр. в конце деловых или дипломатических писем, а тж. в тех случаях, когда говорится о подписи автора под оригиналом (работы, статьи и т. п.), причем подчеркивается, что подписывающий несет ответственность за данный оригинал; напр.*: wir danken Ihnen verbindlichst und zeichnen hochachtungsvoll... мы благодарим Вас и остаемся с совершенным к Вам почтением...; in der Hoffnung auf eine zusagende Antwort zeichne ich hochachtungsvoll... в надежде на положительный ответ остаюсь с совершенным к Вам почтением...; gezeichnet Heinrich Klemm подписал Генрих Клемм; er zeichnet dafür verantwortlich он подписывает (документы) как ответственное лицо □ In Wieseners Posteinlauf fand sich ein schmaler Band, betitelt »Le Loup«, herausgegeben von einem angesehenen Verlag; als Verfasser zeichnete Raoul de Chassefierre (*Feuchtwanger, »Exil«*) В почте, полученной Визенером, был тоненький томик под названием «Волк», изданный солидным издательством; имя автора — Рауль де Шасефьер. Die Tatsache allein, meinte er, daß Professor Trautwein diesen Artikel zeichne, sei aufreizend (*ebenda*) «Уже один тот факт, что статья подписана профессором Траутвейном, — сказал он, — вызовет раздражение». paraphieren *дип.* парафировать (*поставить в знак согласия параф, т. е. инициалы, на каком-л. документе в качестве предварительной подписи*); *напр.*: das Abkommen ist paraphiert, aber noch nicht unterzeichnet соглашение парафировано, но еще не подписано □ Nach erfolgreichen Verhandlungen wurde am Donnerstag in Berlin ein Kulturabkommen zwischen der DDR und der Palästinensischen Befreiungsorganisation (PLO) paraphiert (*ND 14. 3. 80*) После успешных переговоров в четверг в Берлине было парафировано культурное соглашение между ГДР и Организацией освобождения Палестины (ООП)
Unterschreibung *см.* Unterzeichnung
Unterschriftsleistung *см.* Unterzeichnung
untersetzt коренастый

untersetzt — stämmig — gedrungen
untersetzt *индифф. синоним; напр.*: ein untersetzter älterer Herr коренастый пожилой господин; ein Mann von untersetzter Gestalt [von untersetztem Wuchs] коренастый мужчина □ Schwabach war ein untersetzter, beleibter Herr und sah wie ein Pudel aus, ein gutmütiger grauer Pudel (*Kellermann, »Totentanz«*) Швабах был коренастый, тучный человек, смахивавший на добродушного серого пуделя. Klara, wie alle Oppermanns, war breit, untersetzt (*Feuchtwanger, »Oppermann«*) Клара, как все Опперманы, была широкая, коренастая. Ein eleganter pechschwarzer Adjutant von untersetztem Wuchs, der neben einem Spieltisch saß... (*Kellermann, »Totentanz«*) Элегантный, небольшого роста адъютант, одетый во все черное, сидевший возле игорного стола... **stämmig** кряжистый (*небольшого роста, плотный и сильный*) *в отличие от* untersetzt *употр. тж. по отношению к частям тела*; *напр.*: ein stämmiger Kerl кряжистый парень; der Sportler ist sehr stämmig у спортсмена кряжистая фигура, спортсмен очень коренастый; er hatte stämmige Beine у него были ноги как кряжи □ Er (*Heinrich Lavendel*) saß auf dem Pult seiner Bank, stämmig, blond, die Beine abwechselnd auf gymnastische Art vorschnellend (*Feuchtwanger, »Oppermann«*) Коренастый, светловолосый, он сидел на парте и ловким гимнастическим движением попеременно выбрасывал то одну, то другую ногу. **gedrungen** приземистый; *напр.*: eine gedrungene Gestalt приземистая фигура; er war von gedrungener Gestalt [von gedrungenem Wuchs] он был приземист □ Heydebregg war ein bißchen kleiner als er selber, doch breiter, wuchtiger, gedrungener (*Feuchtwanger, »Exil«*) Гейдебрег был чуть ниже его ростом, но более широк в плечах, более тяжеловесен, приземист. ...er war kurz und gedrungen wie sein Vater (*Seghers, »Die Toten«*) ...он был низкорослый и приземист, как и его отец
unter sich begraben *см.* verschütten¹
unterstehen, sich *см.* wagen
unterstellen *см.* zuschreiben
unterstellen, sich *см.* unterordnen, sich
unterstellt *см.* untergeordnet¹
unterstreichen¹ подчеркивать (*проводить черту под чем-л. с целью отметить что-л.*)

unterstreichen — anstreichen
unterstreichen *индифф. синоним; напр.*: einen Buchstaben, eine Zeile, einen Fehler unterstreichen подчеркивать букву, строчку, ошибку; eine wichtige Stelle mit Rotstift unterstreichen подчеркивать важное место (в книге) красным карандашом; unbekannte Wörter im Text unterstreichen подчеркивать незнакомые слова в тексте □ Schwester Helene kommt resolut vor an den Schreibtisch. Weist auf einen Zettel, auf dem groß, dreimal rot unterstrichen, etwas vermerkt ist (*Feuchtwanger, »Oppermann«*) Сестра Елена решительно подходит к письменному столу. Показывает на записку, на которой что-то размашисто написано и трижды подчеркнуто красным карандашом. **anstreichen** отчеркнуть, отметить чертой (*часто на полях*); *напр.*: eine interessante Stelle im Buch anstreichen отметить интересное место в книге; einen Absatz im Buch anstreichen отчеркнуть абзац в книге; den festgesetzten Tag im Kalender rot anstreichen отметить назначенный день в календаре красным карандашом; er hat in deinem Aufsatz fünf Fehler angestrichen он отметил в твоем сочинении пять ошибок (*сделав пометки значками на полях*) □ »Ein Saustall«, grollt er und schlägt mit der roten, dickgeäderten Hand auf die Zeitungsblätter mit den angestrichenen Artikeln (*Feuchtwanger, »Oppermann«*) «Свинарник!» — гремит он и хлопает красной, в толстых вздутых жилах рукой по газетам с отчеркнутыми статьями. Dann nehme ich eines der Bücher und blättere darin, um zu lesen. Aber ich stelle es weg und nehme ein anderes. Es sind Stellen darin, die angestrichen sind (*Remarque, »Im Westen«*) Затем я достаю одну из книг и листаю ее. Но я снова ставлю ее на место и беру другую. В ней есть места, которые отчеркнуты

untersteichen² *см.* betonen
unterstützen *см.* helfen
Unterstützung¹ пособие
die Unterstützung — die Beihilfe — die Zuwendung — der Zuschuß — die S u b v e n t i o n
Unterstützung *индифф. синоним; напр.*: eine öffentliche, gesetzliche, regelmäßige Unterstützung общественное, законное, регулярное пособие; eine Unterstützung beziehen [erhalten] получать пособие; j-m die Unterstützung kürzen [herabsetzen] сокращать кому-л. пособие; j-m die Unterstützung entziehen лишать кого-л. пособия; j-m Unterstützung geben, gewähren давать, предоставлять кому-л. пособие. **Beihilfe** небольшое денежное пособие, вспомоществование; *напр.*: eine einmalige Beihilfe единовременное пособие; (monatlich) eine kleine Beihilfe beziehen получать (каждый месяц) маленькое денежное пособие; eine Beihilfe auszahlen выплачивать денежное пособие. **Zuwendung** разовое пособие (*награда, подарок, пожертвование и т. п.*); *напр.*: eine finanzielle, einmalige Zuwendung денежное, разовое пособие; eine Zuwendung in Höhe von... пособие [отчисление] размером в...; eine Zuwendung von der Stiftung erhalten получать пособие из (благотворительного) фонда. **Zuschuß** дополнитель-

ное пособие, дотация; *напр.*: er bekam für seine Kur einen Zuschuß vom Betrieb для лечения на курорте он получил дополнительное пособие из фонда предприятия □ Als das Parlament stiernackig den Zuschuß zu den Münchner Galerien aus dem Budget gestrichen habe, sei er eingesprungen (*Feuchtwanger, »Erfolg«*) Когда парламент из тупого упрямства вычеркнул из бюджета дотацию Мюнхенским картинным галереям, он сам дал нужную сумму. **Subvention** [-v-] *книжн.* субсидия, дотация (*финансовая помощь из государственных или общественных фондов, осуществляемая в соответствии с какой-л. программой*); *напр.*: infolge der Krise werden die Subventionen für die Landwirtschaft gekürzt в связи с кризисом субсидии для сельского хозяйства сокращаются □ Er hatte Pierre gefragt, wie hoch er sich denn die Subvention denke, die er von der Regierung erwarte (*Feuchtwanger, »Die Füchse«*) Он спросил Пьера, каковы должны быть размеры правительственной субсидии, на которую он рассчитывает

Unterstützung [2] *см.* Stütze

untersuchen исследовать, обследовать

untersuchen — forschen — erforschen — ergründen — studieren — sondieren

untersuchen *индифф. синоним*; *напр.*: ein Problem, die Ursache der Erkrankungen, Wasserproben, Dialekte, eine wissenschaftliche Frage untersuchen исследовать проблему, причину заболеваний, пробы воды, диалекты, научный вопрос; etw. eingehend, allseitig, wissenschaftlich, chemisch untersuchen исследовать что-л. тщательно, всесторонне, научно, химическим путем; etw. auf seinen Gehalt an Stickstoff untersuchen исследовать что-л. на содержание азота □ Der nicht mehr aktive... Vulkan Mouna-Kea auf Hawaii wurde unlängst von Geophysikern sorgfältig untersucht, da man unter den erhärteten Lavaschichten Eis entdeckte (*ND 13.5.72*) Недавно геофизики тщательно исследовали потухший... вулкан Мауна-Ки на Гавайских островах, где под затвердевшими слоями лавы обнаружен лед. **forschen** ≅ untersuchen, *но подчеркивает длительность действия и бóльшую углубленность, тщательность, научный характер исследований* (*в отличие от* untersuchen *с прямым дополнением не употр.*); *напр.*: unablässig, gewissenhaft, ernsthaft forschen исследовать непрерывно, добросовестно, серьезно; nach den Ursachen der Krankheit, dieser Erscheinung forschen исследовать причины болезни, этого явления; in alten Handschriften, Quellen forschen исследовать старые рукописи, источники (*ища ответ на научный вопрос*); nach der Wahrheit forschen искать истину. **erforschen** ≅ forschen, *но больше подчеркивает объект и цель исследования, имеет более широкую сочетаемость (употр. обязательно с прямым дополнением)*; *напр.*: ein Land, ein Problem, ein Denkmal des Altertums erforschen исследовать страну, проблему, памятник древности; die Arktis, die Naturgesetze, den Kosmos erforschen исследовать Арктику, законы природы, космос; die Voraussetzungen, die Bedingungen für einen bemannten Weltraumflug erforschen исследовать предпосылки, условия для полета человека в космос; ein Geheimnis, die Wahrheit über eine Sache, die Ursachen [die Zusammenhänge] eines Vorganges erforschen пытаться раскрыть тайну, пытаться узнать правду о каком-л. деле, причины какого-л. процесса □ Es war ihm auch gar nicht darum zu tun, die Seele dieses Mädchens zu erforschen. Wozu sollte sein Verstand das ergründen, was sein Herz längst wußte? (*Kellermann, »Jester und Li«*) Ему совершенно незачем было изучать душу этой девушки. Зачем исследовать умом то, что давно знает его сердце? Die Kosmonauten Juri Romanenko und Georgi Gretschko haben am Mittwoch begonnen, Naturreichtümer der Erde zu erkunden sowie die Umwelteinflüsse zu erforschen (*ND 23.12.77*) Космонавты Юрий Романенко и Георгий Гречко начали в среду проводить космическую разведку природных богатств Земли, а также исследовать проявления влияния окружающей среды. **ergründen** проникать в суть (*дела, явления и т. п.*), (*исчерпывающе*) исследовать; *напр.*: das Wesen der Sache, das Geheimnis, die Gedanken, die Pläne eines anderen ergründen проникать в суть дела, в тайну, в мысли, в планы другого; die Umstände, die Beweggründe, die Ursachen ergründen исследовать обстоятельства, побудительные мотивы, причины □ »Wenn man die Emigranten wirksam bekämpfen will«, tastete sich Wiesener vor, »dann muß man ergründen, warum ihre Propaganda gerade in Paris solchen Erfolg hat« (*Feuchtwanger, »Exil«*) «Для того чтобы успешно бороться с эмигрантами,— начал, нащупывая почву, Визенер,— надо прежде всего уяснить себе, почему их пропаганда именно в Париже имеет такой успех». Es ist eine echte Sungschale, sieh sie dir aufmerksam an, Frank, ich will das Geheimnis ihrer Glasur ergründen (*Kellermann, »Totentanz«*) Посмотри, Франк, ведь это подлинная чаша времен правления династии Сун, я хочу раскрыть тайну ее глазури. **studieren** изучать; *напр.*: ein Problem, eine Frage studieren изучать проблему, вопрос; j-s Charakter, j-s Gesichtsausdruck studieren изучать чей-л. характер, чье-л. выражение лица. **sondieren** *разг.* зондировать; *напр.*: die Lage sondieren зондировать почву

untertan *см.* untergeordnet [1]
Untertan *см.* Bürger [1]
untertänig *см.* gehorsam
untertauchen *см.* schwinden [1]/tauchen [1, 2]
unterwegs *см.* verreist
unterweisen *см.* lehren [1]
Unterweisung *см.* Weisung [1]
unterweltlich *см.* höllisch [1]
unterwerfen покорять, подчинять своей власти

unterwerfen — unterjochen — versklaven — knechten

unterwerfen *индифф. синоним*; *напр.*: j-n, ein Volk, ein Land, einen Staat unterwerfen покорять кого-л., народ, страну, государство; das Volk ließ sich nicht unterwerfen народ не дал себя покорить □ Im achtzigsten Jahr ihres Eroberungszuges setzten sie... nach Spanien, und unterwarfen in gewaltigem Schwung die gesamte Halbinsel bis zu den Pyrenäen (*Feuchtwanger, »Die Jüdin von Toledo«*) На восьмидесятом году своего победного шествия они переправились... в Испанию и покорили в своем мощном движении вперед весь полуостров до самых Пиренеев. **unterjochen** порабощать, надевать иго, ярмо на кого-л. (*насильственно лишать свободы, полностью подчинять себе*); *напр.*: eine Minderheit, ein Volk unterjochen порабощать меньшинство, народ; das Land, das gerade seine Freiheit errungen hatte, wurde erneut unterjocht страна, которая только что завоевала свободу, была снова порабощена. **versklaven** [-v-] обращать в рабство, закабалять; *напр.*: die Bevölkerung der eroberten Gebiete wurde versklavt население завоеванных областей было порабощено. **knechten** *книжн.* ≅ unterjochen, *но усиливает значение*; *напр.*: ein Land, ein Volk knechten поработить страну, народ; sich nicht knechten lassen не дать поработить себя; das kleine Volk wurde von seinen Eroberern geknechtet этот немногочисленный народ был порабощен завоевателями

unterwerfen, sich *см.* gehorchen
Unterwerfung *см.* Unterordnung
unterwühlen *см.* untergraben
unterwürfig [1] покорный, угодливый
unterwürfig — kriechend — lakaienhaft — knechtisch — devot — servil — kriecherisch — hündisch

unterwürfig *индифф. синоним*; *напр.*: ein unterwürfiger Mensch покорный [угодливый] человек; eine unterwürfige Bitte, Gebärde покорная просьба, покорный жест; in unterwürfiger Haltung в покорной [подобострастной] позе; sich unterwürfig zeigen, verhalten проявлять покорность, покорствовать, быть покорным

UNTERWÜRFIG | 540 | **UNÜBERLEGT**

[подобострастным, угодливым]; er ist gegenüber seinem Vorgesetzten immer sehr unterwürfig он всегда очень угодлив по отношению к своему начальнику. **kriechend** пресмыкающийся, раболепный; *напр.:* kriechende Unterwürfigkeit раболепная покорность; kriechende Höflichkeit подобострастие. **lakaienhaft** лакейский, холуйский; *напр.:* lakaienhaftes Benehmen холуйское [лакейское] поведение; lakaienhafte Manieren лакейские манеры, манеры прислужника. **knechtisch** рабский; *напр.:* knechtischer Gehorsam рабское послушание [повиновение]; knechtische Unterwürfigkeit рабская покорность. **devot** [-v-] *книжн.* подобострастный, угодливый; *напр.:* ein devoter Gruß подобострастное приветствие, подобострастный поклон; devote Komplimente льстивые комплименты; j-n devot grüßen приветствовать кого-л. подобострастно; sich devot verneigen поклониться подобострастно □ Süß dankte mit servilsten, devotesten Bezeugungen für die enorme, unverdiente Gnade und das extraordinäre Vertrauen (*Feuchtwanger, »Jud Süß«*) Зюсс поблагодарил, раболепно, подобострастно, за великую, незаслуженную им милость и за исключительное доверие. **servil** [-v-] *книжн.* сервильный, сервилистский; *напр.:* serviles Benehmen раболепное [сервильное] поведение; ein serviles Lächeln угодливая улыбка; servile Gesinnung сервилизм; sich servil benehmen вести себя раболепно □ Ihn, Harry, sowie er zu denken und zu werten begann, stieß ihre zugleich servile und parvenühafte Lebensweise ab (*Feuchtwanger, »Exil«*) Его, Гарри, как только он начал мыслить и рассуждать, всегда отталкивали их образ жизни, низкопоклонство и спесь выскочек. Aus sicheren Verhältnissen ins Unsichere gestoßen, verzappelten sie sich, wurden frech und servil zugleich (*ebenda*) Выброшенные из надёжных условий существования в ненадёжные, они с отчаяния ожесточились, стали в одно и то же время наглы и угодливы. Monsieur Grandjean, der Besitzer des Hotels, behandelte ihn nicht serviler als andere Touristen (*Feuchtwanger, »Die Füchse«*) Хозяин гостиницы, мосье Гранжан, был с ним не более угодлив, чем с прочими постояльцами. **kriecherisch** *разг.* подхалимский; *напр.:* ein kriecherischer Mensch подхалим; kriecherisches Benehmen пресмыкательство, подхалимское поведение; kriecherische Worte подхалимские слова; durch sein kriecherisches Verhalten versuchte er sich bei seinem Vorgesetzten einzuschmeicheln он пытался добиться расположения начальника подхалимажем. **hündisch** *разг.* раболепно преданный (*как покорный пёс*); *напр.:* hündisches Verhalten раболепное отношение; hündi-

sche Kriecherei ползание перед кем-л., перед чем-л., низкопоклонство; hündische Treue собачья верность; in hündischem Gehorsam с покорностью собачонки; j-n mit hündischem Blick ansehen смотреть на кого-л. подобострастно и с собачьей преданностью; j-m hündisch ergeben sein быть преданным кому-л. как верный пёс
unterwürfig ² *см.* gehorsam
unterzeichnen *см.* unterschreiben
Unterzeichnung подписание
die **Unterzeichnung** — die **Unterschreibung** — die **Unterschriftsleistung**

Unterzeichnung *индифф. синоним;* *напр.:* die Unterzeichnung eines Vertrages, eines Aufrufes, eines Appells, eines Abkommens, eines Schecks подписание договора, воззвания, призыва, соглашения, чека □ Daß Louis in Person kam und so schnell, bestärkte ihn in seinem Vorhaben, sowohl auf der Unterzeichnung der Anleihe als auch auf der Freigabe des »Figaro« zu bestehen (*Feuchtwanger, »Die Füchse«*) То обстоятельство, что Луи явился лично и столь быстро, утвердило его в намерении настаивать одновременно и на подписании займа и на снятии запрета с «Фигаро». Die X. Konferenz von Vertretern der Akademien der Wissenschaften sozialistischer Länder ging am Freitag in Bulgariens Hauptstadt mit der Unterzeichnung eines Protokolls über die Bilanz der fünftägigen Beratungen zu Ende (*ND 26/27. 11. 77*) Десятая конференция представителей Академий наук социалистических стран закончилась в пятницу в столице Болгарии подписанием протокола о результатах пятидневных совещаний. Klaus Frischlin hat damals, wie er es gewohnt war, den Namen mit der Maschine daruntergesetzt und Raum für die handschriftliche Unterzeichnung freigelassen (*Feuchtwanger, »Oppermann«*) Клаус Фришлин по обыкновению напечатал подпись на машинке и оставил место для подписи от руки. **Unterschreibung** = Unterzeichnung, *но употр. реже.* **Unterschriftsleistung** *книжн.* ≙ Unterzeichnung, *но употр., когда указывается, когда, где, кем и т. п. что-л. должно быть подписано; напр.:* die Unterschriftsleistung muß in Gegenwart des Bankangestellten erfolgen подписание должно происходить в присутствии сотрудника банка; zur Unterschriftsleistung sind berechtigt... право подписи имеют...
untief *см.* seicht ¹
untreu *см.* treulos
Untreue *см.* Verrat
unüberlegt ¹ необдуманный, непродуманный
unüberlegt — unbedacht — unbesonnen — übereilt — überstürzt — voreilig — vorschnell — eilfertig — unvorsichtig — gedankenlos — blindlings

unüberlegt *индифф. синоним; напр.:* eine unüberlegte Äußerung, Antwort, Handlung необдуманное высказывание, необдуманный ответ, поступок; unüberlegte Worte необдуманные слова; unüberlegt handeln, sprechen поступать, говорить необдуманно; einen unüberlegten Beschluß fassen принять необдуманное решение; seinen unüberlegten Schritt bereuen раскаиваться в необдуманном шаге. **unbedacht** ≙ unüberlegt; *напр.:* eine unbedachte Äußerung, Bemerkung, Antwort необдуманное высказывание, замечание, необдуманный ответ; eine unbedachte Handlung необдуманный поступок; unbedacht handeln, sprechen поступать, говорить необдуманно □ »Wenn wir ernstlich wollten«, schloß er selbstgefällig und unbedacht, »gäbe es hundert Wege, ihn und seine »PN« zu beseitigen« (*Feuchtwanger, »Exil«*) «Если бы мы серьёзно захотели, — заключил он самодовольно и необдуманно, — у нас нашлось бы сто путей устранить его вместе с его «ПН». Unmöglich können sie so ein unbedachtes Wort als eine endgültige Kündigung betrachten (*ebenda*) Не могут же они рассматривать необдуманно вырвавшиеся у меня слова как серьёзное заявление об уходе? **unbesonnen** опрометчивый, безрассудный *подчёркивает импульсивность действий, решений и т. п.; напр.:* eine unbesonnene Tat, Schlußfolgerung опрометчивый поступок, вывод; ein unbesonnener Schritt опрометчивый шаг; unbesonnene Worte опрометчивые слова; unbesonnen handeln действовать опрометчиво [безрассудно]; sich unbesonnen äußern высказываться опрометчиво □ Der alte Mercy war also tief erschrocken, als er Kunde bekam von dem unbesonnenen Plan seines jungen Monarchen, sich mit dem Rebellen zu treffen (*Feuchtwanger, »Die Füchse«*) Итак, узнав об опрометчивом решении молодого монарха встретиться с бунтовщиком, старик Мерси пришёл в ужас. Daß der unbesonnene Pierre den empfindlichen Stolz Charlots gereizt hatte, erfüllte sie mit Sorge (*ebenda*) То, что безрассудный Пьер дал щелчок болезненно гордому Шарло, не на шутку встревожило её. Du bist ohne Kenntnisse, ohne echte Überlegtheit, dafür unbesonnen und draufgängerisch (*Noll, »Werner Holt«*) У тебя нет ни знаний, ни рассудительности, к тому же ты опрометчив и рубишь сплеча. Auch seine Stimme hielt er im Tone des Alltags, nur sprach er langsam, auf daß ihm kein unbesonnenes Wort unterlaufe (*Feuchtwanger, »Lautensack«*) И голос его зазвучал по-будничному, только говорил он медленнее, чтобы с его губ не сорвалось ни одно необдуманное слово. **übereilt** необдуманный, поспешный; *напр.:* eine übereilte Handlung, Tat поспешное действие, необдуманный поступок; eine übereilte Reise впопыхах предпринятая поездка; ihre übereilte Heirat, Flucht её скоропалительное замужество, поспешное бегство; ein übereilter Befehl, Rat необдуманный приказ, совет; ein übereilter Entschluß поспешное [необдуманное] решение; übereilt handeln действовать поспешно [необдуманно] ☐ In Berlin... konnte er seine Stellungnahme zu den veränderten Münchner Verhältnissen in Ruhe überdenken und ein übereiltes Zusammentreffen mit Frau von Radolny vermeiden (Feuchtwanger, »Erfolg«) В Берлине... он мог спокойно обдумать позицию, которую он займёт по отношению к изменившимся мюнхенским условиям, и избежать преждевременной встречи с госпожой фон Радольны. »Was ich getan habe«, bekannte er, »war übereilt« (Feuchtwanger, »Die Füchse«) «То, что я сделал, — признался он, — было поспешным шагом». Du urteilst zu übereilt, lieber Harry (Kellermann, »Totentanz«) Твоё суждение, мой милый Гарри, слишком поспешно. **überstürzt** ≅ übereilt, *но ещё больше подчёркивает излишнюю поспешность*; *напр.*: eine überstürzte Entscheidung, Flucht поспешное [необдуманное] решение, бегство; überstürzt antworten, handeln отвечать, действовать поспешно [необдуманно] ☐ Ich hielt das Tempo für überstürzt (Kellermann, »Totentanz«) И темп, в котором всё это делалось, я считал слишком быстрым. Ich hatte mich überstürzt verabschiedet und war auch den letzten Teil der Fahrt sehr schweigsam gewesen (Remarque, »Schatten«) Я поспешно простился и всю последнюю часть пути был по-прежнему очень молчалив. **voreilig, vorschnell** поспешный, преждевременный; *напр.*: ein voreiliger [vorschneller] Schritt преждевременный [поспешный] шаг; eine voreilige [vorschnelle] Antwort, Entscheidung поспешный [преждевременный] ответ, поспешное [преждевременное] решение; voreilig [vorschnell] urteilen судить поспешно; handele nicht voreilig! не действуй поспешно!; weshalb warst du mit der Bemerkung so voreilig? зачем ты выскочил со своим замечанием? ☐ Aber der Plan sei voreilig und bei der Jugend Felicens unvernünftig (Feuchtwanger, »Die Füchse«) Однако план этот преждевремен и, по молодости Фелисьена, неразумен. Handelt er nicht vorschnell, wenn er jetzt stolz und selbstgerecht sagt: »Ich mache da nicht mit. Tut, was ihr wollt«? (Feuchtwanger, »Exil«) Не будет ли опрометчивостью, если он скажет, гордый своей правотой: «Я больше не участвую в этом. Делайте, что хотите»? Aber besser, er tut's nicht. Er ist heute früh zu vorschnell gewesen (Fallada, »Jeder stirbt«) Но пусть луч-

ше он этого не делает. Сегодня утром он поторопился. **eilfertig** скоропалительный *подчёркивает крайнюю необдуманность поспешных поступков*; *напр.*: eine eilfertige Handlungsweise поспешные [скоропалительные] действия; eilfertige Schritte поспешные шаги; ein eilfertiger Entschluß скоропалительное решение; eilfertig antworten, handeln отвечать, действовать слишком поспешно. **unvorsichtig** неосторожный *подчёркивает, что необдуманность действий, высказываний и т. п. связана с неучётом возможных плохих последствий*; *напр.*: eine unvorsichtige Antwort, Bemerkung неосторожный ответ, неосторожное замечание; ein unvorsichtiger Schritt неосторожный шаг; unvorsichtig handeln, sprechen неосторожно действовать, говорить; es war unvorsichtig von dir, das zu sagen с твоей стороны было неосторожно сказать это ☐ Sind die Völkischen erst einmal am Ruder, dann kann einen eine heute getane unvorsichtige Äußerung um Amt und Brot bringen (Feuchtwanger, »Oppermann«) Если нацисты придут к власти, то такое неосторожно сказанное теперь слово может лишить человека работы и хлеба. **gedankenlos** бездумный, безотчётный; *напр.*: etw. gedankenlos sagen сказать что-л., не подумав [машинально]; gedankenlos handeln действовать [поступать] необдуманно [бездумно, машинально] ☐ Wenn sie das nächste Mal von der Rundfunkaufführung anfängt, redet er dann genauso zerstreut und gedankenlos daher wie jetzt (Feuchtwanger, »Exil«) Вернее всего, он и в следующий раз, когда она заговорит об этой радиопередаче, будет отвечать так же рассеянно и машинально, как теперь. »Kann man denn das?« fragte Charlotte gedankenlos (Kellermann, »Totentanz«) «Разве это можно?» — не подумав, спросила Шарлотта. **blindlings** не раздумывая, слепо (*тк. как обстоятельство*); *напр.*: j-m blindlings gehorchen, vertrauen слепо повиноваться, доверять кому-л.; blindlings davonlaufen, vorwärtsstürzen не раздумывая броситься прочь, вперёд; er schlug blindlings zu он ударил сразу, не раздумывая; er begab sich blindlings in Gefahr он не раздумывая устремился навстречу опасности ☐ ...allerdings geriet ich dabei einmal so in Wut, daß ich ihn blindlings überrannte und ihm einen derartigen Stoß vor den Magen gab, daß er umfiel (Remarque, »Im Westen«) ...во всяком случае, меня это однажды так разозлило, что я не раздумывая кинулся на него и дал такого тумака в живот, что он упал.
unüberlegt[2] *см.* leichtsinnig[2]
unübertrefflich *см.* groß[5]
unumgänglich *см.* notwendig[1]
unumschränkt *см.* unbegrenzt
unumstößlich *см.* unwiderlegbar

unumwunden *см.* aufrichtig
ununterbrochen *см.* ständig[1]
unveränderlich *см.* ständig[1]
unverbesserlich *см.* verstockt
unverblümt *см.* aufrichtig
unverbrüchlich *см.* fest[2]
unverbürgt *см.* ungewiß
unverehelicht *см.* ledig
unverfroren *см.* frech
unvergänglich *см.* ständig[1]
unvergeßbar *см.* unvergeßlich
unvergeßlich незабываемый
unvergeßlich — unvergeßbar — unauslöschlich — unverwischbar — erinnerlich
unvergeßlich *индифф. синоним*; *напр.*: unvergeßliche Eindrücke, Tage незабываемые впечатления, дни; ein unvergeßliches Jahr, Datum, Ereignis незабываемый год, незабываемая дата, незабываемое событие; eine unvergeßliche Gestalt незабываемый образ; ein unvergeßlicher Freund незабвенный друг; unvergeßliche Bilder der Kindheit незабываемые картины детства; unvergeßliche Stunden erlebt haben пережить незабываемые часы; solche Erlebnisse sind unvergeßlich такое, пережитое однажды, не забывается ☐ Wir wohnten der Christnachtmesse bei, Mama und ich. Es war unvergeßlich — einfach unvergeßlich! (Kellermann, »Totentanz«) Мы присутствовали на торжественной мессе в сочельник — мама и я. Это было незабываемо, просто незабываемо! **unvergeßbar** *редко* ≅ unvergeßlich; *напр.*: ☐ Der Mann Krüger hatte sein Gesicht verloren, war Sache geworden, Begriff. Jetzt auf einmal wieder stand er leibhaft in ihrer Welt, neu, unvergeßbar (Feuchtwanger, »Erfolg«) Человек по имени Крюгер потерял своё лицо, стал вещью, понятием. И вот сейчас он снова вступил в её жизнь, живой, новый, незабываемый. **unauslöschlich, unverwischbar** неизгладимый (*б. ч. о воспоминаниях, впечатлениях, переживаниях*); *напр.*: er hat eine unauslöschliche [unverwischbare] Erinnerung an die Kindheit у него остались неизгладимые воспоминания о детстве; die Feier hinterließ einen unauslöschlichen [unverwischbaren] Eindruck in ihr от праздника у неё осталось неизгладимое впечатление »Ich habe ‚unauslöschliche Vision' geschrieben«, sagte Herr Spinell und richtete sich auf (Th. Mann, »Tristan«) «Я написал 'неугасимое видение'», — сказал господин Шпинель и выпрямился. Holt hatte alles von sich abgeschüttelt; nur eins ließ ihn nicht los: Gundel. Sie war gegenwärtig, ihr Blick, ihr Lächeln, unauslöschlich (Noll, »Werner Holt«) Хольт всё с себя стряхнул, лишь одно его не отпускало — Гундель. Она всегда была с ним, её взгляд, её улыбка — невозможно забыть. **erinnerlich** *книжн.* памятный, хорошо сохранившийся в памяти, за-

помнившийся (тк. предикативно); напр.: dieses Ereignis ist mir noch gut erinnerlich это событие я еще хорошо помню; sein Name, sein Gesicht ist mir nicht mehr erinnerlich его имя, его лицо не сохранилось в моей памяти; es wird mir stets erinnerlich bleiben это навсегда останется в моей памяти; seine Worte sind mir noch gut erinnerlich я хорошо помню его слова

unvergleichlich *см.* viel
unverheiratet *см.* ledig
unverhofft *см.* plötzlich
unverkennbar *см.* offenbar
unverläßlich *см.* unzuverlässig
unverletzbar *см.* unantastbar
unverletzlich *см.* unantastbar
unvermählt *см.* ledig
unvermeidbar *см.* unvermeidlich
unvermeidlich[1] неизбежный

unvermeidlich — unvermeidbar — unabwendbar — unausbleiblich — unweigerlich — у н а у с в е й х л и х

unvermeidlich *индифф. синоним;* напр.: eine unvermeidliche Auseinandersetzung, Niederlage неизбежное объяснение, поражение; etw. als unvermeidliches Übel ansehen рассматривать что-л. как неизбежное зло; etw. als unvermeidlich hinnehmen принимать что-л. как неизбежное □ Und er hatte von dem Krieg mit Preußen gesprochen, den er zu seinem Schmerz für unvermeidlich hielt (*Feuchtwanger, »Die Füchse«*) Он еще раньше говорил о войне с Пруссией, которую, к великому своему сожалению, считал неизбежной. Umständlich betrachtete er Herrn von Gehrkes Zähne, sprach mit unverhohlenem Abscheu von ihren ästhetischen Fehlern, beschrieb suggestiv ihren unvermeidlichen weiteren Verfall (*Feuchtwanger, »Exil«*) Обстоятельно осмотрел он зубы господина фон Герке, с неприкрытым отвращением отозвался об их эстетических изъянах, нарисовал внушительную картину их неизбежного дальнейшего разрушения. Das Gig wurde aus dem Gleichgewicht gerissen und geriet mit dem linken Rad über den Brückenrand. Der Sturz schien unvermeidlich (*Weiskopf, »Abschied vom Frieden«*) Кабриолет потерял равновесие, левое колесо повисло за краем моста. Катастрофа казалась неизбежной. **unvermeidbar** = **unvermeidlich**; напр.: ein Zusammenstoß war unvermeidbar столкновение было неизбежно. **unabwendbar** неотвратимый; напр.: eine unabwendbare Gefahr, Katastrophe, Strafe неотвратимая опасность, катастрофа, неотвратимое наказание; die tragischen Folgen dieses verhängnisvollen Irrtums waren unabwendbar трагические последствия этой роковой ошибки были неотвратимы □ Sie bekamen sehr widersprüchliche Meinungen zu hören. Resignation vor einem unabwendbaren Schicksal kennzeichnete die Stimmung der meisten (*Gluchowski, »Blutiger Stahl«*) Они услышали очень противоречивые мнения. Покорность перед неотвратимой судьбой характеризовала настроение большинства. **unausbleiblich** ≅ **unvermeidlich**, *но подчеркивает, что что-л. обязательно наступит, свершится как результат, последствие существующего положения вещей, данного хода событий, если их невозможно или не удастся изменить;* напр.: eine unausbleibliche Strafe неизбежное [неминуемое] наказание; unausbleibliche Folgen (des Leichtsinns) неизбежные [неминуемые] последствия (легкомыслия); ein unausbleiblicher Erfolg непременный успех; Mißverständnisse waren unausbleiblich недоразумения были неизбежны [неминуемы]; die Katastrophe wird unausbleiblich sein катастрофы не миновать □ Unausbleiblich... unausbleiblich... Ein niederträchtiger Feigling sind Sie, sage ich Ihnen (*Th. Mann, »Tristan«*) Неизбежная... непременная... Подлый вы трус, вот что я вам скажу. Träge, während der Regen, der unausbleiblich wieder einsetzte, die Aussicht verschleierte, glitt das Gespräch dahin (*Th. Mann, »Buddenbrooks«*) Разговор лениво продолжался, в то время как дождь, который неизбежно начался снова, затянул дымкой всю окрестность. **unweigerlich** непременный (такой, который обязательно свершится, наступит — о чем-л. неприятном) (предикативно не употр.); напр.: eine unweigerliche Folge обязательное [неизбежное] последствие; das setzt unweigerlich voraus, daß... это обязательно [неизбежно] предполагает, что...; wenn sie bei diesem Wetter auf den Berg steigen will, gibt es unweigerlich ein Unglück если она в такую погоду захочет совершить восхождение, то обязательно произойдет несчастье; das führt unweigerlich zu einer Katastrophe это неизбежно приведет к катастрофе. **unausweichlich** высок. ≅ **unvermeidlich**, *но больше подчеркивает, что что-л. (неприятное) неотвратимо, что ход событий изменить невозможно; в отличие от* unausbleiblich *не подчеркивает, что неизбежное является естественным следствием чего-л.;* напр.: ein unausweichliches Gespräch неизбежный разговор, разговор, которого нельзя избежать; ein unausweichliches Verhängnis неотвратимый рок; der Zusammenstoß scheint unausweichlich zu sein столкновение кажется неизбежным; die Zuspitzung des Konflikts war unausweichlich обострение конфликта было неизбежно; der Untergang schien unausweichlich zu sein гибель казалась неизбежной □ »Ich habe ,unausweichlicher Beruf' geschrieben«, sagte Herr Spinell, aber er gab es gleich wieder auf (*Th. Mann, »Tristan«*) «У меня написано: 'неизбежная обязанность'», — сказал господин Шпинель, но тут же перестал спорить

unvermeidlich[2] *см.* notwendig[1]
unvermittelt *см.* plötzlich
unvermögend *см.* arm[1]
unvermutet *см.* plötzlich/unvorhergesehen
unvernünftig *см.* dumm[1]
unverschämt *см.* frech
unversehens *см.* plötzlich
unversehrt *см.* heil
unverständig *см.* dumm[1]
unverständlich[1] непонятный, неясный

unverständlich — unbegreiflich — unerklärlich — unerfindlich — unfaßbar

unverständlich *индифф. синоним;* напр.: eine unverständliche Antwort, Frage непонятный ответ, вопрос; unverständliche Worte непонятные слова; unverständliche Grobheit, Feindlichkeit непонятная грубость, враждебность; unverständlicher Leichtsinn непонятное легкомыслие; unverständliche Handlungsweise непонятные действия; es ist mir einfach unverständlich, wie das passieren konnte мне просто непонятно, как это могло случиться; der Sinn ihrer Worte blieb mir unverständlich смысл ее слов остался для меня непонятным □ Wohl waren noch die zweihundertsiebzig Wohnungen einander gleich wie eine Sardinenbüchse der andern, aber mit Herrn Wolfsohn war eine unverständliche Veränderung vorgegangen (*Feuchtwanger, »Oppermann«*) По-прежнему все двести семьдесят квартир походили одна на другую, как банки сардин, но в отношении господина Вольфсона произошла непонятная перемена. Anderseits, ich muß sagen, es ist mir unverständlich, daß Sie nicht bei Ihrer Hamburger Familie geblieben sind! (*Noll, »Werner Holt«*) Хотя, по совести сказать, я не понимаю, почему вы не остались в Гамбурге у своих? **unbegreiflich** непонятный, непостижимый; напр.: ein unbegreiflicher Wunsch непонятное желание; eine unbegreifliche Sorglosigkeit, Torheit непонятная [непостижимая] беспечность, глупость; es ist einfach unbegreiflich, wie... просто непостижимо, как...; seine Erregung, seine Entrüstung ist mir unbegreiflich его волнение, его возмущение мне непонятно; es ist unbegreiflich, wie er das tun konnte непонятно [непостижимо], как он мог сделать это □ Die Tage gehen hin, und jede Stunde ist unbegreiflich und selbstverständlich (*Remarque, »Im Westen«*) Проходит день за днем, и каждый час кажется чем-то непостижимым и в то же время обыденным. Und sehr erregte er sich, als ihm Pierre von der unbegreiflichen Feindseligkeit Franklins erzählte (*Feuchtwanger, »Die Füchse«*) Он очень взволновался, когда Пьер рассказал ему о непонятной враждебности Франклина. Und die-

UNVERSTÄNDLICH | 543 | UNWAHRSCHEINLICH U

ser unbegreifliche Professor wollte das nicht merken, wollte nicht wahrhaben, daß es mit der Kandidatur des kleinen Jacoby jetzt endgültig Essig war (*Feuchtwanger*, *»Oppermann«*) А этот непонятный профессор не желал этого замечать, он не желал видеть, что с кандидатурой Якоби дело дрянь. **unerklärlich** необъяснимый, совершенно непонятный; *напр.*: eine unerklärliche Tat, Tatsache необъяснимый поступок, факт; ein unerklärlicher Irrtum необъяснимая ошибка; ihre Unsicherheit ist unerklärlich её неуверенность необъяснима; es ist mir unerklärlich, wie das geschehen konnte мне совершенно непонятно, как это могло случиться; eine unerklärliche Angst überfiel sie её охватил необъяснимый [безотчётный] страх. **unerfindlich** необъяснимый, загадочный; *напр.*: die Gründe für sein Handeln bleiben mir unerfindlich причины его поступков остаются для меня необъяснимыми [загадочными]; es ist (mir) unerfindlich, wie... необъяснимо, как... □ Immer deutlicher, aus der Entfernung, übersah er den Weg, auf dem er bei seinem Vater aus unerfindlichen Gründen gescheitert war (*Noll*, *»Werner Holt«*) Издалека всё яснее и чётче вырисовывался перед ним путь, на котором он там, у отца, по непонятным причинам потерпел крушение. **unfaßbar** уму непостижимый *часто выражает возмущение или изумление, вызванное фактом, который определяют как 'невероятный, неимоверный'* (*адвербиально не употр.*); *напр.*: eine unfaßbare Grausamkeit, Roheit, Frechheit непостижимая жестокость, чёрствость, наглость; ein unfaßbares Wunder непостижимое чудо; ein unfaßbares Ereignis, Unglück ужасное событие, несчастье; es ist unfaßbar, wie das geschehen konnte непостижимо, как это могло случиться; unfaßbar! (уму) непостижимо! □ (*er*) tröstete ihn vielmehr und erklärte ihm in unfaßbarem Optimismus, es könne nur mehr Tage dauern, bis die Bestätigung da sei (*Feuchtwanger*, *»Oppermann«*) ...наоборот, он ободрял его и с непостижимым оптимизмом объяснял ему, что утверждение его кандидатуры — вопрос лишь нескольких дней. Jetzt für drei Monate nicht mehr fliehen zu müssen, war bereits ein unfaßbarer Traum (*Remarque*, *»Schatten«*) То, что теперь в течение трёх месяцев не нужно было спасаться бегством, было каким-то невероятным сном. Unfaßbares Bild: eine Krankenschwester, in Licht gehüllt, in heller Tracht, das Häubchen auf dem blonden Haar... (*Noll*, *»Werner Holt«*) Непостижимо: больничная сестра, вся озарённая светом, в белом халате и шапочке на белокурых волосах... Vor allem jedoch erschien ihr erstaunlich, ja unfaßbar, daß sie den Mann hier,

ihren Mann, bisher nur anders, also schlecht gekannt (*Weiskopf*, *»Lissy«*) Но больше всего изумило её и даже показалось непостижимым то, что она до сих пор знала этого человека, своего мужа, другим, то есть знала плохо
unverständlich² *см.* unerklärlich¹
unverwehrt *см.* frei²
unverwischbar *см.* unvergeßlich
unverzüglich *см.* gleich²
unvoreingenommen *см.* objektiv
unvorhergesehen непредвиденный
unvorhergesehen — ungeahnt — unvermutet — unabsehbar
unvorhergesehen *индифф. синоним*; *напр.*: ein unvorhergesehenes Ereignis непредвиденное событие; unvorhergesehene Umstände, Zwischenfälle, Ausgaben непредвиденные обстоятельства, случаи, расходы; auf unvorhergesehene Schwierigkeiten stoßen натолкнуться на непредвиденные затруднения; auch mit dem Unvorhergesehenen rechnen считаться также с возможностью возникновения непредвиденных обстоятельств □ Die »Victoire« sei in See gestochen, und wenn nicht in der Zwischenzeit neue unvorhergesehene Hindernisse einträten, dann seien jetzt, da Pierre diesen Brief lese, auch die beiden andern Schiffe auf See (*Feuchtwanger*, *»Die Füchse«*) Судно «Виктуар», говорилось в письме, вышло в море, и если не возникнет никаких неожиданных препятствий, то в тот момент, когда Пьер будет читать это письмо, в пути будут и два других судна. **ungeahnt** неожиданный (*такой, что трудно было ожидать, заподозрить и т. п.*); *превосходящий ожидания*; *напр.*: ungeahnte Schätze, Erfolge неожиданные богатства, успехи; ungeahnte Fähigkeiten, Talente неожиданные способности, таланты; dort bieten sich ungeahnte Möglichkeiten там открываются неожиданные возможности. **unvermutet** ≅ unvorhergesehen, *но больше подчёркивает внезапность, неожиданность действия, наступления чего-л., появления кого-л.*; *напр.*: ein unvermutetes Hindernis, Wiedersehen неожиданное препятствие, неожиданная встреча; ein unvermuteter Besuch неожиданный визит; eine unvermutete Kassenprüfung неожиданная проверка кассы [ревизия]; unvermutete Schwierigkeiten неожиданные трудности; ich traf ihn ganz unvermutet я встретил его совершенно неожиданно; unvermutet tauchte er vor mir auf неожиданно он возник передо мной □ Einmal, unvermutet in der Stadt Augsburg, trifft er Klaus Frischlin (*Feuchtwanger*, *»Oppermann«*) Как-то совершенно неожиданно встречает он в городе Аугсбурге Клауса Фришлина. Er hat einfach unvermutet ein paar Stunden Freizeit bekommen (*Feuchtwanger*, *»Exil«*) У него неожиданно ока-

зались несколько часов досуга. **unabsehbar** ≅ unvorhergesehen, *но употр., когда подчёркивают серьёзность непредвиденных возможных последствий*; *напр.*: das kann unabsehbare Folgen haben это может иметь непредвиденные последствия, это чревато последствиями □ ...der Skandal einer Unterbrechung konnte unabsehbare Folgen haben (*Feuchtwanger*, *»Die Füchse«*) ...и если прервать спектакль, то мог выйти скандал, чреватый последствиями
unvorsichtig *см.* unüberlegt¹
unwahr несоответствующий действительности, ложный
unwahr — lügenhaft — erlogen
unwahr *индифф. синоним*; *напр.*: unwahre Behauptungen, Beschuldigungen, Aussagen ложные утверждения, обвинения, показания; unwahre Meldungen [Berichte] ложные сообщения; was er sagt, ist unwahr то, что он говорит, неправда □ ...entweder stimmten die Angaben des jungen Menschen, dann könne man nicht anders, als ihn, Geheimrat Ringseis, in ein Konzentrationslager zu stecken, oder aber die Angaben des Jungen seien unwahr, dann müsse der in eine Besserungsanstalt (*Feuchtwanger*, *»Exil«*) ...либо, если донос молодого человека соответствует действительности, необходимо заключить его, тайного советника Рингсейса, в концентрационный лагерь, либо, если донос ложен, отдать юношу в исправительно-воспитательное заведение. **lügenhaft** лживый, содержащий ложь, измышление (*б. ч. атрибутивно*); *напр.*: lügenhafte Behauptungen, Beschuldigungen, Aussagen, Argumente лживые утверждения, ложные обвинения, показания, аргументы; eine lügenhafte Darstellung предумышленно искажённое изображение (событий); lügenhafte Meldungen [Berichte] ложные сообщения. **erlogen** лживый, вымышленный; *напр.*: eine erlogene Mitteilung, ein erlogener Bericht вымышленное сообщение; der ganze Brief war von A bis Z erlogen всё письмо было ложью от начала до конца; das ist alles erlogen это сплошная ложь
Unwahrheit *см.* Lüge
unwahrscheinlich невероятный, маловероятный
unwahrscheinlich — unglaublich — unglaubwürdig
unwahrscheinlich *индифф. синоним*; *напр.*: eine unwahrscheinliche Geschichte невероятная [маловероятная] история; es ist unwahrscheinlich, daß er kommt маловероятно, что он придёт; ich halte es für unwahrscheinlich я считаю это маловероятным; das ist höchst unwahrscheinlich это в высшей степени сомнительно; sein Bericht klingt unwahrscheinlich его сообщение звучит неправдоподобно □ Anna hat es für unwahrscheinlich gehalten,

daß er sich bei ihnen sehen lassen werde (Feuchtwanger, »Exil«) Анне казалось невероятным, что он захочет побывать у них. Es ist mehr als unwahrscheinlich, daß Dritte etwas von dem Komplott gegen die »PN« erfahren können (ebenda) Более чем невероятно, чтобы кто-нибудь со стороны прослышал о заговоре против «ПН». **unglaublich** невероятный, немыслимый *в отличие от* unwahrscheinlich *подчеркивает не столько малую степень вероятности чего-л., сколько то, что чего-л. трудно себе представить; выражает сильное удивление, возмущение; напр.:* eine unglaubliche Geschichte невероятная [немыслимая] история; ein unglaubliches Chaos невероятный [немыслимый] хаос; eine unglaubliche Frechheit невероятная наглость; das ist ja unglaublich! это же ни на что не похоже!; это же немыслимо!; dort herrschen unglaubliche Zustände! там такие порядки, что просто немыслимо! ◻ Er wußte, daß Blohm an die zwanzig Jahre auf Technischen Hochschulen, Universitäten und Bauakademien studiert hatte und darüber grau und schütter geworden war. Wozu diese unglaubliche Ausdauer? (Noll, »Werner Holt«) Он знал, что Блом более двух десятков лет учился в технических институтах, университетах, строительных академиях, от чего его волосы поседели и поредели. Ради чего такое невероятное усердие? Und Tante Marianne nahm Anstoß daran, daß ein Omelett mit zwei Gabeln vorgelegt wurde: wie der Stil, so der Mensch. Es war unglaublich! (ebenda) И тетя Марианна бывала скандализована, если омлет накладывали на тарелку двумя вилками: каков стиль, таков человек. Просто невероятно! **unglaubwürdig** недостоверный, неправдоподобный; *напр.:* unglaubwürdige Angaben недостоверные данные; eine unglaubwürdige Geschichte неправдоподобная история; unglaubwürdige Meldungen недостоверные сообщения; ein unglaubwürdiger Zeuge свидетель, не заслуживающий доверия; diese Erklärung ist unglaubwürdig это объяснение неправдоподобно

unweigerlich *см.* unvermeidlich
Unwesen *см.* Unfug
unwesentlich *см.* nebensächlich
Unwetter непогода (*сопровождаемая бурей, грозой*)

das **Unwetter** — der **Sturm** — das **Hundewetter** — das **Sauwetter**

Unwetter *индифф. синоним; напр.:* es zieht ein Unwetter herauf надвигается гроза [буря]; draußen wütete ein Unwetter на дворе бушевала буря [гроза]; bei solchem Unwetter bleibe ich zu Hause в такую плохую погоду я останусь дома; ein schweres Unwetter richtete großen Schaden an сильная буря причинила большой ущерб; die Gegend wurde von einem Unwetter heimgesucht местность пострадала от бури ◻ Innerhalb von zehn Minuten vernichtete das Unwetter von bisher nie dagewesener Stärke Wein- und Obstplantagen, das Gemüse und Wintergetreide (ND 6.7.72) В течение десяти минут буря небывалой силы уничтожила виноградные и фруктовые плантации, овощные культуры и озимые. **Sturm** буря; *напр.:* ein entsetzlicher, furchtbarer, verheerender Sturm ужасная, страшная, опустошительная буря; die Vorboten eines Sturmes предвестники бури; die Stille vor dem Sturm затишье перед бурей; der Sturm brach los, wütete, entwurzelte die Bäume буря разразилась, бушевала, вырывала деревья с корнями; wir sind in einen furchtbaren Sturm geraten мы попали в страшную бурю; der Sturm hat Bäume umgeworfen бурей повалило деревья; der Sturm legt sich буря утихает ◻ Ein schwerer Sturm, der in der Nähe der französischen Stadt Moulins tobte, hat die gesamte Obst- und Gemüseernte vernichtet (ND 12.8.72) Сильная буря, бушевавшая вблизи французского города Мулена, уничтожила весь урожай фруктов и овощей. **Hundewetter** *разг.* мерзкая погода; *напр.:* das ist heute ein Hundewetter! ну и погода сегодня, добрый хозяин собаку на улицу не выгонит! **Sauwetter** *груб.* ≅ Hundewetter, *но имеет еще более усилительное значение; напр.:* bei diesem Sauwetter gehe ich nicht spazieren в такую поганую погоду я не пойду гулять ◻ Bei diesem Sauwetter sei es auch am Tag eine scheußliche Rückfahrt nach München (Feuchtwanger, »Erfolg«) В такую дрянную погоду и днем нелегко добраться на автомобиле до Мюнхена. Sind noch nicht da? Können wahrscheinlich nicht landen bei dem Sauwetter (Max von der Grün, »Irrlicht«) Их еще нет? Наверно, не могут приземлиться—мерзкая погода!

unwichtig *см.* nebensächlich
unwiderlegbar неопровержимый
unwiderlegbar — **unwiderleglich** — **unumstößlich**

unwiderlegbar *индифф. синоним; напр.:* ein unwiderlegbares Argument неопровержимый аргумент; eine unwiderlegbare Wahrheit неопровержимая истина; unwiderlegbare Beweise неопровержимые доказательства; etw. unwiderlegbar beweisen неопровержимо доказать что-л. **unwiderleglich** = unwiderlegbar; *напр.:* ◻ ...grausam und unwiderleglich zeigte er ihm, wie jämmerlich weit er hinter seinem Vorbild zurückblieb, und er ließ keine Verteidigung gelten (Feuchtwanger, »Exil«) ...жестоко и неопровержимо доказал ему, как плачевно отстал тот от своего идеала, и не желал слышать никаких доводов юноши. Das muß unwiderleglich nachgewiesen werden können, trotzdem es faktisch natürlich anders sein soll (Feuchtwanger, »Oppermann«) Необходимо сделать так, чтобы это могло быть неопровержимо доказано, хотя в действительности это должно быть по-другому. **unumstößlich** непреложный, бесспорный (*такой, который нельзя поколебать, не подлежащий изменению*); *напр.:* ein unumstößliches Gesetz непреложный закон; eine unumstößliche Tatsache, Wahrheit неопровержимый [бесспорный] факт, бесспорная истина; ein unumstößlicher Entschluß непоколебимое решение; ein unumstößliches Urteil приговор, не подлежащий изменению ◻ So gewiß auf diesen Sommer ein Winter folgen wird, so sicher wird in London für sie und Sepp und selbst für den Jungen alles zum Besten gehen; das wußte sie unumstößlich (Feuchtwanger, »Exil«) Так же верно, как то, что за летом последует зима, в Лондоне для нее, для Зеппа и даже для мальчика все устроится к лучшему; это было для нее бесспорно

unwiderleglich *см.* unwiderlegbar
unwiderruflich *см.* entschieden
Unwille *см.* Ärger[1]
unwillkürlich *см.* unbewußt
unwirsch *см.* grob
unwissend *см.* ungebildet
unwohl *см.* krank/schlecht[1]
Unwohlsein *см.* Krankheit
unwürdig недостойный (*кого-л., чего-л.*)

unwürdig — **würdelos**

unwürdig *индифф. синоним; напр.:* ein solches Verhalten wäre seiner, unserer Sache unwürdig подобное поведение было бы недостойным его, нашего дела; sich unwürdig benehmen вести себя недостойно; seine Liebe an einen Unwürdigen verschwenden отдать свою любовь недостойному; er wurde in unwürdiger Weise beschimpft его обругали самым унизительным образом ◻ Es war unziemlich, solche Neugier zu bezeigen, kindisch unwürdig, für den jugendlichen König sowohl wie für seine bejahrten Minister (Feuchtwanger, »Die Füchse«) Непристойно выказывать такое любопытство, это по-детски, недостойно ни юного монарха, ни его почтенных министров. **würdelos** лишенный достоинства; *напр.:* eine würdelose Behandlung недостойное обращение (*с кем-л.*); sein Verhalten ist würdelos его поведение лишено достоинства; es ist würdelos, diesen Menschen um etwas zu bitten унизительно просить этого человека о чем-либо

Unzahl *см.* Menge[2]
unzählbar *см.* viele
unzählig *см.* viele
unzart *см.* taktlos
unziemlich *см.* unanständig[1]
unzüchtig *см.* lasterhaft/unsittlich[1]
unzufrieden недовольный
unzufrieden — **unbefriedigt** — **enttäuscht**

UNZUGÄNGLICH | 545 | URKUNDE

unzufrieden *индифф. синоним;* *напр.:* mit j-m, mit seiner Arbeit, mit einem Buch, mit den Ergebnissen des Experiments, mit seinem Beruf unzufrieden sein быть недовольным кем-л., своей работой, книгой, результатами эксперимента, своей профессией. □ Er war unzufrieden mit sich, daß er sich hatte hinreißen lassen *(Feuchtwanger, »Oppermann«)* Он был недоволен собой, ему было досадно, что он не сдержал себя. **unbefriedigt** неудовлетворенный (результатами); *напр.:* von etw. unbefriedigt sein быть неудовлетворенным чем-л.; er ist in seinem Beruf sichtlich unbefriedigt он явно не получает удовлетворения от своей профессии; sie ist vom Leben, von ihrer Arbeit, von ihrer Leistung unbefriedigt она не удовлетворена жизнью, своей работой (качеством), своими показателями □ Er wußte jetzt, was ihn an den Büchern unbefriedigt ließ *(Noll, »Werner Holt«)* Теперь он понял, что именно не удовлетворяло его в этих книгах. Aber Gundel blieb unbefriedigt und unzufrieden, denn zu Karls Rettung war nichts, aber auch gar nichts geschehen *(ebenda)* Но Гундель осталась неудовлетворена и недовольна: ведь ничего, решительно ничего не делалось для спасения Карла! **enttäuscht** разочарованный; *напр.:* tief, bitter, grausam, furchtbar enttäuscht sein быть глубоко, горько, жестоко, ужасно разочарованным; sich enttäuscht fühlen быть разочарованным; er ist von seinem neuen Mitarbeiter enttäuscht он разочаровался в своем новом сотруднике; durch sein Verhalten bin ich tief enttäuscht я глубоко разочарован его отношением [поведением] □ Das war Hannsjörgs großes Projekt. Oskar begriff nicht recht, was daran verlockend sein sollte. Er war enttäuscht *(Feuchtwanger, »Lautensack«)* И это был большой проект Гансйорга. Оскар не понимал, что в нем было привлекательного. Он был разочарован

unzugänglich *см.* verschlossen
unzulässig *см.* verboten
unzurechnungsfähig *см.* verrückt
unzuverlässig ненадежный (*которому нельзя верить, доверять*)
unzuverlässig — unverläßlich — unsicher
unzuverlässig *индифф. синоним;* *напр.:* ein unzuverlässiger Mensch ненадежный человек; unzuverlässige Quellen, Angaben ненадежные [недостоверные] источники, неточные данные; ein unzuverlässiges Gedächtnis ненадежная память; ein unzuverlässiges Wetter неустойчивая погода □ ...Wohlgemuth ist auch als Arbeitgeber ebenso verläßlich wie Gingold unzuverlässig *(Feuchtwanger, »Exil«)* ...но Вольгемут как работодатель настолько же надежен, насколько Гингольд ненадежен. Du bist ein Kind

des Schützen, unzuverlässig, schwankend, ein Rohr im Winde *(Remarque, »Drei Kameraden«)* Ты родился под знаком Стрельца и, следовательно, непостоянен, колеблешься, как тростник на ветру. Jetzt versuchten die Verwandten dieses Mannes, sie als sittlich unzuverlässig von der Vormundschaft über ihr Kind auszuschließen *(Feuchtwanger, »Erfolg«)* Родственники ее мужа сейчас же предприняли ряд шагов с целью отстранить ее от опекунства над ребенком, ссылаясь на ее нравственную ненадежность. **unverläßlich** ≅ unzuverlässig, *но употр. реже и обыкн. по отношению к лицам;* *напр.:* ihr Mann war schon immer unverläßlich ее муж всегда был человеком ненадежным. **unsicher** недостаточно надежный *обыкн. употр. по отношению к абстрактным понятиям, реже к лицам, в последнем случае иногда ирон.;* *напр.:* unsichere Angaben, Indizien, Ergebnisse, Nachrichten ненадежные данные, спорные улики, результаты, неподтвержденные [непроверенные] известия; unsichere Zeiten ненадежные времена; eine unsichere Methode ненадежный метод; ein unsicherer Kantonist *разг.* ненадежный человек □ Die Lebensformen waren ungefüg und unsicher *(Feuchtwanger, »Erfolg«)* Формы жизни были неопределенны и неустойчивы

unzweideutig *см.* klar²
üppig *см.* dick¹
uralt *см.* alt¹
Uraufführung *см.* Premiere
urban *см.* höflich
Urbild *см.* Original¹
ureinsam *см.* allein¹
der Urheber — der Initiator
Urheber *индифф. синоним;* *напр.:* der Urheber einer Bewegung зачинатель какого-л. движения; der Urheber des Kampfes gegen die Umweltverschmutzung застрельщик в борьбе против загрязнения окружающей среды; der Urheber einer neuen Literaturrichtung родоначальник нового направления в литературе; der Urheber einer Idee автор идеи □ Aber der Urheber dieser großen Sache wird der kleine Pierrot sein, ihm wird für immer die Idee gehören, ihm der Ruhm *(Feuchtwanger, »Die Füchse«)* Но инициатором этого великого дела все равно останется маленький Пьеро, это навсегда останется его идеей, его славой. **Initiator** инициатор; *напр.:* die Initiatoren der Diskussion, des Wettbewerbs инициаторы дискуссии, соревнования; die Initiatoren der Hilfsmaßnahmen инициаторы в деле оказания помощи; der Initiator des Aufstandes, des Streiks застрельщик восстания, забастовки; der Initiator des Befreiungskampfes зачинатель освободительной борьбы

urkräftig *см.* stark¹

Urkunde официальный документ (*удостоверяющий, подтверждающий что-л.*)
die **Urkunde** — das **Schriftstück** — das **Dokument**
Urkunde *индифф. синоним;* *напр.:* eine alte, wichtige, unersetzliche, vergilbte Urkunde старый, важный, незаменимый, пожелтевший документ; eine gefälschte Urkunde подложный документ; eine Urkunde ausfertigen, ausstellen, unterschreiben, fälschen, vernichten составлять, оформлять, подписывать, подделывать, уничтожать документ [акт, грамоту]; auf Urkunden beruhend подтвержденный документами □ Eine Abschrift der notariellen Urkunde füge ich bei *(Feuchtwanger, »Oppermann«)* Копию нотариального акта при сем прилагаю. Arthur Lee hätte die über alle Vorstellung hinaus kostbaren Urkunden lieber in eigene Verwahrung genommen *(Feuchtwanger, »Die Füchse«)* Артур Ли предпочел бы, чтобы эти безмерно ценные грамоты дали на хранение ему самому. **Schriftstück** *книжн.* бумага, письменный документ, единица документации *часто официальное письмо, заявление и т. п., но также, в отличие от* Urkunde, *любой текст, могущий фигурировать как документ;* *напр.:* ein amtliches [behördliches] Schriftstück официальная бумага; ein Schriftstück überreichen, unterzeichnen, vernichten передать, подписать, уничтожить документ [бумагу]; in der Akte fehlt das betreffende Schriftstück в деле отсутствует соответствующий документ □ Unter den Akten, die ihm Deane übergeben hatte, fehlten Dokumente von hoher Wichtigkeit. Finster und anklägerisch fragte er, was es damit auf sich habe. Silas Deane antwortete, es handle sich um Schriftstücke, die er dem Kongreß vorlegen wolle, zu seiner Rechtfertigung *(Feuchtwanger, »Die Füchse«)* Среди бумаг, которые передал ему Дин, не хватало нескольких чрезвычайно важных документов. «Что это значит?», — спросил он мрачно, словно допрашивая. Сайлас Дин пояснил, что речь идет о бумагах, которые он намеревается представить конгрессу как оправдательные документы. Er *(der Brief)* enthielt präzise Angaben, zum Teil nachprüfbar waren, auch ein genaues Programm des geplanten Jugendtreffens und die Kopien mehrerer behördlicher Schriftstücke *(Feuchtwanger, »Exil«)* В нем содержались точные данные, отчасти поддававшиеся проверке, а также точная программа проектируемого слета молодежи и копии некоторых официальных документов. Ein Befehl hat diese stillen Gestalten zu unseren Feinden gemacht; ein Befehl könnte sie in unsere Freunde verwandeln. An irgendeine.n Tisch wird ein Schriftstück von einigen Leuten unterzeich-

net, die keiner von uns kennt (*Remarque*, »*Im Westen*«) Чей-то приказ превратил эти безмолвные фигуры в наших врагов; другой приказ мог бы превратить их в наших друзей. Какие-то люди, которых никто из нас не знает, подписывают где-то за столом документ. **Dokument** книжн. (официальный) документ; напр.: **ein geheimes Dokument** секретный документ; **Dokumente sichten, studieren, aufbewahren, veröffentlichen, vernichten** просматривать, изучать, хранить, публиковать, уничтожать документы; **das Dokument ist gefälscht** документ подделан; **der Bericht stützt sich auf Dokumente** сообщение основывается на документах □ Jetzt, im Angesicht der Küste Frankreichs, brauchte er das Dokument nicht mehr, im Gegenteil, in Frankreich kann es ihm nur hinderlich sein (*Feuchtwanger*, »*Die Füchse*«) Теперь, когда уже показался французский берег, надобности в таком документе не было; более того, во Франции эта бумага могла бы оказаться только помехой

Urlaub отпуск

der Urlaub — die Ferien

Urlaub индифф. синоним; напр.: **ein mehrwöchiger, bezahlter Urlaub** продолжительный, оплаченный отпуск; **Urlaub bekommen [erhalten]** получить отпуск; **seinen Urlaub antreten** пойти в отпуск; **den Urlaub unterbrechen** прерывать отпуск; **im [in, auf] Urlaub sein** быть в отпуске; **j-n aus dem Urlaub zurückrufen** вызвать кого-л. из отпуска; **vom Urlaub zurück sein** (уже) вернуться из отпуска □ Ich sehe nach, wieviel Urlaub ich habe. Siebzehn Tage — vierzehn sind Urlaub, drei Reisetage (*Remarque*, »*Im Westen*«) Я смотрю, сколько дней отпуска я получил. Семнадцать суток — четырнадцать суток отпуска, трое на дорогу. Er hatte während des Urlaubs nichts davon wissen wollen (*Remarque*, »*Zeit zu leben*«) Во время отпуска он ничего не хотел слышать об этом. Mit ihrer schönen, gleichmäßigen Schrift teilt sie ihm mit, sie habe ihren Urlaub auf Ende April gelegt (*Feuchtwanger*, »*Oppermann*«) Своим красивым, ровным почерком она пишет, что идет в отпуск в конце апреля. **Ferien** каникулы употр. *для обозначения временного отпуска учащихся и некоторых других групп населения, а также перерыва в занятиях некоторых учреждений*: парламента, театра и т. п.; напр.: **drei Wochen Ferien haben** иметь три недели каникул [отпуска]; **Ferien bekommen, nehmen, machen** получить, брать, устроить себе отпуск; **seine Ferien an der See, in den Bergen verleben [verbringen]** проводить свои каникулы на море, в горах; **in die Ferien gehen, fahren** уйти, уехать на каникулы [в отпуск]; **in den Ferien daheim bleiben** остаться на каникулы дома, проводить отпуск дома; **in den Ferien viel Sport treiben** много заниматься спортом во время каникул; **das Parlament geht in die Ferien** парламент распускается на летние каникулы □ Er und Klara hatten beschlossen, auf einige Jahre Ferien zu machen (*Feuchtwanger*, »*Oppermann*«) Они с Кларой решили на несколько лет устроить себе каникулы. Obwohl sich Wiesener seit Jahren das erstemal keine Ferien gönnte, sondern den ganzen Sommer über in dem heißen, staubigen Paris blieb, war er gut in Form (*Feuchtwanger*, »*Exil*«) Хотя Визенер за много лет впервые не взял отпуска, а все лето оставался в знойном, пыльном Париже, он был в хорошей форме

urplötzlich см. plötzlich

Ursache причина

die Ursache — der Grund — der Anlaß — der Beweggrund — das Motiv

Ursache индифф. синоним; напр.: **die wirkliche, unmittelbare Ursache** действительная, непосредственная причина; **die Ursache einer Krankheit, eines Streites, einer Überschwemmung** причина болезни, спора, наводнения; **die Ursache feststellen, klären, verheimlichen** устанавливать, выяснять, утаивать причину; **der Ursache nachgehen** расследовать причину; **die Ursache dafür ist...** причиной этого является...; **die Ursache des Unfalls ist noch nicht bekannt** причина несчастного случая еще неизвестна; **er hat keine Ursache zum Unzufriedensein** у него нет причин быть недовольным □ Wenn Hans ein bißchen vielwortig begründet hatte, warum er gerade heute von Hause fort müsse, so lag das daran, daß er die wahre Ursache nicht gut sagen konnte (*Feuchtwanger*, »*Exil*«) Если Ганс многословно объяснял, почему он вынужден именно сегодня уйти из дома, то лишь потому, что он не мог сказать настоящую причину. Die Stille ist die Ursache dafür, daß die Bilder des Früher nicht so sehr Wünsche erwecken als Trauer (*Remarque*, »*Im Westen*«) Эта тишина — причина того, что образы прошлого пробуждают не столько желания, сколько печаль... ...und Gustav war froh, als er eine plausible Ursache fand, die Arbeit abzubrechen (*Feuchtwanger*, »*Oppermann*«) ...Густав был доволен, когда подвернулась уважительная причина прервать работу. Ihr törichter Gatte gab Frau Emilie in diesen letzten Wochen immer mehr Ursache zur Unzufriedenheit (*ebenda*) Нескладный муж фрау Эмилии давал ей в последнее время все больше и больше поводов для недовольства. **Grund** основание, причина, объясняющая что-л. (б. ч. поведение, поступки); напр.: **ein vernünftiger, hinreichender, einleuchtender, stichhaltiger Grund** разумное, достаточное, ясное, веское основание; **wichtige, triftige Gründe** важные, уважительные причины; **fadenscheinige Gründe** недостаточные, [явно шаткие] основания; **unglaubhafte Gründe** неправдоподобные обоснования; **aus welchem Grunde?** на каком основании?; **auf Grund seiner Aussage** на основании его высказываний [показаний]; **allen Grund haben zu denken, daß...** иметь полное основание думать, что...; **den Grund für etw. angeben** указать причину чего-л.; **Gründe zur Besorgnis, zur Beunruhigung haben** иметь основания для озабоченности, для беспокойства □ Dieser Abend war der Grund, daß wir am nächsten Morgen einigermaßen gefaßt abfuhren (*Remarque*, »*Im Westen*«) События этого вечера были причиной того, что, отъезжая на следующее утро, мы держались довольно бодро. Ich starrte sie an. »Aber Sie müssen doch einen Grund haben, wenn Sie weinen?« (*Remarque*, »*Schatten*«) Я посмотрел на нее в упор. «Но у вас должна быть причина, раз вы плачете?» »Es sind zwei Gründe«, sagte er, »warum ich glaubte, daß das Sie anginge« (*Feuchtwanger*, »*Oppermann*«) «У меня было два основания думать, что вас это должно волновать». ...und statt der wahren Gründe, die sie von Wiesener wegtrieben, gab sie andere an, halbwegs plausible (*Feuchtwanger*, »*Exil*«) ...и вместо подлинных причин своего ухода от Визенера она сослалась на другие, более или менее правдоподобные. **Anlaß** повод; напр.: **ohne jeden Anlaß** без всякого повода; **ohne den geringsten Anlaß** не имея ни малейшего повода; **Anlaß zur Unzufriedenheit haben** иметь повод для недовольства; **es besteht kein Anlaß zur Besorgnis** оснований для беспокойства нет, нет никакого повода для озабоченности; **er gab nie Anlaß zur Klage** он никогда не давал повода для жалоб; **das ist ein doppelter Anlaß zum Feiern** это двойной повод для празднования □ »Ich habe Ihnen Anlaß gegeben zu solchen Vermutungen«, entgegnete sie in immer demselben gleichmütig höflichen Ton (*Feuchtwanger*, »*Exil*«) «Что ж, я дала вам повод для таких предположений», — ответила она все тем же равнодушно-вежливым тоном. ...und er war überzeugt, Pierre sei vom Schicksal zu einer historischen Rolle ausersehen, es fehle ihm nur der Anlaß. Jetzt hatte Pierre den Anlaß gefunden: Amerika (*Feuchtwanger*, »*Die Füchse*«) ...он был убежден, что сама судьба уготовила Пьеру историческую миссию и что остановка только за поводом. Теперь у Пьера нашелся и повод — Америка. **Beweggrund** книжн. побудительная причина; напр.: **aus persönlichen, moralischen,**

URSCHRIFT — 547 — URTEILEN

niedrigen Beweggründen handeln действовать из личных, моральных, низких побуждений; ich konnte seine Beweggründe nicht billigen я не мог одобрить его мотивы; das Gericht versucht, die tieferen Beweggründe aufzudecken суд пытается вскрыть более глубокие мотивы; Eifersucht, reiner Ehrgeiz war der eigentliche Beweggrund für sein Verhalten истинной подоплекой его поведения была ревность, было простое тщеславие □ Er hatte zu diesem Besuch allerdings noch einen Beweggrund, über den er sich aber kaum vor sich selbst Rechenschaft ablegte (Kellermann, »Totentanz«) Была у него и еще одна причина сделать этот визит, в которой он даже не отдавал себе отчета. **Motiv** книжн. мотив, побуждение; напр.: aus politischen, religiösen Motiven по политическим, религиозным мотивам; das wahre Motiv истинный мотив (поступка); das Motiv eines Verbrechens suchen искать мотивы преступления; das Motiv dieser Tat war Eifersucht мотивом этого поступка была ревность; das Motiv blieb ungeklärt мотив (поступка и т. п.) остался невыясненным □ Benjamin Franklin war gerecht und bemüht, die Motive der andern zu wägen, auch wenn ihre Handlungen ihn ärgerten (Feuchtwanger, »Die Füchse«) Бенджамин Франклин был справедлив, он всегда старался разобраться в побуждениях других людей, даже если его сердили их поступки.

Urschrift см. Original¹
Ursprung см. Herkunft
ursprünglich см. zuerst²
Urteil¹ суждение, мнение
das **Urteil** — die **Meinung** — das **Gutachten** — die **Referenz**
Urteil индифф. синоним; напр.: ein sachliches, zutreffendes, fachmännisches, klares, abfälliges **Urteil** объективное, правильное, квалифицированное, ясное, пренебрежительно-отрицательное суждение; sein Urteil über j-n, über etw. abgeben [fällen] высказать свое суждение о ком-л., о чем-л.; sein Urteil begründen обосновать свое мнение; sich ein Urteil über j-n bilden составить себе мнение о ком-л.; sich eines Urteils enthalten воздержаться от высказывания своего мнения; kein Urteil über etw. haben не иметь определенного мнения о чем-л.; im Urteil der Fachwelt по мнению специалистов; im Urteil der Nachwelt в глазах потомства; ich maße mir darüber kein Urteil an я не беру на себя смелости судить об этом □ Er fragte dringlich. Das Urteil des Mädchens schien ihm plötzlich bedeutungsvoller als das Urteil seines klugen Freundes Mühlheim (Feuchtwanger, »Oppermann«) Он спрашивал настойчиво. Мнение девушки ему вдруг показалось гораздо важней, чем мнение Мюльгейма, его умного друга. Sein Urteil wird sich ändern, sowie er den »Beaumarchais« gelesen hat (Feuchtwanger, »Exil«) Он изменит свое мнение, как только прочтет «Бомарше». Seine Mutter hatte ihn zum Mitregenten erhoben, aber in Wahrheit regiert die alte Kaiserin allein, voll von Leben und sehr entschieden in ihren Urteilen (Feuchtwanger, »Die Füchse«) Мать назначила его своим соправителем, но, по существу, старая императрица, еще полная сил и очень решительная в суждениях, правила совершенно самовластно. Eifrig diskutierte er (Voltaire) mit ihnen, hörte sich ihre Urteile über die Tragödie an (ebenda) Он (Вольтер) ожесточенно спорил, выслушивал их мнения о своей трагедии. **Meinung** мнение *по сравнению с* Urteil *подчеркивает субъективность, неокончательный характер суждения*; напр.: eine eigene, selbständige, vorgefaßte, weitverbreitete Meinung собственное, самостоятельное, предвзятое, широко распространенное мнение; seine Meinung vorbringen, äußern, ändern, verfechten изложить, высказать, изменить, защищать свое мнение; sich eine Meinung über das Buch bilden составить себе мнение о книге □ Martin hat nichts dagegen, daß man seine Meinung unumwunden heraussagt. Aber Jacques Lavendel ist ein bißchen zu unumwunden (Feuchtwanger, »Oppermann«) Мартин ничего не имеет против, когда свое мнение высказывают откровенно. Но Жак Лавендель чуть-чуть излишне откровенен. Bei den Männern war die Meinung nicht so einhellig (Gluchowski, »Blutiger Stahl«) Мужчины были не столь единодушны в своем мнении. **Gutachten** отзыв, заключение эксперта (б. ч. в письменном виде); напр.: ein juристisches, medizinisches, technisches Gutachten юридическое, медицинское, техническое заключение; ein negatives, positives Gutachten отрицательный, положительный отзыв; ein Gutachten anfordern, verfassen, (ab)geben затребовать, составить, дать заключение; wie lautet das Gutachten des Sachverständigen? каково заключение эксперта? □ Ich zeigte auf den Stapel Fotografien. «Bei diesen ist das Gutachten wohl eine einfachere Sache als bei Bildern aus der Renaissance», sagte ich (Remarque, »Schatten«) Я показал на пачку фотографий. «Сделать заключение относительно этих фотографий — дело более легкое, чем судить о картинах эпохи Возрождения», — сказал я. **Referenz** книжн. одобрительный отзыв, рекомендация; напр.: eine Referenz ausstellen, vorweisen (вы)давать, представлять рекомендацию; über erstklassige Referenzen verfügen располагать первоклассными рекомендациями [отзывами]; ihrer Bewerbung lagen ausgezeichnete Referenzen bei к ее заявлению (*о приеме на работу*) были приложены отличные рекомендации

Urteil² см. «Приложение»
urteilen судить, отзываться (о ком-л., о чем-л.)
urteilen — **beurteilen** — **begutachten** — **rezensieren**
urteilen (über A) индифф. синоним; напр.: milde, streng, vorschnell, fachmännisch urteilen судить мягко, строго, поспешно, квалифицированно; über ihn, über diesen Fall richtig urteilen судить о нем, об этом случае правильно; nach den Gerüchten, nach dem Erfolg zu urteilen... судя по слухам, по успеху...; nach seinen Worten zu urteilen... судя по его словам...; ich habe kein Recht, darüber zu urteilen я не имею права судить об этом; urteilen Sie selbst, ob es richtig ist oder nicht! судите сами, верно это или нет!; sie ist, nach dem Foto zu urteilen, sehr gewachsen она очень выросла, судя по фотографии; wie urteilen Sie darüber? каково ваше мнение об этом? □ Und wie über Trautweins Musik urteilte er über das meiste, was Trautwein tat und ließ (Feuchtwanger, »Exil«) И как он судил о музыке Траутвейна, так он судил и обо всей его деятельности. **beurteilen** (A) ≃ urteilen, *но предполагает, что дается та или иная оценка, и подчеркивает ее характер*; напр.: j-n hart, mild, nachsichtig beurteilen судить о ком-л. строго, мягко, снисходительно; etw. einseitig, unter einem bestimmten Aspekt, richtig, gerecht, streng, falsch beurteilen судить о чем-л. односторонне, с определенной точки зрения, правильно, справедливо, строго, неправильно; etw. günstig beurteilen давать чему-л. благоприятный отзыв; einen Menschen nach seinem Äußeren, nach seiner Kleidung, nach seinem Benehmen beurteilen судить о человеке по его внешнему виду, по его одежде, по его поведению; den Schüler nach seinen Leistungen beurteilen судить об ученике [оценивать ученика] по его успеваемости; es ist schwer zu beurteilen, ob er recht hat трудно судить, прав ли он □ Ich habe Ihnen die Verse nicht vorgelesen, mein Gönner, damit Sie sie beurteilen, sondern damit Sie mir Honorar dafür verschaffen (Feuchtwanger, »Exil«) Я прочитал вам стихи, о мой доброжелатель, не для того, чтобы вы их оценили, а для того, чтобы вы раздобыли мне за них гонорар. Nur die rauhe Stimme verriet eine Spur von Akzent, aber eher einen französischen als einen russischen, soweit ich das beurteilen konnte (Remarque, »Schatten«) Только в грубом голосе слышался небольшой акцент, но, насколько я мог судить, скорее французский, чем рус-

ский. **begutachten** давать квалифицированное заключение (*в качестве специалиста, авторитетного, компетентного органа*); *напр.*: ein Bild, ein Gedicht, ein Theaterstück begutachten давать заключение [отзыв] о картине, о стихотворении, о пьесе; eine Erfindung wird von Fachleuten begutachtet изобретение рассматривается специалистами [проходит экспертизу] ☐ Der Tscheche am Fronttisch begutachtet die fünf Arbeitsgänge... (*Max von der Grün, »Irrlicht«*) Чех за передним столом делает заключение по пяти операциям... **rezensieren** рецензировать что-л., давать отзыв на что-л. *обыкн. употр. по отношению к произведениям литературы, искусства*; *напр.*: eine Arbeit, ein Buch, einen Film, eine Theateraufführung rezensieren давать отзыв на работу, на книгу, на фильм, на спектакль

Urtext *см.* Original [1]
Utopie *см.* Einbildung
uzen *см.* necken

V

Vabanquespiel *см.* Wagnis
vag *см.* unklar [1]
Vagabund *см.* Landstreicher
vagabundieren *см.* umherstreifen
vage *см.* unklar [1]
Valuta *см.* Währung
variieren *см.* ändern
Vater отец
der **Vater** — der **Papa**
Vater *индифф. синоним*; *напр.*: ein strenger, besorgter Vater строгий, заботливый отец; mein leiblicher Vater мой родной отец; Vater von drei Kindern отец троих детей; er ist Vater geworden он стал отцом; der Sohn ist ganz der Vater сын весь в отца ☐ »Vater«, sagte sie; denn in solchen Gesprächen nannte sie den Konsul niemals Papa. »Vater, wie geht unsere Sache vorwärts?« (*Th. Mann, »Buddenbrooks«*) «Отец», — сказала она, ибо говоря на такие темы никогда не называла консула папой. «Отец, что слышно о нашем деле?» Die Tür wurde ihm vom Vater geöffnet, aber der Vater ließ ihn nicht ein (*Weiskopf, »Lissy«*) Дверь открыл ему отец, но в квартиру он его не впустил. **Papa** *разг.* папа *в отличие от* Vater *употр. тк. в обращении к отцу или при упоминании своего, реже чьего-л. отца*; *напр.*: ☐ »Weißt du, Papa«, begann er vertraulich... (*Feuchtwanger, »Exil«*) «Знаешь ли, папа,» — начал он доверительно...

Vaterland *см.* Heimat
vegetieren *см.* leben [1]
ventilieren *см.* lüften
veraasen *см.* verschwenden
verabfolgen *см.* geben [1]

verabreden *см.* vereinbaren [1]
Verabredung [1] встреча (*о которой договорились заранее*)
die **Verabredung** — das **Rendezvous** — das **Stelldichein**
Verabredung *индифф. синоним*; *напр.*: eine wichtige, geschäftliche, private Verabredung важная, деловая встреча, встреча личного характера; sie hat heute abend eine Verabredung (im Theater) у нее сегодня вечером назначена встреча [назначено свидание] (в театре). **Rendezvous** [rãdə'vu:] свидание, встреча (*влюбленных*); рандеву *уст. разг.*; *напр.*: ein Rendezvous vereinbaren договориться о свидании; er geht zu einem Rendezvous он идет на свидание; er hat heute abend ein Rendezvous mit ihr у него сегодня свидание с ней ☐ Er hatte nämlich keine Verabredung mit Vater Murkle, sondern ein Rendezvous im Café »Chasseur d'Afrique« (*Feuchtwanger, »Exil«*) На самом деле он вовсе не уговорился встретиться с дядюшкой Мюркле — ему предстояло свидание в кафе «Африканский стрелок». **Stelldichein** ≃ Rendezvous, *но употр. реже*; *напр.*: sich ein Stelldichein geben назначить свидание; zum Stelldichein gehen идти на свидание
Verabredung [2] *см.* Vereinbarung
verabscheuen *см.* hassen
verabschieden *см.* entlassen
verabschieden, sich прощаться
sich verabschieden — Abschied nehmen — sich empfehlen
sich verabschieden *индифф. синоним*; *напр.*: die Freunde verabschiedeten sich voneinander друзья попрощались; ich verabschiede mich von Ihnen bis morgen я прощаюсь с вами до завтра ☐ Dort nämlich stand ein Liebespaar, das sich auf jene unbekümmerte Art verabschiedete, die in Paris gang und gäbe ist (*Feuchtwanger, »Exil«*) Там стояли юноша и девушка и прощались друг с другом по-парижски, совершенно не стесняясь. Jetzt stand er auf, verabschiedete sich mit einer Verneigung von der ganzen Gesellschaft, ging (*ebenda*) Теперь он встал, поклонился всему обществу и вышел. Er hatte sich von seinem Freund verabschiedet, als der »Anker« geschlossen wurde (*Seghers, »Die Toten«*) Он простился со своим другом, когда «Якорь» закрыли. **Abschied nehmen** = sich verabschieden; *напр.*: von j-m, von etw., voneinander (für immer) Abschied nehmen прощаться с кем-л., с чем-л., друг с другом (навсегда) ☐ Alexander verharrte einen Augenblick in nachdenklicher Wehmut. Ja, daß man immer wieder Abschied nehmen mußte! (*Weiskopf, »Abschied vom Frieden«*) Несколько минут Александр молчал в грустном раздумье. Да, почему надо вечно расставаться. Dann nahm er Abschied, er habe keine Zeit zu verlieren (*H. Mann, »Untertan«*) Потом он попрощался, сказав, что времени у него в обрез. **sich empfehlen** *разг.* прощаться, откланиваться (, уходя из гостей); *напр.*: er empfahl sich höflich он вежливо распрощался; nach einer Stunde empfahl er sich через час он откланялся; ich habe die Ehre, mich zu empfehlen имею честь откланяться ☐ Er empfahl sich, voll banger Hoffnung (*H. Mann, »Untertan«*) Он откланялся и ушел со страхом и надеждой в душе. Er nahm nur eine kurze Rücksprache mit der Pflegerin und empfahl sich wieder (*Th. Mann, »Buddenbrooks«*) Он обменялся только несколькими словами с сиделкой и снова откланялся. Im Hintergrund erhob sich wieder Doktor Bernhards Stimme, meckrig, gekränkt: »Mir reicht es für heute. Empfehle mich. Karola, wir fahren!« (*Noll, »Werner Holt«*) В глубине комнаты опять послышался голос доктора Бернгарда, брюзгливый, обиженный: «С меня достаточно на сегодня. Честь имею. Едем, Карола!»

verachten презирать
verachten — geringschätzen — mißachten
verachten *индифф. синоним*; *напр.*: einen Feigling, einen Verleumder verachten презирать труса, клеветника; er verachtet leeres Gerede он презирает пустые разговоры; er verachtet ihn wegen dieser Tat он презирает его за этот поступок ☐ Der Alte verachtete die Eitelkeit (*Feuchtwanger, »Die Füchse«*) Старик презирал тщеславие. Er hatte es satt, ein Hofnarr zu sein, den man beklatschte und verachtete (*ebenda*) Ему надоело быть придворным шутом, которому аплодируют и которого презирают. Er hatte den Vater sonst ein wenig verachtet, weil er immer zu allem ja und amen sagte und sich nicht rührte (*Seghers, »Die Toten«*) Обычно он слегка презирал отца, потому что тот со всем был согласен и ничем не возмущался. **geringschätzen** быть невысокого мнения о ком-л., о чем-л., не уважать; *напр.*: sie schätzt dieses Mittel, seine Leistungen gering она не очень высокого мнения об этом средстве, о его успехах. **mißachten** не уважать, пренебрегать; *напр.*: die Gesetze mißachten не уважать законы; j-s Rat, j-s Wunsch, seine Warnung mißachten пренебрегать советом, чьим-л. желанием, его предостережением; er mißachtet seine jüngeren Kollegen он не уважает своих более молодых коллег, он с пренебрежением относится к своим младшим коллегам ☐ Ich habe euren General verhaften lassen, weil er die Befehle der Republik mißachtete (*Bredel, »Der Kommissar am Rhein«*) Я отдал приказ арестовать вашего генерала, потому что он пренебрег приказами Республики

verächtlich презрительный
verächtlich — wegwerfend — geringschätzig — abschätzig

verächtlich *индифф. синоним;* напр.: verächtliche Worte, Blicke, Gesten презрительные слова, взгляды, жесты; j-n verächtlich behandeln обращаться с кем-л. презрительно; sein Lachen war [klang] verächtlich его смех звучал презрительно; sie hat verächtlich von ihm gesprochen она говорила о нем с презрением □ Dabei war Tschernigg streng, hart, frech, lehnte das meiste, was Sepp gemacht hatte, verächtlich ab... (*Feuchtwanger, »Exil«*) А Черниг — судья суровый, несговорчивый, дерзкий, он презрительно отвергал большую часть созданного Зеппом. **wegwerfend** пренебрежительный, презрительный; напр.: eine wegwerfende Gebärde презрительный [пренебрежительный] жест; eine wegwerfende Antwort пренебрежительный ответ; j-n wegwerfend behandeln обращаться с кем-л. пренебрежительно; sich wegwerfend über etw. äußern отзываться о чем-л. с пренебрежением □ Agnes bekam eine wegwerfende Miene (*H. Mann, »Untertan«*) Агнес презрительно скривила лицо. »Ach, Probefahrten«, er machte eine wegwerfende Handbewegung (*Remarque, »Drei Kameraden«*) «Эти уж мне пробные катания», — он пренебрежительно отмахнулся. Frau von Wulckow lächelte wegwerfend (*H. Mann, »Untertan«*) Фрау фон Вулков пренебрежительно усмехнулась. **geringschätzig** высокомерно-пренебрежительный; свысока; напр.: geringschätzige Meinung, Bemerkung пренебрежительное мнение, замечание; geringschätzig lächeln, von j-m sprechen презрительно улыбаться, пренебрежительно говорить о ком-л.; geringschätzig die Achseln zucken презрительно пожимать плечами; er warf einen geringschätzigen Blick auf ihn он бросил на него пренебрежительный взгляд. **abschätzig** ≅ geringschätzig, *но подчеркивает, что пренебрежительность вызвана недооценкой, непониманием чего-л., кого-л.*; напр.: eine abschätzige Meinung, Äußerung пренебрежительное мнение, высказывание; abschätzige Bemerkungen пренебрежительные замечания; abschätzig über j-n urteilen пренебрежительно [отрицательно] судить [отзываться] о ком-л.; er hat sich recht abschätzig über diese Einrichtung, über den Schüler geäußert он довольно пренебрежительно [отрицательно] высказался об этом приспособлении, об ученике □ Der Antiquar musterte die drei Bände mit einem abschätzigen Blick (*Weiskopf, »Abschied vom Frieden«*) Букинист окинул три томика пренебрежительным взглядом

Verachtung презрение
die Verachtung — die Mißachtung — die Geringschätzung

Verachtung *индифф. синоним;* напр.: allgemeine, tiefste Verachtung всеобщее, глубочайшее презрение; Verachtung fühlen, zeigen, verdienen чувствовать, проявлять, заслужить презрение; j-n mit Verachtung strafen ответить [отплатить] кому-л. презрением; er sah ihn voll Verachtung an он посмотрел на него взглядом, полным презрения; den Verräter traf die ganze Verachtung предателя был наказан всеобщим презрением □ Selbst wenn sie über die Verachtung wegkommt, die sie für ihn spürt, sie kommt nicht weg über die Verachtung vor sich selber (*Feuchtwanger, »Exil«*) Даже если она преодолеет презрение, которое она испытывает к нему, она не справится с презрением по отношению к самой себе. Beide hatten sie für die Privilegierten die gleiche abgründige, leicht neidische Verachtung (*Feuchtwanger, »Die Füchse«*) Оба испытывали к привилегированным бесконечное, слегка завистливое презрение. Dabei drückte Kätchens Blick eine so schrankenlose Verachtung aus... (*H. Mann, »Untertan«*) При этом взгляд Кетхен выразил такое безмерное презрение... **Mißachtung** неуважение, пренебрежение; напр.: offenkundige, heimliche, verletzende Mißachtung откровенное, скрытое, оскорбительное неуважение; j-s Mißachtung schmerzlich empfinden болезненно реагировать на чье-л. неуважительное отношение; j-s Mißachtung auf sich ziehen заслужить чье-л. презрение □ »Dein Herz ist so voll von Kälte und Übelwollen und Mißachtung gegen mich«, fuhr Christian fort, und seine Stimme war zugleich hohl und krächzend (*Th. Mann, »Buddenbrooks«*) «Ты относишься ко мне так холодно, недоброжелательно, с презрением», — продолжал Христиан, и голос его одновременно звучал глухо и хрипло. **Geringschätzung** пренебрежительное, пренебрежительное отношение; напр.: j-n mit Geringschätzung behandeln относиться к кому-л. с пренебрежением; von j-m mit Geringschätzung sprechen говорить о ком-л. с пренебрежением; sich über j-n mit Geringschätzung äußern отзываться о ком-л. с пренебрежением; seine Geringschätzung zum Ausdruck bringen выразить свое пренебрежение; dieses Wort drückt Geringschätzung, sogar Beleidigung aus это слово выражает пренебрежение, даже оскорбление □ Als ich am nächsten Morgen Silvers Mrs. Whympers Wunsch mitteilte, reagierte er mit Geringschätzung (*Remarque, »Schatten«*) Когда на следующее утро я сообщил Сильверсу о желании миссис Уимпер, он отнесся к моим словам весьма пренебрежительно. Das nannte die Tante Amalie die in gewissen Teilen Deutschlands leider übliche Geringschätzung der gottgegebenen Schranken und Stände (*Seghers, »Die Toten«*) Тетя Амалия называла это неуважением к установленным богом сословным границам, что, к сожалению, очень в некоторых частях Германии очень распространено

verallgemeinern обобщать
verallgemeinern — generalisieren

verallgemeinern *индифф. синоним;* напр.: Erfahrung, Beobachtungen, Einzelfälle verallgemeinern обобщать опыт, наблюдения, отдельные [единичные] случаи; man darf diese Einzelerscheinung nicht verallgemeinern нельзя обобщать это единичное явление. **generalisieren** *книжн.* ≅ verallgemeinern; напр.: du darfst diesen Vorfall nicht generalisieren тебе не следует обобщать этот случай [делать обобщающие выводы из этого случая]

veraltet устарелый, устаревший
veraltet — überholt — überlebt — altmodisch — archaisch

veraltet *индифф. синоним;* напр.: eine veraltete Mode устаревшая мода; ein veralteter Ausdruck устаревшее выражение; das Wörterbuch ist veraltet (этот) словарь устарел; seine Anschauungen, Methoden, diese Modelle sind veraltet его взгляды, методы, эти модели устарели □ Der junge Mann... lieferte ein Beispiel dafür, daß es, veralteter Vorurteile ungeachtet, überall Anständigkeit gibt (*H. Mann, »Untertan«*) Этот молодой человек... являл собой пример того, что, вопреки изжившим себя предрассудкам, порядочность можно встретить повсюду. Pierre fand das Haus nicht übel, aber veraltet und vernachlässigt (*Feuchtwanger, »Die Füchse«*) Пьер нашел, что дом неплохой, но старомодный и запущенный. »Veraltetes Aggregat«, entgegnete Herr Kienast, mit einem lieblosen Blick auf die Maschinen (*H. Mann, »Untertan«*) «Устарелое оборудование», — сказал Кинаст, равнодушно оглядывая машины. **überholt** устаревший, не отвечающий сегодняшнему состоянию, уровню чего-л. (*и замененный чем-то более новым, современным и т. п.*); напр.: eine überholte Norm, Theorie, Mode устаревшая норма, теория, мода; ein überholter Begriff устаревшее понятие; eine überholte Nachricht старое известие; überholte Ansichten vertreten выражать отсталые взгляды; die Anlage ist überholt установка морально устарела; das ist schon überholt это уже отжило. **überlebt** отживший; напр.: eine überlebte Mode отжившая мода; überlebte Anschauungen, Sitten, Prinzipien устаревшие [изжившие себя] взгляды, обычаи, принципы □ Tiefer Pessimismus hatte ihn erfüllt, Verachtung seiner selbst und vor allem seines Standes, den er als historisch überlebt betrachtet hatte (*Noll, »Werner Holt«*) Он был

VERÄNDERLICH

охвачен глубоким пессимизмом, презрением к себе, а особенно к своему сословию, которое, как он считал, исторически себя изжило. Der Minister hielt fest an dem überlebten Prinzip (Feuchtwanger, »Erfolg«) Министр твердо придерживался принципа, изжившего себя. **altmodisch** старомодный; *напр.*: ein altmodisches Kleid старомодное платье; altmodische Ansichten старомодные взгляды. **archaisch** архаичный; *напр.*: eine archaische Form архаичная форма; ein archaischer Stil, Ausdruck архаичный стиль, архаическое выражение

veränderlich изменчивый
veränderlich — wandelbar
veränderlich *индифф. синоним*; *напр.*: ein veränderliches Wetter изменчивая погода; ein veränderlicher Charakter непостоянный характер; veränderliche Stimmung изменчивое настроение; veränderliche Größen переменные величины; veränderliche Sterne звезды с колеблющейся температурой и яркостью; das Barometer steht auf »veränderlich« барометр показывает «переменно». **wandelbar** меняющийся *подчеркивает не столько непостоянный, неустойчивый характер явления, сколько то, что что-л., кто-л. может подвергаться изменениям*; *напр.*: die wandelbare Mode меняющаяся мода; der wandelbare Geschmack вкус, который может измениться; wandelbare Ansichten, Auffassungen меняющиеся взгляды, воззрения; jeder Mensch ist wandelbar каждый человек способен меняться

verändern *см.* ändern
verändern, sich *см.* ändern, sich
verändert изменившийся
verändert — verstellt
verändert *индифф. синоним*; *напр.*: sein verändertes Wesen, Benehmen его изменившийся характер, его изменившееся поведение; mit veränderter Stimme sprechen говорить изменившимся голосом; seit dem Unglück ist er ganz verändert он совершенно изменился с того времени, как (с ним) случилось несчастье □ »Schwer«, sagte er leise mit veränderter Stimme, »ich weiß es...« (Remarque, »Drei Kameraden«) «Тяжело», — сказал он тихим, изменившимся голосом. «Знаю...» Sie fügte in verändertem Ton hinzu... (Seghers, »Die Toten«) И она продолжала другим тоном... **verstellt** (намеренно) измененный (*с целью сделать неузнаваемым*); *напр.*: verstellte Schriftzüge измененный почерк; er spricht mit verstellter Stimme он говорит, изменив голос □ Der hatte immer, wenn in eine Gesellschaft Stimmung gebracht werden sollte, mit verstellter Stimme »aus dem Bauch heraus« gesagt... (Weiskopf, »Lissy«) Когда нужно было развеселить компанию, он говорил не своим голосом, словно чревовещатель...

Veränderung *см.* Änderung
Veranlagung *см.* Fähigkeiten/Neigung[2]
veranlassen[1] побуждать, служить поводом
veranlassen — bewegen — anregen — anreizen — animieren
veranlassen *индифф. синоним*; *напр.*: die Umstände veranlassen ihn abzureisen обстоятельства побуждают его уехать; was veranlaßte dich zu diesem Entschluß? что побудило тебя принять это решение?; das veranlaßte mich, ihm einen Brief zu schreiben это побудило меня написать ему письмо □ Klausens Bewunderung veranlaßte Raoul, ihm seine ganze Wohnung zu zeigen (Feuchtwanger, »Exil«) Восхищение Клауса побудило Рауля показать ему всю свою квартиру. Der Besitz der Forsten und Sägemühlen aus der Erbschaft seiner toten Frau hatte ihn zur Gründung von Werften veranlaßt (Feuchtwanger, »Die Füchse«) Владея лесами и лесопильнями, доставшимися ему от покойной жены, он решил построить верфи. **bewegen** побуждать, склонять, заставлять; *напр.*: j-n zur Rückkehr, zum Bleiben bewegen склонять кого-л. к тому, чтобы вернуться, остаться; sein Gesundheitszustand bewog ihn dazu, den Beruf zu wechseln состояние здоровья побудило [заставило] его сменить профессию; er hat ihn durch Bitten, Drohungen zu diesem Schritt bewogen просьбами, угрозами он заставил его предпринять этот шаг □ Doch schon als noch Geld da war, konnte man ihn nur mit Mühe dazu bewegen, sich anständig anzuziehen (Feuchtwanger, »Exil«) Но даже когда были деньги, с трудом можно было заставить его прилично одеться. Ein Historiker erdreistete sich, zu behaupten, Frankreich habe die Kolonien zum Abfall bewogen (Feuchtwanger, »Die Füchse«) Историк осмелился утверждать, будто Франция способствовала отпадению колоний. Und was Willi über Fromeyers Rede erzählte, bewog Paul, den soeben abgeschlossenen Kauf rückgängig zu machen (Weiskopf, »Lissy«) И то, что Вилли рассказал о речи Фромайера, заставило Пауля расторгнуть только что заключенную сделку. **anregen** служить толчком, стимулом, заставлять; *напр.*: dieses Buch regt jeden zum Nachdenken an эта книга каждого побуждает к размышлениям [заставляет задуматься]; was hat sie zu diesem Gespräch angeregt? что побудило ее начать этот разговор?, что послужило ей толчком для этого разговора?; er regt uns zu intensiver Arbeit an он побуждает нас к интенсивной работе □ Und wie diese, regte Max eine Menge anderer Unternehmungen an (Weiskopf, »Lissy«) Как и это, по инициативе Макса было предпринято множество дру-

VERANSCHAULICHEN

гих подобных мероприятий. Herr Heßreiter lenkte reumütig ab von einem Thema, das seine Freundin wenig zu interessieren schien, konstatierte, daß Wasser offenbar die Menschen zu ästhetischer Betätigung anrege (Feuchtwanger, »Erfolg«) Гесрейтер, раскаиваясь, переменил тему разговора, которая, видимо, мало интересовала его подругу. Он заметил, что вода явно стмулирует людей к эстетической деятельности. **anreizen** побуждать к чему-л., пробуждая в ком-л. интерес к чему-л., желание сделать что-л.; подзадоривать; *напр.*: j-n zum Rauchen, zum Trinken anreizen подзадоривать [подбивать] кого-л. на курение, на выпивку; j-n zu einer Tat, zu einem Verbrechen anreizen побуждать [склонять] кого-л. совершить какой-л. поступок, преступление; j-n zur Sparsamkeit anreizen побуждать кого-л. быть бережливым. **animieren** *разг. пренебр.* склонять к чему-л., вызывать на что-л. (*подбадривая, поощряя кого-л.*); *напр.*: j-n zu einem Streich, zum Trinken animieren склонять кого-л. на проделку, на выпивку; ich versuchte vergeblich, sie zum Tanz zu animieren я напрасно пытался вызвать у нее желание потанцевать

veranlassen[2] *см.* zwingen
veranschaulichen делать наглядным, наглядно объяснять
veranschaulichen — illustrieren — verdeutlichen — verlebendigen
veranschaulichen *индифф. синоним*; *напр.*: etw. an Hand von Tabellen, durch Experimente veranschaulichen наглядно объяснять что-л. с помощью таблиц, (демонстрации) опытов; eine Beschreibung durch Bilder veranschaulichen делать наглядным описание с помощью картинок; die Ausstellung veranschaulicht den heutigen industriellen Entwicklungsstand выставка наглядно отражает современный уровень промышленного развития □ Nichts ist aussichtsloser zu schildern als Leere, nichts schwerer zu veranschaulichen als Monotonie (St. Zweig, »Maria Stuart«) Безнадежное занятие — рисовать пустоту, безуспешный труд — живописать однообразие. **illustrieren** иллюстрировать; *напр.*: etw., seine These an Hand von Beispielen illustrieren иллюстрировать что-л., свои тезисы примерами; einen Bericht durch Zahlenmaterial illustrieren иллюстрировать доклад цифровым материалом; seine Ausführungen durch eigene Erfahrungen illustrieren иллюстрировать свое выступление примерами из собственного опыта. **verdeutlichen** сделать яснее, пояснять что-л. (*с помощью примера, таблицы, картины и т. п.*); *напр.*: seinen Standpunkt an einem Beispiel, durch ein Beispiel, durch eine Tabelle verdeutlichen пояснять свою точку зрения на примере, примером, таб-

лицей ▫ Kaspar Pröckl, nicht ohne Bitterkeit, erklärte: die vier Evangelien seien dunkel und gewännen ihre starke Wirkung gerade daraus, daß eben ein fünftes Evangelium fehle, das alles verdeutlichen könne (*Feuchtwanger, »Erfolg«*) Каспар Прекль не без горечи объяснил: четыре Евангелия малопонятны и туманны. Производимое ими сильное воздействие в большой мере зависит от отсутствия пятого Евангелия, которое пояснило бы смысл остальных. **verlebendigen** оживить, сделать наглядным (*при помощи образности, выразительных средств и т. п.*); *напр.:* der Roman, das Bild verlebendigt ein Stück deutscher Geschichte роман, картина наглядно отображает отрезок немецкой истории

veranschlagen *см.* schätzen [1]
veranstalten *см.* organisieren
verantworten *см.* einstehen
verantwortlich ответственный (*несущий ответственность*)
verantwortlich — haftbar
verantwortlich *индифф. синоним; напр.:* für j-n, für etw. verantwortlich sein быть ответственным за кого-л., за что-л. ▫ Diese beiden Bilder verhunzten noch bis vor kurzem die staatlichen Galerien. Seine Galerien, für die er, Franz Flaucher verantwortlich war (*Feuchtwanger, »Erfolg«*) Эти две картины еще недавно позорили государственные картинные галереи. Его, Франца Флаухера, галереи, за которые он нес ответственность. Aber er war der Sohn seiner toten Schwester, er liebte ihn auf seine Art, und jedenfalls war er für ihn verantwortlich (*Feuchtwanger, »Die Füchse«*) Но он был сыном ее покойной сестры, Пьер по-своему любил его и уж во всяком случае нес за него ответственность. Der eine war Sportlehrer, er war für seine körperliche Erziehung verantwortlich (*Seghers, »Die Toten«*) Одним из них был учитель гимнастики, отвечавший за его физическое воспитание. **haftbar** *юр.* ≅ verantwortlich *предполагает не столько моральную, сколько материальную ответственность, наказание за причиненный ущерб и т. п.; употр. тк. в сочетании с глаголами* sein, machen; *напр.:* j-n für einen Unfall haftbar machen возлагать на кого-л. ответственность за несчастный случай; die Firma ist für den Schaden haftbar фирма несет ответственность за ущерб; sie ist für die Schulden ihres Mannes haftbar она несет ответственность за долги своего мужа (*обязана уплатить их*) ▫ Er werde nicht in der Öffentlichkeit über die Konsultation berichten, er werde Lautensack nicht haftbar machen für Schaden, der ihm aus der Befolgung der Ratschläge erwachsen könnte (*Feuchtwanger, »Lautensack«*) Он не будет разглашать полученные советы, не будет

подавать на Лаутензака в суд за убытки, которые он может понести, следуя его советам

Verantwortlichkeit *см.* Verantwortung
Verantwortung ответственность
die **Verantwortung** — die **Verantwortlichkeit** — die **Haftung** — die **Haftpflicht**
Verantwortung *индифф. синоним; напр.:* eine hohe, schwere Verantwortung большая, серьезная ответственность; die Verantwortung gegenüber der Gemeinschaft ответственность перед обществом; die Verantwortung übernehmen [auf sich nehmen] брать на себя ответственность; die Verantwortung ablehnen снимать с себя ответственность; die Verantwortung für etw. tragen нести ответственность за что-л.; man hat ihm die volle Verantwortung dafür übertragen на него возложили всю ответственность за это ▫ Ich hab' in ihn gesteckt, was ich alles wußte, hatte mir eingeredet, ich hätte für ihn die Verantwortung (*Seghers, »Die Toten«*) Я старался напичкать его всем, что знал. Я убедил себя, что несу за него ответственность. Er war sich bewußt, er trug nicht nur die halbe, er trug die ganze Verantwortung (*Bredel, »Der Kommissar am Rhein«*) Он хорошо осознавал, что он нес не половину ответственности, а всю ответственность. **Verantwortlichkeit** ответственность, несение ответственности *по сравнению с* Verantwortung *больше подчеркивает состояние, положение (, предусмотренное законодательством и т. п.); напр.:* materielle Verantwortlichkeit материальная ответственность; die Verantwortlichkeit der Eltern für ihre Kinder ответственность родителей за своих детей ▫ Er tat es im Gefühl hoher Verantwortlichkeit und Strenge (*H. Mann, »Untertan«*) И он делал это с чувством высокой ответственности и со всей строгостью. Daraus kam für Fahrenberg ein Gemisch von Freundschaft und Hochachtung, für Wenzlow von Freundschaft und beinahe väterlicher Verantwortlichkeit (*Seghers, »Die Toten«*) У Фаренберга из этого выросла смесь дружбы и почтения, у Венцлова — дружбы и почти отцовской заботы. **Haftung** *юр., ком.* материальная ответственность, гарантия; *напр.:* beschränkte Haftung ограниченная ответственность (*товарищества, компании и т. п.*); für Beschädigungen lehnt die Firma jede Haftung ab фирма не несет никакой ответственности за повреждения; für Garderobe wird keine Haftung übernommen за сохранность одежды не отвечаем (*объявление в ресторанах и т. п.*) ▫ Notstände aber befreien von persönlicher Haftung (*Max von der Grün, »Zwei Briefe«*) Чрезвычайное положение освобождает от лич-

ной ответственности. **Haftpflicht** *юр., ком.* ответственность, связанная с обязательством возмещать убытки; *напр.:* die Haftpflicht der Eltern für Schäden, die ihre Kinder verursachen ответственность родителей за ущерб, причиненный их детьми; mit beschränkter Haftpflicht с ограниченной ответственностью (*о товариществе, компании и т. п.*) ▫ Lag ein Verbrechen vor, so war die Verwaltung ohne Haftpflicht (*Feuchtwanger, »Erfolg«*) Если имело место преступление, правление не несло материальной ответственности

verargen *см.* übelnehmen [1]
verärgern *см.* ärgern
verarmen беднеть
verarmen — verelenden
verarmen *индифф. синоним; напр.:* Krieg und Inflation haben viele Menschen verarmen lassen война и инфляция привели к тому, что множество людей обеднело; die Familie verarmte durch die Spielleidenschaft des Mannes семья обеднела из-за пристрастия мужа к игре ▫ Régnier und Richter hatten inzwischen kleinere Zimmer nehmen müssen, da beide verarmt waren (*Remarque, »Der Himmel«*) Ренье и Рихтеру пришлось поселиться в комнатах поменьше по размеру, потому что оба они обеднели. Seraphine ist in ihrem Wohltätigkeitskonzert für die Aussteuer verarmter adeliger Fräulein (*Weiskopf, »Abschied vom Frieden«*) Серафина на благотворительном концерте в пользу бесприданниц из обедневших дворянских семей. **verelenden** ≅ verarmen, *но обыкн. употр., когда речь идет об обнищании трудящихся в капиталистическом обществе, о массовом бедствии; напр.:* die Landbevölkerung in Italien verelendet продолжается обнищание сельского населения в Италии ▫ Das Land verelendete, das Land verlumpte (*Feuchtwanger, »Oppermann«*) Страна была доведена до нищеты, страна была доведена до разорения

verarmt *см.* arm [1]
Verarmung обеднение, обнищание
die **Verarmung — die Verelendung — der Pauperismus**
Verarmung *индифф. синоним; напр.:* die Verarmung des Volkes, des Landes обеднение народа, страны; zur Verarmung führen приводить к обеднению; die Verarmung erfaßt weite Schichten процесс обеднения охватывает широкие слои ▫ Das führte zu einer solchen Verarmung, daß in der römischen Kaiserzeit die Großgrundbesitzer die unzweckmäßige Wirtschaft mit Ackersklaven aufgaben und ihr Land an Kleinpächter aufteilten, an Kolonen (*Renn, »Zu Fuß zum Orient«*) Это привело к такому обнищанию, что во времена Римской империи крупные землевладельцы отказались от нерентабельного ведения

хозяйства с помощью рабов и распределили свою землю между мелкими арендаторами, колонами. **Verelendung** (полное, массовое) обнищание; *напр.:* die Verelendung der Bauern, des Proletariats обнищание крестьян, пролетариата ☐ Gegen die zunehmende Verelendung der italienischen Landbevölkerung... sind am Donnerstag die 1,7 Millionen Landarbeiter und Halbpächter Italiens geschlossen in einen 24stündigen Streik getreten (*ND 25.12.77*) 1,7 миллиона сельскохозяйственных рабочих и испольщиков Италии начали в четверг 24-часовую забастовку в знак протеста против усиливающегося обнищания сельского населения Италии. **Pauperismus** *книжн. редко* массовое обнищание, пауперизм; *напр.:* 1833, als sie (*die Bourgeoisie*) eben durch die Reformbill an die Herrschaft und zugleich der Pauperismus der Landdistrikte zur vollen Entfaltung gekommen war... (*Engels, »Arbeitende Klasse«*) В 1833 году, когда она (*буржуазия*) благодаря избирательной реформе пришла к власти, а пауперизм к этому времени достиг своего апогея в сельских местностях...

verausgaben *см.* ausgeben
veräußern *см.* verkaufen
verballhornen *см.* verschlechtern
Verband[1] союз, общество
der **Verband** — die **Genossenschaft** — die Korporation — die Körperschaft

Verband *индифф. синоним; напр.:* einen Verband gründen, auflösen основать, распустить союз; einem Verband angehören быть членом союза; j-n in einen Verband aufnehmen принять кого-л. в союз; Verband der Jungen Pioniere организация юных пионеров (*ГДР*) ☐ Es machte dem Nadler Spaß, an neugierig glotzenden Gästen vorbei, die nicht zu dem Verband gehörten, in den abgetrennten Raum zu spazieren (*Seghers, »Die Toten«*) Надлеру доставляло удовольствие шествовать мимо глазевших на него гостей, не принадлежавших к союзу, в отдельную комнату. **Genossenschaft** товарищество, артель; *напр.:* das Statut der Genossenschaft устав артели; Mitglied der Genossenschaft член артели [кооператива]; die Wirtschaft in die Genossenschaft einbringen вступить со своим хозяйством в сельскохозяйственную артель [в сельскохозяйственный кооператив]. **Korporation** *книжн. устаревает* корпорация; *напр.:* die Korporationen der Kaufleute in den Hansestädten *ист.* корпорации купцов в ганзейских городах; als Student gehörte er einer anderen Korporation an студентом он входил в другую (студенческую) корпорацию ☐ Auch Diederich sollte ihr beitreten; es waren die Neuteutonen, eine hochfeine Korporation, sagte Hornung (*H. Mann, »Untertan«*) Дидери-

ху тоже обязательно надо вступить туда. «Это 'Новотевтония', высокоаристократическая корпорация,— сказал Горнунг. »Ich weiß, was ich der Ehre meiner Korporation schulde«, erklärte Diederich (*ebenda*) «Я знаю, к чему обязывает меня честь моей корпорации»,— объявил Дидерих. **Körperschaft** *офиц.* корпорация, объединение, орган (*выступает в качестве юридического лица*); *напр.:* wissenschaftliche, internationale, demokratische Körperschaften научные, международные, демократические органы [организации] ☐ Unsere städtischen Körperschaften haben zuwenig Mitglieder, die in nationaler Beziehung zuverlässig sind (*H. Mann, »Untertan«*) В органах городского самоуправления слишком мало благонадежных, патриотически настроенных людей. Wohl hatte er noch immer einem Leutnant Platz zu machen, denn die Körperschaft, der der Leutnant angehörte, war offenbar die höhere (*ebenda*) Правда, ему, например, все еще приходилось отступать перед любым лейтенантом, ибо корпорация, членом которой был лейтенант, была выше его корпорации

Verband[2] *см.* Gesellschaft[2]
verbannen *см.* ausweisen
Verbannter сосланный, ссыльный
der **Verbannte** — der **Ausgewiesene** — der **Deportierte**

Verbannter *индифф. синоним; напр.:* der Verbannte wurde auf eine Insel geschafft ссыльный был доставлен на остров ☐ In Frankreich wird der Verbannte sofort Kommandant der schottischen Leibgarde (*St. Zweig, »Maria Stuart«*) Во Франции изгнанник сразу же становится начальником шотландской лейб-гвардии. **Ausgewiesener** высланный, выдворенный за пределы государства; *напр.:* der Ausgewiesene sollte das Land binnen 24 Stunden verlassen высланный должен был покинуть страну в течение двадцати четырех часов. **Deportierter** высланный из государства (и находящийся под надзором), депортированный (*часто о целых группах населения*); *напр.:* die Deportierten warteten auf ihren Transport депортированные ждали своей отправки

Verbannung ссылка
der **Verbannung** — das **Exil** — der **Bann** — die **Acht** — die **Ächtung**

Verbannung *индифф. синоним; напр.:* lebenslängliche Verbannung, Verbannung auf Lebenszeit пожизненная ссылка; in die Verbannung gehen отправиться в ссылку; in der Verbannung leben жить в ссылке; aus der Verbannung zurückkehren вернуться из ссылки; j-n in die Verbannung schicken сослать кого-л. ☐ Der alte Herr hatte zweimal in Not und Verbannung gehen müssen... (*Feuchtwanger, »Die Jüdin von Toledo«*) Старику дважды пришлось жить в нужде и

изгнании... ...dorthin in milde Verbannung geschickt von dem alten König wegen eines bösartigen Epigramms gegen die Pompadour (*Feuchtwanger, »Die Füchse«*) ...снисходительно сосланного туда старым королем за злую эпиграмму на Помпадур. **Exil** изгнание *подчеркивает, что кто-л. сам принимает решение покинуть страну, опасаясь преследований, ареста и т. п.*; *напр.:* im Exil leben жить в изгнании; ins Exil gehen отправляться в изгнание; aus dem Exil zurückkehren вернуться из изгнания ☐ Ja, Exil zerriß, machte klein und elend, aber Exil härtete auch und machte groß, reckenhaft (*Feuchtwanger, »Exil«*) Да, изгнание кромсало, принижало, сокрушало, но изгнание и закаляло, делало богатырями, героями. **Bann** *книжн.* изгнание (*запрещение появляться, находиться где-л.*); *ист.* опала; отлучение (от церкви); *напр.:* j-n in den Bann tun, mit dem Bann belegen изгонять [подвергать опале] кого-л.; j-n in den Bann erklären предавать анафеме. подвергать опале кого-л.; j-n vom Bann lösen, den Bann von j-m nehmen снять с кого-л. опалу; in Acht und Bann в опале ☐ Ein Jahr erst war es her, da hatte der Papst die Stiergefechte verboten. Den Veranstaltern war der Bann angedroht (*Br. Frank, »Cervantes«*) Всего лишь год тому назад папа запретил бои быков. Устроителям их грозило отлучение. **Acht** *книжн. ист.* опала, объявление вне закона (по приговору суда); *напр.:* die Acht über j-n verhängen [aussprechen, erklären] объявлять вне закона, подвергать опале кого-л.; in der Acht [der Acht verfallen] sein быть объявленным вне закона, подвергнуться опале; j-n in Acht und Bann erklären [tun] отлучить кого-л. от церкви и подвергнуть опале ☐ ...so werden er und seine Anhänger auf dem offenen Marktplatz in die Acht erklärt (*St. Zweig, »Maria Stuart«*) ...и тогда на него и его приверженцев налагается опала, о чем глашатай оповещает на рыночной площади. Dringlich und zärtlich erbittet sie von dem Manne, den sie eben noch in die Acht getan, jetzt brüderlichen Ratschlag und Hilfe (*ebenda*) Нежно и проникновенно испрашивает она у человека, которого она только что подвергла опале. братского совета и помощи. **Ächtung** *книжн. ист.* объявление вне закона, изгнание из общества; *напр.:* er wurde mit Acht belegt, aber die Ächtung hat ihn nicht gebrochen он был подвергнут опале, но и изгнание (из общества) не сломило его

verbergen[1] скрывать (*от кого-л.*)
verbergen — **verheimlichen** — **geheimhalten** — **vorenthalten** — **verstecken** — **verhehlen** — **bergen** — **unterschlagen**

verbergen *индифф. синоним*; *напр.*: seine Ansicht, den wahren Grund vor j-m verbergen скрывать от кого-л. свою точку зрения, настоящую причину; wir haben nichts voreinander zu verbergen нам нечего скрывать друг от друга □ Er bekämpfte seine Bangigkeit. Er verbarg sie wie ein geheimes Laster... (Seghers, »Die Toten«) И он силился побороть страх, сжимавший ему сердце, скрывая его, как тайный порок. Er bemühte sich kaum mehr, Unmut und Ungeduld hinter der früheren überlegenen Liebenswürdigkeit zu verbergen (Feuchtwanger, »Die Füchse«) Он даже не старался, как прежде, за спокойной любезностью скрывать свое нетерпение и хандру. Er war in einem fort gespannt und beunruhigt, was er immer verbarg. Oskar war nie gespannt und unruhig, und er hatte nichts zu verbergen (Seghers, »Die Toten«) Он находился в постоянном возбуждении и тревоге, но тщательно это скрывал. Оскар же никогда не бывал возбужден или встревожен, и ему нечего было скрывать. **verheimlichen** утаивать; *напр.*: j-m eine Entdeckung, einen Fund verheimlichen утаивать от кого-л. открытие, находку; den wirklichen Sachverhalt verheimlichen утаивать истинное положение дел; ich habe dir nichts verheimlicht я ничего не утаил от тебя □ Franz hatte früher gern jeden Zufallsverdienst verheimlicht (Seghers, »Die Toten«) Франц раньше всегда старался утаить случайный заработок. Sie wolle ihm aber nicht verheimlichen, sie sei von einem anderen Mann schwanger (ebenda) Она не хочет от него ничего скрывать: она беременна от другого. Er hatte seinen Haß gegen den Mann Krüger nie verheimlicht (Feuchtwanger, »Erfolg«) Он никогда не скрывал своей ненависти к Крюгеру. **geheimhalten** хранить в. тайне; *напр.*: den Ort, den Termin, das Ergebnis der Verhandlungen, Pläne, den Entwurf einer neuen Maschine geheimhalten хранить в тайне место, срок, результат переговоров, планы, проект новой машины; etw. streng geheimhalten хранить что-л. в строгой тайне; halten Sie unser Gespräch geheim держите наш разговор в тайне □ Sie merken, daß das Fräulein den Schmerz vor ihnen geheimhalten will, und sind verzweifelt, ihr nicht helfen zu können (St. Zweig, »Die Gouvernante«) Они замечают, что фрейлейн старается скрыть от них свое горе, и они в отчаянии, что не могут ей помочь. Acht, neun Wochen, länger ließ sich die Sache ja doch nicht geheimhalten (Weiskopf, »Lissy«) Восемь, девять недель, дальше это дело все равно ведь не скроешь. **vorenthalten** ≅ verheimlichen, *но подчеркивает, что что-л. скрывают от лица, которое имеет право на соответ-* ствующую информацию; *напр.*: j-m eine Neuigkeit vorenthalten утаивать от кого-л. новость; wir wollen unseren Lesern nichts vorenthalten мы не хотим ничего утаивать от наших читателей □ Er hatte seine Bekanntschaft Georg vorenthalten (Seghers, »Das siebte Kreuz«) От Георга он скрыл новое знакомство. **verstecken** *эмоц.* прятать, не выказывать; *напр.*: er hat seine Angst, seine Verlegenheit versteckt он не подавал виду, что боится, что смущается; er konnte seinen Ärger schlecht verstecken. он с трудом мог скрыть свое раздражение □ Um seine Bestürzung zu verstecken, sprach er schnell weiter (Feuchtwanger, »Exil«) Стараясь скрыть смущение, он говорил без умолку. **verhehlen** *высок.* скрывать, утаивать; *напр.*: die Wahrheit verhehlen утаивать правду; seine Überzeugung verhehlen скрывать свои убеждения; er konnte es vor mir nicht verhehlen, daß... он не мог скрыть от меня, что... Auch Maurepas verhehlte nicht seine Freude über Franklins Ernennung (Feuchtwanger, »Die Füchse«) Морепа тоже не скрывал своей радости по поводу назначения Франклина. Er hatte ihr nicht verhehlt, daß der Junge zum Erschrecken aussehe und daß er kaum mehr lange werde zu leben haben (ebenda) Он не скрывал от нее, что юноша выглядит ужасно и вряд ли протянет долго. **bergen** *уст. высок.* ≅ verbergen; *напр.*: □ Ich habe Gründe, dieses strafbare Geheimnis länger nicht zu bergen... (Schiller, »Don Carlos«) Есть у меня причины не скрывать преступной тайны. **unterschlagen** *разг.* оставить при себе, скрыть; *напр.*: die Tatsachen, einen Brief unterschlagen утаить факты, письмо; eine Nachricht unterschlagen утаить известие; er hat die Hauptsache einfach unterschlagen он просто утаил основное □ Meinst du, du könntest diese Tatsache unterschlagen? (Th. Mann, »Buddenbrooks«) И ты воображаешь, что такое событие можно обойти молчанием? Er erzählte von seinen Zweifeln und Nöten, er unterschlug nichts, auch nicht, daß er sich vorkomme wie ein fauler Schüler (Feuchtwanger, »Exil«) Он рассказал о своих сомнениях и мучениях, ничего не утаив, даже того, что он кажется себе ленивым учеником.

verbergen² *см.* versteсken¹
verbergen, sich *см.* verstecken, sich
verbessern исправлять
verbessern — berichtigen — korrigieren

verbessern *индифф. синоним*; *напр.*: einen Fehler, einen Aufsatz, ein Diktat verbessern исправлять ошибку, сочинение, диктант; j-s Aussprache verbessern исправлять чье-л. произношение; hast du alle Fehler verbessert? ты исправил все ошибки?; sie verbesserte ihn она поправила его □ Jetzt stellte er selber eine letzte Fassung der Tragödie her, änderte, verbesserte (Feuchtwanger, »Die Füchse«) Теперь он сам готовил окончательный вариант трагедии, вносил изменения и исправлял его. Gabriele trat vor den Vorhang und erklärte, sie bitte um wenige Minuten Geduld, man wolle nur noch die Akustik des Hauses verbessern (ebenda) Габриэль вышла из-за занавеса и попросила у зрителей несколько минут терпения — надо только наладить акустику. **berichtigen** исправлять чью-л. ошибку, вносить поправку *употр. тж. по отношению к отвлеченным понятиям*; *напр.*: einen Fehler, einen Druckfehler berichtigen исправлять ошибку, опечатку; einen Text berichtigen вносить поправку в текст; j-s Irrtum, j-s falsche Ansicht berichtigen исправлять чью-л. ошибку, чью-л. неправильную точку зрения; ich muß dich berichtigen: es war nicht der Dreißigjährige, sondern der Siebenjährige Krieg я должен тебя поправить: это была не Тридцатилетняя война, а Семилетняя. **korrigieren** ≅ berichtigen, *но часто употр. в профессиональной и книжно-письменной речи*; *напр.*: die Arbeiten, Hefte, Aufsätze korrigieren править работы, исправлять ошибки в тетрадях, сочинениях *(при проверке)*; die Aussprache korrigieren исправлять произношение; einen Irrtum korrigieren исправлять ошибку; den Kurs des Raumschiffes korrigieren производить коррекцию курса космического корабля □ Höflich korrigierend erwiderte Martin Krüger: »Ich rechne nicht auf Bewährungsfrist, mein Herr, ich rechne auf Freispruch und Wiederherstellung« (Feuchtwanger, »Erfolg«) Мартин Крюгер возразил, вежливо поправляя: «Я рассчитываю не на 'условно-досрочное освобождение', милостивый государь. Я рассчитываю на оправдание и реабилитацию». Er kaute an den Nägeln, korrigierte manchmal mechanisch in Gedanken eine Satzkonstruktion, schaute aus blassen Augen auf die Münder der vielen Zeugen (ebenda) Он грыз ногти, мысленно машинально исправлял построение какой-нибудь фразы, своими бесцветными глазами глядел прямо в рот многочисленным свидетелям

Verbesserung исправление
die Verbesserung — die Berichtigung — die Korrektur

Verbesserung *индифф. синоним*; *напр.*: die Verbesserung der Fehler, der Übersetzung, der Aussprache, des Stils исправление ошибок, перевода, произношения, стиля; ich werde in Ihrer Arbeit einige Verbesserungen vornehmen я сделаю некоторые исправления в вашей работе; er gibt mir den Artikel mit kleinen Verbesserungen zurück он возвращает мне статью с небольшими поправками.

VERBEUGEN, SICH

Berichtigung поправка, исправление (ошибок); уточнение; *напр.*: die Berichtigung von Fehlern исправление ошибок; die Berichtigung einer falschen Meinung, eines Irrtums исправление, опровергающее ложное мнение, заблуждение; die Berichtigung einer Meldung уточнение сообщения. **Korrektur** исправление, правка (*обыкн. неправильного текста*) *часто употр. в профессиональной и книжно-письменной речи*; *напр.*: eine Korrektur ausführen [vornehmen], anbringen делать, вносить исправления

verbeugen, sich поклониться

sich verbeugen — sich bücken — dienern — einen Kratzfuß machen — knicksen — sich verneigen — sich neigen

sich verbeugen *индифф.* синоним; *напр.*: sich tief, ehrfurchtsvoll, höflich verbeugen низко, почтительно, вежливо поклониться; sich nach allen Seiten verbeugen поклониться на все стороны ◻ Er zog Diederich, der sich eifrig verbeugte, bei der Hand herein (*H. Mann, »Untertan«*) Он втащил за руку Дидериха, усердно отвешивавшего поклоны. Durch so viel Formlosigkeit vollends aus der Fassung gebracht, wollte Diederich sich schon verbeugen und abtreten (*ebenda*) Дидерих окончательно растерялся от такой безграничной невоспитанности и уже хотел было поклониться и отступить. Und Vaudreuil verbeugte sich vor den Bravorufen und sang das Lied noch einmal (*Feuchtwanger, »Die Füchse«*) А Водрейль раскланялся перед зрителями, кричавшими «Браво!», и пропел песню еще раз. **sich bücken** *уст.* ≅ sich verbeugen, *но обыкн. употр. с указанием лица, которому кланяются*; *напр.*: er bückte sich tief vor dem Alten он низко поклонился старцу. **dienern** *пренебр.* низко кланяться, отвешивать поклоны; *напр.*: höflich, zuvorkommend dienern вежливо, предупредительно раскланиваться; der Empfangschef des Hotels dienerte vor den Kunden администратор отеля низко кланялся клиентам. »Wer sind Sie?« Der Fremde dienerte. »Notgroschen, Redakteur der ‚Netziger Zeitung'« (*H. Mann, »Untertan«*) «Кто вы такой?» Незнакомец отвесил низкий поклон. «Нотгрошен, редактор 'Нетцигского листка'». Er dienerte, er legte, wie Karnauke ihm das Kreuz überreichte, die Hand aufs Herz... (*ebenda*) Он низко кланялся, он прижал руку к сердцу, когда Карнауке вручил ему крест... **einen Kratzfuß machen** *уст.* расшаркиваться, кланяясь; *напр.*: er machte einen Kratzfuß vor der Gräfin он расшаркался перед графиней ◻ Bei dem Namen der Schlacht machte Diederich einen Kratzfuß, und er wagte nichts mehr zu fragen (*H. Mann, »Untertan«*) При упоминании битвы Дидерих шаркнул ножкой и уже не посмел продолжать расспросы. Diederich machte einen Kratzfuß (*ebenda*) Дидерих расшаркался. **knicksen** сделать книксен, реверанс; *напр.*: ◻ Auch die Damen erhoben sich, während Franklin vorbeiging und knicksten tief (*Feuchtwanger, »Die Füchse«*) А дамы, когда проходил Франклин, вставали и делали низкие реверансы. **sich verneigen** *высок.* ≅ sich verbeugen; *напр.*: sich tief, leicht verneigen низко, слегка поклониться; sich vor dem Publikum verneigen поклониться публике ◻ Sie machten einen Weg frei für Franklin und verneigten sich (*Feuchtwanger, »Die Füchse«*) Кланяясь, они уступали дорогу Франклину и сопровождавшим его. D'Alembert rühmte in einer schönen Rede Voltaire. Der dankte und verneigte sich gegen Franklin... (*ebenda*) С прекрасной хвалебной речью обратился к Вольтеру Д'Аламбер. Вольтер поблагодарил его и поклонился Франклину... Wieder verneigte sich der Kaufmann tief, erst vor Leonor, dann vor Alfonso (*Feuchtwanger, »Die Jüdin von Toledo«*) Купец опять низко склонился сперва перед доньей Леонор, затем перед Альфонсо. Er mußte auf einen Stuhl steigen und sich verneigen (*Weiskopf, »Abschied vom Frieden«*) Он должен был встать на стул и раскланяться. **sich neigen** *высок.* склониться в поклоне; *напр.*: sich tief, ehrfurchtsvoll vor j-m neigen склониться в глубоком, почтительном поклоне перед кем-л.; sich bis zur Erde neigen поклониться до земли

Verbeugung поклон

die Verbeugung — der Bückling — der Diener — die Verneigung — das Kompliment — die Reverenz

Verbeugung *индифф.* синоним; *напр.*: eine kleine, tiefe Verbeugung vor j-m machen слегка, низко поклониться кому-л.; eine Verbeugung andeuten едва [слегка] поклониться; er bedankte sich mit einer höflichen Verbeugung он поблагодарил, вежливо поклонившись ◻ Er begnügte sich, Doña Leonor, Don Alfonso und Don Manrique mit tiefer Verbeugung zu begrüßen (*Feuchtwanger, »Die Jüdin von Toledo«*) Он ограничился низким поклоном донье Леонор, дону Альфонсо и дону Манрике. **Bückling** подобострастный поклон; *напр.*: einen tiefen, devoten Bückling vor j-m machen низко, с подобострастной преданностью поклониться; er empfing, begrüßte die Besucher mit vielen Bücklingen он встречал, приветствовал посетителей, без конца (услужливо) кланяясь. **Diener** ≅ Verbeugung, *но обыкн. употр. по отношению к ребенку, приветствующему или благодарящему взрослых поклоном*; *напр.*: einen Diener machen (низко) поклониться. **Verneigung** *высок. редко* ≅ Verbeugung; *напр.*: eine tiefe, ehrerbietige, höfliche Verneigung низкий, почтительный, вежливый поклон ◻ »Verzeih es dem Kaufmann, Dame«, wandte er sich mit tiefer Verneigung an Doña Leonor... (*Feuchtwanger, »Die Jüdin von Toledo«*) «Не посетуй на купца, государыня», — обратился он с глубоким поклоном к донье Леонор... **Kompliment** *уст.* галантный поклон (*часто сопровождаемый взмахом руки и т. п.*); *теперь* — *высок. редко* приветствие; *напр.*: er machte vor jedem ein tiefes Kompliment перед каждым он делал низкий поклон ◻ Er drehte sich um. »Mein Kompliment! Ich empfehle mich, gnädige Frau!« (*Weiskopf, »Abschied von Frieden«*) Он обернулся. «Честь имею кланяться, сударыня!» **Reverenz** [-v-] *высок. устаревает* церемонный поклон; реверанс; *напр.*: eine tiefe, ehrerbietige Reverenz глубокий, почтительный реверанс; j-m seine Reverenz erweisen выразить [засвидетельствовать] кому-л. свое глубокое почтение ◻ Als die Konsulin mit dem Dichter trank, färbte ein ganz feines Rot ihren zarten Teint, denn sie hatte wohl die artige Reverenz bemerkt, die er bei der Venus Anadyomene nach ihrer Seite vollführt hatte... (*Th. Mann, »Buddenbrooks«*) Когда же консульша подняла свой бокал, чтобы чокнуться с поэтом, ее нежные щеки слегка заалели — она заметила поклон в свою сторону, который он сделал, говоря о Венере.

verbieten запрещать

verbieten — untersagen — verpönen — verweisen — verwehren

verbieten *индифф.* синоним; *напр.*: j-m das Rauchen, den Umgang [den Verkehr] mit j-m verbieten запретить кому-л. курение, общение с кем-л.; die Einreise, die Zeitung, die Einfuhr verbieten запретить въезд, газету, ввоз; er hat den Kindern verboten, auf der Straße zu spielen он запретил детям играть на улице; das Betreten des Flugplatzes, des Grundstücks ist verboten вход на аэродром, на территорию воспрещен ◻ Die schlimmste Rache Heuteufels war, daß er Diederich das Ausgehen verbot (*H. Mann, »Untertan«*) Гейтейфель запретил Дидериху выходить из дому — более жестокой мести он не мог бы придумать. Oskar wird ihr die Arbeit für den Bruder einfach verbieten (*Feuchtwanger, »Lautensack«*) Оскар, вероятно, просто запретит ей работать для брата. **untersagen** официально запрещать; *напр.*: j-m den Verkehr mit j-m untersagen строго запрещать кому-л. общаться с кем-л.; das Betreten eines Geländes ist untersagt вход на территорию воспрещен; der Arzt hat ihm das Rauchen untersagt врач запретил ему курить; etw. ist bei Strafe untersagt что-л. запрещено под угрозой наказания □ Die Versailler Regierung untersagte ihnen die Ausreise (*Feuchtwanger,* »*Die Füchse*«) Версальское правительство запретило им выезд. Es wurde also ein Verfahren wegen Gaukelei gegen Johanna Krain eingeleitet und ihr die Ausübung ihrer graphologischen Tätigkeit bis auf weiteres untersagt (*Feuchtwanger,* »*Erfolg*«) Таким образом, против Иоганны было возбуждено дело о шарлатанстве и ей, впредь до решения суда, запрещено было заниматься своей графологической работой. Der Genuß von Alkohol war in Amerika untersagt; doch wurde dieses Verbot allgemein umgangen... (*ebenda*) Потребление алкоголя было в Америке запрещено, но запрещение это всеми обходилось... **verpönen** *уст.* запрещать что-л. под угрозой наказания *употр. тк. в сочетании* es [das] ist verpönt это запрещено; *напр.:* □ »*Also das ist... Das ist streng verpönt!*« empörte sich Bosskow (*Noll,* »*Kippenberg*«) «Да, но... Это совершенно недопустимо!» — возмутился Босков. **verweisen** *высок.* ≃ verbieten, *но подчеркивает, что при этом делают кому-л. выговор, внушение; напр.:* er verwies ihr ein weiteres Eingehen auf diese Angelegenheit. он (категорически) запретил ей впредь касаться этого дела □ Rodrigo, obwohl es ihm streng verwiesen worden, korrespondierte über den Freikauf (*Br. Frank,* »*Cervantes*«) Родриго писал письма о выкупе, хотя это было ему строжайше запрещено. **verwehren** *высок.* ≃ verbieten; *напр.:* j-m den Eintritt verwehren запрещать кому-л. вход; j-m die Teilnahme an einer Feier verwehren не дозволять кому-л. участвовать в празднестве □ Und man konnte ihnen nicht verwehren, ihre kranke Freundin zu sehen (*Th. Mann,* »*Buddenbrooks*«) Им нельзя было запретить навестить свою больную подругу. Gerne einmal hätte er in der Max-Reger-Straße bei seinem Freunde Gustav Trost und Erholung gesucht. Aber auch das war ihm verwehrt (*Feuchtwanger,* »*Oppermann*«) Он охотно побывал бы на Макс-Регер-Штрассе, отвел бы душу с другом своим Густавом, почерпнул бы у него утешение, но и в этом ему было отказано. Man kann den Menschen nicht verwehren | Zu denken, was sie wollen (*Schiller,* »*Maria Stuart*«) Кто людям запретит |Иметь свое сужденье? (*Перевод Вильмонта*). **wehren** *высок. устаревает* ≃ verwehren; *напр.:* ich will, kann es dir nicht wehren и я не хочу, не могу это тебе запретить; wer will's mir wehren? кто может мне это запретить?

verbinden[1] связывать, соединять (*создавать связь, сочетать*)
verbinden — verknüpfen — vereinigen — vereinbaren — vereinen
verbinden *индифф. синоним; напр.:* zwei Begriffe, eine Frage mit der anderen verbinden связывать два понятия, один вопрос с другим; uns verbinden gemeinsame Interessen нас связывают общие интересы; das Angenehme mit dem Nützlichen, das Praktische mit dem Schönen verbinden сочетать приятное с полезным, практичное с красивым; Mut mit Kaltblütigkeit, Großzügigkeit mit einer gewissen Strenge verbinden сочетать храбрость с хладнокровием, великодушие с известной строгостью; sie verbindet nichts mehr их больше ничего не связывает □ Die Stunden gemeinsamer Arbeit, die sie so nah verbanden, scheinen endgültig vorbei zu sein (*Feuchtwanger,* »*Exil*«) Навсегда, верно, миновали часы общей работы, которые так связывали их. Es war richtig, was Philippe da sagte; so, wie auf dem Vertrag, der nun in seiner Truhe lag, die beiden Namen eng verknüpft waren, so mußten er und Voltaire für alle Zeiten verbunden auf einem Sockel stehen (*Feuchtwanger,* »*Die Füchse*«) Да, Филипп был прав: подобно тому, как сплелись их имена на договоре, который лежал у него в шкатулке, так и они, он и Вольтер, во веки веков должны быть связаны друг с другом, должны стоять рядом, на одном пьедестале. **verknüpfen** ≃ verbinden, *но б. ч. употр. с отвлеченными понятиями, часто подчеркивает одновременность действий; напр.:* einen Gedanken mit dem anderen, zwei Begriffe miteinander verknüpfen связывать одну мысль с другой, два понятия друг с другом; verschiedene Gesichtspunkte logisch verknüpfen логически объединить различные точки зрения; er verknüpfte die Urlaubsreise mit dem Besuch bei seinen Eltern, bei seinem ehemaligen Lehrer он объединил поездку в .отпуск с посещением своих родителей, своего бывшего учителя □ ...und auf hinterhältige Art verknüpfte er Oskars Kunst mit seinem Leben, mit seinem Milieu (*Feuchtwanger,* »*Lautensack*«) ...и коварным образом он связывал искусство Оскара со своей жизнью и своей средой. Er wunderte sich wie stets, wenn er sie sah, was dieses kräftige, entschiedene Mädchen mit dem immer wechselnden Krüger verknüpfte (*Feuchtwanger,* »*Erfolg*«) Как всегда, когда он видел Иоганну, перед ним снова встал вопрос о том, что могло связать эту сильную, решительную девушку с вечно изменчивым Крюгером. Ja, es fügt sich ausgezeichnet, daß er mit der Regelung seiner Paßangelegenheit eine Zusammenkunft mit Dittmann verknüpfen kann (*Feuchtwanger,* »*Exil*«) Да, это совпало великолепно — он устроит паспортные дела и заодно повидается с Дитманом. **vereinigen** сочетать, совмещать; *напр.:* er vereinigt in sich die verschiedensten Eigenschaften он сочетает в себе самые различные качества □ Katharina vereinigte die Annehmlichkeiten einer Freundin und einer Ehefrau (*Feuchtwanger,* »*Erfolg*«) Катарина соединяла в себе прелести любовницы и супруги. **vereinbaren** соединять, совмещать что-л. с чем-л. *не употр. по отношению к объекту-лицу; напр.:* das konnte ich mit meinem Gewissen nicht vereinbaren это не совмещалось с моей совестью; das ist nicht mit meiner politischen Überzeugung zu vereinbaren это невозможно совместить с моими политическими убеждениями; das läßt sich nicht miteinander vereinbaren это вещи несовместимые; die neue Aufgabe läßt sich gut mit seiner anderen Arbeit vereinbaren новое задание хорошо совмещается с его остальной работой. **vereinen** *высок.* ≃ verbinden; *напр.:* die Sportlerin vereint Kraft und Anmut in sich спортсменка сочетает в себе силу и грацию; er vereint in sich Energie mit großem Verstand он сочетает в себе энергию с большим умом; das Schicksal hat sie wieder vereint судьба их снова соединила; diese Standpunkte lassen sich nicht vereinen эти точки зрения несовместимы □ Er ist ausersehen, innere Größe mit äußerem Glanz zu vereinen, und er ist gewillt, das volle Maß seines Glücks zu genießen (*Feuchtwanger,* »*Lautensack*«) Ему дано свыше соединять внутреннее величие с внешним блеском. И он твердо намерен насладиться до конца своим счастьем. Sie waren beide darauf erpicht, daß Becker eine Zeitlang beide Funktionen in einer vereine (*Seghers,* »*Die Toten*«) Они оба стремились к тому, чтобы Бекер хотя бы временно совмещал обе функции

verbinden[2] *см.* vereinigen[1]
verbindlich *см.* freundlich/obligatorisch
Verbindlichkeit *см.* Schuld
Verbindung[1] связь (*связующее*)
die **Verbindung** — der **Zusammenhang**
Verbindung *индифф. синоним; напр.:* die Verbindung zwischen der Wissenschaft und Praxis, von Theorie und Praxis связь науки и практики, теории и практики; die Verbindung zwischen zwei Erscheinungen, zwischen diesen zwei Gedanken связь между двумя явлениями, между этими двумя мыслями; ich sehe keine Verbindung zwischen seinen Worten und Handlungen я не вижу никакой связи между его словами и его поступками. **Zusammenhang** взаимосвязь, (причинная) связь; *напр.:* der Zusammenhang zwischen Ursache und Wirkung связь между причиной и следствием □ Sein ganzer Zusammenhang mit dem äußeren Leben, die letzte Fähigkeit, Schmerz zu empfinden, war durch die Nachricht über den Tod der Tante Amalie erschöpft (*Se-*

VERBINDUNG 556 **VERBOTEN**

ghers, »Die Toten«) Его связь с внешней жизнью, последняя способность огорчаться отмерла с известием о смерти тети Амалии. · Auch sonst wimmelten auf den Proben viele Menschen herum, die mit Tüverlin und seinem Werk nur losen Zusammenhang hatten... (Feuchtwanger, »Erfolg«) Но и в другие дни во время репетиций кругом кишмя кишел всякий народ, имевший весьма отдаленное отношение к Тюверлену и его произведению
Verbindung [2] соединение (в одно целое)
die **Verbindung** — der **Zusammenschluß**
Verbindung индифф. синоним; напр.: die Verbindung mehrerer Länder объединение нескольких земель [стран]; die Verbindung Gleichgesinnter zu einer Arbeitsgemeinschaft объединение единомышленников в кружок (по интересам, научный и т. п.); die Verbindung der beiden Unternehmen brachte Schwierigkeiten mit sich слияние обоих предприятий вызвало трудности. **Zusammenschluß** объединение, слияние; напр.: der Zusammenschluß der Bauern zu einer Produktionsgenossenschaft объединение крестьян в производственный кооператив; der Zusammenschluß zweier Unternehmen, Firmen слияние [объединение] двух предприятий, фирм; der Zusammenschluß der Bauern gewährleistet eine höhere Leistungsfähigkeit объединение крестьян гарантирует более высокую производительность труда
verbissen см. böse [2]
verbittern см. verderben [3]
verblassen бледнеть, блекнуть
verblassen — **verbleichen**
verblassen индифф. синоним; напр.: die Farben, die Fotografien sind verblaßt краски, фотографии поблекли; der Stoff, der Bucheinband verblaßt mit der Zeit материал, переплет книги блекнет со временем; die Tapeten sind schon etwas verblaßt обои уже немного выцвели; Blumen verblassen beim Trocknen цветы бледнеют [теряют окраску] при засушивании □ Er sah die Sterne verblassen... (Noll, »Werner Holt«) Он видел, как блекнут звезды... Die Monate bei seinem Vater waren verblaßt, als habe er sie nur geträumt (ebenda) Месяцы, проведенные у отца, поблекли, словно были только сном. Vor diesem Bonhomme Richard verblaßte Tartüff (Feuchtwanger, »Die Füchse«) Перед этим добрым Ришардом бледнел Тартюф. **verbleichen** ≅ verblassen, но характеризует большую степень изменения первоначального цвета; напр.: von Sonne und Regen verblichene Uniform выцветшая от солнца и дождя форма; dieser billige Stoff verbleicht sehr schnell эта дешевая ткань быстро теряет цвет; die Farben verbleichen in der Sonne краски выцветают на солнце; der Vorhang ist verblichen занавес поблек [выгорел] □ Sie trug eine verblichene blaue Bluse (Remarque, »Zeit zu leben«) На ней была выцветшая голубая блузка
verbleichen см. verblassen
verblöden см. verdummen
verblödet см. schwachsinnig
verblüffen см. verwirren [2]
verblüfft см. verwundert
verblühen см. welken
verbluten см. bluten
verborgen I скрытый, сокровенный
verborgen — **versteckt** — **unsichtbar** — **geheim** — l a t e n t
verborgen индифф. синоним; напр.: die verborgene Bedeutung der Worte скрытый смысл слов; der verborgene Groll, Spott скрытая досада, насмешка; eine verborgene Drohung скрытая угроза □ Ein Schwarm von verborgenen, ja unbewußten Gedanken stieg Klemm in den Kopf (Seghers, »Die Toten«) В голове Клемма роем проносились потаенные, даже неосознанные мысли. Und Kettler war mit dem Gefühl gegangen, daß nichts vor dem Berndt verborgen blieb (ebenda) И Кетлер ушел с таким чувством, что от Берндта ничто не укрылось. **versteckt** глубоко скрытый, тайный; напр.: verstecktes Lob скрытая похвала; versteckte Vorwürfe, Angriffe скрытые упреки, нападки; eine versteckte Bosheit (gegen mich) скрытая злоба (на меня); das Gefühl einer versteckter Gefahr ощущение скрытой опасности; □ Jedes Wort hatte einen versteckten Stachel (Weiskopf, »Abschied vom Frieden«) В каждом слове была скрытая шпилька. Clerfayt spürte den versteckten Hohn (Remarque, »Der Himmel«) В его тоне Клерфе почувствовал скрытую издевку. **unsichtbar** невидимый; напр.: ein unsichtbarer Vorteil, Fehler, Prozeß невидимое преимущество, невидимый изъян, процесс. **geheim** тайный; напр.: geheimer Kummer, geheime Hoffnung, Sehnsucht, Angst тайная печаль, надежда, тоска, тайный страх; mit geheimer Freude с тайной радостью; einen geheimen Haß gegen j-n hegen питать к кому-л. тайную ненависть; geheime Sorgen quälten ihn его мучили тайные заботы □ Er witterte Verstellung, geheime Geringschätzung (Weiskopf, »Lissy«) Ему чудилось притворство, скрытое презрение. **latent** книжн. латентный; напр.: eine latente Krankheit латентный недуг; eine latente Krise скрытая [латентная] форма кризиса; latente Spannung скрытая напряженность □ Es bestand zwischen Pierre und dem großen Schauspieler eine alte latente Feindschaft (Feuchtwanger, »Die Füchse«) Между Пьером и этим большим актером давно существовала скрытая вражда. Der Herzog von Burgund beklagte sich in einem höflichen, doch ziemlich energischen Brief über die Schwierigkeiten, welche er infolge des latenten Kriegszustandes habe... (ebenda) Герцог Бургундский в вежливом, но достаточно настойчивом письме жаловался на затруднения, которые являются следствием скрытой войны...
verborgen II см. leihen [1]
Verbot запрет
das **Verbot** — die **Sperre** — das **Veto**
Verbot индифф. синоним; напр.: ein amtliches, gerichtliches, strenges Verbot официальный, судебный, строгий запрет; ein Verbot durchsetzen добиться запрета [запрещения]; ein Verbot erlassen издать указ, запрещающий что-л.; ein Verbot aufheben отменить запрет; das Verbot übertreten нарушать запрет; trotz des ärztlichen Verbotes arbeitete er noch несмотря на запрет врача, он продолжал работать □ Lillian kam trotz des Verbots zum Abendessen herunter (Remarque, »Der Himmel«) Несмотря на запрещение, Лилиан спустилась к ужину. **Sperre** запрещение на ввоз, вывоз товаров, эмбарго; запрет на въезд, выезд кого-л.; напр.: eine Sperre über die Einfuhr und Ausfuhr der Waren verhängen наложить эмбарго на ввоз и вывоз товаров; eine Sperre für die Einreise von Ausländern запрет на въезд иностранцев. **Veto** книжн. вето; напр.: sein Veto gegen etw. einlegen налагать вето на что-л.; das Veto zurückziehen снять вето □ Sehr bald aber erfährt Elisabeth, durch ihre schottischen Spione tadellos bedient, von diesen überseeischen Freiten und legt sofort ein kräftiges Veto ein (St. Zweig, »Maria Stuart«) Елизавета мигом узнает — ведь ее шотландские шпионы не дремлют — об этих чужеземных сватовствах и тотчас же накладывает на них свое грозное вето
verboten запрещенный
verboten — **unerlaubt** — **unzulässig** — u n s t a t t h a f t
verboten индифф. синоним; напр.: eine verbotene Organisation, Partei, Zone запрещенная организация, партия, запретная зона; verbotene Schriftsteller, Gedichte запрещенные писатели, стихи; verbotene Früchte schmecken süß посл. запретный плод сладок □ Sie hatten sich gegenseitig verbotene Bücher geliehen (Seghers, »Die Toten«) Они обменивались запрещенными книгами. Tut mir leid, Herr, aber von der verbotenen Ausgabe ist nur noch das eine beschädigte Exemplar da (Weiskopf, »Abschied vom Frieden«) Очень сожалею, но из запрещенного издания есть только один сильно поврежденный экземпляр. **unerlaubt** непозволительный, недозволенный; напр.: eine unerlaubte Handlung непозволительный поступок; unerlaubte Mittel, Maßnahmen недозволенные средства, меры; unerlaubte Beziehungen zu j-m unterhalten поддерживать с кем-л. недозволен-

VERBRAUCHEN 557 VERBRECHER

ные отношения. **unzulässig** недопустимый (*в обращении, употреблении, применении и т. п.*); *напр.*: eine unzulässige Beeinflussung, Einmischung, Bevormundung недопустимое воздействие [давление], вмешательство, недопустимая опека (*ограничение свободы, независимости*); eine unzulässige Handlung недопустимый поступок; ein unzulässiges Verhalten недопустимое отношение [поведение]; die Firma wandte bei der Werbung unzulässige Methoden an фирма использовала для рекламы недопустимые методы □ Unzulässige Mitteilungen zogen schwere Hausstrafen nach sich (*Feuchtwanger, »Erfolg«*) За недозволенные сообщения налагались строгие взыскания. **unstatthaft** *книжн.* не могущий быть терпимым, неприемлемый (*с точки зрения морали или закона*); *напр.*: eine unstatthafte Art недопустимая манера (*говорить и т. п.*); es ist unstatthaft, Waren ins Ausland zu bringen, ohne sie zu verzollen недопустимо вывозить товары за границу, не уплатив за них пошлину □ Dann zensurierte er den Brief als unstatthaft und legte ihn zu den Akten (*Feuchtwanger, »Erfolg«*) Затем он сделал на письме пометку «не допущено к отправке» и приложил его к делу

verbrauchen *см.* ausgeben

Verbrechen преступление

das **Verbrechen** — die **Straftat** — die **Untat** — das **Vergehen** — der **Frevel** — die **Missetat**

Verbrechen *индифф. синоним; напр.*: ein schweres, ungeheures Verbrechen тяжелое, чудовищное преступление; ein Verbrechen am Volk, an der Menschheit преступление перед народом, перед человечеством; ein Verbrechen begehen совершать преступление; sich ein Verbrechen zuschulden kommen lassen допустить преступление, оказаться виновным в преступлении; ein Verbrechen aufdecken, untersuchen, (be)strafen раскрывать, расследовать, карать преступление; das ist ein Verbrechen gegen die Menschlichkeit это преступление против человечности. **Straftat** правонарушение, наказуемое деяние; *напр.*: nur 40% dieser Straftaten konnten aufgeklärt werden только 40% преступлений такого рода было раскрыто □ In Rumänien, Ungarn, Bulgarien wurden jüdische und sozialistische Angeklagte nach possenhaften Gerichtsverfahren zu Tausenden erschossen, gehängt, auf Lebenszeit in Kerker gesperrt um nicht bewiesener Straftaten willen (*Feuchtwanger, »Erfolg«*) В Румынии, Венгрии, Болгарии обвиняемые евреи и социалисты после нелепой судебной комедии тысячами подвергались расстрелу, повешению или пожизненному тюремному заключению за якобы совершенные ими преступные деяния. **Untat** злодеяние, бесчинство; *напр.*: eine Untat begehen совершить злодеяние; seine Untaten büßen поплатиться за свои бесчинства; die Untaten dieser Menschen sind zu verabscheuen злодеяния этих людей отвратительны □ Und Pierre las weiter von den Untaten des Königs von England (*Feuchtwanger, »Die Füchse«*) И Пьер продолжал читать о преступлениях английского короля. Sie erzählte Schiebergeschichten und Untaten, die sich während Holts Abwesenheit zugetragen hatten (*Noll, »Werner Holt«*) Она рассказывала о махинациях спекулянтов и преступлениях, которые имели место в отсутствие Хольта. Er hatte sich keine Untat vorzuwerfen und keine Feigheit (*Seghers, »Die Toten«*) Он не знал за собой ни одного подлого, ни одного малодушного поступка. **Vergehen** проступок, нарушение (*закона*), наказуемое действие; *напр.*: ein strafbares, kriminelles, vorsätzliches Vergehen наказуемое, уголовное, преднамеренное нарушение; j-m ein Vergehen vorwerfen упрекать кого-л. в нарушении (*инструкций и т. п.*); sich kleinere Vergehen zuschulden kommen lassen быть виновным в незначительных проступках; er ist verschiedener Vergehen wegen bestraft он наказан за различные проступки □ Das milchige Licht erinnerte mich an eine Zelle, in der ich einmal in der Schweiz vierzehn Tage gesessen hatte — wegen illegalen Aufenthalts ohne Papiere, das übliche Vergehen der Emigranten (*Remarque, »Schatten«*) Молочный свет напомнил мне камеру в швейцарской тюрьме, где я просидел две недели за незаконное пребывание без документов — обычное «преступление» эмигрантов. Vielleicht verschafft mir die Gnade Eurer Majestät das Glück, mein Vergehen dadurch auszutilgen... (*Feuchtwanger, »Die Füchse«*) Быть может, милость вашего величества дарует мне счастье искупить вину мою тем... **Frevel** *поэт. устаревает* преступное деяние, тяжелый проступок (*нарушение норм общежития в силу сознательного пренебрежения нормами морали, законами*); *напр.*: ein greulicher [grauenhafter] Frevel ужасный поступок; einen Frevel verüben совершать тяжелый проступок; durch diesen unerhörten Frevel wurde die Kirche entweiht это неслыханное святотатство осквернило церковь. **Missetat** *высок. устаревает, теперь б. ч. ирон.* ≅ Verbrechen; *напр.*: eine Missetat verüben [begehen] совершать преступление; seine Missetat bereuen раскаиваться в своем преступлении; seine Missetaten bekennen сознаваться в своих преступлениях

Verbrecher преступник

der **Verbrecher** — der **Täter** — der **Schwerverbrecher** — der **Übeltäter** — der **Kriegsverbrecher** — der **Missetäter** — der **Delinquent**

Verbrecher *индифф. синоним; напр.*: ein (gemein)gefährlicher, politischer, krimineller Verbrecher (общественно) опасный, политический, уголовный преступник; einen Verbrecher überführen, verhaften, verurteilen, vor Gericht stellen изобличить, арестовать, осудить, предать суду преступника □ Der Hans Lautensack aber war ein höchst unliebenswürdiger Lump, ein Verbrecher schlechthin (*Feuchtwanger, »Lautensack«*) А Ганс Лаутензак — так это просто хам, мерзавец, настоящий преступник. Ich war niemals und bin auch heute kein Verbrecher (*Hauptmann, »Vor Sonnenuntergang«*) Я никогда не был преступником, и сейчас я не преступник. **Täter** виновник содеянного, преступник *б. ч. употр. по отношению к лицам, совершившим уголовное преступление; напр.*: der unbekannte, vermutliche Täter неизвестный, предполагаемый преступник; den Täter ergreifen, festnehmen схватить, задержать преступника; nach dem Täter fahnden разыскивать преступника; wer ist der Täter? кто виновник? □ Beide Täter, von denen einer vorbestraft ist, befinden sich in Untersuchungshaft (*ND 3. 7. 80*) Оба преступника, один из которых ранее судим, находятся в предварительном заключении. In der Nacht vom Sonntag... zum Montag... wurde die 62jährige Rentnerin Maria Meichsner von einem unbekannten männlichen Täter... getötet (*ND 18. 6. 80*) В ночь с воскресенья... на понедельник... неизвестным мужчиной была убита пенсионерка Мария Майхснер, шестидесяти двух лет. **Schwerverbrecher** преступник, совершивший особо тяжкое преступление, опасный преступник; *напр.*: der Schwerverbrecher wurde festgenommen опасный преступник был арестован. **Übeltäter** *устаревает, теперь б. ч. ирон.* злоумышленник, преступник; *напр.*: der Übeltäter konnte nicht ergriffen werden злоумышленника не удалось схватить; die kleinen Übeltäter, die die Kirschen gestohlen haben, wurden erwischt маленьких злоумышленников, которые рвали вишни, поймали. **Kriegsverbrecher** военный преступник; *напр.*: die Verfolgung, die Verurteilung der Kriegsverbrecher преследование, осуждение военных преступников □ Rund 200 000 Kriegsverbrecher sind nach 1945 in der BRD nicht strafverfolgt worden (*ND 28. 2. 78*) Примерно 200 000 военных преступников в ФРГ не подвергались судебному преследованию после 1945 года. **Missetäter** *высок. устаревает, теперь б. ч. ирон.* злодей, преступник; *напр.*: ein übler Missetäter опасный злодей; nach einem Missetäter fahnden объявить розыск злодея; einen Missetäter zur Rechenschaft ziehen привлечь злодея к ответственности. **Delinquent** *книжн.*

VERBRECHERISCH

редко ≅ Verbrecher, *но обыкн. употр. по отношению к пойманному и представшему перед судом преступнику; напр.:* einen Delinquenten verurteilen осудить злоумышленника; der Delinquent wurde vernommen преступник был допрошен □ In einem Seelenzustand, der sich absolut durch nichts von dem eines hinzurichtenden Delinquenten unterschied... (*Th. Mann, »Buddenbrooks«*) В душевном состоянии, ничем не отличающемся от состояния приговоренного к смертной казни... Kam man um Mittag vor der Djenina vorbei... so sah man die Delinquenten nackt ausgestreckt (*Br. Frank, »Cervantes«*) Если в полдень пройти мимо Дженины... то можно было видеть на площади нагих распростертых преступников
verbrecнerisch преступный
verbrecherisch — **frevelhaft**
verbrecherisch *индифф. синоним; напр.:* eine verbrecherische Clique, Tätigkeit преступная клика, деятельность; seine verbrecherische Vergangenheit его преступное прошлое; ein verbrecherischer Plan, Krieg преступный план, преступная война; eine verbrecherische Tat, Handlung преступление, преступное действие □ Die Eisenbahnbehörde bestritt hartnäckig jede Schuld und erklärte, das Unglück sei auf einen verbrecherischen Anschlag zurückzuführen (*Feuchtwanger, »Erfolg«*) Железнодорожная администрация упрямо отрицала свою вину и утверждала, что причиной несчастья является преступное покушение. ...der passionierte Historiker sah den verbrecherischen Charakter dieses Feldzuges von Anfang an ein...: (*Noll, »Werner Holt«*) ...как увлеченный историк он с самого начала считал эту военную кампанию преступной.
frevelhaft *высок.* ≅ verbrecherisch, *но подчеркивает особенно дерзкий, злодейский характер совершенного; напр.:* ein frevelhaftes Attentat преступное [злодейское] покушение; eine frevelhafte Tat begehen совершить преступный поступок □ Erzbischof Don Martin war ergrimmt, daß die Bestallung des schlauen Ibn Esra die Juden noch verstockter machte in ihrem frevelhaften Bestreben, sich der Kirche zu entziehen (*Feuchtwanger, »Die Jüdin von Toledo«*) Архиепископ Мартин был в ярости, так как с назначением хитрого Ибн Эзры евреи стали еще упорнее в своем наглом стремлении не подчиняться церкви
verbreiten распространять (*делать широко известным*)
verbreiten — ausstreuen — herumzählen — herumtragen — ausposaunen
verbreiten *индифф. синоним; напр.:* ein Gerücht, eine Nachricht verbreiten распространять слух, известие; die Meldung wurde durch die Presse, über Rundfunk und Fernsehen verbreitet сообщение было распространено прессой, по радио и телевидению □ Die Nachbarn verbreiteten sofort im ganzen Dorf, daß wir in der Lotterie gewonnen haben (*Brecht, »Dreigroschenroman«*) Соседи тотчас же распространили по всей деревне, что мы выиграли по лотерее. Dann läutete sie ringsum an, strahlend, wichtig, und verbreitete die glückliche Nachricht (*Feuchtwanger, »Exil«*) Потом, сияющая, важная, она принялась звонить всем знакомым, осведомляя их о счастливом обороте событий. »Die Emigranten verbreiten nämlich«, berichtete er, »wir hätten Fritzchen Benjamin erledigt...« (*ebenda*) «Эмигранты распространяют слухи, — пояснил он, — будто мы ликвидировали Фрицхена Беньямина». Er wies seinen Ibn Omar an, er solle verbreiten, der neue Escrivano verteidige das unterdrückte Volk gegen die räuberischen Barone (*Feuchtwanger, »Die Jüdin von Toledo«*) Он приказал своему Ибн Омару распространить слух, будто новый эскривано защищает угнетенный народ от разбойников-баронов. **ausstreuen** распространять недостоверный, ложный слух, сплетню *и т. п.,* распускать; *напр.:* ein Gerücht, eine Falschmeldung ausstreuen распускать слух, распространять ложное сообщение; Lügen, Verleumdungen ausstreuen распространять ложь, клевету. **herumerzählen** *разг.* рассказывать повсюду, разбалтывать; *напр.:* sie hat herumerzählt, daß er sich scheiden läßt она рассказывала везде, что он разводится □ ...ein verwundeter Kapitän der Flotte des Admirals d'Estaing, erzählte überall herum, man könne sich mit den Amerikanern nicht verständigen und vertragen (*Feuchtwanger, »Die Füchse«*) ...капитан из эскадры адмирала д'Эстена, раненный в бою, рассказывал повсюду, что с американцами невозможно иметь никакого дела. **herumtragen** *разг.* разносить; *напр.:* eine Neuigkeit, eine Nachricht herumtragen разносить новость, известие; ich möchte nicht, daß Sie das herumtragen я не хотела бы, чтобы вы передавали это дальше; diese Klatschbase hat schon alles herumgetragen эта сплетница уже разболтала обо всем. **ausposaunen** *груб.* раструбить, разэвонить (*довести до сведения всех что-л. скрываемое и т. п.*); *напр.:* eine Nachricht, ein Ereignis, eine Neuigkeit ausposaunen раструбить о известии, о событии, о новости; etw. in alle Welt [in alle Winde], in allen Zeitungen laut ausposaunen раструбить о чем-л. всему миру, во всех газетах □ Man wird doch nicht einen Fußtritt ausposaunen, den man bekommen hat (*Hauptmann, »Vor Sonnenuntergang«*) Не трубят же на всех перекрестках, когда получают пинок ногой

VERBREITEN, SICH

verbreiten, sich[1] распространяться (*расширять сферу своего действия и т. п.*)
sich verbreiten — sich ausbreiten — sich ausweiten — sich ausdehnen — übergreifen — sich fortpflanzen
sich verbreiten *индифф. синоним; напр.:* eine Krankheit, eine Epidemie verbreitete sich in der Stadt, über das ganze Land болезнь, эпидемия распространилась в городе, по всей стране; die Gerüchte, die Ideen verbreiten sich слухи, идеи распространяются; eine Panik verbreitete sich unter der Bevölkerung население охватила паника □ Kaffee- und Kuchenduft verbreitete sich (*Weiskopf, »Abschied vom Frieden«*) Распространился запах кофе и булочек. Die Nachricht mußte sich aber doch schnell verbreitet haben (*Feuchtwanger, »Die Füchse«*) Тем не менее весть, должно быть, распространилась очень быстро. Das Gerücht von dem, was sich ereignet hat, verbreitet sich schnell durch die ganze Anstalt (*Feuchtwanger, »Oppermann«*) Слух о происшедшем быстро распространяется по всей гимназии.
sich ausbreiten ≅ sich verbreiten *подчеркивает, что что-л. занимает все большее пространство, распространяется вширь, во все стороны; напр.:* ein Feuer, eine Epidemie [eine Seuche] breitet sich rasch aus огонь, эпидемия быстро распространяется; Qualm, Nebel, Gasgeruch breitet sich aus дым, туман, запах газа распространяется; Unkraut breitet sich aus сорняки разрастаются; eine neue Mode breitet sich in der Stadt aus новая мода распространяется в городе □ Ölteppich vor bretonischer Küste breitet sich aus (*ND 21.3.78*) Огромное нефтяное пятно перед побережьем Бретани расширяется. Die Cholera hat sich bis Sonntag morgen in Italien weiter ausgebreitet (*ND 14.3.78*) К утру воскресенья эпидемия холеры в Италии продолжала распространяться дальше. Stunden vergingen. Eine wilde, trunkene Ausgelassenheit breitete sich aus (*Noll, »Werner Holt«*) Шли часы. Разнузданное, пьяное веселье разлилось. **sich ausweiten** расширяться *подчеркивает, что что-л. охватывает все новые районы; напр.:* der Krieg weitet sich aus война захватывает все новые районы; ein Hochdruckgebiet weitet sich aus область высокого давления расширяется. **sich ausdehnen** растягиваться, распространяться *обыкн. употр. с указанием места, направления и т. п., в котором распространяется что-л., напр.:* der Nebel, die Kältewelle dehnt sich über ganz Frankreich aus туман, волна холода распространяется по всей Франции; der Raupenbefall dehnt sich auch auf andere Bäume, Gärten aus нашествие гусениц захватывает и другие деревья, сады. **übergreifen** распространяясь, перебрасываться на

VERBREITEN, SICH 559 VERBRENNEN

какой-л. другой объект; *напр.*: das Feuer griff auf das Nachbarhaus über огонь перебросился на соседний дом; der Streik hat auf andere Betriebe übergegriffen забастовка охватила и другие предприятия; die Epidemie greift auf andere Städte über эпидемия распространяется на другие города. **sich fortpflanzen** распространяться (*о волнах, свете, звуке*); *напр.*: das Licht pflanzt sich mit hoher Geschwindigkeit fort свет распространяется с большой скоростью; die Schallwellen pflanzen sich durch die Luft nach allen Seiten fort звуковые волны распространяются в воздухе во все стороны; Lichtstrahlen pflanzen sich geradlinig fort световые лучи распространяются по прямой; das Pfeifen pflanzte sich durch die Reihen fort свистки раздавались из все новых рядов слушателей □ Einige der Umstehenden, die es besser wußten, begannen schwerfällig und herzlich zu lachen, und obgleich die wenigsten die Antwort Carl Smolts verstanden hatten, pflanzte diese Heiterkeit sich fort... (*Th. Mann, »Buddenbrooks«*) В толпе некоторые, лучше разбиравшиеся в политике, начали раскатисто и весело смеяться. И хотя большинство не расслышало слов Карла Смолта, но веселость стала быстро распространяться...

verbreiten, sich [2] *см.* sprechen [1]
verbreitern *см.* erweitern
verbreitet распространённый
verbreitet — üblich — landläufig — gebräuchlich — geläufig — gängig — gangbar — gang und gäbe

verbreitet индифф. синоним; *напр.*: eine verbreitete Ansicht, Meinung, Vorstellung распространённый взгляд, распространённое мнение, распространённое представление. **üblich** обычный (*такой, который отвечает общепринятым привычкам, обычаям*); *напр.*: die übliche Arbeit, Beschäftigung, Methode обычная работа, обычное занятие, обычный метод; der (hier) übliche Gruß обычное (здесь) приветствие; in der üblichen Weise vorgehen действовать обычным образом; er stellte die üblichen Fragen он задавал обычные вопросы; es ist bei uns üblich у нас так водится [так принято]; ist das hier so üblich? здесь так принято? **landläufig** общепринятый обыкн. употр. при противопоставлении того, что принято в данной стране, местности, чему-л. иному, отличающемуся; *напр.*: landläufige Ansichten, Vorstellungen общепринятые взгляды, представления; in landläufigem Sinne versteht man darunter... в общепринятом смысле под этим понимают...; für landläufige Begriffe war sie zu extravagant по бытовавшим здесь [там] представлениям она была слишком экстравагантна. **gebräuchlich** (обще)употребительный; *напр.*: ein gebräuchliches Wort употребительное слово; ein gebräuchlicher Ausdruck употребительное выражение; eine gebräuchliche Methode обычный [распространённый] метод; wenig gebräuchlich малоупотребительный; etw. nach einem gebräuchlichen Muster herstellen изготавливать что-л. по обычному образцу; bei uns ist es so gebräuchlich у нас так заведено. **geläufig** общеизвестный, знакомый, часто используемый (*о словах, понятиях и т. п.*) (*не употр. в качестве обстоятельства*); *напр.*: eine geläufige Redewendung общеизвестное выражение; ein mir geläufiger Ausdruck знакомое мне [привычное для меня] выражение; die Bezeichnung ist mir geläufig это обозначение мне известно; sein Name müßte dir eigentlich geläufig sein его имя ты, собственно говоря, должен был бы знать. **gängig, gangbar** ходовой, (обще)употребительный, имеющий широкое хождение; *напр.*: eine gängige Redensart (обще)употребительное выражение; eine gängige [gangbare] Vorstellung, Meinung распространённое [ходячее] представление, мнение; eine gängige [gangbare] Methode распространённый метод. **gang und gäbe** обыденный, общепринятый (*о чем-л., что встречается, практикуется на каждом шагу*) употр. тк. в выражении gang und gäbe sein; *напр.*: das ist hier gang und gäbe это (широко) распространено здесь, это здесь самое обычное явление □ ...das (*ein Manöver*) aber dennoch nach stillschweigender Übereinkunft in der Geschäftswelt gang und gäbe ist (*Th. Mann, »Buddenbrooks«*) Но тем не менее, он (*манёвр*) по какому-то молчаливому соглашению вполне принят в деловом мире

Verbreitung распространение
die Verbreitung — die Ausbreitung — die Ausweitung

Verbreitung индифф. синоним; *напр.*: die Verbreitung von Nachrichten, der revolutionären Ideen распространение известий, революционных идей; die Verbreitung einer Zeitung organisieren [in die Wege leiten] организовать распространение газеты; die Verbreitung bekämpfen, verhindern бороться с распространением, препятствовать распространению; die Theorie fand weite Verbreitung теория получила широкое распространение; die Presse sorgte für eine rasche Verbreitung der Nachricht пресса обеспечила быстрое распространение известия □ Vor allem aber hatte dieser Voltaire mehr als jeder andere beigetragen zur Verbreitung der Ideen, auf denen das freie Amerika errichtet war (*Feuchtwanger, »Die Füchse«*) Но, главное, Вольтер больше, чем кто-либо другой, способствовал распространению идей, на которых была воздвигнута свободная Америка. **Ausbreitung** дальнейшее распространение (*усиление, расширение чего-л.*); *напр.*: die Ausbreitung einer Lehre, einer Weltanschauung распространение учения, мировоззрения (среди большого числа людей); einer weiteren Ausbreitung der Epidemie, der Krankheit vorbeugen предупредить дальнейшее распространение эпидемии, болезни. **Ausweitung** распространение, расширение (*при котором что-л. захватывает новые районы, переносится на новые области*); *напр.*: die Ausweitung der Epidemie auf neue Bezirke распространение эпидемии на новые районы; die Ausweitung der Forschungsarbeit auf andere Gebiete war dringend nötig распространение исследовательской работы на другие области было крайне необходимо

verbrennen [1] сжигать (*уничтожать огнём*)
verbrennen — abbrennen — niederbrennen — einäschern — dem Feuer [den Flammen] übergeben

verbrennen индифф. синоним; *напр.*: alte Briefe, dürres Laub verbrennen сжигать старые письма, сухую листву □ Wir werden die Sachen am besten verbrennen. Franz hat einstweilen Hose und Jumper hergeschickt, auch Wäsche (*Noll, »Werner Holt«*) Лучше всего одежду сжечь. Франц на первое время прислал брюки, джемпер и кое-что из белья. Den Zettel nahm er der Mutter weg und verbrannte ihn (*Weiskopf, »Lissy«*) Записку он отобрал у матери и сжег. **abbrennen** сжигать, истреблять огнём (*с целью уничтожения мешающего, ненужного, освобождения территории и т. п.*); *напр.*: ein altes Haus, einen Wald abbrennen сжечь старый дом, лес дотла. **niederbrennen** ≅ abbrennen, но подчёркивает разрушительную силу или преднамеренность действия; *напр.*: ein Haus, das Dorf niederbrennen сжечь дом, деревню □ Denn dutzende Male von Engländern und Aufständischen geplündert und niedergebrannt, besitzt diese Stadt keinen Palast... (*St. Zweig, »Maria Stuart«*) В городе, десятки раз спаленном дотла, разграбленном англичанами и повстанцами, нет дворца... **einäschern** превращать в пепел, в груду пепла; сжечь дотла; *напр.*: eine Stadt, ein Haus, ein Dorf einäschern превратить в пепел город, дом, деревню; die Leiche einäschern сжечь [кремировать] труп. **dem Feuer [den Flammen] übergeben** высок. предавать огню; *напр.*: die Leiche wurde den Flammen übergeben тело было предано огню

verbrennen [2] сгорать
verbrennen — ausbrennen — abbrennen — niederbrennen — verpuffen

verbrennen индифф. синоним; *напр.*: das Haus, j-s Eigentum ist verbrannt дом сгорел, чьё-л. имущество сгорело □ Das Dorf war bereits verbrannt, die Bevölkerung zum Teil tot oder flüchtig (Seghers, »Die Toten«) Деревня уже сгорела, население частично перебито или сбежало. Er nahm das umständliche Schriftstück aus der Lade, zerschnitt es in kleine Fetzen, warf die Teile in das Kohlenbecken, sah zu, wie sie verbrannten (Feuchtwanger, »Die Füchse«) Он вынул подробный список (мирных предложений) из ящика, разрезал его на мелкие части, бросил клочки в жаровню и стал смотреть, как они сгорают. **ausbrennen** выгорать, сгорать (обыкн. о внутренней части чего-л.); напр.: die Wohnung ist vollständig ausgebrannt все в квартире сгорело (остались одни стены); das Theater, das Schiff brannte vollständig aus все внутри театра, корабля полностью сгорело; der Wagen ist bei dem Unglück ausgebrannt машина сгорела во время аварии. **abbrennen** сгорать дотла; напр.: das Haus konnte nicht gelöscht werden und brannte bis auf die Grundmauern ab дом нельзя было потушить, и он сгорел до основания (остался только фундамент); das Dorf ist bis auf den Grund abgebrannt деревня сгорела дотла ▫ Die Holzwarenfabrik ist abgebrannt! (Fallada, »Blechnapf«) Деревообрабатывающая фабрика сгорела до основания! **niederbrennen** = abbrennen, но употр. преимущественно по отношению к строениям и крупным предметам; напр.: das Gebäude brannte nieder bis auf die Grundmauern здание сгорело до основания. **verpuffen** тех. вспыхнуть, быстро сгореть (о взрывчатых горючих веществах); напр.: das Gemisch ist verpufft смесь вспыхнула и сгорела

verbriefen см. bestätigen [1]
verbringen — zubringen — verleben — hinbringen
verbringen индифф. синоним; напр.: die Zeit, die Ferien gut, interessant verbringen хорошо, интересно проводить время, каникулы; den Urlaub zu Hause, an der See, mit Freunden verbringen проводить отпуск дома, на море, с друзьями; den halben Tag verbringt sie in der Bibliothek половину дня она проводит в библиотеке; wie haben Sie die Feiertage verbracht? как вы провели праздники? ▫ Er hatte beschlossen, den Urlaub im Hause Klemm zu verbringen (Seghers, »Die Toten«) Он решил провести свой отпуск в доме Клеммов. Er hatte den Abend allein verbringen wollen, am Lessing arbeitend (Feuchtwanger, »Oppermann«) Он собирался провести вечер в одиночестве, работая над Лессингом. Holt verbrachte die Tage mit ziellosen Spaziergängen (Noll, »Werner Holt«) Хольт проводил дни, бесцельно слоняясь по городу. **zubringen** ≅ verbringen, но употр. с указанием способа времяпровождения или тж. места, срока (как правило, непродолжительного); напр.: er hatte Stunden mit Warten zugebracht он провел долгие часы в ожидании; sie bringt längere Zeit auf Reisen zu она проводит значительное время в путешествиях; er hat die ganze Nacht mit Lesen zugebracht он провел всю ночь за чтением; er hat fünf Jahre mit seiner Arbeit zugebracht он пять лет занимался своей работой ▫ Es erinnerte mich an die Zeit, die ich im Museum in Brüssel zugebracht hatte... (Remarque, »Schatten«) Это напоминало мне о времени, проведенном мною в Брюссельском музее. Sie hatte einen bestürzend langweiligen Abend bei ausgezeichnetem Essen zugebracht (Remarque, »Der Himmel«) Она провела удивительно скучный вечер за великолепным обедом. Sie hatte fast zwei Wochen zwischen Kleidern, Hüten und Schuhen zugebracht (ebenda) Почти две недели она провела среди платьев, шляп и туфель. **verleben** проводить, прожить по сравнению с verbringen чаще употр. по отношению к более длительным отрезкам времени; напр.: seine Kindheit auf dem Lande verleben провести [прожить] детство в деревне; viele glückliche Stunden verleben провести много счастливых часов; er hat eine glückliche Jugend verlebt у него была счастливая юность; sie hat drei Jahre in Afrika verlebt она прожила три года в Африке ▫ Sie verlebten zusammen einen schönen Sommer, und es sah ganz so aus, als wären sie verheiratet (Kellermann, »Totentanz«) Так, словно муж и жена, провели они вместе прекрасное лето. **hinbringen** разг. неодобр. тратить время на что-л., проводить какое-л. время за каким-л. занятием употр. преимущественно с указанием способа времяпровождения и выражает сожаление по поводу того, что время использовалось не так, как хотелось бы; напр.: seine Zeit mit Arbeit, mit Lesen, mit Gesprächen hinbringen проводить свое время за работой, за чтением, за разговорами; er brachte viele Jahre mit Krankheit hin он проболел многие годы; so bringe ich meine Zeit, mein Leben hin так я провожу свое время, свою жизнь ▫ Und wie hätte er sonst die Tage hinbringen sollen? (Noll, »Werner Holt«) Да и как ему иначе проводить дни? Wir haben abzuwarten, die Zeit irgendwie hinzubringen, wir können nichts anders tun, als uns zu beschäftigen, irgendwie (ebenda) Нам надо переждать, провести как-то время, мы ничего другого не можем, как хоть чем-то заняться

verbummeln см. verkommen [2]/versäumen [2]/verschwenden
verbunden см. dankbar
Verbundenheit см. Zusammengehörigkeit

Verbündeter союзник
der **Verbündete** — der **Bundesgenosse** — der **Alliierte**
Verbündeter индифф. синоним; напр.: ein starker, treuer, verläßlicher Verbündeter сильный, верный, надежный союзник; einen Verbündeten gewinnen, verlieren найти, потерять союзника; in j-n einen Verbündeten finden найти в ком-л. союзника; die Verbündeten des zweiten Weltkrieges schlossen sich zu den Vereinten Nationen zusammen союзники по второй мировой войне объединились в Организацию Объединенных Наций ▫ Alles, was dieser König über die nackte Notdurft besitzt, wird ihm von seinen reichen Verbündeten, von Frankreich oder vom Papst, geliehen oder geschenkt... (St. Zweig, »Maria Stuart«) Все, что у короля есть, помимо скудного пропитания, дарят ему или дают взаймы его богатые союзники — Франция и папа. **Bundesgenosse** партнер по союзу, соратник, единомышленник; напр.: ein treuer Bundesgenosse верный союзник; Bundesgenossen suchen, finden искать, находить единомышленников [союзников] ▫ Sie haben es schließlich begriffen, daß Frankreich in dem Krieg gegen den König von England der gegebene Bundesgenosse ist... (Feuchtwanger, »Die Füchse«) Наконец до них дошло, что в войне с английским королем Франция — их естественный союзник. Mir schien aber, als hätte ich durch den Kuckuck einen unerwarteten Bundesgenossen bekommen (Remarque, »Schatten«) Мне показалось, что благодаря кукушке я приобрел неожиданного союзника. **Alliierter** ≅ Verbündeter, но употр. тк. по отношению к государству; напр.: die Alliierten im 2. Weltkrieg союзники во второй мировой войне ▫ Man war besser informiert über die Zwistigkeiten innerhalb des Kongresses und über die Situation des ganzen Landes, viele Einzelheiten waren bekannt geworden, die ein trübes Licht auf die neuen Alliierten warfen (Feuchtwanger, »Die Füchse«) Теперь (во Франции) были лучше информированы о раздорах внутри конгресса, о положении в стране, теперь стали известны многие подробности, выставляющие в невыгодном свете новых союзников. Holt fragte: »Denken Sie an dieses Abkommen, das die Alliierten in Potsdam geschlossen haben?« (Noll, »Werner Holt«) Хольт спросил: «Вы имеете в виду соглашение, заключенное союзниками в Потсдаме?»

verbürgen, sich см. einstehen
verbuttern см. verschwenden
Verdacht подозрение
der **Verdacht** — der **Argwohn**
Verdacht индифф. синоним; напр.: ein leiser, unbestimmter Verdacht легкое, смутное подозрение; Verdacht

erregen [erwecken], einflößen возбуждать, внушать подозрение; in Verdacht geraten [kommen] попасть под подозрение, возбудить подозрение (у кого-л.); j-n in Verdacht haben, gegen j-n Verdacht hegen подозревать кого-л.; der Verdacht bestätigte sich подозрение оправдалось; der Verdacht ist auf ihn gefallen подозрение пало на него ◻ Er nahm sich aber fest vor, über seinen Verdacht zu schweigen (Seghers, »Die Toten«) Однако он дал себе слово молчать о своем подозрении. Sein seltsames Benehmen, vorhin, als er ihr die verlorene Tasche gebracht hatte, kam ihr wieder in den Sinn, und was bisher nur Mißtrauen gewesen, wurde Verdacht (Weiskopf, »Lissy«) Ей снова вспомнилось его странное поведение, когда он вернул ей пропавший кошелек, и ее прежнее недоверие превратилось в подозрение. **Argwohn** (глубокое, настороженное) недоверие, подозрение (*основанное больше на внутреннем чутье, интуиции*); *напр.:* (un)begründeter Argwohn (не)обоснованное подозрение; Argwohn erwecken возбуждать подозрение; Argwohn gegen j-n hegen высок. питать недоверие к кому-л.; Argwohn fassen заподозрить; j-s Argwohn zerstreuen рассеять чье-л. подозрение; er betrachtete sie mit Argwohn он смотрел на нее с подозрением; der Argwohn frißt an ihm его гложет подозрение ◻ »Und sie sind schon auf See, sagen Sie, diese Transporte des Monsieur de Beaumarchais?« fragte Franklin, die nicht laute Stimme klang höflich, Abneigung, Argwohn waren kaum merklich (Feuchtwanger, »Die Füchse«) «И вы говорите, что они уже в море, эти суда мосье де Бомарше?» — спросил Франклин; в его таком вежливом голосе трудно было различить антипатию и недоверие. Er fühlte von jeher Argwohn und Abneigung gegen die Leute, die sich zu großen Aufgaben berufen fühlen... (Seghers, »Die Toten«) Ему издавна были противны и подозрительны люди, воображающие, что они призваны вершить великие дела... Obwohl er nichts herausbrachte, war Berndt jetzt schon in seinem Argwohn bestätigt, er brauchte keine Beweise mehr... (ebenda) Хотя он ничего не добился, но Берндту стало ясно, что его подозрения обоснованы, ему не нужны были дополнительные доказательства.

verdächtig см. zweifelhaft [1]
verdächtigen подозревать
verdächtigen — argwöhnen — beargwöhnen
verdächtigen *индифф. синоним; напр.:* j-n eines Diebstahls, eines Mordes verdächtigen подозревать кого-л. в краже, в убийстве; man hat ihn schon längst verdächtigt его уже давно подозревали ◻ Da hatte sie es: sie hat mich zu Unrecht verdächtigt, ich stehe schneeweiß da (Feuchtwanger, »Exil«) Вот оно, значит, до чего она несправедливо подозревала меня, а я перед ней чист как снег. Ohnehin verdächtigte er Peukert einer zu schlappen Personalpolitik (Weiskopf, »Lissy«) И без того уже он подозревал Пойкерта в слишком мягкой политике в отношении кадров. **argwöhnen** высок. подозревать, предчувствовать что-л. (недоброе), опасаться (*при этом подозрение основывается на внутреннем чувстве, на интуиции*); *напр.:* er argwöhnt eine Falle он подозревает, что это ловушка; sie argwöhnt, daß er sie belügt она подозревает [опасается], что он ее обманывает; er argwöhnt nichts он ничего не подозревает [ни о чем не догадывается]; er hatte zunächst geargwöhnt, daß der Händler ihn betrügen wolle он подозревал сначала, что торговец хочет его обмануть ◻ Ralph Izard und die Brüder Lee argwöhnten hinter allem, was Frankreich tat, Habsucht, leeres Gerede, Schein und Trug (Feuchtwanger, »Die Füchse«) Ральф Изар и братья Ли во всем, что бы ни делала Франция, подозревали стяжательство, пустые обещания, притворство и обман. Zwar tröstete sie ihn wie früher bei jedem Mißgeschick, aber er argwöhnte, daß es doch nicht ganz so war wie früher... (Weiskopf, »Lissy«) Правда, как и прежде, она утешала его при каждой неудаче, но он подозревал, что все было совсем не так, как раньше... **beargwöhnen** высок. заподозрить кого-л.; *напр.:* j-n als Betrüger beargwöhnen заподозрить кого-л. во лжи [в обмане], подозревать в ком-л. обманщика; man beargwöhnte ihn, daß er das Geld gestohlen hatte его заподозрили в том, что он украл деньги ◻ Christian war das Leben lieb in der windigen Baracke. Er war unbeobachtet. Er wurde höchstens eher einmal bemitleidet als beargwohnt (Seghers, »Die Toten«) А Кристиану нравилось жить в этом дырявом бараке: здесь никто за ним не следил, люди скорее жалели его, чем испытывали к нему недоверие.
verdammen см. verfluchen
verdammt см. sehr
verdampfen испаряться, превращаться в пар
verdampfen — verdunsten — sich verflüchtigen
verdampfen *индифф. синоним; напр.:* die Flüssigkeit verdampft жидкость испаряется; das Wasser ist rasch verdampft вода быстро испарилась. **verdunsten** (медленно) испаряться; *напр.:* die Flüssigkeit verdunstet жидкость (постепенно) испаряется. **sich verflüchtigen** улетучиваться *подчеркивает, что что-л. испаряется быстро и полностью; напр.:* der Äther, der Alkohol, das Benzin verflüchtigt sich leicht эфир, алкоголь, бензин легко улетучивается ◻ Der leichte Benzingeruch hatte sich schnell verflüchtigt (Seghers, »Die Toten«) Легкий запах бензина быстро улетучился

verdanken быть обязанным, благодарным
verdanken — schulden
verdanken *индифф. синоним; напр.:* ich verdanke ihnen sehr viel я обязан им очень многим; diese Bekanntschaft habe ich meiner Freundin zu verdanken этим знакомством я обязана своей подруге ◻ Seine Mutter aber, die behielt er bei sich, denn ihr hatte er alles Gute im Leben verdankt, bis Agnes gekommen war (H. Mann, »Untertan«) С матерью же никогда не расставался, ей он обязан всем хорошим, что было у него в жизни до той минуты, пока в нее не вошла Агнес. Ja, wenn man es genau nahm, war es Spitzi, dem Wiesener die Rettung aus dem letzten Schlamassel verdankte (Feuchtwanger, »Exil«) Если говорить точнее, то это Шпицци вызволил Визенера из его последней беды. Es gefiel mir nicht, daß Pat Binding etwas verdanken sollte (Remarque, »Drei Kameraden«) Мне было неприятно, что Пат чем-то будет обязана Биндингу. **schulden** быть в долгу перед кем-л. за что-л.; *напр.:* j-m sein Leben schulden быть обязанным кому-л. своей жизнью ◻ »Ich weiß, was ich der Ehre meiner Korporation schulde«, erklärte Diederich (H. Mann, »Untertan«) «Я знаю, к чему обязывает меня честь моей корпорации», — объявил Дидерих. Sie sollten es sich überlegen, Herr Heßling. Seinen Freunden schuldet man manchmal auch was (ebenda) Вам следовало бы еще подумать на этот счет. Долг дружбы иной раз тоже кой к чему обязывает. Das schuldete er Voltaire und sich selber, der französischen Literatur, der Neuen Welt und der Freiheit (Feuchtwanger, »Die Füchse«) Он обязан был это сделать во имя Вольтера, во имя себя, во имя французской литературы, во имя Нового Света и свободы
verdecken закрывать (*делать невидимым*)
verdecken — verhüllen — verschleiern
verdecken *индифф. синоним; напр.:* das Geschriebene mit der Hand verdecken прикрывать написанное рукой; eine Wolke verdeckte den Mond облако закрыло луну; seine Augen waren von einer dunklen Brille verdeckt его глаза не были видны за темными очками; das Bild verdeckt einen Flecken an der Wand картина закрывает пятно на стене ◻ Der breite Hutrand verdeckte ihr Gesicht... (Weiskopf, »Abschied vom Frieden«) Широкополая шляпа закрывала лицо... Es bedarf eines geübten Frauenblickes, um zu erkennen, mit wieviel Mühen die schäbigen Stellen ihres

Pelzes verdeckt sind (*Feuchtwanger,* »*Exil*«) Нужен наметанный женский глаз, чтобы увидеть, каких стараний стоило прикрыть места, где вытерся мех на шубе. Das Gras verdeckte ihr jede Aussicht (*Weiskopf,* »*Abschied vom Frieden*«) За травой ей ничего не было видно. **verhüllen** закрывать полностью со всех сторон, окутывать (собой); *напр.*: das Gesicht mit einem Schleier verhüllen закрывать лицо вуалью; der Nebel verhüllte den Wald туман окутал лес; die Wolken verhüllten die Bergspitzen облака окутали вершины гор. **verschleiern** закрывать (как) вуалью; *напр.*: ihr Gesicht war verschleiert её лицо было скрыто вуалью ◻ Alle gingen sie tief verschleiert (*Feuchtwanger,* »*Die Jüdin von Toledo*«) Все они ходили под густой чадрой. Wie sie das rötliche Licht einer Stallaterne durchschreiten mußte, wollte die Person ihr Gesicht, das verschleiert war, auch noch mit dem Muff bedecken (*H. Mann,* »*Untertan*«) Попав в полосу красноватого света, отбрасываемого фонарем, женщина, лицо которой было скрыто вуалью, хотела заслониться еще и муфтой. Die Sicht ins Tal wurde frei, auf die Stadt, die von Dunst verschleiert war... (*Noll,* »*Werner Holt*«) Оттуда открывался вид на долину, на затянутый дымкой город

verdenken *см.* übelnehmen [1]

verderben [1] портить (*делать непригодным*)

verderben — beschädigen — verpatzen — verpfuschen — versauen

verderben *индифф. синоним*; *напр.*: eine Speise, eine Zeichnung, die Arbeit verderben испортить еду, рисунок, работу. **beschädigen** портить, повреждать; *напр.*: ein Bild, eine Statue, das Dach beschädigen портить [повреждать] картину, статую, повредить крышу. **verpatzen** *разг.* (ис)портить что-л., сделать что-л. неправильно (*из-за невнимательности, неловкости*); *напр.*: er hat die ganze Szene verpatzt он испортил всю сцену. **verpfuschen** *разг.* напортачить (*испортить исходный материал, изготовить что-л. непригодное из-за неумения, перен. тж. по неосторожности*); *напр.*: die Schneiderin hat mein Kleid verpfuscht портниха испортила мне платье ◻ Ich kann Ihnen nur sagen, ein junger Mann kommt manchmal in verdammt brenzlige Sachen hinein. Für ein Ja oder Nein ist das Leben verpfuscht (*H. Mann,* »*Untertan*«) Замечу только, что молодой человек иной раз оказывается черт знает в каком щекотливом положении. Одно неосторожно сказанное слово — и жизнь испорчена. **versauen** *груб.* испоганить; *напр.*: die Arbeit versauen (вконец) (ис)портить работу

verderben [2] портить (*оказывать дурное влияние*)

verderben — vergiften — zersetzen

verderben *индифф. синоним*; *напр.*: ein Kind verderben портить ребенка; j-n sittlich verderben развращать кого-л.; der Junge ist durch und durch verdorben мальчик испорчен до мозга костей ◻ Sie verdarb das Kind fürs Leben (*H. Mann,* »*Untertan*«) Она испортила ребенка на всю жизнь. **vergiften** отравлять; *напр.*: das Hirn vergiften отравлять мозг [сознание]; die Seele eines Kindes vergiften отравлять душу ребенка; die Jugendlichen (durch Schmutzliteratur) vergiften отравлять молодежь (бульварной литературой). **zersetzen** разлагать; *напр.*: die Gesellschaft zersetzen разлагать общество; die Moral zersetzen подрывать мораль; sittlich zersetzen морально разлагать ◻ Ich behaupte nach wie vor, daß eine Armee, die nicht kämpft, viel mehr von der zersetzenden Wirkung solcher Skandale zu fürchten hat, als eine Armee in Aktion (*Weiskopf,* »*Abschied vom Frieden*«) Я, как и прежде, утверждаю, что армия, которая не воюет, должна гораздо больше бояться разлагающего влияния подобных скандалов, чем активно действующая армия

verderben [3] портить (*лишать радости*), отравлять

verderben — verbittern — vergällen — vergiften — verleiden — verekeln

verderben *индифф. синоним*; *напр.*: das Vergnügen, die Stimmung verderben испортить удовольствие, настроение; j-m den ganzen Abend verderben испортить кому-л. весь вечер ◻ Sie hat ihm die Lust verdorben. Sie versteht es, einem jede Freude zu verderben (*Feuchtwanger,* »*Lautensack*«) Она отбила у него охоту. Она умеет отравлять человеку радость. Gustav wird er den heutigen Tag nicht verderben (*Feuchtwanger,* »*Oppermann*«) Он не испортит Густаву нынешний день. **verbittern** отравлять (горечью) (*жизнь, существование и т. п.*); *напр.*: j-m das Dasein, das Leben verbittern отравлять кому-л. существование, жизнь; die Krankheit verbitterte die letzten Jahre seines Lebens болезнь отравила последние годы его жизни ◻ Er dachte längst nicht mehr soviel an seinen grämlichen Vater, der seine Jugend verbittert hatte (*Seghers,* »*Die Toten*«) Он уже не вспоминал на каждом шагу своего угрюмого отца, отравившего его молодость. **vergällen** ≅ verderben, *но имеет усилительный характер*; *как и у* verbittern, *в основе образности 'горечь', но выражается более экспрессивно*; *напр.*: j-m die Freude vergällen отравлять кому-л. радость; j-m das Leben mit dauernder Unzufriedenheit vergällen отравлять кому-л. жизнь бесконечным недовольством; die Reise war mir vergällt путешествие было для меня испорчено ◻ Und wenn er daran dachte, daß er durch die geplante Aktion gegen die »PN« diese Liebe ernstlich gefährdete, da war ihm die Freude an seinem Projekt und an seiner Rehabilitierung vergällt (*Feuchtwanger,* »*Exil*«) И каждый раз, когда он думал о том, что поход против «ПН» ставит под угрозу его любовь, это отравляло радость, доставленную ему и его проектом, и его реабилитацией. Er hatte die Jugend der Kinder durch seine Grillen vergällt (*Seghers,* »*Die Toten*«) Своими причудами он отравил юность детей. Und der Blick über die silbrigen Dächer der schönen Stadt Paris war ihm vergällt (*Feuchtwanger,* »*Exil*«) И вид на серебристые крыши прекрасного Парижа был испорчен для него. **vergiften** отравлять (ядом) *употр. тк. с отвлеченными существительными*: *напр.*: das Leben, die (политическую) Atmosphäre vergiften отравлять жизнь, (политическую) атмосферу. **verleiden** ≅ verderben, *но больше подчеркивает, что омрачено, испорчено то, что сначала складывалось очень удачно*; *напр.*: j-m die Freude (an etw.), den Sommeraufenthalt verleiden отравить кому-л. радость (от) чего-л., летний отдых; die ganze Reise ist mir durch diesen peinlichen Vorfall verleidet все путешествие было испорчено этим неприятным происшествием; du hast mir mit deinem Kritisieren die Arbeit verleidet своей вечной критикой ты отравил мне всю работу ◻ Er ärgerte sich, weil ihm der Bengel den friedlichen Urlaubsmorgen verleidete (*Seghers,* »*Die Toten*«) Он сердился оттого, что этот дерзкий парень испортил ему мирное утро отдыха. Die Gegenwart Johannas wurde ihm durch diesen Burschen verleidet (*Feuchtwanger,* »*Erfolg*«) Присутствие этого субъекта отравляло ему удовольствие от встреч с Иоганной. Der Triumph über die Vollendung seines Werkes... blieb ihm verleidet durch die Verachtung, die sie ihm bezeigt hatte (*Feuchtwanger,* »*Exil*«) Чувство торжества, вызванное окончанием своего труда... было отравлено ее (*Марии*) презрением. **verekeln** *неодобр.* сделать неприятным (*то, что обещало удовольствие*), вызвать чувство отвращения (*к тому, что должно нравиться*); *напр.*: der grobe Naturalismus verekelte mir dieses Buch грубый натурализм сделал для меня эту книгу неприятной; das alles hat mir die Sache verekelt из-за всего этого мне это дело противело ◻ »Soll man da nicht wütend werden?« erklärte Diederich, noch keuchend. »Wenn der uns den historischen Moment verekeln will?« (*H. Mann,* »*Untertan*«) «Как тут не рассвирепеть, — сказал Дидерих, еще не отдышавшись, — если этот тип собирается испоганить нам исторический момент»

Verderbtheit *см.* Verdorbenheit

verdeutlichen см. veranschaulichen
verdeutschen см. übersetzen
verdichten сгущать
verdichten — verdicken — eindicken
verdichten индифф. синоним; напр.: den Dampf, Gase, Flüssigkeiten verdichten конденсировать пар, газы, жидкости; die Kompressionspumpe verdichtete die Luft компрессионный насос сжимал воздух. **verdicken** сгущать, концентрировать (*делать более вязким*); напр.: ich verdicke die Suppe mit Mehl, mit Grieß я заправляю суп (*делаю более густым*) мукой, крупой. **eindicken** сгущать (*повышать концентрацию путем варки*); напр.: den Saft, den Sirup, die Marmelade eindicken уваривать сок, сироп, мармелад до загустевания
verdicken см. verdichten
verdienen зарабатывать
verdienen — scheffeln — einheimsen
verdienen индифф. синоним; напр.: Geld, sein Brot, seinen Unterhalt verdienen зарабатывать деньги, на хлеб, на жизнь; nebenbei verdienen зарабатывать дополнительно, подрабатывать; kannst du dir etwas mit Nähen, mit Zeichnen verdienen? можешь ли ты зарабатывать шитьем, черчением?; wieviel verdienen Sie сколько вы зарабатываете? ◻ Wenn Marie daheim ein paar hundert Knöpfe für ihre Tante annähen konnte oder ein paar Meter Litzen, verdiente sie ihre Mark frühzeitiger als der Mann (*Seghers, »Die Toten«*) Пришивая дома для тетки несколько сотен пуговиц или несколько метров тесьмы, Мария зарабатывала свои марки раньше, чем муж. Es wäre ganz angenehm, ein paar hundert Franken mehr zu verdienen... (*Feuchtwanger, »Exil«*) Было бы очень приятно заработать несколько лишних сотен франков... **scheffeln** фам. неодобр. загребать; напр.: Geld, Reichtümer scheffeln загребать (большие) деньги, богатства; der Schlagersänger scheffelte pro Abend 1 000 Dollar исполнитель шлягеров загребал по тысяче долларов за вечер; die Unternehmer scheffelten riesige Profite предприниматели загребали огромные прибыли ◻ Siehst du, was habe ich dir gesagt! Mußt nur auf Gustav hören, dann scheffelst du Geld! (*Remarque, »Drei Kameraden«*) Вот видишь! Что я тебе сказал! Слушайся Густава, и будешь грести деньги лопатой! **einheimsen** *разг.* (за)хапать; напр.: er heimste viel Geld ein он захапал много денег ◻ Wie alle Leute das Geld in vollen Scheffeln einheimsten! (*Kellermann, »Totentanz«*) Как все вокруг лопатами загребали деньги!
Verdienst см. Lohn [1]
verdienstlich см. würdig [1]
verdienstvoll см. würdig [1]
verdient заслуженный
verdient — wohlverdient
verdient индифф. синоним; напр.: ein verdienter Mann заслуженный человек, человек, имеющий большие заслуги; Verdienter Lehrer des Volkes заслуженный народный учитель (*ГДР*); die verdiente Erholung, Auszeichnung заслуженный отдых, заслуженная награда ◻ Zum Stadtverordneten werden Ihre Mitbürger Sie in kurzem wählen, das glaube ich Ihnen versprechen zu können, denn damit belohnen sie eine verdiente Familie (*H. Mann, »Untertan«*) Ваши сограждане изберут вас скоро в гласные. Это я, кажется, могу твердо обещать вам. Тем самым они воздадут должное заслуженной семье. Herr Buck ist der älteste unter unseren verdienten Bürgern und übt daher einen zweifellos legitimen Einfluß aus (*ebenda*) Господин Бук — старейший среди заслуженных граждан нашего города, его влияние законно и оправданно. **wohlverdient** (вполне) заслуженный *не употр. по отношению к лицам*; напр.: der wohlverdiente Lohn заслуженная награда; die wohlverdiente Ruhe заслуженный отдых; sie hat ihre wohlverdiente Strafe она получила вполне заслуженное наказание; er wurde mit wohlverdienten Ehren überhäuft он был осыпан заслуженными почестями
verdolmetschen см. übersetzen
verdonnern см. verurteilen [1]
verdorben см. lasterhaft
Verdorbenheit испорченность, развращенность
die Verdorbenheit — die Verderbtheit — die Lasterhaftigkeit
Verdorbenheit индифф. синоним; напр.: die Verdorbenheit eines Menschen, der Sitten испорченность человека, нравов; die Verdorbenheit der Gesellschaft развращенность общества. **Verderbtheit** ≅ Verdorbenheit, *но чаще употр. по отношению к человеку*; напр.: man sieht ihr ihre Verderbtheit an ее испорченность написана у нее на лице. **Lasterhaftigkeit** *устаревает* порочность; напр.: die Lasterhaftigkeit der Lebensweise dieser Gesellschaftsschicht порочность образа жизни этого слоя общества
verdorren см. trocknen [1]
verdorrt см. trocken
verdrängen см. zurückdrängen
verdrehen см. verfälschen
verdrießen см. ärgern
verdrießlich см. mürrisch
verdrossen см. mürrisch
verdrücken см. aufessen
Verdruß см. Ärger [1]
verduften см. fliehen [1]/schwinden [1]
verdummen глупеть
verdummen — versimpeln — verblöden — vertrotteln
verdummen индифф. синоним; напр.: er ist sichtlich verdummt он явно поглупел; er las Groschenromane und verdummte immer mehr он читал дешевые бульварные романы и глупел все больше. **versimpeln** *разг.* глупеть, становиться простоватым, ограниченным, примитивным; напр.: er hat Angst, daß er auf dem Dorf völlig versimpelt он боится, что в деревне станет совсем ограниченным и примитивным человеком. **verblöden** *фам.* тупеть; напр.: er verblödet он тупеет; hier, bei dieser Arbeit verblödet man ganz und gar здесь с этой работой совсем отупеешь; ich glaube, ihr seid schon ganz verblödet я думаю, вы совсем отупели. **vertrotteln** *фам.* выживать из ума; напр.: der alte Mann vertrottelt jetzt immer mehr старик теперь все больше впадает в детство; er war schon immer ein bißchen vertrottelt он всегда был несколько придурковатым
verdunkeln затемнять
verdunkeln — abblenden
verdunkeln индифф. синоним; напр.: die Fenster, die Stadt verdunkeln затемнять окна, город; die Bäume vor dem Fenster verdunkeln den Raum деревья перед окном затемняют помещение ◻ Sie verdunkelt das Zimmer, schaltet den Reflektor ein (*Feuchtwanger, »Erfolg«*) Она затемняет комнату, включает лампу с рефлектором. **abblenden** затемнять источник света (*загородить его, прикрыв чем-л.*); напр.: eine Taschenlampe, grelles Licht (mit einem Tuch) abblenden затемнять карманный фонарик, яркий свет (платком); ich werde das Licht abblenden я заслоню свет (лампы); er vergaß, die Scheinwerfer des Autos abzublenden, als von vorn ein anderer Wagen kam он забыл переключить фары на ближний свет, когда впереди появилась другая машина
verdünnen разбавлять (*делать более жидким*)
verdünnen — verwässern — fälschen — panschen
verdünnen индифф. синоним; напр.: Kaffee, Tee, Wein, Milch verdünnen разбавлять кофе, чай, вино, молоко; die Säure, die Salzlösung mit Wasser verdünnen разбавлять кислоту, раствор соли водой; die Tinktur mit Spiritus verdünnen разводить настойку спиртом; einen Teelöffel Arznei mit drei Teelöffeln Wasser oder Milch verdünnen на одну чайную ложку лекарства добавлять три чайные ложки воды или молока ◻ Marie hielt immer Kaffee bereit, recht sonderbaren, verdünnten (*Seghers, »Die Toten«*) У Марии всегда был наготове кофе, довольно странный, очень жидкий. Er rauchte und kostete den Rotwein, der mit Wasser verdünnt war (*Noll, »Werner Holt«*) Он закурил и отхлебнул вина, разбавленного водой. »Nein, danke, kein Wasser«, wehrte Wally ab, als Amalthea die Essenz verdünnen wollte (*Weiskopf, »Abschied vom Frieden«*) «Благодарю вас, воды не надо», — заметила Валли, когда Амальтея хотела разбавить крепкий чай. **verwässern** сильно раз-

VERDUNSTEN

бавлять что-л. водой; *напр.*: Milch verwässern разбавлять молоко водой; eine verwässerte Suppe сильно разбавленный водой, водянистый суп; verwässerter Wein разбавленное вино. **fälschen** разбавлять, фальсифицировать *употр. тк. по отношению к вину и подчеркивает, что это делается тайком для обмана потребителя*; *напр.*: Wein fälschen разбавлять вино водой. **panschen** *разг.* ≅ fälschen, *но употр. по отношению ко всем алкогольным напиткам, иногда тж. к молоку*; *напр.*: Wein panschen разбавлять вино водой; das Bier war gepanscht пиво было разбавлено водой; er verkaufte mit Wasser gepanschte Milch он продавал молоко, разбавленное водой

verdunsten *см.* verdampfen
verdutzen *см.* verwirren [2]
verebben *см.* nachlassen [1]
verehelichen *см.* verheiraten
verehelichen, sich *см.* heiraten
verehren [1] (глубоко) почитать, относиться с (большим) почтением
verehren — verherrlichen — vergöttern — bewundern — anbeten — huldigen

verehren *индифф. синоним*; *напр.*: einen Schauspieler, einen Forscher, seine Lehrerin verehren быть поклонником актера, почитать ученого, свою учительницу □ Von früher Jugend an hatte Paul Theveneau gesucht nach einem Manne, den er verehren, nach einer Sache, an die er glauben könnte (*Feuchtwanger, »Die Füchse«*) С самых юных лет Поль Тевено искал человека, которого он мог бы почитать, и дело, в которое он мог бы верить. Die Königin hatte gesagt, sei Musik in der Unabhängigkeitserklärung und sie verehre amerikanische Führer (*ebenda*) Королева сказала, что она слышит музыку в Декларации независимости и почитает американских вождей. **verherrlichen** окружать ореолом (славы), прославлять; *напр.*: einen Helden, die Heimat verherrlichen прославлять героя, родину; der Autor hat in diesem Werk die menschlichen Tugenden verherrlicht автор прославил в этом произведении человеческие добродетели; diese Stadt wurde von vielen Künstlern verherrlicht многие художники прославляли этот город. **vergöttern** боготворить кого-л.; *напр.*: eine Frau, ein Kind, einen Schauspieler vergöttern боготворить женщину, ребенка, актера. **bewundern** восхищаться, восторгаться; *напр.*: j-n aufrichtig, ehrlich, glühend, heimlich bewundern восхищаться кем-л. искренне, честно, горячо, тайно; j-s Leistung, j-s Mut bewundern восхищаться чьими-л. достижениями, чьим-л. мужеством; ich bewundere diesen Schauspieler я восхищаюсь этим артистом □ Sie war nichts als eine hübsche Frau, die gemerkt hatte, daß der andere ihre Ge-

stalt, ihr Gesicht, ihre Hände bewunderte, aber nicht zur Genüge ihren Verstand (*Feuchtwanger, »Die Füchse«*) Она была только красивой женщиной, заметившей, что мужчина восхищается ее фигурой, ее лицом, ее руками, но при этом недостаточно высокого мнения об ее уме. **anbeten** молиться на кого-л., на что-л., обожать; *напр.*: die Geliebte, einen Helden anbeten молиться на возлюбленную, на героя; er betet seine Frau an он обожает свою жену; sie beten den Mammon an *перен.* они поклоняются мамоне (*они жадны, корыстолюбивы*) □ Ich betete sie an. — Das fordert Rache! (*Schiller, »Don Carlos«*) Я на нее молилась, и за это | Я вправе мстить (*Перевод Левика*). **huldigen** *высок.* преклоняться (*обыкн. громко, публично восторгаться предметом преклонения*); *напр.*: einer schönen Frau huldigen преклоняться перед красивой женщиной; das Publikum huldigte dem Künstler mit langen Ovationen публика выражала свой восторг артисту бурными овациями □ Nein! Wir huldigten keinem sogenannten Schöpfer der deutschen Einheit (*H. Mann, »Untertan«*) Нет! Мы не прославляли так называемого творца германского единства
verehren [2] *см.* achten [2]/schenken [1]
Verehrer [1] почитатель, поклонник
der **Verehrer** — der **Anbeter**

Verehrer *индифф. синоним*; *напр.*: ein glühender Verehrer пылкий почитатель; ein schüchterner, leidenschaftlicher Verehrer eines Mädchens робкий, страстный поклонник девушки; sie hatte in ihrer Jugend zahlreiche Verehrer у нее в молодости было много поклонников □ Natürlich war sie stets von einer Schar von Verehrern und Bewunderern umschwärmt (*Kellermann, »Totentanz«*) Разумеется, она всегда была окружена толпой поклонников и почитателей. **Anbeter** обожатель *часто ирон.*; *напр.*: ein Anbeter ihrer Kunst фанатичный поклонник ее искусства; das hübsche Mädchen ist von einem Schwarm von Anbetern umgeben хорошенькая девушка окружена толпой обожателей; sie hat ihrem eifersüchtigen Anbeter den Laufpaß gegeben она дала отставку своему ревнивому обожателю; ein Schwarm von Anbetern erwartete den Filmstar толпа поклонников ожидала кинозвезду

Verehrer [2] *см.* Liebhaber [3]
verehrt *см.* angesehen
Verehrung [1] уважение, почитание
die **Verehrung** — die **Anbetung** — die **Ehrfurcht**

Verehrung *индифф. синоним*; *напр.*: allgemeine Verehrung genießen пользоваться всеобщим уважением; Verehrung für j-n empfinden чувствовать [испытывать] уважение [почтение] к кому-л.; j-m Verehrung entgegenbringen относиться к кому-л. с уваже-

VEREINBAREN

нием; er war voll Verehrung für den großen Meister он был полон чувства уважения к великому художнику □ Dieser junge Herr... war seinerzeit nach Ferney gekommen, um dem größten Schriftsteller der Epoche seine Verehrung zu bezeigen... (*Feuchtwanger, »Die Füchse«*) Этот молодой человек... приехал в свое время в Ферне, чтобы засвидетельствовать почтение величайшему писателю эпохи... In der Verehrung des alten Buck sind wir aufgezogen worden. Der große Mann von Netzig! (*H. Mann, »Untertan«*) С детства нам внушали почтение к старому Буку! Он, дескать, первое лицо в городе! **Anbetung** поклонение, боготворение (*почитание кого-л., чего-л. как божества, святого*); *напр.*: die blinde, leidenschaftliche Anbetung der Geliebten слепое, страстное поклонение возлюбленной; die Anbetung der Macht поклонение силе; die Anbetung des Mammons поклонение мамоне [золотому тельцу]. **Ehrfurcht** *высок.* благоговение; *напр.*: in heiliger, tiefer Ehrfurcht в глубоком, святом благоговении; vor j-m, vor etw. Ehrfurcht haben испытывать чувство благоговения к кому-л., к чему-л.; j-m mit Ehrfurcht нахен приблизиться к кому-л. с благоговением; mit Ehrfurcht von j-m sprechen говорить о ком-л. с глубоким уважением; vor Ehrfurcht verstummen, flüstern замолкнуть, говорить шепотом от благоговения; er flößt Ehrfurcht ein он внушает чувство глубокого уважения □ Diederich konnte kaum das Ja herausbringen, so sehr verstörte ihn die Ehrfurcht (*H. Mann, »Untertan«*) От благоговения Дидерих едва мог выговорить «да». Er spürte, der respektlose Pierre, vor diesem alten Manne Ehrfurcht und Bewunderung (*Feuchtwanger, »Die Füchse«*) Непочтительный Пьер питал к этому старому человеку чувство благоговения и восхищения

Verehrung [2] *см.* Achtung [1]
Verein *см.* Gesellschaft [2]
vereinbaren [1] договариваться
vereinbaren — verabreden — absprechen — ausmachen — abmachen — abkarten

vereinbaren *индифф. синоним*; *напр.*: ein Treffen, den Tag, den Termin mit j-m vereinbaren договариваться с кем-л. о встрече, о дне, о сроке; einen Treffpunkt, einen Zeitpunkt vereinbaren договариваться о месте, о времени; die Preise vereinbaren договориться о цене; wir haben vereinbart, daß... мы условились, что...; die Regierungen haben vereinbart, einen Handelsvertrag zu schließen правительства договорились заключить торговый договор □ Und man vereinbarte, daß sie bei ihm zu Mittag essen werde (*Feuchtwanger, »Exil«*) Уговорились, что она обедает у него. Er hatte die Stunden der einzelnen Sit-

VEREINBAREN   565   **VEREINBARUNG**   **V**

zungen mit ihm vereinbart (*Feuchtwanger,* »*Die Füchse*«) Он условился с ним о сеансах. Dann fertigte er den Boten ab, bestellte die Schneeschuhe, vereinbarte mit dem gekränkten Mädchen eine Zusammenkunft (*Feuchtwanger,* »*Erfolg*«) Он отпустил посыльного (*издательства*), заказал лыжи и ботинки, договорился с обиженной приятельницей о встрече. **verabreden** ≅ vereinbaren, *но чаще о встрече частных лиц, договаривающихся о месте, времени встречи, т. е.* = sich verabreden mit j-m; *напр.*: eine Zusammenkunft, eine Besprechung verabreden договариваться о встрече, о совещании; dies war vorher verabredet это было условлено заранее; wie wir verabredet haben... как мы (уже) договорились...; wir haben verabredet, uns am Bahnhof zu treffen мы договорились встретиться на вокзале; für den geplanten Ausflug haben wir noch kein Datum verabredet мы не договорились еще о дне нашей экскурсии [вылазки] □ Mit Lissy hatte er sich wie gewöhnlich erst für Abend verabredet (*Weiskopf,* »*Lissy*«) С Лисси он, как всегда, договорился встретиться позднее вечером. Sie gestattete auch, daß Staudinger sich mit ihr für einen der nächsten Tage verabredete (*ebenda*) Она также разрешила Штаудингеру назначить ей свидание на один из ближайших дней. ...und verabredete ein Zusammentreffen mit dem Schriftsteller, um das Gespräch fortzusetzen (*Feuchtwanger,* »*Erfolg*«) ...и условился с писателем встретиться еще раз, чтобы продолжить беседу. **absprechen** ≅ vereinbaren, *но подчеркивает, что согласовываются условия совершения чего-л.* (*поездки, покупки и т. п.*); *напр.*: eine Reise, eine Lieferung absprechen договориться о поездке, о поставке; обговорить условия [сроки] поездки, поставки; das war von vornherein abgesprochen это было предварительно обговорено □ Man traf sich, ging das Rad besichtigen... und setzte sich nachher in eine Kneipe, um den Handel abzusprechen (*Weiskopf,* »*Lissy*«) Они встретились, осмотрели мотоцикл... и затем отправились в пивную, чтобы окончательно договориться о сделке. Die Vorträge waren noch nicht unterzeichnet, aber alles war abgesprochen... (*Feuchtwanger,* »*Die Füchse*«) Договоры не были подписаны, но все их пункты были уже согласованы... **ausmachen** *разг.* ≅ vereinbaren, *но больше фиксирует внимание на условиях соглашения; напр.*: den Lohn, das Honorar, einen festen Termin, eine Zeit ausmachen договариваться о заработной плате, о гонораре, о точном сроке, о времени; etw. vorher, genau ausmachen условиться о чем-л. заранее, точно; wir haben den Treffpunkt, den Preis ausgemacht мы договорились о месте встречи, о цене; ich habe 4 Wochen Urlaub ausgemacht я договорился о четырехнедельном отпуске; folgendes wollen wir ausmachen! давайте договоримся о следующем! □ Am folgenden Samstag, wie ausgemacht, war er wieder da (*Seghers,* »*Die Toten*«) В следующую субботу он тоже пришел, как договорились. Es war eine Frage, die er nur mit seinem Gewissen auszumachen hatte (*Feuchtwanger,* »*Exil*«) Этот вопрос он должен был решить только со своей совестью. **abmachen** *разг.* ≅ vereinbaren, *но подчеркивает результат, успешное завершение действия; напр.*: den Preis, den Termin mit j-m abmachen договариваться с кем-л. о цене, о сроке; die Sache ist so gut wie abgemacht дело можно считать решенным; also abgemacht договорились!; wir haben noch nichts Festes abgemacht мы еще ни о чем определенном не договорились □ Es war schon alles abgemacht, und man machte sich gerade daran, das Geschäft zu begießen... (*Weiskopf,* »*Lissy*«) Обо всем уже договорились, и компания уже собиралась спрыснуть покупку... Das zahlen Sie mir mit der Hälfte des Gewinns aus. So ist es abgemacht (*Remarque,* »*Schatten*«) Вы отдадите мне их вместе с половиной прибыли. Так было условлено. Ich hängte wieder an, nachdem ich, anstatt mich nur zu erkundigen, eine Verabredung für übermorgen abgemacht hatte (*Remarque,* »*Drei Kameraden*«) Вместо того, чтобы только справиться, я договорился о встрече на послезавтра и лишь тогда повесил трубку. **abkarten** *разг.* сговориться, тайно договориться о чем-л. (*во вред третьему лицу, другим*); *напр.*: sie hatten es untereinander abgekartet они это подстроили, договорившись между собой □ Vielleicht ist auch alles mit ihr abgekartet, dachte er (*Feuchtwanger,* »*Erfolg*«) Впрочем, возможно, что с ней уже все заранее условлено. Nach scheinbar umständlicher Beratung — in Wirklichkeit ist alles längst abgekartet — sprechen sie Bothwell einstimmig frei... (*St. Zweig,* »*Maria Stuart*«) После якобы обстоятельного совещания — на самом же деле все предрешено заранее — Босуэлу единодушно выносится оправдательный приговор...

vereinbaren [2] *см.* verbinden [1]
Vereinbarung договоренность, соглашение
die **Vereinbarung** — die **Verabredung** — die **Verständigung** — das **Übereinkommen** — die **Übereinkunft** — der **Ausgleich** — die **Absprache** — die **Abrede** — die **Abmachung**
Vereinbarung *индифф. синоним; напр.*: eine mündliche, schriftliche Vereinbarung устное, письменное соглашение; zu einer Vereinbarung kommen прийти к соглашению; ich habe das laut Vereinbarung mit ihm gemacht я сделал это по соглашению с ним □ Ohne Zögern setzte er sich hin und brachte die Vereinbarung zu Papier, die er mit Wels getroffen hatte (*Feuchtwanger,* »*Oppermann*«) Он сейчас же сел за стол и письменно оформил соглашение с Вельсом. Er bestätigte die Vereinbarung, die er mit Wels getroffen hatte, ließ sie sich von diesem bestätigen (*ebenda*) Он скрепил подписью соглашение, заключенное с Вельсом, и послал ему на подпись. Außerdem wäre es gut, wenn man endlich mit Herrn Wels zu einer Vereinbarung käme (*ebenda*) Хорошо было бы также прийти, наконец, к какому-нибудь соглашению с господином Вельсом. **Verabredung** ≅ Vereinbarung, *но употр. обыкн. по отношению к договоренностям, не зафиксированным в официальных документах, между частными лицами и т. п., особенно, когда уславливаются о встрече; напр.*: eine Verabredung treffen договориться (о встрече); eine Verabredung haben иметь договоренность; das entspricht nicht unserer Verabredung это не соответствует нашей договоренности; das ist gegen die Verabredung это против договора; es sind noch keine Verabredungen getroffen еще ни о чем не договорились □ Er ruft Ruth an, trifft die Verabredung (*Feuchtwanger,* »*Oppermann*«) Он звонит Рут. Уславливается с ней. **Verständigung** соглашение на основе взаимопонимания (*в результате уяснения всех точек зрения, ознакомления с различными мнениями и примирения их*); *напр.*: zur Verständigung in allen strittigen Fragen kommen прийти к соглашению по всем спорным вопросам; eine Verständigung mit ihm war nicht möglich с ним невозможно было прийти к соглашению. **Übereinkommen, Übereinkunft** соглашение, договоренность (*в результате преодоления различия во мнениях*); *напр.*: ein Übereinkommen [eine Übereinkunft] treffen, erzielen прийти к соглашению, достигнуть соглашения; zu einem Übereinkommen [zu einer Übereinkunft] gelangen прийти к соглашению, договориться. **Ausgleich** (компромиссное) соглашение (*в результате урегулирования, улаживания спора, конфликта и т. п.*); *напр.*: einen Ausgleich finden найти компромисс; einen Ausgleich treffen [herbeiführen] прийти к (компромиссному) соглашению, договориться; einen gütlichen, gerechten Ausgleich schaffen выработать полюбовное, справедливое соглашение (на основе компромисса); zu einem Ausgleich der Interessen kommen достигнуть удовлетворения интересов сторон путем взаимных уступок; ein leidlicher Ausgleich wurde zustande gebracht было достигнуто относительно удовлетворительное взаимное соглашение □

Zuerst hatten ihn verschiedene Geschäfte und die Verhandlungen über den deutsch-tschechischen Ausgleich (für den er seit langem arbeitete) in Prag zurückgehalten (*Weiskopf*, »*Abschied vom Frieden*«) Сначала его удерживали в Праге различные дела и переговоры о германско-чехословацком соглашении, над подготовкой которого он уже давно работал. **Absprache** (устная) договоренность, уговор; *напр.*: nach vorheriger, ohne vorherige Absprache по предварительной, без предварительной договоренности; nach gemeinsamer Absprache по взаимной договоренности; auf Grund unserer Absprache на основе нашей договоренности; sich an die Absprache halten соблюдать договор [договоренность]; eine Absprache treffen достичь договоренности, договориться. **Abrede** *высок.* ≅ Verabredung; *напр.*: der Abrede gemäß согласно договоренности; eine Abrede treffen договориться; es bleibt bei unserer Abrede наша договоренность остается в силе; das ist gegen unsere Abrede это противоречит нашей договоренности. **Abmachung** *разг.* уговор, сделка; *напр.*: eine Abmachung [nicht] einhalten (не) соблюдать договор; das verstößt gegen unsere Abmachung это противоречит нашему уговору; es bleibt bei unserer Abmachung наш договор остается в силе □ Die drei Dokumente, in welchen in arabischer Sprache die Abmachungen aufgezeichnet waren, lagen auf dem Tisch (*Feuchtwanger*, »*Die Jüdin von Toledo*«) Три документа, в которых на арабском языке были изложены соглашения, лежали на столе
vereinen *см.* verbinden ¹/vereinigen ¹
vereinigen ¹ соединять, объединять (в единое целое)
vereinigen — einigen — verbinden — v e r e i n e n — e i n e n
vereinigen *индифф. синоним; напр.*: Betriebe, Ländereien vereinigen объединять предприятия, земли; die Macht in einer Hand vereinigen объединять власть в одних руках; man hat die beiden Institute vereinigt два института [две кафедры] объединили □ Aber statt ihre Kräfte zu vereinigen, zerfleischten sich die deutschen Emigranten untereinander (*Feuchtwanger*, »*Exil*«) А немецкие эмигранты, вместо того чтобы сплотить свои силы, дрались друг с другом. **einigen** объединять, сплачивать *подчеркивает, что между объединяемыми создается прочная связь, единство; напр.*: die Stämme, Städte einigen объединять племена, города; sein Volk einigen объединять [сплачивать] свой народ. **verbinden** *редко* объединять кого-л., что-л. союзом, в союз; Staaten verbinden объединять государства (в союз). **vereinen** *высок.* ≅ vereinigen; *напр.*: alle revolutionären Kräfte vereinen объединять все революционные силы; Kräfte, Truppen, Genossenschaften, Staaten vereinen объединять силы, войска, кооперативы, государства; die Vereinten Nationen Объединенные нации; das Schicksal hat sie wieder vereint судьба их снова соединила □ Guste und Diederich vereinten ihre Anstrengungen, um sie aufzuklären (*H. Mann*, »*Untertan*«) Густа и Дидерих объединенными усилиями растолковали ей положение. **einen** *высок.* ≅ einigen; *напр.*: die Stämme, Völker, Städte einen объединять [сплачивать] племена, народы, города; die Werktätigen einen объединять трудящихся; ein Gedanke einte alle одна общая мысль объединяла всех

vereinigen ² *см.* verbinden ¹
Vereinigung *см.* Gesellschaft ²
vereinnahmen *см.* sammeln
vereinsamt *см.* allein ¹
vereinzelt *см.* einzeln
vereiteln срывать, расстраивать (*не допускать осуществления каких-л. планов, намерений и т. п.*)
vereiteln — durchkreuzen — hintertreiben — verhindern — einen Strich durch die Rechnung machen
vereiteln *индифф. синоним; напр.*: einen Plan, ein Unternehmen vereiteln сорвать план, мероприятие; ihre Krankheit hat meine Pläne vereitelt ее болезнь расстроила мои планы □ Wenn Gingold wirklich die Absicht hatte, sie, einen nach dem anderen, durch Leute zu ersetzen, die ihm mehr genehm waren, dann vereitelte man das am besten, indem man ihm sogleich ultimativ den Streik ankündigte (*Feuchtwanger*, »*Exil*«) Если Гингольд действительно был намерен заменить их одного за другим более угодными ему людьми, то наилучшим способом расстроить этот замысел было объявить забастовку в ультимативной форме. **durchkreuzen** перечеркивать, сводить на нет; *напр.*: j-s Absichten, j-s Pläne, j-s Machenschaften durchkreuzen перечеркнуть [сорвать] чьи-л. намерения, чьи-л. планы, чьи-л. происки; seine Krankheit hat alles durchkreuzt его болезнь перечеркнула все; der Vorfall hat alle meine Urlaubspläne durchkreuzt (этот) случай перечеркнул все мои планы на отпуск. **hintertreiben** умышленно мешать, препятствовать *подчеркивает, что кто-л. с помощью нечестных средств срывает, пытается не допустить осуществления чего-л.; напр.*: j-s Heirat, j-s Beförderung hintertreiben мешать чьей-л. женитьбе, повышению по службе кого-л.; eine Einigung, die Versöhnung hintertreiben препятствовать соглашению, примирению; die Veröffentlichung des Buches hintertreiben препятствовать опубликованию [срывать опубликование] книги; er hintertreibt alle meine Bemühungen он сводит на нет все мои усилия. **verhindern** воспрепятствовать, помешать осуществлению; *напр.*: einen Plan, ein Vorhaben verhindern помешать осуществлению плана, намерения; er verhinderte meine Beförderung он воспрепятствовал моему повышению, из-за них не повысили по службе. **einen Strich durch die Rechnung machen** *разг.* ≅ durchkreuzen; *напр.*: wir wollten zu Besuch gehen, aber der Sturzregen hat uns einen Strich durch die Rechnung gemacht мы хотели пойти в гости, но внезапный ливень расстроил наши планы

verekeln *см.* verderben ³
verelenden *см.* verarmen
Verelendung *см.* Verarmung
verenden *см.* sterben
verenge(r)n сужать, делать более узким
verenge(r)n — einengen — zusammenziehen
verenge(r)n *индифф. синоним; напр.*: ein Kleid, den Hemdkragen verenge(r)n сделать платье уже, сузить ворот рубашки; die Augen zu einem schmalen Spalt verengen сузить [прищурить] глаза. **einengen** теснить (*сужать занимаемое чем-л. пространство*); *напр.*: der Arbeitsraum wird durch die Maschinen eingeengt с увеличением числа станков проходы в цехе сужаются; das Tal wird im Süden durch einen Gebirgszug eingeengt горы сжимают долину на юге. **zusammenziehen** стягивать (*делать более узким путем стягивания*); *напр.*: eine Schlinge zusammenziehen затянуть петлю; ein Loch im Strumpf mit einem Faden zusammenziehen стянуть ниткой дырку на чулке

verengern, sich *см.* verkleinern, sich
vererben передавать по наследству, оставлять в качестве наследства
vererben — vermachen — verschreiben — hinterlassen
vererben *индифф. синоним; напр.*: j-m [an j-n] seine Bibliothek, sein ganzes Vermögen vererben оставлять кому-л. в наследство свою библиотеку, все свое состояние □ Man kann es nicht bloß versteigern; man kann es auch jemand vererben (*Seghers*, »*Die Toten*«) Ведь это (*землю*) можно не только продать с молотка, можно кой-кому оставить в наследство. **vermachen** завещать; *напр.*: sein Haus, sein Eigentum, sein Vermögen vermachen завещать свой дом, свою собственность, свое состояние; der Vater vermachte ihm seine Bibliothek отец завещал ему свою библиотеку □ Es fehlte auch jetzt noch immer ein Brocken Land, zum Beispiel der Streifen, den einmal sein Vater dem Christian vermacht hatte... (*Seghers*, »*Die Toten*«) И сейчас все же недоставало клочка земли, например, той полосы, которую отец когда-то завещал Кристиану... Ein alter Verwandter in Magdeburg hatte Gu-

VERFAHREN 567 VERFASSEN

ste all das Geld vermacht, dafür, daß sie ihn gepflegt hatte (*H. Mann*, »*Untertan*«) Какой-то старый родственник в Магдебурге, за то, что Густа ухаживала за ним до самой его смерти, завещал ей весь свой капитал. Duverny hatte Pierre das Porträt vermacht... (*Feuchtwanger*, »*Die Füchse*«) Дюверни завещал портрет Пьеру... **verschreiben** отписать (*письменно завещать, передавать по завещанию кому-л. свое имущество*); *напр.*: j-m sein Haus, sein Eigentum verschreiben завещать кому-л. свой дом, свою собственность. **hinterlassen** оставлять после себя, после своей смерти; *напр.*: ein großes Vermögen hinterlassen оставить после своей смерти большое состояние; viele Schulden hinterlassen оставить после себя много долгов; sein Vater hat ihm nichts hinterlassen отец ничего ему не оставил; ihr Mann hat ihr nichts zum Leben hinterlassen муж не оставил ей средств к существованию ☐ Es mochte Männer geben, die größer waren als er, aber der Autor des »Figaro« hatte die Pflicht, der Nachwelt ein Bildmal von der besten Hand zu hinterlassen (*Feuchtwanger*, »*Die Füchse*«) Разумеется, есть люди более знаменитые, чем он, но автор «Фигаро» обязан оставить потомкам свое изображение, сделанное рукой лучшего из мастеров

verfahren *см.* behandeln [1]/handeln I
Verfahren способ, метод
  das **Verfahren** — die **Methode**
Verfahren *индифф. синоним*; *напр.*: ein neues, vereinfachtes Verfahren entwickeln, anwenden разрабатывать, применять новый, упрощенный способ; sich an ein erprobtes Verfahren halten придерживаться испытанного способа; unsere Techniker arbeiten nach dem neu(e)sten Verfahren наши техники работают по самому новому методу ☐ Das Oppermannsche Verfahren, jenes chirurgische Verfahren, das ihn berühmt gemacht hat, kann von einem gewissen Stadium an ohne das Risiko letalen Ausgangs nicht mehr angewandt werden (*Feuchtwanger*, »*Oppermann*«) Применение метода Оппермана, того самого хирургического метода, который сделал изобретателя его знаменитым, на заключительной стадии болезни уже сопряжено с риском смертельного исхода. **Methode** метод (*теоретического исследования или практического осуществления чего-л.*); *напр.*: die dialektische Methode диалектический метод; eine wissenschaftliche Methode anwenden применять научный метод; nach eigener Methode arbeiten работать по собственному методу; diese Methode ist sehr einfach, sie hat sich bewährt этот метод очень простой, он оправдал себя ☐ Sie beginnt die Handschrift zu sezieren nach den klugen Methoden, die sie gelernt hat (*Feucht-*

wanger, »*Erfolg*«) Она принимается расчленять линии почерка, согласно умным методам, которые она изучила

verfahren, sich *см.* verirren, sich
Verfall упадок (*разложение, распад*)
  der **Verfall** — die **Entartung** — die **Degeneration** — das **Herunterkommen**
Verfall *индифф. синоним*; *напр.*: schneller, langsamer, unaufhaltsamer Verfall быстрый, медленный, неудержимый процесс упадка; kultureller, sittlicher, moralischer Verfall упадок культуры, нравов, морали; der Verfall des Körpers, der Kräfte разрушение организма, упадок сил; der Verfall des Römischen Reiches, einer alten Kultur гибель Римской империи, древней культуры; in Verfall geraten [kommen] приходить в упадок ☐ Zuweilen, immer zuhörend, betrachtete er Paul von der Seite und beobachtete die Zeichen des Verfalls, und dann betrachtete er seine eigenen Hände, die braun waren und verwittert, und dachte nach über den Verfall des eigenen Körpers... (*Feuchtwanger*, »*Die Füchse*«) Время от времени, не переставая слушать, он искоса поглядывал на Поля, открывая приметы разрушения, а потом рассматривал свои руки, загорелые и обветренные, и думал о разрушении собственного тела... Ja, die bürgerliche Gesellschaft befindet sich auf dem Weg zum völligen Verfall (*Weiskopf*, »*Abschied vom Frieden*«) Да, буржуазное общество находится на пути к окончательному упадку. **Entartung** вырождение, дегенерация; *напр.*: die Entartung einer Gesellschaft, eines Geschlechts вырождение общества, рода. **Degeneration** *книжн.* ≅ Entartung. **Herunterkommen** *разг.* падение (*морали*), ухудшение (*здоровья, экономического положения*); *напр.*: das gesundheitliche Herunterkommen ухудшение здоровья; das Herunterkommen der Moral упадок морали; das Herunterkommen des Betriebs, der Firma разорение предприятия, фирмы

verfallen *см.* einfallen [2]/verkommen [1]
verfälschen фальсифицировать
  verfälschen — **fälschen** — **verdrehen** — **entstellen** — **mißdeuten**
verfälschen *индифф. синоним*; *напр.*: einen Text, die Wahrheit verfälschen фальсифицировать текст, искажать истину; eine Lehre, eine Zeugenaussage verfälschen фальсифицировать учение, свидетельское показание ☐ In dieser merkwürdigen Darstellung werden die Tatsachen bewußt so verfälscht, als sei die Mordtat eigentlich gar nicht gegen den König, sondern in erster Linie gegen sie selbst gerichtet gewesen (*St. Zweig*, »*Maria Stuart*«) В этой более чем странной реляции факты сознательно искажаются и дело рисуется так, будто

убийцы покушались на жизнь не столько короля, сколько на ее жизнь **fälschen** ≅ verfälschen, *но употр. тж. и по отношению к товарам*; *напр.*: die Geschichte, ein Gemälde fälschen фальсифицировать историю, подделать картину (*выдавать копию за оригинал и т. п.*); Lebensmittel fälschen фальсифицировать продукты ☐ Denn ein angebliches Verbrecherkonsortium aus Haß belastende Briefe hätte fälschen wollen... (*St. Zweig*, »*Maria Stuart*«) Ибо если бы некая злодейская камарилья захотела из мести сфабриковать пасквильные письма... **verdrehen** сознательно извращать, неправильно передавать (*смысл, содержание чего-л.*); *напр.*: die Wahrheit, die Worte, die Tatsachen verdrehen сознательно извращать истину, слова, передергивать факты; ein Gesetz, das Recht verdrehen извращать закон, право ☐ Wahrscheinlich hätte man diesem Fremdling seine Tätigkeit in falschem Licht geschildert oder Äußerungen von ihm verdreht (*Feuchtwanger*, »*Die Füchse*«) Видимо, этому иностранцу представили его действия в неверном свете или извратили смысл его высказываний. **entstellen** искажать до неузнаваемости (*содержание и т. п.*); *напр.*: durch den Druckfehler wird der Sinn des Satzes entstellt опечатка искажает смысл предложения; hier ist der Text völlig entstellt worden здесь текст полностью искажен; der Bericht entstellte die Tatsachen сообщение искажало факты; Sie entstellen die Wahrheit вы искажаете истину. **mißdeuten** ложно истолковывать что-л. (*преднамеренно или без умысла*); *напр.*: j-s Worte, j-s Absichten, j-s Gefühle mißdeuten неправильно истолковывать чьи-л. слова, чьи-л. намерения, чьи-л. чувства; einen Artikel, eine Lehre mißdeuten ложно истолковывать статью, учение ☐ Er weiß, nähme er an, dann würden seine Gegner diese Subvention dahin mißdeuten, daß seine Meinung käuflich sei... (*Feuchtwanger*, »*Exil*«) Он знает, что, изъяви он согласие принять субсидию, его противники ложно это истолкуют, скажут, что его мнение продажно. Warnke sah das Flackern in ihren Augen, den weitaufgerissenen Mund, das nervöse Spiel der Finger — und mißdeutete alles (*Weiskopf*, »*Lissy*«) Варнке заметил огоньки у нее в глазах, широко открытый рот, нервную игру пальцев и все истолковал неправильно

verfangen *см.* wirken I [1]
verfänglich *см.* heikel [1]
verfassen писать, составлять текст чего-л.
  verfassen — **schreiben** — **abfassen** — **aufsetzen** — **zusammenschreiben** — **zusammenschmieren**
verfassen *индифф. синоним*; *напр.*: einen Brief, einen Artikel, ein Referat,

VERFASSEN

eine Rede verfassen (на)писать письмо, статью, реферат, речь; eine Beschwerde, eine Eingabe verfassen писать жалобу, заявление; ein Wörterbuch verfassen составлять словарь □ Sie hatten zusammen ein Flugblatt gegen das Arbeitsdienstlager verfaßt (Seghers, »Die Toten«) Они написали вместе листовку против лагерей трудовой повинности. Er war unser Reklamechef und hatte Köster und mir gerade ein Inserat vorgelesen, das er für den Verkauf des Wagens verfaßt hatte (Remarque, »Drei Kameraden«) Он числился заведующим отделом рекламы и только что прочел Кестеру и мне текст составленного им объявления о продаже машины. **schreiben** писать; *напр.*: einen Brief, eine Karte, ein Rezept, ein Gesuch, eine Beschwerde schreiben писать письмо, открытку, рецепт, прошение, жалобу □ Er soll doch auf seine politischen Faxen verzichten und eine anständige Revue schreiben (Feuchtwanger, »Erfolg«) Пусть он откажется от своих политических фокусов и напишет порядочное обозрение. **abfassen** составлять, письменно формулировать, облекать текст в подходящую форму; *напр.*: einen Bericht, einen Vortrag, ein Gesuch abfassen составлять отчет, доклад, прошение; einen Artikel, einen Brief, eine Rede abfassen писать статью, письмо, речь; etw. geschickt, vorsichtig abfassen составить [сформулировать] что-л. умело, осторожно; etw. in Versen, in französischer Sprache, in Geheimschrift abfassen написать что-л. стихами, на французском языке, тайнописью □ Er hatte seine Berichte abgefaßt und seine Ratschläge gegeben in der ehrlichen Absicht, den Amerikanern zu helfen (Feuchtwanger, »Die Füchse«) Он составлял отчеты и давал советы, искренне стремясь помочь американцам. **aufsetzen** составлять (предварительный) текст чего-л.; составлять по определенной форме; *напр.*: einen Brief, ein Gesuch, ein Testament, ein Telegramm aufsetzen подготовить текст письма, составлять прошение, завещание, текст телеграммы; den Text für eine Rede aufsetzen подготовить текст речи □ Und das Protokoll können wir dementsprechend aufsetzen? (Fallada, »Blechnapf«) И мы можем соответственно этому составить протокол? Aber jetzt war der Ausgleich vertagt, die Sache mit Fischchen geregelt, der Kaufvertrag aufgesetzt (Weiskopf, »Abschied vom Frieden«) Но сейчас соглашение отсрочено, с Рыбкой все улажено, купчая составлена. **zusammenschreiben** *разг.* писать вздор, понаписать; *напр.*: was schreibst du da zusammen? что ты за ерунду пишешь?; was der Mann alles zusammenschreibt! что он только не пишет!; was für einen Unsinn hast du da zusammengeschrieben! что за ерунду ты написал! **zusammenschmieren** *груб.* кропать, строчить; *напр.*: □ Wenn er sich freilich das frische gesunde Gesicht seiner Anni vorstellte, dann war nicht anzunehmen, daß sie jemals solchen Schmarren zusammenschmieren könnte (Feuchtwanger, »Erfolg«) Правда, представляя себе свежее, здоровое лицо Анни, он с трудом мог допустить, чтобы она способна была когда-нибудь сочинить такую галиматью. Das Weib mußte ja wohl in seinem Bauch eine kolossale Wut gesammelt haben, daß sie einen längeren Brief zusammenschmierte als alle Feldpostbriefe zusammen (Seghers, »Die Toten«) Эта баба, видно, накопила в себе бешеную злобу,— вон какое письмище накатала, длиннее, чем все письма на фронт, вместе взятые.

Verfasser автор *(текста)*
der Verfasser — der Autor
Verfasser *индифф. синоним; напр.*: der berühmte, allgemein anerkannte, bedeutende Verfasser знаменитый, всеми признанный, крупный автор; der Verfasser des Buches, des Dramas, des Aufsatzes, des Lehrbuches, des Flugblatts автор книги, драмы, сочинения, учебника, листовки □ Der Josef Pfisterer, Schriftsteller, wohnhaft in München... Verfasser von 23 umfangreichen Romanen... (Feuchtwanger, »Erfolg«) Йозеф Пфистерер, писатель, проживающий в Мюнхене... автор двадцати трех толстых романов... Betitelt war der Aufsatz »Die Gaukler«, und zum Verfasser hatte er Paul Cramer (Feuchtwanger, »Lautensack«) Статья была озаглавлена «Шарлатаны», и автором ее был Пауль Крамер. **Autor** ≅ Verfasser, *но содержит оттенок некоторой почтительности, особенно по отношению к автору книги, значительной монографии в области искусства, науки; напр.*: wer war der Autor dieses Artikels, des in diesem Jahr preisgekrönten Jugendbuches? кто был автором этой статьи, книги для молодежи, получившей в этом году премию? □ Doch sie wußten, daß sie nicht aufkommen konnten gegen den allmächtigen Autor des »Barbiers« (Feuchtwanger, »Die Füchse«) Но они знали, что не могут тягаться со всемогущим автором «Цирюльника»

Verfassung¹ конституция
die Verfassung — das Grundgesetz — die Konstitution
Verfassung *индифф. синоним; напр.*: die neue Verfassung der Sowjetunion новая конституция Советского Союза; die sozialistische Verfassung der DDR социалистическая конституция ГДР; eine Verfassung beraten, ändern, in Kraft setzen обсуждать, изменять, вводить в действие конституцию □ Die Verfassung (Grundgesetz) der Union der Sozialistischen Sowjetrepubliken kennzeichnet den Beginn einer neuen Etappe der revolutionären Entwicklung im ersten sozialistischen Land der Erde (ND 8/9.10.77) Конституция (Основной закон) Союза Советских Социалистических Республик характеризует собой начало нового этапа революционного развития в первой социалистической стране мира. In den 15 Unionsrepubliken sowie 20 autonomen Republiken der UdSSR werden neue Verfassungen vorbereitet (ND 12.10.77) В пятнадцати союзных республиках, а также в двадцати автономных республиках Советского Союза подготавливаются новые конституции. **Grundgesetz** а) основной закон; *напр.*: die im Grundgesetz verankerten Grundrechte закрепленные в основном законе основные права; nach dem Grundgesetz zulässig sein быть дозволенным по конституции; das Grundgesetz tritt in Kraft, wird geändert конституция вступает в силу, изменяется □ Wie nach der Verabschiedung des Grundgesetzes durch den Obersten Sowjet der UdSSR in Moskau offiziell mitgeteilt wurde, ist im Verlaufe des ersten Quartals des kommenden Jahres damit zu rechnen, daß die einzelnen Republiken ihre Verfassungen auf der Basis des jetzt verabschiedeten Grundgesetzes annehmen werden (ND 12.10.77) Как было официально сообщено, после принятия Основного закона Верховным Советом СССР в Москве, в течение первого квартала будущего года отдельные республики будут принимать свои конституции на основе уже принятого Основного закона; b) *(сокр. GG)* Конституция ФРГ; *напр.*: □ Die DKP, die, wie in ihrem Programmentwurf festgestellt wird, auf dem Boden des Grundgesetzes der Bundesrepublik wirkt, prangert diese antidemokratische Politik der im Bundestag vertretenen Parteien an (ND 20.2.78) ГКП, которая, как отмечается в проекте ее программы, действует на основании конституции ФРГ, осуждает антидемократическую политику партий, представленных в бундестаге. **Konstitution** ≅ Verfassung, *но употр. реже; напр.*: einem Staat eine Konstitution geben дать государству конституцию; die Konstitution eines Staates ändern изменять конституцию государства; Wissenschaftler arbeiten an einer neuen Konstitution ученые работают над новой конституцией □ ...ein Schweizer Richter erbot sich, nach dem Vorbild der Verfassung der Dreizehn Eidgenössischen Kantone eine juristisch stichhaltige Konstitution für die Dreizehn vereinigten Staaten zu entwerfen (Feuchtwanger, »Die Füchse«) Швейцарский судья предлагал составить юридически обоснованный проект конституции для тринадцати Соединенных Штатов Америки по образцу конституции тринадцати союзных кантонов Швейцарии

Verfassung² см. Stimmung
verfaulen см. faulen
verfechten см. verteidigen¹
Verfechter см. Anhänger¹
verfehlen см. versäumen¹
verfeinden, sich см. streiten (, sich)²
vervielfachen см. vergrößern
verfliegen см. vergehen¹,²
verfliegen, sich см. verirren, sich
verfließen см. vergehen¹
verflixt см. schlecht¹
verfluchen проклинать

verfluchen — verdammen — verwünschen

verfluchen индифф. синоним; напр.: seinen Sohn, sich selber verfluchen проклинать своего сына, себя; seinen Leichtsinn verfluchen проклинать его легкомыслие; j-n in alle Ewigkeit verfluchen проклинать кого-л. на веки вечные; alles in der Welt verfluchen проклинать все на свете □ Und der Marquis, geschwächt von der kaum überstandenen Krankheit, hatte das Schicksal verflucht, das ihn aus dem schönen, üppigen Palais Noailles in Paris auf diese wilde See geworfen (Feuchtwanger, »Die Füchse«) И маркиз, еще слабый после только что перенесенной болезни, проклинал судьбу, которая бросила его из прекрасного пышного дворца Ноай в Париже в это бурное, разгневанное море. verdammen ≅ verfluchen, но подчеркивает, что кто-л. при этом резко осуждает кого-л., что-л.; напр.: j-n, eine Tat verdammen проклинать кого-л., какой-л. поступок; er hat sie, ihr leichtsinniges Verhalten verdammt он проклинал ее, ее легкомысленное поведение; seine Einstellung wurde von allen verdammt его позиция была всеми осуждена ◊ Weltgebräuche, | Die Ordnung der Natur und Roms Gesetze | Verdammen diese Leidenschaft (Schiller, »Don Carlos«) Обычаем веков, самой природой | Любовь такая проклята (Перевод Левика). Er verdammt mich, ohne mich zu hören (Brecht, »Das Leben des Galilei«) Он осуждает меня, не выслушав. Remarque verdammte den Krieg und ließ in der Nacht des sinnlosen Sterbens das Lämpchen Kameradschaft glühen (Noll, »Werner Holt«) Ремарк проклинал войну и зажигал во мраке бессмысленной смерти огонек товарищества. verwünschen ≅ verfluchen, но подчеркивает чувство досады того, кто проклинает; напр.: sein Schicksal, seine Krankheit, eine unüberlegte Handlung verwünschen проклинать свою судьбу, свою болезнь, необдуманное действие; sie verwünschte ihn, weil er sie hatte vergeblich warten lassen она проклинала его, потому что он напрасно заставил ее ждать □ Er hockte auf dem Boden, kaute an seinen Nägeln, verwünschte den Chauffeur Ratzenberger und den Ingenieur Pröckl (Feuchtwanger, »Erfolg«) Он сидел на полу, грыз ногти, проклинал шофера Ратценбергера и инженера Прекля

verflucht см. schlecht¹
verflüchtigen, sich см. fliehen¹/schwinden¹/verdampfen/vergehen²
verfolgen¹ преследовать кого-л., гнаться за кем-л.

verfolgen — nachsetzen — nachlaufen — nachjagen — hetzen — nachrennen — jagen

verfolgen (j-n) индифф. синоним; напр.: ein Tier, einen Flüchtling, den Feind verfolgen преследовать зверя, беглеца, врага; er wurde von der Polizei verfolgt его преследовала полиция □ Die republikanische Reiterei verfolgte den fliehenden Feind (Bredel, »Der Kommissar am Rhein«) Республиканская конница преследовала бегущего врага. Ich hatte schon vorher ab und zu einmal geträumt, von der Polizei verfolgt zu werden (Remarque, »Schatten«) Мне и прежде иногда снилось, что за мной гонится полиция. nachsetzen (j-m) гнаться (галопом, скачками и т. п.) за кем-л.; напр.: die Polizei setzte dem ausgebrochenen Gefangenen nach полиция преследовала сбежавшего заключенного; ein Hund setzt dem Hasen nach собака гонится за зайцем □ Die Preußen... setzten der zurückweichenden republikanischen Armee nach (Bredel, »Der Kommissar am Rhein«) Прусские солдаты преследовали отступающую республиканскую армию. In diesem Augenblick sah er, wie ein junger Bursche, der von zwei Schupos zum Überfallwagen geführt wurde, sich plötzlich losriß und flüchtete. Die Grünen setzten ihm nach (Weiskopf, »Lissy«) В этот момент он увидел, как один молодой парень, которого два полицейских вели к автомобилю, внезапно вырвался от них и побежал. «Зеленые» бросились за ним. nachlaufen (j-m) бежать вслед, гнаться за кем-л.; напр.: verdächtigen Menschen nachlaufen бежать за подозрительным человеком. nachjagen (j-m) гнаться, мчаться за кем-л. (пытаясь изловить) часто подчеркивает охотничий азарт преследователя; напр.: einem Flüchtling, einem Verbrecher nachjagen бросаться вдогонку [мчаться] за беглецом, за преступником; die Polizei ist den Verbrechern (mit Autos) nachgejagt полиция гналась за преступниками (на машинах); der Hund jagt dem Hasen nach собака гонится за зайцем □ Er war oft mitten in Berlin jemand nachgejagt, der zufällig klein gewesen war und einen kugelförmigen Kopf hatte (Seghers, »Die Toten«) Часто случалось, что он посреди Берлина бросался вдогонку кому-нибудь, кто был небольшого роста и у кого была круглая как шар голова. hetzen (j-n) охот. травить, преследовать (зверя тж. перен.; напр.: ein Tier, Wild, Wölfe hetzen травить зверя, дичь, волков; mit Hunden hetzen травить собаками; j-n zu Tode hetzen затравить кого-л. □ Er verschafft sich Uhrmacherwerkzeug, versucht vergeblich, über die gesperrte holländische Grenze zu entkommen. Wird durch ganz Deutschland gehetzt (Feuchtwanger, »Erfolg«) Он приобретает инструменты, необходимые часовщику, пытается бежать через закрытую голландскую границу. Его гонят, преследуют по всей Германии. Bis an die äußerste Grenze ihres Gebietes hat man sie gehetzt wie ein flüchtiges Wild (St. Zweig, »Maria Stuart«) До последнего рубежа ее владений ее гнали, как затравленную лань. nachrennen разг. ≅ nachlaufen; напр.: dem Dieb nachrennen гнаться за вором. jagen разг. ≅ verfolgen; напр.: einen Verbrecher jagen преследовать преступника □ Über Land und Meer wird der Geächtete trotz dem gegebenen Versprechen von der Meute gejagt... (St. Zweig, »Maria Stuart«) На море и на суше, невзирая на обещание, преследует изгнанника разъяренная свора...

verfolgen² преследовать кого-л., неотступно следовать за кем-л. (следить и т. п.)

verfolgen — nachspüren — nachstellen — fahnden

verfolgen (j-n) индифф. синоним; напр.: er verfolgt sie unablässig он неотступно преследует ее; sich überall verfolgt fühlen чувствовать, что за тобой всюду следуют по пятам □ Er warf einen Blick zurück. Niemand verfolgte ihn (Weiskopf, »Lissy«) Он оглянулся. Никто не преследовал его. nachspüren (D) выслеживать кого-л., что-л., преследовать кого-л., идти по чьему-л. следу; напр.: einem Menschen, einem Tier nachspüren выслеживать человека, зверя; einer Fährte nachspüren идти по следу; j-m hartnäckig, Tag und Nacht nachspüren выслеживать кого-л. упорно, день и ночь; seit Wochen spürt die Polizei der Bande nach вот уже несколько недель полиция идет по следам банды. nachstellen (j-m) подстерегать и пытаться поймать (с помощью хитрости, каких-л. уловок и т. п.); напр.: j-m, einem Tier, dem Wild nachstellen подстерегать кого-л., зверя, дичь; die Katze stellte den Vögeln nach кошка подстерегала птиц; dem Hühnerdieb stelle ich schon lange nach я уже давно подстерегаю того, кто крадет у меня кур □ Also sie hatten Max nicht! Das war tröstlich. Aber sie stellten ihm nach. Das war beunruhigend (Weiskopf, »Lissy«) Так, значит, они еще не схватили Макса! Это успокоило ее. Но за ним охотятся! Это внушало тревогу. fahnden (nach j-m) преследовать, разыскивать (скрывшегося преступника и т. п.); напр.: die Polizei fahndet nach dem Mörder, dem entwichenen Sträfling

VERFOLGEN | 570 | VERGÄNGLICH

полиция разыскивает убийцу, сбежавшего заключенного □ Ich war untergetaucht, im Westen, aber dort fahnden sie jetzt wie verrückt nach mir... (*Noll*, »*Werner Holt*«) Я было схоронился на Западе, но сейчас там сбились с ног, разыскивая меня...
verfolgen [3] преследовать, подвергать гонениям
verfolgen — anfeinden — bedrängen — hetzen — jagen
verfolgen *индифф. синоним*; *напр.*: j-n politisch, rassisch verfolgen преследовать кого-л. по политическим, по расовым мотивам; du fühlst [glaubst] dich überall, von allen verfolgt тебе кажется, что тебя везде, все преследуют. **anfeinden** враждебно относиться, нападать; *напр.*: j-n gehässig, giftig, versteckt anfeinden нападать на кого-л. злобно, язвительно, исподтишка; er wird von allen angefeindet к нему все относятся враждебно, он со всех сторон подвергается нападкам. **bedrängen** притеснять (*ставить в трудное положение*), преследовать; *напр.*: j-n hart, heftig bedrängen жестоко, упорно притеснять кого-л.; er wird von seinen Feinden schwer bedrängt его враги упорно преследуют [притесняют] его. **hetzen** *неодобр.* травить *подчёркивает ненависть к преследуемому*; *напр.*: gegen j-n hetzen травить кого-л. (*в печати и т. п.*); j-n zu Tode hetzen затравить кого-л. до смерти. **jagen** *разг.* ≅ verfolgen; *напр.*: einen unschuldigen Menschen jagen преследовать ни в чём неповинного человека
Verfolgung преследование (*притеснение*)
die Verfolgung — die Hetzerei
Verfolgung *индифф. синоним*; *напр.*: gerichtliche, härteste Verfolgung судебное, жесточайшее преследование; die Verfolgung aufnehmen, erdulden, über sich ergehen lassen начать, терпеть, сносить преследования; der Verfolgung ausgesetzt sein подвергаться преследованиям; eine Verfolgung aus politischen, aus religiösen Gründen преследование по политическим, по религиозным мотивам. **Hetzerei** *разг. неодобр.* травля, ожесточённое преследование; *напр.*: die wüste Hetzerei злобная травля; die ständige Hetzerei gegen j-n постоянная травля кого-л.
verfrüht *см.* vorzeitig
verfügen *см.* haben [1]
verfügen, sich *см.* gehen [2]
Verfügung *см.* Gesetz/Weisung [1]
verführen соблазнять, совращать
verführen — verleiten — verlocken — reizen — versuchen
verführen *индифф. синоним*; *напр.*: j-n zu einem Kauf, zum Spielen, zum Trinken verführen соблазнять кого-л. купить что-л., на (азартную) игру, на выпивку; j-n verführen, das Geld auszugeben, auf die Jagd zu gehen соблазнять кого-л. потратить деньги, пойти на охоту; ich ließ mich durch

den Vorschlag verführen я соблазнился предложением; darf ich Sie zu einem Eis, zu einer Tasse Kaffee verführen? *шутл.* могу я вам предложить порцию мороженого, чашку кофе? □ Das möchten Sie wohl! Die Tochter verführen und den Vater abschießen! Dann ist Ihre Ehre komplett! (*H. Mann*, »*Untertan*«) Да, это было бы вам кстати! Соблазнить дочь и застрелить отца! Вполне достойный вас подвиг чести! **verleiten** уговаривать, склонять (*на что-л. плохое*); *напр.*: j-n zum Rauchen, zum Trinken verleiten подбивать кого-л. начать курить, пить; sich durch etw. verleiten lassen соблазниться чем-л.; er läßt sich leicht verleiten его легко склонить на что-л. □ Sie aber haben den Herrn Lauer raffinierterweise zu seinen unbedachten Äußerungen verleitet (*H. Mann*, »*Untertan*«) Вы же коварнейшим образом спровоцировали Лауэра на неосторожные речи. Und es war seinen Freunden und ihm selber verwunderlich gewesen, daß er sich dazu hatte verleiten lassen, die Finanzierung der »PN« zu übernehmen (*Feuchtwanger*, »*Exil*«) И его друзья, да и он сам удивлялись тому, что он поддался уговорам и согласился финансировать «ПН». **verlocken** манить, прельщать (*вызывая желание обладать чем-л., делать что-л.*); *напр.*: j-n mit Versprechungen verlocken прельщать кого-л. обещаниями; die Reklame hat mich verlockt, die Waschmaschine zu kaufen реклама прельстила меня, и я купил стиральную машину; das klare Wasser verlockt (mich) zum Schwimmen прозрачная вода манит купаться □ Was sie verlockte, war das Verbotene und das Unbekannte, zusammen mit dem Versteck im Schilf und dem Wassergeruch (*Seghers*, »*Die Toten*«) Их влекло запретное и неведомое, а заодно и тайник в камышах, и запах воды. **reizen** привлекать, прельщать (*возбуждать интерес, казаться желанным*); *напр.*: die neue Aufgabe reizt ihn sehr новая задача его очень привлекает; das Neue (an der Sache) reizt ihn его привлекает новое (в этом деле); die Schwierigkeiten, die Gefahren, die Abenteuer reizen ihn его привлекают трудности, опасности, приключения; das Leben auf dem Lande reizt mich sehr жизнь в деревне для меня очень заманчива [привлекательна] □ Ich dachte, die außerordentlichen Gewinnchancen, die Sie ja noch besser sehen als ich, würden Sie reizen, sich an der Firma Hortalez zu beteiligen (*Feuchtwanger*, »*Die Füchse*«) Я думал, что перспектива огромных прибылей, известная вам ещё лучше, чем мне, соблазнит вас участвовать в фирме Горталес. **versuchen** *высок.* искушать, вводить в искушение; *напр.*: einen Menschen versuchen искушать человека; ich fühle mich [bin] versucht, das zu tun

я чувствую [испытываю] искушение сделать это
Verführer соблазнитель
der Verführer — Don Juan — Casanova — der Schürzenjäger
Verführer *индифф. синоним*; *напр.*: der beleidigte Vater forderte den Verführer heraus оскорблённый отец вызвал соблазнителя на дуэль □ Ich habe ja später, habe es bald erfahren, daß du diesen umfangenden, an dich ziehenden, diesen umhüllenden und doch zugleich entkleidenden Blick, diesen Blick des geborenen Verführers, jeder Frau hingibst, die an dich streift... (*St. Zweig*, »*Brief einer Unbekannten*«) Позже, и даже очень скоро, я узнала, что ты даришь этот обнимающий, зовущий, обволакивающий и в то же время раздевающий взгляд, взгляд прирождённого соблазнителя, каждой женщине, которая проходит мимо тебя... **Don Juan** [dɔnxu'an] донжуан, обольститель; *напр.*: er ist ein richtiger Don Juan он настоящий донжуан □ Aber trotz all diesen Triumphen ist Bothwell keineswegs ein wirklicher Verführer, ein Don Juan, ein Frauenjäger, denn er jagt ihnen gar nicht ernstlich nach (*St. Zweig*, »*Maria Stuart*«) Но, несмотря на эти лавры, Босуэла не назовёшь обольстителем, донжуаном, юбочником, женщины у него всегда на втором плане. **Casanova** [kasa'no:va] Казанова; *напр.*: er ist ein richtiger Casanova он просто настоящий Казанова □ Wer hätte das von dir gedacht? Du bist ja 'n Casanova. Janz verrückt haste mir jemacht... (*Erpenbeck*, »*Der Tüchtige*«) Кто бы мог ожидать этого от тебя? Ты просто Казанова. Я совсем потеряла голову... **Schürzenjäger** *разг.* бабник, юбочник; *напр.*: er war als Schürzenjäger bekannt он слыл бабником
verführerisch *см.* verlockend
vergaffen, sich *см.* verlieben, sich
vergällen *см.* verderben [3]
vergaloppieren, sich *см.* irren, sich
vergammeln *см.* verkommen [2]
vergangen *см.* vorig
vergänglich преходящий, бренный
vergänglich — zeitlich — irdisch
vergänglich *индифф. синоним*; *напр.*: die Schönheit, die Mode, der Ruhm ist vergänglich красота, мода, слава преходяща; die Freuden der Jugend sind vergänglich радости молодости преходящи; alles ist vergänglich всё проходит, ничто не вечно □ Da ist kein Unterschied mehr zwischen Oben und Unten, zwischen dem Ewigen und dem Vergänglichen (*Brecht*, »*Das Leben des Galilei*«) И значит, нет уже различия между верхом и низом, между вечным и бренным. **zeitlich** временный, преходящий ⟨*тк. атрибутивно*⟩; *напр.*: zeitliche und ewige Werte преходящие и вечные ценности; die zeitlichen Güter временные блага □ Ich habe alles

VERGEBEN 571 **VERGEHEN, SICH**

Zeitliche berichtigt | Und hoffe, keines Menschen Schuldnerin, | Aus dieser Welt zu scheiden (*Schiller,* »*Maria Stuart*«) Со всем земным покончила я счеты | И уповаю, что ничьей должницей | Покину этот мир (*Перевод Вильмонта*). **irdisch** *высок.* земной, бренный *часто употр. в религиозной литературе; напр.*: die irdischen Güter земные блага; die irdische Hülle, die irdischen Überreste *поэт.* (бренные) останки, прах □ Das Ende seines irdischen Weges war abzusehen (*Br. Frank,* »*Cervantes*«) Приближался конец его земного пути. Das war nun zu Ende. Hinweg alles irdische Werk! (*ebenda*) Теперь с этим было покончено. Прочь все труды земные!

vergeben *см.* entschuldigen
vergebens *см.* umsonst ¹
vergeblich *см.* umsonst ¹/unnütz
vergegenwärtigen, sich *см.* vorstellen, sich

vergehen ¹ проходить (*о времени*)
vergehen — verrinnen — vorübergehen — vorbeigehen — (da)hingehen — verschwinden — verlaufen — verfließen — verfliegen — verstreichen

vergehen *индифф. синоним; напр.*: Tage, Jahre vergehen дни, годы проходят; wie rasch die Zeit, das Leben vergeht! как быстро проходит время, жизнь! □ Bei Musik vergeht einem die Zeit, ohne daß man es recht merkt (*Weiskopf,* »*Lissy*«) Когда слушаешь музыку, время проходит незаметно. Jetzt war schon eine Nacht vergangen und ein Tag... (*Feuchtwanger,* »*Die Füchse*«) Прошли уже ночь и день... Denn reichlich zwei Jahre waren vergangen (*Noll,* »*Werner Holt*«) Ведь прошло больше двух лет. **verrinnen** протекать, утекать, проходить *подчеркивает ощущение уходящего времени; напр.*: die Zeit verrinnt schnell время течет быстро; Stunde um Stunde verrann проходил час за часом; schon war wieder ein Jahr verronnen вот и еще год миновал □ Die Zeit verrann überaus langsam (*Feuchtwanger,* »*Oppermann*«) Время тянулось страшно медленно. **vorübergehen, vorbeigehen** миновать; *напр.*: die Nacht ist vorübergegangen миновала ночь; der Urlaub ist viel zu schnell vorübergegangen отпуск прошел слишком быстро; die Woche ist schnell vorbeigegangen неделя быстро прошла. **(da)hingehen** уходить; *напр.*: die Zeit geht dahin und er hat noch nichts geschafft время уходит, а он все ничего не сделал; die Tage sind die schönen Tage dahingegangen! как быстро минули прекрасные дни!; im Gespräch gehen die Stunden schnell dahin за разговором время проходит быстро □ In der Tat, wie ein Traum geht diese kurze Königszeit in Frankreich dahin... (*St. Zweig,* »*Maria Stuart*«) И в самом деле: промелькнет как сон эта короткая пора

ее королевского правления во Франции... Nachmittag und Abend gingen hin (*Br. Frank,* »*Cervantes*«) Прошел день, прошел вечер. **verschwinden** ≅ dahingehen, *но больше подчеркивает невозвратность времени; напр.*: für immer ist jene Zeit verschwunden, wo... навсегда отошло в прошлое то время, когда... **verlaufen** течь, протекать, проходить каким-л. образом; *напр.*: die Feier, der Abend verläuft lustig праздник, вечер проходит весело; unser Leben verlief ruhig und gleichmäßig наша жизнь текла спокойно и размеренно □ Das Abendessen verlief fröhlich (*Feuchtwanger,* »*Die Füchse*«) Ужин проходил весело. **verfließen** протечь, миновать; *напр.*: Wochen, Monate verflossen, ehe... протекли недели, месяцы, прежде чем... □ Eine Woche verfloß, eine zweite (*Weiskopf,* »*Abschied vom Frieden*«) Прошла неделя, прошла другая. **verfliegen** быстро проходить, пролетать; *напр.*: Wochen, Monate sind verflogen недели, месяцы пролетели; die Zeit, eine Stunde verfliegt im Nu время, час пролетает мгновенно. **verstreichen** истекать, проходить; *напр.*: die Zeit verstreicht schnell время проходит быстро; es sind bereits zwei Monate verstrichen уже истекли два месяца; er ließ noch eine Weile verstreichen он подождал еще немного □ Die nächsten Minuten verstrichen in schwelender Stille (*Weiskopf,* »*Abschied vom Frieden*«) Следующие минуты прошли в накаленной тишине. Sekunden verstrichen, dann war sie wieder im Licht und schrie (*Noll,* »*Werner Holt*«) Прошло несколько долгих секунд, и вот она появилась на поверхности, крича что-то. Nach dem Streit mit seinem Vater waren nur wenige Tage verstrichen, als er ins Büro gerufen wurde (*ebenda*) После ссоры с отцом прошло несколько дней, и его вызвали в контору

vergehen ² проходить (*о чувстве, состоянии и т. п.*)
vergehen — verfliegen — sich verflüchtigen — schwinden — verrauchen — verlöschen

vergehen *индифф. синоним; напр.*: die Schmerzen vergehen боль проходит; die Müdigkeit ist vergangen усталость прошла; der Appetit verging ihm у него пропал аппетит; der Mut verging mir мужество оставило меня. **verfliegen** быстро проходить, исчезать; *напр.*: sein Zorn, seine Begeisterung verfliegt его гнев, его воодушевление быстро проходит; Illusionen, Schmerzen verfliegen иллюзии, боли исчезают; geh endlich schlafen, damit dein Rausch verfliegt иди наконец спать, чтобы хмель вышел из головы □ Als er aber dieses sein Geschäftshaus betrat, als er die schönen Räume durchschritt, verflog seine üble Laune (*Feuchtwanger,* »*Die Füchse*«)

Но стоило ему переступить порог своего торгового дома, стоило обойти прекрасные комнаты, как его дурное настроение бесследно исчезло. Wieseners hohe Stimmung verflog (*Feuchtwanger,* »*Exil*«) Приподнятое настроение Визенера пропало. Der Ärger über den Anwalt verflog... (*Remarque,* »*Schatten*«) Злость на адвоката мало-помалу улеглась... **sich verflüchtigen** быстро проходить (до конца, без остатка), улетучиваться; *напр.*: seine Wut hat sich verflüchtigt его гнев быстро прошел [улетучился] □ Die Wärme in seinen Augen hatte sich schon verflüchtigt (*Seghers,* »*Die Toten*«) Тепло в его глазах уже исчезло. **schwinden** убывать, идти на убыль, исчезать, уменьшаться; *напр.*: meine Angst, mein Vertrauen schwindet мой страх, мое доверие исчезает; seine Hoffnungen schwinden у него остается все меньше надежды; ihr Einfluß schwindet mehr und mehr ее влияние становится все менее и менее эффективным, она все больше теряет влияние. **verrauchen** проходить, остывать (*о гневе, ярости и т. п.*), развеяться как дым; *напр.*: sein Zorn war schnell verraucht его гнев быстро прошел □ Und wenn der Zorn von damals verraucht sein sollte, nicht verraucht ist die Erkenntnis (*Feuchtwanger,* »*Die Füchse*«) Злость, может быть, и прошла, но то, что он понял тогда, осталось. Seine Wut war verraucht (*Seghers,* »*Die Toten*«) Его ярость иссякла. **verrauschen** утихать; *напр.*: sein Zorn verrauschte его гнев прошел; seine Leidenschaften verrauschten его страсти утихли. **verlöschen** гаснуть, утихать (*о гневе и т. п.*); *напр.*: sein Zorn verlosch [verlöschte] его гнев утих

vergehen ³ *см.* sterben
vergehen ⁴: vor Scham vergehen *см.* schämen, sich

Vergehen *см.* Verbrechen

vergehen, sich провиниться (*нарушив закон, обычаи, нормы морали и т. п.*)
sich vergehen — sich zuschulden kommen lassen — sich strafbar machen — sündigen — sich versündigen — freveln

Синонимы данного ряда более характерны для книжно-письменной речи, наиболее возвышенные и устаревшие выделены особо

sich vergehen *индифф. синоним*; *напр.*: sich gegen die Vorschriften vergehen нарушить указания [предписания]; sich an fremdem Eigentum vergehen нарушить неприкосновенность чужого имущества; взять чужое *разг.*; er hat sich gröblich gegen die Sitten des Landes vergangen он грубо нарушил обычаи страны / An deine Liebe laß mich dich erinnern, | An deine Liebe, Mädchen, gegen die | ich so unwürdig mich verging (*Schiller,* »*Don Carlos*«) Позволь мне о любви твоей напомнить! | Да, о любви, которой недостойно | Ответил я (*Перевод Левика*). sich (*D*) etw. (*A*) zuschulden kommen lassen допустить (ошибку, промах, проступок *и т. п.*); *напр.*: was hast du dir zuschulden kommen lassen? в чем ты провинился?; ich habe mir nichts zuschulden kommen lassen я ни в чем не виноват □ Als ob ich mir hätte etwas zuschulden kommen lassen (*Weiskopf,* »*Abschied vom Frieden*«) Точно я в чем-то провинился. Solche Unbedachtsamkeiten — auch gegen Elisabeth wird sich das unberatene, ungestüme Mädchen ähnliche zuschulden kommen lassen — sind zwischen den Frauen verhängnisvoller als offene Beleidigungen (*St. Zweig,* »*Maria Stuart*«) Подобные бестактные выходки — неукротимая шальная девчонка не раз позволит себе то же самое и в отношении Елизаветы — способны посеять между женщинами больше недобрых чувств, чем открытые оскорбления. sich strafbar machen нарушать закон, совершать преступные деяния; *напр.*: er hat sich strafbar gemacht он нарушил закон. sündigen грешить против чего-л. (*допускать неуважение, пренебрежение по легкомыслию и т. п.*); *напр.*: gegen die Straßenverkehrsordnung sündigen допускать (мелкие) нарушения правил уличного движения; auf dem Gebiet der Umweltverschmutzung ist viel gesündigt worden допускалось много нарушений, приводящих к загрязнению окружающей среды □ Meiden Sie das Reich — | Sie haben nur in Spanien gesündigt (*Schiller,* »*Don Carlos*«) Покиньте королевство — вы виновны | Лишь здесь, в Испании (*Перевод Левика*). sich versündigen *высок.* согрешить перед кем-л., погрешить против чего-л.; *напр.*: sich an seiner Familie, an seinen Eltern, an seinem Volk versündigen согрешить (провиниться) перед своей семьей, перед своими родителями, перед своим народом; sich an der Wahrheit versündigen погрешить против истины □ Noch ein Glas? Nicht? Sie versündigen sich an dem Weinchen und an sich selbst, Maybaum... (*Weiskopf,* »*Abschied vom Frieden*«) Еще рюмочку? Нет? Грех, Майбаум, и по отношению к вину, и по отношению к себе... freveln (*an D*) *уст. высок.* грешить, совершать преступление против кого-л., чего-л. *подчеркивает кощунственность совершаемых действий*; *напр.*: gegen die Gesetze freveln нарушать законы □ Was sagst du? — Inken, freveln Sie nicht! (*Hauptmann,* »*Vor Sonnenuntergang*«) Что ты говоришь? — Инкен, не греши. Sie wird gerichtet, wo sie frevelte (*Schiller,* »*Maria Stuart*«) Суд будет там, где ею грех совершен (*Перевод Вильмонта*)

vergelten[1] отплатить (*чем-л., воздать*)
vergelten — heimzahlen — entgelten — sich revanchieren
vergelten *индифф. синоним*; *напр.*: j-m Gleiches mit Gleichem, Böses mit Gutem vergelten отплатить кому-л. той же монетой, добром за зло; er vergalt mir meine Fürsorge mit Undank он отплатил неблагодарностью за мою заботу □ Désirée, dankbar und anständig, vergalt seine Hingabe für ihre Angélique mit ungeteilter Aufmerksamkeit für seine Geschäfte (*Feuchtwanger,* »*Die Füchse*«) Дезире, благодарная и порядочная по своей натуре, отблагодарила Пьера за интерес к своей Анжелике величайшим вниманием к его делам. Denn ihr ist wahrhaftig ihre Zweideutigkeit bitter vergolten worden... (*St. Zweig,* »*Maria Stuart*«) Дорого же она поплатилась за свою двойную игру... **heimzahlen** отплатить за причиненное зло; *напр.*: diese Gemeinheit habe ich ihm heimgezahlt я отплатил ему за эту подлость; das wird er ihnen doppelt heimzahlen за это он отплатит им вдвойне; sie hat ihm in [mit] gleicher Münze heimgezahlt она отплатила ему той же монетой □ Ich mußte ihr doch den Empfang von heute nachmittag heimzahlen (*Remarque,* »*Drei Kameraden*«) Я должен был расквитаться за прием, оказанный мне сегодня после обеда. Er beschloß, das dem frechen Beleidiger heimzuzahlen (*Feuchtwanger,* »*Die Füchse*«) Он решил отплатить за это дерзкому обидчику. ...und dann hatte Frankreich ein für allemal die günstige Gelegenheit verpaßt, England die Schmach von 1763 heimzuzahlen (*ebenda*) ...и тогда Франция навсегда упустила благоприятный случай рассчитаться с Англией за позор 1763 года. **entgelten** ≅ vergelten *обыкн. употр. в сочетании с глаголом* lassen; *напр.*: j-n etw. entgelten lassen заставить кого-л. поплатиться за что-л.; j-n eine Schuld, die Voreiligkeit, ein Versehen entgelten lassen заставить поплатиться кого-л. за вину, за поспешность, за оплошность □ Er ist ein dummer, ungezogener Junge, aber er ist mein Junge, und ich darf es ihn nicht entgelten lassen, daß er Dummheiten macht, wenn er krank ist (*Feuchtwanger,* »*Exil*«) Он глупый, избалованный мальчик, но он — мой мальчик, и не надо заставлять его расплачиваться за то, что он, больной, делает глупости. Wiesener hatte seine Vollmacht überschritten, aber er hatte ihn diesen Vorstoß lange genug entgelten lassen und durfte es sich erlauben, dem Reuigen die Hand hinzuhalten (*ebenda*) Визенер превысил полномочия, но он заставил его за это в должной мере расплатиться, а теперь можно и протянуть руку кающемуся грешнику.

sich revanchieren [-vanˈʃiː-] отыграться, отплатить кому-л. тем же; *напр.*: für deine Frechheit werde ich mich später revanchieren я еще отплачу тебе за твою наглость; er hat sich für das ihm zugefügte Unrecht bitter revanchiert он жестоко отплатил за совершенную несправедливость
vergelten[2] *см.* belohnen
vergessen I[1] забывать, не помнить
vergessen — entfallen — verschwitzen — versieben
vergessen *индифф. синоним*; *напр.*: die Hausnummer, Telefonnummer, eine Regel vergessen забывать номер дома, номер телефона, правило; die alten Bekannten vergessen забывать старых знакомых; sein Versprechen, j-s Bitte vergessen забывать о своем обещании, о чьей-л. просьбе; ich habe gestern vergessen, Ihnen zu sagen, daß... я забыл вчера сказать вам, что... □ Denn Geburtstage und dergleichen pflegt er zu vergessen (*Feuchtwanger,* »*Exil*«) Дни рождения и тому подобные даты он обычно забывает. Meinen wirklichen Namen hatte ich fast vergessen (*Remarque,* »*Schatten*«) Свою настоящую фамилию я почти забыл. Diese alten Geschichten seien vergessen, hatte er sich fest eingebildet (*Seghers,* »*Das siebte Kreuz*«) Он решительно внушал себе, что старые истории давно позабыты. **entfallen** выпадать из памяти; *напр.*: das Wort, sein Name ist mir entfallen слово, его имя выпало у меня из памяти; diese Tatsache ist mir entfallen я не припомню этот факт; die Regel ist ihm entfallen он (вдруг) забыл правило. **verschwitzen** *разг.* забыть, не вспомнить (*то, что хотел или должен был сделать*); *напр.*: das habe ich leider verschwitzt я об этом, к сожалению, забыл; ich habe die Verabredung völlig verschwitzt я совершенно забыл о (нашей) договоренности; wir haben die Einladung bei unseren Freunden verschwitzt мы совершенно забыли о приглашении к нашим друзьям. **versieben** *разг.* упустить, забывать (по небрежности) (*сделать что-л.*); *напр.*: es passiert ihm oft, daß er etwas versiebt с ним часто случается, что он что-нибудь забывает (сделать) □ Freimütig bekannte er, wie dankbar er Heydebregg sei, daß der ihm das nicht vorwerfe, was er durch sein Ungeschick im Fall Benjamin versiebt habe (*Feuchtwanger,* »*Exil*«) Порывисто выражал он благодарность Гейдебрегу за то, что тот не ставит ему в вину всех оплошностей, допущенных им по неловкости в деле Беньямина
vergessen I[2] забывать, оставлять
vergessen — liegenlassen
vergessen *индифф. синоним*; *напр.*: den Schirm, das Buch, die Zeitung im Zug, im Bus vergessen забывать зонтик, книгу, газету в поезде, в авто-

бусе; den Schlüssel zu Hause vergessen забывать ключ дома. **liegenlassen** оставлять (*случайно, по забывчивости*); *напр.*: das Geld, die Brille, die Mappe zu Hause liegenlassen оставить дома деньги, очки, портфель; ich habe meine Handschuhe im Zug liegenlassen я оставил свои перчатки в поезде; ich habe irgendwo in der Zerstreuung meine Tasche liegenlassen я где-то по рассеянности оставила сумку

vergessen I³ забывать (*как что-л. делать*)
vergessen — verlernen
vergessen *индифф. синоним*; *напр.*: einen Arbeitsgang, eine Arbeitsmethode vergessen забывать рабочую операцию [ход работы], метод работы. **verlernen** разучиться, забыть то, чему обучался; *напр.*: sein Handwerk verlernen забыть свое ремесло; er hat sein Englisch noch nicht verlernt он еще не разучился говорить и писать по-английски; er hat verlernt, Klavier zu spielen, höflich zu sein он разучился играть на пианино, быть вежливым; das Schwimmen verlernt man nicht нельзя разучиться плавать; er verlernt alles, was er mühselig gelernt hat он забывает все, что он выучил с таким трудом □ Gerade deshalb. Er hat schon geglaubt, er hätte verlernt zu fahren (*Remarque*, »*Der Himmel*«) Как раз поэтому. Он ведь уже думал, что разучился водить машину

vergessen II забытый
vergessen — verschollen
vergessen *индифф. синоним*; *напр.*: eine vergessene Geschichte забытая история; vergessene Werke забытые произведения; ein vergessener Schriftsteller забытый писатель □ Im Schneegestöber tauchten alte, längst vergessene Bilder auf (*Seghers*, »*Die Toten*«) В снежном вихре мелькали далекие, давно забытые картины. **verschollen** давно забытый *подчеркивает большую давность чего-л., исчезнувшего бесследно, каких-л. событий, времен, о которых сейчас почти уже не помнят*; *напр.*: verschollene Zeiten, Völker давно забытые времена, народы □ Das ausgewaschene Wappen hatte nichts mit der Familie Klemm zu tun. Es war in vergangenen Zeiten von dem längst verschollenen Eigentümer angebracht worden (*Seghers*, »*Die Toten*«) Выцветший герб не имел никакого отношения к семейству Клеммов. Некогда его повесил здесь давно забытый владелец. ...darin er als Knabe die verschollenen Komödien Ruedas hatte aufführen sehen (*Br. Frank*, »*Cervantes*«) ...в которых он мальчиком смотрел представления забытых комедий Руэды
vergeuden *см.* verschwenden
vergewaltigen совершать насилие над кем-л., над чем-л.
vergewaltigen — notzüchtigen

vergewaltigen *индифф. синоним*; *напр.*: j-s Willen vergewaltigen насиловать чью-л. волю; das Recht, die Sprache vergewaltigen нарушать право, искажать язык; ein Mädchen vergewaltigen насиловать девушку; das Volk läßt sich auf die Dauer nicht vergewaltigen народ не позволит долго навязывать себе что-либо силой. **notzüchtigen** *юр.* (из)насиловать *употр. тк. по отношению к лицам женского пола*; *напр.*: eine Frau notzüchtigen изнасиловать женщину
vergewissern, sich *см.* überzeugen, sich
vergießen проливать
vergießen — verschütten
vergießen *индифф. синоним*; *напр.*: Milch, Suppe, Kaffee vergießen проливать молоко, суп, кофе; beim Eingießen vergoß er etwas Wein auf die Tischdecke наливая, он пролил немного вина на скатерть. **verschütten** расплескивать; *напр.*: Wasser, Milch, Bier verschütten расплескивать воду, молоко, пиво; verschütte nicht den Tee! не расплещи чай!; die Hälfte des Wassers ist unterwegs verschüttet worden половина воды расплескалась по дороге □ Er konnte abends kaum noch sein Glas Grog zum Munde führen, ohne die Hälfte zu verschütten, so machte der Teufel seinen Arm zittern (*Th. Mann*, »*Buddenbrooks*«) По вечерам он едва мог поднести стакан грога к губам, чтобы не расплескать его, так чертовски у него тряслась рука. Goß sich Wein in die Kehle, ihn verschüttend (*Feuchtwanger*, »*Erfolg*«) Опрокидывал себе в рот вино, проливая часть мимо
vergiften *см.* verderben ²,³
Vergleich *см.* Schlichtung
vergleichen сравнивать
vergleichen — gegenüberstellen — nebeneinanderstellen
vergleichen *индифф. синоним*; *напр.*: die beiden Bilder, die Abschrift mit dem Original, verschiedene Fassungen des Romans (miteinander) vergleichen сравнивать обе картины, копию с оригиналом, различные варианты романа (друг с другом); das kann man mit nichts vergleichen это ни с чем нельзя сравнить; er verglich sie mit einer Nymphe он сравнил ее с нимфой □ Sie holten ein paar Briefe aus einem Schrankschubfach und verglichen die Schrift mit den Briefen auf dem Tisch (*Remarque*, »*Drei Kameraden*«) Они извлекли из ящика шкафа несколько писем и сравнили их почерк с почерком в письмах на столе. **gegenüberstellen** сравнивать, сопоставляя одно с другим; *напр.*: die Variante A der Variante B gegenüberstellen сравнивать вариант А с вариантом Б; das neue Modell dem alten gegenüberstellen сравнивать [сопоставлять] новую модель со старой; die Tatsachen gegenüberstellen сопоставлять факты; wenn wir die beiden Dichter gegenüberstellen... если мы сопоставим обоих писателей... **nebeneinanderstellen** ≅ gegenüberstellen, *но подчеркивает, что что-л. располагается для сравнения в определенной последовательности, друг за другом*; *напр.*: Tatsachen, Meinungen nebeneinanderstellen сопоставлять факты, мнения; der Lehrer stellte die Beispiele nebeneinander учитель сопоставил примеры; man stellte ihre Leistungen nebeneinander сопоставили их результаты [показатели]

vergnügen *см.* unterhalten ¹
Vergnügen ¹ развлечение, забава
das Vergnügen — die Unterhaltung — der Zeitvertreib — die Zerstreuung — die Kurzweil
Vergnügen *индифф. синоним*; *напр.*: sein Vergnügen an etw. haben развлекаться чем-л.; sich ein Vergnügen aus etw. machen забавляться, тешиться чем-л.; an allen Vergnügen des Winters teilnehmen участвовать во всех зимних развлечениях; ich treibe es zum Vergnügen я делаю это для развлечения; viel Vergnügen! желаю хорошо повеселиться! **Unterhaltung** развлечение (гостей, посетителей, беседой, музыкой *и т. п.*); *напр.*: die Kapelle sorgte für die Unterhaltung der Gäste оркестр занимал гостей музыкой. **Zeitvertreib** (приятное) времяпровождение; *напр.*: wollen wir zum Zeitvertreib Karten spielen? давайте сыграем для развлечения в карты!; das tu' ich nur zum Zeitvertreib я это делаю только для времяпровождения □ Becker hatte mit jener Berta eine beiläufige Liebschaft, die ihm ein Zeitvertreib war zu seinen übrigen Liebschaften am Ort, in Frankfurt und in Mainz... (*Seghers*, »*Die Toten*«) У Бекера была с Бертой мимолетная интрижка — для препровождения времени — в дополнение к ее остальным интрижкам и здесь, и во Франкфурте и в Майнце... Louis selber war interessiert an Theaterdingen und legte dem neuen Zeitvertreib Toinettes nichts in den Weg (*Feuchtwanger*, »*Die Füchse*«) Луи тоже интересовался театром и потому не препятствовал новому времяпрепровождению Туанетты. **Zerstreuung** развлечение для отдыха (*вызываемое желанием рассеяться, отвлечься от чего-л.*); *напр.*: Zerstreuung in etw. suchen, finden искать, находить в чем-л. развлечение; seinen Gästen allerlei Zerstreuungen bieten предлагать своим гостям всевозможные развлечения; meine einzige Zerstreuung besteht im Klavierspiel мое единственное развлечение — игра на пианино. **Kurzweil** *устаревает* легкое развлечение, забава, потеха; *напр.*: allerlei Kurzweil treiben развлекаться, забавляться; dieses Spiel hat er zur Kurzweil erdacht эту игру он придумал для развлечения □ Hinrichtung, Verstümmelung, Folter

waren tägliche Kurzweil... (*Br. Frank*, *»Cervantes«*) Казнь, увечье, пытка были повседневной забавой...

Vergnügen [2] *см.* **Freude** [1]
vergnügen, sich развлекаться
sich vergnügen — bummeln (gehen)

sich vergnügen *индифф. синоним; напр.:* sich auf einem Fest, auf dem Rummel vergnügen развлекаться на празднике, на ярмарке; sich mit Ballspielen, mit dem Hund vergnügen развлекаться игрой в мяч, с собакой; die Kinder vergnügten sich damit, Schiffchen schwimmen zu lassen дети забавлялись, пуская кораблики. **bummeln (gehen)** *разг.* (отправляться) развлекаться (*обыкн. посещая при этом кафе, ресторан и т. п.*); *напр.:* heute abend wollen wir bummeln gehen сегодня вечером мы хотим пойти развлечься □ ...und (*Tschernigg*) meinte, sie sollten an ihrem letzten Abend, am Mittwoch, ungeheuer bummeln, auf die verschwenderische Art (*Feuchtwanger*, *»Exil«*) (Черниг) заявил, что в последний вечер, в среду, они должны устроить грандиозный кутеж, напропалую

vergnügt *см.* **freudig** [1]/**lustig**
vergönnen *см.* **erlauben** [1]
vergöttern *см.* **verehren** [1]
vergreifen, sich *см.* **irren, sich**
vergrößern увеличивать

vergrößern — vermehren — steigern — erhöhen — vervielfachen — vervielfältigen — verlängern — hochschrauben — aufschlagen — mehren

vergrößern *индифф. синоним; напр.:* einen Betrieb, einen Garten, ein Haus vergrößern расширять предприятие, сад, дом; Kapital vergrößern увеличивать капитал; den Bekanntenkreis vergrößern расширять круг знакомых; eine Fotografie vergrößern увеличивать фотографию □ Die Fabrik war zu vergrößern, das hintere Nachbarhaus anzukaufen (*H. Mann*, *»Untertan«*) Фабрику необходимо было расширить и для этого приобрести соседний дом, примыкающий к ней сзади. **vermehren** (при)умножать; *напр.:* den Reichtum, seinen Besitz [sein Vermögen] vermehren умножать богатство, свое состояние; den Wohlstand vermehren повышать благосостояние; der Betrieb vermehrt die Einkünfte предприятие умножает доходы □ Vermehre ihre Rechte, und die Gewalt deiner widerspenstigen Granden wird kleiner (*Feuchtwanger*, *»Die Jüdin von Toledo«*) Увеличь их права — и сила твоих строптивых грандов уменьшится. **steigern** повышать, увеличивать; *напр.:* die Preise, die Miete steigern повышать цены, квартирную плату; den Export, die Produktion steigern расширять экспорт, увеличивать производство; die Auflage der Zeitung steigern увеличивать тираж газеты □ ...und steigerst du deine Preise von einem Tag zum anderen um das Dreifache, so ist das Geld, das du kriegst, um das Vierfache entwertet (*Feuchtwanger*, *»Erfolg«*) ...хоть ты изо дня в день повышаешь цены втрое, полученные тобой деньги за этот же срок успевают обесцениться в четыре раза. **erhöhen** повышать; *напр.:* die Preise, die Steuern, die Löhne, die Zölle erhöhen повышать цены, налоги, заработную плату, пошлины; die Produktion, den Export, den Absatz erhöhen увеличивать производство, экспорт, сбыт; die Preise sind auf das Doppelte erhöht worden цены повысились в два раза; die Geschwindigkeit der Züge wurde erhöht скорость поездов увеличилась □ Die 500 größten Monopole der USA haben 1979... ihre Nettoprofite um 27 Prozent erhöht (*ND 29. 4. 80*) 500 крупнейших монополий США увеличили в 1979 г. ... свою чистую прибыль на 27 процентов. **vervielfachen** увеличивать что-л. в несколько раз; *напр.:* die Einkünfte vervielfachen увеличить доходы в несколько раз; der Umsatz ist in den letzten Jahren vervielfacht worden товарооборот увеличился в последние годы в несколько раз; der Verkehr ist in den letzten Jahren vervielfacht worden в последние годы движение транспорта возросло в несколько раз. **vervielfältigen** увеличивать количество (печатных) экземпляров, размножать; *напр.:* einen Text, eine Handschrift, eine Kopie vervielfältigen размножить текст, рукопись, копию. **verlängern** удлинять (продолжительность, протяженность чего-л.); продлевать, удлинять; *напр.:* eine Strecke verlängern продлить участок пути; ein Kleid, einen Rock verlängern отпускать платье, юбку □ Man hatte die Mittagspause verlängern müssen (*Seghers*, *»Das siebte Kreuz«*) Обеденный перерыв пришлось продлить. **hochschrauben** резко повышать, взвинчивать часто *неодобр., когда подчеркивает искусственное повышение чего-л. в неблаговидных целях*; *напр.:* die Preise hochschrauben взвинчивать цены; j-s Erwartungen, j-s Ansprüche hochschrauben возбуждать в ком-л. высокие ожидания, взвинтить чьи-л. притязания [запросы] до предела. **aufschlagen** увеличивать цену, повышать стоимость; *напр.:* auf den Preis (einer Ware) zehn Pfennig aufschlagen повысить цену (на товар) на десять пфеннигов; die Händler haben wieder aufgeschlagen торговцы опять повысили цены. **mehren** *высок.* □ vermehren; *напр.:* sein Eigentum [sein Gut], sein Vermögen mehren умножать свою собственность, свое состояние □ Ich weiß Männer, die deine Knechte lehren können, ihre Äcker ertragreicher zu machen und das Vieh zu mehren (*Feuchtwanger*, *»Die Jüdin von Toledo«*) Я знаю людей, которые могут обучить твоих подданных, как сделать поля урожайнее и умножить стада

vergrößern, sich увеличиваться

sich vergrößern — sich erhöhen — steigen — zunehmen — anziehen — anlaufen — ansteigen — anwachsen — anschwellen — sich vermehren — sich häufen — sich türmen — sich mehren

sich vergrößern *индифф. синоним; напр.:* der Punkt vergrößerte sich in der Ferne точка, видневшаяся вдали, стала больше; der Betrieb hat sich wesentlich vergrößert предприятие значительно расширилось; die Zahl der Mitarbeiter, der Bekanntenkreis hat sich vergrößert число сотрудников увеличилось, круг знакомых расширился; der Geldumlauf vergrößert sich ständig денежное обращение постоянно увеличивается; das Volumen des Wassers vergrößert sich beim Erhitzen объем воды при нагревании увеличивается. **sich erhöhen** повышаться, увеличиваться; *напр.:* die Preise, die Steuern, die Normen, die Erträge erhöhen sich цены, налоги, нормы, доходы увеличиваются; die Arbeitsproduktivität erhöht sich производительность труда повышается; der Lebensstandart wird sich weiter erhöhen жизненный уровень будет повышаться и дальше; die Auflage der Zeitung erhöhte sich тираж газеты увеличился. **steigen** повышаться, подниматься; *напр.:* der Wasserstand steigt уровень воды поднимается; die Preise steigen цены повышаются; der Wert des Bildes, des Grundstücks ist gestiegen цена [стоимость] картины, участка повысилась; das Fieber steigt температура (больного) поднимается □ In diesen Wintertagen, während der Kurs des Dollars an der Berliner Börse von 186,75 auf 220 stieg... (*Feuchtwanger*, *»Erfolg«*) В эти зимние дни, в то время как курс доллара на берлинской бирже поднялся с 186,75 до 220 марок... **zunehmen** увеличиваться, прибавляться; *напр.:* die Zahl der Studenten hat zugenommen число студентов увеличилось; der Wasserstand nimmt zu уровень воды повышается; die Tage, die Nächte nehmen zu дни, ночи становятся длиннее; der Mond nimmt zu луна прибывает; bei zunehmendem Mond при молодом месяце [в новолуние] □ Hunger und Elend in Deutschland nahm zu. Schon kostete der Dollar 408 Mark (*Feuchtwanger*, *»Erfolg«*) Голод и нищета в Германии усиливались. Доллар стоил уже 408 марок. Die Unruhe nahm zu... (*ebenda*) Беспокойство нарастало... Im Januar hat in der BRD die Arbeitslosigkeit in einem Maße zugenommen, wie seit 1975 nicht mehr (*ND 8. 2. 80*) В январе в ФРГ был такой рост безработицы, какой не отмечался с 1975 года. **anziehen** подниматься, увеличиваться (*б. ч. о це-*

нах); напр.: die Preise ziehen mächtig an цены сильно [резко] возрастают; die Geldkurse, die Aktienpreise, die Dividenden haben angezogen курсы валют, акций, дивиденды поднялись; die Baukosten werden um das Doppelte anziehen расходы на строительство поднимутся вдвое; der Weizen zieht an цены на пшеницу поднимаются □ Die Lebensmittel zogen an wie in den Jahren des stärksten Kriegshungers... (Feuchtwanger, »Erfolg«) Продукты питания повышались в цене, как в годы самого сильного голода во время войны... Die Konjunktur zog weiter an, die Märkte waren aufnahmefähig... (Noll, »Werner Holt«) Конъюнктура все улучшалась, спрос рос... **anlaufen** (накапливаясь,) увеличиваться, расти (о долгах и т. п.); напр.: die Schulden sind auf eine hohe Summe angelaufen долги выросли в большую сумму; die Kosten laufen an расходы возрастают; es sind neue Schulden angelaufen выросли новые долги. **ansteigen** (постепенно) увеличиваться, возрастать; напр.: die Preise steigen an цены (все) растут; die Zahl der Abonnenten, der Teilnehmer ist auf das Dreifache angestiegen число абонентов, участников увеличилось в три раза; der Absatz, der Umsatz ist beträchtlich angestiegen сбыт, оборот значительно увеличился [возрос]; der Verbrauch stieg an потребление увеличилось □ Auf rund eine Million wird die Zahl der Vollarbeitslosen in der BRD in diesem Monat ansteigen (ND 25.11.77) Число полностью безработных в ФРГ в этом месяце возрастет до одного миллиона. Die Zahl der Arbeitslosen in Frankreich ist im November nach offiziellen Angaben des Arbeitsministeriums auf 1020100 angestiegen (ND 17.12.75) Число безработных во Франции возросло в ноябре по официальным данным министерства труда до 1020100 человек. **anwachsen** возрастать (о количестве); напр.: rapid [rasch], stetig anwachsen быстро, постоянно возрастать; die Bevölkerungszahl, die Besucherzahl, die Mitgliederzahl wächst ständig an население, количество посетителей, членов постоянно возрастает; seine Ersparnisse waren inzwischen auf 10 000 M angewachsen его накопления возросли между тем до десяти тысяч марок; die Arbeit, das Material wächst von Tag zu Tag объем работы, материала растет изо дня в день □ Die Zahl der registrierten Arbeitslosen in der BRD wird bis 1985 auf etwa 1,65 bis 2 Millionen anwachsen (ND 10.6.80) Число зарегистрированных безработных в ФРГ возрастет к 1985 году до 1,65—2 миллионов. **anschwellen** увеличиваться в объеме; напр.: der Fluß schwillt an вода в реке прибывает; die Menschenmenge schwoll an толпа людей все увеличивалась; die Schuldenlast schwillt an бремя долгов растет; die Zahl der unerledigten Briefe schwoll immer mehr an количество неотправленных писем все больше увеличивалось □ Der Lärm unten schwoll an (Weiskopf, »Lissy«) Шум внизу нарастал (Ср. тж. ряд schwellen). **sich vermehren** численно увеличиваться, умножаться; напр.: die Bevölkerung vermehrt sich население растет; die Zahl der Grippeerkrankungen hat sich in den letzten Tagen vermehrt число заболеваний гриппом увеличилось в последние дни □ Die Streckenlichter vermehrten sich (Seghers, »Die Toten«) Путевых огней становилось все больше. **sich häufen** скапливаться; напр.: die Schulden häufen sich накапливаются долги; in seinem Zimmer häufen sich die Zeitungen zu Bergen в его комнате скапливаются горы газет; die Arbeit häuft sich immer mehr работы скапливается все больше; die Klagen über j-n, die Anschuldigungen gegen j-n häufen sich участились случаи жалоб на кого-л., обвинений против кого-л.; die Anfragen häufen sich запросов становится все больше; die Fälle häufen sich, in denen... учащаются случаи, когда... **sich türmen** скапливаться в больших количествах; напр.: die Arbeit türmt sich zur Zeit в настоящее время скапливаются горы работы; im Keller türmen sich die Kisten в подвале громоздятся ящики; der Abfall, der Müll türmte sich in den Straßen на улицах скопились горы отбросов, мусора; auf dem Schreibtisch türmen sich die Bücher книги нагромождены на письменном столе □ Die Kohlenhaufen, die man nicht abtransportieren konnte, türmten sich... (Feuchtwanger, »Erfolg«) Груды угля, который не удавалось вывезти, росли, превращались в горы... **sich mehren** ≅ sich vermehren; напр.: die Stimmen dafür mehrten sich количество голосов «за» увеличилось; die Anfragen mehrten sich in den letzten Tagen в последние дни увеличилось число запросов; sein Einkommen mehrt sich его доход приумножается; seine Kräfte mehren sich его силы умножаются □ Die Häuser mehrten sich. Die Scheinwerfer rissen sie aus dem klatschenden Dunkel (Remarque, »Der Himmel«) Домов становилось все больше. Фары вырывали их из густой темноты

Vergünstigung см. Vorrecht
vergüten см. belohnen/bezahlen ¹
verhaften арестовывать
verhaften — dingfest machen — festnehmen — inhaftieren — in Haft nehmen — ergreifen — aufgreifen — fangen — einfangen — arretieren — erwischen — kriegen — schnappen
verhaften индифф. синоним; напр.: einen Dieb, einen Verbrecher verhaften арестовывать вора, преступника; j-n auf frischer Tat verhaften арестовывать кого-л. на месте преступления. Der Verurteilte ward sofort verhaftet (H. Mann, »Untertan«) Осужденный был сразу взят под стражу. **dingfest machen** ≅ verhaften, но предполагает, что задержан тот, кого долгое время разыскивали с целью привлечь к ответственности; напр.: der Dieb ist dingfest gemacht worden вор был арестован. **festnehmen** задерживать в отличие от verhaften не предполагает наличия ордера на арест, постановления суда и т. п.; употр. в тех случаях, когда полиция задерживает кого-л. в момент нарушения им порядка, по подозрению или по какому-л. другому поводу; напр.: einen Dieb, einen Betrüger, einen Verdächtigen festnehmen задерживать вора, мошенника, подозрительного; die Polizei hat bei der Razzia zehn Personen festgenommen полиция задержала во время облавы десять человек; er wurde auf frischer Tat ertappt und sofort festgenommen он был застигнут на месте преступления и сразу задержан □ Allein in Hamburg kam ihm die Polizei auf die Spur, nahm ihn fest, nach einer längeren Jagd über Dächer (Feuchtwanger, »Erfolg«) Однако в Гамбурге полиция напала на его след и после длительной погони по крышам арестовала его. **inhaftieren** брать под стражу, арестовывать; напр.: der Dieb wurde von der Polizei inhaftiert вор был арестован полицией; er war vier Wochen inhaftiert он был четыре недели под стражей. **in Haft nehmen** ≅ inhaftieren, но чаще употр. в официальных документах; напр.: einen Verbrecher in Haft nehmen взять под стражу преступника □ Eine Woche später ward Direktor Hugo Weinschenk zu einer Gefängnisstrafe von drei Jahren und einem halben verurteilt und sofort in Haft genommen (Th. Mann, »Buddenbrooks«) Неделю спустя директор Гуго Вейншенк был приговорен к тюремному заключению сроком на три с половиной года и тотчас же взят под стражу. **ergreifen** схватить подчеркивает неожиданность или быстрое осуществление ареста; напр.: einen Dieb, einen entflohenen Gefangenen ergreifen схватить вора, сбежавшего заключенного; durch Hinweise aus der Bevölkerung konnte der Täter schnell ergriffen werden благодаря помощи населения (поступившей информации) преступник был быстро схвачен. **aufgreifen** хватать, задерживать употр. по отношению к подозрительным лицам, бродягам, нищим и т. п.; напр.: einen verdächtigen Landstreicher aufgreifen задержать подозрительного бродягу; er wurde auf der Straße von einer Streife ohne Papiere aufgegriffen патруль задержал его на улице без документов. **fangen** поймать; напр.: einen Dieb, einen Verbrecher fangen поймать

вора, преступника. **einfangen** (снова) поймать того, кто убежал; *напр.*: einen Verbrecher einfangen поймать беглого преступника ☐ Den Aldinger hatten sie sicher inzwischen eingefangen (*Seghers*, »*Das siebte Kreuz*«) Альдингера они уже наверняка за это время схватили снова. **arretieren** *уст. книжн.* ≅ festnehmen; *напр.*: einen Dieb, einen Landstreicher arretieren задержать вора, бродягу; der Betrunkene wurde von der Polizei arretiert und zur Wache mitgenommen пьяный был задержан полицией и доставлен в участок ☐ Mangels tauglicher Bürgen jedoch sei Cervantes zu arretieren und sofort in Schuldhaft zu setzen (*Br. Frank*, »*Cervantes*«) В случае отсутствия надежных поручителей Сервантес подлежит аресту и незамедлительному заключению в долговую тюрьму. **erwischen** *разг.* ≅ ergreifen; *напр.*: einen Dieb, einen Verbrecher erwischen схватить вора, преступника; j-n beim Stehlen erwischen схватить кого-л. при попытке украсть; j-n auf frischer Tat erwischen поймать кого-л. на месте преступления ☐ Wenn die Gendarmen uns erwischten, wurden wir eingesperrt, zu Gefängnis verurteilt und ausgewiesen (*Remarque*, »*Schatten*«) Стоило попасть в руки жандармов, и нас сажали за решетку, приговаривали к тюремному заключению, к высылке. Die Franzosen hatten ihn mit allen Emigranten, die sie erwischen konnten, in ein Internierungslager gesperrt (*ebenda*) Французы засадили его в лагерь для интернированных вместе с другими эмигрантами, которых успели схватить. **kriegen** *разг.* ≅ ergreifen; *напр.*: die Polizei wird den flüchtigen Verbrecher bald kriegen полиция скоро схватит беглого преступника. **schnappen** *разг.* сцапать; *напр.*: ☐ Sicher hat er recht, sicher ist Paul geschnappt worden, sicher ist er hochgegangen, und sicher ist es nicht ratsam, bei der Polizei nachzufragen (*Feuchtwanger*, »*Lautensack*«) Наверняка он прав, наверняка Пауля схватили, наверняка он провалился, и, конечно, неразумно было бы наводить справки в полиции

Verhaftung арест (*действие*)
die **Verhaftung** — die **Haft** — der **Arrest**
Verhaftung *индифф. синоним*; *напр.*: eine Verhaftung anordnen отдать распоряжение об аресте [о взятии под стражу]; eine Verhaftung vornehmen произвести арест; die Polizei schritt zur Verhaftung der Verdächtigen полиция прибегла к аресту подозрительных ☐ Eigentlich hatte sie das schon vor Tagen tun wollen, schon am Morgen nach der Verhaftung Danzigers... (*Weiskopf*, »*Lissy*«) Собственно говоря, она хотела сделать это уже несколько дней тому назад, утром после ареста Данцигера... **Haft** заключение (*пребывание в местах лишения свободы*); *напр.*: eine kurzfristige, lebenslängliche Haft краткосрочное, пожизненное заключение; in Haft sitzen, sich in Haft befinden находиться в заключении; j-n vorfristig aus der Haft entlassen досрочно из заключения [из-под стражи] ☐ Während der ersten Tage seiner Haft hatte Martin Krüger sich verzweifelt gewehrt (*Feuchtwanger*, »*Erfolg*«) В первые дни своего заключения Мартин Крюгер оказывал отчаянное сопротивление. **Arrest** пребывание под арестом (*преимущественно о кратковременном пребывании под стражей — дисциплинарном наказании военнослужащих*); *напр.*: Arrest haben, im Arrest sein [sitzen] сидеть под арестом; j-n in Arrest setzen посадить кого-л. под арест

verhallen *см.* verstummen [1]
Verhalten *см.* Benehmen [1]
verhalten, sich *см.* benehmen, sich
Verhältnis отношение (*к кому-л., к чему-л.*)
das **Verhältnis** — die **Beziehung**
Verhältnis *индифф. синоним* а) *напр.*: ein freundschaftliches, näheres Verhältnis дружеские, более близкие отношения; das Verhältnis zur Kunst, zur Musik, zum Leben отношение к искусству, к музыке, к жизни; in welchem Verhältnis stehst du zu ihm? как ты относишься к нему?; ich stehe in einem gespannten Verhältnis zu ihm у меня с ним натянутые отношения; wir stehen in einem nahen und freundschaftlichen Verhältnis zueinander у нас близкие и дружеские отношения; ich habe ein ganz anderes Verhältnis zum Leben у меня совсем другое отношение к жизни; b) интимные отношения, любовная связь; *напр.*: ☐ Auch hatte seine Tochter, die Anni, Beziehungen, ein Verhältnis, ein sogenanntes Gspusi, mit einem Mann, den er wohl oder übel als Schlawiner ansprechen mußte (*Feuchtwanger*, »*Erfolg*«) У его дочери, Анни, было знакомство, связь, можно сказать, шашни с человеком, которого он волей-неволей был вынужден считать проходимцем. **Beziehung** *б. ч. мн.* а) (взаимо)отношения; *напр.*: gute, schlechte, enge, freundschaftliche Beziehungen zu j-m haben иметь с кем-л. хорошие, плохие, близкие, дружеские отношения; Beziehungen aufnehmen [anknüpfen], erhalten [pflegen], festigen установить, поддерживать, укреплять отношения; die diplomatischen Beziehungen zu einem Land anbahnen, aufrechterhalten, abbrechen установить, поддерживать, разорвать дипломатические отношения с какой-л. страной; ich stehe mit ihm in freundschaftlichen Beziehungen я нахожусь с ним в дружеских отношениях; er steht zu ihr in engen Beziehungen он с ней в близких отношениях; die Beziehungen zwischen uns sind gespannt между нами натянутые отношения ☐ Toinettes Beziehungen zu Vaudreuil waren jetzt weniger bitter (*Feuchtwanger*, »*Die Füchse*«) Отношения Туанетты и Водрейля были теперь уже не так мучительны. Er hatte keine nahen Beziehungen zu Félicien (*ebenda*) Он не был близок с Фелисьеном. Ihm konnte man seine Beziehungen zu Lea bös ankreiden (*Feuchtwanger*, »*Exil*«) Ему эта связь с Леа может стоить дорого; b) связи (*знакомства*); *напр.*: er hat überall Beziehungen у него повсюду связи; der Direktor verfügt über genügend Beziehungen директор располагает достаточными связями ☐ Er, Lenormant, war es gewesen, der ihm, als er durch seinen großen Prozeß Vermögen und Ämter verloren hatte, durch seine Beziehungen zu dem Ministerpräsidenten die Anstellung als Geheimagent in London verschafft hatte (*Feuchtwanger*, »*Die Füchse*«) И это он, Ленорман, благодаря своим связям с премьер-министром добыл Пьеру место тайного агента в Лондоне, когда тот в результате громкого процесса лишился состояния и должностей

verhältnismäßig относительно (*не абсолютно*)
verhältnismäßig — r e l a t i v
verhältnismäßig *индифф. синоним*; *напр.*: verhältnismäßig leicht, schwer, viel, wenig, gut, schlecht относительно легко, трудно, много, мало, хорошо, плохо; sie war verhältnismäßig ruhig она была сравнительно спокойна; die Aufgabe, die Arbeit ist verhältnismäßig leicht задача, работа относительно легкая; es ist verhältnismäßig kalt довольно холодно; der Verlust ist verhältnismäßig gering потеря относительно небольшая ☐ Jenes zweideutige, umstürzlerisch gefärbte Bild *Josef und seine Brüder* war man ja glücklicherweise verhältnismäßig rasch wieder losgeworden (*Feuchtwanger*, »*Erfolg*«) От подозрительной, несомненно носившей революционную окраску картины «Иосиф и его братья» удалось избавиться сравнительно быстро. Der Vorsitzende, der Landesgerichtsdirektor Dr. Hartl, jovialer blonder Herr, verhältnismäßig jung, noch nicht fünfzig... (*ebenda*) Председатель, управляющий ландсгерихтом, доктор юстиции Гартль, общительный блондин, сравнительно молодой, ему едва ли было пятьдесят... **relativ** *книжн.* ≅ verhältnismäßig; *напр.*: ein relativ günstiger Preis относительно выгодная цена; die Arbeit ist relativ leicht, gut, interessant работа относительно легкая, хорошая, интересная; das war ein sehr relatives Vergnügen это удовольствие было весьма относительно; es geht mir relativ gut я чувствую себя относительно хорошо

VERHÄLTNISSE 577 VERHINDERUNG V

Verhältnisse обстоятельства, условия
die **Verhältnisse** — der **Umstand** — die **Bedingungen** — der **Zustand**

Verhältnisse *тк. мн. индифф. синоним; напр.*: die örtlichen, klimatischen Verhältnisse местные, климатические условия; die familiären Verhältnisse семейные обстоятельства; undurchsichtige Verhältnisse неясные обстоятельства; unter den bestehenden Verhältnissen при сложившихся условиях [обстоятельствах]; so haben sich die Verhältnisse entwickelt так сложились обстоятельства; bei uns liegen die Verhältnisse anders у нас условия другие; sie lebten in ähnlichen Verhältnissen они жили примерно в одинаковых условиях □ Da hatte er nur etwas von außerordentlich mißlichen Verhältnissen gestottert (*Weiskopf,* »*Lissy*«) Тогда он пробормотал что-то о чрезвычайно тяжелом положении. Im übrigen sprach er nur englisch, hatte keine Ahnung von den Pariser Verhältnissen... (*Feuchtwanger,* »*Die Füchse*«) Впрочем, говорил он только по-английски, в парижской обстановке ничего не смыслил... Unten brauchte man ihn, der die Menschen und die Verhältnisse kannte, aber selbst schon vergessen war (*Seghers,* »*Das siebte Kreuz*«) Здесь он был нужен, так как знал людей и местные условия, а сам был уже забыт. Je ranziger ihre Hoffnung wurde auf Rückkehr in die Heimat oder zumindest in gesicherte Verhältnisse, um so tiefer ließen sie sich fallen (*Feuchtwanger,* »*Exil*«) Чем больше увядали их надежды на возвращение домой или по крайней мере к обеспеченному существованию, тем больше они опускались. **Umstand** *б. ч. мн.* обстоятельство *подчеркивает особый характер обстоятельств, определенную ситуацию, в которой что-л. происходит; напр.*: ungünstige Umstände неблагоприятные обстоятельства; nach den näheren, besonderen Umständen von etw. fragen расспрашивать о подробностях, об особых обстоятельствах чего-л.; sie hat alle Umstände (des Vorfalls) erzählt она рассказала обо всех обстоятельствах (происшествия) □ Leider waren die Umstände stärker als sein guter Wille... (*Weiskopf,* »*Lissy*«) К сожалению, обстоятельства были сильнее его благих намерений... Er war gewiß, daß es dazu nicht kommen werde, aber er nahm sich vor, unter allen Umständen den Aufsatz englisch zu veröffentlichen (*Feuchtwanger,* »*Die Füchse*«) Он был уверен, что этого не будет, но он решил во что бы то ни стало опубликовать статью на английском языке. **Bedingungen** *тк. мн.* условия (жизни, работы, деятельности человека в обществе *и т. п.*); *напр.*: unter günstigen, guten, schlechten Bedingungen arbeiten, leben работать, жить в благоприятных, хороших, плохих условиях; die materiellen, gesellschaftlichen Bedingungen einer Zeit материальные, общественные условия какого-л. времени; unter feudalen, kapitalistischen, sozialistischen Bedingungen leben жить в условиях феодализма, капиталистического, социалистического общества; die ökonomischen und politischen Bedingungen verändern sich экономические и политические условия меняются. **Zustand** *б. ч. мн. разг.* положение (вещей), обстоятельства; *напр.*: die wirtschaftlichen Zustände (im Lande) экономическое положение (в стране) □ Französische Offiziere waren mißvergnügt zurückgekehrt und erzählten Unvorteilhaftes über die amerikanischen Zustände (*Feuchtwanger,* »*Die Füchse*«) Французские офицеры вернулись домой крайне недовольные и нелестно характеризовали положение дел в Америке

verhandeln *см.* besprechen
Verhandlung *см.* Besprechung
verhangen *см.* wolkig
verhängen *см.* verurteilen¹
Verhängnis *см.* Schicksal
verhängnisvoll¹ роковой
verhängnisvoll — fatal

verhängnisvoll *индифф. синоним*; *напр.*: ein verhängnisvoller Irrtum, Fehler роковое заблуждение, роковая ошибка; einen verhängnisvollen Schritt unternehmen сделать роковой шаг; seine Politik hat sich als verhängnisvoll erwiesen его политика оказалась роковой [гибельной] □ In der beinahe verhängnisvoll gewordenen Schlacht hatte General Hoche auf dem rechten Flügel brillant operiert (*Bredel,* »*Der Kommissar am Rhein*«) В ставшей почти роковой битве генерал Ош блестяще действовал на правом фланге. Der verhängnisvolle Brief ist abgegangen... (*St. Zweig,* »*Maria Stuart*«) Роковое письмо отослано... **fatal** *книжн.* ≅ verhängnisvoll; *напр.*: ein fatales Ereignis роковое событие; die Sache hat sich fatal ausgewirkt дело имело роковые последствия □ Da kan den Fall Benjamin, erklärte er, einmal in offenem Männergespräch erörtere, möchte er auf ein Gerücht hinweisen, welches dem widerwärtigen Gekläff um diese fatale Sache immer neue Nahrung gebe (*Feuchtwanger,* »*Exil*«) «Раз уж мы, — заявил он, — в откровенной мужской беседе затрагиваем дело Беньямина, то я хотел бы указать на некоторые слухи, дающие все новую пищу гнусному тявканью вокруг этого проклятого дела». Herr von Gehrke hatte натурally seinen Kopf längst wieder hochgerichtet, in anmutig eleganter Haltung saß er auf dem fatalen Stuhl, höflich, aufmerksam (*ebenda*) Господин фон Герке, конечно, давно уже поднял голову и сидел, изящный и элегантный, в роковом кресле, вежливо, внимательно слушая

verhängnisvoll² *см.* unheilvoll
verharren *см.* bestehen²
verhärtet *см.* hart
verhätscheln *см.* verwöhnen
verhauen *см.* schlagen
verhauen (, sich) *см.* irren, sich
verheben, sich *см.* überanstrengen, sich
verheddern *см.* verwirren¹
verheeren *см.* verwüsten
verhehlen *см.* verbergen¹
verheimlichen *см.* verbergen¹
verheiraten женить, выдавать замуж
verheiraten — **vermählen** — **verehelichen**

Синонимы данного ряда в большей или меньшей степени устаревают, по сравнению с соответствующими непереходными глаголами употр. реже, имеют одинаковое значение и различаются стилистически и по степени употребительности.

verheiraten *индифф. синоним; напр.*: er hat seine Tochter mit einem [an einen] Lehrer verheiratet он выдал свою дочь замуж за учителя □ Ich will ihn ja nicht mit meiner Tochter verheiraten, die hat ja längst ihren Botschaftsattaché (*Seghers,* »*Die Toten*«) Я ведь не собираюсь выдавать за него свою дочь. У нее уже давно есть атташе посольства. Wenn Emmi, weil sie nichts hatte, keinen Mann fand, mußte man sie eben unter ihrem Stande verheiraten, mit einem braven Handwerker (*H. Mann,* »*Untertan*«) Если Эмми не может найти жениха, потому что у нее гроша за душой нет, значит, ее надо выдать замуж за человека более низкого сословия, за честного ремесленника. **vermählen** *высок.* ≅ verheiraten; *напр.*: seine Tochter, seinen Sohn mit j-m vermählen выдать за кого-л. замуж свою дочь, женить на ком-л. своего сына □ Sie hatte wohl die Hoffnung nicht aufgegeben, dem Don Pedro vermählt zu werden... (*Feuchtwanger,* »*Die Jüdin von Toledo*«) Она, видно, не отказалась от мысли обвенчаться с доном Педро... **verehelichen** *высок.* ≅ verheiraten, *но употр. редко и звучит напыщенно; напр.*: sie hat ihre Tochter verehelicht она выдала замуж свою дочь

verheiraten, sich *см.* heiraten
verheiratet: nicht verheiratet *см.* ledig
verheißen *см.* versprechen
Verheißung *см.* Versprechen
verherrlichen *см.* verehren¹
verhetzen *см.* aufwiegeln
verhexen *см.* bezaubern/verzaubern¹
verhimmeln *см.* loben
verhindern *см.* hindern/vereiteln
Verhinderung задержка, помеха (*помешавшая прийти и т. п.*)
die **Verhinderung** — die **Abhaltung**
Verhinderung *индифф. синоним; напр.*: Verhinderung durch den Dienst,

durch eine Dienstreise, durch eine Krankheit задержка по службе, из-за командировки, из-за болезни; eine dienstliche [geschäftliche] Verhinderung задержка по делам службы; sich wegen einer Verhinderung entschuldigen извиняться из-за задержки □ Der König | Hat wichtige Verhinderung. | Kein Mensch wird vorgelassen (*Schiller*, »*Don Carlos*«) Король сегодня занят важнейшими делами, | И никто не может быть допущен (*Перевод Левика*). **Abhaltung** задержка; неотложное дело, препятствующее своевременному выполнению другого; *напр.*: eine dringende, wichtige, ernstliche Abhaltung задержка по неотложному, важному, серьезному делу; die dauernden Abhaltungen вечные дела (*помехи, задержки*); eine Abhaltung von der Arbeit дело, мешающее работать; ich habe eine Abhaltung у меня есть неотложное дело (*и я не могу прийти, сделать что-л. другое*)

verhoffen *см.* hoffen
verhöhnen *см.* auslachen
Verhör допрос

das **Verhör** — die **Vernehmung**

Verhör *индифф. синоним*; *напр.*: das Verhör des Kriegsgefangenen, des Täters, des Verhafteten допрос военнопленного, виновника содеянного, арестованного; j-n ins Verhör nehmen, mit j-m ein Verhör anstellen подвергать кого-л. допросу; das Verhör dauerte mehrere Stunden допрос продолжался несколько часов □ Der Landesgerichtsdirektor Hartl wandte sich dem Verhör der Hausgenossen des toten Mädchens... zu (*Feuchtwanger*, »*Erfolg*«) Председатель суда Гартль перешел к допросу лиц, проживавших в одном доме с умершей девицей... Wenn das Verhör auf diesen Punkt angelegt worden war, dann mußte der Kommissar enttäuscht sein (*Seghers*, »*Das siebte Kreuz*«) Если допрос был нацелен на этот пункт, то комиссар, вероятно, был разочарован. **Vernehmung** допрос (*во время следствия, в суде и т. п.*); *напр.*: die Vernehmung des Angeklagten, des Zeugen допрос обвиняемого, свидетелей; der Polizeikommissar schritt zur Vernehmung полицейский комиссар приступил к допросу □ Kaum aber war die Vernehmung vorbei, als sie in sinnlose Panik geriet (*Feuchtwanger*, »*Exil*«) Но как только допрос окончился, ее охватил безумный страх. Man hatte Gräfenheim alle paar Wochen zu einer Vernehmung geholt (*Remarque*, »*Schatten*«) Грефенгейма вызывали регулярно через несколько недель на допрос

verhören *см.* fragen
verhüllen *см.* verdecken
verhüten *см.* vorbeugen
Verhütung *см.* Vorbeugung
verirren, sich заблудиться, сбиться с пути (*б. ч. по ошибке*)

sich **verirren** — sich **verlaufen** — **abkommen** — **abweichen** — **abgehen** — **abschweifen** — sich **verfahren** — sich **verfliegen** — a b i r r e n

sich verirren *индифф. синоним*; *напр.*: sich im Wald, in der Dunkelheit, in der großen Stadt verirren заблудиться в лесу, в темноте, в большом городе; ich muß Sie bis zur Chaussee begleiten, damit Sie sich nicht verirren мне надо вас проводить до шоссе, чтобы вы не заблудились. **sich verlaufen** ≈ sich verirren, *но употр. тк. по отношению к пешеходу*; *напр.*: sich im Wald, in der unbekannten Stadt verlaufen заблудиться в лесу, в незнакомом городе; der Park ist so groß, daß man sich darin verlaufen kann парк такой большой, что в нем можно заблудиться. **abkommen** сбиться с пути; *напр.*: vom Weg [von der Fahrbahn] abkommen потерять дорогу; vom Kurs abkommen отклониться от курса; ich glaube, ich bin in der Dunkelheit vom Weg abgekommen в темноте я, кажется, сбился с пути. **abweichen** отклоняться в сторону (от маршрута, пути, курса *и т. п.*) *в отличие от предыдущих членов ряда, обозначающих, что отклонение происходит по ошибке, может означать и преднамеренное действие*; *напр.*: vom Weg, vom Kurs, von der Reiseroute abweichen отклоняться от дороги, от курса, от маршрута; nach links abweichen отклоняться влево; das Flugzeug ist vom vorgeschriebenen Kurs abgewichen самолет отклонился от заданного курса. **abgehen** ≈ abweichen, *но употр. реже и тк. по отношению к пешеходу*; *напр.*: vom Wege abgehen уклоняться от дороги. **abschweifen** *редко* ≈ abweichen, *но чаще перен.*; *напр.*: vom Wege abschweifen уклоняться (в сторону) [отклоняться] от дороги; vom Thema abschweifen отклоняться от темы. **sich verfahren** (случайно, по ошибке *и т. п.*) сбиться с пути (*о едущем*); *напр.*: sich im Nebel verfahren сбиться с пути в тумане; sie hatten sich trotz der Wegschilder verfahren они сбились с пути, несмотря на дорожные указатели. **sich verfliegen** (случайно, по ошибке *и т. п.*) сбиться с курса во время полета, залететь не туда; *напр.*: der Pilot, das Flugzeug hat sich verflogen пилот, самолет потерял ориентировку. **abirren** *высок.* ≈ abkommen; *напр.*: wir sind in der Dunkelheit vom Wege abgeirrt в темноте мы сбились с пути

verjagen *см.* fortjagen [1]
Verjagung *см.* Vertreibung
verjähren *см.* erlöschen [2]
verkappen *см.* verkleiden [2]
Verkauf продажа

der **Verkauf** — der **Absatz** — der **Ausverkauf** — der **Vertrieb** — die **Versteigerung** — der V e r s c h l e i ß

Verkauf *индифф. синоним*; *напр.*: ein vorteilhafter Verkauf выгодная продажа; Verkauf von Fahrkarten, von Ansichtskarten, von Andenken продажа проездных билетов, открыток с видами, сувениров; etw. zum Verkauf anbieten предложить что-л. для продажи; etw. zum Verkauf bringen [stellen] пускать что-л. в продажу; das Haus, das Grundstück kommt [steht] zum Verkauf дом, участок продается □ Er war unser Reklamechef und hatte Köster und mir gerade ein Inserat vorgelesen, das er für den Verkauf des Wagens verfaßt hatte (*Remarque*, »*Drei Kameraden*«) Он числился заведующим отделом рекламы и только что прочел Кестеру и мне текст составленного им объявления о продаже машины. **Absatz** сбыт; *напр.*: guter, großer, schlechter Absatz хороший, большой, плохой сбыт; guten, schlechten Absatz haben [finden] иметь хороший, плохой сбыт; хорошо, плохо продаваться; den Absatz erweitern, beschleunigen расширить, ускорить сбыт; diese Ware hat [findet] keinen Absatz этот товар не находит сбыта; die Ware hat reißenden Absatz товар идет нарасхват. **Ausverkauf** распродажа; *напр.*: Ausverkauf machen объявлять распродажу; in diesem Laden ist Ausverkauf в этом магазине идет распродажа. **Vertrieb** (регулярная) продажа, сбыт; *напр.*: die Firma übernimmt den Vertrieb von Waren фирма берет на себя сбыт [продажу] товаров □ Es nannte sich »Fortunette«... und befaßte sich mit der Erzeugung und dem Vertrieb von Amuletten (*Weiskopf*, »*Lissy*«) Оно называлось «Фортюнет» и занималось изготовлением и продажей амулетов. **Versteigerung** продажа с публичных торгов, с аукциона; *напр.*: eine Versteigerung ausschreiben [ansetzen, bekanntgeben] назначать торги; etw. bei einer Versteigerung erstehen [kaufen] купить что-л. на аукционе; das Haus kommt, die Möbel kommen zur Versteigerung дом, мебель продается с аукциона □ Ich will jetzt ins nächste Dorf heruntergehen, der Bauer Hänisch wird zwangsversteigert. Die letzte Woche haben wir so was verhindert. Die Versteigerung ist verschoben worden (*Seghers*, »*Die Toten*«) Я иду в соседнюю деревню, там хозяйство Хениша собираются продавать с молотка. На прошлой неделе нам удалось помешать этому. И аукцион отложили. **Verschleiß** *австр. ком.* продажа в розницу; *напр.*: der Verschleiß der Waren сбыт товаров; der Verschleiß der Schuhe (широкая) распродажа обуви

verkaufen продавать

verkaufen — **veräußern** — **vertreiben** — **versteigern** — **ausverkaufen** — **absetzen** — **umsetzen** — **abstoßen** — **ausschenken** — **spekulieren** — f e i l b i e

VERKAUFEN 579 VERKEHR

ten — feilhalten — verschieben — verschachern — verkitschen — verkloppen — verklopfen — versilbern — verramschen

verkaufen *индифф. синоним*; *напр*.: Blumen, Bücher, Äpfel verkaufen продавать цветы, книги, яблоки; stückweise, en gros [aŋ'gro:] verkaufen продавать поштучно, оптом; etw. teuer, preiswert, billig, für zwanzig Mark verkaufen продавать что-л. дорого, недорого, дешево, за двадцать марок; Bier über die Straße verkaufen продавать пиво на вынос □ Anfang November verkauften wir den Citroën (*Remarque, »Drei Kameraden«*) В начале ноября мы продали наш «ситроен». **veräußern** ≅ verkaufen, но употр., когда речь идет о продаже личного имущества, имеющего значительную ценность, с целью поправить свое финансовое положение; *напр*.: seinen Besitz veräußern продавать свою собственность [свое имущество]; sie war gezwungen, ihren Schmuck zu veräußern она была вынуждена продать свои драгоценности; ich habe nichts zu veräußern мне нечего продать; er veräußerte alle seine Habe он продал все свое имущество □ »Ja, ein Kunstwerk ist es«, antwortete Wiesener und sprach, auch er, ungewohnt langsam. »Und veräußern möchte ich es auch nicht« (*Feuchtwanger, »Exil«*) «Да, это произведение искусства, — ответил Визенер так же медленно, что было ему не свойственно. — И продавать мне его не хотелось бы». **vertreiben** продавать (оптом, в значительном количестве или регулярно); *напр*.: er vertrieb seine Waren in verschiedenen Ländern он продавал свои товары (оптом) в различных странах. **versteigern** продавать с публичных торгов, с аукциона; продавать с молотка *уст. разг*.; *напр*.: Bilder, Möbel, Teppiche, einen Wagen versteigern продавать с аукциона картины, мебель, ковры, машину; das Haus wurde versteigert дом был продан с аукциона □ Köster und ich gingen auf eine Auktion. Wir wollten ein Taxi kaufen, das dort versteigert wurde (*Remarque, »Drei Kameraden«*) Кестер и я отправились на аукцион. Мы хотели купить такси, которое продавалось с молотка. Christian wollte genau so wenig wie sein älterer Bruder, daß der Hof oder Teile des Hofes gepfändet oder versteigert würden (*Seghers, »Die Toten«*) Как и его старший брат, Кристиан отнюдь не желал, чтобы усадьба или часть ее была заложена или продана с молотка за долги. **ausverkaufen** распродавать (*чаще в Part II*); *напр*.: Waren, Eintrittskarten sind ausverkauft товары, (входные) билеты распроданы; das ganze Haus ist ausverkauft все билеты (в театр) (рас)проданы. **absetzen** сбывать, продавать товар большими партиями; *напр*.: Waren, alle Exemplare absetzen продавать товары, продать все экземпляры; die erste Auflage war schnell abgesetzt первый тираж был быстро продан; er setzte einen Posten Strümpfe ab он продал партию чулок □ Wann, an wen, für wieviel er dieses Haus wohl wieder würde absetzen können? (*Th. Mann, »Buddenbrooks«*) Когда, кому, за какую цену сумеет он снова сбыть этот дом? Vetter kannte die Nachfrage auf allen Märken. »Nun paß mal auf! Was man mit Riesengewinn absetzen kann, das ist Fleisch...« (*Noll, »Werner Holt«*) Феттер знал, где на что самый большой спрос. «Так вот! Самый ходовой товар — мясо, на нем можно колоссально заработать...» **umsetzen** пускать в продажу, пускать в оборот, реализовать; Waren für [im Wert von] 50 000 Mark umsetzen продавать товар на [на сумму в] 50 000 марок; in diesem Zeitraum hat er viel, nichts umgesetzt за этот период времени он продал много, не продал ничего; wegen der Hitze haben sie in den letzten Monaten viele Getränke umgesetzt по причине жары они реализовали в последние месяцы много напитков. **abstoßen** сбывать, продавать быстро и по низким ценам; *напр*.: sie haben alle Waren abgestoßen они (быстро и дешево) сбыли все товары □ Mutter verkaufte, nachdem alle Nachforschungen über Vaters Verbleib vergebens waren, alles was mit der Schusterei zu tun hatte, sie stieß die Werkstatteinrichtung zu einem Schleuderpreis ab, sie wollte fort... (*Max von der Grün, »Zwei Briefe«*) Все попытки узнать что-нибудь об отце оказались тщетными, и тогда мать распродала все, имевшее отношение к сапожному делу, сбыла по бросовой цене оборудование мастерской, торопясь уехать... **ausschenken** продавать в разлив; *напр*.: Bier, Schnaps, Wein ausschenken торговать в разлив пивом, водкой, вином. **spekulieren** *пренебр*. спекулировать; *напр*.: mit Grundstücken, mit Autos, mit Waren spekulieren спекулировать земельными участками, автомашинами, товарами; auf [an] der Börse, mit Wertpapieren spekulieren спекулировать на бирже, акциями. **feilbieten**, **feilhalten** *высок. устаревает* выставлять для продажи, предлагать купить (товар) (*в розничной торговле*); *напр*.: Blumen, Waren feilbieten выставлять для продажи цветы, товары; auf dem Markt Waren feilhalten выставлять на рынке товары для продажи. **verschieben** *разг*. (незаконно) сбывать, перепродавать (по спекулятивной цене); *напр*.: Buntmetall, optische Geräte (ins Ausland) verschieben сбывать (за границу) цветной металл, оптические приборы; Waren, Devisen verschieben нелегально продавать товар, валюту; etw. auf dem schwarzen Markt verschieben продавать что-л. на черном рынке. **verschachern** *разг. пренебр*. продавать, сбывать что-л. *подчеркивает, что кто-л., торгуясь, путем махинаций продает что-л. с целью получить наибольшую выгоду*; *напр*.: etw. teuer, zu überhöhtem Preis verschachern сбывать что-л. по высокой, по завышенной цене □ Wenn die Bauern das Grünzeug und die Schlachthühner verschachert hatten, saßen sie in den Wirtschaften rum (*H. Kant, »Die Aula«*) Крестьяне, распродав зелень и кур, сидели по трактирам. **verkitschen** *терр. фам*. дешево распродавать, продавать за бесценок; *напр*.: □ Wenn er jetzt das Kommoderl verkitschte, dann stand er da (*Feuchtwanger, »Erfolg«*) Если он сейчас продаст комодик, то радости мало. **verkloppen** *сев.-нем. разг*., **verklopfen** *редко* продавать (ниже стоимости), спускать; *напр*.: □ Meiner wird sich doch sagen, daß seine Kleider beschrieben sind. Der hat sie (*die Jacke*) vielleicht wo verkloppt, die hängt jetzt in 'nem fremden Schrank über 'nem Bügel in 'nem fremden Geschäft (*Seghers, »Das siebte Kreuz«*) Мой, конечно, догадался, что его одежду уже описали (*в приметах*). Может быть, он ее (*куртку*) уже загнал, висит теперь где-нибудь в чужом шкафу или в мастерской на вешалке. Der Seebär verstand nicht, was man von ihm wollte. Er beging Heldentaten, und statt ihn zu feiern, verlangten die französischen Federfuchser, er solle sich verkriechen und seine Beute heimlich verklopfen (*Feuchtwanger, »Die Füchse«*) Морской волк не понимал, чего от него хотят. Он совершил героические подвиги, и вот, вместо того чтобы его чествовать, эти французские крючкотворы требуют, чтобы он сбывал добычу тайком, как воришка. **versilbern** *разг. шутл*. обращать что-л. в деньги, реализовать; *напр*.: Kleider, Bücher, Möbel versilbern обращать в деньги одежду, книги, мебель; seine Armbanduhr versilbern загнать свои наручные часы; kannst du mir behilflich sein, dieses Tonbandgerät zu versilbern? не можешь ли ты мне помочь реализовать этот магнитофон? **verramschen** *фам. пренебр*. продавать что-л. ниже своей стоимости, разбазаривать что-л.; *напр*.: er hatte allmählich seinen gesamten Hausrat verramscht он постепенно спустил всю свою домашнюю утварь □ Der Händler grinste. »Das Früchterl hat nichts anderes im Kopf, als wie er die Bücher vom Herrn Papa verramschen kann« (*Weiskopf, »Abschied vom Frieden«*) Букинист хихикнул: «У этого фрукта только одно в голове: как бы спустить папашины книги»

Verkäufer см. Händler
Verkehr общение
der Verkehr — der Umgang

VERKEHREN

Verkehr *индифф. синоним; напр.*: brieflicher Verkehr переписка (с кем-л.), письменное общение; den Verkehr mit j-m anbahnen, abbrechen завязать отношения, перестать общаться с кем-л.; mit j-m Verkehr haben [pflegen], im [in] Verkehr stehen общаться [поддерживать знакомство] с кем-л. ☐ Über ihren Verkehr ließ sie sich keine Verschriften machen, der ging niemand etwas an... (*Weiskopf, »Lissy«*) Она не позволяла никому указывать ей, с кем ей водить знакомство, это никого не касалось... **Umgang** ≅ Verkehr, *но больше подчеркивает личный характер отношений, знакомств, напр.*: mit j-m Umgang haben [pflegen] поддерживать знакомство с кем-л.; den Umgang mit j-m abbrechen, meiden прекращать знакомство, избегать знакомства с кем-л.; er hat mit niemandem Umgang, er hat keinen Umgang он ни с кем не поддерживает знакомства ☐ Man liebte sie nicht, diese deutschen Emigranten, sie mußten, diese Fremden, ihren Umgang zumeist untereinander suchen (*Feuchtwanger, »Exil«*) Их не любили, этих немецких эмигрантов, эти чужаки вынуждены были общаться главным образом друг с другом. Jetzt war es für alle N-herinnen in Hof ein Segen, daß sich Emilie ausgesichnet auf den Umgang mit aller Art Männer verstand (*Seghers, »Die Toten«*) Это было для всех швей во дворе просто счастьем, что Эмилия умела поговорить с каким угодно мужчиной

verkehren общаться (с кем-л.)
verkehren — umgehen

verkehren *индифф. синоним; напр.*: mit j-m viel, wenig, oft verkehren общаться с кем-л. много, мало, часто; mit seinen alten Freunden verkehren поддерживать отношения со старыми друзьями; in dieser Familie, in diesem Restaurant, in den besten Kreisen, in zweifelhafter Gesellschaft verkehren бывать часто в этой семье, в этом ресторане, вращаться в лучших кругах, в сомнительном обществе; in diesem Restaurant verkehren hauptsächlich Künstler этот ресторан посещают главным образом артисты ☐ «Nun ja, die Offiziere: man ist wenigstens unter Leuten mit guten Manieren«. »Sie verkehren mit ihnen?« fragte Diederich (*H. Mann, »Untertan«*) «Ну, конечно, офицеры, — по крайней мере, находишься среди людей с хорошими манерами». — «Вы общаетесь с ними?» — спросил Дидерих. **umgehen** *уст.* общаться, поддерживать знакомство с кем-л.; *напр.*: mit Künstlern umgehen общаться с артистами [художниками]; womit man umgeht, das klebt einem an *посл.* с кем поведешься, от того и наберешься; sage mir, mit wem du umgehst, und ich sage dir, wer du bist *посл.* скажи мне, кто твои друзья, и я скажу тебе, кто ты

verkehrt *см.* falsch [2]
verkennen *см.* unterschätzen
verketzern *см.* verleumden
verkitschen *см.* verkaufen
verklärt *см.* freudig [1]
verklatschen *см.* verleumden
verkleiden [1] переодевать, рядить
verkleiden — maskieren

verkleiden *индифф. синоним; напр.*: j-n als Seemann, als Zigeuner, als Dienerin verkleiden переодевать кого-л. матросом, цыганом, служанкой. **maskieren** надевать на кого-л. маску, маскарадный костюм, маскировать кого-л.; *напр.*: j-n als Torero, als Spanierin maskieren надевать на кого-л. (маску и) маскарадный костюм тореадора, испанки

verkleiden [2] маскировать (*делать незаметным, неузнаваемым*)
verkleiden — tarnen — maskieren — verkappen

verkleiden *индифф. синоним; напр.*: ein Geheimtür verkleiden маскировать потайную дверь; dieser Vogel verkleidet sein Nest so geschickt, daß es kaum auffindbar ist эта птица так ловко маскирует свое гнездо, что его едва можно найти ☐ Die Geschützstände sind gegen Fliegersicht mit Büschen verkleidet, wie zu einer Art militärischem Laubhüttenfest (*Remarque, »Im Westen«*) Орудийные установки замаскированы от наблюдения с воздуха кустами так, словно артиллеристы собрались встречать праздник кущей. Monsieur de la Guarde, Oberst im Ruhestand, schickte ein Projekt, wie Tausend Husaren, als Touristen verkleidet, sich einer feindlichen Stadt bemächtigen könnten (*Feuchtwanger, »Die Füchse«*) Мосье де ла Гард, полковник в отставке, прислал проект завоевания вражеского города при помощи тысячи гусар, переодетых туристами. **tarnen** маскировать, камуфлировать (*особенно с помощью искусственных или естественных средств маскировки*); *напр.*: die Stellung, die Geschütze, die Panzern (gegen feindliche Sicht) tarnen маскировать позицию, орудия, танки (от вражеского наблюдения); die Soldaten im Winter mit Schneehemden tarnen одевать зимой солдат в белые маскировочные халаты; etw. mit Blättern, mit Zweigen tarnen закамуфлировать что-л. листьями, ветками ☐ Das Telegramm, das den dem Freikorps verbundenen Offizieren ihre dringende Order gab, war als Geschäftsauftrag getarnt (*Seghers, »Die Toten«*) Экстренный вызов офицерам добровольческого корпуса был передан в виде коммерческой телеграммы. **maskieren** ≅ verkleiden употр. тж. с абстрактными понятиями; *напр.*: ein Kamin maskierte die Zentralheizung камин скрывал батарею центрального отопления; sie maskierten ihr Verhältnis sorgfältig они тщательно маскировали свои отношения. **verkappen** ≅ tarnen, *но подчеркивает, что что-л. очень ловко замаскировано, так что истинную суть очень трудно узнать (чаще в Part II); напр.*: ein verkappter Spion замаскированный [скрывающийся под безобидной личиной] шпион ☐ Beinahe möchte ich glauben, daß jede Familie ein verkapptes Tollhaus ist (*Hauptmann, »Vor Sonnenuntergang«*) Я начинаю думать, что каждая семья — это замаскированный сумасшедший дом

verkleiden, sich (пере)одеваться кем-л.
sich verkleiden — sich maskieren — sich kostümieren — sich vermummen

sich verkleiden *индифф. синоним; напр.*: sich als Harlekin, als Matrose verkleiden нарядиться арлекином, матросом; er verkleidete sich als Frau он переоделся женщиной [надел женское платье] ☐ Dann verkleidete sie sich und nahm die Gestalt eines anderen alten Weibes an (*Brüder Grimm, »Schneewittchen«*) Потом она переоделась и притворилась другою старухой. Maria Stuart verkleidet sich in die Tracht einer ihrer Dienerinnen... (*St. Zweig, »Maria Stuart«*) Мария Стюарт переодевается в платье одной из служанок. Oft war er verkleidet zu den Festlichkeiten in die Dörfer gegangen... (*ebenda*) Нередко, переодетый простолюдином, посещал он сельские праздники... **sich maskieren** надевать (на себя) маску, маскарадный костюм; *напр.*: sich als Zigeunerin, als Torero, als Seemann maskieren надевать костюм цыганки, тореадора, матроса ☐ Und der Karneval erst — *ein* Fest die ganze herrliche Stadt viele Wochen lang, alles maskiert Tag und Nacht... (*Br. Frank, »Cervantes«*) А карнавал: весь великолепный город — сплошной праздник на много недель — день и ночь... **sich kostümieren** надевать на себя костюм (*характерный для какой-л. исторической эпохи, местности, профессии и т. п.*); *напр.*: sich als Page, als Tiroler, als Schornsteinfeger kostümieren надевать костюм пажа, тирольца, трубочиста ☐ Der liebte es nicht, sich zu kostümieren (*Feuchtwanger, »Erfolg«*) Он не любил рядиться в маскарадный костюм. Sie hatte nicht erst umständliche Versuche gemacht, sich auffällig zu kostümieren (*ebenda*) Она не стала придумывать какой-нибудь бросающийся в глаза наряд. **sich vermummen** переодеваться (*в плащ с капюшоном и т. п.*), кутаться (*так, чтобы не было видно лица*); *напр.*: sich als Mönch vermummen маскироваться [переодеваться] монахом, и при этом надвинуть капюшон ☐ ...und bei einem dieser Maskentänze... erscheint die junge Königin sogar als Mann verkleidet, in schwarzen, straffen Seidenhosen, während ihr Partner... als Dame vermummt ist... (*St. Zweig*, »*Maria Stuart*«) ...и во время одного из таких танцев в масках... королева появляется даже в мужском костюме, в черных облегающих шелковых панталонах, а ее партнер... переодет дамой...

verkleinern [1] уменьшать (*сделать меньше по количеству, по величине*)
verkleinern — verringern — vermindern — herabsetzen — senken — drücken — unterbieten — ablassen — dezimieren — reduzieren — schmälern — mindern

verkleinern индифф. синоним; напр.: einen Raum, die Dosis verkleinern уменьшать помещение, дозу; den Maßstab, den Umfang verkleinern уменьшать масштаб, объем. **verringern** сокращать, снижать; напр.: eine Anzahl, die Kosten, eine Menge verringern сокращать число, расходы, количество; die Geschwindigkeit, das Tempo, die Entfernung verringern уменьшать [снижать] скорость, темп, сокращать расстояние; die Dosis, den Maßstab, den Umfang verringern уменьшать дозу, масштаб, объем; den Preis, die Qualität verringern снижать цену, качество. **vermindern** ≅ verringern; напр.: die Ausgaben vermindern сокращать расходы; die Anzahl der Mittelstreckenraketen vermindern сокращать число ракет среднего радиуса действия. **herabsetzen** снижать, понижать (*делать меньше, ниже первоначально установленного*); напр.: die Preise, die Kosten, die Geschwindigkeit herabsetzen снижать цены, расходы, скорость; die Strafe herabsetzen смягчать наказание (*сократить срок тюремного заключения, понизить сумму штрафа и т. п.*) **senken** снижать чаще употр. по отношению к ценам, плате, налогам и т. п.; напр.: die Preise, die Löhne, die Steuern senken снижать цены, заработную плату, налоги; die Produktionskosten senken снижать производственные расходы [себестоимость]; die Zahl der Verkehrsunfälle senken сокращать число несчастных случаев на дорогах; die Arbeitsnormen senken снизить нормы выработки. **drücken** сбивать (*цены*), снижать (*часто при помощи манипуляций, в результате конкуренции и т. п.*); напр.: die Preise, die Löhne drücken сбивать цены, расценки [зарплату] (*рабочим*); das Niveau, die Kosten, die Miete drücken снижать уровень, расходы, квартирную плату; die erhöhten Einfuhren drücken die Preise повышенный ввоз сбивает цены. **unterbieten** сбивать цены, предлагая товар по заведомо пониженной цене; напр.: einen Preis beträchtlich, um 100 Mark unterbieten сбивать цену значительно, на 100 марок. **ablassen** несколько снижать це-

ну, сбавлять (*уступать в цене*); напр.: etw. vom Preis ablassen уступать в цене; er ließ uns zehn Mark ab он уступил нам десять марок; lassen Sie etwas vom Preis ab! сбавьте немного! **dezimieren** сильно сокращать количество чего-л.; напр.: Krankheiten und Seuchen dezimierten die Bevölkerung dieser Insel болезни и эпидемии сильно сократили численность населения этого острова; die ständigen Kampfhandlungen haben die Truppen stark dezimiert постоянные военные действия сильно сократили численность войск [вызвали большие потери в войсках]. **reduzieren** сокращать (*численно, количественно*); напр.: die tägliche Dosis auf zehn Tropfen reduzieren сократить ежедневно дозу до десяти капель; die Mitgliederzahl reduzieren сократить число участников [членов]; die Streitkräfte reduzieren сокращать вооруженные силы. **schmälern** (пре)уменьшать, сокращать, урезывать; напр.: das Einkommen, den Gewinn schmälern (несправедливо) уменьшать доходы, прибыль. **mindern** высок. ≅ reduzieren; напр.: die Preise mindern снижать цены

verkleinern [2] уменьшать (*сделать меньше по степени, интенсивности, силе проявления*)
verkleinern — vermindern — verringern — herabsetzen — reduzieren — schmälern — drosseln — beeinträchtigen — mindern

verkleinern индифф. синоним; напр.: j-s Leistungen, j-s Verdienste verkleinern умалять чьи-л. успехи, чьи-л. заслуги; die Bedeutung von etw. verkleinern умалять значение чего-л.; seine Schuld zu verkleinern suchen пытаться преуменьшить его вину. **vermindern** уменьшать (*интенсивность*), ослаблять; напр.: die Gefahr eines Krieges, die Steuerlast vermindern уменьшать опасность войны, тяжесть налогов; j-s Unrecht vermindern смягчать чью-л. вину, (несколько) загладить причиненную кем-л. обиду. **verringern** уменьшать (*возможность чего-л.*); напр.: die Gefahr verringern уменьшать опасность. **herabsetzen** снижать (*делать меньше первоначально установленного*); напр.: die Verantwortung herabsetzen уменьшать ответственность; die Forderungen herabsetzen снижать требования □ ...aber Elisabeth, immer bemüht, das moralische Ansehen ihrer Rivalin vor der Welt herabzusetzen, hatte eilig dafür gesorgt, daß diese neue Skandalgeschichte reichlich an den fremden Höfen verbreitet werde... (*St. Zweig*, »*Maria Stuart*«) ...но Елизавета, не пропускавшая случая повредить доброй славе своей соперницы, постаралась, чтобы эта скандальная история получила широкую огласку в иностранных дворах... **reduzieren** ограничивать, сокращать; напр.: die For-

derungen reduzieren снижать требования; den Arbeitsaufwand auf ein Mindestmaß reduzieren сокращать [уменьшать] затраты труда до минимума. **schmälern** урезывать; напр.: j-s Rechte schmälern wollen стремиться урезать чьи-л. права; j-s Verdienste schmälern умалять чьи-л. заслуги □ ...aber Wein war sündhaft teuer, und der Gedanke an die Kosten hätte Rankls Genuß geschmälert (*Weiskopf*, »*Abschied vom Frieden*«) ...но вино было безумно дорого, и мысль о таком расходе уменьшила бы удовольствие Ранкля. **drosseln** резко сокращать, убавлять (на время) приток, подачу чего-л. и т. п.; напр.: den Dampf drosseln уменьшать давление пара; den Strom drosseln снизить напряжение электричества; den Handel, den Fremdenverkehr drosseln сокращать торговлю, туризм; die Einfuhr von Waren drosseln ограничивать ввоз товаров □ Libyen und Nigeria haben die USA-Erdölmonopole über ihre Absichten informiert, mit Wirkung vom 1. April die Erdölförderung zu drosseln (*ND 14. 3. 80*) Ливия и Нигерия проинформировали нефтяные монополии США о своем намерении резко сократить добычу нефти с 1 апреля. **beeinträchtigen** снижать, умалять (*ценность, воздействие чего-л.*); напр.: die Wirkung von etw. beeinträchtigen снижать действие чего-л.; den Wert von etw. beeinträchtigen уменьшать ценность чего-л.; ohne deine Verdienste beeinträchtigen zu wollen... не желая умалять твои заслуги...; die schlechte Beleuchtung beeinträchtigte die Wirkung des Gemäldes плохое освещение ослабляло впечатление от картины. **mindern** высок. ≅ vermindern; напр.: die Helligkeit, die Hitze mindern уменьшать яркость, жар; j-s Ansehen mindern умалять чей-л. авторитет; die Härte der Strafe mindern смягчать суровость наказания; der Zwischenfall minderte die allgemeine Freude nicht происшествие не уменьшило всеобщей радости

verkleinern, sich уменьшиться (*сделаться меньше по количеству, величине*)
sich verkleinern — sich verringern — sich vermindern — sinken — schrumpfen — einschrumpfen — zusammenschrumpfen — zusammenschmelzen — abnehmen — zurückgehen — heruntergehen — sich verengern

sich verkleinern индифф. синоним; напр.: dadurch, daß sie einige Räume als Büro benutzen, hat sich ihre Wohnung verkleinert так как они используют некоторые помещения под контору, их квартира уменьшилась; durch diese Umstände verkleinert sich sein Anteil из-за этих обстоятельств его доля уменьшилась. **sich verringern** сокращаться, уменьшаться (*преимущественно количественно*); напр.

die Kosten haben sich verringert расходы сократились; die Anzahl, die Menge hat sich verringert число (чего-л.), количество сократилось; die Sterblichkeit hat sich verringert смертность снизилась. **sich vermindern** ≅ sich verringern *часто употр. в книжно-письменной речи; напр.:* die Ausgaben haben sich vermindert расходы уменьшились [сократились]. **sinken** понижаться; *напр.:* der Preis, der Kurs, die Temperatur sinkt цена, курс, температура понижается; der Wert des Grundstückes ist gesunken стоимость участка снизилась. **schrumpfen** быстро сокращаться, уменьшаться; сворачиваться (*о производстве*); *напр.:* die Einkünfte waren sehr geschrumpft доходы сильно сократились; die Anbaufläche war um die Hälfte geschrumpft посевная площадь сократилась наполовину; die Produktion schrumpft производство свертывается; die Vorräte schrumpfen запасы тают. **einschrumpfen** ≅ schrumpfen, *но еще больше подчеркивает уменьшение объема; напр.:* mein Vorrat, sein Kapital ist eingeschrumpft мой запас, его капитал стал намного меньше. **zusammenschrumpfen** сильно (количественно) уменьшаться, таять (*о деньгах и т. п.); напр.:* unsere Vorräte sind zusammengeschrumpft наши запасы сильно сократились; das Geld schrumpft zusammen деньги тают; die Bevölkerung des Gebiets ist stark zusammengeschrumpft население области сильно сократилось □ Im Exil war diese Rente so zusammengeschrumpft, daß er vollends verwahrloste (*Feuchtwanger, »Exil«*) В изгнании эта рента настолько уменьшилась, что он окончательно опустился. **zusammenschmelzen** таять, уменьшаться; *напр.:* unsere Ersparnisse sind bis auf den kleinen Rest zusammengeschmolzen наши сбережения растаяли почти без остатка; unser Vorrat schmolz zusammen наши запасы таяли. **abnehmen** убывать, убавляться, уменьшаться; *напр.:* die Vorräte haben stark abgenommen запасы сильно убыли; der Mond nimmt ab луна на ущербе; die Tage nehmen ab дни убывают [становятся короче]; das Fieber nimmt ab температура (больного) падает □ Sein Appetit nahm ab, seine Atembeschwerden zu (*Feuchtwanger, »Erfolg«*) Аппетит его уменьшался, одышка усиливалась. **zurückgehen** спадать, убавляться, уменьшаться; *напр.:* die Flut [das Hochwasser], die Geschwulst geht zurück паводок, опухоль спадает; das Fieber geht zurück температура (больного) падает [снижается]; die Einnahmen gingen zurück доходы сократились; die Preise gehen zurück цены падают; die Ausfuhr, der Umsatz geht zurück вывоз, оборот сокращается; der Kaffee ist im Preis stark zurückgegangen кофе сильно упал в цене. **heruntergehen** снижаться (*о ценах, температуре*); *напр.:* das Fieber geht herunter температура (больного) снижается; Wolle geht im Preis herunter цена на шерсть снижается. **sich verengern** сокращаться, сужаться; *напр.:* sich nach oben, nach unten verengern сужаться кверху, книзу; der Interessenkreis verengert sich круг интересов суживается

Verkleinerung уменьшение, умаление

die **Verkleinerung** — die **Verringerung** — die **Verminderung** — die **Schmälerung**

Verkleinerung индифф. синоним; *напр.:* die Verkleinerung des Raumes, des Umfangs уменьшение помещения, объема; die Verkleinerung seiner Verdienste, der Gefahr умаление его заслуг, опасности; die Verkleinerung der Bedeutung von etw. умаление значения чего-л. **Verringerung** уменьшение, сокращение (*преимущественно количественное*); *напр.:* die Verringerung der Kosten, der Menge, der Dosis сокращение расходов, количества, уменьшение дозы; die Verringerung der Streitkräfte сокращение вооруженных сил; die Verringerung der Geschwindigkeit, des Tempos снижение скорости, темпа; die Verringerung der Entfernung сокращение расстояния. **Verminderung** уменьшение (*степени интенсивности и т. п.*), ослабление, снижение; *напр.:* die Verminderung der Gefahr eines Krieges, der Steuerlast уменьшение опасности войны, тяжести налогов; die Verminderung der Spannung ослабление напряженности; die Verminderung der Geschwindigkeit уменьшение скорости; die Verminderung der Preise, der Ausgaben снижение цен, сокращение расходов □ Selbstverständlich freut sich niemand mehr über eine Verminderung internationaler Spannungen als wir österreichischen Italiener (*Weiskopf, »Abschied vom Frieden«*) Само собой разумеется, никто не радуется ослаблению международных трений больше нас, австрийских итальянцев. **Schmälerung** (несправедливое) умаление; урезывание; *напр.:* die Schmälerung seiner Verdienste, seiner Leistungen умаление его заслуг, его успехов; die Schmälerung von j-s Rechten урезывание чьих-л. прав

verklingen *см.* verstummen [1]
verklopfen *см.* verkaufen
verkloppen *см.* verkaufen
verknacken *см.* verurteilen [1]
verknallen, sich *см.* verlieben, sich
verknallt *см.* verliebt
verknüpfen *см.* verbinden [1]
verkommen [1] приходить в упадок
verkommen — **verwahrlosen** — **verfallen** — **herunterkommen**

verkommen индифф. синоним; *напр.:* das Gebäude, der Garten, die Wirtschaft verkommt здание ветшает, сад, экономика приходит в упадок; das Grundstück verkommt земельный участок запущен; sie ließen ihr Haus völlig verkommen они совсем забросили свой дом □ Die Wohnung sah verkommen aus (*Seghers, »Die Toten«*) Квартира выглядела запущенной. Sie konnte den Hof nicht vollends verkommen lassen und mit dem Hof die Kinder (*ebenda*) Не могла же она допустить, чтобы хозяйство совсем погибло, а с ним и дети. Es wird mühevoll sein, dem heruntergewirtschafteten verkommenen Kastilien Atem und Leben einzublasen (*Feuchtwanger, »Die Jüdin von Toledo«*) Вдохнуть жизнь и дыхание в опустившуюся, разоренную Кастилию будет нелегко. **verwahrlosen** приходить в состояние запущенности, полного беспорядка *чаще употр. по отношению к хозяйству, постройке и т. п.; напр.:* seine Wohnung verwahrloste total его квартира пришла в полную запущенность; sie ließen ihren Garten verwahrlosen они запустили свой сад; ein verwahrlostes Gebäude запущенное здание. **verfallen** разрушаться (*о постройках и т. п., которым не уделяется должного внимания*); *напр.:* allmählich verfällt dieses Gebäude, dieses Haus постепенно это здание, этот дом разрушается □ Seit langen Jahren, schon seit Vaters Tode, verfällt das ganze Rückgebäude (*Th. Mann, »Buddenbrooks«*) Уже долгие годы — со смерти отца — задний флигель разрушается. **herunterkommen** *разг.* идти под уклон, приходить в упадок (*в экономическом, финансовом отношении*); *напр.:* die Firma kam immer weiter herunter фирма все больше приходила в упадок [разорялась]; der Betrieb ist unter seiner Leitung heruntergekommen под его руководством предприятие покатилось под гору; er ist materiell sehr heruntergekommen его денежные дела сильно расстроены □ Ihr seid ja ziemlich heruntergekommen in den letzten Jahren. Ihr könntet euch mal einen neuen Speicher leisten (*Seghers, »Die Toten«*) А вы порядком обеднели за эти годы. Могли бы поставить себе новый амбар

verkommen [2] опускаться, деградировать (*о человеке*)
verkommen — **verwahrlosen** — **herunterkommen** — **verlottern** — **verschlampen** — **verbummeln** — **vergammeln**

verkommen индифф. синоним; *напр.:* er hat nach dem Tod seiner Frau zu trinken angefangen und verkommt immer mehr после смерти жены он стал пить и опускается все больше; in dieser Gesellschaft wird er verkommen в этой компании он пропадет; sie verkommen im Schmutz они совсем пропадают в грязи □ Dabei verkam er sichtlich, nicht nur geistig, man sah es seinem Anzug an, aber

VERKOMMEN

er schien es nicht zu merken (*Feuchtwanger*, »*Exil*«) При этом он заметно сдавал, и не только душевно, это было видно и по его костюму, хотя сам он, видимо, этого не чувствовал. Viele von den Emigranten verkamen (*ebenda*) Многие из эмигрантов опустились. Sie traten beide zu Holt hin, sie mochten Mitte der Zwanzig sein, sie sahen verkommen aus (*Noll*, »*Werner Holt*«) Они подошли к Хольту, им было, верно, лет по двадцати пяти, оба опустившиеся, грязные. Der Rick mit seinem Talent verkommt jetzt als Kneipenwirt in Hamburg (*H. Kant*, »*Die Aula*«) Рик со всеми своими талантами пропадает теперь в Гамбурге, содержит ресторанчик. **verwahrlosen** ≅ verkommen, *но обыкн. употр., когда кто-л. опускается морально или не следит за своей внешностью и т. п., подчеркивает осуждение говорящего; напр.*: sittlich verwahrlosen нравственно опуститься; die Jugendlichen verwahrlosen in diesem Milieu молодые люди опускаются в этой среде; er begann sichtlich zu verwahrlosen он явно стал опускаться □ ...aber daß sie (*Elli*) so verkommen sein werde, so verwahrlost und zerrüttet, das hatte sie sich doch nicht vorgestellt (*Feuchtwanger*, »*Exil*«) ...но она не представляла себе, что Элли дойдет до такого состояния, так опустится и будет такой изнуренной. **herunterkommen** *разг.* опускаться все ниже, катиться по наклонной плоскости; *напр.*: moralisch herunterkommen морально опускаться; geistig herunterkommen деградировать в умственном отношении; er ist gesundheitlich heruntergekommen у него совсем разрушилось здоровье; er ist geschäftlich heruntergekommen его дела здорово пошатнулись; er ist (durch seine Krankheit) sehr heruntergekommen он здорово сдал (в результате болезни) □ »Ich habe viel gefehlt in meinem Leben...«, wiederholte er nachdenklich. »Aber ich war nicht von Anfang an so heruntergekommen« (*Noll*, »*Werner Holt*«) «Да, я многое в жизни делал неправильно, — задумчиво повторил он. — Но я ведь не с самого начала дошел до такой жизни». **verlottern** *разг.* распускаться, становиться неопрятным (*из-за лени, небрежности*) *употр. тж. по отношению к моральному облику; напр.*: die Kleidung, den Haushalt verlottern lassen запустить одежду, домашнее хозяйство; er ist moralisch völlig verlottert он совершенно опустился морально; er wirkte verlottert он производил впечатление опустившегося человека. **verschlampen** *разг.* неодобр. опускаться, становиться неряшливым (*в одежде, в привычках*); *напр.*: sie verschlampte allmählich постепенно она становилась все неряшливей; nach dem Tode seiner Frau verschlampte seine Wirtschaft immer mehr после смерти жены, его хозяйство все больше приходило в запустение. **verbummeln** *разг.* редко ≅ verkommen, *но менее резко и подчеркивает, что кто-л. опускается в результате безалаберной жизни и отсутствия постоянной и упорядоченной работы; напр.*: er ist in den letzten Jahren mehr und mehr verbummelt он все больше и больше опускался в последние годы □ Er verbummle zusehends, erklärte Heßreiter, inmitten seiner Haserln (*Feuchtwanger*, »*Erfolg*«) «Он явно опускается в кругу своих 'зайчат'», — заявил Гесрейтер. **vergammeln** *разг.* ≅ verkommen *употр. по отношению к лицам и вещам; напр.*: wie hat er nur in so kurzer Zeit vergammeln können как он только мог опуститься за такое короткое время; er ließ sein Grundstück vergammeln он запустил свой участок (земли)

verkosten *см.* kosten I
verkrachen, sich *см.* streiten (, sich) ²
verkrümeln, sich *см.* schwinden ¹
verkrümmt *см.* krumm
verkünden *см.* mitteilen
Verkünder *см.* Vorbote
verkündigen *см.* mitteilen
Verkündigung провозглашение
die **Verkündigung** — die **Ausrufung** — die **Proklamierung** — die **Proklamation** — der **Ausruf**
Verkündigung *индифф. синоним; напр.*: die Verkündigung der Republik провозглашение республики; die Verkündigung des Urteils провозглашение приговора. **Ausrufung** провозглашение, объявление; *напр.*: die Ausrufung der Republik провозглашение республики; die Ausrufung des Generalstreiks объявление всеобщей забастовки. **Proklamierung** ≅ Verkündigung, *но подчеркивает, что что-л. объявляется публично (и официально), а тж. что кто-л. призывается к чему-л. в торжественной форме; напр.*: die Proklamierung eines Gesetzes провозглашение закона; die Proklamierung der Republik провозглашение республики; die Proklamierung eines Generalstreiks провозглашение всеобщей забастовки. **Proklamation** публичное, официальное провозглашение *по сравнению с* Proklamierung *больше подчеркивает результат действия; напр.*: die Proklamation einer Verfassung провозглашение конституции; die feierliche Proklamation des Prinzen Karneval торжественное провозглашение принца [принцем] карнавала □ Die im April dieses Jahres erfolgte Proklamation der Republik Simbabwe war auch für die Bevölkerung von Botswana ein Feiertag (*ND 19. 6. 80*) Провозглашение республики Зимбабве в апреле этого года было праздником и для населения Ботсваны. **Ausruf** *редко* провозглашение, объявление (*во всеуслышание*); *напр.*: etw. durch Ausruf bekanntgeben возвестить о чем-л. (*через глашатая, герольда и т. п.*)

verkürzen укорачивать, сокращать
verkürzen — **kürzen** — **abkürzen**
verkürzen *индифф. синоним; напр.*: ein Brett, einen Stock, eine Schnur verkürzen укорачивать доску, палку, веревку; eine Frist, die Ferien, den Urlaub verkürzen укорачивать срок, сокращать каникулы, отпуск □ War das alles? Deshalb war er hergekommen? Deshalb hatte er sein Leben verkürzt? (*Feuchtwanger*, »*Die Füchse*«) Так это все? Неужели для этого он сюда приехал? Неужели для этого сократил себе жизнь? **kürzen** укорачивать (*об одежде и т. п.*); сокращать, уменьшать длину, протяженность; *напр.*: den Rock, das Kleid, die Ärmel kürzen укорачивать юбку, платье, рукава; den Artikel, den Aufsatz, ein Buch kürzen сокращать статью, сочинение, книгу. **abkürzen** укорачивать (*для удобства, облегчения, упрощения чего-л.*); *напр.*: den Weg abkürzen сокращать путь; ein Wort, einen Namen abkürzen сокращать слово, имя; eine Rede, einen Besuch, Verhandlungen abkürzen сокращать речь, визит, переговоры; dieser Weg kürzt die Strecke, die Entfernung wesentlich ab эта дорога существенно сокращает отрезок пути, расстояние

verlachen *см.* auslachen
verladen *см.* laden I ¹
verlangen *см.* fordern
Verlangen *см.* Forderung/Wunsch
verlängern ¹ удлинять (*увеличивать продолжительность чего-л.*)
verlängern — **hinziehen** — **stunden** — **fristen** — **prolongieren**
verlängern *индифф. синоним; напр.*: eine Frist, den Urlaub verlängern продлевать срок, отпуск; einen Kontrakt verlängern продлевать контракт; der Vertrag wurde um drei Jahre verlängert договор был продлен на три года □ Meine Aufenthaltserlaubnis war um sechs Monate verlängert worden (*Remarque*, »*Schatten*«) Мой вид на жительство был продлен на шесть месяцев. Als er sich von Tüverlin trennte, beschloß Kaspar Pröckl... seinen Aufenthalt in Garmisch bis zum Nachmittag zu verlängern. (*Feuchtwanger*, »*Erfolg*«) Расставаясь с Тюверленом, Прекль... решил остаться до после полудня в Гармише... **hinziehen** затягивать, делать чересчур продолжительным; *напр.*: die Unterredung, eine Frist, den Arbeitsprozeß hinziehen затягивать беседу, срок, процесс работы. **stunden** продлевать срок уплаты, пролонгировать (*вексель и т. п.*); отсрочивать (*платежи*); *напр.*: j-m die fälligen Raten stunden отсрочить кому-л. очередные взносы; können Sie mir den Betrag drei Wochen stunden? не можете ли вы позволить уплатить эту сумму еще через

VERLÄNGERN

три недели?; man hat ihm die Schuld einen Monat gestundet ему отсрочили уплату долга на месяц; die Schuld ist gestundet срок погашения задолженности продлен ☐ Wie hatte sie nur glauben können, daß der Hauswirt die Miete ohne Pfand oder Sicherheit, bloß auf Fromeyers schöne Augen hin, stundete! (*Weiskopf*, »*Lissy*«) Как только могла она думать, что хозяин давал им отсрочку без всякого залога или гарантии, просто так, ради прекрасных глаз Фромайера! Wir werden ihnen die Abgaben stunden und nochmals stunden (*Feuchtwanger*, »*Die Jüdin von Toledo*«) Мы будем им все снова и снова отодвигать платежи. **fristen** *уст. книжн.* ≅ stunden, но обыкн. употр. по отношению к срокам уплаты по долговым обязательствам; *напр.:* den Wechsel fristen переписать вексель на другой срок. **prolongieren** *книжн.* ≅ verlängern употр. как экономический и правовой термин; *напр.:* einen Vertrag prolongieren продлевать договор; eine Zahlung, einen Wechsel prolongieren отсрочивать платеж, вексель ☐ Ich nehme an, es wird Ihnen nichts ausmachen, uns den Wechsel auf ein paar Monate zu prolongieren (*Feuchtwanger*, »*Die Füchse*«) Я думаю, что для вас ничего не составит продлить нам вексель на несколько месяцев
verlängern² *см.* vergrößern
verlangsamen замедлять (*скорость, темп и т. п.*)
verlangsamen — verzögern
  verlangsamen *индифф. синоним; напр.:* die Geschwindigkeit, das Tempo, den Lauf, den Schritt verlangsamen замедлять скорость, темп, бег, шаг; das verlangsamt den Produktionsablauf это замедляет [тормозит] процесс производства ☐ Diederich verlangsamte den Schritt, er fing an zu lachen (*H. Mann*, »*Untertan*«) Дидерих замедлил шаг и рассмеялся. **verzögern** замедлять (*в силу неуверенности, нерешительности и т. п.*); затягивать, тормозить (*дело*); *напр.:* den Schritt verzögern замедлять шаг; den Ablauf einer Sache verzögern тормозить [задерживать] ход дела; der Materialmangel hat den Bau verzögert недостаток материалов задерживал строительство ☐ ...und wenn er nicht verhindern kann, daß Alfonso in den Krieg eingreift, so wird er 's doch verzögern (*Feuchtwanger*, »*Die Jüdin von Toledo*«) ...если ему и не удастся отговорить короля Альфонсо вмешаться в войну, он все-таки оттянет этот момент
verlangsamen, sich замедляться (*о скорости, темпе чего-л.*)
sich verlangsamen — sich verzögern
  sich verlangsamen *индифф. синоним; напр.:* die Geschwindigkeit (beim Fahren), das Tempo der Arbeit, der Lauf, der Schritt verlangsamt sich скорость (езды), темп работы, бег,

584

шаг замедляется ☐ Ruckartig verlangsamt sich die Fahrt (*Bredel*, »*Die Prüfung*«) Движение резко замедляется. **sich verzögern** замедляться, затягиваться (*о сроке, продолжительности чего-л.*); *напр.:* die Arbeit hat sich verzögert работа затянулась; meine Reise verzögerte sich моя поездка затянулась; seine Ankunft verzögerte sich um zwei Stunden его прибытие задержалось на два часа ☐ Der Beginn der Versammlung verzögerte sich (*Hermlin*, »*Thälmann im Sportpalast*«) Начало собрания задерживалось. Die Reise des Geheimrats Bichler nach Frankreich hatte sich verzögert (*Feuchtwanger*, »*Erfolg*«) Поездка тайного советника Бихлера во Францию была временно отложена

verlassen I¹ оставлять, покидать (*перестать находиться где-л. или вместе с кем-л., с чем-л.*)
verlassen — preisgeben — sich abwenden — sich abkehren
  verlassen *индифф. синоним; напр.:* seinen Freund, seine Familie, die Eltern verlassen оставлять своего друга, свою семью, родителей; sein Haus verlassen оставлять свой дом; j-n böswillig, treulos, in der Not verlassen покидать кого-л. злонамеренно, вероломно, в беде; seine Heimat verlassen покинуть родину. **preisgeben** бросать на произвол судьбы; *напр.:* eine Stadt preisgeben бросать город на произвол судьбы; er gab seinen Gefährten ohne Skrupel preis он бросил своего спутника на произвол судьбы без угрызений совести. **sich abwenden** отворачиваться (*от кого-л.*) *обыкн. подчеркивает, что кто-л. оставляет кого-л. в гневе, с отвращением и т. п.; напр.:* sich von j-m mit Verachtung, mit Abscheu, im Zorn abwenden отвернуться от кого-л. с презрением, с отвращением, в гневе ☐ Wie die Eltern der toten Frau widerwillig einiges für ihn taten, sich dann endgültig von ihm abwandten (*Feuchtwanger*, »*Erfolg*«) Как ни покойной с неохотой кое-что сделали для него и затем окончательно отвернулись от него. **sich abkehren** *высок.* ≅ sich abwenden; *напр.:* ich habe mich von ihm abgekehrt я отвернулся от него [порвал с ним]
verlassen I² *см.* räumen²
verlassen II *см.* abgelegen/allein¹
verlassen, sich *см.* vertrauen
verläßlich *см.* zuverlässig
verlästern *см.* verleumden
verlaufen¹ проходить, протекать
verlaufen — sich vollziehen
  verlaufen *индифф. синоним; напр.:* die Reise ist gut verlaufen путешествие прошло хорошо; die Krankheit ist normal verlaufen болезнь протекала нормально; es ist alles glatt, gut, glücklich, günstig, ohne Zwischenfälle verlaufen все прошло гладко, хорошо, счастливо, благоприятно, без происше-

VERLEGEN

ствий; die Sache ist schlimm verlaufen дело приняло плохой оборот ☐ So schweigsam und unbehaglich es (*das Abendessen*) verlaufen war, die drei saßen noch eine Weile um den abgeräumten Tisch (*Feuchtwanger*, »*Oppermann*«) Как ни молчаливо и тоскливо он (*ужин*) тянулся, все трое задержались еще немного за столом. Die Unterredung verlief so ungemütlich, wie er befürchtet hatte (*Feuchtwanger*, »*Exil*«) Разговор, как он и опасался, был далеко не из приятных. **sich vollziehen** проходить, совершаться *подчеркивает, что что-л. происходит определенным образом и приходит к своему завершению; напр.:* der Prozeß vollzieht sich gesetzmäßig процесс совершается закономерно; der Vorgang vollzieht sich mechanisch процесс происходит механически; diese Entwicklung vollzieht sich langsam, rasch это развитие протекает медленно, быстро; im Leben auf dem Lande hat sich eine Wandlung vollzogen в жизни деревни произошли изменения ☐ Die Republikaner setzten bei Weißenburg über den Fluß, und dieser Übergang vollzog sich ohne weiteren Kampf und in Ordnung (*Bredel*, »*Der Kommissar am Rhein*«) Республиканцы переправились у Вайсенбурга через реку, и эта переправа прошла в полном порядке и без боя
verlaufen² *см.* vergehen¹
verlaufen, sich *см.* verirren, sich
verleben *см.* verbringen
verlebendigen *см.* veranschaulichen
verlegen I¹ переносить (*на другое время*)
verlegen — verschieben — aufschieben — hinausschieben — vertagen — vorverlegen — a n s t e h e n
  verlegen *индифф. синоним; напр.:* eine Unterrichtsstunde, eine Verabredung, eine Veranstaltung, einen Termin, eine Sitzung verlegen переносить урок, встречу, мероприятие, срок, заседание; das Konzert wird verlegt концерт переносится ☐ Dieser Binding, — immer eilig und im letzten Moment, — er hätte wirklich die Sache auf morgen verlegen können (*Remarque*, »*Drei Kameraden*«) Этот Биндинг! Вечно у него спешка, все делается в последнюю минуту. Он вполне мог бы перенести встречу на завтра. **verschieben** откладывать; *напр.:* seine Abreise, den Urlaub verschieben откладывать свой отъезд, отпуск; eine Arbeit von einem Tag zum andern verschieben откладывать работу с одного дня на другой; was du heute kannst besorgen, das verschiebe nicht auf morgen *посл.* не откладывай на завтра то, что можно сделать сегодня ☐ Marie war es jetzt klar, warum sie den Ausflug von einem Sonntag auf den anderen verschoben hatten (*Seghers*, »*Die Toten*«) Теперь Мария поняла, почему они так долго

VERLEGEN 585 **VERLETZEN**

откладывали эту поездку с одного воскресенья на другое. Félicien möge sein Unternehmen verschieben (*Feuchtwanger*, *»Die Füchse«*) Пусть Фелисьен пока оставит свое намерение. Aber er hatte Angst vor dem Nein und verschob die Auseinandersetzung von einem Tag zum andern (*Feuchtwanger*, *»Exil«*) Но он опасался услышать «нет» и откладывал объяснение со дня на день. **aufschieben** ≅ verschieben, *но больше подчеркивает, что что-л. откладывается на неопределенный срок*; напр.: eine Reise, eine Arbeit aufschieben откладывать поездку, работу; das Gespräch von einem Tag auf den anderen aufschieben откладывать разговор с одного дня на другой; aufgeschoben ist nicht aufgehoben *посл.* отложить дело еще не значит отказаться от него совсем. **hinausschieben** отодвигать, откладывать (*стремясь как только можно оттянуть осуществление чего-л.*); напр.: die Lösung eines Problems hinausschieben отодвигать решение проблемы; ich werde die Reise einige Tage hinausschieben я оттяну [отложу] поездку на несколько дней □ ...und Vergennes schob sein vertrauliches Gespräch mit dem Kriegsminister immer wieder hinaus (*Feuchtwanger*, *»Die Füchse«*) ...и Верженн все откладывал и откладывал конфиденциальный разговор с военным министром. Trotzdem schob sie ihre Rückkehr immer von neuem hinaus (*Feuchtwanger*, *»Lautensack«*) Но несмотря на это, она откладывала свое возвращение снова и снова. Schob die eigentliche Arbeit, die den ganzen Mann verlangte, hinaus (*Feuchtwanger*, *»Erfolg«*) Откладывал главную работу, требовавшую напряжения всех сил. **vertagen** отсрочивать, переносить (*назначив новую дату*); напр.: eine Sitzung, eine Konferenz vertagen переносить заседание, конференцию на другой срок □ Aber jetzt war der Ausgleich vertagt, die Sache mit Fischchen geregelt, der Kaufvertrag aufgesetzt (*Weiskopf*, *»Abschied vom Frieden«*) Но сейчас соглашение отсрочено, с «рыбкой» все улажено, купчая составлена. ...und darum wohl auch hatte er die Durchführung immer wieder vertagt (*Feuchtwanger*, *»Exil«*) ...еще и поэтому он, вероятно, все откладывал осуществление этого плана. **vorverlegen** переносить на более ранний срок; напр.: den Beginn der Versammlung um eine Stunde vorverlegen перенести начало собрания на час раньше; die Abreise vorverlegen перенести отъезд на более ранний срок. **anstehen** *книжн.* ≅ verschieben, *но употр. тк. в сочетании с глаголом* lassen; напр.: er läßt die Angelegenheit anstehen он оттягивает [откладывает] дело; du darfst diese Arbeit nicht länger anstehen lassen ты не можешь больше от-

кладывать эту работу □ Sie werden maßlos frech, die Burschen von der Patriotenpartei, er kann das nicht länger anstehen lassen (*Feuchtwanger*, *»Erfolg«*) Они безмерно наглеют, эти молодцы из партии патриотов. Он не может дольше терпеть этого. »Ich danke dir auch, Mühlheim«, sagte er. »Ich war ein Idiot, daß ich die Geschichte drei Wochen anstehen ließ« (*Feuchtwanger*, *»Oppermann«*) «Большое спасибо, Мюльгейм, — сказал он. — Я вел себя как идиот, затянув на три недели эту историю»
verlegen I ² *см.* drucken/legen ¹/ überführen ¹
verlegen II *см.* schüchtern
verleiden *см.* verderben ²
verleihen ¹ присуждать, присваивать
verleihen — zuerkennen — zusprechen
verleihen *индифф. синоним*; напр.: j-m den Professortitel, einen höheren Dienstrang verleihen присваивать кому-л. звание профессора, более высокое воинское звание; j-m einen Preis verleihen присуждать кому-л. премию □ Der Zeitung war die hohe Auszeichnung für ihre großen Verdienste um die kommunistische Erziehung der Werktätigen... verliehen worden (*ND 16.3.78*) Высокая награда была присуждена газете... за ее большие заслуги в деле коммунистического воспитания трудящихся. **zuerkennen** присуждать кому-л. (*награду и т. п., признавая за кем-л. право на что-л.*); напр.: j-m einen Preis, eine Belohnung zuerkennen присуждать кому-л. премию, вознаграждение; j-m den Doktortitel [die Doktorwürde] zuerkennen присуждать кому-л. степень доктора; j-m eine Vergünstigung zuerkennen предоставлять кому-л. льготу. **zusprechen** *книжн.* присуждать, решить отдать (*высказавшись в пользу кого-л.*); напр.: der Preis wurde ihm einstimmig zugesprochen премия единогласно была присуждена ему □ Duverny hatte Pierre das Porträt vermacht, allein in jenem üblen Prozeß war das Testament angestritten und das Porträt den anderen Erben zugesprochen worden (*Feuchtwanger*, *»Die Füchse«*) Дюверни завещал портрет Пьеру, но на этом злосчастном процессе завещание оспорили, и картина была присуждена другим наследникам. ...an der Spitze ihrer Feinde steht der König von Schottland, denn ihm ist die Krone jetzt zugesprochen... (*St. Zweig*, *»Maria Stuart«*) ...во главе ее врагов стоит король Шотландии, так как ему обещали теперь корона
verleihen ² *см.* leihen ¹
verleiten *см.* verführen
verlernen *см.* vergessen I ³
verletzen ¹ (по)ранить
verletzen — verwunden — beschädigen — versehren
verletzen *индифф. синоним*; напр.: die Hand mit dem Messer, mit der

Schere verletzen поранить руку ножом, ножницами; an dem Draht kann man sich verletzen о проволоку можно пораниться; einige Fahrgäste wurden leicht verletzt несколько пассажиров получили легкие ранения. **verwunden** ранить (*в бою и т. п.*); напр.: j-n leicht, schwer, tödlich verwunden ранить кого-л. легко, тяжело, смертельно; wo ist er verwundet? куда он ранен?; er wurde am Arm verwundet он был ранен в руку. **beschädigen** *уст.* ≅ verletzen, *теперь тк. в форме Part II, б. ч. в составе сложных слов*; напр.: kriegsbeschädigt ставший неработоспособным в результате ранения на войне; der Schwerbeschädigte инвалид. **versehren** *уст. высок.* ≅ verletzen *обыкн. употр. с указанием места ранения, поврежденного члена*; напр.: er ist am Bein versehrt ему поранило ногу
verletzen ² нарушать, не соблюдать
verletzen — verstoßen — übertreten — überschreiten — brechen — umgehen
verletzen *индифф. синоним*; напр.: ein Gesetz, einen Vertrag verletzen нарушать закон, договор; die Grenze verletzen нарушать границу; den Anstand verletzen нарушать приличия □ »Ich würde die Vorschriften auch weiter verletzen«, sagte sie ruhig. »Deshalb halte ich es für besser, das Sanatorium zu verlassen« (*Remarque*, *»Der Himmel«*) «Я все равно нарушила бы предписания, — сказала она спокойно. — Поэтому я считаю, что мне лучше уехать из санатория». **verstoßen** нарушать (*правила и т. п., часто не желая того*); напр.: gegen eine Vorschrift, gegen eine Regel, gegen eine Ordnung verstoßen нарушать инструкцию, правило, порядок; gegen eine gute Sitte, gegen den Anstand verstoßen нарушать хороший обычай, правила приличия; sein Verhalten verstößt gröblich gegen Gesetz und Moral его поведение является грубым нарушением закона и морали □ Säuerlich, von Prinzipien redend, gegen die man eigentlich nicht verstoßen dürfe, rückte der mit etwas Geld heraus (*Feuchtwanger*, *»Exil«*) С кислым видом, бормоча что-то о принципах, которых, в сущности, не следовало бы нарушать, тот дал ему немного денег. Was Sie da getan haben, geschätzter Herr Trautwein, verstößt gegen die Interessen des Blattes (*ebenda*) То, что вы сделали, драгоценнейший Траутвейн, наносит ущерб интересам нашей газеты. **übertréten** переступать *подчеркивает сознательное несоблюдение закона, правил и т. п.*; напр.: ein Gesetz, ein Verbot, eine Vorschrift übertreten нарушать закон, запрет, инструкцию □ Um ein Haar hast du nicht verleitet, das Zehnte Gebot zu übertreten (*Feuchtwanger*, *»Die Jüdin von Toledo«*) По твоей вине я чуть не преступил десятую заповедь. **überschréiten** ≅ übertreten, *но не ука-*

зывает *на сознательность нарушения чего-л.*; *напр.*: das Gesetz, die Grenzen des Erlaubten überschreiten переступать закон, границы дозволенного ◻ Wiesener hatte seine Vollmacht überschritten... (*Feuchtwanger, »Exil«*) Визенер превысил свои полномочия... **brechen** (*вероломно*) *нарушать* (*договоренность и т. п.*); *напр.*: einen Vertrag, den Eid, die Vereinbarung brechen нарушать договор, клятву, договоренность ◻ Wenn ein neuer heiliger Krieg kommt... dann ist der händelsüchtige Don Alfonso versucht, den Waffenstillstand mit Sevilla zu brechen (*Feuchtwanger, »Die Jüdin von Toledo«*) Если начнется новая священная война... задиристый дон Альфонсо почувствует большое искушение нарушить перемирие с Севильей. **umgehen** *обходить, не соблюдать подчеркивает, что кто-л. намеренно уклоняется от исполнения чего-л.*; *напр.*: ein Gesetz, eine Vorschrift, ein Verbot umgehen обходить закон, инструкцию, запрет ◻ Der Genuß von Alkohol war in Amerika untersagt, doch wurde dieses Verbot allgemein umgangen (*Feuchtwanger, »Erfolg«*) Потребление алкоголя было в Америке запрещено, но запрещение это всеми обходилось

verletzen[3] *см.* **beleidigen**

verletzt *см.* **beleidigt**

Verletzung[1] *рана, ранение, травма*
die **Verletzung** — die **Verwundung** — die **Wunde** — der **Schuß** — die **Beschädigung**

Verletzung *индифф. синоним*; *напр.*: eine leichte, schwere, tödliche Verletzung легкая, тяжелая, смертельная рана; eine Verletzung am Kopf ранение в голову; er hat beim Unfall schwere Verletzungen erlitten в результате несчастного случая он получил тяжелые повреждения; er ist seinen Verletzungen erlegen он умер от ран; trotz Verletzung konnte die Eiskunstläuferin eine glänzende Kür zeigen несмотря на травму, фигуристка сумела показать блестящую произвольную программу ◻ Die schwerste Verletzung hat Peter, ein schwarzer Krauskopf, einen komplizierten Lungenschuß (*Remarque, »Im Westen«*) Самое тяжелое ранение у Петера, черномазого курчавого паренька, у него сложная сквозная рана в легком. Die andere (*Zeitung*) gab nur eine leichte Verletzung des Dr. Geyer zu und vermutete, es handle sich um einen privaten Racheakt (*Feuchtwanger, »Erfolg«*) Другая газета говорила лишь о легком ранении доктора Гейера и высказывала предположение, что все дело сводится к чьей-то личной мести. **Verwundung** ≅ *Verletzung, но употр. по отношению к ранению, причиненному оружием* (*особенно в бою*); *напр.*: eine schwere, tödliche, lebensgefährliche Verwundung *тяжелое, смертельное, опасное для жизни ранение*; er hat sich im Krieg eine Verwundung (durch Granatsplitter) geholt он был ранен на войне (осколком гранаты) ◻ Er hätte durch seine Verwundung ohnedies nicht voll mitschaffen können (*Seghers, »Die Toten«*) А он из-за своего ранения все равно не мог бы как следует работать. Sie dachte an Féliciens Verwundung; sie stellte sich seine Hand vor... die nun eine Narbe tragen wird (*Feuchtwanger, »Die Füchse«*) Она думала о ранении Фелисьена; она представляла себе его руку... на которой теперь будет шрам. **Wunde** *рана* (*на теле человека, зверя в результате удара, выстрела и т. п.*); *напр.*: eine leichte, tiefe, klaffende, blutende, offene, tödliche Wunde легкая, глубокая, зияющая, кровоточащая, открытая, смертельная рана; eine Wunde behandeln, nähen, verbinden лечить, зашивать, перевязывать рану; die Wunde schließt sich, heilt, vernarbt рана закрывается, заживает, зарубцовывается ◻ Die Wunde beginnt heftig durchzubluten (*Remarque, »Im Westen«*) Кровь из раны начинает просачиваться через повязку. Die Wunde im Nacken vernarbte zwar schon, und auch die Armwunde hatte sich geschlossen (*Weiskopf, »Lissy«*) Правда, рана на затылке уже зарубцевалась, и рана на руке тоже закрылась. **Schuß** ≅ *Verletzung, но употр. тк. по отношению к ранению из огнестрельного оружия, часто употр. в составе сложного слова*; *напр.*: ein Schuß durch die Brust ранение в грудь навылет ◻ Ihr seid hier, um eure Schüsse zu kurieren, nicht eure Plattfüße! (*Remarque, »Im Westen«*) Вас сюда прислали, чтобы лечить ваши раны, а не для того, чтобы устранять ваше плоскостопие! Er wird einen bösen Schuß haben, eine dieser schlimmen Verletzungen, die nicht so stark sind, daß sie den Körper rasch derart schwächen (*ebenda*) Должно быть, у него какая-то особенно болезненная рана, одно из тех скверных ранений, которые не настолько тяжелы, чтобы человек быстро обессилел и угас. Im Stockwerk tiefer liegen Bauch- und Rückenmarkschüsse, Kopfschüsse und beiderseitig Amputierte (*ebenda*) Этажом ниже лежат раненные в живот, в позвоночник, в голову и с ампутацией обеих рук или ног. **Beschädigung** *уст.* (*легкое*) *ранение*; *напр.*: eine Beschädigung davontragen получить ранение

Verletzung[2] *нарушение* (*закона и т. п.*)
die **Verletzung** — die **Übertretung** — der **Verstoß** — die **Zuwiderhandlung**

Verletzung *индифф. синоним*; *напр.*: die Verletzung eines Gesetzes, eines Vertrages, einer Vorschrift, einer Pflicht нарушение закона, договора, предписания, долга; die Verletzung der Grenze нарушение границы ◻ Wegen grober Verletzung des Anstellungsvertrages und der Dienstordnung (*Weiskopf, »Lissy«*) За грубое нарушение контракта и правил служебного распорядка. Er hatte geglaubt, für ihn hätten Begriffe wie Unrecht, Verletzung der Menschenrechte, Gewalt von jeher mehr Inhalt gehabt als für die meisten andern (*Feuchtwanger, »Exil«*) Он думал, что для него такие слова и понятия, как беззаконие, нарушение прав человека, насилие, значили всегда больше, чем для других. **Übertretung** *сознательное нарушение, несоблюдение* (*закона и т. п.*); *напр.*: die Übertretung des Gesetzes, des Gebotes, einer Verordnung нарушение [несоблюдение] закона, заповеди, распоряжения; sich eine Übertretung zuschulden kommen lassen допустить [совершить] нарушение ◻ Sie war auch nicht etwa wegen Widerstands gegen die Staatsgewalt verurteilt worden, sondern nur wegen Übertretung der Vorschriften über die Rationierung der Kohle... (*Feuchtwanger, »Erfolg«*) И осуждена-то она была не за сопротивление властям, а лишь за нарушение предписаний о нормах потребления угля... **Verstoß** *нарушение* (*правила и т. п., часто непреднамеренное, по незнанию и т. п.*); *напр.*: grobe Verstöße gegen die Hausordnung, gegen die Vorschrift, gegen die Sitte грубые нарушения правил внутреннего распорядка, инструкции, обычая; ein Verstoß gegen die öffentliche Moral, gegen die Regeln des Anstandes нарушение (норм) общественной морали, правил приличия; die Verstöße gegen die Straßenverkehrsordnung häufen sich участились случаи нарушения правил уличного движения. **Zuwiderhandlung** *офиц. действие вопреки* (*приказу, закону и т. п.*), *нарушение*; *напр.*: er wurde wegen Zuwiderhandlung gegen das Verbot zur Verantwortung gezogen его привлекли к ответственности за нарушение запрета

verleugnen *см.* **verneinen**

verleumden *клеветать, оклеветать*
verleumden — **verschreien** — **verketzern** — **verunglimpfen** — **diffamieren** — **diskreditieren** — **anschwärzen** — **verklatschen** — **verlästern** — **lästern**

verleumden *индифф. синоним*; *напр.*: j-n aus Neid, aus Haß verleumden оклеветать кого-л. из зависти, из ненависти; einen Unschuldigen verleumden оклеветать невиновного ◻ »Ich weiß nicht, wer mich bei Ihnen verleumdet hat, Lea«, antwortete er (*Feuchtwanger, »Exil«*) «Я не знаю, кто меня оклеветал перед вами, Леа», — ответил он. ...denn er hatte Grund zu der Annahme, daß gewisse Leute ihn in Philadelphia verleumdet hätten (*Feuchtwanger, »Die Füchse«*) ...ибо у него есть основания предполагать, что некие личности его оклеветали в Филадельфии. **verschreien** эмоц. ославить (говорить о ком-л. плохое, б. ч. незаслуженно); напр.: j-n als verlogen, als Ignoranten verschreien ославить кого-л. лжецом, невеждой; j-n als hochmütig, als überheblich verschreien ославить кого-л. как высокомерного, как надменного человека. **verketzern** пренебр. хулить, поносить; напр.: neue sprachliche Erscheinungen als Sprachverfall verketzern поносить новые явления в языке, изображая их как упадок языка. **verunglimpfen** позорить, высказываясь о ком-л. оскорбительно; напр.: j-n, j-s Ehre verunglimpfen опозорить кого-л., чью-л. честь; sie haben den Namen meines toten Freundes verunglimpft они оскорбили имя моего умершего друга □ BRD-Schriftsteller als Ratten und Schmeißfliegen verunglimpft (ND 19. 2. 80) Писателей ФРГ оскорбительно называют крысами и навозными мухами (заголовок). **diffamieren** книжн. пренебр. ≃ verleumden, но подчеркивает, что кто-л. хочет принизить авторитет, повредить репутации другого; напр.: j-n, einen Gegner diffamieren бросать тень [клеветать] на кого-л., на противника; diffamierende Äußerungen tun делать порочащие (кого-л.) высказывания □ Während der Zeit des Faschismus waren seine (Oskar Kokoschkas) Bilder als entartet diffamiert (ND 23/24. 2. 80) Во времена фашизма его (Оскара Кокошки) картины были опорочены как произведения выродившегося искусства. **diskreditieren** книжн. дискредитировать; напр.: eine Partei, eine Firma diskreditieren дискредитировать партию, фирму. **anschwärzen** разг. неодобр. (о)чернить, оклеветать; напр.: er wurde bei seinem Vorgesetzten angeschwärzt его оклеветали в глазах начальства □ Hatte sie ihn gestern anschwärzen wollen, so muß sie ihn heute wieder weißwaschen (St. Zweig, »Maria Stuart«) Если еще вчера она хотела очернить его, то сегодня она знает, как его обелить. **verklatschen** разг. редко распускать сплетни о ком-л.; оклеветать кого-л., распуская слухи; напр.: einen Kollegen beim Vorgesetzten verklatschen оклеветать коллегу перед начальником; ich möchte bloß wissen, wer mich verklatscht hat хотел бы я только знать, кто меня оклеветал. **verlästern** уст. разг. хулить, поносить подчеркивает, что на кого-л. особенно зло и грубо клевещут; напр.: wie sehr man dich auch verlästert, ich werde immer zu dir halten как бы на тебя ни клеветали [тебя ни чернили], я буду всегда на твоей стороне. **lästern** разг. злословить о ком-л. обыкн. употр., когда речь идет об отсутствующих лицах, часто шутл.; напр.: wir haben über ihn, über seine Heirat gelästert мы злословили о нем, о его женитьбе; es wurde hinter ihrem Rücken gelästert о ней злословили за ее спиной

Verleumder клеветник
der **Verleumder** — das **Lästermaul**
Verleumder индифф. синоним; напр.: ein böswilliger Verleumder злостный клеветник; einen Verleumder entlarven, anprangern разоблачить, заклеймить клеветника. **Lästermaul** разг. злоязычник, злой язык; напр.: ein altes Lästermaul старый злоязычник; die Lästermäuler zum Schweigen bringen заставить замолчать злые языки
verleumderisch клеветнический
verleumderisch — **klatschsüchtig** — **lästerlich**
verleumderisch индифф. синоним; напр.: verleumderische Beschuldigungen, Worte клеветнические обвинения, клевета. **klatschsüchtig** любящий посплетничать, позлословить; злоязычный; напр.: eine klatschsüchtige Frau любящая посплетничать женщина, сплетница. **lästerlich** клеветнический, гнусный; напр.: lästerliche Worte, Beschuldigungen клеветнические слова, гнусные обвинения; lästerliche Reden führen богохульствовать тж. перен. шутл.
Verleumdung см. Beleidigung
verlieben, sich влюбиться
sich verlieben — sich **verschießen** — sich **vergaffen** — sich **verknallen**
sich verlieben индифф. синоним; напр.: sich hoffnungslos verlieben безнадежно влюбиться; sich bis über die Ohren verlieben влюбиться по уши □ Er hatte sich bald heftig in Marie verliebt (Seghers, »Die Toten«) Вскоре он пылко влюбился в Марию. **sich verschießen** разг. ≃ sich verlieben; напр.: er hat sich in ein Mädchen verschossen, das nichts von ihm wissen will он влюбился в девушку, которая знать его не хочет. **sich vergaffen** фам. ≃ sich verlieben, но подчеркивает, что (неоправданно) сильное впечатление произвела внешность того, в кого влюбляются; напр.: wie konnte er sich in dieses Mädchen vergaffen? как он мог польститься на эту девчонку? **sich verknallen** фам. втюриться; напр.: er hat sich sofort in dieses Mädchen verknallt он сразу же втюрился в эту девушку
verliebt влюбленный
verliebt — **verschossen** — **verknallt**
verliebt индифф. синоним; напр.: ein verliebtes Mädchen, Pärchen влюбленная девушка, парочка; er sah sie verliebt an он смотрел на нее влюбленно; ich bin ehrlich verliebt in diese Gegend я просто влюблен в эту местность □ Marie mußte ja wild in den Burschen verliebt gewesen sein (Seghers, »Die Toten«) Мария, наверно, была без памяти влюблена в этого парня. Lissy fand ihn komisch, aber zugleich auch rührend. Er war ehrlich verliebt (Weiskopf, »Lissy«) Лисси он показался смешным и в то же время трогательным. Он был искренне влюблен. **verschossen** разг. ≃ verliebt, но б. ч. употр. по отношению к очень молодым людям (чаще девушкам), испытывающим внезапное сильное, но часто быстротечное чувство, и тк. в сочетании verschossen sein; напр.: in j-n verschossen sein быть влюбленным в кого-л.; sie ist ganz verschossen in dich она влюблена в тебя по уши □ Hast du denn nicht bemerkt, daß er in mich verschossen ist? (Weiskopf, »Abschied vom Frieden«) Ты что, не заметила, что он по уши в меня влюблен? **verknallt** фам. ≃ verliebt, но подчеркивает, что кто-л. внезапно и сильно влюбился; содержит оттенок снисходительной иронии; напр.: sie war in ihren Lehrer verknallt она по уши влюбилась в своего учителя

verlieren терять, утрачивать
verlieren — **einbüßen** — **kommen** (um) — **verspielen** — **verscherzen** — **verwirken**
verlieren индифф. синоним; напр.: er hat seine Schlüssel, seinen Regenschirm verloren он потерял свои ключи, свой зонтик; einen Freund, seine Eltern verlieren потерять друга, родителей; einen Kunden verlieren терять клиента; die Stellung verlieren потерять работу; die Geduld, den Verstand verlieren терять терпение, рассудок; sein Ansehen, seinen Einfluß, seine Macht verlieren терять авторитет, влияние, лишаться власти □ In zwei Stunden verloren sie über die Hälfte ihrer Leute (Remarque, »Zeit zu leben«) За два часа они потеряли больше половины своего состава. Er selber hatte sein Vermögen und seine besten Jahre verloren im Kampf für die amerikanische Freiheit (Feuchtwanger, »Die Füchse«) Он сам потерял все свое состояние и свои лучшие годы в борьбе за свободу Америки. **einbüßen** (A) лишаться чего-л., кого-л.; (an D) утрачивать (часть чего-л.); напр.: sein Vermögen bei der Inflation einbüßen лишиться состояния во время инфляции; an Beliebtheit, an Frische, an Aroma einbüßen (несколько) терять расположение [популярность], (несколько) утрачивать свежесть, аромат; bei dem Bombenangriff hatte sie die Wohnung, das jüngste Kind eingebüßt во время воздушного налета она лишилась квартиры, потеряла младшего ребенка □ Die Stadt hatte in den hundert Jahren... manches von der Größe und der Pracht ihrer islamischen Zeit eingebüßt (Feuchtwanger, »Die Jüdin von Toledo«) За эти сто лет... город отчасти утратил великолепие и роскошь времен ислама. Auch Erwin blutete aus dem Mund und hatte einen Zahn eingebüßt (Weiskopf, »Lissy«) У Эрвина тоже шла кровь изо рта, и он потерял один зуб. **kommen** (um etw.)

VERLIEREN, SICH

≅ einbüßen, *но объектом, которого полностью лишаются, является неодушевленный предмет, часто абстрактное понятие; напр.*: um sein Vermögen, um seine Ersparnisse, um sein ganzes Geld kommen лишиться состояния, сбережений, всех своих денег; er ist um sein Augenlicht, um sein Gehör gekommen он лишился зрения, слуха; durch dieses Gespräch bin ich um meine Mittagspause gekommen из-за этого разговора я лишился обеденного перерыва. **verspielen** (легкомысленно) терять что-л., лишаться чего-л. по своей собственной вине *часто употр. в обороте* bei j-m verspielt haben; *напр.*: eine Chance, sein Glück, sein Recht auf etw. verspielt haben потерять шанс, свое счастье, свое право на что-л.; er hat bei mir endgültig verspielt он окончательно потерял [утратил] мое доверие [мою симпатию]. **sich** (D) **verscherzen** ≅ verspielen, *но больше подчеркивает, что утрата произошла из-за того, что кто-л. не ценил, не берег утраченное; напр.*: du hast dir sein Wohlwollen verscherzt ты утратил его благосклонность □ Aber selbst wenn er es wollte, er könnte nicht einmal mehr mit der Welt im Frieden leben, er hat es sich verscherzt (*Feuchtwanger, »Exil«*) Но если бы он и хотел, он уже не мог бы жить в ладу с людьми, он легкомысленно утратил эту возможность. Erst jetzt begriff Oskar ganz, was für Freuden er sich mit jenem Telefongespräch verscherzt hat (*Feuchtwanger, »Lautensack«*) Только теперь Оскар до конца понял, каких радостей он лишился по своему легкомыслию в результате того разговора по телефону. **verwirken** *книжн.* ≅ verspielen; *напр.*: seine Freiheit verwirken лишаться свободы; sein Recht auf etw. verwirken терять свое право на что-л.; sie hat seine Gunst, sein Vertrauen verwirkt она лишилась его благосклонности, его доверия □ Der Sklave Miguel Cervantes wurde gesucht. Er sei des Verbrechens schuldig, jeder, der ihn verberge, sei es auch und verwirke sein Leben... (*Br. Frank, »Cervantes«*) Разыскивался раб Мигель Сервантес. Он повинен в преступлении, и тот, кто его укроет, тоже преступник и поплатится жизнью.

verlieren, sich *см.* schwinden¹
verloben, sich обручиться

sich **verloben** — sich **versprechen** — sich **binden**

sich **verloben** *индифф. синоним; напр.*: sich heimlich, offiziell verloben обручиться тайно, официально; sie hat sich mit ihrem Jugendfreund verlobt она стала невестой друга своей юности; sie ist seit einem halben Jahr verlobt она уже полгода как обручена □ Es war die gleiche Köhler-Etüde, die Fabian oft gehört hatte, als er sich mit Clotilde verlobte (*Keller-*

mann, »Totentanz«) Это был тот же этюд Келера, который Фабиан часто слышал, когда он обручился с Клотильдой. **sich versprechen** *уст. высок.* ≅ sich verloben; *напр.*: sich j-m versprechen обручиться с кем-л.; sie sind miteinander versprochen они помолвлены. **sich binden** *книжн.* связывать себя (обязательством жениться); er hat sich früh an das Mädchen gebunden он рано обручился с девушкой □ Vorher mußte man sich klar sein über einen Menschen, ehe man sich an ihn band (*Feuchtwanger, »Erfolg«*) Прежде чем связать себя с человеком, нужно хорошо уяснить себе, кто он такой

Verlöbnis *см.* Verlobung
Verlobte невеста, помолвленная, обрученная

die **Verlobte** — die **Braut**

Verlobte *индифф. синоним; напр.*: seine Verlobte war die Tochter des Nachbarn его невеста была дочерью соседа □ Auf dem Heimwege versöhnten sich die Verlobten (*H. Mann, »Untertan«*) По дороге домой жених и невеста помирились. **Braut** невеста, молодая (*на свадьбе или незадолго до свадьбы*); *в знач.* = Verlobte *устаревает; напр.*: eine junge, hübsche, glückliche Braut молодая, очаровательная, счастливая невеста; die reich geschmückte Braut богато одетая невеста; er hat schon eine Braut у него уже есть невеста; er stellte dem Freund seine Braut vor он представил другу свою невесту □ Die Braut wartete schon längst (*H. Mann, »Untertan«*) Невеста заждалась. ...die englische Flotte kreuzt im Kanal, um in letzter Stunde noch der englischen Königsbraut habhaft zu werden, ehe sie Braut des französischen Thronerben wird (*St. Zweig, »Maria Stuart«*) ...по проливу курсирует английский флот в надежде захватить невесту английского короля, пока она не стала нареченной французского дофина

Verlobter жених, помолвленный, обрученный

der **Verlobte** — der **Bewerber** — der **Bräutigam** — der **Freier** — der **Werber**

Verlobter *индифф. синоним; напр.*: ihr Verlobter schrieb ihr oft ее жених ей часто писал; wer ist ihr Verlobter? кто ее будущий муж?, с кем она обручена? □ Auf ihrem Gesicht lag der ruhige und ungespannte Ausdruck, mit dem sie den Jungen erwartete, der als ihr Verlobter galt (*Seghers, »Das siebte Kreuz«*) Лицо у нее было тихое и спокойное, она ждала юношу, который считался ее женихом. **Bewerber** сватающийся, претендент на руку девушки; *напр.*: sie hatte viele Bewerber у нее было много женихов, к ней многие сватались; sie hat alle Bewerber abgewiesen она отказала всем женихам □ Marie erwiderte ihrem Bewerber, sie hätte gar nichts

VERLOCKEND

gegen ihn einzuwenden (*Seghers, »Die Toten«*) Мария ответила своему поклоннику, что решительно ничего против него не имеет. Rosa war nicht übel angezogen, auf dem Ball fand sie Bewerber (*H. Mann, »Untertan«*) Роза была неплохо одета, на балу у нее были поклонники. **Bräutigam** жених (*на свадьбе или незадолго до свадьбы*); *в знач.* = Verlober *уст.; напр.*: sie hat uns ihren Bräutigam vorgestellt она представила нам своего жениха; alle gratulierten dem Bräutigam все поздравляли жениха □ Dort erblickt das noch nicht sechsjährige Mädchen zum erstenmal seinen Bräutigam (*St. Zweig, »Maria Stuart«*) Здесь девочка, которой не было и шести лет, впервые встречает своего нареченного. Auch dieser Bräutigam ging durch (*H. Mann, »Untertan«*) И второй жених сбежал. Der Bräutigam war ein fünfunddreißigjähriger, blonder und ziemlich fetter Herr im Frack, der stark schwitzte (*Noll, »Werner Holt«*) Жених оказался обрюзгшим блондином лет тридцати пяти, во фраке; с него градом лил пот. **Freier** *устаревает* ≅ Bewerber; *напр.*: □ Nach dem Gebet erschien eilig schnaufend auch der geistliche Onkel und begrüßte gutmütig den Freier (*Br. Frank, »Cervantes«*) Уже после молитвы прибежал, отдуваясь, дядя-священник и приветливо поздоровался с женихом. Sie hatte nie daran gedacht, sich noch einmal zu verheiraten, obwohl sie... Freier genug fand (*Seghers, »Die Toten«*) Она и не помышляла о втором браке, хотя... претендентов находилось достаточно. **Werber** *уст. редко* ≅ Bewerber; *напр.*: □ Unter dem Vorwand, wegen Leicester zu verhandeln, hat man den wirklichen Werber ihr glücklich aus der Hand gelockt und nach Schottland geschmuggelt (*St. Zweig, »Maria Stuart«*) Под видом переговоров о Лестере выманили у нее истинного претендента и контрабандой увезли в Шотландию

Verlobung обручение, помолвка

die **Verlobung** — das **Verlöbnis**

Verlobung *индифф. синоним; напр.*: die Verlobung anzeigen [bekannt machen] объявить о помолвке; eine Verlobung (auf)lösen [rückgängig machen] расторгнуть помолвку; die Verlobung feiern праздновать помолвку □ Um die Verlobung bin ich noch herumgekommen (*H. Mann, »Untertan«*) От помолвки мне пока удалось отвертеться. **Verlöbnis** *высок.* ≅ Verlobung; *напр.*: ein Verlöbnis eingehen заключить помолвку; ein Verlöbnis (auf)lösen расторгнуть помолвку

verlocken *см.* verführen
verlockend заманчивый, соблазнительный

verlockend — **anziehend** — **verführerisch**

VERLOGEN 589 **VERMEIDEN**

verlockend *индифф. синоним; напр.*: ein verlockendes Angebot заманчивое предложение; verlockende Aussichten соблазнительные перспективы; ein verlockender Plan заманчивый план; der Gedanke schien mir sehr verlockend мысль казалась мне очень заманчивой; der Kuchen sieht verlockend aus пирог выглядит очень соблазнительно ☐ Das Bild war verlockend, doch auch gefährlich (*Feuchtwanger, »Erfolg«*) Картина была заманчива, но и опасна в то же время. Die Schuhe sahen verlockend aus, und auch die Preise waren verlockend (*Weiskopf, »Lissy«*) У туфель был заманчивый вид, и цены тоже были заманчивые. **anziehend** привлекательный, притягательный; *напр.*: ein anziehendes Mädchen привлекательная девушка; eine anziehende Geschichte, Erscheinung [Gestalt] интересная история, притягательный образ; etw. anziehend erzählen, darstellen рассказывать, изображать что-л. интересно. **verführerisch** соблазнительный, обольстительный; *напр.*: ein verführerisches Angebot, ein verführerischer Vorschlag соблазнительное [выгодное] предложение; eine verführerische Frau обольстительная женщина; ein verführerischer Anblick соблазнительный вид; verführerisch aussehen выглядеть (очень) соблазнительно ☐ Gewiß, die Chancen waren verführerisch... (*Feuchtwanger, »Die Füchse«*) Конечно, перспективы были очень соблазнительны... Was hatte Gelusich gemeint, als er ihr gestern nach dem Konzert zugeflüstert hatte: »Sie ahnen vielleicht, wie verführerisch Sie sind, Wally« (*Weiskopf, »Abschied vom Frieden«*) Но что имел в виду Гелузич, когда вчера после концерта шепнул ей: »Вы обольстительны, Валли; возможно, вы об этом догадываетесь.«

verlogen *см.* lügnerisch
Verlogenheit *см.* Unaufrichtigkeit
verlogen¹ потерянный, погибший
verloren — geliefert
verloren *индифф. синоним (чаще предикативно); напр.*: wir sind verloren! мы пропали!; er ist ein verlorener Mensch он потерянный [погибший] человек; der Verletzte war unrettbar verloren раненый погибал; das überschwemmte Dorf war unrettbar verloren затопленную наводнением деревню можно было считать безвозвратно погибшей. **geliefert** *разг.* обреченный, пропащий ⟨*тк. предикативно*⟩; *напр.*: er ist geliefert он пропал [обречен]
verloren²: **verlorene Liebesmüh(e)** *см.* umsonst¹
verlöschen *см.* erlöschen¹/vergehen²
verlöten *см.* trinken²
verlottern *см.* verkommen²
Verlust¹ утрата, лишение
der Verlust — die Einbuße

Синонимы данного ряда в сочетании с предложным определением (an D) указывают на частичную утрату чего-л., а в сочетании с определением в Gen. на полную утрату, потерю
Verlust *индифф. синоним; напр.*: ein empfindlicher, schwerer, unersetzlicher Verlust чувствительная, тяжелая, невосполнимая утрата; Verlust eines Menschen утрата [смерть] человека; Verlust der Arbeitsfähigkeit, der Unabhängigkeit утрата [потеря] работоспособности, независимости; Verlust an Ansehen убыль [(известная) потеря] авторитета ☐ Nichts war da als der klare Schmerz des Verlustes. Es war ein Verlust für immer (*Remarque, »Zeit zu leben«*) Ничего, кроме острой боли утраты. Утраты навеки. **Einbuße** потеря; *напр.*: Einbuße an Ansehen, an Einfluß, an Vertrauen (известная) потеря авторитета, влияния, доверия

Verlust² ущерб, убыток, потери
der Verlust — der Schaden — die Einbuße — der Ausfall — der Abgang
Verlust *индифф. синоним; напр.*: das Geschäft bringt Verlust дело приносит убыток; der Verlust geht in die Millionen убыток составляет миллионы; es waren nur materielle Verluste были только материальные убытки ☐ Wenn der Auftrag der Versailler Regierung Pierre finanziell vorläufig nur Verluste brachte... (*Feuchtwanger, »Die Füchse«*) Если в финансовом отношении миссия, порученная Пьеру Версальским правительством, приносила пока одни лишь убытки... **Schaden** (материальный) ущерб; *напр.*: Schaden anrichten, bringen причинять, приносить ущерб; der Schaden beträgt eine Million Mark ущерб составляет миллион марок ☐ Ich mache Sie verantwortlich für den Schaden! (*H. Mann, »Untertan«*) Вы ответите за убытки! **Einbuße** (an D) частичная потеря чего-л.; (G) полная потеря чего-л., лишение чего-л.; *напр.*: Einbuße an Geld, des gesamten Bargeldes потеря (части) денег, всех наличных денег; große [schwere] Einbußen erleiden [haben] понести большой ущерб в чем-л., лишиться чего-л. ☐ Und seither brachte jede neue Gemeinde- oder Landtagswahl weitere Einbußen (*Weiskopf, »Lissy«*) И с тех пор каждые новые муниципальные выборы или выборы в ландтаг приносят все новые потери. **Ausfall** (G) потери *указывает на полную потерю чего-л.; напр.*: Ausfall des Lohnes, der Einnahmen, der Steuern потеря заработной платы, доходов, налогов; der Ausfall der Arbeitsstunden потеря рабочего времени; Ausfall in der Produktion потери на производстве, невыпущенная продукция. **Abgang** *ком.* убытки, потери, убыль; *напр.*: den Abgang ersetzen возмещать убытки [потери]; beim Obsthandel gibt es viel Abgang в торговле фруктами велики потери (из-за отходов)

vermachen *см.* vererben
Vermächtnis *см.* Erbe II/Testament
vermählen *см.* verheiraten
vermählen, sich *см.* heiraten
vermehren *см.* vergrößern
vermehren, sich *см.* vergrößern, sich
vermeiden избегать, уклоняться
vermeiden — umgehen — ausweichen — scheuen — meiden — fliehen — sich drücken
vermeiden *индифф. синоним; с объектом-лицом не употр.; напр.*: Fehler, Zusammenstöße, einen Skandal vermeiden избегать ошибок, столкновений, скандала; läßt sich das nicht vermeiden? разве этого нельзя избежать?; ich vermied es, mit ihm zusammenzutreffen я избегал встречаться с ним ☐ Bestimmt war das der einzige Grund, aus dem er vermieden hatte, mit der Haider Schluß zu machen (*Feuchtwanger, »Erfolg«*) Несомненно, это была единственная причина, по которой он избегал порвать с этой Гайдер. Er vermied es, Lissy ins Gesicht zu sehen (*Weiskopf, »Lissy«*) Он избегал смотреть Лисси в глаза. **umgehen** обойти, (ловко) уклониться *с объектом-лицом не употр.; напр.*: eine Antwort umgehen уклониться от ответа; ein Gesetz, eine Vorschrift umgehen обойти закон, предписание; ich konnte das Thema nicht umgehen я не мог уклониться от этой темы [обойти эту тему] ☐ Der Genuß von Alkohol war in Amerika untersagt, doch wurde dieses Verbot allgemein umgangen (*Feuchtwanger, »Erfolg«*) Потребление алкоголя было в Америке запрещено, но запрещение это всеми обходилось. **ausweichen** ≅ vermeiden, *но больше подчеркивает, что старательно избегают кого-л., чего-л., что столкновение с кем-л., с чем-л. нежелательно, опасно; напр.*: einer Frage, einem Stoß, einer Schwierigkeit ausweichen уклониться от вопроса, от удара, избежать затруднения; j-m ausweichen избегать кого-л., уклоняться от встреч с кем-л. ☐ Er suchte Lissys prüfendem Blick auszuweichen (*Weiskopf, »Lissy«*) Он старался избегать испытующего взгляда Лисси. **scheuen** избегать из робости, из боязни осложнений *с объектом-лицом употр. редко; напр.*: die Verantwortung scheuen избегать ответственности; sie scheut jeden Skandal она избегает малейшего скандала ☐ Wollen Sie mich, der ich um eine Aufführung meines Stückes zu erreichen, den Kampf mit Löwen und Tigern nicht scheute, zu dem Geschäft einer Dienstmagd verurteilen, die mit dem Flederwisch winzige Wanzen totschlägt? (*Feuchtwanger, »Die Füchse«*) Не хотите ли вы меня, который, чтобы добиться постановки своей пьесы, не убоялся единоборства с львами и тиграми, обречь на

роль служанки и заставить давить веником крошечных клопов? **meiden** *книжн.* ≅ vermeiden *часто употр. с объектом-лицом; напр.:* einen Ort, einen Menschen, den Anblick von etw. Unangenehmem meiden избегать какого-л. места, какого-л. человека, вида чего-л. неприятного; er meidet dieses Haus он избегает посещать этот дом; der Erfolg meidet ihn успех сторонится его [обходит его стороной] ▢ Die Liese hatte sich sogar schon gefragt, warum er sie immer noch mied, obwohl dazu ihrer Meinung nach kein richtiger Grund war (*Seghers, »Die Toten«*) Лиза даже задавала себе вопрос, почему он все еще избегает ее, хотя никаких причин для этого, по ее мнению, не было. Hatte sich Paul nicht vorgenommen, das gefährliche Thema zu meiden? (*Feuchtwanger, »Lautensack«*) Разве Пауль не принимал решения избегать опасной темы? **fliehen** *высок.* бежать кого-л., чего-л.; *напр.:* die Stätte des Grauens fliehen избегать места ужаса; einen Menschen fliehen избегать (любым способом) какого-л. человека. **sich drücken** *разг.* увиливать; *напр.:* sich vor der Arbeit, vor der Verantwortung, vor einer Gefahr drücken отлынивать от работы, увиливать от ответственности, прятаться от опасности (за спину других) ▢ Er drückte sich vor allem Unangenehmen, er drückte sich vor der Szene (*Feuchtwanger, »Erfolg«*) Он старался избегать всего неприятного, он избегал сцен

vermengen *см.* mischen (, sich)
Vermerk *см.* Notiz
vermerken *см.* aufschreiben
vermessen *см.* tapfer
vermessen, sich *см.* wagen
vermindern *см.* verkleinern [1, 2]
vermindern, sich *см.* verkleinern, sich
Verminderung *см.* Verkleinerung
vermischen (, sich) *см.* mischen (, sich)
vermissen (остро) ощущать отсутствие кого-л., чего-л.

vermissen — entbehren — missen

vermissen *индифф. синоним; напр.:* ich vermisse meinen Freund sehr мне очень недостает моего друга; ich vermisse meinen Füllfederhalter, meine Lieblingsbücher я не могу найти свою ручку, мне очень недостает моих любимых книг ▢ Sowie er nicht da ist, vermißt sie ihn (*Feuchtwanger, »Exil«*) Когда его нет, ей недостает его. Wie dem auch war, er vermißte sie schon (*Seghers, »Die Toten«*) Как бы там ни было, он уже скучал по ней. Allein Raquel vermißte kaum die schöne Ordnung Sevillas, solche Freude hatte sie an dem heftigen Leben Toledos (*Feuchtwanger, »Die Jüdin von Toledo«*) Но Ракель почти не ощущала отсутствие прекрасного порядка, царившего в Севилье, — так нравилась ей кипучая толедская жизнь. Ein paar Zeitungen brachten Glossen über dieses Verschwinden, viele Besucher vermißten *Josef und seine Brüder* mit Bedauern (*Feuchtwanger, »Erfolg«*) В нескольких газетах по поводу этого исчезновения промелькнули заметки, многие посетители с сожалением отметили отсутствие картины «Иосиф и его братья». **entbehren** ≅ vermissen, *но больше подчеркивает, что недостает того, что особенно необходимо кому-л.; напр.:* wir haben ihn sehr entbehrt нам его очень недоставало, его отсутствие было ощутимо во всем; ich entbehre es sehr мне этого очень недостает ▢ Ihr Vorrat an Vertrauen und Hoffnung, ihr ganzer Anteil am Leben war auf den Neffen beschränkt, sie wollte kein Gramm von diesem Anteil entbehren (*Seghers, »Die Toten«*) Вся ее доля участия в жизни, все ее надежды и доверие к людям были связаны с племянником, и она не хотела терять ни грамма от этой доли. Die ausreichenden Mahlzeiten, die Anschaffungen von Kleinigkeiten, die man entbehrt hatte, mal ein Hemd, mal eine Bürste, machten das häusliche Leben glatter (*ebenda*) Возможность наесться досыта за обедом, купить кое-какие мелочи, которых раньше недоставало: рубашку, щетку, — все это делало домашнюю жизнь легче. Er hat in diesen Jahren des Exils die Unterhaltungen mit ihm bitter entbehrt (*Feuchtwanger, »Exil«*) В эти годы изгнания для него было горьким лишением, что он не мог с ним поговорить. **missen** *высок. редко* ≅ vermissen; *напр.:* ▢ Obwohl Cohn das Heßlingsche Papier abbestellt hatte und noch immer nicht national empfand, hatte Diederich sie (*die Figuren*) in seiner Einrichtung nicht missen wollen (*H. Mann, »Untertan«*) Хотя Кон перестал заказывать бумагу у Геслинга и все еще был далек от национального духа, Дидерих, обставляя свою квартиру, не хотел отказываться от этих фигур

vermißt *см.* verschwunden
vermitteln посредничать (*содействовать примирению спорящих*)

vermitteln — dazwischentreten — ausgleichen

vermitteln *индифф. синоним; напр.:* zwischen Streitenden vermitteln быть посредником между спорящими; die Beilegung eines Streites vermitteln посредничать при урегулировании спора ▢ M. Adams vermied es, den Doktor in bitteren Reden anzugreifen, wie die jüngeren Herren das taten. Er vermittelte und milderte (*Feuchtwanger, »Die Füchse«*) Не в пример своим молодым сотрудникам, месье Адамс избегал яростных нападок на доктора. Он посредничал и умиротворял. **dazwischentreten** вмешиваться с целью уладить спор, ссору; *напр.:* der Lehrer mußte dazwischentreten, die Schüler hörten nicht auf, sich zu streiten учитель должен был вмешаться, ученики не прекращали ссору. **ausgleichen** примирять, содействовать достижению компромисса, взаимного согласия; *напр.:* Meinungsverschiedenheiten, Streitigkeiten ausgleichen (убеждая,) примирять разные мнения, улаживать споры; er bemühte sich, zwischen den streitenden Parteien auszugleichen он посредничал, стараясь примирить спорящие стороны

vermittels *см.* durch [1]
Vermittler посредник (, совершающий сделку в интересах других)

der **Vermittler** — der **Mittelsmann** — die **Mittel(s)person** — der **Unterhändler** — der **Makler**

Vermittler *индифф. синоним; напр.:* ein erfolgreicher, geschickter Vermittler успешно действующий, ловкий посредник; als Vermittler auftreten, den Vermittler machen выступать в роли посредника; das Geschäft ist über einen Vermittler abgeschlossen worden сделка была заключена с помощью посредника ▢ Ideen haben Sendboten, Stellvertreter, Vermittler (*Seghers, »Die Toten«*) У каждой идеи свой глашатай, представитель, посредник. **Mittelsmann, Mittel(s)person** (доверенный) посредник, связной; *напр.:* ein geschickter Mittelsmann ловкий посредник; sich an einen Mittelsmann [an die Mittelsperson] wenden обратиться к посреднику; Verhandlungen durch Mittelsmänner führen вести переговоры через посредников; j-n als Mittelsmann [als Mittelsperson] benutzen воспользоваться кем-л. как посредником; über einen Mittelsmann nahmen die beiden Parteien Kontakt auf обе стороны установили контакт через посредника ▢ Er danke Monsieur Dubourg für seine freundlichen Absichten, aber er habe selber Mittelsmänner, die seine Ratschläge auf schnellem, sicherem Wege nach Philadelphia gelangen ließen (*Feuchtwanger, »Die Füchse«*) Он ответил, что благодарит месье Дюбура за его любезные намерения, но он располагает собственными посредниками, которые могут передать его, Пьера, советы в Филадельфию достаточно надежным и быстрым путем. **Unterhändler** посредник, представляющий на переговорах своего доверителя, участник переговоров; *напр.:* die Firma tätigte Geschäfte durch ihren Unterhändler фирма заключила сделки (на переговорах) через своего посредника ▢ Die Sache ist die: ich brauche etwas von dem Herrn, und da wollte ich dich bitten, mein Unterhändler zu sein (*Weiskopf, »Abschied vom Frieden«*) Дело вот в чем: мне от этого господина кое-что надо, и я хотел тебя просить быть моим посредником. **Makler** маклер, посредник (*особенно в продаже и купле акций, домов, земельных участков*) напр.: ein Makler für Immobilien маклер по недвижимому имуществу; eine Gebühr an den Makler zahlen платить маклеру комиссионные ☐ Zwischen dem Chef der Firma Johann Buddenbrook und dem Makler Sigismund Gosch ward über die Kaufsumme für das alte Haus in der Mengstraße beratschlagt (*Th. Mann, »Buddenbrooks«*) Шеф фирмы Иоганн Будденброк и маклер Зигизмунд Гош обсуждали, какую цену можно спросить за старый дом на Менгштрассе. Ich habe gerade vor einer Stunde von meinem Pariser Vertreter die Mitteilung erhalten, daß Lepère, ein Makler, der für den montenegrinischen König arbeitet, große Posten französischer und englischer Staatspapiere kauft (*Weiskopf, »Abschied vom Frieden«*) Час тому назад мой парижский представитель сообщил мне, что Лепер, маклер, подставное лицо черногорского короля, скупает в огромном количестве французские и английские государственные акции.

Vermittlerschaft см. Vermittlung¹

Vermittlung¹ посредничество
die **Vermittlung** — die **Vermittlerschaft** — die **Intervention**
Vermittlung *индифф. синоним*; *напр.*: die Vermittlung annehmen, begrüßen, ablehnen принимать, приветствовать, отклонять посредничество; etw. durch j-s Vermittlung erhalten получать что-л. при чьем-л. посредничестве; ich biete Ihnen in dieser Sache meine Vermittlung an я предлагаю вам посредничество в этом деле ☐ ...bei der dann Marie in Stellung kam durch die Vermittlung einer Tante (*Seghers, »Die Toten«*) ...у которой потом с помощью тетки устроилась Мария. **Vermittlerschaft** ≅ Vermittlung, *но употр. реже*; *напр.*: auf j-s Vermittlerschaft verzichten отказаться от чего-л. посредничества. **Intervention** [-v-] вмешательство с целью посредничества; ходатайство; *напр.*: eine persönliche, erfolglose Intervention личное, безуспешное ходатайство ☐ Wolzow galt seit eh und je als der größte Flegel der Schule, zweimal Consilium, das drittemal nur durch Intervention seines Generalonkels dem Hinauswurf entgangen (*Noll, »Werner Holt«*) У Вольцова издавна слава первого грубияна в школе, из-за него два раза собирался педагогический совет, а на третий только вмешательство дядюшки-генерала спасло его от исключения.

Vermittlung² см. Übergabe¹
vermodern см. faulen
vermöge см. laut II
vermögen см. können¹
Vermögen см. Besitz¹/Leistungsfähigkeit/Reichtum
vermögend см. reich¹
vermummen, sich см. verkleiden, sich
vermuten предполагать
vermuten — **glauben** — **meinen** — **denken** — **annehmen** — **voraussetzen** — **sich einbilden** — **mutmaßen** — **wähnen** — **schätzen** — **tippen**
vermuten *индифф. синоним*; *напр.*: ich vermute, er kommt nicht wieder я предполагаю, что он не вернется; sie vermutet, daß er es nicht weiß она предполагает, что он не знает об этом; soviel sich vermuten läßt... насколько можно предполагать... ☐ Sie vermutete, Johanna werde sie nicht empfangen (*Feuchtwanger, »Erfolg«*) Она предполагала, что Иоганна ее не примет. Gräfenheim weigerte sich. Er vermutete eine Falle (*Remarque, »Schatten«*) Грефенгейм отказывался. Он подозревал западню. **glauben** полагать; *напр.*: ich glaube, daß er kommt я полагаю, что он придет; das glaube ich schon я полагаю, что это так; er glaubt sich außer Gefahr он полагает [считает], что он вне опасности ☐ Deutete endlich gewunden an, er habe immer geglaubt, Johanna sei befreundet mit Tüverlin (*Feuchtwanger, »Erfolg«*) Витиевато и сложно дал он наконец понять, что всегда, мол, считал, что Иоганна дружна с Тюверленом. Ich glaube wohl, daß mein Freund Matthias das mit Recht voraussetzen kann (*Hauptmann, »Vor Sonnenuntergang«*) Я полагаю, мой друг Маттиас имеет все основания так думать. **meinen** считать, полагать; *напр.*: wie meinen Sie? как вы считаете [полагаете]?; meinen Sie? вы так считаете? **denken** думать; *напр.*: ich dachte, ich hätte dir das Buch schon gegeben я думал, что уже дал тебе книгу; du hättest dir denken können, daß ich später kommen werde ты мог бы предположить [догадаться], что я приду позднее ☐ »Ich denke«, sagte immer unsicher Pierre, »mit einer weiteren Million komme ich aus« (*Feuchtwanger, »Die Füchse«*) »Я думаю«, — отвечал неуверенно Пьер, — что еще одного миллиона мне хватит». **annehmen** предполагать, допускать *часто подчеркивает уверенность в правильности предположения*; *напр.*: nehmen wir an, daß... допустим, что...; wir nehmen an, daß seine Angaben stimmen мы допускаем, что его сведения точны ☐ ...und man nahm an, der gutwillige, doch schwache König werde seinen Minister auf die Dauer nicht halten können (*Feuchtwanger, »Die Füchse«*) ..и все считали, что добрый, но безвольный король не сможет долго удержать на посту своего министра. Daß sie zu dem Dr. Krüger intime Beziehungen habe, wurde allgemein angenommen (*Feuchtwanger, »Erfolg«*) Все предполагали, что у нее интимные отношения с этим доктором Крюгером. **voraussetzen** предполагать наличие чего-л.; исходить из предпосылки; *напр.*: ich setze voraus, daß... я предполагаю, что...; sie hatte seine Bereitschaft, unser Einverständnis vorausgesetzt она предполагала его готовность (помочь *и т. п.*), наше согласие; diese Kenntnisse kann man bei ihm nicht voraussetzen трудно предполагать у него такие знания; wir werden pünktlich am Ziel sein, vorausgesetzt, daß der Zug keine Verspätung hat мы прибудем точно в срок, если исходить из того, что поезд не опоздает ☐ Der Vertrag war sogar sehr gut, vorausgesetzt, daß ein starker Mann dahinterstand... (*Feuchtwanger, »Die Füchse«*) Договор был даже очень хорош, если предположить, что за ним стояла сильная фигура... Die Sache ist die, daß du bei ihm dieselben Gefühle gegen dich und uns voraussetzest, die du gegen ihn hegst (*Th. Mann, »Buddenbrooks«*) Дело в том, что ты предполагаешь у него такие же чувства по отношению к тебе и к нам, какие ты питаешь к нему. Soviel Verantwortungsgefühl muß man nun einmal bei einem seriösen Menschen voraussetzen, wohin käme man sonst? (*Weiskopf, »Lissy«*) Нужно предположить, что столько чувства ответственности есть у каждого серьезного человека, иначе до чего бы мы дошли? **sich einbilden** воображать; *напр.*: du bildest dir ein, daß ich nichts weiß ты воображаешь, что мне ничего не известно; sie bildete sich ein, verfolgt zu werden она воображала, что ее преследуют ☐ Die durchwachte Nacht mußte es sein: er war mit den Nerven herunter und bildete sich ein, jemand gehe ihm nach (*Noll, »Werner Holt«*) Видно, бессонная ночь была тому причиной: у него сдали нервы, и ему казалось, что кто-то идет следом за ним. **mutmaßen** *высок.* ≅ vermuten, *но указывает на более неопределенное предположение*; *напр.*: seine Mitschuld mutmaßen предполагать его соучастие; смутно догадываться, что он тоже виновен; er konnte die wahren Ursachen ihres Verhaltens nur mutmaßen он мог только предполагать истинные причины ее поведения; er mutmaßte, daß... он предполагал, что...; die Polizei mutmaßte, der Täter halte sich im Ort auf полиция предполагала, что преступник находится еще в данном месте. **wähnen** *высок. устаревает* (ошибочно) предполагать, воображать, мнить; *напр.*: sie wähnten ihn zu Hause они воображали, что он дома; ich wähnte dich noch in Berlin я заблуждалась, полагая, что ты еще в Берлине; sie wähnten sich in Sicherheit они воображали, что они в безопасности. **schätzen** *разг.* ≅ annehmen; *напр.*: ich schätze, daß er heute kommt я допускаю, что он сегодня придет; ich schätze, daß er krank ist я предполагаю, что он болен; wir schätzen, daß er seinen Plan wieder nicht erfüllen wird мы так думаем, что он снова не выполнит свой план. **tippen** *разг.* ≅ vermuten; *напр.*: ich

VERMUTLICH

tippe darauf, daß er morgen kommt я предполагаю, что он завтра придет
vermutlich *см.* vielleicht

Vermutung предположение, догадка
die **Vermutung** — die **Annahme** — die **Voraussetzung** — die **Mutmaßung**
Vermutung *индифф. синоним; напр.*: einer Vermutung nachgehen проверять правильность предположения; sich in Vermutungen ergehen теряться в догадках, строить предположения; gegen alle Vermutungen вопреки всем предположениям; es besteht die Vermutung, daß... есть предположение, что...; er äußerte die Vermutung, daß... он высказал предположение, что... **Annahme** предположение, допущение; *напр.*: eine irrige [falsche], richtige Annahme ошибочное, правильное предположение; j-n in einer Annahme bestärken укрепить кого-л. в каком-л. предположении [в каком-л. мнении]; diese Annahme erwies sich als trügerisch это предположение оказалось ошибочным; das berechtigt zu der Annahme, daß... это дает основание предполагать, что... □ In der Annahme, daß es auch heute nicht anders sein würde... (*Weiskopf*, »*Abschied vom Frieden*«) Предполагая, что и сегодня будет не иначе... **Voraussetzung** предпосылка, предположение; *напр.*: von richtigen, falschen Voraussetzungen ausgehen исходить из правильных, неправильных предположений; auf einer falschen Voraussetzung beruhen основываться на неправильном предположении. **Mutmaßung** *высок.* ≈ Vermutung, *но указывает на более неопределенное предположение; напр.*: die Mutmaßungen haben sich bewahrheitet предположения подтвердились; das sind Mutmaßungen, nichts weiter! это только предположения и ничего больше!

vernachlässigen пренебрегать, не уделять должного внимания
vernachlässigen — **verschmähen** — **zurücksetzen** — **hintansetzen**
vernachlässigen *индифф. синоним; напр.*: seinen alten Freund vernachlässigen пренебрегать старым другом, забывать старого друга; er vernachlässigt mich он пренебрегает мной, он невнимателен ко мне. **verschmähen** пренебрегать чем-л. *подчеркивает, что кто-л. из презрения отклоняет, отвергает предлагаемое и т. п.; по отношению к лицам — уст.; напр.*: j-s Hilfe, j-s Liebe, j-s Freundschaft verschmähen пренебрегать чьей-л. помощью, чьей-л. любовью, чьей-л. дружбой; j-s Rat verschmähen пренебрегать чьим-л. советом; verschmähen Sie nicht meine guten Ratschläge! не пренебрегайте моими добрыми советами!; er verschmäht keine Arbeit он не чурается никакой работы; er hat sie verschmäht он пренебрег ею (*отверг ее любовь*) □ Denn wie entlegen auch das Gefühl war, sein Freund verschmähte es nicht, ihn an-
zuhören... (*Seghers*, »*Die Toten*«) Как бы незначительно ни было чувство, друг не отказывался выслушать его... **zurücksetzen** оттеснять на задний план, обходить кого-л.; *напр.*: sie fühlte sich leicht zurückgesetzt она чувствовала себя несколько обойденной □ Der Vetter Klemm hatte sich immer zurückgesetzt gefühlt... (*Seghers*, »*Die Toten*«) Кузен Клемм считал, что его всегда обходят... Holt hatte Vetter vielleicht niemals richtig ernst genommen, das dicke Kerlchen nicht, das sich ewig zurückgesetzt fühlte... (*Noll*, »*Werner Holt*«) Хольт, вероятно, никогда не принимал Феттера всерьез — ни толстого мальчишку, который всегда чувствовал себя обойденным... **hintansetzen** *высок.* пренебрегать кем-л. чем-л. *иногда употр., когда кто-л., пренебрегая чем-л., жертвует при этом своими интересами и т. п.; напр.*: das stille Mädchen wurde überall hintangesetzt тихую девочку все игнорировали; du sollst die Schularbeiten nicht immer hintansetzen ты не должен забрасывать уроки; er opferte alles seiner Karriere und setzte seine Familie hintan он пожертвовал всем для своей карьеры и даже свою семью отодвинул на задний план □ Setzt alles mich hintan, | Weil einer mich verachtet hat? (*Schiller*, »*Don Carlos*«) Иль каждый | Пренебрегать намерен государем | За то, что презирал меня один? (*Перевод Левика*). Verurteilt durch das Vorurteil — das härteste, das unbeugsamste aller Urteile — sind diese Unehelichen, diese nicht im Königsbett Gezeugten, hintangesetzt den meist schwächlicheren... Erben... (*St. Zweig*, »*Maria Stuart*«) Осужденные трибуналом предрассудков, самым страшным и непреклонным из судов человеческих, внебрачные дети, зачатые не на королевском ложе, обойдены в пользу других наследников, порой слабейших...

Vernachlässigung пренебрежение (кем-л., чем-л.)
die **Vernachlässigung** — die **Zurücksetzung** — die **Hintansetzung**
Vernachlässigung *индифф. синоним; напр.*: die Vernachlässigung seiner Pflichten, seiner Arbeit, seines Studiums пренебрежение своими обязанностями, своей работой, своей учебой. **Zurücksetzung** пренебрежение, третирование *употр. тк. по отношению к лицу, подчеркивает, что оно чувствует себя обиженным; напр.*: Seit Jahren lief er der Direktoren das Haus ein, beklagte sich über Neid, Mißgunst, schnöde Zurücksetzung... (*Br. Frank*, »*Cervantes*«) Он много лет обивал пороги директоров, жаловался на зависть, недоброжелательство и злостное пренебрежение... **Hintansetzung** *высок.* ≈ Vernachlässigung *часто употр., когда кто-л. делает что-л., пренебрегая собственной*

VERNEINEN

выгодой, чувствами, здоровьем и т. п.; *напр.*: unter Hintansetzung seiner Gesundheit не щадя своего здоровья; unter Hintansetzung seiner Gefühle невзирая на свои чувства; unter Hintansetzung seiner Person отказываясь от собственных выгод; самоотверженно

vernebeln *см.* trüben/verschleiern[1]
vernehmbar *см.* laut I
vernehmen *см.* fragen/hören[1]
vernehmlich *см.* laut I
Vernehmung *см.* Verhör
verneigen, sich *см.* verbeugen, sich
Verneigung *см.* Verbeugung
verneinen отрицать (*не признавать наличия чего-л.*)
verneinen — **leugnen** — **ableugnen** — **verleugnen** — **abschwören** — **negieren**

verneinen *индифф. синоним; напр.*: energisch [heftig], entschieden verneinen отрицать энергично, категорически; seine Teilnahme an etw. verneinen отрицать свое участие в чем-л.; er verneinte die Möglichkeit einer Einigung он отрицал возможность договориться □ Ich lehrte dich Wissenschaft, und ich verneinte die Wahrheit (*Brecht*, »*Das Leben des Galilei*«) Я учил тебя науке, и я же отверг истину. Frau Heßlings Frage, ob er schon verheiratet sei, verneinte er (*H. Mann*, »*Untertan*«) На вопрос фрау Геслинг, женат ли он, он ответил отрицательно. **leugnen** отрицать (*справедливость утверждения, обвинения*), оспаривать; *напр.*: etw. energisch, entschieden, hartnäckig leugnen отрицать что-л. энергично, решительно, упорно; seine Schuld, seine Mitwissenschaft, die Tat leugnen отрицать свою вину, отрицать, что знал (*о содеянном*), что совершил (*содеянное*); der Angeklagte leugnete hartnäckig seine Schuld обвиняемый упорно отпирался □ Und dieser Besuch seines Monsieur Heydebregg sei Politik, das könne er doch nicht leugnen (*Feuchtwanger*, »*Exil*«) А этот визит мосье Гейдебрега — это же политика; ведь он не станет этого отрицать. Niemand aber leugnete den Reiz ihres Lächelns... (*Kellermann*, »*Totentanz*«) Никто не отрицал очарования ее улыбки. Übrigens war nicht zu leugnen, daß der Prozeß als Ganzes sehr interessant war (*Feuchtwanger*, »*Erfolg*«) Впрочем, нельзя было отрицать, что весь этот процесс в целом был очень интересен. **ableugnen** ≈ leugnen, *но подчеркивает упорное, категорическое отрицание того, что вменяется в вину, а также, что лицо, которое отрицает что-л., говорит неправду*; отпираться *разг.; напр.*: eine Tat, seine Schuld, ein Vergehen ableugnen отрицать содеянное, свою вину, отрицать, что допустил проступок; er hat (vor Gericht) alles abgeleugnet он (на суде) все отрицал [отпирался] □ Sein Vater war jahrelang organisiert gewesen, was man nicht ableugnen konnte (*Seghers,* »*Die Toten*«) Отец долгие годы состоял в социал-демократической партии, что невозможно было отрицать. ...er fürchtete, sie seien ernstgemeint und Voltaire sei nicht abgeneigt, in seinen letzten Tagen die Grundidee seines Lebens abzuleugnen (*Feuchtwanger,* »*Die Füchse*«) Он опасался, что это вполне серьезно и что Вольтер не прочь в свои последние дни отречься от главного принципа всей своей жизни. **verleugnen** не признавать(ся), отрекаться; *напр.:* er verleugnete seine Schuld он отрицал свою вину; das läßt sich nicht verleugnen это нельзя отрицать ▫ Es wäre sinnlos, sich als braver Schüler aufzuspielen und seinen freiheitlichen Wandel zu verleugnen (*Feuchtwanger,* »*Exil*«) Было бы бессмысленно разыгрывать из себя благонравного школьника и отрицать свой вольный образ жизни. Er trug kein Bedenken, seine Werke schamlos zu verleugnen... (*Feuchtwanger,* »*Die Füchse*«) Он, не задумываясь, отрекся бы от своих произведений... **abschwören** *устаревает* отрицать что-л. под присягой, отрекаться; *напр.:* seine Schuld, seine Mittäterschaft abschwören отрицать под присягой свою вину, свое соучастие. **negieren** *книжн.* ≅ verneinen; *напр.:* einen Tatbestand negieren отрицать, что дело обстояло так; *юр.* отрицать состав (преступления) ▫ Seltsamerweise ist es nicht ganz leicht, das zu negieren und loszuwerden, was ja tatsächlich nicht mehr ist (*Hauptmann,* »*Vor Sonnenuntergang*«) Как ни странно, но совсем не легко отринуть то, чего в действительности уже нет, освободиться от него

Verneinung отрицание
die **Verneinung** — die **Ableugnung** — die **N e g a t i o n**

Verneinung *индифф. синоним; напр.:* die Verneinung der Möglichkeit einer Einigung отрицание возможности договориться. **Ableugnung** отрицание (вины), отклонение (обвинения); отпирательство; *напр.:* die Ableugnung einer Tat, seiner Schuld отрицание совершения поступка, своей вины. **Negation** *книжн.* (полное) отрицание, непризнание; *напр.:* die Negation dieser Philosophie отрицание этой философии; die Negation jeder Ordnung, des Rechts отрицание всякого порядка, права; die dialektische Negation *филос.* диалектическое отрицание

vernichten уничтожать
vernichten — ausrotten — austilgen — vertilgen — entvölkern — ausmerzen — aufreiben — t i l g e n — l i q u i d i e r e n

vernichten *индифф. синоним; напр.:* den Feind vernichten уничтожить врага; Schädlinge, Unkraut, Wälder vernichten уничтожать вредителей, сорняки, леса; alte Briefe vernichten уничтожить старые письма; j-s Pläne, j-s Hoffnungen vernichten разрушить чьи-л. планы, чьи-л. надежды ▫ Zwar hatten die Republikaner hinter sich die Brücken vernichtet... (*Bredel,* »*Der Kommissar am Rhein*«) Хотя республиканцы и уничтожили за собой мосты... Ihre Bilder hatte die Tote offenbar vernichtet (*Feuchtwanger,* »*Erfolg*«) Свои картины покойная, по-видимому, уничтожила. **ausrotten** полностью уничтожать, истреблять; *напр.:* ein ganzes Volk ausrotten истребить целый народ; Tiere ausrotten истреблять зверей; Unkraut, Ungeziefer, Schädlinge ausrotten durch [mit] Gift ausrotten уничтожать сорняки, паразитов, вредителей ядом; das Verbrechertum ausrotten (полностью) уничтожить преступность; den Aberglauben, die Vorurteile ausrotten искоренять суеверие, предрассудки. **austilgen** вытравить, бесследно уничтожить *чаще употр. по отношению к абстрактным понятиям, по отношению к конкретным объектам устаревает; напр.:* etw. aus der Erinnerung austilgen вытравить что-л. из памяти; Ungeziefer austilgen полностью уничтожить паразитов; Spuren austilgen уничтожать следы ▫ Gewiß, es ist noch Gemeines in ihm, Billiges. Aber er wird es austilgen (*Feuchtwanger,* »*Lautensack*«) Конечно, кое-что низменное, дешевое в нем еще осталось. Но он это вытравит. **vertilgen** истреблять *употр. тк. в прямом значении, б. ч. по отношению к вредным биологическим объектам; напр.:* Ungeziefer, Unkraut vertilgen истреблять паразитов, сорняки. **entvölkern** полностью уничтожать, истреблять население (*какой-л. страны, местности*); *напр.:* der Krieg, eine Seuche hat das Land entvölkert войной, эпидемией было полностью уничтожено население страны ▫ Das einzig dicht besiedelte Gebiet zwischen Tweed und Firth liegt zu nahe der englischen Grenze und wird immer wieder durch Einfälle zerstört und entvölkert (*St. Zweig,* »*Maria Stuart*«) Единственная густонаселенная область между реками Твид и Ферт лежит слишком близко к английской границе, и набеги то и дело разоряют ее и уничтожают население. Das Reich war entvölkert... (*Feuchtwanger,* »*Die Jüdin von Toledo*«) Государство обезлюдело... **ausmerzen** уничтожать, устранять полностью *подчеркивает, что действие совершается обдуманно, планомерно, в соответствии с выбором и т. п.; напр.:* Ungeziefer, den Malariaerreger, die Pocken ausmerzen уничтожать паразитов (*вредных насекомых*), возбудителя малярии, оспу; Fehler bei der Arbeit, Mängel ausmerzen устранять ошибки в работе, недостатки ▫ Er wollte, daß wir die Kerle überzeugen und nicht ausmerzen (*Weiskopf,* »*Lissy*«) Он хотел, чтобы мы убеждали этих молодчиков, а не уничтожали. **aufreiben** *воен.* перемалывать (живую силу), уничтожать; *напр.:* die Truppen des Feindes wurden völlig aufgerieben отряды противника были полностью уничтожены; die Kompanie wurde im mörderischen Artilleriefeuer bis zum letzten Mann aufgerieben рота была уничтожена до последнего человека убийственным огнем артиллерии ▫ ...und dann wird er seinerseits vorstürmen und den Feind vollends aufreiben (*Feuchtwanger,* »*Die Jüdin von Toledo*«) ...и тогда он тоже ринется в бой и окончательно уничтожит врага. **tilgen** *высок.* ≅ vernichten *употр. тк. по отношению к неодушевленным предметам и к абстрактным понятиям; напр.:* die Spuren (eines Verbrechens) tilgen уничтожать следы преступления; das Übel mit der Wurzel tilgen с корнем вырвать [искоренить] зло ▫ Im ganzen Gebiet des römischen Reichs waren seinerzeit auf Weisung des Senats die Denkmäler und Büsten des geächteten und schmählich umgekommenen Kaisers Nero getilgt (*Feuchtwanger,* »*Der falsche Nero*«) По всей территории Римской империи были в свое время по указу сената уничтожены памятники и бюсты презренного, умершего позорной смертью императора Нерона. Ich will ihn tilgen, diesen Zweifel (*Schiller,* »*Don Carlos*«) Я истреблю их, все сомненья ваши (*Перевод Левика*). **liquidieren** *книжн.* ликвидировать; *напр.:* politische Gegner, Gefangene liquidieren ликвидировать политических противников, пленных; Gefahrenherde liquidieren ликвидировать очаги опасности; die soziale Ungleichheit liquidieren ликвидировать социальное неравенство

Vernunft рассудок, разум
die **Vernunft** — der **Verstand** — der **I n t e l l e k t** — das **Köpfchen**

Vernunft *индифф. синоним; напр.:* die menschliche Vernunft человеческий разум; zur Vernunft kommen образумиться; nur der Mensch hat Vernunft только человек наделен разумом; das ist gegen jede Vernunft, das widerspricht der Vernunft это противоречит здравому смыслу; nehmen Sie Vernunft an! будьте благоразумны! ▫ Er hatte seine Berichte abgefaßt und seine Ratschläge gegeben in der ehrlichen Absicht, den Amerikanern zu helfen, die Sache der Freiheit und der Vernunft zu fördern (*Feuchtwanger,* »*Die Füchse*«) Он написал отчеты и дал советы, искренне стремясь помочь американцам отстоять дело свободы и разума. Aber jetzt benahm ihm eine ungeheure Wut die Vernunft (*Feuchtwanger,* »*Exil*«) Но теперь неистовый гнев заглушил в нем всякую способность рассуждать. Vergebens hatte er seine Vernunft gegen sein Gefühl zu Hilfe gerufen (*ebenda*) Тщетно призывал он рассудок к борьбе со своим чувством. **Verstand** ум, рассудок; *напр.:* der menschliche Verstand человеческий ум; einen klaren, scharfen Verstand haben иметь ясный, острый ум; ich nahm meinen ganzen Verstand zusammen, aber... я напрягал весь свой ум, но...; das geht über meinen Verstand это выше моего понимания; dazu reicht sein Verstand nicht aus на это ему не хватает ума ❒ Raoul hatte scharfen Verstand (*Feuchtwanger, »Exil«*) Рауль обладал острым умом. Sie sah, mit wie wenig Weisheit Frankreich regiert wurde, aus der Höhe ihres guten Verstandes schaute sie auf die Herren herunter (*Feuchtwanger, »Die Füchse«*) Она отлично видела, как неразумно правят Францией, и смотрела на этих господ с высоты своего здравого смысла. **Intellekt** *книжн.* интеллект; *напр.:* der Intellekt des Menschen, des Kindes интеллект человека, ребенка; er hat einen scharfen Intellekt у него острый ум ❒ Intellektueller, das kommt von Intellekt. Und Intellekt heißt Verstand. Und Verstand ist gar keine so schlechte Sache (*Weiskopf, »Abschied vom Frieden«*) Интеллигент — слово того же корня, что интеллект. А интеллект означает разум. А разум не такая уж плохая штука. **Köpfchen** *разг. шутл.* ум, голова; *напр.:* Köpfchen haben быть умным [толковым]; (so ein) Köpfchen! он малый не дурак!; Köpfchen! Köpfchen! думать надо!

vernünftig разумный, благоразумный
vernünftig — nüchtern — besonnen — verständig — sinnvoll — einsichtig — einsichtsvoll — sinnig — klüglich — weislich

vernünftig *индифф. синоним; напр.:* ein vernünftiger Mensch разумный человек; eine vernünftige Antwort разумный ответ; das muß doch jeder vernünftige Mensch einsehen это же должен понимать [с этим должен согласиться] каждый разумный человек; sei doch vernünftig! будь же благоразумным! ❒ Wiesener sollte vernünftiger sein (*Feuchtwanger, »Exil«*) Визенеру следовало бы быть более благоразумным. **nüchtern** трезвый, рассудительный; *напр.:* ein nüchterner Mensch рассудительный человек; eine nüchterne Berechnung трезвый расчет; etw. nüchtern betrachten [besehen], beurteilen трезво рассматривать, оценивать что-л.; nüchtern denken трезво мыслить. **besonnen** рассудительный, осмотрительный; *напр.:* ein besonnener Mensch рассудительный [осторожный] человек; besonnen handeln поступать осмотрительно; besonnen zu Werke gehen приниматься за что-л. осмотрительно ❒ So stellt der vernünftige Politiker am Anfang an den Anspruch zurück, jemals König von Schottland zu werden (*St. Zweig, »Maria Stuart«*) Трезвый политик, он

наперед отказывается от притязаний на престол Шотландии. **verständig** разумный (*проявляющий понимание, реже — заслуживающий понимания*); *напр.:* ein verständiges Kind разумный [понятливый] ребенок; eine verständige Entscheidung разумное решение; ein verständiger Grund разумная причина; verständig handeln действовать разумно. **sinnvoll** разумный, исполненный смысла, рациональный; *напр.:* eine sinnvolle Lösung разумное решение; diese Entscheidung ist nicht sehr sinnvoll это решение не очень разумно; es ist nicht sinnvoll, das zu tun не очень разумно делать это. **einsichtig** проявляющий понимание, (благо)разумный; *напр.:* ein einsichtiger Mann, Politiker разумный человек, политик; einsichtige Kreise im Parlament благоразумные круги в парламенте; ein einsichtiges Verhalten разумное отношение; einsichtig sein, vorgehen быть разумным, действовать разумно; er schien einsichtig genug, um... он казался достаточно разумным, чтобы... **einsichtsvoll** ≅ einsichtig, *но больше подчеркивает здравомыслие и чуткость; напр.:* eine einsichtsvolle Entscheidung благоразумное решение; einsichtsvoll handeln, reden, sich benehmen поступать, говорить, вести себя с пониманием чего-л. **sinnig** продуманный, со смыслом *часто ирон. — когда обдуманное действие, решение не подходит к данной ситуации и т. п.* (*б. ч. атрибутивно*); *напр.:* eine sinnige Vorrichtung продуманное приспособление; eine sinnige Äußerung продуманное [обдуманное] высказывание; sinnige Geschenke заботливо выбранные подарки (*тж. ирон. об оказавшихся неудачными, неуместными*); unter dem Bild stand ein sinniger Spruch под картиной стояло мудрое изречение. **klüglich** *высок. устаревает* умно, благоразумно (*б. ч. как наречие*); *напр.:* er hätte klüglich schweigen sollen ему бы следовало по-умному промолчать; sie hat die Auseinandersetzung klüglich gemieden она благоразумно избежала ссоры. **weislich** *уст. высок.* мудро, благоразумно; целесообразно (*тк. как наречие*); *напр.:* laß dir weislich raten, dies nicht zu tun позволь тебе благоразумно посоветовать не делать этого; ich würde das (an deiner Stelle) weislich unterlassen я бы это (на твоем месте) благоразумно оставил [не сделал]

veröffentlichen (о)публиковать
veröffentlichen — publizieren — abdrucken — edieren

veröffentlichen *индифф. синоним; напр.:* einen Artikel, ein Buch, Gedichte, eine Mitteilung veröffentlichen публиковать статью, книгу, стихи, сообщение; einen Brief in der Zeitung veröffentlichen опубликовать письмо в газете; die Resultate des Experiments veröffentlichen опубликовать результаты эксперимента; diese Handschriften sind bis jetzt nicht veröffentlicht эти рукописи до сих пор не опубликованы ❒ Am 29. März hatte das Schweizer Nachrichtenbüro das Ergebnis der Untersuchung des Falles Benjamin veröffentlicht (*Feuchtwanger, »Exil«*) Двадцать девятого марта швейцарское информационное агентство опубликовало результаты следствия по делу Беньямина. **publizieren** печатать, публиковать *б. ч. употр. по отношению к законченным, самостоятельным работам, произведениям, особенно к первому изданию, и подчеркивает, что публикация произведения является значительным фактом; напр.:* eine wissenschaftliche Arbeit, einen Roman, Gedichte publizieren печатать научную работу, роман, стихи; einen Bericht in einer Zeitschrift publizieren напечатать доклад [сообщение] в журнале; etw. in russischer, in englischer Sprache publizieren напечатать что-л. на русском, на английском языке ❒ Was er selber publiziert hat, es sind saubere Bücher eines musischen Menschen, nicht mehr (*Feuchtwanger, »Oppermann«*) Немногое, что он сам опубликовал — это тщательно сделанные работы эстета, не больше. **abdrucken** (на)печатать *больше подчеркивает процесс, его полиграфический аспект; напр.:* auszugsweise, ungekürzt, unverändert abdrucken печатать отрывками, в несокращенном, в неизменном виде; einen Artikel, einen Vortrag, eine Erklärung abdrucken печатать статью, доклад, заявление; einen Roman in Fortsetzungen abdrucken печатать роман с продолжением; die Zeitung beginnt, den Roman abzudrucken газета начинает печатать новый роман. **edieren** *книжн.* издавать, выпускать в свет; *напр.:* Bücher, Musikalien edieren издавать [публиковать] книги, музыкальные произведения

Veröffentlichung опубликование
die **Veröffentlichung** — die **Publikation**

Veröffentlichung *индифф. синоним; напр.:* eine wichtige Veröffentlichung важная публикация; die Veröffentlichung eines Werkes, eines Aufsatzes, eines Romans опубликование произведения, сочинения, романа; die Veröffentlichung eines Artikels, einer wissenschaftlichen Arbeit in der Zeitschrift опубликование статьи, научной работы в журнале ❒ Herr Kiepenrath erklärte Paul, warum er, leider, die Veröffentlichung des Richard Wagner ablehnen müsse (*Feuchtwanger, »Lautensack«*) Господин Кипенрат объяснял Паулю, почему он, к сожалению, вынужден отказаться от издания Рихарда Вагнера. **Publikation** публикация; *напр.:* eine wissenschaftliche Publikation научная публикация; eine periodisch erscheinende Publikation периодически появляющаяся публикация; die wichtigsten

VERORDNEN 595 VERRAT

Publikationen erwähnen упомянуть важнейшие публикации; über den Inhalt einer Publikation berichten сообщать о содержании публикации; die Publikation seiner Memoiren ist noch nicht sicher вопрос о публикации его мемуаров еще не решен ☐ Die Publikation in den »PN«, das gebe er zu, sei vielleicht ein Fehlschlag gewesen (*Feuchtwanger*, »*Exil*«) Опубликование рассказов в «ПН» можно, пожалуй, назвать неудачей, это он готов признать. War die Publikation der Opera Omnia ein riskantes, kostspieliges und kompliziertes Unternehmen, so verwickelten sich auch Pierres übrige Geschäfte (*Feuchtwanger*, »*Die Füchse*«) Если издание собрания сочинений было рискованным, дорогостоящим и сложным предприятием, то и остальные дела Пьера становились все более запутанными

verordnen *см.* befehlen/vorschreiben¹
verordnet *см.* vorgeschrieben
Verordnung *см.* Gesetz
verpacken *см.* packen¹
verpassen *см.* versäumen¹
verpatzen *см.* verderben¹
verpetzen *см.* verraten¹
verpfeifen *см.* verraten¹
verpflanzen пересаживать, высаживать (*растения*)

verpflanzen — versetzen — umpflanzen

verpflanzen *индифф. синоним*; *напр.*: einen Baum, eine Staude, Blumen verpflanzen пересаживать дерево, кустик, цветы; sie hat die Jungpflanzen aus dem Frühbeet ins Freiland verpflanzt она высадила рассаду из парника в открытый грунт; die Gurken werden aus dem Treibhaus auf Beete verpflanzt огурцы высаживаются из теплицы на грядки. **versetzen** пересаживать (*деревья, кусты*) на другое место; *напр.*: einen Baum, einen Strauch versetzen пересаживать дерево, куст; er versetzte seine Rosen он пересадил свои розы. **umpflanzen** ≅ verpflanzen, *но обыкн. не употр. по отношению к рассаде и т. п., к высаживанию в открытый грунт*; *напр.*: ein Bäumchen, Blumen umpflanzen пересаживать деревце, цветы; einen Kaktus umpflanzen пересадить кактус (в другой горшок); die Sträucher wurden umgepflanzt кусты были пересажены

verpflegen *см.* ernähren¹
verpflichten *см.* beauftragen/zwingen
verpflichtend *см.* obligatorisch
verpflichten, sich *см.* versprechen
verpflichtet обязанный

verpflichtet — pflichtig

verpflichtet *индифф. синоним*; *напр.*: vertraglich verpflichtet обязанный по договору; zur Zahlung verpflichtet обязанный платить; gesetzlich, moralisch verpflichtet sein быть обязанным по закону, морально ☐ War der Heizer Anton Hornauer juristisch verpflichtet, sich darum zu kümmern, ob in dem Gully gearbeitet wurde? (*Feuchtwanger*, »*Erfolg*«) Был ли кочегар Антон Хорнауэр юридически обязан справляться о том, работают ли в данное время в люке? Was wußte Klenk davon, wie tief von innen her sich Franz Flaucher verpflichtet fühlte, die alten, wohlbegründeten Anschauungen und Gebräuche zu verteidigen (*ebenda*) Какое понятие имеет этот Кленк о том, насколько он, Франц Флаухер, чувствует себя внутренне обязанным защищать старинные, твердо обоснованные взгляды и обычаи. **pflichtig** *уст. редко* ≅ verpflichtet, *теперь тк. в составе сложных слов* wehrpflichtig военнообязанный, steuerpflichtig облагаемый налогом *и т. п.*; *напр.*: j-n pflichtig machen обязать кого-л.

Verpflichtung *см.* Aufgabe¹/Schuld
verpfuschen *см.* verderben¹
verpönen *см.* tadeln/verbieten
verprügeln *см.* schlagen
verpuffen *см.* verbrennen²
verpumpen *см.* leihen¹
verramschen *см.* verkaufen
Verrat измена; предательство

der Verrat — die Verräterei — der Treubruch — die Untreue — der Abfall — der Hochverrat — der Landesverrat

Verrat *индифф. синоним*; *напр.*: ein gemeiner, schändlicher Verrat подлая, позорная измена; Verrat aufdecken, bestrafen раскрыть, карать измену; Verrat an j-m, an einer Sache begehen [üben] совершать предательство по отношению к кому-л., к чему-л.; j-n des Verrats beschuldigen обвинять кого-л. в измене ☐ Verrat war wieder im Spiel, Verrat, dem Cervantes so fremd, daß er ihn niemals einzubeziehen vermochte in seine Rechnung (*Br. Frank*, »*Cervantes*«) Предательство снова вмешалось в игру, предательство, столь чуждое Сервантесу, что он постоянно забывал о нем в своих расчетах. **Verräterei** изменнические действия, предательские поступки (*часто связанные с неповиновением, мятежом, заговором*); *напр.*: ☐ Die Verräterei | Des Marquis hat auf einmal | Seine ganze Natur verändert (*Schiller*, »*Don Carlos*«) Он потрясен | Предательством маркиза | И стал неузнаваем (*Перевод Левика*) Aber das war Lüge und Verräterei! Ein Kind hätte diese heuchlerische Maske durchschauen müssen (*Th. Mann*, »*Buddenbrooks*«) Но все это было ложью и предательством! И ребенок должен был бы распознать эту лицемерную маску. **Treubruch** *неол. в сочетании* landesverräterischer Treubruch *юр.* измена Родине (*ГДР*); *в др. случаях употребления — высок. устаревает* вероломство; *напр.*: Treubruch begehen поступать вероломно, изменять; der Angeklagte ist des landesverräterischen Treubruchs schuldig подсудимый обвиняется в измене Родине ☐ Die Kirche trennet aller Pflichten Band, | Den Treubruch heiligt sie... (*Schiller*, »*Maria Stuart*«) Ведь церковь освящает все: измену... (*Перевод Вильмонта*). **Untreue** супружеская измена; *высок.* неверность, измена (*не супругу*); *напр.*: Untreue eines Freundes неверность друга; der Mann warf seiner Frau Untreue vor муж упрекнул жену в неверности ☐ Seine überzarten Sinnesorgane spürten, daß sich hier Verbrechen jeder Art ereignet haben mußten, Untreue und Zusammenbruch, Rache, Verrat, Mord... (*Feuchtwanger*, »*Lautensack*«) Его сверхутонченное чутье подсказывало ему, что здесь наверняка совершались ужасные деяния — нарушение верности и крах, месть, предательство, убийство... **Abfall** отход, отделение, отпадение (*нарушение верности какому-л. делу, союзу и т. п.*); *напр.*: der Abfall vom Glauben [von der Kirche] вероотступничество; der Abfall von der Partei отход от партии; ренегатство; j-n zum Abfall überreden, verleiten уговорить, склонить кого-л. к разрыву (*с союзниками и т. п.*); der Abfall erfolgte wenige Jahre später разрыв произошел через несколько лет ☐ Wieseners Abfall von der Demokratie, sein Übergang zu den Nazis war für Heilbrunn ein Triumph und eine große Bestätigung gewesen (*Feuchtwanger*, »*Exil*«) То, что Визенер изменил демократии и перешел на сторону фашизма, было для Гейльбруна торжеством, моральным удовлетворением. Doch, zu edel selbst, | An deines Freundes Redlichkeit zu zweifeln, | Schmückst du mit Größe seinen Abfall aus (*Schiller*, »*Don Carlos*«) Но слишком благородный, | Чтоб друга в вероломстве заподозрить,| Его измену ты облек величьем (*Перевод Левика*). In seinem heimlichsten Innern war Vater Caron niemals ganz losgekommen von der Vorstellung, sein Abfall vom hugenottischen Glauben sei Sünde gewesen (*Feuchtwanger*, »*Die Füchse*«) В глубине своей души папаша Карон так и не отделался от чувства, что его отступничество от гугенотской веры — грех. Ein Historiker erdreistete sich zu behaupten, Frankreich habe die Kolonien zum Abfall bewogen (*ebenda*) Один историк осмелился утверждать, будто Франция способствовала отпадению колоний. **Hochverrat** государственная измена; *напр.*: j-n des Hochverrats anklagen, bezichtigen обвинять, уличать кого-л. в государственной измене ☐ Du sagst mir nichts von deinem blut'gen Anteil | An Babingtons und Parrys Hochverrat? (*Schiller*, »*Maria Stuart*«) Ужель к измене Перри с Бебингтоном | Кровавой причастна не была? (*Перевод Вильмонта*). **Landesverrat** измена родине; *напр.*: Landesverrat treiben предавать родину (*выдавать государственные*

VERRATEN

тайны *и т. п.*); er ist wegen Landesverrats zu... verurteilt worden за измену родине он был приговорен к... □ Dem Pfannenschmidt, Lederfabrikanten in einer kleinen oberbayrischen Stadt, hatten seine Gegner, weil er Republikaner war, Landesverrat vorgeworfen... (Feuchtwanger, »Erfolg«) Пфанненшмидта, владельца фабрики кожаных изделий в одном маленьком южнобаварском городе, его противники, так как он был республиканцем, обвинили в том, что он предал родину

verraten[1] предавать, выдавать
verraten — angeben — petzen — verpetzen — verzinken — verpfeifen

verraten *индифф. синоним; напр.:* einen Menschen, den Plan, ein Geheimnis, das Versteck verraten предавать человека, выдавать план, тайну, тайник □ Das Mädchen hatte ihn nicht verraten, wie dumm und wie klein sie auch war (Seghers, »Die Toten«) Девочка его не выдала, хотя она была маленькой и глупая. Tausend schottische Kronen werden auf seinen Kopf gesetzt und Bothwell weiß, auch sein bester Freund in Schottland würde ihn dafür verraten und verkaufen (St. Zweig, »Maria Stuart«) Голова его оценена в тысячу шотландских крон, и Босуэл знает: самый надежный друг в Шотландии выдаст и продаст его за эту награду. **angeben** выдавать, сообщить полиции, врагам *и т. п. (чаще из корыстных побуждений, из страха, из желания выслужиться и т. п.); напр.:* ein Versteck, einen Komplizen, einen Mitschüler (beim Lehrer) angeben выдавать тайник, сообщника, ученика (учителю) □ Sofort wird dieser Diener, namens Dalgleisch, gefaßt, scharf mit der Folter gepeinigt, und in seiner Todesangst gibt der Gequälte das Versteck an (St. Zweig, »Maria Stuart«) Слугу, по имени Далглиш, тут же хватают, и на дыбе, под страшными пытками, несчастный в смертельном страхе выдает, где тайник. **petzen** *школьн.* фискалить, ябедничать, выдавать *(учителю); напр.:* er hat schon wieder gepetzt он опять наябедничал; wehe, wenn du petzt! смотри, если ты наябедничаешь!; er hat es dem Lehrer gepetzt он наябедничал об этом учителю. **verpetzen** *школьн.* ≃ petzen, *но подчеркивает отдельный, единичный акт (употр. с объектом, выраженным дополнением в Akk.); напр.:* den Schuldigen verpetzen выдавать виновного; er hat ihn beim Lehrer verpetzt он наябедничал на него учителю; daß wir ihm einen Streich spielen wollten, hat sie verpetzt она выдала, что мы хотели сыграть с ним шутку □ Als die Polizei kam, war alles getan. Fritz wurde nicht verpetzt (Seghers, »Die Toten«) Когда подоспела полиция, все уже было сделано. Фрица не выдали. **verzinken**

жарг. продать, заложить; *напр.:* er hatte nie gedacht, daß sie einer aus ihrer Bande verzinken wird он никогда не думал, что один из их банды продаст их (полиции). **verpfeifen** *террит. разг.* ≃ verraten; *напр.:* er hat uns, unseren Plan verpfiffen он выдал нас, наш план □ Aber wenn der Batzke es Ihnen sagt, der macht es! Und der verpfeift uns auch nicht! (Fallada, »Blechnapf«) Но если Бацке это вам говорит, то он сделает это. И он нас не продаст!

verraten[2] *см.* sagen[1]
Verräter предатель, изменник
der Verräter — der Renegat — der Abtrünnige

Verräter *индифф. синоним; напр.:* ein gemeiner Verräter подлый предатель; zum Verräter werden стать предателем; *напр.:* einen Renegaten verurteilen, aus der Partei ausschließen осудить ренегата, исключить ренегата из партии; die Renegaten entlarven разоблачать ренегатов □ Und am beklagenswertesten schien, daß dieser Dali-Mami und nahezu alle seine Kollegen als Christen geboren waren, in Griechenland, Dalmatien, Italien und sonstwo, und daß eben diese Renegaten sich weit entsetzlicher aufführten als Türken und Mauren (Br. Frank, »Cervantes«) Но печальнее всего было то, что и этот Дали-Мами и почти все его товарищи родились христианами — в Греции, Далмации, Италии, и что именно эти ренегаты свирепствовали куда ужаснее турок и мавров. **Abtrünniger** *высок.* ≃ Renegat, *но чаще употр. по отношению к изменившим вероисповедание; напр.:* der römische Kaiser Julian wurde Apostata, der Abtrünnige, genannt римский император Юлиан получил прозвище «Отступник» □ Aber warum dann hatte es der Gott gerade ihm vergönnt, dem Abtrünnigen, die verlorene Städte im Norden zurückzugewinnen? (Feuchtwanger, »Jefta«) Но почему же тогда бог позволил именно ему, вероотступнику, вернуть обратно потерянные города на севере?

Verräterei *см.* Verrat
verräterisch *см.* treulos
verrauchen *см.* vergehen[2]
verrauschen *см.* vergehen[2]
verrechnen, sich *см.* irren, sich
verrecken *см.* sterben
verreisen *см.* wegfahren
verreißen *см.* tadeln
verreist — unterwegs

verreist *индифф. синоним; напр.:* er ist zur Zeit verreist он сейчас в отъезде; sie war verreist und kehrte erst nach zwei Wochen zurück она была в отъезде и вернулась только через две недели. **unterwegs** в пути, в отъезде; *напр.:* ich war schon unterwegs, als er kam я была уже в пути, когда он пришел; er ist noch unter-

VERRÜCKT

wegs он еще в отъезде □ Nur der ältere Bruder fehlte, er war in Geschäften unterwegs (Noll, »Werner Holt«) Отсутствовал только старший брат, он куда-то выехал по делам

verringern *см.* verkleinern[1,2]
verringern, sich *см.* verkleinern, sich
Verringerung *см.* Verkleinerung
verrinnen *см.* vergehen[1]
verrotten *см.* faulen
verrücken *см.* verschieben[1]
verrückt сумасшедший
verrückt — geisteskrank — geistesgestört — wahnsinnig — irrsinnig — irr(e) — toll — tobsüchtig — besessen — unzurechnungsfähig — umnachtet — übergeschnappt — meschugge

verrückt *индифф. синоним; напр.:* verrückt werden сходить с ума, помешаться; er ist verrückt und muß in eine Nervenheilanstalt он помешался, и его нужно поместить в психиатрическую больницу; wir glaubten wirklich, sie sei verrückt geworden мы действительно думали, что она сошла с ума; bist du verrückt? ты с ума сошел?; davon kann man verrückt werden от этого можно сойти с ума □ Es war nicht mehr beleidigend, wie sich der Alte benahm, er war verrückt (Feuchtwanger, »Die Füchse«) Поведение старика не было оскорбительным, он попросту спятил. »Oskar Lautensack ist offenbar verrückt geworden«, fuhr er fort (Feuchtwanger, »Lautensack«) «Оскар Лаутензак, по-видимому, рехнулся», — продолжал он. **geisteskrank** душевнобольной; *напр.:* seine geisteskranke Tochter ist gestorben его душевнобольная дочь умерла; er ist geisteskrank geworden он заболел психически [стал душевнобольным]; gefährliche Geisteskranke müssen in eine Anstalt eingeliefert werden опасных душевнобольных следует помещать в больницу. **geistesgestört** помешанный; с нарушенной психикой; *напр.:* er ist geistesgestört und muß in einer Anstalt leben он душевнобольной, и ему надо жить в больнице (для умалишенных). **wahnsinnig** безумный; *напр.:* ihr wahnsinniger Blick ее безумный взгляд; sein wahnsinniges Lachen его безумный смех; er schrie, gebärdete sich wie wahnsinnig он кричал, вел себя как безумный; seit jener furchtbaren Nacht ist sie wahnsinnig после той страшной ночи она лишилась рассудка; bist du wahnsinnig? ты обезумел?; das dumme Gerede macht mich wahnsinnig глупая болтовня сводит меня с ума □ Dreimal wiederholte er den Satz. Mir graute vor dieser stumpfen, verbissenen Art des Wiederholens. War dieser Mensch wahnsinnig? War er betrunken? (St. Zweig, »Amok«) Трижды повторил он эти слова. Мне стало страшно от этого тупого, упорного повторения. Не сумасшедший ли этот человек? Не пьян ли он? **irrsinnig** ≃ wahnsinnig подчёркивает, что чьи-л. мысли крайне бессвязны; напр.: irrsinnig sein быть сумасшедшим; irrsinnig werden сойти с ума; nach dem Tode seiner Tochter wurde er irrsinnig после смерти дочери он потерял рассудок; in seinen Augen war etwas Irrsinniges в его глазах было что-то безумное; da kann man ja irrsinnig werden! от этого можно сойти с ума! □ Wären wir differenzierter, wir wären längst irrsinnig, desertiert oder gefallen (Remarque, »Im Westen«) Если бы мы были более сложными существами, мы давно бы уже сошли с ума, дезертировали или же были убиты. Eine Zeitung behauptete, es sei ein Irrsinniger gewesen, der sich die Treppe hinab auf die Strickleiter gestürzt habe (St. Zweig, »Amok«) Одна из газет утверждала, что это был какой-то сумасшедший, бросившийся с трапа вниз на верёвочную лестницу. **irr(e)** ≅ wahnsinnig; напр.: ein irrer Blick безумный взгляд; irr flackernde Augen сверкающие безумные глаза; irr stammeln, lächeln бормотать (что-л.), улыбаться с безумным видом; ein irres Lächeln lag auf ihrem Gesicht безумная улыбка была на её лице; er wurde in eine Heilanstalt gebracht, man hielt ihn für irr его поместили в больницу, так как сочли помешанным □ ...sagte er plötzlich mit einer ganz anderen Stimme: »Sie werden mich vielleicht für irr halten oder für betrunken« (St. Zweig, »Amok«) ...он вдруг сказал совсем другим голосом: «Вы, вероятно, принимаете меня за безумного или за пьяного». **toll** устаревает ≅ verrückt (о человеке); бешеный часто перен. разг.; напр.: toll werden взбеситься; er war toll vor Wut, vor Schmerz, vor Verzweiflung он обезумел от ярости, от боли, от отчаяния □ Warum spricht sie so viel, frage ich mich innerlich, warum stellt sie sich nicht vor, warum nimmt sie den Schleier nicht ab? Hat sie Fieber? Ist sie krank? Ist sie toll? (St. Zweig, »Amok«) Почему она так много говорит, задаю я себе вопрос, почему не называет себя? Почему не снимает вуали? Лихорадка у неё? Больна она? Сумасшедшая? Sie hatte ihren Geliebten so toll gemacht, daß er sie mit dem Revolver anschoß, und bald war ich ebenso toll wie er (ebenda) Она довела своего любовника до исступления, и он выстрелил в неё из револьвера; вскоре и я безумствовал не хуже его. **tobsüchtig** буйнопомешанный, бешеный; напр.: tobsüchtige Menschen sind gefährlich буйнопомешанные опасны; er wurde für tobsüchtig gehalten его сочли за буйнопомешанного; er schlug um sich wie tobsüchtig он бился как бешеный. **besessen** бесноватый, одержимый; напр.: vom Teufel besessen одержимый бесом □ Erich Klamroth rennt wie besessen im Garten herum (Hauptmann, »Vor Sonnenuntergang«) Эрих Кламрот как одержимый носится по саду. Was meint dieser Mensch mit seinem Geschwätz? Ist er besessen? Kennt Ihr ihn? (Br. Frank, »Cervantes«) Что означает болтовня этого человека? Он не в своём уме? Известен он вам? **unzurechnungsfähig** невменяемый; напр.: der Mörder, der Täter war zur Tatzeit unzurechnungsfähig убийца, преступник был в момент совершения преступления невменяемым; der Angeklagte wurde für unzurechnungsfähig erklärt обвиняемый был признан невменяемым □ Ich habe einen Kopfschuß gehabt, und darauf ist mir ein Attest ausgestellt worden, daß ich zeitweise unzurechnungsfähig bin (Remarque, »Im Westen«) Я был ранен в голову, и после этого мне выдали свидетельство о том, что временами я бываю невменяемым. **umnachtet** высок. помрачённый (о рассудке); напр.: am Ende seines Lebens war er geistig umnachtet к концу жизни у него помрачился рассудок. **übergeschnappt** фам. чокнутый; напр.: er ist übergeschnappt und in eine Anstalt eingeliefert worden он рехнулся, и его отправили в больницу; ich glaube, er ist übergeschnappt я думаю, он рехнулся; du bist wohl ganz und gar übergeschnappt? ты, видно, совсем спятил? □ Ausdrucksvoll von unten bis oben beschaute er den Bruder. »Dich hat's«, meinte er gemütlich, »du bist übergeschnappt« (Feuchtwanger, »Lautensack«) Он окинул брата выразительным взглядом. «В голову бросилось?» — добродушно заметил он. — Ты уж совсем рехнулся». **meschugge** фам. ≅ verrückt, но б. ч. перен. (атрибутивно не употр.); напр.: total meschugge sein совсем спятить; ein bißchen meschugge werden немножко рехнуться; j-n für meschugge halten считать кого-л. ненормальным; j-n ganz meschugge machen свести кого-л. с ума □ Verbüfft starrte er Fromeyer nach, der schon davon lief, quer über den Damm, obwohl die Verkehrsampel Rot zeigte. »Meschugge«, entschied er schließlich, »total meschugge!« (Weiskopf, »Lissy«) Ошеломлённо смотрел он вслед Фромайеру, который уже перебегал через улицу, не обращая внимания на красный сигнал светофора. «Рехнулся, — решил он наконец. — Совсем рехнулся»

verrufen пользующийся дурной репутацией

verrufen — berüchtigt — übel beleumdet — anrüchig

verrufen индифф. синоним; напр.: ein verrufenes Haus, Lokal пользующийся дурной репутацией дом, ресторан; eine verrufene Gegend, Gesellschaft пользующаяся дурной славой местность, компания; diese Familie ist in der ganzen Nachbarschaft verrufen эта семья известна во всей округе (с плохой стороны). **berüchtigt** пренебр. пресловутый; напр.: ein berüchtigter Gauner пресловутый мошенник; eine übel berüchtigte Gegend, Gesellschaft местность, пользующаяся дурной репутацией; er ist durch seinen Geiz berüchtigt о нём идёт дурная слава из-за его скупости □ ...aber sie hat, ausnahmsweise ihre berüchtigte Sparsamkeit überwindend, ein kostbares Geschenk durch Earl of Bedford überbringen lassen... (St. Zweig, »Maria Stuart«) ...но зато, преодолев в виде исключения свою пресловутую скаредность, она шлёт с графом Бедфордом бесценный дар... **übel beleumdet** ≅ verrufen, но выражает тот же признак в более мягкой форме; напр.: ein übelbeleumdetes Lokal пользующийся плохой репутацией ресторан. **anrüchig** подозрительный, сомнительный (о чём-л., о ком-л., пользующемся дурной славой); напр.: eine ziemlich anrüchige Geschichte довольно-таки скандальная история; eine anrüchige Kneipe пивная с сомнительной репутацией □ Man sollte aus den soeben Verhafteten die aussondern, die besonders anrüchig waren (Seghers, »Die Toten«) Из числа только что арестованных надо было отобрать наиболее подозрительных

Vers см. Gedicht

versagen[1] оказаться несостоятельным, неспособным, не справляться

versagen — durchfallen — durchfliegen

versagen индифф. синоним; напр.: in Mathematik versagen не справляться с математикой; bei [in] einer Prüfung versagen провалиться на экзамене; im letzten Augenblick, in der Stunde der Entscheidung versagen оказаться несостоятельным в последний момент, в решающий час; er hat dabei versagt он с этим не справился □ Versagte er in einzelnen Disziplinen, so glänzte er um so mehr in anderen (Feuchtwanger, »Exil«) Если в одних науках он пасовал, то блистал зато в других. ...und wenn es um etwas Wichtiges geht, versagt sie (ebenda) ...но, чуть дело коснётся чего-нибудь важного, она пасует. **durchfallen** разг. провалиться (на экзамене); напр.: er ist im Examen, im Abitur durchgefallen он провалился на экзамене, сдавая экзамены на аттестат зрелости; er ist mit Glanz durchgefallen ирон. он с блеском провалился □ ...und wenn Sie im Abitur durchfallen, dann heißt es, ich bin daran schuld (Noll, »Werner Holt«) ...а если вы завалите экзамен на аттестат зрелости, то я буду виновата. **durchfliegen** разг. срезаться (на экзамене); напр.: er ist in der Abschlußprüfung durchgeflogen он срезался на выпускном экзамене; hoffentlich fliegt er nicht durch будем надеяться, что он не срежется на экзамене

versagen[2] см. verweigern

versammeln см. sammeln
Versammlung собрание
die **Versammlung** — die **Sitzung** — die **Tagung**
Versammlung индифф. синоним; напр.: eine allgemeine, geheime, offene, geschlossene Versammlung общее, тайное, открытое, закрытое собрание; eine Versammlung ansetzen, einberufen, eröffnen, abhalten, schließen назначать, созывать, открывать, проводить, закрывать собрание; die Versammlung wählt einen Abgeordneten, einen Vertreter собрание выбирает делегата, представителя ☐ Toni wurde zu den großen Versammlungen, im Sportpalast mitgenommen (*Weiskopf*, *»Lissy«*) Он брал Тони с собой на многолюдные собрания в «Спортпаласте». **Sitzung** заседание; напр.: eine außerordentliche Sitzung внеочередное [чрезвычайное] заседание; eine Sitzung einberufen, eröffnen, schließen созывать, открывать, закрывать заседание ☐ Die Sitzung dauerte erst drei Viertelstunden (*Th. Mann*, *»Buddenbrooks«*) Заседание началось всего три четверти часа назад. **Tagung** заседание (*с большим количеством участников, продолжительное по времени работы*), сессия; напр.: eine wissenschaftliche Tagung научная сессия; die Tagung des Obersten Sowjets, der Akademie der Wissenschaften сессия Верховного Совета, Академии наук ☐ Die oberste Volksvertretung Polens, der Sejm, ist am Montag in Warschau zu einer zweitägigen Tagung zusammengetreten (*ND 24.6.80.*) Высший орган народного представительства Польши, сейм, собрался в понедельник в Варшаве на двухдневное заседание
Versand см. Sendung [2]
Versatz см. Pfand
versauen см. verderben [1]
versäumen [1] упустить (*не воспользоваться чем-л. вовремя*), пропустить
versäumen — v e r f e h l e n — **verpassen**
versäumen индифф. синоним; напр.: eine gute Gelegenheit, Chance, den rechten Augenblick, sein Glück versäumen упустить удобный случай, шанс, подходящий момент, свое счастье; den Zug versäumen не поспеть на поезд; viel Zeit versäumen упустить [потерять] много времени; er versäumt keine Gelegenheit, seine Fähigkeiten zu zeigen он не упускал ни одного случая показать свои способности ☐ Mit tausend kleinen unwichtigen Sachen gibt sich Anna ab, und das Wesentliche versäumt sie (*Feuchtwanger*, *»Exil«*) Анна занимается тысячью никому не нужных мелочей, а самое существенное упускает. Er hatte an der Tankstelle leider verschiedene Worte versäumt (*Seghers*, *»Die Toten«*) К сожалению, тогда у бензоколонки он пропустил кое-что из разговора. Kahn hatte seinen Radioapparat angestellt, er wollte den Boxkampf auf keinen Fall versäumen (*Remarque*, *»Schatten«*) Кан включил приемник, чтобы, не дай бог, не пропустить соревнования по боксу. Diesmal wird er nachholen, was er früher versäumt hat (*Feuchtwanger*, *»Exil«*) На этот раз он наверстает упущенное в прошлые годы. **verfehlen** высок. упустить, пропустить *в отличие от* versäumen *употр. тж. по отношению к лицам*; напр.: eine Chance, eine Gelegenheit (nicht) verfehlen (не) упустить шанс, случай; den Zug verfehlen опоздать к поезду; einander verfehlen разминуться друг с другом, не встретиться; ich werde nicht verfehlen, ihn zu begrüßen я не премину поприветствовать его ☐ Sie verfehlte nicht, wenn sie in München war, Tüverlin aufzusuchen (*Feuchtwanger*, *»Erfolg«*) Попадая в Мюнхен, она никогда не упускала случая навестить Тюверлена. Marias sachliche Worte verfehlten nicht ihren Eindruck (*Feuchtwanger*, *»Exil«*) Трезвое замечание Марии не замедлило оказать свое действие. Petermann hatte damals nicht verfehlt, ihm Mitteilung zu machen von der seltsamen Laune Oskars (*Feuchtwanger*, *»Lautensack«*) Петерман в свое время не преминул сообщить ему о странном капризе Оскара. **verpassen** разг. ≃ verfehlen; напр.: eine Chance, eine Gelegenheit verpassen упустить шанс, случай; den Zug, die Straßenbahn verpassen упустить поезд, трамвай, j-n verpassen упустить [не встретить] кого-л. ☐ ...den Zeitpunkt, mich zu einem gehorsamen Hündchen zu machen, den hast du lange verpaßt (*Noll*, *»Werner Holt«*) ...время, когда из меня можно было сделать послушную собачонку, ты давно упустил. ...und dann hatte Frankreich ein für allemal die günstige Gelegenheit verpaßt, England die Schmach von 1763 heimzuzahlen (*Feuchtwanger*, *»Die Füchse«*) ...и тогда Франция навсегда упустила благоприятный случай рассчитаться с Англией за позор 1763 года
versäumen [2] пропускать (*не являться на занятия и т. п.*)
versäumen — **schwänzen** — **verbummeln**
versäumen индифф. синоним; напр.: eine Vorlesung, eine Stunde, den Unterricht versäumen пропускать лекцию, урок, занятия ☐ Er versäumte keine Sportpalastversammlung und keinen Zellenabend (*Weiskopf*, *»Lissy«*) Он не пропускал ни одного собрания в «Спортпаласте», ни одного заседания партийной ячейки. **schwänzen** разг. прогуливать; напр.: die Vorlesung, die Schule, den Unterricht schwänzen прогуливать лекцию, уроки в школе, занятия; er hat heute geschwänzt он прогулял сегодня (уроки) ☐ ...wenn auch diese Fuchtel in früheren Jahren das Schulmädchen Wally nicht davon abgehalten hatte, die Schule zu schwänzen... (*Weiskopf*, *»Abschied vom Frieden«*) ...если этот надзор даже в прежние годы не удерживал Валли-школьницу от того, чтобы прогуливать школу... **verbummeln** разг. прогулять (*провести в праздности и в развлечениях продолжительное время*); напр.: das ganze Semester, die letzten Monate, diese Zeit verbummeln прогулять целый семестр, последние месяцы, это время ☐ Wie ist das, Herr Holt, ich habe morgen in Lübeck zu tun, anschließend bin ich frei, und wir könnten den Samstagabend hier verbummeln. Wie wär's denn? (*Noll*, *»Werner Holt«*) Так вот, господин Хольт, завтра утром мне надо съездить по делам в Любек, а потом я свободен, и мы можем прокутить весь субботний вечер. Как вы на это смотрите?
verschachern см. verkaufen
verschaffen: sich Bewegung verschaffen см. spazierengehen
verschämt см. schamhaft/schüchtern
verschanzen см. befestigen [2]
verschärfen см. verstärken
verschärfen, sich обостряться (*об отношениях и т. п.*)
sich **verschärfen** — sich **zuspitzen**
sich **verschärfen** индифф. синоним; напр.: die Gegensätze verschärfen sich противоречия обостряются; die Lage verschärft sich положение обостряется ☐ Je mehr sich die Krise verschärft, desto größer die Zahl derer, die zum Arbeitslosendasein oder zur Kurzarbeit gezwungen werden. Das ist die Wirklichkeit des Kapitalismus (*ND 7.2.77*) Чем больше обостряется кризис, тем больше становится число обреченных на полную или частичную безработицу. Это — действительность капитализма. sich **zuspitzen** ≃ sich verschärfen, *но подчеркивает, что обострение уже имеет место, но принимает более опасный, угрожающий характер*; напр.: der Konflikt, die politische Lage spitzt sich gefährlich zu конфликт, политическое положение опасно обостряется; das Verhältnis zwischen den beiden spitzt sich mehr und mehr zu взаимоотношения между ними обоими все больше и больше обостряются
verscharren см. begraben [1]
verscheiden см. sterben
verscherzen см. verlieren
verscheuchen см. fortjagen [1]
verschicken см. schicken
verschieben [1] передвигать на другое место, сдвигать с места
verschieben — **verrücken** — **versetzen**
verschieben индифф. синоним; напр.: einen Kasten, einen Schrank, die Möbel verschieben передвигать ящик, шкаф, мебель ☐ Er hatte in jener Nacht den Schrank allein und lautlos verschoben (*Seghers*, *»Die Toten«*) В ту ночь он один бесшумно передвинул шкаф. **verrücken** сдвигать,

VERSCHIEBEN 599 VERSCHIEDENARTIG **V**

смещать; *напр*.: einen Tisch, einen Schrank, die Möbel verrücken передвигать стол, шкаф, мебель; die Grenzpfähle verrücken перемещать пограничные столбы; die Grenzen verrücken изменить [передвинуть] границы. **versetzen** перемещать, переставлять; *напр*.: einen Pfahl, einen Zaun, einen Grenzstein, eine Wand, die Laube versetzen перемещать столб, забор, межевой камень, стену, беседку; die Knöpfe am Mantel versetzen переставлять пуговицы на пальто; das Denkmal wurde um fünf Meter versetzt памятник был передвинут на пять метров

verschieben ² *см*. verkaufen/verlegen I¹

verschieden разный (*неодинаковый*)
verschieden — unterschiedlich — grundverschieden — andersartig — divers
verschieden *индифф. синоним*; *напр*.: verschiedene Süßigkeiten разные сласти; verschiedene Ansichten, Interessen, Meinungen haben иметь разные взгляды, интересы, мнения; wir haben eine verschiedene Haarfarbe у нас разный цвет волос; sie waren verschiedener Herkunft они были разного происхождения [неодинаковы по происхождению] □ Die Weißen hatten unter sich vielerlei Grenzen aufgerichtet, sehr willkürliche. Sie redeten verschiedene Sprachen (*Feuchtwanger, »Erfolg«*) Белые создали между собой разного рода границы, очень произвольные. Они говорили на разных языках. Man bekriegte sich beispielsweise aus nationalen Gründen, das heißt deshalb, weil man an verschiedenen Punkten der Erdoberfläche geboren war (*ebenda*) Воевали, например, по причинам национального характера, то есть потому, что родились в разных местах земной поверхности. **unterschiedlich** различный, неодинаковый (*особенно по форме, величине, степени, ценности*) *подчеркивает наличие отдельных признаков различия, несходства*; *напр*.: unterschiedliche Meinungen, Standpunkte, Interessen различные мнения, точки зрения, интересы; Staaten mit unterschiedlicher Gesellschaftsordnung государства с различным общественным строем; zwei Häuser von unterschiedlicher Größe, Höhe два дома различной величины, высоты. **grundverschieden** в корне различный; *напр*.: zwei grundverschiedene Meinungen два в корне различных мнения; die Maltechnik der beiden Künstler ist grundverschieden техника живописи обоих художников различна в своей основе □ Uns beide hat eine grundverschiedene Vergangenheit zu unterschiedlichen Menschen geprägt... (*Noll, »Werner Holt«*) В корне различное прошлое сделало из нас обоих разных людей... **andersartig** иной, другого рода, отличный; *напр*.: eine andersartige Denkweise иной образ мышления [мыслей]. **divers** [-v-] ≅ verschieden, *но подчеркивает разнообразие, часто употр. в торговле по отношению к ассортименту товаров и т. п*. (*тк. атрибутивно*); *напр*.: diverse Bücher, Waren разные книги, товары; aus diversen Gründen по разным причинам; diverse Sachen einkaufen покупать разные вещи □ Die Stadt Göttingen, berühmt durch ihre Würste und Universität, gehört dem Könige von Hannover und enthält 999 Feuerstellen, diverse Kirchen... eine Entbindungsanstalt, eine Sternwarte, einen Karzer, eine Bibliothek und einen Ratskeller (*Heine, »Die Harzreise«*) Город Геттинген, знаменитый своими колбасами и университетом, принадлежит королю ганноверскому и имеет 999 очагов, различные церкви... повивальное заведение, обсерваторию, карцер, библиотеку и магистратский погреб. Nachdem Sie trotz meiner diversen Mahnungen bis heute noch nicht bezahlt haben, gebe ich Ihnen hiermit die letzte Gelegenheit (*Feuchtwanger, »Oppermann«*) После того, как вы, несмотря на неоднократные напоминания, до сих пор не уплатили мне, я предоставляю вам настоящим письмом последнюю возможность

verschiedenartig разнообразный
verschiedenartig — mannigfaltig — vielfältig — mannigfach — vielerlei
verschiedenartig *индифф. синоним*; *напр*.: verschiedenartige Mittel разнообразные средства; in seinem Schrank bewahrte er verschiedenartige Werkzeuge auf он хранил в своем шкафу разнообразные инструменты; auf seinem Gesicht malten sich die verschiedenartigsten Gefühle на его лице отразились самые разнообразные чувства; es lagen verschiedenartige Entwürfe vor были представлены разнообразные проекты. **mannigfaltig** многообразный *подчеркивает богатство различий, форм, оттенков и т. п*.; *напр*.: mannigfaltige Formen многообразные формы; das zieht mannigfaltige Konsequenzen nach sich это может иметь разные последствия; die Landschaft wird immer mannigfaltiger местность становится все разнообразнее □ ...obwohl auch diese Gestalt mannigfaltige Züge trug und an viele Kämpfe erinnerte (*Hesse, »Narziß«*) ...несмотря на то, что и это изображение обладало многообразием черт и напоминало о многих битвах. **vielfältig** ≅ mannigfaltig, *но подчеркивает количественную сторону в разнообразии чего-л*.; *напр*.: vielfältige Beziehungen, Voraussetzungen, Ursachen, Versuche разнообразные связи, предпосылки, причины, многочисленные попытки; die vielfältigen Erscheinungen der Natur разнообразные явления природы; vielfältige Interessen разносторонние интересы; er verfügt über ein vielfältiges Wissen он обладает разносторонними знаниями; er pflegte vielfältige Kontakte он поддерживал многосторонние контакты □ Meine Beziehungen zur Familie Clausen sind außerdem alt und vielfältig (*Hauptmann, »Vor Sonnenuntergang«*) К тому же мои отношения с семьей Клаузен давнишние и многообразные. Vielfältiges Programm im Kulturzentrum Polens (*ND 12/13. 7.80*) Разнообразная программа в Культурном центре Польши (*заголовок*). Mit vielfältigen Initiativen und in angestrengter Arbeit trugen sie... zum stabilen und dynamischen Wachstum der Volkswirtschaft bei (*ND 11.8.80*) Своими многочисленными инициативами и напряженной работой... они способствовали стабильному и динамичному росту народного хозяйства. **mannigfach** всевозможный, всяческий, самый разнообразный *подчеркивает достаточно большое количество чего-л*. (*тк. атрибутивно*); *напр*.: bei der Operation traten mannigfache Komplikationen auf в ходе операции возникли различные осложнения; das hat mannigfache Ursachen это имеет разнообразные причины □ Auch an den Wänden gab es Bilder und mannigfachen Zierat, doch in der Mitte der Längswand war ein großer leerer Raum (*Feuchtwanger, »Die Füchse«*) На стенах тоже были картины и всяческие украшения, но посредине оставался большой голый кусок стены. Die Post, die ihm vorlag, war ausgiebig, mannigfach und im ganzen wenig erfreulich (*ebenda*) Обильная, разнообразная почта, лежавшая перед ним, в общем, не содержала ничего радостного. Man beschloß, die Veranstaltung als Maskenfest zu verkleiden, auf dem die Aufführung des »Wilhelm Tell«... nur eine unter mannigfachen Darbietungen sein sollte (*ebenda*) Было решено придать увеселению вид бала-маскарада, на котором постановка «Вильгельма Телля»... должна быть всего лишь одним из множества аттракционов. **vielerlei** всякого рода, разнообразный (*в отличие от остальных членов ряда — неизм*.); *напр*.: vielerlei Bücher, Fragen, Pläne всякого рода книги, разнообразные вопросы, планы; vielerlei Gedanken, Erklärungen, Möglichkeiten разнообразные мысли, заявления, возможности; auf vielerlei Art разнообразными способами; etw. aus vielerlei Gründen ablehnen отклонить что-л. по разного рода причинам; auf dem Tisch lagen vielerlei Dinge на столе лежали всякого рода вещи □ Zu vielerlei Schicksal hatte Miguel kennengelernt, um sich da leicht zu täuschen (*Br. Frank, »Cervantes«*) Слишком много разных судеб знал Мигель, чтобы легко в этом ошибиться. Also aßen sie Würste von vielerlei Art: weiße, hautlose; saftige, prall in der Haut steckende, braunrote,

dünne, dicke (Feuchtwanger, »Erfolg«) И вот они ели. Сосиски разных сортов: белые, без оболочки; сочные, туго набитые в оболочку, коричневато-красные, тонкие и толстые. Statt dessen schwatzte er vielerlei über seinen Aufenthalt in London (Feuchtwanger, »Die Füchse«) Зато он много всего рассказывал о своем пребывании в Лондоне

   Verschiedenheit см. Unterschied
   Verschiß см. Boykott
   verschießen, sich см. verlieben, sich
   verschlagen см. schlau
   verschlampen см. verkommen 2
   verschlechtern ухудшать

verschlechtern — verschlimmern — verschlimmbessern — verballhornen

   verschlechtern индифф. синоним; напр.: die Qualität, j-s Lage verschlechtern ухудшать качество, чье-л. положение; die Leistungen verschlechtern ухудшать результаты [показатели]; die Behandlung mit Antibiotika verschlechterte seinen Gesundheitszustand лечение антибиотиками ухудшило состояние его здоровья. **verschlimmern** ≅ verschlechtern, но употр. преимущественно по отношению к болезни, состоянию и т. п.; напр.: j-s Lage verschlimmern ухудшить чье-л. положение; die Erkältung verschlimmert seine Krankheit простуда усугубляет [обостряет] его болезнь □ Thomas Buddenbrook ging weiter und biß die Kiefer zusammen; obgleich dies die Sache nur verschlimmerte (Th. Mann, »Buddenbrooks«) Томас Будденброк пошел дальше, стискивая челюсти, хотя это только усугубляло дело. **verschlimmbessern** разг. ирон. исправлять что-л. в худшую сторону, ухудшать что-л. вместо того, чтобы исправлять; напр.: j-s Lage verschlimmbessern ухудшить чье-л. положение, желая его поправить. **verballhornen** разг. ухудшать исправлениями, поправками, «обалгорнивать» (при редактировании и т. п.); напр.: einen Satz, einen Namen verballhornen исказить предложение, имя, внеся ненужную поправку

   verschleiern 1 завуалировать

verschleiern — vernebeln

   verschleiern индифф. синоним; напр.: die wahren Absichten, Tatsachen verschleiern завуалировать истинные намерения, факты; die Mißstände verschleieren завуалировать [скрывать] недостатки □ Jedermann mußte doch sehen, wie hier die Wahrheit verschleiert und das Recht gebeugt wurde (Feuchtwanger, »Lautensack«) Ведь всякому должно было быть видно, как затуманивают здесь истину и извращают право. Jedenfalls schien die Schiffahrtsgesellschaft alles getan zu haben, um den genauen Sachverhalt zu verschleiern (St. Zweig, »Amok«) Как бы то ни было, пароходная компания приняла, очевидно, все меры, чтобы скрыть истину.

vernebeln затуманивать; напр.: die Tatsachen, die wahren Absichten vernebeln затуманивать факты, истинные намерения □ Von Anfang an vernebelten die Richter das Grundproblem, die Frage, ob Lautensack falsche Tatsachen vorspiegele (Feuchtwanger, »Lautensack«) Судьи с самого начала старались затемнить основную проблему, вопрос, подтасовывал ли Лаутензак факты

   verschleiern 2 см. verdecken
   Verschleiß см. Verkauf
   verschleißen см. abnutzen
   verschlemmen см. verschwenden
   verschleppen см. verzögern 1
   verschleudern см. verschwenden
   verschließen см. schließen 1
   verschlimmbessern см. verschlechtern
   verschlimmern см. verschlechtern
   verschlingen см. aufessen/lesen I 1/schlucken
   verschlossen замкнутый (необщительный)

verschlossen — unzugänglich — zurückgezogen — zugeknöpft

   verschlossen индифф. синоним; напр.: ein verschlossener Charakter, Mensch замкнутый характер, человек; sie wurde noch verschlossener als sonst она стала еще более замкнутой, чем обычно □ Und Berndts Augen schoben sich in dem zugleich verschlossenen und gespannten Gesicht in die linken Augenwinkel (Seghers, »Die Toten«) Глаза Берндта на замкнутом и в то же время настороженном лице скосились влево. Dort lehnte sie unbeweglich, schaute lange den Weg hoch... stand stumm, verschlossen, als erwarte sie jemanden (Noll, »Werner Holt«) Там она стояла неподвижно, прислонившись, долго смотрела на дорогу, стояла молчаливая и замкнутая, словно кого-то ожидая. Sie waren scheuer und verschlossener, immer ängstlich bemüht, ihre Erwerbslosigkeit zu verstecken (Weiskopf, »Lissy«) Они были более робкими и замкнутыми и постоянно старались скрыть, что безработные. **unzugänglich** недоступный (из-за своей замкнутости); напр.: ein unzugänglicher Mensch недоступный человек □ Auf Reisen sei dieser heimliche Regent Bayerns weniger unzugänglich (Feuchtwanger, »Erfolg«) Во время поездок этот тайный правитель Баварии, говорят, менее недоступен. **zurückgezogen** замкнутый, уединенный употр. тк. по отношению к образу жизни; напр.: zurückgezogen leben жить, уединенно [замкнуто]; ein zurückgezogenes Leben führen вести замкнутую [уединенную] жизнь □ Die Alten leben sehr zurückgezogen (Noll, »Werner Holt«) Старики живут очень замкнуто. **zugeknöpft** разг. замкнутый, необщительный часто употр., когда кто-л. производит впечатление замкнутого из-за сдержанности; напр.: er war [zeigte sich] immer zugeknöpft он был всегда сдержанным [замкнутым] □ Der (Harry) obwohl keineswegs wortkarg und immer sehr höflich, blieb zugeknöpft (Feuchtwanger, »Exil«) Гарри, отнюдь не молчаливый и всегда очень вежливый, держался замкнуто. Es gibt, den zugeknöpften Herrn in Versuchung zu führen... (ebenda) Нужно, следовательно, ввести этого застегнутого на все пуговицы господина в соблазн...

   Verschlossenheit замкнутость (необщительность)

die Verschlossenheit — die Zurückhaltung

   Verschlossenheit индифф. синоним; напр.: eine auffallende, ungewöhnliche Verschlossenheit zeigen проявлять заметную, необычную замкнутость; unter seiner Verschlossenheit leiden страдать от своей замкнутости [необщительности]; seine Verschlossenheit aufgeben [ablegen] побороть свою замкнутость. **Zurückhaltung** сдержанность; напр.: du mußt dir mehr Zurückhaltung auferlegen ты должен быть более сдержанным; sie empfingen uns mit Zurückhaltung они встретили нас сдержанно; die Meldung wurde mit größter Zurückhaltung aufgenommen сообщение было встречено с большой сдержанностью □ Seitdem seine Ehe mit Clotilde in die Brüche gegangen war, übte er eine große Zurückhaltung gegen Frauen (Kellermann, »Totentanz«) С тех пор как произошел разрыв с Клотильдой, он был очень сдержан с женщинами

   verschlucken см. aufessen/schlucken
   Verschluß см. Schloß II
   verschmachten см. leiden 1
   verschmähen см. ablehnen/vernachlässigen
   verschmausen см. aufessen
   verschmitzt см. schlau
   verschnaufen см. ausruhen
   verschnupft см. beleidigt
   verschollen см. vergessen II/verschwunden
   verschonen см. schonen
   verschönen см. verschönern
   verschönern украшать, приукрашивать

verschönern — verschönen — beschönigen — schönfärben — idealisieren

   verschönern индифф. синоним; напр.: den Balkon mit Blumen verschönern украсить балкон цветами; die Wirklichkeit, die Wahrheit (beim Erzählen) etwas verschönern (рассказывая,) несколько приукрашивать действительность, правду. **verschönen** делать более красивым; скрашивать; напр.: diese Freundschaft hat mein Leben verschönt эта дружба сделала мою жизнь более красивой [скрасила мою жизнь]; die Liebe verschönt das Leben любовь украшает жизнь □ Filmstars, Frauen der Gesellschaft,

Leute, die gezwungen waren, viel öffentlich zu reden, vertrauten sich ihm an, damit er ihr Gebiß verschöne (*Feuchtwanger*, »*Exil*«) Кинозвезды, дамы из общества, люди, которым приходилось много выступать публично, доверялись ему, чтобы он сделал более красивыми их зубы. ...über seinem Gesicht ist ein kleines, fatales Grinsen, das wenig gemein hat mit jenem Lächeln, das ihn zuweilen verschönt (*ebenda*) ...на его лице легкая неприятная усмешка, которая имеет мало общего с той улыбкой, которая порой так красит его. **beschönigen** приукрасить; замазывать (*о чем-л. отрицательном*); *напр.*: j-s Fehler, j-s Verhalten beschönigen замазывать чьи-л. ошибки, приукрашивать чье-л. поведение; j-s Betrügereien, j-s Schwächen beschönigen замазывать чей-л. обман, чьи-л. слабости; ich will nichts beschönigen я не хочу ничего приукрашивать [скрывать] □ Das Zimmer war kahl. Die paar Gegenstände... beschönigten nichts (*Seghers*, »*Die Toten*«) Комната казалась голой, немногие находящиеся в ней предметы... не могли ничего скрасить. **schönfärben** *эмоц.* лакировать, приукрашивать (действительность); *напр.*: die Lage, die Angelegenheit schönfärben приукрашивать положение, дело; sie hat in ihrem Bericht nicht schöngefärbt она ничего не приукрасила в своем сообщении; ich weiß Bescheid, du brauchst nichts schönzufärben я в курсе дела, можешь не расписывать. **idealisieren** идеализировать; *напр.*: einen Menschen, j-s Charakter, die Wirklichkeit, j-s Schaffen idealisieren идеализировать какого-л. человека, чей-л. характер, действительность, чье-л. творчество
verschossen *см.* verliebt
verschreiben *см.* vererben/vorschreiben[1]
verschreien *см.* verleumden
verschütten[1] засыпать, заваливать чем-л.
verschütten — (unter sich) begraben
verschütten *индифф. синоним*; *напр.*: einen Brunnen, einen Graben, einen Teich verschütten засыпать колодец, ров, пруд; verschüttet werden быть засыпанным (землей, лавиной *и т. п.*); durch den Vulkanausbruch wurden mehrere Städte verschüttet в результате извержения вулкана было засыпано несколько городов; eine Lawine verschüttete eine Gruppe von Bergsteigern лавина засыпала группу альпинистов □ Man sah dem Zittern seiner linken Gesichtshälfte an, daß er wirklich verschüttet gewesen war (*Seghers*, »*Die Toten*«) По судорожному подергиванию левой половины его лица было видно, что (*на фронте*) его действительно засыпало землей и контузило. **(unter sich) begraben** засыпать, похоронить (под собой); *напр.*: im Stürzen begrub das Haus seine Bewohner (unter sich) рухнув, дом похоронил под собой своих обитателей; sie wurden bei einem Luftangriff unter den Trümmern ihres Hauses begraben во время воздушного налета они были погребены под развалинами своего дома
verschütten[2] *см.* vergießen/verstreuen
verschwägert *см.* verwandt[1]
verschweigen умалчивать
verschweigen — totschweigen
verschweigen *индифф. синоним*; *напр.*: ein Geheimnis, eine Nachricht, ein Unglück, einen Brief verschweigen умалчивать о тайне, об известии, о несчастье, о письме; seine Fehler verschweigen умалчивать о своих ошибках; er verschwieg mir, daß er bereits vorbestraft war в разговоре со мной он умолчал о том, что у него уже была судимость □ Er mußte jetzt seinem Herrn die Wahrheit sagen, die er anstandshalber immer verschwiegen hatte (*Seghers*, »*Die Toten*«) Теперь он должен был открыть своему господину правду, которую он из приличия до сих пор таил. Zu Hause war es ihm vernünftig erschienen, der Mutter diese Verabredung zu verschweigen (*ebenda*) Дома он решил, что будет разумнее ничего не говорить матери об их уговоре. Daß er Geld gehabt und es verschwiegen hatte, verstieß gegen die Hausordnung (*Feuchtwanger*, »*Exil*«) То, что у него завелись было деньги и он об этом умолчал, противоречило уставу (*приюта*). **totschweigen** замалчивать; *напр.*: eine Sache [eine Angelegenheit] totschweigen замалчивать какое-л. дело; j-s Erfolge totschweigen замалчивать чьи-л. успехи
verschwenden растрачивать, расточать
verschwenden — vergeuden — verschleudern — verwirtschaften — verzetteln — vertun — durchbringen — verschlemmen — veraasen — verbuttern — verwichsen — verbummeln
verschwenden *индифф. синоним*; *напр.*: Geld, Zeit, sein Vermögen verschwenden растрачивать деньги, время, свое состояние; seine Liebe an j-n verschwenden расточать свою любовь кому-л.; du verschwendest deine Bemühungen an einen Unwürdigen, an einen Undankbaren ты растрачиваешь свои усилия на недостойного, на неблагодарного; an [bei] ihm ist jedes gute Wort verschwendet все хорошие слова для него впустую □ Wieviel Kraft er verschwendet hatte, wieviel kostbaren Schlaf für Träume! (*Seghers*, »*Das siebte Kreuz*«) Сколько сил он растратил попусту, сколько часов драгоценного сна на все эти мечтания! **vergeuden** растрачивать, проматывать *больше, чем* verschwenden *подчеркивает легкомыслие, безрассудство того, кто что-л. растратил, и сильнее выражает сожаление о растраченном*; *напр.*: Geld, ein Vermögen vergeuden промотать деньги, состояние; Zeit vergeuden бесполезно терять время; seine Gesundheit, seine Kräfte vergeuden растратить свое здоровье, свои силы; sein Leben vergeuden растратить попусту свою жизнь □ »Wozu Zeit und Nerven vergeuden«, fragte er sich (*Weiskopf*, »*Lissy*«) «Для чего попусту тратить время и нервы?» — спрашивал он себя. Er wird, der Reindl, zwanzig kostbare Minuten vergeuden (*Feuchtwanger*, »*Erfolg*«) Он, Рейндль, потратит двадцать драгоценных минут. **verschleudern** ≅ vergeuden, *но употр. тк. по отношению к материальным ценностям*; *напр.*: sein Geld, sein Vermögen, die Erbschaft verschleudern проматывать свои деньги, свое состояние, наследство □ Papa verschleudert den Schmuck der seligen Mama (*Hauptmann*, »*Vor Sonnenuntergang*«) Отец разбазаривает драгоценности покойной мамы. Uta Barnim lebte einsam im Schwarzwald, verschleuderte ihr Vermögen für Zeugenaussagen und weigerte sich, das Leben in der Einöde aufzugeben (*Noll*, »*Werner Holt*«) Ута Барним по-прежнему жила в своем шварцвальдском уединении, она ухлопала все средства на добывание свидетельских показаний и наотрез отказывалась изменить образ жизни. **verwirtschaften** (полностью) израсходовать, истратить (деньги *и т. п.*) *в результате неумелого ведения хозяйства*; *напр.*: er hat das ganze geliehene Geld schon in einem Jahr verwirtschaftet уже за один год он разбазарил все деньги, взятые взаймы. **verzetteln** *разг.* растрачивать по мелочам; *напр.*: sein Geld in Kleinigkeiten verzetteln растрачивать деньги по мелочам; seine Zeit mit unnützen Dingen verzetteln растрачивать время на ненужные вещи; seine Kräfte verzetteln растрачивать силы по мелочам, распылять свои силы □ Ich glaube bloß das eine nicht, daß man mit den Nadelstichen, die ihr den Faschisten versetzt, etwas erreicht. Dadurch verzettelt man höchstens die eigene Kraft (*Feuchtwanger*, »*Exil*«) Я только не верю, что булавочными уколами, которые вы наносите фашистам, можно чего-нибудь достигнуть. Этим вы самое большее распыляете свои собственные силы. **vertun** *разг.* тратить зря, попусту, без толку; *напр.*: sein Geld vertun потратить свои деньги; die Zeit mit Reden vertun тратить время на разговоры □ ...und er sitzt hier und wartet auf eine Frau, die er nicht einmal liebt, und für die will er das Geld vertun (*Feuchtwanger*, »*Exil*«) ...а он сидит здесь и ждет женщину, которую даже не любит, и на нее-то он хочет истратить деньги. ...die Furcht, er könnte sein Leben sinnlos am Rande vertun (*Noll*, »*Werner Holt*«) ...страх

бессмысленно растратить свою жизнь на обочине. Seine Begabung ist hin, er hat sie vertan (Feuchtwanger, »Lautensack«) Дарование его пропало, он его промотал. **durchbringen** *разг.* промотать (*полностью и за короткое время*); *напр.*: alles, das Geld in einer Nacht durchbringen промотать [спустить] всё, деньги за одну ночь; die Ersparnisse der Eltern durchbringen промотать сбережения родителей. **verschlemmen** *разг.* прокутить, проесть; *напр.*: Geld verschlemmen прокутить деньги; sie pflegt ihr ganzes Haushaltsgeld zu verschlemmen она часто тратит все свои хозяйственные деньги на то, чтобы вкусно поесть. **veraasen** *разг.* разбазарить, растранжирить; *напр.*: Geld veraasen растранжирить деньги; Lebensmittel, Vorräte veraasen (без толку) перевести все продукты, припасы [запасы] **verbuttern** *разг.* растранжирить (*истратить на не оправдавшие себя цели*); *напр.*: Geld verbuttern транжирить деньги; er hat alles, was er besaß, in seinen Erfindungen verbuttert он растранжирил все, что у него было, на свои изобретения. **verwichsen** *разг. редко* (рас)транжирить, ухлопать (деньги) (*чаще о затратах на приобретение дорогих или ненужных вещей*); *напр.*: Geld verwichsen транжирить деньги. **verbummeln** *разг.* растрачивать зря (время); *напр*: seine Zeit verbummeln растрачивать зря свое время

verschwiegen *см.* schweigsam
verschwinden[1] *см.* schwinden[1]/vergehen[1]
verschwinden[2]: in den Wellen [in den Fluten] verschwinden *см.* sinken[1]
verschwitzen *см.* vergessen I[1]
verschwommen[1] расплывчатый, неясный (*об очертаниях предметов и т. п.*)

verschwommen — undeutlich — unklar — schattenhaft — verwischt
verschwommen *индифф. синоним*; *напр.*: eine verschwommene Zeichnung расплывчатый [неясный] рисунок; verschwommene Aufnahmen расплывчатые снимки; man konnte den Gipfel des Berges nur ganz verschwommen sehen вершина горы была видна очень неотчетливо; ich kann die Buchstaben nur verschwommen sehen буквы расплываются у меня перед глазами ▢ Im Zimmer war es dunkel. Die Gegenstände hatten verschwommene Umrisse (*Weiskopf*, »*Lissy*«) В комнате было темно. Эти предметы имели неясные очертания. Sie war klein, hatte verschwommene Züge, Hängebäckchen und einige schwarze Schnurrbarthaare auf der Oberlippe (*Kellermann*, »*Totentanz*«) Она была маленького роста, с несколько расплывчатыми чертами и черными усиками на верхней губе. **undeutlich** неотчетливый; *напр.*: ein undeutliches Foto нечеткая фотография; undeutliche Umrisse нечеткие очертания; undeutlich schreiben писать неразборчиво ▢ Sie schlenderten nebeneinander her und sahen einer des andern Gesicht nur undeutlich (*Feuchtwanger*, »*Exil*«) Они шли рядом, каждый лишь неясно различал лицо другого. Vor mir ist ein Loch aufgerissen, ich erkenne es undeutlich (*Remarque*, »*Im Westen*«) Передо мной раскрылась яма, я смутно вижу ее очертания. Wenn er den Wallau auch am deutlichsten sah, auch die andern sah er nur deshalb undeutlich, weil sie im Nebel jetzt schummrig waren (*Seghers*, »*Das siebte Kreuz*«) Валлау он видел отчетливее всех, а остальных — неясно, но только потому, что они терялись в вечернем тумане. **unklar** неясный; *напр.*: unklare Umrisse неясные [нечеткие] очертания; die Aufnahme ist unklar снимок неясный. **schattenhaft** нечеткий, смутный *подчеркивает, что что-л. имеет неясные очертания, напоминает тень*; *напр.*: schattenhafte Umrisse eines Menschen смутные очертания [расплывчатый силуэт] человека ▢ ...und der Unbekannte, obwohl nur schattenhaft sichtbar, war bestimmt kein Soldat gewesen (*Weiskopf*, »*Abschied vom Frieden*«) ...а неизвестный определенно не был солдатом, хотя он видел его нечетко. **verwischt** стершийся, нечеткий; *напр.*: eine verwischte Inschrift нечеткая [полустертая] надпись; die verwischten Spuren (im Sand, auf dem Boden) стершиеся следы (на песке, на земле) ▢ Stolz darauf, daß sie die altertümlichen kufischen Schriftzeichen lesen konnte, mit dem Finger den eingegrabenen, schon halb verwischten Lettern folgend, entzifferte sie... (*Feuchtwanger*, »*Die Jüdin von Toledo*«) Гордясь тем, что знает старинные куфические письмена, она водила пальцем по буквам, вырезанным в камне и уже наполовину стершимся, и читала...

verschwommen[2] *см.* unklar[1]
Verschwörung заговор
die Verschwörung — das Komplott
Verschwörung *индифф. синоним*; *напр.*: eine Verschwörung gegen die Regierung заговор против правительства; eine Verschwörung anzetteln, aufdecken, niederwerfen замышлять, раскрывать, подавлять заговор; eine Verschwörung anstiften подстрекать к заговору; an der Verschwörung teilnehmen участвовать в заговоре ▢ Und dieser Marquis Posa war es auch,| Der nachher die berüchtigte Verschwörung | In Katalonien entdeckte... (*Schiller*, »*Don Carlos*«) И, как известно, этот самый Поза|Сумел нащупать заговора нити.. (*Перевод Левика*). Er selbst hatte mit der Verschwörung nichts zu tun (*Noll*, »*Werner Holt*«) Сам он в заговоре не участвовал. **Komplott** *книжн.* заговор, тайный сговор; *напр.*: ein Komplott gegen j-n schmieden [vorbereiten], aufdecken готовить, раскрывать заговор против кого-л.; an einem Komplott teilnehmen принимать участие в заговоре; in ein Komplott verwickelt sein быть замешанным в заговор; mit j-m im Komplott sein [stehen] быть в сговоре с кем-л. ▢ Alle die vielen Verschwörungen und Komplotte, die ohne Unterlaß anstiftet, sind von vornherein zum Scheitern bestimmt (*St. Zweig*, »*Maria Stuart*«) Все эти многочисленные заговоры и комплоты, которые она плетет неустанно, заранее обречены на поражение. Ich selbst regierte das Komplott, | Das dir den Untergang bereitete (*Schiller*, »*Don Carlos*«) Я сам возглавил заговор, | Который тебе готовил гибель (*Перевод Левика*).

verschwunden исчезнувший
verschwunden — verschollen — vermißt — unauffindbar — entschwunden
verschwunden *индифф. синоним*; *напр.*: verschwundene Akten, Briefe исчезнувшие документы [бумаги], письма; die verschwundenen Spuren исчезнувшие следы; das spurlos verschwundene Mädchen бесследно исчезнувшая девушка ▢ Das verschwundene Geldtäschchen wurde ihr entgegengehalten (*Weiskopf*, »*Lissy*«) Кто-то протягивал ей пропавший кошелек. **verschollen** пропавший, исчезнувший бесследно *употр. по отношению к лицам и конкретным предметам, о которых давно уже отсутствуют какие-л. сведения*; *напр.*: ein lang verschollener Jugendfreund давно канувший куда-то друг юности; die verschollenen Expeditionsmitglieder пропавшие участники экспедиции; das verschollene Schiff исчезнувший корабль; das Flugzeug war, blieb verschollen самолет исчез, пропал ▢ Zu diesem Haus, in dem Helene bei der Familie ihres Mannes lebte, ging ein Faden von dem Haus, in dem der verschollene Martin früher auf ihn gewartet hatte (*Seghers*, »*Die Toten*«) К этому дому, где Елена жила теперь в семье мужа, словно тянулась нить от того дома, где его ранее поджидал бесследно пропавший Мартин. Johanna meinte, man solle vielleicht mit der Sache nach dem verschollenen Bild ein Detektivbüro beauftragen (*Feuchtwanger*, »*Erfolg*«) Иоганна заметила, что розыски пропавшей картины, быть может следовало бы поручить какому-нибудь сыскному бюро. Fräulein Heider war nicht selbständige Mieterin gewesen, vielmehr Untermieterin einer gewissen Frau Hofrat Beradt, deren Sohn Maler und im Krieg verschollen war (*ebenda*) Фрейлейн Гайдер не была самостоятельной съемщицей, а лишь комнатной жилицей у некоей надворной советницы Берадт, сын которой, художник, пропал без вести во время войны. **vermißt** пропавший без вести (*на войне*

и т. п.); *напр.*: die Liste der Vermißten список пропавших без вести; er wurde im Krieg als vermißt gemeldet во время войны он считался пропавшим без вести ☐ Dies sind die Listen für Tote und Schwerverwundete. Solange sie nicht bei uns gemeldet sind, sind sie nur vermißt (*Remarque, »Zeit zu leben«*) Здесь списки умерших и тяжело раненных. Пока они (*ваши родственники*) у нас не зарегистрированы, можно считать, что они только пропали без вести. **unauffindbar** ≈ verschwunden, *но подчеркивает, что что-л. невозможно найти, б. ч. употр. с* sein, bleiben; *напр.*: ein unauffindbares Versteck тайник, который невозможно найти; die Schlüssel waren in dem Durcheinander unauffindbar невозможно было найти ключи в суматохе ☐ Georg blieb unauffindbar (*Seghers, »Das siebte Kreuz«*) Георга так и не нашли. **entschwunden** *высок.* ≈ verschwunden, *но подчеркивает, что исчезнувшее скрылось с чьих-л. глаз и стерлось в чьей-л. памяти*; *напр.*: eine (aus dem Gedächtnis) entschwundene Tatsache стершийся в памяти факт ☐ Es war ein wehmütiges Lächeln, und sie hätte nicht sagen können, ob es der entschwundenen Lächerlichkeit dieses Satzes galt oder der verschollenen Leichtigkeit früherer Zeiten überhaupt (*Weiskopf »Lissy«*) Это была грустная улыбка, и трудно было сказать, относилась ли она к смешному, теперь утраченному этим изречением, или к безвозвратно исчезнувшей беззаботности прежних лет вообще

versehen *см.* versorgen [1]
Versehen *см.* Irrtum
versehren *см.* beschädigen [1]/verletzen [1]
Versemacher *см.* Schriftsteller
versenden *см.* schicken
versenken *см.* senken [1]
versenken, sich *см.* vertiefen, sich [1]
versessen *см.* gierig
versetzen *см.* antworten [1]/überführen [1]/verpflanzen/verschieben [1]
versichern уверять, заверять
versichern — beteuern — behaupten
versichern *индифф. синоним; напр.*: er versicherte mich seiner Ergebenheit, seiner Anteilnahme, seiner Freundschaft он заверил меня в своей преданности, в своем участии, в своей дружбе; er versicherte mir, daß er es gesehen habe он уверял меня, что он это видел; ich versichere Ihnen, daß keine Gefahr besteht я уверяю вас, что нет никакой опасности ☐ Man versicherte den kleinen Johann, daß dieser Mann ihm viel Gutes tue (*Th. Mann, »Buddenbrooks«*) Маленького Иоганна уверяли, что этот человек делает ему много добра. Niemand beabsichtige, versicherte eilig Gustav Leisegang, ihm so was zuzumuten (*Feuchtwanger, »Exil«*) «Никому, конечно, и в голову не придет требовать от вас что-либо подобное», — поспешно заверил Густав Лейзеганг. Diederich versicherte, sein Befinden sei glänzend (*H. Mann, »Untertan«*) Дидерих уверил его, что он чувствует себя превосходно. **beteuern** (торжественно) заверять, (клятвенно) уверять в чем-л.; *напр.*: seine Unschuld feierlich beteuern торжественно клясться в своей невиновности; j-m seine Liebe, seine redlichen Absichten, seine Aufrichtigkeit beteuern пылко уверять кого-л. в своей любви, в своих честных намерениях, в своей откровенности; j-m etw. hoch und heilig beteuern клятвенно заверять кого-л. в чем-л. ☐ Bei der Zusammenkunft im Café Reimann hatte Staudinger die versprochene Bombenstellung zwar noch nicht in der Tasche, doch war das, wie er mit Überzeugung beteuerte, bedeutungslos (*Weiskopf, »Lissy«*) При свидании в кафе Раймана обещанного тепленького местечка еще не было у Штаудингера в кармане, но, как он уверял, это не имело значения. **behaupten** утверждать, уверять; *напр.*: er behauptet, unschuldig zu sein он уверяет [утверждает], что он невиновен; es wird von ihm behauptet, daß... утверждают [говорят], что он...

Versicherung уверение
die Versicherung — die Beteuerung
Versicherung *индифф. синоним; напр.*: eine feierliche Versicherung торжественное уверение; eine Versicherung (ab)geben заверять; j-s Versicherungen (nicht) glauben (не) верить чьим-л. уверениям [заверениям] ☐ Noch gab er sich selbst die Versicherung, daß sein Glaube bei einer Rückkehr ins zivile Berufsleben unverändert bleiben werde (*Weiskopf, »Lissy«*) Он еще старался уверить себя, что при возвращении к штатской профессии его вера останется непоколебимой. **Beteuerung** (торжественное) заверение, клятвенное уверение; *напр.*: j-n trotz der Beteuerung seiner Unschuld verurteilen осудить [приговорить] кого-л., несмотря на его клятвенные уверения в невиновности; es halfen keine Beteuerungen не помогли никакие клятвенные заверения

versieben *см.* vergessen I [1]
versiegeln *см.* schließen [1]
versiegen *см.* schwinden [1]
versiert *см.* kundig
versilbern *см.* verkaufen
versimpeln *см.* verdummen
versinken [1] *см.* sinken [1]
versinken [2]: in die Erde versinken *см.* schämen, sich
versippt *см.* verwandt [1]
versklaven *см.* unterwerfen
versöhnen помирить, примирить
versöhnen — aussöhnen
versöhnen *индифф. синоним; напр.*: er hat sie mit ihrer Mutter versöhnt он помирил ее с ее матерью; wir haben die Streitenden versöhnt мы примирили спорящих; es war ihm gelungen, die beiden Freunde wieder miteinander zu versöhnen ему удалось помирить обоих друзей; die schöne Umgebung versöhnt mich mit der langweiligen Stadt красивые окрестности примиряют меня со скучным городом ☐ Wenn zwei sich stritten, der sprang hin und versöhnte sie (*Seghers, »Das siebte Kreuz«*) Если двое ссорились, он бросался мирить их. Dann wieder hoffte er, Alfonso werde versuchen, ihn zu versöhnen, und ihm vor aller Welt ein Zeichen seiner Achtung geben (*Feuchtwanger, »Die Jüdin von Toledo«*) В другие минуты он надеялся, что Альфонсо попытается помириться с ним и перед всем светом выкажет ему благоволение. Es schien ihm geraten, ihn zu versöhnen (*Feuchtwanger, »Der falsche Nero«*) Ему казалось разумным задобрить его. **aussöhnen** ≈ versöhnen, *но подчеркивает законченность действия; напр.*: die streitenden Parteien aussöhnen примирить спорящие стороны; j-n mit seinem Gegner aussöhnen помирить кого-л. с его противником; sie hat ihn mit seinem Freund ausgesöhnt она помирила его с его другом; sie sind endlich ausgesöhnt наконец помирились ☐ Er söhnte aber die Tante Amalie aus, weil er das Porzellan lobte (*Seghers, »Die Toten«*) Тетя Амалия несколько примирились с ним, когда он похвалил ее фарфор. Er starb ganz ausgesöhnt, weil er noch die Geburt eines Enkels erlebte (*ebenda*) Он умер, вполне примирившись с ней, так как она успела подарить ему внука

versöhnen, sich [1] (по)мириться
sich versöhnen — sich aussöhnen — sich (wieder) vertragen — Frieden schließen [machen]
sich versöhnen *индифф. синоним; напр.*: ich habe mich mit ihm (wieder) versöhnt я помирился с ним; nach langem Streit haben sie sich versöhnt после долгой ссоры они помирились; habt ihr euch inzwischen versöhnt? вы уже помирились? ☐ Oft stritten sie heftig, um sich am gleichen Tage leidenschaftlich zu versöhnen (*Feuchtwanger, »Die Füchse«*) Часто они сильно ссорились, чтобы в тот же день пылко помириться. Zur alten Krone fallen wir zurück, | Wenn einst Burgund und Frankreich sich versöhnen (*Schiller, »Die Jungfrau von Orleans«*) Чтоб возвратил он древнему престолу, | Как скоро мир опять меж ними (Бургундией и Францией) будет (*Перевод В. А. Жуковского*). **sich aussöhnen** ≈ sich versöhnen, *но подчеркивает законченность действия; напр.*: sich endlich aussöhnen наконец помириться; ich habe mich mit ihm ausgesöhnt я помирился с ним; wir söhnten uns (miteinander) aus мы помирились (друг с другом) ☐ Schade, daß er keinen

bessern Augenblick erwischt hat für sein Vorhaben, sich mit ihr auszusöhnen (*Feuchtwanger, »Exil«*) Жаль, что он не выбрал лучшей минуты, чтобы осуществить свое намерение помириться с ней. **sich (wieder) vertragen** снова (по)ладить (друг с другом); *напр.:* sie vertragen sich wieder они опять ладят друг с другом, они помирились; vertragt euch, Kinder! дети, помиритесь! ◻ Er schlägt vor, daß wir uns vertragen wollen (*Remarque, »Im Westen«*) Он предлагает нам пойти на мировую. **Frieden schließen [machen]** заключать мир, мириться; *напр.:* ich will endlich mit meinem Freund Frieden schließen [machen] я хочу наконец заключить мир со своим другом ◻ Die Antwort war, daß Venedig mit der Pforte Frieden schloß (*Br. Frank, »Cervantes«*) Ответ гласил, что Венеция заключила с Портой мир. Der König und die Kaiserin, | Des langen Haders müde, | Erweichten ihren harten Sinn | Und machten endlich Friede (*Bürger, »Lenore«*) Монархов вражеских держав, | Устав от долгой ссоры, | Смирили гнев и гордый нрав, | И мир пресек раздоры (*Перевод Левика*)

versöhnen, sich [2] примириться (*с чем-л.*)

sich versöhnen — sich abfinden — hinnehmen — sich aussöhnen

sich versöhnen *индифф. синоним*; *напр.:* sich mit seiner Lage, mit dem Aufenthalt in dieser Stadt, mit der Notwendigkeit wegzufahren versöhnen примириться со своим положением, с пребыванием в этом городе, с необходимостью уехать ◻ Mit Zürich und auch mit dem Hotel versöhnten sie sich am Abend (*H. Mann, »Untertan«*) С Цюрихом и отелем они примирились вечером. Sonderbarerweise ärgerte mich das nicht, der röhrende Hirsch im Schlafzimmer versöhnte mich mit allem (*Remarque, »Schatten«*) Удивительно только, что это меня не раздражало: трубящий олень (*картина*) в спальне примирил меня со всем. **sich abfinden** смириться (*со своим положением*), вынужденно довольствоваться (*имеющимся, полученным*); *напр.:* sich mit seinem Schicksal, mit seiner Lage, mit den Verhältnissen abfinden смириться со своей судьбой, со своим положением, с обстоятельствами; sich mit der schlechten Bezahlung abfinden довольствоваться плохой оплатой ◻ Holt fand sich mittlerweile mit dem umständlichen Stil der Mahlzeiten ab (*Noll, »Werner Holt«*) Хольт уже кое-как смирился с здешними церемонными трапезами. Er konnte sich mit diesem Ende nicht abfinden (*ebenda*) Он никак не мог примириться с таким концом. **hinnehmen** безропотно мириться, принимать как неизбежное; *напр.:* etw. als selbstverständlich, als unabänderlich hinnehmen принимать что-л. как само собой разумеющееся, как нечто такое, что невозможно изменить; eine Niederlage hinnehmen müssen мириться (*по необходимости*) с поражением; j-s Worte, j-s Vorwürfe geduldig hinnehmen терпеливо сносить [проглотить] чьи-л. слова, чьи-л. упреки ◻ Doch was sie an ihm liebte, war stark genug, sie das andere hinnehmen zu lassen (*Feuchtwanger, »Die Füchse«*) Но то, что она в нем любила, оказалось достаточно сильным, чтобы заставить ее примириться со всем остальным. **sich aussöhnen** *высок.* ≙ sich abfinden; *напр.:* sich mit der Welt, mit dem Schicksal, mit seiner Lage aussöhnen примириться с миром, с судьбой, со своим положением; sich mit seiner neuen Umgebung aussöhnen смириться со своим новым окружением; er kann sich mit diesem Gedanken nicht aussöhnen он не может примириться с этой мыслью

Versöhnung *см.* Schlichtung
versonnen *см.* nachdenklich
versorgen [1] обеспечивать, снабжать

versorgen — versehen — liefern — beliefern — austragen — zustellen — beschicken

versorgen *индифф. синоним*; *напр.:* den Betrieb mit Rohstoff versorgen снабжать завод сырьем; die Expedition mit allem Notwendigen versorgen снабдить экспедицию всем необходимым; die Stadt mit Trinkwasser, mit Strom, mit Gas versorgen снабжать [обеспечивать] город водой, электричеством, газом ◻ Ich habe ein großes Geschäftshaus gegründet, um Sie mit allem zu versorgen, was Ihnen in Ihrem gerechten Kriege dienlich sein kann (*Feuchtwanger, »Die Füchse«*) Я основал большое торговое заведение, чтобы снабдить вас всем, что может помочь вам в вашей справедливой войне. Im übrigen hatte er Holt erneut großzügig mit Geld und Zigaretten versorgt (*Noll, »Werner Holt«*) Впрочем, он снова щедро снабдил Хольта деньгами и сигаретами. **versehen** ≙ versorgen, но подчеркивает, что кому-л. дается что-л. необходимое, удовлетворяется чья-л. нужда в чем-л.; *употр. по отношению к лицам*; *напр.:* j-n mit Büchern, mit Geld versehen снабдить кого-л. книгами, деньгами; er ist gut, schlecht, reichlich damit versehen он хорошо, плохо, достаточно этим обеспечен; wir waren mit allem Nötigen gut versehen мы были хорошо обеспечены всем необходимым. **liefern** поставлять что-л., снабжать чем-л.; *напр.:* Waren, Erzeugnisse, Kohle liefern поставлять товары, продукты, уголь; dieses Werk liefert Roheisen für die Stahlindustrie это предприятие поставляет чугун для сталелитейной промышленности ◻ »Das einzige, was ihnen fehlte, waren Waffen. Und die liefern wir ihnen jetzt«, schloß er (*Feuchtwanger, »Die Füchse«*) «Единственно, чего им не хватало, — это оружия. А теперь мы дадим им оружие», — заключил он. **beliefern** ≙ liefern, но объект, выраженный прямым дополнением, обозначает то, кого снабжают, в отличие от liefern, где он обозначает то, чем снабжают, напр.: j-n mit Kohlen beliefern поставлять кому-л. уголь; die Geschäfte wöchentlich mit Lebensmitteln beliefern поставлять продукты магазинам еженедельно продукты ◻ Die Idee Pierres, die Insurgenten als privater Unternehmer, in Wahrheit aber als Agent der französischen Regierung zu beliefern, blendete, und war ein Fund (*Feuchtwanger, »Die Füchse«*) Идея Пьера — снабжать инсургентов под видом частного предпринимателя, на самом же деле в качестве агента французского правительства, была блестящей, была истинной находкой. **austragen** разносить заказчикам, покупателям *и т. п.*, доставлять товары на дом; *напр.:* Waren, Milch austragen разносить (по домам) товары, молоко. **zustellen** доставлять кому-л. что-л. регулярно; *напр.:* Briefe, Zeitungen, Post zustellen доставлять письма, газеты, почту. **beschicken** *офиц.* ≙ beliefern *употр., когда речь идет о том, что что-л. посылают, отправляют на рынок, ярмарку и т. п.*; *напр.:* der Markt wurde gut mit Gemüse beschickt рынок хорошо снабжался овощами; der Obstmarkt war reichlich beschickt рынок фруктов был очень богатый

versorgen [2] *см.* sorgen
versorgen, sich запасаться, обеспечивать себя

sich versorgen — sich eindecken

sich versorgen *индифф. синоним*; *напр.:* sich mit Kleidung, mit Lebensmitteln, mit Geld versorgen обеспечивать себя одеждой, продуктами, деньгами; sich mit allem Nötigen versorgen обеспечивать себя всем необходимым. **sich eindecken** запасаться, делать запасы (*полностью обеспечивающие потребности*); *напр.:* sich mit Obst, mit Kartoffeln, mit Lebensmitteln, mit Holz eindecken (полностью) запастись фруктами, картофелем, продуктами, дровами; wir haben uns für den Winter ausreichend mit Koks eingedeckt мы запасли на зиму в достаточном количестве кокс ◻ Das Berliner Hotel, das sich früher bei Nadler eingedeckt hatte, ging längst wieder in die Großmarkthalle (*Seghers, »Die Toten«*) Берлинская гостиница, делавшая раньше закупки у Надлера, уже давно брала товар опять на рынке

verspeisen *см.* aufessen
versperren *см.* sperren [1]
verspielen *см.* spielen [1]/verlieren
verspotten *см.* auslachen
versprechen обещать

versprechen — zusagen — zusichern — sich verpflichten — verheißen — geloben

VERSPRECHEN

versprechen *индифф. синоним;* *напр.:* j-m eine Belohnung, seine Hilfe versprechen обещать кому-л. вознаграждение, свою помощь; etw. fest, heilig versprechen обещать что-л. твердо, свято; versprechen zu kommen, zu helfen обещать прийти, помочь □ Und selbstverständlich versprach er, morgen wieder zu kommen, um seine Bestellung aufzugeben (*Weiskopf, »Lissy«*) Разумеется он обещал завтра прийти опять и оформить заказ. Und außerdem hatte sie der Nachbarin, bei der das Kind war, fest versprochen, bis elf Uhr zurück zu sein (*ebenda*) К тому же она твердо обещала соседке, у которой она оставила ребенка, что вернется к одиннадцати часам. **zusagen** ≅ versprechen *подчеркивает согласие того, кто обещает что-л. сделать в ответ на чью-л. просьбу, на чье-л. приглашение и т. п.;* *напр.:* er hat seine Mitwirkung, seine Teilnahme fest zugesagt он твердо обещал принять участие (в чем-л.); ich habe auf seine Einladung (hin) zugesagt я обещал прийти, принимая приглашение □ Sie hatte ihm zugesagt, heute mit ihm in die Umgebung zu fahren (*Feuchtwanger, »Erfolg«*) Она обещала ему сегодня поехать с ним за город. Pierre hatte ihm in geheimnisvollen Worten die volle Hilfe Frankreichs zugesagt (*Feuchtwanger, »Die Füchse«*) И Пьер туманно обещал ему полную поддержку Франции. **zusichern** твердо обещать *чаще употр. в сфере деловых отношений;* *напр.:* ich sichere dem Finder eine gute Belohnung zu я обещаю нашедшему хорошее вознаграждение; dem Kunden wird eine einwandfreie Lieferung zugesichert клиенту гарантируется безупречная доставка; er hat mir zugesichert, daß er heute kommt он твердо обещал мне, что он сегодня придет □ Die französische Regierung hatte ihre Million bezahlt, die spanische die ihre in bindender Form zugesichert (*Feuchtwanger, »Die Füchse«*) Французское правительство выдало ему первый миллион, испанское — гарантировало второй. Herr Novodny sicherte das so beflissen zu, daß sein Unglaube und seine Diskretion kilometerweit erkennbar waren (*Feuchtwanger, »Erfolg«*) Готовность, с которой Новодный выразил согласие, за сто километров позволяла заметить как его недоверие, так и готовность молчать. **sich verpflichten** обязываться; *напр.:* er verpflichtete sich zu dieser Arbeit он обязался сделать эту работу; sie hat sich verpflichtet, diese Aufgabe zu übernehmen она обязалась взять на себя это задание □ Die Firma Hortalez und Compagnie... verpflichtete sich, dem Kongreß der Vereinigten Kolonien... die vollständige Ausrüstung für dreißigtausend Mann zu liefern (*Feuchtwanger, »Die Füchse«*) Фирма «Горталес и Компания»... обязалась поставить Конгрессу Объединенных Колоний... полное снаряжение для тридцатитысячной армии. **verheißen** *высок.* торжественно обещать (*что кто-л. что-л. получит, что что-л. обязательно свершится*); *напр.:* j-m Glück, Ruhm verheißen (*торжественно*) обещать кому-л. счастье, славу; j-m Genesung verheißen обещать [предвещать] кому-л. выздоровление; er verhieß ihm eine Belohnung он торжественно обещал ему награду □ Guste verhieß ihm, im dritten Akt käme das Allerschönste (*H. Mann, »Untertan«*) Густа пообещала Дидериху, что в третьем акте произойдет самое интересное. **geloben** *высок.* давать обет, клятвенно обещать; *напр.:* j-m Treue geloben давать кому-л. клятву верности; j-m Beistand geloben торжественно обещать кому-л. помощь [содействие]; er gelobte Besserung он клялся, что исправится; er gelobte, immer bei ihm zu bleiben он клятвенно обещал остаться с ним навсегда □ Jetzt, wo er München erobert und wieder verloren hat und da er wieder einmal hier gestrandet ist, gelobt er sich, er werde nicht rasten, bevor er Berlin und das Reich erobert hat (*Feuchtwanger, »Lautensack«*) А теперь, когда он завоевал Мюнхен и снова его потерял, и так как он опять остался на мели, он поклялся, что не успокоится, пока не завоюет Берлин и всю Германию.

Versprechen обещание

das **Versprechen** — die **Zusicherung** — die **Zusage** — die **Verheißung** — das **Gelöbnis** — das **Gelübde**

Versprechen *индифф. синоним;* *напр.:* ein feierliches Versprechen торжественное обещание; ein Versprechen geben, halten, erfüllen, brechen дать, сдержать, выполнить, нарушить обещание; j-n seines Versprechens [von seinem Versprechen] entbinden освободить кого-л. от (его) обещания; j-n an sein Versprechen erinnern напомнить кому-л. о его обещании; Ihr Versprechen allein genügt mir довольно одного вашего обещания; sie nahm mir das feierliche Versprechen ab, nicht zu rauchen она взяла с меня торжественное обещание не курить □ Sein Versprechen, an einem der nächsten Tage vorbeizukommen, hielt er nicht (*Weiskopf, »Lissy«*) Свое обещание зайти в один из ближайших дней он не сдержал. ...aber er dachte nicht daran, das Versprechen schon jetzt einzulösen (*ebenda*) ...но, разумеется, он не собирался уже сейчас исполнить свое обещание. **Zusicherung** (твердое) обещание, заверение; *напр.:* eine Zusicherung geben давать твердое обещание; er gab ihr die Zusicherung, daß er ihr helfen würde он твердо обещал ей свою помощь, он заверил ее в своей готовности помочь □ Und da Elisabeth ihrer hinterhältigen Art gemäß nur halbe Zusicherungen macht und sich in undurchsichtigen Redensarten ergeht, wird der Ton der ausländischen Gesandten immer schärfer (*St. Zweig, »Maria Stuart«*) И так как Елизавета с обычным коварством отделывается полуобещаниями и туманными отговорками, тон иноземных послов становится все резче. **Zusage** согласие, обещание что-л. сделать (*в ответ на чье-л. приглашение, на чью-л. просьбу*); *напр.:* eine Zusage geben обещать; seine Zusage brechen нарушить свое обещание; wir danken für Ihre freundliche Zusage мы благодарим за ваше любезное согласие (прийти, принять в чем-л. участие *и т. п.*) □ Er hatte die Zusage Charlots, das war das Wesentliche (*Feuchtwanger, »Die Füchse«*) Он получил обещание Шарло, это главное. Die Zusagen, die ihm die Regierung heute gemacht hatte, übertrafen weit seine Hoffnung (*ebenda*) Обещания, которые ему дало сегодня правительство, превзошли все его надежды. **Verheißung** *высок.* обещание; *напр.:* Land der Verheißung «земля обетованная» □ Der vollendet glückliche Ausgang einer Geschichte, die soviel Ähnlichkeit mit seiner eigenen hatte, erschien ihm nicht als Verheißung, sondern als Verspottung (*Weiskopf, »Lissy«*) Счастливый конец этой истории, так похожей на его собственную, представился ему не обещанием, а насмешкой. **Gelöbnis** торжественное обещание; *напр.:* das Gelöbnis des unbedingten Gehorsams ablegen [leisten] давать торжественное обещание безусловного повиновения; er hat sein Gelöbnis gebrochen он нарушил свое торжественное обещание □ Bis jetzt, länger als ein Jahr, ist er diesem Gelöbnis treu geblieben (*Feuchtwanger, »Lautensack«*) До сих пор, вот уже больше года, он верен этой клятве. **Gelübde** *высок.* обет, торжественное клятвенное обещание (*б. ч. о церковных обетах*); зарок; *напр.:* das Gelübde der Armut ablegen дать обет бедности; das Gelübde des Gehorsams ablegen [leisten] принести обет послушания; ein Gelübde halten, erfüllen, brechen сдержать, выполнить, нарушить обет [клятвенное обещание] □ Lillian hatte viele Gelübde in der Zwischenzeit getan, von denen sie glauben wollte, daß sie sie halten würde (*Remarque, »Der Himmel«*) За это время Лилиан дала себе уйму всяких обетов. Она была убеждена, что выполнит их

versprechen, sich I *см.* irren, sich
versprechen, sich II *см.* verloben, sich

verspüren *см.* fühlen
Verstand *см.* Vernunft
verständig *см.* vernünftig
verständigen *см.* mitteilen
Verständigung *см.* Vereinbarung
verständlich *см.* klar²

Verständnis *см.* Sympathie [1]
verständnislos *см.* dumm [1]
verstärken усиливать

verstärken — verschärfen — vertiefen

verstärken *индифф. синоним; напр.:* einen Eindruck, die Zweifel verstärken усиливать впечатление, сомнения; die Anstrengungen verstärken напрячь усилия ☐ Das Plärren der Kinder, das Muhen im Stall verstärkte die Ruhe, statt sie zu stören (Seghers, »Die Toten«) Ребячий плач, мычание коров в хлеву только подчеркивали тишину, не нарушая ее. Leichter Wind ging, durch die Fahrt zu guter Kühlung verstärkt (Feuchtwanger, »Erfolg«) Ветерок, усиленный движением, навевал приятную прохладу. **verschärfen** усиливать, обострять; *напр.:* die Gegensätze, die Lage verschärfen обострять противоречия, положение; die Spannung verschärfen усиливать напряженность ☐ Das Erscheinen Hermann Fischs verschärfte die Lage (Feuchtwanger, »Exil«) Появление Германа Фиша обостряло положение. **vertiefen** углублять, усиливать; *напр.:* den Eindruck vertiefen усиливать впечатление

verstärken, sich усиливаться (*становиться интенсивней*)

sich verstärken — aufleben

sich verstärken *индифф. синоним; напр.:* der Lärm verstärkte sich шум усилился; der Sturm verstärkte sich von Stunde zu Stunde буря усиливалась с каждым часом; der Druck verstärkte sich давление увеличилось; meine Zweifel verstärkten sich мои сомнения усилились [увеличились] ☐ Dafür verstärkte sich das Rascheln von Papier, das Klappern der Rechenschieber und das Gerassel der neuangeschafften Schreibmaschinen (Weiskopf, »Abschied vom Frieden«) Зато усилилось шуршание бумаги, стук счетных линеек и трескотня новоприобретенных пишущих машинок. Der Regen hatte sich verstärkt (Th. Mann, »Buddenbrooks«) Дождь усилился. **aufleben** становиться сильней, возрождаться; возобновляться *подчеркивает не столько постепенное усиление признака, сколько то, что что-л. начинается вновь, с новой силой; напр.:* der Sturm lebte auf буря вновь усилилась; der Kampf, der alte Streit lebte auf бой, старый спор разгорелся с новой силой; die Gerüchte leben auf слухи становятся все упорней ☐ Aber einfach wird es nicht sein für den kleinen Hansl aus Deggenburg, aufzuleben zu diesem markigen Namen (Feuchtwanger, »Lautensack«) Но это будет непросто для маленького Гансика из Деггенбурга — подняться до высот этого яркого имени

verstauen *см.* legen [1]
Versteck *см.* Hinterhalt
verstecken[1] прятать

verstecken — verbergen — bergen

verstecken *индифф. синоним; напр.:* Geld, den Schlüssel verstecken прятать деньги, ключ; Ostereier verstecken прятать пасхальные яйца (*старинный обычай*); j-n (vor den Verfolgern) verstecken прятать кого-л. (от преследователей) ☐ Er sagte: »Du mußt den Packen verstecken, irgendwo, wo es niemand findet« (Seghers, »Die Toten«) «Спрячь этот пакет, да так, чтобы его не нашли», — сказал он. Er brach eine Diele auf und nahm das Armeegewehr an sich, das Geschke dort noch aus dem Krieg versteckte (ebenda) Он взломал половицу и вынул оттуда винтовку, которую Гешке спрятал там, еще когда вернулся с фронта. **verbergen** ≃ verstecken, *но подчеркивает не столько, что что-л. прячут в неизвестном для других месте, сколько то, что что-л. хотят укрыть, спрятать от чужих взглядов; напр.:* etw. hinter seinem Rücken, unter seinem Mantel verbergen спрятать что-л. у себя за спиной, под своим пальто; den Schlüssel unter dem Fußabtreter verbergen спрятать ключ под ковриком; er hatte einen Flüchtigen (bei sich) verborgen он спрятал беглеца (у себя); sie verbarg ihr Gesicht mit den Händen она закрыла лицо руками ☐ Sie lehnte sich zurück, verbarg ihr Gesicht im Schnupftuch und weinte bitterlich (Th. Mann, »Buddenbrooks«) Она откинулась назад, обеими руками поднесла к лицу платок и еще горше расплакалась. Als aber dann ein Mann bei ihm erschienen war, dessen Kaufmannstracht den Priester der Tarate gewollt schlecht verbarg... (Feuchtwanger, »Der falsche Nero«) Но когда к нему явился человек в одежде торговца, намеренно плохо скрывавшей жреца Тараты... **bergen** высок. ≃ verbergen; *напр.:* das Gesicht in den Händen bergen прятать лицо в ладонях; den Kopf an j-s Schulter, j-s Brust bergen прятать лицо на чьем-л. плече, на чьей-л. груди ☐ Hier wandte Buck sich genau dem Busch zu, der Diederich barg (H. Mann, »Untertan«) Бук повернулся прямо к кусту, который скрывал Дидериха. Mein Sohn, was birgst du so bang dein Gesicht? (Goethe, »Erlkönig«) Сын мой, что ты так пугливо прячешь свое лицо? (Ср. Дитя, что ко мне ты так робко прильнул? (*Перевод В. А. Жуковского*)

verstecken[2] *см.* verbergen [1]
verstecken, sich прятаться

sich verstecken — sich verbergen

sich verstecken *индифф. синоним; напр.:* sich hinter einem Baum, im Gebüsch verstecken прятаться за деревом, в кустах; sich vor Angst, vor Scham, im Spiel verstecken прятаться от страха, от стыда, во время игры; sich hinter j-m, hinter j-n verstecken прятаться за кем-л., за кого-л.; die Maus hat sich in ihrem Loch versteckt мышь спряталась в своей норе. **sich verbergen** скрываться, таиться (*от чужих глаз, преследования и т. п.*); *напр.:* sich hinter einem Busch verbergen скрыться [притаиться] за кустом; sich vor der Polizei, vor Verfolgern verbergen скрываться от полиции, от преследователей; der Verbrecher verbarg sich im Wald преступник скрывался в лесу ☐ Uta hatte immer versucht, sich vor ihm zu verbergen (Noll, »Werner Holt«) Ута и раньше от него таилась. Er verbarg sich. Mitten in der Stadt, in ihrem lautesten Teil... suchte er sich ein Versteck (Br. Frank, »Cervantes«) Он спрятался. Он разыскал себе убежище в самом сердце города, в оживленнейшей его части...

versteckt *см.* verborgen I
verstehen[1] понимать

verstehen — begreifen — auffassen — erkennen — einsehen — erfassen — durchschauen — einleuchten — durchblicken — f a s s e n — kapieren

verstehen *индифф. синоним; напр.:* die Sprache, das Buch, die Ursache, den Spaß, die Anspielung verstehen понимать язык, книгу, причину, шутку, намек; gut, schlecht verstehen понимать хорошо, плохо; kein Wort verstehen не понимать ни слова; ich habe seine Argumente verstanden я понял его аргументы ☐ Pierre verstand nicht gleich. Dann, als er verstand, war er stürmisch froh (Feuchtwanger, »Die Füchse«) Пьер понял не сразу. Но потом, когда он понял, радость его была бурной. Auf einmal verstand er, wer ihn geschickt hatte und wozu (H. Mann, »Die Jugend«) Он сразу понял, кто его послал и зачем. **begreifen** понимать (основное), постигать, улавливать; *напр.:* eine Aufgabe, den Sinn, j-s Benehmen begreifen понимать задачу, смысл, чье-л. поведение; etw. allmählich, langsam, schnell, schwer begreifen понимать что-л. постепенно, медленно, быстро, с трудом; hast du es endlich begriffen? ты понял это наконец?; können Sie sein Verhalten begreifen? вы можете понять его поведение?; er begreift schnell он быстро соображает; es ist einfach nicht zu begreifen это просто непостижимо ☐ Lissy begriff nicht, wie das geschehen war (Weiskopf, »Lissy«) Лисси не понимала, как это могло случиться. Alles war plötzlich vergessen. Er begriff nicht mehr, warum er allein zum Bahnhof gegangen war. Er begriff nichts mehr (Remarque, »Zeit zu leben«) В один миг все было забыто. Он уже не мог понять, почему отправился на вокзал один. Он ничего не понимал. Diederich starrte, ohne zu begreifen (H. Mann, »Untertan«) Дидерих уставился на него, ничего не понимая. **auffassen** воспринимать, понимать; *напр.:* etw. leicht, schnell, richtig, falsch auffassen воспринимать что-л. легко, быстро, правильно, неправильно; er hatte ihre Bemerkung als Tadel aufgefaßt он воспринял ее замечание как порицание; sie hatte seine Frage falsch aufgefaßt она поняла его вопрос неправильно; der Schauspieler hat die Rolle anders aufgefaßt als der Regisseur арист понял [воспринял] эту роль иначе, чем режиссер. **erkennen** (о)сознавать, признавать, понимать (положение вещей) *употр. по отношению к фактам, к их констатации*; *напр.*: seinen Irrtum, seine Schuld erkennen осознавать свою ошибку [свое заблуждение], свою вину; j-m etw. zu erkennen geben дать понять кому-л. что-л.; sie erkannte, daß der Händler sie betrügen wollte она поняла, что торговец хотел ее обмануть ◻ Werner, ich möchte, daß du hier bleibst. Ich will das Beste für dich, versuche doch, das zu erkennen (*Noll*, »*Werner Holt*«) Вернер, мне хочется, чтобы ты остался. Я же желаю тебе только самого лучшего, попытайся это понять. **einsehen** ≅ erkennen, *но подчеркивает, что тот, кто осознает, приходит (наконец) к пониманию того, чего не хотел понимать, с чем не хотел соглашаться раньше*; *напр.*: seinen Fehler, seinen Irrtum, sein Unrecht einsehen осознавать свою ошибку, свое заблуждение, свою неправоту; ich habe eingesehen, daß es so besser ist я осознал, что так будет лучше ◻ Er sah ein, daß Widerstand zwecklos war, und kapitulierte (*Weiskopf*, »*Lissy*«) Он понял, что сопротивление бесполезно, и сдался. »Herr Grützmacher, Sie müssen doch einsehen...«, sagte er mit Tränen in der Stimme. Da er Wein bestellte, sah der Wirt alles ein (*H. Mann*, »*Untertan*«) «Господин Грюцмахер, вы должны все-таки принять во внимание...», — сказал он со слезами в голосе. И так как он заказал вина, ресторатор все принял во внимание. **erfassen** схватывать, улавливать; *напр.*: etw. richtig, falsch, teilweise, gefühlsmäßig erfassen улавливать что-л. правильно, неправильно, частично, понимать что-л. инстинктивно; er erfaßt den Zusammenhang nicht он не понимает связи (событий *и т. п.*) ◻ Es fehlte nicht viel, und Holt hätte laut herausgelacht. Aber dann erfaßte er den Sinn ihrer Worte (*Noll*, »*Werner Holt*«) Хольт чуть не прыснул со смеху. Но тут до него вдруг дошел смысл того, что она сказала. **durchschauen** понимать правду, истинные причины, видеть насквозь; *напр.*: j-n, j-s Motive nicht sogleich durchschauen не сразу понять кого-л., чьи-л. мотивы; endlich schaue ich durch наконец я понимаю; die Zusammenhänge durchschauen понимать, в чем дело; видеть истинную причину явлений [связь между чем-л.] ◻ Aber er durchschaute auch sehr gut die Schwächen Pierres (*Feuchtwanger*, »*Die Füchse*«) Но он прекрасно ви-

дел и слабые стороны Пьера. Der Doktor durchschaute das Wesen der Veranstaltung von Anfang an (*ebenda*) Доктору с самого начала была ясна сущность этого замысла. **einleuchten** быть очевидным, ясным для кого-л. (*субъект действия выражен дополнением в Dat.*); *напр.*: das leuchtet mir ein это становится для меня ясно; dieses Argument leuchtete mir sofort ein этот аргумент мне сразу стал ясен [сразу убедил меня]; das will mir nicht einleuchten это мне неясно, я не понимаю это ◻ Dies leuchtete allen ein, man fand es von Lauer begreiflich, aber hinterlistig (*H. Mann*, »*Untertan*«) Последний довод всем показался убедительным, соображения Лауэра нетрудно понять, но ведь какая хитрость. »Tut mir leid. Ich brauche jede Minute zum Lernen.« Schneidereit nickte abermals. »Das leuchtet mir ein. Aber vielleicht haben Sie später mehr Zeit« (*Noll*, »*Werner Holt*«) «Сожалею, но у меня каждая минута на счету». Шнайдерайт опять кивнул. «Это можно понять. Возможно, позднее у вас будет время». **durchblicken** ≅ verstehen, *но обыкн. употр. в сочетании с глаголом* lassen, *без* lassen — *разг.*; *напр.*: etw. durchblicken lassen давать понять что-л., намекать на что-л.; er ließ durchblicken, daß er Abhilfe wüßte он дал понять, что знает, как помочь; ich blicke nicht mehr durch я больше ничего не понимаю; blickst du schon durch? — Nein, noch nicht ты понимаешь теперь? — Нет, еще нет. **fassen** *высок.* постигать, (быстро) воспринимать и понимать; *напр.*: den Sinn der Worte fassen постигать смысл слов; sein Kopf faßt leicht, schwer он легко, с трудом схватывает [понимает]; das fasse ich nicht! это непостижимо! **kapieren** *разг.* ≅ begreifen; *напр.*: hast du das kapiert? понял?

verstehen [2] *см.* **hören** [1]
verstehen, sich *см.* **vertragen, sich** [1]
versteigern *см.* **verkaufen**
Versteigerung *см.* **Verkauf**
verstellen, sich притворяться

sich verstellen — simulieren — sich stellen — schauspielern

sich **verstellen** *индифф. синоним*; *напр.*: er schläft nicht, er verstellt sich nur он не спит, он только притворяется; warum verstellt er sich dauernd? почему он постоянно притворяется? ◻ Du meinst vielleicht, daß ich mich verstellt habe? (*Hauptmann*, »*Vor Sonnenuntergang*«) Ты, может быть, думаешь, что я притворялась? Vor ihm, Schulz, hätte sich Mettenheimer nicht zu verstellen brauchen (*Seghers*, »*Das siebte Kreuz*«) Уж перед ним-то, Шульцем, Меттенгеймеру, кажется, нечего притворяться. **simulieren** симулировать; *напр.*: ◻ Allein Martin Krüger simulierte nicht (*Feuchtwanger*, »*Erfolg*«) Только Мартин Крюгер не симулировал (*Ср. тж.* vortäu-

schen). sich **stellen** прикидываться, разыгрывать из себя; *напр.*: sich krank, taub stellen прикидываться больным, глухим; sich dumm stellen разыгрывать из себя дурачка; er stellt sich nur so (лишь) прикидывается ◻ Nun erst wird klar, wie geschickt, wie vorausschauend Walsingham, der eigentliche Anstifter, gehandelt hat, daß er vorzog, während der entscheidenden Tage krank zu sein oder sich krank zu stellen (*St. Zweig*, »*Maria Stuart*«) Только теперь видно, как умно, как предусмотрительно поступил истинный подстрекатель — Уолсингейм, предпочтя в эти критические дни заболеть или сказаться больным. Aber entweder sieht Maria Stuart wirklich nicht die Falle oder sie stellt sich so... (*ebenda*) Но либо Мария Стюарт не замечает ловушку, либо притворяется, что не замечает... **schauspielern** *разг.* разыгрывать комедию; *напр.*: man weiß nicht, ob man ihre Krankheit ernst nehmen soll. Sie hat schon immer gerne geschauspielert никогда не знаешь, можно ли принимать всерьез ее болезнь. Она ведь всегда любила разыгрывать комедию ◻ Wieder schauspielert sie Nachgiebigkeit (*St. Zweig*, »*Maria Stuart*«) Снова изображает она кроткую овечку

verstellt *см.* **verändert**
Verstellung *см.* **Unaufrichtigkeit**
versterben *см.* **sterben**
verstimmen *см.* **ärgern**
verstimmt *см.* **übellaunig**
verstockt закоренелый, упорный

verstockt — eingefleischt — unverbesserlich — hartgesotten

verstockt *индифф. синоним*; *напр.*: ein verstockter Missetäter, Verbrecher, Schuft, Feind закоренелый злодей, преступник, негодяй, враг. **eingefleischt** закоренелый, завзятый; *напр.*: ein eingefleischter Junggeselle, Pedant, Bürokrat закоренелый холостяк, педант, бюрократ; ein eingefleischter Jurist юрист до мозга костей; seine eingefleischten Anhänger его убежденные сторонники. **unverbesserlich** неисправимый; *напр.*: ein unverbesserlicher Lügner, Schurke неисправимый лжец, негодяй. **hartgesotten** *разг.* заматерелый; *напр.*: ein hartgesottener Bösewicht, Verbrecher, Lügner, Gauner заматерелый злодей, преступник, лжец, мошенник.

verstohlen *см.* **heimlich** [1]
verstorben *см.* **tot**
Verstoß *см.* **Verletzung** [2]
verstoßen *см.* **fortjagen** [1]/**verletzen** [2]
verstreichen *см.* **vergehen** [1]
verstreuen рассыпать, просыпать, разбрасывать

verstreuen — verschütten

verstreuen *индифф. синоним*; *напр.*: Salz, Mehl verstreuen рассыпать [просыпать] соль, муку; Körner, Stroh verstreuen рассыпать [разбрасывать] (*намеренно*) зерно, солому; seine Sachen unordentlich im ganzen Haus verstreu-

еп разбрасывать свои вещи в беспорядке по всему дому. **verschütten** (нечаянно) просыпать; *напр.*: Mehl, Zukker verschütten просыпать муку, сахар **verstricken** втягивать, впутывать, вовлекать (*кого-л. во что-л.*)
verstricken — verwickeln — hineinziehen — hineinreiten

verstricken *индифф. синоним*; *напр.*: j-n ins Gespräch, in einen Streit, in eine unangenehme Angelegenheit verstricken втягивать кого-л. в разговор, в спор, в неприятное дело □ Er war ja immerzu in Weibergeschichten verstrickt (*Weiskopf, »Lissy«*) У него были постоянно истории с женщинами. **verwickeln** впутывать, замешивать; *напр.*: j-n in ein Gespräch, in einen Streit, in eine unangenehme Angelegenheit, in eine Geschichte verwickeln втягивать кого-л. в разговор, в спор, в неприятное дело, впутывать кого-л. в историю; er wurde in einen Streit, in einen Skandal, in einen Prozeß verwickelt он был втянут в спор, замешан в скандале, впутан в процесс □ ...das Ehepaar hinten bleibt stehen, hat vermutlich Angst, in eine Rauferei verwickelt zu werden, dreht um (*Feuchtwanger, »Erfolg«*) ...супружеская чета, идущая сзади, останавливается, видимо, боясь оказаться впутанной в драку, поворачивает назад. Er mußte aber wieder einen Anschluß entdeckt haben, der ihn in gefährliche Unternehmungen verwickelte (*Seghers, »Die Toten«*) Он опять наверняка завел какие-то знакомства, и его вовлекли в опасные дела. **hineinziehen** втягивать, вовлекать; *напр.*: j-n in eine heikle Angelegenheit, in ein Gespräch, in den Streit hineinziehen втягивать кого-л. в щекотливое дело, в разговор, в спор □ Er ist aber Musiker, Musiker und nochmals Musiker. Nur das kann er, nur das geht ihn an, und was sind das für dreckige Zeiten, die ihn, einen so durch und durch unpolitischen Menschen, in die Politik hineinziehen (*Feuchtwanger, »Exil«*) Но он музыкант, музыкант и еще раз музыкант. Только музыку он знает, только музыка его интересует; что это за ужасные времена, они втянули в политику даже его, насквозь аполитичного человека. **hineinreiten** *разг.* ≈ verwikkeln *содержит упрек в адрес того, кто хочет втянуть другого в какую-л. историю*; *напр.*: j-n in eine schmutzige Geschichte hineinreiten впутывать кого-л. в грязную историю
verstummen[1] умолкать (*о звуках*)
verstummen — verklingen — verhallen — ausklingen — ersterben

verstummen *индифф. синоним*; *напр.*: die Musik verstummte, die Glocken, die Vögel verstummten музыка умолкла, колокола, птицы умолкли; der Beifall, der Lärm verstummte, als... аплодисменты умолкли, шум умолк, когда... □ Das Geratter auf dem Bauplatz verstummte (*Seghers, »Die To-*

ten«) Грохот на строительной площадке замолк. **verklingen** затихать, замирать; *напр.*: die Melodie, das Geläut verklingt мелодия, звон затихает; das Geräusch verklang шорох затих; die Stimmen verklangen голоса замерли □ Neun Schritte konnte man ganz deutlich hören, dann nochmals neun leiser, dann verklangen sie (*Feuchtwanger, »Erfolg«*) Девять шагов можно было расслышать совсем четко, затем еще девять — глуше; и наконец шаги замирали. Dies alles war, im Ablauf eines einzigen Moments, in dem Schriftsteller und Journalisten Erich Wiesener, während die Stimme aus dem Telefonapparat verklang (*Feuchtwanger, »Exil«*) Все это в один миг, пока замирал голос в телефонной трубке, пронеслось в мозгу писателя и журналиста Эриха Визенера. **verhallen** ≈ verklingen; *напр.*: der Ton, der Ruf, das Hundegebell verhallt звук, крик, собачий лай затихает; ein Geräusch verhallt шорох замирает; die Glockenschläge verhallten умолкли удары колокола □ Das Wort ist noch nicht verhallt, möchte er es schon zurücknehmen (*Feuchtwanger, »Oppermann«*) Не успело слово отзвучать, как ему уже захотелось взять его обратно. Wallys Schritte verhallten rasch (*Weiskopf, »Abschied vom Frieden«*) Но вот затихли шаги Валли. **ausklingen** отзвучать; *напр.*: das Lied, die Musik klang aus песня, музыка отзвучала [перестала звучать]; der letzte Ton war ausgeklungen последний звук замер; die Glocke hat ausgeklungen колокол отзвучал; das Echo war im Walde ausgeklungen эхо замерло в лесу. **ersterben** *высок*. замирать, затихать *подчеркивает постепенность прекращения действия*; *напр.*: der Lärm, der Schrei erstarb шум, крик замолк [затих]; das Gemurmel, das Geflüster, die Unterhaltung erstarb an den Tischen шепот замолк, беседа замолкла [утихла] за столами
verstummen[2] *см*. schweigen
Versuch опыт, проба
der Versuch — die Probe — das Experiment — der Test

Versuch *индифф. синоним*; *напр.*: der erste Versuch первый опыт; ein chemischer, physikalischer, pädagogischer, psychologischer Versuch химический, физический, педагогический, психологический опыт; einen Versuch machen делать [ставить] опыт; Versuch über etw., mit etw., mit j-m anstellen проводить опыт над чем-л., с чем-л., с кем-л.; im Labor wurde eine Reihe von Versuchen durchgeführt в лаборатории был проведен ряд опытов □ Wozu ließ man ihn immer neue Pläne entwerfen, gestattete ihm kostspielige Versuche, wenn man sie doch nicht ausführte? (*Feuchtwanger, »Erfolg«*) Зачем, собственно, ему поручали разрабатывать все новые проек-

ты, предоставляли возможность производить дорогостоящие опыты, раз их результаты все равно не применялись на практике? **Probe** испытание, проверка, опыт; *напр.*: eine Probe machen делать опыт; die Probe anstellen делать проверку, производить опыт; eine Probe mit etw. vornehmen проводить опыт над чем-л., опробовать что-л.; eine Probe mit j-m vornehmen подвергать испытанию кого-л. **Experiment** эксперимент, научный опыт; *напр.*: Experimente an Tieren, mit Tieren эксперименты на животных, с животными; chemische, physikalische Experimente machen [durchführen, anstellen] производить химические, физические эксперименты; das Experiment ist mißlungen эксперимент не удался □ Am dreistesten amüsierte sich und das Publikum bei den hypnotischen Experimenten (*Feuchtwanger, »Lautensack«*) Откровеннее всего он развлекал себя и публику во время гипнотических экспериментов. Inzwischen hat die Stammbesatzung der sowjetischen Erdaußenstation die neue Arbeitswoche mit einem weiteren Experiment im Schmelzofen »Kristall« begonnen (*ND 18.6.80*). Между тем, постоянный экипаж советской космической станции начал новую рабочую неделю с дальнейшего эксперимента в электронагревательной печи «Кристалл». **Test** тест, контрольное испытание; *напр.*: ein Test an Mäusen, mit Mäusen опыт на мышах, с мышами; einen Test (mit etw., mit j-m, an etw.) vornehmen [durchführen] проводить опыт (с чем-л., с кем-л., над чем-л.); etw. einem Test unterziehen подвергать что-л. испытанию; Tests haben ergeben, daß... тесты показали, что...
versuchen[1] пытаться, пробовать
versuchen — suchen — trachten

versuchen *индифф. синоним*; *напр.*: versuchen zu schlafen, sich zu befreien, zu entfliehen пытаться спать, освободиться, убежать; er versucht, eine Anstellung zu bekommen он пытается получить место [работу]; er versuchte es von neuem он попробовал снова [еще раз] □ Sie versuchte auch jetzt noch zu lächeln (*Weiskopf, »Lissy«*) Она даже теперь пыталась улыбаться. Er versuchte zu lesen, es ging nicht (*Feuchtwanger, »Exil«*) Он попытался читать, но не мог. **suchen** стараться, пытаться (*употр. тк. в конструкции с zu + Inf.*); *напр.*: er sucht sich zu rechtfertigen он пытается оправдаться; er sucht ihm zu gefallen она старается понравиться ему; sie suchen das zu vergessen они стараются забыть это; sie suchte ihre Tränen zu verbergen она пыталась скрыть свои слезы □ Uta erzählte nun mit einer Erregung, die sie vergebens hinter Kälte und Ironie zu verbergen suchte (*Noll, »Werner Holt«*) И Ута рассказывала теперь с волнением, которое тщетно пыталась прикрыть холодной иронией. **trachten** *высок.* ≅ versuchen (*употр. тк. в конструкции с zu + Inf.*); *напр.*: er trachtete, ihn zu töten он пытался убить его; sie trachtete, so schnell wie möglich wegzukommen она пыталась уйти как можно скорее □ Je gröber sie ihm seine Tolpatschigkeit vorwerfen wird, um so höflicher, beschließt er, wird er sich entschuldigen und alles wieder gutzumachen trachten (*Feuchtwanger, »Exil«*) Чем грубее она будет упрекать его за неуклюжесть, решил он, тем вежливее он извинится, постарается загладить свою вину. »Allerdings, eine kleine, rechtsseitige Lungenentzündung«, antwortete der Hausarzt, »die wir sehr sorgfältig zu lokalisieren trachten müssen« (*Th. Mann, »Buddenbrooks«*) «Что поделаешь, небольшое правостороннее воспаление легких, — снова заговорил домашний врач, — которое нам необходимо будет постараться тщательнейшим образом локализовать»

versuchen² *см.* kosten I/verführen
versündigen, sich *см.* vergehen, sich
versüßen *см.* süßen
vertagen *см.* verlegen I¹
vertauschen *см.* verwechseln/wechseln
Vertauschung *см.* Verwechslung
verteidigen¹ защищать, оправдывать

verteidigen — verfechten

verteidigen *индифф. синоним*; *напр.*: den Angeklagten, eine These, seinen Standpunkt verteidigen защищать обвиняемого, тезис, свою точку зрения □ ...mit Sachkenntnis und mit Eifer verteidigte sie das Werk ihres Mannes (*Feuchtwanger, »Exil«*) ...со знанием дела, с пылом отстаивала она работу своего мужа. **verfechten** отстаивать *употр. тк. с отвлеченными понятиями, обладает ограниченной сочетаемостью*; *напр.*: eine Meinung, einen Standpunkt, seine Ansichten, seine Rechte, eine Lehre verfechten защищать [отстаивать] мнение, точку зрения, свои взгляды, свои права, учение; j-s Interessen, eine Idee, j-s Sache verfechten защищать чьи-л. интересы, идею, чье-л. дело

verteidigen² *см.* schützen
verteidigen, sich защищаться, обороняться

sich verteidigen — sich wehren — sich schützen — s i c h e r w e h r e n

sich verteidigen *индифф. синоним*; *напр.*: sich tapfer, hartnäckig, geschickt verteidigen защищаться храбро, упорно, умело; sich bis zum äußersten, mit schwachen Argumenten verteidigen защищаться до последнего, слабыми аргументами; sich gegen den Feind verteidigen защищаться от врага; die Bevölkerung verteidigte sich standhaft население стойко защищалось □ Er hatte sich geschickt verteidigt und dabei auf ungewöhnliche Art, nämlich anständig (*Feuchtwanger,* »*Exil*«) Он защищался умело, к тому же совершенно необычным способом, то есть сохраняя порядочность. **sich wehren** сопротивляться; защищаться, отражая нападение, оказывая активное сопротивление; *напр.*: sich heftig, mit aller Macht [mit allen Kräften] gegen etw. wehren сильно, изо всех сил противиться чему-л.; sich gegen die Vorwürfe, gegen den Überfall wehren защищаться от упреков, от нападения; ich habe nicht einmal versucht, mich zu wehren я даже не пытался сопротивляться □ Hannsjörg duckte sich, aber er wehrte sich nicht. Plötzlich sah Oskar, daß Blut kam... (*Feuchtwanger, »Lautensack«*) Гансйорг съежился, но не сопротивлялся. Вдруг Оскар увидел кровь... Während der ersten Tage seiner Haft hatte Martin Krüger sich verzweifelt gewehrt (*Feuchtwanger, »Erfolg«*) В первые дни после своего ареста Мартин Крюгер оказывал отчаянное сопротивление. Ohne zu wollen, verglich er ihre Art, sich zu wehren, mit Agnes' Hilflosigkeit... (*H. Mann, »Untertan«*) Он невольно сравнил ее манеру сопротивляться с безответностью Агнес. Die von ihrem Haufen gesonderten Leute wehrten sich heftig, als man sie durch die Bretterwand stieß (*Seghers, »Die Toten«*) Когда обреченных людей заталкивали за дощатую стену, они яростно сопротивлялись. **sich schützen** оберегаться, защищаться (*принимая какие-л. защитные меры, применяя приспособления и т. п.*); *напр.*: sich vor Krankheit, vor Ansteckung schützen оберегаться от болезни, от заразы; er schützte sich gegen den Schlag mit dem Arm он защитился от удара рукой. **sich erwehren** *высок.* ≅ sich verteidigen; *напр.*: sich der Angreifer, der fremden Eroberer erwehren защищаться от нападающих, от чужеземных захватчиков; sich der Bedrohung, der Aufdringlichkeiten erwehren защищать себя от угрозы, от назойливости □ Er lachte sich selber aus, doch er konnte sich dieses Gefühls nicht erwehren (*Feuchtwanger, »Exil«*) Он смеялся над собой, но от этого чувства (*вины*) избавиться не мог

Verteidiger *см.* Beschützer
Verteidigung *см.* Schutz
verteilen распределять, раздавать

verteilen — aufteilen — austeilen — zuteilen

verteilen *индифф. синоним*; *напр.*: die Geschenke, die Vorräte verteilen раздавать подарки, распределять запасы; die Schokolade unter die Kinder verteilen раздать шоколад детям; Unterstützung, Nahrungsmittel an [unter] die Bedürftigen verteilen распределять пособие, продукты питания среди нуждающихся; Flugblätter an die Passanten verteilen раздавать листовки прохожим; die Kosten, die Rollen verteilen распределять расходы, роли; die Aufträge verteilen размещать заказы; den Lohn verteilen выдавать заработную плату □ Sie verteilte die Brote (*Seghers, »Die Toten«*) Она раздала бутерброды. Es knabberte alles Eßbare auf, das sonst sorgfältig verteilt worden war (*ebenda*) Она съела все съестное, что обычно так тщательно распределялось. ...zwei Drittel wanderten in die Cliquenkasse, die Conny verwaltete, ein Drittel wurde unter die Cliquenbrüder verteilt (*Weiskopf, »Lissy«*) ...две трети поступало в общую кассу, которой заведовал Конни, одна треть распределялась среди членов банды. **aufteilen** (по)делить (*что-л. целое, единое на отдельные части*); *напр.*: den Kuchen aufteilen поделить пирог; das Land unter [an] die Bauern aufteilen поделить землю между крестьянами; die Schüler in Klassen aufteilen разделить учеников на классы; die Arbeit aufteilen распределить работу □ Die Leute haben sie aufgeteilt in die Waldseite und in die Autobahnseite, in die grüne und in die schwarze Seite (*Max von der Grün, »Stellenweise — Glatteis«*) Жители поделили улицу на лесную и автострадную стороны, или на зеленую и черную. **austeilen** раздавать *употр., когда единичные предметы или единичные части чего-л. раздаются определенному кругу лиц*; *напр.*: die Hefte an die Schüler austeilen раздавать тетради ученикам; Lebensmittel an [unter] die Flüchtlinge austeilen распределять продукты питания между беженцами; Suppe austeilen разливать суп (по тарелкам); Befehle austeilen отдавать приказы; Ratschläge austeilen давать советы □ »Heut scheint der Franz überhaupt nicht zu kommen«, hieß es oben bei Marnets, »teil seinen Pfannkuchen den Kindern aus« (*Seghers, »Das siebte Kreuz«*) «Видно, Франц нынче совсем не придет, — говорили у Марнетов наверху, — подели его пирожок между детьми». Nach rechts und links Grüße austeilend, schritt Alexander... (*Weiskopf, »Abschied vom Frieden«*) Раскланиваясь направо и налево, Александр направился... **zuteilen** оделять, наделять чем-л. *подчеркивает, что каждому дается причитающаяся ему часть*; *напр.*: die Geschenke zuteilen оделять, наделять подарками; der Bevölkerung die Lebensmittel zuteilen раздавать продукты населению; die Mutter teilte jedem sein Stück Braten zu мать дала каждому по куску жаркого

Verteuerung удорожание, вздорожание

die Verteuerung — die Teuerung

Verteuerung *индифф. синоним*; *напр.*: die Verteuerung der Herstellung, der Ware удорожание производства, товара; eine geringe, beträchtliche, unvermeidliche Verteuerung незначительное, значительное, неизбежное удорожание; eine Verteuerung verursachen, bedingen, verhindern вызвать, обусловить, предотвратить удорожание; erhöhte Produktionskosten wirken sich in einer Verteuerung aus увеличение производственных расходов имело следствием удорожание ☐ Diese Preiserhöhung wird eine Verteuerung zahlreicher anderer Produkte nach sich ziehen (ND 1.8.80) Это повышение цен (*на бензин и нефтепродукты*) повлечет за собой удорожание [вздорожание] многочисленных других продуктов. **Teuerung** дороговизна, общее повышение цен (*свидетельство неблагополучия экономики в целом*); *напр*.: die Teuerung in einem Lande, auf dem Weltmarkt дороговизна в стране, на мировом рынке; eine allgemeine, große, anhaltende Teuerung всеобщий, большой, продолжающийся рост дороговизны; die Teuerung geht Hand in Hand mit einer Verknappung der Ware параллельно с удорожанием растет дефицит товара

verteufelt *см*. schlecht [1]
vertiefen *см*. verstärken
vertiefen, sich углубляться (*интенсивно заниматься, интересоваться чем-либо*)

sich vertiefen — sich versenken

sich vertiefen индифф. синоним; *напр*.: sich in eine Zeitung, in die Lektüre eines Buches vertiefen углубиться в газету, в чтение книги; er war in Gedanken, in den Anblick des Bildes vertieft он был погружен в мысли, в созерцание картины ☐ Carl Rennbach vertiefte sich wieder in seinen Herodot (Noll, »Werner Holt«) Карл Реннбах опять углубился в своего Геродота. Er vertiefte sich mit Doktor Jacoby in ein Gespräch über die Statistik der Krankheitsfälle (Feuchtwanger, »Oppermann«) Он углубляется с доктором Якоби в обсуждение статистики заболеваний. **sich versenken** погрузиться (*в какую-л. деятельность и т. п.*); *напр*.: sich in die Arbeit, in ein Buch versenken погрузиться в работу, в чтение книги; sich in den Anblick des Bildes versenken погрузиться в созерцание картины; sich in Betrachtungen versenken погрузиться в размышления ☐ Er versenkte sich leidenschaftlich in diesen Band (Feuchtwanger, »Erfolg«) Он с головой ушел в чтение этой книги

Vertiefung углубление (*в стене и т. п.*)

die Vertiefung — die Nische

Vertiefung индифф. синоним; *напр*.: eine Vertiefung in der Wand [in der Mauer] углубление в стене; in den Vertiefungen des Felses nisteten Vögel в углублениях скалы гнездились птицы; in einer Vertiefung (des Bodens) sammelte sich Regenwasser в углублении скопилась дождевая вода. **Nische** ниша, углубление в стене (*в которое можно что-л. поместить и т. п.*); *напр*.: eine tiefe, versteckte Nische глубокая, скрытая ниша; in den Nischen des Altars standen prunkvolle Statuen в нишах алтаря стояли великолепные статуи ☐ In der Gaststube war es so düster und rauchig, daß man kaum die Pärchen in den Nischen erkennen konnte (Noll, »Werner Holt«) В зале было так сумрачно и накурено, что едва можно было различить парочки в нишах. Der Hintergrund war in Nischen abgeteilt, jede mit Mauerringen versehen und mit einer Streu (Br. Frank, »Cervantes«) Задняя стена состояла из ниш, в каждой имелись стенное кольцо и солома

vertilgen *см*. auffessen/vernichten
vertrackt *см*. verwickelt
Vertrag договор

der Vertrag — das Abkommen — der Pakt — der Kontrakt — die Konvention — die Abmachung

Vertrag индифф. синоним; *напр*.: ein vorteilhafter, befristeter, langfristiger Vertrag выгодный, ограниченный сроком, долгосрочный договор; einen Vertrag (ab)schließen, unterzeichnen, einhalten, aufheben, verletzen заключать, подписывать, соблюдать, расторгнуть [денонсировать], нарушать договор ☐ ...am 6. April 1948 wurde in Moskau ein Vertrag unterzeichnet, der die Beziehungen zwischen Finnland und der Sowjetunion von Grund auf veränderte (ND 6.4.78) ...6 апреля 1948 года в Москве был подписан договор, который в корне изменил отношения между Финляндией и Советским Союзом. Mit dem Kriegsministerium kam ein Vertrag zustande, wie er ihn sich besser nicht hatte wünschen können (Feuchtwanger, »Die Füchse«) С военным министерством был заключен договор, лучше которого он и желать не мог. **Abkommen** соглашение; *напр*.: ein geheimes Abkommen тайное соглашение; ein Abkommen (ab)schließen, unterzeichnen, verletzen заключать, подписывать, нарушать соглашение; das Abkommen auf ein Jahr befristen заключать договор сроком на один год; das Abkommen tritt in Kraft соглашение вступает в силу ☐ Zwischen Kuba und Mexiko sind am Sonntag in Havanna mehrere Abkommen geschlossen worden (ND 4.8.80) В воскресенье в Гаване между Кубой и Мексикой было заключено несколько соглашений. Aber Sie wissen ganz genau, hinter diesem Abkommen steht der entschlossene Wille, es zu halten (Feuchtwanger, »Die Füchse«) Но вы ведь прекрасно знаете, что за этим соглашением стоит твердая решимость его соблюдать. Pierre aber... überlas nochmals sein Abkommen mit Mr. Silas Deane, Vertreter des Kongresses der Vereinigten Kolonien (ebenda) Пьер же... еще раз перечитал свой договор с мистером Сайласом Дином, представителем конгресса Объединенных Колоний. **Pakt** пакт; *напр*.: ein aggressiver Pakt агрессивный пакт; einen Pakt (ab)schließen, ratifizieren, einhalten, verletzen заключать, ратифицировать, соблюдать, нарушать пакт ☐ Er hielt hartnäckig an der Fiktion fest, der Pakt bestehe nicht, solange keine Nachricht da sei von seiner Ratifizierung durch den amerikanischen Kongreß (Feuchtwanger, »Die Füchse«) Он упрямо цеплялся за фикцию, настаивал на том, что договора не существует, пока нет известия о его ратификации американским конгрессом. **Kontrakt** контракт; *напр*.: einen Kontrakt aufsetzen, abschließen [machen], brechen составить, заключить, нарушить контракт; einen Kontrakt mit einem Verlag unterschreiben [unterzeichnen] подписывать договор [контракт] с издательством; einen Kontrakt verlängern продлевать контракт ☐ Zwischen den Lords und Darnley werden zwei Kontrakte ganz bieder und rechtschaffen abgeschlossen (St. Zweig, »Maria Stuart«) Между Дарнлеем и лордами заключены честно и добропорядочно два контракта. **Konvention** [-v-] конвенция; *напр*.: eine internationale Konvention международная конвенция; eine Konvention über die Behandlung von Kriegsgefangenen конвенция об обращении с военнопленными ☐ Der Weltöffentlichkeit legte die Sowjetunion den Entwurf einer Konvention für das Verbot der Neutronenwaffe vor (ND 18/19.3.78) Мировой общественности Советский Союз представил проект конвенции о запрещении нейтронного оружия. **Abmachung** договоренность, соглашение; *напр*.: eine bindende Abmachung обязывающая договоренность; vertragsmäßige Abmachungen договорные соглашения; eine Abmachung treffen заключить соглашение, договориться; gegen die Abmachung verstoßen нарушить соглашение

vertragen *см*. ertragen
vertragen, sich [1] ладить, уживаться (*с кем-л.*)

sich vertragen — sich verstehen — auskommen — harmonieren

sich vertragen индифф. синоним; *напр*.: wir vertragen uns ausgezeichnet, gut, nicht allzu gut, schlecht мы ладим отлично, хорошо, не слишком хорошо, плохо; sie können sich nicht vertragen они не могут ужиться [поладить и т. п.] (*не сошлись характерами*) ☐ Die Mutter vertrug sich gut mit der Frau von dem Triebel (Seghers, »Die Toten«) Мать была дружна с женою Трибеля. **sich verstehen** находить общий язык, понимать друг друга; *напр*.: wir verstehen uns mit einem Wort мы понимаем друг друга с полуслова; ich verstehe mich mit ihm in dieser Frage по этому вопросу

мы с ним одного мнения □ August Franzke und der Junge verstehen sich gut (*Feuchtwanger,* »*Oppermann*«) Август Францке и Бертольд отлично понимают друг друга... ...und mit Doktor Heinzius hatte er sich ungewöhnlich gut verstanden (*ebenda*) ...с доктором Гейнциусом у него установились на редкость хорошие отношения. Nein, sie hatten sich nicht gut verstanden, sie und das tote Mädchen (*Feuchtwanger,* »*Erfolg*«) Нет, они плохо понимали друг друга, она и покойная девушка. **auskommen** ≃ sich vertragen *чаще употр. по отношению к сфере быта, личных отношений; напр.:* sie kommen gut miteinander aus они хорошо ладят друг с другом; mit seiner Wirtin kam er nur schlecht aus он плохо ладил со своей хозяйкой; mit ihm ist nicht auszukommen с ним трудно ладить □ Immer schwerer wird es, mit ihm auszukommen (*Feuchtwanger,* »*Lautensack*«) Все труднее иметь с ним дело. Sie kamen geschäftlich und freundschaftlich gut miteinander aus (*Seghers,* »*Die Toten*«) Между ними установились хорошие деловые и дружеские отношения. **harmonieren** *разг.* гармонировать, ладить друг с другом; *напр.:* die beiden Freunde harmonierten stets miteinander оба друга всегда гармонировали [жили в согласии] друг с другом; sie harmonieren nicht они не ладят друг с другом (*не подходят друг другу*)
vertragen, sich [2] *см.* **versöhnen, sich** [1]
verträglich *см.* **friedlich**
vertrauen доверять
vertrauen — trauen — anvertrauen — sich verlassen — glauben
vertrauen (D) *индифф. синоним; напр.:* seinem Freund vertrauen доверять своему другу; seiner Intuition vertrauen доверять своей интуиции [своему чутью]; j-m blind, rückhaltlos vertrauen доверять кому-л. слепо, безоговорочно; Sie können ihm vertrauen вы можете ему доверять □ Ich hab dir alles erzählt, weil ich dir vertraue, du aber, du hättest es nicht gewagt (*Seghers,* »*Die Toten*«) Я все рассказал тебе, потому что доверяю тебе, а ты бы на это не решился. **trauen** (D) верить, иметь доверие кому-л., к чему-л.); *напр.:* seinen Worten, seiner Ehrlichkeit trauen верить его словам, в его честность; ich traue seinen Angaben nicht я не верю его сведениям; trau, schau wem! *посл.* доверяй, да знай, кому □ Du traust mir nicht, und es gibt nichts, womit ich dich zwingen kann, mir zu trauen (*Seghers,* »*Die Toten*«) Ты мне не веришь, и я никакими силами не могу заставить тебя поверить. Aber keine traut der anderen, weil jede die andere betrügen will (*St. Zweig,* »*Maria Stuart*«) И ни одна не верит другой, потому что каждая намерена обмануть соперницу. Lissy traute ihren Augen nicht (*Weiskopf,* »*Lissy*«) Лисси глазам своим не верила. **anvertrauen** (j-m etw.) доверять, вверять что-л. кому-л.; *напр.:* j-m ein Geheimnis, Pläne, sein Geld anvertrauen доверять кому-л. (свою) тайну, планы, свои деньги; j-m seine Entdeckung anvertrauen доверять кому-л. свое открытие; j-m ein Amt, einen Posten anvertrauen доверять кому-л. должность, пост □ Ich bin Ihr Lehrer, aber habe ich mich gescheut, Ihnen meine Sorgen anzuvertrauen? (*Noll,* »*Werner Holt*«) Я ваш учитель, но разве я побоялся доверить вам свои заботы? Und obwohl niemand da war, der es hören konnte, vertraute er ihr das Kennwort nur flüsternd an: »Teddy!« (*Weiskopf,* »*Lissy*«) И хотя в комнате никого не было, кто мог бы подслушать, он шепнул пароль ей на ухо: «Тэдди!» **sich verlassen** (auf A) полагаться на кого-л., на что-л.; *напр.:* sich auf ihn, auf seine Worte, auf seine Hilfe verlassen полагаться на него, на его слова, на его помощь; verlassen Sie sich auf mich! положитесь на меня! □ Sie dürfe sich auf ihn verlassen, er werde alles, was sie ihm anvertraue, bestens erledigen (*Feuchtwanger,* »*Erfolg*«) Она может на него положиться: он выполнит все, что она доверит ему, наилучшим образом (*продолжал он*). **glauben** (D) верить; *напр.:* ich glaube dir я верю тебе; niemand wollte ihm glauben никто не хотел ему верить; seinen Worten kann man (kaum) glauben его словам (вряд ли) можно верить
Vertrauen доверие
das Vertrauen — das Zutrauen — der Kredit
Vertrauen *индифф. синоним; напр.:* grenzenloses, volles, blindes Vertrauen безграничное, полное, слепое доверие; j-s Vertrauen genießen, mißbrauchen пользоваться, злоупотреблять чьим-л. доверием; Vertrauen erwerben, gewinnen, das Vertrauen rechtfertigen заслужить, приобрести, оправдывать доверие; sich in j-s Vertrauen schleichen вкрасться к кому-л. в доверие; zu j-m, zu etw. Vertrauen haben [*высок.* hegen] питать доверие к кому-л., к чему-л. □ Von dem Tage an, da ihm der Minister durch die Übersendung des Briefes sein Vertrauen bewiesen hatte, ging es mit Pierres Geschäften aufwärts (*Feuchtwanger,* »*Die Füchse*«) С того дня, как министр, переслав письмо, доказал Пьеру, что доверяет ему, дела Пьера стали поправляться. »Ich kann Sie nicht heilen. Niemand kann das. Aber...« Er dachte lange nach. »Wenn Sie eben nur zu mir Vertrauen haben, dann wollen wir sehen, ob Ihnen Ihr Vertrauen über den Winter hilft« (*Noll,* »*Werner Holt*«) «Я не могу вас вылечить. Никто не может. Но... — он задумался. — Если уж вы верите только мне, посмотрим, не поможет ли вам ваша вера выдюжить зиму». **Zutrauen** ≃ Vertrauen, *но подчеркивает, что доверяют добросовестности, честности кого-л.; напр.:* ich habe kein rechtes Zutrauen zu ihm у меня нет к нему полного доверия; ich habe alles Zutrauen zu ihm verloren я потерял к нему всякое доверие; sein Verhalten erweckt Zutrauen его поведение вызывает доверие; haben Sie kein Zutrauen zu mir? разве вы не доверяете мне? **Kredit** *разг.* ≃ Vertrauen; *напр.:* bei j-m Kredit haben [genießen] пользоваться доверием у кого-л.; seinen moralischen Kredit erschöpfen выйти из доверия; j-s Kredit verlieren [verspielen] потерять чье-л. доверие; j-n um seinen Kredit bringen дискредитировать кого-л., подорвать доверие к кому-л. □ Wenn wir den Kredit bei der Schwester überziehen, läßt sie uns nie wieder rein (*H. Kant,* »*Die Aula*«) Если мы не оправдаем доверия сестры, она нас никогда больше сюда не пустит
vertrauenerweckend *см.* **zuverlässig**
vertrauensselig *см.* **vertrauensvoll**
vertrauensvoll доверчивый, полный доверия
vertrauensvoll — zutraulich — vertrauensselig — gutgläubig — leichtgläubig
vertrauensvoll *индифф. синоним; напр.:* sich vertrauensvoll an j-n wenden доверчиво обратиться к кому-л.; er sah sie vertrauensvoll an он доверчиво посмотрел на нее; er schrieb mir einen vertrauensvollen Brief он написал мне исполненное доверия письмо. **zutraulich** ≃ vertrauensvoll *подчеркивает отсутствие робости, боязни, осторожности (часто о детях и животных); напр.:* j-n zutraulich ansehen доверчиво посмотреть на кого-л.; das Kind blickte ihn zutraulich an ребенок доверчиво посмотрел на него; er war sehr zutraulich zu mir он относился очень доверчиво ко мне; es ist гефährlich, unbekannten Menschen gegenüber zutraulich zu sein опасно быть доверчивым с незнакомыми людьми □ Zutraulich kam er, breiten Schrittes, an den Tisch der großen Kollegen (*Feuchtwanger,* »*Erfolg*«) Широко шагая, доверчиво направился он к столу своих знаменитых коллег. Er schaute sie aus verschmitzten Augen zutraulich an (*ebenda*) Он лукаво и доверчиво поглядел на нее. Der Maler Greiderer, obwohl er nur über ein paar Brocken Spanisch verfügte, versuchte angeregt, zutraulich ein Gespräch mit seinem Nachbarn (*ebenda*) Художник Грейдерер, хоть и знавший всего несколько жалких слов по-испански, возбужденный и доверчивый, пытался завязать разговор со своим соседом. **vertrauensselig** излишне доверчивый по природе, склонный слепо доверять кому-л., чему-л.; *напр.:* sie ist ein vertrauensseliger Mensch она человек, который дове-

VERTRAUENSWÜRDIG   612   VERTRETER

ряет всем и каждому; er war anderen gegenüber zu vertrauensselig он легко доверял другим □ Und da Karola nur schweigend bei Holt saß, überkam ihn eine versöhnliche, vertrauensselige Stimmung (Noll, »Werner Holt«) И так как Карола сидела рядом с Хольтом молча, это настроило его примирительно и доверчиво. Er redet noch auf Arnold ein, spricht davon, wie wenig robust Renate doch sei, auch viel zu vertrauensselig und naiv (Bredel, »Dein unbekannter Bruder«) Он еще убеждает Арнольда, говорит о том, что Рената совсем не сильная, к тому же слишком доверчивая и наивная. **gutgläubig** доверчивый, ничего не подозревающий *иногда употр. с осуждением; напр.*: gutgläubige Menschen, Käufer доверчивые люди, покупатели; gutgläubig auf j-n, auf etw. warten доверчиво ожидать кого-л., что-л.; er ist auf alles gutgläubig eingegangen он доверчиво соглашался со всем □ Nein, ihr blieb nicht einmal die Entschuldigung vor sich selbst, daß sie bloß zu gutgläubig, zu unbesorgt gewesen war (Weiskopf, »Lissy«) Нет. Она даже не могла оправдывать себя тем, что была только слишком легковерной, слишком беззаботной. **leichtgläubig** легковерный; *напр.*: ein leichtgläubiger Mensch легковерный человек; sich j-m leichtgläubig anvertrauen легковерно довериться кому-л.; j-m leichtgläubig Geld borgen легко поверить кому-л. и дать ему деньги взаймы; er ist immer leichtgläubig gewesen он всегда был слишком легковерным

vertrauenswürdig *см.* zuverlässig
vertraulich *см.* heimlich²
verträumt *см.* träumerisch
vertraut¹ близкий (*знакомый*)
    vertraut — intim — familiär
vertraut *индифф. синоним; напр.*: ein vertrauter Freund близкий друг; etw. im vertrauten Kreise aussprechen высказать что-л. в кругу близких людей; mit j-m vertrauten Umgang haben быть близко знакомым с кем-л.; ich stehe mit ihm auf vertrautem Fuß я с ним на короткой ноге; sie sind sehr vertraut miteinander они в близких отношениях друг с другом □ Man war unter sich, nur unter Vertrauten, die Familie Caron war eine laute, lustige, neugierige Gesellschaft... (Feuchtwanger, »Die Füchse«) Были в своем кругу, только среди близких, семья Карон была шумным, веселым, любопытным обществом... **intim** очень близкий, интимный; *напр.*: ein intimer Kreis круг очень близких людей; ein intimes Verhältnis интимные отношения, любовная связь; mit j-m intim sein быть с кем-л. в интимных отношениях □ Es hatte sich herumgesprochen, daß Pierre aus London zurück sei, und außer den Hausgenossen hatten sich Verwandte und intime Freunde eingestellt (Feuchtwanger,

»Die Füchse«) Слух о возвращении Пьера из Лондона успел уже распространиться, и, кроме домашних, собрались родственники и близкие друзья. **familiär** интимный, непринужденный, свойский; *напр.*: familiäres Verhältnis интимные [непринужденные] отношения; wir verkehren familiär mit ihnen мы встречаемся с ними (почти) по-родственному; sie redeten in familiärem Ton miteinander они говорили друг с другом в непринужденном тоне (*как близкие люди*)

vertraut² *см.* bekannt²
Vertrauter *см.* Vertreter²
vertreiben *см.* fortjagen¹/verkaufen
Vertreibung изгнание (*из города, страны и т. п.*)
    die Vertreibung — die Verjagung — die Verweisung — die Ausstoßung
Vertreibung *индифф. синоним; напр.*: die Vertreibung des Feindes, der Aggressoren изгнание врага, агрессоров; die Vertreibung aus der Wohnung, aus der Stadt, aus der Heimat изгнание из квартиры, из города, за пределы родины. **Verjagung** ≅ Vertreibung, *но более эмоционально и чаще употр. по отношению к изгнанию врагов и т. п.; к изгнанию с применением силы; напр.*: die Verjagung der Feinde, des Tyrannen, der alten Machthaber aus dem Lande изгнание врагов, тирана, старых властителей за пределы страны; die Verjagung von Haus und Hof изгнание кого-л. из дома. **Verweisung** ≅ Vertreibung, *но предполагает запрещение дальнейшего пребывания в том месте, откуда кого-л. изгнали, часто употр. в составе сложных слов*: Landesverweisung изгнание из страны по правительственному указу и т. п., *не употр. по отношению к вторгшимся врагам, захватчикам и т. п.; напр.*: die Verweisung aus einem Ort, aus einem Saal, aus einem Lokal выдворение из какого-л. места, из зала, из ресторана; die Verweisung aus der Stadt, aus dem Lande изгнание из города, из страны ◊ Wahrlich, diese neue Würde | Sieht einer Landesverweisung ähnlicher | Als einer Gnade (Schiller, »Don Carlos«) Но не правда ль, | Скорее на изгнанье, чем на милость, | Похоже это новое отличье (*Перевод Левика*). **Ausstoßung** изгнание с позором (*из какого-л. сообщества и т. п.*); *напр.*: die Ausstoßung aus der Armee изгнание из рядов армии (*досрочное увольнение в отставку скомпрометированного лица*); die Ausstoßung aus der Kirche отлучение от церкви; die Ausstoßung aus der Partei, aus der Gesellschaft изгнание [исключение] из партии, из общества □ Aber diese Ausstoßung aus der Gemeinschaft der Gläubigen vernichtete seine Existenz (Br. Frank, »Cervantes«) Но это изгнание из общины верующих уничтожило основу его существования

vertreten¹ заменять, замещать (*кого-л.*)
    vertreten — ersetzen — einspringen
vertreten (j-n) индифф. синоним; *напр.*: einen erkrankten Lehrer, j-m die Mutter vertreten заменять заболевшего учителя, мать кому-л.; j-n dienstlich vertreten замещать кого-л. по службе; wer vertritt Ihren Chef? кто замещает вашего начальника?; in seiner Abwesenheit wird er von seinem Kollegen vertreten его коллега заменяет его в его отсутствие □ Fräulein Mary soll Sie für die Weile vertreten (Weiskopf, »Lissy«) Пусть фрейлейн Мэри заменит вас на это время. Die Tante hatte an ihm und seiner jetzt mit von Klemm verheirateten Schwester Lenore die Mutter vertreten (Seghers, »Die Toten«) Тетка заменила им рано умершую мать — ему и сестре Леноре, теперь жене Клемма. **ersetzen** (j-n) заменять (*выбывшего, умершего, неподходящего и т. п.*), занять место кого-л.; *напр.*: in einer Mannschaft einen Spieler ersetzen заменять игрока в команде; den Verstorbenen ersetzen заменять умершего; niemand konnte diesen Arbeiter ersetzen никто не мог заменить этого рабочего; sein Onkel mußte ihm jetzt den Vater ersetzen его дядя должен был быть ему теперь вместо отца. **einspringen** (für A) (срочно, неожиданно) заменить кого-л.; *напр.*: mein Kollege ist erkrankt, und der Direktor bat mich, für ihn einzuspringen мой коллега заболел, и директор попросил меня заменить его; obwohl er die Rolle gar nicht einstudiert hatte, war er für den erkrankten Kollegen eingesprungen хотя он и не готовил роль, он заменил заболевшего коллегу

vertreten²: sich die Beine vertreten *см.* spazierengehen
Vertreter¹ заместитель
    der Vertreter — der Stellvertreter — der Ersatzmann
Vertreter *индифф. синоним; напр.*: ein zeitweiliger, gleichwertiger Vertreter временный заместитель, равноценная замена (кого-л.); der Vertreter des Direktors, des Abteilungsleiters заместитель директора, руководителя отделения; der Vertreter bei Erkrankung, bei Urlaub заместитель в случае болезни, во время отпуска; einen Vertreter einsetzen назначать заместителя. **Stellvertreter** заместитель (*должность*), исполняющий обязанности; наместник; *напр.*: während der Krankheit des Chefs führt sein Stellvertreter die Geschäfte во время болезни начальника дела ведет его заместитель □ Ich korkte die Flasche zu und trat unter die Tür zu Felix, Melikows Stellvertreter (Remarque, »Schatten«) Я закупорил бутылку и подошел к стоявшему у дверей Феликсу — заместителю Меликова. Ihre Campagnabauern bezahlen die Kriege,

die der Stellvertreter des milden Jesus in Spanien und Deutschland führt (Brecht, »Das Leben des Galilei«) Ваши крестьяне в Кампанье оплачивают войны, которые ведет наместник милосердного Христа в Испании и Германии. **Ersatzmann** замена (замещающий кого-л. в каком-л. коллективе); *спорт.* запасной игрок; *напр.*: einen Ersatzmann brauchen нуждаться в замене; sich nach einem Ersatzmann umsehen подыскивать себе замену

Vertreter [2] представитель
der **Vertreter** — der **Bevollmächtigte** — der **Vertraute** — der **Unterhändler** — der **R e p r ä s e n t a n t**

Vertreter *индифф. синоним; напр.*: diplomatischer, bevollmächtigter Vertreter дипломатический, полномочный представитель; Vertreter des Staates, des Volkes, der Armee, des Betriebes представитель государства, народа, армии, предприятия; seinen Vertreter ernennen, entsenden назначать, посылать своего представителя □ ...er hatte es abgelehnt, einen Mann zu empfangen, der in London als Vertreter der Aufständischen bekannt war (Feuchtwanger, »Die Füchse«) ...он наотрез отказался принять человека, известного в Лондоне в качестве представителя мятежников. In London hatte sich ihm als Vertreter der Kolonien vorgestellt ein gewisser Mr. Arthur Lee (ebenda) В Лондоне ему отрекомендовался в качестве представителя колоний некий мистер Артур Ли. **Bevollmächtigter** уполномоченный; *напр.*: ein staatlicher Bevollmächtigter государственный уполномоченный; der Bevollmächtigte einer Regierung, eines Staates уполномоченный правительства, государства; als Bevollmächtigter die Interessen einer Firma vertreten представлять в качестве уполномоченного интересы фирмы; einen Bevollmächtigten zu einer Konferenz abordnen, delegieren, schicken направлять, делегировать, посылать уполномоченного на конференцию □ Von heute an durfte sich Pierre, wenn er den Insurgenten Waffen und sonstiges Material anbot, als den Geheimen Bevollmächtigten des Königs von Frankreich bezeichnen (Feuchtwanger, »Die Füchse«) Снабжая инсургентов оружием и прочими материалами, Пьер мог отныне называть себя тайным уполномоченным французского короля. ...und jetzt war da dieser herrliche Vertrag mit dem Bevollmächtigten des Kongresses (ebenda) ...а теперь прибавился еще этот великолепный договор с уполномоченным конгресса. **Vertrauter** доверенное лицо; *напр.*: er war ein enger Vertrauter des französischen Botschafters он был близким доверенным лицом французского посла; niemand wußte, daß er der Vertraute des Firmenchefs war никто не знал, что он был доверенным лицом главы фирмы.

Unterhändler представитель (какого-л. государства, какой-л. группировки и т. п.), участвующий в переговорах; *напр.*: ein gewandter, geheimer, diplomatischer Unterhändler ловкий, тайный, дипломатический посредник; der besiegte Gegner schickte seine Unterhändler побежденный противник послал своих парламентеров; die Unterhändler trafen sich zu Verhandlungen über einen Waffenstillstand представители [посредники, парламентеры] встретились для переговоров о перемирии □ Frankreich und England, tief verärgert dachten weniger als je daran, die rettende Anleihe zu gewähren, um die sich österreichische Unterhändler bemühten (Weiskopf, »Abschied vom Frieden«) Франция и Англия были озлоблены и менее, чем когда-либо, помышляли предоставить спасительный заем, о котором хлопотали для Австрии ее посредники. Darum fordert er von den schottischen Unterhändlern als erste Bedingung die sofortige Aushändigung des unmündigen Kindes nach England (St. Zweig, »Maria Stuart«) А потому он требует от шотландских посредников в качестве первейшего условия немедленной выдачи ребенка Англии. **Repräsentant** *книжн.* ≅ Vertreter; *напр.*: einer der besten Repräsentanten der sowjetischen Literatur один из лучших представителей советской литературы; Repräsentanten des kulturellen Lebens, der progressiven Kräfte представители культурной жизни, прогрессивных сил □ Man hatte Mr Lee zugeraunt, nicht der offizielle Botschafter, sondern Monsieur de Beaumarschais sei der wahre Repräsentant Versailles' (Feuchtwanger, »Die Füchse«) Мистеру Ли кто-то шепнул, что настоящим уполномоченным Версаля является не официальный посланник, а мосье де Бомарше. Olympioniken und Repräsentanten des internationalen Sports äußerten sich in den letzten Tagen weiter mit großer Anerkennung über die Olympischen Spiele (ND 8.8.80) Члены олимпийских команд и представители международного спорта в последние дни продолжали высказываться об Олимпийских играх, давая им высокую оценку.

Vertrieb *см.* Verkauf
vertrocknen *см.* trocknen [1]
vertrocknet *см.* trocken
vertrotteln *см.* verdummen
vertun *см.* verschwenden
verübeln *см.* übelnehmen [1]
veruneinigen *см.* streiten (, sich) [2]
verunglimpfen *см.* verleumden
verunglücken *см.* umkommen
verunreinigen *см.* beschmieren
verunstalten *см.* verzerren
veruntreuen *см.* ausgeben
verursachen причинять, быть причиной

verursachen — **hervorrufen** — **auslösen** — **herbeiführen** — **bewirken** — **heraufbeschwören**

verursachen *индифф. синоним; напр.*: j-m Schmerzen, Verdruß, Mühe, große Unannehmlichkeiten verursachen причинять кому-л. боль, огорчение, хлопоты, большие неприятности; Schaden verursachen причинять убыток; Streit, Ärger verursachen вызывать спор, досаду [гнев]; dieser Unfall verursache eine Verkehrsstockung этот несчастный случай стал причиной уличного затора □ Alles, was er hier zu sehen, zu riechen und zu hören bekam, — all das verursacht ihm Unbehagen (Weiskopf, »Lissy«) Все, что он здесь видел, обонял и слышал, — все это вызывало его раздражение. **hervorrufen** вызывать что-л. *в отличие от* verursachen *подчеркивает не столько причину, сколько следствие, результат; напр.*: Heiterkeit, ein Lächeln, stürmischen Protest, Empörung hervorrufen вызывать веселье, улыбку, бурный протест, возмущение; ein Echo, Beifall hervorrufen вызывать эхо, аплодисменты; der Brand hat Panik hervorgerufen пожар вызвал панику □ Lea fürchtete, ihr... Junge konnte dem Gast unangenehme Fragen stellen und Zwischenfälle hervorrufen (Feuchtwanger, »Exil«) Леа опасалась, что ее... мальчик может задать гостю какой-нибудь неприятный вопрос и вызвать инцидент. **auslösen** давать толчок чему-л., вызывать (*чаще ту или иную психическую реакцию, эмоции*); *напр.*: eine Krankheit, eine Volksbewegung auslösen послужить толчком к развитию болезни, народного движения; Interesse, Freude, Erstaunen, Entrüstung auslösen вызывать интерес, радость, удивление, возмущение; dieser Anblick löste unbestimmte Erinnerungen, unangenehme Gefühle, Empfindungen aus этот вид вызвал смутные воспоминания, неприятные чувства, ощущения. **herbeiführen** повлечь за собой, приводить к чему-л. (*чаще о неприятном, плохом*); *напр.*: eine Katastrophe, eine Verschlimmerung, den Tod, eine Niederlage, den Sturz herbeiführen повлечь за собой катастрофу, ухудшение, смерть, поражение, падение; sein Eingreifen führte eine Wende herbei его вмешательство привело к повороту [к переменам] □ ...auch war er im Besitz verdächtiger Brechwerkzeuge, geeignet, die Schienen und Schwellen in der Weise zu lockern, die dann die Entgleisung herbeigeführt hatte (Feuchtwanger, »Erfolg«) ...кроме того, у него оказались подозрительные инструменты, вполне пригодные для того, чтобы расшатать шпалы и рельсы, что и могло привести к крушению. **bewirken** ≅ herbeiführen, *но подчеркивает, что что-л. привело к конкретному результату, способствовало чему-л., воздействовало на* что-л.; напр.: die Tablette bewirkte, daß seine Kopfschmerzen vergingen таблетка подействовала, и головная боль у него прошла; dieses Medikament soll eine Senkung des Blutdrucks bewirken это лекарство должно снизить кровяное давление; das Unwetter bewirkte eine große Überschwemmung непогода вызвала большое наводнение ☐ Das ständige enge Zusammensein mit Tschernigg bewirkte Reibungen (*Feuchtwanger, »Exil«*) Постоянное тесное общение с Чернигом создавало между ними трения.

heraufbeschwören накликать, навлечь на себя (*что-л. отрицательное в результате необдуманных действий*); напр.: einen Konflikt, einen Streit, eine Krise, eine Gefahr heraufbeschwören вызывать конфликт, спор, кризис, опасность; ein Unheil heraufbeschwören накликать беду [несчастье]; durch kleine Grenzstreitigkeiten kann ein Krieg heraufbeschworen werden мелкие пограничные инциденты могут привести к войне ☐ ...aber was war das in Vergleich mit dem, was seine Neigung für Lea über ihn heraufbeschworen hatte? (*Feuchtwanger, »Exil«*) ...но что это по сравнению с теми осложнениями, которые навлекла на него привязанность к Леа? ...stieg in ihm von neuem groß und deutlich die Gefahr auf, die er mit seinem Unternehmen heraufbeschwor (*Feuchtwanger, »Die Füchse«*) В нем снова с полной отчетливостью возникло сознание опасности, которую он навлекает на себя, отваживаясь на подобное предприятие

verurteilen [1] приговорить, осудить
verurteilen — aburteilen — verhängen — belegen — auferlegen — diktieren — aufbrummen — verdonnern — verknacken

verurteilen (*j-n*) *индифф. синоним*; напр.: j-n zu Gefängnis, zu einer Geldstrafe, auf Bewährung, zu lebenslänglicher Haft verurteilen приговаривать кого-л. к тюремному заключению, к денежному штрафу, (к лишению свободы) условно, к пожизненному заключению; j-n wegen Mordes verurteilen осудить кого-л. за убийство ☐ Der schuldige Heizer Hornauer wurde zu sechs Monaten Gefängnis verurteilt (*Feuchtwanger, »Erfolg«*) Виновный кочегар Горнауэр был приговорен к шести месяцам тюрьмы. Sein Vater, ein Metallarbeiter, war im Spätsommer 1941 zum Tode verurteilt und hingerichtet worden (*Noll, »Werner Holt«*) Отец его, металлист, в конце лета 1941 года был приговорен к смерти и казнен. **aburteilen** (*j-n*) выносить, произносить кому-л. (окончательный, обвинительный) приговор; напр.: den Angeklagten aburteilen выносить приговор обвиняемому; die Verbrecher wurden vom Schwurgericht abgeurteilt суд присяжных вынес приговор преступникам ☐ »Er soll sprechen!« wiederholte der Alte. »Auch Verräter haben das Wort, bevor sie abgeurteilt werden« (*H. Mann, »Untertan«*) «Пусть говорит!» — повторил старик. «И предателям дают слово, прежде чем вынести приговор». **verhängen** (*etw. über j-n*) выносить решение о наказании, приговаривать употр. тк. с указанием, к чему именно приговаривается кто-л.; напр.: eine Strafe, Hausarrest, die Todesstrafe über j-n verhängen приговаривать кого-л. к наказанию, к домашнему аресту, к смертной казни; das Gericht verhängte über den Hochstapler eine harte Strafe суд приговорил афериста к суровому наказанию ☐ Sie vier hätten im Laufe der letzten Jahre zweitausenddreihundertachtundfünfzig Jahre Zuchthaus verhängt (*Feuchtwanger, »Erfolg«*) По его словам, они вчетвером за последние годы вынесли приговоров в общей сложности на две тысячи триста пятьдесят восемь лет исправительной тюрьмы. **belegen** (*j-n mit etw.*) налагать на кого-л. (*штраф, взыскание и т. п.*), присуждать кого-л. к чему-л.; напр.: j-n mit Geldstrafe belegen налагать на кого-л. денежный штраф; j-n mit Gefängnis belegen присуждать [приговаривать] кого-л. к тюремному заключению; der Betrüger wurde mit einer empfindlichen Geldbuße belegt обманщик был присужден к значительному денежному штрафу. **auferlegen** (*j-m etw.*) налагать на кого-л. в судебном порядке (*наказание, штраф, дисциплинарное взыскание*); напр.: j-m eine Geldstrafe auferlegen налагать на кого-л. денежный штраф; das Gericht hat dem Angeklagten die gesamten Kosten des Prozesses auferlegt суд возложил на обвиняемого все судебные издержки ☐ Allein als er die Idee fand, war ihm just zur Strafe ein Schreibverbot auferlegt (*Feuchtwanger, »Erfolg«*) Но именно тогда, когда ему пришла эта мысль, он как раз в виде наказания был лишен права писать. **diktieren** (*j-m etw.*) *книжн.* ≃ auferlegen; напр.: j-m eine Strafe, drei Tage Arrest diktieren присудить кого-л. к наказанию, к трем дням ареста; j-m eine Strafe von drei Monaten Gefängnis diktieren приговорить кого-л. к трехмесячному тюремному заключению. **aufbrummen** (*j-m etw.*) *разг.* дать срок (*столько-то месяцев, лет тюрьмы кому-л. и т. п.*); припаять; напр.: j-m ein paar Jahre Knast aufbrummen дать кому-л. несколько лет тюрьмы; einem Schüler eine Strafarbeit aufbrummen оставить ученика после уроков для выполнения дополнительного задания (*в порядке наказания*); eine Ordnungsstrafe aufgebrummt bekommen схлопотать дисциплинарное взыскание ☐ Sie kommt mit drei Jahren wirklich sehr gut davon. Ein junger Bursch in Hamburger Zimmerertracht fragte: »So? Sie würden ihr mehr aufbrummen, was?« (*Weiskopf, »Lissy«*) Ей действительно повезет, если она получит три года. Молодой парень в традиционной одежде гамбургского плотника спросил: «Ах вот как? Вы бы ей еще больше припаяли?» Die hundsgemeine Geschichte damals mit dem Klavierspielen in der »Roten Sieben« und der Zuchthausstrafe, die ihm das Ausnahmegericht dafür aufbrummte (*Feuchtwanger, »Erfolg«*) И эта скверная история тогда с его игрой на рояле в «Красной семерке» и заключением его в исправительной тюрьме, которым тогда наградил его чрезвычайный суд. **verdonnern** *разг.* ≃ verurteilen; напр.: j-n zu zwei Tagen Arrest, zu einer Geldstrafe verdonnern приговаривать кого-л. к двум дням ареста, к денежному штрафу; er wurde zu 500 Mark Ordnungsstrafe verdonnert его приговорили к штрафу в 500 марок. **verknacken** *фам.* ≃ verurteilen; напр.: j-n zu drei Tagen Arrest verknacken приговаривать кого-л. к трем дням ареста; j-n zu fünf Monaten Gefängnis, zu 500 Mark Geldstrafe verknacken осудить кого-л. на пять месяцев тюрьмы, приговорить кого-л. к денежному штрафу в 500 марок

verurteilen [2] осуждать
verurteilen — anprangern — brandmarken — geißeln

verurteilen *индифф. синоним*; напр.: j-s Benehmen verurteilen осуждать чье-л. поведение; seine Taktlosigkeit, seine Grobheit verurteilen осуждать его бестактность, его грубость; seine Tat wurde von allen verurteilt его поступок был всеми осужден ☐ Verurteilt wurde die Wiederbelebung der kalten Kriegsatmosphäre durch die Tory-Regierung (*ND 9.9.80*) Было осуждено возрождение правительством тори атмосферы холодной войны. **anprangern** публично разоблачая, клеймить (позором); напр.: j-s Verhalten anprangern клеймить чье-л. поведение; den Rassismus anprangern клеймить позором расизм; j-n als Verbrecher, als Verräter anprangern заклеймить кого-л. как преступника, как предателя ☐ Angola hat in einem Schreiben an UNO-Generalsekretär Dr. Kurt Waldheim die fortgesetzten Aggressionsakte Südafrikas angeprangert (*ND 10.9.80*) В послании генеральному секретарю ООН доктору Курту Вальдхайму Ангола гневно осудила продолжающиеся акты агрессии со стороны ЮАР. **brandmarken** *высок.* ≃ anprangern; напр.: die soziale Ungerechtigkeit brandmarken клеймить социальную несправедливость; er war durch diese Enthüllung für alle Zeiten gebrandmarkt в результате этого разоблачения он был заклеймен позором навсегда. **geißeln** *высок.* бичевать; напр.: die Faulheit, die Dummheit, den Hochmut, die Mißstände geißeln бичевать лень, глупость, высоко-

мерие, непорядки □ ...oh, dort wird die Scham eines Menschen gekreuzigt mit Blicken und gegeißelt mit Worten (*St. Zweig*, »*Der Brief einer Unbekannten*«) ...о, там человеческую стыдливость распинают взглядами и бичуют словами
Verurteilung (обвинительный) приговор, осуждение
die Verurteilung — die Aburteilung
Verurteilung *индифф. синоним*; *напр.*: Verurteilung in Abwesenheit заочный приговор; die Verurteilung zu einer Gefängnisstrafe, zur Todesstrafe [zum Tode] присуждение к тюремному заключению, к смертной казни □ Er wußte also... daß er ziemlich willkürlich vorgehen konnte, wenn nur das Endresultat, in diesem Fall die Verurteilung des Angeklagten, der Politik des Kabinetts entsprach (*Feuchtwanger*, »*Erfolg*«) Он знал поэтому... что он может действовать, как ему заблагорассудится, лишь бы конечный результат, то есть в данном случае осуждение обвиняемого, соответствовал политике кабинета. **Aburteilung** (окончательное) осуждение, вынесение приговора кому-л.; *напр.*: die Aburteilung der Verbrecher vom Schwurgericht вынесение приговора преступникам судом присяжных; j-m dem Gericht zur Aburteilung übergeben передавать кого-л. суду для окончательного вынесения приговора
Verve *см.* Begeisterung
vervielfachen *см.* vergrößern
vervielfältigen *см.* vergrößern
vervollkommnen совершенствовать
vervollkommnen — vervollständigen — optimieren
vervollkommnen *индифф. синоним*; *напр.*: eine Maschine vervollkommnen совершенствовать машину; seine Kenntnisse, sein Wissen durch Kurse [in Kursen] vervollkommnen совершенствовать свои знания на курсах □ Leidenschaftlich, linkisch spricht Doktor Jacoby auf seinen Chef ein. Stärker als je drängt sich dem die Überzeugung auf, daß, wenn einer, dieser Fanatiker der Präzision der Mann ist, das Oppermannsche Verfahren zu vervollkommnen (*Feuchtwanger*, »*Oppermann*«) Горячо и нескладно уговаривает доктор Якоби своего патрона. А патрон сегодня более чем когда-либо убежден, что уж если кто призван усовершенствовать способ Оппермана, то это он, фанатик точности, доктор Якоби. **vervollständigen** совершенствовать (*делая что-л. законченным, добавляя недостающее*), пополнять; *напр.*: seine Kenntnisse vervollständigen совершенствовать [пополнять] свои знания; seine Sammlung, seine Bibliothek vervollständigen пополнять свою коллекцию, свою библиотеку; ein neuer Schreibtisch vervollständigte die Zimmereinrichtung новый письменный стол придал завершенность обстановке комнаты □ Die Riesengemälde an der Decke, die Wandverkleidung aus Bronze und Marmor, die pomphafte Aufmachung der Speisen vervollständigten jene Kulisse von Glanz und großem Leben (*Weiskopf*, »*Lissy*«) Потолки, украшенные росписью, стены, сверкающие бронзой и мрамором, роскошная сервировка довершали эти блестящие кулисы светской жизни. **optimieren** *неол.* оптимизировать; делать что-л. оптимальным, совершенствовать что-л., находить оптимальное решение; *напр.*: ein technisches Verfahren optimieren совершенствовать технический метод; die Verarbeitungsmethoden optimieren улучшать способы переработки
vervollständigen *см.* vervollkommnen
verwahren *см.* aufbewahren
verwahrlosen *см.* verkommen [1, 2]
Verwahrung *см.* Einwand
verwalten *см.* leiten
Verwalter управляющий
der Verwalter — der Geschäftsführer — der T r e u h ä n d e r
Verwalter *индифф. синоним*; *напр.*: der Verwalter eines Hauses, eines Grundstücks, des Gutes управляющий домом, земельным участком, имением; im Betrieb wurde ein Verwalter eingesetzt на предприятии был назначен управляющий □ Die zwei ließen sich die Wohnungen zeigen und erklärten... wenn der Verwalter um zwanzig Mark heruntergehe, würden sie mieten (*Weiskopf*, »*Lissy*«) Они попросили показать им квартиры и заявили, что... если управляющий уступит двадцать марок, они снимут эту квартиру. **Geschäftsführer** управляющий (*частным*) предприятием, торговым домом, фирмой, отелем; *напр.*: einen neuen Geschäftsführer einstellen взять [нанять] нового управляющего; sich beim Geschäftsführer beschweren обращаться с жалобой к управляющему □ Jetzt ist eine andere Zeit, merken Sie sich das. Ich bin mein eigener Geschäftsführer (*H. Mann*, »*Untertan*«) Нынче не те времена, зарубите себе на носу. Я сам буду управлять своей фабрикой. Zum Geschäftsführer bestellen wird er natürlich Paul Theveneau (*Feuchtwanger*, »*Die Füchse*«) На должность управляющего он пригласит, конечно, Поля Тевено. Also wurden sie aufgesucht. Einer um den andern, nach einem wohlzurechtgelegten Plan: zuerst die selbständigen Ladenbesitzer, dann die Geschäftsführer, dann die Filialdirektoren (*Weiskopf*, »*Lissy*«) И она навестила их всех. Одного за другим, по тщательно обдуманному плану: сначала владельцев магазинов, затем управляющих, затем директоров филиалов. **Treuhänder** *юр.* лицо, которому вверено какое-л. дело, доверено управлять чужим имуществом (*опекун, душеприказчик и т. п.*); *напр.*: einen Treuhänder einsetzen назначить доверенного опекуна [попечителя]; sein Vermögen war von einem Treuhänder verwaltet worden его состоянием управляло доверенное лицо; er ist Treuhänder eines Betriebes он управляет по доверенности предприятием
Verwaltung *см.* Leitung
verwandeln *см.* ändern
verwandeln, sich *см.* ändern, sich
verwandt [1] родственный
verwandt — verwandtschaftlich — versippt — verschwägert
verwandt *индифф. синоним*; *напр.*: verwandte Personen родственники; лица, состоящие в родстве; (mit) j-m nahe, entfernt verwandt sein быть с кем-л. в близком, в дальнем родстве; sie sind (weitläufig) verwandt они (дальние) родственники; wie sind Sie mit ihm verwandt? кем вы ему доводитесь? □ Der Sanitäter ist verwundert. »Ihr seid doch nicht verwandt?« (*Remarque*, »*Im Westen*«) Санитар удивлен: «Вы ведь не родственники?» Da sie, wie fast alle im Dorf, entfernt miteinander verwandt waren... (*Seghers*, »*Das siebte Kreuz*«) Так как они, как почти все в деревне, состояли в дальнем родстве... **verwandtschaftlich** ≅ verwandt ⟨*тк. атрибутивно*⟩ (*об отношениях*); *напр.*: verwandtschaftliche Beziehungen родственные отношения; in verwandtschaftliche Beziehungen treten породниться; geben Sie Ihr verwandtschaftliches Verhältnis, Familien-, Vornamen u. Alter an! укажите родственные отношения, фамилию, имя и возраст! (*в анкете*); unterhalten Sie mit ihm verwandtschaftliche Beziehungen? поддерживаете ли вы с ним родственные связи? **versippt** *ирон.* породнившийся *подчеркивает критическое отношение говорящего*; *напр.*: sie sind miteinander versippt они находятся в родственных отношениях, они породнились □ Die großen Herren hingen zusammen, waren versippt und befreundet... (*Br. Frank*, »*Cervantes*«) Большие господа были друг с другом заодно, жили в родстве и в дружбе... **verschwägert** состоящий в свойстве; *напр.*: ich bin mit ihm verschwägert мы с ним свойственники [свояки]; sie sind alle verschwägert und vervettert все они в родстве друг с другом □ ...jeder, obwohl mit jedem versippt und verschwägert, bleibt des andern unerbittlicher Neidling und Feind (*St. Zweig*, »*Maria Stuart*«) ...будучи все родственниками и свойственниками, на самом деле завистливые и непримиримые враги. Ich merkte nicht, daß ein älterer Herr, ein Kaufmann aus Innsbruck, der mit meiner Mutter entfernt verschwägert war, öfter kam und länger blieb (*St. Zweig*, »*Brief einer Unbekannten*«) Я проглядела, что один пожилой господин, купец из Инсбрука, дальний свойственник матери, начал часто бывать и засиживаться у нас

verwandt² см. **ähnlich**¹
Verwandtschaft¹ родня
die **Verwandtschaft** — die **Sippe** — die **Sippschaft** — die **Mischpoke**
Verwandtschaft *индифф. синоним; напр.:* die Verwandtschaft mütterlicherseits, väterlicherseits родня по матери, по отцу; eine große Verwandtschaft haben иметь большую родню; die ganze Verwandtschaft zur Hochzeit einladen приглашать всю родню на свадьбу □ Von Hoppe dagegen war bekannt, daß er lauter ostpreußische von in der Verwandtschaft hatte (*Weiskopf, »Lissy«*) Про Хоппе было, наоборот, известно, что среди его родственников были одни только «фоны» из Восточной Пруссии. **Sippe** род, группа близких кровных родственников *в применении к современной семье часто ирон., подчеркивает критическое отношение говорящего; напр.:* die ganze Sippe versammelte sich zum Geburtstag der Großmutter все (близкие) родственники собрались на день рождения бабушки □ Durch Hof und Haus, durch Dörfer und Städte, durch Sippen und Familien geht nun dieser furchtbare Riß (*St. Zweig, »Maria Stuart«*) Через дома и усадьбы, через города и веси, через родство и свойство пролегла чудовищная трещина. Wolzow war überrascht. »Du willst dich mit mir schlagen?« — »Du hast meine Sippe beleidigt«, behauptete Vetter (*Noll, »Werner Holt«*) Вольцов удивился: «Ты вздумал со мной драться?» — «Ты оскорбил мой род!» — кипятился Феттер. **Sippschaft** a) *разг. пренебр.* ≃ Verwandtschaft; *напр.:* mit er mit seiner ganzen Sippschaft он со всей своей роднёй; sie reiste mit ihrer ganzen Sippschaft an она приехала со всей своей роднёй; b) *ист.* ≃ Sippe; *напр.:* □ Zwischen diesen wenigen großen Sippschaften und ihren Hörigen fehlt vollkommen die nährende, staatserhaltende Kraft eines schöpferischen Mittelstandes (*St. Zweig, »Maria Stuart«*) Между немногочисленными разветвленными аристократическими родами и их холопами полностью отсутствовала столь необходимая государству благотворная сила деятельного среднего сословия. Eines Abends trat die Fürstin | Auf ihn zu mit raschen Worten: | »Deinen Namen will ich wissen, | Deine Heimat, deine Sippschaft!« (*Heine, »Der Asra«*) Раз один ему царевна | Быстро вымолвила, глянув: | «Знать хочу твое я имя, | Место родины и род твой» (*Перевод В. Я. Брюсова*). **Mischpoke** *фам. неодобр.* ≃ Verwandtschaft; *напр.:* die ganze Mischpoke ist gekommen пришла вся родня
Verwandtschaft² см. **Ähnlichkeit**
verwandtschaftlich см. **verwandt**¹
verwarnen см. **warnen**
Verwarnung см. **Warnung**
verwarten см. **warten** I¹

verwässern см. **verdünnen**
verwechseln путать (*принимать за другого, за другое*)
verwechseln — **vertauschen** — **durcheinanderwerfen**
verwechseln *индифф. синоним; напр.:* die Zwillinge verwechseln путать близнецов; die Hausnummer, diese Wörter verwechseln путать номер дома, эти слова; zwei Begriffe verwechseln путать [смешивать] два понятия; Mittel und Zweck verwechseln смешивать средство и цель; mit wem verwechseln Sie mich? с кем вы меня путаете?; jemand hat meinen Hut verwechselt кто-то спутал мою шляпу со своей (*взял по ошибке мою шляпу*) □ Sie sagte befremdet: »Sie verwechseln mich, das bin ich nicht gewesen« (*Noll, »Werner Holt«*) «Вы меня с кем-то путаете» — холодно возразила она, — это была не я». **vertauschen** ≃ verwechseln, *но подчеркивает, что кто-л. по ошибке берет вместо одной вещи другую, чужую; напр.:* jemand hat meinen Mantel vertauscht кто-то подменил мое пальто; mein Schirm ist vertauscht worden мне подменили зонтик. **durcheinanderwerfen** *разг.* ≃ verwechseln, *но не употр. по отношению к лицам; напр.:* verschiedene Begriffe durcheinanderwerfen смешивать различные понятия; der Prüfling warf die Daten, die Namen durcheinander экзаменующийся спутал даты, имена; er wirft immer alles durcheinander он всегда все путает
Verwechslung путаница (*в результате замены, подмены и т. п.*), смешение
die **Verwechslung** — die **Vertauschung**
Verwechslung *индифф. синоним; напр.:* die Verwechslung der Mäntel, der Schirme путаница с пальто, с зонтиками; die Verwechslung von zwei Begriffen, von zwei Wörtern смешение двух понятий, двух слов; durch, auf Grund einer Verwechslung из-за, по причине смешения; es findet eine lächerliche, peinliche Verwechslung statt происходит смешная, неприятная путаница □ Den sie da drüben in Frankfurt in der Wohnung von Heislers Frau gestern abend aufgegriffen haben, das ist unser Heisler nicht, das ist eine Verwechslung (*Seghers, »Das siebte Kreuz«*) Этот тип, которого они захватили вчера вечером во Франкфурте, на квартире у жены Гейслера — не наш Гейслер. Произошла ошибка. **Vertauschung** (случайный) обмен, (неумышленная) подмена чего-л.; *напр.:* die Vertauschung der Mäntel, der Schirme путаница с пальто, с зонтиками (*кто-л. по ошибке взял не свою вещь*)
verwegen см. **tapfer**
verwehren см. **hindern/verbieten**
verweichlichen см. **verwöhnen**
verweigern отказывать (*в чем-л.*)
verweigern — **versagen** — **abschlagen** — **weigern**

verweigern *индифф. синоним; напр.:* j-m Hilfe, das Einreisevisum verweigern отказывать кому-л. в помощи, в визе на въезд; j-m eine Unterredung verweigern отказывать кому-л. в аудиенции; den Gehorsam, die Antwort, die Aussage verweigern отказываться повиноваться, отвечать, давать показания; sie hat die Annahme des Briefes verweigert она отказалась принять письмо □ Auch hat er schon einmal ähnliche Aushilfe geleistet und kann einem Mann wie Benjamin den geringfügigsten Dienst schwerlich verweigern (*Feuchtwanger, »Exil«*) Однажды он уже оказал подобную услугу, и ему неудобно отказать такому человеку, как Беньямин, в этом пустяке. Sie hatten ihm vor kurzem sogar ein Darlehen von lumpigen dreißig Mark verweigert (*Weiskopf, »Lissy«*) Недавно они отказались даже ссудить ему какие-то несчастные тридцать марок. Dr. Rankl verweigerte dem Sohn... jedes Taschengeld (*Weiskopf, »Abschied vom Frieden«*) Доктор Ранкль совсем не давал сыну... денег на карманные расходы. **versagen** ≃ verweigern, *но подчеркивает, что отказывают в том, на что имеется законное, обоснованное право; напр.:* j-m eine Bitte, die Erlaubnis versagen отказывать кому-л. в просьбе, в разрешении; j-m einen Wunsch versagen отказываться выполнять чье-л. желание; j-m seine Unterstützung, seinen Schutz versagen отказывать кому-л. в своей поддержке, в своем покровительстве; j-m den Gehorsam versagen отказываться повиноваться кому-л. □ Er war sehr stolz, daß sie Tüverlin hatte sitzenlassen, umgab sie mit Zuversicht, Neigung, Wärme, all dem, was Tüverlin ihr versagt hatte (*Feuchtwanger, »Erfolg«*) Он был очень польщен тем, что она бросила Тюверлена, и окружил ее атмосферой уверенности, поклонения, тепла, всем тем, в чем отказал ей Тюверлен. Spitzi konnte es sich nicht versagen, ihm noch einen Stich zu versetzen (*Feuchtwanger, »Exil«*) Шпицци не мог все-таки отказать себе в удовольствии ужалить Визенера на прощание. **abschlagen** ≃ verweigern, *но обыкн. употр. по отношению к личным просьбам, пожеланиям и т. п.; напр.:* j-m eine Bitte, eine Gefälligkeit abschlagen отказывать кому-л. в просьбе, в любезности; er hat es ihm rundweg abgeschlagen он отказал ему наотрез; der Direktor hat ihm eine Gehaltserhöhung abgeschlagen директор отказал ему в просьбе о повышении жалованья □ ...aber sie kann ihm den kleinen Wunsch nicht abschlagen (*Feuchtwanger, »Exil«*) ...но она не сможет отказать Эриху в его скромном желании. Und Lissy wußte, daß er ihr in einer weichen Stimmung nichts abschlagen würde (*Weiskopf, »Lissy«*) И Лисси знала, что, расчувствовавшись, он не сможет ей ни в чем отказать. **weigern** *уст. высок.* ≈ verweigern; *напр.:* er weigerte mir die Erfüllung meiner Bitte он отверг мою просьбу; er hat dem Vorgesetzten den Gehorsam geweigert он отказался повиноваться начальнику ◻ Es ist | Die erste Bitte, die ich an ihn wage. | Er kann sie mir nicht weigern (*Schiller*, »*Don Carlos*«) Впервые в жизни | я с просьбой к государю обращусь! | И он мне не откажет (*Перевод Левика*)

verweilen *см.* sein¹
Verweis *см.* Tadel
verweisen *см.* ausschließen/ausweisen/verbieten
Verweisung *см.* Vertreibung
verwelken *см.* welken
verwenden *см.* gebrauchen
verwenden, sich ходатайствовать
sich verwenden — sich einsetzen — befürworten — ein Wort einlegen — intervenieren

sich verwenden *индифф. синоним; напр.:* sich bei der Leitung, beim Chef für einen Kollegen verwenden ходатайствовать перед руководством, перед начальником за коллегу; sich für ein Verfahren verwenden выступать за [отстаивать] какой-л. способ [метод]; ich werde mich dafür verwenden, daß er befördert wird я буду хлопотать, чтобы его повысили; er verwandte sich sehr für die Einrichtung eines Sportplatzes он очень хлопотал об устройстве спортивной площадки. **sich einsetzen** вступаться за кого-л., за что-л., выступать в защиту кого-л., чего-л. *подчеркивает, что кто-л. лично прилагает усилия; напр.:* sich für eine Sache, für dieses Projekt, für seinen Freund einsetzen выступать в защиту чего-л., этого проекта, своего друга; sich für seine Beförderung einsetzen выступать за его повышение; ich kann mich dafür nicht einsetzen я не могу отстаивать это ◻ Er setzte sich im Theatre Français und bei den Italienern für begabte Schauspielerinnen ein (*Feuchtwanger*, »*Die Füchse*«) Он покровительствовал способным актрисам из «Театр Франсе» и из «Театро дез Итальен». **befürworten** высказываться, выступать за что-л., поддерживая рекомендацией, советом *не употр. по отношению к лицам; напр.:* j-s Gesuch, j-s Antrag befürworten поддерживать чье-л. прошение, чье-л. предложение; j-s Beförderung, j-s Ernennung befürworten высказываться за чье-л. повышение, за чье-л. назначение; diese Politik konnte er nicht befürworten эту политику он не мог поддерживать ◻ Er befürwortete bei den geistlichen Behörden das Gesuch des Prinzen von Nassau, der seine Ehe mit einer geschiedenen polnischen Dame legalisiert wünschte (*Feuchtwanger*, »*Die Füchse*«) Он ходатайствовал перед высшими духовными властями за принца Нассауского, который хотел узаконить свой брак с разведенной польской дамой. Ich komme betreffs Ihres Ansuchens um Erhöhung des Gehalts auf tausend Skudi. Ich kann es bei der Universität leider nicht befürworten (*Brecht*, »*Das Leben des Galilei*«) Я пришел по поводу вашего ходатайства о повышении вам жалованья до тысячи скуди. К сожалению, я не могу поддержать его перед университетом. Verzichte man auf Wiederaufnahme, auf Rehabilitierung, anerkenne man gewissermaßen das Urteil des Hartl, vielleicht befürworte er dann die Begnadigung (*Feuchtwanger*, »*Erfolg*«) Если отказаться от пересмотра, от реабилитации, признать в какой-то мере приговор Гартля — быть может, он и поддержит ходатайство о помиловании. **ein Wort einlegen** (*für j-n*) замолвить словечко (*за кого-л.*); *напр.:* der Mathematiklehrer legte bei dem Schulleiter für den kleinen Bengel ein gutes Wort ein учитель математики заступился за сорванца перед директором ◻ Deshalb brauche ich Protektion: Sanitätsrat, sanieren Sie mich! Legen Sie ein Wort für mich ein bei diesem allmächtigen Mann mit der Aktentasche! (*Hauptmann*, »*Vor Sonnenuntergang*«) Поэтому мне и нужна ваша протекция: исцелите меня, доктор. Замолвите за меня словечко перед этим всемогущим мужем с портфелем! **intervenieren** [-ve-] (*für j-n, für etw.*) *книжн.* вступаться за кого-л., за что-л., ходатайствовать; *напр.:* für j-n, für etw. intervenieren вступаться за кого-л., за что-л.; zu j-s Gunsten intervenieren посредничать в чью-л. пользу; der Botschafter intervenierte zu unseren Gunsten bei der Regierung посол ради нас вошел с ходатайством в правительство (страны пребывания) ◻ Vielleicht konnte Kaspar Pröckl ihn dazu bringen, für Krüger zu intervenieren (*Feuchtwanger*, »*Erfolg*«) Каспару Преклю, быть может, удастся добиться его вмешательства в дело Крюгера

verwerfen *см.* ablehnen
verwerflich *см.* schlecht²
verwerten *см.* gebrauchen
verwesen *см.* faulen
verwichen *см.* verschwenden
verwickeln *см.* erschweren¹/verstricken/verwirren¹
verwickelt сложный, запутанный
verwickelt — verworren — wirr — verwirrt — vertrackt — verzwickt

verwickelt *индифф. синоним; напр.:* eine verwickelte Angelegenheit, Frage запутанное дело, запутанный вопрос; ein verwickeltes System сложная система; verwickelte gesellschaftliche Prozesse сложные общественные процессы; dieser Fall ist sehr verwickelt этот случай очень запутанный ◻ Seine Familienangelegenheiten waren verwickelt (*Feuchtwanger*, »*Exil*«) Семейные дела его были крайне запутанны. Nach diesem alten System, dem ptolemäischen, werden die Bewegungen der Gestirne als äußerst verwickelt angenommen (*Brecht*, »*Das Leben des Galilei*«) Согласно этой старой системе — системе Птолемея — предполагается, что движения звезд очень сложны. **verworren** ≈ verwickelt, *но подчеркивает не столько сложность чего-л., сколько неясность мыслей, положения, дела и т. п.; напр.:* eine verworrene Lage, Angelegenheit запутанное положение, дело; verworrene Gedanken неясные [путающиеся] мысли; verworrenes Gerede неясная [сбивчивая] речь; die wirtschaftliche Situation war verworren экономическая ситуация была неясной ◻ ...aber sie hat Angst davor, ihre verworrenen Gefühle noch weiter zu verwirren (*Feuchtwanger*, »*Exil*«) ...но ей страшно, как бы ее смятенные чувства не пришли в еще большее смятение. Sie wurde aus ihren verworrenen Überlegungen durch eine bekannte... Stimme herausgerissen (*Weiskopf*, »*Lissy*«) Знакомый... голос прервал ее беспорядочные мысли. **wirr** путанный, смутный, сумбурный (*о чувствах, мыслях и т. п. и их выражении*); *напр.:* seine wirren Gedanken, Gefühle его запутанные мысли, смутные чувства; ein wirrer Brief сумбурное письмо; ich bin ganz wirr im Kopf у меня все спуталось в голове ◻ Klenk, nachdem er die Russin hinausgeschmissen hatte, lag schwach und befriedigt in raschen, leicht wirren Gedanken (*Feuchtwanger*, »*Erfolg*«) Кленк, прогнав русскую, лежал слабый, удовлетворенный, во власти смутных, быстро мелькающих мыслей. **verwirrt** запутанный *обыкн. не употр. по отношению к чувствам, мыслям; напр.:* verwirrte Dinge, Begriffe запутанные дела, понятия ◻ Er war eingeweiht in seine verwirrten Finanzmachenschaften und vertrackten Heimlichkeiten (*Feuchtwanger*, »*Die Füchse*«) Он посвящен в его запутанные финансовые комбинации и сложные секреты. **vertrackt** *разг.* ≈ verwickelt, *но подчеркивает, что что-л. является особенно сложным для решения, а поэтому неприятным; напр.:* eine vertrackte Geschichte, Frage, Aufgabe, Arbeit запутанная история, запутанный вопрос, запутанное задание, сложная работа; sich in einer vertrackten Lage befinden находиться в неприятном [крайне сложном] положении ◻ ...aber er machte die vertracktesten Drehungen und Windungen, um den tatsächlichen Ausbruch des Krieges vielleicht doch noch zu verhüten (*Feuchtwanger*, »*Die Füchse*«) ...но он прибегал к самым запутанным и сложным маневрам, пытаясь все же предотвратить фактическое начало войны. **verzwickt** ≈ vertrackt, *но подчеркивает щекотливость положения, наличие элемента риска*

и т. п.; напр.: eine verzwickte Angelegenheit, Situation, Geschichte сложное дело, запутанная ситуация, сложная история; das Problem war äußerst verzwickt проблема была крайне запутанной □ Da saßen diese drei bayrischen Menschen zusammen... und berieten miteinander... wie man einem Mann... aus einer leider recht vezwickten Situation heraushelfen könnte (Feuchtwanger, »Erfolg«) И вот они сидели все вместе, эти три коренных баварца... и советовались о том, как помочь человеку... выпутаться из чрезвычайно сложного положения
Verwicklung осложнение (положения)
die **Verwicklung** — die **Komplikation**
Verwicklung *индифф. синоним;* напр.: internationale, politische, diplomatische Verwicklungen международные, политические, дипломатические осложнения; die Verwicklungen durch Verhandlungen lösen устранять осложнения путем переговоров; tu das nicht, das kann zu einer Verwicklung führen не делай этого, это может привести к осложнению; der Leser findet sich in den Verwicklungen des Krimis kaum zurecht читателю трудно разобраться в запутанной интриге [в закрученном сюжете] этого детективного романа □ Den ersten Platz nahmen nach wie vor die Meldungen über drohende oder schon vorhandene kriegerische Verwicklungen ein (Feuchtwanger, »Lautensack«) Первое место, как и раньше, занимали сообщения об угрозе, а кое-где и о наличии военных осложнений. Da hing nun das Bild, Ursache so vieler Verwicklungen, ihr immer zuwider (Feuchtwanger, »Erfolg«) Вот она, эта картина, причина стольких осложнений, всегда вызывавшая в ней неприязненное чувство. **Komplikation** ≈ Verwicklung, *но подчеркивает отрицательное отношение к новой ситуации;* напр.: unvorhergesehene, allerlei Komplikationen непредвиденные, всевозможные осложнения; Komplikationen im Eheleben осложнения в семейной жизни; dies hat zu vielen Komplikationen geführt это привело ко многим осложнениям; aus seiner Absage können sich weitere Komplikationen ergeben из-за его отказа могут возникнуть дальнейшие осложнения
verwirken *см.* verlieren
verwirklichen осуществлять
verwirklichen — realisieren — in die Tat [Wirklichkeit] umsetzen
verwirklichen *индифф. синоним;* напр.: Ideen, Ideale, Pläne, Absichten verwirklichen осуществлять идеи, идеалы, планы, намерения; mein Traum ist verwirklicht worden моя мечта осуществилась □ Senator Buddenbrook verwirklichte seine Pläne (Th. Mann, »Buddenbrooks«) Сенатор Будденброк осуществил свои планы. **realisieren** реализовать; напр.: einen Plan, ein Vorhaben realisieren реализовать план, намерение. **in die Tat [Wirklichkeit] umsetzen** *книжн.* претворить в действительность, в жизнь *чаще употр. по отношению к замыслам, планам и т. п., имеющим важное значение;* напр.: einen Plan, einen wichtigen Beschluß in die Tat umsetzen претворить в жизнь план, важное решение □ Gleich am nächsten Morgen setzte er den Entschluß in die Tat um (Noll, »Werner Holt«) Сразу на следующее утро он осуществил свое решение. Es (das Buch) wird auch auf bessere Leute wirken als auf Richter und Abgeordnete, vielleicht sogar gelangt es einmal an einen, der seine Gedanken in Taten umsetzt (Feuchtwanger, »Erfolg«) Она (книга) окажет влияние на людей большего калибра, чем судьи и депутаты, и, кто знает, быть может когда-нибудь она дойдет и до такого человека, который его (автора книги) мысли претворит в действие. Gleich vielen anderen Intellektuellen in Paris und selbst in London hatte er die »Boston-Leute«, die »Insurgenten«, begrüßt als Männer, welche darum kämpften, die großen Ideen der französischen und englischen Philosophen in die Wirklichkeit umzusetzen (Feuchtwanger, »Die Füchse«) Подобно многим другим интеллигентам Парижа и даже Лондона, он приветствовал и «бостонцев», «инсургентов», как людей, борющихся за осуществление великих идей французских и английских философов
verwirren[1] путать, спутывать (*приводить в беспорядок*)
verwirren — **verwickeln** — **verheddern**
verwirren *индифф. синоним;* напр.: Garn, die Fäden verwirren спутывать пряжу, нитки; der Wind verwirrte seine Haare ветер спутал его волосы. **verwickeln** запутывать, перепутывать (*нитки, веревки и т. п. так, что стало трудно смотать или размотать их*); напр.: die Schnur, die Leine verwickeln запутывать бечевку, веревку; Fäden verwickeln спутать нитки. **verheddern** *разг.* ≈ verwirren; напр.: die Fäden, die Leine, das Knäuel Wolle verheddern спутать нити, веревку, клубок шерсти
verwirren[2] смущать (*приводить в замешательство, сбивать с толку, конфузить*)
verwirren — **verblüffen** — **verdutzen**
verwirren *индифф. синоним;* напр.: j-n mit einer Frage, mit einer Anspielung verwirren смутить кого-л. вопросом, намеком; die Zwischenrufe verwirrten den Redner реплики с мест привели докладчика в замешательство; laß dich nicht verwirren! не смущайся!; du machst mich ganz verwirrt ты очень смущаешь меня [приводишь меня в полное замешательство]; die Nachricht hat ihn ganz und gar verwirrt это известие привело его в полное замешательство □ Er erwartete, daß sie auffahren, sich entrüsten, heftig entgegnen werde, aber sie schwieg. Das verwirrte ihn ein wenig (Weiskopf, »Lissy«) Он ждал, что она вспылит, возмутится, будет резко возражать ему, но она молчала. Это немного смутило его. **verblüffen** ошеломлять, удивлять; напр.: j-n durch eine [mit einer] Frage, mit einer [durch eine] Antwort verblüffen поражать кого-л. вопросом, ответом; von ihren Worten verblüfft, schwieg er ошеломленный ее словами, он замолчал; laß dich nicht verblüffen! не смущайся! □ Er warf das hin, mit gelassener Miene, aber er war dabei voller Spannung, und es befriedigte ihn tief, zu sehen, wie sehr seine Mitteilung Lissy verblüffte (Weiskopf, »Lissy«) Он бросил эти слова как бы между прочим, с небрежным видом, но при этом был полон напряженного ожидания и почувствовал глубокое удовлетворение, когда заметил, какое ошеломляющее впечатление произвело на Лисси это сообщение. **verdutzen** *разг.* озадачивать, приводить в замешательство, ставить в тупик *подчеркивает по сравнению с другими членами ряда бо́льшую степень смущения, удивления* (*обыкн. употр. в Part II*); напр.: er war ganz verdutzt он был совершенно озадачен [ошарашен]
verwirrt[1] смущенный; растерянный
verwirrt — **betreten** — **bestürzt**
verwirrt *индифф. синоним;* напр.: er war gänzlich verwirrt он находился в полнейшем смятении □ Völlig verwirrt drehte sich Lissy um und ging (Weiskopf, »Lissy«) В полном замешательстве Лисси повернулась и ушла. Atemlos, schwitzend, mit zitternden Beinen stand Fromeyer da, wach geworden, aber ganz verwirrt (ebenda) Фромайер остановился, тяжело дыша и обливаясь потом, ноги его дрожали, он очнулся, но мысли его путались. Er war verwirrt, er verbarg es aber (Seghers, »Die Toten«) Он растерялся, но скрыл свое смущение. **betreten** (неприятно) смущенный, подавленный *подчеркивает, что создалась неловкая, неприятная для присутствующих ситуация;* напр.: sich betreten abwenden смущенно отвернуться; betreten zur Seite sehen смотреть смущенно в сторону; es herrschte betretenes Schweigen, als er eintrat наступило неловкое молчание, когда он вошел □ Hanns wog das Ding in der Hand, betreten, zwiespältigen Gefühls (Feuchtwanger, »Exil«) Ганс взвешивал вещь на ладони, смущаясь, с двойственным чувством. Er saß betreten da, sich windend, schuldbewußt (Feuchtwanger, »Erfolg«) Он сидел смущенный, изворачиваясь, чувствуя себя виноватым. **bestürzt** растерявшийся, озадаченный, крайне смущенный (от неожиданности);

VERWIRRT 619 **VERZAGEN**

напр.: sie war bestürzt, als sie von seiner Krankheit erfuhr она очень растерялась, когда узнала о его болезни; das machte mich ganz bestürzt от этого я совсем растерялся ▫ Pierre atmete auf und war zu gleicher Zeit bestürzt (*Feuchtwanger, »Die Füchse«*) Пьер вздохнул с облегчением и в то же время был весьма озадачен
verwirrt [2] *см.* verwickelt/wirr [1]
verwirtschaften *см.* verschwenden
verwischen, sich *см.* schwinden [1]
verwischt *см.* verschwommen [1]
verwöhnen баловать

verwöhnen — verziehen — verhätscheln — verzärteln — verweichlichen
verwöhnen *индифф. синоним; напр.:* ein Kind verwöhnen баловать ребенка; er verwöhnt seine Frau mit Geschenken он балует свою жену подарками ▫ Es fehlte ihm selten an Geld, er sah gut aus, die Frauen verwöhnten ihn (*Feuchtwanger, »Erfolg«*) Он редко испытывал недостаток в деньгах, обладал хорошей внешностью, женщины баловали его. **verziehen** избаловать, испортить воспитанием *б. ч. употр. по отношению к детям; напр.:* sie hat ihre Kinder verzogen она избаловала своих детей; obwohl sie ihr Kind abgöttisch liebte, verzog sie es nicht хотя она обожала своего ребенка, она не баловала его ▫ Während er die Kinder, besonders seinen Sohn Ludwig, auf derbe Art verzog, war die Frau mehrmals bei der Polizei vorstellig geworden, ihr Mann habe sie mißhandelt (*Feuchtwanger, »Erfolg«*) Детей, особенно своего сына Людвига, он по-своему грубо баловал, но в то же время его жена неоднократно обращалась в полицию с жалобами, что муж ее бьет. **verhätscheln** *пренебр.* заласкивать *(окружать слишком большой заботой) чаще употр. по отношению к детям; напр.:* es war ihm peinlich, daß die Mutter ihn immer noch wie einen kleinen Jungen verhätscheln wollte ему было неприятно, что его мать хотела его баловать [нянчить], как маленького мальчика ▫ Kaiser Nero hatte ihn verhätschelt (*Feuchtwanger, »Der falsche Nero«*) Император Нерон баловал его. Der erfolgreichste Theaterdichter des Landes, berühmt in ganz Europa um seiner Flugschriften willen, wohlgelitten bei Hof, von den Ministern mit wichtigen Funktionen betraut, verhätschelt von den Frauen (*Feuchtwanger, »Die Füchse«*) Виднейший в стране драматург, он известен по всей Европе своими брошюрами, королевский двор к нему благосклонен, министры поручают ему важные дела, женщины его балуют. **verzärteln** *пренебр.* изнеживать, лелеять *б. ч. употр. по отношению к детям; напр.:* er warf seiner Frau vor, das Kind zu sehr zu verzärteln он упрекал свою жену, что она слишком изнеживает ребенка; sie hat das Kind so verzärtelt, daß es sich dauernd erkältet она так изнежила ребенка, что он постоянно простужается ▫ Gut, gut, ich liebe dich, ich versuche, dich zu verzärteln... (*Weiskopf, »Abschied vom Frieden«*) Да, да, знаю, я люблю тебя, стараюсь баловать... **verweichlichen** изнеживать *подчеркивает, что чрезмерная забота, опека, особо благоприятные условия приводят к тому, что кто-л. не может переносить трудности, суровый климат и т. п.; напр.:* die zu warme Kleidung verweichlicht das Kind слишком теплая одежда изнеживает ребенка ▫ Die verweichlichten, verfeinerten Moslems konnten ihrer Wildheit nicht standhalten (*Feuchtwanger, »Die Jüdin von Toledo«*) Изнеженные, утонченные мусульмане не могли устоять против их дикого натиска

verwöhnt *см.* wählerisch
verworfen *см.* schlecht [2]
verworren *см.* verwickelt
verwunden *см.* beleidigen/verletzen [1]
verwundern, sich *см.* wundern, sich
verwundert удивленный

verwundert — bestürzt — verblüfft
verwundert *индифф. синоним; напр.:* ein verwunderter Blick удивленный взгляд; er schaute verwundert zu он смотрел с удивлением; du wirst verwundert sein, wenn... ты удивишься, когда... »Warum?« fragte sie verwundert «Почему?» — спросила она удивленно ▫ Die gesteppte Joppe über dem Arm und mit der Rechten den grauen Schal vom Hals lösend, so musterte er verwundert die Gesichter (*Noll, »Werner Holt«*) Держа ватник в одной руке, а другой разматывая с шеи серый шарф, он удивленно всех оглядывал. Die frühere Ilse, verwundert und vielleicht auch verdrossen über die Schweigsamkeit des Mannes... (*Feuchtwanger, »Exil«*) Прежняя Ильза, удивленная и, возможно, раздосадованная молчаливостью своего собеседника... **bestürzt** пораженный, ошеломленный; *напр.:* bestürzt aussehen, dastehen, fragen выглядеть пораженным, стоять, спрашивать ошеломленно; ich bin über diese Nachricht, über den plötzlichen Tod des Freundes bestürzt я поражен этим известием, потрясен неожиданной смертью друга; das machte ihn ganz bestürzt это ошеломило его. **verblüfft** ошеломленный, озадаченный; *напр.:* ▫ Er lachte sein räusperndes Lachen, als er Holts verblüfftes Gesicht sah (*Noll, »Werner Holt«*) Увидя, как Хольт опешил, он рассмеялся своим кашляющим смехом. Dann aber rückte Trautwein an... mit seinem großartigen Geschenk, und Hanns und Anna waren verblüfft (*Feuchtwanger, »Exil«*) Тут на сцену выступил Траутвейн... со своим великолепным подарком. Ганс и Анна оторопели

Verwunderung удивление
die Verwunderung — das Erstaunen
Verwunderung *индифф. синоним; напр.:* j-n in Verwunderung setzen удивлять кого-л.; in Verwunderung geraten удивляться; zu meiner größten Verwunderung к моему величайшему удивлению; sein Gesicht drückte nichts als Verwunderung aus лицо его не выражало ничего, кроме удивления ▫ Zur größten Verwunderung des Wirtes fordert er nicht Bier nach seiner sonstigen Gewohnheit, sondern scharfen Branntwein... (*Krüger, »Malt, Hände, malt«*) К величайшему удивлению хозяина, он требует не, как обычно, пива, а крепкой водки... **Erstaunen** изумление *часто употр., когда речь идет о чем-л. неприятном, о недоумении; напр.:* in Erstaunen geraten, setzen удивляться, удивлять; seinem Erstaunen Ausdruck geben [verleihen *книжн.*] выражать свое удивление; das wird Erstaunen hervorrufen это вызовет удивление ▫ Völlig in Erstaunen versetzte er mich am Tage vor meiner Abreise (*Renn, »Im spanischen Krieg«*) В полное изумление он привел меня в день перед моим отъездом. Da erfuhr der Knabe zu seinem großen Erstaunen, daß seine liebe Mutter den Verräter ihres Dankes und ihrer Zufriedenheit versicherte, weil er ihr alles berichtete, was hier geschah (*H. Mann, »Die Jugend«*) Тут мальчик к своему величайшему изумлению узнал, что его любимая мать заверяла предателя в своей благодарности и своем глубоком удовлетворении, потому что он ей докладывал обо всем, что здесь происходило

Verwundung *см.* Verletzung [1]
verwünschen *см.* verfluchen/verzaubern [1]
verwüsten опустошать *(разорять)*

verwüsten — verheeren
verwüsten *индифф. синоним; напр.:* der Sturm verwüstete die Gärten буря опустошила сады; der Krieg verwüstete das Land война опустошила страну; die schweren Unwetter verwüsteten das ganze Gebiet ураганы опустошили всю область; die Heuschrecken verwüsten die Felder саранча опустошает поля ▫ Der reinen Lehre zuliebe regiert er in Feindschaft mit allen Staaten, zücken seine Geschöpfe den Dolch nach dem Leben abtrünniger Fürsten, sind die besten Provinzen verwüstet (*Br. Frank, »Cervantes«*) Во имя чистого учения его держава враждует со всеми государствами, его люди заносят кинжал над головами изменивших правителей, лучшие провинции превращены в пустыни. **verheeren** ≅ verwüsten, *но подчеркивает большую степень разрушения; напр.:* der Wirbelsturm, der Krieg verheerte das Land ураган опустошил, война опустошила страну; der Brand verheerte das Dorf пожар опустошил деревню; der Hagel verheerte die Felder град опустошил поля

verzagen *см.* verzweifeln

verzagt см. mutlos
Verzagtheit см. Verzweiflung
vezanken, sich см. streiten (, sich) ²
verzapfen см. sagen ¹
verzärteln см. verwöhnen
verzaubern ¹ заколдовать
verzaubern — verhexen — verwünschen
 verzaubern индифф. синоним; напр.: die Hexe verzauberte die Kinder, die Königssöhne in Schwäne колдунья превратила детей, королевских сыновей в лебедей ▢ Da konnte nun der arme Jakob freilich nicht sagen, daß er verzaubert worden sei (*Hauff*, »*Der Zwerg Nase*«) Бедному Якобу не хотелось говорить, что он был заколдован. Jener Zauberer Kaschnur, der euch verzauberte, hat auch mich ins Unglück gestürzt (*Hauff*, »*Die Geschichte vom Kalif Storch*«) Тот самый волшебник Кашнур, что заколдовал вас, вверг в беду и меня. **verhexen** заколдовать *подчеркивает не столько волшебное превращение, сколько полное подчинение силе злого колдовства, злым чарам (ведьмы); ворожбой напускать порчу; напр.:* die alte Zauberin verhexte den Prinzen старая колдунья околдовала принца ▢ Ich ginge nicht hin. Sie hat dem Kutscher Passi die Gäule verhext (*Brecht*, »*Das Leben des Galilei*«) Я бы туда не пошёл. Она заколдовала лошадей у возчика Пасси. Munter plauderte sie weiter: »Es ist wahrhaftig manchmal wie verhext. Nichts klappt...« (*Weiskopf*, »*Abschied vom Frieden*«) Она весело продолжала: «Иногда чувствуешь себя точно в заколдованном кругу. Ничего не получается...» **verwünschen** *уст.* ≅ verzaubern; *напр.:* »Die böse Stiefmutter aber war eine Hexe und hatte wohl gesehen, wie die beiden Kinder fortgegangen waren, war ihnen nachgeschlichen, heimlich, wie die Hexen schleichen, und hatte alle Brunnen im Walde verwünscht (*Brüder Grimm*, »*Brüderchen und Schwesterchen*«) Но злая мачеха была ведьмой. Она видела, что дети ушли, и прокралась за ними тайком, как умеют это делать ведьмы, и заколдовала все родники лесные. Da erzählte er ihr, er wäre von einer bösen Hexe verwünscht worden (*Brüder Grimm*, »*Der Froschkönig oder der eiserne Heinrich*«) Он рассказал ей, что его околдовала злая ведьма. Ich bin ein Königs Sohn und war von einer bösen Hexe verwünscht worden (*Brüder Grimm*, »*Das Waldhaus*«) Я королевич. Меня околдовала злая ведьма
verzaubern ² см. bezaubern
verzehren см. essen
vezeichnen см. einschreiben
Verzeichnis см. Liste
verzeihen см. entschuldigen
verzeihlich простительный
verzeihlich — entschuldbar — läßlich
 vezeihlich индифф. синоним; напр.: ein verzeihlicher Fehler, Irrtum простительная ошибка, простительное заблуждение; bei einem Kind ist das verzeihlich ребёнку это простительно ▢ Er hat Fremden unverzeihliche Schwächen verziehen: wie kommt es, daß er seinem Sohn die höchst verzeihliche Wallung nicht verzeiht? (*Feuchtwanger*, »*Exil*«) Чужим он прощал непростительные слабости. Как же это он собственному сыну не прощает вполне простительную вспышку. **entschuldbar** извинительный; напр.: eine entschuldbare Handlungsweise извинительный образ действий; entschuldbarer Fehler, Irrtum извинительная ошибка, извинительное заблуждение; ein entschuldbares Versäumnis извинительное упущение ▢ Politischer Mord gilt seit Machiavelli in allen Staaten für entschuldbar (*St. Zweig*, »*Maria Stuart*«) Со времён Макиавелли политическое убийство во всех государствах считается извинительным. **läßlich** простительный, допустимый *обыкн. употр. в сочетании* eine läßliche Sünde *рел. и перен.; напр.:* läßliche Sünden простительные [небольшие] грехи; ein läßliches Vergehen, das die Kirche vergibt небольшой проступок, который церковь прощает ▢ Was bei einem andern Verrat wäre, ist eine läßliche Sünde, wenn es der Seher Lautensack begeht (*Feuchtwanger*, »*Lautensack*«) То, что для другого было бы изменой, для ясновидца Лаутензака простительный грех. Aber zu mild geht Maria Stuart über diesen ärgerlichen Zwischenfall hinweg, leichtherzig verzeiht sie ihn als läßliche Sünde (*St. Zweig*, »*Maria Stuart*«) Но как-то слишком небрежно проходит Мария Стюарт мимо этого досадного инцидента, легкомысленно расценивая его как простительную шалость
verzerren искажать
verzerren — entstellen — verunstalten
 verzerren индифф. синоним; напр.: der Schmerz, die Angst verzerrte sein Gesicht боль исказила, страх исказил его лицо; der Spiegel verzerrt die Gestalt зеркало искажает фигуру. **entstellen** обезображивать; напр.: die Narben entstellten ihn, sein Gesicht рубцы [шрамы] обезобразили его, его лицо. **verunstalten** уродовать; напр.: die große Narbe verunstaltete ihr Gesicht большой шрам уродовал ее лицо; die Pocken verunstalteten sie оспа уродовала ее ▢ Darum habe auch ich mich für immer losgesagt von den Menschen, die der Besitz verunstaltet hat (*Noll*, »*Werner Holt*«) Поэтому и я навсегда отреклась от людей, которых изуродовала собственность
verzerren, sich искажаться
sich verzerren — sich verziehen
 sich verzerren индифф. синоним; напр.: das Gesicht verzerrt sich vor Wut лицо искажается от ярости; sein Gesicht verzerrte sich zu einer Gri
masse его лицо исказилось гримасой ▢ Er unterbrach sich, suchte ihr Gesicht. Es war beinahe häßlich, so hatte es sich verzerrt in einem Lächeln bösartiger Ironie (*Feuchtwanger*, »*Lautensack*«) Он прервал себя, заглянул ей в лицо. Оно было почти безобразным. Так исказила ее черты злая ироническая усмешка. **sich verziehen** кривиться, растягиваться *в отличие от* sich verzerren *употр. тж. при положительных эмоциях; напр.:* sein Gesicht verzog sich zu einem Lächeln его лицо скривилось в усмешке ▢ Ihr Gesicht mit dem starken Mund und den entschiedenen, grauen Augen verzog sich so unmutig, daß sie fast häßlich wurde (*Feuchtwanger*, »*Erfolg*«) Её лицо с несколько крупным ртом и решительными серыми глазами так исказилось от досады, что она стала почти некрасивой
verzetteln см. verschwenden
Verzicht см. Weigerung
verzichten (добровольно) отказываться
verzichten — unterlassen — zurücktreten — absehen — bleibenlassen — lassen — entsagen — abstehen — ablassen — sich begeben
 verzichten (auf etw.) индифф. синоним: auf ein Geschenk, auf eine Belohnung, auf die Erbschaft verzichten отказываться от подарка, от вознаграждения, от наследства; auf die Teilnahme (an etw.), auf sein Recht verzichten отказываться от участия (в чем-л.), от своего права; auf ein Vergnügen nicht verzichten wollen не отказываться от удовольствия ▢ Sie verzichtete auf ihr Bad. (*Feuchtwanger*, »*Exil*«) Она не стала принимать ванны... **unterlassen** (*etw.*) (решить) отказываться, не делать (больше), не предпринимать чего-л.; напр.: eine Reise, ein Vorhaben unterlassen отказываться от поездки, от намерения; er will das Rauchen unterlassen он хочет отказаться от курения ▢ Es geschah nur selten, daß Alexander seinen täglichen Besuch in der Redaktion unterließ (*Weiskopf*, »*Abschied vom Frieden*«) Редко случалось, чтобы Александр не пошёл в редакцию. Die Art dieser Geschäfte erforderte, daß seine Reise möglichst wenig publik wurde, und deshalb wohl hatte er, vorsichtig, wie er war, unterlassen, zu depeschieren (*Feuchtwanger*, »*Exil*«) Характер этих дел требовал, чтобы о его поездке как можно меньше знали, и, видимо, поэтому он, с присущей ему осторожностью, воздержался от телеграммы. **zurücktreten** (*von etw.*) отказываться, отступаться (*не настаивать больше на чем-л.*); напр.: von seinem Anspruch, von seiner Forderung, von seinem Recht zurücktreten отказываться от своего притязания, от своего требования, от своего права. **absehen** (*von etw*) отказываться, воздерживаться;

VERZICHTEN   621   **VERZWEIFELN**   **V**

напр.: vom Kauf, von einer Klage, von seiner Anstellung absehen отказываться [воздерживаться] от покупки, от иска, от принятия его на работу; von einer Bestrafung, von einer Strafe absehen воздержаться от наложения взыскания, от наказания; von einer Zusammenkunft müssen wir absehen от встречи мы должны воздержаться; davon wollen wir diesmal noch absehen от этого мы на этот раз пока воздержимся ◻ Ich halte es für richtiger, von Ihrer Aussage abzusehen (*Feuchtwanger, »Erfolg«*) Я считаю более правильным, чтобы вы отказались от показаний. **bleibenlassen** (*etw.*) оставлять, прекращать делать что-л.; *напр.*: kannst du das Rauchen nicht bleibenlassen? ты не можешь оставить курение?; du solltest das lieber bleibenlassen тебе следовало бы лучше оставить это. **lassen** (*etw. и высок. von etw.*) оставлять, отказываться (*не настаивать на чем-л.*); отстать (*от чего-л.*) *уст.*; *напр.*: seinen Entschluß lassen отказываться от своего решения; kannst du das Rauchen nicht lassen? ты не можешь оставить курение [бросить курить]?; er kann nicht von seiner Leidenschaft, von seiner Gewohnheit lassen он не может отказаться от своей страсти, отстать от своей привычки. **entsagen** (*D*) *высок.* (*добровольно*) отрекаться от чего-л., оставлять что-л. (*что особенно дорого, на что имеют право*); *напр.*: einer Gewohnheit, der Herrschaft, den Freuden des Lebens entsagen отказываться от привычки, от господства, от радостей жизни; dem Rauchen entsagen оставлять курение; dem Trohn entsagen отрекаться от трона ◻ Jedwedem Anspruch auf dieses Reich entsag ich (*Schiller, »Maria Stuart«*) Я отрекаюсь от прав на этот трон (*Перевод Вильмонта*). **abstehen** (*von etw.*) *высок.* отступаться, воздерживаться (*от своего плана и т. п.*); *напр.*: von seiner Forderung, von seiner Klage abstehen отказываться от своего требования, от своего иска; ich bat ihn, von seiner Bitte abzustehen я попросил его отказаться [воздержаться] от его просьбы ◻ Und diese Männer wollte der König von England mit Feuer und Schwert zwingen, von ihrem edlen Vorhaben abzustehen (*Feuchtwanger, »Die Füchse«*) И этих-то людей английский король хотел огнем и мечом заставить отказаться от их благородных намерений. **ablassen** (*von etw.*) *высок.* ≅ lassen *чаще употр. с отрицанием*; *напр.*: von seinem Vorhaben [von seiner Absicht], von einer Gewohnheit nicht ablassen не отступаться от своего намерения, от привычки; von der Verfolgung, von der Beute nicht ablassen не прекращать преследования, не бросать добычи; er ließ von seiner Forderung, mit seinen Bitten nicht ab он не отступался от своего требова-

ния, не оставлял (*кого-л.*) в покое с просьбами ◻ Sie läßt nicht ab von ihren hartnäckigen Versuchen, Geld zu verdienen (*Feuchtwanger, »Lautensack«*) Она не прекращает свои упорные попытки заработать хоть сколько-нибудь денег. Denn keine Drohung und keine Verlockung hat sie bisher bewegen können, von Bothwell abzulassen (*St. Zweig, »Maria Stuart«*) Никакие угрозы, никакие посулы не побудили ее до сих пор отказаться от Босуэла. **sich begeben** (*G*) *высок.* отказываться, лишаться *подчеркивает добровольность отказа от чего-л.*; *напр.*: sich seines Rechtes, eines Amtes begeben отказываться от своего права, от должности; sich einer Möglichkeit, eines Vorteils begeben лишаться возможности, выгоды

verziehen *см.* übersiedeln/verwöhnen
verziehen, sich *см.* verzerren, sich
verzieren *см.* schmücken
Verzierung *см.* Schmuck
verzinken *см.* verraten [1]
verzögern [1] затягивать (*замедлять*)
vezögern — verschleppen — hinauszögern — hinziehen — in die Länge ziehen — hinauszіehen
verzögern *индифф. синоним*; *напр.*: ein Geschäft, ein Bauvorhaben verzögern затягивать дело, строительство; die Antwort, die Abreise verzögern медлить с ответом, с отъездом; der strenge Winter hat die Baumblüte um drei Wochen verzögert суровая зима задержала на три недели цветение деревьев ◻ Er wäre auch längst vorzeitig mit dem vollen Betrag gekommen, wenn nicht der häusliche Ärger die Fristen verzögert hätte (*Seghers, »Die Toten«*) Он уже давно пришел бы со всей суммой, если бы все эти семейные неурядицы не оттянули срок уплаты. Mühlheim, der einzige, der seine Adresse wußte, hatte die Mitteilung verzögert, damit Gustav sich nicht durch seine Rückkehr gefährde (*Feuchtwanger, »Oppermann«*) Мюльгейм, единственный человек, кто знал его адрес, медлил с известием, опасаясь, что Густав своим возвращением подвергнет себя большому риску. **verschleppen** умышленно затягивать; *напр.*: einen Prozeß, Verhandlungen verschleppen затягивать судебное дело, переговоры; die Sache wird verschleppt дело затягивается ◻ Vermutlich hatte der Doktor die Unterhandlungen verschleppt, damit die Anleihe nicht zustande komme (*Feuchtwanger, »Die Füchse«*) По-видимому, доктор нарочно затягивал переговоры, чтобы заем не был предоставлен. Jetzt aber... duldete es Pierre einfach nicht, daß man nicht auch die Rehabilitierung verschleppte (*ebenda*) Но теперь... Пьер просто не желал терпеть, чтобы еще и реабилитация затягивалась. **hinauszögern** откладывать, переносить (*пропускать поставленный срок*); *напр.*: eine Ent-

scheidung von einem Tag zum anderen hinauszögern снова и снова откладывать принятие решения; tagelang zögerte er seine Abreise hinaus в течение нескольких дней он медлил с отъездом ◻ Wir werden die Konstituierung dieses Schiedsgerichts nach Möglichkeit hinauszögern (*Feuchtwanger, »Exil«*) Утверждение состава и созыв суда мы по возможности оттянем. **hinziehen** (*умышленно*) тянуть, затягивать (*исполнение, срок*); *напр.*; diese Sache wurde hingezogen это дело затягивалось; der Prozeß wurde immer wieder hingezogen судебный процесс все время затягивался. **in die Länge ziehen** растягивать, затягивать; *напр.*: die Verhandlungen wurden in die Länge gezogen 1) переговоры старались растянуть; 2) переговоры затянулись. **hinauszіehen** ≅ verzögern *но более эмоционально*; *напр.*: etw. bewußt, lange, absichtlich hinausziehen сознательно, долго, намеренно затягивать что-л.; eine Entscheidung, die Abreise, die Antwort hinausziehen оттягивать решение, отъезд, медлить с ответом

verzögern [2] *см.* verlangsamen
verzögern, sich *см.* verlangsamen, sich
Verzögerung затягивание, задержка
die **Verzögerung** — der V e r z u g
Verzögerung *индифф. синоним*; *напр.*: die Verzögerung der Antwort, der Lieferung затягивание ответа, поставки; ohne Verzögerung handeln действовать без промедления; einen Augenblick, eine kleine Verzögerung! одну минуту, небольшая задержка! ◻ Sie war im Negligé, so hatte er sich's, im stillen erhofft, und keine kleinste Wolke Vorwurf wegen der Verzögerung war auf ihrem Gesicht (*Feuchtwanger, »Die Füchse«*) Она была одета по-домашнему, как он втайне и надеялся, и ни тени упрека за его задержку не было на ее лице. **Verzug** *книжн.* ≅ Verzögerung; *напр.*: ohne Verzug без промедления, немедленно; mit etw. in Verzug geraten [kommen] задерживаться с чем-л.; die Sache duldet keinen Verzug дело не терпит никакой задержки ◻ Kann die Firma Hortalez Soldaten gegen die Aufständischen vorschicken, wenn sie im Verzug sind? (*Feuchtwanger, »Die Füchse«*) Может ли фирма Гортaлес послать солдат против повстанцев, если те начнут мешкать с платежами?

Verzückung *см.* «Приложение»
Verzug *см.* Verzögerung
verzweifeln отчаиваться
verzweifeln — v e r z a g e n
verzweifeln *индифф. синоним*; *напр.*: am Gelingen des Plans verzweifeln отчаяться в успехе плана; an der Genesung, an der Rettung verzweifeln отчаяться выздороветь, потерять всякую надежду на спасение; nur nicht verzweifeln! только не отчаи-

ваться! ◻ Verzweifelt nahm er Abschied von seinen Angehörigen (*Remarque*, »*Schatten*«) В отчаянии он простился со своими близкими. Und Max saß da, abgehetzt, ohne Bleibe — aber nicht verzweifelt (*Weiskopf*, »*Lissy*«) И вот перед ней сидел Макс, словно затравленный зверь, без пристанища — но не отчаявшийся. **verzagen** *высок.* терять надежду, предаваться отчаянию *подчеркивает, что кто-л. в трудной ситуации теряет мужество*; *напр.*: bei einem Mißerfolg verzagen отчаиваться при неудаче; er wollte schon verzagen, als er endlich das Angebot erhielt он уже готов был потерять всякую надежду, когда он наконец получил предложение ◻ Verzagt hat er nie, auch in den übelsten Situationen nicht (*Feuchtwanger*, »*Die Füchse*«) Никогда, даже в самых скверных обстоятельствах, он не отчаивался. Aber ich habe alles hingenommen, ohne zu verzagen (*Th. Mann*, »*Buddenbrooks*«) Но я все сносила и не падала духом. Und meistens, wenn er gerade litt und verzagte, kam dieser Kleine herein (*Seghers*, »*Die Toten*«) И именно тогда, когда он особенно страдал и падал духом, появлялся этот малыш.
verzweifelt *см.* mutlos
Verzweiflung отчаяние
die **Verzweiflung** — die **Verzagtheit**
Verzweiflung *индифф. синоним*; *напр.*: j-n zur Verzweiflung bringen приводить кого-л. в отчаяние; j-n in Verzweiflung stürzen повергать кого-л. в отчаяние; in Verzweiflung kommen приходить в отчаяние; etw. in [vor, aus] Verzweiflung tun делать что-л. в отчаянии; eine tiefe Verzweiflung packte ihn глубокое отчаяние охватило его ◻ Er konnte Schmerz und Verzweiflung nicht mehr allein tragen, er weihte den treuen Feinberg in das Unheil ein (*Feuchtwanger*, »*Exil*«) Больше он не мог держаться, не мог один нести в себе всю муку и все отчаяние, он поведал верному Файнбергу о своей беде. Die Verzweiflung Elisabeths ist maßlos (*St. Zweig*, »*Maria Stuart*«) Отчаянию Елизаветы нет границ. **Verzagtheit** *высок.* уныние, отчаяние, упадок духа (*у отчаявшегося*); *напр.*: eine gewisse Verzagtheit überkam ihn он как-то пал духом ◻ Eine merkwürdige Düsternis und Verzagtheit bemächtigte sich ihrer in den letzten Wochen (*St. Zweig*, »*Maria Stuart*«) Странное уныние и необычная подавленность овладевают ею в последние недели.
verzweigen, sich [1] разветвляться, ветвиться
sich **verzweigen** — sich **gabeln**
sich **verzweigen** *индифф. синоним*; *напр.*: der Baum, der Ast verzweigt sich дерево, сук разветвляется. **sich gabeln** раздваиваться, образуя раз-

вилку; *напр.*: der Ast gabelt sich сук раздваивается (на две ветки)
verzweigen, sich [2] разветвляться, расходиться
sich **verzweigen** — sich **gabeln** — sich **abzweigen** — **abzweigen**
sich **verzweigen** *индифф. синоним* (*часто в Part. II*); *напр.*: im Wald verzweigte sich der Weg в лесу дорога разветвлялась; ◻ ...vor allem das Labyrinth, eine gewaltige Grotte... mit Hunderten von engen, verschlungenen, endlos verzweigten Gängen, Stollen, Kammern und Treppen (*Feuchtwanger*, »*Der falsche Nero*«) ...но прежде всего лабиринт, громадный, высеченный в скале грот... с сотнями узких, извилистых, бесконечно разветвленных ходов, галерей, пещер и лестниц. **sich gabeln** раздваиваться, расходиться; *напр.*: der Weg, die Straße gabelt sich дорога, улица раздваивается; hier gabelt sich der Fluß здесь река раздваивается на два русла ◻ Aber der Feldweg führte nicht nur nach dem Dorf, wie Georg geglaubt hatte, er gabelte sich in zwei Wege, einen nach dem Dorf, einen nach der Chaussee (*Seghers*, »*Das siebte Kreuz*«) Оказалось, что проселочная дорога ведет не только в деревню, как думал Георг, она разветвлялась на две: одна шла в деревню, другая — к шоссе. **sich abzweigen** ≅ sich gabeln *подчеркивает, что раздвоение происходит в данной точке*; *напр.*: an diesem Punkt zweigen sich die Linien, zweigt sich ein Weg ab в этой точке линии раздваиваются, дорога отделяется. **abzweigen** уходить в сторону, ответвляться (*от основной дороги*); *напр.*: ein Feldweg zweigt von der breiten Verkehrsstraße ab от широкой магистрали ответвляется проселочная дорога; links zweigt der Fluß ab влево отходит рукав реки ◻ Wenn man ihm in der Stallung gut berichtet hatte, mußte jetzt bald der Weg nach Toledo abzweigen (*Br. Frank*, »*Cervantes*«) Если его верно осведомили на конюшне, то скоро должен быть перекресток, где дорога отходит на Толедо. Hier zweigte ein Pfad ab, auf dem ein Angestellter von Cook's wartete (*Renn*, »*Zu Fuß zum Orient*«) Здесь уходила в сторону тропинка, на которой ждал служащий конторы Кука.
verzwickt *см.* verwickelt
Veto *см.* Einwand/Verbot
Vetter двоюродный брат, кузен
der **Vetter** — der **Cousin**
Vetter *индифф. синоним*; *напр.*: mein Vetter kommt heute zu Besuch сегодня придет в гости мой двоюродный брат ◻ Da war ein Sohn eines Vetters der zweiten Frau seines Vaters (*Feuchtwanger*, »*Die Füchse*«) В числе прочих пришел сын двоюродного брата второй жены его отца. Und sie hatte zweifellos ihren Vetter Franz Ferdinand... völlig bezaubert

(*Weiskopf*, »*Abschied vom Frieden*«) И она, без сомнения, окончательно пленила своего кузена Франца Фердинанда... **Cousin** [ku'zē] = Vetter *часто употр. с притяжательным местоимением*; *напр.*: mein Cousin мой кузен; ihr Cousin wohnt in Dresden ее кузен живет в Дрездене; er hat zwei Cousins у него два кузена
Vetternwirtschaft *см.* «Приложение»
vexieren *см.* necken
viel (на)много
viel — bedeutend — weit — weitaus — unvergleichlich
viel *индифф. синоним*; *напр.*: viel besser, mehr, reicher намного лучше, больше, богаче; viel lieber (etw. tun) гораздо охотнее (что-л. делать); sein Haus ist viel kleiner als deines его дом намного меньше, чем твой; er weiß viel mehr als du он знает намного больше тебя ◻ Groß war der Bedarf an Träumen im Deutschland des Jahres 1931, groß war er, und leicht und billig waren die Träume zu haben, viel leichter als Arbeit, viel billiger als Brot (*Weiskopf*, »*Lissy*«) Велика была потребность в сладких грезах в Германии 1931-го года; и достать их было намного легче, чем работу, и стоили они намного дешевле хлеба. Graf Vergennes hatte seinen Plänen viel tieferes Interesse entgegengebracht, als seine vorsichtigen Schreiben hatten vermuten lassen (*Feuchtwanger*, »*Die Füchse*«) Граф Верженн проявил к его (*Пьера*) планам интерес гораздо более глубокий, чем можно было предположить на основании сдержанных и осторожных писем графа. **bedeutend** значительно (*употр. с прилагательными в сравнительной степени и при глаголах*); *напр.*: bedeutend besser значительно лучше; seine Schmerzen haben bedeutend zugenommen, у него значительно усилились боли; der neue Turm ist bedeutend höher als der alte новая башня значительно выше, чем старая ◻ Clerfayt betrachtete sie. Sie gefiel ihm so bedeutend besser als am Abend vorher (*Remarque*, »*Der Himmel*«) Клерфэ рассматривал ее. Она нравилась ему значительно больше, чем вечером накануне. **weit** гораздо (*употр. как усилительная частица с прилагательными в сравнительной степени*); *напр.*: weit älter, jünger aussehen выглядеть гораздо старше, моложе; eine weit schwierigere Aufgabe haben иметь гораздо более трудное задание; er konnte weit mehr Wein vertragen он мог выпить гораздо больше вина ◻ Er hatte Gundel weit mehr als Schneidereit gekränkt (*Noll*, »*Werner Holt*«) Он обидел Гундель куда больше, чем Шнайдерайта. **weitaus** ≅ weit, *но более эмоционально*; *напр.*: weitaus schöner, schwerer, besser гораздо красивей, трудней, лучше ◻ Mit den Gedanken an seinen Vater war Holt mühelos fertig geworden;

mit den Gedanken an Gundel war es weitaus schwieriger gewesen (Noll, »Werner Holt«) Не думать об отце Хольту было легко, а вот не думать о Гундель оказалось гораздо труднее. **unvergleichlich** несравнимо, несравненно (употр. в усил. знач. с прилагательными в сравн. и положительной степени); напр.: eine unvergleichlich schöne Frau женщина несравненной красоты; es geht ihm heute unvergleichlich besser als gestern он чувствует себя сегодня несравненно лучше, чем вчера

vieldeutig неоднозначный, допускающий разные толкования

vieldeutig — mehrdeutig — polysem

vieldeutig индифф. синоним; напр.: vieldeutige Begriffe, Anweisungen, Bezeichnungen, Redensarten неоднозначные понятия, указания, обозначения, речения □ ...wollte er es aber nicht, dann nahm er die Wendung für eine der vieldeutigen, blumigen Phrasen, wie der Osten sie liebte (Feuchtwanger, »Der falsche Nero«) ...а если он не был намерен — он принимал ее за одну из тех неопределенных цветистых фраз, какие любит Восток. Holt antwortete mit einer vieldeutigen Handbewegung (Noll, »Werner Holt«) Хольт ответил неопределенным жестом. **mehrdeutig** многозначный, имеющий не один смысл часто употр. как лингв. термин; напр.: ein mehrdeutiges Wort многозначное слово; ein mehrdeutiger Ausdruck многозначное выражение; eine mehrdeutige Antwort geben дать многозначный ответ; der Satz ist mehrdeutig предложение многозначно. **polysem** лингв. полисемантический, многозначный; напр.: ein polysemes Wort многозначное слово; dieser Ausdruck, dieser Satz ist polysem это выражение, это предложение многозначно

viele многие, многочисленные

viele — zahlreich — zahllos — unzählig — ungezählt — unzählbar

viele индифф. синоним; напр.: die vielen Blumen! сколько цветов!; viele Menschen waren zusammengekommen собралось много людей; er war Besitzer vieler guter Bilder он был обладателем многочисленных хороших картин □ ...erwarb sich die Freundschaft vieler Männer, die Liebe vieler Frauen (Feuchtwanger, »Die Füchse«) ...снискал себе дружбу многих мужчин, любовь многих женщин. Auf sein äußeres Leben hin war er einer der vielen Arbeitslosen (Seghers, »Das siebte Kreuz«) Что же касается внешней стороны его жизни, то он был просто одним из многочисленных безработных. **zahlreich** многочисленный; напр.: ein zahlreiches Publikum многочисленная публика; eine zahlreiche Zuhörerschaft многочисленные слушатели, многочисленная аудитория; zahlreiche Geschenke, Glückwunschschreiben многочисленные подарки, поздравления; zahlreicher Besuch многочисленные гости; sich zahlreich versammeln собраться в большом количестве □ Er ließ die ziemlich zahlreichen Autos an sich vorbeifahren (Seghers, »Das siebte Kreuz«) Он пропустил довольно много проезжавших мимо машин. Sie ging an die Kassette, in der die Briefe lagen, zahlreiche Briefe, aus vielen Städten... (Feuchtwanger, »Erfolg«) Она подошла к шкатулке, где лежали письма, множество писем из разных городов... **zahllos** бесчисленный; напр.: zahllose Bücher, Vögel, Fahrzeuge бесчисленные книги, птицы, машины; zahllose Male бесчисленное множество раз; zahllose Briefe erreichten uns к нам поступило огромное количество писем; zahllose Sterne standen am Himmel на небе было бесчисленное множество звезд □ Er fuhr ohne Ziel mit der Schnellbahn, fuhr über jene Fläche, wo mitten in der Stadt zahllose Gleise sich treffen (Feuchtwanger, »Erfolg«) Он поехал без цели на городской электричке, проехал над тем местом в центре города, где встречаются бесчисленные рельсовые пути. **unzählig** = zahllos, но более эмоционально; напр.: unzählige Briefe, Mücken несметное количество писем, комаров; unzählige Kundgebungen бесчисленные митинги; mit einer Arbeit unzählige Stunden verbringen провести за какой-л. работой бесконечное множество часов; unzählig viele Menschen hatten sich versammelt собралось бесчисленное множество людей □ Sie (die Äpfel) waren alle so blank und reif, daß sie jetzt im ersten Morgenlicht aufglänzten wie unzählige kleine runde Sonnen (Seghers, »Das siebte Kreuz«) Яблоки были так румяны и зрелы, что сейчас, в первых утренних лучах, они сияли, точно бесчисленные маленькие круглые солнца. **ungezählt** = unzählig (но тк. атрибутивно); напр.: ungezählte Tage много дней, многие дни; ungezählte Briefe, Veranstaltungen бесчисленные письма, мероприятия; etw. ungezählte Male versuchen пробовать что-л. бесчисленное количество раз; mit einer Arbeit ungezählte Stunden verbringen провести за какой-л. работой бесчетное количество часов □ ...der Erfolg bestand darin, daß er dem Glauben an das Geistige ungezählte neue Anhänger gewonnen hatte (Feuchtwanger, »Lautensack«) Успех его заключался в том, что он сумел приобщить к вере в духовное начало огромное количество новых сторонников. **unzählbar** не поддающийся счету, бесчетный; напр.: □ Bis zum Morgen gibt es noch unzählbar viele Minuten der Sicherheit (Seghers, »Das siebte Kreuz«) До утра остались еще неисчислимые минуты безопасности

vielerlei см. verschiedenartig

vielfach многократный

vielfach — mehrfach

vielfach индифф. синоним; напр.: vielfache Bitten многократные просьбы; ein vielfacher Meister im Tennis многократный чемпион по теннису; sein Name wird in diesem Zusammenhang vielfach genannt его имя упоминается в этой связи многократно □ Doch dieser Anzug lag wohlverpackt in einem vielfach verschnürten Koffer (Feuchtwanger, »Die Füchse«) Но этот костюм лежал в нераспакованном, плотно увязанном сундуке. In seinen Ohren hallte als vielfaches Echo das letzte Wort: »Nasenbluten...« (Noll, »Werner Holt«) В ушах его многократным эхом отдавалось: «Шланосомкровь...» **mehrfach** неоднократный; напр.: mehrfacher Meister im Tennis неоднократный чемпион по теннису; mehrfacher Aktivist передовик производства, неоднократно награжденный нагрудным знаком «Активист» (в ГДР); mehrfaches Echo многократное эхо; mehrfache Bemerkungen, Hinweise неоднократные замечания, указания; er ist in diesem Jahr mehrfach aufgetreten он неоднократно [не раз] выступал в этом году

vielfältig см. verschiedenartig

Vielfraß обжора

der Vielfraß — der Nimmersatt — der Fresser — der Gierschlund — der Freßsack

Vielfraß индифф. синоним; напр.: er war ein Vielfraß он был обжорой □ Denn sein fremder Vetter hatte die Frucht ganz allein beendet. »Wenn ich aber noch eine anfange?« fragte er sogar. »Vielfraß«, äußerte Henri von Valois... (H. Mann, »Die Jugend«) Потому что его двоюродный брат, чужеземец, один прикончил свою дыню. «А что если я начну еще одну?» — спросил он даже. «Обжора», — заявил Генрих Валуа. **Nimmersatt** разг. ненасытный; напр.: er ist ein rechter Nimmersatt он просто ненасытный. **Fresser** груб. ≅ Vielfraß; напр.: er ist ein großer Fresser он большой обжора □ Ein Apfel vom Baum der Erkenntnis! Er stopft ihn schon hinein. Er ist ewig verdammt, aber er muß hin hineinstopfen, ein unglücklicher Fresser! (Brecht, »Das Leben des Galilei«) Яблоко с древа познания! Он уже вгрызается в него. Он проклят навеки, и все же он должен сглодать его, злосчастный обжора! **Gierschlund** разг. неодобр. ≅ Vielfraß, но подчеркивает жадность, с которой поглощает пищу прожорливый человек; напр.: er ist der реинст Gierschlund он попросту обжора!; so ein Gierschlund! ну и обжора! **Freßsack** бран. прорва; напр.: du Freßsack! утроба твоя ненасытная!

vielleicht может быть

vielleicht — eventuell — vermutlich — wahrscheinlich — voraussichtlich — möglicherweise — hoffentlich — mutmaßlich

vielleicht индифф. синоним; напр.: vielleicht kommt er noch может быть, он еще придет; ich habe mich vielleicht geirrt я, может быть, ошибся; vielleicht hast du auch recht может быть, ты и прав □ Vielleicht ist ihr etwas passiert. Vielleicht ist sie bewußtlos. Vielleicht ist gerade jetzt das Haus eingestürzt. Vielleicht ist sie tot (Remarque, »Zeit zu leben«) Может быть, с ней что-нибудь случилось. Может быть, она без сознания. Может быть, в эту минуту обвалился дом. Может быть, она мертва. Vielleicht hatte Wally es gar nicht so boshaft gemeint (Weiskopf, »Abschied vom Frieden«) Возможно, Валли сказала это без злого умысла. eventuell [-v-] возможно (при определенных обстоятельствах, пожалуй; напр.: ich würde ihn eventuell empfehlen я, пожалуй, рекомендовал бы его; ich rufe eventuell vorher an я, пожалуй, предварительно позвоню □ Glaubst du, daß es von Schaden wäre, wenn ich mich an diesen Gelusich wendete (natürlich ganz vorsichtig), um ihn eventuell als Mittelsmann... zu verwenden? (Weiskopf, »Abschied vom Frieden«) Ты думаешь, что это повредит делу, если я обращусь (конечно, с величайшей осторожностью) к этому самому Гелузнчу, чтобы при случае использовать его как посредника? vermutlich предположительно; напр.: vermutlich wird er morgen kommen можно предположить, что он завтра придет; vermutlich wird es auch so sein по всей вероятности, так и будет ...den Reportern erzählte Hannsjörg, vermutlich habe Herr Tischler den Hellseher mißverstanden (Feuchtwanger, »Lautensack«) ...репортерам Гансйорг объяснил, что господин Тишлер, очевидно, не понял ясновидящего. Das Ehepaar hinten bleibt stehen, hat vermutlich Angst, in eine Rauferei verwickelt zu werden (Feuchtwanger, »Erfolg«) Супружеская чета, идущая сзади, останавливается, видимо, боясь оказаться впутанной в драку. wahrscheinlich вероятно; напр.: wahrscheinlich ist niemand zu Hause вероятно, никого нет дома; es ist durchaus wahrscheinlich, daß... вполне вероятно, что...; er wird wahrscheinlich nicht mehr kommen он, вероятно, уже не придет; aber das sieht wenig wahrscheinlich aus но это кажется маловероятным □ Vielleicht war die Abwehr nur dazu da, um überwunden zu werden? Wahrscheinlich war sie nur dazu da. Sicher sogar. (Weiskopf, »Lissy«) Может быть, она сопротивляется только для того, чтобы сопротивление было преодолено? Вероятно, только для этого. Несомненно! Dabei ist der Zwischenfall wahrscheinlich schon beigelegt (Feuchtwanger, »Exil«) К тому же инцидент, вероятно, уже улажен. voraussichtlich по-видимому подчеркивает, что что-л. легко предвидеть, что-л. предполагается с достаточной уверенностью; напр.: er trifft voraussichtlich am Montag ein он, по-видимому, прибудет в понедельник. möglicherweise возможно, напр.: möglicherweise treffe ich ihn unterwegs возможно, я встречу его по дороге; er kommt möglicherweise heute abend zu mir возможно, он придет ко мне сегодня вечером. hoffentlich надо надеяться; напр.: hoffentlich bist du gut aufgelegt ты, надеюсь, в хорошем настроении □ «Sag, du hast noch Chorprobe!« Sie überlegte wieder. »Gut«, sagte sie. »Hoffentlich glaubt sie's!« (Noll, »Werner Holt«) «Скажи, что у тебя спевка!» Она колебалась. «Хорошо, — сказала она, — надеюсь, она поверит». mutmaßlich книжн. редко по предположениям, как предполагают; напр.: es waren mutmaßlich drei Teilnehmer предполагают, что было три участника; die Unglücksstelle befand sich mutmaßlich in 600 Meter Tiefe место, где произошел несчастный случай, находилось, как предполагают, на глубине шестисот метров □ Herr Gosch war ebenfalls noch Kurgast, gleich einigen wenigen Leuten... die jetzt mutmaßlich ihr Schläfchen vor der Table d'hote hielten (Th. Mann, »Buddenbrooks«) Господин Гош тоже был запоздалым курортным гостем, подобно немногим другим... которые, видимо, сейчас спали перед табльдотом

vielsagend см. bedeutsam
Viktualien см. Lebensmittel
Villa см. Einfamilienhaus
Violine см. Geige
virtuell см. scheinbar
Visage см. Gesicht I
Vision см. Erscheinung [1]
Visite см. Besuch [1]
vogelfrei см. rechtlos
Vogelhaus см. Käfig
Vokabel см. Wort [1]
Voliere см. Käfig
volkstümlich см. beliebt
voll [1] полный (вместивший в себя много чего-л.)
voll — übervoll — vollgestopft — vollgepfercht — vollgepfropft — proppenvoll — gerüttelt
voll индифф. синоним; напр.: ein voller Bus, Saal полный автобус, зал, diese Inszenierung brachte dem Theater immer ein volles Haus когда шла эта постановка, театр был всегда переполнен □ Er ging hinaus durch die vollen Straßen, zwischen den Menschen herum (Seghers, »Das siebte Kreuz«) Он зашагал по шумным улицам, полным людей. **übervoll** переполненный; напр.: ein übervoller Zug переполненный поезд; ein übervolles Kaufhaus, Theater переполненный магазин, зрительный зал театра; der Raum war übervoll von Möbeln помещение было до отказа забито мебелью. **vollgestopft**, **vollgepfercht**, **vollgepfropft** разг. битком набитый; напр.: Der Wagen, zuerst nur mäßig besetzt, wurde nach der dritten Station bei einer Fabrik vollgestopft (Seghers, »Das siebte Kreuz«) В вагоне было сначала довольно свободно, но на третьей остановке, возле какой-то фабрики, пассажиры набились битком. In Freiburg war der Wartesaal des Bahnhofs geheizt und wie überall mit Menschen vollgepfercht (Noll, »Werner Holt«) Во Фрейбурге зал ожидания был натоплен и, как и всюду, битком набит народом. Die winkligen Zimmer waren mit Menschen vollgepfropft (Weiskopf, »Abschied vom Frieden«) Угловые комнаты были переполнены. **proppenvoll** разг., чаще сев.-нем. набитый до отказа; напр.: proppenvolle Abteile, Straßenbahnen набитые до отказа купе, трамваи; der Zug ist proppenvoll поезд набит до отказа. **gerüttelt** разг. ≅ voll, но чаще употр. архаизированно в народно-поэтической речи тк. в определенных сочетаниях, особенно в ein gerüttelt Maß полнехонький; напр.: gerüttelt voll битком набитый; sie hatte ein gerüttelt Maß Schuld daran в этом была большая доля ее вины □ Auch ich kann nicht wissen, was dieses Leben für ihn bereithält, aber es wird ein gerüttelt Maß sein, dessen bin ich gewiß (Krüger, »Malt, Hände, malt«) И я не могу знать, что эта жизнь ему уготовит, но она будет полна всего, в этом я уверен

voll [2] полный (наполненный доверху, до краев, до отказа)
voll — randvoll — prall(voll) — übervoll
voll индифф. синоним; напр.: ein voller Eimer, Topf полное ведро, полная кастрюля; ein volles Glas полный стакан; ein voller Schrank, Kasten, Koffer полный шкаф, ящик, чемодан; eine volle Tasche полная сумка □ Sie lachte und packte meinen Teller voll (Remarque, »Drei Kameraden«) Смеясь, она наложила мне тарелку с верхом. »Weiß ich«, sagte ich und goß ein Glas voll ein (ebenda) «Знаю», — ответил я и налил полную рюмку. Zu Holts Geburtstag am 11. Januar erschien Onkel Franz mit einem Koffer voller Wäsche, Hemden, Krawatten, Schuhe (Noll, »Werner Holt«) В день рождения Хольта, одиннадцатого января, явился дядя Франц с полным чемоданом белья, рубашек, галстуков и обуви. Mutter hat Waschkörbe voll von Briefen (Brecht, »Das Leben des Galilei«) Даже бельевые корзины моей матери уже полны писем. **randvoll** полный до краев; напр.: ein randvoll gefülltes Gefäß наполненный до краев сосуд; die Hefte waren randvoll von Notizen тетради были испещрены записями □ Henning hatte sich einen kräftigen Schluck, der Blonden aber die große Schwenkschale randvoll eingeschenkt (Noll, »Werner Holt«) Себе

VOLL

Хеннинг налил изрядно, а блондинке наполнил до краев большую рюмку. Ottilie stand am Kaffeetisch und setzte den randvollen Tassen weiße Mützchen von Schlagsahne auf (*Weiskopf*, »*Abschied vom Frieden*«) Оттилия стояла около стола и украшала полные доверху кофейные чашки белыми шапочками из взбитых сливок. **prall(voll)** (туго) набитый; *напр.*: eine pralle [prall gefüllte] Aktentasche туго набитый портфель; ein prallvoller Sack (туго) набитый мешок. **übervoll** переполненный; *напр.*: eine übervolle Schale переполненная чаша

voll[3] *см.* dick [1]/betrunken
voll[4]: voll und ganz *см.* ganz [1]
volladen *см.* laden I [1]
vollbringen *см.* leisten [1]
vollenden *см.* beenden
vollendet *см.* vollkommen [1]
vollführen *см.* leisten [1]
vollgepfercht *см.* voll [1]
vollgepfropft *см.* voll [1]
vollgestopft *см.* voll [1]

völlig[1] полный, совершенный
völlig — restlos — gänzlich — absolut — vollkommen — vollständig

völlig *индифф. синоним; напр.*: völlige Windstille полный штиль, полное безветрие; völlige Einigung [Übereinstimmung] erzielen добиваться полной согласованности; er ließ ihm völlige Freiheit in der Entscheidung он предоставил ему полную свободу принимать решения; er ist noch ein völliges Kind он еще совершенный ребенок □ Für Mettenheimer bestand das Bestürzende in dem unerklärlichen Widerspruch zwischen hartnäckiger Verfolgung und völliger Gleichgültigkeit (*Seghers*, »*Das siebte Kreuz*«) Для Меттенгеймера самое страшное заключалось в необъяснимом противоречии между упорством, с которым велось преследование и полным равнодушием. Zur völligen Beruhigung Ihres Gewissens, Maybaum, einverstanden?... Ja? (*Weiskopf*, »*Abschied vom Frieden*«) Для полного успокоения вашей совести, Майбаум, согласны?... Да? **restlos** ≃ völlig, но употр. тк. по отношению к абстрактным понятиям; *напр.*: restlose Klarheit, Zustimmung полная ясность, полное согласие; restloses Vertrauen полное доверие; seine restlose Offenheit verblüffte mich его полная откровенность ошеломила меня. **gänzlich** полный, законченный; *напр.*: er ist eine gänzliche Null он полное ничтожество; die gänzliche Aussöhnung полное [окончательное] примирение. **absolut** абсолютный; *напр.*: absolute Zuverlässigkeit полная надежность; absolute Windstille полный штиль; etw. mit absoluter Sicherheit sagen сказать что-л. с абсолютной уверенностью; der Kranke braucht absolute Ruhe больной нуждается в абсолютном покое; das ist absoluter Unsinn! это абсолютная бессмыслица! **vollkommen** ≃ völlig; *напр.*: eine vollkommene Niederlage полное поражение; eine vollkommene Einigung erzielen достичь полной согласованности; vollkommene Sicherheit gewährleisten гарантировать полную безопасность; sie ist noch ein vollkommenes Kind она еще совершеннейший ребенок □ Er dachte in einer neuen, ganz vollkommenen Dunkelheit: ob jemand von früher sich meiner erinnert? (*Seghers*, »*Das siebte Kreuz*«) Среди уже непроницаемой, окончательной темноты он продолжал думать: помнит ли еще обо мне кто-нибудь из прежних? **vollständig** ≃ völlig, но чаще употр. по отношению к абстрактным понятиям; *напр.*: vollständige Ruhe, Einsamkeit полный покой, полное одиночество; er ließ ihm vollständige Freiheit er предоставил ему полную свободу □ Diese träumerische Schwäche, dieses Weinen, dieser vollständige Mangel an Frische und Energie... (*Th. Mann*, »*Buddenbrooks*«) Эта мечтательная расслабленность, эта плаксивость, это полное отсутствие бодрости и энергии. Er lief stundenlang herum in einer vollständigen Dunkelheit (*Seghers*, »*Das siebte Kreuz*«) Долгие часы бродил он по улицам среди полного мрака. Połdi seufzte und ließ die Arme schlaff sinken — ein Bild vollständiger Resignation (*Weiskopf*, »*Abschied vom Frieden*«) Польди печально вздохнул и уронил руки, являя собой картину полной покорности судьбе

völlig[2] *см.* ganz [2]
volljährig *см.* mündig
vollkommen[1] совершенный (*обладающий совершенством, полнотой достоинств*)
vollkommen — vollendet

vollkommen *индифф. синоним; напр.*: ein vollkommenes Gedicht, Kunstwerk совершенное стихотворение, произведение искусства; die vollkommene Schönheit dieser Blüte, ihrer Figur совершенная красота этого цветка, ее фигуры; keiner ist vollkommen никто не совершенен □ ...und die Tat Maria Stuarts ist vielleicht eines der vollkommensten Beispiele dieser Art Verbrechen, die nicht von einem Menschen selbst, sondern in seiner Hörigkeit von einem andern, stärkeren Willen getan werden (*St. Zweig*, »*Maria Stuart*«) ...и деяние Марии Стюарт — быть может, один из самых ярких случаев преступления, совершенного не по личному почину, а под давлением чужой, более сильной воли. **vollendet** совершенный, законченный *подчеркивает высокую степень мастерства, владения каким-л. искусством и т. п.; напр.*: eine vollendete Hausfrau безупречная домашняя хозяйка; ein vollendeter Redner, Schauspieler превосходный оратор, законченный актер; sein vollendetes Klavierspiel его совершенная игра на рояле; man hört selten eine so vollendete Wiedergabe dieser Sinfonie редко можно услышать такое совершенное исполнение этой симфонии □ Kaum je zu einer Zeit wurde so eindringlich nicht nur bei den Männern von Stande, sondern auch bei den Edelfrauen... auf vollendete Erziehung geachtet (*St. Zweig*, »*Maria Stuart*«) Пожалуй, никогда еще не уделялось столько внимания безукоризненному воспитанию не только мужчин высшего сословия, но и женщин-дворянок. Es ist, als wollte sie auch als Frau in einer letzten Eitelkeit für alle Zeiten das Vorbild geben, wie vollendet eine Königin auch dem Schafott entgegenzuschreiten hat (*ebenda*) Можно подумать, что и как женщина в последней вспышке кокетства она хотела оставить на все времена пример того, каким венцом совершенства должна быть королева, идущая на эшафот

vollkommen[2] *см.* ganz [1]/völlig [1]
Vollmacht *см.* Berechtigung
vollpacken *см.* laden I [1]
vollschlank *см.* dick [1]
vollschmieren, sich *см.* beschmieren, sich
vollständig *см.* ganz [1]/völlig [1]
vollstopfen *см.* füllen
vollstrecken *см.* leisten [1]
vollwertig *см.* gut [1]
vollziehen *см.* leisten [1]
vollziehen, sich *см.* geschehen/verlaufen [1]
Volontär *см.* Lehrling [1]
Volumen *см.* Umfang [1]
von allein(e) *см.* freiwillig
von Grund auf *см.* ganz [1]
von hohem Wuchs *см.* groß [2]
vonnöten *см.* nötig
von selbst *см.* freiwillig
von sich aus *см.* freiwillig
vonstatten gehen *см.* stattfinden
von Zeit zu Zeit *см.* manchmal
vorahnen *см.* voraussehen
Vorahnung *см.* Vorgefühl
vor allem *см.* besonders [1]
vor alters *см.* früher I
vorangehen *см.* vorhergehen
vorankommen продвигаться, развиваться

vorankommen — vorwärtskommen — fortkommen — fortschreiten — vorschreiten — blühen — voranschreiten — gedeihen — florieren — prosperieren

vorankommen *индифф. синоним; напр.*: diese Arbeit kommt gut voran эта работа хорошо продвигается; die Gespräche über dem Friedensvertrag sind gut vorangekommen переговоры о мирном договоре значительно продвинулись вперед; er wollte in seinem Beruf, in seinem Leben vorankommen он хотел преуспеть в своей профессии, в жизни. **vorwärtskommen** (успешно) двигаться вперед, преуспевать; *напр.*: er war im Leben, in seinem Beruf rasch, gut vorwärtsgekommen он быстро, хорошо преуспел в жизни, продвинулся в своей профессии; wir kommen mit unserer Arbeit nur langsam vorwärts наша работа продвигается медленно. **fortkommen, fortschreiten** ≅ **vorankommen**, *но употр. реже; напр.*: im Leben fortkommen преуспевать в жизни; sie sind mit ihrer Arbeit recht gut fortgekommen они довольно хорошо продвинулись в своей работе; der Bau des Hauses schritt schnell, langsam fort строительство дома шло быстро, медленно. **vorschreiten** продвигаться, прогрессировать (*тк. о работе*); *напр.*: die Arbeiten sind schon gut vorgeschritten работы уже хорошо продвинулись. **blühen** процветать; *напр.*: der Handel, die Industrie, die Kunst blüht торговля, промышленность, искусство процветает □ Ihr Geschäft blühte, sie hatten eine Niederlassung in Maulbronn (*Feuchtwanger, »Jüd Süß«*) Их дело процветало. У них было отделение в Маульбронне. Zu Göttingen blüht die Wissenschaft, Doch bringt sie keine Früchte (*Heine, »Der Tannhäuser«*) В Геттингене наука процветает, только плодов не приносит. Künste und Wissenschaften blühten wie bisher niemals unter diesem Himmel (*Feuchtwanger, »Die Jüdin von Toledo«*) Искусства и науки расцвели под этим небом, как никогда раньше. **voranschreiten** *высок.* успешно развиваться, прогрессировать; *напр.*: die Entwicklung schreitet unaufhaltsam, stürmisch voran развитие идет неудержимо, бурно; das Sowjetland schreitet zuversichtlich auf dem Wege des kommunistischen Aufbaus voran советская страна уверенно идет вперед по пути строительства коммунизма. **gedeihen** *высок.* хорошо развиваться; делать успехи, процветать; *напр.*: der Säugling gedeiht младенец (здоров и) хорошо развивается; die Firma gedeiht фирма процветает; das Werk gedeiht gut дело движется хорошо; die Verhandlungen sind weit gediehen переговоры далеко продвинулись; wie weit bist du mit deinen Studien gediehen? успешно ли идут твои занятия? **florieren** ≅ **gedeihen**, *но чаще употр. в деловой сфере*; *напр.*: das Geschäft, der Handel, die Industrie floriert дело, торговля, промышленность процветает; die Arbeit floriert работа идет очень успешно □ Sie sind auf den Tourismus angewiesen. Er floriert vor allem dank der einzigartigen Pflanzen- und Tierwelt (*ND 14.3.80*) Они зависят от туризма. А он процветает прежде всего благодаря неповторимому животному и растительному миру. **prosperieren** *книжн.* процветать (*об экономическом развитии*); *напр.*: die Wirtschaft prosperiert экономика процветает

voranschreiten *см.* vorankommen
voranstellen *см.* vorausschicken

vorantreiben продвигать, ускорять (*прилагать больше усилий для достижения чего-л.*)
vorantreiben — beschleunigen
vorantreiben *индифф. синоним*; *напр.*: die Entwicklung neuer Methoden vorantreiben ускорять развитие новых методов; die Arbeit, die Forschung vorantreiben ускорять [форсировать] работу, исследование; ihr habt den Bau mächtig vorangetrieben *разг.* вы здорово продвинули вперед строительство. **beschleunigen** ускорять *подчеркивает сокращение сроков наступления чего-л. за счет увеличения скорости*; *напр.*: die Abreise, die Arbeit, die Lieferung, das Tempo beschleunigen ускорять отъезд, работу, поставку, темп; die Wiederherstellung der Brücke beschleunigen ускорить восстановление моста; die Geschwindigkeit beschleunigen увеличить скорость □ Die längst eingeleiteten Verhandlungen werden scharf beschleunigt (*St. Zweig, »Maria Stuart«*) Давно начатые переговоры вдруг резко ускоряются. Wieder einmal... überlegte er, ob er die Heirat nicht beschleunigen sollte (*Feuchtwanger, »Die Füchse«*) Он снова стал размышлять... не ускорить ли ему женитьбу

vorausahnen *см.* voraussehen
voraussagen предсказывать
voraussagen — vorhersagen — prophezeien — wahrsagen — weissagen — unken — orakeln
voraussagen *индифф. синоним*; *напр.*: einen Erfolg, das Mißlingen voraussagen предсказать успех, неудачу; das Wetter voraussagen предсказывать погоду; einen Unfall voraussagen предсказать несчастный случай; alles kam so, wie ich es vorausgesagt hatte все случилось так, как я предсказывал □ Jetzt also ist der Ausgang des Prozesses entschieden. Hat es Oskar nicht vorausgesagt? (*Feuchtwanger, »Lautensack«*) Значит, исход процесса предрешен. Разве Оскар этого не предсказывал? Eigentlich seltsam, daß sie Mutter war! Das hätte man ihr vor zwei, drei Jahren voraussagen sollen! (*Weiskopf, »Lissy«*) Странно все-таки, что она мать! Если бы кто-нибудь предсказал ей это два-три года тому назад! **vorhersagen** предугадывать, сказать заранее; *напр.*: die Entwicklung der Ereignisse vorhersagen предугадывать [предсказывать] развитие событий; das ist schwer vorherzusagen трудно предсказать это. **prophezeien** пророчить; *напр.*: j-m ein Unheil prophezeien пророчить кому-л. несчастье, беду; j-m eine glänzende Laufbahn, eine große Zukunft prophezeien пророчить кому-л. блестящую карьеру, большое будущее; er hat ein Gewitter prophezeit он напророчил грозу □ Mit der gleichen Sicherheit, mit welcher Oskar bei den Präsidentenwahlen eine Niederlage vorausge-

sagt, prophezeite er für diese Reichstagswahlen den Sieg (*Feuchtwanger, »Lautensack«*) И с той же уверенностью, с которой Оскар предсказывал поражение на выборах президента, он пророчил победу на этих выборах в рейхстаг. **wahrsagen** предсказывать будущее, гадать (*тк. о предсказателе, прорицателе*); *напр.*: die Zukunft, Schlimmes wahrsagen предсказывать будущее, плохое [беду]; aus den Sternen wahrsagen предсказывать по звездам; aus Karten wahrsagen гадать на картах. **weissagen** *высок.* пророчествовать, предрекать; *напр.*: Unheil weissagen предрекать несчастье; Kassandra weissagte den Untergang Trojas Кассандра предрекала гибель Трои. **unken** *разг.* каркать; *напр.*: du sollst nicht ewig unken! не каркай вечно черным вороном! **orakeln** *разг. пренебр.* вещать (*с важным видом, загадочно и т. п.*); *напр.*: von einer goldenen Zukunft orakeln предвещать золотое будущее; jeder orakelte, was nun werden würde каждый гадал, что теперь будет

vorausschicken предпосылать
vorausschicken — voranstellen
vorausschicken *индифф. синоним*; *напр.*: der Berichterstatter schickte seinem Vortrag einige allgemeine Bemerkungen voraus докладчик предпослал своему докладу несколько общих замечаний; jedem Lied schickt der Künstler einige Erläuterungen voraus каждую песню артист предваряет краткими пояснениями. **voranstellen** ≅ **vorausschicken**, *но б. ч. употр. по отношению к написанному тексту*; *напр.*: einem Buch eine Einleitung, ein Vorwort, ein Motto voranstellen предпосылать книге введение, предисловие, эпиграф □ Er las noch einmal die Zeilen, die »Im Westen nichts Neues« vorangestellt waren (*Noll, »Werner Holt«*) Хольт снова перечел строки, предпосланные роману »На Западном фронте без перемен«

voraussehen предвидеть
voraussehen — vorhersehen — absehen — hellsehen — ahnen — vorahnen — denken — vorausahnen
voraussehen *индифф. синоним*; *напр.*: ein Ergebnis, eine Mißernte, ein Unheil voraussehen предвидеть результат, неурожай, беду; das war nicht vorauszusehen этого нельзя было предвидеть □ Hatte sie nicht vorausgesehen, daß sie das Zusammenleben mit ihm nicht werde ertragen können? (*Feuchtwanger, »Lautensack«*) Разве она не предвидела, что не сможет вынести совместную жизнь с ним? Freilich, ein Fiasko, wie er es erlitt, hatte auch Diederich nicht vorausgesehen (*H. Mann, »Untertan«*) И, разумеется, он потерпел такое фиаско, какого даже Дидерих не мог предугадать. **vorhersehen** ≅ **voraussehen**, *но употр. реже*; *напр.*: es war vorherzusehen, daß sich die Sache so

VORAUSSETZEN | 627 | VORBEUGUNG

entwickeln würde можно было предвидеть, что дело будет развиваться так □ Nein! Das, | Das hab ich nicht vorhergesehen (*Schiller*, »*Don Carlos*«) Нет! Я не мог предвидеть! (*Перевод Левика*) ...im Schach verlief ja doch immer alles anders als vorhergesehen (*Noll*, »*Werner Holt*«) ...в шахматах все получается совсем по-другому, чем задумано. **absehen** ≅ vorausgesehen, *но употр. по отношению к исходу, конечному результату какого-л. действия, состояния и т. п., часто в конструкции* etw. ist (nicht) abzusehen; *напр*.: das Ende, der Ausgang der Krankheit ist nicht abzusehen конец, исход болезни трудно предвидеть; die Folgen dieser Handlung sind nicht abzusehen трудно предвидеть последствия этого поступка; man kann absehen, wohin die Entwicklung führt можно предвидеть, как пойдет развитие □ Trotzdem ist es hart, von ihm abhängig zu sein, und leider ist gar nicht abzusehen, wann diese Anhänglichkeit enden wird (*Feuchtwanger*, »*Lautensack*«) И все-таки тяжело зависеть от него, и, к сожалению, трудно сказать, когда кончится эта зависимость. **hellsehen** обладать даром ясновидения ⟨тк в Inf.⟩; *напр*.: er kann hellsehen он обладает даром ясновидения. **ahnen** предчувствовать, предвидеть *подчеркивает интуитивность предвидения, догадки и т. п.; напр*.: im Unglück, eine Katastrophe, die Nähe des Todes ahnen предчувствовать несчастье, катастрофу, близость смерти; nichts Gutes ahnen чувствовать недоброе □ Maria kannte ihn gut genug, um seine wahren Motive zu ahnen (*Feuchtwanger*, »*Exil*«) Мария достаточно хорошо знала его, чтобы догадываться о его подлинных мотивах. **vorahnen** ≅ ahnen, *но подчеркивает, что предчувствие было задолго до действительного события; напр*.: ein Ereignis, Unheil vorausahnen предчувствовать событие, беду. **denken** думать, предполагать; *напр*.: das Schlimmste denken предполагать самое плохое; dachte ich's doch! я так и думал [знал]!, я так и предчувствовал!; wer hätte das gedacht! кто мог (это) ожидать [подумать]!; das habe ich mir gedacht! так я и думал! **vorausahnen** ≅ vorahnen, *часто разг.* знать наперед; *напр*.: ich ahne voraus, daß es schlecht enden wird я предчувствую, что это плохо кончится

voraussetzen *см.* vermuten
Voraussetzung¹ предпосылка
die Voraussetzung — die Bedingung
Voraussetzung *индифф. синоним*; *напр*.: eine wichtige, notwendige, unerläßliche Voraussetzung für etw. важная, необходимая, неизбежная предпосылка для чего-л.; die Voraussetzungen für etw. schaffen создавать предпосылки для чего-л.; das ist die unbedingte Voraussetzung für die Fahrt это непременная предпосылка для (осуществления) поездки □ Er selber hatte Oskar den Kredit geschaffen, der die Voraussetzung seines Triumphes war (*Feuchtwanger*, »*Lautensack*«) Он сам создал доверие к Оскару, которое было предпосылкой этого триумфа. Natürlich unter der Voraussetzung, daß die Arsenale des Königs uns Waffen zu günstigen Bedingungen herausgeben... (*Feuchtwanger*, »*Die Füchse*«) Конечно, только в том случае, если королевские арсеналы дадут нам оружие на льготных условиях. **Bedingung** условие; *напр*.: eine unerläßliche Bedingung необходимое условие; Bedingung dafür ist, daß... условием для этого является то, чтобы...; ich beteilige mich daran unter der Bedingung, daß... я приму в этом участие при условии, что...; unter gewissen Bedingungen ist das möglich при определенных условиях это возможно

Voraussetzung² *см.* Vermutung
Voraussicht *см.* Vorsorge
voraussichtlich *см.* vielleicht
Vorauszahlung *см.* Vorschuß
vorbauen *см.* vorbeugen
vorbedacht *см.* absichtlich
Vorbedeutung *см.* Vorzeichen
Vorbehalt *см.* Einschränkung
vorbehalten, sich *см.* sichern
vorbeigehen¹ проходить мимо
vorbeigehen — vorübergehen — passieren
vorbeigehen *индифф. синоним*; *напр*.: an einem Haus vorbeigehen проходить мимо дома; er ging an mir vorbei, ohne mich zu grüßen он прошел мимо меня, не поздоровавшись □ Wenn man täglich an jemandem vorbeigeht, sollte man eigentlich wissen, wer es ist (*Feuchtwanger*, »*Erfolg*«) Если ежедневно проходишь мимо кого-нибудь, следовало бы, собственно, знать, кто это. **vorübergehen** = vorbeigehen; *напр*.: an einem Haus, an einem Bekannten vorübergehen проходить мимо дома, мимо знакомого; der Schaffner ist soeben an unserem Abteil vorübergegangen проводник только что прошел мимо нашего купе □ Er lächelte den jungen Mädchen in Reifröcken zu und zugleich auch einer seiner Nichten und Meta Harnisch, die vorübergingen (*H. Mann*, »*Untertan*«) Он улыбнулся девушкам в кринолинах и одновременно одной из своих племянниц, и Мете Гарниш, проходившим мимо. An diesem Haus waren Krieg und Zusammenbruch so gut wie spurlos vorübergegangen (*Noll*, »*Werner Holt*«) Война и разруха словно прошли мимо, не коснувшись этого дома. **passieren** проходить мимо (не задерживаясь, не останавливаясь) *употр. тж. и по отношению к средствам транспорта*; *напр*.: der Pförtner ließ uns passieren вахтер разрешил нам пройти; die Fahrzeuge passierten die Unglücksstelle автомашины проезжали мимо места катастрофы; der Zug passierte die Station, ohne anzuhalten поезд прошел станцию, не останавливаясь □ Man hatte den Ort Starnberg passiert (*Feuchtwanger*, »*Erfolg*«) Они проехали местечко Штарнберг. Er durchschritt das Siegestor, passierte die Universität (*ebenda*) Он прошел под Триумфальной аркой, миновал университет

vorbeigehen² *см.* besuchen/vergehen¹
vorbeikommen *см.* besuchen
vorbereiten *см.* bereiten²
vorbeugen предотвращать, предупреждать (что-л.)
vorbeugen — verhüten — vorbauen
vorbeugen (D) *индифф. синоним*; *напр*.: einer Krankheit vorbeugen предупреждать болезнь; einem Verbrechen, einer Gefahr vorbeugen предупреждать [предотвращать] преступление, опасность; einer militärischen Auseinandersetzung vorbeugen предотвращать военное столкновение; vorbeugen ist leichter als heilen *погов.* предупредить болезнь легче, чем лечить ее □ ...und er flüsterte bebend: »Verehrter Herr Bürgermeister, es liegt mir daran, Mißverständnissen vorzubeugen« (*H. Mann*, »*Untertan*«) ...и дрожащим голосом зашептал: «Почтеннейший господин бургомистр, я хотел бы предупредить возможные недоразумения». **verhüten** (A) предотвращать, не допускать; *напр*.: ein Unglück, eine Katastrophe, einen Unfall verhüten предотвращать несчастье, катастрофу, несчастный случай; eine weitere Ausbreitung der Seuche konnte verhütet werden дальнейшее распространение эпидемии удалось предотвратить □ Er nahm ein Schlafmittel... und ein Pyramidon, um zu verhüten, daß er des Morgens mit Kopfschmerzen aufwache (*Feuchtwanger*, »*Exil*«) Он принял снотворное... и таблетку пирамидона, чтобы проснуться завтра без головной боли. Er mußte diesen Feldzug verhüten (*Feuchtwanger*, »*Die Jüdin von Toledo*«) Он должен был предотвратить этот поход. Er hat einfach die Pflicht, zu verhüten, daß Unheil entsteht, wenn er selber erst aus Paris fort... ist (*Feuchtwanger*, »*Exil*«) Его прямой долг — принять меры и не допустить, чтобы случилась беда, когда его самого... уже не будет в Париже. **vorbauen** (D) *разг.* ≅ vorbeugen; *напр*.: einem Mißbrauch, einem Mißverständnis vorbauen предупреждать злоупотребление, недоразумение

Vorbeugung предупреждение, предотвращение
die Vorbeugung — die Verhütung — die Vorkehrung
Vorbeugung *индифф. синоним*; *напр*.: Impfungen zur Vorbeugung gegen eine Grippeepidemie прививки для предупреждения эпидемии гриппа;

Maßnahmen zur Vorbeugung gegen Unwetterschäden меры по предотвращению разрушительных последствий бури; das beste Mittel zur Vorbeugung gegen Erkältung sind Sport und Vitamine лучшим средством предупреждения простуды являются спорт и витамины. **Verhütung** предотвращение; *напр.*: die rechtzeitige Verhütung eines Unglücks, einer Katastrophe, einer Krankheit своевременное предотвращение несчастья, катастрофы, болезни; die Verhütung der weiteren Ausbreitung der Seuche предотвращение дальнейшего распространения эпидемии. **Vorkehrung** *б. ч. мн.* предупреждающая мера, мера предосторожности, защиты *и т. п.*; *напр.*: Vorkehrungen treffen принимать меры (предосторожности); die Vorkehrungen der Polizei waren nicht ausreichend меры, принятые полицией, были недостаточны □ Sie trafen über das Schachbrett weg alle nötigen Vorkehrungen (*Seghers, »Das siebte Kreuz«*) Склонившись над шахматной доской, они обсудили все необходимые меры
Vorbild образец (для подражания), пример

das **Vorbild** — das **Beispiel** — das **Muster**

Vorbild *индифф. синоним*; *напр.*: ein Vorbild an Tapferkeit, an Großzügigkeit, an Fleiß образец мужества, великодушия, прилежания; ein leuchtendes Vorbild яркий образец; sich ein Vorbild wählen выбрать себе пример (для подражания); einem Vorbild nacheifern, nachstreben следовать, подражать примеру □ Er hatte blind das Vorbild der andern befolgt, gelacht, wann sie lachten, applaudiert, wann sie applaudierten (*Feuchtwanger, »Die Füchse«*) Он слепо следовал примеру остальных — смеялся, когда все смеялись, и аплодировал, когда все аплодировали. Müller war nächst dem Vater sein Vorbild gewesen... (*Noll, »Werner Holt«*) Мюллер наряду с отцом служил ему примером... **Beispiel** пример; *напр.*: j-n als Beispiel hinstellen ставить кого-л. в пример (другим); sich an j-m ein Beispiel nehmen брать пример с кого-л. **Muster** образец; *напр.*: ein Muster echter Freundschaft образец настоящей дружбы; ein Muster einer guten Hausfrau образец хорошей домашней хозяйки, образцовая хозяйка; ein Muster an j-m nehmen брать пример с кого-л.; j-n als Muster hinstellen wollen хотеть поставить кого-л. в пример
vorbildlich образцовый

vorbildlich — **musterhaft** — **mustergültig** — **beispielhaft** — **klassisch**

vorbildlich *индифф. синоним*; *напр.*: ein vorbildlicher Mensch, Lehrer, Arzt образцовый человек, учитель, врач; ein vorbildlicher Mitarbeiter образцовый во всех отношениях сотрудник; eine vorbildliche Ordnung, Arbeitsorganisation, Erziehung образцовый порядок, образцовая организация работы, образцовое воспитание; die Leistungen des Schülers sind vorbildlich успехи ученика являются образцовыми; er führt ein vorbildliches Familienleben он образцовый семьянин; sie arbeitet vorbildlich она работает образцово. **musterhaft** ≅ vorbildlich, *но употр. несколько реже, иногда ирон.*; *напр.*: ein musterhaftes Verhalten образцовое поведение; eine musterhafte Ordnung образцовый порядок; eine musterhafte Hausfrau образцовая хозяйка дома; der Kollektivgeist der Mannschaft war musterhaft дух коллективизма в команде был образцовым; er hat sich musterhaft benommen он вел себя образцово □ Ihr Gut ist musterhaft verwaltet (*Feuchtwanger, »Erfolg«*) Хозяйство в ее поместье поставлено образцово. Gott sei Dank, Sie sind musterhaft ruhig, Fräulein Inken (*Hauptmann, »Vor Sonnenuntergang«*) Слава богу, что вы образец спокойствия, фрейлейн Инкен. **mustergültig** ≅ vorbildlich, *но подчеркивает безукоризненность, безошибочность чего-л.*; *не употр. по отношению к лицам*; *напр.*: eine mustergültige Arbeit, Ordnung образцовая работа, образцовый порядок; sein Benehmen ist mustergültig его поведение является образцовым. **beispielhaft** примерный; *напр.*: eine beispielhafte Ordnung, Initiative примерный порядок, инициатива, достойная подражания; sich beispielhaft benehmen вести себя примерно. **klassisch** классический *характеризует что-л. как находящееся на уровне совершенного (классического) образца*; *напр.*: ein klassisches Beispiel echter Freundschaft классический пример настоящей дружбы; eine klassische Formulierung классическая формулировка; er spricht ein klassisches Französisch он говорит на образцовом французском языке
Vorbote предвестник

der **Vorbote** — der **Verkünder** — der **Künder**

Vorbote *индифф. синоним*; *напр.*: der Vorbote des Sturms предвестник бури; der Vorbote einer günstigen Wendung предвестник благоприятного поворота [перемены к лучшему]; Schneeglöckchen sind Vorboten des Frühlings подснежники — предвестники весны. **Verkünder** провозвестник; *напр.*: □ Er war der Prophet, der Verkünder eines neuen Gottes, einer neuen Welt (*Feuchtwanger, »Lautensack«*) Он был пророком, провозвестником нового бога, нового мира. **Künder** *высок.* ≅ Verkünder; *напр.*: der Künder einer besseren Zukunft провозвестник лучшего будущего; der Dichter wird zum Künder des Neuen поэт становится провозвестником нового

vorbringen *см.* sagen [1]

vordrängen (, sich) *см.* drängen (, sich)

voreilig *см.* unüberlegt [1]

vor einer Weile *см.* neulich

voreingenommen предвзятый, предубежденный

voreingenommen — **parteiisch** — **befangen**

voreingenommen *индифф. синоним*; *напр.*: eine voreingenommene Meinung предвзятое мнение; ein voreingenommener Mensch предубежденный человек; seine voreingenommene Haltung ändern изменить свое предвзятое отношение; er ist gegen den neuen Mitarbeiter voreingenommen он относится к новому сотруднику с предубеждением □ Paul Theveneau war nicht der rechte, er war voreingenommen wie er selber (*Feuchtwanger, »Die Füchse«*) Поль Тевено отпадал, он был таким же заинтересованным лицом, как сам Пьер. ...dann müsse sie (*die Regierung des Königs*) ihn endlich auch befreien von der »Rüge«, die ein voreingenommenes Gericht ihm aufgedrückt habe (*ebenda*) ...тогда оно (*правительство короля*) должно в конце концов снять с этого человека «порицание», вынесенное ему лицеприятным судом. Über Nacht ist ein Wunder geschehen, aus Saulus ein Paulus geworden, aus dem entrüsteten, empörten, scharf gegen sie voreingenommenen Richter Norfolk Maria Stuarts eifrigster Helfer und Partisan (*St. Zweig, »Maria Stuart«*) Неожиданно свершилось чудо, Савл обратился в Павла, возмущенный, негодующий Норфолк, судья, заранее восстановленный против нее, стал ревностным защитником и доброжелателем Марии Стюарт. **parteiisch** пристрастный, необъективный; *напр.*: eine parteiische Einstellung, Haltung пристрастное отношение, необъективная позиция; ein parteiischer Kritiker пристрастный критик; einen Richter, einen Schöffen als parteiisch ablehnen дать отвод судье, судебному заседателю из-за необъективности □ Kaum hat Maria Stuart sich leichtfertigerweise die Zustimmung zu dem »unparteiischen Schiedsgericht« abringen lassen, so setzt die englische Regierung schon alle Machtmittel ein, um das Verfahren zu einem parteiischen zu machen (*St. Zweig, »Maria Stuart«*) Как только Мария Стюарт неосмотрительно дала исторгнуть у себя согласие на «нелицеприятный третейский суд», английское правительство пустило в ход все имеющиеся у него средства власти, чтобы сделать разбирательство лицеприятным. **befangen** a) ≅ voreingenommen; *напр.*: ein befangener Kritiker предубежденный критик; ein befangenes Urteil предвзятое суждение; einer neuen Kunstauffassung befangen gegenüberstehen относиться с предубеждением к новому взгляду на искусство; b) ≅ parteiisch

VOREINGENOMMENHEIT

часто употр. по отношению к судопроизводству, следствию и т. п.; напр.: ein befangener Richter, Sachverständiger пристрастный [заинтересованный в исходе дела] судья, эксперт

Voreingenommenheit см. Vorurteil
vorenthalten см. verbergen¹
vorerst см. zuerst ¹,²
Vorfahr см. Ahn
Vorfall см. Ereignis
vorfallen см. geschehen
vorführen см. zeigen¹
Vorführung см. Vorstellung²
Vorgang см. Ereignis
Vorgänger см. Vorläufer
vorgaukeln см. vortäuschen
vorgeben см. vorschützen
vorgeblich см. scheinbar
Vorgefühl предчувствие, предвкушение
das **Vorgefühl** — die **Vorahnung**
Vorgefühl индифф. синоним; напр.: ein (un)bestimmtes, merkwürdiges Vorgefühl (не)определенное, странное предчувствие; im Vorgefühl des Glücks, des Sieges в предчувствии счастья [предчувствуя счастье], предвкушая победу; im Vorgefühl von etwas Bösem в предчувствии недоброго; im Vorgefühl eines frohen Ereignisses предвкушая радостное событие; ein sonderbares, eigenartiges Vorgefühl haben иметь странное, своеобразное предчувствие. **Vorahnung** (смутное) предчувствие (обыкн. недоброе); напр.: ich hatte eine Vorahnung, daß dies geschehen würde у меня было предчувствие, что так случится □ Aber die unbestimmte Vorahnung einer nahenden Katastrophe, die Alexander in sich fühlte, wurde durch die Heiterkeit dieser Umgebung nicht gemildert, sondern verstärkt (*Weiskopf, »Abschied vom Frieden«*) Но атмосфера веселья, царившая вокруг, не ослабила, а, наоборот, укрепила смутное предчувствие близкой катастрофы, не оставлявшее Александра
vorgehen см. bekämpfen/geschehen/handeln I
vorgeschrieben предписанный
vorgeschrieben — **verordnet**
vorgeschrieben индифф. синоним; напр.: die vorgeschriebenen Bedingungen, Preise предписанные условия, цены; den vorgeschriebenen Weg einhalten придерживаться предписанного маршрута; sich bei einem Medikament an die vorgeschriebene Dosis, Menge halten при употреблении лекарства придерживаться указанной дозы, предписанного количества; es ist vorgeschrieben, es so zu machen предписано делать это так; der Fahrer überschritt die vorgeschriebene Höchstgeschwindigkeit водитель превысил разрешенную максимальную скорость □ Sie erklärte ihm, das Bier habe genau die vorgeschriebene Temperatur (*Feuchtwanger, »Erfolg«*) Она объяснила ему, что пиво имеет как раз предписанную температуру. **verordnet** a) ≅ vorgeschrieben (*часто о медицинских назначениях*); напр.: die verordnete Kost, Bettruhe einhalten соблюдать предписанную диету, постельный режим; b) *устаревает* ≅ vorgeschrieben, но подчеркивает, что что-л. предписано официальным, служебным предписанием, какими-л. указаниями и т. п.; напр.: die verordneten Maßnahmen меры, о принятии которых было отдано служебное распоряжение; es ist verordnet, daß... есть постановление, что...

Vorgesetzter начальник
der **Vorgesetzte** — der **Vorsteher** — das **Haupt** — das **Oberhaupt** — der **Chef**
Vorgesetzter индифф. синоним; напр.: ein korrekter, strenger Vorgesetzter корректный, строгий начальник; mein direkter, unmittelbarer Vorgesetzter мой прямой, непосредственный начальник; dieser Vorgesetzte ist (un)beliebt этого начальника (не) любят □ Lissy hatte einen Vorgesetzten in der Achtung der Untergebenen herabgesetzt (*Weiskopf, »Lissy«*) Лисси подорвала авторитет начальника в глазах подчиненных. **Vorsteher** *устаревает* руководитель (*чаще возглавляющий коллегиальный орган правления*), начальник (*в определенных сферах производства, обслуживания*); напр.: der Vorsteher einer Schule, einer Gemeinde руководитель школы, общества (кружка); der Vorsteher eines Büros, einer Station начальник бюро, станции □ Sie wußte besser mit den Beamten umzugehen, auch war der Vorsteher ein alter Bekannter, und Fromeyer schämte sich, ihm jetzt zu begegnen (*Weiskopf, »Lissy«*) Она лучше умела разговаривать с чиновниками, к тому же председатель комитета был его старый знакомый, и Фромайеру стыдно было теперь встречаться с ним. **Haupt** *высок.* глава; напр.: das Haupt der Familie, der Kirche глава семьи, церкви; das Haupt der Delegation глава делегации; das Haupt einer Clique главарь клики; die Häupter der Stadt городские власти; das Haupt der Verschwörung глава заговора. **Oberhaupt** *высок.* (верховный) глава; напр.: das Oberhaupt der Familie, des Staates, einer Gemeinde, der Regierung, der katholischen Kirche глава семьи, государства, общины, правительства, верховный глава католической церкви; das Oberhaupt einer Gruppe, einer Bande предводитель группы, банды. **Chef** [ʃ-] *разг.* шеф; напр.: wer ist Chef in Ihrer Abteilung? кто шеф в вашем отделе?; wer ist dein Chef? кто твой шеф?; ich möchte den Chef der Firma sprechen я хотел бы поговорить с главой фирмы
vorgetäuscht см. künstlich¹
vorgreifen см. zuvorkommen¹
vorhaben собираться (сделать что-либо)

VORHABEN

vorhaben — **beabsichtigen** — **die Absicht haben** — **sich vornehmen** — **denken** — **gedenken** — **planen** — **wollen**
vorhaben индифф. синоним; напр.: sie hatte vor, eine Reise zu unternehmen она собиралась предпринять поездку; er hat eine große Arbeit vor ему предстоит большая работа; ich habe nichts Besonderes vor у меня нет никаких особых планов □ »Hast du was vor heute abend?« fragte Franz (*Seghers, »Das siebte Kreuz«*) «А какие у тебя планы на сегодняшний вечер?» — спросил Франц. »Was hast du in Mainz vor?« fragte er plötzlich (*ebenda*) «А зачем тебе в Майнц?» — спросил он вдруг. Herr Heßreiter hatte ursprünglich vorgehabt, in einem der stillen, friedlichen Hofgartencafés unter den großen Kastanienbäumen einen Wermut zu trinken (*Feuchtwanger, »Erfolg«*) Первоначально господин Гессрейтер собирался было выпить рюмочку вермута в одном из тихих, малолюдных кафе в тени каштанов. **beabsichtigen** намереваться (*чаще с Inf. + zu*); напр.: er beabsichtigt zu verreisen, sich zu entschuldigen, die Stadt zu verlassen он намеревается уехать, извиниться, покинуть город; er beabsichtigt eine Reise ins Gebirge он планирует поездку в горы □ Wen beabsichtigen Sie übrigens als Berichterstatter ins Manövergelände zu schicken? (*Weiskopf, »Abschied vom Frieden«*) А кого вы предполагаете послать на маневры в качестве корреспондента? Er riß ein paar saftige Witze über die Bilder, sprach von einem Gedicht, das er zu machen beabsichtige gegen die Snobs (*Feuchtwanger, »Erfolg«*) Он отпустил несколько сочных острот по поводу картин и упомянул о том, что собирается написать стихотворение, высмеивающее снобов. **die Absicht haben** иметь намерение, намереваться; напр.: sie hatte die Absicht, eine Reise ins Gebirge zu unternehmen она намеревалась предпринять поездку в горы □ Aber er hatte die telefonische Auskunft erhalten, Frau von Radolny sei noch zu Bett und habe nicht die Absicht, heute vor zehn Uhr aufzustehen (*Feuchtwanger, »Erfolg«*) Но по телефону ему ответили, что госпожа фон Радольни еще не вставала и не предполагает подняться сегодня раньше десяти часов. **sich** (*D*) **vornehmen** решить (для себя), наметить сделать что-л.; напр.: er nahm sich vor, früh aufzustehen он решил встать пораньше; ich habe mir heute diese Arbeit, einen Ausflug vorgenommen я наметил себе на сегодня эту работу, прогулку □ Warum sagt er ihr denn nicht endlich, wie er sich's vorgenommen hat, daß er sie heiraten will? (*Feuchtwanger, »Lautensack«*) Почему же он не говорит ей, как решил, что хочет на ней жениться? Er nahm sich vor, nett zu ihr zu sein,

wenn er ihr wieder begegnen sollte (Noll, »Werner Holt«) Хольт решил, если им случится снова встретиться, быть с ней любезным. **denken** думать ⟨c *Inf.* + *zu*⟩; *напр.*: ich denke, folgendes zu tun я думаю сделать следующее; eigentlich denke ich, morgen abzureisen собственно говоря, я думаю завтра уехать □ ...überlegte er von neuem, welche Summe er fordern sollte. »Ich denke mir«, sagte er, »drei Millionen werden genügen« (Feuchtwanger, »Die Füchse«) ...он обдумывал снова, какую сумму ему назвать. «Я предполагаю, — сказал он, — запросить три миллиона». **gedenken** *высок.* ≅ beabsichtigen, *но подчеркивает при этом, что намерение подкрепляется желанием говорящего*; *напр.*: wir gedenken noch eine Weile zu bleiben мы подумываем остаться еще на некоторое время; was gedenken Sie zu unternehmen, zu tun? что вы намерены предпринять, делать? □ Wie lange gedachten die Herren zu bleiben? (Th. Mann, »Buddenbrooks«) И как долго полагают пробыть здесь господа? Und sie (die Gerüchte) wurden genährt durch die Nachricht, daß Gerda Buddenbrook das große Haus zu verkaufen gedenke (ebenda) И они (слухи) подкреплялись вестью о том, что Герда Будденброк подумывает о продаже своего большого дома. Der Rechtsanwalt hatte an Gundel geschrieben, daß er von Nürnberg nach Dresden zu reisen gedenke in irgendwelchen dringenden Angelegenheiten (Noll, »Werner Holt«) Адвокат написал Гундель, что он по каким-то срочным делам собирается выехать из Нюрнберга в Дрезден. **planen** *разг.* планировать; *напр.*: eine Reise planen планировать поездку [путешествие]; was planen Sie für den Sommer? какие у вас планы на лето? **wollen** *разг.* хотеть; *напр.*: er will in der nächsten Woche verreisen он хочет [собирается] на следующей неделе уехать; sie will Lehrerin werden она хочет стать учительницей □ Er hatte zuerst gegen Erlenbach gewollt, weitab vom Rhein (Seghers, »Das siebte Kreuz«) Он предполагал свернуть на Эрленбах, далеко в сторону от Рейна. Die Männer der Neuen Welt wollten ihre staatliche Ordnung aufbauen auf Freiheit, Vernunft, Natur (Feuchtwanger, »Die Füchse«) Люди Нового Света желали построить свой государственный уклад на основе свободы, разума, естественности

Vorhaben *см.* Absicht [1]
vorhalten *см.* genügen/vorwerfen
Vorhaltung *см.* Vorwurf
vorhanden sein *см.* geben [2]
Vorhandensein *см.* Existenz
Vorhang занавеска, портьера, штора
der **Vorhang** — die **Gardine**
Vorhang *индифф. синоним*; *напр.*: leichter, schwerer Vorhang легкая, тяжелая штора [портьера]; die Vorhänge aufziehen, zuziehen открывать, закрывать шторы [портьеры]; die Vorhänge an die Fenster hängen повесить на окна шторы; einen Vorhang an die Tür hängen повесить портьеру на дверь; lassen Sie die Vorhänge herunter! опустите шторы! □ Lissy blickte ihm, hinter dem Vorhang stehend, nach (Weiskopf, »Lissy«) Стоя за занавеской, Лисси смотрела ему вслед. Im Durchzug flatterten die Portieren und Vorhänge (Weiskopf, »Abschied vom Frieden«) Портьеры и занавеси раздувались на сквозняке. Ludmilla blickte immer wieder ängstlich zu der Glastür hin, durch deren Vorhang man die Wirtin am Herd hantieren sehen konnte (ebenda) Людмила все время боязливо поглядывала на стеклянную дверь: сквозь занавеску была видна хозяйка, возившаяся у плиты. **Gardine** гардина, (оконная) занавеска; *напр.*: weiße, seidene, gestreifte Gardinen белые, шелковые гардины, гардины в полоску; Gardinen für ein Fenster nähen шить гардины для окна; die Gardinen aufhängen, abnehmen, öffnen вешать, снимать, раздвигать гардины

vorher сначала, раньше, перед этим
vorher — **zuvor** — **davor**
vorher *индифф. синоним*; *напр.*: ich habe diesen Mann vorher nicht gesehen этого человека я раньше [до этого] не видел; Sie sollten das Stück vorher lesen, dann werden Sie den Inhalt besser verstehen können вы лучше сначала прочтите эту пьесу, тогда вы лучше поймете ее содержание; so etwas muß man vorher gründlich überlegen такое нужно сначала основательно обдумать □ »Wie ich kam, war die Frau mit den Kindern allein«, sagte Franz, »ich hab' vorher und nachher gehorcht« (Seghers, »Das siebte Kreuz«) «Когда я пришел, женщина была одна с детьми, — сказал Франц. — Я слушал у двери и сначала и потом». Vorher wollte ich Wichtiges mit dir besprechen (Noll, »Werner Holt«) Но прежде мне надо серьезно с тобой поговорить. Eine halbe Stunde später hörte Lillian den Wagen Clerfayts abfahren. Boris war vorher gegangen (Remarque, »Der Himmel«) Через полчаса Лилиан услышала, как отъехала машина Клерфе. Борис ушел перед этим. **zuvor** до сего времени, раньше, прежде; *напр.*: ich habe ihn nie zuvor gesehen я его никогда раньше не видел; größer als je zuvor больше, чем когда-либо; nie zuvor war mir aufgefallen, daß... никогда раньше мне не бросалось в глаза, что... □ Aber er sprang nicht auf, schwieg, saß da wie zuvor und glotzte seine Bärenstiefel an (Weiskopf, »Lissy«) Но он не вскочил, молчал, сидел, как и прежде, устремив неподвижный взгляд на свои сапоги. **davor** *разг.* ≅ vorher;

напр.: ich habe davor das Buch gelesen, um besser den Inhalt des Stücks zu verstehen я перед этим прочитала книгу, чтобы лучше понять содержание пьесы; fünf Minuten davor mußte ich feststellen, daß... за пять минут до этого я должен был констатировать, что...

vorhergehen предшествовать чему-л., происходить непосредственно перед чем-л.
vorhergehen — **vorangehen**
vorhergehen *индифф. синоним* (*часто в Part. I*); *напр.*: diesem Ereignis ist ein anderes vorhergegangen этому событию предшествовало другое; dem Vulkanausbruch ging schon mancher Erdstoß vorher извержению вулкана предшествовало несколько подземных толчков; das ist in den vorhergehenden Gesprächen geklärt worden это было выяснено во время предшествовавших переговоров; aus dem Vorhergehenden geht hervor, daß... из предыдущего вытекает, что... □ Erstens, weil der Verhaftete alle Verbindungen in der Hand hätte, zweitens, weil er erst ganz kurz und überhaupt nur durch die vorhergehenden Verhaftungen zu der Funktion gekommen sei (Seghers, »Das siebte Kreuz«) Во-первых, у арестованного были в руках все нити; во-вторых, он был назначен на эту работу совсем недавно и только ввиду предшествующих арестов. **vorangehen** ≅ vorhergehen, *но больше подчеркивает очередность явлений, действий* (*часто в Part. II*); *напр.*: dem Vertrag gingen lange Verhandlungen voran договору предшествовали длительные переговоры; dem Drama geht ein Vorspiel voran драме предшествует пролог □ Das Gericht beschäftigte sich sodann mit dem Faschingsfest, das jener Autofahrt vorangegangen war (Feuchtwanger, »Erfolg«) Вслед за этим суд занялся выяснением подробностей карнавального праздника, предшествовавшего той поездке на автомобиле

vorherrschen преобладать, господствовать
vorherrschen — **überwiegen** — **vorwiegen** — **vorwalten** — **dominieren**
vorherrschen *индифф. синоним*; *напр.*: in diesen Kreisen herrscht die Meinung vor, daß... в этих кругах господствует мнение, что...; in der gegenwärtigen Mode herrscht ein jugendlicher Stil vor в современной моде преобладает молодежный стиль; in unserer Gegend herrschen Laubwälder vor в нашей местности преобладают лиственные леса. **überwiegen** перевешивать, преобладать; *напр.*: diese Meinung überwiegt это мнение берет верх; sein Einfluß überwiegt его влияние оказывается сильнее. **vorwiegen** ≅ überwiegen (*обыкн. в Part. I*); *напр.*: in dieser Gegend wiegen Laubwälder bei weitem vor в этой местности значительно преобладают лист-

венные леса; in diesem Sommer herrschte vorwiegend trockenes Wetter этим летом преобладала сухая погода; ich arbeite vorwiegend morgens я занимаюсь [работаю] преимущественно утром. **vorwalten** *уст.* = vorherrschen; *напр.:* beim Fest waltete eine übermütige Stimmung vor на празднике господствовало веселое настроение. **dominieren** *книжн.* доминировать; *напр.:* dieses Thema dominiert im Schaffen des Schriftstellers эта тема доминирует в творчестве писателя; in diesem Land dominiert Englisch als Fremdsprache в этой стране в качестве иностранного языка доминирует английский язык □ In der griechischen Industrie dominieren nach wie vor Klein- und Kleinstbetriebe (*ND 15.8.80*) В греческой промышленности доминируют, как и прежде, мелкие и мельчайшие предприятия

vorhersagen *см.* voraussagen
vorhersehen *см.* voraussehen
vorhin *см.* neulich
Vorhut авангард
die **Vorhut** — die **Avantgarde**
Vorhut *индифф. синоним; напр.:* die revolutionäre Vorhut des Proletariats революционный авангард пролетариата; die Vorhut bilden находиться в авангарде [в первых рядах]; zur Vorhut gehören принадлежать к передовому отряду; in der Vorhut des proletarischen Kampfes stehen быть в авангарде борьбы пролетариата. **Avantgarde** [a'vaŋ-] *высок.* ≅ Vorhut; *напр.:* die Avantgarde des revolutionären Proletariats авангард революционного пролетариата; die literarische Avantgarde литературный авангард

vorig прошлый
vorig — **vergangen**
vorig *индифф. синоним; напр.:* das vorige Jahr, der vorige Monat прошлый год, месяц; in der vorigen Woche на прошлой неделе; am vorigen Dienstag в прошлый вторник; im vorigen Jahrhundert в прошлом веке; das vorige Mal в прошлый раз □ Diese Jacke hatte er sich vorige Woche angeschafft (*Seghers, »Das siebte Kreuz«*) Эту куртку он купил на прошлой неделе. **vergangen** прошедший; *напр.:* längst vergangen давно прошедший; im vergangenen Jahr, Monat, Winter в прошлом году, месяце, прошедшей зимой □ Die Erniedrigung der vergangenen Nacht hatte ihn kaum berührt (*Noll, »Werner Holt«*) Унижение минувшей ночи почти не задело его

Vorkehrung *см.* Vorbeugung
vorkommen¹ встречаться (попадаться)
vorkommen — **auftreten**
vorkommen *индифф. синоним; напр.:* im Text kommen Tippfehler vor в (машинописном) тексте встречаются опечатки; diese Erscheinung kommt nicht oft vor это явление встречается нечасто; dieses Tier kommt nur noch in Australien vor это животное встречается только в Австралии; dieses Wort kommt im Text 5mal vor это слово встречается в тексте пять раз □ »Was ist das eigentlich: Kola?« fragte Holt. »Ein Produkt aus dem Samen einer Sterculiacee der Gattung Kola«, antwortete der Professor. »Kommt im südlichen Westafrika vor« (*Noll, »Werner Holt«*) «Что это, собственно, такое — кола?» — спросил Хольт. — «Продукт из семян одного из стеркулиевых, семейства кола, — ответил профессор. — Встречается на юге Западной Африки». Neben den zwei Arten des seit annähernd 300 000 Jahren existierenden... afrikanischen Steppenelefanten kommt in Angola auch der afrikanische Waldelefant vor (*ND 21.8.80*) Наряду с двумя видами африканских степных слонов... существующих приблизительно вот уже 300 000 лет, в Анголе встречается также и африканский лесной слон. **auftreten** выступать, появляться *в отличие от* vorkommen *подчеркивает не столько частоту или редкость встречающегося явления, сколько сам факт появления, существования; напр.:* diese Krankheit tritt zur Zeit kaum noch als Epidemie auf эта болезнь почти не встречается [не возникает] в настоящее время как эпидемия; diese Pflanze tritt in (mehreren) Abarten auf это растение представлено в нескольких разновидностях □ Mittlerweile sind auch die ersten Toten durch Infektionskrankheiten wie Cholera, die als Folge der Überschwemmungen auftreten, zu beklagen (*ND 15.8.80*) Между тем, к сожалению, уже имеются первые смертельные случаи, вызванные инфекционными заболеваниями, такими как холера, которые возникают как следствие наводнений

vorkommen² *см.* geschehen/scheinen¹
Vorkommnis *см.* Ereignis
vor kurzem *см.* neulich
vor kurzer Zeit *см.* neulich
vorladen *см.* rufen¹
Vorladung *см.* Ladung I
Vorlage *см.* Muster¹
Vorläufer предшественник
der **Vorläufer** — der **Vorgänger**
Vorläufer *индифф. синоним; напр.:* die Vorläufer des wissenschaftlichen Sozialismus предшественники научного социализма; dieser Dichter ist ein Vorläufer des Expressionismus этот поэт является предшественником [предтечей] экспрессионизма; das Grammophon ist der Vorläufer des modernen Plattenspielers граммофон — предшественник современного проигрывателя. **Vorgänger** предшественник (на посту, на должности, по работе *и т. п.*); *напр.:* er wurde von seinem Vorgänger eingeführt его предшественник ознакомил его с делами □ »Ich wundere mich, daß mein Vorgänger Themen so allgemeiner Art zugelassen hat«, fährt Doktor Vogelsang fort (*Feuchtwanger, »Oppermann«*) «Меня удивляет, что мой предшественник разрешал темы такого общего характера», — продолжает доктор Фогельзанг. Nicht aber hatte dem Mann, dem seine preußische und seine Hamburger Strafe erlassen war, Klenks Vorgänger seine bayrische Strafe geschenkt (*Feuchtwanger, »Erfolg«*) Но не отменил человеку, помилованному Пруссией и Гамбургом, предшественник Кленка кары, наложенной на него баварским судом

vorläufig пока (*временно*)
vorläufig — **einstweilen**
vorläufig *индифф. синоним; напр.:* das kann man vorläufig so lassen пока это можно оставить так; vorläufig genügen mir zehn Mark пока мне достаточно десяти марок; vorläufig liegt nichts vor пока ничего нет □ Vorläufig mußte er sich begnügen, Pläne zu entwerfen (*Feuchtwanger, »Lautensack«*) Пока он вынужден был ограничиться одними проектами. Vorläufig wohnte er in einem kleinen Haus oben im Wald (*Feuchtwanger, »Erfolg«*) Пока что он устроился в небольшом домике в лесу, на горе. **einstweilen** пока что, между тем, тем временем; *напр.:* ich werde einstweilen warten я пока что подожду; er hatte einstweilen das Geld an sich genommen он пока что взял деньги себе; für mich genügt das einstweilen мне этого пока что достаточно; wollen Sie das bitte einstweilen bezahlen und ich hole das Taxi я пойду за такси, а вы, тем временем, оплатите это, пожалуйста □ Das Speisezimmer? Das kann einstweilen bei der Möbelhandlung stehenbleiben (*Weiskopf, »Lissy«*) Столовая? Пока мы можем оставить ее на мебельном складе

vorlaut *см.* frech
vorlegen *см.* legen¹/zeigen¹
Vorlesung лекция
die **Vorlesung** — die **Lektion** — der **Vortrag** — das **Referat**
Vorlesung *индифф. синоним; напр.:* eine öffentliche Vorlesung публичная лекция; eine Vorlesung über die Gegenwartsliteratur лекция о современной литературе; eine Vorlesung halten читать лекцию □ ...und Vorlesungen hört er auf der Technischen Hochschule (*Feuchtwanger, »Erfolg«*) ...и лекции он слушает в высшем техническом училище. **Lektion** лекция (из цикла, курса лекций); *напр.:* eine öffentliche Lektion публичная лекция; in der vorigen Lektion haben wir gehört, daß... на прошлой лекции мы слышали, что...; Lektionen, die durch Arbeiterveteranen, Partei- und Staatsfunktionäre gehalten werden серия лекций [докладов], которые читают [делают] ветераны рабочего класса, партийные и государственные деятели. **Vortrag** доклад (*обыкн. на научную тему*); *напр.:* einen Vortrag

halten (с)делать доклад □ Zunächst hielt d'Alembert einen Vortrag über die Entwicklung der Sitten (*Feuchtwanger, »Die Füchse«*) Сначала с докладом об эволюции нравов выступил Д'Аламбер. »Ich bin so ziemlich fertig mit dem Vortrag«, erwiderte Berthold (*Feuchtwanger, »Oppermanns«*) «Доклад почти готов», — ответил Бертольд. **Referat** реферат, сообщение *обыкн. предполагает доклад, прочитанный перед специалистами, на конференции и т. п.; напр.:* ein wichtiges, wissenschaftliches Referat важный, научный реферат; ein Referat halten делать доклад, выступать с рефератом □ Thema Arbeitereinheit. Schneidereit hatte ein zündendes Referat vorgeschwebt, aber Gundel hatte sich dagegen gesträubt (*Noll, »Werner Holt«*) Тема — единство рабочих. Шнайдерайту это вначале представлялось в виде зажигательного реферата, но Гундель решительно воспротивилась
Vorliebe *см.* Neigung [1]
vorliebnehmen *см.* zufriedengeben, sich
vormachen *см.* vortäuschen
vormals *см.* früher I
Vormund опекун
der Vormund — der Erziehungsberechtigte — der Kurator — der Tutor
Vormund *индифф. синоним; напр.:* einen Vormund einsetzen назначать опекуна; j-n zum Vormund berufen [bestellen, bestimmen] назначать кого-л. опекуном; j-m einen Vormund geben давать [назначать] кому-л. опекуна □ ...hier war er bei Mutter, und Mutter war sein gesetzlicher Vormund und konnte ihn sogar zwingen (*Noll, »Werner Holt«*) ...здесь он был у своей матери, мать — его законная опекунша и мокет даже его принудить. Herr Kistenmaker war Testamentsvollstrecker, Verwalter des Buddenbrookschen Vermögens und Vormund des kleinen Johann... (*Th. Mann, »Buddenbrooks«*) Господин Кистенмакер был душеприказчиком сенатора, управителем будденброковского имущества и опекуном маленького Иоганна... **Erziehungsberechtigter** лицо, имеющее право воспитывать ребенка (*родители и лица их заменяющие: ближайшие родственники, опекун и т. п.*); *напр.:* seit seine Eltern tot sind, ist sein Onkel der Erziehungsberechtigte после смерти (его) родителей дядя стал его (естественным) опекуном. **Kurator** *уст. офиц.* попечитель, опекун; *напр.:* für den minderjährigen Erben wurde ein Kurator eingesetzt над несовершеннолетним наследником был назначен опекун. **Tutor** *уст. офиц.* опекун, наставник; *напр.:* □ »Aber, aber... Ich bin doch ihr Tutor!« (*Krüger, »Malt, Hände, malt«*) «Да, но... Я ведь их наставник!»
Vorname *см.* Name [1]
vornehm благородный

vornehm — fein — ritterlich — edel — edelmütig — großherzig — nobel — distinguiert — hochgesinnt — hochsinnig
vornehm *индифф. синоним; напр.:* eine vornehme Gesinnung [Denkungsart] благородный образ мыслей; alle schätzten die vornehme Haltung dieses Menschen все ценили благородное поведение этого человека; sie übten vornehme Zurückhaltung *часто ирон.* они проявляли благородную сдержанность. **fein** тонкий, благородный *в отличие от* vornehm *подчеркивает не столько благородство образа мыслей, сколько общую положительную оценку характера, поведения человека и т. п.; напр.:* ein feiner Mensch благородный [славный] человек; feine Umgangsformen [Manieren] утонченные [изящные] манеры; sein Benehmen war nicht fein его поведение было недостаточно тонким. **ritterlich** рыцарский, (по-рыцарски) благородный; *напр.:* eine ritterliche Gesinnung рыцарский образ мыслей; eine ritterliche Tat, Geste рыцарский поступок, жест; den Frauen gegenüber benahm er sich immer ritterlich по отношению к женщинам он вел себя всегда по-рыцарски. **edel** *высок.* благородный; *напр.:* ein edler Mensch благородный человек; ein edles Wesen благородное существо; eine edle Tat благородный поступок; ein edles Streben благородное стремление; ein Mensch von edler Gesinnung человек благородного образа мыслей; edel handeln, denken поступать, мыслить благородно. **edelmütig** ≅ edel, *но больше подчеркивает самоотверженность и великодушие кого-л., чего-л.; напр.:* eine edelmütige Tat благородный [самоотверженный] поступок; edelmütig handeln поступать самоотверженно [великодушно]; j-m edelmütig verzeihen великодушно прощать кому-л. **großherzig** *высок.* большой души; очень благородный, великодушный; *напр.:* ein großherziger Mensch человек большой души; eine großherzige Tat великодушный поступок; großherzig handeln поступать великодушно. **nobel** *высок.* ≅ vornehm, *но тж. шутл. — о расточительности, широком размахе и т. п.; напр.:* ein nobler Mann, Charakter благородный человек, характер; eine noble Gesinnung благородный образ мыслей □ »Von Lebrecht Kröger«, sagte Monsieur Buddenbrook schmunzelnd. »Immer kulant, mein lieber Herr Verwandter... Aber so war er immer... nobel! spendabel!« (*Th. Mann, »Buddenbrooks«*) «От Лебрехта Крегера», — сказал господин Будденброк с усмешкой. — Он неизменно щедр, мой милый родственник!... Но он всегда был таким: благородным! щедрым!» **distinguiert** [-ŋˈgiːrt] *высок.* изысканный (*б. ч. о поведении и внешнем виде человека*); *напр.:* ein distinguierter älterer Herr пожилой господин благородной наружности; ein distinguierter Künstler изысканный [утонченный] художник; eine distinguierte Gesellschaft изысканное общество; er hat ein distinguiertes Auftreten у него изысканная манера вести себя. **hochgesinnt, hochsinnig** *высок. редко* благородный, возвышенного образа мыслей; *напр.:* eine hochsinnige [hochgesinnte] Handlungsweise благородные поступки, благородный образ действий; er hat ein hochgesinntes Herz у него благородное сердце
vornehmen, sich *см.* beschließen [1]/vorhaben
vornehmlich *см.* besonders [1]
Vorort пригород
der Vorort — die Vorstadt
Vorort *индифф. синоним; напр.:* ein kleiner, stiller Vorort маленький, тихий пригород; in einem Vorort wohnen жить в пригороде; die Angestellten kommen aus den Vororten mit dem Bus zur Arbeitsstelle служащие едут на работу из пригородов на автобусе □ Paris lag mit seinen Vororten grau, häßlich und verregnet da (*Remarque, »Der Himmel«*) Перед ними был Париж со своими пригородами — серый уродливый город, окутанный дождем. Die Süddeutschen Keramiken Ludwig Heßreiter & Sohn lagen in einem Vorort (*Feuchtwanger, »Erfolg«*) «Южногерманские керамики Людвиг Гессрейтер и сын» были расположены в одном из пригородов города: **Vorstadt** предместье, окраина (большого) города; *напр.:* die südliche Vorstadt южное предместье; er wohnt in der Vorstadt он живет в предместье; in dieser Vorstadt gibt es viel Industrie в этом предместье много промышленных предприятий □ Da haben wir Neubauten, und die Vorstädte, die sich ausdehnen (*Th. Mann, »Buddenbrooks«*) Везде новые здания и пригороды, которые расширяются. Da gingen also die beiden Männer durch die öde Vorstadt, die kotige, verwahrloste Straße entlang (*Feuchtwanger, »Exil«*) И вот оба побрели по грязной, запущенной пустынной улице предместья. ...ein Geraun von der eigentlichen, letzten Ursache von Ratzenbergers Untergang ging durch die Vorstädte Giesing und Haidhausen (*Feuchtwanger, »Erfolg«*) ...слухи об истинной, последней причине гибели Ратценбергера поползли по предместьям Гизингу и Гайдгаузену
Vorrat запас (*заготовленное впрок*)
der Vorrat — der Bestand
Vorrat *индифф. синоним; напр.:* Vorräte an Wein, an Lebensmitteln, an Medikamenten запасы вина, продуктов питания, медикаментов; etw. in [auf] Vorrat haben иметь что-л. в запасе; Vorräte anschaffen делать запасы; der Vorrat ist ausgegangen запас кончился □ Weitere riesige Vorräte stapelten sich... (*Feuchtwanger,*

VORRAUM 633 **VORSCHLAG**

»*Die Füchse*«) Новые огромные партии запасенных товаров загромождали склады... ...daß die Vorräte noch bis Weihnachten reichten... (*Noll, »Werner Holt«*) ...что имеющихся запасов до рождества еще хватит... Bestand ≅ Vorrat, *но указывает на имеющееся в наличии количество чего-л.; напр.*: Bestand an Waren, an Geld наличные товары, деньги; eiserner Bestand неприкосновенный запас; den Bestand an Büchern vergrößern увеличить наличное количество книг; die Bestände müssen aufgefüllt, erneuert werden имеющиеся запасы должны быть пополнены, обновлены □ ...und er wolle ihm, was an ausrangierten Beständen vorhanden sei, mit Vergnügen für die Zwecke der Insurgenten überlassen (*Feuchtwanger, »Die Füchse«*) ...и он (*министр*) с удовольствием предоставит ему наличные запасы снятого с вооружения оружия для нужд инсургентов
Vorraum передняя, прихожая, вестибюль (*любое помещение перед другим, бо́льшим*)
der Vorraum — das Vorzimmer — der Vorsaal
Vorraum *индифф. синоним; напр.*: den Mantel im Vorraum ablegen снять пальто в передней [в приемной]; im Vorraum zu seinem Büro warteten einige Leute в приемной его бюро ждали несколько человек; durch den Vorraum gelangten wir in einen Saal через вестибюль мы вошли в зал □ Holt ging durch die Diele in den kleinen Vorraum, der als Garderobe diente... und öffnete die Haustür (*Noll, »Werner Holt«*) Хольт прошел через холл в маленькую переднюю, которая служила гардеробом... и открыл входную дверь. Holt ging über den Hof. Er warf einen Blick auf die Uhr im Vorraum (*ebenda*) Хольт пересек двор. Он взглянул на часы в вестибюле. **Vorzimmer** приемная; *австр.* прихожая, передняя; *напр.*: im Vorzimmer warten ждать в приемной; den Mantel im Vorzimmer ablegen снимать пальто в прихожей; er fragte im Vorzimmer die Sekretärin, ob der Chef zu sprechen sei он спросил в приемной у секретарши, можно ли поговорить с начальником □ Im Vorzimmer hockte ein Laufbursche schlummernd... (*Weiskopf, »Abschied vom Frieden«*) В прихожей на диване дремал мальчик-рассыльный... Ich vertrieb mir die Zeit damit, zwei Kunden im Vorzimmer zu beobachten (*Remarque, »Schatten«*) Я коротал время, наблюдая за двумя покупателями, сидевшими, как и я, в приемной. **Vorsaal** (большой) зал, расположенный перед другим (*в замках, дворцах, больших отелях и т. п.*), приемная, большая прихожая; *напр.*: □ Ich übergab ihm Schlüssel und Billett | Im Vorsaal bei der Königin (*Schiller, »Don Carlos«*) Я отдал принцу ключик и записку |

В приемной королевы (*Перевод Левика*)
Vorrecht преимущество (*привилегия*)
das Vorrecht — das Privileg — das Privilegium — die Vergünstigung
Vorrecht *индифф. синоним; напр.*: ein Vorrecht genießen пользоваться преимуществом; auf sein Vorrecht verzichten отказываться от своего преимущества [права]; man hat ihm dieses Vorrecht eingeräumt ему предоставили это преимущество □ Holt fragte: «Wozu leben Sie, Herr Blohm?« — »Diese bedeutsame Frage muß radikal gestellt werden, das ist Ihr Vorrecht, denn Sie sind jung« (*Noll, »Werner Holt«*) Хольт спросил: «Для чего вы живете, господин Блом?» — «Этот кардинальный вопрос нужно ставить радикально, это ваша привилегия, вы молоды». **Privileg** [-v-] привилегия; *напр.*: ein Privileg genießen пользоваться привилегией; j-m ein Privileg zuerkennen, nehmen предоставлять кому-л. привилегию, лишить кого-л. привилегии □ Er aber, Pierre, besaß sie nun alle drei, die großen Privilegien: Mitbekommen hatte er den Geist; Geld und Adel hatte er sich erobert (*Feuchtwanger, »Die Füchse«*) Но он, Пьер, владел всеми тремя великими привилегиями. Ум он получил от рождения, денег и дворянства добился. **Privilegium** [-v-] *устаревает* = Privileg; *напр.*: das Privilegium genießen, keine Steuern zahlen zu müssen пользоваться привилегией не платить налоги. **Vergünstigung** льгота (*финансовая, социальная и т. п.*) *подчеркивает, что льгота облегчает чье-л. положение, чью-л. деятельность; напр.*: j-m eine Vergünstigung bieten [gewähren] предоставлять кому-л. льготу □ Mit vollem Bewußtsein, ja sogar freudig stolz, nimmt er die Pflicht auf sich, sie rücksichtslos jeder Vergünstigung zu berauben (*St. Zweig, »Maria Stuart«*) С полным сознанием своего долга и даже с горделивой радостью берется он содержать свою узницу в строгости, лишить ее малейших послаблений. Es war eine besondere Vergünstigung, daß ihm der Besuch nichtverwandter Personen wie Johanna Krain und Kaspar Pröckl gestattet wurde (*Feuchtwanger, »Erfolg«*) Допущение свидания с лицами, не состоявшими с ним в родстве, как, например, с Иоганной Крайн и Каспаром Преклем, было особой льготой
Vorsaal *см.* Vorraum
vorsagen подсказывать
vorsagen — einhelfen — soufflieren — einblasen
vorsagen *индифф. синоним; напр.*: während [in] der Stunde vorsagen подсказывать на уроке; j-m die Antwort vorsagen подсказывать кому-л. ответ; sagt nicht vor! не подсказывайте!
einhelfen помочь подсказкой; *напр.*:

er half der Schülerin ein он помог ученице, подсказав ей; wenn du nicht weiter kannst, helfe ich dir ein. если ты дальше не знаешь, я подскажу тебе. **soufflieren** [su-] суфлировать (*в театре*); *напр.*: wer souffliert heute? кто суфлирует сегодня? **einblasen** *разг. неодобр.* шепнуть кому-л., подучить кого-л.; *школьн.* ≅ vorsagen; *напр.*: man hat ihm die richtige Antwort eingeblasen ему подсказали правильный ответ; wer hat dir denn das eingeblasen? кто это тебе (под-)сказал?
Vorsatz *см.* Absicht¹
vorsätzlich *см.* absichtlich
vor Scham vergehen *см.* schämen, sich
vorschieben *см.* vorschützen
vorschießen *см.* leihen¹
Vorschlag предложение (*то, что предлагается*)
der Vorschlag — der Antrag — das Angebot — die Berufung — die Offerte — das Anerbieten
Vorschlag *индифф. синоним; напр.*: ein guter, annehmbarer Vorschlag хорошее, приемлемое предложение; praktische Vorschläge практические предложения; einen Vorschlag machen, annehmen, billigen делать, принимать, одобрять предложение □ Seinen Vorschlag, sie nach Odelsberg im Wagen zu bringen, lehnte sie unzweideutig ab (*Feuchtwanger, »Erfolg«*) От его предложения отвезти ее в Одельсберг в своем автомобиле она отказалась весьма решительно. **Antrag** (официальное) предложение, по которому должно быть принято решение (*после рассмотрения компетентным органом или лицом*); *напр.*: einen Antrag (im Parlament) einbringen, beraten, billigen, ablehnen вносить (в парламенте) предложение, обсуждать, одобрять, отклонять предложение; einen Antrag zur Abstimmung bringen ставить предложение на голосование; er machte ihr einen Antrag он сделал ей предложение (*выйти замуж*) □ Unbehaglich gab Fritz Ladewig den Antrag Rittersteg bekannt (*Feuchtwanger, »Oppermann«*) Фриц Ладевиг с явным неудовольствием доложил о предложении Ритерштега. Sie lehnten den Antrag nicht ab, gäben ihm aber auch nicht Folge (*Feuchtwanger, »Erfolg«*) Они не отклоняют прошения о возобновлении дела, но и не дают ему хода (*продолжала Иоганна*). **Angebot** предложение, выражающее готовность, добровольное желание сделать, дать что-л. *и т. п.* (*может быть принято или отклонено другим лицом*); *напр.*: das Angebot der Hilfe предложение помощи; j-m ein Angebot machen сделать кому-л. какое-л. предложение; ein Angebot erhalten, ablehnen получать, отклонять предложение; das Angebot ist unvorteilhaft предложение невыгодно; ich werde von Ihrem

V

VORSCHLAGEN   634   **VORSCHÜTZEN**

Angebot Gebrauch machen я воспользуюсь вашим предложением ◻ Während er noch überlegte, ob das Angebot von Egon Arens überhaupt akzeptabel sei, traf überraschend Doktor Gomulkas Brief ein (*Noll*, »*Werner Holt*«) Пока он раздумывал, приемлемо ли предложение Аренса, нежданно-негаданно пришло письмо от доктора Гомулки. **Berufung** предложение занять (высокий) пост, приглашение работать где-л.; *напр.*: eine Berufung auf einen Lehrstuhl, an eine Universität erhalten получить предложение работать на кафедре, в университете; eine Berufung annehmen, ablehnen, ausschlagen принимать, отклонять, отвергать предложение [назначение]. **Offerte** *ком.* оферта; *напр.*: j-m eine Offerte machen [unterbreiten] делать кому-л. предложение; die Offerten lesen читать предложения; eine Offerte in eine Zeitung einrücken поместить оферту в газету; eine Zeitung mit vielen Offerten газета со многими предложениями (о продаже). **Anerbieten** *высок.* ≈ Angebot; *напр.*: j-m ein Anerbieten machen сделать кому-л. какое-л. предложение; j-s Anerbieten annehmen, ausschlagen принимать чье-л. предложение, отказываться от чьего-л. предложения; von j-s Anerbieten Gebrauch machen воспользоваться чьим-л. предложением; Ihr Anerbieten ehrt mich ваше предложение лестно для меня ◻ Doktor Dubourg, ein wenig aus dem Konzept, wiederholte vielwortig sein Anerbieten (*Feuchtwanger*, »*Die Füchse*«) Доктор Дюбур, несколько обескураженный, многословно повторил свое предложение. Sie erinnerten sich alle noch ihrer Versprechungen und Anerbieten (*Weiskopf*, »*Lissy*«) Они все еще помнили свои обещания и предложения помочь

vorschlagen предлагать (*делать предметом рассмотрения*)
vorschlagen — beantragen
vorschlagen *индифф. синоним*; *напр.*: j-m eine Reise, einen Posten vorschlagen предлагать кому-л. поездку, должность; eine andere Lösung vorschlagen предлагать другое решение; was schlagen Sie also vor? так что же вы предлагаете?; ich schlage vor, einen Spaziergang zu machen я предлагаю пойти погулять. **beantragen** вносить предложение (на рассмотрение) *употр. преимущественно в официальной обстановке*; *напр.*: eine Volksabstimmung beantragen вносить предложение о проведении плебисцита [референдума]; den Abschluß der Diskussion beantragen вносить предложение об окончании дискуссии; man beantragt den Übergang zur Tagesordnung вносится предложение перейти к повестке дня ◻ Er richtete einen Brief an Fritz Ladewig, den Präses des Fußballklubs. Beantragte nochmals, diesmal schriftlich, Berthold Op-

permann... aus dem Klub auszuschließen (*Feuchtwanger*, »*Oppermann*«) Он написал Фрицу Ладевигу, председателю футбольного клуба. Снова внес предложение, на этот раз в письменной форме, исключить Бертольда Оппермана из клуба. Am Tage darauf spielte der Staatsanwalt seinen großen Coup aus und beantragte die Verlesung gewisser Schriftstücke aus dem Nachlaß des toten Mädchens (*Feuchtwanger*, »*Erfolg*«) На следующий день прокурор сделал решительный выпад: потребовал зачитать ряд документов, оставшихся после покойной

vorschnell *см.* unüberlegt ¹
vorschreiben ¹ предписывать
vorschreiben — anordnen — verschreiben — verordnen — vorzeichnen
vorschreiben *индифф. синоним*; *напр.*: j-m eine Handlungsweise vorschreiben предписывать кому-л. какой-л. образ действий; j-m den Weg, die Arbeit vorschreiben предписывать кому-л. маршрут, работу; er hat mir vorgeschrieben, wie ich mich verhalten soll он дал мне инструкции, как я должен себя держать; das Gesetz schreibt vor, daß... закон предписывает, чтобы... ◻ Holt war nicht gesonnen, sich irgend etwas vorschreiben zu lassen (*Noll*, »*Werner Holt*«) Хольт не намерен был выслушивать чьи-либо предписания. Ohne ein Zuviel an unberechtigtem Mißtrauen sei es doch seine Pflicht, so zu handeln, wie es sein Zweifel vorschreibe: alle Verbindungen umzustellen (*Seghers*, »*Das siebte Kreuz*«) Хотя это недоверие может быть и необоснованно, все же его долг поступить так, как предписывает осторожность: перестроить все связи. Johannes hatte sich den Bart abnehmen lassen und sich festlich zurechtgemacht, wie der Brauch es vorschrieb (*Feuchtwanger*, »*Der falsche Nero*«) Иоанн сбрил бороду и оделся по-праздничному, как это предписывал обычай. **anordnen** отдавать распоряжение (*по служебной линии*); *напр.*: eine Verhaftung, eine Beschlagnahme, eine Untersuchung anordnen отдавать распоряжение об аресте, о конфискации, о расследовании; Maßnahmen anordnen отдавать распоряжение о каких-л. мерах; er ordnete an, die Gefangenen zu entlassen он распорядился отпустить пленных. **verschreiben, verordnen** прописывать, предписывать, делать назначение (*о враче*); *напр.*: j-m eine Arznei, eine Kur, Bäder, Bestrahlungen verschreiben прописывать [назначать] кому-л. лекарство, лечение, ванны, облучение ◻ Der verordnete wortkarg die alte Diät (*Feuchtwanger*, »*Erfolg*«) Тот, скупясь на слова, предписал прежнюю диету. Er stand auf. »Gehen wir noch ein Stück? Der Herr Professor hat mir Bewegung im Freien verordnet« (*Noll*, »*Werner Holt*«) Он встал. «Пройдемся? Профессор предписал

мне моцион». **vorzeichnen** *книжн.* предначертать, указывать, предписывать; *напр.*: j-m sein Verhalten vorzeichnen предписывать кому-л., как следует себя вести; j-m den Weg vorzeichnen указывать кому-л. маршрут; damit ist die Richtung vorgezeichnet, in die die Entwicklung führen wird тем самым указано направление, по которому пойдет развитие
vorschreiben ² *см.* befehlen
vorschreiten *см.* vorankommen
Vorschrift *см.* Befehl
Vorschuß аванс
der Vorschuß — die Anzahlung — die Vorauszahlung — das Handgeld — das Angeld
Vorschuß *индифф. синоним*; *напр.*: einen Vorschuß geben, erhalten выдавать, получать аванс; um einen Vorschuß bitten просить аванс ◻ Entschloß sich, da es immer noch nicht reichte, sogar Gingold um Vorschuß anzugehen (*Feuchtwanger*, »*Exil*«) Но денег все еще не хватало, он решился даже обратиться за авансом к Гингольду. **Anzahlung** задаток, плата (*в счет чего-л.*); первый взнос (*при покупке в кредит*); *напр.*: eine Anzahlung machen давать задаток; soll ich eine Anzahlung machen und wieviel? нужно ли мне дать задаток и сколько? ◻ Oskar brauchte den Vertrag, brauchte vor allem eine Anzahlung auf den Vertrag (*Feuchtwanger*, »*Lautensack*«) Оскару договор был необходим, и прежде всего необходим аванс. **Vorauszahlung** выплата, уплата вперед; *напр.*: er erhielt eine bedeutende Vorauszahlung он получил значительную сумму вперед. **Handgeld, Angeld** *уст.* деньги, выплачиваемые в знак заключения договора, задаток; подъемные; *напр.*: Handgeld [Angeld] geben, auszahlen давать, выплачивать задаток ◻ Doch als der amerikanische Delegierte Handgeld bezahlen und ihnen Überfahrt und erste Ausrüstung beschaffen sollte, ergaben sich Schwierigkeiten (*Feuchtwanger*, »*Die Füchse*«) Но когда американский делегат должен был выплатить подъемные и обеспечить им необходимое снаряжение и переезд, возникли первые трудности. Damals hörte ich gerade, die holländische Regierung werbe Ärzte an für die Kolonien und biete ein Handgeld (*St. Zweig*, »*Amok*«) В это время я узнал, что голландское правительство вербует врачей для колоний и предлагает подъемные

vorschützen отговариваться (*чем-л.*)
vorschützen — vorschieben — vorgeben — sich herausreden — sich ausreden
vorschützen *индифф. синоним*; *напр.*: er schützt Krankheit, Zeitmangel vor он отговаривается болезнью, недостатком времени ◻ Dazu verspürte Paul allerdings sehr wenig Lust. Er machte Ausflüchte, schützte

VORSCHWEBEN

eine dringende Arbeit vor, versuchte Lissy auf ein anderes Mal zu vertrösten (*Weiskopf*, »*Lissy*«) Но Пауль был совсем не расположен к такой беседе. Он пытался увильнуть, отговаривался какой-то срочной работой, обещал Лисси поговорить с ней в другой раз. **vorschieben** ≅ **vorschützen**, *но более эмоционально*; *напр.*: eine Geschäftsreise, eine wichtige Besprechung vorschieben отговариваться командировкой, важным совещанием; er schob eine Sitzung vor он отговорился тем, что у него важное заседание. **vorgeben** ≅ **vorschützen**, *но подчеркивает, что ссылка на что-л., названная причина являются ложными*; *напр.*: er gab vor, er wäre krank он сказался больным; er gab vor, nicht zu Hause gewesen zu sein он отговаривался тем, что его, якобы, не было дома; sie gibt dringende Geschäfte vor она говорит, что у нее какие-то срочные дела. **sich herausreden** отговариваться, оправдываться; *напр.*: sich mit etw. herausreden отговариваться чем-л.; er versteht sich geschickt herauszureden он умеет ловко отговариваться; er versuchte sich damit herauszureden, daß er den Brief zu spät erhalten hat он попытался оправдаться тем, что получил письмо слишком поздно. **sich ausreden** *терр. устаревает* = **sich herausreden**

vorschweben *см.* **scheinen**[1]
vorsehen предусматривать, предполагать, иметь в виду
vorsehen — planen

vorsehen *индифф. синоним*; *напр.*: gesetzlich, vertraglich vorsehen предусматривать законом, договором; eine Erhöhung der Produktion, die Neuauflage des Buches, ein Gastspiel vorsehen предусматривать расширение производства, новое издание книги, гастроли; es ist ein Besuch im Museum vorgesehen предусмотрено посещение музея □ Mit den neuen Waffen, welche der Minister für die französische Armee vorgesehen habe, sei den Amerikanern wenig gedient (*Feuchtwanger*, »*Die Füchse*«) В новом оружии, предусмотренном министром для французской армии, американцам пользы мало (*продолжал он*). **planen** планировать; *напр.*: eine Reise, einen Besuch planen планировать путешествие, посещение; die Stadt plant, Industrie anzusiedeln планами города предусматривается размещение промышленности

vorsehen, sich *см.* **hüten, sich**
vor sich gehen *см.* **stattfinden**
Vorsicht осторожно (*восклицание*)
(die) **Vorsicht — (die) Achtung**

Vorsicht *индифф. синоним*; *напр.*: Vorsicht! берегись, осторожно!; Hochspannung! Vorsicht! осторожно! высокое напряжение!; Vorsicht, Lebensgefahr! осторожно! опасно для жизни!; Vorsicht am Zuge! отойдите от края платформы! □ »Vorsicht«, sagte Diederich auf der Treppe, »sonst brechen wir ein« (*H. Mann*, »*Untertan*«) «Осторожно, — говорил Дидерих, — поднимаясь по лестнице, — не то мы провалимся». **Achtung** внимание!, осторожно!; *напр.*: Achtung! Hier spricht Berlin! внимание, говорит Берлин! □ »Achtung! Meine Zigarre...«, brummte Seelmeyer in scheinbarer Abwehr (*Weiskopf*, »*Abschied vom Frieden*«) «Осторожно! Моя сигара», — проворчал Зельмейер, для вида отстранившись

vorsichtig[1] осторожный (*в поступках, движениях и т. п.*)
vorsichtig — umsichtig — bedächtig — behutsam — bedachtsam — sacht(e)

vorsichtig *индифф. синоним*; *напр.*: ein vorsichtiger Mensch осторожный человек; ein vorsichtiges Vorgehen осторожное действие; eine vorsichtige Berührung осторожное прикосновение; vorsichtig fahren ехать осторожно; seien Sie beim Aussteigen vorsichtig! Es ist heute sehr glatt! будьте осторожны, когда будете сходить (с автобуса *и т. п.*): сегодня очень скользко! □ Als indes Pierre, nach Paris zurückgekehrt, mit dem Minister von Mr. Lee sprach, wollte der vorsichtige Diplomat nichts von ihm hören (*Feuchtwanger*, »*Die Füchse*«) Но когда Пьер, вернувшись в Париж, заговорил с министром о мистере Ли, осторожный дипломат не пожелал ничего о нем слышать. Vorsichtige Schritte kamen den dunklen Korridor entlang (*Weiskopf*, »*Abschied vom Frieden*«) В темном коридоре послышались осторожные шаги. Er hielt den Ballon mit einer Hand und langte mit der anderen vorsichtig über die Schulter (*Noll*, »*Werner Holt*«) Одной рукой он держал баллон, а другой осторожно потянулся через плечо. **umsichtig** осмотрительный; *напр.*: ein umsichtiger Mensch, Leiter осмотрительный человек, руководитель; eine umsichtige Tat осмотрительный поступок; umsichtig handeln [vorgehen] действовать осмотрительно; sich umsichtig zeigen [erweisen] проявить себя осмотрительным; er ist sehr umsichtig он очень осторожен [осмотрителен]. **bedächtig** рассудительный, осторожный *подчеркивает, что кто-л. из осторожности действует неторопливо*; *напр.*: er wurde älter und bedächtiger он стал старше и осторожней [медленней] □ Er verstaute bedächtig Brett und Figuren in seiner Aktentasche (*Noll*, »*Werner Holt*«) Он разместил осторожно, не спеша, доску и фигуры в своем портфеле. Er band bedächtig den grauen Schal um (*ebenda*) Он не спеша повязался серым шарфом. **behutsam** бережный; *напр.*: eine behutsame Behandlung бережное отношение, обращение; etw. behutsam öffnen открывать что-л. осторожно [бережно]; j-d ist sehr behutsam кто-л. очень осторожен □ Er stellte das Saiteninstrument sehr behutsam in eine Ecke (*Feuchtwanger*, »*Erfolg*«) Он очень осторожно поставил в угол струнный инструмент. Verwirrt, dankbar, sehr behutsam erwiderte er die Berührung ihrer Hand (*ebenda*) Взволнованно, благодарно, очень бережно ответил он на прикосновение ее руки □ Zernick suchte in seinen wackligen Regalen, er mußte behutsam zu Werke gehen, sonst fiel ihm der Bretterstapel auf den Kopf (*Noll*, »*Werner Holt*«) Церник принялся перебирать книги на своих шатких полках. Он должен был действовать осторожно, иначе доски грозили свалиться ему на голову. **bedachtsam** *высок.* ≅ **bedächtig**; *напр.*: ein bedachtsamer Mensch рассудительный человек; er überstürzt nichts, bei allen Unternehmungen ist er sehr bedachtsam он никогда ни с чем не торопится, он очень осмотрителен во всех делах □ Bedachtsam, während man rings zuschaute, nestelte sie ein störendes Schmuckstück aus dem kupferfarbenen Haar (*Feuchtwanger*, »*Erfolg*«) Обдуманно медлительно, в то время как взоры окружающих были обращены на нее, она высвободила из медно-красных волос какое-то мешавшее ей украшение. **sacht(e)** *разг.* тихий, медленный, осторожный; *напр.*: mit sachten Schritten тихим шагом, осторожно передвигаясь; etw. mit sachter Hand berühren [anfassen] осторожно дотронуться до чего-л. [тронуть что-л.] □ Zudem war Graf Vergennes langsam und pflegte sacht vorzugehen (*Feuchtwanger*, »*Die Füchse*«) К тому же граф Верженн отличался медлительностью и любил действовать не торопясь

vorsichtig[2] осторожный (*очень сдержанный в формулировках и т. п.*)
vorsichtig — behutsam — bedachtsam

vorsichtig *индифф. синоним*; *напр.*: eine vorsichtige Äußerung осторожное высказывание □ Er wußte er war leise, ironisch, geneigt, sich vorsichtig auszudrücken (*Feuchtwanger*, »*Die Füchse*«) Сам он был тихим, ироничным человеком, склонным к осторожности в выражениях. Herr Pfaundler, vorsichtig, meinte, auch politisch dürfe sie sein (*Feuchtwanger*, »*Erfolg*«) Пфаундлер осторожно ответил, что оно может иметь и политический оттенок. **behutsam** бережный, очень осторожный; *напр.*: eine behutsame Andeutung осторожный [деликатный] намек □ Es war ekelhaft, wie alle behutsam am Rand hinredeten, wenn es sich um ihre Beziehungen zu Martin Krüger handelte (*Feuchtwanger*, »*Erfolg*«) Просто отвратительно, как все осторожно скользили по поверхности, когда речь заходила о ее отношениях с Крюгером. **bedachtsam** *высок.* осторожный, рассудительный; *напр.*: sich bedachtsam über etw.

äußern высказываться о чем-л. с благоразумной осторожностью

Vorsitz см. Leitung

Vorsitzender председатель (*руководитель учреждения, организации и т. п.*)

der **Vorsitzende** — der **Vorstand**

Vorsitzender *индифф. синоним*; *напр.*: der Vorsitzende einer Gesellschaft, einer Kommission, eines Ausschusses председатель общества, комиссии, комитета □ Er war jetzt Vorsitzender des Vereins, der »Vaterländische Landbevölkerung« hieß, und nicht bloß das Dorf umfaßte, sondern den ganzen Umkreis (*Seghers, »Die Toten«*) Он стал теперь председателем «Отечественного союза крестьян», охватывающего не только их деревню, но и всю округу. **Vorstand** руководящее лицо, председатель употр. тк. в определенных сочетаниях и, по сравнению с собирательным значением Vorstand ('президиум' *и т. п.*), редко; *напр.*: einen Vorstand wählen, einsetzen, beurlauben выбирать, назначать, освобождать председателя □ Er ordnete, seit er zum Vorstand ernannt worden war, die Gefallenenehrungen an (*Seghers, »Die Toten«*) С тех пор как его назначили председателем местного отделения, он установил день памяти павших

Vorsorge предусмотрительность, заботливость (*заблаговременная подготовка к чему-л.*)

die **Vorsorge** — die **Voraussicht**

Vorsorge *индифф. синоним*; *напр.*: kluge, medizinische Vorsorge умная, врачебная предусмотрительность; seine Vorsorge für die Zukunft, für seine Familie, für den Fall der Krankheit его забота о будущем, о своей семье, предусмотрительность на случай болезни; Vorsorge tragen проявить предусмотрительность; (die nötige) Vorsorge treffen позаботиться заранее (обо всем необходимом) □ »Aber für den Winter müssen wir Vorsorge tragen, sonst leiden wir Hunger«, sagte die Katze (*Brüder Grimm, »Katze und Maus in Gesellschaft«*) «Надо будет позаботиться о запасах на зиму, а не то придется нам с тобой голодать», — сказала кошка. **Voraussicht** предусмотрительность, предвидение возможных осложнений, отрицательных последствий *и т. п.*; *напр.*: in weiser Voraussicht habe ich warme Sachen mitgenommen проявив предусмотрительность, я взял теплые вещи с собой; in der Voraussicht, daß dies eintreten werde... предвидя, что это случится...; ihm fehlte die notwendige Voraussicht у него не было должной предусмотрительности □ Ob und wie der Graben dann weiterlief, das hatte Wallau selbst nicht gewußt. An dieser Stelle hatte auch seine Voraussicht aufgehört (*Seghers, »Das siebte Kreuz«*) Но тянется ли канава дальше и куда, этого Валлау и сам не знал.

На этом кончалось и его предвидение. Dies ging gegen alle Voraussicht (*Br. Frank, »Cervantes«*) Этого никак нельзя было предвидеть. Welcher Zynismus versteckte sich hinter Seelmeyers Worten? Welcher Zynismus, oder welche kaltblütige Voraussicht? (*Weiskopf, »Abschied vom Frieden«*) Какое циничное предложение скрывалось за словами Зельмейера? Какой цинизм или какое хладнокровное предвидение?

vorspiegeln см. vortäuschen

vorspielen см. spielen ¹/vortäuschen

vorsprechen см. besuchen

vorspringend выдающийся вперед

vorspringend — **vorstehend**

vorspringend *индифф. синоним*; *напр.*: ein vorspringender Balkon, ein vorspringendes Gesims выдающийся вперед балкон, карниз; eine vorspringende Hausecke угол дома, образующий выступ; ein vorspringendes Kinn выдающийся вперед подбородок; vorspringende Backenknochen выступающие [резкие] скулы; ein schroff vorspringender Fels скала, образующая острый выступ; die Aussicht wird durch einen vorspringenden Erker behindert обзору мешает выдающийся вперед эркер □ Er war kahlköpfig, außerordentlich hager und hatte ein Pferdegesicht mit vorspringenden Zähnen (*Weiskopf, »Abschied vom Frieden«*) Он был лысый, невероятно худой, с лошадиной физиономией, торчащими зубами. Sie sah den... Kopf Jacques Tüverlins mit dem vorspringenden Oberkiefer (*Feuchtwanger, »Erfolg«*) Она видела... лицо Жака Тюверлена с выдающейся вперед верхней челюстью. **vorstehend** выступающий (вперед); *напр.*: vorstehende Häuser выступающие вперед дома; vorstehende Zähne, Backenknochen haben иметь неровные [выступающие вперед] зубы, резкие скулы; er stieß an eine vorstehende Ecke он натолкнулся на выступающий угол; die Rakete darf keine vorstehenden Teile haben у ракеты не должно быть никаких выступающих деталей

Vorstadt см. Vorort

Vorstand см. Leitung/Vorsitzender

vorstehen см. leiten

vorstehend см. vorspringend

Vorsteher см. Vorgesetzter

vorstellen см. darstellen ¹

vorstellen, sich представлять себе

sich vorstellen — **sich vergegenwärtigen** — **sich ausmalen**

sich vorstellen *индифф. синоним*; *напр.*: ich habe mir diese ganze Szene vorgestellt я представил себе всю эту сцену; stell dir meine Lage vor представь себе мое положение; ich kann mir das alte Haus noch gut vorstellen я еще хорошо представляю себе [помню] старый дом □ Es kratzt ihn, wenn er sich vorstellt, welcher Art die Männer sein können, mit denen sie jetzt zusammen ist (*Feuchtwanger, »Exil«*) Кошки скребут у него на сердце, когда он представляет себе, с какого сорта мужчинами она, вероятно, проводит сегодняшний вечер. **sich** (*D*) **vergegenwärtigen** воображать что-л., вызывать в своем воображении; *напр.*: man muß sich die damalige Situation vergegenwärtigen нужно вообразить себе тогдашнюю ситуацию; er konnte sich alles genau vergegenwärtigen он мог себе все точно представить □ Noch Tage danach wurde ihm heiß und kalt, wenn er sich die Szene vergegenwärtigte (*Weiskopf, »Lissy«*) Еще много дней спустя при воспоминании об этой сцене его бросало то в жар, то в холод. **sich** (*D*) **ausmalen** рисовать себе; *напр.*: sich seine Zukunft ausmalen рисовать себе свое будущее; ich malte mir das Leben auf dem Lande aus я рисовал себе свою жизнь в деревне; er malt sich seinen künftigen Beruf in den schönsten Farben aus у него самые радужные представления о своей будущей профессии □ Ja, sie malte sich zuweilen sogar aus, wie das wäre, wenn es eines Tages läutete, und sie ginge zur Tür, und draußen stände Max (*Weiskopf, »Lissy«*) Да, иногда она даже рисовала себе картину, как было бы, если бы в один прекрасный день раздался звонок, она пошла бы открывать, а там стоял бы Макс. Aber der Mann in Zelle 134 konnte nicht verhindern, daß er sich immer wieder mit rascher Phantasie ausmalte, wie das sein wird, wenn Johanna... für ihn Zeugnis ablegt (*Feuchtwanger, »Erfolg«*) Но человек в камере 134 не мог помешать своей яркой фантазии рисовать перед ним картину того, как Иоганна... будет давать показания в его пользу

Vorstellung ¹ представление (*понимание, знание чего-л.*)

die **Vorstellung** — der **Begriff** — das **Bild** — die **Ahnung** — die **Idee**

Vorstellung *индифф. синоним*; *напр.*: allgemeine, deutliche, undeutliche, phantastische Vorstellung общее, отчетливое, смутное, фантастическое представление; eine richtige, annähernde Vorstellung von etw. haben иметь правильное, приблизительное представление о чем-л.; Sie haben eine falsche Vorstellung davon у вас ложное представление об этом □ Auch bedrückte und erbitterte ihn die Vorstellung, immer wieder als Schiffbrüchiger vor Lissy zu stehen (*Weiskopf, »Lissy«*) К тому же его угнетала и ожесточала мысль о том, что всякий раз он должен был казаться Лисси человеком, потерпевшим крушение. Die Vorstellung seines jungen Freundes stieg vor ihm auf, des Kaspar Pröckl (*Feuchtwanger, »Erfolg«*) Образ его молодого друга встал перед ним, образ Каспара Прекля. **Begriff** (привычное) понятие; *напр.*

VORSTELLUNG

sich einen Begriff von etw. machen составить себе понятие о чем-л.; ich habe keinen Begriff davon я не имею никакого понятия об этом; du hast einen sonderbaren Begriff von dieser Sache у тебя странное представление об этом деле. **Bild** картина *обыкн. в выражении* sich (D) ein Bild von etw. machen; *напр.:* sich ein wahres, richtiges, falsches Bild von etw. machen представить себе подлинную, правильную, неправильную картину чего-л.; sie konnten sich von dieser Zeit kein rechtes Bild machen они не могли составить себе правильное представление о том времени □ Das Bild jenes düsteren Treppenhauses war deutlich in seiner Erinnerung (*Noll, »Werner Holt«*) Ему живо представилась та мрачная лестница. **Ahnung** *разг.* отдаленное представление; *напр.:* keine blasse [nicht die geringste] Ahnung von etw. haben не иметь ни малейшего представления о чем-л.; er hat davon eine dunkle Ahnung у него об этом смутное представление; sie hat keine Ahnung, wo er ist она не имеет представления, где он. **Idee** *разг.* ≅ Begriff *обыкн. в выражении* keine Idee haben; *напр.:* keine Idee von etw. haben не иметь (никакого) понятия о чем-л.; nicht die blasse Idee! ни малейшего понятия!; ich habe keine rechte Idee davon я не очень-то хорошо себе это представляю

Vorstellung [2] представление, спектакль

die **Vorstellung** — die **Aufführung** — die **Vorführung**

Vorstellung *индифф. синоним; напр.:* eine interessante, kostenlose Vorstellung интересное, бесплатное представление; eine Vorstellung geben давать представление; eine Vorstellung besuchen пойти на представление; die Vorstellung beginnt um 20 Uhr спектакль [сеанс] начинается в 20 часов □ Aber der Sitz neben ihm blieb bis zum Beginn der Vorstellung leer (*Feuchtwanger, »Erfolg«*) Но место рядом с ним оставалось до начала представления пустым. Er war spät aus der Vorstellung heimgekommen (*Feuchtwanger, »Lautensack«*) После представления он пришел домой поздно. **Aufführung** постановка (на сцене), показ спектакля *и т. п.*; *напр.:* eine ausgezeichnete Aufführung отличная постановка; bei einer Aufführung mitwirken играть в постановке; haben Sie die neue Aufführung des »Hamlet« gesehen? вы видели новую постановку «Гамлета»? □ In diesen Wochen der Erwartung stellte ihm einmal Hannsjörg eine Karte für die Oper zur Verfügung, für eine Aufführung des »Tannhäuser« im Nationaltheater (*Feuchtwanger, »Lautensack«*) В эти недели ожидания Гансйорг принес брату билет на оперу, на постановку «Тангейзера» в Национальном театре. **Vorführung** выступление, представление; *напр.:* die Vorführungen eines Balletts, einer Laienspieltruppe выступления балета, коллектива художественной самодеятельности; eine Vorführung veranstalten подготовить и показать выступление; устроить представление; Vorführungen darbieten давать представления □ Mehrmals während der Vorführung hatte sie selber Lust gehabt, an Stelle Mademoiselle Mesnards oder Mademoiselle Dumesuils zu agieren... (*Feuchtwanger, »Die Füchse«*) Неоднократно во время представления у нее самой появлялось желание выступить вместо мадемуазель Меснар или мадемуазель Дюмесиль

Vorstoß *см.* Überfall
vorstoßen *см.* überfallen [1]
vorstrecken *см.* leihen [1]
vortäuschen изображать (*притворяясь*), разыгрывать что-л.

vortäuschen — vorspiegeln — simulieren — heucheln — vorgaukeln — fingieren — vorspielen — vormachen — weismachen

vortäuschen *индифф. синоним; напр.:* Überraschung vortäuschen разыгрывать удивление; Krankheit vortäuschen симулировать болезнь; große Trauer vortäuschen изображать большую печаль; Liebe vortäuschen разыгрывать из себя влюбленного □ Zu plump ist diese »Entführung« vorgetäuscht (*St. Zweig, »Maria Stuart«*) Однако «похищение» сработано чересчур уж топорно. **vorspiegeln** создавать впечатление, изображать (из себя) кого-л.; *напр.:* j-m gute Absichten vorspiegeln изображать из себя человека, имеющего хорошие намерения; j-m Bedürftigkeit, Krankheit vorspiegeln стараться показаться кому-л. нуждающимся, больным. **simulieren** симулировать (*болезнь и т. п.*); *напр.:* eine Krankheit, Taubheit simulieren симулировать болезнь, глухоту; er simulierte vor der Polizei einen Schwächeanfall он симулировал перед полицией обморок □ Und die französischen Behörden, wiewohl entgegenkommend, mußten strenge Untersuchungen simulieren (*Feuchtwanger, »Die Füchse«*) И французские власти, несмотря на свое доброжелательное отношение к фирме, вынуждены создавать иллюзию строжайшего расследования. **heucheln** лицемерно притворяться, демонстрируя что-л. (*какие-л. чувства*); *напр.:* Liebe, Unschuld, Mitgefühl, Reue heucheln притворяться любящим, невиновным, сочувствующим, раскаивающимся; Interesse heucheln делать вид, что интересно □ Maria Stuart heuchelt furchtbare Krämpfe, legt sich sogleich zu Bett (*St. Zweig, »Maria Stuart«*) Мария Стюарт делает вид, будто ее ужасные судороги, и ложится в постель. **vorgaukeln** порождать ложные надежды, вызывать иллюзии (*у легковерных, обещая, расхваливая что-л. и т. п.*); *напр.:* glaube ja nicht, was er dir vorgegaukelt hat не верь тому, что он тебе рассказывал [внушал]. **fingieren** выдумывать, подстраивать, симулировать (что-л.); *напр.:* eine Krankheit, einen Anfall fingieren симулировать болезнь, приступ; der Bankangestellte hat den Überfall fingiert служащий банка симулировал нападение на банк. **vorspielen** *разг.* ≅ vorspiegeln; *напр.:* er spielte ihr diese Gefühle nur vor эти его чувства к ней были обманом; spiele uns doch nichts vor! не морочь нам голову! □ Allein jetzt, bei seinem ersten Wort im Apparat, wußte sie, daß sie sich auch ihre Entschlossenheit nur vorgespielt hatte (*Feuchtwanger, »Erfolg«*) Но сейчас, при первом звуке его голоса в трубе, она поняла, что и решимость ее тоже была лишь самообманом. Holt begriff rasch, daß die Schwestern den Besuchern, vielleicht auch sich selbst, etwas vorspielten (*Noll, »Werner Holt«*) Хольт скоро понял, что сестры перед гостями, а может, отчасти и сами перед собой играют роль. **vormachen** *разг.* изображая что-л., дурачить, вводить в заблуждение кого-л. *б. ч. употр. с отрицанием; напр.:* so leicht kann er mir nichts vormachen так легко он меня не проведет; er läßt sich nichts vormachen его нельзя провести □ Er machte sich nichts vor: er war hier in der Schule fehl am Platz (*Noll, »Werner Holt«*) Он не обольщался: ему не место в школе. Er macht sich vor, er tue es für den Frieden und für sein Volk, und so ist es auch, aber vor allem tut er's doch, weil er Freude an der Macht hat und am Tun (*Feuchtwanger, »Die Jüdin von Toledo«*) Он обманывает себя, говоря, что он делает это ради мира и для своего народа, и так оно и есть, но прежде всего он это делает потому, что ему доставляют радость власть и сами деяния. **weismachen** *разг.* пытаться убедить кого-л. в чем-л., пытаться заставить поверить чему-л.; *напр.:* er wollte mir weismachen, er habe mich nicht gesehen он хотел меня уверить в том, что не видел меня; das kannst du einem anderen weismachen рассказывай кому другому □ Sie wissen es nicht? Sie werden mir das nicht weismachen. Wenn hier im Hause ein Floh hustet, wissen Sie es (*Hauptmann, »Vor Sonnenuntergang«*) Вы не знаете? Так я вам и поверил! Стоит в этом доме блохе чихнуть, и то вы будете знать

Vorteil [1] выгода, польза

der **Vorteil** — der **Nutzen** — der **Gewinn** — der **Profit**

Vorteil *индифф. синоним; напр.:* beiderseitiger Vorteil взаимная выгода; einen Vorteil aus etw. (heraus)schlagen [herausholen] извлекать из чего-л. выгоду; auf seinen Vorteil bedacht sein заботиться о собственной выгоде; sich in allem auf seinen Vorteil verstehen уметь из всего извлекать выгоду ▫ Ja, es hat seine Vorteile, eine solche Unterhaltung beim Essen zu führen (Feuchtwanger, »Exil«) Да, это имеет свои преимущества, когда ведут такие разговоры во время еды. Johanna überlegte, auch für ihre Zwecke wäre es wahrscheinlich von Vorteil, nach Garmisch zu gehen (Feuchtwanger, »Erfolg«) Иоганна подумала, что и в ее интересах, вероятно, было бы отправиться в Гармиш. »Wir hätten«, griff Pierre ein, »aus diesen Besitzungen noch ganz andere Vorteile herausholen können« (Feuchtwanger, »Die Füchse«) «Мы могли бы, — вмешался Пьер, — получить от этих владений совсем другую выгоду». **Nutzen** ≅ Vorteil, *но употр. по отношению к выгоде от применения, использования чего-л.; напр.:* ein großer, praktischer, unmittelbarer Nutzen (des Forschungsergebnisses) большая, практическая, непосредственная польза (результатов исследования); Nutzen bringen приносить пользу; aus etw. Nutzen ziehen извлекать пользу из чего-л.; von Nutzen sein быть полезным; zum Nutzen sein быть на пользу; dabei springt nur ein kleiner Nutzen heraus это даст мало пользы [не принесет большой выгоды] ▫ Niemand konnte Verträge gleichgültiger finden als Katharina, sobald sie keinen Nutzen mehr brachten (H. Mann, »Die Jugend«) Никто не относился к договорам более равнодушно, чем Екатерина, как только они не приносили больше никакой пользы. **Gewinn** ≅ Vorteil, *но подчеркивает возможность получения материальной пользы; напр.:* aus etw. Gewinn ziehen извлекать из чего-л. выгоду, пользу; eine Vereinbarung, die beiden Seiten Gewinn bringen wird соглашение, которое принесет выгоду обеим сторонам. **Profit** *неодобр.* прибыль, барыш; *напр.:* aus einer Sache Profit ziehen извлекать выгоду из какого-л. дела; nur auf Profit bedacht sein думать только о выгоде

Vorteil ² *см.* Vorzug
vorteilhaft ¹ выгодный
vorteilhaft — einträglich — gewinnbringend — ertragreich — rentabel — lukrativ

vorteilhaft *индифф. синоним; напр.:* ein vorteilhaftes Angebot, Geschäft выгодное предложение, выгодная сделка; zu vorteilhaften Bedingungen на выгодных условиях; ist das vorteilhaft? это выгодно? **einträglich** доходный; *напр.:* eine einträgliche Stelle доходное место; ein einträgliches Amt доходная должность; diese Tätigkeit war für ihn sehr einträglich эта деятельность была для него очень доходной ▫ Doch er hatte, um das zu erreichen, viele einträgliche Stellen... abschaffen... müssen (Feuchtwanger, »Die Füchse«) Но для этого ему пришлось упразднить ряд прибыльных должностей. Hauptmannsstellen waren höchst einträglich (Br. Frank, »Cervantes«) Должность капитана была чрезвычайно доходной. **gewinnbringend** прибыльный; *напр.:* ein gewinnbringendes Unternehmen прибыльное предприятие. **ertragreich** высокодоходный; *напр.:* ein ertragreiches Geschäft высокодоходное дело; eine ertragreiche Einnahmequelle источник больших доходов. **rentabel** рентабельный; *напр.:* ein rentabler Betrieb рентабельное производство [предприятие]; rentabel arbeiten, wirtschaften работать, вести хозяйство рентабельно. **lukrativ** *книжн.* ≅ einträglich; *напр.:* ein лукративный Posten доходное место; ein lukratives Geschäft доходное дело; ein lukrativer Nebenerwerb хороший побочный заработок; lukrative Aufträge прибыльные заказы; lukrativer arbeiten als bisher работать более прибыльно, чем до сих пор

vorteilhaft ² выгодный, благоприятный
vorteilhaft — günstig — glücklich — gut

vorteilhaft *индифф. синоним; напр.:* eine vorteilhafte Lage выгодное расположение; einen vorteilhaften Eindruck machen производить благоприятное впечатление; sie sieht vorteilhaft aus у нее выигрышная внешность; das Kostüm ist sehr vorteilhaft für dich костюм тебя очень красит ▫ In seinem Innern mußte er zugeben, daß ihre lockere Ironie vorteilhaft abstach von seiner massigen Deggenburger Grobheit (Feuchtwanger, »Lautensack«) В глубине души он вынужден был согласиться, что ее спокойная ирония выгодно отличается от его грубой дегенбургской бестактности. **günstig** благоприятный, удачный; *напр.:* eine günstige Gelegenheit, Wendung, Zeit благоприятный случай, поворот, благоприятное время; günstige Beleuchtung удачное освещение; er kam in einem günstigen Moment он пришел в удачный момент ▫ Diese Bekundung machte keinen günstigen Eindruck (Feuchtwanger, »Erfolg«) Это заявление произвело неблагоприятное впечатление. Mit der Heimfahrt übrigens traf es sich günstig (Br. Frank, »Cervantes«) Впрочем, с отъездом на родину складывалось все удачно. Die kleine Wohnung in Niederrad... lag günstig für ein Versteck oder eine Flucht (Seghers, »Das siebte Kreuz«) Маленькая квартирка в Нидерраде... была расположена удачно, если нужно спрятаться или бежать. **glücklich** удачный, счастливый; *напр.:* ein glücklicher Gedanke, Zufall, Ausdruck счастливая мысль, счастливое совпадение, удачное выражение; die Auswahl der Bilder ist nicht sehr glücklich выбор картин не очень удачный; die Zeit, der Ort war nicht sehr glücklich gewählt время, место было выбрано не очень удачно. **gut** ≅ günstig, *но подчеркивает, что что-л. является радостным, приятным; напр.:* eine gute Nachricht хорошее известие; ein guter Eindruck хорошее впечатление; eine gute Gelegenheit nutzen использовать благоприятную возможность; heute ist gutes Wetter zum Angeln сегодня хорошая погода для рыбной ловли

Vortrag ¹ *см.* Vorlesung
Vortrag ²: einen Vortrag halten *см.* sprechen ²

vortragen ¹ читать, декламировать
vortragen — lesen — aufsagen — hersagen — deklamieren — rezitieren — herunterleiern — ableiern — abhaspeln — herunterschnurren

vortragen *индифф. синоним; напр.:* ein Gedicht vortragen читать стихотворение; diese Schülerin kann gut vortragen эта ученица умеет хорошо декламировать. **lesen** (aus etw.) читать (обыкн. прозу) употр. по отношению к чтению писателем отрывков из своих произведений; напр.: an diesem Abend las der junge Schriftsteller aus seinem neuen Roman в этот вечер молодой писатель читал главы из своего нового романа. **aufsagen** говорить выученное наизусть (б. ч. о детях, школьниках); напр.: ein Gedicht vor der Klasse aufsagen отвечать стихотворение перед классом; das Einmaleins aufsagen говорить наизусть таблицу умножения ▫ Zuvor aber galt es, dem Papa das Gedicht aufzusagen (Th. Mann, »Buddenbrooks«) Но прежде надлежало прочитать папе стихотворение. In Philadelphia hatte die Familie aus diesem Tag viel hergemacht, es gab Kuchen, Geschenke, großes Familienessen, die Enkel sagten Verse auf (Feuchtwanger, »Die Füchse«) В Филадельфии в этот день устраивалось семейное торжество — с пирогами, подарками, торжественным обедом; внуки обычно читали стихи. **hersagen** говорить, рассказывать заученное наизусть (без выражения, скороговоркой, монотонно и т. п.); напр.: ein Gedicht hersagen рассказывать стихотворение; die Großmutter konnte viele Gedichte aus dem Kopf hersagen бабушка могла привести много стихотворений на память ▫ Wieviel Einwohner besaß die Stadt? Welche Straßen führten von der Trave zur oberen Stadt hinauf? Frisch und schlagfertig hergesagt! (Th. Mann, »Buddenbrooks«) Сколько жителей в городе? Какие улицы ведут от Травы в Верхний город? Отвечай живо, без запинок! **deklamieren** *книжн.* декламировать; напр.: ein Gedicht deklamieren декламировать стихотворение. **rezitieren** *книжн.* исполнять литературное произведение перед публикой (б. ч. о профессиональном исполнении); напр.: Gedichte rezitieren читать стихи, исполнять стихотворения; sie rezitierte Goethe, Verse von Heine она читала Гете, стихи Гейне; der Dichter rezitierte aus seinen Werken

VORTRAGEN

писатель читал отрывки из своих произведений ☐ Er begann mit dröhnender Stimme zu rezitieren (*Weiskopf*, »*Abschied vom Frieden*«) Он начал декламировать громовым голосом. Der Poet hieß Gérard. Er las ihr nach dem Essen zwei Gedichte vor, zwei andere rezitierte er aus dem Kopf (*Remarque*, »*Der Himmel*«) Поэта звали Жерар. Поев, он прочитал два стихотворения, а потом продекламировал еще два наизусть. **herunterleiern** *разг. пренебр.* бубнить, монотонно произносить (*стихотворение и т. п.*); *напр.*: ein Gebet herunterleiern отбубнить молитву; eine Rede herunterleiern бубнить речь; der Schüler leierte das Gedicht herunter ученик отбубнил стихотворение. **ableiern** *груб.* ≃ herunterleiern; *напр.*: ein Gedicht, ein Gebet ableiern отбубнить стихотворение, молитву. **abhaspeln** *разг. пренебр.* (от)барабанить, произносить что-л. наскоро, кое-как; *напр.*: ein Gedicht, ein Gebet, eine Rede abhaspeln отбарабанить стихотворение, молитву, речь. **herunterschnurren** *разг. пренебр.* частить; *напр.*: er hat das Gedicht so heruntergeschnurrt он кое-как отбарабанил стихотворение ☐ »Die Namen!« Und Cervantes schnurrte mit großer Geläufigkeit eine Anzahl Namen herunter, phantastisch zusammengeholt... (*Br. Frank*, »*Cervantes*«) «Имена!» И Сервантес выпалил с необыкновенной скоростью некоторое количество выдуманных имен...

vortragen² делать доклад, читать лекцию

vortragen — referieren

vortragen *индифф. синоним*; *напр.*: interessant, langweilig vortragen делать доклад интересно, скучно; frei vortragen свободно говорить (*о докладчике и т. п.*); im kleinen Kreis, über die Weltraumforschung vortragen делать доклад в узком кругу, об исследования космического пространства. **referieren** *книжн.* докладывать, делать доклад на какую-л. тему (*б. ч. для специалистов*); *напр.*: über neue Untersuchungsergebnisse, über die Beschlüsse der letzten Sitzung referieren докладывать [делать доклад] о новых результатах исследований, о решениях последнего заседания; sie sollte auf der Versammlung referieren она должна была выступить с докладом на собрании

vortragen³ *см.* sprechen²
vortrefflich *см.* gut ¹, ², ³
vorübergehen *см.* vergehen ¹/vorbeigehen¹
vorübergehend преходящий
vorübergehend — flüchtig

vorübergehend *индифф. синоним*; *напр.*: eine vorübergehende Erscheinung преходящее явление; ein vorübergehender Kälteeinbruch ist angekündigt объявили о наступлении кратковременного похолодания. **flüchtig** мимолетный; *напр.*: eine flüchtige Begegnung, Bekanntschaft мимолетная встреча, мимолетное знакомство

vorübergehend *см.* zeitweilig ¹
Vorübergehender *см.* Passant
Vorurteil предубеждение, предрассудок

das Vorurteil — die Voreingenommenheit — die Befangenheit

Vorurteil *индифф. синоним*; *напр.*: ein falsches, (un)begründetes Vorurteil ложное, (не)оправданное предубеждение; gegen j-n, gegen etw. ein Vorurteil haben относиться с предубеждением к кому-л., к чему-л. ☐ »Das sind doch blöde, kleinbürgerliche Vorurteile«, antwortete er ungewohnt heftig (*Feuchtwanger*, »*Lautensack*«) «Это нелепые мещанские предрассудки», — заявил он с непривычной резкостью. ...wer sich freihält von Vorurteilen, muß es auf sich nehmen, verkannt zu werden (*Feuchtwanger*, »*Exil*«) ...кто свободен от предрассудков, должен быть готов к тому, что его не поймут. **Voreingenommenheit** предубежденность, предвзятость; *напр.*: die Voreingenommenheit seiner Haltung uns gegenüber предвзятость его позиции [поведения] по отношению к нам; seine Voreingenommenheit gegen den neuen Mitarbeiter его предубеждение против нового сотрудника; über etw. mit Voreingenommenheit urteilen судить о чем-л. с предвзятостью. **Befangenheit** ≃ Voreingenommenheit, *но часто употр. по отношению к членам суда, арбитрам и т. п., в том числе как юр. термин*; *напр.*: einen Richter wegen Befangenheit ablehnen отвести судью [дать отвод судье] из-за его предвзятости; er zeigt eine deutliche Befangenheit den modernen Bauwerken gegenüber он проявляет явную предубежденность по отношению к современным сооружениям. ☐ Aber ihre Befangenheit hörte doch etwas wie ein Vorwurf heraus (*Feuchtwanger*, »*Erfolg*«) Но ей с ее предвзятостью показалось, что она улавливает какую-то нотку упрека

vorverlegen *см.* verlegen I ¹
vorwalten *см.* vorherrschen
Vorwand предлог

der Vorwand — die Ausrede — die Ausflucht — der Behelf

Vorwand *индифф. синоним*; *напр.*: einen Vorwand haben, suchen иметь, искать предлог; etw. zum Vorwand nehmen использовать что-л. в качестве предлога; unter einem passenden Vorwand verreisen уехать под благовидным предлогом; er griff zum erstbesten Vorwand, der ihm einfiel он воспользовался первым попавшимся предлогом, который пришел ему в голову; sie weigerte sich unter einem geeigneten Vorwand она отказалась под благовидным предлогом ☐ Jetzt ist ihm die Geldlosigkeit ein willkommener Vorwand, seine Kleidung zu vernachlässigen (*Feuchtwanger*, »*Exil*«) Теперь же безденежье служит ему удобным предлогом не обращать внимания на свою одежду. Im stillen lächelt er über den Vorwand, den sie sich zurechtgemacht hat, um ihrem tieferen Willen, seinem Willen zu folgen (*Feuchtwanger*, »*Lautensack*«) Он тихонько смеется над тем предлогом, который она придумала, чтобы следовать своему более глубокому желанию — его желанию. **Ausrede** отговорка (для оправдания); *напр.*: eine einleuchtende, plausible, beliebte, bequeme Ausrede понятное, убедительное оправдание, любимая, удобная отговорка; sich eine Ausrede ausdenken придумать отговорку; immer eine Ausrede haben всегда иметь отговорку; das sind faule Ausreden это пустые отговорки. **Ausflucht** *б. ч. мн.* увертки, отговорки *по сравнению с* Ausrede *более экспрессивно*; *напр.*: Ausflüchte suchen пытаться увильнуть под благовидным предлогом, пытаться найти отговорку; keine Ausflüchte! никаких отговорок! ☐ die Bank machte Ausflüchte über Ausflüchte (*Brecht*, »*Dreigroschenroman*«) Банк находил все новые и новые отговорки. **Behelf** *разг., б. ч. сакс.* ≃ Vorwand; *напр.*: sich einen Behelf machen найти предлог; einen Behelf suchen искать предлог

vorwärtskommen *см.* vorankommen
vorwegnehmen *см.* zuvorkommen ¹
vorweisen *см.* zeigen ¹
vorwerfen — vorhalten — unter die Nase reiben — aufs Butterbrot [aufs Brot] schmieren [streichen]

vorwerfen *индифф. синоним*; *напр.*: j-m Feigheit, Geiz, Unhöflichkeit vorwerfen упрекать кого-л. в трусости, в скупости, в невежливости; sie warf ihm vor, daß er ihr nicht geholfen hatte она упрекала его за то, что он ей не помог; sie haben einander nichts vorzuwerfen им не в чем упрекнуть друг друга ☐ Holt hatte Vetter nichts vorzuwerfen, was er sich nicht auch selbst vorwerfen mußte (*Noll*, »*Werner Holt*«) Хольт ни в чем не мог упрекнуть Феттера ни в чем таком, в чем он не должен был упрекнуть себя сам. **vorhalten** ставить в укор, укорять; *напр.*: j-m seine Fehler, Sünden, Schwächen vorhalten укорять кого-л. в его ошибках, грехах, слабостях; j-m seine Unpünktlichkeit vorhalten укорять кого-л. в неточности; er hielt ihr vor, daß sie zuviel Geld ausgäbe он корил ее тем, что она тратит слишком много денег. **unter die Nase reiben** (*j-m etw.*) *фам.* тыкать в нос кому-л. чем-л.; *напр.*: ☐ Die Frau hatte ihm einen wütenden Brief geschrieben. Darin rieb sie ihm unter die Nase, daß er immer noch nicht zu Hause war (*Seghers*, »*Die Toten*«) Жена написала ему свирепое письмо. В нем она попрекала его за то, что он до сих пор не вернулся домой. **aufs**

Butterbrot [aufs Brot] schmieren [streichen] (*j-m etw.*) *фам.* постоянно попрекать кого-л. чем-л.; *напр.*: wie lange willst du mir's noch aufs Butterbrot schmieren, daß ich am Fasching erst um 6 nach Hause kam? как долго ты еще будешь попрекать меня тем, что я с карнавала пришел домой только в шесть часов утра?
vorwiegen *см.* vorherrschen
vorwiegend *см.* hauptsächlich/meist
vorwitzig *см.* neugierig
Vorwurf упрёк
der **Vorwurf** — die **Vorhaltung** — der **Anwurf**
Vorwurf *индифф. синоним; напр.*: ein bitterer, leiser, ernster, freundschaftlicher, (un)berechtigter Vorwurf горький, лёгкий, серьёзный, дружеский, (не)обоснованный упрёк; Vorwürfe machen упрекать; j-n mit Vorwürfen überschütten осыпать кого-л. упрёками; er schwieg zu ihren Vorwürfen он молчал в ответ на её упрёки; sie duldete seine Vorwürfe schweigend она молча сносила его упрёки □ Er witterte Verstellung, geheime Geringschätzung und versteckten Vorwurf (*Weiskopf*, »*Lissy*«) Ему чудилось притворство, скрытое презрение, затаённый упрёк. **Vorhaltung** укор, выговор *обыкн. употр. в сочетании* j-m wegen etw. Vorhaltungen machen; *напр.*: j-m wegen seiner Verспätung Vorhaltungen machen упрекать кого-л. за опоздание; sie hat ihm Vorhaltungen gemacht, daß er zuviel Geld ausgibt она укоряла его в том, что он тратит слишком много денег □ Sie hatte — sowie Fromeyer davon abgekommen war, ihr Vorhaltungen über den Verkehr mit Frankes zu machen — diesen Verkehr einschlafen lassen (*Weiskopf*, »*Lissy*«) Когда Фромайер перестал её укорять тем, что она общается с семьёй Франке, она постепенно сама прекратила это общение. Sie erzählte ihren Nächsten von den Vorhaltungen der Österreicher (*Feuchtwanger*, »*Die Füchse*«) Она рассказала своим ближайшим друзьям об укорах австрийцев. **Anwurf** *неодобр.* несправедливый упрёк, (оскорбительное) необоснованное обвинение; *напр.*: ein häßlicher Anwurf низкий упрёк, лишённый всякого основания; den Anwurf zurückweisen отвергнуть голословное обвинение □ Auch hörte er aus den Worten Hannsens die Andeutung heraus, er begnüge sich, die Nazis mit leerem Geschwafel zu bekämpfen, und dieser Anwurf kränkte ihn bitter (*Feuchtwanger*, »*Exil*«) К тому же в словах Ганса ему почудился намёк: он, мол, довольствуется тем, что борется с гитлеровцами пустой болтовнёй, и этот несправедливый упрёк задел его очень больно
Vorzeichen предзнаменование
das **Vorzeichen** — die **Vorbedeutung** — das **Omen**
Vorzeichen *индифф. синоним; напр.*: ein gutes, böses Vorzeichen доброе, дурное предзнаменование; an böse Vorzeichen glauben верить в дурные приметы; diese Begegnung erschien mir als ein glückliches Vorzeichen эта встреча показалась мне счастливым предзнаменованием; ein Ereignis als ein böses Vorzeichen deuten истолковать случившееся как дурное предзнаменование. **Vorbedeutung** предвестие; *напр.*: an Vorbedeutungen glauben верить в предзнаменования [в приметы]; der Vorfall hatte eine gute, böse Vorbedeutung случай был добрым, плохим предвестием; das ist eine schlechte Vorbedeutung это дурная примета. **Omen** *высок.* ≅ Vorzeichen; *напр.*: ein gutes, glückliches, böses Omen хорошее, счастливое, дурное предзнаменование; etw. für ein besonderes Omen halten считать что-л. особым предзнаменованием
vorzeichnen *см.* vorschreiben [1]
vorzeigen *см.* zeigen [1]
vor Zeiten *см.* früher I
vorzeitig преждевременный; раньше (обычного) времени
vorzeitig — **verfrüht** — **frühzeitig**
vorzeitig *индифф. синоним; напр.*: eine vorzeitige Ankunft, Abreise преждевременное прибытие, преждевременный отъезд; vorzeitige Geburt преждевременные роды; sie ist vorzeitig gealtert она постарела раньше времени [преждевременно]; warum gehen Sie vorzeitig weg? почему вы раньше времени уходите? □ Wir werden wohl unseren Aufenthalt hier vorzeitig abbrechen müssen (*Weiskopf*, »*Abschied vom Frieden*«) Мы, вероятно, уедем отсюда несколько раньше. Alexanders Studium hatte freilich ein vorzeitiges Ende genommen (*ebenda*) Учёба Александра, правда, закончилась преждевременно. **verfrüht** ≅ vorzeitig, *но употр. тж. в тех случаях, когда хотят подчеркнуть, что что-л. ожидаемое происходит слишком рано; напр.*: die verfrühte Ankunft des Zuges преждевременное прибытие поезда; eine verfrühte Geburt, Entwicklung преждевременные роды, преждевременное развитие; verfrüht graue Haare bekommen поседеть слишком рано. **frühzeitig** ранний *подчёркивает, что что-л. происходит очень рано; напр.*: eine frühzeitige Entwicklung (очень) раннее развитие; frühzeitige Reife преждевременная зрелость; ein frühzeitiger Herbst (очень) ранняя осень; ein frühzeitiger Tod ранняя смерть □ Du hast dich nirgendwo wirklich zu Hause gefühlt, dein Herkommen war dir immer zuwider. Darum bist du schon frühzeitig davongelaufen (*Noll*, »*Werner Holt*«) У тебя никогда не было дома, ты всегда ненавидел свою среду. Поэтому ты очень рано ушёл из семьи
vorziehen предпочитать
vorziehen — **bevorzugen**
vorziehen *индифф. синоним; напр.*: ziehst du Tee oder Kaffee vor? ты предпочитаешь чай или кофе?; es ist falsch, daß du eins deiner Kinder (den anderen) vorziehst это неправильно, что ты одного из твоих детей предпочитаешь (другим) □ Allein Herr Mantz zog es vor, im Ausland zu bleiben (*Feuchtwanger*, »*Lautensack*«) Однако господин Манц предпочёл остаться за границей. In letzter Zeit indes hatte er es vorgezogen, selber zu tippen (*ebenda*) Но в последнее время он предпочитал печатать сам. Allein sie war ungläubig, zog es vor, viel allein zu bleiben (*Feuchtwanger*, »*Erfolg*«) Но она была настроена скептически, предпочитала оставаться одна. **bevorzugen** оказывать предпочтение, предпочитать; *напр.*: bevorzugen Sie Rot- oder Weißwein? вы предпочитаете красное вино или белое вино?; er bevorzugt diese Obstsorte он отдаёт предпочтение этому сорту фруктов □ Launisch und grausam spielerisch bevorzugte er in der letzten Zeit den schönen, wilden, noblen und skrupellosen Zinsdorff (*Feuchtwanger*, »*Lautensack*«) Словно играя в какую-то жестокую и капризную игру, он в последнее время оказывал предпочтение красивому, необузданному, знатному и бессовестному Цинздорфу. Magda stellte fest, daß Emmi jetzt von Diederich in der empörendsten Weise bevorzugt wurde (*H. Mann*, »*Untertan*«) Магда пришла к заключению, что Дидерих самым возмутительным образом отдаёт теперь предпочтение Эмми. Gemeinhin bevorzugte er Toledo vor Burgos (*Feuchtwanger*, »*Die Jüdin von Toledo*«) Обычно он предпочитал Толедо Бургосу
Vorzimmer *см.* Vorraum
Vorzug преимущество, достоинство
der **Vorzug** — der **Vorteil**
Vorzug *индифф. синоним; напр.*: der Vorzug eines Verfahrens, dieses Materials преимущество какого-л. метода, этого материала; einer ihrer Vorzüge ist ihre Zuverlässigkeit одним из их достоинств является то, что на них всегда можно положиться; der Vorzug dieses Buches ist, daß... достоинство этой книги состоит в том, что... □ Der Mann Heßreiter mochte seine Vorzüge haben... (*Feuchtwanger*, »*Erfolg*«) Быть может, у Гессрейтера и были свои преимущества... Die beiden Buben stritten jetzt oft, wem von ihren beiden Lehrern der Vorzug gebührte (*Seghers*, »*Die Toten*«) Мальчики часто спорили, чей учитель лучше. **Vorteil** ≅ Vorzug, *но не употр. по отношению к личным качествам человека, часто употр. в знач.* '(спортивное) преимущество'; *напр.*: der Vorteil des Verfahrens преимущество (данного) метода; einen Vorteil ausnutzen использовать преимущество; j-m einen Vorteil einräumen предоставлять кому-л. преимущество; die

VORZÜGLICH

Vor- und Nachteile eines Verfahrens abwägen взвешивать преимущества и недостатки какого-л. метода; diese Lösung hat viele Vorteile это решение имеет много преимуществ; das Spiel wurde mit Vorteil für Weiß vertagt *шахм.* игра была отложена с преимуществом у белых

vorzüglich *см.* gut [1, 2, 3]

W

wabern *см.* zittern
wach бодрствующий
wach — munter — hellwach

wach *индифф. синоним; напр.:* wach sein [bleiben] бодрствовать, не спать; wach werden проснуться; sie hat die ganze Nacht wach gelegen она не спала всю ночь; sie rüttelte ihn wach она растолкала его (, и он проснулся); um 7 Uhr wurde er wach в семь часов он проснулся □ Anna, nachdem sie schon einmal wach ist, könnte eigentlich auch aufstehen (*Feuchtwanger, »Exil«*) Анна, раз уж она не спит, могла бы, собственно, тоже встать. Erst als er... am Tisch saß und den heißen schwarzen Kaffee in einem Zug hinunterstürzte, sagte sich Lissy: Er ist wirklich wach! (*Weiskopf, »Lissy«*) Только когда он... сел за стол и залпом выпил горячий черный кофе, Лисси сказала себе, что он действительно проснулся. Holt aber blieb wach und erlebte inmitten der Berge den Beginn des Tages (*Noll, »Werner Holt«*) Хольт не спал, его захватило зрелище зарождающегося утра в горах. **munter** ≅ wach, *но подчеркивает отсутствие сонливости, полную ясность сознания у того, кто бодрствует, не спит; напр.:* mit dem ersten Sonnenstrahl bin ich munter с первым лучом солнца я уже не сплю; er war in aller Frühe schon munter он проснулся очень рано и совсем не хотел спать; der Kaffee macht ihn wieder munter кофе взбодрит его (*прогонит сонливость*); abends bleibt sie lange munter вечерами она долго не хочет спать □ Am Morgen wachte ich aus einem Dämmerzustand auf, wußte noch, daß ich mich mit irgendwelchen quälenden Gedanken abgemüht hatte. Als ich munterer wurde, fiel mir ein... (*Renn, »Nachkrieg«*) Утром я очнулся из состояния забытья, знал только, что меня мучили какие-то тяжелые мысли. Когда я окончательно проснулся, я вспомнил... **hellwach** ≅ wach, *но имеет усилительное значение; напр.:* hellwach werden полностью проснуться; nachdem wir Kaffee getrunken hatten, waren wir hellwach выпив кофе, мы окончательно стряхнули с себя сон □ Alfonso schlug die Augen auf und war sogleich hellwach (*Feuchtwanger, »Die Jüdin von Toledo«*) Альфонсо открыл глаза, и сна как не бывало

Wachdienst *см.* Wache [1]
Wache [1] охрана (*несение службы*)
die Wache — der Wachdienst — die Wacht

Wache *индифф. синоним; напр.:* auf Wache в карауле; Wache haben [halten] нести караульную службу; auf Wache ziehen, die Wache beziehen заступить в караул [на вахту]. **Wachdienst** караульная служба; *напр.:* Wachdienst haben, auf Wachdienst sein нести караульную службу. **Wacht** *уст. высок.* ≅ Wache; *напр.:* Wacht halten, auf der Wacht sein нести караульную службу

Wache [2] часовой; охрана (*отдельное лицо или группа лиц*)
die Wache — der Wach(t)posten — der Wach(t)soldat — der Posten — die Schildwache

Wache *индифф. синоним; напр.:* die Wache des Werkes охрана [сторожа] предприятия; die Wache verstärken, ablösen усилить, сменить охрану; die Wache zieht auf охрана занимает посты □ Die Wache stieß ihre Hellebarden auf den Boden, und den Saal betrat der König von Navarra (*H. Mann, »Die Jugend«*) Стража ударила алебардами об пол, и в зал вошел король Наваррский. ...und die Protestanten stellten Wachen vor die Türen... (*ebenda*) ...и протестанты выставили охрану перед дверями... ...so begrüßte ihn bei der Wiederkehr die Wache wie einen entbehrten Bekannten (*Br. Frank, »Cervantes«*) ...при возвращении стража приветствовала его, как отсутствовавшего знакомца. **Wach(t)posten** (караульный) пост; часовой; *напр.:* einen Wach(t)posten aufstellen, ablösen выставить, сменить часового; den Wach(t)posten verdoppeln удвоить пост [охрану]. **Wachsoldat** *и редко* **Wachtsoldat** солдат, несущий караульную службу (*часовой, конвоир и т. п.*); *напр.:* Wie er den ersten durchritt, machten die Wachtsoldaten finster unbeteiligte Gesichter und grüßten nicht zurück (*Br. Frank, »Cervantes«*) Когда он проезжал, первые стражники приняли угрюмо-безучастный вид и не ответили на приветствие. **Posten** пост, часовой (*о военной охране*); дозорный; *напр.:* Posten ohne Gewehr дневальный; Posten aufstellen, ablösen, einziehen устанавливать, сменять, снимать часовых; vor dem Gebäude stehen zwei Posten перед зданием стоят двое часовых □ Wir gingen nun zusammen die Posten ab (*Renn, »Nachkrieg«*) Мы совершали обход часовых. Als man Baracken und Mauern baute, Stacheldrähte zog und Posten aufstellte... (*Seghers, »Das siebte Kreuz«*) Когда построили бараки и стены, протянули колючую проволоку и расставили часовых. **Schildwache** *устаревает* = Wache; *напр.:* vor dem Palast hat sich die Schildwache aufgestellt перед дворцом построилась охрана [построился караул]

Wachposten *см.* Wache [2]
wachsen расти (*о растениях*)
wachsen — sprießen — gedeihen — wuchern — sprossen

wachsen *индифф. синоним; напр.:* das Gras wächst schnell трава быстро растет; das Unkraut wächst üppig пышно разрастаются сорняки; die ersten zarten Pflanzen wachsen aus dem Boden первые нежные растения появляются из-под земли; die Sträucher wachsen in die Höhe кусты тянутся вверх □ »Merkwürdig, wie so eine Blume gewachsen ist!« sagte sie... (*Noll, »Werner Holt«*) «Интересно, как вырастает такой вот цветок!» — сказала она... **sprießen** прорастать, всходить; распускаться; *напр.:* das Gras sprießt (aus der Erde) (на земле) появляется трава; die Blumen sprießen цветы распускаются; die Saat sprießt schon посевы уже всходят; an den Zweigen sprossen [sprießten] die ersten Knospen на ветвях появились первые почки □ In dem Walde sprießt und grünt es | Fast jungfräulich lustbeklommen... (*Heine, »In dem Walde«*) Счастьем девственным томимы, | Расцветают лес и нивы... (*Перевод Левика*). **gedeihen** (хорошо) расти, развиваться; *напр.:* die Kartoffeln gedeihen in diesem Jahr gut картофель растет в этом году хорошо; ohne Wasser gedeihen die Pflanzen nicht без воды растения чахнут. **wuchern** буйно разрастаться, сильно размножаться (*о сорняках, дикорастущих растениях и т. п.*); *напр.:* das Unkraut wuchert auf dem Feld сорняки буйно разрастаются на поле. **sprossen** *высок. редко* пускать ростки; всходить; *напр.:* die Blumen, die Pflanzen sprossen цветы, растения пускают ростки; junge Bäume sprossen у саженцев появляются новые побеги; die Wurzeln sprossen растение пускает корни; die Keime sprossen семяпочки прорастают

Wachsoldat *см.* Wache [2]
wachsweich *см.* weich [2]
Wacht *см.* Wache [1]
Wächter сторож (*охраняющий что-л., кого-л.*)
der Wächter — der Aufseher — der Wärter — der Hüter — der Wart

Wächter *индифф. синоним; напр.:* zuverlässiger Wächter надежный сторож; der Wächter des Betriebes, der Bank сторож [сотрудник охраны] завода, банка; der Hund als Wächter собака в качестве сторожа; als Wächter arbeiten работать сторожем; der Wächter macht die Runde durch das Gelände сторож обходит территорию □ Ein Wächter der Staatsgalerie berichtete, Fräulein Haider sei am Tag vor ihrem Tode noch in der Galerie vor ihrem Bild gewesen... (*Feuchtwanger, »Erfolg«*) Один из сторожей государственной галереи рассказал, что фрейлейн Гайдер еще накануне дня своей смерти была в галерее у своего портрета. Wieder die Schritte des Wächters. Neun Schritte laut, neun Schritte leiser, dann hört man ihn nicht mehr (ebenda) Снова шаги надзирателя. Девять шагов громко, девять — тише, и опять не больше не слышно. Halb bewußtlos... war er während der Fahrt wie ein Sack über den Knien und Armen seiner Wächter herumgetorkelt (Seghers, »Das siebte Kreuz«) Почти без сознания... перекатывался он во время езды, словно мешок, по коленям своих стражей. Bewaffnete Wächter König Hassans standen umher auf dem Platz (Br. Frank, »Cervantes«) На площади повсюду стояли вооруженные стражники короля Гассана. **Aufseher** надзиратель, надсмотрщик; смотритель; *напр.:* der Aufseher im Gefängnis, im Tierpark, im Museum надзиратель в тюрьме, служитель в зоопарке, смотритель музея ▫ Verboten war es, die Aufseher anzusprechen (Feuchtwanger, »Erfolg«) Запрещалось разговаривать с надзирателями. **Wärter** служитель, сторож *(человек, который по роду своей профессии охраняет что-л. и следит за охраняемым объектом; особенно в зоопарке, в тюрьме, на железной дороге и т. п.); часто употр. в составе сложных слов:* Krankenwärter санитар, Streckenwärter путевой обходчик, Gefängniswärter надзиратель *и т. п.; напр.:* der Wärter (im Zoo) brachte Futter сторож (зоопарка) принес корм; der Wärter schritt seine Strecke ab путевой обходчик обходил свой участок ▫ Der Wärter fand keine Gelegenheit einzugreifen (Feuchtwanger, »Erfolg«) Надзиратель не нашел повода вмешаться. Als man mich von dem Geheimrat getrennt hatte, der gebrochen und hilflos, von zwei Wärtern bewacht, daniederlag... (Hauptmann, »Vor Sonnenuntergang«) Когда меня разлучили с тайным советником и он, разбитый, беспомощный, остался лежать, охраняемый двумя служителями... Zwei Krankenwärter halten meine Arme fest... (Remarque, »Im Westen«) Два санитара крепко держат меня за руки. **Hüter** *высок.* хранитель, страж; *напр.:* Hüter eines Museums, einer Kunstsammlung хранитель музея, художественной коллекции; Hüter eines Hauses, eines Lagers страж дома, склада ▫ Dies Schloß ersteigen wir in dieser Nacht, | Der Schlüssel bin ich mächtig. | Wir ermorden die Hüter... (Schiller, »Maria Stuart«) В твой замок мы проникнем до рассвета, | Ключами я запасся. | Умертвив всю стражу... (*Перевод Вильмонта*). Und entgegen kommt ihm Philostratus, | Des Hauses redlicher Hüter (Schiller, »Bürgschaft«) И верный привратник его Филострат, | Прождавший весь день на пороге... | Навстречу бежит по дороге (*Перевод Левика*). **Wart** *уст.* ≙ Hüter *теперь тк. в составе сложных слов; напр.:* der Kassenwart заведующий (билетными) кассами; der Tankwart заправщик (на бензоколонке) ▫ Ein Hauswart gab dem fremden Soldaten endlich Bescheid (Br. Frank, »Cervantes«) Привратник наконец сказал чужому солдату, в чем дело

Wachtposten *см.* Wache²
Wachtsoldat *см.* Wache²
wack(e)lig¹ шаткий, неустойчивый
wack(e)lig — kipp(e)lig
wack(e)lig *индифф. синоним; напр.:* der Tisch ist wack(e)lig стол неустойчивый [шаткий]; die Zähne sind wack(e)lig зубы шатаются; er steht wacklig auf den Beinen он нетвердо стоит на ногах ▫ Gundel hielt die wacklige Leiter (Noll, »Werner Holt«) Гундель поддерживала шаткую стремянку. **kipp(e)lig** *разг.* ≙ wack(e)lig; *напр.:* der Tisch ist kipplig стол неустойчивый; die Vase ist kipplig ваза стоит неустойчиво
wack(e)lig² *см.* lose¹
wackeln *см.* schwanken¹
wacker *см.* anständig²
Waffenbruder *см.* Mitkämpfer
Waffengefährte *см.* Mitkämpfer
wagehalsig *см.* gefährlich/tapfer
wagemutig *см.* tapfer
wagen отваживаться; рискнуть
wagen — sich trauen — sich getrauen — sich unterstehen — sich erdreisten — sich erfrechen — sich erkühnen — sich vermessen — sich unterfangen — sich herausnehmen — riskieren

wagen *индифф. синоним; напр.:* einen Durchbruch, einen Angriff wagen рискнуть пойти на прорыв, решиться атаковать; wer wagt, gewinnt *посл.* риск — благородное дело; er hat nie gewagt, so mit mir zu sprechen он никогда не осмеливался так разговаривать со мной; er wagt zu behaupten, daß... он осмеливается утверждать, что...; er wagte es nicht, das zu sagen он не осмеливался сказать это; in diesem Falle wage ich nicht abzusagen в этом случае не смею отказаться; wie wagen Sie es, so zu sprechen! как вы смеете так говорить! ▫ Jetzt wagte er nicht, die Chaussee zu überqueren (Seghers, »Das siebte Kreuz«) Теперь он не отваживался перейти шоссе. Man wird es nicht wagen, jemanden, der unter den deutschen Kunstwissenschaftlern auf erhöhtem Platz stand wie er, auf eine so läppische Aussage hin zu verurteilen (Feuchtwanger, »Erfolg«) Не посмеют ведь такого человека, как он, занимающего одно из виднейших мест среди германских искусствоведов, осудить на основании таких нелепых показаний. **sich trauen, sich getrauen** решиться, отважиться *подчеркивает, что у кого-л. (не) хватает мужества что-л. сделать; часто употр. с отрицанием* а) ⟨с Inf. + zu⟩; *напр.:* sich (ge)trauen zu kommen, zu fragen, zu kritisieren решиться прийти, спросить, критиковать; er (ge)traute sich nicht, das zu sagen он не посмел так сказать это; er traute sich nicht, ans andere Ufer zu schwimmen он не отважился поплыть на другой берег; sie getraute sich nicht aufzublicken она не смела поднять глаза ▫ Hab ich so stolz gehofft? | Hab ich das je zu träumen | Mir getraut? (Schiller, »Don Carlos«) Питал ли я столь гордые надежды? | Дерзал мечтать? (*Перевод Левика*); b) *с указанием направления движения; напр.:* er hat sich nicht aus dem Haus getraut он не решался выйти из дома ▫ Man getraute sich kaum noch allein aus dem Haus... (Panitz, »Die unheilige Sophia«) Едва отваживались выходить в одиночку из дома... **sich unterstehen** посметь (что-л. сделать), позволять себе *чаще употр. в сфере личных отношений; напр.:* niemand unterstand sich, ihr zu widersprechen никто не посмел возразить ей; wie kannst du dich unterstehen, mich so frech anzulügen! как ты смеешь так нагло лгать мне!; untersteh dich! посмей только!; was unterstehen Sie sich! что вы себе позволяете!, как вы смеете! ▫ Die Grabber schwieg einen Augenblick, dann schrie sie: »Von mir aus kann er ganz wegbleiben! Ich hätt' ihn sowieso heimgeschickt! Untersteh dich noch mal, mir ein solches Miststück zu empfehlen!« (Seghers, »Das siebte Kreuz«) Помолчав с минуту, фрау Грабер вдруг зарычала: «По мне — может хоть совсем не приходить! Я все равно собиралась его вышвырнуть! Не смей больше никогда приводить ко мне такую шваль!» Unterstehen Sie sich nicht, mir zu folgen oder nachzuspüren... Sie würden es bereuen (St. Zweig, »Amok«) Посмейте только идти за мной или выслеживать меня... Пожалейте! **sich erdreisten** иметь дерзость (что-л. сделать); *напр.:* sich erdreisten, unverschämt zu werden осмелиться нагрубить; würdest du dich erdreisten, das zu sagen? у тебя хватит дерзости сказать это? ▫ Es grenze an Zynismus, meinte er, wenn ein Gefangener schon auf Stufe I zu einer solchen Bitte sich erdreiste (Feuchtwanger, »Erfolg«) Такая просьба, с которой имел дерзость обратиться заключенный первой ступени, по его мнению, граничила с цинизмом. »Sie haben sich erdreistet«, sagte mit seiner flackernden Stimme Arthur Lee, »ohne mich zu fragen, haben Sie sich erdreistet, ein so kostspieliges Geschenk in meinem Namen zu machen?« (Feuchtwanger, »Die Füchse«) «Вы имели дерзость, — дрожащим голосом произнес Артур Ли, — вы имели дерзость, не спрашивая меня, преподнести от моего имени столь ценный подарок?» **sich erfrechen** иметь наглость ⟨*в 1 лице обыкн. не употр.*⟩;

напр.: sich erfrechen, j-n zu verhöhnen иметь наглость издеваться над кем-л.; was erfrechst du dich? как ты смеешь!; er erfrechte sich, hinter dem Rücken des Lehrers Grimassen zu schneiden он имел наглость строить за спиной учителя гримасы ▫ Du bist also willens, es zu dulden, es hinzunehmen, daß dieses Geschmeiß sich erfrecht, der Sache die Krone aufzusetzen? (*Th. Mann, »Buddenbrooks«*) Значит, ты стерпишь, допустишь, чтобы эти негодяи дерзнули довести свое дело до конца? **sich erkühnen** *высок*. взять на себя смелость; *напр.*: ich hätte mich nie erkühnt, das zu sagen я бы никогда не взял на себя смелость сказать это; darf ich mich erkühnen, mich mit einer Bitte an Sie zu wenden? могу ли я осмелиться обратиться к вам с просьбой? ▫ Mich lieben, | Die Niederländer, ich erkühne mich, | Mein Blut für ihre Treue zu verbürgen (*Schiller, »Don Carlos«*) Меня фламандцы любят. | Кровью сердца осмелюсь поручиться | За верность Нидерландов. **sich vermessen** *высок*. брать на себя, осмеливаться *подчеркивает, что кто-л. позволяет себе слишком много, заходит далеко, переоценивая свои возможности; напр.*: er hat sich vermessen, das zu sagen он осмелился сказать это; du hast dich vermessen, ihn zu kritisieren? ты осмелился критиковать его? ▫ Dennoch vermaß Jeanne sich, ihrem Sohn Henri die ungeheuerste Zukunft vorauszusagen... (*H. Mann, »Die Jugend«*) И все же Жанна взяла на себя смелость предсказать своему сыну Генриху самое неслыханное будущее... Das kommt davon, wenn man zu protzig daherredet, sie hat sich vermessen, alle schauen zu (*Feuchtwanger, »Exil«*) Так всегда бывает, когда расхвастаешься, она зарвалась. и все на нее смотрят. Ich will mich nicht | Vermessen, Prinz, in das ehrwürdige | Geheimnis ihres Kummers einzudringen... (*Schiller, »Don Carlos«*) Я не дерзаю, принц, вторгаться | В тайну печали вашей... **sich unterfangen** *высок*. a) ≅ wagen, *но подчеркивает, что речь идет о каком-л. трудном, серьезном деле; напр.*: er hat sich unterfangen, die schwierige Aufgabe zu lösen он отважился решить трудную задачу; sie haben sich unterfangen, ein Konkurrenzunternehmen zu gründen они осмелились основать конкурирующее предприятие; b) ≅ sich erdreisten; *напр.*: wie konnte er sich unterfangen, ihm das ins Gesicht zu sagen как у него хватило дерзости сказать это ему в лицо ▫ Verwegener! Was unterfangt Ihr Euch, In Euren blut'gen Frevel mich zu flechten? (*Schiller, »Maria Stuart«*) Как смеете — наглец вы! — и меня | Припутывать к своим делам кровавым?! (*Перевод Вильмонта*). **sich herausnehmen** *разг*. позволять себе

(*лишнее*); *напр.*: sich Freiheiten herausnehmen позволять себе вольности; er hat sich ihr gegenüber zuviel herausgenommen он позволял себе слишком много по отношению к ней ▫ Was zum Teufel nahm sie sich da heraus? Wie behandelte sie ihn? (*Weiskopf, »Lissy«*) Какого черта она позволяла себе так говорить? Как она обращалась с ним? »Was nimmst du dir da heraus?« brüllte Rankl und hob seine Hand (*Weiskopf, »Abschied vom Frieden«*) «Что ты себе позволяешь?» — завопил Ранкль и поднял руку. **riskieren** *разг*. рискнуть; *напр.*: sie riskierte es, das zur Sprache zu bringen, etw. einzuwenden она рискнула заговорить об этом, возразить что-л.

Wagen *см.* Auto
wägen *см.* überlegen I ¹/wiegen I
Wagestück *см.* Wagnis
waghalsig *см.* gefährlich/tapfer
Wagnis риск, рискованное предприятие

das Wagnis — das Wagestück — das Risiko — das Unterfangen — das Vabanquespiel — das Abenteuer — der Husarenstreich — das Husarenstück

Wagnis *индифф. синоним*; *напр.*: ein gefährliches, tollkühnes Wagnis опасное, сверхсмелое предприятие; ein Wagnis eingehen пойти на риск; dieses Geschäft war ein großes Wagnis эта сделка была большим риском; diese Bergbesteigung war ein Wagnis это восхождение на гору было рискованным предприятием ▫ Nun könnte sie es zum erstenmal wagen, allein gegen alle zu regieren, und immer hat diese Unvorsichtige jedes Wagnis gewagt (*St. Zweig, »Maria Stuart«*) Наконец-то она могла бы впервые рискнуть править одна против всех — нет такого риска, на который не отважилась бы эта безрассудная душа. **Wagestück** (очень) рискованный шаг, поступок; *напр.*: ein kühnes, gefährliches Wagestück смелый, опасный шаг. **Risiko** риск *указывает на реальную угрозу потери, утраты чего-л. в каком-л. деле*; *напр.*: ein geringes, großes Risiko незначительный, большой риск; ein materielles, finanzielles, politisches Risiko материальный, финансовый, политический риск; das Risiko einer Operation риск, с которым связана операция; das ist mit einem Risiko verbunden это связано с риском; er will kein Risiko eingehen он не хочет идти на риск. **Unterfangen** (смелое) предприятие; риск; *напр.*: etw. ist ein schwieriges, gewagtes, hoffnungsloses, kühnes, sinnloses Unterfangen что-л. является трудным, рискованным, безнадежным, смелым, бессмысленным предприятием; es wäre ein aussichtsloses Unterfangen, ihn von seinem Vorhaben abzubringen это было бы безнадежным делом — пытаться отговорить его от его намерения ▫ Warum nicht dem Feind eine Schlacht

auf offenem Felde bieten? Das Unterfangen schien wahnwitzig, doch gerade darum konnte es Erfolg haben (*Feuchtwanger, »Die Jüdin von Toledo«*) Почему не дать бой врагу в открытом поле? Это безрассудно рискованное дело, но именно поэтому оно может окончиться удачей. **Vabanquespiel** [vaˈbɛ̃k-] игра ва-банк; *напр.*: das Treffen war in jeder Hinsicht ein Vabanquespiel эта встреча была во всех отношениях игрой ва-банк. **Abenteuer** авантюра; *напр.*: ein kühnes, gewagtes, gefährliches, bedenkliches Abenteuer смелая, рискованная, опасная, сомнительная авантюра; ein Abenteuer wagen пускаться на авантюру [в рискованное предприятие] ▫ Wahrscheinlich ist er ihr niemals begegnet und dient nur aus Lust am Dienen, aus Gläubigkeit an die katholische Kirche, aus einer schwärmerischen Freude an gefährlichem Abenteuer der Frau, in der er die rechtmäßige Königin Englands erblickt (*St. Zweig, »Maria Stuart«*) Очевидно, он никогда с Марией Стюарт не встречался и служит ей как бескорыстный рыцарь, как набожный католик, как энтузиаст, восхищенный опасными приключениями женщины, в которой он видит законную английскую королеву. **Husarenstreich, Husarenstück** *уст*. безрассудно смелая (неожиданная) выходка; *напр.*: alle kannten seine Husarenstreiche все знали его смелые [отважные] проделки

Wahl выбор
die Wahl — die Auswahl — die Auslese

Wahl *индифф. синоним*; *напр.*: eine gute, reiche, schlechte Wahl хороший, богатый, плохой выбор; vor Wahl sein стоять перед выбором; nach der Wahl по выбору; eine richtige Wahl treffen сделать правильный выбор; vor der Wahl stehen стоять перед выбором; vor die Wahl gestellt werden быть поставленным перед выбором ▫ Er hatte gar keine andere Wahl (*Noll, »Werner Holt«*) У него не было другого выбора. **Auswahl** выбор (*из большого количества однородных предметов*); *напр.*: die Auswahl der Möbel, eines guten Buches выбор мебели (для квартиры), выбор хорошей книги; die Auswahl eines Geschenkes ist immer schwer всегда трудно выбрать подарок; Radioapparate verschiedener Größen standen zur Auswahl на выбор предлагались радиоприемники различной величины. **Auslese** отбор, выбор; *напр.*: die natürliche Auslese естественный отбор; die Auslese der besten Muster, Modelle выбор лучших образцов, моделей; die Auslese der geeigneten Bewerber für eine Stelle отбор подходящих претендентов на какую-л. должность

wählen выбирать
wählen — auswählen — aussuchen — auslesen — auserwählen — aus-

ersehen — erwählen — küren — kören — erlesen — erkiesen

wählen *индифф. синоним; напр.:* einen Stoff, ein Geschenk, ein Gericht auf der Speisekarte wählen выбирать ткань, подарок, блюдо в меню; einen Beruf wählen выбирать профессию; das kleinere Übel wählen выбирать меньшее зло; er wählte lange, ehe er sich schließlich zu einem Kauf entschloß он долго выбирал, пока решился наконец на покупку; er konnte zwischen zwei Möglichkeiten wählen он мог выбирать между двумя возможностями □ Sie legten die Mäntel ab, wählten den Tisch, lasen die Speisekarte, bestellten (*Feuchtwanger, »Lautensack«*) Они сняли пальто, выбрали столик, прочли меню, заказали. **auswählen** выбирать, отбирать (*из большого количества однородных предметов*); *напр.:* ein Kleid, Bücher, ein Geschenk auswählen выбирать платье, книги, подарок; das Beste, das Teuerste auswählen выбирать [отбирать] самое лучшее, самое дорогое □ Der Staatsanwalt hatte aus der Fülle des Materials zwei Tagebuchstellen und einen angefangenen Brief ausgewählt (*Feuchtwanger, »Erfolg«*) Из всей массы материала прокурор выбрал два места в дневнике и одно недописанное письмо. **aussuchen** ≅ auswählen, *но подчеркивает, что при отборе выискивают что-л.; напр.:* die schönsten Früchte aussuchen выбирать плоды, выискивая самые хорошие; eine Ware, Kleider aussuchen выбирать [выискивать] какой-л. товар, платья; die passende Farbe für die neue Tapete aussuchen выбирать обои подходящего цвета □ Sie suchte fünf Kleider aus (*Remarque, »Der Himmel«*) Она выбрала пять платьев. Einen Marktflecken, nichts anderes, hatte sich dieser König zur Residenz ausgesucht (*Br. Frank, »Cervantes«*) Не что иное, как торговое местечко избрал себе резиденцией этот король. Sie hatte schon Wäsche genäht und auch einen Kinderwagen bei Wertheim ausgesucht (*Weiskopf, »Lissy«*) Она уже сшила белье и выбрала коляску в универмаге Вертхайма. **auslesen** ≅ auswählen, *но больше подчеркивает тщательность отбора, употр. тж., когда что-л.* перебирается с целью отделения недоброкачественного, лишнего *и т. п. от остального; напр.:* die schlechten Früchte, die faulen Kartoffeln auslesen отбирать (*при сортировке и т. п.*) плохие плоды, гнилую картошку; er hatte die größten Früchte ausgelesen он выбрал самые большие плоды; die besten Schüler wurden ausgelesen были отобраны лучшие ученики □ Wie gut verstand's die kluge Schreiberin, | Der Liebe einen Boten auszulesen! (*Schiller, »Don Carlos«*) Как мудро было (*со стороны писавшей*) | Избрать ребенка вестником любви! (*Перевод Левика*). **auserwählen** *высок.* избирать, предназначая для чего-л.; *напр.:* sich eine Braut, eine Gattin auserwählen избрать себе невесту, супругу; er ist zu einem hohen Amt, zu etwas Besonderem auserwählt он избран [предназначен] для высокой должности, для чего-то особенного. **ausersehen** ≅ auserwählen; *напр.:* einen Raum als Arbeitszimmer ausersehen выбрать [предназначить] помещение для кабинета; er ist zu einer besonderen Aufgabe, zu etwas Großem ausersehen он избран [предназначается] для особой миссии, для чего-то великого □ Er ist ausersehen, innere Größe mit äußerem Glanz zu vereinen... (*Feuchtwanger, »Lautensack«*) Ему дано свыше соединять внутреннее величие с внешним блеском... Lord Kent und Lord Shrewsbury werden ausersehen, die Vollstreckung des Todesurteils zu überwachen... (*St. Zweig, »Maria Stuart«*) На лорда Кента и лорда Шрусбери падает выбор проследить за исполнением смертного приговора... **erwählen** *высок.* ≅ auswählen; *напр.:* einen Beruf erwählen выбирать [избирать] профессию; sie hat ihn sich (in ihrem Herzen) erwählt она избрала его (сердцем). **küren** *высок.* ≅ wählen *подчеркивает, что принимается решение в пользу кого-л.; напр.:* den Sieger des Wettbewerbs küren определять победителя соревнования (*конкурса*); gestern wurde der Faschingsprinz gekürt вчера был избран принц карнавала. **kören** отбирать на племя (*животных-производителей*) *употр. как термин; напр.:* die Hengste, die Bullen wurden von einer Kommission gekört комиссией были отобраны племенные жеребцы, быки. **erlesen** *уст. высок.* ≅ auserwählen; *напр.:* ich habe ihn (mir) zu meinem Freund erlesen я избрал его своим другом. **erkiesen** *уст. высок.* ≅ auserwählen; *напр.:* j-d ist zu großen Dingen, zu einer schwierigen Aufgabe erkoren кто-л. избран [предназначен] для больших дел, для трудного дела □ Sie hat einen englischen Adligen erkoren... (*St. Zweig, »Maria Stuart«*) Она остановила свой выбор на английском дворянине... Mein Herz erkor sie, da sie niedrig war (*Schiller, »Die Jungfrau von Orleans«*) Ее и в низкой доле | Я выбрал сердцем (*Перевод В. А. Жуковского*)

wählerisch разборчивый
wählerisch — verwöhnt — heikel

wählerisch *индифф. синоним; напр.:* im Essen wählerisch sein быть разборчивым в еде; nicht wählerisch in seinen Mitteln sein быть неразборчивым в средствах; sie ist im Umgang nicht wählerisch она не особенно разборчива в знакомствах □ Wer heute wählerisch sein will, geht vor die Hunde (*Hauptmann, »Vor Sonnenuntergang«*) Кто в наше время хочет быть разборчивым, тому крышка! Die Behörden konnten nicht wählerisch sein (*Br. Frank, »Cervantes«*) Власти не могли быть особенно разборчивыми. **verwöhnt** взыскательный, избалованный (*часто о вкусе, привычках и т. п.*); *напр.:* sie hat einen verwöhnten Geschmack у нее взыскательный вкус; eine Zigarre für einen verwöhnten Raucher сигарета для утонченного [взыскательного] курильщика; dieses Hotel wird auch verwöhnten Ansprüchen gerecht этот отель отвечает самым взыскательным требованиям □ Daß dieser Gruß für den verfeinerten, verwöhnten Geschmack der französischen Adelsleute etwas rauh und bäuerisch ausfällt, ist nicht zu verwundern (*St. Zweig, »Maria Stuart«*) Не удивительно, что для утонченного, изысканного вкуса французских дворян-придворных это приветствие показалось грубоватым и неуклюжим. **heikel** чаще ю.-нем., австр. ≅ wählerisch, *но б. ч. употр. по отношению к тому, кто требователен к еде; напр.:* er ist in bezug auf das Essen sehr heikel он очень разборчив в отношении еды; sei nicht so heikel! не будь таким разборчивым!

wahlfrei *см.* fakultativ
Wahn *см.* Einbildung
wähnen *см.* vermuten
Wahnsinn сумасшествие, помешательство; *перен. тж.* безумие
der **Wahnsinn** — die **Tobsucht** — die **Tollheit** — die **Tollwut**

Wahnsinn *индифф. синоним; напр.:* unheilbarer, zeitweiger, stiller Wahnsinn неизлечимое, временное, тихое помешательство; der Wahnsinn des Wettrüstens, des Krieges безумие гонки вооружений, войны; in Wahnsinn verfallen сойти с ума, помешаться; j-n zum Wahnsinn treiben довести кого-л. до сумасшествия. **Tobsucht** буйное помешательство; *напр.:* in Tobsucht verfallen впасть в буйное помешательство; bei ihr brach die Tobsucht aus 1) у нее началось буйное помешательство; 2) *перен.* она пришла в бешенство. **Tollheit** устаревает сумасшествие (*б. ч. перен. — о человеке*); бешенство (*о животном*); *напр.:* die Tollheit des Hundes бешенство собаки; das ist doch die reine Tollheit! это же чистое безумие! **Tollwut** бешенство животных; *напр.:* die Tollwut des Hundes бешенство собаки

wahnsinnig *см.* sehr/verrückt
wahren *см.* erhalten[1]
währen *см.* dauern
während[1] во время, в течение
während — binnen — innerhalb

während (*G*) *индифф. синоним; напр.:* während des Urlaubs, des Unterrichts, der Versammlung, des Gesprächs во время отпуска, занятий, собрания, разговора; während eines ganzen Jahres в продолжение [в течение] целого года □ Während der

Mahlzeit sprach er kein einziges Wort (Noll, »Werner Holt«) За весь обед он не проронил ни слова. Gundel hat sich bereit erklärt, dir während ihrer Freizeit zur Hand zu gehen (ebenda) Гундель согласилась в свободное время помогать тебе. **binnen** (D, реже G) в течение, на протяжении, за *больше подчеркивает ограниченность срока какими-л. пределами*; *напр.*: binnen einem Jahr [eines Jahres] за один год, на протяжении одного года; binnen kurzem за короткий срок; binnen acht Tagen в течение недели, за неделю; binnen einem Monat muß die Arbeit fertig sein за месяц работа должна быть сделана ◻ Wenn der längst fällige Restbetrag nicht binnen einer Woche bezahlt werde, müsse sie von ihren in Punkt 5 des Kaufvertrages festgelegten Rechten Gebrauch machen (Weiskopf, »Lissy«) Если остаток, срок уплаты которого давно истек, не будет внесен в течение недели, ей придется воспользоваться своим правом, упомянутым в пункте пятом договора о продаже. **innerhalb** (G; *во мн. числе, если форма G неясно выражена*, — D) в течение; не позднее, не дольше, чем; *напр.*: innerhalb eines Jahres, einer Saison, dieser zwei Wochen за один год, за один сезон, за эти две недели; innerhalb fünf Monaten (не дольше, чем) за пять месяцев; innerhalb der Arbeitszeit во время работы

während[2] в то время как, пока
während — solange
während *индифф. синоним*; *напр.*: während ich bei dem Kranken blieb, holte er den Arzt в то время как [пока] я был с больным, он сходил за врачом ◻ Und während sein Kumpel mit dem Verwalter weiterfeilschte, übergab er die Schlüssel den Kameraden... (Weiskopf, »Lissy«) И в то время как его спутник продолжал торговаться с управляющим, он передал ключи своим товарищам... **solange** в течение (всего) того времени, как *в отличие от* während *больше подчеркивает продолжительность действия главного предложения*; *напр.*: solange ich schlief, regnete es (все время), пока я спал, шел дождь; solange du Fieber hast, mußt du im Bett bleiben (в течение всего времени,) пока у тебя температура, ты должен лежать в постели ◻ Solange Paul Cramer an dem Aufsatz schrieb, hatte er sich erhoben gefühlt, glücklich (Feuchtwanger, »Lautensack«) Пока Пауль Крамер писал статью, он был в радостно-приподнятом настроении. Es ging auch, solange Oskar sprach, solange er da war, von ihm ein Eindruck lebendiger Fülle aus (ebenda) Пока Оскар говорил, пока он был с ней, ей казалось, что от него исходит особая жизненная сила
währenddessen *см.* inzwischen
wahrhaftig *см.* aufrichtig/wirklich[1]

wahrlich *см.* wirklich[1]
wahrnehmen *см.* merken[1]
wahrsagen *см.* voraussagen
Wahrsager предсказатель, прорицатель
der **Wahrsager** — der **Weissager** — der **Prophet** — der **Hellseher**
Wahrsager *индифф. синоним*; *напр.*: ein berühmter Wahrsager знаменитый предсказатель [прорицатель] ◻ Ein Wahrsager war im Zug, ein Sänger, Musikanten... (Feuchtwanger, »Jefta«) В отряде был один предсказатель, один певец, были музыканты... **Weissager** = Wahrsager, *но употр. реже*; *напр.*: ◻ Immer wieder befragte er seinen Weissager, wann endlich das unwürdige Abenteuer enden werde (Feuchtwanger, »Jefta«) Он снова и снова спрашивал своего предсказателя, когда же наконец окончится недостойная авантюра. **Prophet** пророк; *напр.*: ein Prophet gilt nichts in seinem Vaterlande *посл.* нет пророка в своем отечестве ◻ Achtzig Jahre nach dem Tode ihres Propheten Mohammed hatten die Moslems ein Weltreich aufgebaut... (Feuchtwanger, »Die Jüdin von Toledo«) Спустя восемьдесят лет после смерти своего пророка Мухаммеда мусульмане создали мировую империю. **Hellseher** ясновидец, ясновидящий; *напр.*: man braucht kein Hellseher zu sein, um das zu verstehen не нужно быть ясновидцем, чтобы понять это ◻ Der Hellseher Oskar Lautensack hat Grund zum Verdruß (Feuchtwanger, »Lautensack«) У ясновидящего Оскара Лаутензака есть причины для раздражения
wahrscheinlich *см.* möglich/vielleicht
Währung валюта
die **Währung** — die **Valuta** — die **Devisen**
Währung *индифф. синоним*; *напр.*: harte, ausländische Währung твердая, иностранная валюта; die Stabilität der Währung стабильность валюты; eine feste Währung schaffen создать твердую валюту ◻ ...in Darlehen... rückzahlbar erst nach seiner Stabilisierung der Währung (Noll, »Werner Holt«) ...ссуда... с обязательством выплатить ее после стабилизации валюты. Die Verkäufer weigerten sich, die schlechte, einheimische Währung zu nehmen, lieferten vieles nur gegen ausländische Münze (Feuchtwanger, »Erfolg«) Торговцы отказывались принимать непрочную местную валюту, многое продавали лишь на иностранные деньги. **Valuta** [v-] ≃ Währung, *но употр. по отношению к иностранной валюте* (*в ГДР — б. ч. к свободно конвертируемой*), *международным валютным операциям и т. п.*; *напр.*: eine stabile Valuta стабильная валюта; die Valuta eines Landes валюта какой-л. страны; in [mit] Valuta zahlen платить валютой ◻ Wir wissen, was die Valuten wert sind, denn wir haben sie selber erwirtschaftet... (Noll, »Kippenberg«). Мы знаем, чего стоит валюта, так как мы сами получили ее благодаря усилиям всей нашей экономики... **Devisen** [-v-] *банк.* девизы; валюта (*все платежные средства в иностранной валюте, реализуемые за границей*); *напр.*: die Ausfuhr von Devisen вывоз валюты; mit Devisen kaufen покупать на валюту; Devisen schmuggeln провозить валюту контрабандой
Wahrzeichen *см.* Merkmal
Wald лес
der **Wald** — der **Forst** — die **Waldung**
Wald *индифф. синоним*; *напр.*: ein dichter, dunkler, düsterer Wald густой, темный, мрачный лес; im tiefen Wald в дремучем лесу; durch den Wald gehen идти по лесу ◻ Der Wagen fuhr in einen dichten Wald hinein (Feuchtwanger, »Erfolg«) Машина въехала в густой лес. **Forst** лес, лесные угодья *в отличие от* Wald *указывает на то, что за лесом следят лесники, охраняют его и т. п.*; *напр.*: ein dichter, schattiger, abgeholzter Forst густой, тенистый, вырубленный лес; die Fährte des Rehs verlor sich mitten im tiefen Forst след косули затерялся в самой гуще леса ◻ Nach dem widerwärtigen Prozeßtag war es angenehm jetzt, in die beginnende Nacht hineinzufahren, auf breiter Straße, durch den undichten Forst (Feuchtwanger, »Erfolg«) После отвратительного дня, проведенного в суде, было особенно приятно ехать так, во мгле, по широкой дороге сквозь редкий лес. **Waldung** лесной массив, лес; *напр.*: eine umfangreiche Waldung обширный лесной массив; ausgedehnte Waldungen протянувшиеся на километры лесные массивы

Wäldchen *см.* Gehölz
Waldung *см.* Wald
wallen I *см.* reisen[1]
wallen II *см.* brodeln/wogen
wallfahren *см.* reisen[1]
Wallfahrer паломник
der **Wallfahrer** — der **Pilger** — der **Pilgrim**
Wallfahrer *индифф. синоним*; *напр.*: die Wallfahrer besuchten heilige Stätten паломники посетили святые места. **Pilger** паломник, пилигрим; *напр.*: ein Sonderflugzeug mit 200 islamischen Pilgern специальный самолет с двумястами исламскими паломниками; mit jedem Jahr strömten immer mehr Pilger zu diesem Heiligtum с каждым годом к этой святыне стекалось все больше пилигримов ◻ Und wenn diese Straße alle Zeit von Pilgern bereist war... (Feuchtwanger, »Die Jüdin von Toledo«) И если по этой дороге во все времена шли пилигримы... 8000 afghanische Pilger reisen dieses Jahr nach Mekka (ND 18.6.80) 8000 афганских паломников отправятся в этом году в Мекку. **Pilgrim** *уст. поэт.* ≃ Pilger; *напр.*: die Pilgrime wallfahrten nach Rom, besuchten heilige Stätten

пилигримы совершили паломничество в Рим, посетили святые места
wallfahrten см. reisen¹
Wallung см. Aufregung
wälzen, sich см. rollen¹
Wand¹ стена
die Wand — die Mauer — das Gemäuer

Wand *индифф. синоним; напр.:* eine dünne, dicke, hölzerne, steinerne Wand тонкая, толстая, деревянная, каменная стена; eine Wand mauern, errichten, einreißen сложить, соорудить, снести стену; eine senkrechte, steile Wand ersteigen подниматься на отвесную, на крутую стену □ Er blieb stehen, an die Wand gelehnt (*Noll,* »*Werner Holt*«) Он стоял, прислонившись к стене. Die kahlen Wände waren mattgrün gestrichen, der obere Teil geweißt (*Feuchtwanger,* »*Erfolg*«) Голые стены были окрашены в светло-зеленый цвет, вверху — выбелены. Mauer каменная, кирпичная стена (*часто о стене, служащей ограждением*); *напр.:* eine dicke, blinde Mauer толстая, глухая стена; die Chinesische Mauer Китайская стена; eine Mauer aufbauen воздвигать стену; das Gebäude hatte starke, alte Mauern здание имело прочные, старые стены □ Durch einen Spalt in der Mauer lugte der Kastellan in den Hof (*Feuchtwanger,* »*Die Jüdin von Toledo*«) Сквозь щелку в стене управитель заглядывал во двор. Die Mauer zwischen Schuppen und Stall war nicht hoch (*Noll,* »*Werner Holt*«) Сарай и конюшню разделяла невысокая стена. Er kletterte über die Mauer und rannte querfeldein (*ebenda*) Он перелез через стену и побежал напрямик по полю. Gemäuer (каменные, кирпичные) стены (*обыкн. древнего, старого сооружения*); *напр.:* dickes, festes, mittelalterliches, morsches Gemäuer толстые, крепкие, средневековые, обветшалые стены; das Gemäuer niederreißen сносить стены □ An die zwei Stunden war der Fremde jetzt da; was sah er an dem baufälligen Gemäuer? (*Feuchtwanger,* »*Die Jüdin von Toledo*«) Вот уже два часа, как чужеземец здесь; чего ради смотрит он на эти ветхие стены?

Wand²: an die Wand stellen см. erschießen
Wandel см. Änderung
wandelbar см. veränderlich
wandeln I см. ändern
wandeln II см. spazierengehen
wandeln, sich см. ändern, sich
wandern странствовать, бродить
wandern — ziehen — pilgern

wandern *индифф. синоним; напр.:* lange, sein Leben lang wandern странствовать долго, всю жизнь; durch Wälder und Felder, in die Berge wandern бродить по лесам и полям, совершать прогулки в горы; morgen wollen wir wieder einmal wandern завтра мы опять отправимся бродить □ Er ließ sich Zeit, wanderte einen weiten Umweg durch die Wälder (*Noll,* »*Werner Holt*«) Он шел не спеша, окольными лесными тропами. Er verließ das Zimmer, wanderte in der kalten Winterluft durch die Harburger Berge (*ebenda*) Он вышел из дому, и, вдыхая чистый морозный воздух, побрел через Харбургские холмы. ziehen направляться, двигаться куда-л., брести; *напр.:* sie ziehen von einem Ort zum anderen они бредут от одного места к другому; die Demonstranten sind zum Rathaus gezogen демонстранты направились к ратуше □ Nach Frankreich zogen zwei Grenadier, | Die waren in Rußland gefangen (*Heine,* »*Die Grenadiere*«) Во Францию два гренадера | Из русского плена брели (*Перевод Михайлова*). pilgern *разг.* идти, устремляться куда-л. *употр. с указанием направления; напр.:* ins Grüne pilgern отправиться пешком за город; durch die Welt pilgern бродить по свету; bei größter Hitze pilgerten sie an den See im Gebirge в самую большую жару они отправились пешком к горному озеру □ Sonntags, wenn die Familien, die es sich noch leisten konnten, zur Vorortbahn pilgerten... (*Weiskopf,* »*Lissy*«) По воскресеньям, когда семьи, которые еще могли позволить себе эту роскошь, устремлялись на вокзалы пригородных железных дорог...

Wandlung см. Änderung
Wange щека
die Wange — die Backe

Wange *индифф. синоним; напр.:* runde, volle, rote, blasse, magere, hohle Wangen круглые, полные, красные, бледные, худые, впалые щеки; j-m die Wange streicheln погладить кого-л. по щеке; j-n auf die Wange küssen поцеловать кого-л. в щеку □ Einen Augenblick hielt er den Mund auf, seine Wangen blieben rosig wie die eines Kindes... (*Feuchtwanger,* »*Erfolg*«) Его рот на какое-то мгновение остался раскрытым, его щеки оставались розовыми, как щеки ребенка... Über die linke Wange zog sich eine Mensurnarbe hin (*Noll,* »*Werner Holt*«) Левую щеку пересекал шрам, след дуэли. Und gleich darauf brannte ein heftiger Schlag auf der Wange (*Weiskopf,* »*Lissy*«) И вслед за этим сильный удар обжег его щеку. Backe = Wange, *но более характерно для разговорной речи; напр.:* runde, volle, rote Backen круглые, полные, красные щеки; eine dicke [geschwollene] Backe распухшая щека; j-m die Backe streicheln, küssen гладить кого-л. по щеке, поцеловать кого-л. в щеку □ Auf billige Art geschminkt, die Gurkennase kläglich weiß, zwei feuerrote Clownflecken auf den Backen... (*Feuchtwanger,* »*Erfolg*«) Грубо загримированный, с нелепо белым, похожим на огурец носом и ярко-красными клоунскими пятнами на щеках...

wanken см. schwanken¹
Ware товар
die Ware — der Artikel — das Gut

Ware *индифф. синоним; напр.:* gute, leichtverderbliche Ware хороший, скоропортящийся товар; verbotene Waren контрабанда; Waren herstellen, bestellen, liefern, absetzen производить, заказывать, поставлять, сбывать, продавать товар; Ware ist ausgegangen товар распродан; wir führen diese Ware nicht мы не держим этого товара [не торгуем этим товаром] □ Er habe Ebermann Ware geliefert, Seife und Parfüms (*Weiskopf,* »*Lissy*«) Он продал Эберману кое-какие товары: мыло, духи (*объяснил он*). Eine Fabrik hat dein Alter jetzt, eine Arzneimittelfabrik? Das ist interessant, da gibt's doch sicher prima Ware (*Noll,* »*Werner Holt*«) Так, говоришь, у твоего старика фармацевтический завод? Любопытно; должно быть, там товар — первый сорт. Artikel предмет торговли, товар (*определенного наименования, артикула и т. п.*); *напр.:* ein gangbarer, verknappter Artikel ходкий, дефицитный товар; die Artikel des täglichen Bedarfs товары повседневного спроса; einen Artikel führen иметь в продаже товар определенного наименования; der Verkäufer legte uns preiswerte Artikel zur Auswahl vor продавец предложил нам недорогой товар на выбор. Gut товар, предназначенный для перевозки; груз; *напр.:* Güter erwerben, abfertigen, verladen приобретать товары, отправлять, грузить товар [груз]

Warenhaus см. Geschäft¹
warm теплый
lau — lauwarm — warm — heiß — mordsheiß

Синонимы данного ряда расположены по степени возрастания выражаемого признака

lau слегка теплый, тепловатый (*о жидкостях*); приятно теплый (*о погоде и т. п.*); *напр.:* laues Wasser слегка теплая вода; ein laues Wetter мягкая теплая погода; ein lauer Wind (приятно) теплый ветер; die Milch ist nur lau молоко лишь слегка теплое □ Der Wind strich lau wie der Föhn von den Bergen her über die Stadt... (*Noll,* »*Werner Holt*«) Над городом дул ветер с гор, теплый как фен. Wasser in der Wanne wurde lau (*Feuchtwanger,* »*Die Füchse*«) Вода в ванне стала чуть теплой. lauwarm ≃ lau, *но обыкн. о жидкостях; напр.:* ein lauwarmes Bad умеренно теплая ванна; lauwarmes Essen, Wasser чуть теплая еда, тепловатая вода; lauwarmer Tee тепловатый чай; lauwarme Milch тепловатое молоко □ Woher wissen Sie denn, daß ich lauwarm baden will, Monsieur? (*Th. Mann,* »*Buddenbrooks*«) А с чего вы взяли, сударь, что я люблю купаться в теплой воде? Er wusch ihn und legte ihm lauwarme Wickel an (*Br. Frank, »Cervantes«*) Он обмыл его и сделал ему теплое укутывание. **warm** *индифф. синоним; напр.*: warmes Wasser, Essen теплая вода, горячая пища; warmer Tee горячий чай; ein warmer Regen, Wind теплый дождь, ветер; warmes Wetter теплая погода ☐ Er schaukelte leise in dem warmen Wasser, lächelte (*Feuchtwanger, »Erfolg«*) Он тихонько покачивался в теплой воде, улыбался. Leise dabei schimpfte er vor sich hin, das Bier sei nicht warm genug (*ebenda*) При этом он тихонько ворчал себе под нос, жалуясь, что пиво недостаточно теплое. **heiß** жаркий, горячий; *напр.*: die heiße Sonne жаркое солнце; ein heißer Tag, Sommer, Wind жаркий день, жаркое лето, горячий ветер; eine heiße Zone жаркий пояс; heiße Luft горячий воздух; heißes Wasser горячая вода; ein heißes Bad горячая ванна; heiße Hände горячие руки; mir ist heiß мне жарко; etw. heiß machen разогреть что-л. ☐ Das heiße Getränk war so stark, daß es gallebitter schmeckte (*Noll, »Werner Holt«*) Горячий напиток был крепок до горечи. **mordsheiß** *разг.* резко чертовски жаркий; *напр.*: es ist mordsheiß heute сегодня чертовски жарко

Wärme жар, жара
die **Wärme** — die **Hitze** — die **Glut**
Wärme *индифф. синоним; напр.*: unerträgliche Wärme невыносимая жара; ist das heute eine Wärme! ну и жара сегодня!; wir haben heute 30 Grad Wärme сегодня 30 градусов жары. **Hitze** жара, зной; *напр.*: lähmende, tropische Hitze изнуряющая, тропическая жара; glühende [sengende], schwere Hitze палящий, удушливый зной; unter der Hitze leiden страдать от жары; trockene Hitze ist besser zu ertragen als feuchte сухую жару переносить легче, чем влажную; der Ofen strahlt Hitze aus печь излучает жар. **Glut** жар, зной; пекло *по сравнению с* Hitze *подчеркивает еще большую степень нагретости; напр.*: sommerliche Glut летний зной; unerträgliche, sengende Glut невыносимый, палящий зной; die Glut der Sonne, des Sommers солнечный, летний зной; die Glut in einem Ofen жар в печи; ich kann diese Glut nicht mehr aushalten я не могу больше выдержать это пекло

wärmen¹ греть, согревать
wärmen — erwärmen — erhitzen
wärmen *индифф. синоним; напр.*: die Hände, die Füße am Feuer wärmen греть руки, ноги у огня; der Ofen wärmt gut печь греет хорошо. **erwärmen** нагревать, согревать, отогревать; *напр.*: die Hände erwärmen согревать руки; Wasser auf vierzig Grad erwärmen нагревать воду до сорока градусов; die Sonne erwärmt das Meer nur allmählich солнце нагревает море постепенно. **erhitzen** сильно нагревать; *напр.*: Wasser, eine Flüssigkeit (auf hundert Grad, bis zum Siedepunkt) erhitzen нагревать воду, жидкость (до ста градусов, до точки кипения)

wärmen² подогревать (пищу *и т. п.*)
wärmen — aufwärmen
wärmen *индифф. синоним; напр.*: die Speisen, die Suppe, den Kaffee wärmen греть [разогревать] еду, суп, кофе ☐ Die Sophie möchte ihm seine Kartoffelsuppe wärmen... (*Seghers, »Das siebte Kreuz«*) Пусть Софи подогреет ему картофельный суп... Denn er litt am Magen und durfte sein Bier nur gewärmt trinken (*Feuchtwanger, »Erfolg«*) Так как он страдал желудком и мог пить пиво только подогретым. **aufwärmen** подогревать, разогревать (остывшее); *напр.*: die Speisen, die Suppe, den Kaffee aufwärmen разогревать еду, суп, кофе; Getränke aufwärmen подогревать напитки ☐ Als die Mittagszeit kam, gingen ein paar herunter zur Hausmeisterin, um sich ihr Essen aufzuwärmen (*Seghers, »Das siebte Kreuz«*) В обеденный перерыв несколько рабочих спустились к дворничихе, чтобы подогреть себе пищу

warnen предостерегать
warnen — verwarnen — mahnen
warnen *индифф. синоним; напр.*: j-n vor einer Gefahr, vor diesem Schritt, vor Fehlern warnen предостерегать кого-л. от опасности, от этого шага, от ошибок; j-n vor einem Betrüger warnen предостеречь кого-л. (предупредив,) что кто-л. обманщик; nachdrücklich, rechtzeitig, heimlich warnen предупреждать настойчиво, своевременно, тайно ☐ »Erinnern Sie sich, mein Cejon«, fügte er ernst hinzu, »ich habe Sie von Anfang an gewarnt. Ich wiederhole meine Warnung...« (*Feuchtwanger, »Der falsche Nero«*) «Вспомните, мой Цейон, — прибавил он серьезно, — как я с самого начала вас предостерегал. Я повторяю свое предостережение...» **verwarnen** строго предупреждать (нарушившего закон, правило *и т. п.*) предполагает, что игнорирование предупреждения влечет за собой наказание; *напр.*: j-n streng, scharf, eindringlich verwarnen предупреждать кого-л. строго, резко, настойчиво; der Kraftfahrer wurde von dem Polizisten wegen überhöhter Geschwindigkeit verwarnt полицейский сделал водителю строгое предупреждение за превышение скорости ☐ Er war ja immerzu in Weibergeschichten verstrickt, und die Direktion hatte ihn schon mehrmals verwarnen müssen (*Weiskopf, »Lissy«*) У него постоянно были истории с женщинами, и дирекции уже не раз приходилось делать ему предупреждения. **mahnen** предостерегать, призывая к чему-л., напоминая (*о трагических последствиях, опыте прошлого и т. п.*); *напр.*: die Toten mahnen die Lebenden мертвые предостерегают живущих ☐ Eine bisher noch nie bemerkte Gedenktafel am Wegrand fiel ihm auf, wie sie ihrer zu Tausenden an den bayrischen Straßen herumstanden, zur Erinnerung mahnend an einen Verunglückten (*Feuchtwanger, »Erfolg«*) Его внимание привлекла ни разу до сих пор не замеченная им памятная доска, из тех, что тысячами стоят вдоль баварских дорог, напоминая о погибших. Gleichsam durch einen hypnotischen Schlaf hört sie die Stimmen aus London, aus Paris, aus Madrid, aus Rom reden und mahnen und warnen... (*St. Zweig, »Maria Stuart«*) Точно в глубоком гипнотическом сне, слышит она голоса из Лондона, Парижа, Мадрида, Рима, они обращаются к ней, увещают, остерегают...

Warnung предостережение, предупреждение
die **Warnung** — die **Verwarnung** — die **Mahnung**
Warnung *индифф. синоним; напр.*: eine Warnung vor Sturm, vor Glatteis, vor Hochwasser предупреждение о шторме, о гололеде, о наводнении; eine Warnung nicht beachten не обращать внимания на предостережение; auf keine Warnung hören wollen не желать слушать предостережения; trotz aller Warnungen badete er im Fluß несмотря на все предостережения, он купался в реке; laß dir das zur Warnung dienen! пусть это послужит тебе предостережением! ☐ Was bedeutete das? Lissy hatte doch ganz deutlich gemerkt, daß sie von der Kleinen erkannt worden war. Sollte das vielleicht eine Warnung sein? (*Weiskopf, »Lissy«*) Что это значит? Лисси прекрасно видела, что девочка узнала ее. Может быть, это предостережение? **Verwarnung** (строгое, официальное) предупреждение (нарушителю) (*с указанием, что в случае повторения нарушения будет применено наказание*); *напр.*: eine Verwarnung wegen eines Verstoßes gegen die Straßenverkehrsordnung предупреждение в связи с нарушением правил уличного движения. **Mahnung** предостережение с напоминанием (*б. ч. о чем-л. трагическом*); *напр.*: dieses Bild, dieses Gedicht enthält eine Mahnung эта картина, это стихотворение содержит предостережение ☐ Und als er sieht, daß seine Mahnungen ungehört bleiben, verläßt er trotzig den Hof (*St. Zweig, »Maria Stuart«*) И когда он убеждается, что предостережениям его не внемлют, в гневе покидает двор

Wart *см.* Wächter
Warte *см.* Turm
warten I¹ ждать
warten — erwarten — abwarten — verwarten — harren — erhar-

ren — ausharren — lauern — spannen

warten индифф. синоним; напр.: ungeduldig, lange, stundenlang, vergeblich, gespannt, ruhig warten ждать с нетерпением, долго, часами, напрасно, напряженно, спокойно; auf eine Nachricht, auf eine Antwort, auf eine günstige Gelegenheit, auf den Zug, auf besseres Wetter warten ждать известия, ответа, удобного случая, поезда, лучшей погоды; auf seinen Freund warten ждать своего друга; er hat auf sich warten lassen он заставил себя ждать ◻ Anna Tirschenreuth saß und wartete (*Feuchtwanger, »Lautensack«*) Анна Тиршенройт сидела и ждала. Am frühen Abend dieses Tages wartete Holt auf Gundel (*Noll, »Werner Holt«*) В этот же вечер Хольт дожидался Гундель. Er wartete. Worauf er wartete, hätte er nicht sagen können (*Weiskopf, »Lissy«*) Он ждал. Чего он ждал, он вряд ли сам мог бы сказать. **erwarten** ожидать обыкн. употр., когда приход кого-л., наступление, появление чего-л. ожидается в *определенное время* (в отличие от warten употр. тк. с объектом в форме прямого дополнения); напр.: j-n zum Abendbrot, um 4 Uhr, morgen erwarten ждать кого-л. к ужину, в 4 часа, завтра; Besuch [Gäste] (am Abend) erwarten ожидать гостей (вечером); j-n an der vereinbarten Stelle, am Eingang erwarten ждать кого-л. в условленном месте, у входа; die Kinder erwarten voller Ungeduld die Ferien дети с нетерпением ждут каникул ◻ »Sie kommen gerade recht zum Tee, Mama erwartete Sie seit Tagen«, sagte Christa... (*Kellermann, »Totentanz«*) «Вы пришли как раз к чаю, мама ждет вас уже несколько дней», — сказала Криста... Gundel hatte die Frage lange erwartet und war doch hilflos (*Noll, »Werner Holt«*) Гундель давно ожидала этот вопрос и все же смутилась. **abwarten** (терпеливо) ждать чего-л., дожидаться, выжидать; напр.: etw. geduldig, ruhig, tatenlos abwarten ждать [дожидаться] чего-л. терпеливо, спокойно, не предпринимая ничего; einen günstigen Augenblick abwarten ждать [ожидать] удобного случая; das Ende abwarten ждать, чем кончится; j-s Ankunft, j-s Genesung abwarten ждать (до) чьего-либо прибытия, чьего-л. выздоровления; ohne die Erlaubnis abzuwarten не дожидаясь разрешения; warten wir ab und sehen wir, wie es weitergeht давайте подождем и посмотрим, как будет дальше; warten Sie seine Antwort ab, bevor Sie weitere Schritte unternehmen подождите сначала его ответа, прежде чем вы предпримете дальнейшие шаги ◻ Packte, ohne den abwesenden Alois abzuwarten, seine Sachen (*Feuchtwanger, »Lautensack«*) Не дожидаясь Алоиза, поспешно уложил свои вещи. Aber dann sagte sie sich, es sei besser, erst Pauls Rückkehr abzuwarten (*ebenda*) Но затем она решила, что лучше сначала дождаться возвращения Пауля. Er fügte dieser Mitteilung nichts hinzu, wartet ab, was Pröckl sagen werde (*Feuchtwanger, »Erfolg«*) Он ничего не прибавил к этому сообщению, решил подождать, что скажет Прекль. **verwarten** прождать употр. с указанием на время, продолжительность ожидания (*обстоятельство времени выражено сущ. в форме Akk.*); напр.: er hat den Vormittag verwartet, sie kam aber nicht он прождал первую половину дня, но она не пришла ◻ Er verwartete auch den folgenden Tag... (*Br. Frank, »Cervantes«*) Он прождал и весь следующий день... **harren** (*G* и *auf A*) высок. ждать, ожидать с нетерпением; напр.: sie harrten den ganzen Tag (auf ihn) они ждали (его) с нетерпением целый день; wir harren einer neuen Nachricht мы ожидаем новое известие; dieses Problem harrt schon lange seiner Lösung эта проблема уже давно ждет своего решения ◻ Wir haben vergebens gehofft und geharrt... (*Heine, »Die schlesischen Weber«*) Напрасно надеялся каждый и ждал... (*Перевод Левика*). Überall Herren vom geistlichen Stand, in der Sutane oder im Ordenskleid, in Gruppen sich beredend, untätig harrend (*Br. Frank, »Cervantes«*) Повсюду — священнослужители в сутанах или орденских одеждах, беседующие группами, бездейственно ожидающие. Immer harren ja noch unermeßliche Möglichkeiten dieser mädchenhaften Königswitwe... (*St. Zweig, »Maria Stuart«*) Неограниченные возможности по-прежнему ждут юную вдовствующую королеву... **erharren** (*etw.*) ≅ harren, *но еще больше подчеркивает напряженность ожидания*; напр.: ein Wunder, einen Augenblick, j-s Ankunft erharren ждать чуда, какого-л. момента, чьего-л. прибытия ◻ Ein Wort macht alles ungeschehn. | Ich warte | Darauf. O laßt mich's nicht zu lang erharren! (*Schiller, »Maria Stuart«*) Одно лишь слово — и забыто все. | Я жду, не длите это ожиданье! (*Перевод Вильмонта*). **ausharren** высок. ждать до конца (стойко перенося трудности, не уходя со своего места и т. п.); напр.: die Angehörigen harren am Unglücksschacht aus родственники терпеливо ждут у шахты, где случилось несчастье. **lauern** (*auf A*) разг. поджидать, выжидать; напр.: auf einen Briefträger, auf eine Gelegenheit lauern поджидать почтальона, выжидать случая; auf j-s Schritte lauern ждать, прислушиваясь, приближения чьих-л. шагов ◻ Anna sitzt bei ihm und lauert darauf, die rechte Minute zu erwischen (*Feuchtwanger, »Exil«*) Анна подсаживается к нему и старается улучить удобную минутку. Seit damals lauerte er auf eine Gelegenheit, um sich zu rächen (*Weiskopf, »Lissy«*) С тех пор он только и ждал удобного случая, чтобы отомстить. Er blickte auf. Der Fremde, lauernd, hing mit seinen Augen an Holts Gesicht (*Noll, »Werner Holt«*) Он поднял голову и встретился с напряженно выжидающим взглядом незнакомца. **spannen** (*auf A*) терр. разг. ждать с большим нетерпением; напр.: er spannte auf eine Gelegenheit, um... он с нетерпением ждал подходящего случая, чтобы...; sie spannte darauf, daß er abreist она с нетерпением ждала, чтобы он уехал; sie spannte den ganzen Abend auf ihn она ждала его с нетерпением целый вечер; er spannte auf jedes Wort, auf jede ihrer Bewegungen он напряженно ждал каждого ее слова, следил за каждым ее движением

warten I² см. hoffen
warten II см. pflegen
Wärter см. Wächter
Waschweib см. Schwätzer(in)
wässerig см. dünn²
wassern см. landen¹
Wasserratte см. Liebhaber³
Wassersnot см. Überschwemmung
wässrig см. dünn²
waten см. gehen¹
watscheln см. gehen¹
WC см. Toilette
weben ткать
weben — **wirken**

weben индифф. синоним; напр.: Leinwand, Tuche, Teppiche weben ткать полотно, сукна, ковры; der Stoff wurde auf [mit] der Maschine gewebt материал был соткан на станке. **wirken** ткать, вязать употр. тк. по отношению к трикотажным изделиям и коврам; напр.: Pullover, Strickkleider, Strümpfe wirken вязать пуловер, платья, чулки (на машине); Teppiche wirken ткать ковры; mit der Hand gewirkte Stoffe выработанные вручную ткани

Wechsel см. Änderung
wechseln менять; обмениваться
wechseln — **tauschen** — **austauschen** — **umtauschen** — **vertauschen** — **eintauschen** — **einwechseln** — **auswechseln**

wechseln индифф. синоним; напр.: die Wohnung, den Wohnsitz, die Schule wechseln менять [сменить] квартиру (*поселиться в другой*), местожительство, школу; die Kleider, die Wäsche wechseln сменить платье, белье; seinen Beruf wechseln менять свою профессию; mit j-m Briefe, Blicke wechseln обмениваться с кем-л. письмами, взглядами; der Student will die Universität wechseln студент хочет перейти в другой университет; der Kinobesucher wechselt den Platz зритель пересаживается на другое место в кинозале ◻ Er wechselte Rock und Kragen, es mußte ein Unterschied sein zwischen Privatleben und Geschäft (*Feuchtwanger, »Oppermann«*) Он сменил пиджак и воротничок: ме-

WECHSELN   649   **WEG**   **W**

жду деловой обстановкой и личной жизнью должна существовать какая-то грань. Als die Mädchen Max kennenlernten, hatte er Arbeitsplatz und Beruf wieder einmal gewechselt (*Weiskopf, »Lissy«*) Когда девушки познакомились с Максом, он в очередной раз сменил место работы и профессию. Sie hatten ein paarmal ein paar Worte gewechselt (*Seghers, »Die Toten«*) Они раз-другой перебросились несколькими словами. **tauschen** менять, обменивать (*получать в обмен кого-л., что-л.*), меняться чем-л. с кем-л.; *напр.*: Waren, Briefmarken, Münzen tauschen менять товары, марки, монеты; die Pferde, die Begleiter tauschen менять лошадей, проводников; ein Grundstück gegen ein größeres tauschen менять земельный участок на больший; Blicke mit j-m tauschen обмениваться с кем-л. взглядами; eine 3-Zimmer-Wohnung gegen eine 4-Zimmer-Wohnung tauschen (об)менять трехкомнатную квартиру на четырехкомнатную; miteinander tauschen меняться друг с другом; mit j-m die Rollen tauschen *перен.* поменяться с кем-л. ролями. **austauschen** обменивать(ся) *подчеркивает взаимность процесса, при котором двумя сторонами передается, пересылается кто-л., что-л. друг другу*; заменить что-л.; *напр.*: Botschafter, Noten austauschen обмениваться послами, нотами; Verwundete, Gefangenen austauschen обменивать раненых, пленных; Waren, Bücher, Dokumente austauschen обмениваться товарами, книгами, документами; Gedanken, Erfahrungen, Blicke austauschen обмениваться мыслями, опытом, взглядами; den Motor, einen Fußballspieler austauschen заменить мотор, игрока (*другим*) во время футбольного матча; wir tauschen Briefmarken, Adressen miteinander aus мы обмениваемся друг с другом марками, адресами ▫ Er und Voltaire hatten seit Jahrzehnten freundliche Botschaften ausgetauscht (*Feuchtwanger, »Die Füchse«*) На протяжении десятков лет обменивался он с Вольтером любезными посланиями. **umtauschen** а) менять, обменивать *б. ч. употр., когда что-л. не удовлетворяет покупателя и он возвращает покупку и получает взамен что-л. другое*, *напр.*: ein Geschenk, ein Hemd, einen Schirm umtauschen обменивать подарок, рубашку, зонт; die gekaufte Ware kann nur innerhalb von 3 Tagen umgetauscht werden купленный товар обменивается только в течение трех дней ▫ Die Schuhe wurden gegen alte Sandalen umgetauscht (*Weiskopf, »Lissy«*) Ботинки он обменял на старые сандалии; b) обменивать (*валюту*); *напр.*: Dollars in Mark, in Rubel umtauschen обменивать доллары на марки, на рубли. **vertauschen** (*mit D*) сменить что-л. на что-л.; *напр.*: ▫ Und er vertauschte den Überrock mit der Lodenjoppe, die er liebte (*Feuchtwanger, »Erfolg«*) И он, скинув сюртук, надел свою любимую суконную куртку. War es nicht Sünde und Tollheit, wenn er mit dem Gedanken auch nur spielte, sein edles, hohes Sevilla zu vertauschen mit dem barbarischen Toledo? (*Feuchtwanger, »Die Jüdin von Toledo«*) Разве это не было грехом и безумием, даже если он только подумывал сменить свою благородную, высокую Севилью на варварский Толедо? **eintauschen** ≅ tauschen, *но больше фиксирует внимание на том, что получают в обмен*; *напр.*: Felle gegen Nahrungsmittel eintauschen менять мех на продукты; alles für Brot eintauschen обменивать все на хлеб; die Eingeborenen tauschten ihre Erzeugnisse gegen Bedarfsartikel ein местные жители [туземцы] выменивали на свои поделки предметы первой необходимости. **einwechseln** обменивать (деньги); *напр.*: Geld, Dollars in [gegen] Rubel einwechseln обменивать деньги, доллары на рубли; er wechselte zehn Mark in [gegen] Francs ein он обменял десять марок на франки. **auswechseln** заменять кого-л., что-л. кем-л., чем-л. другим; *напр.*: eine durchgebrannte Sicherung, Zündkerzen auswechseln заменить сгоревший предохранитель, свечи зажигания; einen Torwart auswechseln заменить вратаря ▫ Wir mußten zwei gebrochene Federblätter auswechseln (*Remarque, »Drei Kameraden«*) Мы должны были заменить два рессорных листа.

wechselseitig *см.* gegenseitig
wecken будить (*спящего*)
wecken — aufwecken — erwecken
wecken индифф. синоним; *напр.*: j-n rechtzeitig, zu spät, mitten in der Nacht wecken будить кого-л. своевременно, слишком поздно, (по)среди ночи; mit deinem Geschrei hast du das Kind geweckt своим криком ты разбудил ребенка; wann soll ich Sie wecken? когда вас разбудить? ▫ Wenn er nun schläft, wecken darf man ihn nicht (*Hauptmann, »Vor Sonnenuntergang«*) Если он спит, его не надо будить. Noch vor der Dämmerung weckte ihn die scharfe Kälte (*Weiskopf, »Lissy«*) Еще до рассвета его разбудил пронизывающий холод. **aufwecken** ≅ wecken, *но обыкн. употр. по отношению к неожиданному пробуждению*; *напр.*: das Geschrei hat mich aufgeweckt крик разбудил меня; sei leise und wecke das Kind nicht auf! не шуми и не разбуди ребенка!; das ist ja ein Lärm, um Tote aufzuwecken такой шум может и мертвых разбудить ▫ Was Lieven aufgeweckt hatte, war nicht der schwache Laternenschein... (*Seghers, »Die Toten«*) Ливена разбудил не слабый свет фонаря... Da wir doch fortwollen, muß man ihn aufwecken (*Hauptmann, »Vor Sonnenuntergang«*) Мы должны бежать. Его придется разбудить. **erwecken** *высок. устаревает* ≅ aufwecken; *напр.*: er wurde durch ein Geräusch, durch einen Knall aus tiefem Schlaf erweckt его, спящего глубоким сном, внезапно разбудил шорох [шум], выстрел

wedeln *см.* schwingen[1]
weg *см.* fort
Weg[1] дорога, путь
der **Weg** — die **Straße** — die **Bahn** — der **Fußweg** — der **Pfad** — der **Steg** — der **Paß** — die **Landstraße**
Weg индифф. синоним; *напр.*: ein ebener, glatter, holpriger, gerader, staubiger, steiniger Weg ровная, гладкая, ухабистая, прямая, пыльная, каменистая дорога; einen Weg bauen строить дорогу; dieser Weg führt ins Dorf, in die Berge эта дорога ведет в деревню, в горы ▫ Zu beiden Seiten des Weges wucherte der Adlerfarn (*Noll, »Werner Holt«*) По обе стороны дороги пышно разросся папоротник. Sie bogen in einen Weg ein, der zwischen Gärten dahinführte und langsam anstieg (*ebenda*) Они свернули на дорожку, которая вилась среди садов, полого поднимаясь в гору. **Straße** шоссе (*вымощенная, асфальтированная, бетонированная и т. п. дорога, спроектированная, проложенная по плану*); *напр.*: ▫ Die Straße ist weiter oben noch vereister als hier (*Remarque, »Der Himmel«*) Дорога там наверху еще больше обледенела, чем здесь. **Bahn** ≅ Weg, *но обыкн. употр. по отношению к дороге, впервые пролагаемой в нехоженых местах, а тж. по отношению к ровному участку дороги*; *напр.*: sich eine Bahn machen [brechen] прокладывать себе дорогу; eine Bahn durch den Schnee, durch das hohe Schilf, durch das Dickicht suchen искать [прокладывать себе] дорогу в снегу, в высоком камыше, в чаще. **Fußweg** дорога для пешеходов, проселок; *напр.*: ein ausgetretener, grasbewachsener Fußweg протоптанная, поросшая травой дорога. **Pfad** тропа; *напр.*: ein schmaler, steiler, ebener Pfad узкая, крутая, ровная тропа; einen [auf einem] Pfad gehen идти тропой; durch die Wiese zog sich ein Pfad bis an den Waldrand через луг до опушки леса тянулась тропа ▫ Pfade gab es hier kaum, Felsengebirge nur... (*Br. Frank, »Cervantes«*) Тропинки здесь редки, одни лишь скалистые горы... **Steg** *уст.* тропинка *теперь — часто дощатый настил для прохода*, мостки; *б. ч. употр. в парном сочетании* Weg und Steg; *напр.*: ein Steg zieht sich durch die Schlucht по ущелью тянется тропинка; ich kenne hier Weg und Steg я знаю здесь каждую тропинку; alle Stege waren verschneit все тропинки были покрыты снегом ▫ Kein Steg führt zu dieser romantischen Stätte... (*St. Zweig, »Maria Stuart«*) Ни одна тропка не ведет в эти запо-

WEG 650 WEGFLIEGEN

ведные места... **Paß** перевал, горный проход; *напр.*: der Paß liegt 2300 m hoch перевал находится на высоте двух тысяч трехсот метров; der Paß ist wegen des Schnees gesperrt перевал закрыт из-за снегопада ◻ Sie waren über den Paß hinweg, aber der Schnee war noch fast zwei Meter hoch zu beiden Seiten der Straße aufgeschichtet (*Remarque, »Der Himmel«*) Перевал был уже позади, но сугробы по обеим сторонам дороги все еще достигали почти двухметровой высоты. **Landstraße** дорога (вне населенного пункта), загородное шоссе; *напр.*: ◻ Sie fuhren, indes der Regen auf das Verdeck des Wagens trommelte, auf der Landstraße dahin, die nur eine Pfütze war... (*Th. Mann, »Buddenbrooks«*) Они ехали по дороге, превратившейся в сплошную лужу, под стук дождя, барабанившего о верх кареты... Dicht dahinter begann der Wald, und die Landstraße stieg steil zum Gebirge an (*Noll, »Werner Holt«*) За ним (*за трактиром*) сразу же начинался лес, дорога круто поднималась в горы

Weg ² дорога (*расстояние*)
der **Weg** — die **Strecke**

Weg индифф. синоним; *напр.*: ein weiter, kurzer Weg долгая, короткая дорога; das ist der nächste Weg это ближайший путь; die Gesamtlänge des Weges beträgt 5 Kilometer общая протяженность дороги — пять километров ◻ Er hatte einen gut erhaltenen Gebrauchtwagen gekauft, und der Weg von hier nach Mönkeberg und von dort zur Universität war weit (*Noll, »Werner Holt«*) Он приобрел подержанную, но еще вполне исправную машину, так как путь отсюда в Менкеберг и оттуда в университет был не близкий. **Strecke** участок дороги, отрезок пути; *напр.*: eine kurze, lange, gefährliche Strecke короткий, длинный, опасный отрезок дороги; eine Strecke Wegs часть пути; eine Strecke fahren, gehen, laufen проехать, пройти, пробежать определенное расстояние [кусок пути] ◻ Trautwein mußte, um zu den Baracken zu gelangen, eine gute Strecke mit der Metro fahren... (*Feuchtwanger, »Exil«*) Для того чтобы добраться до бараков, Траутвейну пришлось проехать значительное расстояние на метро... Die Strecke war nur etwas über drei Kilometer lang, aber sie führte durch die Straßen Monte Carlos, mitten durch die Stadt... (*Remarque, »Der Himmel«*) Расстояние было лишь немногим больше трех километров, но трасса проходила по улицам Монте-Карло, как раз по центру города...

Weg ³ см. **Mittel**
Weg ⁴: sich auf den Weg machen *см.* **gehen** ²; im Wege stehen *см.* **hindern**
wegbleiben *см.* **fehlen**
wegbringen *см.* **ablenken/fortbringen**

wegen из-за, вследствие
wegen — infolge — durch

wegen (*G; разг., ю.-нем. и уст. тж. D*) индифф. синоним; *напр.*: wegen des schlechten Wetters из-за плохой погоды; wegen Mangels an Rohstoffen из-за [вследствие] недостатка сырья; er konnte wegen seines Vaters nicht kommen он не мог прийти из-за своего отца; ich ärgere mich wegen dieses Fehlers я сержусь из-за этой ошибки ◻ ...doch war er hier wie dort nach kurzer Zeit entlassen worden. Wegen Betriebsumstellung, wenn man den Entlassungspapieren glauben wollte (*Weiskopf, »Lissy«*) ...однако он тут, как и там, вскоре был уволен. Из-за реорганизации предприятий, если верить документам об увольнении. **infolge** (*G, von D*) вследствие; *напр.*: infolge starken Regens вследствие сильного дождя; infolge des Unfalls war die Straße gesperrt вследствие имевшего место несчастного случая улица была перекрыта (для движения); infolge Nebels konnte das Flugzeug nicht starten из-за тумана самолет не мог отправиться в рейс; infolge von Krankheit mußte ich die letzten Lektionen versäumen вследствие болезни мне пришлось пропустить последние уроки. **durch** (*A*) из-за, в результате (*часто в предложениях с Passiv*); *напр.*: Deutschland wurde durch den Dreißigjährigen Krieg verwüstet Германия была опустошена Тридцатилетней войной; durch die sofortige Operation konnte ihm das Leben gerettet werden ему можно было спасти жизнь немедленной операцией; er wurde durch einen Schuß getötet он был убит выстрелом; die Stadt wurde durch das Erdbeben fast völlig zerstört город почти полностью был разрушен во время землетрясения; das ganze Unglück ist durch dich entstanden все несчастье произошло из-за тебя; durch deine Schuld haben wir все потеряли по твоей вине мы все потеряли

wegfahren уезжать
wegfahren — fortfahren — abfahren — verreisen — abreisen — abdampfen — losfahren

wegfahren индифф. синоним; *напр.*: wann fahren Sie weg? когда вы уезжаете?; er ist wahrscheinlich gestern weggefahren он, наверное, вчера уехал; viele sind schon weggefahren многие уже уехали [разъехались]. **fortfahren** ≃ wegfahren; *напр.*: mit der Bahn, mit dem Bus fortfahren уезжать поездом, автобусом; wann fahren Sie fort? когда вы уезжаете?; sie ist schon gestern fortgefahren она уехала уже вчера. **abfahren** уезжать (*о людях*); отходить, отправляться (*о поезде, пароходе и т. п.*) в отличие от wegfahren и fortfahren больше подчеркивает момент удаления от какого-л. пункта; *напр.*: wann fahren Sie ab? когда вы уезжаете?; wir werden am 10. abfahren мы уедем десятого; wann fährt der Zug, der Dampfer, der Bus ab? когда отходит поезд, пароход, автобус? ◻ Als der Zug abfuhr, stand er noch eine kleine Weile auf dem Bahnsteig (*Feuchtwanger, »Erfolg«*) Когда поезд отошел, он еще немного постоял на платформе. **verreisen** ≃ wegfahren, *но подчеркивает, что кто-л. покидает свое местожительство на время; напр.*: geschäftlich, auf lange verreisen уезжать по делам, надолго; er ist für drei Wochen verreist он уехал на три недели ◻ Gundel verreiste mit Schneidereit, sie fuhr mit ihm an See... (*Noll, »Werner Holt«*) Гундель уехала со Шнайдерайтом, она поехала с ним к морю. **abreisen** отправляться в путь, в дорогу, в путешествие; выехать; *напр.*: еi лиг, plötzlich abreisen отправляться в путь поспешно, неожиданно; von Hamburg nach Leipzig abreisen выехать из Гамбурга в Лейпциг; er wird sehr bald abreisen он очень скоро отправится в дорогу; er ist am Dienstag mit dem Zug abgereist он выехал во вторник поездом ◻ Um weiteren Belästigungen durch die Familie Göppel aus dem Wege zu gehen, reiste er sogleich ab (*H. Mann, »Untertan«*) Спасаясь от дальнейших притязаний со стороны семейства Геппелей, он тотчас же уехал. Gundel war abgereist, ins Zeltlager, mit Schneidereit (*Noll, »Werner Holt«*) Гундель уехала в туристический лагерь — уехала со Шнайдерайтом. **abdampfen** *разг.* укатить (*о человеке*); *напр.*: er ist nach Wien abgedampft он укатил в Вену; morgen dampfen sie nach Frankreich ab завтра они отправляются во Францию. **losfahren** *разг.* отъезжать, трогаться с места *подчеркивает начало движения; напр.*: fahr los! пошел!, трогай!, поезжай!; der Zug fährt in einer Stunde los через час поезд тронется; endlich fuhr der Zug los наконец поезд тронулся; er stieg in sein Auto und fuhr los он сел в машину и поехал (*тронулся с места*); beim Losfahren fiel ein Teil der Ladung vom Lkw herunter когда грузовик тронулся с места, с него упала часть груза

wegfliegen улетать
wegfliegen — fortfliegen — entfliegen — davonfliegen — wegziehen — abziehen

wegfliegen индифф. синоним; *напр.*: die Schwalben fliegen im Herbst weg осенью ласточки улетают; die Vögel flogen vom Baum weg птицы улетели с дерева; die Flugzeuge sind weggeflogen самолеты улетели; sie fliegen heute um acht Uhr weg они улетают сегодня в восемь часов; das Blatt Papier, mein Hut ist mir weggeflogen у меня улетел лист бумаги, улетела моя шляпа. **fortfliegen** ≃ wegfliegen обыкн. употр. по отношению к птицам; *напр.*: schnell, plötzlich fortfliegen улетать быстро, неожиданно; im Herbst fliegen die Zugvögel fort осенью перелетные птицы улетают; unser Wellensittich ist aus dem Käfig fortgeflogen наш волнистый попугайчик улетел из клетки. **entfliegen** ≅ fortfliegen, *но тк. о птицах, содержащихся в неволе (часто в Part. II)*; *напр.*: einen entflogenen Vogel einfangen поймать улетевшую птицу; Papagei entflogen улетел попугай (*объявление в газете*); im Zoo soll ein Adler aus der Voliere entflogen sein говорят, из вольера зоопарка улетел орел. **davonfliegen** улетать прочь (*о предметах, птицах*); *напр.*: die Schwalben fliegen im Herbst davon осенью ласточки улетают; der Hut ist ihm davongeflogen у него улетела шляпа. **wegziehen** улетать (на юг) (*о перелетных птицах*); *напр.*: die Zugvögel ziehen im Herbst weg осенью перелетные птицы улетают на юг. **abziehen** отлетать, улетать осенью (*о птицах*) *подчеркивает момент удаления, начала действия*; *напр.*: die Zugvögel ziehen ab перелетные птицы улетают осенью

wegführen *см.* ablenken
weggehen *см.* fortgehen [1]
wegjagen *см.* fortjagen [1]
weglassen *см.* auslassen [1]
weglaufen убегать

weglaufen — fortlaufen — davonlaufen — entlaufen — wegrennen

weglaufen *индифф. синоним; напр.*: die Kinder sind vor dem Hund weggelaufen дети убежали от собаки. **fortlaufen** ≅ weglaufen; *напр.*: schnell, eilig, ohne Abschied fortlaufen убегать быстро, поспешно, не прощаясь; aus Angst, vor Schreck fortlaufen убегать от страха, от испуга (*испугавшись*); die Kinder sind schnell fortgelaufen дети быстро убежали. **davonlaufen** убегать прочь *от кого-л., от чего-л.*; *напр.*: einem Polizisten davonlaufen убегать от полицейского; vor einem Hund davonlaufen убегать от собаки; er bekam Angst und lief davon он испугался и убежал □ Als er vor ihr stand, wäre er allerdings am liebsten gleich wieder davongelaufen, doch da war es schon zu spät... (*Weiskopf, »Lissy«*) Однако, когда он перед ней стоял, ему захотелось сразу же опять убежать, но было уже поздно... Verblüfft starrte er Fromeyer nach, der schon davonlief, quer über den Damm... (*ebenda*) Ошеломленный, он неподвижно смотрел вслед Фромайеру, который уже перебегал через улицу... **entlaufen** ≅ davonlaufen, *но обыкн. о кошках, собаках и т. п., а тж. подчеркивает, что кто-л. убегает тайно, незаметно от кого-л., откуда-л.*; *напр.*: ein Patient ist aus der Nervenklinik entlaufen больной убежал из клиники нервных болезней; der Hund ist seinem Besitzer entlaufen собака убежала от хозяина. **wegrennen** быстро убежать, умчаться; *напр.*: die Kinder sind weggerannt дети умчались прочь

weglegen *см.* legen [1]
wegnehmen *см.* nehmen [1, 2]
wegräumen *см.* beseitigen/fortbringen
wegrennen *см.* weglaufen
wegschaffen *см.* beseitigen/fortbringen
wegscheren, sich *см.* fortgehen [1]
wegschicken *см.* schicken [1]
wegstoßen *см.* abstoßen [1]
wegstreichen *см.* streichen [1]
wegtragen *см.* fortbringen
wegwerfend *см.* verächtlich
wegziehen *см.* wegfliegen
Weh *см.* Schmerz
wehen дуть (*о ветре*)

wehen — blasen

wehen *индифф. синоним; напр.*: der Wind weht kühl, rauh, aus dem Norden дует прохладный, резкий ветер, ветер с севера; es weht ein Lüftchen, eine Brise веет ветерок, дует бриз; vom Meer her wehte es ziemlich kalt с моря дул довольно холодный ветер □ Hier im Schutz der Berge wehte kein Wind, aber das Meer tobte (*Renn, »Zu Fuß zum Orient«*) Здесь под защитой гор не было ветра, но море бушевало. **blasen** ≅ wehen, *но обыкн. предполагает большую интенсивность действия*; *напр.*: der Wind bläst kräftig дует сильный ветер; es bläst eine frische Brise дует свежий бриз □ Ein sehr kräftiger Wind blies... (*Feuchtwanger, »Die Füchse«*) Дул очень сильный ветер...

wehklagen *см.* klagen [1]
Wehmut *см.* Trauer
wehmütig *см.* traurig
Wehr *см.* Damm/Schutz
wehren *см.* verbieten
wehren, sich *см.* verteidigen, sich
wehrlos *см.* schutzlos
Wehrsold *см.* Lohn [1]
Wehweh *см.* Schmerz
Wehwehchen *см.* Schmerz
Weib *см.* Frau [1, 2]
Weibsbild *см.* Frau [1]
Weibsstück *см.* Frau [1]
weich [1] мягкий (*легко уступающий давлению, нетвердый*)

weich — federweich — daunenweich — flaumweich — samtweich — flauschig

weich *индифф. синоним; напр.*: ein weiches Kissen, Bett мягкая подушка, кровать; weiche Daunen мягкий пух; weiches Gras, Moos мягкая трава, мягкий мох; weich wie Samt, wie Seide мягкий как бархат, как шелк; auf weicher Unterlage sitzen, liegen сидеть, лежать на мягкой подстилке □ Das weiche Haar umwallte zurückgeworfen sein junges Haupt (*Br. Frank, »Cervantes«*) Отброшенные назад мягкие волосы развевались вокруг юной его головы. **federweich** очень мягкий; *напр.*: federweiche Betten, Kissen очень мягкие кровати, подушки. **daunenweich** мягкий как пух; *напр.*: das Gras war daunenweich трава была мягкая как пух. **flaumweich** мягкий как пушок; *напр.*: flaumweiches Haar мягкие как пух [как пушок] волосы. **samtweich** мягкий как бархат; *напр.*: eine samtweiche Decke мягкое как бархат одеяло. **flauschig** пушистый, мягкий; *напр.*: ein flauschiger warmer Mantel теплое пальто из мягкой пушистой ткани

weich [2] мягкий (*о характере и т. п.*)

weich — weichherzig — wachsweich

weich *индифф. синоним; напр.*: er hat ein weiches Gemüt, Herz он мягок по натуре, у него мягкое сердце; die Erinnerungen stimmten ihn weich воспоминания смягчили [тронули] его; ihm wurde ganz weich ums Herz он совсем расчувствовался □ Von Natur eher weich, lässig, leichtsinnig und dem Genuß des Lebens mehr zugetan als dem Kampfe... (*St. Zweig, »Maria Stuart«*) Скорее мягкая, беспечная и легкомысленная по натуре, более склонная искать утех в жизни, чем в борьбе... Diederich Heßling war ein weiches Kind, das am liebsten träumte... (*H. Mann, »Untertan«*) Дидерих Геслинг, ребенок смирного нрава, большой любитель пофантазировать... Und hätte ich nicht gewußt, daß sein Herz so weich ist wie Wachs... (*St. Zweig, »Maria Stuart«*) И кабы я не знала, что сердце у него из воска... **weichherzig** мягкосердечный; *напр.*: ein weichherziger Mensch, Mann мягкосердечный человек, мужчина; eine weichherzige Regung добрый порыв; weichherzig sein быть мягкосердечным. **wachsweich** мягкий как воск, податливый; *напр.*: er ist in den Händen seiner Lehrer wachsweich он легко поддается влиянию своих учителей: из него можно вылепить все что угодно

weich [3] *см.* mild [1]/zart [2]
weichen *см.* nachgeben
weichherzig *см.* gutmütig/weich [2]
weichlich мягкий, слабохарактерный

weichlich — pflaumenweich — charakterschwach — charakterlos

weichlich *индифф. синоним; напр.*: ein weichlicher Mensch, Charakter мягкотелый человек, слабый характер; er hat eine weichliche Natur он слабохарактерный человек □ Auch Darnley, bisher bloß weichlich, wird allmählich boshaft und gefährlich (*St. Zweig, »Maria Stuart«*) Даже Дарнлей, до этого только слабохарактерный, постепенно становится злобным и опасным. **pflaumenweich** мягкотелый, податливый; *напр.*: der hat keinen Charakter, der ist ja pflaumenweich у него нет характера, он мягкотелый человек; das war eine pflaumenweiche Entscheidung это было мягкое решение □ Moray ist hellsichtig genug, um zu erkennen, daß, sobald dieser eitle, pflaumenweiche Knabe Darnley Königsgemahl ist, er sofort auch Königsgewalt wird ausüben wollen... (*St.*

WEIDE 652 WEINEN

Zweig, »*Maria Stuart*«) Меррей достаточно проницателен и понимает, что едва лишь тщеславный мягкотелый юнец Дарнлей станет принцем-консортом, как он захочет самовластия. **charakterschwach** [k-] слабохарактерный; *напр.:* ein charakterschwacher Mensch слабохарактерный человек. **charakterlos** [k-] бесхарактерный; *напр.:* ein charakterloser Mensch бесхарактерный человек
Weide *см.* Wiese
weigern *см.* verweigern
weigern, sich *см.* ablehnen
Weigerung отказ (*сделать, выполнить что-л.*)
die **Weigerung** — die **Ablehnung** — der **Verzicht** — die **Lossagung** — die **Abweisung** — die **Zurückweisung** — die **Nichtannahme** — die **Absage** — die **Entsagung**
Weigerung *индифф. синоним; напр.:* eine hartnäckige Weigerung упорный отказ; die Weigerung, den Befehl, den Auftrag auszuführen отказ выполнить приказ, поручение; seine Weigerung, ihr zu helfen его отказ помочь ей ◻ Er hatte emsig nachgedacht, was wohl hinter der Heirat stecke, welche schlauen Motive hinter der ersten Weigerung und all dem Geziere, Krampf und Getue des Strafgefangenen Nummer 2478 verborgen sein könnten (*Feuchtwanger,* »*Erfolg*«) Он упорно размышлял над тем, что скрывалось за этим браком, какие хитроумные мотивы таились за первоначальным отказом и всем ломанием, рисовкой и фокусами заключенного номер 2478. Ihre Weigerung, auf das Ganze hin zwischen Möglich und Unmöglich zu unterscheiden, hinderte sie nicht, in vielen Einzelheiten geschickt vorzugehen (*Seghers,* »*Das siebte Kreuz*«) Ее нежелание обдумать вопрос в целом, разобрать, что возможно и что невозможно, не помешало ей во многих частностях действовать с ловкостью. **Ablehnung** отклонение, отказ (*от предложения, приглашения, подарка и т. п.*); *напр.:* eine scharfe, unerwartete Ablehnung резкий, неожиданный отказ; die Ablehnung der Einladung, des Angebots отклонение приглашения, предложения ◻ Eine so gefährliche Gegnerin darf nicht vorzeitig durch eine schroffe Ablehnung furios gemacht werden (*St. Zweig,* »*Maria Stuart*«) Такую опасную противницу не стоит преждевременно гневить столь резким отказом. In Watte wird die Ablehnung eingewickelt, Maria Stuart persönlich zu empfangen (*ebenda*) (*Ее*) отказ лично встретиться с Марией Стюарт словно обернут в вату. **Verzicht** (*добровольный*) отказ (*от своего желания, права, намерения и т. п.*); *напр.:* der Verzicht auf die Reise, auf seinen Anteil отказ от поездки, от своей доли; auf etw. Verzicht leisten добровольно отказываться [отрекаться] от чего-л. ◻ Also ich

verspreche, wenn Sie das gleiche tun: ich leiste auf diesen Ausweg Verzicht! (*Hauptmann,* »*Vor Sonnenuntergang*«) Но я обещаю, если обещаете и вы, что не воспользуюсь этим выходом. Die friedliebende Öffentlichkeit fordert den sofortigen und völligen Verzicht auf dieses Massenvernichtungsmittel (*ND 27.4.78*) Миролюбивая общественность требует немедленного и полного отказа от производства этого средства массового уничтожения. **Lossagung** отказ, отречение от кого-л., от чего-л.; *напр.:* die Lossagung von seiner Überzeugung, von einer Religion отказ от своего убеждения, отречение от религии; die einseitige Lossagung (von internationalen Abmachungen *usw.*) односторонний отказ (от международных соглашений и т. п.). **Abweisung** отказ, отклонение, отрицательный ответ *подчеркивает, что кто-л. отказывается принять кого-л., принять к рассмотрению чью-л. просьбу, жалобу и т. п.; напр.:* eine höfliche, schroffe Abweisung вежливый, резкий отказ; die Abweisung eines Angebots, eines Gesuchs, einer Beschwerde отклонение предложения, прошения, жалобы; die Abweisung eines Bittstellers отказ принять просителя ◻ Vielleicht hätte Elisabeth dann in rascher Umschaltung ihrem Dudley die Heirat verboten und zu dem Hohn des Antrages noch die Schande der Abweisung auf ihre Rivalin gehäuft (*St. Zweig,* »*Maria Stuart*«) Быть может, Елизавета, внезапно одумавшись, запретила бы Дадлею этот брак и, унизив соперницу оскорбительным сватовством, осрамила бы ее вдобавок позорным отказом. **Zurückweisung** (резкий) отказ, (решительное) отклонение; *напр.:* die Zurückweisung seiner Hilfe отказ от его помощи; die Zurückweisung der Forderung, der Beschwerde отклонение требования, жалобы; die Zurückweisung des Geschenks отказ от подарка. **Nichtannahme** *книжн.* отказ принять, получить что-л.; *напр.:* Nichtannahme eines Briefes, eines Pakets, eines Geschenks отказ адресата получить письмо, посылку, отказ от подарка. **Absage** *высок.* отказ кому-л. (*в ответ на просьбу в силу нежелания, невозможности сделать что-л.*); *напр.:* auf mein Urlaubsgesuch habe ich eine Absage bekommen на просьбу об отпуске я получил отказ; sie hat mit einer Absage geantwortet она ответила отказом ◻ »Durchgreifen«, knarrte es in seinem Innern, als er die Absage des Scharbil erhielt (*Feuchtwanger,* »*Der falsche Nero*«) «Действовать решительно», — мысленно сказал он себе, скрежеща зубами, когда получил отрицательный ответ от Шарбиля. Diese Absage traf Holt tiefer als jede andere zuvor (*Noll,* »*Werner Holt*«) Этот отказ задел Хольта больней, чем любой другой. **Entsagung** *высок.* ≅

Verzicht, *но подчеркивает, что кто-л., жертвуя, страдая и т. п., добровольно отказывает себе в чем-л., лишает себя чего-л.; напр.:* ◻ Die Larve | Erhabener, übermenschlicher Entsagung | Reiß ich ihr ab... (*Schiller,* »*Don Carlos*«) Я сорву с нее личину | Возвышенного самоотречения... (*Перевод Левика*)
weihen *см.* widmen/«Приложение»
Weiher *см.* Teich
weihevoll *см.* festlich
Weihrauchstreuer *см.* Schmeichler
weil потому что
weil — **da** — **denn** — **zumal**
weil *индифф. синоним; напр.:* der Schüler fehlt, weil er krank ist ученик отсутствует, потому что болен; er verspätete sich, weil man ihn aufgehalten hatte он опоздал, потому что его задержали ◻ Dazu fror ich, weil meine Sachen naß waren (*Renn,* »*Im spanischen Krieg*«) К тому же я мерз, потому что моя одежда была мокрой. **da** так как; *напр.:* da er krank ist, kann er nicht kommen так как он болен, он не может прийти. **denn** ≅ da, *но больше подчеркивает обоснование предшествующего высказывания (в отличие от* weil *и* da *является сочинительным союзом); напр.:* es muß geregnet haben, denn die Dächer sind naß наверняка шел дождь, так как крыши мокрые. **zumal** *книжн.* так как; тем более, что; *напр.:* ich kann es ihm nicht abschlagen, zumal er immer so gefällig ist я не могу ему отказать, так как он всегда очень любезен; lassen wir das Gespräch, zumal ich bald weggehen muß оставим этот разговор, тем более, что мне надо скоро уходить ◻ Toni wieder hatte, seitdem das Kind gekommen war, ihre besonderen Interessen, ihre besonderen Sorgen, zumal sie nicht mehr im Warenhaus arbeitete... (*Weiskopf,* »*Lissy*«) У Тони, когда у нее родился ребенок, тоже появились свои собственные интересы, собственные заботы, тем более, что она уже не работала в универсальном магазине...
weiland *см.* früher I
Weile[1] *см.* Zeit[1]
Weile[2]: **vor einer Weile** *см.* neulich
weilen *см.* sein[1]
Weiler *см.* Siedlung
weinen плакать
weinen — **schluchzen** — **wimmern** — **beweinen** — **jammern** — **schreien** — **heulen** — **greinen** — **flennen** — **plärren**
weinen *индифф. синоним; напр.:* laut, leise, heftig, bitterlich, lautlos, herzzerreißend weinen громко, тихо, сильно, горько, беззвучно, душераздирающе плакать; vor Freude, vor Schmerz weinen плакать от радости, от боли; bei dem geringsten Anlaß weinen плакать при малейшем поводе; bittere Tränen weinen плакать горькими [горючими] слезами ◻ Madame Kethelsen weinte still und bitterlich, obgleich sie von allem fast nichts

WEINEN 653 WEISUNG

vernahm (*Th. Mann*, »*Buddenbrooks*«) Мадам Кетельсен плакала тихо и горько, хотя почти ничего не слышала. **schluchzen** всхлипывать; плакать, всхлипывать, навзрыд; *напр.*: laut, herzzerreißend schluchzen громко плакать [всхлипывать], душераздирающе рыдать □ Sie schluchzte ein paarmal und antwortete dann leise und verzweifelt... (*Th. Mann*, »*Buddenbrooks*«) Она всхлипнула несколько раз подряд и в отчаянии, почти шепотом, ответила... Das Mädchen, bisher ganz ruhig, fast versteint, begann heftig zu schluchzen (*Weiskopf*, »*Lissy*«) Девушка, до сих пор совершенно спокойная, словно окаменевшая, заплакала навзрыд. **wimmern** хныкать, жалобно стонать *часто употр., когда плач связан с ощущением боли и т. п.*; *напр.*: vor Schmerzen wimmern скулить от боли; das kranke Kind wimmerte jämmerlich больной ребенок жалобно хныкал [стонал]. **beweinen** оплакивать *кого-л., что-л.*; *напр.*: einen Toten, einen Verstorbenen, einen Vermißten beweinen оплакивать мертвого, умершего, пропавшего без вести; einen Verlust, ein Unglück beweinen оплакивать потерю, несчастье. **jammern** громко, жалобно плакать; *напр.*: □ Die Hübner hatte sich zu den Kindern der Kläber gelegt, weil das Kleinste jammerte (*Seghers*, »*Die Toten*«) Фрау Хюбнер легла с клеберовскими девочками, потому что младшая все время плакала. **schreien** кричать, плакать (*о грудных детях*); *напр.*: □ Das Kind begann zu schreien (*Weiskopf*, »*Lissy*«) Ребенок закричал. **heulen** *разг.* реветь; *напр.*: laut, hemmungslos heulen громко реветь, реветь вовсю; vor Wut, vor Schmerz, vor Freude heulen реветь от злости, от боли, от радости; der Kleine heult bei dem geringsten Anlaß малыш чуть что — ревет. **greinen** *разг.* хныкать, тихо и жалобно плакать; *напр.*: das Neugeborene greinte новорожденный ребенок тихо и жалобно плакал; als wir sie heftig ausschimpften, begann sie zu greinen когда мы ее сильно отругали, она начала жалобно плакать. **flennen** *разг. пренебр.* хныкать, нюнить; *напр.*: das Kind fing gleich an zu flennen ребенок тут же начал нюнить; der Junge flennt bei jeder Gelegenheit мальчик-плакса хнычет по любому случаю □ Auf der Treppe begann sie still zu flennen (*Feuchtwanger*, »*Erfolg*«) На лестнице она начала тихонько плакать. **plärren** *разг. пренебр.* громко и продолжительно плакать (*особенно о маленьких детях*); *напр.*: der Säugling plärrt грудной ребенок сильно плачет; als die Ärztin den Säugling hochnahm, begann er zu plärren когда врач взяла на руки грудного ребенка, он начал сильно плакать □ Nach einiger Zeit beginnt das Kind zu plärren, obschon Albert es verzweifelt hin und her schwenkt (*Remarque*, »*Im Westen*«) Через некоторое время младенец начинает реветь, хотя Альберт изо всей силы раскачивает его на руках

weise *см.* klug

Weise[1] способ (*характер действий*) die **Weise** — die **Art** — die **Art und Weise** — die **Manier**

Weise *индифф. синоним*; *напр.*: auf jede Weise любым способом; auf diese Weise таким образом [способом]; auf verschiedene Weise разнообразными способами; auf andere Weise другим способом; in großzügiger Weise широко, щедро; er betrog ihn auf heimtückische Weise он коварно обманул его; die Sachen sind auf geheimnisvolle Weise verschwunden вещи исчезли таинственным образом □ Wohl bekam er bald wieder eine Beschäftigung — in einem kleinen Kino und auf eine Weise, die selbst dem Film hätte entstammen können... (*Weiskopf*, »*Lissy*«) Правда, скоро он получил опять работу — в маленьком кино, и таким путем, который можно было бы найти только в каком-нибудь фильме... Er äußerte sich aber in einer für den Osten so ungewöhnlich kurzen, klaren und bündigen Weise nur deshalb, weil er sehr alt war und nicht mehr viel Zeit hatte (*Feuchtwanger*, »*Der falsche Nero*«) Он высказался в такой, для Востока непривычной форме — кратко, ясно и точно — только потому, что он был очень стар и времени у него оставалось немного. **Art** способ, манера; *напр.*: die Art zu sprechen, zu gehen, zu grüßen манера говорить, ходить, здороваться; eine unangenehme Art zu lachen неприятная манера смеяться; etw. in der gewohnten Art tun делать что-л. привычным способом; das ist so meine Art это у меня такая манера □ Ilse Benjamin liebte ihren Mann auf ihre Art (*Feuchtwanger*, »*Exil*«) Ильза Беньямин по-своему любила мужа. **Art und Weise** образ действий; *напр.*: auf diese Art und Weise таким образом; auf jede Art und Weise всячески, на все лады; j-n auf gute Art und Weise loswerden отделаться от кого-л. по-хорошему; das ist doch keine Art und Weise! это ни на что не похоже! **Manier** ≅ Art, *но обыкн. употр. для характеристики бытовых явлений, личных отношений и т. п.*; *напр.*: etw. in lustiger Manier erzählen рассказывать что-л. весело; j-n auf gute Manier loswerden отделаться от кого-л. тактичным образом

Weise[2] *см.* Melodie

Weise[3]: Art und Weise *см.* Weise[1]; **auf diese [die] (Art und) Weise, in dieser [der] Weise, auf folgende Weise** *см.* so

weisen *см.* zeigen[2]

weislich *см.* vernünftig

weismachen *см.* vortäuschen

weiß *см.* blaß

weissagen *см.* voraussagen

Weissager *см.* Wahrsager

weißwaschen, sich *см.* rechtfertigen, sich

Weisung[1] указание, распоряжение die **Weisung** — die **Anleitung** — die **Unterweisung** — die **Richtlinie** — die **Richtschnur** — die **Anordnung** — die **Verfügung**

Weisung *индифф. синоним*; *напр.*: eine strikte, strenge Weisung точное, строгое указание; eine Weisung erhalten [empfangen], befolgen, aufheben получить указание, следовать указанию, отменить указание; er fühlte sich an die Weisung des Gerichts gebunden он чувствовал себя связанным предписанием суда; laut Weisung des Direktors waren diese Arbeiten vorrangig zu erledigen согласно распоряжению директора эти работы должны были быть выполнены в первую очередь □ Strahlend befolgte sie seine Weisung, ihn vor jeder Störung zu bewahren (*Feuchtwanger*, »*Erfolg*«) Радостно она исполняла его распоряжение ограждать его от всех помех. Im übrigen befolgt Doktor Franklin strikt unsere Weisungen... (*Feuchtwanger*, »*Die Füchse*«) В остальном доктор Франклин строго следует нашим указаниям... (*Ср. тж. ряд* Befehl). **Anleitung** руководство, указание; *напр.*: methodische Anleitungen методические указания, методическое руководство; unter der Anleitung des Lehrers под руководством учителя; j-m Anleitungen geben давать кому-л. указания; etw. mit, ohne Anleitung ausführen исполнять что-л., руководствуясь указанием, без указаний. **Unterweisung** наставление, указание (*связанное с обучением кого-л.*); *напр.*: die Unterweisung der Kinder im Klavierspiel, im Volkstanz обучение детей игре на рояле, народным танцам при помощи практических указаний (*при котором направляются их действия, показываются определенные приемы и т. п.*) □ ...und der Prinz von Navarra war im vierzehnten Jahre seines Lebens, da bekam er seine ersten Unterweisungen im Regieren und im Kriegführen... (*H. Mann*, »*Die Jugend*«) ...и принцу Наваррскому было четырнадцать лет, когда он получил свои первые наставления в искусстве правления и ведения войны... **Richtlinie** *чаще мн.* директива; *напр.*: praktische Richtlinien (für Kraftfahrer) практические указания (для водителей); Richtlinien geben [erteilen] давать директивы; sich an die Richtlinien halten следовать указаниям [директивам]. **Richtschnur** руководство, инструкция, правило; *напр.*: als Richtschnur dienen служить руководством; etw. zur Richtschnur nehmen принять что-л. к руководству. **Anordnung** распоряжение *подчеркивает официальный характер указания*; *напр.*: die Anordnungen des Direktors (der Schule) befolgen выполнять распоряжения директора (школы); eine Anordnung erlassen, treffen выпустить распоряжение, дать (свое) указание; sich einer Anordnung widersetzen не подчиняться распоряжению; das alte Haus mußte laut Anordnung des Bürgermeisters abgebrochen werden согласно распоряжению бургомистра старый дом подлежал сносу. **Verfügung** письменное распоряжение (*органа власти, суда*); *напр.*: eine richterliche, testamentarische Verfügung *юр.* судебное определение, завещательное распоряжение; eine Verfügung erlassen, aufheben отдавать, отменять распоряжение

Weisung ² *см.* Befehl

weit ¹ далекий, дальний (*о расстоянии и т. п.*)

weit — fern — entfernt — entlegen

weit *индифф. синоним*; *напр.*: eine weite Reise далекое путешествие; ein weiter Weg далекий путь; wir sind noch weit vom Ziel мы еще далеки от цели; die Leiter steht zu weit ab лестница стоит слишком далеко; die Orte liegen weit voneinander населенные пункты находятся далеко друг от друга ◻ Und zu Fuß war es viel zu weit, zwei Stunden mindestens (*Weiskopf, »Lissy«*) Идти пешком — слишком далеко, не меньше двух часов. Er hatte, als er ausstieg, ganz deutlich einen Wagen bemerkt, der nicht weit von dem seinen hielt (*Feuchtwanger, »Lautensack«*) Выходя из машины, он заметил совершенно отчетливо другую машину, которая остановилась недалеко от его машины. **fern** в отличие от weit подчеркивает не протяженность расстояния, а отдаленность какого-л. пункта; *напр.*: ferne Länder, Planeten дальние страны, планеты; eine ferne Insel далекий остров; ein ferner Schuß далекий выстрел; der Ferne Osten Дальний Восток; fern von hier, von der Stadt далеко отсюда, от города; ein fern gelegenes Dorf отдаленная деревня; sie wohnen fern von uns они живут далеко от нас ◻ Fern, ganz fern im Süden verschmolz in der durchsichtigen Morgenluft das zerklüftete, eisige Massiv der Schweizer Alpen mit dem Blau des Himmels (*Noll, »Werner Holt«*) Далеко, совсем далеко на южной стороне в прозрачном утреннем воздухе ледяной зубчатый массив Швейцарских Альп сливался с синевой неба. **entfernt** отдаленный; *напр.*: ein entferntes Gebiet отдаленная область; er hat die entferntesten Gegenden des Landes, der Erde bereist он объездил самые отдаленные места страны, земли; dieses Dorf liegt weit entfernt von der nächsten Stadt эта деревня находится на большом расстоянии от ближайшего города ◻ Es war so still, daß man die Klänge einer entfernten Drehorgel vernahm... (*Th. Mann, »Buddenbrooks«*) Было так тихо, что были слышны звуки далекой шарманки... **entlegen** ≃ entfernt, *но подчеркивает, что что-л. находится в стороне от путей сообщения (б. ч. атрибутивно)*; *напр.*: ein entlegener Ort отдаленное место; eine entlegene Insel, Gegend, Straße отдаленный остров, отдаленная местность, улица; eine entlegene Wohnung квартира, расположенная далеко (*от центра города и т. п.*); ein entlegenes Lokal отдаленный ресторан; er wohnte damals ganz entlegen он жил тогда очень удаленно (ото всех)

weit ² *см.* breit ¹/groß ⁶

weit ³ *см.* viel

weit ⁴: bei weitem nicht *см.* längst nicht

weitaus *см.* viel

Weite даль, простор

die Weite — die Ferne

Weite *индифф. синоним*; *напр.*: die Weiten des Landes, des Meeres, des Ozeans просторы страны, моря, океана; in die Weite blicken смотреть вдаль; von den Bergen eröffnet sich der Blick auf eine unermeßliche Weite с гор взору открывается необъятный простор ◻ ...aber auf der Weite des Meeres, das mit diesem mystischen und lähmenden Fatalismus seine Wogen heranwälzt... (*Th. Mann, »Buddenbrooks«*) ...но на морских просторах, катящих свои волны с мистической, цепенящей неизбежностью... Die Stunde kam und das Meer war anders. Die Weite blendete mich (*Kellermann, »Das Meer«*) Настал час, и море было другим. Даль ослепила меня. **Ferne** даль; *напр.*: in die Ferne sehen смотреть вдаль; einen Gruß, einen Brief aus der Ferne erhalten получать издалека привет, письмо; dieses Land liegt in weiter, unermeßlicher Ferne эта страна находится в самой дальней дали; in der Ferne war ein Schuß zu hören вдали раздался выстрел; sie winkten uns aus der Ferne они махали нам издалека ◻ Vielleicht zog ich ehemals das Gebirge nur vor, weil es in weiterer Ferne lag (*Th. Mann, »Buddenbrooks«*) Возможно, в свое время я предпочитал горы только потому, что они далеки от наших краев

weiten *см.* erweitern

weiterführen *см.* fortsetzen

weitergehen *см.* andauern

weiterhin *см.* bald

weiterleben продолжать жить

weiterleben — fortleben

weiterleben *индифф. синоним*; *напр.*: ◻ Mein Kind ist gestern nacht gestorben — nun werde ich wieder allein sein, wenn ich wirklich weiterleben muß (*St. Zweig, »Der Brief einer Unbekannten«*) Мой ребенок вчера ночью умер — теперь я буду опять одна, если мне суждено продолжать жить. Sie hatte es einfach satt, weiterzuleben wie bisher (*Weiskopf, »Lissy«*) С нее довольно такой жизни; ◻ Ich las Tolstois Bekenntnisse; da tat sich ein Tor auf. Ich sah, wie es weitergeht. Und wir müssen ja weiterleben.« »Weiterleben«, sagte Holt (*Noll, »Werner Holt«*) «Когда я прочла 'Исповедь' Толстого, передо мной открылись врата. Я увидела, куда идет мир. А ведь нам еще жить и жить. «Да, нам еще жить и жить», — повторил Хольт. **fortleben** a) продолжать жить (*после смерти — в памяти людей, в своих трудах и т. п.*); *напр.*: j-s Name, j-s Werk lebt fort чье-л. имя, чье-л. произведение продолжает жить; im Herzen des Volkes fortleben продолжать жить в сердце народа; er lebt in seinen Kindern, in seinen Werken fort он продолжает жить в своих детях, в своих трудах; b) *устаревает* ≃ weiterleben; *напр.*: so konnten wir nicht fortleben так мы не могли продолжать жить

weitermachen *см.* fortsetzen

weitherzig *см.* freigebig

weitläufig *см.* ausführlich

weitschweifig *см.* ausführlich

welche *см.* einig(e)

welk *см.* faltig

welken вянуть

welken — anwelken — abwelken — verwelken — verblühen

welken *индифф. синоним*; *напр.*: Blumen, Blätter, grüne Zweige welken rasch цветы, листья, зеленые ветки быстро вянут; der Strauß ist [hat] bei dieser Hitze schnell gewelkt букет быстро завял в такую жару; die Blumen welkten, weil sie vergessen hatte, ihnen Wasser zu geben цветы завяли, так как она забыла полить их ◻ Die späten Rosen welkten noch nicht ganz (*George, »Komm in den Park«*) Поздние розы еще не совсем увяли. Stehen die Blumen in der Sonne oder an der Heizung, erwärmt sich das Wasser in der Vase schnell, und die Blüten fangen an zu welken (*»Haushalt«*) Если цветы стоят на солнце или у батареи, то вода в вазе быстро нагревается и цветы начинают вянуть. **anwelken** ≃ welken, *но подчеркивает начало процесса увядания*; *напр.*: Das Halblicht und der Duft leicht angewelkter Blumen... verursachten ihr Beklemmungen (*Weiskopf, »Abschied vom Frieden«*) От аромата вянущих цветов и полумрака... у нее сжималось сердце. **abwelken** *редко* увядать *подчеркивает постепенность завершения процесса увядания* ⟨*чаще в Part. II*⟩; *напр.*: es duftet nach abwelkendem Flieder пахнет увядающей сиренью; die abgewelkten Blüten abschneiden срезать увядшие цветы; die abgewelkten Topfpflanzen wegwerfen выбросить завядшие цветы в горшках. **verwelken** (за)вянуть, (по)блекнуть больше подчеркивает процесс увядания; *напр.*: die Blumen verwelken schon цветы уже вянут [блекнут] ◻ Neben kaum entfalteten Knospen gab es schon verwelkende Blüten (*Weiskopf, »Abschied vom Frieden«*) Рядом с полураскрывшимися бутонами были уже увядающие цветы. ...während

Flieder und Tulpen leider auch bei bester Pflege bereits nach einer Woche verwelken (»*Haushalt*«) ...в то время как сирень и тюльпаны при самом лучшем уходе уже через неделю увядают. Jetzt, wo sie verwelkt, zerfetzt | Und verklatscht von Wind und Regen... (Heine, »*Alte Rose*«) А теперь, когда она | Отцвела и облетела... (*Перевод Костомарова*). **verblühen** отцветая, увядать (*о цветах*); *напр.*: die Rosen sind schon verblüht розы уже отцвели и увяли; diese Blumen verblühen schnell эти цветы увядают [отцветают] быстро

Welle [1] волна
die Welle — die Woge

Welle *индифф. синоним*; *напр.*: hohe, schäumende Wellen высокие, пенящиеся волны; eine Welle warf das Boot um волна опрокинула лодку; die Wellen gehen hoch, rollen, schlagen [klatschen] ans Ufer, branden gegen die Küste волны вздымаются, катятся, ударяются о берег, разбиваются (с шумом) о берег; das Boot schaukelt auf den Wellen лодка раскачивается на волнах □ Es wütet der Sturm, | Und er peitscht die Wellen... (Heine, »*Sturm*«) Беснуется буря, | Бичует волны... (*Перевод Левика*). Wir konnten uns von dem Schauspiel der heranrollenden Wellen nicht losreißen (Renn, »*Zu Fuß zum Orient*«) Мы не могли оторваться от зрелища набегающих волн. **Woge** вал, океанская волна; *высок. тж.* ≅ Welle; *напр.*: stürmische, bewegte Wogen бушующие, перекатывающиеся волны; in den Wogen verschwinden исчезнуть в волнах; die Wogen schlugen über dem Schiff zusammen волны сомкнулись над кораблем □ Die Wogen murmeln, die Möwen schrillen, | Alte Erinnerungen wehen mich an... (Heine, »*Der Schiffbrüchige*«) Волна шумит, морская птица стонет, | Минувшее повеяло мне в душу... (*Перевод Ф. И. Тютчева*). Zuweilen brauste eine rasche Woge daher, schleuderte das Boot in die Höhe und überschüttete uns mit Spritzwasser... (Kellermann, »*Das Meer*«) Временами стремительно набегала быстрая волна, подбрасывала лодку вверх и обдавала нас брызгами воды...

Welle [2]: in den Wellen verschwinden *см.* sinken [1]

wellig *см.* lockig

Welt: zur Welt bringen *см.* gebären; ein Mann von Welt *см.* Gentleman; das Licht der Welt erblicken *см.* geboren sein

weltbekannt *см.* bekannt [1]
weltberühmt *см.* bekannt [1]
weltentrückt *см.* unpraktisch
weltfremd *см.* unpraktisch
weltgewandt *см.* gewandt [1]
weltklug *см.* erfahren II
weltläufig *см.* gewandt [1]
weltlich *см.* irdisch [1]
Weltmann *см.* Gentleman

weltmännisch *см.* gewandt [1]
Weltruf *см.* Ruhm
Weltruhm *см.* Ruhm
Wende *см.* Änderung
wenden переворачивать (на другую сторону)

wenden — kehren — umdrehen

wenden *индифф. синоним*; *напр.*: den Braten wenden переворачивать жаркое; Heu wenden переворачивать [ворошить] сено; die Seiten wenden переворачивать страницы; einen Mantel, den Kragen wenden перелицевать пальто, воротник □ Die Anzüge waren gewendet worden (Noll, »*Werner Holt*«) Костюмы были перелицованы. **kehren** поворачивать; *напр.*: das Gesicht gegen die [zur] Sonne kehren повернуть лицо к солнцу; j-m den Rücken kehren повернуться к кому-л. спиной; die Innenseite nach außen kehren вывернуть наизнанку. **umdrehen** переворачивать что-л. на другую сторону; *напр.*: die Koteletts in der Pfanne umdrehen переворачивать котлеты на сковородке; ein Geldstück, ein Blatt Papier umdrehen перевернуть монету, лист бумаги (другой стороной)

wenden, sich [1] обращаться к кому-л.
sich wenden — richten

sich wenden *индифф. синоним*; *напр.*: sich an einen Fachmann, an den Lehrer, an den Arzt wenden обращаться к специалисту, к учителю, к врачу; sich mit einer Bitte, mit einem Vorschlag, mit einer Frage an j-n wenden обращаться к кому-л. с просьбой, с предложением, с вопросом; sich schriftlich, mündlich an j-n, an eine Institution wenden обращаться к кому-л., в какое-л. учреждение в письменной, в устной форме □ Abermals wendet er sich an seine Gönnerin Elisabeth... (St. Zweig, »*Maria Stuart*«) И снова обращается он к своей заступнице Елизавете... **richten** ≅ sich wenden, *но предполагает, что кто-л. официально направляет, адресует кому-л. запрос, обращение и т. п.*; *напр.*: eine Frage, eine Bitte, eine Klage, eine Mahnung, ein Gesuch an j-n richten обращаться к кому-л. с вопросом, с просьбой, с жалобой, с напоминанием, с прошением; der Direktor richtete eine Ansprache an die Betriebsangehörigen директор обратился к служащим предприятия с речью [с обращением]

wenden, sich [2] поворачиваться
sich wenden — sich umdrehen — sich umwenden

sich wenden *индифф. синоним*; *напр.*: sich zur Tür wenden повернуться к двери; sich hierhin und dorthin wenden поворачиваться туда и сюда; wenden Sie sich nach rechts повернитесь направо; er wandte sich und ging davon он повернулся и пошел прочь □ Die Schultern hochziehend, steckte sie das Geldstück ein und wandte sich zum Gehen (Weiskopf, »*Lissy*«) Пожав плечами, она сунула монету в кошелек и направилась к выходу.

Holt wandte sich zur Tür, er faßte schon die Klinke (Noll, »*Werner Holt*«) Хольт направился к двери, он уже взялся за ручку. **sich umdrehen** оборачиваться; *напр.*: er drehte sich zu mir um он повернулся ко мне (лицом); als sie sich umdrehte, erkannte ich sie когда она обернулась, я узнал ее; er drehte sich nicht mehr um он больше не оборачивался □ Sie ging vor sich hin, lächelnd, fast tänzelnd, so in sich selber, daß die Leute sich nach ihr umdrehten... (Feuchtwanger, »*Erfolg*«) Она шла, улыбаясь, легкой танцующей походкой, настолько уйдя в себя, что люди оборачивались ей вслед... Das Mädchen wartete in der Diele, abseits beim Kücheneingang. Holt drehte sich zu ihr um (Noll, »*Werner Holt*«) Девушка ждала в глубине холла, у входа в кухню. Хольт повернулся к ней. **sich umwenden** ≅ sich wenden, *но подчеркивает, что кто-л. поворачивается всем корпусом*; *напр.*: ich wende mich um und sehe... я поворачиваюсь и вижу... □ Holt stand eine Weile bewegungslos auf dem stillen Korridor, bis in seinem Rücken eine Tür geöffnet wurde. Er wandte sich um (Noll, »*Werner Holt*«) Хольт постоял некоторое время, не двигаясь, в тишине пустынного коридора и вдруг услышал, как позади открылась дверь. Он обернулся. Dann warf er, ohne sich umzuwenden, mit einem Fußtritt die Tür hinter sich zu (ebenda) Затем, не оборачиваясь, ногой захлопнул дверь. Fromeyer hatte sich umgewandt und den Kopf tief zwischen die Schultern gezogen (Weiskopf, »*Lissy*«) Фромайер отвернулся и втянул голову в плечи

wenden, sich [3] *см.* ändern, sich
Wendung *см.* Änderung
wenig мало (*в небольшом количестве*)

wenig — spottwenig — blutwenig — mordswenig

wenig *индифф. синоним*; *напр.*: auf den Straßen waren wenig Menschen на улицах было мало народу; im Garten gab es noch wenig Blumen в саду было еще мало цветов; warum gibst du mir so wenig? почему ты даешь мне так мало?; das ist bestimmt zu wenig этого, наверняка, слишком мало; das ist aber wenig, was du da geleistet hast но этого мало, что ты тут сделал [успел сделать]. **spottwenig** *разг.* смехотворно, ничтожно мало; *напр.*: □ Gelegenheitsarbeit gab es hier nie, und wenn es welche gab, brachte sie spottwenig ein (Weiskopf, »*Lissy*«) Случайной работы почти не было, а если что-нибудь и попадалось, то заработок от этой работы был ничтожный. **blutwenig** *разг.* (чрезвычайно) мало; von etw. blutwenig verstehen понимать в чем-л. очень мало; sich blutwenig um etw. kümmern чрезвычайно мало о чем-л. беспокоиться; sie hatte blutwenig ge-

lernt она очень мало училась; sie hatte blutwenig geleistet она очень мало сделала, она достигла малого. **mordswenig** *разг. пренебр. редко* ≅ **blutwenig**; *напр.*: das kümmert mich mordswenig это меня очень мало беспокоит
wenn если
wenn — falls
wenn *индифф. синоним*; *напр.*: wenn du Zeit hast, komm heute abend zu mir если у тебя есть [будет] время, приходи ко мне сегодня вечером; wenn er Zeit hat, liest er viel если у него есть время, он много читает □ Und wenn er kein Glück hatte, oder wenn sich etwas Besseres bot, konnte er die Geschichte ja einfach sausen lassen! (*Weiskopf*, »*Lissy*«) А если ему не повезет или подвернется что-нибудь лучшее, он может бросить все это! **falls** (в случае) если *употр. несколько реже, чем* wenn; *напр.*: falls ich beschäftigt bin, rufe ich Sie an если я буду занят, я вам позвоню
wenn auch *см.* **obgleich**
wenngleich *см.* **obgleich**
wennschon *см.* **obgleich**
werben добиваться чьей-л. руки
werben — anhalten
werben *индифф. синоним*; *напр.*: um ein Mädchen werben добиваться благосклонности девушки, свататься к девушке; er wirbt für seinen Sohn um meine Tochter он сватает мою дочь за своего сына (*в старом быту*) □ ...so beschließt Heinrich VIII. von England, für seinen unmündigen Sohn und Erben Eduard eiligst um diese kostbare Braut zu werben (*St. Zweig*, »*Maria Stuart*«) ...Генрих VIII Английский решает спешно добиваться этой драгоценной невесты для своего малолетнего сына и наследника Эдуарда. **anhalten** *высок.* просить руки; *напр.*: um die Hand der Tochter anhalten просить руки дочери
Werber *см.* **Verlobter**
werden[1] *см.* **entstehen**
werden[2]: alle werden *см.* **schwinden**[1]; fahnenflüchtig werden *см.* **fliehen**[1]; Mitglied werden *см.* **beitreten**[1]
werfen[1] бросать
werfen — hinwerfen — schleudern — schmettern — schnellen — schmeißen — hinschmeißen — zuwerfen
werfen *индифф. синоним*; *напр.*: einen Stein, den Ball, eine Handgranate werfen бросать камень, мяч, гранату; den Brief auf den Boden werfen бросить письмо на пол; Anker werfen бросать якорь; der Ringer warf plötzlich seinen Gegner zu Boden борец неожиданно бросил своего противника на ковер □ Und Lissy wollte das zerknitterte Papier gerade in den Mülleimer werfen... (*Weiskopf*, »*Lissy*«) И Лисси собиралась уже бросить измятую бумагу в мусорное ведро... Sie schälte sich aus dem Lammpelz und warf ihn achtlos über eine Stuhllehne (*Noll*, »*Werner Holt*«) Сбросив барашковую шубу, она небрежно кинула

ее на спинку стула. Holt warf das Buch auf den Tisch (*ebenda*) Хольт швырнул книжку на стол. **hinwerfen** ≅ werfen *больше подчеркивает направление броска*; *напр.*: seine Sachen, das Buch hinwerfen бросать свои вещи, книгу (*туда*); er hat dem Hund einen Brocken hingeworfen он бросил собаке кусок. **schleudern** бросать с размаху, с силой швырять; *напр.*: einen Ball schleudern с силой бросить мяч; eine Flasche über Bord schleudern швырять бутылку за борт; er hat den Diskus 50 m weit geschleudert он метнул диск на пятьдесят метров; er schleuderte das Buch auf den Tisch он (*раздраженно*) швырнул книгу на стол □ ...nahm er die leere Kongnakflasche und schleuderte sie nach der Nachttischlampe (*Noll*, »*Werner Holt*«) ...схватил пустую коньячную бутылку и швырнул ее в ночник. **schmettern** ≅ **schleudern**, *но употр. с указанием места, направления броска как с объектом-предметом, так и объектом-лицом; больше подчеркивает силу удара чего-л. обо что-л., сопровождающегося резким звуком*; *напр.*: ein Glas an die Wand, das Buch auf den Tisch schmettern швырнуть стакан в стену, книгу на стол; j-n zu Boden schmettern швырнуть кого-л. на землю; der Fahrer wurde gegen den Pfeiler geschmettert водителя швырнуло на столб; er konnte beim Tischtennis großartig schmettern у него был отличный удар при игре в настольный теннис □ Dann drückte sie auf die Klingel, wartete, bis der Schritt des Stubenmädchens hörbar wurde und schmetterte die Untertasse mit schrillem Aufweinen zu Boden (*Weiskopf*, »*Abschied vom Frieden*«) Она нажала кнопку звонка, подождала и, когда услышала шаги горничной, взвизгнув в истерике, швырнула блюдечко на пол. **schnellen** с силой бросать, подкидывать, отбрасывать *подчеркивает, что что-л. приводится в быстрое движение в направлении от бросающего*; *напр.*: einen Stein zur Seite schnellen отбрасывать камень в сторону; beim Angeln die Schnur mit dem Köder ins Wasser schnellen забрасывать леску с наживкой в воду; er schnellte den Tischtennisball zurück (*сильным ударом*) отбил мячик (*играя в настольный теннис*) □ Heinrich Lavendel hörte auf, die Beine zu schnellen, schaute ringsum... (*Feuchtwanger*, »*Oppermann*«) Генрих Лавендель перестал подбрасывать то одну, то другую ногу, посмотрел вокруг... **schmeißen** *разг.* ≅ werfen, *но употр. с указанием места, направления броска*; *напр.*: einen Stein ins Wasser, ein Glas an die Wand schmeißen кинуть камень в воду, стакан об стену; der Mörder schmiß die Waffe in einen Teich убийца забросил оружие в пруд. **hinschmeißen** *разг.* ≅ **hinwerfen**; *напр.*: er hat das Buch hingeschmissen он

бросил книгу (*туда*). **zuwerfen** (*j-m*) *разг.* бросать кому-л.; *напр.*: er hat ihm den Ball zugeworfen он бросил ему мяч
werfen[2]: in den Kerker [ins Gefängnis] werfen *см.* **festsetzen**[1]
Werk *см.* **Arbeit**[1]/**Fabrik**
werken *см.* **arbeiten**[1]
Werkzeug *см.* **Instrument**
wert *см.* **teuer**[3]
Wert *см.* **Preis**[1]/**Wichtigkeit**
werten *см.* **schätzen**[1]
wertlos *см.* **minderwertig**[1]
wertvoll *см.* **teuer**[2]
Wesen[1] суть, сущность, существо
das Wesen — der Kern
Wesen *индифф. синоним*; *напр.*: das Wesen der Frage, des Problems, der Sache суть вопроса, проблемы, дела; das Wesen der Dinge суть вещей; seinem innersten Wesen nach по самой своей сущности; das gehört zum Wesen der sozialistischen Demokratie это свойственно самому существу социалистической демократии. **Kern** ≅ Wesen, *но еще больше подчеркивает самое главное, важное, внутреннее содержание чего-л.*; *напр.*: der wesentliche, wahre, eigentliche Kern einer Angelegenheit главная, подлинная, истинная суть дела; der Kern einer Sache, einer Frage, eines Problems зерно [сердцевина] дела, суть вопроса, ядро проблемы; den Kern genau treffen попасть в точку; etw. bis auf den Kern bloßlegen раскрыть до конца подлинный смысл чего-л.
Wesen[2] *см.* **Natur**
Wesensart *см.* **Natur**
wesentlich *см.* **wichtig**[1]
Weste жилет
die Weste — das Gilet
Weste *индифф. синоним*; *напр.*: eine weiße, bunte, seidene, warme Weste tragen носить белый, пестрый, шелковый, теплый жилет; die Weste ausziehen, zuknöpfen снять, застегнуть жилет. **Gilet** [ʒiˈleː] *австр., швейц. устаревает* = Weste; *напр.*: ein modisches Gilet модный жилет
Westen Запад, страны Запада
der Westen — der Okzident — das Abendland
Westen *индифф. синоним*; *напр.*: die Kultur, die Literatur, die Politik des Westens культура, литература, политика Запада; im Westen на Западе □ Die Männer des Westens kämpften für alle Rechtlosen gegen die Privilegierten... (*Feuchtwanger*, »*Die Füchse*«) Люди на Западе боролись за всех бесправных против привилегированных. **Okzident** *высок.* ≅ Westen; *напр.*: im Okzident в западных странах, на Западе. **Abendland** *поэт.* ≅ Westen *употр. тк. по отношению к странам Европы*; *напр.*: die Kultur des Abendlandes культура Запада [европейских народов]; das Schicksal des Abendlandes судьба Европы □ Córdova, die Residenz des westlichen Kalifen, galt als die Hauptstadt des ge-

samten Abendlandes (*Feuchtwanger*, »*Die Jüdin von Toledo*«) Кордова, резиденция испанского халифа, была признанной столицей западного мира. Seine Schiffe waren im Bau von denen des Abendlandes nicht unterschieden (*Br. Frank*, »*Cervantes*«) Его корабли строением не отличались от западных
Wettbewerb соревнование, состязание
der **Wettbewerb** — der **Wettkampf** — der **Wettstreit** — die **Konkurrenz** — das **Wettspiel**

Wettbewerb *индифф. синоним*; *напр*.: sozialistischer Wettbewerb социалистическое соревнование; der Wettbewerb um das beste Ergebnis соревнование на лучший результат; der Wettbewerb der Sänger состязание певцов; den [zum] Wettbewerb antreten вступить в соревнование; den Wettbewerb verlieren проиграть соревнование; (sportliche) Wettbewerbe austragen проводить (спортивные) состязания; unter den Firmen herrscht ein harter Wettbewerb среди фирм царит жестокая конкуренция ◻ ...und erzählte er, Alazar, habe sich für den Wettbewerb im Armbrustschießen gemeldet (*Feuchtwanger*, »*Die Jüdin von Toledo*«) ...и рассказал, что он, Алацар, вызвался участвовать в состязаниях по стрельбе из арбалета. Am Sonnabend waren die Preise beim internationalen Wettbewerb für Kinderopern 1980 vergeben worden (*ND 9.6.80*) В субботу были вручены премии международного конкурса детских опер 1980 года. Künstlerischer Wettbewerb zum X. Parteitag (*ND 19.6.80*) Соревнование деятелей искусства в честь X съезда партии. **Wettkampf** ≅ Wettbewerb, *но употр. преимущественно по отношению к спортивным состязаниям*; *напр*.: sportliche Wettkämpfe austragen проводить спортивные соревнования; Wettkämpfe ausschreiben назначать соревнования; wo werden die Wettkämpfe stattfinden? где будут проходить соревнования?; wann fängt der Wettkampf an? когда начинается матч?; der Wettkampf endete unentschieden встреча кончилась вничью. **Wettstreit** ≅ Wettkampf, *но больше подчеркивает дружеский характер состязания*; *напр*.: es gab bei diesem Spiel einen lebhaften Wettstreit zwischen den Kindern во время игры дети оживленно состязались между собой; ein edler Wettstreit entbrannte zwischen den Wissenschaftlern между учеными разгорелась благородная борьба. **Konkurrenz** a) ≅ Wettbewerb, *но чаще о спортивных состязаниях*; *напр*.: die vorolympischen Konkurrenzen unserer Schwimmer предолимпийские соревнования наших пловцов; eine internationale Konkurrenz der Schlagersänger международный конкурс исполнителей шлягеров; der Läufer war so gut in Form, daß er in mehreren Konkurrenzen nacheinander startete бегун был в такой хорошей форме, что стартовал в нескольких забегах подряд ◻ Zwei Minuten vor dem Ende der Konkurrenz holte sie sich das Silber mit dem neuen DDR-Rekord von 7,04 m zurück! (*ND 20.8.80*) За две минуты до окончания соревнований она (*Бригитта Вуяк*) вернула себе серебро с новым рекордом ГДР — 7,04 м!; b) *тк. ед.* (капиталистическая) конкуренция; die steigende Konkurrenz der Monopole усиливающаяся конкуренция монополий. **Wettspiel** ≅ Wettkampf, *но подчеркивает, что состязания проводятся для развлечения, увеселения кого-л.*; *напр*.: ◻ Auch ein Wettspiel im Armbrustschießen sollte stattfinden (*Feuchtwanger*, »*Die Jüdin von Toledo*«) Должны были состояться и состязания в стрельбе из арбалета

Wettbewerber *см.* Rivale
wetteifern соперничать, соревноваться
wetteifern — **wettkämpfen**

wetteifern *индифф. синоним*; *напр*.: sie wetteiferten miteinander um den ersten, um den besten Platz они соревновались друг с другом за первое, за лучшее место; die beiden Hotels wetteiferten um die Gunst der Touristen оба отеля соперничали в привлечении большего числа туристов ◻ Kaum wird das Kind zum Mädchen, zur Frau, so wetteifern bereits alle Dichter, ihre Schönheit zu preisen (*St. Zweig*, »*Maria Stuart*«) Едва ребенок стал девушкой, женщиной, как поэты наперебой спешат воспеть ее красоту. Guter Name | Ist das kostbare, einz'ge Gut, um welches | Die Königin mit einem Bürgerweibe | Wetteifern muß (*Schiller*, »*Don Carlos*«) Чем, как не добрым именем своим, | Соперничать возможно королеве | С обыкновенной смертной? (*Перевод Левика*). **wettkämpfen** редко состязаться (*б. ч. о спортивных состязаниях*) ⟨*тк. в Inf.*⟩; *напр*.: wir wollen miteinander wettkämpfen мы хотим помериться силами друг с другом

Wetter погода
das **Wetter** — die **Witterung**

Wetter *индифф. синоним*; *напр*.: schönes, gutes, schlechtes, warmes, nasses Wetter прекрасная, хорошая, плохая, теплая, (очень) сырая погода; das Wetter vorhersagen предсказывать погоду; das Wetter wurde unbeständig погода стала неустойчивой; das Wetter hatte sich verschlechtert, gebessert, wird sich ändern погода ухудшилась, улучшилась, изменится ◻ Es war das angenehmste Wetter, prachtvoll zu fahren (*Feuchtwanger*, »*Erfolg*«) Погода была чудесная, самая приятная для езды. **Witterung** состояние погоды, погода; *напр*.: eine kühle, warme, veränderliche, angenehme, feuchte Witterung прохладная, теплая, изменчивая, приятная, сырая погода; die Witterung schlägt um погода меняется; das hängt von der Witterung ab это зависит от погоды ◻ Diese vielberedeten, verhängnisvollen, in ihren Motiven nicht recht aufgeklärten Wanderungen, bei denen alle die Wandernden durch ungünstige Witterung, durch Pest... zu Tode kommen, beschäftigten ihn sehr (*Feuchtwanger*, »*Erfolg*«) Эти вызывавшие столько разговоров, возникавшие по неразгаданным причинам роковые странствия, все участники которых погибали под влиянием неблагоприятной погоды или чумы... очень занимали его. Unbeschwert dann, jugendhaft lustig, gab er sich allen Eindrücken hin, jubelnd über jede Freundlichkeit der Witterung, tief gekränkt über jedes zu primitive Wirtshaus (*ebenda*) Беззаботный, юношески веселый, отдавался он всем впечатлениям, бурно восторгаясь благоприятной погодой и глубоко огорчаясь недостатками каждой чересчур примитивной гостиницы

wettern *см.* schimpfen[1]
wetterwendisch *см.* launenhaft/unbeständig
Wettkampf *см.* Wettbewerb
wettkämpfen *см.* wetteifern
wettmachen *см.* belohnen
Wettspiel *см.* Wettbewerb
Wettstreit *см.* Wettbewerb
wetzen *см.* laufen[1]
Wichtelmann *см.* Zwerg
Wichtelmännchen *см.* Zwerg
Wichtelmännlein *см.* Zwerg
wichtig[1] важный (*имеющий большое значение*)
wichtig — **wesentlich** — **bedeutsam** — **bedeutungsvoll** — **gewichtig** — **grundlegend** — **inhaltsvoll** — **belangvoll** — **belangreich**

wichtig *индифф. синоним*; *напр*.: wichtige Staatspapiere, Gründe, Beschlüsse, Neuigkeiten, Gesetze, Veränderungen важные государственные бумаги, причины, решения, новости, законы, изменения; ein wichtiger Posten важный пост; eine wichtige Person важное лицо; das ist sehr wichtig für mich это очень важно для меня; und was mir besonders wichtig erscheint... и что мне кажется особенно важным... ◻ Ohne seine Mahnung hätten sie wahrhaftig den wichtigen Brief vergessen (*Feuchtwanger*, »*Die Füchse*«) Без его напоминания они действительно забыли бы важное письмо. **wesentlich** существенный; *напр*.: ein wesentlicher Unterschied, Verlust, Grund существенная разница, потеря, причина; eine wesentliche Änderung существенное изменение; eine wesentliche Aufgabe важная задача; ein wesentliches Merkmal существенный [важный] признак; im wesentlichen по существу; die Lage hat sich wesentlich geändert положение существенным образом изменилось ◻ Die Tatsache, daß der erste Weltkrieg unmenschlich gewesen war, hatte den zweiten nicht verhindern können und war also gar nicht wesentlich. Wesentlich war doch allein die Frage, wer Schuld daran trug! (Noll, »Werner Holt«) Ведь то, что первая мировая война была бесчеловечной, не помешало разгореться второй, значит, суть вовсе не в этом. Суть в другом: кто в ней повинен! **bedeutsam** значительный *подчеркивает важные последствия, важную роль чего-л. для будущего, перспективность чего-л.*; *напр.*: eine bedeutsame Konferenz значительная по своей важности конференция; eine für die Wissenschaft bedeutsame Entdeckung открытие, имеющее важное значение для (развития) науки; ein bedeutsames Interview важное интервью □ »So ist es recht!« rief Blohm. »Diese bedeutsame Frage muß radikal gestellt werden, das ist ihr Vorrecht, denn Sie sind jung« (Noll, »Werner Holt«) «Правильно! — воскликнул Блом. — Этот кардинальный вопрос нужно ставить радикально, это ваша привилегия, вы молоды«. Die Märztage, die Renate in Hamburg verbringt, sind auch für Karl Vischer aufregende, bedeutsame Tage (Bredel, »Dein unbekannter Bruder«) Мартовские дни, которые Рената проводит в Гамбурге, оказываются и для Карла Фишера волнующими, значительными днями. **bedeutungsvoll** исполненный значения, знаменательный; *напр.*: ein bedeutungsvolles Ereignis знаменательное событие; das war für mich ein bedeutungsvoller Tag для меня это был знаменательный день □ Sie legte eine bedeutungsvolle Pause ein (Noll, »Werner Holt«) Она выдержала многозначительную паузу. **gewichtig** веский, важный; *напр.*: gewichtige Angelegenheiten, Mitteilungen, Entscheidungen важные дела, сообщения, решения; gewichtige Gründe веские причины; diese Frage ist viel gewichtiger этот вопрос намного важней □ Ein Versprechen einem ganzen Königreich gegenüber sei gewichtiger als ein Versprechen einem einzelnen gegenüber (Feuchtwanger, »Die Füchse«) Обещание целому королевству является более важным, чем обещание, данное отдельному человеку (*продолжал он*). **grundlegend** очень важный, основополагающий; коренной; *напр.*: ein grundlegender Unterschied коренное [очень важное] различие; eine grundlegende Voraussetzung существенная предпосылка; er hat darüber eine grundlegende Arbeit geschrieben он написал об этом фундаментальную работу; die Verhältnisse haben sich inzwischen grundlegend geändert условия, между тем, изменились коренным образом. **inhaltsschwer** важный по своему содержанию, содержательный; *напр.*: eine inhaltsschwere Nachricht важное сообщение. **belangvoll, belangreich** *высок.* немаловажный, имеющий (серьезное) значение; *напр.*: eine belangvolle Tatsache, Nachricht значительный факт, важное сообщение; ein äußerst belangvolles Ereignis весьма значительное событие; das ist sehr belangvoll für die weitere Entwicklung der Wissenschaft, der Kunst, der Wirtschaft это очень важно для дальнейшего развития науки, искусства, экономики

wichtig ²: sich wichtig machen, (sich) wichtig tun *см.* prahlen

Wichtigkeit важность

die Wichtigkeit — die Tragweite — der Wert — die Bedeutung

Wichtigkeit *индифф. синоним*; *напр.*: die Wichtigkeit der Frage, der Lösung, der Aufgabe важность вопроса, решения, задачи; eine Nachricht von großer Wichtigkeit сообщение большой важности; einer Sache eine besondere Wichtigkeit beimessen придавать чему-л. особое значение; ich sehe nicht, daß dies für irgendeinen Menschen von Wichtigkeit ist я не вижу [не нахожу], что это для кого-нибудь важно. **Tragweite** ≅ Wichtigkeit, *но больше подчеркивает значимость чего-л. с точки зрения последствий*; *напр.*: ein Ereignis von großer Tragweite событие большой важности; die Tragweite des Problems важность проблемы; ein Umstand von nicht geringer Tragweite немаловажное обстоятельство; er war sich der Tragweite seines Entschlusses nicht bewußt он не сознавал всей важности своего решения □ Er wußte Bescheid: daß sich Kommunisten und Sozialdemokraten vereinigten, das war ein Ereignis von Bedeutung, von geschichtlicher Tragweite (Noll, »Werner Holt«) Он знал: то, что коммунисты и социал-демократы объединились, было действительно большим событием — событием исторического значения. **Wert** ценность; *напр.*: ein großer, wissenschaftlicher Wert большая, научная ценность; der künstlerische Wert des Bildes художественная ценность картины; das hat keinen praktischen Wert это не имеет никакой практической ценности; der Wert dieser Entdeckung wurde erst später erkannt ценность этого открытия была осознана только позднее; der Wert des Abkommens liegt darin, daß... значение соглашения в том, что... **Bedeutung** значение, значимость; *напр.*: große, besondere, politische, geschichtliche Bedeutung haben иметь большое, особое, политическое, историческое значение; von weitreichender, entscheidender Bedeutung sein иметь выдающееся (по масштабности), решающее значение

Wichtigtuer *см.* Prahler

wickeln *см.* packen¹

wickeln, sich заворачиваться

sich wickeln — sich einwickeln — sich hüllen — sich einhüllen

sich wickeln *индифф. синоним*; *напр.*: sich in eine Zeltbahn wickeln завернуться в плащ-палатку; sich in seinen Mantel wickeln завернуться [закутаться] в пальто; als er zu frieren begann, wickelte er sich (fest) in seine Decke когда он стал мерзнуть, он (поплотней) завернулся в одеяло. **sich einwickeln** ≅ sich wickeln (*но может употр. без дополнения*); *напр.*: wickeln Sie sich in das Tuch ein закутайтесь платком; Sie müssen sich ordentlich einwickeln, es ist kalt вам надо хорошо закутаться, холодно. **sich hüllen** *высок.* кутаться, укутываться; *напр.*: er hat sich in eine Decke gehüllt он закутался в одеяло; sie hat sich in den wollenen Schal gehüllt она укуталась шерстяной шалью; das Mädchen hüllt sich in einen Pelz, in ein Tuch, in einen Umhang девочка кутается в шубу, в платок, в плащ □ Ginstermann hüllte sich dichter in den Mantel... (Kellermann, »Jester und Li«) Гинстерман закутался поплотнее в пальто... **sich einhüllen** ≅ sich hüllen (*но может употр. без дополнения*); *напр.*: er hüllte sich in eine Decke, in seinen Mantel ein он закутался в одеяло, в пальто; hülle dich gut ein! Es weht ein scharfer Wind! закутайся хорошо! Дует резкий ветер!

widerborstig *см.* eigensinnig

widerfahren *см.* geschehen

Widerhall отзвук, отклик *прям. и перен.*

der Widerhall — das Echo

Widerhall *индифф. синоним*; *напр.*: man hörte den Widerhall seiner Schritte in dem Gewölbe отзвук его шагов был слышен под сводами; seine Liebe fand keinen Widerhall его любовь не нашла отклика □ König! König nur | Und wieder König!—Keine beßre | Antwort | Als leeren, hohlen Widerhall? (Schiller, »Don Carlos«) Король, король, в несчетный раз король! | Бессмысленное эхо — ваш ответ (*Перевод Левика*). **Echo** эхо; *напр.*: ein starkes, schwaches, mehrfaches Echo громкое, слабое, многократное эхо; seine Vorschläge fanden ein starkes Echo его предложения нашли большой резонанс

widerlegen опровергать

widerlegen — widerrufen — dementieren

widerlegen *индифф. синоним*; *напр.*: eine Ansicht, eine Hypothese, einen Irrtum widerlegen опровергнуть мнение, гипотезу, заблуждение; es war nicht schwer, seine Behauptung zu widerlegen было нетрудно опровергнуть его утверждение □ Es drängte ihn, Kaspar Pröckls Argumente mit immer neuen Argumenten zu widerlegen (Feuchtwanger, »Erfolg«) Он стремился все новыми и новыми аргументами опровергнуть доводы Каспара Прекля. **widerrufen** отказываться (*от сказанного*), взять обратно (*свои слова*); аннулировать; *напр.*: der Angeklagte hat sein Geständnis widerrufen обвиняемый отказался от своих пока-

заний, в которых признавал себя виновным □ Man erwartet, daß Herr Galilei um fünf Uhr in einer Sitzung der Inquisition widerrufen wird (Brecht, »Das Leben des Galilei«) Ожидается, что в пять часов господин Галилей выступит на заседании инквизиции с отречением. Jetzt war Geyer gekommen als bayrischer Anwalt des Triebschener... den Klenk zu bitten, die Entscheidung seines Vorgängers zu widerrufen (Feuchtwanger, »Erfolg«) И вот теперь Гейер, баварский защитник Трибшенера, явился к Кленку, чтобы... просить министра отменить решение своего предшественника. Jetzt wußte er, daß es keine Umkehr für ihn gab, daß er auf den Kehricht gehörte, wenn er seine Entscheidung jemals widerrief (Noll, »Werner Holt«) Теперь он знал: возврата для него нет, его надо выбросить на свалку, если он когда-либо отречется от своего решения. **dementieren** книжн. (официально) опровергать; напр.: eine Nachricht, eine Behauptung, Gerüchte, Lügenmeldungen dementieren опровергать сообщение, утверждение, слухи, лживые сообщения □ Aber im Interesse der Vereinigten Staaten, der Tugend und der Freiheit wäre es wünschenswert, wenn Doktor Franklin die bösen Gerüchte an Hand von Tatsachen dementierte (Feuchtwanger, »Die Füchse«) Но в интересах Соединенных Штатов, добродетели и свободы было бы желательно, чтобы доктор Франклин опроверг эти злобные слухи какими-либо конкретными фактами. **Widerlegung** опровержение **die Widerlegung — der Widerruf — das Dementi**
Widerlegung индифф. синоним; напр.: die Widerlegung einer Ansicht, einer Behauptung, eines Irrtums, einer Hypothese, seiner Einwände опровержение мнения, утверждения, заблуждения, гипотезы, его возражений. **Widerruf** опровержение (собственных утверждений); напр.: der Widerruf einer falschen Behauptung опровержение (прежнего) неправильного утверждения; die Zeitung hat einen Widerruf gebracht газета дала опровержение □ ...und Wagnière war gewiß, Voltaire war zu großen Opfern bereit, auch zu einem Widerruf all seiner Prinzipien, wenn er nur dadurch seinen Leichnam vor Verunglimpfung würde schützen können (Feuchtwanger, »Die Füchse«) ...и Ваньер знал твердо: Вольтер готов пойти на большие жертвы, вплоть до отказа от всех своих принципов, если только это может спасти его тело от поругания. **Dementi** книжн. (официальное) опровержение; напр.: ein Dementi bringen опровергать, давать опровержение; die Regierung veröffentlichte ein Dementi правительство опубликовало опровержение; das Dementi der Meldung blieb aus опровержения сообщения не последовало; das Dementi der Meldung folgte bereits in der nächsten Ausgabe der Zeitung опровержение сообщения было дано уже в следующем номере газеты

widerlich отвратительный, противный

widerlich — widerwärtig — widrig — widerwillig — zuwider — es widerstrebt

widerlich индифф. синоним; напр.: ein widerlicher Geruch, Anblick отвратительный запах, вид; eine widerliche Fratze отвратительная рожа; diese Insekten, die Ratten sind widerlich эти насекомые, крысы отвратительны; er, sein Benehmen ist mir widerlich он мне противен, его поведение мне противно □ Und Amyas Poulet, dieser trockene, nüchterne und in seiner penetranten Anständigkeit nur noch widerlichere Beamte, nützt sofort den Anlaß, um die Verurteilte... zu beleidigen (St. Zweig, »Maria Stuart«) А черствый, рассудительный и внушающий еще большее омерзение своей въедливой добропорядочностью Эмиас Паулет пользуется этим для того, чтобы оскорбить осужденную на смерть... »Das waren wahrhaftig widerliche Burschen!« knurrte er wütend vor sich hin (Kellermann, »Totentanz«) «Какие гнусные твари!» — злобно буркнул он. Mir waren diese Art Lokale mit ihrer systematischen und alkoholischen Heiterkeit immer widerlich... (St. Zweig, »Der Brief einer Unbekannten«) Этого рода рестораны с их пьяным весельем, неизменно царившим там, были мне отвратительны... **widerwärtig** ≅ widerlich, но в большей степени подчеркивает, что что-л., кто-л. вызывает неприятное ощущение; напр.: widerwärtige Farbenzusammensetzungen, Töne отвратительный подбор цветов, отвратительные звуки; ein widerwärtiges Grinsen противная ухмылка; der schmutzige Raum bot einen widerwärtigen Anblick грязное помещение имело отвратительный вид; diese Affäre ist mir widerwärtig эта история мне противна; Ratten sind die widerwärtigsten Schädlinge крысы являются самыми отвратительными вредителями □ Er sagte: »Meine Tante ist ein widerwärtiges Ekel!« (Noll, »Werner Holt«) Он сказал: «Моя тетушка отвратительная ведьма!». Wenn der Wind zu uns herüberweht, bringt er den Blutdunst mit, der schwer und widerwärtig süßlich ist... (Remarque, »Im Westen«) Когда ветер дует в нашу сторону, он приносит с собой кровавый чад, густой и отвратительно сладковатый... **widrig** противный (адвербиально не употр.); напр.: der widrige Dunst von Fäulnis противный запах плесени; ein widriger Kerl противный тип; ich will nichts mit ihm zu tun haben, er ist mir einfach widrig я не хочу иметь с ним никакого дела, он мне просто противен □ Denn so widrig die Mittel sind, die er zur Vernichtung Maria Stuarts anwenden läßt, Cecil, der Staatsmann, dient immerhin einer Idee (St. Zweig, »Maria Stuart«) Сколь ни гнусны средства, к которым прибегает Сесил, чтобы погубить Марию Стюарт, он государственный деятель и, так или иначе, служит идее. Geschehen diese widrigen Praktiken ihrer Staatsräte mit ihrem Wissen und Willen? (ebenda) Совершают ли ее ближайшие советники свои подлые махинации с ее ведома и одобрения? **widerwillig** с большой неохотой; с отвращением, пересиливая себя (чаще адвербиально и как предикативное определение); напр.: sich widerwillig abwenden отвернуться с отвращением; j-s Benehmen widerwillig ertragen с трудом терпеть чье-л. поведение; er macht diese Arbeit nur widerwillig он исполняет эту работу с отвращением; er kam nur widerwillig mit он пришел (вместе с другими) с большой неохотой [, пересиливая себя] □ Frau Hofrat Beradt, mit der er wegen Regelung des schriftlichen und künstlerischen Nachlasses eine widerwillige Zusammenkunft hatte... (Feuchtwanger, »Erfolg«) Надворная советница Берадт, с которой ему пришлось иметь пренеприятную встречу по поводу художественного наследия и бумаг покойной... **zuwider** противный тк. в сочетании j-m zuwider sein (атрибутивно — редко, б. ч. ю.-нем.); напр.: er ist mir zuwider он мне неприятен [противен]; dieses Essen war ihm schon immer zuwider эта еда была всегда ему противна □ Das sanguinische, undisziplinierte Wesen des Krüger war ihm zuwider (Feuchtwanger, »Erfolg«) Сангвинический, недисциплинированный характер Крюгера был ему противен. Er dachte an seine Tochter, die Anni, und an ihr Gspusi mit dem zuwideren Kerl, dem Kaspar Pröckl (ebenda) Он думал о своей дочери Анни и ее шашнях с этим противным парнем, Каспаром Преклем. Ich gehe, ganz einfach, weil ihr mir alle entsetzlich zuwider seid (Noll, »Werner Holt«) Я ухожу просто потому, что все вы мне глубоко противны. **es widerstrebt** претит, противно подчеркивает внутреннее сопротивление чему-л. (обязательно с дополнением в Dat.); напр.: es widerstrebt mir, darüber zu sprechen мне неприятно [претит] говорить об этом

widernatürlich см. lasterhaft
widerrechtlich см. ungesetzlich
Widerrede см. Einwand
Widerruf см. Widerlegung
widerrufen см. abschaffen/widerlegen
Widersacher см. Feind/Teufel
Widerschein см. Glanz [1]
widersetzen, sich противиться, сопротивляться (не подчиняться кому-л., чему-л.)

sich widersetzen — sich sträuben — widerstreben — widerstehen — zuwiderhandeln — entgegenhandeln — sich (auf)bäumen

sich widersetzen *индифф. синоним;* напр.: sich j-m, dem Gesetz, diesem Entscheid widersetzen противиться кому-л., не подчиняться закону, противиться этому решению; sich seiner Meinung, seinem Vorschlag widersetzen не соглашаться с его мнением, с его предложением; ich habe nicht gewagt, mich zu widersetzen я не осмелился противиться; er widersetzte sich der Aufforderung, seinen Ausweis vorzuzeigen он отказался (выполнить требование) предъявить удостоверение личности ◻ Wäre die Sache eine Woche früher zur Sprache gekommen, so hätte sich wohl Franklin einem solchen Schritt widersetzt (*Feuchtwanger, »Die Füchse«*) Если бы об этом деле заговорили на неделю раньше, то Франклин, вероятно, воспротивился бы подобному шагу. **sich sträuben** противиться; упираться *разг.* (*обыкн. когда что-л. вызывает внутренний протест*); напр.: sich lange, heftig gegen etw. sträuben долго, упорно противиться чему-л.; er hat sich innerlich gegen diesen Plan gesträubt во внутренне противился этому плану; er sträubte sich dagegen mit Händen und Füßen он отбивался от этого руками и ногами ◻ Sie faßte ihn unter. Er machte einen leisen Versuch, sich zu sträuben, gab ihn jedoch gleich wieder auf (*Weiskopf, »Lissy«*) Она взяла его под руку. Он попробовал было упираться, но быстро сдался. Schneidereit hatte ein zündendes Referat vorgeschwebt, aber Gundel hatte sich dagegen gesträubt (*Noll, »Werner Holt«*) Шнайдерайту это вначале представлялось в виде зажигательной речи, но Гундель решительно воспротивилась. **widerstreben** (внутренне) сопротивляться чему-л., быть против чего-л. (*против того, что вызывает неприязненное чувство, противоречит вкусам, принципам кого-л.*) ⟨*обыкн. с дополнением в Dat.*⟩ (*Ср. тж. ряд* widerlich); напр.: es widerstrebte ihm, darüber zu sprechen он не хотел [ему претило] говорить об этом; er widerstrebte den Forderungen, die man an ihn stellte он противился требованиям, которые ему предъявляли; es widerstrebt mir мне это противно ◻ Vor allem aber widerstrebte Madame Denis, die fette Nichte, einer Rückkehr nach Ferney (*Feuchtwanger, »Die Füchse«*) Но прежде всего противилась возвращению в Ферни мадам Дени, жирная племянница. Die Herzogin bat Pierre in schmeichelhaften Worten, er möge doch aus seiner vielbesprochenen Komödie ein paar Szenen vorlesen... Pierre widerstrebte (*ebenda*) Герцогиня в самых лестных выражениях попросила Пьера прочитать несколько сцен из его нашумевшей комедии... Пьер отнекивался. **widerstehen** сопротивляться чему-л., устоять перед чем-л.; не поддаться (*искушению, желанию что-л. сделать и т. п.*); напр.: allen Versuchungen, der Lockung widerstehen устоять перед всеми искушениями, перед соблазном; er widerstand tapfer dem Alkohol он не поддавался искушению выпить ◻ Doch er widerstand der Versuchung... (*Feuchtwanger, »Die Füchse«*) Однако он устоял перед искушением... Und als der Römische Kaiser nun mit sechshundert Schiffen vor Algier erschien, da widerstand ihm dies Raubnest (*Br. Frank, »Cervantes«*) И когда римский император с шестьюстами кораблями приплыл в Алжир, это разбойничье гнездо имело дерзость сопротивляться. **zuwiderhandeln** *часто офиц.* действовать вопреки чему-л.; напр.: dem Gesetz, dem Verbot, seinen Pflichten, einer Anordnung zuwiderhandeln поступать вопреки закону, запрещению, своим обязанностям, распоряжению. **entgegenhandeln** ≅ zuwiderhandeln, *но употр. реже*; напр.: dem gesunden Menschenverstand, den üblichen Vorstellungen entgegenhandeln действовать вопреки здравому смыслу, обычным представлениям. **sich (auf)bäumen** (вос)противиться чему-л., возмущаться чем-л. (*букв.* 'становиться на дыбы'); напр.: ihr Stolz bäumte sich dagegen (auf) ее гордость воспротивилась этому; alles bäumte sich in ihr gegen diese Beschuldigung (auf) все в ней возмутилось против этого обвинения [воспротивилось этому обвинению]

widersetzlich *см.* eigensinnig
Widersinn *см.* Dummheit
widerspenstig *см.* eigensinnig
widerspiegeln *см.* spiegeln
widerspiegeln, sich отражаться (*где-л.*)

sich widerspiegeln — sich spiegeln

sich widerspiegeln *индифф. синоним;* напр.: die Lichter spiegeln sich in den Wasserlachen wider огни отражаются в лужах (воды); die Weltanschauung des Autors widerspiegelt sich in seinen Werken мировоззрение автора отражается в его произведениях ◻ Der verstärkte Kampf der Friedenskräfte in aller Welt gegen die Produktion und Stationierung der USA-Neutronenwaffe in Westeuropa spiegelt sich in zunehmendem Maße in der internationalen Presse wider (*ND 29/30. 4. 78*) Усиленная борьба миролюбивых сил во всем мире против производства и размещения нейтронного оружия США в Западной Европе все в большей степени находит свое отражение на страницах международной прессы. Wie doch die Welt so traulich und lieblich | Im Römerglas sich widerspiegelt (*Heine, »Im Hafen«*) И как приветно и мило | Отражается мир в бокале рейнвейна (*Перевод Прахова*).
sich spiegeln ≅ sich widerspiegeln, но чаще употр. по отношению к зрительно воспринимаемому; напр.: der Wolkenhimmel spiegelt sich im See небо с облаками отражается в озере; auf dem nassen Asphalt spiegeln sich die Straßenlaternen на мокром асфальте блики уличных фонарей ◻ Johanna antwortet nicht, das Licht spiegelt sich in ihren glänzenden Nägeln... (*Feuchtwanger, »Erfolg«*) Иоганна не отвечает, лучи света отражаются в ее блестящих ногтях... Und weil sich der Mond im Wasser spiegelte, glichen die Wälder hinter den Seen den Wolkenzügen am Himmel (*Seghers, »Die Toten«*) И оттого, что луна отражалась в воде, леса за озерами напоминали гряды облаков, тянувшихся по небу. Aber jetzt schien die Sonne wieder und spiegelte sich auf dem Asphalt und in den Pfützen. (*Remarque, »Der Himmel«*) Но теперь снова светило солнце и отражалось в лужах на асфальте ...Die ganze Erniedrigung Maria Stuarts spiegelt sich in diesem düsteren Bild (*St. Zweig, »Maria Stuart«*) Все унижение Марии Стюарт, как в зеркале, отразилось в этой мрачной картине

widersprechen [1] противоречить, возражать

widersprechen — entgegnen — erwidern — entgegenhalten — Kontra geben

widersprechen *индифф. синоним;* напр.: dem Referenten, seinen Worten, seiner Behauptung widersprechen возражать докладчику, его словам, его утверждению; mit scharfen Worten widersprechen резко возражать; sich selbst widersprechen противоречить самому себе; er widersprach aus Prinzip он возражал из принципа; er widersprach ihr mit keinem Wort он не перечил ей ни словом ◻ Oskar widersprach nicht; doch blieb sein Gesicht nach wie vor ungläubig (*Feuchtwanger, »Lautensack«*) Оскар не возражал, однако недоверчивое выражение не сходило с его лица. Aber der Wunsch, ihr zu widersprechen, war jetzt so stark, daß er sich erhob (*Noll, »Werner Holt«*) Но желание ей возразить было теперь настолько велико, что он встал. **entgegnen** возражать *подчеркивает не столько несогласие с кем-л., сколько обращенность непосредственно к собеседнику, чаще употр. при передаче диалогической речи*; напр.: j-m (etw.) auf seine Frage verwundert, ärgerlich, kurz, scharf entgegnen возразить [ответить] кому-л. (что-л.) в ответ на вопрос удивленно, сердито, кратко, резко; man hätte viel auf seine Bemerkung entgegnen können можно было бы многое возразить на его замечание; darauf wußte er nichts zu entgegnen он не знал, что на это возразить ◻ »Sie sind es«, entgegnete ich, »der von Geschäften anfängt« (*Th. Mann, »Felix Krull«*) «Но ведь это вы, — возразил я, — тот, кто начинает говорить о делах». **erwidern** возражать, отвечая на вопрос, на высказывание *и т. п.* (*устно или письменно*); *напр.:* auf etw. scharf erwidern резко возражать в ответ на что-л.; sie erwiderte, daß sie anderer Meinung wäre она возразила, что придерживается другого мнения; darauf konnte er nichts erwidern на это он не мог ничего возразить. **entgegenhalten** выдвигать в качестве возражения; *напр.:* dieser Behauptung hielt er seine Argumente entgegen он выдвинул свои аргументы против этого утверждения; man hielt ihm entgegen, daß er an allen diesen Schwierigkeiten selbst schuld sei ему возразили, что он сам виноват во всех этих трудностях. **Kontra geben** *разг.* перечить *употр. тк. в выражении* j-m Kontra geben; *напр.:* er hat ihm ordentlich Kontra gegeben он ему показал, он здорово его отбрил

widersprechen² противоречить чему-л. (*быть несовместимым*)
widersprechen — widerstreiten — zuwiderlaufen

widersprechen *индифф. синоним; напр.:* den Angaben, den Ergebnissen widersprechen противоречить данным, результатам; das widerspricht seinen Grundsätzen это противоречит его принципам; die äußere Ruhe widersprach seinem inneren Zustand внешнее спокойствие не соответствовало его внутреннему состоянию □ Auch widersprechen seine Kunstanschauungen den üblichen Sitten und Gebräuchen... (*Feuchtwanger*, »*Erfolg*«) Его взгляды в вопросах искусства также противоречат распространенным нравам и обычаям... **widerstreiten** *устаревает* ≅ widersprechen (*часто в Part. I, в этом случае тк. атрибутивно*); *напр.:* widerstreitende Gefühle, Wünsche, Begriffe противоречивые мысли, желания, понятия; die widerstreitendsten Gerüchte самые противоречивые слухи; das widerstreitet seinen Prinzipien это противоречит его принципам. **zuwiderlaufen** *книжн., офиц.* идти в разрез с чем-л.; *напр.:* dem Gesetz zuwiderlaufen идти в разрез с законом

widersprechend противоречащий, противоречивый
widersprechend — widersprüchlich — widerspruchsvoll — zwiespältig

widersprechend *индифф. синоним; напр.:* widersprechende Gefühle, Nachrichten противоречивые чувства, сообщения; sie machten einander widersprechende Aussagen они давали противоречащие друг другу показания; er wurde von den widersprechendsten Gefühlen hin- und hergerissen его раздирали самые противоречивые чувства □ In Holts Kopf gingen widersprechende Begriffe durcheinander... (*Noll*, »*Werner Holt*«) В голове у Хольта перепутались противоречивые понятия... **widersprüchlich** противоречивый; *напр.:* widersprüchliche Aussagen, Nachrichten противоречивые показания, сообщения; widersprüchliches Verhalten противоречивое поведение [отношение] □ Er hatte die Liebe dissonant wie das Leben gefunden: nüchtern, widersprüchlich, enttäuschend und betäubend zugleich (*Noll*, »*Werner Holt*«) Он нашел, что любовь так же полна диссонансов, как и жизнь: прозаична, противоречива, она опьяняет, чтобы сразу же отрезвить. **widerspruchsvoll** полный противоречий; *напр.:* widerspruchsvolle Erklärungen, Aussagen объяснения, показания, полные противоречий. **zwiespältig** двойственный, раздвоенный, противоречивый; *напр.:* zwiespältige Gefühle hinterlassen оставлять (в ком-л.) противоречивые чувства; mein Eindruck war zwiespältig мое впечатление было двойственным □ Alois, wie ihm der Oskar das stolze Dokument brachte, strich sich, erfüllt von zwiespältigen Gefühlen, über den kahlen Schädel (*Feuchtwanger*, »*Lautensack*«) Когда Оскар принес Алоизу столь торжественный документ, тот, полный противоречивых чувств, задумчиво погладил лысину. Im Grunde aber war er zwiespältig, zerrissen, doppelgesichtig gewesen (*Noll*, »*Werner Holt*«) На самом же деле он был двойственной, противоречивой натурой, двуликим Янусом

Widerspruch *см.* Einwand
widersprüchlich *см.* entgegengesetzt/widersprechend
widerspruchsvoll *см.* widersprechend
Widerstand сопротивление (*противнику и т. п.*)
der Widerstand — die Opposition — die Resistenz

Widerstand *индифф. синоним; напр.:* hartnäckiger, passiver Widerstand упорное, пассивное сопротивление; den Widerstand organisieren, brechen, überwinden организовать, сломить, преодолеть сопротивление; auf Widerstand stoßen встречать [наталкиваться на] сопротивление; den Widerstand aufgeben прекращать сопротивление □ Der Widerstand von Madrid begeistert die demokratische Welt, weil er beweist, daß die Faschisten nicht unbesiegbar sind (*Renn*, »*Im spanischen Krieg*«) Сопротивление Мадрида воодушевляет демократический мир, потому что оно доказывает, что фашисты не непобедимы. Er sah ein, daß Widerstand zwecklos war, und kapitulierte (*Weiskopf*, »*Lissy*«) Он понял, что сопротивление бессмысленно, и сдался. **Opposition** оппозиция; *напр.:* offene, verkappte, aktive Opposition открытая, скрытая, активная оппозиция; in Opposition zu j-m, zu etw. stehen находиться в оппозиции к кому-л., к чему-л.; in die Opposition gehen стать в оппозицию; in der Opposition verharren оставаться в оппозиции □ Die Vertrauensmännerwahlen stehen bevor und auf die verschiedenste Art zeigen die Arbeiter ihre Opposition (*Bredel*, »*Dein unbekannter Bruder*«) Предстоят выборы уполномоченных, и рабочие самыми разнообразными способами проявляют свою оппозицию. **Resistenz** *книжн. редко* ≅ Widerstand; *напр.:* die aktive Resistenz während der faschistischen Okkupation активное сопротивление во время фашистской оккупации; eine passive Resistenz leisten оказывать пассивное сопротивление

widerstehen *см.* widersetzen, sich
widerstreben¹ *см.* widersetzen, sich
widerstreben²: es widerstrebt *см.* widerlich
widerstreiten *см.* widersprechen²
widerwärtig *см.* widerlich
Widerwille *см.* Abneigung
widerwillig *см.* widerlich
widmen посвящать (*кому-л.*)
widmen — weihen — zueignen — dedizieren

widmen *индифф. синоним; напр.:* j-m sein Buch, ein Gedicht widmen посвящать кому-л. свою книгу, стихотворение; sein Leben dem revolutionären Kampf widmen посвящать жизнь революционной борьбе; diesen Tag widmete er der Arbeit этот день он посвятил работе □ Evelina, das war der erdachte Name für jene nie genannte Freundin, der sein schönes Buch »Le Grand« gewidmet war... (*Menzel*, »*Wermut sind die letzten Tropfen*«) Эвелина, это было вымышленное имя для той никогда не называвшейся подруги, которой была посвящена его великолепная книга «Легран». **weihen** *высок. устаревает* ≅ widmen; *напр.:* j-m sein erstes Werk weihen посвящать кому-л. свое первое произведение □ Und weihte, wie die Sitte es vorschrieb, ihr jungfräuliches Gewand und ihre Spielsachen den Göttern des Vaterhauses (*Feuchtwanger*, »*Der falsche Nero*«) Свою девическую одежду вместе с игрушками она посвятила, как предписывал обычай, домашним богам. Und indes jene in der Gegenwart in der Stunde großartig aufglühte, hat sie, die Sparsame, die Weitblickende ihre ganze Kraft der Zukunft ihrer Nation geweiht (*St. Zweig*, »*Maria Stuart*«) И в то время, как та (*Мария Стюарт*) сгорела в свой час, вспыхнув ослепительным метеором, она (*Елизавета*), скупая, дальновидная, посвятила все силы будущему своей нации. **zueignen** *высок.* посвящать и приносить в дар (*в знак дружбы, уважения и т. п.*); *напр.:* er eignete sein Buch seiner Frau, seinen Eltern, seinem Lehrer zu он принес свою книгу в дар жене, родителям, учителю. **dedizieren** *книжн.* ≅ widmen, *но употр. тк. по отношению к произведениям, которые автор посвящает кому-л.*; *напр.:* j-m ein Buch, ein Musikstück dedizieren посвящать кому-л. книгу, музыкальное произведение

widmen, sich[1] посвящать себя (*предназначать себя для какой-л. деятельности и т. п.*)
sich widmen — sich hingeben — sich ergeben

sich widmen *индифф. синоним*; *напр.*: sich der Kunst, den Kindern widmen посвятить себя искусству, детям; sie widmet sich ganz ihrem Haushalt она целиком посвящает себя домашнему хозяйству; du mußt dich den Gästen widmen ты должна посвятить себя [уделить все внимание] гостям □ Es war schließlich begreiflich, daß er, wenn er sich einmal auf einige Zeit aus seinem deutschen Betrieb frei machte, Ruhe haben, sich seinem Werk widmen wollte (*Feuchtwanger, »Erfolg«*) Было в конце концов понятно, что, раз вырвавшись на короткое время из обычной обстановки у себя на родине, он желал иметь покой, хотел посвятить себя целиком работе над своей книгой. Er widmete sich dann seinem Studium, schrieb, las... (*Feuchtwanger, »Die Füchse«*) Тогда он посвятил себя своим наукам, писал, читал... **sich hingeben** отдаваться чему-л., предаваться; *напр.*: sich seinen Träumen, der Trauer, der Verzweiflung, seinem Vergnügen hingeben предаваться своим мечтам, печали, отчаянию, удовольствиям; sich der Arbeit hingeben отдаваться себя работе; sich dem Trunk hingeben предаваться пьянству □ Es war, als wolle die Natur dem Menschen helfen, alle Ängste und Aufregungen der Krisenwochen so rasch wie möglich zu vergessen und sich völlig dem Genuß eines wiedergewonnenen friedlichen Lebens hinzugeben (*Weiskopf, »Abschied vom Frieden«*) Казалось, природа хочет помочь людям возможно скорей забыть тревоги и волнения последних недель, наполненных ожиданием кризиса, и полностью отдаться радостям вновь обретенной мирной жизни. **sich ergeben** полностью предаваться чему-л., отдаваться безоговорочно во власть чего-л.; *напр.*: sich dem Spiel ergeben предаваться (страсти к) игре (, став азартным игроком); sich dem Studium, der Arbeit ergeben всего себя отдавать учебе, работе; sich dem Trunk ergeben предаваться пьянству; er ergab sich seinem Kummer он целиком отдался своему горю

widmen, sich[2] *см.* befassen, sich/beschäftigen, sich.[1]

Widmung посвящение, дарственная надпись
die Widmung — die Zueignung — die Dedikation

Widmung *индифф. синоним*; *напр.*: j-m eine Widmung in ein Buch, vor, unter ein selbstverfaßtes Gedicht schreiben сделать кому-л. надпись на книге, написать посвящение над, под текстом стихотворения собственного сочинения □ Du solltest ihr Zimmer sehen: lauter Spiegel, türkische Teppiche, Lorbeerkränze, Fotografien von Fürstlichkeiten mit Widmungen... (*Weiskopf, »Abschied vom Frieden«*) Ты бы посмотрел ее комнату: сплошь зеркала, турецкие ковры, лавровые венки, фотографии высоких особ с дарственными надписями... Horcht auf die Widmung! »Der größten lebenden Autorität in der Physik, Galileo Galilei« (*Brecht, »Das Leben des Galilei«*) Слушайте, какое посвящение! «Величайшему из ныне живущих авторитетов физики Галилео Галилею». Es war der Cäsar, den ihm Fumagalli bei der Abreise verehrt hatte, ein schönes Exemplar, mit schöner Widmung (*Br. Frank, »Cervantes«*) Это был «Цезарь», которого на прощание подарил ему Фумагалли, превосходный экземпляр, с прекрасным посвящением. **Zueignung** *высок.* ≅ Widmung, *но б. ч. употр. по отношению к книгам*; *напр.*: er hatte ein Buch mit der Zueignung des Autors у него была книга с надписью автора. **Dedikation** *книжн.* ≅ Widmung; *напр.*: ein Buch mit einer Dedikation книга с посвящением

widrig *см.* widerlich
wieder[1] опять, снова
wieder — erneut — abermals

wieder *индифф. синоним*; *напр.*: wieder und wieder снова и снова; das Telefon klingelt wieder опять звонит телефон; er hat wieder nach dir gefragt он опять спрашивал о тебе; sie ist wieder nicht da ее опять нет; ich bekam wieder keine Antwort я снова не получил ответа. **erneut** вновь; *напр.*: auf etw. erneut hinweisen вновь указывать на что-л.; er versuchte erneut zu fliehen он вновь попытался бежать. **abermals** вторично, опять; *напр.*: er kam abermals zu mir он вторично пришел ко мне

wieder[2]: **sich wieder vertragen** *см.* versöhnen, sich[1]
wiederaufbauen *см.* wiederherstellen
wieder auf die Beine kommen *см.* gesund werden
wiedererkennen *см.* erkennen[1]
Wiedererstehen *см.* Wiedergeburt
wiedergeben *см.* erzählen/zurückgeben[1]
Wiedergeburt возрождение
die Wiedergeburt — das Wiedererstehen

Wiedergeburt *индифф. синоним*; *напр.*: die Wiedergeburt der Antike in der Renaissance возрождение античности в эпоху Ренессанса; die Wiedergeburt der Kunst возрождение искусства. **Wiedererstehen** возникновение вновь, возрождение; восстановление (*чего-л. разрушенного и т. п.*); *напр.*: das Wiedererstehen der Stadt aus den Trümmern возрождение города из руин

wiedergutmachen *см.* entschädigen
wiederherstellen восстанавливать
wiederherstellen — wiederaufbauen — restaurieren — renovieren

wiederherstellen *индифф. синоним*; *напр.*: ein altes Gebäude, ein Kunstwerk, ein zerstörtes Haus wiederherstellen восстанавливать старинное здание, произведение искусства, разрушенный дом; seine Kräfte, das Gleichgewicht, die alten Beziehungen wiederherstellen восстанавливать свои силы, равновесие, старые связи; er war noch nicht ganz wiederhergestellt он еще не совсем поправился □ ...und saß ganz unbeteiligt dabei und ließ Müller beginnen: daß weder die Reichsbahn noch irgendeine Stelle in der Lage sei, vor Einbruch des Winters das Werkanschlußgleis wiederherzustellen (*Noll, »Werner Holt«*) ...и (он) при этом сидел безучастно и дал возможность Мюллеру сказать, что ни управление железных дорог, ни кто другой не в состоянии до начала зимы восстановить заводскую ветку. **wiederaufbauen** заново отстраивать, восстанавливать (*о строениях*); *напр.*: die Fabrik wiederaufbauen восстанавливать (*разрушенную, сгоревшую и т. п.*) фабрику. **restaurieren** реставрировать; *напр.*: Bilder, Baudenkmäler, alte Gebäude restaurieren реставрировать картины, памятники архитектуры, старинные здания; eine Gesellschaftsordnung restaurieren восстанавливать какой-л. общественный строй; das Schloß wird zur Zeit restauriert замок в настоящее время реставрируется □ Da haben wir Neubauten, und die Vorstädte, die sich ausdehnen, und gute Straßen und können die Denkmäler aus unserer großen Zeit restaurieren (*Th. Mann, »Buddenbrooks«*) Везде выросли новые здания, пригороды расширились, улицы стали благоустроеннее, у нас появилась возможность реставрировать памятники былого величия. Er verstand sich darauf, etwas ramponierte, kostbare Altmöbel so zu restaurieren, daß es die Freude der Kenner war... (*Feuchtwanger, »Erfolg«*) Он умел так реставрировать попорченную драгоценную старинную мебель, что знатоки приходили в восторг... **renovieren** [-v-] обновлять, восстанавливать при помощи ремонта, ремонтировать (*о зданиях, мебели*); *напр.*: die Möbel, eine Wohnung, die Fassade, eine Kirche, das alte Rathaus renovieren обновлять мебель, ремонтировать квартиру, восстанавливать фасад, церковь, старую ратушу в первоначальном виде; sie haben ihr Wochenendhaus renovieren lassen они отремонтировали свой загородный домик (*воспользовавшись услугами кого-л.*)

Wiederherstellung восстановление
die Wiederherstellung — die Restauration

Wiederherstellung *индифф. синоним*; *напр.*: die Wiederherstellung eines Gebäudes, einer zerstörten Stadt, eines Kunstwerkes восстановление здания, разрушенного города, произведения искусства; die Wiederherstellung der alten Beziehungen восстановление старых связей. **Restauration** реставрация; *напр.*: die Restauration eines Kunstwerkes реставрация произведения искусства; die Restauration einer politischen Ordnung реставрация какого-л. политического строя; eine Restauration vornehmen проводить реставрацию

wiederholen повторять
wiederholen — erneuern
wiederholen *индифф. синоним; напр.*: eine Frage, die gesagten Worte, den Befehl, seinen Vorschlag wiederholen повторять вопрос, сказанные слова, приказ, свое предложение; die Untersuchung muß wiederholt werden расследование должно быть проведено вторично ◻ Fräulein von Bodemer mußte die letzte Frage zweimal wiederholen, bevor sie Antwort erhielt (*Weiskopf*, »*Lissy*«) Фрейлейн фон Бодемер пришлось дважды повторить свой последний вопрос, прежде чем она получила ответ. **erneuern** возобновлять, повторять; *напр.*: ein Gesuch, eine Einladung, sein Versprechen erneuern возобновлять прошение, повторять приглашение, повторять свое обещание; der Antrag muß erneuert werden запрос должен быть повторен [возобновлен]

wiederkehren *см.* zurückkehren
wiegen I взвешивать (*определять вес*)
wiegen — abwiegen — wägen — auswiegen
wiegen *индифф. синоним; напр.*: Kartoffeln, Äpfel, Fleisch auf der Waage wiegen взвешивать на весах картофель, яблоки, мясо; das Gepäck, das Paket, den Brief wiegen взвешивать багаж, посылку, письмо; jeder Boxer wird vor dem Kampf gewogen каждого боксера взвешивают перед встречей; der Fleischer wiegt die Wurst reichlich мясник отвешивает колбасу с походом. **abwiegen** (*тк. о предметах*); отвешивать (*определенное количество от большего*); *напр.*: seine Obsternte abwiegen взвешивать свой урожай фруктов; der Zahnarzt wog das Gold sorgfältig auf der Goldwaage ab зубной врач тщательно отвесил золото на ювелирных весах [на весах для взвешивания золота]; das Mehl für den Kuchen abwiegen отвешивать порцию муки для пирога; die Verkäuferin wiegt 2 Kilo Tomaten ab продавщица отвешивает два килограмма помидоров. **wägen** a) определять массу чего-л. (*с помощью прибора и т. п.*); *напр.*: chemische Substanzen wägen определять массу химических веществ; b) ≅ wiegen, *но обыкн. употр. при определении веса предмета путем взвешивания его на руке*; *напр.*: einen Brief, einen goldenen Ring in der Hand wägen взвесить на руке письмо, золотое кольцо. **auswiegen** взвешивать, вывешивать (на весах); *напр.*: eine Ware, Obst auswiegen взвешивать товар, фрукты; Verpackungsmaterial auswiegen вывешивать тару

wiegen II¹ *см.* schaukeln¹
wiegen II²: **in den Schlaf wiegen** *см.* einschläfern
wiegen, sich *см.* schaukeln²
wiehern *см.* lachen¹
Wiese луг
die Wiese — die Heide — die Weide — die Alm
Wiese *индифф. синоним; напр.*: eine grüne, saftige, blumige, bunte, nasse Wiese зеленый, сочный, цветущий [покрытый цветами], пестрый, сырой луг; eine Wiese mähen косить луг; auf der Wiese hinter dem Dorf weidet eine Herde на лугу за деревней пасется стадо ◻ Angenehmer Wind ging durch die Bäume, starken Geruch von Wiesen und Wäldern mit sich bringend (*Feuchtwanger*, »*Erfolg*«) Приятный ветерок скользил сквозь ветви деревьев, неся с собой бодрящий запах лугов и лесов. Wo der Fluß ausgangs der Stadt durch die Wiesen floß, schlug des Abends in den Trauerweiden der Sprosser (*Noll*, »*Werner Holt*«) Там, где река вырывалась из города на простор лугов, вечерами пел соловей в плакучих ивах. **Heide** степь, пустошь (*ровная местность, поросшая карликовым кустарником, можжевельником, травами*); *напр.*: die blühende, grüne Heide цветущая, зеленая степь; eine sandige, dürre Heide песчаная, сухая пустошь ◻ Wir gingen auf und ab über die öde Heide (*Kellermann*, »*Das Meer*«) Мы ходили взад и вперед по безлюдной пустоши. **Weide** выгон, пастбище; *напр.*: eine gute, saftige, fette, dürre, grüne Weide хороший, сочный, тучный, тощий, зеленый луг (для пастбища); Kühe grasen auf der Weide коровы пасутся на пастбище ◻ Im Norden aber kann man stundenlang wandern an verlassenen Seen, durch öde Weiden oder dunkle nordische Wälder... (*St. Zweig*, »*Maria Stuart*«) На севере же можно часами бродить вокруг одиноких озер, по пустынным пастбищам или дремучим лесам... **Alm** луг в горах, горное пастбище (*особенно в Альпах*); *напр.*: auf die Alm gehen идти на горный луг [на горное пастбище]; das Vieh von der Alm abtreiben отгонять скот с горного пастбища; im Sommer treibt man die Kühe auf die Alm летом коров выгоняют на горное пастбище

wild *см.* lasterhaft/toll¹
wildfremd *см.* fremd¹
Wildnis *см.* Wüste
willenlos *см.* schwach³
willentlich *см.* absichtlich
willfahren *см.* erfüllen¹
willkommen *см.* wünschenswert
wimmeln¹ кишеть
wimmeln — schwärmen
wimmeln *индифф. синоним; напр.*: die Straßen wimmeln von Menschen улицы кишат людьми; der See wimmelt von Fischen озеро кишит рыбой; im Schwimmbecken wimmelt es von Kindern бассейн кишит детьми ◻ Besonders die nördlichen Häfen wimmelten von Spionen (*Feuchtwanger*, »*Die Füchse*«) Особенно северные порты кишели шпионами. Das Stück Fleisch in Großaufnahme: es wimmelt von Maden (*Feuchtwanger*, »*Erfolg*«) Кусок мяса крупным планом: кишма кишит червей. **schwärmen** роиться, кишеть *подчеркивает не только большое количество людей, насекомых и т. п., но и беспорядочность движения; напр.*: die Menschen schwärmten an den ersten warmen Tagen in hellen Scharen ins Grüne в первые теплые дни люди целыми группами направлялись за город; die Mücken schwärmten in der Abenddämmerung мошкара роями кружилась в вечерних сумерках ◻ Überall rings um Toledo schwärmten moslemische Truppen... (*Feuchtwanger*, »*Die Jüdin von Toledo*«) Повсюду вокруг Толедо кишели мусульманские войска...

wimmeln² *см.* strotzen
wimmern *см.* weinen
Wind ветер
der Wind — das Lüftchen — die Brise — der Orkan — der Wirbelwind — der Wirbelsturm — der Hurrikan — der Zephir
Wind *индифф. синоним; напр.*: ein heftiger, kalter, warmer, böiger Wind сильный, холодный, теплый, порывистый [шквалистый] ветер; der Wind weht [bläst], hat sich gelegt, hat aufgehört ветер дует, улегся, прекратился; ein leichter Wind kommt auf поднимается легкий ветер ◻ Der Wind heulte in den ausgebrannten Fassaden (*Noll*, »*Werner Holt*«) Ветер завывал в выгоревших коробках зданий. Vom Strand her wehte ein scharfer Wind... (*ebenda*) С берега дул сильный ветер... **Lüftchen** ветерок; *напр.*: am Abend kam vom Wald ein kühles Lüftchen вечером со стороны леса подул легкий ветерок ◻ Hundert Schritte vor ihnen taumeln die Birken unter dem Ansturm der Winde, und um sie ist immer noch kein Lüftchen zu spüren... (*Bredel*, »*Dein unbekannter Bruder*«) В ста шагах перед ними березы сгибаются под порывами ветра, а вокруг них не ощущается ни малейшего ветерка. **Brise** бриз, слабый ветер; *напр.*: eine leichte, frische Brise легкий, свежий бриз; eine Brise erhob sich, wehte [blies] поднялся, дул бриз ◻ Sobald das Schiff aus dem Hafen gesteuert war und eine Brise sich erhoben hatte, begann man die Segel aufzuziehen (*St. Zweig*, »*Maria Stuart*«) Как только судно вывели из гавани, задул бриз, и матросы развернули паруса. **Orkan** ураган; *напр.*: ein Orkan erhebt sich, tobt ураган поднимается, бушует; der Orkan brach los разразился ураган ◻ Der Tag

WINDBEUTEL 664 WIRKEN

kam, und der Orkan surrte wie tausend rasende Expreßzüge über die Insel dahin (*Kellermann*, »*Das Meer*«) Наступил день, и над островом прошумел, как тысяча несущихся экспрессов, ураган. **Wirbelwind** вихревой ветер, вихрь; *напр.*: ein heftiger Wirbelwind trieb Staubwolken durch die Gegend сильный вихрь поднял и гнал облака пыли. **Wirbelsturm** ураган, циклон; *напр.*: tropischer Wirbelsturm тропический ураган [циклон]; тайфун. **Hurrikan** ураган, смерч; *напр.*: □ Mindestens 249 Menschen sind jüngsten Agenturberichten zufolge in den von »Allen« durchquerten Gebieten dem Hurrikan zum Opfer gefallen (*ND 13. 8. 80*) По последним сообщениям агентств, по меньшей мере 249 человек погибло в районах, по которым пронесся ураган «Аллен». **Zephir** *уст. поэт.* зефир; *напр.*: ein leichter Zephir ließ die Segel schwellen легкий зефир наполнил паруса □ Zephir, nimm's auf deine Flügel, | Schling's um meiner Liebsten Kleid! (*Goethe*, »*Mit einem gemalten Band*«) Пусть, зефир, та лента мчится, | Ею душеньку обвей (*Перевод Шервинского*)
Windbeutel *см.* Leichtsinniger
winden *см.* riechen¹
winden, sich¹ извиваться (как змея)
sich winden — züngeln
sich winden *индифф. синоним; напр.*: der Wurm, die Schlange windet sich червяк, змея извивается; ein Fischotter windet sich im Wasser выдра плавает, извиваясь, в воде; der Efeu windet sich um die Bäume плющ обвивается вокруг деревьев; sie windet sich vor Schmerzen она корчится от боли; er windet sich wie ein Aal *перен.* он извивается (*выкручивается*) как уж (*букв.* 'как угорь') □ Gleich hinter Sapri wand sich die neue Straße in vielen Schleifen die nackten Felsenhänge hinauf (*Renn*, »*Zu Fuß zum Orient*«) Сразу после Сапри поднималась по голым скалистым холмам новая улица, извиваясь и петляя. Die Huerta del Rey, kühl an dem sich windenden Flusse Tajo gelegen, war ein weites, von verfallenen Mauern umgebenes Gelände (*Feuchtwanger*, »*Die Jüdin von Toledo*«) Уэрта-дель-Рей, обширное, напоенное прохладой имение на берегу извилистой реки Тахо, было обнесено обвалившейся каменной стеной. **züngeln** извиваться; извиваться, колеблясь *употр. по отношению к движениям языка змеи и языков пламени; напр.*: die Schlange züngelt nach der Beute змея выбрасывает и убирает свой язык, стараясь достать добычу; die Flammen züngeln aus dem Fenster des brennenden Hauses языки пламени видны в окне горящего дома; Blitze züngelten über den Himmel на небе вспыхивали зигзаги молний.
winden, sich² изворачиваться, вилять;

sich winden — sich herausziehen — sich herauswinden
sich winden *индифф. синоним; напр.*: er windet sich mit seinen Aussagen он изворачивается, давая показания; er wand sich in seinen Reden, um die unangenehme Sache zu verbergen говоря (об этом), он изворачивался и вилял, чтобы скрыть неприятное дело □ Und Gold wand sich und wußte keine Antwort, und auch Hoppe wand sich und wußte keine Antwort... (*Weiskopf*, »*Lissy*«) И Гольд вертелся и не знал, что ответить, и Хоппе тоже вертелся и не знал, что ответить... **sich herausziehen** вывернуться (из затруднительного положения), выпутаться; *напр.*: er hat sich gewandt aus der Angelegenheit herausgezogen он ловко вывернулся из этого дела; er ist ein Schlauberger, er versteht es immer, sich aus einer Sache wieder herauszuziehen он хитрый, он всегда умеет вывернуться из любого дела. **sich herauswinden** *разг.* выкручиваться; *напр.*: irgendwie werde ich mich schon herauswinden я уж вывернусь как-нибудь
Windhund *см.* Leichtsinniger
windig *см.* leichtsinnig ²
Windung *см.* Biegung
Wink *см.* Andeutung/Hinweis
Winkel *см.* Ecke
Winkelblatt *см.* Zeitung
Winkelblättchen *см.* Zeitung
winken делать знак; махать
winken — zuwinken
winken *индифф. синоним; напр.*: mit der Hand, mit den Augen winken делать знак рукой, глазами; mit dem Taschentuch winken махать платком; er winkte dem Kellner он сделал знак рукой официанту, он знаком подозвал официанта; er winkte ihr, damit sie auf mich wartete я махнул ей, чтобы она меня подождала □ ...aber sie sah doch, daß er sich noch einmal herausbeugte und ihr winkte (*Weiskopf*, »*Lissy*«) ...но все же она видела, как он еще раз высунулся из вагона и помахал ей. Die Blonde winkte (*Noll*, »*Werner Holt*«) Блондинка помахала рукой. **zuwinken** ≅ winken, *но употр. с указанием направления, адресата действия (обыкн. о дружеском приветствии людей, которые знают друг друга); напр.*: j-m zum Abschied zuwinken махать кому-л. на прощание; j-m mit der Hand zuwinken сделать кому-л. знак рукой (приблизиться) □ An einem klaren Morgen ging ich in Lugano nach dem See hinunter, als auf dem Fahrdamm ein Auto kurz vor mir bremste und jemand mir zuwinkte. Es war ein guter Freund aus Berlin (*Renn*, »*Im spanischen Krieg*«) В одно ясное утро я спускался в Лугано вниз к озеру, когда на мостовой прямо передо мной затормозила машина и кто-то мне помахал. Это был один хороший друг из Берлина
winzig *см.* klein ¹, ³

Wipfel *см.* Spitze
wippen *см.* schaukeln ¹, ²
wirbeln *см.* brodeln
Wirbelsturm *см.* Wind
Wirbelwind *см.* Wind
wirken I¹ действовать (*оказывать действие*)
wirken — einwirken — sich auswirken — beeinflussen — verfangen — durchschlagen
wirken *индифф. синоним; напр.*: gut, stark, beruhigend, ermunternd wirken действовать хорошо, сильно, успокаивающе, ободряюще; die Arznei hat schon gewirkt лекарство уже подействовало; seine Überredungskünste wirken nicht auf sie его уговоры не действуют на нее; dies wirkt negativ auf die Gesundheit это отрицательно действует [влияет] на здоровье; Ein Plädoyer müßte man so anlegen, daß es auf die Gemütsart der Geschworenen wirke (*Feuchtwanger*, »*Erfolg*«) Защитительную речь нужно было строить так, чтобы она подействовала на чувства присяжных. Er hatte den Fusel viel zu schnell hinuntergestürzt, erst jetzt begann der Alkohol zu wirken (*Noll*, »*Werner Holt*«) Слишком быстро он проглотил сивуху, только сейчас алкоголь начал действовать по-настоящему. **einwirken** воздействовать, влиять; *напр.*: die Umgebung wirkt auf den Menschen ein окружающая среда воздействует на человека; das südliche Klima hat günstig auf ihn eingewirkt южный климат благоприятно воздействовал [повлиял] на него; jede Aufregung wirkt ungünstig auf ihn ein любое волнение сказывается на нем неблагоприятно □ So will ich Ihnen zum Schluß einen Rat geben: wirken Sie auf Inken ein, sie möge niemals mehr dergleichen annehmen! (*Hauptmann*, »*Vor Sonnenuntergang*«) Я хочу в заключение дать вам совет: повлияйте на Инкен, пусть она никогда не принимает таких подарков! »Sie könnten vielleicht durch gesellschaftliche Beziehungen auf die Regierung einwirken», sagte er schließlich ohne Schwung (*Feuchtwanger*, »*Erfolg*«) «Возможно, что вы могли бы воздействовать на правительство с помощью светских связей», — проговорил он наконец без большой уверенности. »Ich bitte Sie herzlich, beruhigend auf Mama einzuwirken», begann Christa (*Kellermann*, »*Totentanz*«) «Очень прошу вас, успокойте маму», — начала Криста. **sich auswirken** сказываться, отражаться; *напр.*: diese Reform wirkte sich günstig auf die Wirtschaft aus эта реформа благоприятно отразилась на экономике. **beeinflussen** оказывать влияние, влиять на кого-л., на что-л. (*намеренно*) воздействовал на кого-л.; *напр.*: j-n positiv, negativ beeinflussen оказывать на кого-л. положительное, отрицательное влияние; j-s Lebensweise, j-s Arbeit beeinflussen

влиять на чей-л. образ жизни, на чью-л. работу; er ist leicht, schwer, schnell zu beeinflussen на него легко, трудно, можно быстро повлиять; der Schriftsteller war von Brecht beeinflußt на писателя оказал влияние Брехт, писатель испытал на себе влияние Брехта. **verfangen** производить действие, впечатление; воздействовать на кого-л. (*обыкн. о средствах, обещаниях*); *напр.*: seine Versprechungen verfangen bei mir nicht его обещания не производят на меня впечатления [действия]; solche Tricks, Mittel verfangen bei mir nicht такие трюки, средства не действуют на меня; diese Ausreden verfangen bei mir nicht mehr этим отговоркам я больше не верю □ Die Schmähreden verfingen nicht (*Feuchtwanger, »Die Jüdin von Toledo«*) Порочащие речи не возымели действия. **durchschlagen** действовать как слабительное; *напр.*: die Arznei, das Mittel schlägt durch лекарство, средство действует как слабительное; das Obst schlägt durch фрукты оказывают послабляющее действие

wirken I² *см.* arbeiten ²/aussehen
wirken II *см.* weben
wirklich¹ действительный, реальный
wirklich — tatsächlich — faktisch — real — reell — wahrhaftig — wahrlich — fürwahr — ungelogen

wirklich *индифф. синоним*; *напр.*: das wirkliche Leben настоящая жизнь; die wirkliche Sachlage действительное положение вещей; die wirklichen Tatsachen, Gefahren действительные факты, опасности; die wirklichen Vorräte фактические запасы; er hat es wirklich gemacht он это действительно сделал □ Nun ja, es hieß Geschäftsschädigung, aber ein wirklicher Schaden war der Firma nicht entstanden (*Weiskopf, »Lissy«*) Ну конечно, это называлось нанесением ущерба, но реального убытка фирма при этом не понесла. Hatte er wirklich an eine Antwort Utas geglaubt? (*Noll, »Werner Holt«*) Ждал ли он в самом деле ответа от Уты? **tatsächlich** фактический; в самом деле; *напр.*: die tatsächliche Lage фактическое положение вещей; die tatsächlichen Verhältnisse waren uns leider nicht bekannt действительное положение нам, к сожалению, не было известно □ »Danke«, sagte Holt. »Ich gehe jetzt tatsächlich ein bißchen klüger von hier fort, als ich gekommen bin!« (*Noll, »Werner Holt«*) «Спасибо, — сказал Хольт. — Я в самом деле ухожу отсюда чуть умнее, чем пришел!» **faktisch** ≅ tatsächlich, *но несколько отличается по сочетаемости и более характерно для книжно-письменной речи*; *напр.*: die faktische Sachlage фактическое положение вещей; diese Arbeit bringt keinen faktischen Gewinn, keine faktischen Ergebnisse эта работа не дает никакой фактической выгоды [прибыли], никаких фактических результатов; die Versuche sind faktisch gescheitert опыты фактически провалились; es wurden zwar Reformen durchgeführt, faktisch blieb alles beim alten хотя реформы и были проведены, фактически все осталось по-старому. **real** реальный; *напр.*: das reale Leben реальная жизнь; die reale Wirklichkeit реальная действительность; reale Werte реальные ценности; eine reale Macht [Kraft] darstellen представлять собой реальную силу; für dieses Vorhaben muß erst reale Grundlage geschaffen werden для этого проекта должна быть создана сначала реальная основа. **reell** действительно существующий, фактический; *напр.*: reelle Aussichten действительные перспективы; eine reelle Chance haben иметь действительный шанс; der Entwurf ist reell begründet проект действительно [фактически] обоснован. **wahrhaftig** действительно, в самом деле (*модальное вводное слово*); *напр.*: um ihn brauchst du dich wahrhaftig nicht zu sorgen тебе действительно не нужно о нем беспокоиться; Sie können es wahrhaftig glauben вы можете действительно верить этому □ Wahrhaftig, alles an ihm ist Komödianterei, er selber, seine Wohnung, seine »Arbeit« (*Feuchtwanger, »Lautensack«*) Да, действительно, все это одно комедианство — он сам, его квартира, его «работа». »Das waren wahrhaftig widerliche Burschen!« knurrte er wütend vor sich hin (*Kellermann, »Totentanz«*) «Это были действительно отвратительные типы», — прорычал он в ярости. **wahrlich** устаревает право, поистине (*модальное вводное слово* употр. тк. в определенных сочетаниях; *напр.*: das geht wahrlich zu weit! это, право, уж слишком!; das ist wahrlich kein Vergnügen! вот уж, поистине, маленькое удовольствие! □ Jetzt, mit der alten Aufrichtigkeit, eröffnete er ihm: »Dein Schwiegervater von England ist wahrlich gerade noch zur rechten Zeit gestorben...« (*Feuchtwanger, »Die Jüdin von Toledo«*) Теперь он заявил ему с прежней откровенностью: «Твой тесть, король английский, поистине умер вовремя...» **fürwahr** высок. устаревает воистину (*модальное вводное слово*) *часто употр. как восклицание*; *напр.*: er ist fürwahr ein edler Mensch он поистине благородный человек; sie hat fürwahr ihr Bestes getan она поистине сделала все, что могла; fürwahr, ein herrlicher Anblick! воистину великолепный вид! **ungelogen** *разг.* ≅ wahrhaftig; *напр.*: ich habe ungelogen keinen Pfennig mehr у меня действительно нет больше ни пфеннига; ungelogen, die Sache ist so действительно, дело обстоит так

wirklich² действительный, настоящий (*подлинный*)
wirklich — eigentlich

wirklich *индифф. синоним*; *напр.*: er war mein einziger wirklicher Freund он был моим единственным настоящим другом; die wirklichen Schwierigkeiten standen ihnen noch bevor действительные трудности были у них еще впереди; er war ein Mann, der seine Arbeit wirklich verstand он был человеком, который действительно хорошо понимал [умел делать] свою работу □ Aber nach zwei Monaten hatte Max sie zu einer wirklichen Wohnlaube gemacht (*Weiskopf, »Lissy«*) Но через два месяца Макс превратил его в настоящий летний домик. **eigentlich** собственный, истинный, в собственном смысле *подчеркивает противопоставление сущности внешнему (впечатлению), второстепенному и т. п.*; *напр.*: die eigentliche Bedeutung des Wortes собственное [основное] значение слова; seine eigentlichen Absichten, Pläne verschleiern скрывать свои настоящие намерения, планы; ihre eigentliche Arbeit bestand in der Durchsicht der Zeitschriften собственная ее работа состояла в просмотре журналов; die eigentliche Arbeit beginnt erst jetzt настоящая работа начинается только теперь; seine eigentliche Begabung lag auf zeichnerischem Gebiet его истинное дарование было в области рисунка □ Und das höfische Geplauder über den Grafen Leicester ist nur ein Scheinmanöver, um seine eigentlichen Aufträge in London zu decken (*St. Zweig, »Maria Stuart«*) Придворная болтовня о графе Лестере — лишь дымовая завеса, скрывающая поручение, с которым он, собственно, и приехал в Лондон. Aber der wichtigste und eigentliche Auftrag ist den beiden geheim gegeben... (*ebenda*) Но самое главное и существенное поручение дано обоим тайно...

Wirklichkeit: in die Wirklichkeit umsetzen *см.* verwirklichen
wirklichkeitsfern *см.* unpraktisch
wirklichkeitsfremd *см.* unpraktisch
wirksam действенный
wirksam — wirkungsvoll — effektiv

wirksam *индифф. синоним*; *напр.*: ein wirksames Medikament, Mittel (gegen Husten) действенное лекарство, средство (от кашля); wirksame Maßnahmen действенные меры; eine wirksame Strafe действенное наказание; das Schädlingsbekämpfungsmittel erwies sich als sehr wirksam средство для борьбы с вредителями оказалось очень действенным. **wirkungsvoll** оказывающий сильное (воз)действие, весьма действенный; *напр.*: eine wirkungsvolle Rede речь, оказывающая большое воздействие; eine wirkungsvolle Maßnahme весьма действенная мера. **effektiv** эффективный; *напр.*: eine effektive Form der Zusammenarbeit эффективная форма сотрудничества; eine effektive Reform эффективная реформа

Wirkung *см.* Einfluß¹

wirkungsvoll см. wirksam

wirr¹ спутанный (*о прядях и т. п.*)
wirr — verwirrt — zerzaust — zerrauft — wüst

wirr *индифф. синоним; напр.:* wirres Haar спутанные волосы; eine wirre Mähne спутанная грива; wirre Fäden спутанные нитки; das Haar hing ihr wirr ins Gesicht спутанные волосы падали ей на лицо □ Das volle Haar von Kastanienfarbe lag wirr und weich auf der Stirn (*Br. Frank,* »*Cervantes*«) Густые и спутанные каштановые волосы мягко лежали на лбу. **verwirrt** спутанный, спутавшийся; *напр.:* verwirrte Haare, Fäden спутанные волосы, нитки; verwirrtes Garn спутанная пряжа. **zerzaust** растрепанный (*ветром, при быстром передвижении и т. п.*); *напр.:* zerzaustes Haar, Gefieder растрепанные волосы, перья; zerzauste Locken растрепанные локоны; ein zerzaustes Kleid растрепанная одежда; vom Sturm zerzauste Kiefern *поэт.* растрепанные бурей сосны □ ...ihre Frisur kam sichtlich zerzaust unter dem Kapotthut hervor... (*Th. Mann,* »*Buddenbrooks*«) ...из-под капора выбивались пряди волос, свидетельствуя о полнейшей растерзанности ее прически... Er stand da, die weißblonden Haare zerzaust und gesträubt (*Weiskopf,* »*Lissy*«) Он стоял тут, его белесые волосы были растрепаны и торчали вихрами. **zerrauft** ≅ zerzaust *употр. тк. по отношению к волосам; напр.:* er saß im Bett mit zerrauftem Haar он сидел на кровати с растрепанными волосами. **wüst** *разг. эмоц.-усил.* ≅ wirr; *напр.:* wüste Haare спутанные волосы; ein wüster Bart растрепанная борода; wüste Kleidung растрепанная одежда; ein wüstes Durcheinander страшный беспорядок

wirr² см. verwickelt
Wirt см. Besitzer/Hausherr
Wirtin см. Hausfrau
wirtschaftlich¹ хозяйственный, экономический
wirtschaftlich — ökonomisch

wirtschaftlich *индифф. синоним; напр.:* wirtschaftliche Erfolge, Sorgen, Zwecke, Erwägungen хозяйственные успехи, заботы, цели, соображения; das wirtschaftliche Leben экономическая жизнь (страны); die wirtschaftliche Lage, Entwicklung eines Staates экономическое положение, развитие государства. **ökonomisch** экономический; *напр.:* ökonomische Fragen, Faktoren экономические вопросы, факторы; ein ökonomisches Prinzip экономический принцип; eine ökonomische Notlage тяжелое экономическое положение; ein ökonomischer Streik забастовка с экономическими требованиями; ein Land ökonomisch stärken укреплять страну экономически □ Leider aber wurde in diesen Pariser Tagen der größte Teil seiner Zeit aufgefressen von Geschäften, bei denen es nur um Ökonomisches ging (*Feuchtwanger,* »*Die Füchse*«) К сожалению, в эти первые парижские дни бóльшую часть его времени пожирали дела, связанные с экономическими проблемами

wirtschaftlich² см. sparsam
Wirtshaus см. Gaststätte
Wisch см. Brief
wischen¹ вытирать, протирать (*для чистоты*)
wischen — abwischen — auswischen — aufwischen

wischen *индифф. синоним; напр.:* den Tisch, den Fußboden wischen протирать стол, пол; sie hat mit dem Tuch den Staub von den Möbeln gewischt она вытерла тряпкой пыль с мебели; ich muß noch wischen, dann gehe ich einkaufen я должна еще протереть пол, потом я пойду за покупками. **abwischen** ≅ wischen, *но подчеркивает, что что-л. стирается с чего-л.* (*употр. всегда с дополнением*); *напр.:* Staub (vom Tisch), die Kreide (von der Tafel) abwischen стирать пыль (со стола), мел (с доски); die Scheibe (mit einem Lappen), die Tafel (mit einem Schwamm) abwischen вытирать стекло (тряпкой), доску (губкой); die Hand (am Rock) abwischen вытереть руку (об юбку) □ Die Serviererin wischte den Tisch ab und trug dann umständlich die Getränke auf (*Noll,* »*Werner Holt*«) Официантка вытерла стол и затем неторопливо, по всем правилам, подала им напитки. Die Liese wischte für den Pfarrer den Stuhl mit der Schürze ab, den sie an den Bettrand schob (*Seghers,* »*Die Toten*«) Для пастора Лиза обтерла стул передником и придвинула его к постели. **auswischen** вытирать (*внутри*); протирать (*что-л. изнутри*); *напр.:* ein Gefäß, eine Tasse auswischen протирать (изнутри) сосуд, чашку; den Staub aus dem Glase, den Schmutz aus den Ecken auswischen вытирать пыль в стакане, грязь в углах; sich die Augen mit der Hand auswischen вытирать глаза рукой; das Zimmer, den Fußboden auswischen протирать комнату, пол. **aufwischen** a) вытирать, протирать тряпкой (пол), делать (влажное) протирание; *напр.:* den Fußboden, die Küche (mit heißem Wasser) aufwischen протирать пол, кухню (горячей водой) □ Die ganze Stadt zieht an diesem Rohr vorbei, und ich kann dann den Fußboden aufwischen (*Brecht,* »*Das Leben des Galilei*«) Весь город проходит у этой трубы, а мне потом пол вытирать. Eine Putzfrau kam herein und begann, die Stühle auf die Tische zu stellen, um aufzuwischen (*Remarque,* »*Der Himmel*«) Вошла уборщица и принялась ставить стулья на столы, чтобы протереть пол; b) подтереть что-л. пролитое, рассыпанное (мокрой тряпкой); *напр.:* verschüttete Milch, verschüttetes Wasser, verstreuten Zucker mit einem feuchten Lappen aufwischen подтереть влажной тряпкой пролитое молоко, пролитую воду, рассыпанный сахар

wischen² см. trocknen²
wispern см. flüstern
wißbegierig см. neugierig
wissen¹ см. kennen
wissen²: Bescheid wissen см. kennen
wissenswert см. lehrreich¹
wittern см. riechen¹
Witterung см. Wetter
Witz см. Scherz
Witzbold см. Spaßmacher
witzeln см. scherzen
witzig см. scharfsinnig
Woge см. Welle¹
wogen волноваться (*о море и т. п.*)
wogen — wallen

wogen *индифф. синоним; напр.:* das Meer wogt море волнуется; die Getreideähren wogen im Wind хлебные колосья волнуются [колышатся] на ветру □ Vor mir woget die Wasserwüste, | Hinter mir liegt nur Kummer und Elend... (*Heine,* »*Der Schiffbrüchige*«) Передо мной колышется пустыня водяная, | За мной лежат и горе и беда... Der Boden wogte unter meinen Füßen, die Steine waren wie Teig (*Kellermann,* »*Das Meer*«) Земля качалась под моими ногами, камни были как из теста. **wallen** *поэт. редко* вздыматься *подчеркивает неспокойное движение волн, напоминающее движение кипящей жидкости; напр.:* ein heftiger Wind kam auf, und das Meer begann zu wallen поднялся сильный ветер, и море стало волноваться [бурлить] □ Leise wallt und drängt die Welle | Sich am reichen Ufer hin (*Goethe,* »*Mai*«) Волны льнут, вздымаясь плавно, | К изобильным берегам (*Перевод Соловьева*)

wohl см. gesund
Wohl благополучие
das Wohl — das Heil

Wohl *индифф. синоним; напр.:* das seelische, das leibliche Wohl душевное, физическое благополучие; das Wohl des Staates, der Seinen благополучие государства, близких; auf dein Wohl! за твое здоровье [благополучие]!; □ Und als die Gläser auf dem Tisch standen, kommandierte er: »Jetzt trinkt alles auf das Wohl von unserem neuen Freund hier!« (*Weiskopf,* »*Lissy*«) А когда стаканы стояли на столе, он скомандовал: «Теперь пейте все за здоровье нашего нового друга!» **Heil** благо, благополучие, спасение *употр. тк. в определенных сочетаниях, в остальных случаях — высок.; напр.:* sein Heil in der Flucht suchen спасаться бегством; woanders sein Heil versuchen попытать счастье в другом месте; mit j-m, mit etw. sein Heil versuchen попытать счастья с кем-л., с чем-л.; etw. wirkt sich zu j-s Heil aus что-л. идет на пользу кому-л.; j-m sein Heil anvertrauen *высок.* вверять кому-л. свое благополучие [счастье]; es geschah zu seinem Heil *высок.* это произошло для его же блага; es gereichte ihm zum Heil *высок.* это пошло ему на пользу

wohlerzogen *см.* höflich
wohlfeil *см.* billig¹
wohlgebaut *см.* schlank²
wohlgemut *см.* lustig
wohlgenährt *см.* dick¹
Wohlgeruch *см.* Geruch
wohlhabend *см.* reich¹
wohlklingend благозвучный
wohlklingend — **melodisch**

wohlklingend *индифф. синоним; напр.:* eine wohlklingende Stimme, Sprache благозвучный голос, язык; sich an den wohlklingenden Strophen eines Gedichtes erfreuen наслаждаться благозвучными строфами стихотворения. **melodisch** мелодичный; *напр.:* eine melodische Weise, Stimme мелодичный напев, голос; ein melodischer Gesang мелодичное пение; das melodische Pfeifen мелодичный свист; die Uhr schlug melodisch мелодично пробили часы

wohlschmeckend *см.* schmackhaft
Wohlstand *см.* Reichtum
wohlverdient *см.* verdient
Wohlwollen *см.* Gunst¹
wohlwollend доброжелательный
wohlwollend — **gönnerhaft** — **leutselig** — **gnädig** — **huldvoll** — **huldreich** — **jovial**

wohlwollend *индифф. синоним; напр.:* ein wohlwollendes Lächeln благосклонная улыбка; eine wohlwollende Gesinnung, Beurteilung благосклонное отношение, суждение; j-n wohlwollend anhören благосклонно выслушать кого-л.; er steht der Sache wohlwollend gegenüber он относится к (этому) делу благосклонно □ Seine onkelhaften Augen beschauten wohlwollend Johannas bräunliches, breites Gesicht (*Feuchtwanger, »Erfolg«*) Его глаза доброго дядюшки благожелательно останавливались на смуглом, широком лице Иоганны. Obwohl der wohlwollende Wärter nicht hinhörte, ließen sie die Zeit vergehen, ohne sie zu nützen (*Feuchtwanger, »Erfolg«*) Хотя благожелательный надзиратель не слушал их, они упускали время, не используя его. Wie wohlwollend die Verwandten ihm zulächelten! (*H. Mann, »Untertan«*) Как благожелательно улыбались ему родственники! **gönnerhaft** *неодобр.* покровительственный; *напр.:* ein gönnerhaftes Lächeln покровительственная улыбка; eine gönnerhafte Miene покровительственный вид; gönnerhaft nicken покровительственно кивать; j-n gönnerhaft belehren покровительственно поучать кого-л.; mit j-m gönnerhaft sprechen говорить с кем-л. покровительственно □ »Das wird einem zur Gewohnheit«, erklärte sie Adrienne gönnerhaft (*Weiskopf, »Abschied vom Frieden«*) «Это становится у меня теперь привычкой», — снисходительно пояснила она Адриенне. **leutselig** дружески-снисходительный, благосклонный; *напр.:* ein leutseliger Vorgesetzter приветливый (с подчиненными) начальник; j-m leutselig auf die Schulter klopfen похлопать кого-л. дружески-снисходительно по плечу. **gnädig** *часто ирон.* милостивый; *напр.:* ein gnädiges Lächeln милостивая улыбка; ein gnädiger Händedruck милостивое пожатие руки; gnädig danken, nicken, lächeln милостиво благодарить, кивать, улыбаться; j-n gnädig anhören милостиво выслушать кого-л.; mit j-m gnädig verfahren милостиво обойтись с кем-л.; er war so gnädig, mir die Hand zu geben он был так милостив, что подал мне руку. **huldvoll, huldreich** *уст., теперь ирон.* ≅ gnädig; *напр.:* ein huldvoller [huldreicher] Blick милостивый взгляд; ein huldvolles Lächeln милостивая улыбка; eine huldvolle Geste милостивый жест; huldvoll [huldreich] lächeln милостиво улыбаться; j-n huldvoll empfangen, ansehen, grüßen милостиво принимать кого-л., смотреть на кого-л., приветствовать кого-л. **jovial** [-v-] *часто ирон.* подчеркнуто приветливый, благосклонно покровительственный (*по отношению к своим подчиненным, к зависимым и т. п.; обыкн. о мужчинах*); *напр.:* ein jovialer Chef приветливый шеф; mit jovialem Kopfnicken благосклонно, покровительственным кивком головы; jovial reden, lächeln (нарочито) приветливо говорить, улыбаться; in jovialer Laune sein быть благосклонно настроенным; j-m jovial auf die Schulter klopfen благосклонно похлопать кого-л. по плечу □ Der Oberregierungsrat Förtsch persönlich hatte, jovial wie er war, niemals etwas gegen den Strafgefangenen 2478 gehabt (*Feuchtwanger, »Erfolg«*) Обер-регирунгсрат Фёртч, человек благожелательный, лично никогда ничего не имел против заключенного № 2478

wohnen *см.* leben²
wohnhaft *см.* einheimisch¹
Wohnhaus *см.* Haus
wohnlich *см.* gemütlich
Wohnort *см.* Wohnsitz
Wohnsitz местожительство
der **Wohnsitz** — der **Wohnort** — der **Aufenthaltsort** — der **Sitz** — die **Residenz** — die **Wohnstätte** — das **Domizil**

Wohnsitz *индифф. синоним; напр.:* ständiger Wohnsitz постоянное местожительство; seinen Wohnsitz an einem Orte aufschlagen поселиться в каком-л. месте; seinen Wohnsitz nach Berlin verlegen переехать на (постоянное) жительство в Берлин; haben Sie einen festen Wohnsitz? имеете ли вы постоянное местожительство [постоянный адрес]? **Wohnort** местожительство (*город, деревня и т. п.*) *в отличие от* Wohnsitz *не обязательно* означает *постоянное местожительство; напр.:* er wechselt oft seinen Wohnort он часто меняет свое местожительство □ In vielen Fällen wurde dem Gefangenen nur Name und Wohnort des Absenders mitgeteilt... (*Feuchtwanger, »Erfolg«*) Нередко заключенному сообщали лишь имя и адрес отправителя... **Aufenthaltsort** местопребывание; *напр.:* sein ständiger Aufenthaltsort его постоянное местопребывание; sein Aufenthaltsort ist unbekannt место его пребывания неизвестно; diese Insel ist ein angenehmer Aufenthaltsort этот остров — приятное место (для пребывания). **Sitz** постоянное местонахождение, резиденция *употр. по отношению к официальным лицам, организациям и т. п.; напр.:* seinen Sitz in... haben иметь местопребывание..., постоянно находиться в...; der Sitz der Organisation, der Firma ist Berlin местонахождение организации, фирмы — Берлин; der Sitz der Regierung, des Oberhauptes der Regierung ist... резиденция правительства, главы правительства находится в...; der offizielle Vertreter des Konzerns hat seinen Sitz in München официальный представитель концерна постоянно находится в Мюнхене. **Residenz** резиденция; *напр.:* die Residenz der Regierung, des Erzbischofs, des Königs, des Botschafters резиденция правительства, епископа, короля, посла. **Wohnstätte** *книжн. редко* ≅ Wohnsitz; *напр.:* seine ständige Wohnstätte его постоянное местожительство. **Domizil** *книжн., часто шутл.* ≅ Wohnsitz; *напр.:* sein Domizil wechseln менять свое местожительство; sein Domizil in... aufschlagen избрать своим местожительством...; wo willst du denn im Winter dein Domizil aufschlagen? что ты хочешь избрать на зиму своей резиденцией?, где ты хочешь обосноваться зимой?

Wohnstätte *см.* Wohnsitz/Wohnung
Wohnung жилище, квартира
die **Wohnung** — das **Quartier** — die **Behausung** — das **Logis** — das **Heim** — die **Häuslichkeit** — das **Appartement** — die **Wohnstätte**

Wohnung *индифф. синоним; напр.:* eine große, moderne, schöne Wohnung большая, современная, красивая квартира; eine Wohnung suchen, mieten, vermieten искать, снимать, сдавать квартиру; eine Wohnung beziehen въезжать в квартиру □ Eine winzige Wohnung würde ihnen genügen, eine ganz billige Einrichtung (*Weiskopf, »Lissy«*) Крохотная квартирка и самая дешевая обстановка — больше им ничего не надо. **Quartier** временное жилье (*квартира, комната, угол*); *напр.:* ein Quartier suchen искать квартиру; bei j-m Quartier nehmen [beziehen] снимать у кого-л. комнату [квартиру]; j-m Quartier geben поселить кого-л. у себя □ Fredi konnte das Zimmer hier aufgeben und sich ein billigeres Quartier suchen oder noch besser, zu Lissys Eltern ziehen (*Weiskopf*, »*Lissy*«) Фреди мог бы переехать из этой комнаты и подыскать себе что-нибудь подешевле, а еще лучше — переехать к родителям Лисси. Die Häuser, in denen wir Quartier haben, liegen nahe am Kanal (*Remarque*, »*Im Westen*«) Дома, в которых нас расквартировали, находятся неподалеку от канала. Ihr Quartier war eine winzige Kammer, über dem Schafstall einer Kate (*Noll*, »*Werner Holt*«) Ей отвели небольшой чердачок над хлевом, где помещались хозяйские овцы. **Behausung** жилище, жилье (*любое помещение, используемое человеком в качестве жилья и защищающее его от непогоды*); *напр.*: eine enge, armselige, bescheidene Behausung тесное, бедное, скромное жилье; eine Behausung suchen искать жилье [кров] □ Der Christian hatte sich vor seiner Behausung ein neues Vordach gezimmert (*Seghers*, »*Die Toten*«) Кристиан уже соорудил перед своим жильем новый навес. **Logis** [-'ʒi:] *устаревает* квартира, помещение (для жилья) (*обыкн. предоставленное кому-л. хозяином*); *напр.*: sie hat im oberen Stockwerk des Hauses ihr Logis у нее квартира на верхнем этаже дома; er hat freies Logis у него бесплатная квартира; sie ist bei ihrer Tante in Kost und Logis она снимает комнату со столом у своей тети. **Heim** свой угол, домашний очаг, квартира (*в которой кто-л. живет постоянно, хорошо себя чувствует в атмосфере этого жилища*); *напр.*: ein neues, schönes, gemütliches Heim (своя) новая, красивая, уютная квартира; sein Heim lieben, schmücken, behaglich machen любить, украшать свой дом, делать уютным свой дом [уютной свою квартиру]; sich in seinem Heim wohlfühlen хорошо чувствовать себя у себя дома □ Als Irene ihm zehn Tage später folgte, fand sie bereits ein eigenes Heim vor: drei luftige Räume in einer der behäbigen alten Villen... (*Weiskopf*, »*Abschied vom Frieden*«) Когда десять дней спустя Ирена последовала за ним, ее ждала уже собственная квартира: три просторных комнаты в одной из уютных старых вилл... (*Ср. тж. ряд* Zuhause). **Häuslichkeit** ≃ Heim, *но больше подчеркивает укромность, семейную, интимную атмосферу*; *напр.*: sich in seiner Häuslichkeit wohlfühlen хорошо чувствовать себя в своем углу; sich nach seiner Häuslichkeit sehnen тосковать по своему дому [по родному углу]; sie haben eine hübsche Häuslichkeit у них красивое гнездышко. **Appartement** [-'mã] a) комфортабельная квартира в доме гостиничного типа; *напр.*: ein Appartement mit Kochnische, Bad und Zentralheizung комфортабельная квартира с кухонной нишей, ванной и центральным отоплением;

b) номер в отеле, состоящий из нескольких комнат (*с отдельной ванной комнатой*); *напр.*: ein ganzes Appartement mieten снять целые апартаменты; с) *высок.* апартаменты, роскошная квартира; *напр.*: ein neues Appartement beziehen въехать в новую фешенебельную квартиру □ ...jetzt hat er hier in der Gegend des Eiffelturmes ein schönes, reich und mit der Mühe langer Jahre ausgestattetes Appartement in einem hohen, neuen Haus... (*Feuchtwanger*, »*Exil*«) ...а теперь у него здесь, в районе Эйфелевой башни, красивая, долгие годы заботливо и богато обставлявшаяся квартира в высоком новом доме... **Wohnstätte** *книжн.* жилище; *офиц. тж.* жилое помещение; *напр.*: eine Verordnung über die sofortige Registrierung aller ländlichen Wohnstätten постановление о немедленной регистрации всех жилых помещений в сельской местности; diese verfallenen Baracken waren als Wohnstätten für Menschen nicht geeignet эти развалившиеся бараки не были пригодны для жилья; im Krieg wurden viele Wohnstätten zerstört во время войны было разрушено много жилых домов □ ...erwarb der Dichter mit dem Haus Alte Landstraße 39 in Kilchberg am Zürichsee im Januar 1954 seine letzte Wohnstätte (*Piana*, »*Thomas Mann*«) ...с покупкой дома (Альте Ландштрассе, 39) в Кильхберге на Цюрихском озере в январе 1954-го года писатель приобрел свою последнюю обитель

Wolfshunger *см.* Hunger
wolkenbedeckt *см.* wolkig
Wolkenkratzer *см.* Haus
wolkig облачный
wolkig — bewölkt — wolkenbedeckt — bezogen — verhangen

wolkig *индифф. синоним*; *напр.*: ein wolkiger Himmel, Horizont облачное небо, облачный горизонт; wolkiges Wetter облачная погода. **bewölkt** (местами) покрытый облаками; *напр.*: ein leicht, locker, dicht [stark] bewölkter Himmel слегка, местами покрытое облаками, плотно закрытое [затянутое] облаками небо. **wolkenbedeckt** покрытый облаками; *напр.*: der wolkenbedeckte Himmel небо, покрытое облаками. **bezogen** затянутый (облаками); *напр.*: ein bezogener Himmel небо, затянутое облаками; der Himmel ist ganz mit grauen Wolken bezogen небо совсем затянуто серыми тучами. **verhangen** ≃ wolkenbedeckt; *напр.*: der Himmel war mit Wolken verhangen (все) небо было покрыто облаками

wollen[1] хотеть
wollen — mögen — wünschen — begehren — gelüsten — lüsten — dürsten — lechzen — schmachten

wollen *индифф. синоним*; *напр.*: essen, trinken, schlafen wollen хотеть

есть, пить, спать; Wasser, Apfel wollen хотеть воды, яблок; etw. leidenschaftlich haben wollen страстно хотеть иметь что-л.; ich will ihn sehen я хочу его видеть; was willst du? чего ты хочешь? □ Er fragte plötzlich: »Wollen Sie ins Ausland gehen?« (*Renn*, »*Im spanischen Krieg*«) Он спросил вдруг: «Вы хотите уехать за границу?» Dafür durfte sie ihren Henri erziehen wie sie wollte... (*H. Mann*, »*Die Jugend*«) За это она могла воспитывать своего Генриха, как хотела... Sie wollte zur Türe, aber Wolfgang hielt sie zurück (*Kellermann*, »*Totentanz*«) Она хотела пойти к двери, но Вольфганг удержал ее. **mögen** ≃ wollen *служит смягченной формой выражения желания*; *напр.*: ich mag nicht länger warten я не хочу больше ждать; ich möchte das gern tun я охотно сделал бы это; ich möchte nicht, daß er es erfährt я не хотел бы, чтобы он узнал об этом □ Er möchte nicht arbeiten, möchte auch die Anni nicht sehen (*Feuchtwanger*, »*Erfolg*«) Ему не хотелось работать, не хотелось видеть и Анни. **wünschen** желать; *напр.*: etw. aufrichtig, sehnlich, heimlich, von Herzen wünschen желать чего-л. искренне, страстно, тайно, от всего сердца; was wünschen Sie? что вам угодно?; wünschen Sie Tee oder Kaffee? вам чаю или кофе?; er wünscht Sie zu sprechen он желает с вами говорить; ich wünsche mir, meine Winterferien im Gebirge verbringen zu können я желал бы (иметь возможность) провести зимние каникулы в горах; wer wünscht noch zu sprechen? кто еще желает выступить? □ Er wünschte sich brennend, dem Vater einmal zu begegnen (*Weiskopf*, »*Lissy*«) Его охватило жгучее желание встретиться с отцом. »Kann ich auf meinem Zimmer frühstücken?« — »Gewiß, wenn du es wünschest«, antwortete Tante Marianne (*Noll*, »*Werner Holt*«) «Можно мне завтракать в комнате?» — «Разумеется, если ты этого хочешь», — ответила тетя Марианна. **begehren** *высок.* ≃ wünschen (*выражение* alles, was das Herz begehrt *стилистически нейтрально*); *напр.*: etw. von j-m begehren желать чего-л. от кого-л.; er hat alles, was sein Herz begehrt у него есть все, что его душе угодно □ Das Dasein war vielleicht gar nicht so trostlos, wenn man es so zu nehmen verstand, wie Vetter es nahm: als wilden Rummelplatz, der alles bot, was das Herz begehrte (*Noll*, »*Werner Holt*«) Жизнь, может быть, была не так уж безотрадна, если относиться к ней, как Феттер: видеть в ней шумную ярмарку, где можно было найти все, что душе угодно. Am Vormittag begehrte Christian Vetter Einlaß (*ebenda*) Около полудня Христиан Феттер пожелал, чтобы его впустили. Aber auch diesen Alfonso begehrte sie mit ihrem ganzen Wesen (*Feuchtwanger*, »*Die Jüdin von Toledo*«) Но и этого Альфонсо она желала всем своим существом. **gelüsten** *высок.*, **lüsten** (*nach D*) *уст. поэт. редко* страстно желать, сильно хотеть; *напр.*: es gelüstet ihn nach Ehre, nach einer Revanche он страстно желает славы, реванша ◻ ...er kam niemals dazu, das zu tun, wonach es ihn gelüstete (*Feuchtwanger*, »*Die Füchse*«) ...никогда ему не хватало времени заняться тем, чем хотелось. Zwar gelüstet es mich nicht nach deinem Hause, noch nach deinen Maultieren, noch nach deinen Knechten und Mägden. Wohl aber, fürchte ich, gelüstet es mich nach deinen Büchern (*Feuchtwanger*, »*Die Jüdin von Toledo*«) Я, правда, не желаю ни твоего дома, ни твоих мулов, ни твоих слуг и служанок, но боюсь, что я желаю твои книги. Ihn lüstet es, für immer mit den schottischen aufständischen Lords abzurechnen... (*St. Zweig*, »*Maria Stuart*«) Для него великий соблазн — раз и навсегда покваться с шотландскими лордами-смутьянами... Mich lüstete nach einem Menschen (*Schiller*, »*Don Carlos*«) Прости, но я возжаждал человека! (*Перевод Левика*). **dürsten** (*nach etw.*) *высок.* жаждать чего-л.; *напр.*: nach Wahrheit, nach Freiheit, nach Gerechtigkeit dürsten жаждать правды, свободы, справедливости; nach Rache dürsten жаждать отмщения; der Tiger dürstet nach Blut тигр жаждет крови ◻ Mich dürstet... mich dürstet nach Untergang (*Hauptmann*, »*Vor Sonnenuntergang*«) Я жажду... я жажду заката. Ich kenne Sie, Sie haben längst darnach | Gedürstet... (*Schiller*, »*Don Carlos*«) Я ведь знаю вас! | Вы уж давно мечтаете об этом... (*Перевод Левика*). **lechzen** (*nach etw.*) *поэт.* страстно желать, жаждать; *напр.*: nach einem Trunk Wasser, nach Kühlung lechzen страстно желать [жаждать] глотка воды, прохлады; nach Gold, nach Ruhm lechzen жаждать золота, славы; nach Frieden und Freiheit lechzen жаждать мира и свободы; die Menschen lechzen nach Glück люди жаждут счастья; die Erde lechzt nach Regen земля жаждет дождя ◻ Er drängte ihn selber, das Zeichen zu geben, er lechzte danach... (*Br. Frank*, »*Cervantes*«) Ему самому не терпелось подать знак, он изнемогал от нетерпения... Und nach wenigen Tagen lechzt niemand so heftig nach dem Blute Rizzios wie sein ehemaliger Freund (*St. Zweig*, »*Maria Stuart*«) Проходит день — другой, и никто другой не жаждет так страстно крови Риччо, как его бывший друг. **schmachten** (*nach etw.*) *высок.* томиться (смертельной) жаждой, изнывать от тоски по чему-л.; *напр.*: nach einem Tropfen Wasser, nach einem Trunk schmachten жаждать капли воды, глотка (воды);

das Land schmachtet nach Regen земля жаждет дождя
 wollen ² *см.* vorhaben
 wollüstig *см.* sinnlich
 Wonne *см.* Freude ¹
 Wort ¹ слово
das **Wort** — die **Vokabel**
 Wort *индифф. синоним*; *напр.*: ein deutsches, zusammengesetztes, grobes, treffendes Wort немецкое, сложное, грубое, меткое слово; ein Wort schreiben, buchstabieren, nennen писать слово, произносить слово по буквам, называть слово; Wörter übersetzen, wiederholen, lernen, umstellen переводить, повторять, учить, переставлять слова; ein Wort vergessen забывать слово; das Wort ist mir entschlüpft у меня вырвалось это слово ◻ Jedes Wort, das sie sprach, nahm ihn gefangen, bezauberte und beschämte ihn zugleich (*Noll*, »*Werner Holt*«) Каждое её слово хватало за душу, он чувствовал себя пристыженным и очарованным одновременно. **Vokabel** [v-] (отдельное) слово изучаемого языка, вокабула (*в словаре, учебнике и т. п.*); *напр.*: Vokabeln lernen учить вокабулы; einen [einem] Schüler deutsche Vokabeln abfragen спрашивать у ученика немецкие слова (*проверяя его знания*)
 Wort ²: das **Wort ergreifen** [**nehmen**] *см.* sprechen ²; **ein Wort einlegen** *см.* verwenden, sich
 wortarm *см.* schweigsam
 wortbrüchig *см.* treulos
 Wörterbuch словарь
das **Wörterbuch** — das **Lexikon** — das, der **Diktionär**
 Wörterbuch *индифф. синоним*; *напр.*: ein deutsch-russisches, großes, kurzes, etymologisches Wörterbuch немецко-русский, большой, краткий, этимологический словарь; ein Wörterbuch benutzen пользоваться словарем; zum Wörterbuch greifen прибегать к словарю; ein Wort im Wörterbuch nachschlagen искать слово в словаре; etw. mit Hilfe eines Wörterbuches lesen читать что-л. с помощью словаря. **Lexikon** (энциклопедический) словарь, справочник, *уст.* словарь, лексикон; *напр.*: ein ausführliches, kurzes, mehrsprachiges Lexikon подробный, краткий, многоязычный словарь; ein Lexikon benutzen пользоваться словарем ◻ Zur Zeit war er damit beschäftigt, ein englisch-deutsches Lexikon, das ihm unzulänglich schien, zu »ergänzen« (*Th. Mann*, »*Buddenbrooks*«) В настоящее время он пытался «дополнить» неудовлетворительный, по его мнению, англо-немецкий словарь. **Diktionär** *уст. книжн.* ≅ Wörterbuch; *напр.*: ein kleines Diktionär маленький словарь; ein Wort im Diktionär suchen искать слово в словаре
 Wortgefecht *см.* Streit ¹
 Wortgeklingel *см.* Gerede ¹
 wortkarg *см.* schweigsam
 wörtlich *см.* buchstäblich

 wortlos *см.* schweigend
 wortreich *см.* ausführlich
 Wortschwall *см.* Redefluß
 Wortstreit *см.* Streit ¹
 Wortwechsel *см.* Streit ¹
 Wrack *см.* Trümmer
 wuchern *см.* wachsen
 Wuchs ¹ рост
der **Wuchs** — die **Statur**
 Wuchs *индифф. синоним*; *напр.*: sein hoher, kleiner Wuchs его высокий, низкий рост; der hohe Wuchs der Tanne большая высота ели; herrliche alte Eichen von hohem Wuchs великолепные высокие старые дубы; ein Mann von stattlichem Wuchs человек внушительного роста ◻ Er war ein noch junger Mann von so riesenhaftem Wuchs, daß er beim Stehen in der Zellentür diese ganz ausfüllte (*Renn*, »*Im spanischen Krieg*«) Он был еще молодой человек такого исполинского роста, что он, стоя в двери камеры, заполнял собой весь дверной проем. **Statur** ≅ Wuchs, *но употр. тк. по отношению к человеку*; *напр.*: er ist ein Mann von mittlerer, untersetzter Statur это мужчина среднего роста, приземистый ◻ Es war ein Junge von Hannos Statur... (*Th. Mann*, »*Buddenbrooks*«) Он был одного роста с Ганно... Sie war klein und zierlich von Statur (*Noll*, »*Werner Holt*«) У неё была маленькая, изящная фигурка
 Wuchs ² *см.* Gestalt
 Wuchs ³: **von hohem Wuchs** *см.* groß ²
 Wucht *см.* Kraft ²
 wuchtig *см.* schwer ¹
 wühlen ¹ рыться (*перебирать предметы, отыскивая что-л.*)
 wühlen — durchwühlen — stöbern — durchstöbern — herumwühlen
 wühlen *индифф. синоним*; *напр.*: in der Handtasche, in der Schublade, im Koffer, in alten Papieren wühlen рыться в сумочке, в ящике (стола), в чемодане, в старых бумагах; was wühlst du in fremden Sachen? что ты роешься в чужих вещах? **durchwühlen** перерыть (*создавая при этом беспорядок*) ⟨*употр. с прямым дополнением*⟩; *напр.*: j-s Koffer, j-s Gepäck durchwühlen перерыть чей-л. чемодан, чей-л. багаж; alles vom Keller bis zum Dach durchwühlen перерыть всё от подвала до чердака; die Diebe haben alle Schränke durchgewühlt воры перерыли все шкафы. **stöbern** рыться; шарить *разг.* (*долго искать среди большого количества вещей, в каком-л. помещении*); *напр.*: unter den alten Büchern stöbern рыться среди старых книг; als er in der Bibliothek stöberte, fand er eine alte Handschrift когда он рылся в библиотеке, он нашёл старую рукопись ◻ Er stöberte am Abend in Utas Büchern (*Noll*, »*Werner Holt*«) Вечером он рылся в книгах Уты. **durchstöbern** *разг.* шарить (*разыскивая долго, терпеливо*); перерыть ⟨*употр. с прямым дополнением*⟩; *напр.*: j-s Wohnung, j-s Schrän-

WÜHLEN   670   **WÜRDIG**

ke, j-s Schubladen durchstöbern обшарить [перерыть] чью-л. квартиру, шкафы, ящики (стола) у кого-л.; das ganze Haus, alle Winkel, alles von oben nach unten durchstöbern перерыть [обшарить] весь дом, все углы, все сверху донизу; alte Zeitungen, Briefe durchstöbern перерыть старые письма, газеты. **herumwühlen** *разг.* ≅ wühlen; *напр.*: in Dokumenten, in alten Sachen, in einer Rumpelkammer herumwühlen рыться в документах, в старых вещах, в чулане

    wühlen [2] *см.* aufwiegeln
    wund *см.* schmerzhaft
    Wunde *см.* Verletzung [1]
    wunderlich *см.* merkwürdig
    wundern, sich удивляться

sich wundern — sich verwundern — erstaunen — stutzen — staunen

    sich wundern *индифф. синоним*; *напр.*: sich über j-s Antwort, über j-s Geduld, über j-s Benehmen wundern удивляться чьему-л. ответу, чьему-л. терпению, чьему-л. поведению; er wunderte sich sehr, als er das erfuhr он очень удивился, узнав об этом; sie wunderte sich sehr, daß ich so schnell nach Hause gekommen war она очень удивилась, что я так скоро вернулся домой; ich wundere mich über gar nichts mehr! я ничему больше не удивляюсь! ☐ Johanna wunderte sich, mit welchem Appetit der magere Jacques Tüverlin aß (*Feuchtwanger*, »*Erfolg*«) Иоганну удивило, с каким аппетитом ел худощавый Жак Тюверлен. **sich verwundern** ≅ sich wundern, *но употр. реже и не для обозначения длительного состояния*; *напр.*: er verwunderte sich sehr über sein Benehmen он очень удивился его поведению. **erstaunen** ≅ sich wundern, *но употр. реже (часто в Part. II и в конструкции* erstaunt sein); *напр.*: er erstaunte sehr, als er davon erfuhr он очень удивился, когда узнал об этом; tu nicht so erstaunt! не разыгрывай удивления!; alle machten erstaunte Gesichter все сделали удивленные лица; ich war sehr erstaunt, als ich das hörte я был очень удивлен, когда я это услышал. **stutzen** изумляться; *напр.*: als er seinen Namen hörte, stutzte er когда он услышал его имя, он был изумлен. **staunen** очень удивляться, поражаться; *напр.*: er staunte, daß sie schon da war он очень удивился, что она была уже тут; darüber kann man nur staunen этому можно только поражаться; ich staune, wie schnell du das geschafft hast я поражаюсь, как быстро ты это сделал

    wunderschön *см.* schön [1]
    Wunsch желание

der Wunsch — die Lust — die Sehnsucht — die Begierde — das Verlangen — das Gelüst — das Begehren

    Wunsch *индифф. синоним*; *напр.*: ein berechtigter, dringlicher, unbescheidener, persönlicher Wunsch оправданное, настойчивое, нескромное, личное желание; einen Wunsch äußern высказать желание; j-s Wünsche befriedigen удовлетворять чьи-л. желания ☐ Einmal packte ihn der Wunsch, zu Hause einen Besuch zu machen (*Weiskopf*, »*Lissy*«) Однажды его охватило желание посетить своих родных. Auch dieser sein letzter Wunsch und Wille war ohne Kraft gewesen und auch dieser letzte Versuch ein Versager (*Feuchtwanger*, »*Lautensack*«) И это его последнее желание, и последняя воля были бессильны, и эта последняя попытка ничего не дала. **Lust** охота, желание сделать что-л. *подчеркивает внутреннюю потребность*; *напр.*: ich habe große Lust, ihn anzurufen мне очень хочется позвонить ему; er empfindet keine Lust, heute noch auszugehen он не испытывает никакого желания пойти сегодня куда-нибудь ☐ Dazu verspürte Paul allerdings sehr wenig Lust (*Weiskopf*, »*Lissy*«) Но Пауль был совсем не расположен к этому. Mehr als einmal verspürte er große Lust, nach Hause zurückzukehren (*ebenda*) Не раз его охватывало сильное желание вернуться домой. **Sehnsucht** страстное желание, жажда чего-л.; *напр.*: Sehnsucht empfinden [fühlen] чувствовать страстное желание; Sehnsucht nach der Heimat, nach zu Hause, nach den Eltern haben тосковать по родине, по дому, по отцу и матери; du wirst mit Sehnsucht erwartet тебя ожидают с нетерпением ☐ »Vielleicht«, sagte sie, »weil im Herbst die Sehnsucht nach der Ferne so unermeßlich groß wird, wenn man über Felder, Wälder und Hügel schaut« (*Noll*, »*Werner Holt*«) «Может быть, оттого, — ответила она, — что, когда осенью глядишь на поля, перелески, холмы, тебя охватывает такая тоска и тянет улететь далеко-далеко. **Begierde** (страстное) желание чего-л., жадность к чему-л.; *напр.*: brennende, heiße Begierde nach etw. страстное, горячее желание чего-л. [стремление к чему-л.]; die Begierde nach etw. erregen возбуждать желание чего-л.; er brennt vor Begierde, sie zu sehen он горит желанием [сгорает от нетерпения] видеть ее; das Kind griff mit Begierde nach der Schokolade ребенок с жадностью схватил шоколад. **Verlangen** (непреодолимое) неутоленное желание (*вытекающее из насущной внутренней потребности*); стремление; *напр.*: ein starkes, tiefes, leidenschaftliches, heißes, unstillbares Verlangen сильное, глубокое, страстное, горячее, неутолимое желание; sein Verlangen nach Erfolg, nach Ruhm, nach Macht его стремление к успеху, к славе, к власти; etw. erregt, erweckt heftiges Verlangen что-л. возбуждает, пробуждает сильное желание; es war ihr sehnlichstes Verlangen, den Sohn noch einmal zu sehen ее самым сокровенным желанием было увидеть сына еще раз ☐ Anna hatte das Verlangen, den Jungen zu umarmen, ihn an sich zu drücken und zu streicheln (*Heiduczek*, »*Abschied von den Engeln*«) У Анны было сильное желание обнять мальчика, прижать его к себе и погладить. **Gelüst** *высок.* (неожиданно возникающее сильное) желание; вожделение; *напр.*: einem augenblicklichen Gelüst folgen следовать мгновенному желанию; ein Gelüst nach [auf] etw. haben желать чего-л., желать обладать чем-л.; ihn kam ein Gelüst an, in diesem schönen Haus zu wohnen его неожиданно охватило сильное желание жить в этом красивом доме. **Begehren** *высок. устаревает* желание, требование; *напр.*: auf sein Begehren (hin) по его требованию; j-s Begehren erfüllen выполнять чье-л. желание; nach j-s Begehren fragen спрашивать о чьем-л. желании; sein Begehren vortragen излагать свою просьбу; was ist dein Begehren? каково твое желание?

    wünschen [1] *см.* wollen [1]
    wünschen [2]: **Glück wünschen** *см.* gratulieren
    wünschenswert желательный

wünschenswert — willkommen

    wünschenswert *индифф. синоним*; *напр.*: eine wünschenswerte Verbesserung, Neuerung желательное улучшение, новшество; ein wünschenswertes Ergebnis желательный результат; der wünschenswerte Ausgang (einer Angelegenheit) желательный исход (чего-л.); ich würde eine Änderung für wünschenswert halten я считал бы желательным внести изменение; es wäre wünschenswert, daß er bliebe было бы желательно, чтобы он остался. **willkommen** желанный; *напр.*: eine willkommene Gelegenheit желанный случай; eine willkommene Nachricht желанное [встреченное с радостью] известие; ein willkommener Anlaß желанный повод; er ist uns immer ein willkommener Gast он всегда для нас желанный гость ☐ Und wie es Don Ephraim vorausgesagt hatte, bot ihre Ankunft dem Erzbischof und den feindlichen Granden willkommenen Anlaß zu neuen Herzreden (*Feuchtwanger*, »*Die Jüdin von Toledo*«) Как и предсказывал дон Эфраим, ее прибытие дало архиепископу и враждебным грандам желанный повод для новых подстрекательских речей. Vor zwei Stunden hat Franz angerufen und die freudige Nachricht durchgegeben. Willkommen! Alles ist vorbereitet (*Noll*, »*Werner Holt*«) Два часа тому назад позвонил Франц и передал радостную весть. Добро пожаловать! Все приготовлено

    Würde *см.* Titel [1]
    würdelos *см.* unwürdig
    würdig почтенный, достойный, уважаемый

würdig — verdienstvoll — verdienstlich

würdig *индифф. синоним; напр.*: ein würdiger alter Herr почтенный пожилой господин; ein würdiger Gelehrter уважаемый ученый; ein würdiger Nachfolger des Direktors достойный преемник директора; würdiges Auftreten достойная манера держаться □ Sie könnte wieder in Holyroad wohnen und einen neuen, einen würdigeren Gemahl wählen (*St. Zweig, »Maria Stuart«*) Она снова могла бы жить в Холируде и избрать себе нового, более достойного супруга. Durch Erbschaft weiß sich zur Herrscherin berufen, durch Schönheit und Kultur jeder Krone Europas würdig (*ebenda*) Она знает, что по своему рождению призвана к власти, знает, что красота и блестящее воспитание делают ее достойной любой европейской короны. **verdienstvoll** заслуженный (*о лицах*); похвальный, достойный (*о поступках*); ein verdienstvoller Forscher, Künstler, Neuerer заслуженный исследователь, художник, новатор; eine verdienstvolle Tat достойный [похвальный] поступок; sein verdienstvolles Wirken als Facharzt его достойная деятельность в качестве врача-специалиста; verdienstvoll handeln действовать [поступать] достойно. **verdienstlich** похвальный, достойный (*о поступках*); напр.: eine verdienstliche Tat похвальный [достойный] поступок; es wäre sehr verdienstlich, wenn du das tun würdest было бы очень похвально, если бы ты это сделал

würfeln *см.* losen

würgen душить (*лишать доступа воздуха*)

würgen — ersticken — erwürgen — erdrosseln — abwürgen

würgen *индифф. синоним; напр.*: an der Kehle würgen душить за горло; der Mörder würgte sein Opfer убийца душил свою жертву. **ersticken** задушить; *напр.*: das Opfer wurde mit seinem Kissen erstickt жертву задушили подушкой; die Rauchgase haben die schlafenden Bewohner erstickt от угарного газа задохнулись спящие жильцы. **erwürgen** задушить, удавить (*сжимая руками горло*); *напр.*: er hat ihn im Affekt erwürgt он задушил его в состоянии аффекта; er hat seine Frau aus Eifersucht erwürgt он задушил свою жену из ревности □ Der Leichnam wird nicht ärztlich, nicht amtlich begutachtet, so daß es bis zum heutigen Tage nicht bekannt worden ist, ob Darnley erwürgt, erdolcht oder vergiftet worden ist (*St. Zweig, »Maria Stuart«*) Труп так и не подвергается медицинскому и судебному освидетельствованию, и поныне неизвестно, был ли Дарнлей задушен, заколот или отравлен. **erdrosseln** задушить (*руками, веревкой, поясом и т. п.*); *напр.*: der Mörder hat sein Opfer mit einem Strick erdrosselt убийца задушил свою жертву веревкой □ »Blöde Gans«, sagte ich wild, am liebsten hätte ich sie erdrosselt (*St. Zweig, »Der Brief einer Unbekannten«*) «Дура набитая», — сказала я сердито, я готова была ее задушить. Zwei Jahre später erdrosselten ihn die Barone (*Renn, »Zu Fuß zum Orient«*) Два года спустя бароны задушили его. **abwürgen** ≅ erwürgen, *но употр. по отношению к животным, тж. перен.*; *напр.*: einen Aufstand, die Revolution abwürgen задушить восстание, революцию; j-m die Kehle abwürgen задушить кого-л.; der Marder würgte die Tauben ab куница задушила голубей

wurscht *см.* gleichgültig ²

wurst *см.* gleichgültig ²

wursteln *см.* arbeiten ¹

wüst *см.* lasterhaft/leer ³/wirr ¹

Wüste пустыня

die Wüste — die Wildnis — die Öde — die Ödnis

Wüste *индифф. синоним; напр.*: die afrikanische Wüste африканская пустыня; die Wüste Gobi пустыня Гоби; die Wüste auf Kamelen durchqueren пересечь пустыню на верблюдах; eine Oase in der Wüste оазис в пустыне □ Die Freiheit aber ist das höchste Gut des Arabers, und da die Freiheit nur in der Einsamkeit ist, ist die Wüste seine Heimat (*Feuchtwanger, »Der falsche Nero«*) Но свобода есть высшее достояние араба, и так как свобода — только в одиночестве, то родина свободного араба — пустыня. Und für Sekunden sah Holt die Straße, die Berge, sah nichts als Schnee, eine endlose Wüste von Schnee (*Noll, »Werner Holt«*) И на несколько мгновений Хольт увидел дорогу и горы, увидел снег, снег, бесконечную снежную пустыню. **Wildnis** пустынная, дикая местность (*непроходимая, нетронутая цивилизацией*) *в отличие от* Wüste *может иметь богатый растительный и животный мир; напр.*: eine schneebedeckte Wildnis снежная пустыня; eine unbetretene Wildnis местность, где не ступала нога человека; in der Wildnis leben, aufwachsen жить, вырасти в дикой местности; kein Baum belebt die öde Wildnis ни одно дерево не оживляет пустынную местность □ Es wurde immer schwieriger, in der Wildnis für die wachsende Schar Fleisch, Mehl, Zelte zu beschaffen... (*Feuchtwanger, »Jefta«*) Становилось все труднее в пустынной местности доставать для растущего количества людей мясо, муку, палатки... Er wechselte in der schwer zugänglichen Wildnis häufig seinen Aufenthalt, so daß nur seine Vertrauten darum Bescheid wußten (*ebenda*) Он часто менял в труднодоступной местности свое местонахождение, так что только его доверенные знали об этом. **Öde** пустынная местность *подчеркивает отсутствие человеческого* жилья *на больших пространствах*; *напр.*: eine trostlose, unendliche Öde безотрадная пустынная местность, бесконечная пустыня; eine Öde von Schnee und Eis ледяная пустыня; sich in der grenzenlosen Öde verlassen fühlen чувствовать себя затерянным в бескрайней пустыне. **Ödnis** *высок.* ≅ Öde; *напр.*: □ ...aber am meisten liebte er die ferne Wüste. Manchmal ritt er mit wenigen Begleitern hinaus, weithin in die südliche Ödnis (*Feuchtwanger, »Der falsche Nero«*) ...но больше всего любил он просторы пустыни. Иногда он выезжал верхом на коне, с немногочисленной свитой на юг, в безлюдную пустыню

Wut ¹ *см.* Zorn

Wut ²: in Wut bringen *см.* ärgern

wüten бушевать (*о буре, море и т. п.*)

wüten — toben — rasen — stürmen

wüten *индифф. синоним; напр.*: der Sturm hat schrecklich gewütet буря ужасно бушевала; das Meer, das Feuer wütet море, огонь бушует □ Es wütet der Sturm, | Und er peitscht die Wellen... (*Heine, »Sturm«*) Беснуется буря, Бичует волны... (*Перевод Левика*). Da aber... bricht mit Orkansgewalt der Sturm vom Gebirge. Er ist die Geißel des finstern Orts... So aber wie heute hat die Teufelskraft niemals gewütet (*Br. Frank, »Cervantes«*) Но вдруг... с гор, завывая, низвергается ураган. Он бич этой угрюмой местности... Но никогда еще так не свирепствовала дьявольская сила, как в этот день. Mindestens 14 Menschen kamen bei außerordentlich heftigen Wirbelstürmen ums Leben, die im nordindischen Bundesstaat Uttar Pradesh wüteten (*ND 17.5.78*) По меньшей мере четырнадцать человек погибло во время исключительно сильных ураганов, которые бушевали в североиндийском штате Уттар-Прадеш. **toben** неистовствовать, бушевать *подчеркивает бурный, порывистый характер движения воздушных масс, воды и т. п.*; *напр.*: das Meer [die See] tobt море неистовствует [бушует]; die Wellen toben волны бушуют; der Wind tobt ветер неистовствует; der Sturm tobte stundenlang буря бушевала много часов подряд; über der Nordsee tobte ein Orkan над Северным морем бушевал ураган □ Eine ganze Serie von Tornados tobte über den USA-Bundesstaaten Kentucky, Mississippi und Missouri (*ND 17.5.78*) Целая серия смерчей торнадо бушевала над американскими штатами Кентукки, Миссисипи и Миссури. Zahlreiche Waldbrände tobten bereits in diesem Jahr in Spanien (*ND 16.6.80*) Многочисленные лесные пожары бушевали уже в этом году в Испании. **rasen** беситься *подчеркивает очень большую скорость движения воздушных масс, воды и т. п.*; *напр.*: der Wind, der Sturm rast ветер, буря неистовствует; der Waldbrand

WÜTEND

raste бушевал лесной пожар. **stürmen** ≈ **toben**, *но употр. тк. по отношению к сильному ветру (б. ч. безл.)*; *напр.*: seit drei Tagen stürmt es вот уже три дня бушует непогода; der Wind stürmt ветер неистовствует; es hat die ganze Nacht gestürmt und geschneit всю ночь неистовствовала непогода и шел снег □ Es stürmte nicht mehr, aber Nebel füllte weiß und milchig die Straßen (*Noll*, »*Werner Holt*«) Непогода не бушевала больше, но улицы тонули в молочном тумане

wütend *см.* **böse** [2]
Wüterich *см.* **Unmensch**

Z

zag *см.* **schüchtern**
zagen *см.* **zögern** [2]
zaghaft *см.* **schüchtern**
zäh *см.* **beharrlich**
Zahl число, количество
die **Zahl** — die **Anzahl**

Zahl *индифф. синоним*; *напр.*: eine ungefähre, unbestimmte, beschränkte, große Zahl приблизительное, неопределенное, ограниченное, большое число; die genaue Zahl точное число; eine bestimmte Zahl von Büchern определенное число книг; an der Zahl устаревает числом; die Zahl der Urlauber hängt vom Wetter ab число отпускников [отдыхающих] зависит от погоды; die Zahl der Teilnehmer wird auf zehn beschränkt число участников ограничивается десятью; wir waren nur wenige an der Zahl нас было немного по количеству. **Anzahl** некоторое число, количество *чаще употр. по отношению к определенному, но не названному количеству или для обозначения части общего количества*; *напр.*: eine gewisse, große, beachtliche Anzahl некоторое, большое, значительное количество; eine Anzahl Kollegen, Besucher некоторые из коллег [из товарищей], из посетителей; eine Anzahl von Schülern несколько [некоторое количество] учеников; eine Anzahl von Büchern wurde verkauft часть книг была продана; die Anzahl der Personen, der Zuhörer wurde beschränkt количество лиц, слушателей было ограничено □ Im zweiten Keller sind auch noch eine Anzahl Flaschen heil geblieben (*Remarque*, »*Zeit zu leben*«) Во втором погребе уцелело еще немало бутылок. Eine Anzahl Leute wartete bereits im Kreuzgang der Katharinenkirche (*ebenda*) В крытой галерее церкви святой Катарины уже ждало немало народу. Die vorne sind herangekommen, es ist auf einmal eine Anzahl Leute... (*Feuchtwanger*, »*Erfolg*«) Те, впереди, подошли тоже, и сразу оказалось некоторое количество людей...

zahlen *см.* **bezahlen** [1]/**büßen** [1]

zählen [1] считать (*определять число чего-л., кого-л. посредством счета*)
zählen — rechnen — auszählen — überschlagen — zusammenzählen — zusammenrechnen

zählen *индифф. синоним*; *напр.*: etw. richtig, falsch, genau zählen считать что-л. правильно, неправильно, точно; von 1 bis 100 zählen считать от одного до ста; sein Geld, die Wäschestücke zählen считать деньги, белье; bei ihm kann man alle Rippen zählen у него можно сосчитать все ребра □ Und er zählte gierig die Tage, bis er sie wiedersehen durfte (*Feuchtwanger*, »*Erfolg*«) И он жадно считал дни, оставшиеся до момента, когда он сможет увидеть ее снова. So durchsichtig war die Luft, daß man die Spitzchen der Rebstöcke zählen konnte (*Seghers*, »*Das siebte Kreuz*«) Воздух был так прозрачен, что можно было пересчитать верхушки виноградных лоз. Gundel zählte die Gedecke, es waren fünf (*Noll*, »*Werner Holt*«) Гундель сосчитала приборы, их было пять. **rechnen** считать, вычислять, высчитывать *подчеркивает умение определять число, производя арифметические действия и т. п.*; *напр.*: im Kopf, schriftlich, an der Tafel, mit der Maschine rechnen считать в уме, письменно, на (классной) доске, на машине; rechnen lernen учиться считать; gut rechnen können уметь хорошо считать; der Lehrer rechnet mit den Kindern учитель занимается с ребятами счетом; wir haben heute Rechnen у нас сегодня (на уроке) счет □ Sie rechnete: Hundert Mark brauchte man, um sie dem Hauswirt in den Rachen zu werfen... (*Weiskopf*, »*Lissy*«) Она стала считать: сто марок, чтобы заткнуть глотку хозяину... **auszählen** подсчитывать что-л. *подчеркивает, что при счете хотят установить точное количество чего-л.; обыкн. употр. по отношению к неодушевленным предметам*; *напр.*: die abgegebenen Stimmen auszählen подсчитывать отданные голоса; die weißen Blutkörperchen unter dem Mikroskop auszählen подсчитывать белые кровяные тельца под микроскопом □ Als er durch die beiden Tore in den inneren Hof trat, waren bereits die Verhafteten ausgezählt (*Seghers*, »*Die Toten*«) Когда он, пройдя двое ворот, вошел во внутренний двор, арестованные были уже отсчитаны. **überschlagen** (быстро) делать приблизительный расчет, подсчет (*денег, расходов*); *напр.*: die Kosten überschlagen подсчитать расходы; er überschlug, ob sein Geld noch für einen Anzug reichte он быстро подсчитал, хватит ли ему денег на костюм □ Ich überschlug mein Geld (*Remarque*, »*Schatten*«) Я прикинул, сколько у меня денег. **zusammenzählen, zusammenrechnen** подсчитывать, складывать, суммировать; *напр.*: er hat die Hefte zusammengezählt он сосчитал тетради; sie

ZAHLUNG

hat das ganze Geld zusammengezählt она сосчитала все деньги; alles zusammengezählt gibt 12 Mark если все подсчитать, то это составит двенадцать марок; rechnen wir mal zusammen! давайте сосчитаем!; sie rechneten zusammen, wieviel Geld sie für die Reise brauchen они подсчитали, сколько им надо денег на путешествие; ich rechnete die Ausgaben zusammen я подсчитал расходы

zählen [2] *см.* **gehören** [2]
zahllos *см.* **viele**
zahlreich *см.* **viele**
Zahlung платеж, уплата
die **Zahlung** — die **Einzahlung** — die **Deckung** — die **Beisteuer** — die **Berichtigung**

Zahlung *индифф. синоним*; *напр.*: Zahlung in bar за наличный расчет; Zahlungen entgegennehmen, einstellen, wiederaufnehmen, prekraщать, возобновлять платежи; die Zahlung der Miete erfolgte monatlich плата за квартиру производилась ежемесячно; die Zahlung blieb aus платеж не поступил □ Er hatte, wenn er rechtzeitig liefern wollte, sogleich große Zahlungen zu leisten (*Feuchtwanger*, »*Die Füchse*«) Чтобы поставить товары в срок, он должен был сразу делать большие платежи. Briefe, darin er mit Madrider Geschäftsfreunden die Art der Zahlung diskutierte... ließ er offen umherliegen (*Br. Frank*, »*Cervantes*«) Он оставлял на виду письма, в которых обсуждал с деловыми друзьями в Мадриде возможность уплаты выкупа... **Einzahlung** уплата, оплата (*взнос определенной суммы в банк, в кассу и т. п.*); *напр.*: die Einzahlung bei der Bank, bei der Sparkasse, auf ein Konto уплата в банк, в сберегательную кассу, перечисление [взнос] на чей-л. текущий счет; die Einzahlung der Steuern, der Telefongebühren уплата налогов, внесение платы за пользование телефоном; ein Formular für die Einzahlung формуляр для уплаты. **Deckung** эк. обеспечение, покрытие (*векселя и т. п.*); уплата; *напр.*: die Deckung seiner Schulden уплата [покрытие] его долгов; unter Vorbehalt der Deckung при условии оплаты; die Deckung des Defizits покрытие дефицита; die Deckung einer Währung in Gold, Devisen und Wertpapieren обеспечение денежных знаков золотом, иностранной валютой и ценными бумагами; die Deckung erlegen [hinterlegen, leisten] предоставить покрытие [обеспечение]. **Beisteuer** *чаще ю.-нем. устаревает* вклад, взнос (*в пользу чего-л., для оказания помощи кому-л. и т. п.*); *теперь часто шутл.*; *напр.*: diese Summe ist als Beisteuer für eure gute Sache gedacht эту сумму предполагается внести как вклад в ваше доброе дело; ich bringe dir für den Abend eine kleine Beisteuer mit *шутл.* я принесу тебе малую толику в фонд вечеринки. **Berichti-**

gung *фин.* уплата, оплата; *напр.*: die Berichtigung einer Schuld, einer Rechnung уплата долга, оплата счета
zahlungsunfähig *см.* bankrott
zahm *см.* mild¹
zähmen приручать (животных)
zähmen — bändigen — abrichten

zähmen *индифф. синоним; напр.*: einen Löwen, einen Tiger zähmen приручать льва, тигра; gezähmte Raubtiere vorführen демонстрировать прирученных хищников. bändigen укрощать; *напр.*: Löwen, Wildpferde bändigen укрощать львов, диких лошадей; einen tobenden Elefanten bändigen укрощать [усмирять] разъяренного слона. abrichten натаскивать, приучать, обучать определенным навыкам; *напр.*: Vögel abrichten приучать птиц (к чему-л.); den Hund als Blindenführer abrichten приучать собаку для работы поводырем
Zähre *см.* Träne
Zank *см.* Streit²
zanken, sich *см.* streiten (, sich)²
Zänkerei *см.* Streit²
zänkisch *см.* streitbar
zanksüchtig *см.* streitbar
zapfen *см.* gießen¹
zart¹ нежный (*исполненный нежности*)
zart — zärtlich — fein

zart *индифф. синоним; напр.*: eine zarte Stimme нежный голос; eine zarte Berührung нежное прикосновение; eine zarte Behandlung нежное [ласковое] обращение; zarte Gefühle нежные чувства; zarte Fäden verknüpften sie miteinander соединяли их узы нежной привязанности □ Eine zarte Röte stand in ihrem Gesicht (*Noll, »Werner Holt«*) Лицо ее рдело нежным румянцем. zärtlich нежный, ласковый; *напр.*: zärtliche Gefühle, Blicke, Liebkosungen, Worte нежные чувства, взгляды, ласки, слова; zärtliches Geflüster нежный шепот; ein zärtlicher Brief нежное письмо; zärtliche Eltern нежные родители; j-n zärtlich lieben, umarmen, begrüßen нежно любить, обнимать, ласково приветствовать кого-л.; sie sah ihn zärtlich an она с нежностью посмотрела на него □ Zärtlich sah aus seinen braunen schleierigen Augen von der Seite sah er auf das Mädchen (*Feuchtwanger, »Erfolg«*) Нежно, своими карими, затуманенными глазами поглядывал он сбоку на девушку. Lissy machte die Augen zu. Die zärtliche Welle trug sie fort (*Weiskopf, »Lissy«*) Лисси закрыла глаза. Волна нежности подхватила ее и унесла. ...während er einen Augenblick zärtlich und schützend die Arme um sie schloß (*Noll, »Werner Holt«*) ...а он на какой-то миг нежно, будто защищая, обнял ее и прижал к себе. fein тонкий, нежный, легкий; *напр.*: ein feines Gefühl тонкое [нежное] чувство; mit feiner Stimme singen, antworten петь тонким [нежным] голосом, ответить нежным голосом;

eine feine Röte überzog ihr Gesicht нежный румянец покрыл ее лицо; ein feines Lächeln huschte über ihr Gesicht нежная [легкая] улыбка промелькнула на ее лице □ Sie saß noch eine Weile da, die Hände im Schoß, den Kopf etwas schief gelegt, als lausche sie auf einen fernen und sehr feinen Ton (*Weiskopf, »Lissy«*) Некоторое время она сидела, положив руки на колени, слегка склонив голову, словно прислушиваясь к какому-то далекому и очень нежному звуку
zart² нежный, мягкий
zart — weich

zart *индифф. синоним; напр.*: zartes Fleisch нежное мясо; das Leder der Tasche ist zart, fühlt sich zart an кожа сумочки мягкая, мягкая на ощупь □ Das Klima war scheußlich, doch es bekam den Frauen, es machte ihre Haut weiß und zart (*Feuchtwanger, »Die Füchse«*) Климат там был отвратительный, но женщинам он шел на пользу, делал их кожу нежной и белой. Beide hatten große graue Augen, deren Lider schwarz bewimpert waren, und die gleichen zarten Hände... (*Noll, »Werner Holt«*) У обеих большие серые глаза, опушенные черными ресницами, и нежные руки... weich мягкий; *напр.*: eine weiche Hand, Haut мягкая рука, кожа; weiches Moos, Gras мягкий мох, мягкая трава; weiches Haar мягкие волосы □ Der alte Herr Buck hielt ihn noch fest mit seiner Hand, die warm und dennoch leicht und weich war (*H. Mann, »Untertan«*) Старый господин Бук все еще крепко сжимал его руку своей теплой и в то же время как бы невесомой и мягкой рукой. Die Brötchen waren weich und dabei knusperig (*Weiskopf, »Lissy«*) Булочки были мягкие и с хрустящей корочкой
Zartgefühl *см.* Takt¹
zärtlich *см.* zart¹
Zärtlichkeiten *см.* Liebkosung
Zaster *см.* Geld
Zauber *см.* Anmut
zaudern *см.* zögern¹,²
Zaum *см.* Zügel¹
Zaun забор
der Zaun — die Umzäunung

Zaun *индифф. синоним; напр.*: ein hölzerner, eiserner Zaun деревянный, железный забор; ein hoher, niedriger, verfallener Zaun высокий, низкий, повалившийся забор; ein lebender Zaun живая изгородь; einen Zaun errichten поставить забор; über den Zaun klettern перелезать через забор; ein Zaun aus Maschendraht umgab das Gebäude здание окружал забор из проволочной сетки □ Da hatte er hinter dem Zaun, zwischen den Obstbäumen, die Vogelscheuche gesehen... (*Seghers, »Das siebte Kreuz«*) И тут он увидел за забором между фруктовыми деревьями огородное пугало... Umzäunung ограда, ограждение; *напр.*: die Umzäunung eines Grundstückes ограда

участка; innerhalb, außerhalb der Umzäunung внутри ограды, за оградой
Zeche *см.* Rechnung¹
zechen¹ кутить
zechen — schlemmen — prassen — lumpen

zechen *индифф. синоним; напр.*: fröhlich zechen весело кутить; sie zechten bis in den frühen Morgen они кутили до самого утра □ Es wird unterschrieben und weiter gelärmt, gezecht und geplaudert, und der Fröhlichste darf Bothwell sein (*St. Zweig, »Maria Stuart«*) Все подписываются и продолжают шуметь и бражничать, а пуще всех веселится Босуэл. schlemmen *в отличие от* zechen *употр., когда речь идет о том, что не только много пьют, но и обильно едят; напр.*: sie saßen im Restaurant und schlemmten они сидели в ресторане и кутили; die Gäste schlemmten auf der Hochzeit гости кутили на свадьбе. prassen кутить, жить расточительно, на широкую ногу; *напр.*: die Reichen prassen богатые ведут расточительную жизнь [кутят]; er hat geschlemmt und gepraßt он вел разгульную жизнь □ Sehen Sie, sie prassen | Von Ihres Mündels anvertrautem Gut (*Schiller, »Don Carlos«*) Видите, они ведут расточительную жизнь на средства, доверенные им вашими подопечными (*Ср.* О берегитесь, принц, не промотайте | Богатство ваших подданных (*Перевод Левика*). lumpen *терр. разг. пренебр.* ≅ zechen; *напр.*: in der vergangenen Nacht hat er tüchtig gelumpt прошлой ночью он здорово погулял [кутнул]
zechen² *см.* trinken²
Zecherei *см.* Essen²
Zechpreller *см.* Betrüger
zedieren *см.* abgeben¹
Zeichen *см.* Merkmal
zeichnen *см.* malen¹/unterschreiben
zeigen¹ показывать (*представлять для обозрения*)
zeigen — demonstrieren — vorführen — vorlegen — vorzeigen — vorweisen — aufweisen

zeigen *индифф. синоним; напр.*: j-m ein Bild, seine Bücher, den Brief, die Stadt zeigen показывать кому-л. картину, свои книги, письмо, город; es wurde ein neuer Film gezeigt был показан новый фильм □ Oskar selber wollte im Anfang mehrere telepathische und hypnotische Experimente zeigen, voraussetzungslos, ohne Anwendung von Tricks (*Feuchtwanger, »Lautensack«*) Оскар решил вначале показать несколько телепатических и гипнотических экспериментов, не подготовленных заранее, без трюков. Zuletzt zeigte Herr Heßreiter Johanna die Lagerräume (*Feuchtwanger, »Erfolg«*) Под конец Гессрейтер показал Иоганне склады. Gundel zeigte Professor Holt das Kraut mit den gelben Beeren (*Noll, »Werner Holt«*) Гундель показывала профессору Хольту растение с желтыми ягодами. **demonstrieren** демонстрировать (*обыкн. в работе, в действии и т. п.*); *напр.*: Modelle, Lehrmittel demonstrieren демонстрировать модели, учебные пособия; die Arbeitsweise des Motors demonstrieren демонстрировать работу мотора; er demonstrierte, wie sich der Unfall ereignet hatte он показал, как произошел несчастный случай ▫ Direktor Pfaundler führte Herrn Heßreiter und Fräulein Krain durch die Puderdose, demonstrierte ihnen stolz das Lokal: wie geschickt jedes Eckchen ausgenützt... (*Feuchtwanger, »Erfolg«*) Директор Пфаундлер провел господина Гессрейтера и фрейлейн Крайн по всем помещениям «Пудреницы», с гордостью демонстрируя им ресторан: как ловко использован каждый уголочек... **vorführen** ≅ demonstrieren, *но чаще употр., когда предоставляется возможность подробно познакомиться с каждым предметом в отдельности*; *напр.*: neue Automodelle vorführen демонстрировать новые модели автомашин; der Verkäufer führte den Kunden verschiedene Geräte vor продавец демонстрировал покупателям различные приборы; bei der Modenschau wurden die neusten Modelle vorgeführt во время показа мод демонстрировались самые новые модели ▫ »Wer ist Lucille?« — »Unser bestes Mannequin. Die, die das Kleid vorgeführt hat« (*Remarque, »Der Himmel«*) «Кто это Люсиль?» — «Наша лучшая манекенщица. Та, которая демонстрировала платье». Die Kühe wurden vorgeführt, außerordentlich saubere, gepflegte Kühe (*Feuchtwanger, »Die Füchse«*) Были продемонстрированы коровы, исключительно чистые, ухоженные коровы. **vorlegen** показывать, раскладывая (*товар*); *напр.*: dem Käufer die Waren vorlegen показывать покупателю товар. **vorzeigen, vorweisen** показывать, предъявлять (*при контроле и т. п.*); *напр.*: den Ausweis, den Paß, die Fahrkarte vorzeigen показывать удостоверение, паспорт, билет ▫ Herr Heßreiter, in das Schweigen hinein, sagte, jetzt aber wolle er seine Überraschung vorweisen, führte die erwartungsvolle Gesellschaft in das kleine Bilderkabinett... (*Feuchtwanger, »Erfolg«*) Среди общего молчания господин Гессрейтер сказал, что теперь он хочет показать свой сюрприз, и повел гостей в небольшой, увешанный картинами кабинет... In dem Haftbefehl, den der leitende Kriminalkommissar vorwies, stand etwas von Rauschgifthandel und Kuppelei... (*Weiskopf, »Lissy«*) В ордере на арест, который предъявил им ответственный полицейский комиссар, говорилось о торговле наркотиками и сводничестве... **aufweisen** показывать, обнаруживать; *напр.*: das Haus weist Spuren der Zerstörung auf на доме видны следы разрушения; der Apparat weist einige Mängel auf аппарат обнаруживает некоторые недостатки

zeigen ² показывать, указывать
zeigen — weisen — deuten — hindeuten

zeigen *индифф. синоним*; *напр.*: (mit der Hand, mit dem Finger) auf das Auto, auf das Haus zeigen показывать (рукой, пальцем) на машину, на дом; der Zeiger zeigte auf 12 стрелка показывала 12; der Wegweiser, die Magnetnadel zeigt nach Norden дорожный указатель, магнитная стрелка показывает на север. **weisen** ≅ zeigen, *но больше подчеркивает направление*; *напр.*: j-m den Weg, die Richtung weisen указывать кому-л. дорогу, направление; er wies (mit dem Finger) in die Ferne он указал (пальцем) вдаль; er wies mit der Hand zur Tür он показал рукой на дверь; die Magnetnadel weist nach Norden магнитная стрелка указывает на север ▫ Holt wies mit einer Kopfbewegung nach dem Haus (*Noll, »Werner Holt«*) Хольт движением головы показал на дом. »Sie haben Sepp einen Weg gewiesen«, meinte Holt (*ebenda*) «Вы указали путь Зеппу», — возразил Хольт. **deuten** ≅ zeigen, *но обыкн. употр., когда назван предмет, которым указывают на кого-л., на что-л.*; *напр.*: mit dem Finger, mit dem Kopf, mit den Augen auf etw., auf j-n, nach einer Richtung, nach Norden, nach rechts, nach oben deuten указывать пальцем, головой, глазами на что-л., на кого-л., в каком-л. направлении, на север, направо, наверх ▫ »Irrtum«, sagte Holt. Er deutete ringsum. »Die Welt ist anders geworden« (*Noll, »Werner Holt«*) «Ошибаешься, — сказал Хольт. Он обвел рукой вокруг. — Мир стал другим». **hindeuten** ≅ deuten, *но употр., когда названо направление*; *напр.*: mit dem Kopf auf das Fenster hindeuten указывать головой на окно; mit ausgestrecktem Arm auf das Haus hindeuten показывать вытянутой рукой на дом

zeigen, sich ¹ показываться (*становиться видным, заметным*)
sich zeigen — erscheinen — auftauchen — hervorbrechen

sich zeigen *индифф. синоним*; *напр.*: sich auf dem Balkon, am Fenster zeigen показываться на балконе, у окна; die Sonne zeigt sich появляется [выходит] солнце; in der Ferne zeigten sich die Berge вдали показались горы; am Himmel zeigten sich die ersten Sterne на небе показались первые звезды ▫ Die Milchschokolade, von der sie in kleinen Schlucken trank, schmeckte nicht gut; dennoch zeigte sich bereits am Grunde ihrer Tasse das beliebte Enzian- und Edelweißmuster aus den *Süddeutschen Keramiken Ludwig Heßreiter & Sohn* (*Feuchtwanger, »Erfolg«*) Шоколад, от которого она время от времени отпивала глоток, был невкусен. Все же на дне ее чашки уже показался излюбленный узор фирмы «Южногерманские керамики, Людвиг Гессрейтер и сын» — горечавка и эдельвейс. **erscheinen** появляться; *напр.*: auf dem Bildschirm, auf der Leinwand erscheinen появляться на экране телевизора, на киноэкране; er erschien plötzlich im Zimmer он неожиданно появился в комнате; an den Obstbäumen erscheinen schon die ersten Blüten на фруктовых деревьях появляются уже первые цветы; der Fleck ist wieder erschienen пятно опять появилось [выступило] ▫ Über Johannas Nase erschienen die drei senkrechten Furchen (*Feuchtwanger, »Erfolg«*) Над переносицей Иоганны обозначились три вертикальные складки. **auftauchen** внезапно, неожиданно появляться, возникать; *напр.*: in der Ferne tauchten Berge auf вдали внезапно показались горы; plötzlich tauchte ein Mann aus dem Dunkel auf неожиданно из темноты появился человек ▫ Neben Lissy standen jetzt mit einemmal mehrere Menschen. Sie waren ebenso unvermittelt aufgetaucht wie zuvor die Frau (*Weiskopf, »Lissy«*) Рядом с Лисси вдруг оказалось несколько человек. Они появились так же внезапно, как встретившаяся ей перед этим женщина. **hervorbrechen** внезапно выступать, появляться (*часто из-за чего-л., из-под чего-л.*); *напр.*: die Sonne brach aus den Wolken hervor солнце показалось из-за туч; der Mond brach durch das Gewölk hervor луна показалась из-за гряды туч; die Soldaten, die Reiter brachen aus ihren Verstecken hervor солдаты, всадники внезапно появились из укрытий; bei dem Kranken brach ganz plötzlich ein Hautausschlag hervor у больного совсем неожиданно выступила сыпь

zeigen, sich ² *см.* erweisen, sich
zeihen *см.* beschuldigen
Zeit ¹ время (*определенный отрезок, в течение которого что-л. совершается или может быть прервано*)
die Zeit — die Weile — der Zeitraum

Zeit *индифф. синоним*; *напр.*: geraume, lange, kurze Zeit продолжительное, долгое, короткое время; einige Zeit некоторое время; in der letzten Zeit в последнее время; nach dieser Zeit после этого времени; Zeit sparen, verlieren экономить, терять время; j-m etw. auf (bestimmte) Zeit geben давать кому-л. что-л. на (определенное) время ▫ Lissy hatte also heute nicht nur keine Zeit zur Erholung und Sammlung gehabt... (*Weiskopf, »Lissy«*) Таким образом, у Лисси сегодня не только не было времени для отдыха и раздумья. **Weile** некоторое время *обыкн. употр. по отношению к короткому отрезку времени*; *напр.*: eine kleine [kurze] Weile недолго, одну минутку; nach einer Weile через некоторое время; eine ganze Weile

разг. долгое время, долго; eine geraume Weile продолжительное время; damit hat es noch gute Weile терпит, это не к спеху; kannst du noch eine Weile warten? ты можешь подождать еще немного?; der Sturm setzte eine Weile aus буря на некоторое время прекратилась □ So saßen sie einander eine Weile stumm gegenüber (*Weiskopf*, »*Lissy*«) Так они некоторое время сидели друг против друга, не произнося ни слова. **Zeitraum** период, промежуток времени; *напр.*: in einem Zeitraum von mehreren Monaten за (промежуток времени в) несколько месяцев □ Die nach der Koordinierung der Volkswirtschaftspläne abgeschlossenen langfristigen Handelsabkommen zwischen den RGW-Ländern für den Zeitraum von 1976 bis 1980 schufen wichtige Voraussetzungen für die Entwicklung des gegenseitigen Außenhandelsumsatzes... (*ND 29/30. 4. 78*) Долгосрочные, заключенные после координации народнохозяйственных планов торговые соглашения между странами СЭВ на период с 1976-го до 1980-го года создали значительные предпосылки для роста внешнеторгового оборота на взаимной основе.
Zeit [2] *см.* Frist [1]/Zeitpunkt
Zeit [3]: zu der Zeit *см.* damals; vor Zeiten *см.* früher I; zur Zeit *см.* jetzt; von Zeit zu Zeit *см.* manchmal; in letzter [jüngster] Zeit *см.* neuerdings; vor kurzer Zeit *см.* neulich; zur rechten Zeit *см.* rechtzeitig
zeitgemäß *см.* modérn [1]
zeitig *см.* früh/rechtzeitig
zeitlebens *см.* immer
zeitlich *см.* vergänglich
Zeitpunkt момент, время
der **Zeitpunkt** — die **Zeit** — der **Augenblick** — der **Moment**
Zeitpunkt *индифф. синоним*; *напр.*: ein geschichtlicher, günstiger Zeitpunkt исторический, благоприятный момент; zum geeigneten [passenden] Zeitpunkt в удобный момент; einen Zeitpunkt wählen, versäumen, abpassen выбирать, упускать, выжидать момент; diese Entdeckung wurde zum selben Zeitpunkt von zwei verschiedenen Forschern gemacht это открытие было сделано двумя различными исследователями в одно и то же время □ Den Zeitpunkt, mich zu einem gehorsamen Hündchen zu machen, den hast du lange verpaßt (*Noll*, »*Werner Holt*«) Ты давно уже упустил момент, когда из меня можно было сделать послушную собачонку. Die Banditen hatten ihre Pflicht getan, die waren abgelohnt, jetzt kam der Zeitpunkt, da sich zeigen mußte, ob sie sich wieder würden abschütteln lassen (*Feuchtwanger*, »*Lautensack*«) Бандиты выполнили порученное, получили мзду, и теперь наступил момент, когда должно было стать ясно, позволят ли они опять отделаться от себя. **Zeit**=

Zeitpunkt; *напр.*: Zeit und Ort der Zusammenkunft место и время встречи; eine Zeit mit j-m vereinbaren договориться с кем-л. о времени; die Zeit der Abreise bestimmen назначить [определить] время отъезда; die Zeit verschlafen проспать (время); es wird Zeit пора, настало время (делать что-л.). **Augenblick** мгновение, миг, момент; *напр.*: im letzten Augenblick в последнее мгновение; im richtigen Augenblick в нужный [подходящий] момент; einen Augenblick zögern колебаться какое-то мгновение [какой-то миг]; den Augenblick nutzen пользоваться моментом; einen günstigen Augenblick erhaschen улучить благоприятный момент □ Einen Augenblick lang war nur der eine Gedanke in ihr: »Wie hat er das herausbekommen?« (*Weiskopf*, »*Lissy*«) На одно мгновение ее захватила только одна мысль: «Как он мог узнать об этом?» **Moment** момент, минута, мгновение; *напр.*: ein historischer, feierlicher Moment исторический, торжественный момент; die entscheidenden Momente unseres Lebens решающие минуты [мгновения] нашей жизни; jetzt ist der Moment gekommen, wo wir uns trennen müssen наступил момент, когда мы должны расстаться
Zeitraum *см.* Zeit [1]
Zeitschrift журнал
die **Zeitschrift** — das **Magazin** — das **Journal** — das **Heft**
Zeitschrift *индифф. синоним*; *напр.*: eine monatliche, periodische, moderne, illustrierte, wissenschaftliche Zeitschrift ежемесячный, периодический, современный, иллюстрированный, научный журнал; eine Zeitschrift abonnieren, herausgeben выписывать, издавать журнал □ Auf seinem Schreibtisch fand Oskar in einer vornehmen, doch wenig gelesenen Zeitschrift einen Aufsatz, den ihm Petermann angestrichen hatte (*Feuchtwanger*, »*Lautensack*«) Оскар нашел на своем письменном столе номер одного почтенного, но мало читаемого журнала со статьей, отчеркнутой для него Петерманом. **Magazin** (популярный) иллюстрированный журнал (*развлекательного характера*); *напр.*: in einem Magazin blättern, lesen листать, читать иллюстрированный журнал □ Sie blätterte durch abgegriffene Zeitschriften, grell bebilderte Magazine, Fachzeitschriften über Gesundheitswesen (*Feuchtwanger*, »*Erfolg*«) Она перелистывала старые потрепанные журналы, ярко иллюстрированные, специальные медицинские издания. **Journal** [ʒʊr-] *устаревает* журнал с картинками; *напр.*: ein elegantes Journal für Mode, für Kunst элегантный журнал мод, по искусству; in diesem Café lagen die neuesten Journale aus в этом кафе на столиках всегда были самые новые журналы. **Heft** журнал; номер, экземпляр (*любого журнала*); *напр.*: die

Zeitschrift erscheint jährlich in 6 Heften журнал выходит 6 раз в году; das letzte Heft brachte einen interessanten Aufsatz über... в последнем журнале была опубликована интересная статья о...
Zeitung газета
die **Zeitung** — das **Blatt** — das **Revolverblatt** — das **Journal** — das **Käseblatt** — das **Käseblättchen** — das **Winkelblättchen** — das **Winkelblatt**
Zeitung *индифф. синоним*; *напр.*: eine seriöse, solide Zeitung серьезная, солидная газета; eine Zeitung herausgeben, redigieren, drucken, lesen издавать, редактировать, печатать, читать газету; Zeitungen austragen разносить газеты; an einer Zeitung mitarbeiten сотрудничать в газете; eine Anzeige in die Zeitung setzen [bringen] поместить объявление в газете; die Zeitungen bringen diesen Artikel auf den ersten Seiten газеты публикуют эту статью на первой полосе □ Kaspar Pröckl sah, daß der Herr in der Ecke eine andere Zeitung las, aber einen Haufen von Zeitungen um sich gestapelt hatte (*Feuchtwanger*, »*Erfolg*«) Каспар Прекль увидел, что господин в углу читает какую-то другую газету, но около него высится целая кипа газет. **Blatt** ≅ Zeitung *часто употр. представителями прессы*; *напр.*: ein bekanntes, bedeutendes, interessantes, seriöses, liberales Blatt известная, значительная, интересная, серьезная, либеральная газета; das meistgelesene Blatt der Hauptstadt наиболее популярная газета столицы; die auswärtigen Blätter schreiben, berichten... иностранные газеты пишут, сообщают...; das Blatt ist eingegangen газета прекратила свое существование □ »Attentat auf den Abgeordneten Geyer« hieß die Schlagzeile des einen Blattes (*Feuchtwanger*, »*Erfolg*«) «Покушение на депутата Гейера», — гласил крупный заголовок в одной из газет. Die Blätter kommentierten den Volksentscheid (*Noll*, »*Werner Holt*«) Газеты комментировали результаты референдума. **Revolverblatt** [-v-] *неодобр.* бульварная газета, бульварный листок; *напр.*: □ Aus purem Idealismus beteiligt man sich nicht finanziell an einem solchen Revolverblatt! (*Erpenbeck*, »*Gründer*«) Из чистого идеализма не вкладывают деньги в такую бульварную газету! **Journal** [ʒʊr-] *уст.* ежедневная газета; *напр.*: ein großes, politisches Journal большая, политическая газета; ein Journal abonnieren выписывать газету □ Las Zeitungen. Verlangte die Rote Fahne, ein scharf oppositionelles Berliner Journal (*Feuchtwanger*, »*Erfolg*«) Читал газеты. Потребовал «Роте фане», крайне оппозиционную берлинскую газету. Unzufrieden legte er die Journale beiseite (*Feuchtwanger*, »*Die Füchse*«) Он недовольно отложил газеты в сто-

рону. **Käseblatt, Käseblättchen** *фам. пренебр.* газетенка (*обыкн. о примитивной по содержанию, плохо оформленной газете, не пользующейся влиянием*); *напр.*: das stand in jedem Käseblatt это было в любой газетенке; ich kann in diesem Käseblättchen wirklich nichts finden, was mich interessiert в этой газетенке я не могу найти ничего, что бы меня интересовало ☐ Ich abonniere Ihr Käseblatt doch nicht!!! (*Fallada, »Blechnapf«*) Я же не выписываю вашу газетенку!!! **Winkelblättchen** *разг. и, реже,* **Winkelblatt** захолустная газетка; *напр.*: ☐ Und daß er es noch als Gnade und Wohltat empfinden muß, wenn er in dem Winkelblatt der Emigranten, in den »Pariser Nachrichten«, für ein paar Franken Artikel schreiben darf? (*Feuchtwanger, »Exil«*) И что ему приходится считать милостью и благодеянием, если он может для маленькой эмигрантской газетки «Парижские новости» писать статьи, за которые ему платят по несколько франков?

Zeitungsmann *см.* Journalist
Zeitvertreib *см.* Vergnügen [1]
zeitvertreibend *см.* interessant
zeitweilig [1] временный
zeitweilig — provisorisch — vorübergehend — kurzfristig — temporär — einstweilig

zeitweilig *индифф. синоним; напр.*: eine zeitweilige Verzögerung, Abwesenheit временная задержка, временное отсутствие; die Straße ist zeitweilig gesperrt улица временно закрыта для движения; er wird zeitweilig von seinen Amtsgeschäften entbunden его на время [временно] освобождают от его служебных обязанностей ☐ »Zorn ist eine zeitweilige Verrücktheit«, das hat er oft geschrieben... (*Feuchtwanger, »Die Füchse«*) «Гнев — это временное помешательство», — он часто это писал... Die Elefantenjagd wurde zeitweilig verboten und unterliegt einer strikten staatlichen Kontrolle (*ND 21.8.80*) Охота на слонов (*в Анголе*) была временно запрещена и подлежит строгому государственному контролю. **provisorisch** [-v-] ≅ zeitweilig, *но употр. по отношению к временным мерам, средствам, сооружениям, которые впоследствии должны быть заменены другими; напр.*: eine provisorische Maßnahme, Lösung, Regelung временная мера, временное решение, урегулирование; eine provisorische Leitung, Regierung временное руководство, правительство; eine provisorische Brücke, Verkaufsstelle, Unterkunft временный мост, временная торговая точка, временное жилье; etw. provisorisch befestigen укрепить что-л. временно ☐ Laboratorien, Werkstätten, Buchhaltung und Blohms Bauabteilung waren provisorisch in Baracken untergebracht (*Noll, »Werner Holt«*) Лаборатории, мастерские, бухгалтерию и строительный отдел Блома вре-

менно разместили в бараках. **vorübergehend** преходящий, (кратко)временный; *напр.*: eine vorübergehende Erscheinung преходящее явление; ein vorübergehender Zustand преходящее состояние; das Geschäft ist vorübergehend geschlossen магазин временно закрыт; er hält sich hier nur vorübergehend auf он здесь только временно ☐ Nach starken Schneefällen und -stürmen mußten am Montag drei Schweizer Alpenpässe vorübergehend geschlossen werden (*ND 22.1.80*) После сильных снегопадов и снежных бурь в понедельник должны были быть временно закрыты три швейцарских горных перевала в Альпах. **kurzfristig** краткосрочный, непродолжительный; *напр.*: ein kurzfristiger Vertrag, Urlaub краткосрочный договор, отпуск; eine kurzfristige Besserung des Zustandes (der Gesundheit) временное [непродолжительное] улучшение состояния (здоровья). **temporär** *книжн.* ≅ vorübergehend; *напр.*: ein temporärer Zustand временное состояние; diese Störungen treten nur temporär auf эти нарушения [помехи] являются временными. **einstweilig** *канц.* (*в ГДР редко*) ≅ zeitweilig, *но обыкн. употр. по отношению к каким-л. постановлениям, решениям и т. п. и подчеркивает их предварительный характер (тк. атрибутивно); напр.*: ein einstweiliger Beschluß, eine einstweilige Bestimmung временное решение, постановление ☐ Als einstweilige Aufgabe ist ihm Arbeit im Jugendverband übertragen worden (*Bredel, »Dein unbekannter Bruder«*) В качестве временного задания ему была поручена работа в союзе молодежи

zeitweilig [2] *см.* manchmal
zeitweise *см.* manchmal
Zelle келья
die Zelle — die Klause

Zelle *индифф. синоним; напр.*: eine dunkle, kahle Zelle темная, с голыми стенами келья; die Mönche wohnen in Zellen монахи живут в кельях; in der Zelle steht nur ein hartes Bett und ein Stuhl в келье стоит только жесткая кровать и один стул. **Klause** уединенная келья (*отшельника, в скиту и т. п.*) часто *тж. перен.; напр.*: die Klause eines Mönchs, eines Einsiedlers келья монаха, отшельника; die Mönche beteten in ihren Klausen монахи молились в своих кельях; sie hat eine gemütliche Klause у нее уютная келья (*маленькая комната, квартирка*); er arbeitet am liebsten in seiner stillen Klause охотнее всего он работает в своей тихой келье ☐ Dann, voll Behagen, richtete er sich wieder ein in seiner Klause, in der er nun... ein paar ungestörte Jahre wird verbringen können (*Feuchtwanger, »Lautensack«*) Затем он не спеша стал устраиваться в своей келье, в которой сможет наверняка провести несколько спокойных

лет. Den schmalen Eingang in seine unterirdische Klause verbarg ein altes Mistbeetfenster mit halbzerbrochenen Blumentöpfen (*Kellermann, »Totentanz«*) Узкий вход в эту подземную келью был скрыт старой парниковой рамой, заставленной полуразбитыми цветочными горшками

zensieren *см.* schätzen [1]
Zentrum центр
das Zentrum — der Mittelpunkt

Zentrum *индифф. синоним; напр.*: das geistige, kulturelle Zentrum духовный, культурный центр; das Zentrum der Stadt, des Erdbebens центр города, землетрясения; das Zentrum der Revolution, des Widerstandes центр революции, сопротивления; im Zentrum des Saals, des Platzes в центре зала, площади; im Zentrum des Interesses, der Besprechung stehen находиться в центре (всеобщего) интереса, обсуждения ☐ Der General Vesemann hatte sich in München ein Haus gekauft und ließ sich endgültig dort nieder, das machte die Stadt zum Zentrum der patriotischen Bewegung (*Feuchtwanger, »Erfolg«*) Генерал Веземан купил в Мюнхене дом и окончательно поселился там. Это делало Мюнхен центром патриотического движения. **Mittelpunkt** центр (*окружности, круга, шара*); *перен.* центр, средоточие (*всеобщего интереса, внимания*); *напр.*: der Mittelpunkt der Erde центр Земли; der künstlerische, geistige Mittelpunkt des Landes художественный, духовный центр страны; den Mittelpunkt eines Kreises bilden составлять [образовывать] центр круга; der Jubilar war der Mittelpunkt [bildete den Mittelpunkt, stand im Mittelpunkt] des Festes юбиляр был центром праздника; diese Frage steht im Mittelpunkt des Interesses этот вопрос находится в центре внимания ☐ Ihre Haltung wurde müder, sie war manchmal nicht mehr mit der gleichen Selbstverständlichkeit Mittelpunkt wie früher (*Feuchtwanger, »Erfolg«*) Усталость сквозила в ее манере держаться, иногда она уже не была таким неоспоримым центром внимания, как прежде. »Man stellt«, sagte er... »sein eigenes Ich noch zu oft in den Mittelpunkt der Welt« (*Heiduczek, »Abschied von den Engeln«*) «Еще слишком часто, — сказал он... — свое собственное Я считают центром мироздания»

Zephir *см.* Wind
zerbersten *см.* platzen [1]
zerbrechen [1] разбивать, раскалывать
zerbrechen — zerschlagen — zersplittern — zerschmettern — kaputtmachen

zerbrechen *индифф. синоним; напр.*: eine Vase, ein Thermometer, einen Teller, seine Brille zerbrechen разбить вазу, термометр, тарелку, свои очки; sie hat beim Abtrocknen eine Tasse zerbrochen она разбила чашку, вытирая посуду ☐ Die übermütige Klara zerbrach wieder ein Glas (*Kellermann,*

»*Totentanz*«) Не в меру разрезвившаяся Клара опять разбила бокал. **zerschlagen** ≅ zerbrechen, *но чаще употр. по отношению к предметам менее хрупким и больше подчеркивает преднамеренный характер действия; напр.*: eine Vase, einen Spiegel zerschlagen разбить [расколоть] вазу, зеркало; etw. aus [in der] Wut zerschlagen разбить что-л. в ярости; sie hat das ganze Geschirr zerschlagen она перебила всю посуду; zerschlagen Sie mir nicht die Scheibe! не разбейте мне стекло! □ Und dabei verlangte er immer strenger, daß Erika heiter sein und seine Sorgen zerstreuen sollte und zerschlug Geschirr, wenn sie ernst war (*Th. Mann, »Buddenbrooks«*) Он день ото дня все настойчивее требовал, чтобы Эрика была весела, чтобы она разгоняла его заботы, и бил посуду, если она хмурилась. **zersplittern** раскалывать (на мелкие куски, части), раздроблять, расщеплять; *напр.*: eine Tür mit dem Beil zersplittern изрубить дверь топором; der Sturm zersplitterte den Mast во время шторма расщепило мачту; er hat ihm das Nasenbein mit einem Schlag zersplittert он одним ударом раздробил ему переносицу. **zerschmettern** разбить что-л. (, бросив, ударив изо всей силы); раздробить; *напр.*: eine Vase auf dem Fußboden zerschmettern разбить вазу об пол; im Zorn zerschmetterte er einen Spiegel в ярости он разбил зеркало □ Das Schienbein scheint zerschmettert zu sein (*Remarque, »Im Westen«*) У него, по-видимому, раздроблена берцовая кость. **kaputtmachen** *разг.* ≅ zerbrechen; *напр.*: mach doch bitte das Thermometer nicht kaputt не разбей, пожалуйста, термометр; er hat meine Brille kaputtgemacht он разбил мои очки

zerbrechen [2] разбиваться (*от соприкосновения с чем-л.*)
zerbrechen — zersplittern — zerschellen — entzweigehen — kaputtgehen
zerbrechen *индифф. синоним; напр.*: die Platte zerbrach пластинка разбилась; der Teller ist mir beim Abwaschen zerbrochen тарелка разбилась, когда я мыла посуду; bei der Explosion zerbrachen viele Fensterscheiben во время взрыва разбилось много окон. **zersplittern** расщепляться, разлетаться на мелкие куски, осколки; *напр.*: die Fensterscheibe zersplitterte оконное стекло разлетелось на мелкие куски; der Knochen war zersplittert кость была раздроблена; die Wagenfenster zersplitterten bei dem Zusammenstoß при столкновении стекла машины разлетелись вдребезги □ Schrill zersplitterte das Glas (*Weiskopf, »Abschied vom Frieden«*) Стекло разлетелось со звоном. **zerschellen** разбиваться при столкновении с чем-л.; *напр.*: das Schiff zerschellte an einer Klippe корабль разбился о рифы; das Flugzeug ist an einer Felsenwand zerschellt самолет разбился о скалу □ Und dann flog etwas durch die Luft, scharf an der linken Schläfe vorbei, und zerschellte klirrend an der Wand (*Weiskopf, »Lissy«*) И потом в воздухе пролетел какой-то предмет, чуть не задев его левый висок, и со звоном разбился о стену. »Breite Wellen«, sagte Thomas Buddenbrook. »Wie sie daherkommen und zerschellen... eine nach der anderen, endlos, zwecklos, öde und irr (*Th. Mann, »Buddenbrooks«*) «Волны, — сказал Томас Будденброк. — Как они набегают и рассыпаются брызгами, набегают, дробятся... одна за другой, без конца, без цели, уныло и бессмысленно». Tappend, wie betrunken, griff Rankl nach der Flasche, die er eben erst niedergestellt hatte, und schleuderte sie gegen die Tür, wo sie krachend zerschellte (*Weiskopf, »Abschied vom Frieden«*) Наощупь, будто пьяный, Ранкль схватил бутылку, которую только что поставил, и швырнул ее об дверь, где она с треском разбилась. **entzweigehen** раскалываться, разламываться; *напр.*: die Uhr, meine Brille ist entzweigegangen часы, мои очки разбились; die Tasse ist entzweigegangen чашка раскололась □ Jetzt ist es (*das Modell*) entzweigegangen (*Brecht, »Das Leben des Galilei«*) Вот теперь она (*модель*) сломалась. **kaputtgehen** *разг.* ≅ entzweigehen; *напр.*: die Tasse ist kaputtgegangen чашка разбилась; die Fensterscheibe darf nicht kaputtgehen нельзя (допустить), чтобы оконное стекло разбилось; paß auf, daß die Flasche beim Öffnen nicht kaputtgeht смотри, чтобы бутылка не разбилась, когда будешь открывать (ее)

zerbrechen [3]: sich den Kopf zerbrechen *см.* nachdenken
zerbrechlich ломкий, хрупкий
zerbrechlich — brüchig — spröde
zerbrechlich *индифф. синоним; напр.*: eine zerbrechliche Ware хрупкий товар; das Glasgeschirr ist zerbrechlich стеклянная посуда легко бьется; Vorsicht, zerbrechlich! осторожно, бьется! (*надпись на ящиках*). **brüchig** ≅ zerbrechlich, *но употр. по отношению к предметам, которые от времени становятся ломкими, легко разрушаются; напр.*: brüchiges Leder ломкая кожа, кожа в трещинах; brüchiges Material, Gestein хрупкий материал, хрупкая (горная) порода; der Stoff, die alte Seide ist brüchig geworden ткань стала ветхой, старый шелк стал ветхим □ Die sie anhatte, es waren ihre Sonntagsschuhe, würden sich bald nicht mehr von den Werktagsschuhen unterscheiden, und die lohnten kaum noch eine Neubesohlung, so brüchig und mürbe war das Oberleder (*Weiskopf, »Lissy«*) Те, которые были у нее на ногах, ее воскресные туфли, скоро не будут уже отличаться от будничных, а на тех верх так потрескался, что не стоило уже делать новые подметки. **spröde** ломкий *б. ч. употр. по отношению к обрабатываемому материалу; предполагает, что ломкость, неэластичность связана с излишней сухостью, жесткостью; напр.*: Glas ist ein sprödes Material стекло — ломкий материал; dieses Holz ist für diese Arbeit zu spröde эта порода дерева не подходит для этой работы — слишком ломается и крошится; dieses Metall ist spröde этот металл ломкий

zerbrochen *см.* entzwei
zerdrücken раздавить (*изменить первоначальную форму*)
zerdrücken — zertreten — zerquetschen — zermalmen — zertrampeln
zerdrücken *индифф. синоним; напр.*: ein Ei, ein Glas in der Hand zerdrücken раздавить в руке яйцо, стакан; eine Spinne zerdrücken раздавить паука; mehrere Wagen wurden bei dem Eisenbahnunglück zerdrückt во время железнодорожной катастрофы было раздавлено [сплющено] несколько вагонов □ Und während er umständlich ein paar Kartoffeln in der zerlassenen Butter zerdrückte, sagte er noch... (*Feuchtwanger, »Lautensack«*) И неторопливо размяв несколько картофелин в растаявшем масле, он добавил... **zertreten** (наступив,) раздавить ногой; *напр.*: eine Blume, eine Kirsche, ein Insekt, einen Käfer zertreten раздавить ногой цветок, вишню, насекомое, жука □ Er spuckte aus und zertrat die Spucke; in Gedanken zertrat er dabei sie: Direktor Hoppe und Kassierer Gold (*Weiskopf, »Lissy«*) Он плюнул и растоптал плевок; при этом он мысленно растоптал их: директора Хоппе и кассира Гольда. **zerquetschen** расплющить, превратить в месиво; *напр.*: sein Arm wurde bei dem Unfall zerquetscht ему раздавило руку во время несчастного случая □ Im bombensicheren Unterstand kann ich auszerquetscht werden, und auf freiem Felde zehn Stunden Trommelfeuer unverletzt überstehen (*Remarque, »Im Westen«*) Я могу быть раздавлен под обломками в надежно укрепленном блиндаже и могу остаться невредим, пролежав десять часов в чистом поле под шквальным огнем. **zermalmen** размолоть, раздробить, раздавить, перемалывая; *напр.*: etw. zu Pulver zermalmen раздробить что-л. в порошок; Knochen mit den Zähnen zermalmen размалывать кости зубами (*о хищниках*); seine Hand wurde in der Maschine zermalmt его руку раздробило машиной; von dem herabstürzenden Felsen wurden drei Bergsteiger zermalmt обрушившейся скалой раздавило трех альпинистов □ Paul zermalmte gierig das Zuckerstückchen, das zum Koks (*Getränk*) gehörte... (*Weiskopf, »Lissy«*) Пауль с жадностью разгрыз кусочек сахара, который полагался к напитку «кокс»...

zertrampeln (с силой) растоптать ногами; *напр.*: einen Käfer, eine Spinne zertrampeln растоптать жука, паука
    zeremoniell *см.* steif [2]
    zeremoniös *см.* steif [2]
    zerfahren *см.* zerstreut
    zerfallen *см.* streiten (, sich) [2]
    zerfetzen *см.* reißen
    zerfressen разъедать (*разрушать, портить*)
zerfressen — anfressen
    zerfressen *индифф. синоним*; *напр.*: die Schwefelsäure hat das Gewebe zerfressen серная кислота разъела ткань; Motten haben den Stoff zerfressen моль проела [изъела] материю; der Rost zerfrißt das Metall ржавчина разъедает металл. **anfressen** ≅ zerfressen, *но указывает на начало процесса разрушения*; *напр.*: der Rost hat das Eisen angefressen ржавчина начала разъедать железо
    zerfurcht *см.* faltig
    zergehen *см.* schmelzen [2]
    zerknallen *см.* platzen [1]
    zerknittern (с)мять
zerknittern — zerknüllen
    zerknittern *индифф. синоним*; *напр.*: das Papier, das Hemd, die Zeitung zerknittern смять бумагу, рубашку, газету; ich habe im Auto mein neues Kleid zerknittert я смял в машине свое новое платье. **zerknüllen** (с)комкать; *напр.*: als sie den Brief gelesen hatte, zerknüllte sie ihn und warf ihn weg когда она прочитала письмо, она скомкала его и выбросила; vor Aufregung zerknüllte er sein Taschentuch от волнения он комкал свой платок □ Er zerknüllte das Blatt (*Noll,* »*Werner Holt*«) Он скомкал лист
    zerknittert *см.* faltig
    zerknüllen *см.* zerknittern
    zerlassen *см.* schmelzen [1]
    zerlumpt *см.* abgetragen
    zermalmen *см.* zerdrücken
    zermürben *см.* schwächen
    zerplatzen *см.* platzen [1]
    zerquetschen *см.* zerdrücken
    zerraufen *см.* zerzausen
    zerrauft *см.* wirr [1]
    Zerrbild *см.* Karikatur
    zerreißen *см.* reißen
    zerren *см.* ziehen [1]
    zerrinnen *см.* schmelzen [2]
    zerschellen *см.* zerbrechen [1]
    zerschlagen I *см.* zerbrechen [1]
    zerschlagen II *см.* müde
    zerschlagen, sich *см.* mißlingen
    zerschlissen *см.* abgetragen
    zerschmettern *см.* brechen I [1]/zerbrechen [1]
    zersetzen *см.* verderben [2]
    zerspalten *см.* spalten
    zersplittern *см.* zerbrechen [1, 2]
    zerspringen *см.* platzen [1]
zerstören — zertrümmern — demolieren
    zerstören *индифф. синоним*; *напр.*: etw. mutwillig, sinnlos, vollständig, restlos zerstören разрушать что-л. преднамеренно (*из озорства*), бессмысленно, полностью, до конца; Stadt, eine Befestigung zerstören разрушать город, укрепление; das Dorf wurde durch ein Erdbeben zerstört деревня была разрушена землетрясением; die Saboteure zerstörten die Telefonleitung саботажники вывели из строя телефонную линию □ Die Uhr am Dom zu Münster war vier Jahrhunderte vorher von den Wiedertäufern zerstört (*Feuchtwanger,* «*Erfolg*») Часы на башне мюнстерского собора четыреста лет назад были разрушены анабаптистами. **zertrümmern** разбивать (на куски), разрушать (до неузнаваемости); *напр.*: einen Spiegel zertrümmern разбить зеркало (вдребезги); einen Grabstein zertrümmern разрушать надгробный памятник; eine Stadt zertrümmern превращать город в развалины; die Porzellansammlung wurde zu Scherben zertrümmert коллекция фарфора была разбита на мелкие кусочки. **demolieren** *разг.* ломать, разрушать, сильно повреждать что-л. *употр. по отношению к разрушению, совершаемому преднамеренно или с бессмысленной жестокостью*; *напр.*: ein Auto, die Wohnungseinrichtung, das Spielzeug demolieren сильно повредить машину, переломать обстановку квартиры, сломать игрушку; die Betrunkenen demolierten die ganze Gaststätte пьяные переломали все, что было в помещении закусочной □ Er demoliert alle Familienbilder... (*Hauptmann,* »*Vor Sonnenuntergang*«) Он уничтожает все семейные портреты...
    zerstörend *см.* zerstörerisch
    zerstörerisch разрушительный
zerstörerisch — zerstörend — destruktiv
    zerstörerisch *индифф. синоним*; *напр.*: eine zerstörerische Explosion разрушительный взрыв; ein zerstörerischer Krieg разрушительная война; die Bombe wirkte ungeheuer zerstörerisch бомба обладала огромной разрушительной силой. **zerstörend** ≅ zerstörerisch, *но обыкн. сохраняет значение процессуальности*; *напр.*: eine zerstörende Explosion разрушительный взрыв; die Bombe wirkte ungeheuer zerstörend бомба обладала огромной разрушающей силой. **destruktiv** деструктивный, разрушительный *более характерно для книжно-письменной речи*; *напр.*: seine destruktive Einstellung [Haltung], Handlungsweise его деструктивная позиция, деструктивные действия; die ungeheure destruktive Wirkung der Atomwaffen необыкновенное разрушительное действие атомного оружия; Röntgenstrahlen wirken auf Körperzellen destruktiv рентгеновские лучи оказывают разрушительное действие на клетки организма
    zerstreiten, sich *см.* streiten (, sich) [2]

    zerstreuen [1] рассеивать (*толпу и т. п.*)
zerstreuen — auseinandertreiben
    zerstreuen *индифф. синоним*; *напр.*: eine Menge, eine Ansammlung, Demonstranten zerstreuen рассеивать толпу, сборище, разгонять демонстрантов. **auseinandertreiben** разгонять (с применением силы); *напр.*: eine Menge, eine Ansammlung, die Demonstranten auseinandertreiben разгонять толпу, собравшихся, демонстрантов
    zerstreuen [2] *см.* unterhalten [1]
    zerstreuen, sich [1] рассеиваться (*улучшая видимость и т. п.*)
sich zerstreuen — sich lichten
    sich zerstreuen *индифф. синоним*; *напр.*: die Wolken haben sich zerstreut облака рассеялись □ Noch einmal scheint sich das Gewölk zerstreuen zu wollen... (*St. Zweig,* »*Maria Stuart*«) Тучи как будто готовы рассеяться еще раз... **sich lichten** рассеиваться; проясняться (*о погоде, о небе и т. п.*); *напр.*: der Nebel lichtet sich langsam туман медленно рассеивается; das Wetter, der Himmel lichtet sich высок. погода, небо проясняется; das Dunkel lichtete sich высок. мрак рассеялся □ Die Staubwolke lichtete sich (*Noll,* »*Werner Holt*«) Пыль рассеялась
    zerstreuen, sich [2] *см.* auseinandergehen/unterhalten, sich [1]
    zerstreut рассеянный (*о человеке*)
zerstreut — zerfahren — geistesabwesend — abwesend
    zerstreut *индифф. синоним*; *напр.*: zerstreut zuhören слушать рассеянно; er ist sehr zerstreut und vergißt alles он очень рассеянный и все забывает □ Müller, während Schneidereit das Zimmer verließ, nickte zerstreut (*Noll,* »*Werner Holt*«) Мюллер, когда Шнайдерайт выходил из комнаты, рассеянно кивнул. Sie war zerstreut an diesem Abend, behandelte Heßreiter schlecht (*Feuchtwanger,* »*Erfolg*«) Она была рассеянна в этот вечер, дурно обращалась с Гессрейтером. **zerfahren** совершенно рассеянный (*о состоянии, вызванном переутомлением, нервным напряжением, какими-л. переживаниями и т. п.*); *напр.*: er macht einen zerfahrenen Eindruck он производит впечатление человека, не знающего, на каком он свете; du bist heute sehr zerfahren ты сегодня очень рассеян [не можешь сосредоточиться] □ Es war Schneidereit. Er sah etwas zerfahren aus, auch übernächtig... (*Noll,* »*Werner Holt*«) Это был Шнайдерайт. Он выглядел рассеянным и утомленным, словно после бессонной ночи... **geistesabwesend** невидящий, отсутствующий (*о взгляде, выражении*); *напр.*: ein geistesabwesender Blick отсутствующий взгляд; geistesabwesend sein быть рассеянным [погруженным в свои мысли]; j-n geistesabwesend anstarren смотреть на кого-л., не видя [отсутствующим взглядом]; sie sah geistesabwesend vor sich hin она рассеянно смотрела

перед собой. **abwesend** отсутствующий; *напр.*: er war wie abwesend у него был отсутствующий вид; er war innerlich abwesend мыслями он был далеко

Zerstreuung *см.* Vergnügen[1]
Zertifikat *см.* Zeugnis[1]
zertrampeln *см.* zerdrücken
zertrennen *см.* trennen
zertreten *см.* zerdrücken
zertrümmern *см.* zerstören
Zerwürfnis *см.* Streit[2]
zerzausen растрепать (*спутать*)
zerzausen — zerraufen

zerzausen *индифф. синоним*; *напр.*: die Frisur, die Locken, die Federn zerzausen растрепать прическу, локоны, перья; der Wind zerzauste ihr das Haar ветер растрепал ее волосы □ Eine Stunde später kam er zu ihr in die Küche: zerzaust... das leibhaftige schlechte Gewissen (*Weiskopf*, »*Lissy*«) Через час он пришел к ней на кухню — весь растрепанный... воплощенное раскаяние. **zerraufen** ≅ zerzausen, *но употр. тк. по отношению к волосам*; *напр.*: sich das Haar zerraufen растрепать [взъерошить] свои волосы; er saß mit zerrauftem Haar im Bett он сидел на кровати с растрепанными волосами

zerzaust *см.* wirr[1]
zetern *см.* schreien[1]
Zeuge свидетель
der Zeuge — der Augenzeuge

Zeuge *индифф. синоним*; *напр.*: Zeuge des Unfalls, der Tat свидетель несчастного случая, поступка; es waren keine Zeugen dabei при этом не было свидетелей; wir alle waren Zeugen dieses Gesprächs мы все были свидетелями этого разговора □ Wenn der erfuhr, was vorgefallen war — und er mußte davon erfahren, es waren ja zu viel Zeugen dabeigewesen... (*Weiskopf*, »*Lissy*«) Если он узнает, что произошло — а он непременно узнает, ведь при этой сцене было так много свидетелей... **Augenzeuge** очевидец; *напр.*: der Augenzeuge des Vorfalls очевидец происшествия; der Bericht des Augenzeugen рассказ очевидца; sich auf Augenzeugen berufen ссылаться на очевидцев; etw. als Augenzeuge miterleben пережить что-л. в качестве очевидца □ Rund 5,5 Millionen Besucher waren Augenzeuge der Wettkämpfe der XXII. Olympischen Sommerspiele (*ND 21. 8. 80*) Около 5,5 миллионов зрителей были очевидцами соревнований XXII летних Олимпийских игр

zeugen свидетельствовать (*служить доказательством*)
zeugen — sprechen

zeugen (*von etw.*) *индифф. синоним*; *напр.*: das zeugt davon, daß... это свидетельствует о том, что...; diese Tat zeugt von seinem Mut этот поступок свидетельствует о его мужестве; sein Verhalten zeugt nicht von Geschmack, von Intelligenz его поведение не свидетельствует о вкусе, об уме; das zeugt für seine gute Erziehung это свидетельствует [тоже говорит] о его хорошем воспитании. **sprechen** (*für A*) говорить в пользу (*кого-л., чего-л.*); *напр.*: das spricht für ihn это говорит в его пользу; dieser Umstand spricht für seine Unschuld это обстоятельство говорит о том, что он невиновен; seine Handlungen sprechen dafür, daß... его поступки говорят о том, что...

Zeugnis[1] свидетельство (*документ*)
das Zeugnis — das Attest — der Schein — die Bescheinigung — das Zertifikat

Zeugnis *индифф. синоним*; *напр.*: ein gutes, erstklassiges, ausgezeichnetes Zeugnis хорошее, первоклассное, отличное свидетельство (*содержащее соответствующую оценку чего-л.*); ein amtliches, ärztliches Zeugnis официальное, врачебное свидетельство; j-m ein Zeugnis geben давать кому-л. свидетельство; ein Zeugnis ausstellen, vorlegen, fordern оформлять, предъявлять, требовать свидетельство; er hat nur gute Noten im Zeugnis у него в свидетельстве только хорошие оценки; er konnte die besten Zeugnisse vorweisen он мог представить самые хорошие рекомендации □ Holt hielt sein Zeugnis in den Händen, überflog zerstreut die Zensuren (*Noll*, »*Werner Holt*«) Хольт держал в руках свой аттестат и только вскользь глянул на отметки. Und es verstand sich von selbst, daß Frohmeyer ein prima Zeugnis bekam und dito Empfehlungen! (*Weiskopf*, »*Lissy*«) Само собой разумеется, что при этом Фромайер получил блестящую характеристику и столь же блестящие рекомендации! Seine Zeugnisse und seine gute Haltung hatten ihm ziemlich leicht eine Stelle verschafft (*Seghers*, »*Die Toten*«) Благодаря рекомендациям и своей выправке ему довольно легко удалось получить место. **Attest** медицинское свидетельство, медицинская справка; *напр.*: ein ärztliches Attest врачебное свидетельство; ein Attest ausschreiben [ausstellen], beibringen [vorlegen] выдавать, представлять медицинское свидетельство; ein Attest verlangen (по)требовать медицинское свидетельство (*справку о состоянии здоровья*); j-n durch ein Attest vom Dienst befreien освобождать кого-л. от службы на основании медицинского свидетельства □ »Dann werde ich eben sehr schwer erkranken müssen«, sagte Holt. »Genügt das Attest eines Hochschulprofessors?« (*Noll*, »*Werner Holt*«) «Что ж, остается тяжело заболеть, — сказал Хольт. — Свидетельство университетского профессора вас устроит?» **Schein** документ, свидетельство, справка *официально заверяет факт* (*рождение, брак, смерть*) *или дает разрешение на что-л.*; *в непринужденной разговорной речи часто употр. вместо полного названия соответствующего документа, т. е. вместо* Krankenschein, Geburtsbescheinigung *и т. п.*; *напр.*: ein Schein, der j-s Geburt, Tod, Krankheit beglaubigt свидетельство о рождении, о смерти, справка о болезни; der Arzt hat den Schein ausgefüllt, unterschrieben врач заполнил, подписал свидетельство [справку]; auf Grund dieses Scheines kann er zur Kur fahren на основании этого документа он может ехать на курорт; wer ohne Schein angelt, muß Strafe zahlen кто ловит рыбу без разрешения, тот должен платить штраф; er konnte alle Scheine vorweisen он мог предъявить все документы [справки]. **Bescheinigung** письменное подтверждение, справка, свидетельство, квитанция; *напр.*: von j-m über etw. eine Bescheinigung verlangen потребовать от кого-л. справку, подтверждающую что-л.; j-m eine Bescheinigung ausstellen, aushändigen выписывать, вручать кому-л. справку [свидетельство, квитанцию]; eine Bescheinigung unterschreiben подписывать свидетельство [справку]; er hat von ihm eine Bescheinigung über seinen Aufenthalt im Krankenhaus verlangt он потребовал от него справку о пребывании в больнице □ Er nahm nur noch am Unterricht teil, weil er für die Lebensmittelkarte die Bescheinigung der Schule brauchte (*Noll*, »*Werner Holt*«) Если он еще ходил на уроки, то потому только, что для получения продуктовой карточки требовалась справка из школы. Die Direktion gibt uns eine provisorische Bescheinigung, daß wir das Abitur bestehen werden, und das Zeugnis reichen wir später nach (*ebenda*) Дирекция выдаст нам пока справку, что мы сдадим выпускные экзамены, а аттестат мы представим после. **Zertifikat** *устаревает редко* удостоверение, свидетельство (*на официальном бланке*); *напр.*: ein Zertifikat ausstellen выдавать свидетельство □ Hören Sie: ich gebe Ihnen mein Ehrenwort, daß wenn Sie das Zertifikat unterfertigen, diese Frau sei an... nun, an einer Zufälligkeit gestorben, daß ich... die Stadt und Indien verlasse... (*St. Zweig*, »*Amok*«) Слушайте: даю вам честное слово — если вы подпишете свидетельство, что смерть этой женщины вызвана... какой-нибудь случайностью, то я... покину город и Индию...

Zeugnis[2] *см.* Aussage
zeugungsunfähig *см.* unfruchtbar[1]
ziehen[1] тянуть, тащить (*за собой*)
ziehen — zerren — schleppen — schleifen

ziehen *индифф. синоним*; *напр.*: einen Handwagen ziehen тянуть тачку [ручную тележку]; die Hunde ziehen den Schlitten собаки тянут сани; sie zog mich ans Fenster und betrachtete mich von allen Seiten она потащила меня к окну и осмотрела со всех

сторон □ Vetter zog Holt in ein erleuchtetes Portal (Noll, »Werner Holt«) Феттер потащил Хольта в ярко освещенный подъезд. Uta reichte ihm Eimer nach und zog sie gefüllt mit einem Strick nach oben (ebenda) Ута передавала ему пустые ведра и вытаскивала на веревке полные. **zerren** ≅ ziehen, но *чаще употр. с указанием направления, места и больше подчеркивает, что при этом прикладывается сила, чтобы преодолеть сопротивление чего-л., кого-л.; напр.*: den Sack über den Hof zerren тащить [волочить] мешок по двору; an einen Sack zerren тащить [пытаться сдвинуть с места] мешок; j-n aus dem Bett, auf die Straße zerren силой вытащить кого-л. из постели, на улицу □ Der Mann schwieg. Seine Begleiter stießen und zerrten ihn ungeduldig vorwärts (Remarque, »Die Nacht von Lissabon«) Мужчина молчал. Сопровождающие его люди толкали его и тащили нетерпеливо вперед. **schleppen** тащить кого-л., что-л. *употр. по отношению к значительным тяжестям; напр.*: eine Last, schwere Säcke, Kisten in den Keller, auf den Boden schleppen тащить груз, тяжелые мешки, ящики в подвал, на чердак; der Dampfer schleppt die Lastkähne пароход тянет баржи; die Fischdampfer schleppen die Netze рыболовные суда тянут сети □ Müller hatte im Leben schon Zweieinhalbzentnersäcke schleppen und als Häftling im Steinbruch arbeiten müssen (Noll, »Werner Holt«) Мюллеру приходилось уже в своей жизни таскать мешки и по сто двадцать пять килограммов и работать в лагере в каменоломнях. **schleifen** волочить, тащить волоком *(перемещать, не отрывая от поверхности); напр.*: Holzstämme an den Fluß, das Netz an das Ufer, Kisten in den Keller schleifen тащить бревна к реке, сеть на берег, ящики в подвал; j-n an [bei] den Haaren schleifen (при)тащить кого-л. за волосы; den lahmen Fuß (beim Gehen) schleifen lassen волочить (при ходьбе) ногу; das Auto schleifte den Überfahrenen noch 50 m weit машина протащила за собой пострадавшего еще пятьдесят метров; er schleifte den Ohnmächtigen ins Freie он вытащил потерявшего сознание на воздух
ziehen ² *см.* übersiedeln/wandern/züchten
ziehen ³: die Aufmerksamkeit auf sich ziehen *см.* auffallen; in die Länge ziehen *см.* verzögern ¹
Ziehgelder *см.* Alimente
Ziel ¹ цель *(то, к чему стремятся)*
das Ziel — der Zweck
Ziel *индифф. синоним; напр.*: ein fernes, klares, unbekanntes, großes, gutes Ziel далекая, ясная, неизвестная, великая, хорошая цель; das Ziel einer Reise, seiner Wünsche, seines Lebens цель поездки [путешествия], его желаний, его жизни; ein Leben ohne Ziel бесцельная жизнь; ein Ziel anstreben стремиться к поставленной цели; sich ein Ziel setzen [stecken] ставить себе цель; sein Ziel erreichen достигать своей цели; zum Ziel führen вести к цели; auf diesem Wege kommst du nicht zum Ziel таким путем ты не достигнешь цели □ »Du hast recht«, sagte er. »Damals bin ich getrieben. Heute weiß ich, was ich will. Ich habe ein Ziel«. Er setzte hinzu: »Eine menschliche Zielsetzung« (Noll, »Werner Holt«) «Ты права, — сказал он. — Тогда я плыл по течению. А сейчас знаю, чего хочу. У меня есть цель». Он добавил: «Человеческая». Such dir ein Ziel, lebe diesem Ziel und versuche, ein Mensch zu werden (ebenda) Найди же себе цель, живи для нее и постарайся стать человеком. Er stand auf und marschierte los, ohne bestimmtes Ziel, nur um warm zu werden... (Weiskopf, »Lissy«) Он встал и зашагал прочь, без определенной цели, лишь бы согреться... **Zweck** цель действия, поступка, (пред)назначение; *напр.*: ein guter, edler, politischer, erzieherischer Zweck хорошая, благородная, политическая, воспитательная цель; zu welchem Zweck? с какой целью?; einen bestimmten Zweck erreichen, verfehlen добиться, не достигнуть определенной цели; einen Zweck verfolgen преследовать цель; das ist der Zweck der Übung это цель упражнения; welchem Zweck soll das dienen? чему [какой цели] это должно служить? □ Aber für Paul war das Klauen kein bloßes Mittel, sondern der Zweck selbst! (Weiskopf, »Lissy«) А для Пауля воровство было не средство, а сама цель! Der Dialog mit dem ahnungslosen Pfisterer konnte nur den Zweck haben, ihm und den anderen zu zeigen, daß sie von Johanna abrücke (Feuchtwanger, »Erfolg«) Диалог с ничего не подозревавшим Пфистерером мог иметь только одну цель: показать и ему и другим, что она отстраняется от Иоганны. Alle Zeugen, die man zu diesem Zweck zurückbehalten hatte, zogen an ihm vorbei... (Seghers, »Das siebte Kreuz«) Все свидетели, которых для этой цели задержали, проходили мимо него...
Ziel ² *см.* Frist ¹
zielen *см.* streben
ziemen, sich *см.* schicken, sich ²
ziemlich довольно, порядочно
ziemlich — recht — relativ
ziemlich *индифф. синоним; напр.*: ziemlich gut довольно хорошо; ziemlich viel довольно много; ein ziemlich bekannter Gelehrter, Maler довольно известный ученый, художник; ein ziemlich interessanter Artikel довольно интересная статья; er kam ziemlich spät он пришел довольно поздно □ Auch trank er ziemlich reichlich (Feuchtwanger, »Lautensack«) И пил он довольно много. **recht** довольно *под ударением указывает на высокую, без ударения — на довольно высокую степень названного качества, свойства; напр.*: ein recht interessanter Artikel довольно интересная статья; gestern war es recht warm вчера было довольно тепло; das kommt mir recht sonderbar vor это кажется мне довольно странным; ich bitte recht sehr um Verzeihung я очень прошу извинить меня; er kommt heute recht spät он придет сегодня довольно поздно □ Er schaute zuweilen recht müde aus seinem faltigen, listigen Bauerngesicht (Feuchtwanger, »Erfolg«) Его морщинистое, хитрое крестьянское лицо выглядело временами довольно уставшим. Sie fühlte sich bisweilen recht einsam (Weiskopf, »Lissy«) Временами она чувствовала себя очень одинокой. »Ich bin sicher«, sagte er, »daß Werner Einladungen erhalten wird, die jungen Leute sind schon wieder recht gesellig« (Noll, »Werner Holt«) «Я уверен, — сказал он, — что у Вернера отбоя не будет от приглашений, молодежь уже опять довольно общительна». **relativ** относительно, сравнительно; *напр.*: ein relativ bekannter Mann относительно известный человек; ich kenne ihn relativ gut я знаю его относительно хорошо; er kam wieder relativ spät он опять пришел сравнительно поздно; das Wetter ist relativ nicht schlecht погода сравнительно неплохая
Zier *см.* Schmuck
Zierat *см.* Schmuck
Zierde *см.* Schmuck
zieren *см.* schmücken
Zimmer комната
das Zimmer — der Raum — die Stube — die Kammer — das Gelaß — das Gemach — die Bude
Zimmer *индифф. синоним; напр.*: ein großes, geräumiges, schmales, enges, sonniges, dunkles Zimmer большая, просторная, узкая, тесная, солнечная, темная комната; ein möbliertes Zimmer меблированная комната; ein Zimmer für die Gäste комната для гостей; die Wohnung hat drei Zimmer в квартире три комнаты □ Finsteren Gesichts durchschritt Oskar das weite, prunkvolle Zimmer... (Feuchtwanger, »Lautensack«) Насупившись, прошел Оскар через огромную, роскошную комнату... Der Korridor, an dessen Ende sein Zimmer lag, dieser Korridor war ihm heute viel zu kurz (Weiskopf, »Lissy«) Коридор, в конце которого находилась его комната, этот коридор... сегодня показался ему слишком коротким. **Raum** помещение, комната *(не обязательно жилая); напр.*: unsere Wohnung hat drei Räume наша квартира состоит из трех комнат (, включая кухню); wir arbeiten zu dritt in einem Raum мы работаем втроем в комнате; Licht, Sonne erfüllt den ganzen Raum свет, солнце заполняет все помещение □ ...öffnete

ZIMMERMÄDCHEN — ZITTERN

eine Tapetentür, stand in einem nicht großen, kahlen Raum (*Feuchtwanger*, »*Lautensack*«) ...отворил скрытую ковром дверь и очутился в небольшой, почти пустой комнате. **Stube** терр., часто разг. (жилая) комната; напр.: eine große, kleine, hohe, niedrige, enge, winzige Stube большая, маленькая, высокая, низкая, тесная, крохотная комната; die gute Stube гостиная; in der Stube sitzen [hocken] торчать в комнате, не выходить на улицу; Ungern verließ er im Winter die warme Stube (*H. Mann*, »*Untertan*«) Он неохотно выходил зимой из теплой комнаты. Das Diplom hing wirklich wieder auf dem alten Platz über dem Kanapee in der guten Stube (*Weiskopf*, »*Lissy*«) Диплом действительно висел снова на старом месте над кушеткой в гостиной. **Kammer** комнатка; каморка (б. ч. не отапливаемая); напр.: eine schmale, kleine Kammer узкая, маленькая комнатка □ Dort stand ohnehin eine Kammer leer, seit Lissys Bruder Paul ausgerückt war (*Weiskopf*, »*Lissy*«) Там все равно пустовала одна комнатушка, после того как ее брат Пауль ушел из дома. Damals schloß der Vater die Kammer ab wie eine Gruft (*ebenda*) Тогда отец закрыл его комнату, как склеп. **Gelaß** высок. устаревает ≃ Zimmer, но чаще употр. по отношению к небольшой, очень скромно обставленной комнате; напр.: ein enges, winziges, dumpfes, finsteres Gelaß тесная, крохотная, душная, темная комната; das Gelaß besaß kein Fenster в комнате не было окна □ In dieses kleine Gelaß also, in seine »Klause«, zog sich Oskar jetzt zurück (*Feuchtwanger*, »*Lautensack*«) В эту тесную комнатку, в эту «келью» теперь и удалился Оскар. **Gemach** высок. устаревает покои, (большая парадная) комната; напр.: ein prunkvolles, geräumiges Gemach роскошная, просторная комната; die Gemächer eines Palastes, eines Schlosses дворцовые покои, покои в замке □ Die Flucht der Gemächer war tageshell erleuchtet: Gemälde, Bronzen, Skulpturen, herrliche alte Möbel — die Wohnung war ein Museum (*Kellermann*, »*Der 9. November*«) Залитая светом анфилада парадных комнат: картины, бронза, скульптуры, чудесная старинная мебель — не жилой дом, а музей. **Bude** разг. ≃ Zimmer; студ. меблированная комната; напр.: eine ungeheizte, feuchte, muffige Bude нетопленая, сырая, душная комната; sich eine Bude mieten снять меблированную комнату □ Vetter schimpfte über die miese Bude, dann über das Röstbrot (*Noll*, »*Werner Holt*«) Феттер сперва принялся ругать паршивую комнатенку, а затем сухари

Zimmermädchen см. **Hausangestellte**

zimperlich см. **steif**[2]

Zins см. **Prozent**
Zinsschein см. «Приложение»
zirka см. **ungefähr**
Zirkular см. **Rundschreiben**
zischeln см. **flüstern**
zischen шипеть

zis'chen — fauchen

zischen индифф. синоним; напр.: eine Schlange, eine Gans zischt змея, гусь шипит; die Wassertropfen zischen auf dem glühenden Eisen капли воды шипят на раскаленном железе; der entweichende Dampf zischt выходящий пар шипит; das Fett zischt auf der Pfanne жир шипит на сковородке □ Auf dem Ofen zischte der Teekessel (*Noll*, »*Werner Holt*«) На плите зашумел чайник. **fauchen** ≃ zischen, но употр. по отношению к некоторым звукам, издаваемым животными, тж. перен.; напр.: die Katze, der Löwe, der Tiger faucht кошка, лев, тигр сопит [недовольно шипит]; der Hamster, der Fuchs verteidigt fauchend seine Jungen хомяк, лиса, шипя, защищает своих детенышей; man hörte die Lokomotive schon von weitem fauchen уже издалека было слышно, как пыхтит паровоз

Zitat цитата

das Zitat — der Auszug — der Beleg — das E x z e r p t

Zitat индифф. синоним; напр.: einen ganzen Roman nach einem Zitat durchsuchen перелистать весь роман в поисках цитаты; ich habe dieses Zitat aus einem Roman я взял эту цитату из одного романа; in dem Buch wird ein Zitat von Goethe angeführt в книге приводится цитата из Гете □ Der Lehrer, ein wenig mißtrauisch, fragte denn auch, aus welchem Werk das Zitat sei (*Feuchtwanger*, »*Lautensack*«) Учитель несколько недоверчиво спросил тогда, конечно, из какого произведения взята цитата. Koch liebte es, seine Leitartikel um ein Zitat herum aufzubauen (*Weiskopf*, »*Abschied vom Frieden*«) Кох любил класть в основу своих передовиц цитату. **Auszug** выдержка; напр.: Auszüge aus einem Werk, aus einer Schrift, aus der Rede des Ministerpräsidenten, aus der Dissertation выдержки из произведения, из сочинения, из речи премьер-министра, из диссертации; Auszüge aus einem Roman vorlesen зачитать выдержки из романа; einen kurzen Auszug aus der Rede abdrucken напечатать краткую выдержку из речи; einen Brief im Auszug mitteilen сообщить выдержки из письма. **Beleg** цитата, приводимая в подтверждение, в доказательство чего-л.; напр.: ein Beleg für ein Wort пример на употребление слова; einen Beleg bringen привести подтверждающую цитату; ein Zitat, eine Textstelle dient als Beleg цитата, место из текста служит доказательством [подтверждением]. **Exzerpt** книжн. выписка, выборка (из книги), извлечение; напр.: ein Exzerpt machen сделать выписку; Exzerpte anfertigen делать выборки; ein Exzerpt aus einem Klassiker цитата из классика

zitieren см. **nennen**[2]/**rufen**[1]

zittern дрожать

zittern — beben — schüttern — erbeben — zucken — schütteln — wabern — schlottern — bibbern — bubbern

zittern индифф. синоним; напр.: vor Kälte, vor Aufregung, vor Furcht, vor Schwäche, vor Wut zittern дрожать от холода, от волнения, от страха, от слабости, от гнева; am ganzen Leibe zittern дрожать всем телом; j-m zittern die Hände, die Knie, die Lippen у кого-л. дрожат руки, колени, губы; der Boden, das Haus zittert земля, дом дрожит; das Laub zittert im Winde листва дрожит на ветру; seine Hand zitterte, als er schoß его рука дрожала, когда он стрелял; seine Stimme zitterte, als er antwortete его голос дрожал, когда он отвечал; er zitterte an allen Gliedern, am ganzen Körper у него дрожали руки и ноги, он дрожал всем телом □ Er schenkte ein, wobei seine Hand ein wenig zitterte, so daß er verkleckerte (*Seghers*, »*Das siebte Kreuz*«) Он налил, при этом его рука слегка дрожала, и несколько капель пролилось на стол. »Ich habe Ihre Aphorismen satt«, sagte Johanna und warf die Serviette auf den Tisch. Ihre stumpfe Nase zitterte (*Feuchtwanger*, »*Erfolg*«) «Я по горло сыта вашими афоризмами», — сказала Иоганна, бросая на стол салфетку. Ноздри ее курносого носа вздрагивали. Er blieb stehen. Die Beine zitterten und das Herz schlug wild (*Weiskopf*, »*Lissy*«) Он остановился. Ноги у него дрожали, сердце бешено колотилось. **beben** сильно дрожать; трястись; напр.: vor Angst, vor Wut, vor Kälte beben трястись от страха, от ярости, от холода; vor innerer Erregung beben дрожать от внутреннего волнения; die Knie bebten ihm у него тряслись колени; seine Lippen bebten у него сильно дрожали губы; er bebte am ganzen Leib он дрожал всем телом; die Erde bebte земля содрогалась; das Haus bebte bei der Explosion дом задрожал от взрыва. **schüttern** трястись, дрожать, содрогаться субъектом действия б. ч. является неодуш. предмет; напр.: er lacht immer so laut, das die Wände schüttern он всегда так громко смеется, что стены сотрясаются; der Boden schütterte, als die schweren Lastwagen vorbeifuhren земля содрогалась, когда тяжелые грузовики проезжали мимо; sie geriet in ein schütterndes Schluchzen она разразилась рыданиями, от которых сотрясалось все ее тело. **erbeben** (сильно) задрожать; содрогаться, сотрясаться; напр.: vor Schreck, vor Zorn erbeben задрожать от испуга, от гнева; die Erde erbebte земля содрогнулась; die Häuser

erbebten durch die Detonation, durch den Erdstoß дома дрогнули от взрыва, от подземного толчка. **zucken** вздрагивать; *напр.*: er zuckte beim Berühren der heißen Herdplatte он вздрогнул, коснувшись горячей плиты; der Patient zuckte beim Einstechen der Nadel пациент вздрогнул, когда игла вошла в его тело; er ertrug den Schmerz, ohne zu zucken он перенес боль, не дрогнув; seine Augen zukken его веки подергиваются [вздрагивают] ◻ Sein Mund war in unablässiger Bewegung, die einzelnen Härchen ringsherum zitterten und zuckten mit, was dem ganzen Mann etwas Kaninchenhaftes gab (*Feuchtwanger, »Erfolg«*). Его губы постоянно шевелились, отдельные торчавшие вокруг них волоски дрожали и вздрагивали, придавая его физиономии некоторое сходство с кроликом. »Red doch keinen Schmarren«, empörte sich Hannsjörg, sein blasses, käsiges Gesicht zuckte (*Feuchtwanger, »Lautensack«*) «Не болтай чепухи», — возмутился Гансйорг, и его бледное, сырного цвета лицо дрогнуло. **schütteln** сотрясать кого-л. *субъектом действия являются чувства, ощущения, состояния лица, вызывающие у него дрожь*; *напр.*: die Erregung schüttelte ihn он весь дрожал от возбуждения; das Grauen schüttelte ihn он содрогнулся [задрожал] от ужаса ◻ Fromeyer war in Hitze geraten. Die Wut schüttelte ihn (*Weiskopf, »Lissy«*) Фромайер разгорячился. Он весь дрожал от ярости. **wabern** *поэт.* трепетать, колыхаться; *напр.*: die Nebelschwaden waberten im Morgengrauen завеса тумана колыхалась в предрассветных сумерках; Flamme wabert пламя [огонь] трепещет. **schlottern** *разг.* трястись, сильно дрожать *употр. тк. по отношению к человеку, его лицу и к частям тела*; *напр.*: am ganzen Leib, an allen Gliedern schlottern дрожать всем телом, всеми членами; die Glieder schlotterten ihm vor Kälte он весь дрожал от холода; die Mädchen, seine Knie schlotterten vor Angst девочки, его колени дрожали от страха (*Ср. тж. ряд* frieren¹). **bibbern** *фам.* ≅ zittern, *но б. ч. употр. по отношению к человеку, голосу*; *напр.*: vor Angst, vor Erregung, vor Kälte bibbern дрожать от страха, от волнения, от холода; der ganze Körper bibbert все тело дрожит ◻ Aber sie hatte keine Zeugen als diese alte, vor Frost und Ärger bibbernde Frau... (*Seghers, »Das siebte Kreuz«*) Но у нее не было свидетелей, кроме этой старой, дрожащей от холода и гнева женщины (*Ср. тж. ряд* frieren¹). **bubbern** *разг.* ходить ходуном, колотиться (*о сердце*); *напр.*: mein Herz bubbert vor Angst, vor Erwartung мое сердце колотится от страха, от ожидания.
Zivilisation *см.* Kultur
zivilisiert *см.* kulturell

zögern¹ медлить (*с осуществлением чего-л. по разным причинам*)
zögern — **zaudern** — **säumen** — **trödeln** — **fackeln** — **bummeln** — **nölen**
zögern *индифф. синоним*; *напр.*: lange, eine Sekunde zögern долго медлить, помедлить секунду (в нерешительности); mit der Antwort, mit der Zahlung zögern медлить с ответом, с уплатой; weshalb zögern Sie? почему вы медлите?; er zögerte einen Augenblick, stimmte aber dann zu он помедлил одно мгновение, но потом согласился; die Verhandlungen gehen nur schleppend und zögernd voran переговоры продвигаются с трудом и медленно ◻ Doch gegen seine Gewohnheit zögert er, den endgültigen Entschluß zu fassen (*Feuchtwanger, »Lautensack«*) Но вопреки своей привычке он медлит с принятием окончательного решения. **zaudern** ≅ zögern, *но употр. реже и подчеркивает, что промедление вызвано нерешительностью, которая часто связана со страхом*; *напр.*: etw. tun, ohne zu zaudern делать что-л. не медля; der Junge zauderte mit der Antwort мальчик не решался ответить [тянул с ответом]; sie zauderte einen Augenblick, ehe sie unterschrieb она помедлила одно мгновение, прежде чем поставила подпись; ohne zu zaudern, machten sie sich an die Arbeit они принялись за работу без промедления; er zauderte, über den Graben zu springen он медлил, не решаясь прыгнуть через ров. **säumen** *высок.* ≅ zögern, *но предполагает, что кто-л. не торопится выполнить что-л. по нерадивости*; *часто употр. с отрицанием*; *напр.*: er säumte nicht, ihr die Nachricht mitzuteilen он не замедлил сообщить ей известие; du darfst nicht länger säumen ты не можешь больше мешкать; säume nicht! не медли!, не мешкай!; er wird keine Minute säumen он не промедлит ни минуты. **trödeln** *разг.* мешкать, копаться, возиться; *напр.*: der trödelt ja ewig! он вечно копается!; trödle doch nicht so! не копайся так!; wenn wir weiter so trödeln, verpassen wir den Zug если мы будем так копаться [так плестись], то опоздаем на поезд. **fackeln** *разг.* ≅ zögern, *но употр. тк. в определенных сочетаниях, преимущественно с отрицанием*; *напр.*: mit j-m, mit etw. nicht lange fackeln не церемониться с кем-либо, не медлить с чем-л.; hier wird nicht (lange, viel, weiter) gefackelt здесь (долго) не церемонятся; wenn wir noch lange fackeln, schaffen wir es nie если мы и дальше будем медлить, мы никогда не сделаем этого ◻ Ich habe eingesehen, daß ein Mann, der so geschlagen wurde wie ich, nicht lange fackeln und feilschen kann (*Feuchtwanger, »Die Jüdin von Toledo«*) Я понял, что мне, человеку, которому судьбой нанесен такой удар, нельзя медлить и торговаться. **bummeln** *разг.* тянуть с работой; идти, работать с прохладцей; *напр.*: bummle nicht so, beeile dich ein bißchen! не тяни же так, поторопись немножко! **nölen** *н.-нем. фам.* тянуть; *нудеть подчеркивает, что кто-л. медленно, монотонно и скучно говорит*; *напр.*: nöle nicht so lange! не тяни!, не нуди!

zögern² колебаться, не решаться
zögern — **schwanken** — **zaudern** — **zagen**
zögern *индифф. синоним*; *напр.*: er zögert zu kommen он колеблется, приходить ли ему; ohne zu zögern, sprang er ins Wasser не колеблясь, он прыгнул в воду; er nahm den Auftrag an, ohne zu zögern он принял поручение без колебаний; er war ohne Zögern bereit, das zu tun он без колебаний был готов это сделать ◻ Vriesländer zögerte damals. Er wollte nicht alles im Stich lassen (*Remarque, »Schatten«*) Фрисляндер тогда еще колебался. Он не мог решиться все бросить и уехать. Auch Wenzlow zögert noch an der Tür, der Arme, den eine belanglose Zeitungsnachricht um den Schlaf bringt (*Seghers, »Die Toten«*) И нерешительно мнется у двери также бедняга Венцлов, которого какая-то пустячная газетная заметка лишает сна. **schwanken** колебаться (в выборе между двумя возможностями); *напр.*: zwischen zwei Entschlüssen schwanken колебаться между двумя решениями; ich schwanke noch, ob ich es tun soll я еще колеблюсь, следует ли мне делать это; er schwankte keinen Augenblick, das zu tun, was er für richtig hielt он не колебался ни минуты сделать то, что считал правильным ◻ Er hatte lange geschwankt, ob er den Zylinder aufsetzen solle (*Feuchtwanger, »Erfolg«*) Он долго колебался, не надеть ли ему и цилиндр. Einen Augenblick lang schwankte sie. Man durfte jetzt nicht an früher denken (*Weiskopf, »Lissy«*) Одно мгновение она колебалась. Сейчас не время было вспоминать о прошлом. Und in jedem andern Fall wäre der Personalchef, Herr Peukert, auch ohne Zögern vorgegangen, aber bei Lissy schwankte er (*Weiskopf, »Lissy«*) И в любом другом случае начальник отдела кадров, господин Пойкерт, действовал бы без промедления, но в случае с Лисси он колебался. **zaudern** ≅ zögern, *но употр. реже*; *напр.*: etw. tun, ohne zu zaudern делать что-л. не колеблясь; er zauderte dann doch, das auf eigene Faust zu unternehmen потом он все-таки не решился сделать это на свой страх и риск ◻ »Sie sagen doch selbst, daß Sie es schon wissen«, erwiderte die Schwester zaudernd (*Remarque, »Der Himmel«*) «Вы же сами говорите, что уже знаете это», — возразила сестра не очень решительно. Ohne eine Sekunde zu zaudern, ohne die geringsten Skrupel hatte er das be-

schworen (*Feuchtwanger*, »*Erfolg*«) Не колеблясь ни секунды, без малейших угрызений совести, он дал показания под присягой. **zagen** *поэт.* ≈ zögern, *но подчеркивает, что причиной нерешительности является робость; напр.:* zitternd und zagend ging sie zum erstenmal auf die Bühne трепеща и робея, она впервые нерешительно ступила на театральные подмостки; das Mädchen zagte, über den schmalen Steg zu gehen девушка не решалась [боялась] идти по узкой доске; er zagte lange davor, ihr die Wahrheit zu sagen он долго колебался, не решаясь сказать ей правду

Zone зона
die **Zone** — die **Region**
Zone *индифф. синоним; напр.:* eine baumlose Zone безлесная зона; eine verbotene Zone запретная зона; eine atomwaffenfreie Zone зона, свободная от атомного оружия, безатомная зона. **Region** район; регион; *напр.:* die nördlichen Regionen северные районы; die Region des ewigen Eises, Schnees район [область] вечного льда, снега; dieser Kontinent gliedert sich in drei Regionen этот континент подразделяется на три района [региона] ☐ Im vorigen Jahr arbeiteten etwa 300 Gruppen spanischer Archäologen in den verschiedensten Regionen des Landes (*ND 5/6. I. 80*) В прошлом году около трехсот групп испанских археологов работали в самых различных районах страны

Zopf коса (*прическа*)
der **Zopf** — die **Flechte** — der **Rattenschwanz**
Zopf *индифф. синоним; напр.:* ein kurzer, langer, dicker Zopf короткая, длинная, толстая коса; das Haar zu einem Zopf flechten заплетать волосы в косу ☐ Das Haar hing ihr in zwei Zöpfen über die Schultern (*Noll*, »*Werner Holt*«) Волосы у нее были заплетены в две косы и спускались на плечи. **Flechte** *высок.* = Zopf; *напр.:* eine dicke, schwere, dunkle Flechte толстая, тяжелая, темная коса; sie trägt das Haar in einer Flechte она носит волосы, уложенные в косу ☐ Ich selbst habe Frau Niebuhr mit aufgelösten Flechten aus dem Hause fliehen sehen (*Remarque*, »*Schwarzer Obelisk*«) Я сам видел, как фрау Нибур с распущенными косами выбежала из дома. **Rattenschwanz** *б. ч. мн. разг. шутл.* крысиный хвостик; *напр.:* damals war sie noch ein kleines schüchternes Schulkind mit Schleifen in den Rattenschwänzen тогда она еще была маленькой робкой школьницей с бантами в тощих косичках

Zorn гнев
der **Zorn** — die **Wut** — der **Jähzorn** — der **Ingrimm** — die **Raserei** — der **Grimm** — der **Koller** — die **Rage**
Zorn *индифф. синоним; напр.:* seinen Zorn an j-m auslassen излить свой гнев на кого-л.; etw. im Zorn tun, sagen сделать, сказать что-л. в гневе; er geriet in Zorn его охватил гнев; sein Zorn hat sich gelegt его гнев прошел ☐ Aber ihr Zorn hielt nicht vor (*Feuchtwanger*, »*Die Jüdin von Toledo*«) Но гнев ее длился не долго. **Wut** ярость; *напр.:* in Wut geraten приходить в ярость; die Wut packte ihn его охватила ярость; das hat mich in Wut gebracht это привело меня в ярость; er ist außer sich vor Wut он вне себя от ярости; sie begann vor Wut zu heulen она начала плакать в ярости; aus Wut fing er eine Prügelei an разъярившись, он затеял драку ☐ Als er allein war, faßte ihn unbändige Wut (*Feuchtwanger*, »*Die Jüdin von Toledo*«) Когда он остался один, его охватила неукротимая ярость. In den Schläfen hämmerte die Wut (*Weiskopf*, »*Abschied vom Frieden*«) В висках стучало от бешенства. **Jähzorn** вспышка гнева, внезапный приступ ярости; *напр.:* ein heftiger, unbeherrschter Jähzorn сильная, необузданная вспышка гнева; er war für seinen Jähzorn gefürchtet все боялись его из-за вспыльчивости [из-за внезапных приступов ярости]; er beging den Totschlag im Jähzorn он совершил убийство в приступе внезапной ярости ☐ Plötzlich schlug der Schreck in Jähzorn um (*Weiskopf*, »*Abschied vom Frieden*«) Страх неожиданно сменился бешеной злобой. **Ingrimm** *устаревает* (сдерживаемая) злоба, ярость; *напр.:* mit Ingrimm со сдерживаемой злостью [яростью]; ihn packt der Ingrimm его охватывает ярость. **Raserei** неистовство, бешенство; *напр.:* in Raserei verfallen [geraten] впасть в бешенство, рассвирепеть; von wilder Raserei ergriffen sein быть охваченным диким неистовством; mit deinem ewigen Genörgel treibst du mich noch zur Raserei ты доведешь меня до бешенства своим вечным ворчанием ☐ Rache — Liebe — Raserei — | Ich haßte Sie und liebte den Infanten (*Schiller*, »*Don Carlos*«) Мщение... любовь... безумство... | Я вас возненавидела... я принца | Любила! (*Перевод Левика*). **Grimm** *высок.* ≈ Zorn, но подчеркивает, что подавляемое, накопившееся чувство гнева очень сильное; *напр.:* ein verbissener, verhaltener, wilder Grimm затаенный, сдерживаемый, необузданный гнев; seinen Grimm verbergen, ersticken [unterdrücken] скрывать, подавлять свой гнев; seinen Grimm an j-m auslassen излить [обрушить] свой гнев на кого-л. ☐ Von ihm, Jefta, verlangte er, daß er seine Frau verstoße. Grimm faßte ihn (*Feuchtwanger*, »*Jefta*«) От него, от Иеффая, он потребовал, чтобы он изгнал свою жену. Гнев охватил его. **Koller** *разг.* бешенство (*сильная вспышка гнева*); *напр.:* er bekam [kriegte] einen Koller он пришел в бешенство; ein plötzlicher Koller packte ihn его охватило внезапное бешенство. **Rage** [-ʒə] *разг.* ярость, неистовство; *напр.:* in Rage sein быть вне себя от ярости; in Rage kommen разъяриться, войти в раж; in blinder Rage etw. tun сделать что-л. в слепой ярости; das habe ich in der ersten Rage gesagt, es tut mir leid я это сказал в первом приступе гнева, я сожалею

zornig *см.* böse [2]
zotig *см.* unanständig [2]
zotteln *см.* gehen [1]
zu I *см.* sehr
zu II *см.* geschlossen [1]
zubeißen *см.* beißen [1]
zubereiten *см.* bereiten [1]
zubringen *см.* verbringen
Zubringer *см.* Zuträger
züchten разводить; заниматься разведением, выращиванием (*животных, растений*)
züchten — **ziehen** — **kultivieren**
züchten *индифф. синоним; напр.:* Blumen, Pelztiere, Vieh, Bienen züchten выращивать цветы, разводить пушных зверей, скот, пчел; in dieser Gegend werden Schweine gezüchtet в этой местности разводят свиней; er will Schafe auf Fleisch, auf Wolle züchten он хочет разводить овец на мясо, на шерсть; sie züchtet Kakteen (aus Samen) она выращивает кактусы (из семян) ☐ Sie züchtete Schafe, ostfriesische Milchschafe und Merinos (*Noll*, »*Werner Holt*«) Она разводила овец, восточнофризскую молочную породу и мериносов. Doch hatte der Gärtner da, wo früher wohl seltene Blumen kunstvoll gezüchtet worden waren, Nutzpflanzen angebaut (*Feuchtwanger*, »*Die Jüdin von Toledo*«) Но там, где прежде, видимо, искусно выращивались редкие цветы, теперь садовник посадил полезные растения. Forscher züchten neue Sorten für Vietnams Felder (*ND 21. 8. 80.*) Исследователи-селекционеры выводят новые сорта для полей Вьетнама (*заголовок*). **ziehen** выращивать *в отличие от* züchten *больше подчеркивает не селекционную деятельность по выведению новых сортов, видов, а заботливый уход за растениями и (молодыми) животными, который требует много труда и усилий; б. ч. употр. по отношению к растениям; напр.:* Pflanzen aus dem Samen, aus Stecklingen ziehen выращивать растения из семени, из черенков; Rosen in seinem Garten ziehen выращивать розы в своем саду; Entenküken, junge Gänse ziehen выращивать [держать] утят, гусят; auf diesem Beet, nächstes Jahr ziehe ich meinen Spargel я разведу на этой грядке, в будущем году спаржу ☐ Sie essen geistesabwesend unsere Oliven und unsern Käse, und Sie haben keine Ahnung, welche Mühe es kostet, das zu ziehen... (*Brecht*, »*Das Leben des Galilei*«) Вы, ни о чем не думая, едите наши оливки и наш сыр и даже

не представляете себе, сколько труда нужно, чтобы их вырастить... ...und im alten Rom wurden die ersten Rosen bereits in einer Art Gewächshaus gezogen (*ND 2. 7. 80*) ...и в Древнем Риме первые розы выращивались уже в своего рода теплице. **kultivieren** [-v-] *книжн.* разводить, выращивать (*о растениях*); *напр.*: Reis kultivieren выращивать рис; Gemüse und Blumen im Gewächshaus kultivieren выращивать овощи и цветы в оранжерее; in dieser Gegend werden Weizen und Zukkerrüben kultiviert в этой местности выращивают пшеницу и сахарную свеклу ☐ Und einige (*Arten*) können sich gar nicht anpassen, wie beispielsweise die tropischen Orchideen. Solche Gewächse sind nur unter sehr großen Schwierigkeiten in Wohnungen zu kultivieren (»*Unser Haushalt*«) А некоторые (*виды*), как, например, тропические орхидеи, совсем не могут прижиться. Такие растения удается разводить в квартирах только с очень большим трудом

Zuchthaus *см.* **Gefängnis** [1]
züchtig *см.* **anständig** [1]
züchtigen *см.* **strafen**
zuckeln *см.* **gehen** [1]
zucken *см.* **zittern**
zuckern *см.* **süßen**
zuckersüß *см.* **süß/süßlich** [1]
zudecken *см.* **bedecken**
zu der Zeit *см.* **damals**
zudrängen (,sich) *см.* **drängen (,sich)**
zudringlich *см.* **aufdringlich**
zueignen *см.* **widmen**
zueignen, sich *см.* **nehmen** [3]
Zueignung *см.* **Widmung**
zu Ende sein *см.* **aufhören** [1]
zuerkennen *см.* **verleihen** [1]
zuerst [1] сначала (*раньше другого, в первую очередь*)

zuerst — erst — vorerst — zunächst

zuerst *индифф. синоним*; *напр.*: wohin gehen wir zuerst? куда мы сначала пойдем?; zuerst muß ich aufräumen сначала мне надо прибраться; er war zuerst in Berlin, dann in Leipzig он был сначала в Берлине, потом в Лейпциге; fahren Sie zuerst zum Bahnhof! поезжайте сперва на вокзал! □ Natürlich habe ich zuerst und vor allem Ihnen, Herr Buck, meine Aufwartung machen wollen... (*H. Mann, »Untertan*«) Я, конечно же, в первую очередь и прежде всего решил засвидетельствовать свое почтение вам, господин Бук. **erst** прежде, сперва *по сравнению с* zuerst *более характерно для непринужденной разговорной речи*; *напр.*: ich muß erst den Brief zu Ende schreiben я должен прежде закончить письмо; das muß man erst beweisen это надо еще доказать; du mußt ihn erst näher kennenlernen, um ihn zu beurteilen ты должен прежде познакомиться с ним поближе, чтобы судить о нем □ »Also, wirst du erst essen«, sagte Frau Holt (*Noll, »Werner Holt*«) «Итак, ты сначала поешь», — сказала фрау Хольт. »Erst wirst du dich eingewöhnen«, sagte der Kommerzienrat, »ins friedliche Leben zurückfinden« (*ebenda*) «Сначала тебе надо привыкнуть, — сказал коммерции советник, — вернуться к мирной жизни». **vorerst** прежде всего, сначала *часто употр. в книжно-письменной речи*; *напр.*: erhole dich vorerst! прежде всего отдохни!; iß vorerst! поешь сперва!; es muß unbedingt vorerst geklärt werden, wieviel das kostet нужно прежде выяснить, сколько это стоит □ Er mußte verschwinden, vorerst aus seiner Wohnung und so bald wie möglich aus dem Lande (*Feuchtwanger, »Lautensack*«) Он должен был исчезнуть, сначала из своей квартиры, а потом, как можно скорее, из страны. **zunächst** прежде всего; *напр.*: er denkt zunächst an die Arbeit он думает прежде всего о работе; zunächst müssen wir den Brief lesen прежде всего мы должны прочитать письмо; zunächst muß festgestellt werden, ob es stimmt сначала нужно установить, так ли это □ Auch mußte er zunächst einmal völlig gesund werden (*Weiskopf, »Lissy*«) К тому же, прежде всего он должен окончательно выздороветь. Er hatte, als Krüger eingeliefert wurde, an ihm wie an allen Zuchthausinsassen zunächst eine Blutuntersuchung vorgenommen (*Feuchtwanger, »Erfolg*«) У поступившего Крюгера, как и у всех остальных заключенных, он прежде всего произвел исследование крови. Der Staatsanwalt beantragte zunächst, wegen Gefährdung der Sittlichkeit die Öffentlichkeit auszuschließen (*ebenda*) Прокурор потребовал сначала удалить публику из зала заседания ввиду опасности для общественной нравственности

zuerst [2] сначала (*вначале, на первых порах*)

zuerst — vorerst — zunächst — ursprünglich — anfänglich — anfangs

zuerst *индифф. синоним*; *напр.*: zuerst hatte er Schwierigkeiten bei der Arbeit сначала [первое время] у него были в работе трудности; er wollte es zuerst nicht glauben он не хотел сначала этому верить; zuerst fand ich das Buch langweilig сначала книга показалась мне скучной □ Fromeyer hatte von dem Plan zuerst nichts wissen wollen, überzeugt, daß der Bruder ihn »einfach nicht kennen« werde (*Weiskopf, »Lissy*«) Сначала Фромайер и слышать не хотел об этом плане, убежденный в том, что брат «просто не захочет знаться с ним». Paul machte mit. Zuerst aus Neugier, später, weil er sich einmal angefangen hatte... (*ebenda*) Пауль тоже участвовал в этом. Сначала — из любопытства, затем — потому что уж раз он начал... **vorerst** пока, для начала, на первых порах *часто употр. в книжно-письменной речи*; *напр.*: du kannst vorerst bei mir bleiben ты можешь остаться на первых порах у меня; sie ließ das Gepäck vorerst auf dem Bahnhof пока она оставила багаж на вокзале; ich würde ihm vorerst nichts davon sagen пока я ничего не стал бы говорить ему об этом; ich möchte vorerst nichts unternehmen пока я не хотел бы ничего предпринимать □ Vorerst dürfte Elli nicht mehr heraufkommen (*Seghers, »Das siebte Kreuz*«) В первое время Элли не следует больше подниматься наверх. Endlich Ferien! Holt blieb vorerst in der Stadt (*Noll, »Werner Holt*«) Наконец-то каникулы! Хольт остался на первых порах дома. Er sprach also vorerst nicht von den Kanonen und Gewehren (*Feuchtwanger, »Die Füchse*«) Для начала он не стал говорить о пушках и ружьях. **zunächst** пока, поначалу, сначала; *напр.*: daran denke ich zunächst noch gar nicht об этом я пока совсем не думаю; das ist zunächst noch nicht eingeplant это пока еще не запланировано □ Prinz Karl hatte zunächst sowohl den Tell spielen wollen, der schießt, wie den habsburgischen Gouverneur, der erschossen wird (*Feuchtwanger, »Die Füchse*«) Поначалу принц Карл хотел играть и Телля, который стреляет, и габсбургского наместника, которого убивают. Zunächst, als es gar nicht wieder hell werden wollte, regte sich Unruhe im Saal, legte sich aber rasch (*Noll, »Werner Holt*«) Сначала, когда свет все не зажигался, в зале поднялся шум, но быстро утих. **ursprünglich** первоначально (*б. ч. о признаке, который был присущ кому-л., чему-л. в самом начале*); *напр.*: die Sache war ursprünglich anders geplant дело планировалось первоначально по-другому; ursprünglich wollte er Lehrer werden, er studierte aber dann Medizin первоначально он хотел стать учителем, а потом начал изучать медицину □ Herr Heßreiter hatte ursprünglich vorgehabt, in einem der stillen, friedlichen Hofgartencafés unter den großen Kastanienbäumen einen Wermut zu trinken... (*Feuchtwanger, »Erfolg*«) Гессрейтер сначала собирался было выпить рюмку вермута в одном из тихих, мирных кафе в тени больших каштанов. **anfänglich**, **anfangs** поначалу *подчеркивают, что первоначальное состояние, поведение и т. п. впоследствии исчезает, изменяется и т. п.*; *напр.*: sich anfänglich zurückhaltend benehmen вести себя первое время сдержанно; er ärgerte sich anfänglich [anfangs] он сердился сначала; sie wollte das anfangs nicht glauben она не хотела сначала верить этому; wir hielten das anfangs nicht für möglich мы сначала считали это невозможным □ Franz Wächter neben ihm hat einen zerschossenen Arm, der anfangs nicht schlimm aussieht (*Remarque, »Im Westen*«) У его соседа, Франца Вехтера, прострелена

рука, и поначалу нам кажется, что она не так уж плохо выглядит. Anfänglich hatte es sich aus irgendwelchen äußeren Ursachen nicht gefügt (*Feuchtwanger*, »*Erfolg*«) Сначала этого не произошло в силу каких-то чисто внешних причин
zufallen доставаться, выпадать на долю
zufallen — zufließen — z u t e i l   w e r d e n — anheimfallen
zufallen *индифф. синоним; напр.*: eine Erbschaft, eine Stelle, ein Gewinn, ein Preis fällt j-m zu наследство, место [должность], выигрыш, премия достается кому-л.; das Haus ist ihm durch Erbschaft zugefallen дом достался ему по наследству; der größte Teil der Erbschaft ist den Kindern zugefallen бо́льшая часть наследства досталась детям; dir fällt die Entscheidung, die Verantwortung zu решение приходится принимать тебе, ответственность выпадает на твою долю; ihm ist alles von selbst zugefallen ему все доставалось без труда □ Doch diese unbehagliche Erwägung wurde sogleich weggenommen von der beglückenden Vorstellung, welch ungeheure Rolle ihm zugefallen war (*Feuchtwanger*, »*Die Füchse*«) Но это неприятное соображение сразу исчезло при радостной мысли о том, какая огромная роль выпала на его долю.
zufließen поступать (к) кому-л., куда-л. в больших количествах; *напр.*: reiche Spenden flossen ihnen zu к ним стекались крупные пожертвования; dem Fonds flossen große Summen zu в (этот) фонд поступили крупные суммы. **zuteil werden** *высок.* ≃ zufallen *употр. тк. в сочетании* j-m zuteil werden; *напр.*: ihm ist schweres Los, eine hohe Auszeichnung zuteil geworden ему выпала тяжкая доля, досталась высокая награда □ Der größte Erfolg seiner Laufbahn, unabsehbar noch in den Ausmaßen, war ihm zuteil geworden (*Br. Frank*, »*Cervantes*«) Величайший успех его карьеры, который трудно еще было измерить, выпал на его долю. **anheimfallen** *высок.* ≃ zufallen; *напр.*: sein Vermögen ist dem Staat anheimgefallen его имущество перешло в собственность государства
zufällig случайный; случайно
zufällig — zufälligerweise — gelegentlich
zufällig *индифф. синоним; напр.*: eine zufällige Beobachtung, Begegnung случайное наблюдение, случайная встреча; j-n zufällig treffen встретить кого-л. случайно; das ist nicht zufällig geschehen это произошло не случайно; hast du zufällig einen Bleistift bei dir? нет ли у тебя случайно карандаша?; weißt du zufällig, wo..? ты не знаешь случайно, где..?; ich war zufällig da я случайно оказался там □ Sie waren einander einmal begegnet, ganz zufällig, und da hatte sie ihm die Geschichte erzählt (*Weiskopf*, »*Lissy*«) Как-то раз они встретились совершенно случайно, и она рассказала ему эту историю. **zufälligerweise** случайным образом ⟨*в отличие от остальных членов данного ряда употр. тк. как наречие*⟩; *напр.*: zufälligerweise traf ich ihn я его встретил случайным образом. **gelegentlich** при случае *в отличие от* zufällig *подчеркивает (неопределенную) возможность чего-л., что может быть не случайным, а может выступать или использоваться в качестве удобного, подходящего и т. п. случая*; *напр.*: wir wollen sie gelegentlich besuchen мы навестим их при случае; bei einem gelegentlichen Zusammentreffen lernten wir uns näher kennen как-то встретившись, [случай свел нас,] мы познакомились друг с другом ближе □ Nur vor Arens sprach er gelegentlich aus, was er dachte (*Noll*, »*Werner Holt*«) Лишь Аренсу он от случая к случаю поверял свои мысли. Als der Kommerzienrat sich verabschiedete, sagte Henning zu Holt: »Ich rufe Sie gelegentlich an« (*ebenda*) Когда коммерции советник прощался, Хеннинг сказал Хольту: «Я вам при случае позвоню»

zufälligerweise *см.* zufällig
zufließen *см.* ankommen ¹/zufallen
Zuflucht *см.* Unterkunft
Zufluchtsort *см.* Unterkunft
Zufluß *см.* Zustrom
zuflüstern *см.* flüstern/sagen ¹
zufrieden *см.* freudig ¹
zufriedengeben, sich удовлетворяться (чем-л.).
sich zufriedengeben — sich begnügen — sich abfinden — vorliebnehmen — sich bescheiden
sich zufriedengeben *индифф. синоним; напр.*: sich mit dem Erreichten, mit dem geringen Verdienst zufriedengeben удовлетворяться достигнутым, скромным заработком □ Er versuchte abzulenken. »Geschäftsgeheimnis, Lisbeth. Glaubst du, daß Krupp seine Geschäfte an die große Glocke hängt?« Aber Lissy gab sich damit nicht zufrieden. »Was sind das für Geschäfte, die du machst, Paul?« (*Weiskopf*, »*Lissy*«) Он попытался уклониться от ответа: «Профессиональная тайна, Лисбет. Ты думаешь, Крупп трезвонит повсюду о своих делах?» Но Лисси не удовлетворилась этим: «Какими делами ты занимаешься, Пауль?» **sich begnügen** довольствоваться (немногим), ограничиваться; *напр.*: sich mit dem, was man hat, begnügen довольствоваться тем, что есть; er begnügte sich mit einem Kanten Brot он довольствовался куском хлеба; ich begnüge mich mit der Hälfte dieser Summe я удовольствуюсь половиной этой суммы □ Sie begnügte sich, ihm lässig-freundlich zuzunicken (*Feuchtwanger*, »*Erfolg*«) Она ограничилась приветливо-небрежным кивком. Sie war fromm, liebte ihren seligen Mann, begnügte sich nicht, Messen für ihn lesen zu lassen (*ebenda*) Она была набожна, любила покойного мужа и не могла удовлетвориться одними мессами за упокой его души. **sich abfinden** (вынужденно) довольствоваться имеющимся; примиряться (с неизбежностью, со своей судьбой, положением и т. п.); *напр.*: sich mit seinem Schicksal, mit seiner Lage, mit den Verhältnissen, mit seiner neuen Umgebung abfinden примиряться со своей судьбой, со своим положением, с обстоятельствами, со своим новым окружением; sich mit der schlechten Bezahlung abfinden довольствоваться плохой оплатой □ Vielleicht hätte sie sich damit abgefunden, schwach und allein und feig zu sein. Doch sie begegnete Max (*Weiskopf*, »*Lissy*«) Может быть, она примирилась бы со своей слабостью и одиночеством, со своей трусостью. Но она встретила Макса. Das hat doch mit Pessimismus nichts zu tun! Man muß sich mit den Gegebenheiten abfinden! Jeder muß mal sterben! Auch der Müller! (*Noll*, »*Werner Holt*«) Пессимизм тут ни при чем! Надо мириться с фактами! Каждому придется умереть! Мюллер не исключение! **vorliebnehmen** довольствоваться чем-л. (за неимением другого); *напр.*: mit wenigem vorliebnehmen довольствоваться малым; mit einer Scheibe Brot, mit einem nicht sehr üppigen Mittagessen vorliebnehmen (у)довольствоваться куском хлеба, скромным обедом; er nahm mit einer Couch, mit einem Strohlager vorlieb он довольствовался ложем на диване, на соломе; du mußt inzwischen mit mir [mit meiner Gesellschaft] vorliebnehmen тебе пока придется довольствоваться моим обществом □ Und da ich zum Waisz nicht kann und zu Krause nicht will, muß die Öffentlichkeit bis auf weiteres mit dem spiegelnden braunen (*Anzug*) vorliebnehmen (*Feuchtwanger*, »*Lautensack*«) Так как идти к Вайсу я не могу, а к Краузе не хочу, публике придется довольствоваться пока моим коричневым, лоснящимся (*костюмом*). ...ihre Frauen und adeligen Begleiter dagegen müssen sehr verärgert mit groben und bäurischen Schindmähren vorliebnehmen... (*St. Zweig*, »*Maria Stuart*«) ...женщинам же и дворянам ее свиты приходится, к их досаде, довольствоваться простыми деревенскими клячами... **sich bescheiden** *высок.* ≃ sich begnügen; *напр.*: man muß sich mit wenigem bescheiden нужно (уметь) довольствоваться малым; er mußte sich mit dieser Antwort bescheiden он должен был довольствоваться этим ответом; sie mußte sich damit bescheiden, den zweiten Platz einzunehmen она вынуждена была довольствоваться вторым местом □ Eher werde er seine Residenz an einen minder verderbten Ort legen, als dies noch weiterhin dulden. Man möge sich

bescheiden. Man beschied sich durchaus nicht (*Br. Frank*, »*Cervantes*«) Скорее он перенесет свою резиденцию в какое-либо менее оскверненное место, нежели потерпит и впредь осквернение. Пусть они довольствуются этим. Но этим отнюдь не удовольствовались
Zufriedenheit см. Befriedigung
zufriedenstellen см. befriedigen
zufrieren см. frieren ^{2}
Zug см. Neigung ^{1}/Strich ^{1}
Zugabe придача, добавка
die **Zugabe** — die **Zulage** — der **Zusatz** — der **Zuschuß**

Zugabe индифф. синоним; напр.: ich habe dies (beim Einkauf) als Zugabe bekommen я получил это в придачу (при покупке) (*основного товара*); er bekommt als Zugabe noch ein Büchlein он получит в придачу еще и книжку; als Zugabe sang sie einige Schumann-Lieder она спела на бис несколько песен Шумана ◻ Der Komiker Balthasar Hierl sei als Zugabe ausgezeichnet (*Feuchtwanger*, »*Erfolg*«) «Комик Бальтазар Гирль великолепен как дополнительный номер», — продолжал он. **Zulage** ≅ Zugabe, *но употр. по отношению к предметам, а тж. к денежной прибавке*; *напр.*: eine monatliche Zulage von 50 Mark bekommen получить ежемесячную надбавку в 50 марок; man hat mir die Zulage abgelehnt, gestrichen мне отказали в прибавке (жалованья), у меня сняли прибавку; sie kaufte ein Pfund Rindfleisch mit Zulage *диал.* она купила фунт говядины с добавкой (*в виде сахарной, мозговой косточки*). **Zusatz** дополнение, добавление (*к тексту*) (*приписка к письму и т. п.*); *напр.*: ein Zusatz zum Testament дополнение к завещанию; als Zusatz zu seiner Arbeit über Erkrankungen der Leber fügte er einen Abschnitt über die Operationsrisiken bei в качестве дополнения к работе о заболеваниях печени он включил и раздел об опасностях, связанных с операцией; das neue Rundschreiben enthält eine Reihe von wesentlichen Zusätzen zu den Instruktionen в новом циркуляре содержится ряд существенных дополнений к инструкциям ◻ Auch dieser Brief hatte einen persönlichen Zusatz. Le Bas teilte dem Freunde mit, daß seine Frau und Schwester in Straßburg eingetroffen seien... (*Bredel*, »*Der Kommissar am Rhein*«) И это письмо содержало личную приписку. Ле Ба сообщил другу, что его жена и сестра прибыли в Страсбург... **Zuschuß** прибавка (*о дополнительной сумме, предназначенной для покрытия расходов*); дотация, субсидия; *напр.*: einen Zuschuß beantragen ходатайствовать о денежной прибавке [о субсидии]; mit einem [auf einen] Zuschuß rechnen рассчитывать на денежную помощь; mit Hilfe eines Zuschusses konnte er die Arbeit vollenden он смог закончить работу, получив помощь деньгами; die Krankenkasse gibt einen Zuschuß zu meiner Kur больничная касса дает мне пособие для лечения ◻ Leider konnten wir den Zuschuß für das Kantinenessen und für die Getränke nicht heraussetzen... (*Max von der Grün*, »*Stellenweise — Glatteis*«) К сожалению, нам не удалось добиться повышения прибавки на питание в столовой и на напитки... Bald hatte er in der mittelgroßen norddeutschen Stadt, in der er beheimatet war, vier Filialen, gründete auch seinem Vater in einer anderen Stadt einen Uhrenladen, ernährte Mutter, half der ganzen Familie mit Zuschüssen (*Feuchtwanger*, »*Erfolg*«) Вскоре у него в небольшом северогерманском городке, где он жил, оказалось четыре филиала, он открыл для своего отца в другом городе часовой магазин, он кормил мать и поддерживал всю семью

Zugang см. Zutritt
zugänglich доступный
zugänglich — **erreichbar**

zugänglich индифф. синоним; напр.: in einem schwer zugänglichen Dorf im Gebirge wohnen жить в труднодоступной деревне в горах; der Weg ist nur für Fußgänger zugänglich дорога доступна только для пешеходов; die Insel ist leicht zugänglich на этот остров легко попасть; die Bibliothek, die Gemäldegalerie ist für alle zugänglich библиотека, картинная галерея доступна для всех. **erreichbar** достижимый, доступный (*по своему местоположению, а тж. по степени трудности и т. п.*); *напр.*: der Ast mit den schönen Früchten war schwer erreichbar до ветки с великолепными плодами можно было дотянуться лишь с трудом; die Klinke war für sie nicht erreichbar она не могла дотянуться до ручки (двери); der Nektar dieser Blüten ist für Schmetterlinge nicht erreichbar бабочки не могут достать нектар этих цветов; der Ort ist nur mit dem Auto erreichbar до этого пункта можно добраться только на машине; das ist ein leicht erreichbares Ziel это легко достижимая цель
zugeben см. erlauben ^{1}/hinzufügen
zugegen sein см. anwesend sein
zugehören см. gehören ^{2}
zugeknöpft см. verschlossen
Zügel ^{1} повод, узда *прям. и перен.*
der **Zügel** — der **Zaum**

Zügel индифф. синоним; напр.: am Zügel на поводу; mit verhängten Zügeln reiten скакать во весь опор; dem Pferd den Zügel [die Zügel] anlegen надеть узду на лошадь, обуздать лошадь; j-m Zügel anlegen обуздать кого-л.; die Zügel in der Hand haben 1) держать поводья в руке; 2) держать бразды правления в своих руках; die Zügel der Regierung ergreifen взять в свои руки бразды правления ◻ Der alte Fabio Fumagalli, Kanonikus von Sankt Peter, führte sein Reittier am Zügel (*Br. Frank*, »*Cervantes*«) Старик Фабио Фумагалли, каноник церкви святого Петра, вел на поводу верховую лошадь. Mit diesen beiden ihr persönlich Getreuen hat Maria Stuart, dreiundzwanzigjährig, endlich beide Zügel der Herrschaft straff in der Hand... (*St. Zweig*, »*Maria Stuart*«) С этими обоими, лично ей верными людьми, двадцатитрехлетняя Мария Стюарт наконец крепко держит поводья власти в своих руках. **Zaum** узда, уздечка *в отличие от* Zügel *перен. знач. больше подчеркивает, что кто-л. сдерживает, обуздывает свои порывы, чувства и т. п.*; *напр.*: das Pferd gut im Zaum halten твердо держать лошадь в узде; einem Pferd den Zaum anlegen взнуздать лошадь; j-m den Zaum anlegen обуздывать [сдерживать] кого-л.; sich selbst im Zaume halten сдерживать себя, владеть собой; seine Gefühle im Zaum(e) halten сдерживать свои чувства; seine Zunge im Zaum(e) halten держать язык за зубами ◻ Mit Mühe halten klügere Berater ihre Leidenschaft im Zaum (*St. Zweig*, »*Maria Stuart*«) Более умные советники с трудом сдерживают ее страсти. Er hält seine Erbitterung nicht länger im Zaum (*ebenda*) И он не сдерживает долее своего ожесточения
Zügel ^{2} см. Steuer II
zügellos см. unbändig ^{2}
zugesellen, sich см. anschließen, sich ^{1}
Zugeständnis уступка
das **Zugeständnis** — die **Konzession**

Zugeständnis индифф. синоним; *напр.*: gegenseitige Zugeständnisse взаимные уступки; Zugeständnisse machen делать [идти на] уступки; j-n zu einem Zugeständnis zwingen вынудить кого-л. пойти на уступку; er verlangte keine Zugeständnisse он не требовал никаких уступок; als Zugeständnis an die Mode kaufte sie sich diesen Mantel она купила себе это пальто, отдавая дань моде ◻ Man will versuchen, einige Zugeständnisse zu erhalten. Sollte dieses Ansuchen aber zurückgewiesen werden: unter allen Umständen! (*Kellermann*, »*Der 9. November*«) Хотят попробовать выторговать кое-какие уступки. Если эта просьба будет отклонена, тогда — безоговорочное принятие условий. Von neuem jetzt, tagelang, saß er mit Sanders zusammen. Plante, verwarf, stritt sich herum, machte und erzwang Zugeständnisse (*Feuchtwanger*, »*Lautensack*«) Теперь он снова целыми днями просиживал с Сандерсом. Делал наброски, отказывался от них, спорил, сам шел на уступки и вырывал их у Зандерса. **Konzession** *б. ч. мн. книжн.* ≅ Zugeständnis; *напр.*: Konzessionen machen делать уступки; j-n zu Konzessionen bewegen склонять кого-л. на уступки;

ZUGREIFEN

er ist zu keinen Konzessionen bereit он не хочет делать уступок; das ist als Konzession an den Zeitgeschmack zu betrachten это следует рассматривать как уступку моде □ Keineswegs hat er seinen äußeren Erfolg bezahlen müssen mit innern Konzessionen (*Feuchtwanger*, »*Lautensack*«) Ему не пришлось расплачиваться за внешний успех никакими внутренними компромиссами

zugreifen[1] хватать (*брать себе*)
zugreifen — zulangen
zugreifen *индифф. синоним; напр.*: schnell, derb zugreifen хватать быстро, грубо; er griff rasch zu und konnte die Vase gerade noch auffangen он быстро протянул руку и успел подхватить вазу; wenn du an dem Buch interessiert bist, mußt du schnell zugreifen если ты заинтересован в том, чтобы купить эту книгу, то ты должен хватать; er hat sofort zugegriffen (*bei einer Gelegenheit*) он сразу же воспользовался случаем; das Angebot war so verlockend, daß ich sofort zugegriffen habe предложение было таким заманчивым, что я сразу ухватился за него □ Das verschwundene Geldtäschchen wurde ihr entgegengehalten. Sie griff hastig zu (*Weiskopf*, »*Lissy*«) Кто-то протянул ей пропавший кошелек. Она быстро схватила его. zulangen *разг*. протянуть руку и схватить; *напр*.: mit beiden Händen zulangen хватать обеими руками; als der Dieb sich unbeobachtet fühlte, langte er schnell zu когда вору показалось, что никто не смотрит в его сторону, он (протянул руку и) схватил свою добычу

zugreifen[2] *см*. essen
zugrunde gehen *см*. umkommen
Zuhause родной дом, свой угол
das **Zuhause — das Heim — der Herd — die Heimstätte**
Zuhause *индифф. синоним; напр*.: kein Zuhause mehr haben не иметь больше своего угла [родного дома]; seit dem Tod der Eltern ist er ohne richtiges Zuhause после смерти родителей у него нет больше настоящего дома; sie hat ein schönes Zuhause у нее приятная квартир(к)а. Heim (*постоянное*) жилище семьи, родной дом; *напр*.: ein gemütliches, stilles, eigenes Heim уютный, тихий, собственный дом; sein Heim gründen, schmücken [verschönern], lieben создавать, украшать, любить свой родной дом; der Wunsch nach einem eigenen Heim желание иметь свой дом [очаг]; sich in seinem Heim wohlfühlen хорошо чувствовать себя в своем родном доме. Herd домашний очаг, родной дом; *напр*.: Heim und Herd *высок*. родной очаг [дом]; seinen eigenen Herd haben иметь свой очаг; sich am heimischen Herd wohlfühlen хорошо чувствовать себя у родного очага [в родном доме]; weder Haus noch Herd haben не иметь ни кола ни двора; eigener Herd ist Goldes wert *посл*. свой угол дороже золота. Heimstätte *книжн*. родной дом *часто перен*.; *напр*.: eine eigene, sichere, ruhige Heimstätte собственное, надежное, спокойное жилище; eine neue Heimstätte haben [finden] вновь обрести родной дом; Berlin wurde seine endgültige Heimstätte Берлин окончательно стал его родным городом; die Tiere sollen in diesem Park ihre Heimstätte finden этот парк должен стать для зверей родным домом; dieses Land war eine Heimstätte der humanistischen Ideen эта страна была родиной гуманистических идей □ Wer ein Emigrant ist, lernt, was eine Heimstätte bedeutet (*Feuchtwanger*, »*Exil*«) Кто живет в эмиграции, тот познает, что такое свой очаг. Er wird fortan auch in Paris eine bequeme, nach seinem Geschmack eingerichtete Heimstätte haben (*Feuchtwanger*, »*Die Füchse*«) Отныне у него будет и в Париже удобный, устроенный по его вкусу дом

zu Hilfe kommen *см*. helfen
zuhören (внимательно) слушать
zuhören — lauschen — horchen
zuhören (D) *индифф. синоним; напр*.: j-m aufmerksam, schweigend, höflich, mit Interesse, ernsthaft zuhören слушать кого-л. внимательно, молча, вежливо, с интересом, серьезно; er hörte mir, meinen Worten aufmerksam zu он внимательно слушал меня, мои слова; du hast nicht gut zugehört! ты плохо слушал! □ Marie hatte ernst zugehört (*Seghers*, »*Die Toten*«) Мария слушала серьезно. ...doch sie, erfüllt von der Sorge um dringende Geschäfte, hatte wenig Ohr für seine Theorien gehabt. Heute hörte sie besser zu (*Feuchtwanger*, »*Erfolg*«) ...но, вся в заботах и хлопотах, она как-то мало внимания уделяла его теориям; сегодня она слушала более внимательно. Er hörte ihr zu, hörte auf den Klang ihrer gefühlvollen Stimme (*Noll*, »*Werner Holt*«) Он внимательно слушал ее, слушал звучание ее голоса, преисполненного чувством. lauschen (D, *auf etw*.) прислушиваться к чему-л.; внимать *по сравнению с* zuhören *больше подчеркивает, что кто-л. слушает сосредоточенно; по отношению к объекту-лицу употр. редко; напр*.: j-s Worten andächtig, reglos lauschen слушать чьи-л. слова сосредоточенно, неподвижно; das Publikum lauschte der [auf die] Musik публика внимала музыке; sie lauscht auf die Atemzüge des schlafenden Kindes она прислушивается к дыханию спящего ребенка; er lauschte, aber es blieb alles still он прислушался, но все было тихо □ Sie saß noch eine Weile da, die Hände im Schoß, den Kopf etwas schief gelegt, als lausche sie auf einen fernen und sehr feinen Ton (*Weiskopf*, »*Lissy*«) Некоторое время она сидела, положив руки на колени, слегка склонив голову, словно прислушиваясь к какому-то далекому нежному звуку. horchen (*auf etw*.) напряженно прислушиваться, вслушиваться *часто употр. без объекта и не употр. по отношению к объекту-лицу*; *напр*.: sie horchte auf die Stimmen im Treppenhaus она вслушивалась в голоса на лестничной клетке; er horchte auf die Schläge der Turmuhr он прислушивался к ударам башенных часов; sie horchten auf das ferne Rollen des Donners они прислушивались к далеким раскатам грома □ Sie horchte. In der Wohnung rührte sich nichts (*Weiskopf*, »*Lissy*«) Она прислушалась. В квартире было тихо. Christian ließ seine Augen wandern, als horche er auf irgend etwas Verdächtiges (*Th. Mann*, »*Buddenbrooks*«) Глаза Христиана блуждали, словно он прислушивался к чему-то подозрительному

zujauchzen *см*. begrüßen[1]
zujubeln *см*. begrüßen[1]
Zukunft: in Zukunft *см*. bald
zukünftig *см*. bald/künftig[1]
zulächeln *см*. lächeln
zulachen *см*. lachen[1]
Zulage *см*. Zugabe
zulangen *см*. zugreifen[1]
zulassen *см*. erlauben[1,2]
zulässig *см*. erlaubt
Zulauf *см*. Zustrom
zulegen *см*. legen[1]
zulegen, sich *см*. nehmen[3]
zuletzt *см*. endlich
zumachen *см*. schließen[1]
zumal *см*. weil
zum Davonlaufen *см*. schlecht[1]
zumeist *см*. meist
zum Erbarmen *см*. schlecht[1]
zumuten *см*. fordern
Zumutung *см*. Forderung
zunächst *см*. zuerst[1,2]
Zuname *см*. Beiname/Name[2]
zunehmen *см*. vergrößern, sich
Zuneigung *см*. Gunst[1]/Liebe
Zunft *см*. Innung
Zunge *см*. Sprache
züngeln *см*. winden, sich[1]
zungenfertig *см*. beredt
zunicken *см*. grüßen[1]
zuprosten *см*. zutrinken
zuraten *см*. raten[1]
zurechnen *см*. zuschreiben
zurechtfinden, sich ориентироваться
sich zurechtfinden — sich auskennen — sich orientieren
sich zurechtfinden *индифф. синоним; напр*.: sich in einer Stadt, in einer Gegend zurechtfinden ориентироваться в городе, в какой-л. местности; sich auf der Landkarte schlecht zurechtfinden плохо разбираться в карте; sich in einer Angelegenheit, in der Arbeit, auf einem Gebiet gut zurechtfinden хорошо ориентироваться в каком-л. деле, в работе, в какой-л. области (знаний) □ Man findet sich in New York leicht zurecht, fast alle Straßen haben hier

Nummern, nur wenige haben Namen (*Remarque*, »*Schatten*«) В Нью-Йорке легко ориентироваться: почти все улицы пронумерованы, только немногие имеют название. In dieser Sache mußte sie sich ohne Pauls Hilfe zurechtfinden (*Feuchtwanger*, »*Lautensack*«) В этом деле она должна была сориентироваться без помощи Пауля. Wieder empfand sie, wie schwer es war sich zurechtzufinden, und wieder hatte sie den Wunsch, vor ihrer Angst und Unruhe, vor ihren eigenen Gedanken, vor sich selbst davonzulaufen (*Weiskopf*, »*Lissy*«) Снова почувствовала она, как трудно разобраться во всем, и снова ее охватило желание убежать от своего страха и тревоги, от своих собственных мыслей, от себя самой. **sich auskennen** хорошо разбираться в чем-л. (*знать какой-л. предмет, тему и т. п.*), ориентироваться; *напр*.: sich in einer Frage, in einem Gebiet, in der Politik auskennen хорошо разбираться в каком-л. вопросе, в какой-л. области (знаний), в политике; sich in einer Gegend, in der Stadt auskennen хорошо ориентироваться в какой-л. местности, в городе; знать местность, город. **sich orientieren** ориентироваться (на местности); *напр*.: sich im Wald, in der Stadt orientieren ориентироваться в лесу, в городе; sich an dem Turm, nach der Karte, nach dem Stand der Sonne orientieren ориентироваться по башне, по карте, по положению солнца; es ist schwer, sich im Nebel zu orientieren в тумане трудно ориентироваться □ Auf einer Schonung orientierte er sich nach den Sternen (*Noll*, »*Werner Holt*«) В молодых лесопосадках он сориентировался по звездам

zurechtlegen *см*. legen¹
zurechtweisen *см*. tadeln
zureden *см*. überzeugen
zurichten *см*. schlagen
zürnen *см*. ärgern, sich
zur rechten Zeit *см*. rechtzeitig
zurück назад, обратно
zurück — rückwärts — retour
zurück *индифф. синоним*; *напр*.: eine Fahrkarte nach Moskau und zurück билет до Москвы и обратно; wir wollen hin und zurück mit der Bahn fahren мы хотим туда и обратно поехать на поезде; hin ist sie gefahren, zurück zu Fuß gegangen туда она ехала, назад шла пешком □ Seit Castricius aus Düsseldorf zurück war, gab es wieder die gemeinsamen Fahrten mit Vater und Tochter... (*Seghers*, »*Die Toten*«) Когда Кастрициус вернулся из Дюссельдорфа, опять начались совместные поездки с отцом и дочерью... **rückwärts** назад, в обратную сторону; *напр*.: ein Blick rückwärts взгляд назад; rückwärts fahren ехать назад; er wandte sich rückwärts он обернулся назад. **retour** [-'tu:r] *австр.* = zurück *в других областях устаревает и б. ч. употр. по отношению к проездному*

билету; *напр*.: retour gehen идти назад; bitte eine Fahrkarte nach Potsdam und retour пожалуйста, один билет до Потсдама и обратно
zurückblicken *см*. erinnern, sich/umsehen, sich
zurückbringen *см*. zurückgeben¹
zurückdenken *см*. erinnern, sich
zurückdrängen оттеснять, (по)теснить
zurückdrängen — verdrängen
zurückdrängen *индифф. синоним*; *напр*.: den Feind, die Menge, die Zuschauer zurückdrängen оттеснять врага, толпу, зрителей; düstere Gedanken zurückdrängen гнать мрачные мысли; die Angst zurückdrängen отогнать страх. **verdrängen** вытеснять; *напр*.: j-n aus seiner Stellung, aus dem Zimmer verdrängen вытеснять кого-л. с его места, из комнаты; einen Konkurrenten verdrängen вытеснять конкурента; die alte Maschine wurde durch eine neue verdrängt старая машина была вытеснена новой
zurückerinnern, sich *см*. erinnern, sich
zurückfahren отпрянуть
zurückfahren — zurückschaudern
zurückfahren *индифф. синоним*; *напр*.: vor Schreck zurückfahren в страхе отпрянуть; er fuhr entsetzt zurück, als er sie sah он отпрянул в ужасе, когда ее увидел. **zurückschaudern** отшатнуться в ужасе; *напр*.: vor dem greulichen Anblick zurückschaudern отшатнуться в ужасе при виде отвратительной картины
zurückfallen *см*. fallen¹
zurückfordern *см*. fordern
zurückführen *см*. erklären, sich
zurückgeben¹ отдавать обратно, возвращать (*владельцу*)
zurückgeben — wiedergeben — zurückbringen
zurückgeben *индифф. синоним*; *напр*.: Geliehenes zurückgeben возвращать взятое взаймы [напрокат]; j-m das Geld, das geborgte Buch zurückgeben возвращать кому-л. деньги, взятую на время книгу; die gelösten Karten können zurückgegeben werden купленные билеты могут быть возвращены в кассу; sie hat ihm sein Wort zurückgegeben она освободила его от данного им слова; heute wurden die Aufsätze zurückgegeben сегодня раздавали (*были возвращены после проверки*) сочинения □ Doch wer gab heutzutage gefundenes Geld zurück! (*Weiskopf*, »*Lissy*«) Но кто в наше время вернет найденные деньги! Er würde der Frau einfach die Zeitung zurückgeben, »Mahlzeit« sagen und gehen (*ebenda*) (*Он подумал*:) сейчас он как ни в чем не бывало отдаст женщине газету, скажет «до свидания» и уйдет. Den Wagen wird er auch an die Fabrik zurückgeben müssen, wenn er geht (*Feuchtwanger*, »*Erfolg*«) Автомобиль тоже придется вернуть заводу, если он уволится. **wiedergeben** возвращать взятое *часто подчеркивает, что возвращается при-*

читающееся тому, кто ранее несправедливо, по ошибке и т. п. был лишен чего-л.; *напр*.: j-m das Buch, das Geld wiedergeben возвращать кому-л. книгу, деньги; j-m die Freiheit wiedergeben возвращать кому-л. свободу; gib dem Kind das Spielzeug wieder верни ребенку игрушку. **zurückbringen** приносить обратно (*и возвращать*); *напр*.: j-m eine Sache zurückbringen отнести кому-л. обратно [вернуть кому-л.] его вещь; ich habe das Buch zurückgebracht я принес книгу, которую брал
zurückgeben² *см*. antworten¹
zurückgeblieben *см*. rückständig
zurückgehen *см*. verkleinern, sich/zurückkehren
zurückgezogen *см*. allein¹/verschlossen
zurückhalten удерживать (*не давать кому-л. сделать что-л.*)
zurückhalten — abhalten — aufhalten
zurückhalten *индифф. синоним*; *напр*.: j-n von einem übereilten, unüberlegten Schritt zurückhalten удерживать кого-л. от опрометчивого, необдуманного шага; j-n von einer anstrengenden Reise zurückhalten удерживать кого-л. от утомительной поездки; der Gedanke an sie hielt mich zurück, das zu sagen мысль о ней удержала меня от того, чтобы сказать это □ Sie wollte ins Haus, aber er hielt sie zurück (*Noll*, »*Werner Holt*«) Она хотела войти в дом, но он удержал ее. Fromeyer fuhr auf. Er wollte, sichtlich gereizt, Lissy erwidern, aber Kaczmierczik hielt ihn zurück (*Weiskopf*, »*Lissy*«) Фромайер вскочил. Он был явно раздражен и хотел что-то ответить Лисси, но Качмерчик удержал его. An diesem Abend befahl Klemm seinem Chauffeur, nach Hause zu telefonieren, die Geschäfte hielten sie noch zurück (*Seghers*, »*Die Toten*«) В этот вечер Клемм приказал своему шоферу позвонить домой и сказать, что дела их еще задерживают. **abhalten** не давать, мешать; *напр*.: j-n von seinem Vorhaben, von einer Dummheit, vom Trinken abhalten помешать кому-л. осуществить его намерение, сделать глупость, удерживать кого-л. от пьянства; j-n von seiner Arbeit abhalten задержать кого-л. и помешать его работе; eine dringende Angelegenheit hielt mich davon ab, ihn zu besuchen срочное дело помешало мне навестить его; Furcht, Schüchternheit, Schwäche hält ihn von der Entscheidung ab страх не позволил, робость, слабость не позволила ему принять решение [решиться]; keine zehn Pferde könnten ihn davon abhalten *разг*. никакие силы не могли его удержать от этого. **aufhalten** задерживать, удерживать (*не давать кому-л. уйти, работать и т. п.*); *напр*.: j-n mit einem Gespräch aufhalten задерживать кого-л. разговором; ich will Sie nicht länger aufhalten я не

ZURÜCKHALTEND

хочу вас больше задерживать [мешать вам работать]; das Unwetter hat ihn lange zu Hause aufgehalten непогода надолго задержала его дома

zurückhaltend см. kühl[1]
zurückhalten, sich см. maßhalten
Zurückhaltung см. Verschlossenheit
zurückkehren возвращаться

zurückkehren — zurückgehen — zurückkommen — heimkehren — heimgehen — heimkommen — umkehren — wiederkehren

zurückkehren индифф. синоним; напр.: nach Hause, vom Urlaub, von der Reise zurückkehren возвращаться домой, из отпуска, из путешествия; aus dem Krieg zurückkehren вернуться с войны; er kehrt in einigen Minuten zurück он вернется через несколько минут; er ist in seine Heimat zurückgekehrt он вернулся на родину ◻ Mehr als einmal verspürte er große Lust, nach Hause zurückzukehren (*Weiskopf*, »*Lissy*«) Не раз его охватывало сильное желание вернуться домой. Eine lange, leere Zeit des Wartens stand ihm nun bevor, wenn Vetter auch versprach, vor Weihnachten zurückzukehren (*Noll*, »*Werner Holt*«) Хольту предстояли долгие, ничем не заполненные дни ожидания, хотя Феттер и обещал вернуться до рождества. **zurückgehen** идти обратно, возвращаться (назад); напр.: ins Haus zurückgehen вернуться в дом; ich habe etwas vergessen, ich muß noch einmal zurückgehen я забыл кое-что, я должен еще раз вернуться назад ◻ Sie legte die Flickarbeit beiseite, ging zum Fenster, starrte hinaus. Niemand zu sehen. Sie ging zum Herd zurück (*Weiskopf*, »*Lissy*«) Она отложила штопку в сторону, подошла к окну, окинула взором улицу. Никого. Она вернулась к плите. **zurückkommen** приходить, приезжать обратно; возвращаться *констатирует сам факт прибытия, возвращения куда-л., в отличие от* zurückkehren, *которое подчеркивает, что кто-л. возвращается, чтобы остаться (надолго)*; напр.: von der Reise, aus dem Urlaub zurückkommen возвращаться из поездки, из отпуска; wann kommst du zurück? когда ты вернешься?; sie will nicht zurückkommen, um den Schirm zu holen она не хочет возвращаться за зонтиком; der Brief ist als unzustellbar zurückgekommen письмо вернулось как недоставленное ◻ Bollwies kam nach einer halben Stunde so verstört zurück, als hätte er die Seeschlange gesehen (*Remarque*, »*Drei Kameraden*«) Больвис вернулся через полчаса и был так потрясен, словно увидел морского змея. Sie verließ das Zimmer und kam erst nach einiger Zeit mit einem großen Glas Grog zurück (*Kellermann*, »*Totentanz*«) Она вышла из комнаты и вернулась только через некоторое время с большим стаканом грога. **heimkehren** возвращаться домой, на родину (*часто после долгого отсутствия, многое увидев, испытав и т. п.*); напр.: er ist nach langen Jahren endlich wieder heimgekehrt после долгих лет он наконец снова вернулся домой [на родину] ◻ Als er im Sommer heimgekehrt war, hatte er noch den Traum von Gundel geträumt. Und heute? (*Noll*, »*Werner Holt*«) Когда он летом вернулся домой, в нем еще жила мечта о Гундель. А сейчас? **heimgehen** идти домой; напр.: es war spät, als er heimging было поздно, когда он пошел домой. **heimkommen** приходить домой; напр.: ◻ Ziellos streifte er in den Straßen umher, bis es plötzlich so spät war, daß er auf den nächsten Straßenbahnwagen aufspringen mußte, um noch zur gewohnten Zeit heimzukommen (*Weiskopf*, »*Lissy*«) Он бесцельно бродил по улицам, пока вдруг не стало так поздно, что он должен был вскочить в первый же трамвай, чтобы вернуться домой в обычное время. **umkehren** поворачивать обратно (и идти, ехать назад); напр.: wir sind auf halbem Wege umgekehrt мы повернули назад на полпути; viele mußten umkehren, weil der Saal überfüllt war многие должны были повернуть назад, так как зал был переполнен; er ist umgekehrt, weil der Weg versperrt war он повернул назад, так как дорога была перекрыта ◻ Was wollte er überhaupt bei Karola? Er war nahe daran umzukehren (*Noll*, »*Werner Holt*«) Что ему вообще нужно у Каролы? Он был близок к тому, чтобы повернуть обратно. **wiederkehren** книжн. возвращаться (*часто после длительного отсутствия, издалека и т. п.*); напр.: von einer Reise, von der Expedition, aus dem Kriege wiederkehren возвращаться из путешествия, из экспедиции, с войны; viele sind in den Krieg gezogen und nicht wiedergekehrt многие ушли на войну и не вернулись; das Schiff ist von großer Fahrt wiedergekehrt корабль вернулся из большого плавания ◻ Da kehrte der Fremde wieder mit einem Koffer und einem Paket (*Seghers*, »*Die Toten*«) Но вот незнакомец вернулся, он нес чемодан и сверток

zurückkommen см. zurückkehren
zurücklassen см. lassen[1]/überholen
zurücklegen см. legen[1]/sparen
zurücknehmen см. abschaffen
zurückprallen см. abspringen
zurückschaudern см. zurückfahren
zurückschauen см. umsehen, sich[1]
zurückschlagen см. abschlagen[1]
zurücksehen см. umsehen, sich[1]
zurücksetzen см. vernachlässigen
Zurücksetzung см. Vernachlässigung
zurückspringen см. abspringen
zurückstehen уступать, отставать (быть хуже кого-л., чего-л.)

zurückstehen — nachstehen

zurückstehen индифф. синоним; напр.: er steht in seinen Leistungen hinter seinen Kollegen zurück он уступает своим коллегам по своим показателям; die billige Schokolade steht im Kakaogehalt hinter der teureren zurück дешевый шоколад по содержанию какао более дорогому; ich wollte da nicht zurückstehen я не хотел отставать (от других). **nachstehen** ≅ zurückstehen, *но чаще употр. по отношению к лицам*; напр.: j-m an Intelligenz, an Ausdauer, an Erfahrung, an Fähigkeiten nachstehen уступать кому-л. по уму, в выдержке, по опыту, по способностям; er steht den anderen in nichts nach он ни в чем не уступает другим; diese Kopie steht dem Original in der Qualität der Ausführung kaum nach эта копия почти не уступает оригиналу по качеству исполнения

zurückstoßen см. abstoßen[1]
zurücktreten см. verzichten
zurückweisen см. ablehnen
Zurückweisung см. Weigerung
zurückwerfen см. spiegeln
zurückzahlen см. rächen (, sich)
zurückziehen, sich см. fortgehen[1]
zur Welt bringen см. gebären
zur Zeit см. jetzt
Zusage см. Versprechen
zusagen см. gefallen/versprechen
zusammen вместе

zusammen — beisammen

zusammen индифф. синоним; напр.: wir sind oft zusammen мы часто бываем вместе; fahren wir zusammen? поедем вместе?; sie haben dieses Stück zusammen geschrieben они написали эту пьесу совместно; die Bände werden nur zusammen verkauft тома в отдельности не продаются ◻ Sie sind häufiger zusammen, als sein Auftrag es erfordert (*Bredel*, »*Dein unbekannter Bruder*«) Они бывают вместе гораздо чаще, чем этого требует его задание. Während das Geräusch seines Wagens eine Welle in der stillen Nacht hörbar blieb, saßen Heßreiter und Katharina noch zusammen (*Feuchtwanger*, »*Erfolg*«) В то время как шум его удалявшейся машины еще доносился сквозь ночную тишину, Гессрейтер и Катарина продолжали сидеть вместе. Die beiden Frauen waren täglich zusammen (*ebenda*) Обе женщины ежедневно бывали вместе. **beisammen** рядом друг с другом, (все) вместе; напр.: er freut sich, die ganze Familie beisammen zu sehen он был рад видеть всю семью в сборе; wir waren lange beisammen мы долго были вместе; im Kaufhaus findet man alles, was man braucht, beisammen в универмаге можно найти сразу все, что нужно; die Bäume stehen zu dicht beisammen деревья стоят слишком близко друг возле друга ◻ Man blieb noch eine gute Weile beisammen, hier hinten im Billiardsaal... (*Th. Mann*, »*Buddenbrooks*«) Они еще довольно долго пробыли вместе в отдаленной биль-

ярдной... Nein, sie würde nicht nach Waidmannslust hinausfahren, so verlockend es auch wäre, wieder einmal mit Menschen beisammen zu sein, mit denen man offen reden konnte (*Weiskopf*, »*Lissy*«) Нет, она не поедет в Вайдманслюст, как бы ни заманчива была перспектива снова побыть вместе с людьми, с которыми можно поговорить по душам. Und ein Gedanke hatte ihm keine Ruhe gelassen, daß Gundel zur selben Stunde wieder mit Schneidereit beisammen war (*Noll*, »*Werner Holt*«) А тут еще сверлила мысль, что в этот час Гундель опять была вместе со Шнайдерайтом
  zusammenarbeiten *см.* beteiligen, sich
  zusammenbinden *см.* binden [1]
  zusammenbrechen *см.* einfallen [1]
  zusammenbringen *см.* sparen
  Zusammenbruch *см.* Sturz [1,2]
  zusammenfabeln *см.* erdichten
  zusammenfahren вздрогнуть от испуга

zusammenfahren — zusammenzukken — zusammenschrecken — zusammenschaudern

zusammenfahren *индифф. синоним; напр.:* er ist bei dem Knall des Schusses heftig zusammengefahren при звуке выстрела он сильно вздрогнул; ich fuhr vor Schreck zusammen я вздрогнул [пригнулся, отшатнулся] в испуге ◻ »Schorsch!« rief der kleine Röder. Georg fuhr zusammen (*Seghers*, »*Das siebte Kreuz*«) «Жорж!» — окликнул его коротышка Редер. Георг вздрогнул. Ein kurzes Schweigen, und keiner, der nicht beim zweiten Sirenenzeichen zusammenfährt (*ebenda*) Наступает короткое молчание, и когда раздается второй гудок сирены, нет ни одного, кто бы не вздрогнул. **zusammenzukken** ≅ zusammenfahren, *но характеризует испуганное движение как более короткое и не столь заметное; напр.:* vor Schreck zusammenzucken вздрогнуть от испуга ◻ Beide Männer waren zusammengezuckt, sobald ein Auto aus der Riederwaldsiedlung heraufgekommen war... (*Seghers*, »*Das siebte Kreuz*«) Каждый раз, когда со стороны поселка Ридервальд подходила машина, оба вздрагивали. Er verließ das Büfett, ohne nach rechts oder links zu sehen. Dabei streifte er jenen Burschen, der eben bei seinem Anblick zusammengezuckt war (*ebenda*) Он вышел из закусочной, не глядя ни вправо, ни влево. При этом он слегка задел того самого парня, который только что при виде его вздрогнул. **zusammenschrecken** ≅ zusammenfahren, *но больше фиксирует внимание не на самом движении, а на состоянии субъекта; напр.:* als ich zu ihm trat, schrak er zusammen когда я подошел к нему, он вздрогнул ◻ Fromeyer schreckte leicht zusammen (*Weiskopf*, »*Lissy*«) Фромайер слегка вздрогнул. **zusammenschaudern** содрогаться; *напр.:* vor Schreck zusammen-menschaudern содрогаться от страха ◻ Als die Frau die Läden zurückschlug und sich nach dem hellen Zimmer zurückdrehte, erschienen ihr beide Männer gealtert und abgemagert, ihr eigener und der fremde. Sie schauderte leicht zusammen (*Seghers*, »*Das siebte Kreuz*«) Когда женщина открыла ставни и снова обернулась к ярко освещенной комнате, ей показалось, что оба мужчины постарели и осунулись, ее муж и тот, чужой. Она слегка вздрогнула
  zusammenfallen[1] совпадать

zusammenfallen — zusammentreffen — sich decken

zusammenfallen *индифф. синоним; напр.:* die beiden Vorträge, Vorlesungen, Geburtstage fallen zusammen оба доклада, обе лекции, оба дня рождения совпадают [приходятся на один день]; diese zwei Flächen fallen zusammen эти две плоскости при наложении совпадают. **zusammentreffen** ≅ zusammenfallen, *но подчеркивает совпадение по времени, приводящее к удачному или неудачному стечению обстоятельств; напр.:* mein Geburtstag und sein Jubiläum treffen zusammen мой день рождения и его юбилей совпадают; die Umstände trafen so ungünstig zusammen, daß... обстоятельства сложились [стечение обстоятельств было] так неблагоприятно, что... **sich decken** полностью совпадать (*оказаться общим, тождественным, обнаружить соответствие*); покрывать друг друга (*тж. о геометрических линиях и фигурах*); *напр.:* unsere Ansichten, Interessen decken sich nicht, decken sich völlig наши мнения, интересы не совпадают, совпадают полностью; diese Begriffe decken sich (nicht ganz) эти понятия (не совсем) тождественны [(не полностью) покрывают друг друга]; die beiden geometrischen Figuren müssen sich decken обе геометрические фигуры должны совпасть

  zusammenfallen[2] *см.* einfallen [1]
  zusammenfalten *см.* falten
  zusammenfassen *см.* «Приложение»
  zusammenfügen *см.* zusammensetzen
  Zusammengehörigkeit (тесная) связь (*между людьми*); сплоченность

die Zusammengehörigkeit — die Verbundenheit

Zusammengehörigkeit *индифф. синоним; напр.:* die Zusammengehörigkeit der Familie сплоченность [целостность] семьи; sie fühlten ihre Zusammengehörigkeit они ощущали свою тесную связь друг с другом. **Verbundenheit** ≅ Zusammengehörigkeit, *но более эмоционально и чаще употр. в книжно-письменной речи; напр.:* in enger Verbundenheit mit dieser Familie, mit unseren Freunden в тесной связи с этой семьей, с нашими друзьями; sie lebten in enger geistiger Verbundenheit они жили в тесной духовной общности; das Gefühl der Verbundenheit half ihnen in ihrer schweren Lage чувство единения [тесной связи] помогло им в их тяжелом положении ◻ In einem ausführlichen Brief schilderte das Mr. Adams seiner vergötterten Mrs. Abigail Adams, mit der er in züchtiger, inniger Verbundenheit lebte (*Feuchtwanger*, »*Die Füchse*«) Все это мистер Адамс описал в подробном письме к своей обожаемой миссис Абигайль Адамс, с которой он жил в добродетельном и нежном союзе
  Zusammenhang *см.* Verbindung [1]
  zusammenheften *см.* zusammensetzen
  zusammenkommen *см.* treffen, sich
  zusammenkoppeln *см.* zusammensetzen
  zusammenkratzen *см.* sparen
  Zusammenkunft *см.* Treffen
  zusammenkuppeln *см.* zusammensetzen
  zusammenlegen *см.* falten/legen [1]/ zusammensetzen
  zusammennehmen, sich собраться (с силами), взять себя в руки

sich zusammennehmen — sich ermannen — sich zusammenreißen

sich zusammennehmen *индифф. синоним; напр.:* du mußt dich ein wenig zusammennehmen, dann wirst du es schaffen ты должен немного собраться, тогда ты с этим справишься; ich habe mich sehr zusammennehmen müssen, um nicht loszuheulen мне пришлось собраться с силами, чтобы не разреветься; nimm dich jetzt zusammen! сейчас же возьми себя в руки! ◻ Geläufig aus dem Stenogramm zu lesen, ist auch für den Geübten nicht ganz leicht. Sie nimmt sich zusammen, sie wiederholt seine Sätze flüssig und mit der rechten Betonung... (*Feuchtwanger*, »*Lautensack*«) Бегло читать стенограмму — дело нелегкое даже при большой опытности. Но она берет себя в руки, она повторяет его фразы свободно, с правильным ударением... »Mensch«, sagte er, »Werner Holt! Wenn Sie sich bloß ein bißchen zusammennehmen wollten! Wir warten doch nur auf Sie!« (*Noll*, »*Werner Holt*«) «Эх, парень, — сказал он, — Вернер Хольт! Если б вы хоть немножко взяли себя в руки. Мы ведь только и ждем вас!» Unter Müllers Blick fühlte Holt alle Selbstsicherheit schwinden... Holt nahm sich zusammen. »Ich wollte Ihnen sagen, daß ich eingesehen habe...« (*ebenda*) Под взглядом Мюллера Хольт почувствовал, что его решимость исчезает... Хольт взял себя в руки. «Я хотел вам сказать, что понял свою ошибку...» **sich ermannen** собраться с духом подчеркивает, *что кто-л., кто отчаялся, пал духом и т. п., вновь обретает мужество; напр.:* er ermannte sich und begann zu arbeiten он внутренне собрался и начал работать; nach längerem innerem Kampf hatte er sich zu dieser Tat ermannt после длительной

внутренней борьбы он собрался с духом и решился на этот поступок □ Ermannen Sie sich, edler Prinz (*Schiller,* »*Don Carlos*«) Мужайтесь, принц!
sich zusammenreißen *разг.* овладевать собой *подчеркивает быстроту реакции, а тж. то, что это потребовало большого напряжения, усилия воли; напр.:* □ Einer von ihnen fragte schreiend: »Ist hier kein Zettelverteiler gesehen worden?« Lissy riß sich zusammen. Mit erhobener Stimme, so daß es der Wachtmeister hören mußte, sagte sie zu Max... (*Weiskopf,* »*Lissy*«) Один из них крикнул: «Вы не видели здесь человека с листовками?» Лисси усилием воли взяла себя в руки; громким голосом, чтобы ее слова услышал полицейский, она сказала, обращаясь к Максу... Er riß sich zusammen. Er sah sich um. All die erstaunten Äugelchen! (*Seghers,* »*Das siebte Kreuz*«) Он с трудом овладел собой. Он осмотрелся кругом. Сколько удивленных глазенок!
zusammenprallen см. zusammenstoßen
zusammenrechnen см. zählen [1]
zusammenreißen, sich см. zusammennehmen, sich
zusammenscharren см. sparen
zusammenschaudern см. zusammenfahren
Zusammenschluß см. Verbindung [2]
zusammenschmelzen см. verkleinern, sich
zusammenschmieren см. verfassen
zusammenschrecken см. zusammenfahren
zusammenschreiben см. verfassen
zusammenschrumpfen см. verkleinern, sich
zusammensetzen составлять (вместе, в единое целое), собирать
zusammensetzen — zusammenfügen — zusammenheften — zusammenlegen — koppeln — kuppeln — zusammenkoppeln — zusammenkuppeln
zusammensetzen *индифф. синоним; напр.:* Garben zu Puppen zusammensetzen складывать снопы в копны; Steine zu einem Mosaik zusammensetzen составлять мозаику из камней; eine Maschine, einen Mechanismus, ein Fahrrad aus einzelnen Teilen zusammensetzen собирать из отдельных частей [деталей] машину, механизм, велосипед. **zusammenfügen** *но подчеркивает, что что-л. соединяют, составляют определенным образом и возникает определенная форма; напр.:* bunte Glasstücke zu einem Mosaik zusammenfügen составлять мозаику из цветного стекла; Werkstücke, Teile, Scherben zusammenfügen соединять детали, части, осколки; der Künstler fügt die Steine zu einem Muster zusammen художник составляет [соединяет] камни в рисунок [в узор]. **zusammenheften** скреплять, сшивать (*соединять какие-л. отдельные части, чтобы они не потерялись*); *напр.:* die losen Blätter in einem Ordner zusammenheften подшить отдельные листы в папку; die zugeschnittenen Stoffteile mit Nadel und Faden zusammenheften сметывать раскроенные куски материала. **zusammenlegen** соединять, объединять, сливать; *напр.:* zwei Schulklassen zusammenlegen слить два класса; einige Kollektivwirtschaften zusammenlegen соединять несколько колхозов (в укрупненный колхоз); beide Kurse für Stenographie wurden zusammengelegt оба курса (лекций) по стенографии были объединены. **koppeln** *б. ч. тех.* соединять, связывать (*ремнями и т. п.*); соединять (подвижно); *напр.:* zwei Raumschiffe automatisch koppeln автоматически состыковать два космических корабля; die Vorderbeine der Pferde koppeln стреножить лошадей; Hunde koppeln брать собак на свору; wir müssen das Tonbandgerät mit dem Verstärker koppeln мы должны соединить магнитофон с усилителем. **kuppeln** ≅ koppeln, *но чаще о подвижном соединении между тянущей машиной и прицепной; напр.:* Eisenbahnwagen, den Wagen an die Lokomotive kuppeln сцеплять железнодорожные вагоны, вагон с локомотивом; einen Anhänger an den Lastkraftwagen kuppeln соединять прицеп с грузовиком. **zusammenkoppeln** ≅ koppeln, *но подчеркивает обоюдную связь механизмов и т. п.; напр.:* wir werden die beiden Geräte zusammenkoppeln мы соединим оба прибора □ Vordem hat er schon alle vorhandenen Boote zusammengekoppelt und fährt sie mit dem seinen in den See hinaus... (*St. Zweig,* »*Maria Stuart*«) Он уже заранее сцепил все имеющиеся лодки и выводит их за своей на середину озера... **zusammenkuppeln** *б. ч. тех.* ≅ zusammenkoppeln, *но употр., когда сцепление производится с помощью специального приспособления; напр.:* Eisenbahnwagen zusammenkuppeln сцеплять железнодорожные вагоны
zusammensetzen, sich см. bestehen [1]
zusammenstellen составлять (*собрав материал, свести его в выборку, в свод, в список и т. п.*)
zusammenstellen — aufstellen — ausarbeiten
zusammenstellen *индифф. синоним; напр.:* eine Liste, ein Menü, ein Programm zusammenstellen составлять список, меню, программу; eine Übersicht zusammenstellen составлять обзор (чего-л.); eine Stadtrundfahrt zusammenstellen составлять маршрут экскурсионной поездки по городу □ Herr Heßreiter hatte Geschenke für Johanna mit vielem Geschmack ausgewählt, hatte auch das Diner mit besonderer Sorgfalt zusammengestellt (*Feuchtwanger,* »*Erfolg*«) Гессрейтер выбрал с большим вкусом подарки для Иоганны, с особенной тщательностью составил меню. Madame de Maurepas stellte die Liste der Einzuladenden mit Sorgfalt zusammen (*Feuchtwanger,* »*Die Füchse*«) Список гостей мадам де Морепа составила со всей тщательностью. **aufstellen** составлять, формулировать (*записывая, разрабатывая каждый пункт, элемент в отдельности*); *напр.:* ein Programm, eine Liste, einen Plan, einen Entwurf, eine Rechnung aufstellen составлять программу, список, план, проект, счет; eine Bilanz, einen Vertrag aufstellen составлять баланс, договор; ein physikalisches Gesetz, eine grammatische Regel aufstellen сформулировать физический закон, грамматическое правило. **ausarbeiten** разрабатывать, составлять; *напр.:* einen Entwurf, Vorschläge, Pläne, einen Vortrag, ein Programm ausarbeiten разрабатывать (в письменном виде) проект, предложения, планы, доклад, программу □ Ja, Herr Pfaundler, ein starker Arbeiter, hatte schon eine ziemlich genaue Liste seiner Engagements ausgearbeitet (*Feuchtwanger,* »*Erfolg*«) Да, Пфаундлер, неутомимый работник, наметил уже довольно точный список ангажементов
zusammenstoßen сталкиваться
zusammenstoßen — zusammenprallen — kollidieren
zusammenstoßen *индифф. синоним; напр.:* er stieß in der Tür fast mit ihr zusammen он чуть было не столкнулся с ней в дверях; zwei Autos sind zusammengestoßen столкнулись две машины □ In der Friedrich — Engels — Straße/Lutherstraße, Pankow, stieß am Mittwoch eine LKW mit einer Straßenbahn zusammen, weil der Kraftfahrer zu schnell gefahren war und die Gewalt über das Fahrzeug verlor (*ND 26. 7. 76*) В среду на углу Фридрих-Энгельс-штрассе и Лютерштрассе в Панкове грузовик столкнулся с трамваем. Авария была вызвана тем, что водитель грузовика ехал с недозволенной скоростью и потерял управление машиной. LKW stieß mit Zug zusammen (*ND 20. 8. 80*) Грузовик столкнулся с поездом (*заголовок*). **zusammenprallen** ≅ zusammenstoßen, *но подчеркивает большую силу удара при столкновении; напр.:* auf der Kreuzung sind zwei Autos zusammengeprallt на перекрестке столкнулись две машины □ Mindestens 29 Todesopfer hat am Wochenende ein Verkehrsunfall bei Rio Bonito im Bundesstaat Rio de Janeiro gefordert, bei dem ein Autobus mit einem Lastwagen frontal zusammenprallte (*ND 5. 8. 80*) По меньшей мере 29 человек погибло в конце недели в результате уличной катастрофы под Рио Бонито в штате Рио-де-Жанейро, во время которой столкнулся едущие навстречу друг другу автобус и грузовик. **kollidieren** *книжн.* ≅ zusammenstoßen, *но б. ч. употр. по отношению к транспортным средствам или перен.; напр.:*

zwei Flugzeuge sind in der Luft kollidiert und abgestürzt два самолета столкнулись в воздухе и разбились; Zwei japanische Frachter sind im Stillen Ozean vor der Küste der japanischen Präfektur Wakayama kollidiert (*ND 12. 6. 80*) Два японских грузовых судна столкнулись в Тихом океане перед побережьем японской префектуры Вакаяма. Vier Menschen kamen ums Leben, als zwei Züge in der Nähe von Valencia kollidierten (*ND 24. 6. 80*) Четыре человека погибло, когда вблизи Валенсии столкнулись два поезда

Zusammensturz см. Sturz [1, 2]
zusammenstürzen см. einfallen [1]
zusammentreffen см. treffen, sich/zusammenfallen
Zusammentreffen см. Treffen
zusammenwerfen см. mischen (, sich)
zusammenzählen см. zählen [1]
zusammenziehen см. verenge(r)n
zusammenzucken см. zusammenfahren
Zusatz см. Zugabe
zusätzlich добавочный, дополнительный

zusätzlich — nachträglich

zusätzlich *индифф. синоним; напр.:* zusätzliche Kosten, Ausgaben дополнительные расходы, затраты; eine zusätzliche Ration добавочный паек; ein zusätzlicher Zug дополнительный поезд; er erhielt einen zusätzlichen Urlaub он получил дополнительный отпуск; man muß zusätzlich noch zwei Lastwagen beschaffen нужно достать дополнительно два грузовика. **nachträglich** дополнительный, добавленный позже; *напр.:* eine nachträgliche Vereinbarung, Eintragung дополнительное соглашение, дополнительная запись; eine nachträgliche Bemerkung дополнительное [более позднее] замечание; eine nachträgliche Bezahlung оплата по получении [по исполнении *и т. п.*]; nachträgliche Änderungen изменения, внесенные задним числом; etw. nachträglich mitteilen, buchen сообщить что-л. дополнительно, провести что-л. по книгам задним числом

zuschanzen см. geben [3]
Zuschlag надбавка, наценка, доплата

der Zuschlag — der Aufschlag — der Aufpreis

Zuschlag *индифф. синоним; напр.:* einen Zuschlag bezahlen вносить доплату; die Ware wurde mit einem Zuschlag von 10 Mark verkauft товар продавался с наценкой в десять марок; das ist ein Schnellzug, der kostet Zuschlag это скорый поезд, поэтому нужно доплачивать за скорость; der Zuschlag kann im Zug gelöst werden доплату можно произвести прямо в поезде; für den Koffer müssen Sie einen Zuschlag zahlen за провоз чемодана вам придется заплатить. **Aufschlag** наценка, надбавка *в отличие от* Zuschlag *не употр. в значении* доплаты к стоимости проездного билета, доплаты за ряд услуг; *напр.:* mehrprozentige, hohe, erhebliche Aufschläge многопроцентные, большие, значительные надбавки (к цене); Aufschläge für Luxusartikel повышенные цены на предметы роскоши; der Aufschlag beträgt 10% повышение [надбавка] (в цене) составляет 10%; bei Teilzahlung muß ein Aufschlag werden при уплате в рассрочку нужно платить надбавку [процент за кредит] □ Der Gauner! Um sie mir eine Woche später mit fünfzig Prozent Aufschlag wieder anzubieten! (*Remarque, »Schatten«*) Мошенник! Чтобы через неделю снова предложить их мне — только на пятьдесят процентов дороже! Ich wurde viel für Sonntagsarbeit eingeteilt. Das gab Aufschlag (*Max von der Grün, »Stellenweise Glatteis«*) Меня часто назначали по воскресеньям на работу, что давало надбавку. **Aufpreis** *неол.* наценка, надбавка к цене; *напр.:* für Waren mit besonderer Garantie einen Aufpreis zahlen платить наценку за товары с особой гарантией; er hat den PKW mit einem Aufpreis von 3000 Mark gekauft он купил машину с наценкой в три тысячи марок

zuschlagen см. schießen [1]
zuschließen см. schließen [1]
zuschnappen см. beißen [1]
zuschreiben приписывать (*относить на чей-л. счет*)

zuschreiben — unterstellen — zurechnen — beimessen — beilegen

zuschreiben *индифф. синоним; напр.:* j-m die Schuld zuschreiben приписывать вину кому-л.; den Verhältnissen die Schuld an allem zuschreiben винить во всем обстоятельства; dieser Quelle wird eine wundertätige Wirkung zugeschrieben этому источнику приписывается чудодейственная сила; dieses Bild wurde fälschlich Cranach zugeschrieben эту картину ошибочно приписывали Кранаху; das hast du dir selbst zuzuschreiben в этом ты должен винить самого себя □ ...und es war nur dem Zusammentreffen einer ganzen Reihe besonderer Umstände zuzuschreiben, daß Lissy und die zwei anderen allmählich auseinandergerieten (*Weiskopf, »Lissy«*) ...и лишь стечению целого ряда особых обстоятельств можно было приписать тот факт, что пути Лисси и двух ее друзей постепенно разошлись. **unterstellen** злонамеренно приписывать кому-л. то, чего он не делал; ложно обвинять кого-л. в чем-л.; *напр.:* j-m eine Tat, eine Absicht unterstellen приписывать кому-л. какой-л. поступок, какое-л. намерение (*с целью опорочить ложно обвиняемого*); j-m die Verletzung eines Abkommens unterstellen ложно обвинить кого-л. в нарушении соглашения □ Dem Renkmaier unterstellten die bayrischen Gerichte das Motiv der Ehrlosigkeit (*Feuchtwanger, »Erfolg«*) Ренкмайеру баварские суды приписали «низменные побуждения». **zurechnen** *книжн.* приписывать что-л. какой-л. причине, относить что-л. (*вину, ошибку и т. п.*) за счет чего-л.; *напр.:* ich rechne es seiner Dummheit, seiner Faulheit zu я отношу это за счет его глупости, его лени; ich rechne es Ihrer Unerfahrenheit zu я отношу это за счет вашей неопытности. **beimessen** *книжн.* ≅ zuschreiben, *но обыкн. употр. в сочетании* j-m die Schuld beimessen; *напр.:* man kann ihm allein nicht alle Schuld beimessen нельзя ему одному приписывать всю вину. **beilegen** *уст.* ≅ beimessen; *напр.:* sie haben ihm die Schuld daran beigelegt они приписали ему вину в этом

zuschulden: sich zuschulden kommen lassen см. vergehen, sich
Zuschuß см. Unterstützung [1]/Zugabe
zusehen см. sorgen
zusetzen см. bedrängen [1]/hinzufügen
zusichern см. versprechen
Zusicherung см. Versprechen
zusperren см. schließen [1]
zuspitzen, sich см. verschärfen, sich
zusprechen см. essen/verleihen [1]
Zustand см. Lage [1]/Verhältnisse
zuständig компетентный (*обладающий компетенцией, полномочиями*)

zuständig — kompetent

zuständig *индифф. синоним; напр.:* die zuständige Behörde компетентное ведомство; der für diesen Fall zuständige Richter судья, в компетенцию которого входит рассмотрение этого дела; j-n an die zuständige Stelle verweisen направлять кого-л. в компетентное учреждение [в компетентную инстанцию] □ »Da bin ich nicht zuständig«, erklärte er. »Ich verstehe was vom Varieté. Aber das da hat offenbar mehr mit Politik zu tun als mit Varieté und Kunst« (*Feuchtwanger, »Lautensack«*) «Тут я не компетентен, — объяснил он. — Моя область — варьете. А это тут, очевидно, больше имеет отношение к политике, чем к варьете и искусству». **kompetent** *книжн.* ≅ zuständig; *напр.:* an kompetenter Stelle nach etw. fragen запрашивать о чем-л. в компетентном учреждении [в компетентной инстанции]; er ist für etw., in dieser Frage, in dieser Angelegenheit kompetent он является компетентным [правомочным] в чем-л., в данном вопросе, в этом деле

zustecken см. geben [1]
zustellen см. versorgen [1]
zustimmen см. einverstanden sein
zustimmend см. positiv
Zustimmung см. Einverständnis
zustoßen см. geschehen
Zustrom приток (*поступление, приход*); наплыв (*посетителей и т. п.*)

der Zustrom — der Zufluß — der Zulauf

Zustrom *индифф. синоним; напр.:* der Zustrom der Besucher, der Käufer, der Schaulustigen наплыв посетителей, покупателей, любопытных; der Zustrom der Aufträge приток заказов; Zustrom von Luft, von Wasser, von Kapital приток воздуха, воды, капитала. **Zufluß** ≅ Zustrom, *но обладает меньшей сочетаемостью; не употр. по отношению к лицам; по сравнению с* Zustrom *обозначает приток меньшей интенсивности, меньшего количества чего-л.; напр.:* der Zufluß an frischer Luft приток свежего воздуха; der Zufluß an Kapital, an Mitteln, an Devisen приток средств, капитала, валюты; die Banken haben einen großen Zufluß an Geld у банков большие поступления. **Zulauf** наплыв (посетителей); *напр.:* starker Zulauf большой наплыв посетителей [зрителей, гостей *и т. п.*]; Zulauf haben хорошо посещаться, пользоваться популярностью □ Unglaublich auch sollte der Zulauf sein, den neuerdings die Theatertruppen dort fanden (*Br. Frank, »Cervantes«*) А с недавних пор, как говорили, неслыханным успехом пользовались также и театральные труппы

zuteilen *см.* geben ³/verteilen
zuteil werden *см.* zufallen
zutragen *см.* sagen ¹
zutragen, sich *см.* geschehen
Zuträger переносчик (сомнительных) слухов, новостей; сплетник
der **Zuträger** — der **Zwischenträger** — der **Zubringer**
Zuträger *индифф. синоним; напр.:* er diente ihm als Zuträger von Neuigkeiten он служил ему в качестве поставщика новостей [осведомителя по части сплетен]. **Zwischenträger** ≅ Zuträger, *но больше подчеркивает, что кто-л. передает слова, разговоры и т. п. одной стороны другой, сеет слухи и т. п.; напр.:* als Zwischenträger dienen [fungieren] служить переносчиком слухов □ Verdient hat der es bestimmt nicht, solch heimlicher Zwischenträger und Ohrenbläser, wie er ist (*Fallada, »Wolf u. Wölfen«*) Этого он, конечно, не заслужил, такой сплетник и наушник. **Zubringer** *уст.* наушник, ябедник (*действующий по чьему-л. поручению или желающий выслужиться перед покровителем*); *напр.:* □ Aber Elisabeth hat gute Zubringer und einen wachen, höchst mißtrauischen Verstand (*St. Zweig, »Maria Stuart«*) Но недаром у Елизаветы усердные наушники и неусыпный, очень склонный к подозрительности ум. Er nennt die Namen aller seiner Zubringer und Späher... (*ebenda*) Он называет поименно своих осведомителей и соглядатаев...

Zutrauen *см.* Vertrauen
zutraulich *см.* schlicht ¹/vertrauensvoll
zutreffen *см.* richtig sein
zutreffend sein *см.* richtig sein
zutrinken пить за здоровье присутствующего (*обращаясь к нему*)
zutrinken — **zuprosten**

zutrinken *индифф. синоним; напр.:* j-m zutrinken пить за чье-л. здоровье; er hob sein Glas und trank ihr zu он поднял свой стакан и выпил за ее здоровье □ Ja, da saß er, der Maler des Kruzifixus... und trank ihr zu (*Feuchtwanger, »Erfolg«*) Да, там действительно сидел художник, создавший «Распятие»... и пил за ее здоровье. Alle tranken ihm zu, nur Carl Rennbach achtete gar nicht darauf aß weiter (*Noll, »Werner Holt«*) Все пили за его здоровье, только Карл Реннбах, не обращая ни на кого внимания, продолжал есть. **zuprosten** *разг.* ≅ zutrinken, *но предполагает, что того, за чье здоровье пьют, приветствуют восклицанием* Pros(i)t!; *напр.:* sie prosteten einander zu они приветственно подняли бокалы и чокнулись, сказав друг другу «прозит» □ Er prostete Holt zu, wobei er ihn mit einem Auge ansah... (*Noll, »Werner Holt«*) Он поднял рюмку за Хольта, уставившись на него одним глазом... Es gab Beifall, es wurde eingeschenkt, getrunken, wir prosteten uns zu... (*Max von der Grün, »Stellenweise — Glatteis«*) Раздались аплодисменты, все наливали, пили, мы выпили за здоровье друг друга...

Zutritt доступ (*возможность входа, посещения*)
der **Zutritt** — der **Zugang**
Zutritt *индифф. синоним; напр.:* freier Zutritt свободный доступ; Zutritt erlangen получать доступ (куда-л.); j-m den Zutritt zu etw. verweigern не допускать кого-л. к чему-л. [куда-л.]; Zutritt nur mit Genehmigung der Direktion доступ только с разрешения дирекции □ Als endlich der Zutritt gewährt wurde, war von vornherein das Gleichgewicht peinlich verschoben (*Br. Frank, »Cervantes«*) Когда доступ наконец милостиво открылся, равновесие уже было нарушено плачевным образом. Er hatte gestern zufällig erfahren, daß Fromeyers ältester Bruder als Kanzleisekretär im Potsdamer Präsidium Zutritt zu Akten besaß... (*Weiskopf, »Lissy«*) Вчера он случайно узнал, что старший брат Фромайера, секретарь канцелярии потсдамского полицейского управления, имеет доступ к документам... **Zugang** ≅ Zutritt, *но употр. по отношению к имеющемуся доступу, разрешению приблизиться к чему-л., к кому-л.; напр.:* der freie Zugang zum Meer свободный доступ к морю; er hat Zugang zu einem Panzerschrank у него есть доступ к сейфу; es ist schwer, Zugang zu ihm zu erhalten к нему трудно попасть □ Jener Herr Joachim Tischler ...hatte es nicht leicht, Zugang zu Oskar zu finden (*Feuchtwanger, »Lautensack«*) Тот самый господин Иоахим Тишлер... с трудом нашел доступ к Оскару. Eins suchte in den Augen des anderen die Punkte, die bis in das Innere Zugang haben (*Se-*

ghers, »Die Toten«) Каждый искал в глазах другого те точки, которые открывают доступ в святая святых человека

zuverlässig надежный (*такой, что можно положиться*)
zuverlässig — **verläßlich** — **vertrauenswürdig** — **glaubwürdig** — **vertrauenerweckend**
zuverlässig *индифф. синоним; напр.:* ein zuverlässiger Mensch, Freund, Mitarbeiter надежный человек, друг, сотрудник; eine zuverlässige Nachricht, Mitteilung достоверное известие, сообщение; etw. aus zuverlässiger Quelle erfahren узнать что-л. из достоверного источника; die Angaben sind zuverlässig данные достоверны □ Einige dieser Männer waren wacker und subaltern, andere gerissen und nicht zuverlässig (*Feuchtwanger, »Die Füchse«*) Некоторые из этих людей были добросовестны и исполнительны, другие плутоваты и ненадежны. Sein Herz war nicht zuverlässig (*Feuchtwanger, »Erfolg«*) Сердце его было не очень надежно. Zuverlässig bekundet wurde von den Insassen des Hauses Katharinenstraße 94 nur, daß Dr. Krüger einige Male nachts in dem Atelier des Fräuleins gewesen war (*ebenda*) С уверенностью жильцы дома 94 по Катариненштрассе утверждали лишь то, что доктор Крюгер несколько раз бывал в мастерской художницы по ночам. **verläßlich** ≅ zuverlässig, *но употр. реже, преимущ. по отношению к лицам и источникам информации; напр.:* ein verläßlicher Mensch, Freund, Verbündeter, Mitarbeiter надежный человек, друг, союзник, сотрудник; ein verläßlicher Zeuge заслуживающий доверия свидетель; verläßliche Daten достоверные данные □ Jawohl, Alexander, mein Gutester, ich weiß es aus ganz verläßlicher Quelle: die Piefkes halten sich mal ausnahmsweise zurück... (*Weiskopf, »Abschied vom Frieden«*) Да, Александр, дорогой мой, я знаю из вполне достоверного источника: пруссаки на этот раз, в виде исключения, проявляют сдержанность. **vertrauenswürdig** достойный, заслуживающий доверия; *напр.:* ein vertrauenswürdiger Zeuge заслуживающий доверия свидетель; er sah vertrauenswürdig aus он выглядел как человек, заслуживающий доверия; alles, was sie sagt, ist vertrauenswürdig все, что она говорит, достоверно □ Und Bohland hatte auf seiner Stirn kein Zeichen, das ihn kenntlich machte. Er konnte vertrauenswürdig sein. Georg fühlte es nicht. Er konnte es sein und konnte es nicht sein (*Seghers, »Das siebte Kreuz«*) Ведь на лбу у Боланда ничего не написано. Может быть, ему можно было доверять. Георг этого не чувствовал. Может быть можно, а может быть нельзя. Sie war vertrauenswürdig, schön und stark (*Noll, »Werner Holt«*) Она за-

служивала доверия, была красивая и сильная. **glaubwürdig** такой, которому можно верить; вполне правдоподобный (*о версии, объяснении и т. п.*); заслуживающий доверия (*о человеке*); *напр.*: eine glaubwürdige Aussage, Erklärung правдоподобное показание, объяснение; ein glaubwürdiger Zeuge заслуживающий доверия свидетель; etw. glaubwürdig darstellen изображать что-л. достоверно [правдоподобно]; diese Quelle, diese Nachricht ist nicht glaubwürdig этому источнику, этому известию нельзя доверять; das ist ganz und gar glaubwürdig это очень возможно. **vertrauenerweckend** внушающий доверие; *напр.*: er sieht vertrauenerweckend aus у него вид, внушающий доверие; das sieht vertrauenerweckend aus это выглядит заслуживающим доверия; sein Äußeres war nicht eben vertrauenerweckend его внешность не очень-то внушала доверие; er machte einen vertrauenerweckenden Eindruck auf mich он произвел на меня впечатление человека, внушающего доверие; er schlug einen vertrauenerweckenden Ton an он заговорил тоном, внушающим доверие
Zuversicht уверенность
die Zuversicht — die Überzeugung — die Sicherheit — die Gewißheit
Zuversicht индифф. синоним; *напр.*: feste Zuversicht твердая уверенность; j-s Zuversicht erschüttern поколебать чью-л. уверенность; in der Zuversicht, daß... будучи уверенным, что...; er ist voller Zuversicht für uns und unsere Sache он исполнен веры в нас и наше дело; ich sage das mit voller Zuversicht я говорю это с полной уверенностью □ Der ganze Mann, schwer und schwebend, war eine einzige Zuversicht (*Feuchtwanger, »Erfolg«*) Весь он, тяжеловатый, с плавными движениями, был воплощенной уверенностью в будущем. Jetzt, nachdem solche Nervosität nur schädlich wirken konnte, füllte er sich instinktiv mit fatalistischem Optimismus, verbreitete um sich stiernackige Zuversicht (*ebenda*) Сейчас, когда такая нервозность могла оказаться только вредной, он инстинктивно зарядил себя фаталистическим оптимизмом, распространял вокруг себя упрямую уверенность в успехе. **Überzeugung** убеждение, убежденность; *напр.*: eine feste Überzeugung твердое убеждение; etw. aus Überzeugung tun делать что-л. в силу убеждения [, будучи твердо убежденным (в чем-л.)]; von der Überzeugung durchdrungen sein быть в полной уверенности, быть совершенно убежденным (в чем-л.); es war seine ehrliche Überzeugung, daß... это было его искренним убеждением, был совершенно убежденным в том, что... □ Bei der Zusammenkunft im Café Reimann hatte Staudinger die versprochene Bombenbestellung zwar noch nicht in der Tasche, doch war das, wie er mit Überzeugung beteuerte, bedeutungslos (*Weiskopf, »Lissy«*) При свидании в кафе Раймана обещанное Штаудингеру тепленькое местечко не было еще у него в кармане, но, как он убежденно заверял, это не имело значения. **Sicherheit** уверенность, определенность *подчеркивает уверенность поведения, суждения, высказывания по какому-л. вопросу и т. п.*; *напр.*: etw. mit Sicherheit sagen, feststellen сказать, констатировать что-л. определенно; er konnte noch nicht mit Sicherheit sagen, ob er rechtzeitig fertig würde он еще не мог наверняка [определенно] сказать, закончит ли он все вовремя [своевременно]; er hatte eine große Sicherheit in allen Fragen der Mode он чувствовал себя уверенно во всех вопросах моды □ Seine unbefangene Sicherheit beeindruckte Holt... (*Noll, »Werner Holt«*) Его небрежная уверенность импонировала Хольту... **Gewißheit** уверенность, ясность (*основанная на точном знании чего-л., не вызывающем сомнений*); достоверность; *напр.*: Gewißheit über etw. haben быть уверенным в чем-л.; Gewißheit über etw. erhalten, bekommen убедиться в чем-л., получить достоверные сведения о чем-л.; j-m die Gewißheit geben, daß... вселить в кого-л. уверенность в том, что...; sich über etw. Gewißheit verschaffen удостовериться в чем-л.; zur Gewißheit werden подтвердиться, оказаться правильным; ich muß Gewißheit darüber bekommen, daß er uns nicht betrügt я должен удостовериться в том, что он нас не обманывает □ Kaum strömte ein wenig Sicherheit in ihn ein, keine Gewißheit, nur Hoffnung auf Sicherheit, da freute er sich an den bunten Matten auf der Treppe, an dem weißen Lack... (*Seghers, »Das siebte Kreuz«*) Едва он почувствовал себя в безопасности — нет, это была не уверенность, а только надежда на безопасность, — как ему сразу же очень понравились и яркие дорожки на лестнице, и белая краска...
zuversichtlich *см.* sicher[1]
zuvor *см.* vorher
zuvorkommen[1] опережать, предупреждать (*сделать что-л. раньше кого-л.*)
zuvorkommen — vorgreifen — vorwegnehmen
zuvorkommen индифф. синоним; *напр.*: er griff nach dem Apfel, doch ich kam ihm zuvor он хотел схватить яблоко, но я опередил его; sie sind mir mit Ihrer Frage zuvorgekommen вы опередили меня своим вопросом; du mußt rasch zugreifen, ehe dir andere zuvorkommen ты должен быстро ухватиться (*за предложение и т. п.*), прежде чем тебя опередят другие. **vorgreifen** предвосхищать, предрешать *часто употр. в книжно-письменной речи*; *напр.*: einem Gedanken, einer Erfindung vorgreifen предвосхищать мысль, изобретение; einer Frage vorgreifen предрешать вопрос; sie greifen meinen Worten vor вы предвосхищаете то, что я хотел сказать; greifen Sie meiner Erzählung nicht vor не предвосхищайте мой рассказ (*не забегайте вперед, я расскажу все по порядку*); wir dürfen der Entscheidung des Gerichtes nicht vorgreifen мы не можем предрешать решение суда. **vorwegnehmen** ≅ vorgreifen, *но больше подчеркивает предвидение возможных действий, последствий и т. п.*; *напр.*: Sie nehmen meinen Gedanken vorweg вы предвосхищаете мою мысль
zuvorkommen[2] *см.* überholen
zuvorkommend *см.* höflich
zutun *см.* übertreffen[1]
zuweilen *см.* manchmal
Zuwendung *см.* Unterstützung[1]
zuwerfen *см.* werfen[1]
zuwider *см.* widerlich
zuwiderhandeln *см.* widersetzen, sich
Zuwiderhandlung *см.* Verletzung[2]
zuwiderlaufen *см.* widersprechen[2]
zuwinken *см.* winken
zuzeiten *см.* manchmal
zuziehen *см.* ansiedeln, sich
zwängen, sich *см.* durchgehen
zwanglos *см.* natürlich[1]
Zwangsherrschaft *см.* Tyrannei
zwar *см.* obgleich
Zweck *см.* Ziel
zwecklos *см.* unnütz
zweideutig[1] двусмысленный (*имеющий двоякий смысл*)
zweideutig — doppelsinnig — doppeldeutig
zweideutig индифф. синоним; *напр.*: eine zweideutige Antwort двусмысленный ответ; ein zweideutiger Ausdruck двусмысленное выражение; eine zweideutige Haltung двойственная позиция; der Satz ist zweideutig предложение имеет двоякий смысл □ Werner Rittersteg hatte sich durch seine Mitgliedschaft bei den Jungen Adlern angewöhnt, auf unbequeme Fragen geheimnisvolle zweideutige Antworten zu geben (*Feuchtwanger, »Oppermann«*) Вернер Риттерштег усвоил привычку в результате своего членства у «Молодых Орлов» давать на неудобные вопросы таинственные, двусмысленные ответы. **doppelsinnig** имеющий двоякий смысл; *напр.*: eine doppelsinnige Antwort geben дать уклончивый ответ, дать ответ с двояким смыслом; dieser Satz ist doppelsinnig это предложение имеет двоякий смысл. **doppeldeutig** могущий быть понятым двояко; *напр.*: eine doppeldeutige Bemerkung двусмысленное замечание; der Satz ist doppeldeutig предложение двусмысленно [может быть истолковано двояко] □ »Wegen der weiteren Bemühungen!« bemerkte er und erkannte erst einen Augenblick später, wie fein doppeldeutig er das gesagt hatte (*Weiskopf, »Lissy«*) «Ради дальнейших усилий!» — заметил он и лишь в следующее мгновение понял, какая тонкая двусмысленность скрывалась в его словах

ZWEIDEUTIG 695 **ZWEIFELN**

zweideutig [2] *см.* **unanständig** [2]
Zweifel сомнение
der **Zweifel** — das **Bedenken** — der **Skrupel**

Zweifel *индифф. синоним; напр.*: ein leiser, quälender Zweifel легкое, мучительное сомнение; ohne Zweifel, kein Zweifel без сомнения, несомненно; außer allem Zweifel вне всякого сомнения; die Zweifel betäuben, vertreiben, zerstreuen заглушить, прогнать, рассеять сомнения; das steht außer Zweifel это не подлежит сомнению; es kann kein Zweifel darüber bestehen [herrschen], daß... не может быть никакого сомнения в том, что...; in ihr stiegen Zweifel an der Wahrheit seiner Behauptung auf у нее возникли сомнения в правильности его утверждения; er hat alle meine Zweifel beseitigt он устранил все мои сомнения; der Zweifel nagte an ihrem Herzen ее сердце терзали сомнения ☐ Ja, es war kein Zweifel, für ihn tanzte das schmächtige, aufreizende Geschöpf auf der Bühne... (*Feuchtwanger*, »*Erfolg*«) Да, не могло быть сомнений — для него плясало это тоненькое, возбуждавшее желание существо там, на эстраде... Martin hatte längst keine Zweifel mehr (*Seghers*, »*Die Toten*«) У Мартина уже давно не было никаких сомнений. Er säte geübt, durch ein paar hingeworfene Worte, Mißtrauen und Zweifel in seiner Belegschaft (*ebenda*) Несколькими как бы невзначай брошенными словами он искусно сеял среди рабочих сомнения и недоверие. Er war seiner Sache sicher und erlaubte auch dem Bruder keinen Zweifel (*Feuchtwanger*, »*Lautensack*«) Он был уверен в своем деле, не разрешал и брату сомневаться. **Bedenken** ≃ Zweifel, *но выражает не столько неуверенность в истинности, правильности чего-л., сколько некоторую озабоченность чем-л., опасение; напр.*: große, ernste Bedenken haben [hegen, tragen] иметь большие, серьезные опасения; сильно, серьезно сомневаться; keine Bedenken haben не иметь сомнений (*препятствующих принятию решения и т. п.*); Bedenken erregen [erwecken] вызывать сомнения; Bedenken teilen, zerstreuen разделять, рассеивать сомнения; ich habe noch Bedenken, das zu tun у меня есть еще сомнение, делать ли это; der Plan stößt auf manche Bedenken план вызывает некоторые сомнения [опасения] ☐ Die Bedenken der Mutter waren nicht stichhaltig (*Feuchtwanger*, »*Die Füchse*«) Опасения матери были неосновательны. Paul versuchte, ihre Bedenken zu zerstreuen, aber sie kamen immer wieder mit neuen, bis ihm die Geduld riß (*Weiskopf*, »*Lissy*«) Пауль пытался рассеять их опасения, но они все приходили с новыми, и наконец у Пауля лопнуло терпение. Er konnte keine Bedenken und Zweifel brauchen, die seine Ruhe erschüttert hätten (*Seghers*, »*Die Toten*«) Ему не нужны были сомнения и опасения, которые могли бы поколебать его спокойствие. **Skrupel** *б. ч. мн.* сомнения морального порядка (*в справедливости, этичности собственных поступков и т. п.*), угрызения совести; *напр.*: ihn plagen [quälen] keine Skrupel его не мучают угрызения совести; ihm kamen dabei Skrupel у него возникли при этом сомнения; er äußerte seine Skrupel он высказал свои сомнения; er kennt keine Skrupel его не мучают сомнения [угрызения совести] ☐ Hannsjörg wußte, daß die Skrupel des Bruders mehr als affektiertes Gerede waren... (*Feuchtwanger*, »*Lautensack*«) Гансйорг знал, что сомнения брата — нечто большее, чем жеманная болтовня. Dieser ewige Kindskopf mit dem rosigen Gesicht, dieser Vetter kannte keine Skrupel (*Noll*, »*Werner Holt*«) Этот розовощекий вечный младенец Феттер просто не знал, что такое угрызения совести

zweifelhaft [1] сомнительный (*вызывающий подозрения*)
zweifelhaft — **fragwürdig** — **verdächtig** — **dubios** — **suspekt**

zweifelhaft *индифф. синоним; напр.*: eine ziemlich zweifelhafte Person довольно сомнительная личность; ein Mensch von zweifelhaftem Aussehen, Ruf человек довольно-таки подозрительной внешности, сомнительной репутации; das ist ein sehr zweifelhaftes Kunstwerk это очень сомнительное произведение искусства; er hat neuerdings recht zweifelhaften Umgang у него с недавних пор появилось довольно подозрительное знакомство. **fragwürdig** ≃ zweifelhaft, *но подчеркивает обманчивость внешнего впечатления* (*безобидности, порядочности и т. п.*) *того, что характеризуется как сомнительное; напр.*: eine fragwürdige Sache, Hilfe сомнительное дело, сомнительная помощь; ein fragwürdiges Restaurant сомнительный ресторан; er traf sich mit fragwürdigen Kumpanen он встречался с сомнительными личностями ☐ Er verschwieg, daß er den Schulbesuch als unsinnig empfand, daß ihm Unterricht und häusliche Aufgaben von Tag zu Tag fragwürdiger wurden, so fragwürdig wie sein ganzes Leben (*Noll*, »*Werner Holt*«) Он умалчивал, что считал посещение школы бессмысленным, что уроки в классе и домашние задания казались ему день ото дня все более сомнительными, такими же сомнительными, как и вся его жизнь. **verdächtig** подозрительный; *напр.*: eine verdächtige Person, Gestalt подозрительная личность, фигура; die Sache kommt mir recht verdächtig vor дело мне кажется довольно подозрительным. **dubios** *высок.* ≃ zweifelhaft; *напр.*: ein dubioses Unternehmen сомнительное предприятие; dubiose Nachrichten сомнительные сообщения; dubiose Gestalten tauchten auf появились сомнительные фигуры; er beruft sich auf eine dubiose Autorität он ссылается на сомнительный авторитет. **suspekt** *высок.* ≃ verdächtig; *напр.*: er scheint mir suspekt он мне кажется подозрительным; sein Vorhaben, der Bericht schien mir suspekt его план казался мне, это сообщение казалось мне подозрительным

zweifelhaft [2] *см.* **ungewiß**
zweifellos *см.* **gewiß** [1]
zweifeln сомневаться
zweifeln — **bezweifeln** — **anzweifeln**

zweifeln (*an D*) *индифф. синоним; напр.*: an der Richtigkeit seiner Worte zweifeln сомневаться в правильности его слов; an j-s Aufrichtigkeit, an j-s Ehrlichkeit zweifeln сомневаться в чьей-л. искренности, в чьей-л. честности; am Gelingen des Planes zweifeln сомневаться в успехе плана; ich zweifle nicht an dir я не сомневаюсь в тебе; er zweifelt an allem он сомневается во всем ☐ Sie zweifelte nicht daran, daß ihr das gelingen werde (*Weiskopf*, »*Lissy*«) Она не сомневалась в том, что это ей удастся. **bezweifeln** (*A*) ≃ zweifeln, *но не употр. по отношению к лицам; часто употр. в книжно-письменной речи; напр.*: die Wahrheit von j-s Worten, j-s Fähigkeiten, j-s Aussagen bezweifeln сомневаться в правдивости чьих-л. слов, в чьих-л. способностях, в чьих-л. показаниях; den Nutzen einer Sache bezweifeln сомневаться в полезности дела; es ist nicht zu bezweifeln в этом нельзя сомневаться; ich bezweifle, daß er das getan hat я сомневаюсь, что он это сделал ☐ Ob überhaupt Kunst als menschenwürdige Betätigung anzuschauen sei, stand nicht zweifelsfrei fest. Der Ingenieur Kaspar Pröckl zum Beispiel bezweifelte es... (*Feuchtwanger*, »*Erfolg*«) Подвергалось сомнению и то, является ли занятие искусством как таковым деятельностью, достойной человека. Инженер Каспар Прекль, например, сомневался в этом... Aber je öfter er sie (*die Geschichten*) hörte, desto mehr bezweifelte er, daß alle auf Wahrheit beruhten (*Kellermann*, »*Totentanz*«) Но чем чаще он их (*эти истории*) слышал, тем больше он сомневался в их достоверности. **anzweifeln** ≃ bezweifeln, *но подчеркивает малую степень сомнения или осторожность в выражении сомнения; напр.*: die Glaubwürdigkeit eines Zeugen anzweifeln ставить под сомнение правдивость показаний свидетеля; die Echtheit des Bildes, des Dokuments anzweifeln сомневаться в подлинности картины, документа; j-s Eigentumsrecht an etw. anzweifeln ставить под сомнение чье-л. право собственности на что-л.; alles anzweifeln подвергать все сомнению; es wird angezweifelt, daß... выражается сомнение в том, что... ☐ Die Glaubwürdigkeit des Chauffeurs anzuzweifeln, hätte

vielleicht vor einem anderen Gericht Sinn (*Feuchtwanger*, »*Erfolg*«) Выражать сомнение в достоверности показаний шофера имело бы, может быть, смысл перед другим судом. Hinter all ihrer Freundlichkeit und Liebenswürdigkeit spürt er Unglauben, Mißtrauen. Sie zweifelt seine Begabung an, sein ganzes Wesen (*Feuchtwanger*, »*Lautensack*«) За всей ее ласковостью и дружелюбием он чувствует неверие, настороженность. Его дар и он сам вызывает в ней сомнение.
zweifelsohne см. **gewiß**¹
Zweigstelle см. «Приложение»
Zweikampf см. **Duell**
Zwerg карлик, гном
der **Zwerg** — der **Wichtelmann** — das **Wichtelmännchen** — das **Wichtelmännlein** — der **Kobold**
Zwerg *индифф. синоним*; *напр.*: ein kluger, hilfreicher Zwerg умный карлик, помощник гном (*в сказке*) □ Der Zwerg sprach: »Die Herren Raben sind nicht zu Haus, aber willst du hier so lang warten, bis sie kommen, so tritt ein« (*Brüder Grimm*, »*Die sieben Raben*«) А карлик молвил: «Господ Воронов нету дома. Если хочешь здесь подождать, пока они вернутся, то входи». **Wichtelmann, Wichtelmännchen, Wichtelmännlein** *герм. миф.* гном, (добрый) домашний дух, домовой; *напр.*: □ Da kamen drei Wichtelmänner und führten es (*das Mädchen*) in einen hohlen Berg, wo die Kleinen lebten (*Brüder Grimm*, »*Die Wichtelmänner*«) И вот явились трое домовых и повели ее (*девушку*) внутрь горы, где жили эти человечки. Das Mädchen stand nun Gevatter und wollte dann wieder nach Hause gehen, die Wichtelmännlein baten es aber inständig, drei Tage bei ihnen zu bleiben (*ebenda*) Стала девушка у них кумой, ну а затем и домой идти собралась, а маленькие домовые стали усердно ее просить еще дня на три у них остаться. **Kobold** *герм. миф.* кобольд, гном (*дух, домовой, чаще безобидный, но опасный в гневе*); *напр.*: □ Unter den halbnackten, starken, ausgewachsenen Männern glich der Paul einem kleinen, flinken, alterslosen Kobold (*Seghers*, »*Das siebte Kreuz*«) Среди полуобнаженных, сильных, рослых мужчин Пауль походил на маленького, шустрого, не имеющего возраста кобольда. Und ein entsetzlich häßlich schwarzer Kobold | Reißt ihn vom Boden, meinen bleichen Engel... (*Heine*, »*Götterdämmerung*«) И вдруг — какой-то мерзкий черный кобольд | Его хватает, бледного, руками... (*Перевод Елина*)
zwicken см. **kneifen**
zwiebeln см. **quälen**
Zwiegespräch см. **Gespräch**
Zwiespalt см. **Streit**²
zwiespältig см. **widersprechend**
Zwiesprache см. **Gespräch**
Zwietracht см. **Streit**²

Zwilling близнец
der **Zwilling** — der **Doppelgänger**
Zwilling *индифф. синоним*; *напр.*: siamesische Zwillinge сиамские близнецы; die Jungen waren einander so ähnlich, als ob sie Zwillinge wären мальчики были так похожи друг на друга, как будто они были близнецами «Sind Sie und Ihr Bruder nicht gleichaltrig?« fragte ich. — »Zwillinge. Aber wir nennen uns der Kunden wegen Senior und Junior« (*Remarque*, »*Schatten*«) «Вы с братом не однолетки?» — спросил я. — «Близнецы. Но для удобства покупателей один из нас зовется «Старший», другой — «Младший». **Doppelgänger** двойник; *напр.*: j-s Doppelgänger sein быть чьим-л. двойником; er hat einen Doppelgänger у него есть двойник □ Wenn der Kaiser schlecht aufgelegt war, dann konnte er den Doppelgänger das merkwürdige Naturspiel recht bitter entgelten lassen (*Feuchtwanger*, »*Der falsche Nero*«) Если император был не в духе, то он мог заставить двойника довольно жестоко поплатиться за эту удивительную игру природы
zwingen принуждать, вынуждать, заставлять
zwingen — **nötigen** — **verpflichten** — **veranlassen** — **bemüßigen** — **bedeuten**
zwingen *индифф. синоним*; *напр.*: j-n ein Geständnis zwingen вынудить кого-л. сделать признание; die eingeschlossenen Truppen wurden zur Kapitulation gezwungen окруженные войска были вынуждены капитулировать; ich habe ihn gezwungen, um Verzeihung zu bitten я заставил его просить прощения; die Umstände zwangen ihn zu diesem Schritt обстоятельства вынудили его на этот шаг; ich sehe mich gezwungen anzunehmen, daß... я вынужден предположить, что... □ Sie nahmen ihn in die Mitte und zwangen ihn zu gehen (*Feuchtwanger*, »*Lautensack*«) Они стали по бокам и заставили его идти. Er versinkt in Grübelei. Ruft sich zurück. Zwingt sich, weiterzuessen (*ebenda*) Он погружается в раздумье. Но возвращается к действительности, заставляет себя есть дальше. Die Last zwang Müller in die Knie (*Noll*, »*Werner Holt*«) Тяжесть заставила Мюллера присесть. **nötigen** ≅ **zwingen**, *но чаще употр. по отношению к обстоятельствам, принуждающим кого-л. к чему-л.*; *напр.*: die Lungenkrankheit nötigte sie, ein halbes Jahr im Hochgebirge zu verbringen болезнь легких вынудила ее провести полгода в высокогорном районе; die entstandene Lage nötigte uns, entscheidende Maßnahmen zu ergreifen возникшее положение заставило нас принять радикальные меры. **verpflichten** обязывать; *напр.*: j-n zum Schweigen verpflichten обязывать кого-л. молчать;

das Gericht verpflichtete ihn, den Schaden zu ersetzen суд обязал его возместить ущерб; seine Wähler verpflichteten ihn, ihre Interessen zu vertreten избиратели обязали его представлять [защищать] их интересы. **veranlassen** побуждать (*к чему-л., сделать что-л.*); *напр.*: die Verhältnisse veranlaßten ihn abzureisen, zu diesem Schritt обстоятельства побудили его уехать, сделать этот шаг; niemand wußte, was ihn zu diesem Entschluß veranlaßt hatte никто не знал, что побудило его к этому решению □ Die Gegner der Enteignung, mit primitiver Schlauheit, veranlaßten also ihre Anhänger, die Stimmen nicht abzugeben... (*Feuchtwanger*, »*Erfolg*«) Противники конфискации, действуя с примитивной хитростью, таким образом побудили своих сторонников воздержаться от голосования... Sie wollte Johanna veranlassen, sich einen Kimono gleicher Art anfertigen zu lassen (*ebenda*) Она хотела заставить Иоганну заказать себе такое же кимоно. Und zweihundert kostete es sicher, um Herrn Nitzsche zu veranlassen, von seiner Drohung Abstand zu nehmen... (*Weiskopf*, »*Lissy*«) По всей вероятности, не меньше двухсот марок было необходимо, чтобы побудить господина Нитцше не приводить в исполнение свою угрозу... **bemüßigen** ≅ **nötigen**, *но употр. тк. в сочетаниях типа*: sich bemüßigt fühlen, sich bemüßigt sehen, sich bemüßigt finden; *напр.*: er fühlte sich bemüßigt, eine Bemerkung zu machen у него было побуждение сделать замечание; sie sah sich bemüßigt, ihre Meinung kundzutun она была вынуждена сказать свое мнение. **bedeuten** (*j-m*) *высок. устаревает* (по)велеть (*заставить кого-л. что-л. сделать*); *напр.*: er bedeutete ihm zu schweigen он велел ему [заставил его] (за)молчать

Zwinger см. **Käfig**
zwinkern см. **blinzeln**
Zwirn см. **Faden**
zwischen между
zwischen — **unter**
zwischen *индифф. синоним*; *напр.*: zwischen den beiden Häusern wachsen einige Bäume между этими двумя домами растет несколько деревьев; auf dem Bild steht er zwischen seiner Mutter und seiner Schwester на картине он стоит между своей матерью и сестрой; die Lehrerin saß zwischen den Kindern учительница сидела между детьми; es gibt häufig Streit zwischen ihnen они часто спорят; die Verbindung zwischen uns ist abgerissen связь между нами прервалась; die Handelsbeziehungen zwischen den социалистическими странами успешно развиваются □ Während sich solches Gerede zwischen Euphrat und Tigris immer mehr verbreitete, lud Senator

Varro den Terenz ein zweites Mal zu Tisch (*Feuchtwanger, »Der falsche Nero«*) Пока эти слухи и толки распространялись между Евфратом и Тигром, сенатор Варрон вторично пригласил Теренция на обед. Was könnte eine Freundschaft zwischen zwei Männern größer, fester, inniger gestalten? (*Bredel, »Dein unbekannter Bruder«*) Что могло бы сделать дружбу между двумя мужчинами больше, прочней, сердечней? Einmal, am Schluß einer Besprechung, meint Stefan zu Arnold, Freundschaften zwischen Politikern hätten doch mit Freundschaft im wörtlichen Sinne eigentlich nichts gemein (*ebenda*) Однажды, после обсуждения, Стефан говорит Арнольду: «Дружеские отношения между политиками, собственно говоря, не имеют ничего общего с дружбой в буквальном смысле». Holt suchte zwischen Villen und Siedlungen das Haus Doktor Bernhards (*Noll, »Werner Holt«*) Хольт искал дом доктора Бернхарда среди вилл и поселков. **unter** среди, между *не употр. для обозначения местонахождения между двумя пунктами, предметами, лицами и т. п.; напр.:* unter den Zuschauern war auch mein Freund среди зрителей был и мой друг; es gab oft Streit unter den Kindern дети часто спорили; die Erben teilten alles unter sich наследники поделили все между собой; unter den beiden Schwestern gab es nie Streit über diese Frage между (обеими) сестрами никогда не было спора по этому вопросу; wir wollen das unter uns regeln мы уладим это между собой □ Unter den Festgenommenen und Verschwundenen befanden sich Freunde Pauls (*Feuchtwanger, »Lautensack«*) Среди арестованных и исчезнувших были и друзья Пауля. Wie viele kämen für solchen Verdacht in Frage? Nicht mehr als fünf... Fünf Genossen in leitenden Funktionen, und unter diesen fünfen ein Spitzel... (*Bredel, »Dein unbekannter Bruder«*) Сколько человек попадало под такое подозрение? Не более пяти... Пять товарищей на руководящих постах, и среди этих пяти провокатор... (*продолжал он думать*). Ich will dir mal was sagen, Vischer, aber ganz unter uns, wirklich ganz unter uns... (*ebenda*) Я хочу тебе кое-что сказать, Фишер, но только между нами, действительно только между нами...

Zwischenfall *см.* Ereignis
Zwischenträger *см.* Zuträger
Zwischenzeit[1] *см.* Pause[2]
Zwischenzeit[2]: **in der Zwischenzeit** *см.* inzwischen
Zwist *см.* Streit[2]
Zwistigkeit *см.* Streit[2]
zwitschern *см.* trinken[2]
zynisch *см.* frech

ПРИЛОЖЕНИЕ

die Abberufung — die Rückberufung отзыв (посла и т. п.)
der Abenteurer — der Glücksritter авантюрист
abergläubisch — abergläubig суеверный
der Abgeordnete — der Deputierte депутат
der Abriß — der Umriß — der Aufriß — der Grundriß очерк (научный)
der Ahn — der Vorfahr предок
die Alimente — die Ziehgelder алименты
amtlich — offiziell официальный
andeuten — anspielen намекать
die Andeutung — die Anspielung — der Wink намек
die Angaben — die Daten данные (сведения)
der Angreifer — der Aggressor агрессор
anstecken — infizieren заражать
die Auflage — die Ausgabe (очередное) издание
die Aufmachung — die Ausstattung оформление, убранство
ausbessern — reparieren чинить, ремонтировать
die Ausfuhr — der Export экспорт
ausführen — exportieren экспортировать, вывозить
das Auskunftsbüro — die Auskunftei — die Auskunftsstelle справочное бюро
der Ausmaß — die Dimension размеры
ausrechnen — berechnen высчитывать, исчислять
außer — ausgenommen за исключением
der Ausspruch — der Denkspruch — der Sinnspruch (мудрое) изречение
die Ausstattung — die Dekoration декорация
auswärts — außerhalb по ту сторону, вне (помещения и т. п.)
ausweichend — diplomatisch уклончивый
ausweisen, sich — legitimieren, sich предъявить документы (удостоверяющие чью-л. личность, чьи-л. полномочия)
das Band — der Streifen лента, полоска
die Baustelle — der Bauplatz стройка
bedeutsam — bedeutungsvoll — vielsagend (много)значительный
begründen — motivieren обосновывать
das Beileid — die Kondolenz соболезнование (по случаю смерти)
die Belagerung — die Blockade осада, блокада
die Berechnung — die Kalkulation калькуляция
beruflich — berufsmäßig — professionell профессионально, по специальности
die Berührung — die Fühlung — der Kontakt соприкосновение
besetzt — belegt занято (о месте и т. п.)
die Besinnung — das Bewußtsein сознание, память
betäuben — anästhesieren обезболивать
bezeichnen — charakterisieren [k-] охарактеризовать
der Bezug — der Überzug обивка (мебели и т. п.)
die Brause — die Dusche душ
der Briefumschlag — das Kuvert конверт
die Buchdruckerkunst — die Typographie типографское искусство
die Büchse — die Dose консервная банка (из жести)
buchstäblich — wörtlich буквальный, дословный
der Buckel — der Höcker горб
die Bürgschaft — die Kaution денежный залог, гарантия

die Chronik [k-] — die Annalen летопись

direkt¹ — gerade прямо
direkt² — unmittelbar непосредственно
das Dotter — das Eigelb яичный желток
das Duell — der Zweikampf дуэль, поединок

die Ebene — das Flachland равнина
einbürgern — naturalisieren натурализовать (иностранца)
die Einfuhr — der Import ввоз, импорт
die Einführung — die Einleitung введение
einhängen, sich — einhaken, sich взять под руку

der Einklang — die Harmonie гармония, согласие
die Einsparung — das Ersparnis экономия (денег, средств)
einwandern — immigrieren иммигрировать
die Einwanderung — die Immigration иммиграция
der Einzelgänger — der Alleingänger одиночка, индивидуалист
erfolglos — ergebnislos безрезультатный
erfrischen — erquicken освежать (прохладительными напитками и т. п.)
die Ermäßigung — der Nachlaß — der Rabatt скидка

fakultativ — wahlfrei факультативный
die Falte — der Bruch складка (одежды и т. п.)
fließend — geläufig бегло, свободно (объясняться, говорить)
folgen — hervorgehen следовать, вытекать
folgerichtig — folgerecht — konsequent последовательный
folgewidrig — inkonsequent непоследовательный
folglich — also — demnach — demzufolge следовательно
fort — weg — hinweg прочь
fortschrittlich — progressiv прогрессивный
frankieren — freimachen оплачивать почтовым сбором
der Frevel — die Gotteslästerung богохульство
frevelhaft — gotteslästerlich богохульный
der Frevler — der Gotteslästerer — богохульник

das Gastspiel — die Gastrolle гастроли, гастроль
das Gedränge — das Gewühl давка, толкотня
der Gegensatz — das Gegenteil противоположность
gegenseitig — beiderseitig — wechselseitig взаимный
der Gehilfe — der Helfer помощник
das Gehirn — das Hirn головной мозг
geißeln, sich — kasteien, sich бичевать себя, умерщвлять плоть

geistig — intellektuell умственный
der Geldschein — die Banknote бумажный денежный знак (*банковский, казначейский, кредитный билет*); банкнота
die Generation — das Menschenalter поколение
der Gentleman ['dʒɛntlmən] — der Weltmann — ein Mann von Welt светский человек, джентльмен
das Gerippe — die Gebeine *мн.* скелет
geschmacklos — fade пошлый
gleichlautend — homonym омонимический
das Glied — das Mitglied член (*организации и т. п.*)
grenzen — angrenzen — anschließen, sich граничить, быть смежным
die Grube — die Mine рудник
gründen, sich — beruhen — fußen — basieren основываться, базироваться
die Grundlage — die Basis — der Grund — das Fundament основа, основание

hauptsächlich — vorwiegend преимущество
der Haushalt — der Etat [e'ta:] — das Budget [by'dʒe:] бюджет
heil — unversehrt невредимый
herrschend — regierend правящий
hier — da здесь
die Hochebene — das Hochland плоскогорье
der Hof — das Gehöft (*крестьянский*) двор, хутор
der Hörsaal — das Auditorium аудитория, лекционный зал

der Inhalt — der Gehalt содержание (*книги и т. п.*)
das Instrument — das Werkzeug инструмент (*орудие*)

jungenhaft — bubenhaft мальчишеский
juristisch — juridisch *чаще австр.* юридический

käuflich — bestechlich продажный (*берущий взятки и т. п.*)
kaum — schwerlich вряд ли
kennzeichnen — charakterisieren [k-] характеризовать

das Kino — das Lichtspieltheater — die Lichtspiele *мн.* — das Lichtspielhaus кинотеатр
der Kiosk — der Stand ларек, киоск
das Klavier — das Pia(ni)no пианино
die Kleiderablage — die Garderobe гардероб (*помещение*)
der Kleinbürger — der Spießbürger — der Spießer — der Philister мещанин, обыватель
kneifen — zwicken щипать (*защемлять до боли кожу*)
das Komitee — der Ausschuß комитет
der Kommandeur [-'dø:r] — der Befehlshaber командир, командующий
die Krawatte — der Schlips (*мужской*) галстук
kühlen — abkühlen охлаждать
die Kundgebung — die Demonstration демонстрация
der Kundschafter — der Aufklärer разведчик, резидент (*агент иностранной разведки*)

das Lager — das Magazin склад
der Lehrgang — der Kursus учебный курс; курсы
löslich — lösbar растворимый

der Maler — der Kunstmaler художник, живописец
die Maske — die Larve маска, личина
mobilmachen — mobilisieren мобилизовать
die Münze — das Geldstück монета
nachtragend — nachträgerisch злопамятный

die Notiz — der Vermerk заметка, запись (*на полях, для памяти и т. п.*)

die Ohrfeige — die Maulschelle *разг.* — der Backenstreich *уст.* пощечина
der Onkel — der Oheim *уст.* дядя
orthodox — rechtgläubig правоверный; православный
örtlich — lokal местный, локальный

der Passant — der Vorübergehende прохожий

der Pförtner — der Portier [-'tie:] вахтер, швейцар
piepsen — piepen пищать
der Pranger — der Schandpfahl позорный столб
die Puppe — die Marionette кукла марионетка

das Radio — der Rundfunk радио
die Rückgabe — die Rückerstattung возврат, возвращение (*взятого*)
das Rundschreiben — das Zirkular циркуляр

der, das Safe [se:f] — der Tresor — der Geldschrank — der Panzerschrank сейф, несгораемый шкаф
der Satellit — der Trabant спутник (*планеты*)
schon — bereits уже
das Sinnbild — das Symbol символ
der Ski [ʃi] — der Schi — der Schneeschuh лыжа
der Spaßmacher — der Witzbold — der Possenreißer шутник, балагур
sympathisch — liebenswert симпатичный

das Telefon — der Fernsprecher телефон
der Telegraf — der Fernschreiber телеграф
telegrafieren — drahten — kabeln телеграфировать
das Telegramm — die Depesche *устаревает* телеграмма

der Überzug — der Bezug чехол
das Urteil — das Erkenntnis приговор, решение (*суда*)

die Verzückung — die Ekstase экстаз
die Vetternwirtschaft — der Nepotismus непотизм

weihen — heiligen освящать

der Zinsschein — der Kupon (Coupon) [-'pɔŋ] купон (*ценных бумаг и т. п.*)
zusammenfassen — resümieren резюмировать
die Zweigstelle — die Filiale — die Niederlassung филиал (*фирмы*)

АЛФАВИТНЫЙ УКАЗАТЕЛЬ СИНОНИМИЧЕСКИХ РЯДОВ, СОДЕРЖАЩИХСЯ В КОРПУСЕ СЛОВАРЯ

Aas 19
abbiegen 19
Abbildung 19
Abdruck 19
Abendessen 19
aber 20
Abfahrt [1,2] 20
Abfall 20
abgeben 21
abgedankt 21
abgelegen 21
abgestanden 21
abgetragen 21
abgewöhnen, sich 22
Abgott 22
abhandeln 22
Abhang 22
abhängen 22
abkneifen 22
abkommen 23
ablehnen 23
ablenken 23
Abnahme 24
abnehmen 24
Abneigung 24
abnutzen 24
abrufen 24
absagen 24
abschaffen 24
Abschied 25
abschlagen [1] 25
abschlagen [2]: den Kopf abschlagen 25
abschreiben [1,2] 25
absetzen [1,2] 25
Absicht 26
absichtlich 26
abspringen 26
absteigen 26
abstoßen 26
Abteil 27
Abteilung 27
abwehren 27
Abzeichen 27
achten [1,2] 27
Achtung 28
ad(e)lig 28
Ad(e)liger 28
Adresse 28
aggressiv 28
ähnlich 29
Ähnlichkeit 29
Alarm 29
alle 29
allein 29
allgemein [1,2] 29
allmächtig 30
alt [1,2] 30
altertümlich 30
anbieten 31
anbieten, sich 31
andächtig 31
andauern 31
ändern 31
ändern, sich 32
Änderung 32
Aneignung 33
anfahren 33
Anfall 33
anfangen [1,2] 33, 34
angeboren 34

angehen 34
angenehm 35
angesehen 35
Angestellter 35
Angst 36
ängstlich 36
Anhänger 37
ankommen 37
anlassen 37
Anmerkung 38
Anmut 38
annehmen 38
anpassen, sich 38
anprangern 39
anrechnen 39
anrichten 39
ansammeln, sich 39
anschaulich 39
Anschauung 39
anschließen 39
anschließen, sich 40
ansehen [1,2] 40
ansiedeln 41
ansiedeln, sich 41
ansprechen 41
Anstand 41
anständig [1,2] 42
anstellen 42
Anstifter 43
anstoßen 43
anstrengen 43
Antrieb 43
antworten [1,2] 43, 44
anvertrauen, sich 44
anwesend sein 44
Anzeige 44
anzeigen 44
anziehen I [1,2], II 45
anziehen, sich 45
Anzug 45
anzünden 45
Arbeit 46
arbeiten [1,2] 46
arbeitslos 46
Ärger 47
ärgerlich 47
ärgern 47
ärgern, sich 47
arm 48
Armer 48
Armut 48
Artikel 48
Arzt 49
Atem 49
atmen 49
auch 49
aufbewahren 49
aufblasen 50
aufblühen 50
aufdecken 50
aufdrängen 50
aufdringlich 50
aufessen 50
auffallen 51
auffallend 51
aufflammen 51
auffliegen 51
Aufgabe [1,2] 51, 52
aufgeben 52
aufgedunsen 52
aufgeregt 52
aufhören [1,2] 53

aufklären, sich 53
Aufklärung 54
auflehnen, sich 54
aufleuchten 54
aufmerksam 54
Aufnahme 55
aufnehmen [1,2] 55
aufregen 55
aufregen, sich 56
Aufregung 56
aufrichtig 56
aufschreiben 56
Aufschrift 57
Aufschub 57
aufsetzen 57
Aufsicht 57
Aufstand 57
aufstehen 58
Auftrag 58
auftragen 58
aufwickeln 58
aufwiegeln 58
ausbreiten 59
Ausdauer 59
ausdenken 59
ausdrücken 59
ausdrucksvoll 60
auseinandergehen 60
ausfahren 60
ausfließen 60
Ausflug 60
ausführlich 60
ausgeben 60
ausgeben, sich 61
ausgießen 61
Auskunft 61
auslachen 61
ausladen 62
ausländisch 62
auslassen 62
ausnutzen 62
Ausnutzung 62
ausreden 63
ausreißen 63
ausruhen 63
Ausrüstung 63
ausrutschen 63
beißen 80
Aussage 64
ausschalten 64
ausscheiden 64
ausschließen 64
Ausschuß 64
aussehen 64
außerdem 65
Äußeres 65
außerordentlich 65
Äußerung 65
aussprechen 65
aussteigen 65
ausströmen 66
Auswanderer 66
Ausweis 66
ausweisen 66
Auswurf 66
auszeichnen, sich 67
Auszeichnung 67
ausziehen [1,2] 67
ausziehen, sich 67
Auszug 67
Auto 67

bald 68
Balkon 68
Bande 68

bankrott 68
bauen 69
beanstanden 69
bearbeiten 69
beauftragen 69
Becher 70
bedauern [1,2] 70
bedecken 70
bedeuten 70
Bedeutung 71
bedienen 71
Bedienung 71
bedrängen 71
bedrücken 71
beeilen, sich 71
beenden 72
befassen, sich 72
Befehl 72
befehlen 73
befestigen [1,2] 73, 74
befolgen 74
befördern 74
befreien [1,2] 74
befreien, sich 75
Befreiung [1,2] 75
befriedigen 75
Befriedigung 75
begabt 76
begeistern 76
begeistern, sich 76
Begeisterung 77
beglaubigen 77
begleiten 77
begnadigen 77
begraben 78
begrüßen 78
behalten 78
behandeln 78
beharrlich 78
Behauptung 79
Behörden 79
Beifall 79
beilegen 79
Bein 79
Beiname 79
beitreten 80
bekämpfen 80
bekannt [1,2] 81
beklagen 81
bekommen 81
belästigen 82
beleben 82
Belegschaft 82
beleidigen 82
beleidigt 83
Beleidigung 83
beleuchten 83
beliebig 83
beliebt 83
bellen 84
belohnen 84
bemerken 84
bemühen, sich 84
Benehmen 85
benehmen, sich 86
Bequemlichkeit 86
Berechtigung 86
beredt 87
bereiten [1,2] 87
Beruf 87
beruhigen 87
berühren [1,2] 87, 88

besagen 88
beschädigen 88
beschäftigen, sich 88
beschäftigt 88
beschämen 89
beschlagnahmen 89
beschließen 89
beschmieren 89
beschmieren, sich 89
beschränken 90
beschränkt 90
beschuldigen 90
Beschützer 90
beschweren, sich 91
beseitigen 91
besetzen 91
Besitz 92
Besitzer 92
besonder 92
besonders 92
bespitzeln 93
besprechen 93
Besprechung 93
bessern, sich 94
bestätigen [1,2] 94
bestechen 94
bestehen [1,2] 95
Bestellung 95
bestimmen [1,2] 95
bestreiten 95
Besuch 95
besuchen 96
betasten 96
beteiligen, sich 96
betonen 97
Betonung 97
betragen 97
Betrug 97
betrügen 98
Betrüger 99
betrunken 99
beugen 99
beugen, sich 99
Beute 100
Bevölkerung 100
bevollmächtigen 100
bevor 100
bevorstehen 100
bewaffnen 100
Bewaffnung 100
bewältigen 101
bewegen [1,2] 101
bewegen, sich 101
beweglich 101
bewegt 101
Bewegung 102
beweisen 102
bewerkstelligen 102
bewirten 102
bewundern 103
bezahlen 103
bezaubern 104
beziehen 104
beziehen, sich 104
Bibliothek 104
Biegung 104
Bierglas 104
Bild 104
bilden 105
billig 105
billigen 105
Billigung 105

binden [1,2] 105
bitte 106
Bitte 106
bitten 106
bitter 106
Bitterkeit 107
blank 107
blasen 107
blaß 107
bleiben 108
blind 108
blinzeln 108
blond 108
bloßstellen, sich 108
Blüte 108
bluten 108
Boden [1,2] 108
Boot 109
böse [1,2] 109
Böses 110
Bote 110
Boykott 110
Brand 110
braten 110
brauchen 110
brechen [1,2] 111
breit 111
brennen 111
Brief 111
bringen 111
Brocken 112
brodeln 112
brummen 112
Brust 112
Buchstabe 112
Bucht 112
bücken, sich 113
bügeln 113
Bund 113
bunt 113
Bürge 113
Bürger 113
Bürokrat 113
büßen 113

charakteristisch 114
Clown 114
Cousine 114

Dachboden 114
damals 114
Damm 114
dämm(e)rig 114
dämmern 115
dankbar 115
danken 115
darstellen 115
dauern 115
dehnen 115
demütigen 116
Denkmal 116
deshalb 116
deuten [1,2] 116, 117
dicht 117
dick 117
Dieb 118
Diener 118
Dienst 118
dienstlich 118
Dirigent 118
doch 118
Dorf 119

dorthin 119
drängen (, sich) 119
drehen, sich 119
dressieren 120
dringen 120
drohen 120
dröhnen 120
drucken 120
drücken 121
duldsam 121
dumm 121
Dummheit 122
dumpf 122
dunkel 122
dünn[1,2] 122
durch 122
durchdringend 123
Durchfahrt 123
durchführen 123
durchgehen 123
durchqueren 123
durchscheinen 123
durchsetzen 124
durchsichtig 124
Durst 124

eben 124
Ecke 124
egoistisch 124
Ehrenmann 125
Ehrgeiz 125
ehrgeizig 125
ehrlich 125
eigenmächtig 125
Eigenschaft 125
eigensinnig 125
Eile 126
eilig 126
einatmen 126
einberufen 126
Einbildung 126
einbürgern, sich 127
eindringen 127
eindringlich 127
Eindruck 127
eindrucksvoll 127
einfallen[1,2] 127, 128
Einfamilienhaus 128
Einfluß[1,2] 128
einförmig 128
eingreifen 129
einheimisch 129
einholen 129
einig(e) 129
Einkommen 130
einlassen 130
einmal 130
Einmarsch 131
Einmischung 131
einmütig 131
einnehmen 131
einprägen 131
einrichten 131
einschlafen 132
einschläfern 132
einschmeicheln, sich 132
Einschnitt 132
Einschränkung 132
einschreiben 132
einsetzen 132
Einsiedler 133
einstecken 133
einstehen 133
eintragen 133
einverstanden 134
einverstanden sein 134
Einverständnis 134
Einwand 134
einweisen 135
einwenden 135
Einwohner 135
Einzahlung 135
Einzelheit 135
einzeln 136
einziehen 136
einzig 136
eitel 136
elegant 136
elend 137
Empfang 137
Empfänger 137
empfänglich 137

empfindlich 137
empfindsam 137
Ende 137
enden 138
endlich 138
eng 138
entarten 138
entehren 138
entfalten 139
Entfernung 139
entgegengesetzt 139
entgehen 139
enthalten 140
entlassen 140
entschädigen 140
Entschädigung 140
entschieden 141
entschließen, sich 141
entschlossen 141
Entschluß 141
entschuldigen 142
entschuldigen, sich 142
entsprechen 142
entsprechend 142
entstehen 142
enttäuschen 143
entwerfen 143
entwerten 143
entwickeln 143
Entwicklung[1,2] 143
Entwurf 143
entziehen 144
entzünden 144
entzwei 144
Erbe I, II 144
erbrechen, sich 144
erdichten 145
Ereignis 145
erfahren I, II 145, 146
Erfindung 146
Erfolg 146
erfolgreich 147
erfreulich 147
erfüllen 147
Ergänzung 147
ergeben, sich I, II 147
Ergebnis 148
erhalten 148
erheben, sich[1,2] 148
erheitern 149
erinnern 149
erinnern, sich 149
Erinnerung 149
erkalten 150
erkennen[1,2] 150
erklären 150
erklären, sich 150
erlauben[1,2] 151
Erlaubnis 151
erlaubt 151
erleben 151
Erlebnis 152
erlöschen[1,2] 152
ermüden[1,2] 152
ermuntern 152
ernähren[1,2] 152, 153
ernennen 153
ernst[1,2] 153
Ernte 154
erobern 154
erprobt 154
erreichen 154
Ersatz 154
erscheinen 154
Erscheinung 154
erschießen[1-3] 180, 181
erschrecken 155
erschweren 155
erstarren 155
ertappen 155
ertragen 155
ertrinken 156
erweisen, sich 156
erweitern 156
erwerben 156
erzählen 157
Erzählung 157
Erzeugnis 157
Erzieherin 158

Erziehung 158
erzielen 158
erzwingen 158
essen 158
Essen[1,2] 159
Existenz 159

Fabrik 160
Fach 160
Fachmann 160
Faden 160
Fähigkeiten 160
Fahne 161
fahren[1,2] 161, 162
Fahrer 162
Fahrt 162
fallen[1,2] 162
falsch[1,2] 163
falten 163
faltig 163
fangen 163
Faß 164
fassen[1,2] 164
Fassung 164
fast 164
faul[1,2] 165
faulen 165
Faulenzer 165
fegen 165
fehlen 165
Fehler[1,2] 166
feiern 166
Feiertag 166
Feind 166
feindlich[1,2] 166, 167
Feindschaft 167
Feinheit 167
Feinschmecker 167
Feld 167
fertig 167
fest[1-3] 168
Fest 168
festigen 169
festlich 169
festsetzen 169
feststellen 169
Feuer 169
Fieber 169
finden 170
Finte 170
fischen 170
flach 171
Fleck[1,2] 171
Flegel 171
fleißig 171
fliegen 171
fliehen 171
fließen 173
flink 173
flirten 173
Flugblatt 174
Flur 174
Fluß 174
flüssig 174
flüstern 174
folgen[1,2] 174, 175
fordern 175
fördern[1,2] 175, 176
Forderung 176
formell 176
fortbringen 176
fortgehen 176
fortjagen 177
fortsetzen 178
fragen 178
Frau[1-3] 179, 180
frech 180
frei[1-3] 180, 181
freigebig 181
freiwillig 181
Freizeit 181
fremd 182
Fremder 182
fremd werden 182
Freude 182
freudig 183
freuen 184
freuen, sich 184
Freund 184
freundlich 185
Freundschaft 185

Friede(n) 185
Friedhof 186
friedlich 186
frieren[1,2] 186, 187
Friseur 187
Frist 187
früh 187
früher I, II 187
Frühling 188
Frühstück 188
fühlen 188
füllen 188
fürchten 189
Fürsprecher 190
Fußboden 190
Futteral 190

gängig 191
ganz[1,2] 191
Gast[1,2] 191, 192
gastfreundlich 192
Gasthaus 192
Gaststätte 192
Gebärde 193
gebären 193
geben[1-2] 193, 194
gebieterisch 194
gebildet 194
geboren sein 194
gebrauchen 194
Geck 195
Gedanke 195
Gedicht 195
Geduld 195
gefährden 196
gefährlich 196
gefallen 196
Gefängnis 196
Gefäß 197
Gefühl 197
Gegenstand 197
gehen[1,2] 197, 198
gehoben 198
Gehölz 199
gehorchen 199
gehören[1,2] 199
gehorsam 199
Geige 200
geistig 200
Geistlicher 200
geizen 200
Geizhals 200
geizig 201
gelähmt 201
Geld 201
gelegen 201
Gelehrsamkeit 201
gelingen 202
gemeinsam 202
gemessen 202
gemütlich 202
genau[1,2] 202, 203
geneigt 203
Genesung 203
genug 203
genügen 204
Genugtuung 204
Gepäck 204
gerade 204
geraten[1,2] 204
gerecht 205
Gerechtigkeit 205
Gerede[1,2] 205
Gericht 206
gern 206
Geruch 206
Gerücht 206
Geschäft 206
geschehen 206
Geschenk 207
Geschichte 207
geschickt 208
geschlossen 208
Geschmack 208
geschmacklos 208
geschmeidig 208
gesellig 208
Gesellschaft[1,2] 208
Gesetz 209
gesetzlich 209
Gesicht 209
Gesichtskreis 210

Gesindel 210
Gespenst 210
Gespräch 210
gesprächig 211
Gestalt 211
Geständnis 211
gestehen 211
Gesuch 212
gesund 212
gesund werden 212
Getränk 212
getrennt 212
gewandt 213
gewiß 213
Gewissenhaftigkeit 213
gewissermaßen 213
gewöhnen, sich 213
gewöhnlich[1,2] 214
gierig 214
gießen 214
giftig 215
Glanz 215
glänzen 215
glatt 215
glätten 216
Glaube 216
glauben 216
gläubig 216
gleich[1,2] 216
gleichen 217
gleichgültig[1,2] 217, 218
gleiten 218
Glücklicher 218
Gottesdienst 218
Grab 218
gratulieren 219
grausam 219
grell 220
Grenze[1,2] 220
Griff 220
Grimasse 220
grob 220
groß[1-7] 221, 222
Größe[1-3] 222, 223
Großmut 223
großmütig 223
großziehen[1,2] 223
gründen 223
gründlich[1,2] 223, 224
Gruppe 224
Gruß 224
grüßen 224
Gunst 224
günstig 225
gut[1-3] 225
Gut 226
Güte[1,2] 226
gütig 226
gutmütig 226
Gutsbesitzer 226

haben 227
habgierig 227
Häftling 227
halten[1-3] 227, 228
Haltestelle 228
Hand 228
handeln I, II[1,2] 228, 229
Händler 229
hängen I, II 229
hart 230
hassen 230
häßlich 230
Haus 230
Hausangestellte 230
Hausfrau 231
Hausherr 231
Hausschuh 231
heben 231
heftig 231
heikel 232
heilen 232
Heimat 232
heimisch 232
heimlich[1-3] 232, 233

heiraten 233
heiser 233
heiß 234
heißen 234
Held 234
helfen 234
hell 235
hemmen 235
Hemmung 235
herabsetzen 235
herauslocken 235
herausnehmen 236
herkommen 236
herkömmlich 236
Herkunft 236
herumsprechen, sich 237
Heuchelei 237
Heuchler 237
heuchlerisch 237
hierher 238
Hilfe 238
hilfsbereit 238
hinausgehen 238
hinauswerfen 238
hinbringen 238
hindern 239
Hindernis 239
hineingehen 239
hinken 240
Hinterhalt 240
hinterlegen 240
hinterlistig 240
Hinweis 241
hinzufügen 241
hoch 241
hochmütig 242
hoffen 242
hoffnungslos 243
höflich 243
Höhe 243
höllisch 243
hören 243
Hose 243
Hüfte 244
Hunger 244
hungern 244
husten 244
hüten, sich 244

immer 245
innerlich 245
Innung 246
Insel 246
interessant 246
inzwischen 246
irdisch 247
Irrenanstalt 247
irren, sich 247
Irrtum 247

ja 248
Jahrestag 248
Jargon 248
jeder 248
jetzt 248
Journalist 248
jucken 249
jung 249
Junge 249
junger Mann 249
Junggeselle 249

Kabine 249
Käfig 250
kalt 250
kämmen (, sich) 250
kämpfen 250
kämpferisch 250
Kandidat 250
karg 251
Karikatur 251
Karton 251
kauen 251
Kauf 251
kaufen 251
Käufer 252
kaum 252
keck 252
keimen 252
Kellner 252
Kellnerin 253
kennen 253

kentern 253
ketzerisch 253
Kind 253
Kirche 254
kitzeln 254
klaffen 254
Klage 254
klagen 254
klar[1,2] 255
klären 255
kleben 255
Kleidung 256
klein[1-3] 256
Kleinigkeit 256
kleinlich 256
Kleinstadt 256
klettern 257
Klient 257
klopfen 257
Kluft 257
klug 257
knarren 258
kochen 258
Köchin 258
Kollektiv 258
kommen 258
können 259
Kopf 259
Körper 260
körperlich 260
Korridor 260
kosten I, II 260
Kosten 261
Kraft[3] 261
Kralle 261
Kram 262
Krampf 262
krank 262
Krankenhaus 262
Kranker 262
krankhaft 262
Krankheit 262
kränklich 263
krank sein 263
kratzen 263
kratzen, sich 263
Kreis 263
kreuzen 263
kreuzen, sich 263
kriechen[1,2] 263, 264
Kritik 264
kritisieren 264
krumm 264
Kübel 264
kühl 264
Kultur 264
kulturell 265
kümmerlich 265
kundig 265
künftig 265
Kunst 265
künstlich 266
kurz 266
küssen 266
Kutscher 266

lächeln 266
lachen 267
Lachen 267
lächerlich 267
laden[1,2] 268, 269
Ladung 269
Lage[1,2] 269, 270
lahm 270
lähmen 270
Landarbeiter 270
landen 270
Landstreicher 271
lang[1,2] 271
lange 271
Länge 271
längs 271
langsam 271
längst nicht 272
langweilen 272
langweilen, sich 272
langweilig 272
Lappen 272
Lärm 273
lärmen[1,2] 273
lassen 273
Last 274

lasterhaft 274
lästern[1,2] 274, 275
lästig 275
lauern 275
laufen 275
Laune 276
launenhaft 276
laut I, II 276, 277
Laut 277
läuten 277
leben[1,2] 277, 278
Lebenslauf 278
Lebensmittel 278
lebhaft 279
Lebhaftigkeit 279
lecken I, II 279
Leckerbissen 279
ledig 279
leer[1-3] 280
leeren 280
legen 280
legen, sich 281
Lehm 282
lehren[1,2] 282, 283
Lehrer 283
lehrhaft 283
Lehrling 283
lehrreich 284
leibeigen 284
Leiche 284
leicht 285
leichtsinnig[1,2] 285
Leichtsinniger 285
leiden[1,2] 285
Leidenschaft 286
leihen[1,2] 286
leisten 287
Leistungsfähigkeit 287
leiten 287
Leiter 288
Leitung 288
lenken 288
lernen 289
lesen 289
Lesestoff 290
leuchten[1,2] 290
licht 290
Licht 291
Liebe 291
lieben 291
Liebhaber[1-3] 292
liebkosen 293
Liebkosung 293
Lieferung 293
liegen 293
Liste 294
loben 294
lobenswert 294
locken 295
lockern 295
lockig 295
Lohn[1,2] 295, 296
lohnen (, sich) 296
löschen I 296
lose 296
losen 297
lösen[1,2] 297
Lösung 297
lüften 297
Lüge 297
lügen 297
Lügner 298
lügnerisch 298
lumpig 298
lüstern 298
lustig 298

Macht 299
mächtig 299
Mädchen[1,2] 300
Magen 301
mager 301
malen 301
malerisch 302
manchmal 302
Mangel 303
Manier 303
Mann[1,2] 303, 304
Mannschaft[1,2] 304
Mantel 304

Manuskript 305
Markt 305
maschineschreiben 305
maßgebend 305
maßhalten 306
mäßig[1,2] 306
Maul 306
Meer 306
Mehrheit 307
Meinung 307
meist 308
Meister 308
melden 308
melden, sich 308
Melodie 309
Menge[1-3] 309
Mensch 310
Menschenfeind 310
menschenfreundlich 310
menschenscheu 310
menschlich[1,2] 310, 311
merken 311
Merkmal 311
merkwürdig 312
messen 312
mieten 313
Mieter 313
mild[1,2] 313, 314
mildern 314
minderwertig 314
mischen (, sich) 314
mißachten 315
mißbilligend 315
Mißbrauch 315
mißlingen 315
Mißtrauen 316
mißtrauisch 316
mit 316
Mitarbeiter 316
mitfühlen 317
mitfühlend 317
Mitgefühl 317
Mitgift 317
Mitkämpfer 318
Mitschüler 318
mitsingen 318
Mittäter 318
mitteilen 318
Mittel 319
mittelmäßig 319
modern[1,2] 320
möglich 321
Möglichkeit 321
Mörder 321
müde 321
muffig 322
Mund[1,2] 323
münden 323
mündig 323
mürrisch 323
müssen 324
Muster 324
mutlos 325
Mutter 325

nachahmen 325
Nachbar 326
nachdem 326
nachdenken 326
nachdenklich 327
nacheifern 327
nachgeben 327
nachher 328
Nachkomme 328
nachlassen 328
nachlässig[1,2] 328, 329
Nachricht 329
Nachschlagewerk 329
nachsehen 330
nächtlich 330
nachweisbar 330
nackt[1,2] 330, 331
nageln 331
nagen[1,2] 331
nah(e) 331
nähern, sich[1,2] 332

Name[1-3] 333
Narbe 334
Narr 334
naß 334
nässen 335
Natur 335
natürlich[1,2] 335, 336
Nebel 336
nebensächlich 336
neblig 337
necken 337
nehmen[1-3] 337, 338
Neid 339
neidisch 339
Neigung[1,2] 339, 340
nein 340
nennen[1,2] 340, 341
Nest 341
neu[1,2] 341
neuerdings 342
neugierig 342
Neuheit 342
neulich 342
neutral 343
nie 343
Niederlage 343
niederreißen 344
Niederschlag 344
niederträchtig 344
Niederung 344
niemand 345
Niveau 345
nörgeln 345
Norm 346
Not 346
nötig 346
notwendig 347
Notwendigkeit 347
nur 347
nützlich 348

oberflächlich 348
obgleich 349
objektiv 349
obligatorisch 349
offen[1,2] 350
offenbar 350
öffentlich 350
öffnen 351
öffnen, sich 351
Öffnung 351
oft 351
Opfer 352
opfern 352
ordnen 352
organisieren 353
Original 353
Osten 353

packen 353
Packen 353
Paradies 354
passend 354
Pause[1,2] 354
Peitsche 354
Pfand 355
Pfeiler 355
Pflanze 355
pflanzen 355
pflegen 355
pflücken 356
Pfütze 356
planmäßig 356
Platz[1,2] 357
platzen 357
plötzlich 357
Pöbel 358
Portemonnaie 358
Porträt 358
positiv 359
Pracht 359
prägen 359
prahlen 359
Prahler 360
Preis 360
Premiere 360
pressen 361
privat 361
Prostituierte 361
Prozent 361
prüfen 361

quälen 362
Qualität 363
Quelle[1,2] 363

Rache 363
Rachegefühl 363
rächen (, sich) 364
rachsüchtig 364
Rand 364
rasieren 364
Rat 364
Rate 364
raten[1,2] 365
ratlos 365
Raub 365
rauben 365
rauchen 366
Rausch 366
rauschen 366
reaktionär 367
Rechnung 367
rechtfertigen, sich 367
Rechtlage 367
rechtlos 367
rechtzeitig 367
Rede 367
Redefluß 367
Redner 367
Regal 368
regelmäßig 368
regeln 368
regnen 368
reiben 368
reich[1,2] 369
reichlich 369
Reichtum 369
reif 369
Reihe[1,2] 369
reimlos 369
rein[1,2] 369, 370
reinigen[1,2] 370
Reinigung 371
reisen 371
Reisender 371
reißen 371
reizbar 371
reizend 371
Rentner 372
Rest 372
retten 372
Rettung 373
Reue 373
reuig 373
richten 373
richtig 373
richtig sein 373
riechen[1-3] 373, 374
rieseln 374
Riß 374
Rivale 375
rollen 375
rot werden 375
Rückfall 375
Rückkehr 375
Rückseite 376
rückständig 376
Rücktritt 376
Ruf[1,2] 376
rufen 377
Ruhe[1,2] 377
ruhen 377
ruhig[1-3] 378
Ruhm 378
rührend 378
rund 378

Saal 379
Sache 379
sagen 379
sammeln 380
sauer 381
saugen 381
Schachtel 381
schaden 381
schadenfroh sein 381
schadhaft 382

schädlich 382
schaffen 382
schälen 382
schallen 382
schalten 383
schämen, sich 383
schamhaft 383
Schande 383
schänden 384
schändlich 384
Schärfe 384
scharfsinnig 384
Schatz 384
schätzen 385
schaudern 385
schaukeln[1,2] 386
Schaum 386
Schauspiel 386
Schauspieler 386
Schein 387
scheinbar 387
scheinen 387
schenken 387
Scherz 388
scherzen 388
Scheune 389
schicken 389
schicken, sich[1,2] 390
Schicksal 390
schießen 390
schillern 391
schimpfen[1,2] 391
Schlacht 391
schlachten 392
Schlachtfeld 392
Schlaf 392
schlafen 392
Schlag 392
schlagen 393
schlagen, sich 393
Schlägerei 394
schlank[1,2] 394
schlau 394
schlecht[1-3] 395-397
schlicht[1,2] 397, 398
schlichten 398
Schlichtung 398
schließen[1,2] 399
Schlinge 399
Schloß I, II 399, 400
schlucken 400
Schluß 400
schmackhaft 400
schmal 400
Schmarotzer 400
schmecken 401
Schmeichelei 401
schmeicheln 401
Schmeichler 401
schmelzen[1,2] 401
Schmerz 402
schmerzhaft 402
schmieren 402
Schmuck 403
schmücken 403
schmücken, sich 403
Schmutz 403
schmutzig[1,2] 403, 404
schneiden 404
schneien 404
schnell 404
schön 405
schonen 406
schöpfen 406
Schöpfer 406
schöpferisch 406
Schornstein 406
schräg 406
Schrank 406
schrecklich 407
Schrei 407
schreiben[1,2] 407
schreien 408
Schrift 408
Schriftsteller 408
schrill 408
Schritt 408
schüchtern 409
Schuld 409
schuldig 410
Schuldner 410

Schüler 410	sperren 435	Takt 465	Überlegenheit 491	Ungerechtigkeit 522	Verarmung 551
Schulter 410	spiegeln 435	taktlos 465	überliefern 491	ungerufen 523	Verband 552
Schüssel 410	spielen$^{1-3}$ 435, 436	Tal 465	Übermut 492	ungeschickt 523	Verbannter 552
schütteln 410	Spion 436	Tante 465	übermütig 492	ungesetzlich 523	Verbannung 552
schütten 410	Spitze 436	Tänzerin 465	übernatürlich 492	ungestraft 524	verbergen 552
Schutz 411	Spott 436	tapfer 466	überschwemmen 493	ungewiß 524	verbessern 553
schützen 411	spöttisch 437	Tat 466	Überschwemmung 493	Ungewißheit 524	Verbesserung 553
Schützling 411	Sprache 437	tätig 467	übersehen 493	ungläubig 525	verbeugen, sich 554
schutzlos 412	sprechen$^{1-4}$ 437—439	Tätigkeit 467	übersetzen 493	Unglück 525	verbieten 554
schwach$^{1-3}$ 412	springen 439	Tatsache 467	Übersetzer 494	unglücklich^{1,2} 526, 527	Verbindung^{1,2} 555, 556
schwächen 412	spritzen 440	taub 467	Übersetzung 494	ungültig 527	verblassen 556
schwachsinnig 413	sprühen 440	tauchen^{1,2} 468	übersiedeln 494	unheilvoll 527	verborgen 556
schwanken 413	Sprung 440	Tausch 468	Übersied(e)lung 495	unklar 527	Verbot 556
schwankend 413	spucken 440	täuschend 468	überspannt 495	Unmensch 528	verboten 556
Schwanz 414	spuken 440	Teich 468	übertönen 495	unmerklich 528	Verbrechen 557
Schwätzer 414	spülen 441	Teil 469	übertragen 496	unnötig 529	Verbrecher 557
schweigen 414	Spur 441	teilen 469	übertreffen^{1,2} 496	unnütz 529	verbrecherisch 558
Schweigen 414	Staat 441	Teilhaber 469	übertreiben 497	unpraktisch 529	verbreiten 558
schweigend 414	Stadt 441	Teilnahme 469	Übertreibung 497	unreif 529	verbreiten, sich 558
schweigsam 415	Stadtbewohner 441	Testament 470	übertrieben^{1,2} 497	unruhig 529	verbreitet 559
schwellen 415	stammen 442	teuer$^{1-3}$ 470	überwältigend 498	unschädlich 530	Verbreitung 559
schwer^{1,2} 415	stampfen 442	tief^{1,2} 470, 471	überwerfen 498	unschuldig 530	verbrennen^{1,2} 559
Schwere 416	ständig 442	Tisch 471	überwinden 498	Unsitte 530	verbringen 560
schwerfällig 416	Star 443	Titel 471	überzeugen 499	unsittlich 531	Verbündeter 560
schwierig 416	stark$^{1-3}$ 443—445	Toilette 471	überzeugend 499	Unstimmigkeit 531	Verdacht 560
schwinden 416	statt 445	toll 471	überzeugen, sich 500	untätig 531	verdächtigen 561
schwingen 417	stattfinden 445	Topf 472	üblich 500	untauglich 532	verdampfen 561
schwitzen 417	stattlich 445	Tor 472	übrig^{1,2} 500, 501	unterbringen 532	verdanken 561
schwören 417	stehlen 445	tosen 472	Ufer 501	unterdrücken 532	verdecken 561
schwül 418	steif^{1,2} 446	tot 472	um 501	Untergang 532	verderben$^{1-3}$ 562
Schwur 418	steigen 446	töten 472	umarmen 502	untergeordnet 533	verdichten 563
Seele 418	steil 447	träge 473	umbenennen 502	untergraben 533	verdienen 563
Seemann 418	Stelle^{1,2} 447, 448	tragen 474	umdrehen 502	unterhalten 534	verdient 563
sehen 418	stellen 448	Trägheit 474	Umfang 502	unterhalten, sich 534	Verdorbenheit 563
sehr 419	stellen, sich 448	Trauer 474	umgeben 502	Unterkunft 534	verdummen 563
seicht 421	Stempel^{1,2} 448, 449	träumen 474	umgehen 503	unterliegen 535	verdunkeln 563
sein^{1,2} 421	Steppe 449	träumerisch 475	umherstreifen 503	unterordnen, sich 535	verdünnen 563
Seitenweg 421	sterben 449	traurig 475	umkippen 504	Unterordnung 535	verehren 564
selbständig 422	Steuer I, II 449	treffen 475	umkommen 504	unterschätzen 536	Verehrer 564
selbstbewußt 422	stichhaltig 450	Treffen 476	Umlauf 505	unterscheiden 536	Verehrung 564
Selbstgespräch 422	still 450	treffen, sich 476	umringen 505	unterscheiden, sich 536	vereinbaren 564
selbstlos 422	stimmen 450	trennen 476	umsehen, sich 505	Unterschied 537	Vereinbarung 565
selten 422	Stimmung 450	trennen, sich 477	umsonst 506	unterschreiben 537	vereinigen 566
Sendung^{1,2} 422, 423	Stock 451	Treppe 477	umstellen 506	untersetzt 538	vereiteln 566
senken 423	Stockwerk 451	treu 477	umstimmen 506	unterstreichen 538	verenge(r)n 566
Sessel 423	stöhnen 451	Treue 477	Umtriebe 507	Unterstützung 538	vererben 566
setzen 423	stolpern 452	treulos 478	Umweg 507	untersuchen 539	Verfahren 567
setzen, sich 424	stören 452	trinken^{1,2} 478	Umwelt 507	unterwerfen 539	Verfall 567
sicher 424	Stoß 452	trivial 478	umwerfen 507	unterwürfig 539	verfälschen 567
Sicherheit 424	strafbar 452	trocken 479	unangenehm^{1,2} 508, 509	Unterzeichnung 540	verfassen 567
sichern 424	strafen 452	trocknen^{1,2} 479	Unannehmlichkeit 509	unüberlegt 540	Verfasser 568
Sicherung 425	straff 453	tropfen 480	unanständig^{1,2} 509, 510	unvergeßlich 541	Verfassung 568
Sicht 425	strahlend 453	trotz 480	unantastbar 511	unvermeidlich 542	verfluchen 569
sieben 425	stranden 453	trübe 480	Unaufmerksamkeit 511	unverständlich 542	verfolgen$^{1-3}$ 569, 570
Siedlung 425	Strauch 453	Trubel 480	Unaufrichtigkeit 511	unvorhergesehen 543	Verfolgung 570
siegen 426	Strauß 453	trüben 480	unbändig^{1,2} 511, 512	unwahr 543	verführen 570
Sieger 426	streben 453	trüben, sich 481	unbedingt 512	unwahrscheinlich 543	Verführer 570
singen 426	Streber 454	Truhe 481	unbegrenzt 512	Unwetter 544	vergänglich 570
sinken 427	strecken 454	Trümmer 481	unbegründet 513	unwiderlegbar 544	vergehen^{1,2} 571
Sinn 427	streicheln 455	Truppe 481	Unbekannter 513	unwürdig 544	vergehen, sich 571
sinnlich 427	streichen^{1,2} 455	tugendhaft 481	unbeständig 514	unzufrieden 544	vergelten 572
Sitte 427	Streik 455	tun 482	unbeweglich 514	unzuverlässig 545	vergessen$^{1-3}$, II 572, 573
Sittlichkeit 427	Streit^{1,2} 455, 456	Turm 482	unbewußt 514	Urheber 545	vergewaltigen 573
Sitz 428	streitbar 457	Typ 482	unduldsam 515	Urkunde 545	vergießen 573
sitzen 428	streiten^{1,2} 457	Tyrannei 482	unehrlich 515	Urlaub 546	vergleichen 573
Sklave 428	sich streiten 457		Unehrlichkeit 515	Ursache 546	Vergnügen 573
sklavisch 428	streng 458	übellaunig 482	uneinig 515	Urteil 547	vergnügen, sich 574
so 428	Strenge 458	übelnehmen 482	unempfindlich 515	urteilen 547	vergrößern 574
Sofa 429	Strich 458	üben 483	unendlich 516		vergrößern, sich 574
sogar 429	Strick 458	überanstrengen, sich 483	unentdeckt 516	Vater 548	verhaften 575
solch 429	strittig 459	überbauen 484	unentgeltlich 516	Verabredung 548	Verhaftung 576
Soldat 429	Strohmann 459	Überblick 484	unerfahren 517	verabschieden, sich 548	Verhältnis 576
Söldner 429	strotzen 459	übereinstimmen 484	unerklärlich 517	verachten 548	verhältnismäßig 576
solid(e) 430	Stück 459	Übereinstimmung 484	unerläßlich 517	verächtlich 549	Verhältnisse 577
sollen 430	Stufe^{1,2} 460	Überfall 485	unermüdlich 518	Verachtung 549	verhängnisvoll 577
Sonderling 430	stumm 460	überfallen 485	unersetzlich 518	verallgemeinern 549	verheiraten 577
Sonnabend 430	Sturz^{1,2} 460	überfließen 486	unerträglich 518	veraltet 549	Verhinderung 577
sonst 430	Stütze 461	Überfluß 486	unerzogen 518	veränderlich 550	Verhör 578
Sorge^{1,2} 430	stützen^{1,2} 461	überführen 486	Unfall 519	verändert 550	verirren, sich 578
sorgen 431	suchen^{1,2} 461, 462	Übergabe^{1,2} 487	unfruchtbar$^{1-3}$ 519, 520	veranlassen 550	Verkauf 578
sorgfältig 431	Sumpf 462	Übergang^{1,2} 487	Unfug 520	veranschaulichen 550	verkaufen 578
sorgsam 432	süß 462	übergeben 488	ungebildet 520	verantwortlich 551	Verkehr 579
sowieso 432	süßen 462	übergehen^{1,2} 488	ungefähr 521	Verantwortung 551	verkehren 580
spalten 433	südlich 462	überholen 489	ungehorsam 521	verarmen 551	verkleiden^{1,2} 580
spannen 433	Sympathie 463	überkommen 489	ungenannt 522		verkleiden, sich 580
sparen 433		überlassen 490	ungerecht 522		verkleinern^{1,2} 581
sparsam 433	Tadel 463	überlasten 490			verkleinern, sich 581
Spaten 434	tadellos 463	überlegen 490			
spazierengehen 434	tadeln 464				
Spaziergang 434	täglich 465				
Speer 434					
Spekulation 435					
spekulieren 435					
Spende 435					

Verkleinerung 582
verkommen[1,2] 582
Verkündigung 582
verlängern 583
verlangsamen 584
verlangsamen, sich 584
verlassen 584
verlaufen 584
verlegen 584
verleihen 585
verletzen[1,2] 585
Verletzung[1,2] 586
verleumden 586
Verleumder 587
verleumderisch 587
verlieben, sich 587
verliebt 587
verlieren 587
verloben, sich 588
Verlobte 588
Verlobter 588
Verlobung 588
verlockend 588
verloren 589
Verlust[1,2] 589
vermeiden 589
vermissen 590
vermitteln 590
Vermittler 590
Vermittlung 591
vermuten 591
Vermutung 592
vernachlässigen 592
Vernachlässigung 592
verneinen 592
Verneinung 593
vernichten 593
Vernunft 593
vernünftig 594
veröffentlichen 594
Veröffentlichung 594
verpflanzen 595
verpflichtet 595
Verrat 595
verraten 596
Verräter 596
verreist 596
verrückt 596
verrufen 597
versagen 597
Versammlung 598
versäumen[1,2] 598
verschärfen 598
verschieben 598
verschieden 598
verschiedenartig 599
verschlechtern 600
verschleiern 600
verschlossen 600
Verschlossenheit 600
verschönern 600
verschütten 601
verschweigen 601
verschwenden 601
verschwommen 602
Verschwörung 602

verschwunden 602
versichern 603
Versicherung 603
versöhnen 603
versöhnen, sich[1,2] 603, 604
versorgen 604
versorgen, sich 604
versprechen 604
Versprechen 605
verstärken 606
verstärken, sich 606
verstecken 606
verstecken, sich 606
verstehen 606
verstellen, sich 607
verstockt 607
verstreuen 607
verstricken 608
verstummen 608
Versuch 608
versuchen 608
verteidigen 609
verteidigen, sich 609
verteilen 609
Verteuerung 609
vertiefen, sich 610
Vertiefung 610
Vertrag 610
vertragen, sich 610
vertrauen 611
Vertrauen 611
vertrauensvoll 611
vertraut 612
Vertreibung 612
vertreten 612
Vertreter[1,2] 612, 613
verursachen 613
verurteilen[1,2] 614
Verurteilung 615
vervollkommnen 615
Verwalter 615
verwandt 615
Verwandtschaft 616
verwechseln 616
Verwechslung 616
verweigern 616
verwenden 617
verwenden, sich 617
verwickelt 617
Verwicklung 618
verwirklichen 618
verwirren[1,2] 618
verwirrt 618
verwöhnen 619
verwundert 619
Verwunderung 619
verwüsten 619
verzaubern 620
verzeihlich 620
verzerren 620
verzerren, sich 620
verzichten 620
verzögern 621
Verzögerung 621
verzweifeln 621
Verzweiflung 622
verzweigen, sich[1,2] 622

Vetter 622
viel 622
vieldeutig 623
viele 623
vielfach 623
Vielfraß 623
vielleicht 623
wagen 642
Wahl 643
wählen 643
wählerisch 644
Wahnsinn 644
während[1,2] 644, 645
Wahrsager 645
Währung 645
Wald 645
Wallfahrer 645
Wand 646
wandern 646
Wange 646
Ware 646
warm 646
Wärme 647
wärmen[1,2] 647
warnen 647
Warnung 647
warten 647
weben 648
wechseln 648
wecken 649
Weg[1,2] 649, 650
wegen 650
wegfahren 650
wegfliegen 650
weglaufen 651
wehen 651
weich[1,2] 651
weichlich 651
Weigerung 652
weil 652
weinen 652
Weise 653
Weisung 653
weit 654
Weite 654
weiterleben 654
welken 654
Welle 655
wenden 655
wenden, sich[1,2] 655
wenig 655
wenn 656
werben 656
werfen 656
Wesen 656
Weste 656
Westen 657
Wettbewerb 657
wetteifern 657
Wetter 657
wichtig 657
Wichtigkeit 658
wickeln, sich 658
Widerhall 658
widerlegen 658
Widerlegung 659
widerlich 659
widersetzen, sich 659
widerspiegeln, sich 660

voll[1,2] 624
völlig 625
vollkommen 625
vorankommen 625
vorantreiben 626
voraussagen 626
vorausschicken 626
Voraussetzung 627
vorbeigehen 627
vorbeugen 627
Vorbeugung 627
Vorbild 628
vorbildlich 628
Vorbote 628
voreingenommen 628
Vorgefühl 629
vorgeschrieben 629
Vorgesetzter 629
Vorhang 630
vorher 630
vorhergehen 630
vorherrschen 630
Vorhut 631
vorig 631
vorkommen 631
Vorläufer 631
vorläufig 631
Vorlesung 631
Vormund 632
vornehm 632
Vorort 632
Vorrat 632
Vorraum 633
Vorrecht 633
vorsagen 633
Vorschlag 633
vorschlagen 634
vorschreiben 634
Vorschuß 634
vorschützen 634
vorsehen 635
Vorsicht 635
vorsichtig[1,2] 635
Vorsitzender 636
Vorsorge 636
vorspringend 636
vorstellen, sich 636
Vorstellung[1,2] 636, 637
vortäuschen 637
Vorteil 637
vorteilhaft[1,2] 638
vortragen[1,2] 638, 639
vorübergehend 639
Vorurteil 639
Vorwand 639
vorwerfen 639
Vorwurf 639
Vorzeichen 640
vorzeitig 640
vorziehen 640
Vorzug 640

wach 641
Wache[1,2] 641
wachsen 641
Wächter 641
wack(e)lig 642

widersprechen[1,2] 660, 661
widersprechend 661
Widerstand 661
widmen 661
widmen, sich 662
Widmung 662
wieder 662
Wiedergeburt 662
wiederherstellen 662
Wiederherstellung 662
wiederholen 663
wiegen 663
Wiese 663
wimmeln 663
Wind 663
winden, sich[1,2] 664
winken 664
wirken 664
wirklich[1,2] 665
wirksam 665
wirr 666
wirtschaftlich 666
wischen 666
wogen 666
Wohl 667
wohlklingend 667
wohlwollend 667
Wohnsitz 667
Wohnung 667
wolkig 668
wollen 668
Wort 669
Wörterbuch 669
Wuchs 669
wühlen 669
wundern, sich 670
Wunsch 670
wünschenswert 670
würdig 670
würgen 671
Wüste 671
wüten 671

Zahl 672
zählen 672
Zahlung 672
zähmen 673
Zaun 673
zechen 673
zeigen[1,2] 673, 674
zeigen, sich 674
Zeit 674
Zeitpunkt 675
Zeitschrift 675
Zeitung 675
zeitweilig 676
Zelle 676
Zentrum 676
zerbrechen[1,2] 676, 677
zerbrechlich 677
zerdrücken 677
zerfressen 678
zerknittern 678
zerstören 678
zerstörerisch 678
zerstreuen 678

zerstreuen, sich 678
zerstreut 678
zerzausen 679
Zeuge 679
zeugen 679
Zeugnis 679
ziehen 679
Ziel 680
ziemlich 680
Zimmer 680
zischen 681
Zitat 681
zittern 681
zögern[1,2] 682
Zone 683
Zopf 683
Zorn 683
züchten 683
zuerst[1,2] 684
zufallen 685
zufällig 685
zufriedengeben, sich 685
Zugabe 686
zugänglich 686
Zügel 686
Zugeständnis 686
zugreifen 687
Zuhause 687
zuhören 687
zurechtfinden, sich 687
zurück 688
zurückdrängen 688
zurückfahren 688
zurückgeben 688
zurückhalten 688
zurückkehren 689
zurückstehen 689
zusammen 689
zusammenfahren 689
zusammenfallen 690
Zusammengehörigkeit 690
zusammennehmen, sich 690
zusammensetzen 691
zusammenstellen 691
zusammenstoßen 691
zusätzlich 692
Zuschlag 692
zuschreiben 692
zuständig 692
Zustrom 692
Zuträger 693
zutrinken 693
Zutritt 693
zuverlässig 693
Zuversicht 694
zuvorkommen 694
zweideutig 694
Zweifel 695
zweifelhaft 695
zweifeln 695
Zwerg 696
Zwilling 696
zwingen 696
zwischen 696